JN250637

大蔵経全解説大事典

鎌田茂雄
河村孝照
中尾良信
福田亮成
吉元信行　編

雄山閣出版

序

仏教典籍の集大成を一切経ともいい、大蔵経ともいう。これには漢文大蔵経、チベット大蔵経、南伝大蔵経等、各種の大蔵経があるが、そのなかで量のうえで最多であり、質のうえで最もすぐれているのは中国で翻訳された漢文大蔵経である。しかもそのなかで最も質の高さを誇りうるものは、大正十二年より日本で発願刊行された『大正新脩大蔵経』である。そこにとりあげられた典籍は二九二〇点を数え、それはわれわれに無尽蔵の宝を提供している。

仏教はすべての人に手をさしのべたはずであった。また日本の文化は仏教をぬきにして語ることはできない。にもかかわらず今日、仏教は多くの人になじみ難く、ましてや大蔵経を手にしてこれを味読するなど、ほとんど不可能に近い。この宝はいまでは一部専門家の占有物になってしまった感がある。この二千五百年の伝統に根ざした古典に心の救いを求めんとする現代人のために、また日本文化の広く深い理解のためには、この大蔵経を市民の共有財産として解放する必要がある。

こうした見地に立って、私どもは『大正新脩大蔵経』の全典籍のより平易な解題とともに、これを一書にまとめる作業に着手した。斯界の専門学者はもちろんのこと、少壮気鋭の学者・研究者を総動員して、より多くの人に味解していただけるような書の完成をめざした。いま本書の刊行にあたって、一人でも多くの方が本書編纂の趣旨を諒とせられ、大蔵経なる宝に手を触れられることを願ってやまない。

平成十年六月

鎌田茂雄
河村孝照
中尾良信
福田亮成
吉元信行

大正新脩大蔵経とは

大蔵経の刊行

大蔵経（だいぞうきょう）とは、仏教の経典、戒律、論部を集大成したものをいい、南伝では南伝大蔵経、北伝では翻訳された文字に従って漢文のもの、チベット文のもの、満州文のもの、蒙古文のもの、それぞれの大蔵経がある。今日、もっとも量質ともに群を抜いて優れたものは漢訳大蔵経である。

大蔵経の刊行は、すでに中国宋代に始まるが、わが国にあっては天海の『木活字蔵経』（AD1637〜48）、鉄眼の『黄檗蔵経』（AD1669〜78）に始まり、明治十八年完結の『縮刷蔵経』に至って、きわめて高い学術的価値を有する大蔵経が完成した。『縮刷蔵経』は東京・弘教書院によって刊行され、高麗本、宋本、元本、明本の四本と対校し、しかも彼此あい補いあい、また秘密部経典はわが国旧伝のものをこれに加え、さらにこれに加えて伝教、弘法、栄西、源空などの高僧の手になる日本撰述のものをそえて、合計一二一六部八五三四巻を、明治十三年から同十八年七月に至る間に印刻したのである。

この縮刷本の大蔵経は前記四本対校の上に、五号活字の小本であったので多くの学者の座右掌中にあってなじみやすいものであった。ところが明治三十五年になると、京都に蔵経書院が設立され、小形細字、かつ白文の大蔵経を改めて、四号活字、上下二段でしかも訓点を加えて読み易い大蔵経がでて、世に『卍蔵経』と称した。これは原本に明本すなわち鉄眼版を依用したが、先に学僧忍徴（AD1645〜1711）の対校本を応用して遺漏なきを図った。この作業中、この大蔵経に未編入の多くの中国撰述の章疏のあることに着目し、これをまとめて刊行した。これを世に『続蔵経』と称し、明治三十八年四月、『卍蔵経』の事業の終了とともに業を起し、大正元年十一月に『続蔵経』も完了した。

大正新脩された大蔵経

大正十一年、高楠順次郎を囲んで大蔵経重刊の話がでた。それは縮刷蔵経の入手が困難となり、その上、学術の進歩に応じた大蔵経が望まれるようになったためである。すなわちこれまでの大蔵経も編纂、校訂ともに大いに改善を加えるべき文運に遭遇し、現代学界の切実なる要求に満足を与えるべき大蔵経の刊行が望まれるに至り、東西の識者によってこの大業が発願されたのであった。

大正蔵経は従来のような分類を改め、歴史的な順序をおって、阿含部を初頭に、本縁部、般若部等、以下思いきって新しい組織分類が試みられ、まず大正十三年（AD1924）に阿含部が発刊せられた。まさしくこれは関東大震災の直後のことであり、この大地震が大蔵経刊行の難事業をさらに困難とさせたが、第一期五五巻の配本を昭和四年に完了した。しかしさらに敦煌、朝鮮、ならびに内地の新発見の資料、またさきの続蔵経中、研究上不可欠のもの、ならびに日本各宗の宗典類を編入することとなったので、第五六巻から第八四巻までの二九冊が日本撰述、第八五巻が古逸部と疑似部となり、それに別巻として第五五巻の目録とは別に『昭和法宝総目録』二巻が付され、総計八七巻となり、その後、別巻として図像一二巻と、さらに『昭和法宝総目録』第三巻が追加され、都合全一〇〇巻となった。

このように完全を期して、しかも長年月にわたった編纂作業は筆舌に尽し難いほどの大事業であったが、その学術的価値は評価され、今日、斯学の定本として定着するに至ったのである。

（河村孝照記）

「大蔵経全解説大事典」目次

序

大正新脩大蔵経とは

本編〈大正新脩大蔵経全典籍解説〉

第1巻　阿含部上……3
第2巻　阿含部下……25
第3巻　本縁部上……39
第4巻　本縁部下……54
第5巻　般若部一……65
第6巻　般若部二……65
第7巻　般若部三……65
第8巻　般若部四……65
第9巻　法華部全・華厳部上……74
第10巻　華厳部下……79
第11巻　宝積部上……87
第12巻　宝積部下・涅槃部全……90
第13巻　大集部全……112
第14巻　経集部一……124
第15巻　経集部二……176
第16巻　経集部三……198
第17巻　経集部四……218
第18巻　密教部一……250
第19巻　密教部二……273
第20巻　密教部三……301

第21巻　密教部四……336
第22巻　律部一……382
第23巻　律部二……387
第24巻　律部三……392
第25巻　釈経論部上……408
第26巻　釈経論部下・毘曇部一……413
第27巻　毘曇部二……422
第28巻　毘曇部三……423
第29巻　毘曇部四……427
第30巻　中観部全・瑜伽部上……430
第31巻　瑜伽部下……438
第32巻　論集部全……457
第33巻　経疏部一……473
第34巻　経疏部二……483
第35巻　経疏部三……490
第36巻　経疏部四……493
第37巻　経疏部五……497
第38巻　経疏部六……504
第39巻　経疏部七……510
第40巻　律疏部全・論疏部一……518
第41巻　論疏部二……524
第42巻　論疏部三……526
第43巻　論疏部四……528

第44巻　論疏部五・諸宗部一……533
第45巻　諸宗部二……540
第46巻　諸宗部三……557
第47巻　諸宗部四……578
第48巻　諸宗部五……593
第49巻　史伝部一……605
第50巻　史伝部二……608
第51巻　史伝部三……612
第52巻　史伝部四……619
第53巻　事彙部上……624
第54巻　事彙部下・外教部全……626
第55巻　目録部全……630
第56巻　続経疏部一……638
第57巻　続経疏部二……648
第58巻　続経疏部三……651
第59巻　続経疏部四……654
第60巻　続経疏部五……655
第61巻　続経疏部六……656
第62巻　続律疏部全……664
第63巻　続論疏部一……665
第64巻　続論疏部二……666
第65巻　続論疏部三……667
第66巻　続論疏部四……670

第67巻　続論疏部五……672
第68巻　続論疏部六……672
第69巻　続論疏部七……674
第70巻　続論疏部八・続諸宗部一……680
第71巻　続諸宗部二……686
第72巻　続諸宗部三……690
第73巻　続諸宗部四……693
第74巻　続諸宗部五……695
第75巻　続諸宗部六……706
第76巻　続諸宗部七……713
第77巻　続諸宗部八……714
第78巻　続諸宗部九……730
第79巻　続諸宗部十……743
第80巻　続諸宗部十一……754
第81巻　続諸宗部十二……760
第82巻　続諸宗部十三……766
第83巻　続諸宗部十四……773
第84巻　続諸宗部十五・悉曇部全……796
第85巻　古逸部全・疑似部全……809

付編

①主要著者・訳者解説……847
②大蔵経と日本の古典文学……865

③大蔵経と仏教美術（大蔵経図像部出典一覧表）……907
全典籍索引……1007

大正新脩大蔵経全典籍解説

《全典籍解説　凡例》

一、典籍名の頭部に付した4桁の数字は「大正新脩大蔵経目録」による通し番号（文中のそれも同じ）。
一、【成立】について、不明のものは原則として省いた。
一、【関連典籍】は、特に重要と思われる項目においては典籍名および通し番号を記したが、それ以外は通し番号のみを記した。
一、【訳者・訳年代】について、訳年代の特定できるものについては末尾の（　）内に記したが、それ以外は省いた。
一、【参考文献】においては以下の略号を用いた。
　訳一：国訳一切経（大東出版）
　訳大：国訳大蔵経（大蔵出版）
　新大：新国訳大蔵経（大蔵出版）
　南伝：南伝大蔵経（大蔵出版）
一、著者・訳者で後に＊印が付してあるものは付編①「主要著者・訳者解説」に載せてある人物。
一、敦煌出土写本の略号は以下を意味する。
　S：スタインの蒐集による大英博物館所蔵本
　P：ペリオの蒐集によるフランス国民図書館所蔵本

第１巻　阿含部　上

0001 長阿含経（じょうあごんぎょう）

インドにおける初期の仏教教団が伝持してきた原始経典である四阿含（長阿含・中阿含・雑阿含・増一阿含）または五阿含（上記に「小阿含」を加える）の第一の経典。「阿含（Āgama）」と称する原始経典は北伝仏教で用いられる。南伝仏教では「ニカーヤ（Nikāya）」と称され、それに五種類あり、上記の五阿含にほぼ対応する。本経は五ニカーヤの内、「長部（Dīgha-nikāya）」に対応する。

【成立】伝統的伝承によると、仏陀の入滅直後の第一結集において五つの部分からなる阿含経典に編纂されたとされるが、この伝承を史実として裏付ける資料はない。アショーカ王の頃（紀元前三世紀）に、ある程度の阿含経典が成立していたようであるが、本経については不明である。紀元前二世紀頃の資料や碑文に「長部（Dīgha）」の名前が見えるので、この頃に長阿含経または「長部」の原型になる経典が成立していたと考えられる。所属部派については、従来、化地部説、説一切有部説などがあったが、最近の学界では、原本はガンダーリー語で伝えられ、法蔵部に属していたとする説が有力である。したがって、この漢訳はガンダーリー語からの翻訳であると思われる。

【内容】二二巻。この経典は仏法が外道に勝っているということを示す意図で、他の阿含に比べて特に長い経典のみを収録したものである。説法の座は各経典によって異なる。本経に収められた経典は三〇あり、それらは内容的に四つに分類される。特に有名な経典にのみ簡単な内容説明を付す。〈第一分〉仏陀について。(1)大本経（過去七仏の生涯）、(2)遊行経（仏陀最後の旅路と大般涅槃）、(3)典尊経（釈尊の前生としての大典尊の物語）、(4)闍尼沙経。〈第二分〉法（教理）について。(5)小縁経（カースト・貴賤等の差別の否定）、(6)転輪聖王修行経、(7)弊宿経（さまざまな仏教説話の宝庫）、(8)散陀那経、(9)衆集経（教団分裂防止の道・アビダルマの原型とされる）、(10)十上経、(11)増一経、(12)三聚経、(13)大縁方便経（因縁法の順逆消滅の観法）、(14)釈提桓因問経（釈尊の帝釈天教化）、(15)阿㝹夷経、(16)善生経（無意味に六方を礼拝している長者にその意義と内容を説く）、(17)清浄経（闘諍を否定し無諍の正法を説く）、(18)自歓喜経、(19)大会経（諸天の帰依）。〈第三分〉修行道と阿羅漢の証果について。(20)阿摩昼経、(21)梵動経（六十二見からの解脱）、(22)究羅檀頭経、(24)堅固経、(25)裸形梵志経（苦行の意味と四禅）、(26)三明経、(27)沙門果経（六師外道と阿闍世王の帰依）、(28)布吒婆楼経、(29)露遮経。〈第四分〉宇宙論。(30)世記経（器世間の発生成立変化終末）。

【関連典籍】以上の諸経典のいくつかは、異訳として中阿含経0026や増一阿含経0125などに収められたり、あるいは、その異訳が単経として、個別に流布しているものも多いが、単経については、それぞれの経典の項目で触れることにしたい。これら三〇経中で、(11)(12)(30)の三経を除いて他の二七経は「長部」に対応パーリ経典があり、また、(1)(2)(9)(10)(13)(14)(19)には、サンスクリット原典の断片が発見されている。さらに(2)(19)(21)には、チベット訳が存在する。

【後世への影響】本経に収められた経典はすべて有名な経典であり、前述の如く、種々の異本・異訳として幅広く流布しており、原始経典として、それぞれ後世に与えた影響は計り知れないものがある。

【訳者・訳年代】後秦の仏陀耶舎＊と竺仏念＊（AD412～413）。

（吉元信行）

0002 **仏説七仏経**（ぶっせつしちぶつきょう）

【成立】原典の成立は、過去仏思想の成立（紀元前二世紀頃）以降であろう。

【内容】一巻。過去七仏について説いた一連の五つの経典の一つである。それら五本の中でこの経典の長さは三番目に属し、「大本経」の前半部分の簡略化されたものといえる。釈尊伝に似せて、過去七仏の伝記を構成し、その氏族・姓字などを記して、その後で、毘婆尸仏の詳しい伝記をあげたものである。祇園精舎で説かれたとされる。

【関連典籍】パーリ原典Mahāpadānasuttanta（『長部』第一四経）、大本経（長阿含経〈1〉、同梵本）、0003・0004。

【後世への影響】過去仏思想の発展に寄与。

【訳者・訳年代】宋の法天＊。

（吉元信行）

0003 **毘婆尸仏経**（びばしぶつきょう）

【成立】原典の成立は、仏説七仏経0002のそれよりは後の時代であろう。

【内容】二巻。釈尊伝に似せて、過去七仏の第一仏である毘婆尸仏の詳しい伝記をあげたもの。この経典は、過去七仏について説いた一連の五つの経典の一つである。先に仏説七仏経0002の部分が成立し、それを仏伝として完成させるため、本経の部分が加わって、「大本経」のような内容が成立したが、毘婆尸仏に関する付加部分のみが独立して、本経となったと考えられる。説かれた場所は書かれていない。

【関連典籍】【後世への影響】0002に同じ。

【訳者・訳年代】宋の法天＊。

【参考文献】岡野潔「七仏経と毘婆尸仏経」『印度学仏教学研究』33―1。

（吉元信行）

0004 **七仏父母姓字経**（しちぶつぶもしょうじきょう）

【成立】後述の如く、本経はすでに三世紀には漢訳されているので、その原典の成立年代はさらに遡ることができる。

【内容】一巻。長阿含経0001(1)大本経など、過去七仏について説いた一連の五つの経典の一つで、仏説七仏経0002と同じく、「大本経」の前半部分に相当するが、他の四経と比べて最も簡単な記述となっている。過去七仏のそれぞれの仏の本所生の父母、国王、所施の行などを簡単に列挙したものである。舎衛城（舎衛国となっている）において説かれた。

【関連典籍】【後世への影響】0003に同じ。

【訳者・訳年代】訳者不明（前魏代）。

（吉元信行）

0005 **仏般泥洹経**（ぶつはつないおんぎょう）

【成立】0006の項参照。

【内容】二巻。釈尊の最後の旅路を扱った原始経典Mahāparinibbānasuttantaの一連の異訳経典の一つである。般泥洹経0006の内容に近い。説かれた場所は王舎城霊鷲山（鷲山）よりクシナガラまで移動する。

【関連典籍】【後世への影響】0007の項に同じ。

【訳者・訳年代】西晋の白法祖＊。

（吉元信行）

0006 **般泥洹経**（はつないおんぎょう）

【成立】漢訳年代も所伝部派も不明であるが、訳語から諸異本の中で最も年代は古いとみられる。内容も仏塔崇拝に関する記述が簡略であるので、その原典も相当古く、仏塔崇拝隆盛（紀元前二世紀頃）以前に遡れよう。ただし、仏般泥洹経0005の訳を参照して竺法護が訳したとの説もある。

【内容】二巻。釈尊の最後の旅路を扱った原始経典Mahāparinibbānasuttantaの一連の異訳経典の一つである。釈尊最後の旅路で、出発点王舎城から入滅後の舎利分配までを扱う。仏塔崇拝や転輪王（大善見王）の物語も簡略であり、他の異本と比べて、粉飾が少ない。ただ、漢訳者が儒教的世界観で相当潤色している。説かれた場所は、王舎城霊鷲山（鵭山）よりクシナガラまで移動する。

【関連典籍】【後世への影響】0007参照。

【訳者・訳年代】訳者は不明であるが訳語か

ら検討して支謙＊ではないかとする説が有力。竺法護＊との説もある。

【参考文献】中村元『遊行経上』（仏典講座Ⅰ）大蔵出版、一九八四年、一八～一九頁。

（吉元信行）

0007 **大般涅槃経**（だいはつねはんぎょう）

大乗経典（涅槃部）に仏陀の入滅を素材としながら、内容の異なる同名の経典0374があるので注意を要する。これらを区別するため同経を大乗涅槃経、本経を小乗涅槃経と称することがある。

【成立】この経典のもっともオリジナルな形態は、仏滅後仏塔崇拝の成立する頃に成立したと思われるが、これら異訳の原本相互の新古についてはまだ決定的な学説は成っていない。

【内容】三巻。釈尊の最後の旅路を扱った原始経典 Mahāparinibbānasuttanta の一連の異訳経典の一つで、阿含経典中最長の経典である。最後の旅路における釈尊の発病からその入滅、およびその後の荼毘、舎利供養までを順次に描写している。この経典全体の構成は後記の関連諸経典とはずいぶん異なり、他の諸本が共通して、仏陀発病前の最後の旅路の出発点王舎城から毘耶離（ヴァイシャーリ）に来るまでを描いているのに、本経はそれをまったく欠いており、その省いた部分は、大切な事柄のみを発病後の記述の中に織り込んでいる。この織り込まれた部分以外は、パーリ原典にもっとも近いものである。

【関連典籍】パーリ原典＝DN.16.Mahāparinibbānasuttanta、サンスクリット原典＝Mahāparinirvāṇasūtra、長阿含経0001（2）遊行経、0005、0006、0378、1451における対応部分（チベット訳あり）。

【後世への影響】大乗の大般涅槃経0374は本経を素材として成立したことは明らかであり、仏陀の入滅という事実はその後の仏教に大きな影響を与えている。「仏涅槃図」等の仏教美術にもこの経典の影響は大きい。

【訳者・訳年代】東晋の法顕＊。求那跋陀羅＊とする説もある。

（吉元信行）

0008 **仏説大堅固婆羅門縁起経**（ぶっせつだいけんごばらもんえんぎぎょう）

【成立】不明であるが、その原典はかなり古くから存在する経典であろう。

【内容】二巻。王舎城霊鷲山において説かれた。本生譚（仏陀の前生物語）の形態をとり、昔、よく国王をたすけて国事を行った宰相（大堅固婆羅門）こそ仏陀の前生であったことを明らかにして、仏陀の超人的存在とその教えが真の涅槃に導くことを示す。

【関連典籍】パーリ原典＝DN.19.Mahāgovinda-sutta。サンスクリット原典＝Mahāgovindīya-sūtra（Mahāvastu. III. 197-224.）、長阿含経（3）典尊経がある。この経典の内容はパーリ原典にもっとも近い。

【後世への影響】この物語は、浄土教の根幹となる法蔵菩薩の物語の素材になったとされている。

【訳者・訳年代】宋の施護＊等。

（吉元信行）

0009 **仏説人仙経**（ぶっせつにんせんぎょう）

【成立】不明であるが、後述の如く、釈尊最後の旅に関連するであろうから、その原典はかなり古くから存在する経典であろう。

【内容】一巻。パーリ原典＝DN.18.Janavasabhasutta に相当する。釈尊が那提迦城（マガダ国パータリプトラのガンジス川の対岸にあるナーディカ村か）にいたとき、阿難が優婆塞の死後の世界について訊ねたときの説法。頻婆沙羅（ビンビサーラ）王が死後毘沙門天の世界に生まれ、人仙と呼ばれたという天界の物語を説いた。

【関連典籍】右記パーリ原典、異訳に長阿含経0001（4）闍尼沙経がある。冒頭の阿難と釈尊の会話部分は、同（2）遊行経、般泥洹経0006などに共通部分あり。

【訳者・訳年代】宋の法賢＊（AD1001）。

（吉元信行）

0010 **仏説白衣金幢二婆羅門縁起経**（ぶっせつびゃくえこんどうにばらもんえんぎきょう）

【成立】原典の成立は、長阿含経0001の成立以前に遡れよう。

【内容】三巻。もとバラモンの白衣と金幢とが仏弟子として出家したのを他のバラモンに卑族について出家したと非難されたのに対して、釈尊はバラモンのみ尊いとすることの非を諭し、仏弟子のみ真のバラモンであることを明らかにする。舎衛城の鹿母堂において説かれた。

【関連典籍】パーリ原典 Aggaññasuttanta（DN. 27）、異訳に長阿含経0001(5)小縁経、中阿含経0026(154)経婆羅婆堂経がある。

【後世への影響】仏教の四姓平等観と人間社会の成立に関する仏教的考察を知る上によい資料を提供する。

【訳者・訳年代】宋の施護＊等。

（吉元信行）

0011 **仏説尼拘陀梵志経**（ぶっせつにくだぼんしきょう）

【成立】原典の成立は長阿含経0001の成立以前に遡れよう。

【内容】二巻。王舎城の竹林精舎において説かれた。苦行外道のニグローダが、仏教徒の散陀那にたいして仏陀をやりこめてやろうと豪語しているのを聞いた釈尊が、彼に対して苦行の非を説き、仏道の正しさを宣説した。

【関連典籍】パーリ原典＝Udumbarika-sīhanāda-suttanta（DN. 25.）。長阿含経0001(8)散陀那経（最も簡単な記述になっている）、中阿含経0026(104)優曇婆羅経。

【後世への影響】当時の苦行者の状況と彼らに対する釈尊の態度、釈尊と異教者の関係を知る上においてよい資料となる。

【訳者・訳年代】宋の施護＊等。

（吉元信行）

0012 **仏説大集法門経**（ぶっせつだいじゅうほうもんぎょう）

【成立】アビダルマ的色彩の濃い経典であるから、原始経典の中でも成立は比較的新しいであろう。所属部派は不明。

【内容】二巻。末利城（マッラ族のパーヴァー村のことか）において説かれた。ここでジャイナ教のニガンタが死んでその教団が分裂し、諍いが起こったのを他山の石として、舎利弗が釈尊に代わって、教えを法数名目的に整備したことが説かれる。

【関連典籍】パーリ原典 Saṅgīti-sutta（DN. 33）、異訳に長阿含経0001(9)衆集経がある。サンスクリット原典あり（Saṅgītisūtra）。

【後世への影響】この経の注釈が、集異門足論1536であり、この経典はアビダルマの原型になった。

【訳者・訳年代】宋の施護＊。

（吉元信行）

0013 **長阿含十報法経**（じょうあごんじっぽうほうきょう）

【成立】仏教の教理を法数の次第によってまとめる一連の経典の一つであるから、原型の成立は南北両伝に分かれる以前でも、かなり後期であろう。

【内容】二巻。舎衛城の祇園精舎で説かれた。仏教の教理を十門に分け、このいちいちの法門に順次に十法をあげるという方法論で説く。

【関連典籍】パーリ原典＝Dasuttara-suttanta（DN. 34）、異訳として長阿含経0001(10)十上経があるが、本経の内容はパーリ本に近く、説かれた場所は異訳と同じ。

【後世への影響】順正理論1562に舎利子増十経として度々引用されているので、有部にとって重要な経典であり、有部アビダルマの形成に大きな影響を与えたであろう。有部所伝の阿含であったろう。

【訳者・訳年代】後漢の安世高＊。

（吉元信行）

0014 **仏説人本欲生経**（ぶっせつにんぽんよくしょうきょう）

【成立】パーリ・サンスクリット原典はじめ多くの異訳が存在するので、相当古い時代に遡りうる。

【内容】一巻。拘類国（クル国）において阿難に対して説かれた。老死・生・有・取・愛の五支から縁起の道理を説く。

【関連典籍】パーリ原典＝Mahānidāna-suttanta（DN. 15）、サンスクリット原典＝Mahānidāna-sūtra。長阿含経0001(13)大縁方便経、中阿含経0026(79)大因経、0052は異訳。この経典の原典は大因経のそれと同じであったと思われる。

【後世への影響】前記原典・異訳が多くあることから、相当一般に流布していたようである。中国で四世紀に道安による注釈・人本欲生経註1693がある。

【訳者・訳年代】後漢の安世高＊（AD146）。

（吉元信行）

0015 **仏説帝釈所問経**（ぶっせつたいしゃくしょもんぎょう）

【成立】パーリ原典をはじめ多くの異訳があるので、成立は相当古いと思われる。

【内容】一巻。王舎城において、帝釈天が五髻童子の音楽を奏でる中を仏陀に見え、仏陀は煩悩の因は虚妄であり、それによって苦を生ずるものであり、その虚妄を滅するのが八正道であることを説き、帝釈天は歓喜して仏陀に帰依した。

【関連典籍】パーリ原典＝Sakkapañha-sutta（DN. 21）、長阿含経0001(14)釈提桓因問経、中阿含経0026(134)釈問経、雑宝蔵経0203(6)帝釈問事縁。

【後世への影響】本経に説かれる釈種の女「密行」が出家して、女身を厭い、忉利天に生まれ、帝釈天の子となったという物語は、後の法華経などにおける変成男子の思想形成に大きな影響を与えたと思われる。

【訳者・訳年代】宋の法賢＊（AD1001）。

（吉元信行）

0016 **仏説尸迦羅越六方礼経**（ぶっせつしからおつろっぽうらいきょう）

【成立】原型は最初期に遡りうるが、本経は後述の如く大乗的色彩が濃いので、この漢訳に対応する原典の成立は大乗仏教の成立当初（紀元前後）であろう。

【内容】一巻。王舎城の尸迦羅越（シンガーラ）が禍を避けるために六方を礼拝しているのを仏陀が見て、方位ではない父母・兄弟等の拝むべき人を礼拝すべきであることを諭した。

【関連典籍】パーリ原典＝Siṅgālavāda-suttanta。長阿含経0001(16)善生経、中阿含経0026(135)善生経、0017。

【後世への影響】経中に「六度」の語が出たり、「帰命天中天」というような小品般若経0227において見られる大乗的な語が出るので、諸異訳の中でも大乗仏教の影響を多分に受けたと思われる。

【訳者・訳年代】後漢の安世高＊。

（吉元信行）

0017 **仏説善生子経**（ぶっせつぜんしょうしきょう）

【成立】原典の成立は最初期に遡りうる。

【内容】一巻。王舎城の善生居士が命終にあたってその息子に六方を礼拝すべきことを遺言した。息子は真実がわからず礼拝していたのを仏陀がその意味を教え、その方向を礼拝すれば、生天すると説いた。

【関連典籍】0016の項に同じ。

【後世への影響】仏教の在家のための道徳を説く卑近な教えとして、有名となった。

【訳者・訳年代】西晋の支法度。

（吉元信行）

0018 **仏説信仏功徳経**（ぶっせつしんぶつくどくきょう）

【成立】パーリ原典も存在するので、原典の成立は最初期に遡りうる。

【内容】一巻。舎利弗が仏に対する信楽の心を表明したもので、過去未来の諸仏、現在一仏を強調する。三世の諸仏は仏陀の教法より確信するものであることを説いた。

【関連典籍】パーリ原典＝Sampasādanīya-suttanta (DN. 28)。長阿含経0001(18)自歓喜経。

【後世への影響】過去仏・未来仏思想を説く

経典として流布した。

【訳者・訳年代】宋の法賢＊（AD1001）。

（吉元信行）


0019 **仏説大三摩惹経**（ぶっせつだいさんまにゃきょう）

【成立】諸尊を礼拝するインド思想の影響が見られるので、原始経典としては、比較的新しい成立と思われる。

【内容】一巻。仏陀がカピラ城にいたとき、梵天や帝釈天をはじめ無量の諸天・大衆が来会して、仏を賛嘆し、聴聞したことが説かれる。

【関連典籍】パーリ原典＝Mahāsamaya-sutta（DN. 20）、長阿含経0001(19)大会経。

【後世への影響】諸天・諸尊が列挙されることから、原始経典における密教的要素の萌芽が認められる。

【訳者・訳年代】宋の法天＊。

（吉元信行）


0020 **仏開解梵志阿颰経**（ぶっかいげぼんしあばつきょう）

【成立】仏陀の時代の実話をもとにして成立したと思われるから、原型の成立は古い。

【内容】一巻。越祇（ヴァッジー）国において説かれた。費迦沙婆羅門が仏陀の評判を聞いて、その様子を聞くために弟子アンバッタを遣わしたところ、仏陀は彼にクシャトリアである釈迦族の因縁を語り、アンバッタの慢心を破って、クシャトリア第一主義を示した。

【関連典籍】パーリ原典＝Ambattha-sutta（DN. 3）、長阿含経0001(20)阿摩昼経、1451(34)、1448(34)。

【後世への影響】バラモン第一主義を批判して、仏教の身分差別否定を示す。

【訳者・訳年代】呉の支謙＊。

（吉元信行）


0021 **仏説梵網六十二見経**（ぶっせつぼんもうろくじゅうにけんぎょう）

【成立】翻訳年代も古く、内容的に見ても相当古い頃に成立していたことは明らかである。アショーカ王の伝道使が伝えたとされるので、紀元前三世紀以前まで遡りうる。

【内容】一巻。釈尊が倶留国（クル国）にいたとき、異教徒の須卑（スッピヤ）が釈尊を誹り、その弟子梵達摩納（ブラフマダッタ）が釈尊を称讃していた。釈尊がそこから舎衛城の祇園精舎に移動したとき、諸比丘から上記のことの意味を聞き、あまりことを理解していないものが誹っても称讃しても意に介する必要のないことを説き、釈尊は単なる外見だけでなく、真の深妙の法を体得しており、賢者はそれを知ってこそ如来を称讃すべきであることを明らかにする。そのわけは、異教徒たちは総じて六十二種の邪見を抱いて、それにとらわれ、ちょうど魚が網にかかって身動きができないようなものであるが、釈尊はこれらの見解をことごとく熟知し、これらの執着を断じて、因縁の法を知るが、これを梵網（真理の網）と名づけると説く。六十二見とは、当時一般に流布していた仏教以外のさまざまな思想で、過去に関して常住不滅論などの十八見と未来に関して、死後有想論等の四十四見をいう。

【関連典籍】パーリ原典にBrahmajāla-sutta（DN. 1）、異訳に長阿含経0001(21)梵動経があり、パーリ原典に比較的近い内容のチベット訳がある（北京版No. 40）。なお、サンスクリット原典の断簡も発見されている。

【後世への影響】仏陀当時、六師外道の思想を含む六十二種の諸思想が行われていたことを知る有力な資料であり、この一連の経典を中心に、その後も多くの研究を生んでいる（宇井伯寿「六十二見論」印度哲学研究第三など）。

【訳者・訳年代】呉の支謙＊。

（吉元信行）

0022 **仏説寂志果経**（ぶっせつじゃくしかきょう）
【成立】この経典の原典はDN. 2. Sāmañña-phalasuttaに相当するから、その原型は、部派分裂以前に遡るであろう。
【内容】一巻。王舎城の耆域奈園（ジーヴァカのマンゴー園）において説かれた。マガダ国の阿闍世王が満月の夜を過ごす方法を大臣に尋ねたところ、六師外道に説法を聞くことを薦められたが、ただ耆婆大臣だけが釈尊に見えることを薦め、釈尊に沙門の生活とその果報について聞き、過去を恥じて帰仏した。

【関連典籍】パーリ原典＝Sāmaññaphala-sutta。長阿含経0001(27)沙門果経は異訳。

【後世への影響】大乗経典の大般涅槃経0374や観無量寿経0365に説かれる王舎城の悲劇はこの経典が素材になったと思われる。

【訳者・訳年代】東晋の竺曇無蘭＊。

（吉元信行）

0023 **大楼炭経**（だいろうたんきょう）

【成立】パーリ原典はなく、成立は北伝の段階で、比較的新しいであろう（0025の項参照）。

【内容】六巻。祇園精舎において説かれた。当時の宇宙論で、世界の生起・形状を説明する。「楼炭」なる経名は、Lokopapatti（世界の生起）の音写である。本経第七章「高善士品」にあたるものが他の異訳本にはない。

【関連典籍】長阿含経0001(30)世記経は本経と原典を同じくすると思われる。0024・0025。

【後世への影響】現存しないが、この原典はこの種の宇宙論を説く経典や論書の原型になったと思われる。正法念処経0721、立世阿毘曇論1644などは、この経典の発展形態である。

【訳者・訳年代】西晋の法炬＊。

（吉元信行）

0024 **起世経**（きせきょう）

【成立】【内容】0025の項参照。舎衛城のカレーリ石窟において説かれた。

【関連典籍】長阿含経0001(30)世記経、0023。本経は0025と原典を同じくすると思われる。

【後世への影響】この原典は現存しないが、この種の宇宙論を説く経典や論書の原型になったと思われる。正法念処経0721、立世阿毘曇論1644などは、この経典の発展形態である。

【訳者・訳年代】隋の闍那崛多＊等。

（吉元信行）

0025 **起世因本経**（きせいんぽんぎょう）

【成立】この種の経典はパーリ原典では伝わらず、説一切有部等の部派でも論書でしか存在しないので、成立はアビダルマの時代（紀元後）であろう。所属部派についても、説一切有部・南伝上座部・法蔵部でないことだけが明らかで、まったく不明である。

【内容】一〇巻。舎衛城のカレーリ石窟において説かれた。当時の宇宙論で、世界の生起・形状を説明する。章名によって内容を要約すると次の如くである。（1）ジャンプ洲、（2）北クル洲、（3）転輪聖王、（4）地獄、（5）諸竜や金翅鳥、（6）阿修羅、（7）四天王、（8）三十三天、（9）闘戦、（10）世界の生成、（11）世界の消滅、（12）理想的世界。

【関連典籍】長阿含経0001(30)世記経、0023。本経は0024と原典を同じくすると思われる。

【後世への影響】現存しないが、この原典はこの種の宇宙論を説く経典や論書の原型になったと思われる。正法念処経0721、立世阿毘曇論1644などは、この経典の発展形態である。本経の内容によく似た資料として、近年発見されたパーリ論書の中にLokapaññatti があり、また、チベット訳の中に「世間施設」なる論書の訳が存在する。

【訳者・訳年代】隋の達磨笈多＊。

（吉元信行）

0026 **中阿含経**（ちゅうあごんぎょう）

【成立】この経典は、多くの経典を集めたものであるから、一括して成立年代を確定することはできない。そのうちいくつかの部分は第一結集（仏滅直後）の頃には成立していたであろうが、第二結集（紀元前三世紀）において、多くの経典をいくつかの部類にまとめる作業がなされ、そのうち中くらいの長さの経典がまとめられたのがこの経典の原型となった。それらは、各部派によって伝承され、南伝では「中部（Majjhima-nikāya）」、北伝では中阿含経という形にまとめられた。後者の形にまとめられたのは、紀元後のカシミールの説一切有部教団においてであった。当初の原語はガンダーリー語であったと推定されている。

【内容】六〇巻。この経典群は、本来中くらいの長さの経典を集めたという以外に、この中に含まれる各経の全部にわたる共通性を、見出すことは困難である。次の各章よりなる。(1)七法品(一〇経)、(2)業相応品(一〇経)、(3)舎梨支相応品(一一経)、(4)未曾有法品(一〇経)、(5)習相応品(一六経)、(6)王相応品(一四経)、(7)長寿王品(一五経)、(8)穢品(一〇経)、(9)因品(一〇経)、(10)林品(一〇経)、(11)大品(二五経)、(12)梵士品(二〇経)、(13)根本分別品(一〇経)、(14)心品(一〇経)、(15)双品(一〇経)、(16)後大品(一〇経)、(17)晡利多品(一〇経)、(18)例品(一一経)。

南伝の「中部」とこの経典を比較すると、題目や章の分類に大きな相違があるが、編集上の共通の原則もあったようである。ただ、その原則はそれぞれ異なって伝承されていたと考えられる。

【関連典籍】パーリ原典＝Majjhima-nikāya(「中部」)が対応するが、すべて一致するわけではない。本経に含まれる二二二経の内、一〇〇経弱がパーリの「中部」に対応し、それ以外の「相応部」や「増支部」などにパーリ原典の求められるものもある。また、漢訳異訳として、種々の訳者により単訳されたもの、他の三阿含中に含まれているものもある。

【後世への影響】この経典は、中国において二回漢訳されたようである。第一回目の漢訳は現存していないが、AD384~391の頃、トカラの沙門・曇摩難提(ダンマナンディ)が訳出したという。

【訳者・訳年代】現存するのは第二回目の翻訳である。僧伽羅叉*が将来した原典を東晋の僧伽提婆*が訳(AD397~398)。

【参考文献】榎本文雄「阿含経典の成立」『東洋学術研究』23―1、九三~一〇一頁。同「初期仏教思想の生成―北伝阿含の成立」『岩波講座・東洋思想』第八巻、一〇五~一一〇頁。

(吉元信行)

0027 仏説七知経(ぶっせつしっちきょう)

【成立】パーリ原典の存在することから、その原型は南北両伝に分かれる以前の成立であることは明らかであるが、本経には、十二分経が説かれており、大衆部系の所伝と見られるから、部派仏教初期時代の成立である。

【内容】一巻。舎衛城の祇園精舎で説かれた。比丘が法・義・時・節・己・衆・人の七法を知れば正悟すると説かれる。

【関連典籍】パーリ原典＝Dhammaññū(AN. VII. 64)。異訳として中阿含経0026(1)善法経、増一阿含経0125(39―1)がある。

【後世への影響】大衆部系の十二部経を説く経典として知られている。

【訳者・訳年代】呉の支謙*。

(吉元信行)

0028 仏説園生樹経(ぶっせつおんじょうじゅきょう)

【成立】パーリ原典の存在することから、その原型は南北両伝に分かれる以前の成立であろう。

【内容】一巻。舎衛城の祇園精舎で説かれた。三十三天(忉利天)の名木園生樹の葉が落ちて、再び芽を吹き、葉を生じ、果を結ぶ変化をあげて、比丘が出家し、学道し、証悟することに譬えたものである。

【関連典籍】パーリ原典＝Pāriccattako(AN. VII. 65)。異訳として、増一阿含経0125(39―2)がある。

【訳者・訳年代】宋の施護*(AD980)。

(吉元信行)

0029 仏説鹹水喩経(ぶっせつかんすいゆきょう)

【成立】パーリ原典の存在することから、その原型は南北両伝に分かれる以前の成立であろう。

【内容】一巻。舎衛国の祇園精舎で説かれた。

水中に臥すると、頭が水より出たり水没したり、あるいは水を出て、彼岸に立ち、水を渡って彼岸の人となる人など七人を譬えて、人の罪悪に溺れている状態より証悟の高い位に至る七段階を表したものである。

【関連典籍】パーリ原典＝Udakūpamā（AN. 7. 15）、中阿含経0026(4)水喩経、増一阿含経0125(39)山水経。

【訳者・訳年代】訳者不明（西晋代）。

（吉元信行）

0030 **仏説薩婆多酥哩踰捺野経**（ぶっせつさっばたそりゆなやきょう）

【成立】パーリ原典の存在することから、その原型は南北両伝に分かれる以前の成立であろう。

【内容】一巻。ヴァイシャーリで説かれた。劫の末のとき、七つの日輪が出現して、世界を焼き尽くす状態を詳述する。そのとき妙眼如来が出現し、衆生に法を説き、修行を円満せしめて、梵天の上に生ぜしめ、この劫焼を免れしめたという説話である。そのときの妙眼如来は釈尊の前生であるとされる。

【関連典籍】パーリ原典＝Suriya（AN. VII. 62）。異訳の漢訳はない。

【後世への影響】ジャータカの一種である。

【訳者・訳年代】宋の法賢＊（AD1001）。

（吉元信行）

0031 **仏説一切流摂守因経**（ぶっせついっさいるしょうしゅいんぎょう）

流摂経、一切流経、一切流摂守経ともいう。

【成立】すでに二世紀には翻訳されており、また、パーリ原典、諸異訳があるので紀元前の相当古い時代に遡りうる。同内容の中阿含経0026(10)漏尽経よりははるかに古い。

【内容】一巻。クル国で説かれた。智者・見者はよく一切の煩悩を滅尽すること、見・摂・避・用・忍・暁・行念の七によって、煩悩を断尽し得ることを説いた。七断漏法の第二の摂（感官を制御すること）をとって経名とした。

【関連典籍】パーリ原典＝Sabbāsavasutta（MN. 2）、中阿含経0026(2)漏尽経、増一阿含経0125(40—6)。これら異訳経典の内容に、あまり違いは見られない。

【訳者・訳年代】後漢の安世高＊。

（吉元信行）

0032 **仏説四諦経**（ぶっせつしたいきょう）

【成立】すでに二世紀には翻訳されており、パーリ原典、諸異訳があるので、その原型は紀元前の相当古い時代に遡りうる。

【内容】一巻。舎衛国の祇園精舎において、仏陀が比丘達に対して、三世の諸仏が説いた教えの中で四聖諦の教えが最も優れた教えであることを説く。次いで、この教えを説き広めて行ける者は舎利弗であるとして舎利弗と目連の二大弟子を誉め讃える。この後、舎利弗が注釈的に比丘達に四聖諦の教えを説く。

【関連典籍】パーリ原典＝MN. 141 Saccavibhangasutta、中阿含経0026(31)分別聖諦経、増一阿含0125(27)-一。このうち分別四諦経は本経に酷似していることから同一経典の別訳であることも想定される。また、増一阿含本は四諦の記述が簡略である。

【後世への影響】原始経典の中で四聖諦の解釈をしている代表的な経典である。

【訳者・訳年代】後漢の安世高＊。

（吉元信行）

0033 **仏説恒水経**（ぶっせつごうすいきょう）

【成立】本経の原型は0035の原典であろうが、この漢訳の原典は、本経に大乗思想の影響があることから、紀元以降の成立である。二世紀末には漢訳されているので、一世紀頃の成立と思われる。

【内容】一巻。瞻波国（チャンパ）恒河畔（ガンジス河畔）において十五日説戒の日、不浄の者（戒律を守っていない比丘）がその場にいたため、説戒を行わなかった。目連がそれを察知して、不浄の者を追い出すと、仏陀は大海の八徳になぞらえて、僧伽の八徳を説いたという経である。

【関連典籍】0035の項参照。

【後世への影響】この経典の注目すべき点は阿含系の経典である恒水経が大乗化している点である。経典中に多くの大乗経典に使われる語が混入しているのである。経典史上最も注目すべき経典の一つである。この例は尸伽羅越六方礼経0016にもみられる。

【訳者・訳年代】西晋の法炬＊。

（吉元信行）

0034 法海経（ほっかいきょう）

【成立】パーリ原典や諸種の異訳が存在し、相当古い成立であると思われる。

【内容】一巻。仏陀が、十五日の布薩の日に、教団内に不浄の比丘がいることを知って、阿難が三度依頼しても、波羅提木叉を説かなかった。そこで、目蓮が不浄の比丘を追い出して、仏陀に戒を説いてくれるよう願い、仏陀は大海の八徳に喩えて説いた。

【関連典籍】0035の項参照。本経はパーリ原典に比較的近い。

【後世への影響】本経の記事は、パーリ文クッダカニカーヤ(9―1)や五分律1421(28)の中にも引用されている。

【訳者・訳年代】西晋の法炬＊。

（吉元信行）


0035 仏説海八徳経（ぶっせつかいはっとくきょう）

【成立】パーリ原典や諸種の異訳が存在し、相当古い成立であると思われる。

【内容】一巻。十五日の説戒の日に、仏陀のもとに比丘達が集まったがその中に不浄の比丘がいたために仏陀が説戒しなかった。そこで目蓮がその者を追い出した後で、仏陀が僧伽の徳を海の八徳にたとえて説いた経。この経典は鳩摩羅什訳となっているが竺法蘭の訳であると思われる。

【関連典籍】パーリ原典＝AN.8.20 Uposatha-sutta、Cv. 9. 1 Udāna 5. 5、中阿含経0026(37)瞻波経、0034、増一阿含経0125(48)第二経（前半部のみ一致）。他に海有八事経があったようであるが現在は欠訳。

【訳者・訳年代】姚秦の鳩摩羅什＊と伝えられる。竺法蘭であるとすると最初期の訳経者であるから一世紀後半ということになる。

（吉元信行）


0036 仏説本相猗致経（ぶっせつほんそういちきょう）

【成立】パーリ原典や諸漢訳が存在するので、その原型は南北両伝に分かれる以前の古い成立であろう。

【内容】一巻。仏陀が舎衛国の祇園精舎で衆生の困惑の本である有愛は猗致（idappaccayatā 縁生）であると説いた。つまり、癡を因縁とし、癡は五蓋または非賢者に近づくと、悪知識に至ってしまう。逆に、七覚慧を縁とするか、善知識に親しむことによって智慧解脱にいたるとする。迷悟の本源は善知識によるとする経典である。

【関連典籍】0037の項参照。

【訳者・訳年代】後漢の安世高＊。

（吉元信行）


0037 仏説縁本致経（ぶっせつえんほんちきょう）

【成立】パーリ原典や諸漢訳が存在するので、南北両伝に分かれる以前の古い成立であろう。

【内容】一巻。衆生の迷いのもとである愛（有愛）にしても、智慧解脱にしても必ずそのもととなるものがあると説いたもの。これが経名の由来である。すなわち、愛は五蓋によって、五蓋は三悪種（悪行）または賢聖に背くからである。同じく聖者の智慧解脱は七覚支により、七覚支は四意支により、四意支は三清浄行または賢聖に親しむことによると説いたものである。

【関連典籍】パーリ原典＝AN. 10. 61-62. Āhāra-sutta。雑阿含経0099(37)本相猗致経、中阿含経0026(51)本際経。

【訳者・訳年代】訳者不明（東晋代）。

（吉元信行）

0038 仏説輪王七宝経（ぶっせつりんおうしっぽうきょう）
七宝経ともいう。
【成立】転輪聖王の七宝についてはかなり古

い頃から成立しており、パーリ原典も見られることから、この原型は南北両伝に分かれる以前、おそらくアショーカ王の頃（紀元前三世紀）に遡りうる。

【内容】一巻。本経は転輪王が出世するとき、輪宝、象宝、馬宝、主蔵臣宝、主兵臣宝、摩尼宝、女宝の七宝が出現することを説き、ちょうどそのように如来正等覚が出世するときは念覚支等の七覚支を宣説することを説いている。

【関連典籍】パーリ原典＝SN. 46. 42 Cakkavattisutta。雑阿含経0099(27)第十経、中阿含経0026(58)七宝経、増一阿含経0125(39)第七経。なお、関連する記述として、般泥洹経0006等のMahāparinibbānasuttanta関係諸異本に詳しい伝説が説かれている。

【後世への影響】転輪聖王の七宝という考え方は、アショーカ王をモデルに成立したものと思われ、その後の王権と仏教のかかわりに大きな影響を与えたと思われる。

【訳者・訳年代】宋の施護＊。

（吉元信行）

0039 **仏説頂生王故事経**（ぶっせつちょうしょうおうこじきょう）

頂生王経ともいう。

【成立】パーリ原典は現存しないが、三世紀末には翻訳されているので、北伝仏教においてかなり早い時期に成立していたであろう。

【内容】一巻。仏陀が阿難に人間が貪欲で飽くなきことを戒めるために、四州を統治してもなお満足せず、さらに欲を追求して、三十三天の法堂に入り、帝釈天の半座を得ても飽くこと無く、ついに帝釈天を放逐し、自ら天界を統治しようという野心を抱くや否や、たちまち神通を失って下界に墜落して死んでしまった頂生王の故事を以て語った。

【関連典籍】中阿含経0026(60)四洲経、増一阿含経0125(17)第七経、0040。Divyāvadāna 210-226。

【訳者・訳年代】西晋の法炬＊。

（吉元信行）

0040 **仏説文陀竭王経**（ぶっせつもんだかつおうきょう）

【成立】パーリ原典は現存しないが、異訳が三世紀末には翻訳されているので、北伝仏教においてかなり早い時期に成立していたであろう。

【内容】一巻。仏陀が舎衛国の祇園精舎で、世間には五欲を厭う者が少なく、厭足を知らない者が多いとして、阿難に文陀竭王（ムンダーヴァーシッタ＝頂生王）本生物語を説いた。この王は、五欲を追求して転輪王となり、四州を統治したがそれにも満足せず、さらに三十三天で帝釈天に代わって統治しようとしたが、たちまち天から落ち、病床に臥してしまった。このとき王は初めて五欲は厭きることなく、仏道は成じて満足するものであることを証したとされる。

【関連典籍】0039の項参照。

【訳者・訳年代】北涼の曇無讖＊。

（吉元信行）

0041 **仏説頻婆娑羅王経**（ぶっせつびんばしゃらおうきょう）

頻婆娑羅王経、頻婆羅経ともいう。

【成立】内容は仏伝にあらわれる有名なトピックであり、原型は南北両伝に分かれる前のかなり早い成立であろう。

【内容】一巻。仏陀が初転法輪のあと三迦葉（カッサパ）を初め千人の比丘を教化して王舎城に入ったとき、王の頻婆娑羅（ビンビサーラ）が、大衆を引き連れて迎えるが、比丘の中にかつて有名な外道の教祖であった優留頻羅迦葉（ウルヴェーラー・カッサパ）がいたので、人々は仏陀と迦葉のどちらが師であるのかを疑い尋ねると、仏陀は迦葉が火に仕えることを捨てて仏陀に帰依したことを偈を用いて答え、王のために諸行無常、苦、無我の因縁所生の理を説いた。

【関連典籍】パーリ原典＝VinayaのMv. 1. 4. 1、中阿含経0026(62)頻鞞娑邏王迎仏経。

【訳者・訳年代】宋の法賢＊。

0042 **仏説鉄城泥犁経**（ぶっせつてつじょうないりきょう）

【成立】この経はアショーカ王派遣の伝道使の所持した経典と伝えられるから、その原型は、紀元前三世紀頃に遡りうる。

【内容】一巻。地獄の構成について述べた経。地獄に関する表現は異本異訳でそれぞれ異なり、パーリの天使経は六種、鉄城泥犁経および泥犁経は八種となる。閻羅王五天子経は後半を欠き、増一阿含経0125の記述は本経と最も異なっている。

【関連典籍】パーリ原典＝MN. 130. Devadūta-sutta、AN. 3. 35。中阿含経0026(64)天使経、閻羅王五天使者経0043、増一阿含経0125(32)第四経、0086。

【後世への影響】この経典の伝承が、仏伝における四門出遊伝説を生み出したと考えられる。

【訳者・訳年代】東晋の曇無蘭＊。

（吉元信行）

0043 **仏説閻羅王五天使者経**（ぶっせつえんらおうごてんししゃきょう）

五天使者経、閻羅王五天子経ともいう。

【成立】原型は、紀元前三世紀頃に遡りうる。

【内容】一巻。閻羅王が衆生に悪事をさせないために、この世に生・老・病・死・犯罪人の五人の使者を遣わしているのに、衆生はこれを覚らずして、地獄へ堕ちるべき罪を犯していることの愚かさを説いている。

【関連典籍】0042の項参照。

【訳者・訳年代】劉宋の慧簡。

（吉元信行）

0044 **仏説古来世時経**（ぶっせつこらいせじきょう）

【成立】原典の前半は南北両伝に分かれる以前の成立であろうが、後半については弥勒信仰が見られるので、紀元前後にまで下がるであろう。

【内容】一巻。内容は前半と後半に分けることができる。前半は福田への施しが大いに果があることを説く。阿那律（アヌルッダ）が前生において飢饉の折、和里独覚に一鉢の食事を供養したため、福楽を得、この世において、釈迦族に生まれて豊かになったことを挙げる。後半は仏座のそばにいる弥勒が再び世に出て、弥勒仏として成仏するであろうとの予言を説いたものである。

【関連典籍】パーリ原典＝Thera G. 910–919（前半部のみ）。中阿含経0026(66)説本経、大智度論1509には中阿含本末経として引用されている。

【訳者・訳年代】訳者不明（東晋代）。

（吉元信行）

0045 **大正句王経**（たいしょうくおうきょう）

【成立】この経典は仏滅後、仏弟子が説いたとされるが、その原型は南北両伝に分かれる紀元前三世紀には成立していたと見られる。

【内容】二巻。童子迦葉（クマーラカッサパ）が尸利沙（セータヴャー）の大正句王（パーヤーシ）の後世の存在を否定する偏見と、因果を否定する王の見解を否定するために、日月の喩、犯人の喩、穢垢の喩、生育の喩、妄婦の喩、螺声の喩、鉄球の喩、夢中遊園林の喩、事火道人の喩、二商人の喩、二朋友の喩、打糞人の喩、猪の喩などの説話を説いて説破し、遂に王に三宝に帰依させるに至ったことを説いたもの。

【関連典籍】パーリ原典＝DN. 23. Pāyasisutta、長阿含経0001(7)弊宿経、中阿含経0026(71)蜱肆経。

【訳者・訳年代】宋の法賢＊（AD1001）。

（吉元信行）

0046 **仏説阿那律八念経**（ぶっせつあなりつはちねんきょう）

八念経、禅行検意経ともいう。

【成立】原型は南北両伝に分かれる以前の成立であろう。

【内容】一巻。阿那律のために八大人念と四禅を説いたもの。仏陀は阿那律（アヌルッダ）に少欲・知足・陰処・精進・制心・定意・智慧・捨家の八大入念（八大入覚）を思惟し、四禅を修して精進すると、必ず安隠涅槃の境に到達することを説き、八大入念の一つ一つを説いたものである。

【関連典籍】パーリ原典＝AN. 8. 30. Anuruddhasutta。中阿含経0026(74)八念経、増一阿含経0125(42)第六経。

【訳者・訳年代】後漢の支曜。

（吉元信行）

0047 **仏説離睡経**（ぶっせつりすいきょう）

離睡眠経、離経ともいう。

【成立】原型は南北両伝に分かれる以前の成立であろう。

【内容】一巻。睡眠を離れる方法を説いたものである。目蓮（モッガラーナ）がある日静かな所で経行していたとき、眠ってしまったのでこれにちなんで、仏陀は睡眠を離れる方法、安眠に計著してはいけないことを教えたもの。次に比丘の修行について説き、三受が無常であること、敗壊の法であることを観じて、梵行を究めるべきことを説いた。

【関連典籍】パーリ原典＝AN. 7. 58. Calasutta、Paramatthadipanī Theragāthā-aṭṭhakathā III p. 162（Theragāthā1146-1149の注）。中阿含経0026(83)長老上尊睡眠経。

【訳者・訳年代】西晋の竺法護＊。

（吉元信行）

0048 **仏説是法非法経**（ぶっせつぜほうひほうきょう）

【成立】原型は南北両伝に分かれる以前の成立であろう。

【内容】一巻。舎衛国の祇園精舎において釈尊は比丘等に賢者法と非賢者法の十法を説いた。大性（貴族）、色像端正、善語善説、年大多識、経・律・論を知るもの、常行乞食のもの、糞掃衣を着るもの、樹下・空沢・塚間等に止住するもの、第一禅を得るもの、第二禅を得るもの、第三禅を得るもの、第四禅を得るもの、空無辺処に達するもの、識無辺処を知るもの、無所有処を知るもの、非想非非想処を得るもの等の法において、自らを誇り他を卑しめたなら非賢者法となり、法のままなら賢者法となると説いたもの。

【関連典籍】パーリ原典＝MN. 130. Sappurisasutta。中阿含経0026(85)真人経。

【訳者・訳年代】後漢の安世高＊。

（吉元信行）

0049 **仏説求欲経**（ぶっせつぐよくきょう）

【成立】原型は南北両伝に分かれる以前の成立であろう。

【内容】一巻。内に穢欲があって、それを知っている人、内に穢欲があってそれを知らない人、内に穢欲が無くてそれを知っている人、内に穢欲が無くてそれを知らない人の四種の人がいるとして、穢欲を持っていることを持っていると知る人、穢欲を持たずに持っていないと知る人が優れていることを巧みな喩を用いて説いた経典である。

【関連典籍】パーリ原典＝MN. 5. Anaṅganasutta。中阿含経0026(87)穢品経。

【訳者・訳年代】西晋の法炬＊。

（吉元信行）

0050 **仏説受歳経**（ぶっせつじゅさいきょう）

【成立】原型は南北両伝に分かれる以前の成立であろう。

【内容】一巻。受歳と呼ばれる安居の後に行われる自恣（自ら反省し、他人に自分の過失について正してもらうよう請うこと）について、目蓮が比丘達にその用意を説明している。つまり、比丘が反抗的で聞き分けがない人で、悪に染まっているならば、他の比丘はその人に罪を挙げることもしなければ教えることもしない。もし逆であるならば、他の比丘は喜んでその人の罪を挙げ、教誡すると説いたものである。

【関連典籍】パーリ原典＝MN.15 Anumānasutta。中阿含経0026(89)比丘請経。

【訳者・訳年代】西晋の竺法護＊。

（吉元信行）

0051 **仏説梵志計水浄経**（ぶっせつぼんしけいすいじょうきょう）

【成立】原型は南北両伝に分かれる以前の成立であろう。

【内容】一巻。仏陀が欝髀羅（ウルヴェーラー）の水岸にいたとき、計水浄梵志が遙かに来るのを見て、仏陀は比丘達に二十一結著（心穢＝煩悩）に汚されたものは必ず悪趣に堕し、結著意に汚されなければ必ず善趣に生まれる、故に、結著意を捨て慈悲喜捨の四無量心を修することが真実の洗浄であると説いた。次いで、水浴所に赴かれ、計水浄婆羅門に意の結著は水を以て浄めるのではなく、善法こそ浄めるべき法であると示し、婆羅門を帰依させた。

【関連典籍】パーリ原典＝MN. 7 Vatthūpamasutta。中阿含経0026(93)水浄梵志経、増一阿含経0125(13)第五経。

【訳者・訳年代】訳者不明（東晋代）。

（吉元信行）

0052 **仏説大生義経**（ぶっせつだいしょうぎきょう）

【成立】原型は南北両伝に分かれる以前の成立であろう。

【内容】一巻。仏陀が阿難に縁生の理が甚深にして了解し難いものであることを説いて、現実苦の老死の根源を求めて、識に遡り、識・名色・六処・触・受・愛・取・有・生・老死の十支を挙げ、その一つ一つを説明し、その後七識住、二処、八解脱を説いたものである。

【関連典籍】パーリ原典＝D. 15 Mahānidānasutta。長阿含経0001(13)大縁方便経、中阿含0026(97)大因経。梵文断簡あり（0001参照）。

【後世への影響】十支縁起を説く経典として注目される。

【訳者・訳年代】宋の施護＊。

（吉元信行）

0053 **仏説苦陰経**（ぶっせつくおんきょう）

【成立】原型は南北両伝に分かれる以前の成立であろう。

【内容】一巻。五欲の味楽、すなわち人を引きつける力の過患（過度の苦しみ）と出離を説いたもので、その甘い味楽に引きずられて恐ろしい過患を受けることを示し、それからの出離を教えたものである。

【関連典籍】パーリ原典＝MN. 13 Mahādukkhakkhandhasutta。中阿含経0026(99)苦陰経、増一阿含経0125(21)第九経　苦陰。

【訳者・訳年代】訳者不明（後漢代）。

（吉元信行）

0054 **仏説釈摩男本四子経**（ぶっせつしゃくまなんほんししきょう）

釈摩男本経、釈摩男経、釈摩訶男本経、五陰因事経ともいう。

【成立】原型は南北両伝に分かれる以前の成立であろう。

【内容】一巻。釈迦族の摩訶男（マハーナーマ）が、仏陀に淫・怒・癡に困っていることを訴えると、仏陀は世間の楽は少なく、苦が多いことを説く。さらに五欲の災いについて、まだ正覚を為す前の菩薩時代に仏陀自身にもこの悩みがあったことを語り、かつて王舎城において、宿世の悪行は苦によって楽に達するという尼健子（ジャイナ教のニガンタ）の邪執を破ったことを語る。この経より、ニガンタによる当時のジャイナ教の思想を知ることができる。

【関連典籍】0055の項参照。

【訳者・訳年代】呉の支謙＊。

（吉元信行）

0055 **仏説苦陰因事経**（ぶっせつくおんいんじきょう）

【成立】原型は南北両伝に分かれる以前の成立であろう。

【内容】一巻。五欲の生活は苦患が多く、人々はこの欲のために苦しみ悩み、相争い、相戦うのであると説き、心に貪、瞋、痴が無くてはじめて安楽になると説いたものである。

【関連典籍】パーリ原典＝MN. 14 Cūladukkhakkhandhasutta。中阿含経0026(100)苦陰経、釈摩男本四子経0054、増一阿含経0125(41)第一

経摩訶南。このうち、この苦陰因事経が最も原本に近い。

【訳者・訳年代】西晋の法炬＊。

（吉元信行）


0056 **仏説楽想経**（ぶっせつらくそうきょう）

【成立】原型は南北両伝に分かれる以前の成立であろう。

【内容】一巻。地・水・火・風・天神・梵天・阿婆天・阿鼻婆天・浄・虚空処・識処・無所有処・夢想処・一・若干・見・聞・知・識を以て我とする人は、まだこれらについて知らない人であり、これらをして我としない人は真にこれらについて知っているものであると説いたものである。

【関連典籍】パーリ原典＝MN. 1 Mūlapariyāya-sutta、中阿含経0026(106)想経。

【訳者・訳年代】西晋の竺法護＊。

（吉元信行）


0057 **仏説漏分布経**（ぶっせつろうぶんぷきょう）

【成立】原型は南北両伝に分かれる以前の成立であろう。

【内容】一巻。仏陀が諸比丘に漏・痛・思想・愛欲・行・苦についてそれぞれの分類、さらにそれぞれの因・報・滅・道（苦・集・滅・道のこと）について説いたものである。

【関連典籍】パーリ原典＝AN. 6. 63 Nibbedhikasutta。中阿含経0026(111)達梵行経。

【訳者・訳年代】後漢の安世高＊。

（吉元信行）


0058 **仏説阿耨風経**（ぶっせつあのくふうきょう）

【成立】原型は南北両伝に分かれる以前の成立であろう。

【内容】一巻。仏陀が阿難に提婆達多は放逸で善行がないために、地獄に堕ちて一劫の間彼を救い出すのが難しいことを告げ、次いで大人の根相（清浄の法を得、滅法を得、命終の後、地獄に堕ちるものの三種、または清浄の法を得、滅法を得、現在において般涅槃するものの三種を指す）を分別するならば、如来に信楽の心を起こして歓喜を生じると説き、放逸を戒めた。この経典は跋耆国（ヴァッジ）の阿耨風城（アヌピヤー）において説かれたのが名の由来である。

【関連典籍】パーリ原典＝AN. 6. 62 Udaka-sutta。中阿含経0026(112)阿奴波経。

【訳者・訳年代】東晋の曇無蘭＊。

（吉元信行）


0059 **仏説諸法本経**（ぶっせつしょほうほんぎょう）

【成立】原型は南北両伝に分かれる以前の成立であろう。

【内容】一巻。諸法の本（根本）は欲、習は更（くり返し）、同趣（会合）は痛、致有（主権）は念、明道（生成）は思惟、第一は三昧、最上は智慧、牢固は解脱、畢竟（終結）は涅槃であるという九つについてのべたもの。パーリでは十項目（これに「諸法の沈潜は不死＝甘露である」を加える）であるのに対し、本経は九項目である。

【関連典籍】パーリ原典＝AN. 8. 83、AN. 10. 58 Mūlasutta。中阿含経0026(113)諸法本経。

【訳者・訳年代】呉の支謙＊。

（吉元信行）

0060 **仏説瞿曇弥記果経**（ぶっせつぐどんみきかきょう）
【成立】原型は南北両伝に分かれる以前の成立であろうが、後半部の正法が五百年になったという部分は明らかに後世の付加である。
【内容】一巻。仏陀の乳母であった瞿曇弥（マハーパジャパティー）が仏陀に三度出家を請うが許されず、阿難が代わりに願い出て、八敬法を約束して許される。後、瞿曇弥が新学の比丘は例え比丘尼であっても拝するべきだと仏陀に請うが斥けられる。仏陀はここで、もし尼僧が出家しなければ正法が世に千年間存在したのだが尼僧が出家してしまったために五百年となってしまったことを説き、女人に五障を有していることを説いたもの。
【関連典籍】パーリ原典＝AN. 8. 51 Gotamī-sutta、Cv. 10. 1。中阿含経0026(116)瞿曇弥経、四分律1428(48)、五分律1421(29)。

【訳者・訳年代】劉宋の慧簡。（吉元信行）

0061 **仏説受新歳経**（ぶっせつじゅしんさいきょう）

【成立】【内容】一巻。0063の項参照。

【関連典籍】0063の項参照。

【訳者・訳年代】西晋の竺法護＊。（吉元信行）

0062 **仏説新歳経**（ぶっせつしんさいきょう）

【成立】【内容】一巻。0063の項参照。

【関連典籍】0063の項参照。

【訳者・訳年代】東晋の曇無蘭＊。（吉元信行）

0063 **仏説解夏経**（ぶっせつげかきょう）

【成立】原型は南北両伝に分かれる以前の成立であろう。

【内容】一巻。安居の後に行われる自恣についての経典である。多くの比丘の中で、まず仏陀が自ら自恣を請い、舎利弗が仏陀の清浄を説き、続いて舎利弗が自恣を請い、仏陀が彼の清浄を証し、仏教詩人の鵬耆舎（ヴァンギーサ）がその後で賛歌を歌ったもの。

【関連典籍】パーリ原典＝SN. 8. 7 Pavāraṇa-sutta。雑阿含経0099(45)第十五経、別訳雑阿含経0100(12)第十五経、増一阿含経0125(32)第五経、中阿含経0026(121)請々経、受新歳経0061。サンスクリット本：Pravāraṇa-sūtra。

【後世への影響】梵本をはじめ、多数の異訳がなされているので、南伝仏教のみならず北伝仏教においてもかなり広く流布した経典である。

【訳者・訳年代】宋の法賢＊（AD1001）。（吉元信行）

0064 **仏説瞻婆比丘経**（ぶっせつせんばびくきょう）

【成立】原型は南北両伝に分かれる以前の成立であろう。

【内容】一巻。仏陀が瞻婆国（チャンパー）で、月の十五日に比丘達のために戒を説こうとするが、朝になっても説かなかった。ある比丘が理由を尋ねると不浄の比丘が中にいることを告げた。不浄の比丘を追い出した後、不浄の比丘は大罪を受けること、不浄の比丘を追い出すことは水田の中の雑草を取り除くようなものなどの喩えを説いた。

【関連典籍】パーリ原典＝AN. 8. 10 Kāraṇḍava-sutta。中阿含経0026(37)瞻婆経。

【訳者・訳年代】西晋の法炬＊。（吉元信行）

0065 **仏説伏淫経**（ぶっせつふくいんきょう）

【成立】原型は南北両伝に分かれる以前の成立であろう。

【内容】一巻。世間の欲の生活をしているものの段階を十に分け、初めの段階を非法に財を集め、自らも食べず、妻子も養わず、出家沙門を供養しないものとし、第十を法のもと財を集めて、執着せず、自らを養い、妻子を養い、出家沙門を供養して道を求め、執着に禍あることを知って出離を知るものとする。これを乳から徐々に乳製品が精製される順序に喩えて説いた。

【関連典籍】パーリ原典＝AN. 10. 91. Kāmabhogīsutta。

【訳者・訳年代】西晋の法炬＊。（吉元信行）

0066 **仏説魔嬈乱経**（ぶっせつまにょうらんぎょう）

【成立】原型は南北両伝に分かれる以前の成立であろう。

【内容】一巻。魔王波旬微（パーピマー）が小人に化けて、目蓮（モッガラーナ）の腹の中に入った。すぐさま、目蓮が入定して、これを看破したので、口から出て、目蓮の前に立った。目蓮が、魔王の本生譚を物語ると、魔王は驚き、身の毛を逆立てたことを記している。

【関連典籍】パーリ原典＝MN. 50. Māratajjaniya-sutta。中阿含経0026(113)降魔経、0067。

【訳者・訳年代】訳者不明（後漢代）。（吉元信行）

0067 **弊魔試目蓮経**（へいましもくれんきょう）

【成立】原型は南北両伝に分かれる以前の成立であろうが、この経典にはカーリー女神のことも見えるので、かなりの部分が後に付加されたと見られる。

【内容】一巻。目蓮（モッガラーナ）が経行中、腹に入った悪魔を外に出させて、昔話をする経典。目蓮は過去仏拘楼孫仏（カクサンダ仏）のとき、瞋恨（ドゥーシ）という悪魔であって、この悪魔は瞋恨の姉、黒（カーリー）の子であり、瞋恨は仏の高弟、洪音（ヴィドゥーラ）に幾度か迷惑をかけた罪で、四大地獄を数十万年めぐって、ようやく苦を脱することができたことを記している。

【関連典籍】0066の項参照。

【訳者・訳年代】呉の支謙＊。


（吉元信行）

0068 **仏説頼吒和羅経**（ぶっせつらいたわらきょう）

【成立】原型は南北両伝に分かれる以前の成立であろう。

【内容】一巻。仏陀が拘留国から遊行に出たとき、長者の子頼吒和羅（ラッタパーラ）が仏陀の説法に随喜して出家を志したが父母がなかなか許さないので、断食して許してもらう。後に阿羅漢となり、出家して十年後に帰国し、実家に乞食に行くと、父母が山海の珍味、金、もとの妻を彼の前に出し、出家をやめさせようとするが、これをしりぞけて、さらに拘蠟（クル国）王にこの世の苦についての説法をしたことを記す。

【関連典籍】0069の項参照。

【訳者・訳年代】呉の支謙＊。


（吉元信行）

0069 **仏説護国経**（ぶっせつごこくきょう）

【成立】原型は南北両伝に分かれる以前の成立であろう。

【内容】一巻。仏弟子の頼宅和羅（ラッタパーラ）が出家のとき、仏を信ずるあまり、絶食までして父母に許しを請い、悟りの後、帰郷して父母をはじめ、倶流国王を仏に帰依させたことを記す。

【関連典籍】パーリ原典＝MN. 82. Raṭṭhapālasutta。中阿含経0026（132）頼吒和羅経、0068、大乗的色彩の付加されたものとして護国尊者所問大乗経0321、サンスクリット本＝Rāṣṭrapālaparipṛcchā、Avadānaśataka 2. p. 118。撰集百縁経（9）などがある。

【後世への影響】パーリ原典のみならず、サンスクリット原典や多くの異訳が残っており、大乗的要素が加わるなどかなり広範囲に流布したポピュラーな経典である。

【訳者・訳年代】宋の法賢＊（AD1001）。


（吉元信行）

0070 **仏説数経**（ぶっせつすうきょう）

【成立】原型は南北両伝に分かれる以前の成立であろう。

【内容】一巻。外道の算数目犍連（ガナカ、モッガラーナ）が舎衛城の東園精舎にいた仏陀を尋ね自分の職業である算数の術を述べ、算数には順序、次第があることを示し、仏教教団において、どうであるか尋ねた。仏陀は我が法にも新たに出家したものから順に育て涅槃に入らせること、また教えに従う者は涅槃に入り、従わない者は入ることができないという順序と次第があると説いた。

【関連典籍】パーリ原典＝MN. 107 Gaṇaka-Moggalānasutta。中阿含経0026（144）算数目犍連経。

【訳者・訳年代】西晋の法炬＊。


（吉元信行）

0071 **梵志頞波羅延問種尊経**（ぼんじあんばらえんもんしゅそんぎょう）

【成立】原型は南北両伝に分かれる以前の成立であろう。

【内容】一巻。仏陀が舎衛国の祇園精舎にいたとき安婆羅延（アッサラーヤナ）が五百人の婆羅門の代表として、仏陀に婆羅門種族は梵天の子孫であり、先祖はその口から生まれ、死んだら皆、天に上ると言い、暗に仏陀の説く四姓は平等で清浄との説を批判した。世尊はそれに対し、どのような生まれの者でも、優秀な者であるならば臣民として用いられると同じように、行いが正しければ清浄となる等の種々の喩えを以て説き、かつて阿沺（アシタ）道人として七人の婆羅門を教化した本生話を語った。

【関連典籍】パーリ原典＝MN. 93 Assalāyanasutta。中阿含経0026(151)阿摂惒経。

【訳者・訳年代】東晋の曇無蘭＊。

（吉元信行）


0072 **仏説三帰五戒慈心厭離功徳経**（ぶっせつさんきごかいじしんおんりくどくきょう）

【成立】原典は南北両伝に分かれる以前の成立であろう。

【内容】一巻。仏陀が阿那邠邸（アナータピンディカ）長者のために福徳は広大であると説いた経。毘羅摩（ヴェーラーマ）という梵志（バラモン）が驚くほど多くの財宝を布施したがこの布施も三帰依の福徳には及ばないと説いた。三帰依の礼徳も五戒の福徳には及ばず、三帰五戒の福も一切衆生を慈しむ福に及ばず、これらの福も一切世間を楽しまない福には及ばない。この最後の福はついに仏道を成ずることであるから最勝であると結んでいる。

【関連典籍】0073の項参照。

【訳者・訳年代】訳者不明（東晋代）。

（吉元信行）


0073 **仏説須達経**（ぶっせつしゅだつきょう）

【成立】原型は南北両伝に分かれる以前の成立であろう。

【内容】一巻。仏陀が須達多（スダッタ＝アナータピンディカ）長者に布施は信楽施、随時施、自手施等にて行われなければならないと説き、さらに本生譚から莫大な布施をした碑藍（ヴェーラーマ）の例を引き、この福も良き人を選んで布施することには及ばず、三宝に帰依し戒を持ち、慈心を行じて施すことはさらに優れ、一切の処方の無常・苦・空・無我を観じることが最も優れていると説いた経。

【関連典籍】パーリ原典＝AN. 9. 20 Velāmasutta、中阿含経0026(155)須達多経、0074、0072、増一阿含経0125(27)第三経。

【訳者・訳年代】蕭斉の求那毘地＊（AD492～495）。

（吉元信行）


0074 **仏説長者施報経**（ぶっせつちょうじゃせほうきょう）

【成立】原型は南北両伝に分かれる以前の成立であろう。

【内容】一巻。仏陀が給孤独（アナータピンディカ）長者に弥摩羅（ヴェーラーマ）長者の布施の故事を説いて、大施の功徳と果報を説く。

【関連典籍】0073の項参照。

【訳者・訳年代】宋の法天＊（AD973）。

（吉元信行）


0075 **仏為黄竹園老婆羅門説学経**（ぶついおうちくおんろうばらもんせつがくきょう）

仏為黄竹園老説経ともいう。

【成立】原典の原型は南北両伝に分かれる以前の成立であろう。

【内容】一巻。吠蘭遮（ヴェーランジャ市）の婆羅門が仏陀を訪ね、老婆羅門を仏陀が尊敬しないのはおかしいと非難すると、仏陀は仏の尊敬を受けるべき資格もない者に敬意を表する必要はない、と宣言した。続いてその婆羅門が仏陀は無味である、無受用である、無作為論者である、断見論者である等の指摘に対して、仏陀は、一々その語を使用して仏陀を評するならば、このように使わねばならないと、その語の正しい意味を教え、四禅三明を説き、その婆羅門を帰依させた。

【関連典籍】パーリ原典＝AN. 8. 11 Verañjasutta、中阿含経0026(157)黄蘆園経。

【訳者・訳年代】訳者不明（劉宋代）。

（吉元信行）

0076 **梵摩渝経**（ぼんまゆきょう）
【成立】原典の原型は南北両伝に分かれる以前の成立であるとおもわれるが、三十二相の概念の成立と関連するので、問題は残る。

【内容】一巻。仏陀が随提国（ヴィデーハ）に遊行したとき、弥夷国（ミティラー）に梵摩渝（ブラフマーユ）という婆羅門がいた。生まれもよく博学で巨万の富を有し、長寿で人々の尊敬を受けていた。あるとき世尊の三十二相の真偽をその弟子摩納に調査させた。摩納は仏の三十相を見ることができたが、広長舌相と陰馬蔵相を見ることができなかったため、疑いを持った。仏陀はその心を知って二相を現した。梵摩渝はそれを聞いて、三宝に帰依し、仏陀が弥夷国に立ち寄ったとき、教えを受け帰依し、清信士優婆塞となり命終した。仏陀は、彼は死後不還に通じて応真（阿羅漢果）を得たと説いたとされる。

【関連典籍】パーリ原典＝MN. 91. Brahmāyu-sutta、中阿含経0026(161)梵摩経。

【訳者・訳年代】呉の支謙＊。

（吉元信行）

0077 **仏経尊上経**（ぶつけいそんじょうきょう）

【成立】原典の原型は南北両伝に分かれる以前の成立であろう。

【内容】一巻。世尊が舎衛国の祇園精舎にいたとき尊者、盧耶強耆（ローマサカンギヤ）の座禅中般那末羅（チャンダナ）天使が現れ、賢善偈を誦し、その解義を尋ねたが答えなかった。そこで、その尊者は仏陀のもとへ行き、賢善偈を誦し、その解義を聞いた。そこで仏陀は色・痛(受)・想・行・識の五蘊について念と不念とあることを説いている。

【関連典籍】パーリ原典＝MN. 134. Lomasakaṅgiyabhaddekarattasutta。中阿含経0026(116)釈中禅室尊経。

【訳者・訳年代】西晋の竺法護＊。

（吉元信行）

0078 **仏説兜調経**（ぶっせつとちょうきょう）

【成立】原典は南北両伝に分かれる以前の成立であろう。

【内容】一巻。0079の項に同じ。

【関連典籍】0079の項参照。

【訳者・訳年代】不明。

（吉元信行）

0079 **仏説鸚鵡経**（ぶっせつおうむきょう）

【成立】原型は南北両伝に分かれる以前の成立であろう。

【内容】一巻。鸚鵡摩牢兜子（スバトーデーイヤプッタ）という婆羅門の童子に対し、仏陀が業とその果報を説いた経である。この対告者の名をSubha（善）と見ずにŚukaとしたために本経では鸚鵡と訳し、また異訳では首迦と写している。

【関連典籍】パーリ原典＝MN. 135. Cūḷakamma-vibhaṅga-sutta。サンスクリット本＝Śuka-sūtra。中阿含経0026(170)鸚鵡経、0078、0080、0081、0755。チベット訳＝Las-rnam-par-ḥbyed-pa。

【後世への影響】サンスクリット本やチベット訳・漢訳諸異訳も存在するので、相当広範囲にこの経典が流布していたことがわかる。

【参考文献】並川孝義「鸚鵡経類の展開」仏教研究一四号。

【訳者・訳年代】劉宋の求那跋陀羅＊。

（吉元信行）

0080 **仏為首迦長者説業報差別経**（ぶついしゅかちょうじゃせつごうほうしゃべつきょう）

【成立】【内容】一巻。

【関連典籍】0079の項参照。

【訳者・訳年代】隋の法智（AD582）。

（吉元信行）

0081 **分別善悪報応経**（ふんべつぜんあくほうおうきょう）

【成立】【内容】一巻。

【関連典籍】0079の項参照。

【訳者・訳年代】宋の天息災＊。

（吉元信行）

0082 **仏説意経**（ぶっせついぎょう）

【成立】原型は南北両伝に分かれる以前の成立であろう。

【内容】一巻。一人の比丘に対し、世間は意に導かれ、意に牽かれ、意より苦の生じること、そして、義を知り、法を知り、法にかなった行いをし、法と共にいるものが多聞の聖弟子であること、四諦の理を如実にみるものが明達智慧者といわれること、自他を想わずによく他を饒益するものを聡明にして大智あるものと称することを説いた経。一切は意を本とすることから意経の名が存する。

【関連典籍】パーリ原典＝AN. 4. 186. Ummaṅgasutta、中阿含経0026（172）心経。

【後世への影響】本経の思想は紀元後の唯識思想形成にも影響を与えたであろう。

【訳者・訳年代】西晋の竺法護＊。

（吉元信行）

0083 **仏説応法経**（ぶっせつおうほうきょう）

【成立】原型は南北両伝に分かれる以前の成立であろう。

【内容】一巻。前苦後苦、前苦後楽、前楽後苦、前楽後楽の業の種類について説いた経。

【関連典籍】パーリ原典＝MN. 46. Mahādhammasamādānasutta、中阿含経0026（175）受法経。

【訳者・訳年代】西晋の竺法護＊。

（吉元信行）

0084 **仏説分別布施経**（ぶっせつふんべつふせぎょう）

【成立】原型は南北両伝に分かれる以前の成立であろう。

【内容】一巻。仏陀の乳母、摩訶波闍波提（マハーパジャパティ）が金糸の衣を仏陀に奉ろうとすると、仏陀はこれを僧伽に布施しなさいと言い、続いてこれに関して、十四種の施田、七種の施衆、四種の清浄不浄施について説いた。

【関連典籍】パーリ原典＝MN. 142. Dakkhiṇāvibhaṅgasutta、中阿含経0026（180）瞿曇弥経。

【訳者・訳年代】宋の施護＊（AD980）。

（吉元信行）

0085 **仏説息諍因縁経**（ぶっせつそくじょういんねんぎょう）

【成立】本経の原型は内容的に部派分裂を意識しての成立と思われるので、根本分裂当時（紀元前三世紀頃）の成立であろう。

【内容】一巻。仏陀が舎摩迦子聚落（サーマガーマ）にいたとき、六師の一人である尼乾陀惹提子（ニガンタナータプッタ＝マハーヴィーラ）が命終し、その子供が仏教僧伽（サンガ）において闘争を起こそうとしていた。尊那（チュンダ）は安居を終えて、阿難と一緒に仏陀の許に行って、仏陀の滅後に仏が僧伽にいないために教団が分裂することを恐れ、その予防策について尋ねた。仏陀は争乱の根本には怨恨心があることを明かし、そこで七種の滅諍法、六種の和敬法について語った。

【関連典籍】パーリ原典＝MN. 104. Sāmagāmasutta、中阿含経0026（196）周那経。

【訳者・訳年代】宋の施護＊。

0086 **仏説泥犁経**（ぶっせつないりきょう）

【成立】原型は南北両伝に分かれる以前の成立であろう。

【内容】一巻。この経典は二つの経からなっており、前者は愚者が身口意において悪業を行い、今生に刑罰を得て、死して後、地獄の苦・餓鬼畜生の苦を受け、智者は身口意において善業を行い今生後世に喜楽を受けることを説いた経である。後者は老病死などの人生の警告に眼をさまさなかった者が死後、地獄の苦しみを受けることを説いた経である。

【関連典籍】パーリ原典＝MN. 129. Bālapaṇḍitasutta、M. 130. Devadūtasutta、中阿含経0026（199）痴慧地経・0026（64）天使経。

【後世への影響】この経は、仏伝の四門出遊伝説の素材になったのではないかと思われる。

【訳者・訳年代】東晋の曇無蘭＊。

【参考文献】牧達玄「『仏説泥犁経』考」『印度学仏教学研究』32―1。

（吉元信行）

0087 **仏説斎経**（ぶっせつさいきょう）

【成立】【内容】一巻。

【関連典籍】0088の項参照。

【訳者・訳年代】呉の支謙＊。

（吉元信行）

0088 **優陂夷堕舍迦経**（うばいだしゃかきょう）

【成立】原型は南北両伝に分かれる以前の成立であろう。

【内容】一巻。仏陀が優陂夷の堕舎迦（ヴィサーカー）のために月に六日の布薩日に八戒を持つべきこと、八戒を一昼夜、受持する者の功徳は十六カ国の珍宝を僧伽（サンガ）に施すよりもはるかに勝ることを説いた。

【関連典籍】パーリ原典＝MN. 8. 43、A. 3. 70 Visākhāsutta、斎経0087、八関斎経0089、中阿含経0026（202）持斎経。

【訳者・訳年代】訳者不明（劉宋代）。

（吉元信行）


0089 **仏説八関斎経**（ぶっせつはっかんさいきょう）

【成立】原典は南北両伝に分かれる以前の成立であろう。

【内容】一巻。この経は、優陂夷堕舎迦経0088の異訳の一つである。毘舎法鹿子母（ヴィサーカーミガーラマーター）に仏陀が月に六日間、八斎戒を持つべきであるとし、その功徳は十六大国中の珍宝を布施する功徳よりも大きいと説いたものである。この経は優陂夷堕舎迦経よりも簡約化され、対告衆を比丘等とし、その斎戒による功徳は五大河の水量よりも多いとする点で異なっている。

【関連典籍】0088の項参照。

【訳者・訳年代】劉宋代の沮渠京声。

（吉元信行）


0090 **仏説鞞摩繍経**（ぶっせつびましゅうきょう）

【成立】原型は南北両伝に分かれる以前の成立であろう。

【内容】一巻。鞞摩繍（ヴェーカナサ）という外道が仏陀に「これは最勝の色、これは最勝の色」と語るのに対して、仏陀はその非を説いて、彼の見解が欲楽に執着していることを示し、帰依に導くというもの。パーリ原典には彼の帰依を記すのみであるが、中阿含経0026と本経典は出家得度して阿羅漢になったと記している。

【関連典籍】パーリ原典＝MN. 80. Vekhaṇasasutta、中阿含経0026（20）碑摩那修経。

【訳者・訳年代】劉宋の求那跋陀羅＊。

（吉元信行）


0091 **仏説婆羅門子命終愛念不離経**（ぶっせつばらもんしみょうじゅうあいねんふりきょう）

【成立】原型は南北両伝に分かれる以前の成立であろう。

【内容】一巻。舎衛城に仏陀がいたとき、子を失った父親が悲しんでいた。仏陀は「愛するが故に悲しむ」と説いたが、この父はこの言葉を喜ばなかった。このことが波斯匿（パセーナディ）王にも伝わるが理解せず、信仰の厚い末利夫人が仏陀に説明を請い、王に仏意を説いて喜ばせたというもの。

【関連典籍】パーリ原典＝MN. 87. Piyajātika-sutta、中阿含経0026（216）愛生経、増一阿含経0125（13）第三経、愛生経0154（13）子命過経。

【訳者・訳年代】後漢の安世高＊。

（吉元信行）


0092 **仏説十支居士八城人経**（ぶっせつじっしこじはちじょうにんきょう）

【成立】原型は南北両伝に分かれる以前の成立であろう。

【内容】一巻。仏陀の入滅後、陀施摩（ダサマ＝十支居士＝第十居士）が華氏城（パータリプトラ）に行き、法に出会い喜んでいたところ、阿難が毘舎離（ヴァイシャリ）城にいると聞いて、彼を訪れる。阿難の説法を聞いて大いに喜び、厚く仏、僧伽を供養して、五百の精舎を阿難のために建立したというもの。

【関連典籍】パーリ原典＝MN. 52. Aṭṭhakanāgarasutta、中阿含経0026（217）八城経。

【訳者・訳年代】後漢の安世高＊。

（吉元信行）

0093 **仏説邪見経**（ぶっせつじゃけんきょう）
【成立】原型は南北両伝に分かれる以前であろう。
【内容】一巻。仏滅後、阿難が外道の友に世間の常、無常、有辺、無辺、命身の同異、如来の死後について、といったような問題は放って置きなさいと斥けられたことを説いたもの。

【関連典籍】パーリ原典＝AN. 7. 51. Avyākata-sutta. 中阿含経0026(220)見経。

【訳者・訳年代】訳者不明（東晋代）。

（吉元信行）

0094 **仏説箭喩経**（ぶっせつせんゆきょう）

【成立】原型は南北両伝に分かれる以前の成立であろう。

【内容】一巻。仏陀が祇園精舎にいたとき、尊者摩羅鳩摩羅（マールンキャープッタ）が世間の有常、無常等の問題についての回答を迫ると、仏陀は尊者を叱り、このような問題を論じるものは、毒矢に当たった人が矢を抜き治療する前に、医師の名、弓の種類、矢の種類等を尋ね究めようとし、知ることのできない内に死ぬようなものだと喩え、このような問題は記すべきではなく、義でも法でもなく、涅槃と相応しないから捨てて置くべきであると説いた。

【関連典籍】パーリ原典＝MN. 63. Māluṅkyasutta、中阿含経0026(221)箭喩経、Milindapañha 4. 2. 4、尊婆須蜜菩薩所集論1549巻第六、1545(153)。

【後世への影響】たいへん有名な毒矢の喩として後世まで語り伝えられた物語である。

【訳者・訳年代】訳者不明（東晋代）。

（吉元信行）

0095 **仏説蟻喩経**（ぶっせつぎゆきょう）

【成立】原型は南北両伝に分かれる以前の成立であろう。

【内容】一巻。ある比丘が夢の中で、蟻の巣から夜に煙が出て、絵が燃えてしまうのを見、さらに一人の真人（阿羅漢）からその蟻の巣を掘って出てくるものを捨て、最後に竜を見て、そのままに置いておきなさいと言われた。これを仏陀に比丘が語って教えを受けるというもの。パーリ原典と増一阿含本によればこの比丘は童子迦葉（クマーラカッサパ）となっている。

【関連典籍】パーリ原典＝MN. 23. Vammikasutta、雑阿含経0099(38)第十八経、別訳雑阿含経0100(1)第十七経、増一阿含経0125(33-9)。

【訳者・訳年代】宋の施護＊（AD980）。

（吉元信行）

0096 **仏説治意経**（ぶっせつじいきょう）

【成立】パーリ原典は現存しないが、かなり古い形を伝えており、原典は南北両伝に分かれる以前の成立であろう。

【内容】一巻。安般守意（安般念）、つまり数息観をしだいに行じて証悟を得ることを簡単に述べたもの。MN. 118. Ānāpānasatisuttaに若干似ているが全くの異本である。きわめて短く、訳語も正しくなく、古き時代の単経として流行していた経典群の一つである。

【訳者・訳年代】西晋の法炬＊。

（吉元信行）

0097 **広義法門経**（こうぎほうもんきょう）

具法行経、普義経、舎利弗普法義経とも呼ぶ。

【成立】パーリ原典に見出されないので、北伝仏教において作成されたのであろう。大乗的思潮も見られるので原型は紀元前後頃の成立であろうか。

【内容】一巻。舎利弗（サーリプッタ）が同学の比丘に聖法証得の十二種の法、聴法の用意十六種、般若成熟の法十種、如法行の十種等の種々の修道の用意について細かく述べたもの。この経典の経題割注に「出中阿含経一品」とあり、内容も中阿含系らしいが漢訳、パーリ原典ともにそのほかに見いだせない。おそらく、どこかの部派の所伝の中阿含の一経であろう。これは経典が種々の部派に種々の経典として伝持されていたことの好例である。

【関連典籍】0098

【訳者・訳年代】陳の真諦＊（AD563）。

（吉元信行）

0098 **仏説普法義経**（ぶっせつふほうぎきょう）

【成立】【内容】一巻。0097の項参照。

【関連典籍】0097
【訳者・訳年代】後漢の安世高＊（AD152）。
（吉元信行）

第2巻　阿含部　下

0099 雑阿含経（ぞうあごんぎょう）

【成立】この経典は、多くの経典を集めたものであるから、一括して成立年代を確定することはできない。その内いくつかの部分の原型は第一結集（仏滅直後）の頃には成立していたであろうが、第二結集（紀元前三世紀）において、多くの経典をいくつかの部類にまとめる作業がなされ、種々雑多な経が本経典の中にまとめられた。各経の中には、相当古いものもあるが、中には、同じ阿含の他の経典から引用されたような新しいものもある。その成立はマトゥラー系の有部教団においてであり、現存の雑阿含という形にまとまったのは、紀元四～五世紀のことである。完全な形の梵本は現存しないが、その原名は「Saṃyuktāgama」という名であったろう。所属部派は根本説一切有部であるが、正統派でないガンダーラ系の有部や瑜伽行唯識学派によっても伝持されたのであろう。

【内容】五〇巻、一三六二経。本経は南伝のSaṃyutta-nikāya（相応部）に相当するものであるが、厳密にはずいぶん対応しないところがあり、両者はそれぞれ独自に発展したものである。現存の雑阿含経は、その形態順序がずいぶん乱れていることが判明した。そのうえ、巻二三と巻二五が消失し、代わって無憂王経がその箇所に混入している。そこで古来内外の先学たちがその再編集を試みている。ごく最近、向井亮がそれら諸業績を参考にしつつ、瑜伽論師地論1579の「摂事分」が本経の逐次注釈であるとの立場から、雑阿含経の組織復原案を提議したが、これが学界に高く評価されている。

　このように、混乱・欠損した組織を復原して、対応パーリ原典であるSaṃyutta-nikāyaの組織を対照すると次のようになる。

〈雑阿含〉	〈Saṃyutta-nikāya〉
(1)蘊品	(3)khandavagga
(2)六入処品	(4)Saḷāyatanavagga
(3)因品	(2)Nidānavagga
(4)弟子所説品	
(5)道品	(5)Mahāvagga
(6)僧者多品	(1)Sagāthavagga

【関連典籍】対応パーリ原典として、Saṃyutta-nikāyaがあるが、先に触れた如く、対応しない部分も多い。(3)因品に相当する梵本Nidānasaṃyuktaがほぼ完全な形で残っているが、その他はいくつかの断簡が発見されているだけである。異訳として別訳

雑阿含経0100がある。

【後世への影響】(6)僧耆多品は(4)弟子所説品の中にその一経が引用され、解説されたり、同じ雑阿含経の中に他の経典が引用されたりして、また、後世の付加ではないかと思われる経典もあり、旧・新混在している。この中には、著名な論書に引用されたりするものが多く、仏教思想史上重要な役割を示すものが多い。たとえば、一一七七経は、「菩薩摩訶薩(Bodhisattva‐Mahāsattva)」という大乗仏教的用語を含み、また、後代「灰河経」という名で大乗荘厳経論の世親(ヴァスバンドウ)釈などに教証として引用される。そのほか倶舎論1558などに教証として引用された雑阿含経も多い。

【訳者・訳年代】劉宋の求那跋陀羅＊。

【参考文献】向井亮「『瑜伽論師地論』摂事分と『雑阿含経』」『北海道大学文学部紀要』33—2。

(吉元信行)

0100 **別訳雑阿含経**(べつやくぞうあごんきょう)

【成立】0099の項を参照。所属部派は飲光部とも法蔵部とも他地部ともいわれるが、いずれも決め手はない。最近の学説では、むしろ、根本説一切有部に近い部派であったとされる。

【内容】一六巻三六四経よりなる。雑阿含経0099の四、二二一～三六、三八～四二、四四～四六、四八～五〇巻に相当する。パーリ原典の相応部や雑阿含経に比べて小さく、雑阿含経の一部か、あるいは所伝の部派を異にするかのどちらかであろう。

【関連典籍】【後世への影響】0099の項参照。

【訳者・訳年代】訳者不明(西秦代)。

【参考文献】水野弘元「別訳雑阿含経について」『印度学仏教学研究』18—2。

(吉元信行)

0101 **雑阿含経**(ぞうあごんぎょう)

【成立】雑阿含経0099のうち、この経におさまる二七経が何らかの意図で別に編集されたようである。各経の成立は古いが、この経典は紀元後に中国に仏教が伝わってから編集されたのであろう。所属部派は不明である。

【内容】一巻二七経のうち、一七経が雑阿含経0099に存在し、また、一三経はパーリ・ニカーヤ中に見出される。このうち第九経は竺法護訳の身観経0612に全同であり、第二七経は、安世高訳の七処三観経0150Aとよく似ている。出三蔵記集2145に挙げられている二五経がこの経典の内容とよく合致する。

【関連典籍】0099の項参照。

【訳者・訳年代】訳者不明(呉代)。

(吉元信行)

0102 **仏説五蘊皆空経**(ぶっせつごうんかいくうきょう)

【成立】原型は南北両伝に分かれる以前には成立していたであろう。

【内容】一巻。釈尊が初転法輪のときに五比丘に対して、色受想行識の五蘊はいずれも自分の思う通りにならないものであり、したがって、五蘊は「我」ではなく、共に無常であり、苦であり、無我であるということを説いたとされる。

【関連典籍】パーリ原典＝Pañca(SN. 22. 59)、Mahāvagga(V. I. 6. 13)、四分律1428。異訳に雑阿含経0099(2—2)がある。

【訳者・訳年代】唐の義浄＊(AD710)。

(吉元信行)

0103 **仏説聖法印経**(ぶっせつしょうぼういんきょう)

【成立】法印でも大乗的な空・無想・無願が説かれているから、原型の成立は大乗仏教の成立する頃、紀元前後まで下がるであろう。

【内容】一巻。法印を説くものであるが、普通の三法印とは異なり、空・無想・無願(無作)の三解脱門を説いており、その中に無常・無我が説かれている。

【関連典籍】異訳に雑阿含経0099(3—31)、0104がある。

【訳者・訳年代】西晋の竺法護＊。

(吉元信行)

0104 **仏説法印経**(ぶっせつほういんぎょう)

【成立】法印でも大乗的な空・無想・無願が説かれているから、成立は大乗仏教の成立する頃、紀元前後まで下がるであろう。

【内容】一巻。釈尊が諸の比丘に聖法印と清浄の知見を説いたとされる。

【関連典籍】0103の項参照。

【訳者・訳年代】宋の施護＊。

（吉元信行）


0105 **五陰譬喩経**（ごおんひゆきょう）

【成立】原型は南北両伝に分かれる以前には成立していたであろう。

【内容】一巻。世尊が恒河（ガンジス河）の大流に浮かぶ泡沫（色に喩える）・夏の急雨に生じる水泡（受に喩える）・陽炎（想に喩える）・芭蕉（行に喩える）・幻像（識に喩える）に喩えて、五蘊の実はなく、堅はなく、空であり無所有であり、執着すべきではないことを比丘等に説いたもの。

【関連典籍】異訳にパーリ原典＝Phena（SN. 22. 95）、雑阿含経0099（10—10）、0106がある。

【訳者・訳年代】後漢の安世高＊。

（吉元信行）


0106 **仏説水沫所漂経**（ぶっせつすいまつしょひょうきょう）

【成立】原型は南北両伝に分かれる以前には成立していたであろう。

【内容】一巻。世尊が阿迦闍（アッヨージャ＝現在の「アヨーディヤ」のことか）の恒河（ガンジス河）の側にいたとき、五百の大比丘衆を対告衆として、恒河の大暴流に漂う聚沫を見て色陰（色蘊）に喩え、夏雨の泡を痛陰（受蘊）に、野馬を想陰（想蘊）に、芭蕉を行陰（行蘊）に幻術を識陰（識蘊）に喩え、それによって五蘊が空であり所有が無いことを説いたもの。

【関連典籍】0105の項参照。

【訳者・訳年代】東晋の曇無蘭＊。

（吉元信行）


0107 **仏説不自守意経**（ぶっせつふじしゅいきょう）

自守経、不自守経ともいう。

【成立】原型は南北両伝に分かれる以前には成立していたであろう。

【内容】一巻。この経典は雑阿含経0099（11—5）の単訳である。自守（律儀）・不自守（不律儀）について説かれている。

【関連典籍】パーリ原典＝SN. 35. 79。異訳に雑阿含経0099（11—5）がある。

【訳者・訳年代】呉の支謙＊。

（吉元信行）


0108 **仏説満願子経**（ぶっせつまんがんしきょう）

【成立】原型は南北両伝に分かれる以前には成立していたであろう。

【内容】一巻。世尊が尊者満願子（プンナマンターニプッタ）のために、愛すべき対象に対して楽著しないことが法の要であると説き、満願子が西方首那和蘭（スナーパランタカ）に遊化（教化の旅）することの許しを世尊に乞うた。世尊はその国の人々が凶暴であることを説いて、そこに行くのはどうであろうかと問うたが、満願子はたとえその国の人々が凶悪で瓦石で打って殺害されようとも、よくこれに耐えることができるという気持ちを告げ、その国に行って多くの人々を教化したことが説かれている。

【関連典籍】パーリ原典＝SN. 35. 88、MN. 145 Puṇavāda-sutta。異訳に雑阿含経0099（13—8）がある。

【訳者・訳年代】訳者不明（東晋代）。

（吉元信行）

0109 **仏説転法輪経**（ぶっせつてんぽうりんきょう）
法輪経、法輪転経、法輪輪転経ともいう。
【成立】この経はアショーカ王派遣の伝道使が所持したと伝えられるので、原典は紀元前三世紀頃には成立していたであろう。仏陀初転法輪の内容であるから、その原型は仏陀在世当時にまで遡りうる。
【内容】一巻。世尊が鹿野苑（ミガダーヤ＝サールナート）において初めて一法輪を転じた（最初の説法）ことから経名が付けられた。世尊が鹿野苑において千人の比丘、諸天の神々とともにいたとき、自然の法輪が世尊の前に飛来した。世尊は諸の比丘に二辺を離れて中道によることによって成道したこと、さらに中道とは八正道であることを示し、四聖諦、三転十二行相を説き、憍陳如（コーンダンニヤ）をはじめとして、諸の比丘の漏尽、諸天の歓喜、天地の震動を説いものである。

【関連典籍】パーリ原典＝SN. 56. 11-12.、V. Mahāvagga. 6.、雑阿含経0099（15―17）、0110、チベット訳転法輪経。

【後世への影響】中道・四諦・八正道という原始仏教の基本教義の原型になるものであり、後世の仏教に与えた本経の影響には計り知れないものがある。サンスクリット本の断片も現存し、チベット訳もあることから、古くからかなり広範囲に流布したようである。

【訳者・訳年代】後漢の安世高＊。

【参考文献】水野弘元「転法輪経について」『仏教研究』1。草間法照「転法輪経の一考察―有部の転法輪経と法輪論について―」『印度学仏教学研究』23―2。

（吉元信行）

0110 **仏説三転法輪経**（ぶっせつさんてんぼうりんぎょう）

【成立】原典の原型は南北両伝に分かれる以前には成立していたであろうが、内容的にアビダルマ的展開が見られるから、この経典そのものの原典は比較的新しいであろう。

【内容】一巻。三転とは示転（苦集滅道の四諦において「これは苦である」などとその相を正示する説法）、勧転（四諦において順次に知・断・証・修すべきことを勧める説法）、証転（同じく四諦において順次に知・断・証・修して、覚証することを告白する説法）の三つであり、四諦三転（これを一二行相と呼ぶ）の一つ一つにおいて眼・智・明・覚の四相を生ずるとされている（パーリ原典では、眼・智・明・覚・寂の五相とされる）。これは、世尊が婆羅痆斯仙人堕処施鹿林（ベナレスのイシパタナ・ミガダーヤ）で成道後に初めて説いたものとされ、説法をした相手は憍陳如（コーンダンニヤ）等の五比丘であり、共に世尊の説法を聞いて法眼を得、世尊と共に阿羅漢を証したと説かれている。

【関連典籍】パーリ原典＝SN. 56. 11-12.、V. Mahāvagga 1. 6、サンクリット原典＝Dharmacakrapravartana sūtra、雑阿含経0099（15―17）、五分律1421（15）、四分律1428（32）、根本説一切有部毘奈耶破僧事1450（6）。

【後世への影響】サンスクリット本の断片も現存していることから、かなり広範囲に流布したようである。

【訳者・訳年代】唐の義浄＊（AD710）。

（吉元信行）

0111 **仏説相応相可経**（ぶっせつそうおうかきょう）

【内容】一巻。世尊が舎衛国にいたとき、諸の比丘のために善悪の人、各々の類が集まり、それぞれ相応していることが説かれている。つまり不聞者は不聞者と、多聞者は多聞者となど、各々二十種が説かれている。

【関連典籍】雑阿含経0099（22）（16―49）。

【訳者・訳年代】西晋の法炬＊。

（吉元信行）

0112 **仏説八正道経**（ぶっせつはっしょうどうきょう）

【内容】一巻。この経は八邪道、八正道を列挙し、諦見（正見）・諦念（正思）・諦語（正語）・諦行（正業）・諦受（正命）・諦治（正精進）・諦意（正念）・諦定（正定）の八正道の一つ一つの内容を明らかにしたものである。

【関連典籍】雑阿含経0099（28―38）。

【訳者・訳年代】後漢の安世高＊。

（吉元信行）

0113 **仏説難提釈経**（ぶっせつなんだいしゃくきょう）

【成立】原典の原型は南北両伝に分かれる以前には成立していたであろう。

【内容】一巻。世尊が夏安居を終えて再び遊行(ぎょう)に出かけるときに釈迦族の難提（ナンディヤ）が世尊と別れることの悲しみを訴えたので、世尊は常に信をもって不信を捨てるべきであること、清浄行にして不清浄行を捨てるべきであること、常に布施を楽しみ慳貪(けんどん)を捨てるべきであること、多聞にして不聞を楽しんではいけないことなど、五法、六念を説き、さらに六念の内容を詳しく説いたものである。祇園精舎で説かれたとされる。

【関連典籍】パーリ原典＝AN. 11. 14.、雑阿含経0099（30―30）。

【訳者・訳年代】西晋の法炬(ほうこ)＊。

（吉元信行）

0114 **仏説馬有三相経**（ぶっせつめうさんそうきょう）

善馬有三相経ともいう。

【成立】原典の原型は南北両伝に分かれる以前には成立していたであろう。

【内容】一巻。良い馬には、よく走り、力があり、色を好んで端麗であるという三つの相があることに喩えて、正法律における善人にもこの三つの相のあることを説いたものである。

【関連典籍】パーリ原典＝AN. 3. 94-6.、雑阿含経0099（33―2）、別訳雑阿含経0100（8―15）。

【訳者・訳年代】後漢の支曜(しよう)（AD185）。

（吉元信行）

0115 **仏説馬有八態譬人経**（ぶっせつめうはったいひにんきょう）

馬有八態経・馬有八弊悪態経、略して八態経・馬有悪態経ともいう。

【成立】原典の原型は南北両伝に分かれる以前には成立していたであろう。

【内容】一巻。馬に八種の悪態があることにたとえて、人にも八種の悪態があることを説いたものである。この経以外の左記相当経典では賢馬の八相となっており、全く反対の内容となっている。

【関連典籍】パーリ原典＝AN. 8. 13.、雑阿含経0099（33―7）（8―19）。

【訳者・訳年代】後漢の支曜(しよう)（AD185）。

（吉元信行）

0116 **仏説戒徳香経**（ぶっせつかいとくこうきょう）

【成立】原典の原型は南北両伝に分かれる以前には成立してたであろうが、付加部分があるので他の異訳よりは新しいであろう。

【内容】一巻。**【関連典籍】**0117の項参照。この経典は他の異訳より末尾に付加部分があり、五戒の一一についてその徳を説明している。。

【訳者・訳年代】東晋の曇無蘭(どんむらん)＊。

（吉元信行）

0117 **仏説戒香経**（ぶっせつかいこうきょう）

【成立】原典の原型は南北両伝に分かれる以前には成立していたであろう。

【内容】一巻。世間の香である根香、華香、果香の三種はすべて風に逆らって移動しないものであるが、戒の徳香のみ風にしたがい、また風に逆らっても移動できるものであることが説かれている。

【関連典籍】パーリ原典＝AN. 3. 79.、増一阿含経0125（23―5）、雑阿含経0099（38―12）、別訳雑阿含経0100（1―12）、0116。

【訳者・訳年代】宋の法賢(ほうけん)＊（AD1001）。

（吉元信行）

0118 **仏説鴦掘摩経**（ぶっせつおうぐつまきょう）

指鬘経(しまんぎょう)、鴦掘摩経ともいう。

【成立】パーリ原典もあり、また、紀元前の仏塔のレリーフにも見える有名な物語であるから、この経の原型は相当古い頃（第二結集の頃、紀元前三世紀以前）から成立していたと思われる。

【内容】一巻。祇園精舎において説かれた。凶賊鴦掘摩（アングリマーラ）が仏陀に教化されて仏弟子になった物語。熱心なバラモンの学童が師の妻に誘惑されて師の怒りを買い凶賊になるまでのいわれ、仏陀に教化されたときの様子、および出家後に彼を逮捕にやってきたコーサラ国のパセーナディ王とのいきさつ、民衆に石瓦を投げつけられることまでを含む。

【関連典籍】パーリ原典＝Aṅgulimāla-sutta (MN. 86)、雑阿含経0099(38—16)、別訳雑阿含経0100(1—16)、0119、増一阿含経0125(38—6)、0120。ほかに、パーリ本のTheragāta, 866-891が関係する。

【後世への影響】あまりに有名な物語であり、種々の異訳を生み、央掘摩羅経0120のような大部の大乗経典まで生み出す。この物語はさまざまな経典や論書・注釈にも用いられ、さらに、「千人切り」の物語として、仏国記や今昔物語等わが国の仏教文学にも多大な影響を与えている。

【訳者・訳年代】西晋の竺法護＊。

【参考文献】弥永信美「〈千人切り〉の物語と〈死と再生〉の儀礼——私説・仏教神話学序説（三）」『仏教』4、法蔵館。

（吉元信行）

0119 **仏説鴦崛髻経**（ぶっせつおうぐつけいきょう）

鴦掘髻経ともいう。

【成立】0118の項参照。パーリ原典に最も一致するので、本経の原典の成立は相当古いであろう。

【内容】一巻。鴦掘摩経0118の内容に、アングリマーラが凶賊になるまでの物語を含まず。

【関連典籍】【後世への影響】【参考文献】0118の項参照。

【訳者・訳年代】西晋の法炬＊。

（吉元信行）

0120 **央掘摩羅経**（おうぐつまらきょう）

【成立】原型はパーリ原典があるから相当古いが、大乗的脚色が見られるためこの漢訳の原典は大乗経典の成立する紀元後まで下がるであろう。内容的に十度を説くから、十地経以降の成立であり、大乗涅槃経の原型の成立する紀元後三世紀頃と考えたい。

【内容】四巻。祇園精舎において説かれた。仏弟子中のかつて凶賊であったアングリマーラの帰仏物語を大乗的に脚色したものである。バラモンの学童が師の妻に恋せられて師の怒りに触れ、その仕返しとして邪な教えを授けられ凶賊となって千人を殺そうとし、最後の一人に仏陀を殺そうとしたが、かえって仏陀に諭され仏弟子となった。同時にその証悟の境を示して、諸天、仏弟子、諸菩薩と問答し、大乗仏教の実相を説き示す。次に、彼を逮捕しようとやってきた波斯匿（パセーナディ）王が仏陀の前に来ると、仏陀はアングリマーラはすでに他方世界に成道している如来であることを説き、師の妻も師も父母も皆仏事のための権化であるということを説いた大乗経典。大乗の教理を説くとき長い偈文で示される。教理思想としては如来蔵仏性思想が認められるので、涅槃経系である。

【関連典籍】パーリ原典＝Aṅgulimāla-sutta (MN. 86)、雑阿含経0099(38—16)、別訳雑阿含経0100(1—16)、0119、増一阿含経0125(38)。ほかに、パーリのTheragāta＝866-891が関係する。内容的には、鴦掘摩経0118に最も近い。

【後世への影響】仏陀の時代の事跡を脚色し如来蔵仏性思想により大乗化した代表的な経典として注目される。この物語はさまざまな経典や論書・注釈にも用いられ、さらに「千人切り」の物語として仏国記や今昔物語等のわが国の仏教文学にも多大な影響を与えてる。

【訳者・訳年代】劉宋の求那跋陀羅＊。

【参考文献】0115の項参照。ほかに中村瑞隆「央堀摩羅経について」（福井博士頌寿記念『東洋思想論集』同刊行会、一九六〇年、四三一—四四八頁）が注目される。

（吉元信行）

0121 **仏説月喩経**（ぶっせつがつゆきょう）

【成立】原典の原型は南北両伝に分かれる以前には成立していたであろう。

【内容】一巻。比丘の修行を月に譬えて示し、月が初めて出てそれが沈んでも日々に新しくなるように修行をし、月がどの家に入っても著かず、とらわれず、汚れたりしないように俗人の家に入っても利益にとらわれないように教え、このような行いをしている人として大迦葉（マハーカッサパ）を賞賛し、最後に清浄説法と不浄説法の違いを説く。

【関連典籍】パーリ原典＝SN. 16. 3. Canduropama、梵本＝Candropama-sūtra、雑阿含経0099（41—18）、別訳雑阿含経0100（6—5）。

【後世への影響】パーリ、サンスクリット、漢訳とも現存する希有のテキスト。梵本と漢訳はほぼ一致するが、パーリ原典は幾分伝承を異にする。

【訳者・訳年代】宋の施護（せご）＊（AD980）。

（吉元信行）

0122 **仏説波斯匿王大后崩塵土坌身経**（ぶっせつはしのくおうたいごうほうじんどふんじんぎょう）

波斯匿王大后崩経、匿王坌身経、波斯匿王大后経、除憂患経（じょうげんぎょう）ともいう。

【成立】パーリ本に対応経が現存しないので、この経典の原典は北伝の段階で紀元前二世紀以降に成立したのであろう。

【内容】一巻。波斯匿王が母后の死に直面したとき、王は悲観のあまり身に塵土を塗って世尊のところに往詣し教えを受けたことからつけられた経名であり、世尊が自らこの経を除憂患経と名づけたのでこの別名が存在する。内容は、母后の死によって哀愁の淵に沈んでいる波斯匿王のために世尊が無常想を説き、老・病・死・恩愛別離の四つは大患であるということ、一切の愛尽を説いたとされる。

【関連典籍】雑阿含経0099（46—6）、増一阿含経0125（26—7）、別訳雑阿含経0100（3—12）。

【訳者・訳年代】西晋の法炬（ほうこ）＊。

（吉元信行）

0123 **仏説放牛経**（ぶっせつほうごきょう）

【成立】原典の原型は南北両伝に分かれる以前には成立していたであろう。

【内容】一巻。放牛人の十一法を具足しているかどうかによって牛の群れを擁護し、長く利益を得られたり得られなかったりすることにたとえて、比丘も十一法を具足しているかどうかによって自他ともに擁護するものと、三悪趣に堕ちるものもあることを説いたとされる。

【関連典籍】パーリ原典＝AN. 11. 18 Gopāla、増一阿含経0125（49—1）、雑阿含経0099（47—9）。

【訳者・訳年代】姚秦の鳩摩羅什（くまらじゅう）＊。

（吉元信行）

0124 **縁起経**（えんぎきょう）

【成立】梵本および漢訳のみであるため北伝のみに流布したと思われ、したがって原典は紀元前二世紀以降の成立であろう。

【内容】一巻。世尊が給孤独園（ぎっこどくおん）（祇園精舎）において諸の比丘のために縁起の意義と十二支それぞれの内容を説いたもの。「これあるが故に彼あり、これ生ずるが故に彼生ず」と、必ず縁によってすべての事柄が起ることを説いたものであることから、縁起経の名がついた。

【関連典籍】よく似た経典として雑阿含経0099（13—33）があるが、直接には関係はないようである。

【訳者・訳年代】唐の玄奘（げんじょう）＊。

（吉元信行）

0125 **増一阿含経**（ぞういちあごんぎょう）

【成立】この経典は多くの経典を集めたものであるから、一括して成立年代を確定することはできない。第二結集（紀元前三世紀頃）以降、多数の経典を整理する段階で一法から二法というように数に関係する経典が順番に編集され、しだいに現在のような形になったと考えられる。その原型は部派分裂以前に遡るであろう。成立地としては北インド、とりわけカシミールの可能性が強い。所属部派は諸説があって確定できないが大衆部の可能性が高い。現存の漢訳経典は大乗仏教の影響をかなり受けているようであるから、漢訳に使用された原典の言語も仏教梵語的な俗語であり、その成立は二〜三世紀の頃であろう。

【内容】五一巻。対応するパーリ原典Aṅguttara-nikāyaとともに仏陀の教説を法数にしたがって整理し収録したものである。その法数も一法より次第に十一法に達し、それら十一法の一一をさらに各品に分け、その各品は同一の問題や対象を論ずる経典を含んでいる。現存の漢訳は五二品四七一経よりなる。一法から十一法までを相当する品を整理して示せば次の如くである。(1)序品、〈一法〉(2)十念品〜(14)五戒品、〈二法〉(15)有無品〜(20)善知識品、〈三法〉(21)三宝品〜(24)高幢品、〈四法〉(25)四諦品〜(31)増上品、〈五法〉(32)善聚品〜(36)転法品、〈六法〉(37)六重品・(38)力品、〈七法〉(39)等法品〜(41)莫畏品、〈八法〉(42)八難品・(43)馬血天子品、〈九法〉(44)九衆生居品・(45)馬王品、〈十法〉(46)結禁品〜(48)十不善品、〈十一法〉(49)牧牛品〜(52)大愛道涅槃品。その中で特に注目すべきトピックとして次のようなものがある。本経編纂の由来(1)、十随念(2)、三果商客を初めとする四十人の優婆塞(6)、念仏(10)、摩利(マリカー)夫人とパセーナディ王(13)、仏・転輪聖王・辟支仏・阿羅漢(17)、梵天勧請と初転法輪(19)、提婆達多と五百人の比丘(20)、地主王の物語(法蔵菩薩説話の原型か)(23)、五王の争いと仏の決済(33)、釈迦族の滅亡(34)、凶賊アングリマーラの物語(38)、世界の成立破壊(40)、仏の出世と八難(42)、馬血天子への八正道の教え(43)、仏の病比丘への看護(44)、羅刹女の本生物語(45)、禁戒と功徳(46)、過去七仏、生天・地獄・涅槃への道(47)、十悪業道(48)、仏寺礼拝の十一事(50)、大愛道(マハーパジャパティ=釈尊の義母)比丘尼の入滅、パセーナディ王の夢(52)。

【関連典籍】パーリ原典=Aṅguttara-nikāya(パーリ本に対応経典のみられるのは、本経四七一経中一五六経ほどであり、他の阿含経に比べて一致はきわめて少ない)、注釈=分別功徳論1507(序品より〈4〉弟子品までの注釈しか現存しない大乗仏教の立場で注釈したもの)。

【後世への影響】本経は大衆部の所伝と見られ、そのなかにはさらに大乗仏教の影響が濃厚に見られる。しかも浄土教の片鱗と思われるところすら見られる。したがってその後の大乗仏教思想の形成にも大きな影響を及ぼしたと思われる。

【訳者・訳年代】大正大蔵経の底本となった高麗版大蔵経の伝承では僧伽提婆*とされているが、諸学者の考察によると曇摩難提*がAD384〜385年に竺仏念*の助けを借りて翻訳し、道安*がこれを補正したとする説が有力である。

【参考文献】訳一・阿含部八〜九。水野弘元「漢訳の〈中阿含〉と〈増一阿含経〉」『仏教研究』18。同「増一阿含経解題(補遺)」。訳一・阿含部八解説(大東出版・一九八二年)。畝部俊英「竺仏念の研究」『名古屋大学文学部研究論集』51。

(吉元信行)

0126 **仏説阿羅漢具徳経**(ぶっせつあらかんぐとくきょう)

具徳経ともいう。

【成立】原典の原型は南北両伝に分かれる以前には成立していたであろう。

【内容】一巻。憍陳如(コーンダンニヤ)以下の九十九比丘・十大弟子・摩訶波闍波提(マハーパジャパティ)以下の十五比丘尼・布薩(ウポーサタ)以下の二十三優婆塞・難那(スジャーター)以下の十七優婆夷について説かれたとされる。

【関連典籍】パーリ原典=AN. 1.14.1-7、増一阿含経0125(4〜7=弟子品・比丘尼品・清信士品・清信女品)。

【訳者・訳年代】宋の法賢*(AD1001)。

(吉元信行)

0127 **仏説四人出現世間経**(ぶっせつしにんしゅつげんせけんぎょう)

【成立】インド的風土の影響を受けて成立し北伝のみに伝承された経典であり、成立は紀元前二世紀以降の比較的新しいものであろう。

【内容】一巻。世尊が波斯匿(パセーナディ)王に対して、世間に四種類の人があること、つまり、(1)先醜後妙の人—最初貧しい家に生まれても身口意に善行を行っていれば死後に天上に生まれる人、(2)先妙後醜の人―裕福な家に生まれても悪行を行っていれば死後に三悪趣に生まれる人、(3)先醜後醜の人―貧しい家に生まれ悪行を行って悪趣に生まれる人、(4)先妙後妙の人―裕福な家に生まれ善行を行って天上に生まれる人があり、この四種類の中で先醜後醜の人を学んではならないと戒めたもの。

【関連典籍】増一阿含経0125(26―5)。

【訳者・訳年代】劉宋の求那跋陀羅(ぐなばつだら)＊。

(吉元信行)

0128 **須摩提女経**(しゅまだいにょきょう)

【成立】原典は現存していないが、その原型は南北両伝に分かれる以前には成立していたであろう。その後南北両伝で別々に発展伝承され、紀元後に諸異本の原典が形成されたと考えられる。

【内容】一巻。王舎城で説かれたとあるが「祇園精舎」のまちがいであろう。別本では「祇樹給孤独園」とある。給孤独(ぎっこどく)(アナータピンディカ)長者の娘の須摩提(スマーガダー)が異教の信徒である満富城(プンダヴァルダナ)の満財長者の家に嫁いだが、その信仰を護ることによって異教の師の怒りを買った。須摩提が世尊を信じ誠心によって世尊を請うたところ、世尊は弟子達を率い神通によって須摩提のもとに来て、その家族を教化したことを説く。

【関連典籍】関連パーリ聖典＝Thera G. 15偈注、Dhp. A. I. p. 151, III. p. 465、J. I. p. 931、Mp. p. 517などパーリには種々の伝承あり。別本＝須摩提女経(大正二・八三七c～八四三a＝本経0128の直後に押入されている＝次項参照)、三摩竭経(さんまがつ)0129、給孤独長者女得度因縁経0130、増一阿含経0125(22―3)、サンスクリット原典＝Sumāgadhāvadāna、Divyāvadāna p. 402、チベット訳の仏伝にも伝承があるという。

【後世への影響】内容的にもドラマチックであり、南北両伝とも相当流布した有名な経典である。ことに北伝では、アヴァダーナにも採り入れられ、伝承につれて相当増広されたり、大乗的色彩が加わるなど、後世への影響は大きい。そのほか、大乗経典である大宝積経0310(98妙慧童女会)、須摩提菩薩経0334・0335の成立にも影響を与えている。

【訳者・訳年代】呉の支謙(しけん)＊。

(吉元信行)

0128 **須摩提女経**〈別本〉(しゅまだいにょきょう)

【成立】本経は前項同名経典より相当増広されているので、原型は前経のそれであろうが、この原典の成立は紀元前後に下るであろう。

【内容】一巻。内容の骨格は前経と同じであるが、多くの偈が加わり、ストーリーも複雑になり、相当の増広がある。

【関連典籍】【後世への影響】0129の項参照。

【訳者・訳年代】呉の支謙＊。

(吉元信行)

0129 **仏説三摩竭経**(ぶっせつさんまがつきょう)

【成立】0128の項参照。

【内容】一巻。須達(しゅだつ)(スダッタ＝アナータピンディカ)長者の娘、三摩竭女(スマーガダー)が尼犍子(にけんし)(ニガンタナータプッタ)外道(げどう)の信者に嫁いでこれを教化した説話。難国の国王である分陂檀(ふんぴだん)は尼犍子外道に帰依して日々万余人の外道を供養し、自ら貢物を多くしているし智恵もあると言って、鉄板を腹に巻いて智恵が出ていくのを防いでいた。この難国王が須達長者の娘を自分の長子の妃として申し受けたいと求婚した。須達長者が世尊の意見を聞いたところ世尊は受けるように言った。長者は心に恨みを抱きながら渋々従った。三摩竭女は難国に行ってその一族を尼犍子の信仰からのがれさせ、国王を世尊に帰依させると言った。三摩竭女は遠くから世尊が来ることを請うと、世尊はこれに応じ、弟子達を従えて神足によって王宮に飛来した。諸弟子は皆神通によって世尊より先に現れ、世尊は最後に三十二相八十種好の妙身を現じてやって来た。こうして国王を初め大臣や国民等も皆教化されたと説く。またこの経には賓(びん)

頭盧羅漢（ピンドーラ）の話が見られる。賓頭盧羅漢は山の上に坐って衣を縫っていたが、急いで難国に向かおうとして針を地面に刺したまま難国に向かって飛行してしまったので、山が賓頭盧羅漢の後ろに従って飛んで行った。ある一人の妊婦がそれを見て驚き流産してしまった。このため世尊に叱責され、弥勒仏が世に現れるまで涅槃に入ってはならないと命令されたと説かれている。

【関連典籍】0128、0130、増一阿含経0125(30)須陀品。

【後世への影響】有名な物語であったらしく仏典にほかにいくつかの類似説話がある。0128の項参照。

【訳者・訳年代】呉の竺律炎（AD230）。

（吉元信行）

0130 **仏説給孤長者女得度因縁経**（ぶっせつぎっこちょうじゃにょとくどいんねんきょう）

【成立】パーリ・ニカーヤに対応経はないが、このトピックはかなり古くからあったろう。この経典の原典は南北両伝に分かれて以降の成立であり、北伝の伝承がアッタカターに影響を与えたと見るべきであろう。

【内容】三巻。給孤独（アナータピンディカ）長者の娘の善無毒（スマーガダー）が福増城（プンダヴァルダナ）の謨尸羅長者の子の牛授（ゴーダッタ）に嫁ぎ、今まで異教を信仰していたその家庭を帰仏させた因縁を説く。

【関連典籍】【後世への影響】0128の項参照。

【訳者・訳年代】宋の施護＊。

（吉元信行）

0131 **仏説波羅門避死経**（ぶっせつばらもんひしきょう）

【成立】対応するパーリ原典が見あたらないので、南北両伝に分かれる以降で比較的早い時期の成立であろう。

【内容】一巻。昔、五通を得、善法を修めた四人のバラモンが皆死を恐れて、一人は空中に、一人は大海に、一人は山腹に、一人は大地に入って死を逃れようとしたが、徒労に終わったということを、世尊が諸の比丘たちに説いたもの。

【関連典籍】増一阿含経0125(31—4)。

【後世への影響】増一阿含経では、さらに死を免れるためには諸行無常、諸行苦、諸法無我、涅槃寂静の四法本（四法印）を思惟すべきことを付加している。

【訳者・訳年代】後漢の安世高＊。

（吉元信行）

0132 **仏説食施獲五福報経**（ぶっせつじきせぎゃくごふくほうきょう）

【成立】パーリ原典およびそれに対応する増一阿含経0125は偈を有して古い形を残しているが、この翻訳の原典は、その発展した形であり、幾分成立年代も新しくなろう。

【内容】一巻。他人に食を施せばそれと同時に命・色・力・安（幸福）・弁（弁才）を他人に与えるとともに、自分も得るものであることを説く。パーリ原典および増一阿含経の所説とは異なり、この経ではこの後にこれら五つについて詳しく説明している。

【関連典籍】パーリ原典＝AN. 5. 37 Bhojana、増一阿含経0125(32—115)。

【訳者・訳年代】訳者不明（東晋代）。

（吉元信行）

0133 **頻毘娑羅王詣仏供養経**（びんびしゃらおうけいぶつくようきょう）

【成立】頻毘娑羅（ビンビサーラ）王の帰依という仏伝の一こまを素材としているが、この経典の原典は北伝の経典であろうから、紀元前に近い頃の成立であろう。

【内容】一巻。摩竭陀（マガダ）国王の頻毘娑羅が世尊の名声を慕って祇園精舎に往詣し、世尊の説法に歓喜した王が世尊を王舎城に招き、供養して帰依したことを説く。

【関連典籍】増一阿含経0125(34—5)。

【訳者・訳年代】西晋の法炬＊。

（吉元信行）

0134 **仏説長者子六過出家経**（ぶっせつちょうじゃしろくかしゅっけきょう）

六過出家経ともいう。

【成立】パーリ・ニカーヤに対応経がなくアッタカターのみであるので、この経典の原型は南北両伝に分かれて以降の成立であり、北伝の伝承がアッタカターに影響を与えたと見るべきであろう。

【内容】一巻。祇園精舎において説かれた。長者の子、僧伽羅摩（Sabbakāma、増一阿含経では、僧伽摩となっており、この経典における僧伽羅摩はSaṅgharāma の音写か）が出家して阿羅漢になると、旧妻の母が娘を伴って僧伽羅摩に会い誘惑して還俗させようとしたが、僧伽羅摩は偈を説いてこれを避けた。これによって世尊が僧伽羅摩を声聞の中で降魔第一と賞嘆したことを説く。

【関連典籍】関連パーリ聖典＝ThagA（453〜458）、増一阿含経0125（35—10）。

【訳者・訳年代】劉宋の慧簡（AD457）。

（吉元信行）

0135 **仏説力士移山経**（ぶっせつりきしいせんきょう）

移山経ともいう。

【成立】この経典の原典は北伝の経典であろうから、紀元前の近い頃の成立であろう。

【内容】一巻。この経典は世尊が晩年に拘夷那竭（クシナガラ）で、五百人の末羅（マッラ）人でも動かすことのできなかった高さ百二十丈、方六十丈の大石山を梵天界に投げて如来の力を示し、次いで神足力、智慧力、意行力を示し、如来の十力がこれらの諸力より遙かに勝ることを説く。また十力をそなえている如来でも無常の力によって、やがて般涅槃するということを説いている。

【関連典籍】雑阿含経0099（42—3）。

【訳者・訳年代】西晋の竺法護＊。

（吉元信行）

0136 **仏説四未曾有法経**（ぶっせつしみぞうほうきょう）

【成立】本経がMahāparinibbāna-suttantaに挿入されたのか、あるいはその経典よりこの部分が別出されたのかによって本経の成立年代が決まることになるが、今のところどちらかは不明である。

【内容】一巻。仏陀が最後の旅において付き添いの阿難尊者を褒め称えた故事にちなんで説かれた経典である。世尊が阿難に四未曾有法（四奇特）、すなわち(1)阿難が比丘の中に愛楽される、(2)阿難が比丘尼の中に愛楽される、(3)阿難が優婆塞の中に愛楽される、(4)阿難が優婆夷の中に愛楽される、という四つがあるとして、これを転輪王の四未曾有法と比較しながら比丘たちに説いたもの。

【関連典籍】パーリ原典＝DN. 16. Mahā-parinibbāna-suttanta の一部（DN. II. pp. 145-146）、AN. III. 129、増一阿含経0125（42—3）、長阿含経0001（2）遊行経。

【訳者・訳年代】西晋の竺法護＊。

（吉元信行）

0137 **舎利弗摩訶目連遊四衢経**（しゃりほつまかもくれんしくきょう）

【成立】本経の原型は南北両伝に分かれる以前には成立していたであろう。この経はパーリ本のそれよりも古い形を伝えているとみられる。

【内容】一巻。ある時、舎利弗（サーリプッタ）と目連（モッガラーナ）の二人が二百五十人の比丘たちとともに諸方を遊行して世尊に会うために往詣してきたが、比丘たちが喧騒を始めたので世尊は彼らを立ち去らせた。しかし衆人や梵天の請いによって来て会うことを許された。そして世尊が追い返されたときの心境を尋ね、衆を率いることができるのは如来と舎利弗と目連のみであると説いたもの。本経は左記原典と異訳との後段部分を欠いている。

【関連典籍】パーリ原典＝MN. 67. Cātuma-sutta、増一阿含経0125（45—2）。

【訳者・訳年代】後漢の康孟詳。

（吉元信行）

0138 **仏説十一想思念如来経**（ぶっせつじゅういっそうしねんにょらいきょう）

【成立】後半部分の原型は紀元前三世紀頃に

遡りうるが、前半部分は後に付加されたのであろう。

【内容】一巻。この経典はわずか二十三行の短いものであるが全く異なる二つの経からなっている。前半の経は、戒に対する意が清浄であり、威儀を具足し、など十一の事項によって仏を憶念すべきことを説いたもの。後半の経はその十一に対応して、慈無量心を修め慈心解脱を得れば、臥しても安心し、目が覚めても安心し、など十一の果報を受けるということを説いたものである。

【関連典籍】後半部分のみ、パーリ原典＝AN. 11. 16. Mettā、増一阿含経0125(49—10)、前半部分については対応経典は見あたらない。

【訳者・訳年代】劉宋の求那跋陀羅*。

（吉元信行）

0139 **仏説四泥犁経**（ぶっせつしないりきょう）

【成立】パーリ原典が見あたらないので、北伝の段階で形成されたのであろう。

【内容】一巻。四悪比丘といわれた提舎（カタモーラカティッサカ、増一阿含経では帝沙）、瞿波羅（コーカリカ）の二人と、締婆達兜（提婆達多＝デーヴァダッタ、増一阿含経では提婆達兜）末佉梨（マッカリゴーサーラ＝六師外道の一人）の四人が地獄に堕ちて、身体から大火焔を放って苦しむことを説いたもの。

【関連典籍】増一阿含経0125(50—5)。

【訳者・訳年代】東晋の曇無蘭*。

（吉元信行）

0140 **阿那邠邸化七子経**（あなふんていけしちきょう）

化七子経ともいう。

【成立】パーリ原典も異訳も確認されず内容的には方便という大乗的な色彩が認められるので、成立は紀元前後にまで引き下げられるであろう。

【内容】一巻。阿那邠邸（給孤独＝アナータピンディカ）長者が自分の七人の子たちが三宝に帰依せず五戒を受持しようとしなかったため方便として、七人の子たちにそれぞれ千金を与えて三宝に帰依させ五戒を受持させた。長者が世尊にこのことを告げてその行為に功徳があるかどうか問うたところ、世尊は功徳の果報が広大であることを説いた。またその翌日に長者が世尊を呼んで供養したとき、七人の子たちのために法を説いたことが記されている。

【後世への影響】この譬は法華経の「火宅牛車のたとえ」の素材となったと思われる。

【訳者・訳年代】後漢の安世高*。

（吉元信行）

0141 **仏説阿漱達経**（ぶっせつあそくだつきょう）

【成立】有名な経典であり、パーリ原典はじめ各種の異訳が存在するので、原型は紀元前三世紀頃には成立していたであろう。

【内容】一巻。世尊が諸の比丘たちに父母への恩が重要であることを説き、子が父母に仕える道を示す。そして、漱達（スダッタ＝アナータピンディカ）長者の嫁の玉耶女に、妻が夫に仕えるということに三種の悪婦型と四種の善婦型があることを説いたところ、玉耶女は普段の放漫な感情を打ち砕かれ、以後は召使いの女が主人に仕えるような心で夫に仕えようと誓うようになったことを説く。

【後世への影響】父母の恩を説く中国では特にもてはやされた経典である。

【関連典籍】パーリ原典＝AN. 7. 59. Sattabhariya。0125・0142・0143。

【訳者・訳年代】劉宋の求那跋陀羅*。

（吉元信行）

0142 **仏説玉耶女経**（ぶっせつぎょくやにょきょう）

【成立】有名な経典でありパーリ原典はじめ各種の異訳が存在するので、原型は紀元前三世紀頃は成立していたであろう。

【内容】一巻。玉耶経0143と同じ。

【関連典籍】パーリ原典＝AN. VII. 59. Sattabhariya。増一阿含経0125(51—9)、0141、0143。

【訳者・訳年代】訳者不明（西晋代）。

（吉元信行）

0143 **玉耶経**（ぎょくやきょう）

【成立】有名な経典であり、パーリ原典はじめ各種の異訳が存在するので、原型は紀元前三世紀頃には成立していたであろう。ただこの漢訳は婦人の数がパーリ原典などより増加しており、この原典は内容的にかなり発達した後期の段階の成立になろう。

【内容】一巻。給孤独（アナータピンディカ）長者の長子の嫁の玉耶が美貌であるがゆえに高慢にして婦人としての礼を行わなかった。そのため世尊は長者の家に来て玉耶を呼び寄せ、婦人に十悪あり悪婦に七種類あることを心をこめて説き、玉耶を改めさせ、十戒を授けさせたことが説かれている。

【関連典籍】パーリ原典＝AN. VII. 59. Satta-bhariya。増一阿含経0125(51―9)、0141、0142。

【訳者・訳年代】東晋の曇無蘭＊。

（吉元信行）

0144 **仏説大愛道般泥洹経**（ぶっせつだいあいどうはつないおんぎょう）

【成立】北伝の伝承であり、増一阿含経0125(22)の原型の成立よりはるかに新しく、仏塔崇拝の隆盛してきた紀元前後の成立であろう。

【内容】一巻。世尊の養母であり比丘尼教団の長老尼の第一人者であった摩訶波闍波提（マハーパジャパティー）が、世尊が三カ月後に涅槃に入るということを聞いた。摩訶波闍波提はそれを見るのは耐えられないとして、五百の比丘尼と共に世尊の許しを得て世尊より先に毘舎離（ヴェーサーリー）の王園比丘尼精舎（この精舎は実際は王舎城にある）で涅槃入った。阿難が世尊の命を受け、毘舎離の耶陀迦羅越増一、耶輸提、仏母、耶遊（Yasoda）らと共にその舎利を供養し塔を建てたという(伝説の域を出ず史実とはほど遠い)。

【関連典籍】増一阿経含経0125(52―1)、0145。

【訳者・訳年代】西晋の白法祖＊。

（吉元信行）

0145 **仏母般泥洹経**（ぶつもはつないおんきょう）

【成立】北伝の伝承であり、増一阿含経0125(52)の原型の成立よりはるかに新しく、紀元前後の成立であろう。

【内容】一巻。世尊の養母の大愛道（マハーパジャパティー）比丘尼が世尊の入滅を見ることが耐えられず、世尊より先に涅槃に入った。そして世尊が自らその遺骸を供養し、荼毘に付したことが説かれる。

【関連典籍】増一阿含経0125(52―1)、0144。

【訳者・訳年代】劉宋の慧簡（AD457）。

（吉元信行）

0146 **舎衛国王夢見十事経**（しゃえいこくおうむけんじゅうじきょう）

【成立】北伝の伝承であり、紀元前後の成立であろう。ジャータカに対応が見られるがそれは注釈部分であり、漢訳がすべて十夢であるのに対してジャータカのみ十六夢となっており、南伝の仏伝における菩薩の十六夢の考え方は北伝の影響を受けたと見るべきであろう。

【内容】一巻。波斯匿（パセーナディ）王がある夜に十の事柄の夢を見て恐怖し、摩利夫人（マリカー）に勧められて世尊のところに往詣した。そのために世尊がその夢の一つ一つについて解説したことが説かれている。その十の夢というのは、(1)三つの瓶が並んでいて両端の瓶は一杯入っており両端の瓶の蒸気が行き来しているが蒸気が中央の瓶には入らない夢、(2)馬がいて口と尻の両方で食事をしている夢、(3)小さな樹木に花が咲く夢、(4)小さな樹木に果実ができる夢、(5)人が羊を引いていると、引いている縄を羊が食べてしまう夢、(6)狐が金の床に坐って金の食器で食事をしている夢、(7)大きな牛が子牛の乳を飲む夢、(8)四匹の牛が四方から闘おうとして吼えながら迫っているがお互いの場所がわからず闘えない夢、(9)大きな池で中央の水が濁っているのに周囲の水は澄んでいる夢、(10)真っ赤な水が谷川を流れている夢、となっている。王は夫人の勧めで世尊のところに来て、その夢の解釈を聞いて安心したということが説かれている。

【後世への影響】夢分析という点で、心理学的にも興味深い経典である。

【関連典籍】関連パーリ聖典＝ジャータカ77（Mahāsupina-jātaka）。増一阿含経0125（52—9）、0147、0148。

【訳者・訳年代】訳者不明（西晋代）。

（吉元信行）

0147 **仏説舎衛国王十夢経**（ぶっせつしゃえいこくおうじゅうむきょう）

【成立】北伝の伝承であり、紀元前後の成立であろう。

【内容】一巻。憍薩羅国（コーサラ）の波斯匿（パセーナディ）王がある夜に不吉な夢を見たので、目を覚ました後も非常に心配していた。外道の者はその不吉を払おうと盛大な生け贄の儀式を行うことを勧めた。王の心はそれに動いたが、皇后の末利（マリカー）が世尊に対しての信仰のために、生物の生命を奪ってその犠牲によって自分の不吉を払うというのは理にかなっていないとしてそれを避け、世尊に相談することを勧めた。王は世尊のところに来て、その夢の解釈を聞いて安心したということが説かれている。ただ世尊の夢分析は後世の家族・社会が乱れるということであり、その分析の内容は興味あるところである。

【関連典籍】0146の項参照。

【訳者・訳年代】訳者不明（西晋代）。

（吉元信行）

0148 **国王不梨先泥十夢経**（こくおうふりせんないじゅうむきょう）

【成立】北伝の伝承であり、紀元前後の成立であろう。

【内容】一巻。ある夜、憍薩羅国（コーサラ）の波斯匿（パセーナディ）王が奇怪な十の夢を見て目が覚めた後もこのことを非常に心配していた。外道の人々はこのことを不吉として王に盛大な生け贄の儀式を行うことを勧めたところ、皇后の末利（マリカー）は世尊だけがこのことを正しく解釈されるあろうと王に世尊に会うことを勧めた。王は世尊のところに行って、その夢の解釈を聞いて安心したということが説かれており、一つの事件に対して迷信的な宗教のとる態度と、正しい立場に立つ仏教的な態度の対比を示している。

【関連典籍】0146の項参照。

【訳者・訳年代】東晋の曇無蘭＊。

（吉元信行）

0149 **仏説阿難同学経**（ぶっせつあなんどうがくきょう）

【内容】一巻。阿難（アーナンダ）が少年時代に一緒に学んだ友人の掘多（グプタ）比丘が梵行を修めていたが、その修行に耐えられなくなり還俗しようとしていた。阿難が世尊に請うと、世尊は掘多比丘のために婦人の五つの汚れ（五穢）を説き、人の身に生まれるのは難しく如来の出現には逢い難いので、如来に出会った上は浄行を修めて苦の根源を滅しなさいと教えたところ、掘多比丘は後に阿羅漢となり世尊に許されてすぐに涅槃に入った。そして阿難がその遺骨を供養したことを説く。

【訳者・訳年代】後漢の安世高＊。

（吉元信行）

0150A **仏説七処三観経**（ぶっせつしちしょさんがんきょう）

【成立】四七経のほとんどに対応パーリ原典が存在するのでそれぞれの単経としては成立も紀元前三世紀以前に遡りうるが、この経典として編纂されたのは内容的に見てセイロン上座部系であるので、紀元前二世紀以降翻訳までの間ということになる。

【内容】一巻。この経典は七処三観経そのものの他に短い四十六経を合わせた四十七経の小経叢書であるが、経典編纂の段階で混乱して最初の経名のもとにこのようになったものである。第一経の内容は、五蘊（色・受・想・行・識）の一つ一つについて体、集、滅、道、味、禍患、出離というこれら七方面から観察し如実に知り（これを七処という）、また三科（五蘊・十二処・十八界、あるいは、身・五陰・六衰の三つ、あるいは、界・入・縁起の三つ）を観察するとき（これを三観という）悟りの確証が得られると説かれている。第二経以下はまったく内容も異なり、それぞれ対応パーリ原典もあるので、煩瑣を避けるため省略する。

【関連典籍】パーリ原典＝SN. 22. 57. Sattaṭṭhāna。雑阿含経0099（2—10）、増一阿含経0125（41—3）、（小）雑阿含経0101（27）。

【訳者・訳年代】後漢の安世高＊。

（吉元信行）

0150B **仏説九横経**（ぶっせつくおうきょう）

【成立】仏説七処三観経の第三二にあたるが、セイロン上座部系の伝承からの翻訳であり、紀元前二世紀頃には成立していたであろう。

【内容】一巻。寿命がまだ尽きていないのに不慮の死をとげてしまう九種類の因縁（不応飯、不量飯、不習飯、不出生、止熱、不持戒、近悪知識、入里不時不如行、可避不避）を説いたとされる

【関連典籍】0150A

【訳者・訳年代】後漢の安世高＊。

（吉元信行）

0151 **仏説阿含正行経**（ぶっせつあごんしょうぎょうきょう）

【成立】内容的に見てセイロン上座部系の伝承からの翻訳であり、原典は紀元前二紀頃には成立していたであろう。

【内容】一巻。一切の事柄は心を基本としてあること、生死の迷いは無明を根源としているから十二縁起の道理を明確に理解するのがよいこと、心が正しくないものは五道に堕ちるので、よく五根を制御するのがよいことを説き、また世尊が自ら家を捨て欲を放棄した精進の相を説き、五戒を受持し四念処を修めるのがよいこと、その心をよくととのえるのがよいということを説いたとされる。

【訳者・訳年代】後漢の安世高＊。

（吉元信行）

第3巻　本縁部　上

0152 **六度集経**（ろくどじゅっきょう）

六度無極経、度無極経、雑無極経、六度無極度経ともいう。

【内容】八巻。六度とは六波羅蜜ともいい、菩薩が修行すべき六つの徳目、すなわち布施、持戒、忍辱、精進、禅定、智慧である。釈尊の前生物語であるジャータカのうち九一話をこの六つの徳目別に整理して集めた経典である。布施は一巻から三巻、持戒以下智慧までは各一巻ずつが当てられている。〈一巻〉シビ王物語と同類の薩波連王の本生、雪山童子の捨身飼虎と同類の菩薩の本生など、自らの命をも惜しまず施す類の物語一〇篇を収めている。なお長寿王の本生は独立の経典（0161）がある。〈二巻〉波耶、迦蘭、薩和檀の三王が、王国、妃、王子、王自身の生命を布施する物語、および独立の経典でもある須大拏太子の本生（0171）の四篇を収めている。〈三巻〉国王、バラモン、長者などのほか、兎、孔雀、鹿などの動物が菩薩として登場、飢えた修行者に施す食べ物がないので、焚火の中にとび込んで自らを捧げる「月の兎」の類話、『旧

約聖書』創世記中のノアの箱舟の物語を想わせる富豪の本生など一二話を収録する。〈四巻〉いかなる厳しい状況にあっても、戒を全うする一五の物語を収める。主人公は国王、王子、長者、商人、童子のほか、象、オウム、猿が菩薩として描かれる。よく知られた猿の生き肝の昔話の原型。父王の愛妾の誘惑を拒み、謀反の濡れ衣を着せられて追放されても恨まず、さらに眼球を求められても拒まず、浄戒を保ち続けた法施王子の物語。飢餓に迫られた三兄弟の兄二人はそれぞれの妻を殺して食べたが、菩薩である末弟は妻と共に飢餓を乗り越えた。その妻に他の男と共謀して殺されかけるが、菩薩は生き延び、のちに一国の王となる。やがて妻と再会、死刑を求める大臣らにあくまで戒を守る道を説く物語。王子に生まれ、出家を志して一三年間無言の行に徹し、生き埋めにされるが許されて出家を果たす墓魄太子の物語等を収録。なお太子墓魄経0167、頂生王経0165は独立の経典でもある。普明王の本生中に央掘魔羅（アングリマーラ）経0120と類似の部分あり。〈五巻〉国王、修行者、バラモンなどの他、竜、猿、雀など動物が菩薩として登場、善行に対して忘恩の仕打ちを受けてもひたすら忍耐し、怒りも怨みもせずかえって憐れみ、やがて仏となった暁にはこのような人をこそ救わねばと誓う忍辱行を説く物語一三篇を収録。歯に刺さった小骨に苦しむ虎の口中に入りそれを抜く雀の話や独立の経典である睒子経0175もこの巻に見える。忍辱は行としては耐え忍ぶことであるが、想像を絶する忍耐の根源が慈悲であることを各話が切々と伝える。〈六巻〉菩薩が、猿、鹿、馬、魚、亀、鳩、蜜蜂など種々の動物、子供や商人、女性となって、精進行に徹する物語一九篇を収録。人間の暴挙に対して自ら橋となって一族を救う猿の王、捉えられた鳩が、断食して痩せ、鳥かごから脱出する話、溺死寸前のところを命がけで助けてくれた金色の鹿を懸賞金欲しさに居所を教える忘恩の男などよく知られた物語(0181)、主人公が女性で、変成男子を説く物語(0155・0178・0179)が注目されるべきである。〈七巻〉禅定を説くこの巻は九篇からなるが、前の六巻と異なり本生物語は最後の二篇のみである。前七篇は禅定の一般的説明、四門出遊、出家、ムチャリンダ竜王との出会い、釈尊の禅定の徹底ぶりなどを記している。〈八巻〉知慧の徳を明かにする九篇の物語の主人公は王子、国王、長者、バラモン等である。なお、最後の四経は独立の経典でもある。昇天のみを願う老王をそそのかすバラモンの非道をただし、王位を継いで善政をしく皇孫、須羅王子の物語などを収録している。

【関連典籍】生経0154。南伝ジャータカ（二八〜三九番）をはじめその他多くの本生経典類。

【訳者・訳年代】呉の康僧会＊。

（渡辺愛子）

0153 **菩薩本縁経**（ぼさつほんえんぎょう）

【成立】五世紀。著者は僧伽斯那＊。

【内容】三巻または四巻。八章よりなる。各章とも他の経典中に類話の多い菩薩の物語、すなわちジャータカに類するものである。各々の物語が、序偈、本文、結勧の三部で構成されている。これはジャータカおよび大荘厳経論0201と共通している。〈二章　一切施品〉は大荘厳経論十五に見えるが内容は本経の方が原始的形態を留めている。〈三章　一切持王子品〉は南伝ニダーナ・カターでは、ヴェッサンタラ王子の物語として、他の諸経では、布施太子の物語として知られているが、本経の内容は、他経が美化ないし理想化の傾向にあるのに対し、かなり現実的、写実的である。〈六章　兎品〉は、菩薩である兎の焼身供養の物語であるが、ジャータカのように兎の他の動物は登場せず、また月の話も出て来ない。慎重な研究にまたねばならないが、以上の特徴から、本経は比較的初期に成立したものと見られている。一章から五章は、六波羅蜜の第一、檀（ダーナ＝布施）波羅蜜を、六章から八章は第二、尸羅（シーラ＝戒）波羅蜜がテーマである。六章から八章の主人公の菩薩は兎、鹿、竜であり、前生の業報により、畜生の身に生れても、戒を持つことにより、バラモンにも劣らぬ徳を積む物語である。

【関連典籍】0201。南伝ジャータカ。

【後世への影響】一切持王子品は倉田百三『布施太子の入山』、鹿品は三田誠広『鹿の王』、竜品は宮沢賢治『竜のはなし』の題材である。

【訳者・訳年代】呉の支謙*。

（渡辺愛子）

0154 **生経**（しょうきょう）

【内容】五巻。五十五経よりなる。パーリ・サンスクリットのジャータカの訳で、本生話、前生譚とも訳す。釈尊が無上の悟りに到達したのは、数限りない過去世の善行の結果であると考え、どのように徳の高い行いをしたかを物語るものである。釈尊自身が語った物語もあろうが、当時の寓話、説話、伝承の中から、適切な内容のものを選び、主人公を釈尊の前生である菩薩とし、一定の枠組みを与えてジャータカに編み込んでいったものと考えられている。その枠組みは〈序文〉ジャータカを語る契機となった釈尊在世時代のこと、〈主分〉過去世の物語、〈結分〉主分の登場人物と釈尊およびその他序文の登場人物との関係、の三部で構成されている。主人公の菩薩はバラモンからチャンダーラ（賤民）まであらゆる境遇の人やさまざまの種類の動物、ときには樹神などとして登場する。また、菩薩が脇役または傍観者の立場の物語もある。いずれの物語でも菩薩は自己を顧みることなくひたすら他者の幸福のために献身し命さえも惜しまない。ここに大乗菩薩精神の源流を見ることができる。ジャータカの最もまとまったテキストは南伝大蔵経二八巻から三九巻までに収められている五四七話である。本経は五五話を収録しているが、最後の経がさらに八つの物語を含むから計六二話となる。ただしそのうち二三話は釈尊の前生ではなく弟子の比丘や在家の信者の前生話であり、実質三九話がジャータカである。これらの中に、菩薩は転輪聖王、天、仙人、国王、バラモン、大臣、比丘、船乗り、母、盗賊などとして登場する。またスッポン、鶏、水牛、兎、鳥、紅雀、大魚として描かれる。飢えたバラモン（帝釈天）に食事を与えるべく自ら焚火に飛び込んで供養した兎の話、夫のスッポンが猿と親しむのを妬んだ妻が病気と偽り薬に猿の生き肝が欲しいといい、夫のスッポンの背で打ち明けられた猿がそれなら樹の枝に干してきたといって難を免れる話などは日本昔話として知られている。

【関連典籍】南伝二八～三九巻、チャリヤ・ピタカ、マハーヴァスツ中のジャータカ、ジャータカ・マーラー、六度集経0152、菩薩本縁経0153、仏説菩薩本行経0155、菩薩本生鬘論0160、その他多数。

【後世への影響】日本では『今昔物語』『宇治拾遺物語』をはじめとする多くの中世説話文学の豊富な題材となり、能として演じられているものもある（一角仙人）。因みに歌舞伎の「鳴神」は「一角仙人」の翻案である。幾多の変遷を経て民話やおとぎ話の形で流布し、日本古来のものと思われているものもある。因幡の白兎と大国主の命の物語は神話とジャータカとが一つになったものである。近代では芥川龍之介の作品に用いられ、現代でも三田誠広がジャータカから『鹿の王』を創作している。舞踊劇、歌曲の形で伝えられているものもある。いずれも善因楽果、悪因苦果の因果の道理を物語を通じて説き、倫理道徳の教育に果たしてきた役割は大きい。さらに人生を一度だけのものと考えず、連綿たる輪廻転生の思想にもとづいて、自らの行いを律することの大切さをいっそう深く教えてきた。インドではいくつかの経典中に共通する逸話があり、何らかの影響関係が想像される。南方仏教諸国では、家庭教育の中心的役割を果たしてきている。ヨーロッパでは、古くはイソップ物語に影響を与え、それを通じて、イギリス中世の詩人チョーサーやドイツ近世のグリムの作品の題材となっている。なおアラビアン・ナイトにも少なからず影響を与えていると考えられる。

【訳者・訳年代】西晋の竺法護＊（AD285）。

【参考文献】干潟龍祥『本生経類の思想史的研究』東洋文庫論叢三五、一九五四年。

（渡辺愛子）

0155 **仏説菩薩本行経**（ぶっせつぼさつほんぎょうきょう）

【内容】三巻。釈尊の前生話十一篇を収録。五百人の富豪の息子たちが大勢の出家修行者や貧しい人々に布施しているのを見た貧しい男が、その目的を尋ねると、仏道を求めるためと答える。仏道がどのようなものかを知って、この男も同じ願いを抱く。施す物が無いので、体に蜜を塗って墓場に身を横たえ、動物たちの餌になろうとした話。大富豪でありながら欲が深くて極貧の生活をし、布施もせず病死し、跡継ぎもないので財産は国が没収。王がこの男の死後を案じて釈尊に尋ねた。男は半永久的に地獄、餓鬼の世界で苦しむことになると聞き、驚き、悲しむ。そこで釈尊は大いなる布施の行に生きたカナカバルミ王の話をする（内容は金色王経0162と同じ）。飢饉に苦しむ国で疫病が流行し、王が病に倒れたため妃が平癒祈願に詣でた帰途、通りかかった家から女性の泣き声がする。彼女の夫は食料を探しにでかけたまま、手伝いもなく若い妻がたった独りで子どもを産み、飢えと疲労で死に瀕して嬰児を食べようとしていた。一刻の猶予もないので妃は意を決して自分の二つの乳房を切って与え、その功徳として成仏を願う。王の死後、妃は男に変じて国を治めるという話（釈尊が女性として登場する例）。一バラモンが釈尊の偉容に接し真心から礼拝するが、それだけでバラモンは二十五劫の間三悪道に堕ちず、やがて辟支仏になるという話。炎天下、木陰もない広野を歩む釈尊を見た羊飼いがあたりの草で傘のような物を編み、長い柄で差しかけてお供をした。それで十三劫の間三悪道に堕ちず、辟支仏になるという話。その他六篇の本生話を収録。

【関連典籍】0162

【訳者・訳年代】訳者不明（東晋代）。

（渡辺愛子）

0156 **大方便仏報恩経**（だいほうべんぶつほうおんぎょう）

【内容】七巻。釈尊の出家は親を苦しめる忘恩の行為であるとの一バラモンからの非難を契機として、仏教における恩の意義を説く。釈尊を忘恩の徒と見るのは現在のみにとらわれた狭い見解である。輪廻転生の思想に基づき、釈尊は久遠の過去以来、一切衆生の父母となり、一切衆生もまた釈尊の父母となってきた。その一切衆生を苦悩から救済するための出家であるから、釈尊の出家こそ最大の報恩行であると説く。その具体例をジャータカのなかからとりだして、釈尊が多くの前生において、父母にどれだけ孝養を尽くしたかを示す。本経が本縁部に収められている所以である。

【関連典籍】0160・0202

【訳者・訳年代】訳者不明（AD220頃）。

（渡辺愛子）

0157 **悲華経**（ひけきょう）

【成立】無量寿経等の浄土経典類以後の成立。

【内容】十巻六章。経名は慈悲の白蓮華を意味する。〈第一　転法輪の章〉釈尊が王舎城耆闍崛山で無数の比丘、菩薩等に説法しているときに、弥勒菩薩たちが突然「南無蓮華尊如来」と東南に向かって唱えた。不審に思った宝日光明菩薩が釈尊にそのわけを尋ねた。東南に一億百千仏土を過ぎた所に蓮華仏土があり、昨夜そこで蓮華尊が開悟、仏となったと釈尊は答えた。〈第二　陀羅尼の章〉釈尊はさらに蓮華仏土と蓮華尊如来について詳述する。その世界でずっと昔、日月尊如来が涅槃に入るとき、虚空印菩薩にやがて蓮華尊如来となると授記し、解了一切陀羅尼を授けたと語った。〈第三　大施の章〉釈尊が神変を用いてさまざまな仏の世界を示すと、聴衆の中の寂意菩薩が、苦悩の無い理想の仏国土が無数にある中をなぜ釈尊は五濁の悪世を選んだのかと質問した。ここで悲華経の中心的物語が説かれる。遠い昔、無諍念と名づく転輪聖王があり、宝海という大臣がいた。その子の宝蔵が出家、修行の後、宝蔵如来となった。この如来が無諍念王の首都の郊外の林で説法した。大勢の一族や家来とともに聴聞した王は深く心に感じて、如来と無数の声聞たちに三カ月の供養を行った。続いて第一王子の不眴以下千人の王子たちも各々三カ月供養を行った。ところがその功徳として彼らが願ったのは人間界かせいぜい天上界の王位であった。宝海がそのことを夢で知り、無諍念王に有漏の人天界を離れ、無上菩提心を発し、菩薩道を行じ成仏を願うよう勧めた。同時に宝蔵如来も王に十方のさまざまな浄土や五濁の悪土を神変を用いて示し、王は清浄な仏土を如何にして選ぶべきかを如来に尋ね、城に引き返した。宝海は千人の王子たちにも菩提心を発させようと努めた。それから七年後、王と王子たちは再び宝蔵如来のもとに詣でた。〈第四　授記の章〉王は先の供養の善根を無上菩提に回向し、五十一の願を立て、望む浄土の様を述べた。如来は西方百千万億仏土を過ぎた所にふさわしい世界があり、やがて安楽国と名づけられ無量寿如来と成るであろうと告げた。王子不眴も無上道を願うと、如来は王子に観世音の名を与え、無量寿如来の涅槃の後、遍出一切光明功徳山王如来となると授記した。続いて千人の王子、宝海の八十人の子供、三億人の弟子も各々授記を受けた。誰もが浄土を願い、五濁の娑婆世界を省みないので、宝海は五百の願を立てて自らそれを望むと、やがて釈迦如来となるとの授記を受けた。〈第五　檀波羅蜜の章〉宝海は大悲菩薩と名のり、如来から種々の三昧、六波羅蜜を学び、無諍念王や千王子とともに修行に励んだ。宝蔵如来の涅槃の後、大悲菩薩も命終し、本願に従い、諸々の生を受け、檀波羅蜜（布施行）を実践する様が語られる。〈第六　入三昧の章〉再び、耆闍崛山の場面に戻り、釈尊が寂意菩薩に過去、現在、未来の十方の諸仏はすべて釈尊の勧めによって成仏したことを告げた。その時東方、無功徳光明王仏の獅子座が六種に震動し、その国の菩薩がわけを問うと、西方、娑婆世界の釈迦如来がこれまでの歴史を明かに説いたためと答えた。すると二万の菩薩が娑婆世界に赴き、釈尊を供養、讃歎した。同様に西、南、北方の世界からも次々と仏、菩薩が娑婆世界を訪れ、供養、讃歎した。釈尊は三昧に入り、一切行門を説法し、それを聞き終えてそれぞれ十方の世界へ帰った。

【後世への影響】浄土の荘厳を説く浄土系の経典に対して、五濁の娑婆を選んだ釈尊を大慈悲の白蓮華と讃歎する本経中に弥陀の四十八願が登場し、法然は「無量寿経釈」、親鸞は「教行信証」「三経往生文類」に悲華経を引用している。

【関連典籍】大乗悲分陀利経0158の項参照。

【訳者・訳年代】北涼の曇無讖＊。

【参考文献】宇治谷祐顕『悲華経の研究』文光堂、一九六九年。

（渡辺愛子）

0158 大乗悲分陀利経（だいじょうひふんだりきょう）

【内容】八巻三十章。内容は悲華経0157に同じ。ただし人名の漢訳が、宝日光明が宝照明、無諍念王が離諍、宝海が海済、宝蔵が海蔵（成道後は同じ宝蔵如来）となっており、また悲華経の四〜六章が細かく章分けされて三十章となる。悲華経の漢訳は四通りあると伝えられており、その一は竺法護訳の閑居経（一巻）で最古、最短のため悲華経の原型とも推定されている。その二は本経。その三は道龔訳（？）の悲華経で現存しない。最後が悲華経（十巻）0157である。

【関連典籍】0157

【訳者・訳年代】訳者不明（四世紀末〜五世

紀初)。

(渡辺愛子)

0159 大乗本生心地観経(だいじょうほんじょうしんじかんぎょう)

【内容】八巻十三章。インド大乗後期に説かれた本経は、四恩説を中心に大乗的出家主義を主張する。王舎城耆闍崛山で釈尊が大光明を放って過去現在未来のすべての事物を無数の聴衆に示した。その中の獅子吼菩薩がその訳を尋ねた。王舎城の五百人の大富豪たちが大乗の菩薩道は良くないと言う。何故なら彼らは出家によって親不孝をし、その上、求められれば、妻子であれ財産であれ、あげくは命までも捨ててしまう。それならむしろ小乗の方が良いではないかとの考えを持つ。それに対して釈尊は四恩の道理を説く。四恩とは父母、衆生、国王、三宝の恩である。王舎城の東北のある国から智光という大富豪が親不孝な息子を連れて四恩の教えを求めて、釈尊を訪ねた。釈尊は詩の形で四恩、三聚戒、事理二観を説く。智光は親を悲しませる出家は無慈悲な行為であり、むしろ在家の道の方が好ましいと言う。釈尊は多くの例を挙げて出家道が優れていると説く。出家した智光らは、修すべき道を釈尊から細かく指導を受ける。ついで常精進菩薩と楽遠離菩薩に森林住を説き、弥勒菩薩に三十七種の不浄観を説く。森林住に限ることに疑問を持つ弥勒菩薩に釈尊は、出家の菩薩は悟りを得るまでは、森林に住し善知識に親近すべしと説く。文殊菩薩が心地の理を問うと、釈尊は三界唯心と答え、さらに心とは何かの問に不可得と答える。さらに文殊に答えて、空の思想は大切だが、それに執着すべきでないことを説き、観法を示す。

【関連典籍】インド大乗仏教が全盛期を過ぎ衰退、混乱の兆す中、般若、維摩、法華、華厳、涅槃等の大乗経典を踏まえ、六度集経0152、本生鬘論0160、金光明経0663等が参照されている。

【訳者・訳年代】唐の般若*。

(渡辺愛子)

0160 菩薩本生鬘論(ぼさつほんじょうまんろん)

【成立】四世紀頃。聖勇菩薩等造となっているが至元法宝勘同総目録巻第九には聖勇・寂変・聖天等造とある。

【内容】一六巻。三十四章よりなる。本論は内容の異なる二つの部分から構成されている。第一部は一～四巻、一～一四章まで。捨身飼虎、尸毘王物語、わが身を施して両親の飢餓を救った話、兎の焼身供養、五人の夜叉に自分の血を施した話など釈尊の代表的前生話(ジャータカ)七話、および釈尊が病気の比丘を看病した話、父浄飯王のために観仏三昧法門を説いた話など、釈尊自身の物語六話、釈尊の高弟である目連尊者の教化物語など、計十四話。第二部は五～一六巻、一一～三四章。前の一〇章を欠き、どの経の論(注釈)なのか不明である。章名のほとんどに尊者護国の名があることから渡辺海旭は大宝積経0310巻八〇、八一護国菩薩会に登場する慧命菩薩比丘護国に関係があるという。護国尊者所問経0321は梵本も現存し、護国菩薩の質問に釈尊が答えた後、釈尊の前生話四三話を挙げている。本論は前半を欠くので断定しがたいが、護国菩薩が問いを起こして論述している可能性がある。論の内容は、転倒と無転倒の両極端を避ける、菩薩行の称揚、寂静の法、持戒の具体的な在り方、布施について、菩薩の根本は調伏と寂静であり、静住を本とし智慧によって煩悩を除くべきこと、貪瞋痴を遠ざけること等々二四項目にわたって、大乗思想にもとづく菩薩道の実際について詳説している。

【関連典籍】南伝ジャータカ・マーラー(前半)、大宝積経0310護国菩薩会、護国尊者所問経0321(後半)。

【訳者・訳年代】宋の紹徳・慧詢等と記されているが、少なくとも四人以上の作業(十世紀後半～十一世紀初)。

(渡辺愛子)

0161 長寿王経(ちょうじゅおうぎょう)

【内容】一巻。釈尊の前生話。釈尊が舎衛国祇樹給孤独園（祇園精舎）で比丘たちに語った遠い昔の物語である。長寿王と王子の長生太子は善政を敷き国は栄えていたが、欲深い隣国の王が戦いを挑むと長寿王は戦を避けるため太子と共に隠遁する。卑しいバラモンが王の身元と布施を惜しまぬ人柄を知り、隣国の王に引き渡して懸賞金を得る。長生太子は報復しようとするが父王は恨みを捨てることが至孝の道と説く。父王が殺された後太子は隣国の大臣となり報復の機をねらう。狩で道に迷い二人きりになるが父王の教えのゆえについに殺せず、王はそれを知り罪に目覚め国を返す。長寿王は釈尊、太子は阿難、隣国王は提婆達多と説く。

【関連典籍】中阿含経0026（17）、出曜経0212（16）、六度集経0152（1-10）。

【訳者・訳年代】訳者不明（AD265～316）。

（渡辺愛子）

0162 **金色王経**（こんじきおうぎょう）

【内容】一巻。釈尊の前生話。釈尊が舎衛国の祇園精舎で比丘たちに自分が遠い昔、金色王として生まれたときに行った布施の行について語った。名前のとおり美しい金色王の治める国は、豊かで、平和で税金も労役もなく申し分がなかった。たまたま干ばつがおこり、十二年間続くと占星術師はいう。王は国じゅうの穀物や食料を集め、均等に配給して、貧しい人が餓死しないようにした。十一年が過ぎ、備蓄も尽き、飢えに苦しむようになった。その頃縁覚が国王を訪れて一椀の食を乞う。王は死を覚悟で自分の最後の一食を縁覚に施す。すると翌日から一週間、天から穀物の雨が降り、週ごとに別の必需品が降り、人々は餓死を免れて再び幸福に暮らした。

【関連典籍】菩薩本行経0155（上巻）。

【訳者・訳年代】北魏の般若流支＊（AD542）。

（渡辺愛子）

0163 **仏説妙色王因縁経**（ぶっせつみょうしきおういんねんぎょう）

【内容】一巻。釈尊の前生話。釈尊が祇園精舎で説法したとき、在家の信者たちが立派な態度で聴聞した。それを見た出家の比丘たちが訝って釈尊にそのわけを尋ねた。釈尊は遠い昔、妙色王として生まれた。国は豊かで戦争も病苦もなかったが、王はそれに満足せず、真理を求めたが、無かった。それを知った帝釈天が夜叉の姿で王の前に現れ、真理を説くという。ただし空腹なので食料として王の妻子を求める。妻子とも進んで命を捧げる。夜叉は王の命も求める。王は真理を聞いた後に食べてよいという。夜叉は短い詩で真理を述べ、帝釈天の姿に戻り、妻子をもとの姿で返す。求法のために一切を捨てた釈尊の前世の善業が在家の信者をも救う大慈悲の種と説く。

【訳者・訳年代】唐の義浄＊。

（渡辺愛子）

0164 **仏説師子素駄娑王断肉経**（ぶっせつししすだしゃおうだんにくきょう）

【内容】一巻。釈尊の前生話。物語は韻文で、末尾に長行（散文）で尸毘王物語との関連が述べられている。マガダ国王が狩猟中はぐれ、牝師子と交わり、頭が師子、胴体が人間の子が生まれる。彼は素駄娑と命名され王位を継ぐ。新王は人の子の肉を好み殺生を重ねるため、家来から高殿で退位を迫られる。飛び去るために神々に羽根を請う。生け贄に百王の首を約束、九九王は既に囚え、最後に聞月王を囚えると、彼は苦心して探した法師の説法を聴くため七日の猶予を願う。七日後、従容と囚われる聞月を訝り、素駄娑がわけを問う。聞月は肉体は執着に値しないこと、殺生罪の重いこと等を説き、素駄娑を回心に導く。

【関連典籍】0152・0160・0202

【訳者・訳年代】唐の智厳。

（渡辺愛子）

0165 **仏説頂生王因縁経**（ぶっせつちょうしょうおういんねんぎょう）

【内容】六巻。釈尊の前生話。釈尊が祇園精舎でコーサラ国のプラセナジット王に語った。大昔、父王の頭頂の肉塊から生まれた王子が頂生王である。王は善政に努め、理想国家を建設し、娑婆世界全体を天人の世界のような楽土にする。王はそれに満足できず、帝釈天の半座を得る。その時天界で阿修羅と帝釈天の戦闘が起こり、双方苦戦のすえに頂生王が帝釈天に代わって戦い、勝利を得る。慢心した王はもし帝釈天が死ねば、自分が天界の王になると考える。その瞬間、王はもとの人間の世界に堕ち、老と死の苦を嘗める。死に臨んで王は語る。たとえ須弥山の高さに真金を積み上げても、人はそれに満足できない。貪欲こそが苦の源であるが、人はそれを捨てられない。ただ仏と仏弟子だけが欲を離れている。知者はそれをよく自覚すべきである、と。物語を聞いていたプラセナジット王は釈尊に、頂生王自身の過去世について尋ねる。釈尊は頂生王の二つの前生話を語る。一つは長者の子に生まれ、結婚して、花嫁から贈られた四宝製の花を、路上で出会った仏に捧げた。いま一つは商人に生まれたとき、仏の托鉢姿を見て、心が洗われ、わずかに持っていた五粒の緑豆を捧げた。どちらのときも「この布施が先の仏の救いにもれたすべての人の救いの種となるよう」念じた。施物は僅かでも願いの真実さが後世の頂生王の栄華をもたらした。その頂生王が一瞬の慢心から、他のだれも持てなかった四つの神通力を失ない、栄華の極みから奈落の底に堕ちることになった。目に見えない一瞬一瞬の心の思いが人生の禍福を決める大切なカギであることを説く。

【関連典籍】0039

【訳者・訳年代】宋の施護*等（AD980）。

（渡辺愛子）

0166 **仏説月光菩薩経**（ぶっせつがっこうぼさつきょう）

【内容】一巻。釈尊の前生話。王舎城竹林精舎の釈尊を舎利弗、目連が訪問し、釈尊の入滅を見るに忍びず先に滅度したいと申出る。比丘の一人が訝ってその因縁を問うと、釈尊が前生を語る。北インドに賢石という大城があり月光という王が善政を敷いた。大月、持地という二人の大臣が王について不吉な夢を見てバラモンに占わせると、王の一切布施の精神を逆手に取る悪人が王の首を求めるという。まもなく香酔山から悪眼というバラモンが王の首を布施せよといってくる。大臣等は知恵を凝らして悪眼と対応するが、結局月光王が自ら首をはねて悪眼に差し出すことになる。大臣等は耐えかねてその前に自害する。月光は釈尊、大月は舎利弗、持地は目連と説く。

【訳者・訳年代】宋の法賢*（AD1001）

（渡辺愛子）

0167 **仏説太子慕魄経**（ぶっせつたいしぼはっきょう）

【内容】一巻。釈尊の前生話。舎衛国祇園精舎で釈尊が婆羅奈国の王子慕魄として生れたときの出家のいきさつを自ら語ったもの。跡継ぎの期待を断念されるように生れてから十三年間一言も話さなかったため、父王はバラモンの占相に従い慕魄の生埋めを命ずる。家来が穴を掘る間に慕魄は出家する。言語に障害のないことを知って還俗を促す父王に慕魄の前生である須念王の物語をする。正法をもって国を治め積善に努めたが、僅かに欠ける所があって地獄に落ち、あらゆる苦毒に責められること六万年、ようやく今ここに慕魄の生を受ける。出家得道の意志の堅さを知り父王までも教化される。

【関連典籍】0168、六度集経0152（4-38）、南伝三八巻五三八話。

【訳者・訳年代】後漢の安世高*。

（渡辺愛子）

0168 **仏説太子墓魄経**（ぶっせつたいしぼはっきょう）

【内容】一巻。0167とほぼ同じ。前経後半の須念王の本生話を欠き、墓魄太子が命終後、兜率天に生れ、やがて迦維羅衛の太子として生れると説く。

【関連典籍】0167、六度集経0152（4-38）、南伝三八巻五三八話。

【訳者・訳年代】西晋の竺法護*。

0169 **仏説月明菩薩経**（ぶっせつがつみょうぼさつきょう）

【内容】一巻。釈尊の前生話。釈尊が耆闍崛山で申日という富豪の童子月明に説いた物語。菩薩は常に次の四つの願、すなわちすべての人が善権方便を得る、世々に善知識と会う、一切の財宝を施す、法施を行う、の四願を持つべきこと、さらに貪心を捨て病む人に薬を与えるべきことを説き、実例として遠い昔の至誠意比丘の物語を伝える。比丘の股におできができ誰にも治せず、王の夢中に天人が活きた人間の血を飲み肉を植えれば治ると告げる。それを知った第一王子智止が自らの血肉をもって比丘を治した。智止が釈尊であると説く。経名は月明菩薩だが本文中はすべて月明童男となっている。大正蔵経一頁足らずの短い経中「菩薩摩訶薩在家若作比丘」「菩薩大士在家若出家」が興味深い。

【訳者・訳年代】呉の支謙＊。

（渡辺愛子）

0170 **仏説徳光太子経**（ぶっせつとっこうたいしきょう）

【内容】一巻。釈尊の前生話。釈尊が王舎城霊鷲山で頼吒和羅の求めに応じて菩薩の行うべき四つの法と行うべきでない四つの法について説き、続いて遠い昔吉義如来の時、頞真無国の王子徳光について語る。与えられた現世のあらゆる快楽を徳光は自分を怨み仇をなす物として忌み嫌う。ある夜、城中の八層の高楼上で諸天が仏徳を讃嘆する声を聞いて感動し高楼から身を投げる。千葉の大蓮華中に生まれ吉義如来の教えを受け無尽総持門、五神通を得る。父王とその眷族も悟りに到り、太子は眠りも座りもせず吉義如来の供養に徹した。太子は釈尊、父王は無量寿如来であったと説く。

【関連典籍】中阿含経0026（31－132）頼吒和羅経。

【訳者・訳年代】呉の竺法護＊（AD270）。

（渡辺愛子）

0171 **太子須大拏経**（たいししゅだいなきょう）

【内容】一巻。釈尊の前生話。葉波国王の子須大拏の布施に徹した物語。貧しい人に自己の所有するすべてを布施し、国防上最重要の白象までも隣国に布施し、妃と二児と共に檀特山に追放される。妃を神の化身のバラモンに、二児も貧しいバラモンの求めに応じて布施する。奴婢として二児を得た貧しいバラモンは彼らを高く売る。本国の王の知る所となり王は孫と再会、須大拏を檀特山へ迎えにやる。須大拏の威徳に感じた隣国は彼の帰還を知って白象を返す。須大拏は釈尊、父王、妃、児は現世の父王、妃、児であり、貧しいバラモンは提婆達多と説く。親子、夫婦間の人情の機微を豊かに表現した文学作品である。

【関連典籍】六度集経0152（2－14）。

【訳者・訳年代】前秦の聖堅。

（渡辺愛子）

0172 **仏説菩薩投身飴餓虎起塔因縁経**（ぶっせつぼさつとうじんしがこきとういんねんぎょう）

菩薩飼虎起塔因縁経、菩薩投身餓虎起塔因縁経ともいう。

【内容】一巻。釈尊の前生話。乾陀摩提国の乾陀尸利王と差摩目佉妃の間に栴檀摩提という慈悲深い王子があった。惜しみなく布施し、バラモンに身を売って大金を得、貧者に施す。隣国の王の癩病の薬を調達した縁で帰国するが再び出家、入山。大雪の中深い谷に母虎と七匹の子が飢えて死に瀕しているのを見、身を投げて施す。そこに建つ塔は万病を癒すという。

【関連典籍】菩薩本生鬘論0160（1）、金光明経0663（4）。

【後世への影響】奈良、法隆寺の玉虫厨子の須弥座側面に捨身飼虎の場面がある。

【訳者・訳年代】後秦の法盛。

（渡辺愛子）

0173 **仏説福力太子因縁経**（ぶっせつふくりきたいしいんねんきょう）

【内容】四巻。釈尊の前生話。釈尊が安陀林に滞在していたとき、阿難、聞二百億、阿泥婁陀、舎利弗の四人が何の実践が最も優れているか議論する。釈尊は舎利弗の主張する智慧の実践が最も優れているが、福力の方がさらに優れていると説く。遠い昔、眼力王と妃の広照との間に四人の王子があった。五人目の王子は生まれるとすぐ妃が懐妊のとき歌った「福を行ずることが最勝」と同じ歌を歌う。それで福力太子と名づけた。兄弟は各々他国で修行するが、福力は旅先で罪人を許しその徳のために国王となり、兄たちも福力が最勝と認める。福力王が釈尊の前生であり、兄たちが阿難、聞二百億、阿泥婁駄、舎利弗であったと説く。

【訳者・訳年代】宋の施護＊等。

（渡辺愛子）

0174 **仏説菩薩睒子経**（ぶっせつぼさつせんじきょう）

【内容】一巻。釈尊の前生話。遠い昔、慈慧という菩薩が迦夷国の盲目の長者夫妻に子がないのを兜卒天から見て、その子供となって生まれ睒と名づけられた。長じて両親と共に入山、睒は両親を良く世話する。たまたま鹿猟りに来た王が誤って睒に毒矢を放つ。王は痛く後悔するが、睒は王の罪でなく自らの宿業であるという。ただ盲目の老親の世話のみを頼む。王は両親の許を訪れて謝罪する。両親が睒の屍を抱くと帝釈天の力で睒が蘇り、両親の眼が開く。王は以後、狩猟を禁じ、人々は五戒十善を守る。睒は釈尊、両親は閲頭檀と摩耶、王は阿難、帝釈天は弥勒仏と説く。

【関連典籍】六度集経0152（５）、雑宝蔵経0203（１）、善見律毘婆沙1462（６）、南伝三八巻五四〇話。

【訳者・訳年代】不明。

（渡辺愛子）

0175 **仏説睒子経**（ぶっせつせんじきょう）

【内容】一巻。仏説菩薩睒子経0174とほとんど同一。別本が二種あり、一本は乞伏秦代（AD385～431）の聖堅の訳、他本は姚秦代（AD384～417）の聖堅の訳である。

【関連典籍】0174に同じ。

【訳者・訳年代】西晋の聖堅。

（渡辺愛子）

0176 **仏説師子月仏本生経**（ぶっせつししがつぶつほんじょうきょう）

【内容】一巻。仏弟子婆須蜜多の本生話。釈尊が王舎城迦蘭陀竹林に滞在していたとき、婆須蜜多比丘が猿のように振る舞った。いぶかる頻婆沙羅王に釈尊が婆須蜜多比丘の前生を語る。遠い昔然灯仏のとき、一匹の猿が阿羅漢の禅定姿を見てまねる。坐禅を終えた阿羅漢は猿に三帰依を授け、猿の過去世の様を語る。猿でも正しく修行すれば悟りに至ると聞いて有頂天になり樹から落ちて死に、兜卒天に生まれる。そこで菩薩行に励み師子月仏となる。この仏の名を聞く者は必ず畜生の境界を離れるとの話を聞いた頻婆沙羅王は感動し婆須蜜多に謝罪する。さらに釈尊は婆須蜜多と遊んでいる無数の金色猿たちもやがて、兜卒天に生まれ不退転に到るであろうと予告する。

【訳者・訳年代】不明。

（渡辺愛子）

0177 **仏説大意経**（ぶっせつだいいきょう）

大意杼海経ともいう。

【内容】一巻。釈尊の前生話。釈尊が祇園精舎で比丘たちに大意太子の偉大な布施について語った。大意は歓楽無憂国の摩訶檀と梅陀の子。誕生と同時に、苦しむ人々をすべて助けたいと誓願、十七歳で実行に移る。親から委ねられた莫大な財産でも不足なので、七宝を求めて海へ出る。銀、金、水精、琉璃の城で各王から明月珠を授かる。海神に妨げられるが天神に助けられて奪還。帰国後、苦しむ人々はもちろん虫類に至るまであまねく布施する。後、帝釈天となりさらに善行を重ね遂に仏となる。大意が後の釈尊、父摩訶檀は悦頭檀、母梅陀は摩耶、海中の城主はそれぞれ阿難、目蓮、舎利弗、須陀と説く。

【関連典籍】六度集経0152（１―９）。

【訳者・訳年代】劉宋の求那跋陀羅＊。

（渡辺愛子）

0178 **前世三転経**（ぜんせさんでんきょう）

【内容】一巻。釈尊が舎衛城の祇園精舎に五百人の弟子と滞在していたとき、過去世に行った三つの布施について語った。優婆羅越国で波羅先王のときに釈尊が婬女として生まれ、飢えに耐えかねた産婦が生んだ男児を食べようとしているのをたまたま見た。放置すれば男児が、男児を連れ去れば母が飢え死ぬ。一刻の猶予もないので婬女は自分の乳房を切って母に与えた。後悔のない証として婬女は男子となりその国の跡継ぎとなる。全身に酥香を塗って山中の巌に横たわり鳥たちに布施する。ついでバラモンに生まれ、林で修行中に母虎が飢えの余り乳も出ず、生んだ子を食べようとしているのを見、進んで虎の餌食となって母子の虎を助けた。

【関連典籍】0172・0179

【訳者・訳年代】西晋の法炬＊。

（渡辺愛子）

0179 **銀色女経**（ぎんしょくにょきょう）

【内容】一巻。釈尊が祇園精舎で比丘たちのために自ら語った前生話。昔、蓮華国に住む銀色という美しい女性が、飢えた産婦が嬰児を食べようとしているのを見て、自分の両乳を切って与えた。その徳により男子となり、跡継ぎのない蓮華国を継ぐ。自ら善政を敷き、臣下に十善業を行わせやがて没する。つぎに同じ国に長者の子として生まれ八歳の童子の身で阿耨多羅三藐三菩提心を起こさせ六波羅蜜を実践させる。墓地に横たわって死体をついばむ鳥たちに自分の体を布施する。つぎはバラモンの子に転生、成人して林のなかのバラモンに師事、飢えた母虎に我が身を施す。これらは皆釈尊の前生であり、布施の功徳の偉大さを説く。

【関連典籍】0172・0178

【訳者・訳年代】北魏の仏陀扇多。

（渡辺愛子）

0180 **仏説過去世仏分衛経**（ぶっせつかこせぶっぶんねきょう）

【内容】一巻。釈尊の前生話。遠い昔、仏と弟子たちとの托鉢姿を見た身重の婦人が、生まれてくる我が子も沙門にしたいと願う。子が七歳になると、端麗で優秀であったが母は迷わず仏のもとに連れて行き出家の許しを乞う。仏に許されて母が子の手を洗おうとすると、水瓶の口から九匹の竜が出て、口から水を吐いて子の手を洗った。残った水を子の頭に注ぐと、水の滴が華の傘となった。そのとき仏が微笑すると口から五色の光が出て十億仏土を照らしてから、子の頭に収まった。母が用意した鉢は常に食物に満ち、飢えることがなかった。これらの奇瑞は十四億劫後に成仏する予兆で、このときの子は釈尊の前身であったと説く。

【訳者・訳年代】西晋の竺法護＊。

（渡辺愛子）

0181 **仏説九色鹿経**（ぶっせつくしきろくきょう）

【内容】一巻。釈尊の前生話。毛皮が九色で純白の角を持つ鹿が林の中の急流で溺れている男を見つけた。鹿は自分を見たことを人々に告げないよう男に頼んだ。たまたまその国の王妃がその鹿の夢を見て欲しがる。王は賞金を懸けて探させる。男は欲に負けて王に知らせると、男の顔におできができる。鹿は王に事情を話す。王は男の忘恩を恥じこの鹿を追うことを禁じる。以後その国は栄える。鹿は釈尊、男は提婆達多と説く。

【後世への影響】南方仏教国に広く流布する代表的ジャータカの一つ。近年タイの民話として小学校国語教科書に採録された。

【関連典籍】南伝三四巻四八二、四八三、五〇一、六度集経0152（6―58）。

【訳者・訳年代】呉の支謙＊。

（渡辺愛子）

0182 **仏説鹿母経**（ぶっせつろくもきょう）

【内容】一巻。釈尊の前生話。遠い昔、王の鹿狩りのとき、みごもった鹿が逃げ惑う間に二匹の子鹿を産む。餌を求めて歩くうちわなにかかる。猟師が殺そうとすると母鹿は、生まれたばかりの子鹿に水や餌のある所を教え、生き延びられるようにしてから、必ず戻って来るから、待ってほしいと懇願する。猟師は取り合わなかったが、再三の哀願に感じて母鹿を放つ。母鹿は子鹿に水場や餌場を教えて猟師の許へ戻る。約束通り戻ってきた鹿に心を打たれた猟師は再び放つ。話を聞いた国王も民衆も同じく感動して、以後鹿狩りを止める。本経は最後部分で唯一度「菩薩」の語が出るのみである。ジャータカの枠組みができる以前の初期の経典の可能性がある。〈鹿母経〈一巻・別本〉は本経の敷衍（ふえん）。

【訳者・訳年代】西晋の竺法護（じくほうご）＊。

（渡辺愛子）

0183 **一切智光明仙人慈心因縁不食肉経**（いっさいちこうみょうせんにんじしんいんねんふじきにくきょう）

【内容】一巻。弥勒菩薩の前生物語。遠い昔、釈尊は勝花敷という世界で弥勒という仏となり、慈三昧光大悲海雲経を説いた。これを聞いた一切智光明バラモンが仏に議論を挑み、相手の正しさを知って弟子となる。菩提心を起こし、将来かならず成仏して弥勒仏となろうと発願する。一心不乱に修行、あるとき、大雨が続き、托鉢できず、七日間何も食べなかった。それを見た兎の親子がバラモンのために焼身供養する。殺生して肉食することは、仏の教えに反するとしてみずからも火の中に身を投げた。このときの兎が釈尊、バラモンが弥勒菩薩であり、釈尊滅後、五十六億年のちに仏となると予告する。

【訳者・訳年代】訳者不明（四～五世紀）。

（渡辺愛子）

0184 **修行本起経**（しゅぎょうほんぎきょう）

【内容】二巻。五品よりなる仏伝。〈第一現変品〉錠光仏の昔、釈尊は将来仏となると予告を受け、限りない修行の後遂に兜卒天に生まれる。〈第二菩薩降身品〉誕生。〈第三試芸品〉武芸を競って妻をめとるが楽しまなかった。〈第四遊観品〉四門出遊の物語。〈第五出家品〉王位、妻子を捨てて出家、途中摩竭（まがだ）国の瓶沙（びんさ）王に跡継ぎを依頼されるが、断わって入山。苦行六年の後乳糜（にゅうび）の供養を受け尼連禅（にれんぜん）河（が）を渡り、一樹下に座る。降魔成道。異本は第六六年勤苦品0196〈第七降魔品〉の七品となっている。同じ訳者の十年後の共訳になる中本起経0196二巻と本経と合わせて一つの仏伝となる。

【関連典籍】0185・0188は異訳。

【訳者・訳年代】後漢の竺大力（じくだいりき）と康孟詳（こうもうしょう）（AD197）。

（渡辺愛子）

0185 **仏説太子瑞応本起経**（ぶっせつたいしずいおうほんぎきょう）

【内容】二巻。仏伝。〈上巻〉釈尊が遠い過去世を顧み、定光仏にまみえ九十一劫後に釈迦文仏となると予告される。無量の修行の後白象に乗って入胎、四月八日誕生、阿夷（あい）の占相、四門出遊、出家、瓶沙（びんさ）王との出会い、入山、苦行、魔王の遣わす三女の誘惑を断つ。諸魔一切を降伏させる。〈下巻〉三明、四神足等をえて得道、十八不共法（ふぐほう）、十神力、四無所畏を得る。乳糜（にゅうび）供養、文隣竜王の援助、不説法の決心、梵天勧請、最初の五人の仏弟子、優為迦葉（うい かしょう）、五百人の弟子と共に仏弟子となる経緯、ついで那提（なだい）、竭夷（かつい）二人の弟も各々二百五十人の弟子と共に帰仏、千人で波羅奈（ばらない）夷に到る。

【関連典籍】0184・0188

【訳者・訳年代】呉の支謙（しけん）＊。

（渡辺愛子）

0186 **仏説普曜経**（ぶっせつふようきょう）
方等本起経（ほうとうほんぎきょう）ともいう。

【内容】八巻三十章からなる。大乗的釈尊伝。一章から五章までは、兜率天上の菩薩が六牙の白象の形で白浄王（浄飯王（じょうぼんおう））の王妃の胎内に宿り、無憂樹下で出産の兆しが現れ、諸天が設けた妙宅を産室として生まれる。それに伴って多くの奇跡が起こる。例えば、あらゆる病気の患者が菩薩の母（摩耶の名は無し）を拝し、彼女が右手で患者の頭に触れると、たちまち治る、など。また、誕生のときに三十二種の好ましい不思議な現象が起こるなどを詳細に記述する。六章から十二章までは、誕生から結婚（耶輸陀羅ではなく倶夷）、四門出遊、出家までを記述。十三章から二十章までは、出家に伴ってきた御者車匿を帰城させ、二人の師、三迦葉との問答、六年間の苦行、竜王夫妻の供養、召魔、降魔、菩提樹下での禅思、成道を記述する。二十一章から二十七章までは、成道後七日間の樹下坐、普化天子の讃仏、商人提謂らによる最初の供養、梵天による釈尊への説法の勧め、鹿野苑仙人の処での初転法輪、三迦葉とその弟子千人の帰仏、摩竭国に赴き、舎利弗と目連およびその二五〇人の弟子の教化の次第が詳述される。二十八章において、釈尊は迦維羅城に帰国、十二年ぶりに父王と対面、弟難陀、その理髪師の出家、息子羅云に会い妻倶夷の貞節を証す。二十九章では、普曜経の諸々の徳を讃歎し、三十章で、釈尊が大迦葉や阿難たちに普曜経を委ねる。

この経典の梵本には四つの訳があるとされる。年代順に挙げると、①普曜経八巻（訳者不明。現存せず）、②普曜経八巻（本経）、③普曜経八巻（智厳訳。現存せず）、④方広大荘厳経0187十二巻（地婆訶羅訳）である。

【関連典籍】0187

【訳者・訳年代】西晋の竺法護＊（AD308）。

（渡辺愛子）

0187 **方広大荘厳経**（ほうこうだいしょうごんぎょう）

神通遊戯経ともいう。

【内容】十二巻二十七章。大乗的釈尊伝。前出の普曜経0186の異訳とされるので、内容は0186の項目を参照のこと。三七五年後の翻訳であるから、その間に大乗思想がさらに発展し、とりわけ法報応の仏身観の発達に伴い、それに相応する仏伝の必要性から著わされた経典と考えられている。普曜経と比較すると、章分けに多少の異同はあるが、全体としてほぼ一致する。ただし本経の十三章音楽発悟品全章と、二十六章転法輪品中の一部分とは普曜経にはない。付加された音楽発悟品は、宮中の女性たちの奏でる音楽が十方の諸仏の威神力により、すべて出家を促す歌となり、長大な詩の形で表わされている。その他の大乗経典との関連としては、十九章詣菩提場品中、華厳経0278や首楞厳三昧経0642と共通する部分がある。二十二章成正覚品中には、如来蔵の語が見え、如来蔵思想の経典との関係が推察される。兎・馬・象の三獣渡河の喩は優婆塞戒経1488や涅槃経0374にも見える。八章入天祠品中の偈に「芥子並須弥　牛跡方溟海　日月対蛍火　豈足以為倫」とあるが、これは維摩経0474の弟子品、不思議品に見える。二十六章転法輪品中の「一切衆生随類各解」は同じく維摩経0474の仏国品中の「衆生随類各得解」と相通じる。十三章に謳歌される思想は般若経にその源を辿ることができる。

【後世への影響】二十五章大梵天王勧請品中に釈尊が上中下の機根を邪定聚・正定聚・不定聚にあて、不定聚の人々のために説法を決意した、と説かれるが、これがやがて瑜伽唯識の五性各別思想へと進む。

【関連典籍】仏説普曜経0186。

【訳者・訳年代】唐の地婆訶羅＊（AD683）。

（渡辺愛子）

0188 **異出菩薩本起経**（いしゅつぼさつほんぎきょう）

【内容】一巻　釈尊が前生で摩納菩薩であったとき、倶夷女から花を買って仏に捧げる物語（ニダーナ・カター中のスメーダの布髪供養の類）に始まり、托胎、誕生、占相、四門出遊、倶夷との結婚、樹下思惟、出家、樹下端座、文隣竜の守護、得道、自受用法楽、五群比丘の化度（阿若憍陳如等の固有名詞は無し）、三道人（三迦葉の名は無し）とその千人の弟子の帰仏までを説く。経名に「仏説」を冠せず、説法の相手の名も出ず、説かれた場所も記されない、いわゆる仏典のスタイルから逸脱したためずらしい、きわめて短かい仏伝である。

【関連典籍】0184・0185・0189。南伝28巻ニダーナ＝カター。

【訳者・訳年代】西晋の聶道真＊。


（渡辺愛子）

0189 **過去現在因果経**（かこげんざいいんがきょう）

因果経ともいう。

【内容】四巻三十六章からなる。説法の場は舎衛国の祇樹給孤独園（祇園精舎）。釈尊自身がその過去世から現世に至る経歴を比丘たちのために説き明かす形式の仏伝。〈一巻〉善慧バラモンが普照光仏の出世に際して自らの髪で通路の泥を覆った故事から説き起こし、托胎、降誕、阿私陀仙人の占い、母摩耶夫人の生天、修学までを述べる。〈二巻〉武術の競技、立太子、樹下思惟、耶輸陀羅との結婚、四門出遊、出家、後宮の悲歎を説く。〈三巻〉六年間の苦行のようす、苦行を捨て菩提樹下での降魔成道、梵天勧請、鹿野苑での初転法輪までを説く。〈四巻〉耶舎の出家、三迦葉の帰仏、頻毘娑羅王の入信、舎利弗、目連、大迦葉の帰仏までを説く。諸仏伝に共通する釈尊の生涯の前生から大迦葉の化度までを述べており、また三人の外道の師、阿羅邏仙、迦蘭仙（他経では阿羅邏迦蘭仙という一人のバラモンとして登場）、優楼頻羅迦葉の生天思想に対する批判、および善慧バラモンの前生物語中における「一切衆生のため」賓毘娑羅王への説法中の「我法二空」の思想など、原始仏教と大乗仏教の両思想が混在、もしくは併存している点が本経の特徴である。

【関連典籍】0192・0193・0186。南伝28巻ニダーナ＝カター、仏種姓経。

【後世への影響】奈良時代「絵因果経」として上段に絵、下段に経文を配した一巻の絵物語に表わされ、現在国宝とされている。

【訳者・訳年代】劉宋の求那跋陀羅。


（渡辺愛子）

0190 **仏本行集経**（ぶつほんぎょうじゅっきょう）

【内容】六十巻六十章からなる。釈尊伝。普曜経0186、方広大荘厳経0187が、託胎から誕生、出家、苦行、成道、初転法輪、帰国、釈迦族の出家までを述べるのに対し、この経典は前部に仏の系譜と釈迦族の起源を記し、末尾に伝道期の記録を付加している。そのため、普曜経の五倍、方広大荘厳経の三倍半に相当する大長編である。全体は大きく三部に分けられる。〈第一部〉一章から五章まで、〈第二部〉六章から三十七章まで、〈第三部〉三十八から六十章まで。〈第一部〉まず、一章、二章で四種の仏の系譜を示す。その一は、釈迦如来と名づく三十億の仏に値する仏に始まり、示誨幢如来にいたる十六の仏の系譜を釈尊が目連に示す。諸仏経0439にこの内容に相当する部分がある。その二は、帝釈幢如来に始まり、求脱如来にいたる百二の仏の系譜を釈尊が阿難に示す。これは釈尊が成道後に帰国したとき、父の浄飯王が粗末な衣を着て乞食する息子を見て、釈迦族の王統を汚すものとしたのに対し、釈尊は、自分は世俗の王の伝統を継ぐ者ではなく、久遠劫以来の仏の伝統を継ぐ者であることを示した話。この部分はマハーヴァンサや多仏経にみえる。その三は、然灯仏に始まる過去七仏を含む十五仏および未来仏となる弥勒菩薩までの系譜で、これはパーリ伝の二十八仏の伝統に近いと考えられる。その四は、霊童子の本生に始まり、過去七仏を経て、未来仏の弥勒にいたる十八仏の系譜を示す。以上散在する過去仏の系譜をこの経典で一つにまとめあげた、仏本行集経と名づける理由である。三章では、釈迦族の伝統を述べるが、これはこの世の起源を述べる経典中の大衆平章王と釈迦族の祖先とされる甘蔗王の二王統の歴史を巧みに一体化したものである。四章で菩薩（後の釈尊）が兜率天に生まれ、五章で浄飯王の妃摩耶夫人の胎内に宿る。〈第二部〉六章、無憂樹下の誕生、七章、嵐毘尼園から迦毘羅城へ帰還、八章、誕生児の将来の占相、九章、阿私陀仙の予言、十章、母の死、姨母摩訶波闍波提による養育、十一章、学問技芸の修得、十二章、身近な動物の生死を観る、耶輸陀羅妃との前生における因縁、十三、十四章、結婚生活、提婆達多の乱暴な性格を現わすエピソード、十五〜二十章、四門出遊（十六章、老人に会う、十八章、病人に会う、十九章、葬列に会う、二十章、出家に会う）など、二十一章、出家、二十二〜二十三章、従者車匿と愛馬を帰城させる、二十四〜二十八章、阿羅邏と優陀羅羅摩子に師事、二十九章、苦行、三十〜三十三章、降魔成道、三十四章、本生話多数、海に落とした摩尼宝を海水を汲み尽くしてでも探し出そうとする菩薩の熱意に海神が恐れをなし、摩尼宝を菩薩に返す話は、仏説大意杼海経0177の後半部分に相当する。三十五章、二人の商人から釈迦牟尼仏への初めての供養、三十六章、梵天勧請、三十七章、波羅㮈城鹿野苑における五仙人への初転法輪、以上が第二部、誕生から説法開始までである。〈第三部〉三十八、三十九章は釈尊の妻耶輸陀羅の因縁物語、四十から六十章までは、途中五章を除いて、富楼那、那羅陀、婆毘耶、迦葉三兄弟、優波斯那、大迦葉、跋陀羅夫婦、舎利弗、目連、五百比丘、優陀夷、優波離、羅睺羅、難陀、婆提唎迦、摩尼婁陀、阿難など仏弟子たちが、どのような経緯で出家するに至ったかを、それぞれの前生の物語に説き起こして、詳しく述べる。

【関連典籍】普曜経0186、方広大荘厳経0187、生経0154、マハーヴァスツ、ディーパヴァンサ、諸仏経0439、小縁経、阿摩昼経（以上二経、長阿含経0001）大天㮈林経（中阿含経0026）、衆許摩訶帝経0191、起世経0024、起世因本経0025、有部破僧事1450。

【訳者・訳年代】隋の闍那崛多＊（AD587〜591）。

（渡辺愛子）

0191 仏説衆許摩訶帝経（ぶっせつしゅこまかていきょう）

【内容】十三巻七十五章からなる。説法の場は迦毘羅国、尼倶陀林。釈尊が成道後、故郷迦毘羅国に一時帰国したとき、釈迦族の人々が釈尊の過去世と因縁について質問する。釈尊は目連に答えさせる（二巻四章・釈迦族の因縁まで）。続いて托胎、四門出遊、出家、成道、初転法輪、耶舎、難陀、三迦葉の出家、民弥王、給孤独長者の入信、帰郷、父浄飯王の得果、烏波梨の出家までを釈尊自身が語る仏伝である。経名の衆許摩訶帝は対告衆でも主な登場人物でもなく、太古の初王の名である。数多い仏伝中この経を特定するため便宜上付せられたものである。空観を説く大乗仏教の経典。梵本はなくチベット系の仏伝である。

【関連典籍】0024・0025

【訳者・訳年代】宋の法賢＊。

（渡辺愛子）

第4巻　本縁部　下

0192 仏所行讃（ぶつしょぎょうさん）

【成立】一～二世紀頃。著者は馬鳴（アシュヴァゴーシャ）。

【内容】五巻。二十八品からなる。全文が正確なサンスクリット語の韻文で、ブッダのこの世での最後の生涯について書かれている。

第一巻　〈生品第一〉後のブッダ、ゴータマ・シッダッタ太子の誕生。〈処宮品第二〉ゴータマの王宮での生活。〈厭患品第三〉人生への苦悩。〈離欲品第四〉宮廷内の歌手・踊り子・楽人の女性たちへの嫌悪。〈出城品第五〉人生の苦悩の解決を求め、王宮から馬に乗り御者チャンナを連れて脱出する。

第二巻　〈車匿還品第六〉共に王宮から出た御者チャンナは馬を連れて王宮に帰る。〈入苦行林品第七〉森林での苦行。〈合宮憂悲品第八〉王宮に残された者の悲歎。〈推求太子品第九〉ゴータマ太子の捜索。

第三巻　〈瓶沙王詣太子品第十〉ビンビサーラ王と会見する。〈答瓶沙王品第十一〉ビンビサーラ王と問答を交わす。〈阿羅藍欝頭藍品第十二〉アーラーラ・カーラーマのもとで修行し最高の段階に達するが、真の悟りは得られなかったのでそのもとを去る。〈破魔品第十三〉単独で修行に入ったとき、修行を断念させようとした悪魔を降参させる。〈惟三菩提品第十四〉ついに悟りを開く。〈転輪品第十五〉最初の説法。

第四巻　〈瓶沙王諸弟子品第十六〉最初の五人の仏弟子たちの入信のいきさつ。〈大弟子出家品第十七〉舎利弗（サーリプッタ）、目蓮（モッガーラーナ）、大迦葉（マハーカッサパ）等の主な弟子達が帰依する。〈化給孤独品第十八〉給孤独長者の帰依・入信。〈父子相見品第十九〉父子の再会。〈受祇洹精舎品第二十〉祇園精舎の布施。〈守財酔象調伏品第二十一〉ブッダの殺害を企てたデーヴアダッタによって放たれた狂象を鎮める。〈菴摩羅女見仏品第二十二〉アンバパーリーという美人で富裕な白拍子への説法と彼女の入信。

第五巻　〈神力住寿品第二十三〉ブッダの臨終。〈離車辞別品第二十四〉リッチャヴィ族の別れ。〈涅槃品第二十五〉涅槃。〈大般涅槃品第二十六〉大般涅槃。〈歎涅槃品第二十七〉弟子達のブッダ涅槃にたいする悲歎。〈分舎利品第二十八〉舎利の分骨。

【関連典籍】原典ブッダチャリタ（Buddhacarita ブッダの業績）は十七章までしかなく、漢訳とは完全には一致しない。チベット語訳（七・八世紀頃）は原典に近い。パーリ語ジャータカ中のニダーナカター（Nidānakathā）、修行本起経0184、太子瑞応本起経0185、普曜経0186、過去現在因果経0189、仏本行集経0190、仏本行経0193、インドのヴァールミーキの叙事詩ラーマーヤナと酷似する部分がある。ヴェーダ、ブラーフマナ、プラーナなどのインドの古典からの引用がある。カーリダーサのラグヴァンシャ、シャクンタラー、メーガドゥータへの関連が伺われる。

【訳者・訳年代】劉宋の宝雲＊（曇無讖＊によってAD412～421に訳されたという説もある）。

（柏原信行）

0193 仏本行経（ぶつほんぎょうきょう）

【成立】五世紀頃迄には成立したと思われる。

【内容】七巻。本経の意図を解く因縁品、仏を称讃する称歎如来品、仏の託胎の降胎品、仏の誕生の如来生品、バラモンの予言の梵志占相品、阿夷が仏の説法までは生きられぬことを嘆く阿夷決疑品、シッダッタ太子の結婚の入誉品、側女たちに囲まれても太子は苦しむ婇女遊居品、四門出遊の現憂懼品、閻浮提樹での瞑想の閻浮提樹蔭品、太子の出家の出家品、御者の車匿を城に帰らせる車匿品、父王瓶沙が城に帰るように乞う瓶沙問事品、父王に説法する瓶沙王説法品、阿蘭との問答の不然阿蘭品、悪魔の誘惑と十二因縁の悟りの降魔品、五比丘に対する初転法輪の度五比丘品、ベナレスの宝称への説法の度宝称品、人々への説法の広度品、仏のさまざまな神変の現大神変品、五比丘への説法の転法輪品、忉利天の母への説法の昇忉利宮為母説法品、前世を説く憶先品、維耶離城での説法の遊維耶離品、過去仏の定光仏を称える歎定光仏品、酔った象を静めた降象品、悪魔が寿命を捨てることを勧める魔勧捨寿品、調達が地獄に墜ちる調達入地獄品、智慧の力を説く現乳哺品、仏の般涅槃の大滅品、無常と無為を説く嘆無為品、八王に舎利を分ける八王分舎利品の三十一品からなる。全編が詩の形式で、文体、内容ともに仏所行讃0192と似ており関連が深いと思われる。ただし、仏所行讃には本経の、因縁品、称歎如来品、降胎品がなく、生本から始まる。また、調達入地獄品もない。仏所行讃中の守財酔象調伏品、化給孤独品、父子相見品、菴摩羅女見仏品、離車辞別品は、本経にはない。

【関連典籍】0389

【訳者・訳年代】劉宋の宝雲＊。

【参考文献】訳一・本縁部四。

（柏原信行）

0194 **僧伽羅刹所集経**（そうがらせつしょじゅうきょう）

僧伽羅刹比丘所集仏行首もいう。

【成立】紀元前後頃からAD266~281の間。僧伽羅刹（サンガラクシャ、僧伽羅叉ともいう）がガンダーラ地方で著述した。

【内容】三巻。道安の序がある。仏陀が悟りを開いたのちの十二年間の遊行中の仏伝を中心とする。阿含経からの引用が多い。文体ははなはだ古い。菩薩行・仏伝・阿育王の行跡についての記述に誤りが見られ、また本経独自の記述もある。誤訳や脱落と見られる部分があり、原典が完全には理解されていなかったと思われる。

【関連典籍】0195

【訳者・訳年代】姚秦の僧伽跋澄等（AD384）。

【参考文献】訳一・本縁部九。

（柏原信行）

0195 **仏説十二遊経**（ぶっせつじゅうにゆきょう）

【成立】紀元前後頃からAD266~281年の間。

【内容】一巻。仏陀が悟りを開いたのちの十二年間の遊行中の仏伝を中心として、その他、釈迦族の祖先と家系、仏の降誕から出家まで、諸国と人民の様子が描かれている。これらの内容は他の資料とは一致せず、独特のものである。本経には紀元前一世紀頃の般舟三昧経0417 0418や本起経0199、仛真陀羅経0624、差摩竭経0533等の大乗経典について述べられている。他には伝えられていない各種の記事も含む。本経は原典からの漢訳ではなく、さまざまな伝承をまとめたものであろう。

【関連典籍】0194

【訳者・訳年代】東晋の迦留陀伽（AD392）。彊良流至（または彊良婁至）の訳（AD266または281）があったとされる。

【参考文献】訳一・本縁部六。

（柏原信行）

0196 **中本起経**（ちゅうほんぎきょう）

【成立】紀元前後頃か。

【内容】二巻。十五品からなる。〈転法輪品第一〉五比丘への仏陀の最初の説法。〈現変品第二〉ヤサ以下五十四名の出家。〈化迦葉品第三〉三迦葉以下一千人の教化。〈度瓶沙王品第四〉ビンビサーラ王への説法。〈舎利弗大目揵連来学品第五〉サーリプッタとモッガラーナを始めとする二百五十人の教化。〈還至父国品第六〉祖国カピラ城を訪れ父王と釈迦族に説法。〈須達品第七〉スダッタ長者による祇園精舎の寄進。〈本起該容品第八〉ウデーナ王の帰依。〈瞿曇弥来作比丘尼品第九〉仏陀の養母マハーパジャーパティーゴータミーの比丘尼としての出家。〈度波斯匿王品第十〉パセーナディ王と王妃の帰依。〈自愛品第十一〉パセーナディ王への説法。〈大迦葉如来品第十二〉マハーカッサパの帰依。〈度奈女品第十三〉遊女アンバパーリーの帰依。〈尼犍問疑品第十四〉六師外道に対する説法。〈仏食馬麦品第十五〉飢饉時にブッダが施された馬餌用の麦を食された話。以上のように、修行本起経0184に続く内容であり、最初の説法から般涅槃までの伝記のみである。前生物語、成道までの物語、仏滅後の物語などは含まれていない。本経には第八、第九、第十四品のように他の仏典には説かれていない独自のものも見られる。

【関連典籍】0060・0099・0184・0191～0193・1421・1428・1435・1451・1509。パーリ律、パーリ長部大般涅槃経、相応部、増支部、小部ウダーナ。

【訳者・訳年代】諸説がある。①康孟詳。②康孟詳と竺大力の共訳。③西域の僧、曇果が迦維羅衛国から梵本をもたらし、道安*が維陽で訳し（AD207）、康孟詳がさらにそれを訳した。

【参考文献】訳一・本縁部六。

（柏原信行）

0197 **仏説興起行経**（ぶっせつこうきぎょうきょう）

十縁経、厳誡宿縁経ともいう。

【成立】不明であるが初期。

【内容】二巻。孫陀利宿縁経、耆弥跋宿縁経、頭痛宿縁経、骨節煩疼因縁経、背痛宿縁経、木槍刺脚因縁経、地婆達兜擲石縁経、婆羅門女栴沙謗仏縁経、食馬麦宿縁経、苦行宿縁経の十話のブッダの本生話を収める。冒頭に概説の偈頌がある。本生話は他にも多くあるが、ブッダの現在の福果とその原因となった前生の善業を説く。本経は他と異なり、ブッダの現世での苦痛とその原因となった前生の悪業について説いており、他には例のない異色の仏典である。

【関連典籍】0199

【後世への影響】他に類似のものがなく、後世にはブッダの前生の悪業について述べることは避けられたと思われる。

【訳者】後漢の康孟詳。

（柏原信行）

0198 **仏説義足経**（ぶっせつぎそくきょう）

【成立】本経の異本と思われるパーリ経典の経集（スッタニパータSuttanipāta）の義品は、最古の仏典の一つとされる経集のなかでも特に古いとみられている。

【内容】二巻。十六の経で構成されている。それらは、（1）洪水で作物を流された者に欲を避けることを説く桀貪王経、（2）怒り狂った優塡王を鎮めた優塡王経、（3）白衣の女性修行者須陀利殺人事件の須陀利経、（4）慢心の梵志（バラモン）の摩竭梵志経、（5）象の譬えの鏡面王経、（6）死は老若に無関係という老少俱死経、（7）弥勒の質問の弥勒難経、（8）議論についての勇辞梵志経、（9）ブッダはめとらぬという摩因提女経、（10）化仏の論争についての質問の異学角飛経、（11）猛観梵志経、（12）法観梵志経、（13）執着についての兜勒梵志経、（14）比丘の心得を説く蓮花色比丘尼経、（15）精神の平安を説く子父共会経、（16）聖者は執着しないという維楼勒王経である。

【関連典籍】パーリ経典の最古のものの一つとされる経集（スッタニパータ）の義品（アッタカヴァッガAtthakavagga）は、本経に相当する。ただし、内容や構成の相違から、別の伝承とみられる。スッタニパータの義品は八偈品とも解され、この中には八偈の経が多く、本経同様十六経で構成されている。本経のうち、（1）～（9）は経集の義品と順序が一致するが以下の（10）～（13）は一経ずつずれ、（14）（15）（16）はそれぞれ経集の義品の（16）（10）（15）に相当する。

【訳者・訳年代】呉の支謙*。

【参考文献】南伝・二四「経集」。

（柏原信行）

0199 **仏五百弟子自説本起経**（ぶつごひゃくでしじせつほんぎきょう）

【内容】一巻。三十品、五百十六偈からなる。一～三、六～九、十三、十五、十六、十八、

二十一、二十三、二十五〜二十八、三十品の計十八品はパーリ経典小部のアパダーナ(Apadāna)に相当し、関連が深い。登場するのは、大迦葉・舎利弗・摩訶眼犍連・輪提陀・須蔓・輪論・凡耆・賓頭盧・貨喝・難陀・夜耶・尸利羅・薄拘盧・摩呵酖旦・優為迦葉・迦耶・樹提衢懼衛・頼托和心羅・貨提・禅承迦葉・朱利般毒・醍醐施・阿那律・弥迦弗・羅雲・難提・颰提・羅磐颰提・摩頭和心律致・世尊である。彼らの現世での苦楽について、前世の功徳や罪業等の行いによって解説している。

【関連典籍】パーリ小部アパダーナ。

【訳者・訳年代】西晋の竺法護*。

【参考文献】訳一・本縁部六。

(柏原信行)

0200 **撰集百縁経**(せんじゅうひゃくえんきょう)

【成立】梵文で書かれた原典のアヴァダーナシャタカ(Avadānaśataka)の原型は二世紀頃に著された。梵文原典に登場するのは仏陀在世時の人々であるが、本漢訳には仏滅百年後の頃の人も登場する。

【内容】一〇巻。百の譬喩物語で構成されている。十巻は十品に相当し、各巻に十話ずつ収められている。〈第一巻、菩薩授記品〉菩薩の物語。〈第二巻、受報応受供養品〉非古典的本生話。ジャータカとの関連は浅い。〈第三巻、授記辟支仏品〉過去・未来の辟支仏について。〈第四巻、出生菩薩品〉古典的本生話。ジャータカと深い関連がある。〈第五巻、餓鬼品〉餓鬼について。〈第六巻、諸天来下供養品〉天人・畜生について。〈第七巻、現化品〉釈迦族の阿羅漢について。〈第八巻、比丘尼品〉女性出家者の阿羅漢尼について。〈第九巻、声聞品〉完全に悟りを得た無漏の阿羅漢について。〈第十巻、諸縁品〉未だ完全には悟りを得ていない有漏の阿羅漢について。以上のように、第一〜四品は仏陀と辟支仏について、五品は餓鬼について、第六品は天と畜生について、第七から十品は阿羅漢についての説話である。

【関連典籍】0202。如意樹譬喩鬘(カルパドゥルマ・アヴァダーナ・マーラー Kalpadurma-avadāna-mālā)、宝石譬喩鬘(ラトナ・アヴァダーナ・マーラー Ratna-avadāna-mālā)、阿育譬喩鬘(アショーカ・アヴァダーナ・マーラー Aśoka-avadāna-mālā)、二十二譬喩(ドゥヴァーヴィンサティ・アヴァダーナ Dvāviṃsati-avadāna)。

【後世への影響】梵文の原本は関連資料に挙げた各種の梵文資料と関連が深い。

【訳者・訳年代】呉の支謙とされる。

【参考文献】訳一・本縁部五。梵文の原典には仏訳もある。

(柏原信行)

0201 **大荘厳論経**(だいしょうごんろんきょう)

【成立】二世紀頃、インド最大の仏教詩人の馬鳴(アシュヴァゴーシャ)が著した。サンスクリット写本では三世紀ごろの童受(クマーララータ)作とされる。

【内容】十五巻。大荘厳経論、大荘厳論、大荘厳経ともいうが「論」は後世の付加と見られる。全体に譬喩や因縁物語、本生話等が「我、昔、曽って聞く」で始まり、「何の因縁を以て而、此の事を説くや」などで各章が説かれた理由を説く九十章で構成される。そのうち、国王や国王以外の者についての伝承が六割を占め、その他、阿含経の伝承によるもの、譬喩話、本生話、寓話、因縁話がある。主題は多岐にわたり、持戒、布施、忍辱、精進、禅定、智慧という波羅蜜の項目や、聞法、求道、小欲知足、交友、外教、民間信仰、僧の供養、仏塔崇拝などが説かれる。全体的に在家の仏教徒を対象として、仏法僧の三宝の尊崇を説いている。注目すべき点は、念仏の功徳が説かれている点である。この点では本経は他にくらべてはるかに在家主義的傾向が強い。

【関連典籍】全九十章の内、七十五章分に相当するサンスクリットの写本がある。遺教経0389と文体が似ており、密接な関係があると思われる。

【後世への影響】『今昔物語』や、中国や日本の軍記物、霊異記などの文学は本書の形式に倣っている。

【訳者・訳年代】姚秦の鳩摩羅什＊。

【参考文献】訳一・本縁部九。

（柏原信行）

0202 **賢愚経**（げんぐきょう）

【内容】十三巻。仏教的な立場から見た賢人と愚人の寓話の集成である。六十九品からなる。第一巻には梵天が法を請う六事品第一、菩薩が身を虎に施す品第二、二梵志が斎を受ける品第三、貧者が供養する品第四、海神が船人に難問する品第五、不死の恒伽達品第六、須闍提太子品第七。第二巻には、波斯匿王の女金剛品第八、金財因縁品第九、華天因縁品第十、宝天因縁品第十一、羼提波梨仙品第十二、慈力王が血を施す品第十三、六師を降す品第十四。第三巻には、鋸陀が身を施す品十五、微妙比丘尼品第十六、阿輸迦王が土を施す品第十七、七瓶の金を施す品第十八、差摩の現法品第十九、貧女難陀品第二十、大光明王が道心を発す縁品第二十一。第四巻には、摩訶斯那優婆夷品第二十二、出家の功徳品第二十三。第五巻には、沙弥が戒を守って自殺する品第二十四、耳目舌のない長者品第二十五、貧人の夫婦の布施品第二十六、迦旃延が老婆に貧の売り方を教える品第二十七、金天品第二十八、重姓品第二十九、散檀寧長者品第三十。第六巻には、月光王が頭を施す品第三十一、快目王が眼を施す縁品第三十二、五百の盲児が仏を逐う品第三十三、富那奇の縁品第三十四、尼提が度する品第三十五。第七巻には、大劫賓寧王品第三十六、梨耆弥の七子品第三十七、設頭羅犍寧王品第三十八。第八巻には、蓋事因縁品第三十九、大施海を抒む品第四十。第九巻には、浄居天が仏と比丘を沐浴に招く品第四十一、善事太子が海に入る品第四十二、摩訶令奴王の縁品第四十三、善求悪求の縁品第四十四。第十巻には、阿難の総持品第四十五、優婆斯の兄が殺される品第四十六、児が誤って父を殺す品第四十七、須達が精舎を起こす品第四十八、大光明が始めて無上心を発す品第四十九、勒那闍耶貿易商品第五十、迦毘梨の百頭品第五十一。第十一巻には、無悩の指鬘品第五十二、檀膩䩭バラモン品第五十三。第十二巻には、師質の子の摩頭羅世質品第五十四、檀弥離長者品第五十五、長者の子象護品第五十六、波婆離バラモン品第五十七、二羽のオウムが四諦を聞く品第五十八、鳥が比丘の法を聞いて天に生まれる品第五十九。第十三巻には、五百羽の雁が仏法を聞き天に生まれる品第六十、堅誓獅子品第六十一、梵志が仏に衣を施し授記を得る品第六十二、仏が初めて慈心を起こす品第六十三、頂生王品第六十四、蘇曼女と十子品第六十五、長者の子婆世躓品第六十六、優婆毱提少年品第六十七、汚水中の虫品第六十八、沙弥均提品第六十九が述べられる。

これらの六十九品のうち、第三品、第六品、第八品、第九品、第二十六品、第三十六品、第六十品の七品の話が撰集百縁経0200と一致する。その他にも類似のものが多い。全六十九品のうち五十三品は現在と過去の出来事の因縁物語である。十品が現世に直ぐに行為の結果の現れた因縁物語、五品が現在過去未来にわたる因縁物語であり、本生物語が一品だけある。本経には予言のなされている授記物語は含まれていない。

宋・元・明版では賢愚因縁経、チベット訳では賢愚経、モンゴル訳では譬喩の大海と呼ばれている。巻数は各種の経録によって、十三巻、十五巻、十六巻、十七巻とまちまちである。

【関連典籍】撰集百縁経0200。

【後世への影響】中国では経律異相2121、法苑珠林2122に影響を与え、日本では今昔物語に大きな影響を与えた。モンゴル訳はモンゴル民衆に広く知られてきた。譬喩経典の中では特に広い地域に伝播している。

【訳者・訳年代】北魏の慧覚等（AD445）。なお、チベット訳はAD632年以降、モンゴル訳はAD1269年以降。

【参考文献】訳一・本縁部七。

（柏原信行）

0203 **雑宝蔵経**（ぞうほうぞうきょう）

【成立】二世紀頃以降。原典は散逸して不明。

【内容】一〇巻。十二部経の分類中の譬喩に相当する。百二十一章の訓話を収める。それらは次のように分類される。〈第一、二巻〉孝行について。〈第三巻〉誹謗について。〈第四～七巻〉布施について。〈第八、九巻〉教化について。〈第十巻〉闘諍について。

【関連典籍】1670A・1670B。パーリ語経典ミリンダパンハー。ラーマーヤナ物語。カニシュカ王物語。

【後世への影響】本経に収められた訓話の数々は、わが国でも一般に流布し語り伝えられてきた。

【訳者・訳年代】北魏の吉迦夜＊と曇曜＊（AD472）。

【参考文献】訳一・本縁部一。

（柏原信行）

0204 **雑譬喩経**（ぞうひゆきょう）

新譬喩経ともいう。

【内容】一巻。（1）弥勒仏に会うために不還果を得ずに死ぬ話、（2）瞑想中は体が綿のように柔らかいという話、（3）淫らでも人を導くカシミールの菩薩の話、（4）賢者が牧童となって遺族を導く話、（5）王に謁見するために阿羅漢になった商人の話、（6）自らの肉を切って病人に与える話、（7）文殊師利の話、（8）鳥と果物の話、（9）仏滅五一〇年に六万の出家者を供養する王と五百人のバラモンを供養する王の話、（10）牛になった弟と出家して忉利天まで昇った兄の話、（11）貧者の布施の話、の十一の譬喩話からなる。最後に、仏がこの世で出遭った十七の苦難について説く。

【関連典籍】0205～0209

【訳者・訳年代】後漢の支婁迦讖＊。

（柏原信行）

0205 **雑譬喩経**（ぞうひゆきょう）

菩薩度人経ともいう。

【内容】二巻。序と二十九の譬喩話と結からなる。（序）菩薩は子に対する乳母の如く人々を救う、（1）身を売って修行者に供養した老婆、（2）天人に内なる毒蛇を指摘され阿羅漢果を得た修行者、（3）病気のアショーカ王が修行者により二十五年寿命をのばす、（4）アショーカ王が仏塔を建立する、（5）仏滅百年にアショーカ王の頃仏弟子となった外道、（6）食人王と王舎城、（7）六牙の白象、（8）耳に花の生えた比丘、（9）パセーナディ王の入信、（10）ブッダが神通によって舎衛城のバラモンを導く、（11）同じくベナレスで八人のマッラ族を導く、（12）バラモンがガンジスに対する母親の俗信を改める、（13）カシミールの比丘とパルティア人の弟子、（14）兵士の妻の譬えと戒、（15）舎利弗と長者、（16）都の宝の譬えと一切智の功徳、（17）供養によって帝釈天と竜王とガルダと国王になった修行者、（18）妻の勧めで自分を殺そうとした兄を導いた弟、（19）大迦葉が母親を導く、（20）愚か者の説法と聞法、（21）愛児を亡くした母親に死者の出なかった家の火種を求めさせる、（22）遺産を布施して長者の子に生まれ変わる、（23）鳥の糞の入った料理を人に出す料理人、（24）娘の母親に恨まれる阿難、（25）津波を山と間違えて溺死した五百の猿、（26）梅檀を売って得た米を全て仏に供養す、（27）瓶中の水に映った姿を見て争う夫婦、（28）飢えた修行者に供養して天に生まれる、（29）花祭に福を得る、（結）海の七難と修行の七難。

【関連典籍】0204・0206～0209

【後世への影響】（21）のように他の経典に説かれるものも多く、（27）のように笑い話として一般に流布したものもある。

【訳者・訳年代】不明。

（柏原信行）

0206 **旧雑譬喩経**（くぞうひゆきょう）

【内容】二巻。上巻には（1）商人が五戒の功徳によって鬼を対治する話、（2）孔雀の王が仲間を救うため王の猟師にわざと捕らえられ欺いて逃れる話、（3）修行者に衣を布施するのを反対したため自らの衣服が燃えてしまう女の話、（4）読経が上手で無欲な修行者の話、（5）受戒して神通力を得た子供の話等の三十四話、下巻には（35）説法されなかった猟師の話、（36）僧に化けて寺に入った泥棒が悟った話、（37）美男の仏弟子アヌルッダが女性とまちがわれた話、（38）残飯をもらえなかった猿が比丘を襲ったため比丘が猿を殺したので食後に施餓鬼がなされるようになった話、（39）空を飛んだ亀の話等の二十七話の譬喩話が説かれている。

【関連典籍】0204・0205・0207〜0209

【訳者・訳年代】呉の康僧会＊。

（柏原信行）

0207 **雑譬喩経**（ぞうひゆきょう）

【内容】一巻。他の雑譬喩経類や衆経撰雑譬喩0208とは非常に異なっており、別のものとみられる。三十九の寓話からなる。タキシラのジョーリアン寺の小僧、九百九十九人の子、兄弟の比丘、軽業の子ども、比丘、目犍連、喜、木地師と絵師、大迦葉、禅と多聞の兄弟、ラーフラ、天の竜、道人、貴族、乞食、医師、雨、阿修羅、王子、鹿、仏を火坑に陥れようとしたシリグッタ、バラモン、田舎の人、呪文、石、蛇、鳥差し、力士、要、酪、海の宝、劫、比丘尼、薬草、子殺し、布施、竜の水、転輪王、梵王が取り上げられている。

【関連典籍】0204〜0206・0208・0209

【訳者・訳年代】姚秦の道略編。大荘厳論経0201や大智度論1509など、鳩摩羅什訳とされるものに本経と類似の物語が多い。この点から衆経撰雑譬喩と同様に、道略編・羅什訳ではないかと考えられる。

（柏原信行）

0208 **衆経撰雑譬喩**（しゅきょうせんぞうひゆ）

雑譬喩経ともいう。

【内容】二巻。他の譬喩経類と同様に、さまざまな譬喩話を収めている。それらは、失火の家、シビ王、鬼、瓶、老婆、地中の財宝、溺れない持戒者、古井戸、欲ばりの長者、竜宮、天人、受戒、長者の子、阿難の前生、目犍連の前生、蛇、宝を施す吝嗇家、ジョーリアン寺、象になった僧、鬼と比丘、餓鬼を見た目連、六師外道、竜にたいする呪い、鳥差し、念仏、嬰児殺し、功徳、海底の宝、野獣の善心、河の鬼、竜神、盲人、親友、男性在家仏教徒、女性在家仏教徒、子を亡くした母、嫉妬、雨、鳥、不飲酒、女を描く絵師、黄金の泉、長命者、仏教入信の王女の四十四話からなる。

【関連典籍】0201・0204〜0207・0209

【訳者・訳年代】姚秦の道略編・鳩摩羅什＊訳。

（柏原信行）

0209 **百喩経**（ひゃくゆきょう）

百句譬喩経、百句譬喩集経、百譬経ともいう。

【成立】五世紀頃、禅の諸家の一人である僧伽斯那（サンガセーナ）がインドで著した。

【内容】四巻。九十八の譬え話を収める。現在の出来事が過去の行為の結果として述べられ、教訓が説かれアヴァダーナ文献ではなく、本経は普通の譬え話とそれに基づく訓話のウパマー文献である。第一巻に二十一話、第二巻に二十話、第三巻に二十四話、第四巻に三十三話を収める。訓話の対象者などで分類すると、一般大衆七十話、外道十三話、出家六話、出家・大衆の両者四話、王一話であり、このほか教義に関するものが四話ある。題材は、塩、牛乳、梨、死骸、飲み水、子の死、兄、山賊、父、楼閣、バラモン、蜜、怒り、殺人、薬、甘蔗、借金、刀、鉄鉢、暴君、子供、炭、錦、胡麻、火、眼病、傷、鼻、衣服、羊飼い、土器、泥棒、果実、名水、鏡、天眼、牛の群れ、水筒、壁塗り、禿、餓鬼、駱駝、石工、煎餅、門番、牛泥棒、蓮泥棒、狐、毛、矯正、奴婢、楽士、脚、蛇、髭、無物、唾、財産相続、瓶、黄金、梵天、雉肉、羅刹、悪鬼、毒薬、貿易商、餅、呪詛、速喰い、マンゴー、失明、米、馬、洗浄、ラクダ、恋患い、ロバの乳、子の外出、机、灌腸、熊、麦、猿、月食、眼病、耳飾り、盗賊、猿と豆、金のイタチ、落とし物、貧者と富豪、子供と薬、老母と熊、浮気、鳩、失明、追い剥ぎ、亀である。梵文原題はウパマー・シャタカ。敦煌写本の異本の断簡が中国とロシアに現存する。

【関連典籍】0204〜0208

【後世への影響】十一世紀にインドのソーマデーヴァが著した説話集カターサリットサーガラに類似の説話が見られる。

【訳者・訳年代】蕭斉の求那毘地＊（AD492）。

【参考文献】訳一・本縁部七。『新仏教』六―四、六〜八。

（柏原信行）

0210 **法句経**（ほっくきょう）

【成立】紀元前三世紀頃迄には成立したと思われる。著者は法救（ダルマトラータ）。

【内容】二巻。本経の序文によれば、法句経の原本には九百偈のものと七百偈のものと五百偈のものがあった。本経は、このうちの五百偈二十六章からなるものを原本とし、そこへさらに、他の本から十三章二百五十偈を追加したとされ、韻文のみで因縁物語はない。パーリ語の韻文で著されたダンマパダに類似する。ダンマパダには本経の一〜八品と三三、三六、三七、三八、三九品の一三品がなく、二六章四二三偈である。各品の題は次の通りである。品名のあとの（ ）内は、ダンマパダの章の番号と名前である。（1）無常品、（2）教学品、（3）多聞品、（4）篤信品、（5）戒愼品、（6）惟念品、（7）慈仁品、（8）言語品、（9）双要品、（1対句）、（10）放逸品（2放逸）、（11）心意品（3心）、（12）華香品（4花）、（13）愚闇品（5馬鹿）、（14）明哲品（6賢者）、（15）羅漢品（7阿羅漢）、（16）述千品（8千）、（17）悪行品（9悪）、（18）刀杖品（10棍棒）、（19）老耗品（11老）、（20）愛身品（12自己）、（21）世俗品（13世間）、（22）述仏品（14ブッダ）、（23）安寧品（15安楽）、（24）好喜品（16愛好）、（25）忿怒品（17怒り）、（26）塵垢品（18けがれ）、（27）奉持品（19真理の維持）、（28）道行品（20道）、（29）広衍品（21種々）、（30）地獄品（22地獄）、（31）象喩品（23象）、（32）愛欲品（24愛欲）、（33）利養品、（34）沙門品（25比丘）、（35）梵志品（26バラモン）、（36）泥洹品、（37）生死品、（38）道利品、（39）吉祥品。このうち、（21）世俗品はダンマパダ（13世間）と相違点が多い。全般的に基本的な仏教教理を説く。（30）地獄品には、後世のパーリ仏典には見られない地獄の記述もあり、南北に分派する以前の初期の仏教教理が想像できる。本経や同系統の法句譬喩経0211やパーリ語のダンマパダとは別の系統のものとして、サンスクリット語のウダーナヴァルガやそのトカラ語の断片がある。こちらの系統のものとしては、チベット語訳とその注釈書、法集要頌経0213、因縁物語の譬喩の付加された出曜経0212がある。チベット語の注釈書の因縁物語は出曜経には一致しない。また一〜三世紀頃のカローシュティー文字で書かれたガンダーリー・ダルマパダもコータンで発見された。

【関連典籍】ダンマパダ、出曜経0212、法集要頌経0213、法句譬喩経0211、ウダーナヴァルガ。

【後世への影響】「諸悪莫作、諸善奉行、自浄其意、是諸仏教」という有名な七仏通誡偈は、増一阿含経0125、出曜経0212、法集要頌経0213に見られる他、大般涅槃経0374、根本説一切有部毘奈耶1442、大智度論1509、阿毘曇毘婆沙論1546、法華玄義1716等にも引用され、古来、各国仏教徒に共通して称えられてきた。マハーヴァストゥ（大事）には（16）述千品（八千）が引用されている。また、（35）梵志品（26バラモン）中の「族（生まれや家系）や髪を結っているという点で梵志（バラモン）というのではない。」という一節は、スッタニパータ中の類似の一節と同様、仏教が差別を排した証拠として取り上げられてきたが、真の修行者のあり方と仏教の説く真理について述べたものである。

【訳者・訳年代】呉の支謙＊と竺将焔(AD224)。維祇難等の訳とも伝えられるが、これは誤りとされる。

【参考文献】友松円諦『ダンマパダ（法句経）』。パーリ語『ダンマパダ』の参考文献は多いが、漢訳法句経の参考文献は少ない。

（柏原信行）

0211 **法句譬喩経**（ほっくひゆきょう）

法句本末経、法喩ともいう。

【成立】紀元前後の頃、法救（ダルマトラータ）が著したとされる。

【内容】四巻。三九品からなる。法句経0210と同様、系統はパーリ語仏典のダンマパダに近い。法句経の三分の二ほどに相当する。それらの偈である法句（ダンマパダ）と、それの説かれた由来を説く譬喩物語（アヴァダーナ）が付加されている。出曜経0212にも散文の譬喩物語が付加されているが、本経とは構成が異なる。下記の三十四品からなる。無常品第一、教学品第二、多聞品第三、篤信品第四、戒愼品第五、惟念品第六、慈仁品第七、言語品第八、双要品第九、放逸品第十、心意品第十一、華香品第十二、愚闇品第十三、明哲品第十四、羅漢品第十五、述千品第十六、悪行品第十七、刀杖品第十八、老耄品第十九、愛身品第二十、世俗品第二十一、述仏品第二十二、安寧品第二十三、好喜品第二十四、忿怒品第二十五、塵垢品第二十六、奉持品第二十七、道行品第二十八、広衍品第二十九、地獄品第三十、象品第三十一、愛欲品第三十二、利養品第三十三、沙門品第三十四、梵志品第三十五、泥洹品第三十六、生死品第三十七、道利品第三十八、吉祥品第三十九。以上の各品に一～五、六話の譬喩物語が説かれており、合計で六十八話がある（賢愚経0202には六十九話を収める）。これらの物語は経典からの引用であろうが、脚色や創作も加えられていると思われる。

【関連典籍】0210・0212。梵文ウダーナヴァルガ。

【訳者・訳年代】西晋の法炬＊と法立。

【参考文献】友松円諦『ダンマパダ（法句経）』。訳一・本縁部一一。

（柏原信行）

0212 **出曜経**（しゅつようきょう）

【成立】偈の部分は古いが、散文部分は後世の付加と思われる。紀元前後頃に法救（ダルマトラータ）によって編纂されたとされる。

【内容】三十巻。それぞれ偈とその注釈説明、因縁物語や本生物語からなる。偈の多くは、パーリ語仏典のダンマパダ（Dhammapada法句経）に一致する。しかし、注釈説明の部分はパーリ語のダンマパダ注（ダンマパダ・アッタカターDhammapada-aṭṭhakathā）とは一致しない。偈の部分は原始仏教的であるが、散文部分には大乗仏教への傾向が見られる。パーリ語仏典のダンマパダだけでなくウダーナも加えたような構成である。本経はアヴァダーナ（譬喩）経典の一つであるが、出曜という経名はウダーナの訳語であるとされる。法集要頌経0213と章や偈の数が似ている。法集要頌経と同様、系統は説一切有部のウダーナヴァルガに近い。本経には散文の譬喩物語が付加されているが、法句譬喩経0211とは構成が異なる。雑阿含からの引用や阿含経の名称も見られる。

冒頭の僧叡の序に続き、下記の三十四品からなる。無常品第一、欲品第二、愛品第三、無放逸品第四、放逸品第五、念品第六、戒品第七、業品第八、誹謗品第九、行品第十、信品第十一、沙門品第十二、道品第十三、利養品第十四、忿怒品第十五、惟念品第十六、雑品第十七、水品第十八、華品第十九、馬喩品第二十、恚品第二十一、如来品第二十二、聞品第二十三、我品第二十四、広演品第二十五、親品第二十六、泥洹品第二十七、観品第二十八、悪行品第二十九、楽品第三十、霍要品第三十一、心意品第三十二、沙門品第三十三、

梵志品第三十四。内容はいずれも仏教の根本教理を説くものである。

【関連典籍】0211

【訳者・訳年代】姚秦の竺仏念＊。

【参考文献】訳一・本縁部十。

（柏原信行）

0213 **法集要頌経**（ほうじゅうようじゅきょう）

【成立】紀元前後頃。著者は法救（ダルマトラータ）。

【内容】四巻。仏法の項目を集め要点を偈頌の形にまとめあげているので法集要頌経と名付けられている。パーリ語のダンマパダ（法句）や法句経0210、法句譬喩経0211、出曜経0212も同類のものである。（1）有為品、（2）愛欲品、（3）貪品、（4）放逸品、（5）愛楽品、（6）持戒品、（7）善行品、（8）語言品、（9）業品、（10）正信品、（11）沙門品、（12）正道品、（13）利養品、（14）怨家品、（15）憶念品、（16）清浄品、（17）水喩品、（18）華喩品、（19）馬喩品、（20）瞋恚品、（21）如来品、（22）多聞品、（23）己我品、（24）広演品、（25）善友品、（26）円寂品、（27）観察品、（28）罪障品、（29）相応品、（30）護心品、（31）苾芻品、（32）梵志品の三十二品からなる。偈だけで構成されている。出曜経と章や偈の数が似ている。しかし、出曜経は四字一句と五字一句の箇所が入り交じっているが、本経は全ての偈が五字一句である。本経は出曜経の偈に付加したものと見られる。出曜経は三十四品で本経よりも二品多いが、出曜経の（4）無放逸品と（5）放逸品が本経の（4）放逸品に相当し、出曜経の（30）霍要品と（31）楽品は本経の（29）相応品に相当している。法句経のチベット語訳は本経と同じ三十三品で一致する。出曜経と同様、系統は説一切有部のウダーナヴァルガに近い。ダンマパダとは二百数十偈のみしか一致しない。

【関連典籍】0212

【訳者・訳年代】宋の天息災＊。

（柏原信行）

0214 **仏説猘狗経**（ぶっせつけいくきょう）

【内容】一巻。毎月の十五日の説法の日に耆闍崛山で説いたとされる経の一つ。猘は制止してもいうことをきかない狂犬を指し、狗はもとは愛玩用の小犬、後には犬全般を指す。猘狗で狂犬を指す。仏滅後の破戒者を狂犬に譬えて説く。狂った犬がかえって恩のあるその飼い主を嚙むことがあるように、ブッダの入滅後、かえってその師である仏を誹謗する弟子もでてくる。このような者は前世では狂犬であった。彼らは、衣食を得るために法を説き、施主の勧めるまま飲酒を行えばよいなどとし、また他の仏の教えと戒を守っている弟子達をそそのかす。彼らはついには地獄に墜ちる、と本経は説く。

【関連典籍】2145・2146・2148に同名の失訳があるとされる。

【訳者・訳年代】呉の支謙＊。

（柏原信行）

0215 **仏説群牛譬経**（ぶっせつぐんごひきょう）

【成立】三世紀頃迄には成立したと思われる。

【内容】一巻。比丘でも出家修行者でもない者が、いくらそのまねをしようとしても外面だけでは無意味であることを、牛のまねをしたロバの譬えによって説く。牛のまねをしようとした一頭のロバが、牛の群れの中に入り格好だけは牛のようなふりをした。ところが、牛のように鳴こうとしても、ロバの声を変えることができず、牛に殺されてしまった、という譬え話である。

【訳者・訳年代】西晋の法炬＊。

（柏原信行）

0216 **仏説大魚事経**（ぶっせつだいぎょじきょう）

【内容】大きな魚が小さな魚たちをいましめたという譬え話によって、比丘たちに、得たものは捨てるべきであることをブッダが説いたので、仏説大魚事経という。ブッダが給孤独園にいたとき、ある比丘が村での托鉢のおりに女性の姿を見て欲にとらわれたので、ブッダはこの比丘に、諸根を制御すべきであるといましめた。しかし、この比丘はいましめを守らず、ついには還俗することになった。小さな魚の群れが、大きな魚のいましめに背いたために、とうとう漁夫に捕らえられてしまったという譬え話をして、托鉢で得られるものにとらわれてはならない事を説いた経である。

【訳者・訳年代】東晋の曇無蘭＊。

（柏原信行）

0217 **仏説譬喩経**（ぶっせつひゆきょう）

【成立】七世紀頃迄には成立したと思われる。

【内容】一巻。ブッダが祇園精舎で勝光王に説いたという譬喩の物語。昔、ある人が野原で恐ろしい象に追いかけられているとき、野原の中に井戸を見つけた。木の根がその井戸の中に垂れ下がっていたので、その木の根を伝って井戸の中に降り始めた。すると、上の方から黒と白の二匹のネズミがやってきて、その木の根をかじり始めた。井戸の四方を見ると、そこにはそれぞれ四匹の毒蛇がいる。また、底にも別の毒蛇がいて、この人の墜ちてくるのを待ちかまえている。そのとき、この人のつかまっている木の根から甘い蜜が滴りおちてきた。この人は、さし迫った身の危険のことをも忘れて、その蜜の味に酔いしれた。この様子は、欲におぼれる人間の心の有り様を譬えたものである。野原、象、井戸などは、無明、無常、輪廻などの譬えであり、滴り落ちてきた蜜は人間の五欲である。

【後世への影響】わかりやすい譬え話であるため、しばしば用いられてきた。

【訳者・訳年代】唐の義浄＊（AD710）。

（柏原信行）

0218 **仏説灌頂王喩経**（ぶっせつかんぢょうおうゆきょう）

【内容】一巻。出家とその後の修行による比丘の種類を灌頂とその後の経験の違いによる新・中・古の三種類の王に譬えて説く。初めて出家したばかりの比丘は灌頂を受けたばかりの新王のようなものであり、出家後修行により正しく真理を見る眼力をそなえた比丘は灌頂後年月が経ち力が強くなった中王のようなものであり、全煩悩を征服し解説した比丘は灌頂を受けてから長く経ちすべての敵を征服して安定した古王のようなものであるとする。

【関連典籍】漢訳経典中には類似経典はない。パーリ増支部第八七経の不動沙門、白蓮沙門、紅蓮沙門、沙門中柔軟沙門や、パーリ論書『人施設論』四〜二九が類似する。

【訳者・訳年代】宋の施護＊。

（柏原信行）

0219 **仏説医喩経**（ぶっせついゆきょう）

【内容】一巻。ブッダを名医に譬えて説く。名医が四つの方法によって病を治すように、ブッダもまた、苦・集・滅・道の四聖諦という最高の仏法の薬を人々に与えることによって、人々を苦しみから解放するのであることを説く。

【関連典籍】百喩経0209にも医師の譬えが見られる。また、方広大荘厳経0187や往生要集2682などの他の経典でも、ブッダは大医王とも呼ばれ、しばしば医師にたとえられている。

【訳者・訳年代】宋の施護＊。

（柏原信行）

第5巻　般若部　一

0220**大般若波羅蜜多経**（だいはんにゃはらみたきょう）

大般若経ともいう。

【成立】本経は紀元前後～AD1200年頃までに成立した諸般若経の原典の翻訳が集大成された一大叢書である。

【内容】六百巻。本経は十六の経典から成り立っている。〈初会〉十万頌般若に相当し、梵本は第一章分しか出版されていない。〈第二会〉二万五千頌般若に相当する。〈第三会〉一万八千頌般若に相当する。〈第四会〉〈第五会〉八千頌般若に相当する。〈第六会〉異訳に勝天王般若がある。〈第七会曼殊室利分〉七百頌般若に相当する。〈第八会那伽室利分〉異訳に濡首菩薩無上清浄分衛経がある。〈第九会能断金剛分〉金剛般若に相当する。〈十会般若理趣分〉般若理趣に相当する。〈第十一会布施波羅蜜多分〉布施ハラミツについて説く。〈第十二会浄戒波羅蜜多分〉戒ハラミツについて説く。〈第十三会安忍波羅蜜多分〉忍ハラミツについて説く。〈第十四会精進波羅蜜多分〉精進ハラミツについて説く。〈第十五会静慮波羅蜜多分〉静慮（禅）ハラミツについて説く。〈第十六会般若波羅蜜多分〉善勇猛般若に相当する。

【関連典籍】摩訶般若波羅蜜経0223、小品般若波羅蜜経0227、金剛般若波羅蜜経0235。

【後世への影響】本経の中に、経典を書写・読誦・受持することに功徳があり、この経典を供養するものは諸の神によって常に護られると説かれていることから大般若経を転読することによって災いを除く信仰が盛んに行われた。転読とは全部読むのではなく六百巻の各巻の初めと終わりを読誦し、中間では陀羅尼を唱えるという形式で読むことを言い、日本では和同元年（七〇八）に初めて行われている。

【訳者・訳年代】唐の玄奘＊（AD660～663）。

【参考文献】渡辺海旭「大般若経概観」『壺月全集・上巻』一九〇〇年。訳一・般若部一～六。

（山口　務）

第6巻　般若部　二

第7巻　般若部　三

第8巻　般若部　四

0221**放光般若経**（ほうこうはんにゃぎょう）

放光経ともいう。

【成立】AD260年、朱子行がコータン国でサンスクリット原典を得る。

【内容】二十巻。放光品から囑累品までの九〇品からなっている。しかし、本経はサンスクリット原典の忠実な逐語訳ではなく簡略な訳であるから理解できない箇所が多い。

【関連典籍】0222・0223。梵本、チベット訳もある。

【訳者・訳年代】西晋の無羅叉＊（AD 291）。

（山口　務）

0222**光讃経**（こうさんぎょう）

光讃般若波羅蜜経ともいう。

【成立】AD286年コータンの僧、祇多羅がサンスクリット原典を中国にもたらす。

【内容】十巻。大品般若経0223の古訳の一つで、光讃品から雨法宝品までの二七品のみであるが本来は放光経0221と同じく九〇品近くあったものであろう。放光経に比較するとかなり良質の訳であり、道安は「辞質勝文」と称賛している。

【関連典籍】0221・0223

【後世への影響】放光経を理解するために本経は参考にされた。

【訳者・訳年代】西晋の竺法護＊（AD286）。

（山口　務）

0223 **摩訶般若波羅蜜経**（まかはんにゃはらみつきょう）

大品般若経ともいう（この略称は小品般若経0227との対比でできたものである）。

【成立】放光経0221のサンスクリット原典がAD260年に得られていることから本経の成立は遅くとも三世紀前半であろうといわれている。

【内容】二十七巻（宋・元・明の三本は三十巻、聖語蔵本は四十巻）。仏陀が王舎城の耆闍崛山において須菩提に説いた経典である。小品般若経、大品般若経ともに善男子善女人が無上なる覚りに心を起こし永い間修行し、不退転菩薩になり、無上正等覚を得るために必要なハンニャハラミツ（知恵の完成）を説く点は同じであるが、本経は序品から嘱累品までの九十品からなっていて、小品般若経にくらべるとかなり増広されている。まず、相行品第十には首楞厳、宝印、師子遊戯、妙月、月幢相、出諸法印、灌頂、金剛、入法印などの百九の三昧が挙げられている。また、多くのダラニも説かれている。そして四念処、五根、七覚支、八聖道分、十一智、十念、九次第定、仏の十力、十八不共法などのアビダルマの術語が多く使用されていて全体的にはアビダルマ的色彩が強い。これは、般若空にもとづく大乗菩薩道の体系の組織化を目指したものであって専門的・出家的な傾向を示している。

【関連典籍】0221・0222・1509。梵本、チベット訳もある。

【後世への影響】中国における三論宗、四論宗の所依の経典である。

【訳者・訳年代】姚秦の鳩摩羅什＊（AD404）。

【参考文献】梶芳光運『大乗仏教の成立史的研究』山喜房、一九八〇年。訳大・経部二、三。

（山口　務）

0224 **道行般若経**（どうぎょうはんにゃぎょう）

般若道行経、道行般若波羅蜜経ともいう。

【成立】翻訳年代から考えてAD150年以前の成立が考えられる。また成立地としては、本経が批判相手とする説一切有部が栄えた西北インドが有力で、本経に用いられている音写語が西北インドのガンダーラ語を写している点からも西北インド成立説が主張されている。

【内容】十巻。道行品から嘱累品までの三十品からなり、小品系般若経における最古訳が本経である。「大乗」を最初に宣言したのが小品系般若経であるが、最古訳である本経にも「大乗」が「摩訶衍」という音写語で表わされている。したがって本経が、ものを区別しものにはそれぞれ固有の実体があると主張する部派仏教に対する大乗仏教の優越性を宣言した最初の経典と言えるであろう。しかし、大乗と小乗とを区別するということも大乗に執着することもない。なぜなら無執着の教えが般若経において説かれ、その教えが大乗であるからである。ところで、大乗仏教において重要な二つの術語である「法身」と「実際」が、本経を初め大明度経0225、摩訶般若鈔経0226という古訳にないことから大乗仏教の思想は徐々に確立されていったことがわかる。

【関連典籍】大般若経0220第四会・五会、0225〜0228。梵本、チベット訳もある。

【訳者・訳年代】後漢の支婁迦讖＊（AD179）。

【参考文献】静谷正雄『初期大乗仏教の成立過程』百華苑、一九七四年。

（山口　務）

0225 **大明度経**（だいみょうどきょう）

大明度無極経ともいう。

【内容】六巻。行品から嘱累阿難品までの三十品からなる、小品系の古訳の一つである。古訳であるから道行般若経0224と同じく、後の大乗仏教の思想は見られない。しかし、菩薩が無上なる覚りに心を起こし、修行しその結果覚りから退くことのない不退転の菩薩になり無上なる覚りを得る、その根底に般若-空の思想が据えられている点は同じである。また本経の特徴として第一品にのみ本文に割注が施されている点が挙げられる。なお、この割注が誰の手によるものかは不明である。

【関連典籍】0220・0224・0226〜0228。梵本、チベット訳もある。

【訳者・訳年代】呉の支謙＊（AD222〜228）。

（山口　務）

0226 **摩訶般若鈔経**（まかはんにゃしょうきょう）

【内容】五巻。小品系の古訳の一つであるが全訳ではなく、道行品から釈提桓因品までの一三品しかない部分訳である。経題の中の「鈔」はこれを意味するのであろう。その部分訳を道行般若経0224と比較して示すと、第一道行品から第六清浄品までは道行般若経と同じであるが、その後の部分、道行般若経の第七嘆品から第十二譬喩品に相当する部分が欠けている。第七本無品から第十三釈提桓因品までは道行般若経の第十四本無品から第二十釈提桓因品に相当するが、その後の部分をすべて欠いている。

【関連典籍】0220・0224・0225・0227・0228。梵本、チベット訳もある。

【訳者・訳年代】曇摩卑と竺仏念＊の共訳とされるが、インド僧の竺法護＊がAD265年以降に訳出したとする説が有力。

（山口　務）

0227 **小品般若波羅蜜経**（しょうぼんはんにゃはらみつきょう）

小品経、小品般若経ともいう。

【成立】般若経はブッダの滅後、南方に伝わり次に西方、そして北方に至って広まると書いている。小品系の諸異本によって小異はあるが般若経が南インドで成立し北インドに伝わったとするのは一致した伝承である。しかし、本経の成立地がその中のどこかに特定することは困難である。

【内容】十巻。本経は仏が王舎城の耆闍崛山において須菩提に説いたものである。小品系と大品系の両般若経では小品系般若経の方が成立が早い。その小品系の中、道行般若経0224の項で示したように古訳に欠けている思想もあるけれども小品系の中には種々の思想が述べられている。ここでは不二と廻向について述べる。部派仏教特に有部は迷いと悟り、有為と無為のようにすべてのものを区別してしまうが、般若経ではものには永遠不変な実体がないから、つまり空であるから、それらは二つに分けられるものではなく不二であると説く。また廻向（向きを変えさせること）という思想も表明される。この思想は大乗仏教とくに般若経において初めて主張されたものである。インド一般においては輪廻説といって、世俗的な行為の結果は世俗的な幸福しか期待されずその結果、生死を繰り返し生死から解脱することはできなかった。例えば布施（ものやお金を与える）という行為によっては死後、天に生まれるなどの世俗的な幸福は得られるが生死を離れることはできないとするのが輪廻説である。しかし廻向において布施という世俗的な行為を聖なる覚りにふりむけて生死から解脱できると説くのである。これも、すべてのものは空であり不二であるという考え方があってこそ可能な思想である。

【関連典籍】大般若経0220第四会・五会、0224〜0226、0228。梵本、チベット訳もある。

【訳者・訳年代】姚秦の鳩摩羅什＊（AD408）。

【参考文献】静谷正雄『初期大乗仏教の成立過程』百華苑、一九七四年。

（山口　務）

0228 **仏説仏母出生三法蔵般若波羅蜜多経**（ぶっせつぶつもしゅっしょうさんぽうぞうはんにゃはらみたきょう）

【成立】本経は、サンスクリット原典と形式、内容ともによく一致している。ところで、西紀八〇〇年頃に八千頌般若経に注釈を書くのにハリバドラが用いたサンスクリット本は現存のそれであることが内容からわかる。また、現存サンスクリット本の内容は玄奘の大般若経0220第四会よりも発展していることから、現存サンスクリット本は玄奘がインドから帰ってきた六四五年から八〇〇年頃に成立したであろうと推定されている。したがって、現存サンスクリット本に最もよく一致する本経の成立もその頃と考えてよいであろう。

【内容】二十五巻。本経は、了知諸行相品から嘱累品までの三十二品からなる小品系般若経の異本である。歴史上の仏陀が亡くなってから人々はその仏陀の遺骨を崇拝し、それがストゥーパ信仰として現れていた。しかし、般若経の編纂者はそれを否定し仏陀の本質とは何かということを問い、その答えを人々に示した。仏陀の本質は一切智者性つまり般若波羅蜜（知恵の完成）という覚りの境地である。換言すれば仏陀を生むものは知恵の完成である。だから般若波羅蜜こそが「仏母」であると説く。

【関連典籍】0220・0224〜0227。梵本、チベット訳もある。

【訳者・訳年代】宋の施護＊。

（山口　務）

0229 **仏説仏母宝徳蔵般若波羅蜜経**（ぶっせつぶつもほうとくぞうはんにゃはらみつきょう）

【内容】三巻。行品から善護品までの三十二品からなるが、仏説仏母出生三法蔵般若波羅蜜多経0228の内容を偈頌(詩)の型にしたもの。言語は混淆サンスクリット語で、多くのプラークリット語（インドの方言）を含んだサンスクリット語である。

【訳者・訳年代】宋の法賢＊（AD980）。

【参考文献】三枝充真『般若経の真理』春秋社、一九七一年。訳一・釈経論部五下。

（山口　務）

0230 **聖八千頌般若波羅蜜多一百八名真実円義陀羅尼経**（せいはっせんじゅはんにゃはらみたいっぴゃくはちみょうしんじつえんぎだらにきょう）

【内容】一巻。最初に帰命最勝諸仏母から始まる帰敬偈が置かれている。次に般若経波羅蜜多の異名を百八つ列挙し、これらを誦えるならば一切の罪は消滅し、一切の諸仏によって称賛され、すべての菩薩と賢聖によって守られると説く。そして最後にダラニを挙げている。

【訳者・訳年代】宋の施護＊。

【参考文献】三枝充真『般若経の真理』春秋社、一九七一年。訳一・釈経論部五下。

（山口　務）

0231 **勝天王般若波羅蜜経**（しょうてんのうはんにゃはらみつきょう）

【内容】七巻。王舎城において仏が勝天王のために説かれた経典で、通達品から付嘱品までの十六品からなっている。第一通達品では般若ハラミツを修学すれば布施、戒、忍、精進、静慮、方便、願、力、智の九ハラミツに通達すると説き、第三法界品では無分別不思議の般若ハラミツを修学すると、真空・一切智・一切相智・不二法界に通達すると説く。そして法性法界（覚り）は煩悩の中にあるけれども煩悩に染められてはいないのだから解脱はあり得ると説くのである。

【関連典籍】0220。梵本、チベット訳もある。

【訳者・訳年代】陳の月婆首那＊（AD565）。

【参考文献】三枝充真『般若経の真理』春秋社、一九七一年。訳一・釈経論部五下。

（山口　務）

0232 **文殊師利所説摩訶般若波羅蜜経**（もんじゅしりしょせつまかはんにゃはらみつきょう）

文殊所説摩訶波羅蜜経、文殊般若波羅蜜経ともいう。

【成立】一巻、二巻ともに流通分（経典の後半に置かれる部分）があることから、まず一巻目が成立し、後に二巻目が付加されたと考えられている。

【内容】二巻。仏が舎衛国の祇樹給孤独園

（祇園）で説いた経典。般若経であるから内容は般若―空を説くのであるが拡大般若経（二万五千頌、十万頌般若経）に比べると説き方に繰り返しが多くない。しかし金剛般若経0235ほどの簡略さではなく、経典を理解する立場からは程よい説き方である。また本経には、空を理解した者として女性信者の無相が挙げられている点が特徴である。

【関連典籍】0220・0233

【訳者・訳年代】梁の曼陀羅仙＊。

【参考文献】三枝充真『般若経の真理』春秋社、一九七一年。

（山口　務）

0233 **文殊師利所説般若波羅蜜経**（もんじゅしりしょせつはんにゃはらみつきょう）

【成立】文殊師利所説摩訶般若波羅蜜経0232のサンスクリット原典を再訳したものといわれている。

【内容】一巻。本経の訳者はアビダルマに精通していたので本経には「五陰　十二処　十八界」のようにアビダルマの要語が用いられる。

【関連典籍】0220・0232

【訳者・訳年代】僧伽婆羅＊。

（山口　務）

0234 **仏説濡首菩薩無上清浄分衛経**（ぶっせつじゅしゅぼさつむじょうしょうじょうぶんねきょう）

決了諸法如幻化三昧経ともいう。

【内容】一巻。仏が舎衛城の祇樹給孤独園（祇園）にいたときに濡首菩薩が竜首菩薩に対して説いた経典。分衛とは乞食（托鉢）のことであるが、清浄な乞食とはものにこだわることのない乞食であると説く。したがってこれは空観にもとづく乞食である。異称を決了諸法如幻化三昧というのは諸法つまりものは幻のようなものであると観想する三昧を得てはじめて、ものにこだわらない清浄な乞食ができるからであろう。

【関連典籍】大般若経0220第八会・那伽室利分。

【訳者・訳年代】劉宋の翔公。訳者については疑問視する傾向もある。

（山口　務）

0235 **金剛般若波羅蜜経**（こんごうはんにゃはらみつきょう）

金剛般若経、舎衛国本ともいう。

【成立】成立年代については相反する二説があり、まだ定説はない。一つは、般若経典の中で最も古いと主張するもので根拠としては「空」「大乗」の語が見えない経典の形式がきわめて簡素で古形を示している点を挙げる。他の一説は、小品系から大品系への増広が行われた後、縮少に向かった頃に成立した般若経ではないかとするもので根拠として種々の文献を引用している大智度論1509に本経が引用されていないこと、羅什訳以前に本経の翻訳がないことが挙げられる。成立地としては南インドのアーンドラ地方という説がある。

【内容】一巻。経題のサンスクリット名はVajracchedikā Prajñāpāramitā というがその意味は「金剛のように煩悩、執着を断ち切る知恵の完成」である。その経題の示すとおり本経では、あらゆるものについて執着してはならない（とらわれてはならない）ことを説く。布施を行う場合でも「菩薩はものにとらわれて布施をしてはならない」（第四節）と説く。そしてこの無執着の態度はより深くつき進められ、ついには仏の教え（法）にもとらわれてはいけないと説くに至る。「菩薩は教え（法）に執着してもいけないし、教えでないものに執着してもいけない。……法が筏にたとえられている教えのあることを知るものは法さえも捨て去らなければならない。まして法ではないものはなおさらである」（第六節）。筏というものは、こちらからあちらの岸に渡るための手段にすぎないものであるのに、この筏は私を岸に渡してくれた大事なものだから捨てられないと考え、それをかついで行ってはただ重いばかりでどれほどの距離も進めない。捨ててこそ進めるのである。それと同様に仏の教えというものも悟りを得るための手段であるからこれにとらわれてはいけないと説くのである。そして、その無執着の根拠は何かというと、ものごとは「空」であるから、ものごとには永遠不変の実体というものがないからものごとに執着してはならないのである。本経ではその「空」を次のように肯定→否定→肯定という逆説的な表現であらわしている。「スブーティよ、仏陀の教法、仏陀の教法というが、それは実に、仏陀の教法ではないと如来は説くのであり、それゆえ、仏陀の教法と呼ばれるのである」（第八節）。

【関連典籍】大般若経0220第九会、金剛般若波羅蜜経0236・0237、金剛能断般若波羅蜜経0238、仏説能断金剛般若波羅蜜多経0239。

【後世への影響】インド、チベット、中央アジアにおいても本経は流行したが、中国では禅宗の六祖慧能がこの経典の「応無所住而生其心」という一句を聞いて悟りをひらいたといわれ、それ以来とくに禅宗において本経は愛読された。また、天台、真言などの仏教徒、儒学者や道家までも本経を底本にして注釈や講義を行っている。

【訳者・訳年代】姚秦の鳩摩羅什＊。

【参考文献】中村元・紀野一義訳注『般若心経・金剛般若経』岩波文庫、一九六〇年。

（山口　務）

0236 **金剛般若波羅蜜経**（こんごうはんにゃはらみつきょう）

婆伽婆本ともいう。

【内容】一巻。金剛般若波羅蜜経0235の異本の一つ。本経には二種があり、ともに大正大蔵経に収められているが両者の間には字句の相違がある。

【関連典籍】0235の項に同じ。

【後世への影響】唐代の学者はこれを使用した。

【訳者・訳年代】北魏の菩提流支＊(AD509)。

【参考文献】0235の項に同じ。

（山口　務）

0237 **金剛般若波羅蜜経**（こんごうはんにゃはらみつきょう）

祇樹林本ともいう。

【内容】一巻。金剛般若波羅蜜経0235の異本の一つ。

【関連典籍】0235の項に同じ。

【訳者・訳年代】陳の真諦＊(AD562)。

【参考文献】0235の項に同じ。

（山口　務）

0238 **金剛能断般若波羅蜜経**（こんごうのうだんはんにゃはらみつきょう）

最初は金剛能割般若波羅蜜経という名称であったが後に「能断」に変えられた。

【内容】一巻。金剛般若波羅蜜経0235の異本の一つ。本経は直訳であり、サンスクリット原典の文字の順に漢字をあてはめたものであるから漢文だけでは意味内容がわからない。

【関連典籍】0235の項に同じ。

【訳者・訳年代】隋の達磨笈多＊(AD592)。

【参考文献】0235の項に同じ。

（山口　務）

0239 **仏説能断金剛般若波羅蜜多経**（ぶっせつのうだんこんごうはんにゃはらみたきょう）

名称城本ともいう。

【内容】一巻。金剛般若波羅蜜経0235の異本の一つ。

【関連典籍】0235の項に同じ。

【訳者・訳年代】唐の義浄＊(AD703)。

【参考文献】0235の項に同じ。

（山口　務）

0240 **実相般若波羅蜜経**（じっそうはんにゃはらみつきょう）

【内容】一巻。本経のサンスクリット原典は大般若経0220第十会・般若理趣分のそれと同じであるといわれるが、両者には多少の出入りがある。同経の般若理趣分に比べると本経には各段の最後の真言が置かれているので密教色が現れている。

【関連典籍】0241〜0244、大般若経0220第十会・般若理趣分。

【訳者・訳年代】唐の菩提流志＊(AD693)。

【参考文献】宮坂宥勝・福田亮成『理趣経の研究―その成立と展開』大蔵出版、一九九〇年。

（山口　務）

0241 **金剛頂瑜伽理趣般若経**（こんごうちょうゆがりしゅはんにゃぎょう）

大楽金剛不空真実三麽耶経、般若波羅蜜多理趣品ともいう。

【内容】一巻。多少の出入りはあるけれども本経は大般若経0220第十会・般若理趣分と実相般若波羅蜜経0240とによって訳出したものであろうといわれている。

【関連典籍】0240の項に同じ。

【訳者・訳年代】唐の金剛智＊の訳にはなっているが、本経の内容から恐らく後世に訳出されたもので訳者を権威ある金剛智に仮託したものであろう。

【参考文献】0240の項に同じ。

（山口　務）

0242 **仏説遍照般若波羅蜜経**（ぶっせつへんじょうはんにゃはらみつきょう）

【内容】一巻。大般若経0220第十会・般若理趣分の異本の一つ。

【関連典籍】0240の項に同じ。

【訳者・訳年代】宋の施護＊。

【参考文献】0240の項に同じ。

（山口　務）

0243 **大楽金剛不空真実三麽耶経**（だいらくこんごうふくうしんじつさんまやきょう）

般若理趣経、理趣経ともいう。

【内容】一巻。大般若経0220第十会・般若理趣分の内容が原初的であるが後に密教色が加味されていく傾向が出てくる。本経は毘盧遮那仏の登場と各段の最後に真言が示されている点によって密教色の強い経典になっている。般若経は空の論理で貫かれるのに対して本経は空を媒介としながらも密教の立場から人間の欲望を肯定する。本経は十七段からなっているが第一段では大楽の教えを説き、第二段から第十七段までは大楽の実践を示している。大楽とは覚りの境地を性の愉悦にたとえて表現したものであるが、第一段では実際に恋愛のプロセスを十七に分けた十七清浄句が説明されている点で興味深い。

【関連典籍】0240の項に同じ。

【後世への影響】真言宗の常用経典であるが天台宗、法相宗などでも読誦されており『枕草子』などの王朝文学にも現れている。

【訳者・訳年代】唐の不空＊。

【参考文献】0240の項に同じ。

（山口　務）

0244 **仏説最上根本大楽金剛不空三昧大教王経**（ぶっせつさいじょうこんぽんだいらくこんごうふくうざんまいだいきょうおうきょう）

【内容】七巻。本経は他の異本に比べると七巻となっているからかなりの量が増えていることが分かる。その密教色の濃厚な増広化は本文の中での増広ではなくて本経の後半部分（大正八巻、七九七下以後）に全く別の経典が置かれるという形の増広化であり、その部分はチベット訳北京極No.119に相当する。

【関連典籍】0240の項に同じ。

【訳者・訳年代】宋の法賢＊。

【参考文献】0240の項に同じ。

（山口　務）

0245 **仏説仁王般若波羅蜜経**（ぶっせつにんのうはんにゃはらみつきょう）

仁王般若経、仁王経ともいう。

【成立】天台智顗の仁王般若経疏によると法護、鳩摩羅什、真諦（パラマールタ）による三本の仁王般若経があったといわれたが最近の研究によって本経は中国で作成された偽経であることがわかった。

【内容】二巻。仏陀が十六人の王に説法する形態をとっている。まず、十三空を説き、次に十四忍そして二諦を説く。そうして般若経を崇敬し読誦することによって王自身そして王国も災いから守られることを説き、それを信じさせるために―帝釈天が百人の僧によって読誦された般若経を受持することによって敵を撃退した―という昔話を引く。そして、だから国王たちはこの般若経を読み、広めなさいと勧めるのである。

【関連典籍】0246
【後世への影響】日本では斉明天皇の六年に宮中で仁王経が講じられて以来、絶えることなく続けられた。

【訳者・訳年代】鳩摩羅什＊の訳（AD411）とされるが、中国で作成された偽経である。

【参考文献】三枝充悳『般若経の真理』春秋社、一九七一年。訳一・釈経論部五下。

（山口　務）

0246 **仁王護国般若波羅蜜多経**（にんのうごこくはんにゃはらみたきょう）
【成立】中国で作成された偽経。
【内容】二巻。仏説仁王般若波羅蜜経0245を改訂したもの。
【関連典籍】0245
【訳者・訳年代】不空＊の訳（AD765）とされるが、中国で作成された偽経である。
【参考文献】0245の項に同じ。
（山口　務）

0247 **仏説了義般若波羅蜜多経**（ぶっせつりょうぎはんにゃはらみたきょう）
【内容】一巻。仏が舎利子（シャーリプトラ）に対して説く経典。了義と経題にあるように般若波羅蜜多相応の行とは何かなどの質問に対して、はっきりと答えが示されている。般若波羅蜜多に安住する者として、四念処から始まる三十七覚支を行うべきことを示し、空・無想・無願の三三昧の想から十八不共法の想をなすべきことを説く。また断ずべき法として有性疑などの十種の疑惑を挙げ、最後に色体は空であり、色を離れては別に空はないから諸法はただ名称のみであって観られる対象（所観）は実は存在しない。所観がないから無所に悟入し、この無所に悟入することが般若波羅蜜多相応の勝行を完全に行ずることであると説く。
【訳者・訳年代】宋の施護＊。
（山口　務）

0248 **仏説五十頌聖般若波羅蜜経**（ぶっせつごじゆうじゅしょうはんにゃはらみつきょう）
【内容】一巻。仏が王舎城において須菩提（Subhūti）に対して説いた経典。施などの六ハラミツ、内空・外空などの十八空、四念処、四正断などを始めとし四果、縁覚果、一切道智を挙げてこれらは如一無異であると説き、そして最後に本経を聴き読誦するならば速やかに正覚を得ると説く。
【訳者・訳年代】宋の施護＊。
（山口　務）

0249 **仏説帝釈般若波羅蜜多心経**（ぶっせつたいしゃくはんにゃはらみたしんぎょう）

【成立】コンゼによると、本経は種々の引用があるので後世に作成されたものであろうとする。

【内容】一巻。仏が王舎城で帝釈天に説いた経典。まず、ハンニャハラミツは非一非異、非相非無相であるというように相対的なものでないことを説き、偈文の前では十八空を挙げる。その偈文の中には金剛般若経、中論1564から引用されているものがある。そして長い真言が続くがその最後は般若心経の真言（マントラ）で結ばれている。

【訳者・訳年代】宋の施護＊。

【参考文献】三枝充悳『般若経の真理』春秋社、一九七一年。

（山口　務）

0250 **摩訶般若波羅蜜大明呪経**（まかはんにゃはらみつだいみょうじゅきょう）
【内容】一巻。心経の諸漢訳の中で最古訳であり、序文と結末とを欠いた小本の系統に属する。
【関連典籍】0251〜0257
【訳者・訳年代】姚秦の鳩摩羅什＊。
【参考文献】福井文雅『般若心経の歴史的研究』春秋社、一九八七年。訳一・釈経論部五下。
（山口　務）

0251 **般若波羅蜜多心経**（はんにゃはらみたしんぎょう）

般若心経、心経ともいう。

【成立】般若心経のサンスクリット本には小本と大本の二種があり、小本に序文と結末の文をつけたものが大本であるが、本経は小本系の漢訳である。小本系のサンスクリット写本はインドにも他のアジアの国々にも残っていないのに日本の法隆寺に保存されている。その法隆寺写本は大体八世紀の成立であると想定されているけれども、本経はその訳出年代から見て西紀五〇〇年代に成立したサンスクリット原典の翻訳と考えられる。

【内容】一巻。小本系の漢訳であるから序文がなく、直ちに観自在菩薩から始まる二百六十二文字で書かれている。「色即是空、空即是色」で有名な心経の「心」のサンスクリット語＝フリダヤはエッセンスを意味し、厖大な大般若経のエッセンスを取り出しコンパクトにまとめたものであるから心経が最も広く知られることになった。ものにとらわれてはいけないと説くのが般若経であるので、この心経も無執着を説く。

【関連典籍】0250の項に同じ。

【後世への影響】本経の最後は掲帝掲帝……という密教の真言（マントラ）で終わっている。これは呪術的効果を増すためと言われているが、現在でも本経は呪文のように受け取られる場合が多い。

【訳者・訳年代】唐の玄奘＊（AD649）。

【参考文献】0250の項に同じ。

（山口　務）

0252 **普遍智蔵般若波羅蜜多心経**（ふへんちぞうはんにゃはらみたしんぎょう）

【内容】一巻。序文と結末とを有する大本の系統に属する。

【関連典籍】0250の項に同じ。

【訳者・訳年代】唐の法月＊（AD738）。

【参考文献】0250の項に同じ。

（山口　務）

0253 **般若波羅蜜多心経**（はんにゃはらみたしんぎょう）

【内容】一巻。序文と結末とを有する大本の系統に属する。

【関連典籍】0250の項に同じ。

【訳者・訳年代】唐の般若＊・利言等（AD790）。

【参考文献】0250の項に同じ。

（山口　務）

0254 **般若波羅蜜多心経**（はんにゃはらみたしんぎょう）

【内容】一巻。序文と結末とを有する大本の系統に属する。

【関連典籍】0250の項に同じ。

【訳者・訳年代】唐の知慧輪＊。

【参考文献】0250の項に同じ。

（山口　務）

0255 **般若波羅蜜多心経**（はんにゃはらみたしんぎょう）

【内容】一巻。序文と結末とを有する大本の系統に属する。

【関連典籍】0250の項に同じ。

【訳者・訳年代】唐の法成＊。

【参考文献】0250の項に同じ。

（山口　務）

0256 **唐梵翻対字音般若波羅蜜多心経**（とうぼんほんたいじおんはんにゃはらみたしんぎょう）

【内容】一巻。燉煌から出土したもので、サンスクリット文を音写した心経。内容は序文と結末とを欠いた小本の系統に属する。

【関連典籍】0250の項に同じ。

【訳者・訳年代】不明。

【参考文献】0250の項に同じ。

（山口　務）

0257 **仏説聖仏母般若波羅蜜多経**（ぶっせつしょうぶつもはんにゃはらみたきょう）

【内容】一巻。序文と結末とを有する大本の系統に属する。

【関連典籍】0250の項に同じ。

【訳者・訳年代】宋の施護＊。

【参考文献】0250の項に同じ。

（山口　務）

0258 **仏説聖仏母小字般若波羅蜜多経**（ぶっせつしょうぶつもしょうじはんにゃはらみたぎょう）

【内容】一巻。王舎城において観自在菩薩が仏に衆生を救済するために小字般若を説いてくださいとお願いすると、仏は小字般若として陀羅尼を説く。そしてこれは仏の母でありこれによって諸仏は覚りを得たのであるから、一切衆生もこの小字般若を聴いて受持・読誦・書写して覚りを得ることができると説く。

【訳者・訳年代】宋の天息災＊（AD982）。

（山口　務）

0259 **仏説観想仏母般若波羅蜜多菩薩経**（ぶっせつかんそうぶつもはんにゃはらみたぼさつぎょう）

【内容】一巻。仏母般若波羅蜜多菩薩などを観想することによって正覚を得ることができると説いている。まず、真言を七返唱え三面・三眼・金色の身体を有する仏母般若波羅蜜多菩薩を観想した後、別の真言を唱える。その後今後は仏母般若波羅蜜多菩薩の周りにいる釈迦世尊などの諸尊と菩薩たちを観想し、かれらを天上の妙花などによって供養することを観想する。そしてこのように観想する人は速やかに正覚を得ると説く。この内容から本経は密教部に入るべきといわれている。

【訳者・訳年代】宋の天息災＊。

（山口　務）

0260 **仏説開覚自性般若波羅蜜多経**（ぶっせつかいかくじしょうはんにゃはらみたきょう）

【内容】四巻。仏が王舎城で須菩提（スブーティ）に対して説いたものである。ものの本当の姿（諸法の自性）というものは永遠不変の実体がないもの（空）であるから獲得することができない（無所得の）ものであることを示し、それを悟らせるために説かれている。また、唯識の三性説も説かれている。

【訳者・訳年代】宋の維浄等。

（山口　務）

0261 **大乗理趣六波羅蜜多経**（だいじょうりしゅろくはらみたきょう）

【内容】十巻。王舎城の迦蘭多迦竹林精舎で仏が慈氏菩薩に対して人々がどのようにしたら覚りを得ることができるのかを順序立てて説いている。まず仏、仏の説いた法、仏僧の集団を敬うよう勧める。そして人々に覚りへの心を起こさせ、修行を続けさせるための方法を説き、その結果、覚りから退くことのない状態（不退転）に至ることを説く。最後に修行の内容として六ハラミツ（布施、浄戒、安忍、精進、静慮、般若ハラミツ）を詳説する。

【訳者・訳年代】唐の般若＊（AD788）。

（山口　務）

第9巻　法華部 全　華厳部 上

0262 **妙法蓮華経**（みょうほうれんげきょう）

法華経、妙法華経ともいう。

【成立】竜樹（ナーガールジュナ）の大智度論1509に引用されることから、西暦紀元前後の成立と推定される。その成立は中心となる章がまずでき、ここから増広して現在のようになったとみられる。

【内容】八巻。二十八章からなる。〈第一章〉（序章）釈迦仏が三昧に入りさまざまな奇瑞を現すのに対して、文殊菩薩が「妙法蓮華経」を説かれるのに違いないと語る。〈第二章〉本経の中心となる章。仏は三昧より起ち、仏が仮りに三つに分けて説いた三乗の教えは、本来ただ一つ（一乗）であることを述べ、仏が世に現れるのは、衆生を救うというただ一つの仕事（一大事因縁）のためであることを説く。〈第三章〉前章の説法が譬喩を用いて説き明かされてゆく。ここでは「火宅の譬え」が述べられる。また舎利弗に対して、未来に如来となることを予言（授記）する。〈第四章〉「長者窮子の譬え」が説かれる。

〈第五章〉「三草二木の譬え」が説かれる。〈第六章〉仏の説法を理解した摩訶迦葉、須菩提、迦旃延などに授記する。〈第七章〉「化城の譬え」が述べられる。〈第八章〉富楼那など五百人の弟子に対し授記する。〈第九章〉阿難、羅睺羅などに授記をし、「貧人宝珠の譬え」が説かれる。〈第十章〉本経を保ち弘める「五種の法師」の修行や、本経に対する十種の供養の功徳が説かれる。〈第十一章〉七宝の大宝塔が大地より出で空中に止まり、その中より多宝仏が現れ、釈迦仏の説法がすべて真実であることを証明する。仏はその塔中に入り、多宝仏と並んで坐り説法を始める。〈第十二章〉悪人、竜女などの成仏を説く。〈第十三章〉薬王菩薩などの大菩薩が本経を弘めると誓う。なお本章には有名な「二十行の偈」があり、いかなる迫害が及んでもこれを忍んで本経を弘める、という大誓願が記されている。〈第十四章〉仏滅後の悪世にあって本経を弘める要点を、身・口・意・誓願の「四安楽行」によって説き示す。〈第十五章〉この娑婆世界に本経を弘める本化の大菩薩が現れる。さらに仏は久遠の昔よりこれらの大菩薩を教え導いていたことが説かれる。〈第十六章〉本経の眼目となる章。仏は実ははるか昔に悟りを開かれていたことが「五百塵点の譬え」によって説かれ、さらに諸法の実相を知見する「仏知見」の深遠高大なることを説き、仏の身体が常住であり、常に霊鷲山にいることを明らかにする。〈第十七章〉仏の寿命が長遠であることを聞いた功徳が説かれる。特に「五品の功徳」が示される。〈第十八章〉「五品の功徳」のうちの「初随喜品の功徳」を詳しく説く。〈第十九章〉本経を受持するなどの「五種の法師」の功徳が示される。〈第二十章〉常不軽菩薩の行いを譬えとして、本経の功徳が明かされる。〈第二十一章〉仏は上行菩薩などの大菩薩に滅後に本経を弘めることを命ずる。〈第二十二章〉前章に加えて、諸菩薩に対して本経を弘めることを命ずる。〈第二十三章〉薬王菩薩のかつての行いを譬えとして挙げ、本経受持の功徳を説く。〈第二十四章〉妙音菩薩が来て、釈迦仏、多宝仏塔を礼拝・尊敬することを示す。〈第二十五章〉観世音菩薩が来て、同じく供養・尊敬することを示し、観世音菩薩の神力・慈悲の広大なることを明かす。〈第二十六章〉薬王菩薩が本経を受持する者を守護することを明かす。〈第二十七章〉浄蔵・浄眼の二王子のかつての因縁譚を語り、この二王子が今の薬王・薬上の二菩薩であることを明かす。〈第二十八章〉普賢菩薩が本経を聞くために来て、悪世に本経を受持する者を守護することを誓う。

現存する漢訳には、この羅什訳と、西晋の竺法護訳の正法華経0263、隋の闍那崛多と達磨笈多が共訳した添品妙法蓮華経0264の三本がある。

【関連典籍】正法華経0263、添品妙法蓮華経0264、無量義経0276、観普賢菩薩行法経0277。

【後世への影響】中国においては、本経によって天台宗が成立した。日本仏教では、聖徳太子が法華義疏2187を著し、最澄が本経にもとづいた天台宗を弘めて以来、『法華経』は日本仏教の根幹を形成し、とくに日蓮によって日蓮宗が開かれて、『法華経』は諸経の王として信仰されるに至った。

【訳者・訳年代】姚秦の鳩摩羅什＊（AD406）。

【参考文献】訳一・法華部。現代語訳には岩波文庫『法華経』上・中・下、大乗仏典4・5『法華経』I・II（中央公論社）などがある。

（鎌田茂雄）

0263 **正法華経**（しょうほっけきょう）

【内容】十巻二十七章よりなる。現存する法華経の三種の翻訳のうち最も古いもの。鳩摩羅什訳の妙法蓮華経0262と異なる点は、章立てについては、嘱累品が最後になっており、七宝塔品（見宝塔品）の後半に提婆達多品が入り、二十七章となっている点であり、内容からいうと、普門品の偈頌がなく、薬草品

（薬草譬品）の末に迦葉との問答と、「日月生育の譬え」が記され、授五百弟子決品（五百弟子授記品）の最初に、「入海採宝の譬え」があり、薬王如来品（法師品）に宝益王、千子と善蓋太子との法供養の記述があり、総持品と楽普賢品の陀羅尼が漢訳されていることなどである。0262の項参照。

【関連典籍】0262・0264・0276・0277

【訳者・訳年代】西晋の竺法護＊（AD286）。

（鎌田茂雄）

0264 **添品妙法蓮華経**（てんぽんみょうほうれんげきょう）

妙法蓮華経添品、添品法華経ともいう。

【内容】七巻二十七章よりなる。鳩摩羅什訳の妙法蓮華経0262に翻訳を追加したもの。0262と異なるのは、章立てでは正法華経0263と同じく、見塔品中に提婆達多品が含まれており、嘱累品が最後に置かれている点であり、内容では薬草喩品が二倍に増広され、普門品に偈頌が増加され、陀羅尼品、勧発品の陀羅尼が改訳されていることであるが、これらの他は全く0262と同一である。

【関連典籍】0262・0263・0276・0277

【後世への影響】本経で用いられたのは、普門品で増加された偈頌のみであり、この偈頌は逆に妙法蓮華経に加えられて使われるようになったほどである。

【訳者・訳年代】隋の闍那崛多＊と達磨笈多＊（AD601）。

（鎌田茂雄）

0265 **薩曇分陀利経**（さつどんふんだりきょう）

【内容】一巻。妙法蓮華経0262の見宝塔品の一部と提婆達多品に相当する部分のみが別して翻訳されたもの。仏が薩曇分陀利を説くと、七宝でできた塔が大地より出でた。その中の講堂の床に抱休羅蘭（大宝）があって釈迦仏を讃え、床に坐わることを勧める、ということに始まり、釈迦仏の前生の話、提婆達多の授記、竜女の成仏の話などが説かれてゆく。薩曇分陀利とはサンスクリット語のSaddharmapuṇḍarīka の音写語であり、意味は0262・0263の経名と同じである。

【関連典籍】0262～0264

【訳者・訳年代】訳者不明（西晋代）。

（鎌田茂雄）

0266 **仏説阿惟越致遮経**（ぶっせつあゆいおっちしゃきょう）

阿惟越致経ともいう。

【内容】三巻十八章よりなる。不退転法輪経0267、広博厳浄不退転輪経0268と同本異訳であり、不退転の法を説くものである。第一章は序章であり、第二章以下第十七章までは声聞・縁覚・菩薩の修行の方法が説かれているが、これらは仮の手段であり、全ては一仏乗に帰するということが説かれる。また第十五章には、女人が本経を受持することの功徳が、第十八章では本経の付嘱が説かれている。

【関連典籍】0267・0268

【訳者・訳年代】西晋の竺法護＊（AD284）。

（鎌田茂雄）

0267 **不退転法輪経**（ふたいてんぽうりんきょう）

不退転輪経、不退転経ともいう。

【内容】四巻九章からなる。〈第二章〉で信行・法行、信施・法施が説かれ、〈第三章〉では声聞の四果、〈第五章〉では縁覚の十二縁起など小乗の行法を説くが、続いてこれらが大乗の菩薩行の中に包摂されるものであることが説かれてゆく。また〈第七章〉では授記が記され、〈第八章〉では本経を受持読誦することの功徳が説かれる。異訳には竺法護訳の阿惟越致遮経0266、智厳訳の広博厳浄不退転輪経0268がある。

【関連典籍】0266・0268

【訳者・訳年代】不明。

【参考文献】訳一・法華部。

（鎌田茂雄）

0268 **仏説広博厳浄不退転輪経**（ぶっせつこうばくごんじょうふたいてんりんぎょう）

広博厳浄経、不退転経ともいう。

【内容】六巻。世尊が阿難の問いに答えて信行、法行が菩薩行であること、八輩・四果の行相の法門、四衆が法性法門に悟入することなどが説かれる。

【関連典籍】0266・0267は異訳。

【訳者・訳年代】劉宋の智厳（AD427）。

（鎌田茂雄）

0269 **仏説法華三昧経**（ぶっせつほっけさんまいきょう）
【内容】一巻。法華三昧を得る方法として般若空観の立場から四事・三十六事を説き、女人が男子に化して菩薩になることを説き、大衆に授記をなすなど、法華の教理を般若空観によって説明し、空観に徹した境地を法華三昧としている。
【訳者・訳年代】劉宋の智厳（AD427）。
（鎌田茂雄）

0270 **大法鼓経**（だいほっこきょう）

法鼓経ともいう。

【内容】二巻。仏が説法していることを知り、波斯匿王は鼓を打ち、貝を吹いて説法の場所に往く。これに因んで仏は大法鼓経を説き始める。説法の内容は、まず如来の常住不滅、涅槃せずして涅槃を示すなど涅槃経の法身常住に類する説が示され、次いで一乗真実を明かすために三乗を開示するという法華経の開三顕一に等しい説法が示されている。このように涅槃経・法華経に関連の深い経典である。

【訳者・訳年代】劉宋の求那跋陀羅＊。

【参考文献】訳一・法華部。

（鎌田茂雄）

0271 **仏説菩薩行方便境界神通変化経**（ぶっせつぼさつぎょうほうべんきょうがいじんずうへんげきょう）
菩薩神通変化経、菩薩行方便神通変化経、菩薩行方便経ともいう。
【内容】三巻。菩提流支の訳した大薩遮尼乾子所説経0272の異訳であるが、流支訳は本経の三倍の長さになっている。まず仏が三乗無差別を説き、次に薩遮尼乾子が戒律・仏身などを述べ、続いて薩遮尼乾子と舎利弗・目連などとの問答が述べられる。
【関連典籍】0272
【訳者・訳年代】劉宋の求那跋陀羅＊。
（鎌田茂雄）

0272 **大薩遮尼乾子所説経**（だいさっしゃにけんじしょせつきょう）
【内容】十巻。十二章からなる。求那跋陀羅の仏説菩薩行方便境界神通変化経0271の異訳であるが、本経は三倍の量をもっている。文殊菩薩の要請に応じて仏が発菩提心の十二種勝法、十二種布施行などを説き、三乗を開会して一乗の義を顕す。次いで大薩遮尼乾子が十善業道などを説き、仏は尼乾子に授記をする。
【関連典籍】0271
【訳者・訳年代】北魏の菩提流支＊。
（鎌田茂雄）

0273 **金剛三昧経**（こんごうさんまいきょう）

【内容】一巻八章からなる。各章ごとに仏と一菩薩、或いは一長者との問答で成り立っている。〈序章〉仏が耆闍崛山で大乗経を説き終わり金剛三昧に入る。〈第二章〉解脱菩薩の請いにより、一切諸法が本より空寂であることが説かれる。〈第三章〉心王菩薩との問答で、一切の心行・法行が無生空寂であることが説かれる。〈第四章〉無住菩薩との問答で、衆生が本覚を得ることを説く。〈第五章〉大力菩薩との問答で、凡聖の本来不二が説かれる。〈第六章〉舎利弗との問答で、三十七菩提分法が一義であると説かれる。〈第七章〉梵行長者との問答で、一仏道に住して如来蔵に入ることが説かれる。〈第八章〉地蔵菩薩との問答で、如実の法が無色無住であり、寂滅を観ずるものは浄土に生まれることなどが説かれる。このように内容は豊富であるが、空思想により大乗の主要な教義を網羅したものといえる。なお本経には達磨の二入四行論の影響が見られるので、七世紀前半に中国か新羅で偽作されたともいわれる。

【訳者・訳年代】訳者不明（北涼代）。

【参考文献】水野弘元「菩提達磨の二入四行論と金剛三昧経」（印仏研三・二）。

（鎌田茂雄）

0274 **仏説済諸方等学経**（ぶっせつさいしょほうどうがっきょう）

済諸方等経ともいう。

【成立】AD266~313年。または317年。

【内容】一巻。入涅槃に近い仏が王舎城霊鷲山にて説法したもの。前半は弥勒仏に対して仏の所説はみな真説であるゆえ、信じるべきであることを説き、種々の誹謗による罪を示し、仏が成道したのは六度を修したためであると説く。後半では文殊菩薩を主人公にして一切の行が般若道であることを明らかにする。最後に本経の読誦等による功徳を説いて終わる。毘尼多流支訳の大乗方広総持経0275は本経の異訳である。

【関連典籍】0275

【訳者・訳年代】西晋の竺法護＊。

【参考文献】訳一・法華部。

（鎌田茂雄）

0275 **大乗方広総持経**（だいじょうほうこうそうじきょう）

大乗方等総持経、大方広総持経、総持経ともいう。

【内容】一巻。仏入滅前の王舎城、耆闍崛山での説法。大乗方広総持法門を弥勒菩薩のために説いたもの。本経を受持・読誦・解説する者は悪道に墜ちることがないこと、仏の説く法はみな真実であり、これを謗る者は地獄に堕ちること、菩薩は声聞・辟支仏のために説いた経典であっても学ぶ必要があることなどが説かれる。異訳に竺法護訳の仏説済諸法等学経0274がある。

【関連典籍】0274

【訳者・訳年代】隋の毘尼多流支＊（AD582）。

（鎌田茂雄）

0276 **無量義経**（むりょうぎきょう）

【内容】一巻三章からなる。説法の時は成道後四十余年を経過した時点とされ、法華経が説かれる直前に設定されている。〈第一章〉仏の徳を大衆が讃歎する。〈第二章〉一切諸仏は性相空寂であり、その実相は空・無相であり、衆生はこのことを知らず、差別の見解に墜ちているので、輪廻して苦を受ける。それゆえ仏は無量義の法を説くのであるという。また無量の法は無相の一法に帰するという義を悟れば、無上菩提を成ずると説くが、これは法華経の三乗開会、同帰一乗の教えへと導くものである。また本章には「種々に法を説くに方便力を以てす。四十余年には未だ真実を顕さず」とあり、本経以前の説法が全て方便であって、本経以後を真実の説であるとしている。〈第三章〉本経には十種の不思議な功徳力があり、速やかに無上菩提を完成させることを説き、大荘厳菩薩など八万の大菩薩に本経を付嘱し、大菩薩たちは仏滅後の弘経を誓って終わる。天台大師智顗は本経を法華の開経とし、中間に法華経をはさみ、観普賢菩薩行法経0277を結経として、法華三大部と称した。

【訳者・訳年代】南斉の曇摩伽陀耶舎＊（AD481）。

【参考文献】訳一・法華部。

（鎌田茂雄）

0277 **仏説観普賢菩薩行法経**（ぶっせつかんふげんぼさつぎょうほうきょう）

普賢観経、観普賢経、出塵功徳経ともいう。

【内容】一巻。仏の入滅三ヶ月前の毘企離国大林精舎での説法。阿難・摩訶迦葉・弥勒の質問から始まり、仏はそれに答えて普賢菩薩と六根懺悔法を説き、この懺悔法を行う者は必ず仏になることを説いて終わる。天台大師智顗が本経を法華経の結経としたのは、法華経の終章である普賢菩薩勧発品を承けた内容であるからである。なお異訳には東晋の祇多蜜多訳の普賢観経、姚秦の鳩摩羅什訳の観普賢菩薩経があったというが伝わらない。

【訳者・訳年代】劉宋の曇無蜜多＊。

【参考文献】訳一・法華部。

（鎌田茂雄）

0278 **大方広仏華厳経**（だいほうこうぶつけごんぎょう）

華厳経、六十華厳、旧訳華厳経、晋経とも

いう。

【成立】各章が独立した経典であったものが、紀元後四世紀頃に華厳経としてまとまったと見られる。最も古い章は十地品であり、その成立は紀元後一世紀から二世紀ごろと見られる。

【内容】六十巻三十四章からなる。七つの場所と八つの会座（七処八会）で説法される。仏が悟りを開いて二七日（十四日）に、悟りの内容をそのまま説いたものとされている。〈第一会〉菩提樹下の寂滅道場会。仏が菩提樹の下で悟りを開き、毘盧舎那仏と一体となっている。この会で世間浄眼品と盧舎那品が説かれる。〈第二会〉普光法堂会。名号品以下六章が説かれ、文殊菩薩が四諦を説くこと等が記される。〈第三会〉ここからは説法の場が天上に移る。この会は忉利天会であり十住の法が説かれ、昇須弥頂品以下六品がここに含まれる。〈第四会〉夜摩天宮会。十行の法が説かれる。夜摩天宮品以下四品が含まれる。〈第五会〉兜率天宮会。十廻向が説かれ、如来昇兜率天宮品以下三品が含まれる。〈第六会〉他化自在天宮会。十地の法などが説かれ、十地品以下十一品が含まれる。〈第七会〉再び善光法堂会に戻り、離世間品が説かれる。〈第八会〉逝多林会。入法界品が説かれる。善財という少年が教えを求めて五十三人の人々に出会う、求道の物語となっている。本経の異訳に実叉難陀訳の八十巻本の大方広仏華厳経0279がある。なお国訳が訳大・華厳部にある。

【関連典籍】0279、大方広仏華厳経0293など。

【後世への影響】本経によって唐の法蔵は華厳教学を大成させた。法蔵を第三祖と見る華厳宗は本朝の奈良東大寺に伝わった。有名な奈良の大仏は聖武天皇の発願によって建立されたものであるが、これは華厳の教主、毘盧舎那仏である。また現在では華厳宗の教理に見られる一即多・多即一が、科学者グループによるニューエイジ運動の理論に一致するとされ、注目されている。

【訳者・訳年代】東晋の仏陀跋陀羅＊（AD418〜420）。

（鎌田茂雄）

第10巻　華厳部　下

0279 大方広仏華厳経（だいほうこうぶつけごんぎょう）

華厳経、八十華厳、新訳華厳経、唐経ともいう。

【成立】各章が独立した経典として行われていたものが、紀元四世紀ごろにまとめられたものと見られる。最も古い章は十地品であり、紀元一世紀から二世紀頃の成立と見られる。

【内容】八十巻三十九章からなる。旧訳の六十巻本では全体が七処八会三十四品（七つの場所と八つの会座で三十四章）からなっていたが、この新訳では、七処九会三十九品となっている。〈第一会〉菩提場会。第一章から第六章までが含まれ、仏が菩提樹下で初めて正覚を成じ、口・眉間から光明を放って国土や仏・菩薩を照らし出す。普賢菩薩が三昧に入り説法の用意ができたことを述べ、諸仏の刹土の由来、教主毘盧遮那仏の華蔵世界を説き、その毘盧遮那仏の過去の行を説く。〈第二会〉普光法堂会。第七章から第十二章までで、菩薩の行位である十信を説く会座である。まず十方世界の仏の名号を挙げ、四諦を例にとって仏の語業の不可思議なることを示し、足下より光明を放って差別の事と文殊の平等の理を照らし出し、両者合して理事円融なることを明かし、信の中の解・行・徳を説き示す。〈第三会〉忉利天宮会。第十三章から第十八章までで、十住の行位が説かれる。初めに仏は菩提樹下を離れずに須弥山頂の帝釈天に昇る。帝釈天は頌によって仏を讃え、十方の諸仏が来てその徳を讃える。次に法慧菩薩が無量方便三昧に入り、定より出て十住の法門を説く。すなわち初発心の時に正覚を成ずること、発心の功徳、十種の清浄行を説く。〈第四会〉夜摩天宮会。第十九章から第二十二章までで、十行の法が説かれる。まず仏は菩提樹下を離れず、また須弥山頂を離れずして夜摩天宮に昇る。夜摩天は仏を迎えて讃え、また十方の諸菩薩が集まって来て偈によって仏を讃える。次に功徳林菩薩が入定して十行の法を説き、十無尽の行相を明かす。〈第五会〉兜率天宮会。第二十三章から第二十五章までで、十廻向が説かれる。仏は兜率天に昇り讃えられ、金剛幢菩薩が智光三昧より出て、十種の廻向を説く。〈第六会〉他化自在天宮会。第二十六章のみで、菩薩の十地の行が十波羅蜜に配して説かれる。〈第七会〉普光法堂会。第二十七章から第三十七章までが当たり、その内の三十五章までは等覚の位が明かされる。まず十種の大三昧が説かれ、十種の神通とその拠り所となる智の体を明かし、数量の不可思議なることを説いて等覚の無量の功徳を示し、如来の寿命が長短自在であることを明かし、仏のはたらきには限りがないことを明かす。次いで果徳の体と用を説き、仏の九十七種の大人の相を述べ、一々の相好に光明を具え、その功徳が無量であることが明かされる。さらに三十六と三十七の二章では妙覚の位が説かれる。まず普賢の行を百門に開きその意味を述べ、仏性が現れること（性起出現）を述べて如来の性起円融の大いなるはたらきを明かす。〈第八会〉三重普光法堂会。第三十八章のみであり、普慧菩薩の問いに普賢菩薩が答え、二千の行法が明かされる。〈第九会〉逝多園林会。第三十九章のみであるが全体の約四分の一を占める長い章である。菩薩の修行の階梯を善財童子が修めてゆく物語になっており、文殊菩薩に始まり、普賢菩薩まで五十三人の指導を受け法界に証入してゆく様が描かれている。

【関連典籍】大方広仏華厳経0278、大方広仏華厳経0293など。

【後世への影響】華厳宗の第四祖とされる清涼大師澄観は本経の注釈書である華厳経疏と、その注釈である華厳経疏演義鈔を著した。0278の項参照。

【訳者・訳年代】唐の実叉難陀＊（AD695～699）。

【参考文献】訳一・華厳部。

（鎌田茂雄）

0280 **仏説兜沙経**（ぶっせつとしゃきょう）

兜沙経ともいう。

【内容】一巻。華厳経は独立するいくつかの経典が、紀元後四世紀頃にまとめられたものであると見られているが、本経はその如来名号品の一部と、光明覚品の一部に相当する独立経典である。それは華厳経の中の一章となる以前の形態を保持していると見られる。

【関連典籍】0278（3・5）、0279（7・9）

【訳者・訳年代】後漢の支婁迦讖＊。

（鎌田茂雄）

0281 **仏説菩薩本業経**（ぶっせつぼさつほんごうきょう）

菩薩本業経、本業経ともいう。

【内容】一巻二章からなる。華厳経の浄行品に当たる部分が中心になって成立している。華厳経での浄行品は本経では願行品となっており、在家菩薩の修行法、訓戒が述べられている。次の章は十地品と名付けられるが、これは華厳経の十住品に当たるものであり、その十住とは発意・治地・応行・生貴修成・行登・不退・童真・了生・補処となっている。本経が翻訳された時代が古いゆえに十地思想の成立に対して与えた影響は重要なものであるといえよう。

【関連典籍】0278(7・11)、0279(1・15)、0282〜0284

【訳者・訳年代】呉の支謙＊。

【参考文献】訳一・華厳部四。

（鎌田茂雄）

0282 諸菩薩求仏本業経（しょぼさつぐぶつほんごうきょう）

菩薩求仏本業経、求仏本業経ともいう。

【内容】一巻。支謙訳の菩薩本業経0281の第二章、願行品の全部と、第三章十地品の初めに当たる部分の別訳。支謙訳は菩薩の願行を述べた部分が偈（詩）であるのに対して、長行（散文）になっており、また十方より来集する諸菩薩を十挙げたところで終わっており、竺法護訳の菩薩十住行道品0238に接続するもののように思われる。

【関連典籍】0278(7)・0279(11)・0281・0283・0284

【訳者】西晋の聶道真＊。

（鎌田茂雄）

0283 菩薩十住行道品（ぼさつじゅうじゅうぎょうどうほん）

華厳経十住品、華厳十住経、十住行道品経ともいう。

【内容】一巻。祇多蜜訳の菩薩十住経0284の異訳。また支謙訳の菩薩本業経0281の第三章、十地品の別本に当たるので、六十巻と八十巻の両華厳経の十住品にも相当するものである。説者は曇昧摩提菩薩。菩薩の十法住の名称は、波藍耆兜波・阿闍浮・渝阿闍・闍摩期・波渝三般・阿耆三般・阿惟越致・鳩摩羅浮童男・渝羅闍・阿惟顔となっている。

【関連典籍】0278(11)・0279(15)・0281(2)・0284

【訳者・訳年代】西晋の竺法護＊(AD302)。

（鎌田茂雄）

0284 仏説菩薩十住経（ぶっせつぼさつじゅうじゅうきょう）

華厳十住品、十住経ともいう。

【内容】一巻。竺法護訳の菩薩十住行道品0283の異訳。菩薩の修行階梯である十法住が説かれる。その名称は、第一住波藍質兜波菩薩法住、第二住阿闍浮菩薩法住、第三住喩阿闍菩薩法住、第四住闍摩期菩薩法住、第五住波渝三般菩薩法住、第六住阿耆三般菩薩法住、第七住阿惟越致菩薩法住、第八住鳩摩羅浮童男菩薩法住、第九住渝羅闍菩薩法住、第十住阿惟顔菩薩法住となっており、竺法護訳とほとんど等しいものである。

【関連典籍】0278(11)・0279(15)・0281(2)・0283

【訳者・訳年代】東晋の祇多蜜。

（鎌田茂雄）

0285 漸備一切智徳経（ぜんびいっさいちとくきょう）

大慧光三昧経、大智慧光三昧経、漸備経などともいう。

【内容】五巻十章からなる。鳩摩羅什と仏陀耶舎共訳の十住経0286四巻、菩提流支・勒那摩提・仏陀扇多共訳の十地経論の中の経文部分、仏陀跋陀羅訳と実叉難陀訳の華厳経の中の十地品、尸羅達磨訳の仏説十地経九巻などの異訳。説法の座は他化自在天天宮の如意宝珠妙宝殿で、成道後二七日の説法。諸仏国から諸菩薩が集まり、その中の金剛蔵菩薩が仏の神力を承けて大知慧光三昧に入り、菩薩の十道地を説く。その十道地とは、初菩薩住は悦予、第二菩薩住は離垢、第三菩薩住は興光、第四菩薩住は暉曜、第五菩薩住は難勝、第六菩薩住は目見、第七菩薩住は玄妙、第八菩薩住は不動、第九菩薩住は善哉意、第十菩薩住は法雨である。

【関連典籍】0278(22)・0279(26在)・0286・0287

【訳者】西晋の竺法護＊。

（鎌田茂雄）

0286 十住経（じゅうじゅうきょう）

【内容】四巻。説法の座は他化自在天の摩尼宝殿。諸仏が来集し、その中の金剛蔵菩薩が仏の神力を承けて菩薩大智慧光明三昧に入り、解脱月菩薩を相手として菩薩の修行階梯である十地を説く。初歓喜地は菩提心を発し心に大歓喜を得る境地とし、布施波羅蜜を主とすることを説き、第二離垢地は十善道を修め、自利利他を満足し、戒波羅蜜を主とすることを説き、第三明地は執着を離れた真実相を観察し、十種の深心を起こし、忍波羅蜜を主とすることを説き、第四焔地は一切諸法の実体を明らかにする境地であり、三十七道品を行じ、精進波羅蜜を主とすることを説き、第五難勝地は一切諸法の本質を究め平等観に徹する境地であり、四諦観によって如実相を究め、禅波羅蜜を主とすることを説き、第六現前地は、一切の束縛を脱した境地であり、十二因縁を順逆に観察して三解脱門を現し、般若波羅蜜を主とすることを説き、第七遠行地は一切の行いが慈悲行となる境地であり、一切の仏行を摂め、方便波羅蜜を主とすることを説き、第八不動地は一切の行為が無心に行われ、一行即一切行、一切行即一行となり、願波羅蜜を主とすることを説き、第九妙善地は完全な智慧の境地であり、四無礙智を得て、力波羅蜜を主とすることを説き、第十法雲地は一切の迷妄を脱した法界の風光などを明かし、智波羅蜜を主とすることを説いている。本経の異訳には、（1）漸備一切智徳経0285五巻（竺法護訳）。（2）十住経十二巻（聶道真訳、欠）。（3）六十巻華厳経0278の中の十地品五巻（仏陀跋陀羅訳）。（4）十地経論の中の経文部分（菩提流支と勒那摩提の共訳）。（5）八十巻華厳経0279の中の十地品六巻（実叉難陀訳）。（6）仏説十地経0287九巻（尸羅達磨訳）がある。本経は独立の経典として成立したものであるが、それが華厳経中に取り入れられたと見られている。なお共訳となっているがむしろ仏陀耶舎が中心となって訳したと思われる。

【関連典籍】0278（22）・0279（26）・0285・0287

【訳者・訳年代】姚秦の鳩摩羅什＊と仏陀耶舎＊（AD408）。

（鎌田茂雄）

0287 **仏説十地経**（ぶっせつじゅうじきょう）

十地経ともいう。

【内容】九巻。漸備一切智徳経0285、十住経0286などの異訳。説法の座は他化自在天の自在天王宮、摩尼宝蔵殿で、成道後二七日の説法。菩薩の修行階位である十地を説く。その十地は、一には極喜地、二には離垢地、三には発光地、四には焔慧地、五には難勝地、六には現前地、七には遠行地、八には不動地、九には善慧地、十には法雲地である。

【関連典籍】0278（22）・0279（26）・0285・0286

【訳者・訳年代】唐の尸羅達磨＊。

（鎌田茂雄）

0288 **等目菩薩所問三昧経**（とうもくぼさつしょもんさんまいきょう）

仏説等目菩薩所問三昧経、等目菩薩所問経、等目菩薩経、普賢菩薩定意経ともいう。

【内容】三巻十三章からなる。華厳経の十定品に当たるものである。大感動品第一、等目菩薩所説行定品第二、等目菩薩神変品第三、等目菩薩幻事品第四、等目菩薩経菩薩楽定品第五、等目菩薩大権慧定品第六、等目菩薩無量如品第七、権慧清浄品第八、等目菩薩興顕品第九、等目菩薩経外身現化品第十、分別身行大慧空品第十一、等目菩薩大権慧品第十二、等目菩薩悦楽竜王品第十三よりなる。

【関連典籍】0279（27）

【訳者・訳年代】西晋の竺法護＊。

（鎌田茂雄）

0289 **顕無辺仏土功徳経**（けんむへんぶつどくどくきょう）

顕無辺仏土経ともいう。

【内容】一巻。仏陀跋陀羅訳の六十華厳経0278の寿命品、実叉難陀訳の八十華厳経0279の寿量品、法賢訳の較量一切仏刹功徳経0290の異訳である。各経の内容はほぼ一致している。釈尊が摩掲提国の閑寂法林の師子座に坐し、不可思議光王菩薩を対告衆として説いたもの。諸仏国土における時間の勝劣が比較の形をもって説かれ、さらに説法の受持・読誦による功徳などが説かれる。

【関連典籍】0278（26）・0279（31）・0290

【訳者・訳年代】唐の玄奘＊（AD654）。

（鎌田茂雄）

0290 **仏説較量一切仏刹功徳経**（ぶっせつきょうりょういっさいぶっせつくどくきょう）

較量一切仏刹功徳経、較量仏刹功徳経ともいう。

【内容】一巻。六十巻華厳経0278の寿命品、八十巻華厳経0279の寿量品、顕無辺仏土功徳経0289の異訳である。説処は王舎城法野菩提道場であり、不思議光菩薩が衆に対して、諸仏国土における時間の勝劣を比較する形で説いてゆくことが中心になっている。

【関連典籍】0278（26）・0279（31）・0289

【訳者・訳年代】宋の法賢＊。

（鎌田茂雄）

0291 **仏説如来興顕経**（ぶっせつにょらいこうけんきょう）

如来興顕経、興顕如幻経、興顕経ともいう。

【内容】四巻。六十華厳経0278の如来性起品、八十華厳経0279の如来出現品に当たり、独立した一経として翻訳されたもの。華厳経で重要な性起説の根拠となる教えが説かれている。

【関連典籍】0278（32）・0279（37）

【訳者・訳年代】西晋の竺法護＊（AD291）。

（鎌田茂雄）

0292 **度世品経**（どせぼんぎょう）

度世経ともいう。

【内容】六巻。華厳経の離世間品に当たる独立経典である。両者を比べるとほぼ同じ内容であるが、本経の最後に記される普智菩薩と如来との問答は華厳経には記されていない。

【関連典籍】0278（33）・0279（38）

【訳者・訳年代】西晋の竺法護＊（AD291）。

（鎌田茂雄）

0293 **大方広仏華厳経**（だいほうこうぶつけごんぎょう）

華厳経、四十華厳、貞元経、入不思議解脱境界普賢行願品、普賢行願品ともいう。

【内容】四十巻。善財童子が五十五人の善知識を尋ね、教えを受けて行く求道の物語。本経は六十華厳経0278、八十華厳経0279の最後の入法界品に当たる部分の別訳である。前二経と大きく異なる点は、終わり近くで普賢の十種大願と普賢広大願王清浄偈が説かれ、この十大願を満足したならば阿弥陀仏に見え西方極楽世界に往生すると説かれ、浄土思想が述べられている点である。

【関連典籍】0278（34）・0279（39）・0294

【訳者・訳年代】唐の般若＊（AD795～798）。

（鎌田茂雄）

0294 **仏説羅摩伽経**（ぶっせつらまがきょう）

羅摩伽経、羅伽摩経ともいう。

【内容】三巻。善財童子が教えを求めて十二人の善知識をたずねてゆく求道の物語。華厳経の最後の章である入法界品の別訳に当たるものであるが、華厳経中のものに比べて内容は不完全なものである。

【関連典籍】0278（34）・0279（39）・0293

【訳者・訳年代】西秦の聖堅。

（鎌田茂雄）

0295 **大方広仏華厳経入法界品**（だいほうこうぶつけごんぎょうにゅうほっかいぼん）

大方広華厳経続入法界品、続入法界品、華厳経入法界品ともいう。

【内容】一巻。六十華厳経0278の入法界品巻五十七の後半の、摩耶夫人から弥勒菩薩の前までの経文が欠けていたのを補充するために新たに梵本から翻訳したもの。ここで善財童子がたずねる善知識は九人である。本経は八十華厳経0279では、七十六巻の後半から七十七巻の初めまでに当たる部分である。

【関連典籍】0278（34）・0279（39）・0293

【訳者・訳年代】唐の地婆訶羅＊（AD680）。

（鎌田茂雄）

0296 **文殊師利発願経**（もんじゅしりほつがんきょう）

文殊師利発願偈経ともいう。

【内容】一巻。普賢菩薩の行願を達成することを発願する百七十六偈の願文からなる。普賢菩薩行願讃が元になっており、普賢の行願による見仏・供養・悔過・随喜・勧請・廻向などが述べられ、華厳の系統に属するものであるが、最後の結願に「願わくば我、命終の時、面に阿弥陀仏を見て、安楽国に往生せん」とあり、阿弥陀仏信仰の影響を受けたものである。

【関連典籍】0293・0297

【訳者・訳年代】東晋の仏陀跋陀羅＊(AD420)。

（鎌田茂雄）

0297 **普賢菩薩行願讃**（ふげんぼさつぎょうがんさん）

普賢行願讃ともいう。

【内容】一巻。四十華厳経0293の第四十巻で普賢菩薩が説く部分に相当し、この部分を重要視し、読誦するために別行されたもの。普賢の文殊師利発願経0296も同内容であるが、こちらは五言四十四頌であり、本経は七言六十二頌からなっている。ただし本経ではその最後に速疾満普賢行願陀羅尼を記載し、これを読誦する功徳、利益を述べている。

【関連典籍】0293(40)・0296

【訳者・訳年代】唐の不空＊。

（鎌田茂雄）

0298 **大方広普賢所説経**（だいほうこうふげんしょせつきょう）

大方広普賢菩薩所説経、普賢所説経ともいう。

【内容】一巻。仏が如来神力所持処において普賢等の諸菩薩に対して、普賢界眼・尽虚空法界清浄恵眼・了一切境広大智眼に住することなどをすすめ、諸菩薩はそれに従って毘盧遮那仏を見、諸菩薩の属する諸仏・諸世界を見る。このような無尽の世界・道場・集会を見ることによって、三昧・陀羅尼・般若波羅蜜などを得るが、以上は全て普賢行であることが語られる。

【訳者・訳年代】唐の実叉難陀＊(AD700〜704)。

（鎌田茂雄）

0299 **大方広総持宝光明経**（だいほうこうそうじほうこうみょうぎょう）

総持宝光明経、宝光明経ともいう。

【内容】五巻。仏が法慧菩薩を菩薩無辺相応宝光三昧に入らせ、菩薩十住の法を説法させたもの。また、法滅五百歳の後のために、宝光明総持の陀羅尼を説き、護持の方法が詳く説かれる。

【訳者・訳年代】宋の法天＊。

（鎌田茂雄）

0300 **大方広仏華厳経不思議仏境界分**（だいほうこうぶつけごんぎょうふしぎぶつきょうがいぶん）

大方広仏華厳仏境界分、華厳経不思議仏境界分、不思議境界分ともいう。

【内容】六十巻華厳経0278と八十巻華厳経0279の中に該当する章は見られない。仏は如来不思議仏境界と名付けられる三昧に入り十方の仏刹、過去の修行を現す。次に徳蔵菩薩の問いに普賢菩薩がこの三昧の名義を説く。仏は光明を放って一多大小の相入、無尽の縁起を示し、諸菩薩は供養・聞法することによってこの不思議境界に証入することを説く。この三昧の因として福徳・施戒・智慧を説き、この教えの福徳利益を述べ、最後に普賢菩薩はこの教えを讃歎し、偈によって利益を述べて終わる。特に注意すべきことは、最後の三田供養の智慧を説く部分に唯心観に基づいた仏身観が述べられていることである。なお本経には二訳がある。一つには本経であるが、二つには実叉難陀訳の大方広如来不思議境界経0301である。双方ともに訳経図紀2151以後の諸経録に載っていることから経名、訳者について間違いはない。

【関連典籍】0301

【訳者・訳年代】唐の提雲般若＊（AD689〜692)。

（鎌田茂雄）

0301 **大方広如来不思議境界経**（だいほうこうにょらいふしぎきょうがいきょう）

如来不思議境界経、不思議境界経ともいう。

【内容】一巻。華厳経の普光法堂会の別訳。仏は摩竭陀国の菩提樹の下において如来不思議境界三昧に入り、その三十二相の一々の中に十方の世界とその仏を全て現し出す。徳蔵菩薩は普賢菩薩に、この三昧において、十方一切の世界でどのようにして自在に諸々の仏事を現し、衆生を解脱させるのかを問う。普賢菩薩はこれに対し、仏事の無障礙(むしょうげ)自在なる様を説き、さらにこの三昧を得る方法として六波羅蜜を詳細に説き、最後に衆生がこの法門を得て、受持・読誦・解説・書写したならば阿羅漢を得、また忍辱(にんにく)・精進・禅定を修したならば、無量の福徳を得ることを述べる。

【関連典籍】0300

【訳者・訳年代】唐の実叉難陀(じっしゃなんだ)＊。

（鎌田茂雄）

0302 **度諸仏境界智光厳経**（どしょぶつきょうがいちこうごんきょう）

大方広入如来智徳不思議経、智光厳経ともいう。

【内容】一巻。仏華厳入如来徳智不思議境界経0303、大方広入如来智徳不思議経0304と同本異訳である。仏は摩伽陀(まかだ)国の法林菩提の光明宮殿で、多くの比丘、菩薩たちと共に居られる。ここで文殊師利の問いに対し伏一切諸蓋菩薩が不可思議境界を説き、これを信解すれば解脱し種々の三昧を具足して陀羅尼を得られることを説き、最後にこの如来功徳智慧不思議境界を信じることに勝る福徳はないと説く。

【関連典籍】0303・0304

【訳者・訳年代】不明。

（鎌田茂雄）

0303 **仏華厳入如来徳智不思議境界経**（ぶつけごんにゅうにょらいとくちふしぎきょうがいきょう）

仏華厳入如来不思議境界、華厳仏境界経、入如来智徳経ともいう。

【内容】二巻。仏は摩伽陀(まかだ)国の普光法堂で、無量の比丘、菩薩等と共に居られた。曼殊尸利(まんじゅしり)の問いに対して遮塞諸蓋菩薩が如来の不思議の法を説き、これを信じるものはさまざまな三昧・陀羅尼を得ることができ、その功徳は無量であることが明かされる。大本の華厳経にそのままの形で相当する部分はないが、初めの、仏を礼懺(らいさん)する部分は離世間品の初めに、声聞(しょうもん)を列挙する部分は入法界品に、一多相入を説く部分は離世間品の初めで十種の入を説くところに、菩薩の名を挙げ八部衆を説くところは入法界品の初めに、それぞれ該当している。なお本経は経録によれば前後四訳があり、その内一つは現存しないため三訳がある。一、度諸仏境界智光厳経0302一巻（訳者不明）。二、入如来智不思議経（闍那耶舎(じゃなやしゃ)訳、欠）。三、本経。四、大方広入如来智徳不思議経0304（実叉難陀(じっしゃなんだ)訳）。本経は訳語などから考えるに隋代の翻訳とは考えにくい。

【関連典籍】0302・0304

【訳者・訳年代】隋の闍那崛多(じゃなくった)＊。

（鎌田茂雄）

0304 **大方広入如来智徳不思議経**（だいほうこうにゅうにょらいちとくふしぎきょう）

入如来智徳経、入如来智徳不可思議経ともいう。

【内容】一巻。仏は摩竭(まがだ)提国の寂滅道場普光明殿に無数の比丘・比丘尼・菩薩・八部衆と共に居られた。滅諸蓋菩薩は文殊師利の問いに答え智徳不思議境界を説き、これを信解(しんげ)したならば解脱し種々の三昧を得、陀羅尼を得ると説く。さらに五法の信解を説いて、聞仏名・観見仏像・持戒などより、この如来智徳不思議境界法門を信じる福徳に勝るものはないことを説く。

【関連典籍】0302・0303

【訳者・訳年代】唐の実叉難陀(じっしゃなんだ)＊。

（鎌田茂雄）

0305 **信力入印法門経**（しんりきにゅういんほうもんぎょう）

信力入印門経、入印法門経ともいう。

【内容】五巻。初めの三巻は文殊師利の問いに対し、世尊が初歓喜地を清浄にする六十三の五種法を説く。後の二巻では文殊師利に対して普賢菩薩が諸仏如来の無障礙智、教化力などについて答えている。本経で注意すべき点は、了義不了義の語、また堅固戒不欠戒など戒に関する単語が見られることに加え、第五巻では功徳を較量するに際して羊乗行、象乗行、日月乗行、声聞乗神通行、如来神通行の五種が語られていることである。

【訳者・訳年代】姚秦の曇摩流支。

（鎌田茂雄）

0306 **大方広仏花厳経修慈分**（だいほうこうぶつけごんぎょうしゅうじぶん）

華厳経修慈分、修慈分ともいう。

【内容】一巻。仏は王舎城の鷲峯山に弥勒菩薩等無量の大菩薩と共に居た。弥勒菩薩は仏徳を讃え、仏の菩提を速やかに証する方法を質問した。仏はこれに答えて、慈心を修習し、それによって自ら調伏すべきことを教え、その修習の中の念々に六波羅蜜が具わっており、これによって仏果に至ることを得る、という。この経は慈心を説き、修慈者の徳を讃歎し、そこに顕れる無尽の世界の様相を述べるものであり、華厳部に属する小経典である。

【訳者・訳年代】唐の提雲般若＊（AD692）。

（鎌田茂雄）

0307 **仏説荘厳菩提心経**（ぶっせつしょうごんぼだいしんぎょう）

菩提心経ともいう。

【内容】一巻。仏は王舎城の耆闍崛山に大比丘、菩薩と共に居り、思無量義菩薩の問いに答えて発菩提心、菩提心を説く。その進展してゆく過程として十波羅蜜・十地を説き、各々の地で修習する三摩地・地相・所得の陀羅尼を明かし、最後に十波羅蜜の一つ一つを十種に分けて説明する。

【関連典籍】0308

【訳者・訳年代】姚秦の鳩摩羅什＊。

【参考文献】訳一・華厳部四。

（鎌田茂雄）

0308 **仏説大方広菩薩十地経**（ぶっせつだいほうこうぼさつじゅうじきょう）

大方広菩薩地経、菩薩十地経ともいう。

【内容】仏は王舎城の耆闍崛山に多くの大比丘、菩薩と共に居た。仏は無尽智菩薩の問いに答えて、菩提や菩提心を説くが、その十心が生じるのはそれぞれ十波羅蜜によると説く。また十種の陀羅尼を説き、さきの十波羅蜜にそれぞれ十を分け、百の波羅蜜を説く。最後にこの経を聞き、読誦し、持することによる利益を説いて終わる。本経は十地経の先駆と見られるものである。また仏説荘厳菩提心経0307と内容が類似している。

【関連典籍】0307

【訳者・訳年代】北魏の吉迦夜＊（AD472）。

（鎌田茂雄）

0309 **最勝問菩薩十住除垢断結経**（さいしょうもんぼさつじゅうじゅうじょくだんけつきょう）

【内容】十巻。仏が最勝菩薩に対して十地の相を説いたもの。十地を説き終わった後さらに菩薩の所行について詳細に説明する。濡首菩薩と最勝菩薩が菩薩行の無相である中に相を有する訳を問い、仏はこれに対して大乗の妙義を説く。なお本経では十住と十地は同意義に用いられている。また本経は華厳部に収められるが華厳経とは説相が異なっており、実践面が強調されたものになっている。

【訳者・訳年代】姚秦の竺仏念＊。

（鎌田茂雄）

第11巻　宝積部　上

0310 **大宝積経**（だいほうしゃくきょう）

宝積経ともいう。

【成立】それぞれ独立した四十九の経典を集大成して一経としたもので、全体の編輯意図などについては各種の説があるが、いまだ明快な説明はなされていない。というのも、全体を通じての一貫した思想的整合性が見られないからである。例えば、第五会は無量寿経、第四十六会は七百頌般若、第四十八会は勝鬘経に相当し、あるいは第十四会は律典に対応するものであり、さらに密教的なものまで各種の経典が入り乱れている。また各経典の成立年代も幅広く、ナーガールジュナ（竜樹）が引用するもの（二世紀以前の成立）から、五世紀以後におそらくインド以外の土地で成立したと見られるものまで集められている。一方で、後漢時代にカーシャパ・マータンガ（迦葉摩騰）と竺法蘭とによってサンスクリット原典が将来され、また玄奘やボーディルチ（菩提流志）等によって唐時代に再び将来されたことが本経の序文に記されており、あるいはジュニャーナグプタ（闍那崛多）がコータンに十万頌の宝積が安置されていると伝えるなど、この厖大な混成物の原型がインドで既に成立していたとの伝承もある。しかし近年、学者の多くは、これらの伝承は積極的な証拠とはならないと考えている。ただし、四十九経という構成の全体像が独りボーディルチの創意になるものであるかどうかは、未だ意見の分かれるところである。

【内容】百二十巻。本経を完成するに当たって、ボーディルチは未訳の十一経を新たに訳出し、すでに翻訳のあるものについては、改訳したり（十五経）、あるいはそのまま流用したり（二十三経）している。全体の構成は以下の通り（矢印で示した数字は本書の当該項目で内容説明の附されている対応経典の番号）。

（1）律儀会（↓0311）、（2）無辺荘厳会、（3）密迹金剛力士会（↓0312）、（4）浄居天子会、（5）無量寿如来会（↓0360）、（6）不動如来会（↓0313）、（7）被甲荘厳会、（8）法界体性無分別会、（9）大乗十法会（↓0314）、（10）文殊師利普門会（↓0315）、（11）出現光明会、（12）菩薩蔵会（↓0316）、（13）仏為阿難説処胎会（↓0317）、（14）仏説入胎蔵会、（15）文殊師利授記会（↓0319）、（16）菩薩見実会（↓0320）、（17）富楼那会、（18）護国菩薩会（↓0321）、（19）郁伽長者会（↓0323）、（20）無尽伏蔵会、（21）授幻師跋陀羅記会（↓0324）、（22）大神変会、（23）摩訶迦葉会、（24）優波離会（↓0325）、（25）発勝志楽会（↓0327）、（26）善臂菩薩会、（27）善順菩薩会（↓0328）、（28）勤授長者会（↓0330）、（29）優陀延王会（↓0332）、（30）妙慧童女会（↓0334）、（31）恒河上優婆夷会、（32）無畏徳菩薩会（↓0337）、（33）無垢施菩薩応弁会（↓0338）、（34）功徳宝花敷菩薩会、（35）善徳天子会（↓0340）、（36）善住意天子会（↓0341）、（37）阿闍世王子会（↓0343）、（38）大乗方便会（↓0345）、（39）賢護長者会（↓0347）、（40）浄信童女会、（41）弥勒菩薩問八法会（↓0348）、（42）弥勒菩薩所問会（↓0349）、（43）普明菩薩会（↓0352）、（44）宝梁聚会、（45）無尽慧菩薩会、（46）文殊説般若会（↓0232）、（47）宝髻菩薩会（↓0397(11)）、（48）勝鬘夫人会（↓0353）、（49）広博仙人会（↓0354）。

【訳者・訳年代】唐の菩提流志＊。

【参考文献】櫻部文鏡「西蔵訳大宝積経の研究」大谷学報11〜3。長尾雅人「『迦葉品』の諸本と『大宝積経』設立の問題」鈴木学術年報10。長尾雅人・櫻部建『宝積部経典』大乗仏典9、中央公論社。

（加治洋一）

0311 **大方広三戒経**（だいほうこうさんかいきょう）

三戒経、演説三戒経、説菩薩禁戒経、集一切仏法経ともいう。

【内容】三巻。説法の座は王舎城の耆闍崛山。仏が迦葉の問いに答えるという形をとって説かれた経である。無上菩提を求める者は、一切の執着の想を離れなければならないと説き、女人を捨離するなどの具体的な項目を挙げるが、随所で「一切法空」「一切諸法無想」「一切諸法悉無所得」「一切諸法悉無所有」などと空思想を強調し、下巻では在家の菩薩のなすべき法、なしてはならない法を種種に説くなど、全体に般若系の思想の影響が見られる。また経中に、仏滅後の末世の乱れを描写している。

【関連典籍】大宝積経0310律儀会。

【訳者・訳年代】北涼の曇無讖＊。

（加治洋一）

0312 **仏説如来不思議秘密大乗経**（ぶっせつにょらいふしぎひみつだいじょうきょう）

如来秘密大乗経、秘密大乗経ともいう。

【内容】二十巻。二十五章からなる。説法の座は王舎城の鷲峰山。主に金剛手大秘密主菩薩、寂慧菩薩の二人が進行役となって説法が展開する。菩薩の身密・語密・心密、また如来の身密・語密・心密などが、過去世の物語を雑えながら説かれている。第十一章から第十四章にかけて苦行から初転法輪までの仏伝が説かれるが、順に、いわゆる大乗的解釈を施している。例えば六年間の苦行も、諸魔や外道を降伏するために仮にその姿を現じたのであって、善根の成熟した者には、宝楼閣中で入定し、成熟者のために説法している姿が見える、などとしている。

【関連典籍】大宝積経0310密迹金剛力士会。

【訳者】宋の法護＊。

（加治洋一）

0313 **阿閦仏国経**（あしゅくぶっこくきょう）

阿閦仏刹諸菩薩学成品経、阿閦仏経ともいう。

【内容】二巻。五章よりなる。説法の座は王舎城の耆闍崛山。仏が舎利弗の問いに答えるという形をとって説かれた経である。阿閦仏が過去世に大目如来の説法を聞き、大誓願を立てて多劫の間修行し、遂に七宝樹の下で成道し、現在は東方妙喜世界に住することを説く。またこの世界に生まれることを望む者は、六度の行などを修行すべきであると説かれている。阿閦仏は阿弥陀仏とともに現在出現の仏として早くから説かれた仏であるが、本経は現存漢訳経典の中で浄土思想を説く最古の経典である。

【関連典籍】大宝積経0310不動如来会。

【訳者・訳年代】後漢の支婁迦讖＊。

（加治洋一）

0314 **仏説大乗十法経**（ぶっせつだいじょうじっぽうきょう）

十法経、十法法門経、浄無垢妙浄宝月王光菩薩所問経ともいう。

【内容】一巻。説法の座は王舎城の耆闍崛山。浄無垢妙浄宝月王光菩薩の問いに応じて、十法を成就すれば大乗に住することになるのであると説き、（1）正信を成就すること、（2）行を成就すること、（3）性を成就すること、（4）菩提心を楽うこと、（5）法の成就を楽うこと、（6）諸法を正観すること、（7）正法を行じ、法に順ずること、（8）慢・我慢などを遠離すること、（9）秘密語に通達すること、（10）声聞・縁覚などを楽わないこと、の十法を挙げる。ついで大乗という語の意味を十通りに解釈している。

【関連典籍】大宝積経0310大乗十法会。

【訳者・訳年代】梁の僧伽婆羅＊。

（加治洋一）

0315 **仏説普門品経**（ぶっせつふもんぼんぎょう）

【内容】一巻。説法の座は王舎城の霊鷲山。仏が笑った理由を問う溥首僮真菩薩の質問に応じて、説法が展開する。普門品として、色・声・香・味・触・心、女人・男子・童女・童子、天・竜・鬼神・乾闥婆・阿修羅・迦楼羅・真陀羅・摩睺羅伽、地獄・餓鬼・畜生、貪・瞋・癡、不善・徳本、有為・無為の諸門を挙げ、それらをどのように看做すことで一切平等の境地に入ることができるかを説く。また普華如来の国からやってきた離苦蔵菩薩が会座に加わるという、釈迦仏の世界とは別の仏国土からの聴聞者を登場させている。

【関連典籍】大宝積経0310文殊師利普門会。

【訳者・訳年代】西晋の竺法護＊。

（加治洋一）

0316 **仏説大乗菩薩蔵正法経**（ぶっせつだいじょうぼさつぞうしょうぼうきょう）

菩薩蔵正法経、菩薩蔵経、正法経ともいう。

【内容】四十巻。十一章よりなる。基本的には、王舎城の鷲峰山で仏が舎利弗に六波羅蜜を説明する経典であるが、長大な導入部があり、舎衛国での夏安居を終えて王舎城に向かう途路、賢護長者と出会って説法をしたり、無怖夜叉と問答したりしつつ、鷲峰山に到着する。第六章布施波羅蜜（第十七巻末）以降六波羅蜜を説くが、持戒や精進波羅蜜に極めて多くの紙幅を割いていることが注目される。

【関連典籍】大宝積経0310菩薩蔵会。

【訳者・訳年代】宋の法護＊等。

（加治洋一）

0317 **仏説胞胎経**（ぶっせつほうたいきょう）

胞胎受身経ともいう。

【内容】一巻。説法の座は舎衛国の祇園精舎。仏が問わず語りに難陀に向かって人の受胎から出生までの様態を述べるものである。受胎の条件を詳しく見た後、七日ごとの胎児の変化を克明に追うが、第二十六週には、前世の悪業・善業の報が反映すると述べ、第三十八週目に誕生するに当たっては、前世に悪業を行った者は言うに及ばず、善業を積んだ者でさえも大苦悩に遭うと説く。ついで誕生後の苦しみを描写し、無常・苦・無我を説いて締めくくっている。

【関連典籍】大宝積経0310仏為阿難説処胎会。

【訳者・訳年代】西晋の竺法護＊。

（加治洋一）

0318 **文殊師利仏土厳浄経**（もんじゅしりぶつどごんじょうきょう）

文殊仏土厳浄経、厳浄仏土経、仏土厳浄経ともいう。

【内容】二巻。大宝積経0310文殊師利授記会、大聖文殊師利菩薩仏刹功徳荘厳経0319の異本であり、その略説ともいうべき内容の経。

【訳者・訳年代】西晋の竺法護＊。

（加治洋一）

0319 **大聖文殊師利菩薩仏刹功徳荘厳経**（だいしょうもんじゅしりぼさつぶっせつくどくしょうごんきょう）

諸仏遊行経、不思議願経、仏刹功徳荘厳経、発菩提心令歓喜経ともいう。

【内容】三巻。王舎城の未生怨（阿闍世）王の招きに応じて王宮に向かうが、その途上、摧過咎という在家の菩薩の問いに応じて、菩提心を発すことの大切さを説き、無上菩提を証得すれば浄仏国を荘厳することができると説く。また摧過咎が将来作仏し、その世界は不動如来の妙喜世界に等しいと予言する。ついで王宮の場面となり、王に「法無去来、無来去法不生不滅。無消滅者則名為智」「若無所知、名之為智」と説法するが、ここではまさしく般若系の思想が説かれている。霊鷲山へ帰り、舎利弗を初め多くの者が来集するが、仏の神変に応じて十方の仏国からも菩薩たちが集い、会座に着く。中巻では、舎利弗を相手に菩薩の成就する法を各種説き、下巻では、師子勇猛雷音菩薩と文殊師利菩薩の間で問答が繰り広げられ、その中で文殊師利菩薩の誓願が明かされる。そこで仏が文殊師利菩薩が将来成仏することを予言し、成仏時の名号が普見如来であること、その国の荘厳は無量寿仏の浄土に勝るとも劣らないことが説かれる。

【関連典籍】大宝積経0310文殊師利授記会、0318。

【訳者・訳年代】唐の不空＊。

（加治洋一）

0320 **父子合集経**（ふしごうじゅうきょう）

【内容】二十巻。二十七章からなる。仏が父浄飯王に信解を発させる物語である。仏がカピラ城の尼拘律園に止宿したとき、まず優陀夷を父のもとに遣わして、仏に対する敬信を起こさせる。浄飯王は自ら仏のもとを訪れるが未だ驕慢の心を捨て切れていない。しかし、仏が阿修羅を初め、神がみからも讃歎される様子や、また外道にいたるまでに記別を与える姿を見て、希有の心を起こす。そこで初めて仏は浄飯王に直接法を説き、六界（眼・耳・鼻・舌・身・意）それぞれをいかに看做すべきかを懇切に解き明かし、さらに多くの前生物語を雑えながら法の枢要を説いたので、浄飯王はついに無生法忍を得るのである。

【関連典籍】大宝積経0310菩薩見実会。

【訳者・訳年代】北宋の日称＊等。

（加治洋一）

第12巻　宝積部 下　涅槃部 全

0321 仏説護国尊者所問大乗経（ぶっせつごこくそんじゃしょもんだいじょうきょう）

【内容】四巻。説法の座は王舎城の鷲峰山。舎衛国での夏安居を終えて仏のもとを訪れた護国尊者の問いに応じて、菩薩の行法について説いている。菩薩は四法を具足していると述べて、まず清浄を獲得する四法、ついで心を安慰にさせる四法というように、計十二種に四法を挙げる。ついで菩提を遠離する八種類の人を挙げ、過去世の成義意如来と福光太子の物語を語って、太子の父親の焔王は無量寿仏の前生であり、福光太子は仏その人の前生であると述べる。無上菩提を求める者はこの福光太子の出家時代の修行を見習うべきであることが説かれている。

【関連典籍】大宝積経0310護国菩薩会。

【訳者・訳年代】宋の施護＊。

（加治洋一）

0322 法鏡経（ほうきょうきょう）

【内容】一巻。甚理家（＝郁伽長者）の求めに応じて在家の菩薩と出家の菩薩の行法について説いた経。大宝積経0310郁伽長者会、郁伽羅越問菩薩行経0323の異本であり、内容は大略一致する。

【訳者・訳年代】後漢の安玄＊。

（加治洋一）

0323 郁伽羅越問菩薩行経（いくがらおつもんぼさつぎょうきょう）

大郁伽経、郁伽長者経、郁伽羅越問経、郁伽長者所問経ともいう。

【内容】一巻。全八章からなる。説法の座は舎衛国の祇園精舎。郁伽長者の求めに応じて、在家の菩薩と出家の菩薩の行法について説く。まず三帰依から始めて、在家の菩薩の守るべき、修行すべき条項をこと細かに挙げて行くが、各項目に大乗的な解釈が施されている。第六章礼塔品で仏寺精舎に入って為すべきことが示されたところで、会座にいた千人の長者達が剃髪し出家する。第七章以下出家の菩薩の行法を説き、最後に戒・定・慧の三学にまとめている。本経は徹頭徹尾出家を勧め、「出家性」を重視しているように見えるが、郁伽長者自身は、最後まで出家しない。仏も最後に、在家の菩薩も、一切を布施し、梵行を修し、四禅に入り、人を教化することで、出家の菩薩の戒法に立ちうることを示し、「郁伽長者は在家のままで人びとを教化するであろう、彼の徳性は出家の菩薩に勝るとも劣らない」と讃嘆する。

【関連典籍】大宝積経0310郁伽長者会、0322、1521。

【訳者・訳年代】西晋の竺法護＊。

（加治洋一）


0324 **仏説幻士仁賢経**（ぶっせつげんしにんげんきょう）

仁賢幻士経ともいう。

【内容】一巻。説法の座は王舎城の霊鷲山。仏の名声に嫉妬し、仏を自らの弟子にしようと企んだ仁賢を折伏する物語。仁賢は、幻術で穢悪不浄の場所に大講堂を化作し、仏を誑かそうとするが、四天王や帝釈天がさらに壮麗な講堂を化作して仏に供養する。仁賢は、おのれの愚かであったことを悔い、総てが化作であったことを告白するが、仏は一切諸法が幻化の如きものであることを説き示し、仁賢が柔順法忍を得たところで、さらに菩薩の道場を解き明かして無生法忍を得させ、仁賢に記別を与える。

【関連典籍】大宝積経0310授幻師跋陀羅記会。

【訳者・訳年代】西晋の竺法護＊。

（加治洋一）


0325 **仏説決定毗尼経**（ぶっせつけつじょうびにきょう）

【内容】一巻。説法の座は舎衛国の祇園精舎。優波離のために菩薩の戒と声聞の戒との区別を説く経である。冒頭、弥勒菩薩を初めとする五十二菩薩の、後世の正法護持の宣言があり、菩薩が犯戒した際には三十五仏に対して懺悔すべきことを説いている。さまざまな観点から菩薩乗の戒と声聞乗の戒との区別を挙げるが、最後に文殊師利によって、一切法が究竟して毘尼（vinaya）であることが説かれ、仏が増上慢を戒めることによって締めくくられている。

【関連典籍】大宝積経0310優波離会、0326。

【訳者・訳年代】西晋の竺法護＊。

（加治洋一）


0326 **仏説三十五仏名礼懺文**（ぶっせつさんじゅうごぶつみょうらいさんもん）

三十五仏礼懺文ともいう。

【内容】一巻。まず三十五仏への帰命を述べ、「我れ今誠心より悉く皆懺悔し、敢て覆蔵せず。願はくば我が尸羅律儀復た故の如くなるを得んことを」と、今生のみならず無始劫来の他の生涯で為した罪を懺悔する。

【関連典籍】大宝積経0310優波離会、0325。

【訳者・訳年代】唐の不空＊。

（加治洋一）


0327 **発覚浄心経**（ほっかくじょうしんぎょう）

【内容】二巻。説法の座は波羅奈城の鹿野苑。業障が深重なために、近い将来には無上菩提を得ることができない菩薩たちのために、その罪業を説明し、仏滅後五百年以降の菩薩の修行法を説き、阿弥陀仏の世界に生まれて、阿弥陀仏から記別を受けるべきであるという。各種の行法を挙げるが、後半世俗の過患を説き、利養・世間言説・多言・睡眠・戯論それぞれが内包する罪過を説明する。最後に、阿弥陀仏の世界への往生を願う十種の発心を説き、「此十種発心、若菩薩各発念一具足者、当往生彼阿弥陀仏刹中」と述べる。

【関連典籍】大宝積経0310発勝志楽会。

【訳者・訳年代】隋の闍那崛多＊。

（加治洋一）

0328 **仏説須頼経**（ぶっせつしゅらいきょう）
須頼菩薩経ともいう。
【内容】一巻。舎衛城に住む、極貧であるが徳行の優れた須頼菩薩の物語。まず帝釈天が須頼の志操を確かめる導入部があり、ついで波斯匿王との絡みとなる。須頼は、城中で拾った宝珠を最も貧しい者に与えると宣言し、それを波斯匿王に与えようとする。王は自分は貧しくないと主張するが、須頼は神通力で仏を招く。仏は須頼の主張の正しさを証し、財ではなく徳行において王よりも極貧の須頼の方が遙かに豊かであると説く。説法に感動した王は須頼を讃嘆し、仏に帰依する。以下、祇園精舎に止まる仏を訪問する物語となるが、直前に、見仏を成就する四法が各種説かれていることは注目される。

【関連典籍】大宝積経0310善順菩薩会、0329。

【訳者・訳年代】曹魏の白延＊。

（加治洋一）

0329 **仏説須頼経**（ぶっせつしゅらいきょう）
【内容】一巻。大宝積経0310善順菩薩会、仏説須頼経0328の異本である。訳文が増広され、全体の量としては前記二経より五割以上増えているが、内容についてはほとんど異同がない。
【訳者・訳年代】前涼の支施崙＊。
（加治洋一）

0330 **仏説菩薩修行経**（ぶっせつぼさつしゅぎょうきょう）

長者修行経、長者威施所問経、長者威施所問菩薩修行経、威施長者問観身行経、威施長者問観身経ともいう。

【内容】一巻。説法の座は舎衛国の祇園精舎。威施長者を初めとする五百人の問いに応じて、仏が修行の方法を説く。無上菩提を志楽するものは、身・命・財その他一切を捨てて、六波羅蜜を修行すべきであると説き、ついで自らの身体をいかに看做すべきかを説明し、「観身汚穢本為不浄」を筆頭に四十二種類の観察法を挙げる。説法を聞いて柔順法忍を得た長者たちに記別を与えて経は終わる。

【関連典籍】大宝積経0310勤授長者会、0331。

【訳者・訳年代】西晋の白法祖＊。

（加治洋一）


0331 **仏説無畏授所問大乗経**（ぶっせつむいじゅしょもんだいじょうきょう）

無畏授問大乗経ともいう。

【内容】三巻。大宝積経0310勤授長者会、仏説菩薩修行経0330の異本であり、仏説菩薩修行経の四十二種の身体の観察法が四十四種になるなど、訳文に若干の増広が見られるが、内容に大差はない。

【訳者・訳年代】宋の施護＊等。

（加治洋一）


0332 **仏説優塡王経**（ぶっせつうてんおうきょう）

【内容】一巻。拘深国に住む婆羅門、逝心の娘で絶世の美女である無比をめぐる物語。逝心は娘を仏の妻にと申し出るが、かえって仏にいかなる美人であれ全身不浄の塊であることを説かれる。逝心は恥じ入るが、では娘を優塡王の妃にと気を取り直し、無比は優塡王の第二婦人となる。しかし無比は第一夫人を妬み、王に讒言して殺させようとする。王は無比の美貌に誑かされ、第一夫人を射殺そうと百箭を放つが、矢は悉く当たらない。かねてより婦人は仏に帰依して預流果を得ており、王に対して慈心を起こしたためである。我に返った王は、ことの重大さに恐れおののき、仏のもとを訪ねて、仏弟子である妃を射殺そうとした罪を告白する。仏は王を許し、その願いに応じて法を説くが、男子に淫欲があるから女性に惑わされるのであるとし、その罪咎を四種に分けて説く。一には、女性の色香に迷わされ正法から遠ざかり、二には、親が子を養育した辛苦を忘れ、妻のみを尊重して忘恩の徒となり、三には、妻を娶った後は、情欲のために惑わされ、かつて為していた布施すらしなくなり、四には、もっぱら女色を求めて、自らの悪業そのものを楽しむようになる、と説く。さらに重ねて偈を説き、さまざまな譬喩を用いて女性を避けるべきことをつぶさに説明している。

【関連典籍】大宝積経0310優陀延王会・0333・0211。

【訳者・訳年代】西晋の法炬＊。

（加治洋一）

0333 **仏説大乗日子王所問経**（ぶっせつだいじょうにっしおうしょもんぎょう）
【内容】一巻。大宝積経0310優陀延王会、仏説優塡王経0332の異本である。仏説優塡王経にある無比を仏の妻として勧める一段を欠く。あとの結構はおおむね等しいが、全体にわたって増広されており、四種の男子の過失についても、それぞれ偈を説いて説明している。ただし、第三の過失が、淫欲のために惑わされて顚倒を生じるので、罪業を行って仏世に会えない、となり、第四が、淫欲の奴隷となって財利を求め布施すらしなくなる、となっている。

【訳者・訳年代】宋の法天*。

（加治洋一）

0334 **仏説須摩提菩薩経**（ぶっせつしゅまだいぼさつきょう）

須摩提経、須摩経ともいう。

【内容】一巻。説法の座は王舎城の霊鷲山。王舎城の長者の娘で八歳の少女、須摩提（スマティ）の物語。全体は二部に構成され、前半は、須摩提が菩薩の属性を十項目挙げて問うたのに対し、仏がそれぞれに菩薩の為すべき法を四種挙げて答える。例えば第一のなぜ人は菩薩を見て歓喜を生じるのか、との問いには、菩薩は①瞋恚の心を起こさず、②常に慈心を持ち、③常に法の要を求め、④仏の姿をしているから、菩薩を見て人は喜ぶのである、と説く。後半では少女が、文殊師利菩薩の問いを契機に、諸法は不可計、無所住であると空の思想を縷縷説明している。

【関連典籍】大宝積経0310妙慧童女会、0335、0336。

【訳者・訳年代】西晋の竺法護*。

（加治洋一）

0335 **仏説須摩提菩薩経**（ぶっせつしゅまだいぼさつきょう）

【内容】一巻。大宝積経0310妙慧童女会、仏説須摩提菩薩経0334、須摩提経0336の異本。内容に大差はないが、ただし本訳にのみ存在する八百字ほどの一段がある。そこでは、仏が須摩提の成仏を予言した後、若干の問答があって、さらに須摩提は仏の法輪を不可思議・不可称限であり、無獲・無形・無生、滅度であると讃歎する。そこで仏は須摩提の未来をさらに詳しく描写し、無量の衆生を勧化し、無上正真道を立て、法要を奉持し、天中天と号するであろうと述べる。

【訳者・訳年代】姚秦の鳩摩羅什。

（加治洋一）

0336 **須摩提経**（しゅまだいきょう）

【内容】一巻。大宝積経0310妙慧童女会、仏説須摩提菩薩経0334、仏説須摩提菩薩経0335の異本。

【訳者・訳年代】北魏の菩提流支*。

（加治洋一）

0337 **仏説阿闍貰王女阿術達菩薩経**（ぶっせつあじゃせおうにょあじゅっだつぼさつきょう）

阿闍貰女経、阿闍貰王女経、阿術達経、阿術達菩薩経、阿術達女経ともいう。

【内容】一巻。阿闍貰王の娘である十二歳の無愁憂（阿術達）の物語。舎利弗を初めとする仏の大弟子達が王舎城の王宮に乞食に訪れたとき、無愁憂は坐ったままで出迎えもせず、施しもしなかった。父王が理由を問うと、これら比丘たちには大慈・大悲がないと答え、かえって王に大乗の教えの優れていることを、大海の水と牛跡の水に喩えるなど、多くの喩えによって説明する。この問答を聞いていた舎利弗は娘を験そうと問答を試みるが、反対に空の理を説かれて沈黙し、続いて目乾連、迦葉、須菩提、羅云と順番に論破される。羅云が仏の実子であることを父王が指摘すると、正見を知り、三宝を断ぜず、七覚意を護り、衆生を教化するものこそが真の仏子であると説く。このあたりの構成は、維摩経の弟子品を想起させる。ついで無愁憂は父母を始め多くの人びとともに耆闍崛山の仏のもとを訪れる。仏が無愁憂の過去世の修行を説明すると、舎利弗が、ではなぜ無愁憂は未だに女身を捨てていないのかと問い、無愁憂は皆の前で男子に変身する。この構想も、維摩経の観衆生品、あるいは法華経の竜女の物語を髣髴させる。最後に仏が無愁憂とその母とに記別を与え、無愁憂はさらに僧形に身を変じて経は終わる。

【関連典籍】大宝積経0310無畏徳菩薩会。

【訳者・訳年代】西晋の竺法護*。

（加治洋一）

0338 **仏説離垢施女経**（ぶっせつりくせにょきょう）

【内容】一巻。波斯匿王の娘である十二歳の離垢施の物語。まず離垢施が婆羅門に福田思想を説く導入部があり、ついで八大弟子・八大菩薩との問答となる。離垢施が順番に論破していく構成は、維摩経の弟子・菩薩品とまったく同工異曲である。ただし維摩経における文殊師利の役を、本経では須菩提が演じている。ついで仏が菩薩行を各種説いた後、離垢施の過去世での修行を説く。そこで目連が離垢施に女身を捨てていない理由を問うと、離垢施は八歳の童子の姿に変身する。これも維摩経の観衆生品と軌を一にする。最後に仏が離垢施に未来世での成仏を予言して経は終わる。

【関連典籍】大宝積経0310無畏施菩薩応弁会、0339。

【訳者・訳年代】西晋の竺法護＊。

（加治洋一）

0339 **得無垢女経**（とくむくにょきょう）

無垢女経、論議弁才法門経、無垢法門経ともいう。

【内容】一巻。大宝積経0310無畏施菩薩応弁会、仏説離垢施女経0338の異本で、内容は大同小異である。訳文に関しては、諸訳中、本経が一番整備されている。

【訳者・訳年代】北魏の般若流支＊。

（加治洋一）

0340 **文殊師利所説不思議仏境界経**（もんじゅしりしょせつふしぎぶつきょうがいきょう）

文殊説不思議仏境界経ともいえる。

【内容】二巻。説法の座は、舎衛国の祇樹給孤独園。経名が示すように、文殊師利菩薩が仏の境界を説き明かす経典である。まず仏との問答で、仏の境界が総ての存在を越え、思量・言語をも越えたものであるが、それはかえって衆生の煩悩の中にこそ求めるべきであることが示される。ついで須菩提と、仏の境界の得否について問答をする。上巻末では文殊師利が示現した神変によって、魔王波旬が誓心を起こし、法師を擁護する護法の陀羅尼を説く。下巻では文殊師利が兜率天に上がり、そこで菩薩の行を各種説くが、特に不放逸を力説していることが注目される。

【関連典籍】大宝積経0310善徳天子会。

【訳者・訳年代】唐の菩提流志＊。

（加治洋一）

0341 **聖善住意天子所問経**（しょうぜんじゅういてんししょもんぎょう）

善住意天子所問経、善住意天子経ともいう。

【内容】三巻。説法の座は王舎城の耆闍崛山。主に善住意天子が疑義を提出し、文殊師利菩薩が答えるという形で全篇が構成されているので、聖善住意天子所問経と名付けられている。初発心や出家・梵行・殺生など、多くの事柄が話題になるが、一貫して一切法が空であることを説く経であり、最後に文殊師利菩薩が如幻三昧に入って神変を現し、一切法が不生・不起であり、幻化の如く空であることを示す。諸異本中、本経にのみ冒頭に帰敬偈がおかれていることが注目される。

【関連典籍】大宝積経0310善住意天子会・0342。

【訳者・訳年代】北魏の毘目智仙＊と般若流支＊。

（加治洋一）

0342 **仏説如幻三昧経**（ぶっせつにょげんさんまいきょう）

【内容】二巻。大宝積経0310善住意天子会、聖善住意天子所問経0341の異本。本経が最も簡略であるが、内容は大略一致するので、内容に関しては、0341の項を参照されたし。一切法が空であることを観ずる如幻三昧を称揚する経典であるので、如幻三昧経と名付けられている。

【訳者・訳年代】西晋の竺法護＊。

（加治洋一）

0343 **仏説太子刷護経**（ぶっせつたいしせつごきょう）

【内容】一巻。説法の座は王舎城の耆闍崛山。阿闍世王の太子刷護の疑問に仏が答える。問いは多岐にわたり、菩薩の顔が端正であること、或いは三十二相や八十種好を身に具えている理由から、愛欲を貪らず、仏・比丘を誹謗しない因縁、また長寿・無病、天眼・天耳・神足などを得ているわけ、光明が十方を照らす理由にまで及ぶ。仏はいずれに対しても菩薩行の範囲内で解答を与えている。例えば「本為菩薩時、好憙布施種種雑物、與諸仏菩薩及師父母人民、在所来索用、是故得三十二相」などとある。経末で刷護に記別を与えるが、その国土を「如阿弥陀仏」と形容していることが注目される。

【関連典籍】大宝積経0310阿闍世王子会、0344。

【訳者・訳年代】西晋の竺法護＊。

（加治洋一）

0344 **仏説太子和休経**（ぶっせつたいしわくきょう）

【内容】一巻。大宝積経0310阿闍世王子会、仏説太子刷護経0343の異本。大宝積経は問答を偈のやりとりでなしており、質疑の数も増広されているが、本経と太子刷護経とは小異である。なお太子の名前を本経は「和休」とするが、太子刷護経では「刷護」と写音し、大宝積経では「師子」と訳している。

【訳者・訳年代】不明。

（加治洋一）

0345 **慧上菩薩問大善権経**（えじょうぼさつもんだいぜんごんぎょう）

大善権経、慧上菩薩経、大乗方便経、善権方便経、方便所度無極経、善権方便所度無極経ともいう。

【内容】二巻。説法の座は舎衛城の祇園精舎。前半は慧上菩薩の問いを契機として方便波羅蜜を詳説する。一つ一つ具体的な事例を挙げて説明しており、女性と同座した重勝王の物語や、自らを恋慕した女性と結婚した焰光学志の物語など、善巧方便によって女性を化導した物語が説かれている。後半は仏の行跡が悉く方便行に他ならないことを説き、ついで仏が過去世での罪によって現世に得た苦しみ十種（婆羅門に罵られたり、晩年提婆達多に背かれたりしたことなどを十種まとめて十業因縁とか十悩処という）をやはり方便行という視点から解説している。

【関連典籍】大宝積経0310大乗方便会、0346。

【訳者・訳年代】西晋の竺法護＊。

（加治洋一）

0346 **仏説大方広善巧方便経**（ぶっせつだいほうこうぜんぎょうほうべんぎょう）

善巧方便経ともいう。

【内容】四巻。大宝積経0310大乗方便会、慧上菩薩問大善権経0345の異本。内容は小異であるが、本経に最も字句の増広のあとがみられる。

【訳者・訳年代】宋の施護＊。

（加治洋一）

0347 **大乗顕識経**（だいじょうけんじききょう）

顕識経ともいう。

【内容】二巻。説法の座は王舎城の迦蘭陀竹林。前半は賢護勝上童真、後半は、月実勝上童真、大薬王子、賢護勝上童真と相手を替えるが、一貫して識とは何かについて詳説する。賢護の問いは、識の形状、識の命名から始まって、死んだときに識は身から去ってどこに行くのか、自性は何か、色相はどうか、どのようにしてこの身体から別の身体に移るのか、どうして各種の身体を受けるのかなど多岐にわたる。それに対して仏は一つ一つ懇切に答えていき、識は無色無形であること、死んだら識は受・覚・法界を保持して他の生に至ること、他の生を受けるのは業報であること、つまり識はそれらを生じる種であること、苦楽や善悪を知るから識ということ、識が身体から別の身体に移動するのは、鏡に像が映るがごとくであること、識はこの身体を捨てるが、善悪の業は保存したまま別の身体に移ること、卵殻のような緻密な物質でも識は出入りできることなど、多くの喩えを雑えながら説明する。後半も多くの問答が交わされるが、月実の問いに対して「智見智境、愚見愚境」と説き、「有所覚知念及声香味触等界、斯皆為識」と答えて、衆生は業に随って報を受けるのであり、その時、識が所依となるのであると説いているのは注目される。さらに大薬・賢護に対して、識の相、渇愛、識の罪福などを説き、識が天乃至地獄の身体を取ること、蚊の大きさから象の大きさまで取りうることなどを説明し、また地獄の衆生の受ける苦しみを描写している。

【関連典籍】大宝積経0310賢護長者会。

【訳者・訳年代】唐の地婆訶羅＊。

（加治洋一）

0348 **仏説大乗方等要慧経**（ぶっせつだいじょうほうどうようえきょう）

要慧経、大乗要慧経ともいう。

【内容】一巻。説法の座は舎衛国。弥勒菩薩の問いに応じて、仏が菩薩の不退転法を説くが、名目を八種挙げたのみの経である。八種の法とは、一、内性清浄、二、所行、三、所施、四、所願、五、慈、六、悲、七、善権、八、智慧の八種の法を成就することである。異本の大宝積経0310弥勒菩薩問八法会は、本経より大幅に増広されており、各項目にそれぞれ解説を附加している。ちなみに、問八法会での名目は次の通りである。一、成就深心、二、成就行心、三、成就捨心、四、成就善知廻向方便心、五、成就大慈心、六、成就大悲心、七、成就善知方便、八、成就般若波羅蜜。

【訳者・訳年代】後漢の安世高＊。

（加治洋一）

0349 **弥勒菩薩所問本願経**（みろくぼさつしょもんほんがんぎょう）

弥勒菩薩本願経、弥勒本願経、弥勒問本願経、弥勒菩薩所問経ともいう。

【内容】一巻。説法の座は披祇国の鹿所聚処。前半は弥勒菩薩の問いに応じて、菩薩行を説明し、後半は阿難に向かって、弥勒菩薩の前生、および弥勒菩薩が未だに成仏してない所以を説明する。菩薩行として挙げられるのは、例えば一法としては、寂静平等道意（＝菩提心）、二法は、無起に住することと、方便によって諸の所見を分けることを挙げ、あるいは七法では七覚支、八法では八正道分、九法では九次第定などであり、名目が挙げられるのみである。しかし弥勒の仏を讃じる偈を契機に、後半は趣を一変し、弥勒がかつて炎光具嚮作王如来のもとで不起法忍を得た前生の物語を述べた後、弥勒が仏より四十二劫も先んじて発心していたにもかかわらず、未だに成仏していない理由を説明する。まず仏の前生を述べ、百劫修行の中、九劫を超越したこと、また正覚を得るために種種の行を行ったことを十行を二種類挙げて説明し、さらに具体的に、病人のために身体を刺して血を与えたこと、癩病患者には身を割いて骨髄を与えたこと、盲者には目を抉って与えたことなど、前生での布施行を述べる。それに対し弥勒菩薩の場合はそのような布施行ではなく、ただ「善巧方便安楽の行」のみによって無上正真道を得ようとしたからであると述べる。さらに阿難の問いに答え、弥勒が、昼夜十方に「我悔一切過／勧助衆道徳／帰命礼諸仏／令得無上慧」と請い、衆生の成熟を待つ本願を建てていることを述べる。

【関連典籍】大宝積経0310弥勒菩薩所問会。

【訳者・訳年代】西晋の竺法護＊。

（加治洋一）

0350 **仏説遺日摩尼宝経**（ぶっせつゆいにちまにほうきょう）

摩尼宝経、仏遺日摩尼宝経、宝積経ともいう。

【内容】一巻。仏が迦葉の問いに応じて菩薩行を説明する経である。迦葉禁戒経1469が本経の後半部分、比丘の戒律を説く一段に対応する。そこで、禁戒経をもとにして菩薩行を説明する経典に仕立てたとの説と、あるいは禁戒経は本経からの抄出であるとの説とがある。いずれにせよ、本経よりさらに増広・改変されたものが摩訶衍宝厳経0351、大宝積経0310普明菩薩会、大迦葉問大宝積正法経0352などであり、正法経0352では重頌も附され、最も増広されている。

【訳者・訳年代】後漢の支婁迦讖＊。

（加治洋一）

0351**仏説摩訶衍宝厳経**（ぶっせつまかえんほうごんぎょう）

大迦葉品、宝厳経ともいう。

【内容】一巻。仏が迦葉の問いに応じて菩薩行を説明する経で、遺日摩尼宝厳経0350、大宝積経0310普明菩薩会、大迦葉問大宝積正法経0352などの異本。

【訳者・訳年代】不明。

（加治洋一）

0352**仏説大迦葉問大宝積正法経**（ぶっせつだいかしょうもんだいほうしゃくしょうぼうきょう）

大迦葉問大宝積経、正法経ともいう。

【内容】五巻。説法の座は王舎城の鷲峰山。仏が迦葉の問いに応じて主に菩薩行を説明する経典である。まず菩薩のなすべき行、なすべからざる行を四法にまとめて二十二種列挙する。ついで菩薩の具える三十二種の特性を説き、さらに菩薩の徳を譬喩によって説明し、中道に基づく正観の方法（如実観察影像中法）を説いた上で、重ねてそれを譬喩によって説明するというようにきわめて懇切に説明している。さらに比丘の覆障や纏縛、四種の比丘、四種の破戒の比丘などが説かれる。なお最終段に、説かれた教えを信解することができず退席しようとする五百人の比丘とのやりとりがあるが、法華経とは違って、全員を引き戻して問答をしている。

【関連典籍】0350、0351、大宝積経0310普明菩薩会。また、大乗法雲経0659宝積品が異本の一つであり、諸異本中では大宝積経普明菩薩会に最も近いことが長尾雅人によって報告されている。比丘の戒律を説く迦葉禁戒経1469については、摩尼宝経0350からの抄出であるとする説と、その原形と見る説と、位置づけについて諸説がある。

【訳者・訳年代】宋の施護＊。

【参考文献】長尾雅人「『迦葉品』の諸本と『大宝積経』設立の問題」鈴木学術年報10。

（加治洋一）

0353**勝鬘師子吼一乗大方便広経**（しょうまんししくいちじょうだいほうべんほうこうきょう）

勝鬘経、師子吼経、勝鬘師子吼経、師子吼方広経、勝鬘大方便広経ともいう。

【内容】一巻。舎衛国の波斯匿王の娘で、阿踰陀国王の夫人となった勝鬘夫人が、仏に記別を授けられて十大受・三大願を述べ、さらに仏の威神力を承けて正法を説き明かす経典である。三乗の教えはすべて一乗に帰す（一乗真実）という教えと、衆生は自性清浄で、本より如来の性を具えているのである（如来蔵）という教えの二つの思想を中心に、説法が展開する。例えば法身章では「如来法身不離煩悩蔵、名如来蔵」と説き、さらに空義隠覆真実章では空如来蔵と不空如来蔵とを説示する。あるいは在纏位と出纏位の如来蔵、五住位の煩悩、二種生死の説など、さまざまな教説がちりばめられており、本経は如来蔵思想を説く大乗経典・論書の中でも最も重視されたものの一つである。また在家の女性が法を説くという形を取っていることからも親しまれ、維摩居士が法を説く維摩経とともに広く普及した。

【関連典籍】大宝積経0310勝鬘夫人会。サンスクリット原典は失われているが、宝生論・大乗集菩薩学論中に引用があり、一部ではあるが回収されている。浄影寺慧遠や吉蔵・基などによって注釈書が造られており、また聖徳太子が造ったと伝承されている義疏も存在する。

【訳者・訳年代】劉宋の求那跋陀羅＊。

【参考文献】月輪賢隆『蔵漢和三訳合璧、勝鬘経・宝月童子所問経』興教書院。宇井伯寿「勝鬘経の梵文断簡」（『宝生論研究』〈岩波書店〉所収）。

（加治洋一）

0354**毘耶婆問経**（びやばもんぎょう）

【内容】二巻。説法の座は阿踰闍国のガンガー河の辺り。毘耶婆仙人の問いに応じて、仏が布施・識・輪廻について解説する。布施の義、施主の義を述べたあと、不浄の布施を三十三種挙げているが、ともあれ浄信心なくしてする布施は不浄布施であるという。また仏の入滅後に塔などにする供養と、入滅前に仏に対してする供養との両者の果報が平等であることなどを説く。また識がこの身を捨て、次の身を取ることについて述べ、ついで輪廻転生の相状を説くが、各天の描写に多くを割いている。しかし、話題が完結せず、末尾が欠落しているものと思われる。

【関連典籍】大宝積経0310広博仙人会。

【訳者・訳年代】北魏の般若流支＊。

（加治洋一）

0355**入法界体性経**（にゅうほっかいたいしょうきょう）

入法界経、入法界性経、法界体性経ともいう。

【内容】一巻。説法の座は王舎城の耆闍崛山。仏の行じていた宝積三昧をきっかけにして、仏と文殊師利との間に問答が展開する。この三昧を宝積というのは、三昧中に法界の一切を現見するからであり、それ故また実際印ともいうこと、実際とは凡夫際であること、行とは実際を見ること、修道とは証を思惟することなどが明かされ、仏が即ち法界であり、法界中には名字の別なく、無来・無去、不可見であることなどが説かれる。後半、問答に舎利弗も加わり、文殊の質問に対して舎利弗が、法界は不死・不生であるなど、自らの所信を述べ、文殊がそれを讃歎し、最後に仏がこの法を受持し読誦することの功徳を説いて終わる。

【関連典籍】0356

【訳者・訳年代】隋の闍那崛多＊。

（加治洋一）

0356**仏説宝積三昧文殊師利菩薩問法身経**（ぶっせつほうしゃくさんまいもんじゅしりぼさつもんほっしんぎょう）

法身経、宝積三昧文殊師利問法身経、遺日宝積三昧文殊師利問本身経、遺日王三昧宝積経、遺日宝積三昧文殊師利菩薩問法身経、文殊師利問法身経、宝積三昧問法身経ともいう。

【内容】一巻。入法界体性経0355の異本で、ほとんど内容に異同はない。

【訳者・訳年代】後漢の安世高＊。

（加治洋一）

0357**如来荘厳智慧光明入一切仏境界経**（にょらいしょうごんちえこうみょうにゅういっさいぶつきょうがいきょう）

如来入一切仏境界経、智慧荘厳経、如来荘厳仏境界経ともいう。

【内容】二巻。度一切諸仏境界智厳経0358、仏説大乗入諸仏境界智光明荘厳経0359の異本。度一切経0358が最も簡潔であり、入諸仏境界経0359が最も増広されているが、全体の結構そのものは大同小異。

【訳者・訳年代】北魏の曇摩流支＊。

（加治洋一）

0358**度一切諸仏境界智厳経**（どいっさいしょぶつきょうがいちごんぎょう）

仏境界智厳経ともいう。

【内容】一巻。如来荘厳智慧光明入一切仏境界経0357、仏説大乗入諸仏境界智光明荘厳経0359の異本。本経が最も簡潔であり、入諸仏境界経0359が最も増広されているが、全体の結構そのものは大同小異。

【訳者・訳年代】梁の僧伽婆羅＊等。

（加治洋一）

0359**仏説大乗入諸仏境界智光明荘厳経**（ぶっせつだいじょうにゅうしょぶつきょうがいちこうみょうしょうごんぎょう）

入諸仏境界荘厳経ともいう。

【内容】五巻。説法の座は王舎城の鷲峰山。仏と妙吉祥童真（文殊師利）菩薩との問答によって説法が展開する。まず不生不滅の法を多くの喩えによって説き、如来、菩提の義を明かし、最後に菩薩行を説示する。第五巻では、一巻を費やしてこの経の功徳を讃歎している。

【関連典籍】0357・0358

【訳者・訳年代】宋の法護＊等。

（加治洋一）

0360 **仏説無量寿経**（ぶっせつむりょうじゅきょう）

大無量寿経、大経、無量寿大経、大本、大本無量寿経、双巻経ともいう。

【成立】紀元後、間もない頃（AD100年頃）、北西インドにおいて成立したと考えられている。

【内容】二巻。釈尊が王舎城の耆闍崛山の中で、大比丘衆（優れた出家者たち）と大乗の教えを求める多くの菩薩（求道者）たちに説いた教え。上巻は「無量寿仏およびその仏国土」について説き、下巻はその「無量寿仏の国に生れる衆生（人間）」について説く。

〈上巻〉まず、大乗の教えを求める求道者たちの徳を述べ、引き続き仏弟子阿難が釈尊の姿の上に常と異なる五つの瑞相を拝見してその所以を問うところから始まる。そのとき釈尊は阿難の問いを誉めて、如来がこの世に出現した意義を述べる。それを出世本懐というが、「如来は大悲の故に三界の生きとし生けるものを哀れみ、真実の福利を実現するためにこの世に現れたのである」と言う。そして過去五十三仏を背景にして世自在王如来が出現し、その如来の説法を聞いて一念発起して出家した法蔵という国王が、如来の世界である仏国土（浄土）を自らも建立しようと、教えを求め修行の歩みを始めたところに出発点があると説く。そして法蔵菩薩の四十八願が説かれる。四十八願は仏および仏国土のあり方とそこに生れる者と生れた者のあり方を説いている。そしてその願いは必ず成就すると天地が讃嘆し証明する。以下、無量寿仏の国は光の世界であり、その光の世界はこの世のさまざまの宝石の輝きに譬えることができ、無量壽仏は質的に永遠のいのちであり、そこに生れる無量の衆生も質として永遠のいのちを得て自在であり、その衆生の数も計り知れないと説く。そして、その光に出会った衆生は諸仏となってさらに無量の衆生を仏の正道に入らしめる働きをすると説く。

〈下巻〉その無量寿仏の国に生れる衆生はすべて正しく仏に成る位に住すると説き、十方の諸仏が無量寿仏の働きを讃めたたえていて、あらゆる衆生はその無量寿仏の名を聞いて信心を発し、一念でもその国に生れたいと願うならば直ちに生れることができると説く。そして、その国に生れる衆生には、出家の身となってひたすら無量寿仏を念ずる「上」の者と、出家はしないが求道心を起こして善を為し在家の戒を持ちひたすら無量寿仏を念ずる「中」の者と、功徳を積むことはできないがひたすら無量寿仏を念じて心からその国に生れたいと願う「下」の者とがあるが、すべてがその国に生れると説く。また十方の諸菩薩たちは無量寿仏の国に生れると、その働きを十全に為すことになると説く。そして釈尊は弥勒菩薩（次に仏になる菩薩）と人々に呼び掛け、無量寿仏の国に生れることを求めるように勧める。そしてさらに人間世界の現実の有様を説き、この汚濁に満ちた世間にあって心を正しくし、善をなして悪をなさなければ、福利を得、俗世を超えて彼岸に至り、必ず涅槃の悟りを開くことができると説く。（従来ここを三毒五悪段と呼ぶが、これは梵本にはなく、もともとの原本にもなかったものであり、この部分を翻訳するに際して付加した大阿弥陀経0362とそれに従った平等覚経0361の所説を受けて成文化し付加したものとも、いわれている）。最後に、無量寿仏の国に生れても疑惑の心ゆえに悟りの智慧が開かれることなくとどまることもあるから、無量寿仏の智慧を仰ぎ信ぜよと勧め、そのためには無量寿仏の名を聞けと勧める。

【後世への影響】本経と仏説阿弥陀経0366と仏説観無量寿経0365の三部を浄土三部経と総称する。この三部経の観念は曇鸞の無量寿経優婆提舎願生偈註1819に最初に見られるが、浄土三部経と呼んだのは日本の法然である。三経ともに浄土教の所依の経典であり、広く東アジアの浄土教徒に流布し、奉持され、多くの学僧によって注釈がなされた。

【関連典籍】0310（5）・0361〜0366・1745〜1748。なお、サンスクリット本は原名をスカーバティ・ヴューハ（極楽の荘厳）といい、五種が校訂出版されている。最近のものとして、足利惇氏本がある（1988）。また、チベット大蔵経の中に「聖なるアミターバの荘厳と名づけられる大乗経」と呼ばれるものが現存し、出版されている。

【訳者・訳年代】従来、三世紀半の康僧鎧＊訳とされてきたが、東晋の仏陀跋陀羅＊と劉宋の宝雲＊の共訳（AD421）説が有力。

【参考文献】『浄土三部経』上・下（岩波文庫）一九九一年。香川孝雄『無量寿経の諸本対照研究』永田文昌堂、一九八四年。藤田宏達・桜部建『浄土仏教の思想1』「無量寿経、阿弥陀経」講談社、一九九四年。訳一・宝積部七。訳大・経部一。

（大城邦義）

0361 **仏説無量清浄平等覚経**（ぶつせつむりょうしょうじょうびょうどうかくきょう）

無量清浄平等覚経、無量清浄経、平等覚経ともいう。

【成立】0360の項参照。

【内容】四巻。仏説無量寿経0360の異訳で、無量寿仏（阿弥陀仏）のことを無量清浄覚・無量清浄仏・無量清浄平等覚と訳している。説法の座は、王舎国霊鷲山（＝耆闍崛山）。〈巻1〉は説法の会座についての描写の後、阿難が仏に五つの瑞相を示現した所以を問うところから始まり、以下仏説無量寿経0360と同じ内容展開になっている。すなわち法宝蔵比丘の発心出家・発願修行とその成就した世界の荘厳功徳を説く。また、阿闍世王太子と五百の長者子の授記についても説かれている。訳語に異なりがあり、また、過去五十三仏ではなく三十六仏となっており、本願も二十四願になっている。また、重誓偈もない。〈巻2〉は〈巻1〉の続きとして無量清浄仏の果徳について説く。先ず眷属の荘厳功徳について、そして無量清浄仏の世界の荘厳について説く。〈巻3〉は〈巻2〉の終りに出てくる阿逸菩薩（弥勒）に対して無量清浄仏の世界の功徳荘厳について説き、無量清浄仏の国に生れる三類の衆生のすがたについて述べ、その国に生れようと欲して菩薩道を修する者は不退転の菩薩と成ることを述べて、重ねてこの人間世界において善をなして悪を犯すことをしないように説く。〈巻4〉は同じく阿逸菩薩に対して、人間が五悪を止め五善を持つことによって無量寿を得ることを述べ、そして仏は阿難に無量清浄仏に向かって南無無量清浄平等覚と称えよといい、再び阿難と阿逸菩薩に説いてきたことを確認させ、あらゆる世界の菩薩たちが無量清浄仏の国に生れていくことを述べて、最後に無量清浄仏の声を聞いて慈悲の心をおこし歓喜する者は、すべてその国に生れることができると説く。

【関連典籍】0310・0360・0362〜0364

【訳者・訳年代】曹魏の帛延（AD258?）説が有力。

（大城邦義）

0362 **仏説阿弥陀三耶三仏薩楼仏檀過度人道経**（ぶっせつあみださんやさんぶつさるぶつだんかどにんどうきょう）

阿弥陀経、大阿弥陀経、過度人道経、無量寿経ともいう。

【成立】0360の項参照。

【内容】二巻。現存する五訳の中では一番古い。上巻は仏説阿弥陀三耶三仏薩楼仏檀過度人道経、下巻は仏説阿弥陀経という題になっている。（尾題は上下とも阿弥陀経）。羅什訳の阿弥陀経0366との混同を避けるために、唐代より通称大阿弥陀経と呼ばれてきた。説法の座は羅閲祇耆闍崛山中。内容は平等覚経0361とほぼ同じ。〈上巻〉は初めに阿難に対して弥陀因位の曇摩迦菩薩の発心出家を説き、さらにその二十四願を挙げ、次に阿弥陀仏の光明の最尊第一なることを説く。そして阿闍世王太子と五百の長者子が阿弥陀仏のようになるという授記について説き、阿弥陀仏の世界の功徳荘厳を説く。〈下巻〉は上巻の終りに釈尊に呼ばれて出てくる阿逸菩薩（弥勒）に、先ず阿弥陀仏の国に往生する者に上・中・下の三類があることを説き、阿弥陀仏の国に生れたい者は大いに善を為せと勧めて、五悪を止め五善を為すことを教える。そして阿難に西に向かって身の威儀を正して南無阿弥陀三耶三仏檀と称えよと教え、阿難が応えて称えると、阿弥陀仏が大光明を放って、十方の衆生が阿弥陀の世界に生れていく様子が説かれている。

【関連事項】無量寿経0360・平等覚経0361・本経の三本には、五悪段といわれる儒教的道教的色彩を強く持っている部分があるが、これは中国で付加されたものと考えられている。その最初が本経に説かれていたものであり、本経の翻訳者が本来サンスクリット本になかったこの部分を他の伝承に基づいてか或いは創作して付加したものと考えられている。大阿弥陀経と平等覚経は訳経年代が古く、内容的にも初期の形態を示すということで初期無量寿経といわれている。

【関連典籍】0310・0360・0361・0363・0364

【訳者・訳年代】呉の支謙＊（AD222～228または253）説が有力。

（大城邦義）

0363 **仏説大乗無量寿荘厳経**（ぶっせつだいじょうむりょうじゅしょうごんきょう）

無量寿荘厳経、荘厳経ともいう。

【成立】0360の項参照。

【内容】三巻。大乗教の無量寿仏およびその国土の荘厳について説く。説法の座は王舎城鷲峯山中。釈尊と阿難の問答の後、過去三十八仏を挙げ、作法苾芻（比丘）の三十六願を挙げ、作法苾芻の菩薩行を述べ、作法苾芻は現に無量寿仏であり、その世界を極楽というと説く。そしてその仏の光明の功徳について述べ、その世界の無量の聖衆、宝樹・宝池の功徳荘厳について説く。さらに上中下の三輩往生について説き、十方の諸菩薩衆も衆生もその世界に生れると説く。また、浄土に生れるこの世界の衆生に胎生の者がある所以を説き、しかし数限りない菩薩が生れていくと説く。なお、仏説無量寿経0360の下巻にある東方偈が下巻の初めと終りとに分けておかれており、また三毒五悪段はない。

【関連事項】本経と仏説無量寿経0360・無量寿如来会（大宝積経0310巻17・18）・サンスクリット本（十二世紀中葉の書写本の他34本が確認されている）・チベット本（九世紀初の訳本の他七本の異訳がある）は後期無量寿経に含められるが、本経のみが三十六願経ということで、別系統と考えられている。

【関連典籍】0310・0360～0362・0364

【訳者・訳年代】宋の法賢＊（AD991）。

（大城邦義）

0364 **仏説大阿弥陀経**（ぶっせつだいあみだきょう）

【成立】宋代、王日休の校輯による（AD1162）。

【内容】二巻。仏説阿弥陀三耶三仏薩楼仏檀過度人道経0362・仏説無量清浄平等覚経0361・仏説無量寿経0360・仏説大乗無量寿荘厳経0363の四つの訳本の肝要を取りまとめて一経にし、内容の簡明を期して経旨の要義を五十六の項目に分けてまとめている。上巻の二十一分に過去五十三仏・法蔵比丘の因位の修行・四十八願・弥陀の光明・阿闍世王の作仏授記・阿弥陀仏の国土の荘厳功徳等について述べ、下巻の三十五分に、引き続き阿弥陀仏の国土の荘厳功徳・菩薩の功徳・そこに生れていく衆生のすがた・釈尊の勧信誡疑等について述べている。なお、大阿弥陀仏経序という自序と礼祝儀式の言葉が初めにあり、巻末に海山旧住空常氏法起の跋文がある。

【関連典籍】0310・0360～0363

（大城邦義）

0365 **仏説観無量寿仏経**（ぶっせつかんむりょうじゅぶっきょう）

仏説観無量寿経、観無量寿経、無量寿観経、無量寿仏観経、観経ともいう。

【成立】訳語および内容から見て、浄土三部経の中で無量寿経0360・阿弥陀経0366より後に成立したものであるが、インドで成立したというよりも、中央アジアおよび中国で撰述されたと見る説が有力。

【内容】一巻。説法の座は王舎城の王宮と耆闍崛山の二会座。一言でいえば、この経典は人間に無量寿仏（阿弥陀仏）との出遇いを成就する道を説く。

　釈尊が王舎城の耆闍崛山で出家者・求道者たちに教えを説いているさなかに、王舎城の王宮で阿闍世による王位簒奪という事件が起こった。（いわゆる王舎城の悲劇）父王頻婆娑羅は獄中で死を迎えるに当たり、釈尊の力によって二度と生死の迷いの世界に戻らないという不還果を悟る。母韋提希夫人は獄中で釈尊に仏弟子を遣して慰問してほしいと助けを求めると、釈尊は自ら仏弟子をつれて韋提希の前に現われ、韋提希の苦悩に応えていくかたちで十方の浄土を見せ、さらにその中から阿弥陀仏の国へと生れる方法を教えて、韋提希に阿弥陀仏との出遇いを成就せしめて、無生法忍を得しめ、念仏往生人に変革する。さらに釈尊は、人間の現実世界というものを上品上生から下品下生の九通りの人間のすがたにまとめて韋提希に示し教え、人間はすべて阿弥陀仏との出遇いを課題として人生の一こま一こまを生きており、その意味で業縁の世界において人間業を尽くし果たしていくところに人生の意味があることを説く。そして、仏心とは大悲であるというこの経典の要は、下品に説かれる称名念仏という一点に具体化して説かれてくる。称名念仏のところに仏心大悲の究極態である阿弥陀仏との出遇いが具体的に成就しているということである。その意味では、従来の仏教で説かれてきている「観」という枠の中で読まれるのが一般的であるが、その「観仏三昧」という枠を破っているところに、この経典の特長があるともいえる。ゆえに、この経典の要である「無量寿仏の名」を持つことを仏弟子阿難に告げ、釈尊は耆闍崛山に帰る。阿難もまた山に帰り、以上の王宮でのすべての出来事を、比丘や求道者たちにそのまま復説して終る。

　本来出家の教えである仏教が、在家の業縁に苦悩する女性をこそ救うところに大乗仏教の具体性があるということで、万人を救う地平を開いたという意味で画期的な位置をもっている経典である。

【後世への影響】観経はその読み方によって意味内容が微妙に変ってくる面を持つ経典である。基本的に観仏を説く経典であるが、中国においても、曇鸞・道綽・善導等の浄土教系の人ばかりではなく、地論、三論、天台系の人々をはじめ、禅やその他の人々にまで観仏系の他の経典共々受容されて読まれていた。早く六朝時代は主に北朝で受容され、隋・唐代にも盛んに用いられ流行した経典である。日本では、奈良時代に伝えられてから、平安時代に広く読まれ、天台宗の良源、源信、やがて浄土宗として独立した法然、親鸞以下多くの人々に読まれ、受容された。注釈書は非常に多い。観経の影響は、中国においては浄土変相図を生み、日本でも浄土の三曼陀羅や阿弥陀来迎図というものを生み出した。

【関連典籍】0277・0360・0366・0374・0409・0417・0418・0452・0507・0626・0643・1161・1749〜1754

【訳者・訳年代】劉宋の畺良耶舎*。畺良耶舎が訳し、沙門僧含が筆受したともいわれている。

【参考文献】訳一・宝積部七。訳大・経部一。『浄土三部経』上下（岩波文庫）。大乗仏典6『浄土三部経』（中央公論社）。

（大城邦義）

0366 **仏説阿弥陀経**（ぶっせつあみだきょう）

　阿弥陀経、無量寿経、小無量寿経、四紙阿弥陀経、四紙経、小経、小本ともいう。

【成立】仏説無量寿経0360の項参照。

【内容】一巻。説法の座は舎衛国祇樹給孤独園（祇園精舎）。釈尊が、大比丘衆（優れた出家者たち）の筆頭である智慧第一の舎利弗に一方的に呼びかけながら説かれているために、無問自説経といわれている。最初から釈尊が舎利弗に、無量寿仏の国はこの世界を超えて西方へ十万億の仏土を過ぎたところにあり、その世界を極楽といい、そこにいる仏を阿弥陀といい、今現に説法していると説く。なぜ極楽というのかといえば、その国は諸々の苦は全くなくただ諸々の楽のみを受けるからである。その極楽は、金・銀・瑠璃等の宝からなる七重の玉垣、七重の飾り網で荘厳されている。また七重の並木、七宝の池があって、八つの功徳（優れた特性）のある水が流れていて、蓮華が咲いている。周りには楼閣があり、天上には音楽が流れ、黄金の大地には曼陀羅華（天妙華）が降り、種々の妙なる鳥が常に雅やかな音声を出して法を説いていて、その国の衆生に仏法僧を思念せしめる。その鳥は実は阿弥陀仏の変化したすがたである。そして微風が木々や飾り網を動かして、微妙なる音声を奏でて、聞く者をしてまた念仏念法念僧の心を起こさしめると説く。そのような功徳荘厳（優れた特性を飾りとして備えていること）を多彩に説いている。そして、なぜ阿弥陀と呼ばれるのかについて、その光明が無量でさえぎるものが何もないということと、その仏の寿命とその国の人々が共に無量無辺であるからと説く。そして阿弥陀仏は成仏以来十劫になるが、その教えを聞く弟子たち・道を求めるものは数限りないと説き、阿弥陀仏の世界の衆生は皆悟りの道から退転することがなく、次の生涯には必ず仏に成るべく定まっていると説く。そして、衆生は以上のことを聞いてその国に生れようと願うべきであると勧める。なぜならば願えばその国の人々と共に住することができるからである。しかしその世界には人間の善根功徳（善いことをして得られる特性）によって至れるものではないと説く。阿弥陀仏のことを聞いてその名前をしっかりと持って一日でも二日でも一心であれば、間違いなく阿弥陀仏がその人の前に現われて、命終るときには極楽国土に生れることができる利益があると説く。そして釈尊は以上述べたような阿弥陀仏の不可思議なる功徳を六方の無数の諸仏たちが讃嘆し証明して、信受せよと勧めていると説く。そしてこの経典を一切の諸仏に護念せられる経と名づけるのは、この経典を受持し諸仏の名を聞く者は、すべて諸仏に護念されて悟りから退転しないからであると説く。故に信受を勧め、阿弥陀の世界に生れたいと願えと勧める。最後に釈尊は、自分が諸仏を讃嘆しているように、諸仏も「釈迦仏は甚だ難しい希有なる無上の悟りをこの濁り切った世界で成就し、よく衆生のためにこの難信の教えを説いた」と讃嘆していると述べる。以上の所説を聞いて舎利弗を始めとするその場にいた者たちは皆歓喜し信受して去っていったと説く。

【関連典籍】0360、0365、0367、仏説仏名経0440 0441、阿弥陀経義記1755。サンスクリット本としてスカーバティ・ヴューハ（極楽の荘厳）が現存し、さらにチベット訳に「聖なる極楽の荘厳と名づけられる大乗経」があり、内容は漢訳とほぼ同じである。

【後世への影響】仏説無量寿経0360と本経とは相互の連関が密接で、片や大経、片や小経といわれるように、対照的である。本経はその内容が短小で簡明であり、訳文も流麗であるため、書写・読誦が盛んになされ、東アジアの阿弥陀仏信仰者の間で親しまれ長く愛誦されてきている。宋代以降、特に明代になると阿弥陀経の注釈は際立って多くなり、日本でも平安時代の往生伝や鎌倉時代の古今著聞集等の説話文学にも、阿弥陀経読誦のことが出ている。日本の浄土教徒にとっての正依の経典であるが、特に時宗において最高の所依とされている。

【訳者・訳年代】姚秦の鳩摩羅什＊（AD402）。

【参考文献】訳一・宝積部七。訳大・経部一。『浄土三部経』上下（岩波文庫）。大乗仏典6『浄土三部経』（中央公論社）。

（大城邦義）

0367 **称讃浄土仏摂受経**（しょうさんじょうどぶつしょうじゅきょう）

称讃浄土経とも言う。

【成立】0360の項参照。

【内容】一巻。仏説阿弥陀経0366の異訳。同経の項で述べたように、梵本・チベット訳・漢訳二本の計四本が現存するが、梵本に最も近いのが鳩摩羅什訳で、チベット訳がこれに次ぎ、この玄奘訳はやや詳細に増広されている。例えば、六方の諸仏が阿弥陀仏の不可思議の功徳（特性）を讃嘆するところでは、梵本では六方の四十仏であるのが、鳩摩羅什訳では六方三十八仏、チベット訳では六方四十二仏、この玄奘訳では十方四十二仏になっている。なお本経題はその十方段の各文末とそれに続く一段にある「称讃不可思議仏土功徳一切諸仏摂受法門」による。

【関連典籍】0366・0440・0441

【後世への影響】一部の浄土教徒によって注目されたが、余り広く読まれなかった。日本では源信が往生要集2682に引用している。

【訳者・訳年代】唐の玄奘＊（AD650）。

（大城邦義）

0368 **抜一切業障根本得生浄土神呪**（ばついっさいごっしょうこんぽんとくしょうじょうどじんじゅ）

阿弥陀呪、得生浄土神呪ともいう。

【成立】原始浄土思想はAD100年頃、北西インドにおいて成立したと考えられている。大乗経典は陀羅尼を多く含んでいることからして、雑密的な陀羅尼経典と一般経典との呪術性とは明瞭に区別されていなかったともいえる。だから浄土経典の中に陀羅尼が説かれてくるのも当然ともいえるが、やはりインド仏教が総じて密教化の道をたどったように、浄土教も密教化していった中でこの種の経典が成立していったというべきであろう。

【内容】一巻。無量寿如来観行供養儀軌0930にある、阿弥陀仏の無量の性格を不死（アムリタ＝甘露）に譬え、これを十回繰り返し讃えている無量寿如来根本陀羅尼（十甘露呪）を略説したものといわれている。この合計五十九字十五句の呪を誦すると、阿弥陀仏が常に擁護し、現世では安穏を得、命終のときに阿弥陀仏の国に生れると説く。なお、本呪に阿弥陀経不思議神力伝が付してあり、この呪を誦すれば滅罪・見仏等の利益があり、僧叡・曇鸞・道綽・慧遠等がこの呪を唱えて浄土に往生したことを述べている。

【関連典籍】0366・0369・0901・0930・1185・1317

【後世への影響】唐代以降、この呪を伝えるもの多く、日本では空海が無量寿如来観行供養儀軌0930を将来して以来、真言・天台・浄土等の諸宗において誦せられてきたといわれている。

【訳者・訳年代】劉宋の求那跋陀羅＊といわれているが、断定できない。

【参考文献】訳一・宝積部七。

（大城邦義）

0369 **阿弥陀仏説呪**（あみだぶつせつじゅ）

【成立】0368の項参照。

【内容】一巻。0368の呪と内容はほぼ同じで、阿弥陀仏に帰依することをいっている短い陀羅尼。陀羅尼は総持と漢訳されるように仏典の要を記憶（持）するための要約語という意味機能をもっているが、現世的願望に対して言葉のもつ象徴的・神秘的な力を応用して何事かを実現し、得ようとする霊力の機能をも持っているとされる。そのように、言葉を聖なるもの・神的なるものとする見方は、インドのみならず古代においては普遍的な信仰であった。この呪文は先ず仏・法・僧への帰依を述べ、そして阿弥陀仏への帰依を述べている。阿弥陀を甘露に譬えているのは、アムリタすなわち甘露という不死の飲み物（ヴェーダの神話に由来する不死の酒ソーマ）に由来するということで、死せざる永遠の生命・無量寿としているのである。その阿弥陀をたたえて甘露であり、甘露から生れ、甘露を生ずるものであり、そして一切の悪業を滅し一切の所願を成就する阿弥陀如来に帰依することを述べている。最後にこの呪文をそのとおりに受持すれば間違いなく阿弥陀仏の国に生れることを得ると説く。
【関連典籍】0366・0930・0368
【訳者・訳年代】不明。
（大城邦義）

0370 阿弥陀鼓音声王陀羅尼経（あみだくおんじようおうだらにきょう）

鼓音声王経、鼓音声経ともいう。

【成立】0368の項参照。

【内容】一巻。説法の座は瞻波大城。釈尊が大比丘衆五百人に、西方の安楽世界に阿弥陀という仏がいて、もし比丘・比丘尼・優婆塞・優婆夷たちが彼の仏の名号を正しく受持したら、その功徳によって阿弥陀に遇うことができ、宝蓮華の中に生まれ変ることができると説く。そして、阿弥陀仏の国を清泰といい、阿弥陀仏の父を月上転輪聖王といい、母を殊勝妙顔といい、子供を月明といい、奉事の弟子を無垢称といい、智慧の弟子を賢光といい、大比丘六万人と共に居ると説く。そして、その名号の受持憶念を勧めている。そして、ここに釈尊が説く鼓音声王大陀羅尼を受持読誦し、十日十夜、六時に専念すれば、十日の内に必ず阿弥陀仏を見、さらに十方の如来を見ると説く。故に誠を致して受持読誦し、常に清らかに身を保ち、阿弥陀如来の世界に生れるように求めよ、と勧めている。最後に、釈尊がこの阿弥陀鼓音声王大陀羅尼を説いたとき、無量の衆生が彼の極楽世界に生れようと求めたという。この経典の特長は、陀羅尼を往生の因と説くことと、阿弥陀仏に父母等があることを説いていることによって有名である。

【関連典籍】0360・0365・0366・0368
【訳者・訳年代】訳者不明（梁代の訳といわれる）。

【参考文献】訳一・宝積部七。

（大城邦義）

0371 観世音菩薩授記経（かんぜおんぼさつじゅききょう）

観世音菩薩得大勢菩薩授記経、観世音授記経、観世音授決経、観音授記経ともいう。なお、経典の中には菩薩珍宝処三昧経という名が見える。

【内容】一巻。説法の会座は波羅奈国の鹿野苑。釈尊が華徳蔵菩薩の「どうしたら菩薩は無上菩提と五神通から退転しないで、すべては幻の如く空であるという如幻三昧を得て衆生に随って法を説き、無上菩提を得させることができるのか」という問いを受けて、無依止（何ものにも依らない正しい観察）という一法を成就すれば如幻三昧を得て、衆生に無上菩提を得させることができると説く。その如幻三昧は、この会座の弥勒や文殊等の他、西方阿弥陀仏の世界の観世音菩薩と得大勢菩薩が得ていて、その二菩薩に聞けば得ることができると説く。またその二菩薩の由来とはたらきを説く。そして阿弥陀仏は涅槃するが、衆生も諸菩薩も念仏三昧を得れば常に阿弥陀仏を見ると説く。また阿弥陀仏の正法の滅後、観世音が普光功徳山王如来となり、さらにその後得大勢が善住功徳宝王如来になるという。そしてそれらの如来の名を聞けば、無上菩提において退転せず、また女身を転じ、生死の罪を除き、見仏、聞法、総持等の利益を得ると説く。最後に華徳蔵の成仏の誓願で終わる。

【関連典籍】0262・0157・0360〜0362・0372
【訳者・訳年代】劉宋の曇無竭＊（AD453）。

（大城邦義）

0372 仏説如幻三摩地無量印法門経（ぶっせつによげんさんまじむりょういんほうもんぎょう）

無量印法門経ともいう。

【内容】三巻。観世音菩薩授記経0371の異訳。説法の座は波羅奈国の鹿野園。内容は観世音菩薩授記経とほぼ同じであるが、ただ全体的に潤色もあり叙述が丁寧であるため、量的に約二倍になっている。また訳語が、華徳蔵菩薩が勝華蔵菩薩に、観世音菩薩が観自在菩薩に、得大勢菩薩が大勢至菩薩に、阿弥陀仏が無量光如来に、威徳王が勝威王になっている等、違いがある。なお、観音授記経0371で威徳王は釈尊の前身であったが、本経において勝威王は無量光如来の前身となっている。

【関連典籍】0157・0262・0360〜0362・0371

【訳者・訳年代】宋の施護＊（AD980）。

（大城邦義）

0373 **後出阿弥陀仏偈**（ごしゅつあみだぶつげ）

後出弥陀偈、後出阿弥陀偈、後出阿弥陀偈経ともいう。

【内容】一巻。五言四句十四行の偈頌のみよりなる。法（蔵）比丘の因位の発願修行から、無量仏（阿弥陀仏）およびその清浄世界（浄土）の功徳成就を偈で讃嘆している。阿弥陀仏を指す言葉として無量という言葉が用いられており、浄土のことを清浄といっている。内容も「誓うこと、二十四章」とあるように二十四願経を思わせる。おそらく、仏説無量清浄平等覚経0361・仏説阿弥陀三耶三仏薩楼仏檀過度人道経0362との関係によって作られたものと考えられる。また、他に異訳本も、サンスクリット本もチベット訳も伝えられていないので、梵本の翻訳かどうかも詳らかではない。

【関連典籍】0360〜0362

【訳者・訳年代】不明（二世紀後半頃の訳出か）。

【参考文献】訳一・宝積部七。

（大城邦義）

0374 **大般涅槃経**（だいはつねはんぎょう）

大涅槃経、大本涅槃、北本涅槃、涅槃経ともいう。阿含部に同名の経典があるのでそれと区別するため大乗涅槃経ともいわれる。

【成立】本経の原典は、小乗の涅槃経（0007およびその異訳・原典参照）を素材とした大乗経典として、大乗仏教興隆の時代に成立した。もともと本経の前一〇巻に当る大般泥洹経0376に相当する部分が原型に近く、紀元後三〇〇年頃までにカシミールのあたりで成立し、以降、付加増広がなされ、四〇〇年頃に本経原典の全体が成立したと思われる。

【内容】四〇巻。本経の思想内容は大まかに次の三点に絞られる。（一）仏身常住。仏陀の身体の本質は常住であると主張する。（二）涅槃の常楽我浄。無常の世界を踏み越えた涅槃にこそ常の世界がある。その世界は同時に楽・我・浄の属性を持つ。浄を離れた常楽我もなく、楽を離れた常我浄もない。このような表現を離れた一理想境を涅槃というのである。そうすれば、大涅槃は仏の入滅を意味するのではなく、大我・如来の代名詞となる。この境地を常楽我浄と説き、これのあることを大涅槃といい、ないのを涅槃というとする。（三）一切衆生悉有仏性（一闡提成仏）。本経の明かす甚深秘密の義はあらゆる衆生に仏になる可能性があるとする仏性の普遍性である。この思想によれば、まったく仏法に縁のあるはずもない極悪の一闡提であっても成仏することが可能となる。ただし、この思想は涅槃経の最も発展した形の思想であって、大般泥洹経0376や本経前半部では一闡提不成仏の立場をとり、後半において成仏の思想が完成する。このことから、本経はいくつかの段階を経て成立していったことがわかる。本経は全体で一三章に分かれる。（1）寿量品：クシナガラの沙羅双樹下における仏陀の大般涅槃のとき、来集した諸衆生の慟哭するなか、優婆塞純陀（チュンダ）の最後の供養を受け、仏の法身・般若・解脱の三徳を内容とする秘密蔵の説法が為される。（2）金剛身品：如来の金剛不壊なることを説き、正法護持を勧める。（3）名字功徳品：涅槃の名字功徳を説く。（4）如来性品：如来の身口意における三つの秘密を説明し、如来常住を説く。（5）一切大衆所問品：如来の病を現ぜられた理由。（6）現病品：病と称するも実は無病であるとする方便秘密の教えを宣示する。（7）聖行品：持戒堅固なることを勧め、捨身の本生譚を述べる。（8）梵行品：大般涅槃に至る行法としての七善と四無量心、および王舎城の悲劇を含む阿闍世（アジャータシャトル）王帰仏の因縁。（9）嬰児行品：如来の徳を嬰児に譬える。（10）光明遍照高貴徳王菩薩品：標記菩薩に涅槃経を修行するものの得十徳を説く。(11) 獅子吼菩薩品：標記菩薩に一切衆生悉有仏性の道理を説く。(12) 迦葉菩薩品：仏性の作用として断善生善の両面あることを説く。(13) 憍陳如品：標記仏弟子に仏は仏法を離れて沙門・バラモンのあり得ないことを説く。

【関連典籍】この経典の作者は、ことに阿含経典（特に小乗の涅槃経）を典拠にしてそれに相当の肉付けをし、さらに般若経類の影響を受けた上、さらに部派仏教の影響も多分に受けている。原典としての梵文の断簡のみが現存し、完全なチベット訳が存在する（参考文献参照）。異訳に大般泥洹経0376、大般涅槃経後分0377。注釈としては、インドにおいては世親（ヴァスバンドゥ）の涅槃経論1527を数えるのみ。中国では数多くの注釈・研究書が著された。

【後世への影響】インドで本経の研究は特に隆盛はしなかったが、中国の仏教界において衝撃的に影響を与え、さらに日本においても天台とともに日本人の思想に、仏性思想、本覚思想あるいは親鸞の思想などに多大な影響を与えた。

【訳者・訳年代】北涼の曇無讖*。

【参考文献】訳一・涅槃部一、二。横超慧日『涅槃経—如来常住と悉有仏性—』（サーラ叢書二六）平楽寺書店、一九八五年。松田和信『インド省図書館所蔵中央アジア出土大乗涅槃経梵文断簡集—スタイン・ヘルンレ・コレクション—』東洋文庫、一九八八年。下田正弘「蔵文和訳『大乗涅槃経』（I）」山喜房、一九九三年。なお、涅槃経に関する内外の参考文献について、当該書序文における「引用文献と略号」に詳しい。

（吉元信行）

0375 **大般涅槃経**（だいはつねはんぎょう）

南本大般涅槃経、涅槃経ともいう。

【成立】原典およびその翻訳については大般涅槃経0374参照。本訳は北本涅槃0374訳出後、六巻泥洹経0376を参考にして、北本を品数・巻数を改め修正して、品数二五、巻数三六の本経が成立した。すなわち、北本では四品しかない六巻泥洹経相当部をそれより一品のみ少ない一七品とし、それ以降を北品の章分けの通りにして全二五品の本経ができあがった。

【内容】（三六巻）【関連典籍】0374の項参照。

【訳者・訳年代】劉宋の慧厳等。

【参考文献】〈訳蔵〉経部八～九。

（吉元信行）

0376 **仏説大般泥洹経**（ぶっせつだいはつないおんぎょう）

【成立】原典およびその翻訳については、大般涅槃経0374参照。本訳は成立の最も古い部分である前半部分にあたる。本経の原典は紀元後三世紀には成立していたと思われる。

【内容】六巻。南本涅槃0375における序品が本経では序品と大身菩薩品に分かれるほかはほぼ同じで、一八品に分かれる。

【関連典籍】0374の項参照。

【訳者・訳年代】東晋の法顕*（AD416～418）。

（吉元信行）

0377 **大般涅槃経後分**（だいはつねはんぎょうこうぶん）

別称大般涅槃経後訳荼毘分、大般涅槃経後訳、略称闍維分、涅槃経後分、後分涅槃経、後分ともいう。

【成立】原典およびその翻訳については0374の項参照。

【内容】二巻。他の涅槃経がもっぱら教理を中心として編集されているのに対して、本経は仏陀の入滅そのものという事実を中心に記述されている。憍陳如品、応尽還源品、機感荼毘品、聖軀廓潤品の四章に分かれる。

【関連典籍】0374の項参照。

【訳者・訳年代】唐の若那跋陀羅（AD664～665）。

（吉元信行）

0378 **仏説方等般泥洹経**（ぶっせつほうどうはつないおんぎょう）

大般泥洹経、方等泥洹経ともいう。

【内容】二巻。九章よりなる。説法の座は、クシナガラの双樹林の間、仏入滅の当日である。

前半六章は、四童子三昧経0379と結構を同じくするので、前六章の内容については当該項目を参照されたい。第七章は、この釈迦仏の仏土が、一切諸仏の国土、阿弥陀仏の浄土と異ならず、光明ある安楽の世界であることを示し、第八章では、いよいよ仏の入滅のときが近づき、阿那律・羅云が悲泣する中、十方から諸天・諸菩薩が集う様子を描き、第九章では、仏が各種の三昧に入り、また諸仏に十九種の三昧があることを説き、それぞれの三昧の功徳を解説している。

【訳者・訳年代】西晋の竺法護＊。

（加治洋一）

0379 **四童子三昧経**（しどうじさんまいきょう）

【内容】三巻。説法の座はクシナガラの双樹林の間で、仏入滅の当日。まず仏の入滅を夢に見た阿難が仏のもとに馳せ参じ、ついで神がみが集まって嘆き悲しみ苦悩する様子が描かれる。ときに三十三天にいた阿尼婁陀が神力によって閻浮提の衆生に悲報を知らせ、四方の仏土からこの世界に転生していた四童子が、それぞれの係累とともに仏のもとに到来する。阿難が仏になお一劫の間この世に留まることを懇請するが、四童子と諸仏に諭され、仏が実は法身であり、久遠に説法することを示される。ついで仏は光明を放ち、地獄の衆生を苦しみから解放し、また魔王波旬を慰撫し、最後に比丘たちに向かって教法を護持し、自利他利のために修学すべきことを説いて、経は終わる。仏説方等般泥洹経0378の前半六章分の異本である。

【訳者・訳年代】隋の闍那崛多＊。

（加治洋一）

0380 **大悲経**（だいひきょう）

【内容】五巻。十三章よりなる。説法の座は、クシナガラの双樹林の間、仏入滅の当日。まず梵天に向かっては、「所有世界、是業所作、是業所化。一切衆生、是業所作、是業所化、業力所生」であると説き、十二縁起の法を明かす。また、息子の羅睺羅に向かっては、「一切諸行無常無定」と説き、「唯求解脱」これこそが我が教法であると諫め、阿難に向かっては、入滅後も迦葉と共に菩提法をよく伝持すべきことを説示する。また仏舎利を供養することの功徳を説き、仏名を称言することの意義・功徳を明かし、信心を発し、善根を積むことの功徳、さらにわずかの善根でもその功徳は決して虚しくないことを説いている。

【関連典籍】チベット訳があるが漢訳とよく一致する。

【訳者・訳年代】隋の那連提耶舎＊。

（加治洋一）

0381 **等集衆徳三昧経**（とうじゅうしゅとくさんまいきょう）

集一切福徳三昧経、等集衆徳経、等集経ともいう。

【内容】集一切福徳三昧経0382の異本。若干の異同はあるが、全体の結構は大同小異なので、内容については、0382の項を参照のこと。

【関連典籍】チベット訳がある。

【訳者・訳年代】西晋の竺法護＊。

（加治洋一）

0382 **集一切福徳三昧経**（じゅういっさいふくとくさんまいきょう）

【内容】説法の座は、毘舎離の菴羅樹園にある大法講堂。仏入滅の三月前である。主に那羅延菩薩と浄威力士とを相手に、集一切福徳三昧を説示する。無上正真道の心を発すことによってこの三昧を得ること、またこの三昧の福徳を成就する基本が、布施・持戒・多聞であることを明かす。衆生の求める物をそのまま与えることが布施であり、そのように布施することによって、仏土・菩薩僧・化衆生・廻向一切智の四浄を満たすことができると説く。ついで持戒によって三昧・智慧・解脱・解脱知見を得ることを示し、多聞を説く中では仏の前生譚が紹介される。末巻では文殊師利が菩薩の何たるかを説明している。

【関連典籍】0381

【訳者・訳年代】姚秦の鳩摩羅什＊。

（加治洋一）

0383 **摩訶摩耶経**（まかまやきょう）

仏昇忉利天為母説法経、仏臨般涅槃母子相見経、摩耶経ともいう。

【内容】二巻。盛りだくさんの経であり、かつ日本でもよく流布した経典である。経の前半では、仏が忉利天に昇り、母摩耶夫人のために説法する様子を描き、後半では、仏の入滅に臨んで、摩耶夫人が忉利天より下り、最後の別れをする様子が描かれている。摩耶夫人が下天して仏のもとに到着したときには、仏は既に命終し棺に納められていたが、母のために蘇生し、棺より出現して別れの言葉を交わす。この情景は人びとの心を打ち、後に多く図像化されている（長法寺の釈迦金棺出現図は、中でも出色の作品であり、国宝に指定されている）。また巻末では、仏滅後の仏教の流伝・衰亡の様子を記述しており、注目される。迦葉が阿難と共に経を編纂すること、仏滅後百年の優婆掬多の出現、阿輸迦（アショーカ）による仏舎利塔の建立があることなどを記し、滅後二百年には尸羅難陀、三百年には青蓮花眼、四百年には牛口、五百年には宝天、六百年には馬鳴、七百年には龍樹が出現し善く法要を説くが、八百年後には、比丘が華美を好み遊びを喜ぶようになり、千年後には、修行の方法を聞いても修行を厭い望まなくなり、千百年後には媒酌人すらやるようになって、人の前で戒律を誹謗し、千二百年後には非梵行を行って子供をもうけるようになり、千四百年後には殺生を好むようになり、千五百年後には、ついに比丘同士が争いあい殺しあって、仏法が滅尽すると述べている。また巻末に「八国分舎利品」を置くが、これは宋本のみに見られるもので、涅槃経から抄出して附加したものであり、明本ではその旨を注記して削除してある。

【関連典籍】前半は仏昇忉利天為母説法経0815を下敷きにし、後半は涅槃経類に取材している。

【訳者・訳年代】蕭斉の曇景。

（加治洋一）

0384 **菩薩従兜術天降神母胎説広普経**（ぼさつじゅうとじゅつてんごうじんもたいせつこうふきょう）

菩薩処胎経、処胎経、胎経ともいう。

【内容】七巻。三十八章からなる。仏の入滅の場面を描く経典。まさに入滅を控えた仏が、兜率天での母摩耶夫人に対する説法、竜宮での竜に対する説法、中でも母の胎内で菩薩たちに対して為した説法を、阿難が聞いていないことを哀れみ、母の胎内で為した菩薩行に関する説法を再現してみせる。先ず母の胎内に処する様子を示現し、以下第三十五章まで胎内での説法である。三十六章で、ようやく迦葉が仏のもとにたどり着き、仏は荼毘に付される。三十七章では、八大国の王が仏舎利塔を建立したこと、三十八章では、経典が誦出されたことが記されている。

【訳者・訳年代】姚秦の竺仏念＊（AD412～413）。

（加治洋一）

0385 **中陰経**（ちゅういんきょう）

【内容】二巻。十二章からなる。仏が般涅槃した後、「中陰に入り、衆生を教化」するという状況を設定し、「中陰の衆生」に対して、仏がさまざまに説法した様子を描いている。般涅槃後に仏が中陰（＝中有）になり、しかも説法するという構想にも驚かされるが、経中に、妙覚如来が「神力を以て中陰中に入り、七宝の講堂、七宝の高座（中略）を化作し」云々とあるなど、中陰という世界がこの世界とは別に存在していると誤解している節もあり、この経典が、仏教の世界観をいまだ十分には消化していない異文化の世界の所産であることを忍ばせる。

【訳者・訳年代】姚秦の竺仏念＊。

（加治洋一）

0386 **蓮華面経**（れんげめんぎょう）

【内容】二巻。仏が三月後に入滅することを阿難に告げた後、仏滅後の未来の世界を描写する経典。阿輸迦（アショーカ）王が八万四千の塔を建立すること、破戒の比丘・比丘尼が現れ、蓄財し、非梵行を行い、阿羅漢を詐称し、殺生を行い、ついには仏法を毀滅すること、罽賓国の阿羅漢が十二部経を編纂し、諸論を造ること、蓮華面という名の富蘭那外道の弟子が仏法を破壊することを願い、未来世に国王に生まれ変わって仏鉢を破砕するので仏法が衰えること、破砕された仏鉢は北方へと伝えられ、人びとに供養され、再び仏法が起こること、しかし遂に仏法は地を払い、仏鉢は弥勒仏の出現まで娑伽竜王の宮中に保持されることなどが説かれる。ここにはいわゆる仏教の末法史観と未来仏思想とが説かれているが、それにとどまらず、この経典の描写がフン族の侵入という歴史的事実に支えられたものであることが山田龍城によって指摘されている。

【訳者・訳年代】隋の那連提耶舎＊。

（加治洋一）

0387 **大方等無想経**（だいほうどうむそうきょう）

方等大雲経、大方等大雲経、方等無相大雲経、大雲無相経、大雲密蔵経、方等大雲無想経、大方等無想大雲経、無想経、大雲経ともいう。

【内容】六巻。三十七章よりなる。ただし総ての章題に「大雲初分」と冠されており、より大きな経典の初分であるかの如き体裁を取っている。実際「説是経已。無量衆生得阿毘跋致」といって経は終わるが、いかにも唐突な感は免れず、続篇が存在していたが中国には伝えられなかったか、あるいは失われたのかもしれない。常・楽・我・浄を「如来無上功徳不可思議」と説き、また提婆達多は無量の功徳を成就しており、彼こそ真の仏弟子であると説くなど、涅槃経と思想的に関連が深いことが看取される。

【訳者・訳年代】北涼の曇無讖＊。

（加治洋一）

0388 **大雲無想経**（だいうんむそうきょう）

【内容】本経はこの巻のみの断簡であり、奥書から第九巻であることが知られるが、巻首が欠落しており、全体の構成や翻訳者については未詳である。対告が大雲密蔵菩薩であることや、一闡提成仏の思想と関連のある教説が説かれていることなどからも、大方等無相経0387あるいは涅槃経と関係が深いことが推測されるが、なお詳細な研究が待たれる。経の主旨は一貫して師子吼無上梯智回復無生忍無辺神足法門陀羅尼の功徳を説くことにあり、もし菩薩がこの陀羅尼を唱えれば、五逆罪の者にも、誹謗正法の悪人にも、四重禁を犯した者にも、邪見の主にも正信を生じさせることができると説き、この陀羅尼の受持・読誦・書写を勧めている。経末に経を付囑する一段があり、首部を補えば、この一巻だけの独立経典としても、結構そのものは整っている。

【訳者・訳年代】『三宝紀』に姚秦の竺仏念訳出の大雲無想経の名を出すが、これは五巻または四巻とされており、本経と比定することはむずかしい。

（加治洋一）

0389 **仏垂般涅槃略説教誡経**（ぶっすいはつねはんりゃくせっきょうかいきょう）

遺教経、仏遺教経、仏垂涅槃教誡経、仏臨涅槃略説教誡経、仏臨涅槃略誡経、仏垂涅槃略誡経ともいう。

【内容】一巻。仏が入滅に臨んで、最後の説法をした様子を描いた経典である。入滅の後は、戒を守り、五根を制し、少欲知足をこととし、寂静を求め、定を修し、智慧を身につけるようにと説き、最後に如来の法身が常在であり不滅であることを大悲心より説き示し、これが最後の教えであると結んでいる。中国・日本で共に広く普及し、特に禅宗では重視して仏祖三経の一つに数える。

【関連典籍】ブッダチャリタ（仏所行讃0192）、仏本行経0193などとの関連がつとに指摘されているが、三本ほぼ同時代の訳出でもあり、影響関係は断定しがたい。

【訳者・訳年代】姚秦の鳩摩羅什＊。

（加治洋一）

0390 **仏臨涅槃記法住経**（ぶつりんねはんきほうじゅうきょう）

記法住経、法住経ともいう。

【内容】六巻。仏の入滅に際して、阿難が、仏の入滅後、仏の教えはどうなるのかと問うたのにたいして、仏が将来を予言した経。滅後百年は聖法堅固、二百年は寂静堅固、三百年は正行堅固、四百年は遠離堅固、五百年は法義堅固、六百年は法教堅固、七百年は利養堅固、八百年は乖争堅固、九百年は事業堅固、千年は戯論堅固になると説き、以後正法が滅するが、この時、仏の本願力によって正法を護持する菩薩が出現し、大いに有情を饒益するであろうと結んでいる。

【訳者・訳年代】唐の玄奘＊。

（加治洋一）

0391 **般泥洹後潅臘経**（はつないおんごかんろうきょう）

般涅槃後潅臘経、般泥洹後四輩潅臘経、潅臘経ともいう。

【内容】一巻。説法の座は舎衛国の祇樹給孤独園。阿難の問いに応じて、仏滅後の四月八日と七月十五日に仏弟子が潅臘仏（＝潅仏）することについて説いている。大正新修大蔵経で一段ほどの短経である。五罪三悪を挙げる中に「太山地獄」とあるなど、中国撰述を疑わせる要素が含まれており、悔過経の類を訳出している竺法護に仮託して造られたものかとも考えられる。

【訳者・訳年代】西晋の竺法護＊。

（加治洋一）

0392 **仏滅度後棺歛葬送経**（ぶつめつどごかんれんそうそうきょう）一巻。

比丘師経、棺歛葬送経ともいう。

【内容】一巻。仏が自分が死んだときの葬送の仕方などを、阿難に向かって説いた経。葬送は飛行皇帝（＝転輪聖王）の葬送のごとくになすべきこと、塔・廟を造って舎利を供養すべきことなどを説き、また鉢を供養すべきことを以下のような未来の物語に託して説く。鉢は、仏滅後東方の名君のもとで守護されていたが、その王の後を嗣いだのが婬荒な王で、国乱れて、鉢を礼するものとていなくなった。それを天竜が悲しみ、海に持ち去ってしまう。なくなると惜しくなり、王は布告を出して探し求める。ときに賎人が金をだまし取ろうと偽って僧形となり、沙門が盗んだと告げる。王は沙門を捕らえて拷問し、毒を飲ませる。これを見て臣民が恨むので、王は先の比丘に戒律について訊ねる。戒律の説明を受けた王は、かえってこの比丘の虚偽に気づき、行いを改めるのである。

【訳者・訳年代】不明。

（加治洋一）

0393 **迦葉赴仏般涅槃経**（かしょうふぶつはつねはんぎょう）

般泥洹時大迦葉赴仏経、摩訶迦葉経、仏般泥洹摩訶迦葉赴仏経ともいう。

【内容】一巻。仏が入滅したとき、波和（パーヴァー）から倶尸那羅（クシナーラー）への途次にあった迦葉が仏の入滅を聞き、葬儀の場へ急ぎ駆けつける様子を描いた経典。長阿含経0001（2）遊行経などに収められている記事を独立させたものである。迦葉の讃仏偈が付されており、最後を「法身慧常存、莫呼永泥洹」と締めくくっているのが注目される。

【関連典籍】0005・0006・0007・0377

【訳者・訳年代】東晋の曇無蘭＊。

（加治洋一）

0394 **仏入涅槃密迹金剛力士哀恋経**（ぶつにゅうねはんみっしゃくこんごうりきしあいれんぎょう）

仏入涅槃哀恋経、力士哀恋経、密迹金剛力士哀恋経ともいう。

【内容】一巻。仏の入滅の場面に取材した経。密迹金剛力士が、仏の入滅を嘆き悲しみ懊悩して、仏に世に留まるようさまざまに掻き口説く様子を描いている。ひたすら密迹金剛の悲嘆を書き綴った経典で、大正新修大蔵経二ページほどの短経ではあるが、全篇にわたってその悲悼の言葉が記されている。曰く「哀哉、破壊魔者。哀哉、転法輪者。哀哉、滅一切外道蛍火光者」と嘆き、「願賜語鉗、為我抜出一切衆生愛別離苦」と頼み、「阿難昔日勧請世尊住寿一劫、如来何故不受其請」と口説く。ついに経の末尾で帝釈天がそれを諌めたのを受けて、仏が「諸行無常」「合会必離」「有生必死」と説き、「諸有苦尽、更不受生。汝等不応生大憂悩」と諭して経は終わる。

【訳者・訳年代】不明。

（加治洋一）

0395 **仏説当来変経**（ぶっせつとうらいへんぎょう）

【内容】一巻。説法の座は、舎衛国の祇樹給孤独園。仏が問わず語りに、当来世に仏法を滅ぼす要因を一法から五法まで（十五邪事）列挙した経典。戒を守らず、妻子を養い、三学を修めず、立派な袈裟を欲しがり、婦女の間に立ち交わり、言葉を飾り、経典の教えを廃し、人におもねり、精進修行するものがいないなどを挙げ、学道を志すものは、綺飾を棄て、名聞を求めず、正しい経を弘め、仏世に遇えなくとも出家して学び、十方の衆生を愍念せよと説く。

【訳者・訳年代】西晋の竺法護＊。

（加治洋一）

0396 **仏説法滅尽経**（ぶっせつほうめつじんぎょう）

【内容】一巻。仏の入滅を三月後に控えたある日、仏の顔色が曇っているのを、阿難が不審に思い問うたのを契機に、仏が法滅の時代を語る。魔道が興隆し、仏道を壊乱し、俗衣を身につけ、立派な袈裟・五色の服を好み、酒を飲み、肉を喰らい、殺生し、慈心とてこれなく、お互いに憎み妬みあう。立派な菩薩や辟支や阿羅漢が世に現れて修業精進しても、衆魔や比丘に迫害され、仏道はいっそう廃れ、世間は荒廃する。彼らは山に篭って、ただ自分たちのみ仏法を守っていたが、ときに世に出た月光と協力して仏法を興隆させる。しかし彼らが滅してからは、十二部経も滅してしまう。こうしてまさしく法が滅尽してしまってから数千万歳、弥勒が天より降りて作仏し、ようやく天下泰平になると説く。なお文中に、首楞厳経、般舟三昧の名が現れ、本経の来歴を想像する材料を提供している。

【訳者・訳年代】不明。

（加治洋一）

第13巻　大集部　全

0397 **大方等大集経**（だいほうどうだいじっ〈しゅう〉きょう）

大集経ともいう。

【成立】隋の僧就が編む。

【内容】六十巻。大集法会、法の聚の名のもとにそれぞれ各品独立に成立した経典群を一括して集め編纂したもの。各々品数の出入りも多く、また派生経典も多々あって一大部をなしている。瓔珞品（巻1）、仏は王舎城耆闍崛山中において三昧力をもって欲色界中間に大坊庭を現出すると、十方恒河沙等の諸仏菩薩大宝坊中に雲集し、大衆に瓔珞荘厳等々を得しめる。陀羅尼自在王品（巻1～4）、陀羅尼自在王菩薩の問いに対し、仏は戒・三昧・慧・陀羅尼の四瓔珞荘厳を、さらに菩薩の八光明、大悲の十六事、衆生の三十二不善業を説き、菩薩は大悲のために無量劫に至るも入涅槃せずと栴檀窟如来の物語とともに述べる。陀羅尼自在王菩薩が八陀羅尼を述べると過去世に光頂菩薩としても説いたと語る。さらに慧根と慧業、慧聚菩薩の前生を説き阿難に附属する。宝女品（巻5

〜6)、仏は欲色界中間大宝坊中において童女宝女の問いに、菩薩の法語・義・毘尼の三種の実を説く。宝女と舎利弗の問答が続き、宝女の三十二の宝心、四無礙智、二十八種の不共の法、如来の三十二相の業因、菩薩の法行・不退印が語られる。加えて大乗とは何か、衆生に大乗を得しめざる障礙の三十二法、大乗を得しむる三十二事を説く。不眴菩薩品(巻7)、不眴菩薩の問いに、仏は一切法自在三昧で無上正遍知を得ると答え、一法より十法を説く。須菩提と不眴菩薩が問答し、仏は心の自在について述べる。さらに不眴菩薩の前生から、八陀羅尼門、八精進、八法、八荘厳、八発心等が語られる。海慧菩薩品(巻8〜11)、海慧菩薩の問いに、仏は浄印三昧を説き衆生に種々の調伏・解説あることを示し、堅固荘厳菩薩の精進譚を語る。深仏法、菩提性、法慧菩薩の物語、大乗、菩薩の誓願力、如法の説・住、魔業がそれぞれ説かれ、海慧菩薩が仏に変わって魔王を救うと、仏は四天王呪・帝釈呪・諸魔呪・梵天呪等を説く。無言菩薩品(巻12)、王舎城師子将軍家の無言と呼ばれる一言も喋らない童子について、仏は彼こそ大菩薩であり衆生調伏のためにかかる身であることを述べる。童子は初めて口を開いて南無仏と唱える。正見、四力、慧灯三昧、金剛三昧等が語られ、父王に菩提心を発すべきことを勧め四十荘厳菩提心を説く。不可説菩薩品(巻13)、不可説菩薩によって、菩薩戒・一切法の不可説が説かれ、世尊によって仏の出世が語られる。魔王が一比丘に化して不可説菩薩と問答すると、菩提成就の十六法・菩提心増長の三十二法を説き、仏に向かって六波羅蜜の不可説なることを述べる。虚空蔵菩薩品(巻14〜18)、妙宝荘厳堂において虚空蔵菩薩の問いに、仏は四法・八法を以て六度を成ずること、功徳智、念仏・念法・念僧、行相分別、法界性門、陀羅尼、無礙等々を説く。さらに虚空蔵の名の由来の物語と神変が語られ、菩薩三昧、大誓荘厳、善根・資糧・方便・智、菩提心等々が述べられる。虚空蔵菩薩が呪を説くと五百蜜迹執金剛が現れ、魔等は菩提心を発す。闘諍疾病を除く呪、四天王・梵釈の呪が説かれる。宝幢分(巻19〜21)、十三品よりなる。魔王波旬の調伏物語。仏智、仏の過去業の物語、大集金剛法心因縁陀羅尼、変成男子思想、二十八宿等の星宿思想等々が説かれる。虚空目分(巻22〜24)、十品よりなる。仏は大集のために正法並びに虚空目の法行を説く。頂法・世第一法・八忍・四果・摂心・三解脱門・四諦・五通・五蓋・四禅・四無色定、道と非道、十二因縁の観法、四無量心等々が述べられる。また十二獣についての物語、罪に関する問答等が語られる。宝髻菩薩品(巻25〜26)、宝髻菩薩の問いに、仏は波羅蜜行・助菩提行(三十七菩提分)・神通行・調衆生行の菩薩の四行を説く。過去世で浄精進菩薩(仏陀)が不信の一王子(弥勒菩薩)を調伏した物語をのせる。無尽意菩薩(巻27〜30)、東方普賢如来の不眴世界に住する無尽意菩薩に名の由来を問うと、一切諸法因果は不可尽であることを体得せるが故にと答える。菩提心、六度、功徳、智慧、七科の助菩提分、四法、一道・方便等々すべて無尽なることを説く。日密分(巻31〜33)、六品よりなり欠あり。仏は大乗と小乗の無差別を語り、法供養、破戒の比丘、僧物を掌護するもの等の説法がある。如実・蓮華・空行・無願の四陀羅尼を説く。諸竜と星宿の物語をのせる。日蔵分(巻34〜45)、十三品よりなり、日密分との重複有り。主な対告衆は日行蔵菩薩。破戒比丘が諸悪報を受けるべきこと、四諦順忍陀羅尼等の諸陀羅尼、八解脱門、世間不可楽、五趣相、諸竜救済の物語、詳細な星宿思想、諸国守護供養等々が述べられる。月蔵分(巻46〜56)、二十品よりなる。主な対告衆は月蔵童真菩薩。第一義諦甚深の法要、魔王波旬・阿修羅の謝罪帰仏、十二種功徳、十種平等、諸国分属・国界護持、末法思想、仏塔護持等々が説かれる。須弥蔵分

（巻57～58）、四品よりなる。諸数息観、十種利益、禅波羅蜜等がまず説かれ、地蔵菩薩の問いに、因陀羅幢相王仏のもとでの発願物語が語られ、竜の災害・天地の災厄・心身の疾厄を除癒する呪が述べられる。十方菩薩品（巻59～60）、諸行の因縁不同の問いに仏は五十校計の罪相を説き、一一の法中に皆百八を数える。後漢安世高訳の明度五十校計経を纂集したもので、これによって大集経の一部分の成立は紀元一世紀に遡るとされる。

【関連典籍】0398～0403・0405・0411・0417・0418

【後世への影響】特に月蔵分は末法思想、中国での浄土教、三階教、日本にかけての毘沙門信仰にも影響が見られる。また現代においては、経典中にみられる地理・天文・習俗などの多彩な記述から、インド・中央アジア・中国にいたる思想・文化史の再構成の第一次資料として特筆されるものである。

【訳者・訳年代】前三〇巻は北涼の曇無讖＊、後三〇巻は隋の那連提耶舎＊。

【参考文献】訳一・大一～四。

（佐野靖夫）

0398 **大哀経**（だいあいきょう）

如来大哀経、大愛経ともいう。

【内容】八巻。二十八品よりなる。経題は如来の大悲・大哀愍を意味する。説法の座は王舎城・霊鷲山。仏は成道後十六年目に、三昧の力によって欲界と色界の中間に大坊庭を出現させる。仏が三昧より起って大光明を放つと、無数の菩薩や声聞、諸天善神などが教えを請おうと集まり来る。仏は総勢王菩薩を主な対機として、菩薩の八光明や十六事の大哀、衆生の三十二種の不善業などを説き明かす。また、十力・四無畏・十八不共法による如来所作の三十二種の事業について述べる。さらに師子英菩薩と総勢王菩薩との対話形式により、八総持などの教えが展開する。大方等大集経0397の（1）（2）は本経の異訳。

【関連典籍】0397・0422

【訳者・訳年代】西晋の竺法護＊。

（佐々木隆友）

0399 **宝女所問経**（ほうにょしょもんぎょう）

【内容】四巻あるいは三巻、十三品よりなる。本経の主題は、仏道修行において障害があるとされる女人の身でありながら非常に高い悟りを得ている宝女が、男身の優位を固定観念として持つ保守的仏教思想の代表である舎利弗と互角の立場で問答を繰り広げつつ、大乗仏教の本義を明らかにしていくという点にある。例えば発意三十二品第二において舎利弗は宝女に、女身にして仏説を修得しうるだろうかと問う。それに対し宝女は、「至誠に言辞あるなし、法に欲なし、獲べからず説くべからず」と答える。本経は、無分別の境地に至れば本来男身女身の相は無いという、維摩経・観衆生品第七などと同様の、空思想による女人成仏観を底流として有している。大方等大集経0397の（3）は本経の異訳。

【関連典籍】0397・0474～0476。チベット訳もある。

【訳者・訳年代】西晋の竺法護＊。

（佐々木隆友）

0400 **仏説海意菩薩所問浄印法門経**（ぶっせつかいいぼさつしょもんじょういんほうもんぎょう）

海意菩薩法門経、浄印法門経ともいう。

【内容】十八巻。海意菩薩が無量功徳宝無垢殊妙荘厳国から仏の住す如来神通境界大宝荘厳最勝道場大菩薩宮中へとやって来て、仏に浄印三摩地門を説くことを請う。仏はこの浄印三摩地門を獲得するための方法として、一切智心宝、すなわち菩提心を発こすこと（巻二）や、諸法平等観による一切魔敵の降伏（巻五）、阿字等の門句、解脱等の印句、自身を金剛の如しとする金剛句などを受持し、正法を護持すること（巻一二・一三）など、実にさまざまな菩薩行の在り方を説示する。本経は全体的に般若・空思想が濃厚であり、また巻一七・一八においては四天王や帝釈・梵天を召喚する呪なども説かれ、呪術的要素にも満ちている。大方等大集経0397の（5）は本経の異訳。

【訳者・訳年代】宋の惟浄＊。

（佐々木隆友）

0401 **仏説無言童子経**（ぶっせつむごんどうじきょう）

無言菩薩経ともいう。

【内容】二巻。説法の座は耆闍崛山。王舎城の師子将軍家に一人の男児が生まれるが、生時、諸天が彼の眼前に飛来し「法を念じ法を思惟すべし、世事を説くことなかれ、口を守り言を慎みて語を少なくすべし」と告げたため、彼は一声たりともあげることなく黙念思惟して四禅定に住する。そのため彼は無言童子と名づけられる。ある時無言は、その花弁上に菩薩が坐した蓮華を人々の手中に出現させるという神通を現じた後、初めて口を開いて「南無仏陀」と唱える。以下、仏や舎利弗との対話形式によって、正見や四力、慧灯三昧、四十荘厳菩提心などの教えが展開する。全体的に空思想が濃厚で、主人公である無言の性格も、一切の文字相を離れる空思想の人格化と考えられる。大方等大集経0397の（6）は本経の異訳。

【訳者・訳年代】西晋の竺法護＊。

（佐々木隆友）

0402 **宝星陀羅尼経**（ほうしょうだらにきょう）

大集宝星経、宝星経ともいう。

【内容】十巻あるいは八巻。十三品からなる。大方等大集経0397第九宝幢分の異訳別行本。舎利弗と目蓮の帰仏物語で始まり、魔王が数々の誘惑を行うが、釈尊は月光明香如来の許での因縁譚を語り宝星陀羅尼を説く。釈尊が魔軍を破ろうと王舎城に臨んだとき、雪山の光味仙人と問答し、仙人の二十八宿の占星思想を退ける。帰仏せぬ魔王の熱毒気を変じた釈尊は、諸仏同声に金剛法等因縁法心建立摧砕陀羅尼印句入差別記法門を説く。その後魔王の伴侶息華、一切天竜夜叉も帰仏する。曼荼羅香仏の問いに、この法門を菩薩釈梵護世天竜等乃至浄信の者に付属し、梵王は大栴檀香如来よりこの経受持の十種法を受ける。

【関連典籍】0397・1299～1301

【訳者・訳年代】唐の波羅頗蜜多羅＊（AD692～693）。

【参考文献】『梵文宝星陀羅尼経』久留宮圓秀校訂、平楽寺書店。

（佐野靖夫）

0403 **阿差末菩薩経**（あしゃまぼさつきょう）

阿差末経、阿差末菩薩品、無尽意経、無尽意品ともいう。

【内容】七巻。〈第一巻〉仏は正覚の道場に在して邪見六十二を降伏し十二縁起を明らめ四諦を修した。時に東方に大金色光が出現し、舎利弗が光のいわれを問うと、仏は阿差末菩薩が眷属とともに東方より来る瑞応で、舎利弗は仏所に至って虚空に止まった。舎利弗は阿差末菩薩にどこから来たかと問い、仏は東方の阿尼弥沙世界の三曼跋陀（普賢）如来のもとから来たことを告げ、舎利弗に阿尼弥沙土の仏国の有様を説く。〈第二巻〉阿差末菩薩が舎利弗に菩薩の諸法を説示してこれ不可尽と説く。不可尽とは仏道を求むることをいうとする。まず布施、持戒、忍辱の法の不可尽を説く。〈第三巻〉精進、禅定、智慧の不可尽を説く。〈第四巻〉十二因縁、阿羅漢縁覚菩薩の徳、四大、菩薩の大哀、六神通の中二神通の不可尽を説いて巻を終る。〈第五巻〉残る四神通、四恩行、弁才の四事の不可尽を説く。〈第六巻〉菩薩の功徳業および聖慧業、四意止、四正断、四神足、五根、五力の不可尽を説く。〈第七巻〉七覚意、八聖道、寂然正観、総持、弁才、菩薩の行ずる四諦の法、一乗道、菩薩の行ずる善権方便などの不可尽を説く。説き終って仏は阿難に正法をして永く存せしめるよう説いた。

【訳者・訳年代】西晋の竺法護＊。

（河村孝照）

0404 **大集大虚空蔵菩薩所問経**（だいじゅだいこくうぞうぼさつしょもんぎょう）

虚空蔵経、虚空蔵菩薩経、大虚空蔵所問経ともいう。

【内容】八巻。大方等大集経0397第八虚空蔵品の異訳別行本。説法の座は如来境界宝荘厳道場。虚空蔵菩薩は神力をあらわし、人々に菩提心を発させ、雲集する諸菩薩をまえに、虚空が無尽であるかの如きの無尽の智慧および善根功徳を説く。加えて三摩地、六波羅蜜、三十七菩提分法、三十二の虚空清浄印法等々が述べられる。宝吉祥菩薩による、虚空蔵菩薩は已に浄にして出世間道を得るやの問いに、虚空蔵菩薩は加持力をもって法衣を空中に隠す。それを見ると釈尊は微笑される。宝手菩薩は菩提心を摂持して不退転の法を問い、また諸菩薩との問答では超魔の真言が説かれる。虚空蔵菩薩は帝釈天を世に久住せしめ、諸菩薩はこの経を嘱累される。密教的色彩が濃く、虚空蔵菩薩は後に金剛界大日如来と同体と説かれ、明星はその化身とされた。

【関連典籍】0397

【訳者・訳年代】唐の不空*。　(佐野靖夫)

0405 **虚空蔵菩薩経**（こくうぞうぼさつきょう）

虚空蔵経、虚空蔵菩薩神呪経ともいう。

【内容】一巻。説法の座は佉羅底翅山。西方勝華敷蔵如来の仏国より来現した虚空蔵菩薩が神通力を示現したとき、弥勒菩薩と薬王菩薩との問答に答えて釈尊が、頂上の如意宝珠の因について虚空蔵菩薩の威神力を説く。虚空蔵菩薩は虚空が無尽であるかの如き無尽の智慧および善根功徳をもち、大慈悲心があって衆生の危難を救い、堕地獄の重罪を滅除し、三昧自在力を得て、一切の衆生を饒益することを述べる。続いて虚空蔵菩薩の無尽降伏師子奮迅陀羅尼を釈尊は賛嘆する。後に虚空蔵菩薩は、地蔵菩薩とともに両界曼荼羅の大日如来と同体とされた。訳者不明の仏説虚空蔵菩薩神呪経0406、曇摩蜜多訳・虚空蔵菩薩神呪経0407、闍那崛多訳・虚空孕菩薩経0408は同本異訳とされている。

【関連典籍】0406〜0408

【訳者・訳年代】姚泰の仏陀耶舎*。　(佐野靖夫)

0406 **仏説虚空蔵菩薩神呪経**（ぶっせつこくうぞうぼさつじんじゅきょう）

虚空蔵菩薩神呪経ともいう。

【内容】一巻。説法の座は佉羅帝耶山。虚空の如く何ものにも打ち破られず、無量の智慧や功徳を蔵し利益を与えるという虚空蔵菩薩の威神力および陀羅尼を説く。仏陀耶舎訳・虚空蔵菩薩経0405、曇摩蜜多訳・虚空蔵菩薩神呪経0407、闍那崛多訳・虚空孕菩薩経0408は同本異訳とされており、詳細は0405の項を参照。0405・0408にくらべ、序説に該当する部分を欠き簡略に説かれ、特に0407とは同一の原本と思われている。

【関連典籍】0405・0407・0408

【訳者・訳年代】不明。　(佐野靖夫)

0407 **虚空蔵菩薩神呪経**（こくうぞうぼさつじんじゅきょう）

虚空蔵神呪経ともいう。

【内容】一巻。説法の座は佉羅山。

虚空の如く何ものにも打ち破られず、無量の智慧や功徳を蔵し利益を与えるという虚空蔵菩薩の威神力、および陀羅尼を説く。仏陀耶舎訳・虚空蔵菩薩経0405、訳者不明の仏説虚空蔵菩薩神呪経0406、闍那崛多訳・虚空孕菩薩経0408は同本異訳とされており、詳細は0405の項を参照。0405・0408にくらべ、序説に該当する部分を欠き簡略に説かれ、特に0406とは同一の原本と思われている。

【関連典籍】0405・0406・0408

【訳者・訳年代】劉宋の曇摩蜜多*（AD442）。

0408 **虚空孕菩薩経**（こくうようぼさつきょう）　(佐野靖夫)

虚空孕経ともいう。

【内容】二巻。説法の座は佉羅坻迦山。西方に摩尼宝珠が光明を放ち現れ、仏は虚空孕菩薩の威神力不可思議および陀羅尼を説く。虚空孕菩薩とは虚空蔵菩薩のことで、虚空の如く何ものにも打ち破られず、無量の智慧や功徳を蔵し利益を与えるということから名づけられたものである。本経は仏陀耶舎訳・虚空蔵菩薩経0405、訳者不明の仏説虚空蔵菩薩神呪経0406、曇摩蜜多訳・虚空蔵菩薩神呪経0407の同本異訳とされており、詳細は0405の項を参照。0405の序説の部分は含まれないが、0406および0407を詳説したものである。

【関連典籍】0405～0407

【訳者・訳年代】隋の闍那崛多＊（AD600）。

（佐野靖夫）

0409 **観虚空蔵菩薩経**（かんこくうぞうぼさつきょう）

虚空蔵観経、虚空蔵菩薩経、虚空蔵菩薩観経、観虚空蔵経ともいう。

【内容】一巻。説法の座は、佉陀羅山。虚空蔵菩薩によって犯戒の衆生が滅罪されることおよびその陀羅尼等が説かれる。長老優波離の虚空蔵菩薩の名を説いて毘尼にある犯戒の者の一切の悪律義・不善業を治すとは如何にとの問いに、仏は、慚愧して三十五仏名および大悲虚空蔵菩薩を称え澡浴焼香し虚空蔵菩薩を勧請すれば、虚空蔵菩薩は如意珠と天冠とともに現前し、虚空蔵菩薩の哀愍によって滅罪することができると述べる。また塗治圊厠して八百日間人に知られず、澡浴し三十五仏および虚空蔵菩薩を礼拝し、十二部経に向かい五体投地し三七日懺悔等をしたならば、この苦行力の故に罪業は永除されるであろうと説く。以下虚空蔵菩薩陀羅尼呪等が述べられる。

【関連典籍】0405

【訳者・訳年代】劉宋の曇摩蜜多＊（AD442）。

（佐野靖夫）

0410 **大方広十輪経**（だいほうこうじゅうりんきょう）

【内容】八巻。十五品からなる。内容は大乗大集地蔵十輪経0411と変わらないが、章立てが異なっている。序品は0411の序品の途中まで。諸天女問四大品第二は序品の最後まで。発問本業断結品第三は十輪品の途中まで。灌頂喩品第四は十輪品の最後まで。相輪品第五は無依行品の第一まで。刹利旃荼羅現智相品第六は無依行品の最後まで。衆善相品第七は有依行品第二の途中まで。刹利依止輪相品第八は懺悔品の最後まで。遠離讒嫌品第九は善業道品の最後まで。布施品第十は福田相品の第一の途中まで。持戒相品第十一はひきつづいて福田相品の第一の途中まで。忍辱品第十二はひきつづいて福田相品の第一の途中まで。精進相品第十三は福田相品の第一の途中まで。禅相品第十四は福田相品の第一の最後まで。智相品第十五は獲益嘱累品の最後まで。布施品以降は六波羅蜜に対応しているが、総じて品ごとの分量が小さすぎて煩瑣な感がある。内容に関しては0411を参照のこと。

【関連典籍】0411～0413・0839・1158・1159・2909

【訳者・訳年代】訳者不明（北涼代）。

（大谷正幸）

0411 **大乗大集地蔵十輪経**（だいじょうだいじゅう〈じっ〉じぞうじゅうりんきょう）

十輪経、地蔵十輪経ともいう。

【内容】十巻。八品からなる。佉羅帝耶山にて仏が月蔵という教え（大方等大集経0397の月蔵分を直接指すか、あるいはそれに類するものであろう）を説いたとき、種々の奇瑞が起きた。それを無垢生という天人が仏に問うと、声聞の姿をした地蔵菩薩が出現した。以後、彼のあらゆるものを救い、あらゆるものに姿をかえて救う自らの誓願と陀羅尼が説かれる（序品）。地蔵によって、仏が成就したという「十種仏輪（輪＝説かれるべき命題）」が問われ、理想的な王が成就するという十の「王輪」と対応してそれが開示される（十輪品）。天蔵という天人の疑問に対して仏が衆生を退せしめる「無依行法」と無間地獄に堕ちるべき悪業の罪が説かれ、地蔵のこれを救う願が示された後、三宝を迫害する種々の身分の「旃荼羅（賎民身分としてのそれというよりは、各種身分の下劣なものという意味で使われているようだ。または各種身分の混血種のことか)」が地獄へ堕ちることを例証をあげて説く（無依行品）。金剛蔵菩薩の問いに応じて、人身を得難い「十種補特迦羅」とは何か、また汚道たる出家者に対する如来の教化を説き、または僧と沙門を各々四種に分類する。そして、三乗（声聞乗、独覚乗、大乗の三つ）の正法を求める沙門への帰依を説いて機根に応じて三乗を選んで入るように勧め、理想的な二種の「十種有依行輪」、諸仏諸菩薩の「無塵垢行輪」と「無取行輪」を示し、三乗において他を斥せざるべきを説く（有依行品）。これらを聞いて正見を得た無量の衆生や声聞や菩薩たちは、懺悔して自ら悪行を発露した。それを見た仏が「十種法」「十善業道」の功徳を説いた（懺悔品）。三乗における彼ら「菩薩摩訶薩」（この場合三乗すべてに通じるものであって、大乗だけのものではない）において誤らせることのない「十輪」を示す（善業道品）。また六波羅蜜と善巧方便に対応する種々の「大甲冑輪」を示す（福田相品）。これらを無量の衆生が聞いて種々の益を得て、虚空蔵菩薩が仏よりこの法門を付属されて経をしめくくる（獲益嘱累品）。

【関連典籍】0410は異訳。0412、0413、占察善悪業報経0839、地蔵菩薩儀軌1158、1159、2909。

【後世への影響】中国日本を問わず、とくに通俗的な地蔵信仰を支えたのは、この経もさることながらそれよりは0412や延命地蔵菩薩経（訳一、大集部五、または禅門曹洞宗典）や、地蔵菩薩発心因縁十王経（蔵川述、新纂大日本続蔵続一）などであるといえよう。また、中国ではその三乗併存の思想から三階教の教理に大きく影響を及ぼし、根本聖典に並ぶ扱いを受けた。

【訳者・訳年代】唐の玄奘＊（AD651）。

【参考文献】矢吹慶輝『三階教之研究』（一九二七、岩波書店）。訳一・大集部五。

（大谷正幸）

0412 **地蔵菩薩本願経**（じぞうぼさつほんがんきょう）

地蔵本願、地蔵本行、地蔵本誓力ともいう。

【内容】二巻。十三品からなる。仏が忉利天において母のために説法したとき、仏は文殊師利菩薩に、この集会に集まっている無数のものたちの数こそは地蔵菩薩が救済するものたちの数であると説いた。いぶかしむ文殊師利に仏は地蔵菩薩への供養を説き、はるかな昔、婆羅門女（バラモン身分の娘）だったときの本生譚を語る。そのとき、地蔵菩薩が忉利天に出現した。仏は地蔵菩薩の身体が諸世界に分身して教化していることを讃し、弥勒の出世まで衆生に仏の授記と遇わせるべく付嘱すると分身を一人に集めて感動してこれに答えた。そこに仏の母である摩耶夫人が現れて、彼女の請いに答えて閻浮提（ジャンブドヴィーパ。この我々の住むとされる逆台形の島）の無間地獄について説いた。定自在王菩薩の問いに答えて、過去無量阿僧祇劫の昔、光目女だったときに人天を度することを誓願したことを述べた。また、仏は四天王に地蔵菩薩が衆生の苦しみに応じてさまざまに説法することを説いた。地蔵菩薩は普賢菩薩の請いに答えて地獄の名前とそこに行くべきものの罪業を説いた。仏は大光明を放ち、普広菩薩の請いに答えて地蔵菩薩の仏像（仏画）への供養や経典の読誦よる功徳を説いた。地蔵菩薩は死者のために仏菩薩の名号を念ずれば悪趣に堕ちないことを説いた。また地蔵菩薩は大弁長者の請いに答えて、残されたものが死者を供養すれば死者がその功徳の七分の一を得ることを説く。そのとき、聴衆の中の鬼神たちが仏前に詣で、彼らの請いに答えて仏は地蔵菩薩の大慈悲と方便を説くと、鬼神たちは地蔵菩薩を供養するものを護衛することを誓った。また、主命という鬼神が衆生を解脱させることを誓うと、仏は主命に成仏の記別を与えた。地蔵菩薩は多くの仏名をあげ、かの仏名を念ずることによる功徳を説いた。また、社会的地位の高いものたちのみならず普通のものたちがする布施の功徳を説いた。

そして、堅牢地神が地蔵菩薩の供養の利益を十種あげ、そういうものたちを護衛することを誓った。すると仏は白毫から数多の光を放ち、観自在菩薩の請いに答えて地蔵菩薩の仏像を供養礼拝することの利益を説いた。終わると、仏は地蔵菩薩の頭頂を摩し、閻浮提の衆生たちのために救済することを命じ、虚空蔵菩薩の請いに答えて、未来世に地蔵菩薩の仏名をきき仏像を礼拝するものの利益を説いた。これらを聞いて聴衆は讃歎し、彼らは礼をして退いた。

【後世への影響】地蔵菩薩の本願や本生を説くことにもまして、死後の仏教的世界観を説いていることもあって地蔵信仰や通俗的な世界観が普及する遠因となった経典といえよう。中国日本ともに注釈も多いが、清より前のものが現存せず、伝承も聞かない所に本経の訳経（成立）の新しさが伺える。

【関連典籍】0410・0411・0413・0839・1158・1159・2909

【訳者・訳年代】唐の実叉難陀＊とされるが異説もある。

【参考文献】訳一・大集部五。

（大谷正幸）

0413百千頌大集経地蔵菩薩請問法身讃（ひゃくせんじゅだいじゅう〈じっ〉きょうじぞうぼさつしょうもんほっしんさん）

地蔵本門讃、地蔵菩薩請問法身讃、地蔵法身讃ともいう。

【内容】一巻。五言四九四句、一二三頌半からなる。0410～0412までのものと趣を異にする内容で、地蔵菩薩に関する記述はまったくない。はじめに清浄なる涅槃そのものである法身を輝くものとして称讃し、諸法（あらゆる存在）の所依としての種子を清めることを勧める。そして、諸法の分別し得ないことを唯識の三性説をもって説明する。法界に認識すべきものなく、感覚のかかわらざるを述べる。また、月が満ちることに譬えて十地を次第してそれを究竟することで法身を得るという。このようにして智慧を極めたものは偉大なる瑜伽者であり、その自在なる働きを賛嘆する。仏性思想と唯識思想に密教を少し混合したような立場にあり、清浄にして輝く法身を称え、瑜伽（ヨーガ。心を調御して対象に集中すること）をもって法身を体得すること、そしてそのような者の衆生教化の働きを称えること、それらに趣旨は尽きるのであるが、多少冗長な感がある。矢吹慶輝は『仏書解説大辞典』で三十帖策子によって空海が将来したというが、現存のそれには見当たらない。

【関連典籍】0410～0412・0839・1158・1159・2909

【訳者・訳年代】唐の不空＊。

【参考文献】訳一・大集部五。『続国訳秘密儀軌』二。

（大谷正幸）

0414菩薩念仏三昧経（ぼさつねんぶつざんまいきょう）

念仏三昧経ともいう。

【内容】五巻あるいは六巻。十六品よりなる。説法の座は王舎城・耆闍崛山。不空見菩薩を主な対機として菩薩の重要な行業である念仏三昧の教えが展開される。ここにいう念仏とは、仏の身体の特徴（三十二相八十種好相など）やその功徳について観想・憶念し、見仏を誘うことを目的としたもので、後に浄土教において大流行する称名念仏とは若干異なる。達磨笈多訳の大方等大集経菩薩念仏三昧分0415は本経の異訳であるが、正念品第十五と大衆奉持品第十六の二品は達磨笈多の異訳には存在しない。詳しくは0415の項参照。

【関連典籍】0415

【訳者・訳年代】劉宋の功徳直＊（AD452）。

（佐々木隆友）

0415大方等大集経菩薩念仏三昧分（だいほうどうだいじっ〈しゅう〉きょうぼさつねんぶつざんまいぶん）

大集経菩薩念仏三昧分、大方等大集菩薩念仏三昧経、大集念仏三昧経ともいう。

【内容】十巻。菩薩念仏三昧経0414は本経の異訳であり、両経の内容はほぼ一致して訳語も共通するものが多い。ただ本経は0414における正念品と大衆奉持品の二品に相当する部分を欠き、十五品より構成されている。これは一度は訳出されながら中途で失われたものと思われる。

経題の念仏三昧とは仏身や仏徳を念じて仏の現前を誘おうとする禅定を意味し、菩薩の必修すべき行業とされる。各品の概略は以下の通り。〈序品第一〉説処は王舎城・耆闍崛山。浄居の諸天子に念仏三昧の法門を勧請された仏は大悲心を起こしてその法門を宣説しようとする。〈不空見本事品第二〉仏は主たる対機である不空見菩薩に対し師子吼して諸衆生を利益するよう勧める。仏は不空見の本事を明かし、かつて宝聚如来の般涅槃において如来の荼毘を荘厳しようと焼身供養した師子王子が現在の不空見であり、仏はその父王・無辺精進であったと述べる。〈神変品第三〉不空見は三昧に入り種々の神変を起こして三千大千世界を荘厳する。阿難はその神変が誰の力によるものか知りたいと思い目連などの大声聞に尋ねるが、声聞の力では及ばない神変であろうと述べられる。〈弥勒神通品第四〉阿難と共に乞食していた弥勒菩薩はある婆羅門に食を施されるとその食を十方恒河沙の諸仏に供養するという神通を現し、その婆羅門を発心させる。〈歎仏妙音弁品第五〉不空見が諸衆を観じて奇特の心を生じ、三昧より起って阿難を前に種々の仏徳を讃歎する。〈讃如来功徳品第六〉前品に引き続き不空見が仏徳を讃歎する。〈作仏神通品第七〉仏は不空見に濁世における救護者が仏であることを述べ、神通によって遍ねく十方三世の諸仏を示現する。〈見無辺仏広請問品第八〉不空見が仏に菩薩の修すべき三昧とは如何なるものかと勧請する。〈讃三昧相品第九〉不空見の勧請を受けた仏は念一切菩薩と名づけられる三昧を修めるべきことを述べる。〈正観品第十〉仏は念仏三昧を成就する方法として種々の修法を説き、この三昧を修する者こそ仏恩を報ずると述べる。〈思惟三昧品第十一〉仏はまた、念仏三昧の成就のために十方三世の諸仏を五陰・五塵・四大に即したものとして、また離れたものとして、両面より念ずべきことを説く。〈示現微笑品第十二〉仏は怡然として微笑し口から種々の光明を放って会衆に授記する。〈神通品第十三〉不空見が菩薩は如何にして慚愧に住すべきかと問うと、仏は過去世において鴦耆羅娑如来に慚愧に住する法門を聴聞したという故事を述べつつその法門を説示する。〈説修習三昧品第十四〉念仏三昧の成就のために無貪・無瞋・無癡・無定・苦・無我・三世の諸仏に対する随喜などの三法を修めるべきことが説かれる。〈諸菩薩本行品第十五〉不空見を始めとする諸菩薩が本経の受持宣説を誓うと、仏は微笑して放光し三千大千世界を荘厳する。会中の如意定智神通菩薩が偈によって仏の微笑の理由を問うと、仏もまた偈によって会中の諸菩薩が過去世において既に諸仏の下で本経を受持していたということを明かす。この仏の偈をもって本経は唐突に終わるが、本来は0414のようにこの後に続く部分があったのだろうと推測される。

【関連典籍】菩薩念仏三昧経0414。

【後世への影響】本経に説かれる念仏三昧は般若・空思想に裏付けられた主智的禅定であるが、易行・他力を旨とする後代の浄土教においてはむしろ念仏の主情的な面が強調され、称名念仏の専修という形態を得るに到った。

【訳者・訳年代】隋の達磨笈多＊。

【参考文献】訳一・大集部六。

（佐々木隆友）

0416 **大方等大集経賢護分**（だいほうどうだいじっ〈しゅう〉きょうけんごぶん）

【成立】梵文テキスト等については般舟三昧経0418参照。

【内容】五巻。十六品によりなる。経題の賢護とは対告衆のダルマパーラの意訳である。内容の大意については0418を参照のこと。梶山雄一によれば、内容的にチベット語訳にもっとも近いという。確かに偈頌などは0418に比してこちらの方が整備されている。思惟品第一は0418の問事品と行品まで、三昧行品は四事品の途中まで。見仏品は四事品の最後まで。正信品は譬喩品の途中まで。受持品は譬喩品の最後まで。観察品は無著品と同じ。戒行具足品は四輩品と授決品まで。称讃功徳品は擁護品と、羼羅耶仏品は饒益品と同じ。具足五法品は請仏品の初めの偈頌まで。授記品は請仏品の次の偈頌まで（もっとも短い）。甚深品は請仏品の最後まで。現前三昧十法品（宋元明三本と宮内庁図書寮所蔵の旧宋本は現前三昧十法八法品と呼ぶ）は無想品と同じ。不共功徳品は十八不共十種力品に同じ。随喜功徳品は勧助品と師子意仏品まで。至誠仏品は覚寤品と、嘱累品は仏印品に同じである。

【関連典籍】0417〜0419

【訳者・訳年代】隋の闍那崛多＊（AD594〜595）。

【参考文献】梶山雄一・末木文美士『浄土仏教の思想』第二巻、講談社、一九九二年。

（大谷正幸）

0417 **仏説般舟三昧経**（ぶっせつはんじゅざんまいきょう）

【成立】梵文テキスト等については般舟三昧経0418参照。

【内容】一巻。内容の大意については0418を参照のこと。問事品、行品、四事品、譬喩品、四輩品、擁護品、勧助品、至誠品（0418では至誠仏品）を残して要約しているが、他の品は省略されている。また、至誠品は0418の仏印品と合わせている。

【関連典籍】0416・0418・0419

【訳者・訳年代】後漢の支婁迦讖＊とされる。

【参考文献】梶山雄一・末木文美士『浄土仏教の思想』第二巻、講談社、一九九二年。

（大谷正幸）

0418 **般舟三昧経**（はんじゅざんまいきょう）

十方現在仏悉在前立定経、大般舟三昧経、十方現在前立定経ともいう。

【成立】二十世紀初頭に中央アジアのコータンから遠くないカダリクの廃墟から発見されたというサンスクリット写本の断簡があり、その部分の解読とその英訳がある。また、末木文美士は行品第二と四事品第三以降との間に成立上の段階が見られ、原初形態としての成立年代については八千頌般若経の古形である道行般若経に近いかそれに先立つであろうというが、梶山雄一はそれを受けて、道行般若経の前二十五品の影響を受けて行品第二が成立し、のち道行般若経の残りが成立したと結論づける。また末木は行品が阿弥陀仏信仰と深い関係があったであろうことを示唆している。ハリソンは、この三巻本について支婁迦讖のものと弟子たちが改訂したものと二種あり、前者が高麗版の一部で後者が宋元明の三本と高麗版の残りの部分であるという。

【内容】三巻。十六品からなる。仏が羅閲祇（ラージャグリハ）の摩訶桓迦憐（竹林精舎）に滞在していたとき、颰陀和（バドラパーラ）菩薩がさまざまな優れた効能を列挙し、それらを作す三昧は何かと問うた。仏が現在仏悉在前立三昧であるというと、颰陀和菩薩はそれを説きたまえと請うた。仏はこの三昧こそは第一の法の行であるといった（問事品第一）。仏はそこで、現在仏悉在前立三昧を説いた。人里を避け、諸々のものに対しての執着を捨て、悪しき徳目に対してよき徳目を学習し、仏に帰依する行を作し、そのために三昧をすると、現在仏が彼の前に立つのである。また、四衆が持戒して一人坐り、阿弥陀仏を一定の日数の間念じるとこの場において阿弥陀仏を見るのである。このようにした菩薩は阿弥陀仏の世界に生ずることを願い阿弥陀仏から空三昧に入ることを勧められるであろう。三昧に修習するならその菩薩は仏を見ることができ、仏が出現するのである。三界は心によって生じるものであり（縁起するものに実体はないから）、心は仏となり、心が仏を見るのである、と……（行品第二）。この三昧を得るにはいくつかの「四つの徳目（四事）」がある。以下、それを列挙し、その三昧を作すに必要な生活を説く（四事品第三）。また、譬喩を説きつつ、この三昧と経を受持するものの功徳とそうでないものの損失を示す（譬喩品第四）。さらにこの三昧において仏を見てもその菩薩は仏に執着してはならない、それはすべての存在に本質が無く、なにものも所有していないからであると説いた（無着品第五）。また、この三昧を知ってこれを受持しようとする大乗の比丘、比丘尼、在家の菩薩、優婆夷（女の在家信者）の心構えを説く（四輩品第六）。颰陀和菩薩は、仏滅の後この三昧がこの閻浮提に止まるかどうかを聞くが、仏はしばらく止まった後消えてしまい、しばらくして乱世のときにまた出現するだろうといった。そのとき、八人の菩薩と五百人の比丘、比丘尼、優婆塞、優婆夷がこの経典の護持を誓った（授決品第七）。仏は颰陀和菩薩に、この三昧を受持するものが、あらゆる災害を避け、鬼神の擁護を受けることを説いた（擁護品第八）。はるかな昔、羼羅耶仏（クシェーマラージャ）という仏にこの三昧を聞いた須達（スダッタ）という長者の子が、何度となく生まれ変わってもこの三昧を求め仏になるという、物語りを説いた（羼羅耶仏品第九）。颰陀和菩薩は翌日に自らの家に仏や弟子たちを招待した。他の菩薩たちとともに準備し、翌日仏を呼びに行くと、仏は彼の家を神通力で広大にした。食事が終わって、仏は颰陀和菩薩の請いに応じてかの三昧のための五つの徳目（五事）を説き、次いでものに執着しないことを説いた（請仏品第十）。またこの三昧を作すに守るべき十の心構えを説き、彼らが得る八つの徳目（八事）を説いた（無想品第十一）。この八事を得るものは仏の十八の徳目（十八事）を得るという。また仏の十の力によって守られるとも説いた（十八不共十種力品第十二）。この三昧を学ぶ菩薩は助歓喜をなすべきであると説いた。梶山は後掲書で、この「助歓喜」は廻向に相当するといっている（勧助品第十三）。仏は、私訶摩提（シンハマティ）仏からこの三昧の教えを聞いた惟斯岑（ヴィシェーシャガーミン）王が生まれ変わってまたこの三昧を学び、ついには仏になったという、はるかな過去の物語りをし、菩薩はこの三昧を聞くためならば遠くとも求めよと勧めた（師子意仏品第十四）。また、はるかな昔、薩遮那摩（サティヤナーマ）仏のときに、この三昧を持した和輪（ヴァルナ）という比丘に師事しようとした過去の釈尊が、ついにこの三昧を聞くことができなかったという話をして、その三昧の求むべきを勧めた（至誠仏品第十五）。最後にこの三昧を書写し、仏教において持するべき命題（仏印）を示して経をしめくくる（仏品第十六）。般舟（プラティユットパンナ、「現在の」または「前に立った」という意味）三昧自体は行品第二で説きつくされ、あとはこの三昧の持する者の心構えとその功徳、またははるかな過去にこの三昧を保って成仏した者の物語りで占められている。訳一大集部四、林純教『蔵文和訳般舟三昧経』大東出版社一九九四年、また、参考文献にもチベット語からの部分訳が掲載されている。

【後世への影響】中国浄土教の祖師の一人である善導（AD613〜181）はこの経の三昧による往生を讃する依観経等明般舟三昧行道往生讃1981（般舟讃と略す）を書き、日本浄土教でも依拠している。また、天台では智顗の摩訶止観1911以来、この経に基づいた修行を常行三昧と呼び、唐代まで依拠していたとされる（以後現在に至るまで行われている常行三昧は阿弥陀経0366に依拠しているという）。

【関連典籍】大方等大集経賢護分0416、仏説般舟三昧経0417、抜陂菩薩経0419。

【訳者・訳年代】後漢の支婁迦讖＊。

【参考文献】梶山雄一・末木文美士『浄土仏教の思想』第二巻、講談社、一九九二年。

（大谷正幸）

0419 **抜陂菩薩経**（ばっひぼさつきょう）

颰陀菩薩経、抜陂安公古典経ともいう。

【成立】梵文テキスト等については0418の項参照。

【内容】一巻。内容の大意については0418の項を参照のこと。経題の拔陂とは対告衆のバドラパーラの音訳である。しかし、0418の譬喩品に相当する部分で終わっており、未完である。

【関連典籍】0416～0418

【訳者・訳年代】訳者不明（三世紀と思われる）。

【参考文献】梶山雄一・末木文美士『浄土仏教の思想』第二巻、講談社、一九九二年。

（大谷正幸）

0420 **自在王菩薩経**（じざいおうぼさつきょう）

自在王経ともいう。

【内容】二巻。説法の座は祇樹給孤独園。仏の説法中、聴衆の一人である自在王菩薩が如何にして菩薩摩訶薩は自在力を得て速やかに菩提を成ずるのかを仏に問う。これに対し仏は四種の自在（第一・戒自在、第二・神通自在、第三・智自在、第四・慧自在）を説き、その行相を詳説する。戒自在は具足戒を行ずることによって得られる自在力であり、神通自在はいわゆる五神通（天眼・天耳・他心智・宿命智・如意足）である。智自在は陰智・性智・入智・因縁智・諦智の五種であり、慧自在は義・法・辞・楽説の四種の無礙智を得ることである。

【関連典籍】0421は本経の同本異訳とされている。

【訳者・訳年代】姚秦の鳩摩羅什＊。

（佐々木隆友）

0421 **奮迅王問経**（ふんじんおうもんきょう）

奮迅王所問経、奮迅王経ともいう。

【内容】二巻。説法の座は舎婆提城の祇陀樹林給孤独園。上巻では、会中に奮迅王という一菩薩があって仏に大乗者の菩薩の奮迅の修行法を説き、大乗の戒行を満足せしめたまえと請うた。仏は奮迅王菩薩に、四種の奮迅ありといい、それは戒、通、智、慧の四種であると説き、戒奮迅、神通奮迅、智奮迅の前半が説かれ、続いて下巻では智奮迅の残りと慧奮迅が説示される。説法が終わると仏は奮迅王菩薩の面前に妙華妙香をあらわし、仏は十力、四無所畏、四無礙智の十八の仏のみ具足する法を説いた。仏は久遠の昔、諸仏の供養をなして無生法忍を得たもので、このとき四種奮迅を得たことを説き、奮迅王菩薩、阿難、天人等は仏の説法を聞いて歓喜したという。

【訳者・訳年代】北魏の般若流支＊（AD542）。

（河村孝照）

0422 **大集譬喩王経**（だいしゅうひゆおうきょう）

譬喩王経ともいう。

【内容】二巻。本経は特異にも冒頭においていきなり「復た次に此の法を説きたもう時……」と始まり、説法の座がどこであるかさえ描写しない。おそらく本経は他の大きな経典の一部が独立したものなのであろう。専ら舎利弗（Śāriputra 舎利弗）を対機とし、如来阿羅訶三藐三仏陀や阿耨多羅三藐三菩提などについての教えが摩尼宝などに譬喩されつつ巧みに説き明かされる。また、それらの獲得のために発菩提心や廻向がなされるべきことが、やはり豊かな譬喩表現によって述べられる。経題にある「譬喩王」なる語はおそらく本経における譬喩表現の豊富さ、巧妙さに由来するものであろうと思われる。なお、本経は全体的に空思想が濃厚であるが、如来蔵的な見解も見受けられる。

【訳者・訳年代】隋の闍那崛多＊（AD595）。

（佐々木隆友）

0423 **僧伽吒経**（そうがたきょう）

【内容】四巻。説法の座は、王舎城・霊鷲山。会中の菩薩摩訶薩・一切勇（異訳では普勇）を主な対機として、仏は「僧伽吒」の法門（異訳では大乗会正法）の甚深なる功徳・利益を宣説して受持を勧め、逆にこの法門を謗るならば地獄に堕すると戒める。そして諸法実相の法門や聞法敬僧の功徳、離苦得楽の法、見仏親近の教えなどが展開されていく。仏説大集会正法経0424と同本異訳であり内容の詳細は0424の項を参照。なお本経は法華経や念仏思想との関連を見出すことが可能である。

【関連典籍】0424

【訳者・訳年代】陳の月婆首那＊（AD538)。

（佐々木隆友）

0424 **仏説大集会正法経**（ぶっせつだいじゅうえしょうぼうきょう）

会正法経ともいう。

【内容】五巻。経題「大集会正法」の意味するところは必ずしも明瞭とはいい難い。経中において仏は大集会正法を受持することによって得られる功徳、および誹謗することで生じる罪過を詳説するが、肝心の大集会正法そのものの具体的内容についてはほとんど説かれていない。おそらく本経は大集経を讃嘆する結経として造られたものであろう。内容の概略は以下の通り。〈第一巻〉説処は王舎城鷲峰山。まず、聴衆の一人である普勇菩薩が仏に正法の宣説を請う。それに対し仏は「我に正法の大集会と名づくる有り、閻浮提において広く大いに流布す」と述べ、この大集会正法を聴受・書写・読誦する者はたとえ五逆の重罪を犯していてもそれを滅し、悪業を離れ、一切の如来が現前して無上菩提を成ずるとし、逆に軽謗の心を起こす者は死後地獄に堕して大苦悩を受けると説く。仏はこの大集会正法に大功徳・利益の一切があることを明らかにし、外道・尼乾陀の衆をも教化する。〈第二巻〉普勇が下方蓮華上世界に住す蓮華蔵仏より聴聞した大集会正法の種々の功徳を述べる。その中には、この法を聞いた者がその臨終の際に無数の仏を現前して安慰を得るというものもあり、念仏思想との関連が見られる。〈第三巻〉仏が前生において勝観仏に師事した際、大集会正法の教えを受け、それによって菩提を成じたことなどが説かれる。また、仏は諸外道と対論しその不正見を破る。〈第四巻〉薬王軍菩薩が寂滅の法・出世の法などの教えを授けられる。〈第五巻〉薬王軍は月上境界如来のもとで正法のみが衆生の苦を除くものであることを学び、伽陀（偈）を以て衆生救済の誓願を述べる。

【関連典籍】0423は本経の異訳。

【訳者・訳年代】宋の施護＊。

【参考文献】訳一・大集部六。

（佐々木隆友）

第14巻　経集部　一

0425 **賢劫経**（けんごうきょう）

賢劫三昧経、賢劫定意経ともいう。経の末尾に「賢劫三昧千仏本末決諸法本三昧正定」とある。

【内容】八巻。二十四品よりなる。仏がヴァイシャーリーに遊行したとき、喜王菩薩が菩薩の行を問うた。仏は答えて「了諸法本」三昧を説き、この三昧の功徳と、それを行ずる菩薩が持つ四事を説いた。さらに、仏は過去にこの三昧を講義されて菩薩行に励んだ二人の法師のことを話し、慈悲によって行ずることの功徳を説くと、喜王菩薩は感動して、三昧に住して菩薩行を励むことを誓ったのであった。また、過去にこの三昧を極めたある法師を供養し護衛した転輪王と千人の子が、現在賢劫の仏たちであることを教え、喜王菩薩に三昧の受持や書写を勧めた。説き終えると仏は自らこの三昧に入り、ヴァイシャーリーの民衆や仏弟子は仏説の得難いことを理由に仏を起こそうとした（第一巻）。七日して世尊は起き、喜王菩薩は菩薩の行ずべき「度無極（パーラミターの意訳、なにがしかの完成という意味）」について説を請うた。そこで仏は二千百の度無極を列挙し、四事に当てはめて八千四百の法門を示した。以下、その度無極を六つにわけてその全てについて延々と解説する（第二、三、四、五巻と第六巻の前半）。そして説き終わると神通を発したのであった。そして、この集会でその度無極に入ったものはいるかと喜王菩薩が問うと、仏は会中の菩薩たちが入り、彼らは賢劫の間に成仏するべき千仏であると答えた。そして彼らの名前を自分と過去仏を含めて延々と列挙した（第六巻の後半）。仏は彼らのうち百人ほどのプロフィールを列挙してそれを聞くものの成仏を教えた（第七巻）。そして彼らの過去世をまた列挙した。彼らは過去の時々に王子として兄弟だったことを明かす。これらを聞いた菩薩たちは不退転地になり、衆生は発心した。また、仏は阿難に仏の遇い難きを説き、彼にこの経典を付属して終わる（第八巻）。

【関連典籍】0426・0448

【後世への影響】仏名を列挙した経典としての嚆矢（ただし仏説不思議功徳諸仏所護念経0445の方が早いという説もある）であり、以後、仏名経典が多数造られた。

【訳者・訳年代】西晋の竺法護＊（AD300または291）。

【参考文献】訳一・経集部一。

（大谷正幸）

0426 仏説千仏因縁経（ぶっせつせんぶついんねんきょう）

【内容】一巻。あるとき、王舎城（ラージャグリハ）の耆闍崛（グリドラクータ）山の講堂で、菩薩たちが自らの過去世を語り合っていた。仏がそこに来て阿難に問うと、菩薩たちは賢劫千仏と釈尊の過去世の説を請うた。そこで、仏は過去七仏のうちはじめの三人と、千仏の過去世を説いた。また、波羅㮈（バーラナシー）で五百一人の辟支仏を見て供養した千人の梵天の王が、死後転輪王となった。雪山に一人の婆羅門が居り、彼らに布施の波羅蜜を説いた。そこで、彼らは人民を集めて天界の音楽と天女を布施した。そして、雪山に隠棲した。そこに夜叉がきて彼らの血肉を乞うたが、それを渋る王たちのかわりに牢度跋提という婆羅門が自らの体を夜叉に布施して食われた。悔やむ彼らは死後地獄に堕ちたが、過去千仏を賛して現在千仏となったという。この後同じモチーフの話がいくつか続くのであるが、経典の末尾が欠落しているようで、最後は文意が通じない。

【関連典籍】0425・0439・0448

【訳者・訳年代】姚秦の鳩摩羅什＊とされるが否定する説が有力。

【参考文献】訳一・経集部十二。

（大谷正幸）

0427 仏説八吉祥神呪経（ぶっせつはちきちじょうじんしゅきょう）

【内容】一巻。仏が羅閲祇（ラージャグリハ）の耆闍崛（グリドラクータ）山で、舎利弗に、東方の八人の仏陀とその仏国土の名を挙げ、その様を賛嘆し、また八人の仏にならない菩薩の名を挙げ、彼らの誓願を紹介した。聴衆はこれを聞いて歓喜した。

【関連典籍】0428～0431

【訳者・訳年代】呉の支謙＊訳とされているが、長房録以後に定められたものである。また田島徳音は〈訳一〉の解題で求那跋陀羅＊訳かもしれないという。異訳が多く、0427から0431までの関係や訳者については経録上で混乱が見られて判然としない。この一連の経にはチベット語訳（東北271、277、288）がある。

【参考文献】訳一・経集部十二。

（大谷正幸）

0428 仏説八陽神呪経（ぶっせつはちようじんしゅきょう）

八陽経ともいう。

【内容】一巻。仏が王舎城（ラージャグリハ）の霊鳥（グリドラクータ）山で、舎利弗に、東方の八人の仏陀とその仏国土の名を挙げ、その名号とこの経の受持による功徳を説いた。四天王が受持者を護持することを誓い、聴衆はこれを聞いて歓喜した。その後で八菩薩と彼らの名前を念ずることの功徳が別に説かれる。なお、この経は0427の異訳であるが、八仏の名は前の経と一致しない。

【関連典籍】0426・0427・0429～0431

【訳者・訳年代】西晋の竺法護＊訳とされているが長房録以後に定められたものである。0427の項参照。

（大谷正幸）

0429 **仏説八部仏名経**（ぶっせつはちぶぶつみょうきょう）

八仏経、八仏名経ともいう。

【内容】一巻。仏が維耶離（ヴァイシャーリー）の離奈女樹園（菴没羅女の寄進した園のことか）で、善作という長者の子供が、諸仏の受持すべき仏名を問うと、仏は八仏とその仏国土の名を挙げ、その仏名読誦と経典弘通の功徳を説いた。説処など、一連の八仏経典と異質なところがあり、この経では、他では必ずある功徳賛嘆の偈頌や八菩薩の名号がない。

【関連典籍】0427・0428・0430・0431

【訳者・訳年代】北魏の般若流支＊（AD542）。

（大谷正幸）

0430 **八吉祥経**（はちきちじょうきょう）

【内容】一巻。仏が舎衛城（シュラーヴァスティー）の祇樹給孤独園（祇園精舎）で、舎利弗に東方の八人の仏陀とその仏国土の名を挙げ、その受持の功徳を説く。聴衆はこれを聞いて歓喜した。仏名や仏国土の名などは他の経典と一致しない。八菩薩の名号も説かない。

【関連典籍】0427～0429・0431

【訳者・訳年代】梁の僧伽婆羅＊。

（大谷正幸）

0431 **八仏名号経**（はちぶつみょうごうきょう）

【内容】一巻。仏が舎衛城（シュラーヴァスティー）の祇樹給孤独園（祇園精舎）で、舎利弗に東方の八人の仏陀とその仏国土の名を挙げ、その受持の功徳を説く。聴衆はこれを聞いて歓喜した。仏名や仏国土の名などは八吉祥経0430と原梵語が一致すると思われる。また八菩薩の名号も説かない点でも0430と共通する。

【関連典籍】0427～0430

【訳者・訳年代】隋の闍那崛多＊（AD586）。

（大谷正幸）

0432 **仏説十吉祥経**（ぶっせつじゅうきちじょうきょう）

【内容】一巻。仏が羅閲祇（ラージャグリハ）の耆闍崛（グリドラクータ）山で、離垢蓋大士が諸仏の名を説くことを請うと、十人の仏陀とその仏国土の名を示し、その名を持し説くことの功徳を示すと、聴衆はこれを聞いて歓喜した。

【関連典籍】0428～0431。チベット語訳（東北272）がある。

【訳者・訳年代】不明。

（大谷正幸）

0433 **仏説宝網経**（ぶっせつほうもうきょう）

宝網童子経ともいう。

【内容】一巻。仏が維耶離（ヴァイシャーリー）の交路精舎に遊んだときのこと。師子将軍の孫の宝網童子が夢に天人が仏の相好を讃するのをみて、仏に往詣して都城のなかへ招き供養し、説法を請う。そして仏は東方の妙尊音王如来の名を聞き、供養し、経を奉ずることの功徳を説いた。ついで仏は南、西、北、上方、下方の仏名とその受持の功徳を説いた。これを聞き、童子が仏に供養すると、仏は「其像三昧」に入り、光明を放って東方の諸仏を見せた。無数の衆生がそこへ来って、神通を受けて宿命し、神通を見た。そして、仏は精舎を建立し、塔を造り、経典を持して説くことによって、阿閦如来や阿弥陀如来を見、また末世にて弥勒如来を見ると説く。そして宝網は死後無量光明最勝仏土に往生し、後に弥勒が仏になるであろうと予言した。これを聞いた聴衆は歓喜した。

【訳者・訳年代】西晋の竺法護＊。

【参考文献】訳一・経集部十二。

（大谷正幸）

0434 仏説称揚諸仏功徳経（ぶっせつしょうようしょぶつくどくきょう）

集華経、現在仏名、諸仏華、稱揚諸仏経、集諸仏華経、称揚百七十仏名経、百七十仏名などの異名がある。

【成立】経中の記述から北方インドの成立が想像できる。

【内容】三巻。仏が羅閲祇（ラージャグリハ）の耆闍崛（グリドラクータ）山にいたとき、舎利弗が現在説法している仏の数について問うた。仏は東方の七人の仏陀について、その仏名と仏国土の名前を示した。そこで魔物たちが来て、仏に最後の阿閦如来の名号を持するものの道心を害さず、それ以外の仏名を持するものにはその道心を害することを誓った。しかし、仏は仏前で獅子吼するものにそれはないと告げた。仏名を持する人を誹謗するものは地獄に堕ちるといい、犍陀梨（ガンダーラ）や罽賓（カシミール）や四方の謗法したものたちが地獄に堕ちたことを説いた。そして、四七人の仏陀の仏名と仏国土の名前を挙げ、彼らが現在説法していることを示した（上巻）。同じように、南方の三八人の仏陀の仏名と仏国土の名前を挙げ現在説法していることを示した（中巻）。同じように、西方の三人の仏陀（第一は阿弥陀仏である）そこへ阿逸（アジタ。弥勒の別名）菩薩が、一事（一生補処？）の菩薩はいるか、彼らが成道するか問うた。仏は北方の徳内豊厳王如来を挙げ、この仏名を聞いたものの成道を説いた。ほかに北方の四仏の仏名と仏国土の名前を挙げ、その受持の徳を説いた。また、上方の二七仏の仏名と仏国土の名前を挙げ彼らが現在説法していることを示した。これを説いたとき、聴衆は歓喜し、あるものは法眼浄を得、またあるものは法忍を得た。

【訳者・訳年代】北魏の吉迦夜＊（AD472）。

【参考文献】訳一・経集部一二。

（大谷正幸）

0435 滅十方冥経（めつじっぽうめい〈めょう〉きょう）

十方冥経ともいう。

【内容】一巻。仏が迦維羅衛（カピラヴァストゥ）釈氏精廬拘類樹（？）の下に滞在していたときのこと、仏は朝から弟子たちと迦維羅衛に入って托鉢をしていた。そのとき、釈種（シャカ族、当地の種族）の善悦という童子が車で通りかかった。彼は仏に礼をすると、両親が人非人（人の形をとるも人ではない鬼神）に昼夜悩まされているのでこれから救う法を教えてほしいという。そこで、仏は十方の仏陀の仏名と仏国土の名前を挙げ、これらの仏名を持して心に懐くことを説いた。聴衆は歓喜し礼拝し舎利弗が称讃すると、仏は神通を起こして阿難に今この礼拝したものたちの功徳を説いた。善悦童子がこの経の名前を問うと、仏は十方の仏に帰依することで恐怖を滅すので「滅十方冥」と名づけた。そして四衆にこの経を読誦すれば種々の魔物や悪獣から如来の加護を得られることを説いた。そして在家のものに読誦書写の功徳を説いた。そして経典の読誦書写により仏を供養することとなり天人の加護を得ることを説いた。これを聞いた聴衆は歓喜し礼をして退いた。

【訳者・訳年代】西晋の竺法護＊（AD306）。

（大谷正幸）

0436 受持七仏名号所生功徳経（じゅじしちぶつみょうごうしょしょうくどくきょう）

受持七仏名号経、称讃七仏名号功徳経、七仏名号功徳経、七仏名経ともいう。

【内容】一巻。仏が室羅筏（シュラーヴァスティー、舎衛城）の誓多林給孤独園（祇園精舎）にて舎利子に、「七仏の名号を受持することによって生ぜられたる功徳」を略説した。それは、東方五仏、南方二仏の七仏について、その名と仏国土の名前を示し、その仏名を聞き、受持し、さらに供養することの功徳を列挙する。そして、最後に舎利子に七仏の名号の受持と供養をなせば、必ず功徳を得ることを説き、それは本願の故であることを説いた。

これを聞いた聴衆は歓喜した。

【訳者・訳年代】唐の玄奘＊（AD651）。

（大谷正幸）

0437 大乗宝月童子問法経（だいじょうほうがつどうじもんぼうきょう）

宝月童子問法経、月童子問法経ともいう。

【内容】一巻。仏が、王舎城（ラージャグリハ）の鷲峯（グリドラクータ）山に滞在していたときのこと、托鉢していると頻婆娑羅（ビンビサーラ。マガダ国の王）王の王子である宝月童子が象に乗って通りかかった。童子は降りて礼をすると、十方の仏名を問うた。そこで仏は十方の仏の仏名と仏国土の名前を挙げ、彼らが過去の精進吉祥仏のもとで菩薩だったときに、仏名を聞くものの成道を誓願したという。宝月童子は仏の寿命を問うと、仏の悲心の故に十阿僧祇百千倶胝那臾多世界を微塵した数の劫（極めて長い時間の単位）であると答え、彼らへの供養の功徳を説いた。そのとき、天人たちが仏に供養し、書写読誦供養するものを尊ぶことを誓った。そして仏と童子は互いに十仏を称讃する偈頌を応酬し合い、仏は正法の受持と一切の経典や仏への永い供養によって得る功徳を称えた。これを聞いた聴衆は無生法忍（真理に安住すること）を得て歓喜した。

【訳者・訳年代】宋の施護＊（AD980）。

（大谷正幸）

0438 仏説大乗大方広仏冠経（ぶっせつだいじょうたいほうこうぶっかんきょう）

【内容】二巻。仏が、王舎城（ラージャグリハ）の鷲峯（グリドラクータ）山において、大迦葉（マハーカーシャパ）に、初発心の菩薩の善根を養うために東方の六人の仏陀の仏名と仏国土の名前を挙げ、その名号を受持するものの功徳を説いた（上巻）。同じように南方の三人の仏陀の仏名と仏国土の名前を挙げ、その名号を受持するものの功徳を説いた。また、西方と北方の仏それぞれ一人の仏陀の仏名と仏国土の名前を挙げ、その名号を受持するものの功徳を説いた。そしてまた東方の二人の仏陀と仏国土の名前を挙げ、その名号を受持するものの功徳を説いた。そしてこれらを総括する偈頌を説くと、この経を聞いた聴衆は歓喜した。

【訳者・訳年代】宋の法護＊等。

（大谷正幸）

0439 仏説諸仏経（ぶっせつしょぶつきょう）

【内容】二巻。仏が、王舎城（ラージャグリハ）の鷲峯（グリドラクータ）山に滞在していたときのこと、大目乾連（マハーマウドガリヤーヤナ）は城市に入って托鉢していたが、そのとき思い立って乞食から戻って三摩地（サマーディ。心を集中すること）に入り色究竟天（天界の一つ。色界の最上）に赴いた。天人に会い、仏は（前の仏陀から？）どれだけの時間を経て出現したのかを問うた。百人の色究竟天の主は、仏は百千（十万）劫を経て出現したと答えた。大目乾連は天界から戻り、仏にこのことを話して詳しく説くように請うた。仏は色究竟天の主たちの説を否定し、過去から非常に夥しい数の仏陀が出現していることを仏名とその同名の仏の数をもって説き、釈尊は自ら彼らを無数劫にわたって供養しつづけて成仏したのであると説いた。そして改めて天人の説を退けると大目乾連は疑いが晴れ、歓喜して礼を作して退いた。

【訳者・訳年代】宋の施護＊。

（大谷正幸）

0440 仏説仏名経（ぶっせつぶつみょうきょう）

【内容】十二巻。仏が、舎婆提（シュラーヴァスティー）の祇樹給孤独園（祇園精舎）で、聴衆に仏名を受持することで現世に難を避け諸罪を滅し来世にさとりを得ることを勧め、東方をはじめ十方の諸仏の仏名を挙げるに始まり、延々と一万種以上にも及ぶ仏名を列挙する。途中、同名異人の仏を列挙したり、或いはその仏国土を列挙したり、或いは仏弟子との仏寿などをめぐる問答をするなど趣向が時々によって変化するのであるが、この経典の主張するところは巻八の「舎利弗、要を挙げて之を言わば、現在する諸仏は説くに不可尽なり」の一言に尽きる。また、仏のみならず菩薩や辟支仏（プラティエーカブッダ。独り仏になったあと教化せずにすぐ涅槃にはいってしまうもの）の名前を礼拝対象として敬礼すべきことが挙げられているのも、特徴的である。

【関連典籍】0441・0446～0448

【後世への影響】中国、日本において、仏名会として仏名を読誦することで懺悔をはかる法要が古来より行われてきたが、日本において典拠となったのは0446、0447、0448を合わせた三千仏名経である。それ以前にも十六巻の仏名経が用いられたというのだが、それはこの経典のことではなく、失われた別の偽経のようである。

【訳者・訳年代】北魏の菩提流支＊（AD520～524）。

（大谷正幸）

0441 **仏説仏名経**（ぶっせつぶつみょうきょう）

【内容】三十巻。十二巻本と異なり各巻同一の構成からなっている。まず、仏名を延々と列挙し、「礼十二部尊経大蔵法輪」として礼拝すべき経名を列挙し、「敬礼十方諸大菩薩摩訶薩」「敬礼声聞縁覚一切賢聖」として礼拝すべき聖者を列挙し、「礼三宝已次復懺悔」として各巻三宝を敬い罪業を懺悔することを勧め、最後に「大乗蓮華宝達問答報応沙門経」として、宝達菩薩が仏力によって各地の地獄を巡る話を一巻に地獄一つのペースで述べている。ただし、これらは原則であって、例えば「礼十二部尊経大蔵法輪」は巻十七以降経名を挙げなくなり、巻十七では初めに十二巻本の問答を流用したりしている。また、巻三十では「大乗蓮華宝達問答報応沙門経」の後に「仏説罪業報応教化地獄経」という短い経が付属している。

麗蔵にある巻一末尾の刊記によると、諸経録はこぞって「此の経乃至凡俗の鄙語を以て聖言に雑じる」として偽経かそれに近い扱いをしており、また経中にあらわれる仏教上の無知によると思われる間違いを指摘している。さらに衆経目録等に至っては各巻末尾の「大乗蓮華宝達問答報応沙門経」について大乗蓮華馬頭羅刹経と宝達問報応沙門経というある偽経の異名同士を合わせたものであり、「則ち妄中に妄を加えしもの也（偽経である仏名経にさらに偽経を加えたものである）」と言っている。

【関連典籍】0440・0446～0448

【後世への影響】巻一末尾において、偽経とされつつも「然るに此の三十巻経、本朝に盛行す」などの記述があるところをみるとおそらく中国（高麗？）の仏名会ではよく用いられたのだろう。

【訳者・訳年代】不明。

（大谷正幸）

0442 **十方千五百仏名経**（じっぽうせんごひゃくぶつみょうきょう）

【内容】一巻。首部の、おそらく東方と東南方にあたる部分（全体の二割程度か）が欠けている。十方に現在する仏陀の名前を各方向ずつに列挙している。各方向とも冒頭に仏の言葉としてその名号を受持することの功徳が説かれているのが特徴的である。また各方向とも百五十の仏名があるので、都合一千五百仏である。

「依中村不折氏蔵本採録」と注があり、「建徳元年九月十五日写竟」と末尾にあるので原本が日本の写本であることを伺わせる。入蔵していない偽経の類いであろう。

【訳者・訳年代】不明。

（大谷正幸）

0443 **五千五百仏名神呪除障滅罪経**（ごせんごひゃくぶつみょうじんしゅじょしょうめつざいきょう）

【内容】八巻。仏が、王舎大城（ラージャグリハ）の耆闍崛（グリドラクータ）山に滞在していたとき、弥勒菩薩に東方のみ三仏にして十方の計十二仏を列挙し、これらを称えて懺悔するものの成仏を説いた。それから延々と仏名のみを列挙し、区切りのよいところでカウントを加えていく。途中、一千五百仏から一千八百仏に至るまでの仏にその仏の陀羅尼が付されておりやや不整合であるが、のち普通の列名に戻り五百仏ごとに区切って行くのである。そしてなぜか経題に反して四千七百二十五をカウントして、世尊は受持を勧める偈頌を説いてこれを聞いた聴衆が歓喜するという形で経が終了してしまう。ただし、版によってカウントが若干違うようで、底本以外は四千七百のカウントまでしかないようである。

【訳者・訳年代】隋の闍那崛多*（AD593）。

（大谷正幸）

0444 **仏説百仏経**（ぶっせつひゃくぶつきょう）

【内容】一巻。仏が舎衛国（シュラーヴァスティー）の祇樹給孤独園（祇園精舎）に滞在していたとき、舎利弗が十方の現在仏の名号を説くように請うた。仏はそれを受けて舎利弗に諸仏の名号を受持することの功徳を説くと百の仏名を列挙した。そして名号を受持するものがよく庇護されることを説くと、これを聞いた聴衆がさまざまな利益を受け、仏を称えたのであった。最後に舎利弗に仏名受持に大きな功徳があることを説くと、これを聞いた聴衆は歓喜した。

【訳者・訳年代】隋の那連提耶舎（AD582）。

（大谷正幸）

0445 **仏説不思議功徳諸仏所護念経**（ぶっせつふしぎくどくしょぶつしょごねんきょう）

【内容】二巻。普通の文章はほぼ全くといっていいほど無く、現在十方と過去と未来にある仏国土と仏名を、方角・仏国土・仏名の順にならべているだけのもの。仏国土が無く仏名のみのものもある。うち、東方のみで上巻を占め、下巻は残りの方角と過去未来の仏についてである。

【訳者・訳年代】訳者不明で、曹魏の頃という説と隋の闍那崛多*訳という説がある。

（大谷正幸）

0446 **過去荘厳劫千仏名経**（かこしょうごんこうせんぶつみょうきょう）

荘厳劫千仏名経、集諸仏大功徳山ともいう（0447・0448とともに三千仏名経と呼ばれるが、これは元版の呼称による）。

【内容】一巻。明版所収の観薬王薬上経1161から抜粋した「三劫三千仏縁起」と、麗、宋、元、旧宋版のものと、明版のものと三つからなる。前四つのものと明版のものとは校合するには違いが大きすぎ、明版の大量のバリアントを欄外にするよりは別に立てたほうが好都合なのでこのようになったのである。これは0447、0448にもあてはまる。最も大きな違いは四版のものには二か所に懺悔文が挿入されているが、明版のものにはそれが全く無いことである。それ以外は大概において共通しており、初めに仏名を讃え供養することでその功徳のあることを説き、過去千仏の仏名を列挙する。「三劫三千仏縁起」は三千仏名経とは直接無関係のもので、過去に妙光仏のとき、五十三の仏名を聞いて受持した三千人が三劫に三千の仏となったという話を紹介する。

【関連典籍】0447・0448・1161

【後世への影響】日本では十六巻本仏名経に依って宮中の仏名会が行われていたが、延喜一八年（AD918）に、三千仏名経に取って代わられた。また、そのために三劫三千の仏陀を三幅の仏画にして以て仏名会の本尊とするのもこれらの経による。

【訳者・訳年代】訳者不明（梁代）。観薬王薬上経から抜粋した「三劫三千仏縁起」は劉宋の畺良耶舎*の訳。

（大谷正幸）

0447 **現在賢劫千仏名経**（げんざいけんごうせんぶつみょうきょう）

賢劫千仏名経、集諸仏大功徳山ともいう（0446・0448とともに三千仏名経と呼ばれるが、これは元版の呼称による）。

【内容】一巻。麗、宋、元、旧宋版のものと版を別にしているのは0446と同じである。前四版のものと明版のものとの大きな違いは、前四版のものは仏名を百列挙するごとに懺悔文を挿入しているのに明版にはそれがなく、ただ仏名を列挙するに終始する点である。序分は共通しており、喜王菩薩の請いに応じて仏が、賢劫において成仏した千人の菩薩についてその仏としての名を説くというものである。そして仏名が列挙され最後にこの仏名を受持する功徳とその心構えを述べてしめくくる。

【関連典籍】0446・0448

【訳者・訳年代】訳者不明（梁代）。

（大谷正幸）

0448 **未来星宿劫千仏名経**（みらいせいしゅくこうせんぶつみょうきょう）

星宿劫千仏名経、集諸仏大功徳山ともいう。0446、0447とともに三千仏名経と呼ばれるが、これは元版の呼称による。

【内容】一巻。まず、未来千仏の仏名を聞き、受持することで涅槃を得るべきことが説かれるのであるが、この文はいかにも中国の撰述を思わせる。そして千仏の仏名が列挙され、最後にこの仏名を受持し供養することで成仏することを説く。この末尾の文章は0446の序分とよく似ている。0446、0447と同じく麗、宋、元、旧宋版のものと明版のものと版を別にしているのであるが、前二経のような構成の違いはない。

【関連典籍】0447・0448

【訳者・訳年代】訳者不明（梁代）。

（大谷正幸）

0449 **仏説薬師如来本願経**（ぶっせつやくしにょらいほんがんきょう）

薬師本願功徳経、薬師如來本願経ともいう。

【成立】梵語テキストなどについては0450参照。

【内容】一巻。ほぼ完全に0450と一致する。序によると、当時沙門慧簡訳出の薬師経が既に流行していたが、沙門慧矩は文章に疑点が多いことから梵本を三種入手して達摩笈多たちと校合して重訳したという。沙門慧簡「訳出」の薬師経とは、灌頂経巻十二であるとされてきた。しかし最近の研究では先行して今は失われた薬師経が存在し、灌頂経巻十二は沙門慧簡がそれを「抄撰」したものであろうとされているが、分量の点で疑義も否定できない。

【関連典籍】0450・0451・1131

【訳者・訳年代】隋の達摩笈多＊（AD615）。

（大谷正幸）

0450 **仏説薬師琉璃光如來本願功徳経**（ぶっせつやくしるりこうにょらいほんがんくどくきょう）

薬師本願功徳経、薬師如來本願功徳経、薬師本願功徳経、薬師如來本願経ともいう。

【成立】五世紀初頭の筆写とされる梵文写本が複数ギルギットから出土し、校訂本が出版されているが、近年そのテキストに対する問題点が指摘されている。また、シクシャーサムッチャヤ（大乗集菩薩学論1636）も引用していることが知られている。梵文写本が発見されるまでは偽経説も根強かった。成立年代については、漢訳も勘案して四〜五世紀であるといわれる。インド本土で薬師如来の信仰が全く見られず、西北インドで薬師如来といわれる仏像（五世紀）や写本が発見されていることを考えると、局地的な信仰であったことが推測される。また薬師如来の浄土が西方極楽浄土のようであるという記述は阿弥陀如来信仰との関連を示唆していると思われる。

【内容】一巻。仏が広厳城（ヴァイシャーリー）の楽音樹の下にいたとき、曼殊室利（マンジュシュリー）菩薩が、五百年の像法の時代（教えと修行はあるが、その証悟が無い時代）他の如来たちの名号と彼らが菩薩だったときの誓願を説くように請うた。そこで仏は婆娑（サハー）世界から東に十恒河沙（ガンジス川にある砂）の数だけの仏国土を越えたところにある浄琉璃（ヴァイドゥールヤニルヴァーサー・琉璃の光）世界にいる薬師琉璃光如来（ヴァイシャジャグルヴァイドゥールヤプラバ）について、彼が菩薩であったときに立てた十二の誓願と結果彼が建立した浄琉璃世界の有り様を詳しく説明した。そして薬師琉璃光如来の名号を聞き受持する功徳またはこの経典や仏像の供養をさまざまな形で説いた。阿難が登場し説かれた仏陀の境界に疑念の無いことを表明すると、救脱（トラーナムクタ）菩薩が登場し、薬師琉璃光王如来の供養によって病人を救うための供養法を説き、また灌頂（インドの王が即位するときの儀礼）を受けた王たちが薬師琉璃光如来の供養をすべきことを説いた。それをいぶかしむ阿難が問うと、救脱菩薩は九つの横死（寿命が尽きずして死ぬこと）について説いた。そして十二人の薬叉の大将（いわゆる十二神将）が現れて、薬師琉璃光如来の名号を受持し供養するものの守護を誓った。仏は薬叉を讃え、阿難に経典の名を示すと聴衆は歓喜した。漢訳の和訳には訳一経集部十二、国訳秘密儀軌第二六巻、禅門曹洞宗典、石田瑞麿「民衆経典」（仏教経典選12、昭和六一年筑摩書房）、サンスクリットからの訳には新井慧誉「梵文『薬師経』和訳」仏教タイムス昭和四九年六月一五日～七月一五日、岩本裕「大乗経典（四）」（仏教聖典選第六巻、昭和四九年読売新聞社）がある。

【後世への影響】後世の薬師信仰で漢訳の薬師経といえば通常この経を指す。チベットでは小薬師経と呼ばれ、薬師如来は医薬の仏として仏教医学の祖または本尊とされることが多いが、密教における地位は低い。中国、日本でも共に病気を平癒してくれる仏として篤く信仰されている。

【関連典籍】0449・0451・1131

【訳者・訳年代】唐の玄奘＊（AD650）。

【参考文献】五来重編『薬師信仰』民衆宗教史叢書第十二巻、雄山閣出版、昭和六一年。

（大谷正幸）

0451 仏説薬師瑠璃光七仏本願功徳経（ぶっせつやくしるりこうしちぶつほんがんくどくきょう）

薬師七仏本願功徳経、薬師七仏経、七仏如来応正等覚本願功徳殊勝荘厳ともいう。

【成立】薬師経がベースになっているので、それ以後の成立であることは間違いない。

【内容】二巻。構成としては0450を増広させたものであるが、チベット語訳にあるサンスクリット語の経題は「聖なる七如来の過去の誓願の個々の詳説」なので、薬師如来の経典というよりは薬師如来を含めて七人の如来を説いた経典であるというべきだろう。訳者の義浄は当経を訳す際に標準として0450を逐一参照したらしく、全体の四割程度ある0450と重なる箇所は、ほぼ文章が同一である。0450の曼殊室利（マンジュシュリー）菩薩の請いに対して、仏は七人の仏陀の名前とその仏国土を説く。前六人の詳説と最後の薬師瑠璃光如来（ヴァイシャジャグルヴァイドゥールヤプラバ）の誓願で上巻が占められ、下巻は0450と軌を一にして薬師如来の浄土の説明から始まる。チベット語訳は、薬師如来の誓願から下巻が始められる。十二人の薬叉の大将が現れ七如来の名号を受持し供養するものの守護を誓うところまでは、「薬師如来」の語が「七如来」に置き換わる程度の差異しかないが、この経では0450等と異なりこのまま終わらず、集会にいた知恵の劣る天子たちが、名号の聴聞と受持のみで大きな功徳が得られるのかいぶかしむ。そこで仏は定に入って七如来を召喚した。娑婆（サハー）世界に出現した七如来に曼殊室利が陀羅尼を請うと、彼らは「如来定力瑠璃光」という陀羅尼とその供養を説いた。すると執金剛菩薩や帝釈天たちが「如来定力瑠璃光」を受持するものの守護を誓い、それぞれの陀羅尼とその供養を説いた。最後に阿難にこの経を付嘱してしめくくる。

【後世への影響】チベットではその長さから八百頌薬師経と呼ばれ、薬師経というと通常これを指す。「如来定力瑠璃光」はチベット語訳大蔵経では経典として単行している（東北505）。さらに日本では平安時代から鎌倉時代にかけて、専ら天台宗によって皇室の大事（天皇の病気や中宮の出産）や天変地異の際に「七仏薬師法」として七如来を供養する修法が四箇大法の一として盛んに行われた。真言宗では名のみ伝わり全く用いられない。

【関連典籍】0449・0450・0927・1131
【訳者・訳年代】唐の義浄＊（AD707）。
【参考文献】『国訳秘密儀軌』第26巻。
（大谷正幸）

0452 **仏説観弥勒菩薩上生兜率天経**（ぶっせつかんみろくぼさつじょうしょうとそつてんきょう）

弥勒上生経、観弥勒上生経、兜率天経、上生経ともいう。

【成立】「弥勒下生経の説の如く」とあるので、その後の成立であることは間違いない。その説く様が観無量寿経に酷似しているのでインド撰述でない可能性もある。

【内容】一巻。仏が舎衛国（シュラーヴァスティー）の祇樹給孤独園（祇園精舎）に滞在していたとき、初夜（夜を三分したその初め）に金色の光を放った。その遍き光明と光明の中にいる化仏（作り出された仏）の演説によって仏弟子たちが集まってきた。その中に弥勒という菩薩もいたのであった。集会にて優波離（ウパーリ。阿羅漢の一人）が「世尊はかつて阿逸多（アジタ。「勝たれることなきもの＝負けないもの」という意味。弥勒の別名）が成仏すると経律の中でおっしゃっておられるが、まだ凡夫の身である。彼は命尽きて後どこの国土に生まれるのか」と問うた。すると世尊は優波離に、彼が十二年後に命尽きて兜率天（トゥシタ。天界の一つ）に生じることを説いた。彼は一生補処の菩薩（あと一回生まれれば成仏する菩薩の位）であるから五百万億の天子が彼を供養するのである。天子たちは誓願を起こし、自らの宝冠を変じて素晴らしい宮殿を造った。宮殿の描写は観想に用いるためか詳細である。そして優波離に、生死を厭い天界に生じたいと思うもの、弥勒の弟子になりたいものは、在家の戒を守ったうえでこの兜率天を観じるべきであると説いた。そしてさらに仏は、弥勒が波羅捺国（バーラナシー）の婆羅門の家に生まれたが、十二年後入滅して兜率天に化生（胎や卵によらずして生まれること）し、その素晴らしい姿を成就して地上にて五六億万年して（天界と地上とでは時間の経ち方が違う）また閻浮提（ジャンブドヴィーパ、われわれの住むと考えられる逆台形の島）に生じることを説く。そして仏教的な善行を積み、兜率天を観じることによって兜率天に往生して弥勒に会い彼とともに下生して記別を受く（成仏の予言をもらう）べきことを勧めたのであった。これを聞いた聴衆は仏に敬礼し、歓喜した。

【関連典籍】0453〜0457

【後世への影響】この経と0454、0456を弥勒三部経と呼ぶ。さらに、0453、0455、0457を併せて弥勒六部経とも呼ぶ。兜率天に生天しようという上生信仰は総じて下生信仰よりは盛んではなかったと言えるが、日本の仏教においては、奈良時代ごろまで弥勒浄土（兜率天はいわゆる浄土ではないのであるがそのように見られた）に往生しようとする弥勒上生の信仰が起こった。

【訳者・訳年代】劉宋の沮渠京声＊（AD455）。
【参考文献】訳一・経集部二。新大・経典部二。
（大谷正幸）

0453 **仏説弥勒下生経**（ぶっせつみろくげしょうきょう）

観弥勒菩薩下生経、観弥勒下生経、弥勒成仏経、弥勒当来下生経、下生経ともいう。

【内容】一巻。仏が舎衛国（シュラーヴァスティー）の祇樹給孤独園（祇園精舎）に滞在していたとき、弟子の阿難（アーナンダ）が未来に出現する弥勒仏とその国土について説くよう請うた。仏はそれを受けて弥勒の現れる国土について説いた。それは翅頭（ケートゥ。幢または光明という意味）といい、栄えた美しい都市である。そこを治めるのは蠰佉（シャンカ。螺貝という意味）という転輪王（理想的な王）であって、彼の大臣に修梵摩というものがいた。弥勒菩薩は兜率天から彼と彼の美しい妻梵摩越を見て父母と決めて降下し、梵摩越の右腋から出生した。のち彼は出家して、竜花という樹の下で出家したその晩に成道した。これを知った天人や魔王たちが、来って礼拝したのであった。そして弥勒仏は彼らに説法して法眼浄（真理を見ること）を得せしめた。魔王は人々に出家するよう呼びかけ、参詣した善財という商人を始めとして蠰佉王や修梵摩たち多くの人達が出家したのであった。釈尊はこれを説くとその場にいた弟子大迦葉（マハーカーシャパ）に釈尊が涅槃に入っても涅槃せず弥勒の教化を助けるように命じた。なぜなら弥勒の弟子たちはすべて釈尊の弟子だからである。迦葉はそれを受けて山中に涅槃せず住していた。弥勒仏は弟子たちをつれてそこに至り、頭陀行（執着を払う苦行）をする迦葉と会った。これをみた無数の衆生が法眼浄を得て九十六億人が阿羅漢（供養を受けるにふさわしい聖者）となった（第一の会）。そして弥勒仏は迦葉の僧伽梨（大衣。出家者がつける三種の着物のうち最も大きなもの）を着けると迦葉の身体は砕け散った。弥勒仏は迦葉を供養したのであった。弥勒仏は第二の会で九十四億人を阿羅漢にせしめ、第三の会で九十二億人を阿羅漢にせしめた。彼らはすべてかつて過去世で釈尊の弟子だったり、彼の教えを守ったり彼を供養したものたちだったのである。弥勒仏は八万四千年して涅槃し、その後八万四千年彼の教えはとどまった。釈尊は、これらを見てその国土の楽を享受し死して後に天界に生じたいのであれば精進して供養に励むよう説き、それを聞いた阿難たちは歓喜したのであった。昭和新纂国訳大蔵経経典部第二巻

【関連典籍】0452・0454〜0457

【訳者・訳年代】西晋の竺法護＊とされるが、それより遅いとする説もある。

（大谷正幸）

0454 **仏説弥勒下生成仏経**（ぶっせつみろくげしょうじょうぶつきょう）

弥勒受決経、当下成仏経ともいう（異名については0453も参照のこと）。

【内容】一巻。仏の高弟である舎利弗（シャーリプトラ）が、経典で説かれるような未来に出現する弥勒仏のことについて問うと、仏は舎利弗に詳しく説いたのであった。人の寿命が八万四千歳のとき（インドでは長い年月に人の寿命が増減するという。今は人寿百歳とされる）、世界は快いものとなっており、翅頭末（ケートゥマティー、幢または光明のあるところという意味）城という美しい都市に蠰佉（シャンカ。螺貝という意味）という転輪王（理想的な王）が世界を治めていた。弥勒はその都市の婆羅門の家に生まれ出家してその日に成道した。王や商人たちはこぞって出家した。弥勒仏は彼らが過去に修行しあるいは供養によって功徳を積んだ結果ここに至っていることを明かし、釈尊を賞賛したのであった。そして四諦を説き彼らは涅槃への道を得た。弥勒仏は華林園で三回説法し多くのものが阿羅漢（供養を受けるにふさわしい聖者）となった。弟子たちをつれて翅頭末城に入ると天人たちが供養し、魔王が人々に仏の教えに励むことを諭した。弥勒仏は釈尊の弟子大迦葉（マハーカーシャパ）のところに行くことを欲し、耆闍崛（グリドラクータ）山に行った。そして彼の遺骨に向かって讃えると、これをいぶかしむ人々は過去世の釈尊の困難な教化を思い出し阿羅漢になった。その後、弥勒仏は六万年教化して滅度し、以後法は六万年保たれたのであった。仏はこのことを舎利弗に説き、精進して弥勒仏を見ることを勧めると舎利弗たちは歓喜したのであった。

【関連典籍】0452・0453、0455〜0457

【後世への影響】とくに中国や朝鮮で弥勒仏の下生を待望する信仰が成長した。もとは念仏結社だったが弥勒下生の信仰を取り入れ、清代に反乱を起こした白蓮教が有名である。日本でも民俗のなかに弥勒下生と結び付けられて説明されるものがある。

【訳者・訳年代】姚秦の鳩摩羅什＊とされる

が、訳者と経典の存欠とが諸経録上で混乱しており、注意が必要。

【参考文献】宮田登編「弥勒信仰」『民衆宗教史叢書』8、雄山閣、昭和五九年。石田瑞磨「民衆経典」『仏教経典』12、筑摩書房、昭和六十一年。訳一・経集部二。

（大谷正幸）

0455 **仏説弥勒下生成仏経**（ぶっせつみろくげしょうじょうぶつきょう）

【成立】梵本はマイトレーヤ・ビャーカラナ（弥勒受記）といい、ギルギットから出土した写本とネパールにある写本とが存在する。しかし、完全なものがないこともあり、あまり研究されていないようである。

【内容】一巻。序分と結分以外は偈頌の形をとる。王舎城（ラージャグリハ）の鷲峯山にて舎利子の請いに応じて仏は当来する（未来に現れる）仏陀である慈氏（マイトレーヤの意訳）について説いた。未来、人の寿命は八万歳となり（インドでは現在一般的に百歳とされる）、餉佉（シャンカ。螺貝という意味）という金輪王（理想的な王）が治める快い世界となっていた。浄妙という婆羅門出身で大臣の妻である女性に託胎（転生して身ごもる）した慈氏は、十月して花園の花をとろうとした彼女の腋から出生した。成長した彼は王が婆羅門に布施した巨大な幢がすぐに壊れていくのを見て出家を志し、その夜に成道した。彼は四聖諦を説くと無数の者が出家した。彼らは過去釈尊や僧たちに供養したものたちだったのである。そして三回の会座で説法し、多くの衆生の供養を受けた。慈氏仏は六万年説法を続け、多くの衆生を度して涅槃に入った。その後六万年正法（教えと実践とその結果がきちんと存在する時代）が続いたという。彼に会いたいと願うのなら三宝を供養すべきであることを仏が説くと、舎利弗はこの教えを受持し実践すること、この経巻を供養して慈氏の説法で救われることを誓い、聴衆は歓喜した。

【関連典籍】0452〜0454・0456・0457

【訳者・訳年代】唐の義浄＊（AD701）。

【参考文献】石上善応「梵文『弥勒下生成仏経』について」『大乗仏教から密教へ　勝又俊教博士古希記念論集』春秋社、一九八一年。

（大谷正幸）

0456 **仏説弥勒大成仏経**（ぶっせつみろくだいじょうぶつきょう）

弥勒成仏経ともいう。

【内容】一巻。仏が摩迦陀（マガダ）国の波沙山の過去諸仏常降魔処に滞在して夏安居（雨季に行う研鑽期間）に入っていたときのこと、仏は舎利弗（シャーリプトラ）と山頂を経行（瞑想の合間に眠気覚ましにそぞろ歩きすること）し、無比の功徳をもつ人が出生するだろうという偈頌を説いた。それを聞いたものたちが来集し、その人のことを説くように請うた。そこで仏は、未来、転輪聖王（理想的な王）の治世に翅頭末（ケートゥマティー。幢または光明のあるところという意味）という国に婆羅門の子として生じるであろう弥勒について説いた。彼は発心して出家の後に竜華樹の下で成道し、転輪聖王たちが取り囲む中、翅頭末城に入って初転法輪をなしたのであった。そして、彼ら聴衆が実は釈尊の教化という因縁によってここにいることを明かし、釈尊を讃えたのであった。弥勒仏は翅頭末城を出て、二度説法して乞食し、竜華樹の下で七日七夜禅定に入り、後、耆闍崛（グリドラクータ）山を経て狼山跡（鶏足山）に至ると、そこで滅尽定に入っている釈尊の弟子であった摩訶迦葉（マハーカーシャパ）を覚ました。彼は定より覚めると、釈尊から託されていた僧伽梨（サンガーティー＝大衣。出家者がつける三種の着物のうち最も大きなもの）を弥勒に手渡した。そのとき、生き物は釈尊のときから数倍の大きさになっていたので、釈尊の僧伽梨は小さいものとなっていた。これを釈尊の徳の少なさだと思う聴衆のために摩訶迦葉は種々の神変を現し、説法によって無数のものを教化して涅槃に入ったのであった。それから弥勒は六万億年在世して涅槃し、荼毘（ジャーピタ。火葬）されたのであった。仏はこれらを説き受持を勧めると聴衆は歓喜したのであった。

【関連典籍】0452〜0455・0457

【訳者・訳年代】姚秦の鳩摩羅什＊（AD402）とされる。

【参考文献】訳一・経集部二。新大・経典部二。

（大谷正幸）

0457 **仏説弥勒来時経**（ぶっせつみろくらいじきょう）

【内容・訳年代】一巻。経録上では0454と同本異訳であるとされている。舎利弗が、仏滅後の未来に出現する弥勒仏について仏に教えを請うと、仏は未来に婆羅門の子として生まれる弥勒について説いた。彼が成道すると、国王たちは出家し、商人たちは黄金を布施して出家した。そして多くの者が出家したのであるが、弥勒仏は彼らが釈尊や彼の遺骨を収めた塔寺に供養して今ここに来るに至ったものたちなのだと説いた。弥勒仏は三回説法し多くの者を度した。そして生まれた鶏頭末（ケートゥマティー、幢または光明のあるところという意味）城の宮中で供養を受け、説法すると出家した者たちや宮中のものたちは歓喜した。このあと経は「弥勒仏劫後六十億残六十万歳当来下」としており、未完に終わっているとみるべきだろう。

【関連典籍】0452〜0456

【訳者・訳年代】訳者不明（東晋の頃か）。

（大谷正幸）

0458 **文殊師利問菩薩署経**（もんじゅしりもんぼさつしょきょう）

文殊問菩薩署経、問署経、文殊師利問署経、署経ともいう。

【内容】一巻。説法の座は舎衛国の祇洹精舎で、舎利弗、目連、迦葉、摩訶迦旃延、摩訶拘絺、須菩提、阿難律、朱利敢、阿難など多彩な顔ぶれがならび、仏は舎利弗に如来法の四事を説く。四事とは一に発意、二に不退転、三に樹下に坐すること、四に仏法の具足である。つぎに仏は奈吒和羅に四弘誓の誓願心を起こすことを説き、奈吒和羅はこの大乗中に文殊菩薩ありやと問う。仏は大海の摩尼宝の所におれば宝処を知らないようなものと答える。以下、つぎつぎと比丘にまた五百の婆羅門に如来の法を説き、この法を学することによって速やかに無上の仏智を得ることができると説示する。

【訳者・訳年代】後漢の支婁迦讖＊。

（河村孝照）

0459 **仏説文殊悔過経**（ぶっせつもんじゅけかきょう）

文殊悔過経ともいう。

【内容】一巻。説法の座は羅閲の耆闍崛山。文殊が罪過を懺悔する法を説いたもので、とくに五体投地の行に重きをおき、経は文殊が五体投地をもって過去の罪業を懺悔することを説いたとき、五百の菩薩は無生のさとりを得、問者である如来斉光照曜という菩薩は諸仏の無破壊三昧の禅定を得た。この菩薩が文殊に罪業を消滅する懺悔の法を尋ねたとき文殊は、五体投地の行をなし、立って右膝を地につけ、人が左道より来れば左道にたち、邪見あるものには賢聖法を示し、一切衆生をしてみな無上の正真平等に至らしめようと唱え、首をあげて身体を手でなで、右手をもって地を指し、このとき魔を降し、右の掌を地につけ、つぎに左手を地につけ左膝を地につけるのである。

【訳者・訳年代】西晋の竺法護＊。

（河村孝照）

0460 **仏説文殊師利浄律経**（ぶっせつもんじゅしりじょうりつきょう）

異訳があり、それぞれ清浄毘尼方広経、寂調音所問経という。

【内容】一巻。三章からなる。説法の座は、羅閲祇（国）の耆闍崛山（霊鷲山）。寂順律音天子に対する文殊師利菩薩の説法を中心とする経である。題名の「浄律」は、清浄である毘尼（ヴィナヤ、律の意味、調伏と訳される）であり、律について述べられている。故に文殊菩薩によって正しい大乗経の戒を説く経であるといえる。第一章真諦義品は、文殊菩薩が第一義諦についての説法をする。第二章聖諦品は、正しい精進について明かし、また、空・無相・無願の三解脱門について本来空なることを明らかにする。第三章解律品では、菩薩の律と声聞の律の相違について述べられる。第四章道門品は、菩薩は已に五逆に住し、無上正真（最正覚）の道を成じていることを説く。

【関連典籍】1489・1490

【訳者・訳年代】西晋の竺法護＊（AD289）。

（村田達央）

0461 **仏説文殊師利現宝蔵経**（ぶっせつもんじゅしりげんほうぞうきょう）

文殊師利宝蔵経、宝蔵経、文殊現宝蔵経ともいう。

【内容】二巻。説法の座は、舎衛国（シュラーヴァスティー）の祇樹給孤独精舎。本経は文殊菩薩が他の仏弟子、須菩提・舎利弗・阿難・大迦葉・富楼那等と菩薩の行ずべき道について問答をし、如来の宝蔵（ラトナカランダカ）について明らかにしている。この場合如来の宝蔵とは、無我・縁起・三解脱門等の教えであるとされる。本経は文殊を中心とする西域地方の仏教の影響下にあり、薬師経等とその背景を同じくするものであろう。

【関連典籍】0462

【訳者・訳年代】西晋の竺法護＊（AD270）。

（村田達央）

0462 **大方広宝篋経**（だいほうこうほうきょうぎょう）

【内容】三巻。0461の異訳。説法の座は舎衛国の祇陀林給孤窮精舎。仏は大比丘千二百五十人と五千人の菩薩といた。仏は迦利羅華園場にとどまり法を説いた。文殊は仏に今日、何の法を説かれるかと問うと、須菩提が仏は菩薩の法を説かれるという。須菩提は文殊に菩薩法を説くことを請い文殊はこれに答え、仏は文殊を誉め、よく菩薩の智慧と方便、大慈大悲の法を説いたといい、種々の喩えを説いた。須菩提は仏に問うところがあり、仏はまた答えるのであるが須菩提は黙して語らず、このとき文殊、須菩提に語り、須菩提は自分に代って智慧第一の舎利弗に語らしめる。ここで舎利弗と文殊の前世の物語が述べられた。このとき文殊は清浄の見仏について述べる。つづいて法勇菩薩たちにすべては寂静なることを説いて、八百の菩薩が無生の境地に達した。ときに舎利弗は須菩提に文殊の神力について語った。文殊は、文殊と舎利弗はその昔、ともに仙人で鬼界に渡った物語をする。舎利弗は須菩提に、舎利弗と文殊の神力物語りをする。阿難もこれに加わって文殊の神力によって比丘菩薩の餓死より救い、よく魔の神力に勝ち、また迦葉も文殊の神力を説いた。また富楼那弥多羅尼子は文殊の神力によって外道を降したことを述べた。そのとき仏は勝志外道に語って、大乗の功徳によって速やかに無上の智慧を得ることができる、それは精進と不放逸であると説き、聞くものは大いに歓喜した。

【関連典籍】0461

【訳者・訳年代】劉宋の求那跋陀羅＊。

（河村孝照）

0463 **仏説文殊師利般涅槃経**（ぶっせつもんじゅしりはつねはんぎょう）

文殊般涅槃経ともいう。

【内容】一巻、説法の座は、舎衛国（シュラーヴァスティー）、祇樹給孤独園で、仏は長老舎利弗・目連・迦葉・迦旃延等を含む比丘衆八千人、および弥勒、観世音等の諸菩薩と共に在る。そして、後夜に禅定に入り光明を放つ。この光明は周囲をあまねく照らし、文殊の居る房を照らす。そして、その光はさまざまな神変を起こす。仏は定を出て口から光明を放ち、文殊が仏のもとにやって来る。その時跋陀婆羅は仏に「文殊は来世に般涅槃するのであろうか」と問う。これが本経の題名のいわれである。そして、文殊のさまざまな威神力について語り、未来世の衆生が文殊の像を念ずべきことを言う。その後、さまざまな文殊を観想する方法と供養の方法が説かれる。これらから本経は涼州地方における文殊信仰の原点となった経典であるといえる。

【訳者・訳年代】西晋の聶道真＊。

（村田達央）

0464 **文殊師利問菩提経**（もんじゅしりもんぼだいきょう）

文殊問菩提経、菩提経、菩提無行経等ともいわれる。

【内容】一巻。大意としては経題にも表れているように、文殊菩薩が仏に対して、発心とは何かを問い、仏が無発心ということが発心であると答え、空の教えを説く。次に文殊に対して諸々の天人が、菩薩道・菩薩の略道・菩薩の意味・菩薩に特有の智について問い、文殊がそれに答え、菩薩道および菩薩の意義を明らかにしている。同本または別本異訳として伽耶山頂経0465、象頭精舎経0466、大乗伽耶山頂経0467がある。四訳のうち、本経は第一訳である。

【関連典籍】0465〜0467

【訳者・訳年代】姚秦の鳩摩羅什＊。

（村田達央）

0465 **伽耶山頂経**（がやせんちょうきょう）

【内容】一巻。説法の座は伽耶城の象頭山上の塔で一千人の大衆のために説いたもの。仏は三昧に入って法界を観察していた。ときに文殊が仏に菩提とはいかにと問うた。仏は菩提とは三界を超出し、語言を超えたものという。衆の中に月浄光徳天子がいて、文殊に菩薩行について問うた。文殊は、大悲、平等心、深浄心、六波羅蜜、方便慧、不放逸、三善行、十善業道、持戒、正観などの行を説き、さらに四種の発心を挙げた。また文殊は定光明主天子に速やかに仏の智慧を得る道を説き、それは方便道と慧道であるという。さらに勇修行智菩薩に向かって、十種の智、行、十一種の無尽観、十種の対治法、寂静地を説き、また菩薩のための二種の如実修行を説いた。仏は文殊の説法を誉め、一万の菩薩は法を悟った。

【関連典籍】0464・0466・0467

【訳者・訳年代】北魏の菩提流支＊。

（河村孝照）

0466 **仏説象頭精舎経**（ぶっせつぞうずしょうじゃきょう）

象頭精舎経、象頭山頂精舎経ともいう。

【内容】一巻。説法の座は伽耶城の象頭山上の精舎で、一千人の大衆のために説かれたもの。仏は三昧にあって法界を観察していた。ときに文殊が仏に菩提とはいかにと問うた。仏は菩提とは空名にして実相なく三界を超出したものという。つぎに文殊は浄光焔天子の問いに答えて菩薩行について宣べ、衆生に大慈心を起こし、菩提心を発し、六波羅蜜、方便智慧、三善業、十善業などの行を説き、発心に四種をあげる。続いて速やかに仏の智慧を得る道をたずね、それは方便道と般若道であるという。さらに不怯弱智總持菩薩の問いに文殊は菩薩の十種の智行、清浄行、方便、分別身、調伏行、内外観法を挙げ、また二種の正行堅固も挙げて経は終る。

【関連典籍】0464・0465・0467

【訳者・訳年代】隋の毘尼多流支＊（AD582）。

（河村孝照）

0467 **大乗伽耶山頂経**（だいじょうがやせんじょうきょう）

【内容】一巻。説法の座は伽耶城の山頂にある精舎で一千人の大衆のために法を説く。この経は菩薩の発心、修行、得道について説かれたもの。文殊菩薩は仏に仏の智慧のすがたを問うた。仏は一切を遠離したありさまという。ときに浄月威光天子が文殊にその修行を問うた。文殊はそれは大悲の行であり、菩提心、六波羅蜜、三種の浄行、十善業道などであるといい、発菩提心の四種を説いた。つぎに決定光明童子の問いに文殊は、速やかに仏の智慧を得る道は方便、般若の二道であることを説き、つぎに勇修智信菩薩の問いに文殊は、十の智、十の発起、十の行、十の無尽観、十の調伏行、十の寂静地を説き、如実の修行のかずかずのありさまを説いている。仏は文殊の言を善哉と誉め、大衆はこの言を信受した。

【関連典籍】0464・0466

【訳者・訳年代】唐の菩提流支*。

（河村孝照）

0468 **文殊師利問経**（もんじゅしりもんきょう）

文殊問経ともいう。

【成立】経中に象亀経、大雲経、指鬘経、楞伽経の名が見える。

【内容】二巻。十七章からなる。説法の座は王舎城の耆闍崛山。文殊をはじめとする菩薩と、千三百五十人の阿羅漢と千三百人の凡夫と比丘がいた。文殊は仏に向かって、菩薩の戒、仏の入涅槃の方便、外道の無我、涅槃不滅の意味、般若波羅蜜の教え、二乗なお二十四種の煩悩を有すること、来去の意味するところ、中道について、菩薩の三帰十戒について、菩薩の破戒のありさま、菩薩の清浄なすがた、菩薩の受戒発菩提心について、字母の意味について、仏教教団の未来における分派について、外道が発するであろう難題について、これらの諸問題について問いを発して答えを求め、終りにこの経を受持すれば功徳は無量であると説き呪文をあげている。

【関連典籍】0469

【訳者・訳年代】梁の僧伽婆羅*（AD518）。

（河村孝照）

0469 **文殊問経字母品第十四**（もんじゅもんぎょうじもぼんだいじゅうし）

文殊問字母品、字母品ともいう。

【内容】一巻。文弥師利問経0468の字母品第十四の別訳。文殊が仏に、この陀羅尼の字よりいかにして法に入ることができるかと問うたとき、仏が文殊に示した梵字五十字に含まれた字義。例えば、

あ、この字は我（アートマン）を離れたことをあらわす。

い、この字は根（勢力の根源）が広博であることをあらわす。

いー、この字は世間の災害をあらわす。

など、母音十六字、子音三十四字の梵字の字母の意味を示したもので、字母の中にすべての法が入っているところより陀羅尼字という。

【関連典籍】0468（14）

【訳者・訳年代】唐の不空*。

（河村孝照）

0470 **仏説文殊師利巡行経**（ぶっせつもんじゅしりじゅんぎょうきょう）

文殊師利巡行経、文殊巡行経ともいう。

【内容】一巻。長行（散文）と偈（詩）よりなる。この経の説かれたところは王舎城の耆闍崛山。文殊は五百の比丘が修行するところを巡行し、舎利弗の坐禅するところにいたり、「法」について問答をする。文殊はこの有為無常の世にあって涅槃を願わない者はよく法を得るといい、これは阿羅漢の境地ではない、それ故、阿羅漢は有、無、非有非無を取らないと舎利弗に迫る。これを聞いた五百の比丘は文殊の所説を非として坐をたつ。五百人のうち四百人は文殊の法を受けないで小乗の解脱を得たが、残る百人は煩悩のために地獄に堕ちた。舎利弗は文殊の非法を責めたが、仏はこの百人の者は文殊の法を聞いた縁によって、やがて人中に生れ弥勒成仏のとき大乗の悟りをひらくであろうとさとした。

【関連典籍】0471。チベット本がある。

【訳者・訳年代】北魏の菩提流支*。

（河村孝照）

0471 **仏説文殊尸利行経**（ぶっせつもんじゅしりぎょうきょう）

文殊行経ともいう。

【内容】一巻。仏説文殊師利巡行経0470の異訳。説法の座は、王舎城の祇闍崛山（霊鷲山）。本経は文殊菩薩が入定している所から始まり、定中において諸々の聖者が三昧に入っている小部屋を巡行する。その時に舎利弗の座禅入定している姿を見た。文殊菩薩は思い至ると

ころがあったと見えて、諸々の比丘が出定し、一切の大衆が釈尊の回りに集まったときに、文殊と舎利弗の二人が阿羅漢の悟る空の意味について交わす問答が中心である。本経に述べられる空思想は、おおよそ般若経に表れているものであり、竜樹（ナーガールジュナ）が中論1564において述べている空観に類似するものであろうと考えられている。八不中道説については触れられていないが煩悩と菩提の超絶を述べ、三世の不可得を論じ如来を否定し、一切の空であることを説く。

【関連典籍】0470

【訳者・訳年代】隋の闍那崛多＊（AD568）。

（村田達央）

0472 **仏説大乗善見変化文殊師利問法経**（ぶっせつだいじょうぜんけんへんげもんじゅしりもんぽうきょう）

大乗善見変化文殊師利問法経、仏説文殊師利問法経、善見変化文殊師利問法経、文殊師利問法経ともいう。

【内容】一巻。説法の座は王舎城の鷲峯山。仏は文殊に今、衆生を見ると四聖諦によって心に顛倒を生じ輪廻から離れることができないでいるから、真実の四聖諦法を説くであろうと述べられ、すべては不生なりとみるこれ苦諦、すべての消除を生ずるをみるこれ集諦、最上の涅槃これ滅諦、法性を究竟するをみるこれ道諦、これが真実の四聖諦であると説く。このように四聖諦心をみれば、四念処、四正勤、四神足、五根、五力、七菩提分、八聖道分の真実心を見ることができて、彼岸にわたり大安楽を得ることができると述べられ、文殊をはじめみなこれを聞いて歓喜した。

【訳者・訳年代】宋の天息災＊。

（河村孝照）

0473 **仏説妙吉祥菩薩所問大乗法螺経**（ぶっせつみょうきちじょうぼさつしょもんだいじょうほうらきょう）

妙吉祥菩薩所問大乗法螺経、妙吉祥所問法螺経ともいう。

【内容】一巻。説法の座は舎衛国の普遍殿の内。大比丘二万五千人、菩薩および百千の衆がいた。ときに妙吉祥菩薩が仏に、如来の大いなる福徳の量はいかばかりかと問うた。仏は十善法による福徳、さらに金輪王、帝釈天、那羅延天、他化自在天魔王、二千世界の梵天、三千世界の自在天および梵王、縁覚、初発心の菩薩と順次、百倍、千倍ないし無数の百千倍の増量の福徳があるが、この菩薩の福も如来身の一毛孔の福に及ばない。如来身は八十種好、三十二相、妙法の螺音、大智慧大慈悲、仏身最上、相好最上、この如来の身体は一には因中度生の願により、二には済度の衆生の縁があることによってここに身を現じたと説かれた。

【訳者・訳年代】宋の法賢＊。

（河村孝照）

0474 **仏説維摩詰経**（ぶっせつゆいまきつきょう）

維摩詰所説不思議法門経、普入道門経、仏法普入道門経、仏法普入道門三昧経、維摩経などともいう。

【成立】紀元前後～AD300頃の成立の思われる

【内容】二巻あるいは三巻。内容の詳細は維摩詰所説経0475の項を参照のこと。維摩経には七種の漢訳があったと伝えられるが、現存するのは本経と0475、説無垢称経0476の三訳のみである。呉代に支謙によって訳された本経は、この現存三訳のうち、最古のものである。維摩経にはチベット訳もあり、大谷北京版西蔵大蔵経No. 843、東北デルゲ版西蔵大蔵経No. 176に収蔵されている。

【関連典籍】0475・0476

【訳者・訳年代】呉の支謙＊。

（佐々木隆友）

0475 **維摩詰所説経**（ゆいまきつしょせつきょう）

維摩詰経、不可思議解脱経、維摩経などともいう。

【成立】紀元前後～AD300年頃の成立と思われる。

【内容】三巻。十四品よりなる。経名の維摩詰とは梵語 Vimalakīrti の音写であり、本経の主人公である維摩居士を指す。居士という呼称が示す通り維摩は在家者であるが、優れた悟りを成就している。各品の概略は以下の通り。〈仏国品第一〉毘耶離の菴羅樹園において長者の子の宝積が他の長者の子ら五百人と共に、各自の有する七宝の傘蓋を仏に供養する。仏は神通によってそれらを一つの巨大な傘蓋へと変えて三千大世界を覆い、さらにその中に諸仏の姿や声を現出させる。宝積は偈をもって仏徳を讃え、仏は十七清浄仏国土を説いて菩薩の浄土の何たるかを明らかにし、また盲者の譬喩によって娑婆世界の本来清浄を説き示す。〈方便品第二〉維摩居士の優れた徳がつぶさに紹介される。また善巧方便によって敢えて病床に伏し、十喩をもって人々に衆生身の無常を説くことが述べられる。〈弟子品第三〉仏は舎利弗をはじめとする十大弟子に病床の維摩を見舞うよう命ずるが、いずれもかつて維摩にその未熟を難詰せられた過去があり、それを追憶して見舞を拒む。〈菩薩品第四〉前品同様、仏は弥勒など四菩薩に維摩の見舞を命ずるが、いずれもやはり維摩に呵責された覚えがあることを述べ命を辞退する。なお、チベット訳は前品と本品を一品として扱う。〈問疾品第五〉結局、文殊菩薩が維摩を見舞うこととなる。維摩は神通によって自分の部屋を空っぽにし、それを切り口として空性についての問答を繰り広げる。また、菩薩の病は衆生への哀愍によって起こることなどが述べられる。〈不思議品第六〉芥子の中に須弥山を入れ、一毛孔に大海の水を注ぎ込むという不可思議解脱の境地が説かれる。不可思議解脱は本経の副題ともなっている語であり、これが本経のキーワードであることは想像に難くない。〈観衆生品第七〉菩薩が衆生を空と観ずることについて種々の譬喩を挙げつつ述べる。また天女と舎利弗の問答形式で男相女相の無分別などの教えが説かれる。〈仏道品第八〉有名な泥中の蓮華の喩えによって、あらゆる煩悩が仏種であることが説かれる。また智慧や方便などを菩薩の眷族とすべきことなどが述べられる。〈入不二法門第九〉入不二法門が如何なるものかについて、三十一菩薩や文殊が言葉によって説こうとしたのに対し維摩はただ黙然して言葉を発せず、それをもって入不二法門とする。〈香積仏品第十〉維摩は香積仏の住す衆香国より香飯をもらい受け、会衆にふるまう。衆香国における説法は文字や言葉によらず香によってなされることが説かれる。〈菩薩行品第十一〉阿難と仏、維摩との対話形式により、前品の香がよく仏事を作すことが述べられる。〈見阿閦仏品第十二〉維摩が阿閦仏の浄土である妙喜国から来た菩薩であることが明かされる。維摩は神通によって娑婆世界に妙喜国を現出させる。〈法供養品第十三〉帝釈天が本経受持者を守護することを仏に誓う。〈嘱累品第十四〉仏が弥勒に本経の流布を付嘱する。また会衆の全ての菩薩が本経の受持を仏に誓う。

【関連典籍】仏説維摩詰経 0474、説無垢称経 0476。

【後世への影響】本経は全ての大乗仏教圏において広く流布したが、日本では聖徳太子が本経を重んじ三巻もの義疏を造したことが有名である。また、入不二門品における無言・無説の教えは、不立文字を旨とする禅思想の源流となった。さらに、俗世にありながら何ものにもとらわれない維摩の在り方は禅師たちの理想とされた。

【訳者・訳年代】姚秦の鳩摩羅什＊（AD406）。

【参考文献】訳一・経集部六。チベット訳からの和訳は長尾雅人訳（中央公論社）、大鹿實秋訳（平楽寺書店）などがある。

（佐々木隆友）

0476 **説無垢称経**（せつむくしょうきょう）

無垢称経ともいう。

【成立】紀元前後〜AD300年頃の成立と思われる。

【内容】六巻。十四品よりなる。0474・0475は本経の同本異訳である。経名の無垢称とは、梵語Vimalakīrtiの意訳であり、本経の主人公を指す。無垢称は在家の俗人（居士）でありながら空の理解に秀で、完全な智慧を備えた菩薩である。その彼が仏道修行のプロフェッショナルたる出家の声聞や、摩訶薩と称されるほどの大菩薩たちを相手に、その未熟を鋭く指摘し皮肉たっぷりにやり込めていく。無垢称にその未熟を呵責されたことがある声聞や菩薩たちは、無垢称が病床に伏したと聞いても彼を恐れて見舞に行こうとしない。唯一人、無垢称を恐れない妙吉祥（文殊菩薩）が見舞に行くと、無垢称は神通力を用いて自室を空っぽにし、そこから空性の何たるかについての問答を切り出す。以下、無垢称と妙吉祥との問答という形式によって深遠な般若・空の教えが展開されていく。本経は文学的に非常に優れており、例えば本来仏道のオーソリティたる声聞や菩薩たちが無垢称を恐れてオロオロとうろたえたかと思えば、対照的に妙吉祥が一人果敢に無垢称と問答を繰り広げるなど、物語の抑揚が実に巧みである。故に難解な般若・空思想が説かれているにもかかわらず、般若経のような煩瑣な印象はあまり受けることなく、むしろ一個のドラマを読んでいるような感を覚える。抜群の文学的センスによって読む者の興味を誘い、かつ深甚な空の哲理をも説き明かす本経は、真に本経が強調する菩薩の善巧方便を自ら体現しているといえるのかもしれない。また本経の底流には、形骸化した出家者の権威主義を痛烈に批判する大乗の在家主義があるように思われる。なお、内容の詳細については0475の項を参照。

【関連典籍】0474・0475・1782

【訳者・訳年代】唐の玄奘＊。

（佐々木隆友）

0477 **仏説大方等頂王経**（ぶっせつだいほうどうちょうおうきょう）

頂王経、維摩詰子問経、維摩詰子所問経、善思童子経ともいう。

【内容】一巻。説法の座は維耶離奈氏の樹園。維摩詰の子、善思童子に仏が修道の徳目・方法を大乗的に説いたもので、対話形式により本無所有、無所生、無所畏、無上乗、心本清浄などの思想が展開される。仏はこの経を山王須弥山の如く頂王と名づけ、その慧は四無畏無上大道を得、生老病死なく、三界の厄を度すとし、捧持すれば、無極の世護を成就し、成仏するを得るという。0478・0479と同本異訳とされる。

【関連典籍】0474・0478・0479

【訳者・訳年代】西晋の竺法護＊。

【参考文献】訳一・経集部二。

（佐野靖夫）

0478 **大乗頂王経**（だいじょうちょうおうきょう）

維摩児経、頂王経ともいう。

【内容】一巻。説法の座は毘舎離城の菴羅樹園。比丘八百人、菩薩一万人、そのほか天竜鬼神等に説いた。仏があるとき毘舎離城に入って乞食し、そこに善思惟という童子が乳母に連れられて高楼の上で手に蓮華をもってよろこんでいた。童子が乳母にこれから仏無上尊が入城し衆生を利益するであろうといった。乳母は驚き、童子は仏を迎え仏の旨を承り、仏の神力をもって空中に昇り、仏にこの蓮華を受けることを請う。仏はこれを受け、それによって童子は無上の仏智を得たときはこの法を分別解脱しようと願った。以下に仏をはじめとして、舎利弗、富楼那弥多羅尼子、阿難らと問答し、すべての自性は実事なく、それ故すべては不可得と説く。仏は阿難に、この童子は未来世に浄月如来という仏となるであろうと告げ、舎利弗、阿難に法を説いた。

【関連典籍】0477・0479

【訳者・訳年代】梁の月婆首那＊。

（河村孝照）

0479 **善思童子経**（ぜんしどうじきょう）

【内容】二巻。説法の座は毘耶離城の菴婆羅波梨園。八千人の比丘、一万人の菩薩がいて、それらがみな変化して諸天身のすがたをしていた。仏が朝早く乞食にでかけ毘耶離城の中に入り、毘摩羅詰離車（維摩）の家に至ると善思という一童子がいた。童子は自家の重閣の上で乳母に連れられ、手に蓮華をもってあそんでいた。童子は仏の神通力をもって乳母にこれより仏の入城あることを告げ、仏の乞食をまって空中より蓮華を受けるよう請うた。仏はこれを受け、童子はこの善根によって無上の仏智を得たときは衆生に法を説くことを願った。以下に舎利弗、富楼那弥多羅尼子、阿難などに仏は法を説き、童子の答えをほめて、後は仏の説法となり、有無分別を離れた無上の菩提を説き、さらに仏、仏法、菩提なき畢竟空を説く。

【訳者・訳年代】隋の闍那崛多＊（AD591）。

【関連典籍】0477・0478

（河村孝照）

0480 **仏説月上女経**（ぶっせつがつじょうにょきょう）

【内容】二巻。説法の座は毘耶離国大樹林草茅精舎。毘摩羅詰とその妻無垢の娘月上女の受記物語。月上女の美しさを聞きつけ求婚者が続出。月上女は七日後に自ら婿選びを行うというが、六日目月上女の右手に仏像が化現し出家を決意。詰めかけた求婚の群集の上を飛び仏所へ向かう。途中舎利弗を大乗的見地より批判し、文殊師利等の菩薩と談論する。月上女十願の誓願思想が語られ、授記されるとその身を転じて男子となり、虚空を飛翔し菩薩となったと述べられる。維摩経0475との前後関係が問題視されている。月上女の神変奇瑞は、竹取物語の作者に影響を与えた可能性が指摘されている。

【訳者・訳年代】隋の闍那崛多＊（AD591）。

（佐野靖夫）

0481 **持人菩薩経**（じにんぼさつきょう）

持人経、持人菩薩所問経、持人菩薩所問陰種諸入以了道慧経ともいう。

【内容】四巻。十五章よりなる。ただし現存本は第三章を欠く。説法の座は王舎城の迦隣竹園、千二百五十人の比丘、菩薩無数に囲まれて説法をした。ときに持人菩薩が仏に、菩薩の誓願、諸法の実相、教化の方便、清浄の徳行、六波羅蜜、無上の仏智等について問うた。仏は菩薩が諸法の実相を明瞭ならしめるために諸種の四事、五事、三事を説いた。仏は過去久遠の世の妙慧超王如来のとき五百人の菩薩が成仏したのは、一心に精進したからであるという例、また五濁の世に我が肉を与えた布施行、滅後仏舎利をもって寺塔を建立する功徳等を挙げて精進不放逸を生ぜよと説いた。仏は持人菩薩に、昔、意普王如来のとき持施王がいて、二人の王子があった。二人は如来のもとで深く五陰を学び正覚を得た。菩薩もこのように五陰、十二入の菩薩の方便の教えを修学すべきである、と説かれた。つづいて十八界、三界、十二因縁、三十七科の修行法が説き示され、世俗と出世間との無二なること、有為と無為を明らかに知るべきことが述べられる。つぎに往古品において過去世の物語が述べられ、久遠の昔、無量光超殊王如来のとき、意無限菩薩が沙門となって仏所に至り経典を受け、法の滅するとき陰種一切諸入分別の経意を宣布し、無量光珠如来の記を得た。菩薩は速やかに成仏を得んとすれば五濁の世にこの菩薩のように経を宣布すべきであると説かれた。ときに颰陀和等の五百の菩薩が後世五濁の世に正典を守り人のために説くことを誓ったのである。

【関連典籍】0482

【訳者・訳年代】西晋の竺法護＊。

（河村孝照）

0482 **持世経**（じせきょう）

法印経ともいう。

【成立】AD266～313年以前。

【内容】四巻。十二品からなる。説法の座は王舎城迦蘭陀竹園。初品第一に仏は持世菩薩の、菩薩は何によって諸法実相を知り、阿耨多羅三藐三菩提を成ずるかとの問いに、四利・四法・五浄力を説く。智高如来の故事を引き、この浄智力において欲・精進・不放逸の三法を生ずべしと誡められる。五陰品第二は、陰・界・入・因縁生・四念処・五根・八聖道分・世間出世間法・有為無為法を分別することを説く。菩薩は非陰・顛倒陰・虚妄陰を識陰であると観じ、衆生は入胎歌羅羅のときより五陰生滅の相を観じると、徳益王と二王子の故事を引き清浄無垢法中において、この陰入性および余の有為法中の説実知見相を勤行修集せよと結ぶ。以下、十八性、十二入、十二因縁、四念処等各品で詳察し、五根品第七では、信根・精進根・念根・定根・慧根の五根を数える。さらに八聖道分、世間出世間・有為無為各品を説示し、本持品第十一に仏は、かくの如く知るときに不断の念を成就し、阿耨多羅三藐三菩提を得ると、過去の閻浮檀金須弥山王如来のとき宝光菩薩がこれらの諸法を聴いて精進し、一切義決定荘厳如来となったことから、仏滅後、後の五百歳悪世の中においてこの経を護持せよと勧める。嘱累品第十二で、仏は五百の菩薩に大法宝蔵を嘱累すると、菩薩たちは広宣流布を誓ってこの経は終わる。小乗の法相をそのまま大乗法門として解釈し、これによって授記作仏を説き後五百歳の嘱累におよんでいる。また不可得により諸法実相を説き、第一義諦と世俗諦の不離を説く。持人菩薩経0481は同本異訳とされる。

【関連典籍】0481

【訳者・訳年代】姚秦の鳩摩羅什＊。

【参考文献】訳一・経集部三。

（佐野靖夫）

0483 **三曼陀跋陀羅菩薩経**（さまんだばだらぼさつきょう）

　三曼陀颰陀羅菩薩経、三曼陀菩薩経ともいう。

【内容】一巻。五章よりなる。説法の座は摩竭提国の清浄法処、自然金剛座。この経は三曼陀跋陀羅（普賢）菩薩が文殊菩薩の問に答えて菩薩の行道を説いたもの。それは十方の諸仏に礼し、悪業を懺悔し、罪垢を悉く除き、三昧、諸々の陀羅尼を得ることであるという。つぎの第二章は罪業を懺悔した後は再び犯さない決意をすべきことを説き、第三章は一切の仏菩薩等を礼拝してその功徳を願い、これを一切に施すべきこと、第四章は諸仏の説法によって衆生を苦より解脱せしめんと請い、この功徳をもって阿弥陀仏の国に生れしめんと請い願う。第五章はこのような菩薩道を行ずる福は、七宝をもって仏を供養するより勝ると説く。

【訳者・訳年代】西晋の聶道真＊。

（河村孝照）

0484 **不思議光菩薩所説経**（ふしぎこうぼさつしょせつきょう）

　不思議光経、無量議光孩童菩薩経、不思議光菩薩所問経などともいう。

【内容】一巻。説法の座は舎衛国祇陀林中の給孤窮精舎で、比丘千二百五十人、菩薩五百人に説かれたもの。ときに仏は外道を降し、舎衛城中に乞食に向かうと一空地に棄子がいた。容姿端正であった。阿難もみた。仏は小児のすでに善根の成れるを知って問答往復した。小児は虚空に昇り、仏はこの小児を不思議と名づけることをよしとした。かれは空中よりおりて帝釈の施した天衣にかわって菩薩の服の必要を説いた。小児は母淫女のもとに至り所生の恩を述べた。ときに仏は波斯匿王に過去の物語をする。昔、毘婆尸仏のとき二菩薩あり、そのうち賢天菩薩は淫女に通じ生れでた子を幾生の間すてた。子は悪業つき善業力をもって不思議の光を放つ菩薩となり、仏に無上の仏智を得る法を聞いて無生法忍を得た。その菩薩こそ阿難であると仏はいわれた。

【訳者・訳年代】姚秦の鳩摩羅什＊。

（河村孝照）

0485 **無所有菩薩経**（むしょうぼさつきょう）

【内容】四巻。〈第一巻〉では仏は王舎城の毘富羅山に在した。ときに無所有と名づける一菩薩があり、すでに多仏の所にあって善根を種え般若波羅蜜を成就した。彼は仏に多くを問い、仏は、菩薩は勇猛に遊び般若を母となし仏を父となし、仏塔に住し菩薩を眷属となす等と述べ、以下偈をもって菩薩が問い仏が答え、また女人に親近することを警め、女身を転じて男身となることを説いた。ときに衆の中に殺人を犯した悪人がいて仏に告げるには、今朝、十人の男子を殺して頭より血を啜り、なお人を害せんと欲して王舎城より東北に往こうとするとき、王舎城の毘富羅山に大勢の人が登って仏所に至るのを見てわが身の卑賤穢悪を省み、そのとき空中より声があって仏を見れば毛孔より大蓮花を生じ、われは瞬きもせず仏を仰ぎ、仏が説く般若波羅蜜を聞いて諸法に執着する所なく、一切の苦を脱して不動の楽を得たという。〈第二巻〉では、殺人者は諸仏の神通を見、また法を聞き、信に入り、また仏があって法を説くを聞く。そのとき一仏形があらわれ、いかほど六波羅蜜を行じてよくこの仏の大神通を信ずるに至ったかと問う。かの仏形は六波羅蜜を行じおわれば仏の大神通に入る、汝はすでに成仏し大神通に証入したという。殺害人はわれは今、初めて六波羅蜜を聞いたが、これまでの世は闇黒でそれを知る由もないが、今、仏と無所有菩薩の問答を聞いて闇黒はとれ執着する所がないという。仏は偈をもって六波羅蜜を説き、この人は昔かくの如き法を聞いた者であることを告げる。ときに衆の中に無煩天子がいて、仏は天子に殺害者は過去五百生の間、毒蛇となって害をなした。あるとき斧で切られて命根をたったが、気嘘という旃陀羅の家子として生れ、そこで刑殺の業を継ぐこととなった。刑死に刀を用いることなく、歯でもって殺しその血を啜った。かの殺害者は悪心も強いが心智も猛利であった。ときに教示菩薩があってこの殺害者はすでに菩提心を発したかどうかを尋ねると、われ今、菩提心を発して清浄である。無所有菩薩が問い仏が答えるところを聞いて一切諸法空無我を信受し、菩提の種子を成就し菩薩の種子に信入した。もし仏の授記がなければわれは自ら授記するといい、一切諸法は幻の如く夢の如きであると説いて巻を終る。〈第三巻〉では、仏が光明を放ち、殺害者が未来に成仏して利上功徳如来という仏となる予言があり、この殺害者の命終以後、ならびに前生が示され、無所有菩薩の本身は女身を転じて男身となった菩薩であると明かした。〈第四巻〉では、王舎城の頻婆娑羅王が女を伴って城を出るとき、衆人は仏に無所有菩薩の身を現ずることを請い、大地震動し、仏は法を説き、空中に声あり、常有の想を起してはならぬ、女身を捨てて男身を求めよといい、男身を得た。仏は王に、この諸女がその昔、千仏を供養し、仏法を成就した因縁を語った。

【訳者・訳年代】隋の闍那崛多＊。

（河村孝照）

0486 **師子荘厳王菩薩請問経**（ししょうごんおうぼさつしょうもんきょう）

師子王菩薩請問経、師子荘厳王所問経、八曼荼羅経ともいう。

【内容】一巻。説法の座は王舎城の耆闍崛山中で、比丘千二百五十人、菩薩五百人、天竜等八部衆に法を説いた。この座中の師子荘厳王菩薩が仏に、何の修行によって仏となられたかと問い、仏は過去世の物語を述べた。不可思議光明仏があらわれたとき、上施という長者がいた。富豪を恃んで仏法を信じなかった。ときに長者が比丘をみてその威光にうたれた。比丘は長者に八曼荼羅法門あり、それに四勝報ありと説いた。長者は比丘からその法を聞いて八種の法門を修学し、六波羅蜜を成就し成仏を得た。そのときの比丘毘闍耶三皤婆とは今の文殊菩薩、長者上施はすなわちわが釈迦牟尼仏であると述べた。

【訳者・訳年代】唐の那提（AD663）。

（河村孝照）

0487 **離垢慧菩薩所問礼仏法経**（りくえぼさつしょうもんらいぶっぽうきょう）

離垢慧礼仏法経ともいう。

【内容】一巻。説法の座は室羅伐悉帝城勝徳林中の給孤独園で、仏が比丘五百人、菩薩無数、大衆の首、および同類、天竜八部衆に説いたもの。座中に離垢慧菩薩がいて仏を礼拝する法を問い、仏は答えた。まず五輪作礼すること、右膝著地のとき、つづいて左膝右手、左手、首頂著地のとき、仏を礼拝し発願すること、つぎに十方の現在の諸仏を礼拝し発願すること、つぎに本師釈迦牟尼仏に帰命し、百遍ないし百千万遍無量、諸仏世尊に帰命する。ついで身口意三業の善根をととのえ、懺悔し、勧請し、仏道に回向し、また一切衆生が早く諸苦を断じて速やかに涅槃を証して如来智に住するよう願うべきことを説いた。

【訳者・訳年代】唐の那提（AD663）。

（河村孝照）

0488 **宝授菩薩菩提行経**（ほうじゅぼさつぼだいぎょうきょう）

宝授菩提行経ともいう。

【内容】一巻。説法の座は広厳城大林楼閣中で、比丘千二百五十人、菩薩一千人あり、仏は二千人の比丘と城中に入って乞食した。神力をもって光明を放った。このとき城主星賀里蹉尾王の子宝授、年三歳が乳母にだかれて殿上にあり、この光明をみて懐から地に下り、この希有の相は何人の威徳力かと問う。乳母は仏世尊であると答えて仏の相好を説く。童子は値い難き仏にあい、手に持った千葉の金蓮を仏に捧げるべく殿上より飛び降り、童子の仏力をもって空中に住まって供養した。目連はこれをみて童子と問答し、また舎利弗も問答し、また妙吉祥菩薩も問答する。ときに八比丘の吐血命終があり、また宝授は乳母に命じて仏および比丘たちに供養施食し、仏は菩薩清浄の五法を説き、この宝授はやがて不空力称如来となるであろうと授記した。

【訳者・訳年代】宋の法賢＊。

（河村孝照）

0489 **仏説除蓋障菩薩所問経**（ぶっせつじょがいしょうぼさつしょもんきょう）

除蓋障菩薩所問経、除蓋障所問経ともいう。

【内容】二十巻。〈第一巻〉仏は象頭山に在し、多くの菩薩たちがいた。ときに仏は光を放ち大衆を照らしていた。東方に大蓮華という世界があり、そこに蓮華眼如来という仏があって菩薩のために法を説き一乗の利益を起こさしめた。そこに除蓋障という菩薩がいて仏の光明を蒙むるや蓮華眼如来にこの光明のいわれを問うた。すると蓮華眼如来はこの遥か西の方に娑婆という世界があり、そこに釈迦牟尼という仏がいて、その仏の名を聞くだけで菩提心が退転しないのであるという。除蓋障菩薩がなおそのいわれを問うと、それはかの仏が菩薩のときの願であったからであるという。菩薩は蓮華眼仏に娑婆の国に往ってかの釈迦牟尼仏を見たいといい、娑婆は穢悪であるから決して放逸の心を生じてはならぬと注意をうけて行く。〈第二巻〉では、かの菩薩は象頭山の仏の所に至り、菩薩の修行について問うと、仏はまず十種の布施の方法を説き、続いて十種の戒行について説き、その第二の戒行をもって巻が終る。〈第三巻〉では、第三戒行から説かれて第十戒行に至り、つぎに十種の忍辱行が説かれ、また十種の精進具足行を説いて巻が終る。〈第四巻〉では、十種の禅定具足と十種の智慧具足が説かれ、さらに十種の方便具足が説かれるが、第一の方便具足で巻が終る。〈第五巻〉では、第二の方便具足から第十に至るまで説かれ、十種の諸願具足、十種の諸力具足が説かれる。〈第六巻〉では、十種の智慧具足行、十種の地、水、火、風（前半）の勝れた行を説いて巻を終る。〈第七巻〉では、十種の風の後半、十地、十波羅蜜多、十三摩地、十二種の陀羅尼、六通、菩薩の十種の自在、菩薩の十力が説かれ、〈第八巻〉では十八不共法、三十二相、十種の虚空の如き修行法、十種の月の如き修行法、〈第九巻〉では、十種の日の如き修行法、十種の師子の如き修行法、十種の調伏行、十種の善法行、十種の蓮華の如き行、十種の広大心、清浄心を得る十種の行、深心を得る十種の行、〈第十巻〉では、十種の大海の如き行、微妙智を得る十種の修行、弁才を得る十種の修行、楽説弁才を得る十種の修行、歓喜弁才を得る十種の修行、十種の信順説法行、説法のための十種の行、法性を観ずる十種の行、法界をよく解する十種の行、これがつぎの〈第十一巻〉に続き、さらによく空の境界を知る十種の行、十種の無相行、執着を離れる十種の行、十種の慈身具足行、十種の悲身具足行、喜行を修する十種の行、捨行を修する十種の行、十種の神通、〈第十二巻〉では、八難を離れる十種の行、菩提心を失わないための十種の行、宿命通を得る十種の行、善知識を離れない十種の行、悪知識を離れる十種の行、如来法身を得る十種の行、金剛不壊身を得る十種の行、大導師のための十種の行、よく正道を知るための十種の行、十種の無顛倒の道、〈第十三巻〉では、平等心を得る十種の行、常に糞掃衣を着る十種の行、三衣を受ける十種の行、十種の不随他行、十種の乞食行、〈第十四巻〉では、十種の一坐得の法、十種の一食をうける法、樹下に坐す法、露地に坐す法、塚間に住する法、常坐の法、座に敷く法、瑜伽行を成ずる法等であり、さらに〈第十五巻〉に続いており、十種の持律の法、十種の供養法、十種の我慢摧伏行、浄心を生ずる十種法、〈第十六巻〉では、世俗を知る十種の法、〈第十七巻〉では、勝義諦を知る十種の法、自らを了知する十種の法、仏国土に生ずる十種の法など、〈第十八巻〉では、浄命を得る十種の法、多聞を得る十種の法など、〈第十九巻〉では、十種の妙相具足行など、およそ菩薩の修すべき行を網羅して仏は説き、この正法が説かれたとき奇瑞が象頭山をおおった。〈第二十巻〉では、長寿天女が女身を転じて菩薩となり成仏を予言し、除蓋障菩薩に正法の聴聞受持の功徳を説いた。

【訳者・訳年代】宋の法護＊。

（河村孝照）

0490 **仏説八大菩薩経**（ぶっせつはちだいぼさつきょう）

【内容】一巻。説法の座は舎衛国祇樹給孤独園。仏は千百五十人の比丘とともにあり、また八大菩薩、その他の菩薩たちが集まっていた。仏は舎利弗を相手に教えを説いた。東方に無能勝という仏国があり、そこに善精進吉祥如来という仏がいて法を説いている。またその東に無我という仏国と普照如来という仏、また東、善愛国に吉祥如来という仏、また東、寂静蔵国に印捺囉計覩特嚩惹王如来という仏、また東、離塵国に喜功徳光自在王如来という仏がいてみな法を説いている。もしこの仏の名を一心に聞き、念じ、書写読誦し、他人に説けば、その人は、命終して悪所に堕ちず下賤中にも生れず、長寿天に生れず、また疾病、諸難なく、仏国、天上、人間に生まれ、修行し、最上道を成就するであろうと説いた。

【訳者・訳年代】宋の法賢＊。

（河村孝照）

0491 **六菩薩亦当誦持経**（ろくぼさつやくとうじゅじきょう）

【内容】一巻。きわめて短かい経典で、暗誦用のため序の文章はない。五字ずつの詩の形となっており後漢時代という古い訳経にしては読みやすい。師子戯、師子奮、師子幡、師子作、堅勇精進、撃金剛慧の六菩薩の名があげられ、つづいて五字の詩文がならんで、十方仏の名を聞く者は諸々の罪わざわいを除かれ、般若の道を退かず、たちまちに仏を見ることができてその顔すがたは光りかがやくと説かれ、天、人の師を礼し、とくに四菩薩を礼拝すべきことを願うべきことを説き、四菩薩の名をあげる。それは棄陰蓋、寂根、慧威、不離の四菩薩である。

【訳者・訳年代】訳者不明（後漢代）。

（河村孝照）

0492 **仏説阿難問事仏吉凶経**（ぶっせつあなんも

んじぶつきっきょうぎょう）

阿難問事仏経、阿難問事経ともいう。

【内容】一巻。経の序文はない。仏弟子阿難が、仏につかえて福を得る吉と、そうでない凶を得ること、また仏弟子としてなすべきことを問うたもの。仏は阿難に、仏を奉じ、師に従って戒を持ち精進して朝夕仏をうやまうものは真の仏弟子で、善神に護られ百事増倍して後にかならず仏道を得る。それの反対が凶である。他人をして人を殺さしめた罪は自ら手を下したより重いと知ること、師を軽んじてはいけない、師弟の間は真誠でなくてはならない、二親に孝をつくすこと、仏より五戒を受け持つものは福徳の人である、仏弟子たるもの世間の卜問、呪事をしてはならぬ、等の細かい教を説く。

【訳者・訳年代】後漢の安世高＊。

（河村孝照）

0493 **仏説阿難四事経**（ぶっせつあなんしじぎょう）

阿難四事経ともいう。

【内容】一巻。説法の座は拘夷那竭国で、仏がまさに入滅せんとするとき、阿難が問い仏が答えたもの。仏は大法に四事ありとし、その第一は慈心を行ずれば大福を得、仏身に侍すること、功徳の正等なることを得ることができる。第二には悲心を行ずること、つねに経道を練行し、仏の明教をもって人と物と一切皆幻のごとく空であることを観ずべきを教え、第三には国中の災害はよってくる所があるから慈悲喜捨を修すれば災を免れて福自ら身に帰する。第四には高節無欲の沙門梵志を敬い、彼のところで律を行じ、心行ともに清浄にして、これら経典に説かれているところの法と律を護るべきことを説いている。

【訳者・訳年代】呉の支謙＊。

（河村孝照）

0494 **阿難七夢経**（あなんしちむきょう）

七夢経ともいう。

【内容】一巻。きわめて短経。説法の座は舎衛国で、阿難の見た七夢は、未来の悪世の相状を示したものであると仏が述べた。阿難がみた七夢とは、一は池が火災につつまれた夢、二は日月、星宿が没した夢、三は出家の比丘が不浄の坑に落ち在家の者が頭に登って出る夢。四はむらがる猪が栴檀林につきあたる夢、五は頭に須弥山を戴いても重くない夢、六は大象が小象を捨てる夢、七は華薩と名づける師子王が死んで後になってみると象の身中から虫がでてそれを喰うという夢、これらの悪夢は、あるいは未来の比丘が互いに相い殺害しあったり、あるいは塔を破壊したり、また第七の夢は仏滅後一千四百七十年に弟子が徳を修して魔に乱されることのない夢である等と仏に諭された。

【訳者・訳年代】東晋の曇無蘭＊。

（河村孝照）

0495 **仏説阿難分別経**（ぶっせつあなんふんべつきょう）

阿難分別経ともいう。

【内容】一巻。説法の座は示されていない。仏と阿難の問答を記述したもの。具体的な内容は阿難問事仏経0492に近い。師に従って受戒し精進すれば後にかならず仏を得る。これが真の弟子である。善師にあわずただ受戒するのみで戒律を護らなければ現世に罪人となり、仏弟子ではない。死後の世界もこれに同じく、仏の教を信ずる者は善所に生まれる。人が悪意をもって道徳の人や師に向うならば、弓にてわが身を射るように痛むのである。末世の弟子は仏の禁戒を受けて三尊を敬い、親を養ない忠を尽し、世間の事を得るのである。世間の意を得るものではない。世間の意とは、卜筮や怪しげなる祭祠によって祟りを呪するなどである等と、種々に分別して阿難に説いている。

【訳者・訳年代】東晋の法堅。

（河村孝照）

0496 **仏説大迦葉本経**（ぶっせつだいかしょうほんぎょう）

大迦葉本経ともいう。

【内容】一巻。説法の座は王舎城の霊鷲山。城中に尼拘類という大富豪に畢発学志と名づける子がいた。畢発学志は多くの財と古神仙が遺した経典をもっていた。その子は多子神祠の薬樹の下に往きその果を食べた。仏は説法の後、比丘衆とともに多子神祠のもとに至り精舎に止った。畢発学志は世尊の威神光明無量をみて尊敬を深くした。そのとき、仏は大迦葉に今日より以降、制心し修行せよと法を説いた。大迦葉は八解脱門を観じ、仏は迦葉に、わが身の疲れ背痛のことを知らせ、迦葉は柔軟の座を設け、仏はまた水を求め、迦葉はまた水を奉った。迦葉はいった。先に果を食するときはまだ具足戒を受けず、仏は王舎城竹樹間の迦蘭園にあって大光明を放たれ法を説いたと。仏は迦葉最尊、しかるにその貢高せざるを歎じ一会みな歓喜した。

【訳者・訳年代】西晋の竺法護＊。

（河村孝照）

0497 **仏説摩訶迦葉度貧母経**（ぶっせつまかかしょうどひんもきょう）

摩訶迦葉度貧母経、度貧母経、摩訶迦葉度貧女経ともいう。

【内容】一巻。説法の座は王舎城。迦葉が王舎城に入ったとき死期近い一貧女がいた。この女は前世に福を植えなかったのでこの姿となったことを迦葉は知り、鉢をもって老貧女の前に立ち布施を促した。何物もない貧女は臭き米汁を迦葉に施した。貧女は間もなく命終したが、布施の福報を得て第二忉利天に生れ光り輝いた。帝釈はそれをみて驚き、貧女のごとき功徳に預ろうとして天后とともに地上に来下し、迦葉を待って福を修した。帝釈は天上に帰り歓喜は倍増した。仏は阿難に、この貧女のように施は微少であってもその福報は量り知れないものであるといい、仏の説法は布施を第一とすることを宣べた。

【訳者・訳年代】宋の求那跋陀羅＊。

（河村孝照）

0498 **仏説初分説経**（ぶっせつしょぶんせっきょう）

初分説経ともいう。

【内容】二巻。仏は事火外道の優楼頻螺迦葉を訪問して竜舎に宿し、火界三昧に入って竜を降伏せしめ、出家心をおこさせた。つづいて迦葉のバラモンの火法に応じて仏は種々に神通力をおこし、或は四天王、および上方帝釈の五方天のために説法し、或は迦葉の心中を察知して他心智証通を示し、仏の諸種の神力によって迦葉はついに五百人の弟子とともに出家した。また次弟の那提迦葉は三百人、末弟の伽耶迦葉は二百人の弟子をつれて出家した。仏は三迦葉とその弟子をつれて象頭山に往き、ここで諸行無常の法を説き、杖林山に至り王舎城に入った。城中頻婆娑羅王の前導で迦蘭陀竹林園に入った。大衆は長兄迦葉と仏と何れが師にして弟子なるかに疑念を懐いたので、仏は迦葉をして仏こそわが師と告知せしめた。仏は王や大衆のために四諦の法門を説き、刪闍夜の弟子舎利弗と目連の二人も仏弟子烏波西那の姿をみて仏に帰信し出家した。

【訳者・訳年代】宋の施護＊。

（河村孝照）

0499 **仏為阿支羅迦葉自化作苦経**（ぶついあしらかしょうじけさくきょう）

【内容】一巻。説法の座は王舎城の耆闍崛山である。仏は耆闍崛山より王舎城に乞食した。阿支羅迦葉が遥かに仏を見て仏所に到り、苦は自作か、他作か、また自でなく他でなく無因の作であるかということを問うた。仏は、此れ有るが故に彼れあり、此れ起るが故に彼れ起る、無明によって行があり、無明滅すれば行も滅する。諸辺を離れるを中道というと説いた。この所に阿支羅迦葉は法眼浄をえて仏所を去った。中途にあって牛に触殺された。これを見た多くの比丘は仏に迦葉の諸根清浄、顔色鮮白の様子を告げ、そのいわれを問うた。迦葉はすでに法を見、法を知り、法を継いでしかも法を受けず般涅槃したためであると仏は答えた。中道を説いた経典である。

【訳者・訳年代】不明。

（河村孝照）

0500 **羅云忍辱経**（らうんにんにくきょう）

【内容】一巻。説法の座は舎衛国の祇樹給孤独園。仏陀が舎利弗・羅云と共に入城して乞食したとき、軽薄者が悪意を懐いて舎利弗の鉢の中に砂を入れ、羅云に対しては首を打ち血が流れた。仏は常に忍ぶことは最も快よいことであると言った。仏弟子たるものは常に心をおさえるべきである。悪が生ずればただちに滅すべきである。羅云の血は流れ、それを水で洗っていうには、われも痛むが、悪人が長く苦しむことを心配する、と羅云は仏に事の始終を話した。仏はこの軽薄者は、命終の後、無択地獄に落ちるであろう。つぎに生れれば常に砂土を喰うであろう。世々砂土を喰い死罪を終って人中に生れれば母の中で常に重病となり、生れ出ればその児頑鈍、手足がまったく無く、親や親族は驚き怪しんでこれ不吉といって街にすてると、石や瓦や刀杖でその頭を打たれ、このような生死をくり返すのである。それ故よく忍ぶべきである。忍こそ良薬である、等と仏は説いた。

【訳者・訳年代】西晋の法炬*。

（河村孝照）

0501 **仏説沙曷比丘功徳経**（ぶっせつしゃかつびくくどくきょう）

沙曷比丘功徳経ともいう。

【内容】一巻。説法の座は舎衛国の祇樹給孤独園。仏は千二百五十人の比丘と菩薩の万人とともにいた。ときに須弥国に一貧人がいて小児の頭を剃り報酬に麦を貰う約束をしたが一人も果す人がいなかったので死後竜となって国中に患いを降した。仏は人民の飢饉を心配して沙曷比丘を遣わして竜を教化せしめ、仏に帰依することを誓わしめた。人民は歓んで食を与え、比丘は酒に酔って樹の下に臥した。これを見透した仏はこれを笑い、阿羅漢が仏に及ばない四事を説き、目連をして比丘のもとに往かしめ竜を伴わしめた。竜は仏前に礼し、その宿命本末の説法を聞いて受戒し、仏はさらに沙曷比丘の功徳を説き、比丘の請を容れて須弥国に至り王人民に対して竜の本末を説いて一同受戒した。

【訳者・訳年代】西晋の法炬*。

（河村孝照）

0502 **仏為年少比丘説正事経**（ぶついねんしょうびくせつしょうじきょう）

仏為年少比丘説経、正事経ともいう。

【内容】一巻。説法の座は舎衛城の祇樹給孤独園の夏安居のとき。仏は年少比丘のために法を説いた。上座比丘は年少比丘をそれぞれ引き取って教育した。十五日布薩のとき、仏は比丘が正事を行ずることを勧めた。舎衛国において人間遊行の比丘満迦提月は、仏が舎衛国にあって安居していることを聞き仏のもとに至り、仏はこの人間比丘のために法を説いた。上座の比丘たちはこの人間比丘をも受け入れ、仏はこれを善き哉といい比丘所行の正事と宣べた。仏は長老比丘が種々の修行の徳相を得たことを説き、多くの比丘たちはこれを聞いて歓んだ。

【訳者・訳年代】西晋の法炬*。

（河村孝照）

0503 **比丘避女悪名欲自殺経**（びくひにょあくみょうよくじさつきょう）

【内容】一巻。説法の座は舎衛国の祇樹給孤独園。ある比丘がいて拘薩羅国の者で、ある林中に住していた。この比丘が長者の婦女とねんごろとなり悪名の声があがった。比丘は自殺して罪を逃れようと林の中に入った。林中に天神あり、天神は自殺を思いとどまらせようとして方便をもってかの長者の女身を化作し、世間に悪名の声があがっているから還俗して共に楽しもうという。比丘は今、自殺するという。天神はもとの天身にもどって、行者は多くの悪名を忍ぶ。自害するなかれ。汝は下中上の悪声に耐え忍ぶべしという。そのとき比丘は開悟し、専心煩悩を断じ、阿羅漢を得たという。

【訳者・訳年代】西晋の法炬＊。（河村孝照）

0504 **比丘聴施経**（びくちょうせきょう）

仏説比丘聴施経、比丘聴経、聴施比丘経ともいう。

【内容】一巻。説法の座は舎衛国の祇樹給孤独園。聴施比丘なるもの、比丘法を好まず、睡眠に執着し、修行を楽しまず、経法を疑う。仏はこの比丘を教化しようとして譬喩をもって説いた。すなわち、かつて二人がおり、ともに旅に出た。一人は道をよく知っているが、他の一人は道を知らない。道を知らない者が道を知っている者に、われは某の村、郡、県、国へ行こうと思うから道を教えてほしいという。道を知っている者は、この道より左道をさけて右へ行け、すると渓がある、等と教えてついに目的地に至る。左道というのは三悪念である。右道というのは三善念であり、目的地は無為の徳である。仏は仏事を悲心をもって度脱せんとする者に説くのである。比丘よ貪欲を離れて仏行に精進せよと説くのである。

【訳者・訳年代】東晋の曇無蘭＊。（河村孝照）

0505 **仏説随勇尊者経**（ぶっせつずいゆうそんじゃきょう）

【内容】一巻。説法の座は王舎城の迦蘭陀竹林精舎。随勇尊者が王舎城の側にある尸陀林中の大僧坊に独り経行していたとき、猛悪の蛇に嚙まれた。尊者はただちに比丘衆をよんで、われは毒蛇に嚙まれたから身体は潰壊する。よろしく僧坊の外に置いてくれという。このとき近くにいた舎利弗はこのことを聞いて尊者のもとに往き顔色および眼等の諸根をみて、変った様子はないと尊者にいう。尊者は、眼等の諸根は我であり我所である法であるのに、どうしてこれが変ることがあろうかという。尊者を僧坊の外においた後、舎利弗は仏所に至り、これらのことを語った。仏はもしそのときわが勝妙の偈と呪文を聞いていたならば毒蛇のために身体の潰壊することはないものをといい、偈と呪を説いたという。

【訳者・訳年代】宋の施護＊。（河村孝照）

0506 **犍陀国王経**（けんだこくおうきょう）

犍陀王経ともいう。

【内容】一巻。説法の座は舎衛国の祇樹給孤独園。仏は千二百五十人の比丘とともにあったとき、犍陀という国王がいて婆羅門を奉じていた。婆羅門のいる山には多くの果樹があった。ときに木樵がその木を伐ったので婆羅門は王に申しでてその木樵を殺さしめた。その後、牛が稲を食べたことがあり、その主は牛を打って一本の角を折ってしまった。牛はこのことを王に訴えた。稲の主も追って王のもとに往った。王は鳥獣の語がわかったので牛にこの人を殺すといった。牛は、この人を殺しても私の痛みは去らない、ただ今後このようなことのないようにしてほしいといった。そこで王は考えるところがあって婆羅門をよび、この道に何の福があるかと問い、婆羅門教では生死の道を得ないことがわかった。そこで仏所に至り受戒し、仏に仏法の徳を問うた。仏は布施持戒は現在の福を得、忍辱精進は智慧を得ると説いた。そして阿難に、この牛と王とは前世に拘那含牟尼仏のとき、兄弟であったのだと説いた。

【訳者・訳年代】後漢の安世高＊。（河村孝照）

0507 **仏説未生冤経**（ぶっせつみしょうおんぎょう）

未生怨経、未生冤経ともいう。

【内容】一巻。説法の座は王舎城の鶏山中。提婆は仏が天神をはじめ帝王臣民に敬まわれるのをみて深く嫉み、未生冤すなわち阿闍世太子を唆して、太子は王となれ、われは仏とならんと陰謀を企てた。太子は兵を集めて父瓶沙王の印授を奪い獄に閉じ込めた。王は仏言を信じていた。太子は獄吏に命じて王の食を絶った。后は王の面会を許されたので身体に蜜をぬって獄に入り獄中の王の飢渇を防いだ。王は后に、われは死をおそれないが、舎利弗、目連、大迦葉とともに仏の教化に浴せざるをうらむといい、獄中の高窓からはるかに仏の教をうけた。太子は王の延命は后の蜜によることを知って后の入獄を止め、獄の高窓を塞ぎ、かつ王の足底を削いだ。王はこれ前業の報と悟り、命絶し天上に生れた。

【訳者・訳年代】呉の支謙*。　（河村孝照）

0508 **阿闍世王問五逆経**（あじゃせおうもんごぎゃくきょう）

【内容】一巻。仏は羅閲城の霊鷲山に五百人の比丘たちといた。ときに阿闍世王が提婆に五逆罪の者は地獄におちると聞いたがどうかと尋ねた。提婆は王は悪をなさず、恐れることはないという。これを聞いた比丘は仏にこのことを告げる。仏は比丘に、王は久しからずして仏所に来るであろう。そして命絶したならば諸種の天に生れ、最後人間に生れて出家学道して無穢と名づける辟支仏となるであろうといった。比丘が羅閲城に乞食に入ろうとすると門番に提婆以外は入城を許さずとて門外に追い出された。このとき比丘は右手をあげて仏が王の死後、天に生れ人間に生れ出家し、辟支仏となるといったことを告げた。王は耆域王子をしてその言を確かめさせるとその通りであった。王子は阿闍世王に仏のもとに往くことを勧めるが、仏に呪術があるから行きたくないが、一切智者であれば往こうという。王子はそのことを仏に告げる。仏は、国王が久しからずして至り無根の信を成就する。王はわれの入滅の後、舎利を供養するであろうといい、王子は歓んだ。

【訳者・訳年代】西晋の法炬*。　（河村孝照）

0509 **阿闍世王授決経**（あじゃせおうじゅけつきょう）

阿闍世受決経ともいう。

【内容】一巻。本経は二説話よりなり、第二説話は0510と関連する。説法の座は羅閲祇国の耆闍崛山の中。ときに阿闍世王は仏を招待するに祇婆と相談して多くの灯明を設けた。それは宮門より祇洹精舎にまで至ったという。一貧老母がいて、王のこの大供養をみて感激し、つねに至心に仏を供養せんと願っていたので両銭を乞うて油五合を得て一灯を献じた。所が王の灯は或は滅し或は尽きたが、老母の一灯はとくに光り輝き朝まで点り、油も尽きなかった。日がさし目連がこれを消そうとするとかえって光りを増し梵天まで照した。仏は目連にこの老母は仏になるであろうと告げた。王は祇婆にそのいわれを問うた。祇婆は王の供養は心専一ではないが老母の供養はもっぱら仏に心が注がれていたからと答えた。

第二話は、園監は早朝に好い花をとって宮室に送っていた。仏は朝早く祇洹を出て道々人民に説法し宮殿に至った。一園監が王宮に持参すべき花を途上で仏にあって供養すると仏は成仏のしるしを与えられた。しかし王に空手で往けば殺されるので一旦家に帰り空箱を戸外においた。帝釈天はその箱に天華を満した。外に出てそれを見た園監はその天華をもって王宮にむかったが、王は常とは異なった花を見て、彼の平生が疑われて殺されることになった。園監は事の次第を話して王は懺悔したが、先には老母が決を受け、今は園監が決をうけたのにわれ独り何の功徳のないことを祇婆に問うと、かれは王の仏に対する態度を詰り、王は一心に仏の供養に心がけ九旬にて宝華を作ったがすでに仏は入滅しており、せめて耆闍崛山の仏の坐所に上ろうとした。するとそこに仏を見ることができ七宝の華を奉って決を得、八歳の阿闍世太子も決を得たという。

【関連典籍】0510

【訳者・訳年代】西晋の法炬*。　（河村孝照）

0510 **採花違王上仏授決号妙花経**（さいけいおうじょうぶつじゅけつごうみょうけきょう）

採蓮華違王上仏授決号妙華経、採蓮華王上

仏授決号妙花経、授花違王上仏授決経、採花授決経、採蓮華王経、採蓮華違王経ともいう。

【内容】一巻。0509の第二話と関連する。仏が羅閲祇にて法を説き修行していた。ときに王家に仕えて花をおさめることを業とする数十人がある日花をもって城に入るとき仏にあった。仏の巍々なる姿にうたれて、国王の厳しさを知りつつも命をかけて仏に花を供養した。仏はその道念を知り哀れんで大乗の法を説き、多くの花採り業者は未来に仏となることを許された。花採り業者は一旦家に帰り、王のために殺されることを告げて妻子と別れた。両親が花の箱をみるとみごとな花があるのでこれを王に進めるようにいったが、このことは王に伝わり、また時刻がおくれたから何れ罪はまぬがれないであろうと口々に言っていた。そのとき王は怒って兵を遣わして捕えてつれていった。ところが諸人らは恐れる気色がない。王は怪しんでその訳を問うと、人々が王に申していうには、人生れれば死あり、物あれば敗る。今、仏にあい花を供養した。そのときまさに死すべきことを知った。徳あって死んでも、無徳をもって生きることはしない。花箱の中に花が充満しているのはこれ仏の恩という。王はこれを理解できず仏のもとに行き、仏はかれらの至心にして身命を惜まざることを讃めた。王も大いに喜びその縛を解いて自らの過ちを責めた。

【関連典籍】0509

【訳者・訳年代】東晋の曇無蘭*。

（河村孝照）

0511 **仏説萍沙王五願経**（ぶっせつへいしゃおうごがんきょう）

萍沙王五願経ともいう。

【内容】一巻。仏は王舎国の鶏山中に在した。国王を萍比沙といった。太子のときから五つの願をたて仏の説法を聞いて須陀洹道を得ることを願っていた。王舎国の北方に徳差伊羅という国があり、その国王を弗迦沙といった。前世で仏にあい道を学んで身に六事を得ていた。萍比沙王と弗迦沙王は兄弟のように仲がよく手紙の往復があった。弗迦沙は王舎国に仏がいることを知って仏所に趣き、まず城外の窯家に行き止宿し、弗迦沙のために人身の六事、心の十八作用、堅く心を制する四事を説き、説者が仏と知って沙門となることを請い許されたが、その後、城中の牛の角に触れて死んだ。それを見た比丘は仏に、この人はどこに生れるか問うと、仏は阿那含を得て五煩悩を捨て阿羅漢となるといわれ、比丘たちは弗迦沙の身を葬ってその上に塔をたて、みな仏の教をうけた。

【訳者・訳年代】呉の支謙*。

（河村孝照）

0512 **仏説浄飯王般涅槃経**（ぶっせつじょうぼんのうはつねはんぎょう）

浄飯王涅槃経、浄飯王経ともいう。

【内容】一巻。説法の座は王舎城耆闍崛山中から迦維羅衛（Kapila）城。釈尊の生父、浄飯王の葬送物語。浄飯王が病危篤のおり、釈尊は神力をもって難陀、羅云、阿難を伴って帰郷し、死に臨む王を慰める。しめやかに王の死を看取ると、葬送の際嘆き悲しむ衆会に対して、世はみな無常であり苦空非身なること、自ら勤勉して永く生死を離れ大安を得ることを説く。さらに王は清浄人であったことから浄居天に生まれ変わると語る。本経は孝順を主に記述したものであり、特に目立った仏教思想が語られているわけではないが、当時の葬送儀礼に対する場面も多く、説話物語としても価値を有するものであろう。

【訳者・訳年代】劉宋の沮渠京声*。

【参考文献】訳一・経集部二。

（佐野靖夫）

0513 **仏説琉璃王経**（ぶっせつるりおうきょう）

琉璃王経ともいう。

【内容】一巻。説法の座は迦維羅衛（kapila）。舎衛国の波斯匿王の子琉璃太子が自らの出生を釈迦族に怒罵されたことから、父王並びに釈迦族を怨み、父王を殺し、釈迦族を滅亡させた物語。増一阿含経0125巻第二十六に同一の内容のものが見られる。釈尊は三度までは琉璃王の行軍を止めることをなしたが、諸弟子が自らの神力で防戦しようとしたところ、釈迦族の宿世の殃罪は何人も代わり得ぬと説き、四度目は何もしなかった。釈迦族は五戒を守り、敵を死傷させることを嫌ったため開城虐殺された。琉璃王は暴虐非道の罪によって、仏の現世に罪をなせばすなわち現世に受くの教えの通り、七日の後地獄の火で焼殺する。無常と因果応報の理に貫かれた作品である。

【訳者・訳年代】西晋の竺法護＊。

【参考文献】訳一・経集部二。

（佐野靖夫）

0514 **仏説諫王経**（ぶっせつかんのうぎょう）

諫王経ともいう。

【内容】一巻。説法の座は舎衛国の祇樹給孤独園。ときに国王不離先尼（波斯匿王）は国界を出て仏所を過ぎようとした。仏は王に坐につくように指示してさとした。王は正法をもって治め、節度を失わず、慈心をもって人民を養育し、民事を統理して偏ることなく、まさに忠臣剛直の臣の諫めをうけ、四意をもって国民を待遇すべきである等の王として護るべきことをさとし、また王といえども人の四事はまぬがれることはできないとし、それは老いて体は枯れ、病によって悩み、死んでたましいは去り、所有する珍宝も永く保つことはできないということである。現世はすべて無常であり、たのむべきは孝順にて父母を養い、沙門に供事し、老人を尊敬し、慈心をもって財宝を民と共に歓ぶべきであると説いた。

【関連典籍】0515・0516

【訳者・訳年代】劉宋の沮渠京声＊（AD464）。

（河村孝照）

0515 **如来示教勝軍王経**（にょらいじきょうしょうぐんおうきょう）

勝軍王経ともいう。

【内容】一巻。説法の座は舎衛城（シュラーヴァスティ）の誓多林給孤独園であり、仏陀が在家の信者である勝軍大王に王道について説法した話が中心である。仏陀は国を治める者が邪法（インド土着の教え）を捨てて正法（仏の教え）を基として政治を行った時の功徳や、国民に接する心構え（父母の子に対するように、および布施・愛語・利行・同事の四事を以て当たるように等）を教える。また、王の生活態度に対する注意として富や勢力や自らの命は夢幻のようなもので全く実体のないものであるとし、無常観に従い、仏法を修習すべきことを説く。総じて本経は、国を治めるものの仏教的処世を説いている。教説の内容から極めて原始的なものであると推定され、不確かながら成立年代は紀元前後であろうか。0516は同本異訳。

【関連典籍】0514・0516

【訳者・訳年代】唐の玄奘＊。

（村田連央）

0516 **仏説勝軍王所問経**（ぶっせつしょうぐんのうしょもんきょう）

勝軍王所問経ともいう。

【内容】一巻。説法の座は舎衛国の祇樹給孤独園。仏は千二百五十人の比丘とともにあった。ときに憍薩羅国の勝軍大王（波斯匿王）は国を出て仏所に至り、正法を聴受した。もし王が正法に背いたならば現世にあっては謗しられ、死後はすぐれた所に生まれない。常に四法をもって人民を愛念せよ。四事とは布施・愛語・利行・同事である。王には三種の楽があるがこれらは無常滅の法である。三楽とは富、欲、自在である。このように世間法は刹那滅であってついには無に帰するから出世の行を修して善根を増益せよ。また世間には四大怖がある。邪行、老、病、死である。人はこの四怖からのがれ難いから世間を捨てて修行し善法において精進せよ等とさとした。

【関連典籍】0514・0515

【訳者・訳年代】宋の施護＊。

（河村孝照）

0517 **仏説末羅王経**（ぶっせつまつらおうきょう）

【内容】一巻。仏は舎衛国の祇樹給孤独園に千二百五十人の比丘とともにあった。ときに末羅と名づける国王がいて、その国には石が多く出た。国内の人九億人に石を運び出すことを命じたが人々は疲れ果てて石は動かず、仏は阿難を呼んでともにその国に至った。仏は笑って足指で石をはねて手で受けて空中においた。また手でうけて地においた。九億の人がこれをみて驚き何人かと問うた。仏はわれはこれ仏といい、われに精進忍辱布施父母の四力があるといい、また生老病死の四力ありといい、仏に般泥洹のあることを説いて九億の人はこれを悟り、仏に五戒十善を乞うて煩悩の垢を除くことができた。

【訳者・訳年代】劉宋の沮渠京声＊。（河村孝照）

0518 **仏説旃陀越国王経**（ぶっせつせんだおっこくおうぎょう）

旃陀越国王経、旃陀越経ともいう。

【内容】一巻。説法の座は舎衛国の祇樹給孤独園。仏は千二百五十人の比丘とともにいた。ときに旃陀越という国王がいた。婆羅門を奉じ婆羅門を任用した。王の小夫人が身ごもったので他の夫人が憎み、子は国の患いとなるといって殺して塚に埋めた。塚の中で子は生まれ母の半身は朽ちなかったので乳で命をつなぎ三年たって塚から出て六歳のとき仏に出会い沙門となり許されて比丘となった。須陀といった。仏は須陀に命じて旃陀越王を教化せしめた。かれは王の後継ぎのないことを知り、仏の所に往くことを勧め、王は三尊に帰命し請うて五戒をうけた。仏は王に比丘須陀こそ王の子であることをつげた。昔、拘先尼仏のとき仏舎達国王が牛の親を殺したので子を牛主がひきとり、牛主が報復し、王を牛のごとき運命にせしめようとした。この王が旃陀越、子は須陀、牛主は婆羅門であると仏は過去の因縁を語られた。

【訳者・訳年代】劉宋の沮渠京声＊（AD464）。（河村孝照）

0519 **仏説摩達国王経**（ぶっせつまだつこくおうぎょう）

摩達国王経、摩達経ともいう。

【内容】一巻。説法の座は羅閲祇の竹園の中。ときに摩達王という国王がいた。数百万人を率いて出陣しようとした。阿羅漢となっていた比丘が王宮の門に来たので馬監は命じて比丘に官馬を管理せしめた。七日を過ぎて王が軍陣を見ると比丘は王の前で空中に飛び上り威神を示した。王は恐れて前非を悔いた。神人をしてかくなした者は誰れか死刑に処するであろうと王はいう。比丘は、王や国人の罪ではない、わが宿命の致す所であるといい、王も罪福は善悪行によることをさとり歓喜して、王と人民は比丘に随って仏所に至り五戒をうけ、また仏は無常苦空を説いた。仏は阿難に、昔、摩父仏のとき、この比丘は沙門となり王は優婆塞となった因縁を語った。

【訳者・訳年代】劉宋の沮渠京声＊（AD464）。（河村孝照）

0520 **仏説薩羅国経**（ぶっせつさるらこっきょう）

薩羅国経ともいう。

【内容】一巻。薩羅と名づける富楽ならびなき国があった。ときに仏は舎衛の祇樹の園にあった。仏がその国をみると、王をはじめみな無常生死の苦を思うところがないので、物に対しては空、喜楽に対しては苦をもって教化しようとして、まず如意三昧に入って大光明を放った。八方の天、帝釈、梵天等は仏を奉り、弥勒、文殊、目連、羅雲、阿難、離越、舎利弗などの弟子や菩薩はみな仏に随った。国土宮殿ならびに一切の者は吉瑞に歓んだ。そこで仏は王に、在世の富楽はみな無常であるからこの罪から離れるために四事につとめよと説き、一に施与、二に少欲、三に聞経、四に法師を敬うことを示された。これを聞いてみな菩提心をおこし寿終って天上に生まれ、仏は阿難にこの者たちは仏となるであろうと言い、王はこれを聞いて空中に上下して仏の功徳を讃歎した。

【訳者・訳年代】訳者不明（東晋代以前）。
（河村孝照）

0521 **仏説梵摩難国王経**（ぶっせつぼんまなんこくおうきょう）

梵摩難国王経ともいう。

【内容】一巻。説法の座は舎衛国の祇樹給孤独園。仏は千二百五十人の比丘とともにあった。ときに梵摩難という国王がいて、常に仏および僧を供養し数千人をひきつれて仏所に至り仏足を礼拝した。この王に均鄰儒という王子がいた。王子は王の許しをえて比丘となった。三月にして阿羅漢道を得たが王はそれを知らず、王子の勤苦をみて思わず恩愛の情をおこした。仏はそれと知り、王子の神力を王に見させ、王は悲喜が交わった。仏は王のために四諦を説き、王はこれを信解して道をえた。仏は阿難に、比丘には一に布施、二に逆施を欲せず、三に老病、四に行道の勤苦を恐れる等の四事があると説いた。

【訳者・訳年代】訳者不明（西晋代以前）。
（河村孝照）

0522 **普達王経**（ふだつおうぎょう）

【内容】一巻。仏は祇氏の樹給孤独の集合所に千二百五十人の比丘とともにあった。ときに夫延国に普達という王がいて、王は仏法を奉じていた。臣民は王が高観に登って斎戒焼香礼拝するのをみて、万民の尊たる王が頭を地に着けて敬礼することを怪み、これをとめようとした。ときに王が宮を出ると間もなく一道人にあうや、王が道人に礼をしたので多くの臣は諌めた。すると王は臣に命じて死人の頭と六畜生の頭を求めてそれを市に売らしめたが、死人の頭だけは買う者がなかった。王はこれを契機として先の一道人を介して舎衛城に在る仏を迎え、仏はために普達王とその道人の過去世の因縁を阿難に語り、王はその仏説を聞いて本来を信解して学道を得、聞経の人民は皆、五戒十善を受けたという。

【訳者・訳年代】訳者不明（西晋代以前）。
（河村孝照）

0523 **仏説五王経**（ぶっせつごおうぎょう）

五王経ともいう。

【内容】一巻。説法の座は祇桓精舎。昔、五国が相い隣接し、五王は往来し攻め合うことなく善き友であった。その最大王を普安王といい、彼はよく菩薩の行を学習したが他の四王は邪行をなしていた。大王が四王の楽しむところを尋ね四王各の自ら楽しむ所を語った。すると四王は、大王は何を楽しみとするかという。大王は四王の楽しむ所は一朝有事の際は楽しみとならず、われは不生不死、不苦不悩、存亡自在を楽しむ。これはわが師仏の説かれたものと言い、五王揃って祇桓精舎の仏所に至った。仏は五王のために生老病死の四苦と、恩愛別、所求不得、怨憎会、憂悲悩の四苦、すなわち八苦を説き、座の一同もこの経を聞いてともに学道を成就した。四王は大王をこれ大権の菩薩と言った。

【訳者・訳年代】訳者不明（東晋代以前）。
（河村孝照）

0524 **仏為優塡王説王法政論経**（ぶついうでんのうせつおうぼうせいろんぎょう）

政論経、仏為優塡王説経ともいう。

【内容】一巻。説法の座は示されていない。優塡王が帝王の真実の過失および功徳を仏に問うた。仏はこれに答えて、王の過失に十種ありとしてこれを列挙し、また王の功徳にも十種をあげてこれを説き、つづいて王の衰損門として王道の衰えるであろうところの五門をあげ、つぎに王の愛すべき法として五法を示し、つづいてこの王の愛すべき法をよく発しめるものとして五ヵ条を提示した。これらの法を王が護って正法を持ち、護摩息災法も修し、曼荼羅を建立し、灌頂を受けるならば功徳は円満するといい、毎朝この秘密王経を読誦し修行すればこれを聖主、法王と名づくべく、諸仏菩薩天竜八部は日夜にそのものを加持し護念するであろうと説いた。

【訳者・訳年代】唐の不空＊。
（河村孝照）

0525 **仏説長者子懊悩三処経**（ぶっせつちょうじ

やしおうのうさんしょきょう）

長者子懊悩三処経、長者子煩悩三処経、長者懊悩三処経、懊悩三処経、三処悩経、三処経、長者妖悩二処経、二処悩経ともいう。

【内容】一巻。仏は舎衛国の祇樹給孤独精舎に千二百五十人の比丘とともにいた。そのとき舎衛城に子なき大長者があった。長者の婦人は仏を奉じ精進するうち一子を設け、子が十五、六歳になった頃、長者の娘を嫁に貰い結婚の祝典をあげた。その祝儀の最中、若夫婦は庭園を歩きながら、新夫は新婦のために無憂樹の花をとろうとして樹から落ちて即死してしまった。長者の父母は悲しんだ。ときに仏は阿難とともに通りかかりその子をみると、初めに忉利天にいて寿命つきて長者の家に生まれ、死んでこんどは竜の中に生まれ、三処にあって悲哀をみてきた。仏は阿難に長者の所に至りその患えを除かしめた。長者は仏のもとに至り、仏は長者に、人生れれば死があることを説き、光明をもって十方世界を照し、長者以外になお天と竜とが悲しむ有様を見せて、その子はかならずしも長者の子だけでなく、子の死んだのは寿命が尽きたからであって歎くべきではない。長者の家に生れたのは過去の布施の功徳、短命は射猟を好み殺生したからであると因果応報を説いた。

【訳者・訳年代】後漢の安世高＊。

（河村孝照）

0526 **仏説長者子制経**（ぶっせつちょうじゃしせいきょう）

長者子制経、逝童子経、長者逝経、制経、菩薩逝経、逝経ともいう。

【内容】一巻。仏は羅閲祇耆闍崛山の中に五百の沙門と一緒であった。ときに城中に檀尼迦奈という豪家があり制という十六歳の子がいた。父が亡くなり制は母とくらしていた。ときに仏はその家に乞食し、制は第三門にいたが母に何度も仏に供養するように言った。母は大慳貪で供養しなかった。制は自分の食べものを供養し、仏は自ら欲する所自在を得るであろうと言った。それを聞いた帝釈は、仏になることはできないと言い、制はわれは弥勒仏に付いて成仏するであろうと言う。仏は制に、汝はすでに六万仏に仏事をなしているから未来に遮迦越王となり天を上下して須弥迦羅と名づける仏となると言った。第一会、第二会の説話をなし、難提陀精舎の一会は皆、仏道を得たという。

【関連典籍】0527・0528

【訳者・訳年代】後漢の安世高＊。

（河村孝照）

0527 **仏説逝童子経**（ぶっせつせいどうじきょう）

逝童子経、長者逝経、制経、菩薩逝経、逝経ともいう。

【内容】一巻。仏は羅閲祇の耆闍崛山中にいたが、富豪の迦羅越の門に向った。彼には十六歳になる逝という子がいた。仏の姿を見、かつ光明に照らされて彼は喜んだが、母は貪欲で仏に供養しようとしなかったので逝は自分の食事を供養し、そして仏の智慧を願った。ときに帝釈は僅か一食で仏智を求めるとは何事だと言ったが、逝の度重なる成仏への願いに帝釈はこれを黙然として認めた。ときに仏は逝に汝は前世に八千仏に敬事したことを告げ、死して後遮迦越王となり、諸天を往来し須弥劫という仏となった。初会の諸法、再会の説法、三会の説法の度に多くの者を度し、菩薩の道を行じ、仏の慧眼を得たという。

【関連典籍】0526・0528

【訳者・訳年代】西晋の支法度（AD301）。

（河村孝照）

0528 **仏説菩薩逝経**（ぶっせつぼさつせいきょう）

逝童子経、逝経、菩薩童子経ともいう。

【内容】一巻。仏は鶏山中に五百人の比丘とともにあった。城中に檀尼加奈という一富豪がいて、逝という十六歳の子があった。仏はこの家に食を求めた。ときに逝は第三門の中からこれを見たが、母は大慳貪のためにこれを拒んだ。逝はたびたび母に供養を勧めたが聞かなかった。仏は光明を照して威神を放った。逝は母が供養しないので己れの食事を供養した。仏は逝が弥勒仏に付いて仏智を得んと願っていることを知ったが、これを聞いた帝釈は仏を得ることはむづかしいと言う。度重なる逝のこの願いに仏は逝に、汝は前世に六万仏に食を供養したことを告げ、死後は金輪王となり、寿尽きれば諸天を往来してついに成仏して須弥加羅という仏となり、第一会の説法、第二会の説法とその度に多くの人を度し、難提陀精舎において法を聞いた者、みな仏道を成就して仏智を得たという。

【関連典籍】0526・0527

【訳者・訳年代】西晋の白法祖＊。

（河村孝照）

0529 **仏説阿鳩留経**（ぶっせつあくるきょう）

阿鳩留経ともいう。

【内容】一巻。仏は舎衛国の祇樹給孤独園に諸比丘とともにあった。昔、阿鳩留という商人がいた。たいへんな金持ちであったが後世あることを信ぜず、人が死ねば地水火風となり再び生まれることはないと言っていた。ときに彼は多くの財宝を持ち商人五百人をつれて旅に出た。険しい道を通り、食糧が尽き、水草なく幾日もすぎて餓死せんとした。四方に水草を探し求めさせたが見当らなかった。阿鳩留が自ら探しに出かけると、遥かに一樹があり、そこに一男子がいた。彼は馬に騎って近づき、水と食糧を求めると男子は右手の五指から水や食糧を出したので腹一杯に飲みかつ食べたが、まだ五百人と馬が何も食べずにいると訴えた。男子の許しをえて彼は五百人と畜生を伴って来ると、男子はまた右手の五指から水と食糧を出して彼らと畜生の飢渇を癒した。樹下の男子がみんなはどこへ行き何を求めようとしているのかと問うと、彼らは大海へ出て珍宝を求めようとしているのだと答えた。すると男子はまた右手の五指から金銀等の財宝を出し、阿鳩留にこの宝を持って村に帰り貧窮の者に与えよと言った。阿鳩留は大いに驚きあなたは誰れかと問うと、われは「まさきのかずら」だと言う。そして彼は前世の物語りをして、われは貧窮にして人に与えることができなかったが、人をして福を得せしめた。死後「まさきのかずら」に生まれ人の善をなすをみて喜んだ。これによって五指から生じたのであると言い、阿鳩留は初めて後世のあることを信ずるに至り、財宝を欲する者に与えた。彼は死後天に生まれたが、その果報は天から遠く離れたところの㜗という女性の僅かの米粥を大迦葉に供養したところに及ばなかった。後、仏が母の供養のために天に昇って法を説いたとき、阿鳩留は仏にわれは大衆に布施をして凡人を得たが、彼女は大迦葉に僅かに施して天の五事、すなわち一に長寿、二に端正、三に安楽、四に智慧、五に威神の福を得たといった。天は仏に礼をなして去ったという。

【訳者・訳年代】訳者不明（AD220 以前）。

（河村孝照）

0530 **仏説須摩提長者経**（ぶっせつしゅまだいちょうじゃきょう）

須摩提長者経、会諸仏前経、如来所説示現衆生経ともいう。

【内容】一巻。仏は舎衛国の祇洹精舎に五百人の比丘とともにあった。仏は阿難とともに入城し乞食した。城中に須摩提という大長者がいたが死んだ。家族をはじめ城中のもの皆、嘆き悲しんだ。阿難は仏に請い、仏は悲泣の者たちに法を説いた。それは死とは十悪を行じ戒律を守らず非法を行ずることをいい、善法を行じ高慢心を断じた者は死とはいわないと諭した。過去仏も、王も、仙人も辟支仏も阿羅漢も皆、無常に帰するのであって、仏も三月後には涅槃に入り無常に帰すのである。それ故十二因縁の法に通達すべきである。この法を見る者は仏を見るのであると説いた。仏はこの経に命名し、この経を受持する者は毒も害せず、火も焼かず、地獄にもおちず、命終れば弥勒仏の前に生まれるであろうと阿難に説き、大衆もまたこれを聞いて歓喜した。

【訳者・訳年代】呉の支謙＊。

（河村孝照）

0531 **仏説長者音悦経**（ぶっせつちょうじゃおんねつきょう）

長者音悦経、長者音悦不蘭迦葉経、音悦経、長者不蘭迦葉経ともいう。

【内容】一巻。仏は羅閲祇の耆闍崛山中に千二百五十人の弟子とともにあった。城内に音悦という大長者があり、四つの福報をえていた。ときに仏は吉祥の歌頌を音悦の門外にあって誦した。長者はこれを聞いて歓び、価い千万両の白氎を奉った。このとき仏は富に五危ありと言って注意を促した。さて国内に尼揵外道の不蘭迦葉なる者がおり、仏のこのことを聞き知って仏を訪ねて偈頌を教わり、一年の後、強いて長者の門前に立って長者の徳を讃嘆した。このとき長者は火災に遭う等して福の四つをすべて失い、その災難を歎いていた際であるから、怒って彼を殴打した。外道は反って仏を怨み憎んだ。ときに仏は竹園の中にあって阿難に、昔、音悦という国王がいて、王が美声の鸚鵡を可愛がっていると、禿梟がこれをうやらみ鸚鵡にとって替ると、王は怒って命じて毛羽を抜いた。善声が福を招き悪声が禍を招きその罪は己にあり、昔の国王は今の音悦、鸚鵡はわが仏、禿梟は不蘭迦葉である。彼は仏を逆怨みして痛い目にあい、前後六回、仏を誹謗した。一に難国において、二に竹園において、三に音悦の家において、四に摩竭提国の界において、五に維耶離国において、六に舎衛国においてである。ときに国王は不蘭迦葉等の六師外道を国外に追放し、彼らは死後地獄に入った。仏はこのように悪人が自ら地獄に入って焼けていく苦より救うために、阿難にこの経を広く宣説することを命じ、かの長者音悦が四福を失なったのは、妻を納れた後、色に迷い、三宝を敬わず、長幼に慈心が無かったためであると説いた。

【訳者・訳年代】呉の支謙＊。

（河村孝照）

0532 **私呵昧経**（しかまいきょう）

私阿末経、私阿昧経、菩薩道樹経、道樹経、道樹三昧経、私訶三昧経、私末経ともいう。

【内容】一巻。仏が王舎国の竹園の中に千二百五十人の弟子とともにあり、ときに長者の子である私呵昧が五百の弟子と王舎城の竹園に趣こうとしたが、遥かに仏を見て五百の弟子と共に仏を讃嘆し、その巍々たる相好を得たいわれを問うた。仏は仏住により正道に入る等の六つの修行徳目をあげた。つぎに菩薩の心を起す喜びに六心と六身の功徳を示し、つぎには菩薩の六波羅蜜を説き、つぎには身、人、寿、形、無有、常有とも認めない六事の行をあげ、一切智の六功徳をあげ、一切智を成就した童孺如来は六法に住することを説き、つぎには六法に住する仏の滅度に五つがあると説く。ときに滅度の童孺如来は十万の人のために十二部経を説いて一切の人を護るために滅度し、このとき、四自帰を広説する。童孺如来の入滅の後には六の功徳があると説き、この仏道は六法をもって真理となすと説いた。私呵昧はわれに印可を与えたまえと請い、成仏の証明が与えられた。五百の弟子はこれを聞いてまた成仏の印可を請い、許されて歓び空中に上った。仏は笑って口から光を放ち数々の仏国を照した。阿難が何故笑ったのか仏に尋ねると、それは私呵昧が蓮華上という仏になったからであるといい、五百の弟子も菩薩の心を起こした。阿難はこのように説かれた経典の名を仏に尋ね、この経によって初発心の菩薩をうると宣べた。

【訳者・訳年代】呉の支謙＊。

（河村孝照）

0533 **菩薩生地経**（ぼさつしょうじきょう）

生地経、差摩竭経ともいう。

【内容】一巻。説法の座は迦維衛国の釈氏の精舎に仏は五百の比丘と一緒であった。城中は差摩竭という釈氏の長者の子がいて仏所に至り、仏は相好、智徳、学解をいかにしてえたかと問うた。仏は忍辱を本となすことを説き、忍辱の四事を示した。また速かに仏を得る道の四事を説き、差摩竭はこれを聞いて、身につけていた宝の瓔珞を仏に供養すると、仏の威神によって空中にとまり、皆、宝蓋となってそれより五百の化人があらわれ、声を同じくして発菩提心と言う。彼は歓び、仏はそれ仏子であると宣べ、無執、無所得、無我であると言う。この法を信ずる者は四百億人であった。ときに差摩竭と五百の比丘、五百の清信士、二十五の清信女が不退転の境地に入り、寿終れば西方無量寿仏の国に生まれこの土において仏となるであろうと説き、阿難は仏にこの経の名を聞いて、皆、歓喜した。

【訳者・訳年代】呉の支謙＊。

（河村孝照）

0534 **仏説月光童子経**（ぶっせつがっこうどうじきょう）

月明童子経、申日経、月光童子経ともいう。

【内容】一巻。仏は王舎城の霊鷲山に千人の比丘とともにあった。ときに仏は城中を教化し、ために六師外道を信ずる者はいなくなった。仏を妬み除こうとした六師が門徒五百を集めて謀議をなし、城中の大長者申日の家に集まり、仏が世に現われて自ら聖智と称し人民を幻惑する、と言って申日を誘いこみ、長者の門中に深い坑を掘って中に炭火を入れ、さらに飲食には毒を盛った。唆かされた申日は仏に供養を申しこみ許された。長者に月光という子がいて十六歳になっていた。父に、仏は三界の尊で第六天魔も降伏したほどであると言って諫めたが、申日は心が迷執にとらわれていたのでかねての計画通り人を遣わして仏を招待した。仏は大光明を放ち、仏の伴をするものは、空無吉祥菩薩等をはじめとして六十万人、前後、上下、仏を中央にして皆、従った。さて仏は神通の徳をもって火の坑を変じて紫紺の池と化し、そこに八味の水を湛えた。申日はこれをみて大いに驚き、六師の外道も恐れ恥じた。申日は月光等一族、さらに外道ともども仏を出迎えた。仏の威容相好にうたれ申日の迷いが解けて前非を悔い、飯食の中に毒あり、しばらく待ちたまえと請う。仏は世の重毒もわれには毒なしといわれ、仏は申日に因縁説を説いた。すなわち、昔、定光仏がわれに成仏の証しを与えたとき、長者申日が火坑毒飯をもって今の申日、汝を害せんとした。われは明慧三昧をもって汝の名を予知していたと。申日は歓び、仏は過去世を知る、願わくは重罪を微罪となしたまえと仏に法を説かれんことを請い、仏は無量の法を広説し、申日は心開け煩悩を除かれ、入定し仏を讃嘆した。仏は九十六種の外道を降伏した。

【関連典籍】0535・0536

【訳者・訳年代】西晋の竺法護＊。

（河村孝照）

0535 **仏説申日経**（ぶっせつしんにちきょう）

月明童子経、申日経ともいう。

【内容】一巻。仏は王舎城の霊鳥頂山に千二百五十人の比丘とともにあった。城中に旃羅日という大富豪がおり、申日という弟があった。兄は仏法を信じていたが弟は外道の不蘭迦葉を奉じていた。外道の者たちと申日は兄を外道に帰依せしめようとし謀をたてるがそれに失敗した。そこで弟はその怨をかえそうとして兄の信奉する仏を陥入れようとした。門の裏地を掘り中に火を入れ上を薄く土で覆い、また飯食には毒を盛り仏を招待した。申日の子に旃羅法（月光童子）がいて仏経を学び志は大乗にあった。仏は大神通をもってこれらを予知していた。ときに旃羅法は、劫尽きても一毛も動かすことのできない仏を、こんな小坑で害することはできないと諫めたが、父はきかず、人を遣わして仏を迎えさせた。仏は大光明を放って神変を現わした。申日の第一夫人月羽（すなわち旃羅法の母）はこれをみて菩提心をおこした。旃羅法は母に五百の夫人に仏を出迎えるように言い、五百人の夫人は仏の教をうけて歓んだ。仏の入城のときは大地が震動する等種々の奇瑞があらわれ、仏が火坑をふむと池となって大蓮華が生じた。申日は火坑の変化をみて大いに驚き前非を懺悔した。飯食の毒も変じて百味となった。このとき仏は過去の因縁を語った。申日は法を聞いて法忍を得、また罪も受けないであろうと言い、それは過去世、錠光如来はわが名であるからであると。仏は阿難に、わが入滅千年の後、経法は断絶するが、月光童子が秦国に出てわが経法を興隆し、鄯善、烏長、帰茲、疏勒、大宛、于塡そのほかに流布して仏法を奉ずるであろうと言った。

【関連典籍】0534・0536

【訳者・訳年代】西晋の竺法護*。

（河村孝照）

0536 **申日児本経**（しんにちじほんぎょう）

中児本経ともいう。

【内容】一巻。仏は王舎国の鶏山中にあった。その国に申日という長者がいた。申日は外道に事えて仏道には事えなかった。外道の人らは皆、仏を妬んで、申日のところに集って相談した。仏は今、国王長者に尊敬されている。仏は常に過去現在未来の事を知り、他人の心中をも知ると言っているから、門の裏地を掘って火をおき上に薄く泥を覆い罠をかけてみよう。仏言が真実であれば招待しても受けないであろう。そして飯食に毒を盛っておこうということになった。申日が招待の使者をひきうけた。申日の子に旃羅法という十六歳になるものがいて、かれは仏道を学び過去現在未来の事を知っていた。父を諫めて、仏はすでにこのことを知っているから、悪人のいうことを聞いてはいけないというのだが、父は子の言を信じなかった。仏は阿難に、明日は仏より先に行き食を取ってはならぬと告げしめた。招待をうけた仏は皆の者を随え、地を黄金となし光を放ち申日の舎中も金色となした。仏が申日の門に至ると城中大動し落とし穴は浴地となり蓮華が生じた。それを見た申日は大いに怖れ、自ら飯中に毒薬のあることを告げ、好飯を作るという。仏はそれに及ばずと言い、その毒飯を食べた。仏は阿難に比丘はこの食を取らぬように指示し、仏の教えを食せよと言い、天下には貪瞋痴の三毒があることを示した。仏が語り終えると飯中の毒は消されたので、これより比丘の食事を許した。仏は申日のために経を説き、申日は五戒をうけて優婆塞となったという。

【関連典籍】0534・0535

【訳者・訳年代】宋の求那跋陀羅*。

（河村孝照）

0537 **仏説越難経**（ぶっせつおつなんぎょう）

越難経、目難長者経、難経、難長者経ともいう。

【内容】一巻。仏は波羅奈私国にあった。国中に越難という大長者がいたが、慳貪で嫉妬深く、道徳を信じず布施を喜ばなかった。越難に栴檀という子がいたが、彼も慳貪であった。寿尽きて、盲目の乞食の婦人の子として生まれ、子もまた両目盲で、母はこの子のために乞食をして養った。子が七歳になると、自ら乞食をさせた。家々に食を乞い、栴檀の家に至った。栴檀は大いに怒って門番を呼び、門番は盲目の子を撲って門外に出した。重傷をうけて苦しみ、母にうったえた。子がまさに死せんとするとき門上の守り神が、汝の痛みはまだ小さく、これから大痛となる、汝は前世に財があっても布施をしなかったからさらに苦しむのだという。仏が分衛城に入り、阿難の哀願によって赴いてその子の頭目を撫でると目が開き、打ち傷も癒え、自ら宿命も知った。そのとき、仏は経を説き、人は子と財を求めて苦しむ。子は父に財を与えず、世間は無常であると宣べた。

【訳者・訳年代】西晋の聶承遠。

（河村孝照）

0538 **仏説呵雕阿那鋡経**（ぶっせつかちょうあなごんぎょう）

呵雕阿那鋡経、荷鵰阿那含経ともいう。

【内容】一巻。仏は舎衛国の祇陀園にあり、呵雕阿那鋡が五百の弟子を率いて舎利弗の所に至った。舎利弗は経を説き、歓んで退き、つぎは仏所に至った。仏は呵雕阿那鋡に、何の功徳によって五百の弟子を教化し、随侍せしめるようになったかと問うと、それは仏の四事、一は布施、二に善説、三に同学給足、四に同学者は財を共にせずの四目と彼は答えた。仏はこの四事は三世諸仏の法であるとさとした。彼は家に帰って家人眷属に経、戒を説き三昧に入り、四天王の称誉にも耳を傾けなかった。一比丘があり、呵雕阿那鋡は比丘に、在家の者が仏前にいないのは仏語は至誠であるから彼らは地獄におちることをさけたのである。きっとわれに教をうけるであろうがわれは喜ばないと言った。仏は、比丘からこのことを聞き、呵雕阿那鋡のために八事を説き、求めざるを人に知らしめようとしないでよいことを説いた。

【訳者・訳年代】東晋の曇無蘭＊。

（河村孝照）

0539 **盧至長者因縁経**（ろしちょうじゃいんねんきょう）

盧長者経ともいう。

【内容】一巻。慳貪は人天の賤しむところ、智者はまさに布施すべきである。昔、盧至という大長者がいたが、いたって慳貪で、世人の笑い者になっていた。ときに城中に節会があり、衆人の歓楽するのをみた盧至は、独り自ら五銭をもって僅かの酒食を買い、城外の空静処において大いに酔い、たとい帝釈も、今日の歓楽の及ぶ所ではないと歌う。帝釈は祇桓に赴く道でこれを聞き、盧至を悩まそうとして盧至に変身して彼の家に至り、大いに衆人に施した。盧至は困りきって波斯匿王に訴えた。王も二人の形相の分別がつかず、一同仏処に往き仏の裁決を乞うた。仏が帝釈に何事をするかとたしなめると、本の姿に還った。仏は帝釈に、人は皆、過罪があるから放捨せよと警め、盧至には、汝の財物は少しも損なっていない、すぐ帰れと言い、盧至は仏語を信じて須陀洹を得たという。

【訳者・訳年代】訳者不明（東晋代）。

（河村孝照）

0540 **仏説樹提伽経**（ぶっせつじゅだいかきょう）

樹提伽経ともいう。

【内容】一巻。仏が言うには、昔、樹提伽という一大長者がいた。一日、池辺に掛けた体を拭いた巾が風のために吹かれて王殿の前に落ちた。王は群臣を集めて吉凶を問うたが、皆、王の国が大いに栄るであろう前兆で、天が白布を賜ったものと言う。独り樹提伽だけはあえて王を欺かずとて事実を述べた。またあるとき、金の花が落ちたが、樹提伽だけは長者の後園の金華であると真実を言った。王が長者の家を訪ねるとその立派さにうたれて二月滞在してしまった。長者の富裕さが王より過ぎているとして、王はこれを伐とうと考え四十万人をさしむけたが、長者の家門中の一力士のために打ち倒された。今、王は樹提伽を伴って仏所に至り、これは長者の前身に何の功徳があってのことかと聞いた。仏はこれ布施の功徳であるとて、昔、商主が多くの商人を率いて重宝をもたらす途中、一人の病気の修行者にあった。この修行者に草屋を給した者がいた。修行者とは仏、商主とは今の国王であると説いた。

【訳者・訳年代】宋の求那跋陀羅＊。

（河村孝照）

0541 **仏説仏大僧大経**（ぶっせつぶつだいそうだいきょう）

仏大僧大経ともいう。

【内容】一巻。仏が王舎国にいたとき、大長者があり厲といった。厲には子がなく諸神に祈願しても子ができなかったが、仏三宝を奉じて一年、一子を得て仏大と名づけた。さらに一子を得て僧大と名づけた。両親は二子に聖道を示した。僧大は両親の死後兄に出家を請うた。兄は弟が妻を要求するものと思い、快見という娘を弟の妻にしようとした。婚礼の日、九族喜び集うなか、兄は弟にそれでも沙門となるかと言うと、弟は然りといって山に入り、一師のもとで出家した。兄は快見の美貌に恋著して不義を迫ったが快見が応じなかった。これは弟に恋著しているからとて、賊に弟を殺させた。弟はまだ仏道を得ていないので即時に殺さず、時間をかけて殺すように頼んだ。賊が髀の肉、左手と切り、右手を断ったとき、僧大は仏道を得て生死自在となり、樹皮を求めて遺言を書き兄に改悟を求めた。賊は弟の頭を取ったが普通の姿として兄のもとに送った。夫の殺害せられたことを知った快見は悶絶し血を吐いて死んだ。兄はこのありさまと弟の遺書をみて、骨肉相残と弟阿羅漢を殺したことをいたく感じて死に、そして地獄に堕ちた。王も臣民もこの話を聞いて涕を流さない者はなく、弟の葬式には出家在家の仏信奉者は塔を立てて供養し、妻快見は国人がこれを葬い国をあげて泣いた。

【訳者・訳年代】劉宋の沮渠京声＊。

（河村孝照）

0542 **仏説耶祇経**（ぶっせつやぎきょう）

耶祇経ともいう。

【内容】一巻。仏は迦奈国にいた。国に婆羅門の大長者、耶祇という者がいた。人が仏に事えて富を得、生死を度脱したことを聞いて外道を捨てて仏に事えることを考え、仏のもとに至って仏に帰命し五戒をうけた。そして斎を持つこと七日にして仏のもとを去り、他国へ行った。すると五戒が保たれそうにないので仏に五戒を返そうとした。仏は黙っていたが俄に鬼神が現われて耶祇の頭を破り舌を抜く等、五戒を破った刑を行ったためにその苦痛に堪えかねて、仏に今日以後、自ら改悔してさらに五戒を奉持すると言い、年に三斎、月に六斎の日に焼香し灯をつけて三尊に事え、再び戒を犯すことはなかった。耶祇は家に帰って家人に皆、仏より五戒を受けさせ、自らは出家して沙門となり、阿羅漢となった。

【訳者・訳年代】劉宋の沮渠京声＊。

（河村孝照）

0543 **仏説巨力長者所問大乗経**（ぶっせつこりきちょうじゃしょもんだいじょうきょう）

巨力長者所問大乗経、巨力長者所問経ともいう。

【内容】三巻。〈上巻〉は、仏が舎衛国の祇陀園林給孤独舎にあり、城中に巨力という大長者がいて、また五百の長者を従えていた。ときに巨力は五百の長者に諸法の因縁生なること、三乗の法において解脱を求むべきことを説いたが、衆の中の一長者がさらに詳しく求めて問うたので、巨力は五百の長者とともに祇陀林給孤精舎に仏を訪ね、仏より三乗の権実頓漸、生死解脱安楽の詩を聞いて歓喜した。さらに仏は無上乗の最勝の深い法を説き、また六波羅蜜を説き、この無上最勝の大乗を求める者は、漸次に諸の波羅蜜行を修習するが、解脱を証せんとしてもそれは甚だ得難いことを説く。〈中巻〉は、仏は巨力および五百の長者がすでに善本を植えて信力が堅固であるから菩薩の法を学ぶに堪え、まず生類の輪廻流転の根源を明らかにすべきことを説き、さらにこの意を頌をもって重ねて説く。〈下巻〉は、仏は続いて衆生輪廻の有様を示して、仏の正法を修習すれば漸次に貪瞋痴等の煩悩を調伏し、一切は幻の如く夢の如く、我法ともに空なりと観察し、各々を解脱の法に悟入せしめることを説く。巨力長者等はこの説法を聞いて歓喜し、無生法忍を得、仏は阿難に巨力長者は五千劫の後に仏となって吉祥蔵仏となることを予言したのである。

【訳者・訳年代】南宋の智吉祥（AD1053）。

（河村孝照）

0544 **弁意長者子経**（べんいちょうじゃしきょう）

仏説弁意長者子経、弁意長者子所問経ともいう。

【内容】一巻。仏は舎衛国の祇樹給孤独園にあり、ときに城中に弁意という長者の子がいて、五百の長者の子を従えていた。彼らは仏のもとに至り、法を説かれんことを請うた。仏は、天に生まれる五事、人中に生まれる五事、地獄に堕ちる五事、餓鬼界に堕ちる五事、畜生界に堕ちる五事、尊敬を得るの五事、賤奴に生まれるの五事、人中に生れ口気香潔にして身常に安穏、人に誉められるの五事、人中に生まれ常に誹謗せられ形体醜悪にして常に不安の五事、生まれる所常に仏法衆会に与かるところの五事を説いた。この話を聞いた長者の子は法忍を得、翌日仏を招いて飯食の供養をした。その席へ二人の乞児が来て、先に来た乞児は飯食を与えられず、後に来た乞児はこれを与えられ、歓喜して報恩の念を感じた。その因縁によって後児は国王に生れ、前児は王の車に轢かれて死に、地獄に入った。これを聞いた国王は歓喜し、国民をあげて仏道を得た。

【訳者・訳年代】梁の法場。　（河村孝照）

0545 **仏説徳護長者経**（ぶっせつとくごちょうじゃきょう）

徳護長者経ともいう。

【内容】二巻。〈上巻〉は、仏は王舎城の耆闍崛山中にいた。城中の六師外道は仏が世に出て名声を博し、多くの供養を得、種々の功徳を具足するのをみて仏を殺そうと企んだ。城中に徳護という長者がおり、彼だけは外道の法に信伏していたので外道は揃って徳護長者の家に行って謀を授け、彼の邸の七重の門下に七つの火坑を作り、その中に無煙の火を入れ、銅を梁として草土で覆い、もしこれで失敗したときには供養する飲食の中に毒を置いて目的を果たすようにして、徳護は仏を招待した。しかし長者の子月光童子はこの父の悪事を知り、母月雲夫人とともに父を諫めた。仏は一切の智者であり、父の悪心をすべて知っているのであるが、父は諫言に耳をかさず、仏を供養に招待した。仏は千二百五十人の比丘を伴い、そして東方に自在王仏、南方善住宝幢王仏、西方一切普光仏、北方徳蔵奮迅王仏がそれぞれ眷属をつれ、さらに一万の菩薩が耆闍崛山に来集した。〈下巻〉は、さらに東北方、東南方、西南方、西北方、下方、上方の仏国土から仏および菩薩が雲集のごとく耆闍崛山に来集し、これら仏菩薩は次第に行列して長者の家に至った。釈尊は四天王に導かれて同じく長者の門にさしかかった。この有様を見て月光童子の妹の月上、長者の女徳生、月光童子の弟智拳童子等、皆、合掌して父に向かって偈を説き、仏がこのことを長者に説いたとき、火の坑は皆、滅し、毒は離れ、長者は仏前に心から懺悔した。仏はこの月光童子は過去の世に徳護長者を教化した者で、月光童子と徳護長者は未来に仏になることを約束された。

【訳者・訳年代】隋の那連提耶舎＊（AD583）。　（河村孝照）

0546 **仏説金耀童子経**（ぶっせつこんようどうじきょう）

金耀童子経ともいう。

【内容】一巻。仏は舎衛国の祇樹給孤独園にいた。城中に入り乞食すると一婆羅門にあい、仏の顔の最上が金色に輝いていると言う。婆羅門はわが家に一童子があり、生まれたとき種々の吉瑞があったから見てくれという。仏がその舎に往き童子を見て精舎に帰った。童子が成人となり舎衛国の波斯匿王はかの婆羅門の童子のすぐれた徳行があるのは祇樹にて仏を礼拝したからであることを知り、王は祇樹に往き童子とともに仏にまみえ、本生話を聞いた。仏は口より四色の光明を放ち、地獄より天に至るまで照らし、苦空無常無我を演説し、三千世界を救済した。阿難はこれをみて偈を説き、仏は阿難にこの童子の供養によりやがて金曜如来という仏となることを告げ、波斯匿王にもまた仏は童子の過去世を語り、一貧人が縁覚に供養して福を得たが、この貧人が今の金耀童子であると説いた。

【訳者・訳年代】宋の天息災＊。　（河村孝照）

0547 **大花厳長者問仏那羅延力経**（だいけごんちょうじゃもんぶつならえんりききょう）

那羅延力経ともいう。

【内容】一巻。仏は室羅筏悉底国の逝多林給孤独園にいた。ときに大花厳長者が仏に、一切の生類に飲食を施せばいかなる報を得るかと問うた。仏は如来力を得ると言い、さらに如来力とは凡牛、掣牛、犀力、凡象、設臘婆、闘戦象、酔象、野象、羯嚕耨迦象、拘牟頭花象、嗢鉢羅花象、寧盧鉢羅象、大香象、五色獅子、人中力士、諾拘羅、遏主那、毘摩細那、那羅延としだいに十十倍し、六百六十三那羅力が仏の一毛孔力となり、仏の八万四千毛孔力が仏の一節の力にあたるという。

【訳者・訳年代】唐の般若＊と利言(AD785～810)。

（河村孝照）

0548 **仏説金光王童子経**（ぶっせつこんこうおうどうじきょう）

金光王童子経ともいう。

【内容】一巻。仏は迦毘羅城の儞也誐嚕駄林精舎に在した。ときに釈迦族の家に金光王童子がいて、童子が仏の出家得道を聞き、眷属を率いて仏所に至り、仏を讃仰して仏の法を聞き、また自らが王宮に生まれた果報の因縁を知ろうとした。仏は十二因縁、四諦を説き、そして童子の本生因果応報の話をした。それはその昔、毘婆尸仏のとき、一人の農夫がいた。善を楽しみ、自身の分を減らして財を積み、毘婆尸仏の像を作って供養しよき果報をえた。その人の福は転輪聖王となり、また六欲天の天主となり、また人間に生れては常に王位にあり、今、この童子は天界より来た者であって後に涅槃をさとる者である。その造像の人とはまさしくこの金光王童子であると説いた。

【訳者・訳年代】宋の法賢＊（AD1001）

（河村孝照）

0549 **仏説光明童子因縁経**（ぶっせつこうみょうどうじいんねんきょう）

光明童子因縁経、浄説光明童子因縁経、光明童子経ともいう。

【内容】四巻。〈巻一〉仏は王舎城の迦蘭陀竹林精舎にいた。城中は善賢という長者がいて外道の尼乾陀等を深く信じていた。長者の妻があるとき懐妊した。そのあくる日、仏が入城して乞食し長者の家に近づいた。夫妻ともに仏所に往き、仏から、生まれる子は男子、長じて天の勝れた福をうけ、最後は出家して阿羅漢となると聞いていたが、外道に唆かされて長者は胎児を殺そうとして妻の腹に毒を塗った。毒のために妻が死んだので子も死んだと思い埋葬した。これを知ったかの外道は大いに歓んだ。ときに仏は光明を放って埋葬した所に往った。〈巻二〉摩伽陀国王頻婆沙羅王も長者の妻の埋葬を知り従者をつれて埋葬地に行く。仏はさらに口中より光を放ち、長者はそのとき、妻を火葬にしようとして火をつけると臍の間が漸次破裂して中から蓮華が出てその華の中に一童子が端然と坐っていた。まさしく仏言は偽りではなかった。仏は善賢長者にこの童子を養育させたがまた外道が吉祥ならずと唆かした。仏は頻婆娑羅王に附して養育させ、このとき光明童子と命名した。光明童子には一人の伯父がおり、旅より帰って仏に妹の死を詰った。仏は光明童子を王から父の善賢長者にわたして養育させ、やがて長者は死んで童子は家主となり家業をついで光明長者となった。彼は深く三宝に帰依し勝れた福を受けた。〈巻三〉光明長者は瞻波国の曼䩛怛謨と新旧の白氎をめぐって交渉をなし、このとき頻婆娑羅王が光明長者の舎に至り七日間の逗留に阿闍世太子のために殺害されることとなり、太子が王となるや長者は難を恐れて財宝を人々に施して出家しようとした。〈巻四〉光明長者は仏所に至り、出家して阿羅漢となり三明六通を得た。仏は比丘たちに、童子がその昔、毘婆尸仏のとき、積財長者として生まれ、夏安居三月中、毘婆尸仏を供養した功徳によって今のさとりを得たものであると説いた。

【訳者・訳年代】宋の施護＊。

（河村孝照）

0550 **金色童子因縁経**（こんじきどうじいんねんきょう）

【内容】十二巻。〈巻一〉大迦葉、阿難、舎利弗等が衆生を教化していた。王舎大城に日照という商主がいた。子無く一天子が托胎して子が生れ、二十一日目に金色童子と名づけた。また城中に離垢という一商主がいて、仏、僧に供養し大海をわたって利益をあげ、よく仏事をなしていた。日照がこのことを聞いて同じく供養を志した。ときに仏は入滅し、大迦葉も入滅しており、童子は竹林精舎で一比丘から無常偈を説かれた。童子はついに出家した。〈巻二〉金色童子は常に沙門婆羅門に親しく法を聞き写経していた。城中に迦尸孫那利という一妓女がいた。彼女は阿闍世王の大臣勇戻の愛人であった。勇戻園に金色童子をみて彼女は愛慕の念を懐いたが、童子は受けつけなかったので身をかくして密かに童子に随っていた。一日、彼女が勇戻園にあらわれなかったので、勇戻が人を使ってその理由を訊かしめると彼女は病気と言ったがこれが偽りであることがわかり、彼女と金色童子は愛をかわしたものと邪推して忿って彼女を殺させた。王舎城を見廻る警官が日照園の中で仆れている妓女を発見し、殺害の罪を金色童子に科した。〈巻三〉勇戻大臣が怒って童子を縛して城外で死刑に処せんとする。〈巻四〉大海を渉っての旅から帰ってこのことを聞き知った父は悲嘆、母の嘆き、死刑執行をせきたてる大臣のますますの怒りを述べる。〈巻五〉父の商主はわが子の死を助けんものと毘耶離城菴羅樹園の阿難に向って一心に救護したまえと願う。阿難が王宮に現われて阿闍世王をして金光童子を助けさせようとする。〈巻六〉童子は出離の念を抱き、阿難の空中の声を聞いて預流果を得る。〈巻七〉童子の加持力によって迦尸孫那利の三毒が消散して蘇生し、浄信を生じて男子の相を現じ、童子の父母が阿難を讃嘆する。〈巻八〉童子は阿難に出家を請い許されて阿羅漢となった。衆はその威神力を偈をもって讃じ、また勇戻大臣は出家得道する。〈巻九〉阿闍世王は人天大衆の神変を称賛し最上の信を生じ、阿難に日照商主、その妻室、また迦尸孫那利比丘尼、勇戻比丘、金色比丘の本生を問う。さらに、巻十から巻十二にわたって阿難がその本生話を語る。

【訳者・訳年代】宋の法護＊。

（河村孝照）

0551 **仏説摩鄧女経**（ぶっせつまとうにょきょう）

摩登女経、摩鄧女経、阿難為蠱道女惑経、摩耶女経ともいう。

【内容】一巻。栴陀羅の娘の摩鄧女が阿難に対し愛執の念を抱き、呪を以て誘惑するが、仏の教えによってそれを悔い、仏道に帰依する。開元釈教録2154第十三によれば本経には五種の異訳があるとし、初出が安世高訳である本経、第二出が同訳舎頭諫経、第三出が竺律炎・支謙共訳摩登伽経、第四出が竺法護訳舎頭諫太子二十八宿経、第五出が訳者不明の摩登女解形中六事経0552であるという。摩鄧女が阿難を誘惑する物語は古来ポピュラーで、大毘婆沙論1545第十八や大仏頂首楞厳経第一などにも記載されている。内容の概略は0552の項を参照。

【関連典籍】0552。梵本、チベット訳もある。

【訳者・訳年代】後漢の安世高＊。

（佐々木隆友）

0552 **仏説摩登女解形中六事経**（ぶっせつまとうにょげぎょうちゅうろくじきょう）

【内容】一巻。大正蔵経においてわずか一頁分にも充たない小経である。説法の座は舎衛国の祇樹給孤独園。本経の主人公の摩登女がある日、托鉢中の仏弟子の阿難と出会い水を乞われる。摩登女はそれを縁として阿難に恋心を抱く。摩登女は阿難を自分の夫にしたいと思い、母親の応援を仰ぎつつ阿難にアプローチを試みる。だが阿難は仏戒の受持者であることを理由に、その申し出を断る。業を煮やした摩登女とその母は呪術によって阿難を捕らえ、夫となるよう迫る。仏の神通により阿難はその場を辛うじて免れるが、摩登女はあきらめずその後も阿難につきまとう。仏が摩登女に阿難の何がそんなにも愛しいのかと問うと、摩登女は阿難の眼・鼻・口・耳・行歩、全てが愛しいと答える。仏は、眼中には涙、鼻中には洟、口中には唾、耳中には垢、身中には屎尿があり、いずれも悪露（不浄）

のものであって、愛するに値しないと教え諭す。摩登女はそれを聞いて思惟し、正心となり、阿羅漢道を得る。経題の「解形中六事」とは、摩登女が身形中における眼・鼻・口・耳・身および悪露の六事がいかなるものかを正しく了解したことを意味するものであろう。本経には五つの異訳があるとされる（0551の項を参照）。

【関連典籍】0551。内容的に本経に相当する梵本が、Divyāvadāna, XXXiii に収められている。チベット訳も存在し、stag-rnaḥi rtogs-pa brjod-pa と題されて、大谷北京版 No.1027、東北デルゲ版 No. 358 と、それぞれの西蔵大蔵経に収蔵されている。

【訳者・訳年代】不明。

（佐々木隆友）

0553 **仏説捺女祇域因縁経**（ぶっせつなにょぎいきいんねんぎょう）

捺女祇経、祇域因縁経、捺女祇域経、奈女経ともいう。

【内容】一巻。捺女比丘尼と釈尊の主治医となる祇域との因縁譚。維耶梨国の一婆羅門の捺（マンゴー）樹より女児が生まれ、捺女と名づけられる。捺女は容姿端麗であったため七国の王からプロポーズされるが、王たちは互いに諍って決して譲ろうとしなかった。ある夜、王たちの一人である瓶沙王が捺女の家へ侵入し寝床を共にする。やがて捺女から男児が生まれ祇域と名づけられる。祇域は成長すると名医の阿提梨賓迦羅に師事して医学を修め、医師として名声を博す。一方、捺女は仏道に帰依し、比丘尼となって阿羅漢果を得る。仏は捺女と祇域の因縁譚を讃嘆し、阿難に本経の受持を勧める。

【関連典籍】0554は同本異訳。

【訳者・訳年代】後漢の安世高＊。

（佐々木隆友）

0554 **仏説奈女耆婆経**（ぶっせつなにょぎばきょう）

【内容】一巻。仏陀の弟子で秀れた比丘尼である奈女と、その息子で仏陀の主治医である耆婆との、過去世以来の因縁話が、さまざまな説話とともにドラマティックに描写されている。仏説捺女祇域因縁経0553は同本異訳であるが、捺（奈）女比丘尼の経説、および祇域（耆婆）が長者の婦人の頭痛と拘睒弥国長者の腸疾を治癒する場面が欠けている。内容の概略は0553の項参照。

【関連典籍】0553

【訳者・訳年代】後漢の安世高＊。

（佐々木隆友）

0555 **五母子経**（ごもしきょう）

【内容】一巻。昔、一人の阿羅漢が山中で修行していた。それに七歳の子がおり、道を好み母のもとを去って出家し沙弥となり、大沙門に随って山中で修行していた。八歳で慧眼を得てよく自らの前生を知っていた。彼には五人の母がいたといい、第一の母の子、第二ないし第五の母の子となっていた。いずれも子が短命であったので、あるとき五人の前生の母が相会したとき、それぞれわが子の早世を悲しみ愁いに沈んでいるのを見て、世間の人は後の世のあることを知らないでいたずらに死をのみ悲しんでいるが、今、自分は世間をいとい、父母のもとを去って道を求め、度脱することを得たと師に語った。

【訳者・訳年代】呉の支謙＊。

（河村孝照）

0556 **仏説七女経**（ぶっせつしちにょきょう）

七女経、七女本経ともいう。

【内容】一巻。仏は拘留国の分儒達の樹園にいた。ときに国中に摩訶蜜という婆羅門がいて、七人の娘があり、いずれも端正無比でこれを賞めないものはなかった。迦羅越に分儒達という者があり、祇樹園に仏がいて三世の事をよく知るから訪ねるように勧めた。仏は婆羅門やその従者に、この女は好ましくない。外形が端正でも心が端正でなければ好ましいとはいえないと説き示した。仏は婆羅門に、昔、波羅奈に機惟尼という王がいて、七人の女があった。七女は父王に請うて墓場に到り死人を見、わが身の装具を解いて各の一偈を作った。すると帝釈天に導かれて迦葉仏に会い、記別をうけて男子と化した。女人の多くが地獄に堕ちるのは嫉妬姿態多きがためで、これを誡しめ、心を端正ならしめば、過去七女の物語りのように女人もよく天上に生れると説いた。

【訳者・訳年代】呉の支謙＊。

（河村孝照）

0557 **仏説竜施女経**（ぶっせつりゅうせにょきょう）

竜施女経、仏説竜施菩薩本起経、竜施菩薩本起経、竜施本起経、竜施経ともいう。

【内容】一巻。仏は維耶離の奈氏樹園にいた。乞食して須福長者の門に立った。長者には竜施という娘があり十四歳であったが、仏を見て菩薩の行を発意した。悪魔がこれを知ってこれはかならず魔界の人民を度するであろうからやめさせなければならぬと考え、仏道は得難く長大な時間がかかるから阿羅漢を求めよと翻意を促したが竜施の意志は変わらない。これをみて悪魔は菩薩の行者は命をもおしまず精進して楼上から投身して仏を得ることができると言い、竜施は命を顧みず投身した。地に着かない間に男子に変じた。ときに仏は笑った。阿難が仏の笑いのいわれを聞くと、この女は前世において多くの仏を供養し、まさに竜盛という仏になる者であると告げた。

【関連典籍】0558

【訳者・訳年代】西晋の竺法護＊。

（河村孝照）

0558 **仏説竜施菩薩本起経**（ぶっせつりゅうせぼさつほんぎきょう）

竜施菩薩本起経、仏説竜施女経、竜施女経、竜施本起経、竜施経ともいう。

【内容】一巻。仏は維耶離の奈女樹園にいた。竜施菩薩は大乗信奉者の前世を問うた。仏は、その昔、一人の般遮旬がいて五神通を持っていた。ときに毒蛇があり、般遮旬道人の経を聞いて仕えていたが、やがて冬になり、道人は里村に帰ろうとした。毒蛇はこのことを聞いて別離の悲哀に堪えず、樹上に登って遥か道人を目送していたが、ついに遠く見えなくなったとき、五道に堕ち蛇となったわが身を悔い、樹から身を躍らして投身した。兜術天に生まれ天より来下して、その報恩のために般遮旬に仕えたのである。この道人は平等に大慈悲を行じ、毒蛇をも赤子のごとく見たのである。偈文が続くが、偈文の内容は0557と同じである。

【関連典籍】0557

【訳者・訳年代】西晋の竺法護＊。

（河村孝照）

0559 **仏説老女人経**（ぶっせつろうにょにんぎょう）

老女人経、老女経、老母経ともいう。

【内容】一巻。仏は堕舎羅の楽音という所にいた。ときに一人の貧窮の老女がいて、仏に生老病死、五陰、六根、四大等はいずこより来りいずこへ去るのかを問うた。仏は答えて従来するところもなく、去至するところもなく、すべては因縁によって生じ、因縁が離散すれば滅すると説き、譬をもって示した。老女はこれを聞いて大いに歓び、開解することができた。仏は阿難に、この老女はわが前世のときの母で、その昔の拘留秦仏のとき、われ沙門となろうとしたが、母が慈愛の余り許さず、われ憂えて一日食事をとらなかった。この因縁によって母は貧窮と生れたが、寿命尽きれば阿弥陀仏の国に生れて諸仏を供養し、やがて波楗という仏になると説き示した。

【関連典籍】0560・0561

【訳者・訳年代】呉の支謙＊。

（河村孝照）

0560 **仏説老母女六英経**（ぶっせつろうもにょろくえいきょう）

老母女六英経、老母経ともいう。

【内容】一巻。仏は楽音に止まり広く法を説いていた。貧しい一人の老母がいて、仏にわが身体はどこからきてどこへ去りゆくのか問うた。仏はすべては因縁によってこれを識る。

譬えば、木をきりもみして火が出るようにきりもみから火がでるのでもなく火打ち石から火が出るものでもない等と諸種の例話をもって、皆、縁が合して生滅があるのであって、独一の力によるものでないと説き、老母はこれを聞いて法忍を得た。仏は阿難に、この老母はその昔、わが母であった。学道を行じようとするわが身を閉ざし、それ故、われは一日食をとらなかった。その恩愛によって長世貧にいたが、今はわれ仏万福を得、母は未来に薩婆という体となることができると説いた。

【関連典籍】0559・0561

【訳者・訳年代】宋の求那跋陀羅＊。

（河村孝照）

0561 **仏説老母経**（ぶっせつろうもきょう）

老母経ともいう。

【内容】一巻。仏は維耶羅国の楽音にいた。ときに一人の貧しい老母がいて仏に人の生老病死をはじめ五陰、五根、四大等はどこから来てどこへ去るのかと問うた。仏は、諸法は来ることもなく去ることもなく、因縁合してすなわち生じ、因縁離散してすなわち滅するとて、種々の譬え話を説いた。老母はこれを聞いて法眼を得、身は老衰しても安穏を得た。阿難はこの貧老母が仏の経を聞いて解することを得たいわれを仏に問うと、この老母はその昔、わが母であった。拘楼秦仏のとき、われ菩薩を志して沙門となろうとしたが、母は恩愛のために許さなかった。われ憂えのために一日食しなかった。この因縁によって長世貧母として生れたが、このたび寿終れば阿弥陀仏の国に生れて諸仏を供養し、扶波健という仏になると阿難に説いた。

【関連典籍】0559・0560

【訳者・訳年代】訳者不明（AD420～479の訳出と思われる）。

（河村孝照）

0562 **仏説無垢賢女経**（ぶっせつむくけんにょきょう）

無垢賢女経ともいう。

【内容】一巻。仏は羅閲祇の耆闍崛山で経を説いていた。座に須檀という長者婆羅門がいた。かれには椑楼延という妻がおり懐妊していた。阿那律が功徳力をもってみると、胎中の女子は叉手して経を聞く。仏が光明を放ち阿那律がみれば鳥類も胎中にて経を聞き、獣類も胎中にて経を聞く。阿那律は鳥類も獣類も胎中の子は正道を知らず、また淫怒癡多く、父母に孝ならず仏を供養しないから経を聞くと知った。ときに胎中の女は右脇から生まれ、われは菩薩を志願するといい、大乗法には男女の区別はないから菩薩の心を発すという。舎利弗がこの女のことを仏に尋ねると、この女は椑楼延において法を習い仏の所に来た者で、女が足を挙げると一切の母は無上平等の心を発し、鳥獣は人と化し、仏は広く経を説いた。このとき女は男子となり、座の者はみな不退心を得た。

【関連典籍】0563・0564

【訳者・訳年代】西晋の竺法護＊。

（河村孝照）

0563 **仏説腹中女聴経**（ぶっせつふくちゅうにょちょうきょう）

腹中女聴経ともいう。

【内容】一巻。仏は羅閲祇で法を説いていた。座中の加羅の妻が懐妊し、その腹中の子が叉手して経を聞いていた。仏はこの光景を座中の者に見せようとして光明を放ち、また腹中の子に何故に叉手し聴経するかと聞いた。腹中の女子は、十善を行ぜんと欲し、煩悩をもって生死絶えず、父母に孝養せず、道人に供養しない、などこれらの故をもって叉手聴経するという。このとき右脇から女子が生まれ種々の奇瑞があった。仏は舎利弗にこの女は東南方の仏国から来た者で、菩薩道の心を発せば男子となると言った。これを聞いた座中の女たちは舎衛国より仏所に至って比丘となり、仏の威神力によって男子の身を得、弥勒菩薩によって戒を授けられ菩薩の心を発した。

【関連典籍】0562・0564

【訳者・訳年代】北涼の曇無讖＊。（河村孝照）

0564 **仏説転女身経**（ぶっせつてんにょしんぎょう）

転女成仏経ともいう。

【内容】一巻。説法の座は王舎城の耆闍崛山の中。座中に婆羅門の須達多があり、その妻浄日は女子を懐妊しており、その腹中の子が一心に合掌して仏の説法を聴いているのを、阿泥盧豆が天眼をもってこれを見、仏に告げた。仏は、これはその昔の無垢光女で、仏は彼女のために菩薩の各種の四法を説き、舎利弗はこの女と問答をするがこの女の弁才力によって論破される。無垢光女は仏に速かに男子となる修行を請い、許されて出家の菩薩となる。仏は弥勒菩薩にこのことを告げ、また舎利弗に、この女子はもと菩薩であってすでに菩提心において不退転のものであったと言い、阿難に女人のためにこの経を広く流布すべきことを諭した。

【関連典籍】0562・0563

【訳者・訳年代】宋の曇摩蜜多＊。（河村孝照）

0565 **順権方便経**（じゅんごんほうべんぎょう）

転女身菩薩経、順権方便品経、転女菩薩所問授決経ともいう。

【内容】二巻。四章よりなる。〈第一章〉仏は王舎城の耆闍崛山にあり、ときに須菩提が入城し、次第に乞食してある長者の家に至ると端正なる一女人に会し、その来意を問われて乞食のために来ると答え、乞食の想について問答し、女は須菩提に三八の大乗沙門法を説く。〈第二章〉須菩提が女人の弁才を歎じ、これは如来の所化であると心に念い、女もわが身これ如来の所化なることを認めて、一切法は本来無であることを広説する。ときに空中より自然の声があり、女の言を称歎する。女はさらに須菩提と真理を見ることについて問答し、須菩提は一切皆空を主張する。須菩提は女の志求するところを問い、これ大乗なりと知り、女と大乗の義について問答する。〈第三章〉須菩提が女に何故に乞食するかと問うと、乞食は仏もまた行ぜられたところで、われはそれに、従うのみであるという。女は諸仏には善権方便あって衆生を開化するために乞食せられたのであると言い、如来が二十事をもって法儀を観察して乞食を行じることを示す。〈第四章〉須菩提が女に夫があるかと問うと、わが夫は一ではない、善権方便に順うところの衆生はみなわが夫であると言い、善権方便について広説する。ときに二童子があらわれ須菩提と問答し、女人は十二歳の子となって童子の服をつけて転女を示し、普周仏土妙華三昧に入って、一切本無を説く。女は舎に入って百味を出し、須菩提は帰途につく。かれは仏所に至り、仏は女人が転女と名づける菩薩であると告げる。五百の女人が耆闍崛山に至り、転女は舎利弗に大乗は無所住と示し、菩薩の八荘厳瓔珞を説く。仏は舎利弗に転女の本地は阿閦仏なることを説いて転女に光明重王という仏の許可を与え、五百の女人にも男子に変成することを説き示した。

【関連典籍】0566

【訳者・訳年代】西晋の竺法護＊。（河村孝照）

0566 **楽瓔珞荘厳方便品経**（らくようらくしょうごんほうべんぼんぎょう）

楽瓔珞方便経、転女身菩薩問答経、楽瓔珞荘厳方便経、乗瓔珞荘厳経ともいう。

【内容】一巻。仏は王舎城の耆闍崛山にいた。須菩提が仏所に至ると、未聞の法を今日説くという。彼は城内乞食して女人に会い、乞食の想を問われ自ら無諍第一と言うがこれは言説にして仮名で、真の沙門法についてかの女人は説く。つづいて大乗法を説き、乞食の二十事をあげる。女はわが夫は荘厳方便を欲する者すべてであると言う。時に門外に二長者の子があって須菩提と問答し、女人は神力化身して三十二歳の男子となり、須菩提と問答する。仏はこの女は転女身菩薩であることを告げ、五百の女人とともに耆闍崛山の仏所に至り、また女は舎利弗に大乗の法を説き菩薩の八種荘厳の瓔珞をあげる。仏は舎利弗にこの転女身菩薩は阿閦仏国より来た者であることを説き、阿難に転女身菩薩と五百の女は仏説を聞いて十六歳の男子となって仏となると告げた。

【関連典籍】0565

【訳者・訳年代】姚秦の曇摩耶舎＊。　（河村孝照）

0567 仏説梵志女首意経（ぶっせつぼんじにょしゅいきょう）

首位経、首意女経ともいう。

【内容】一巻。仏は波羅奈の鹿苑仙人の所で法を説いた。城内に婆羅門の女で首意という者がいて仏の説いた法はなにかと問う。仏は十二の縁起の法であると言う。すると女は法は内にあるか外にあるか、無明の名の中にあるか、また明がおきれば無明は除滅するか、などと問う。仏はわが説く所は空輪であり、不可思議であると答えた。時に仏は口より光を放ち、阿難はこれによって七事を了解した。仏は阿難にこの女は寿終れば女身を転じ出家し経法を聴受し、仏舎利を供養し、仏道をえて宝光如来となるであろうと言い、この女の過去の諸仏の供養によって女身を転ずることができたことを説いた。

【関連典籍】0568

【訳者・訳年代】西晋の竺法護＊。　（河村孝照）

0568 有徳女所問大乗経（うとくにょしょもんだいじょうきょう）

有徳女所問経ともいう。

【内容】一巻。仏は波羅奈国の仙人の住所施鹿林の中にいた。仏は城内に乞食し有徳という婆羅門の家に在り、時に有徳女が仏を見て浄心を生じ、仏が施鹿林でどんな法門を説いたかを尋ねた。仏は十二因縁の説がそれであると答えると女人は、無明は内にあるか外にあるか、内外になければいかにして行を縁じて諸行を起すか等々を問うた。仏の説く所の法は虚空、性空、出離、如実、無生、無自性などの法輪であると言って口より光を放ち、有徳女は前世に諸仏を供養し、正法を聴聞し、受授し守護し、仏の在世滅後も絶えることなく、然る後に未来成仏の記をえて法光曜如来となる者であると弥勒菩薩に説いたのであった。

【関連典籍】0567

【訳者・訳年代】唐の菩提流志＊（AD693）。　（河村孝照）

0569 仏説心明経（ぶっせつしんみょうぎょう）

心明女梵志婦飯汁施経ともいう。

【内容】一巻。仏は王舎城の霊鷲山にあり、乞食してとある県の婆羅門の館の門外に至り大光明を放った。ときに婆羅門の婦が仏に一杓の飯汁を施した。これは仏の威神力によって百味の食となり、馬百疋の鞍の金銀、七宝車満載の珍奇な物、白象の百頭に飾る明珠瓔珞、端正無比にして七宝の瓔珞を身に飾る百人の女、これらを悉く人に施すよりもはるかに勝ると説き、婆羅門はこれを聞いてそのいわれを問うた。仏は、かつて舎衛城と羅閲城の間に尼拘類の樹があって五百の乗車の影となる大樹があったが、芥子のごとき種もこのような大樹となるがごときであると示し、阿難に向かってこの婦は命終って女身を転じて男子となり、三十劫を経て成仏して心明如来となると予言し、婆羅門もついに帰仏して出家し、仏は四諦を説いたという。

【訳者・訳年代】西晋の竺法護＊。　（河村孝照）

0570 仏説賢首経（ぶっせつげんじゅきょう）

賢首経、賢首夫人経ともいう。

【内容】一巻。摩竭提国の清浄法座にあり、大会に弥勒菩薩等の諸菩薩をはじめ大衆、諸天等が列していた。仏は舎利弗に十方仏が今日の大会に諸菩薩のために経を説くことを告げた。法座の中に跋陀師利、すなわち賢樹と名づける優婆夷がいた。彼女は洴沙国王の夫人であった。仏に十方の仏名、菩薩名、仏国土名を尋ね、仏はそれに答えた。彼女は仏に、今、菩提心を発すと言い、女人の身を離れる修行を問い、仏はまず一事より始めて二事、三事等と説きついに十事を説いて、これを行ずれば女身を離れて男子を得ると説法した。この経が説き終わると賢首をはじめ摩竭陀国の六万の優婆夷はこの法を行じてみな菩提心を発した。

【訳者・訳年代】姚秦の聖堅。　（河村孝照）

0571 仏説婦人遇辜経（ぶっせつふにんぐうこきょう）

婦人遇辜経、婦遇対経ともいう。

【内容】一巻。仏は舎衛国の祇樹給孤独精舎にいた。ときに舎衛国に嫁に来た一女があり、長子七歳と次子とがおり、また懐妊していた。インドの風習に従い、出産のために夫婦と二子が牛車に乗って父母の国に帰る途中、食事のために休息した。すると毒蛇が牛を襲い、それを助けようとした夫も襲われて死んだ。女は怖れおののき泣きつつ二子を伴い日暮れて河を渡ろうとした。長子を岸に残してまず次子を抱いて中流に至ると、長子は狼に襲われた。女はこれを見て驚き次子を奔流中に落としていまい、そのうえ女は水中で躓き胎児を産み落としてしまった。ようやく岸に上って行人に聞くと、わが家の父母は昨夜焼け死んだという。夫の家の姑はどうかと聞くと賊に襲われて皆、死んだという。女は心が乱れ狂い、裸となって走り回った。行人はこれをみて皆、怪しんだ。ときに仏は舎衛国の祇樹給孤独精舎にあり、女は馳って祇樹園を通った。仏は大会において説法していたが、この仏を見て女は本心をとりもどし、自らの裸を恥じ、地に伏せた。仏は阿難を呼んで着物を与え経を説いて、人命は無常、会うあれば別あり、生あれば死ありと諭し、一切は本と空なりと教えた。女は仏言を聞いて心に了解を得、仏道心を発してついに不退転を得たという。

【訳者・訳年代】姚秦の聖堅。　（河村孝照）

0572 仏説長者法志妻経（ぶっせつちょうじゃほうしさいきょう）

長者法志妻経、法志妻経ともいう。

【内容】一巻。仏は舎衛国の祇樹給孤独園にあり、入城乞食した。諸天は仏の徳を歎じ、三界は幻の如く一切は悉く空無という歌を詠んだ。仏は長者法志の家に至り大光明を放ち長者の妻はその威容にうたれた。仏は妻に、人身は得難く、仏の経は値い難く、世間は無常であると説き、女はこれを聞いて歓喜し、仏は女のために十善の義、六度と四無量心を説き、篤信、戒禁、三昧、智慧の四事を示した。女は仏の教を聞いて空慧一切本浄を了解して心開け菩提心を発して不退地を得た。帝釈は女に男子に転身することを勧め、女は直ちに変じて男となった。仏は女に、未来に成仏して無垢王如来となるであろうと予言し、ときに多くの下女も仏道の心を発し、男子と変じて不起忍を得、仏は阿難に諸法は十二因縁によることをさとした。

【訳者・訳年代】訳者不明（涼代の経録に収められている）。　（河村孝照）

0573 差摩婆帝授記経（しゃまばていじゅききょう）

差摩婆帝受記経ともいう。

【内容】一巻。仏は王舎城の耆闍崛山にいた。ときに弥勒菩薩を伴って王舎城に入って乞食し、頻婆娑羅王の宮殿に至って供養をうけた。王夫人差摩婆帝はきわめてその身を荘厳、仏はいかなる樹によってこの色果を生じたのかと問う。夫人は偈をもって福徳樹と言い、この大樹は前世の善の種により女身を捨て後に必らず果をうると答える。夫人は仏にいかにして仏徳を得たかと問う。仏は偈をもって六度の修行を説く。夫人はこれを聞いて仏に向って六度の修行をなして女身を捨てて男身を得、つぎに仏身を得んことを願う。仏はその言まことによしと歎じ、夫人のためにさらに法を説き、夫人は未来に功徳宝勝如来という仏となるであろうと予言した。
【訳者・訳年代】北魏の菩提流支＊（AD525）。
（河村孝照）

0574 **仏説堅固女経**（ぶっせつけんごにょきょう）

堅固女経、牢固女経ともいう。

【内容】一巻。説法の座は都娑羅国舎婆提城の祇樹給孤独園。仏は女人が菩提心を発せば未来世には女身に生まれないと説いた。衆の中に堅固という女性の信者がいて仏に、私は一切衆生を利益せんがために菩提心を発したのであり、これはまた仏種、一切智種を断絶させないためであると言う。ときに舎利弗がこの女に菩薩の修行は何かと問うと、声聞、辟支仏を願わず如来身を願うこと、六度の修行につねに菩提心を求めること、そして心相は幻の如く、阿羅漢の智慧はこれ顛倒という。このとき富楼那は小乗の智慧は小智慧と念じた。また舎利弗と女は問答し、菩提の法は見ることもできないし得ることもできない、これがまさしく法を覚するといい、仏は舎利弗に、この女と千女人は未来弥勒の出るときに菩提心を発して成仏し、勝堅固如来と称する仏となるであろうと予言した。そして未来は大導師となるという。仏は阿難に、この女は命終すれば女人を捨てて男子となり、普見如来となると予言した。
【訳者・訳年代】隋の那連提耶舎＊（AD582）。
（河村孝照）

0575 **仏説大方等修多羅王経**（ぶっせつだいほうどうしゅたらおうきょう）

大方等修多羅王経、大方等修多羅経ともいう。

【内容】一巻。説法の座は王舎城の迦蘭陀竹園。ときに摩伽陀国の頻婆娑羅王が仏所に至り、仏は王に、人は夢の中に衆人を見るようなもので覚めてみれば何もない。その人を見て愛著を起したり欲心を起こしたりする。それによって身口意の三業をつくり、この自業は必らず自らこれを受ける。一切は唯だ名字だけであるが、これによって種々の法を説く。法は無で実有ではない。世間は妄りに分別してこれを実となしているが、仏は多くの縁が集って法を見ると説く。これを第一義といい、第一諦とするのであると説いた。王や大衆、天人等はこの仏の説を聞いて歓喜した。
【関連典籍】0576・0577
【訳者・訳年代】北魏の菩提流志＊。
（河村孝照）

0576 **仏説転有経**（ぶっせつてんうきょう）

転有経ともいう。

【内容】一巻。説法の座は王舎城の迦蘭陀竹林。摩伽陀王の頻婆娑羅は仏所に至り、仏より法をうける。仏は、一切の凡夫は仏の正法を聞かないから、眼で見ただけで悦びこれを実となし、それに執著し、それに縛られ、それに染まって貪瞋癡の煩悩を起こし、それによって身口意の三業を起こす。身業は滅したと思っても東方に住し、ないしこのようにして業は十方に残る。命終わるとき、識が転じて後心を起こすが、このとき業に随って後の識が生じ、或は地獄、或は畜生に生ずる。このように心識は業に随って生をうけるが、しかし法があるわけではない。それが法の性質である。それ故識も空、業も空、生じた所もまた空なのであると説いた。王および大衆、人、天等、これを聞いて皆、歓喜したという。
【関連典籍】0575・0577
【訳者・訳年代】梁の仏陀扇多（AD539）。
（河村孝照）

0577 **仏説大乗流転諸有経**（ぶっせつだいじょうるてんしょうきょう）

大乗流転諸有経、流転諸有経ともいう。

【内容】一巻。説法の座は王舎城の羯蘭鐸迦池竹林園。ときに摩掲陀の主影勝が仏前に至り、仏は影勝王に法を説いた。無智の凡人は、眼で見たところに喜楽の心を生じ、そしてそれに執著し、恋着の情を生じ、それに染まって貪瞋癡の煩悩を起す所に身語意の三業を発しこの諸業は滅するが、このとき業勢は東方ないし十方に住し、命終の意識が滅せんとするときこの業が現前し、後の識が生ずるとき、或は人中、天上、餓鬼地獄等に堕するのである。しかしこれはその法があるわけではなく、業の結果があるだけである。それは一切は本来空であり、死も性空、生も性空、業も性空である。これが勝れた真理であると説き、影勝大王は深くこの経を受けた。

【関連典籍】0575・0576

【訳者・訳年代】唐の義浄＊。　（河村孝照）

0578 **無垢優婆夷問経**（むくうばいもんきょう）

無垢優婆夷経、無垢問経ともいう。

【内容】一巻。説法の座は舎婆提城の寂静宮殿重閣講堂。ときに無垢優婆夷がつねに早朝より仏塔の地を清掃し散華供養すること怠りないのを知ってその福報を説いた。まず仏塔の地を掃き清めることによって五福報を得ると説き、つぎに仏を信じ円形の輪を作って仏塔となして散華焼香すれば、命終後、東の弗婆提国に生れて富楽自在を得、もし半月形を作って仏塔となして散華焼香すれば命終後、西の瞿陀尼国に生れて富楽自在、ないしこのように仏塔を供養すれば南、北の国に生まれて富楽自在であり、もし禅を修めて三宝に帰依し五戒を受持すればついに涅槃を得、もし声聞縁覚に帰依すればこのような涅槃を得ることはできないと説いた。仏はさらに舌相を示してこの仏言の実語であることを知らしめた。

【訳者・訳年代】北魏の般若流支＊（AD542）。
（河村孝照）

0579 **優婆夷浄行法門経**（うばいじょうぎょうほうもんきょう）

優婆夷浄行経、優婆夷行経、浄行経、浄行品ともいう。

【内容】二巻。三章よりなる。説法の座は舎衛国の弥伽羅母弗婆羅園歓喜殿の中。〈第一章〉仏は毘舎佉女人に、その昔、常に仏の法を聞くを楽しんだことを告げる。それは久遠の昔、波羅奈国に梵与という王があり、その夫人を跋陀羅といった。ときに雪山に那羅陀という一梵志がいた。五神通があり、大衆のために法を説き名聞は四方に聞こえていた。女はこの法を聞こうとして父母に雪山に往くことを願ったが、途中の危難のために許されず、波羅奈国の老宿のもとにおいて法を聞くこととなった。仏は、そのときの王女は汝毘舎佉であり、雪山の梵志はわれ仏である。昔の求法の因縁によって今、汝のために浄行の法門を説くとのべ、女性信者の修すべき、また守るべき法を列挙し、浄行の法門を説示した。〈第二章〉初学の菩薩の浄行の法門五十、三十二相を得るところの法二十行等、仏の徳を得る法をあげる。〈第三章〉菩薩が初めて胎内に宿るときにおきる瑞相十六種と、菩薩が生まれるときの瑞相三十二種をあげ、この法が説かれたとき、毘舎佉は法眼浄を得た。

【訳者・訳年代】訳者不明（北涼録にある）。
（河村孝照）

0580 **仏説長者女菴提遮師子吼了義経**（ぶっせつちょうじゃにょあんだいしゃししくりょうぎきょう）

長者女菴提遮師子吼了義経、菴提遮経ともいう。

【内容】一巻。仏は舎衛国の祇樹給孤独園にいた。舎衛城より西方二十余里のところに長提村があり、そこに婆膩迦という婆羅門があり、その長女が菴提遮であった。彼女は他家へ嫁したが父母をみるために帰っていた。仏は婆羅門の招きをうけてその家に至ったが長女のみ夫に敬順して室を出ないので、仏は鉢中の食を残し、一化女を遣わして与えしめた。女はこれに感じ夫を念力で呼び、ともに仏所に至り、文殊師利と生死の義を問答した。そこで舎利弗と男女身について問答し、ときに仏は舎利弗にこの女は非凡であり、過去すでに無量の諸仏にあってこのように師々吼したもので久しからずして正覚を成ずるのであると説示した。

【訳者・訳年代】訳者不明（梁代）。

（河村孝照）

0581 **仏説八師経**（ぶっせつはっしきょう）

八師経ともいう。

【内容】一巻。説法の座は舎衛国の祇樹給孤独園。耶句と名づける梵志が、仏は何人を師として悟ったかと問うた。仏は、もし前生における師をあげれば無数であるが、今生では自然得悟した。しかしまったく師がないわけではない。強いてあげれば八師あるといい、それは殺生、盗竊、邪淫、妄語、飲酒の五戒を犯して今生に苦をうけ、来世に三悪道の難をうけるのをみて、われ五戒を師とし、また老、病、死の三苦は人の免れることのできないもの、この三苦を師として心に解脱を得たと説いた。

【訳者・訳年代】呉の支謙＊。

（河村孝照）

0582 **仏説孫多耶致経**（ぶっせつそんたやちきょう）

孫多耶致経ともいう。

【内容】一巻。仏は舎衛国の祇樹給孤独園にいた。ときに孫多耶致と名づける一梵志がいて、日に三たび沐浴し、果を食べ水を飲んで人の施を受けないところの苦行者であった。仏の乞食行を見てわが修行は勝れていると思い、仏はその心中を知って彼に、人の行いには二十一の悪があるが、仏道修行者は情を練り欲を滅して内外清浄である。それ故、未だ道を得ない者でも、志行が勝れているから美食し好衣を著けても罪はない。仏教の修行者は空を念じて三界を願わず、心垢が滅して清浄の道を得るのであって、すべて心が起点であると説いた。梵志は初めて目が覚め、沙門となるよう仏に願い、許されて樹下において二十一事をもって欲念を去り仏道を成じた。

【訳者・訳年代】呉の支謙＊。

（河村孝照）

0583 **仏説黒氏梵志経**（ぶっせつこくしぼんじきょう）

黒氏梵志経ともいう。

【内容】一巻。仏は尼連河の辺りに一カ月在して十八変化をなし、もって迦葉三兄弟と千の弟子を教化し、羅閲祇城に止まること一年、国民を教授し、初め成道してより二年たって舎衛国に至って天人人民を教化した。ときに香山に迦羅という梵志があり、彼は四禅を得て五通を具足し、説法をよくしたので諸天鬼神等よくその会座に列したが、一日閻魔王の法を聞き、梵志が七日の後に死んで地獄に堕ちることを知って悲しんだ。梵志はこれを聞いて驚き懼れ、諸神に勧められて仏所に至り、ついに帰仏して沙門となった。

【訳者・訳年代】呉の支謙＊。

（河村孝照）

0584 **長爪梵志請問経**（ちょうそうぼんじしょうもんぎょう）

梵志請問経、長爪梵志経ともいう。

【内容】一巻。説法の座は王舎城の鷲峰山の中。ときに一長爪梵志が仏所に至って、かつて仏が世間は業のなす所によると説いたことを引いて、仏が金剛不壊の堅固身を得たのは何業によったかと言うと、仏は、それは前世において生きものの命を殺害することのなかったその業力によると説き、ないしこのように種々の仏徳を得たのは、前世において偷盗、婬欲、妄語、飲酒、歌舞、荘飾、高床などを離れて八種の浄戒を護り、三宝師長を尊敬したからであると説いた。この八支浄戒を護った長爪梵志は先の悪業を遠離し高慢心を捨て深心に信受し、命終に至るまで仏、法、僧伽に帰依すると仏に言った。

【訳者・訳年代】唐の義浄＊（AD700）。

（河村孝照）

第15巻　経集部　二

0585 **持心梵天所問経**（じしんぼんてんしょもんぎょう）

荘厳仏法諸義経、等御諸法経、荘厳仏法経、持心居士八城人経、持心梵天経、持心経ともいう。

【内容】 四巻。一七品からなる。経名は各品を通じて東方月明如来の浄土より来会した持心梵天が活躍していることにちなむ。〈巻一〉は明網菩薩光品、四法品、分別法言品、解諸法品に分けられ、仏が明網菩薩の問いに答えて如来光を放って無量の仏土を照らした際に持心梵天が如来を拝そうと欲し、忍界に至って明網菩薩とともに仏を讃したことに始まり、仏が問いに答えて菩薩の志性堅固な理由として四事を説き、持心梵天のことばを讃して生死を捨てず涅槃を求めないことや四諦の道理を説いている。〈巻二〉は難問品、問談品、談論品に分けられ、仏の説法を聞いて喜ばない持心梵天を明網菩薩が詰問し、両者が受決について問談しており、黙坐していた溥首と持心梵天との法性分別についての問答や、多くの菩薩・天子・童女らによる菩薩に関する談論を挙げている。〈巻三〉は論寂品、力行品、志大乗品、行道品、歎品、詠徳品、等行品に分けられ、持心梵天が普行菩薩に仏の所行に従って行ずるありようを聞くと普行菩薩は勤力精進すべきことを説き、仏も菩薩の所以や大乗に志す者の観法を説き、溥首も邪見と仏道の無二を説いている。来会した四天王・釈梵らが天華をもって仏に散じ、仏は大衆の徳を讃めてこの経法を聞いた者の功徳を説き、これに奉遵すれば世出世・生滅を超えるとし、住平等路・奉行行道・平等見が説かれている。〈巻四〉は授現不退転天子莂品、建立法品、諸天歎品、嘱累品に分けられ、持心梵天が仏より阿僧祇劫を経て須弥灯王如来となる記別を授けられ、末世五濁世にこの経を建立し広めることの問答があり、この経を流布して世間に利あらんことを願い、諸天が頌をもってこれを讃嘆して終わっている。全体として、生死を捨てず涅槃を求めず、真際のところでは歓喜・愁感の二事なく、仏道を求めるとは邪見を希慕することであるとし、無所聞こそ聴経であるとするなど、いずれも不二の上に立つ思想で、また他の菩薩らを差し置いて持心梵天が盛んに活躍しているあたりは、在家仏教を説くものともいえ、維摩経などにも通ずる発想といってよい。

【関連典籍】 0586・0587

【訳者・訳年代】 西晋の竺法護＊（AD286）。

（佐藤秀孝）

0586 **思益梵天所問経**（しやくぼんてんしょもんぎょう）

思益梵天問経、思益義経、思益経ともいう。

【内容】 四巻。一八品からなる。思益梵天・網明菩薩らのために諸法の空寂なる所以を説いたもので、持心梵天所問経0585とは同本異訳である。〈第一巻〉に序品、四法品、分別品、解諸法品を、〈第二巻〉に解諸法品の余と難問品、問談品を、〈第三巻〉に談論品、論寂品、仂行品、志大乗品、行道品を、〈第四巻〉に称歎品、詠徳品、等行品、授不退転天子記品、建立法品、諸天歎品、嘱累品を収めている。持心梵天を思益梵天に、明網菩薩を網明菩薩にしている点などを除けば、ほとんど持心梵天所問経と内容が同じである。嘱累品には経名を示して「摂一切法荘厳諸仏法思益梵天所問文殊師利論議」などとしている。注釈に明末の湛然円澄の『思益梵天所問経簡註』（四巻）が存する。

【関連典籍】 0585・0587

【訳者・訳年代】 姚秦の鳩摩羅什＊。

（佐藤秀孝）

0587 **勝思惟梵天所問経**（しょうしゆいぼんてんしょもんぎょう）

平等摂一切法、荘厳一切仏法、勝思惟梵天

所問、文殊師利論議、勝思惟経ともいう。

【成立】大乗初期経典の一つで、般若経典と法華経の中間に成立し、維摩経とともに小乗排斥にかなり力を尽くしたものと推測される。

【内容】六巻。同本異訳として持心梵天所問経0585や思益梵天所問経0586が存し、それぞれ一八品に分けられているが、本経では品名はない。0586とよく似ており、注釈として世親（ヴアスバンドウ）の勝思惟梵天所問経論1532がある。

【関連典籍】0585・0586
【訳者・訳年代】北魏の菩提流支＊（AD518）。

（佐藤秀孝）


0588 **仏説須真天子経**（ぶっせつしゅしんてんしきょう）

文殊師利所報法言称経、断諸法狐疑法経、諸仏法普入方便慧分別炤明持経、須真天子所問経、須真天子経、問四事経ともいう。

【内容】四巻。一〇品からなる。須真天子と文殊師利の問答によって声聞乗・辟支仏乗を弾呵して菩薩乗を宣揚している。〈巻一〉の問四事品では、須真天子が仏に菩薩が不妄信を得て大乗を志す所以など三二の質問をなし、仏が偈でこれに答えている。〈巻二〉では、答法議品で文殊師利が須真天子の願いで三二の所問に簡単な句で答え、法純淑品で所有がなければ純淑の法議であるとし、声聞品で仏十大弟子が声聞の立場から問いを試みて文殊の答えに歓喜黙然し、大衆の立場が示されている。〈巻三〉では、無畏品で菩薩の無所畏を得る所以が説かれ、住道品で菩薩が六波羅蜜を具して道に住するありようが説かれ、菩薩行品で六波羅蜜の各項目を示し、分別品で一切法を知る菩薩の徳が讃嘆されている。〈巻四〉では、頌偈品で菩薩の徳が偈で讃され、道類品で道処が寂静で道相が虚空であると述べられている。

【訳者・訳年代】西晋の竺法護＊。

（佐藤秀孝）


0589 **仏説魔逆経**（ぶっせつまぎゃくきょう）

魔逆経ともいう。

【成立】梵本は伝わらず、漢訳異本はない。

【内容】一巻。仏が祇園精舎に在ったとき、侍衛者大光天子が文殊師利に菩薩の魔事や平等精進について問答説法し、これを聞いて八千の天子が無上菩提心を発し、五百の天子が無生法忍を得、仏は文殊を讃する。さらに大光が文殊に善哉の法と非善哉の法、有為と無為、無分別智などを問うと、魔が出現する。文殊は三昧の力で魔を縛して仏身に変ぜしめ、諸比丘（仏弟子）と法論させる。また須深天子の問いで魔が菩薩の二十魔事や忍辱十二事を説く。須深が文殊に魔の罪を赦さんことを乞い、文殊は縛と解脱について魔を教誡し、須深と文殊との間で菩薩行に関する幾多の問答がなされる。かくて不懐自大の義が説かれ、魔はその便を得ずとして没し去る。最後に仏がこの経受持の名について説示して終わっている。

【訳者・訳年代】西晋の竺法護＊（AD289）。

（佐藤秀孝）

0590 **仏説四天王経**（ぶっせつしてんのうきょう）
【内容】一巻。仏が舎衛国祇樹給孤独園に在って諸弟子のために説いたとする。月の六斎日に四天王もしくはその太子が日月・五星・二十八宿の諸天を率いて天下を巡遊し、人々が善悪いずれを行じたかを伺察して帝釈天に報じ、善を修していれば喜び守り、悪を犯していれば悲しむ、などと明かし、以て斎日の行善を勧めている。八関斎経、持斎経、斎経、優陂夷堕舎佉経や中阿含経0202などが八斎戒を説くのに対し、この経は五戒を説く点に特徴がある。
【訳者・訳年代】劉宋の智厳と宝雲＊（AD427）。
（佐藤秀孝）

0591 **商主天子所問経**（しょうしゅてんししょもんきょう）
商主天子問経、商主天子経ともいう。
【内容】一巻。仏が王舎城耆闍崛山に比丘・菩薩とともに住していた際に、文殊師利が商主天子ら諸天のために、諸菩薩が一切智に入り、一切法の彼岸に達し、速やかに六度を満足するありようを説いている。経名は巻末に仏が阿難に告げて「此の法本を名づけて神通優波提捨と曰う」「亦た商主天子所問と名づく」ということによる。

【訳者・訳年代】隋の闍那崛多＊（AD587〜591）。

（佐藤秀孝）

0592 **天請問経**（てんしょうもんぎょう）

【内容】一巻。室羅筏国の給孤独園で、ある天（神）の問いに仏世尊が答えるかたちで九問答を伽陀によって記す短編の経典。内容は戒律に関するもので法句経に類似する。とくに世尊が告げたことばに「知足大富貴、無生第一楽」とあるのは法句経0210泥洹品に「知足最富、泥洹最楽」と示されるのと同内容である。注疏に天請問経疏2786が存する。

【関連典籍】2786

【訳者・訳年代】唐の玄奘＊（AD648）。

（佐藤秀孝）

0593 **仏為勝光天子説王法経**（ぶついしょうこうてんしせつおうほうきょう）

仏為勝光天子説経ともいう。

【内容】一巻。この経典の主旨は、仏が勝光天子の願いに応じて国主の法を説くことにあるが、その中心は王をして厭離心を生じ、涅槃を求めさせようとするところにある。仏が祇樹給孤独園の一樹下に在って衆に説法していたとき、憍薩羅国王の勝光天子が仏前に到って、国主の法と現在の安楽、死後の生天、善心相続する菩提などの説示を乞う。国主の法は要するに悪法を遠離し善法を修するにあり、それは一心に三宝を恭敬することによって得られる。ここにおいて仏は、山河・堂舎・楼閣・王位・寿命・父母兄弟・妃后・国人・臣妾・金銀珍宝などの一切諸法はその体性が空寂にして無常滅壊するものであることを譬えをもって説いている。無常を知れば厭心を生じ、厭心は智慧を起こし、智慧は妙涅槃を証得するに至るというのである。

【訳者・訳年代】唐の義浄＊（AD705）。

（佐藤秀孝）

0594 **仏説大自在天子因地経**（ぶっせつだいじざいてんしいんじきょう）

大自在天子因地経、大自在天因地経ともいう。

【内容】一巻。大目乾連（目連）が食事に神通力をもって崑崙山中の大自在天宮に乞食に行くと、天后はそれを見て自在天に何者かと質問する。自在天は目連が仏弟子であることを説き、さらに仏とは過去三無数劫にわたって六波羅蜜を行じ、その報によって成仏して三十二相・八十種好を具し三界無等であることを説明する。また天后の問いによって自在天は自己の過去の因業をも話すのである。自在天は目連に妙味の食を施し、極久遠時に仏が出世し、我は過去生中にこの大地の主宰者となったと、目連に告げる。目連はその意が判らず仏世尊に質問すると、仏は過去世の物語を述べる。過去八万四千劫以前に仏があり、ときに四人の修行者が各々に仏を供養礼拝し、その発願によって後世それぞれ梵天・那羅延天・大自在天・仏陀となったとする。すなわち、この経はなぜに梵天が五面相端厳で手に天払を持ち、那羅延天が三界の主宰となって手に妙現輪を持ち能く修羅を破り、大自在天が三眼にして手に三股叉を執り、また手中に梵天の頭を持するに至ったか、その因縁を仏の金口をもって語らしめているもので、経典の成立は新しいと推測される。

【訳者・訳年代】宋の施護＊。

（佐藤秀孝）

0595 **仏説嗟韈曩法天子受三帰依獲免悪道経**（ぶっせつしゃべつのうほうてんしじゅさんきえぎゃくめんあくどうきょう）

嗟韈曩法天子受三帰依獲免悪道経、嗟韈曩天子受三帰依経、獲免悪道経、三帰依獲免経ともいう。

【内容】一巻。祇樹給孤独園における説法。忉利天の嗟韈曩法天子があり、七日後に天報が尽きることを知って五衰を滅じ、憂悩して楽しまず、さらに天眼をもって見るに王舎城に生まれて猪身を得ることを知ってますます悲愁していた。そこで帝釈天は三宝に帰依することを勧めて修せしめた。嗟韈曩法天子が亡くなった後、帝釈天が天眼をもってその生処を見ようとしたが、求め得なかったため、祇樹林に仏世尊を訪ねてそのことを語って生処を尋ねた。仏はそこで都史多天に生じて五欲楽を受けていることを告げた。ここにおいて帝釈天は踊躍して三宝帰依の功徳を歌い、仏もこれを印可して三宝帰依の徳を頌せられた。

【訳者・訳年代】宋の法天＊。

（佐藤秀孝）

0596 **仏説天王太子辟羅経**（ぶっせつてんおうたいしびゃくらきょう）

天王太子辟羅経、太子辟羅経、天王太子経ともいう。

【内容】一巻。この経典の主旨は、善悪には必ず報応があることを示す。仏世尊が祇樹給孤独園に在ったとき、天王太子辟羅が天より飛来し、仏に世の人の欲行を求めて実行を求むる者がないのを歎ずるや、仏は辟羅のために善を行ずれば福があり、悪を行ずれば殃いがあって、殃福が人を追うのは影が形に随うようなものであると示している。ついで辟羅が世に処して王であったとき、その音の百里に及ぶ太鼓を求めたが得られず、たまたま一臣がその旨を得て王より資費を受けて沙門梵志に供養し、国民で窮乏していた人々を済うや、辟羅の王としての明徳は万里の外まで及んだという物語を記し、善悪には必ず報応があることを述べている。

【訳者・訳年代】訳者不明（三秦代）。

（佐藤秀孝）

0597 **竜王兄弟経**（りゅうおうきょうだいきょう）

難竜王経、降竜王経ともいう。

【内容】一巻。供養の徳を讃えた八〇〇余字の小経。仏より六度の教えを聞いた舎衛城の信者阿難邠坻が、仏や仏弟子に供養せんとするが、難頭・和難という兄弟の悪竜が雲を起こし天を暗くしてこれを邪魔する。すると愛波という阿羅漢がこれを止めようとして、かえって竜の怒りに遭う。そこで目連が仏の許しを受けて鎮撫に行き、ついに自らも変化して竜となり、火を吹いて二頭の竜を幾重にも取り巻き、これを他の世界に投げ飛ばす。目連はまた沙門のすがたに返り、二頭の竜も人のすがたになって降参し、過を悔いて五戒を受ける。阿難邠坻は仏より目連の功徳を聞き、一同に供養して目連の功徳を宣揚している。仏は阿難邠坻に得道の人に飯を供養したことによって善鬼神も家を擁護し、安穏ならしめるであろうと示している。

【訳者・訳年代】呉の支謙＊。

（佐藤秀孝）

0598 **仏説海竜王経**（ぶっせつかいりゅうおうきょう）

海竜王経、海竜王問総持品、集諸法宝浄法門品ともいう。

【内容】四巻（元々は三巻であったとも伝えられる）。全体を二〇品に分け、その前半（巻一）は霊鷲山にやってきた海竜王とその率いる無数の眷属に対して、仏が問答を通じて諸法皆空の教えに基づく法無尽蔵・総持門を示しそれを四法に分けて精細に説き、竜王の一子に記別を授ける。後半（巻二以降）では海竜王が仏を海底の竜宮に招請して供養し、仏は十善・六波羅蜜などの教えを説いて、竜女、阿修羅などの多くの者にそれぞれの因縁において記別を授ける。特に、竜の受ける苦しみである三熱を免れるために、仏が衣（袈裟）を与えて記別を授けたこと（金翅鳥品）は袈裟の功徳を説く話として引用されることが多い。やがて仏は霊鷲山に帰り、竜王はやってきた阿闍世王に過去の物語と記別とを述べ、一切諸法の無想無願なることを示す。

【後世への影響】古くより、請雨の儀礼に読誦する経典として用いられ法苑珠林祈雨篇には廬山の慧遠などの事例があげられている。

日本でも奈良時代には盛んに用いられた。また、渡海の安全を祈願するためにも用いられ、天平年間（AD729〜749）に光明皇后が玄昉の入唐求法の安全をこの経によって祈り、父不比等の邸宅内に一堂（海竜王寺）を建てたことが伝えられている。

【訳者・訳年代】西晋の竺法護＊（AD285）。

（松田陽志）

0599 **仏為海竜王説法印経**（ぶついかいりゅうおうせっぽういんきょう）

【内容】一巻。二百字余りのきわめて短い経典である。仏が海竜王宮で多くの眷属や菩薩摩訶薩に対して説法したとき、娑竭羅竜王（海竜王）が少法にして福徳の多いものを問う。仏は諸行無常、一切皆苦、諸法無我、寂滅為楽の四法印を四殊勝法として挙げ、これを受持読誦してその内容を理解することを、八万四千の法蔵を読誦するのと同じ功徳をもたらすものと説き示す。

【訳者・訳年代】唐の義浄＊（AD711）。

（松田陽志）

0600 **十善業道経**（じゅうぜんごうどうきょう）

仏説十善業道経ともいう。

【内容】一巻。海竜王経0598中の「十徳六度品」の抄訳。仏が竜宮において沙竭羅竜王のために十善業の功徳について説法したもの。一切は心によって善不善を造るが、その心は諸法の集まったものであって主なく我我所なく、業に随って現れるものである。十悪を離れて十善を修する者には功徳がある。離殺生は十離悩法を成就し、離偸盗は十種可仏保信法を得、離邪行は四種智所讃法を得、離妄語は八種天所讃法を得、離両舌は五種不可壊法を得、離悪口は八種浄業を成就し、離綺語は三種決定を成就し、離貪欲は五種自在を成就し、離瞋恚は八種喜悦心法を得、離邪見は十功徳法を成就するを得る。しかもこの十善業（または十善道）は以上の無量の功徳を得るだけでなく、十力・四無畏ないし十八不供法など一切の仏法を円満するものであるとされる。注釈に清代の藕益が編訂した『十善業道経節要』一巻が存する。

【関連典籍】0598。0601は異訳。

【訳者・訳年代】唐の実叉難陀＊。

（佐藤秀孝）

0601 **仏為娑伽羅竜王所説大乗経**（ぶついしゃがらりゅうおうしょせつだいじょうきょう）

仏為娑伽羅竜王所説大乗法経、仏為娑伽羅竜経ともいう。

【内容】一巻。仏が大海中の娑伽羅竜王宮荘厳道場に在って娑伽羅竜王に説法した内容の経典で、その主旨は仏が竜王に対して十善業道を説くにある。諸法の自性は幻化・不可思議・無所生・無主宰・無有我・無礙・無生・無滅・無色・無相にして、世間種々の悪業はみな妄心の所化である。この悪報の業を断つには善法の観察による。善法とは十善道であって、離殺生は十種善法を得、離偸盗は十依止を得、離邪婬は四智善法を得、離妄語は八種善法を得、離綺語は三種一向の法を得、離悪口は八種口過清浄を得、離両舌は五種堅固を得、離貪毒は八種善法を得、離瞋毒は五種勝願円満を得、離邪見は十種功徳の法を得ると説き、また十不善法微細行を観ずるべしとしている。そして、十善業道は一切仏法の根本安住であって、これを修することが菩薩道を行ずることであると説かれる。

【関連典籍】0600は異訳。

【訳者・訳年代】北宋の施護＊。

（佐藤秀孝）

0602 **仏説大安般守意経**（ぶっせつだいあんぱんしゅいきょう）

大安般守意経、安般守意経、大安般経、安般経、守意経ともいう。

【内容】二巻。巻首に呉の康僧会の序文が存する。安般すなわち五停心観中の数息観を説く経典。安那（出息）と般那（入息）を観ずることによって心が散乱するのを防ぐことを説き、その細相を六事に約して詳説する。〈上巻〉では、最初に経題の文を釈し、安は身、般は息、守意は道。安は生、般は滅、意は因縁。安は数、般は相随、守意は止。安は定、般は動揺せしめないこと、守意は意を乱さないこと。安は清、般は浄、守は無、意は為で、清浄無為のこと。安は五陰を受け、般は五陰を除き、守意は因縁を覚し身口意に随わないこと。このようにその内容に約して文字を解釈している。〈下巻〉では、この安般守意に数息・相随・止・観・還・浄および四諦という十黠があるとし、とくに前六事によって意を制する。数息は遮意、相随は斂意、止は定意、観は離意、還は一意、浄は守意であって、さらにこれを内容的に分別して数息は四意止、相随は四意断、止は四神足、観は五根五力、還は七覚意、浄は八行であるとし、細説している。

【訳者・訳年代】後漢の安世高＊。

（佐藤秀孝）

0603 **陰持入経**（おんじにゅうきょう）

除持入経、除持入解経ともいう。

【内容】二巻。出三蔵説集巻六に釈道安による経序が存する。五陰種（五蘊）・十八本持（十八界）・十二入（十二処）をはじめとする法数を、存在の存り方を規定する法として分析解釈する。後半部は止観によって煩悩を滅することを述べ、巻末に仏説慧印百六十三定解を付す。

【関連典籍】1694

【訳者・訳年代】後漢の安世高＊。

（松田陽志）

0604 **仏説禅行三十七品経**（ぶっせつぜんぎょうさんじゅうしちほんきょう）

禅行三十七品経、禅行三十七経、三十七品経ともいう。

【内容】一巻。菩提を得るための実践道である三十七道品（四意止、四意断、四神足、五根、五力、七覚意、八正道）を精進行禅として説く。特に、四意止（四念処）を身・痛・意・法の四種による止観によって修すると説き、また四神足（四如意足）を、欲定、精進定、意定、戒定とするなど、実践修道的な性格が窺われる。なお、具体的列次と名称を挙げると次のようになる。〈四意止（四念処）〉身止観（自身身止観、外身身止観、内外身身止観）、止観痛、止観意、止観法。〈四意断（四正勤）〉未生悪法不令生、已生悪法即得断、未生善法便発生、已生善法立不忘増行得満。〈四神足〉欲定、精進定、意定、戒定。〈五根〉信根、精進根、念根、定根、慧根。〈五力〉信力、精進力、念力、定力、慧力。〈七覚意〉念覚意、法覚意、精進覚意、愛覚意、止覚意、定覚意、護覚意。〈八正道〉正見、正思、正語、正命、正業、正治、正念、正定。

【訳者・訳年代】後漢の安世高＊訳とされるが『出三蔵記集』巻三には釈道安の『綜理衆経目録』に基づく失訳として挙げられる。『歴代三宝記』『開元釈教録』は安世高の訳とするが、宇井伯寿の『訳経史研究』は経の形式、内容上からも安世高の訳ではないとする。

（松田陽志）

0605 **禅行法想経**（ぜんぎょうほうそうきょう）

【内容】一巻。仏が舎衛国の祇園精舎で諸比丘に対して説いたとされる禅観の取要書。仏によって、一弾指の間にも死想を思惟して肉体は皆やがて滅することを念ずるならば、それは精進行としての実践となり、この教えに従わなければ、愚癡のままに人の信施を受け食することになると説かれる。そして、不浄観、穢食想、一切世間無有楽想、無常想、無常為苦想、苦為非身想、非身為空想、棄離想、却婬想、滅尽想、無我想、身死為虫食想、血流想、膖張想、青腐想、摩爛腥臭想、髪落肉尽想、一切縛解想、骨節分散想、骨変赤白枯黒亦如鳩色想、骨糜為灰想、世間無所帰想、世間無牢固想、世間為別離想、世間闇冥想、世間難忍想、世為費耗不中用想、世為災変可患厭想、一切世間帰泥洹想、の三十想を挙げる。これらは、肉体に対する執着を滅除することを目的とした、人体の死屍の醜悪な相状に対する冥想である。このような観法に九想（脹想、青瘀想、壊想、血塗想、膿爛想、虫啖想、散想、骨想、焼想）があるが、ここではその意味を含めながらさらに三十想として挙げられており、本経の実践修道的な性格をみることができる。

【訳者・訳年代】後漢の安世高*。

（松田陽志）

0606 **修行道地経**（しゅぎょうどうじきょう）

瑜伽遮復弥経ともいう。

【成立】年代不明。著者は僧伽羅刹。

【内容】七巻。三十品からなる。古い時代には六巻二十七品であり、現行の最後の三品は法華経によって後に加えられたものである。巻首に序を載せる。各巻と品の構成は〈巻一〉「集散品」「五陰本品」「五陰相品」「分別五陰品」「五陰成敗品」、〈巻二〉「慈品」「除恐怖品」「分別相品」、〈巻三〉「勧意品」「離顛倒品」「暁了食品」「伏勝諸根品」「忍辱品」「棄加悪品」「天眼見終始品」「天耳品」「念往世品」「知人心念品」「地獄品」、〈巻四〉「勧悦品」「行空品」、〈巻五〉「神足品」「数息品」、〈巻六〉「観品」「学地品」「無学地品」「無学品」、〈巻七〉「弟子三品修行品」「縁覚品」「菩薩品」である。内容は禅観修道を示すものである。後三品において菩薩禅すなわち大乗思想を説いていることが注目されるが、その他はすべて小乗教義に関する禅観を述べたものである。入門的段階として不浄観、慈心観、因縁観、数息観、白骨観の五種の禅観に要約する。次に寂（止、心を特定の対象にそそぎ動揺を静めること）と観（正しい智慧を起こし対象を観察すること）との両者が必要なことを説き示す。また、四諦十六行相を観じ、煩悩を断じて、解脱を得る次第を説く。また、特に注目すべきは、「数息品」に凡夫禅と仏弟子禅との区別を示し、外道と仏教との差異を内観の相違に帰する点といえよう。三昧の境涯、坐法等の点で区別ありとしている箇所は成功しているとはいえないが、仏教禅観の特色、特に小乗禅観の次第進展を述べたのが本経の最大の特徴である。

【関連典籍】0607・0608

【訳者・訳年代】西晋の竺法護*。

（下室覚道）

0607 **道地経**（どうじきょう）

大道地経ともいう。

【成立】年代不明。著者は天竺須拏国の僧伽羅刹。古来の経録によれば、本経はインド・西域に行われていた『修行道地経』の抄経を訳出したものか、『修行道地経』完成以前のものかと推測される。

【内容】一巻。禅観修道の階梯方法を順にしたがって説示する。七章からなり、（1）散種章は禅観修道の意義と目標を示した序に当たる。（2）知五陰慧章は五陰成立の本を示し、（3）随応相具章は五陰の各々について定義し説明し、（4）五陰分別現止章は五陰が共同して身心の行為が成立していることを示している。（5）五種成敗章は生死輪廻とは業因縁の力によって五陰が集散成敗するのみであって、我の主体なきことを示さんために病・死・中有・受生などの相状を説明したものである。（6）神足行章は止観の別を明かし、さらに不浄観によって四禅を得て神足通を得ることを説いている。（7）五十五観章は五十五事などについて人身が空無常にして厭うべきものであることを観ぜしめるものである。修行道地経0606の異訳といわれ、本経の一～五章は修行道地経の初五品に、六章は第二十二品に、七章は第二十四品に相当している。

【関連典籍】0606・0608

【訳者・訳年代】後漢の安世高*。

（佐藤秀孝）

0608 **小道地経**（しょうどうじきょう）

仏説小道地経ともいう。

【内容】一巻。修行持息などの法を説く。道人が息を求めて息を得ないのは四因縁があるによる。息を得んと欲するならば、心ず坐行の二事と生死の二因縁を知らねばならない。また道人が求めて道に向かうには必ず過去の念事を知らねばならない。譬えば稲を種えるときは稲を収せんと念じ、豆を種えるときは豆を収せんと念ずるごとく、十悪は十悪裁を種えるのである。
【関連典籍】0606・0607
【訳者・訳年代】後漢の支曜（しよう）。

（佐藤秀孝）

0609 **禅要経**（ぜんようきょう）

禅要訶欲経、禅要経訶欲品ともいう。
【内容】一巻。禅観における不浄観を説く。色欲・形容欲・威儀欲・言声欲・細滑欲・人相欲という衆生の六欲の中で、前五欲は不浄相、人相欲は白骨人相をそれぞれ観ぜしめて、離欲無所得空清浄智観を得せしめんとする。本経は「訶欲品」ともいうように経典の全体ではなく一部の分訳であって、禅法要解0616の中の一部と一致している。
【訳者・訳年代】著者不明（後漢代）。

（佐藤秀孝）

0610 **仏説内身観章句経**（ぶっせつないしんかんしょうくきょう）

内身観章句経、内身観章経ともいう。
【内容】一巻。章品の区別なく、全巻が頌偈（げじゅ）よりなり、巻末に数行の経文が別出されている。本文である頌偈では、はじめに諸行の無常なることを明かし、つぎに無数の災患は身に帰流するものではあるが、身は人に非ず命に非ず無常であるとし、この無常なるを悟らんがために、つぎに身不浄観を説いている。付録ともいうべき別出の短経文では、大会・多食・多行・多喧・多睡眠・会聚・習行・愛身・軽・貪・不好善処居という十一因縁を断ずれば、行者は速やかに道を得ることができるとして、これを十一因縁章という。本経は禅観修道を明かした経文類中の一断片か一章品に相当するものであろう。
【訳者・訳年代】著者不明（後漢代）。

（佐藤秀孝）

0611 **法観経**（ほうかんきょう）

【内容】一巻。一般の経典のごとく序正流通の形式ではなく、「仏言」として数条の禅観を説く。内容としては、数息観を用いる理由、身口意の三定、勤力・数念・思惟の順序をもって坐禅すべきこと、自身と他身について一切空を観ずるべきこと、行道が守意を根本とする理由、道の四要法などが説かれている。
【関連典籍】0606・0613
【訳者・訳年代】西晋の竺法護（じくほうご）＊。

（佐藤秀孝）

0612 **身観経**（しんかんぎょう）

仏説身観経ともいう。
【内容】一巻。人間の身体を観察し、その不浄にして頼むべからざることを説く身不浄観を別出して一経となしている。身体には九孔があって常に不浄を漏らし、老死が到って棄屍となれば狐狼の餌ともなり、貪婬すべきものではない。財産や所有物はみな命のために求めるが、命が尽きればこれを楽しむことができず何らの益もない。身体は不浄であり一切の財物貪欲は執着すれば後に悔いに会うことを説く。
【関連典籍】0606・0607・0611・0613
【訳者・訳年代】西晋の竺法護（じくほうご）＊。

（佐藤秀孝）

0613 **禅秘要法経**（ぜんぴようほうきょう）

禅秘要法、禅経秘要法ともいう。
【内容】三巻。上中下三巻で、会処も三処に分けられる。一会・二会において、白骨観・津膩慙愧観・膖脹血及易想観・観薄皮・厚皮虫聚観・極赤淤泥濁水洗皮雑想・新死想・具身想・節節解観・白骨流光観・地大観火大観風大観水大観・結使根本観・漸解学観空・四大観・身念処観・一門観・観仏三昧・数息（すそく）観・暖法観・観頂法・観助頂法方便・火大観・正観・真無我観（滅水大想）・水大観・阿那含相応境界相（風大観）という坐禅観法が説かれる。三会において忍辱鎧太子成仏の本性話が説かれ、観仏が明かされ、ついで前二会の禅観が総摂説明されている。終わりにこの経が密蔵して禅行されるべきもので、もし広説するならば重大犯罪となるとする。また仏滅後一〇〇年より一五〇〇年に至るまで禅行者がしだいに減じ、ついに法幢は崩れ慧日は没して末法・末世となることを示している。

【訳者・訳年代】後秦の鳩摩羅什＊。

(佐藤秀孝)

0614 坐禅三昧経（ざぜんさんまいきょう）

坐禅三昧法門経、菩薩禅法経、阿蘭若習禅経、禅法要、禅経ともいう。

【成立】年代不明。著者は僧伽羅刹。

【内容】二巻。坐禅観法の簡要を抄撰した経典。〈上巻〉はじめに五言四句の偈四十三を連ねており、その中には「煩悩深無底、生死海無辺」などの偈もある。ついで禅法を学ぶに当たって師資の間に如何に周密な用意がいるかを述べ、さらに多婬の人、多瞋の人、愚癡の人、多思覚の人、およびこれらを等分に有する多等分の人に対して、五種の対治法門（五門禅）として「治貪欲法門」「治瞋恚法門」「治愚癡法門」「治思覚法門」「治等分法門」が説かれる。多慾の者には不浄観を、瞋恚多き者には慈心法門を、愚癡の者には思惟観因縁法門を、思覚多き者には阿那般那三昧法門を、等分多き者には一心念仏三昧法門をもってそれぞれ対治させている。〈下巻〉菩薩の習禅法が明かされている。漸次に観法を成じて煖・頂・忍・世第一法と進み、見道十六心の相、四向四果、辟支仏のことを述べ、菩薩道の禅法についてさらに詳細に多婬・多瞋・多癡の三門を開き、不浄観・慈心法・因縁法を述べている。そして最後に十地成満して無上覚に至るとする。終わりに七言四句の偈二十を列ねている。僧叡の序に「初めの四十三偈は是れ究摩羅羅陀法師の造る所、後の二十偈は是れ馬鳴菩薩の造る所なり。其の中の五門は是れ婆須蜜・僧伽羅叉・漚波崛・僧伽斯那勒比丘の馬鳴羅陀禅要の中より之れを抄集して出だす所なり。六覚中の偈は是れ馬鳴菩薩、之れを修習して以て六覚を釈するなり。初観婬怒癡の相及び其の三門は皆な僧伽羅叉の撰する所なり。息門六事は諸論師の説なり。菩薩習禅法の中後、さらに持世経に依りて十二因縁一巻・要解二巻を益す。別時に撰出す」と記している。

【訳者・訳年代】姚秦の鳩摩羅什＊(AD402～407)。

(佐藤秀孝)

0615 菩薩訶色欲法経（ぼさつかしきよくほうきょう）

菩薩訶色欲経、菩薩訶色欲法ともいう。

【内容】一巻。大正蔵経でわずか十九行の短経。女色をもって世間の枷鎖・重患・衰禍とし、女色を遠離すべきことを説いている。求那跋陀羅の翻訳も存したとされるが伝わらない。

【訳者・訳年代】姚秦の鳩摩羅什＊。

（佐藤秀孝）

0616 禅法要解（ぜんほうようげ）

禅法要解経ともいう。

【内容】二巻。〈上巻〉の最初の部分は禅要経0609と一致し、衆生の六種欲が説明され、著色・著形容・著威儀・著言声・著細滑の前五欲は不浄相を観ぜしめ、第六の人相欲は白骨人相を観ぜしめて離欲することが教えられる。こうして五欲を離れることによって初禅に入る。ついで第二禅においては内心清浄を得て第三禅に進むが、ここに心転細没・心大発動・心生迷悶という三過が存し、行者が一心にこの三過を念じ止めることを得たなら、やがて第三禅に入ることができる。こうして第四禅の不動処・無有定所動処に到達するのである。ついで慈悲喜捨の四無量が説かれて終わる。〈下巻〉においては八背捨・九次第定が説かれ、終わりに天眼神通を得るとする。

【関連典籍】0609

【訳者・訳年代】姚秦の鳩摩羅什＊。

(佐藤秀孝)

0617 思惟略要法（しゆいりゃくようほう）

思惟要略法、思惟要略法経、思惟要経、思惟経、思経ともいう。

【内容】一巻。大乗禅観の大要を述べたもの。初禅に入り法空を解するには、禅観を修するべきことを説き、つぎに四無量観法・不浄観法・白骨観法・観仏三昧法・生身観法・法身観法・十方諸仏観法・観無量寿仏法・諸法実相観法・法華三昧観法という十種の観法を明かしている。

【訳者・訳年代】姚秦の鳩摩羅什(くまらじゅう)*。

(佐藤秀孝)

0618 **達摩多羅禅経**(だるまたらぜんきょう)

不浄観経、修行道経、修行道地経、修行方便禅経ともいう。

【成立】五世紀初頃。

【内容】二巻。一七品からなる。最初からの修行方便道安那般那(あなぱんな)念退分、修行勝道退分、修行方便道安般念住分、修行勝道住分、修行方便道升進分、修行勝道升進分、修行方便道安般念決定分、修行方便道決定分の八品は数息(すそく)観を、次の修行方便道不浄観退分、修行方便不浄観住分、修行方便道不浄観升進分、修行方便道不浄決定分の四品は不浄観、そして残りの修行観界分、修行四無量三昧、修行観陰、修行観入、修行観十二因縁の五品は界観・四無量観・五蘊観・六入観、十二因縁観をそれぞれ説いている。上巻を数息観の説明のみで終始していることからも分かるように、禅観を修める際の心理状態を分析・解説し、修行者に対して心構えを説く実践的禅門の指導書としての色彩が強い。ただし、中国天台所説の五停止観のような修行形式の類型化・段階化の体をなしておらず、煩雑な解説は施されていない。また、大乗経典とされていながら、修道の位次得果を述べている箇所で、声聞道の範疇で語っており、小乗論書の詳細な部分まで触れているのも特筆すべきである。これは著者の一人とされている仏大先が、小乗禅に詳しいことから来ていると言われている。経名についていくつか存在する。出三蔵記集2154巻九には訳出に関連した慧遠(えおん)と慧観の経序が書かれていて、それぞれ修行方便禅経、修行地不浄観経となっているが、法経録をはじめとして、聖賢選集、三宝紀、開元録2154には現在の達摩多羅禅経と記されている。その慧遠の序文の中に達磨多羅(だつまたら)と仏大先の名前が見られる。達磨多羅は大乗空観に詳しく、仏大先は小乗禅観に通じており、前述のように小乗禅の色彩が濃い経典であるが故に、経典名を誤りとする説もある。また達磨多羅と仏大先の両者の関係については、諸説存在するが、慧観の序によると、両者が協力して禅法の敷衍に努めたとある。慧遠が西暦四一三年頃、南地禅法の不備を補うべく、羅什(らじゅう)と共に伝訳界の大家とされていた仏陀跋陀羅(ぶつだばつだら)を請うたことが、本経の訳出の目的とされている。関中の禅経と言われた羅什訳出の坐禅三昧経に対し、本経は廬山の禅経と言われ、南地禅法の興隆に貢献したのである。仏陀跋陀羅自身も、この地に留まり禅観の実践に励んだと言われている。訳出後、達磨多羅の名前を冠していることから注目を集め、数々の禅者が本経の諸説を出した。菩提達磨が本経を説いたとする最初の仏典は歴代法宝記であり、達磨の弟子・仏陀耶舎が廬山の東林寺で慧遠に会って、禅門経を訳出後二人は遷化し、達磨がそれを聴いて中国に渡ることになった、とある。この原因は荷沢神会の南宗定是非論において、西天二十八祖説を成立させるために本経の序を利用したことから、端を発している。他にも宋の明教契嵩も、盛んに本経を引用して西天二十八祖説を成立させんと、伝法正宗論二巻を著した。日本でも同様な動きが見られ、鎌倉時代に華厳学の大家である明恵上人が本経を啓発に用い、時代が下って、江戸時代の白隠門下の東嶺円慈は、研鑽の結果、達摩多羅禅経説通考疏(十八巻)を撰述した。しかし、達磨が本経を説いたとする文献は、後世の伝記文献にはほとんど見当たらず、禅源諸詮集都序に若干見られる程度である。菩提達磨と仏大先・達磨多羅の間には時代的に百年の違いがあり、また本経の思想と菩提達磨のそれとは異なっていることも注意しておくべきである。なお参考文献として、達磨多羅禅経の成立事情を、達磨の伝記と結び付けて論述している関口真大氏の達磨の研究がある。

【訳者・訳年代】東晋の仏陀跋陀羅＊（AD413）。

（宮地清彦）

0619 **五門禅経要用法**（ごもんぜんきょうようゆうほう）

禅経要用法、五門禅要法ともいう。

【成立】年代不明。著者は仏陀蜜多。

【内容】一巻。坐禅の要法として数息観・不浄観・慈心観・因縁観・念仏観の五つについて、その禅観の一々を詳述している。この五要法はそれぞれ衆生の病に応じてのものであって、乱心の者には数息観を、貪愛心の多き者には不浄観を、瞋恚心の多き者には慈心観を、我執の強い者には因縁観を、心没する者には念仏観を教えている。もし行者にして善心がありながら、いまだ念仏三昧に入らざる者には、一心に観仏すべきことを教え、ことに観仏の法について力説している。

【訳者・訳年代】劉宋の曇摩蜜多＊（AD424～441）。

（佐藤秀孝）

0620 **治禅病秘要法**（じぜんびょうひようほう）

治禅病秘要経、治禅病秘要法経、治禅病秘法、禅要秘密治病経、禅要秘密治経、治阿練若乱心病七十二種法ともいう。

【成立】通編十二章に分けられるが、元来は一部のまとまった経典ではなく、治禅病に関する種々の短経十二を編集してなったものである。

【内容】二巻。阿蘭若に坐して禅定を修する人の、身心に関する種々の病魔を治する法を説いている。〈上巻〉に治阿練若乱心病七十二種法・治噎法・治行者貪婬患法・治利養瘡法・治犯戒法を挙げ、〈下巻〉に治楽音楽法・治好歌唄偈讃法・治水大猛盛因是得下法・治因火大頭痛眼痛耳聾法・治入地三昧見不祥事驚怖失心法・治風大法・初学坐者鬼魅所著種種不安不能得定治之法を挙げている。このように身心に関する療法を説いていることから、インド・西域地方における古代医学思想を研究する上にも貴重な資料である。

【訳者・訳年代】劉宋の沮渠京声＊。後序によれば、訳者の沮渠京声が于塡国衢摩帝大寺金剛阿練若住処において天竺の比丘大乗沙門仏陀斯那より面授されたところを、孝建二年（AD455）に九月八日より同二五日にわたって書出したとされるが、出三蔵記集2145巻一四の沮渠京声の伝によれば、それ以前に河西における翻訳であり、孝建二年に比丘尼慧の請で再び書出したものだとされる。

（佐藤秀孝）

0621 **仏説仏印三昧経**（ぶっせつぶついんざんまいきょう）

仏印三昧経ともいう。

【内容】一巻。主旨は摩訶般若波羅蜜経智慧印は諸仏の大父母であって、これを得る者は仏に作ると説くことにある。仏が耆闍崛山中に在って三昧に入ると、その三昧があまりに大深であるため、文殊師利菩薩を除いて誰もみな一心に仏の身を推索しても見ることができない。仏の三昧は摩訶般若波羅蜜経智慧印であって、これを得る者は作仏し、これを得ない者は作仏し得ないとする。ただし、経典が短編であるためか、摩訶般若波羅蜜経智慧印が如何なるものかについては説かれていない。

【訳者・訳年代】後漢の安世高＊。

（佐藤秀孝）

0622 **仏説自誓三昧経**（ぶっせつじせいざんまいきょう）

自誓三昧経ともいう。

【内容】一巻。如来独証自誓三昧経0623の旧訳。仏が神静化証三昧に入ると、忽然と蓮華座が地より湧出し、一つひとつの葉の上に化菩薩があって仏徳を讃嘆し、諸仏世界より菩薩が来現して華を捧げる。仏がこれを受けて欣笑すると、口より光明が出て十方世界を照らす。賢儒菩薩の偈頌について、仏が諸仏の法笑の三因縁を説いて授記せられ、また明見光賢菩薩に菩薩の出家の所以を説く。さらに仏は賢儒菩薩に対して、かつて拘睒弥に滞在していたときの因縁を説いている。すなわち、このとき比丘が互いに諍って離散したため、仏はひとり夏安居した。浄居天が現われて所以を問うと、三界に独歩する仏でも、出家のときと、貝多樹に往詣したときと、この夏安居のときと、三度、浄居天の証を須いたことを示し、一切の凡夫が主師でないこと、正しく師友によるべきことを説いている。

【関連典籍】0623

【訳者・訳年代】後漢の安世高＊。

（佐藤秀孝）

0623 **仏説如来独証自誓三昧経**（ぶっせつにょらいどくしょうじせいざんまいきょう）

如来独証自誓三昧経、独証自誓三昧経、如来自誓三昧経ともいう。

【内容】一巻。自誓三昧経0622の新訳。句潭弥国大叢樹間の交露精舎の独証自誓三昧道場における説法。賢儒菩薩の仏前の偈にはじまり、聖師が賢儒菩薩に仏法に三因縁があり、あるいは童真に、あるいは了生に、あるいは阿惟顔に向かって仏は一々に授決するという。これは華厳の十住の第八・第九・第十住に相当するものであって、十住・十地思想の上から注目される。

【関連典籍】0622

【訳者・訳年代】西晋の竺法護＊。

（佐藤秀孝）

0624 **仏説伅真陀羅所問如来三昧経**（ぶっせつとんしんだらしょもんにょらいざんまいきょう）

伅真陀羅経、伅真陀羅所問経、伅真陀羅尼経、伅真陀羅所問宝如来三昧経ともいう。

【内容】三巻。伅真陀羅王とは伎楽神すなわち乾闥婆王（ガンダルヴァ）の名である。この王の奏楽を縁として諸波羅蜜を説くのが大要である。〈上巻〉提無離菩薩は坐よりたち仏を賛歎した後、二七項の質問を発し仏は一問ごとに四事をもって答えた。答え終わるや、地が六反に振動して名香山より伅真陀羅王が八万四千の伎人とともに来て琉璃の琴を鼓した。それを聞いた大衆は体が自然に踊りだすのを止められなかった。提無離菩薩は摩訶迦葉にあなたのような尊者がどうして制することができないかを尋ねると、迦葉は伅真陀羅王の琴音は耐えないことを大風と木々の喩えをもって答えた。すると八千の菩薩は無所従生法楽忍を得た。王はまた宝如来三昧について質問し、仏は八十法宝をもって答える。〈中巻〉伅真陀羅王は仏菩薩比丘とともに香山に到り七日間供養を行う。仏は提無離菩薩のために諸波羅蜜について各々三十二事を説く、これを聞いた九万三千人は菩提心を発し、八万の菩薩は無所従生法楽忍を得る。〈下巻〉伅真陀羅諸子夫人眷属もこの法を聞いて歓喜信忍を得る。その後七日間の供養を受けた後、仏は祇闍崛に戻る。そこで再び提無離菩薩のために三十二菩薩法器を説き人々は発心する。また阿闍世王のために菩薩行を説き、五百の菩薩は無所従生法楽忍を得る。また懼惑天子のために四事を説き、天子は法忍を得る。以上、二処三会の説法において六波羅蜜を説くのであるが、この仏の説法をきいて無数の者が無生法忍を得るのである。大乗菩薩の実践および空性を説くが、特徴は列挙される法相の数がおびただしいことである。

【関連典籍】0625。チベット訳もある。

【訳者・訳年代】後漢の支婁迦讖＊。

（下室覚道）

0625 **大樹緊那羅王所問経**（だいじゅきんならおうしょもんきょう）

大樹緊那羅王経、大樹緊那羅経、説不可思議品、緊那羅経ともいう。

【内容】四巻。〈巻一〉王舎城祇闍崛山において仏、菩薩、比丘集会の席上、天冠菩薩が仏を賛嘆した後、諸仏菩薩の種々の法門に関する二八の問いを発するに始まる。これに対し仏は各々の質問に四法をもって答える。ときに大緊那羅王が香山より眷属を従えて降り立ち仏を供養した。王が琴を鼓すとその音のために不退転菩薩を除き、大徳迦葉はじめ大衆皆起ちて小児の如く舞い、制止することができなかった。天冠菩薩は彼らに向かい大乗不退転の菩薩たるべく努めよと説く。その後、天冠菩薩と緊那羅王とに問答がある。〈巻二〉緊那羅王は天冠菩薩の質問に答え、さらに空無相願の三解脱門と無生法忍とを説く。次に仏に宝住三昧を問い、仏は八十種の法により答え、世間宝、出世間宝を説く。緊那羅王は仏を請し、仏は香山に赴き七波羅蜜のもと三二の法を説く。また、蓮華から化仏をなし、万象に秘法のあることを知らしめる。〈巻三〉緊那羅王の夫人婇女の質問に、十法を説き、諸夫人は女身を転じて男身になる。女人成就三法。次に緊那羅王に記別を与え、未来に功徳王光明如来となること、および過去世に宝聚如来の下で出家した転輪王尼泯陀羅であったという因縁を説く。〈巻四〉七夜の勧請を終わり王舎城に戻り、さらに天冠菩薩や阿闍世王のために菩薩の三十二法器、四法則、修行と説き、無生法忍を得る。最後に阿難にこの経を受持すべきことを説き、弥勒菩薩、天冠菩薩に菩提法を嘱付し終わる。本経は大乗般若の空思想の立場に立ち、緊那羅王にその理想を置き大迦葉等の小乗の徒と対比させるという構造の点、および女人成仏を説く点が注目される。

【関連典籍】0624。チベット訳もある。

【訳者・訳年代】姚秦の鳩摩羅什＊。

【参考文献】訳一・経集部六。

（下室覚道）

0626 **仏説阿闍世王経**（ぶっせつあじゃせおうきょう）

文殊支利普超三昧経、未曾有正法経、放鉢経ともいう。

【内容】二巻。異訳の文殊支利普超三昧経0627とは異なり品名はない。経名は父王を殺した罪に悩む阿闍世王（アジャータシャトル）が仏を訪れ、仏はそのために文殊を請し種々説法し、やがて王は自分の罪を懺悔しついに未来作仏の決を得るという話にちなむ。本経のあらすじは0627に譲りハイライト箇所を示せば、文殊の説法を聞き終えた王が高価な衣を文殊にかけようとしたとき文殊の姿が消えてしまった。同様に諸菩薩に衣をかけようとしたが次々に見えなくなった。王は三昧に入る。すると物質が見えなくなった。さらに王は自身に衣を着せようとした、すると自分の体が見えなくなり、想念もなくなった。物質や想念をなくした王が出家すると、諸菩薩は元通り見えた。前には見えないものが今は見えるようになった。そこで文殊と王とに問答が起こる。文殊「どのように見えるか。」阿闍世「わたしにわたしの不安が見える、そのような形で、群衆が見えます。」文殊「どのように不安が見えるか。」阿闍世「さきほど群衆が見えなかったのと同じように、不安は〈自分の〉内にも外にも見えません。」そして王は存在が空なることを悟り、無我の真理を知ることにより、罪を犯す人もなく、罪を受ける人もいないと確信するに至った。これは空思想による悪業の問題をテーマとするものである。

【関連典籍】0627～0629。チベット訳もある。

【訳者・訳年代】後漢の支婁迦讖＊。

【参考文献】平川彰「大乗経典の発達と阿闍世王説話」印仏二〇—一。翻訳に定方晟『阿闍世のさとり—仏と文殊の空のおしえ—』（人文書院）があり、右記の問答は同書一四三頁からの引用。

（下室覚道）

0627 **文殊支利普超三昧経**（もんじゅしりふちょうざんまいきょう）

普超三昧経、普超経、阿闍世王経ともいう。

【内容】三巻。一三品からなる。〈巻一〉正士品、化仏品、挙鉢品に分けられ、仏が王舎城霊鷲山に在ったとき、菩薩神々たちが如何にしたら仏の智慧を得ることができるか議論し、文殊は如来を化作し皆に菩薩行を説いた。仏が文殊を請したとき、神々は仏になることが至難のわざであると考え、退転する。仏は神々に対し「仏鉢の奇跡」を示すことによりかれらの心を翻した。〈巻二〉幼童品、無吾我品、総持品、三蔵品、不退転輪品、変動品に分けられ、仏は三童子の例えをもって、声聞よりも菩薩のこころを起こすべきことを説く。そのとき父王を殺した罪に悩む阿闍世王が仏を訪ね救いを求めた。仏は自分の代わりに文殊に説法をさせようと考えた。文殊は菩薩達に初夜に陀羅尼、中夜に菩薩蔵、後夜に不退転輪の法を説いた。さて、文殊と迦葉との問答の後、文殊が大衆とともに王のもとに赴く。王は供養の準備が整わず憂いたが、文殊の神通によって事なきを得る。食事が終わり菩薩は鉢を空中にほうったが止まって落ちてこなかった。王は疑いを抱く。〈巻三〉決疑品、心本浄品、月首受決品、屬累品に分けられ、文殊は空観を説き王の疑念をはらし、王は法忍を得る。さて、城外において母殺しの罪に苛まれている者に対し仏は過去心・当来心・現在心が空なることを説き、懺悔して修行すれば沙門となることを許し般涅槃を得させた。次に仏は阿闍世王の子月首を授記する。そして、仏は弥勒菩薩、帝釈天、阿難尊者にそれぞれ付嘱する。最後に阿闍世王はじめ一切の菩薩声聞達が歓喜して終わる。本経は般若の立場から空を挙揚し、よって罪を犯すものもなく、心は本来清浄なることを説き示すものである。

【関連典籍】0626・0628・0629。チベット訳もある。

【訳者・訳年代】西晋の竺法護＊（AD286）。

【参考文献】訳一・経集部二。

（下室覚道）

0628 **仏説未曾有正法経**（ぶっせつみぞうしょうぼうきょう）

未曾有経、未曾経ともいう。

【成立】戯曲的な構想という点において維摩経との類似が認められるため、般若経等の初期大乗経典成立後ほどなくして成立したと推測される。

【内容】六巻。般若空思想を中心としつつ、悪業の問題に及んでいく。同本異訳に阿闍世王経0626、文殊支利普超三昧経0627があり、また、いわゆる仏鉢の奇跡の部分のみの短編として仏説放鉢経0629がある。ただし文殊支利普超三昧経は十三の品に分かれている。内容のあらましについては0626を参照。

【関連典籍】0626・0627・0629

【訳者・訳年代】宋の法天＊（AD973）。

（晴山俊英）

0629 **仏説放鉢経**（ぶっせつほうはつきょう）

放鉢経ともいう。

【内容】一巻。仏が舎衛城の祇洹精舎に在って菩薩法として布施行を説く。ときに仏は忉利天上の二〇〇の天子が菩薩道の勤苦激しきによって羅漢辟支仏道に転ぜんとする意があるのを知り、端正無比なる一人を化作して百味飯を供養させる。仏がこれを受けると、座中の文殊師利が仏に「当に故恩を念ずべし」という。座中の諸菩薩がこれを解せずに私語すると、仏は鉢を地に捨てる。鉢は下りて頼毘羅那仏の波陀沙国に至って空中に懸かる。仏は文殊をしてこれを探索させる。波陀沙国においてはこの鉢について頼毘羅那仏と諸菩薩との問答があり、釈迦文仏の国、沙訶楼陀世界の菩薩の修行などに関する縷説がなされる。文殊が鉢を探し得て帰ると、諸菩薩はこれを見て菩薩すらこの神力ありと嘆じ、たとい泥犁に入っても菩薩法を奉行せんと願う。舎利弗が仏に文殊のことばの理由を質すと、仏は本生譚を物語って、文殊が我が本師であると説く。

この経は文殊支利普超三昧経0627の「第三挙鉢品」のみの別行異訳であるが、首尾に序分と流通分を加えて一経の体裁をなしている。文殊支利普超三昧経には異訳として未曾有正法経0628・阿闍世王経0626・チベット訳があるので、これらの経の相当部分もまた本経の異本といえる。

【関連典籍】0626・0627・0628

【訳者・訳年代】訳者不明（西晋代）。

（佐藤秀孝）

0630 **仏説成具光明定意経**（ぶっせつじょうぐこうみょうじょういきょう）

成具光明定意経、成具光明経、成具光三昧経、成具光明三昧経ともいう。

【内容】一巻。仏が長者子善明の供養に大衆とともに臨み、神変自在を示し、六徳（六波羅蜜）を詳述し、成具光明三昧（定意）の法を行じてこの神力を得ることを示す。さらにこの成具光明三昧に関する過去仏の説法を説き、善明に記別を授け、成具光明三昧の実現と学法を明かしている。所説の内容から大乗空観の香りが高く、ことに六波羅蜜の説述などは明らかに空思想に基づき、大小乗が渾然と融合した時代の所産と見られる。また訳語も後にはしだいに廃語となったものが多く、仏教伝来初期の消息を語るきわめて古いものである。

【訳者・訳年代】後漢代の支曜。（佐藤秀孝）

0631 **仏説法律三昧経**（ぶっせつほうりつざんまいきょう）

法律三昧経、法律経ともいう。

【内容】一巻。仏が阿難・舎利弗らの大衆会に対し、新学の菩薩の軽慢を戒め、声聞・辟支仏のほかに大乗法があることを提示する。法とは大乗の法教、律とは貢高懈怠の意。はじめに菩薩の放恣を戒めて十二自焼を説き、有道志菩薩の説話によって如何に多くの者が堕落したかを述べ、退堕の因由四事を教え、阿難に対して反覆智者と愚者の異なる所以を教えている。つぎに舎利弗に対して本所入の法を説き、二乗に対する大乗の立場を顕示し、また男声菩薩に禅行を説く。訳語はきわめて簡古である。

【訳者・訳年代】呉の支謙*。（佐藤秀孝）

0632 **仏説慧印三昧経**（ぶっせつえいんさんまいきょう）

慧印三昧経、慧印経、十方現在仏悉在前立定経、宝田慧印三昧経ともいう。

【内容】一巻。慧印三昧とは無上の仏智を印として入る三昧のこと。仏所入の三昧であるから仏のみ能くこれを知るが、仮に説いてこれを讃えその功徳を示すのが本経の旨とするところである。はじめ仏が慧印三昧に入ると、舎利弗らは仏を求めようにも所在を知り得なかったことから、この三昧は羅漢・辟支仏の知り得るものでないことを示す。後に仏にこれを尋ねると、仏身は慧をもって見るを得ざる理由として一六二項を挙げているが、それはみな概念を否定した非身・無作・無起・無滅などの消極的な説明である。しかもこの三昧によって菩薩は諸仏を見、無礙の法を得、相好を成就し、一切の人の意を解し、仏刹を成ずるを得ることを述べる。無上の慧をもって印したこの三昧は、三世の諸仏もこれから出、これを行ずる者は仏子であり、これに住する者は諸仏の宝を具足することができると説かれる。ついで菩薩にもよくこの法を持する者と持することのできない者とがあることを述べ、過去を念じて、慧上王（後の阿弥陀仏）の物語りがあり、瓶沙王第一夫人の過去の物語りがある。終りにこの経の伝持を説き、さらに法とは無作のかたちであり、無作とは不可得のかたちであるというように、次第に受けて、法とは処所なきかたち、泥洹のかたちであるとする。その間にも絶えず慧印三昧を讃え、その功徳を示しているが、その説相は消極的であって、般若の思想を経て成った大乗経に常に見られる否定の肯定を用いている。

【関連典籍】0633・0634は異訳。

【訳者・訳年代】呉の支謙*。（佐藤秀孝）

0633 **仏説如来智印経**（ぶっせつにょらいちいんきょう）

如来智印経、諸仏慧法身経ともいう。

【内容】一巻。はじめに舎利弗ら大声聞が三昧に入っても仏身を見ることができないのを明かす。文殊の導入によって仏が舎利弗に向かって、仏身は非身非作であるなどその境界は不可思議であって、一切相中に仏身の得られないことを明かし、智印三昧を説く。そして、この三昧を修することによって仏身を観ずることができるとする。ついで仏は弥勒にこの経の護持を明かし、七法発菩提心などを説明し、書字読誦を勧説する。その仏身観は般若の思想に立ち、維摩経「阿閦仏品」の仏身観とも相応する。また舎利弗らの声聞弾呵は華厳経「入法界品」や維摩経・思益経などとも相通ずる。さらに弥勒の護持には法滅末世の思想が窺われる。

【関連典籍】0632・0634

【訳者・訳年代】訳者不明（劉宋代）。

（佐藤秀孝）

0634 仏説大乗智印経（ぶっせつだいじょうちいんきょう）

仏説大乗智印経、智印経ともいう。

【内容】五巻。仏が如来智印三摩地に入って大光明を放つと、一切の有情がその光明に照らされ、他方国土の一切の如来が会座に来集するが、この土の来衆は如来の色身を見ることができない。舎利弗が妙吉祥童真菩薩にその縁由を尋ねると、菩薩は仏弟子らは有分別の心をもって如来の無相の境界を知らんと努めるから、如来を見ることができないのだと教える。仏は禅定より起きてこの智印三摩地は声聞・縁覚の了解するところでないとして分別心を去るべきことを教え、如来智を讃仰する無数の菩薩と人天に授記し、妙吉祥童真に末世邪見道中に正法を建立するのは汝のみと称讃し、また弥勒の問いに対して、七種の菩提心を発し、不退転に修入することを示している。ときに頻婆娑羅王妃の賢吉祥がこの経の流通を誓って仏の称讃を得、歓喜王・弥勒・妙吉祥および六十不可思議菩薩が対告衆となって、この三摩地智印法門を受持する者はただ菩薩のみであること、二辺に着する分別戯論を去り、不可得空性に通達する要を聴くのである。

【関連典籍】0632・0633

【訳者・訳年代】宋の智吉祥ら。

（佐藤秀孝）

0635 仏説弘道広顕三昧経（ぶっせつぐどうこうけんさんまいきょう）

弘道広顕三昧経、三昧弘道広顕定意経、入金剛問定意経、阿耨達竜王経、阿耨達請仏経ともいう。

【内容】四巻。本経は王舎城霊鷲山と阿耨達池中における二処三会での説法と経過を述べる。巻一の「得普智心品」「清浄道品」「道無習品」では空観による説法を載せ、巻二の「請如来品」では雪山の麓にある無熱池の竜王阿耨達が宮殿に半月間、仏世尊と諸菩薩らを招待するありさまを描写する。巻二の「無欲行品」と巻三の「信値法品」は供養後に池中にてなされた説法であり、空観に立脚した無欲行を説き、さらに竜王の請により仏に値う方法として空観の信・行を説く。巻三の「転法輪品」「決諸疑難品」と巻四の「不起法忍品」「衆要法品」に至るまでは阿耨達への説法中の流通分に属する部分であって、転法輪の意義、護法の功徳、舎利供養の功徳などを説く。巻四の「受封拝品」では、感激した竜王がその宮殿を仏に捧げ、仏は竜王の過去因縁談として定光仏との関係を明かし、授記を与えてその浄土を説明している。最後の「嘱累法蔵品」は再び霊鷲山における説法であり、本経を受持読誦する功徳などが説かれている。

【訳者・訳年代】西晋の竺法護＊（AD308）。

（佐藤秀孝）

0636 無極宝三昧経（むごくほうさんまいきょう）

無極宝経ともいう。

【内容】二巻。王舎城竹林精舎にて数々の奇瑞を伴い、仏が宝如来三昧に入る。舎利弗がこの奇瑞の理由を尋ねたところ、宝来菩薩へ問う旨を指示される。そこで宝来菩薩に尋ねると、有想の想は究極ではなく無想夢作が法宝であると返答される。これを承けて仏も九つの法宝を説示し、これより般施、文殊、三弥、弥勒、曇摩の各菩薩と種々の法宝について問答を交わす。この間、要所要所で宝来菩薩と舎利弗の問答説示もなされる。宝如来三味について直接の説明はなされないが、この経が説かれたときには、九十億の菩薩と六十七億の天人が無生法忍を得、九億の菩薩が六万三昧を得たとされる。最後に阿難が仏にこの経名を尋ねたところ、無極宝経であると説示される。

【関連典籍】0637は同本異訳。

【訳者・訳年代】西晋の竺法護＊（AD307）。

（晴山俊英）

0637 **仏説宝如来三昧経**（ぶっせつほうにょらいさんまいきょう）

無極宝三昧経、宝如来経ともいう。

【内容】二巻。無極宝三昧経0636にやや遅れて訳出された同本異訳で、内容的出入はほとんど見られないが、比較すれば若干整備されている感がある。ただし経典の本文中で、この経は無極宝経であると説いている点よりすれば、経典名としては相応しくない。おそらくは0636と区別するために敢えて使用された経典名であろう。内容の概観については0636を参照。

【関連典籍】0636

【訳者・訳年代】東晋の祇多蜜。

（晴山俊英）

0638 **仏説超日明三昧経**（ぶっせつちょうにちみょうさんまいきょう）

超日明三昧経、超日明経ともいう。

【成立】経の中では常に五道をいい、仏の形像・舎利の供養を説き、経典の受持・諷誦・読誦・解説を説き、不写諷誦を説くあたりは一般の大乗経典とほぼその成立を同じくする。

【内容】二巻。初めに普明菩薩に対して四等・四恩六度などの説明を般若の立場からなし、次いで離垢目菩薩に対して菩薩の行法を説き、終りに超日明三昧が如何に勝れているかを説く。

【訳者・訳年代】西晋の聶承遠。一説に西晋代に竺法護＊が訳し（AD271）、聶承遠が整文したともされる。

（佐藤秀孝）

0639 **月灯三昧経**（がっとうさんまいきょう）

入於大悲大方等大集説経、大方等大集月灯経ともいう。

【成立】二世紀頃。

【内容】十巻からなるが、十一巻の体裁をとるものもある。漢訳本では品名をつぶさには出さないが、サンスクリット本を見るに、因縁品、沙羅樹王仏本生修行品、念仏品、三昧品、声徳品、三昧品、入忍法品、無所有起如来品、深法忍品、入城品、持経品、随学三昧品、顕示三昧品、現笑品、笑授記品、過去修行品、無量諸仏成三昧喜悦品、不失受持三昧品、顕示不思議仏法品、因陀羅幡幢王品、本生修行品、顕示如来身品、顕示如来不思議品、入無礙解品、随喜品、布施功徳品、説示戒品、十種利益品、威徳衆王品、利益品、説示一切法自性品、受持利益品、安穏徳品、具智者品、善花月法師品、顕示戒聚品、美称品、身戒品、口戒品、意戒品の四十品に分かれている。仏が月光童子に、一法相応（衆生への平等心、救護心、無礙心、無毒心を起こすこと）によって速やかに菩提を得ることを勧める形で空思想が説かれている。種々の出家物語が織り込まれているが、相互の連関性は希薄で、どちらといえば短編集の様相を呈している。思想的に金剛般若経、維摩経に類似する点も見られるが、二乗を徹底排斥するわけでもなく、また、いわゆる八不中道の影響も見受けられない点から、初期の大乗経典に属すると推測される。

【関連典籍】0640・0641

【訳者・訳年代】北斉の那連提耶舎＊（AD557）。

【参考文献】訳一・経集部一。

（晴山俊英）

0640 **仏説月灯三昧経**（ぶっせつがっとうさんまいきょう）

月灯三昧経、文殊師利菩薩十事行経、逮慧三昧経ともいう。

【内容】一巻。仏が文殊師利に、布施・持戒・忍辱・精進・坐禅・般若波羅蜜にそれぞれ十事を説き、また、多智菩薩の十事の行、法施を尊ぶ十事、空を行ずる十事、独処に行ずる十事、閑処に行ずる十事、分衛を行ずる十事を説示する。この内容は、那連提耶舎訳十巻本0639の第六巻の前半部分に相当する。ただし十巻本では十事の法門が説かれた後、仏の長い偈頌がこれに続くが、先公訳では、この経を聞き終えて七万二千人が発心し、一万人の菩薩が無生法忍を得た、として結んでいる点に相違が見られる。

【関連典籍】0639・0641

【訳者・訳年代】劉宋の先公。

（晴山俊英）

0641 **仏説月灯三昧経**（ぶっせつがっとうさんまいきょう）

【内容】一巻。説示する側とされる側の説明もなく、唐突に「童子よ」と始まり、三界、無常、生滅等九十数種のテーマに、それぞれ六種の法門を立てて説かれる。体裁としては那連提耶舎訳十巻本0639の第五巻後半部に似ているが、該当部は七三の項目についてそれぞれ四種の法門を立てており、内容的に一致を見ない。十巻本第六巻が十事の法門を立てているところよりすれば、第五巻と第六巻の間に挿入されるべき内容ではなかったかと推測される。

【関連典籍】0639・0640

【訳者・訳年代】劉宋の先公訳とされるが、経の後記にいうように、おそらくは後漢の安世高＊の訳であろう。これより、長く欠本とされていた安世高訳本が発見された折りに、経名並びに巻数が同じである先公訳の月灯三昧経0640に誤解されたものと推測される。

（晴山俊英）

0642 **仏説首楞厳三昧経**（ぶっせつしゅりょうごんさんまいきょう）

首楞厳三昧経ともいう。

【内容】二巻。首楞厳三昧は首楞伽摩三昧ともいい、勇健定・健行定・健相定と訳する。菩薩がこの三昧を得れば諸々の煩悩や悪魔もこれを破壊することができないだけでなく、あたかも将軍が諸兵を率いるがごとく、一切の三昧はみなことごとくこれに随従するとされる。本経はもっぱらこの首楞厳三昧の大用を説いたものである。仏が堅意菩薩の請に応じてこの三昧の名を唱えると、諸々の衆会が忽然と現れ、諸仏が各おの宝座に坐している。つぎに仏がまた神力を摂めて一切の衆会がただ一仏を見るや、仏はこの三昧は初地より九地に至る菩薩のよく得るところでなく、ただ十地の菩薩のみよくこの三昧を得ると説かれ、百句の義をもって首楞厳三昧を解説している。また堅意菩薩が、如何にしてこの三昧を学び得るのかと問うと、仏は射を学ぶ興味深い喩えを挙げてその次第を説いている。つぎにこの三昧を得た者の実例として、遠く三千大千世界のもっとも辺外にある持須弥山という帝釈天や、近くこの会中に在る現意天子がその神力を示現する。またこの会中に魔界行不汚菩薩があって魔女を済度するや、魔女もこれによって魔界仏界不二不別という仏魔不如の悟りを得、悪魔も五縛を解いて仏にその宮殿を施し、仏はその中に在ってこの三昧を説かれる。その後も堅意菩薩や名意菩薩が仏に問いをなし、あるいは弥勒菩薩の神通や文殊菩薩の古仏なるを説くなど、首尾悉く首楞厳三昧の神変不可思議な趣きを説き示している。古く支婁加讖訳も存したとされるが、現存していない。ところが、これを十巻の首楞厳経0945に比較すると、後者が中国・日本において盛んに流行したのに対し、本経は古来あまり読まれることがなかったようである。

【関連典籍】大仏頂如来密因修証義諸菩薩万行首楞厳経0945

【訳者・訳年代】姚秦の鳩摩羅什＊。

（佐藤秀孝）

0643 **仏説観仏三昧海経**（ぶっせつかんぶつさんまいかいきょう）

観仏三昧海経、観仏三昧経ともいう。

【内容】十巻十二品からなる。仏を観じ、仏を念ずるには如何にすべきかを詳叙し、しかもその殊勝な功徳を敷衍している。巻一の

「六譬品」では、仏が迦毘羅城の尼拘楼精舎において、来訪した父王の問いに対し、衆生が仏を観ずれば、その心は仏と異なることがない義を述べ、師子王の胎児の譬、伊蘭と栴檀の譬、金翅鳥が死んで竜王が明珠を採る譬、殃伽陀樹の譬、波利質多樹の譬、毘摩質多羅が帝釈と戦う譬、という六箇の譬喩を挙げている。「序観地品」では、仏の境界・相好を観ずることを説き、三十二相八十種好を列ね、順逆両様の観法を挙げる。巻一の後段から巻四までが「観相品」であり、仏の頂相より始めて仏を観ずることを述べる。巻五が「観仏心品」に、巻六が「観四無量心品」「観四威儀品一」に、巻七が「観四威儀品余」に、巻八が「観馬王蔵品」に、巻九が「本行品」「観像品」に、巻十に「念七仏品」「念十方仏品」「観仏密行品」に分けられている。

【訳者・訳年代】東晋の仏陀跋陀羅＊。

（佐藤秀孝）

0644 **仏説金剛三昧本性清浄不壊不滅経**（ぶっせつこんごうさんまいほんしょうしょうじょうふえふめつきょう）

金剛三昧本性清浄不壊不滅経、金剛三昧経、金剛清浄経ともいう。

【内容】一巻。巻末に仏がこの経を『百三昧海不壊不滅経』『金剛相寂滅不動経』と名づけることを述べる。仏が毘舎離の大林精舎に在って諸三昧に入り、光明を放つと、弥勒がその所以を問う。仏は菩薩所行の功徳地の法を説き、性空王三昧・空海三昧から受法印三昧に至る百三昧を修め、その後に金剛三昧に入ることを説き、この法を聴く者の無上の福利を説いている。

【訳者・訳年代】訳者不明（三秦代）。

（佐藤秀孝）

0645 **不必定入定入印経**（ふひつじょうにゅうじょうにゅういんきょう）

仏説不必定入定入印経ともいう。

【内容】一巻。入定不定印経0646の異訳。文殊師利が仏に「必定不必定入智印法門を説いて、その印によって阿耨多羅三藐三菩提を確定して退転しない菩薩と、いまだ不確定にして退転する菩薩とを見分け得るようにしていただきたい」と請したのに対し、仏がその智印法門として五種菩薩を説き、併せてその供養の功徳を広説した経である。五種の菩薩分別として、羊乗行・象乗行・日月神通乗行・声聞神通乗行・如来神通乗行を挙げ、さらに五種菩薩を供養することの功徳を比較分別して広説し、併せてこれを損ずることの罪障を説いている。

【関連典籍】0646

【訳者・訳年代】般若流支＊。北魏の興和四年（AD542）九月十九日に尚書令儀同高公第で訳出し、沙門曇林が筆受したとされる。

（佐藤秀孝）

0646 **入定不定印経**（にゅうじょうふじょういんぎょう）

【内容】一巻。巻首に「大唐新翻三蔵聖教序」を載せる。仏が王舎城鷲峯山に一二五〇人の比丘衆と共に在ったとき、妙吉祥菩薩が、入定不定印の法門、すなわち無常智上における退転ある菩薩と不退転なる菩薩について演説を願った。仏はそれに応え、羊車行・象車行・日月神力行・声聞神力行・如来神力行の菩薩の五種行を説く。その前二行は不決定であり、根が鈍であって長路の勤苦に堪えられないとし、後三行は得決定であるとして、諸世界を疾過超越するという。本経はこの菩薩の五種行に寄せて、菩薩の無常智道において退失するものと不退失なるものとを詳説し、その各々の菩提心・布施・功徳を説いている。

【関連典籍】0645は同本異訳。

【訳者・訳年代】唐の義浄＊（AD700）。

（桐野好覚）

0647 **力荘厳三昧経**（りきしょうごんさんまいきょう）

力荘厳経ともいう。

【内容】三巻。祇園精舎に在って大阿羅漢五百比丘や多くの菩薩が従っていたとき、仏が後夜に力荘厳三昧に入り、神通をもって三千大千世界を照らし荘厳する。十方の仏土にもそれぞれ仏がおり、無数の比丘・菩薩らがその仏座を囲んで法を聴いていた。祇園精舎より文殊師利らの童子がそれぞれ十方の仏土へ出かけ、娑婆世界の釈迦牟尼仏のところより来たことを告げると、それを見た各仏土の仏はみな釈迦仏の名を聞くや、十方の仏土らみな大震動する。仏らはそれがいま釈迦仏が力荘厳三昧に入り、甚深平等の法を説かんとしているからで、この仏に値うことは千載一遇の勝縁であると説く。このため十方仏土の菩薩摩訶薩らも釈迦仏の法を聴かんと童子に従って娑婆国土に集まる。ついで仏が定より起って十方の衆生のために説法し、六喩をもって世間の衆生が仏智を信じ難きことを明かす。また智輪（大海弁才）童子が出て仏に十智の意義を問い、仏は如来力と衆生力の不二なること、十二因縁によって一切種智が生ずることなどを説く。さらに諸仏の不可思議なる境界と衆生の境界が差別なきこと、一切衆生はみな平等であり、一切法も平等であることを六根六塵によって説く。この説法を通じて平等無差別の思想が強調されている。

【訳者・訳年代】隋の那連提耶舎＊（AD585）。

（佐藤秀孝）

0648 **寂照神変三摩地経**（じゃくしょうしんぺんさんまじきょう）

寂照三摩地経、寂照神変経ともいう。

【成立】経中に瑜伽師地菩薩所行などの語があり、瑜伽思想発生後の製作であることが推察される。

【内容】一巻。内容の三分の二近くが序文をなし、正宗分では賢護菩薩が問者となって菩薩の依処・大慧智・方便化度の法などについて仏に請問すると、仏はこれに答えて寂照神変と名づける三摩地があって菩薩はこの中に安住するとして、この三昧の意義や徳性などについて詳説する。チベット訳は三部よりなるが、本経はその初部に相当する。おそらく訳者の玄奘が死期近づいたため、その全訳をなしえなかったのであろう。

【訳者・訳年代】唐の玄奘＊（AD663）。

（佐藤秀孝）

0649 **観察諸法行経**（かんさつしょほうぎょうきょう）

【成立】全体に小乗仏教批判の傾向が強く、大乗初期の作と見られる。十六字門所出の陀羅尼の功徳を説き、無量寿仏の名を出し、とくに小乗を羨まざれといった語が存することが注目される。

【内容】四巻三品からなる。〈巻一〉無辺善方便行品第一、喜王菩薩が七日の断食が終わり、修行に打ち込んでいる途中、仏との問答より始まる。多くの衆生や世間、仏法僧の三種性を断絶しないために何を修めればいいかの問いに対し、仏は決定観察諸法行なる三摩地を説いている。一〇から五三〇までの例を示し、その一つ一つに詳細に仏が答えるという形式をとっている。これを修めることによって、多くの菩薩、衆生、天人、比丘の全てが解脱することができ、三千大千世界を振動させ遍く光に照らすことができると巻一を締めくくっている。〈巻二〉先世勤相応品第二と題され、十六字門所出陀羅尼（十六種陀羅尼）の一字一字の詳細な説明から始まっている。これを修めると、無量世界において仏を見ることができ、智慧を忘ずることはないとし、巻一と同様、決定観察諸法行なる三摩地を生じると説く。また王子と長者の子の例話を用いて、この三摩地を一旦聴いたならば、即座に歓喜し、遥か昔からの業障が消滅したり、法力を得ることができるとも説く。この巻で無量寿仏の名前を出しているのは注目すべきである。〈巻三〉先世勤相応品第二之二と授記品第三之一の二つに分かれている。まず前者では、末世になって正法が滅するとき、我々は大厄に見舞われるとする。それを逃れるために無量の善根を受けた陀羅尼経を読み、三摩地を修めることを勧める。後者では三摩地を一法から十法までに分けて、さまざまな観点からこれを解説している。〈巻四〉授記品第三之二と題され、宝月王、法上童子、そして後宮婦女達の得道の次第を説き、さらにこれらの授記について触れている。

【訳者・訳年代】隋の闍那崛多＊（AD595）。

（宮地清彦）

0650 **諸法無行経**（しょほうむぎょうきょう）

【内容】二巻。まず師子遊歩菩薩が世尊に対して、一切法一相寂滅の法であり、仏道も世法も変わりはないのではないかと質問したところ、衆生と菩提が本来一つであることを説き示す。さらに衆生教化のために、従来の戒律にとらわれることなく遊行していた浄威儀菩薩に対して、批判を加えた有威儀比丘が阿鼻地獄に堕ちた話を用いて、菩薩の行為は唯だ衆生教化あるのみと強調する。次に文殊菩薩が登場するが、この件が本経の要点をなしている。煩悩即菩提であることを説き、それに付随して不思善不思悪、一切法平等無二無分別、想陰行陰識陰是種性と述べ、あらゆる分別作用を肯定し、その逆として四念処八聖道七菩提分のような修行的要素を持つものを否定する。この道理を理解できた者は業障を滅することができ、長老須菩提は理解できなかったが故に、如来身を得られなかったとしている。文殊師利は、衆生性即菩提性であり不動相だと説く世尊に対して、修証の存在自体がなくなるのではないかと返すのであるが、逆に一切法無自性、空観に帰することを説かれ悟りに至ったとある。最後に質問した華戯慧菩薩は音声に執著があり、これに対して世尊は善声・悪声に執著することを戒め、それらを超越した一相不二の法門を開示したのである。衆生性即菩提性をさらに強調するために、巻末に在家菩薩でありながらこの教えを説く善根菩薩の例話を取り上げ、その行為を批判した勝意比丘が地獄に堕ちたことを説く。前述の文殊菩薩と弥勒菩薩が、仏滅後五百歳においてこの経典を説くことを誓って本経は終わる。全体的には大乗の般若空観の立場に立っており、形式的な戒律・修行に否定的である。衆生救済の視点に立った記述も多く、堕地獄の逸話が同様に多いのは、従来の仏教概念を信じる側からの批判に対するものと思われる。

【後世への影響】本経の持つ如来蔵思想が中国・日本仏教に与えた影響は大きく、法蔵の華厳五教章では頓教として扱われ、最澄の顕戒論においても三章でそのまま引用されている。また、曇雅撰述の諸法無行経疏なる注釈書の存在も指摘されている。隋の時代で第三訳、宋の時代で第四訳に及んだことは、その大乗教団の依存度の高さをうかがわせる。

【関連典籍】0651・0652。チベット訳もある。

【訳者・訳年代】姚秦の鳩摩羅什＊。

【参考文献】訳一・印度撰述部五五、経集部三。

（宮地清彦）

0651 **仏説諸法無経**（ぶっせつしょほうむきょう）

諸法本無経ともいう。

【内容】三巻。霊鷲山にて、仏は獅子遊歩菩薩からの問いに答え、衆生と菩提が本来一つであることを説く。そして、菩薩の行為はただ衆生教化あるのみで、故にそのためならば必ずしも持戒破戒等という規範に入るべきではなく、かえってそのことを非難する者が大罪を受けるとする。さらに衆生即涅槃なることを知るものは業障を浄め得るとし、修道も必要ないと説く。続いて文殊菩薩に告げて、四聖諦・四念処・聖八分道・五根・七覚分などを否定し、諸法に不平等無く、無二亦無作分であることを強調し、諸衆生はすなわち菩提であることを述べ、これを不同の一相と名付ける。下巻には蓮華遊戯智通天子との問答や喜根菩薩のエピソードなどが登場し、衆生性即仏性・一相不二の主張が一貫して説かれる。本経はこのように、大乗の般若空観的立場に立ち、形式的な一切の実践徳目よりも、大乗の衆生救済的思想を強調したものといえる。

【関連典籍】0650・0652は同本異訳。

【訳者・訳年代】隋の闍那崛多＊。

（桐野好覚）

0652 **仏説大乗随転宣説諸法経**（ぶっせつだいじょうずいてんせんせつしょほうきょう）

大乗随転宣説諸法経ともいう。

【内容】三巻。序文においては、仏が霊鷲山に比丘・菩薩とともに居る。正宗分では、師子遊戯菩薩の請で仏が説法する。一切衆生は本来清浄であるが、妄想執着によって悪業を作り苦界の輪廻を続けているが、仏は大慈悲心で止観の法門を示して解脱を得せしめるのだと説き、また師子遊戯菩薩の前世物語をなし、如何に修行し善根を積んだかを説く。さらに文殊師利菩薩の問いに答えて、業障離除・四聖諦・四念処・五根・七覚支・八正道・秘密句・金剛句・慧句などに関する説法が述べられ、蓮華遊戯天子と文殊師利菩薩の過去の善業が説かれる。流通分では、文殊師利菩薩や慈氏菩薩らの正法を安住せしむべき決意が述べられ、阿難の信受任持があり、一切有情が歓喜作礼して退いて終わっている。

【関連典籍】0650・0651は同本異訳。ただし、翻訳年代が後代のため、経典の内容に多少の相違がある。

【訳者・訳年代】宋の紹徳等。

（佐藤秀孝）

0653 **仏蔵経**（ぶつぞうきょう）

奉入竜華経、選択諸法経ともいう。

【内容】三巻。巻上が「諸法実相品」「念仏品」「念法品」「念僧品」「浄戒品」に、巻中が「浄戒品余」「浄法品」「往古品」に、巻下に「浄見品」「了戒品」「嘱累品」に分けられている。「諸法実相品」では諸法の無生無滅無相無為を説き、「念仏品」では無分別を念ずることが仏を念ずることであり、諸法実相を見るのを仏を見ることとなしている。「念法品」と「念僧品」では同様に法と僧を念ずることについて説き、「浄戒品」では破戒の比丘に十憂悩箭があると説いて種々の破戒の罪相を訶叱する。「浄法品」では不浄説法は深く大罪報を得ると戒め、「往古品」と「浄見品」では仏が昔因に累劫修学したが有所得のために諸仏の授記を蒙らなかったことを説き、終わりに「了戒品」と「嘱累品」が付されている。この経を一貫する主張は、諸法実相・無生無滅の理解がなければ、いくら二百五十戒を守っていても破戒であるとして小乗的驕慢心を退け、大乗律としての意義と価値を示さんとしていることであろう。

【訳者・訳年代】姚秦の鳩摩羅什＊（AD405）。

（佐藤秀孝）

0654 **仏説入無分別法門経**（ぶっせつにゅうむふんべつほうもんきょう）

入無分別法門経、入無分別経ともいう。

【内容】一巻。説処は記されていないが、仏の大会中に無分別光菩薩があって無分別法門の演説を願う。これに対して仏は無分別法門の教示と分かり易い一喩および一伽陀を示している。如来とは宝蔵を知った者、菩薩とは宝蔵を求める者であり、宝蔵とは無分別界である。一切相に煩悩し作意する者は、一切相を自性分別し空等分別し有所得分別するとき、無分別不作意界に楽入することができる。この無分別界とは、有分別にも無分別にも悉く無分別なるものであって、こうした平等観を得るのを真に無分別界に入った者といい、無分別界に安住を得た菩薩となすとしている。増上寺元本にはこの経典を欠く。

【訳者・訳年代】宋の施護＊。

（佐藤秀孝）

0655 **仏説勝義空経**（ぶっせつしょうぎくうきょう）

勝義空経ともいう。

【内容】一巻。仏が第一義諦正法としての勝義空をきわめて簡略に説いたもの。眼耳鼻舌身意が生ずるときも従来する少法とてなく、眼耳鼻舌身意が滅するときにも離散して去るべき少法とてない。業も報も不可得であって、別法合集するのは因縁所生の故であるとし、その縁生とは十二因縁のことで、無明によって行があり、行によって識があり、識によって名色があり、ついには生によって老死憂悲苦悩があり、こうして一大苦蘊が生ずるのである。しかしながら、この所生の法は実として得べきものでなく、生じ終われば滅するものである。これによって無明も滅するし、生が滅すれば老死憂悲苦悩も滅し、一大苦蘊も滅するのだとし、これを勝義空となすと説いている。

【訳者・訳年代】宋の施護＊等。

（佐藤秀孝）

第16巻　経集部　三

0656 **菩薩瓔珞経**（ぼさつようらくきょう）

現在報経、瓔珞経ともいう。

【内容】十四巻。四十五品に及ぶ大部の経典で、菩薩の修道について説いている。多くの菩薩を対告とし、また菩薩たちの対話として、ときには仏がすでに至った修道経路に寄せ、ときには菩薩たちの告白というかたちで、無数の法相を示している。巻一に「普称品」「識定品」「荘厳道樹品」を、巻二に「竜王浴太子品」「法門品」を、巻三に「識界品」「諸仏勧助品」「如来品」を、巻四に「音響品」「因縁品」「心品」「四聖諦品」「成道品」を、巻五に「生仏品」「本末品」「非有識非無識品」「無量品」を、巻六に「無量逕品」と「随行品」の前半を、巻七に「随行品」の後半と「光明品」を、巻八に「無想品」「無識品」「受迦葉勧行品」「有行無行品」を、巻九に「有受品」「無著品」「浄智除垢品」「無断品」を、巻十に「賢聖集品」「三道三乗品」を、巻十一に「供養舎利品」「譬喩品」「三世法相品」を、巻十二に「清浄品」「釈提桓因問品」「本行品」を、巻十三に「聞法品」「浄居天品」を、巻十四に「十方法界品」「十智品」「応時品」「十不思議品」「無我品」「等乗品」「三界品」を載せている。東晋代に祇多蜜の訳になる『瓔珞経』（『現前報経』とも）という異訳が存したとされるが、現今に伝わっていない。

【訳者・訳年代】姚秦の竺仏念＊（AD376）。

（佐藤秀孝）

0657 **仏説華手経**（ぶっせつけしゅきょう）

華手経、華首経、摂善根経、摂諸善根経、摂諸福徳経、摂福徳経ともいう。

【内容】十巻。十方世界の三世諸仏がすべて釈尊が娑婆世界で菩薩蔵経を説くのを問訊礼讃し、手ごとに蓮華を捧げる。釈尊は初期大乗の法相を説き、菩薩・声聞・国王・居士・夫人・童子らすべてが大乗菩薩として得道することを示す。この菩薩道を破る罪として地獄苦を説き、大乗を護持する功徳としてあらゆる世出世にわたる福徳の果報を、また大菩薩行によって得る位の不退転を説いている。染衣を着ていなくても心に染着がないことこそ真の菩薩の出家とする。さらに仏像を作り塔を供養する功徳を説き、それを治国利民の方便とすべしと勧め、真俗一貫の法門を主張している。巻一に「序品」「神力品」「網明品」「如相品」「不信品」を、巻二に「念処品」「発心即転法輪品」「現変品」「如来力品」

「功徳品」「発心品」を、巻三に「無憂品」「中説品」「総相品」を、巻四に「上清浄品」「散華品」を、巻五に「衆相品」「諸方品」を、巻六に「三昧品」「求法品」「歎徳品」「験行品」を、巻七に「得念品」「正見品」「歎教品」「毀壊」を、巻八に「衆雑品」「衆妙品」「逆順品」を、巻九に「不退転品」「為法品」「歎会品」「上堅徳品」を、巻十に「法門品」「嘱累品」を収めている。

【訳者・訳年代】姚秦の鳩摩羅什＊（AD406）。

（佐藤秀孝）

0658 **宝雲経**（ほううんぎょう）

【内容】七巻。仏世尊が伽耶山頂において光を放つと、東方蓮華蔵自在世界の蓮華眼如来の許にいた除蓋障菩薩が娑婆世界に至り、仏に一〇二条の質問をなす。仏は毎条に関し一〇法をもって答える。内容はみな菩薩の正法が如何なるものかという具体的教示である。仏の答えが終わると、世界が六種に震動し、大衆の供養があり、十方諸仏が放光して如来の頂に入る。無死天女が授記を得ることがあって流通分に入る。異訳に大乗宝雲経0659・宝雨経0660・除蓋障菩薩所問経が存する。とくに本経と大乗宝雲経はともに曼陀羅仙の主訳とされるが、訳語が一致せず、内容や分品などからしても原本も同一でなく、同一訳者の手になったものとも認めがたい。

【関連典籍】0659・0660

【訳者・訳年代】梁の曼陀羅仙＊（AD503）。

（佐藤秀孝）

0659 **大乗宝雲経**（だいじょうほううんぎょう）

【内容】七巻。巻一は「序品」であり、芙蓉華世界の降伏一切障礙菩薩が一切大菩薩とともに、娑婆世界の釈迦牟尼仏の大誓願を讃歎しようと、種々無量の供養荘厳具をもって、大神通を現じて三千世界を遍照しながら、釈迦牟尼仏のもとに来詣する。そのとき七宝羅網がその上を覆い、諸天華雲・果雲鬘雲・香雲衣雲・諸散香雲・種々繒綵・幢幡蓋雲などが空中に現じて大蓮華を雨し、衆生に大快楽を与える。ついで釈迦牟尼仏に菩薩行の一々についてきわめて綿密に問う。そこには仏道修行の実践項目がほとんど取り上げられている。巻二以降はこの問いを各品に分けて一々に答えるかたちになっている。巻二は「十波羅蜜品」であり、巻三は「平等品」を、巻四は「陀羅尼品」を、巻五は「安楽行品」を、巻六は「二諦品」を、巻七は「宝積品」を載せており、最後に三十二相・八十種好の如来身を成ぜしめんとしている。全巻を通じて、仏一代の説法をその実践面からあらゆる徳目を抽出し、これを注釈したものということになろう。異訳に宝雲経0658・宝雨経0660・除蓋障菩薩所問経が存する。

【関連典籍】0658・0660

【訳者・訳年代】梁の曼陀羅仙＊と僧伽婆羅＊。

（佐藤秀孝）

0660 **仏説宝雨経**（ぶっせつほううきょう）

宝雨経、顕授不退転菩薩記ともいう。

【内容】十巻。内容は宝雲経0658と同じだが、ただ、東方蓮花世界の蓮花眼如来の許なる止一切蓋菩薩というように、訳語の相違や少々の出入があり、ことに序分の終わりに東方月光天子に対して滅後第四の五百年に瞻部洲東北方摩訶支那国において女身を現じ、王となって正法治化するなどといった記別を説くのは、他の諸訳本にまったくない付加がある点で注意される。異訳に大乗宝雲経0659・宝雲経0658・除蓋障菩薩所問経が存する。

【関連典籍】0658・0659

【訳者・訳年代】唐の菩提（達摩）流支＊（AD693）。

（佐藤秀孝）

0661 **大乗百福相経**（だいじょうひゃっぷくそうきょう）

百福相経ともいう。

【内容】一巻。仏が文殊師利の問いに応じて如来の無辺の福徳を説いている。百福とは無数の福の意味。仏の八十種の随好、八十種の随相、三十二相を列挙しているが、大乗百福荘厳経0662と比べると、それぞれの順序や語句にかなりの相違が見られる。宋の法賢が訳した妙吉祥菩薩所問大乗法螺経も同種類の経典である。

【関連典籍】0662

【訳者・訳年代】唐の地婆訶羅＊（AD683）。

（佐藤秀孝）

0662 **大乗百福荘厳相経**（だいじょうひゃっぷくしょうごんそうきょう）

百福荘厳相経、大乗荘厳経ともいう。

【内容】一巻。仏が文殊師利の問いに応じて細かに如来の無辺の大福聚を説いており、他の如何なる境界の福聚より仏の福聚がすばらしいことを説明する。そして、如来身として仏の八十種の随好、八十種の随相、三十二相を列挙しており、大乗百福相経0661と比べると、それぞれの順序や語句にかなりの相違が見られる。この如来の無量無辺の福聚を成就するためには如来最勝願力と如来化導善巧の二因に帰すべきであるとする。宋の法賢が訳した妙吉祥菩薩所問大乗法螺経も同種類の経典である。

【関連典籍】0661

【訳者・訳年代】唐の地婆訶羅＊（AD683）。

（佐藤秀孝）

0663 **金光明経**（こんこうみょうきょう）

【内容】四巻。十九品よりなる。〈序品第一〉では、この経典を受持・読誦・解説する者は諸仏諸天に守護されることを説く。〈寿量品第二〉では、王舎城の信相菩薩は仏の寿命が八十歳であることについて疑問を示すのであるが、四方の仏が忽然と現れて仏の寿命は無量であることを説き、信相菩薩の疑問を取り除く。〈懺悔品第三〉では、信相菩薩が夢に金鼓を見るが、夢からさめて、仏の前で夢の中のできごとを語る。金鼓の音が衆生の苦しみを除き、願いを満たすことが説かれる。また、金鼓の音を聞き、自他の悪業を懺悔する者は悪を滅し、福を得ることができると説く。〈讃歎品第四〉では、信相菩薩は過去世に諸仏を讃歎した功徳によって夢に金鼓を見、懺悔の教えを聞くことができたと述べ、過去世の因縁によって今も金鼓の梵音に出逢うことができたと説く。〈空品第五〉では、六根・六塵・五蘊・十二縁起など全ては不可得空であることを説く。〈四天王品第六〉では、四天王が仏前でこの経典を護持すると誓うことを説く。四天王はこの経典を聞くことによって力を増すのであり、法師を請してこの経を聞き尊重する国王や国家に対して守護することを誓う。この経典が護国経典として尊崇を受けた重要な部分である。〈大弁天神品第七〉では、大弁天神がこの経を宣布する者に対して智慧と弁才を与えることを説く。〈功徳天品第八〉では、功徳天女がこの経を護持する者に対して資具宝物を与えることを説く。〈堅牢地神品第九〉では、堅牢地神がこの経を聞いて力を増し、この経を受持する者と国土を守護することを説く。〈散脂鬼神品第十〉では、散脂鬼神がこの経の説者と聞者を守護することを説く。〈正論品第十一〉では、仏が堅牢地神に対して国王譲位に際する治国の要道を説く。〈善集品第十二〉では、仏が過去世にこの経に対して施した功徳によって福報を得、正法を成就できたことを説く。〈鬼神品第十三〉では、仏が功徳天に対して、この経を聞持する功徳は経中に仏を見ることばかりではなく、鬼神竜王などに護られることを説く。〈授記品第十四〉では、信相菩薩とその二子、法座に集まった天子に未来成仏の記を授けることを説く。〈除病品第十五〉では、菩提樹神に対し、仏の前身である流水長者子が多くの人民の病を治した過去の因縁を説く。〈流水長者子品第十六〉では、仏の前身である流水長者子が水路を断たれた魚を救った因縁話を説く。〈捨身品第十七〉では、仏が過去世で餓虎に身を施した菩薩行の因縁話を説く。〈讃仏品第十八〉では、多くの菩薩たちの仏への讃歎を説く。〈嘱累品第十九〉では、仏の所説の法の宣布を委嘱することを説いてこの経が結ばれている。

【後世への影響】日本では、本経が法華経や仁王般若経とともに護国三部経として信仰され、国分寺や四天王寺が建立され、この経典の教えに基づいて最勝会や放生会などが催された。

【関連典籍】0664・0665・1783〜1787

【訳者・訳年代】北涼の曇無讖＊。

（粟谷良道）

0664 **合部金光明経**（ごんぶこんこうみょうきょう）

【内容】八巻。隋の開皇十七年（AD597）に釈道安の高弟である宝貴が金光明経0663の諸訳を合揉して、完璧なものにしようと、他の大乗の合部経典に準じ、沙門彦や学士費長房らと力を合わせ、古訳を統合して完成させたもの。巻一に「序品」「寿量品」「三身分別品」を、巻二に「懺悔品」「業障滅品」を、巻三に「陀羅尼最浄地品」を、巻四に「讃歎品」「空品」「依空満願品」を、巻五に「四天王品」を、巻六に「銀主陀羅尼品」「大弁天品」「功徳天品」「堅牢地神品」「散脂鬼神品」「正論品」を、巻七に「善集品」「鬼神品」「授記品」「除病品」「流水長者子品」を、巻八に「捨身品」「讃仏品」「付嘱品」を載せている。

【関連典籍】0663・0665

【訳者・訳年代】曇無讖の古訳で欠けたところは真諦・耶舎の両訳に照らし、主として真諦の訳より補っている。真諦訳自体が伝存していないことからも重要である。この編纂事業にはインドの闍那崛多も関与し、梵本対照に功労をなし、さらに銀主・嘱累の二品を訳出してこれに添加し、二十四品を成している。

（佐藤秀孝）

0665 **金光明最勝王経**（こんこうみょうさいしょうおうきょう）

最勝王経、金光明最勝帝王経ともいう。

【内容】十巻。金光明経0663の異訳。十巻。巻一に「序品」「如来寿量品」を、巻二に「分別三身品」「夢見金鼓懺悔品」を、巻三に「滅業障品」を、巻四に「最浄地陀羅尼品」を、巻五に「蓮華喩讃品」「金勝陀羅尼品」「重顕空性品」「依空満願品」「四天王観察人天品」を、巻六に「四天王護国品」を、巻七に「無染著陀羅尼品」「如来宝殊品」と「大弁才天女品」の前半を、巻八に「大弁才天女品」の後半と「大吉祥天女品」「大吉祥天女増長財物品」「堅牢地神品」「僧慎爾耶薬叉大将品」「正法正論品」を、巻九に「善生王品」「諸天薬叉護持品」「授記品」「除病品」「長者子流水品」を、巻十に「捨身品」「十方菩薩讃歎品」「妙幢菩薩讃歎品」「菩薩樹神讃歎品」「大弁才天女讃歎品」「付属品」を載せている。

【関連典籍】0663・0664

【訳者・訳年代】唐の義浄＊（AD703）。

（佐藤秀孝）

0666 **大方等如来蔵経**（だいほうどうにょらいぞうきょう）

如来蔵経ともいう。

【内容】一巻。一切衆生が諸趣の煩悩中にありながらも、なお常に汚染されない如来蔵があることを示す。一切衆生は貪瞋痴の諸煩悩に覆われているけれども、仏眼をもって見ればその身中に厳然として如来蔵が存し、仏の出世と不出世にかかわらず常住不変であると説き、如来は衆生をして煩悩を滅して仏性を顕現せしめんがためにこの世に現れてこの経を説くとする。さらに如来蔵について種々に巧妙に喩説して後、この経を受持読誦・書写供養する功徳の勝れたることを示し、最後に金剛慧菩薩が過去久遠の世に無辺光菩薩として常放光明王如来のところでこの経を問うて受持したことを説いている。異訳として大方広如来蔵経0667が存する。

【関連典籍】0667

【訳者・訳年代】東晋の仏陀跋陀羅＊（AD420）。

（佐藤秀孝）

0667 **大方広如来蔵経**（だいほうこうにょらいぞうきょう）

如来蔵経ともいう。

【内容】一巻。本経は旧訳と同様に序分・正宗分・流通分に分かれ、序分では仏世尊が成道して十年の後に霊鷲山栴檀蔵楼閣で多くの声聞・菩薩・諸有情類らに囲繞せられていることを述べる。正宗分では金剛慧菩薩の問いにつづいて、仏世尊によって常住不変の法性・法界である如来蔵が一切有情に存することが説かれる。以下、如来蔵の存在を、それぞれ蜜房・穀物・糞中の金磚、貧家の伏蔵、樹木の種子、穢帛の仏像、醜女の胎児、泥型中の金像などの比喩をもって説明している。流通分ではこの経典を受持・読誦・書写する利益を説いている。流通分の最後には旧訳にない長行（散文）が加わっている。以上、各の叙述においては、まず長行をもって説き、さらに同じ趣意を偈のかたちで繰り返している。同本異訳に大方等如来蔵経0666が存する。本経は叙述が詳細であって、0666より約八割を増している。

【関連典籍】0666

【訳者・訳年代】唐の不空＊。

（佐藤秀孝）

0668 **仏説不増不減経**（ぶっせつふぞうふげんきょう）

不増不減経ともいう。

【内容】一巻。王舎城耆闍崛山で舎利弗が無始已来、六道を輪廻し三界を流転する衆生の数に増減があるか否かを問うのに始まる。この問いに対して仏は、仏滅五百年を過ぎると、そうした増・減見を抱く者が出ることを告げる。減見には断見・滅見・無涅槃見の三見、増見には涅槃始生見・無因無縁忽然而有見があるとする。さらに一法界とは、第一義諦であり、衆生界であり、如来蔵・法身であるとし、如来蔵を介して衆生と法身とを一致せしめている。迷の衆生と悟の法身とは、ともに如来蔵を本質とすることにおいて同一であるとする。法身は不生不滅・不断不異で常恒清涼な存在であるが、煩悩との関係から三種の相に分けられる。第一は無始已来、煩悩に纏われている衆生。第二は煩悩を断ぜんと十波羅蜜などの菩提行を修する菩薩。第三は一切の煩悩を断じ尽くして清浄無礙なる如来。しかし、いずれも法身である点で何ら異なるところがないとする。小部ながら如来蔵思想史上に重要な経典。如来蔵経の後を受けて、一歩進んで如来蔵の問題を論議し、教理的な組織にまで発展させている。

【訳者・訳年代】北魏の菩提流支＊（AD525）。

（佐藤秀孝）

0669 **仏説無上依経**（ぶっせつむじょうえきょう）

無上依経ともいう。

【内容】二巻七品よりなる。第一の「校量功徳品」では、王舎城の迦蘭陀竹林で阿難が楼閣を建てて衆僧に布施するのと仏像を造って供養することの功徳の大小を仏に問い、仏が種々の譬喩をもって造仏の功徳の勝れたるを説明している。第二の「如来界品」では、如来界の三種の相として、本来清浄なる如来界が煩悩に覆われて生死流転している衆生界、生死の苦を厭離して煩悩を断ずるために十波羅蜜などを修行する菩薩、一切の煩悩を滅除して清浄澄潔なる如来に分けている。そして、浄不浄の両法が同時に存在するところに如来界の不思議なる所以が窺われるとする。第三の「菩提品」では、自性・因縁・惑障・勝果・機根・利益・行処・常住・不共・不可思惟という十種の項目に分けて菩提を説明している。第四の「如来功徳品」では、三十二相・八十種好・六十八法という一八〇の不共法を挙げて如来の功徳の不可思議なることを説明している。第五の「如来事品」では、無比最妙など十八種の利益を挙げて、如来事の不可思議を説いている。第六の「讃歎品」では、阿難が仏の説法を聞いて歓喜し、清浄心をもって如来を讃美する偈頌を載せている。第七の「嘱累品」では、仏が本経を阿難に付し、無上依・未曾有と名づけ、摂善法・清浄行・究竟行と命ぜられている。本経は涅槃経や勝鬘経などの後を受けて如来蔵思想を主張し、後の世親（ヴァスバンドウ）の仏性論1610などに盛んに引用されており、法身論・仏性論の発展過程で重要な位置を占めている。本経の序説に相応する別訳に未曾有経・甚希有経が存する。

【訳者・訳年代】梁の真諦＊（AD557）。

（佐藤秀孝）

0670 **楞伽阿跋多羅宝経**（りょうがあばたらほうきょう）

楞伽経、楞伽阿跋経ともいう。

【成立】原本の成立はAD400年前後と思われる。

【内容】四巻。一切仏語心品のみであり、他の漢訳には見られる羅婆那王が仏を勧請する品、最後の陀羅尼品、偈頌からなる一品の計三品が欠けている。経名の由来は、世尊が楞伽山（セイロン）に入って教えを示したことにある。本経以前に、北涼の曇無讖によって四巻楞伽が訳されていたと伝えられているが、欠本であるため現存する最古の漢訳とされている。唐高僧伝巻一六等における菩提達磨と慧可の機縁より、楞伽経の研究が盛んだったことが分かる。慧能の時代になって、中心は金剛経に移って行くのであるが、北宗禅の中心人物である神秀の学派は研究を続けていったという。主な教理としては二無我を説いている点と、禅を四種類＝愚夫所行禅、観察義禅、攀縁如禅、如来禅に分割して説いている点にある。漢訳三本のうち、最も原初的であり純粋な記述である反面、単独で理解するにはあまりにも困難な面を併わせ持つ。

【関連典籍】0671・0672。サンスクリット本もある。

【訳者・訳年代】劉宋の求那跋陀羅＊（AD443）。

（宮地清彦）

0671 **入楞伽経**（にゅうりょうがきょう）

【内容】一〇巻一八品よりなる。本経の各品名と後述する実叉難陀訳の七巻楞伽0672の各品名とを照合すると、次のようになる〈（十）は十巻楞伽の略、（七）は七巻楞伽の略〉。（十）請仏品→（七）羅婆那王勧請品、（十）問答品・集一切仏法品→（七）集一切法品、（十）仏心品・盧迦耶陀品・涅槃品・法身品・無常品→（七）無常品、（十）入道品→（七）現証品、如来常無常品は両経とも同じ、（十）仏性品・五法門品・恒河沙品・刹那品→（七）刹那品、（十）化品→（七）変化品、（十）遮食肉品→（七）断食肉品、陀羅尼品は両経とも同じ、（十）総品→（七）偈頌品。本経は如来蔵や唯識思想を説く代表的な大乗経典であるが、空・仏身・涅槃・過去仏、そして外典にまで言及しており、般若・法華・華厳をはじめとする大乗仏教経典の思想を総合させている面も持つ。これが如実に顕れているのが、第二巻の五種乗性で説かれている一闡提の取り扱いについてである。無性乗である一闡提のうち、衆生界に働きかけんとする菩薩の一闡提と、全ての善根を離れた一闡提があり、後者といえども諸仏に会えばたちまち涅槃を悟ることができると説く。つまり、決定性の二乗は存在せず、一仏乗のみとなり、法華経の思想に類似しているといえよう。また、遮食肉品において、象腋経・大雲経・涅槃経・央掘摩羅経等の経典名を列挙することからも大乗経典からの影響が窺い知れる。そのようなさまざまな経典の特徴を兼ね備えているためか、偈頌の取り扱いをはじめとして統一感が取れていない箇所もいくつか見られる。特に見性成仏・不立文字を挙揚する初期中国禅で重用されていた経典である。他には地論宗の北道・南道両派でも用いられ、法相宗では所依の経典六経の内の一つとして数えられていたようである。漢訳三本共に言えることであるが、瑜伽行派の唯識派に見られる五法（名・相・分別・正智・真如）、三自性（遍計所執性・依他起性・円成実性）、八識（眼耳鼻舌身意の六識・末那識・阿頼耶識）、二無我（人無我・法無我）を多用し説いていく。さらに第八識である自性清浄の阿頼耶識を如来蔵と同一化している点が、注目に値する。さまざまな宗派が本経を用いてきた歴史があり、前述のように特に禅宗で重用された原因の一つとして、この阿頼耶識と如来蔵に対する記述がある。万法の根源原理である如来蔵＝阿頼耶識が、迷悟に代表されるような諸々の対立世界を生み出していることを理解せず、はるか過去劫より熏習された習気にとらわれている状態を戒めている。二つめとして修行・実践の重要視がある。最終的には前述の如来蔵説や無我説のようなさまざまな教理も表層的なものにしか過ぎず、能所の対立を離れた無分別習を得るための方便と化してしまう。これらに頼ることなく自らの体験＝修行・実践によって、徹底的に真理を体得することを教えるのが本経の目的なのである。しかしながら、最初の漢訳から七十年以上経過してから出されたことにより、まだ未解決な問題も数多い。例えば化品で声聞への授記について説く箇所で、二乗には涅槃がないとしながらも、如来蔵によって世間涅槃苦楽の因有りとしているところ等は解釈の難しさを物語っているといえる。楞伽経の注釈は、訳出作業にも貢献した法蔵の入楞伽心玄義一巻、その法蔵の師である智儼の楞伽経註、北宗禅で編集された楞伽師資記一巻などさまざま出されているが、ほとんどが四巻楞伽についての文献ばかりで、十巻楞伽については、智旭の楞伽経義疏九巻が有名なくらいである。日本では親鸞上人が本経をよく引用しており、竜樹菩薩縣記は最後の総品から引用したといわれている。

【関連典籍】楞伽阿跋多羅宝経0670、大乗入楞伽経0672。

【訳者・訳年代】北魏の菩提流支＊（AD513）。

【参考文献】訳一・印度撰述部五九、経集部七。

（宮地清彦）

0672 **大乗入楞伽経**（だいじょうにゅうりょうがきょう）

入楞伽経、新訳大乗入楞伽経ともいう。

【内容】七巻一〇品からなる。則天武后の御製の序文が付せられていることから、朝廷の厚い庇護の下にあったと推察できる。法蔵が訳経作業に携わっていたことも注目すべきであろう。巻一の羅婆那王勧請品では、楞伽城の王である羅婆那王と世尊との機縁が中心で、諸法が全て自心分別の境界であること、諸々の執著を離れて識と性を観ずることを、世尊が王に理解させようとする。次の集一切法品は巻三までの長きにわたっており、あらゆる煩悩執著を離れ、覚不覚さえも超越した世尊を讃歎しつつ、大慧菩薩が百八の問いを世尊に投げかける機縁を用いる。本経の中心思想をなしている八識無差別や三自性、言説を離れた修禅をここで明らかにしていることから、唯識系の思想を継承していると思われる。これが後の起信論の思想に結びついているのはいうまでもない。訳者である実叉難陀が大乗起信論を撰述したことも、本経との関係の深さを物語っている。巻四から無常品に入り、三種意身や三種智識等を用いながら、外道の教えと仏教との違いを明らかにする。次の現証品では如来不可思議の境地や無分別心を解説する。如来常無常品では文字通り常無常を説き、刹那品では阿頼耶識をはじめとする八識や三性五法を細説し、出世間上上波羅蜜を修することを勧めて巻五を終わる。巻六の変化品では、巻二でも触れられている法仏・化仏の違いを示す。断食肉品では肉食の禁止を説いているが、涅槃経に見られる断肉思想のさらに極論した形式をとっており、先述の四巻楞伽よりもさらに付加された文章が多い。そして陀羅尼品、二百を超える偈頌で本経の要点を再述する偈頌品で七巻全てが終わる。

【関連典籍】0670・0671

【訳者・訳年代】唐の実叉難陀＊。

【参考文献】訳大・経部四。新大・経典部七。

（宮地清彦）

0673 **大乗同性経**（だいじょうどうしょうきょう）

同性経、一切仏行入智毘盧遮那蔵説経、仏十地経ともいう。

【内容】一巻。同性とは大乗の徒としての約束・証契であり、大乗そのものに一致・没入することのようである。楞伽王毘沙那の来詣に端を発して、衆生の実相、衆生界の無尽、菩提、世諦法の論議、仏放光の奇瑞、楞伽王の授記、王の本生説話、娑婆界が厳浄国土となることなどが説かれる。ついで他方界より宝荘厳殿を携えて菩薩が来たると、仏は菩薩の十地の相を詳説して如来の初地を示す。しかも二地以上は説いても大衆には了解されることがなく、ただ光明を見るのみであると結んでいる。本経には華厳十地を受けて菩薩十地を挙げるほか、声聞・辟支仏や如来にも十地があるというのは奇なる一説というべきである。異訳に証契大乗経0674が存する。

【関連典籍】0674

【訳者・訳年代】北周の闍那耶舎が弟子の耶舎崛多・闍那崛多＊等と長安の旧城天王寺で訳したという（AD570）。

（佐藤秀孝）

0674 **証契大乗経**（しょうかいだいじょうきょう）

入一切仏境智陪盧遮那蔵経ともいう。

【内容】二巻。仏が楞伽の羅刹王毘毘産のために大乗の法門を証契すべきことを説く。毘毘産が仏の神力の光明に照らされて菩提心を発し、不退転に住して仏の前に詣で仏徳を偈讃して供養する。仏はその問いに答えて、衆生の名義・根・業・受生、識の体と量・形色、衆生界の不増不減で不可得なること、善知識、助菩提の法、三解脱門、三修成、三療法、四善修、修行、仏の名義について説いている。毘毘産が有為法の自性を了知して菩提心を発すると、仏は目犍連に毘毘産が蓮華積徳仏の世界に生まれて菩薩の十地を得、後に成仏することを説いている。さらに弥勒の問いに答えて、仏は大神通を示現し、仏土を荘厳する所以を詳説し、その中で声聞・縁覚・菩薩・如来の十地や、満資用身・化身・自性身という仏の三身を説いている。異訳に大乗同性経0673が存する。

【関連典籍】0673

【訳者・訳年代】唐の地婆訶羅＊（AD680）。

（佐藤秀孝）

0675 **深密解脱経**（じんみつげだつきょう）

【内容】五巻。解深密経0676の異訳。本経の聖者善問菩薩問品第二・聖者曇無竭菩薩問品第三・聖者善清浄慧菩薩問品第四・慧命須菩提問品第五が0676の勝義諦相品第二に該当し、また聖者広慧菩薩問品第六は心意識相品第三、聖者功徳林菩薩問品第七は一切法相品第四、聖者成就第一義菩薩問品第八は無自性相品第五、聖者弥勒菩薩問品第九之一・聖者弥勒菩薩問品第九之二は分別瑜伽品第六、聖者観世自在菩薩問品第十之一・聖者観世自在菩薩問品第十之二は地波羅蜜多品第七、聖者文殊師利法王子菩薩問品第十一は如来成所作事品第八にあたる。0676の項を参照。

【関連典籍】0676

【訳者・訳年代】北魏の菩提流支＊。

（橘川智昭）

0676 **解深密経**（げじんみっきょう）

【成立】AD300前後と推定される。

【内容】五巻。瑜伽行派の根本聖典の一つとされる。構成と内容を簡単に記せば次の通り。〈一、序品〉他受用身の盧舎那仏が十八円満の華蔵世界において弥勒・文殊等の極位の大士に説法を始め、教主、受用国土、所対の大衆の他経に勝れることをあらわす。〈二、勝義諦相品〉ここは四段に分かれ、勝義諦すなわち真如は言説を離れ分割を絶する妙理であること、一切尋伺の所行に超過すること、一異の性相を超過すること、遍一切一味相であることが説かれる。〈三、心意識相品〉阿頼耶識と前六識の相を述べ、現象の諸法は阿頼耶識の種子より生ずる問題を説く。ここに八識説、頼耶縁起説の根拠を認めることができるが、第七末那識はまだ説かれていない。〈四、一切法相品〉諸法いずれも遍計所執性、依他起性、円成実性の三性を有することを説く。〈五、無自性相品〉上述の三性を、それぞれ順に相無性、生無性、勝義無性の三無性によって諸法無自性と説く。またここでは有・空・中の三時教判を説く。〈六、分別瑜伽品〉実性、現象ともただ識性、識相であり、心外に別法なしと観じて、唯識所変の道理を悟る唯識の観法を説く。〈七、地波羅蜜品〉菩薩十地および十波羅蜜行を説く。〈八、如来成所作事品〉如来法身の相および化身の作業を示す。この経の特徴として、まず他の経典のように世尊穢土中の説法とはせず、他受用身の盧舎那仏が十八円満の華蔵世界において弥勒・文殊等々の菩薩に対して説いた報身報土の説法であることがあげられる。これは古来法相宗徒の誇負した点である。また一経全部にわたってアビダルマ的描写が試みられており、経というよりもむしろ論的性質を帯びているといえる。この内序品を除いた全ては、瑜伽師地論1579の摂決択分中菩薩地の部分（巻七五～七八）においてそのまま引用され、この箇所の説明に充てられている。このことから、本経が論的性質が濃厚で瑜伽論に思想的影響を与えたと見ることができるが、逆に元来瑜伽論の一部であったものが、本教系の源としての価値を意図して、瑜伽論より別出され序品が加えられて経典としての体裁を整えたという見方も重視されている。

【後世への影響】インドにおいては、弥勒の瑜伽論を基点に無著（アサンガ）・世親（ヴァスバンドゥ）によって瑜伽系統の思想が大成された。さらに護法（ダルマパーラ）等の解釈を通じ、中国において法相宗が形成されて当時の仏教界に多大な影響を及ぼした。法相宗の所依の経論は古来「六経十一論」とされ、本経はこの六経の一つである。

【関連典籍】0675・0677～0679は同本異訳。チベット訳、注釈書・解深密経疏、チベット訳の注釈書がある。また本経を引用する論書として、瑜伽師地論1579、摂大乗論釈1595 1597 1598、成唯識論1585などが重要。

【訳者・訳年代】唐の玄奘＊（AD647）。

【参考文献】勝呂信静『初期唯識思想の研究』春秋社、一九八九年。訳大・経部十。訳一・経集部三。

（橘川智昭）

0677 **仏説解節経**（ぶっせつげせつきょう）

【内容】一巻。解深密経0676の異訳。不可言無二品第一に通序の文を含み、これは解深密経の序品にあたり、不可言無二品の残りの部分および過覚観境品第二・過一異品第三・一味品第四が勝義諦相品第二にあたる。また一味品の最後の流通分は解深密経の如来成所作事品のものである。円測の解深密経疏によれば訳者真諦は心意識相品以下の部分も見ていたらしい。また解深密経が報身報土の説法であるのに対し、本経は王舎城耆闍崛山の説法となっている。0676の項を参照。

【後世への影響】本経は真諦訳摂大乗論1593に引用されるが、この論は中国において摂論宗を形成した。

【関連典籍】0675・0676・0678・0679・1593

【訳者・訳年代】陳の真諦＊。

【参考文献】宇井伯寿『摂大乗論研究』岩波書店、一九三五年。西尾京雄『仏地経論之研究』国書刊行会、一九八二年。

（橘川智昭）

0678 **相続解脱地波羅蜜了義経**（そうぞくげだつじはらみつりょうぎきょう）

【内容】一巻。解深密経0676の異訳。解深密経の地波羅蜜多品第七に相当し一経として扱われる。0676の項を参照。

【関連典籍】0675・0676・0677・0679

【訳者・訳年代】劉宋の求那跋陀羅＊。

（橘川智昭）

0679 **相続解脱如来所作随順処了義経**（そうぞくげだつにょらいしょさずいじゅんしょりょうぎきょう）

【内容】一巻。解深密経0676の異訳。解深密経の如来成所作事品第八に相当し一経として扱われる。0676の項参照。

【関連典籍】0675・0676・0677・0678

【訳者・訳年代】劉宋の求那跋陀羅＊。

（橘川智昭）

0680 **仏説仏地経**（ぶっせつぶつじきょう）

【内容】一巻。十地思想中の第十の仏地を中心に論述し、仏が最勝大宮殿中において妙生菩薩のために大覚地の五種の法相、すなわち清浄法界と四智（大円鏡智・平等性智・妙観察智・成所作智）とを詳しく述べたものである。また経中の序品は解深密経0676のそれと一致する。

【後世への影響】本経に対して戒賢や親光が注釈するなど、瑜伽行派に重んじられた。

【関連典籍】0676・1530

【訳者・訳年代】唐の玄奘＊。

【参考文献】西尾京雄『仏地経論之研究』国書刊行会、一九八二年。訳一・経集部一三。

（橘川智昭）

0681 **大乗密厳経**（だいじょうみつごんきょう）

密厳経ともいう。

【成立】説くところは楞伽経0670に通じ、大乗経典としては比較的後期のもので、AD600年頃の成立とする説もある。

【内容】三巻。仏が現世の三界を離れた密厳国にいたとき、金剛蔵菩薩が仏に如来の本性を問うと、仏は答えて、如来の本性は不生不滅であるとし、如来蔵・阿頼耶・密厳（妙智）等の教理を説く。本書の異訳に唐の不空訳の同名の経0682がある。両者は訳語の点ではおよそ同じである。相違点についていうと、不空訳の方が本書に比べて簡略化されていたり、時には数行削除していることが挙げられる。

【関連典籍】0682

【訳者・訳年代】唐の地婆訶羅＊。

（笠井　哲）

0682 **大乗密厳経**（だいじょうみつごんきょう）

密厳経ともいう。

【内容】三巻、八品よりなる。その大要は、仏が現世の三界を出て密厳国に住するとき、金剛蔵菩薩が仏に第一義法性を問うたのに対して、仏が如来蔵の不生不滅を以てこれに答えたというものである。次に金剛蔵菩薩は、初地以上の諸菩薩に対して、如来蔵阿頼耶識等の大乗の法相を開演し、最後に如来蔵即阿頼耶識即密厳である所以を示すという構想になっている。

本書の始終は、主として金剛蔵菩薩の所説によるが、初めに密厳国を次のように説明している。すなわち密厳国は他受用の報土であって、三摩地力を以て智慧の火を生じ色貪および無明を焼いて分段生死を断じて、意成身を得たる初地已上の菩薩の生ずる浄土であると説く。時に金剛蔵菩薩がいて、仏に如来の体性を問う。それに仏が答えていうには、如来は不生不滅清浄無垢で我々には見えないが、ただ三摩地力によってのみ如来を観見するものである。だから衆生身を厭離し、密厳国に生まれることを希望する。そのように、妙生身を欣求し胎生身を厭うのも、一切は唯心の作であって、心を離れて別に法はなく、すべては唯識の所変であり、阿頼耶識が万物の根源であることを示している。このように本書は、一方で不生不滅の如来蔵を説き、他方で万法は唯識の所現であるとして阿頼耶識を立て、または初地已上の菩薩の依拠である密厳国を説いている。そして、以上の三者は別のものではなく全く同一のものの異名にすぎないとし、如来蔵によって三者を統括しようとする。

【関連典籍】0681

【訳者・訳年代】唐の不空＊。

（笠井　哲）

0683 **仏説諸徳福田経**（ぶっせつしょとくふくでんきょう）

諸徳福田経、福田経、諸福田経ともいう。

【内容】一巻。福田とは、福報を養い生長させる所という意味で、仏および僧を供養するのは、あたかも農夫が田畑に種を蒔くようなもので、必ず秋収の利があることに譬えたものである。本経は、仏が舎衛国給孤独園において、第一に仏および僧達が甚大な浄徳を具することを説いて福田である所以を明らかにし、第二にそうであるからこれを供養する者は必ず大福を獲得することができると説く。

【関連典籍】0026

【訳者・訳年代】西晋の法立と法炬＊。

0684 **仏説父母恩難報経**（ぶっせつぶもおんなんほうぎょう）

父母恩難報経、難報経ともいう。

【内容】一巻。仏が祇樹給孤独園にいた諸比丘に告げていうには、たとい千年の間その右肩に父を負い、左肩に母を負うたとしてもなお報い足らないほどである。しかし、その父母に信なくば信を得しめ、戒なくば戒を教え、聞かなければ聞かせて、慳貪であれば好施を教え、智慧がなければ教えて黠慧ならしめて安隠処を獲せしめ、如来を信じるようにさせるならば、報いうるであろうと説く。

【訳者・訳年代】後漢の安世高＊。

（笠井　哲）

0685 **仏説盂蘭盆経**（ぶっせつうらぼんぎょう）

盂蘭盆経、盂蘭経ともいう。

【内容】一巻。経題は梵名Ulambana-sūtraの音写である。盂蘭盆は、梵語Ulambanaであって烏藍婆拏と訳して、苦の甚しきを意味する。インドの風俗は、七月十五日僧自恣の日に盛んに供具を設けて、百味を盆に盛り、仏僧に奉施して先亡倒懸の苦を救うという。それゆえ盂蘭盆と称すともいわれている。

本経は、方等部に属する経典である。その内容は、餓鬼道に堕ちている亡母を救おうとする目蓮尊者の孝養の徳を骨子としている尽孝奨励の物語であって、一篇の孝経と見るべきであるという。すなわち、釈尊が祇樹給孤独園にあったとき、目蓮は、道眼によって、飲食をしないで皮と骨ばかりになってしまった彼の母が、餓鬼道にいて、日夜苦悶し続けているのを見て悲しみ哀れんだ。そこで彼は鉢に飯を盛り、母に与えようとしたのだが、母が鉢を持って右手で飯を口に入れようとすると、飯が火炭となってしまい、食べることができない。これは、母の悪業受報のためなのだが、目蓮は大いに悲しんで、釈尊にその様子を具さに話した。釈尊がいうには、目蓮の母の罪は根深いものであって、目蓮一人の力ではどうにもできないというのである。そこで、今釈尊が目蓮のために救済の法を説いて、彼の母の罪障を消してやろうという。そして、衆僧が一夏安居の終りの時、各自が縦まに自分の罪過を宣べて人に直され、悪を改めて善に進むことをなす七月十五日に、七世の父母および現世の亡父母に対して、百味の飯食五果等を具えて、十方の大徳衆僧に供養しなさいという。一切の聖衆は、山間で禅定する者もあり、四道果を得る者もあり、樹下に経行する者もあるが、これらの自恣僧を供養する者は、現在の亡父母、七世の父母は三途の苦を出ることができる。もしまた父母の現在する者は、福楽が百年も続くだろうし、すでに亡ぜる七世の父母は天に生じ、無量の快楽を受けるに違いないとする。これにより目蓮は大いに歓喜し、悲しみを除くことができた。彼の母も、この日において一劫の餓鬼の苦を脱出することができたというのである。

仏がいうには、「仏弟子たちよ、孝順を行おうとするなら、常に父母供養、ないし七世の父母を思え。毎年七月十五日には、そのために盂蘭盆をなし、仏および僧に施し、父母長養慈愛の恩に報いなさい」としている。0686は異訳で内容は本書と同じであるが、本書よりもさらに短縮されている。

【後世への影響】日本においても、斉明天皇三年七月十五日、盂蘭盆会を設けられたのに始まる。聖武帝の天平五年には、宮中の常式と定められて、以来今日に到っては、全国津々浦々まで、七世父母長養慈愛の恩に報いる盆会として、彼岸会とともに欠くことのできない一大年中行事となっている。

【関連典籍】仏説報恩奉盆経0686、仏説盂蘭盆経疏1792、盂蘭盆経讃述2781

【訳者・訳年代】西晋の竺法護＊。

（笠井　哲）

0686 **仏説報恩奉盆経**（ぶっせつほうおんぶぼんぎょう）

報像功徳経、報恩奉瓮経ともいう。

【内容】一巻。盂蘭盆の起縁および修法を説いたもの。仏説盂蘭盆経0685の異訳であり、その約二分の一の三百四十字ほどの小経で、前半に相当する。盂蘭盆は梵語Ulambanaであって、烏藍婆拏とも書く。普通、倒懸と訳し、苦の甚しきを意味する。インドの風俗は、七月十五日僧自恣の日に盛んに供具を設けて、百味を盆に盛り仏僧に奉施して、先亡倒懸の苦を救う。それゆえ盂蘭盆と称すともいわれている。

【関連典籍】0685
【訳者・訳年代】不明（東晋代の訳とも）。
（笠井　哲）

0687 **仏説孝子経**（ぶっせつこうしきょう）

孝子経、孝子報恩経、仏説孝経ともいう。

【内容】一巻。本書は短い七百余字の経典であるが、まず父母の養育の恩を説く。父母の十恩を述べて、さらには両親を両肩に負うて、孝を尽くすことまで説いている。しかしこのような肉体的な孝養も、単なる外的な孝養で、真の孝は父母をして仏法を信じさせ、父母を悪道から正道へと導いて、五戒を持せしめ、成仏させることこそ、大孝といわれるものであるとしている。しかも、この五戒は儒教の世間道である仁義礼智信の五常と同じであるとして、五戒と五常の一致を述べて、仏教と儒教との妥協の一面を表したものである。経典として五戒五常を説くのはめずらしい。

【関連典籍】2887
【訳者・訳年代】不明。
（笠井　哲）

0688 **仏説未曽有経**（ぶっせつみぞうきょう）

未曽有経、未曽有因縁経ともいう。

【内容】一巻。未曽有とは、如来の善根功徳が、はなはだ広大希有であることを標したものである。経中説述の梗概は、阿難の問によって起こり、仏の滅後に芥子粒程の仏の舎利を以て五分程の塔を造り、あるいは麦粒程の小さな仏像を造り、如何に軽微であるにせよこうして仏を供養する功徳は、この世界乃至天上界のあらゆる宝財荘厳を以て、四方僧に供養するよりも、その功徳はるかに優れて何倍であるか、人智で量り知ることができない程である。こういって、如来無量の功徳について、できるだけ大きな譬えを用いて説いたのである。

【関連典籍】0689
【訳者・訳年代】不明（～AD220の訳とも）。
（笠井　哲）

0689 **甚希有経**（じんけうきょう）

【内容】一巻。仏は王舎城の鷲峯山に在した。ときに阿難は城に入り次第乞食してはるかに大層閣をみて、この層閣を四方の大徳の僧衆に寄進するのと、仏が入滅した後、芥子粒ほどの仏の駄都（舎利）を安置して塔を造り供養するのとどちらの功徳が甚大であるかを思い、乞食しおわって元の処にもどり、仏所に至って、この二種の生ずる所の福はいずれが多いか仏に問うた。仏は、四大州や帝釈天に建てられた大宝の層台を四方の大徳の僧衆に奉施することは、仏、入滅の後、塔をたてて芥子ばかりの仏の駄都を安置しまた仏像を造っても供養する功徳の百分の一、千分の一、百千分の一、ないし鄔波尼殺曇分の一にも及ばない。それは仏は三大阿僧祇劫の間、無量の戒定慧解脱解脱知見を円満し、無量の六波羅蜜の功徳を円満したからであると説いた。

【関連典籍】0688
【訳者・訳年代】唐の玄奘＊。
（河村孝照）

0690 **仏説希有校量功徳経**（ぶっせつけうきょうりょうくどくきょう）

希有校量功徳経ともいう。

【内容】一巻。仏は舎衛国の祇樹給孤独園に在した。阿難は仏に、三帰依文を唱える功徳はいくばくかと問い、仏は、この世界に満ちるほどの仏道の聖者に、善男女人が百年の間、世間のすべての娯楽の具を施与し、また聖者を供養、礼拝し、また滅度の後には舎利をおさめて七宝塔たてて供養する等、あらゆる供養をなしても浄心をもって三帰依文を唱える功徳の百分、千分、百千万分の一にも及ばない。つぎに三帰依を唱えた後、一弾指の間にでも十善戒を修し、八斎戒、沙弥戒、沙弥尼戒、式叉摩戒、比丘尼戒、大比丘戒を受持すれば、前の功徳の百倍千倍百千万倍の功徳を得、このように三帰依処、ないし大比丘波羅提木叉を受持するものの功徳は希有の功徳があると説かれた。

【訳者・訳年代】隋の闍那崛多＊。

（河村孝照）

0691 **最無比経**（さいむひきょう）

【内容】一巻。仏は室羅筏の誓多林給孤独園に在した。阿難は独り空閑処に坐して思うには、浄心をもって三帰依文を唱える功徳はいかばかりであろうかと。そこで仏にこのことを尋ねると仏は、四大州の各々に満ちた聖者を供養したとしても、三帰依の功徳の百千億分の一にも及ばない。それのみならず三千大千世界に満ちた一切の如来を供養しても、この三帰依の功徳の百千億分の一にも及ばない。三帰依の後、一弾指の間に十善戒、また一日一夜に八斎戒、また一生の間、五戒、勤策勤策尼戒、尼正学戒、苾芻尼戒、大苾芻戒また尽未来際までの菩薩の三聚浄戒を兼修するならばその功徳は広大で量ることはできないと説き、さらに仏は阿難にこの法門を最無比と名づけるのであると示した。

【訳者・訳年代】唐の玄奘＊。

（河村孝照）

0692 **仏説作仏形像経**（ぶっせつさぶつぎょうぞうきょう）

優塡王作仏形像経、作像因縁経ともいう。

【内容】一巻。仏が拘塩惟国（カーウシャンビー。中部インドのかつての有力国。優塡王が仏像をはじめて造ったという説話で有名）に行ったときのこと。諸樹園の主である拘翼（コーシカ。クシカという民族に由来する名か。あるいは帝釈天の別名でもある）というものがいた（この句「有諸樹園主名拘翼」は後の文脈とは関係ないようである）。国王の優塡王は十四歳であった。仏が来ると聞いて、優塡王は駕して歓迎した。王は仏に礼を作して仏が去ったあとどのようにして作善をなすべきかと問うと、仏は仏の姿をかたどった像を造れば福を得るだろうといった。そのようにすれば、身体好く、天界に生ずるであろうこと、後世に種々の利益を受けること、また後世に生まれてさらに仏舎利の供養をするなら無数劫の果てに涅槃するであろうことを説いた。これを聞いた王は歓喜して礼を尽して去った。王と群臣たちは寿命が尽きてのち阿弥陀仏の仏国土に生じた。

【関連典籍】0693。チベット語訳（東北、320）がある。

【訳者・訳年代】不明。

（大谷正幸）

0693 **仏説造立形像福報経**（ぶっせつぞうりゅうぎょうぞうふくほうきょう）

【内容】一巻。文意自体は0692と同じである。「有諸樹園主名拘翼」という文脈と関係ない一文がある点まで同じである。異なる点は、仏と優塡王による偈頌による応答がある点と、優塡王と群臣たちが阿弥陀仏国土に生じたという0692の末尾のエピソードが群臣のみのものとなり、そのかわりに王は須陀洹果（スローターパッティプァラ。意訳して預流果ともいう。部派仏教の修行の位である「四果」の初め）を得たということになっている点である。

【関連典籍】0692は同本異訳。チベット語訳（東北、320）がある。

【訳者・訳年代】不明。

（大谷正幸）

0694 **仏説大乗造像功徳経**（ぶっせつだいじょうぞうぞうくどくきょう）

造像功徳経ともいう。

【内容】二巻。開元録2154によると「或一巻」とあるので、一巻だった可能性もある。仏が三十三天（第三十三番目の天界という意味）に来て三月母のために説法したとき、地上は仏の不在によって暗く落ち込んでいた。優陀延（ウダヤナ。優塡王に同じ）王も同じように悲しみ死のうとまで思っていたが、仏の姿を模した像を造ることを思いついた。しかし、下手なものは造れないとまた悩んでいると、それを見た毘首羯磨天（ヴィシュヴァカルマン。神々の中の工匠。インドの神話では宇宙の創造者）が仏像を造ることを申し出た。一方天界では、仏が天人たちに過去に仏像を造り供養したものたちが今仏弟子となっていることを明かし造仏を勧めた。毘首羯磨天が仏像を完成させると、彼は天界に帰り、阿闍世王（アジャータシャトル。観無量寿経0366で父母を幽閉させることで有名なマガダの王。）は仏像と王を供養した。仏は天人たちに天界の快楽に溺れて放逸なることを戒め嫉妬の心を起こさないよう説いた。そして弟子の大目犍連（マハーマウドガリヤーヤナ）に七日したら戻るので自分を覚えているものは僧伽尸（シンハラ即ちセイロンのことか）国に集まるよう地上へ遣わした。それを知った地上の仏弟子や諸国の王が集まって来た。その中で摩訶迦旃延（マハーカーティヤーヤナ。仏の高弟の一人）は誰が一番に仏に礼するか、もし比丘尼たちが供養すれば彼女たちが教団の上首になってしまうだろうと警戒していた。いよいよ仏が供養する天人たちを伴って宝で出来た階を降りて来た。仏が地上に足を着けんとしたとき、蓮華色という比丘尼の高弟が転輪王（世界を支配する最高の王）に変化して近づいたが、仏に一番に礼したのは自房でこれを見ていた須菩提（スブーティ。仏の高弟）であった。そして変化を解いて正体を現した彼女を、仏は変化して欺こうとしたとして叱責した。そして優陀延王は仏像を仏に奉りお伺いをたてると、仏は彼を咎めず仏像を造立する功徳を説いた。以上が上巻の内容であって、下巻は弥勒（マーイトレーヤ）菩薩や波斯匿王（パセーナーデイー。シュラーヴァスティーの王）を対告衆として造仏の功徳を種々に説く。

【訳者・訳年代】唐の提雲般若＊（AD691）。

（大谷正幸）

0695 **仏説灌洗仏形像経**（ぶっせつかんせんぶつぎょうぞうきょう）

灌仏経、四月八日灌経ともいう。

【内容】一巻。仏陀が摩訶薩および諸天人民のために、四月八日の由来、およびその日における灌仏の修法、さらにその功徳について説いたもの。その功徳とは、例えば文殊菩薩のようになることができるとか、三悪道を離れることができるとか、百の子供、千の子孫を得られるとか、長寿無病になれるといったことであるとしている。

【関連典籍】0391、0696・0697・0698は同本異訳。

【訳者・訳年代】西晋の法炬＊。

（笠井　哲）

0696 **仏説摩訶刹頭経**（ぶっせつまかせっとうきょう）

灌仏形像経、灌仏経、摩訶刹頭経ともいう。

【内容】一巻。灌洗仏形像経0695と同本異訳で、仏陀が摩訶刹および諸天人民のために、四月八日の誕生の日に灌仏することによる功徳が大きなものであることを説いている。釈迦の降誕について、四月八日の夜半明星の出づる時に生まれて、地に堕ちて行くこと七歩といい、右手を挙げるとして、誕生偈を「天上天下当為人民師」という等が、本経の特色である。また十方の諸仏は、皆四月八日に降誕し、四月八日に成道するものであり、四月八日に涅槃に入ると説くのも本経の特色といえる。

【関連典籍】0391・0695・0697

【訳者・訳年代】姚秦の聖堅。

（笠井　哲）

0697 **仏説浴像功徳経**（ぶっせつよくぞうくどくきょう）

【内容】一巻。仏像を洗浴する方法とその功徳を説いたもの。初めに清浄慧菩薩の質問を以て序曲とし、次に仏の答える中で、まず仏の清浄身を得た因縁、および仏を供養する者の功徳は、在世も滅後も平等であることを説き、おのずとその中において浴像の説の起こりを示しておくとともに、その功徳を十五種に説明し、終りに浴像の方法を説いている。伝によると、経書の訳者宝思惟はこの経を訳した翌年からはさらに翻訳をしないで、毎朝仏像を洗浴したところ、百余歳の長寿を得たといわれている。0698は同本異訳。

【関連典籍】0698

【訳者・訳年代】唐の宝思惟＊（AD705）。

（笠井　哲）

0698 **浴仏功徳経**（よくぶつくどくきょう）

浴像功徳経ともいう。

【内容】一巻。浴像功徳経0697の異訳。仏が王舎城の鷲峯山で、清浄慧菩薩に対して仏像を洗浴する方法とその功徳を説く。すなわち、大般涅槃の後、仏を供養する法式について塔を造って仏像を安置し、香水で洗浴して供養すべきこと、およびその十五種の功徳を挙げている。塔内に安置する仏について0697は二種の舎利として法身と化身とを挙げているのに対して、本経は諸仏世尊は三身を具し、三身とは法身・受身・化身であるという。そして、二種の舎利身として、骨舎利法頌舎利、いわゆる諸法従縁生の法身偈であると教える。

【関連典籍】0697

【訳者・訳年代】唐の義浄＊（AD710）。

（笠井　哲）

0699 **仏説造塔功徳経**（ぶっせつぞうとうくどくきょう）

造塔功徳経、造塔経ともいう。

【内容】一巻。仏が舎衛国祇樹給孤独園で、舎利弗に対して造塔の功徳を説いたもの。造塔の大小などは、その功徳の上に何らの差別を及ぼすものでなく、塔中に納蔵する舎利の一分、法蔵の一分が全く如来の全身を示し、その造塔の功徳で梵世往生に比し、さらに「諸法是因縁生、我説是因縁、因縁尽故滅、我作如是説」の四句義を塔中に納めるべきを勧め、その偈はこれ仏法身、もし衆生にしてこの因縁の義を了解するものは、仏を見たてまつるものなりと説く。本経の目的は法身説に基づく。

【関連典籍】0700

【訳者・訳年代】唐の地婆訶羅＊（AD680）。

（笠井　哲）

0700 **右繞仏塔功徳経**（うにょうぶっとうくどくきょう）

遶塔功徳経ともいう。

【内容】一巻。四十二行の偈頌からなる。初めの一行において、仏が舎衛国の祇樹給孤独園にいたとき、長老舎利弗が仏に対して、仏塔を右繞（右回り）する功徳を問う。後の四十一行は、皆仏の答である。その中の初めの一行が問に対する応諾で、次の三十八行が正答である。この答は行毎に「是れ塔を右に遶るに由る」と結んで、下は天竜鬼神等の親近供養をする小果報より始まり、上は成仏の大果を招くまでの大功徳を説き、頌誦は流朗な句調をなしている。さらに終りの二行の偈は、この結偈である。

【関連典籍】0699

【訳者・訳年代】唐の実叉難陀＊。

（笠井　哲）

0701 **仏説温室洗浴衆僧経**（ぶっせつおんしつせんよくしゅそうぎょう）

温室洗浴衆僧経、温室経ともいう。

【内容】一巻。阿難が釈迦から温室洗浴の功徳を聞いて記したものである。釈迦が摩竭提国の因沙崛山にいたときのこと、奈女の子耆域婆大長者は、大医王で多くの病を治療して、医術に通じており、学殖も深い人であったという。彼は、ある夜疑問が生じたので、夜が明けてから仏の所を尋ねた。世の中が俗流に汚れているから福となさず、そのために仏と衆僧菩薩大士を請い、温室（蒸し風呂）に入って澡浴して、衆生の穢垢を清浄にして、病気を除こうとした。仏はこのことをとても喜んで、諸僧を洗浴せしめ、垢を除く福は無量であるとして、衆僧を澡浴させる反報の福を説いた。仏は、澡浴の法は七物を用いて、七病を除去して、七福報を得ると説いた。衆僧開士を洗浴せしむる因縁によって、人臣・帝王・日月四天神王・帝釈・転輪聖王・梵天に生まれて、菩薩となって、功成り志就き、仏と作ると説いて偈文を出している。さらに、人天品類は高下長短、福徳多少にて同じではない。聖衆を洗浴せしめてこの福報を得ると説いている。この経は布施供養の一つとして温室洗浴の功徳を説いたのであるが、温室についての貴重な文献であって、インド風俗史上温室とその功果を記述したものとして貴重である。

【関連典籍】1793、2780

【訳者・訳年代】後漢の安世高＊あるいは西晋の竺法護＊の訳という説もあるが、いずれにせよそれらの時代の古訳本であることはまちがいない。

（笠井　哲）

0702 **仏説施灯功徳経**（ぶっせつせとうくどくきょう）

燃灯経、施灯経、施灯功徳経、施燃灯功徳経ともいう。

【内容】一巻。仏が舎衛国の祇樹給孤独園で舎利弗に対して、灯を施すことの意義を説いたもの。まず、仏が供養を受ける理由を明かした上で、その功徳を説く。すなわち功徳の①三浄心②三明③臨終の四光⑥四種の可楽の法⑦四種清浄の五つは、現世の報福を説いており、④の生天五種清浄⑤下生の勝妙は、来世の報福を説いている。さらには、大乗に住して施灯する功徳が大きなものとして説かれるが、その際小乗縁覚を卑下している点は特に注目すべき点であるといえる。

【関連典籍】0695・0697～0700

【訳者・訳年代】北斉の那連提耶舎＊(AD558)。

（笠井　哲）

0703 **灯指因縁経**（とうしいんねんきょう）

仏説灯指因縁経ともいう。

【内容】一巻。昔、王舎城に阿闍世王あり、ときに一長者があった。子なきために神に祈って一男子を得たが、その子の指から大光明を放つので灯指と名づけた。その珍らしさに多くの者が集り来たがその中に婆修という婆羅門がいてこの奇相を歎じ、奇相は王にも聞えた。子は長じて嫁をとりやがて父母は世を去った。その国では年に一度の大会があり灯指も参加したがその留守に群賊に襲われ財宝ことごとく持ち去られ貧困の極みとなった。ときに指光は消え、妻は去り、食のために死体を運ぶを業とした。かれが死体を塚間に棄てようとすると死人がかれに抱きつき、背について離れない。家に帰りつくと死体が地に堕ちたが、かれはそれをみて怖れ戦き悶絶して地に倒れた。蘇生してみると死人の手足の指は純金となって、試みに切り取るとまたもとの金の手指となった。この金を得てかれは前以上の長者となった。かれは王の求めに応じて財宝を献上し衆人に珍宝を施し、出家し修行し阿羅漢となったが常に宝はついてまわった。仏は比丘に灯指の指光ある因縁、これが貧困となりまた宝を得る因縁を語り、仏法において如説に修行すればこのような功徳を得ることを説いた。

【訳者・訳年代】姚秦の鳩摩羅什＊。

（河村孝照）

0704 **仏説楼閣正法甘露鼓経**（ぶっせつろうかくしょうぼうかんろこきょう）

楼閣正法甘露鼓経、甘露鼓経ともいう。

【内容】一巻。仏が舎衛国の祇樹給孤独園に在したとき、阿難陀が仏に、いかにして情浄善根を種えるべきか、曼拏羅を作るべきか、学処を受持すべきか、十指掌を合して仏を供養すべきか、善根を不滅ならしめるべきか、涅槃を得べきか、如来の像を作る法、およびその功徳はいかにと問うた。仏は、もし四方に曼拏羅を作れば北倶盧洲の富貴の主に生まれ後忉利天に生まれ、半月形を作れば東勝身洲に生まれ後夜摩天に、円形を作れば西牛貨洲に生まれ後兜率天に、車形を作れば南閻浮洲に生まれ後化楽天に生まれる。もし三宝に帰依し浄戒を護れば福は無量無辺であると説き、さらに四洲、三千大千世界おける造像、造塔、荘厳の仕方を説いている。

【訳者・訳年代】宋の天息災＊。

0705 **仏説布施経**（ぶっせつふせきょう）

布施経ともいう。

【内容】一巻。説法の座は舎衛国の祇樹給孤独園。仏は比丘のために布施法の三十七種を説いた。それは、信、時、常行、親手、為他、教、妙色、妙香、法尊、美食、衣服、住処、臥具、象馬車、湯薬、経法、花実、花鬘、傘、鈴、音楽、灯、疋帛、香水、香水浴仏身、香油、香水浴僧、慈、悲、喜、捨、種種、無住無相の三十七種であった。ときに舎衛国の王が仏に、われらはいかにして布施を行ずればよいか問うた。仏は、もし勝れた福報を求めるならば、慈心、正見、堅持禁戒、自利利他平等心、これらの心をもって施を行ずべきであり、これが真の布施で大福田を得る。またもし自心に随ってその報を得んとすれば、妙色香珍味親手、飲食、灯油、音楽、湯薬、住処、法説等、また十善業であると説いた。

【訳者・訳年代】宋の法賢＊。　（河村孝照）

0706 **仏説五大施経**（ぶっせつごだいせきょう）

五大施経ともいう。

【内容】一巻。説法の座は舎衛国の祇樹給孤独園。仏は苾芻に、五種の大施がある。それは一に不殺生、これこそ大施である。二に不偸盗、三に不邪染、四に不妄語、五に不飲酒、これが大施である。その故は、不殺は命あるものに無畏を施し、この無畏の故に天上、人間に安隠の楽を得せしめる。この故に不殺を大施というのである。不偸盗、不邪染、不妄語、不飲酒もまたかくの如きであると説いた。

【訳者・訳年代】宋の施護＊。　（河村孝照）

0707 **仏説出家功徳経**（ぶっせつしゅっけくどくきょう）

出家功徳経ともいう。

【内容】一巻。仏は毘舎離国に在し、入城し乞食した。仏は、梨車族の王子鞞羅羨那が五欲を貪り七日後に、命終して地獄に堕ちることを知り、阿難をして教化せしめ、王子は第七日命終の日に仏所に至って出家し、一日一夜の戒もうけて命終した。その後は天上に生まれ、二十劫の間は三道におちずついに毘流帝という辟支仏となった。阿難が出家の福を問うと、この人の功徳は無尽、常に天上人中に生れて国王となり、もし他の出家を壊せば地獄に堕ち、また無目となる。仏は阿難に譬を示し、四天下に満つる阿羅漢も百年の間心を尽して供養しても、命終の故に出家し受戒し、それが一日一夜の所作であってもその功徳の十六分の一にも及ばないのであると説いた。

【訳者・訳年代】不明。　（河村孝照）

0708 **了本生死経**（りょうほんしょうじきょう）

【内容】一巻。呉の支謙は黄武元年（AD222）から建興二年（AD253）に至る三十余年にわたって、多くの経の訳業に従事し、大般泥洹経0376、法句経0210、阿弥陀経0366等の重要な経典の翻訳をはじめ、およそ三十六部四十八巻を訳出したという。本書もまたその間に訳出されたものであろう。出三蔵記集2145第六にある道安の了本生死経序によってみると、インドにおいては、この経は仏陀の初転法輪における四諦四信中の枢要として重んじられていたものであった。それが漢の季世にはじめて中国に伝わり、後に魏の初代に支謙が出でてこれを注解し、道安もまたこれに附釈したということが書かれている。また開元釈教録2154第一等には、支謙自ら経の序文をも撰したことが伝えられている。仏陀がかつて「縁起を見れば法を見るとなし、已に法を見れば我を見るとなす」と説いたことを挙げて、そうであるならば縁起とは何ぞやという問題を中心として、舎利弗が解説を試みるのが本経の要旨である。すなわち縁起の成立しうる要素としての内縁、外縁の二縁を立て、また各々に因相伝、縁相伝を開示して、これを細説し、転じて要約して、内縁外縁共に非常、不断、不蹉歩、種不敗亡、相像非故の五事を俟って起こる所以を明らかにし、かくして十二因縁を見了すれば、すなわち法を見乃至仏を見たてまつる所以を説いている。

【関連典籍】0709〜0712は同本異訳。

【訳者・訳年代】呉の支謙*。

（笠井　哲）

0709 **仏説稲芉経**（ぶっせつとうかんきょう）

稲芉経、稲稈経ともいう。

【内容】一巻。仏が王舎城耆闍崛山で、比丘達に縁起について説いている。本経と同本異訳の了本生死経0708を比較すると、後者がわかりにくいのに対して、本経の方は読みやすく一読で要旨を了解しうる。例えばその初分において、一にはどうして仏は十二因縁を説いたのかという理由を挙げ、二には仏陀とはそもそも何であるかという問題を論じるなど0708にはない所を補充しており、その構成は一貫して整然としている。

【関連典籍】0708・0710〜0712

【訳者・訳年代】訳者不明（東晋代）。

（笠井　哲）

0710 **慈氏菩薩所説大乗縁生稲䕸喩経**（じしぼさつしょせつだいじょうえんしょうとうかんゆきょう）

稲䕸喩経、慈氏所説稲䕸喩経、慈氏菩薩縁生稲䕸喩経ともいう。

【内容】一巻。仏は王舎城の鷲峰山の中に在した。ときに舎利子は慈氏菩薩のもとに至り、今日、仏が稲の幹をみて苾芻に告げるには、縁生を見れば法を見る。法を見れば仏を見ると説いたが、これはいかなる義か、また縁生といい、法といい、仏という、これもいかなる義か、と問うた。慈氏菩薩は仏は常に苾芻にこのように説いたが、縁生とは、無明は行に縁たり、行は識に縁たり等と説かれる十二因縁により生ずることをいい、法とは仏は略して八聖道を説示しこれによって涅槃に至り、仏とは一切法を覚悟し、聖なる慧眼をもって涅槃を証し、智慧を学んだものであるといい、以下これらの法を詳説する。

【訳者・訳年代】唐の不空*。

（河村孝照）

0711 **大乗舎黎娑担摩経**（だいじょうしゃりしゃたんまきょう）

舎黎娑担摩経ともいう。

【内容】一巻。仏は王舎城の鷲峰山の中に在して慈氏菩薩を上首とする集会に舎黎娑担摩経、すなわち稲の茎を観じて、稲が種子から芽を出し葉、茎を生じてさらに種子を結んで生ずることを説いて、もし十二縁生をよく見るものは法を見、この法を見おわったものは仏を見るのであると説いた。これを聞いた舎利子はその意味をはかりかねて慈氏菩薩にそのことを尋ね、十二縁生とはなにか、なにを法と名づけ、仏と名づけるのかと問うた。慈氏菩薩は略説して、十二縁生とは十二因縁によって法の生じること、法とは八正道のこと、一切法を知り、慧眼を得て法身を証するのが仏であると答え、さらに詳説した。

【関連典籍】0708〜0710・0712

【訳者・訳年代】宋の施護*。

（河村孝照）

0712 **仏説大乗稲芉経**（ぶっせつだいじょうとうかんきょう）

大乗稲芉経ともいう。

【内容】一巻。仏は王舎城の耆闍崛山に在した。ときに舎利子は弥勒菩薩の所に至り、今日、仏は稲の茎の繁っている様を観じて比丘に、もし因縁を見るものは法を見、法を見る者は仏を見ると説いてあとは黙然無言であったが、仏はなに故にこのように説いたのか。因縁とはなにか、法といい、仏というはなにか、いかにして因縁を見るものはよく法を見るのか。いかにして法を見るものはよく仏を見るのかと問うた。弥勒は、因縁とは此れ有るが故に彼れ有り、これ生ずるが故に彼れ生ず、いわゆる十二因縁の法をいったもの、法とはこれ八正道、仏とは一切法を知る者、慧眼および法身をもってよく菩提の法を見る者であると答えた。

【関連典籍】0708〜0711
【訳者・訳年代】不明。
（河村孝照）

0713 **貝多樹下思惟十二因縁経**（ばいたじゅげしゆいじゅうにいんねんきょう）

聞城十二因縁経、十二因縁経、樹下思惟十二因縁経ともいう。

【内容】一巻。仏は舎衛国の祇樹給孤独園に在し、比丘に説くには、われ仏、もと菩薩であったとき、世間が生老死のために極苦にあうことから、比丘は何をもって老死ありや、また何の因縁にて老死するかを思い、それは生の故に老死あり、また生の因縁にて老死すると考え、また何をもって生となし、また何の因縁に生ずるやと思惟し、すなわちこれはまさに意が有のために生じ、また因縁の有にて生ずる等と次第して思惟し念じて識に至り、また老死滅尽すればと次第して癡に至りついに無量の苦を滅尽した。これは譬えば空沢があって道と見て、道ゆく人のあとに随って城を見るように、すでに先人の歩んだ道であると説いた。
【関連典籍】0714・0715
【訳者・訳年代】呉の支謙＊。
（河村孝照）

0714 **縁起聖道経**（えんぎしょうどうきょう）

【内容】一巻。十二縁起と八聖道とを説いた経典。十二縁起は何故再生するのかという、インド的な苦しみ（輪廻）に対する仏陀の洞察の一つの結晶である。通常十二縁起は、一、無明（無知）、二、行（行為の意図）、三、識（認識）、四、名色（名称）、五、六入（六つの領域、視覚・聴覚・嗅覚・味覚・触覚・思考）、六、触（接触）、七、受（感覚）、八、渇愛（渇き）、九、取（執着）、十、有（生成）、十一、生（出生）、十二、老死（老死）である。このようにして人は再生のプロセスを繰り返す。十二縁起を理解し、渇きの元を滅したものが仏陀であり、経中にあってそれは旧道、旧径であると説かれる。この旧道を見ることが正見等の八正（聖）道である。本経において特徴的なのは十二縁起を見ることが四諦八正道と関連し、それがひとえに仏陀の所証ではなく過去の先仏にまで広げられて解釈されたことであろう。
【関連典籍】0713・0715は異訳。
【訳者・訳年代】唐の玄奘＊（AD649）。
（村田達央）

0715 **仏説旧城喩経**（ぶっせつくじょうゆきょう）

旧城喩経ともいう。

【内容】一巻。説法の座は舎衛国の祇樹給孤独園。仏が諸の苾芻に言った。仏がまだ無上智を得ないとき、独り一所にあって、世間や衆生が輪廻の苦をうけるのは何故か、それは生老病死によることを衆生が知らないからそれより出離できないと思い、それでは生死病死は何によって有るかを観察してそれは有による、有は何によるかと順次に観察して取、愛、受、触、六処、名色、諸行、識、名色、識、六処、触、受、愛、取、有、生、老死と順観し、また何が無いことによって老死なきかと観察し、生、有、取、愛、受等と観じていき、もし無明なければ行なく、ないし生が滅し老死が滅して大苦の集りは滅すると説く。仏はこの道は昔の人の通った道で、旧城に到るの道である。諸仏の道もこれに同じく諸仏の行く所の道を八正道といい、これ旧道であると説いた。
【関連典籍】0713・0714
【訳者・訳年代】宋の法賢＊。
（河村孝照）

0716 **縁生初勝分法本経**（えんしょうしょうぶんぼうほんぎょう）

縁生経、初勝分法本経、初勝分経、三十論ともいう。

【内容】二巻。上巻はまず、仏は舎囉婆悉帝城の勝林給孤独園に在した。多くの比丘が集まって、仏はさきに十二因縁を説いたとき、最初に無明をもって縁体となすと説いたが、それは一切の煩悩中、何故にただ無明だけを縁体となすと説いたかを議論した。それより無明には何程の強い点、勝里があるかが論じられたが終らなかった。仏は定行中、天耳をもってこれを聞き、定より起って比丘たちの住所に趣き比丘に告げて、縁生初勝分の法門を説き十二縁生の初めに無明をおく理由を示した。これに十一種ありといい、攀縁殊勝、種類殊勝、由緒殊勝、等起殊勝、転生殊勝、顛倒殊勝、相殊勝、業殊勝、障礙殊勝、順縛殊勝、対治殊勝が説かれる。このうち転生殊勝の半ばで下巻にうつり、以下対治殊勝まで詳説され、さらに八正道、四聖諦を説いている。

【関連典籍】0717

【訳者・訳年代】隋の達磨笈多＊。

（河村孝照）

0717 **分別縁起初勝法門経**（ふんべつえんぎしょしょうほうもんぎょう）

縁起法門経、初勝法門経、分別縁起経ともいう。

【内容】二巻。説法の座は室羅筏（舎衛国）の誓多林給孤独園。諸々の比丘が安適堂に集まり、仏が十二因縁を説くにあたって何故最初に無明を置いたのか、それにはどのような殊勝（勝れた理由）があって、さまざまな縁の中から無明を縁性として選択したのか。これらの疑問を端緒として、仏が疑問を解決するために、無明を設定するのに十一種類の特徴を認めた上で設定したことを明かす、というのが主旨である。十一種の無明とは一、所縁、二、行相、三、因縁、四、等起、五、転異、六、邪行、七、相状、八、作用、九、障礙、十、随縛、十一、対治の各無明の殊勝のことである。これら十一種の殊勝は、十二因縁の最初に無明を置く理由であるとともに、一切の縁の中で無明を縁性とする理由でもある。0716は同本異訳。

【関連典籍】0716

【訳者・訳年代】唐の玄奘＊（AD650）。

（村田達央）

0718 **仏説分別縁生経**（ぶっせつふんべつえんしょうぎょう）

分別縁生経ともいう。

【内容】一巻。仏は烏盧尾螺池の辺り、泥連河の近く菩提樹の下に、成仏して未だ余り時がたっていなく、独りそこに在した。仏は世間の苦、楽の法をよく免れる者なきことを思念し、ときに娑婆世界主の大梵天王が、仏威神力をもっての故にこの仏の所念を知り、梵天から仏所に来詣して問いを起し、仏はためにこれに答えて、世間の衆生が一切法において無智無識であるのは、無明が覆っているからであり、かくて十二因縁の法を説き、この縁生の法を分別し、よく了知する者は、この人五分法身を具足することができると説いた。ときに梵王はこの仏が説いた縁生の法を聞きおわってまた梵天界へ帰った。

【訳者・訳年代】宋の法天＊。

（河村孝照）

0719 **十二縁生祥瑞経**（じゅうにえんしょうしょうずいきょう）

【内容】二巻。〈上巻〉仏が大衆中に結跏趺坐し、ときに仏に未来の深法についての聞法を願った。そこで仏は十二縁生によって吉祥瑞応に了達する法を教えた。それは無明から始まる十二因縁を十二支にあてはめ、これを十二ヵ月に配当し、また各月を一日より十五日に配し、十月一日を無明として二日は老死、三日は生以下十二日行に至り、十一月一日は行、十二月一日は識というようにし、十三、十四、十五の三日間は、三日四日五日の日に同じくする。この十二支に従って生れ日によってその人の生涯に受ける苦楽から寿命に至るまで定まっていると説き、病気、盗難なども予言し、未来の功徳は決定していると説く。〈下巻〉鳥鳴と十二支による吉凶判断、心齶上昫と十二支による吉凶判断、そのほか、日用の事柄について大衆の問に対していちいち具体的に答え、仏はこの法を説きおわって大衆に告げるには、十二縁生をつまびらかに観察すれば、善悪苦楽を分明に了達することができると説いた。

【訳者・訳年代】宋の施護＊。

（河村孝照）

0720 **無明羅刹集**（むみょうらせつしゅう）

仏説無明羅刹集ともいう。

【内容】三巻。〈上巻〉十二因縁は生死の本と、諸仏は無量劫において六波羅蜜、諸の善行を修して永く生死を断った。衆生は大仙といえども無明に覆れ、あるいは有漏智をもって諸経論を造り、あるいは百千の苦行を積んでもついに生死から解脱することはできない。十二因縁は三界五道の中で種々の業をなして種々にその果を受けるものである。昔、聞く所によると折吒王があり欝禅那城内をみると城内は悪疫が流行し死者半ばを過ぎ残る人は少なくなった。王はこれを救済しようとし、災の本の怛吒鬼を詰問すると、この災はわれを支配する垂腹羅刹のなす所という。王は次第に羅刹の背後にある災の支配者を追求して、大鼓、摩訶舎涅、婦女鬼、歌女三垂髪、四牙、雲盧をはじめとする六羅刹、牛耳等の二羅刹、つぎは速疾金翅鳥、極悪等の三男子、等と追求し、この悪童の三羅刹は王を見て逃げたが、この近くに穴があり、穴の中に鬼の本がいて世間の非法をなしていると告げる。王はその鬼の髪をとらえ、またその眷属をも降伏せしめ、以後一切の災難は除かれ、このように王の威力の故に鬼神は退散した。〈中巻〉以上の譬喩の説くところを示し、これは仏法をもって因縁の理を示さんとするのであるとし、生老死、一切業、色界無色界、五陰五根、六入などを説き、〈下巻〉六入の続きから胎内の歌羅羅、識、行と思惟観察し、一切の大苦の母を無明と名づける。この無明大毘舎闍煩悩羅刹が根本の悪でありこれを降伏し、十二因縁の各支を、譬喩もって説いて経を終わる。

【訳者・訳年代】不明。

（河村孝照）

第17巻　経集部　四

0721 **正法念処経**（しょうぼうねんじょきょう）

【内容】七十巻。一人の外道が身口意の三業について出家まもない比丘に質したことに端を発し、世尊がこれに対して正法念処法門を広説したものである。業とその果報として三界六道の因果が説かれている。内容は地獄・餓鬼・畜生・天上の四つであり、修羅は畜生に収められ、人間界は別に説かれていない。しかも説かれる事項がすべて修行の内観を通すかたちになっているのが特徴である。比丘の修道を主としているので小乗思想であるが、構想は雄大で筆致も放奔をきわめ、ときに自利利他や六度の行が説かれるなど、大乗的な面も少なくない。六道の描写に特色があり、とりわけ地獄の罪因・罪果について実行犯から思想犯へと罪の深まり行くことを明確に決している。すなわち、現世にあっては殺生・偸盗は重罪であり、しだいに軽罪となっているが、地獄の刑罰はまったくこれに反し、意業最重の仏教の本格的な立場から批判を下している。したがって、同じ身犯でも思想犯を含むことによって最悪の刑罰が科せられている。このように六道輪廻の因果関係が本経においてもっとも正確かつ周到に完成せられている。一巻と二巻が十善業道品、三巻より五巻が生死品、六巻より一五巻までが地獄の描写、一六巻と一七巻が餓鬼道、一八巻から二一巻までが畜生道を描写しており、とくに二〇巻から二一巻には帝釈と阿修羅の雄大な戦闘が描かれている。さらに二二巻より二四巻までは四天王、二五巻より三五巻までは三十三天、三六巻より六三巻までは夜叉天が描かれている。六四巻より七〇巻までは身念処が説かれており、その間に各種の道品や地理、人体整理などが細密にわたって示され、あたかも百科辞典のごとき趣がある。

【後世への影響】日本では源信の『往生要集』に重なる材料とせられ、親鸞の『教行信証』にも畜生品の文が引用せられている。

【訳者・訳年代】北魏の般若流支＊。

（佐藤秀孝）

0722 **妙法聖念処経**（みょうほうしょうねんじょきょう）

【内容】八巻。随所に長短の偈文を挿入し、長行（散文）もほとんど四字の句をなした美しい翻訳である。〈巻一〉寂静の林中に経行または静慮して地獄の因をなす五欲を遠離すべきことを説く。〈巻二〉酒の毒害や妄語・五逆による地獄の報を述べ、染愛を捨離すべきことを教える。〈巻三〉両舌・麁語・瞋忿それぞれの十報を示し、発菩提心の功徳を勧めている。〈巻四〉布施・持戒を勧めている。〈五巻〉に至って、いままで説処もなく、ただ諸天とのみで特定の対告衆を立てていなかったのが、帝釈が対告衆となって、天界の有情も愚痴のために天宮を堕することが示され、次に下天に住む鳥と帝釈と比丘と仏との天衆に対する訓誡の偈の長い錦繡となって妙徳の願文で突然に終わっている。そして、妙徳が如何なるものであるのかも経中には示されていない。おそらくは末尾が散逸したものであろう。

【訳者・訳年代】北宋の法天＊（AD973）。

（佐藤秀孝）

0723 **分別業報略経**（ふんべつごうほうりゃくきょう）

分別業報経、大勇菩薩分別業報略集、業報略経、分別業報略集ともいう。

【成立】経録によると、あるいは『大勇菩薩分別業報略』ともいわれ、大勇菩薩の作と伝えられているが、著者の伝は定かでない。

【内容】一巻。地獄・餓鬼・畜生・人・天（この中に阿修羅をも含める）の五趣の業報を分別したものであって、善悪の業報を要領よく略述している点では、他に類例を見ないめずらしい経文である。

【訳者・訳年代】劉宋の僧伽跋摩＊。

（佐藤秀孝）

0724 **仏説罪業応報教化地獄経**（ぶっせつざいごうおうほうきょうけじごくきょう）

罪業応報教化地獄経、地獄報応経、教化地獄経ともいう。

【内容】一巻。仏が信相菩薩の請に応じて、地獄・餓鬼・畜生・奴婢などの諸種受罪の衆生の前因を説いている。仏の白毫相の光が世界を照らして、一切受罪の衆生が仏の許に来詣する。そのとき信相菩薩がそれらの衆生を指して二十種にわたりその相状を述べ、その前因を問う。仏は一々にこれを説くと、衆生らは悲泣して仏に久しく世に住したまえと請う。これに対して仏は、もし久しく世に住したならば、薄徳の者は仏が常に在りと思って懈怠するであろうから、故に涅槃を示して仏に遭い難しの念を生ぜしむるのだと説く。こうして、衆生に対して、苦を離れる法である世善・帰依三宝・六度行・四無量を説き、もしこのように修行したなら永く衆苦を離れるであろうと結んでいる。

【訳者・訳年代】後漢の安世高＊。

（佐藤秀孝）

0725 **六道伽陀経**（ろくどうかだきょう）

仏説六道伽陀経ともいう。

【内容】一巻。きわめて短い偈頌によって六道の相を説き明かした経であり、六趣輪廻経0726に組織・内容ともに酷似している。人は身・口・意の三業の善悪によって種々の果報を受ける。もし殺害を行ずれば等活地獄に堕し、父母らに欺慢の行があれば黒縄地獄に堕するなど八大地獄の相を説く「地獄品」にはじまり、「畜生品」「餓鬼品」「人品」「修羅品」を経て、名利歓楽を棄て親眷を遠離する者は四王天に生ずるなどという「天品」に終わる。善によって安楽を得、悪によって苦痛を得るのだから、福を求め、罪を遠離せよと説いている。

【関連典籍】0726

【訳者・訳年代】北宋の法天＊。

（佐藤秀孝）

0726 **六趣輪廻経**（ろくしゅりんねきょう）

【成立】編者は馬鳴（アシュヴァゴーシャ）。

【内容】一巻。全体が流麗平明な偈誦よりなる。地獄・餓鬼・畜生・人間・修羅・天の六趣にわたって、その酬いを受ける業報のありさまとその原因を細かく説き、因果の理の正しいこと、善行を修するべきことを勧めている。ただし、畜生趣についで人趣を明かし、修羅趣は人趣の後にあってわずか四行のみの誦文であることは、六道の一般的公式から見ても変わっていることに注目される。

【関連典籍】0725

【訳者・訳年代】宋の日称＊等。

（佐藤秀孝）

0727 **十不善業道経**（じゅうふぜんごうどうきょう）

【成立】チベット訳も漢訳も馬鳴（アシュヴァゴーシャ）の作と伝えている。

【内容】一巻。身三・口四・意三の十不善業の何たるかを説き、それらが地獄の因であるから、これを遠離して十善業道を修学せよと結んでいる極短編の経典。

【訳者・訳年代】宋の日称＊等。

（佐藤秀孝）

0728 **諸法集要経**（しょほうじゅうようぎょう）

【成立】編者は観無畏。

【内容】十巻。正法念処広大契経0721より偈のみを抜出し、三十六品の品題の下に編纂したもの。抜出した法句を十五偈収めており、法句経0210の品題・構成等からの影響も指摘される。品題名は、伏除煩悩品第一・説法品第二・厭離自身品第三・遠離不善品第四・無常品第五・不放逸品第六・訶厭五欲品第七・離愛品第八・離欲邪行品第九・離酒過失品題十・治心品第十一・離悪語言品第十二・福非福業品第十三・教示衆生品第十四・説罪品第十五・地獄品第十六・餓鬼品第十七・畜生品第十八・飢乏業放品第十九・捨離懈怠品第二十・悲愍有情品第二十一・布施品第二十二・持戒品第二十三・忍辱品第二十四・精進品第二十五・禅定品第二十六・勝慧品第二十七・寂静品第二十八・聖道品第二十九・教誡比丘品第三十・福行品第三十一・生天品第三十二・快楽品第三十三・善知識品第三十四・王者治国品第三十五・称讃功徳品第三十六。本経は、その編纂方法を除けば、正法念処経に対して何らかの内容的特殊性を有するものではない。

【関連典籍】0721

【訳者・訳年代】宋の日称＊等。

【参考文献】森口光俊「正法念処経ならびに諸法集要経に説かれた六波羅蜜について」（印度学仏教学研究16−2）。

（桐野好覚）

0729 **仏説分別善悪所起経**（ぶっせつふんべつぜんあくしょききょう）

分別善悪所起経、善悪所起経、正法念経ともいう。

【内容】一巻。経の主旨は、善悪を分別して、善をなせば善を得、悪をなせば悪を得ると説くことにある。仏が舎衛国の祇洹阿難邪坻阿藍にあって五道生死の衆生のために、不殺の五福、不貪の五善、不犯女・不邪僻の五善、不両舌悪口綺語の五善、不飲酒の五善、不瞋恚の五善、為善の五善、喜殺生無慈の五悪、偸盗らの五悪、犯婦女の五悪、両舌らの五悪、飲酒の三十六失、誹謗賢者の五悪を説かれ、寿を求めれば寿を得、寿を求めなければ寿を得ず、病を求めれば病を得、病を求めなければ病を得ず、端正の好色を求めれば端正の好色を得、醜悪の色を求めれば醜悪の色を得るのであり、こうして甜を植えれば甜の実を得、稲を種えれば稲を得、豆を種えれば豆を得るように、人が善をなせば善を得、悪をなせば悪を得るのだと説かれる。ついでこの趣意が偈頌によって再説されている。

【訳者・訳年代】後漢の安世高＊。

（佐藤秀孝）

0730 **仏説処処経**（ぶっせつしょしょきょう）

処処経ともいう。

【内容】一巻。中国訳経中の初期に属するものであるだけに、雑然と仏教知識を集めた感があり、いわば仏教一般に関する紹介ともいえる内容で、経としての首尾一貫の組織を持っていない。おおよそ五十ばかりの項目になり、仏・菩薩・阿羅漢・辟支仏などについてその特性を挙げ、仏教徳目についてもきわめて端的な記述をなしており、とくに実践道徳に関する方面が説かれている。このため戒律に関するものが多いが、いわゆる戒律としての組織をもってまとめられてはいない。中国仏教初期の資料と合わせ見るなら、興味深いものがあろう。

【訳者・訳年代】後漢の安世高＊。

（佐藤秀孝）

0731 **仏説十八泥犁経**（ぶっせつじゅうはちないりきょう）

十八泥犁経、十八地獄経、地獄衆生相害十八泥犁経ともいう。

【内容】一巻。十八泥犁地獄の罪人受苦のありさまや寿命劫数の相状を述べ、悪行を去って善行に就くべきことを説く。入地半以下にある火泥犁が八。相見れば直ちに闘わんとする先就乎。大火中にあって闘う居盧倅略。火中にあって言いようもなく熱い桑居都。城中に入れば焼鉄のごとく熱く肌が尽く爛れる楼。鉄杖を持った守犁者のために火に満ちた大深浴中に追い込まれて身が焼焦させられる旁卒。火に満ちた高広な城内に入れられて鉄をもって覆われる草烏卑次。焼かれた大鉄をもって貫いて内に入れられ、出ようとすれば門が閉じて無歳数のあいだ苦を受ける都意難且。地が尽く火で息をすることができず、爛焦して苦しいことが他の犁に万倍する不盧都般乎。さらに天地際にあって身が尽く凍結して言いようもなく寒い寒泥犁の十として、烏竟都・泥盧都・烏略・烏満・烏藉・烏呼・須健渠・末頭乾直呼・区逋塗・沈莫を挙げている。このような泥犁に一度落ちた者であっても、善を行うこと多く、悪を行うこと少ないならば出ることができ、その反対ならばますます深く入るという。

【訳者・訳年代】後漢の安世高＊。

（佐藤秀孝）

0732 **仏説罵意経**（ぶっせつめいきょう）

罵意経ともいう。

【内容】一巻。一切善悪の法を雑説し、道人の誓めとしたもの。内容は婬妷の五罪（亡銭財など）に始まり、没法の六事、あるいは百の仏寺を造るよりは一人を活かすべきことを説き、人意を乱す五魔、貪人など不可信の八輩、五嫉・五諍などを述べ、戒を持せずしては道を行ずることはできないと教える。また夢の因縁、畜生の角のこと、鸚鵡の脣嘴が赤い因縁、さらには怖人は鹿となるなどの後世の果報、二十八天より地獄までの善悪果報の別などを説き、最後に人物が空・無所得・一切皆空に帰するものであるから、貪るべからずと戒めている。この経はきわめて素朴的に善を勧め悪を罰せんとするものであり、このような教訓を雑然と並べている点で、律に似ている。

【訳者・訳年代】後漢の安世高＊。

（佐藤秀孝）

0733 **仏説堅意経**（ぶっせつけんいきょう）

堅意経、堅心正意経、堅心経、堅経ともいう。

【内容】一巻。仏が阿難に対して十項目あまりの教訓を述べた短編の経典。忍を先として万悪が消滅すると教え、仏法を聞くことはたとえ一日でも半日でも一時でも半時でも可であり、それができなくとも須臾であっても量り知れない福があると諭すなど、実に仏教伝来初期の面目を髣髴させる興味深い経典である。

【訳者・訳年代】後漢の安世高＊。　（佐藤秀孝）

0734 **仏説鬼問目連経**（ぶっせつきもんもくれんぎょう）

鬼問目連経ともいう。

【内容】一巻。きわめて短少の経典。仏が王舎城の迦蘭陀竹園に在ったとき、目連が恒河の辺で諸鬼に会い、それぞれの鬼の受罪が同じくないので、その因縁が何によるのかを鬼と目連が一問一答する形式となっている。頭痛を患うのは人であったときに杖で衆生の頭を打ったためであるとかなど、因果応報の地獄思想が発達した部派仏教時代の成立と見られる。餓鬼報応経0746と同本異訳で、記述事項はだいたい同じであり、行文は平易・簡潔である。

【関連典籍】0746

【訳者・訳年代】後漢の安世高＊。　（佐藤秀孝）

0735 **仏説四願経**（ぶっせつしがんぎょう）

四願経、四不如願経ともいう。

【内容】一巻。仏が拘夷耶竭国に在ったとき、長者の純陀が当年一四歳の子を喪って泣哭憂愁し、妻や眷属とともに仏に詣でて質問する。人が財産を貯めるためにあえて衣食せず、布施を知らず、経戒を奉ぜずに努め、しかもその願いを得たときに死に会い、啼哭して棺に財宝・衣被・飲食を入れて遣送することは、はたして死者を益することになるのかと尋ねる。仏は純陀のために人生に四願があることを説き、四願がたとえ満たされても、命が尽きるときにはその一つすら従うことがないことを明かし、このため賢者は恩愛六根を抜いて三悪道を絶し、不老・不病・不死の三善道を得るために堅くその意を守るのだと説く。ちなみに四願とは沐浴荘飾し飲食して身を愛すること、財産・官爵・俸禄を得んとすること、父母・兄弟・妻子・親族・朋友・知識があって恩愛栄楽せんとすること、心を放ち意を恣にして五楽に婬せんとすることの四つである。宋・元・明の三本にはさらに人間の生活相について詳説し、かつ六思想・八行識・七処・三観などを説いて訓誨している。

【訳者・訳年代】呉の支謙＊。　（佐藤秀孝）

0736 **仏説四自侵経**（ぶっせつしじしんきょう）

四自侵経ともいう。

【内容】一巻。夙夜不学・老不止婬・得財不施・不受仏言という四つは、ともに心より出て、しかもかえって自らその身を侵すに至るとして、人界の無常・輪廻の尽きないことを詳述して訓誨としている。対告を有せざる注釈型の経典である。

【関連典籍】

【訳者・訳年代】西晋の竺法護＊。　（佐藤秀孝）

0737 **所欲致患経**（しょよくちげんぎょう）

【内容】一巻。仏があるとき祇園精舎に五百比丘とともに患い、一日、諸比丘が分衛して外道異学に会い、患いの因、五陰（色・痛痒・思想・生死・識）を苦となす所以などについて難問される。諸比丘は分衛後、仏の所に詣でてこのことを問う。仏は五所欲が因縁より生ずるとして事例を挙げて広説し、ついで欲を捨てる道を明かし、とくに婦人について不浄観を提示し、さらに四禅などを勧説している。

【訳者・訳年代】西晋の竺法護＊（AD304）。　（佐藤秀孝）

0738 **仏説分別経**（ぶっせつふんべつきょう）

分別経ともいう。

【内容】一巻。仏が祇樹給孤独園に在って阿難および諸比丘に六悪・三苦・六恣・事仏の三輩などを説き、ついで阿難の問いに答えるものである。その所説を見るに、仏滅千歳像法の頃に真丹（中国）の土において魔事が盛んで正道は閉塞せられ、経法ありと雖も学ぶ者が少なく、学ぶ者がいても行ずる者は少なく、俗行を習い妻子を蓄え好衣服を求め、世辞を学び世を追い礼は廃れ、群党が相随い世誉を求める者が多いことを嘆いている。おそらくこうした事実を嘆く者がそのすべてを阿難の問いとし、自己の批判を仏の答えとして説いたものが本経であろう。

【訳者・訳年代】西晋の竺法護＊。

（佐藤秀孝）

0739 **仏説慢法経**（ぶっせつまんぽうぎょう）

慢法経ともいう。

【内容】一巻。題意に従えば、法を侮り軽んずることで、そのようなことのないよう誡める意であろうが、実際には内容は、仏に仕えても明師に値わなければ福を得ることができないと説き、明師を得て戒法を受け、精進奉行せよと勧めている。

【訳者・訳年代】西晋の法炬＊。

（佐藤秀孝）

0740 **仏説頞多和多耆経**（ぶっせつあんたわたぎきょう）

頞多和多耆経ともいう。

【内容】一巻。梅檀調弗天人が仏に頞多和多耆経を説かんことを乞うと、仏が布施に八事・十因縁があることを示す。八事とは、愚痴の人は、布施をするが、布施を説く仏の根本的立場を知らないのを八点から示している。そして、たとい布施をしてもそれが布施の精神を没却した行為にすぎないのを十方面から説いたのが十因縁である。このように愚痴の者の布施が如何に布施の真意義から隔たっているかを述べている。ただ、頞多和多耆というのが布施に関することを意味していると見られるものの、その字義は不明である。

【訳者・訳年代】訳者不明（西晋代）。

（佐藤秀孝）

0741 **五苦章句経**（ごくしょうくぎょう）

五苦経、道章句経、五道章句経、諸天五苦経、浄除罪蓋娯楽仏法経ともいう。

【内容】一巻。三界五道に生死は絶えることなく、諸天・人道・畜生・餓鬼・地獄の五苦があることを説き、その一つひとつを詳説してその離脱を勧め、また閻羅王が五天使を世に遣わして衆生を警策することを説く。阿難をしてこの経を受持し諷誦して広く人々のために流布せしめることを説いて終わる。

【訳者・訳年代】東晋の曇無蘭＊。

（佐藤秀孝）

0742 **仏説自愛経**（ぶっせつじあいきょう）

自愛経、自愛不自愛経ともいう。

【内容】一巻。仏が祇樹給孤独園に在ったとき、一国王が請じて自愛の法を問う。仏はために自愛不自愛の真偽を説く。ときに二商人があって仏の説法を聞き、一人は仏を讃じ、一人は仏を謗する。二人は仏の下を辞し去って途中でともに酒を飲み、謗仏者は酔いつぶれて路傍に臥し、翌朝、五百車の通過で轢殺される。讃仏者はさらに旅をして舎衛城を去る数万里の地に到る。たまたまその国の王が死して太子がなく、衆臣らが後継者を議するに当たって讖書を占ったところ、「中土に微人あり、当に斯の土の王たるべし」とある。亡き王に愛馬があり、常に王を礼していたことから、衆臣らはこの馬が礼する者を王としようと議し、馬を厳飾して道を引く。すると馬が彼の讃仏者の商人に会うや、膝を屈めてその足を舐めたため、衆臣はこの商人を拝して王とする。この王はこれを仏恩の致すところであるとして仏の来化を心念する。仏はこれを知って弟子たちを率いて来化し、「心為法本、心尊心使」（ダンマパタ1―2に相当）などの偈ならびに五重罪を説いて訓誡する。五重罪とは一に不孝・不忠・殺親・殺君・家滅・国乱、二に羅漢に向かうこと、三に仏を悪謗すること、四に比丘僧を悩ますこと、五に仏廟を毀盗することをいう。

【訳者・訳年代】東晋の曇無蘭＊。

（佐藤秀孝）

0743 **仏説忠心経**（ぶっせつちゅうしんきょう）

忠心経、忠心正行経ともいう。

【内容】一巻。仏が辺境の国の梵志らのために心を端して阿羅漢道を得るべきことを説いたもの。目連が神通力によって辺境の国に到ったところ、三尊の至霊を見ず、如来の無所著正真等正覚神妙清化を聞くことなく、転倒衆邪の行を習しながらそれを真諦となしている五百の梵志がいたことから、彼らを仏前に伴い、その微垢を蕩し、真浄を成ぜしめんことを請う。すると仏は、度世の道は心を本とすべきことを説く。また心を端するには閑処において自らその気息を呼吸し、息の長短を知るべきである。内を見、外を観じ、少しも動けばすぐに自らその意を守る。人の心はたとえば鏡のごときものであるから、くもっていてはそのかたちが見えない。自ら意を守って貪婬・瞋恚・愚痴を去るのは鏡を磨くようなものであると説く。この仏の説経を聞いて五百の沙門はみな阿羅漢道を得た。仏弟子の阿難はその得道があまりに早いのを疑って、そのわけを仏に尋ねる。仏はこれに答えて、彼の梵志らは過去迦葉仏のときにこの経を愛誦していたのであって、中間の無仏の世にそれを廃していたが、いままた説経を聞き道を得たのであると語る。過去の下種を今経において得脱することを明かすものである。

【訳者・訳年代】東晋の曇無蘭＊。

（佐藤秀孝）

0744 **仏説除恐災患経**（ぶっせつじょくさいけんぎょう）

除恐災患経ともいう。

【内容】一巻。仏世尊が王舎城に在ったとき、維耶離城に疫病が流行し、無数の死者が出た。国王はじめ国を挙げて対策を議し種々の説が出たが、城中の長者弾尼（才明）という仏教信者の動議で仏の来臨を仰ぐことになり、使者に長者自身が選ばれる。当時、維耶離は王舎城と敵対関係にあったが、才明の手腕によって王舎城の阿闍世王の反対もなく、仏の承諾を得て、一ヶ月後に仏が維耶離に赴く。仏は自らの過去世の善業として恒河の河岸にて八万四千の餓鬼を済度した因縁談を示す。仏が維耶離城に入ると、種々の奇蹟が起こり、衆の病も一時に除癒する。才明は一族の名のもとに仏を十六日間も供養し、このため国王らは仏に会うことができなかったとされ、才明が一人で仏を供養するに至る過去世の因縁談が述べられる。最後に仏は奈女林精舎に遊至し、遊女の奈女の供養を受け、ここでも奈女の前世の善根に関する因縁談が説かれている。このように多くの因縁談が含まれ、説法による聴者の得益や、災患を除くなどの仏の大威神力が述べられている。本経以前に曹魏の白延訳の『除災患経』一巻が存したとされるが、欠本で伝えられない。

【訳者・訳年代】西秦の聖堅。

（佐藤秀孝）

0745 **仏説雑蔵経**（ぶっせつぞうぞうぎょう）

雑蔵経ともいう。

【内容】一巻。若干の因縁説話を集録した経典。「仏弟子諸阿羅漢、諸行各々第一たり。舎利弗の如きは智慧第一、微妙の法を楽説す。目連は神足第一、常に神通に乗じ、六道に至りて衆生の受苦・善悪の果報を見、還り来たりて人の為に之れを説く」という冒頭にはじまり、一般の経典の形式と相違する。目連が餓鬼を見た説話、十七種の餓鬼の因縁を挙げ、つぎに天女を見た説話、舎利弗の衣を洗った善因で天に生まれた水汲み人足の話、目連の見た一鬼神の話、さらに五指より甘露の流れ出る話、最後に槃提国王憂達那の出家の因縁説話が載せられる。国王出家の後、洴沙王と問答する一条があって、この説話は未完結のまま終わっている。

【訳者・訳年代】東晋の法顕。

（佐藤秀孝）

0746 **餓鬼報応経**（がきほうおうきょう）

【内容】一巻。大目犍連が耆闍崛山にある折に恒水辺を遊行して、多くの餓鬼（プレタ）

に会って受業の因縁を問われ、これに答えるかたちになっている。善悪因果応報の小乗的思想に立脚しており、地獄餓鬼思想の発達した部派仏教の所産であろう。とくに目連が鬼と問答するのは、目連が餓鬼趣に落ちた母を救ったという発想にちなむものである。行文は平明・簡潔である。鬼問目連経0734と同経異訳らしく記述項目も似るところがある。

【関連典籍】0734

【訳者・訳年代】訳者不明（東晋代）。

（佐藤秀孝）

0747 **仏説罪福報応経**（ぶっせつざいふくほうおうきょう）

罪福報応経、五道輪転経、輪転五道経、五道輪転、輪転五道罪福報応経ともいう。

【内容】一巻。仏が迦毘羅衛と舎衛との二国間に生じた一大尼拘類樹について、阿難に対して天地万物みな宿縁があることを説いたもの。尼拘類樹が一核より生じて無限に長大増殖するごとく、人もまた善悪業によって輪転五道の報いを受けるものであることを例示している。

【関連典籍】別本に仏説輪転五道罪福報応経（一巻。訳者同）がある。

【訳者・訳年代】劉宋の求那跋陀羅＊。

（佐藤秀孝）

0748 **仏説護浄経**（ぶっせつごじょうきょう）

護浄経ともいう。

【内容】一巻。仏が一つの池の中に黒虫がいるのを見て、不浄食を食らうものの報いを説き、浄食を食することを示したものである。

【訳者・訳年代】訳者不明（東晋代）。

（佐藤秀孝）

0749 **仏説因縁僧護経**（ぶっせついんねんそうごきょう）

因縁僧護経、僧護因縁経、僧護経ともいう。

【内容】一巻。比丘僧護が旅行中に遭遇した衆生の怖畏すべき状態（実は地獄）五〇余項にわたって、仏がその由来を説き、僧院における比丘の共同生活にあっては、とくに戒を守り毘尼（集団の規律）に順じ、衆と私との混同を避けるべきことを示している。五〇余の例では、四方僧物を私したり、衆僧に施すのを妨げたり、犍稚を打つべきを怠るなど、戒を破り私欲に禍されるのがその大半を占めている。ことにこの獄にある者は、俗人は少なく僧が多い。それは出家が破戒を喜び、毘尼に順ぜず、互いに相い欺凌し、僧物を私用し、食に公平を欠くところにあるとする。これを僧護の経験として、持戒を満足し、軽重を問わず、常に念頭において犯さない者のみが供養を得るべきことを示したものであるが、また僧院生活の半面を物語るものともいえよう。

【訳者・訳年代】訳者不明（東晋代）。

（佐藤秀孝）

0750 **沙弥羅経**（しゃみらきょう）

【内容】一巻。呉の支謙が訳した『五母経』の異訳。因縁譚類の経典であって、仏説の形式を取っていない。一小児があり、年七歳で出家学道し、阿羅漢を証悟する。一日、宿命を観じて五母のために子となったことを知って微笑し、師に微笑の因縁を問われて開説する。すなわち、五人の女性のために順次に子として生まれ、何れにおいても夭逝したため、五母がみな悲泣して亡き子を念じていることを知ったとして、一身一魄にして五母の子となったことを告げる。そして、世寿の無常なること、輪廻の極まりないことを知って、速やかに仏道に就くべきことを述べて師の下を去るという内容である。

【訳者・訳年代】訳者不明（三秦代）。

（佐藤秀孝）

0751 **仏説五無反復経**（ぶっせつごむほんぷくぎょう）

五無反復経、五反復大義経ともいう。

【内容】一巻。王舎城の一梵志が舎衛国の人々は孝順でよく三宝を恭敬すると聞いて、舎衛城に赴く途中、一農夫の子が耕作中に毒蛇に噛み殺されたのを見る。ときに父・母・姉・妻らは一向にこれを悲しまず、生あるものは死し、すべて因縁の和合によってともに止住しているものであって見れば、縁がなければ離れるのは当然であり、憂い悲しむのは死者のためには何らの利益もないものと平然としているのを嘆き、これこそ反復のないものであるとして、祇園精舎に詣でて仏に教えを受ける。仏はこれらの者こそ反復あるものとして、諸行無常の理を説き、梵志に浄眼を開かしめたという。

同名の別本（一巻。訳者同）がある。

【関連典籍】0752

【訳者・訳年代】劉宋の沮渠京声＊。

（佐藤秀孝）

0752 **仏説五無返復経**（ぶっせつごむほんぷくぎょう）

五無返復経、五無返覆大義経ともいう。

【内容】一巻。五無反復経0751と同一人の訳出であるが、字句の上に多少の相違が存する。高麗本・宋本・元本ともにこれを欠き、明本にのみ収録する。

【関連典籍】0751

【訳者・訳年代】劉宋の沮渠京声＊。

（佐藤秀孝）

0753 **十二品生死経**（じゅうにほんしょうじきょう）

【内容】一巻。仏が諸比丘のために四果の人より三塗に至るまで善悪・生死に十二品があることを説く。十二品とは、無余死羅漢果・度於死阿那含果・有余死斯陀含果・学度死須陀洹果・無欺死八等人・歓喜死行一心・数数死悪戒人・悔死者凡夫・横死者孤独苦・縛著死畜生・焼爛死地獄・飢渇死餓鬼である。比丘はこれをよく知らねばならないとして、放逸・婬色・諸横を誡め、閑処に在って一心に禅を学ぶべしと説いている。

【訳者・訳年代】劉宋の求那跋陀羅＊。

（佐藤秀孝）

0754 **仏説未曾有因縁経**（ぶっせつみぞういんねんきょう）

未曾有因縁経、未曾有経ともいう。

【内容】二巻。仏が目連を迦毘羅城に赴かせ、諸親に告げて九歳の羅睺羅（ラーフラ）を出家して沙弥たらしめんとする。耶輸陀羅（ヤショーダラ）がこれを怨み悲しむと、仏はさらに化人を遣わし、耶輸陀羅を説得し、五十人の公子とともに剃髪出家させる。しかし、羅睺羅は幼稚で嬉戯に沈着し、聴法を好まず、仏がしばしば告勅しても肯かない。ときに波斯匿王が群臣を従えて問訊したのを機会に仏は法を説く。王や群臣が苦坐に堪えられず還らんとするのを見て、仏は羅睺羅等を呼び寄せ、野干堕井の本縁を説き、聴法の功の大なることを明かす。ついで王のために般若智慧方便を説き、十善の法を授けると、王および群臣は無上の道心を発する。ときに王の夫人が仏のところに来至し、輦輿の摩尼珠盗難事件が起こり、仏はためにその四担輿石女の往因（提違女人譚）を説き、業報を明かす。つぎに五百比丘の懺悔発露を聴し、羅睺羅に智慧を修学すべきことを諭す。また会中の祇陀王子のために五戒開遮の方便を説き、波斯匿王のために末利夫人の功徳を説き、さらに十善道をもって展転教化し、一灯が無量灯を燃やすがごとくするのが師恩に報ずる所以であることを教え、最後にこの経の流通を阿難に付嘱している。

【訳者・訳年代】蕭斉の曇景。

（佐藤秀孝）

0755 **仏説浄意優婆塞所問経**（ぶっせつじょういうばそくしょもんぎょう）

浄意優婆塞所問経、浄意問経ともいう。

【内容】一巻。異伝が種々あり、『鸚鵡経』『分別善悪報応経』『兜調経』などを参照。仏が祇樹給孤独園に在って浄意兜泥耶子の問いに応じて、十四のことについて業報因果の理を略説し、浄意は感激して生涯にわたり仏の優婆塞たることを誓っている。十四とは、命を殺す因によって短寿の果を獲ること、殺さない因によって長寿の果を感ずること、悩害する因によって多病の果を感ずること、悩害しない因によって少病の果を感ずること、忿恚する因によって醜陋の果を感じること、忿恚しない因によって端正の果を感じること、意うべきことを障げる因によって意のごとくならざる果を感じること、他の意うべきことを障げない因によって意のごとくなるかを感じること、我慢を起こして自ら高くなす因によって下族の果を感じること、我慢を起こして自ら高くなさない因によって上族の果を感じること、慳悋する因によって貧窮の果を感じること、慳悋しない因によって富貴の果を感じること、法を楽しまず法を問わない因によって愚痴の果を感じること、法を愛楽し法を請問する因によって智慧を感じること、である。

【訳者・訳年代】宋の施護＊。

（佐藤秀孝）

0756 **仏説八無暇有暇経**（ぶっせつはちむけうけきょう）

八無暇有暇経ともいう。

【内容】一巻。仏が室羅伐城の逝多林給孤独園に在って、諸比丘のために、聖行に住し善法を修せんと欲しても暇がなくて修習することができない八事として、地獄中に堕して大苦悩を受けること、餓鬼中に堕して諸苦悩を受けること、傍生中に堕して諸苦悩を受けること、長寿天中に生じて知暁する所がないこと、辺地下賤中に生じて不聞不見であること、中国（インド）に生じても障害を持っていること、極邪見を生じること、極正見を生じても将導して出離の門を開くことがないことの八つを説く。ついで中国に生じて諸根具足し、暇ある者は勇猛精進して善法律を如実に修行し、展転に相い教え展転に懺悔し、常に三業を浄めて十善を行ぜよと説く。さらに以上のことが伽陀（韻文）によってまとめられている。本経の主旨は有暇人を勧励することにある。

【訳者・訳年代】唐の義浄＊（AD701）。

（佐藤秀孝）

0757 **仏説身毛喜竪経**（ぶっせつしんもうきじゅきょう）

身毛喜竪経、身毛起竪経ともいう。

【内容】三巻。世尊が毘舎離国の最勝林に在ったとき、城中に長者子の善星がいた。彼は三宝を誹謗していたため、これを聞いた舎利弗が世尊に告げる。世尊は種々の例によって善星が悪趣に堕するものであることを説く。〈上巻〉では、善星が仏法について知見してはいるが、疑念を生じて信じないために悪趣に堕することを述べる。〈中巻〉では、因果応報を信ぜずに誹謗するために地獄に堕することを説き、ただ聖慧によって如実に覚了すべきことを示す。〈下巻〉では、婆羅門の種々の苦行が理に会わないことを示し、自ら苦行を捨てて正覚を得た因縁を明かしている。この教説によって尊者竜護が大歓喜し、身毛が悚竪したことから経名を得たとする。要するに、婆羅門の教法に対比して仏の教説がきわめて勝れたものであることを説く経であり、南方中部経にもMahā-Sthanāda-suttaとして残っている。

【訳者・訳年代】宋の惟浄＊等。

（佐藤秀孝）

0758 **仏説諸行有為経**（ぶっせつしょぎょういきょう）

諸行有為経ともいう。

【内容】一巻。仏が祇園精舎にて一二五〇人の比丘に「一切の行は遷流して無常である。生なくば滅なかるべきも、婆羅門・帝王・仙人・天衆・羅漢・辟支仏・正等覚者もみな無常を免るべからざること、造られたる陶ものが破壊し、熟たれる果が落つるがごときである。比丘等、生滅を怖れよ」と説く経である。『無常経』『無常三啓経』と対照。

【訳者・訳年代】宋の法天＊。

（佐藤秀孝）

0759 **仏説較量寿命経**（ぶっせつきょうりょうじゅみょうきょう）

較量寿命経ともいう。

【成立】五趣の寿命を較量するのは仏教世界観に属する思想であり、部派仏教によって発達しており、小乗阿毘達磨仏教の影響によって成立した経典であろう。

【内容】一巻。舎衛国の祇樹給孤独園における仏の説法であり、地獄より天上に至る五趣の衆生について寿命較量などのことを説いている。有情は阿鼻地獄より非想非非想処まで五趣を輪廻し、愛楽すべきでなく、羨むべきでなく、常に地獄・餓鬼と悪趣の苦を受けている。精進して輪廻を断滅すべきであると述べている。人間界より他の天上・地獄は寿命が長く激しいことを語り、人間界の無常を述べることで、精進を勧める意図が存しよう。

【訳者・訳年代】宋の天息災＊（AD980）。

（佐藤秀孝）

0760 **惟日雑難経**（ゆいにちぞうなんぎょう）

惟越雑難経ともいう。

【内容】一巻。惟日は惟曰の誤用であろう。最初に初受道遮利と論部の項目のように出して菩薩の行道修行（遮利）は究極に阿惟越致に至ることを目的とすると結論を示し、その後に菩薩の修するべき道品が説かれている。阿惟越致とは不退転の意であるが、訳語は不復転心となっており、古い訳出であることがわかる。おもに釈尊の生涯と本生話が中心で、四門出遊・捨家・苦行および須大拏太子の説話などが織りなされた中に、六度・七覚支・四諦などの道品が簡単に説かれ、維摩羅達女と文殊・舎利弗の問答があって、恕須蜜菩薩・曇摩阿偈菩薩の名を出し、十八不共法を列挙して終わっている。この十八不共法も大論にいうものとは若干異なっており、無有失・無有漏・意不忘意・不離定意不転などの項目になっている。菩薩が親を辞するとき、「我れ憂いあるが故に父母憂いあり、我れ道を得て憂いなければ父母また憂いなし」とか文殊との論議のとき「是の如き因縁、また不来、また不去なり」というあたりが思想的に重要であろう。しかし、この経では理論よりも実際の修行が重く見られており、その実行の困難を征伏することを教えている。

【訳者・訳年代】呉の支謙＊。

（佐藤秀孝）

0761 **仏説法集経**（ぶっせつほうじゅうきょう）

【内容】六巻。仏が入一切修行次第法門を説いたとき、その会中に在った無所発と奪迅慧の二菩薩は、別の楼閣宝堂にて問答を交わす。そこで無所発は仏の加力を承けつつ法集法門等を説く。仏は無所発の説く法集が仏意に契うとして肯んじ、舎利弗との問答を経た無所発は、仏との間に菩薩可能取法・如実修行不放逸義を明らめる。舎利弗等、十声聞が次々に各自の領解に出る法集を説き、仏より印可を受ける。また弥勒等、十三菩薩が順次に各々勝妙法集を説き、仏はこの法門が最勝であると強調し、無所発は希有の心を起こす。未来世十二劫を過ぎて正覚を成ずべきことを仏より授記された無所発は、未来世に法門を護持することを宣誓し、仏の讃歎を受けて本経は終わる。チベット訳が存し、その尾題に聖法集経中無所発品第十二とあることから、本経が宝積・大乗の如き大経としての法集経の一部であったらしいことが推測される。

【訳者・訳年代】北魏の菩提流支＊（AD515）。

（桐野好覚）

0762 **仏説決定義経**（ぶっせつけつじょうぎきょう）

【内容】一巻。仏が舎衛国祇樹給孤独園に一二五〇人の比丘衆と共に在ったとき、諸比丘たちからの「決定の正義とは何か」という問いに答えて説いたとされる。五蘊・五取蘊・十八界・十二処・十二縁生・四聖諦・二十二根・如来十力・四無所畏・四禅定・四無色定・四無量行・四無礙智・四三摩地想・四念処・四聖断・四神足・五根・五力・七覚支・八正道が決定の正しき義であるとし、その一つ一つについて詳説している。本経は法乗義決定経0763のほぼ前半部に相当する異訳である。

【関連典籍】0763

【訳者・訳年代】宋の法賢＊（AD1001）。

（桐野好覚）

0763 **仏説法乗義決定経**（ぶっせつほうじょうぎ

けつじょうきょう）

【内容】三巻。釈尊の鹿野苑での説法について、甚深勇猛比丘の問いに答える形で、五蘊・五取蘊・十二処・十八界・十二縁生支・四聖諦法・二十二根・五三摩地・四禅天定（四禅定地）・四無色定・四無量心・四三摩地・住四念処・四聖断・四神足・五根・五力・七覚支・八聖道・十六心念・声聞四果・如来十力・四無所畏・四無礙弁・十八不共法・三十二大丈夫相（如来三十二相）・八十種随形相好（世尊八十種好）のそれぞれについて説き明かした経。決定義経0762は、この経の前半の異訳にあたるが、甚深勇猛の名を挙げていないなどの異同がある。

【関連典籍】0762

【訳者・訳年代】宋の金総持等（AD1107～10）。

（熊本英人）

0764 **仏説法集名数経**（ぶっせつほうじゅうみょうじゅきょう）

法集名数経ともいう。

【内容】一巻。三宝・三乗・七種最上供養・三根本・十波羅蜜・十八空など、教理が数によってまとめられたものを、六十種に分けて列記した経。

【訳者・訳年代】宋の施護＊。

（熊本英人）

0765 **本事経**（ほんじきょう）

【内容】七巻。本事は、かくの如きできごとの意で、如是語のあるものを、数字によって一法品・二法品・三法品の三種に分けて説いた経。一法品は、無別一法など一法を説く六十経、二法品は、二種法など二法を説く五十経、三法品は、三因三縁など三法を説く二十八経からなる。梵本は不伝であるが、南伝パーリ三蔵の小部経典の如是語経と同系統のものと考えられる。漢訳本は、南伝のものより詳細で、出世間の道徳に加えて世間の道徳を説くなど内容も増大している。

【訳者・訳年代】唐の玄奘＊（AD650）。

【参考文献】渡辺海旭「南北両伝の本事経」『壺月全集』上。

（熊本英人）

0766 **仏説法身経**（ぶっせつほっしんぎょう）

法身経ともいう。

【内容】一巻。如来を、法身と化身の二つに分けて説いた経。化身は、父母所生の身であって、三十二相八十種好を備えた肉身を持ち、十力・四無所畏・三不空法・三念住法・三不護法・四無量法を具えている。法身は、不可思議・不可称量で、その功徳を説くことはできず、純一無二で、煩悩や生滅を超えたものである。これらを数字に約して説いている。

【訳者・訳年代】宋の法賢＊（AD1001）。

（熊本英人）

0767 **仏説三品弟子経**（ぶっせつさんぼんでしきょう）

三品弟子経、弟子学有三輩経ともいう。

【内容】一巻。釈尊が、阿難の質問を受けて、優婆塞の学道を、上中下の三つに分けて説明した経。五戒の受持と、すべてのことを知りつくす仏の一切智を得せしむる菩薩法などを説き、大乗行を尊重している。大品般若経成立以降のものと考えられる。

【訳者・訳年代】呉の支謙＊。

（熊本英人）

0768 **三慧経**（さんえきょう）

【内容】一巻。この経典は仏教を修行する人たちの指針となる条目を集めた経典である。全部で六十余の条目からなり、箴言、比喩、因縁説話などからなる。この経典に説かれているそれぞれの条目は他の経典から抜き集められたものと思われる。この経典の題名である三慧は何に基づいているのか明らかではないが、この経典の冒頭には「仏常に三人を得んと欲す。一には信、二には問、三には行」と説かれており、この経典の題名である三慧との関係をうかがわせる。

【訳者・訳年代】訳者不明（東晋代）。

（栗谷良道）

0769 **仏説四輩経**（ぶっせつしはいきょう）

四輩弟子経、四輩学経、四輩経ともいう。

【内容】一巻。男性出家弟子・女性出家弟子・男性在家信者・女性在家信者の四輩に対する教戒が説かれている。男性出家弟子に対しては大乗を志し、四無量心を修め、常に般若波羅蜜をもって衆生を導かねばならないことが説かれ、女性出家弟子に対しては出家の男性と同廟に止宿してはいけないこと、女性の師より教えを受け、男性からは教えを受けてはならないこと、衣服は質素にすべきこと、戒行清浄にすべきことなどが説かれている。男性在家信者に対しては五戒六斎戒を受持し朝暮に焼香礼拝すべきこと、四無量心に基づいて人に接し、般若波羅蜜をもって人を導くべきことが説かれ、女性在家信者に対しては同じく五戒六斎戒を受持し、軽々しく他人の家に止宿することを慎み、世間の男性と戯言戯笑することを慎み、罵詈雑言することを慎むべきことなどが説かれている。この経典で女性の出家者が男性の師ではなく女性の師に教えを受けるべきことを説いている点は特筆すべきことである。なお、大蔵聖教法宝標目第五には三品弟子経の同本異訳としているが内容は全く異なる。

【訳者・訳年代】西晋の竺法護（じくほうご）＊。

（粟谷良道）

0770 **仏説四不可得経**（ぶっせつしふかとくきょう）

四不可得経、四不得経、四不可経ともいう。

【内容】一巻。この経典は常少・無病・長寿・不死の四事が不可得であることを説く。四人の兄弟が出家して仙人となり、神通力を得るが、命の尽きるときが来るのを知り、死を免れようとして神通力を駆使する物語が説かれている。一人は空中に踊在して身を隠し、一人は街の中に入って身を眩まし、一人は海中の水面と水府との隙間に身を隠し、一人は山を開いて中に入り再び閉じて身を隠し、それぞれが無常の手の及ぶことを避けようとするのであるが、無常の襲来は避けることができず、四人の努力も虚しく、死の訪れるときが来ることを説いている。そして、この四苦を離れるための仏道の修行法が説かれている。

【訳者・訳年代】西晋の竺法護（じくほうご）＊。

（粟谷良道）

0771 **四品学法経**（しぼんがくほうきょう）

四品学法、四品覚法経ともいう。

【内容】一巻。戒行の受持について、上品、中品、下品、外品の四品のあることが説かれている。上品は真学と名づけられ、戒行具備・多知経法・能化度人の三徳があるとする。中品は承法学と名づけられ、専ら五戒を受持し罪福を信じて教えを実践するとする。下品は依福学と名づけられ、五戒の中の酒戒のみを受持せず、世間の習俗に随って俗事を変えることがないとする。外品は散侍法と名づけられ、身帰法・供養法・同学法の三事を自ら分別するとする。この経典には真学・承法学・依福学・散侍法の四品を学ぶべきであることが説かれている。

【訳者・訳年代】劉宋の求那跋陀羅（ぐなばつだら）＊。

（粟谷良道）

0772 **大乗四法経**（だいじょうしほうきょう）

四法経ともいう。

【内容】一巻。大乗の菩薩摩訶薩が修行すべき四種の法を説く。一に菩提心を発すること、二に善知識に近づくこと、三に堪忍愛楽に住すること、四に阿練若（あらんにゃ）（空閑処）に依止すること、である。この経は薄伽梵（仏）が室羅筏（しらばつ）の誓多林給孤独園（せいたりんぎっこどくおん）において大比丘一二五〇人および無量の菩薩摩訶薩のために説いたものであり、菩薩はその寿量を尽くして修行し、喪命の因縁にあっても捨てないものであると述べている。別訳に仏説菩薩修行四法経0773がある。同名の実叉難陀（じっしゃなんだ）訳の大乗四法経0774とは内容が異なる。本経の注釈書として敦煌写本の大乗四法経釈・大乗四法経釈鈔2784・大乗四法経論広釈開決記2785がある。

【関連典籍】0773・2784・2785

【訳者・訳年代】唐の地婆訶羅（じばから）＊（AD680）。

（佐藤秀孝）

0773 **仏説菩薩修行四法経**（ぶっせつぼさつしゅぎょうしほうぎょう）

菩薩修行四法経ともいう。

【内容】一巻。仏が祇樹給孤独園に在って諸比丘に無上菩提を求めるべきことを勧め、その修法として四つを説いている。一は大菩提心を発して退転しないこと、二は善友に親近して遠離しないこと、三は忍辱を修して瞋恚しないこと、四は寂静処に依って憒閙を思わないことである。異訳に大乗四法経0772があり、東大原寺における初訳とされるのに対し、本経は弘福寺での再訳といわれる。

【関連典籍】0772。チベット訳もある。

【訳者・訳年代】唐の地婆訶羅＊（AD681）。

（佐藤秀孝）

0774 **大乗四法経**（だいじょうしほうきょう）

四法経ともいう。

【内容】一巻。世尊の前で文殊師利が兜率陀天の善勝という者に、菩薩所発の四種の心、所具の四種の法と四種の夢、および三五の菩薩を成就する住菩提法、最後に菩薩の遠離すべき十種の慢心を説き、これらの法門を世尊が弥勒菩薩・迦葉・阿難に付嘱したことを説いている。大乗四法経0772・仏説菩薩修行四法経0773は題名を同じくするが全く別のものである。前二者は単に一種の菩薩修行法を挙げたきわめて簡単なものだが、本経は同じく菩薩道に関するものを設けたものであってもその内容はきわめて豊富かつ雑多である。

【訳者・訳年代】唐の実叉難陀＊。

（佐藤秀孝）

0775 **仏説四無所畏経**（ぶっせつしむしょいきょう）

四無所畏経ともいう。

【内容】一巻。仏が祇樹給孤独園に在って諸比丘のために如来の四無所畏を説いた経。二段に分かれ、初段には四無所畏を解説し、後段では仏が八衆中にあって恐れるところなきを説いている。パーリ中部経典のNo.12大師子吼経（漢訳の身毛喜竪経0757巻上）の一節にこれに相当する記載が存する。

【関連典籍】0757

【訳者・訳年代】宋の施護＊。

（佐藤秀孝）

0776 **仏説四品法門経**（ぶっせつしぼんほうもんぎょう）

四品法門経、法鏡経、甘露鼓経、多界経ともいう。

【内容】一巻。仏が祇樹給孤独園に在ったとき、阿難が愚人には諸種の驚怖のことがあるのに智者には何故ないのかを問う。仏は「法において了ぜざる故に愚と名づけ、法において揀択し能く是非を了ずる故に智人と名づく」と説き、さらにその了不了の法に界法・処法・縁生法・処非処法の四品があるとする。界法については十八界、地水などの六界、喜楽などの六界、貪瞋などの六界、受想行識の四界、欲色無色の三界、下中上の三界、善不善無記の三界、有学無学無学の三界、有無漏の二界、有無為の二界を挙げ、処法は十二処、縁生法は十二縁起法を詳しく引く。処非処法は身口意に不善法をなして善報を得ようとするのは無是処、善法をなして善報を得ようとするのは有是処などと各種の例を挙げている。中阿含経0026（181）多界経の異本である。

【関連典籍】0026

【訳者・訳年代】宋の法賢＊。

（佐藤秀孝）

0777 **仏説賢者五福徳経**（ぶっせつげんじゃごふくとくきょう）

賢者五福徳経、賢者五福経、五福徳経ともいう。

【内容】一巻。仏が諸比丘に対して、説法者に五福徳があることを説いた経である。五福徳とは長寿・大富・端正・名誉・大智の五つである。

【訳者・訳年代】西晋の白法祖＊。

（佐藤秀孝）

0778 **仏説菩薩内習六波羅蜜経**（ぶっせつぼさつないじゅうろっぱらみつきょう）

菩薩内習六波羅蜜経、内六波羅蜜経、内習六波羅蜜経ともいう。

【内容】一巻。菩薩道を学ぼうとする者は数・随・止・観・還・浄の六から始める。この六は布施・持戒・忍辱・精進・禅定・般若の六波羅蜜であり、それぞれ悪貪・婬怒・瞋恚・懈怠・乱意・愚痴を除かんため、また主として身・眼・耳・鼻・舌・意の六を制するためであるとして、その所以を説いている。さらに仏は阿難に空無所有を道とすべきことを説いている。巻尾に第一発意菩薩、第二持地菩薩から第十補処菩薩に至る十位を列記している。

【訳者・訳年代】後漢の厳仏調＊(AD188)。

（佐藤秀孝）

0779 仏説八大人覚経（ぶっせつはちだいにんがくきょう）

八大人覚経ともいう。

【内容】一巻。隋の費長房は本経を小乗経としたが、唐の道宣は大乗経に入れている。八大人覚とは覚世無常・覚多欲・覚心不足・覚懈怠・覚愚痴・覚貪怨・覚欲過患・覚生死であり、仏弟子たる者が昼夜に至心に誦念すべきものである。この八事は諸仏菩薩の大人が覚悟したところであって、大人の覚悟とは、法身の理性と涅槃の修徳との完成という自覚の成就と、八事をもって一切衆生を導いて生死の苦であることを衆生に覚らしめ、五欲を捨離し聖道を修させるところの覚他の成就、この二利の満足をいう。また本経は懈怠を誡め、少欲を修せしめるなど仏遺教経0389と類似する点が多いが、同経が戒律精神に基づいているのに対し、本経は観察覚悟を勧めており、同一経典の改訳とは見難い。

【関連典籍】『八大人覚経略解』

【訳者・訳年代】後漢の安世高＊訳とされるが、古い経録では訳者不明となっている。

（佐藤秀孝）

0780 仏説十力経（ぶっせつじゅうりっきょう）

十力経ともいう。

【内容】一巻。仏が諸比丘のために如来が十種大智力を具していることを説く。十智力とは処非処智力・業異熟智力・静慮解脱等持智力・根上下智力・種々楽欲勝解刹別智力・種々諸界智力・遍趣行智力・宿住智力・死生智力・漏尽智力であり、如来はこの十力を具するから如来応正等覚と名づけられ、また無上清浄梵輪を転ずることができるとする。序として本文の二倍もの長さを有する上都章敬寺の沙門悟空（法界）の「大唐貞元新訳十地等経記」があり、『十地経』『廻向輪経』などとともに本経の伝来のありさまを述べている。異訳に仏説仏十力経0781がある。

【関連典籍】0781

【訳者・訳年代】唐の勿提犀魚。

（佐藤秀孝）

0781 仏説仏十力経（ぶっせつぶつじゅうりっきょう）

仏十力経ともいう。

【内容】一巻。仏が舎衛国の祇樹給孤独園に在って諸比丘に仏の十力を説いたもの。すなわち、如来応供正等正覚には処非処智力・業智力・定智力・根智力・信解智力・界性智力・至処道智力・宿住随念智力・天眼智力・漏尽智力の十種力があり、これらの力を具したなら、広大の勝処を了知し、大衆中にて獅子吼をなして妙梵輪を転ずることができると説かれる。

【関連典籍】0780

【訳者・訳年代】宋の施護＊。

（佐藤秀孝）

0782 仏説十号経（ぶっせつじゅうごうきょう）

十号経ともいう。

【成立】内容からすると大乗的色彩がなく、比較的古いもののようである。

【内容】一巻。仏の尊称である十号を説明した本文九六〇字の短い経典。阿難がなぜ十号をもって仏を尊称するのかを問うと、仏はその一々について理由を説明している。十号とは如来・応供・正等覚・明行足・善逝・世間解・無上士・調御丈夫・天人師・仏・世尊をいう。如来の十号はすでに早く阿含経典に表れ、その個々の説明も散見され、後世の大乗仏教においても引きつづき使用されている。

【訳者・訳年代】宋の天息災＊。

（佐藤秀孝）

0783 仏説十二頭陀経（ぶっせつじゅうにずだきょう）

十二頭陀経、沙門頭陀経ともいう。

【内容】一巻。仏が阿難に対して阿蘭若の法を説き、十二頭陀行を詳しく述べた経。一の阿蘭若処とは出家した者は空閑に住して閙声を離れ五欲五蓋を遠離せねばならぬこと。二の常行乞食とは集落に入って乞食するときは六根を制し、得・不得にかかわらず平等にすべきこと。三の次第乞食とは頭陀比丘は色に著せず、衆生を軽んぜず、等心に憐愍し、貧富を選ばないこと。四の受一食法とはしばしば食を断じて一日に一食法を受けるべきこと。五の節量食とは一食を得ては渇乏の衆生に一部を施せば慳貪に堕しないことを思うこと。六の中後不得飲漿とは食後中を過ぎたら漿を飲まない、飲めば心に楽著を生じて飽くことを知らず、善法を修得することができないこと。七の著弊納衣とは廃棄物を拾い集めて濯ぎ、弊納衣を作って寒露を覆除すること。八の但三衣とは仏弟子は種々の衣服を蓄えず、ただ三衣の法を受けるべきこと。九の冢間住とは止観・無常空観の二法を修するために冢間に住するべきこと。一〇の樹下止とは無常観・不浄観を修して厭きたなら樹下に至って求道を思惟すべきこと。一一の露地坐とは樹下にも愛着を生じたなら露地に坐せよ、樹下は湿冷・鳥屎・毒虫の患いがあるが、露地は快楽であると考えること。一二の但坐不臥とは身の四威儀中で坐が第一、食は消化しやすく、気息も調和すること。以上の十二頭陀行で心を散乱させず、禅定の功徳もこれらから生ずると説かれる。

【訳者・訳年代】劉宋の求那跋陀羅＊。

（佐藤秀孝）

0784 四十二章経（しじゅうにしょうぎょう）

仏説四十二章経ともいう。

【内容】一巻。高麗蔵本所収の作者不詳の序文によれば、後漢の孝明帝が夢の中で金色の人を見て天竺の仏と思い、使者を月支国へ送り、仏経を書写せしめたとあり、その経典がこの四十二章経であるされている。そのことより、この四十二章経は中国における最初の翻訳経典といわれてきた。この経典は四十二章より構成されているが、最初から纏まった一部の経典ではなく、それぞれの章が他の経典より引用されて構成されている。それ故、組織だった構想に基づいて説かれているわけではない。しかし、中でも特に阿含経からの引用が多く、阿含経の教説である無常・苦・無我といった内容が多く説かれている。たとえば、第三十五章では「人、生より老に至り、老より病に至り、病より死に至る、その苦無量なり。心悩み、罪積ぬ。生死息まず。その苦説き難し」と説かれており、無常である人間の生老病死の苦しみが説き示されている。また第三十一章には「人、愛欲より憂を生じ、憂より畏を生ず。愛無くんば即ち憂無し。憂へずんば即ち畏無し」と説かれており、苦しみの原因を愛欲として説き示されている。それ故、苦しみを除くためには愛欲を滅すべきであることが説かれている。このような教えが身近な事例に基づいて説かれており、実践修道の適切な教訓が示されている。この経典は平易に説かれているところより、簡明な仏教入門書として広く愛読されてきた。なお、一説に中国における偽作経典とされる。

【訳者・訳年代】後漢の迦葉摩騰と竺法蘭。

（栗谷良道）

0785 得道梯橙錫杖経（とくどうたいとうしゃくじょうきょう）

仏説得道梯橙錫杖経、得道梯橙経、錫杖経ともいう。

【内容】一巻。説時や説処は記されていない。主旨は錫杖の意義、錫杖を持する場合の威儀などにある。仏が諸比丘に、三世の諸仏はみな錫杖を受持しているから汝等も錫杖を受持せよと告げる。その理由として、錫杖は聖智を彰顕する意味で智杖と名づけ、功徳の本を行ずる意味で徳杖と名づけられ、聖人の表式、賢士の明記として、道法に赴く正幢であるからとする。そして、錫杖について詳しく解説し、ついで錫杖を持する際の威儀として二十五事が列記されている。

【関連典籍】注釈に江戸中期の大雲が述した『得道梯橙錫杖経出型鈔』などがある。

【訳者・訳年代】訳者不明（東晋代）。

（佐藤秀孝）

0786 **仏説木槵子経**（ぶっせつもくげんしきょう）

木槵子経、木槵経ともいう。

【内容】一巻。仏陀が王舎城の鷲峰山に居たとき、毘舎離国の王が仏陀のところに使いを遣わして、衆苦を解脱する方法を問わしめた。仏陀は木槵子百八個を貫いて数珠を作り、常にこれを所持して仏法僧の三宝の名を唱えながら木槵子を度し、十・二十・百から百千万に至り、もしくは二十万遍を満ずれば、身心不乱にして命終のときに第三焔天に生ずることを得、もしまた一百万遍を満ずれば、百八の結業を断除することができるとした。その後、仏陀は宮中に至り、王に告げて、むかし莎斗比丘は三宝の名を誦して十歳を経ると斯陀含果を得、漸次に修行して、いまは普香世界にあって辟支仏と成っていると説いた。

【訳者・訳年代】訳者不明（東晋代）。一説に興善寺の不空（大広智）の訳とされる。

（佐藤秀孝）

0787 **曼殊室利呪蔵中校量数珠功徳経**（まんじゅしりじゅぞうちゅうきょうりょうじゅずくどくきょう）

数珠功徳経、校量数珠功徳経、曼殊数珠功徳経ともいう。

【内容】一巻。数珠を持する功徳を説く経。はじめに曼殊室利が仏の聴許を得て数珠を受持する功徳を説く。数珠の種類によって福に差別があるとし、鉄で作れば五倍、赤銅は十倍、真珠・珊瑚などなら百倍、槵子なら千倍、蓮子なら万倍、因陀囉佉叉なら百万倍、烏嚧陀囉佉叉なら百億倍、水精なら千億倍、菩提子なら無量にして計り知れないとする。また珠の数は百八顆に満たすべきで、もし得難いなら五十四か二十七あるいは十四としてもよいとする。菩提子にどうしてかくも無量の福があるかというと、過去に仏がこの樹下で等正覚を成じたからである。かつて三宝を毀謗した一外道の子が打殺されたとき、外道は改悔してこの樹下に祈ること七日にして蘇生せしめることができた。そこでこの外道が仏の大神力を称えると、諸々の外道もみな菩提心を起こした。それ以来、菩提樹は別名を延命樹と呼ばれるに至ったとしている。異訳に仏説校量数珠功徳経0788がある。

【関連典籍】0788

【訳者・訳年代】唐の義浄＊（AD710）。

（佐藤秀孝）

0788 **仏説校量数珠功徳経**（ぶっせつきょうりょうじゅずくどくきょう）

校量数珠功徳経、数珠功徳経ともいう。

【内容】一巻。きわめて短少の経。文殊師利法王子菩薩摩訶薩が衆生を利益せんため演説したとし、数珠を受持し、諸陀羅尼および仏名を誦念するときの功徳を校量している。鉄の数珠にて誦すれば福は五倍、赤銅なら十倍、真珠・珊瑚などなら百倍、木槵子なら千倍であって、諸仏の浄土・天宮に生まれるのを求める者はこれを用いるべく、蓮子は万倍、因陀囉佉叉は百万倍、烏嚧陀囉佉叉は千万倍、水精は万万倍、菩提子は福無量であるという。数珠玉は百八か五十四か二十七あるいは十四である。数珠のごとき仏具が品によって功徳が異なると説くのは、大乗仏教でもかなり後世の思想であろう。

【関連典籍】0787

【訳者・訳年代】唐の宝思惟＊（AD702）。

（佐藤秀孝）

0789 **金剛頂瑜伽念珠経**（こんごうちょうゆがねんじゅきょう）

瑜伽念珠経ともいう。

【内容】一巻。毘盧舎那仏が金剛薩埵をして念珠の功徳を説かしめ、金剛薩埵が偈をもってその功徳勝利を説いている。

【訳者・訳年代】唐の不空*。

（佐藤秀孝）

0790 **仏説孛経抄**（ぶっせつはいきょうしょう）

孛経抄、孛経、孛抄経ともいう。

【内容】一巻。はじめに祇園精舎が造られた因縁を説き、つぎに卑先匿王（波斯匿王を指す）が仏教に帰依したことで異道が衰えたために、異道の人々は謀って仏を陥れようとして、祇園精舎の中で女性を殺して精舎の樹下に埋めたが、七日の後に仏の説によってこの悪謀が露見する。これによって、釈尊らの本生譚が説かれ、また宿命によって一切の事は現れるものであると説かれている。むかし三人兄弟の末子で孛という王子があり、父の没後に出家して道人となった。後に大国の国師となって政務に参画し、信任を博していたが、四大臣と王后の好首夫人との讒言よって山に入った。孛が去った後、国は衰え民は苦しむ。王は後悔して孛を再び請じ、孛はまた王の国師となって善政を行った。そして、孛は釈尊の前生であるという。この経によって三億の印度の人々がみな五戒を受け、仏教を信奉したと記している。治国利民を標榜している点で興味深い。異訳に後漢代に支婁迦讖が訳した孛本経（二巻）と聖堅が訳した孛経（一巻）があったとされるが、散逸して伝わらない。

【訳者・訳年代】呉の支謙*。

（佐藤秀孝）

0791 **仏説出家縁経**（ぶっせつしゅっけえんぎょう）

出家縁経、出家功徳因縁経ともいう。

【内容】一巻。きわめて短い経であるが、出家の功徳がはなはだ多いこと、および出家を難ずる者の罪報がきわめて重いことを要領よく説いている。冒頭に「出家の因縁は其の福甚だ多し」と書き起こし、人々を出家せしめたり、自ら出家する功徳は、布施の報、持戒の果報、大七宝塔起立の功徳、盲人の目を治す明医の福などよりも遥かに勝れ、人天の楽を受けること極まりなく、ついには仏道を成ずるとする。その故は出家の法によって魔滅して仏種を増益し、悪法を摧滅して善法を長養し、罪垢を除滅して無上の福業を興すからである。仏は出家の功徳を「須弥よりも高く、大海よりも深く、虚空よりも広し」と説かれる。これに反して、出家に対して留難をなし、その志に従わない者は罪がはなはだ重く、深地獄に入り、一切の諸悪がその身に集まり、地獄の火に焼き尽くされるとする。最後に阿難に向かって菩薩の四法を説いて終わっている。

【訳者・訳年代】後漢の安世高*。

（佐藤秀孝）

0792 **仏説法受塵経**（ぶっせつほうじゅじんぎょう）

法受塵経ともいう。

【内容】一巻。衆生が煩悩のために道を失うのを戒める短経。この種の教誡は仏教が初めて中国に伝来した当時、まず最初に人々に対してなされたのであろう。訳者の安世高は当時の伝教者の一人であり、本経は当時の教団の簡素にして力強き面影を代表する経典の一つといえる。

【訳者・訳年代】後漢の安世高*。

（佐藤秀孝）

0793 **仏説仏医経**（ぶっせつぶついきょう）

仏医経、仏医王経、仏説仏医経鈔ともいう。

【内容】一巻。説時・説処は記されていない。飯食を中心とする身体の保持、ならびに飯食によって生ずる罪について説く。人の身には地水火風の四病があり、そこから四〇四病が起こる。人が病を得るのには坐久不飯・食無貸・憂愁・疲極・婬泆・瞋恚・忍大便・忍小便・制上風・制下風という十因縁がある。人命が不自然に尽きるのには不応飯為飯・為不量飯・為不習飯・為不出生・為止熟・為不持戒・為近悪知識・為入里不時不如法行・為可避不避という九因縁がある。さらに食多き者には多睡眠・多病・多婬・不能諷誦経・多著世間という五罪がある。そして、人がもし利を得て喜ばず、利を得なくても憂えず、布施を行じ、飯食を摂養するならば、長寿を得、道好語を聞き得て、久しく道を行ずることができると説いている。

【訳者・訳年代】呉の竺律炎と支越。（佐藤秀孝）

0794 **仏説時非時経**（ぶっせつじひじきょう）

時非時経、非時経、時経ともいう。

【内容】一巻。仏が王舎城の鵲封竹園に在って、諸比丘に対して時と非時とを説いて放逸であってはならないことを誡めたことを説いている。一月から一二月にわたる時・非時を聞き終わった諸比丘は歓喜し、解脱を得んことを誓うというきわめて短編の経である。

【訳者・訳年代】西晋の若羅厳。（佐藤秀孝）

0795 **仏説仏治身経**（ぶっせつぶつじしんきょう）

仏治身経、治身経ともいう。

【内容】一巻。きわめて短い経典で、説処も説時も記されていない。内容は自身を極め治めることにあり、「自帰身亦得帰他人」が主旨となっている。この点から本経を長阿含経0001（26）自灯明自帰依説に関係して見ることができよう。

【訳者・訳年代】訳者不明（西晋代）。（佐藤秀孝）

0796 **仏説見正経**（ぶっせつけんしょうぎょう）

見正経、生死変識経ともいう。

【内容】一巻。仏が見正という新入りの弟子に対して人の死後に神識が転移する相を懇説した経典。人は死んでなぜに来たり報ぜざるかの理由を種々の譬喩を挙げて示す。後世には神識はまったく異なった状態にあるから、今世との交渉はあり得ないと断じている。しかしながら、今世・後世を連絡する業によって善悪の報が明らかであるから、道品を修行して怠ることのないようにと誡めるのが本経の趣旨である。きわめて早い代の翻訳であることから、翻訳というよりむしろ要略を抄出したかの感がある。古訳を代表するような訳語が見られ、中国仏教の原始期の一経典として興味深い。

【訳者・訳年代】東晋の曇無蘭*。（佐藤秀孝）

0797 **仏説貧窮老公経**（ぶっせつびんぐうろうこうきょう）

貧窮老公経、貧老経ともいう。

【内容】一巻。罪福の報応は必定にして、影の形に随うがごとく響きの声に応ずるがごとしとする。仏が祇樹給孤独園に在ったとき、一人の貧窮の老公がおり、年は二〇〇歳で衣で五体を蓋わず、空腹で行歩わずかに動くのみであった。仏の在世を聞いてより発願して一〇年、ようやくに仏門に近づくことを得た。しかしながら、門人が内に入るを許さない。仏はたちまちこれを知って阿難に命じて老公が入るのを許した。老公は仏を見て悲喜涕涙し、死んでも悔いはないと歓喜する。仏はすぐに老公の前生における慳貪を物語り、罪福の報応が必定であることを教示する。最後にこの経を誦する者は賢劫の千仏を見、この経を行じて後世に宣伝する者は弥勒仏の受決を得ると説いている。

【訳者・訳年代】劉宋の慧簡。（佐藤秀孝）

0798 **仏説進学経**（ぶっせつしんがくきょう）

進学経ともいう。

【内容】一巻。祇樹園の須達精舎において説かれた。智者が常に遵い、丈夫が修するところの四雅行として、一に孝事父母、二に行慈不殺、三に恵施済乏、四に値聖履道を挙げ、さらに静寂聖黙・博学講論の二法と、食法の二施を説いて比丘の進学の箴となしている。

【訳者・訳年代】劉宋の沮渠京声*。（佐藤秀孝）

0799 **仏説略教誡経**（ぶっせつりゃっきょうかいきょう）

略教誡経ともいう。

【内容】一巻。比丘たる者の心得をもっとも簡明に示しており、短編ながら訳者義浄の面目を躍如せしむる経典である。羅什訳の仏垂般涅槃略説教誡経0389とはなはだ似た題名であり、「比丘は当に修行放逸ならず、無明を除断すべし」とあるのは同経にも一致している。日本でも江戸期に霊空光謙の『略教誡経講録』や即中の『略教誡経注』などが存する。

【訳者・訳年代】唐の義浄＊（AD711）。

（佐藤秀孝）

0800 **仏説無上処経**（ぶっせつむじょうしょきょう）

無上処経ともいう。

【内容】一巻。一紙に満たない短編の経。仏法僧の三宝を三無上処と名づけ、この三宝に帰依し信奉する者は無上の果報を得ることを述べている。

【訳者・訳年代】訳者不明（東晋代）。

（佐藤秀孝）

0801 **仏説無常経**（ぶっせつむじょうきょう）

無常経、三啓経ともいう。

【成立】葬送に際して比丘を請じて読誦させる経典として古来より用いられた。おそらくはある経典の一部を成していたものが抽出され、何時からか葬場にて読まれるようになったのであろう。

【内容】一巻。『釈氏要覧』下「送終」の部に「毘奈耶に云く、送葬には苾芻の能う者をして無常経並びに伽他を誦せしめ、其れが為に呪願せよ」と記されている。ただし、前後の偈頌は必要に応じて添加されたものであろう。添付されたと見られる「臨終方訣」はまさに命終せんとする者に対して仏教徒が如何に処置したかの消息を明らかにするものであり、さらに葬法の一斑を記述している点は、宗教風俗の資料としても貴重なものがある。注釈に性亮の『無常経策心鈔』（二巻）などが存する。

【訳者・訳年代】唐の義浄＊（AD701）。

（佐藤秀孝）

0802 **仏説信解智力経**（ぶっせつしんげちりききょう）

信解智力経ともいう。

【内容】一巻。仏が舎衛城の祇樹給孤独園において比丘衆のために真実の理を証した如来無所畏の法である信解智力について説いた経典。信・進・念・定・慧の五力を挙げた後、処非処力・自業智力・禅定智力・根性智力・種種信解智力・種種界智力・楽欲智力・思念智力・天眼智力・漏尽智力の十力についてやや詳しく説明している。説明は雑阿含経0099・増一阿含経0125などの説相と相似して素朴なものであって、後代の発展仏教のような諸の性・体に関する詳細な分別とはなっていない。南方中部経に存するMahā-Sihanāda Suttaに所々で一致する部分が見られることから、この経の別出訳であろう。

【訳者・訳年代】宋の法賢＊。

（佐藤秀孝）

0803 **仏説清浄心経**（ぶっせつしょうじょうしんぎょう）

清浄心経ともいう。

【内容】一巻。きわめて短編の経典で、思想的には阿含経類に含まれよう。清浄心を得るために五法を断じ、七法を修するべきことを説く。五法とは貪欲・瞋恚・昏沈睡眠・悼悔・疑の五蓋であり、七法とは択法覚支などの七覚支である。清浄心とは心解脱と慧解脱であり、心解脱を障えるのが貪染汚、慧解脱を障えるのが無明染汚とされる。そして、心解脱を得れば身作証と名づけ、慧解脱を得れば無学と名づけるのであって、苦の辺際を尽くすことができるとする。

【訳者・訳年代】宋の施護＊等（AD980）。

（佐藤秀孝）

0804 **仏説解憂経**（ぶっせつげうきょう）

解憂経ともいう。

【内容】一巻。はじめに七言の帰三宝の偈がある。つぎに欲界・色界・無色界の三界は一物といえども無常に呑まれないものがなく、ただ正等覚だけが真の帰依処であって、あらゆる憂悩を解くものであることを五言の偈で述べている。さらに長行（散文）によって衆生輪廻の儚いことを説き、四聖諦こそが輪廻の苦を解脱する道であることを説いている。

【訳者・訳年代】宋の法天＊。

（佐藤秀孝）

0805 **仏説栴檀樹経**（ぶっせつせんだんじゅきょう）

栴檀樹経、檀樹経ともいう。

【内容】一巻。仏が迦羅越・阿難のために栴檀樹の故事を説いた経典。五〇〇人の者が海中に入って宝を採り、舟を置いて歩いて帰ったが、途中で止宿した翌朝、早く出発するとき、ただ一人だけ取り残された。雨雪に会って山中で路を失って窮していると、大栴檀香樹がこの窮人に向かって、しばらくここに留まって春になってから出かけよという。そのことばに従って窮人は三ヶ月そこに留まった。ある日、そこを去ろうとして恩を謝し、樹の名を聞くと、樹神は金一餅を賜った上、根茎・枝葉は人の百病を治すところの栴檀であると語った。窮人が帰国して後、その国に頭痛が蔓延し、医者が栴檀香を得れば癒すことができると言ったため、王は国内にこれを得る者を求めた。窮人はその恩賞の重きを見て王の近臣を案内して先の栴檀樹のところに案内する。樹神は近臣の躊躇するのを見て、伐採することを勧め、ただ根のみは残して人血を塗り肝腸をもってその上を覆わんことを求めた。木が伐り倒されると、窮人は樹に当たって圧殺された。これは昔、惟衛仏のときに父子三人があり、兄は香を焚いて十方の仏を供養したが、弟はこれを邪魔し、兄弟が相争うのを見た父は頭痛を病んだ。そこで兄は我が身を破って父のために薬になろうと誓い、弟はそれを憎んで両足を切断しようとする。兄はまた弟を拍殺せんとする。それがいま樹神となって弟を拍殺したのである。国王の頭痛はその父である。相争って父を病ましめた罪は世々に受けてこのようになったのだとしており、罪福の相を説くものである。

【訳者・訳年代】訳者不明（後漢代）。

（佐藤秀孝）

0806 **仏説枯樹経**（ぶっせつこじゅきょう）

枯樹経、大枯樹経ともいう。

【内容】一巻。迦葉仏の僧伽尸塔および諸王寺建立の由来を説いている。

【訳者・訳年代】不明。

（佐藤秀孝）

0807 **仏説内蔵百宝経**（ぶっせつないぞうひゃっぽうぎょう）

内蔵百宝経、内蔵百品経ともいう。

【内容】一巻。文殊師利菩薩の問いに対し、仏とはその内性は世間を超越していても、世間の習俗に従って諸種に内外のことを示現する旨を反覆説明した経典。真に後漢の建和元年（AD147）から中平三年（AD186）に支婁迦讖が訳出したのであるとすれば、訳経の最古の層に属するものである。古形の訳語が多く見られ、初期の翻訳の苦心が偲ばれる。

【訳者・訳年代】後漢の支婁迦讖＊。

（佐藤秀孝）

0808 **仏説犢子経**（ぶっせつとくしきょう）

犢子経ともいう。

【内容】一巻。仏が風患のときに大富という婆羅門に飼われていた性質のきわめて弊悪な牸牛の犢子が、朝から飲んでいなかった母乳を仏に奉った功徳によって、二十劫の後に乳光如来になるであろうと懸記される。仏を信じ、経を読誦し、道を学ぶべき所以を説いている。

【関連典籍】0809は同本異訳。

【訳者・訳年代】呉の支謙＊。

（佐藤秀孝）

0809 **仏説乳光仏経**（ぶっせつにゅうこうぶっきょう）

乳光仏経、乳光経ともいう。

【内容】一巻。仏が維耶離国に在ったとき、たまたま病んで牛乳を用いんと欲し、阿難をして梵志摩耶利にこれを求めしめた。摩耶利は慳惜して与えるのを欲せず、あえて阿難に弊悪の牛より自ら得よという。阿難が腥穢の牛に触れるのを好まなかったため、帝釈天がたちまち代わりに牛のところに至る。ときに弊牛は静かに動かず、母牛・子牛ともに仏に乳を奉ることを歓喜した。摩耶利らはともに驚怪し、即時に仏法に信解を生じた。そこで仏はこのできごとを縁としてその牛の前生譚を語り、貪欲・愚痴の者が解脱を得ないことを説くと、摩耶利らは須陀洹道を得たという因縁である。経の主旨としては、仏が病むのは衆生度脱の縁を示さんがためであること、慳貪を警めること、畜類にすら善心があることなどにあろう。仏説犢子経0808は本経の趣旨を簡潔に示したものであり、原形ではないかと推測される。

【関連典籍】0808

【訳者・訳年代】西晋の竺法護＊。

（佐藤秀孝）

0810 **諸仏要集経**（しょぶつようじっきょう）

【内容】二巻。仏が王舎城の帝釈窟洞に在ったとき、比丘らが聴法に厭きて法教が心耳に入っていないのを見て、自ら他方仏土に遊んで諸仏とともに諸仏の要集を講ぜんと欲した。東方普光国の天王如来のところに諸仏が集会しているのを観じた仏は、そのところに至ろうと欲し、燕坐中に四衆が訪い来たならば状況を説明せよと阿難に告げて三昧に入り、普光国に詣った。ここにおいて同様に十方諸国より来現した諸仏とともに天王如来を中心として諸仏の要集を講説した。その要集とは諸法空・諸法常住・初発菩提心・六度無極・菩薩十地所入処・仏不可得の義である。ときに文殊菩薩も娑婆世界より彼の普光国に至ると、天王如来は文殊を鉄囲山に退立せしめ、以下、文殊と光明幢天子・天王如来・棄諸陰菩薩・離意女との間に種々の問答がなされており、あたかも『維摩経』の対応説話に似たものがある。終わりに仏が弥勒にこの経の流通を付属している。

【関連典籍】チベット訳もある。

【訳者・訳年代】西晋の竺法護＊。

（佐藤秀孝）

0811 **仏説決定総持経**（ぶっせつけつじょうそうじきょう）

決定総持経、決総持経、決定総経ともいう。

【内容】一巻。謗仏の罪咎が重いことを説く。仏の会座に列していた一〇人の族弟子が七年の歳月を仏の許にありながら、最初の志願を貫徹し得ず、ついに修行を止めて家に帰った。ところが阿闍世王が仏の教えによって回心し、仏所に往詣して法を受けんとすると、この一〇人の族姓子はまたもや王に随従して仏所にやって来る。そこで仏は無怯行菩薩の問いを縁として、この一〇人の族姓子の過去世の因縁を説く。すなわち、彼らは過去世においても法師弁積を謗った罪咎があり、ためにいま現世においても仏の教えに親近することができない状態にあることを述べる。そこで無怯行菩薩がその罪殃消除の法を問うと、仏は総持章句を説く。仏道厳浄の四事、および総持修行者のまさになすべき事項が説かれている。北魏代に菩提流支が訳した謗仏経0831はその異訳である。

【訳者・訳年代】西晋の竺法護＊。

（佐藤秀孝）

0812 **菩薩行五十縁身経**（ぼさつぎょうごじゅうえんしんぎょう）

仏説菩薩行五十縁身経、五十縁身行経、菩薩縁身五十事経ともいう。

【内容】一巻。仏が耆闍崛山に在ったとき、若那尸利菩薩が文殊菩薩に仏の荘厳功徳がかくも高く勝れている理由を問う。文殊は仏の無量の相好・徳力がどのようにして得られたか知らないから、仏にそのことを説くように願う。仏は前世の菩薩時代の無数の修行の中から五〇種を説き、一々にその世の行によって、今世にかくあることを説明する。主として施・忍・進に関することであるが、きわめて具体的な事項を挙げている点で興味深い。別訳として聶道真が訳した菩薩縁身五十事経（一巻）があったらしいが、闕本となっている。

【訳者・訳年代】西晋の竺法護*。

（佐藤秀孝）

0813 **仏説無希望経**（ぶっせつむけもうきょう）

無希望経、無所希望経、無所稀望経、象歩経ともいう。

【内容】一巻。仏説象腋経0814が同本異訳であり、チベット訳は大谷甘殊爾録にある。楞伽経に引用されて象腋・縛象と訳され、また竺法護が無希望と訳したのは経意に依っている。至元録に梵題を訶思低迦乞沙と写し、象力大経とチベット名を出している。内容については0814の項参照。

【関連典籍】0814

【訳者・訳年代】西晋の竺法護*。

（佐藤秀孝）

0814 **仏説象腋経**（ぶっせつぞうえききょう）

象腋経ともいう。

【内容】一巻。仏説無希望経0813の異本であるが、無希望の名のごとく、般若皆空の立場から、一切諸法は不可得であり、一切の希望を超絶して始めて諸法の真諦に得達できることを示す経典。舎利弗の疑問に始まり、仏は諸法の実相があたかも虚空のごとく言脱思惟の境を絶したものであるから、この実相を得んとすることがすでに邪見であることを示す。しかも邪見のほかに正行なく、たとえ布施を行じても別に果報もなく、果報がないから不実の智を満足し、不実の智を満足するから無生法忍を得ると説かれる。ところが、ここに増上慢の比丘が疑いを生じ、仏の教説が六師外道の説に異ならないと見る者が現れる。仏はその説法が外道の解せられないものであることを示し、施の義が無希望においてこそ真実義があることを説いて舎利弗を教化している。正行即邪見、邪見即正行の法を示して無所畏に入るにはこのほかにないとし、この経が一切の毒薬を除く守護となることを説いている。

【関連典籍】0813

【訳者・訳年代】劉宋の曇摩蜜多*。

（佐藤秀孝）

0815 **仏昇忉利天為母説法経**（ぶっしょうとうりてんいもせっぽうぎょう）

為母説法経、仏昇忉利天品経ともいう。

【内容】三巻。仏が忉利天の昼度樹下の無垢の白石上において、正夏三ヶ月を大比丘衆とともにし、まず月氏天子の問いに応じて大乗菩薩の行として、大聖を得て殊得の行に通じ彼岸に度る四法行、不思議善権方便に至る四事法、一切諸法を一味平等に趣入せしめる四説、深く禁戒行を奉じて無放逸であることの四事法、深妙の法を行じて真本際において証を取らざる四事を説いている。同じく天子が仏は摩耶母后より生まれたるかと問うと、仏は智慧度無極是れ其の母なりと答え、さらに如来は不生不没・不起不滅であることを詳説している。仏とは神変をもって八方の世界に衆生を化益するために現われるのであり、仏身は本来空にして幻化のごとく変現きわまりなく不思議であることを説いている。したがって、本経では、肉母の問題を智母（般若）の問題にまで高め、仏の母は智慧度無極であるとし、大乗空観の立場における菩薩行とその神変を説くものといえよう。道神足無極変化経0816・摩訶摩耶経0383の項参照。

【関連典籍】0383・1816

【訳者・訳年代】西晋の竺法護*。

（佐藤秀孝）

0816 **仏説道神足無極変化経**（ぶっせつどうじんそくむごくへんげきょう）

道神足無極変化経、合道神足経、道神足経ともいう。

【内容】四巻。摩訶摩耶経0383などを背景に現れた経で、仏が忉利天においてその母を教化したことを記す。単に摩耶母后を母とするのではなく、般若波羅蜜を仏の生母とし、大乗空観の立場における菩薩行として神変を説いている。仏昇忉利天為母説法経0815の異訳であるが、月氏天子の問答の後に、仏が忉利天・

舎衛城・毘舎離城・波羅奈城で同時説法した神変不思議に対して目連が奇異を感じ、仏前に偈をもって讃ずる箇所が付加されている。

【関連典籍】0383・0815

【訳者・訳年代】西晋の安法欽＊。

（佐藤秀孝）

0817 **仏説大浄法門経**（ぶっせつだいじょうほうもんぎょう）

大浄法門経、大浄法門品経、大浄法門品上金光首女所問溥首童真所開化経ともいう。

【内容】一巻。青年男女の間の愛欲を題材にして、空観の立場より五陰・四大・六根六識の解説をなし、愛欲は水泡のごとく、命は朝露のごとく、万物は無常であると説き、美女上金光首と長者の子に愛欲・執着を離れさせ、ついには両人に授記を与えるというものである。経の中で文殊菩薩が浄土の相を第二忉利天のごとしといい、受持・宣示二種の法行を説くのみなのは、比較的初期の成立であることを思わせる。

【関連典籍】0818は異訳。

【訳者・訳年代】西晋の竺法護＊（AD301）。

（佐藤秀孝）

0818 **大荘厳法門経**（だいしょうごんほうもんぎょう）

文殊師利神通力経、勝金色光明徳女経、勝金花明徳女経ともいう。

【内容】二巻。王舎城の一婬女勝金色がはじめ文殊師利の衣服に貪著し、一念発起して慇懃に出家を求めた。文殊は彼女に出家の真義を示し、剃髪のみが出家ではなく、自利を成就した上はさらに利他の途に上るのが真の出家であると諭す。ここにおいて彼女は情人の上威徳長者子と園林の中で相会し、死人の相を現じて彼を徹底的に教化した。大乗経典の中でも女性それも婬女を主人公としている点で、他に類例を見ないようである。

【関連典籍】0817は異訳。

【訳者・訳年代】隋の那連提耶舎＊（AD582〜585）。

（佐藤秀孝）

0819 **仏説法常住経**（ぶっせつほうじょうじゅうぎょう）

法常住経ともいう。

【内容】一巻。仏が舎衛国の祇樹給孤独園において法の常住について説法したもの。法は仏の出世・不出世にかかわらず常住に存在するものであるが、仏が出世して初めてその深義が明らかにされる。この法は四諦・十二因縁として説かれ、身口意の三業を守って陰身（肉体）の原理である十二因縁を観じて三毒を滅すれば阿羅漢となる。さらに十二因縁の理によってその根源を断じて縁覚となり、身の空を解して六度・四恩・三十七道品を修することによって菩薩となり、ついに不退転の精進によって無上正真道を成じて仏となれば、十方を度脱することができる。そこに法の存在が現われ、過現未の仏は常住の法身と合一すると説く。

【訳者・訳年代】訳者不明（西晋代）。

（佐藤秀孝）

0820 **仏説演道俗業経**（ぶっせつえんどうぞくごうきょう）

演道俗業経、道俗業経ともいう。

【内容】一巻。仏が給孤独長者に対して、在俗の者には上中下の三財を、修道途上にある者には声聞・縁覚・大乗の三道を修するべきものとして示している。在家者をただ産を治め銭財を積聚するのみで常の倫理を欠く者と、世間の倫理道徳を心得ていても出世間的な方面に欠けた者と、出世間のことにも心開け布施・供養をなし、他を憐れんで自分のことだけに執着しない者とに分けている。出家の方は、声聞が生死の難を思い、身の不浄を観じ、己のために行じて他を顧みない者であり、縁覚が四等・四恩・六度・三十七菩提分を行じているが、いまだ十二因縁を観じてその根を抜かんとせず、心と口が相違し、一切法の幻のごときを了じていない者であり、大乗とは六度・四無量・解空・一切本浄・行慈などで仏道を成じて衆生を教化する者である。ここに三乗を示すのは、修する人の心に遠近があり、解に深浅があり、志に優劣があるためであって、仮に引いて喩としたものだとしている。さらに初学の者は先ず三帰・五戒を学し、縁覚は四果によって天・人の身を得、仏の大道に至り、四等・四恩・四弁・六度・大慈大悲などで大道を成ずることができると述べている。三乗に差別を認めておらず、後の一乗思想に進む一階梯と見られる。開元録2154によれば、別に支謙にも同経の訳が存したとされる。

【訳者・訳年代】西秦の聖堅。

（佐藤秀孝）

0821 **大方広如来秘密蔵経**（だいほうこうにょらいひみつぞうきょう）

秘蔵経、如来秘密蔵経、秘密蔵経ともいう。

【内容】二巻。仏が常出大音国よりやって来た無量志荘厳王菩薩に対して秘密蔵法を説くと、菩薩は歓喜して身をもって仏を供養し、希有広大の神通変化を現ずる。これについて迦葉が問いを発し、仏はさらに秘密蔵法を敷演しているが、秘密蔵法とは大乗仏教の立場から通仏教の徳目を眺めるものである。すなわち、菩薩の修行を妨害する衆生は決して悪趣に堕せずとか、如来の塔物を盗んで地獄に堕ちても、悔心により出離すれば外道の見よりは勝るとか、さらに煩悩はすべて不実の法で如来の説法も不実であるとか、十悪業道も慳著しないならば不犯であって、その性は本来無垢清浄であるとか述べられている。大乗空観の立場からはこのような説示は許されるかも知れないが、一歩誤れば邪見ともなりかねず、仏魔ひとえのきわどい境地というべきであろう。『大乗集菩薩学論』の梵本にもその引用が見られる。

【訳者・訳年代】訳者不明（三秦代）。

（佐藤秀孝）

0822 **仏説諸法勇王経**（ぶっせつしょほうゆうおうぎょう）

諸法勇王経ともいう。

【内容】一巻。菩薩と声聞阿羅漢を比較してその利益の大小や価値を論じ、大乗思想を高揚する。布薩禁戒のときに出家まもない比丘が懺悔的な質問をもって世尊に教示を請う。世尊は僧数に入ること、僧業を勤修すること、僧の善利を得ることの三法を教戒し、四向四得が為僧であり、四念処・四正勤・四如意足・五根・五力・七覚支・八聖道分が僧業であり、四果が僧利であると細説する。さらに比丘の問いに従って大乗誓願の菩薩が如何に貴いかが説かれ、菩薩が過現未にわたって一切善の根本動力であって、この洪恩に報ずることのできるのは善男子・善女人の発阿耨多羅三藐三菩提心であると断じている。ひとえに小乗的な形式主義を打破せんとするものである。

【関連典籍】0823・0824は異訳。

【訳者・訳年代】劉宋の曇摩蜜多＊。

（佐藤秀孝）

0823 **仏説一切法高王経**（ぶっせついっさいほうこうおうぎょう）

一切法高王経、一切法義王経ともいう。

【内容】一巻。一切法高王とは三世諸仏所説の法門の中で最第一の法門の意味。一切法高王の法門とは菩薩の功徳を示したもので、初めて出家した者は僧団（四双八輩）に入り、僧業（三十七菩提分）を行じ、僧利（四果）を得て、衆生の施を消費するが、大乗の心を起こし、一切智智を求めて菩提心を発した者は、このような三法の成就によって衆の施に報ずることをしない。なぜなら菩薩こそ天・人の無上の福因であって、菩薩でなければ布施に報じない。一切衆生は菩薩によって安楽を得るのであって、菩薩の修行・涅槃はまさに諸人の病・悩を癒す栴檀にも喩えられる。したがって、無上一切の恩を報ずるには菩提心を発するにしくはない。菩提心を発し、菩薩の行を修し、菩提の道を成じて涅槃に入ることこそ、諸仏の法門の中で第一のものであり、一切法の高王とも称すべきであるとしている。

【関連典籍】0822・0824は異訳。

【訳者・訳年代】北魏の般若流支＊（AD542）。

（佐藤秀孝）

0824 **諸法最上王経**（しょほうさいじょうおうぎょう）

最上王経ともいう。

【内容】一巻。本経所説の法門を最勝・最上・無上とし、諸法上王とする。出家まもない比丘の疑問に答えて菩薩が布施を受ける所以を説き、菩薩および発菩提心の人には如何なる布施をなすとも報ずるに足らない旨を明かしている。仏が王舎城の竹林迦蘭陀精舎において説法していると、出家まもない一比丘がどのように浄施を得るべきかを問う。これに対して仏は、菩薩摩訶薩が初発心より成道に至るまで常に浄施であり、衆生にとって無上福田であるから、もし衆生が諸々の楽具をもって菩薩に供養しても、なお菩薩の恩に報ずることはできないと説く。この菩薩の恩に報ぜんとするなら、阿耨多羅三藐三菩提心を発するべきであるとし、本経を広く他人に説く者の功徳、本経を受持読誦する者の功徳が最多最勝であることを説いている。

【関連典籍】0822・0823は異訳。

【訳者・訳年代】隋の闍那崛多＊。

（佐藤秀孝）

0825 **仏説甚深大廻向経**（ぶっせつじんじんだいえこうぎょう）

甚深大廻向経、大廻向経、甚深法性廻向経、廻向経ともいう。

【内容】一巻。三輪清浄を説き、阿閦仏国への往生を説く。明天菩薩の問いに応じて仏が慈身口意行を挙げ、これを修するに念仏功徳の三慈行と衆生の三慈行（十善）を示し、廻向者・廻向法・廻向処の三処がみな清浄にして一切衆生とともに阿耨多羅三藐三菩提に廻向すれば、大果を得るとなす。この法を説くとき百千の天人が阿閦仏の妙楽国に往生せんことを発願し、ために仏は往生して不思議慧を成就することと、のち五濁国において作仏してみな同一号の甘露音王如来となるであろうことを授記し、ついで釈提桓因に対して本経を付嘱している。

【訳者・訳年代】訳者不明（劉宋代）。

（佐藤秀孝）

0826 **弟子死復生経**（でししふくしょうきょう）

仏説弟子死復生経、死亡更生経ともいう。

【内容】一巻。仏が祇樹給孤独園に在ったときに一優婆塞があり、外道を捨てて仏法に入っていたが、忽然と死んで地獄に生ずる。獄吏がすぐ獄王の前に引いていくと、獄王はこの人の清信なるを聞き知り、獄吏に名録を調べさせると、死までなお余算二〇年がある。獄王はここにおいて仏の六波羅蜜、護るべき六事、滅するべき五事・六衰などを説き、獄吏に命じてその人を蘇生させる。彼がすぐに父母とともに仏の所に至ると、仏はその所見を聞き微笑む。阿難がその故を問うと、仏はために、悪業は悪道に堕すること、仏般涅槃後には世人が多く法を敬わざること、一切は無常にして仏もまた常住ではないことなどを説く。これによって彼の優婆塞や父母らは阿羅漢道を得たとする。

【訳者・訳年代】劉宋の沮渠京声＊（AD455）。

（佐藤秀孝）

0827 **仏説懈怠耕者経**（ぶっせつけたいこうじゃきょう）

懈怠耕者経ともいう。

【内容】仏が王舎城を過ぎたとき、一農夫が田に在って耕種しつつあったが、遥かに仏を見て、礼をなし法義を諮受しようとした。だが、智を耕し種を植えることがまだ終わっていなかったので、後で閑なときに仏に見えようと懈怠の心を起こす。仏はこれを見て阿難に対して、この人が九十一劫のあいだ仏を見るも常に懈怠の心を起こして罪根のみを種えたことを告げる。農夫はこれを聞いて咎を悔いる。そして、仏は懈怠の垢を示し、精進の利を説いている。

【訳者・訳年代】劉宋の恵簡（AD457）。沮渠京声＊の訳ともいわれる。

（佐藤秀孝）

0828 無字宝篋経（むじほうきょうぎょう）

【内容】一巻。勝思惟菩薩ら無字法門に通達した無量の大菩薩が仏に遠離すべき法と守護順奉すべき法とを尋ねる。仏は菩薩の修行を教え、一切法の不生不滅と法性の二辺を離れたる所以を説き、般若の思想に進む。ここに一転して羅睺羅と四大神王らの付嘱となり、この無字法篋法門を受持する者は命終のとき阿弥陀仏の来迎を得るという仏の垂示に終わっている。

【関連典籍】0829・0830は異訳。

【訳者・訳年代】北魏の菩提流支＊。

（佐藤秀孝）

0829 大乗離文字普光明蔵経（だいじょうりもんじふこうみょうぞうきょう）

離文字経、離文字普光明蔵経ともいう。

【内容】一巻。仏が勝思惟菩薩の問いに答えて、永離と護持と如来覚了の法を説くもの。永離の法とは貪欲・瞋恚・愚痴・我取・疑惑・憍慢・懈怠・惛眠・愛著の諸法であり、護持の法とは不殺生などの禁戒である。また如来が現に覚了するところの法については言語道断して説かれていない。一切法は無生無滅であることが覚であり、それを一切法普光明蔵という。説法が終わって大衆が菩提心を発し、各自に益を得る。仏が羅睺羅にこの経を付嘱して受持せしめ、会中の菩薩大衆は受持を誓い、四天王も擁護を誓う。仏はこれに対して勧発をなし、経を聴く者は臨終に阿弥陀仏が現前し、清浄仏土に生ずるであろうと説いている。

【関連典籍】0828・0830は異訳。

【訳者・訳年代】唐の地婆訶羅＊（AD683）。

（佐藤秀孝）

0830 大乗遍照光明蔵無字法門経（だいじょうへんじょうこうみょうぞうむじほうもんぎょう）

無字法門経、光明蔵無字法門経、遍照光明蔵無字法門経ともいう。

【内容】一巻。勝思惟菩薩を上首とする諸菩薩の問いに対して、仏が菩薩の除滅すべきものとして、貪欲・瞋恚・愚痴・我執・懈怠・睡眠・染愛・疑惑・無明を挙げ、守護すべきものとして、己の欲しないところを他人に勧めないことを示す。さらに諸法は覚もなく証もなく法もなく滅もなく実もなく、法性も二辺を離れていることから、如来の覚了には一法もないとする。一切諸法はみな自業の因縁力によって生起していると説き、諸法はもと不増不減・不来不去・不取不捨・非因非縁であるとするのが仏の覚証であるとなす。また臨終に阿弥陀仏を見るとか、常在霊鷲山を示し、この経を受持読誦解説書写する者は五逆の重罪も救われるとしていることも注目される。

【関連典籍】0828・0829は異訳。

【訳者・訳年代】唐の地婆訶羅＊。

（佐藤秀孝）

0831 謗仏経（ぼうぶつきょう）

仏説謗仏経ともいう。

【内容】一巻。仏が耆闍崛山に在るとき、会中の一〇菩薩が仏の許に従うこと七年しても陀羅尼を修習し得ず、憂愁・疲倦して捨戒還俗した。ときに阿闍世王が仏の教えに帰依するや、先に還俗した一〇菩薩もまた従ってやって来た。会中の不畏行菩薩の請問によって、仏はこの一〇菩薩が過去世に仏を謗った咎によるとしてその因縁を説き、この悪業を浄除すべき陀羅尼を教示し、ついで四種の清浄菩提法および陀羅尼を修する菩薩の行ずるべき次第を述べた。巻末にはこの経を聞く者の発心得福および付嘱を説いている。

【関連典籍】0811は異訳。

【訳者・訳年代】北魏の菩提流支＊。

（佐藤秀孝）

0832 仏語経（ぶつごきょう）

仏語法門経ともいう。

【内容】一巻。仏が、竜威徳上王菩薩の仏語とは何かの問いに対して、非語が仏語であることを示したものである。迷上の四句は四句みな非であり、何らかの相対的言説である限り、真理は詮顕せられない。身口意、地水火風空、有漏無漏、如何なるものもこれを相対せしめ、肯定・否定するならば、真の仏語であるとはいえない。結局、非語こそ仏語であるというよりほかに表現の方法はない。本経は言語の上に大乗空観の思想を徹見せしめたといえる。他に闍那崛多が訳した異訳も存在したらしい。

【訳者・訳年代】北魏の菩提流支＊。

（佐藤秀孝）

0833 **第一義法勝経**（だいいちぎほうしょうきょう）

仏説第一義法勝経ともいう。

【内容】一巻。仏が光明炬仙人に対して、衆生がどこから生ずるか、劫焼の火焔はどうか、衆生の前世と今世の関係はどうか、衆生の意義とは何か、という四項について仏教的な解説をなしている。これらはともに原始仏教では無記の事項として捨て置かれていたことがらである。「第一義法勝経翻訳之記」という序が存することから、この経が如何に尊重されたかが知られる。

【関連典籍】0834

【訳者・訳年代】東魏の般若流支＊（AD542）。

（佐藤秀孝）

0834 **大威灯光仙人問疑経**（だいいとうこうせんにんもんぎきょう）

仏説大威灯光仙人問疑経、大威灯仙人問疑経、大威光仙人疑経、大威灯光仙人問経ともいう。

【内容】一巻。世尊が衆生の現前に大瑞相を現し、宝捨三昧より出ると、大威灯菩薩が世尊に問いを発する。衆生の生体は何処より生ずるのかという問いに、世尊は、衆生は無明行などの諸因縁によって生じ、五陰十八界の和合であるとし、衆生界の不増不減なることを示す。さらに、諸煩悩も不増不減であり、その意味では世尊自身も煩悩を尽くさずとなし、また父母で多くの子を生むのはあたかも一樹が無数の枝葉を生ずるごとくであり、しかも実に結不結があるごとく、胎中で業風によって転為砕失があるとする。さらに、眼耳鼻等の世界はみな仮名であって、実は無我であると説く。ここにおいて一切の大衆は大菩提心を発し、世尊は授記を与える。最後に文殊師利が世尊よりこの経を付嘱されている。衆生はその業によって得果がそれぞれ異なるけれども、如来は等しく摂取することを示している。

【関連典籍】0833

【訳者・訳年代】隋の闍那崛多＊等。

（佐藤秀孝）

0835 **如来師子吼経**（にょらいししくきょう）

仏説如来師子吼経ともいう。

【内容】一巻。世尊が勝積菩薩に北方歓喜世界に往って法上如来の許に聴法せよと命じ、勝積菩薩は彼の法上如来のところに到る。法上如来の説示として、一切法が不可説であることを高調し、智は外に求めてはならず、内に求むべしと自内証を説くのが本経の趣旨である。

【関連典籍】0836は異訳。

【訳者・訳年代】北魏の仏陀扇多（AD525）。

（佐藤秀孝）

0836 **大方広師子吼経**（だいほうこうししくきょう）

仏説大方広師子吼経、師子吼経ともいう。

【内容】一巻。勝積菩薩が世尊の教えを受けて北方歓喜世界に往って法起仏に見えると、法起仏はどこから来たかを問う。勝積菩薩が黙っていると、法起如来は雷鬘菩薩の願いによって、勝積菩薩が黙していた理由を、諸法は本来、無来無去であって言説あることなく不可説であることに依るとし、無説こそ真説であると示している。さらに法起仏は浄身菩薩のために、法界は無字無声であって一切衆生がよく覚知し宣弁するところではないが、因縁和合して字・声が顕現するとし、また衆生の音声語言は悉く仏の四無礙智に入って本来不動であると説いている。かくて如来はこの真実の義を獅子吼して、遍く一切衆生を利益することを大衆に告げる。

【関連典籍】0835は異訳。

【訳者・訳年代】唐の地婆訶羅＊（AD680）。

（佐藤秀孝）

0837 **仏説出生菩提心経**（ぶっせつしゅっしょうぼだいしんぎょう）

出生菩提心経、出生菩提経、出生菩薩経ともいう。


【内容】一巻。王舎城の婆羅門大迦葉が大蓮華の夢を見て、沙門瞿曇（世尊）が大菩提を証したのを聞き、瞿曇に往詣してこの夢相を問う。世尊は四種の善夢を説いて蓮華の夢に一切智という大利益があるとし、発菩提心者は解脱中に退転なしと告げる。そしてさらに三種の菩提として、声聞菩提は阿耨多羅三藐三菩提を発して他をして菩提心を発せしめることをせず、辟支仏菩提は自ら菩提心を発して他をして菩提心を発せしめず、阿耨多羅三藐三菩提は自ら阿耨多羅三藐三菩提心を発し、また他をして阿耨多羅三藐三菩提心を発せしめるものである。ただし、これは乗において差別があるのみで、解脱と道においては差別はない。しかし、河を渡るのに草筏・皮船・大船のいずれを用いるかの違いがあるように、等しく彼岸に達するけれどもより多くの人々を渡す方が勝れている。自ら菩提心を発し、他をも発せしむる人は実に摩訶衍に至るを得るとし、最後に破魔衆会修多羅を説いて魔を降ろし、迦葉らはこの経を聴いて歓喜奉行する。三乗差別行相を述べ、二乗と菩薩乗との勝劣を相待の上に説いている。

【訳者・訳年代】隋の闍那崛多＊。

（佐藤秀孝）

0838 **仏説発菩提心破諸魔経**（ぶっせつほつぼだいしんはしょまきょう）

発菩提心破諸魔経、菩提心破魔経ともいう。


【内容】二巻。王舎城迦蘭陀竹林精舎における仏と迦葉婆羅門との問答。〈上巻〉では夢に閻浮提世界の広大な千葉蓮華の華中に大月輪を夢見た迦葉が仏にその訳を訊ねると、仏は白蓮華・白傘蓋・月輪・仏像の四相を夢見るのは吉夢であるとし、菩提心を発することで転輪聖王・帝釈天・大医王より断煩悩・得涅槃など一切の欣厭で成就しないものがないことを偈をもって述べる。さらに菩提心を称賛し、自利を専らにする声聞菩提と、いまだ大乗を修せず平等智に達していない縁覚菩提と、己の善利を他に及ぼさんとする無上菩提の三種があることを説き、これを驢・馬・象あるいは小葉・板木・大船の違いに譬えている。〈下巻〉では大乗法を修する方法として、自ら菩提心を発し、人にも発せしめるような四摂法の人に親近すべきことが説かれる。ついで仏に成るためには、三業に慈を行ずる天住、四無量心を行ずる梵住、三解脱門を修する聖住に住するべきことが説かれ、菩提の法門である六度が述べられている。さらに、仏所説の法が最上甚深であるにもかかわらず、なぜ衆生は迷い、諸魔は跳梁するのかを疑うと、仏は一切の魔を調伏破壊すべき破魔の秘密総持の法門を説いている。すなわち、本経は発菩提心を説いた大乗経典と、これを加持する破魔の秘密総持とが併せ説かれたものである。

【訳者・訳年代】宋の施護＊。

（佐藤秀孝）

0839 **占察善悪業報経**（せんざつぜんあくごうほうきょう）

大乗実義経、大乗宝義経、地蔵菩薩経、占察経、地蔵菩薩業報経ともいう。

【内容】二巻。地蔵菩薩が末法の衆生のために、業障の災難を離脱して仏法の甚深の実義を宣顕し、また娑婆の苦患に対して怯弱の心を生じて正法に相違する過に堕するのを離れしめんとして、一つには業報を木輪相を用いて占察する法を教え、つぎに唯心識観・真如実観という二種の観道を教えている。故に本経は地蔵信仰が興って後の成立であり、また末世に入った上に著されたものということになろう。下巻では如来蔵性と無明薫習を論じているが、この点は『大乗起信論』と一脈通じるものがあるといわれる。ただし、本経は訳場も不明で、経文の記述が繁雑であり、用語例などからも偽経と見られている。天台宗六祖の荊渓湛然が『止観輔行会本』に観行実修の説明として初めて本経を引用している。おそらく本経は早く隋代に中国南部に伝えられたものと見られ、しばらくして金陵（南京）方面に伝来されたが、木輪占相法が邪義であるとして、一時はほとんど禁止された。唐代に再び流行するようになり、明末に智旭が『占察善悪業報経義疏』（二巻）や『占察善悪業報経行法』（一巻）、『占察善悪業報経玄義』（一巻）を著すなど本経の木輪占相を地蔵大士信仰と結合して用いたことから、本経は再び流行を見るようになり、この占相は日本にも伝わって江戸時代には比叡山の安楽院派の人々が行ったという。

【訳者・訳年代】隋代に菩提灯が外国で訳して中国に伝えたものといわれる。

（佐藤秀孝）

0840 **称讃大乗功徳経**（しょうさんだいじょうくどくきょう）

顕説謗法業障経ともいう。

【内容】一巻。巻末に仏自ら称讃大乗功徳経と名づけており、大乗の功徳を称讃するものである。大乗を謗る者の罪障を説いていることから異称がある。会下で女性の姿を示現する徳厳華菩薩を対告衆としている。二乗を楽しむ者は無上菩提を求むるも悪知識であること、新学の菩薩は大乗の多聞の菩薩に親近すべきこと、二乗に親近してはならない理由を説き、さらに大乗の名やその勝れた功徳・特質など併せて三七項目を説いている。異訳として説妙法決定業障経0841があるが、これは本経の略説である。

【関連典籍】0841

【訳者・訳年代】唐の玄奘＊。

（佐藤秀孝）

0841 **説妙法決定業障経**（せつみょうほうけつじょうごっしょうきょう）

妙法決定業障経、妙法決疑業障経、決疑業障経ともいう。

【内容】一巻。仏が功徳荘厳開敷華夫人に声聞の己利と大乗を誹謗する悪徳を挙げ、ともにこれに留まってはならないことを教え、さらに大乗経典の純一無雑を称揚している。また大乗の呼称について、人を深楽させる、不動の法である、過がない、など二四項目の特質を列挙している。称讃大乗功徳経0840と同本異訳であろうが、原典には多少の異同があったらしい。0840では対告衆の徳厳華を菩薩が女性の姿に現じた者としているが、本経ではもともと功徳荘厳開敷華という名の夫人としている。

【関連典籍】0840

【訳者・訳年代】唐の智厳（AD721）。

（佐藤秀孝）

0842 **大方広円覚修多羅了義経**（だいほうこうえんがくしゅたらりょうぎきょう）

円覚経、円覚修多羅了義経、大方広円覚経、円覚了義経ともいう。

【内容】一巻。この経典は仏が神通大光明蔵の三昧に入って説かれたことが示され、続いて文殊菩薩・普賢菩薩・普眼菩薩・金剛蔵菩薩・弥勒菩薩・清浄慧菩薩・威徳自在菩薩・弁音菩薩・浄諸業障菩薩・普覚菩薩・円覚菩薩・賢善首菩薩の十二菩薩と仏とが一問一答するという形式で説かれている。第一の文殊菩薩章では、如来の因は円覚であり、その円覚より真如・菩提・涅槃・波羅蜜の果を開顕すると説く。第二の普賢菩薩章では、円覚であるから修行がいらないと誤解されるが、修行は必要であることを説く。第三の普眼菩薩章では、修行の方法として奢摩他が示され、身心の幻相を観じて幻として一切を空ずれば、円覚が現出すると説く。第四の金剛蔵菩薩章では、無明と円覚との関係が示され、一切の諸法は全て変化輪転しており、常在ではないので輪廻と名づけられるが、その輪廻を断ずべきであることが説かれる。第五の弥勒菩薩章では、輪廻の根本は貪愛であり、その貪愛を除くべきであることを説く。第六の清浄慧菩薩章では、初めに円覚無性を説き、次に漸頓修証の位を凡夫随順覚性（凡夫位）・未入地者随順覚性（地前三賢位）・入地者随順覚性（地上菩薩）・如来随順覚性（仏位）の四位に分けることが説かれる。第七の威徳自在菩薩章では、衆生の根性に三種のあることが説かれ、奢摩他・三摩鉢提・禅那の三種の観門が説かれる。第八の弁音菩薩章では、前の三種の観門を細別して二十五種の清浄定輪があることを示し、十方の如来も三世の修行者も全てこの法によって菩提を成就したことが説かれる。第九の浄諸業障菩薩章では、円覚を妨げる煩悩として我・人・衆生・寿命の四顚倒のあることが説かれる。第十の普覚菩薩章では、正しく修行するためには師を択び、正見を具えた善知識に就くべきであることを説き、作病・任病・止病・滅病の四病を離れるべきであることが説かれる。作病とは、円覚の性は人力の発明ではなく、自然の大道であり、種々の行によって円覚を求めること、任病とは、真理は不断生死、不求涅槃であり、修行などせずに自然に放任すること、止病とは、一切の念を止めて空寂に帰することを涅槃とすること、滅病とは、身心空寂が円覚であると思い、空寂のみに執着することをいう。第十一の円覚菩薩章では、修行者の安居の方法を長期・中期・下期の三種の安居として説き、安居中の修行として奢摩他・三摩鉢提・禅那の三種の観門を説く。第十二の賢善首菩薩章では、この経典の名字を示し、信受奉行の方法を説き、功徳を示して永く流通させることを説く。

【後世への影響】この経典は中国において流行し多くの人たちに読まれ、この経典に対する多くの注釈書が残されている。特に華厳宗や禅宗には多くの影響を与えている。中でも、華厳宗と禅宗の両方を学んだ宗密は、円覚経大疏三巻、円覚大疏鈔十三巻、円覚経略疏二巻、円覚経略鈔六巻の注釈書を著している。

1795 【関連典籍】大方広円覚修多羅了義経略疏註

【訳者・訳年代】唐の仏陀多羅の訳出（AD693）とされているが、内容は大仏頂首楞厳経に基づき、大乗起信論の影響を強く受け、中国で偽作された偽経であろうと考えられている。

（粟谷良道）

0843 **仏説大乗不思議神通境界経**（ぶっせつだいじょうふしぎじんつうきょうがいきょう）

大乗不思議神通境界経、不思議神通境界経、甚希有経ともいう。

【内容】三巻。この経典は、妙吉祥菩薩の不思議神通の境界を中心として、大乗空観の立場から一切法が無相であると説き、併せて四念処や八正道などの修行を説いている。空観の無相をもって、初めて無相の境地が開け、不思議神通の境界が生じ得ることが説かれている。なお、この経典には変成男子説が説かれている。無垢日焰光明如来の正法住世千年中に大慧という女王がおり、変成男子して不退転に住したと説かれ、その大慧という女王こそが今の妙吉祥菩薩であると説かれている。

【訳者・訳年代】宋の施護＊。

（粟谷良道）

0844 **仏説大方広未曾有経善巧方便品**（ぶっせつだいほうこうみぞうきょうぜんぎょうほうべんぼん）

大方広未曾有経善巧方便品、未曾有経善巧方便品ともいう。

【内容】一巻。仏が大意菩薩のために香灯・衣服などを曼拏羅処に施すとき、心にこれを一切衆生に施すと念じ、一切の男女を見ては衆生が恩愛纏縛を離れんことを念じ、行住坐臥に一切衆生の得脱を思うことを教えた。華厳の経意によった菩薩の勝相を説いた経典である。

【訳者・訳年代】宋の施護＊。

（佐藤秀孝）

0845 **仏説尊那経**（ぶっせつそんなきょう）

尊那経ともいう。

【内容】一巻。世尊が憍睒弥国の瞿師羅林に在ったとき、大尊者尊那の請いに応じて説いた経。無尽の功徳を説き、七種の布施と七種の発心を列挙している。そして、この法を具足したなら、得るところの功徳は不可思議にして、あたかも殑伽河（ガンジス）など五大河の常に流れて限量することのできないようなものであると述べている。

【訳者・訳年代】宋の法賢＊。

（佐藤秀孝）

0846 **外道問聖大乗法無我義経**（げどうもんしょうだいじょうほうむがぎきょう）

外道問大乗経ともいう。

【内容】一巻。外道の問いに対して無我の義を説明した経。我の有無を審かに検尋すれば、虚空のごとく幻化のごとくその体は不可得である。俗見によれば我と他の区別があるけれども、智見をもってすれば我と他に一切の区別がない。俗見に堕したならば輪廻は絶えることがない。修行者は早く菩提心の相を観じて最上の涅槃に到らねばならないと説いている。日称等の訳出になる尼乾子問無我義経は異訳である。

【訳者・訳年代】宋の法天＊。

（佐藤秀孝）

0847 **大乗修行菩薩行門諸経要集**（だいじょうしゅぎょうぼさつぎょうもんしょきょうようしゅう）

諸経要集、菩薩行門諸経要集ともいう。

【内容】三巻。四二部の経典より要文を採録している。引用経典としては、〈上巻〉に象腋経・説妙法決定業障経・維摩詰所問経・方広如来智経・勝義諦品経・大般若波羅蜜多経・花厳経善財童子経（入法界品）・宝髻所問経・演法師品経・決定毘尼経・遍清浄毘尼経を、〈中巻〉に海慧菩薩所問経・戯楽厳経・善巧方便経・勝積経・如来蔵経・金光上勝毘尼経・降伏魔経・富婁那所問経・宝童子夫人所問経・宝積経を、〈下巻〉に虚空蔵菩薩所問経・如来境界経・阿闍世品経・離垢菩薩所問経・文殊師利菩薩解義経・光明遍照品経・出生菩提経・宝聚経・那羅延品経・集一切功徳経・密厳経・梵刹経・一切諸仏所念経・法集経・阿差耶末菩薩所問経・集会品経・郁伽長者所問経・殊勝具戒品経・解深密経・勝鬘経・出生無辺門陀羅尼経を挙げている。以上のような経目を列しているが、編纂者の主眼点は菩薩道修行にあるから、必ずしも一々の経そのものの説相の重点を引用したものではない。しかも漢訳からの引用ではないから、『象腋経』や『維摩経』なども現存のいずれの漢訳とも文言が相違している。また現存の蔵経中に相当するものがないのもあり、好箇の考証材料も蔵している興味深い経集である。

【訳者・訳年代】唐の智厳（AD721）。

（佐藤秀孝）

第18巻　密教部 一

0848 **大毘盧遮那成仏神変加持経**（だいびるしゃなじょうぶつじんぺんかじきょう）

大日経ともいう。

【成立】七世紀中頃（年代については最近多少遡る説も提示されている）、中インドに成立したと推定されるが、成立地は西インド説、北インド説、南インド説もあり未確定。

【内容】全体で七巻三十六章よりなるが、最後の第七巻五章は独立した供養次第法となる。教主大日如来が広大金剛法界宮を説法の座として説く。〈第一章〉大日如来が執金剛秘密主（金剛薩埵）の質問に答えて、衆生本来の心の在り方を明かし、一切智智を獲得するための原因と根本と究竟の三句の法門を説く。次に、真言行を実践することで真言門の菩薩の心が深化する過程を説きつつ、真言密教の主要な教義を明かす。〈第二章〉本章以下は真言密教の諸の実践行を説く。ここでは、七日間で曼荼羅を作る七日作壇法や、その曼荼羅に弟子を入れ、灌頂（頭頂に水を灌ぐ儀式）を行う密教儀礼を説く。〈第三章〉諸の真言行を実践する際に起こる内外の障害を除去する法を説く。〈第四章〉曼荼羅の尊格の真言や種子（梵字）など百十九呪を説く。〈第五章〉世間的な悉地（所願成就）を目的とした四種念誦法（意支・先持誦・具支・作成就）を説く。〈第六章〉出世間の悉地である菩提（悟り）を獲得するための三月念誦（先持誦・具支・作成就）、六月念誦などの念誦法を説く。〈第七章〉第五・六章に説かれた念誦法によって正しく悉地を得るための観想法を説く。〈第八章〉阿字輪を用いた転字輪の曼荼羅（語曼荼羅）を作り、弟子を灌頂する作法を説く。〈第九章〉曼荼羅諸尊の印契一三九種と真言八十七呪を説く。〈第十章〉仏部・蓮華部・金剛部をそれぞれ表すA・SA・VAの三字による三部字輪観を説く。〈第十一章～第十三章〉この三章を通じて秘密曼荼羅（意曼荼羅）を作り、入壇・灌頂の作法を説く。〈第十四章〉秘密曼荼羅の中央に位置する中台八葉院の四仏・四菩薩の印契と真言を説く。〈第十五章〉六月念誦を実践する行者の戒法を説く。〈第十六章〉阿闍梨（師）が修習すべき布字観・三部布字観・五字五輪観という三種の三摩地（瞑想）を説く。〈第十七章〉前章に説かれた布字観を詳細に説く。〈第十八章〉行者が守るべき十善戒・五戒・四重禁戒などの律儀について説く。〈第十九章～二十三章〉この五章を通じて百光遍照王（AṂ字）を中心とする字輪観を修習して悟りを得ることを説く。〈第二十四章〉悟りの本質（菩提性）について説く。〈第二十五章〉発心・真智・大悲の平等を始めとする三種の三昧耶（多義あるが本章では平等の義）について説く。〈第二十六章〉如来と菩薩の区別を説く。〈第二十七章〉外道と仏教の護摩法（炉の中で供物を焼いて本尊に供養する修法）に関して説く。〈第二十八章〉本尊の種子・印（月輪等のもの）・尊形を用いて修習する種三尊観を説く。〈第二十九章〉無相三昧に住する旨を説く。〈第三十章〉世間的な念誦法と出世間の念誦法とその規則を説く。〈第三十一章〉弟子の器を確かめ、本経の実践法を付嘱することを説く。〈第七巻第一章～第五章〉この五章で本経所説の供養儀式の略法を説く。

【関連典籍】大日経チベット訳（Otani 126）、注釈書として善無畏・一行の未再治本の大日経疏1796と再治本の大日経義釈、覚密（Buddhaguhya）の大日経略釈（Otani 3486）と大日経広釈（Otani 3490）がある。0849～0865・0893・0897。

【後世への影響】真言宗や天台宗に重要視され、多くの注釈書が残る。本経に基づく胎蔵曼荼羅は美術的にも価値が高い。

【訳者・訳年代】唐の善無畏＊口説、一行＊

筆記（AD724〜725）。

【参考文献】栂尾祥雲『大日経の研究』臨川書店、一九八四年。田島隆純『蔵漢対訳大日経住心品』北辰堂、一九九〇年（再刊）。訳一・密教部一。訳大・経部十。

（大塚伸夫）

0849 **大毘盧遮那仏説要略念誦経**（だいびるしゃなぶつせつようりゃくねんじゅきょう）

要略念誦経ともいう。

【内容】一巻。大日経0848より要義を略出した供養法の実践次第を一巻にまとめて説いている。内容を五段階に分けて述べると以下の通り。①初めに大日経より実践法を要略する旨を述べ、実修上の諸々の用心を説く。以下より供養法の次第が説かれる。②まず、礼拝（作礼）・懺悔（出罪）・帰依・分身供養（施身）・発菩提心・随喜・勧請・請仏（奉請法身）・廻向の九方便という九種の印明を挙げて懺悔礼仏の法を明かし、行者の身心を清める旨を説く。さらに、秘密三昧耶（入仏三昧耶）・清浄法身（法界生）・金剛法輪（転法輪）・金剛甲冑・法界清浄字（囕字観）・除障大護（無堪忍大護）・不動威怒（不動結護）の七種の印明を明かし、行者の護身と道場の結界などの結護法を説く。③次に、囉字浄心法・想立道場法・普観荘厳・別観諸聖の四門の観想法を明かし、道場中に曼荼羅を作ることを観想し、作り終えた曼荼羅の各々の座位に諸尊を迎え供養するなど、十七種の迎請法を説く。④次に、文殊菩薩真言・一切諸菩薩真言・随心入念誦・四種念誦（意支・先持誦・具支・作成就）・大日如来種子心真言・如来毫相真言・五字厳身観・釈迦如来真言・三品悉地・三種法（息災・増益・降伏）・四相・息災と増益と相摂と降伏の四法に関する説明などを説く。⑤次に、自身加持・廻向発願・後供養・礼仏・奉送・自身加持・乞食行・食事作法・礼仏悔過・睡眠・一生成仏・決定成就・二事・内外澡浴・三成就・世間小悉地・出世間最上悉地などについて説く。

【関連典籍】0848・0850〜0853

【訳者・訳年代】唐の菩提金剛（＝金剛智＊）。

【参考文献】八田幸雄「胎蔵法の構成」『仏教思想論集』成田山、一九八四年。

（大塚伸夫）

0850 **摂大毘盧遮那成仏神変加持経入蓮華胎蔵海会悲生曼荼攞広大念誦儀軌供養方便会**（しょうだいびるしゃなじょうぶつじんべんかじきょうにゅうれんげたいぞうかいえひしょうまんだらこうだいねんじゅぎきくようほうべんえ）

摂大儀軌、摂大軌、摂軌ともいう。

【内容】三巻。三編の儀軌よりなる。大日経0848系の供養儀軌で、胎蔵法四部儀軌の一つに数えられる。第一巻の方便会では九方便より本尊観までの供養法を説く。第二巻の曼荼羅儀軌では無等三力明より示三昧耶までの曼荼羅諸尊の印明や灌頂（頭頂に水を灌ぐ儀式）作法などを説く。第三巻の六月成就儀軌では三部字輪観より六月念誦までの儀則作法を説く。

【関連典籍】0848・0849・0851〜0853

【訳者・訳年代】唐の輸婆迦羅（＝善無畏＊）。

【参考文献】八田幸雄「胎蔵法の構成」『仏教思想論集』成田山、一九八四年。

（大塚伸夫）

0851 **大毘盧遮那経広大儀軌**（だいびるしゃなきょうこうだいぎき）

広大儀軌、広大軌、広軌ともいう。

【内容】三巻。大日経0848系の供養法で、胎蔵法四部儀軌の一つに数えられる。一説には摂大儀軌0850の異伝本とされるが、明らかに曼荼羅諸尊の増広が見られるなど、摂大儀軌より多少であるが発展した儀軌の様相を呈する。儀軌の次第は、上巻では九方便から始まる作法より、慈氏（弥勒）菩薩に至るまでの曼荼羅諸尊の印明を明かす。中巻では遍智院から阿修羅までの諸印明を明かす。下巻では中台八葉院の尊格の印明と百光遍照観を明かす。

【関連典籍】0848〜0850・0852・0853

【訳者・訳年代】唐の善無畏＊。

【参考文献】八田幸雄「胎蔵法の構成」『仏教思想論集』成田山、一九八四年。

（大塚伸夫）

0852 **大毘盧遮那成仏神変加持経蓮華胎蔵悲生曼荼羅広大成就儀軌供養方便会**（だいびるしゃなじょうぶつじんべんかじきょうれんげたいぞうひしょうまんだらこうだいじょうじゅぎきくようほうべんえ）

玄法寺儀軌、玄法軌、玄軌ともいう。

【成立】唐代に法全が玄法寺で著す（AD841〜846）。

【内容】三巻。他に別本（二巻）が存在する。大日経0848に基づく系統の供養法で、胎蔵法四部儀軌の一つに数えられる。上巻の供養方便会には九方便から始まる一連の供養法が説かれる。巻末より下巻の曼荼羅品にわたって曼荼羅諸尊の印明などが説かれる。内容的には摂大儀軌0850・広大儀軌0851とほぼ一致するが、当儀軌の方が諸尊の数も増え、古来より乱脱が指摘されている。

【関連典籍】0848〜0851・0853

【参考文献】八田幸雄「胎蔵法の構成」『仏教思想論集』成田山、一九八四年。

（大塚伸夫）

0853 **大毘盧遮那成仏神変加持経蓮華胎蔵菩提幢標幟普通真言蔵広大成就瑜伽**（だいびるしゃなじょうぶつじんべんかじきょうれんげたいぞうぼだいどうひょうじふつうしんごんぞうこうだいじょうじゅゆが）

青竜寺儀軌、青竜軌、青軌ともいう。

【成立】唐代に法全が中国の青竜寺で著す（AD847〜859）。

【内容】三巻。大日経0848に基づく供養儀軌で、胎蔵法四部儀軌の一つに数えられる。著者の法全が玄法寺にて著した玄法寺儀軌0852に対して、青竜寺に移ってから著したので本軌を青竜寺儀軌という。上巻には九方便・四無量心・入仏三昧耶・法界生・金剛薩埵・金剛甲などと次第する供養法の諸作法が説かれる。中巻には三部四処輪・十二真言王・秘密八印・百光遍照などの印明が説かれる。中巻の巻末より下巻にわたっては、曼荼羅諸尊の印明や正念誦・後供養・加持句などが説かれる。内容的には玄法寺儀軌とほぼ一致するが、儀軌の次第としては玄法寺儀軌よりもさらに整備されている。また、当儀軌所説の曼荼羅諸尊の中には、観音の眷属に四摂智・八供養菩薩の諸尊を加えているので、金剛頂経0865に基づく供養法である金剛界法を取り入れているといえる。

【関連典籍】0848〜0852・0865

【後世への影響】真言宗と天台宗の両宗派における先徳方の手になる胎蔵次第の多くは、本軌を基本として作成されていると言われる。

【参考文献】八田幸雄「胎蔵法の構成」『仏教思想論集』成田山、一九八四年。訳一・密教部三。

（大塚伸夫）

0854 **胎蔵梵字真言**（たいぞうぼんじしんごん）

【内容】二巻。大日経0848に説かれる諸真言の漢字音写を梵語である悉曇文字で記述した真言集成といえるもの。上巻には具縁品の灑浄真言以下の二十呪、普通真言蔵品の無礙力真言以下の百二十三呪、悉地出現品の無所不至真言以下の三呪、転字輪漫荼羅行品の無礙力明妃真言以下の四呪が説かれる。下巻には密印品の無等力三昧真言以下の八十七呪、字輪品における三部四処輪の呪と各字門、秘密漫荼羅品の大真言王、秘密八印品の大威徳生真言以下の八呪、説百字生品の百光遍照真言、嘱累品の加持句真言が説かれる。ただし、大日経所説の真言とは完全に一致しない。他に、いくつかの真言が増加されている。

【関連典籍】0848〜0853

【訳者・訳年代】不明。

（大塚伸夫）

0855 **青竜寺軌記**（しょうりゅうじきき）

【内容】一巻。大日経0848に基づく系統の供養儀軌で、胎蔵法四部儀軌のうち、主に青竜寺儀軌0853に準拠しながら改変を加え作成された供養法と思われるが、詳細は不明である。供養儀軌の次第は上記の青竜寺儀軌と相違する。初めに供養法の前行が説かれた後、九方便・四無量・勝心真言・金剛輪・地界・四方界・心中観・九重阿字観・入仏阿字観・入仏三昧耶・法界生・転法輪と続き、最後の部分では奉送・三密語・金剛掌・火輪印・仏頂印・金剛掌・心中観などと次第して諸作法が列挙されている。しかし、それらの各次第には真言が説かれず、単に各次第の名が羅列されているに過ぎない。

（大塚伸夫）

【関連典籍】0848～0853

【訳者・訳年代】不明。

0856 **大毘盧遮那成仏神変加持経略示七支念誦随行法**（だいびるしゃなじょうぶつじんぺんかじきょうりゃくじしちしねんじゅずいぎょうほう）

大日経七支念誦随行法、七支念誦法ともいう。

【内容】一巻。大日経0848に基づく胎蔵法の念誦法や観行を略示する儀軌で、帰敬序にも説明されているように、大日経の第七巻供養次第法に準拠しながら、それを簡略化したものといえる。この場合の念誦法とは、経題にも記される通り七支分からなる念誦法を指す。具体的には入仏三昧耶・法界生・転法輪（金剛薩埵）・不動尊・如来鉤・普通（虚空蔵転明妃）・金剛甲冑などの七種の印明によって構成される念誦法をいう。これ等の印明が順に説かれる中、特に第五支・如来鉤の説段においては、それを結誦することから行者所願の仏を本尊として招き、その本尊に対して観行などの修法が実践できるよう組織されている。念誦儀軌の次第内容としては、初めに帰敬序が説かれた後、三昧耶印明・法界生印明・金剛薩埵印明・不動尊印明・如来鉤印明・普通印明・金剛甲冑印明と次第する。

（大塚伸夫）

【関連典籍】0848～0853・0857

【訳者・訳年代】唐の不空＊。

【参考文献】訳一・密教部二。

0857 **大日経略摂念誦随行法**（だいにちきょうりゃくしょうねんじゅずいぎょうほう）

五支念誦要行法、大日経略念誦法ともいう。

【内容】一巻。大日経0848に基づく胎蔵法の念誦法や観行を略示する儀軌で、大日経の第七巻供養次第法に準拠しながら、それを簡略化したものといえる。この場合の念誦法とは、五支分からなる念誦法を指す。具体的には入仏三昧耶・不動尊・如来鉤・普通（虚空蔵転明妃）・金剛甲冑などの五種の印明によって構成される念誦法を言う。儀軌の内容としては、初めに帰敬序が説かれた後、三昧耶印明・不動尊印明・如来鉤印明・普通印明・金剛甲冑印明と次第する。

（大塚伸夫）

【関連典籍】0848～0853・0856

【訳者・訳年代】唐の不空＊。

0858 **大毘盧遮那略要速疾門五支念誦法**（だいびるしゃなりゃくようそくしつもんごしねんじゅほう）

【内容】一巻。大日経0848に基づく胎蔵法系統の念誦法における真言を説く。順に列挙すると、三金剛・三昧耶・法界生・転大法輪・金剛護身・毘盧遮那根本・不動尊・普供養・焼香・献閼伽・烏芻澁摩金剛の各真言となっている。

（大塚伸夫）

【関連典籍】0848～0853・0856・0857

【訳者・訳年代】不明。

0859 **供養儀式**（くようぎしき）

【内容】一巻。大日経0848に基づく胎蔵法系統の念誦法の中でも重要なもの二十四法則（次第）を略説する。各法則の真言に対しては漢字音写したものと梵語（サンスクリット語）である悉曇文字にて表記したものが説かれる。また、印契については各印相が図示されている。各法則を順に列挙すると、撰地（択地）・沐浴・掘地・揣地・加持地・作量地（度量地）・入仏三昧耶・法界生・金剛甲冑・ラン字観・結界・召請・示三昧耶・辟除・閼伽・金剛座・辟除自身（金剛薩埵）・塗香・焚香・燃灯・雑食飲・虚空蔵明・普通印・持誦法念誦である。その後には、各法則における諸注意を説く。

【関連典籍】0848～0853

【訳者・訳年代】不明。　（大塚伸夫）

0860 **大日経持誦次第儀軌**（だいにちきょうじじゅしだいぎき）

【内容】一巻。四章からなる。大日経0848に基づく胎蔵法の念誦儀軌で、巻末に記された経題名からも知られるように、大日経第七巻の供養次第法の第二増益守護清浄行品より、第五真言事業品までの四章を一部抜粋しつつ原文をそのまま記載したものと言える。実際に用いる胎蔵法の念誦次第として作成されたものかは不明である。真言については漢字による音写と梵語である悉曇文字によって表記され、印契についても簡単な結印法の指示が明かされている。軌則の次第内容は、ほぼ上記の大日経第七巻の供養次第法と同じである。

【関連典籍】0848～0853

【訳者・訳年代】不明。　（大塚伸夫）

0861 **毘盧遮那五字真言修習儀軌**（びるしゃなごじしんごんしゅじゅうぎき）

毘盧遮那念誦、略称＝毘盧遮那五字修習軌ともいう。

【内容】一巻。大日経0848系統の胎蔵法の供養次第の軌則に基づき、毘盧遮那仏（大日如来）の本尊瑜伽の成就法を説く。供養次第の内容は、塗地・香水灑浄・焼香・散華・澡浴・着座・塗香・礼拝・道場観・［入仏］三昧耶・法界［生］・次輪（金剛薩埵）・［金剛］甲冑・蓮華観・如来鉤・閼伽・敷座・不動尊・毘盧遮那五字剣印・塗香・花・焼香・飲食・灯・円満・剣印・本尊念誦・廻向・発願・定印・五字観・剣印・五供養印・閼伽・不動剣印・解界・三昧印・奉送・経行である。

【関連典籍】0848・0849

【訳者・訳年代】唐の不空＊。　（大塚伸夫）

0862 **阿闍梨大曼荼攞潅頂儀軌**（あじゃりだいまんだらかんじょうぎき）

阿闍梨灌頂儀軌、灌頂儀軌ともいう。

【成立】伝承として恵果（AD805年没）の作とされる。

【内容】一巻。主に金剛頂経0865系に属する入壇・灌頂（頭頂に水を灌ぐ儀式）の作法を説く儀軌とされるが、大日経0848系の曼荼羅が説かれる反面、儀軌の次第内容は金剛頂経系の次第が説かれる折衷的な特色が見られる。そのため、大日経具縁品と略出念誦経0866巻四の一部を参照して作成された可能性が強い。大別して、壇前次第・入壇次第・灌頂次第の三段に配される。壇前次第では入壇する者の準備作法が説かれる。入壇次第では三昧耶戒や投花得仏などの次第が説かれる。灌頂次第では灌頂・載冠・金剛杵授与・金篦・宝鏡・法螺・教誡などの次第が説かれる。

【関連典籍】0848・0866

【参考文献】訳一・密教部二。　（大塚伸夫）

0863 **大毘盧遮那経阿闍梨真実智品中阿闍梨住阿字観門**（だいびるしゃなきょうあじゃりしんじつちほんちゅうあじゃりじゅうあじかんもん）

四重字輪曼荼羅成身観、三重布字成身曼荼羅観行ともいう。

【成立】中国の密教僧・惟謹＊が著述する（AD836）。

【内容】一巻。大日経0848阿闍梨真実智品第十六に説かれる阿字観門（阿字を中心とする字輪観と布字観と五字五輪観）の実践法と功徳について、その注釈書である大日経疏1796に基づきながら詳述している。

【関連典籍】0848・1796

0864 **A大日如来剣印**（だいにちにょらいけんにん）

【成立】略本は真言宗小野流の始祖・仁海（AD1046年没）の所述と伝えられる。

【内容】一巻。本書には略本と広本の二種が存在し、さまざまな密教経軌より諸々の印明や実践法が雑集的に収録されている。略本には大日如来剣印・一字頂輪王印明・孔雀王印明・金剛解脱真言……金剛大輪陀羅尼・懺悔滅罪真言・俗像偈・決膜偈・仏眼印明などが説かれる。広本には大日如来剣印・軍荼利印明・澡浴法・浄三業・解穢法・三部三昧耶・被甲護身……祈雨壇法・大日経略摂念誦行法・八転声・十六大菩薩讃などが説かれる。

【関連典籍】0848・0857・0865・0893

（大塚伸夫）

0864B **胎蔵金剛教法名号**（たいぞうこんごうきょうぼうみょうごう）

【成立】唐代（AD821）。著者は義操＊。

【内容】一巻。大日経0848系の胎蔵界と金剛頂経0865系の金剛界の両部諸尊の金剛名号を羅列したもの。全体で二二九尊の尊名が挙げられているが、最初の部分と最後の部分を列挙すると以下の通り。大毘盧遮那如来（遍照金剛）、宝幢如来（福聚金剛）、開敷花如来（平等金剛）、無量寿如来（清浄金剛）、鼓音如来（不動金剛）、……不動尊（無動金剛）、降三世（最勝金剛）、六足尊（大威徳金剛）、馬頭明王（敢食速疾金剛）、軍吒利（甘露）、火頭（大力金剛）。

【関連典籍】0848・0865

（大塚伸夫）

0865 **金剛頂一切如来真実摂大乗現証大教王経**（こんごうちょういっさいにょらいしんじつしょうだいじょうげんしょうだいきょうおうきょう）

金剛頂経、初会金剛頂経、金剛頂大教王経、三巻教王経、ともいう。

【成立】南インドで七世紀末に成立したと推定されている。

【内容】三巻。十八会あると称される大本金剛頂経の初会の経典の部分訳。全訳には仏説一切如来真実摂大乗現証三昧大教王経0882がある。0882は金剛界品・降三世品・遍調伏品・一切義成就品・諸部秘密教理分という構成になっている。本経は金剛界品の中の大曼荼羅分のみの部分訳である。その内容は、一切義成就菩薩が一切如来の警覚によって五相成身観を修し、金剛界如来となって成仏し、その後に須弥山上において、三十七尊を出生する。次に、金剛界曼荼羅を建立する儀軌と弟子の灌頂が説かれる。

【関連典籍】0882・0866。梵本、チベット訳（Tohoku. No. 479, Otani. No. 112）もある。

【後世への影響】インドでは、八世紀以降の密教は、ほとんどがこの経典より展開する。日本の真言宗では、大日経とともに両部の大経と呼ばれ、所依の経典として重視された。

【訳者・訳年代】唐の不空＊（AD753）。

【参考文献】津田真一『和訳金剛頂経』東京美術、一九九五年。前田崇『梵蔵漢対照　初会金剛頂経索引』国書刊行会、一九八五年。

〈訳一〉密教部一。

（伊藤堯貫）

0866 **金剛頂瑜伽中略出念誦経**（こんごうちょうゆがちゅうりゃくしゅつねんじゅきょう）

略出念誦経ともいう。

【成立】七～八世紀。七世紀末に成立した初会金剛頂経0865の原初形態とする説と、同経以後の成立とする説がある。

【内容】四巻。十万頌の金剛頂経から抄出されたものであると述べられている。金剛界曼荼羅の建立と灌頂儀礼を詳細に説く経典であり、日本の真言宗では灌頂の本拠として重視されている。

【関連典籍】本経には六巻本もある。金剛頂経大瑜伽秘密心地法門義訣1798。

【訳者・訳年代】唐の金剛智＊（AD723）。

【参考文献】〈訳一〉密教部一。遠藤祐純・苫米地誠一校訂「『金剛頂瑜伽中略出念誦経』六巻本・四巻本対照研究」『仏教文化論集』五、川崎大師教学研究所、一九八八年。清田寂雲「金剛頂瑜伽中略出念誦経について―六巻本と四巻本の比較―」（『印仏研』三〇―一、一九八一年。

（伊藤堯貫）

0867 **金剛峰楼閣一切瑜伽瑜祇経**（こんごうぶろうかくいっさいゆがゆぎきょう）

瑜伽瑜祇経、瑜祇経ともいう。

【成立】開元録2154や貞元録2156に経題が見られず空海入唐時には成立していることから、貞元年間（AD785～805）ころに中国で著述されたといわれている。

【内容】二巻。世尊金剛界遍照如来が、自性所成の眷属とともに、光明心殿に住して、三十七尊の心真言を説き、さらに、金剛愛染王の心真言、摂一切阿闍梨行位の真言、菩提心の真言、染愛王の修法、大勝金剛頂の真言、仏眼の真言、内護摩、外護摩、五部の灌頂法、大熖金剛夜叉の修法などを説く。

【後世の影響】真言宗では、本経を両部不二の深義を説く経典として重視し、また、大日経0848・金剛頂経0865・蘇悉地経0893・略出念誦経0866とともに五部秘経の一に数える。また、真言宗では本経を愛染明王の三昧を説いた経典とするが、山門では仏眼の三昧を説いたもの、寺門では大勝金剛の三昧を説いた経典とする。

【訳者・訳年代】唐の金剛智（こんごうち）＊（一説には不空（ふくう）＊）。三十帖策子には金剛智訳と記され、御請来目録には不空訳と記されており、金剛智訳とする説と不空訳とする説がある。

【参考文献】『国訳密教』経軌二。『国訳秘密儀軌』三〇。安原賢道「瑜祇経の研究（一）（二）」『密教研究』四十五、四十六。

（伊藤堯貫）

0868 **諸仏境界真実経**（しょぶつきょうがいしんじつきょう）

摂真実経、真実経ともいう。

【成立】七世紀後半に南インドで成立した金剛頂一切如来真実摂大乗現証大教王経0865の原初形態とする説と、金剛頂一切如来真実摂大乗現証大教王経0865や、金剛頂瑜伽中略出念誦経0867の影響のもとに成立したとする説がある。

【内容】三巻。大毘盧遮那如来が十六大菩薩・四金剛女・四金剛天および諸天に囲まれ、須弥山頂の帝釈天宮の中の大宝楼閣に住して、金剛界三十七尊の印言、供養法、護摩を説く。

【関連典籍】0865・0866・0867・0873

【訳者・訳年代】唐の般若（はんにゃ）＊。

【参考文献】訳一・密教部二。『国訳密教経軌』二。新大・密教部七。頼富本宏『中国密教の研究』大東出版、昭和五十四年。

（伊藤堯貫）

0869 **金剛頂経瑜伽十八会指帰**（こんごうちょうきょうゆがじゅうはってしいき）

【内容】大本金剛頂経は、十八種類の経典の叢書であり、そのすべての分量は十万頌であることを説き、その十八の各経典の内容を概説する。十八の経題は次の通り。〈初会〉一切如来真実教王。〈第二会〉一切如来秘密王瑜伽。〈第三会〉一切経集瑜伽。〈第四会〉降三世金剛瑜伽。〈第五会〉世間出世間金剛瑜伽。〈第六会〉大安楽不空三昧耶真実瑜伽。〈第七会〉普賢瑜伽。〈第八会〉勝初瑜伽。〈第九会〉一切仏集会拏吉尼戒網瑜伽。〈第十会〉大三昧耶瑜伽。〈第十一会〉大乗現証瑜伽。〈第十二会〉三昧耶最勝瑜伽。〈第十三会〉大三昧耶真実瑜伽。〈第十四会〉如来三昧耶真実瑜伽。〈第十五会〉秘密集会瑜伽。〈第十六会〉無二平等瑜伽。〈第十七会〉如虚空瑜伽。〈第十八会〉金剛宝冠瑜伽。

【関連典籍】0882・0865・2225

【訳者・訳年代】唐の不空（ふくう）＊。

【参考文献】『続国訳秘密儀軌』二。

（伊藤堯貫）

0870 **略述金剛頂瑜伽分別聖位修証法門**（りゃくじゅつこんごうちょうゆがふんべつしょうういしゅしょうほうもん）

略述金剛頂修証法門、分別聖位経、聖位経ともいう。

【成立】七世紀後半～八世紀。

【内容】一巻。序において、真言陀羅尼宗は一切如来の秘奥の教、自覚聖智、頓証の法門であり、四種身（自性身・受用身・変化身・

等流身）を証し、五智・三十七智を円満する教えであることを説く。本文では、金剛界毘盧遮那が色究竟天で成仏し、須弥山頂に行き、四仏、四波羅蜜菩薩、十六大菩薩、内外八供養菩薩、四摂菩薩を出生し、金剛界三十七尊を形成することを説き、次に三十七尊の加持の功徳を説く。

【関連典籍】0865・0866

【後世への影響】弘法大師空海は、弁顕密二教論の中に本経の序分を引用し、密教は法身説法の教えであること、その成仏は顕教にくらべて速やかであることを主張する。

【訳者・訳年代】唐の不空*。

【参考文献】訳一・密教部三。新大・密教部六。

（伊藤堯貫）

0871 **金剛頂瑜伽略述三十七尊心要**（こんごうちょうゆがりゃくじゅつさんじゅうしちそんしんよう）

三十七尊心要、不空心要、金剛頂三十七尊心要、心要ともいう。

【成立】唐の天宝五年(AD746)～大暦九年(AD774)。本書は訳経ではなく、不空*が宮中の含暉院承明殿において梵本を読み、その心要を講述し、弟子たちが筆記したものであるが、その梵本とは金剛頂一切如来真実摂大乗現証大教王経0865などの金剛頂経系の儀軌であると考えられる。

【内容】五智五仏、十六大菩薩、四波羅蜜菩薩、八供養菩薩、四摂菩薩の出生と三摩地を説き、次に供養会の五仏と十六大菩薩の供養、曼荼羅の能観・所観、六波羅蜜、降三世曼荼羅、護摩法、三解脱門、四印会などを概説する。

【関連典籍】0865・0866

【参考文献】訳一・密教部四。『国訳密教』経軌二。新大・密教部六。

（伊藤堯貫）

0872 **金剛頂瑜伽三十七尊出生義**（こんごうちょうゆがさんじゅうしちそんしゅっしょうぎ）

三十七尊出生義、出生義ともいう。

【成立】不空*訳となっているが、本文中に毘盧遮那如来・釈師子・金剛薩埵・竜猛・竜智・金剛智・不空という相承系譜を説き、この系譜の中に不空自身の名があることから不空の訳出とは考えられず、またこの系譜は不空が通常述べる系譜とも異なるので、不空の講述とも考えられず、密教経典が盛んに訳出された唐時代の編纂と推定されている。

【内容】一巻。金剛界三十七尊の出生を説き、次に頂生三昧、密教の伝授、相承系譜を説く。

【関連典籍】0865・0866

【参考文献】訳一・密教部三。新大・密教部六。

（伊藤堯貫）

0873 **金剛頂蓮華部心念誦儀軌**（こんごうちょうれんげぶしんねんじゅぎき）

蓮華部心念誦儀軌、蓮華部儀軌、蓮華部心儀軌ともいう。

【成立】七～八世紀。

【内容】一巻。金剛界の五部（仏部・金剛部・蓮華部・宝部・羯磨部）の中の蓮華部に基づいて、成身会・羯磨会・三昧耶会・供養会の四会の念誦法を説く。二巻本もある。

【関連典籍】0874・0875・0865・0866

【後世への影響】真言宗の金剛界念誦次第は本軌に基づき作成された。

【訳者・訳年代】唐の不空*。一説には不空作とされる。

【参考文献】『国訳密教』別巻。

（伊藤堯貫）

0874 **金剛頂一切如来真実摂大乗現証大教王経**（こんごうちょういっさいにょらいしんじつしょうだいじょうげんしょうだいきょうおうきょう）

真実摂大乗現証大教王経、二巻教王経、二巻大教王経、二巻本金剛頂経ともいう。

【成立】七～八世紀。

【内容】二巻。金剛頂蓮華部心念誦儀軌0873の異訳であり、それとの相違は冒頭に帰敬偈などの序分が付されること、また行法次第に入る前の心構えや荘厳などが説かれていることである。
【関連典籍】0865・0866
【訳者・訳年代】唐の不空＊。
【参考文献】新大・密教部七。
（伊藤堯貫）

0875 **蓮華部心念誦儀軌**（れんげぶしんねんじゅぎき）
梵字金剛頂蓮華部心儀軌、梵字心軌ともいう。
【成立】七～八世紀。
【内容】一巻。金剛頂蓮華部心念誦儀軌0873に説かれる真言のみを、梵字で記した儀軌である。
【関連典籍】0874・0865・0866
【訳者・訳年代】訳者不明（唐代）。
（伊藤堯貫）

0876 **金剛頂瑜伽修習毘盧遮那三摩地法**（こんごうちょうゆがしゅじゅうびるしゃなさんまじほう）

瑜伽修習毘盧遮那三摩地法、毘盧遮那三摩地法ともいう。

【成立】七世紀。

【内容】毘盧遮那如来の三摩地を修習する念誦法。五相成身、四如来三昧耶、五仏灌頂、四摂、八供養などの法を説く。

【関連典籍】0865・0866・0873・0874
【後世への影響】本書の「八葉白蓮一肘間」の四句一頌が金剛頂瑜伽中発阿耨多羅三藐三菩提心論1665に引用される。また、空海が即身成仏義に教証として本書の末尾の四句一頌を引用し、「諸法本不生」の四句一頌を六大説の典拠に用いている。

【訳者・訳年代】唐の金剛智＊（AD731～736）。

【参考文献】訳一・密教部二。新大・密教部六。

（伊藤堯貫）

0877 **金剛頂経毘盧遮那一百八尊法身契印**（こんごうちょうぎょうびるしゃないっぴゃくはっそんほっしんげいいん）
一百八尊法身契印ともいう。
【成立】七～八世紀
【内容】一巻。一切如来入自己身密語・金剛薩埵大心・金剛王・金剛峰・金剛命などの百八尊の真言を説き、その真言を身体に安置することを説き、さらに法身の功徳を讃歎する。
【関連典籍】0865・0866
【訳者・訳年代】唐の善無畏＊と一行＊。
【参考文献】『続国訳秘密儀軌』六。
（伊藤堯貫）

0878 **金剛頂経金剛界大道場毘盧遮那如来自受用身内証智眷属法身異名仏最上乗秘密三摩地礼懺文**（こんごうちょうぎょうこんごうかいだいどうじょうびるしゃなにょらいじじゅゆうしんないしょうちけんぞくほっしんいみょうぶつさいじょうじょうひみつさんまじらいさんもん）
三十七尊礼懺文、金剛頂瑜伽三十七尊礼ともいう
【成立】七～八世紀。
【内容】一巻。金剛界三十七尊に対して礼拝・懺悔する法を説く。初めに三十七尊それぞれに帰命し、次に至心懺悔、至心随喜、至心勧請、至心回向を説く。別本に金剛頂瑜伽三十七尊礼0879がある。
【関連典籍】0865・0867
【後世への影響】真言宗で常に用いられる金剛界礼懺は本書に基づく。
【訳者・訳年代】唐の不空＊。
（伊藤堯貫）

0879 **金剛頂瑜伽三十七尊礼**（こんごうちょうゆがさんじゅうしちそんらい）

金剛頂経金剛界大道場毘盧遮那如来自受用身内証智眷属法身異名仏最上乗秘密三摩地礼懺文、三十七尊礼ともいう。

【成立】七～八世紀。

【内容】一巻。金剛界三十七尊に対して礼拝・懺悔する法を説く。金剛頂経金剛界大道場毘盧遮那如来自受用身内証智眷属法身異名仏最上乗秘密三摩地礼懺文0878の別本。

【関連典籍】0865・0866・0878
【訳者・訳年代】唐の不空＊。

【参考文献】『国訳秘密儀軌』一。

（伊藤堯貫）

0880 **瑜伽金剛頂経釈字母品**（ゆがこんごうちょうぎょうしゃくじもぼん）

金剛頂経釈字母品ともいう。

【成立】七～八世紀

【内容】一巻。梵語のアルファベットの順に、母音から子音までの五〇の文字と、その文字の意味を説く。

【訳者・訳年代】唐の不空＊。

【参考文献】『国訳秘密儀軌』一。酒井真典「金剛頂経釈字母品の一資料」『酒井真典著作集　第三巻　金剛頂経研究』法蔵館、昭和六十年。

（伊藤堯貫）

0881 **賢劫十六尊**（げんごうじゅろくそん）

【成立】七～八世紀

【内容】一巻。金剛界曼荼羅の賢劫十六尊の三昧耶形と真言、外金剛部二十天の三昧耶形と真言を説く。

【関連典籍】0866・0874・0939

【訳者・訳年代】不明（一説に唐の法全）。

【参考文献】『続国訳秘密儀軌』二。

（伊藤堯貫）

0882 **仏説一切如来真実摂大乗現証三昧大教王経**（ぶっせついっさいにょらいしんじつしょうだいじょうげんしょうざんまいだいきょうおうきょう）

現証三昧大教王経、初会金剛頂経ともいう。

【成立】七～八世紀。

【内容】三十巻。本経は金剛頂経瑜伽十八会指帰0869の中の初会にあたるため、初会金剛頂経ともいわれる。章立ては大きく五品に分かれている。すなわち第一金剛界品（一～八巻）、第二降三世品（九～十七巻）、第三遍調伏品（十八～二十一巻）、第四一切義成就品（二十一～二十四巻）、第五一切如来真実摂広大教理分（二十四～三十巻）となっている。この中、金剛頂一切如来真実摂大乗現証大教王経0865（三巻教王経）は第一金剛界品金剛界大曼拏羅広大儀軌分にあたる。また、「金剛界品」に六曼荼羅、「降三世品」に十曼荼羅、「遍調伏品」「一切義成就品」に六曼荼羅が説かれる。六曼荼羅とは金剛界大曼荼羅、三昧耶曼荼羅、微細曼荼羅、供養曼荼羅、四印曼荼羅、一印曼荼羅である。十曼荼羅は六曼荼羅に外金剛部の大曼荼羅、三昧耶曼荼羅、法曼荼羅、羯磨曼荼羅を加えたものである。

【関連典籍】0865・0866・0869。チベット訳もある。

【訳者・訳年代】宋の施護＊（AD1015）。

【後世への影響】本経は日本に伝えられた時期が遅く、入唐八家以降のものであるため、東密台密とも用いられない。ただ杲宝が本経に対して『三十巻教王経文次第』を書いている。

【参考文献】堀内寛仁編『梵蔵漢対照　初会金剛頂経の研究　梵分校訂編』一九八三年、密教文化研究所。栂尾祥雲『金剛頂経の研究』栂尾祥雲全集別巻Ⅲ、一九八五年、臨川書店。

（金本拓士）

0883 **仏説秘密三昧大教王経**（ぶっせつひみつざんまいだいきょうおうきょう）

秘密三昧経ともいう。

【内容】四巻。序文では、世尊は帝釈宮殿に、十六菩薩をはじめとする多くの諸眷属たちと住んでいた。そのとき大衆中の金剛手が、一切秘密大乗現証三昧耶秘密心明を説いた。その心明が説かれると、世尊大毘盧遮那如来は正等菩提を現証し、諸如来は金剛手菩薩に諸法の清浄な勝義、自分の部族の最上密法の義を説いて下さいと願った。ここで金剛手は、以下金剛界曼荼羅および一切如来大乗現証三昧金剛儀軌等を説いた。次に巻第二以下は、妙吉祥菩薩以下諸菩薩が、金剛手に諸儀軌を説いている。この経は金剛頂経瑜伽十八会指帰0869の第十三会に比されるものである。経典の内容からみるならば、最初に金剛界大曼荼羅を説くことから金剛頂経系に属する。さらに、その中心が八輻輪を説かれることから、大楽法門十七尊曼荼羅と同じであり、また十七字真言が説かれていることから、理趣経と関連する経典と見てよいであろう。

【関連典籍】0886
【訳者・訳年代】宋の施護*。
【参考文献】酒井真典『金剛頂経の十三会』酒井真典著作集第三巻、法蔵館。

（金本拓士）

0884 仏説秘密相経（ぶっせつひみつそうきょう）

【内容】三巻。世尊大毘盧遮那如来が、一切如来三昧界に住むとき、金剛手菩薩摩訶薩が世尊に、甚深広大なる秘密法儀のエッセンスとその修行法を問い、それに対して世尊は、以下に掲げる法儀を説く。観想秘密文字。舌先に月輪を観じ、その中に吽字を想い、それが白色金剛五股に変化することを観じることによって、自身を護身浄化する。その後、普尽三摩地真実出生諸三摩地根本法門、菩提心曼拏羅相、仏影像中観影像相で具体的に観想法が説かれる。また世尊は金剛手菩薩摩訶薩に対して、金剛杵と蓮華の秘密を説き、そこでは金剛杵と蓮華が合わさったものから宝楼閣が出現する観想、すなわち道場観が示される。さらに、四種礼敬印、四種供養の秘密が説かれる。内容としては、五相成身観を中心とした金剛頂経系の観想法が具体的に説かれたものといえる。

【訳者・訳年代】宋の施護*。


（金本拓士）

0885 仏説一切如来金剛三業最上秘密大教王経（ぶっせついっさいにょらいこんごうさんごうさいじょうひみつだいきょうおうきょう）

　秘密三業経、秘密大教王経ともいう。

【成立】七～八世紀とされる。

【内容】七巻。本経は十八会指帰0869中第十五会「秘密集会瑜伽」とみなされているが、そこでの記述は簡略であるため、不空当時には、まだその原初形態のみが形成されていたと考えられている。経全体は十八章に分けられ、さらにチベット大蔵経では十七章までと、第十八章を続タントラとして区別している。また十七章の中、十二章までと十三章以降を区分し、前半は早い時期に成立したものと見なされている。本経で説かれている曼荼羅の特色として、阿閦仏を中尊とした五仏、四明妃、四忿怒で構成される十三尊曼荼羅を基本として、後に仏智足流十九尊曼荼羅、聖者流三十二尊曼荼羅が展開される。また、それら各尊に五蘊、四大、十二処を当てはめ、曼荼羅と仏教伝統の宇宙観を統合する。このことは、秘密集会曼荼羅が宇宙そのものとみなし、また自身中に曼荼羅各尊を観想することによって、宇宙（法身）即自身であることを獲得していく。内容が性瑜伽に関する記述が多いためか、訳がかなり恣意的に変更されている。また漢訳題名『仏説一切如来金剛三業最上秘密大教王経』は章末にある「一切如来の身口意秘密の中の秘密である秘密集会大秘密タントラ王」から訳されたものに由来していると考えられる。

【関連典籍】梵本、チベット訳もある。

【訳者・訳年代】宋の施護*（AD1002）。

【後世への影響】本経は中国・日本においては流行しなかったが、インド・チベット密教においては、無上瑜伽部密教父タントラの代表として広く流行した。実際ゲールク派では無上瑜伽タントラの根本経典として重要視されている。

【参考文献】松長有慶『密教経典成立史論』法蔵館、昭和五五年。酒井真典『チベット密教教理の研究』高野山遍照光院歴世全書刊行会、昭和三一年。


（金本拓士）

0886 仏説金剛場荘厳般若波羅蜜多経中一分（ぶっせつこんごうじょうしょごんはんにゃはらみたきょうちゅういちぶん）

　金剛場荘厳般若一分ともいう。

【内容】一巻。妙吉祥菩薩が金剛瑜伽大秘密主大毘盧遮那如来に金剛場荘厳般若波羅蜜多教の諸正法句を問い、大毘盧遮那如来はその問いに答えて、以下四念処をはじめとする般若波羅蜜多諸法大明句が説かれる。当漢訳経典は、チベット訳『金剛場荘厳のタントラ』の部分訳（最終章）とされる。それ故に「一分」とされ、題名の添書に「此於大部支流別行」とあることから施護の翻訳当時に「大部」の経典が存在していたことが予想される。

【訳者・訳年代】宋の施護（せご）＊（AD980）。

【参考文献】栂尾祥雲『理趣経の研究』臨川書店、一九八二。福田亮成『理趣の研究―その成立と展開―』国書刊行会、一九八七。

（金本拓士）

0887 **仏説無二平等最上瑜伽大教王経**（ぶっせつむにびょうどうさいじょうゆがだいきょうおうきょう）

無二平等経、瑜伽大教王経、無二平等大教王経ともいう。

【内容】六巻。世尊が他化自在天宮において、金剛手をはじめとする諸菩薩とともに住しているとき、金剛手が自ら大毘盧遮那如来仏相を顕現し、一切如来たちの勧請に答えて、四方に四部の大日（日輪）の曼荼羅を建立して、秘密の法門を説いた。その中で以下の四部の三摩地が本経の主幹となす。すなわち智部三摩地、摂部三摩地、法部三摩地、迦摩部三摩地であり、それぞれ仏身、金剛薩埵、観自在、諸天が観想される。チベット密教において、本経は、無上瑜伽父タントラである『秘密集会タントラ』の釈タントラとされる。章立ては、漢訳と違い、二十二章からなり、またチベット訳については、施護訳からの補訳であるとされている。

【訳者・訳年代】宋の施護（せご）＊。

（金本拓士）

0888 **一切秘密最上名義大教王儀軌**（いっさいひみつさいじょうみょうぎだいきょうおうぎき）

秘密名義儀軌ともいう。

【内容】二巻。最上名義とは、密教瑜伽における重要項目を掲げて解説していることから名づけられた名称である。すなわち、真実相の開示。それを獲得するための観法の仕方。四印、四大種、四種法、五仏の意義。金剛界曼荼羅の建立等が説かれている。漢訳、チベット訳とも偈文（げもん）で書かれているが、この経典は無上瑜伽タントラに属するような内容をもっているため、漢訳者はかなりの改訳をしている。教義内容から、「秘密集会タントラ」と関係があると考えられる。

【関連典籍】0885

【訳者・訳年代】宋の施護（せご）＊。

【参考文献】栂尾祥雲全集「秘密集会経要略」(別巻二)。

（金本拓士）

0889 **一切如来大秘密王未曾有最上微妙大曼荼羅経**（いっさいにょらいだいひみつおうみぞうさいじょうみみょうだいまんだらきょう）

大秘密王曼荼羅ともいう。

【内容】五巻。世尊が忉利天の大善法堂にいるとき、会衆の金剛手菩薩が、世尊に対して二十数個条の疑問を出し、それに対して世尊が答えたのが、経全体の構成である。章別にその内容を見てみるならば、第一相応行曼荼羅儀則品で曼荼羅建立のための解説。第二灌頂品は入壇灌頂の所作等について解説。第三阿闍梨品は阿闍梨の所作について解説。第四護摩法品は護摩の種類等について解説。第五先法摂受弟子品は弟子を曼荼羅に引入することについて解説。第六鈴杵相分出生儀則品は五股杵、鈴の意味等について解説。造塔功徳品は塔を造立する場所、建立の意義等について解説する。

【訳者・訳年代】宋の天息災（てんそくさい）＊。

（金本拓士）

0890 **仏説瑜伽大教王経**（ぶっせつゆがだいきょうおうきょう）

瑜伽経ともいう。

【内容】五巻。世尊大遍照金剛如来が浄光天大楼閣中にあるとき、その会衆において大光明を放ち、また仏身中に還り入った。金剛手大菩薩はその光明はどういう訳で放たれたかを世尊にたずねたところ、世尊は大智変化瑜伽大教王の教えを説いた。その教えとは、曼荼羅建立法、諸尊の真言、諸尊の三摩地観想法、諸尊の印相、四種法等の成就法である。

【関連典籍】0891。チベット訳もある。

【訳者・訳年代】宋の法賢（ほうけん）＊（AD1001）。
【参考文献】松長有慶「幻化網タントラの性格」印仏研八―二。

（金本拓士）

0891 **仏説幻化網大瑜伽教十忿怒明王観想儀軌経**（ぶっせつげんけもうだいゆがきょうじゅうふんぬみょうおうかんそうぎきょう）

十忿怒明王題明王観想儀軌経ともいう。

【内容】一巻。世尊が浄光天清浄大楼閣中にいるとき、金剛手菩薩の願いに答えて、大幻化網瑜伽大教王経三昧曼荼羅の中に説かれる十忿怒明王の観想儀軌の法を説いた。ここで説かれる十忿怒とは、焔鬘得迦（ヤマーンタカ）大忿怒明王、無能勝（アパラージタ）、鉢訥鬘得迦（パドマーンタカ）、尾覲難得迦（ヴィグナーンタカ）、不動尊（アチャラナータ）、吒枳（タッキ）、儞羅難拏（ニーラナンダ）、大力（マハーバラ）、送婆（スンバ）、嚩日囉播多羅（ヴァジュラパータラ）である。この経典は瑜伽大教王経0890において十分説かれなかった十忿怒明王の観想法を別出した儀軌とされる。

【関連典籍】0890
【訳者・訳年代】宋の法賢（ほうけん）＊。
【参考文献】松長有慶「幻化網タントラの性格」印仏研八―二。

（金本拓士）

0892 **仏説大悲空智金剛大教王儀軌経**（ぶっせつだいひくうちこんごうだいきょうおうぎききょう）

二儀軌ともいう。

【成立】九世紀頃。

【内容】五巻。経の題名「大悲空智金剛大教王経」は梵本の『ヘーヴァジュラタントラ』の名称と関連性はない。この『ヘーヴァジュラタントラ』は、無上瑜伽密教部の母タントラに属する。またチベット密教の分類によれば、母タントラは六種平等・ヘールカ族・毘盧遮那族・金剛日族・蓮華舞自在族・パラマアシュヴァ族・持金剛族の七種に分類される中、ヘールカ族に属するとされる。『ヘーヴァジュラタントラ』は五〇万頌三二儀軌からなる根本タントラから「金剛現等覚」と「幻化儀軌」の二儀軌二三章を妙出した略出タントラとされることから「二儀軌」と呼ばれている。教理面では、ヒンドゥー教のシャークタ派の影響からか性瑜伽の側面が強く出ている。また「四輪三脈」という四つのチャクラと三つ脈管に代表される生理学的瑜伽の実践が説かれている。

【関連典籍】チベット訳もある。
【訳者・訳年代】宋の法護（ほうご）＊。
【参考文献】津田真一「反密教学」リブロポート、一九八七。

（金本拓士）

0893 **蘇悉地羯囉経**（そしつじきゃらきょう）

蘇悉地経ともいう。

【内容】三巻三十七章（高麗本）よりなる。本経には高麗本・宋本（別本1、三巻三十八章）・和本（別本2、三巻三十四章）の三本がある。対照すると三本とも異同があるが、高麗本と宋本が比較的よく対応し、高麗本とチベット訳（大谷No. 431）がよく対応する。0895や0897と同様に真言行における諸々の通則を説く。高麗本に従って略述すれば以下の通り。〈第一章〉忿怒軍荼利（ふんぬぐんだり）菩薩が執金剛（しゅうこんごう）（金剛手（こんごうしゅ））菩薩に真言行の諸々の軌則などについて四十一の質問をする。第二章以下はその質問に執金剛が答える形式で説かれる。〈第二章〉仏部（ぶつぶ）・蓮華部（れんげぶ）・金剛部（こんごうぶ）の三部における念誦法則（ねんじゅほうそく）を説く。〈第三章〉真言行の阿闍梨（あじゃり）（師）となる者が有すべき特徴を二十三種に分けて説く。〈第四章〉真言を持誦することによって成就する行相を説く。〈第五章〉真言行を修習する上で必要な同伴者の特徴を詳説する。〈第六章〉行者の修行を速やかに成就するのに適した修行場所を列挙する。〈第七章〉行者の守るべき戒律や真言持誦における規則を説く。〈第八章〉三部（仏・蓮・金）の諸尊への供養や三品（さんぼん）（息災（そくさい）・増益（ぞうやく）・降伏（ごうぶく））の法則（ほっそく）に用いられる花を七十九種も列挙し、献花の供養軌則を説く。〈第九章〉前章と同様の趣旨で用いる塗香を作る数十種の香を列挙し、目的に合わせた塗香の調合法や供養軌則を説く。〈第十章〉焼香に用いる香と調合法、並びにその供養軌則を説く。〈第十一章〉灯明供養に用いる香油や灯明の供養軌則を説く。〈第十二章〉飲食の種類とその供養規則を説く。〈第十三章〉息災法における護摩の軌則や真言念誦の軌則を説く。〈第十四章〉増益法における軌則を説く。〈第十五章〉降伏法における軌則を説く。〈第十六章〉上中下の三種の成就相を説く。〈第十七章〉本尊を修行道場に降臨させる軌則を説く。〈第十八章〉遺除（除垢）・護身・結界など供養法に関する諸注意を説く。〈第十九章〉本尊や真言の威力を増加させる増威法を説く。〈第二十章〉本尊の威力を増加させ、所願を成就させるための本尊に対する灌頂法（頭頂に水を灌ぐ儀式）を説く。〈第二十一章〉祈願法の軌則を説く。〈第二十二章〉阿闍梨より弟子に真言を伝授する際の諸々の規則や注意を説く。〈第二十三章〉真言満足の法を説く。〈第二十四章〉真言の威力を増加させる増威法を説く。〈第二十五章〉護摩法における諸の軌則を説く。〈第二十六章〉五種香や五穀など真言行に必要な雑物を説く。〈第二十七章〉如意宝珠を始めとする諸々の成就物による成就法を説く。〈第二十八章〉前章の成就物を取得する時節を説く。〈第二十九章〉先の成就物を清める洗浄法を説く。〈第三十章〉先の成就物の分量や数量について説く。〈第三十一章〉灌頂のための曼荼羅（灌頂壇）の作壇法と灌頂の軌則を説く。〈第三十二章〉諸々の雑物や成就物の加持法を説く。〈第三十三章〉息災法・増益法・降伏法や上・中・下の三種成就法を実践する時期を説く。〈第三十四章〉真言行に用いる縄の加持法や眼薬の加持法を説く。〈第三十五章〉七日間で曼荼羅を作る七日作壇法を説く。〈第三十六章〉作壇法に関する未説の部分を補説する。〈第三十七章〉護摩法とその造壇法を説く。

【関連典籍】大毘盧遮那仏成仏神変加持経0848、蘇悉地羯囉供養法0894、蘇婆呼童子請問経0895、蕤呬耶経0897。

【後世への影響】真言宗開祖の空海が三学録の律部に本経を配してから、真言宗では真言行を修習する上での戒本とみなすようになった。天台宗でも本経に密教の深旨がよく説かれるとし、共に重視してきた。

【訳者・訳年代】唐の輸波迦羅（＝善無畏＊）。

【参考文献】訳一・密教部五。

（大塚伸夫）

0894 **蘇悉地羯羅供養法**（そしつじきゃらくようぼう）

【内容】三巻。他に二巻よりなる別本が存在する。蘇悉地羯囉経0893に基づく供養次第法を説く。次第内容は、見神室処・対受得真言手印・外出入処・分土洗浄・灑掃神室処・除萎花・掃地・塗地・浄供養器・三摩耶・結縛諸難・澡浴・辟除・護身・瀉垢・清浄・光沢・攪水・塗身・持誦水・遣除毘那夜迦・護身五処・分土・澡浴・自灌頂・結髪（三部結髪）・献水（三部献水）……坐持誦（正念誦）・求請所願・護所念誦（護本尊）・廻施功徳・発願・閼伽水・塗香等供養・示三摩耶・護身・解界・発遣・護摩・三部五浄・作制底・転読大乗経・思惟六念・慈等観などが説かれる。

【関連典籍】0848・0893・0895・0897

【訳者・訳年代】唐の輸波迦羅（＝善無畏＊）。

（大塚伸夫）

0895 **蘇婆呼童子請問経**（そばこどうじしょうもんきょう）

蘇婆呼童子経、蘇婆呼経ともいう。

【内容】三巻十二章よりなる。また、二巻十三章からなる別本があるほか、同本異訳0896も存在する。蘇婆呼（妙臂）童子が真言行者の悉地（所願成就）獲得のために七十七の質問を発したことに対し、執金剛大薬叉将（金剛手菩薩）が真言行の修法に関する諸々の軌則を雑集的に説く。〈第一章〉真言行者が守るべき諸々の律儀や作法を説く。〈第二章〉前半部分で真言行者の修行に適した住処や本尊供養のための尊像と精舎建立を説き、後半部分では乞食行における詳細な規律が説かれる。〈第三章〉真言念誦を成就するのに障害となる煩悩を除く方法として、白骨観・不浄観・慈悲観・縁生観・慈悲喜捨の四無量観などの諸々の観法を説く。〈第四章〉真言行者の修法目的に合わせた金剛杵の製造法や真言念誦による薬法の成就法、毘那夜迦（常随魔・鬼神）等によって引き起こされる諸々の災難から逃れるための曼荼羅の作壇法と、その曼荼羅に基づく灌頂（頭頂に水を注ぐ儀式）の軌則を説く。〈第五章〉真言行者が悉地獲得するための用心や護摩法（炉の中で供物を焚き本尊に供養する修法）の他に、真言行者の所願が成就しない場合に行う本尊に対する治罰法などを説く。〈第六章〉真言行者の修行中に起こる妄念や雑念を除去するための観法として本尊や印契を観想する法や、比喩観、および悉地の夢相判断を説く。〈第七章〉成就法の前行として、持戒と断食の必要性を説いた後に、温気・烟・火光の三種悉地の成就法を明かす。〈第八章〉鉢私那神を童子や尊像や鏡などに降臨させて、過去・現在・未来の吉凶などを占う下鉢私那法（阿尾捨法）を説く。〈第九章〉真言行者としての行動を律すべき旨と、重ねて罪業を作らず、師に仕え懺悔し発願して真言行に精進することを強調する。〈第十章〉真言行者にとっての八聖道（正見・正分別・正語・正業・正命・正勤・正定・正念）、護摩法に用いる炉の形状や火炎の形状、諸天に対する供養軌則を説く。〈第十一章〉蓮華部・金剛部・般支迦部・摩尼部・非部所管の五部に属する諸尊の真言について説く。〈第十二章〉成真言法・成金水法・成長年法・出伏蔵法・入修羅宮法・合成金法・土成金法・成無価宝法という八種の成就法とその効能を説く。その他に澡浴（沐浴）・浄手の軌則、上・中・下の三品悉地とその成就相、蛇毒や鬼魅（一種の鬼神）による病苦の治癒軌則、滅罪の軌則など諸の真言行に関する軌則が数多く説かれる。

【後世への影響】真言宗開祖の空海が本経を三学録の律部に配してより、真言行者の学すべき戒本と見なされるようになり、真言密教の修法の伝授にも、本経が多く依用されるようになった。

【関連典籍】大毘盧遮那成仏神変加持経0848、蘇悉地羯囉経0893、妙臂菩薩所問経0896、蕤呬耶経0897。

【訳者・訳年代】唐の輸波迦羅（＝善無畏＊）。

【参考文献】高田仁覚「蘇婆呼童子請問経における行の諸問題」日仏年報三〇。訳一・密教部二。

（大塚伸夫）

0896 **妙臂菩薩所問経**（みょうひぼさつしょもんぎょう）

妙臂所問経ともいう。

【内容】四巻十二章よりなる。蘇婆呼童子経0895の同本異訳。両経の章品構成は全体的にほぼ一致するが、0895にはない第七章成就分が挿入されている。第一章は妙臂菩薩が真言行者の悉地（所願成就）獲得のために発した質問に対し、金剛手菩薩が真言行の諸の軌則を説くうち、行者の律儀や作法を説く。第二章は行者の修行に適した住処や本尊供養のための尊像建立、乞食行における細則を説く。第三章は真言念誦に障害となる煩悩を除去する諸々の観法を説く。第四章は修法目的に応じた金剛杵の製造法や、諸々の災難を起こす毘那夜迦（鬼神）等を除去する曼荼羅の作壇法と灌頂（頭頂に水を注ぐ儀式）の軌則を説く。第五章は悉地獲得のための用心や護摩法、行者の所願が成就しない場合に行う、一種の降伏法に属する治罰法を説く。さらに本尊や印契の観法、比喩観、悉地の夢相判断を説く（0895の第六章に相当）。第六章は持戒と断食、熱・煙・焔の三種悉地の成就法を明かす。第七章は墓地の死体を用いて障害を除く吠多拏法を説く。第八章は鉢私那神を童子や尊像や鏡などに降臨させて吉凶を占う下鉢私那法を説く。第九章は行者の律儀と滅罪を説く。第十章は行者にとっての八聖道、護摩に用いる炉や火炎の形状、諸天への供養軌則を説く。第十一章は五部諸尊の真言を説く。第十二章は八種成就法など諸々の軌則を説く。

【後世への影響】真言宗開祖の空海が本経を三学録の律部に配してより、修法の伝授にも本経が多く依用されるようになった。

【関連典籍】0848・0893・0895・0897

【訳者・訳年代】宋の法天＊。

【参考文献】高田仁覚「蘇婆呼童子請問経における行の諸問題」日仏年報三〇。

（大塚伸夫）

0897 **蕤呬耶経**（すきやきょう）

瞿醯壇哆羅経、瞿醯経、玉呬耶経ともいう。

【内容】三巻十一章からなる。原題はチベット訳（大谷No. 429）によれば、「一切の曼荼羅に共通する軌則の秘密儀軌（密教的実践法を説く聖典）」とあり、曼荼羅を建立して灌頂（頭頂に水を灌ぐ儀式）を行う密教儀礼に関して、一般に共通する行次第を説いている。次第を分類すれば、揀択分・七日作壇分・供養分・投華得仏分・灌頂分となる。第一章から第三章までは、主に曼荼羅を建立して弟子を灌頂する阿闍梨（師）の特徴と資格を説き、どのような土地に何時ごろ曼荼羅を建立するかなどの作壇に必須の場所と時間の選定基準を説く（以上揀択分）。第四章から第六章までは、七日間で曼荼羅を建立する軌則（七日作壇法）のうち、第一日より第六日の軌則―治地・塗地・埋宝・香水灑浄・受持地・受持弟子・白檀曼荼羅建立・供養・召請（諸尊を曼荼羅に迎える作法）・護摩・受律儀・歯木授与・香水授与・供養・召請・発遣・教誡・就寝―を説く。第七章から第八章までは、第七日の軌則―占夢・大曼荼羅絣ち・曼荼羅荘厳・諸難辟除・供養・弟子結護・大曼荼羅彩色・諸尊作画（以上七日作壇分）・召請・結界・供養・召請・供養―などを説く。第九章から第十章までは、護摩（以上供養分）・諸尊召請・弟子結護・投華得仏・供養・息災護摩（以上投華得仏分）・灌頂・傘蓋行道・礼拝・教誡・護摩・灑頂・三昧耶戒説示・護摩・供養・発遣・破壇などの次第を説く（以上灌頂分）。最後の第十一章は、四種灌頂など曼荼羅行の全般にわたって注意が補説される。

【関連典籍】0848・0893・0895・0896

【訳者・訳年代】唐の不空＊。

【参考文献】大塚伸夫「『蕤呬耶経』の曼荼羅行について」密教学研究第二十八号。訳一・密教部二。

（大塚伸夫）

0898 **仏説毘奈耶経**（ぶっせつびなやきょう）

秘密蔵毘奈耶経、略称＝毘奈耶経ともいう。

【内容】一巻。説法の座は王舎城（古代インドのマガダ国の首都）の鷲峯山（霊鷲山）。執金剛（金剛手菩薩）が念誦法を仏陀に請問した後に、仏の許可を得て、執金剛自身が念誦法の軌則を説く。次に、観自在菩薩が念誦者の所願成就のための軌則を説く。次いで、大梵天が念誦によって所願成就しない者達のために、その原因と障害を取り除く軌則を説く。その中には灌頂（頭頂に水を灌ぐ儀式）も説かれる。最後に、仏が堅牢地神（大地の女神）の質問に答えて、四種の浄行（身浄行・口浄行・意浄行・水食浄行）と本尊の供養法と作壇法（曼荼羅の建立法）を各々説く。

【関連典籍】0893〜0897

【訳者・訳年代】不明。

【参考文献】訳一・密教部二。

（大塚伸夫）

0899 **清浄法身毘盧遮那心地法門成就一切陀羅尼三種悉地**（しょうじょうほっしんびるしゃなしんじほうもんじょうじゅいっさいだらにさんじゅしつじ）

毘盧遮那別行経という。

【内容】一巻。説法の座は蓮華蔵世界であり、法身である毘盧遮那仏（大日如来）が軍荼利明王や観世音菩薩、普賢菩薩、文殊菩薩、金剛蔵王菩薩などの諸菩薩の質問に答えて、衆生が大日如来の心地法門を成就して悉地（所願成就）することのできる真言念誦の実践行を説く。初めに、衆生が大日如来の心地法門を獲得するよう努力精進する旨を説き、目的達成に障害となる行者の煩悩や妄念などを除去する神呪（真言）・心地神呪と、それに基づく念誦軌則、およびその成就相を説く。次に、罪業を滅して真言の念誦行を継続させる効力を持つとされる緒勲神呪とその念誦軌則を説く。次に、上・中・下の三種の悉地の区別とそれらの悉地に応じた念誦軌則を説く。次に、諸悪の原因とみなす邪心妄念の降伏や治病や滅罪のための念誦軌則を説く。次に、食に窮して念誦行が未成就の者のために食を与える諸天厨神呪の念誦軌則とその功徳を説く。次に、毘那夜迦（鬼神）より身を守る防護呪を説く。最後には当儀軌流布の功徳を説く。

【関連典籍】0848・0905・0906

【訳者・訳年代】不明。

【参考文献】訳一・密教部三。

（大塚伸夫）

0900 **十八契印**（じゅうはちげいいん）

十八契印軌、十八道契印、十八道儀軌ともいう。

【成立】作者に恵果の作と空海の作とする二説がある。本文は観自在菩薩如意輪念誦儀軌1085と観自在菩薩如意輪瑜伽1086の文を合糅しているが、空海が唐で収集した経典類を書写した三十帖冊子の第九帖には名目だけではあるが十八道頸次第が書される。また第二十九帖には梵字で十八道の真言の一部が書写されているが、その後に観自在菩薩如意輪念誦儀軌の讃歎偈・如意輪真言・心真言・心中心真言などが見られるから、これは如意輪念誦儀軌の梵字真言集であろう。また空海作の十八道次第では無量寿如来観行供養儀軌0930により道場観に如来拳の印・真言を加えた十八の印・真言が見られるから、如意輪念誦儀軌の抽出としての本書は、恵果の作か否かまでは決定できないものの、唐代中国密教の成立と見てよいのではないか。

【内容】一巻。灌頂を受け終った修行者が修行すべき諸尊法に共通の修法の次第。陳三業一切罪・仏部三昧耶陀羅尼印・蓮華部三昧耶・金剛部三昧耶印・護身三昧耶・地界真言印・方隅金剛牆真言印・観想・大虚空蔵普通供養印・宝車輅印・送車輅印・本尊三昧耶降至於道場印・辟除諸作障者・上方金剛網印・火院密縫印・献閼伽香水真言印・献蓮華座印・普供養印の十八段の次第構成をとる。初めから陳三業一切罪の真言までは観自在菩薩如意輪瑜伽に同文が見られ、着座以下は観自在菩薩如意輪念誦儀軌に一致する。諸尊共通の次第ではあるが、如意輪軌によるために辟除に蓮華部（観音部）の明王である馬頭観音の印・真言を用いている。ただしこの中の観想については印契・真言を説かない。また巻末には十八契印生起略頌を付加して十八道の構成の概略を示している。

【後世への影響】日本の真言密教では、空海の系統である真言宗（東密）も、円仁・円珍等の系統を引く天台宗の密教（台密）でも共に、諸尊法の修法次第は共通して本書に説かれる十八道立の構成をとり、現在でも行われている。ただし真言宗では本書を本拠とするが、台密では十八道を蘇悉地の行法とし、蘇悉地羯囉経0893に典拠を求める。また本書には観想（道場観）に印契・真言を説かず、十七の印・真言しか見られないので、道場観に如来拳の印・真言を加えて十八とする説と、本尊の印・真言を合わせて十八とする説などの異説を生じている。

【関連典籍】1085・1086。また十八契印義釈生起2475は一種の注釈書ともいうべきものである。

【参考文献】三崎良周『台密の研究』。

（苫米地誠一）

0901 **陀羅尼集経**（だらにじっきょう）

【成立】翻訳序によれば金剛大道場経大明

呪蔵分の少分であるとされるが、諸種の密教経典・儀軌を集成したもので、中には明らかに箇別の経典が含まれている。収録されている初期密教（雑密）経典はかなり発展した内容を持ち、中期密教経典である大日経0848成立直前のものと思われ、概ね六世紀後半頃から七世紀初頭の成立か。金剛大道場経という叢書がインドで成立していたか否かは不明であるが、梵本もチベット訳も存在せず、全体としては翻訳者阿地瞿多による編纂であろうから、漢訳年次の永徽四年（AD653）が成立時ということになろうか。

【内容】十二巻。諸種の密教経典・儀軌を集成したもの。〈第一巻〉大神力陀羅尼経釈迦仏頂三昧陀羅尼品一巻が収められる。釈迦仏が舎衛国祇樹給孤独園において富蘭那迦葉の問いにより、会衆のために、仏頂像（眷属を含めた諸像）を作り供養する仏頂法（釈迦仏頂）を説く。またここには仏頂三昧曼荼羅法や金輪仏頂像法、仏頂八肘壇法などの壇（曼荼羅）を造立する供養法が示される。〈第二巻〉初めは仏頂法の続きで、画一切仏頂像法と薩婆普陀烏瑟膩沙印呪以下の仏頂の印真言が説かれる。次に阿弥陀仏大思惟経一巻は、仏が補陀落迦山中において、観世音菩薩の問いに対し、阿弥陀仏国へ往生するための作壇・供養法を説く。その後に仏説作数珠法相品、大輪金剛陀羅尼、仏説跋折囉功能法相品があり、作数珠法相品は数珠の作り方とその功徳を、跋折囉功能法相品は金剛杵の作り方とその功徳を説く。〈第三巻〉般若波羅蜜多大心経一巻。仏が舎衛国祇樹給孤独園において、梵王に対し、般若波羅蜜多不可思議呪印の功徳と、画般若像法・印法・般若壇法などを説く。〈第四巻〉十一面観世音神呪経。仏が王舎城の耆闍崛山に在るとき、観世音菩薩が、十一面と名付ける無量の陀羅尼・印法・壇を説くもので、仏説十一面観世音神呪経1070・十一面神呪心経1071の異本であり、十一面観世音神呪経の途中の呪法を説く部分を、七日供養壇法（七日間をかけて曼荼羅（壇）を作り灌頂を授ける法、七日作壇法）を含む整備された印呪法と置き換えたものである。〈第五巻〉陀羅尼集経の経題の下に「観世音巻中」とあり、千転観世音菩薩心印呪その他の観音の真言・印契と観世音菩薩像法、観世音毘倶胝菩薩三昧法印呪品が説かれる。初めの観音の諸真言・印契は不空羂索経に説くが如しとされ、中の千転陀羅尼は呪五首1034・千転陀羅尼観世音菩薩呪1035・種種雑呪経1337に一致する。また観世音毘倶胝菩薩三昧法印呪品は、仏が王舎城に在るとき、観世音菩薩が、毘倶胝と名付ける諸法印と壇場法を説く。〈第六巻〉前半に何耶掲唎婆観世音菩薩法印呪品があり、何耶掲唎婆（馬頭）の呪印法を説き、次に諸大菩薩法会印呪品では勢至・文殊・弥勒・地蔵・普賢などの印呪を説く。〈第七巻〉仏説金剛蔵大威神力三昧法印呪品。仏が毘富羅山に在るとき、金剛蔵菩薩が自身の所持する呪法を説く。〈第八巻〉金剛阿蜜哩多軍荼利菩薩自在神力呪印品。仏が軍荼利・烏枢沙摩などの明王と共にいるときに、軍荼利明王が諸魔鬼神などを辟除する軍荼利法を説く。〈第九巻〉金剛烏枢沙摩法印呪品、大青面金剛呪法があり、夫々の呪印法を説く。〈第十巻〉仏説摩利支天経一巻は仏が舎衛国祇樹給孤独園において、諸比丘に摩利支天の呪印法・壇法などを説くもので、末利支提婆華鬘経1254の異訳であるが、本経の方がいささか詳しい。次の功徳天法一巻は、功徳天女（吉祥天）が仏に対して、呪印・画像法を説く。〈第十一巻〉諸天等献仏助成三昧法印呪品。仏が毘富羅山の大衆会において金剛陀羅尼印秘密法蔵神呪壇法を説くときに、諸天鬼神等がそれぞれに、三宝を守護する法印呪を説く。〈第十二巻〉仏説諸仏大陀羅尼都会道場印品は、仏が舎衛国祇樹給孤独園に在るとき、十一面観音が都会壇法を説く。この都会壇は釈迦仏頂を主座とする曼荼羅であり、七日作壇法の作法である。次いで仏説荘厳道場及供養具支料度法、普集会壇下方荘厳十六肘図が挙げられるが、これらは壇の荘厳具と十六肘の大きさの曼荼羅の造壇法である。
【関連典籍】1034・1035・1070・1071・1254・1337
【訳者・訳年代】唐の阿地瞿多（あじくた）（AD653）。
（苦米地誠一）

0902 **総釈陀羅尼義讃**（そうしゃくだらにぎさん）

【成立】八世紀中頃。

【内容】一巻。陀羅尼とは、翻名を総持義という。その総持に四種ありとし、法持・義持・三摩地持・文持なりとし、法持とは一切の雑染之法を摧滅し、清浄法界等流教法を証得す。義持とは一字義の中において百千無量修多羅経を語り、逆順自在に演説す。三摩地持とは必ず不散動三昧現前し、無量百千三摩地門を悟る。文持とは一切契経、百千無量修多羅を聞くに永く忘失せず。さらに真言に四義ありとし、法真言・義真言・三摩地真言・文持真言なりとする。真言とは、真は真如相応、言とは真詮の義である。法真言とは清浄法界を以て真言となす。義真言とは勝義相応にして一一の字中に実相義有り。三摩地真言とは瑜伽者の此の真言を用うるによって心鏡の智月輪上において真言文字を布列し、恵注して心散動せざれば速疾に三摩地を証す。文持真言とは唵字（oṃ）より娑嚩賀（svāhā）に至るその中間のあらゆる文字、一一の字を皆な真言と名づく。密言に四義ありとし、法密言・義密言・三摩地密言・聞持密言なりとする。法密言とは外通や二乗の境界の法に非ず、ただ真言行を修する菩薩の所聞所持する軌則・印契・曼荼羅、修行して求めるところの悉地をいう。義密言とは真言中の一一の字はただ仏、大威徳の菩薩のみがよく究尽するものである。三摩地密言とはこの中の真言・文字の三摩地相応の威力によりて其言を身の支分に遍布するに麁重身を変じて微妙色身を得て、五神通を獲得し威徳自在、寿量無尽なりとする。聞持密言とは師より三密の軌則を受け、ただ師と弟子のみ自から知り余人をして知らしめざる、本尊の形像・印契・観門等を密かに受持し、心に悕望の三摩地を獲得し、聞持して天眼・天耳・他心の上中下の悉地を忘れず。また明に四義ありとし、法明とは修行者が一一の字を称誦する中に光明が十方世界の生死の苦海に沈溺する一切有情を遍く照して皆な無明煩悩を破して苦を離れ解脱を得る。義明とは瑜伽者の真言義と相応する故に般若波羅蜜に通達し明了して無義の道理を遠（おん）離（り）する。三摩地明とは真言の種子を心月輪中に想い、大光明を獲得し自他を照明して二摩地成就する。聞持明とは聞持の法を証得し、能く廃忘の惑を破し、菩提心成就を証得する、とあるごとく陀羅尼を総持・真言・密言・明に各四義ありとして解説したものである。最初に大乗修菩薩修行成仏に二種ありとし、諸波羅蜜修行成就と真言陀羅尼三密門修行成就としているところに興味深いものがある。

【訳者・訳年代】唐の不空（ふくう）＊。

（福田亮成）


0903 **都部陀羅尼目**（とぶだらにもく）

【成立】八世紀中頃。

【内容】一巻。一切如来真言摂（金剛頂経0865）、一切如来教集瑜伽（金剛頂経第三会）、毘盧遮那成道経（大日経0848）、蘇悉地経0893、蕤呬耶経0897、怛唎三昧耶経を典拠とし、ある意図のもとに必要なる事項を取り上げまとめたものである。たとえば金剛頂経から五部主、各四菩薩、内外供養、瑜伽部曼荼羅の四種、金剛界・降三世・遍調伏、一切義成就、四智、六・十曼荼羅、五相成本会瑜伽、一切如来教集瑜伽から一百二十種護摩、二十五種炉、大日経から住心品の重要項目をあげ、三種曼荼羅、内外護摩等、蕤呬耶経から三部とその真言、三部仏母・三種明妃・三種忿怒、四種界、三時澡浴等、怛唎三昧耶経から菩提心に住し、大悲志願し、無尽の衆生界を捨てずの句をあげ、大輪金剛真言、不動尊等、四十二如来を紹介している。

【訳者・訳年代】唐の不空（ふくう）＊。

（福田亮成）

0904 **念誦結護法普通諸部**（ねんじゅけつごほう

ふつうしょぶ）

念誦結護ともいう。

【成立】金剛智＊が灌頂の弟子に授けたとされるが、中国の経録にも記載されず、空海・円仁・円珍等も将来しておらず、明らかに偽作である。円行の将来であるが、その将来録にも作者名は記されず、唐末中国密教の成立と見られる。ただし諸天の真言や金剛輪壇場の建立などが金剛智訳金剛頂瑜伽中略出念誦経0866と、また八大菩薩の布字・真言が不空訳八大菩薩曼荼羅経1167と、毘盧遮那三摩地供養次第法が金剛頂瑜伽修習毘盧遮那三摩地法0876と一致しており、金剛智・不空系密教との関係性を思わせる。

【内容】一巻。念誦結護法と普通諸部との二つに分れる。前半の念誦結護法は諸尊通用の念誦次第であり、後半の普通諸部は浄数珠契・三摩地供養次第儀式・三十七尊曼荼羅主名号密語・毘盧遮那三摩地瑜伽供養次第法などの密教の事相（実際の修法・儀式）的なものを中心に雑多な事柄を述べている。

（苫米地誠一）

【関連典籍】0866・0876・1167

0905 **三種悉地破地獄転業障出三界秘密陀羅尼法**

（さんしゅしっじはじごくてんごっしょうしゅつさんがいひみつだらにほう）

三種悉地軌、三種悉地秘密真言法ともいう。

【成立】善無畏＊の訳とされるが、中国の経録類にも記載されず、入唐八家の将来録にも見られない。唐末に流行した金剛界法（金剛頂経0865系の密教）と胎蔵法（大日経0848系の密教）の両方の要素を合糅した金胎合行の儀軌であり、また道教や陰陽道などの中国の影響を受けた、唐末の中国成立の偽経である。また仏頂尊勝心破地獄転業障出三界秘密三身仏果三種悉地真言儀軌0906・仏頂尊勝心破地獄転業障出三界秘密陀羅尼0907は本文に全く一致する部分の見られる異本であるが、本経と仏頂尊勝心破地獄転業障出三界秘密三身仏果三種悉地真言儀軌は、仏頂尊勝心破地獄転業障出三界秘密陀羅尼よりも増広された部分があり、相互に異なっており、三種の異本の全てが中国成立か、あるいは日本における改変によるものかは不明である。日本における改変とすれば、増広部分のある本経と仏頂尊勝心破地獄転業障出三界秘密三身仏果三種悉地真言儀軌とは日本成立であろうか。本経のみの増広部分が覚鑁の五輪九字明秘密義釈2514へ引用されるから、院政期にはすでに本経の存在していたことが知られる。

【内容】一巻。金胎合行軌。蓮華蔵世界の如来が定より出て、地獄を摧破し業障を転じ三界を出るという阿鑁覧唅欠の上品悉地真言、阿毘羅吽欠の中品悉地真言、阿羅波遮那の下品悉地真言の三種の真言とその功徳を説く。また上品悉地真言は蘇悉地法身を、中品悉地真言は報身を、下品悉地真言は化身を成就する。この中の上品悉地真言の五字を地水火風空の五大、方形・円形・三角・半月・団形の五輪形、金剛部・宝部・蓮華部・羯磨部・虚空部の五部、大日・阿閦・宝生・阿弥陀・不空成就の五仏などに配当し、さらに中国の木火土金水の五行、肝臓・肺臓・心臓・腎臓・脾臓の五臓、春夏秋冬の四季、東西南北中の五方などについての配当をも加えている。また本経には金剛界・胎蔵両部の尊名が見られるが、曼荼羅の観想としては胎蔵曼荼羅（大日経の曼荼羅）系統の観想が説かれ、大日経0848・大日経疏1796との本文の一致も見られるなど大日経系の要素が強い。

【後世への影響】本経に説かれる真言を五大・五輪形・五部・五行・五臓・四季などに配当する部分が覚鑁の五輪九字明秘密義釈に引用され、またこの五字・五輪・五臓観は五輪九字の名称で、真言宗に各種の切紙の写本が残されている。また真言宗の諸法流に秘訣として伝えられる即身成仏義言という偈頌は瑜祇切文などとも呼ばれ、金剛峰楼閣一切瑜伽祇経0867からの抽出とされるが、五輪九字明秘密義釈ではこれを一字入臓万病不生即身成仏頌と称しており、一字入臓万病不生の説は本経を典拠としていると考えられる。
【関連典籍】0906・0907
【訳者・訳年代】唐の善無畏＊。
【参考文献】那須政隆『五輪九字秘釈の研究』。三崎良周『台密の研究』。
（苫米地誠一）

0906 仏頂尊勝心破地獄転業障出三界秘密三身仏果三種悉地真言儀軌（ぶっちょうそんしょうしんはじごくてんごっしょうしゅつさんがいひみつさんじんぶっかさんしゅしっじしんごんぎき）

仏頂尊勝心破地獄法、破地獄軌ともいう。

【成立】善無畏＊の訳とされるが、唐末の中国成立の偽経である。

【内容】一巻。金胎合行軌。摩訶毘盧遮那如来の金鼓の説で、蓮華台蔵世界の諸如来が定より出て、地獄を摧破し七辺の殃を滅する阿鑁覧唅欠の上品悉地真言、阿毘羅吽欠の中品悉地真言、阿羅波遮那の下品悉地真言の五字の秘密とその功徳を説く。三種悉地破地獄転業障出三界秘密陀羅尼法0905・仏頂尊勝心破地獄転業障出三界秘密陀羅尼0907は異本であるが、本経と三種悉地破地獄転業障出三界秘密陀羅尼法には相互に全く異なる増広部分があり、同様に金剛界・胎蔵両部の尊名が見られるが、三種悉地破地獄転業障出三界秘密陀羅尼法とは異なり、曼荼羅の観想（道場観・器世界観）として金剛界曼荼羅（金剛頂経0865の曼荼羅）系統の観想が説かれるなど、金剛頂経系統の要素が強く見られ、逆に胎蔵曼荼羅が見られず、五字の五臓への配当などは簡略であり、五行への配当なども見られない。また本経にのみ巻末に十方浄土への往生を説く。

【関連典籍】0905・0907
【参考文献】三崎良周『台密の研究』。

（苫米地誠一）

0907 仏頂尊勝心破地獄転業障出三界秘密陀羅尼（ぶっちょうそんしょうしんはじごくてんごっしょうしゅつさんがいひみつだらに）

尊勝破地獄陀羅尼儀軌ともいう。

【成立】善無畏＊の訳とされるが、唐末の中国成立の偽経である。三種悉地破地獄転業障出三界秘密陀羅尼法0905・仏頂尊勝心破地獄転業障出三界秘密三身仏果三種悉地真言儀軌0906は本文に全く一致する部分の見られる異本であるが、この三本の中では本経が一番短く、全文が他の二本の中に対応する部分を持ち、最も原初的なものであろう。

【内容】一巻。金胎合行軌であり、冒頭に僅かな欠落があるが、蓮華蔵の諸如来が定より出て、地獄を摧破し七辺の殃を滅する五字の秘密である三品悉地真言とその功徳を説く。

【後世への影響】三品悉地真言は最澄が唐の順暁より受法した三部三昧耶の真言と一致することが安然によって見出され、後の台密（天台宗の密教）において重視された。安然の諸阿闍梨真言密教部類総録2176に「尊勝破地獄陀羅尼儀軌」とあることから安然の見ていたのは三種の異本の中で本経と推測される。

【関連典籍】0905・0906
【参考文献】三崎良周『台密の研究』。

（苫米地誠一）

0908 金剛頂瑜伽護摩儀軌（こんごうちょうゆがごまぎき）

瑜伽護摩軌、金剛頂護摩儀軌、瑜伽護摩経、瑜伽軌ともいう。

【内容】一巻。大瑜伽（大本の金剛頂経）の中より護摩法を略説したもの。護摩に息災・増益・降伏・鉤召・敬愛の五種を説き、夫々の炉の作り方や修法の次第などを明かす。建立曼荼羅護摩儀軌0912の胎蔵界立の別壇護摩とは異なり、本儀軌では本尊供養法と護摩法とを同じ壇で修す金剛界立の合壇作法を説くとされる。本儀軌は空海・円仁・恵運・円珍の将来本で、宗叡将来本0909とは異本であり、本文に相違がある。

【後世への影響】護摩の本拠となる儀軌は本儀軌と建立曼荼羅護摩儀軌・火吽供養儀軌0913とがあるが、真言宗では専ら本儀軌を典拠として合壇作法の護摩を修す。

【関連典籍】0909

【訳者・訳年代】唐の不空＊。

（苦米地誠一）

0909 **金剛頂瑜伽護摩儀軌**（こんごうちょうゆがごまぎき）

別本瑜伽軌ともいう。

【内容】一巻。大瑜伽（大本の金剛頂経）の中より護摩法を略説したもの。本経は宗叡の将来本で、空海・円仁・恵運・円珍の将来本0908の異本であり、本文に少なからぬ相違が見られる。

【関連典籍】0908

【訳者・訳年代】唐の不空＊。

（苦米地誠一）

0910 **梵天択地法**（ぼんてんちゃくじほう）

梵天択地経ともいう。

【成立】作者は不明であるが、本文中に「貧道、開黄（元）五年（AD717）広州の深山に入り此の地有り。」とあるから、これより以降の成立であろう。大梵天王内秘密経によるとされるがこの経は漢訳に見られず、インド成立か、架空の経か不明。インド成立とすれば、本書の作者は唐の善無畏＊あたりであろうか。

【内容】一巻。大梵天王内秘密経によって、曼荼羅を建立するための四十二種の場所を択ぶ（択地する）法を示す。

（苦米地誠一）

0911 **建立曼荼羅及揀択地法**（こんりゅうまんだらぎゅうけんちゃくじほう）

建立壇法ともいう。

【成立】唐の慧琳＊の撰集。

【内容】一巻。蘇婆呼童子請問経0895・蘇悉地羯羅経0893・玉呬耶経（蕤呬耶経）0897・大日経0848などの諸経典より、七日作壇法の択地法・造壇法などの記述を抄録したもの。

【関連典籍】0848・0893・0895・0897

（苦米地誠一）

0912 **建立曼荼羅護摩儀軌**（こんりゅうまんだらごまぎき）

建立護摩儀軌、建立軌ともいう。

【成立】大日経0848の付属儀軌である胎蔵四部儀軌の中の玄法寺儀軌0852・青竜寺儀軌0853を作った唐の法全の作。

【内容】一巻。大日経0848に基づき、七日作壇法による曼荼羅（大壇）の建立を説明した後、護摩について内護摩・外護摩、息災・増益・降伏・鉤召の四種法などを明かし、大壇の外に護摩壇を作って護摩を修す離壇護摩（別壇護摩）の作法を説く。

【後世への影響】台密（天台宗の密教）では専ら本儀軌を典拠として離壇作法の護摩を修す。

【関連典籍】0848

（苦米地誠一）

0913 **火吽供養儀軌**（かうんくようぎき）

火吽軌ともいう。

【成立】写本の外題下に「三蔵善無畏」とあり、唐の善無畏＊の作とされる。空海・円仁が日本に将来したものであり、信じてよいであろう。

【内容】一巻。陀羅尼法を修すための諸注意と簡略な作法次第を示した後に、扇底迦（息災）法・補瑟徴迦（増益）法・阿毘遮魯迦（降伏）法・擯迦羅（敬愛）法の四種法を明かして護摩の作法を説く。

【後世への影響】本儀軌は火天壇と本尊壇の両壇の護摩で、真言宗の醍醐三宝院流の略儀の護摩法の典拠となっている。

【関連典籍】火吽軌別録0914は本儀軌の付属かとされる。

（苦米地誠一）

0914 **火吽軌別録**（かうんきべつろく）

【成立】成立については不明であるが、火吽供養儀軌0913に「八天真言及火天真言。已別録」とあり、これに相当する付属の真言集かともされ、そうであれば火吽供養儀軌と同様に唐の善無畏の作であろうか。また火吽軌音義を載せる所からは後世の成立とも考えられる。

【内容】一巻。諸天などの真言を挙げた後、不動・毘盧遮那の真言などを用いた護摩法の次第を明かし、さらに火吽儀軌一巻護摩法として火天を迎えて供養する法と火吽軌音義、安穏・富饒火壇法などを説く。

【関連典籍】0913

（苫米地誠一）

0915 **受菩提心戒儀**（じゅぼだいしんかいぎ）

【内容】一巻。密教の受法の弟子が、菩提心戒を授かるときの戒文である。（1）稽首礼拝、（2）普供養、（3）懺悔、（4）懺悔滅罪、（5）三帰依、（6）五大願、（7）受菩提心戒、（8）最上乗教授菩提心戒懺悔文、と次第している。五大願の文は次の如くである。弟子某甲等、一切の仏菩提、今日より已往、乃至正覚を成ずるに至るまで、誓って菩提心を発す。有情は無辺なれども度せんことを誓願す、福智は無辺なれども集めんことを誓願す、仏法は無辺なれども学ばんことを誓願す、如来は無辺なれども事えんことを誓願す、無上菩提を成ぜんことを誓願す、というがごときである。

【関連典籍】0917

【訳者・訳年代】唐の不空*。

（福田亮成）

0916 **受五戒八戒文**（じゅごかいはっかいもん）

【内容】一巻。八戒と五戒の文によって構成されていて受戒のときに朗読されるものである。まず、八戒の文は、第一稽首して証明を請う品、第二往業を洗懺するの文、第三三帰を得戒するの品、第四持説を問うの品、第五廻向発願の品。その第四に八戒の文が示されている。五戒の文は、第一誠を発して稽請する章、第二先罪を悔過するの章、第三邪を転じて帰依するの章、第四相を説きて修せしむるの章、第五廻向願海の章。その第四に優婆塞戒として、一には殺さざれ、二には盗まざれ、三には邪ならざれ、四には妄語せざれ、五には酒を飲み肉を食わざれ、とある。八戒はこれに、六には香油を身に塗りおよび鬘花荘飾せざれ、七に倡伎楽を作し、故に往て観聴せざれ、八に高大の牀に上り、および中を過ぎて食せざれ、が加わる。

【関連典籍】0913・0917

【訳者・訳年代】不明。

【参考文献】勝又俊教「空海の戒律観」（『密教の日本的展開』所収）一九七〇。

（福田亮成）

0917 **無畏三蔵禅要**（むいさんぞうぜんよう）

【成立】七〜八世紀。著者は無畏三蔵。

【内容】一巻。最初に次の文があり、この書の特色を明らかにしている。すなわち、中天竺摩伽陀国王舎城那爛陀竹林寺の三蔵沙門、諱は輸波迦羅、唐には善無畏と言い、刹利の種豪貴の族なり。嵩岳の会善寺の大徳禅師敬賢和上と共に、仏法を対論して、略して大乗の旨要を叙べ、頓に衆生の心地を開きて、速に悟道に達せしめ、および菩薩戒を受くる羯摩儀軌文を序ぶること左の如し、とあることからうかがえよう。そして、第一発心門、第二供養門、第三懺悔門、第四帰依門、第五発菩提心門、第六問遮難門、第七請師門、第八羯磨門、第九結界門、第十修四摂門、第十一十重戒門からなっている。この構造は基本的には受菩提心戒儀0915と同趣旨であるといえよう。さらに後半において、観智密要禅定法門の大乗の妙旨を受くべしとて、いわゆる密教禅ともいうべきものが説かれている。これは前述のごとく善無畏三蔵と嵩岳の会善寺敬賢和上との対論によってなったとされているが、末尾にいたって、京西明寺の慧鷲禅師、先に撰集すること有り、今再び詳補す、とあり、先行する著述がすでにあったことが想定される。まず、金剛頂経に依る一方便として無漏の真法戒が説かれる。次いで陀羅尼を誦し、手印をなし、禅定を修して一切自性清浄を得る、さらには調気の方法、そして三摩地の一の円明を浄月と想い、解脱一切蓋障三昧を証得し自性清浄心に三義がありとし、（1）自性清浄の義、（2）清涼の義、（3）光明の義を述べている。善無畏三蔵の曰くとし、修習の心に五種ありとし、（1）刹那心、（2）流注心、（3）甜美心、（4）摧散心、（5）明鏡心をあげ、その五心を明らかにして四種陀羅尼を誦し、所願を成就し、失なからしめ、応なからしめ、さらに広からしめてもとの如くにならしめる、としている。これらは、秘密禅ともいうべきその具体的実修法であろう。

【関連典籍】0915・2463

【参考文献】勝又俊教「空海の戒律観」(『密教の日本的展開』所収)一九七〇年。

(福田亮成)

第19巻　密教部　二

0918 **諸仏心陀羅尼経**(しょぶつしんだらにきょう)

諸仏心経、仏心陀羅尼経ともいう。

【内容】一巻。諸仏心と名づける陀羅尼がこの経の半分を占めており、その前後にこの陀羅尼の功徳が説かれている。もし至心に受持し読誦すれば百千劫(ごう)の生死の劇苦を超え無上正等菩提に至るとし、さらに疾病不侵にして諸悪魔を悉く殄滅(てんめつ)し、悪業を消除し一切の魔軍が退散するとしている。そして、この一切仏心の大威徳を具せる陀羅尼を説きおわると三千大千世界の大地・大海、妙高山が同時に十八種に震動し、諸天の宮殿が傾揺し、魔軍の威光が失滅するほどであるとし、正憶して世間に宣布すべきであることを述べている。

【関連典籍】0919。チベット訳(北京版No.479)が存在する。

【訳者・訳年代】唐の玄奘(げんじょう)*。

(福田亮成)

0919 **諸仏心印陀羅尼経**(しょぶつしんいんだらにきょう)

【内容】一巻。兜率陀天衆宝荘厳菩薩宮殿曼荼羅中に仏が住し、仏心印と称する陀羅尼を説くとして、さらに一切諸仏印陀羅尼を説くとして、二種の陀羅尼が大部分の内容となっている。その功徳は、宿命智を得て重業を消除し、恒に快楽を受けて悪趣に堕せず、衆人に愛楽され護持され、世出世間の財を得て千劫もの輪廻において魔界に生ずることなく、速疾に無上菩提を証得するという。そして、陀羅尼を説き終るや、諸天の宮殿、大地・山川村野、須弥山等が六種に震動し、三世の諸仏、一切の菩提が我に無畏を施すとする。

【関連典籍】0918。チベット訳が現存している。

【訳者・訳年代】宋の法天(ほうてん)*。

(福田亮成)

0920 **仏心経品亦通大随求陀羅尼経**(ぶっしんきょうぼんやくつうだいずいぐだらにきょう)

仏心経ともいう。

【内容】二巻。仏が倶焔弥(くえんみ)国金剛山頂において十金剛蔵菩提等のために説いたものである。まず、仏地を証修するに十種の持ありとし、持心・持戒不闕・莫行悪・於請求法莫生譏嫌・苦行願教莫遺失・於仏句偈常須警策・所持契印・於一切所有莫生偷竊断非理悪莫行諂佞・所救諸苦際不至誠者実莫退心・断除邪行莫損虚空をあげている。そして、一切仏心中心大陀羅尼を誦し、七種の印契を結びつつ、その功徳が変化してゆくさまを説き、後半にいたって毘盧遮那仏と阿難との問答が展開しているのが興味深い。

【関連典籍】随求即得神変加持成就陀羅尼儀軌（不空訳）

【訳者・訳年代】唐の菩提流志＊。

（福田亮成）

0921 **阿閦如来念誦供養法**（あしゅくにょらいねんじゅくようほう）

阿閦供養法、阿閦如来念誦法、阿閦念誦法ともいう。

【成立】八世紀中頃。

【内容】一巻。阿閦如来の供養念誦法である。行法の完備された形式を有し、中国密教において実修された供養法であったことが窺える。敬礼の偈文から始まり、一切如来礼、懺悔・一切福智の随喜真言、請転法輪、請大般涅槃、廻向発願、仏部・蓮華部・金剛部各三昧耶の印言等と次第している。さらに、閼伽、花座、塗香、花鬘、焚香、飲食、宝灯等、そして持珠、発遣、除萎花、掃地の真言をもって終る。

【訳者・訳年代】唐の不空＊。

（福田亮成）

0922 **薬師琉璃光如来消災除難念誦儀軌**（やくしるりこうにょらいしょうさいじょなんねんじゅぎき）

薬師消災儀軌、薬師琉璃光如来消除難ともいう。

【成立】唐代（七世紀後半〜八世紀初期）。著者は一行＊。

【内容】一巻。薬師如来を本尊とする修法である。この秘密消災法は、速に生死を出離せしめ、速疾に大菩提を証するとする。女人の難産や病人を救うためのもので、まず師より三昧耶戒を受け、大菩提心を発し、持明潅頂を得て、阿闍梨の印可を受けるとする。そして通常の曼荼羅建立の仕方、修法の順序が示されている。

（福田亮成）

0923 **薬師如来観行儀軌法**（やくしにょらいかんぎょうぎきほう）

【成立】八世紀中頃。

【内容】一巻。三礼・懺悔・受戒菩提心・承事真言七返として次第する行法の構造は、薬師如来を本尊としての実践的行法の一展開であろう。しかし、種々なる重複があって必ずしも完成されたものとは考えられない。まず、三礼、懺悔、受戒菩提心、承事真言七遍と項目の列記があり、以下大輪金剛稽請偈、大輪印言、浄三業、普礼、懺悔文、随喜文、勧請文、願讃廻向、仏部三昧耶、蓮華部三昧耶、金剛部三昧耶等と次第し、薬師瑠璃光如来印言、七仏薬師、十二夜叉等の名称をみることができる。

【訳者・訳年代】唐の金剛智＊。

（福田亮成）

0924 A **薬師如来念誦儀軌**（やくしにょらいねんじゅぎき）

0924 B **薬師如来念誦儀軌**（やくしにょらいねんじゅぎき）

0924 C **薬師儀軌一具**（やくしぎきいちぐ）

【内容】各一巻。仏が維耶離楽晋樹下に大菩薩三万六千、比丘八万人とともに、および十二神王并びに諸眷属天竜八部大神王と在したもう。そして結願神呪が説かれ、その功徳のさまが記されるが、B本はまったくそこまでの内容である。薬師如来根本印、閼伽印言、花座真言印、花印、普供養印、念誦、発遣で次第している。C本である薬師儀軌一具は訳者の不明なものであるが簡素な次第構成を見ることができる。薬師如来を本尊とした修法次第の完成した形を認めることができよう。

【訳者・訳年代】唐の不空＊。

（福田亮成）

0925 **薬師琉璃光王七仏本願功徳経念誦儀軌**（やくしるりこうおうしちぶつほんがんくどうきょうねんじゅぎき）

【成立】年代不明。著者は善護尊者。

【内容】三巻。本儀軌の構成は、次のような諸仏に対する帰依供養が骨子となっている。すなわち、法海勝慧遊戯神通仏、薬師琉璃光王仏、釈迦牟尼仏、大聖曼殊室利菩薩、救脱菩薩、大梵天王天主帝釈持国天王増長天王広目天王多聞天王諸優婆塞および諸護法一切聖衆の徳の讃嘆と、諸陀羅尼とが主要部分をしめている。そして七仏本願功徳経の久住世間流布十方によって国界の安寧と人民の幸福が祈念されている。

【訳者・訳年代】元の沙囉巴。

（福田亮成）

0926 **薬師琉璃光王七仏本願功徳経念誦儀軌供養法**（やくしるりこうおうしちぶつほんがんくどくきょうねんじゅぎきくようほう）

【成立】一三世紀後半。

【内容】一巻。全体が仏徳讃嘆の偈文によって記述されている。善名称仏・宝月智厳・金色宝光・無憂最勝・法海雷音・法海勝慧・薬師日月遍照衆の七仏をまずあげ、釈迦牟尼・曼殊・救脱・執金剛杵・日月光遍照・四天王・薬叉大将とつづく。さらに回向、施食、沐浴、酬恩、讃があげられる。全体が讃歎文によって占められており、儀軌としての記述は皆無である。

【訳者・訳年代】元の沙囉巴。

（福田亮成）

0927 **薬師七仏供養儀軌如意王経**（やくししちぶつくようぎきにょいおうきょう）

【内容】一巻。薬師壇法を修するに、その壇場を造り、絵画するに釈迦仏、薬師七如来、諸大菩薩、十二薬叉の諸像を奉安すべしとし、供養、讃仏の種々な偈文がその次第と共に複雑に展開されている。全体にわたって一貫性がなく、あらゆる行事が記されているといえよう。正宗分には、礼供発願と頂礼供養が展開しており、吉祥王如来・威育王如来・金色無垢如来・無憂最勝吉祥如来・法海雷音如来・神通王如来・薬師如来・釈迦如来等の各々の本願と、救済の具体相が説かれている。

【関連典籍】0925

【訳者・訳年代】明の工布査布。

（福田亮成）

0928 **修薬師儀軌布壇法**（しゅうやくしぎきふだんほう）

【成立】十九世紀初頃

【内容】一巻。最初に「重刻薬師七仏供養儀軌経序」があり、それによれば、西蔵王頌蔵剛布（Sroṅ-btshan-sgam-po）が梵本からチベット訳され、達頼喇嘛普智持金剛が供養儀軌を造り、それを工布査布が漢訳し、阿旺扎什がこの布壇法を補訳したと述べられている。本文は、修習薬師七仏儀軌という曼荼羅儀式、曼荼羅の諸尊配置等の記述が中心で、三十五仏相・救度仏母等が詳細に説明されている。さらに興味深いことに、七吉日をあげ、その功徳は常日の百千万倍にものぼることを記している。

【訳者・訳年代】清の工布査布。

（福田亮成）

0929 **浄瑠璃浄土標**（じょうるりじょうどひょう）

【内容】一巻。まず薬師瑠璃光如来の浅碧色なることが述べられ、無数の光明を放ち、その一一の光の中に諸仏の分身があらわれるとし、金剛蔵王菩薩、蓮華幢、金剛手菩薩、日光、月光、鉤也鈴等の菩薩、そして十弟子、二十一、三十五等の羅漢、天衆妓楽形、十二神将形が詳細に述べられている。要するに、薬師瑠璃光如来を中心尊とした曼荼羅の記述が全体をしめている。

【訳者・訳年代】清の阿旺扎什補。

（福田亮成）

0930 **無量寿如来観行供養儀軌**（むりょうじゅにょらいかんぎょうくようぎき）

無量寿如来念誦儀軌、無量寿儀軌、無量寿軌、修観行供養儀軌ともいう。

【内容】無量寿如来（阿弥陀如来の別名）の供養法を説いた儀軌で、また十八道念誦次第の典拠とされる。金剛手菩薩が毘盧遮那仏大集会に在って、当来末法雑染世界の悪業の衆生のために無量寿仏陀羅尼を説くもので、この教法を修行すれば極楽世界の上品上生に生じ、初地の菩薩の位を獲得するとされる。そして浄土へ生ぜんと願う者は曼荼羅に入り潅頂を受けるべしとし、終わりに無量寿如来心真言と無量寿如来発願陀羅尼が載せられる。また無量寿如来根本陀羅尼を誦せば、罪障を消滅し、菩提心を獲得し、臨終時に無量寿如来と無量の菩薩衆の来迎をうけて極楽世界の上品上生に生じて菩薩位を証するとされる。

【訳者・訳年代】唐の不空＊。

（苫米地誠一）

0931 **金剛頂経観自在王如来修行法**（こんごうちょうぎょうかんじざいおうにょらいしゅぎょうほう）

観自在王如来修行法、観自在王修行法ともいう。

【内容】経題の中にも金剛頂経とあり、経文の冒頭にも「金剛頂経に依り、金剛蓮華達磨法要を演ぶ。」とする如く、金剛頂経系の観自在王如来（密教における阿弥陀如来の別名）を本尊とし、供養・観想をする方法を説いた供養儀軌である。その中で安楽世界（阿弥陀如来の国土である極楽浄土のこと）とその中の阿弥陀如来の姿を観想するが、眷属として阿弥陀三尊の脇侍である観音・勢至菩薩が見られず、金剛頂系の儀軌であるために金剛界曼荼羅の中の四摂菩薩・八供養菩薩の印契・真言が説かれている。

【関連典籍】0932

【訳者・訳年代】唐の不空＊。

（苫米地誠一）

0932 **金剛頂経瑜伽観自在王如来修行法**（こんごうちょうぎょうゆがかんじざいおうにょらいしゅぎょうほう）

瑜伽観自在王如来修行法、瑜伽観自在王修行法ともいう。

【成立】不空訳観自在王修行法0931や金剛智訳毘盧遮那三摩地法0876などの文を合糅した合糅儀軌で、禅林寺宗叡のみの請来。五大院安然の八家秘録にも記載されず、既に霊雲寺浄厳が「大なる偽造なり」と述べる如く、明らかに唐末時代成立の偽経である。

【内容】古来より観自在菩薩の儀軌とされて来たが、観自在菩薩と観自在王如来（阿弥陀如来の別名）とが混同されたもので、題名通り阿弥陀如来の儀軌とすべきである。経自体は金剛頂経系の儀軌である事を主張するが、中に無量寿儀軌（十八道）系の要素を含む。

【関連典籍】0876・0931・1112

【訳者・訳年代】唐の金剛智＊。

（苫米地誠一）

0933 **九品往生阿弥陀三摩地集陀羅尼経**（くほんおうじょうあみださんまじしゅうだらにきょう）

九品往生阿弥陀経、九品往生経ともいう。

【成立】この経典は不空三蔵の訳とされるが、経録にも掲載されず、入唐八家の将来ではなく、訳語から見ても不空の訳経とは考えられず、あるいは日本において作られた偽経かとも考えられる。

【内容】毘盧遮那如来が大三摩地門大精舎において無量寿国（阿弥陀如来の極楽浄土）の九品の境界の名前と、十二大曼陀羅に坐す十二光仏の名号とを説き、九品の浄土に往生せんと願うものは、九品浄土の名前を称え、十二光仏を讃歎すべしという。また阿弥陀如来の小真言が説かれ、この経典を書写し誦持・読誦すれば福楽・智慧・寿命を増長し、業障・万病を消滅し三界を出て極楽の九品浄土に往生するとされる。

【訳者・訳年代】唐の不空＊。

（苫米地誠一）

0934 **仏説無量功徳陀羅尼経**（ぶっせつむりょうくどくだらにきょう）

無量功徳陀羅尼経、無量功徳経ともいう。

【内容】世尊が阿難に対して、末法の衆生のために無量功徳陀羅尼（阿弥陀如来の根本陀羅尼）を説いたもので、この陀羅尼を毎朝二十一遍通せば、悪業を消し、安穏・快楽を獲得し、弥勒菩薩、観自在菩薩、無量寿仏を見ることができるとする。

【訳者・訳年代】宋の法賢＊。

（苫米地誠一）

0935 **極楽願文**（ごくらくがんもん）

【内容】無量寿仏を敬礼し、極楽浄土へ往生せんと願う願文である。初めに無量寿仏を讃歎敬礼する帰敬序があり、ついで釈迦如来が極楽を称賛する旨を記し、以下祈願文となる。まず臨終において無量寿仏と観音・勢至菩薩等に引接されて極楽へ往生せんことを願い、次に当に生ぜんとするときには、無量の勝功徳を具足して阿弥陀仏の法勅を受け、菩薩の妙行を円満し、また浄土に生じては慈悲を起こして無碍の神変により無辺の衆生を利益せんとする。さらに未だ極楽に往生する以前には、生生世世にさまざまな功徳、智慧、修行を具足し、円満して、阿閦仏の如く、文殊菩薩の如く、観自在菩薩の如く、金剛手菩薩の如く、釈迦王仏の如く、薬師如来の如く、無量寿仏の如くならん等としている。

【訳者・訳年代】清の丹達爾吉（AD1829）。

（苫米地誠一）

0936 **大乗無量寿経**（だいじょうむりょうじゅきょう）

無量寿宗要経ともいう。

【内容】一巻。世尊が舎衛国の祇樹給孤独園において、曼殊室利童子（文殊菩薩）に対して、上方の無量功徳聚世界に有る無量寿智決定王如来の功徳について説く。この如来の名号を聞き、自ら書き、人に書かしめ、経巻にして受持し読誦し、住処において華鬘・瓔珞・塗香などをもって供養すれば長寿を得られ、さらにこの如来の一百八名号の功徳は、臨終のときにさらに寿命を延ばし、命終の後には無量福智世界無量寿浄土に往生するとして、一百八名号を無量寿宗要経陀羅尼と名づけ、その功徳を説く。巻末に六波羅蜜を讃歎する偈文がある。本経では、同一の無量寿宗要経陀羅尼を何度も重複して掲げ、また初めに無量功徳聚世界を上方とし、如来の名前を無量智決定王如来としているが、途中で無量福智世界無量寿浄土と無量寿智決定王如来・無量寿如来となり、後には西方極楽世界阿弥陀浄土となるなどの混乱が見られる。

【関連典籍】0937の異訳。

【訳者・訳年代】唐の法成＊。

（苫米地誠一）

0937 **仏説大乗聖無量寿決定光明王如来陀羅尼経**（ぶっせつだいじょうしょうむりょうじゅけつじょうこうみょうおうにょらいだらにきょう）

大乗聖無量寿王経、無量寿如来陀羅尼経、決定光明王経ともいう。

【内容】一巻。世尊釈迦牟尼仏が舎衛国の祇樹給孤独園において、妙吉祥（文殊）菩薩に対して、西方の無量功徳蔵世界の無量寿決定光明王如来の功徳について説く。この無量寿決定光明王如来陀羅尼経を書写・受持・読誦・供養すれば長寿を得られ、さらに無量寿決定光明王如来一百八名陀羅尼の功徳を説き、五逆罪等の罪を除き、臨終のときにさらに寿命を延ばし、悪果報を受けず、命終の後には仏の浄土に往生すると説く。巻末に六波羅蜜を讃歎する偈文がある。大乗無量寿経0936の異訳。

【後世への影響】中央アジアの諸民族に広く流布したようで、敦煌写経の中に漢訳・チベット訳が大量に出土し、またコータン語訳・ウイグル語訳・満州語訳・西夏語訳などが存在する。また日本では阿弥陀法の典拠の一つであるが、台密の阿娑縛抄では、無量寿決定光明王如来を釈迦の報身（法華経の久遠実成の釈迦）とし、無量寿命決定如来法を別立する。

【関連典籍】0936

【訳者・訳年代】北宋の法天＊。

【参考文献】『梵語仏典の研究』4「密教経典篇」。

（苫米地誠一）

0938 **釈迦文尼仏金剛一乗修行儀軌法品**（しゃかもんにぶつこんごういちじょうしゅぎょうぎきほうぼん）

金剛一乗修行儀軌、釈迦文仏法ともいう。

【成立】善無畏＊の作とされるが、おそらく唐末に善無畏に仮託して中国で偽作されたものであろう。

【内容】一巻。毘盧遮那如来が秘密主金剛手大菩薩に対して釈迦世尊修瑜伽行を説く。阿闍梨は法器の弟子を見つけたならば勧発して法を授けるべきであるとし、金剛手の質問に対して、毘盧遮那は、三密門を修行して色界頂第四静慮で等正覚を成じ、蘇弥盧（スメール）山の頂に下って金剛大因陀羅壇において法四種輪を転じ、一々の輪に三十七聖者があり、衆天魔を降して正見に入らしめた。今また大乗無上秘法を演説するとして、釈迦曼荼羅・壇上荘厳・作礼・懺悔・手印・真言などを説く。曼荼羅については胎蔵に、巻末には蘇悉地に説くが如しというなど、金剛頂経の毘盧遮那成道のモチーフと併せて、金胎合糅の儀軌である。

（苫米地誠一）

0939 **仏説大乗観想曼拏羅浄諸悪趣経**（ぶっせつだいじょうかんそうまんだらじょうしょあくしゅきょう）

観想曼拏羅浄諸悪趣経ともいう。

【成立】八世紀後半。初会の金剛頂経である真実摂経（漢訳では三十巻本一切如来真実摂大乗現証三昧大教王経0882）の第二降三世品と第三遍調伏品の釈タントラである。一切悪趣清浄軌の付属儀軌であるアーナンダガルバ（Ānandagarbha、八世紀後半）作の一切悪趣清浄曼荼羅儀軌の漢訳。

【内容】二巻。如来所説の根本大教において観想浄諸悪趣大曼拏羅法を演説せんとして、悪趣清浄曼拏羅の観想・供養法が説かれ、浄諸悪趣真言によって地獄・餓鬼・畜生の諸悪趣の罪障を滅する。また下巻の後段には土壇曼拏羅の作壇法が説かれる。

【後世への影響】中国・日本ではほとんど流布しなかったが、悪趣清浄軌はチベットにおいて流行した。

【関連典籍】0866・0882

【訳者・訳年代】宋の法賢*。

（苫米地誠一）

0940 **仏説帝釈巌秘密成就儀軌**（ぶっせつたいしゃくごんひみつじょうじゅぎき）

【内容】一巻。釈迦牟尼世尊が金剛手大秘密主に、摩伽陀国の韋提希山に帝釈天の巌窟があり、現生中に慈氏（弥勒）菩薩に会うことができるとし、その行程（成就法）と慈氏菩薩の根本大明を説く。

【訳者・訳年代】宋の施護*。

（苫米地誠一）

0941 **釈迦牟尼仏成道在菩提樹降魔讃**（しゃかむにぶつじょうどうざいぼだいじゅごうまさん）

釈迦牟尼仏成道菩提樹下降魔讃、釈迦成道降魔讃ともいう。

【内容】一巻。漢字音写された釈迦如来の梵語の讃。

【訳者・訳年代】空海の御請来目録2161には、まだ貞元目録2156に載せない不空の訳経の中に掲載する。不空*最晩年の訳。

（苫米地誠一）

0942 **釈迦仏讃**（しゃかぶっさん）

【成立】年代不明。著者は西蔵の雪山（チベットヒマラヤ）の洞に在る慧賢（姓実不詳）。

【内容】一巻。菩提樹下で成道した釈迦牟尼仏を讃歎する偈文。

【訳者・訳年代】清の丹達爾吉*。

（苫米地誠一）

0943 **仏説無能勝幡王如来荘厳陀羅尼経**（ぶっせつむのうしょうばんおうにょらいしょうごんだらにきょう）

【内容】一巻。世尊が忉利天の帝釈天宮に在るときに阿修羅王の軍勢が来襲し、帝釈天の軍勢が敗走する。そのときに世尊が救援を求める帝釈天のために、昔菩薩であったときに、無能勝幡王如来より聞いた、一切に勝利する無能勝幡荘厳陀羅尼を説く。短い陀羅尼経。

【訳者・訳年代】宋の施護*。

（苫米地誠一）

0944 **大仏頂如來放光悉怛多鉢怛囉陀羅尼**（だいぶっちょうにょらいほうこうしったたはったらだらに）

大仏頂陀羅尼、大仏頂如來頂髻白蓋陀羅尼ともいう。

【内容】一巻。経名の悉怛多鉢怛囉とはsitā-tapatraの音写で、白傘蓋と訳す。すなわち大傘蓋仏頂の大陀羅尼のことである。全体が陀羅尼の音写である。B本の大仏頂大陀羅尼は悉曇文字によって表現されたものである。長文の陀羅尼で、その内には諸呪が包含されている。大白傘蓋総持経や佛頂大白傘蓋陀羅尼等に陀羅尼の功能や、啓白文、大白傘蓋讃歎偈誦の功徳が説かれている。

【関連典籍】0944B・2234・2235

【訳者・訳年代】唐の不空*。

（福田亮成）

0945 **大仏頂如来密因修証了義諸菩薩万行首楞厳経**（だいぶつちょうにょらいみつちんしゅうしょうりょうりぎしょぼさつまんぎょうしゅりょうごんきょう）

大仏頂首楞厳経、大仏頂経、首楞厳経ともいう。

【内容】十巻。経名に添えて一名中印度那蘭陀大道場経於灌頂部録出別行とあり、インドのナーランダ寺において行われていたものといわれる。

仏弟子阿難が摩登伽女の呪力によって魔道に堕してしまうのを仏陀の神力によって救い出すということが主題で、禅定力と白傘蓋陀羅尼の功徳力を賞揚している。白傘蓋陀羅尼の力によって魔障を調伏し、禅定に専注することによって生死の世界を脱却することを説いている。

【関連典籍】1799・2233

【訳者・訳年代】唐の般刺密帝。

（福田亮成）

0946 **大仏頂広聚陀羅尼経**（だいぶつちょうこうじゅだらにきょう）

大仏頂無畏宝蓮華広聚光明仏一切如来心中秘密蔵陀羅尼経ともいう。

【内容】五巻。各品のタイトルにこの経の内容が明かされているので以下にあげる。〈第一巻〉阿加膩吒天請問序品第一、一切如来持呪功能品第二、持誦功徳六方諸仏来現品第三。〈第二巻〉得見呪師普薫滅罪品第四。眼薬方一切光明品第五、延年薬法品第六、眼薬品第七、相命呪師自証品第八、観世音文殊師利菩薩与願品第九、仙膏油品第十、造珍宝部第十一。〈第三巻欠〉〈第四巻〉召請諸仏部第十三、雌黄薬法及秘密壇法品第十四、弁七種仏頂持誦遍数成就品第十五。〈第五巻〉秘壇八肘大壇法品第十六、愛楽薬法品第十七、成就呪師衣裳品第十八、呪師自著呪索品第十九、呪師澡浴品第二十、蓮花画像法品第二十一、総摂一切諸部手印品第二十二、大壇功徳品第二十三。仏頂系儀軌の重要なものの一つであり、陀羅尼、壇法等の密教の諸々の条件が雑多に収録されている。

【訳者・訳年代】不明。

（福田亮成）

0947 **大仏頂如来放光悉怛多般怛羅大神力都摂一切呪王陀羅尼経大威徳最勝金輪三昧呪品第一**（だいぶつちょうにょらいほうこうしつたたはんたらだいじんりきとしょういっさいじゅおうだらにきょうだいいとくさいしょうこんりんざんまいじゅほんだいいち）

大仏頂別行法、大仏頂如来放光大神力都摂大威徳記最勝金剛三昧呪法ともいう。

【内容】一巻。経名中に大威徳最勝金輪三昧呪品第一とあり、大仏頂如來放光悉怛多鉢怛羅諸菩薩万行品第二とある。云何んが懺悔、供養、帰依、弘誓、衆生利益等と設問し、その各々にわたって詳細に説かれ、「仏印都有三十二、菩薩印十。金剛一十二、天四十、天日月十九、鬼十一。陀羅尼八十六」が説かれている。印契と陀羅尼の功徳力によって護身結界等が説かれる。

【訳者・訳年代】不明。

（福田亮成）

0948 **金輪王仏頂要略念誦法**（きんりんのうぶっちょうようりゃくねんじゅほう）

一字金輪王仏頂要略念誦法、金輪王仏頂略念誦法、一字金輪念誦法ともいう。

【内容】一巻。大日金輪の法を修行するための要略念誦の儀軌である。すなわち、一字頂輪王儀軌からその要処を引き抜き構成された修行儀軌であるところに、注意すべき特色がある。冒頭に「諸供養儀軌は、余経中に広く説くが如し」とあるがごとくである。諸仏頂念誦が主題で、蓮華部心印、金剛部心印、如来拳印、結被金剛甲冑護身印、結迎諸聖衆印、結弁事仏頂印、結大三昧耶印、結部母仏眼尊印、結本尊頂輪王印、結献閼伽香水印、結普通供養印、結普通仏頂印等によって成り立っている。

【訳者・訳年代】唐の不空＊。

（福田亮成）

0949 **奇特最勝金輪仏頂念誦儀軌法要**（きとくさいしょうこんりんぶっちょうねんじゅぎきほうよう）

頂輪王要略ともいう。

【内容】一巻。一字頂輪王法の修習次第をのべたものである。まず大曼荼羅海会に入り、師より灌頂を受け、印可を蒙り、微妙軌則真言教門を学ぶとしてあり、それは浴澡・仏部心・蓮華部心・金剛部心・甲冑護身・弁事・閼伽・虚空普供・三力偈・梵讃歌詠・仏眼・一字根本・大慈普護・浄珠の各印真言によって構成されている。さらに、大仏眼真言を誦するに、仏眼小呪にてもよろしいという注意があり、その後に水壇法の記述が附加されている。

【訳者・訳年代】不明。

（福田亮成）

0950 **菩提場所説一字頂輪王経**（ぼだいじょうしょせついちじちょうりんのうきょう）

菩提場一字頂輪王経、一字頂輪王経、菩提場経ともいう。

【内容】五巻。仏頂系儀軌の中でも最も整ったものである。釈迦牟尼仏を中心として、その前後左右に五仏頂尊を配置するマンダラ、行為の行住坐臥にわたる注意等、あるいは未来末法の劣慧の衆生のために小悉地を得るための法を明かす。さらに、真言行者は、入壇して三帰戒を受け、浄菩提心を発し、十善業道を成就すべきことを明かしている。また、護摩についても息災・増益・降伏等があり、その炉形が各々相違していることを明かしている。

【関連典籍】0951・0952・2230

【訳者・訳年代】唐の不空＊。

（福田亮成）

0951 **一字仏頂輪王経**（いちじぶっちょうりんのうきょう）

五仏頂経ともいう。

【内容】五巻。摩竭提国菩提樹下金剛道場において説かれたもので、序品第一から、画像法品、分別成法品、分別密儀分別密儀品、分別秘相品、成像法品、末法成就品、印成就品、大法壇品、供養成就品、護法品、証学法品、護摩壇品第十三までの十三章から構成されている。

特に末法成就品第七に説かれる輪王仏最勝画像法によって描かれた仏形像について、「若し此の仏像を見るに　一切の仏の所説にして　略して微妙の像を説き　能く諸の罪業を滅す」と、その功徳を説いている。説かれている行法は完成されており、世間・出世間に通用するものであるとしている。

【関連典籍】0950・0952

【訳者・訳年代】唐の菩提流志＊。

（福田亮成）

0952 **五仏頂三昧陀羅尼経**（ごぶっちょうさんまいだらにきょう）

五仏頂経ともいう。

【内容】四巻。0950・0951と異本の関係にある。特に五仏頂王陀羅尼入三摩地加持顕徳品第二において、五仏頂王とは一字金輪仏頂・白傘蓋仏頂・超頂王・勝頂王・光聚頂王であるとし、なかでも一字金輪仏頂が最勝であると説いている。また、五仏頂王密印品第八には、五十五種にわたる真言と印契とが体系的に説かれており、釈迦牟尼尊を中心とした曼荼羅と、それに基づく行法の体系が詳説されている。

【関連典籍】0950・0951

【訳者・訳年代】唐の菩提流志＊。

（福田亮成）

0953 **一字奇特仏頂経**（いちじきとくぶっちょうきょう）

奇特仏頂経ともいう。

【内容】三巻。全九品によって構成されている。一字輪王仏頂の明呪には広大なる威徳があり、この法を成就する者には天帝釈も半座を分けて譲るほどであると強調し、どのような修法にもまして威力があるとし、毘那夜迦（vinayaka）等の障りとなる者を駆除して、意願を満足することを中心としている。九品の名称は、現威徳品第一、印契品第二、曼荼羅儀軌品第三、先行品第四、成就毘那夜迦品第五、説法品第六、調伏一切障毘那夜迦天王品第七、最勝成就品第八、菩薩蔵品第九である。他の仏頂系儀軌のなかでも、少しく密教色を強めたものということができる。

【訳者・訳年代】唐の不空＊。

（福田亮成）

0954 **一字頂輪王念誦儀軌**（いちじちょうりんのうねんじゅぎき）

一字仏頂輪王儀軌ともいう。

【内容】一巻。A・Bの二本が存在している。忉利天宮において釈迦牟尼如来所説の無比力超勝世間出世間の真言上上一切仏頂主宰の一字頂輪王念誦儀則が説かれた、と始まり、順次法則の次第がのべられる。(1)仏部三昧耶、(2)蓮華部三昧耶、(3)金剛部三昧耶、(4)甲冑、(5)仏眼、(6)大海、(7)須弥盧、(8)宝楼閣、(9)仏頂輪王、(10)網橛、(11)牆、(12)車輅、(13)迎車輅、(14)迎請、(15)一切弁事仏頂、(16)阿娑莽倪尼、(17)献閼伽、(18)根本印、(19)献師子座、(20)塗香、(21)献花、(22)焼香、(23)献食、(24)献灯明、(25)普供養加持、(26)遍照仏頂、(27)白傘蓋仏頂、(28)光聚仏頂、(29)高仏頂、(30)摧毀仏頂、(31)摧砕仏頂、(32)輪王仏頂心、(33)心中心、(34)頂、(35)頭、(36)根本印、(37)珠合掌捧珠、(38)持珠、(39)奉送、(40)計里枳里、(41)軍吒利の印言によって構成されている。最も体系づけられた修法次第である。

【訳者・訳年代】唐の不空＊。

（福田亮成）

0955 **一字頂輪王瑜伽観行儀軌**（いちじちょうりんのうゆがかんぎょうぎき）

一字頂輪王瑜伽経、観行儀軌、瑜伽医迦訖沙羅烏瑟尼沙斫訖羅真言安怛羅儀則一字頂輪王瑜伽経ともいう。

【内容】一巻。安怛陀那（antardhāna＝隠形）法を説く。三摩地によって一切法に色無く虚空性の如きものであると観念成就することであるという。しかし、実際は「我、色念誦を説く。我、今一切の色を説くとは、説いて印となす。此と相応して転じ善く其の明を思惟し、当に其の胸臆に安んすべし。焔明を印じ観察し、身中に金剛を出し、甘露を灌灑し、本天をして喜悦せしむるによって自身の形の隠ることを得る」とあるがごとくである。従来いわれるごとき隠形の印真言や、丸薬を口に含むことや、その丸薬の製法等は説かれていない。

【訳者・訳年代】唐の不空＊。

（福田亮成）

0956 **大陀羅尼末法中一字心呪経**（だいだらにまっぽうちゅういちじしんじゅきょう）

一字心呪経、末法一字中心呪経ともいう。

【内容】一巻。説法の座は浄居天宮。末法の衆生を利益するために転輪王三昧に入った仏の眉間から一道の光明が現われ、その光明中より声あり。「我は一切如来の智慧転輪王一字心呪である。……汝は今、当に未来の衆生のために、この呪を敷演して、諸々の衆生をして大利益を得しむべし」とし、その一字転輪王呪であるbhrūṃを説いたのである。仏陀は入滅の後に舎利を分布し、変じてこの呪となったとする。仏に二種の身があり、真身と化身とであり、真身はこの一呪となって末法悪世の衆生を救うのである。よって、この呪を誦持し供養する者は福徳を得ることができ、如来在世のときとすこしも異なることがないというのである。後半は、種々なる明呪の作法が示されている。

【訳者・訳年代】唐の宝思惟*。

（福田亮成）

0957 **金剛頂一字頂輪王瑜伽一切時処念誦成仏儀軌**（こんごうちょういちじちょうりんのうゆがいっさいじしょねんじゅじょうぶつぎき）

一字頂輪王瑜伽念誦儀軌ともいう。

【内容】一巻。一字頂輪王とは諸仏の最頂の尊ということで、その一字とはbhrūṃ。すなわち悉曇文字の一字による表記を指し、諸仏諸菩薩の功徳は全てこの一字の真言に帰してしまうという。一切の時と処においてこの法を修することによって悉地成就を得るというのである。全篇が五字頌によって構成されており、末尾に、大秘密経の綱要を捜括・略集して金輪王速成仏理趣瑜伽儀軌としたことが述べられているが、当儀軌の特色ということであろう。

【関連典籍】0954・0955。梵本、チベット訳とも現存しない。

【後世への影響】空海の即身成仏義2428の三密加持疾顕の経証として引用され、本来成仏説の典拠とされている。

【訳者・訳年代】唐の不空*。

【参考文献】三崎良周「仏頂系の密教」（『台密の研究』所収）創文社、一九八八年。

（福田亮成）

0958 **金剛頂経一字頂輪王儀軌音義**（こんごうちょうぎょういちじちょうりんのうぎきおんぎ）

金輪儀軌音義ともいう。

【成立】日本において著述されたものであろう。万葉仮名を用いている。

【内容】一巻。0957の音義である。全体が三分され、まず初頌から八頌までの三十二句を取り出し、金剛界マンダラの諸尊に配当して解釈し、全文中から六十一語を出して和訓や意味を補っており、次に一字頂輪次第を記している。

【関連典籍】0957

（福田亮成）

0959 **頂輪王大曼荼羅潅頂儀軌**（ちょうりんのうだいまんだらかんじょうぎき）

【成立】八世紀後半頃に唐の䛒弘によって編纂された。

【内容】一巻。一字頂輪王の曼荼羅と壇法を説いたものである。曼荼羅は五院によって構成され、その中院には十仏頂、第二院は三十二聖者、第三院は四十聖、第四院は二十天、第五食道院の四角に五古杵を画くとあり、計一百二十二尊の名号があげられている。次に壇法として画聖者像、観本尊五支、五支従地水火風空配成及壇、説画として蘇婆呼童子の尊容が示されている。

【関連典籍】0954・0955

（福田亮成）

0960 **一切如来説仏頂輪王一百八名讃**（いっさいにょらいせつぶっちょうりんのういっぴゃくはちみょうさん）

仏頂輪王一百八名讃経ともいう。

【内容】一巻。無量功徳大明呪主転輪王の一百八名を説くとし、最上師、一切世間主、十力、大丈夫、大自在、一切仏頂王、大仙天等をあげるが必ずしも一百八名を数えることができない。そして、例えば恒に大慈悲を懐き、大名称を顕揚する、というごとく仏陀釈尊を宣揚しているかのごとき文言によって述べられている。

【訳者・訳年代】宋の施護*。

（福田亮成）

0961 **如意宝珠転輪秘密現身成仏金輪呪王経**（にょいほうしゅてんりんひみつげんしんじょうぶつきんりんしゅおうきょう）

如意宝珠金輪呪王経ともいう。

【内容】一巻。全体が放鉢品第一、善悪因果品第二、如意宝珠品第三、大曼荼羅品第四、灌頂印真言品第五、阿闍梨成仏品第六、悉地成就品第七、護摩品第八、属累品第九の九品から成り立っている。第一の放鉢品には放鉢の術を得るための方法が説かれている。第六の阿闍梨成就品には即身成仏思想が述べられ、弥勒信仰と西方安楽浄土への往生が説かれている。第四の大曼荼羅品には四重の如意宝珠曼荼羅が図示されている。

【訳者・訳年代】唐の不空＊。

（福田亮成）

0962 **宝悉地成仏陀羅尼経**（ほうしっちじょうぶつだらにきょう）
【内容】一巻。釈尊が摩伽陀国清浄薗白蓮池の側の七宝如意王樹の下において説法したものであるとし、大総持王如意宝珠転輪秘密三摩地に住し大宝陀羅尼を説き、その功徳によって四重五逆謗法等の一切の重罪が消滅することを強調している。そして仏設利（舎利）は、仏子、法身釈迦牟尼如来常住之体、大毘盧遮那、救世大阿闍梨耶であるとし、末法の世において仏舎利を五輪塔、多宝塔、三股塔、五股塔、独股塔に各々安置して、駄都根本陀羅尼、如意宝珠満願心陀羅尼を誦して無上悉地を成就するという。仏設利を得ることは、その人を持仏身、持金剛、持宝法者と称し、大菩薩摩訶薩であるとしている。
【訳者・訳年代】唐の不空＊。
（福田亮成）

0963 **仏説熾盛光大威徳消災吉祥陀羅尼経**（ぶっせつしじょうこうだいいとくしょうさいきっしょうだらにきょう）
消災吉祥経ともいう。
【内容】一巻。0964と同本異訳。釈迦牟尼仏が浄居天宮において諸宿曜、遊空天衆、九執大天、二十八宿、十二宮神、一切聖衆に対して説いたもので、熾盛光大威徳陀羅尼除災難法によって災害を除くことを中心とする。金、木、水、火、土、羅睺、計都などの妖星のために国王、大臣や領土が災害を受けたときに、この陀羅尼の威力によって一切の災難を消滅することができるとする。
【関連典籍】0964・1951
【訳者・訳年代】唐の不空＊。
（福田亮成）

0964 **仏説大威徳金輪仏頂熾盛光如来消除一切災難陀羅尼経**（ぶっせつだいいとくきんりんぶっちょうしじょうこうにょらいしょうじょいっさいさいなんだらにきょう）
消除災難経ともいう。
【成立】十世紀の初め頃。
【内容】一巻。0963と同本異訳。釈迦が浄居天宮に住し文殊師利、諸四衆、八部、遊空大天、九執、七曜等に対して説いたものである。妖怪、悪星等が本命宮宿、諸星位に影響を及ぼし、災害をもたらす場合に真言や念誦作法によってその災難を変じて福となすことを説く。末尾に九曜の真言を挙げている。
【関連典籍】0963
【訳者・訳年代】不明。
（福田亮成）

0965 **大妙金剛大甘露軍拏利焔鬘熾盛仏頂経**（だいみょうこんごうだいかんろぐんだりえんまんしじょうぶっちょうきょう）

大妙金剛経ともいう。

【内容】一巻。尾嚕左曩如来（virocana）が鶏足山峰に在り、如来入妙金剛大甘露軍荼利焔鬘熾盛大三摩地に入り、八輻金剛印を結び、八方八色の輪光を放ちその輪光中に八種花座を現し、その上に光聚仏頂、発生一切仏頂、白繖蓋仏頂、勝頂、除一切蓋障仏頂、黄色仏頂、一字最勝仏頂、無辺音声仏頂の八仏頂輪王が現われ、金剛手、妙吉祥、虚空蔵、慈氏、観自在、地蔵、一切蓋障、普賢の八大菩薩が各々明王を現じ、心真言を説く。

【関連典籍】一字仏頂輪王経0951にも八仏頂が説かれている。

【訳者・訳年代】唐の達磨栖那。

（福田亮成）

0966 **大聖妙吉祥菩薩説除災教令法輪**（だいしょうみょうきっしょうぼさつせつじょさいきょうれいほうりん）
熾盛光仏頂儀軌ともいう。
【内容】一巻。文殊師利菩薩が首楞厳三摩地より起ち、一切如来の加持神力を承って随世方便を略説したものである。まず天災地変・兵乱・大疫疾病流行・鬼神暴乱には、除災法輪曼荼羅を建立して、その障難を除滅すべきことを説く。その曼荼羅の中心に八葉の白蓮華を書き、その中心に吽字を置き、熾盛光仏頂、仏眼仏母、文殊、金剛手、不思議慧、救護慧、毗倶胝、如意輪の八尊がめぐり、界道の上に熾盛光、仏眼、文殊、金剛手の真言等を分布させる構図となっている。次に熾盛光仏頂、仏眼、文殊、金剛手等八尊の印言、並びに諸天星宿等の印言を説き、最後に念誦法が述べられている。

【訳者・訳年代】唐の尸羅跋陀羅。

（福田亮成）

0967 **仏頂尊勝陀羅尼経**（ぶっちょうそんしょうだらにきょう）

尊勝陀羅尼経、尊勝陀羅尼ともいう。

【内容】一巻。世尊がジェータバナ林給孤独園にいるとき、三十三天善法堂に善住という天子がいた。彼は夜に七日後に死んで畜生に生まれ変わるというお告げを聞き、非常に驚き、嘆き悲しみ、そのことを帝釈天に相談した。帝釈天は釈尊にそのことを相談したところ、授けられたのが「尊勝陀羅尼」である。その陀羅尼を聞き、憶念し、読誦、思惟するならば、一切の業障を除くとされる。本経の漢訳に関して、志静の経序によるならば、仏陀波利が唐の五台山に登り、文殊に拝謁せんと一心に懇願したところ、一人の老人が出現した。老人が言うには、この漢土の人々は、僧侶に至るまで罪業を造っている。かれらを救うためには、「仏頂尊勝陀羅尼経」を将来して、漢土に広めるべしと。そこで仏陀波利は西国に再び戻り、本経を取り来たり、高宗皇帝に奏上した。そして勅命によって、日照三蔵法師（地婆訶羅）と杜行顗等が翻訳したが、宮中から流布されなかったため、仏陀波利は、梵本を宮中から請い出し、西明寺僧である順貞とともに再訳した。後年、定覚寺僧志静が、日照三蔵から授かった尊勝陀羅尼を、旧訳二本と校合し、仏陀波利訳に附したものが本経とされる。

【関連典籍】0968。チベット訳もある。

【訳者・訳年代】唐の仏陀波利。

【参考文献】干潟龍祥「仏頂尊勝陀羅尼経諸伝の研究」密教研究六八。

（金本拓士）

0968 **仏頂尊勝陀羅尼経**（ぶっちょうそんしょうだらにきょう）

【内容】一巻。内容としては仏陀波利訳0967とほぼ同じ。翻訳の経緯については0967の項参照。

【関連典籍】0967

【訳者・訳年代】唐の杜行顗（AD679）。

（金本拓士）

0969 **仏頂最勝陀羅尼経**（ぶっちょうさいしょうだらにきょう）

【内容】一巻。内容は0967・0968とほぼ同じ。本経は杜行顗訳の三年後に訳されたもの。沙門彦悰の序文が附されている。

【関連典籍】0967・0968

【訳者・訳年代】唐の地婆訶羅＊（AD682）。

（金本拓士）

0970 **最勝仏頂陀羅尼浄除業障呪経**（さいしょうぶっちょうだらにじょうじょごっしょうしゅきょう）

最勝仏頂陀羅尼浄業障経ともいう。

【成立】一巻。内容は0967～0969とほぼ同じであるが、善住天子がなぜ来世に地獄に落ちなければならないかの、前世の因縁譚が付加され、また供養法が詳しく説かれている。

【関連典籍】0967～0969

【訳者・訳年代】唐の地婆訶羅＊。

（金本拓士）

0971 **仏説仏頂尊勝陀羅尼経**（ぶっせつぶっちょうそんしょうだらにきょう）

【内容】一巻。内容は0967～0970とほぼ同じであるが、異っているところは、帝釈天が世尊に尋ねたとき、世尊の頂から光明が放たれ、その光が世尊の身体に戻るとき、その説かれる内容によって、入り方に相違があることが説かれている。

【関連典籍】0967～0969

【訳者・訳年代】唐の義浄＊（AD710）。

（金本拓士）

0972 **仏頂尊勝陀羅尼念誦儀軌法**（ぶっちょうそんしょうだらにねんじゅぎきほう）

尊勝陀羅尼儀軌、尊勝陀羅尼念誦儀軌、仏頂尊勝念誦儀軌ともいう。

【内容】一巻。「儀軌」という名称が付されているように、本経は、善住天子の因縁はなく、尊勝仏頂の供養儀軌作法等が説かれている。すなわち曼荼羅造壇法から始まり、種々の印契等が示されている。

【関連典籍】0973

【訳者・訳年代】唐の不空＊。

（金本拓士）

0973 **尊勝仏頂脩瑜伽法儀軌**（そんしょうぶっちょうしゅゆがほうぎき）

尊勝仏頂真言脩瑜伽法儀軌、尊勝仏頂修瑜伽法、尊勝儀軌ともいう。

【内容】二巻。尊勝仏頂を中心に、金胎両部の思想を取り入れ、体系的に構成された儀軌が説かれている。その構成を列挙するならば、序品、持誦法則品、召請本尊等品、奉献香華品、五智品、本尊真言品、画像品、大灌頂曼荼羅品、尊勝真言証瑜伽悉地品、尊勝仏頂真言瑜伽護摩品、尊勝仏頂修瑜伽祈雨法品、尊勝仏頂陀羅尼入成就境界品である。

【関連典籍】0972

【訳者・訳年代】唐の善無畏＊。

（金本拓士）

0974A **最勝仏頂陀羅尼経**（さいしょうぶっちょうだらにきょう）

【内容】一巻。「経」名が付されてはいるが、陀羅尼の漢音写本である。

【訳者・訳年代】宋の法天＊。

（金本拓士）

0974B **仏頂尊勝陀羅尼**（ぶっちょうそんしょうだらに）

【内容】一巻。尊勝陀羅尼の梵語表記ならびに漢音写とその意味が付記されている。巻末の建久二年（AD1191）の注記によるならば、この陀羅尼は杜行顗をはじめ弘法大師請来本の中、弘法大師所伝の梵本と金剛智三蔵の漢訳とを合わせたものが本書であるとする。本陀羅尼の特色としては七仏と観音名が含められている点、また陀羅尼を十門（帰敬尊徳門・彰表法身門・浄除悪趣門・義明灌頂門・神力加持門・寿命増長門・定慧相応門・金剛供養門・普証清浄門・成就涅槃門）に区分して解釈をしている点があげられる。

【訳者・訳年代】不明。

（金本拓士）

0974C **加句霊験仏頂尊勝陀羅尼記**（かくれいげんぶっちょうそんしょうだらにき）

【内容】一巻。仏頂尊陀羅尼の前にこの陀羅尼の霊験を加えたものであるために、本経の題名となっている。その霊験とは、玄宗皇帝の頃、五台山の麓に王某という居士がいて、父の死後供養のために尊勝陀羅尼を唱えたが何ら効験がなく、五台山を去ろうとしたとき一老人と出会い、その陀羅尼に誤りがあるとして、正しい陀羅尼を伝授され、唱えたところ大いに効験があったとされる。また王少府という者が同じ頃いて、その人が最初唱えた陀羅尼もやはり誤りがあり、夢の中に現れた梵僧から正しい陀羅尼が伝授されたとされる。この二人と金剛智から直接陀羅尼を授かった王開士が出会い、それぞれ伝授された陀羅尼を唱えたところ、一字一句同じであったとされる。

【訳者・訳年代】唐の武徹。

（金本拓士）

0974D **仏頂尊勝陀羅尼注義**（ぶっちょうそんしょうだらにちゅうぎ）

【内容】一巻。漢音写陀羅尼の各字句に注釈を施したもの。仏頂尊勝陀羅尼念誦儀軌法0972に出る陀羅尼とは多少相違がある。

【関連典籍】0972

【訳者・訳年代】唐の不空＊。

（金本拓士）

0974E **仏頂尊勝陀羅尼真言**（ぶっちょうそんしょうだらにしんごん）

【内容】一巻。最初に尊勝陀羅尼を出し、続いて学念梵音法、画像法、作壇法、念誦法、別行法、印法を説いている。画像法については、陀羅尼別法0974Fとほぼ同様であり、本書の撰者は同書を敷衍して、観行事作法等を付加したものかと思われる。

【関連典籍】0974F

【訳者・訳年代】訳者不明。

（金本拓士）

0974F **仏頂尊勝陀羅尼別法**（ぶっちょうそんしようだらにべっぽう）

【内容】一巻。本書は、崇福寺僧普能のために若那が口授したもの。はじめに画像法を明かし、次に造壇法を示して、その後に三十八種類の成就法を記している。

【関連典籍】0974E

【訳者・訳年代】唐の若那（AD805）。

（金本拓士）

0975 **白傘蓋大仏頂王最勝無比大威徳金剛無礙大道場陀羅尼念誦法要**（びゃくさんがいだいぶっちょうおうさいしょうむひだいいとくこんごうむげだいどうじょうだらにねんじゅほうよう）

白傘蓋儀軌。白傘蓋仏頂瑜伽秘要略念誦ともいう。

【内容】一巻。白傘蓋仏頂の供養念誦法を示したもの。この印を結べば威力が備わり、今生、来世において如来力を獲得できるとされる。また、本儀軌は秘要を略集したものであり、大法を望むものは阿闍梨について灌頂を受け、三昧耶を授けられるべきであると最後に記す。

【訳者・訳年代】不明。

（金本拓士）

0976 **仏頂大白傘蓋陀羅尼経**（ぶっちょうだいびゃくさんがいだらにきょう）

【内容】一巻。世尊が三十三天の善法堂に大衆といたとき、世尊は烏瑟尾沙三昧に入り、肉髻から秘密微妙法が演出された。そのとき説かれたのが仏頂大白傘蓋陀羅尼である。この陀羅尼を誦することによって、さまざまな障礙が取り除かれるとされる。

【関連典籍】0944・0945・0977

【訳者・訳年代】元の沙囉巴（AD1314）。

【参考文献】金倉圓照『インド学仏教学研究（二）仏教学篇』春秋社、昭和四六年。

（金本拓士）

0977 **仏説大白傘蓋総持陀羅尼経**（ぶっせつだいびゃくさんがいそうじだらにきょう）

大白傘蓋経ともいう。

【内容】一巻。内容は仏頂大白傘蓋陀羅尼経0976とほぼ同じ。ただし、冒頭に白傘蓋仏母を修する観想法が附記されている。巻末に讃歎祈禱祝偈が添えられている。

【関連典籍】0976

【訳者・訳年代】元の真智等。

（金本拓士）

0978 **仏説一切如来烏瑟膩沙最勝総持経**（ぶっせついっさいにょらいうしゅにしゃさいしょうそうじきょう）

烏瑟膩沙最勝総持経ともいう。

【内容】一巻。無量寿如来が極楽大善法堂にいたとき、観自在菩薩に衆生の利益のために説いたものが、この烏瑟膩沙最勝総持法門である。この陀羅尼を書写し、塔中に安置し、広大供養をすれば智恵が増長し、富貴官禄を得て、また寿命も延びるとされる。

【関連典籍】0979

【訳者・訳年代】宋の法天*。

（金本拓士）

0979 **于瑟抳沙毘左野陀囉尼**（うしゅにしゃびさやだらに）

【内容】一巻。梵語の漢音写本。

【関連典籍】0978

【訳者・訳年代】高麗の指空。

（金本拓士）

0980 **大勝金剛仏頂念誦儀軌**（だいしょうこんごうぶっちょうねんじゅぎき）

【内容】一巻。世尊大毘盧遮那如来が金剛手菩薩に説いた陀羅尼。この大勝仏頂心呪を一遍誦し、あるいは五万遍誦するならば、一切諸仏大菩薩天竜天女衆がずっと守護し、願いを成ずることができるとされる。

【訳者・訳年代】唐の金剛智＊。

（金本拓士）

0981 **大毘盧遮那仏眼修行儀軌**（だいびるしゃなぶつげんしゅぎょうぎき）

仏眼修行儀軌、仏眼儀軌ともいう。

【内容】一巻。本儀軌の冒頭は不動明王の句で始まっているが、おそらく最初の部分が欠けているのではないかと思われる。儀軌中には、不動明王の印と形像、その他降三世明王、軍荼利明王等の諸作法が示され、これらは金剛手菩薩が説いたものとなっており、そこで仏眼前の作法が主となっていることから仏眼修行儀軌と称される。

【訳者・訳年代】唐の一行＊。

（金本拓士）

0982 **仏母大孔雀明王経**（ぶつもだいくじゃくみょうおうきょう）

仏母大金曜孔雀明王経、孔雀明王経、大孔雀明王経、孔雀経ともいう。

【成立】僧伽婆羅の訳した梵本テキストが成立した三世紀頃かそれ以後の成立と思われる。

【内容】三巻。釈尊らが舎衛城のジェータ林に住していたとき、毒蛇に咬まれた吉祥比丘のために、釈尊が阿難に大孔雀明王陀羅尼を授けて、吉祥比丘を救護せしめたという説話を中心とし、そこに、雪山の南縁に住していた金色孔雀の王（実は釈尊に他ならない）が、愛欲に耽る隙に猟師に捕えられたが、陀羅尼を誦することによって難を逃れたという本生譚を挿しはさんで、孔雀明王陀羅尼の功徳を敷衍するものである。すなわち、まず啓請法が説かれ、次いで吉祥比丘の説話、孔雀王の本生譚が上巻に、諸々の薬叉、鬼神羅刹女、竜王等が守護する旨が中巻に、過去七仏、梵天、四天王等が本陀羅尼を宣説する旨、諸々の河王、山王、星宿天、大仙等が守護する旨を下巻に説くものである。また本訳は、現存梵本と仏説大孔雀呪王経0985とほぼ符合することが知られている。

【関連典籍】0984・0985・0983A・2244。チベット訳もある。

【後世への影響】いわゆる孔雀経といえば本訳を指し、日本において孔雀経法は、鎮護国家の大法として盛んに修せられた。

【訳者・訳年代】唐の不空＊（AD720～724）。

【参考文献】『国訳秘密儀軌』一八巻。田久保周誉『梵文孔雀明王経』山喜房、一九七二。

（小林靖典）

0983A **仏説大孔雀明王画像壇場儀軌**（ぶっせつだいくじゃくみょうおうがぞうだんじょうぎき）

孔雀明王儀軌ともいう。

【成立】義浄が翻訳したAD703年以後から、不空が翻訳したAD720～724年までの間に成立したと思われる。羅什訳0988、僧伽婆羅訳0984、義浄訳0985の末尾の各々に、孔雀王呪結界場に関する供具、壇場画像法などを説くが、不空訳においてはじめて儀軌として独立するに至った。

【内容】一巻。孔雀経を転読する道場の建立法と道場の荘厳法、および転読法を説くものである。すなわち釈尊が阿難陀に、一切の除災と諸願成就のために孔雀経を転読すべきことを述べ、まず道場の建立法を説き、次に孔雀明王の尊容とそれを蓮華台上に安置する旨、八葉蓮台に過去七仏と弥勒菩薩を、蓮華葉の周りに四辟支仏と四声聞を画き、第二院には諸天および諸眷属を、第三院には二十八大薬叉と宿曜十二宮神を画き、その外周には供物を供養し、さらに東にも壇を設けて孔雀明王を安置すべきことを明かす。次いで転読師が間断なく読経し、三十七尊に礼懺すること、そして上座は孔雀王に啓白し、諸印明を結誦し、さらに重ねて諸願を敬白し、孔雀の尾を壇上に立てて諸尊聖衆に供養して、除災招福を一心に祈願することを説く。

【関連典籍】0984・0985・0988・2488・2489・2495。孔雀経転読作法（日本大蔵経修験道章疏第一）。

【後世への影響】日本において鎮護国家の三箇大法（仁王経法、孔雀経法、守護経法）の一つとして盛んに修せられた。また祈雨の秘法としても請雨経法とともに修せられた。

【訳者・訳年代】唐の不空＊（AD720～724）。

【参考文献】田久保周誉「初期孔雀経類とその大乗的展開」『豊山教学大会紀要』六、一九七八。

（小林靖典）

0983B **孔雀経真言等梵本**（くじゃくきょうしんごんとうぼんぽん）

【成立】義浄＊・不空＊等が用いた梵本テキストが成立してから、円行が唐から帰朝したAD839年の間に抄出されたものではないかと思われる。

【内容】三巻。円行＊によってわが国に請来されたもので、仏母大孔雀明王経0982と孔雀王呪経0985に説いている真言・陀羅尼だけを抜き出して、悉曇文字によって書いたもの。ただし、仏母大孔雀明王経と比較すると、経では五十七の真言・陀羅尼を説くのであるが、本書では経の二十九・三十一・三十三・三十五・三十六・三十七・三十八・四十・四十一・四十三番目の真言・陀羅尼が欠けて、四十七の真言・陀羅尼しか載せられていない。これは、経に説かれる陀羅尼の重複するものを省いたからである。

【関連典籍】0982・0985・0986。チベット訳もある。

【参考文献】田久保周誉『梵文孔雀明王経』山喜房、一九七二。

（小林靖典）

0984 **孔雀王呪経**（くじゃくおうじゅきょう）

孔雀王陀羅尼経、孔雀明王陀羅尼経ともいう。

【成立】シルヴァン・レヴィ氏によれば、経中に現れた地名の出没を精査することによって、グプタ朝より以前、すなわちクシャーン朝時代の三世紀頃に成立したとされ、また現存する梵本テキストが成立した以前であることは明白である。

【内容】二巻。現存梵本・義浄訳0985・不空訳0982と、内容・構成ともほぼ一致するが、欠けている部分が多く、僧伽婆羅の用いた梵本テキストがそれらと同一のものであったかは不明である。すなわち不足しているのは、十二大鬼女・八大女鬼・七大女鬼・八大羅刹女・十大羅刹女・十二大羅刹女・十二鬼母の所に説かれる真言などがない。これに対して、末尾に帛尸梨蜜（尸梨蜜多羅、シューリーミトラ）の結呪界法を付加していることが特筆される。また、僧伽婆羅訳・義浄訳・不空訳のそれぞれに、羅刹の名を列挙するが、その数が七十一・七十二・七十三へと順に増えており、これは訳者が意図的に増やしたのか、それぞれの梵本テキストが異なっていたのか不明である。

【関連典籍】0982・0983・0985。チベット訳もある。

【後世への影響】日本においてはAD666～700年頃にかけて、すでに役の小角が孔雀王呪経（本経典のことか）の呪法を修めて不思議な術を体得したことが日本霊異記（第二九）等にみえる。

【訳者・訳年代】梁の僧伽婆羅＊。

【参考文献】田久保周誉『梵文孔雀明王経』山喜房、一九七二。

（小林靖典）

0985 **仏説大孔雀呪王経**（ぶっせつだいくじゃくじゅおうきょう）

【成立】僧伽婆羅＊の訳した梵本テキストが成立した三世紀頃かそれ以後のものである。

【内容】三巻。本訳の内容は、現存梵本とチベット訳および不空訳0982とほぼ符合することが知られている。また、最後に壇場画像法式を付加するが、その法式の後半部は、梵本にない。不空訳には壇場画像法式の全部がないが、大孔雀明王画像壇場儀軌0983Aへと昇華されている。

【関連典籍】0982・0983・0984。チベット訳もある。

【訳者・訳年代】唐の義浄＊（AD705）。

【参考文献】田久保周誉『梵文孔雀明王経』山喜房、一九七二。

（小林靖典）

0986 **大金色孔雀王呪経**（だいこんじきくじゃく

おうじゅきょう）

大金色孔雀呪経、孔雀王呪経ともいう。

【成立】現存する六本の漢訳の中では、最も小部のものであり、諸漢訳本中、最初期に成立したものと考えられ、また、東晋時代（AD318～321）に尸梨蜜多羅（シュリーミトラ）によって訳されたという大孔雀王神呪経と孔雀王雑神呪経の散逸経典と比定されることから、三世紀以前には成立していたと思われる。

【内容】一巻。雪山の南縁に住していた金色孔雀の王（実は釈尊に他ならない）が、愛欲に耽る隙に猟師に捕えられたが、陀羅尼を誦することによって難を逃れたという本生譚をモチーフにして、十箇の陀羅尼、すなわち自護の呪、長寿の呪、さらには請雨の呪を説くものである。

【関連典籍】0987・0988・本生経。

【訳者・訳年代】訳者不明。姚秦代に訳されたと推定されている。

【参考文献】田久保周誉「初期孔雀経類とその大乗的展開」豊山教学大会紀要六、一九七八。

（小林靖典）

0987 **仏説大金色孔雀王呪経**（ぶっせつだいこんじきくじゃくおうじゅきょう）

大孔雀王雑神呪経、大孔雀王神呪経、大金色孔雀王経ともいう。

【成立】東晋時代（AD318～321）に尸梨蜜多羅（シュリーミトラ）によって訳されたという大孔雀王神呪経と孔雀王雑神呪経の散逸経典と比定されることから、三世紀以前には成立していたと思われる。

【内容】一巻。釈尊らが舎衛城のジェータ林に住していたとき、毒蛇に嚙まれた吉祥比丘のために、釈尊が阿難に大孔雀明王陀羅尼を授けて吉祥比丘を救護せしめたという説話をモチーフにして、十の陀羅尼を説くものである。また、大金色孔雀王呪経0986と比較すると、冒頭に三宝や諸仏諸菩薩に帰依の句等が付加され、またモチーフとなる説話も異なり、さらに経の最後に、解説経、仏説呪賊経（仏説辟除賊害呪経1406）、法華神呪経（種々雑呪経1337）、大涅槃経に説かれるという九つの呪が付加されている。この1406と1337に説かれる経文および呪は、付加されたものにほぼ一致するが、呪の音写文字の相違や呪句に多少の出入がみられる。

【関連典籍】0986・0988

【訳者・訳年代】訳者不明。姚秦代に訳されたと推定されている。

【参考文献】田久保周誉「初期孔雀経類とその大乗的展開」『豊山教学大会紀要』六、一九七八。

（小林靖典）

0988 **孔雀王呪経**（くじゃくおうじゅきょう）

大金色孔雀王経、大金色孔雀王呪経、妙臂印幢陀羅尼経、孔雀明王陀羅尼経ともいう。

【成立】姚秦の鳩摩羅什＊訳とされるが、田久保周誉氏は「開元録2154製作に近い時代（AD730）の偽作である」として、鳩摩羅什の翻訳であることを否定する。すなわち、一切経音義2128に「また一本孔雀王呪経有り。約九紙にして、題に姚秦鳩摩羅什訳と云う。頭より三紙半有り、これ偽経にして、無識愚人の此の文を添加するものなり」とあることによって、本経の前半部分は全く偽経であるとする。このように、訳者を鳩摩羅什に仮託したとするならば、鳩摩羅什が寂したAD413年以後に訳されたか、または成立したものではないかと思われる。

【内容】一巻。釈尊が阿難に大孔雀明王陀羅尼を授けて吉祥比丘を擁護せしめたという説話をモチーフにして、二つの陀羅尼を説くものである。すなわち、偽経とされる前半部分では、五方に住す神竜王が各々結界し、八万四千の鬼を領する旨等を、また八竜王、四緊那羅王、四乾闥婆王、四阿修羅王が眷属を伴って来たり願いを成就する旨、そして大金色孔雀明王神呪をはじめとする諸神呪、諸天、諸神王に帰依すべきことを述べる。後半部は、二つの訳者不明本0986・0987の一部とほぼ一致し、さらに仏説曠野鬼神阿吒婆拘呪経1237・1238の陀羅尼、および孔雀王呪場における供具を付加するものである。この1237と1238に説かれる経文および呪は、付加されたものにほぼ一致するが、呪の音写文字の相違や呪句に多少の出入がみられる。

【関連典籍】0986・0987・1237・1238

【訳者・訳年代】姚秦の鳩摩羅什＊訳とされるが疑わしい。

【参考文献】田久保周誉「初期孔雀経類とその大乗的展開」『豊山教学大会紀要』六、一九七八。

（小林靖典）

0989 **大雲輪請雨経**（だいうんりんせいうきょう）

【成立】八世紀後半。

【内容】二巻。請雨法である。仏が難陀塢波難陀竜王宮に在し、大比丘達、菩薩、諸竜王達に囲まれ、無辺荘厳海雲威徳輪蓋竜王の請によって一切の苦を滅して安楽を受け、瞻部洲に甘雨を降らし、一切の樹木叢林薬草苗稼に皆な滋味を生じ、一切の人等に快楽を受けしめるために大慈を行ずべしとして、一切楽陀羅尼句を誦し、大雲所生加持荘厳威徳蔵変化智幢降水輪吉祥金光毘盧遮那一毛端所生種性如来の名号を誦持することの得益を述べている。さらに、大悲雲生震吼奮迅勇猛幢陀羅尼等の長・短の二種の陀羅尼があげられ、亢旱の時は雨を降らせ、滞雨のときは止めしめ、飢饉・疾病のときはよく除滅せしめ、誡勅して諸竜の五障を除滅せしめるという。

【関連典籍】0991・0992・0993

【訳者・訳年代】唐の不空＊。

（福田亮成）

0990 **大雲経祈雨壇法**（だいうんきょうきうだんぼう）

【成立】八世紀後半。

【内容】一巻。請雨法である。露地に壇を作り、壇中に七宝水池を画き、その池中に海竜王宮を画き、竜宮に釈迦牟尼如来有り、右に観自在、左に金剛手菩薩、仏前の右に三千大千世界主輪蓋竜王、仏前の左に難陀跋難陀の二竜王、壇の四方即ち東方に一身三頭、南方に一身五頭、西方に一身七頭、北方に一身九頭を画くとし、青黒雲の中にあり、下半身は蛇形にして尾は池中にあり、上半身は菩薩形であり、合掌して池より涌出しているさまにすることが説かれている。次に供養のことが説かれ、大雲経を読誦すること、一日乃至七日の間に二人ないし七人が交替して行えば甘雨の降ることが主張されている。

【関連典籍】0991・0993

【訳者・訳年代】不明。

（福田亮成）

0991 **大雲輪請雨経**（だいうんりんせいうきょう）

【成立】六世紀後半。

【内容】二巻。仏は難陀優婆難陀竜王宮内の大威徳摩尼之蔵大雲輪殿宝楼閣中に、大比丘、菩薩、無量の諸大竜王に囲まれていた。無辺荘厳海雲威徳輪蓋竜王が、一切衆生の苦を滅し、安楽を受けしめるためにどのようなことがあるかと問い、仏は一法有りとして大慈を行ずることであるとする。さらに、施一切楽陀羅尼の読誦をすすめ、その陀羅尼句をあげている。そして、大雲所生威神荘厳功徳智相雲輪水蔵化金色光毘盧遮那竜王の眷属の名号を憶念受持することによって諸竜の苦厄を除き、よって五種雨障之災を消滅するとして、諸仏菩薩声聞縁覚諸大鬼神等の威神力と陀羅尼によって大雨を降らすという。最後に請雨法を修する人の条件や、作壇等が説かれている。

【関連典籍】0989・0992・0993

【訳者・訳年代】隋の那連提耶舎＊。

（福田亮成）

0992 **大方等大雲経請雨品第六十四**（だいほうどうだいうんきょうせいうほんだいろくじゅうし）

【成立】

【内容】一巻。仏は難陀優波難陀竜王宮中の大威徳摩尼宝蔵雲輪輦上に、大比丘、諸菩薩、大竜王八万四千百千億那由他と共に在った。

衆中に無辺荘厳海雲威徳輪蓋という名の竜王があり、仏に一切の苦を滅し安楽を得ることを問うに、仏は一法ありとして大慈行を示した。さらに一切安楽陀羅尼を示した。それを大慈所生雲声震吼奮迅健相とも名づけた。この陀羅尼は一切諸仏の宣説したもので、諸衆生を利益し安楽にして、旱時には雨を降らし、雨のときには雨を止め、飢饉疾疫を滅除し、歓喜踊躍せしめ、一切の魔を散じて衆生を安隠せしめるという。以下智海毘盧遮那蔵如来等が陀羅尼を誦し、閻浮提内に大雨を降注し、五種雨の障礙を除滅することが述べられ、最後に請雨曼荼羅と行者の持戒等が説かれている。

【関連典籍】0989・0991・0993

【訳者・訳年代】北周の闍那耶舎。

（福田亮成）

0993 **大雲経請雨品第六十四**（だいうんきょうせいうほんだいろくじゅうし）

【成立】六世紀中頃。

【内容】一巻。仏が難陀跋難陀竜王宮の摩尼徳大雲輪蔵宝楼閣中に在ったとき、大比丘および大菩薩、諸竜王とその眷属等が種々なる供養をささげ、さらに阿難多波利迦娑伽羅竜王が仏に、苦悩を離れれば一切の楽を得るやと問うに、仏は一法有り、それは慈心なりと答えた。また、施安楽と名づける陀羅尼句ありとしてあげ、さらに無量の諸仏の名号をあげる。次いで頻由勇猛幢陀羅尼、諸仏菩薩発真実語等の陀羅尼があげられ、それらの功徳が説かれている。最後に行者の持戒、請雨曼荼羅、読誦の注意が加えられている。

【関連典籍】0989・0991・0992

【訳者・訳年代】北周の闍那耶舎。

（福田亮成）

0994 **仁王護国般若波羅蜜多経陀羅尼念誦儀軌**（にんのうごこくはんにゃはらみたきょうだらにねんじゅぎき）

仁王護国般若波羅蜜多経道場念誦儀軌、仁王護国般若儀軌、仁王念誦儀軌ともいう。

【成立】仁王護国般若波羅蜜多経0246が訳出された永泰元年（AD765）以降に、その訳者不空によってまとめられた。

【内容】一巻。仁王護国般若波羅蜜多経の奉持品の語句の注釈と、護国のために修される仁王経法の曼荼羅を建立するための儀軌や修法の次第を説いたもの。明五菩薩現威徳、建立曼荼羅軌儀、入道場儀軌、釈陀羅尼文字観行法、陀羅尼観想布字輪との五つに分けられている。

【関連典籍】0246・0995・0996・仁王般若経念誦次第（弘法大師全集四）。

【後世への影響】この儀軌をもとに、真言宗の護国の秘法として仁王経法が成立し、東寺の講堂にみられるような仁王経曼荼羅ができた。

【訳者・訳年代】唐の不空＊。

【参考文献】『国訳秘密儀軌』一九。

（元山公寿）

0995 **仁王般若念誦法**（にんのうはんにゃねんじゅほう）

仁王念誦法、仁王経念誦法ともいう。

【成立】仁王護国般若波羅蜜多経0246が訳出された永泰元年（AD765）以降に、その訳者不空によってまとめられた。

【内容】一巻。仁王護国般若波羅蜜多経にもとづいて修される仁王経法の修法の次第を説いたもの。内容的には、仁王護国般若波羅蜜多経陀羅尼念誦儀軌0994に説かれている入道場儀軌とほぼ同じで、最後の般若菩薩の根本印を釈しているところに同経の奉持品に説かれている陀羅尼が挙げられていることだけが違っている。

【関連典籍】0246・0994・0996・仁王般若経念誦次第（弘法大師全集四）。

【後世への影響】真言宗の護国の秘法として修された仁王経法の次第の原形となった。

【訳者・訳年代】唐の不空＊。

【参考文献】『国訳秘密儀軌』一九。

（元山公寿）

0996 **仁王般若陀羅尼釈**（にんのうはんにゃだら

にしゃく）

仁王般若波羅蜜経真言釈、仁王陀羅尼釈ともいう。

【成立】仁王護国般若波羅蜜多経0246が訳出された永泰元年（AD765）以降に、その訳者不空によってまとめられた。

【内容】一巻。仁王護国般若波羅蜜多経の奉持品に説かれている金剛手・金剛宝・金剛利・金剛薬叉・金剛波羅蜜多の五大菩薩と陀羅尼を注釈したもの。陀羅尼の釈は、仁王護国般若波羅蜜多経陀羅尼念誦儀軌0994の釈陀羅尼文字観行法の釈を要約したものである。

【関連典籍】0246・0994

【訳者・訳年代】唐の不空＊。

【参考文献】『国訳秘密儀軌』一九。

（元山公寿）

0997 **守護国界主陀羅尼経**（しゅごこっかいしゅだらにきょう）

守護国界主経、守護国界経、守護経ともいう。

【成立】インド撰述説と中国撰述説とがあったが、現在では、頼富説の広義の中国撰述説が有力である。すなわち、貞元十九～二十年（AD803～804）に、般若＊と牟尼室利とによって、大方等大集経0397(2)陀羅尼自在王菩薩品のテキストをもとにして、大日経0848、諸仏境界摂真実経0868、廻向輪経0998などの説を挿入し、それに密教や護国思想を加味して改変された、インドのテキストをもとにして中国で挿入・改変された経典であるというものである。

【内容】十巻。序品、陀羅尼品、大悲胎蔵出生品、入如来大悲不思議品、入如来不思議甚深事業品、菩薩瓔珞荘厳品、大光普照荘厳品、般若根本事業荘厳品、陀羅尼功徳軌儀品、阿闍世王受記品、如来嘱累品の十一品からなる。後に、この経の中心と見なされた護国思想は、このうちの陀羅尼功徳軌儀品と阿闍世王受記品とに説かれ、国界主、すなわち国王を守護する陀羅尼（守護国界主陀羅尼）として唵字を挙げ、国王を守護することが、すべての人々に利益をもたらすことになると説く。

【関連典籍】0397(2)・0398・0848・0868・0998・0159・守護国界経釈（弘法大師全集四）。

【後世への影響】この経がもとになって、仁王経法・孔雀経法とならぶ鎮護国家の三箇大法の一つとして守護経法が成立し、また陀羅尼功徳軌儀品の所説から金剛城曼荼羅、いわゆる守護経曼荼羅ができた。

【訳者・訳年代】唐の般若＊と牟尼室利（AD803～804）。

【参考文献】訳一・密教部四。『国訳秘密儀軌』一九。小野塚幾澄「守護経と大日経との関係」豊山学報七。頼富本宏『中国密教の研究』大東出版社、一九七九、五四―七一頁。

（元山公寿）

0998 **仏説廻向輪経**（ぶっせつえこうりんきょう）

【内容】一巻。仏陀が大摩尼金剛宝山峰中にいたときに、大菩薩衆の中の金剛摩尼菩薩に対して説いたもの。菩薩律儀戒を受ける功徳と、その功徳を菩提に廻向し、大菩提を証して、法輪を転ずることが説かれている。

【関連典籍】0997。チベット訳もある。

【訳者・訳年代】唐の尸羅達摩＊（AD785～789）。

【参考文献】『国訳秘密儀軌』一。

（元山公寿）

0999 **仏説守護大千国土経**（ぶっせつしゅごだいせんこくどきょう）

【成立】本文の中に他の四つの陀羅尼が説かれていることから、五護陀羅尼（パンチャラクシャー）のうち最後の成立と考えられている。

【内容】三巻。世尊が王舎城の鷲峯山に住していたときに、鬼神に悩まされていた毘耶離（ヴァイシャーリー）の人々のために、四天王の神呪よりも優れている守護大千明王神呪を世尊が説き、その威力によって、どんな鬼神や災害をも防ぐことができると説く。

【関連典籍】1028A・0982・1392・1153・1048。梵本もある。

【後世への影響】除厄招福に有効な陀羅尼を集めた五護陀羅尼の一つとなって信仰された。

【訳者・訳年代】宋の施護＊（AD980）。

【参考文献】佐藤泰三「守護大千国土経の成立について」『密教文化』七五。

（元山公寿）


1000 **成就妙法蓮華経王瑜伽観智儀軌**（じょうじゅみょうほうれんげきょうおうゆがかんちぎき）

法華経観智儀軌、成就法華儀軌、法華儀軌、観智儀軌ともいう。

【成立】不空訳となっているが、実際には大暦八年（AD773）に大日経や金剛頂経をもとにして法華経を儀軌化した不空の著作であると考えられている。

【内容】一巻。最初に法華経0262二十七品の要旨を頌の形にまとめた帰命頌が説かれ、続いて法華経の供養法の作法が説かれる。その主旨は、行者が、大悲胎蔵大曼荼羅に入り、護摩道場を見て、その身中の業障を滅し、自らの身が普賢菩薩の身と等しいと観ずることであるという。この法の根幹は、金剛頂経0865に説かれる五相成身観であると考えられるが、それ以前までの構成は胎蔵系の次第に近く、それ以降は金剛界系の次第に近いため、胎蔵系と金剛界系とを合揉させた内容となっている。

【関連典籍】0262・1001
【後世への影響】この儀軌と法華曼荼羅威儀形色法経1001がもとになって法華経法が成立し、台密で特に尊重された。

【訳者・訳年代】唐の不空＊（AD773）。

【参考文献】『国訳秘密儀軌』二一。三崎良周「成就妙法華経王瑜伽観智儀軌について」東洋学術研究一四―六。宮坂宥勝「成就妙法蓮華経王瑜伽観智儀軌にみえる梵本について」『伊藤真城・田中順照両教授頌徳記念仏教学論文集』。

（元山公寿）


1001 **法華曼荼羅威儀形色法経**（ほっけまんだらいぎぎょうしきほうぎょう）

威儀形色経ともいう。

【成立】不空訳となっているが、唐代ではあっても不空よりも後の時代に、不空に仮託して中国で作られたものと考えられている。

【内容】一巻。成就妙法蓮華経王瑜伽観智儀軌1000を承けて、法華曼荼羅の建立を示し、そこに配置される諸尊の尊形や効験を詳しく説く。

【関連典籍】0262・1000
【後世への影響】この儀軌と成就妙法蓮華経王瑜伽観智儀軌1000とがもとになって法華経法が成立し、台密で特に尊重された。

【訳者・訳年代】唐の不空＊とされるが不明。

【参考文献】『国訳秘密儀軌』八。三崎良周「成就妙法華経王瑜伽観智儀軌について」『東洋学術研究』一四―六。

（元山公寿）

1002 **不空羂索毘盧遮那仏大潅頂光真言**（ふくうけんじゃくびるしゃなぶつだいかんじょうこうしんごん）
不空羂索大灌頂光真言品、光明真言経ともいう。
【内容】一巻。光明真言を説く儀軌で、経名の次に示されてある通り、不空羂索神変真言経1092の第二十八巻、灌頂真言成就品第六十八の一部を別出したものである。初めに光明真言を梵語の悉曇文字と漢字音写で表記し、次に毘盧遮那如来（大日如来）が光明真言の功徳とその念誦法を説く。
【関連典籍】1092～1099・2245
【訳者・訳年代】唐の不空＊。
（大塚伸夫）

1003 **大楽金剛不空真実三昧耶経般若波羅蜜多理趣釈**（だいらくこんごうふくうしんじつさんまやきょうはんにゃはらみたりしゅしゃく）
理趣釈ともいう。
【成立】八世紀初頭。
【内容】二巻。大楽金剛不空真実三摩耶経0243般若波羅蜜多理趣品の注釈書。上巻は大楽不空金剛薩埵初集会品、毘盧遮那理趣会品とを釈し、下巻は降三世理趣会品以下五秘密三摩

地品までの十五品の釈を展開している。漢訳資料としては唯一の注釈書で、特に真言教学において重要視している。上巻の五成就の中、教主成就は清浄法界智法身大日如来をば五の勝徳をもって説き、五智に約して釈している。眷属成就は八大菩薩が述べられているが、それらは菩提心・大悲・方便の三種に分け、顕密大小の諸教を摂したものとする。初集会品の十七清浄句を十七尊の三摩地・真言に配当し深釈している。さらに、曼荼羅会上の方位が定められている。以下各段が同じように説かれているが、ようするに理趣経の全体が金剛界三十七尊の諸尊の三摩地であることを結論とする。

【関連典籍】1004・1125。チベット訳：Ḥphags-pa śes-rab-kyi-pha-rol-tu-phyin-paḥi tshul brgya-lṅa-bcu-paḥi ḥgrel-pa（大谷No.3471）

【後世の影響】不空訳の唯一の金剛頂系儀軌の注釈である。訳もあり。それを完全に否定しうる根拠がないが、部分的に不空の整理がなされていることが認められるといえよう。空海は本書にもとづいて真言経文句を著していることは注意しておく必要がある。

【訳者・訳年代】不空＊訳となっているが、天台系では一貫して不空作とされている。

【参考文献】福田亮成「理趣経の研究—その成立と展開—」昭和六二。

（福田亮成）

1004 **般若波羅蜜多理趣経大楽不空三昧真実金剛薩埵等一十七聖大曼荼羅義述**（はんにゃはらみたりしゅきょうだいらくふくうさんまいしんじつこんごうさったとういちじゅうしちしょうだいまんだらぎじゅつ）

理趣経十七尊義述、十七尊釈ともいう。

【成立】八世紀中葉。

【内容】一巻。理趣経の初段に述べる十七清浄句を十七大菩薩三摩地の句義とし、まずその第一は大楽不空三昧真実金剛菩薩にして、左に金剛鈴を持するは適悦の義、右に五股金剛杵を持するは五智の義を各々表わしているとする。以下、意生、髻利吉羅、悲愍、金剛慢、金剛見、金剛適悦、金剛貪、金剛自在、金剛春、金剛雲、金剛秋、金剛霜、金剛色、金剛声、金剛香、金剛味等の内証が詳細に述べられて、十七尊による大曼荼羅が示されている。それに無量の名義の体用理事成証之門の有ることと、金剛頂経第十三会大三昧耶真実瑜伽に略鈔の大意が出ているという。

【関連典籍】1003

【後世への影響】1003によって説かれたものとし当資料の記述と併せて、特に日本密教における理趣経曼荼羅に重要な根拠となった。

【訳者・訳年代】唐の不空＊。

【参考文献】福田亮成「『理趣経』マンダラについて—特に五秘密マンダラを中心に—」（『理趣経の研究—その成立と展開—』所収）。

（福田亮成）

1005A **大宝広博楼閣善住秘密陀羅尼経**（だいほうこうはくろうかくぜんじゅうひみつだらにきょう）

大宝広博楼閣経ともいう。

1005B **宝楼閣経梵字真言**（ほうろうかくきょうぼんじしんごん）

【内容】Aは三巻、Bは一巻。巻上に序品、根本陀羅尼品、心及随心陀羅尼品、巻中に成就陀羅尼品、成就随心陀羅尼品。諸儀軌陀羅尼品、建立曼荼羅品、画像品、護摩品、巻下に護摩品余の全九品によって構成されている。大摩尼広博楼閣善住秘密陀羅尼の威徳力・功徳を説き、詳細は作法の儀則、三重曼荼羅の建立法、入壇の儀軌。さらに曼荼羅会上の諸尊の画像の儀則、護摩法の印相と真言、およびその功徳が説かれている。

【関連典籍】1006・1007は同本異訳。

【訳者・訳年代】唐の不空＊。

（福田亮成）

1006 **広大宝楼閣善住秘密陀羅尼経**（こうだいほうろうかくぜんじゅうひみつだらにきょう）

宝楼閣経ともいう。

【成立】唐の神竜二年（AD706）の作。

【内容】三巻。序品第一、根本呪品第二、心随心呪品第三、持心呪法品第四、随心呪法品第五、雑呪品第六、結壇場法品第七、画像品第八、護摩品第九、印法品第十によって構成されている。1005と同本異訳であるが、相違する部分も多く存在している。いうならば広大宝楼閣善住秘密陀羅尼の功徳を説き、併せてその誦法、作壇、画像、供養、諸尊の印呪法を体系的に説いたものといえよう。

【関連文献】1005・1007。サンスクリットの断片、チベット訳本あり。

【訳者・訳年代】唐の菩提流志＊。

（福田亮成）

1007 **牟梨曼荼羅呪経**（むりまんだらじゅきょう）

牟梨曼荼羅経ともいう。

【成立】訳者不明であるが梁録に出目しているので六世紀前半の頃。

【内容】一巻。経名の牟梨とはmūlaの音写である。文中に根本曼荼羅や陀羅尼法が説かれていることから明らかであろう。念誦経の体系や印契の組織、曼荼羅の諸尊構成などが収録されており、焼火の十種の善悪の相が述べられている。これらはいずれも経典全体の構成の上からは一貫したものではなく、いくつかの要素が収録されたものであろう。特に注意すべきは三尊の形式が示されていることである。すなわち中心尊に金剛手と蓮華手が左右に位置する。これは後の『大日経』に基づく胎蔵法曼荼羅にまで継承されているのである。

【関連典籍】1005・1006。チベット訳とサンスクリットの断簡が存在している。

【訳者・訳年代】不明。

（福田亮成）

1008 **菩提場荘厳陀羅尼経**（ぼだいじょうしょうごんだらにきょう）

菩提場荘厳経ともいう。

【成立】八世紀半頃。

【内容】一巻。菩提場荘厳陀羅尼の功徳を宣揚することが中心であり、それに物語が付随している。パータリプトラ城に毘鈕達多というバラモンが居り、深く仏法を信じ、三宝に帰依していたが息子が無かった。彼の族が血族を絶することになるのを悲しみ、仏に救いを求めたのに対し、この陀羅尼を持誦することによって意願の満足を得ることができると説く。その後に画像法、曼荼羅法、諸真言、印契等が述べられる。

【訳者・訳年代】唐の不空＊。

（福田亮成）

1009 **出世無辺門陀羅尼経**（しゅっせむへんもんだらにきょう）

無辺門陀羅尼経ともいう。

【内容】一巻。仏世尊が毘舎離城の大林重楼閣において諸菩薩等を集めて陀羅尼法要を説く。四清浄行法、四種悦意法、四陀羅尼門、さらに真言陀羅尼句をあげ、その出世無辺門陀羅尼義に通達すれば無上正等菩提を証することが説かれ、さらに菩薩は四法を成就して陀羅尼を得ることが説かれる。四法とは、貪欲を離れ、嫉妬を生ぜず、財物を捨施するに心に悔なく、法を愛するということである。さらにもう一つの四法も説く。さらにこの陀羅尼を誦持すれば八大薬叉・八大菩薩が昼夜に擁護するという。

【関連典籍】1010・1018

【訳者・訳年代】唐の不空＊。

（福田亮成）

1010 **仏説出生無辺門陀羅尼経**（ぶっせつしゅっしょうむへんもんだらにきょう）

【内容】一巻。本経は不空訳の出世無辺門陀羅尼経1009によって作られた供養法である。三秘密門によって心三摩地に住し、三平等に入り、自身と本尊と同一であるとし、羯摩波羅密菩薩の形像を説き、跛・攞・嚩・惹・迦・駄・奢・乞叉の八字を身体の八処に布置する法等を説く。

【関連典籍】1009

【訳者・訳年代】唐の不空＊。

（福田亮成）

1011 **仏説無量門微密持経**（ぶっせつむりょうも

んみみつじきょう)

微密持経ともいう。経名に割注して「成道降魔得一切智」とある。

【成立】三世紀中頃。

【内容】一巻。1014は同本異訳。仏が維耶離国大樹精舎において舎利弗に無上正真の道を説き、四清浄、四願悦、四持門、さらには四法行等を説くのが中心となる。また四徳、すなわち常に諸仏を念ずる。邪行あらず、疾に行蓋を除く。無量門微密の持に得入する、ということを説く。終りに八大神が紹介されている。

【関連典籍】1014

【訳者・訳年代】呉の支謙*。

(福田亮成)

1012 **仏説出生無量門持経**(ぶっせつしゅっしょうむりょうもんじきょう)

無量門持経ともいう。

【内容】一巻。仏が毘舎離大林精舎重閣講堂において比丘衆等に対して説いたものである。四無量清浄法門、四最勝和悦の法、四種微妙持門を修することによって無上正等菩提を得ることが説かれている。さらに、厭離愛欲、不生嫉心、於一切衆生施一切有、昼夜求法心不懈惓の四法、閑居寂志、得深法忍、不求利養、一切内外尽施無遺の四法等が紹介され、八大鬼、八菩薩が常に護念しているという。この経を、出生無量門持・一生補処道行・成道降魔得一切智とも称するとする。

【関連典籍】1009の同本異訳。

【訳者・訳年代】東晋の仏陀跋陀羅*。

(福田亮成)

1013 **阿難陀目佉尼呵離陀経**(あなんだもくきゃにかりだきょう)

阿難陀訶離陀経ともいう。

【成立】五世紀中頃。

【内容】一巻。経名の阿難陀目佉尼呵離陀とはanantamukhanirhāraの音写で、無量門、無辺門と訳されている。仏が維舎梨大黎樹間にいて三十万人の比丘僧に対して説いたものである。まず、四事行用得是法、四事得不可尽空身慧、四事持陀隣尼目佉用入生死令疾逮得の内容が示され、阿難陀目佉尼呵離陀隣尼に四十八名あること、この陀羅尼を念ずることによって無上平等の道を得ることが説かれる。さらに三種の四事行があげられ、八鬼神、八菩薩、八天子の行者の守護が述べられている。

【関連典籍】1009・1011・1012・1014〜1018

【訳者・訳年代】劉宋の求那跋陀羅*。

(福田亮成)

1014 **無量門破魔陀羅尼経**(むりょうもんはまだらにきょう)

無量開破魔経ともいう。

【成立】五世紀後半。

【内容】一巻。仏が毘舎離大林重閣において多くの比丘衆等に説いた陀羅尼法である。四浄妙行、四正念、四法漸入得深入陀羅尼門が説かれ、陀羅尼呪神妙章句があげられ、その功徳が説かれている。さらに、四法得陀羅尼があげられ、宝勝火聚光明如来、無量寿如来の本生が紹介されている。八夜叉、八鬼神、八大士が行者を擁護しているとしている。

【関連典籍】1009・1011の同本異訳。

【訳者・訳年代】宋の功徳直*と玄暢。

(福田亮成)

1015 **仏説阿難陀目佉尼呵離陀隣尼経**(ぶっせつあなんだもくきゃにかりだりんにきょう)

阿難陀呵離陀隣尼経ともいう。

【成立】六世紀中頃。

【内容】一巻。仏が維耶離大叢樹間の交露荘厳精舎において三十万人の比丘等に対して説いたものである。四事用得是法、四事得不可尽空身慧、四事持陀隣尼目佉用入生死令疾得浄法が説かれ、阿難陀目佉尼呵離陀隣尼の四十八名をあげ、無上平等の道を得るとする。さらに四種の四事をあげ、その功徳を説く。最後に八鬼神、八菩薩、八天子の守護を強調している。

【関連典籍】1013は同本異訳で、ほとんど同一のものである。

【訳者・訳年代】梁の仏駄扇多。　　　　（福田亮成）

1016 **舎利弗陀羅尼経**（しゃりほつだらにきょう）

【内容】一巻。仏が毘舎離の大林精舎において四十億万の比丘衆にたいして説いたものである。四種清浄、四妙好法、四種陀羅尼門が説かれ、一切諸法に到りて無所著ならんとする人のために陀羅尼があげられ、その功徳が詳細にわたって説かれている。さらに四種の四法があげられている。次に宝吉光王如来の本生が挿入されている。八夜叉、八大菩薩が行者を常に守護していることが説かれている。

【関連典籍】1014は同本異訳。

【訳者・訳年代】梁の僧伽婆羅＊。　　　　（福田亮成）

1017 **仏説一向出生菩薩経**（ぶっせついっこうしゅっしょうぼさつきょう）

一向出生菩薩経ともいう。

【内容】一巻。仏が毘耶離城の大林精舎重閣講堂において千二百五十人の比丘衆等に説いたものである。四種清浄法、四種心所楽作微妙の法、四種陀羅尼が説かれ、入無辺門陀羅尼があげられ、さらに四種修陀羅尼法を詳説する。さらに善く菩薩行を具足するための四種と、菩薩が諸々の福徳を成ずるための四法が説かれ、宝功徳威宿劫王如来の本生が説かれ、八夜叉、八菩薩、八天子によって守護されることが示されている。

【関連典籍】1013は同本異訳

【訳者・訳年代】隋の闍那崛多＊。　　　　（福田亮成）

1018 **出生無辺門陀羅尼経**（しゅっしょうむへんもんだらにきょう）

無辺門陀羅尼経ともいう。

【内容】一巻。仏が毘舎離城の大林精舎において四十二億百千人の比丘衆にたいし説いたものである。四種清浄無尽法門、四種妙好の法が説かれ、出生無辺門陀羅尼を説き、その功徳が詳細に説かれている。そして、この経は一切善根所生の本、一切法門積集の蔵であるとしている。さらに三種の四法が紹介され、宝勝威宿劫王如来の本生が説かれ、八薬叉、八菩薩が陀羅尼の誦持者を守護するとし、この経は出生無辺陀羅尼、能達菩提陀羅尼、得一切智降伏衆魔陀羅尼ともいうとする。

【関連典籍】1011ほか八種。

【訳者・訳年代】劉宋の智儼＊。　　　　（福田亮成）

1019 **大方広仏華厳経入法界品四十二字観門**（だいほうこうぶつけごんぎょうにゅうほっかいぼんしじゅうにじかんもん）

大方広仏華厳経入法界品四十二字観、華厳経入法界品四十二字観門、入法界品四十二字観、華厳経入法界四十二字観ともいう。

【成立】大方広仏華厳経0278 0279 0293 0295の成立は紀元後一・二世紀頃とされ、また入法界品や十地品などは単独で流布し、サンスクリット語原典も存在する。華厳経の項を参照。

【内容】一巻。善財童子が五十五人の善知識を訪ねてその教えを聞いて歩く大方広仏華厳経入法界品の中の一部分の抽出・別訳である。善財童子が兜率天から下りてきて、迦毘羅城の善知衆芸童子（遍友）より四十二字の字門を教えられる。

【関連典籍】0278・0279・0293・0295。大方広仏華厳経入法界品頓証毘盧遮那法身字輪瑜伽儀軌1020は四十二字門を字輪として観想する方法を説く。

【訳者・訳年代】唐の不空＊。　　　　（苫米地誠一）

1020 **大方広仏華厳経入法界品頓証毘盧遮那法身字輪瑜伽儀軌**（だいほうこうぶつけごんぎょうにゅうほっかいぼんとんしょうびるしゃなほっしんじりんゆがぎき）

華厳経入法界品頓証毘盧遮那法身字輪瑜伽儀軌、華厳経入法界品字輪瑜伽儀軌、華厳経字輪儀軌、華厳経儀軌ともいう。

【成立】不明。不空の訳とされているが、果たしてインドでこのような華厳経の字輪観の観想法が成立していたものかは不明。インドの成立とすれば五・六世紀頃の中期密教の成立・展開期であろうか。また不空は本儀軌の典拠として大方広仏華厳経入法界品四十二字観門1019を別訳しているが、あるいはこれによって不空自身が工夫製作したものか。そうであれば八世紀中頃の中国成立ということになる。

【内容】一巻。大方広仏華厳経入法界品0278・0279・0293・0295の中の、迦毘羅城の善知衆芸童子（遍友）が善財童子に説いた四十二字の字門を字輪として観想する方法を説き、この四十二字を二重の円形（月輪）の中にめぐらせた円明字輪の図を掲げている。

【後世への影響】真言宗と華厳宗とを兼学した鎌倉時代の明恵房高弁は、真言密教の修法次第によってこの円明字輪の観想をする華厳入法界頓証毘盧遮那字輪瑜伽念誦次第を作っている。

【関連典籍】0278・0279・0293・0295・1019

【訳者・訳年代】唐の不空＊。

（苫米地誠一）

1021 **華厳経心陀羅尼**（けごんぎょうしんだらに）

【成立】陀羅尼そのものは唐代の実叉難陀による漢字音写であるが、全体に関しては上元県高公寺の摩訶衍和尚の授けたものとされる。中国人僧摩訶衍和尚（生没年不詳）はチベットにおいて禅宗の頓悟の教理を弘めた人物で、ティソンデツェン王の時にインドの中観派の学匠であるカマラシーラとの対論に負け、チベットを追放されて敦煌に移ったとされる。ただしこの勝敗の判定は王の政治的な意図によるともされる。この摩訶衍和尚の華厳経心陀羅尼の伝授が何時のことであるか、誰に授けたものかは不明であるが、八世紀後半の成立としてよいであろう。

【内容】一巻。普賢菩薩が説いたとされる陀羅尼を掲げた後に、別に本経があるとしてその陀羅尼の功徳を説き、これを一度誦せば竜宮にある上中下三本の華厳経全てを一度誦したのと同じであり、陀羅尼十万遍を誦せば一切の教蔵に洞徹するとされる。

（苫米地誠一）

1022 A・B **一切如来心秘密全身舎利宝篋印陀羅尼経**（いっさいしょらいしんひみつぜんしんしゃりほうきょういんだらにきょう）

一切如来心秘密全身舎利宝篋印陀羅尼、舎利宝篋印陀羅尼、宝篋印陀羅尼、宝篋印経ともいう。

【内容】一巻。仏が摩迦陀国の無垢園宝光明池に居るとき、無垢妙光という婆羅門に招かれてその宅へ行く途中、豊財という園に古い朽ちた塔があり光明を放つ。金剛手の問いにより、仏が、この塔は大全身積聚如来宝塔であり、一切如来無量倶胝心陀羅尼密印法要が中にあり、この陀羅尼によって塔が百千倶胝の如来の全身舎利となるとして、陀羅尼とその功徳とを説く。本経の流布には宋・元・明・清版などの大蔵経に収録されるA本と享和元年（AD1801）刊豊山長谷寺版のB本（別本）とがあり、B本には陀羅尼の後の功徳の説明を中心に増広改変が見られる。現存最古の写本である空海請来本が三十帖冊子第十八帖にあるが、これはA本に一致する。

【後世への影響】呉越王銭弘俶が本経の説によって八万四千の鉄塔を建てたことは有名であり、また日本では鎌倉時代以降、墓塔として宝篋印塔を建立することが行われている。また真言宗では仏頂尊勝陀羅尼・阿弥陀如来根本陀羅尼と合わせて三陀羅尼と称し、毎日読誦している。

【関連典籍】異訳に一切如来正法秘密篋印心陀羅尼経1023がある。

【訳者・訳年代】唐の不空＊。

（苫米地誠一）

1023 **一切如来正法秘密篋印心陀羅尼経**（いっさいにょらいしょうぼうひみつきょういんじんだらにきょう）

【内容】一巻。仏が摩誐陀国の無垢園宝光明池に居るとき、無垢妙光という婆羅門に招かれてその宅へ行く途中、安楽という園に古い朽ちた塔があり光明を放つ。大薬叉主金剛手の問いにより、仏が、この塔は一切如来の全身舎利を聚めて中にあり、また一切如来百千倶胝胡麻の形像と正法心印陀羅尼が中にあり、この陀羅尼によって塔が百千倶胝の如来の全身舎利となるとして、陀羅尼とその功徳とを説く。

【関連典籍】一切如来心秘密全身舎利宝篋印陀羅尼経1022の異訳。

【訳者・訳年代】北宋の施護＊（AD980）。

（苫米地誠一）


1024 **無垢浄光大陀羅尼経**（むくじょうこうだいだらにきょう）

　無垢浄光陀羅尼経、無垢浄光陀羅尼、無垢浄光経ともいう。

【内容】一巻。仏が迦毘羅城の大精舎に在るとき、七日後に死して地獄に堕すと予言されて恐怖する劫比羅戦荼という外道の大婆羅門に、迦毘羅城にある落崩した仏塔を修理し、陀羅尼を写して中に安置し供養すれば、寿命を延ばし、極楽・妙喜世界・兜卒天に往生し、一切の罪障を消滅し、地獄に堕すことなく、常に如来に擁護されると説く。これを聞いた除蓋障菩薩の問いにより、仏が根本陀羅尼法・相輪陀羅尼法・修造仏塔陀羅尼法を説き、これに対して除蓋障菩薩が自心印陀羅尼を説く。さらに仏が執金剛大夜叉主に対して広大福徳聚を得る陀羅尼法と六波羅蜜を成就する陀羅尼法を説く。

【後世への影響】天平宝字八年（AD764）の恵美押勝（藤原仲麻呂）の乱の後、称徳天皇の勅願により木製の小塔百万基を作り、中に本経中の陀羅尼の中の根本陀羅尼・相輪陀羅尼・自心印陀羅尼・六波羅蜜陀羅尼の四首を木版刷りにして納め、宝亀元年（AD777）に完成し、東大寺・興福寺・大安寺等の十大寺にそれぞれ十万基を分置した。これを百万塔陀羅尼と称し、現存する世界最古の印刷物として知られている。

【訳者・訳年代】唐の弥陀山（AD704）。

（苫米地誠一）


1025 **仏頂放無垢光明入普門観察一切如来心陀羅尼経**（ぶっちょうほうむくこうみょうにゅうふもんかんざついっさいにょらいしんだらにきょう）

　観察如来心陀羅尼経、如来心経ともいう。

【内容】一巻。世尊が覩史多天宮に在るとき、七日後に死して地獄に堕ちると予言されて恐怖する摩尼蔵無垢という名の忉利天子が帝釈天に連れられて世尊の処へ来る。世尊は、摩尼蔵無垢に、一切の罪障を除き悪趣を解脱する仏頂放無垢光明入普門観察一切如来心陀羅尼と、塔を造り陀羅尼を中に安置して供養する方法と、その功徳とを説く。さらに金剛手大薬叉主に対し、摩尼蔵無垢の死して地獄に堕ちる因由と、陀羅尼の成就儀軌を説く。

【訳者・訳年代】北宋の施護＊（AD980）。

（苫米地誠一）


1026 **仏説造塔延命功徳経**（ぶっせつぞうとうえんめいくどくきょう）

　造塔延命功徳経、造塔功徳経ともいう。

【内容】一巻。仏が舎衛国祇樹給孤独園に在るとき、七日後に死して地獄に堕ちると予言されて恐怖する波斯匿王に対し、延命のための造塔供養を勧め、陀羅尼を誦して塔を造る儀軌法則と、その功徳とを説く。

【訳者・訳年代】唐の般若＊。

（苫米地誠一）


1027 **金剛光焔止風雨陀羅尼経**（こんごうこうえんしふうだらにきょう）

　止風雨陀羅尼経、止風雨経ともいう。

【内容】一巻。世尊が大衆と摩伽陀国を遊行しているときに暴風雨に遭い、具寿慶喜（阿難）に対して婆修吉竜王などの毒竜を鎮めて風雨を止める東西南北十方の止雨真言・止風真言と真言法を説き、また大身蘗嚕茶王（金翅鳥王）と諸天が夫々毒竜を鎮めて天災を除去する真言を説く。高麗版と宋・明版とに字句の相違があり、大正蔵経では双方を収録している。

【後世への影響】空海の請来により、日本の止風雨法の本拠とされた。

【訳者・訳年代】唐の菩提流志＊（AD710）。

（苫米地誠一）

1028A 仏説護諸童子陀羅尼経（ぶっせつごしょどうじだらにきょう）

護諸童子陀羅尼経、護諸童子請求男女陀羅尼経、護諸童子陀羅尼呪経、護諸童子呪経、護諸童子経ともいう。

【内容】一巻。仏が初めて正覚を成じたときに、大梵天王が仏に対して、童子を悩害する十五鬼神の名字と姿、それらによって悩害された童子の病状、ならびに鬼神の害を除く護諸童子陀羅尼呪を説く。さらに仏が鬼神を除き童子を護る陀羅尼呪を説く。陀羅尼雑集1336第四巻に収録される三蔵菩提流志訳護諸童子陀羅尼呪経は本経の異本であり、また童子経念誦法1028Bは本経の後半の護諸童子陀羅尼呪を中心とした童子経秘密法の次第を説く。

【関連典籍】1028B・1336

【訳者・訳年代】北魏の菩提流志＊。

（苫米地誠一）

1028B 童子経念誦法（どうじきょうねんじゅほう）

【成立】唐の善無畏の訳とされているが、安然の諸阿闍梨真言密教部類総録（八家秘録）2176にも記載されない明らかな偽経。大正蔵経に収録されているのは平治元年（AD1159）に勧修寺の興然の書写した東寺三密蔵所蔵本であるから、唐末から宋代に偽作されたか、あるいは平安時代末頃に日本で作られたものであろう。

【内容】一巻。護諸童子陀羅尼経1028Aの後半の大梵天王が仏に対して、童子を悩害する鬼神の害を除く護諸童子陀羅尼呪を説く箇所の記述を採って、童子経秘密法を修行する方法を説く。また護諸童子陀羅尼を長寿延命陀羅尼と名付け、童子だけではなく一切衆生の一切の病気は十五鬼神のせいであるとして、これらの害を除き、長寿を得る方法を示す。

【関連典籍】1028A

【訳者・訳年代】唐の善無畏＊。

（苫米地誠一）

1029 仏説安宅陀羅尼呪経（ぶっせつあんたくだらにしゅきょう）

安宅陀羅尼呪経、仏説摩尼羅亶経ともいう。

【成立】不明。異訳が多く、仏説持句神呪経1351、仏説陀隣尼鉢経1352、東方最勝灯王陀羅尼経1353、東方最勝灯王如来経1354、仏説聖最上灯明如来陀羅尼経1355などがあるが、本経が最も古い訳経と思われ、陀羅尼も一首のみで、経文も最も短く、時代の下がる訳経ほど陀羅尼の数も増え、本文も増広されている。したがって呉訳仏説持句神呪経1351の原本の成立する以前のものであろう。

【内容】一巻。仏が舎衛国祇陀林中給孤精舎に在るとき、衆花という世界の最勝灯王如来より遣わされた大光菩薩と無量光菩薩が、天魔鬼羅刹等による病悩を除く陀羅尼を仏に与え、仏が阿難に陀羅尼受持の功徳を説く。

【関連典籍】1351〜1355

【訳者・訳年代】不明。

（苫米地誠一）

第20巻　密教部　三

1030 **観自在大悲成就瑜伽蓮華部念誦法門**（かんじざいだいひじょうじゅゆがれんげぶねんじゅほうもん）

聖観自在成就大悲蓮華部瑜伽念誦法、蓮華部念誦法門ともいう。

【内容】一巻。密教の修行者は法式の次第・儀軌を理解しなければ修行の効力がないことや、灌頂大三昧耶壇に入り菩薩の戒行を受けること等の密教修行者の条件的内容が冒頭に示されている。その後に、実際に念誦する者に対して、修行道場の壇を浄めることから撥遣にいたるまでの約二十四項目にわたって、真言とその真言を唱える回数、印と印の結び方、さらには心中でどのようなことを念ずればよいかを示した観想等について述べられている。

【訳者・訳年代】唐の不空＊。　　（堀内規之）

1031 **聖観自在菩薩心真言瑜伽観行儀軌**（しょうかんじざいぼさつしんしんごんゆがかんぎょうぎき）

瑜伽観行儀軌、聖観自在儀軌、観王瑜伽観行儀軌、観自在心真言観行儀軌という。

【内容】一巻。修行者は先ず静処に曼荼羅を作り、香水・華で荘厳し、自らも浄めた後に道場に入り、そして一切の罪を懺いる懺悔、仏法僧に帰依する三帰、さらに三竟、我身を捨て供養し奉る捨身供養、本尊を観想する道場観、三昧耶の印言、法界生の印言、転法輪の印言、大日如来剣の印言、普供養の印言、観行布字の法、観自在菩薩の印言（真言は唵阿嚧力迦娑嚩賀）、字義を思惟する、さらに三昧耶・法界生・転法輪・剣の各印を結び、中言を唱え、礼仏・発願・廻向等の次第が述べられている。

【訳者・訳年代】唐の不空＊。　　（堀内規之）

1032 **瑜伽蓮華部念誦法**（ゆがれんげぶねんじゅほう）

蓮華部念誦法ともいう。

【内容】一巻。蓮華部とは胎蔵界曼荼羅では観音院・地蔵院に当り、部主が観音菩薩であるため観音部とも称し、金剛界曼荼羅では西方無量寿仏に当る。本書はその蓮華部の念誦の次第を述べている。その次第は、蓮華合掌の印言、蓮華部三昧耶の印言、極喜の印言、開心の印言、入智の印言、閉心門の印言、定印と入三摩地の印言、数息法、道場観、加持の印言、灌頂の印言、繋髪の印言、甲冑の印言、鉤索鎖鈴の印言、閼伽の印言、羯磨の印言、三昧耶の印言、金剛嬉戯内供養の印言、鬘の印言、歌の印言、舞の印言、焚香の印言、灯の印言、塗香の印言、蓮華部心の根本印、懺悔発願三昧耶の印言、八供養の印言、発撥、加持灌頂・甲冑・拍の印の順で示されており、最後に蓮華部の百字の真言をあげている。

【訳者・訳年代】唐の不空＊。　　（堀内規之）

1033 **金剛恐怖集会方広軌儀観自在菩薩三世最勝心明王経**（こんごうくふしゅうえほうこうきぎかんじざいぼさつさんぜさいしょうしんみょうおうぎょう）

金剛恐怖集会方広軌儀観自在菩薩三世最勝王経、観自在菩薩三世最勝心明王経ともいう。

【内容】一巻。全九品よりなる。各品は、序品第一、成就事品第二、成就如意宝品第三、療一切病品第四、一切有情敬念品第五、義利成就品第六、成就軌儀品第七、普通成就品第八、成就心真言品第九である。宝峰大山の宝間錯峰宮殿において、観自在菩薩が仏の教えを承けて除病・福徳成就の法を説いたものである。すなわち、次第の如く修すれば、多くの金銭・牛馬を得、人々から敬愛を受け、論議諍訟にも勝ち、三世のことも知ることができ、臨終には観自在菩薩が現れ説法し、死後は三悪道に堕ちず、兜卒天に生ず等の功徳が示されている。
【訳者・訳年代】唐の不空＊。

（堀内規之）

1034 **呪五首**（じゅごしゅ）

呪五首経ともいう。

【内容】一巻。本経は以下にあげる五種類の真言が列挙されているだけのもので、他になんの記述・コメントもない。五種類の真言とは、能滅衆罪千転陀羅尼呪、六字呪、七倶胝仏呪、一切如来随心呪、観自在菩薩随心呪である。以上の五種の真言をあげた後に、能滅衆罪千転尼を梵字で表して、本経は終えている。

【訳者・訳年代】唐の玄奘＊。

（堀内規之）

1035 **千転陀羅尼観世音菩薩呪**（せんてんだらにかんぜおんぼさつじゅ）

千転陀羅尼観世音菩薩呪経、千転観世音呪経、千転陀羅尼ともいう。

【内容】一巻。初めに呪をあげ、次に千転印と観世音心印が同じであると述べる。これらの印には阿地瞿多の訳出と割注がされている。つづいて、この呪を誦し終れば悪業が消滅し、七遍誦すれば五逆罪は滅し、また睡眠中の夢で観音の種々の荘厳を見れば一切の善事が成就し、一切の悪業が消滅し、直ちに呪を転読すれば滅罪を得ると述べている。さらに、呪を誦えて壇の荘厳をし、正面に門を設けず、三面に門を設け、飲食等を供じ、壇の四面の外に矢・しのだけをさし、これに五綵線を掛け、法陀羅木で壇の四角に釘うち、長さ一尺の顛伽木に蘇乳を和したものを塗り、呪一遍となえるごとに、一枝を火中に投入する等の次第が記されている。

【訳者・訳年代】唐の智通＊。

（堀内規之）

1036 **千転大明陀羅尼経**（せんてんだいみょうだらにきょう）

千転経ともいう。

【内容】一巻。世尊が須弥山頂上の忉利天中の波利質多羅樹下に在ったとき、帝釈天が一切天人軍衆とともに世尊のもとに詣でた。本書はその帝釈天が世尊の許しを得て、千転大明陀羅尼とその功徳を説いているものである。さまざまな功徳があげられているが、その一部を挙げれば、一切王怖、一切自他軍衆闘戦怖、一切悪病苦悩怖、一切悪獣等怖、諸水灘難怖などの諸怖から脱れることができると説かれている。また、この千転大明陀羅尼は転輪聖王の如くであり、欲するものを現前に出すことのできる摩尼宝珠の如きもので、諸々の苦悩から解脱することができると説かれている。

【訳者・訳年代】宋の施護＊。

（堀内規之）

1037 **観自在菩薩説普賢陀羅尼経**（かんじざいぼさつせつふげんだらにきょう）

観自在説普賢経、観音説普賢真言経ともいう。

【内容】一巻。王舎城の霊鷲山が説法の座で、観自在菩薩摩訶薩が世尊に許しを得て普賢陀羅尼を説く。観自在菩薩はこの陀羅尼を月上光如来のもとで授得し、さらに無生法忍を証し、首楞厳三摩地を獲得し、宝印三摩地、焔炬三摩地、海印三摩地、首偏虚空三摩地を証得したと述べる。つづいて、観自在菩薩は世尊に許しを得た後、金剛界曼荼羅三摩地に入り、この陀羅尼を説き、早朝に陀羅尼を百八遍、二十一日となえれば、観自在菩薩が身を現じて、望む一切の願をかなえると、功徳が述べられている。さらに続けて結方隅陀羅尼、迎請陀羅尼を出している。

【関連典籍】1038は異訳。

【訳者・訳年代】唐の不空＊。

（堀内規之）

1038 **清浄観世音普賢陀羅尼経**（しょうじょうかんぜおんふげんだらにきょう）

観世音普賢陀羅尼経、清浄観世音普賢経ともいう。

【内容】一巻。王舎城の耆闍崛山中で、観世音菩薩が世尊の許しを得て、月光仏より受得した普賢陀羅尼とその功徳を説いたもの。その功徳として、定めた数陀羅尼を誦す者は夜半に観世音菩薩が姿を現し勝地陀羅尼三摩地を得ることができ、さらに四方の四仏、十方の無量諸仏如来の光明を見ることができ、死後は浄仏土に生ずとされている。また、不空訳との大きな違いは、釈迦・観自在菩薩・観世音・毘陀天女等の描き方と入壇受法等を説いている点である。

【関連典籍】1037は異訳。

【訳者・訳年代】唐の智通＊（AD653）。

（堀内規之）

1039 **阿唎多羅陀羅尼阿嚕力経**（ありたらだらにあろりききょう）

阿唎多羅陀羅尼阿嚕力品、阿唎多羅阿嚕力経ともいう。

【内容】一巻。悉羅跋城の給孤独園で、観自在菩薩が世尊の許しを得て行った説法。観自在菩薩は初めに一切蓮華部心の真言である唵阿嚕力迦娑嚩訶を示し、造塔の功徳、観自在菩薩の四種の描き方、二種類の刻雕する法、一種類の像を捏塑する法と、それらの供養の仕方等々を説く。そのうち造塔の功徳の一例を挙げれば、海に向う泉水の岸で沙をあつめて一倶胝の塔を造り、塔の前ごとに真言を誦すれば滅し難き重罪で地獄に堕ちても悉く滅して聖者を見、死後は極楽国土に生じて成仏に至ることができるとし、さらに観自在菩薩を描き刻し捏塑して供養する功徳も同様に説かれている。

【訳者・訳年代】唐の不空＊。

（堀内規之）

1040 **金剛頂降三世大儀軌法王教中観自在菩薩心真言一切如来蓮華大曼拏攞品**（こんごうちょうごうさんぜだいぎきほうおうきょうちゅうかんじざいぼさつしんしんごんいっさいにょらいれんげだいまんだらぼん）

金剛頂降三世大儀軌法王教中観自在菩薩心真言一切如来蓮華大曼荼羅品ともいう。

【内容】一巻。観自在菩薩の曼荼羅、三摩地とその供養を説く。観自在菩薩が降三世儀軌法王の会中にいて、心真言とその曼荼羅、蓮華鉤の真言、弟子の引入を説き、次に心真言蓮華曼拏攞品、心真言三昧耶曼拏攞品、羯摩曼拏攞品、印品と続き、供養儀式等の次第を説く。真言は印言において加持の真言を示している。この儀軌は金剛頂経大本の偏凋伏天品の略説とされている。

【訳者・訳年代】唐の不空＊。

（堀内規之）

1041 **観自在菩薩心真言一印念誦法**（かんじざいぼさつしんしんごんいちいんねんじゅほう）

【内容】一巻。実際に香・華・灯・塗・飲食等々の物品を供養する、いわゆる事供養の法である印・真言を結誦し、運心を以て供養することを示した。示されている真言は、清浄の真言、心真言、加持念珠の真言等である。このうち心真言「唵阿嚧力迦娑嚩賀」の印と真言を誦えて三昧耶とし、護身・結界・召請・供養して自身が蓮台に坐し、観自在菩薩と成るとされる。そして、修行者がこの秘密の法要によって修行すれば、世・出世間の願いはかない、業障は消滅して、この身を転ぜずして自在に十方の浄土に往き、諸仏に歴事して無上菩提を成ずると説かれている。

【訳者・訳年代】唐の不空＊。

（堀内規之）

1042 **観自在菩薩大悲智印周遍法界利益衆生薫真如法**（かんじざいぼさつだいひちいんしゅうへんほっかいりやくしゅじょうくんしんにょほう）

観自在菩薩薫真言香印法ともいう。

【内容】一巻。香炉の中に阿弥陀如来の種子である紇哩（[梵字]）字型に香を盛り、これに点火して観想することを説いている。西方極楽世界に生じ衆生を利益せんと欲う瑜伽者は、阿闍梨に従って蓮華金剛法を受け、広く供養を陳べ念誦の法をなすべしとし、その壇の中には次のような香炉を安置せよとしている。すなわち、[梵字]型に香を盛り、香炉の蓋には唵嚩曰羅達磨の五つ梵字を刻って煙出しとする。この五字と紇哩字で阿弥陀仏の真言となる。

蓋のつまみは独鈷杵の形でその尖端に八葉開蓮華を安ずる。これは観自在菩薩の三昧耶形で、阿弥陀仏は観自在菩薩の果位の仏である。故に真言を念誦すれば命終後には極楽上品の生を得ると説かれている。

【訳者・訳年代】唐の不空＊。

（堀内規之）

1043 **請観世音菩薩消伏毒害陀羅尼呪経**（しょうかんぜおんぼさつしょうぶくどくがいだらにきょう）

請観世音消伏毒害陀羅尼経、請観世音経、消伏毒害経、消伏毒害陀羅尼呪経ともいう。

【内容】一巻。数種の疫病を治療しようとするときに読誦する経典である。大悪病が流行している惨状を月蓋長者が仏に訴え救済を求めたのに対して、仏は西方無量寿仏、および観世音・勢至の菩薩を請すべきとし、仏説の如くとすると無量寿仏と二菩薩が現れた。そして観世音が衆生を救護するべく十方諸仏救護衆生神呪・破悪業障消伏毒害陀羅尼・大吉祥六字章句救苦神呪・灌頂吉祥陀羅尼とこれらの呪を誦持する者は一切の疾病をのぞく等の功徳を説く。

【訳者・訳年代】東晋の難提。

（堀内規之）

1044 **仏説六字呪王経**（ぶっせつろくじじゅおうきょう）

【内容】一巻。1045の項参照。

【関連典籍】1045

【訳者・訳年代】不明。

（堀内規之）

1045 **仏説六字神呪王経**（ぶっせつろくじじんじゅおうきょう）・六字神呪王経（ろくじじんじゅおうきょう）

【内容】一巻。仏が舎衛国の祇陀林中に在ったとき、外道の女性が衆悪の符書厭禱を行い、また山神・樹神等に仕えて仏弟子の阿難陀を惑乱した。これに対して、仏は六字神呪王経を説いた。この呪を誦すれば、一切の悪呪の道を絶ち切り、誦持の罪業重障をも消滅することができると呪の功徳が示されている。六字神呪王経は本経の別本であり、仏説六字呪王経1044とこの二本の内容はほぼ同じである。

【関連典籍】1044

【訳者・訳年代】不明。

（堀内規之）

1046 **六字大陀羅尼呪経**（ろくじだいだらにじゅきょう）

【内容】一巻。仏が王舎城の耆闍崛山に在ったとき、弟子の阿難が悪呪をあやつる女性のために呪縛されてしまった。この呪縛を脱却するために仏が阿難に授けたのがこの六字大陀羅尼である。この呪を誦持する者には、王難・怨敵・賊難・火難・水難などのさまざまな困難から容易にのがれることができると、その功徳が示されている。

【訳者・訳年代】不明。

（堀内規之）

1047 **仏説聖六字大明王陀羅尼経**（ぶっせつしょうろくじだいみょうおうだらにきょう）

【内容】一巻。仏が舎衛国の祇樹給孤独園に在ったとき、弟子の阿難に対して六字大明王陀羅尼を示した。この呪は過去無量の諸仏や大士が説いてきたものであり、今この呪を説くのは現在の人々や未来の人々のために示すとされている。そして、その功徳として王難・怨敵・賊難・火難・水難などさまざまな困難や諸悪疾病をのぞくとされている。そして、この陀羅尼の流布を望んでいることが示されている。

【関連典籍】1049は異訳。

【訳者・訳年代】宋の施護＊。

（堀内規之）

1048 **仏説大護明大陀羅尼経**（ぶっせつだいごみょうだいだらにきょう）

大護明経ともいう。

【内容】一巻。仏が阿難陀に対して大護明大陀羅尼と伽陀（諷誦）を説き示している。そして、陀羅尼の功徳としてさまざまな災難・疾病を除き、安楽を得ることができるとし、仏の慈悲の保護がこの呪を誦持する人々に約束されているとしている。梵本、チベット訳もある。

【訳者・訳年代】宋の法天(ほうてん)＊。

（堀内規之）


1049 **聖六字増寿大明陀羅尼経**（しょうろくじぞうじゅだいみょうだらにきょう）

聖六字大明王経ともいう。

【内容】一巻。仏が舎衛国の祇樹給孤独園(ぎじゅぎっこどくおん)に在ったとき、弟子の阿難(あなん)が大疾病をおこした。これに対して仏は災患をしずめ寿命を増すという六字大明王陀羅尼を示す。さらにこの呪は比丘・比丘尼・優婆塞・優婆夷の四衆の苦をのぞく功徳もあり、過去において如来・帝釈天王・多聞天王・持国天王・増長天王・広目天王の六大師によって明らかにされているとしている。功徳としては、諸々の災難・病気・害よりのがれることができ、仏は本経典を成就最上増益の法と名づけ、誦持する者に長寿・無病を説いている。

【関連典籍】1047は異訳。

【訳者・訳年代】宋の施護(せご)＊。

（堀内規之）


1050 **仏説大乗荘厳宝王経**（ぶっせつだいじょうしょうごんほうおうきょう）

荘厳宝王経ともいう。

【内容】四巻。本経は過去世において観自在菩薩が説いたもので、読誦等すれば五無間業の者でも命終のときには十二如来の来迎を受け極楽世界に往生することができるとされ、観自在菩薩の微妙の本心である六字大明陀羅尼も示されている。この陀羅尼を誦持すれば、無量の如来・菩薩・三十二天等が守護し、不退転位を得せしめ速疾に無上菩提を証することができると説いている。また、第四巻では仏がこの呪を得た過去の経緯を明かした後に、除蓋障菩薩のために呪の功徳を説き、除蓋障菩薩が呪を得て説法するまでと、仏が阿難(あなん)に対して業報の因縁を述べたことが明かされている。

【訳者・訳年代】宋の天息災(てんそくさい)＊。

（堀内規之）

1051 **仏説一切仏摂相応大教王経聖観自在菩薩念誦儀軌**（ぶっせついっさいぶつしょうそうおうだいきょうおうぎょうしょうかんじざいぼさつねんじゅぎき）
聖観自在菩薩念誦儀軌、仏摂相応経観自在軌ともいう。
【内容】一巻。観自在菩薩の択地(ちゃくじ)結界法から曼荼羅とその曼荼羅上の諸菩薩等の形像について説かれている。すなわち、択地結界・運心観想・観自在菩薩を中台とする八葉蓮花上の八方賢聖の菩薩名と真言と形像と功徳、観念の対象となる諸菩薩の図像の仕方、八葉蓮花の外側の四隅に住する四供菩薩、四門に住する四摂菩薩、一面二臂と一面八臂と一面十三頭百臂等の観自在菩薩の形像について説かれている。
【関連典籍】0244
【訳者・訳年代】宋の法賢(ほうけん)＊。
（堀内規之）

1052 **讃観世音菩薩頌**（さんかんぜおんぼさつじゅ）

讃観世音頌ともいう。

【内容】一巻。題目のごとく観世音菩薩を讃えた頌。頌の最後には、壁に描かれている観音像を見たことによって菩薩の功徳の無量無辺なることを称賛したものであることが述べられている。その内容は有名な法華経の観世音菩薩普門品にある偈文(げもん)に似ているものが多い。例えば、普門品にもある大火坑にもし堕ちても、専ら観世音の名を称えれば熱を除き清浄を得ると示している点などである。

【訳者・訳年代】唐の慧智(えち)＊。

（堀内規之）

1053 **聖観自在菩薩功徳讃**（しょうかんじざいぼさつくどくさん）
観自在菩薩功徳讃、観自在功徳讃ともいう。
【内容】一巻。四十六頌によって観自在菩薩の功徳を讃歎したもの。本頌では、観自在菩薩は常に大悲方便力を以て一切の苦しんでいる衆生を救い、自利利他の衆の導師と讃えられているように、阿鼻大地獄にある者には慈悲の心によって身を現し、全ての苦を離れ、罪を消除せしめて救うとする。また、餓鬼道の飢えに苦しむ者には種々の美飲食を与える等、六道の全ての者に悲智の方便力を以て救うことが述べられ、その故に「帰命蓮華手」と観自在菩薩を蓮華手と称してその功徳を称讃している。さらには、この功徳讃を誦持すれば寿命は長く、諸の苦悩からは除かれ、臨終のときは観自在菩薩によって安慰されると述べられている。

【訳者・訳年代】宋の施護＊。

（堀内規之）

1054 **聖観自在菩薩一百八名経**（しょうかんじざいぼさついっぴゃくはちみょうきょう）

観自在一百八名経ともいう。

【内容】一巻。説法の会座は補怛落迦山の観自在菩薩の宮。仏が観自在菩薩に在しているとき、梵天のために聖観自在菩薩一百八秘密名を説き明かす。名を説いた後に、この名を受持読誦する者の功徳を述べる。すなわち、恒に聖観自在菩薩を見ることができ、大富貴・聡明・勇猛・端厳・妙声・弁才等々を護得し、一切法義を知り曼拏羅に入ることができるとしている。さらに、早晨に念ずること課せば、病苦はなく、臨終のときには西方極楽世界に往生すと説き、この名の無量無辺福報の利を述べている。

【訳者・訳年代】宋の天息災＊。

（堀内規之）

1055 **仏説聖観自在菩薩梵讃**（ぶっせつしょうかんじざいぼさつぼんさん）

聖観自在菩薩梵讃、聖観自在梵讃、観自在菩薩梵讃ともいう。

【内容】一巻。巻頭に明の太宗皇帝がつくった観自在菩薩を讃える文章「大明太宗文皇帝御製観音讃」（頌）を載せ、さらに「帰命仏法僧　頂礼観自在　我今称讃彼大悲功徳林」という帰命の言葉の後に、第一から第八までの八種類の梵語による讃をあげている。

【訳者・訳年代】宋の法賢＊。

（堀内規之）

1056 **金剛頂瑜伽千手千眼観自在菩薩修行儀軌経**（こんごうちょうゆがせんじゅせんげんかんじざいぼさつしゅぎょうぎききょう）

【内容】二巻。不空訳とされているが、経の初めに「我れ瑜伽金剛頂経に依りて、蓮華部の千手千眼観自在菩薩の身口意の金剛秘密修行の法を説かん」とあるように、不空が金剛頂経によって本経を作ったと考えるべきである。その内容から、上巻と下巻半ばまでの修行次第を説く部分と、息災・増益・敬愛・降伏の四種成就法を説く残りの部分とにわけることができる。前半では、千手千眼観自在菩薩の像を壇の西面に置き、行者の持誦者が壇の東で像に対することとし、さまざまな真言と印相が示されて、道場観では十波羅蜜菩薩・八供養菩薩が千手千眼観自在を囲遶し、宝楼閣の四隅に白衣・大白衣・多羅・毘倶胝等の四菩薩と、無量の蓮華部の衆の在すことが示されている。

【訳者・訳年代】唐の不空＊。

（堀内規之）

1057 **千眼千臂観世音菩薩陀羅尼神呪経**（せんげんせんびかんぜおんぼさつだらにしんじゅきょう）

千眼観音陀羅尼神呪経、千手千眼神呪経、千眼観世音陀羅尼経ともいう。

【内容】二巻。「大正蔵経」には麗本と明本と二本の同じ智通訳を載せており、両本には異同がかなりみうけられる。さらに麗本の最初には序文が付されている。上巻の最初に観世音菩薩が根本大身呪という長い陀羅尼と印相、功徳を示し、以下、総摂身印第一、総持陀羅尼印第二、解脱禅定印第三、千眼印呪第四、千臂総摂印第五、通達三昧成印第六、呼召天竜八部神鬼集会印第七、呼召大梵天王及憍尸迦来問法印第八、観喜摩尼随意明珠印第九、乞願随心印第十、入滅尽定三昧印第十一、請仏三昧印第十二、そして千手千臂観世音菩薩十肘曼荼羅法門として上巻を終える。つづい

て下巻では弁才無礙印第十三、菩薩破大千世界滅罪第十四、菩薩降伏三千大千世界魔怨印第十五、菩薩広大無印第十六、水精菩薩護持千眼印呪第十七、菩薩成就印第十八、菩薩成等正覚印第十九、菩薩呼召三十三天印第二十、菩薩呼召天竜八部鬼神印第二十一、菩薩解脱印第二十二、菩薩自在神足印第二十三、菩薩神変自在印第二十四、請千臂観音菩薩心王印呪第二十五等の真言と印相、その功徳を説いている。

【関連典籍】1058は異訳。

【訳者・訳年代】唐の智通＊。

（堀内規之）

1058 千手千眼観世音菩薩姥陀羅尼身経（せんじゅせんげんかんぜおんぼさつもうだらにしんきょう）

千手観音姥陀羅尼身経、姥陀羅尼身経、千手千眼姥陀羅尼身経ともいう。

【内容】一巻。最初に、観世音菩薩が仏に姥陀羅尼を説くことを許され、陀羅尼とその功徳とを明かす。次に十二の印相と真言功徳とを明かし、後に千手千眼観世音菩薩画壇法、さらにまた十一の印相、真言・功徳が説かれている。印と名称は1057とほぼ同じであるが、1057では画壇法の後の印は十二あげてあるが、本経では十一と1057の二十五番目の印相がない。また、1057同様に第十二印の後に画壇法や諸作法が説かれているが、第十二印とは全く関係なく、おそらく後代に第十二印の後に挿入されたと思われる。

【関連典籍】1057は異訳。

【訳者・訳年代】唐の菩提流志＊。

（堀内規之）

1059 千手千眼観世音菩薩治病合薬経（せんじゅせんげんかんぜおんぼさつじびょうごうやくきょう）

千手観音次病治病合薬経、千手合薬経ともいう。

【内容】一巻。仏が阿難に対し、観世音菩薩が説いた広大円満無礙大悲心陀羅尼神呪について、実際の病気をあげ陀羅尼を用いての治療法を説きあかしている。例えば小児の口中に瘡ができて食することができないときは、黄蓮根を細かくうすでつき、ふるい、それを母乳にまぜ、陀羅尼を三七遍となえて口に塗ればなおると説く。さらに、最後には観世音菩薩が、この治療法で人の苦しみを救う者は我が化身と讃え、また、我が法を持する人がもし臨終のときは、観世音菩薩が急いで来迎し、無辺楽乗宝雲車で、速かに安楽世界に往生させ、蓮華化生し成仏させると、その功徳を説いている。

【訳者・訳年代】唐の伽梵達摩＊。

（堀内規之）

1060 千手千眼観世音菩薩広大円満無礙大悲心陀羅尼経（せんじゅせんげんかんぜおんぼさつこうだいえんまんむげだいひしんだらにきょう）

千手観音大悲心陀羅尼経、千手大悲心陀羅尼経、千手陀羅尼ともいう。

【内容】一巻。仏が補陀落伽山の観世音の宮殿の宝を以て荘厳せる道場にいたとき、観世音菩薩が衆生安楽のために、仏に許しを得て広大円満無礙大悲心陀羅尼を説くという内容。この陀羅尼の功徳として、飢餓の困苦によって死することはない等々とする十五種の善生と、さまざまな誦持の功徳と成就法を示している。さらに如意珠手から蒲萄手までの四十手に各々の徳があることを説き、日光・月光菩薩がこの陀羅尼を受持する者を擁護する陀羅尼を最後に説いている。

【訳者・訳年代】唐の伽梵達摩＊。

（堀内規之）

1061 千手千眼観自在菩薩広大円満無礙大悲心陀羅尼呪本（せんじゅせんげんかんじざいぼさつこうだいえんまんむげだいひしんだらにじゅほん）

千手千眼大悲心陀羅尼ともいう。

【内容】一巻。観自在菩薩の広大円満無礙大悲心陀羅尼のみを悉曇で表記し説いている。

【訳者・訳年代】唐の金剛智＊。

（堀内規之）

1062 A**千手千眼観世音菩薩大身呪本**（せんじゅせんげんかんぜおんぼさつだいしんじゅぽん）
【内容】一巻。千手千眼観世音菩薩の陀羅尼の漢字音写のみをあげている。
【訳者・訳年代】唐の金剛智（こんごうち）＊。
（堀内規之）

1062 B**世尊聖者千眼千首千足千舌千臂観自在菩提薩埵怛嚩広大円満無礙大悲心陀羅尼**（せそんしょうじゃせんげんせんじゅせんぞくせんぜつせんぴかんじざいぼだいさったたばこうだいえんまんむげだいひしんだらに）
【内容】一巻。本陀羅尼は梵文のみをあげている。1056の巻下の同菩薩の根本陀羅尼と相応する。なお、本経は空海請来であり、三十帖策子による。
（堀内規之）

1063 **番大悲神呪**（ばんだいひじんしゅ）
【内容】一巻。千手千眼大悲呪を漢字音写の表記で示している。
【訳者・訳年代】不明。
（堀内規之）

1064 **千手千眼観世音菩薩大悲心陀羅尼**（せんじゅせんげんかんぜおんぼさつだいひしんだらに）
【内容】一巻。1060から抜萃したもの。抜萃した内容は、発願・十五種の善生を得、十五種の悪死を受けざること・大円満無礙大悲心陀羅尼・四十手法である。このうち、四十手法については、1060では四十の手法であったが、本経ではそれに甘露手が冒頭に加えられ、経とは異なった順で、しかも、真言と印図をも示している。つまり本書では、甘露手から始まり、蒲桃（＝萄）手に終わる四十一手が説かれている。
【関連典籍】1060
【訳者・訳年代】唐の不空（ふくう）＊。
（堀内規之）

1065 **千光眼観自在菩薩秘密法経**（せんこうげんかんじざいぼさつひみつほうきょう）

千光眼経、千光眼秘密法ともいう。

【内容】一巻。白華山の観自在の宮殿において、仏が阿難（あなん）に、観自在菩薩は衆生のために千臂千眼を具えているが、略して四十手の法を説くと、本経は始まる。その四十手を、如来部・金剛部・摩尼部・蓮華部・羯嚕摩（かつろま）部の五つに分け、さらに息災法には仏部、調伏法には金剛部、増益法には摩尼部、敬愛（きょうあい）法には蓮華部、鉤召法には羯磨部のそれぞれの尊を用いるとして、四十手を五つの法に配している。そして観自在菩薩が、頂上に十一面を具し、四十の手を具足する二十五菩薩を湧出し、無垢三昧をはじめとする二十五三昧を得、二十五有を断ずるとし、またさまざまな願いを成就せんと欲する者は四十手の法を修すべしと、四十手の真言・印相、功徳、曼荼羅等を説いている。

【訳者・訳年代】唐の三昧蘇嚩羅（さんまそばら）。

（堀内規之）


1066 **大悲心陀羅尼修行念誦略儀**（だいひしんだらにしゅぎょうねんじゅりゃくぎ）

大悲心陀羅尼略儀ともいう。

【内容】一巻。本経の冒頭に、「灌頂道場経に依って、修陀羅尼法門を説く」とあるように、本経は灌頂道場経によって記述された。まず生死の大海を速やかに出離し無上菩提を証せんと願う者は灌頂を受け、師より念の法則を受け、浄室に壇を設け、本尊を安置し、荘厳すべしと説く。さらに浄三業・礼本尊・仏部三昧耶・蓮華部三昧耶・金剛部三昧耶・護身三昧耶・金剛輪・四無量心観・輪壇・請本尊・馬首明王・閼伽香水（あかこうずい）・献座・普供養・讃歎・本尊心密印・大悲心陀羅尼・数珠捧持・千転真言・金剛誦・本尊心密等の順に説かれている。

【訳者・訳年代】唐の不空（ふくう）＊。

（堀内規之）

1067 **摂無礙大悲心大陀羅尼経計一法中出無量義南方満願補陀落海会五部諸尊等弘誓力方位及威儀形色執持三摩耶幖幟曼荼羅儀軌**（しょうむげだいひしんだらにきょうけいいっぽうちゅうしゅつむりょうぎなんぽうまんがんふだらくかいえごぶしょそんとうぐぜいりきほういおよ

びいぎぎょうしきしゅうじさんまやひょうしきまんだらぎき）

　補陀落海会軌、補陀落海会諸尊住略出威儀形色儀軌、摂無礙経ともいう。

【内容】一巻。初めに手印について偈頌で述べ、次いで息災等の五部尊法を述べる。手印については、左右の各々の手、および指が、定・慧・理・智・十波羅蜜等の義があることを示している。五部尊法とは、息災・増益・降伏・敬愛・鈎召の五種法をいい、それに五部（仏部など）とその本尊等を配し、最後には各法の曼荼羅ならびに各尊の形像等を偈頌で示している。

【訳者・訳年代】唐の不空＊。　（堀内規之）

1068 **千手観音造次第法儀軌**（せんじゅかんのんぞうしだいほうぎき）

【内容】一巻。千手観音造次第とあるが観音像を造る方法が説かれているのではなく、像の説明的内容となっている。三十二葉の大宝蓮華台に結跏趺座している千手観音の正面の天冠の上に三重があるとする。諸の頭面の数は五百で、当面の左右に両面を造り、右を蓮華面、左を金剛面と名づける。正面は仏部を表し、三部の海会を具えるとし、八大菩薩等が眷属として侍している。さらに、第三重には二十八部衆があるとし、つづいて密迹金剛士以下のその二十八部衆の相好と密語をそれぞれ説いている。

【訳者・訳年代】唐の善無畏＊。　（堀内規之）

1069 **十一面観自在菩薩心密言念誦儀軌経**（じゅういちめんかんじざいぼさつしんみつごんねんじゅぎききょう）

　十一面儀軌、十一面観自在菩薩経、十一面念誦儀軌経、十一面観音儀軌ともいう。

【内容】三巻。十一面観自在菩薩の真言の功徳、修行の儀軌、成就の処、護摩儀軌を説いたもの。上巻には、十一面観自菩薩の真言によって十種の勝利や四種の功徳が受けられると、その真言と供養の儀則が説かれている。中巻では、修行儀軌として、観自在の法の結護・迎請・供養等が示されており、下巻では、初めに成就処に壇法を説き、次に息災・増益・降伏・敬愛の四種の護摩法について説いている。また、下巻について「大蔵経」ではある本によって「十一面観自在菩薩秘密心経語建立道場儀軌巻下」としている。

【訳者・訳年代】唐の不空＊。　（堀内規之）

1070 **仏説十一面観世音神呪経**（ぶっせつじゅういちめんかんぜおんしんじゅきょう）

　十一面観世音呪并功徳経、十一面神呪経ともいう。

【内容】一巻。巻末の文章によれば「金剛大道場神呪経」という十万の偈の成部より十一面観世音の一品を略出したものとされる。その明すところは、十一面観世音菩薩の神呪とその念誦・書写・流布する者の功徳を説くものである。すなわち、この神呪を持する者が現身に得る十種と四種の果報を示し、その後に神呪、さらに水呪・衣呪・香呪・華呪・油呪・食呪・火呪・結界呪・行道・造像法・行法を行う際の日や誦する回数等々を順に説いている。

【関連典籍】1071は異訳。

【訳者・訳年代】北周の耶舎崛多。　（堀内規之）

1071 **十一面神呪心経**（じゅういちめんしんじゅしんぎょう）

　十一面神呪経ともいう。

【内容】一巻。1070の異訳で、内容はほぼ同一。十一面観自在菩薩の神呪の威力と、これを受持し、読誦し、写書し、流布する者の功徳を説いている。

【関連典籍】1070

【訳者・訳年代】唐の玄奘＊。　（堀内規之）

1072 **A 聖賀野紇哩縛大威怒王立成大神験供養念誦儀軌法品**（しょうがやきりばだいいぬおうりゅうじょうだいじんけんくようねんじゅぎきほ

うぼん）

聖閻曼徳迦威王立成大神験念誦法、馬頭念誦儀軌ともいう。

【内容】二巻。賀野紇哩縛とは梵語音写でhayagrivaといい、馬頭のこと。怒りのはげしさによって、人々の苦しみを救う力を示す観音であるが、本書はその馬頭大威怒王の念誦法を説くものである。冒頭に馬頭大威怒王を讃える偈頌、最勝根本真言が示され、その後に、念誦次第が下巻の半ばに至るまで説かれる。そして、下巻の念誦法の終りには、馬頭尊と四大童子・八大竜王の像法が説かれている。

【訳者・訳年代】唐の不空*。

（堀内規之）

1072B **馬頭観音心陀羅尼**（ばとうかんのんしんだらに）

【内容】一巻。馬頭観世音の心陀羅尼を悉曇文字を以て表記したものだけを示している。

【訳者・訳年代】不明。

（堀内規之）

1073 **何耶掲唎婆像法**（かやきりばぞうほう）

賀耶掲哩婆儀軌ともいう。

【内容】一巻。何耶掲唎婆とはhayagrivaの音写で馬頭のこと。本書はその馬頭観音像の画像方法を説いたものである。また、本書の末尾には賀耶掲哩婆儀軌と表されている。初めに四面二臂にして紅蓮花を左手に、真陀羅尼（唐には如意宝という割注あり）を右手に持する像を説き、次いで、四面二臂にして、左手に蓮華、右手が施無畏をなしている像の描き方を説いている。さらに、呪を誦えるのについて、その誦える回数や念誦の方法による各々の功徳について示し、賀耶掲哩婆療病印とその真言、賀耶掲哩婆乞食印とその真言、自被縛呪、不浄を失するを治す呪、得護身成就呪等々を説いている。

【訳者・訳年代】不明。

（堀内規之）

1074 **何耶掲唎婆観世音菩薩受法壇**（かやきりばかんぜおんぼさつじゅほうだん）

【内容】一巻。初めに清浄の所に壇を作し、壇の中心に蓮華座をつくり、そこに何耶掲唎婆観世音、すなわち馬頭観音の尊像を安置すべきことを説く。そして、東門に華座をつくって十一面菩薩、北門には蓮華座をつくって八臂観世音を安んじ、南方には八竜王を安ずるとしている。次いで、馬頭観音の印明、例えば何耶掲唎婆解禁刀印・何耶掲唎婆大法身印・何耶掲唎婆心印・頭印・頂印・口印・牙印と各々の呪を説いている。

【訳者・訳年代】不明。

（堀内規之）

1075 **仏説七倶胝仏母准提大明陀羅尼経**（ぶっせつしちくていぶつもじゅんだいだいみょうだらにきょう）

准提大明陀羅尼経ともいう。

【内容】一巻。世尊が祇樹給孤独園で未来の衆生を愍念して仏母准提陀羅尼を説くことから始まる。次いで、この陀羅尼を誦える回数とその功徳を示し、さらに功徳所作之事として、仏像前や塔前、清浄地に壇を作り、瓶等を安置して陀羅尼を誦える作法を示している。この後に、七倶胝仏母准提陀羅尼念誦法を説いている。この念誦法は梵経本によって、十万偈頌を略説して念誦観行供養次第としたとし、以下の順で示されている。①仏部三摩耶契、②蓮華部三摩耶契、③金剛部三摩耶契、④准提仏母根本身契、⑤辟除一切天魔悪鬼神等契、⑥結地界橛契、⑦結牆界契、⑧結網契、⑨結多火院大界契、⑩結車輅契、⑪結迎請聖者契、⑫結蓮花座契、⑬結遏迦契、⑭結洗浴契、⑮結塗香契、⑯結花鬘契、⑰結焼香契、⑱結供養飲食契、⑲結灯契、⑳結布字契（陀羅尼字想布於身法）、㉑第二根本契、㉒結捧数珠契、㉓把数珠契とし、次いで三摩地観念布字義、准提求願観想法、さらに扇底迦法、布瑟置迦法、伐施迦羅拏法、阿毘遮嚕迦法、そして最後に七倶胝仏母准提画像法が説かれている。

【関連典籍】1075は異訳。

【訳者・訳年代】唐の金剛智＊。

（堀内規之）

1076 **七倶胝仏母所説准提陀羅尼経**（しちくていぶつもしょせつじゅんだいだらにきょう）

七倶胝仏母陀羅尼経、准提陀羅尼経、准提経ともいう。

【内容】一巻。1075と同本異訳であるが、1075と違う点として、本経では最初に陀羅尼を受持する者を真言之行を修する出家在家の菩薩と訳するなど不空の考えが打ち出されており、七倶胝准提陀羅尼念誦儀軌は完全に十八道立ての次第となっている。すなわち、発菩提心真言、仏部三摩耶印言、蓮華部三摩耶印言、金剛部三摩耶印言、第二根本印言、地界橛印言、道場観、大虚空蔵真言、宝車輅印言、請車輅印言、請本尊印言、無能勝印言、牆界印言、上方網界印言、火院印言、閼伽印言、蓮華座印言、澡浴印言、塗香印言、華印言、焼香印言、飲食印言、灯印言、讃歎、本尊陀羅尼布字法、根本印言、加持念珠真言、正念誦三摩地念誦、根本印、澡浴印、五供養印、讃歎、閼伽、解界、宝車輅印、奉送真言、三部三摩耶印言、礼仏、懺悔、随喜、勧請、発願、廻向となっている。また、1075にはある准提求願観想法は本経にはない。

【関連典籍】1075

【訳者・訳年代】唐の不空＊。

（堀内規之）

1077 **仏説七倶胝仏母心大准提陀羅尼経**（ぶっせつしちくていぶつもしんだいじゅんだいだらにきょう）

七倶胝仏母心経、七倶胝仏大心准提陀羅尼経、准提陀羅尼経、大准提経、仏母心陀羅尼ともいう。

【内容】一巻。末尾に、地婆訶羅が大明呪蔵六万偈の中より訳出したことが示されている。本経は1075・1076の類本にあたるが、内容的にはこの二つの経典とは大きく異なる。すなわち、前二者で説かれている念誦儀軌や四種の護摩法・画像法等が本経には説かれていない。そのため陀羅尼が初めに説かれ、その後はその陀羅尼の功徳や壇法・呪咀の方法が説かれているだけである。

【訳者・訳年代】唐の地婆訶羅＊。

（堀内規之）

1078 **七仏倶胝仏母心大准提陀羅尼法**（しちぶつくていぶつもしんだいじゅんだいだらにほう）

准提陀羅尼経ともいう。

【内容】一巻。冒頭に「独部別行」とあるため七倶胝独部法1079の別行本と考えられる。その内容は、はじめに七倶胝仏の陀羅尼が悉曇と漢字の音写の表記で示され、二十五部の大曼荼羅を総摂する印相を次に説いている。壇法は浄鏡を用いて壇とし、十五日の夜に東に向って坐し、その前に鏡を置き百八遍、陀羅尼を唱える等の念誦の仕方とその功徳が以下説かれている。いまその一つを挙げれば、長生を欲する人は、古塔および深山中、あるいは浄房内において鏡で壇を作り、二千四百六十万遍陀羅尼を誦え、青蓮華を安悉香に和して焼き、睡夢の中で仙薬を服し、あるいは仙方を授かり、あるいは鏡面の五色光の中の薬を随意に服すれば、長生を得るとされる。

【訳者・訳年代】唐の善無畏＊。

（堀内規之）

1079 **七倶胝独部法**（しちくていどくぶほう）

七仏倶胝独部法ともいう。

【内容】一巻。1078の内容を整理した形であるが、本経には陀羅尼は説かれておらず、二十五部の大曼荼羅を総摂する印相を説くことから始まる。そして、出家・在家の区別なくこの法を修すれば一切の罪障を消滅させ、成就を得るとして、次の五つにまとめて説いていく。すなわち、第一壇法・第二念誦法・第三成験法・第四広明自在法・第五天得大神足の五つである。この五つに1078にはない準提別法として、結界・護身・治病・総摂・破天魔・請鬼神の六つの印相と陀羅尼の念誦法があらたに示されている。前述の第一から第五までの内容は1078とほぼ同じ。

【訳者・訳年代】唐の善無畏＊。

（堀内規之）

1080 **如意輪陀羅尼経**（にょいりんだらにきょう）

【内容】一巻。経題の下に大蓮華金剛三昧耶加持秘密無障礙経より出ると注があるが、この経は伝わっていない。本経は、序品第一、如意輪陀羅尼経破業障品第二、同誦念法品第三、同法印品第四、同壇法品第五、同佩薬品第六、同含薬品第七、同眼薬品第八、同護摩品第九、同囑累品第十の計十品よりなっている。その内容は、仏が雞喇斯山にいたとき、観自在菩薩が許可を得て、大蓮華峯金剛秘密無障礙如意輪陀羅尼とその功徳を説くものである。また、第五品では如意輪陀羅尼大曼荼羅、如意輪観自在菩薩の尊像、第六・七・八品では如意輪陀羅尼に佩薬・含薬・眼薬の三種薬があることとその功徳等々が説かれている。1081・1082・1083は同本異訳。

【訳者・訳年代】唐の菩提流志＊。

（堀内規之）

1081 **仏説観自在菩薩如意心陀羅尼経**（ぶっせつかんじざいぼさつにょいしんだらにきょう）

如意心陀羅尼経ともいう。

【内容】一巻。仏が伽栗斯山にあって、観自在菩薩が仏の許可の下、無障礙観自在蓮華如意宝輪王陀羅尼とその功徳を説いている。すなわち、一心にこの陀羅尼を受持すれば、無間獄五逆重罪を除き、一切のことがすべて成就し、さらに毎日この陀羅尼を百八遍誦えれば阿弥陀仏が姿を現し、経に説かれている極楽世界のさまざまな荘厳と菩薩、十方の一切の仏、また観自在菩薩のいる補怛山を見ることができ、自身清浄を得て成仏に至ると説く。1080の第一・二品、1082の第一品、1083の前半の異説とされている。

【訳者・訳年代】唐の義浄＊。

（堀内規之）

1082 **観世音菩薩秘密蔵如意輪陀羅尼神呪経**（かんぜおんぼさつひみつぞうにょいりんだらにじんじゅきょう）

観世音菩薩秘密蔵神呪経ともいう。

【内容】一巻。除破一切悪業陀羅尼品第一・観世音菩薩秘密蔵一切愛楽法品第二・観世音陀羅尼和阿伽陀薬法令人愛楽品第三・観世音如意輪含薬品第四・観世音心輪眼薬品第五・観世音陀羅尼薬品第六の計六品からなっている。その内容は、第一品において根本身呪・身呪・心中心呪が説かれ、第二品ではその誦える回数による功徳等、第三品では愛楽薬法、第四品では含口薬、第五品では眼薬、第六品では護摩法の一種といわれる火唵吉祥法が説かれている。

【関連典籍】1080・1081・1083は異訳。

【訳者・訳年代】唐の実叉難陀＊。

（堀内規之）

1083 **観世音菩薩如意摩尼陀羅尼経**（かんぜおんぼさつにょいまにだらにきょう）

如意摩尼陀羅尼経ともいう。

【内容】一巻。観世音菩薩が、仏の許可を得て蓮花峯金剛加持秘密無礙観世音蓮華如意摩尼輪心陀羅とその功徳を説く。すなわち、冒頭に根本呪・心呪・随心呪の三つの陀羅尼を示し、これを受持すれば一切が成就し、さらに本経に示す材料を調合し、根本呪等を定まった回数誦えて作った薬によってさまざまな病気が治ること等々が説かれている。

【関連典籍】1080〜1082は異訳。

【訳者・訳年代】唐の宝思惟＊。

（堀内規之）

1084 **観世音菩薩如意摩尼輪陀羅尼念誦法**（かんぜおんぼさつにょいまにりんだらにねんじゅほう）

観世音菩薩如意摩尼輪陀羅尼念誦儀軌ともいう。

【内容】一巻。如意輪観世音菩薩の陀羅尼念誦法が説かれている。冒頭より根本呪と根本印、心呪・随心呪・馬頭観音護身結界法印呪と印・馬頭大法身印と呪・馬頭法身印と呪・結界馬頭観音印作避除結界・観世音菩薩毘倶胝地結法等が示される。根本呪を示した直後に、この念誦法の功徳は在家・出家の区別なく、酒を飲み肉を食し、妻子があっても、作法通りでなくとも、持斎を求めずとも、洗浴せずとも、衣をあらためなくとも、ただこの呪を誦えれば悉く成就すると説かれている。

【訳者・訳年代】唐の宝思惟＊。

（堀内規之）

1085 **観自在菩薩如意輪念誦儀軌**（かんじざいぼさつにょいりんねんじゅぎき）
観自在如意輪菩薩念誦法、如意輪菩薩念誦法、如意輪念誦法、如意輪念誦儀軌ともいう。
【内容】一巻。初めに、灌頂道場経によって陀羅尼の法門を説くとあり、本経が灌頂道場経という現在不明の経典を典拠とすることが示されている。本書は如意輪法次第の原本であり、その行法の順序を示すと、浄三業・仏部三昧耶・蓮華部三昧耶・金剛部三昧耶・被甲護身・地結・金剛牆・道場観、三力・普供養・宝車輅・請車輅・本尊三昧耶降至於道場・馬頭・金剛網・火院・閼伽香水・花座・普供養・讃歎偈・根本陀羅尼・如意輪心真言・心中心咒の印言の次第である。
【関連典籍】1086
【訳者・訳年代】唐の不空＊。
（堀内規之）

1086 **観自在菩薩如意輪瑜伽**（かんじざいぼさつにょいりんゆが）

観自在菩薩如意輪念誦法、如意輪瑜伽念誦法、如意輪瑜伽ともいう。

【内容】一巻。本経は観自在菩薩如意輪念誦儀軌1085と併せて用うべきもので、真言以外は全て偈頌で述べられている。まず冒頭に「我れ今七倶胝仏母瑜伽金剛頂経に順じて、摩尼蓮華部の如意の念誦を説かん」と述べ、つづいてその弟子の条件をあげて、念誦法を示す。その中、如意輪の六臂の相を、右の第一手は有情を愍念思惟し、第二手は意宝を持し願を成じ、第三手は念珠を持し傍生の苦を度し、左の第一手は光明山を按じて無傾動を成就し、第二手は蓮を持し非法を浄め、第三手は輪をなして無上法を輪ずるとしている。また、行を終えて閑静の処において楞伽と華厳と般若および理趣の大乗経典の読誦を最後にあげている。

【訳者・訳年代】唐の不空＊。

（堀内規之）


1087 **観自在如意輪菩薩瑜伽法要**（かんじざいにょいりんぼさつゆがほうよう）

観自在如意法要、観自在菩薩如意輪瑜伽法要ともいう。

【内容】一巻。観自在菩薩如意輪瑜伽1086とほとんど相違がなく、用いる文字が多少異なっているだけである。

【訳者・訳年代】唐の金剛智＊。

（堀内規之）

1088 **如意輪菩薩観門義注秘訣**（にょいりんぼさつかんもんぎちゅうひけつ）
【内容】一巻。如意輪菩薩の真言の字義等をあきらかにしたもの。冒頭では、如意輪菩薩の心中真言、唵嚩囉娜跛麽吽を梵字もあげ、それぞれの字義を釈し、ついで唵字が頂・嚩字が額（大正蔵では囉字となっているがおそらく嚩のことであろう）、囉字が両目、娜麽が二膊、跛字が心、吽字が臍輪に、それぞれ安ずれば速やかに無生の理も悟り、如来智を得るという布字観を示す。次に如意輪菩薩の真言の字義と句義をあかし、その後に如意輪菩薩の六臂相の頌を示し、最後に再び心中心真言の字義を示して終えている。
【訳者・訳年代】不明。
（堀内規之）

1089 **都表如意摩尼転輪聖王次第念誦秘密最要略法**（とひょうにょいまにてんりんじょうおうしだいねんじゅひみつさいようりゃくほう）
都表如意輪念誦法ともいう。
【内容】一巻。都表とは、諸尊の広大にして甚深の徳を観世音菩薩一尊に表すという意だとされている。その如く、本経の内容も諸尊通用の儀則を、観世音菩薩一尊に集約して説いたものである。具さには、相貌品第一、大品密言品第二、根本密言品第三、小心密言品第四、成就世間出世間除災護摩念誦品第五、増益福徳品第六、随心随念品第七、阿毘遮嚕迦品第八であり、成就世間出世間除災護摩念誦品では護摩について、息災加持法・増益福智生法、随心愛念法、降伏一切怨法の四種があるとし、第六品が増益法、第七品が随心愛念法、第八品が降伏一切怨法を説いている。

【訳者・訳年代】唐の解脱師子。（堀内規之）

1090 **仏説如意輪蓮華心如来修行観門儀**（ぶっせつにょいりんれんげしんにょらいしゅぎょうかんもんぎ）

如意輪蓮華心如来修行観門儀、如意輪蓮華心観門儀ともいう。

【内容】一巻。世尊が諸の大菩薩とともに須弥山の頂にあって、有情のために如意輪修行秘密法を説いたもの。真言を除く全文が五言頌で示されており、内容は如意輪法の次第の原形をなすものとされている。観想の部分では心中に月輪を観じ、その上に如意輪蓮華王如来を想い、さらに吽字を誦し想うことが説かれた後、如意輪摩尼根本印と真言、心印言・心中心印言が説かれている。そして最後に世尊が行者に、この法を修して懈倦を生ずることなく、間断あることなく誦持すれば、成就を得て仏と等しく、異なることがなきようになれると述べている。

【訳者・訳年代】契丹の慈賢。（堀内規之）

1091 **七星如意輪秘密要経**（しちしょうにょいりんひみつようきょう）

七星如意輪経ともいう。

【内容】一巻。仏が大雪山伽王那蘭陀に大比丘衆とともにいるとき、迦夷城の波斯匿王から倶尸羅国の兵にとりかこまれ、その救いを仏に求めてきた。仏はすぐに神通王菩薩をして迦夷城内で如意輪般多羅道場七星火壇秘密之門を建立せしめ、如法に作さしめた。すると賊衆は自然に退散し王や人々は喜んだ。神通王菩薩は仏のもとに戻り、この法門と如意輪王菩薩を讃じ、仏の大神力を承けて如意輪王菩薩のもとに至り敬礼するのである。そして、如意輪王菩薩は自ら誓願と諸功徳を偈で説き示した。そして、それを受けた神通王菩薩は一心に不可思議摩訶般多羅秘密法門真言を受持したと述べ、真言と印、供物をあげて終えている。

【訳者・訳年代】唐の不空＊。（堀内規之）

1092 **不空羂索神変真言経**（ふくうけんじゃくじんぺんしんごんきょう）

【内容】密教経典としては大変浩瀚なもので、三十巻七十八章よりなる。不空羂索心呪や不空羂索観音に関する多くの儀軌を説くが、第一章は不空羂索呪経1093・不空羂索神呪心経1094・不空羂索呪心経1095・聖観自在菩薩不空王秘密心陀羅尼経1099とほぼ対応する。また、第六十八章にいわゆる光明真言が説かれることでもよく知られている。

【関連典籍】0901・1002・1093〜1099。チベット訳、梵本も存在する。

【訳者・訳年代】唐の菩提流志＊（AD709）。

【参考文献】添田隆俊「不空羂索経の成立に就いて」「同　其二」『密教研究』40・42号。（大塚伸夫）

1093 **不空羂索呪経**（ふくうけんじゃくしゅきょう）

【内容】一巻。不空羂索神変真言経1092の序品を別訳したもの。観世音菩薩が不空羂索呪とその功徳や念誦法（羂索呪法）を明かすという点が中心となっている。

【関連典籍】1002・1092・1094〜1099。チベット訳、梵本も存在する。

【訳者・訳年代】隋の闍那崛多＊（AD587）。

【参考文献】山田耕二「〈不空羂索呪経〉の成立について」『密教学研究』第8号。（大塚伸夫）

1094 **不空羂索神呪心経**（ふくうけんじゃくじんしゅしんぎょう）

【内容】一巻。不空羂索神変真言経1092の序品を別訳したもので、不空羂索呪心経1095と同本異訳ともされる。不空羂索神呪とその神呪の功徳や念誦法（羂索呪法）を明かすという点が中心となっている。

【関連典籍】1002・1092・1093・1095～1099。チベット訳、梵本も存在する。

【訳者・訳年代】唐の玄奘＊（AD659）。

【参考文献】山田耕二「〈不空羂索呪経〉の成立について」『密教学研究』第8号。

（大塚伸夫）

1095 **不空羂索呪心経**（ふくうけんじゃくしゅしんぎょう）

【内容】一巻。不空羂索神変真言経1092の序品を別訳したもので、不空羂索神呪心経1094と同本異訳ともされる。観自在菩薩が不空羂索神呪とその神呪の功徳や念誦法（羂索呪法）を説くという点が中心となっている。

【関連典籍】1002・1092～1094・1096～1099。チベット訳、梵本も存在する。

【訳者・訳年代】唐の菩提流志＊（AD693）。

【参考文献】山田耕二「〈不空羂索呪経〉の成立について」『密教学研究』第8号。

（大塚伸夫）

1096 **不空羂索陀羅尼経**（ふくうけんじゃくだらにきょう）

【内容】一巻。十六章よりなる。不空羂索陀羅尼自在王呪経1097と同本異訳。根本陀羅尼を始めとする二十七呪とその念誦法（羂索法）や功徳を説き、最後に不空羂索呪印一巻を付加する。この巻には二十二種の印明と、観世音不空羂索母身印呪を初めとする五印六呪が挙げられている。これは前巻において呪が示されたが、念誦法として対になるはずの印契が示されなかったので、印契を説くために追加されたものと考えられる。

【関連典籍】1002・1092～1095・1097～1099。

【訳者・訳年代】唐の李無諂（AD700）。

（大塚伸夫）

1097 **不空羂索陀羅尼自在王呪経**（ふくうけんじゃくだらにじざいおうしゅきょう）

不空羂索陀羅尼呪経、不空羂索心呪王経ともいう。

【内容】三巻。十六章よりなる。不空羂索陀羅尼経1096と同本異訳。不空陀羅尼自在王呪を始めとする二十八呪を説き、その念誦法（羂索法）や功徳と、図像法など数多くの諸の軌則を明かす。

【関連典籍】1002・1092～1096・1098・1099。

【訳者・訳年代】唐の宝思惟＊。

（大塚伸夫）

1098 **仏説不空羂索陀羅尼儀軌経**（ぶっせつふくうけんじゃくだらにぎききょう）

不空羂索教法密言、不空羂索陀羅尼儀軌ともいう。

【内容】二巻。三章よりなる。不空羂索神変真言経1092の第一巻より第三巻の初め部分にかけての記述とほぼ同じ内容を説くことから、同経の別訳ともいわれている。

【関連典籍】1002・1092～1097・1099。

【訳者・訳年代】唐の阿目佉＊（＝不空）。

（大塚伸夫）

1099 **仏説聖観自在菩薩不空王秘密心陀羅尼経**（ぶっせつしょうかんじざいぼさつふくうおうひみつしんだらにきょう）

【内容】一巻。不空羂索神変真言経1092の序品を別訳したもの。観自在菩薩が不空羂索呪とその呪の功徳や念誦法（羂索呪法）を説くという点が中心となっている。

【関連典籍】1002・1092～1098。チベット訳、梵本も存在する。

【訳者・訳年代】宋の施護＊。

【参考文献】山田耕二「〈不空羂索呪経〉の成立について」『密教学研究』第8号。

（大塚伸夫）

1100 **葉衣観自在菩薩経**（ようえかんじざいぼさつきょう）

葉衣観自在経、葉衣観音経ともいう。

【内容】一巻。観自在菩薩が葉衣観音の陀羅尼や心真言とその功徳、鎮国法、図像法、二十八大夜叉方位真言とその功徳、諸の呪詛法などを説く。別訳として鉢蘭那賒嚩哩大陀羅尼経1384がある。

【関連典籍】1384。チベット訳、梵本も存在する。

【訳者・訳年代】唐の不空*。

1101 **仏説大方広曼殊室利経**（ぶっせつだいほうこうまんじゅしりきょう）

大方広曼殊室利経、観自在多羅菩薩儀軌経、観自在菩薩授記経、多羅菩薩儀軌経ともいう。

【内容】一巻。四章よりなる。第一章は釈迦如来による観自在菩薩への授記と灌頂や、観自在菩薩の目より多羅菩薩を出現させ、陀羅尼を説くことを明かす。第二章は観自在菩薩が多羅菩薩のために釈迦如来を中心とする曼荼羅の作壇法・護摩法・灌頂の作法を説く。第三章は観自在菩薩が多羅菩薩のために釈迦如来を中心とする図像法を説く。第四章は観自在菩薩が多羅菩薩に第二の図像法として、阿弥陀如来を中心とする図像法を説き、供養の作法や陀羅尼を説くことを明かす。

【関連典籍】1191

【訳者・訳年代】唐の不空*。

（大塚伸夫）

1102 **金剛頂経多羅菩薩念誦法**（こんごうちょうぎょうたらぼさつねんじゅほう）

観自在多羅瑜伽念誦法、多羅瑜伽念誦法、多羅菩薩法ともいう。

【内容】一巻。多羅菩薩を本尊とする金剛頂経0865系に属する金剛界立の念誦法を説く。当儀軌の全体にわたって七言頌で説かれ、真言は四十七呪を数える。

【関連典籍】0865

【訳者・訳年代】唐の不空*。

（大塚伸夫）

1103 **観自在菩薩随心呪経**（かんじざいぼさつずいしんじゅきょう）

多唎心経ともいう。

【内容】一巻。観自在菩薩が仏陀の許可を得て、随心呪を始めとする諸真言とそれらの真言に基づく諸の念誦法を説く。初めに随心印呪・奉請呪・啓請印呪・観自在菩薩心母陀羅尼印・総摂印呪などの五十種の印明と約五十種の呪詛法を説く。また、本経の別本として、観自在菩薩怛嚩多唎随心陀羅尼経一巻が存在するが、多少の異同がある。

【訳者・訳年代】唐の智通*（AD653）。

（大塚伸夫）

1104 **仏説聖多羅菩薩経**（ぶっせつしょうたらぼさつきょう）

【内容】一巻。仏陀が五髻乾闥婆王の宮殿で、王のために、聖多羅菩薩陀羅尼と多羅菩薩の百八種の名前を説いて、この陀羅尼と百八名を唱えることの功徳を明かす。本経では、多羅菩薩の百八種の名前はすべて漢訳されている。

【関連典籍】1105〜1107

【訳者・訳年代】宋の法賢*（＝法天）。

（大塚伸夫）

1105 **聖多羅菩薩一百八名陀羅尼経**（しょうたらぼさついっぴゃくはちみょうだらにきょう）

聖多羅一百八名経ともいう。

【内容】一巻。多羅菩薩が陀羅尼を一呪説くと、自在天王が多羅菩薩の百八種の名前を唱えて、多羅菩薩を賛嘆する。そして、光焰種々荘厳如来がこの陀羅尼の功徳を明かすことを説く。本経では、多羅菩薩の百八種の名前はすべてサンスクリットの漢字音写によって表記されている。

【関連典籍】1104・1106・1107

【訳者・訳年代】宋の法天*（＝法賢）。

（大塚伸夫）

1106 **讃揚聖徳多羅菩薩一百八名経**（さんようしょうとくたらぼさついっぴゃくはちみょうぎょう）

讃揚多羅一百八名経ともいう。

【内容】一巻。前半部分は偈頌で多羅菩薩を讃えることを説き、次いで多羅菩薩の百八種の名前を唱える百八名讃を説き、後半部分ではそれを唱える功徳を明かす。本経では多羅菩薩の百八種の名前はすべてサンスクリットの漢字音写によって表記されている。

【関連典籍】1104・1105・1107。チベット訳、梵本も存在する。

【訳者・訳年代】宋の天息災*。

（大塚伸夫）

1107 **聖多羅菩薩梵讃**（しょうたらぼさつぼんさん）

　聖多羅梵讃ともいう。

【内容】一巻。多羅菩薩を讃えるために、多羅菩薩に関する百八種の名前を挙げた百八名讃のみを説く。その場合、本作品では多羅菩薩の百八種の名前はすべてサンスクリットの漢字音写によって表記されている。

【関連典籍】1104～1106

【訳者・訳年代】宋の施護(せご)＊。

（大塚伸夫）

1108 A **聖救度仏母二十一種礼讃経**（しょうくどぶつもにじゅういっしゅらいさんぎょう）

【内容】一巻。救度仏母(くどぶつも)とは多羅菩薩のことで、この多羅菩薩を賛嘆する二十一偈とその功徳を明かす六偈を説く。巻首には御製聖救度仏母讃が付加され、終わりに根本十字真言と救度八難真言がサンスクリットの悉曇(しったん)文字と漢字音写の両方で表記されている。

【関連典籍】1108B・1109。チベット訳、梵本も存在する。

【訳者・訳年代】元の安蔵(あんぞう)。

（大塚伸夫）

1108 B **救度仏母二十一種礼讃経**（くどぶつもにじゅういっしゅらいさんぎょう）

【内容】一巻。本経は聖救度仏母二十一種礼讃経(しょうくどぶつもにじゅういっしゅらいさんぎょう)1108Aの異訳で、内容的にもほぼ同じ。救度仏母とは多羅菩薩のことで、この多羅菩薩を賛嘆する二十一偈が主に説かれ、最後にはその功徳をやはり偈頌(げじゅ)で説いている。興味深いのは、多羅菩薩の尊像や化身像が偈頌とともに二十一種図示されている点である。

【関連典籍】1108A・1109

【訳者・訳年代】不明。

（大塚伸夫）

1109 **白救度仏母讃**（びゃくくどぶつもさん）

【内容】一巻。チベットのダライ・ラマによって説かれたものとされ、救度仏母すなわち多羅菩薩を賛嘆する十二偈を説く。

【関連典籍】1108A・1108B

【訳者・訳年代】清の阿旺扎什(あおうきつじゅう)。

（大塚伸夫）

1110 **仏説一髻尊陀羅尼経**（ぶっせついっけいそんだらにきょう）

【内容】一巻。初めに観自在菩薩が一髻羅刹法を説き、この法を修法する者は十四種の果報を受けることを説く。次いで三種の陀羅尼を明かし、七日間で曼荼羅を作る作法である七日作壇法や灌頂（頭頂に聖水を注ぐ儀式）、護摩法（炉の中で供物を焼いて本尊に供養する修法）などの儀則を説く。

【訳者・訳年代】唐の不空(ふくう)＊。

（大塚伸夫）

1111 **青頸観自在菩薩心陀羅尼経**（しょうけいかんじざいぼさつしんだらにきょう）

【内容】一巻。世尊が毘沙門天王宮において観自在菩薩の往昔の因縁を説いたもの。すなわち、過去無量無辺の阿僧祇劫(あそうぎこう)に観照観察如来という仏が、仏道を成じて二十七日説法して涅槃に臨んだとき、越那羅延力(えつならえんりき)という天子に青頸観自在菩薩心真言を説いた。天子はわずかに聞いて大悲三摩地を得て次のような願を作した。一切の衆生が怖畏厄難あるも、我が名を聞けば離苦解脱を得て、速やかに無上正等菩提を証する等々。そして、世尊は毘沙門天王に、この天子は我が滅度の後、此の心真言を流転し、広く仏事を作し、無辺の衆生を利益し、無上菩提の道に安ずるとして、陀羅尼を以下説くのである。その陀羅尼に訳者の不空が注釈義をほどこしている。そして最後に青頸観自在菩薩の画像法と青頸印が示されている。

【訳者・訳年代】唐の不空(ふくう)＊。

（堀内規之）

1112 **金剛頂瑜伽青頸大悲王観自在念誦儀軌**（こんごうちょうゆがしょうけいだいひおうかんじざいねんじゅぎき）

　青頸大悲念誦儀軌ともいう。

【内容】一巻。冒頭に金剛智の訳で一行(いちぎょう)が筆受したと記されている。さらに、本書が金剛頂瑜伽経0866により、観自在王如来修行蓮華達磨法要を演説したものと述べられている。内容は、金剛頂経瑜伽観自在王如来修行法0931に、青頸陀羅尼と千手千眼広大円満妙身大悲宝幢陀羅尼とが加わっているものである。功徳については、もし衆生あってこの教に遇うて、昼夜四時に精進修習すれば、現世に歓喜地を証得し、後の十六生に正覚を成ずと述べ、さらに陀羅尼と呪の違いについても述べて、翻之誤として陀羅尼とすべきとしている。

【訳者・訳年代】唐の金剛智*。

（堀内規之）

1113A **観自在菩薩広大円満無礙大悲心大陀羅尼**（かんじざいぼさつこうだいえんまんむげだいひしんだいだらに）

【内容】一巻。青頸観自在菩薩に関する陀羅尼の音訳が示されているのみ。観世音菩薩施食・一巻が附されている。

【訳者・訳年代】元の指空。

（堀内規之）

1113B **大慈大悲救苦観世音自在王菩薩広大円満無礙自在青頸大悲心陀羅尼**（だいじだいひくかんぜおんじざいおうぼさつこうだいえんまんむげじざいしょうけいだいひしんだらに）

青頸心陀羅尼、青頸観音陀羅尼ともいう。

【内容】一巻。冒頭に、南無帰命頂礼南方海上蒲陀落浄土、正法教主釈迦牟尼如来、観音本師無量寿如来、観音本正法明如来とし、さらに南無千手千眼観世音菩薩広大円満無礙大悲心大陀羅尼、救苦陀羅尼、延寿陀羅尼、加滅悪趣陀羅尼、破業障陀羅尼満願陀羅尼、随心自在陀羅尼、速超上地陀羅尼、一聞神呪超第八地陀羅尼、四百四病一時消滅陀羅尼として、次に梵字・音訳という順で陀羅尼をあげて各々に解説を述べている。最後に青頸大悲心印をあげている。

【訳者・訳年代】唐の不空*。

（堀内規之）

1114 **毘倶胝菩薩一百八名経**（びくちぼさついっぴゃくはちみょうきょう）

毘倶胝一百八名経ともいう。

【内容】一巻。この一切如来心真言を説くに、天人持明仙衆あって一切諸仏を供養し、真言を受持読誦し讃説すれば、法相に通達するとして、毘倶胝菩薩一百八名秘密真言を音訳で示している。毘倶胝とは、Bhrukuṭī で八大観音の一とする。毘倶胝は皺の義にして、観音の額上の皺の中より生じたので名づくとされている。本経は真言を示した後に、その受持読誦の功徳について述べている。すなわち、衆人に敬愛され、魔境を遠離し生死の難を出ずる等々とし、最後に命終して西方極楽世界に往生すると述べている。

【訳者・訳年代】宋の法天*。

（堀内規之）

1115 **観自在菩薩阿麼𪘂法**（かんじざいぼさつあまたいほう）

【内容】一巻。短編であるが、その中は阿麼𪘂真言とその功徳、供養法、無畏観自在菩薩画像法という三つの内容から構成されている。すなわち、観自在菩薩の真言を精心持念し、菩薩を見ることを願っていた者に観自在菩薩が姿を現し、未来世の行者のために阿麼𪘂真言を示された。この真言を誦する者は菩薩を見ることができ、諸願満足、衆人愛敬、宿命智を得、能く十地を証し三昧現前し、たとえ五逆罪を犯しても、両日誦持すれば見ることができるとしている。また、この真言を持し観自在菩薩を見んと欲する者は、加持供養儀軌並びに大教蘇悉地経および金剛頂瑜伽所説次第を結護すべしと、三種の経典儀軌を重要視している。

【訳者・訳年代】不明（ただ本経の書名の下に「此云無畏又云寛広」とある）。

（堀内規之）

1116 **広大蓮華荘厳曼拏羅滅一切罪陀羅尼経**（こうだいれんげしょうごんまんだらめついっさいざいだらにきょう）

蓮華曼拏羅滅罪陀羅尼経、滅一切罪経ともいう。

【内容】一巻。経典の前半部分では、梵寿大王が仏の頂上にあった花鬘を自らの頭上においたことによって、医師にも治せない頭痛がおこったこと、さらに路上で出産し苦しんでいる女性のことが示されている。いずれも過去世の因果であるとされ、このような一切の罪業・苦悩を除き、われわれを菩提の道に安住せしめる大悲心陀羅尼と、その儀軌である画像念誦広大利益曼拏羅儀軌を後半部分において説いている。そして、その功徳として悪趣に堕ちず仏刹に生じ、臨終には坐して観自在菩薩を見ることができる等々としている。

【訳者・訳年代】宋の施護＊。

（堀内規之）

1117 **仏説観自在菩薩母陀羅尼経**（ぶっせつかんじざいぼさつもだらにきょう）

観自在母経ともいう。

【内容】一巻。広厳城に仏が在ったとき、普賢菩薩が仏の許可を得て、観自在菩薩母陀羅尼を説いたもの。この観自在菩薩母陀羅尼は、仏が未だ菩薩のときに無量寿仏の仏土である蘇珂嚩帝という処で説いて、人々を救ったことがあるものと述べている。そのため仏は普賢菩薩に、人々のためにこの陀羅尼を説くように言い、普賢菩薩はこれをうけて陀羅尼とその功徳を示した。すなわち、至心に受持すれば罪業は悉く消滅し、常に擁護を受け、さらに心不間断黙念を一ケ月すれば、観自在菩薩が本身を出現させる所求の願を施したり、無量寿仏を見ることができる等々とされている。

【訳者・訳年代】宋の法賢＊。

（堀内規之）

1118 **仏説十八臂陀羅尼経**（ぶっせつじゅうはっぴだらにきょう）

【内容】一巻。仏が阿難に次のように語り、後に陀羅尼が示されているだけのごく小部の経典である。世間の人々は実習に昧く、三界に輪廻して苦の本を知らない。恣に身と口と意（＝心）の四重罪を造るのである。この人々を救わんがために十八臂陀羅尼を説こう。もしこの陀羅尼を常に誦する人がいれば、根本の罪業はみな悉く消滅し、無量の功徳を積むことができると述べている。

【訳者・訳年代】宋の法賢＊。

（堀内規之）

1119 **大楽金剛薩埵修行成就儀軌**（だいらくこんごうさったしゅぎょうじょうじゅぎき）

大楽金剛薩埵儀軌、大楽軌ともいう。

【成立】八世紀中頃。

【内容】一巻。金剛薩埵の能く金剛三密門を説くに帰命し、五相成身観が略説され、次に五仏（大日・無動・宝生・無量光・不空成就）灌頂、五仏観想、次に理趣会曼荼羅上の十七尊の羯磨会、三昧耶会の印言が述べられるが、羯磨会には金剛薩埵、金剛箭、金剛喜悦、金剛愛、金剛欲自在の五秘密の形貌、印相・真言、以下十七尊のすべての形貌・印相・真言が説かれている。さらに三昧耶会については、次第して三昧耶印が説かれ、微細会、供養会と次第しているが、唵字真言を誦し、後に一百八名讃を誦して、閼伽を加持し、奉請印を結ぶ。そして先行法を修し、この生に久しからずして大楽金剛薩埵之身を成就し、発菩提心真言、次いで金剛秘密三昧耶印を結び、さらに五仏潅頂印を結び、八供養羯磨印・真言をもって供養し終る。次に一切色空観、身色空観をなし、現生に速に大楽金剛薩埵之智を証す。ついで敬愛法が述べられている。

【後世への影響】理趣経および理趣経釈との関係が強く、東密で行われる理趣経法の一類形として重要視された。

【訳者・訳年代】唐の不空＊。

【参考文献】福田亮成「〈理趣経〉と〈理趣経法〉」「金剛薩埵儀軌類の考察」（『理趣経の研究―その成立と展開―』所収）一九八八。

（福田亮成）

1120 **金剛頂勝初瑜伽経中略出大楽金剛薩埵念誦儀**（こんごうちょうしょうしょゆがきょうちゅうりゃくしゅつたいらくこんごうさったねんじゅぎ）

【内容】一巻。経名に「勝初瑜伽経」にその所属を示す儀軌は他にもあり、それが「理趣広経」の後半部分と関係を有しているものであったことが明らかであり、そのような数種の関連儀軌を総称して金剛薩埵儀軌類とよんでいる。まさしく当経はその一つであろう。大楽金剛薩埵修行成就儀軌1119と同本である。この儀軌にはB本勝初瑜伽儀軌真言1120Bが存在しているが、これは真言のみを集成したものである。まず、金剛界五仏の印真言、五秘密等、八供養、四摂等の三昧耶印および一百八名讃を述べている。その一百八名讃の功徳は、常に一切の苦を脱して浄土の現前することを述べ、やがてその本尊の身色は空なりと観じ、その勝解によって決定して疑惑無からしめて、本より皆空なりと悟ることを述べている。

【関連典籍】1119。他に「勝初瑜伽」という名称を具有している儀軌類。

【訳者・訳年代】唐の不空＊。

【参考文献】福田亮成「金剛薩埵儀軌類の考察」（『理趣経の研究』所収）一九八八。

（福田亮成）

1121 **金剛頂普賢瑜伽大教王経大楽不空金剛薩埵一切時方成就儀**（こんごうちょうふげんゆがだいきょうおうきょうだいらくふくうこんごうさったいっさいじほうじょうじゅぎ）

【内容】一巻。理趣経に説かれる十七尊曼荼羅の成身、三昧耶、羯磨、供養の四会について五字偈文の形式で説かれている。すなわち中央に五仏宝冠の金剛薩埵、眷属の十六尊（四方・内の四供養・外の四供養・四摂）が説かれ、次に曼荼羅の様子が描写された後に、「是の如く静かに思惟し、一切の時方住に自心に安立する所に　自身を本尊と為す」とし、四讃王を誦して誦教法を成就し、身口心の金剛となり自から薩埵の身を獲るのである。さらに八供養を説いて、三摩耶を観念し、久しからずに本尊の体、仏体を成就するのである。この文献は後題を「普賢瑜伽経大楽金剛薩埵成就儀軌」としている。

【関連典籍】異訳として1119・1120・1122・1123がある。

【訳者・訳年代】不明。

【参考文献】福田亮成「金剛薩埵儀軌類の考察」（『理趣経の研究』所収）一九八八。

（福田亮成）

1122 **金剛頂瑜伽他化自在天理趣会普賢修行念誦儀軌**（こんごうちょうゆがたけじざいてんりしゅえふげんしゅぎょうねんじゅぎき）

【内容】一巻。大日如来（秘密金剛界大悲依護者）・雄猛阿閦鞞・最勝宝生尊・大悲阿弥陀・成就不空業の五仏、薩埵金剛・虚空蔵・観自在・毘首羯磨等の諸尊に礼拝する印真言による略瑜伽が説かれる。次いで本尊の三昧耶に入るとし、慈・悲・喜・捨の真言を誦し、心平等に住して自他有りと見ず、唯だ此の一性相のみありと観ずる、それが普賢の性大菩提の心であるとする。要するに『理趣経』を本軌として、その十七尊を中心とする念誦法の一種であろう。全体が供養ということで編成されていることから、合掌して聖衆の本宮に還ると観念し、発願懺悔等をなして終了する。

【関連典籍】1121・1123。他に「勝初瑜伽」という名称を具有している儀軌類。

【訳者・訳年代】唐の不空＊。

【参考文献】福田亮成「金剛薩埵儀軌類の考察」（『理趣経の研究』所収）一九八八。

（福田亮成）

1123 **金剛頂勝初瑜伽普賢菩薩念誦法**（こんごうちょうしょうしょゆがふげんぼさつねんじゅほう）

普賢軌ともいう。

【内容】一巻。まず大教金剛頂勝初に依って略して修行儀を述ぶ、とその所属を示している。潅頂の許可を得て輪壇を建立し、端坐して三昧に入り金剛杵を想念して、同一法界浄として真言を誦することによって、念誦の体系が示されている。毘盧遮那仏・阿閦鞞・宝生尊・無量寿如来・不空成就尊の相と真言と印が述べられ、五秘密尊に内・外の八供養の印真言が次第し、最勝真実の讃を誦し、奉還の印を結び、聖衆を奉送して終る。念誦法の次第である。

【関連典籍】1124等。他に「勝初瑜伽」という名称を具有している儀軌類。

【訳者・訳年代】唐の不空*。

【参考文献】福田亮成「金剛薩埵儀軌類の考察」（『理趣経の研究』所収）一九八八。

（福田亮成）

1124 **普賢金剛薩埵略瑜伽念誦儀軌**（ふげんこんごうさったりゃくゆがねんじゅぎき）

普賢金剛薩埵念誦儀、瑜伽念誦儀軌ともいう。

【内容】一巻。普賢菩薩身口意金剛念誦法ともいう。すなわち金剛薩埵に等同するを目的とする儀軌である。まず、普賢菩薩の身を証せんと懐い、坐して一切有情の身口意を浄からしめ、如来の相好の円備するを観じ、塗香・焼香・華鬘・灯燭・飲食を供養し、四方の如来を礼し、三世無礙智戒を受けることをもって念誦法の次第が始まる。そして、自身が須弥頂本初無中辺普賢境界曼荼羅に在りと想うべしとし、中央に普賢菩薩・八金剛と明妃、外供養・四摂の菩薩達が囲遶していると観念し、普賢曼荼羅を完成させ、次いで普賢菩薩一百八名讃を誦し、欲金剛・計里計羅・愛金剛・金剛慢に中央に普賢菩薩の五聖尊を月輪中に想念し、内の四供・外の四供・四摂の菩薩の各々の印・真言を述べる。如上の十七尊三昧耶印は、印を結ぶのときに当り曼荼羅中において、一一の聖尊の形・色・衣服・華座・月輪を想い、および己身大印に住す。そして、普賢菩薩の讃を誦することによって、欲・触・愛・慢の羯魔印を結び、大楽不空三昧耶真実密誦、すなわち唵、摩訶素佉、嚩日羅薩怛嚩、弱吽鑁解、素囉多薩怛鑁（oṃ mahāsukha vajrasattva jaḥ huṃ vaṃ hoḥ suratstvaṃ）を誦すのである。もし行者が普賢菩薩の身を成就せんと欲するときは、一月に毎月同時にわたって数限りなく全誦すれば、普賢菩薩の身光月輪の如くなり、行者の身普賢に等同となり、やがて毘盧遮那仏身となるとする。

【関連典籍】1125ほか金剛薩埵儀軌と総称される諸儀軌。

【訳者・訳年代】唐の不空*。

【参考文献】福田亮成「金剛薩埵儀軌類の考察」（『理趣経の研究』所収）一九八八。

（福田亮成）

1125 **金剛頂瑜伽金剛薩埵五秘密修行念誦儀軌**（こんごうちょうゆがこんごうさったごひみつしゆぎょうねんじゅぎき）

【内容】一巻。大金剛薩埵五秘密瑜伽の法門を作意し修習することによって、人法二空の執を悉く皆平等にし、初地を証得し、涅槃生死に染せず、五趣生死において広く利楽し、有情を成熟して、金剛薩埵の位を証するという。五密とは、金剛薩埵、欲金剛・金剛計里計羅・愛金剛・慢金剛のことで、金剛界三十七尊曼荼羅に配当し、その基数を構成している。そして金剛薩埵五密を如来印等の四部に約しており、五身同一大蓮華は大悲の義、五身同一月輪円光は大智の義として、大智に由るが故に生死に染せず、大悲に由るが故に涅槃に住まらずとし、『理趣経』の百字の偈をあげ、菩提心を因とし、大悲を根とし、方便として三密の金剛を増上縁として毘盧遮那清浄の三身の果位を証するとしている。

【関連典籍】金剛薩埵儀軌と総称される諸儀軌。理趣経釈。

【訳者・訳年代】唐の不空*。

【参考文献】福田亮成「金剛薩埵儀軌類の考察」（『理趣経の研究』所収）一九八八。

（福田亮成）

1126 **仏説普賢曼拏羅経**（ぶっせつふげんまんだらきょう）

【内容】一巻。仏が、鷲峰山（王舎城の東北にある山）に在ったとき、普賢、宝印手、嬉戯、功徳荘厳、福徳音声、大意、徳厳等の諸菩薩のために、金剛薩埵の秘密相応法を説いたものである。もし悟りを求める者があれば、まず勇猛堅固の殊勝心を起して師を求め、灌頂を受け秘密相応法を修習し、それによって悟りの境地を求めるべきだと説いている。

【訳者・訳年代】宋の施護*。

（飯塚秀譽）

1127 **仏説普賢菩薩陀羅尼経**（ぶっせつふげんぼさつだらにきょう）

普賢陀羅尼経ともいう。

【内容】一巻。普賢菩薩が広大な世界に身を現じたいと願い、三界大自在と名づく三摩地に住した。この三摩地に入ると、清浄な虚空より無数の身が現じ、普く一切世界に遍満した。その後、一切如来の願いに応じ、一切仏母最上陀羅尼法を説く。この法を聞くものは諸々の罪障は皆悉く消滅し、煩悩を枯渇させ、菩提を求める心が生まれると説いている。また、もし慈悲心をもって、一切衆生のためにこの経を読誦すれば、一切の煩悩罪垢は消滅し、また諸天の守護を得、普賢の地に入ることができる等、陀羅尼受持の功徳が説かれる。

【訳者・訳年代】宋の法天*。

（飯塚秀譽）

1128 **最上大乗金剛大教宝王経**（さいじょうだいじょうこんごうだいきょうほうおうきょう）

【内容】二巻。仏が、菴羅樹園において大比丘衆六十万人、菩薩六百万人と共に在ったとき、印捺羅（帝釈天）の願いに応じ、無生法忍（一切のものが不生不滅であると認めること）を得るための法を説く。仏は、声聞乗、縁覚乗、方広大乗、金剛乗の四種類の法があると説き、金剛乗により無生法忍を得るべきであるとしている。

【訳者・訳年代】宋の法天*。

（飯塚秀譽）

1129 **仏説金剛手菩薩降伏一切部多大教王経**（ぶっせつこんごうしゅぼさつごうぶくいっさいぶただいきょうおうぎょう）

降伏部多経、金剛手菩薩大教王経ともいう。

【内容】三巻。仏が、金剛手菩薩のために一切の部多（鬼類）を降伏するための法を説いたもの。上巻には、諸部多に対する降伏の法と真言、秘密大曼荼羅成就法を説き、中巻には曼荼羅中尊である大忿怒明王の観想法と真言・印相、並びに曼荼羅諸尊の真言・印相を説く。下巻には八大夜叉の成就法・真言、大忿怒曼荼羅成就法を説く。なお本経には梵本が存在する。

【訳者・訳年代】宋の法天*。

（飯塚秀譽）

1130 **大乗金剛髻珠菩薩修行分**（だいじょうこんごうけいじゅぼさつしゅぎょうぶん）

大乗金剛髻菩薩加行品、大乗金剛修行品、髻珠品ともいう。

【内容】一巻。菩薩が修行して得る境地について説いたもの。修行の次第、並びにそれによって得た法門を護念するものと誹謗するものの果報について述べている。次に、この法門を師に従わずして受持したものの罪を説く。そしてこの法門に使用する三種類の曼荼羅の建立方、および護摩に用いる三種類の曼荼羅の造法を加えている。

【訳者・訳年代】唐の菩提流志*。

（飯塚秀譽）

1131 **聖金剛手菩薩一百八名梵讃**（しょうこんごうしゅぼさついっぴゃくはちみょうぼんさん）

金剛手菩薩一百八名梵讃、一百八名梵讃ともいう。

【内容】一巻。第一会から第二十会に至る讃により、金剛手菩薩を賛嘆しているものである。

【訳者・訳年代】宋の法賢*。

（飯塚秀譽）

1132 **金剛王菩薩秘密念誦儀軌**（こんごうおうぼさつひみつねんじゅぎき）

秘密念誦儀軌、金剛王菩薩念誦法、金剛王念誦儀軌、金剛王儀軌ともいう。

【内容】一巻。金剛界儀軌中の金剛薩埵の法である。金剛王菩薩すなわち金剛薩埵の秘密念誦法が説かれている。その内容は、入道場、浄三業、驚愕、四方礼、普礼、四無量心、

無識身三昧、五相成身、道場観、本尊曼荼羅観、十七尊印明、百字真言等である。

【訳者・訳年代】唐の不空*。

（飯塚秀譽）

1133 **金剛寿命陀羅尼念誦法**（こんごうじゅみょうだらにねんじゅほう）

金剛寿命念誦法ともいう。

【内容】一巻。毘盧遮那報身仏が、色界頂第四禅天において悟りを成し、須弥山頂金剛宝峯楼閣に下降し、一切如来の求めに応じて金剛寿命陀羅尼を説いたもの。この呪は大自在天を降伏するものであり、毎日三度千遍誦すれば短命に終わることはないと説いている。さらに、金剛寿命菩薩の印と甲冑の真言の功徳を述べ、除災延命の護摩法を説いている。人は誕生日よりこの法を修して供養すれば、その人は災難を除いて長寿を得、国土は安泰にして諸々の天災は無いと説いている。

【関連典籍】1134

【訳者・訳年代】唐の不空*。

（飯塚秀譽）

1134 **A金剛寿命陀羅尼経法**（こんごうじゅみょうだらにきょうぼう）

一切如来金剛寿命陀羅尼経ともいう。

【内容】一巻。金剛界儀軌に属する延寿法である。毘盧遮那如来が色界頂より須弥山に下り、一切如来の求めに応じ、悲怒三摩地に入って金剛寿命陀羅尼法を説いたものである。次に護摩壇法を説き、除災延寿建壇の法を細説し、その功徳が殊勝であることを説き、最後に息災延命、増益法、調伏法、敬愛法が説かれている。

【関連典籍】1133・1134B

【訳者・訳年代】唐の不空*。

（飯塚秀譽）

1134 **B金剛寿命陀羅尼経**（こんごうじゅみょうだらにきょう）

【内容】一巻。毘盧遮那如来が、色界頂の第四禅天から須弥山頂に下り、一切如来の求めに応じこの陀羅尼法を説いたものである。内容はほぼ1134Aに等しいが、二分の一程度の量である。

【関連典籍】1133・1134A

【訳者・訳年代】唐の不空*。

（飯塚秀譽）

1135 **仏説一切如来金剛寿命陀羅尼経**（ぶっせついっさいにょらいこんごうじゅみょうだらにきょう）

金剛寿命陀羅尼経、寿命陀羅尼経ともいう。

【内容】一巻。仏が、ガンジス川の岸において諸比丘諸菩薩と共に在ったときに、その会中より四天王が立ち、仏に向かって、一切衆生に夭死、非命、病魔等の難があって苦しむことが甚だしいので、これを退治する法を願った。この願いに対し説いたものが金剛寿命陀羅尼である。四天王は仏よりこの陀羅尼を授かり、一切衆生のためにこの陀羅尼を説く。もし善男子、善女人在って、日に一遍でもこの陀羅尼を読誦すれば、三悪道に落ちることなく、また寿命を増長し、夭死、非命の恐怖から逃れることができると説いている。

【関連典籍】1136

【訳者・訳年代】唐の不空*。

（飯塚秀譽）

1136 **仏説一切諸如来心光明加持普賢菩薩延命金剛最勝陀羅尼経**（ぶっせついっさいしょにょらいしんこうみょうかじふげんぼさつえんめいこんごうさいしょうだらにきょう）

【内容】一巻。仏がガンジス川の岸に在ったとき、普賢菩薩、並びに四天王のためにこの陀羅尼を説き、普賢菩薩と四天王等もまた衆生のためにこの陀羅尼を説くものである。この経を四十九遍転読し、別に陀羅尼を十万遍誦すれば、寿命を獲得し、夭折を除くと説いている。

【関連典籍】1135

【訳者・訳年代】唐の不空*。

（飯塚秀譽）

1137 **仏説善法方便陀羅尼経**（ぶっせつぜんぼうほうべんだらにきょう）

善法方便陀羅尼呪経、善方便経ともいう。

【内容】一巻。仏が菩提樹下に大比丘衆と共に在ったとき、執金剛神の願いに応じて延命の善方便である陀羅尼を説いたものである。この陀羅尼を受持し読誦するものは、二十種の利益を得ることができるとする。二十種とは、長寿、舎宅安穏、名誉遠聞、尊貴、財宝、威貌殊勝、勇捍無畏、無諸疾病、安穏快楽、進行無倦、諸仏護念、諸天守護、人所愛敬、現見諸仏、善友所護、毒害不加、悪鬼降伏、怨敵自消、眷族成就、善願従心である。
【関連典籍】1138〜1140
【訳者・訳年代】不明。

（飯塚秀譽）

1138 **金剛秘密善門陀羅尼呪経**（こんごうひみつぜんもんだらにじゅきょう）
【内容】一巻。仏が、金剛密迹菩薩のために長寿を得るための陀羅尼を説いたものである。はじめにその陀羅尼の諸種の功能を説き、次いでこの陀羅尼を読誦するものは、長寿、老寿、名称、遠聞、大富、大力、端正、好色、相好、厳身、無病、安楽、諸仏護念、諸天守護、善根成熟、精進、無厭、弁才、解議、善根成就等の二十種の功徳を具足するとしている。次に、梵天、四天王等がこの陀羅尼の受持者を守護すると説いている。なお本経に続いて金剛秘密善門陀羅尼経（訳者不明）が別本として付随している。
【関連典籍】1137・1139〜1140
【訳者・訳年代】不明。

（飯塚秀譽）

1139 **護命法門神呪経**（ごみょうほうもんじんしゅきょう）
護命神呪経ともいう。
【内容】一巻。寿命を守護する神呪（陀羅尼）を説いたもので、この陀羅尼を読誦すれば功徳広大であると説いている。第一に如来勧請陀羅尼、次に長寿陀羅尼を挙げ、この陀羅尼を受持すれば二十種の功徳があるとしている。本経と同本異訳として善法方便陀羅尼経1137、金剛秘密善門陀羅尼呪経1138、延寿妙門陀羅尼経1140がある。これらはいずれも数個の陀羅尼とそれらによる除災の得益を述べた短い経典であり、それぞれの中にこの陀羅尼を読誦する二十種の利益が説かれている。他の三経は現世利益が主体となっているのに対し、本経のみが成仏に言及している。なお本経には梵文写本の断片が存在する。
【関連典籍】1137・1138・1140
【訳者・訳年代】唐の菩提流志＊。

（飯塚秀譽）

1140 **仏説延寿妙門陀羅尼経**（ぶっせつえんじゅみょうもんだらにきょう）
延寿経ともいう。
【内容】一巻。仏が金剛手菩薩のために、延寿妙門陀羅尼を説いたものである。はじめに金剛手菩薩のために、この陀羅尼には大威力があることを説き、次にこの陀羅尼の受持・読誦を求める者のために灌頂、陀羅尼を説く。この陀羅尼を読誦するものには、二十種の功徳があるとしている。
【関連典籍】1137〜1139
【訳者・訳年代】宋の法賢＊。

（飯塚秀譽）

1141 **慈氏菩薩略修愈誐念誦法**（じしぼさつりゃくしゅうゆがねんじゅほう）
慈氏菩薩修愈誐法、慈氏菩薩軌、慈氏念誦法、慈氏儀軌ともいう。
【成立】七〜八世紀。
【内容】二巻。弥勒菩薩の念誦法を説く儀軌。弥勒法の本軌。「入法界五大観門品」「奉献本尊香花品」「持誦真言品」「持誦本尊真言法品」「画像品」「大漫拏囉品」「観一生補処諸仏集会灌頂漫拏囉品」「護摩品」「分別悉地法品」「大三昧耶像悉地品」の十品よりなる。
【後世への影響】この儀軌に基いて画かれた弥勒菩薩曼荼羅が伝わる。
【訳者・訳年代】唐の善無畏＊。
【参考文献】『国訳密教』経軌四。『国訳秘密儀軌』九。

（伊藤堯貫）

1142 **仏説慈氏菩薩陀羅尼**（ぶっせつじしぼさつ

だらに）

【内容】一巻。弥勒菩薩の陀羅尼を説く。

【訳者・訳年代】宋の法賢＊（AD1001）。

（伊藤堯貫）

1143 **仏説慈氏菩薩誓願陀羅尼経**（ぶっせつじしぼせいがんさつだらにきょう）

慈氏誓願経ともいう。

【内容】一巻。世尊が弥勒菩薩に、衆生を悪趣から解脱させ、勝れた楽を得させる陀羅尼を説く。弥勒菩薩はこの陀羅尼を聞き終わって、もし未来にこの陀羅尼を読誦する者があれば、その者がたとえ阿鼻地獄に落ちる宿業があっても、自分が成仏したときに仏の力によって彼を救い授記を与えると誓願する。

【訳者・訳年代】宋の法賢＊（AD1001）。

【参考文献】チベット訳（Tohoku, 643, 890, Otani, 330, 515）、サンスクリット写本がある。

（伊藤堯貫）

1144 **仏説弥勒菩薩発願王偈**（ぶっせつみろくぼさつほつがんおうげ）

【内容】一巻。仏が阿難に、弥勒菩薩が過去世に菩薩行を修していたときの発願を説いている。

【訳者・訳年代】清の工布査布（AD1743）。

（伊藤堯貫）

1145 **虚空蔵菩薩能満諸願最勝心陀羅尼求聞持法**（こくうぞうぼさつのうまんしょがんさいしょうしんだらにぐもんじほう）

虚空蔵菩薩求聞持法、虚空蔵求聞持法、求聞持軌、求聞持法ともいう。

【成立】七世紀。

【内容】一巻。求聞持法の本軌。仏が虚空蔵菩薩の陀羅尼の念誦法を説く。その念誦の功徳は聞持（記憶力）を獲得し、一度聞いたり読んだりしたものは理解し、けっして忘れることがなく、また無量無辺の福利も獲得すると説く。

【関連典籍】冒頭に、金剛頂経成就一切義品から訳出したとある。0904・1149・1304。

【後世への影響】弘法大師空海は入唐前にこの求聞持法を修して悉地を獲得し、後の入唐求法、真言宗の開宗に重要な影響を与えた。

【訳者・訳年代】唐の善無畏＊（AD717）。

【参考文献】『国訳密教』経軌五。『国訳秘密儀軌』十。

（伊藤堯貫）

1146 **大虚空蔵菩薩念誦法**（だいこくうぞうぼさつねんじゅほう）

虚空蔵念誦法、大虚空蔵菩薩念誦儀軌ともいう。

【成立】七～八世紀。

【内容】一巻。虚空蔵菩薩の念誦法。この教法によって修行すれば、業障を除き、福徳を増し、心悦び、大乗を信じ、有情を利益し、世間出世間の財宝を悉く獲得すると説く。冒頭に、瑜伽金剛頂経によって宝部の虚空蔵菩薩の真言教法を説くとある。

【訳者・訳年代】唐の不空＊（AD766）。

【参考文献】『国訳密教』別巻。『国訳秘密儀軌』九。

（伊藤堯貫）

1147 **聖虚空蔵菩薩陀羅尼経**（しょうこくうぞうぼさつだらにきょう）

虚空蔵経、虚空蔵陀羅尼経ともいう。

【成立】五～九世紀。

【内容】一巻。喜楽山の頂上で、釈尊などの過去七仏それぞれが虚空蔵菩薩に、病気を治し悪鬼を払うなどの功徳がある陀羅尼を説く。類本に虚空蔵菩薩問七仏陀羅尼呪経1333、如来方便善巧呪経1334がある。

【関連典籍】チベット訳（Tohoku, 270, Otani, 477）がある。

【訳者・訳年代】宋の法天＊（AD973）。

（伊藤堯貫）

1148 **仏説虚空蔵菩薩陀羅尼経**（ぶっせつこくうぞうぼさつだらにきょう）

【内容】一巻。虚空蔵菩薩の陀羅尼を説く。

【訳者・訳年代】宋の法賢＊（AD1001）。

（伊藤堯貫）

1149 **五大虚空蔵菩薩速疾大神験秘密式経**（ごだ

いこくうぞうぼさつそくしつだいじんけんひみつしきぎょう）

五大虚空蔵儀軌ともいう。

【内容】一巻。虚空蔵菩薩の念誦法。壇の建立、画像、根本最勝心陀羅尼、五方の菩薩の真言、四〇の秘術などを説く。根本最勝心陀羅尼は、虚空蔵菩薩能満諸願最勝心陀羅尼求聞持法1145に説かれる虚空蔵菩薩の最勝心陀羅尼と同一の陀羅尼である。冒頭に、瑜伽経の所説によって極めて秘密の法を明かすとあり、また経文中に「求聞持儀軌に説くが如し」という記述がある。

【訳者・訳年代】唐の金剛智＊。

（伊藤堯貫）

1150 **転法輪菩薩摧魔怨敵法**（てんぼうりんぼさつざいまおんてきほう）

摧魔怨菩薩破他陣敵法ともいう。

【成立】七～八世紀。

【内容】一巻。摧魔怨菩薩が、敵国の侵入や内乱から国王と国民を守護する秘密の摧魔怨敵の法を説く。

【後世への影響】仁海は本書を本軌として転法輪法を修した。

【訳者・訳年代】唐の不空＊。

【参考文献】『国訳密教』経軌五。『国訳秘密儀軌』八。

（伊藤堯貫）

1151 **修習般若波羅蜜菩薩観行念誦儀軌**（しゅじゅうはんにゃはらみつぼさつかんぎょうねんじゅぎき）

般若菩薩念誦儀軌、修習般若軌ともいう。

【成立】七～八世紀。

【内容】一巻。般若波羅蜜菩薩の念誦法。その功徳を、重罪業障悉く消除し、現生に初地に入り、後の十六大生に普賢菩薩となると説く。

【後世への影響】この儀軌に基づいて画かれた般若菩薩曼荼羅が伝わる。

【関連典籍】0882・0865・0866

【訳者・訳年代】唐の不空＊。

【参考文献】『国訳秘密儀軌』九。

（伊藤堯貫）

1152 **仏説仏母般若波羅蜜多大明観想儀軌**（ぶっせつぶつもはんにゃはらみただいみょうかんそうぎき）

仏母般若観想儀軌ともいう。

【内容】一巻。世尊が出世間の最上の悉地を修する者のために、仏母般若波羅蜜多の大明呪、般若波羅蜜多菩薩の観想などの念誦法を説く。その功徳を、聞持（記憶力）を獲得し、空三昧を証すると説く。

【訳者・訳年代】宋の施護＊（AD980）。

（伊藤堯貫）

1153 **普遍光明清浄熾盛如意宝印心無能勝大明王大随求陀羅尼経**（ふへんこうみょうしょうじょうしじょうにょいほういんしんむのうしょうだいみょうおうだいずいぐだらにきょう）

普遍光明大随求陀羅尼経、随求経、随求陀羅尼経ともいう。

【内容】二巻。世尊が須弥山頂の楼閣に一生補処の菩薩と大阿羅漢の声聞と天竜八部衆と共に住していたとき、一切衆生を哀愍して、大随求陀羅尼などの陀羅尼とその聴聞、受持読誦、書写携帯の功徳を説く。「序品」「修行菩薩随求大護大明王陀羅尼品」の二品がある。異訳に仏説随求即得大自在陀羅尼神呪経1154がある。

【関連典籍】チベット訳、梵本もある。

【後世への影響】大随求陀羅尼は、インド、チベット、中国、西域、日本の各地で広く信仰された。インド、チベットでは、この陀羅尼をパンチャラクシャー（五護陀羅尼、五つの陀羅尼の集成）の一つに数える。また空海はこの経に説かれる大随求陀羅尼を三業度人官符の中で、声明業の度者の必ず学ぶべき随一の陀羅尼、また金剛頂業の度者の兼修すべき陀羅尼と規定した。

【訳者・訳年代】唐の不空＊。

【参考文献】『国訳秘密儀軌』十。小野玄妙「敦煌本随求陀羅尼経変相私考」『仏典研究』一一三、昭和四年。浅井覚頂「『大随求陀羅尼経」梵蔵漢対照研究」『密教文化』一六二、昭和六十三年。

（伊藤堯貫）

1154 **仏説随求即得大自在陀羅尼神呪経**（ぶっせつずいぐそくとくだいじざいだらにじんじゅきょう）

随求得大自在呪、随求経ともいう。

【内容】一巻。世尊が王舎城の耆闍崛山に住している時に、随求即得大自在陀羅尼を説く。普遍光明清浄熾盛如意宝印心無能勝大明王大随求陀羅尼経1153の異訳であるが、「修行菩薩随求大護大明王陀羅尼品」に相当する内容を欠く。

【訳者・訳年代】唐の宝思惟＊（AD693）。

【参考文献】『続国訳秘密儀軌』七。

（伊藤堯貫）

1155 **金剛頂瑜伽最勝秘密成仏随求即得神変加持成就陀羅尼儀軌**（こんごうちょうゆがさいしょうひみつじょうぶつずいぐそくとくじんぺんかじじょうじゅだらにぎき）

【成立】七〜八世紀。

【内容】一巻。毘盧遮那仏が随求即得陀羅尼とその功徳を説いた儀軌。

【関連典籍】1153・1154

【訳者・訳年代】唐の不空＊。

【参考文献】『続国訳秘密儀軌』六。

（伊藤堯貫）

1156 A **大随求即得大陀羅尼明王懺悔法**（だいずいぐそくとくだいだらにみょうおうさんげほう）

【成立】著者は唐の惟勤＊。

【内容】一巻。随求八印を結んで懺悔すれば、あらゆる罪障は消除すると説き、さらに、この印を受持する功徳を説く。随求八印とは、第一懺悔印、第二菩提根本契、第三如来平等契、第四如来消一切毒悪契、第五一切虫得仏記契、第六秘密契、第七解脱契、第八如来心契である。

【関連典籍】1156 B

【参考文献】『国訳秘密儀軌』十。

（伊藤堯貫）

1156 B **宗叡僧正於唐国師所口受**（しゅうえいそうじょうおとうごくししょくじゅ）

【成立】宗叡が入唐して師より受けた口受を、貞観十九年（AD877）日本に伝えた。

【内容】一巻。随求八印（大随求根本印第一、一切如来心真言第二、一切如来心印真言第三、一切如来金剛被甲真言印第四、一切如来灌頂真言印第五、一切如来結界真言印第六、一切如来心中心真言印第七、一切如来随心真言印第八）、慈覚大師大随求印、尊勝仏頂印、文殊根本印、満足句印を説く。

【関連典籍】1156 A

【参考文献】『国訳秘密儀軌』十。

（伊藤堯貫）

1157 **香王菩薩陀羅尼呪経**（こうおうぼさつだらにじゅきょう）

【内容】一巻。香王菩薩の陀羅尼、作壇、画像、念誦法を説く。その功徳は、財産を獲得することと説く。

【後世への影響】この経に基づいて、香王菩薩法が作られた（薄双紙2495）。

【訳者・訳年代】唐の義浄＊（AD705）。

【参考文献】『国訳秘密儀軌』十七。

（伊藤堯貫）

1158 **地蔵菩薩儀軌**（じぞうぼさつぎき）

【成立】七世紀後半から八世紀初頭。

【内容】一巻。釈迦牟尼仏は佉羅提耶山に在り、無量の諸菩薩、十倶胝の比丘・比丘尼等が囲繞して説法された。ときに大衆中に地蔵と名づける一大士があり、一切衆生を利益するために神呪を慈哀聴許するに大・中・小の神咒を説かれたが、十地等の大菩薩の本心の迷惑を失い、天竜八部等が驚走倒地してしまったとする。画像法、印呪、普供養印、総説総印、請讃印が説かれ、最後に成就法として十七種の護摩が説かれている。

【関連典籍】1159 B

【訳者・訳年代】唐の輸婆迦羅＊。

（福田　亮成）

1159 A **峚圄大道心駆策法**（じぞうだいどうしんくさくほう）

【成立】明瞭でないところ多く、唐代における創作経典であろう。

【内容】一巻。釈尊が霊鷲山に在ったとき、諸国を遊行し衆生を教化していた地蔵菩薩が毘富羅山の下に到り、高提長者の家におもむいたところ、五百人もの家人が悪鬼のために精気をうばわれ悶絶していた。地蔵菩薩は霊鷲山上の釈尊にこのありさまを述べ救済の法を問うた。釈尊は頂上毫より光を放ち地蔵菩薩の身を照らした。地蔵菩薩は、一の神呪あり、能く邪心を去り、諸悪鬼を駆使する力がありと述べた。ついで、菩薩はこの神呪を得た因縁をのべ、神呪をあげている。後半は、その作法の次第を詳細にのべている。

【訳者・訳年代】不明。

（福田亮成）

1159 **B仏説地蔵菩薩陀羅尼経**（ぶっせつじぞうぼさつだらにきょう）

【内容】一巻。仏が大比丘衆、無量無数の声聞の大衆と共に佉羅提耶山牟尼仙所住処に住せるに、大雨の遍満して無量の法音をいだし、両手に如意宝を持し、それより光明を放ちて、病有るものは除癒し、一切の繋縛あるものは解脱し、悪行なるものは三悪を除き、飢渇なるものは飽満す等のごとく未曽有なるを得た。ここに一人の浄有という帝釈あり。仏は帝釈に地蔵菩薩は無量阿僧祇劫において五濁悪世の衆生を救わんとここに来至し、沙門の像を作って神通力の変化を現わし、人びとに満足を与えるのである。要するに、地蔵菩薩の誓願・功徳・陀羅尼を明らかにしたものである。

【関連典籍】1158

【訳者・訳年代】不明。

（福田亮成）

1160 **日光菩薩月光菩薩陀羅尼**（にっこうぼさつがっこうぼさつだらに）

【内容】一巻。日光菩薩が大悲心陀羅尼を受持する者に大神呪を説き擁護することを述べる。その呪を誦すならば、一切の罪を滅ぼし、魔を避け天災を除く。また日別に三時、一遍を誦して仏を一礼するならば、未来世において相貌端正なる身を受けることができる。同様に、月光菩薩が大悲心陀羅尼を誦持する者に大神呪を説き擁護することを述べる。その呪は過去四十恒河沙の諸仏が説かれたところで、一切の障難を除き、一切の悪病による痛みを除く。また、一切の善法を成就し、一切の怖畏を遠離することができる。そして最後に、この呪を謗る者はかの諸仏を謗ることであると述べて本書を結ぶ。

【訳者・訳年代】不明。

（佐藤俊哉）

1161 **仏説観薬王薬上二菩薩経**（ぶっせつかんやくおうやくじょうにぼさつきょう）

観薬王薬上菩薩経、薬王薬上経ともいう。

【内容】一巻。仏は毘耶離国の青蓮池精舎にあって眼光を放ち、薬王菩薩と薬上菩薩の頂きを照らして仏事を現ずる。薬王菩薩と薬上菩薩はそれぞれ呪を説き、仏は二菩薩に記を授けて、その観法を明らかにする。続いて、阿難に薬王菩薩と薬上菩薩の過去世における因縁を説示する。長者の星宿光と電光明の兄弟が日蔵という比丘に良薬で供養したという因縁である。

【訳者・訳年代】劉宋の畺良耶舎＊。

（佐藤俊哉）

1162 **持世陀羅尼経**（じせだらにきょう）

持世経、持世呪ともいう。

【内容】一巻。世尊が憍餉弥国の建礫迦林に滞在していたとき、長者の妙月より、在家に眷属多くして資財に乏しく、また疾病に苦しみ、罪の連座に危惧する者がいるが、それらから離れる手段について質問を受けた。それに対して世尊は、過去において金剛海音如来より受持した持世という陀羅尼を妙月に教示したところ、妙月は歓喜し、それを他者の利益のために宣説した。それを因として、妙月の倉庫は種々の財穀で満たされるようになった。

【関連典籍】1163・1164は同本異訳。

【訳者・訳年代】唐の玄奘＊（AD654）。
（佐藤俊哉）

1163 **仏説雨宝陀羅尼経**（ぶっせつうほうだらにきょう）

【内容】一巻。世尊が憍睒弥国の建吒迦林に滞在していたとき、その国に妙月という名の長者がいた。在家の眷属は資財に乏しく疾病が多いが、妙月は世尊に対して、それらから離れる手段を問うた。世尊は過去において金剛海音如来より受けた雨宝陀羅尼を妙月に授け、その効果および誦持の方法について説示した。妙月は歓喜してその陀羅尼を受持し、他者のために解説したところ、妙月の倉庫は財宝で満ちていることが阿難陀によって確認された。

【関連典籍】1162・1164は同本異訳。

【訳者・訳年代】唐の不空＊。
（佐藤俊哉）

1164 **仏説大乗聖吉祥持世陀羅尼経**（だいじょうしょうきちじょうじせだらにきょう）

【内容】一巻。世尊が憍睒弥国の大棘林中に滞在していたとき、会中にその国に居住する妙月という名の長者がいた。貧窮に苦しみ、疾病に悩む者がおり、妙月はそれらの苦悩より離れる手段について世尊に質問した。世尊は過去世において金剛海大音声如来より受けた吉祥持世という陀羅尼を妙月に授け、その功徳を詳述した。妙月は忘失することなく憶念受持読誦し、また他者のために解説したところ、妙月の家に忽然として金銀類や穀麦等が充満した。世尊は阿難陀にその因縁について説き、その陀羅尼を受持すべきことを説いた。

【関連典籍】1162・1163は同本異訳。

【訳者・訳年代】北宋の法天＊。
（佐藤俊哉）

1165 **聖持世陀羅尼経**（しょうじせだらにきょう）

【内容】一巻。世尊が持世菩薩に対して、持世菩薩の本形を画き、陀羅尼を誦して供養する修法次第とその功徳を説く。持世陀羅尼経1162・雨宝陀羅尼経1163・大乗聖吉祥持世陀羅尼経1164の異訳であるが、ただしこれらでは対告衆が妙月長者であり、この長者に持世菩薩の功徳が説かれるのに対し、本経では世尊が持世菩薩に対して持世菩薩自身の功徳を説く形となっている。

【関連典籍】1162～1164

【訳者・訳年代】宋の施護＊。
（苫米地誠一）

1166 **馬鳴菩薩大神力無比験法念誦儀軌**（めみょうぼさつだいじんりきむひけんぼうねんじゅぎき）

馬鳴菩薩念誦儀軌ともいう。

【内容】一巻。釈迦が菩提樹の下に在ったときに、馬鳴菩薩が世尊の許しを得て説いたものである。もしこの法に対し疑念を抱き不信の念を起せば、この法は成就しないと説き、この法を成就すれば、世間第一の妙薬の財を得ることができ、金宝は積み上り山となると説いている。

【訳者・訳年代】唐の金剛智＊。
（飯塚秀譽）

1167 **八大菩薩曼荼羅経**（はちだいぼさつまんだらきょう）

【内容】一巻。世尊が、補怛落伽山の観自在菩薩の宮殿に滞在していたとき、衆中に宝蔵月光菩薩が在り、世尊に八曼荼羅の建立法および何れの法によれば修行者は速疾に菩提を得ることができるのかと問うた。世尊は、如来（釈迦）、観自在菩薩、慈氏菩薩、虚空蔵菩薩、普賢菩薩、金剛手菩薩、曼殊師利菩薩、除蓋障菩薩、地蔵菩薩の八大菩薩の曼荼羅を建立し供養すれば、一切の業障はことごとく消滅し、一切の願いが成就すると説いている。

【関連典籍】1168

【訳者・訳年代】唐の不空＊。
（飯塚秀譽）

1168 **A仏説大乗八大曼拏羅経**（ぶっせつだいじょうはちだいまんだらきょう）

八大曼荼羅経、八大摩拏羅経ともいう。

【内容】一巻。世尊が、補陀落伽山の観自在菩薩の宮殿に大菩薩衆と共に滞在していたとき、その会中より宝蔵月光菩薩が立ち、如何にすれば悟りが得られるのかを質問した。世尊は、もし人あって八大曼荼羅の建立を欲し法を受持供養するならば、その功徳は大きく、無量の利益があると説く。次に八大菩薩（観自在菩薩、慈氏菩薩、虚空蔵菩薩、普賢菩薩、金剛手菩薩、曼殊師利菩薩、除蓋障菩薩、地蔵菩薩）の真言を示し、この真言を誦するものは速やかに成仏の位を得ると説いている。

【関連典籍】1167・1168 B

【訳者・訳年代】宋の法賢＊。

（飯塚秀譽）

1168 **B八曼荼羅経**（はちまんだらきょう）

【内容】一巻。世尊が、宝蔵月光菩薩に対して心真言、種子を明かせるものであって、八大菩薩曼荼羅経1167と同本異訳である。本経は空海の三十帖策子に含まれており、梵字と漢訳を併書するものである。

【関連典籍】1167・1168 A

【訳者・訳年代】不明。

（飯塚秀譽）

1169 **仏説持明蔵瑜伽大教尊那菩薩大明成就儀軌経**（ぶっせつじみょうぞうゆがだいきょうそんなぼさつだいみょうじょうじゅぎききょう）

持明蔵尊那菩薩儀軌経、持明蔵尊那菩薩儀軌経ともいう。

【内容】四巻。本経は六分より構成されている。第一巻大明成就分第一において、行者が最上の成就を求めるときは尊那菩薩の根本大明を誦することが説かれる。観智成就分第二の一および第二巻観智成就分第二の二において、諸々の成就法を修習しようとするものは観智と印相を修習することが説かれる。第三巻造幢像分第三において、画像儀軌の次第を示し、尊那菩薩を中尊とする曼荼羅が説かれている。作曼荼羅法分第四において、土壇曼荼羅の作り方が説かれ、護摩法分第五において、息災、増益、降伏についての護摩法を明かしている。尊那菩薩持誦法分第六の一、第四巻尊那持誦法分第六の二において、持誦法に関する注意、並びに仏蓮金の三部の三昧印明が示されている。

【訳者・訳年代】宋の法賢＊。

（飯塚秀譽）

1170 **仏説金剛香菩薩大明成就儀軌経**（ぶっせつこんごうこうぼさつだいみょうじょうじゅぎききょう）

金剛香儀軌経ともいう。

【内容】三巻。仏が、覩史多天（兜率天）において多くの菩薩衆と共に在ったときに、金剛手の願いに応じ金剛香菩薩の真言を説き、羅刹および一切天竜八部の災害を除く諸成就法を説いたものである。上中外の三巻からなるもので、上巻には金剛香菩薩の大明並びに成就法が説かれ、中巻には禁伏法、敬愛法、成就儀法が説かれる。下巻には作壇、三昧大明成就法等が説かれる。

【訳者・訳年代】宋の施護＊。

（飯塚秀譽）

1171 **金剛頂経瑜伽文殊師利菩薩法**（こんごうちょうぎょうゆがもんじゅしりぼさつほう）

金剛頂瑜伽文殊師利菩薩経、文殊法一品、五字呪法、文殊五字呪法ともいう。

【内容】一巻。最初にアラパチャナという文殊菩薩の五字陀羅尼とその字義が説かれ、続いて、文殊菩薩の曼荼羅の造壇法、画像法、が説かれる。その後に、金剛頂経瑜伽文殊師利菩薩儀軌供養法一品として文殊菩薩の供養法が説かれ、この念誦の功徳によって、無礙弁才などのさまざまな利益があることを示す。この供養法の内容は、その題名とともに金剛頂経瑜伽文殊師利菩薩供養儀軌1175とほぼ同じである。

【関連典籍】1172～1175、チベット訳もある。

【訳者・訳年代】唐の不空＊。

【参考文献】『国訳秘密儀軌』一一。

（元山公寿）

1172 **金剛頂超勝三界経説文殊五字真言勝相**（こ

んごうちょうちょうしょうさんがいきょうせつもんじゅごじしんごんしょうそう）

金剛頂超勝三界経説文殊師利菩薩秘密心真言、文殊師利菩薩秘密真言、文殊五字真言勝相ともいう。

【内容】一巻。ア・ラ・パ・チャ・ナ・という文殊菩薩の五字真言の字義と功徳が説かれている。

【関連典籍】1171・1173・1174。チベット訳もある。

【訳者・訳年代】唐の不空＊。

【参考文献】『国訳秘密儀軌』一一。

（元山公寿）

1173 **金剛頂経曼殊室利菩薩五字心陀羅尼品**（こんごうちょうぎょうまんじゅしりぼさつごじしんだらにぼん）

【内容】一巻。文殊菩薩の五字陀羅尼と供養法を説いたもの。初めにこの五字陀羅尼の功徳が説かれ、次にその字義が説かれる。続いてこの陀羅尼を誦持する功徳が説かれ、最後に供養法が説かれている。

【関連典籍】1171・1172・1174。チベット訳もある。

【訳者・訳年代】唐の金剛智＊（AD730）。

【参考文献】『国訳秘密儀軌』一一。

（元山公寿）

1174 **五字陀羅尼頌**（ごじだらにじゅ）

【成立】金剛智が解説したものを不空が記述したものといわれる。

【内容】一巻。アラパチャナという文殊菩薩の五字陀羅尼の念誦法と、その功徳が説かれている。内容は金剛頂超勝三界経説文殊五字真言勝相1172とほぼ同じであるが、この頌の方が詳しい。

【関連典籍】1171～1173。チベット訳もある。

【訳者・訳年代】唐の不空＊。

【参考文献】『国訳秘密儀軌』一一。

（元山公寿）

1175 **金剛頂経瑜伽文殊師利菩薩供養儀軌**（こんごうちょうぎょうゆがもんじゅしりぼさつくようぎき）

金剛頂経瑜伽文殊師利菩薩儀軌供養法ともいう。

【内容】一巻。文殊菩薩に対する供養法が説かれている。内容的には、金剛頂経瑜伽文殊師利菩薩法1171に説かれる供養法と、若干の出入りはあるものの、ほぼ同じ内容となっている。

【関連典籍】1171

【訳者・訳年代】唐の不空＊。

【参考文献】『国訳秘密儀軌』一一。

（元山公寿）

1176 **曼殊室利童子菩薩五字瑜伽法**（まんじゅしりどうじぼさつごじゆがほう）

大聖曼殊室利童子五字瑜伽法、曼殊室利童子五字瑜伽法、曼殊童子五字瑜伽法、文殊五字瑜伽法ともいう。

【内容】一巻。題名にあるような瑜伽法は説かれておらず、文殊菩薩の数種類の真言（一字、三字、五字、六字）や加持潅頂瓶真言、菩提荘厳成就真言、大聖曼殊室利菩薩讃歎がサンスクリットの漢字音写と梵字とで列挙されているだけである。

【訳者・訳年代】唐の不空＊。

（元山公寿）

1177 A **大乗瑜伽金剛性海曼殊室利千臂千鉢大教王経**（だいじょうゆがこんごうしょうかいまんじゅしりせんぴせんぱつだいきょうおうぎょう）

千臂千鉢大教王経、千鉢経、文殊大教王経、大乗瑜伽曼殊室利千臂千鉢経ともいう。

【内容】十巻。この経の中で、自らを五門に分けて説いている。すなわち、文殊の五字真言のアラパチャナを、それぞれ金剛界の五仏である。毘盧遮那、阿閦、宝生、観自在王、不空成就にあて、それぞれの説として、無生門、無動門、平等門、浄土門、解脱門という形で説く。十巻のうち、最初の二巻は無生門にあたり、三巻から五巻までが無動門、六巻が平等門、七巻と八巻が浄土門、九巻が解脱門となっており、最後の十巻では、六師外道や九十五種邪見が説かれている。

【訳者・訳年代】唐の不空＊とされるが金剛智＊とも（AD740）。

【参考文献】『国訳秘密儀軌』九―一一。

（元山公寿）

1177B千鉢文殊一百八名讃（せんぱつもんじゅいっぴゃくはちみょうさん）

【内容】一巻。すべて梵字で書かれたサンスクリットの文殊菩薩の讃。これに相当するサンスクリットの漢字音写や漢訳は見出されていない。

（元山公寿）

1178文殊菩薩献仏陀羅尼名烏蘇吒（もんじゅぼさつけんぶつだらにみょううそた）

文殊菩薩献仏陀羅尼、滅淫欲却我慢、文殊滅淫慾我慢陀羅尼ともいう。

【内容】一巻。文殊菩薩が淫欲を滅し、我慢を除く陀羅尼と、その功徳を説き、修行法を説いている。この陀羅尼は、七仏八菩薩所説大陀羅尼神呪経1332巻二や陀羅尼雑集1336巻二にも収められている。

【関連典籍】1332・1336

【訳者・訳年代】訳者不明（唐代）。

【参考文献】『国訳秘密儀軌』一一。

（元山公寿）

1179文殊師利菩薩六字呪功能法経（もんじゅしりぼさつろくじじゅくのうほうきょう）

六字功能法経、文殊師利菩薩六字呪法、六字呪経、六字呪法、文殊六字呪法経、六字呪功能法経ともいう。

【内容】一巻。六字文殊法の一つ。文殊菩薩の六字呪の功徳と、造壇法、画像法と、呪法とが説かれている。六字神呪経1180や陀羅尼集経0901巻六文殊師利菩薩法印呪の異訳である。

【関連典籍】0901・1180

【訳者・訳年代】不明。

（元山公寿）

1180六字神呪経（ろくじじんじゅきょう）

六字呪法経ともいう。

【内容】一巻。六字文殊法の一つ。文殊菩薩の六字呪の功徳と、造壇法、画像法と、呪法とが説かれている。文殊師利菩薩六字呪功能法経1179や陀羅尼集経0901巻六文殊師利菩薩法印呪の異訳である。

【関連典籍】1179・0901

【訳者・訳年代】唐の菩提流志＊（AD693）。

【参考文献】『国訳秘密儀軌』二八。

（元山公寿）

1181大方広菩薩蔵経中文殊師利根本一字陀羅尼経（だいほうこうぼさつぞうきょうちゅうもんじゅしりこんぽんいちじだらにきょう）

文殊師利根本一字陀羅尼経、文殊一字陀羅尼法、文殊根本一字陀羅尼法ともいう。

【成立】漢訳された年代から、七世紀末までには成立していたと見られている。

【内容】一巻。文殊菩薩の一字呪と、その功徳が説かれている。この経典は、梵本の第九章、文殊師利根本儀軌経1191の第九品にあたる部分の漢訳であり、一字呪王経1182の異訳である。

【関連典籍】1191・1182。梵本あり。

【訳者・訳年代】唐の宝思惟＊（AD702）。

【参考文献】『国訳秘密儀軌』一一。松長有慶『密教経典成立史論』法蔵館。

（元山公寿）

1182曼殊師利菩薩呪蔵中一字呪王経（まんじゅしりぼさつじゅぞうちゅういちじじゅおうきょう）

曼殊一字呪王経ともいう。

【成立】漢訳された年代から、七世紀末までには成立していたと見られている。

【内容】一巻。文殊菩薩の一字呪とその功徳が説かれている。この経典は、梵本の第九章、文殊師利根本儀軌経1191の第九品にあたる部分の漢訳で、文殊師利根本一字陀羅尼経1181の異訳である。

【関連典籍】1191・1181。梵本もある。

【訳者・訳年代】唐の義浄＊（AD703）。

【参考文献】松長有慶『密教経典成立史論』法蔵館。

（元山公寿）

1183一髻文殊師利童子陀羅尼念誦儀軌（いっけいもんじゅしりどうじだらにねんじゅぎき）

一髻文殊念誦儀軌ともいう。

【内容】一巻。一髻文殊菩薩の根本真言、心真言、随心真言が挙げられており、最初に、根本真言の功徳、画像法、供養法が説かれ、続いて、心真言と随心真言との功徳と供養法が説かれている。

【訳者・訳年代】唐の金剛福寿（AD760）。

（元山公寿）

1184 **大聖妙吉祥菩薩秘密八字陀羅尼修行曼荼羅次第儀軌法**（だいしょうみょうきちじょうぼさつひみつはちじだらにしゅぎょうまんだらしだいぎきほう）

妙吉祥菩薩秘密八字陀羅尼行業曼荼羅次第儀軌法、八字文殊軌、大聖文殊秘密陀羅尼修行次第ともいう。

【内容】一巻。最初に文殊菩薩の八字陀羅尼とその功徳が説かれ、次に、八字曼荼羅の造壇法が説かれ、最後に八字陀羅尼の念誦儀軌が説かれる。

【訳者・訳年代】唐の菩提仙（AD824）。

【参考文献】『国訳秘密儀軌』一一。

（元山公寿）

1185 A **仏説文殊師利法宝蔵陀羅尼経**（ぶっせつもんじゅしりほうほうぞうだらにきょう）

文殊師利菩薩八字三昧法、文殊法蔵経、法宝蔵陀羅尼経、文殊陀羅尼経、文殊師利菩薩八字三昧経ともいう。

【成立】不明。経典に記載されている文殊の所在の大振那が中国で、五頂山が五台山であるとすれば、中国でできたものであろう。

【内容】一巻。文殊の八字真言と、画像法、漫拏羅印法が説かれている。最初に総論として文殊の所在が大振那（中国？）の五頂（五台？）山であることと、文殊の功徳を説き、続いて十八天陀羅尼とその功徳を説く。続いて文殊の八字陀羅尼とその功徳を説き、その後で、画像法と漫拏羅印法とが説かれる。文殊師利宝蔵陀羅尼経1185Bと内容的にはほとんど同じであるが、やや簡略な記述となっている。

【関連典籍】1185B
【訳者・訳年代】唐の菩提流志＊（AD710）。

【参考文献】『国訳秘密儀軌』一一。

（元山公寿）

1185 B **文殊師利宝蔵陀羅尼経**（もんじゅしりほうぞうだらにきょう）

文殊師利菩薩八字三昧法ともいう。

【成立】不明。経典に記載されている文殊の所在の大振那が中国で、五頂山が五台山であるとすれば、中国でできたものであろう。

【内容】一巻。文殊の八字真言と、画像法、漫拏羅印法が説かれている。最初に総論として文殊の所在が大振那（中国？）の五頂（五台？）山であることと、文殊の功徳を説き、続いて十八天陀羅尼とその功徳を説く。続いて文殊の八字陀羅尼とその功徳を説き、その後で、画像法と漫拏羅印法とが説かれる。仏説文殊師利法宝蔵陀羅尼経1185Aと内容的にはほとんど同じであるが、この経の方がやや詳しく説かれている。

【関連典籍】1185A
【訳者・訳年代】唐の菩提流志＊（AD710）。

【参考文献】『国訳秘密儀軌』一一。

（元山公寿）

1186 **仏説妙吉祥菩薩陀羅尼**（ぶっせつみょうきちじょうぼさつだらに）

妙吉祥菩薩儀軌ともいう。

【内容】一巻。最初に文殊菩薩に帰依する帰命の句があり、次に妙吉祥菩薩陀羅尼がサンスクリットの漢字音写で説かれている。

【訳者・訳年代】宋の法賢＊。

（元山公寿）

1187 **仏説最勝妙吉祥根本智最上秘密一切名義三摩地分**（ぶっせつさいしょうみょうきちじょうこんぽんちさいじょうひみついっさいみょうぎさんまじぶん）

一切名義三摩地分ともいう。

【成立】八世紀前期〜中葉。

【内容】二巻。文殊の秘密名義の真言とその異名や功徳が説かれている。文殊所説最勝名義経1188、文殊菩薩最勝真実名義経1189、聖妙吉祥真実名経1190はこの異訳である。

【関連典籍】1188・1189・1190。梵本もある。

【訳者・訳年代】宋の施護*。


（元山公寿）

1188 **文殊所説最勝名義経**（もんじゅしょせつさいしょうみょうぎきょう）

文殊説名義経ともいう。

【成立】八世紀前期〜中葉。

【内容】二巻。文殊の最勝名義の真言とその異名や功徳が説かれている。仏説最勝妙吉祥根本智最上秘密一切名義三摩地分1187、文殊菩薩最勝真実名義経1189、聖妙吉祥真実名経1190はこの異訳である。

【関連典籍】1187・1189・1190。梵本もある。

【訳者・訳年代】宋の金総持等（AD1107〜1110）。


（元山公寿）

1189 **仏説文殊菩薩最勝真実名義経**（ぶっせつもんじゅぼさつさいしょうしんじつみょうぎきょう）

【成立】八世紀前期〜中葉。

【内容】一巻。文殊の最勝名義の真言とその異名や功徳が説かれている。仏説最勝妙吉祥根本智最上秘密一切名義三摩地分1187、文殊所説最勝名義経1188、聖妙吉祥真実名経1190はこの異訳である。

【関連典籍】1187・1188・1190。梵本もある。

【訳者・訳年代】元の沙囉巴。


（元山公寿）

1190 **聖妙吉祥真実名経**（しょうみょうきちじょうしんじつみょうきょう）

【成立】八世紀前期〜中葉。

【内容】一巻。文殊の真実名の真言とその異名や功徳が説かれているほかに、末尾にいくつかの呪や偈文が載せられている。基本的には、仏説最勝妙吉祥根本智最上秘密一切名義三摩地分1187、文殊所説最勝名義経1188、仏説文殊菩薩最勝真実名義経1189の異訳であるが、末尾の偈文の一つは文殊師利一百八名梵讃1197の漢訳である。

【関連典籍】1187・1188・1189・1197。梵本もある。

【訳者・訳年代】元の釈智。


（元山公寿）

1191 **大方広菩薩蔵文殊師利根本儀軌経**（だいほうこうぼさつぞうもんじゅしりこんぽんぎききょう）

文殊師利根本儀軌経、文殊儀軌、大方広文殊儀軌経ともいう。

【成立】非常に複雑な成立事情をもつ経典で、全体が一時にできたものではなく、原形となるいくつかの章がもとになって、徐々に付加されていったものと考えられている。原形となった章のうちのいくつかは七世紀末までには成立していたと考えられている。

【内容】二十巻。本経は密教的な儀礼や図像、占星法、王統史など多種多様な内容を持った百科全書的な経典である。梵本は五五章からなっているが、この漢訳は二八品で、梵本の一七章までと二四〜三四章までに相当しており、この経典が漢訳された後にも、さらに増広されていることがわかる。

【関連典籍】1181・1182・1276・1215・1216
【訳者・訳年代】宋の天息災*。


（元山公寿）

1192 **妙吉祥平等秘密最上観門大教王経**（みょうきちじょうびょうどうひみつさいじょうかんもんだいきょうおうぎょう）

妙吉祥観門経、妙吉祥平等観門大教王経ともいう。
【内容】五巻。世尊が弥勒の前で曼荼羅を現前させ、五瓶加持をはじめとしたさまざまな加持が説かれ、さらに大曼荼羅壇の作法とそこでの潅頂などが説かれ、最後にさまざまな真言が説かれる。
【関連典籍】1193・1194
【訳者・訳年代】南宋の慈賢。

（元山公寿）

1193 **妙吉祥平等瑜伽秘密観身成仏儀軌**（みょうきちじょうびょうどうゆがひみつかんじんじょうぶつぎき）

観身成仏儀軌ともいう。

【内容】一巻。妙吉祥平等秘密最上観門大教

王経1192に説かれているものを儀軌化したものである。基本的には、1192の巻二の内容がもとになっている。

【関連典籍】1192・1194

【訳者・訳年代】南宋の慈賢。

（元山公寿）

1194 **妙吉祥平等観門大教王経略出護摩儀**（みょうきちじょうびょうどうかんもんだいきょうおうぎょうりゃくしゅつごまぎ）

妙吉祥観門経護摩儀軌ともいう。

【内容】一巻。妙吉祥平等秘密最上観門大教王経1192に説かれているものを護摩の儀軌化したもので、護摩の炉壇作法と、修法が説かれている。

【関連典籍】1192・1193

【訳者・訳年代】南宋の慈賢。

（元山公寿）

1195 **大聖文殊師利菩薩讃仏法身礼**（だいしょうもんじゅしりぼさつさんぶつほっしんらい）

大聖文殊師利讃法身礼、文殊師利菩薩讃仏法身礼、文殊讃法身礼、文殊法身礼、文殊讃仏礼ともいう。

【内容】一巻。仏が王舎城の鷲峯山に住していたときに、文殊菩薩が仏の許可によって、八不中道の徳を讃嘆したことを説いたものである。

【訳者・訳年代】唐の不空＊（AD765）。

（元山公寿）

1196 **曼殊室利菩薩吉祥伽陀**（まんじゅしりぼさつきちじょうかだ）

文殊伽陀、吉祥伽陀ともいう。

【内容】一巻。漢字音写されたサンスクリットの文殊菩薩への讃が説かれている。

【訳者・訳年代】宋の法賢＊。

（元山公寿）

1197 **仏説文殊師利一百八名梵讃**（ぶっせつもんじゅしりいっぴゃくはちみょうぼんさん）

文殊一百八名梵讃ともいう。

【内容】一巻。初めに、この讃を誦す功徳が説かれ、その後で漢字に音写されたサンスクリットの讃が出される。この梵讃に対する漢訳は、聖妙吉祥真実名経1190の巻末に、他の讃や呪とともに載せられている。

【関連典籍】1190。梵本もある。

【訳者・訳年代】宋の法天＊（AD973）。

（元山公寿）

1198 **聖者文殊師利発菩提心願文**（しょうじゃもんじゅしりほつぼだいしんがんもん）

文殊師利発菩提心願文ともいう。

【内容】一巻。文殊菩薩が、昔、唖馬国王であったときに、雷音王仏のもとで発したのが、この菩提心願文であるという。偈頌で表されており、菩提心を発して一切有情を利益するなどのことが説かれている。

【訳者・訳年代】元の智慧。

（元山公寿）

第21巻　密教部　四

1199 **金剛手光明潅頂経最勝立印聖無動尊大威怒王念誦儀軌法品**（こんごうしゅこうみょうかんじょうきょうさいしょうりゅういんしょうむどうそんだいいぬおうねんじゅぎきほうほん）

不動立印軌、聖無動尊念誦儀軌ともいう。

【内容】一巻。不動明王を本尊とする不動法の儀軌を説く。順に、無動の大呪・三昧耶印明・法界印明・転法輪印明・大精進慧剣秘密印明・法螺印明・献華座印明・鉤密印明・献閼伽印明・華供養印明・焚香供養印明・飲食供養印明・灯明供養印明・無動尊根本秘密印の十四印・十九布字観・大身真言・三昧耶真言・護身真言・加護真言・八千枚護摩を説き、最後には、種々の呪詛法や祈願法、阿尾捨法（神降などの類の修法）を説く。

【関連典籍】1200～1202

【訳者・訳年代】唐の不空＊。　（大塚伸夫）

1200 **底哩三昧耶不動尊威怒王使者念誦法**（ちりさんまやふどうそんいぬおうししゃねんじゅほう）

底哩三昧耶経、威怒王使者念誦法、不動使者念誦法ともいう。

【内容】一巻。不動明王を本尊とする不動法の儀軌を説く。順に、洗心・頂礼・懺悔・滅罪・護身・洗浄・礼仏懺悔・三昧耶・安穏・三昧耶・除垢穢・加持水土・結界・被甲・灌頂印明・護身洗浴・金剛座・如来所生・献閼伽・結墻界・金剛網・金剛火焔界・五供養・不動尊根本印明・発願・灌頂印明・虚空眼・棒念珠・法界生・虚空眼・結護念珠・百字明・廻向発願・解界・発遣を説き、最後に種々の呪詛法や不動尊の二種類の図像法、根本印等の十印明（不動十四根本印）を説く。

【関連典籍】1199・1201～1203

【訳者・訳年代】唐の不空＊。　（大塚伸夫）

1201 **底哩三昧耶不動尊聖者念誦秘密法**（ちりさんまやふどうそんしょうじゃねんじゅひみつほう）

底哩三昧耶経ともいう。

【内容】三巻。七章よりなる。不動明王を本尊とする不動法の儀軌を説く。〈上巻〉第一章は巻頭より法界生真言までの間に大日経息障品疏1796とほぼ同一の内容を説き、法界生真言・不動尊の説明・三種吽字真言・三部明王真言などを説く。〈中巻〉第二章は不動明王威怒明とその字義、第三章は無動金剛極安穏護身等の五印明、第四章は無動金剛三昧耶等の六印明、第五章は無動金剛座等の十四印明を説く。〈下巻〉第六章は無動金剛宝山印等の十二印明（不動十四根本印）、第七章は種々の呪詛法や三種の不動尊の図像法を説く。

【関連典籍】1199・1200・1202・1203・1796

【訳者・訳年代】唐の不空＊。

【参考文献】訳一・密教部四。　（大塚伸夫）

1202 **不動使者陀羅尼秘密法**（ふどうししゃだらにひみつほう）

不動使者陀羅尼法、不動使者法、不動尊使者秘密法、不動使者軌ともいう。

【内容】一巻。不動明王を本尊とする不動法の儀軌を説く。初めに、四種精進行（断食・服気・食菜・節食）を説き、呪詛法・護摩法・三種の不動尊の図像法・不動使者根本呪と念誦法・結界護身印・甲印・剣印明・無畏清浄印・不動迎請呪・索印明・獅子奮迅印明・根本心中呪印明・根本心印明・不動宝山印・頭印・一髻印・口印・心印・火焔印・遮火印・慈救不動呪と念誦法・別行法・満願法と次第して説く。

【関連典籍】0848・1199～1201・1203

【訳者・訳年代】唐の金剛智＊。　（大塚伸夫）

1203 **聖無動尊安鎮家国等法**（しょうむどうそんあんちんけこくとうほう）

不動安鎮軌ともいう。

【内容】一巻。不動明王の地鎮法を説く。初めに、四臂（四本の腕）の不動明王の造像法と鎮宅法（家宅を鎮護する修法）を説き、順次、八方結護の安鎮法（鎮宅法の別名）・護摩法（炉の中で供物を焚き本尊に供養する修法）とそれに用いる護摩の炉、並びに所用物を説く。最後には、東方帝釈天・東南方四臂の火天・南方焔摩羅天・西南方羅刹主・西方水天・西北方風天・北方毘沙門天・東北方伊舎那天の八方天各々の形像と真言を説くとともに、不動明王の慈救呪を明かす。

【関連典籍】1199～1202

【訳者・訳年代】不明。

（大塚伸夫）

1204 **聖無動尊一字出生八大童子秘要法品**（しょうむどうそんいちじしゅつしょうはちだいどうじひようほうほん）

不動八大童子軌、八大童子儀軌ともいう。

【内容】一巻。不動明王を本尊とする不動八大童子法の儀軌を説く。八大童子とは不動明王の八人の使者達のことで、東方金剛部菩提心門の慧光童子・南方宝部福徳門の慧喜童子・西方蓮華部智慧門の阿耨達童子・北方羯磨部精進門の指徳童子・金剛波羅蜜菩提心行の烏倶婆誐童子・宝波羅蜜福徳心行の清浄比丘・法波羅蜜慈悲心行の矜羯羅童子・業波羅蜜方便心行の制吒迦童子。八童子と不動尊の真言を説き、各童子の図像法や供養法を説く。供養次第は発菩提心・焼香・散華・真言念誦・発願・廻向である。

【関連典籍】1205

【訳者・訳年代】不明（大興善寺翻経院の著述）。

（大塚伸夫）

1205 **勝軍不動明王四十八使者秘密成就儀軌**（しょうぐんふどうみょうおうしじゅうはちししゃひみつじょうじゅぎき）

勝軍不動秘密儀軌、不動四十八使者軌、勝軍儀軌ともいう。

【内容】一巻。不動明王を本尊とする不動法の儀軌を説く。初めに不動明王の功徳を説き、順次、種々の呪詛法・護摩法・不動尊の図像法・道場観・不動尊略布字法・護身結界・入仏三昧耶印明・法界生印明・転法輪印明・無堪忍印明・不動慈救真言・閼伽印明・華座印明・華鬘印明・焼香印明・飲食印明・灯明印明・虚空普供養印明・不動尊讃・四十八使者形像・大自在蘇息の念誦法を説く。

【関連典籍】1199～1202・1204

【訳者・訳年代】唐の不空*訳、遍智撰集。

（大塚伸夫）

1206 **仏説倶利伽羅大竜勝外道伏陀羅尼経**（ぶっせつくりからだいりゅうしょうげどうぶくだらにきょう）

倶利伽羅竜王陀羅尼経、倶利伽羅竜王経ともいう

【内容】一巻。説法の座は王舎城（古代インドのマガダ国の首都）。仏が宝幢陀羅尼菩薩の質問に答えて、倶利伽羅竜王の因縁や、陀羅尼とその威力を説いて、倶利伽羅法の念誦軌則を説く。修験道に用いられる倶利伽羅大竜無動陀羅尼経とは異名同本とされる。

【関連典籍】1207・1208

【訳者・訳年代】不明。

（大塚伸夫）

1207 **説矩里迦竜王像法**（せつくりかりゅうおうぞうほう）

矩里迦竜王像法ともいう。

【内容】一巻。倶利伽竜王を本尊とする倶利伽法を説く。初めに倶利伽竜王の尊像の観想法を明かし、竜王法身印真言・一切竜王法身印・華座印・牙印・根本真言を説いた後に、倶利伽竜王の供養法を明かす。その次第は、竜王身印加持・観想・作水壇・供具荘厳・勧請・礼拝供養・真言念誦・発遣・観風輪破壇となっている。

【関連典籍】1206・1208

【訳者・訳年代】不明。

1208 **倶力伽羅竜王儀軌**（くりからりゅうおうぎき）

倶力伽羅儀軌ともいう。

【内容】一巻。倶力伽羅竜王を本尊とする念誦儀軌を説く。順に、秘密呪・倶力伽羅竜王現身印真言・倶伽竜王不動明王真言印・心中心印真言・不動如来大日如来竜王現身根本真言・成竜王印明・倶力伽羅竜王密修真言印・倶力伽羅変身印真言（大日如来）・金剛体身真言印・海三昧印真言・常住火光三昧印真言・一字真言・金迦羅印真言（釈迦）・誓陀迦印真言・蓮華吉祥印真言（観音）と次第して説かれる。

【関連典籍】1206・1207

【訳者・訳年代】唐の金剛智＊。

（大塚伸夫）

1209 **金剛頂瑜伽降三世成就極深密門**（こんごうちょうゆがごうざんぜじょうじゅごくじんみつもん）

降三世極深密門ともいう。

【内容】一巻。降三世明王を本尊とする念誦儀軌を説く。初めに略念誦次第を説き、次いで三十七尊立の具足次第を説く。最後に降三世明王の形像を明かす。

【関連典籍】1210

【訳者・訳年代】唐の不空＊。

（大塚伸夫）

1210 **降三世忿怒明王念誦儀軌**（ごうざんぜふんぬみょうおうねんじゅぎき）

降三世念誦儀軌ともいう。

【内容】一巻。降三世明王を本尊とする降三世法を説く。初めに、降三世明王の大呪とその威力を説いた後に、結界・浄三業・礼拝と儀軌次第を説く。次に、護摩（炉の中で供物を焚き本尊に供養する修法）による種々の降伏法や息災法、敬愛法や呪詛法などを説き、最後に解界・礼法・出堂・般若経読誦という儀軌次第を説く。

【関連典籍】1209

【訳者・訳年代】唐の不空＊。

（大塚伸夫）

1211 **甘露軍荼利菩薩供養念誦成就儀軌**（かんろぐんだりぼさつくようねんじゅじょうじゅぎき）

甘露軍荼利儀軌、軍荼利儀軌ともいう。

【内容】一巻。甘露軍荼利明王を本尊とする供養法を説く。初めに、甘露軍荼利明王の印明を弟子に授ける持明灌頂（受明灌頂）の次第―帰依・択弟子・授三帰・授与三世無礙三種戒・入壇・持明灌頂・示三昧耶・授与金剛杵・授与金剛磬・授与本尊教―を説く。次に、供養法の次第―建立浄室・建立白檀曼荼羅・本尊安置・施身方便・普礼・運心供養・五悔・十八道立（十八種の印契からなる供養法の結構をいう）の諸印明・経行・喫食・寝息・烏樞瑟摩金剛印明結誦―を説く。

【関連典籍】0901・1212・1213

【訳者・訳年代】唐の不空＊。

（大塚伸夫）

1212 **西方陀羅尼蔵中金剛族阿蜜哩多軍吒利法**（さいほうだらにぞうちゅうこんごうぞくあみりたぐんだりほう）

阿蜜哩多軍吒利法ともいう。

【内容】一巻二十二章よりなる。甘露軍荼利明王を本尊とする諸の成就法を主として説く。第一章は根本大呪等の十六呪を明かし、第二章より第四章は種々の成就法に必要な択地法、造壇法、図像法を明かす。第五章より第七章は焼火法、祈雨・止雨法を説く。第八章より第十七章までは諸の陀羅尼とそれに相応する諸々の成就法を説く。第十八章は十八種の印契、第十九章は金剛部における三昧耶戒作法、第二十章より第二十一章は子供を守護するための諸々の陀羅尼や呪を説く。第二十二章は軍荼利明王を奉送するための発遣呪を説く。

【関連典籍】0901・1211・1213

【訳者・訳年代】不明（一説には唐の義操＊訳といわれる）。

（大塚伸夫）

1213 **千臂軍荼利梵字真言**（せんぴぐんだりぼんじしんごん）

梵字千臂軍荼利陀羅尼ともいう。

【内容】一巻。千臂（千本の腕の意）の軍荼利明王の陀羅尼（惣持）を梵字である悉曇文字で記述している。

【関連典籍】0901・1211・1212

【訳者・訳年代】奥書によれば唐の義操＊の梵書とされる。

（大塚伸夫）

1214 **聖閻曼徳迦威怒王立成大神験念誦法**（しょうえんまんとっきゃいぬおうりゅうじょうだいじんげんねんじゅほう）

大威徳念誦法、閻曼徳迦大神験念誦法ともいう。

【内容】一巻。釈迦牟尼仏が浄居天宮にて、閻曼徳迦（大威徳明王）を本尊とする大威徳法の念誦儀軌を説く。初めに大威徳明王の根本真言と呪詛法を説き、順次、大心真言法真言と護摩（炉の中で供物を焚き本尊に供養する修法）による種々の呪詛法、心中心法の真言と印契の結誦による成就法、大威徳明王讃、随心真言、心頂口心真言を説く。最後に、二十三種供養の真言と護摩法を説く。

【関連典籍】1191・1215～1219

【訳者・訳年代】唐の不空＊。

（大塚伸夫）

1215 **大乗方広曼殊室利菩薩華厳本教閻曼徳迦忿怒王真言大威徳儀軌品**（だいじょうほうこうまんじゅしりぼさつけごんほんぎょうえんまんとっきゃふんぬおうしんごんだいいとくぎきほん）

閻曼徳迦大威徳儀軌、大威徳儀軌品ともいう。

【内容】一巻。梵本Āryamañjuśrīmūlakalpa の第五十章、チベット訳（Otani No. 162）の第三十三章に相当する。長行（散文）と偈頌に分かれて、金剛手が曼殊室利童子（Mañjuśrīkumārabhūta 文殊師利童子）の姿をとって、仏教を守護するなどの諸々の活動を行う大威徳明王の徳を賛嘆することを説く。

【関連典籍】1191・1214・1216～1219・1276

【訳者・訳年代】不明（一説に不空＊の訳ともいわれる）。

（大塚伸夫）

1216 **大方広曼殊室利童真菩薩華厳本教讃閻曼徳迦忿怒王真言阿毘遮嚕迦儀軌品**（だいほうこうまんじゅしりどうしんぼさつけごんほんぎょうさんえんまんとっきゃふんぬおうしんごんあびしゃろきゃぎきほん）

聖閻曼徳迦威怒王立大神験念誦法、阿毘遮嚕迦儀軌品ともいう。

【内容】一巻。阿毘遮嚕迦儀軌品第三十一と閻曼徳迦忿怒王品第三十二の二品に分かれる。梵本Āryamañjuśrīmūlakalpa の第五十一・五十二章、チベット訳（Otani No. 162）の第三十四・三十五章に相当する。前品では金剛手が大威徳明王の図像儀軌や調伏法を説き、後品では寂静慧菩薩が明王の調伏法を説く。

【関連典籍】1191・1214・1215・1217～1219・1276

【訳者】不明（一説に不空＊の訳ともいわれる）。

（大塚伸夫）

1217 **仏説妙吉祥最勝根本大教経**（ぶっせつみょうきちじょうさいしょうこんぽんだいきょうぎょう）

妙吉祥大教経ともいう。

【内容】三巻。十章よりなる。妙吉祥（文殊）菩薩が焔曼得迦（大威徳明王）の姿をとって大威徳法を説く。第一章は大威徳法を説く旨を明かす。第二章より第三章は大威徳明王の曼荼羅を作り、弟子を灌頂する作法や諸真言を説く。第四章より第五章は宝杖印成就法や宝杖印曼荼羅の作壇法と供養法を説く。第六章は吠多梨印法や種々の成就法を説く。第七章は明王の造像法や図像法を明かす。第八章より第九章は造像供養や富貴成就法など諸々の成就法を説く。第十章は大威徳法の未説の部分を補説する。

【関連典籍】1214・1218・1219・1276

【訳者・訳年代】宋の法賢＊（＝法天）。

1218 **文殊師利耶曼徳迦呪法**（もんじゅしりやまんとっきゃしゅほう）

文殊師利耶曼徳迦法ともいう。

【内容】一巻。文殊菩薩が化身・耶曼徳迦（大威徳明王）の姿をとって、耶曼徳迦法を説く。初めに耶曼徳迦、すなわち大威徳明王の威力を述べ、その力の絶大さを明かす。次に、大威徳明王の図像法を詳説して、像前供養法や呪詛法、治罰法などを説く。次に、耶曼徳迦呪・耶曼徳迦嗔怒王呪・耶曼徳迦一字呪・心呪・小心呪などの諸々の真言と、護身縛・一切印・召印・大叉印・供養印（香炉印）・互相陵印・棒印・鉄箭印・牙印・擲依印などの諸々の印契を説いて耶曼徳迦の嗔怒法の軌則を明かす。

【関連典籍】1191・1214～1217・1219・1276

【訳者・訳年代】不明。

（大塚伸夫）

1219 **曼殊室利焔曼徳迦万愛秘術如意法**（まんじゅしりえんまんとっきゃまんあいひじゅつにょいほう）

焔曼徳迦万愛法、大威徳万愛法ともいう。

【内容】一巻。焔曼徳迦（大威徳明王）を本尊とする敬愛法を説く。まず、大威徳明王の姿が六面六臂六足であることを説き、各々の顔や腕や足の特徴を示す。次に大威徳明王の印契（口伝によるとする）と呪（真言）を説く。次に、大威徳明王を中心に安置する曼荼羅の作成法を説く。まず中央の内院には大威徳明王、外院の東方に召請童子、東南に計設尼童子、南方に救護慧童子、西南に烏波計設尼童子、西方に光網童子、西北に地慧童子、北方に無垢光童子、東北に不思議童子を配する。最後は法成就説符を図示してある。

【関連典籍】1191・1214～1218・1276

【訳者・訳年代】唐の一行＊。

（大塚伸夫）

1220 **金剛薬叉瞋怒王息災大威神験念誦儀軌**（こんごうやしゃしんぬおうそくさいだいいじんげんねんじゅぎき）

金剛薬叉念誦儀軌ともいう。

【内容】一巻。金剛手虚空庫菩薩の質問に答える形式で、釈迦牟尼仏が金剛薬叉の念誦儀軌を説く。初めに、金剛薬叉の姿を明かし、大霊験真言を説く。次に、金剛薬叉の念誦儀軌の次第を説く。次に諸々の呪詛法を説くが、最後にこの儀軌は四十歳未満の行者が修法してはならないとの諸注意が説かれる。

【関連典籍】1221

【訳者・訳年代】唐の金剛智＊。

（大塚伸夫）

1221 **青色大金剛薬叉辟鬼魔法**（しょうしきだいこんごうやしゃびゃくきまほう）

辟鬼殊法ともいう。

【内容】一巻。欠字が多く意がよく通じないところが多々あるが、青色大金剛薬叉を本尊とする念誦法で、すべての鬼神や魔物を除去するための一切鬼魔辟除法を説く。その中には本尊を中心に置いた曼荼羅や供養物の安置法の一部の図が画かれている。

【関連典籍】1220

【訳者・訳年代】唐の空碁。

（大塚伸夫）

1222 **聖迦柅忿怒金剛童子菩薩成就儀軌経**（しょうかにふんぬこんごうどうじぼさつじょうじゅぎききょう）

聖迦柅忿怒金剛童子経、金剛童子儀軌ともいう。

【内容】三巻。仏部・蓮華部・金剛部という三部の別があるうち、金剛部における金剛童子法（金剛童子に供養する修法）を説く。ただし、金剛童子にも青・黄二色の金剛童子があり、そのうちの青金剛童子について説く。三巻全体にわたって多くの諸願成就法や呪詛法を箇条的に説き、所々に儀軌に必要な印・明や図像法、曼荼羅の作成法などを明かす。本経には高麗本の他に明本（別本）も存在するが、比較すると全同ではなく、明本にかなり脱文がある。

【関連典籍】0893・1223・1224

【訳者・訳年代】唐の不空＊。

（大塚伸夫）

1223 **仏説無量寿仏化身大忿迅俱摩羅金剛念誦瑜伽儀軌法**（ぶっせつむりょうじゅぶつけしんだいふんじんくまらこんごうねんじゅゆがぎきほう）

金剛童子念誦法、略称＝俱摩羅金剛儀軌、俱摩羅儀軌ともいう。

【内容】一巻。仏部・金剛部という三部の区別があるうち、金剛部における金剛童子法（金剛童子に供養する修法）を説く。ただし、金剛童子にも青・黄二色の金剛童子があり、そのうちの黄金剛童子について説く。修法の内容はほぼ十八道立（十八種の印契からなる供養法の結構）の修法構造をとっており、最後に本尊となる黄金剛童子の図像法を二種類説く。主に台密（天台宗）がこれを修法することがある。

【関連典籍】1222・1224

【訳者・訳年代】唐の金剛智＊。

（大塚伸夫）

1224 **金剛童子持念経**（こんごうどうじじねんきょう）

大忿怒金剛童子念誦供養儀軌ともいう。

【内容】一巻。金剛童子法（金剛童子に供養する修法）を説く。供養次第は、浄三業・普礼・三部三昧耶（仏部、蓮華部、金剛部）・護身・辟除・金剛甲冑・金剛牆・迎請・軍荼利・金剛網・閼伽・宝山・華座・五供養（塗香、華、焼香、飲食、灯明）・普供養・金剛鈴・金剛部百字真言・根本印明・第二根本印明・頭印・頂印・心印・念珠・本尊瑜伽観よりなる。

【関連典籍】1222・1223

【訳者・訳年代】不明。

（大塚伸夫）

1225 **大威怒烏芻澁麼儀軌経**（だいいぬうすしゅうまぎききょう）

大威怒烏芻澁麼成就儀軌、烏芻澁麼儀軌ともいう。

【内容】一巻。初めに烏芻澁麼明王を本尊とする十八道立（十八種類の印契から構成される供養法の結構）の念誦法が説かれる。次に息災法・増益法・敬愛法・降伏法の四種類を説いた後に、火天・本尊部主・後火天・世天の四段からなる護摩法（炉の中で供物を焚き本尊に供養する修法）を明かす。最後に、護世八方天（東方帝釈天・東南方火天・南方閻摩天・西南方羅刹天・西方水天・西北方風天・北方毘沙門天）の諸真言を説く。

【関連典籍】0901・1226〜1229

【訳者・訳年代】唐の不空＊。

（大塚伸夫）

1226 **烏芻澁明王儀軌梵字**（うすしゅうみょうおうぎきぼんじ）

烏芻澁麼儀軌ともいう。

【内容】一巻。初めより終わりまで大威怒烏芻澁麼儀軌経1225に説かれる全真言を梵語の悉曇文字で表記してある。真言宗開祖空海の請来とされる。

【関連典籍】1225

【訳者・訳年代】不明。

（大塚伸夫）

1227 **大威力烏枢瑟摩明王経**（だいいりきうすしゅまみょうおうきょう）

烏枢瑟摩明王経ともいう。

【内容】三巻。金剛手菩薩が仏部・蓮華部・金剛部という三部の区別があるうち、金剛部における烏枢瑟摩法を説く。上巻は烏枢瑟摩明王曼荼羅の作壇法（曼荼羅の作成法）・曼荼羅諸尊の構成・諸々の印契・図像法・諸々の呪詛法が説かれる。中巻は羯磨壇（曼荼羅）の作壇法・阿毘遮嚕迦法（降伏法＝諸々の敵対者や悪霊を降伏させる修法）・扇底迦法（息災法＝諸々の災害苦難を止息し、煩悩罪業を滅除する修法）壇の作壇法・諸々の呪詛法を説く。下巻は心密言事法と曼荼羅の作壇法・灌頂（頭頂に水を注ぐ儀式）・諸々の印明・図像法・諸々の呪詛法・図像法・印明・観門法を説く。

【関連典籍】1225・1228・1229

【訳者・訳年代】唐の阿質達霰＊（AD732）。

（大塚伸夫）

1228 **穢跡金剛説神通大満陀羅尼法術霊要門**（えしゃくこんごうせつじんずうだいまんだらにほうじゅつりょうようもん）

穢跡金剛神通大満陀羅尼経、穢跡金剛神通法術、穢跡金剛霊要門ともいう。

【内容】一巻。釈尊入滅の際、諸天等がその場に来集するが、梵王のみがその場に現れず、来集した者達が梵王を連れて来ようとするがそれも叶わないのを仏が見て憐れみ、不壊金剛すなわち、穢跡金剛（烏枢瑟摩明王の別名）を化現して梵王を招く因縁を説く。その後、本経の中心となる大円満陀羅尼神呪穢跡真言を説き、衆生を悩ます悪鬼神や外道を退治する法、および諸々の呪詛法を説く。

【関連典籍】1225・1227・1229

【訳者・訳年代】唐の阿質達霰＊。

（大塚伸夫）

1229 **穢跡金剛禁百変法経**（えしゃくこんごうきんひゃっぺんほうきょう）

穢跡金剛法禁百変法、穢跡百変法門経ともいう。

【成立】不明だが、唐代に中国で作成されたとする偽経説も存在する。

【内容】一巻。初めに穢跡金剛（烏枢瑟摩明王の別名）が真言念誦による呪詛法を説いた後に、印章を用いた呪詛法とも言える印法を説く。印の数は全体で十九種四十六印に上り、前四種四印は神力を獲得するための印法で、後の十五種四十二印は延命のための印法として説かれる。巻末には真言も説かれる。

【関連典籍】1225・1227・1228

【訳者・訳年代】唐の無能勝将＊（＝阿質達霰）。

（大塚伸夫）

1230 **仏説大輪金剛総持陀羅尼経**（ぶっせつだいりんこんごうそうじだらにきょう）

大輪金剛経ともいう。

【内容】一巻。仏が王舎城（古代インドのマガダ国の首都）の耆闍崛山（霊鷲山。王舎城の東北にある山）で、執金剛の質問に答えて大輪金剛法を説く。初めに、身呪と大輪金剛陀羅尼心真言を説き、その念誦法や懺悔法と功徳も併わせ説く。次に、本尊の図像法・法身印をはじめとする八種類の印法とその功徳・五色粉真言・帰命陀羅尼・大輪印を説き、最後に金剛智訳とされる大輪金剛稽首偈を説く。

【関連典籍】1231

【訳者・訳年代】不明（一説には金剛智＊訳とされる）。

（大塚伸夫）

1231 **大輪金剛修行悉地成就及供養法**（だいりんこんごうしゅぎょうしつじじょうじゅぎゅうくようぼう）

大輪金剛供養法ともいう。

【内容】一巻。金剛頂経0865によりながら大輪金剛法を説く。この修法は大輪金剛の真言を唱えることによってすべての悉地（所願成就の意）を獲得する修法で、ほぼ十八種の印契からなる供養法の構造をとる十八道立になっている。

【関連典籍】0865・1230

【訳者・訳年代】不明（一説には金剛智＊訳とされる）。

（大塚伸夫）

1232 **播般曩結使波金剛念誦儀**（ばんはんのうけつしはこんごうねんじゅぎ）

歩擲金剛修行儀軌、歩擲軌ともいう。

【内容】一巻。題名にある播般曩結使波とは八大明王の一尊で、歩擲明王または歩擲金剛のことである。本軌はその歩擲明王を本尊とする歩擲金剛法を説く。その修法はほぼ十八種の印契からなる供養法の構造をとる十八道立になっている。終わりには本尊の図像法も説かれる。

【関連典籍】0893・0965

【訳者・訳年代】不明。

（大塚伸夫）

1233 **仏説無能勝大明王陀羅尼経**（ぶっせつむの

うしょうだいみょうおうだらにきょう）

無能勝大明王陀羅尼経ともいう。

【内容】一巻。仏が舎利子や阿難などに、薬叉（人を悩害する鬼神の一種）・羅刹（人の血肉を食らう悪鬼）・悪魔などをよく破壊するという無能勝大明王陀羅尼を説き、その陀羅尼に基づく除障法を明かす。またその後にも、人々を利益するという諸々の陀羅尼十三呪とそれらの陀羅尼を唱えると生ずる功徳や効能も併わせ説く。

【関連典籍】1234〜1236

【訳者・訳年代】宋の法天＊（＝法賢）。

（大塚伸夫）

1234 **無能勝大明陀羅尼経**（むのうしょうだいみょうだらにきょう）

無能勝陀羅尼経ともいう。

【内容】一巻。無能勝菩薩が、薬叉（人を悩害する鬼神の一種）・羅刹（人の血肉を食らう悪鬼）・悪魔などが人々に害を及ぼすのを防ぐという無能勝陀羅尼以下の三陀羅尼を説き、それらの陀羅尼に基づく除障法を明かす。

【関連典籍】1233・1235・1236

【訳者・訳年代】宋の法天＊（＝法賢）。

（大塚伸夫）

1235 **無能勝大明心陀羅尼経**（むのうしょうだいみょうしんだらにきょう）

無能勝心陀羅尼経ともいう。

【内容】一巻。すべての吉祥の事業を成就し、人々の重罪を消除し、寿命を延長して諸々の病気をも遠ざけるという、無能勝大明心陀羅尼を仏が説く。分量的にはたいへん短いものであるが、陀羅尼とその効能が比較的まとまって説かれている。

【関連典籍】1233・1234・1236

【訳者・訳年代】宋の法天＊（＝法賢）。

（大塚伸夫）

1236 **聖無能勝金剛火陀羅尼経**（しょうむのうしょうこんごうかだらにきょう）

【内容】一巻。釈迦牟尼如来が金剛手菩薩に命じて、天・竜・夜叉・阿修羅・乾闥婆・迦楼羅・緊那羅・摩睺羅伽などの八部衆の苦悩を除くことのできる無能勝金剛火陀羅尼を宣説させることを説く。

【関連典籍】1233・1234・1235

【訳者・訳年代】宋の法天＊（＝法賢）。

（大塚伸夫）

1237 **阿吒婆拘鬼神大将上仏陀羅尼神呪経**（あたばくきじんたいしょうじょうぶつだらにじんしゅきょう）

阿吒婆拘陀羅尼経ともいう。

【内容】一巻。仏が王舎城（古代インドのマガダ国の首都）に住しているとき、阿吒婆拘鬼神大将（毘沙門天の眷属で八大夜叉将の一人、太元帥明王）がある比丘の苦悩している姿を見て、慈悲の心を発こし、人々を悩ます悪鬼神などを降伏させる太元帥明王の三種の陀羅尼を説く。その内容は阿吒婆拘鬼神大将上仏陀羅尼経1238の一部分と同じで、同経より別出されたのではないかとの説もあるが未詳。1336の巻第九中にも同様の内容を見ることができる。

【関連典籍】1238〜1240・1336

【訳者・訳年代】不明。

（大塚伸夫）

1238 **阿吒婆拘鬼神大将上仏陀羅尼経**（あたばくきじんたいしょうじょうぶつだらにきょう）

阿吒婆拘呪経ともいう。

【内容】一巻。初めに1237と同じ内容をもつ太元帥明王の三種の陀羅尼とその功徳が説かれる。次に、太元帥明王を本尊とする曼荼羅の作壇法・阿吒婆拘法（太元帥法、太元帥明王を本尊として修する秘法）・大将使神散禁法の修法・九種の符とその使用法を説く。内容からして、太元軌1239に基づいて作成された和製の偽経の疑いがもたれている。

【関連典籍】1237・1239・1240・1336

【訳者・訳年代】不明。

（大塚伸夫）

1239 **阿吒薄倶元帥大将上仏陀羅尼経修行儀軌**（あばたくげんすいたいしょうじょうぶつだらにきょうしゅぎょうぎき）

阿吒薄倶元帥修行儀軌、阿吒薄倶儀軌、太元軌ともいう。

【内容】三巻。仏が倶尸那城（釈尊入滅の地）の沙羅双樹の所で太元帥法を説く。上巻には太元帥明王上仏陀羅尼の因縁・甘露呪・心呪・心中心呪・結界呪・八部都呪・持誦者救護呪とその功徳・太元帥明王の過去の因縁などが説かれる。中巻には呪の功徳・図像法・作壇法・二十五種の使神法・六十八種の呪詛法などが説かれる。下巻には諸尊の印明・太元帥明王の三昧の印契が十数種説かれ、最後に大将使神散禁法が説かれる。

【関連典籍】1237・1238・1240・1336

【訳者・訳年代】唐の善無畏＊。

（大塚伸夫）

1240 **阿吒薄拘付嘱呪**（あたばくふくしょくしゅ）

【内容】一巻。阿吒薄拘とは太元帥明王のことで、明王の付嘱呪を一呪説き、その念誦の仕方によっては念誦者に危害が及ぶことを説き、戒めている。分量的にはたいへん少部なもの。

【関連典籍】1237〜1239

【訳者・訳年代】不明。

（大塚伸夫）

1241 **伽駄金剛真言**（かだこんごうしんごん）

【内容】一巻。題名にある伽駄金剛真言のみを記す簡単なもの。如何なる真言かは未詳で、真言宗開祖空海の請来といわれる。

【訳者・訳年代】不明。

（大塚伸夫）

1242 **仏説妙吉祥瑜伽大教金剛陪囉嚩輪観想成就儀軌経**（ぶっせつみょうきちじょうゆがだいきょうこんごうばいらばりんかんそうじょうじゅぎききょう）

【内容】一巻。金剛陪囉嚩を本尊とする息災法・増益法・敬愛法・調伏法などの一切の成就法を説くが、主とするのは調伏法（怨敵悪魔などを降伏させる修法）。この金剛陪囉嚩はヒンドゥー教のシヴァ神的な色彩が色濃く表れており、儀軌全体にわたって外教的な記述が多く見られる。曼荼羅分・一切成就法分・観想分・図像儀軌分・護摩法分・観想成就分の六分から構成されている。日本密教ではこの尊格を尊崇することはなかったが、チベット密教では広く流通した。

【訳者・訳年代】宋の法賢＊（＝法天）。

（大塚伸夫）

1243 **仏説出生一切如来法眼遍照大力明王経**（ぶつせつしゅっしょういっさいにょらいほうげんへんじょうだいりきみょうおうぎょう）

遍照大力明王経ともいう。

【内容】二巻。上巻では仏が金剛手菩薩に大力明王（尊格名ではなく陀羅尼の名）・無量威徳勇猛大力真言（大力明王心陀羅尼）・無量勇猛力真言（大力不空成就無量勇猛力陀羅尼）を説く。下巻では悪魔や災難を除去するのに効験があるとされる大力忿怒明王（陀羅尼の名）に基づく大力威徳法と、本経受持の功徳や因縁を説き、最後に大力明王心真言を説く。

【訳者・訳年代】宋の法護＊。

（大塚伸夫）

1244 **毘沙門天王経**（びしゃもんてんのうきょう）

毘沙門天経ともいう。

【成立】八世紀中頃。

【内容】一巻。毘沙門天が仏前において未来の諸有情等の利益安楽と、豊饒財宝、護持国界のために真多摩尼のごとき心真言を説き、その真言を念誦して常に間断無ければ、毘沙門の子の教儞娑があらわれ、日々に金銭一百を送らしめ、行者に浄信・戒・聞・捨・受等の十種の福利を獲得せしめ、聖果を証得させるとし、白月八日および十五日に説法相の釈迦牟尼仏を画かしめ、右辺に吉祥天女を位置せしめて、真言を誦すれば、毘沙門天が童子、あるいは居士の形を現じ、行者の所願を悉く成就せしむるという。終りに護身明、根本印、吉祥天女身印、毘沙門天王呪とが説かれている。

【関連典籍】1245と同本異訳とされるが疑問視

されてもいる。

【訳者・訳年代】唐の不空＊。

（福田亮成）

1245 **仏説毘沙門天王経**（ぶっせつびしゃもんてんのうきょう）

毘沙門天経ともいう。

【成立】十世紀後半以後。

【内容】一巻。仏が舎衛国の祇樹給孤独園にいたときに、毘沙門天が百千無数の薬叉等と共に仏所にいたり礼拝した後に、仏の威神力を承けて、人々がこの経典を受持し読誦し、礼敬し供養すれば、その行人は悪薬叉等によって悩乱されることなく、常に衛護されるとする。さらに、四天王の守護のことが述べられ、さらに帝釈と名づく九十一子があって四大洲を守護することが述べられている。次に毘沙門天は仏の慈力をうけて一真言を宣べ、以下乾闥婆衆、大竜王、薬叉大将、羅刹等にそれぞれ一真言を配し、その威力を詳説している。

【関連典籍】1244と同本異訳とされるが、同類の経典であるといった方がよい。

【訳者・訳年代】宋の法天＊（＝法賢）。

（福田亮成）

1246 **摩訶吠室囉末那野提婆喝囉闍陀羅尼儀軌**（まかべいしらまな〈んだ〉やだいばあら〈らん〉じゃだらにぎき）

多聞天陀羅尼儀軌ともいう。

【成立】九世紀以前。

【内容】一巻。摩訶吠室囉末那野提婆喝囉闍は大多聞天王のことで、この天王の功徳を最も詳しく説いたもの。全体は、画像品、作壇場品、結界品、手印品、護身品、広大啓請品、求使者品、説天王真言品、求一切利益品の九品によって構成されている。猛形怒眼で身に七宝をもって荘厳された甲冑をつけ、右手を腰にして、左手に三叉戟を執り、三夜叉鬼を踏む勢にし、天王の右辺に五太子、両部夜叉、羅刹を、左辺に五行通天と眷属を画くべきと説く。陀羅尼集経0901巻九所説の印呪と当経の手印品と共通する。

【訳者・訳年代】唐の般若斫羯囉。

（福田亮成）

1247 **北方毘沙門天王随軍護法儀軌**（ほっぽうびしゃもんてんのうずいぐんごほうぎき）

毘沙門随軍法ともいう。

【成立】八世紀後半。

【内容】一巻。北方の天王吠室羅摩那羅闍は第三王の第二の孫である那吒太子と共に仏法を護持し、悪人の不善の心を起すものを摂縛し、国王、大臣、百官僚を守護するために自心暴悪真言を説くとし、もし行者がこの呪を受持すれば、暴悪の人を降伏するという。また、五国五万の軍をも降伏することを強調している。

【関連典籍】1248

【訳者・訳年代】唐の不空＊。

（福田亮成）

1248 **北方毘沙門天王随軍護法真言**（ほっぽうびしゃもんてんのうずいぐんごほうしんごん）

毘沙門天王随軍護法真言という。

【成立】八世紀中頃。

【内容】一巻。毘沙門天王の根本呪が最初にかかげられ、この呪を受持する行者のために毘沙門天の画像が説かれ、成就法を修することによって毘沙門天がその身を現わし功徳を施すのである。詳細な造壇法と成就法が中心で、特に、「法の若し諸国の兵賊衆を降伏せんと欲する者、当に一像身を画き、浄室において衆名香を焼し、天王の真言十万遍を誦念すれば他国の兵敵自から退散する」、と述べている。四天王経の引用もある。

【関連典籍】1247

【訳者・訳年代】唐の不空＊。

（福田亮成）

1249 **毘沙門儀軌**（びしゃもんぎき）

【成立】八世紀中頃。

【内容】一巻。心真言、心中心真言、功徳天心呪、浄信真言、召請真言、灯燭真言、供養香華真言、発遣真言の次第が説かれ、壇作法と、さらには香供養法真言が、已上軌了とされ終るが、その後に唐の天宝元載壬午歳(AD742)における不空三蔵にかかわる毘沙門天王の霊験記（宋高僧伝2061第一）が述べられ、請召真言、毘沙門天王心真言、毘沙門天王使者呪が続く。あまり整備されたとはいえないものである。

【訳者・訳年代】唐の不空*。　（福田亮成）

1250 **北方毘沙門多聞宝蔵天王神妙陀羅尼別行儀軌**（ほっぽうびしゃもんたもんほうぞうてんのうじんみょうだらにべつぎょうぎき）

毘沙門別行儀軌ともいう。

【成立】八世紀中頃。

【内容】一巻。毘沙門天王が、一切衆生にいう南閻浮提五濁悪世の中にある比丘・比丘尼等を擁護し、名を聞くだけでも命を護し、悪者に悩乱されることがないとしている。次いで四肘壇が造られ、真言法の受持へとうつり、結地界契、結四方界契、結虚空界契、結香華契、結飲食契、結灯契、四天王結界契、結召請契と次第し、天王大身陀羅尼、北方天王心真言の大功徳が説かれている。

【訳者・訳年代】唐の不空*。　（福田亮成）

1251 **吽迦陀野儀軌**（うんきゃだやぎき）

麼迦多聞宝蔵吽迦陀野妙修真言瑜伽念誦儀軌ともいう。

【成立】八世紀中葉頃。

【内容】三巻。六品よりなる。吽迦陀野は多聞天のことで、麼迦多聞蔵吽迦陀野ともいう。陦漫曼荼羅品第一、吽迦陀野摩訶王布解梵字品第二、吽迦陀野陦隟護摩品第三之餘、吽迦陀野梨殺薬法引摂八大曼荼羅大霊験法供養品第四、吽迦陀野相応天成就八界供養洗浴品第五、一切毘那夜迦十羅羅刹女一切鬼神成就品第六、である。一面十臂の大神王たる多聞天が登場し、根本大陀羅尼、摩訶王心中心呪の功徳が説かれ、護摩法の次第、八大曼荼羅の作り方が詳細に説かれている。十羅刹女・金剛力士等の印言とその供養の心得が示されている。

【訳者・訳年代】唐の金剛智*。　（福田亮成）

1252 **仏説大吉祥天女十二名号経**（ぶっせつだいきちじょうてんにょじゅうにみょうごうきょう）

【内容】一巻。大吉祥天女の十二名号とは、吉慶、吉祥、蓮華、厳飾、具財、白色、大名称、大光曜、施食者、施飲者、宝光、大吉祥（別本では吉慶、吉祥蓮華、厳飾、具財、白色、大名称、蓮華眼、大光曜、施食者、施飲者、宝光、大吉祥）のことである。この十二名号を受持、読誦、修習、供養、他のために宣説すれば、一切の貧窮の業障を除き、豊饒と財宝と高貴とを獲得するとしている。さらに大吉祥陀羅尼とその功徳を説いている。

【関連典籍】梵本、チベット訳が存在する。

【訳者・訳年代】唐の不空*。　（福田亮成）

1253 **大吉祥天女十二契一百八名無垢大乗経**（だいきちじょうてんにょじゅうにけいいっぴゃくはちみょうむくだいじょうきょう）

吉祥天女十二契一百八名経、大吉祥天女経ともいう。

【内容】一巻。世尊が安楽世界に観自在菩薩、得大勢菩薩等の十二菩薩と共におり、そこに大吉祥天女がおとずれる。そして世尊は大吉祥天女の十二契を受持し、一百八名を讃歎するに無量の功徳があることを説く。次いで三十七吉祥如来の名号をあげ、吉祥天女の一百八名があげられ、一百八名の真言があげられている。

【訳者・訳年代】唐の不空*。　（福田亮成）

1254 **末利支提婆華鬘経**（まりしだいばけまんぎょう）

末利支提婆経、末利支華鬘経ともいう。

【成立】八世紀後半頃。

【内容】一巻。仏は舎衛国祇樹給孤独園に二百五十人の大阿羅漢とともにあり、さらに大菩薩、末利支等の諸天竜神等に前後を囲遶されていた。そこで特に末利支が紹介されて三宝帰依と真言があげられ、王難、賊難、水難、火難、羅刹難、鬼難、毒薬難に功徳があり、仏語、真実法語、真実僧語、天実語、仙人実語が覆護することを述べる。さらに、造像法、印および壇法、それらの功徳が詳説されている。末尾に〝一本有りて云う〟として、天像法が説かれて終る。

【訳者・訳年代】唐の不空＊。

（福田亮成）

1255 **仏説摩利支天菩薩陀羅尼経**（ぶっせつまりしてんぼさつだらにきょう）

摩利支天経ともいう。

【内容】一巻。仏が舎利弗に摩利支の大神通自在の法の功徳を説き、さらに摩利支天呪（一名摩利支天身呪）を奉請する。摩利支天菩薩を識る人は一切障難、王難、賊難、猛獣毒虫の難、水火等の難を除き、この法を行ぜんとする人は、一切の鬼神、悪人の諸難を脱がれることができるとし、一心に受持する人は一切の諸悪に害せられることがなく、書写、読誦、受持し、髻中、衣中に著け、随身すれば一切の諸悪がみな退散するというのである。

【関連典籍】0901中の摩利支天経。梵本、チベット訳も存在する。

【訳者・訳年代】唐の不空＊。

（福田亮成）

1256 **仏説摩利支天陀羅尼呪経**（ぶっせつまりしてんだらにじゅきょう）

摩利支天陀羅尼経ともいう。

【成立】六世紀前半頃

【内容】一巻。世尊が祇樹給孤独園にあって、千二百五十人の大比丘衆のために、摩利支天の名を知るのみでその人を見ることも捉えることもできなくとも、陀羅尼呪を呪すればすべての難において護られると説く。また、この経を書写、受持、読誦することによる功徳が説かれている。

【関連典籍】0901中の摩利支天経。梵本、チベット訳も存在する。

【訳者・訳年代】訳者不明（梁代）。

（福田亮成）

1257 **仏説大摩里支菩薩経**（ぶっせつだいまりしぼさつきょう）

摩里支菩薩経ともいう。

【内容】七巻。世尊が比丘衆に、名を摩利支といい、恒に日月の前に行じて見ることができず捉えることもできない菩薩があるとし、その菩薩の名号、陀羅尼の功徳を説く、さらに摩里支心真言、摩里支菩薩六字最上真言、一百八名真言等が説かれ、大摩里支降伏究兵之法があげられる。第二巻では七種の護摩之法と護摩炉の相が説かれる。第二巻では起壇の法、降伏夜叉法等の成就法が説かれる。第四巻では中央毘盧遮那如来、四辺に四大菩薩、八大竜王のマンダラ構成と成就法、薬法が詳説される。第五では供養法の種々相、第六では増益法、調伏法、敬愛法、息災法にかかわる諸種成就法、第七ではマンダラ上の諸尊の身相幖幟と諸真言があげられている。

【関連典籍】1254・1255・1256

【訳者・訳年代】宋の天息災＊。

（福田亮成）

1258 **摩利支菩薩略念誦法**（まりしぼさつりゃくねんじゅほう）

【内容】一巻。まず毘盧遮那印と真言、摩利支菩薩根本真言印とその真言があげられ、心真言印相を摩利支菩薩形と想い心中に断絶せざれば、一切の悪人、災禍、虫狼虎豹小火盗を除滅することができ、やがて速やかに無上菩提道を証することができるとする。

【訳者・訳年代】唐の不空＊。

（福田亮成）

1259 **摩利支天一印法**（まりしてんいちいんぼう）

【内容】一巻。摩利支天に二印ありとし、身印と隠形印をあげる。五処加持し、大金剛輪印を結び真言を一百八遍誦し、また隠形成印を結び真言を一百八遍誦することにより、その加持力によって一切の天魔・悪鬼・不善なる邪魔外道による便りを得ることなく、行者の形体を見ることも持することもできないとする。特に毎日の七種所行時に五処加持すれば、金剛堅固智拳城中に隠入するという。七種所行時とは、睡眠時、覚悟時、沐浴時、遠行時、逢客時、飲食時、行厠時とする。

【訳者・訳年代】不明。　（福田亮成）

1260 **大薬叉女歓喜母并愛子成就法**（だいやくしやにょかんぎもならびにあいしじょうじゅほう）

訶哩底母経、歓喜母愛子成就法ともいう。

【内容】一巻。大薬叉母歓喜の帰仏の因縁、歓喜母の陀羅尼とその功徳、さらに陀羅尼法が説かれる。天女の形の画像、壇法、修法起首日、念誦法、護摩法等を説き、次に種々の目的によって相違する法、例えば伏蔵を求め、女人の敬愛、夫妻不和、女人難婚等をあげている。次に愛子畢哩二合孕陀羅尼法と、その壇法が説かれ、さらに畢哩二合孕迦刻像法、目心陀羅尼、愛子畢哩二合孕迦成就法が説かれている。

【訳者・訳年代】唐の不空*。　（福田亮成）

1261 **訶利帝母真言経**（かりていぼしんごんきょう）

訶梨帝母経ともいう。

【内容】一巻。訶利帝薬叉女の真言があげられ、その形像が詳説される。天女形で純金色、天衣を著け頭に瓔珞を冠り、宣台に坐し両足を垂下しており、二膝の上に各一孩子と、懐中に一孩子を抱き、右手に吉祥果を持しているとする。以下、功徳法が十種次第する。例えば、他人をして歓喜・敬愛せしめるに、悪夢を取りのぞく場合等について、それらを成就するための方法が説かれる。そして訶利帝母念誦法がある。真言、印契、壇法、誦咒法がその内容となっている。

【訳者・訳年代】唐の不空*。　（福田亮成）

1262 **仏説鬼子母経**（ぶっせつきしもきょう）

【成立】三世紀後半から四世紀前半頃。

【内容】一巻。鬼子母神が仏に済度される因縁談。仏が大兜国におもむくと、その国に鬼子母神がいて多くの子供を有し、性格が極悪で常に喜んで他人の子供を盗み殺し、それを啖い、それによって多くの人びとを悲しみに陥れていた。それを知った仏が鬼子母神の千人もいる子供を隠してしまったので、鬼子母神は大変な悲しみようであった。ようやく子供を見つけると歓喜し、仏を礼拝した。やがて五戒を受け、仏教の守護神となったという。

【訳者・訳年代】不明。

【関連典籍】1260・1261。梵本が存在する。　（福田亮成）

1263 **氷掲羅天童子経**（ひょうぎゃらてんどうじきょう）

【内容】一巻。氷掲羅天童子は一説に鬼子母神の懐に抱く子供であるといい、また一説には太陽の眷属である熒惑星（火星）であるともいう。本書は氷掲羅天童子の明（真言）を誦して安息香で丸薬を作り火に投じて世間的な願いを成就する法を説く。

【訳者・訳年代】唐の不空*。空海の請来ではあるが貞元新定釈経目録2157の不空訳経目録に見られない。不空最晩年の訳。　（苫米地誠一）

1264 **観自在菩薩化身蘘麌哩曳童女銷伏毒害陀羅尼経**（かんじざいぼさつけしんじょうぐりえいどうにょしょうふくどくがいだらにきょう）

蘘麌哩童女経、穰麌梨童女経ともいう。

【内容】一巻。世尊が舎衛国祇樹給孤独園において、往昔（過去世）に雪山（ヒマラヤ）の北の酔香山の毒蛇・毒虫を身にまとい毒を飲食している蘘麌哩童女より聞いた、世間の一切の毒を除く三種の真言を説いている。

【関連典籍】1265は異訳。

【訳者・訳年代】唐の不空*。　（苫米地誠一）

1264 **仏説穰麌梨童女経**（ぶっせつじょうぐりどうにょきょう）〈別本〉

観自在菩薩化身蘘麌哩曳童女銷伏毒害陀羅尼経、蘘麌哩童女経ともいう。

【内容】一巻。世尊が舎衛国祇樹給孤独園において、往昔（過去世）に雪山の北の酔香山の毒蛇・毒虫を身にまとい毒を飲食している穰麌梨童女より聞いた、世間の一切の毒を除く真言を説く。観自在菩薩化身襄麌哩曳童女銷伏毒害陀羅尼経1264の終りの一真言がなく、代りに穰麌梨童女随心真言および成就法を説いている異本。

【関連典籍】1265

【訳者・訳年代】唐の不空＊。

（苫米地誠一）

1265 **仏説常瞿利毒女陀羅尼呪経并行法**（ぶっせつじょうぐりどくにょだらにしゅきょうならびにぎょうぼう）

　常瞿利毒女経、常求利毒女経ともいう。

【内容】一巻。世尊が舎衛国祇樹給孤独園において、往昔（過去世）に雪山の北の側香山の毒蛇・毒虫を身にまとい毒を飲食している童女より聞いた、常瞿利法門という世間の一切の毒を除く真言を説く。ただし穰麌梨童女経1264の穰麌梨童女随心真言および成就法の代りに常瞿利毒女身呪と画像法を説き、巻末に行法として中国の道教的な呪符を挙げている。

【関連典籍】1264は異訳。

【訳者・訳年代】唐の瞿多。

（苫米地誠一）

1266 **大聖天歓喜双身毘那夜迦法**（だいしょうてんかんぎそうしんびなやきゃほう）

　歓喜双身毘那夜迦法、双身毘那夜迦法、毘那夜迦法、大聖歓喜天法、大聖歓喜天経ともいう。

【内容】一巻。聖天法の本軌。聖天（大聖歓喜天を略して歓喜天とも聖天ともいう。毘那夜迦〈障礙神〉であるが、シバ神と烏摩妃の子供であるガナパティと同体とされる）の供養法と象頭人身の像を造り、油を注ぎかける浴油法を説く。陀羅尼集経0901第十一巻諸天の毘那夜迦呪法第五十、調和毘那夜迦法印呪第五十一の別訳。

【関連典籍】0901・1267〜1271・1273・1274

【訳者・訳年代】唐の不空＊。

（苫米地誠一）

1267 **使呪法経**（ししゅほうきょう）

【内容】一巻。毘那夜迦（元来は障礙神。シバ神と烏摩妃の子供であるガナパティと同体とされる。また歓喜天＝聖天ともいう）が鶏羅山において、大衆・梵天・自在天・帝釈天・諸鬼神等とともに住し、自在天の許しを得て、毘那夜迦一字呪と象頭人身二身和合の像を造り、油を注ぎかける浴油法と、その功徳を説く。

【関連典籍】0901・1266・1268〜1270

【訳者・訳年代】唐の菩提流志＊。

（苫米地誠一）

1268 **大使呪法経**（だいししゅほうきょう）

【成立】安然の八家秘録にも記載されず、同じ訳者の使呪法経1267の全文をそのまま引用しており、また本文中に「陳隋の間、中天竺婆羅門、為に此の本を訳す。（中略）又の一本は陀羅尼集経の諸天部の巻に出づ」とあることから後世に作られた偽経とされる。

【内容】一巻。毘那夜迦（元来は障礙神。シバ神と烏摩妃の子供であるガナパティと同体とされる。また歓喜天＝聖天ともいう）が鶏羅山において、大衆・梵天・自在天・帝釈天・諸鬼神等とともに住し、自在天の許しを得て、毘那夜迦一字呪と象頭人身二身和合の像を造り、油を注ぎかける浴油法と、その功徳を説く。本経は使呪法経1267の全文に増広を加え、さらに後半に作壇画像法などを説いている。

【関連典籍】0901・1266・1267・1269・1270

【訳者・訳年代】唐の菩提流志＊。

（苫米地誠一）

1269 **仏説金色迦那鉢底陀羅尼経**（ぶっせつこんじきかなはちだらにきょう）

　金色迦那鉢底経ともいう。

【成立】金剛智の訳となっているが、金剛智の確かな訳経は金剛頂瑜伽中略出念誦経0866のみであり、江戸時代の浄厳により偽経とされている。

【内容】一巻。仏が舎衛国迦蘭竹林園において、金色迦那鉢底除障難真言を説いて、金色の迦那鉢底（シバ神と烏摩妃の子供。毘那夜迦と同体。大聖歓喜天、略して歓喜天とも聖天ともいう）に付属し、金色の迦那鉢底が、象頭人身の迦那鉢底の像を造り、供養する法を説く。

【関連典籍】1267・1268・1270

【訳者・訳年代】唐の金剛智＊。

（苫米地誠一）

1270 **大聖歓喜双身大自在天毘那夜迦王帰依念誦供養法**（だいしょうかんぎそうしんだいじざいてんびなやきゃおうきえねんじゅくようほう）

大聖歓喜自在天法、歓喜天供養法ともいう。

【成立】安然の八家秘録にも記載されず、善無畏の訳経とは考えられない。後世の偽経であろう。

【内容】一巻。大自在天と烏摩妃の間に三千の子があり、左の千五百の頭が毘那夜迦王で悪事を行い、右の千五百の頭が扇那夜迦持善天で一切の善を行い、これが観音の化身で毘那夜迦王の悪行を調和するために同類に生まれ、兄弟夫婦となって相抱同体の形を現ずるのであり、もとの因縁は大明呪賊経にあるとして、以下に作壇法、念誦供養法などを説く。

【関連典籍】0901・1266～1269

【訳者・訳年代】唐の善無畏＊。

（苫米地誠一）

1271 **摩訶毗盧遮那如来定慧均等入三昧耶身双身大聖歓喜天菩薩修行秘密法儀軌**（まかびるしゃなにょらいじょうえきんとうにゅうさんまやしんそうしんだいしょうかんぎてんぼさつしゅぎょうひみつぎき）

摩訶毘盧遮那如来定慧均等入仏三昧耶身大聖歓喜天菩薩修行秘密法儀軌、双身大聖歓喜天菩薩修行秘密法儀軌、双身大聖天菩薩修行秘密法儀軌ともいう。

【成立】安然の八家秘録にも記載されず、また中に天台智者阿闍梨（智顗）の止観心要記からの引用を載せており、後世の偽経である。

【内容】一巻。この聖天菩薩の法を修行しようとする者は、さまざまに伝法師並びに阿闍梨を供養し歓喜せしめて後にこの法を授かり、修行すべきであるとし、根本大真言を説く。

【関連典籍】1266

【訳者・訳年代】唐の不空＊。

（苫米地誠一）

1272 **金剛薩埵説頻那夜迦天成就儀軌経**（こんごうさったせつびなやきゃてんじょうじゅぎききょう）

頻那夜迦成就儀軌、頻那夜迦天儀軌経ともいう。

【内容】一巻。金剛薩埵が、世間的な願望を成就するための、種々の頻那夜迦（歓喜天）の成就法を説いている。後期密教無上瑜伽タントラに属するような、左道的な内容を持つ。

【訳者・訳年代】宋の法賢＊。

（苫米地誠一）

1273 **毘那夜迦誐那鉢底瑜伽悉地品秘要**（びなやきゃがなはちゆがしっじほんひよう）

毘那夜迦秘要、毘那夜迦含光記、含光記ともいう。

【成立】唐代。著者は含光。毘那夜迦の法は深秘であるが故に古今の諸師は経中に載せず、真言を出して理を顕さず、末代の学者は多く障礙を被っているので、含光が師の不空三蔵の口決を受けて秘義を記したものという。

【内容】一巻。誐那鉢底王真言、毘那夜迦生歓喜双身真言、双身毘那夜迦調伏他悪真言などをあげ、真言の権実の義を説いて、真言に観音の種子と毘那夜迦の種子があるのは、権（仮）の義は、余部に説く往昔の因縁の観音が婦となって毘那夜迦に障碍をさせないなどの意味であるが、実には障碍は懈怠より起きるので、仏菩薩はこの懈怠を調伏するために男女の天となるとし、仏とは毘盧遮那であり、その最後身の普賢が毘那夜迦となり、菩薩は観音で、毘盧遮那と観音が本尊の身、軍荼利がその調伏の効験であるが故に、修法のときは毘盧遮那・十一面観音・軍荼利明王の三尊を礼拝するという。

【関連典籍】0901・1266～1271・1274

（苫米地誠一）

1274 **大聖歓喜双身毘那夜迦天形像品儀軌法**（だいしょうかんぎそうしんびなやかてんぎょうぞうぼんぎき）

【成立】唐代。著者は憬瑟。

【内容】一巻。弟子の憬瑟が師の含光の口伝によって著した歓喜天の形像の説明。

【関連典籍】0901・1266～1271・1273

（苫米地誠一）

1275 **聖歓喜天式法**（しょうかんぎてんしきほう）

【成立】著者は唐の般若惹羯羅（智慧輪三蔵）とされるが、不明。おそらくは中国成立であろうが、果たして智慧輪三蔵の著作か否かは決定できない。ただし安然の八家秘録に記載されないことは、後世の偽作の可能性もあろうか。

【内容】一巻。聖天の法において霊験を得ようと欲するものは、東日王歓喜天・南愛王歓喜天・西月愛歓喜天・北護持歓喜天を配する天盤と、帝釈天・火天・炎魔天・羅刹天・水天・風天・毘沙門天・大自在天・二十八宿三十六禽を配する地盤とを、香木をもって作り、印真言によって世俗的な願望を成就するという。この天盤・地盤や盛冥文符・秘摂符など道教的要素の見られる修法を説く。後半に聖天次第一巻を載せるが、これは奥書に「一交了　興然之本」とあり、日本でできた勧修寺流の次第であろう。

【関連典籍】0901・1266～1271

（苫米地誠一）

1276 **文殊師利菩薩根本大教王経金翅鳥王品**（もんじゅしりぼさつこんぽんだいきょうおうきょうこんじちょうおうぼん）

金翅鳥王経ともいう。

【内容】一巻。釈迦が浄居天に在ったときに、文殊菩薩に対して説いたものである。この金翅鳥王の真言行には神秘力があり、法に従って金翅鳥王の曼荼羅を構え修法すれば、世俗のあらゆる願望を成既し得ると説いている。本品に説かれる曼荼羅は、説法相の仏を中心に、右辺に文殊菩薩、左辺に那羅延天を描き、那羅延天の近くには金翅鳥王、阿盧拏天、そして文殊菩薩の後ろには無慧菩薩、善財童子を描く。その次に願いに応じた護摩の作法を説く。またこの法は、未来末法のとき国王および国界を擁護する必要があるときに、父母に孝順であり国王を尊び、阿闍梨を敬うものに対してのみ授けるべき法であると説かれている。当品は、主に止風雨法と関連する迦楼羅法の典拠として重視された。なお本品は、文殊師利根本儀軌経1191の類本であり、梵本が存在する。

【関連典籍】1191

【訳者・訳年代】宋の天息災＊。

（飯塚秀譽）

1277 **速疾立験魔醯首羅天説阿尾奢法**（そくしつりゅうげんまけいしゅらてんせつあびしゃほう）

速疾立験魔醯首羅天説迦楼羅阿尾奢法、魔醯首羅天説阿尾奢法、迦楼羅阿尾奢法、阿尾奢法経ともいう。

【内容】一巻。那羅延天が香酔山の頂にあって、自在宮の魔醯首羅天（大自在天）に請い、魔醯首羅天の乗物である迦楼羅使者（金翅鳥）の阿尾奢法を説く。阿尾奢法というのは子供に天（この場合は魔醯首羅天の使者である迦楼羅天）を下して、未来を占う法、または人に取り付いた鬼神などを子供に移して、禁縛し、病気などを治す法のこと。

【訳者・訳年代】唐の不空＊。

（苫米地誠一）

1278 **迦楼羅及諸天密言経**（かるらぎゅうしょてんみつごんきょう）

迦楼羅王持念経ともいう。

【成立】本文中に「謹みて案ずるに、梵本に云く」とあるところからすると訳経ではなく、中国成立であろう。あるいは訳者般若力が梵本より抽出、漢訳し、編纂したものか。

【内容】一巻。初めに迦楼羅天（金翅鳥）の説明をした後、大梵天・毘紐天・大自在天が衆生を愍れんで化した身であるといい、印契真言を説く。その後に伏毒法・迦楼羅娑度曼荼羅（善哉壇）の作壇法・迦楼羅画像法・迦楼羅五天観門その他の法を説く。

【訳者・訳年代】唐の般若力。

（苫米地誠一）

1279 **魔醯首羅天法要**（まけいしゅらてんほうよう）

魔醯首羅天王法要ともいう。

【内容】一巻。魔醯首羅天（大自在天）が天上において諸天女とともに遊戯化楽し伎芸を作しているときに、魔醯首羅天の髻より伎芸天女が出現し、真言を説く。また画像法や印契、功徳などを説く。

【関連典籍】1280

【訳者・訳年代】訳者不明（唐代、AD847）。

（苫米地誠一）

1280 **魔醯首羅大自在天王神通化生伎芸天女念誦法**（まけいしゅらだいじざいてんのうじんつうけしょうぎげいてんにょねんじゅほう）

伎芸天女念誦法、伎芸天女法、魔醯首羅頂生天女法ともいう。

【内容】一巻。魔醯首羅天王（大自在天）が自在天上において諸天女とともに遊戯し伎芸を作しているときに、魔醯首羅天王の髪の際より伎芸天女が出現し、真言・結界法・種々の念誦法を説く。また大自在天女画像法や祈願壇法、火壇法などを説く。魔醯首羅天法要1279の異訳。

【関連典籍】1279

【訳者・訳年代】不明。

（苫米地誠一）

1281 **那羅延天共阿修羅王闘戦法**（ならえんてんぐあしゅらおうとうせんほう）

那羅延天法ともいう。

【内容】一巻。那羅延天が須弥山頂に諸天等とともに集会して説法し、阿修羅王を瓶の中に封じ込めて半身を断ずる因由と、阿修羅による病気を治す法を説く。

【訳者・訳年代】唐の宝思惟*。

（苫米地誠一）

1282 **宝蔵天女陀羅尼法**（ほうぞうてんにょだらにほう）

宝蔵天女法ともいう。

【内容】一巻。三十三天の主である魔醯首羅天（大自在天）が、諸天女衆とともにあって、宝蔵天王を讃歎して、その真言と五月五日に行う泥壇法を説いている。

【訳者・訳年代】不明。

（苫米地誠一）

1283 **仏説宝蔵神大明曼拏羅儀軌経**（ぶっせつほうぞうじんだいみょうまんだらぎききょう）

宝蔵神曼拏羅儀軌経、宝蔵神経ともいう。

【内容】二巻。仏が楞伽国（スリランカ）に在るとき、宝蔵神大夜叉王の請願により、八種富貴未曽有の法を説き、宝蔵神大夜叉王が自身の真言を説く。さらに釈迦如来が宝蔵神曼拏羅儀軌・秘密真言および彼の印契法を説いている。

【関連典籍】1284

【訳者・訳年代】宋の法天*。

（苫米地誠一）

1284 **仏説聖宝蔵神儀軌経**（ぶっせつしょうほうぞうじんぎききょう）

【内容】二巻。宝蔵神広大儀軌護摩法則を説き、儀軌を持誦する法として曼拏羅を造り、供養し、撥遣する次第と、供献の物を明かす。

【関連典籍】1283

【訳者・訳年代】宋の法天*。

（苫米地誠一）

1285 **仏説宝賢陀羅尼経**（ぶっせつほうけんだらにきょう）

【内容】一巻。仏が舎衛国祇樹給孤独園に在るとき、宝賢という大夜叉王が、勝利を得たり財宝を獲得する秘密心陀羅尼を説く。

【訳者・訳年代】宋の法賢*。

（苫米地誠一）

1286 **堅牢地天儀軌**（けんろうちてんぎき）

地天儀軌ともいう。

【成立】八世紀中頃と思われるが不明。

【内容】二巻。比丘尼等が常に五根を摂して至心に繋念し、堅牢地天・大功徳天を礼拝し、恭敬し、供養し、念誦すれば、恒常に地味を出し、彼の人に資潤して身中に寿命を増益し、地の精気が充満することによって、行者の身中に色力・念・喜・精通・大智慧・弁財・三昧六通・人天の愛敬・無比無尽の大福徳等を得、己身に安穏を得、憂愁有ることなく、心常に歓喜して、好福田成就の法器を得るとし、よく精通すれば速に増長福の力を得るとする。そして、神呪と根本身印が紹介され、現世的な福力を得るための作法が説かれ、終わりに堅牢地神像法が説かれ、男天は肉色、左手に鉢盛華、右手は掌を外に向ける。女天は白肉色、右手で心を抱く。左手は股を抱くとある。

【訳者・訳年代】唐の善無畏＊。

（福田亮成）

1287 **大黒天神法**（だいこくてんじんほう）

【成立】唐代。著者は神愷。

【内容】一巻。大黒天神は、大自在天変身、堅牢地天化身ともいわれ、伽藍等に安置される神であるとし、体は五尺・三尺・三尺五寸に作り、黒色で烏帽子をかぶり、狩衣を着し、右手を拳にし左手に大袋を持し、背に鼠毛色の袋を懸けるがごとき形状を説く。さらに大黒天とは、胎蔵界の摩訶迦羅天（Mahākāra）にあたり、普印を用い、三摩耶形は劍。青色で三面六臂であり、それらの手に剣・八頭・羊牝・象皮張・髑髏等を執している。さらに仁王経良賁疏・孔雀王経・大日経疏・瑜祇経疏・南海伝・理趣釈等の諸説を引用し、考察を展開し、最後に最極秘密法の次第をあげている。

（福田亮成）

1288 **仏説最上秘密那拏天経**（ぶっせつさいじょうひみつなだてんぎょう）

那拏天経ともいう。

【内容】三巻。最上成就儀軌分第一（上巻）。最上成就儀軌分第二・最上成就儀軌分第三・最上曼拏羅儀軌成就法分第四・最上成就書像儀軌分第五（中巻）、最上成就供養大明分第六・最上成就印相大明分第七・最上成就敬愛護摩法分第八・大明曼拏羅成就儀軌分第九（下巻）という構成となっている。仏が毘沙門宮に金剛手菩薩を上首とする大衆と共に在した折、毘沙門天が秘密曼荼羅法・三昧之法を宣説せんことを願うのにたいし、世尊は調伏夜叉熾盛普光三摩地に入り、定中の身に於て大光を放ち、また面門より七色の光を出すに那拏天の頂より入り、忿怒相・大笑相。千臂にして手に葛波羅と諸器仗等を持せる須弥山の如き大身を出現し、そして一切三昧曼荼羅印法・明言・印相の宣説を願う。その後に三つの呪があげられ、その供養のさまがあげられ、そして最上大曼荼羅法、書像法が説かれ、献閼伽・結界大明・献香・護摩・沐浴・潔浄・花・塗香・灯と次第して陀羅尼とそれらの作法が説かれている。

【訳者・訳年代】宋の法賢＊。

（福田亮成）

1289 **仏説金毘羅童子威徳経**（ぶっせつこんぴらどうじいとくきょう）

【成立】八世紀後半。

【内容】一巻。仏が一時、忉利天歓喜園中波利質多羅樹下の宝宮殿に在ったとき、会中の六師外道が仏にむかって、雪山に六年修行し、等正覚を成じ、大法輪を転じて諸々の衆生を誑し、地獄に堕落せしめるに、いかに救済するか、と詰問したのに対して、身長千尺・千頭・千臂の金毘羅童子に化して、大勝金毘羅童子降天魔術妙神呪陀羅尼を誦するに皆な正直覚之通を獲た、とする。そのとき会中に薬王菩薩・龍樹菩薩・観世音菩薩・馬鳴菩薩等があって、各々が種々の薬物をもって種々の病をいやす法を修した、という。たとえば、世間財を欲求する法というごときである。

【訳者・訳年代】唐の不空＊。

（福田亮成）

1290 **焔羅王供行法次第**（えんらおうぐぎょうほうしだい）

焔羅供次第ともいう。

【成立】八世紀後半（唐代）。著者は阿謨伽（＝不空＊）。

【内容】一巻。焰羅王（yāmarāja）には五変があるとし、(1)焰羅法王、(2)死王、(3)黄泉国善賀羅王、(4)料罪忿怒王、(5)檀拏少忿怒王をあげ、その本宮は鉄圍山の北の地中の冥通宮であり、その宮中の庭に檀拏幢があり、その頭に一の少忿怒の面があって人間の重罪・作善のありさまを見ているという。そして、要するに施餓鬼法の作法を説く。加持香水・灑浄浄水の真言。本師釈迦尼仏をはじめ、一切護法金剛密迹諸善神衆を礼拝して消除災難・寿命百歳常見百秋を願う。ついで、諸仏菩薩摂招真言を誦し、釈迦・普賢・文殊・梵天・帝釈および四天王等に供物を献じ、四天王通心呪印、梵天印・帝釈天印、焰魔檀陀呼召印真言、閻羅王法身印古言、請五通将軍等の印・真言が次第し、召諸餓鬼真言、開喉印真言・光沢諸供物印真言・甘露真言等を誦して至心に五如来の号を唱える。

（福田亮成）

1291 **深沙大将儀軌**（じんじゃだいしょうぎき）

深沙大将菩薩儀軌ともいう。

【内容】一巻。深沙大将は観世音菩薩の化身であり、その真言と功徳が説かれている。一真言・一印・三使者ありとし、真言を七遍誦すれば五逆罪が滅し、千遍で罪の滅ぜざること無く、十万遍で観音の種々の荘厳を見る。それと一日、十五日にわたって誦すれば滅罪を得る。一印は利益衆生とも名づけられ、それによって結界し、普礼・廻向し、発遣するに悪人を降伏す。三種使は、三種の執、生生世世の業障を滅して悉地成就を得るのである。

【訳者・訳年代】唐の不空＊。

（福田亮成）

1292 **法華十羅刹法**（ほっけじゅうらせつほう）

【内容】一巻。十羅刹女は、法華経陀羅尼品第二十六に登場するもので、釈尊の所に至って異口同音に法華経を読誦し受持する者たちを擁護するであろうと誓った。ここでは、十羅刹法が主たる内容であり、(1)道場印、(2)法華印、(3)羅刹印、(4)(5)前印の所作相、(6)羅刹縛印、(7)修多羅蔵印、(8)羅刹護法華印、(9)羅刹微塵陀落印、(10)天地魔目大縛印と次第する。次に十羅刹形様を説く。(1)藍婆（Lambā）―形は薬叉の如く、衣色は青、右手に独股を取り右の肩に当て、左手に念珠を持す。(2)毘藍婆（Virambā）―形は竜王の如く、衣色は碧緑、右手に風雲を把り、左手に念珠を把る。(3)曲歯（kūtadantē）―形は天女仙の如く、衣色は青、面を低く伏せ、前に香花を捧げ、長跪居し半跏坐なり。(4)花歯（Puspadantī）―形は尼女の如く、衣色は紫、右手に花を把り、左手に花盤の面を少し低く把る。(5)黒歯（Makutadantī）―形は神女の如く、衣は妙色。右手に叉を取り、左手は軍持を取り、守護の形の如くして半跏坐。(6)多髪（keśinī）―形は童子の如く、右手に銅環を取り、左手は舞の如くす。(7)無厭足（Acalā）―形は頂経の形の如く、衣色は浅呱。(8)持瓔珞（Mālādhārī）―形は吉祥天の如く、衣色は金色、左右の手に瓔珞を持す。(9)白幸帝（Kuntī）―形は頂鳴の如くして女形、衣色は紅青色、右手に裳を把り、左手に独股を持す。(10)奪一切衣衆生精気（Sarvasattvojohārī）―形は梵王・帝釈女の如く、衣色は挟雑色、右手に杵を持し、左手に三股を持す、とあり、以下十羅刹本心呪があげられる。

【訳者・訳年代】不明。

（福田亮成）

1293 **般若守護十六善神王形体**（はんにゃしゅごじゅうろくぜんじんおうぎょうたい）

【成立】八世紀中頃。

【内容】十六善神の名称と形体があげられている。十六善神は般若経の守護神である。(1)提頭攞宅善神―緑青色、口を開き忿怒相、甲冑を被り赤衣を着る、右手に大刀、左手に捧鉾を持し、髪は紫色。(2)毘盧勒叉善神―赤紫色、忿怒の相にして唇を閉ず、甲冑を被り白青色の衣服を着、右手に抜折囉、左手腰を押し、髪は紺色。(3)摧伏毒害善神―赤肉色、髪を聳立て、甲冑を被り白衣を着て、右手に大刀を持し、左手は胸に当つ。(4)増益善神―赤肉色、(四)臂にして怒鬼の相、緑色の袈裟を着け、紅い裳、頭に瓔珞を懸け、右の第一手に大刀、第二手に剣輪を把り、左の第一手に楊枝、第二手に半月を捧げる。(5)歓喜善神―緑色、頂上に金色の孔雀有り、甲冑を被り赤衣を着、右手に一股鉤を持し、左手を腰に当て、髪は丹色にして忿怒の体である。(6)除一切障難善神―黄色、瞋怒相、六臂にして鮮白の衣を被り、右手の第一手に三戟叉、第二手に経典、第三手に舎利宝塔、左手の第一手に紅蓮華、第二手に宝鉤、第三手に宝螺を把り、宝冠を戴き、天衣の風の吹くごとき袈裟を着け、瓔珞環釧は常の如し。(7)抜除罪垢善神―裸形、赤緑色の袈裟を被り、髪毛は聳え立ちて赤黄色の相、右手に五叉の棒、左手を拳に作し頂上に置き、瞋眼開口して利牙を上下に出し、甚怖畏なり。(8)能忍善神―空色、白頭巾、右手に大刀、左手に矟を持し、其の色白の下腂まではわずかに冑が見え、髪は紫なり。――以上右方に立つ。(9)吠室羅摩拏善神―青黒色、瞋王の相を現わし、閉唇の相にし、右手に金剛棒、左手に全身舎利宝塔を捧げ、甲冑を被り赤衣を着け、髪は紫色なり。(10)毘盧博叉善神―肉色、微笑の形、黒糸を臂に懸け、筆を以て書写の勢を作し、甲冑を被りて緑色の衣を着け、髪は赤色なり。(11)離一切怖畏善神―形体は帝釈天の如く、頂上に髑髏、その上に三股形がある。(12)救護一切善神―青白色、相貌は毘沙門天の如く、左右の手合掌して、十指の端に紅色微敷蓮華有り、衣服は赤黄色なり。(13)摂伏諸魔善神―髪の毛聳え立ち、黒肉色、瓔珞をもって荘厳され、右手に剱、左手は掌を下して外に向い、衣服は黄色なり。(14)能救諸有善神―白緑色、顔貌は玉相、二手は虚心合掌、甲冑の上に白色の袈裟を被り、裳は赤色なり。(15)師子威猛毒神―肉色、師子の宝冠を載せ、右手の第一手は斧、第二手は剣、左手の第一手は梵夾、第二手は三叉戟を持し、紺色の袈裟を被り、虎皮の小服を着て、極悪忿怒なり。(16)勇猛心地善神―緑色の甲冑を被り、二手外縛して胸に当て、微笑の相なり。――以上左方に立つ。

【関連典籍】陀羅尼集経901第三に十六善神の名字と総呪がある。

【訳者・訳年代】唐の金剛智(こんごうち)*。

（福田亮成）

1294 施八方天儀則（せはっぽうてんぎそく）

【成立】唐代。著者は大興善寺翻経院済頂阿闍梨(さいちょうあじゃり)。

【内容】一巻。八方天とは、東方帝釈天、東南方火天、南方焰摩天、西南方羅刹天、西方水天、南北方風天、北方多聞天、東北方伊舎那天のことであり、それに上方梵天、下方地天、日天、月天の四天を加えて十二天を道場に啓請し、各々に施食、蠟燭、香等を捧げ、各々の真言を誦す。さらに、甘露真言・飲食(おんじき)真言を誦するのである。もし人が吉祥の事を求めようとする場合は、道場を建てる終畢の日の初夜分に、八方天王および梵天・地天、諸の宿曜鬼神等に施し、その後に聖衆に発遣する。道場を廃する場合も同じにすれば、聖衆は歓喜し、福祐を得ることになるという。

（福田亮成）

1295 供養護世八天法（くようごせはってんぽう）

【成立】九世紀中頃（唐代）。編者は法全(はっせん)。

【内容】一巻。蘇婆呼(そばこ)経に本拠しつつ、護世八方天を供養する方法を説いている。普通八方天という場合、東方帝釈（Indra）、南方焰摩羅（Yamala）、西方水天（Varuṇa）、北方毘沙門（Vaiśravaṇa）、東北伊舎那(いしゃな)（Īśāna）、東南水天（Agni）、西南天（Nirṛti）、西北風天（Vāyu）があげられるが、ここでも大略同じである。これら護方天王を天宮より降臨願うための印・真言と、供養の次第と観想が詳細に説かれ、護摩が偈文(げもん)によって説かれている。末尾には別に天供次第がある。

【関連典籍】0895

（福田亮成）

1296 **十天儀軌**（じってんぎき）
十天供儀軌ともいう。
【内容】一巻。十天の名称・印契・真言と、七曜・二十八宿のそれである。ちなみに、十天とは、東北方大自在天（Maheśvara）、東方帝釈天(Indra)、東南方火天（Agni）、南方焔摩天（Yama）、西南方羅刹天（Nirti）、西方水天（Varuṇa）、西北方風天（Vāyu）、北方毘沙門天（Vaiśravaṇa）、上方梵天（Brahmā）、下方地天（Pṛthivi）、日天（Āditya）、月天（Candra）である。十二天儀軌から印契・真言のみを抜き出して編纂されたものである。
【関連典籍】1298
【訳者・訳年代】不明。
（福田亮成）

1297 **供養十二大威徳天報恩品**（くようじゅうにだいいとくてんほうおんぼん）
十二天法、十二天報恩品、十二天儀軌ともいう。
【成立】八世紀後半。
【内容】一巻。一切衆生は病や鬼魔によって寿命を減損しているが、それらをいかに対治するかというに、衆生は多くの恩を受けているのを知らないでいるのであるが、特に日月諸天に内外養育の恩があり、それに酬いるべきであるとする。その天に十二有りとし、地天・水天・火天・風天・伊舎那天・帝釈天・焔魔天・梵天・毘沙門天・羅刹天・日天・月天をあげ、これらの諸天に喜時と瞋時の様相に各二種ずつあげる。さらに、これらの諸天は何時に歓喜し、何時に瞋怒するかを述べ、諸天が仏前において一切衆生を荷負し、国界を護持し、正法を守護することを誓う。さらに、息災・増益・調伏・敬愛の場合の諸天供養の順序と、その具体相が説かれている。
【関連典籍】1298
【訳者・訳年代】唐の不空＊。
（福田亮成）

1298 **十二天供儀軌**（じゅうにてんくぎき）
【内容】一巻。十二天の供養法を説くものである。食・香水・塗香・華・焼香等真言をもって加持し、その燭を諸位に献じるに助伴数人を駆使し、各一物を執して供事す、という。ついで十二天の形像と印明、そして七曜・二十八宿の印明が明かされている。護摩壇のことが説かれ、壇の中心に四臂の不動尊を置き、その形像が説かれている。そして図位の三例があげられている。
【関連典籍】0908
【訳者・訳年代】不明。
（福田亮成）

1299 **文殊師利菩薩及諸仙所説吉凶時日善悪宿曜経**（もんじゅしりぼさつぎゅうしょせんしょせつきつきょうじにちぜんあくすくようきょう）

文殊諸仏説吉凶時日経、宿曜経ともいう。

【成立】唐の乾元二年（AD759）。

【内容】二巻。七曜・十二宮・二十七宿の関係、あるいは人の生誕の日によって一生涯の運命を占い、その吉凶を占察する方法を説いたものである。上巻は、定宿直品第一、日宿直所生品第二、三九秘宿品第三、七曜直日品第四、秘密雑占品第五、黒白月分品第六、日名善悪品第七。下巻は、西國毎一月分為白黒両分、択日、択時、白黒月所宣吉凶暦、二十七宿所為吉凶暦、行動禁閉法、裁縫衣裳服着用宿法、三九秘密法があり、次いで七曜直日暦品第八、七曜の名称と当直、七曜占、七曜直日、七曜直日与二十七宿合吉凶日暦を説く。中国は二十八宿、インドの瞿曇仙(Gautama)が案出した暦法は二十七宿である。インドでは月の十五日間を白月、十六日から三十日に至るまでを黒月とし、その月と二十七宿との位置によって吉凶禍福を占うのである。

【訳者・訳年代】唐の不空＊。

【参考文献】矢野道雄『密教占星術—宿曜道とインド占星術—』一九八六年。

（福田亮成）

1300 **摩登伽経**（まとがきょう）
摩鄧女経ともいう。
【成立】三世紀中頃。

【内容】二巻。上巻に度性女品第一、明往縁品第二、示真貫品第三、衆相問品第四、星図品第五、下巻に、観災祥品第六、明時分別品第七、がおさめられている。阿難尊者が乞食中に栴陀羅（Caṇḍāla）女に水を貰ったことによって、その女から懸想され、その母の呪術によって引き寄せられたが、仏力によってのがれることができた。そして、その女は仏に教化され出家して不退転の位に住することになった、という。さらに栴陀羅摩登伽（mātaṅga）種の王、帝勝伽（Tṛśanku）が子の師子耳（Śārdūlakaraṇa）のために婆羅門種の女の本性（Prakṛti）を娶とろうとして、その父の蓮華実（Pūṣkarasārī）に申込むが四姓の別をもって拒む。しかし彼の種姓優位観を論破し、その帝勝伽がすぐれた人物であることを、占星の事、二十八夜や善悪、吉凶の相を問い、そしてそれらの全てを説くことをもって証明としたのである。これによって蓮華実は摩登伽を称讃し、とうとう子の師子耳と婚姻させることになった。

【関連典籍】1301

【訳者・訳年代】竺律炎と支謙＊の共訳

（福田亮成）

1301 **舎頭諫太子二十八宿経**（しゃずかんたいしにじゅうはっしゅくきょう）

舎頭諫経、太子二十八宿経、虎耳経ともいう。

【成立】三世紀後半から四世紀前半。

【内容】一巻。仏弟子阿難が乞食をしていたとき、波機提（Prakṛti）という殉呪女が水を与えたことからその阿難を思慕することとなり、母にうったえ、その母の大神呪によって阿難は彼女の家に至ることになってしまった。しかし阿難は仏の教えに背反したことに気づき心に悔いた。それを仏は妙呪を誦して救うこととなり、仏の呪力の最上なることが明らかとなった。これによって彼女は比丘尼となったが、そのことに対し反対している人びとのいるのを聞いた仏は、彼女と阿難との宿世の因縁を説くことになった。それによれば、摩登（Mātanga）の王があり、その太子を舎頭諫（Śārdūlakarṇa）といった。一方に弗袈裟（Puṣkarasārī）という梵志あり、その一女を波婆提（prakṛti）といった。それら両者の結婚について人種の相違をもって反対した弗袈裟に対して、摩登王が四姓の制度などは俗習で何らの根拠もないと主張した。そして、さらに二十八宿の事を詳しく述べ、その博識なることを披露したことから結婚を認めることになった。そして、その摩登王は仏であり、太子は阿難であり、梵志の女子は志性比丘尼（Prakṛti）であったと結論する。

【関連典籍】1300

【訳者・訳年代】西晋の竺法護＊。

（福田亮成）

1302 **諸星母陀羅尼経**（しょしょうもだらにきょう）

【内容】一巻。世尊は曠野大聚落中に、諸天や諸魔、諸神、二十八宿の諸大衆等、それに菩薩と共に住していた。金剛手は世尊に一切有情を守護する法を問うに、悪星瞋怒破壊之法と、供養行施念誦秘密之義を説いた。さらに日月一切星神等が釈迦如来を説法の師として守護し、防護し、刀杖を遠離し、毒薬を消滅して結界す、とするに対して、供養星法、八星秘密心呪を説き、さらに諸星母陀羅尼秘密呪句を説いた。そして、この諸星母陀羅尼秘密呪句を九月の白月七日より十四日まで諸星を供養し、同の十五日に昼夜に読誦して九年に至れば死畏と星流堕落の怖畏がなくなると説いている。

【関連典籍】1303

【訳者・訳年代】唐の法成＊。

（福田亮成）

1303 **仏説聖曜母陀羅尼経**（ぶっせつしょうようもだらにきょう）

【内容】一巻。仏が阿拏迦嚩帝大城にとどまっていたとき、天竜等の八部衆、木・火・金・水・土星、二十七曜が有り、さらに大金剛三昧荘厳道場に金剛手菩薩等の十六大菩薩が恭敬囲遶していた。そして金剛手は仏に問うて、諸宿曜の形貌麁悪なるありて衆生を悩害し、命根を断じ、人の財宝を耗し、人の精神を滅じ、人の年寿を促し、一切衆生を損害するに、願わくば正しく密法と説いて擁護したまえ、と。仏の説くには、閼伽および音楽等を以て法によりて加持し一一を供養するに諸悪を滅除す、として供養宿曜真言を説き、さらに宿曜母陀羅尼を説いた。このことによって衆生の一切の願を満足す。もし長寿等を求める人あれば、八月七日に起首し十四日の夜に至るに受持し斎戒し、法に依て宿曜の十五日に至り供養し、一昼夜この陀羅尼を読誦すれば九十九歳の長寿を得るという。

【関連典籍】1302

【訳者・訳年代】宋の法天＊。

（福田亮成）

1304 **宿曜儀軌**（すくようぎき）

【内容】一巻。虚空蔵・文殊・普賢・延命・帝釈天・毘沙門天・日天・月天・火星・水星・木星・金星・土星・羅睺星・計都星・九執曜天・二十宿の印・真言・供養が説かれ、能吉祥真言・北斗七星真言・破一切宿曜吉祥真言があげられ、その功徳が説かれている。さらに金剛大成就経・吉祥成就品の文が引用され、諸福業を修し広く仁慈を施すに、文殊八字真・熾盛光仏頂・被葉衣観音・一字王仏頂によりて一切の災難の自然に消滅すとし、厄難時の各曜成就が述べられている。

【訳者・訳年代】唐の一行＊。

（福田亮成）

1305 **北斗七星念誦儀軌**（ほくとしちしょうねんじゅぎき）

【成立】八世紀中頃。

【内容】一巻。如来が末世薄福の一切衆生のために真言教法を説くに、一切日月星宿が悉く雲集して神呪を説かんことを願うのにたいして、八星呪を説くのである。金剛頂経七星品に印は説かれているとしているが不明である。次いでこの八星呪の功徳が説かれ、罪業が除滅し、一切の願求が成就し、一百八遍誦すれば、自身と眷属が擁護され、五百遍誦すれば、北斗八女、一切日月星宿諸天竜薬叉が常に擁護し、障難を作す者を断壊せしめる、という。また、香華・飲食を以て供養し、神呪を持念し印契を結べば無量の願求を成就する等の功徳を述べている。

【訳者・訳年代】唐の金剛智＊。

（福田亮成）

1306 **北斗七星護摩秘要儀軌**（ほくとしちしょうごまひようぎき）

【成立】著者は唐の不空＊。

【内容】一巻。末世の薄福の衆生のために北極七星供養護摩次第儀則を説いたもの。静室の中に一水壇を作る。それは方・円の一肘ばかりなるもので、茅香・甘松・熏陸・竜脳・白檀の五味和合せる泥を塗り、その壇内に田炉を置き、供物・五穀・乳木を用うとある。北極の七星では、貪狼・巨門・祿存・文曲・廉貞・武曲・破軍のことで、災厄解脱・寿命延長・得見百秋を祈る供養護摩の次第を説くのである。北斗七星召請の印契と一字頂輪王真言・召北斗真言があげられ作法の次第がつづく。

【訳者・訳年代】大興善寺翻経院潅頂阿闍梨。

（福田亮成）

1307 **仏説北斗七星延命経**（ぶっせつほくとしちしょうえんめいきょう）

【内容】一巻。北斗七星である貪狼星・巨門星・祿存星・文曲星・廉貞星・武曲星・破軍星の像をあげ、それが子・丑・寅・卯・辰・巳・午の七支と配して人の吉凶を記し、さらにそれらは、東方最勝世界運意通証如来仏、東方妙宝世界光音自在如来仏、東方円満世界金色成就如来仏、東方無憂世界最勝吉祥如来仏、東方浄住世界広達智弁如来仏、東方法意世界法海遊戯如来仏、東方琉璃世界薬師琉璃光如来仏となるとする。もし災厄に遇ったならば、この経を礼し七拝すべしとし、以下この経の大威神・大威力有ることを種々なる場面をあげて説いている。

【訳者・訳年代】不明。

（福田亮成）

1308 **七曜攘災決**（しちようじょうさいけつ）

【成立】著者は唐の金倶吒（きんくた）。

【内容】本来三巻であるが、中・下二巻を欠く。日宮・月宮・木宮・火宮・土宮・金宮・水宮占災攘之法が説かれ、次に宿度法・二十八宿、九曜息災大白衣観音陀羅、さらに北斗七星真言・日天・月天・水星・木星・金星・土星・羅睺星・計都星・一切如来説破一切宿曜障吉祥等の真言をあげている。さらに、五星を十二宮に組みあわせた詳細な図と、それにともなう吉凶法を説いている。きわめて特殊な資料である。

（福田亮成）

1309 **七曜星辰別行法**（しちようしょうしんべつぎょうほう）

【成立】七世紀後半から八世紀初頭。著者は唐の一行（いちぎょう）*。

【内容】一巻。諸星辰と二十八宿神を合わせて三十星宿とするが、これを一カ月に配当し、それら三十星宿は七曜の管する所であるとし、もし病がおこったときが、二十八宿中の何の星曜であるかを確認されれば、その宿直の星曜を祭って祈念するに、その病鬼を収禁して病が直るという。そして、その三十星宿の図像と名称・鬼の名と、その作法が説かれている。有る人の曰くとし、高力士の家伝のものとしている。

（福田亮成）

1310 **北斗七星護摩法**（ほくとしちしょうごまほう）

複熾盛光法ともいう。

【成立】七世紀後半から八世紀初頭。著者は一行（いちぎょう）*。

【内容】一巻。まず能吉祥真言がかかげられ、次いで北斗七星・日天・月天・南方火星・北方水星・東方木星・西方金星・中宮土星・羅睺星・計都星・総九執曜天・総二十八宿・諸神祇の印・真言が説かれ、ついで延命真言が一千遍誦せらるべきとして、塗香・奉華・焼香・奉食・灯明・普供養・讃嘆の印・真言があげられ、炉中に七嚕字が変じて北斗七星となる。そして結招北斗印・真言等があげられて北斗七星護摩法の全体の次第が説かれている。ついで熾盛光要法が付記されている。釈迦牟尼仏が浄居天宮に在したとき、諸天宿曜十二宮神に告げるに、過去の沙羅王如来の真言を説き、この真言をば毎日晨朝に道場中において結印し、誦するに災害となることなく、災禍が移去するとする。さらに熾盛威徳仏頂真言・大聖息災真言・破宿曜災難真言・北斗七星真言の功徳を説く。

（福田亮成）

1311 **梵天火羅九曜**（ぼんてんからくよう）

【成立】七世紀後半〜八世紀初頭。著者は一行（いちぎょう）*。

【内容】一巻。梵天火羅九曜と暗虚二星図がおさめられている。一、羅睺蝕神星、二、中宮土宿星、三、嘀北辰星、四、西方大白星、五、大陽密日星、六、南方火熒惑星、七、計都蝕神星、八、暮大陰、九、東方歳星の其言、図像、方位、年齢等にもとづいて宿曜の吉凶を説いている。次いで北斗七星明・九執明があげられ、葛仙公礼北斗法、梵天火羅図一帖が付されている。

（福田亮成）

1312 **難儞計湿嚩囉天説支輪経**（なんにけいしゅうばらてんせつしりんぎょう）

【内容】一巻。難儞計湿嚩囉天が普く世間一切の男女を観じ、その生時と諸宮の宿直の関係によって善悪の結果を感ずることの構造を説いたものである。天羊宮が火曜に当る、陰陽宮が水曜に当る、巨蟹宮が太陰に当る、双女宮が水曜に当る、天秤宮が金曜に当る、天蠍宮が火曜に当る、人馬宮が木曜に当る、摩羯宮が土曜に当る、宝瓶宮が土曜に当る、双魚宮が木曜に当る場合の寿命・貴賤・富貧・端厳醜陋・愚鈍聰慧・猛悪剛強・温柔恭順等の相違を詳細に述べ、諸宿摂於三趣の場合を加えている。

【訳者・訳年代】宋の法賢＊。

（福田亮成）

1313 **仏説救抜焔口餓鬼陀羅尼経**（ぶっせつくばつえんくがきだらにきょう）

焔口餓鬼陀羅尼経、焔口餓鬼経、焔口経ともいう。

【内容】一巻。世尊が迦毘羅城尼倶律那僧伽藍所に比丘・菩薩等に囲繞され説法していた。阿難は独り静処に居たが、夜の三更に焔口という名の餓鬼がやってきて、阿難に汝は三日後に命が尽きて餓鬼の中に生ずるであろうと告げた。阿難は心に恐れを生じ、その苦を免れる方便はないものであろうかと問うに、もし百千那由他恒河沙数の餓鬼・百千の婆羅門・仙人に摩伽陀国所用の斛（ます）をもって各々に一斛の飲食を施し、三宝に供養を奉げれば、餓鬼の苦を離れ、天上に生まれることができると答えた。阿難は大いに驚怖し、身の毛が皆な立ってしまい、座を起って仏所に至り五体投地して、どのようにして餓鬼・仙人等に食を弁じ、苦から救われることができるかと問う。世尊は、方便があるので憂悩を生ずることなかれと諭し、無量威徳自在光明殊勝妙力という陀羅尼を誦すれば、餓鬼・婆羅門・仙人等に上妙の飲食を充足することができ、摩訶陀国所用の斛をもって、一一に七七斛の食を得ることとなった。この陀羅尼は、前世に婆羅門となり、観世音菩薩と世間自在威徳如来の所において受けたもので、無量の餓鬼と諸仙人等に種々の飲食を散施し、諸々の餓鬼をして苦身を離れ、天上に生ずる功徳があり、寿命を増長させることができるとするのである。ついで陀羅尼をあげ、さらに四如来すなわち多宝如来・妙色身如来・広博身如来・離怖畏如来の名号を誦するに無量の福徳を増長することを得るという。

【関連典籍】1314

【訳者・訳年代】唐の不空＊。

（福田亮成）

1314 **仏説救面然餓鬼陀羅尼神呪経**（ぶっせっくめんねんがきだらにじんしゅきょう）

【内容】一巻。世尊が迦毘羅城尼倶律那僧伽藍所に比丘・菩薩・無数の衆生に囲まれ説法していた。そのとき、阿難は独り浄処に居て一心計念していたが、夜の三更の後に面然という名の餓鬼がやってきて阿難に、汝は三日後に命が尽きて餓鬼の中に生ずるであろうと告げた。阿難は心に恐怖を生じ、この災禍を免れるための方計を尋ねた。そのとき餓鬼は、汝、晨朝に百千那由他恒河沙数の餓鬼・仙人等に摩伽陀国の斗（ます）をもって各々に一斗の飲食を布施し、三宝に供養すれば、餓鬼の苦悩を離れ、天上に生ずることができると述べた。その面然餓鬼の様子は、身形羸瘦、枯燋極醜、面上火然、その咽針の如く、頭髪蓬乱、手爪長利、身に重を負うが如くであった。阿難は大いに驚怖し、身の毛皆な立つに、座を起ち速く仏所に至り、五体投地して、面然餓鬼に三日の後に命終し、餓鬼の中に生れると告げられたが、この苦から免れるための方法を問うた。世尊は、一つの方便があり憂悩を生ずることなかれと言い、一切徳光無量威力という陀羅尼があり、それを誦すれば、倶胝那由他百千恒阿沙数の餓鬼、六十八倶胝那由他百千の婆羅門・諸仙人等に、摩訶陀の斗をもって四斛九斗の飲食を施したことになるという。この陀羅尼は、前世において婆羅門であったときに、観世音菩薩および世間自在徳力如来の所において得たものであり、この陀羅尼を受持して自ら護身すべしと言う。ついで陀羅尼が示され、施食法が説かれている。

【関連典籍】1313

【訳者・訳年代】唐の実叉難陀＊。

（福田亮成）

1315 **施諸餓鬼飲食及水法并手印**（せしょがきおんじきぎゅうすいほうへいしゅいん）

施請餓鬼飲食及水儀軌、施餓鬼飲食儀軌ともいう。

【内容】一巻。一切の餓鬼に飲食を施すの偈をあげ、広大心を発し、普く餓鬼を請いて偈を誦するに福利の果報を獲るに校量すべからずとし、まず開喉印を結び、普集印・真言・開地獄門および咽喉呪。さらに無量威徳自在光明勝妙力加持飲食陀羅尼・印、甘露法味真言・毘盧遮那一字水輪観真言・印、これは普施一切餓鬼印真言とも名づけられる。この真言を一七遍呪し、それを写して浄地・無人行処・水池辺・樹下等におき、至心に五如来の名号を三遍称するに功徳無量という。五如来の真言をあげ、それを称するに仏の威光の加被を以て一切の餓鬼をして無量の罪滅びて福生を得さしめ、妙色の広博を得て、無怖畏を得、得る所の飲食が甘露美妙の食となり速かに苦身を離れ、浄土に生天するという。ついで三昧耶戒陀羅尼、発遣解脱真言とその功徳が説かれている。最後に、この経をば、施焔而餓鬼一切鬼神陀羅尼経要決という。

【訳者・訳年代】唐の不空＊。

（福田亮成）

1316 **仏説甘露経陀羅尼呪**（ぶっせつかんろきょうだらにじゅ）

【内容】一巻。陀羅尼があげられ、水一掬を取りて、これを七遍呪し、空中に散ずるに、その水一滴が十斛の甘露に変成し、一切の餓鬼の並にこれを飲むことを得るに、乏少有ることなく、皆な悉く飽満す、と説明している。

【訳者・訳年代】不明。

1317 **甘露陀羅尼呪**（かんろだらにじゅ）

後題は仏説甘露陀羅尼経。

【内容】一巻。甘露陀羅尼呪のみが掲げられている。これは無量寿如来観行供養儀軌0930に説かれる無量寿如来根本陀羅尼と同じ陀羅尼である。しかし、まったく同一ではない。この呪にはまさしく十甘露が説かれており、十甘露呪とも称される。

【関連典籍】0930

【訳者・訳年代】唐の実叉難陀＊。

（福田亮成）

1318 **瑜伽集要救阿難陀羅尼焔口軌儀経**（ゆがしゆうようくあなんだらにえんくきぎきょう）

【成立】八世紀後半（唐代）。

【内容】一巻。世尊が迦羅城（Kapilavastu）の尼倶律那の僧伽処にいたとき、阿難は独り静処に所受の法を念じていたが、深夜三更の時に焔口という一餓鬼があらわれ、三日の後に命終して餓鬼の中に生ずべしと言った。阿難は大いに驚き、世尊のところに行って、その始終を説きうったえたところ、世尊は過去世に婆羅門だったときに、観世音菩薩から無量威徳自在光明如来陀羅尼法という陀羅尼を受得したが、この陀羅尼を誦して加持すれば、一食を変じて種々の甘露の飲食となり、一切の餓鬼・婆羅門・鬼神に施しそれらすべてが飽満することを得ると説いた。その後に施餓鬼の作法が説かれ、破地獄・召請餓鬼・召罪・摧罪・定業・懺悔滅罪・五如来・五種功徳・発菩提心・三昧耶戒・無量威徳自在光如来・普供養・奉送の各印言が次第している。

【関連典籍】1319

【訳者・訳年代】唐の不空＊。

（福田亮成）

1319 **瑜伽集要焔口施食起教阿難陀縁由**（ゆがしゆうようえんくせじきょうあなんだえんゆ）

【成立】八世紀後半（唐代）。

【内容】一巻。世尊が迦毘羅城の尼倶律那の僧伽処にいたとき、阿難は独り静処に所受の法を念じていたが、深夜三更の時に焔口という一餓鬼があらわれ、三日の後に命終して餓鬼の中に生ずべしと言った。阿難は大いに驚ろき、世尊のところに行って、その始終を説きうったえたところ、世尊は、過去世に婆羅門だったときに、観世音菩薩から無量威徳自在光明如来陀羅尼法という陀羅尼を受得したが、この陀羅尼を誦して加持すれば、一食を変じて種々の甘露の飲食となり、一切の餓鬼・婆羅門・鬼神に施し、それらすべてが飽満することを得ると説いた。施餓鬼の起源を中心としたものである。

【関連典籍】1318

【訳者・訳年代】唐の不空＊。

1320 **瑜伽集要焔口施食儀**（ゆがしゅうようえんくせじきぎ）

【内容】一巻。施餓鬼法の実修指南書ともいうべきもので、真言は梵字で、印契の図がそえられ、細かな注がところどころはさみこまれている。作法の準備、大輪明王呪・印現壇儀、三宝帰依、三十五仏名、回向、運心供養、三宝施食、入観音定、破地獄の印言、召請餓鬼の印言、召罪の印言、定業の印言、懺悔滅罪の印言、妙色身如来施甘露の印言、開咽喉の印言、如来吉祥名号、発菩提心の印言、三昧耶戒の印言、無量威徳自在光明如来の印言、乳海の真言、普供養の印言、奉送の印言、仏頂尊勝陀羅尼神呪、六趣偈、発願回向偈、吉祥偈、金剛菩薩百字呪。この後に十数孤魂文なるものが付加されている。

【関連典籍】1318

【訳者・訳年代】不明。

（福田亮成）

1321 **仏説施餓鬼甘露味大陀羅尼経**（ぶっせつせがきかんろみだいだらにきょう）

施餓鬼甘露味陀羅尼神呪経ともいう。

【内容】一巻。釈迦牟尼如来が孤陀山の金剛輪峯嚧鶏舎婆羅道場に住したとき、悪趣の諸衆生類を愍念して施餓鬼甘露味大道場会陀羅尼を説いた。悪業によって三十六種の餓鬼の身を受けるとし、その苦悩の相と、餓鬼に生ずる因縁が説かれる。会中に月愛という一菩薩在り、世尊は勝大悲日陀尼門（嚫那畢唎多大道場会甘露味法と名づく）とその功徳を説く。さらに召請、開咽喉、施甘露水、施甘露漿、施甘露食の諸陀羅尼が説かれる。次いでこの陀羅尼の誦持書写の功徳、同時、作壇、供養法が説かれ、当来世にこの経を持するに二十種の大福徳聚を得るとし、施餓鬼甘露味陀羅尼神呪経が付加され、三種の契相法が説かれている。

【訳者・訳年代】唐の跋駄木阿。

（福田亮成）

1322 **新集浴像儀軌**（しんしゅうよくぞうぎき）

浴像儀軌ともいう。

【成立】八世紀末から九世紀初め頃。著者は慧琳＊。

【内容】一巻。本儀軌は仏説浴像功徳経0697・浴像功徳経0698の所説により、インドにおいて僧は香木を浸した水（香水）を毎朝仏菩薩の尊像に灌ぎかけて浄めているとして、その灌浴法の次第を示し、中国においてこの法を知らずに仏像を香煙・鳥鼠によって汚していることを嘆き、毎日この法を修して尊像を清めるべきであることを戒めている。

【関連典籍】0697・0698

（苫米地誠一）

1323 **除一切疾病陀羅尼経**（じょいっさいしつびょうだらにきょう）

除病経ともいう。

【内容】一巻。仏が室羅伐城（舎衛国）逝多林の給孤長者の園（給孤独園、祇園精舎）において、阿難に対して世間の一切の疾病を治す陀羅尼とその功徳を説く経。

【訳者・訳年代】唐の不空＊。

（苫米地誠一）

1324 **能浄一切眼疾病陀羅尼経**（のうじょういっさいげんしつびょうだらにきょう）

眼疾陀羅尼経、能浄一切眼陀羅尼経ともいう。

【内容】一巻。仏が迦毘羅衛国の釈迦族の村に住するとき、天眼・天耳によって眼の悪い一人の釈種の願を聞き、阿難に眼垢・疾病を除く智炬陀羅尼とその功徳を説いて釈種に授けしめ、眼を清浄ならしめる。

【訳者・訳年代】唐の不空＊。

（苫米地誠一）

1325 **仏説療痔病経**（ぶっせつりょうじびょうきょう）

療痔病経、痔瘻経ともいう。

【内容】一巻。仏が王舎城竹林園にいるとき、比丘達が痔に苦しんでおり、阿難の請問に答えて、痔病を癒す三首の呪文を説く。

【訳者・訳年代】唐の義浄＊（AD710）。

1326 **仏説呪時気病経**（ぶっせつしゅじけびょうきょう）
（苫米地誠一）
【内容】一巻。時気（時候）の病を癒す陀羅尼を説く。陀羅尼雑集1336第九巻に同本が仏説呪時気病陀羅尼一首として収録されている。
【関連典籍】1336
【訳者・訳年代】不明。
（苫米地誠一）

1327 **仏説呪歯経**（ぶっせつしゅしきょう）
呪歯経、呪歯痛経、齲歯経ともいう。
【内容】一巻。南無仏南無法南無僧南無舎利弗大目乾連比丘南無覚意というように、三宝と比丘衆たちに帰命し、虫王の差吒無に使いを遣り、牙（歯）の中に在る虫に歯を敢食せしめずといい、梵天がこの南無仏の呪を勧める。陀羅尼雑集1336第五巻に呪牙歯痛陀羅尼（呪歯痛陀羅尼）一首として収録されている。
【関連典籍】1336
【訳者・訳年代】東晋の曇無蘭*。
（苫米地誠一）

1328 **仏説呪目経**（ぶっせつしゅもくきょう）
呪目経ともいう。
【内容】一巻。目の痛いときに誦すと治る短い呪文一首。
【訳者・訳年代】不明。
（苫米地誠一）

1329 **仏説呪小児経**（ぶっせつしゅしょうにきょう）
【内容】一巻。小児の頭痛・腹痛の時に誦す呪文と三宝・過去七仏・仏弟子などへの帰命を説く経。
【訳者・訳年代】不明。
（苫米地誠一）

1330 **囉嚩拏説救療小児疾病経**（らばなせつくりょうしょうにしつびょうきょう）
救療小児疾病経ともいう。
【内容】一巻。囉嚩拏鬼王が、生れてから十二歳までの世間の小児の疾病を哀れみ、その原因となる十二曜母鬼の形状と病気を癒すための十二の母鬼夫々の祭祀の方法を説く。
【訳者・訳年代】宋の法賢*。
（苫米地誠一）

1331 **仏説潅頂経**（ぶっせつかんじょうきょう）
また潅頂経、大潅頂経、大潅頂神呪経ともいう。
【成立】隋の費長房の歴代三宝記2034には東晋の帛尸梨蜜多羅訳とされるが、梁の僧祐の出三蔵記集2145には初め十一経を失訳経（訳者不明の経）とし、第十二巻仏説潅頂抜除過罪生死得度経を疑偽経（中国で偽作された疑いの有る経典）とした上で、初め九経であったものに後の三経を後人が加えて十二経としたものとされる。帛尸梨蜜多羅の訳経であるか否かには疑問があり、内容的に中国の俗信仰的要素が認められるとして、梁代の中国成立、あるいは大明元年（AD457）頃に秣陵の鹿野寺辺りで、当時の漢訳経典を素材として抄録編纂撰述されたとする説がある。ただし第一巻には潅頂ということにつき、この神典（潅頂経）を弟子に授けるとき、弟子は右手で受け、師は左手で弟子の頭の頂上に水を潅ぎかけるといい、王が即位をするときに潅頂をすることと同じであるとしている。古代インドでは王の即位のときに水を頭から注ぎかける潅頂儀礼を行ったが、真言密教では弟子が法の伝授を受ける資格を得るために潅頂が行われた。この潅頂経における伝授のときの潅頂作法は、壇を造ることもなく、大日経0848などに比べれば、きわめて簡単なものであるが、初期密教の潅頂儀礼を取り込んだものとして注目される。華厳教に拠るかと思われる王の即位潅頂の説明も見られるが、当時の仏典に説く潅頂は密教の潅頂とは異質なものであり、本経はインド密教に精通した者の手になることが考えられる。あるいは俗信仰的儀礼における中国的要素も、インドの俗信仰的儀礼の説明的表現と見ることもでき、核となったインド密教儀礼（または経典）の存在した可能性をまったく否定してしまうことはできないのではないか。どちらにしろ、全体の編纂は五世紀の中国ということになろう。

【内容】十二巻。経題の初めに潅頂とつく十二種類の経典を集めたもの。この潅頂は、鬼神等の名前を潅頂章句といっているもので、初期の雑密経典の訳経にも見られるように、章句（潅頂章句または陀羅尼章句）とは陀羅尼呪句のことであり、これらの鬼神の名前を唱えてさまざまな障碍を除く呪文とすることを説く経である。〈第一巻〉仏説潅頂七万二千神王護比丘呪経は、仏が鞞提山中において諸魔に悩まされている比丘たちに、その憂悩を除く潅頂章句を説き、さらに仏が阿難にその潅頂章句の功徳を説く。〈第二巻〉仏説潅頂十二万神王護比丘経は、仏が舎衛国祇樹給孤独園において、諸魔に精気を吸われて悩害されている七人の比丘尼に対し潅頂章句を説く。〈第三巻〉仏説潅頂三帰五戒帯佩護身呪経は、仏が舎衛国祇樹給孤独園において鹿頭梵志に対し、三帰依・五戒を受けたものを守護する三十六の神王の名前と、それを潅頂章句とする法を説く。〈第四巻〉仏説潅頂百結神王護身呪経は、仏が羅閲祇国大精舎において帝釈天に対し、仏滅後の末法の時代に鬼魔が乱行するのを辟除する潅頂章句を説く。〈第五巻〉仏説潅頂呪宮宅神王鎮左右経は、仏が摩竭駄国に在るとき、仏法が未だ弘まっていないため悪鬼の横行する波羅閲国に目蓮を遣わして障碍を除き、彼の国の人々が釈尊に帰依する。さらに仏が普観菩薩に未来の濁悪の世のために東西南北中の五方の魔を払い鎮める潅頂章句を説く。〈第六巻〉仏説潅頂塚墓因縁四方神呪経は、仏が鳩尸那城において般涅槃しようとするとき、阿難に対して仏滅後の葬送の方法と、八万四千の塔を起てて舎利を安置し供養することを説く。さらに釈種の童子に対して墳墓の悪鬼を除く潅頂章句を説く。〈第七巻〉仏説潅頂伏魔封印大神呪経は、仏が舎衛国祇園精舎において帝釈天に、病魔を伏す五方神王・宅舎を鎮める七神王・四方を祓う四天王の名字および過去七仏の潅頂無相章句と、人民を悩害する女鬼神が伏魔封印大神呪経に伏せられて仏に帰依し、仏法を擁護する因縁を説く。また阿難に対して仏滅後に伏魔封印大神呪経を修す法を説く。〈第八巻〉仏説潅頂摩尼羅亶大神呪経は、仏が舎衛国給孤独園において天下の人民の鬼神に悩害されるのを愍れみ、阿難に対して人々を擁護し邪悪を除く八大菩薩・十大弟子・三十三天・三十五竜王・善神将軍などや、害をなす二十四鬼・諸鬼精魅などの名字である摩尼羅亶潅頂章句を説き、此等の名を呼べば諸難を除き、あるいは害をなさずとする。さらに衆中に在った善可居士の問いに対し阿難が、仏滅後に摩尼羅亶大神呪経を読誦する方法を示す。〈第九巻〉仏説潅頂召五方竜王摂疫毒神呪上品経は、仏が王舎城竹林精舎において阿難の問いに対し、維耶離国に病気の蔓延する因由と、人民を害する小毒竜・鬼魅などを鎮める五方竜王の名字である無上神呪を説く。さらに禅提比丘が維耶離国の病難を救い、阿難がこの召竜王無上神呪の功徳を説く。〈第十巻〉仏説潅頂梵天神策経は、仏が因沙崛山中に在るとき、仏の威神力を受けた梵天が、未来の五濁悪世の衆生のために、善悪の業因とその果を示す百偈の神策を説き、さらに仏が地水火風山神・三頭神・六眼神・五頭神の潅頂章句と、百偈の神策を竹帛に書して占いをする方法を説く。〈第十一巻〉仏説潅頂随願往生十方浄土経は、仏が鳩尸那竭国沙羅双樹の間において般涅槃しようとするときに、他方国土の普広菩薩の問いに対して、臨終のときに十方の願う所の浄土に往生する方法、臨終の行義、没後の追善について説き、臨終ならびに没後に読誦して死者の罪障を消滅し、願いに随って十方の浄土に往生する潅頂章句を説いている。またこの中には十方浄土には差別がないのに、なぜ諸経中に阿弥陀の浄土を讃歎するのかについて、娑婆の衆生は心が散乱して専一でないから彼の浄土を讃歎するだけであるとしている。〈第十二巻〉仏説潅頂抜除過罪生死得度経は、薬師如来本願経

0449・薬師琉璃光如来本願功徳経0450・薬師琉璃光七仏本願功徳経0451の異訳であり、仏が維耶離の音楽樹の下で、文殊菩薩に薬師如来の本願と功徳などを説く。さらに衆中の救脱菩薩が阿難に供養の方法を説き、潅頂章句である十二神将の名字と呪を示す。終りにこの経に薬師瑠璃光仏本願功徳と潅頂章句十二神王結願神呪と抜除過罪生死得脱の三名のあることが示される。

【関連典籍】0449〜0451

【後世への影響】日本において潅頂経は奈良時代以降に東大寺写経所などにおいて多く書写され、また潅頂経法の修法も度々催されており、信仰されたものと考えられる。ただしその潅頂経法が実際にどのようなものであったかは明らかではない。あるいは潅頂章句を説くこの経典を読誦したものであろうか。またこの中でも第十一巻の仏説潅頂随願往生十方浄土経は、諸方の浄土が多くある中で釈尊が殊に阿弥陀の極楽浄土を勧める由縁を説くものとして恵心僧都源信の往生要集2682などにも引かれるが、また何処の浄土へでも自由に往生できることを説く経として、阿弥陀浄土教に限定されない、弥勒菩薩の兜卒天浄土などを含めた十方浄土への往生信仰に、奈良時代より大きな影響を与えていたものと思われる。

【訳者・訳年代】東晋の帛尸梨蜜多羅。

（苫米地誠一）

1332 **七仏八菩薩所説大陀羅尼神呪経**（しちぶつはちぼさつしょせつだいだらにしんしゅきょう）

七仏八菩薩大陀羅尼神呪経、七仏神呪経、七仏十一菩薩陀羅尼経、七仏所説神呪経、広済衆生神呪ともいう。

【内容】四巻。数種の陀羅尼経を集成した経典。第一巻の前半には七仏八菩薩大陀羅尼神呪経が載せられるが、これは陀羅尼雑集1336第一巻の七仏所説大陀羅尼神呪と同じであり、過去七仏と文殊師利・虚空蔵・観世音・救脱・跋陀和・大勢至・得大勢・堅勇の八菩薩の所説の陀羅尼とその功徳を説く。さらに普賢菩薩所説大陀羅尼神呪・大悲観世音菩薩説大陀羅尼神呪・文殊師利菩薩所説経を載せ、この中の普賢菩薩所説大陀羅尼神呪は陀羅尼雑集第二巻にも見える。第二巻の初めに広野鬼神阿吒婆拘呪経があるが、これは阿吒婆拘鬼神大将上仏陀羅尼経1237〜1241などの異訳で、陀羅尼雑集第九巻にもあり、阿吒婆拘鬼神大将が衆生の病苦を愍れんで鬼神等の害を除く陀羅尼呪を説く。次の集法悦捨苦陀羅尼経は、仏が過去世の凡夫であったとき、過去恒沙仏が涅槃のときに説いた、五逆罪を除く集法悦捨苦陀羅尼を得た因縁と功徳を説き、陀羅尼雑集第九巻に見られる。次に文殊師利菩薩所説呪経は、第二巻の途中からおそらく第四巻までであるが、文殊の所説の陀羅尼二首と定自在王・妙眼・善名称・宝月光明・北辰菩薩、太白仙人、その他諸天などの陀羅尼とその功徳を説き、陀羅尼雑集第二巻から第三巻の終りまでと同じである。第四巻では、文殊師利・虚空蔵・観世音・救脱・跋陀和・大勢至・得大勢・堅勇の八菩薩が各々の菩薩行を説き、諸天等が偈を説く。その後、金剛蔵菩薩が二十五大三昧を説き、釈迦仏の十度の説法が示される。次に五戒神名・三帰神名・伽藍神名が挙げられるが、これは陀羅尼雑集第六巻に見られ、終わりに大鬼神王四天王所説大神呪経があり、各種の病気を起す鬼神の名前が呪文として説かれ、また陀羅尼雑集第七巻にある。経題は巻頭の陀羅尼経を指すものであろうが、第四巻に見られる八菩薩は関連があるとも考えられる。しかし外の陀羅尼経に関しては、関連は不明。

【関連典籍】1237〜1241・1336

【訳者・訳年代】訳者不明（東晋代AD317〜420）。

（苫米地誠一）

1333 **虚空蔵菩薩問七仏陀羅尼呪経**（こくうぞうぼさつもんしちぶつだらにしゅきょう）

虚空蔵問七仏陀羅尼経ともいう。

【内容】一巻。釈迦仏が鶏羅莎山頂に在るときに、悪鬼・悪病のために苦しむ二人の比丘があり、虚空蔵菩薩の問いに対して、仏の威神力によって過去の六仏が空中に出現し、釈迦仏も空中に上って、七仏が各々に一切の病苦・鬼神の苦しみなどを除く呪を説き、さらに虚空蔵菩薩が七仏所説の呪を防護する呪を説く。

【関連典籍】1147・1334は異訳。

【訳者・訳年代】訳者不明（梁代）。

（苦米地誠一）

1334 **如来方便善巧呪経**（にょらいほうべんぜんぎょうしゅきょう）

如来善巧呪経、如来方便巧呪経ともいう。

【内容】一巻。釈迦仏が鶏羅娑山頂に在るときに、虚空蔵菩薩の問いに対して、過去の六仏と共に諸苦を除く呪を説き、虚空蔵菩薩が七仏所説の呪を防護する呪を説く。

【関連典籍】1333・1147は異訳。

【訳者・訳年代】隋の闍那崛多*。

（苦米地誠一）

1335 **大吉義神呪経**（だいきちぎじんしゅきょう）

【内容】四巻。初めに諸尊の香を焼いて三世の諸仏や諸天、諸竜等の諸尊を供養することを説く。これは本文の前に在って、説者が示されないから、訳者である曇曜の付加であろうとされる。次いで経の本文に入り、釈迦仏が憂波難陀山において、帝釈天に対して、諸天・鬼神等の一切の害をなすものを除く結界の呪を説き、次いで魔醯首羅天（大自在天）を初めとする諸天などが仏の処へ往詣し礼拝して、仏説の呪を擁護する呪を説く。また仏が阿難に対して、仏像ならびに諸天・鬼神の像と七重の界場を作り、焼香・礼拝をして呪を誦す成就法を説き、目的による種々の相違を挙げる。中で、第六天の魔王波旬の段に白胡芥子を火中に投じて鬼神を焼くと見えることが、密教に護摩法の入ってきた最初とする指摘があり、巻末の成就法も、壇法・諸尊法の始原として注目されている。

【訳者・訳年代】北魏の曇曜*。

（苦米地誠一）

1336 **陀羅尼雑集**（だらにぞうじゅう）

陀羅尼集、陀羅尼品集、雑呪集ともいう。

【成立】不明。梁代（AD502～557）の訳出とされるが、この頃に存在した失訳（訳者の不明な経典）の陀羅尼経を、中国で集成したものであろう。

【内容】十巻。諸種の陀羅尼経を集成したもの。当時存在した種々雑多な陀羅尼経典を単に寄せ集めただけのものと思われ、中に収録される陀羅尼経には、単行しているもの、異訳のあるものなども多い。確認できた異訳経典について、その一部を挙げると、第一巻の七仏所説大陀羅尼神呪は東晋代（AD317～420）失訳の七仏八菩薩大陀羅尼神呪経1332第一巻に同じく、第二巻の普賢菩薩呪一首と文殊師利菩薩呪一首より第三巻末の八竜王呪八首までも、やはり七仏八菩薩大陀羅尼神呪経第二巻の普賢菩薩所説大陀羅尼神呪と文殊師利菩薩所説経に同じであり、第九巻の阿吒婆拘上仏陀羅尼一品有三種・仏説集法悦捨苦陀羅尼三首、第六巻の五戒神名二十五・三帰神名有九・僧伽藍神有十八人、第七巻の四天王所説大神呪なども七仏八菩薩大陀羅尼神呪経中に見られる。また第九巻の阿吒婆拘上仏陀羅尼一品は梁代失訳の阿吒婆拘鬼神大将上仏陀羅尼経など1237～1241の異訳でもある。外にも第四巻の護諸童子陀羅尼経は北魏の菩提流支護諸童子陀羅尼経1028に、金剛秘密善門陀羅尼は東晋失訳の金剛秘密善門陀羅尼呪経1137 1138と同じであり、第八巻の仏説六字大陀羅尼経・仏説呪六字神王経は仏説六字呪王経1044～1048の異訳であり、第五巻の呪牙歯痛陀羅尼（呪歯痛陀羅尼）一首、第九巻の仏説呪時気病陀羅尼一首なども単行している（1326・1327）。

【関連典籍】1028・1044～1048・1137・1138・1237～1241・1326・1327・1332

【訳者・訳年代】訳者不明（梁代）。

（苦米地誠一）

1337 **種種雑呪経**（しゅじゅぞうしゅきょう）

【内容】一巻。種々の陀羅尼呪を集めたもので、妙法華経内呪六種、旋塔滅罪陀羅尼、礼拝滅罪命終諸仏来迎呪、観世音随心呪四首、六字陀羅尼呪などの諸呪が説かれる。妙法華経内呪六種は法華経0262陀羅尼品第二十六の五首と普賢勧発品第二十八の一首であり、成就妙法蓮華経王瑜伽観智儀軌1000にも見られる。また千転陀羅尼以下は玄奘訳の呪五首（観音の千転陀羅尼などの呪を集めたもの）1034に一致するものがあり、ここにはサンスクリット語の悉曇による表記も見られる。また千転陀羅尼そのものは陀羅尼集経0901巻第五、千転陀羅尼観世音菩薩呪1035にも見られ、梵文写本も知られている。また旋塔滅罪陀羅尼・礼拝滅罪命終諸仏来迎呪は観音の陀羅尼であって宝幢勝経に出るとされ、本経中に集められた陀羅尼呪は観音関係を中心とするようである。

【関連典籍】0262〜0264・0901・1000・1034・1035

【訳者・訳年代】隋の闍那崛多＊。

（苫米地誠一）

1338 **呪三首経**（しゅさんしゅきょう）

【内容】一巻。大輪金剛陀羅尼・日光菩薩呪・摩利支天呪の三首の陀羅尼を説く。

【訳者・訳年代】唐の地婆訶羅＊。

（苫米地誠一）

1339 **大方等陀羅尼経**（だいほうどうだらにきょう）

方等檀持陀羅尼経、方等陀羅尼経、大方等檀持陀羅尼経、檀持陀羅尼経ともいう。

【内容】四巻。初分・授記分・夢行分・護戒分・不思議蓮華分の五分よりなる。初分において、釈尊が舎衛国の祇陀林の中において、文殊師利に諸陀羅尼門を説くときに、衆中の雷音比丘が魔王に悩まされ、東方の宝王仏の命により華聚菩薩が摩訶檀持陀羅尼によって魔王を伏す。雷音比丘と華聚菩薩が釈尊の下に到り、釈尊が雷音比丘に摩訶檀持陀羅尼の因縁を明かし、この陀羅尼を阿難に付属し、修行法を説く。授記分には雷音比丘や舎利弗などに記別を与え、また夢行分には文殊師利に七日行法を説き、華聚菩薩が衆生を自らの浄土へ往生させる誓願を立て、さらに釈尊が阿難に往昔の因縁を説く。護戒分には破戒者の懺悔法・護戒法を、不思議蓮華分には陀羅尼の功徳などを説く。

【後世への影響】隋の南岳慧思は本経によって方等三昧を行じたと伝え、天台大師智顗の摩訶止観1911では、四種三昧中の常行常座三昧に方等三昧と法華三昧がある中で、方等三昧の修行方法を本経の七日行法によって作っている。このため天台宗の修行に重要な地位を占めた。

【訳者・訳年代】北涼の法衆。

（苫米地誠一）

1340 **大法炬陀羅尼経**（だいほうこだらにきょう）

法炬陀羅尼経ともいう。

【成立】法華経の長者窮子の喩と思われる記述が見られるなど、おそらく二〜四世紀頃成立の中期大乗経典であろう。

【内容】二十巻。釈尊が王舎城の耆闍崛山において、善威光天子の問いにより、慧命阿難に対して、過去世における放光如来の種々な説法（陀羅尼法門）を説くもの。本経は、同じ闍那崛多訳大威徳陀羅尼経1341と同様に大正蔵経では密教部に収められているが、この陀羅尼は経典の文義を総持し諸法の義を任持する大乗の陀羅尼であって、三乗の行・六波羅蜜などの菩薩行・四念処・四聖諦・三乗の教・法師の相・菩薩の三昧など、般若経系統に近いかと思われる種々の大乗教理が説かれている。

【訳者・訳年代】隋の闍那崛多＊。

（苫米地誠一）

1341 **大威徳陀羅尼経**（だいいとくだらにきょう）

威徳陀羅尼経、大威徳経ともいう。

【成立】第十六巻に「阿難よ、後の当来の五百歳の中の正法の滅するときにおいて、此の陀羅尼法本、彼の北方において世に出現し、還って復速やかに滅す」とあるところからすると、おそらく二、三世紀頃にインド北部で成立した中期大乗経典であろう。

【内容】二十巻。釈尊が舎婆提大城の祇樹給孤独園において、阿難に説いた陀羅尼法本である。この陀羅尼は四諦・八正道などを内容とするものであり、同じ闍那崛多訳大法炬陀羅尼経1340と同様に大正蔵経では密教部に収められているが、大乗の陀羅尼である。
【訳者・訳年代】隋の闍那崛多＊（AD595〜596）。

（苫米地誠一）

1342 **仏説無崖際総持法門経**（ぶっせつむがいさいそうじほうもんきょう）

無際経、無崖際経ともいう。
【内容】一巻。仏陀が舎衛国の祇樹給孤独園に在ったときに、総持（陀羅尼）の法を無終鼓菩薩に対して説いたもの。前半部は普通の大乗経典であるが、後半部は陀羅尼門について説く。そこでは、陀羅尼の本来の意義が明かされ、次いでこの総持門を諷誦する功徳として、さまざまな災害をあげ、そこからの離脱を列挙している。この経に説かれる陀羅尼の法は、一般の陀羅尼とは異なり、微妙の智慧の獲得が目的となっている。また、この法を忘れないものは、八十億の夜叉衆によって守られるとしている。
【訳者・訳年代】西秦の聖堅。

（飯塚秀譽）

1343 **尊勝菩薩所門一切諸法入無量門陀羅尼経**（そんしょうぼさつしょもんいっさいしょほうにゅうむりょうもんだらにきょう）

尊勝菩薩所門経、入無量門陀羅尼経ともいう。
【内容】一巻。仏陀が舎衛国の祇樹給孤独園に在ったときに、一万二千の菩薩衆に対して説いたもの。東方無勝世界の善勝力如来の元にいる尊勝菩薩が到来して、仏陀に対して一切法無量如実所説法門と名づけられた陀羅尼の説法を願った。世尊は、その願いに応じ長部の陀羅尼を説く。その功徳は病、眼病、腹痛など現世利益中心だが、経の後半部で般若経の諸法皆空の意を説く。
【訳者・訳年代】北斉の万天懿。

（飯塚秀譽）

1344 **金剛上味陀羅尼経**（こんごうじょうみだらにきょう）

金剛上味経、金剛三昧陀羅尼経ともいう。
【内容】一巻。世尊が雪山（ヒマラヤ山脈の古名）の荘厳聚落金窟中に、大比丘衆一万二千人と共に在ったときに、文殊菩薩を対告主として金剛上身陀羅尼法門について説法したもの。金剛場陀羅尼経1345と同本異訳であり、訳語において多少の相違はあるが、文意においてはほとんど異なりはない。
【関連典籍】1345
【訳者・訳年代】梁の仏陀扇多。

（飯塚秀譽）

1345 **金剛場陀羅尼経**（こんごうじょうだらにきょう）

金剛陀羅尼経ともいう。
【内容】一巻。世尊が雪山（ヒマラヤ山脈の古名）の妙色聚落の金荘厳窟の中に住し、文殊菩薩を対告主として、煩悩即菩提、生死即涅槃の教えを説示したもの。煩悩、菩提といっても共に仮の名前だけであって、衆生の個人的な見方から生じた迷いの姿でしかない。迷いの姿がないところに諸法の真の姿が現れてくる。真の姿はすなわち空であるというのが、この経全体を通じて説かれる思想であり、般若の思想に近いものである。
【関連典籍】1344
【訳者・訳年代】隋の闍那崛多＊。

（飯塚秀譽）

1346 **諸仏集会陀羅尼経**（しょぶつしゅうえだらにきょう）

諸仏集会経ともいう。
【内容】一巻。仏が、恒河（ガンジス河）辺に在ったときに、護世四天王に囲繞され、一切衆生の四大苦（生老病死の四苦）から解き放たれる法を説いたもの。また、四天王所説の呪は一切諸仏より生じたもので、この呪を誦持するものは息災延命を得ると説き、次いで、如来壇、金剛王壇、四天王壇の作壇および供養法を説いている。
【関連典籍】1347
【訳者・訳年代】唐の提雲般若*等。
（飯塚秀譽）

1347 **息除中夭陀羅尼経**（そくじょちゅうようだらにきょう）
息除中夭経ともいう。
【内容】一巻。仏陀が、恒河（ガンジス河）の河辺に在ったときに、四天王等に対して中夭（生存の途中で早くなくなること）から逃れるために、面を東に向けて説法をしたもの。この説法により会中の衆は皆寿命を得、色相具足して、悉く生死の怖畏を離れ、中夭から逃れることができると説く。
【関連典籍】1346
【訳者・訳年代】宋の施護*。
（飯塚秀譽）

1348 **仏説十二仏名神呪校量功徳除障滅罪経**（ぶっせつじゅうにぶつみょうじんしゅきょうりょうくどくじょしょうめつざいきょう）
十二仏名神呪経、十二仏名神呪除障滅罪経ともいう。
【内容】一巻。仏が、王舎城（中インド・マガタ国の首都）の耆闍崛山に、大比丘衆千二百五十人、菩薩衆一万二千人と共に在ったときに、会衆中の弥勒菩薩に対して、東方における二仏と、四方四維上下十方の十二仏の名前とその功徳、並びにそれぞれの陀羅尼を説いたもの。この十二仏の名前を心より唱えれば、生々世々の中において除障滅罪し、他人の愛敬を受け光明威力広大にして後世に仏陀に成るとする。
【関連典籍】1349
【訳者・訳年代】隋の闍那崛多*。
（飯塚秀譽）

1349 **仏説称讃如来功徳神呪経**（ぶっせつしょうさんにょらいくどくじんしゅきょう）
【内容】一巻。仏が、王舎城（中インド・マガタ国の首都）に在ったときに、鷲峰山において現在十方如来の功徳、並びに陀羅尼を説き、またその功徳が示される。現在十方如来の名を深く思い、一心に恭敬するものは所有の業障（成仏を妨げる悪業）および破戒の重罪は悉く皆消滅すると説く。次に十方如来の名を挙げる。東方無垢光如来、東南方衆弁荘厳如来、南方無垢月幢旗玉如来、西南方光焔荘厳如来、西方宝勝如来、西北方倶摩羅光如来、北方無畏無垢称如来、東北方離怖畏悚懼有大名称如来、上方獅子奮迅意如来、下方金華光如来。
【関連典籍】1348
【訳者・訳年代】唐の義浄*。
（飯塚秀譽）

1350 **仏説一切如来名号陀羅尼経**（ぶっせついっさいにょらいみょうごうだらにきょう）
【内容】一巻。仏陀が、摩伽陀国（中インドの古国）の法野大菩提道場に在ったときに、仏を囲繞する会衆の中より観自在菩薩が立ち、仏の許可を得、一切如来の名号陀羅尼を説く。まず二十六の名号を挙げ、これらの名号を聴き、あるいは他のために宣説すれば、その人は六千劫の間悪趣の名を聞くことはないとしている。五無間業（最も重い、無間地獄に堕ちる五つの罪）は悉く消除し、命終の後は天に生じて王となり長寿を得、後に天輪王となり寿は六十中劫にして已って成仏し、蓮華蔵如来となると説く。
【訳者・訳年代】宋の法賢*。
（飯塚秀譽）

1351 **仏説持句神呪経**（ぶっせつじくしんじゅきょう）
陀羅尼句経ともいう。
【内容】一巻。釈尊が舎衛国の祇樹給孤独園に在ったときに、無量光菩薩と大光明菩薩とが無量華世界から釈迦の元に来、無量華世界の教主十尊王如来から伝った持句神呪を釈尊の前において説いた。鬼神により起こるさまざまな災難と、それを除く三種の神呪が説かれる。この呪を犯すものは、重罪を得、これを誦持するものは無数世の宿命を識り、鬼神等もその人を害することなく、毒蛇毒薬の難より逃れることができると説く。
【関連典籍】1029・1352～1355
【訳者・訳年代】呉の支謙＊。
（飯塚秀譽）

1352 **仏説陀隣尼鉢経**（ぶっせつだらにはちきょう）
陀隣尼鉢呪経、陀隣鉢呪経ともいう。
【内容】一巻。仏が、舎衛国の祇樹給孤独園に在ったとき、無量光明と大光明という二菩薩が華積世界の最上天王如来の命を受けて、仏のところに来て陀隣尼鉢の陀羅尼を説く。仏は直に阿難にこれを受持供養すべきことを示した。内容は、鬼神により起こるさまざまな災難と、それを除く三種の神呪が説かれる。
【関連典籍】1029・1351・1353～1355
【訳者・訳年代】東晋の曇無蘭＊。
（飯塚秀譽）

1353 **東方最勝灯王陀羅尼経**（とうほうさいしょうとうおうだらにきょう）
【内容】一巻。仏が、舎衛国祇陀林の孤独精舎（祇園精舎）に、大比丘僧千二百五十人、大菩薩衆四万人並びに四天王、諸天と共に在ったとき、最勝灯王如来の元にいる大光菩薩と無量光菩薩が、娑婆世界の釈迦に、彼の仏の陀羅尼を将したもの。持句神呪経1351・陀隣尼鉢経1352の異訳とされるが、災害の叙述が詳しくなり、それからの害から逃れる呪ないし陀羅尼が増広されている。
【関連典籍】1029・1351・1352・1354・1355
【訳者・訳年代】隋の闍那崛多＊。
（飯塚秀譽）

1354 **東方最勝灯王如来経**（とうほうさいしょうとうおうにょらいきょう）
東方最勝灯王如来助護持世間神呪経、最勝灯王神呪経、如来護持世間経、釈迦如来護持世間経、灯王如来経ともいう。
【内容】一巻。仏が、舎衛城の祇樹給孤独園において、無量の菩薩並びに諸天と共に在ったときに、東方無辺華世界に最勝灯王如来という仏がおり、大光菩薩・甘露光菩薩の二菩薩により、娑婆世界の釈迦牟尼に対して、彼の如来の陀羅尼を将したもの。持句神呪経1351・陀隣尼鉢経1352の異訳とされるが、災難の記述や陀羅尼等がより詳しく説かれる。
【関連典籍】1029・1351～1353・1355
【訳者・訳年代】隋の闍那崛多＊。
（飯塚秀譽）

1355 **仏説聖最上灯明如来陀羅尼経**（ぶっせつしょうさいじょうとうみょうにょらいだらにきょう）
聖最上灯明如来経ともいう。
【内容】一巻。仏が、舎衛国の祇樹給孤独園に在ったとき、無辺花世界の最上灯明如来と称する如来の元に大光明と無量光という二菩薩がおり、世尊が小悩小病を問訊するのを聞き、六種の陀羅尼を説く。そして世尊は、阿難にこの陀羅尼ははなはだ得難く、受持読誦し、他のために解説すれば、一切の煩悩は皆悉く消滅するとして陀羅尼の功徳を賛嘆している。
【関連典籍】1029・1351～1354
【訳者・訳年代】宋の施護＊。
（飯塚秀譽）

1356 **仏説華積陀羅尼神呪経**（ぶっせつけしゃくだらにじんしゅきょう）
華積陀羅尼呪経、華積経ともいう。
【内容】一巻。仏が、阿耨達池（ヒマラヤの北にある想像上の池）の竜王宮に在ったとき、仏を囲繞する衆中に師子威菩薩がおり、如来を供養する功徳に関して発問する。それに対して、除災と憶持の功徳をいずれも並べて説いている。思想の上では、菩薩には在家と出家の二つがあり、在家菩薩よりも出家菩薩の方が尊重されている。また、香華灯燭をもって、形像の前で供養し、陀羅尼を唱えるというごく簡単な儀礼が説かれている。
【関連典籍】1357～1359
【訳者・訳年代】呉の支謙＊。
（飯塚秀譽）

1357 **仏説獅子奮迅菩薩所問経**（ぶっせつししふ

んじんぼさつしょもんきょう）

獅子奮迅経ともいう。

【内容】一巻。釈尊が、阿耨達池（ヒマラヤの北にある想像上の池）の辺の竜王宮において、大比丘僧五百人、大菩薩千人に説いたもの。獅子奮迅菩薩が敬信の心を以て仏を供養するものは、いかなる結果を招くかについて発問すると、仏陀の現身に対して尊重賛嘆し、衣服飲食等を供養するよりも、仏陀入滅の後に舎利に対して供養を捧げるほうが功徳広大であることを明かす。花聚陀羅尼経1358と同じく除災と憶持の功徳を並べて説いている。また、在家菩薩が須弥山程の宝を供養した功徳よりも、出家菩薩が菩提心を発して金銭を供養した功徳の方が優れていると説いている。また本経には仏像礼拝の儀礼が説かれているが、華積陀羅尼経1359より詳細になっている。

【関連典籍】1356・1358・1359

【訳者・訳年代】訳者不明（東晋代）。

（飯塚秀譽）

1358 **仏説花聚陀羅尼呪経**（ぶっせつけじゅだらにしゅきょう）

花聚経ともいう。

【内容】一巻。仏陀が、阿耨達多（ヒマラヤの北にある想像上の池）の竜王宮に在ったときに、獅子奮迅菩薩が生涯の間一切の楽具を如来に供養する功徳は広大であるかどうかを尋ねる。それに対し仏は、衣服等を如来に供養するよりも、如来滅度のときに仏舎利を供養礼拝する功徳がはるかに優れているとし、舎利供養を賛嘆している。また華積陀羅尼経1356・獅子奮迅経1357と同様に除災と憶持（記憶）の功徳を、いずれも並べて説いている。

【関連典籍】1356・1357・1359

【訳者・訳年代】訳者不明（東晋代）。

（飯塚秀譽）

1359 **仏説花積楼閣陀羅尼経**（ぶっせつけしゃくろうかくだらにきょう）

花積経ともいう。

【内容】一巻。仏世尊が、阿耨達無熱悩（ヒマラヤの北にある想像上の池）の竜王宮に在ったときに、大比丘衆四百五十人と共に、獅子奮迅菩薩等の千有余名の大菩薩衆がいた。このとき、会中から獅子奮迅菩薩が立って、如来に供養するとどのような結果が得られるのか発問する。世尊は、如来を見て清浄心をもって諦心し帰命し尊重称賛して衣服等を供養するものは、その果報無辺であるとし、また如来般涅槃の後に舎利に対して供養することの果報は、一切の中で最勝であると説く。

【関連典籍】1356〜1358

【訳者・訳年代】宋の施護＊。

（飯塚秀譽）

1360 **六門陀羅尼経**（ろくもんだらにきょう）

六門経ともいう。

【内容】一巻。仏陀が浄居天に在ったとき、諸菩薩衆に対して衆生を利益し安楽させるためにこの六門陀羅尼法を授けた。この陀羅尼の中に世間出世間の一切の菩薩が含まれているから、法の如くこれを持誦するものは、速やかに無上正等覚菩提（覚り）を獲得することができるとする。

【関連典籍】1361。梵本が存在する。

【訳者・訳年代】唐の玄奘＊。

（飯塚秀譽）

1361 **六門陀羅尼経論**（ろくもんだらにきょうろん）

【成立】六門陀羅尼経1360に対する論書で著者は世親（ヴァスバンドウ）と伝えられる。

【内容】一巻。六門陀羅尼に六義あることを示している。一には智慧の円満なること、二には慈力の清浄なること、三には自性の清浄なること、四には他の所作障を知らしむること、五つには一切の菩提資糧を摂すること、六には彼の果は正智および心如とであること。以上の六義がこの陀羅尼に含まれていることから、これを六門陀羅尼と称する。また、当論の次に、唐の智威による広釈（一巻）が附されているが、大体において当論に対する解釈である。

【関連典籍】1360
【訳者・訳年代】訳者不明。
（飯塚秀譽）

1362 **仏説善夜経**（ぶっせつぜんやきょう）
【内容】一巻。世尊が、王舎城（中インド・マガダ国の首都）の竹林園（竹林精舎）に在ったときに、一比丘に示した経。もしこの経を聞くものがあれば、よく煩悩を断じ速やかに菩提を得ると説き、その内容は、過去のことはすべて追念してはならない、未来のことは希求してはならない、現在の事柄に染着してはならない、このように行ずるものを真の解脱と名づくとしている。
【訳者・訳年代】唐の義浄＊。
（飯塚秀譽）

1363 **勝幢臂印陀羅尼経**（しょうどうひいんだらにきょう）

勝幢印経ともいう。

【内容】一巻。釈尊は衆生を哀愍するといっても、現実には地獄に堕ちて苦しむ者があれば、ぜひとも彼らを苦難から救ってもらいたいという大梵王の要請に応じて、比丘衆・菩薩衆・天衆のために釈尊が雞羅（ヒラ）山山頂の天仙神宮にて勝幢臂印陀羅尼を略説する。この陀羅尼を読誦すると、財を得る等の現世利益や無上正等菩提を得るという。

【関連典籍】梵本はDvajāgra-keyūrā。同本異訳に1364がある。

【訳者・訳年代】唐の玄奘＊。

（遠藤純祐）


1364 **妙臂印幢陀羅尼経**（みょうひいんどうだらにきょう）

【内容】一巻。釈尊の説法処が雞羅娑（カイラーサ）山とされ、登場する山名が異なるのみで、他の点については内容的に勝幢臂印陀羅尼経1363と大同小異である。

【関連典籍】同本異訳に1363がある。

【訳者・訳年代】唐の実叉難陀＊。

（遠藤純祐）


1365 **八名普密陀羅尼経**（はちみょうふみつだらにきょう）

【内容】一巻。金剛手菩薩のために八名普密陀羅尼の功徳を説いたものである。室羅筏の給孤独園にて仏は金剛手に対して、八名普密陀羅尼の威徳が広大であること、事業が成じ易いこと、受持すれば必ずや利楽を獲ることを説く。さらにこの陀羅尼に功徳宝蔵、荘厳象耳、善勇猛、勝諦雲、成熾然、微妙色、厳飾、金剛の八つの秘密があり、これを聞くだけでも地獄餓鬼道に堕することがなく、臨終に際して仏菩薩を見ることができるという。陀羅尼が示されて後に諸功徳が挙げられるが、その功徳は無上正等菩提を得させるにまで至るとされる。

【関連典籍】同本異訳に1366がある。

【訳者・訳年代】唐の玄奘＊（AD654）。

（遠藤純祐）


1366 **仏説秘密八名陀羅尼経**（ぶっせつひみつはちみょうだらにきょう）

【内容】一巻。舎衛国の給孤独園で、仏が金剛手菩薩のために秘密八名と陀羅尼を説いたものである。この秘密八名として、象耳、妙荘厳、功徳宝海、無動、真実雲、可愛色相、焔光、妙色を挙げられる。この秘密名と陀羅尼を受持読誦すれば、地獄に堕ちることがなく、臨終時に諸仏菩薩の説法を見聞し、死後兜率天に生じるという。

【関連典籍】同本異訳に1365がある。

【訳者・訳年代】宋の法賢＊。

（遠藤純祐）

1367 **仏説大普賢陀羅尼経**（ぶっせつだいふげんだらにきょう）
【内容】一巻。舎衛国の給孤独園で、仏が阿難に大普賢呪を説示したものである。この陀羅尼は一切の兵刃、一切の怨敵、一切の夜叉・羅刹・復多の畏を除くという。以下、行者に害をなす不得食下鬼や腰脚鬼等の鬼の名前が具体的に示され、この陀羅尼によってそれらに対処すべき方法が各々の場合に応じて示される。
【訳者・訳年代】訳者不明（梁代）。

（遠藤純祐）

1368 仏説大七宝陀羅尼経（ぶっせつだいしっぽうだらにきょう）

【内容】一巻。給孤窮精舎で、仏が阿難に大七宝陀羅尼呪を説示したものである。この陀羅尼を受持すれば、過去七仏の加護にあずかり、火や水、怨敵や毒等の如何なるものも受持者を害することはできないという。

【関連典籍】この経は陀羅尼雑集1336に全文が示されている。2154・2156。

【訳者・訳年代】訳者不明（梁代）。

（遠藤純祐）

1369 百千印陀羅尼経（ひゃくせんいんだらにきょう）

【内容】一巻。王舎城耆闍崛山で、仏が大比丘衆と大菩薩衆に対して百千印陀羅尼が有る旨を説いたものである。この陀羅尼には根本陀羅尼と陀羅尼心呪と随心呪があるという。もし比丘・比丘尼・優波夷・優婆塞・善男子・善女人らがこの陀羅尼を書写して、それを自らの建立した塔の中に安置すれば、一つの塔を建立したとしても、百千の塔を建立した功徳と異なることがないとされる。本経（高麗本）には別本が存在するが、それは明本を原本として、宋・元二本により校訂してあるため、内容的に相違しないものの、字句の上で少しく異なる。

【関連典籍】2154・2156

【訳者・訳年代】唐の実叉難陀＊。

（遠藤純祐）

1370 仏説持明蔵八大総持王経（ぶっせつじみょうぞうはちだいそうじおうきょう）

【内容】一巻。仏が持明蔵の八大総持を説いたものである。八大総持とされながらも、実際にはそこに十種の陀羅尼が示されている。この各々の陀羅尼は過去仏が説いたもの、あるいは童子が説いたもの等々、説者がそれぞれ異なっている。これらの陀羅尼を仏が説いた目的として、諸修行人に一切衆生を利益させるようにするためだと記述されている。実際、文中には乳の出ない女が乳を得たり、子供の無い女に子供ができたり等の功徳が示され、きわめて現世利益の色彩の濃い内容となっている。

【関連典籍】八吉祥神呪経、八陽神呪経。

【訳者・訳年代】宋の施護＊（AD980）。

（遠藤純祐）

1371 仏説聖大総持王経（ぶっせつしょうだいそうじおうきょう）

【内容】一巻。舎衛国祇樹給孤独園で、阿難に対して摩訶陀羅尼大総持王を説示したものである。この陀羅尼を読誦すれば、宿命通を得、菩提心を退転することがないという。ただしこの陀羅尼には四つの段階があり、七十七倶胝諸仏の宣説した陀羅尼は七生事を知るのみであるが、第二の陀羅尼は十四生事、第三の陀羅尼は二十一生事、第四の陀羅尼は第三の無量倍も勝るとされる。最後に、陀羅尼の尊重恭敬すべきことを挙げ、それに背く者は報として天罰を受けることになると戒めている。

【訳者・訳年代】宋の施護＊（AD980）。

（遠藤純祐）

1372 増慧陀羅尼経（ぞうえだらにきょう）

【内容】一巻。これは大慧菩薩が須弥山頂において童子相菩薩のために増慧陀羅尼を説示したものである。この陀羅尼を誦持・読誦・書写・供養すれば、いかに愚昧なる者も速やかに大智慧を得ることができるという。

【訳者・訳年代】宋の施護＊（AD980）。

（遠藤純祐）

1373 仏説施一切無畏陀羅尼経（ぶっせつせいっさいむいだらにきょう）

【内容】一巻。これは、釈尊が遊行して摩伽陀国菴没羅林に到った際に、帝釈天の懇願により、彼の悩みである阿修羅への怖畏を除くために、一切無畏陀羅尼を説示したものである。この陀羅尼は単に阿修羅に対して有効であるだけでなく、他の諸々の邪悪なる怨敵に対しても効用があるという。後に、この陀羅尼がある種の作法を伴って読誦されるべきことが示されている。

【訳者・訳年代】宋の施護＊（AD980）。（遠藤純祐）

1374 **仏説一切功徳荘厳王経**（ぶっせついっさいくどくしょうごんおうきょう）

功徳荘厳王経、一切法功徳荘厳王経ともいう。

【内容】一巻。王舎城羯蘭鐸迦（カランダカ）池の竹林で、仏が大比丘衆と大菩薩衆のために二首の陀羅尼を説示したものである。そのうちの第一首の陀羅尼は仏説であるが、第二のそれは仏の加持力を受けた金剛手菩薩の説となっている。この経は二首の陀羅尼の功徳を専ら讃歎することに終始しているが、その中に浄土思想の痕跡が認められる。ただし、その浄土が弥陀西方浄土であるのか、あるいは忉利天浄土であるのかは判然としない。

【関連典籍】2154・2156

【訳者・訳年代】唐の義浄＊（AD705）。（遠藤純祐）

1375 **仏説荘厳王陀羅尼呪経**（ぶっせつしょうごんおうだらにじゅきょう）

荘厳経、雑密経ともいう。

【内容】一巻。布怛洛迦山で、仏が妙吉祥菩薩と観自在菩薩に一切如来所護観察衆生示現仏刹荘厳王陀羅尼なる経とその陀羅尼の功徳を説示したものである。この陀羅尼を読誦する際の作法として、慈悲心を起こし、仏像の前にて香華飲食等により恭敬供養し、十方仏に礼拝し、神呪一遍ごとに一花を呪して仏に供じること百八回すべしとされている。このように如法に修すれば、夢の中で諸仏を見たり、臨終のときに仏菩薩を見たり、あるいは捨身した後には必ずや極楽世界に生まれることになるという。

【関連典籍】2154

【訳者・訳年代】唐の義浄＊（AD702）。（遠藤純祐）

1376 **仏説聖荘厳陀羅尼経**（ぶっせつしょうしょうごんだらにきょう）

【内容】二巻。仏が迦毘羅城無憂樹園に在ったとき、羅睺羅童子は夜半になると悪羅刹や種々の鬼神に脅かされると泣いて仏に訴え、仏は哀れみ、（また未来の衆生のために）その解決法として大荘厳陀羅尼およびその功徳、持念における択地、結界、作壇、供養法、結界陀羅尼を説示したものである。ここではただ仏のみが陀羅尼を説くのみならず、慈氏菩薩、大梵天王、善時分天、帝釈天等々が順次に仏と同じく羅睺羅童子を擁護しようと荘厳陀羅尼を説いている。大梵天王はこれらの荘厳陀羅尼の功徳を仏に報告し、仏はそのことが真実であることを保証している。

【関連典籍】同本異訳に1377がある。

【訳者・訳年代】宋の施護＊（AD980）。（遠藤純祐）

1377 **仏説宝帯陀羅尼経**（ぶっせつほうたいだらにきょう）

【内容】仏が迦毘羅城尼拘律陀樹園に在ったとき、羅睺羅童子が夜半に大悪羅刹に脅かされると泣きながら訴えでて、このことを機に、羅睺羅童子を擁護することを目的とするのみならず、一切衆生を擁護すべき宝帯大明呪を説示したものである。この呪を受持すれば、悪鬼や刀杖等々から遠離救出を得ることができるとされている。続けて慈氏菩薩、梵天王、夜摩天子、帝釈天等々が仏に随喜して宝帯大明呪の眷属明句を説き明かしている。

【関連典籍】同本異訳に1376がある。チベット訳もある。

【訳者・訳年代】宋の施護＊（AD980）。（遠藤純祐）

1378 **仏説玄師颰陀所説神呪経**（ぶっせつげんしばっだしょせつじんしゅきょう）

颰陀呪経、幻王颰陀経ともいう。

【内容】一巻。仏が王舎城鸚鵡樹（竹園）の中に在ったとき、ある比丘が外出した途中で毒蛇に嚙まれる等の被害を受けていることを知ると、仏は玄師（幻術師）颰陀を伴い比丘の処に赴き、その際、玄師が比丘の災厄を消除するために呪を明かすということが示されている。ここではただ呪の効用のみが示されるだけでなく、仏への帰命が縄索、鎖械、乱意の束縛を解放するものであるともしている。

【関連典籍】2034・2149・2151・2154・2156。別本に幻師颰陀神呪経がある。颰陀に関する記述については竺法護の仏説幻士仁賢経に詳しい。

【訳者・訳年代】東晋の曇無蘭＊。

（遠藤純祐）


1379 **仏説大愛陀羅尼経**（ぶっせつだいあいだらにきょう）

大愛陀羅尼経ともいう。

【内容】一巻。仏が舎衛国にある祇樹給孤独園（祇園精舎）に住していたとき、大愛という海神が仏の下に訪れ、仏の威神力を得て、人々を海の災難から救う威力のあるとされる大愛陀羅尼を宣説することを説く。

【訳者・訳年代】宋の法賢＊（＝法天）。

（大塚伸夫）


1380 **仏説善楽長者経**（ぶっせつぜんらくちょうじゃきょう）

善楽長者経ともいう。

【内容】一巻。仏が迦毘羅城にあったとき、同じ釈迦族の出身で信心深い善楽長者の願いを聞き入れ、長者のために眼病に効力をもつとされる清浄眼秘密大神呪と秘密大神呪の二呪を弟子の阿難に授け、阿難を長者の下に遣わして長者の眼病を癒したことを説く。

【訳者・訳年代】宋の法賢＊（＝法天）。

（大塚伸夫）


1381 **仏説大吉祥陀羅尼経**（ぶっせつだいきちじょうだらにきょう）

大吉祥経ともいう。

【内容】一巻。仏が蘇珂嚩帝仏刹にあったとき、仏の下に訪れた観自在菩薩のために、仏と共にいた大吉祥菩薩の所持するさまざまな功徳のある大吉祥陀羅尼を授けたことを説く。

【訳者・訳年代】宋の法賢＊（＝法天）。

（大塚伸夫）

1382 **仏説宿命智陀羅尼**（ぶっせつしゅくみょうちだらに）
宿命智陀羅尼ともいう。
【内容】一巻。宿命智陀羅尼一呪が漢字音写で説かれるのみ。宿命智陀羅尼とは六神通（神足通・天眼通・天耳通・他心通・宿命通・漏尽通）の一つに数えられる宿命通を得ることのできる陀羅尼のことであって、過去の出来事や過去世の自他の寿命と生存の状態をすべて知ることのできる能力を獲得する陀羅尼のことをいう。
【関連典籍】1383
【訳者・訳年代】宋の法賢＊（＝法天）。
（大塚伸夫）

1383 **仏説宿命智陀羅尼経**（ぶっせつしゅくみょうちだらにきょう）
宿命智経ともいう。
【内容】一巻。仏が阿難に宿命智陀羅尼を授けたことを説く。この宿命智陀羅尼は人々の遠い過去から蓄積した罪業を消滅させ、過去の出来事や過去世の自他の寿命と生存の状態をすべて知ることとのできる能力を獲得させる功徳を持つ陀羅尼とされる。巻末には、梵語の悉曇文字でこの陀羅尼が記されている。
【関連典籍】1382
【訳者・訳年代】宋の法賢＊（＝法天）。
（大塚伸夫）

1384 **仏説鉢蘭那賖嚩哩大陀羅尼経**（ぶっせつはらなしゃばりだいだらにきょう）

鉢蘭那賖嚩哩大陀羅尼経ともいう。

【内容】一巻。仏が悪魔や鬼神に苦しめられている人々を救うため、阿難に鉢蘭那賖嚩哩大陀羅尼とその功徳を説く。この陀羅尼は悪魔鬼神を除去し、災害や病気を消滅させる力があるとされる。

【関連典籍】1100は別訳。梵文校訂テキスト、チベット訳も存在する。

【訳者・訳年代】宋の法賢＊（＝法天）。

（大塚伸夫）

1385 **仏説倶枳羅陀羅尼経**（ぶっせつくきらだらにきょう）
倶枳羅経ともいう。
【内容】一巻。仏が舎衛国（舎衛城）にある祇樹給孤独園（祇園精舎）にあったとき、阿難に人々の病を癒し延命させる威力のある倶枳羅陀羅尼を授けたことを説く。

【訳者・訳年代】宋の法賢＊（＝法天）。（大塚伸夫）

1386 **仏説妙色陀羅尼経**（ぶっせつみょうしきだらにきょう）
妙色陀羅尼経ともいう。
【内容】一巻。仏が阿難に、人々に利益と福をもたらすという妙色陀羅尼を授けたことを説く。
【訳者・訳年代】宋の法賢＊（＝法天）。（大塚伸夫）

1387 **仏説栴檀香身陀羅尼経**（ぶっせつせんだんこうしんだらにきょう）
栴檀香身陀羅尼経ともいう。
【内容】一巻。仏が阿難に、栴檀香身という陀羅尼とその功徳を説く。この陀羅尼を唱えると過去の罪業は消えて福がもたらされ、観自在菩薩にも見えることができるとされる。また諸の皮膚病も完治するなどのことが説かれる。
【訳者・訳年代】宋の法賢＊（＝法天）。（大塚伸夫）

1388 **仏説無畏陀羅尼経**（ぶっせつむいだらにきょう）
無畏陀羅尼経ともいう。
【内容】一巻。仏が、水難や火難などの諸の災難を除き無量の功徳をもたらすという無畏陀羅尼を弟子達に授けたことを説く。
【訳者・訳年代】宋の法賢＊（＝法天）。（大塚伸夫）

1389 **仏説無量寿大智陀羅尼**（ぶっせつむりょうじゅだいちだらに）
無量寿大智陀羅尼ともいう。
【内容】一巻。無量寿大智陀羅尼のみが漢字音写で記されたもの。
【訳者・訳年代】宋の法賢＊（＝法天）。（大塚伸夫）

1390 **仏説洛叉陀羅尼経**（ぶっせつらくしゃだらにきょう）
洛叉陀羅尼経ともいう。
【内容】一巻。仏が人々の無量の重罪を滅し、福をもたらすという洛叉陀羅尼を阿難に授けたことを説く。
【訳者・訳年代】宋の法賢＊（＝法天）。（大塚伸夫）

1391 **仏説檀特羅麻油述経**（ぶっせつだんとくらまゆじゅつきょう）
檀特羅麻油述経ともいう。
【内容】一巻。仏が摩竭陀国の山中にあったとき、弟子の羅云のために、鬼神などの恐怖を除く辟鬼神呪とその念誦法を授けたことを説く。本経の類本として陀羅尼雑集1336巻第八中に仏説檀特羅麻油述神呪経がある。
【関連典籍】1336
【訳者・訳年代】東晋の曇無蘭＊。（大塚伸夫）

1392 **大寒林聖難拏陀羅尼経**（だいかんりんしょうなんだだらにきょう）
【内容】一巻。仏が王舎城にあったとき、寒林（都市のそばにある死人を葬る寂しい場所）の中にある墓場で弟子の羅睺羅が夜叉や羅刹などの鬼神の類に悩害されていたのを救うために、仏が難拏陀羅尼を授けたことを説く。
【関連典籍】0982・0984・0985・0988・0999・1048・1153・1154。梵文校訂テキスト・チベット訳もある。
【訳者・訳年代】宋の法賢＊（＝法天）。（大塚伸夫）

1393 **仏説摩尼羅亶経**（ぶっせつまにらだんきょう）
摩尼羅亶神呪経、摩尼羅亶経ともいう。
【内容】一巻。仏が舎衛国（舎衛城）にあったとき、阿難をはじめとする諸の弟子達に、さまざまな災難を除くという本経の功徳とその利益を明かすことを説く。また、本経は陀羅尼雑集1336巻第八の仏説摩尼羅亶呪経の別出とされるが、本経には中心となる陀羅尼は一呪も説かれていない。

【関連典籍】1336

【訳者・訳年代】東晋の曇無蘭＊。

（大塚伸夫）

1394 仏説安宅神呪経（ぶっせつあんたくじんしゅきょう）

安宅呪経ともいう。

【内容】一巻。仏が舎衛国（舎衛城）にある祇樹給孤独園（祇園精舎）に菩薩衆や弟子の比丘衆とともにあったとき、離車長者のために安宅法（家宅を鎮護する法で鎮宅法ともいう）を明かしたことを説く。

【訳者・訳年代】不明。

（大塚伸夫）

1395 抜済苦難陀羅尼経（ばっさいくなんだらにきょう）

勝福往生浄土経、抜済苦難経ともいう。

【内容】一巻。仏が室羅筏（舎衛城）にある給孤独園（祇園精舎）にあったとき、不可説功徳荘厳菩薩の願いに答えて、仏が人々の苦しみをよく取り除くという不動如来と滅悪趣王如来の陀羅尼二呪を説くことを明かす。

【訳者・訳年代】唐の玄奘＊（AD651）。

（大塚伸夫）

1396 仏説抜除罪障呪王経（ぶっせつばつじょざいしょうしゅおうぎょう）

抜除罪障呪王経ともいう。

【内容】一巻。仏が浄居天にあるとき、悪業で汚れた世の中の人々の罪障を滅し利益を施すという最勝根本呪蔵心王神呪の呪法を文殊菩薩に授けることを説く。

【訳者・訳年代】唐の義浄＊（AD710）。

（大塚伸夫）

1397 智炬陀羅尼経（ちこだらにきょう）

【内容】一巻。仏が日月宮に住しているとき、日月天子のために智炬陀羅尼を説き、その呪法（破地獄法）を授けることを説く。この陀羅尼は地獄を破り、地獄の苦しみを受けている人々を救うとされる。また、1398は同本異訳。

【関連典籍】1398。チベット訳も存在する。

【訳者・訳年代】唐の提雲般若＊等（AD691）。

【参考文献】渡辺海旭「新に発見せられたる西域古語聖典の研究」『壺月全集上』同刊行会、一九三三年。

（大塚伸夫）

1398 仏説智光滅一切業障陀羅尼経（ぶっせつちこうめついっさいごっしょうだらにきょう）

智光滅一切業障陀羅尼ともいう。

【内容】一巻。仏が日月天子宮に住しているとき、日月天子のために陀羅尼を説き、その呪法（破地獄法）を授けることを説く。この陀羅尼は地獄を破り、地獄の苦しみを受けている人々を救うとされる。1397は同本異訳。

【関連典籍】1397。チベット訳も存在する。

【訳者・訳年代】宋の施護＊。

【参考文献】渡辺海旭「新に発見せられたる西域古語聖典の研究」『壺月全集上』同刊行会、一九三三年。

（大塚伸夫）

1399 仏説滅除五逆罪大陀羅尼経（ぶっせつめつじょごぎゃくざいだいだらにきょう）

滅除五逆経ともいう。

【内容】一巻。仏が弟子の阿難に、五逆（殺母・殺父・殺阿羅漢・出仏身血・破僧）の重罪を犯した人々の罪を滅するという陀羅尼を授けることと、その陀羅尼の功徳を説く。

【訳者・訳年代】宋の法賢＊（＝法天）。

（大塚伸夫）

1400 仏説消除一切災障宝髻陀羅尼経（ぶっせつしょうじょいっさいさいしょうほうけいだらにきょう）

宝髻陀羅尼経ともいう。

【内容】一巻。仏が弟子の阿難に、人々が犯した重罪を滅して福をもたらすという宝髻陀羅尼とその功徳を説くことを明かす。

【訳者・訳年代】宋の法賢＊（＝法天）。

（大塚伸夫）

1401 仏説大金剛香陀羅尼経（ぶっせつだいこんごうこうだらにきょう）

香陀羅尼経ともいう。

【成立】十世紀後半。

【内容】一巻。金剛香真言が全体を占めている。そしてこの真言の功徳を前文において次のごとく述べている。最上星曜有りて而も降伏せざるも、此の金剛香真言を念ずれば、天等の星曜の驚怖・戦慄して自から降伏すること、風の樹枝を吹く風に随って低仆するがごとし、と。

【訳者・訳年代】宋の施護*。

（福田亮成）

1402 **消除一切閃電障難随求如意陀羅尼経**（しょうじょいっさいせんでんしょうなんずいぐにょいだらにきょう）

随求如意経、消除障難随求陀羅尼経ともいう。

【成立】十世紀後半。

【内容】一巻。障除法の一つである雷除の咒を中心とするもので、仏が舎衛国の精舎の中において尊者阿難にむかって説いたものである。東方に阿伽曩（無厚）、南方に金多嚕（順流）、西方に放光明、北方に燥那麼尼（百生樹）と名づくる雷があり、その名号を知る者は、一切の雷電の驚怖無く、捺囉弭拏の真言を書き安置すれば、閃電の発生もない、とする。聖観自在菩薩は捺囉弭拏真言章句（仏説のそれとは別な真言）を説き。金剛手秘密主は正法陀羅尼真言章句（無能勝真言）を説き、娑訶世界主大梵天は梵天難拏陀羅尼、帝釈天主は金剛坐明を説き、四天王は無怖畏真言を説き、娑哦嚕竜王・麼曩吠竜王・雷光竜王・無熱悩地竜王・電舌竜王・百光竜王等の我慢貢高心を止息せしめるために陀羅尼の功徳を説くものであるとする。そして、これらの真言章句を受持・読誦・書写・供養することによって、閃電等の怖れをのぞき、無根毒や和合毒からの害をのがれるという。

【訳者・訳年代】宋の施護*。

（福田亮成）

1403 **仏説如意摩尼陀羅尼経**（ぶっせつにょいまにだらにきょう）

如意摩尼経ともいう。

【成立】十四世紀後半。

【内容】一巻。仏が舎衛国迦利哩城において尊者阿難に対して、東方の阿伽、南方の設帝嚕、西方の哆鉢囉婆、北方の掃那摩儞の雷電の名号と住処の方位を知れば、一切の雷電を怖れることなく、所住の処において雷電の名号を書し授受し供養、一切の雷電に傷つけられることなしとしている。それを擁護真言章句という。そして観自在菩薩・金剛手菩薩・大梵天王・帝釈天主・護世四天王・大竜王等が各々の陀羅尼を誦し、それらによって一切の雷電の怖畏を除き、中夭を遠離し、寿命を増延される功徳のあるをこと説いている。消除一切閃電障難随求如意陀羅尼経1402の異訳である。

【関連典籍】1402

【訳者・訳年代】宋の施護*。

（福田亮成）

1404 **仏説如意宝総持王経**（ぶっせつにょいほうそうじおうきょう）

【成立】十世紀後半。

【内容】一巻。仏が妙住菩薩等無数千の菩薩とともに都支多（ツシッタ）天にあったとき、如意宝総持章句という神咒と、その功徳を説いたものである。この章句を受持することによって過去・現在・未来において利益を行じ福業に住する。しかし未だこの章句に疑いを断ずることがなければ、受持することはない。もし心に疑惑無く決定専住するならば、三世にわたって説法師の名・説法師の相を見ることができ、三世を遍知する者は、総持門に妙解を得る等の功徳を詳細に説き、この陀羅尼を宣揚している。

【訳者・訳年代】宋の施護*。

（福田亮成）

1405 **仏説息除賊難陀羅尼経**（ぶっせつそくじょぞくなんだらにきょう）

【成立】十世紀後半。

【内容】一巻。仏陀が摩伽陀国にありて大衆とともに経行していたとき、菴羅樹園の側の韋提呬山の帝釈巌にいたるに大悪賊衆が近付いてきたのを見た阿難尊者は、大いに恐怖して仏陀の処におもむいたところ、賊難を除く大輪結界陀羅尼を説いた。この陀羅尼を誦すれば、十二由旬の間を結界して刀剣器杖等によって侵されることなく。浄白綿を用いてこの陀羅尼をもって七遍加持し、結ぶこと七結すれば、賊衆を禁縛して難をなすことができなくなる、と説く。

【訳者・訳年代】宋の法賢＊。

（福田亮成）

1406 **仏説辟除賊害呪経**（ぶっせつびゃくじょぞくがいじゅきょう）

【成立】四世紀中頃。

【内容】一巻。三宝、過去七仏、諸仏、諸仏弟子、諸師、諸師弟子、黙利薛利鬼神王に帰依することと、また、特に北方の健陀摩訶衍という名の山があり、そこに黙利薛利鬼神王が、四姉弟の安壇尼・闍摩尼・担摩尼・無呵陀と共にあり、安壇尼は賊の目を盲ならしめ、闍摩尼は賊を住せしめ、担摩尼は賊を坐せしめ、無呵陀は賊をして愚癡ならしめ、人びとを擁護し、安隠ならしめると説く。月の二十九日に仏の前に七灯を燃し、膠香を焼し、花を散じ、呪を七遍なし、また黙利羅鬼神王に呪願し、灯を燃し、香を焼き、花を散ず。また鬼子母のために七灯を燃し、香を焼き、花を散じ、是の経を七遍説きて後に願の如くとなる、という。

【訳者・訳年代】訳者不明（東晋代）。

（福田亮成）

1407 **仏説辟除諸悪陀羅尼経**（ぶっせつびゃくじょしょあくだらにきょう）

【内容】一巻。世尊が阿難に、飛蝗毒虫が生れ、蚊虻・虎狼が処々に増盛し、苗稼を致傷し、菜果を傷つけ、国内が漸く飢饉となり、衆生を悩害し安隠ならざるときには、辟除諸悪陀羅尼を誦すべしとし、その陀羅尼を八百遍誦することによって沙を加持し、それを毒虫のいる処に散ずることによって悉く辟除するという。

【訳者・訳年代】宋の法賢。

（福田亮成）

1408 **仏説最上意陀羅尼経**（ぶっせつさいじょういだらにきょう）

【内容】一巻。仏が救鴿城の牛頭栴檀精舎にあって、阿難および大衆に説いたものである。南閻浮提の末世のときには、一切衆生は薄福のために悪鬼が諸の災難を起こし、悩乱して安隠ではない。ここに陀羅尼があり、それによって息滅し吉祥を増すことになる、という。過去世に傅敬という一比丘がおり、支那を去り北方に遊行するに、身長三十肘、面円四肘の一神人と遇う。この神人とは妙吉祥菩薩（妙吉祥童子）であり、この神人のいうには、妙高山の南面に阿修羅が悪心を起しているために災難がおきている、という。ここに最上意陀羅尼があり、それを広宣流布することによって、衆生の苦悩と消滅するというのである。

【関連典籍】チベット訳あり。

【訳者・訳年代】宋の施護＊。

（福田亮成）

1409 **仏説聖最勝陀羅尼経**（ぶっせつしょうさいしょうだらにきょう）

【内容】一巻。仏が波羅鉢多国の星左大城の虞弥曩精舎にあったとき、一人の嚩野佉という比丘がいた。その城を出て支那城にむかって四由旬を行くと、身長三丈面長四尺の一大人（文殊師利菩薩）と遇った。そして、その一大人にどうして現身してここに来至したかと問うと、閻浮提の諸の衆生に病苦あり、それは阿修羅・迦楼羅等が須弥山の一面において諸の天人と互相に交戦しており、それによって虚空中の日月に光無く、星辰が現われず、天人が修羅に敗れしてしまったので、諸鬼神が女人形に化して悩乱し、衆生に諸疾病を生ずるのである。頭痛・腹痛・眼耳鼻痛の病や、悪病や、大風雨・寒・熱・澇・旱・五穀不豊等の苦悩があるによって、それらの衆難を消除するために陀羅尼を誦し、それによってすべての苦を除癒することを述べている。

【訳者・訳年代】宋の施護＊。

（福田亮成）

1410 **仏説勝幡瓔珞陀羅尼経**（ぶっせつしょうばんようらくだらにきょう）

【内容】一巻。仏が喜楽山頂に大比丘衆の千二百五十人、文殊師利童子および賢護菩薩等の十六大士、大梵天および天・竜・夜叉等の集会するにたいして、一切有情が種々の罪業を造り悪趣に堕しているさまを説き、方便をもって一切輪廻の有情を救抜するために、勝幡瓔珞陀羅尼を説き、それによって五逆の重罪を滅尽して大富貴を獲るとしている。

【訳者・訳年代】宋の施護＊。

（福田亮成）

1411 **仏説蓮華眼陀羅尼経**（ぶっせつれんげげんだらにきょう）

【成立】十世紀後半。

【内容】一巻。この陀羅尼を晨朝に恭敬供養して、一百八遍念じ、一日二日乃至三七日に心に持誦すれば、一切の罪障を悉くみな除滅することができる。そして眼病・耳病・鼻病・身病を患うことなく、心の邪乱せず、また、五種の眼病・耳・鼻・舌病が清浄となり、身相端直、心に垢染を離れ、一切の生中に恒に菩提心を発し、諸聖衆を常に見仏することを得て、妙法を聴き直に菩提道場に至り正覚を円満するとする。

【関連典籍】梵本（写）、チベット訳ともに現存する。

【訳者・訳年代】宋の施護＊。

（福田亮成）

1412 **仏説宝生陀羅尼経**（ぶっせつほうしょうだらにきょう）

【成立】十世紀後半。

【内容】一巻。まず宝生陀羅尼があげられ、以下その供養が説かれている。この如来陀羅尼の名号を供養すれば、生生に転輪位を得、梵行を成就して大神通を具し、十種の陀羅尼を獲る。また恒河沙等の諸仏如来に値い、虚妄なく倶胝劫を経ても輪廻路に入らず、菩提種を断ぜず、菩提心を失せず、永く一切の罪を滅して報身如来を得る。もし一七日の間持誦するに、この人天眼清浄を得て、耳に聞くこと恒にして憶念するならば、決定して菩提を得て、過去世所作の善根の現前することを得る。もし人の無間罪業を伝うるも悉く除滅することを得て永く輪廻を断じ、水・火・盗賊の侵害することなく、諸根の欠せず、衆病の生ぜず、鬼魅の著せず、人びとの愛敬し、当来世に如来微妙の法を受持し、諸仏を供養す。また人の聞き已って心に喜び、礼拝し、讃歎するに、この人の功徳の無量無辺なり。生生に口に妙香を出し広さ一由旬にして、身毛の孔中に光明ありて恒に自から照曜す。常に如来勝利の事を作すこと阿難陀の如し、という。

【訳者・訳年代】宋の施護＊。

（福田亮成）

1413 **仏説尊勝大明王経**（ぶっせつそんしょうだいみょうおうきょう）

【成立】十世紀後半。

【内容】一巻。過去諸仏および七倶胝の如来の宣説した尊勝大明王を未来世中の一切の衆生のために宣揚顕説するに、この大明王を受持讃誦する人は、まず身心を清浄にして、一切の諸仏・一切尊法・一切の聖象に帰命し、大悲観自在菩薩摩訶薩・擁護娑婆世界主・一切持明天等に帰命し、しかる後に誦すべし、として陀羅尼をあげ、もしも悪心・毒害を我および他の衆生になさんとするも、眼に見ることなく、耳に聞くことなく、鼻にかぐことなく、口に語ることなく、一切の身分を繋縛せんと欲するも皆は悉く破壊する、という。

【訳者・訳年代】宋の施護＊。

（福田亮成）

1414 **仏説金身陀羅尼経**（ぶっせつごんじんだらにきょう）

【成立】十世紀半。

【内容】一巻。まず陀羅尼をあげ、この陀羅尼の大功徳をのべ、頂上に戴けば千由旬の内に羅刹の侵害することなく、一遍誦すれば諸天子と、その眷属が千由旬の外を擁護し、大悪の虎狼・虫獣の害にあうことなく、よく三世中の事を見、忿怒心を敬愛にかえ、二洛叉通誦すれば煩悩が息滅し、長時に誦すれば宿命智を得る。もし人この陀羅尼をもって浄油を加持し頭上・腹上に塗ればその病は消散するという。

【訳者・訳年代】宋の施護*。

（福田亮成）

1415 **大金剛妙高山楼閣陀羅尼経**（だいこんごうみょうこうせんろうかくだらにきょう）

【成立】十世紀後半。

【内容】一巻。全体が陀羅尼の音写である。

【訳者・訳年代】宋の施護*。

（福田亮成）

1416 **金剛摧砕陀羅尼**（こんごうさいさいだらに）

【成立】十世紀後半以後。

【内容】一巻。全体が陀羅尼の音写である。同じ陀羅尼が仏説壊相金剛陀羅尼経1417にある。

【関連典籍】1417

【訳者・訳年代】南宋代の契丹僧の慈賢。

（福田亮成）

1417 **仏説壊相金剛陀羅尼経**（ぶっせつえそうこんごうだらにきょう）

【内容】一巻。仏が金剛場にいたとき、金剛手菩薩が金剛三摩地に入り、仏の神力、一切如来諸菩薩等の加持力によって金剛忿怒をなし、この最妙金剛心陀羅尼を説いた。一切衆生は怕怖し、よく煩悩を摧伏し、諸明呪を断じ、鎮め、他行を破し、諸魔を摧折し、諸魔の執を解し、一切衆生を息災増益し、迷悶なる諸悪の有情を禁ずるという。

【関連典籍】1416

【訳者・訳年代】元の沙囉巴。

（福田亮成）

1418 **仏説一切如来安像三昧儀軌経**（ぶっせついっさいにょらいあんぞうざんまいぎききょう）

【成立】十世紀後半。

【内容】一巻。世尊が一切如来金剛安像三昧に入り、定より出でて安像慶讃儀軌之法を説いたもので、それに十種の法あり、仏身の円満の相、大小の量、息災増益等、真言印法儀軌の事、寺舎殿塔内の諸尊像等を得べきであり、もし儀相の闕少すれば安像慶讃を得ず、不円満なれば現世未来に大苦怖を得る。安像慶讃を行わざれば不吉を招くことになるとする。さらに安像慶讃結浄の法を説き曼荼羅を建立するとし、その次第をのべ、吉星吉日を揀び、結界勝地清浄の処に傘蓋、幢幡、香華、灯果を設け、地の上下を結界し、五色の粉絣にて曼荼羅を描き、五族の如来および菩薩と眷属等を誦す。さらに阿闍梨の入仏堂殿安像のときには、一心に如来の一切円満の相を観想し、合掌し作礼し、聖賢を瞻仰し、香花・香水・灯果をば法儀軌に依りて献じ、以下真言を連ねて供養の次第を詳細にのべ、さらに護摩の次第、そして作壇法の吉時の定めを述べている。

【訳者・訳年代】宋の施護*。

（福田亮成）

1419 **仏説造像量度経解**（ぶっせつぞうぞうりょうどきょうげ）

【成立】AD1742。

【内容】一巻。仏説造像量度経を訳し、これに解釈を加えたものである。中心となるものは仏像の造法で、自手の指量、節目の分別、坐像の場合、蹬像の場合。そして鼻・額・唇・目間・耳広・首囲・頸辺・臍・咽喉・髄枢・股等の寸法や形を詳細に定規しているものである。

【関連典籍】序が六種あり、仏像図十種。それに工布査布述の造像量度経続補がある。梵本、チベット訳あり。

【訳者・訳年代】元の工布査布。

（福田亮成）

1420 **竜樹五明論**（りゅうじゅごみょうろん）

【成立】この論には多く道教の要素が取り入れられており、竜樹（ナーガールジュナ）に仮託された中国の著作の一つといえよう。

【内容】二巻。如来滅後一百余年に阿育王が閻浮提の王であったが、国中の人民が多患・貧窮・困飢・寒裸露で存立できずにいた。大王は衆僧に人民貧苦の状を歎くに、菟路知という一比丘が出て王に言った。如意宝珠をもって衆生を済益すべし、と。王はその如意宝珠を得るための方法を問うに、十種の法ありと言い、(1)求仏、(2)法仏、(3)供養僧、(4)安隠国土、(5)救人民、(6)巧埋塔寺、(7)威伏隣国、(8)求帝釈供具、(9)供養仏、(10)諸人民作大高饒益とある。その如意宝珠を得るには、正月一日に釈迦如来像を荘厳して供養し、二月八日に海に入りて宝を採るとし、その珠には大如意と小如意の二種があり、各々の功績を詳説している。

【訳者・訳年代】不明。

(福田亮成)

第22巻　律部 一

1421 **弥沙塞部和醯五分律**(みしゃそくぶわけいごぶんりつ)

五分律、弥沙塞部五分律、弥沙塞律ともいう。

【内容】三十巻。本書は印度小乗二十派中、弥沙塞部(化地部・正地部・不可棄部)の伝える律である。十誦律1435・四分律1428・摩訶僧祇律1425とならぶ所謂四大広律のひとつ。律(広律)の内容は、一般に①比丘・比丘尼に対してそれぞれの行為を行うことを禁止した条文である波羅提木叉とそれを禁じた由来・因縁、それを犯した場合の罪の軽重などを詳説した部分、②教団の儀式・作法や僧衆の生活、起居動作などに関する具体的な諸規定を説いた部分(犍度、Kanda)の二部からなり、前者を止悪、後者を作善に配する。本書の内容はその名が示すごとく五段に分かれている。〈第一分〉四波羅夷法(断頭とも訳す、教団追放)、十三僧残法(僧伽婆尸沙法とも訳す、六日間別住した後に二十人の僧伽の前で懺悔する)、二不定法(比丘にのみあるもので、男女関係に関して疑わしい行為があったときに信頼すべき信者の証言を待って罰が決定)、三十捨堕法(尼薩耆波逸提法とも訳す、主として私有物に関するもので、規定以上の物を所有した場合にはそれを教団にさし出して三人の僧の前で懺悔する)、九十一単堕法(波逸提法とも訳す、三人の僧の前で懺悔する)、四悔過法(波羅提提舎尼法・提舎尼法とも訳す、一人の上座の前で懺悔する)、百衆学法(一人の僧の前で、あるいは心の中で懺悔する)、七滅諍法(教団に争いが起こったときの解決法)。〈第二分〉尼律八波羅夷法、尼律十七僧残法、尼律三十捨堕法、尼律二百七(戒本二百十)堕法、尼律八悔過法、尼律百衆学法。〈第三分〉受戒法(出家教団に入るための作法を説く)、布薩法、安居法、自恣法、衣法、皮革法(革製の用具に関するもの)、薬法、食法、迦絺那衣法。〈第四分〉滅諍法(争いを静める方法として七滅諍を説く)、羯磨法(争いを好む者を罰する方法を説く)。〈第五分〉破僧法(提婆達多の反逆事件とその処置の方法を説く)、臥具法(房舎・臥具等について説く)、雑法(道具・諸雑事について説く)、威儀法(種々の礼儀・作法を説く)、遮布薩法(罪を犯した比丘を布薩に入れないことについて説く)、別住法(僧残罪を犯した者の治罪法を説く)、調伏法、比丘尼法(女の出家受戒等について説く）、五百集法（五百結集に関する史実の記述）、七百集法（七百結集に関する史実の記述）。

第一分・第二分は比丘二百五十一戒・比丘尼三百七十戒（戒本は三百七十三戒）の注解であり、パーリ律の経分別に相当する。また第三分はパーリ律の大品に、第四・五分はパーリ律の小品にほぼ相当する。

【関連典籍】弥沙塞五戒本1422、五分比丘尼戒本1423、弥沙塞羯磨本1424。

【訳者・訳年代】法顕＊が師子国（セイロン島）より将来し（東晋AD413）、仏陀什＊と道生＊が共に訳出（AD423～434）。

【参考文献】訳一・律部第十三～十四。

（中根洋雅）

1422 **弥沙塞五分戒本／五分戒本**（みしゃそくごぶんかいほん）／（ごぶんかいほん）

弥沙塞戒本、五分比丘戒本ともいう。

【内容】一巻。布薩の場で自省のために唱えることを目的に編集された波羅提木叉のうち、比丘の持する戒条を列記したもの。この戒本には弥沙塞五分戒本と題するものと五分戒本と題するものの二種類がある。前者は五分律に合致しているが、後者は少しく異なっており、四波羅夷法、十三僧伽婆尸沙法（僧残法）、二不定法、三十尼薩耆波逸提法（捨堕法、五分戒本は尼薩耆波夜提法とする）、九十一波逸提法（単堕法、五分戒本は九十波夜提法とする）、四波羅提提舎尼法（悔過法）、百衆学法（五分戒本は百八を数える）、七滅諍法が挙げられている。

【関連典籍】1421

【訳者・訳年代】劉宋の仏陀什＊。

（中根洋雅）

1423 **五分比丘尼戒本**（ごぶんびくにかいほん）

【成立】梁代（AD522）。明徽が五分律の広律に基づいて集輯した。

【内容】一巻。布薩の場で自省のために唱えることを目的に編集された波羅提木叉のうち、比丘尼の持する戒条を列記したもの。本書の戒条は五分律に基づいており、八波羅夷法、十七僧伽婆尸沙法（僧残法）、三十尼薩耆波逸提法（捨堕法）、二百十波逸提法（単堕法、広律では二百七波逸提法）、八波羅提提舎尼法（悔過法）、百衆学法、が挙げられている。

【関連典籍】1421

（中根洋雅）

1424 **弥沙塞羯磨本**（みしゃそくこんまほん）

五分羯磨ともいう。

【成立】唐の大開業寺の僧、愛同が編纂。

【内容】一巻。受戒・懺悔・安居・自恣といった仏教教団（僧伽）運営上、実際に行われる儀式の時に入用の部分、あるいは読み上げるべき文を集めたもの。本書は五分律1421中より僧伽の日常行事に必要な羯磨文を抄出したものであり、第一作法縁起・第二結解諸界法・第三諸戒受捨・第四衣薬受浄法受持衣法・第五僧等布薩法・第六僧等安居法・第七僧等自恣法・第八受施分衣法・第九懺悔諸犯法・第十雑行住持法が記されている。

【関連典籍】1421

（中根洋雅）

1425 **摩訶僧祇律**（まかそうぎりつ）

僧祇律ともいう。

【内容】四十巻。本書は印度小乗二十派中、大衆部（摩訶僧祇部）の伝える律である。十誦律1435・四分律1428・五分律1421とならぶ所謂四大広律のひとつ。律（広律）の内容は、一般に①比丘・比丘尼に対してそれぞれの行為を行うことを禁止した条文である波羅提木叉（pratimokṣa）とそれを禁じた由来・因縁、それを犯した場合の罪の軽重などを詳説した部分、②教団の儀式・作法や僧衆の生活、起居動作などに関する具体的な諸規定を説いた部分（犍度）の二部からなり、前者を止悪、後者を作善に配するが、本書はこれとやや趣を異にしている。内容としては、まず比丘僧戒法として四波羅夷法（断頭とも訳す、教団追放）、十三僧残戒（僧伽婆尸沙法とも訳す、六日間別住した後に二十人の僧伽の前で懺悔する）、二不定法（比丘にのみあるもので、男女関係に関して疑わしい行為があったときに信頼すべき信者の証言を待って罰が決定)、三十尼薩耆波夜提法（捨堕法とも訳す、主として私有物に関するもので、規定以上の物を所有した場合にはそれを教団にさし出して三人の僧の前で懺悔する）、単堕九十二事法（波逸提法とも訳す、三人の僧の前で懺悔する）、四提舎尼法（波羅提提舎尼法・悔過法とも訳す、一人の上座の前で懺悔する）、六十六衆学法（一人の僧の前で、あるいは心の中で懺悔する）、七滅諍法（教団に争いが起こったときの解決法）、法随順、雑誦跋渠（僧伽中において行われる儀式・行事・羯摩をはじめ、日常の衣食住に関する諸々の規律を解説）、威儀法を明かし、次いで比丘尼戒法として八波羅夷法、十九僧残法、三十事（比丘尼薩耆）、百四十一波夜提法、八提舎尼法、六十四衆学法（摩訶僧祇比丘尼戒本は七十七法）、七滅諍法、法随順、比丘尼雑誦跋渠を明かす。本書の特色としては戒文の解釈に力点がおかれており、四波羅夷法に関しては特に詳細である。比丘尼戒法に関しては八波羅夷法から波夜提法中の七十一戒のみを解説し、他は比丘戒に通ずるとし、ただ戒名のみを掲げてその詳細を省略している。他方、本書の犍度組織は雑誦跋渠と威儀法とにおいて解説されており、雑然とした観を呈している。跋渠（vagga、品）とは四分律や五分律の犍度に相当するものである。また、本生譚の数の多いことは他の諸律と異なる点として注意すべきである。加えて本書巻三十二の末には、仏陀より道力まで計二十八人にわたる本律の伝承の記録が記されていることも特色のひとつとして挙げられる。

【関連典籍】摩訶僧祇律大比丘戒本1426、摩訶僧祇比丘尼戒本1427。

【訳者・訳年代】東晋の法顕＊と仏陀跋陀羅＊。

【参考文献】訳一・律部第八〜十一。

（中根洋雅）

1426 **摩訶僧祇律大比丘戒本**（まかそうぎりつだいびくかいほん）

僧祇戒本、波羅提木叉僧祇戒本、摩訶僧祇戒本、僧祇比丘戒本、僧祇大比丘戒本ともいう。

【内容】一巻。布薩の場で自省のために唱えることを目的に編集された波羅提木叉のうち、比丘の持する戒条を列記したもの。本書の戒条は摩訶僧祇律に基づいており、四波羅夷法、十三僧伽婆尸沙法（僧残法）、二不定法、三十尼薩耆波夜提法（捨堕法）、九十二波夜提法（単堕法）、四波羅提提舎尼法（提舎尼法）、六十六衆学法、七滅諍法が挙げられている。四波羅夷法の各条に制戒年時を記してあるのが本書の特色である。

【関連典籍】1425

【訳者・訳年代】東晋の仏陀跋陀羅＊。

（中根洋雅）

1427 **摩訶僧祇比丘尼戒本**（まかそうぎびくにかいほん）

比丘尼波羅提木叉僧祇戒本、比丘尼僧祇律波羅提木叉戒経、比丘尼僧祇律戒経、僧祇比丘尼戒本、僧祇尼戒本ともいう。

【内容】一巻。布薩の場で自省のために唱えることを目的に編集された波羅提木叉のうち、比丘尼の持する戒条を列記したもの。本書の戒条は摩訶僧祇律に基づいており、八波羅夷法、十九僧伽婆尸沙法（僧残法）、三十尼薩耆波夜提法（捨堕法）、百四十一波夜提法（単堕法）、八波羅提提舎尼法（提舎尼法）、七十七衆学法、七滅諍法が挙げられている。

【関連典籍】1425

【訳者・訳年代】東晋の法顕＊と覚賢＊。

（中根洋雅）

1428 **四分律**（しぶんりつ）

四分律蔵、曇無徳律ともいう。

【内容】六十巻。本書は印度小乗二十派中、曇無徳部（Dharmagupta、法蔵部）の伝える律である。十誦律1435・五分律1421・摩訶僧祇律1425とならぶ所謂四大広律のひとつ。律（広律）の内容は、一般に①比丘・比丘尼に対してそれぞれの行為を行うことを禁止した条文である波羅提木叉（pratimokṣa）とそれを禁じた由来・因縁、それを犯した場合の罪の軽重などを詳説した部分、②教団の儀式・作法や僧衆の生活、起居動作などに関する具体的な諸規定を説いた部分（犍度）の二部からなり、前者を止悪、後者を作善に配する。本書の内容はその名が示すごとく四段に分かれている。〈第一分〉四波羅夷法（断頭とも訳す、教団追放）、十三僧残法（僧伽婆尸沙法とも訳す、六日間別住した後に二十人の僧伽の前で懺悔する）、二不定法（比丘にのみあるもので、男女関係に関して疑わしい行為があったときに信頼すべき信者の証言を待って罰が決定）、三十捨堕法（尼薩耆波逸提法とも訳す、主として私有物に関するもので、規定以上の物を所有した場合にはそれを教団にさし出して三人の僧の前で懺悔する）、九十単堕法（波逸提法とも訳す、三人の僧の前で懺悔する）、四提舎尼法（波羅提提舎尼法・悔過法とも訳す、一人の上座の前で懺悔する）、百衆学法（一人の僧の前で、あるいは心の中で懺悔する）、七滅諍法（教団に争いが起こったときの解決法）。〈第二分〉尼律八波羅夷法、尼律十七僧残法、尼律三十捨堕法、尼律百七十八単堕法、尼律八提舎尼法、尼律百衆学法、尼律七滅諍法、受戒犍度（出家教団に入るための作法を説く）、説戒犍度、安居犍度。〈第三分〉自恣犍度、皮革犍度（革製の用具に関するもの）、衣犍度、薬犍度、迦絺那衣犍度、拘睒弥犍度（比丘等が相和し同住すること、争って分裂すること等を説く）、瞻波犍度（作法の不正を説く）、呵責犍度（争いを好む者を罰する方法を説く）、人犍度（僧残罪を犯した者の治罪法を説く）、覆蔵犍度（犯した罪を隠した場合の治罪法を説く）、遮犍度（罪を犯した比丘を布薩に入れないことについて説く）、破僧犍度（提婆達多の反逆事件とその処置の方法を説く）、滅諍犍度（争いを静める方法として七滅諍を説く）、比丘尼犍度（女の出家受戒等について説く）、法犍度（種々の礼儀作法を説く）。〈第四分〉房舎犍度（房舎・臥具等について説く）、雑犍度（道具・諸雑事について説く）、集法（律蔵結集に関する史実の記述）、調部（特殊の場合に起こった事実についての解釈）、毘尼増一（数字によって分類された律の術語・特殊な分類に関する説明）。

一般に比丘二百五十戒といわれているが、比丘戒二百五十を数えているものはこの四分律のみである。また、比丘尼戒は一般に三百五十戒といわれているが、本書では三百四十八戒を数える。

【関連典籍】1429～1434・1804・1805

【後世への影響】本書は中国や日本の律宗においてその原典とでもいうべき重要な位置にある。

【訳者・訳年代】姚秦の仏陀耶舎＊（AD408～413）と竺仏念＊（AD412～413）。

（中根洋雅）

1429 **四分律比丘戒本**（しぶんりつびくかいほん）

曇無徳戒本、四分戒本、四分比丘戒本ともいう。

【内容】一巻。布薩の場で自省のために唱えることを目的に編集された波羅提木叉のうち、比丘の持する戒条を列記したもの。本書の戒条は四分律1428に基づいており、四波羅夷法、十三僧伽婆尸沙法（僧残法）、二不定法、三十尼薩耆波逸提法（捨堕法）、九十波逸提法（単堕法）、四波羅提提舎尼法（提舎尼法）、百衆学法、七滅諍法が挙げられている。

【関連典籍】1428・1430・1806・1807

【訳者・訳年代】姚秦の仏陀耶舎＊。なお、本書は唐代の懐素が集めたもので、仏陀耶舎の訳語に多少手が加えられている。

（中根洋雅）

1430 **四分僧戒本**（しぶんそうかいほん）

四分律僧戒本、四分律戒本、曇無徳戒本、四分戒本、無徳戒本ともいう。

【内容】一巻。布薩の場で自省のために唱えることを目的に編集された波羅提木叉のうち、比丘の持する戒条を列記したもの。本書の戒条は四分律に基づいており、四棄法（波羅夷法）、十三僧伽婆尸沙法（僧残法）、二不定法、三十尼薩耆波逸提法（捨堕法）、九十波逸提法（単堕法）、四波羅提提舎尼法（提舎尼法）、百衆学法、七滅諍法が挙げられている。なお、本書は仏陀耶舎の原訳本であり、1429と多少の相違がある。

【関連典籍】1428・1429

【訳者・訳年代】姚秦の仏陀耶舎＊。

（中根洋雅）

1431 **四分比丘尼戒本**（しぶんびくにかいほん）

【内容】一巻。布薩の場で自省のために唱えることを目的に編集された波羅提木叉のうち、比丘尼の持する戒条を列記したもの。本書の戒条は四分律1428に基づいており、八波羅夷法、十七僧伽婆尸沙法（僧残法）、三十尼薩耆波逸提法（捨堕法）、百七十八波逸提法（単堕法）、八波羅提提舎尼法（提舎尼法）、百衆学法、七滅諍法が挙げられている。なお、本書は1429と一対をなし、唐代の懐素が集めたものである。しかしながら1429のような仏陀耶舎の原本は現存しない。

【関連典籍】1428

【訳者・訳年代】姚秦の仏陀耶舎＊。

（中根洋雅）

1432 **曇無徳律部雑羯磨**（どんむとくりつぶぞうこんま）

曇無徳雑羯磨、四分雑羯磨、曇無徳部雑羯磨、四分羯磨ともいう。

【内容】一巻。受戒・懺悔・安居・自恣といった仏教教団（僧伽）運営上、実際に行われる儀式のときに入用の部分、あるいは読み上げるべき文を集めたもの。本書は四分律1428に説く羯磨を集めたものであり、比丘・比丘尼のために諸結戒（界）法第一・受戒法第二・諸除罪法第三・説戒法第四・安居法第五・自恣法第六・分衣物法第七・作浄法第八・雑法第九が別々に記されている。なお、巻末には僧祇律一人安居文が加えられている。

【関連典籍】1428・1433・1434・1808〜1810

【訳者・訳年代】魏の康僧鎧＊。

（中根洋雅）

1433 **羯磨**（こんま）

【内容】一巻。受戒・懺悔・安居・自恣といった仏教教団（僧伽）運営上、実際に行われる儀式のときに入用の部分、あるいは読み上げるべき文を集めたもの。本書は四分律1428に説く羯磨を集めたものであり、比丘・比丘尼のために結界法第一・受戒法第二・除罪法第三・説戒法第四・安居法第五・自恣法第六・分衣法第七・衣薬（食）浄法第八・房舎雑法（雑法）第九が別々に記されている。なお本書には、比丘尼羯磨の後に参考的な付加部分があり、また巻末には僧祇律受事誦羯磨文・十誦律受三十九夜羯磨文・十誦律受残夜法が加えられている。

【関連典籍】1428・1432・1434・1808・1809

【訳者・訳年代】魏の曇諦＊。

【参考文献】訳一・律部第十一。

（中根洋雅）

1434 **四分比丘尼羯磨法**（しぶんびくにこんまほう）

四分比丘尼羯磨、四分羯磨、四分尼羯磨、曇無徳羯磨、雑羯磨ともいう。

【内容】一巻。受戒・懺悔・安居・自恣といった仏教教団（僧伽）運営上、実際に行われる儀式のときに入用の部分、あるいは読み上げるべき文を集めたもの。本書は四分律1428に説く羯磨を集めたものであり、比丘尼のために結界法第一・受戒法第二・除罪法第三・説戒法第四・安居法第五・自恣法第六・分衣法第七・衣食浄法第八・雑法第九が記されている。なお本書には、比丘尼羯磨の後に参考的な種々の比丘尼羯磨文が記されている。

【関連典籍】1428・1432・1433・1808・1810

【訳者・訳年代】劉宋の求那跋摩＊。

（中根洋雅）

第23巻　律部　二

1435 **十誦律**（じゅうじゅりつ）

薩婆多部十誦律、薩婆多律ともいう。

【内容】六十一巻。説一切有部が伝えた律蔵で、全体が十誦、十章に分けられているので十誦律という。四大律の一つで、しかも広律として完全なものとしては、最初のものである。四分も、僧祇も、五分も皆多少後の翻訳である。もっともこれ以前にも、道安等の力で、耶舎の訳出した鼻那耶律がある。これは十誦の異訳であるが、簡略なもので、この十誦律ほど完備したものではない。この十誦律は、インドにおける部派仏教として知られる二十派中の薩婆多部すなわち説一切有部によって採用された律であって、この有部は二十派中で最も原始に近いものである。それだけに、この律も成立の比較的古いものと考えられる。

　十誦の名称は、十回に誦出されたという意味で、この律が成立したときに十回に分けて述べたものだというのである。本書の構成は、他の諸律に比べていささか異なっている。元来律蔵は、大綱三部から成立している。第一は比丘・比丘尼の戒条（波羅提木叉）を説く部分で、これが律蔵の中心をなすものである。第二は、教団の制度規定および比丘・比丘尼戒の補説をなす部分である。第三は、雑事にして第一第二に説くことの補遺および綱要の部分である。すべての律蔵はこの三部よりなり、その順序もこの次第によっている。しかし十誦律のみは最初に戒条部の前半である比丘戒を説き、次に第二の犍度部を説き、次に第一の後半である尼律を説く。最後に第三の雑事を説いている。この点は注目すべき相違点である。要するに本書は大綱三部すなわち比丘・比丘尼戒、犍度部、雑事（補遺）よりなり、これを十章に分けたものだが、比丘・比丘尼戒を分けてその間に犍度部を入れているのは、この律だけの特色である。これは実際上の便宜から、教団の主体である比丘の一般規定である戒条および犍度部をまとめて、比丘尼戒以後を付随的に置いたのであると考えられる。十誦の中第七誦比丘尼戒までは戒律の一般規定であって、他の律蔵と共通するもので、戒の条数、順序、説明等において異なる点がある。十誦律はその戒条比丘戒二百六十三条、比丘尼戒三百五十四条で、比丘戒は梵本と条数一致している。雑事の中の八誦増一法は増一阿含等にならい戒律を分類したもので、九誦優波離門法は、律の誦出者優波離の名に託して律の根幹である比丘戒および犍度部について補足し、十誦の比丘誦以下はさらにこれらの欠ける所を補っている。

　十誦律の内容の特色は、他の律蔵と比較してみると、内容的には有部律とよく一致し、形式的にはむしろ四分・五分等に近い。要するに十誦律は四分律五分律の素朴なものと、僧祇律有部律の教理的に複雑なものとの中間に位置し、巴利律と形式が近いといえる。これはそのまま成立順序であると考えられる。また、古来、第一結集の際に優波離が律を八十回に分けて誦出したと伝え、それを八十誦律と称したという。十誦律の内容を細かく分けると八十になるので、八十誦律とは十誦律のことであろうともいわれる。

【関連典籍】十誦比丘波羅提木叉戒本1436、十誦比丘尼波羅提木叉戒本1437、大沙門百一羯磨法1438、十誦羯磨比丘要用1439。

【訳者・訳年代】姚秦の弗若多羅*と鳩摩羅什*。弗若多羅が全体の約三分の二を誦出して没したため、羅什が曇摩流支のもたらした本によって残余を訳した。だが未定稿のまま羅什もまた没し、後に卑摩羅叉が補訂した。

（笠井　哲）

1436 **十誦比丘波羅提木叉戒本**（じゅうじゅびくはらだいもくしゃかいほん）

十誦律比丘戒本、十誦波羅提木叉戒、十誦戒本ともいう。

【内容】一巻。本書は、十誦律の戒本であるが、しかしこれは、十誦律の広本が弗若多羅等によって訳され、羅什がこれに参加して助訳するその訳出であって、原本はたぶん羅什が持って来たのであろう。羅什は元来中国に来る前、律については十誦律を学んだといわれている。この戒本は、そういう関係から、彼が自ら携えて来たもので、早くこれを訳出したのもそういう理由からであろう。本書と広律とは、内容に若干違いがある。

【関連典籍】1435

【訳者・訳年代】姚秦の鳩摩羅什＊。

（笠井　哲）

1437 **十誦比丘尼波羅提木叉戒本**（じゅうじゅびくにはらだいもくしゃかいほん）

十誦比丘尼大戒、比丘尼大戒、比丘尼波羅提木叉戒本、十誦律比丘尼戒本ともいう。

【内容】十巻。十誦律によって集めてこれを作ったもので、一広律と全く一致している。「劉宋法顕集出」とあるのは、一般の伝に従うもので実は違っている。法顕が正しい。法顕は、蕭斉の時に勅によって僧主となった人であって、法香の弟子である。高僧伝によると、彼は十誦戒本、羯磨等を選したとあるけれども、これは尼戒本の誤伝であろう。なぜなら、出三蔵記集2145には、法顕選出の十誦比丘尼戒本の名が掲げられているからである。

【関連典籍】1435・1436・1438・1439

【訳者・訳年代】東晋の法顕＊。

（笠井　哲）

1438 **大沙門百一羯磨法**（だいしゃもんひゃくいちこんまほう）

百一羯磨法、大沙門羯磨法十誦律ともいう。

【内容】一巻。出家者の教団の羯磨（行事作法）を規定したもの。それは教団にとって絶対的なものであるから厳密に規定される。本書は、行事作法を如法に行うためと羯磨人（司会者）の便宜のために、律蔵中から日常用いられる羯磨数種を抄出して、それらを編纂記録したものである。本書の所属部派は、古来十誦律家であるとされている。宋元両本には、巻末に「百一羯磨文十誦」とある。また十誦律と同一所属とされる有部の律蔵中に「根本説一切有部百一羯磨十巻　義浄訳」とあることはこの事実を語る。因みに題号の「百一」というのは大数であって、実数ではない。

【関連典籍】1435・1453

（笠井　哲）

1439 **十誦羯磨比丘要用**（じゅうじゅこんまびくようよう）

十誦僧尼要事羯磨、十誦比丘要用、略要羯磨法ともいう。

【成立】本書の著者といわれている僧璩は劉宋代の僧で、羅什の弟子僧業の弟子である。十誦律に明るく、孝武帝に重んじられたという。律行に欠点がなく、初め虎丘山に住み、次いで京の中興寺にあって僧正悦衆となり、晩年荘厳寺に住した。

【内容】一巻。十誦広律の中から、僧団会議あるいは儀式において行われる実際上の必要な作法、特に作法語について抄出して列挙したもの。

【関連典籍】1435

【訳者・訳年代】唐の義浄＊。

（笠井　哲）

1440 **薩婆多毘尼毘婆沙**（さっぱたびにびばしゃ）

薩婆多毘尼、毘尼毘婆沙、薩婆多論、多論ともいう。

【内容】九巻。薩婆多部所伝の戒法を釈したもの。訳者は不明であるけれども、すでに姚秦代の経録に附載されているから、義浄が有部毘奈耶を訳した時代よりも、少なくとも二百有余年前に、この有部律の面影が伝えられたことを考えてみるならば、尊重すべき文献といいうる。本書は久しく前八巻が伝えられるのみで、後の一巻は沙門智首が捜索の結果補うことができたということが、宋元明三本に附せられている序によって知られる。本書の九巻の内容は、第一巻は戒についての通説、得戒の総序である。第二第三の両巻に四重、第三巻の中頃から十三事（僧残）を説いている。第四巻は僧残の余と、不定および三十事（捨堕）で、この三十事は五巻より六巻の初めに及んでいる。第六巻より八巻の終りまでで、第六十八の真実浄不語取戒で終っているのである。智首発見の残部一巻は、九十事の第六十九以下を収め、なお四悔過（提舎尼）と七滅諍とに終りを告げているのである。第三巻に欠けている条目があるのは、何かの理由で失われたものであろう。最初から除かれて、解釈を略したものとは思われない。なお本書の中で、最後の一巻はその解釈が非常に簡略で、前八巻とはかなり違っているように見える。しかし、それは後に至るにしたがって、筆致がそうなるのも自然であるとも見られるから怪しむに足りない。本書は梵本から訳された律の釈文としては、ほとんど唯一の手引きであった。

【関連典籍】1435

【訳者・訳年代】不明。　（笠井　哲）

1441 **薩婆多部毘尼摩得勒伽**（さっぱたぶびにまとくろっか）

薩婆多毘尼、毘尼摩得伽ともいう。

【内容】十巻。有部所伝の戒法を集録したもの。薩婆多部は、具訳して説一切有部という。毘尼は戒律をいう。摩得勒伽とは母という意味である。文義略であるが広く戒法の義を摂取しているのでこの名があるといわれる。本書は、薩婆多部と銘記するように十誦律によって作られたもので、その内容は他の律書とは異なる。律中の戒相を集めたもので、十誦律1435六十二巻を余す所なく整理し、摂取し、巻末にいうように、七千偈にまとめて律制に関する限りのあらゆる論題をわかりやすい命題として記している。

本書の戒相を取り扱う態度についてみておこう。地上における比丘の罪が成立するか否かを決するには、一般的にいうと、広律に照らして二波羅提木叉以下結地までの条件を考慮すれば断罪しうるのである。しかし本書は、空中における場合の地上との関係をも考慮する必要があるとする。また男女に不共な戒がある限り、犯罪の途中で男が女に、女が男に転根した場合に、断罪上に相反した結果が生じうることを考慮しなければならないとする。この転根という考えそのものが如何なる意義を持つか、あるいは比丘が女人に触れて僧残罪に問われたときに、脱法的に自ら女人に変形したと偽装できるものか、事実、男が女に女が男に変化できるものかは、後世教団生活考察の大きな題目である。なお本書は、中国や日本で四分の戒体を有部思想で論ずる不正確さをただす典拠となった。

【関連典籍】1435

【訳者・訳年代】劉宋の僧伽跋摩＊（AD 435）。　（笠井　哲）

1442 **根本説一切有部毘奈耶**（こんぽんせついっさいうぶびなや）

毘奈耶ともいう。

【内容】五十巻。根本説一切有部派の比丘戒二百四十九条について、その因縁広解を集大成した広律。訳者の義浄によると、十誦律1435は説一切有部派の律であって、根本説一切有部毘奈耶と似てはいるけれども、根本説一切有部の律ではないという。しかし本書は、その内容からいっても十誦律を基本として増広したものであることは否定できない。だがむしろ義浄としては、根本説一切有部律こそは根本律の律儀行事を明示した律蔵であると確信していたのである。それゆえに根本説一切有部律とは、十誦律を説一切有部の末部の律、すなわち枝末の説一切有部律であるとし、これに対して根本と名づけたのではなく、説一切有部の行事の根基を示した律蔵という意味で根本説一切有部と名づけられたのであろう。また本書は、多分に大乗的用語を用いるとともに、密教的作法および呪文を挿入している。この点で、その行事上においても四分・十誦等の旧律と多くの点で相違しているのである。だが、訳者がいうには、那爛陀および南海地方の大乗学徒の間に盛行された律であった。したがって、本書は四分・十誦等の諸律と同様に小乗律の形に類似しつつ、しかも大乗学徒の奉ぜる律であったというべきである。すなわち、大乗教学の興立並びに密教儀軌の隆盛となるにつれて、持律の精神並びに律行についても改変する必要に迫られ、ここに説一切有部派の十誦律を基礎として大集成に至った。それにより律行の根本を示そうとして、ここに根本説一切有部律を編纂したものと考えられる。三啓経とは無常経のことであって、無常三啓経ともいわれているが、有部律中には、この経名が多く出てくる。無常経を三啓経というのは、馬鳴（アシュヴァゴーシャ）以後においてである。したがってこの律は、馬鳴以後の編纂であるということができるであろう。なお智度論における盗戒縁起の記述において、竜樹（ナーガールジュナ）がこの有部律を参酌していると考えられる。したがってこの有部律は、馬鳴から竜樹に至る間の時代において編述されたものといえる。

本書の特色として、阿波陀那本生の増広を挙げることができる。諸律のうちでも僧祇律の如きは、たくさんの阿波陀那本生を含有している。しかしそれは、初めの部分には多くあって後の部分に至っては少なくなっており、バランスを欠いているが、この律は律蔵全体にわたって阿波陀那本生を含み、かつ大仕掛である。今これらの本生譚の数を定めることはできないが、毘奈耶における入王宮戒の如き、あるいは特に有部薬事の如きに至っては、薬事についてはきわめて簡単であり、その他はほとんど本生因縁で充満している。そしてこれら本生因縁なるものは、有情の業因業果の応報思想で一貫している。また四波羅市迦法・十三僧伽伐尸沙法等について、その制戒処、犯縁人、犯縁起、本生譚、制戒文、戒文解釈、持犯方軌等によって一戒一戒を説明している。その中において、衆多学法は九十九条を算しうるが、この毘奈耶中にはその数を示していない。出家事には二百五十戒の語ある故に、衆学法を百条と算すべきかもしれない。

【関連典籍】1443～1446・1448～1459

【訳者・訳年代】唐の義浄＊（AD702または703）。

（笠井　哲）

1443 **根本説一切有部苾芻尼毘奈耶**（こんぽんせついっさいうぶびっしゅにびなや）

【内容】二十巻。根本説一切有部派における苾芻尼（比丘尼）戒本の広解。比丘尼の律蔵として、一見広汎のようである。しかし、詳しく苾芻（比丘）律と対照してみると、その戒条が苾芻と共通のものにおいては、その縁起、解釈、持犯用例等は悉く同じといえる。かつまた、第十七巻から第十九巻までは、比丘尼独特の戒文広解であって、特に、広解において律行上注意を払うべきである。ところが、何らの注意を払っていない。かくて広汎な律蔵を編纂しながらも、その内容においては、尼律律行上の種々相を感受しうるものは特にない。とすれば本書は、ただ苾芻律蔵に対比して相当広汎ならしめんとし、さらに苾芻尼のみの持誦の便宜のために編纂されたものと考えられる。このように本書は、苾芻律蔵を多分に取り入れて編纂されたのである。全組織を、第一・二巻の不浄行学処以下と、第十七巻初の噉蒜学処以下とに二大分しうる。第十七巻以下は、苾芻戒と同じでない苾芻尼独自の制戒広解である。したがって、ここに苾芻尼としての特別の犯縁並びにその持犯行相を期待しても、全く期待に添うものがないのである。次に、本書は苾芻尼の持誦のために編纂された律蔵というべきである。それではどうして律行上最も大切な苾芻尼独特の持犯行相を重視しないのか。持犯行相を重視しない律蔵は、単に犯戒縁起を集めた文集に過ぎない。果して苾芻尼の持誦の便に供しえたのか疑問であり、本書が任意に中国で編纂されたものではなかろうかとの疑問も起こる。

【関連典籍】1442・1455

【訳者・訳年代】唐の義浄＊（AD710）。

（笠井　哲）

1444 **根本説一切有部毘奈耶出家事**（こんぽんせついっさいうぶびなやしゅっけじ）

毘奈耶出家事ともいう。

【内容】四巻。諸律の受戒犍度（章）に相当し、有部広律十七跋窣睹（事）の一つ。出家・在家を問わず、教団に入るためには、仏教徒としての生活規範を守ることを誓約し宣誓する受戒の儀式がある。本書は、舎利弗、目蓮の誕生の由来、六師外道説、さらに舎利弗智慧第一本生譚、目蓮神通第一本生譚を述べている。次に、弟子受戒法として諸々の遮難を問い、三帰受戒法を制し、白四受戒法を百一羯磨に譲っている。次いで、二〇歳になっているか、負債があるか、父母の許可があるか等々を問うとしている。

【関連典籍】1438・1442・1443・1445〜1451

【訳者・訳年代】唐の義浄＊。

（笠井　哲）

1445 **根本説一切有部毘奈耶安居事**（こんぽんせついっさいうぶびなやあんごじ）

毘奈耶安居事ともいう。

【内容】一巻。諸律の安居犍度（章）に相当するもので、有部広律十七跋窣睹（事）の一つ。安居とは、雨期を意味する言葉で、インドの降雨期三ヶ月間における仏教僧団の特殊な年中行事のことである。本書は、その間の種々のきまりを、仏が室羅伐城逝多林給孤独園で比丘達に説いたものである。安居制縁、分臥具人推挙、安居結法、受日出界作法の種々、不破安居聴許、前後安居結法を述べて、「余如百一羯磨中広説」として結んでいる。

【関連典籍】1442

【訳者・訳年代】唐の義浄＊。

（笠井　哲）

1446 **根本説一切有部毘奈耶随意事**（こんぽんせついっさいうぶびなやずいいじ）

【内容】一巻。仏が室羅筏城逝多林の給孤独園で、比丘達に対して随意事を説いたもの。随意事とは安居の終わった日に、安居中に犯した罪について随意に摘発させて懺悔させる儀式である。本書は、諸律の自恣犍度（自恣に関する一章）に相当する。その構成は、まず唖黙安居法を禁じて、三事見聞疑によって随意事を作さしめ、八月十五日随意事を作すべきを制している。次いで、随意苾芻推挙法、四種随意事、受随意欲苾芻行法、心念随意事作法、随意事成不成、有難時随意事法を述べている。

【関連典籍】1442

【訳者・訳年代】唐の義浄＊。

（笠井　哲）

1447 **根本説一切有部毘奈耶皮革事**（こんぽんせついっさいうぶびなやひかくじ）

毘奈耶皮革事ともいう。

【内容】二巻。諸律の皮革犍度に相当し、有部広律十七跋窣睹（事）の一つ。皮革犍度とは、皮履・皮臥具などについての制戒を明らかにした篇章の名である。特に寒い地方の比丘のために皮類を用いるのを許す場合の作法が説かれている。本書は、聞倶胝耳（ソーナ）の誕生および出家因縁について述べ、彼は金持ちの家に生まれ、外を歩いたことがなく、足の裏にも金毛が生えており、その足の裏の皮が破れ、血を流すほど修行したのに対して、仏陀がソーナに一重の履物を許し、そのときから修行者が一重の履物をはくようになったという。

【関連典籍】1442〜1446、1448〜1457

【訳者・訳年代】唐の義浄＊。

（笠井　哲）

第24巻　律部　三

1448 **根本説一切有部毘奈耶薬事**（こんぽんせついっさいうぶびなややくじ）

毘奈耶薬事ともいう。

【内容】十八巻。諸律の薬犍度に相当するもの。薬は食のことであり、薬犍度とは、四薬（時薬・非時薬・七日薬・尽形薬）を受用する場合の作法について詳説した律の篇章の名である。薬事十八巻といっても、本書において薬食法に関する記述は、初めの二巻に存するだけであって、他はことごとく本生因縁譚の集大成が述べられており、白業白報説を示しているだけである。第一巻においては、四種薬聴許（五種正食・八種更薬・五種七日薬・五種膠薬等）、四薬受持法、人肉禁、食上上座行法、象肉・馬肉・竜肉禁等々が述べられる。次に第二巻では、橋薩羅國医王阿帝耶物語、界内自煮自宿禁等が説かれている。

なお本書において、前生因縁譚または説話等の数は八十有余を数えることができる。そのうち、第十三巻・第十四巻における仏本生譚としての善財童子と尾施縛多羅すなわち善施太子との記述は、二大双璧とも称しうる文学的表現を持っており、華厳経入法界品を連想させ、興味深いものがある。また本書においては、その訳語が大乗的用語が多く見られる。例えば、菩薩行、称名号、廻向、法界、願力、無生果、誓願弘願、六波羅密等であって、これらは他の律蔵には見られないものである。それゆえ、訳者が大乗学徒の順行する律典であるとするのは所以あることである。

しかし、これらの用語があるということが、直ちに四分律1428や十誦律1435と内容的に異なることを意味するのではない。

【関連典籍】1442

【訳者・訳年代】唐の義浄＊。

（笠井　哲）

1449 **根本説一切有部毘奈耶羯恥那衣事**（こんぽんせついっさいうぶびなやかっちなえじ）

毘奈耶羯恥那衣事ともいう。

【内容】一巻。仏が祇樹給孤独園（祇園精舎）において、比丘達に対して羯恥那衣（迦絺那衣）について説いたもの。これは、功徳衣であって安居の三ヶ月間を精励した比丘に賞与として与えられる衣である。また堅固衣であって、次の年まで用いられるように信者が寄附した木綿製の衣財であり、これを所持する者には、五ヶ条の特典が与えられる。本書の構成を見ると、羯恥那衣制縁、羯恥那衣五勝利、同五種饒益、張羯恥那衣法、作羯恥那衣苾芻行法、出羯恥那衣法の八種の相が述べられている。

【関連典籍】1442

【訳者・訳年代】唐の義浄＊。

（笠井　哲）

1450 **根本説一切有部毘奈耶破僧事**（こんぽんせついっさいうぶびなやはそうじ）

毘奈耶破僧事ともいう。

【内容】二十巻。破僧事とは、僧団を分裂せしめる事件、教団の分裂に関する事柄のことで、本書は、諸律の破僧犍度（教団の分裂に関して記した篇）に相当する。本書は、正しく仏伝である。しかも数多い漢訳仏典中、最も完備したものだということができる。しかし、これは仏伝編纂の意図で作られたものではない。本書において、釈尊と提婆とを対立させている。両者ともにその王統が一つであって、同じ釈種王家に時を同じくして出て、釈尊が成道されると提婆も出家する。釈尊晩年、すなわち阿闍世王即位の前後において、提婆はいろいろと僧伽の破壊を企て、三無間業を作って生身に堕獄する。最後に、提婆の悪逆をもってなおかつ一念の誠信をもって具骨如来となるべしとして、同一証果に入るべきを示す。しかもその最後において、破僧伽とは何か、破僧伽に幾種あるか、無間罪を成ずるもの、無間業を成ずるものとは如何等と問い、仏の応答をもって破僧事を完結させている。

なお本書は、提婆の破僧伽の由来する所が遥遠であるのを示そうとする意図でもって、当時興起した仏伝に修飾を施したものと考えられる。そうであれば、あながち仏伝編纂の趣旨で破僧事を作ったのではないが、破僧伽の由って来る遥遠の因縁、およびその相状を編述して行くとき、自ら最も勝れた仏伝を成就できたのである。提婆破僧の教団惑乱を中心問題としながら、仏陀世尊の現実的始終があざやかに伝えられたといえる。

【関連典籍】1442

【訳者・訳年代】唐の義浄＊。

（笠井　哲）

1451 **根本説一切有部毘奈耶雑事**（こんぽんせついっさいうぶびなやぞうじ）

毘奈耶雑事ともいう。

【内容】四十巻。諸律の雑犍度、すなわち修道の資具に関する規定を説いた篇章に相当するもの。十誦律1435第三十七巻以後四十七巻に至る雑誦、および五十六巻以後の比丘誦・諸種行法の雑小事を増広して、その律行上の如法所作を指示したもので、しかもこれらの律行中に多くの阿波陀那本生を挿入して、このような大部を成じたのである。本書は、大体において二分されるものであって、雑事としては、第三十五巻事師法で終わっている。それ以後は、巴利涅槃経相当の記であり、五巻余に及んでいる。これは、五百結集・七百結集事を導き出そうとするために、世尊涅槃前の遊行遺誡事を記説したものと考えられる。なお本書においては、雑小事並びにいろいろな記説を合わせて、およそ千事であるといっても過言ではない。

本書のうちで、特殊なものを以下に記しておく。

（1）略教。本書第十九巻に、毘奈耶の略教として随方毘尼または随時毘尼を記している。広汎な有部律中において、略教を明かせる所はこれ以外に見られないものであり、したがって毘奈耶中の名所というべきである。

（2）学悔行法の自然解消。律行中、第三巻の帝釈浴法、十六巻の舎利子便厠浄洗法、十九巻の放生器法は重要行事を示している。解脱涅槃の証果こそは、一切罪業の自然解消を暗示するものとして大いに注意すべきである。

（3）智度論1509との対照。

①本書第二十一巻末に、安楽夫人の記がある。建拏鞠社城の一女で、髪を売って五百金銭を得た。これを尊者大迦多演那に奉じて、設食供養したことによって、今世に遂に嗢逝尼国猛光王夫人となった。智度論において、安楽は尸婆、大迦多演那は迦栴延、猛光王は栴陀波周陀の訳語である。

②本書第三十五巻において、身口意利戒見の六歓喜法すなわち六和敬法を明かし、第五の戒を明かす語がある。智度論第二十二巻にも六念と念戒を明かす語がある。六和敬と六念との違いはあるが、その文意は同じである。智度論のこの文が竜樹（ナーガールジュナ）の独創的戒観ではないことが知られる。

③その他にも、本書の第三十九巻には、智度論と対照すべきものが多い。

（4）阿毘達磨的名目について。本書第四十巻に出てくる名目中、多く倶舎論1558に出ているもの、さらに古い論書にこれらの名目およびその順位に相応するものを尋ねれば、本書の成立も自然に明らかにできると考えられる。また十二巻、二十二巻等に出ている語によると、本書は阿毘達磨の影響を大きく受けている。したがって、諸律よりもはるかに後期に成立したと考えられる。

（5）雑事余論。本書の第三十二巻に、法与女家にあって蓮華色尼の遺言によって得戒して第四果を証せるという記述は、在家三果得証の法相を壊せずして、しかも出家受戒の自由無障礙を示すものとして重要である。

なお、本書第三十五巻後半以後は、巴利涅槃経と合致する所が多い。それは、巴利涅槃経相応の経を依用しつつ、さらに大善見王経および阿波陀那本生等を混ぜ合わせて編纂されたからである。また、後に本書の摂頌を抽出して一巻とした、毘奈耶雑事摂頌1457が読誦憶持の便宜として作られたりした。

【関連典籍】四分比丘尼羯磨法1434、根本説一切有部毘奈耶1442、根本説一切有部略毘奈耶雑事摂頌1457、大智度論1509。

【訳者・訳年代】唐の義浄＊（AD710）。

（笠井　哲）

1452 **根本説一切有部尼陀那目得迦**（こんぽんせついっさいうぶにだなもくとっか）

根本説一切有部尼陀那、尼陀那目得迦、有部目得迦、有部尼陀那ともいう。

【内容】十巻。尼陀那五巻と目得迦五巻とを総合して、尼陀那目得迦十巻としたもの。尼陀那はnidānaの音写であり、目得迦はmātṛkaの音写であって、制戒の因縁および広解ということである。もとより、根本説一切有部毘奈耶並びに諸事・雑事の中に因縁・広解を包含しているけれども、それらに漏れている雑小事の因縁・広解を集めたものがこの尼陀那目得迦十巻であるといえる。第五巻の終わりに、「尼陀那了る」とある。したがって、第六巻からは目得迦を説いて前者と区別するようである。しかし、両者の内容上において、はっきりとした差別があるものとは考えられない。しいて十誦律1435に対照してみるならば、因縁品および毘尼行法に相当するものというべきであって、尼陀那は雑小事制戒の因縁を明かしており、目得迦の方は行母とも訳すから懺謝・受戒等の乗法上における違越を示すものというべきであろう。本書は、一々の因縁広解の始めに要約した頌を出して暗記しやすいようにしている。また、目得迦については日得迦の写し誤りであって、伊帝日多迦itivṛttakaの略であるとして、本書を明かせるものと解する説もある。しかし、mātṛkā（摩得勒伽）の音写として、行母・広解と訳す方が内容上から見て正しいようである。

【関連典籍】1442

【訳者・訳年代】唐の義浄＊（AD702または703）。

（笠井　哲）

1453 **根本説一切有部百一羯磨**（こんぽんせついっさいうぶひゃくいちこんま）

根本百一羯磨、百一羯磨ともいう。

【内容】十巻。根本説一切有部派の依用する羯磨文、すなわち衆法作法を集めたもの。百一とは、単白羯磨に二十二、白二羯磨に四十七、白四羯磨に三十二あって、合わせて百一である。白・白二・白四の別は、僧伽行事の軽重如何によって区別される。例えば、僧伽夏安居日白、不失衣界白二、受近円白四の如くである。なお、十誦律から抄出された大沙門百一羯磨法というものがあるが、別のものである。両者は、四依法の文、四堕法の戒文等が相違している。

【関連教典】1442

【訳者・訳年代】唐の義浄＊（AD703）。

（笠井　哲）

1454 **根本説一切有部戒経**（こんぽんせついっさいうぶかいきょう）

根本説一切有部戒本、戒経ともいう。

【内容】一巻。根本説一切有部派の戒本。総戒条二百四十九条より成立し、前に毘奈耶序を附し、後に七仏略教法を附して別解脱戒経として、半月々説戒会上にこれを読誦して、比丘の反省浄住の助けとしたものである。広汎な根本説一切有部毘奈耶1442五十巻は、この戒本の注釈であって、しかも十誦広律によって集大成したものである。しかし十誦律戒本の衆学法は百十三条であるけれども、本書の方は条数においても大いに相違し、内容も異なっている。

【関連典籍】1442

【訳者・訳年代】唐の義浄＊（AD710）。

（笠井　哲）

1455 **根本説一切有部苾芻尼戒経**（こんぽんせついっさいうぶびっしゅにかいきょう）

【内容】一巻。根本説一切有部派における苾芻尼の戒本。戒本の体裁は、苾芻戒本と同じである。本書の構成についていえば、序に始まり、八波羅市迦法、二十僧伽伐尸沙法、三十三泥薩祇波逸底迦法、一百八十波逸底迦法、十一波羅底提舎尼法、衆学法、七滅諍法、七仏偈、流通分となっている。この点、根本説一切有部苾芻尼毘奈耶1442と同様である。他の比丘尼戒本には見られない戒条が存するのみならず、本書の衆学法は、百十二条あるので、苾芻尼毘奈耶の総数三百五十八条よりも十三条多くて、三百七十一条となっている。

【関連典籍】1442・1443

【訳者・訳年代】唐の義浄＊（AD710）。

（笠井　哲）

1456 **根本説一切有部毘奈耶尼陀那目得迦摂頌**（こんぽんせついっさいうぶびなやにだなもくとっかしょうじゅ）

根本説一切有部尼陀目得迦摂頌、根本説一切有部尼陀那目得迦摂頌、毘奈耶尼陀那目得迦摂頌ともいう。

【内容】一巻。根本説一切有部尼陀那目得迦1452十巻中、一々の因縁広解の初めに要約して出している頌を集めて一巻としたもの。もとの書は、尼陀那五巻と目得迦五巻とを総合して十巻としている。尼陀那目得迦とは、制戒の因縁・広解のことである。本書において、尼陀那が五十二頌で目得迦は四十八頌であって、暗誦しやすいように作られている。

【関連典籍】1442・1452

【訳者・訳年代】唐の義浄＊（AD710）。

（笠井　哲）

1457 **根本説一切有部略毘奈耶雑事摂頌**（こんぽんせついっさいうぶりゃくびなやぞうじしょうじゅ）

【内容】一巻。根本説一切有部毘奈耶雑事1451中の一々事を頌に摂して、読誦し記憶しやすいように作られたもの。雑事1451四十巻中の三十六巻までを八門に分けて八頌に総摂し、次に一々門に各十頌を分かちて八十八頌を成じている。さらに八頌を総摂して一頌としているので、総じて八十九頌を成ぜるものである。第三十七巻から四十巻については、頌を挙げることをしないで、「第四十説五百及七百結集事」というように項目のみを列挙している。

【関連典籍】1451

【訳者・訳年代】唐の義浄＊（AD710）。

（笠井　哲）

1458 **根本薩婆多部律摂**（こんぽんさっぱたぶりつしょう）

根本有部律摂、根本説一切有部律摂、有部律摂、薩婆多部律摂ともいう。

【成立】勝友の著。勝友は、有部律をチベット語訳した聖根本説一切有部の持律者、迦湿弥羅の説分別部の阿闍梨ではなかろう。

【内容】十四巻。根本説一切有部戒本を随文解釈したもの。勝友自ら「我今次（戒本の順次）に随ふて広文を摂し、略を楽う者をして速やかに開悟せしめん」と述べるところから見て、明らかに広律毘奈耶を要略したものであることがわかる。広律毘奈耶とは、一切有部毘奈耶1442五十巻のみをいうのではない。出家事・安居事等の諸事、尼陀那および目得迦、増一法より増十六法、および余の経典中の毘奈耶相応の事を総称したものである。本書は義浄が持ってきた有部律戒本二百余巻から最初に訳出したものである。義浄は先に南海において寄帰伝を製作して東土の僧衆に贈り、四分・十誦等の旧律による律行の改変を要請し、帰朝しては律行の基本であるこの律摂を訳出して、速かに聖教量を示して中国諸寺および南海仏徒の行事に典拠あることを示そうと第一に訳出した。本生等を包蔵して広汎ではあるが、律行上ではむしろ要略を必要とするので律摂の訳出を急いだのであろう。本注釈は、持犯開悟に通明ならしむる唯一の律典というべきであり、律行上すぐれたものといえる。なお、本書の七仏略教法等の解は、重要な古注となった。

【関連典籍】1442

【訳者・訳年代】唐の義浄＊（AD700）。

1459 **根本説一切有部毘奈耶頌**（こんぽんせついっさいうぶびなやじゅ）

毘奈耶頌ともいう。

【内容】三巻。根本説一切有部毘奈耶1442五十巻中における一々戒条の戒縁および持犯用例を頌に摂して、これを五部に分けて上中二巻に収め、さらに出家・安居等の十七跋窣堵の要事を頌に摂めて下巻としている。これにより、苾芻をしてこれらの略頌を誦して、修行の易方便たらしめ、浄信を恒持して荘厳と作さしめんために、尊者毘舎佉が結頌したものである。結文によると、義浄は那爛陀寺にあって、すでにこの頌を翻ぜるも、大薦福寺翻経院において重訳し、刪正して奏行したものである。

【関連典籍】1442

【訳者・訳年代】唐の義浄＊（AD710）。

（笠井　哲）

1460 **解脱戒経**（げだつかいきょう）

【内容】一巻。諸部の戒本をすべて解脱戒経と呼ぶが、本書の首尾に「出迦葉毘部」という語があることから、本書が迦葉毘部に伝持された戒本であることが知られる。この部は、五部の律伝承を明かす中の一つである。仏滅三百年末に薩婆多有部より分出した部派であるとされ、南海寄帰伝には根本説一切有部より三部分出した中の一つであるという。本書の特色としては、七仏偈を戒本の最初に出していること、条数は二百四十六条、根本説一切有部律戒本内容と最もよく類似し、十誦律戒本とは相当の距離があること等を挙げることができる。

【関連典籍】1455

【訳者・訳年代】北魏の般若流支＊（AD540または543）。

（笠井　哲）

1461 **律二十二明了論**（りつにじゅうにみょうりょうろん）

明了論ともいう。

【内容】一巻。上座部系分派の犢子部より四派分出の一つである正量部の戒論で、弗陀多羅多の造とされている。この論は、二十二偈とその長行（散文）によって、律所立の名目を分別解釈したものである。二十二偈の中に持律上心得べき名目を約六十五種程編み込んで、律明了人のための用意に備えたものである。本書は、弗陀多羅多が正量部派の広律の要領を的確に撰出して、二十二偈の中に説示しており、正量の名にふさわしい妙律論というべきものである。

【関連典籍】1618・2031

【訳者・訳年代】陳の真諦＊（AD568）。

（笠井　哲）

1462 **善見律毘婆沙**（ぜんけんりつびばしゃ）

善見毘婆沙律、善見律、善見論、毘婆沙律ともいう。

【内容】十八巻。律蔵の注釈であるが、パーリ律蔵の注釈であるサマンタパーサーディカーに近似している。すなわち、前半は忠実な訳で後半が抄訳である。したがって、現存のパーリ律蔵に最も近い律蔵の注釈といえる。文字の脱落、誤字があり、注釈文があってその本文が省かれていたり、訳語が不統一であったり、その上漢訳文として簡潔過ぎるので、現存のサマンタパーサーディカーやその本典のパーリ律蔵を参照しなくては、意味が通じない所がある。また、本書の原本がパーリ語かサンスクリット訳であったかという問題がある。それは、音訳の上からみて、頭陀行でもパーリ系の十三頭陀に対して、十二頭陀となっていたりするからである。経蔵を五阿含としているのはよいが、尼迦耶（nikāya）といわないで、阿含（āgama）としたのはなぜか。パーリ系でも、古くは聖典を阿含と称したこともあるが、これを四と分類し、五と分類するに至っては尼迦耶の語を採用した。ただその阿含を解して、容受聚集の義であるというが、それは尼迦耶のことであって、阿含ならば伝来の義を取らねばならない。これは、原典の尼迦耶を便宜上阿含に代えて、その解義は尼迦耶のそれを採用したとも考えられる。本書の原典は、サンスクリット本ともパーリ本とも定めかねる混淆のものではなかったかと考えられる。

【関連典籍】1428

【訳者・訳年代】南斉の僧伽跋陀羅＊（AD489）。

（笠井　哲）

1463 **毘尼母経**（びにもきょう）

毘尼母論、毘尼母、母経、母論ともいう。

【内容】八巻。律の注釈書で、衆学法の中の若干の条文の犍度分（僧団の日常生活や行事作法の規定の部分）について述べたもの。内容は、およそ類聚的に律の名目を連ねて解釈しており、最初は受具の種類に端を発し、最後は冠数増一的名目に終っている。本書が果してどの部派に属すべきものかは問題である。古来これを説一切有部に属し、十誦律1435と同一のものとみるのが一般的であったが、書中往々にして「尊者薩婆多曰」と引用しており、もし薩婆多の律であるならば特にその文を引くはずないので、誤まりであろう。律の内容からみて、およそ四分律1428に似ている所が多く、文中にも四分所属を暗示している例がみられる。四分律は、元来部派としては、小乗二十派中化地部より分かれたものである。化地部は犢子部より分立したもので、犢子部は根本有部から出たものであるから、その教義的立場はたぶん有部と同義であったに違いない。そうであるならば、その教理的立脚地は、有部と同じく、いわゆる我空法有説であったろうから、本書の教理的方面として無我無人諸法空観を背景としているということとよく合致するものである。本書は、今日一部の注釈もないが、ただ地論宗の霊裕による注釈があったということが、続高僧伝2060に出ている。

【関連典籍】1428

【訳者・訳年代】不明。

（笠井　哲）

1464 **鼻奈耶**（びなや）

鼻奈耶戒因縁経、鼻奈耶広律、鼻奈耶律、戒因縁経、戒果因縁経、鼻奈耶経、試因縁経ともいう。

【内容】十巻。現存の広律中最古の訳書。訳文は古風で難渋であって、十誦・四分等他の律を見た上でなければ、解読することは難しい。本書の衆学法の百十三事は、羅什訳十誦比丘戒本1436および梵本にも存するし、戒条の配列においても相似しているから、これらは系統を同じくするものであろう。しかし、本書を直ちに有部系統と断ずることはできない。すなわち戒条の配列順位と特殊の因縁譚の配置方法とによって、十誦律1435と本書とは何らかの系統を同じくする律典であるといえる。にもかかわらず、両者は内容上かなり相違している。十誦等の諸律は、戒文の広解であると解すべきであるが、本書は広解・因縁からして戒文を作製したように考えうるし、未整理の律典といえる。かくて相当整理された分派以前の仮定律蔵と本書とを比較すると、本書は最古の訳であると共に、その内容の未整理な点からしてさらにいっそう古い律蔵であろうと推定しうる。迦葉結集時の律編纂の原型が如何なるものであるかは想定できないとはいえ、この鼻奈耶広律の存在により、結集当時の律蔵は未整理のものであったに違いない。なおまた、本書においては、諸律のように持犯行相の広解、戒文解釈等がないところから見て、結集当時の律編纂は、戒因縁と戒文位が結集されたものであると考えられる。

【関連典籍】1428・1435・1436

【訳者・訳年代】姚秦の竺仏念＊（AD382またはAD383）。

（笠井　哲）

1465 **舎利弗問経**（しゃりほつもんぎょう）

【成立】上座・大衆二部の分裂について、旧律を奉ずる多数の比丘を摩訶僧祇とし、新律を学ぶ小数を上座とすること、「摩訶僧祇其味純正」として余の律を不純とすることから摩訶僧祇律系とみられる。

【内容】一巻。舎利弗の問いに答えて、仏が戒律に関する思想を述べたもの。主な内容は制戒の開閉不定に関することであるが、部派分裂等の雑多な事項を含む。要項を挙げれば、行法と不行法、開閉不定。大迦葉から優婆笈多（ウパグプタ）までの伝統、輸柯（アショーカ）王の護法と弗沙蜜多羅（プシュヤミトラ）の破仏。弥勒菩薩が伝えた経律、摩訶僧祇律の由来。部派分裂、五部の特色と衣の色。摩訶僧祇は其味純正であること、開閉不定の多種。八部衆、地神。仏滅後の四大比丘の流通、弥勒下生。二十年後施多定物因縁、分若多羅の出家の瑞相。非時食と非時与の罪、釈種族の出家。父母と師僧の恩。

【関連典籍】1470

【訳者・訳年代】訳者不明（東晋代）。

（岩井昌悟）

1466 **優波離問仏経**（うぱりもんぶつぎょう）

優波離問仏経、優波離律ともいう。

【成立】広律から抜粋したものと考えられるが、煩瑣な広律と簡略な戒本との中間に位置する。

【内容】一巻。優波離が戒律上の比丘の独立資格（依止師を必要としない）の条件を問い、それに対する仏の答えが冒頭に置かれていることからこの経典名が出たものと考えられるが、その後に、問答形式ではなく、具足戒の罪の軽重が列挙されているのが経の主要部である。独立資格の条件として、布薩を知る、布薩剣暮（犍度）を知る、戒を知る、説戒を知る、五歳過五歳（出家してから五年以上を経ていること）等、二十六事を挙げて、それらにつき、律の規定に従って罪事の種々なる場合を判決するのである。律条は四棄捐法、十三事、三十事、九十二事、四悔過法、衆多法に分けてあって、比丘戒本の一変形と考えられる。但し、不定法の二条と滅諍法の七条を欠き、衆多法の終わりに「衆多七十四意」とあるけれども、本文には七十二条しか挙げていないから律条の総計は二百十五戒である。普通の戒本と違って、説戒のときに読誦する形ではなく、一々の律条について種々の罪の軽重の場合、不犯の場合を挙げている。

【訳者・訳年代】劉宋の求那跋摩＊。

（岩井昌悟）

1467 **仏説犯戒罪報軽重経**（ぶっせつほんかいざいほうきょうじゅうぎょう）

犯戒罪軽重経、犯戒報応軽重経、目連問経、犯罪経ともいう。

【内容】一巻。犯戒と罪の軽重に関するもの。問者は目連。無慚愧にして仏の語を軽んじて犯戒した者は地獄に墜ちて罰を受けて、その受罰の期間が犯罪の軽重に従って異なるとする。衆学戒を犯すと人寿の九百千年（四天王の五百年）、波羅提提舎尼を犯すと三億六十千年（三十三天の一千年）、波逸提を犯すと二十億四十千年（夜摩天の二千年）、偸蘭遮を犯すと五十億六十千年（兜率天の四千年）、僧伽婆尸沙を犯すと二百三十億四十千年（不憍楽天の寿命）、波羅夷罪を犯すと九百二十一億六十千年（他化自在天の十六千年）。

【訳者・訳年代】後漢の安世高＊。

（岩井昌悟）

1468 **仏説目連所問経**（ぶっせつもくれんしょもんぎょう）

【内容】一巻。迷酔して慚愧なく、戒を犯して、律儀を軽んじる比丘・比丘尼が、如何なる報いを受けるのかを、目連が問い、それに釈尊が答えたもの。犯戒罪報軽重経1467の異本。六項目に分ける。①非法行を行った比丘・比丘尼は死後九百万年（四天王の五百年）地獄にある。②説法に依らない場合。三倶胝六百万年（忉利天の一千年）。③波逸提法を行う。十四倶胝四百万年（夜摩天の二千年）。④吐羅鉢底法を犯す。五十七倶胝六万年（兜率陀天の四千年）。⑤僧伽婆尸沙法を犯す。二百三十倶胝四百万年（化楽天の八千年）。⑥波羅夷法を犯す。九百十五倶胝六百万年（他化自在天の一万六千年）とする。

【訳者・訳年代】宋の法天＊（AD973）。

1469 **仏説迦葉禁戒経**（ぶっせつかしょうこんかいきょう）

摩訶比丘経、真偽沙門経、禁戒経ともいう。

【内容】一巻。仏が迦葉に禁戒を説いたもの。比丘がそれを行うと地獄に堕ちる行為の十八ヵ条を始めに説き、沙門の真偽と持戒の関係、像持戒人すなわち似非持戒人の四事、最後に禁戒の性質（無形、不著三界等）を説く。本経は、経録において、多く小乗律部に分類されるが、大乗戒経に属するという説もある。

【訳者・訳年代】劉宋の沮渠京声＊（AD464）。

（岩井昌悟）

1470 **大比丘三千威儀**（だいびくさんぜんいぎ）

大比丘三千威儀経、僧威儀経、大僧威儀経、三千威儀、三千威儀経ともいう。

【成立】伽藍形式の僧院生活が確定した後の編纂でもあると見られる。中国に入ってからの加筆もあるとされる。

【内容】二巻。比丘が日常生活において守るべき作法を詳説したもの。仏弟子を在家と出家に大別し、出家については上中下の三種に分けて、下中上の順にそれぞれ特質を述べる。中出家については有徳の師に依止すべきであると述べた後に比丘の威儀を細かく説明する。依止を必要としない人が成就すべき二十五法、人を得度させるとき知っていなければならない五法など。

【関連典籍】1466・1471・1472・1475

【訳者・訳年代】後漢の安世高＊。

（岩井昌悟）

1471 **沙弥十戒法并威儀**（しゃみじっかいほうならびにいぎ）

【内容】一巻。仏が、舎利弗に羅睺羅を出家させるよう告げ、舎利弗にその次第を説いたという形になっている。沙弥受戒式と十戒の相を述べた後に、沙弥の威儀を説く。已受沙弥十戒から当避道去までが沙弥威儀1472とほぼ同文であるので、本経から1472が抄出されたか、あるいは1472に増補したものが本経であると考えられる。

【関連典籍】1472

【訳者・訳年代】不明。

（岩井昌悟）

1472 **沙弥威儀**（しゃみいぎ）

沙弥威儀経ともいう。

【成立】沙弥十戒法并威儀1471から本経が抄出されたか、あるいは本経に増補して前者になったと考えられる。

【内容】一巻。沙弥の威儀を規定したもの。十戒を受けた後で教示される日常生活の心得。また、末尾に「沙弥十数」（摩訶僧祇律1425第二十三所出）、沙弥の五徳（仏説諸徳福田経0683所出）、および布薩会において楊枝五百浄籌一千を施す宣疏があるが、これらは後に中国で付加されたものと考えられる。

【関連典籍】0683・1425・1471

【訳者・訳年代】劉宋の求那跋摩＊（AD431）。

（岩井昌悟）

1473 **仏説沙弥十戒儀則経**（ぶっせつしゃみじっかいぎそくきょう）

十戒儀則経、沙弥戒経ともいう。

【内容】一巻。沙弥行法、沙弥十戒、並びに沙弥威儀の一部を七十二頌に要約したもの。

【訳者・訳年代】宋の施護＊。

（岩井昌悟）

1474 **沙弥尼戒経**（しゃみにかいきょう）

【成立】「普等一心常志大乗」「求大乗者、了一切空如幻化……」の言葉から大乗に属することは明らか。

【内容】一巻。沙弥尼の十戒（不殺生、不盗、不淫、不両舌悪言、不飲酒、不持香華、不坐高床、不聴歌舞、不聚珍宝、食不失時）を挙げ、さらに十戒をよく守れば五百戒が自然に具足すること、三宝を尊び師和上を敬うこと父母の千万倍であるべきこと、一切は空にして本来男女の区別はないと観想すべきこと、独行してはならず同類の清信女を伴うべきこと等の威儀を説く。

【訳者・訳年代】訳者不明（AD220）。

（岩井昌悟）

1475 **沙弥尼離戒文**（しゃみにりかいもん）

沙弥尼戒経ともいう。

【内容】一巻。沙弥尼の十戒（不殺、不盗、不婬、不嫁、不妄語、不歌舞、不著香華、不臥高好床、不飲酒、不過中食）と威儀七十事（実際は七十七事）を示したもの。巻末に、仏が、重戒を受けて愛欲を捐棄する者は少ないことと、妄りに沙弥尼を出家させてはならないことを諸弟子に説く文と、除観説戒節度の一文を付す。沙弥尼離の「離」は原語（śrâmaṇerī）の音写によるもの。

【訳者・訳年代】訳者不明（東晋代）。

（岩井昌悟）

1476 **仏説優婆塞五戒相経**（ぶっせつうばそくごかいそうきょう）

五戒相経、優婆塞五戒略論ともいう。

【成立】大乗には戒律の委釈を図った書がないのを補う目的で成立し、いわゆる小乗広律の釈相に倣ったもの。

【内容】一巻。優婆塞即ち在家の信者の受持すべき五戒について一つ一つ事例を挙げてその罪悪の軽重、懺悔して滅罪できるものとそうでないものとを詳しく説く。仏が故国に在ったときに、浄飯王が優婆塞の五戒を分別するように求め、それに答えたのを因縁として比丘衆に説かれたもの。第一殺戒を例に取れば、種々の殺人方法、即死のときとそうでないときなどを挙げ、不可悔なるもの、可悔なるもの、というように分別している。

【訳者・訳年代】劉宋の求那跋摩＊（AD431）。

（岩井昌悟）

1477 **仏説戒消災経**（ぶっせつかいしょうさいきょう）

戒消伏災経、戒伏鎖災経ともいう。

【内容】一巻。五戒の功徳によって災害を免れたという説話。舎衛国中の人が五戒十善を持すること、造酒家が無くなる程であった。ある大家の一子が他国に商用に行くとき、父母に飲酒を戒められたが旧友に出会ってこれを破った。帰国の後これを告げて追放の身となり、放浪していてある客舎の主人に三帰五戒十善を授けた。その主人は仏に会おうとして祇園精舎の辺りまで行き、一亭で食人鬼の災害を受けなかったが五戒の功徳でこれを免れ、彼を救った食人鬼の妻と二人で仏所に詣でる途中四百九十八人を教化し、五百人で仏所に行き、仏は彼らの宿世を説く。

【訳者・訳年代】呉の支謙＊。

（岩井昌悟）

1478 **大愛道比丘尼経**（だいあいどうびくにきょう）

大愛道尼経ともいう。

【内容】二巻。仏在俗中の養母であり叔母である大愛道瞿曇弥（マハーパジャーパティー・ゴータミー）が出家入団を希望するところから、尼僧教団の成立までの経緯。瞿曇弥は三度に亘って仏に出家を希望するが仏はそれを許さない。ところが阿難の執り成しで八敬之法を条件に出家を認められる。また、久しく梵行を修した比丘尼が幼少の比丘に敬礼させようとして許可を願い出るが、仏はこれを禁じ、女性の悪性と、その仏となることの難しいことを説く。瞿曇弥等は、女性が仏となるのは不可能なのかと尋ねると、仏は女人も精進して犯戒しなければ現世に男となって仏になることができると教え、二つの過去物語を説く。ここまでが上巻の内容で下巻は日常生活の威儀等を説く。「般若波羅蜜」「化成男子」等大乗思想が随所に顕れている。

【関連典籍】0026・0060・1421・1428

【訳者・訳年代】不明。

（岩井昌悟）

1479 **仏説苾芻五法経**（ぶっせつびっしゅごほうきょう）

【成立】大衆部中の一派の作か。

【内容】一巻。仏が舎衛城にあって比丘衆に、依止比丘および阿闍梨たるべき比丘が具足しなければならない五種法を説く。例えば、阿闍梨は、罪を知り、非罪を知り、軽罪を知り、重罪を知り、受戒してから五年以上を経ていること、という五法を備えなければならないとする。また、波羅提木叉を知り、それを説くことを知り、結界を知り、結界事を知り、受戒してから五年以上を経ていれば、依止を離れて往することができる。これらの比丘の五種法について詳説したもの。

【訳者・訳年代】宋の法天＊（AD973）。

（岩井昌悟）

1480 **仏説苾芻迦尸迦十法経**（ぶっせつびっしゅかしかじっぽうきょう）

十法経、迦尸迦十法経ともいう。

【成立】大衆部系の一派の律蔵からの抄出か。

【内容】一巻。仏が舎衛城に在って比丘衆には、人に出家受戒を与え、人に依止せず、人のために依止となる和上が具足すべき十法を説く。十法は、慚愧を得て戒を楽しむ、多聞にして法を知る、多聞にして毘奈耶を知る、など。これを満たさずに人に渡して出家させ具足戒を授け、人に依止せず、他の人のために依止となった場合は突吉羅罪となる。

【関連典籍】1479

【訳者・訳年代】宋の法天＊（AD973）。

（岩井昌悟）

1481 **仏説五恐怖世経**（ぶっせつごくふせきょう）

五恐怖経ともいう。

【内容】一巻。当来の比丘は、身に戒を行わなくなり、意を拘せず、智慧がないのであろうと述べ、これによって起こる五種の恐るべき事柄を挙げた四百字余りの小篇である。

【訳者・訳年代】劉宋の沮渠京声＊（AD455）。

（岩井昌悟）

1482 **仏阿毘曇経**（ぶつあびどんぎょう）出家相品

阿毘曇経ともいう。

【内容】二巻。阿毘曇密議と律密議を説く。阿毘曇密議は、十二縁起を観ずることによって四諦を了知する故に四向四果の沙門果を成ずることを述べ、律密議は、種々の受戒作法、遮難法、受戒羯磨後の四衣法文、衣の種類、四重禁戒相、四応学法等を説く。根本説一切有部毘奈耶に影響を与えたとされる。

【関連典籍】1444・1450・1453

【訳者・訳年代】陳の真諦＊。

（岩井昌悟）

1483 **仏説目連問戒律中五百軽重事**（ぶっせつもくれんもんかいりつちゅうごひゃくきょうじゅうじ）

五百問事経ともいう

【内容】一巻。末世の比丘が律を犯したときの罪報の軽重について、仏が目連の問いに答えたもの。十八品。第一品は仏説犯戒罪報軽重経1467とほぼ同じ。第二品以下には中国での問題と思われるものが含まれ、また、広律と矛盾する箇所がある。

①五篇事品、②仏事品、③法事品、④結界法品、⑤歳坐事品、⑥度人事品、⑦受戒事品、⑧受施事品、⑨疾病事品、⑩比丘死亡事品、⑪三衣事品、⑫鉢事品、⑬雑事品、⑭三自帰事品、⑮五戒事品、⑯十戒事品、⑰沙弥品、⑱歳坐竟懺悔文、問いは全てで三百六十七問ある。

【関連典籍】1467

【訳者・訳年代】訳者不明（東晋代）。

（岩井昌悟）

1484 **梵網経**（ぼんもうきょう）

梵網経盧舎那仏説菩薩心地戒品第十、菩薩戒経、梵網菩薩戒経ともいう。

【内容】二巻。正しくは梵網経盧舎那仏説菩薩心地戒品第十と称すべきもので、経の序によれば広本より菩薩の階位と戒律に関する第十の菩薩心地の一品のみを誦出したものが本経であるとされる。広本の巻数については異説が多く、梵網の序には一百十二巻六十一品といい、僧肇の序には一百二十巻六十一品、明曠の会疏には一百五十二巻六十一品、法蔵の本疏には十万頌六十一品、具さに翻ずればまさに三百巻となるであろうともいわれている。大乗菩薩戒の根本聖典として古来尊崇される経典である。経名の「梵網」とは、諸仏の機に対して教えを設け病気に応じて薬を与えて一も洩らさないことがあたかも大梵天王の因陀羅網のようであったので名づけられたものである。盧舎那仏は訳して浄満といい、報身仏であって、今は三惑頓につき万徳円満なる妙覚位の大士に名づく。この仏が、因位の菩薩すなわち我々の修行のプロセスとしての身・口・意三業の防非止悪の制戒を述べられたものが本抄経なのである。したがって本書は、単に防非止悪としての一面だけを見るならば消極的な自利行に過ぎない。しかし、防止の一面に積極的な作善を含んで、他を引入しようとする大方便の真意からすれば、まさに仏の慈悲の極みといえる。なお本経は、戒のすべてに大乗戒の真面目である摂律儀戒・摂善法戒・饒益有情戒の三聚浄戒の本義を具備し包含していることに注目しなければならない。

略述すれば以下の通りである。本書の教主は、蓮華台蔵世界において成道された盧舎那報身であって、釈迦応化身の覆述に係るものである。上下二巻のうち、上巻においては菩薩の階位である四十八法門品、すなわち十発趣、十長養、十金剛、十地の位の内容を説示している。下巻には、正しく十重四十八経戒の戒相を一一こと細かに説明している。そしてこの会座には二乗は列ならないで、ひとえに大乗の菩薩根性に対して説かれていることが了解される。教判の上から見て、本経の地位は古来種々に議論もある所であるが、その内容から見て華厳の結経と断じた天台大師の説が最も妥当であろうと思われる。下巻に説かれている十重禁戒と四十八経戒とを合わせた、五十八戒の内容が非常に乱雑であるのは、もちろん真俗通戒すなわち出家在家を通じて遵奉すべく結誦されたからなのである。これらの五十八戒の中において、特異な点を挙げると、別請を三度も反覆して戒められたことであり、人身売買についての戒、在家戒として特に注意される孝順心の強調、高貴な受戒者の作法ないし僧侶の統官を立つる等々である。以上のことおよび第三十三の遊戯等を観るに、この戒法の成立が、よほど新しいことが暗示されるのである。

なお本経の主旨が下巻にあるため、法蔵・天台等は皆下巻のみを依用し、注疏を作った。

【関連典籍】0279・1811～1815・2246・2797

【訳者・訳年代】姚秦の鳩摩羅什*。

（笠井　哲）

1485 **菩薩瓔珞本業経**（ぼさつようらくほんごうきょう）

瓔珞本業経、瓔珞経、本業経、菩薩瓔珞経ともいう。

【内容】二巻。仏が摩伽陀国の寂滅道場菩提樹下において、十方の仏土より来集した最高位の菩薩のために、菩薩の本業すなわち菩薩行の本筋を説いたもの。その菩薩行は十住・十行・十廻向・十地・等覚・妙覚と次第に展開されていく心境に眺められるものとしている。それに因んで、初住に入る前に十住の行願があるとし、十順名字の菩薩、信想の菩薩、仮名の菩薩などの名を与えて、かなり詳しい説示を掲げている。十信を四十二賢聖に加えれば、五十二位となるので、天台大師は「瓔珞の五十二位は名義整足す。恐らくは是れ諸の大乗方等別円の位を結べるものならん」と推定し、菩薩の行位の最も周備したものであるとした。

本経の四十二賢聖は、六十巻の華厳経0278に負うものであって、大衆受学品の経部にこの経の「七処八会」（ただし、普光法堂重会を欠くから七処七会）の説所と所説の法とを掲げて、その聴法者は皆六入明門に入ったといい、その後に自ら第八会の説法があって、同じく六入明門を説くといえることによって明らかである。しかしながら、一々の位の菩薩の心行の内容に至っては、必ずしも華厳にこだわらずに、自由に述べられている。

本書は、部分的には、菩薩本業経0281、梵網経1484から十重禁戒を取り入れたり、仁王般若経0245から戒に関する部分を取り入れている。また、優婆塞戒経1488とも関係があるといわれている。

【関連典籍】0245・0281・1484・1488・2798

【訳者・訳年代】姚秦の竺仏念＊（AD376～378）。

（笠井　哲）

1486 **受十善戒経**（じゅじゅうぜんかいきょう）

【内容】一巻。十善戒を説いたもの。十悪業品第一と十施報法品第二とに分けられる。十悪業品は、十悪を除いて十善戒を守るべきを説き、十善戒および八斎戒を受ける作法を掲げている。十施報法品は、十悪たる殺生、偸盗、邪婬、妄語、両舌、悪口、綺語、貪欲、瞋恚、愚痴について、詳しく悪報の相を説いて、それを除いて十善を守る功徳を説いている。本経を大乗律の部に編入したのは、開元録2154が始めである。本経は、十悪の罪過を主として説き十善に向わしめるものであるが、十善の功徳を専ら説くものに十善業道経0600がある。

【関連典籍】0600

【訳者・訳年代】不明。

（笠井　哲）

1487 **仏説菩薩内戒経**（ぶっせつぼさつないかいきょう）

菩薩内戒経ともいう。

【内容】一巻。初めて志をおこした菩薩が修すべき六波羅蜜（布施・持戒・忍辱・精進・禅定・智慧）の行と、その功徳の展開する姿である十住の位とを、仏が文殊に対して説戒したもの。その形式が半月布薩の説戒における十二時間の説法となっており、かつ六波羅蜜の行の全体を菩薩の受持すべき戒としている点を特色とする。すなわち行の終わりを結ぶ言葉は、「菩薩の功徳の十二時の正戒を説き竟りたまふ」となっている。本書の内戒という名は、大乗戒が単なる他律的に限られた廃悪の条目を守るものではなくて、一切の外行の基礎根底となるべき内徳の修養であることを告知するものである。

行を説く十二時の中、第一時は文殊が初発意の菩薩の行を問うたのに対して、仏は三帰し廃悪修善し六波羅蜜を修すべしと説く。第二時は尸波羅蜜で四十七戒を説く。第三時は忍辱を、第四時は精進を説く。第五時は禅定で、第六時は般若を説く。第七時は布施を、第八時は月三昧を、第九時は平等心で教化するのが持戒であると説く。第十時で毎月十五日に本経を誦むべきを説き、第十一時は困苦の者を安穏にしようと想うべきを説き、第十二時は誓願によって人を度し、また自ら修徳に精進するを説く。

なお本書は、その内容においては菩薩内習六波羅蜜経0778を拡大したものである。また十地品については、華厳系の菩薩本業経0281から取り入れている。

【関連典籍】0281・0778

【訳者・訳年代】劉宋の求那跋摩＊（AD431）。

（笠井　哲）

1488 **優婆塞戒経**（うばそくかいきょう）

優婆塞戒本、善生経ともいう。

【内容】七巻あるいは五巻、六巻、十巻。仏があるとき、舎衛国の祇樹林中の阿那邠坻精舎において、善生長者という優婆塞（在家の信者）のために、菩薩戒を説いたもので、それゆえ善生経ともいわれる。ただし、戒といっても単に遵守すべき律条を示すのではなく、広く大乗菩薩の願行を説いて、それが渾然として菩薩戒の内容を形づくっている。特に戒相に関しては、出家の菩薩に八重、在家のそれには六重といい、八重は細説しないで六重のみを詳説している。さらに二十八失意罪、五戒の罪過とその悪報も説かれ、一日一夜の間受持される八斎戒も説かれ、さらに十善戒も説かれている。現存七巻は七十八品あって、菩薩の発心、発願、修行、解脱を説いている。なお本経は、中阿含経0026第三十三の善生経を大乗的に拡大したものである。かの善生経は、長阿含経0001第十一にもあり、善生子経0017、尸迦羅越六方礼経0016と同種のものである。これらはともに、六方供養にかけて在家の持戒生活を説くものである。また一面から見れば、一巻の善戒経が出家の八重四十二犯を説くのに対して、本経は在家の六重二十八失意罪を説いたものである。善戒経に通ずる事項は、出家八重在家六重の言、名字と実義の菩薩の区分および四十二犯と二十八失意罪とにおける同一律条であって、善戒経が瑜伽師地論1579の抄出改造であることから考えると、本経もまた瑜伽以後のものとすべきである。

【関連典籍】0001・0016・0017・0026・1579

【訳者・訳年代】北涼の曇無讖＊（AD426。一説に424または428）。

（笠井　哲）

1489 **清浄毘尼方広経**（しょうじょうびにほうこうぎょう）

清浄毘尼経、毘尼方広経、清浄毘奈耶方広経ともいう。

【内容】一巻。寂調伏音天子に対する文殊菩薩の説法を中心とするもの。経の名が清浄なる毘尼（Vinaya、調伏と訳す。縦恣放奔なる行為を調伏するという意味）の方正広大なるものというのであるから、正しく大乗戒を説く経とすべきである。だが経の中で、戒に関する部分は少量に過ぎない。すなわち、毘尼の意義を説く所と、声聞毘尼と菩薩毘尼との相異を説く所だけであるように見える。その他の部分は、大乗思想、ことに般若の趣旨を以て、一切法は無生であり、不可得であり、寂滅であることを述べ、また六波羅蜜の行が説いてある。これらは直接に戒と無関係のようにも見えるが、毘尼の意義を説いて、「煩悩を調伏し、煩悩を知るがための故に毘尼と名く」としているから、また戒として眺めるべきである。これは、本経ばかりでなく、一般に大乗戒の特色とする所である。この点は、小乗が律制の条目を守ることのみを戒律としたのに対し、大きく異なるものである。声聞と菩薩との毘尼の相異を説く一節は、十七種の対比によって両者を区分しているのであるが、その内容は実は声聞と菩薩との生活態度の対比である。またその中には、声聞を毀斥して、菩薩を称揚する意も含まれている。しかしこれは、小乗声聞道に見切りをつけて、勃発した大乗菩薩道の自信の声として聞くべきである。

【関連典籍】0460・1490

【訳者・訳年代】姚秦の鳩摩羅什＊。

（笠井　哲）

1490 **寂調音所問経**（じゃくちょうおんしょもんぎょう）

寂調音経、如来所説清浄調伏経ともいう。

【内容】一巻。寂調音天子に対する文殊菩薩の説法。大乗戒の要義を説いて、菩薩と声聞と毘尼の相違を説いている。内容はほとんど清浄毘尼方広経1489と同じだが、文言が少し長くなっている点が異なる。また仏説文殊師利浄律経0460も異本の一つである。本経は歴代三宝紀2034や『法経録』が『大乗毘尼録』に入れられてから、古来「大乗律」として取り扱われている。

【関連典籍】0460・1489

【訳者・訳年代】劉宋の法海。

（笠井　哲）

1491 **菩薩蔵経**（ぼさつぞうきょう）

【内容】一巻。あるとき仏陀が舎衛城の祇樹給孤独園に千二百五十人の比丘と七万二千の菩薩と共にいたときに、仏陀が舎利弗の問に対して、人々の罪過の凝視と、それを懺悔する方法、懺悔の必要性、さらに菩薩の心願を説いたという。まず、阿耨多羅三藐三菩提を求める者は、昼夜六時に礼仏し、罪過懺悔の唱言をすると説いて、悔過の必要性が説かれている。そして、どうすれば、一切衆生が三藐三菩提を得られるのかについて詳しく述べられている。

【関連典籍】0459・1492・1493

【訳者・訳年代】梁の僧伽婆羅＊。

（笠井　哲）

1492 **仏説舎利弗悔過経**（ぶっせつしゃりほっけかきょう）

悔過経ともいう。

【内容】一巻。仏が舎利弗に対して罪過の凝視、懺悔の方法、懺悔の必要、菩薩の心願を説いたもの。五段に分けられ、第一段は、三乗の道を求める者の昼夜六時の礼仏、罪過懺悔の唱言を説く。第二段は、悔過の必要で、三悪趣等の生を欲せざる者は必ず悔過すべきを説く。第三段は、毎日三度礼仏の唱言を示す。第四段は、六時礼仏の唱言を示す。第五段は、仏道を求める者の念願を唱えることで、無始已来の功徳を衆生に回向し、未度者を度する衆生済度の必要を説く。最後に、この経を読誦する功徳の大なるを説く。

【関連典籍】0459・1493

【訳者・訳年代】後漢の安世高＊。

（笠井　哲）

1493 **大乗三聚懺悔経**（だいじょうさんじゅさんげきょう）

【内容】一巻。自分の過去の業を懺悔することから生ずる喜び（随喜）、その喜びから如来の教えを聞きたいと願うこと（勧請）、その願いの功徳を他の人々に施すこと（回向）について説いたもの。随喜の項では、まずはじめにあらゆる業障を明かし、次に随喜を明かしている。勧請の項では、諸仏に法輪を転じたまわんことを請い、諸仏に寿命を捨てて涅槃に入らないように請うことを明かす。回向の項では、上の懺悔、勧請の如きのすべてを無上菩提に回向し、一切衆生に施すことを説く。

【関連典籍】1492

【訳者・訳年代】隋の闍那崛多＊。

（笠井　哲）

1494 **仏説浄業障経**（ぶっせつじょうごっしょうきょう）

浄業障経、浄除業障経ともいう。

【内容】一巻。一切法本来清浄の知見によって業障の浄められることを、仏が毘舎離の菴羅樹園で説いたもの。およそ三節に分けられる。第一は無垢光比丘が婬女の恋着により戒を破り苦しむのを、仏が業障に束縛されないようにと諭す。第二は道の障礙と無障礙を説く。物に執着して囚われてしまうことが障礙であり、そうでないのが無障礙であることを明かす。第三は勇施比丘がある長者の女に恋慕され、ついに彼女の夫を毒殺するほどの罪過を犯し、後に前悪を悔い、鼻揉多羅菩薩に救いを求め無生認を得るという説話である。

【関連典籍】1492・1493

【訳者・訳年代】訳者不明（東晋代）。

（笠井　哲）

1495 **善恭敬経**（ぜんくぎょうきょう）

善恭敬師経、善敬経ともいう。

【内容】一巻。仏が阿難に向かって師に対する尊重敬愛の心を説き、師をもこのように敬わねばならないから、まして法を敬わねばならないと説いたもの。初めに、人に対して教法を説き聞かす功徳が大きいことを述べている。次いで、仏法を渇仰し希求する者は、法師の所に至って法の説示を乞い、その法師に弟子として教えを受けるべきであるという。次に僧はその師僧に対して恭敬尊重の心を持つべきであるとし、師の前でしてはいけない事例を挙げる。もし法と師を恭敬しなければ、その過失は無量であるとし、恭敬の歩みにおいて正道の姿を眺めている。

【関連典籍】1341・1496

【訳者・訳年代】隋の闍那崛多＊。

（笠井　哲）

1496 **仏説正恭敬経**（ぶっせつしょうくぎょうきょう）

威徳陀羅尼中説経、正法恭敬経、善敬経、応恭経ともいう。

【内容】一巻。仏が阿難に対して、正しく三宝を恭敬するに当って、特に多く法と和尚、阿闍梨を恭敬すべきであると説いたもの。仏法を楽求する者は、和尚、阿闍利の所に至って請問し、弟子として教えを受けるべきであるといい、詳しく恭敬の所作所制を示し、最後にこの恭敬をなさぬ者の堕獄の報の状況を説いている。本経は善恭敬経1495と同本で、大威徳陀羅尼経1341第十一に本書とほとんど同文があるので威徳陀羅尼中説経という異名がある。

【関連典籍】1341・1495

【訳者・訳年代】梁の仏陀扇多（AD539）。（笠井　哲）

1497 **仏説大乗戒経**（ぶっせつだいじょうかいきょう）

大乗戒経ともいう。

【内容】一巻。戒ある生活は清涼で仏を見るべく、戒なき生活は熱悩であり涅槃から遠ざかってしまうということを、仏が祇樹給孤独園において比丘達に説いたもの。はじめにおよそ解脱を求める者は、心を縦にして戒を破ってはならないことを説き、次に戒は徳の最上であること、破戒と持戒の得失を挙げ、最後に世間の無常相に繋留の身となるべからざること、情欲に溺れるべきでないことを説く。短経ではあるが、経名のごとくよく大乗戒の方向が示されている。

【訳者・訳年代】宋の施護＊。（笠井　哲）

1498 **仏説八種長養功徳経**（ぶっせつはっしゅじょうようくどくきょう）

八種長養功徳経ともいう。

【内容】一巻。広大の菩提心を発して八斎戒を受持し、それにより浄信優婆塞となる作法を示したもの。短経である。八種長養功徳とは、功徳を長養する八種の法、一に不殺生、二に不偸盗、三に不非梵行、四に不妄語、五に不飲酒、六に不非時食、七に不花鬘荘厳其身及歌舞戯等、八に不坐臥高広大床の八戒をいい、「我れ今是の如き等の事を捨離し、誓願して清浄禁戒八種功徳を捨てじ」と三説するのである。ここに不非時食を第六戒としていることに注意すべきで、他の経においては、第八戒もしくは八戒の外に出している。

【関連典籍】0089

【訳者・訳年代】宋の法護＊。（笠井　哲）

1499 **菩薩戒羯磨文**（ぼさつかいこんまもん）

菩薩羯磨文ともいう。

【内容】一巻。弥勒（マイトレーヤ）の作とされている瑜伽師地論1579の中から、菩薩戒を授ける行儀に関する記述を抜き出して編集したもの。第一受戒羯磨は、正しく授戒の作法を説いたもので、出家か在家かを問わず、大乗の三聚浄戒を受けようとすれば、智徳ある戒師に受戒を請い、自ら戒において殷重の心を起こして、仏像の前にも乞戒す。戒師は受者に対して三聚浄戒の功徳を述べて戒を授ける儀を行う。次に仏菩薩に対して受戒し終ったことを告白し、その証明を請い、仏菩薩を受戒による現相を見て受者を眷念される。次に戒律儀として、四種他勝処法たる自ら讃じて他をそしること。財または法を慳みて与えざること。忿恨して他人が来て謝するのを受け入れないこと。大乗の菩薩戒をそしることを説いて、もし犯した場合に小乗律と異なる点を明かす。次に菩薩戒の優秀である理由を述べ、諸仏菩薩を頂礼して退場することを記す。さらに戒師の資格、受者の用意、適当な戒師がいない場合の行儀を説く。第二懺悔羯磨は、もし戒律儀を違反したとき、それが上品の纏によるものならば、三師に対して発露懺悔する作法を示して、下品の纏によるものならば一師に対する作法を説いて、もし所対の師なきときは自誓を以て将来を戒むべきを説く。第三得捨差別は、捨戒の二縁、菩提を得るまで菩薩戒を捨てないこと、生涯転変するごとに受けるも、それは新受でないことを明かしている。

【関連典籍】1579・1583

【訳者・訳年代】唐の玄奘＊（AD649）。（笠井　哲）

1500 **菩薩戒本**（ぼさつかいほん）

地持戒本、達摩戒本、菩薩戒本経ともいう。

【内容】一巻。菩薩地持経1581に出ている大乗戒の律儀を抄録して、戒本として持誦の便に供したもの。慈氏（弥勒）菩薩の説とする大乗菩薩の個人的行儀規定について説いている。
　菩薩地持経の巻五菩薩地持方便処戒品之余の中から四波羅夷処法と四十二犯事とを取り出して、その前に帰敬讃戒の四偈を、その後に律の結文および三聚浄戒を讃じて勧持する文を置いている。同本異訳あるいは異本として1501・1503がある。
【関連典籍】1501・1503・1581・1583
【訳者・訳年代】北涼の曇無讖＊。
（笠井　哲）

1501 **菩薩戒本**（ぼさつかいほん）
　瑜伽戒本、菩薩戒経、菩薩戒本経、達摩戒本ともいう。
【内容】一巻。瑜伽論1579の大乗菩薩戒の律儀を抄録したもの（瑜伽論の巻四十の終部と巻四十一の大部分を取り出し護戒の便に供したもの）。内容は、四種他勝処法と、浄戒律儀に住する者の行為四十二条に対する有違犯、無違犯、染、非染等を判定する部分を中心として、その前に三聚浄戒を受けたる者は、もっぱら自己の応作不応作を思惟して行動すべきをいい、その後に、違犯した際の懺悔法、持戒の勧修（この二項は、瑜伽論と順序が前後している）を説く。1500は同本。
【関連典籍】1500・1503・1579・1583
【訳者・訳年代】唐の玄奘＊（AD649）。
（笠井　哲）

1502 **菩薩受斎経**（ぼさつじゅさいきょう）
　菩薩受斎戒経、受斎経ともいう。
【内容】一巻。特定の斎日（身を慎しみ行に励む日）において、斎を持って自ら行動を策励し、清浄な生活をして、人を救済する心を修することを説く。初めに三宝に帰依して、六波羅蜜を修行して、三悪道の衆生をして解脱できることを念願し、阿弥陀仏の国土に生まれることを求める。次に、仏が須菩提に、十念と十戒とを念修すべきことを明かす。その十念は、普通の十念（仏・法・僧・戒・施・天・止観・安般・身・死）とは異なるところの過去仏・未来仏・現在仏・戒波羅蜜・方便・般若波羅蜜・阿弥陀仏国の生在者・和上・阿闍梨を念ずるのであり、十戒も沙弥の十戒とは異なるものである。次の斎日の就褥の際の仏前において、他覚を随喜すること、および一切衆生の苦難を解脱せしむる念願を唱うべき言を示して、次に斎日を挙げて、弥陀三尊に帰命して往生を願って、西方の讃歎の偈を以て終る。この経文は、錯乱しているように思われるが、十戒の「第八」より「菩薩の斎日には掃除せらるることを得ず」に続いて、「六万」より「菩薩は皆是の斎を持つ」に至るものであると推定されている。
　持斎に関する古い経に、斎経0087および中阿含経0026第五十五の持斎経がある。これらには八斎戒（または八関斎）が説かれているが、本経はそれに対して、特に大乗菩薩の意地において成立したものである。特に0087の八戒五念から本経の十戒十念の形相が導かれるものであろう。
【関連典籍】0026・0087
【訳者・訳年代】西晋の聶道真＊。
（笠井　哲）

1503 **優婆塞五戒威儀経**（うばそくごかいいぎきょう）
　菩薩優婆塞五戒威儀経、五戒威儀経ともいう。
【内容】一巻。在家の菩薩である優婆塞の五戒による生活者が身四悪、口五徳、五邪命、五事厳飾、五事故逸を遠ざかり離れることを中心として、その前の部分にほとんど地持戒本に出る四波羅夷四十違犯事、持戒五功徳、自誓受法そのままのものが列ねられている。これは、後部に掲げる懺悔法、四十五日の阿蘭若行を結坐する願文、その捨法戒とともに優婆塞の威儀として挙げたものと見られる。前部の戒相文中には優婆塞の語がないので、後に附加されたと考えられる。
【関連典籍】1500・1501
【訳者・訳年代】劉宋の求那跋摩＊（AD431）。
（笠井　哲）

1504 **菩薩五法懺悔文**（ぼさつごほうさんげもん）

菩薩五法懺悔経、五法懺悔文ともいう。

【内容】一巻。菩薩蔵経1491から作られたか、少なくとも密接な関係があるといわれる懺悔発願文である。内容は菩薩蔵経を簡単にしたもので、五種の心意を述べ諸経諸仏に礼をなす作礼の願文で、全文六百字に満たないものである。懺悔、諸仏、随喜、廻向、発願の五個の懺文であるので五法懺悔という。例えば、懺悔では、十方三世の諸仏の所照に対して、我等無数劫来善知識に遇わずして、罪悪を作り断善根一闡提具足者であるのを懺じ、今幸いに経法賢聖衆の能く衆罪を断ずるに遇うを讃じ、「弟子頭面礼。願諸悪雲消。令発無上慧。懺悔竟五体作礼」と結んでいる。

【関連典籍】1491

【訳者・訳年代】不明。

（笠井　哲）

第25巻　釈経論部　上

1505 **四阿鋡暮抄解**（しあごんぼしょうげ）

四阿含暮抄、四阿含暮抄経、阿鋡暮抄解ともいう。

【成立】阿羅漢婆素跋陀の撰で、四阿含経を抄したものとされる。

【内容】二巻。一部九品四十六葉からなる。重複を斥けて簡潔で意味を豊かにといっても、実際は阿含経の抄出解説ではなくて、一種の論書であるが、その所属部派は明らかでない。全論の組織を、功徳・悪・依の三法としており、功徳を功徳・方便・果の三に分けて、悪を苦行・愛・無明の三に分けて、依を陰・界・処の三に分けている。

1506は異訳である。

【関連典籍】1506

【訳者・訳年代】前秦の鳩摩羅仏提＊（AD382）。

（笠井　哲）

1506 **三法度論**（さんぽうどろん）

三法度経論ともいう。

【成立】出三蔵記集2145によれば山賢が作者である。

【内容】三巻。四阿含の要義を三種の分類法によって解釈しようとしたもの。小乗論部に属するものであり、阿含経によって三法九真度の説を述べている。ここで三法とは、徳・悪・依の三つで、徳に施・戒・修、悪に悪行・愛・無明、依に陰・界・入の各三を挙げて、合わせて九真度としている。1505は異訳である。

【関連典籍】1505

【訳者・訳年代】東晋の僧伽提婆＊（AD391）。

（笠井　哲）

1507 **分別功徳論**（ふんべつくどくろん）

分別功徳経、分別功徳論経、増一阿含経疏ともいう。

【内容】五巻。増一阿含経0125の冒頭四品の注釈書。序品最初の偈頌より始めて、弟子品の過半、釈王比丘に至って中止している。解説が懇切丁寧であり、博引旁証であるのは、作者の学殖が凡庸でないことを示している。特に弟子品に相当する所は、釈尊の主要な弟子に関する逸事伝説をどれもこれも集録している。それゆえ、一方から見ると仏弟子列伝といいうる。題名の「分別功徳」というのも、おそらく仏弟子の功績を列挙するという意味であろう。本書は、およそ六十人の弟子についてその特徴を詳説したことになる。その説話の多くは、他の諸経典にあるものと重複することはもちろんであるけれども、その伝説には多少の異があるものと認められ、あるいはほとんど他に見られない本書独特の伝説も見られる。

なお、本書は小乗の論書であるが、大乗の影響が強く認められる。例えば、本書が大乗の立場から解釈を施しているものであることは、念戒の下に膝上の花と頭上の花を以て比較するように、婆陀先比丘の下、江河女神が羅漢を願わず、無上正真の道を求めて一切を度せんというように、その外所々に明らかに見られるのである。本書の作者は、増一阿含のように阿含としては最も大乗的傾向を有する経典を、全く大乗の立場から注したものである。また本書は、未完成のようであるが、おそらく竜樹（ナーガールジュナ）の大智度論1509と並んで、興味ある教学上の論書ということができる。

【関連典籍】0125

【訳者・訳年代】訳者不明（後漢代）。

（笠井　哲）

1508 **阿含口解十二因縁経**（あごんくげじゅうにいんねんぎょう）

阿含口解、断十二因縁経ともいう。

【内容】一巻。十二因縁を簡単に解釈して、主として十二因縁の本を断ずることにより、生死を離れるものであることを説いたもの。普通にいう所の十二因縁を内の十二因縁とし、これに、地・水・火・風・空・種・根・茎・葉・節・華・実を外の十二因縁とし、万物の生死もまたこの外の十二因縁によるとしている。また後半は、全く十二因縁に関係のない人所欲三事、四事不可忍、一切味八種のような法数様のものを出している。

【関連典籍】0220

【訳者・訳年代】後漢の安玄＊と厳仏調＊（AD181）。

（笠井　哲）

1509 **大智度論**（だいちどろん）

智度論、摩訶般若波羅蜜経釈論、大慧度経集論、大智度経論、摩訶般若釈論ともいう。

【成立】摩訶般若波羅蜜経を竜樹（ナーガールジュナ）が自ら注釈したものと伝えられる。しかし本書のすべてを竜樹に帰すべきかどうかについては議論がある。本書を仏訳したラモート（Lamotte）の研究によって、竜樹とは別人の作とする説が、今日の学界では受け入れられつつある。

【内容】百巻。竜樹の主著中論1564は、ひたすら般若空を徹底したものに外ならず、したがってその思想の根元をなしている般若経に注釈を加えた本書は、重要視されるべきものである。さらに彼は、中論においてはむしろその思想の消極的否定的側面のみを強く現わしていたが、この書に到ってさらに進んで一歩進めて積極的肯定論的側面を展開している所に、仏教史上重要な意味を持つものであるといえる。本書は部派仏教の論書から法華経0262・華厳経0278に至る多くの経論からの引用を含み、「全仏教の総持」とも呼ばれる。のみならず、仏教語彙の説明の間にさまざまな説話を挿入し、一種の仏教百科の役目もしている。また本書は、大品般若経0223の注釈であるから、その叙述もまずその釈する所の経文を順々に羅列し、それに添えて注釈を加える方法を取るので、本論独自の綱格によるものではない。したがって、その思想もまた一つの体系を形成しつつ説かれているのではなくて、機会に応じて散説されている。ただしその主要な思想は、初品を釈する第三十四巻までの間に総論的にほぼ現わされ、以下はそれを補充するものである。

竜樹晩年の円熟した思想が本書には現われている。一方で過去を批判することによって、他方将来を暗示することによって、いわば全仏教がここに映し出されている鏡であって、前述のように「仏教の総持」と呼ばれるだけ内容は豊富である。以下簡単にその根本思想を述べると、竜樹の主張する空観は、あらゆる存在に自立的実在性を悉く否定する。しかし、こういう存在を存在させている縁起そのものの原理はこれを否定するのではない。その縁起の原理によって、一切の存在は悉く相依相関関係の上においてのみ成立している。したがって、一切の存在にはそれ自らとしての自性はない。自性は空である。竜樹はこの自性空の理説をどこまでも徹底して行く。一切の存在のみならず、仏教の究竟理想とされる仏、涅槃ですら空であるとする。この竜樹の空は、決してただ存在を否定して満足している虚無主義ではない。俗見の上における有も無もともに否定されなければならない。このように、俗見による虚無主義を否定し、有・無を離れることは、やがて有・無の立場を止揚して、より高き真実の見地に入ってくることであって、この高次的な立場において、一切諸法が改めて肯定されてくるのである。このような立場からすれば、仏は我々から遠く離れた所に輝くようなものではない。この生そのままの真実相に徹するものに外ならない。かくして、生死はすなわち涅槃であって、煩悩はすなわち菩提である。そしてそれゆえにこそ、本当に成仏することが可能になるのである。つまり、ここに般若の空思想が徹底されることによって一転して、諸法実相の積極的肯定へと止揚されている。

【関連典籍】摩訶般若波羅蜜経0223。

【訳者・訳年代】姚秦の鳩摩羅什*。

（笠井　哲）

1510 **金剛般若論**（こんごうはんにゃろん）

金剛経論、金剛般若波羅蜜経論ともいう。

【成立】無著（アサンガ）の造とされる本書は、高麗本であるが、後述の別本（宋元明本）がある。両者の間には、少なくとも形式上は大きな相違がある。前者は、二巻本であって、後者は三巻本である。さらに前者には、経の本文を別出しないが、後者は一段の初めに必ず経の本文を出して次に論文を挙げている。このために、後者は字数が多くなって、二巻に納め難いので三巻となったと考えられる。また字句についても両者はおよそ等しい。しかし経の訳語は、後者がほとんどそのまま菩提流支訳を用いているのに対して、高麗本は決してそのまま用いてはいない。以上のように、形式上の相違はあるけれど内容上は全く同じであって、本来別訳本でないことは明らかである。

【内容】二巻。金剛般若経0236を解釈したもの。よく経の趣旨を示し、般若本来の思想をよく表している。特に、それ以外に新説を打ち立ててはいない。まず、①種性不断、②発起行相、③行所住処、④対治、⑤不失、⑥地、⑦立名の七義句に分け、③の住処は、(1)発心、(2)波羅蜜相応行、(3)欲得色身住処、(4)欲得法身住処……(16)求教授、(17)入証道、(18)上求仏地の十八種に分けている。

なお、別本として金剛般若波羅蜜経論1511（金剛般若論ともいう）三巻がある。

【関連典籍】0236・1511・1817

【訳者・訳年代】隋の達摩笈多*。

（笠井　哲）

1511 **金剛般若波羅蜜経論**（こんごうはんにゃはらみつきょうろん）

金剛般若経論、金剛般若論ともいう。

【内容】三巻。本書は、論といっても実は弥勒説の頌とそれに対する天親（世親・ヴァスバンドゥ）の釈とを併せたものである。頌は、金剛般若経の趣旨を七十七頌にまとめて解釈したもので、これは弥勒（マイトレーヤ）の説（著に等しい）であって、経の趣旨と別に異なるものではない。したがって、般若本来の思想外のものではない。世親の釈は根本精神において頌の説、したがって経の説と異なるものでないけれども、ただその用語および解釈の仕方においては、唯識派的である所が散見される。例えば、経の一切有為法如星医灯幻、露泡夢電雲応作如是観の解釈に際して、頌に見相及於識、器身受用事、過去現在法、亦観未来世とある部の釈において「子時における阿頼耶識、一切法のために種子根本となる」という句があるのがそれである。

能断金剛般若波羅蜜多経論釈1513は本書の

異訳であり、その別出本論頌は本書中の弥勒説頌を別出したものである。また世親の釈論に対する註釈として金剛仙の釈とされる金剛仙論1512がある。なお世親による金剛般若経の注釈として別に般若七門義釈という書があったといわれているが、その梵本は伝わらない。ただし漢釈に無著（アサンガ）の造とされる金剛般若論1510があり、これに対応するチベット訳が世親の造となっているから、これが般若七門義釈に相当すると考えられる。

【関連典籍】0236・1512〜1514・1816・1817
【訳者・訳年代】北魏の菩提流支＊（AD509）。

（笠井　哲）

1512 **金剛仙論**（こんごうせんろん）

金剛仙記、仙記ともいう。

【内容】十巻。金剛般若波羅蜜経論1511を、第一序分、第二善護念分、第三住分、第四如実修行分、第五如来非有為相分、第六我空法空分、第七具足功徳校量分、第八明一切衆生有真如仏性〔顕性分〕、第九利益分、第十断疑分、第十一不住道分、第十二流通分の十二分の分科を用いて詳述したもの。本書は、古来経録にもその名を留めず、撰号をも記さないが、金剛仙とは世親（ヴァスバンドゥ）の弟子であるといわれ、その巻五、六、九の三巻にあるように、金剛仙のものを菩提流支が翻訳した体裁になっている。しかし現存の金剛仙論が、梵本そのままの翻訳でない事は一見明瞭である。例えば、「般若者、乃是西国正音。此魏播云慧明」という文が、如何にして梵本の翻訳ということができるであろうか。日本ではかなり広く用いられたと思われる本書が、古来の中国の記録にその名を留めていないというのは疑問であって、よほどの理由があると思われる。だが本書を「金剛仙造。即謂南地呉人非真聖教也」と断じた文によってその消息がわかると思われる。本書は、金剛仙以来伝授の教義を、菩提流支が中国で伝述したものと見ることができる。しかし、なお疑問が残るのは八般若の説、かつまた訳語の不統一もあり、十障の説明の如きは乱雑なものになっており、原語の説明が錯誤に陥っていたりと、本書がたとえ菩提流支の伝述であっても、現存のものと異なっていたのではないかと思われる。

【関連典籍】1511・1513・1514・1817
【訳者・訳年代】北魏の菩提流支＊。

（笠井　哲）

1513 **能断金剛般若波羅蜜多経論釈**（のうだんこんごうはんにゃはらみたきょうろんしゃく）

能断金剛経論釈ともいう。

【内容】三巻。金剛般若波羅蜜経論1511の異訳。1511が金剛般若経の全文を合糅しているのに対し、本書はこれを欠いている。本書の構成は、無著（アサンガ）説の頌とそれに対する天親（世親・ヴァスバンドゥ）の釈論とを併せたものからなっている。頌は、金剛般若経0236の趣旨を七十七頌にまとめて解釈したものであり、経の趣旨と異なるものではなく、したがって般若本来の思想であり、世親の釈も同様であるが唯識派的な所もある。ただし、頌は無著造ではなく、弥勒（マイトレーヤ）造が正しいと思われる。

【関連典籍】1511・1512・1514・1817
【訳者・訳年代】唐の義浄＊（AD711）。

（笠井　哲）

1514 **能断金剛般若波羅蜜多経論頌**（のうだんこんごうはんにゃはらみたきょうろんじゅ）

【内容】一巻。金剛般若波羅蜜経論1511の偈頌の部分のみの漢訳であるが無著（アサンガ）造となっている。これは、正しくは弥勒（マイトレーヤ）造である。この頌は、金剛般若経0236の趣旨を七十七頌にまとめて解釈したものである。これは、別に経の趣旨と異なるものではない。したがって、般若本来の思想が説かれている。この偈頌には、梵本およびチベット訳もある。AD1956年には、トウッチ（G. Tucci）が梵漢蔵三本を対照して、英訳を付して刊行している。頌は無著が弥勒から授けられ、これを世親（ヴァスバンドゥ）に伝えたものとされている。

【関連典籍】1511～1513・1817
【訳者・訳年代】唐の義浄＊（AD711）。
（笠井　哲）

1515 **金剛般若波羅蜜経破取著不壊仮名論**（こんごうはんにゃはらみつきょうはしゅじゃくふえけみょうろん）

破取著不壊仮名論、功徳施論ともいう。

【内容】二巻。金剛般若経0235の一つの注釈であり、釈者の功徳施はいつ頃の人か明らかではないが、相当後世の人のようで、楞伽経0670が引用され、「如来蔵」という語も用いられており、これらの経典および思想の成熟した後のものである。本書は、金剛般若経を竜樹（ナーガールジュナ）の中論1564の精神、特にその真俗二諦の説にしたがって正当に注釈しようとするもので、般若経本来の精神および竜樹の思想を出るものではない。その名の示すように、取著を破して仮名を壊せざるを主眼としている。

【関連典籍】0235・0670・1564
【訳者・訳年代】唐の地婆訶羅＊（AD683）。

（笠井　哲）

1516 **聖仏母般若波羅蜜多九頌精義論**（しょうぶつもはんにゃはらみったくじゅしょうぎろん）

聖仏母般若九頌精義論、仏母般若九頌精義論、九頌精義論ともいう。

【内容】二巻。本書は、勝徳赤衣菩薩が般若の精要を九頌とし、それに説明を加えたものである。すなわち、およそ業によって生としての眼等の六処の相は現われる。それらは、本性空のものであり、能取、所取を離れれば明亮無垢のものである。したがって、その自性清浄、本来的な清らかさは、「定」によるべきである。この「定」と相応する金剛の如き「智」によって、本当の悟りが得られるとするのである。本書は、唯識系と関係して考えられる書であり、密教の立場からの般若の解釈というべきである。

【関連典籍】0220・0230
【訳者・訳年代】宋の法護＊。

（笠井　哲）

1517 **仏母般若波羅蜜多円集要義釈論**（ぶつもはんにゃはらみたえんじゅうようぎしゃくろん）

円集要義釈論ともいう。

【内容】四巻。仏母般若波羅蜜多円集要義論1518を注釈したもの。頌を挙げて一文一句、一々の語について細釈している。その釈し方は丁寧で、例えば「無二」とは、二相有ること無きを名づけて無二となすとか、「自」とは己の義とか、「此の」とは是の如きというように、余す所なく解釈されている。最初に、十六種空、次に十分別散の止遣、次に遍計、依他、円成の三性の詳釈、これらによって般若空性の妙諦真義を明らかにしている。

【関連典籍】1518
【訳者・訳年代】宋の施護＊。

（笠井　哲）

1518 **仏母般若波羅蜜多円集要義論**（ぶつもはんにゃはらみたえんじゅうようぎろん）

仏母般若円集要義論、円集要義論ともいう。

【内容】一巻。仏母般若とも称される八千頌般若経0230を解釈するために大域竜の所造になる書。一篇五十六頌よりなっており、十六空、十分別散乱の止遣、遍計、依他、円成の三性の意に達すれば、般若空性の本義に称順する所以を説いている。本頌のような教理教説を内容に盛れるものは、句の制限のために難解のものとなって、一読してどういう意味かわからない。この種の偈頌は、当初から釈論の製作を予想するものであり、本頌のみではその意旨を知ることは不可能である。

【関連典籍】0230・1517
【訳者・訳年代】宋の施護＊。

（笠井　哲）

第26巻　釈経論部　下
毘曇部　一

1519 **妙法蓮華経憂波提舎**（みょうほうれんげきょううぱだいしゃ）

妙法蓮華経論、法華経論、法華論ともいう。

【成立】五世紀頃。著者は世親（ヴァスバンドゥ）。

【内容】二巻。法華経を注釈した現存唯一のインドの論書。法華経を全体にわたって注釈するのではなく、序品、方便品、および譬喩品だけを取りあげ略釈する。序品については、七種の功徳（序分・衆・如来欲説法時至・所依説法随順威儀住・依止説因・大衆現前欲聞法・文殊師利菩薩答）が成就していることを論じる。方便品については、経文の「甚深」という語の解釈に関連して五種の示現を説く。譬喩品については、法華経に現れる多くの譬喩のうち火宅喩や窮子喩など代表的なものを七種（法華七喩）選び、それらは七種の煩悩具足の衆生を対象に説かれ、七種の増上慢心を対治するものであると論じる。他に三種の平等、六処の授記、十種の無上義などが説明される。法華経の経文を如来蔵・仏性の思想によって解釈する点も本書の特色である。

【関連典籍】0262・1520・1818

【後世への影響】隋唐代の法華経研究に大きな影響を及ぼした。隋の天台宗の智顗はしばしば本書の内容に言及し、三論宗の吉蔵は法華論疏1818を著した。また唐の法相宗の窺基は本論に全面的に準拠して法華経を解釈した。

【訳者・訳年代】北魏の菩提留支＊。

【参考文献】新大・釈経論部十四。

（山野俊郎）

1520 **妙法蓮華経論優波提舎**（みょうほうれんげきょうろんうぱだいしゃ）

妙法蓮華経論、法華経論、法華論ともいう。

【成立】五世紀頃。著者は世親（ヴァスバンドゥ）。

【内容】一巻。妙法蓮華経憂波提舎1519は最初に五言四句三行半の帰敬偈を置くが、本書はこの偈を欠く。他はこれとほとんど同じ内容である。

【関連典籍】0262・1519・1818

【後世への影響】隋唐代の天台宗の智顗、三論宗の吉蔵、あるいは法相宗の窺基などの法華経解釈に大きな影響を及ぼした。

【訳者・訳年代】北魏の勒那摩提等。

【参考文献】新大・釈経論部十四。

（山野俊郎）

1521 **十住毘婆沙論**（じゅうじゅうびばしゃろん）

十住毘婆沙、十住論ともいう。

【成立】二〜三世紀。著者は竜樹（ナーガールジュナ）と伝えられる。

【内容】十七巻。三十五品よりなる。菩薩の修行階位である十住（十地）のうち、最初の初地（初歓喜地）と第二地（離垢地）を詳釈したもの。十住毘婆沙という題名について、「毘婆沙」とはサンスクリット語vibhāṣāの音写で広説、広解、勝説などと訳し主として律や論書の注釈書をいう。（1）序品第一は本書全体の総論であり、（2）入初地品第二から略行品第二十七までは初歓喜地を詳説し、次の（3）分別二地業道品第二十八から最後の戒報品第三十五までは第二離垢地を解説する。このうち、（2）の初地二十六品の中で、第二〜四品では初歓喜地の意義や初歓喜地に入った菩薩の特質などを明かす。第五〜二十七品では、菩提心、不退転（阿惟越致）、不退転に至る易行道、布施・持戒等の六波羅蜜、あるいは念仏（見仏）など、初歓喜地を成就するための菩薩の修行が広説される。（3）では、第二離垢地に関する行法として十方便心、十善業道の実践と果報、十二頭陀行、持戒の実践と果報などを解説する。本書には十地経の他に初期の大乗経典からの引用が多く見られるが、とくに大宝積経0310（43）普明菩薩会、同（19）郁伽長者会、般舟三昧経0417・0418、宝月童子問法経0437などが依用されている。

【関連典籍】十住経0286、大方広仏華厳経0278 0279十地品。

【後世への影響】本書の三十五品のうち、(9)易行品は中国・日本の浄土教思想の形成に大きな影響を与えた。日本では、浄土真宗の祖親鸞は本書を正依の聖教と定め、とくに易行品をしばしば依用した。後世浄土真宗の学匠たちによって易行品の注釈書が数多く著された。

【訳者・訳年代】鳩摩羅什＊。法蔵の華厳経伝記2073によれば仏陀耶舎＊が口誦し鳩摩羅什と共訳したものという。

【参考文献】訳一・釈経論部七。新大・釈経論部十二・十三。


(山野俊郎)

1522 **十地経論**（じゅうじきょうろん）

十地論ともいう。

【成立】五世紀頃。著者は世親（ヴァスバンドゥ）。

【内容】十二巻。十地経（華厳経0278・0279十地品）を注釈したもの。「経曰」として十地経の本文を掲げつつ、「論曰」として文意を述べ逐次に注釈を施しており、(1)歓喜地・(2)離垢地・(3)明地・(4)焔地・(5)難勝地・(6)現前地・(7)遠行地・(8)不動地・(9)善慧地・(10)法雲地、の菩薩の階位としての十地の意義が詳しく解釈される。全十二巻のうち、第一～三巻では(1)歓喜地について論じており、これを序分・三昧分・加分・起分・本分・請分・説分・校量勝分に八分する。この中、説分では「歓喜」の意味について心と体と根に喜びを生ずると解釈し、九種の歓喜を挙げて説明する。また校量勝分では、歓喜地に入った大乗の菩薩にそなわる願と行と功徳が、声聞・縁覚の二乗（小乗）に比較してより勝れたものであることを明かす。第四巻は(2)離垢地について、離垢とは清浄戒によって煩悩の穢垢を離れるという意味であり、十悪業を行わず、十善業を修して衆生を利益することが説かれる。第五巻では(3)明地を、第六巻では(4)焔地を、そして第七巻では(5)難勝地を解釈する。次いで第八巻の(6)現前地の説明では、これが万法の縁起を観察して無分別智を現前せしめ、有無への執われを離れる位であると明かす。第九～十一巻ではそれぞれ(7)遠行地、(8)不動地、(9)善慧地を説き、そして第十二巻では一切の修行階位の終極である(10)法雲地について解釈していく。

【関連典籍】大方広仏華厳経0278 0279十地品、十地義記2758、十地論義疏2799。サンスクリット原典＝Daśabhūmi-vyākhyāma（蔵伝）、チベット訳＝Ḥphags-pa sa bcu-paḥi rnam-par-bśad-pa。

【後世への影響】訳出されて後、中国では本書の研究が盛んとなり、六世紀の頃には地論宗という学派が成立した。地論宗の興隆が後の華厳宗成立の先駆となった。

【訳者・訳年代】北魏の菩提流支＊等。

【参考文献】訳一・釈経論部六。新大・釈経論部十六、十七。


(山野俊郎)

1523 **大宝積経論**（だいほうしゃくきょうろん）

大乗宝積経論、宝積経論ともいう。

【成立】著者については漢訳では不明となっているが、チベット訳では安慧（スティラマティ）と伝える。

【内容】四巻。大宝積経0310百二十巻の中の(43)普明菩薩会のみを注解したもの。大宝積経百二十巻は四十九篇の雑多な経典を集録するが、そのうち普明菩薩会は単一で古来大宝積経と呼ばれてきた。同会の経文を掲げながら問答体をもって詳しく解説している。第一巻から第二巻にかけて菩薩の智慧、菩提心、善法、直心など二十種の四法に関する解釈が説かれる。第二巻では他に菩薩の三十二種の名義、無量の福徳、中道正観などの意義が明かされる。第三巻では菩薩と声聞の比較、菩薩の畢竟智の薬、心相の理解などについて述べ、そして第四巻では菩薩の内観、出家人の二種の不浄心ないし二種の病、四種の沙門、および四種の破戒比丘などについて解説する。

【関連典籍】大宝積経0310(43)普明菩薩会。サンスクリット原典、チベット訳もある。

【訳者・訳年代】北魏の菩提流支＊。

【参考文献】新大・釈経論部十七。

（山野俊郎）

1524 **無量寿経優波提舎**（むりょうじゅきょううぱだいしゃ）

無量寿経優波提舎経論、無量寿経優波提舎願生偈、無量寿経論、浄土往生論、浄土論、往生論、願生偈ともいう。

【成立】五世紀頃。著者は世親（ヴァスバンドゥ）。

【内容】一巻。大乗菩薩道としての浄土往生の行を説く。二十四行の偈頌と、偈頌の内容を解釈する長行（散文）の部分とからなる。偈頌では最初に、「世尊、我れ一心に尽十方無礙光如来に帰命し、安楽国に生まれんと願う」といって願生の志願を明らかにし、次いで浄土・阿弥陀仏・菩薩の荘厳功徳を讃え、「願わくは弥陀仏を見たてまつり、普く諸の衆生と共に安楽国に往生せん」と結んでいる。長行の部分では、礼拝・讃歎・作願・観察・廻向の五念門と近門・大会衆門・宅門・屋門・園林遊戯地門の五果門を説く。五念門とは浄土に往生し阿弥陀仏を観見するための方法であり、五念門を修習することによって五果門の功徳を次第に達成し、自利利他の行を満足してさとりを成就するという。五念門の中、大部分は観察門の説明であり、観察の対象としての浄土・阿弥陀仏・菩薩に備わる荘厳功徳を分類して解説する。

【関連典籍】0360・1819

【後世への影響】中国と日本の浄土教にきわめて大きな影響を及ぼした。中国では北魏の曇鸞が本書の注釈書である浄土論註（無量寿経優婆提舎願生偈註）1819を著したが、親鸞の教行信証2646には浄土論註からの引用が数多く見られる。また法然は浄土三部経の他にとくに本書をとりあげ、浄土教所依の論書として重視した。

【訳者・訳年代】北魏の菩提流支＊（AD529）。

【参考文献】新大・釈経論部十四。

（山野俊郎）

1525 **弥勒菩薩所問経論**（みろくぼさつしょもんぎょうろん）

釈弥勒所問経、弥勒問経論ともいう。

【成立】五世紀以後。著者は不明であるが本書の第一巻に「尊者婆藪槃豆説」として引用されているので、世親（ヴァスバンドゥ）以後の成立と考えられる。

【内容】九巻。大宝積経0310(41)弥勒菩薩問八法会の注釈書。この会において菩薩の不退転の法として説かれる深心、行心、捨心、善知廻向方便心、大慈心、大悲心、善知方便、般若波羅蜜の八法を中心に、問答体をもって詳細に解明している。第一巻では冒頭に弥勒菩薩問八法会の全文を掲げ、次いでこの経典が説かれた理由を説明し、菩薩が二乗や外道よりはるかに優れることを示す。第二巻では不退転の意義を明かし、第三巻以降では八法の一一について解説する。本書には大宝積経(43)普明菩薩会、般若波羅蜜経、十地経、婆藪槃豆（世親）説、龍樹の菩薩集菩提功徳論、城喩経、無尽意菩薩経、法印経、文殊師利問菩提経、伽耶山頂経、娑伽羅竜王所問経、宝女経、智印三昧経、毘摩羅吉利致所説経、無垢徳女所説経、清浄毘尼経、金剛密迹経、塩喩経など多くの経典が引用されるが、このうち十地経、無尽意菩薩経および文殊師利問菩提経からの引用がとくに目立っている。

【関連典籍】大宝積経0310(41)弥勒菩薩問八法会

【訳者・訳年代】北魏の菩提流支＊。

【参考文献】訳一・釈経論部八。

（山野俊郎）

1526 **宝髻経四法憂波提舎**（ほうけいきょうしほううぱだいしゃ）

宝髻菩薩四法経論、宝髻経論ともいう。

【成立】五世紀頃。世親（ヴァスバンドゥ）。

【内容】一巻。大宝積経0310(47)宝髻菩薩会には布施波羅蜜の修学に関連して、衆生を満足させるために、仏法を護持するために、三十二相八十種好を具備するために、および仏土を浄めるために菩薩は精進すべきであると説かれるが、本書はこの四種の精進について詳しく論じたものである。
【関連典籍】大宝積経0310(47)
【訳者・訳年代】東魏の毘目智仙＊(AD541)。
【参考文献】訳一・釈経論部八。

(山野俊郎)

1527 **涅槃論**(ねはんろん)

大般涅槃経論ともいう。

【成立】著者は世親(ヴァスバンドゥ)と伝えられるが、中国で著されたとする説もある。

【内容】一巻。大般涅槃経0374 0375第三巻に見える迦葉菩薩の問偈を解釈することを通して涅槃経の要点を示そうとしたもの。問偈に述べる半字・満字の解釈に関連して教判学説が論議されており、これが本書の中国撰述説の根拠ともなっている。なお、本書の冒頭部には、涅槃経全体を七段落に区分する、いわゆる婆藪(世親)の七分説が説かれている。

【関連典籍】0374・0375
【訳者・訳年代】北魏の達磨菩提の訳と伝えられる。

【参考文献】訳一・釈経論部八。


(山野俊郎)

1528 **涅槃経本有今無偈論**(ねはんぎょうほんうこんむげろん)

本有今無偈論ともいう。

【成立】五世紀頃。著者は世親(ヴァスバンドゥ)と伝えられる。

【内容】一巻。大涅槃経0374 0375に見られる「本有今無　本無今有　三世有法　無有是処」という偈の解釈を通して、涅槃、仏性、如来常住などの問題を論じている。

【関連典籍】0374・0375
【訳者・訳年代】陳の真諦＊(AD550)。

【参考文献】訳一・釈経論部八。


(山野俊郎)

1529 **遺教経論**(ゆいきょうぎょうろん)

遺教論ともいう。

【成立】五世紀頃、世親(ヴァスバンドゥ)が著したと伝えられるが、馬鳴(アシュヴァゴーシャ)の著作とする説や中国で著されたとする説もある。

【内容】一巻。菩薩の修行法に関連して七つの部門を立てて仏垂般涅槃略説教誡経(遺教経)0389を解釈する。七部門とは、(1)序分、(2)修集世間功徳分、(3)成就出世間大人功徳分、(4)顕示畢竟甚深功徳分、(5)顕示入証決定分、(6)分別未入上上証為断疑分、(7)離種種自性清浄無我分である。各部門で「経曰」として遺教経の経文を挙げ、「論曰」としてこれに注釈を加えている。

【関連典籍】0389・1820
【訳者・訳年代】陳の真諦＊。

【参考文献】新大・釈経論部十四。


(山野俊郎)

1530 **仏地経論**(ぶつじきょうろん)

仏地論ともいう。

【成立】六〜七世紀頃。著者は親光(バンドゥプラーバ)。

【内容】七巻。仏地経0680の注釈書で、唯識思想の立場から仏地(仏果)について解明したもの。経文を掲げながら逐語的に注釈している。経文の解釈に入るに先だって、初めに仏地経全体を教起因縁分、聖教所説分、および依教奉行分の三段に区分する説を述べており、これは中国仏教で発達した序文・正宗分・流通分の三分の科文に相当するものとして注目される。〈第一巻〉では仏の所居である浄土について十八種の事柄をあげて解説する。〈第二巻〉では仏の功徳が円満なることを二十一種殊勝功徳をもって明かす。このうち無尽究竟殊勝功徳の解釈において五姓各別の説をあげ、他経が説く悉有仏性・皆当作仏の教説は方便説であると主張する。また、大乗に趣向する廻向菩提の声聞について述べ、菩薩については十地の行との関連で解釈している。〈第三巻〉では、まず大円鏡智・平等性智・妙観察智・成所作智の四智と清浄法界の五種の法に大覚地（仏地）を摂することを論ずる。次いで清浄法界について、これを虚空に譬え、十種の虚空の譬えを通して解明する。〈第四巻〉では十種の虚空譬のうち後の七譬を解説する。次に大円鏡智について九種の勝相をあげて解釈する。〈第五巻〉では九種勝相のうち後の三相を解説し、次いで平等性智については十種平等相、また妙観察智については十種因相をあげてそれぞれ解釈する。〈第六巻〉では妙観察智の後の六相を説き、次に成所作智について解釈する。また四智の受用に関して和合一味事智をとりあげ論ずる。〈第七巻〉では経末に載せられる四句の頌を解釈する。清浄法界と四智の五法について再説し、また真如、二障、三身説などについて論じている。

【関連典籍】0680

【訳者・訳年代】唐の玄奘＊（AD649）。

【参考文献】新大・釈経論部十五。

（山野俊郎）

1531 **文殊師利菩薩問菩提経論**（もんじゅしりぼさつもんぼだいきょうろん）

文殊師利問菩提心経論、伽耶頂経論、伽耶山頂経論ともいう。

【成立】五世紀頃。著者は世親（ヴァスバンドゥ）。

【内容】二巻。文殊師利問菩提経は菩薩が修学すべき菩提心、智慧、慈悲、階位、あるいは修行道などの徳目を説くが、同経の注釈書である本書ではそれらの徳目をさらに詳細に組織立てて解説している。

【関連典籍】0465。サンスクリット原典、チベット訳もある。

【訳者・訳年代】北魏の菩提流支＊（AD535）。

（山野俊郎）

1532 **勝思惟梵天所問経論**（しょうしゆいぼんてんしょもんぎょうろん）

勝思惟梵天経論、勝思惟問経論ともいう。

【成立】五世紀頃。著者は世親（ヴァスバンドゥ）。

【内容】四巻。勝思惟梵天所問経0587の注釈書。同経の文章を掲げて逐次に注釈するが、六巻中の第二巻末までの注釈で終わり、後を欠いている。唯識思想にもとづく解釈が本書の特色である。

【関連典籍】0587

【訳者・訳年代】北魏の菩提流支＊（AD531）。

（山野俊郎）

1533 **転法輪経憂波提舎**（てんぼうりんぎょううぱだいしゃ）

転法輪経論ともいう。

【成立】五世紀頃。著者は世親（ヴァスバンドゥ）。

【内容】一巻。阿含部の転法輪経の注釈書。釈尊のいわゆる初転法論に関連して、(1)転法論が為された理由、(2)修多羅（経）と称する理由、(3)世尊と称する理由、(4)王舎城の耆闍崛山において二種住持（衆生住持と法住持）が説かれた理由、(5)如来と称する理由、(6)法輪と称する理由、(7)三転十二行相の意義、(8)転の意義、(9)住持の意義、(10)初転法輪の場所として波羅奈の鹿野苑が選ばれた理由、(11)初転法輪の初坐の場所、(12)初転法輪を聞いて捨悪行善を修するに至った者の人数、(13)二種住持の意義、につき解説している。

【訳者・訳年代】東魏の毘目智仙＊（AD541）。

【参考文献】訳一・釈経論部八。

（山野俊郎）

1534 **三具足経憂波提舎**（さんぐそくきょううぱだいしゃ）

三具足経論ともいう。

【成立】五世紀頃、世親（ヴァスバンドゥ）が著したと伝える。

【内容】一巻。菩薩が修学すべき施・戒・聞の三種の行について詳説する。これに関連して、(1)世尊がこの経を説いた理由、(2)世尊と称する理由、(3)世尊がこの経の説所として毘舎離の大林精舎を選んだ理由、(4)

三種の行を具足すべき理由、(5)菩薩の種姓、(6)具足の意義、(7)施の意義、(8)施の種類、(9)戒の意義、(10)戒の種類、(11)聞の意義、(12)三種の行を具足することの意義、(13)三種の行について初施・中戒・後聞の次第で修学すべき理由、などの項目を立てて解説している。なお、三具足経という経典は現在の大蔵経の中には見出せない。

【訳者・訳年代】東魏の毘目智仙＊(AD541)。

【参考文献】訳一・釈経論部八。

(山野俊郎)

1535 **大乗四法経釈**(だいじょうしほうきょうしゃく)

【成立】不明。

【内容】一巻。菩薩の修行すべき四種の法を説く大乗四法経0772の注釈書。最初にこの経が大乗の勝義皆空宗、唯識中観宗、法性円融宗のうち唯識中観宗の教に属し、また素怛攬蔵(経蔵)・毘奈耶蔵(律蔵)・阿毘達磨蔵(論蔵)の三蔵の中で菩薩の素怛攬蔵と阿毘達磨蔵に帰属することを論ず。次いで経題の大・乗・四・法・経の五字について解釈して本書は終っている。本書はこの経の本文を注釈する大乗四法経論広釈開決記2785と併せて一書となるべきものと思われる。

【関連典籍】0772・2784・2785

(山野俊郎)

1536 **阿毘達磨集異門足論**(あびだつましゅういもんそくろん)

集異門足論ともいう。

【成立】著者は漢訳の伝承では尊者舎利子(舎利弗＝シャーリプトラ)、インド・チベットの伝承ではマハーカウシュティラ。しかし舎利弗という仏弟子の著作とはとうてい考えられず、あくまで伝承であろう。経より論へと展開する最初期のもので、その原型は南北両伝に分かれる以前に成立したであろうが、この漢訳の原典は紀元前二世紀頃、説一切有部が成立したごく初期の成立と思われる。ただ、現存漢訳には後世の付加・増広がかなりなされているようである。

【内容】二十巻。説一切有部六足論の一つで、長阿含経0001第九経「衆集経」の注釈論文の形態をとり、同経と同様に尊者舎利弗が仏陀の代わりに説いたという形式である。諸法の数を加上した法分類の仕方で編集され、教法をまとめて解説したもので、一法品から十法品という章分けになっている。心不相応行や無表色など説一切有部独自の思想を述べる最初期の論書である。

【関連典籍】本論に先行する経典として、右記衆集経のほか、大集法門経0012がある。対応する南伝論書＝Dhammasaṅgaṇī。本論の梵本断簡が中央アジアで発見され、刊行された(V. S. Rosen : Das Saṅgītisūtra und sein Kommentar Saṅgītiparyāya, Berlin, 1968)。

【後世への影響】初期の説一切有部思想を伝える重要な論書であり、説一切有部思想史上、後の時代に大きな影響を与えている。

【訳者・訳年代】唐の玄奘＊(AD660～663)。

【参考文献】訳一・毘曇部一～二。田中教照『初期仏教の修行道論』山喜房、一九九三年。

(吉元信行)

1537 **阿毘達磨法蘊足論**(あびだつまほううんそくろん)

法蘊足論ともいう。

【成立】漢訳では仏弟子大目乾連(マハー・マウドガルヤーヤナ)、インド・チベットでは仏弟子舎利弗(シャーリプトラ)の著作と伝えられるが、もちろん伝承にすぎない。説一切有部最初期の論書であり、その原型はアショーカ王の伝道使派遣(紀元前三世紀)以前に遡りうる。集異門足論1536と前後関係が論議されているが、原型は本論書の方が古いと思われる。現存の漢訳の原典は、原型よりは相当付加・増広・改変がなされており、説一切有部思想の確立した紀元前後であろう。

【内容】三巻。全編二一章よりなり、前一五章は主に修行道を解説し、世界宇宙の構成要素、煩悩に関する原理的説明、修道の理論的解説を示す。処・蘊・界という諸法の配列順序は本論書の成立の古さを示し、三十七道品の修道の配列も初めて解説され、本論書独自の形態をとっている。最後の第二一章縁起品では、十二縁起説を胎生学的縁起観をもとに三世を実践的に解釈する点は思想史的に注目される。

【関連典籍】教説上、パーリ七論中のVibhaṅgaおよび舎利弗阿毘曇論1548に類似する。本論書の原典として、かなりの梵文写本断簡が発見され報告されている（『梵語仏典の研究Ⅲ論書編』五九～六〇頁参照）。

【後世への影響】説一切有部論書の中で最も古い論書として、後の説一切有部思想に与えた影響は計り知れないものがあろう。中央アジア方面でも梵文断簡が発見され、広く流布していたことを示す。

【訳者・訳年代】唐の玄奘＊（AD669）。

【参考文献】訳一・毘曇部三。田中教照『初期仏教の修行道論』山喜房、一九九三年。

（吉元信行）

1538 **施設論**（せせつろん）

【成立】漢訳の伝承では、大迦多衍那（マハー・カートヤーヤナ）、インド・チベットの伝承では聖目乾連（マハー・マウドガルヤーヤナ）の著作と伝えられるが、説一切有部の根本六足論の一つであったいわゆる『阿毘達磨施設足論』（梵本、漢訳は現存せず、チベット訳のみ現存）の一部である。内容的に見ると、集異門足論1536や法蘊足論1537の成立後に、説一切有部の教義の確立する頃の成立であろう。

【内容】七巻。本来の施設足論は、漢訳には現存せず、チベット訳に完本が伝えられ、その内容は(1)世間施設（Loka-prajñapti）、(2)因施設（Kāraṇa - prajñapti）、(3)業施設（Karma-prajñapti）の三篇に分かれるうち、この漢訳は(2)因施設の訳である。世間の組織や一般の物事の成立の原因を解明するのに、論議問答の形式をとり、理由根拠の解明を示す基本的理論の解説書である。

【関連典籍】チベット訳世間施設（Otani. 5587）、仏説立世阿毘曇論1644、大楼炭経0023およびその異訳参照。南伝Puggalapaññattiも内容的に関連する。本漢訳に相当する梵本は発見されていないが、世間施設に関してはかなりの梵文断簡がわが国の諸寺院に分かれて保存されていることが発見され報告されている（松田和信「梵文断片Loka-prajñaptiについて」仏教学一四参照）。

【後世への影響】本論には業因業果、因果応報の説が示されるのは注目される。倶舎論1558等にかなりの影響を与えている。

【訳者・訳年代】宋の法護＊（前三巻）と惟浄（後四巻）（AD1030頃）。

【参考文献】訳一・毘曇部四。木村泰賢「施設足論の考証」『阿毘達磨論の研究』所収。

（吉元信行）

1539 **阿毘達磨識身足論**（あびだつましきしんそくろん）

識身足論、識身論ともいう。

【成立】仏滅後一〇〇年に尊者提婆設摩（デーヴァシャルマン＝天寂）の著述と伝承されるが、内容的に見ると、集異門足論1536や法蘊足論1537の成立後に、説一切有部の教義の確立する頃の成立であろう。

【内容】十六巻。説一切有部の根本六足論の一つで、眼・耳・鼻・舌・身・意の六識身を中心とする心識論についての解説。全体は、(1)目乾連蘊、(2)補特伽羅蘊、(3)因縁蘊、(4)所縁縁蘊、(5)雑蘊、(6)成就蘊の六章よりなる。六足論の中で、本論書において、初めて過去未来無体・現在有体という説を排斥し、説一切有部の根本教説である三世実有・法体恒有の思想の萌芽的論証がなされる。四縁（因縁、等無間縁、所縁縁、増上縁）、諸法の体と用のはたらき、因縁果論の重要性を説くことも注目される。事物の理由根拠を究明する思索的態度は六足論中最も顕著である。

【関連典籍】他の六足論。

【後世への影響】三世実有を、(1)仏説による、(2)二縁生、(3)識有境、(4)業有果という四つの道理を根拠にあげて論証する方法論は後世のアビダルマ学の実有的論証の展開に多大な影響を及ぼしたと見られる。第二補特伽羅蘊で、法の自性を認めながら我執を明確に否定した本論は倶舎論1558「破我品」の先駆的な役割を果たしている。

【訳者・訳年代】唐の玄奘＊（AD649）。

【参考文献】訳一・毘曇部四。

（吉元信行）

1540 **阿毘達磨界身足論**（あびだつまかいしんそくろん）

界身足論、界身論ともいう。

【成立】説一切有部六足論の一つで、漢訳では尊者世友（ヴァスミトラ）、インド・チベットの伝承では、プールナの著作であるとされる。しかし、実際は、その原典は紀元前一世紀頃、説一切有部の学匠たちが教会的に編集したもので、年代的には、品類足論1542より少し前で、集異門足論1536などの諸足論より後の成立であろう。伝えるところでは、玄奘が漢訳するとき、梵本が相当長大で、煩雑にして重複が多かったので、翻訳の段階で要約を行い、現漢訳にまとめあげたという。

【内容】三巻。本事品と分別品の前後二段に分かれる。前段は、九一の心・心所の聚に関する定義的解説であり、後段は、それらの五受門、六識身、無慚・無愧との各相応・不相応を分別し、ついで、それらの相応と他の不相応、および逆に他の相応と一つの不相応といったいくつかの組み合わせを作り、さらにその一一に関する分別検討を行ったものである。

【後世への影響】心所の分類における十大地法、十大煩悩地法、十小煩悩地法の分類は本論書が初めてであり、説一切有部教学史上注目される。また、文学的形式として、定義的解説と諸関係論の二段組織は本論の基本的論式で、後世への影響は大である。

【訳者・訳年代】唐の玄奘＊（AD663）。

【参考文献】訳一・毘曇部四。

（吉元信行）

1541 **衆事分阿毘曇論**（しゅじぶんあびどんろん）

衆事毘曇、衆事分阿毘曇ともいう。

【成立】世友（ヴァスミトラ）の著作と伝えられるが、界身足論1540を増広解説し、法蘊足論1537を収めているから、説一切有部六足論の中でも後期の成立である。紀元前一世紀頃、説一切有部の学匠たちによって教会的にまとめられたのであろう。

【内容】十二巻。品類足論1542の旧訳である。ただし、上記新訳は十二処の諸門分別で三三門を建てているが、本論は三二であり、また、四地法のうち大善地法がなかったり、法数の数え方などでかなり相違がある。

【関連典籍】1542

【後世への影響】新訳ができたので、本論はあまり研究されることはなかった。

【訳者・訳年代】劉宋の求那跋陀羅＊と菩提耶舎。

（吉元信行）

1542 **阿毘達磨品類足論**（あびだつまほんるいそくろん）

品類足論、品類論ともいう。

【成立】世友（ヴァスミトラ）の著作と伝えられるが、界身足論1540を増広解説し、法蘊足論1537を収めているから、説一切有部六足論の中でも後期の成立である。紀元前一世紀頃、説一切有部の学匠たちによって教会的にまとめられたのであろう。衆事分阿毘曇論1541の新訳である。

【内容】一八巻。本論は、問答形式で記述され、諸法を色・心・心所・心不相応行・無為の五位の法体系として初めて明確に提唱した説一切有部の基本的論書である。全編八章からなり、(1)弁五事品（五位の分別）、(2)弁諸智品（心所法中の智の解説）、(3)弁諸処品（十二処の解説）、(4)弁七事品（五蘊～十小煩悩地法までの七事の解説）、(5)弁随眠品（九十八煩悩の解説）、(6)弁摂等品（多数の法の注釈）、(7)弁千問品（諸法の分別）、(8)弁決択品（諸法と蘊処界の包摂関係の解説）となる。とくに、第四章では、界身足論の心所中、十大善地法の増補、諸法の分析にあたっているところは注目される。

【関連典籍】旧訳＝衆事分阿毘曇論1541。第一章「弁五事品」のみに相当する漢訳に、阿毘曇五法行経1557、薩婆多宗五事論1556があり、このほかにも同様の一部の訳があったと伝えられるが、それらは現存しない。また、法救によると伝えられる注釈書・五事毘婆沙論1555がある。梵本は現存しないが、Abhidharma-prakaraṇapāda-śāstra と還元される。

【後世への影響】本論の新たな思弁的発展は、五位説、十智、諸門分別、九十八随眠等の考察に見える。

【訳者・訳年代】唐の玄奘＊（AD680）。

【参考文献】訳一・毘曇部五。今西順吉「品類足類の成立試論（一）（二）」『三蔵集』三輯所収。

（吉元信行）

1543 **阿毘曇八犍度論**（あびどんはっけんどろん）

阿毘曇経八犍度論、迦旃延阿毘曇ともいう。

【成立】1544の異訳なので、その項参照。

【内容】三〇巻。発智論1544が婆沙論1545および解章の義を頌文にてあげるのに対して、本論では全部散文の問題提起の形で一一これを詳しくあげる。分量が発智論が二〇巻であるのに対して、本論は三〇巻であるが、内容はまったく同じであるといってよい。

【関連典籍】1544の項参照。

【訳者・訳年代】東晋の僧伽提婆＊と竺仏念＊（AD383）。

【参考文献】訳一・毘曇部十七〜十八。

（吉元信行）

1544 **阿毘達磨発智論**（あびだつまほっちろん）

発智論ともいう。

【内容】紀元前二世紀頃、説一切有部の論師迦多衍尼子（カートヤーヤニープトラ）が著した。他の六足論をふまえて述作されたようであり、いわゆる六足発智の中では比較的新しい成立である。

【内容】二〇巻。説一切有部の根本論書である七論を「六足発智」と略称するが、他の六論が説一切有部の教理の各論として「足論」であるのに対して、本論はその教理を集大成した「身論」といわれ、重要視される。全体は八編四四章によって構成される。第一雑蘊は修道論の解説で、解脱志向の修行目的を明かす。第二結蘊は煩悩の考察、第三智蘊は、煩悩を滅する因について、第四業蘊は、業によって成り立つ現実界の有り様、第五四大種蘊は、業のはたらき、第六根蘊は、人間の構成要素、第七定蘊は、智を体得するための禅定、第八見蘊は、外道の邪見の破斥を主題とする。

【関連典籍】1543は異訳。本論の敷衍注釈に相当するものとして1545がある。

【後世への影響】従来のアビダルマ論書には見られない説一切有部独自の新説である六因説や十二縁起の胎生学的解釈などの新思想が初めて説かれる。本論の注釈的位置を占める婆沙論1545ではこの六因説の解釈を継承して、詳しい因果論を展開し、さらに後の倶舎論1558などに大きな思想的影響を与えた。

【訳者・訳年代】唐の玄奘＊（AD657〜660）。

【参考文献】本論には当然国訳があるはずであるが、本論のほとんどの部分は婆沙論に引用されているので国訳がなされず、国訳はこの異訳である八犍度論（訳一・毘曇部十七〜十八）のものがある。

（吉元信行）

第27巻　毘曇部　二

1545 阿毘達磨大毘婆沙論（あびだつまだいびばしゃろん）

説一切有部発智大毘婆沙論、大毘婆沙論、婆沙論ともいう。

【成立】六足発智の各論が成立して以降、紀元前後から二～三世紀にかけて、説一切有部内部にはこれらの論書の注釈的研究が起こった。それら注釈家たちを毘婆沙師（Vaibhāṣika）と呼び、二〇〇年以上にわたるこれら注釈家たちのアビダルマ研究の集大成が本論書として結実した。これは、発智論を注釈するという形で、説一切有部の教学を新しく発展させたものである。伝承によれば、仏滅後四〇〇年、カシミールにカニシカ王が五〇〇人の阿羅漢を集めて三蔵を結集した（第四結集）が、そのときの論蔵がこの論書であるという。カニシカ王は二世紀の人であるが、カニシカ王のことが引用されているから、今に残る論としての形にまとめられたのは三世紀頃であろう。いずれにせよ、紀元前後から三世紀にかけて、種々の毘婆沙師によって著されたものが三世紀頃にまとめられたと理解できる。竜樹（ナーガールジュナ）以前であることも明かである。

【内容】二百巻。本論書で注釈されたもとの論書である発智論1544の八編四四章の名目に応じて広釈し、説一切有部の教学を集大成した百科全書的膨大な論書。本論編述の主旨、目的、動機については、破邪的、顕正的、向下的態度が明示される。内容面では、五位七十五法の分類的考察から、六因四縁、三世実有、十二縁起の解釈、煩悩の分類、四諦・十六行相などに至るカシミールの正統有部の法体系の研究と綱要が種々の異執・異説の検討とともに網羅される。本論書は発智論の広釈ではあるが、内容上、発智論にはまだみられない幾多の問題、あるいは、従来の有部では問題にされなかった教義（極微論など）が論及されるなど、有部思想発達史上、一大躍進をなしている。その内容の論究に際しては、正統派のカシミール系有部の説だけではなく、西方師、健駄羅（ガンダーラ）師、外国師等の有部内部の異説も網羅し、また、従来本論書の編纂に携わったとされる法救（ダルマトラータ）、妙音（ゴーシャ）、覚天（ブッダデーヴァ）、世友（ヴァスミトラ）の有部四大論師の説すら批判の対象とし、正統説を阿毘達磨論師、如是説者、如実義者と自称して、教義的統一を図っている。さらに、数論（サーンキヤ学派）、勝論（ヴァイシェーシカ学派）等の外教、分別論者や大衆部等の仏教内部の他部派、あるいは、譬喩師等の有部内部の異端派などに対しても厳しい批判の矛先を向けている。本論書には、阿含経以下多数の経典を引用し、論書としては、施設論1538一〇二回、品類足論1542七七回、その他多数の論書を引用し、論師・部派については、世友一八二回、妙音一五八回、譬喩者八六回、分別論者五〇回、犢子部一二回、大衆部一〇回などが多い方である。内容構成については、発智論に準じて八編四一章よりなっている。

【関連典籍】本論として発智論1544。阿毘曇毘婆沙論1546は異訳。中国では多数の注釈が作られた。梵文断簡も発見されている（榎本文雄「『婆沙論』の梵文写本断片」印度学仏教学研究42-1参照）。

【後世への影響】本論書の編纂は、部派仏教の他部派だけではなく、大乗仏教、ことに瑜伽行唯識学派に大きな影響を与えている。ただ、本論書はあまりに広瀚であったため、カシミール系の有部ではこれに対する抄訳を作る傾向が生じ、いくつかの抄訳書が作られたが、その代表的なものとして、鞞婆沙論1547がある。これに対して、ガンダーラ系の有部では、教理の綱要書を作る傾向があり、阿毘曇心論1550、雑阿毘曇心論1552、倶舎論1558等が作成されるに至った。中国にあっては、一度北涼の時代に伝訳されたが、兵火に一部を失ったので、玄奘が再び訳出した。

【訳者・訳年代】唐の玄奘＊（AD656～659）。

【参考文献】訳一・毘曇部七～十七。渡辺楳雄『有部阿毘達磨論の研究』一九五四年。福原亮厳『有部阿毘達磨論の発達』永田文昌堂・一九六五年（本書付録に婆沙論条目一覧あり）。

（吉元信行）

第28巻　毘曇部　三

1546 **阿毘曇毘婆沙論**（あびどんびばしゃろん）

毘婆沙論、旧婆沙ともいう。

【成立】迦旃延子（迦多衍尼子）造、五百羅漢釈と伝えられる。迦旃延子は発智論1544の著者であるから、五百羅漢たちが発智論を注釈したという意味であろう。紀元前後から三世紀にかけて、種々の毘婆沙師（五百羅漢）によって著されたものが三世紀頃にまとめられたと理解できる。竜樹（ナーガールジュナ）以前であることも明らかである。

【内容】もともと一〇〇巻のものであったが、兵火に焼かれ、初めの六〇巻（発智論の前三編の注釈部分）のみが現存する。これは大毘婆沙論1545の初めの一一一巻に相当する。

【関連典籍】【後世への影響】1545の項参照。

【訳者・訳年代】北涼の浮陀跋摩・道泰＊等（AD437）。

（吉元信行）

1547 **鞞婆沙論**（びばしゃろん）

【成立】紀元前後から三世紀にかけて、種々の毘婆沙師（五百羅漢）によって著されたものが三世紀頃にまとめられた大毘婆沙論1545の伝統・学流を異にする論書の異訳のごく一部である。伝承によると、本論書の訳者が記憶してカミシールからやってきたが、全体があまりに多かったので、忘れてしまい、ここに残る四二章のみを訳出したという。

【内容】一四巻。本論書の部分は、大毘婆沙論の第二編「結蘊」の第四章「十門納息」におおかた相当するが、かなりの異同はある。

【関連典籍】【後世への影響】1545の項参照。

【訳者・訳年代】符秦の僧伽跋澄（AD383）。

【参考文献】本論書の諸問題については、訳一・毘曇部十八解題八頁参照。

（吉元信行）

1548 **舎利弗阿毘曇論**（しゃりほつあびどんろん）

阿毘曇論、舎利弗阿毘曇、舎利弗毘曇ともいう。

【成立】本論書は、有部、犢子部、大衆部、あるいは上座部にも関連する諸説を含みながら、しかも、随所にそれらの学派と矛盾する内容も説かれており、年代、所属部派の決定に諸説紛々として、確定していない。ただ、近年の研究により、その原型はおそらく部派分裂以前に遡りうると考えられる。そして、その伝播の段階で、南伝上座部の色彩が強く、有部や大衆部その他の影響を受けて、紀元前一〇〇年頃に現存の形態にまとまったのであろう。思想的には、南伝 Vibhaṅga の成立後で、法蘊足論1537成立の前あたりに位置づけられる。

【内容】三十巻。右記のことからもわかるように、内容的には、本論書は南北両アビダルマの橋渡し的役割をしており、両伝の主要な教義が網羅されている。全体は(1)問分(諸法を問答形式で解説)、(2)非問分(解説内容の目次を列挙)、(3)義相応分(蘊・処・界等の諸門によって諸法の分類的考察)、(4)序分(諸法を善悪の因果論的見地より考察)の四編に分かれ、三三章によって構成されている。思想的に注目されるのは次のような諸点である。(1)有部の無表色にあたる概念を「無教色」として説く。(2)五空を説く。(3)心性本浄説の原型が出る。(4)九無為説。(5)南伝の教義が随所に見られる。

【関連典籍】南伝のVibhaṅga, Dhātukathā, 北伝の法蘊足論1537など。

【後世への影響】大智度論1509や法華玄賛1723、三論玄義1852などに本論についての多くの言及があり。

【訳者・訳年代】姚秦の曇摩耶舎・曇摩崛多等(AD414)。

【参考文献】水野弘元「舎利弗阿毘曇論について」『中村博士古稀記念論集』平楽寺書店、一九六六年。訳一・毘曇部十九・二二。

(吉元信行)

1549 **尊婆須蜜菩薩所集論**(そんばすみつぼさつしょしゅうろん)

婆須蜜所集論、婆須蜜経ともいう。

【成立】尊婆須蜜(世友＝ヴァスミトラ、有部四大論師の一人)がこの論を編集した後、僧伽羅刹(サンガラクシャ)と天宮に詣でて会したと伝えられる。僧伽羅刹はカニシカ王の師であったとされるから、この論書はカニシカ王の頃、すなわち、紀元後一世紀頃で、婆沙論1545編纂のやや前の成立ということになる。説一切有部において伝えられた論書である。

【内容】十巻。一四犍度(編)一二三章よりなる。犍度の構成は次のようになる。①聚(相応)②心③三昧④天⑤四大⑥契経⑦更楽(感受)⑧結使(随眠)⑨行⑩智⑪見⑫根⑬一切有⑭偈の各犍度である。この構成は発智論1544以降の有部論書に共通する点が多い。内容的には、本論書の思想的特質を明らかにする次のような諸点が注目される。(1)中陰説、(2)心不明応行中の名・句・文の三身を説く、(3)有教・無教(有表・無表にあたる)を説くなどは有部の思想的特徴といえる。ただ、中般涅槃人は色界に受生後に般涅槃するとか、須陀洹(預流)果に退ありと主張するなど、有部の説に反する叙述もあるなど、思想も断片的で、有部教学として整理されたものではない。重要な教義として、仏身論、菩薩論、心性論が開示され、大乗唯識思想との関連が注目される。

【後世への影響】本論書は、有部の教義を叙述しながらも、有部系教学の外にあって、仏教以外のインド哲学思想、ことにヴェーダーンター哲学の影響下にある仏教徒の作品であると思われる。

【訳者・訳年代】苻秦の僧伽跋澄・瞿曇僧伽提婆・曇摩難提＊(AD384)。

【参考文献】訳一・毘曇部六。春日井真也『インド仏教文化の研究』百華苑、一九七〇年。

(吉元信行)

1550 **阿毘曇心論**(あびどんしんろん)

心論、法勝毘曇ともいう。

【成立】三世紀頃、尊者法勝(ダルマシリ)が説一切有部の婆沙論1545の神髄をまとめて、教科書的に編纂した。

【内容】四巻。全編一〇章二五〇偈よりなり、各偈に簡単な散文説明が付されている。(1)界、(2)行、(3)業、(4)使(煩悩)、(5)賢聖、(6)智、(7)定の七品に、補遺として、(8)契経、(9)雑の二品、付録として、(10)論品が加わったものである。本論に見られる散文の注釈部分を加えた論書形態は新しい画期的なものである。複雑多岐な教義を理路整然としかも各章相互に緊密に組織立てる点で勝れたアビダルマの綱要書と称される。

【関連典籍】1551・1552。道基の『義章』十巻など、いくつかの中国の注釈あり。

【後世への影響】心心所の倶生、極微の倶生などは婆沙論にはなく、本論に初めて解説され、倶舎論1558など後期のアビダルマ論書に継承されたと見られる。

【訳者・訳年代】東晋の僧伽提婆＊・慧遠＊（AD391）。

【参考文献】訳一・毘曇部二一。梵本は現存しないが、漢訳からの英訳研究がある。Charles Willemen: The Essence of Metaphysics Abhidharmahṛdaya.

（吉元信行）

1551 **阿毘曇心論経**（あびどんしんろんぎょう）

【成立】法勝（ダルマシリ）の阿毘曇心論1550を優波扇多（ウパシャーシタ）が釈したもので、四世紀前半の頃の成立であろう。

【内容】六巻。阿毘曇心論1550の注釈書。同論に比べて、世間の生成、業思想の進展が顕著に見られる。

【関連典籍】1550・1552

【後世への影響】1550の項参照。

【訳者・訳年代】北斉の那連提耶舎＊（AD563）。

【参考文献】訳一・毘曇部二一。

（吉元信行）

1552 **雑阿毘曇心論**（ぞうあびどんしんろん）

雑阿毘曇毘婆沙、雑阿毘曇婆沙、雑阿毘曇経、雑心論ともいう。

【成立】尊者法救（ダルマトラータ）造で、四世紀頃の成立である。浩瀚な婆沙論1545の綱要書を法勝（ダルマシリ）が阿毘曇心論1550として述作したが、それが二五〇偈とあまりに簡単すぎたので、法救がさらに三五〇偈を加えて合計六〇〇偈の本論を述作したと伝えられる。

【内容】十一巻。阿毘曇心論1550の全一〇章に択品の一章を加えた一一章よりなり、ここに加えられた択品には世友（ヴァスミトラ）の作用説を正義とする「三世実有説」が解説されて、後期アビダルマ論書の性格をもっている。ただ、ところによって、婆沙論1545とも倶舎論1558とも異なった学説を展開することがあって、注目される。

【関連典籍】1550・1551

【後世への影響】本論はガンダーラ有部において、倶舎論以前には本論が教科書的な役割を果たしていた。法救は世親（ヴァスバンドゥ）と同郷であり、世親の倶舎論の種本となった論書であるとみられる。

【訳者・訳年代】劉宋の僧伽跋摩＊等。

【参考文献】訳一・毘曇部二〇―二一。梵本は未だ発見されていないが、本論の英訳と研究および還元梵文が発表されている。N. Aiyaswami Śastri: Satyasiddhiśāstra of Harivarman, vol. I. (Skr. Text), GOS No. 159; II. (English tr.), GOS No. 165, Oriental Institute, Baroda, 1975.

（吉元信行）

1553 **阿毘曇甘露味論**（あびどんかんろみろん）

【成立】尊者瞿沙（ゴーシャ・妙音）の著述と伝説されるが、その伝説に従うと、四世紀頃の成立ということになる。有部の論書であり、綱要書という性格上、婆沙論1545以後のものであると考えられる。

【内容】二巻。簡単明瞭に要領よく有部の教義を組織解明している。布施・持戒の項目で論を始めており、その説き方は法蘊足論1537によく似ている。綱要書的論書の形態を示す。（1）布施持戒品から（16）雑品までの一六章よりなり、各章は倶舎論1558とよく対応する。

【後世への影響】阿毘曇心論1550とともに倶舎論論述の原型になった論書であると思われる。

【訳者・訳年代】訳者不明。

【参考文献】訳一・論集部二。梵本は発見されていないが還元梵文が刊行されている。Shānti Bhikshu Śāstri: Abhidharmāmṛta of Ghoṣaka, Visva-Bharati Studies No. 17, Visvabharati, Santiniketan, 1953.

（吉元信行）

1554 **入阿毘達磨論**（にゅうあびだつまろん）

【成立】五世紀の頃、世親（ヴァスバンドゥ）の先輩で、衆賢の師とされる説一切有部の塞建陀羅（悟入）によって述作されたとされるが、作者やその名前の原語について、学界では確定を見ていない。

【内容】二巻。全編散文体で、章はなく、五蘊、三無為の八句義によって説一切有部の教義を解説する。八句義による解説は、後の時代に成立した『アビダルマディーパ』を除いて、他の有部系論書には見られない本論特有の説き方であり、注目される。したがって、本論の形態は、倶舎論1558とも異なり、むしろ、阿毘達磨集論1605や月称の『中観五蘊論』（チベット訳のみ現存＝北京版5267）など大乗論書に近似し、思想的背景が注目されている。本論は説一切有部の法体系を簡単に概説し、主要語句にきちんとした定義を与えている。諸法の分析についても、大地法、大善地法などの心所法の分類や極微の語のないこと、因・果・縁の次第の配列により、六因五果四縁が説かれるなどの特色が指摘されている。

【関連典籍】梵本は現存しないが、チベット訳（北京版5599）があるので、その原名は“Abhidharmaprakaraṇa-śāstra”と還元される。チベット訳による注釈（Sārasamuccaya nāma Abhidharmāvatāra-ṭīkā，北京版5598）が存在する。

【後世への影響】トカラ語による注釈書の断簡も発見され、本論は中央アジア方面の北伝仏教においてかなり流布していたことが知られる。

【訳者・訳年代】唐の玄奘＊（AD658）。

【参考文献】訳一・論集部二。チベット訳からの和訳（桜部建『仏教語の研究』一〇五頁～）、漢訳からのフランス語訳と研究があるなど、本論は学界においてかなり重視されている。

（吉元信行）

1555 **五事毘婆沙論**（ごじびばしゃろん）

【成立】本論は説一切有部六足論の一つである品類足論1542の第一章「弁五事品」の注釈書である。説一切有部の論師尊者法救（ダルマトラータ）の著作で、四世紀の頃の成立であろう。

【内容】二巻。五事とは阿毘達磨品類足論1542における色、心、心所、心不相応行、無為のことで、説一切有部における諸法の五位による分類のことである。本論はその注釈書とはいいながら、そのうちの前半の色、心、心所の三しか注釈しておらず、後半は欠落したものと思われる。

【関連典籍】1541・1542

【後世への影響】説一切有部六足論についての残存する唯一の注釈書であり、文献的価値も大きい。

【訳者・訳年代】唐の玄奘＊（AD663）

【参考文献】1556の項参照。

（吉元信行）

1556 **薩婆多宗五事論**（さっぱたしゅうごじろん）

【成立】インドにおける原典の成立については不明であるが、九世紀に、漢語・チベット語に堪能なチベット僧「法成（Chos grub）」が翻訳したとされる。

【内容】一巻。説一切有部の諸法の分類である五位の説相を明らかにしたもので、内容的には五事毘婆沙論1555によく似ている。

【関連典籍】1542・1555

【後世への影響】中央アジア方面に流布し、トカラ語の注釈が発見されている。

【訳者・訳年代】唐の法成（AD856 以降の訳出）。

【参考文献】本論の最初と最後に当たる梵文貝葉断簡が発見され（今西順吉によるドイツ語の研究あり）、また、五事毘婆沙論とともに漢訳からの還元梵文も発表されている（N. Aiyaswami）。

（吉元信行）

1557 **阿毘曇五法行経**（あびどんごほうぎょうきょう）

阿毘曇五法経、阿毘曇苦縁経、五法行経、

五法経ともいう。

【成立】経といわれるが論書であり、説一切有部六足論の一つである品類足論1542の第一章「弁五事品」の単伝であろう。そうすると、成立は1542の紀元前一世紀頃まで遡ることになる。

【内容】1556にほぼ同じ。ただし、四忍四智に関する解説を冒頭に付すのは他の論者に見られないところである。

【訳者・訳年代】後漢の安世高＊。

（吉元信行）

第29巻　毘曇部　四

1558 **阿毘達磨倶舎論**（あびだつまくしゃろん）
対法論、聡明論、倶舎論（この名称が一般に用いられる）ともいう。
【成立】五世紀中頃（年代については四世紀説など異説がある）、説一切有部の論師世親（ヴァスバンドゥ）が北インドのガンダーラ地方で著した。世親の所属部派は説一切有部であるが、正統派ではなく、内部の異端派であったと思われる。訳者玄奘が原典を編集しなおしながら翻訳したものであり、意図的な改訳意訳も多い。
【内容】三〇巻。説一切有部の教義を偈頌にまとめ、それを長行（散文）で注釈したもの。偈頌の注釈の仕方は、サンスクリット原典において一頌毎に注釈するのとは異なり、だいたい一偈（四頌）ごとにまとめて注釈する形態をとっている。その内容は、説一切有部の教理の百科事典的性格を持つ大毘婆沙論1545の大綱を意識下に、雑阿毘曇心論1552を訂正増補したような形で編成されている。ただ、その解説の中には、説一切有部の論書とは言いながら、その随所に経部的立場（世親自らが大乗仏教に転向する過渡期に説一切有部への批判的立場を経部に仮託したと考えられる）からの批判が見えており、この点に関して、衆賢（サンガバドラ）の順正理論1562によって激しく糾弾されることになった。本論書全体は次の九章で構成される。〈第一章・界品〉存在の本質論、あらゆる存在の分析とその体系および存在の本質の解明。〈第二章・根品〉存在の作用論、諸法のはたらきを分析的・体系的に解明し、因果の法則を明らかにする。〈第三章・世間品〉仏教の宇宙論、有情世間（生類の世界）と器世間（物理的世界）の生成構造の形態を明かし、仏教の世界観・宇宙論を解説するとともに、有情世間・器世間における因果の法則を明らかにする。〈第四章・業品〉有情の行為論、生類には顕在的・潜在的行為により、迷いの生存がもたらされるが、業の理論によってそのメカニズムを解明する。〈第五章・随眠品〉煩悩論、生類の迷いの生存を分析し、煩悩からの脱却の方法論も提示する。説一切有部の思想的眼目である〝三世実有論〟もこの章で説かれる。〈第六章・賢聖品〉修行道論、凡夫から聖者への修行の階梯と悟りへの道を四諦に関連する一六のあり方をもとにして解説する。〈第七章・智品〉証悟論、悟りに至るための智慧についての解説。〈第八章・定品〉禅定論、聖智を生み出すさまざまな精神統一の方法についての解説。〈第九章・破我品〉無我論、本論書では付録的性格の章で、仏教内部の犢子部のプドガラ論や外教の我論を破斥し、仏教の無我の道理を明らかにする。

【関連典籍】サンスクリット原典＝Abhidharmakośabhāṣya (ed. by P. Pradhan, Patna, 1967)、同チベット訳（Otani 5591)、漢訳の異訳・阿毘達磨倶舎釈論1559、ウイグル語訳の断簡がある。偈頌のみを集めたものとして阿毘達磨倶舎論本頌1560。注釈書の代表的なものとして、サンスクリットで唯一現存するYaśomitraの"Abhidharmakośavyākhyā"、漢訳の倶舎論実義疏1561、倶舎論記1821、倶舎論疏1822などがあり、これらは倶舎論研究には不可欠の注釈書である。

【後世への影響】本論書は、大乗の側からも批判的に説一切有部の教理を学ぶのに便利でもあり、古来大乗の学徒にも珍重されることになっただけでなく、後に中国や日本では倶舎宗という学派まで形成されて、今日まで大きな影響を与えている。また、本論書を批判するために述作された『順正理論』や『アビダルマディーパとその釈（Abhidharmadīpa with Vibhāṣāprabhāvṛtti)』（梵本断片のみ現存）などの論書を生み出したり、さらに膨大な注釈文献・研究書をもたらしている。

【訳者・訳年代】唐の玄奘＊（AD651～654）。

【参考文献】佐伯旭雅『冠導阿毘達磨倶舎論I～III』法蔵館一九七八年（テキストとしても用いられる）、桜部建『倶舎論の研究　界・根品』法蔵館、一九六九年。加藤純章『経量部の研究』春秋社、一九八九年。など枚挙に暇がない。平川彰『倶舎論索引第二部』大蔵出版一九七七年はサンスクリットと対比されて便利である。〈訳一〉毘曇部二五～二六下、〈訳大〉論部一一～一三、他にフランス語訳・英訳などがある。

（吉元信行）

1559 **阿毘達磨倶舎釈論**（あびだつまくしゃしゃくろん）

倶舎釈論、旧倶舎ともいう。

【成立】五世紀中頃、説一切有部の論師・世親（ヴァスバンドゥ）が著した。

【内容】二十二巻。倶舎論1558の異訳であるが、その形態はそれといくぶん異なり、一頌または二頌ごとに注釈をしており、サンスクリット原典の形態を忠実に伝えている。翻訳形代が倶舎論より古いので「旧訳」と称せられる。倶舎論と内容はほぼ同じであるが、章名には最初に「分別」なる話がつき、章名の訳語も以下の章は異なる。〈第五章・惑品〉〈第六章・聖道果人品〉〈第七章・慧品〉〈第八章・三摩跋提品〉〈第九章・破説我品〉。

【関連典籍】1558

【後世への影響】漢訳としては倶舎論が流布したので、その副資料的存在であったが、わが国の快道、法幢などは注目していた。

【訳者・訳年代】陳の真諦＊（AD563～567）。

（吉元信行）

1560 **阿毘達磨倶舎論本頌**（あびだつまくしゃろんほんじゅ）

倶舎論本頌、倶舎論頌ともいう。

【成立】五世紀中頃、説一切有部の論師、世親（ヴァスバンドゥ）が著した。伝承によると、世親が、北インドのガンダーラ地方で大毘婆沙論1545を講義して、その要旨を一日毎に一偈にまとめたのが八章よりなる本論である。これを説明するため世親自らが注釈を加えたのが倶舎論1558である。

【内容】一巻。1558の偈文の部分のみを集みたものである。したがって、偈文のない〈第九章・破我品〉はない。章名も第三章が〈分別世界品〉となっている以外は、倶舎論のそれと同じである（倶舎論では分別の語はない）。

【関連典籍】梵文原典 Abhidharmakośakārikā（断簡として存在していたが、倶舎論梵本のなかから完全な形で回収される）、チベット訳（Otani 5590）。1558、倶舎論頌疏（円暉撰：仏教大系六～七、このウイグル語訳断簡がある）。

【後世への影響】説一切有部の教義を実に簡明にしかも美麗な韻文にまとめているため、後に多くの研究を生み出した。本論の注釈である倶舎論頌疏は中国・日本においてさらに多くの注釈や研究をもたらし、倶舎論の研究とは別系統に大いに発達した。

【訳者・訳年代】唐の玄奘＊（AD651〜654）。

【参考文献】福原亮厳監修『梵本蔵漢和英訳合璧阿毘達磨倶舎論本頌の研究』永田文昌堂、一九七三・一九七四年。桜部建『倶舎論』仏典講座一八、大蔵出版、一九八一年。

（吉元信行）

1561 **倶舎論実義疏**（くしゃろんじつぎしょ）

【成立】六世紀初頭の頃、インドにおける瑜伽行唯識学派の論師安慧（スティラマティ）が倶舎論の注釈として著した。

【内容】五巻。倶舎論1558の注釈書の一つ。このテキストは、梵本は未だ発見されていないが、完全な形のチベット訳が存在し、それによると、その原名は"Abhidharmakośa-bhāṣyaṭīkātattvārtha"であったことがわかる。ただ、この漢訳はチベット訳とは相違し、完本の備忘録的抜き書きの体裁であり、伝訳上現存しないある漢訳本を要約した略本である。ここに現存するものはその最初の部分（界・根品）の一部の偈頌の解説または列挙であり、断片または抄訳である。注釈の方法は、主として倶舎論を依用し、これに順正理論1562および大毘婆沙論1545を援用して、さらに他の経典等を引用しているが、この漢訳の箇所に限れば特に目新しいところは見られない。

【関連典籍】1558。チベット訳：Chos mṅon-pa mdsod-kyi bśad-pahi rgya-cher hgrel-pa（北京版 No. 5875）。

【後世への影響】この漢訳からのウイグル語訳の存在についても報告されている（庄垣内正弘『古代ウイグル文阿毘達磨倶舎論実義疏の研究I』松香堂一九七八年）。本漢訳の完本と見られる右記チベット訳には特に順正理論が多く引用されていることが最近の学界で報告され、梵本・チベット訳のない順正理論の読解に新たな視点をもたらすことになった。

【訳者・訳年代】訳者不明（AD659以降）。

【参考文献】松涛泰夫「タットヴァルタにおける衆賢説」『三康文化研究所年報』16・17合併号。

（吉元信行）

1562 **阿毘達磨順正理論**（あびだつまじゅんしょうりろん）

倶舎雹論、随実論、順正理論ともいう。

【成立】五世紀後半の頃、インド北部のカシミールで、説一切有部正統派の論師衆賢（サンガバドラ）が世親（ヴァスバンドゥ）の倶舎論1558を批判し、説一切有部の正義を表明するため著わした。この漢訳は顕宗論1563と同様に、玄奘訳の倶舎論に基づいて漢訳されたようである。

【内容】八十巻。1558が説一切有部の教理の綱要を目指していながら、その内実は経部的な立場に立って、説一切有部の正統説を批判していることから、世親の後輩であった衆賢は大いに憤慨し、多年にわたって説一切有部の宗義を研究し、倶舎論の論述にしたがい、しかも世親の偈をほとんどそのまま依用しつつ経部および世親の説を破斥し、説一切有部の正義を表明した。論述の仕方は実に緻密であって、微に入り細にわたって世親の説一切有部に対する理解を正している。章名もほぼ倶舎論を踏襲するが、頭に「弁」の字をつけるのと、三章までの章名が異なる。〈第一章・弁本事品〉〈第二章・弁差別品〉〈第三章・弁縁起品〉。〈第九章・破我品〉に対応する章はない。

【関連典籍】梵本・チベット訳とも現存しないが、本書の梵名は"Abhidharmanyāyānusāraśāstra"であったと推測される。本書の顕正部分のみを集めたものが顕宗論1563である。注釈は順正理論述文記（断簡、卍続蔵経 No. 706）のみ現存し、これ以外の注釈は伝えられない。漢訳からのウイグル語訳や西夏語訳がある。

【後世への影響】本書は説一切有部の伝統説に依拠しながらも新たな見解を開陳していることと、倶舎論が説一切有部研究のテキストの主流となったことから、玄奘は衆賢を「新薩婆多部」と名づけた。精緻な論書であるのに倶舎論の研究に押されて、むしろ本書は意図的に無視されたかの感があるが、近年ようやくその価値が見直されてきている。

【訳者・訳年代】唐の玄奘＊（AD653〜654）。

【参考文献】訳一・毘曇部二七〜三〇。佐々木現順『阿毘達磨思想研究』弘文堂、一九五八年。同『仏教における時間論の研究』清水弘文堂、一九七四年。

（吉元信行）

1563 **阿毘達磨蔵顕宗論**（あびだつまぞうけんしゅうろん）

顕宗論ともいう。

【成立】五世紀後半の頃、カシミールで、衆賢（サンガバドラ）によって著された。

【内容】四十巻。順正理論1562の約半分の分量の姉妹書で、説一切有部の教義の正統説を述べる目的で述作された。順正理論が広博で、倶舎論1558を破することに力を尽くしているのに対して、破斥部分を略し、説一切有部の正義を述べる部分のみを残したものである。その内容も、順正理論と共通する部分はほとんど字句も同一であり、序品を加える他は、章分けも同一である。

【関連資料】1562。梵本、チベット訳とも現存しない。

【後世への影響】倶舎論ほどに重要視されことはなかった。

【訳者・訳年代】唐の玄奘＊（AD651〜652）。

【参考文献】佐々木現順『阿毘達磨思想研究』弘文堂、一九五八年。

（吉元信行）

第30巻　中観部 全　瑜伽部 上

1564 **中論**（ちゅうろん）

中観論、正観論ともいう。

【成立】本書は四四五偈の偈頌と長行とからなり、偈頌のみ竜樹（ナーガールジュナ）の著作であって、長行は青目の注釈である。したがって本書は中論注釈書の一種と見なすべきもので、竜樹思想を研究する場合には偈頌のみを扱うべきである。その偈頌は、根本中頌といわれている。竜樹の著作は、三期に分けられるが、根本中頌は、無畏論、十二門論1568等とともに第一期に属する。第二期には大智度論1509、第三期には十住毘婆沙論1521が属する。第一期のものは、仏陀の根本教説である縁起説について、有部的解釈を仏意を得ないものとして斥けるとともに、縁起説の真意が、般若波羅蜜経の空観に正しく伝承されていることを主張する。本書は、二世期末に作られ、大乗に理論的基礎を与えた最初の論典として、以来大乗仏教思想に影響を与えている。

【内容】四巻。二十七章からなる。本頌の要旨は、「戯論を超えて不滅なる仏陀如来を見たる」立場に立って縁起を説かれた仏陀の真意を顕わそうとすることにある。そこで、「縁起を説きたまへる正覚者に礼す」の帰敬序より始めて、「諸見を断ぜしめんため慈悲もて正法を説きたまへる瞿曇に帰命す」と結んでいる。その中間においては、縁起説に対する有部的解釈を「仏意を得ない戯論」として批判しつつ、空観が仏の真意を得たものであることを綿密に論証している。複雑な論義であるが、要は一空観の説述であって、その空観を説く根本命題は、「縁起したる存在は無自性なり、無自性なる存在は存在性なし、故に縁起したる存在は空なり」という形式のものである。これは、中頌のみならず第一期の著作全般に通ずる龍樹空観の根本命題であって、複雑な論義も結局この中に帰着させられる。存在は、漢訳では「法」と訳されるが、無明に蔽われている衆生の無明縁起であって、顚倒、煩悩、業等を指す。これらの存在は「一如法性」を見ない無明に縁って起こるものであって、いまだ一如法性を見ざる無明者にとっては、これらの存在は自性を持って存在するかのように見え、かつ自性を持ちつつ互いに他と関係して縁起するかのように見える。これに対して一如法性（諸法実相）を見て明者となれる人においては、全く寂滅するものであることを説く。一如法性を見るのは如来を見る般若波羅蜜の立場であって、そこでは無明滅するとともに、今まで有ると思われた存在の寂滅するが故に、生死即涅槃と証知され、もはや否定すべき存在なきが故に否定もなくなった証悟の境が、無自性空といわれる。そして仏陀の縁起説は、この証悟の境を顕わすものであって、存在の相縁生起を説くものでないことを特に強調する。中論各章の複雑な論義は、この縁起説を、存在の相縁生起を説くように解する有部の見解を一々破するのに外ならない。それゆえ、竜樹においては縁起説は即空観であり、また即中観になる。以上のように本書の意義は、大乗菩薩道の空観が仏陀の正意であることを確立したという点である。

【関連典籍】1565～1567、中観論疏1824、中観論二十七品別釈2256。

【訳者・訳年代】姚秦の鳩摩羅什＊（AD409）。

（笠井　哲）

1565 **順中論義入大般若波羅蜜経初品法門**（じゅんちゅうろんぎにゅうだいはんにゃはらみつきょうしょほんほうもん）

順中論ともいう。

【成立】四世紀。著者は無着（アサンガ）。

【内容】二巻。中論1564の注釈書。〈上巻〉中論の帰敬偈「不滅亦不生、不断亦不常、不一不異義、不来亦不去」等を掲げ、この偈を解釈して諸の衆生の喜楽取著を断ずるためにこの論を作り、まず大経中に説かれた相似般若と真実般若を解釈し、相似般若とは苦無我等ないし一切智を説くが方便を知らず有所得であるから戯論を生ずるをいい、真実般若は一切法空なる故、戯論の体なく、戯論を論ずべき人も無きをいい、中論の「仏、已に因縁を説き、諸の戯論の法を断ず」の偈をもって結ぶ。〈下巻〉再び「不滅亦不生、不断亦不常、不一不異義、不来亦不去」の八不の偈を掲げ、一切法が自体空にして生滅、断常、一異、来去等の八不の範疇を捨離した無性、不生の寂静の涅槃であると説き、中論の中に出てくる重要な偈頌を引用し解釈し、終りに「非自亦非他、非二非無因、一切法如是、是故皆不生」すなわち一切法無生をもって結んでいる。

【関連典籍】1564・1566・1567

【訳者・訳年代】東魏の般若流支＊（AD543）。

（河村孝照）

1566 **般若灯論釈**（はんにゃとうろんしゃく）

般若灯論ともいう。

【成立】西暦六世紀の中葉、分別明菩薩すなわち清弁論師が竜樹（ナーガールジュナ）の主著、中論本頌に対して作った注釈書である。

【内容】十五巻よりなる。清弁（バーヴィヴエーカ）は外道および小乗各派の説を破斥の対象としたばかりでなく、大乗瑜伽派の見解に対しても、なお同じ中観派の仏護の学説に対してさえも反抗的態度をとっている。このような対瑜伽派的立場から、本論中には従来の中観派と趣を異にした見解が現われるようになった。それはすなわち、世俗諦と勝義諦とに関する見解である。およそ竜樹以来の中観学徒の真俗二諦は、もっぱら約教的立場から施設されたものであって、衆生の差別的相対的偏執を打破して、無所得中道を体験させるための説法化導の方法形式なのであった。したがって真諦といっても、所証の真理を意味するのではなくて、真理そのものは空有真俗の相対的観念を超絶する無所得の実相であるとした。だが清弁は約理的意味に解釈し、世俗諦は有の境、勝義諦は空の境であって、二諦は二種の理を指すものと観たのである。実に清弁は一切の認識について、世俗諦と勝義諦とを峻別する立場を示したのであって、しかもそれらを関係づけた点において、その思想的特色を発揮したのである。さらに本書の特色として認めうるのは、その論理の運用が整然としていることである。

本書の仏護に対する批判的立場は、後にチャンドラキールティの再批判を受け、中観派に自立論証派・帰謬論証派の二系統を生み出すことになった。

【関連典籍】1564・1565・1567

【訳者・訳年代】唐の波羅頗蜜多羅＊。

（笠井　哲）

1567 **大乗中観釈論**（だいじょうちゅうがんしゃくろん）

中観釈論ともいう。

【内容】九巻。安慧（スティラマティ）が竜樹（ナーガールジュナ）の中論1564に対して作った注釈書。安慧は、護法（ダルマパーラ）と同時代の先輩であって、徳慧の弟子であって、インドの瑜伽行派における一系統の代表として、護法の系統に対立する人である。徳慧も中論に注釈をなしたといわれ、西蔵伝説によると、この二人は中論釈家八人中の人である。安慧は、唯識説においても勝義諦の立場を取る人であったから、この点において護法が道理世俗諦の立場で唯識説をなすのと異なっているのである。

【関連典籍】1564～1566

【訳者・訳年代】宋の惟浄＊。

（笠井　哲）

1568 **十二門論**（じゅうにもんろん）

十二門観論、十二品目ともいう。

【成立】竜樹（ナーガールジュナ）の作とされているが、近時疑われている。

【内容】一巻。観因縁門第一・観有果無果門第二乃至観生門第十二というように、十二の部門に分かれ、中論1564同様に鋭利な両刀論法を運用して、相対縁起の諸法および人我の自性なく、不可得空であることを主張したもの。本書に含まれる偈数は、合計二十六となるが、その中二偈は空七十論より、十七偈は中論より取ったもので、しかもその大多数は釈文中明らかに中論からの引用であることが記されている。本書の思想内容が中論のそれと一致するということは、前述したように明らかな事実である。自己の基礎的著述に対して、その入門書もしくは綱要風のものを作るということは古今多くの例があることであって、十二門論は、中論の綱要書の性質を有するものである。本書が正しく中論の帰趨を中心として、大乗の迷執を破すると同時にその深義を顕わさんとするものであることは明らかである。その空の義に入らしめるために、本書においてもまた中論と同様に「否定の否定」というべき二重否定の論理的形式によって、我々の認識経験すなわち相対的知識の一切を否定すると同時に肯定的方面をも顕示して、観性門第八には二諦が論述され、三宝四果の建立すべき所以が力説されている。中国においては、中論・百論1569とともに三論宗の正依の論として研究された。

漢訳のみが現存し、梵語原本・チベット訳は伝わらない。

【関連典籍】1564・1569・1825・1826

【訳者・訳年代】姚秦の鳩摩羅什＊（AD409）。

（笠井　哲）

1569 **百論**（ひゃくろん）

【成立】竜樹（ナーガールジュナ）の弟子提婆（カーナディバ）が、師の中論1564に則して無自性・空の教義を宣揚し、他の哲学・宗教諸派の説を論破している。婆藪開士の釈を含んでいる。同じ提婆の著に四百論があり、内容の綱格がこの百論とほぼ一致する。このため四百論の前半が百論に相当するという説、あるいは四百論を要約して百論が成立したとする説、また逆に百論を増広して四百論ができたとする説があるが、原典が存在しないので確定できない。

【内容】二巻。三宝に対する帰敬序に始まり、一、捨罪福品・二、破神品・三、破一品・四、破異品・五、破情品・六、破塵品・七、破因中有果品・八、破因中無果品・九、破常品・十、破空品の十章に分かれ、師竜樹の空観の立場から、サーンキヤ、ヴァイシェーシカ、ニヤーヤ等の人性論解脱論・世界観を破斥しつつ仏教の正見を顕わす。破邪顕正法は中論に似ているが、中論が主として有部の実有観を破するのに対して、批判を主として外学に向けている。中論ほどの無碍の味いに乏しいが、仏教と外学との交渉を見るのに重要な資料である。また本論第一章捨罪福品は、簡明に提婆菩薩の仏教観を述べている。最初に仏陀教説は、要するに悪止善行を説いたものである。その悪止善行について、罪報を厭い悪業を止めて福報を願って善業を修するのは、仏道ではないとする。報を求める心を離れて、厭うべき罪報なく求めるべき福報もないと、罪福ともに捨てて空無相の智慧に入るが、真実の悪止善行であり仏道であると説く。

漢訳のみが現存し、梵語原本およびチベット訳は伝わらない。

【関連典籍】1564・1570・1571・1827

【訳者・訳年代】姚秦の鳩摩羅什＊（AD404）。

（笠井　哲）

1570 **広百論本**（こうひゃくろんぽん）

四百論頌、広百論ともいう。

【成立】本書は、聖天（提婆・ディバ）菩薩の主著で、梵原本では四百論頌と称せられ、四百頌十六品の後半に当たり、百論1569に対して広百論と名づけたものである。

【内容】一巻八品。その主とする所は、外道小乗の諸法実有の妄執を破し、真空無我の理を明らかにしようとすることにある。元来中観空宗本来の立場は、破邪即顕正にあるといえる。師の竜樹（ナーガールジュナ）に比べて、特に破邪に秀でていると考えられる提婆による本論は、中論1564に比べてその破邪はさらに積極的であって、かつ具体的包括的で、最後の一品で自らの宗義を開陳している。

【関連典籍】1569・1571

【訳者・訳年代】唐の玄奘＊（AD650）。

（笠井　哲）

1571 **大乗広百論釈論**（だいじょうこうひゃくろんしゃくろん）

広百論釈論、広百論、広百論釈ともいう。

【内容】十巻。広百論本1570の護法（ダルマパーラ）による注釈。本論の広百論本を包括して八品に分けている。各品が二十五頌を有しており、合わせて二百頌となる。その構成は、論初頭の頌文を護法の「帰敬頌」として、これを「序分」とする。教誡弟子品第八の最後の「諸の大心有りて弘誓を発する者」以下を「流通分」として、その中間を「正宗分」に配している。八品を内容の上から分けると、次のようになる。①「破常品第一」では、総じて諸々の常を破す。②「破我品第二」においては、別して我の常を破す。そしてこの①と②では、常を破するのである。さらに③破時品第三、④破見品第四、⑤破根境品第五、⑥破辺執品第六、⑦破有為相品第七、⑧においては、無常を破すとする。そしてこの両者で、広く邪宗を破すとしている。さらに、教誡弟子品第八において、広く正義を立てるというのである。以上を見れば、論主が論の初めに造論の主意を述べて、「邪執の我我所の事の性相の皆空なることを顕はし、方便して三解脱門を開示せんがためにこの論を造る」といって、「その我我所の事略して二種有り、いわく常と無常となり」としていることがわかる。

なお本書の特色は、中観派の聖天（提婆・ディバ）菩薩の著を瑜伽派の護法が釈している点である。このことは、後世対立論争したといわれる両派も、その初めはむしろ相助け相補えるものであったことの一つの実証であろう。

【関連典籍】1569・1570・2800

【訳者・訳年代】唐の玄奘＊（AD650）。

（笠井　哲）

1572 **百字論**（ひゃくじろん）

百字論ともいう。

【内容】一巻。偈頌と長行とからなり、偈頌は巻末にまとめられている。種々の方面から、存在の自性を否定することが本書のテーマであって、特に数論および勝論の説を論破の対象として、非一非異・因中非有果非無果および非有非無の理を発揮している。この百字二十句は、漢訳においては五言四句の偈五個のように見えるが、チベット訳では偈頌の形を取っていない。おそらく梵文も偈頌の形ではなく、五字一句の命題二十句を含んでいたのであろう。もしそうであるならば、梵文においても、字数はおよそ百となる。

【関連典籍】1569

【訳者・訳年代】北魏の菩提流支＊。

（笠井　哲）

1573 **壹輸盧迦論**（いちゆろかろん）

伊迦輸盧迦論、伊迦輸迦論ともいう。

【成立】竜樹（ナーガールジュナ）の作。

【内容】一巻。本書の題名は、一偈論という意味である。「輸盧迦」は、梵語 sloka の音写で、一句八韻四句の偈に外ならない。劈頭の「自体性は無常なり、是の如き体も無性なり、自体性は無体なり、故に空と無常とを説きたまふ」という一偈をテーマに、竜樹が独特の思想的立場を宣揚しようとしたものである。第一句で、一切の存在性もしくは法の自性は無常であるとし、第二句で無常という法もまた無自性であるとし、第三句で一切の存在性もしくは法の自性は無自性であるとし、第四句で、無常という見方の上になお空（無自性）という見方を加えている。

【関連典籍】1564

【訳者・訳年代】北魏の般若流支＊。

（笠井　哲）

1574 **大乗破有論**（だいじょうはうろん）

破有論ともいう。

【成立】竜樹（ナーガールジュナ）が外道小乗の三世実有法体恒有の教学に対して、中論1564・十二門論1568等を説いて、一切皆空を教え、偽有の邪見を破し、空無相を顕すもので、破有を説くものである。

【内容】一巻。所顕の理は甚深不可思議第一義最上真実の法として、一切諸法を如実に了知させるために、万有は無性より生じまた無性より生ずるのではない。したがって常に空で、縁起法また空、自性は分別を離れ、一切知性は不可説無所得、実に差別所生にあらずと説き、有は差別相、空は無差別相であって、不可説第一義諦、最上真実法であると説いている。

【関連典籍】1564・1568

【訳者・訳年代】宋の施護＊。

（笠井　哲）

1575 **六十頌如理論**（ろくじゅうじゅにょりろん）

六十如理頌、如理論

【成立】竜樹（ナーガールジュナ）の作。

【内容】一巻。帰敬偈七言四句一頌、正宗偈五言四句六十頌、流通偈七言四句六頌からなっており、第二分の六十頌から書名がつけられた。中論1564・十二門論1568および七十空論などと同じく、諸法縁起無自性空であることを力説し、煩悩即涅槃、涅槃即生死の相即的方面を強調しているが、上の三論ほど思想が体系づけられていない上に、一切諸法を心に約す、唯心論的思想が見られる。しかし、本書に唯心論的思想があるからといって、そのことが竜樹撰述を否定する根拠にはならない。本書は竜樹の真撰にまちがいないのである。

【関連典籍】1564・1568

【訳者・訳年代】宋の施護＊。

（笠井　哲）

1576 **大乗二十頌論**（だいじょうにじゅうじゅろん）

二十頌論ともいう。

【成立】竜樹（ナーガールジュナ）の作。

【内容】一巻。帰敬序一偈と正宗分二十偈と流通分二偈からなる。正宗分においては、まず第一義は無性であって、現象的存在は自性を有せず、したがって仏と衆生とは平等無差別であることを説いて、凡夫は分別心によって実我なき我を計り、徒らに諸種の相を現出して、煩悩を起こして苦痛を招くことを説破している。ただし本書においては、六十頌如理論1575よりも著しく唯心論的思想の傾向が現われている。さらに竜樹特有の鋭利さが欠けているので、竜樹の真撰でないとみる説もあるが、それだけの理由で断定するのは早計であろう。

【関連典籍】1575

【訳者・訳年代】宋の施護＊（AD980）。

（笠井　哲）

1577 **大丈夫論**（だいじょうぶろん）

説悲心、五種説、救衆生、大丈夫行賢ともいう。

【成立】提婆羅（デーヴァラ）の作。

【内容】二巻。本書の「大丈夫」とは、福徳と慈悲と智慧とを併せ修する菩薩のことであり、異名の「五種説」とは、本書によると、施・悲・智・菩提・発願の五種を解説することを意味している。二十九品に分かれており、内容は慈悲心より起こる布施を大丈夫の行として、仏果の最勝因として、讃歎勧説することに終始している。特に、自己一人の解脱を求める阿羅漢道を排斥して、一切衆生の救済を念ずる菩薩道の価値を強調して、徹底的に利他主義の精神が発輝されている。

【訳者・訳年代】北涼の道泰＊。

（笠井　哲）

1578 **大乗掌珍論**（だいじょうしょうちんろん）

掌珍論、掌中論ともいう。

【成立】中観派自立論証派の立場から空を解釈した論書で、清弁（バーヴィヴェーカ）の作である。

【内容】二巻。上巻の最初の総序において、諸法の無自性空の理を証って法性に入り、煩悩から解脱することによって、有情を利益しようとする造論の目的が示される。世俗諦では有為法は有であるが、勝義諦からすれば空であり、無為法も空である。こうして有為無為ともに空であることを、それぞれ宗・因・喩の論理的形式を辿って証明した後に、総結として、分別を離れた空智を以て、八正道並びに六波羅蜜を完成すべきことを力説している。

【関連典籍】2258

【訳者・訳年代】唐の玄奘＊（AD649）。

（笠井　哲）

1579 **瑜伽師地論**（ゆがしじろん）

瑜伽論ともいう。

【成立】AD300～350頃。漢訳系統の説では弥勒（マイトレーヤ）作、チベット伝では無著（アサンガ）の作とされる。

【内容】百巻。瑜伽行派の根本論書の一つ。三～四世紀頃のインドの小乗、大乗仏教研究を網羅し、さらにヴェーダ・五明等にまで及んで当時の学芸百科全書の観を呈しているが、特に瑜伽行者の境・行・果を明らかにし、阿頼耶識説、三性三無性説、万法唯識の道理が巧みに力説される。瑜伽論記1828その他の注釈によって構成を示すと次のようになる。まず全体が、一本地分（巻一～五〇、略に広に十七地の義を分別する）、二摂決択分（巻五一～八〇、十七地中の要義を略摂し決択する)、三 摂釈分(巻八一～八二、諸経の儀則を略摂し解釈する)、四 摂異門分(巻八三～八四、経中の諸法の名義差別を略摂する)、五 摂事分(巻八五～一〇〇、三蔵中の衆要の事義を略摂する)、というように五分に分けられる。また本地分中の十七地とは、(1)五識身相応地、(2)意地、(3)有尋有伺地、(4)無尋唯伺地、(5)無尋無伺地、(6)三摩呬多地、(8)有心地、(9)無心地、(10)聞所成地、(11)思所成地、(12)修所成地、(13)声聞地、(14)独覚地、(15)菩薩地、(16)有余依地、(17)無余依地であり、この内(1)～(9)が三乗の境を観じ、(10)～(15)が三乗の行を起こし、(16)(17)地が三乗の果を証する次第であるとされる。

【後世への影響】瑜伽師地論の影響を受けた論書に、顕揚聖教論1602、大乗阿毘達磨集論1605、摂大乗論1592、成唯識論1585、大乗荘厳経論1604など多数あり、解深密経とともに瑜伽行唯識思想派の根本聖典となっている。また瑜伽論の修得こそ玄奘がインドに渡った目的とまでいわれ、その後の中国においても基は瑜伽論略纂1829を、遁倫は瑜伽論記1828を著し、法相宗の「六経十一論」の十一論中第一にあげられる論書である。

【関連典籍】菩薩地持経1581、菩薩善戒経1582、決定蔵論1584は部分訳。チベット訳は、Rnal ḥbyor spyod paḥi sa (Peking No. 5536) で完全訳である。注釈文献では瑜伽師地論略纂1829、瑜伽師地論記1828、その他チベット文注釈も残っている。

【訳者・訳年代】唐の玄奘*。

【参考文献】宇井伯寿『瑜伽論研究』(岩波書店、一九五八年)、勝呂信静『初期唯識思想の研究』春秋社、一九八九年。訳大・論部六～九。訳一・瑜伽部一～六。

(橘川智昭)

1580 **瑜伽師地論釈**(ゆがしじろんしゃく) 一巻

【成立】六世紀頃(?)。著者は最勝子ら。

【内容】瑜伽師地論1579に対する現存する最古の注釈。原本の分量は、八百巻あるいは六百巻とも伝えられ、この書はその内の第一巻として訳されたもの。まず、一 所為、二 所因、三 名義、四 宗要、五 蔵摂、六 釈文の六門に分け、そして釈文において瑜伽十七地を逐次略釈していく。

【後世への影響】後の瑜伽論注釈家はいずれも継承し依用している。

【関連典籍】1579・1828・1829

【訳者・訳年代】唐の玄奘*。

【参考文献】訳一・瑜伽部六。

(橘川智昭)

1581 **菩薩地持経**(ぼさつじじきょう)

菩薩地持、地持論、菩薩地経、菩薩戒経ともいう。

【内容】十巻二十七章からなる。大乗菩薩の修行法を詳説したもので、瑜伽師地論1579第三十五巻から第五十巻の菩薩地にあたる部分である。本経の二十七章は、初段の方便処の十八章、第二段の次法方便処の四章、第三段の畢竟方便処の五章という配分となる。〈第一巻〉第一章大乗菩薩の種性、第二章発菩提心、第三章自利利他、第四章大乗の真実義の半分、〈第二巻〉第四章真実義の残り半分、第五章大乗菩薩の力、〈第三巻〉第六章大乗菩薩の善法の種子の成熟、第七章無上の菩提智慧、第八章菩薩種性の学習すべきもの、〈第四巻〉第九章菩薩の学習する六波羅蜜中布施行、第十章菩薩の護るべき戒、自性戒、一切戒、在家戒、出家戒、三聚浄戒、〈第五巻〉第十章戒の残り、菩薩律儀戒、摂善法戒、摂衆生戒、四波羅夷、波羅提木叉、難戒、一切門戒、清浄戒、〈第六巻〉菩薩の学習する六波羅蜜中、第十一章忍辱行、第十二章精進行、第十三章禅定、第十四章智慧、〈第七巻〉第十五章菩薩の修すべき四摂法、第十六章菩薩が仏に供養する法、第十七章菩薩の修すべき菩提法の前半、〈第八巻〉第十七章の残り、第十八章菩薩の得る功徳、以上で第一段の十八章が終り、続いて第二段の四章が始まる。第一章菩薩の成就する真実相、

第二章菩薩の修学をたすける法、〈第九巻〉第三章菩薩の衆生に対する清浄心、第四章菩薩が住すべき方便行、以上で第二段が終り、つぎ〈第十巻〉第三段の五章が説かれる。第一章は菩薩の住すべき究竟の方便力、第二章は菩薩の持すべき衆生に対する究竟の方便力、第三章は菩薩の持する究竟の境地、第四章は解、行、住の菩薩から最上の菩薩に至るまでの住する境地と行、第五章は菩薩の究竟の位に建立される諸相、以上の五章で第三段は終り本経は終結する。

【関連典籍】1579・1582

【訳者・訳年代】北涼の曇無讖＊。

（河村孝照）

1582 **菩薩善戒経**（ぼさつぜんかいきょう）

善戒経、菩薩地善戒経ともいう。

【内容】九巻。三十章からなる。大乗菩薩の修行法を詳説したもの。瑜伽師地論1579第三十五巻から第五十巻の菩薩地にあたる部分に、序と流通を付加したもの。三十章が三段になっており、序品には説法の座として舎衛国の須達多精舎祇陀林中、仏は比丘五百人、菩薩千人とともに、無量の菩薩に対してこの経が説かれた。説法の内容は菩薩地持経1581の三段にわたる説法に同じく、第一段はまず第一巻に四章、第二巻に二章、第三巻に三章、第四巻に二章、第五巻に五章、第六巻に二章、第七巻に第一段の二章と第二段の二章、第八巻に第二段の二章と第三段の一章、第九巻に第三段の五章が説かれ、終末にに正法をして久住せしめることを勧め優波離が本経の経名を仏に聞いて終っている。第一段第二段第三段の内容中、地持経の菩薩戒文と菩薩戒本は本経にこれを欠く。

【関連典籍】1579・1581

【訳者・訳年代】劉宋の求那跋摩＊。

（河村孝照）

1583 **菩薩善戒経**（ぼさつぜんかいきょう）

善戒経、菩薩地善戒経、優波離問菩薩受戒法ともいう。

【内容】一巻。菩薩戒を受ける作法心得を説く。まず初めに菩薩戒は優姿塞戒、沙弥戒、比丘戒を具足し学んでのち得らるべきもので、右の三種の戒を具足せずして菩薩戒を得ようとする者は、譬えば四階建ての建て物に登るのに、一階に由らないで二階に至ろうとし、また二階に由らないで三階に至ろうとし、また三階に由らないで四階に至ろうとする者に同じで不可能なことであるといい、以下受戒法を詳説し、さらに受戒しおわって後の護るべきことを説き、受戒者は未だ阿耨多羅三藐三菩提を得ないでも、一に諸仏に念ぜられ、二に常に浄楽をうけ、三に死に臨んで恨なく、四に諸仏の世界に生れることができ、五に無上の仏智を荘厳することができるという功徳を具足すると説く。本経は九巻本菩薩善戒経1582と一具をなすものである。

【関連典籍】1579・1581・1582・1499～1501

【訳者・訳年代】劉宋の求那跋摩＊。

（河村孝照）

1584 **決定蔵論**（けつじょうぞうろん）

【内容】三巻。瑜伽師地論1579摂決択分の前半の異訳。心地品の一章を説く。〈上巻〉では阿羅耶識が説かれ、八種の因縁によって阿羅耶識の有ることを知るといい、行を修して心を清浄ならしめる多種の相貌を明かし、心善巧、心転善巧、因縁の四種すなわち因縁、次第縁、縁縁、増上縁を説き、意識の無法を境として縁ずることの証明、不相成法の生、住、老、滅等を詳説して上巻を終り、〈中巻〉にて至（得）、命根、衆生種類似分を説き、種子を論じ、善種子の断壊、種子の安立を説く。阿羅耶識中の出世間法種子は阿摩羅識によって住する、戒の種種、二無心定、虚空、非択滅などが説かれ、〈下巻〉では、陰入界、四諦、因縁、二十二根の六種の勝慧が説かれ、そのほか業が説かれている。

【関連典籍】1579

【訳者・訳年代】陳の真諦＊。

（河村孝照）

第31巻　瑜伽部　下

1585 成唯識論（じょうゆいしきろん）

【成立】世親（ヴァスバンドゥ）の唯識三十論頌1586の注釈書で、インドにおけるいわゆる十大論師の解釈を、護法（ダルマパーラ）の説を基準にして他の九論師（徳慧・安慧・親勝・難陀・浄月・火弁・勝友・最勝子・智月）の説を取捨選択しながら編集して訳したものである。（合糅訳）。訳者玄奘は、神昉・嘉尚・普光・基（慈恩大師）とともに十人の注釈をそのまま翻訳しようとしたが、理解の混乱を案じた基が護法の説を正義にして他説を取捨選択しながら一本にまとめることを請願した結果本書がなった。

【内容】十巻。〈巻一～巻二〉我法は畢竟仮説にすぎず、実有ではないことを示し、次に数論・勝論・小乗などの実我・実法の執見を破す。〈巻二～巻四〉以下は仮我・仮法を生ずる能変の心識を明かし、初能変以下の三能変を詳述する。まず初能変の阿頼耶識論として八段十義によってこの識を解釈し、そして五教十理によってこの存在を証明する。またここで種子、熏習、四分（相分・見分・自証分・証自証分）の義が説かれる。〈巻四～巻五〉第二能変の末那識も八段十義によって解説し、二教六理によってこの識の存在を証明する。〈巻五～巻七〉第三能変の六識は、彼此共許の識として成立のための証成を示さず、九門によって解説し、そして六位（遍行・別境・善・煩悩・随煩悩・不定）の心所を詳細に説明する。以上が三能変の説である。〈巻七～巻九〉九箇の難を挙げてそれを答釈して万有唯識を詳述する（九難義）。〈巻七～巻九〉以上の唯識の叙説を承けて、もし識のみというならば教理に違すとの難を釈し、さらに四縁、十因、五果、十二有支、三性（遍計所執性・依他起性・円成実性）、三無性（相無性・生無性・勝義無性）などを解説し、唯識性すなわち真如の説に及ぶ。〈巻九～巻一〇〉証入の位次を明かす段であり、五位（資糧位・加行位・通達位・修習位・究竟位）を解釈し、転識得智、仏身、仏土等の浄位の妙相を詳述する。

【後世への影響】基はこの成唯識論に対し成唯識論述記1830およびその補遺としての成唯識論掌中枢要1831を作り、法相宗の祖となった。当時円測・道証の系統があり、やはり成唯識論の疏を作ったが、後に慧沼（第二祖、淄洲大師）の成唯識論了義灯1832において破せられ、さらに智周（第三祖、撲揚大師）が成唯識論演秘1833を撰述した。このようにして中国法相宗の精緻な教学が確立されていった。また日本にも法相宗は四回にわたって伝来し、その後盛んに研究された（元興寺、興福寺など）。なお枢要1831・了義灯1832・演秘1833は「三箇疏」と呼ばれ、述記1830とともに古来成唯識論を読む上での必須の注釈書とされている。

【関連典籍】1586、成唯識論述記1830、成唯識論掌中枢要1831、成唯識論了義燈1832、成唯識論演秘1833。

【訳者・訳年代】唐の玄奘＊。

【参考文献】佐伯定胤『新導成唯識論　全』法隆寺、一九四〇年（テキストとして用いられる）。深浦正文『唯識論解説』龍谷大学出版部、一九三四年。宇井伯寿『安慧護法唯識三十頌釈論』岩波書店、一九五二年。訳大・論部一〇。訳一・瑜伽部七。

（橘川智昭）

1586 唯識三十論頌（ゆいしきさんじゅうろんじゅ）

三十論、三十唯識論、唯識三十論ともいう。

【成立】五世紀頃。世親（ヴァスバンドゥ）の作。

【内容】一巻。解深密経0676、摂大乗論1592等それまでの唯識思想の大綱を、無著（アサンガ）の弟である世親が三十の頌によって巧みに述べたもので、本書の成立によってインド瑜伽行派の本質的な教義は一応の完成を見た。ただ世親はこの中で心所論に多くの頌を割き、また識の転変という新しい概念を用いた。この転変とは、阿頼耶識の種子より諸法が生ずるという意味であるといわれている。ただしこれには異説もある。

　三十頌の構成と内容は、成唯識論述記1830の説によれば三種の三科がある。第一に相・性・位の三科によれば、初めの二十四頌は唯識の相すなわち依他起の諸八識を明かし、次の一頌は唯識の性すなわち円成実の真如を明かし、後の五頌は唯識の位すなわち唯識に悟入する階位を明かすとされる。まず依他の識相を分別してこれの因縁所生たる所以を説き、実我・実法の無体、能取・所取の執の不可得を示す。識の相を了知すれば、識の実性である円成実の真如、依他の如幻を証し、この識相が世俗諦、識性が勝義諦である。これら二諦を説くのは妄法を断じて仏果の大覚を生じさせるためであるが、仏果は勝妙であるため三祇を経て諸位を経過しなければならない。以上の順序があることにより、相・性・位の三科に分けるという。第二に初・中・後の三科によれば、初めの一頌半は識は離れて別の我法なきことを略示し、次の二十三頌は広く唯識の相と性とを明かしてあまねく妨難を通釈し、後の五頌は唯識の行位を叙説するものであるとする。第三に境・行・果の三科によれば、初めの二十五頌は唯識の境を明かし、次の唯識の行を明かし、後の一頌は唯識の果を明かすものとする。述記1830では以上の三種が示されているが、基自らは第一の三科によっている。1585の項を参照。

【後世への影響】後に本書に対する注釈においてさまざまな解釈が生じた。その代表として、護法・徳慧・安慧・親勝・難陀・浄月・火弁・勝友・最勝子・智月のいわゆる十大論師があげられるが、とりわけ安慧の思想は無相唯識系統を形成し、一方護法の思想は有相唯識系統を形成した。これらは唯識思想史の二大系統とされる。前者は真諦によって中国に伝わり摂論宗となったが、後者の思想は玄奘の成唯識論に受け継がれ法相宗の所依の聖典となった。転識論1587は異訳。

【関連典籍】1585・1587・1830〜1833

【訳者・訳年代】唐の玄奘*。

【参考文献】佐伯定胤『新導成唯識論』法隆寺、一九四〇年。宇井伯寿『安慧護法唯識三十頌釈論』岩波書店、一九五二。深浦正文『唯識論解説』第一書房、一九八五。

（橘川智昭）

1587 **転識論**（てんじきろん）

【成立】五世紀頃。世親（ヴァスバンドゥ）の作。

【内容】一巻。撰者の記載がなく、撰者不明の論とされていたが、江戸時代、隠元の弟子の道棟が、この論と唯識三十論頌1586との合本を作り、その後小島恵見、林彦明、深浦正文、宇井伯寿両博士等によって唯識三十論頌の別訳であるとされた。形式的には三十論頌が偈頌のみであるのに対し、こちらには長行が付加されている。ただこの長行は世親のものではない。また題下に「従無相論出」とあり、この無相論という作品がどのようなものかということについて、顕揚聖教論1602の別訳である可能性が指摘されている。内容等は1586の項を参照。

【訳者・訳年代】陳の真諦*。

【参考文献】深浦正文『唯識学研究 上巻 教史編』。

（橘川智昭）

1588 **唯識論**（ゆいしきろん）

大乗唯識論、唯識無境論、唯識無境界論ともいう。

【成立】五世紀頃。世親（ヴァスバンドゥ）の作。

【内容】一巻。三界唯識心外無境を説いたもので世親が特に外教の思想を破すために著したもの。大乗唯識論1589、唯識二十論1590は同本異訳である。1590の項を参照。

【関連典籍】1589〜1591

【訳者・訳年代】東魏の般若流支*（菩提流支と混同の可能性もある）。

【参考文献】宇井伯寿『四訳対照唯識二十論研究』岩波書店、一九五三。


（橘川智昭）

1589 **大乗唯識論**（だいじょうゆいしきろん）

唯識論ともいう。


【成立】五世紀頃。世親（ヴァスバンドゥ）の作。

【内容】一巻。三界唯識心外無境を説いたもので世親が特に外教の思想を破すために著した。唯識論1588、唯識二十論1590は同本異訳である。慧愷の跋文によれば、本訳と同時に義疏二巻を訳し、また真諦自身の注記二巻を撰したとあるが散逸して伝わらない。1590の項を参照。

【関連典籍】1588・1590・1591
【訳者・訳年代】陳の真諦*。

【参考文献】宇井伯寿『四訳対照唯識二十論研究』岩波書店、一九五三。


（橘川智昭）

1590 **唯識二十論**（ゆいしきにじゅうろん）

摧破邪山論ともいう。


【成立】五世紀頃。世親（ヴァスバンドゥ）の作。

【内容】一巻。唯識三十論頌1586とともに世親の唯識思想が表された書。形式的には頌とともに世親自らの長行釈が加えられているのが三十論頌1586と異なる点である。本書は、世親在世当時盛んだった外教・小乗等の心外実存の執見を破すことを主としたものであり、三十論頌が万有唯識の所以を明かす顕正であるのに対して破邪がその特徴である。よって世親の唯識学説は、この破邪・顕正の両論が相まって遺憾なく発揮されるという。構成と内容の概略は次のようである。一、唯識無境の宗を立てる。二、外教非無の難を釈す。(1)四事の難（処定難・時定難・相続不定難・有作用難）を決択する（第一～一四頌）。(2)現量の証を釈して憶持の執を破す（第一五、一六頌前半）。(3)夢を以て覚時に例する難を破す（第一六頌後半）。(4)二識成決定の難を釈す（第一七頌前半）。(5)夢と覚との造行の差の難を釈す（第一七頌後半）。(6)殺業等の難を釈す（第一八～一九頌）。(7)他心智の難を釈す（第二〇頌）。三、論を結ぶ（第二一頌）。

【後世への影響】後に有相唯識派の代表とされる護法（ダルマパーラ）等によって末注が作られた。また瑜伽論の十支の論の一つに数えられる。唯識論1588・大乗唯識論1589は異訳。

【関連典籍】1588・1589・1591
【訳者・訳年代】唐の玄奘*。

【参考文献】宇井伯寿『四訳対照唯識二十論研究』岩波書店、一九五三年。山口益・野沢静証『世親唯識の原典解明』法蔵館、一九五三年。訳一・瑜伽部七。


（橘川智昭）

1591 **成唯識宝生論**（じょうゆいしきほうしょうろん）

二十唯識順釈論ともいう。


【成立】六世紀。護法（ダルマパーラ）の作。

【内容】五巻。世親（ヴァスバンドゥ）の唯識二十論1590の末釈。外教・小乗の心外実存の執見を破す唯識二十論に対して、有相唯識派の代表である護法が注釈したもの。1590の項を参照。

【関連典籍】1588～1590・1834
【訳者・訳年代】唐の義浄*。

【参考文献】宇井伯寿「成唯識論宝生論研究」『名古屋大学文学部研究論集』VI。訳一・瑜伽部七。


（橘川智昭）

1592 **摂大乗論**（しょうだいじょうろん）

【成立】五世紀頃。無著（アサンガ）の作。

【内容】二巻。瑜伽行唯識学派の大成者である無著の作品。摂大乗論の漢訳には他に笈多・行矩等訳、真諦訳、玄奘訳があり、この内本訳は最古のもので晦渋な訳文となっている。また他訳では品や章を立てて内容を分割がされているがこの訳では分割されていない。1594の項を参照。
【関連典籍】1593～1598
【訳者・訳年代】北魏の仏陀扇多。
【参考文献】佐々木月樵『漢訳四本対照 摂大乗論 附西蔵訳摂大乗論』臨川書店、一九七七年。

（橘川智昭）


1593 **摂大乗論**（しょうだいじょうろん）

摂大乗論本ともいう。

【成立】五世紀頃。無著（アサンガ）の作。

【内容】三巻。題名は大乗の要義を包括した論という意味で、阿毘達磨大乗経に則り大乗のすぐれた点に十種あるとして、唯識思想に即して著された。仏陀扇多訳1592、玄奘訳1594などの異訳である。構成としては、一依止勝相品、二応知勝相品、三応知入勝相品、四入因果勝相品、五入因果修差別勝相品、六依戒学勝相品、七依心学勝相品、八依慧学勝相品、九学果寂滅勝相品、一〇智差別勝相品の計十品からなっており、第一の依止勝相品はさらに衆名品・相品・引証品・差別品に分かれる。本書を玄奘訳と比較すると、玄奘訳が第八阿頼耶識を諸法の根元の妄識とするのに対し、真諦訳では第八阿梨耶識を真妄和合識とみなしているなど、思想的に異なる系統に属するとされている。各品ごとの概略等は1594の項を参照。

【後世への影響】真諦が世親釈を加えて訳出し弘通に努めたことによって摂論宗が形成された。摂論宗は、第八識の真識を別開して第九菴摩羅識を立てたこと、如来蔵縁起の一乗思想に近い思想を有していたことなどが特徴として挙げることができる。唐代に入り、玄奘訳による法相宗が起こると、真諦訳を重視する旧訳家と玄奘訳による新訳家三乗家との間でさまざまな論争が生じた。

【関連典籍】1592・1594～1598
【訳者・訳年代】陳の真諦*。

【参考文献】佐々木月樵『漢訳四訳対照摂大乗論附西蔵訳摂大乗論』臨川書店、一九七七年。


（橘川智昭）

1594 **摂大乗論本**（しょうだいじょうろんほん）
摂大乗論本論ともいう。
【成立】五世紀頃。無著（アサンガ）の作。
【内容】三巻。題名は大乗の要義を包括した論という意味。阿毘達磨大乗経に則り大乗のすぐれた点に十種あるとして、唯識教義に即して著された。本書は阿毘達磨大乗経中の摂大乗品に注釈したものとされているが、そのような経は梵本にも知られず、また漢訳やチベット語等にも訳された形跡はなく、疑問ももたれている。特徴としては阿頼耶識の特質を考究し、それまでの諸経論の唯識説を初めて組織的にまとめあげたことである。なお本書は仏陀扇多訳1592、真諦訳1593などの異訳である。以下各品の内容を簡単に示す。〈一、総標綱要分〉序論総論にあたり、大乗教の十種のすぐれた点をあげる。〈二、所知依分〉以下十分は各論にあたる。この分は一切諸法の根本原因（所知依）である種子を蔵する阿頼耶識について解明する。〈三、所知相分〉三自性すなわち遍計所執相・依他起相・円成実相を明かす。〈四、入所知相分〉所知相である唯識三自性中道の理に正しく悟入することについて説く。〈五、彼入因果相分〉唯識性（彼）に入る因と果との六波羅蜜行を解説する。〈六、彼修差別分〉唯識性に悟入する六波羅蜜行の階梯である菩薩の十地を明かす。〈七、増上戒学分〉以下三分は三学（戒・定・慧）を説く。この分は戒律によって学ぶ戒学を説く。〈八、増上心学分〉内心すなわち禅定について。〈九、増上慧学分〉禅戒二学の結果としての無分別智（慧）の獲得。〈十、果断分〉仏果における煩悩・所知の二障の棄捨（断）、不住涅槃。〈十一、彼果智分〉ここでは仏陀論すなわち仏の三身説および浄土説を説く。以上の形式を見ると、特に第一総標綱要分と第二所知依分とに分けている点は真諦訳が一つにまとめて釈依止勝相分とするのと異なっており、また各品が以前の訳に比べて細分化されていないのが特徴といえる。

【後世への影響】本書は古来法相宗の六経十一論、瑜伽の十支の一つとされている。この訳がなされた時代には、すでに本書の真諦訳によって摂論宗が形成されていた。しかし唐代にこの摂大乗論本は玄奘によって世親釈、無性釈とともに訳された。玄奘の弟子で法相宗の祖である慈恩大師基は、その著・瑜伽師地論略纂1829・成唯識論述記1830・成唯識論掌中枢要1831・大乗法苑義林章1861などにおいて摂大乗論を引用し、また摂大乗論抄十巻を作ったとされ（逸亡）、第二祖淄州大師慧沼、第三祖撲揚大師智周も成唯識論を釈するにあたって摂大乗論に典拠を求めており、解深密経0676、瑜伽師地論1579、成唯識論1585などとともに法相宗において重んじられた。摂論宗が一乗思想的な解釈を有するのに対して、法相宗は三乗思想を主張するなどさまざまな面での異なりがあり、新旧両訳の論争が生じた。1593・1598の項を参照。

【関連典籍】1592・1593・1595〜1598

【訳者・訳年代】唐の玄奘*。

【参考文献】佐々木月樵『漢訳四本対照　摂大乗論　附西蔵訳摂大乗論』臨川書店、一九七七年。長尾雅人『インド古典叢書　摂大乗論　和訳と注解　上、下』講談社、一九八二年、一九八七年。訳大・論部一〇。訳一・瑜伽部八。

（橘川智昭）

1595 **摂大乗論釈**（しょうだいじょうろんしゃく）

説大乗論、摂大乗釈論、摂大乗論釈論ともいう。

【成立】五世紀頃。著者は世親（ヴァスバンドゥ）。

【内容】十五巻。無著（アサンガ）の摂大乗論1593に対して弟の世親が注釈し、真諦によって漢訳された。世親釈としては他に笈多・行矩等訳1596、玄奘訳1597があるが、これは第一訳である。他の二訳と比較すると、本論がより細分されて注釈されており、また分量的にもはるかに長大である。この原因としては、他に十二巻本のあったことが記録に残っていること、この十五巻本の末尾に「三蔵法師翻講論竟」とあることなどから、現存しない十二巻本が純粋な翻訳で、こちらは訳者自身の講義などが加えられた可能性のあることが指摘されている。本書の品、章の名称は次の通りである。一、釈依止勝相品（1）衆名品（無等聖教章・十義次第章・衆名章）（2）相品（相章・熏習章・不一不異章・更互為因果章・因果別不別章・縁生章・四縁章）（3）釈引証品（煩悩不浄章・業不浄章・生不浄章・世間浄章・出世間浄章・順道理章）（4）釈差別品（言説章・我見章・有分章・引生章・果報章・縁相章・相貌章）二、釈応知勝相品（相章・差別章・分別章・顕了意依章）三、釈応知入勝相品（正入相章・能入人章・入境界章・入位章・入方便道章・入資糧章・入資糧果章・二智用章・二智依止章・二智差別章）四、釈入因果勝相品（因果位勝・成立六数章・相章・次第章・立名章・修習章・差別章・摂章・対治章・功徳章・互顕章）五、釈入因果修差別勝相品（対治章・立名章・得相章・修相章・修時章）六、釈依戒学勝相品　七、釈依心学処勝相品　八、釈依慧学差別勝相品　九、釈学果寂滅勝相品　十、釈智差別勝相品。このように第一〜第五品において本論よりも章立てが細分化されており、また玄奘訳の方で最初の二品が総標綱要分と所知依分とに分けられているのに対し本書では釈依止勝相品のみになっていることなどが形式上の顕著な違いになっている。チベット訳諸本では十種の相について順を追って説明するのみであることから、品章の分段のないのが本来の姿ではないかとされる。各品ごとの概要は1594の項を参照。思想的に見てみると、阿梨耶識のみを種子から生ずる依他法とし前七識は分別性であり阿梨耶識の変異とする説等、玄奘訳には説かれない箇所が見いだされ、それぞれ異なった系統に属するものとされる。

【後世への影響】真諦訳の摂大乗論1593と同釈1595とは中国において摂論宗を形成し、盛んに注釈が著されたが今日では散逸して伝わらない。日本には普寂の摂大乗論略疏2269が残っており、この真諦訳摂大乗論釈を重視している。
【関連典籍】1592〜1594・1596・1597・2269
【訳者・訳年代】陳の真諦＊。
【参考文献】佐々木月樵『漢訳四本対照　摂大乗論　附西蔵訳摂大乗論』臨川書店、一九七七年。長尾雅人『インド古典叢書　摂大乗論　和訳と注解上、下』講談社、一九八二年、一九八七年。訳一・瑜伽部九。

（橘川智昭）

1596 **摂大乗論釈論**（しょうだいじょうろんしゃくろん）

摂大乗論釈ともいう。

【成立】五世紀頃。著者は世親（ヴァスバンドゥ）。

【内容】十巻。無著の摂大乗論1592に対する弟世親の注釈。世親釈としては他に真諦訳1595・玄奘訳1597があり、本訳は第二訳にあたる。また本論のみの訳はないがこの資料から抽出できるので、本論としては仏陀扇多訳1592・真諦訳1593に次いで第三訳になる。分科は真諦訳に近く内容の上からは玄奘訳に近いとされ、原梵文を考える上で資する点が多いといわれる。1594の項を参照。

【関連典籍】1592〜1595・1597・1598
【訳者・訳年代】隋の笈多・行矩等。


（橘川智昭）

1597 **摂大乗論釈**（しょうだいじょうろんしゃく）

摂大乗論世親釈、世親摂論ともいう。

【成立】五世紀頃。著者は世親（ヴァスバンドゥ）。

【内容】十巻。無著（アサンガ）の摂大乗論1592に弟の世親が注釈したもの。世親釈の訳としては他に真諦訳1595・笈多・行矩等訳1596があり、最後の第三訳にあたる。分科は品名を立てるのみで細分化されておらず、内容的には1596に近いとされる。1595に説かれる内容が説かれていないなど、思想的に異なっており、本書は成唯識論1585を中心とする新訳唯識宗によって無性釈1598とともに証文として依用された。分科、摂大乗論の概略等は1594の項を参照。

【後世への影響】太賢などが本書の注釈を著したとされるが古くから伝わらない。

【関連典籍】1592〜1596・1598
【訳者・訳年代】唐の玄奘＊。

【参考文献】長尾雅人『インド古典叢書　摂大乗論　和訳と注解　上、下』講談社、一九八二年、一九八七年。〈訳一〉瑜伽部八。


（橘川智昭）

1598 **摂大乗論釈**（しょうだいじょうろんしゃく）

摂大乗論無性釈。無性摂論ともいう。

【成立】五、六世紀頃。著者は無性（アスヴァバーバ）。

【内容】十巻。無著（アサンガ）の摂大乗論1592を随文解釈したもの。玄奘訳世親釈1597と比較すれば、かなり精細な釈がなされている。特に総標綱要分中の十相殊勝殊勝語の大意、所知依分中の声聞乗に阿頼耶識を説かない理由および諸師の阿頼耶識に関する異説、所知相分中の仏二十一種の功徳および十一業差別、入所知相分中の声聞菩薩の現観十一種差別、果断分中の法身の功徳を釈した文などは詳細に解説されている。また本書の中には大般若経0220、梵網経1484、瑜伽師地論摂決択分1579、掌中論1621をはじめ多数の経論を引用し、また毘婆沙師、経部、上座部、説一切有部その他の説もあげ、さらには文法上の解釈にまで及んでいる。陳那の掌中論1621を引用していることから、無性が陳那の系統であるとされ、本書を通じて瑜伽行唯識派の有力な学者であったことが明らかである。

【後世への影響】玄奘訳の成唯識論1585には本書による所が多く、慈恩大師基の述記等にも多く引用され、法相宗では世親釈よりも重んじられた。また智儼、神廓、太賢などが注釈を著したとされるが現存しない。

【関連典籍】1592〜1597
【訳者・訳年代】唐の玄奘＊。

【参考文献】片野道雄『インド仏教における唯識思想の研究　―無性造「摂大乗論註」所知相章の解読―』文栄堂書店、一九七五年。〈訳一〉瑜伽部八。

（橘川智昭）

1599 **中辺分別論**（ちゅうへんふんべつろん）

【成立】五世紀頃。著者は天親（世親・ヴァスバンドゥ）。

【内容】二巻。中道と辺（極端）とを顕示する論という意味。頌の部分は弥勒作と伝えられ、これに世親が注釈したもの。虚妄分別・空性が存在するから空でもなく所取・能取が存在しないから不空でもないという非空非不空の中道を唯識思想にもとづいて説くことが中心内容となっている。各品の内容は次のようである。一、相品　空性と唯識説の理論を述べる。凡夫衆生の虚妄分別の相および虚妄分別の能取所取の畢竟空などを説く。二、障品　空真如を証して解脱、法身に到達する障となるべき種々の法を説く。三、真実品　修行者が証知するべき十種の真実を説明する。四、対治修習品　三乗の者の三十七道品の実際的修習を説く。五、修習品　三乗の者の修習位を因位乃至作事位の十八種とし、この十八位を総括して不浄位住・不浄浄位住・清浄位住の三種とする。六、得果品　修行によって得た境地を明かす。七、無上乗品　大乗が無上の教えである所以を修行無上・境界無上・集起無上の三種の面から説明する。他に玄奘訳1600があるが、玄奘訳の頌の部分が本書では長行になっているなど、全体の頌の数が少ない。また本書は護法（ダルマパーラ）以前の思想によるものであり、思想的にも玄奘訳と多少の相違がある。

【後世への影響】インドでは安慧（スティラマティ）が注釈を残している。また訳者真諦自身の注釈も著されたとされ（逸亡）、中国においては本訳に対し吉蔵、僧弁、元暁など注を著したが、この内現存するのは元暁釈で巻三のみである。また本書は新訳ができて以後多く新訳によって研究され注釈され、玄応、玄範、基、道証、太賢などが注釈を著したとされる。法相宗における六経十一論の一つ、あるいは弥勒の五部大論、瑜伽の十支の一つにあげられる。

【関連典籍】1600・1601・1835

【訳者・訳年代】陳の真諦＊。

【参考文献】山口益『訳註　安慧阿遮梨造中辺分別論釈疏』破塵閣書房、一九三五年。

（橘川智昭）

1600 **弁中辺論**（べんちゅうへんろん）

中辺論ともいう。

【成立】五世紀頃。著者は世親（ヴァスバンドゥ）。

【内容】二巻。頌の部分は弥勒（マイトレーヤ）作と伝えられ、これに世親が注釈したもの。中道と辺（極端）とを顕示する論という意味で、中道を唯識思想にもとづいて説くことが中心内容となっている。真諦訳になる中辺分別論1599の異訳である。本訳の品名は、一、弁相品　二、弁障品　三、弁真実品　四、弁修対治品　五、弁修分位品　六、弁得果品　七、弁無上果品　となっている。ただ第三十三偈の前半と後半の間の二頌および第百五偈以下の三頌の箇所が真諦訳に見いだされないなど相違する部分もある。また本書は護法（ダルマパーラ）以後の思想によるものであり、思想的にも真諦訳と多少の相違がある。本書の概要その他は1599の項を参照。

【後世への影響】インドでは安慧（スティラマティ）が注釈を残している。また中国においては真諦訳に対して吉蔵、僧弁、元暁などが注を著した。そしてこの玄奘訳ができて以後は多く本訳によって研究され注釈され、玄応、玄範、基、道証、太賢などが注釈を著した。法相宗における六経十一論の一つ、あるいは弥勒の五部大論、瑜伽の十支にあげられる。

【関連典籍】1599・1601・1835

【訳者・訳年代】唐の玄奘＊。

【参考文献】山口益『訳註安慧阿遮梨造中辺

分別論釈疏』破塵閣書房、一九三五年。訳一・瑜伽部一二。

（橘川智昭）

1601 **弁中辺論頌**（べんちゅうへんろんじゅ）

中辺頌ともいう。

【成立】四、五世紀頃。著者は弥勒（マイトレーヤ）。

【内容】一巻。弁中辺論1600から頌の部分のみ玄奘が別訳し一巻としたもの。弁中辺論は世親（ヴァスバンドゥ）の作であるが、頌は弥勒に帰せられている。これはチベット訳資料にも同じように扱われている。ただ無著（アサンガ）・世親以前に弥勒に帰せられる教説が存在したとしても弥勒を史的人物とみなすかどうかについては学界で異説がある。本論頌は七品百十三頌からなる。第一頌……総序。第二～二三頌……弁相品。第二四～四〇頌……弁障品。第四一～六三頌……弁真実品。第六四～七七頌……弁修対治品。第七八～八一頌……弁修分位品。第八二、八三頌……弁得果品。第八四～一一三頌……弁無上乗品。各品の概略等は1599の項を参照。

【関連典籍】1599・1600・1835。チベット訳も現存する。

【訳者・訳年代】唐の玄奘＊。

【参考文献】勝呂信静『初期唯識思想の研究』春秋社、一九八九年。訳一・瑜伽部十二。

（橘川智昭）

1602 **顕揚聖教論**（けんようしょうぎょうろん）

総苞衆義論、顕揚論ともいう。

【成立】五世紀頃。著者は無著（アサンガ）とされるが、頌の部分が無著、長行が世親（ヴァスバンドゥ）という説もある。

【内容】二十巻。瑜伽師地論1579の要旨を表した書。梵本、チベット訳は現存しない。内容は次の十三品からなる。一、摂事品　一切（心・心所・色・不相応、無為の五位百六法）、界（三界・三千世界）、雑染（煩悩・業・生の三業）、諦（世俗・勝義・苦・集・滅・道の六諦）等の九事の総標。二、摂浄義品　清浄の義、世俗諦・勝義諦、十二分教、十六異論（外教説）、七種論法（因明）その他を明かす。三、成善巧品　七種善巧（蘊・界・処・縁起・処非処・根・諦）、七種の愚（身者愚・等起愚等）などを説く。四、成無常品　無常の義、無常の性に悟入する念住等の行などを説く。五、成苦品　三苦乃至五十五苦等を説き、苦を了知する十八種の智（信遍智等）を明かす。六、成空品　三相（自相・甚深相・差別相）によって空の義を明かして即蘊離蘊等の我を破し、観空の智と十四種の縛と六種の相縛その他を説く。七、成無性品　三性（遍計所執性・依他起性・円成実性）三無性（相無性・生無性・勝義無性）の理を述べて法空の義を明らかにし、また熏習の義を説く。八、成現観品　修入の観を明かす。九、成瑜伽品　具に瑜伽の義を述べる。一〇、成不思議品　九事（我・有情・世界等）をあげて不可思議の義を説く。一一、摂勝決択品　心王、阿頼耶識、心所、不相応行、色、六因四縁、十一依処、五果、八種無為などの義を明かし、二十種の煩悩現行の相その他を説く。初めの帰敬頌によって瑜伽師地論1579の要義を顕揚したものであることは明らかであるが、その他巻九、一〇の外教十六異論の説、巻一一の因明処の説、巻一七の阿頼耶識証成の説など瑜伽師地論に一致する箇所があり、また瑜伽論の要旨を述べたものとみなすことができる箇所が随所に見いだされる。しかし他方では瑜伽論の教義を組織し直したと見られ、さらに大乗荘厳経論等の説にもとづいたと見られるところもあるとされる。また本書は無著の作とされるが、宇井伯寿博士によって本書の頌のみが無著の作で釈の部分が世親の作であるとの見解を示された。すなわち真諦訳の三無性論1617に本書の成無性品の長行の部分のみが相当しており、そして三無性論は同じく真諦の顕識論1618、転識論1587とともに無相論の一部であると種々の点から証明されること、転識論が唯識三十論頌1586の同品異訳で世親作であることなどから、三無性論と顕揚論成無性品の釈とが世親作であるというものである。ただし内容的に頌よりも長行の方が先行している面があることも指摘され、一概に断定できないように思われる。

【関連典籍】1579・1603・三無性論1617。

【後世への影響】中国において、神泰、基など、また新羅において太賢などが注疏を作ったとされるが伝わらない。

【訳者・訳年代】唐の玄奘＊。

【参考文献】宇井伯寿『印度哲学研究第六』岩波書店、一九六五年。

（橘川智昭）

1603 **顕揚聖教論頌**（けんようしょうぎょうろんじゅ）

総苞衆義論、顕揚論ともいう。

【成立】五世紀頃。著者は無著（アサンガ）。

【内容】一巻。瑜伽師地論1579の要旨を表した書で、梵本、チベット訳は現存しない。摂事品、摂浄義品、成善巧品、成無常品、成苦品、成空品、成無性品、成現観品、成瑜伽品、成不思議品、摂勝決択品　の合計十一品二百五十二頌半からなる。1602の項を参照。

【関連典籍】1602

【訳者・訳年代】唐の玄奘＊。

（橘川智昭）

1604 **大乗荘厳経論**（だいじょうしょうごんきょうろん）

大乗荘厳論、大荘厳論、荘厳論　荘厳体義論ともいう。

【成立】五世紀頃。本訳は無著（アサンガ）とされるが、成唯識論了義灯1832、解深密経疏等では頌が弥勒（マイトレーヤ）の作で釈が世親（ヴァスバンドゥ）の作と記されている。

【内容】十三巻。菩薩の修習すべき諸種の法門等を解説したもの。以下の二十四品からなる。一、縁起品　本論は苦の衆生を救済し、信向等の五義によって大乗教を荘厳して、大乗の心を発起させるものであることを説く。二、成宗品　八因をあげて大乗が真の仏説であることを論証する。三、帰依品　大乗の帰依が勝れていることを述べる。四、種性品　種性の位の差別、無性位等を説く。五、発心品　菩薩の発心の相、差別および譬喩、不発心の過失、発心の賛嘆等を説く。六、二利品　自利・利他を説き、利他の勝れていること、四種の随順大を説く。。七、真実品　第一義の相、生死即涅槃、菩薩の五位を明かす。八、神通品　神通の自性、修習、得果等を明かす。九、成熟品　菩薩の成熟、衆生の成熟等を説く。一〇、菩提品　菩薩の成就する一切種智は仏身の体であることを述べ、また無常帰依、如来の転依の相および功徳の差別、如来事業恒無功用、無漏法界甚深、諸仏の変化その他を説く。一一、相信品　信の相の種種差別および障難を説き、また信の功徳を歎じ、下劣心を遮す。一二、述求品　信によって起こる求法、求縁、求作意、求真実義、求智、求染浄、求唯識、求諸相その他を説く。一三、弘法品　菩薩は法慳を遮して弘法するべきであることを説き、また説法の差別、成就、語、字、義の成就、説法大、説法節、説法意、受持大乗および説法の功徳等をあげる。一四、随修品　菩薩の随法の修行に知義、知法、随法、同得、随行を明かし、四種不放逸輪、煩悩および出煩悩、遠離二乗心その他の諸義があることを明かす。一五、教授品　如来の教授およびこれを蒙る菩薩の六種の心、十一種の作意、九種の住心等を説く。一六、業伴品　菩薩は救他、自護、清浄の業方便をもってその伴とする。一七、度摂品　業の聚集するところの六波羅密およびその相・次第等を説く。一八、供養品　供養の差別を説く。一九、親近品　善知識への親近を説く。二〇、梵住品　慈悲喜捨の四無量は菩薩が修するべき法であることを明かし、その下に行、種、差別、得果、障礙、過失、並びに大悲の所縁、得果、不住、功徳、差別その他の事を説く。二一、覚分品　菩薩の羞相を生じないこと、四無礙解、三十七道品、止観、五種巧方便、三三昧、大乗の四法印等を説く。二二、功徳品　菩薩の行の希有、果の希有非希有、平等心、七饒益、六種報恩、五種希望、四種不空果、六種正行、大乗の七大義、大乗を総摂する八法などを説く。二三、行住品、菩薩の五種相、五種極大心その他を説く。二四、敬仏品　如来の無量・三処・無諍・願智・無礙等の勝功徳を賛美する。

以上の品名は瑜伽師地論1579菩薩地と一致し、本書は菩薩地にもとづいて述作されたものと見られている。だが大乗非仏説の非難に応えて大乗仏説を論証している点（成宗品）、一切衆生悉有仏性、如来蔵大我を説く点（菩提品）、迷悟不二を説く点（述求品）など重要な教義を有しており、特に瑜伽師地論には現れていない如来蔵思想の影響を顕著にとどめていることは注目すべきものとされる。

【関連典籍】梵本 S. Lévi, Asaṅga, Mahāyānasūtrālaṃkāra, exposé de la doctrine du grand véhicule, selon le système Yogācāra, tome 1, Texte, Paris 1907. チベット訳 Peking No. 5521, 5527. 安慧釈・無性釈はチベット訳のみ（5531, 5530）。

【後世への影響】インドでは安慧（スティラマティ）、無性（アスヴァバーバ）などが注釈を著した。中国では慧浄の注釈が存したと伝えられるのみである。六経十一論、瑜伽の十支に数えられる。

【訳者・訳年代】唐の波羅頗蜜多羅＊。

【参考文献】宇井伯寿『大乗荘厳経論研究』岩波書店、一九六一年。新大・瑜伽・唯識部十二。訳一・瑜伽部十二。

（橘川智昭）

1605 **大乗阿毘達磨集論**（だいじょうあびだつましゅうろん）

阿毘達磨集論、集論、対法論ともいう。

【成立】五世紀頃。著者は無著（アサンガ）。

【内容】七巻。大乗阿毘達磨の要項を集めて解釈したもの。本地分、決択分の二分を立て、本地分に三法品・摂品・相応品・成就品の四品、決択分に諦品・法品・得品・論議品の四品を分ける。本書は大乗阿毘達磨雑集論1606によれば大乗阿毘達磨経の諸思択分を遍摂したものとされるが、本書の本地分、決択分の二分は瑜伽師地論1579の本地分、摂決択分より取ったものであり、教義解釈においても、三法品中の有色無色乃至有上無常等の義門をはじめとして瑜伽師地論、顕揚聖教論1602に一致する箇所があることから、顕揚論とともに瑜伽師地論の綱要を記述したものとみなされる。

【関連典籍】1606。梵本・チベット訳も現存する。

【後世への影響】インドでは安慧（スティラマティ）などが注釈を著した。中国では安慧の注釈（阿毘達磨雑集論1606）に対し基、玄範などが注釈を著した。法相宗において安慧の雑集論は六経十一論、瑜伽の十支に数えられる。

【訳者・訳年代】唐の玄奘＊。

（橘川智昭）

1606 **大乗阿毘達磨雑集論**（だいじょうあびだつまぞうしゅうろん）

阿毘達磨雑集論、雑集論、対法論ともいう。

【成立】六世紀頃。著者は安慧（スティラマティ）。

【内容】十六巻。無著（アサンガ）の大乗阿毘達磨集論1605を随文解釈したもの。本書は集論とこれに対する師子覚の釈とを参糅したものとされている。巻一～五前半に三法品、巻五後半に摂品・相応品・成就品、巻六～一〇に諦品、巻一一・一二に法品、巻一三・一四に得品、巻一五・一六に論品を釈している。

【後世への影響】中国では基が大乗阿毘達磨雑集論述記、玄範が大乗阿毘達磨雑集論疏を作った。六経一一論、瑜伽の十支に数えられる。

【関連典籍】1606。チベット訳も存する。

【訳者・訳年代】唐の玄奘＊。

【参考文献】訳一・瑜伽部十。

（橘川智昭）

1607 **六門教授習定論**（ろくもんきょうじゅしゅうじょうろん）

習定論ともいう。

【成立】本頌は無著（アサンガ）、長行（散文）釈は実弟の世親（ヴァスバンドゥ）の作。

【内容】一巻。無著が作成した三十七頌が本論であり、それに世親が釈を加えて一書の体裁を為したもの。始めの一頌で六門はそれぞれ①解脱を求める人、②勝行の資糧、③禅定の内容、④三種円満、⑤禅定の分類、⑥修定の人、についてであることを明かし、この六門によって最も勝れた禅定に関して論じてあるために、本論の名前が付いている。安慧が梵文唯識三十頌釈の最後に本論の第三頌を引用していることから、インドの瑜伽行派内においても禅定のテキストとして重要視されていたということが解る。

【訳者・訳年代】唐の義浄＊（AD703）。

【参考文献】宇井伯寿『大乗仏典の研究』

（村田達央）

1608 **業成就論**（ごうじょうじゅろん）

【成立】四～五世紀。著者は世親（ヴァスバンドゥ）。

【内容】一巻。本論は大乗成業論1609の異訳。世親の経量部時代の名残を留めており、諸部派の業説を批判している。世親自身は瑜伽行派のアーラヤ識の種子説を中心とした相続転変による業の成立を説く。その内容は有情は五趣四生に生死流転するといわれているが、その輪廻の主体はどのようなものなのかという問題について論じている。その際に説一切有部等の見解を挙げて批判し、瑜伽行派のアーラヤ識の存在論証を行う。

【関連典籍】1609

【訳者・訳年代】東魏の毘目智仙＊・瞿曇流支、釈曇林等の共訳（AD541）。

（村田達央）

1609 **大乗成業論**（だいじょうじょうごうろん）

成業論ともいう。

【成立】著者は世親（ヴァスバンドゥ）。

【内容】一巻。本書は、業の問題を論ずる小論であるが、同じ世親の倶舎論1558・第四章における業論よりも、さらに説一切有部の立場を離れて、唯識説に近づいたものとなっている。そして、阿頼耶識の存在を認めることによって、身・口・意の三業の現象が説明されうることを論証している。経量部的な色彩が濃く、世親が小乗から大乗に移る過渡期の思想を伝えたものとして貴重な書といいうる。

まず、異熟識の説示がある。経典に基づく証明として、解深密経0676を引用している。続けて、理論による証明として、もしもその異熟識を認めないなら、他の如何なるものが身体を維持するのか、と問い、必ず存在すると認めなければならないと答える。次に異熟識の別名として、有分識と根本識というのを挙げる。この異熟識の所縁（認識対象）と行相（認識作用）とは、知覚されないほどに微細であるとする。その異熟識は、五取蘊の内でどこに属するかというと、識である。識とは六識身である。では、異熟識と六識との同時生起に問題がないかというと、何の過失もないとする。むしろ異熟識の存在を認めないならば、さまざまな過失に堕るから、必ず異熟識は認められなければならない。反対者が、ではなぜ、我（アートマン）という実体を六識の所依と認めないのかといえば、所依となる実体を認めれば「一切法は無我である」という教えに違うことになる。したがってさまざまな思（意思作用）によって熏習せられた阿頼耶識より後世において果が生起するのであって、身業と口業とから果が生起するのではないと答える。

次に、業の説示がある。反対者は問う。もし身業と口業を認めないならば、三種の業を説く意味は何か。これに答えて、「三業あり」という説示は、なすべきことが多くあると恐怖を抱く人々に、十善道は三業におさめられることを説示するためであるという。つづいて身業の本質は思であるとする世親の業説が述べられる。業をなそうとする人の意が現象として現われたものが業である。身を動作せしめる「思」を身業という。この思は、動作をなすから、その本性として業であり、善趣と悪趣との二趣への道であるから、業道という。あるいは動作する身が業道である。また、語業について、語とは言葉であり、特別の音声を本質とし、これによって対象が何であるかを了解せしめる。語業の業とは、かの語を発する思である。さらに、意業について、意とは識である。我と我所と思量されるから、また他生と境とに趣くから意といわれる。

次に、律儀・非律儀との関係を説いて、最後に眼などの業が説かれない理由について、次のように述べる。その理由は、ここでは修行の業のみを説こうとするためであり、諸法の作用の業を説くのではないからである。では修行の業とは何か。それは作者の意(こころ)にしたがって造作されたものである。作用の業とは何か。それは眼などのそれぞれの力能のことであるという。

【関連典籍】顕揚聖教論1602、顕揚聖教論頌1603、1608。

【後世への影響】日本では寛政十年(AD1798)隆山による『大乗成業論文林鈔』が出された。

【訳者・訳年代】唐の玄奘(げんじょう)＊(AD651)。

(笠井　哲)

1610 **仏性論**(ぶっしょうろん)

【成立】天親(てんしん)(世親(せしん)・ヴァスバンドゥ)が仏性および如来蔵の意味を明らかにした論書である。

【内容】四巻。縁起分・破執分(三品)・顕体分(三品)・弁相分(十品)の四分十六品から成立している。第一の縁起分では、仏が「一切衆生悉有仏性(いっさいしゅじょうしつうぶっしょう)」と説く理由を説明している。第二の破執分においては〈破小乗執品第一中〉空を仏性となして、一切の凡聖は空を本とするから「一切衆生悉有仏性」と説く分別部と、生得の仏性を認めずに修得の仏性のみを立てて「悉有仏性」を許さない薩婆(さつば)多部(たぶ)との両主張を戦わせて、一切衆生皆悉仏性本有であることを論証する。〈破外道品第二中〉仏性を知らないで自性を立てるヴァイシェーシカおよびサーンキヤを破して、一切諸法には実の自性はなく、ただ真実の空のみがその体性であることを明かす。〈破大乗見品第三〉一切法は皆俗諦によるから無であると偏執するものを破して、分別・依他の二性に約し、俗諦・真諦いずれにあっても、決して有無でないことを明かす。第三の顕体分は、仏性の本質を論じており、三因と三性と如来蔵との三品に分かれている。仏性の本質を三因(応得因・加行因・円満因)および三種性(住自性性、引出性、至得性)によって規定し、三性・五法・三無性との関係に及び、さらに如来像の三義(所摂蔵・隠覆蔵・能摂蔵)を論じている。第四の弁相分は、仏性の特相を如来蔵の十相(自体相・因相・果相・事態相・総摂相・分別相・階位相・遍満相・無変異相・無差別相)から説明している。

本書では、仏性は二空所顕の真如であるという定義があり、それは法身とも如来性とも如来像とも称される。しかも顕体分に示されたように仏性は、三無性三自性を摂し尽くすのだから、仏性は三性三無性を説く唯識観によって達せられた空であり真如である。またこのことは、心識論の面からも証明しうる。すなわち仏性の変無異を論ずる際、法身が能執所執の二辺を離れていることを説き、そうできるのは意識によって唯識智を生ずることによるという。その唯識智は、境が無体であると知る智である。したがって意識は生じないから、唯識智もまた生じないことによって、能所の二執を離れうる。ゆえに法身は、意識を滅し唯識智も滅した無分別の境地である。そこには心も意も識も起こりえないはずである。これは、法身転依の無分別を説明するにあたり、無上依経(むじょうえきょう)の「無生無滅の法の中においては心・意および識は決して生じない」という文を論主が援用したからである。このように、仏性如来蔵は唯識観によって到達された境界であるから、如来蔵説と唯識説との間には必然的な関係がある。したがって天親において、唯識思想と如来蔵思想とは別個な無関係の思想ではない。彼において如来蔵思想は、唯識思想の究極のものとして統一されていたと考えられる。それゆえ、彼の唯識説を理解する際にも、それは注意すべき事実である。

現存の仏性論中には、天親作のものの他に真諦の解釈も入っている。真諦は本書の訳出と同時に、仏性義三巻をも著したといわれている。しかし仏性義が現存しないので、これと仏性論中の解釈との関係については明らかでないのである。

【関連典籍】究竟一乗宝性論1611。

【訳者・訳年代】陳の真諦＊。

（笠井　哲）

1611 **究竟一乗宝性論**（くきょういちじょうほうしょうろん）

一乗宝性論、宝性論、宝性分別七乗増上論ともいう。

【成立】堅慧（シッチラマティ）の作とする説と弥勒（マイトレーヤ）の作とする説があるが、現在一般には前者が有力である。

【内容】四巻。如来蔵思想を組織的に説いた論書。十一品から成立しており、初めに偈頌で各品の大綱を出し、次に長行においてこれを解釈している。〈教化品第一〉謗法者に対して成仏を許さない傾向があるが、仏の慈悲心は極悪罪の衆生にも自在であるとして成仏の可能性を与える。〈仏宝品第二〉自覚覚他円満の仏を称す。〈法宝品第三〉「清浄無塵垢」「普照諸世間」といって、法を讃す。〈僧宝品第四〉「正覚正知者」たる僧を誉める。そうして三宝に今敬礼する理由を述べる。〈一切衆生有如来蔵品第五〉自問自答して、一切衆生界は諸仏の智を離れないから、皆如来蔵を有するという。〈無量煩悩所纏品第六〉華仏、蜂蜜、糩実、糞金、地宝、果芽、衣像、女王、模像の九喩を以て、如来蔵は煩悩に覆い隠されているが、この煩悩を打開する時には、必ず顕発するものであるという。ここに多くの経が一切空を説いているのに対して、本書が何故に真如仏性の有を主張するかという問題が起こる。〈為何義説品第七〉はこの疑問に答えて、五種の過を遠離するために仏性有りと説くのだという〈身転清浄成菩提品第八〉〈如来功徳品第九〉〈自然不休息仏業品第十〉〈校量信功徳品第十一〉の四品は、如来蔵自性清浄心を説明したものである。

本書は、世親（ヴァスバンドゥ）の仏性論1610とともに「一乗仏性」を主張するものの根拠とされたものであるが、仏性の普遍を説くに五功徳あり、これを説かない時は五過失ありといって、悉有仏性の説かるべきを力説し、この仏性に十義を開いて、仏性に無限の力用を認めた。これは、十仏性といって、その後の一乗家が喜んで引証したものである。本論で注目すべきは、①入寂の二乗が三界外において変易身を受くという思想と、②一闡提にも仏性があるから、終局は成仏するという思想である。三乗家が無性有情と二乗とを成仏せしめざるに対して、前者は、入寂の二乗にも余身があるから、回心向大することができるというためであり、後者は無性有情の一闡提を悉有仏性の立場に立って、終にこれを成仏せしめんためである。また、華厳経0279に基づいて、一闡提の如き邪見のものの身中にも、如来の日輪ありといって、その成仏しうるべきを提唱するのは、著しい思想である。そうであれば他の経において一闡提の不成を説くのはなぜかというと、本書はこれに対して、一闡提とは誹謗大乗を斥けるものであるとする。これを斥けるのは、誹謗の非を改めさせるために外ならない。一闡提にも仏性がある以上、無量時の間には成仏することは疑いない、というのである。これは、無量時による解釈法であって、後の一乗家が必ず依用するものである。こうして、本書は一切を成仏せしめたる点において、仏教思想上で、重要な位置を占めているということができる。

【関連典籍】1610、大方広仏華厳経0279、大般涅槃経0375。

【訳者・訳年代】北魏の勒那摩提＊。

（笠井　哲）

1612 **大乗五蘊論**（だいじょうごうんろん）

【成立】著者は世親（天親、ヴァスバンドゥ）。

【内容】一巻。五蘊とは仏教における存在の在り方を分類する方法の一つであって、五つの固まり、集合といった意味である。アビダルマ仏教においては諸法を分類するのに蘊・処・界の三科法を用いる。本論はこの小乗仏教の五蘊法に対して、大乗の五蘊法を明らかにし、大乗十二処十八界を併せて説いている。内容は最初に五蘊の名目（色、受、想、行、識の各要素）を出して、アビダルマ仏教の説一切有部（薩婆多）が五位七十五法の中有為七十二法を五蘊に分類するのに対して、大乗では五位百法の中有為九十四法を分類する。内訳は色蘊に五根五境無表色、受蘊に受心所、想蘊に想心所、行蘊に受想の心所を除く一切の心法と不相応行法等の六十七法、識蘊にアーラヤ識などの八識を収め、それぞれ大乗の五蘊の分類としている。

【関連典籍】1609

【訳者・訳年代】唐の玄奘＊（AD642）。

（村田達央）

1613 **大乗広五蘊論**（だいじょうこうごうんろん）

広五蘊論、大乗五蘊論ともいう。

【成立】AD470～550頃。著者は安慧。

【内容】一巻。五蘊十二処十八界を解釈したものでとくに五蘊を詳説している。あげられている法は、色蘊、四大種、眼根等の五根、声等の五境、無表色、受蘊、想蘊、行蘊、心法五遍行、五別境、善位十一法、四不定、触以下四十六心所法、五見、心不相応行、識蘊、これに第八阿頼耶識を説く。十二処、五無為、十八界等である。世親（ヴァスバンドゥ）の大乗五蘊論1612とほとんど同じ内容次第である。

【関連典籍】1612

【訳者・訳年代】唐の地婆訶羅＊。

（河村孝照）

1614 **大乗百法明門論**（だいじょうひゃっぽうみょうもんろん）

大乗百法明門論略録、百法明門論、百法論ともいう。

【成立】天親（世親・ヴァスバンドゥ）の作となっているが真偽は不明。

【内容】一巻。大乗瑜伽行派の百法をきわめて簡単に示したもの。百法は一切法を総摂する五位百法であるが、五位とは①心法・②心所有法・③色法・④心不相応行法・⑤無為法を指す。心法に前五識・第六意識・末那識・阿頼耶識の八法があり、心所有法に五遍行・五別境・十一善・六煩悩・二十随煩悩・四不定の五十一法を摂し、色法に眼等の五色根・色声等の五色境・法処所摂の色の十一法を摂し、心不相応行法に得・命根乃至不和合性の二十四法を摂し、無為法に霊空・択滅乃至真如の六為法を摂し、五位合計百法となる。本書は書き出しに、「如世尊言、一切法無我」の語を置き、これを説明して一切法とは五位百法をいうとして、上の百法の名目を挙げる。次に無我を説明して、補特伽羅無我・法無我の二であるとして、論を終っている。ゆえに本論だけでは百法・二無我の名目の列挙に過ぎず、さして役に立つものではない。しかし、瑜伽唯識系統の書で五位百法を一所にまとめて書いたものは本書だけであり、成唯識論1585のように教義を集大成した書にも百法の全部は挙げられていない。したがって有部の五位七十五法に対比して、法相の五位百法を知るには本書が唯一のものである。法相宗の入門書とされ、注疏も多く作られた。

【関連典籍】1836・1837・2810

【訳者・訳年代】唐の玄奘＊（AD648）。

（笠井　哲）

1615 **王法正理論**（おうぼうしょうりろん）

【成立】弥勒（マイトレーヤ）の作とされる。

【内容】一巻。仏が出愛王に説いた王者の踏むべき正しい道について述べたもの。第一に王の過失について、第二に王の功徳、第三に王威の衰え、第四に王威を揚げる方法、第五に王の愛すべきものについて説かれている。このうち第一の王の過失に九事を挙げ、第二の王の功徳もまた九事を挙げている。第三、第四、第五については各々五事を挙げている。さらに、六波羅蜜を説いて、王法に対して如何にすべきか、国土国民に対して如何にすべきか仏陀が説法している。なお本書は、瑜伽師地論1579巻六十一の別出である。

【関連典籍】1579

【訳者・訳年代】唐の玄奘＊（AD646）。

（笠井　哲）

1616 **十八空論**（じゅうはちくうろん）

【成立】天親（世親・ヴァスバンドゥ）の中辺分別論1599を註釈敷演したもので、著者は竜樹（ナーガールジュナ）となっているが、これは仮託に過ぎない。内容的にみて誤りであるし、かといって嘉祥大師吉蔵のように世親の著というのも正しくない。おそらく何人かの中辺分別論複注を真諦が訳したのであろう。

【内容】一巻。本書は、便宜上五節に分けて見るべきである。最初から此下第四分別空道理有三の以前までを第一節、以後、就此十六空作四科料簡の以前までを第二節、以後第三明唯識真実云々の以前までを第三節、以後、十勝智真実者有十種勝智云々の以前までを第四節、以下を第五節とする。第一節は、中辺分別論1599相品第一の第十六偈の下において、空の分別を説くためとしての十六空を述べるに相当して十八空を弁じている。第二節は、同論に続いて空の成理の理を述べるに相当して論じる。第三節は、本書にのみある部分で、以上の結論となっている。第四節は、中辺分別論真実品第三の十種真実の第九分破真実の下に七種真如を説く中の第三唯識真如に相当して論述するものである。第五節においては、其第十勝智真実の下に十種の邪執を対治することを説く中の第五までを述べている。

【関連典籍】1599

【訳者・訳年代】陳の真諦＊。

（笠井　哲）

1617 **三無性論**（さんむしょうろん）

【内容】二巻。護法（ダルマパーラ）の新唯識説以前の古唯識義によって、三性三無性の説を述べたもの。すべての存在の本性や状態のあり方を有無・仮実という点から三種に分けたのを三性といい、三性の各々が無自性空であることを示すのを三無性という。本書の内容は顕揚聖教論1602の成無性品と同一であって、成無性品の頌文を除いた釈論の部分のみの異訳である。両者の関係については玄奘が顕揚聖教論を訳出した時に知られている。しかし本書は唯識古義を説くものであるから、学説としては玄奘訳1602とは異なる。本書は意味上から十四章に分けられるといわれる。

〈第一〉三性三無性――総論であるが、この中に①論の目的を示す明用分と②三性の立名を説く相応分と③三性三無性の体相を明かす相分と④三性の成立の道理を述べる成立三性分とがある。〈第二〉分別性品類差別――以下は各論で、第一に分別性。ここでは分別性に六重、所分別自性に五種あることを説く。

〈第三〉分別性功用差別――八種の分別が三種の事類または事用をなすことを明かす。

〈第四〉相惑麁重惑――分別性が相惑と麁重惑との二種となることを説き、相惑は分別性、麁重惑は依他性をなすという。〈第五〉依他性成立差別――以下は各論の第二依他性。

〈第六〉依他性体相――依他性は相の類と麁重惑の類を体相となすもので、非有非無であり、俗有であって真有でないものであることを明かす。〈第七〉俗諦真諦――この真諦は、七種真如である。〈第八〉真実性真如――以下は各論の第三真実性。〈第九〉五相三相相摂――以下は各論の第四三性の相関悟入。

〈第十〉三性の事用を説く。〈第十一〉人法二執および転依を明かす。〈第十二〉不可思惟を説く。〈第十三〉四種道、四聖行と四種尋思と四種如実智と四種境界の四種道を明らかにして、究竟転依を得る基であることをわからせる。〈第十四〉二種転依――以下は各論第五究竟。声聞縁覚と菩薩との二種の転依を明かすものである。

本書のような古説と護法との学説上の違いがどこにあるのかといえば、根本的には護法が道理世俗諦に立って瑜伽行派の説を組織し、そのことにより従来勝義諦に立っていたのと異なるようになった点にある。この根本的立場の相異から、古説と新説が異なるようになるのは、一つには識の見方で、もう一つが三性三無性に関する学説である。三無性について、護法説では相生勝義の三無性は三性によって立てられるのであり、決して三無性によって三性を立てるのではない。だが古説ではむしろ三無性によって三性が立てられるとするのであり、少なくとも三無性は三性に属し、三性は三無性の性を有するもので、三性はそのまま三無性、三無性はすなわち三性であるとするのである。本書は、九識説における第九阿摩羅識建立の典拠の一つともされうる書である。また、三性三無性説が唯識説の最も重要な説である関係上、本書は古唯識研究上大きな意義を有しているといえる。

【関連典籍】顕揚聖教論1602。

【訳者・訳年代】陳の真諦＊。

（笠井　哲）

1618 **顕識論**（けんじきろん）

顕識品ともいう。

【内容】一巻。本書については、開元録2154第十二において、内題に顕識本という記され、現存本もそのようになっているし、また宮内省図書寮の旧宋版には、この論の最後に顕識竟るとあるから、明らかにこれは顕識品竟るの品を脱したものに外ならないことが推定される。同時に顕識品と称せられたこともわかる。これによって本書は、元来は無相論という大部の論中の一品であったのが、なんらかの事情で独立の一論として取り扱われるようになって、顕識論と称せられるようになったと考えられる。三無性論1617、転識論1587等も出無相論とあって、ともに無相論の一部をなしたことが明らかである。もし無相論なる一論が最初から全体として存していたと見るならば、唯識三十論頌1586の異訳である転識論と、顕揚聖教論1602成無性品（釈文）の異訳である三無性論と同様に世親（ヴァスバンドゥ）の作であると考えられる。

本書は、本文と釈文からなっているものであり、大体三部分に分けられる。本文は初めの第一部であり、釈文はさらに総釈と、逐字釈とに分けられる。第二部は総釈で、顕識者有九種一身識以下であって、第三部は逐字釈で、義疏九識答三合箇以下である。このうち、第一部本文の趣意は、「顕識は分別を起し、分別は熏習を起こし、熏習は顕識を起こす、故に生死輪転す」という一偈に存する。この偈は解節経0677にあるとされているが、現存の解節経にもまたその異訳解深密経0676にも見出されない。この偈中、顕識とは本識すなわち阿頼耶識を指しており、または果報識、種子識、九種の識ともいわれるもので、一切のものを顕わす識、または一切のものの顕われている識ということである。分別は、分別識で意識を指している。熏習は、この二識の間に行われるものであるから、本識が分別識を生ずるのが種子生現行、分別が熏習を起こすのが現行熏習子、また熏習は、熏習された点でいえば習気を指す。この習気は分別識を起こすものであるから、その起こす方面として見れば、直ちに種子と称しうる。したがって、熏習が顕識を起こすは、種子生種子にあたるということである。この一偈中の三句で、阿頼耶識縁起の綱要を示している。この一切は生死の輪転である。しかるに、熏習に染浄二方面がある。すなわち染汚清浄分の依他性が染汚分としてのみ現われた場合が生死輪転であり、これに反して清浄分としてのみ現われた場合が転依で、前者は分別性、後者は真実性である。第二部には、顕識の九種、分別識の二種、熏習の四方便（四善根）およびその広略種々の観が説かれている。第三部において、一切三界唯有識は、一切三界唯識の意味で、唯有識は真諦三蔵の訳語例である。さらに識の二種、熏習の二種を逐字釈する。なお本書は、「阿陀那」を「陀那」としているように、詭略されて変化した所がある。

【関連典籍】三無性論1617。

【訳者・訳年代】陳の真諦＊。

（笠井　哲）

1619 **無相思塵論**（むそうしじんろん）

思塵論ともいう。

【成立】AD480〜540頃。著者は陳那（ディグナーガ）。

【内容】一巻。眼等の六識が起るためには、外界の対象、すなわち外境によらなければならないが、その外境を、ある者は隣虚（極微）というが、識は極微細の体相を認識することはできないから外境ではない。あるものは識は隣虚の集りに似てるから隣虚の集りが外境であるというが集りは実体ではない。六識の所縁は心外に超越して存するものでなく、心内の相が外のように顕現する、外塵は実は無所有であり、衆生心は禅定心でないから心内に境界を生ずるのである。これがこの認識の所縁となり、四縁の中の所縁縁である。識のはたらきをもつ根と対象たる境とは、無始以来、互いに因となって果を結ばしめる。識は或はこの二と異なり、或は二と異ならず、或は不可説であると説いている。

【訳者・訳年代】陳の真諦＊。

（河村孝照）

1620 **解捲論**（げけんろん）

解拳論ともいう。

【成立】AD480〜540頃。著者は陳那（ディグナーガ）。

【内容】一巻。まず造論の旨を説いて、三界はただ仮名のみで実有の法があるわけではない。そこで諸法の自性を顕わして不顛倒の智を生ぜしめんがためであるといい、譬として藤を蛇と見誤るのは虚妄によって生じたもので、これは乱知（妄識）の所産で実には境はない。その藤もこれを思量すればその体相は不可得である。一切諸法をよく分析観察すればそこに自体を見ることができない。ただ妄識だけで実には境はなく一切は仮名である。諸法の究極の分析するところを一隣虚（極微）とするが、これには方分がないから実有ではない。智人は三界はただ仮名のみで瓶などを顕現してみせる麁識を除いて、微細心を修習し、藤における蛇想の怖を除いたように、欲等の自性を速やかに滅することができる。掌中論1621の異訳。

【関連典籍】1621

【訳者・訳年代】陳の真諦＊。

（河村孝照）

1621 **掌中論**（しょうちゅうろん）

【成立】AD480〜540頃。著者は陳那（ディグナーガ）。

【内容】一巻。本論の趣旨は三界はただ仮名のみであるにもかかわらず妄執によって実有のように考える間違った見方をただすことで、それは縄を蛇と見誤って怖れの心を起すが、よく観察すれば蛇の謬りはわかる。その縄もよく観察すれば実体はなく妄識の所産であると知る。このように一切諸法はただ仮名のみである。この諸法は究極にあっては極微として実有と思うかも知れないが、この最微粒は非有と同じで惑乱心の所産である。したがって所縁は無となり、所縁の無から当然能縁の非有がいわれる。これを修行の上から観ずるとき、一切はよく離染の法を生じて速やかに煩悩を除くのである。この自利の行を利他の行に向わしめ、真実義を明らかにして解脱すべきであると説く。

【関連典籍】1620は異訳。

【訳者・訳年代】唐の義浄＊。

（河村孝照）

1622 **取因仮設論**（しゅいんけせつろん）

【成立】AD480〜540頃。著者は陳那（ディグナーガ）。

【内容】一巻。仏は仮りに法を施設して衆生を方便もって教えの要に導き、この教えによって修行し、邪宗を遠離し、永く煩悩を断ずるのである。その教えは、因を取って仮に施設することで、世間一般の事柄は、総聚と相続と分位差別の三を本として仮設しているに過ぎない。総聚とは多くの法が聚まって一性となしととのった形をなしているもの、例えば身体とか林とかいうがごときであり、相続とは異時にわたって因と果が断えず展開し成長すること、分位差別とは一事象において多性を有し、それが時間の異なりにおいてそれぞれのすがたを顕示すること。この三義によってひそかにプドガラすなわち人我があるといい、また涅槃を証すると説示するにすぎず、これはあくまで仮設であると説く。

【訳者・訳年代】唐の義浄＊。

（河村孝照）

1623 **観総相論頌**（かんそうそうろんじゅ）

【成立】AD480~540頃。著者は陳那（ディグナーガ）。

【内容】一巻。頌というものは声義と智義とがあって造られたもので、世間の文章は声と義によって本となし、これには声と義に智があるからである。名と義が連なってはじめてこれを本とするというが、これは名と義とが共相を許すからである。所詮と能詮ということをいうが、この中にはいずれにも理が印持されており、所詮と能詮が皆、摂入して相い離れない性質のものであるからである。能詮の名によって所詮の義を了解するのは、総相の性を有するから可能である。それ故、声と義と智とが連続して道理を成就する。このように名と義の二つには、声と義と智の三種の差別があるわけで、これが文であると説く。

【訳者・訳年代】唐の義浄＊。

（河村孝照）

1624 **観所縁縁論**（かんしょえんえんろん）

【成立】AD480~540頃。著者は陳那（ディグナーガ）。

【内容】一巻。眼等の五識が外界をとらえて所縁の縁となるのは極微に実体があり、また極微の和合から識が生じると考えるが、この二つとも誤りである。極微は眼等の識の所縁とはならない。極微の和合は実有ではなく仮法であるからである。また極微の諸の和集相は識の境をなすという者もいるがこれも所縁ではない。それ故、五識の縁ずるところは外境ではなく心内の境が外境に似て顕われ、それを縁ずるのであって、この内境の相がすでに識を離れないのである。内境の相と識とはつねに相い随い、倶に起きてまた識の所縁縁となるのである。倶時に生じて因果となるのは、前識の相が滅するとき、本識すなわち阿頼耶識中に自果の功能に似て生じ、それが後に自らと等しい識を生ぜしめるからであると説く。

【関連典籍】1625

【訳者・訳年代】唐の玄奘＊（AD657）。

（河村孝照）

1625 **観所縁論釈**（かんしょえんろんしゃく）

観所縁縁論釈ともいう。

【成立】AD530~561頃。著者は護法（ダルマパーラ）。

【内容】一巻。観所縁縁論1624の注釈書。初めに帰敬頌があり、毒智の人の智慧を明了ならしめ、罪過を消除せんがためにその義を観ずるという。五種の識が外の実事を縁ずると一向に考えているが、意識はたとえ実事の境を縁じたとしても、識の相似の相をもって境となし、たとえ外境を離れても眼等の識は境と相い離れずして認識を成就するのである。かくして意識所縁の境は全く非有を成立する。極微の体は因性であるが、根や識は極微細なるものは境とならない。また眼識は青等のごとき摂集した極微は縁じない。それ故無境である。境体というのはこれ所取分でこれは識が変じて境相の義をなすのである。たとえかの実有の外相を許してもそれは識の縁ではない。外相に似て顕現するとき、これを所縁縁とするのである。この境相は元と識を離れず、これによって名づけて内境の相とするのである等と釈している。

【関連典籍】1624
【訳者・訳年代】唐の義浄＊（AD710）。
（河村孝照）

1626 大乗法界無差別論（だいじょうほっかいむしゃべつろん）

法界無差別論ともいう。

【成立】四世紀末以降。

【内容】一巻。堅慧菩薩が、自らの究境一乗宝性論中第五、一切衆生有如来蔵品を中心に述べたものである。菩提心の十二種の義（果・因・自性・異名・無差別・分位・無染・常恒・相応・不作義利・作義利・一性）によって、仏の最寂静涅槃界を説き顕すことを目的とする。まず、菩提心は最上の方便不退出の因であり、不思議果の因、一切世間の善苗生長の所依等々となし、宝性論三を引いて信はその種子、般若はその母、三昧は胎蔵、大悲は乳養人と説く。次に菩提心の因積聚し已るに離染清浄と白法所成の二相を数え、自性無差別心・自性清浄心を顕す。この菩提心は客塵煩悩を離れ、如来の法身と名づく常波羅蜜・楽波羅蜜・我波羅蜜・浄波羅蜜の四波羅蜜を得るとされる。さらに不増不減経を引いて、不浄は衆生界、染中の浄は菩薩、最極清浄者としての如来の分位を、勝鬘経0353を引いて常恒、空如来蔵・不空如来蔵の二種の如来蔵空智を説く。この清浄法身は客塵の衆患を遠離し、自性の功徳を成就するが故に、この法を証する者を如来応正等覚と名づけ、常住・寂静・清涼・不思議の涅槃界において恒に安楽を受け、一切衆生の帰仰するところなるという。これが聖諦第一義であり、世尊はこの阿耨多羅三藐三菩提を涅槃界と名づけ、唯だ一乗道あるのみと説く。

大乗起信論1666に疏を作った法蔵が法界無差別論疏二巻をなしたことからも、本論が小論ながら如来蔵思想展開に大きな位置を占めるものであることが伺える。

【関連典籍】0353・0374・1611・1627・1666・1838
【訳者・訳年代】唐の提雲般若＊（AD691）。

【参考文献】訳一・論集部二。

（佐野靖夫）

1627 大乗法界無差別論（だいじょうほっかいむしゃべつろん）
如来蔵論ともいう。
【成立】六世紀頃。著者は堅慧（スティラマティ）。
【内容】一巻。初めに偈頌をあげ、続いてこれを釈している。本論は略して十二ありといい、これ菩提心を説くとする。十二とは第一に菩提心の果、これ諸仏の涅槃、第二に菩提心の因、これ浄心を種子とし般若を母とする。因の和合の菩提心には煩悩の相と自性清浄の相がある。第三に自性を表わす。第四に異名とは常楽我浄の四波羅蜜を獲得した如来法身、第五に無差別、これに十種をあげ、第六に差別、これに衆生界、菩薩、如来の三種をあげ、第七に無染、自性清浄心は煩悩に染せられることはない。ただ客塵煩悩に覆われるだけである。第八にこの自性清浄心の性は常である。第九にこの蔵性はすでに常住不変であるが、未だ本性を発起しなくてもつねに仏法に相応する。第十に自性清浄心は不思議仏法成就して如来法身と説くが、衆生の自性清浄心は解脱を得ていない。第十一に自性清浄心を覆っている一切の煩悩の客塵の障を離れ尽せば、常住の不思議涅槃界を証得する。第十二このように衆生界が清浄を得たときは法身であり、即ち涅槃界であり、即ち如来である。これを如来蔵といいこれ如来の空智である。すなわち覚性と涅槃とは無二無別というべきであると説く。
【関連典籍】1626
【訳者・訳年代】唐の提雲般若＊（AD692）。ただし疑問視されている。
（河村孝照）

第32巻　論集部　全

1628 **因明正理門論本**（いんみょうしょうりもんろんぽん）

【成立】AD480～540。著者は陳那（ディグナーガ）。

【内容】一巻。世親（ヴァスバンドゥ）の『ヴァーダ・ヴィッディ』（Vādavidhi，論軌）がもとになっており、陳那の『プラマーナ・サムッチャヤ・ヴリッティ』（Pramāṇa-samuccayavṛtti，集量論註）とパラレルな議論が多い。純粋な論理学書というよりも論争学、討論術書という性格を持っており、「能立」（自分の主張を成立させること）と「能破」（相手の主張を論破すること）との二部構成になっている。第一部「能立」では、能立（論証するもの）、宗（主張）、似宗（間違った主張）、宗因相違（主張と証因が相容れないことは、主張の誤謬ではなく証因や喩例の誤謬であること）、宗法（正しい証因は主張の主題の属性でなければならないこと）、不成（宗法を満たしていないこと）、立宗法理（証因として宗法を立てること）、非因（証因が宗法でないもの）、同品（論証されるべき属性を持つ点で主題と類似する喩例の集まりである同類群）、異品（論証されるべき属性を持たない点で主題と類似しない喩例の集まりである異類群）、九句因（証因が同類例全体に存在する場合、決して存在しない場合、一部に存在し一部に存在しない場合の三分類と、証因が異類例全体に存在する場合、決して存在しない場合、一部に存在し一部に存在しない場合の三分類の組み合わせ合計である九分類）、正因（九句因のなかで証因が同例群全体に存在し、異類群に決して存在しない場合と同例群の一部に存在し一部に存在せず異例群に決して存在しない二つの場合である正しい証因）、相違因（九句因のなかで証因が同類例に決して存在せず異類例全体に存在する場合と同類例に決して存在せず異類例の一部に存在し一部に存在しない場合である相容れない証因）、不定因（九句因のなかで正因と相違因以外の場合である不確定の証因）、不共不定（九句因のなかで同類例、異類例の両方に決して存在しない場合も不定であること）、同法（類似の喩例）、異法（非類似の喩例）、似喩（間違った喩例）、二種の喩例（類似の喩例と非類似の喩例との二つの喩例の兼備）、三支（主張、証因、喩例が論証の必須要素であること）、喩（喩例支）、量（認識手段）、現量（知覚）、似現量（間違った知覚）、比量（推理）について述べられている。第二部「能破」では、能破（論破）、似能破（同法相似、異法相似、分別相似、無異相似、可得相似、猶予相似、義准相似、至不至相似、無因相似、無説相似、無生相似、所作相似、生過相似、常住相似の十四種類の間違った論破＝誤難）、負処（敗北する立場）について述べられている。

本論の特徴は、ニヤーヤ学派が知覚、推理、類推、言説の四つの認識手段を認めるのに対して、知覚と推理の二つの認識手段しか認めないことと、ニヤーヤ学派が主張、証因、喩例、適合、結論の五支作法を主張するのに対して、主張、証因、喩例の三支作法が説かれていることと、陳那の創始になる九句因が説かれていることである。しかし、『プラマーナ・サムッチャヤ』第二章で表現されているような因の三相の明確な文章表現はない。

【関連典籍】1629・1630

【訳者・訳年代】唐の玄奘＊（AD649）。

【参考文献】桂紹隆「因明正理門論研究」一－七『広島大学文学部紀要』37・38・39・41・42・44・47。

（山本和彦）

1629 **因明正理門論**（いんみょうしょうりもんろん）

【成立】AD480～540。著者は陳那（ディグナーガ）。

【内容】一巻。冒頭部分に陳那のものではない挿入があるのを除けば1628と一致している。内容に関しては1628の項参照。

【関連典籍】1628・1630

【訳者・訳年代】唐の義浄＊（AD717）。

（山本和彦）

1630 **因明入正理論**（いんみょうにっしょうりろん）

【成立】AD450〜530。著者は勝論（ヴァイシェーシカ）学派である商羯羅主（シャンカラスヴァーミン）。

【内容】一巻。因明正理門論1629を簡潔にまとめたもの。能立（論証）、似能立（間違った論証）、現量（知覚）と比量（推理）、似現量（間違った知覚）と似比量（間違った推理）、能破（相手の主張を論破すること）、似能破（相手の主張の間違った論破）の六部構成になっている。第一部「能立」では、無着（アサンガ）の順中論1565で初めて言及され、陳那（ディグナーガ）によって定式化された因の三相が説かれている。（1）遍是宗法性（証因が主題の属性であること）、（2）同品定有性（証因が同品（のみ）に存在すること）、（3）異品遍無性（証因が異品に（決して）存在しないこと）。証因がこの三条件を備えて初めて所証を成立させる正しい因になる。

【関連典籍】1628・1629。梵本、チベット訳もある。

【訳者・訳年代】唐の玄奘＊。

【参考文献】宇井伯寿「梵文因明入正理論」『仏教論理学』一九四四。

（山本和彦）

1631 **廻諍論**（えじょうろん）

【成立】AD150〜250。著者は竜樹（ナーガールジュナ）。

【内容】一巻。竜樹は存在するものには本質が備わっていると考える実在論者であるニヤーヤ学派（論理学派）と説一切有部をすべては空であるという中観の立場から批判する。方便心論1632、『ニヤーヤ・スートラ』（Nyāya-sūtra）との関連議論が多く、理由が過去・現在・未来の三時にわたって成立しないという議論や、方便心論1632では同時相応、『ニヤーヤ・スートラ』では非因相似と呼ばれている誤難や、能証（成立させるもの）が所証（成立させられるもの）に到達しなくても、到達しても所証は成立しないという不到相応、到相応などが論じられている。

【関連典籍】1564・1632。梵本、チベット訳もある。

【後世への影響】中国では本論は注目されなかったが、インドでは仏教徒とニヤーヤ学派との論争の中心的な論書の役割を果たしている。

【訳者・訳年代】東魏の毘目智仙＊と瞿曇流支。

【参考文献】山口益「廻諍論について」『山口益仏教学文集』下（春秋社、一九七三）。梶山雄一訳「廻諍論」『大乗仏典』14竜樹論集（中央公論社、一九七四）。

（山本和彦）

1632 **方便心論**（ほうべんしんろん）

【成立】紀元一〜二世紀。宇井伯寿は内容的に見て竜樹（ナーガールジュナ）の作ではなく小乗仏教徒による著作であると考え、この説が長年学界の定説になっていたが、梶山雄一は本論は論理学の批判書であり宇井説には根拠がないという研究を示した。竜樹の諸著作との類似性や漢訳に「竜樹菩薩造」と記されていることからも竜樹作を否定するだけの決定的な根拠はなく、彼本人か、彼と同時代の論理学の知識に秀でた大乗仏教徒の著作になると考えられる。

【内容】一巻。竜樹時代の反論理学書。〈第一章・明造論第一〉では八種論法が説明されているが、五支作法などはない。知因（認識手段）として現見（知覚）、比知（推理）、以喩知（類推）、随経書（聖言）が説かれている。〈第二章・明負処品〉では十七種類の負処

(敗北の立場)が説明されている。〈第三章・弁正論第三〉では無我・涅槃が論証されている。〈第四章・相応品第四〉では二十種類の相応(正当な帰謬)が説明されている。本論の相応は『ニヤーヤ・スートラ』での誤難(不当な反論)に相当する。

【関連典籍】1564・1631

【後世への影響】本論は約一千年に亘って続いた仏教徒とニヤーヤ学派との論争の出発点となった。

【訳者・訳年代】北魏の吉迦夜*と曇曜*。

【参考文献】宇井伯寿「方便心論の註釈的研究」『印度哲学研究』第二(一九二五)。梶山雄一「詭弁とナーガールジュナ」『理想』六一〇(一九八四)。同「仏教知識論の形成」『講座・大乗仏教』9認識論と論理学(春秋社、一九八四)。長崎法潤『古因明』(東本願寺、一九八八)。

(山本和彦)

1633 **如実論**(にょじつろん)

【成立】四世紀頃。著者は世親(ヴァスバンドゥ)とされるが、それ以前の仏教論理学者の著作と思われる。

【内容】一巻。本論の大部分は散逸し、現存するのは無道理難品(三十一種類の議論)、道理難品(十六種類の誤難)、堕負処品(敗北の立場)の三章であり、全体の六分の一である。換質等位の法則が守られていることや因の三相説も順中論1565より明確になっているなど高度な論理で本論は展開されている。特筆されることは本論において因の三相が確立したことである。

【関連典籍】1565

【訳者・訳年代】陳の真諦*。

【参考文献】訳一・論集部二。

(山本和彦)

1634 **入大乗論**(にゅうだいじょうろん)

【成立】AD350〜400。著者は堅意。

【内容】二巻。義品、議論品、順修諸行品の三章からなる大乗仏教概論書。義品では竜樹(ナーガールジュナ)、提婆(アールヤデーヴァ)の諸偈頌が引用され縁起、空について述べられている。議論品では菩薩の三阿僧祇劫の修業論、十地の名称・解釈・果報、一仏・多仏、十地と断惑との関係などが述べられている。順修諸行品では法身の尊重、菩提心の利益などが述べられている。諸阿含経典、般若経、如来蔵経、十地経、華厳経、法華経、中論など引用経論が多い。

【訳者・訳年代】北涼の道泰*(AD437〜439)。

(山本和彦)

1635 **大乗宝要義論**(だいじょうほうようぎろん)

【成立】漢訳に著者名はなくチベット訳では竜樹(ナーガールジュナ)作となっているが本論の引用経典を見る限り『中論』1564の著者である竜樹の可能性はない。

【内容】十巻。経典の引用集。引用経典が多く、大乗菩薩道の理論と実践が述べられ、章が立てられていない点を除けば、大乗集菩薩学論1636と内容、論述方法ともに類似している。

【関連典籍】1636。チベット訳もある。

【訳者・訳年代】宋の法護*と惟浄*(全十巻中第六巻までを法護、第七巻以降を惟浄が訳出)。

【参考文献】訳一・論集部二。

(山本和彦)

1636 **大乗集菩薩学論**(だいじょうじゅうぼさつがくろん)

【成立】七〜八世紀。漢訳では「法称菩薩造」となっているが、梵本、チベット訳ともに寂天(シャーンティデーヴァ)の作になっており、こちらが正しい。

【内容】二十五巻。信仰心と菩提心を説く大乗菩薩教説集。本論には引用経典が数多くあり当時存在していた経典を知ることができ、現存しない経典のサンスクリット断片を収集する貴重な資料ともなっている。内容が要約された二十七頌を中心に全十九章(漢訳は十八品)からなる。(1)集布施学品、(2)護持正法戒品、(3)護法師品、(4)空品、

（5）離難集戒学品、（6）護身品、（7）護受用福品、（8）清浄品、（9）忍辱品、（10）精進波羅蜜多品、（11）説阿蘭若品、（12）治心品、（13）念処品、（14）自性清浄品、（15）正命受用品、（16）増長勝力品、（17）恭敬作礼品、（18）念三宝品、（19）〔漢訳では前品の続き〕功徳の増長。

【関連典籍】1635・1662。梵本、チベット訳もある。

【訳者・訳年代】宋の法護＊・日称＊。

【参考文献】田村智淳「中観の実践―寂天の『学処要集』」『講座・大乗仏教』7、春秋社、一九八二。

（山本和彦）

1637 **集大乗相論**（じゅうだいじょうそうろん）

【成立】年代不明。漢訳では覚吉祥智の作となっている。

【内容】（1）蘊、（2）処、（3）界、（4）縁生、（5）波羅蜜多、（6）地、（7）空、（8）菩提分、（9）聖諦、（10）静慮、（11）無量行、（12）無量等至、（13）解脱、（14）三摩鉢底先行、（15）解脱門、（16）神通、（17）陀羅尼、（18）力、（19）無畏、（20）無礙解、（21）大慈大悲、（22）仏不共法、（23）声聞果、（24）三身、（25）真如、（26）実際、（27）無相、（28）法界という大乗仏教の術語について解説されている。

【訳者・訳年代】宋の施護＊。

【参考文献】訳一・論集部四。

（山本和彦）

1638 **集諸法宝最上義論**（じゅうしょほうぼうさいじょうぎろん）

【成立】漢訳では善寂の作となっているが真偽は不明。

【内容】二巻。唯識思想を説く大乗論書。第一巻では阿頼耶識、識、空、断見、染法、如幻三摩地、補特伽羅蘊、諸法実性などについて、第二巻では生住異滅（一期四相と刹那生滅）、現量、量、心所、我所、自性、不退転、一生補処、成等正覚、尋伺などについて述べられる。引用経典が多く、前半部分で法集経、大宝積経、楞伽阿跋多羅宝経、転識経、受記経、十地経、那耨倶梨経、現受経、颯鉢多設多経、宝星陀羅尼経、説無垢称経、摩地王経、大方華厳経などが引用され、後半で解釈される。

【訳者・訳年代】宋の施護＊。

【参考文献】訳一・論集部四。

（山本和彦）

1639 **提婆菩薩破楞伽経中外道小乗四宗論**（だいばぼさつはりょうがきょうちゅうげどうしょうじょうししゅうろん）

【成立】漢訳では「提婆菩薩造」となっているが提婆（アールヤデーヴァ）よりも後代の著作になると思われる。

【内容】一巻。アートマン（我＝プルシャ）とブッディ（覚）とが一・異・倶・不倶であるという外道（仏教徒以外のインドの思想学派）の考えを批判する論書。サーンキヤ（数論）学派の一説、ヴァイシェーシカ（勝論）学派の異説、ジャイナ教白衣派（尼乾子）の倶説、ジャイナ教空衣派（若提子）の不倶説が批判される。

【訳者・訳年代】北魏の菩提流支＊。

【参考文献】訳一・論集部二。

（山本和彦）

1640 **提婆菩薩釈楞伽経中外道小乗涅槃論**（だいばぼさつしゃくりょうがきょうちゅうげどうしょうじょうねはんろん）

【成立】漢訳では「提婆菩薩造」だが提婆（アールヤデーヴァ）よりも後代の著者になると思われる。

【内容】二巻。入楞伽経0671第六巻「涅槃品」の解説書。（1）小乗外道論師、（2）方論師、（3）風論師、（4）違陀論師、（5）伊賒那論師、（6）裸行外道（ジャイナ教空衣派）論、（7）毘世師論師、（8）苦行論師、（9）女人眷属論師、（10）行苦行論師、（11）浄眼論師、（12）摩陀羅論師、（13）尼犍子論師、（14）僧法論師、（15）摩醯首羅論師、（16）無因論師、（17）時論師、（18）服水論師、

（19）口力論師、（20）本生安荼論師の涅槃の原因を二十種類とりあげている。

【関連典籍】0671

【訳者・訳年代】北魏の菩提流支＊。

【参考文献】訳一・論集部二。

（山本和彦）

1641 **随相論**（ずいそうろん）

求那摩底随相論ともいう。

【成立】五～十世紀。阿毘達磨倶舎論1558に対する徳慧（グナマティ）の部分的注釈に対する真諦の複注。

【内容】一巻。倶舎論1558の「分別智品」「分別定品」「破我品」の関連議論中、四諦十六行相（苦諦の無常・苦・空・非我、集諦の因・集・縁・有、滅諦の滅・静・妙・離、道諦の道・如・行・出）が中心に解説されている。サーンキヤ（数論）学派とヴァイシェーシカ（勝論）学派の常見・二十五諦・我・我所やジャイナ（尼揵子）教徒の楽見などがとりあげられている。

【関連典籍】1558

【訳者・訳年代】陳の真諦＊。

【参考文献】青原令知「徳慧の『随相論』」『印度学仏教学研究』41―2、一九九三。訳一・論集部四。

（山本和彦）

1642 **金剛針論**（こんごうしんろん）

【成立】AD100～150。漢訳では「法称菩薩造」となっているが、梵本では馬鳴（アシュヴァゴーシャ）の作になっており、現在の定説となっているが、さらに後代の成立であるとして偽作とする説もある。

【内容】一巻。『ヴァジュラスーチカー・ウパニシャッド』をもとにバラモン至上主義のカースト制度を批判し、仏教の立場から人間の平等性を説く。

【訳者・訳年代】宋の法天＊。

【参考文献】訳一・論集部六。

（山本和彦）

1643 **尼乾子問無我義経**（にけんしもんむがぎきょう）

【成立】漢訳では「馬鳴菩薩集」となっているが真偽は不明。本論で説かれる世俗諦と勝義諦の二諦説は馬鳴（アシュヴァゴーシャ）の時代にはまだ現れていなかったことからも後の著作と思われる。

【内容】一巻。ジャイナ教の最上我に対する批判書。尼乾子（束縛を離れたもの）すなわちジャイナ教徒は我（アートマン）や最上我がなければ人間の喜怒哀楽などの心理的活動が説明できないと主張するのに対して、大乗仏教徒は最上我は虚妄であり、心理的活動は因縁生起でありすべては自性空であると批判する。

【訳者・訳年代】宋の日称＊。

【参考文献】訳一・論集部二。

（山本和彦）

1644 **仏説立世阿毘曇論**（ぶっせつりっせあびどんろん）

【成立】前二世紀頃。著者は不明。

【内容】十巻。仏教の宇宙論が仏説という形で説かれている。（1）地動品（世界の構造、地獄、如来の神通、大地に関する他学派の説）、（2）南剡浮提品（南剡浮提州）、（3）六大国品（剡浮提州の六大国）、（4）夜叉神品（剡浮提州の山々の夜叉と仏陀の出生）、（5）漏闍耆利象王品（剡浮提の解説）、（6）四天下品（四大州）、（7）数量品（須弥山など九山八海）、（8）天住処品（三十三天）、（9）歓喜園品（三十三天の善見城外の四園のうちの北門外の園）、（10）衆車園品（四園のうちの東門外の園）、（11）悪口園品（四園のうちの南門外の園）、（12）雑園品（四園のうちの西門外の園）、（13）波利夜多園品（四園門外の東北門外の園）、（14）提頭頼吒城品（東方の頼頭吒天王の城）、（15）毘留勒叉城品（南方の増長天王の城）、（16）毘留博叉城品（西方の広目天王の城）、（17）毘沙門城品（北方の多聞天の城）、（18）天・非天闘戦品（三十三天と阿修羅との戦闘）、（19）日月行品（暦数）、（20）云何品（現実世界の諸問題）、（21）受生品（衆生の生と因縁）、（22）寿量品（諸々の有情の寿命）、（23）地獄品（地獄の詳説）、（24）小三災品（世界の終末観）、（25）大三災品（世界の業滅因縁である火、水、風の三災）の二十五章からなる。

【関連典籍】0001・0023～0025
【訳者・訳年代】陳の真諦＊(AD559)。

【参考文献】訳一・論集部一。

（山本和彦）


1645 **彰所知論**（しょうしょちろん）

【成立】AD1280以前。著者は発合思巴（＝抜合思巴＊）。

【内容】二巻。チベット・サキャ派の法王であり、元の帝師である八思巴（発思八、抜合思巴）が皇太子のために仏教の宇宙観と人生観を説いた論書。（1）器世界品、（2）情世界品、（3）道法品、（4）果法品、（5）無為法品の五章からなる。器世界品では地水火風の四大、四大州七大海などについて、情世界品では地獄、餓鬼、傍生、人、非天、天の六種、五法五蘊十二処十八界などについて、道法品では四諦八聖道について、果法品では三十七品菩提分法について、無為法品では虚空、択滅、非択滅の三無為について説かれている。

【訳者・訳年代】元の沙羅巴。

（山本和彦）


1646 **成実論**（じょうじつろん）

【成立】AD250～350。著者は訶利跋摩（ハリヴァルマン）。

【内容】一六巻。主要なアビダルマ教学について述べており、四聖諦（苦・集・滅・道）を明らかにすることが本論の目的で、経量部の立場で説一切有部の説を批判している。ヴァイシェーシカ、ニヤーヤ、サーンキヤ、ジャイナなどの学派について多数言及されている。発聚、苦諦聚、集諦聚、滅諦聚、道諦聚の五部二百二品からなる。発聚（序論1～35）では、仏、法、僧、四諦の異説などについて、苦諦聚（36～94）では、五陰（色陰、識陰、想陰、受陰、行陰）という五つの集まり（五蘊）について、集諦聚（95～140）では、業と煩悩について説かれている。滅諦聚（141～154）では、仮名心、法心、空心を滅して涅槃に至ると、道諦聚（155～202）では、禅定と智慧が説かれている。

【関連典籍】阿毘達磨大毘婆沙論1545。

【後世への影響】倶舎論1558のような体系的な記述ではなかったことからも、インドでは影響を及ぼすことはなかったが、中国では盛んに注釈書が作られたが、現存していない。

【訳者・訳年代】姚秦の鳩摩羅什＊(AD411～412)。

【参考文献】福原亮厳『成実論の研究』永田文昌堂、一九六九。訳一・論集部三。

（山本和彦）

1647 **四諦論**（したいろん）
【成立】四世紀頃。著者は婆数跋摩（ヴァスヴァルマン）。
【内容】四巻。正統でない説一切有部の立場から四聖諦（苦・集・滅・道）が説かれている。（1）思択品、（2）略説品、（3）分別苦諦品、（4）思量集諦品、（5）分別滅諦品、（6）分別道諦品の六章からなる。第一章思択では多くの経典、部派の諸説を引用し四諦について詳細な考察がなされている。第二章略説では苦集滅道のそれぞれが説かれている。第三章分別苦諦では生、老、病、死、怨憎増、親愛離、求不得、略説五取陰苦の八苦が説明される。第四章思量集諦では集、渇愛について、第五章分別滅諦では滅の意味、種類、涅槃の別名について説明される。第六章分別道諦では道の有為説、無為説や道と滅との関係、八正道に関する総論と各論、方便道、無碍道、解脱道、勝道、四通行、三十七助道貧、梵論、八正道の種類などが説かれる。正統説一切有部が五趣説を説くのに対して、本論では六趣説であり、意業にも教、無教の二種類があるという考えは正統有部説ではない。正統有部は四諦の現観に関して次第に現観するという漸現観を説くが、本論では一時に現観するという頓現観を説く。本論の思想は大体においては有部の思想体系におさまるが、細部に関しては正統有部説を踏襲しているわけではない。本論で引用される論書は阿毘達磨蔵、分別論、十二縁生論、道理足論、五陰論、正道論などであり、部派は分別部、経部、仮名部、跋私弗部、上座部などであり、論師は経部師、阿毘達磨師、理足論師、大徳仏陀密、大徳、有大徳、耆旧師、余師、論異部師などがある。

【関連典籍】1544

【訳者・訳年代】陳の真諦＊。

【参考文献】福原亮厳『四諦論の研究』永田文昌堂、一九七二。

（山本和彦）

1648 **解脱道論**（げだつどうろん）

【成立】一世紀〜二世紀頃。漢訳では「優波底沙造」となっているが、スリランカのアバヤギリ派のウパティッサ（優波底沙）の作かどうかは不明。おそらく著者はウパティッサ以前のインド人であり、原典は南インドもしくはアンドラで仏教混合サンスクリットで著わされ、その後スリランカに渡り、ブッダゴーサの『ヴィスッディ・マッガ』（Visuddhi-magga）の下敷きになったと思われる。

【内容】十二巻。本論をもとに著された『ヴィスッディ・マッガ』とほとんど同内容である。戒・定・慧の三学を中心に解脱への道が説かれている。（1）因縁品、（2）分別戒品、（3）頭陀品、（4）分別定品、（5）覚善知識品、（6）分別行品、（7）分別行処品、（8）行門品、（9）五通品、（10）分別慧品、（11）五方便品、（12）分別諦品の十二章からなる。

【関連典籍】『清浄道論』（ヴィスッディ・マッガ）。チベット訳もある。

【訳者・訳年代】梁の僧伽婆羅＊（AD515）。

【参考文献】佐々木現順『ウパティッサ解脱道論』法蔵館、一九五八。

（山本和彦）

1649 **三弥底部論**（さんみていぶろん）

【内容】三巻。現存する唯一の正量部の論書。正量部のプドガラ論を説く論書であり、本論のプドガラ（補特伽羅）はアートマン（我）、ジーヴァ（命）と同義語である。異部宗輪論2031の犢子部説と同じプドガラ説が本論でも説かれている。大別して（1）我、（2）輪廻の主体の問題に関連する中有、（3）実践道の三部に分かれる。序論として往生、業、中有が述べられる。我の存在の問題として、我は存在しないという説と我の存在・非存在については論じるべきでないという説と我は存在するという他学派の説が述べられる。プドガラと五蘊との関係については五蘊がプドガラであるという説と別のものであるという他学派の説が述べられる。プドガラの常・無常の問題についてプドガラは常であるという説と無常であるという他学派の説が述べられる。そして他学派のそれぞれの主張が批判される。プドガラの種類（依説、度説、滅説）、輪廻の主体に関する他学派の説と批判が述べられる。中有の生起に関しては、生有を捨て中有を受けるのではなく、中有を受け生有を捨てるのではなく、捨てるのと受けるのは同時であると述べられる。生死（五蘊）の本源の問題、中有は存在しないという他部派の主張と批判、中有は存在するという自説の主張と他部派からの批判、中有は存在するという結論が述べられる。八種類のプドガラ、十三種類のプドガラ、八種類の生有、生有とプドガラとの関係について述べられる。

【関連典籍】2031

【訳者・訳年代】不明。

【参考文献】加治洋一「『三弥底部論』の研究」上・中・下『仏教学セミナー』42・46・51。同「『三弥底部論』の解読研究—中有の存在に関する議論」上・下『大谷学報』67—2・4。

（山本和彦）

1650 **辟支仏因縁論**（びゃくしぶついんねんろん）

【内容】二巻。辟支仏の因縁を語ったもの。

辟支仏（独覚、縁覚）とは、世俗から離れ静寂な場所で、師を持たず独りで悟り、その悟りを独りで享受する仏のことである。（1）波羅捺国王悟辟支仏縁、（2）輔相蘇摩悟辟支仏縁、（3）月愛大臣悟辟支仏縁、（4）王舎城大長者悟辟支仏縁、（5）波羅捺国王月出悟辟支仏縁、（6）拘舎弥国王大帝悟辟支仏縁、（7）拘舎弥国王悟辟支仏縁、（8）波羅捺国王親軍悟辟支仏縁、（9）輔輪聖王最小子悟辟支仏縁の九章からなり、九人の辟支仏となった主人公についての場所、理由などが語られている。思想的には部派仏教の流れを汲んでいる。

【訳者・訳年代】不明。

【参考文献】訳一・論集部六。

（山本和彦）

1651 **十二因縁論**（じゅうにいんねんろん）

【成立】AD150〜250。漢訳では「浄意菩薩造」になっているが竜樹（ナーガールジュナ）の作である。

【内容】一巻。（1）無明、（2）行、（3）識、（4）名色、（5）六処、（6）触、（7）受、（8）愛、（9）取、（10）有、（11）生、（12）老死という十二種類の因縁（十二支縁起）を説く詩頌と注釈。

【関連典籍】1564。1654は異訳。梵本、チベット訳もある。

【訳者・訳年代】北魏の菩提流支＊。

【参考文献】宇井伯寿「縁起心頌の増広発展」『西域仏典の研究』岩波書店、一九六九。

（山本和彦）

1652 **縁生論**（えんしょうろん）

【成立】年代不明。竜樹（ナーガールジュナ）の因縁心論1654を欝楞迦（ウッランカ）が増広。

【内容】一巻。十二因縁に関する三十の頌に対する十一の注釈からなり、元本となった因縁心論よりも組織的、詳細な記述である。十二有支の解説、十二因縁による無自性空、断・常を離れた中道などが説かれている。

【関連典籍】1651・1653は異訳。1654。

【訳者・訳年代】隋の達磨笈多＊（AD606〜607）。

【参考文献】宇井伯寿「縁起心頌の増広発展」『西域仏典の研究』岩波書店、一九六九。

（山本和彦）

1653 **大乗縁生論**（だいじょうえんしょうろん）

【成立】年代不明。竜樹（ナーガールジュナ）の因縁心論1654を欝楞迦（ウッランカ）が増広。

【内容】一巻。十二因縁に関する三十の頌に対する十一の注釈からなり、元本となった『因縁心論』よりも組織的、詳細な記述である。十二有支の解説、十二因縁による無自性空、断・常を離れた中道などが説かれている。

【関連典籍】1651・1652は異訳。1654。

【訳者・訳年代】唐の不空＊。

【参考文献】宇井伯寿「縁起心頌の増広発展」『西域仏典の研究』岩波書店、一九六九。

（山本和彦）

1654 **因縁心論頌**（いんねんしんろんじゅ）

1654 **因縁心論釈**（いんねんしんろんしゃく）

【成立】AD150〜250。著者は竜樹（ナーガールジュナ）。

【内容】一巻。（1）無明、（2）行、（3）識、（4）名色、（5）六処、（6）触、（7）受、（8）愛、（9）取、（10）有、（11）生、（12）老死という十二種類の因縁（十二支縁起）を説く詩頌と注釈。

【関連典籍】1564・1651は異訳。2816。梵本、チベット訳もある。

【訳者・訳年代】不明。

【参考文献】宇井伯寿「縁起心頌の増広発展」『西域仏典の研究』岩波書店、一九六九。瓜生津隆真訳「因縁心論」『大乗仏典』（龍樹論集14）中央公論社、一九七四。

（山本和彦）

1655 **止観門論頌**（しかんもんろんじゅ）

【成立】AD400〜480。著者は漢訳では世親（ヴァスバンドゥ）となっている。

【内容】一巻。止観のうち、数息観、四無量観、念仏観などは説かれず不浄観だけが説かれている。本論の最後には「止観行門七十頌」と書かれているが、正しくは七十七頌からなる。止観の心得、四静慮（禅の一般様式）の特徴と四分（退分、勝進分、住分、決択分）、人身の不浄観、身体の三十二分、九孔、五浄などについて説明されている。身体が不浄であることを説き、貪欲を離れ、禅定に入り修道し、般若浄心によって修道し、解脱に入ることが説かれている。

【訳者・訳年代】唐の義浄＊。

【参考文献】訳一・論集部六。

（山本和彦）

1656 **宝行王正論**（ほうぎょうおうしょうろん）
【成立】AD150〜250。漢訳では著者名が記されていないが、梵本とチベット訳から、竜樹（ナーガールジュナ）であることがわかる。
【内容】一巻。竜樹がアーンドラ国のシャータヴァーハナ王朝の王に宛てた手紙という形をとっており、大乗仏教の理論と実践に即した政道論が述べられている。安楽解脱（繁栄と至福の教え）、雑（繁栄と至福を合わせて説くこと）、菩提資糧（菩提の資糧を積むこと）、正教王（王道の教え）、出家正行（菩薩の行）の五部構成である。第一部では、繁栄の法、至福の法、無我、輪廻、涅槃、縁起、人無我などが、第二部では、正しい正道、三十二相（三十二種類のすぐれた身体の特質）などが、第三部では、仏像建立、供養、社会福祉、税金、資産などについて、第四部では、布施、僧院の建立、宗教施設の提供、長官の任命、法と王権、慈悲と恩恵、囚人の釈放、正道への努力などが、第五部では、五十七の罪過、菩薩の十地、誓願二十頌などが説かれている。
【関連典籍】1660・1672〜1674
【訳者・訳年代】陳の真諦＊。
【参考文献】瓜生津隆真訳「宝行王正論」『大乗仏典』（竜樹論集14）、中央公論社、一九七九。
（山本和彦）

1657 **手杖論**（しゅじょうろん）

【成立】七世紀頃。著者は釈迦称（シャーキャキールティ）。

【内容】一巻。瑜伽行唯識派の論書。有情新生説を否定し、有情本有説を説く論書。有情は本来的に存在し、自己相続しており、貪などを熏習して輪廻している。煩悩・所知の二障を断じて解脱・涅槃に至ると説かれている。有情は自ら相続するなかで古来の種子を持っており、過去の諸法からの異熟、異熟識なのであり、新しく生まれて来るわけではない。インドで著作された後期大乗仏教を知る上での貴重な資料である。

【関連典籍】瑜伽師地論1579からの引用がある。

【訳者・訳年代】唐の義浄＊。

【参考文献】訳一・論集部四。

（山本和彦）


1658 **諸教決定名義論**（しょきょうけつじょうみょうぎろん）

【成立】年代不明。漢訳では「聖慈氏菩薩造」となっているが、慈氏（マイトレーヤ）が実在した人物かどうかは不明。

【内容】一巻。オーム（唵）を最上首であるとし、清浄住不二の相であるオームを唱えれば真実諸慧の根本が得られ、吽は正因、悪は説相、盎は空性であると説かれている。また、吽は法身、阿は報身、唵は化身（応化身）であり、この仏の三身から三乗の解脱道があると説かれている。根本字が解釈されており、密教系統の論書である。

【訳者・訳年代】宋の施護＊。

【参考文献】訳一・論集部四。

（山本和彦）

1659 **発菩提心経論**（ほつぼだいしんきょうろん）
【成立】年代不明。著者は漢訳では「天親菩薩造」となっているが世親（＝天親、ヴァスバァンドゥ）作を否定する説もある。
【内容】二巻。発菩提心（悟りを求める決意を起こすこと）を説く大乗論書であるが、アビダルマ的な分析が行われている。（1）勧発品、（2）発心品、（3）誓願品、（4）檀

波羅蜜品、（5）尸波羅蜜品、（6）羼提波羅蜜品、（7）毘梨耶波羅蜜品、（8）禅波羅蜜品、（9）般若波羅蜜品、（10）如実法門品、（11）空無相品、（12）功徳持品の十二章に分かれる。

【訳者・訳年代】姚秦の鳩摩羅什＊。

【参考文献】訳一・論集部六。

（山本和彦）

1660 **菩提資糧論**（ぼだいしりょうろん）

【成立】AD150～250。著者は竜樹（ナーガールジュナ）。

【内容】六巻。菩薩によって実践される悟りの資糧としての大乗菩薩行の理論と実践を説く論書。六波羅蜜（般若波羅蜜、施波羅蜜、戒波羅蜜、忍波羅蜜、精進波羅蜜、定波羅蜜）、四波羅蜜（方便善巧波羅蜜、願波羅蜜、力波羅蜜、智波羅蜜）、四無量（慈、悲、喜、捨）、有余師の四処所摂（実処、捨処、寂処、智処）、無生法忍（すべては空であると悟ること）、菩提を得る百福、三解脱門、菩薩行などについて説かれている。三解脱門のなかで、菩薩は般若波羅蜜、すなわち、空解脱門、無相解脱門、無願解脱門という三解脱門を修めるとき、涅槃にとどまってはいけない（無住処涅槃）、と大乗菩薩道の本質が説かれている。涅槃のなかでひとり悟りに満足するのではなく、衆生を見捨てずに衆生を利益する慈悲を持ち、正定聚（仏となることが定まっているもの）の位に入っても本願を満足しないかぎりにおいては涅槃に入らないことが大乗菩薩道であると説かれている。

【関連典籍】1521・1656・1672～1674

【訳者・訳年代】隋の達磨笈多＊。

【参考文献】瓜生津隆真『ナーガールジュナ研究』春秋社、一九八五。

（山本和彦）

1661 **菩提心離相論**（ぼだいしんりそうろん）

【成立】六世紀以降。漢訳では「竜樹菩薩造」となっているが、護法（ダルマパーラ）の成唯識論1585の説が言及されていることから竜樹（ナーガールジュナ）の作とは認められない。

【内容】一巻。菩提心が相（事物の表相）を離れていることを説く論書。理論的には菩提心とは五蘊（色・受・相・行・識）、十二処（眼・耳・鼻・舌・身・意という感覚器官とそれぞれの対象）、十八界（十二処と眼識・耳識・鼻識・舌識・身識・意識）を離れており、空である。実践的には菩提心は根本的には大悲であり、衆生救済を願うことである。

【訳者・訳年代】宋の施護＊。

【参考文献】訳一・論集部六。

（山本和彦）

1662 **菩提行経**（ぼだいぎょうきょう）

【成立】AD650～700。漢訳では「竜樹菩薩集頌」となっているが、著者は寂天（シャーンティデーヴァ）。

【内容】四巻。大乗仏教の菩提行における実践を六波羅蜜を中心として説く文学書。（1）讃菩提品、（2）菩提心施供養品、（3）欠、（4）欠、（5）護戒品、（6）忍辱波羅蜜多品、（7）精進波羅蜜多品、（8）静慮波羅蜜多品、（9）般若波羅蜜品、（10）菩提心廻向品の十章に分かれているが、最後の第十章は後代の加筆。

【関連典籍】1636。梵本、チベット訳もある。

【訳者・訳年代】宋の天息災＊。

【参考文献】金倉圓照『悟りへの道』サーラ叢書9、一九五八。

（山本和彦）

1663 **菩提心観釈**（ぼだいしんかんしゃく）

【成立】AD740～794。著者は蓮華戒（カマラシーラ）。

【内容】一巻。修道論、修習の段階を説く論書。『菩提心離相論』の内容に類似している。菩提心は五蘊（色・受・相・行・識）、十二処（眼・耳・鼻・舌・身・意とそれぞれの対象）、十八界（十二処と眼識・耳識・鼻識・舌識・身識・意識）を離れ空性であると説かれている。

【関連典籍】1661・1664。チベット訳もある。

【訳者・訳年代】宋の法天＊。

（山本和彦）

1664 **広釈菩提心論**（こうしゃくぼだいしんろん）

【成立】AD794～797。著者は蓮華戒（カマラシーラ）。

【内容】四巻。インド中観派のカマラシーラと中国禅宗の摩訶衍とがチベットのサムエで論争し成立した『バーヴァナー・クラマ』（修習次第）三篇の初篇に相当するが、意訳である。慈悲、菩提心、修行道について説かれている。

【関連典籍】梵本、チベット訳もある。

【訳者・訳年代】宋の施護＊。

【参考文献】御牧克己「頓悟と漸悟」『講座・大乗仏教』7、春秋社、一九八二。

（山本和彦）

1665 **金剛頂瑜伽中発阿耨多羅三藐三菩提心論**（こんごうちょうゆがちゅうほつあのくたらさんみゃくさんぼだいしんろん）

【成立】年代不明。著者は不明だが、空海は本論を竜樹（ナーガールジュナ）の著作と述べている。

【内容】一巻。阿耨多羅三藐三菩提心とは無上正等覚、つまり最高のさとりを求める心のことである。この菩提心の行相が行願、勝義、三摩地（さんまじ）に分けられ説明されている。三摩地とは梵語サマーディ（samādhi）の音写であり、密教では精神統一をあらわす術語として三昧よりもよく用いられる。本論ではこの三摩地菩提心、つまり真言行者の菩提心が強調されている。

【関連典籍】2291

【訳者・訳年代】唐の不空＊。

（山本和彦）

1666 **大乗起信論**（だいじょうきしんろん）

【成立】梵本やチベット訳が存在せず、インドの諸論書のなかでも引用されていないことから、望月信亨は本論は中国で成立したという説を唱える。これに対して、常盤大定、宇井伯寿などはインド成立説を唱えるなど、著者や成立場所については不明な点が多い。「馬鳴造、真諦訳」と記されているが、本論で展開されている大乗仏教の思想を見る限り仏教文学の巨匠であり仏所行讃0192の作者である馬鳴（アシュヴァゴーシャ）の作ではない。思想史的に見て、五～六世紀に成立したと考えられる。

【内容】一巻。大乗の教えに対する正しい信を起こさせるための論書であり、全五篇で構成されており、大乗仏教の理論と実践が如来蔵思想に基づいて説かれている。信心が確立すれば、日常生活が十地の修行になると考えられており、その実践方法として止観が重要視されている。〈第一篇　因縁分〉では、本論が著作される動機が八種類述べられるが、第六番目で止観の修習を示す、第七番目で専念（阿弥陀仏を念じることに専念すること）の方便を示す、と述べられていることは本論の特徴があらわれている。〈第二篇　立義分〉では大乗とは何かということが法（対象）と義（内容）との二面から述べられる。〈第三篇　解釈分〉では大別すれば、顕示正義（正しい教えの提示）、対治邪執（誤った見解の克服）、分別発趣道相門（実践に入る道程の解説）の三つに分かれる。顕示正義はさらに、心真如門（心の真実のあり方）と心生滅門（心の生滅のすがた）とに分かれ、後者は心生滅（さとりとしての覚とまよいとしての不覚）、心生滅因縁（まよいの原因）、熏習（はたらきかけ）、仏（さとりの力としての心の真実のあり方）に分かれる。対治邪執では、人我見、法我見を退け、大乗の正義が示されている。分別発趣道相門では、信成就発心、解行発心、証発信が示されている。〈第四篇　修行信心分〉（信心の修行）では正定聚に至っていない衆生に対する修行が説かれている。すなわち、根本、仏、法、僧への信。施、戒、忍、進、止観の行。専意念仏の方便説、が説かれている。〈第五篇　勧修利益分〉（修行の勧めと修行の効果）では、実践の利益と修学について説かれている。

【関連典籍】勝鬘師子吼一乗大方便方広経0353、仏説不増不減経0668、摂大乗論1593、仏性論1610、究竟一乗宝性論1611。

【後世への影響】大乗仏教の理論と実践とが簡潔にまとめられた論書として、法蔵の華厳教学を始め、中国、日本の各仏教宗派に対して絶大な影響を与えており、慧遠の大乗起信論義疏1843、元暁の大乗起信論疏1844、法蔵の大乗起信論義記1846などを初めとして注釈書は数多くある。

【訳者・訳年代】梁の真諦＊(AD554)。

【参考文献】柏木弘雄『大乗起信論の研究』春秋社、一九八一。宇井伯寿・高崎直道訳注『大乗起信論』岩波文庫、一九九四（一九三六の再版）。井筒俊彦『意識の形而上学―〈大乗起信論〉の哲学』中央公論社、一九九三。

（山本和彦）

1667 **大乗起信論**（だいじょうきしんろん）

【成立】【内容】二巻。1666の項参照。

【関連典籍】1666

【訳者・訳年代】唐の実叉難陀＊(AD700)。

（山本和彦）

1668 **釈摩訶衍論**（しゃくまかえんろん）

【成立】漢訳では「竜樹菩薩造」となっているが、竜樹（ナーガールジュナ）の真作ではない。安然の悉曇蔵2702では新羅の月忠の撰述であるとされていることから七～八世紀に唐もしくは新羅で成立したと考えられる。

【内容】十巻。大乗起信論1666の注釈書ではあるが、単なる注釈書にとどまらない独自の思想が述べられている。立義分では大乗起信論が絶対的な真如門と相対的な生滅門とに分類するのに対して、本論は絶対的な不二摩訶衍と相対的な三十二門法とに分ける。三十二門法は真如と生滅とに分かれ、生滅は覚と不覚に、覚は本覚と如覚に分かれる。解釈分では大乗起信論が差別の九識を立てるのに対して、本論は平等の十識を立てる。以下大乗起信論の本文に対して注釈される。第一巻では因縁分・立義分、第二巻から第七巻までは解釈分、第八巻から第十巻前半までは修行信心分、第十巻後半から最後までは勧修利益分が注釈されている。

【関連典籍】1666

【後世への影響】中国では、華厳、天台などの宗派に引用され、唐末、五代、北宋・南宋の時代に影響を及ぼした。日本には、AD781に伝えられて以来、偽撰説を唱える学者が多かった。空海は不二摩訶衍の思想は真言密教を説くものであるとし、本論を真言所学三蔵に入れた。

【訳者・訳年代】漢訳では「筏提摩多」となっているが『高僧伝』にその名前はなく実在した人物かどうかは不明。

【参考文献】訳一・論集部四。

（山本和彦）

1669 **大宗地玄文本論**（だいしゅうじげんもんほんろん）

【成立】年代不明。漢訳では著者は「馬鳴菩薩造」、訳者は「陳真諦訳」となっているが、ともに偽作。

【内容】二十巻。道教思想を説く論書であり、仏教論書ではない。中国撰述の道教書。繋縛迷闇を出て清白解脱を得る行道、広大無尽不思議の五位五十一道路が説かれている。(1)帰位徳処無辺、(2)帰依徳処因縁、(3)一種金剛道路、(4)金剛宝輪山、(5)金剛山王道路、(6)独一山王摩訶山王、(7)大海部蔵道路、(8)深里出興地蔵大竜王、(9)深里出興地蔵大竜王道路、(10)大竜王重重広海無尽大蔵、(11)無尽無窮無塵数量道路、(12)不可思議不可称量倶々微塵本大山王、(13)不可思議倶々微塵一切山王道路、(14)一切虚空一切微塵数量高王、(15)独地非乱一定一定道路、(16)独地独天一種広大無二山王など全部で四十の決択分からなる。

（山本和彦）

1670 **那先比丘経**（なせんびくきょう）

【成立】原典は散逸してしまったが、仏教混合サンスクリットであり、紀元前一世紀中頃までに成立し、紀元後一世紀前半に東部マガダ地方でパーリ語で増補された。漢訳はPTS版八九頁までの部分に相当する。

【内容】A本とB本との二種類があり、A本は二巻、B本は三巻。B本の方が原形に近い。本経は仏説（経）ではなく、紀元前二世紀後半のギリシャのメナンドロス王（インド名ミリンダ）と学僧ナーガセーナ（那先）との対論書である。ミリンダ王とナーガセーナ長老の前生の物語、すなわち二人が子弟関係になる第一、二回の対論、仏教教理の矛盾を解決する第三回の対論、修行者の徳目が譬喩によって説かれる部分の四部構成になっている。当時の関心事であった心理論、善悪業報論、輪廻論、解脱・涅槃論、修道論、阿羅漢論、仏身論、在家者論などが述べられ、そのなかでも輪廻と無我の問題が中心になっている。ナーガセーナ長老はミリンダ王に対して、個体は実体として存在しているのではないと無我論を説き、輪廻の主体も実体的なものではないと説く。

【関連典籍】0203・1558
【訳者・訳年代】訳者不明（東晋代）。

【参考文献】中村元・早島鏡正『ミリンダ王の問い』1・2・3（東洋文庫）平凡社、一九六三、一九六四。

（山本和彦）


1671 **福蓋正行所集経**（ふくがいしょうぎょうしょしゅうきょう）

【成立】年代不明。漢訳では「竜樹菩薩集」となっているが竜樹（ナーガールジュナ）の真作ではない。

【内容】十二巻。福蓋すなわち福徳が身を覆うための正法が説かれている。第一巻では十善業が説明され、カピラ（迦毘羅）・ウルーカ（烏嚧迦）の故事、第二巻では仏身の荘厳、福蓋の原因、法の功徳、第三巻では帝釈天が宮殿を建て五日間供養したことや福蓋正行、第四巻では祇陀林、給孤獨園、生老病死、憂悲悩、愛別苦、寃憎会苦、第五巻では十三大地獄、第六巻では摂受布施福蓋正行、第七巻では清浄施、第八巻では浄施の福報、第九巻では最勝福田の施行、第十巻では持戒の福報、第十一巻では五戒、第十二巻では清浄持戒の十種功徳をあげ、施戒を行い、福蓋を成就するようにということなどが説かれている。

【訳者・訳年代】宋の日称＊等。

【参考文献】訳一・論集部六。

（山本和彦）


1672 **竜樹菩薩為禅陀迦王説法要偈**（りゅうじゅぼさついぜんだかおうせっぽうようげ）

【成立】AD150〜250。著者は竜樹（ナーガールジュナ）。

【内容】一巻。竜樹がシャータヴァーハナ王に書いた手紙。原文はアールヤー韻律になっていたと思われる。

【関連典籍】1673・1674は異訳。

【訳者・訳年代】劉宋の求那跋摩＊（AD431）。

【参考文献】北畠利親『龍樹の書簡』永田文昌堂、一九八五。瓜生津隆真訳「勧戒王頌」『大乗仏典』竜樹論集14、中央公論社、一九七四。

（山本和彦）


1673 **勧発諸王要偈**（かんぽつしょおうようげ）

【成立】AD150〜250。著者は竜樹（ナーガールジュナ）。

【内容】一巻。竜樹がシャータヴァーハナ王に書いた手紙。原文はアールヤー韻律になっていたと思われる。

【関連典籍】1672・1674は異訳。

【訳者・訳年代】劉宋の僧伽跋摩＊。

【参考文献】北畠利親『龍樹の書簡』永田文昌堂、一九八五。瓜生津隆真訳「勧戒王頌」『大乗仏典』（竜樹論集14）中央公論社、一九七四。

（山本和彦）

1674 **竜樹菩薩勧戒王頌**（りゅうじゅぼさつかんかいおうじゅ）
【成立】AD150〜250。著者は竜樹（ナーガールジュナ）。
【内容】一巻。竜樹がシャータヴァーハナ王に書いた手紙。原文はアールヤー韻律になっていたと思われる。

【関連典籍】1672・1673は異訳。チベット訳もある。

【訳者・訳年代】唐の義浄＊。

【参考文献】北畠利親『龍樹の書簡』永田文昌堂、一九八五。瓜生津隆真訳「勧戒王頌」『大乗仏典』（竜樹論集14）中央公論社、一九七四。

（山本和彦）


1675 **讃法界頌**（さんほっかいじゅ）

【成立】年代不明（五世紀以降）。漢訳、チベット訳ではともに竜樹（ナーガールジュナ）の作になっているが、如来蔵思想が説かれていることや「三身四智」などナーガールジュナ以降の術語が用いられていることなどから彼の真作とは見なされていない。

【内容】一巻。法界を讃える八十七頌からなる韻文論書。本論での法界とは仏性、如来蔵と同義語であり、全体的には入楞伽経0671や大乗起信論1666の思想を想像させるものがある。

【訳者・訳年代】宋の施護＊。

【参考文献】訳一・論集部五。

（山本和彦）


1676 **広大発願頌**（こうだいほつがんじゅ）

【成立】年代不明。漢訳では「竜樹菩薩造」となっているが竜樹（ナーガールジュナ）の真作かどうか不明。

【内容】一巻。妙吉祥菩薩、観自在菩薩、普賢尊、慈氏尊、虚空庫、神通慧、常精進、金剛手、金剛蔵、除蓋障、堅固慧、無垢称、常勇猛、無尽意、妙音尊、善財、虚空蔵、地蔵尊、宝蔵神、曇無竭、常啼尊という諸仏の徳を讃え、最後に成仏することを願う十九の頌からなる。

【訳者・訳年代】宋の施護＊。

【参考文献】訳一・論集部五。

（山本和彦）


1677 **三身梵讃**（さんしんぼんさん）

【成立】年代不明。著者は『三身梵讃』の漢訳である仏三身讃1678では「西土賢聖撰」となっている。チベット訳では竜樹（ナーガールジュナ）の作になっているが真作かどうかは不明。

【内容】一巻。梵本からの音写。法身、報身、化身という仏の三身を讃え、廻向文で終わっている。

【関連典籍】1678。還元梵文とチベット訳もある。

【訳者・訳年代】宋の法賢＊。

（山本和彦）


1678 **仏三身讃**（ぶつさんしんさん）

【成立】年代不明。漢訳では「西土賢聖撰」となっている。チベット訳では竜樹（ナーガールジュナ）作になっているが真作かどうかは不明。

【内容】一巻。梵本からの音写が三身梵讃1677としてある。法身、報身、化身という仏の三身を讃え、廻向文で終わっている。

【関連典籍】1677。還元梵文とチベット訳もある。

【訳者・訳年代】宋の法賢＊。

【参考文献】訳一・論集部五。

（山本和彦）

1679 **仏一百八名讃**（ぶついっぴゃくはちみょうさん）
【内容】一巻。帰命偈と本文からなっていて、仏の百八の功徳が集められており、百八の功徳すべての前に「南無」が記されている。有情の業罪、煩悩を滅し、安楽、吉祥を得るために一切義成就、正等覚、一切智などの仏の徳が讃えられている。これらの仏徳を読誦し、念じ、聴聞すれば最上の福徳が得られ、煩悩、罪業が清浄になり、輪廻から脱し、解脱が得られる、と説かれている。
【訳者・訳年代】宋の法天＊。
（山本和彦）

1680 **一百五十讃仏頌**（いっぴゃくごじゅうさんぶつじゅ）
【成立】著者は仏教詩人マートリチェータ（摩咥哩制吒）。

【内容】一巻。仏陀の徳行を讃えたもので、広く愛誦された讃歌（ストートラ）である。仏陀の智慧と慈悲がさまざまに説明、称讃され、六波羅蜜（布施・持戒・忍辱・精進・禅定・智慧）に基づく修行が説かれている。陳那（ディグナーガ）は『雑頌』、釈迦提婆（シャーキャデーヴァ）は『糅雑讃』という注釈的讃歌を著したが、現存していない。梵本断片、チベット訳もある。

【関連典籍】四百讃仏頌（チベット訳のみ）。

【訳者・訳年代】唐の義浄＊。

【参考文献】訳一・論集部五。

（山本和彦）

1681 **仏吉祥徳讃**（ぶつきっしょうとくさん）
【成立】年代不明。著者は漢訳では「寂友尊者造」であるが真偽は不明。
【内容】三巻。仏教のあらゆる徳を列挙し、大乗的立場から仏陀の徳を讃えている。上・中・下の三巻からなり、上巻では仏陀の精神的特色、十力、四無所畏、八法、染、二足尊、三摩地、三種の慢、三不護、如来の十号などが、中巻では身体的特色、仏陀の三十二相、六十随形、二種智、五蘊、七聖財、六通、四念処などが、下巻では教化の徳、四摂法、六和敬、無尋無伺、涅槃界、五分結、六分法、四依、七種観想法などが述べられている。
【訳者・訳年代】宋の施護＊。

1682 **七仏讃唄伽他**（しちぶつさんばいかた）
【内容】一巻。梵本からの音写。過去七仏などが讃えられており、九頌からなる。
【訳者・訳年代】宋の法天＊。
（山本和彦）

1683 **揵稚梵讃**（けんちぼんさん）

【成立】年代不明。チベット訳では著者は馬鳴（アシュヴァゴーシャ）だが、真作ではない。

【内容】一巻。梵本からの音写であり、訳ではない。揵稚とは僧院にあり僧侶を召集するために打って音を鳴らす器具のことである。揵稚の音を法音と見なし、釈尊の加護を得、一切衆生の守護を求める二十九からなる詠歌。

【訳者・訳年代】宋の法賢＊。

（山本和彦）


1684 **八大霊塔梵讃**（はちだいりょうとうぼんさん）

【成立】AD606～648。著者はハルシャ王（戒日王二世）。

【内容】一巻。梵本の音写であり訳ではない。(1)ヴァイシャーリー（吠舎梨）、(2)ダルマチャクラ（達哩摩作訖麗）、(3)シシュマーラギリ（室輪摩儗哩）、(4)シュラーヴァスティー（室囉嚩薩多）、(5)ボーディムレー（冒提暮梨）、(6)クシナガラ（拘尸那誐囉）、(7)ルンビニー（竜弥儞）、(8)コーサンビー（憍睒咩）という八箇所の霊塔があげられている。

【訳者・訳年代】宋の法賢＊。

（山本和彦）


1685 **仏説八大霊塔名号経**（ぶっせつはちだいりょうとうみょうごうきょう）

【内容】一巻。(1)カピラヴァストゥ（迦毘羅城）ルンビニー（竜弥爾）、(2)マガダ（摩迦陀）ナイランジャナ（国泥連）、(3)カーシー・ヴァーラーナシー（波羅奈）、(4)シュラーヴァスティー（舎衛）ジェータヴァナ（祇陀園）、(5)カーンヤクブジャ（曲女城）、(6)ラージャグリハ（王舎城）、(7)ヴァイシャーリー（広厳城）、(8)クシナガラ（拘尸那城）シャーラ（娑羅）という八箇所の仏陀の霊塔があげられている。

【訳者・訳年代】宋の法賢＊。

【参考文献】訳一・論集部五。

（山本和彦）

1686 **賢聖集伽陀一百頌**（けんじょうじゅかだいっぴゃくじゅ）
【内容】一巻。韻律を踏む四句一頌で書かれており百頌ある。仏寺を修厳すれば天界に安居し、精舎に財を布施すれば涅槃寂滅を得、精舎に園林・座具・衣服・湯薬・飲食物を布施すれば無量の福と智者の七聖財を得、仏殿を修建すれば一切随意の願を円満するなど最後まで布施とその功徳について説かれているが、述べられている布施は財施のみであり、法施については言及されていない。

【訳者・訳年代】宋の天息災＊。

【参考文献】訳一・論集部五。

（山本和彦）

1687 **事師法五十頌**（じしほうごじゅうじゅ）

【成立】年代不明。著者は漢訳では「馬鳴菩薩集」であるが、馬鳴（アシュヴァゴーシャ）の真作であるとは認められていない。

【内容】一巻。最初に七言四句の頌がひとつあり、五言四句の頌が五十あり、最後に七言四句の頌がひとつあり、全部で四句五十二頌からなる。常に心を清浄にして師事しなければならないなど、子弟関係の規程、師に対する作法について述べられている。秘密教、儀軌、潅頂、真言、護摩などの用語が用いられていることから本書は真言密教の系統に属すると考えられる。

【訳者・訳年代】宋の日称＊。

【参考文献】訳一・論集部五。

（山本和彦）

1688 **密跡力士大権神王経偈頌**（みっしゃくりきしだいごんじんおうぎょうげじゅ）

【成立】AD1314〜1320。著者は元の管主八。穢跡金剛説神通大満陀羅尼法術霊要門1228には序文、正宗分、流通分の三分のうち流通分がなく、それを管主八が増補した。

【内容】一巻。散文の序文と偈頌と散文の本文からなり、呪文の方法、功徳を説く真言密教系のものである。都摂法印、禁山宝印、無雷法印、頓病宝印、五路宝印、宿命智印、隠蔽無見自在印、三顕胆空自在無礙印、神気交合自在密呪印などの印が説明されており、化王、力士、神王、舎利（身体、すなわち仏陀の遺骨）などについて述べられている。

【関連典籍】1228

【参考文献】訳一・論集部五。

（山本和彦）

1689 **請賓頭盧法**（しょうびんずるほう）

【内容】一巻。優婆塞国のある長者が阿羅漢である賓頭盧・頗羅堕誓（ピンドーラ・バラドヴァージャ）尊者と諸々の僧を供養に招待したとき花が萎むのでその理由を僧に聞くと、ピンドーラ尊者は粗末な衣を着ていたので門の中に入れてもらえなかったということであった。長者が反省して尊者を招き入れたら花は萎まなかった、という逸話。ピンドーラ尊者については賓頭盧突羅闍為優陀延王説法経1690のなかで、コーサンビーのウダヤ王の大臣であったが、出家し具足果を得た阿羅漢であると述べられている。

【関連典籍】1690

【訳者・訳年代】劉宋の慧簡（AD457）。

【参考文献】訳一・論集部五。

（山本和彦）

1690 **賓頭盧突羅闍為優陀延王説法経**（びんずるとらじゃいうだえんおうせっぽうきょう）

【内容】一巻。インド・コーサンビーのウダヤ（優陀延）王の大臣であったピンドーラ・バラドヴァージャ（賓頭盧・突羅闍）が出家し、具足果を得てコーサンビーに乞食に来、そこでウダヤ王のために説かれた説法。冒頭部分で欲楽は得るものが少なく、憂苦は非常に多い。智者は方便を修め、速やかに衆欲を離れ、浄行すべきである、と説かれている。多彩な譬喩が用いられ、欲の害について多く説かれている。

【関連典籍】1689

【訳者・訳年代】劉宋の求那跋陀羅＊

【参考文献】訳一・論集部五。

（山本和彦）

1691 **迦葉仙人説為医女人経**（かしょうせんにんせついにょにんきょう）

【内容】一巻。仏典ではなく医学書。妊娠中の女性に対する薬の調合法と服用法を迦葉仙人が説明したもの。第一月は栴檀香蓮華、優鉢羅を水に入れ砕いた後で乳汁と乳糖を入れて煎じて服用すれば楽になる。第二月は青色優鉢羅華、倶母那華根、蔆角仁羯細嚕迦を等分し粉末にして乳汁を入れて煎じて冷やしてから服用すれば痛みが止まり熟睡できる。第三月は迦倶噝薬、叱羅迦倶噝薬、芘麻根を等分にして砕いて乳汁を入れて煎じた後で乳糖と蜜を入れて冷やして服用すれば痛みが止まり楽になる。以下、第十二月までの薬の調合法が説明されている。

【訳者・訳年代】宋の法賢＊

（山本和彦）

1692 **勝軍化世百喩伽他経**（しょうぐんけせひゃくゆかたきょう）

【内容】一巻。勝軍が説く九十八の比喩のガーターすなわち偈からなる文学書。法を求め、戒行を堅持し、布施し、功徳を積むことが勧められ、多く財を所有しているだけであれば多くの不浄があるのと何も変わることはなく、貧困であっても布施を行う人が最上人である、と述べられている。また「清浄心田事法王　少年戒徳喩花香　慈心柔軟如閨女　適悦荘厳大行芳」というような巧みな譬喩が用いられており美文である。

【訳者・訳年代】宋の天息災＊。

【参考文献】訳一・論集部五。

（山本和彦）

第33巻　経疏部 一

1693 **人本欲生経註**（にんぽんよくしょうぎょうちゅう）

【成立】四世紀後半。人本欲生経0014を道安が注釈した。

【内容】一巻。経文を一句ごとに注解し、経文と注を合わせたものである。道安はこの経典を注釈するにあたって、十二縁起説によって読み解く。この経典を愛、取、有、生、老死の五支縁を説く経典と見なし、経中の「求、利、計、楽欲、発求、慳、家、守」を八愛とし、取を四取となし、有を三有とし、八愛、四取、三有、生、老死の五支縁起の経典と解釈する。道安はこれに人本欲生経序を加え、経題を解釈して「本」とは痴すなわち無明、「欲」とは愛すなわち渇愛、「生」とは生死であるとして、十二縁起のなかの無明、渇愛、生死の三を挙げて因となすという。

【関連典籍】0014

（仙石景章）

1694 **陰持入経註**（おんじにゅうきょうちゅう）

【成立】西晋以前の作とされる。著者は不明だが、会稽の陳慧の系統に属す人とされる。

【内容】二巻。安世高訳の陰持入経0603を注釈したもの。注釈の仕方は経典の本文を一句ごとに注解し、経文と注解を合わせたものである。経典本文は、五陰（人間の肉体と精神を五つの集まりに分けていう。色、受、想、行、識）、十八本持（十八界。眼耳鼻舌身意という六つの感覚器官、これを六根という。色声香味触法という六つの対象、これを六境という。眼耳鼻舌身意という六つの認識作用、これを六識という。これらを合わせて十八界という）、十二入（十八界のうちの六根と六境を合わせていう）は、無常、苦、空、無我であると説く。また苦習尽道の四締を説き、苦習を滅して解脱を得る道として三十七道品を説く。他に九絶処、九次第定などを説く。本書は中国仏教初期の注釈書であり、文献学的にも貴重である。

（仙石景章）

1695 **大般若波羅蜜多経般若理趣分述讃**（だいはんにゃはらみたきょうはんにゃりしゅぶんじゅっさん）

大般若経理趣分述讃、般若理趣分疏ともいう。

【成立】七世紀後半。著者は基＊。

【内容】三巻。解釈の仕方は、まず第一門「経の宗旨を叙ぶ」、第二門「経の体性を顕わす」、第三門「経の勝徳を彰わす」、第四門

「経の本文を釈す」、の四門に分けてなされる。第一門「経の宗旨を叙ぶ」には、清弁論師の掌珍論1578を引用して、般若経の一切皆空の勝義を述べる。第二門「経の体性を顕わす」には、実相、観照、文字、境界、眷属の五種の般若を示し、「実相は是れ般若の性、観照は是れ般若の相、文字は是れ般若の因、境界は是れ般若の境、眷属は是れ般若の伴なり」という。また諸経論の教体説を引用する。第三門「経の勝徳を彰わす」には、般若理趣の意義を十四種の法門に分別して述べるとともに、この理趣分経を受持し読誦する者は、勝れたる果徳を獲得することを述べる。十四種の法門とは、一に此一切法甚深微妙清浄法門、二に寂静法性現等覚門、三に調伏衆悪普勝法門、四に平等智印清浄法門、五に灌頂法門、六に如来智印金剛法門、七に離諸戯論輪字法門、八に入広大輪平等性法門、九に真浄供養無上法門、十に能善調伏智蔵法門、十一に性平等性最勝法門、十二に一切有情住持遍満勝蔵法門、十三に無辺無際究竟理趣金剛法門、十四に甚深理趣最勝法門である。第四門「経の本文を釈す」には、経文の「如是我聞」より「円満清浄梵行」までを序分とし、「爾時世尊為諸菩薩説一切法甚深微妙」より「略説如是少分」までを正宗分とし、「時薄伽梵」より「信受奉行」までを流通分として三科に分けて本文を讃釈する。

（仙石景章）

【関連典籍】0220・0241・1004

1696 **大品遊意**（だいぼんゆうい）

大品経遊意、大品般若遊意ともいう。

【成立】六〜七世紀。著者は吉蔵＊。

【内容】一巻。摩訶般若波羅蜜多経0223二十七巻の概説書ともいうべきもの。全体の構成は、同経の義理について釈名、弁宗体、会教、波若部儻、明縁起の五章に分けて述べる。〈釈名〉は摩訶般若波羅蜜多経の語義を、〈弁宗体〉は経の所説の根本を、〈会教〉は教相判釈（諸経典をその説時、内容などによって整理し体系づけること）を、〈波若部儻〉は関連の般若経典の紹介を、〈明縁起〉は本経成立の経緯を述べる。本書は中国南北朝時代の仏教諸宗の教説を引用してこれらを批判し、作者の自説である無得正観（有にも空にもとらわれない中道を観ずること）の立場を主張している。南北朝の仏教思想を窺うのに絶好の資料とされる。

（仙石景章）

1697 **大慧度経宗要**（だいえどきょうしゅうよう）

摩訶般若波羅蜜多経宗要、大慧度経枢要ともいう。

【成立】七世紀後半。著者は元暁＊。

【内容】一巻。摩訶般若波羅蜜多経0223の経題の解釈を中心とした概説書。大慧度とは摩訶（大）般若（慧）波羅蜜多（度）の意訳。第一述大意、第二顕経宗、第三釈題名、第四明縁起、第五判教、第六消文の六章に分けて解釈する。しかし第六消文は省略されている。〈第一述大意〉は本経説示の大意を述べ、〈第二顕経宗〉は本経の宗旨を実相般若（智慧によって知られる真実のすがた）と観照般若（真実のすがたを知る智慧）によって顕らかにし、〈第三釈題名〉は経題の文字の意味を解釈し、〈第四明縁起〉は本経が説かれた因縁を明らかにし、〈第五判教〉は本経を五時教中の第二無相教とする説、あるいは解深密経所説の三時教中の第二空教とする説を論破して、華厳経と同じく究竟了義教の範疇に入るとする。

（仙石景章）

1698 **金剛般若経疏**（こんごうはんにゃぎょうしょ）

金剛経疏、金剛般若疏ともいう。

【成立】隋天台智者大師説とあるが、いつ、どこで講説されたかは不明である。講説の内容の稚拙さから判断して、本書を後人の仮託書か、あるいは偽作でなければ智顗＊の初期の講説の筆録と見る説がある。

【内容】一巻。金剛経0235の注釈としては現存する最古のものといわれる。天台の五重玄義が用いられ、序分、正宗分、流通分に分けて経文を解釈する。まず経題を広略に解釈するにおいて、釈名、体、宗、用、教相の五重によって行う。例えば金剛般若を解釈して「金剛般若と言うは此に乃ち万有を性空に摧き、一無を畢竟に蕩う。甚だ堅に甚だ鋭なるを名づけて金剛と曰う。智を決断と名づけ、慧を解知と曰う。万像繁なりと雖も物我相無し。有為斯に絶し、寂にして其の機照らす。故に仮に般若と名づく」とある。次に般若経に八種の別本があるといい、次に本経の説かれた年時について「若し光讃に依らば、如来十九に出家し三十に成道す。四十二に至り、二月十五日の食後に諸菩薩の為に般若を説く」とある。次に訳経として羅什訳0235と菩提流支訳0236の二本を挙げ、次に本文を解釈するに「此の一経に就いて開いて三段と為す。序、正、流通なり。序を縁起と為す。説教の前に必ず由漸有り。分衛、放光、雨華、献蓋等なり。由漸既に起り正教宜しく陳ぶ。縁と教と相い感ず、其れ猶お影響のごとし。故に正説有り。又た近く一時に被るに止まるに非ず、乃ち遠く来際に伝えんと欲す。故に流通有り。三段各々二あり。序に通有り別有り。正説に前後二周あり。流通に付嘱、奉行あり」として、序、正宗、流通の三分において解釈する。「如是我聞」以下を通序とし、「爾時世尊」以下を別序とし、「時長老須菩提」以下を正説（宗）とし、「従発菩提」以下を付嘱流通とし、「仏説是経」以下を奉行流通とする。

（仙石景章）

1699 **金剛般若疏**（こんごうはんにゃしょ）

金剛般若経義疏、金剛経義疏ともいう。

【成立】 AD589～597の成立と推定される。著者は吉蔵＊。

【内容】 四巻。金剛般若経0235の注釈書としては、比較的詳しいものの一つとされる。解釈の仕方は、(1)序に経意を説き、(2)部儻の多少を明かし、(3)開合を弁じ、(4)前後を明かし、(5)経宗を弁じ、(6)経題を弁じ、(7)伝訳を明かし、(8)応験を明かし、(9)章段を釈し、(10)正に文を弁ずる。「一に序に経意を説く」とは本経が何のために説かれたかという理由を挙げ、「二に部儻の多少を明かす」とは般若部経典の説時（五時）、八種の別本（八部）を述べ、「三に開合を明かす」とは五時八部の開合を述べ、「四に前後を明かす」とは摩訶般若経と本経の前後を述べ、「五に経宗を弁ず」とは菩薩の大願大行を因とし、如来の無為法身を果とするを経の正宗とすることを明らかにし、「六に経名を弁ず」とは仏説・金剛・般若・波羅蜜・経の各々の語義を解釈し、「七に伝訳を明かす」とは羅什、菩提流支、真諦の三訳があることを述べ、「八に応験を明かす」とは本経を読誦して得られる利益を述べ、「九に章段を釈す」とは本文を序説、正説、流通説に分け、さらに序を通序と別序、正説を広説と略説、流通説を「仏説経究竟」と「歓喜奉行」とに分けて章立てする。「十に正に文を弁ず」とは本文を解釈するが、そのなかに「此の正説に就いて開いて二周と為す。第一周は利根人の為に般若を広説し、第二周は中下根未悟の為に般若を略説す」とあり、法を聞く者の能力の優劣に応じて繰り返して説法するのであるが、第一周は生法の二空（人も物もすべて空と観る）を明らかにし、第二周は空観に執する人のために説かれる。

（仙石景章）

1700 **金剛般若経賛述**（こんごうはんにゃぎょうさんじゅつ）

金剛経賛述ともいう。

【成立】 唐代。基＊が金剛般若波羅蜜経0235を注釈。

【内容】 二巻。解釈の仕方は、(1)因起を彰わし、(2)年主を明かし、(3)本文を釈す。因起を彰わすとは、法相宗に関連する経典と論書の説かれたる因縁を述べる。年主を明かすとは、まず金剛般若経に五種の異訳があることと本経訳出の由来を述べ、次に無著（金剛般若論1510）、世親（金剛般若波羅蜜経論1511）、金剛仙（金剛仙論1512）の三論の由来を明らかにする。次に本文の解釈では、由致分（序分に相当する）発請広説分（正宗分）喜悟修行分（流通分）に分けて詳述する。本書は、般若経の空の思想を法相学の立場から解釈したもので、金剛般若経疏1698、金剛般若疏1699などとともに注目すべき文献である。

（仙石景章）

1701 **金剛般若経疏論纂要**（こんごうはんにゃぎょうしょろんさんよう）

金剛経疏論纂要、金剛経賛要ともいう。

【成立】八～九世紀。金剛般若経0235を宗密＊が注釈し、子璿＊が整理編集。本経を解釈するに当たって、無著（アサンガ）と世親（ヴァスバンドゥ）の金剛般若経論をも参考にしてその要旨を援用したということから、纂要の書名がついたという。

【内容】二巻。全体を四章に分け、第一に教起の因縁を弁じ、第二に経の宗体を明かし、第三に処会を分別し、第四に文義を通釈する。教起の因縁においては、我法の二執を対治するためなど、本経が説かれる五つの理由を述べ、経の宗体においては、実相般若と観照般若との不一不二なるを宗とし文字般若を体とする。処会とは、本経が説かれた場所と会合の次第を明らかにする。本文の解釈では、世親の解釈にしたがって、仏と須菩提との二十七の問答によって章節を分ける。

（仙石景章）

1702 **金剛経纂要刊定記**（こんごうきょうさんようかんじょうき）

釈金剛経刊定記ともいう。

【成立】AD1024。子璿＊が金剛般若経疏論纂要1701を注釈。

【内容】七巻。1701の注釈には石壁の『広録』があったが、内容が煩雑であったために、それを要略し自らも注釈したもの。1701の書名を解釈して「金剛に三義有り、謂く堅と利と明なり。般若も亦た三義あり、謂く実相と観照と文字なり。経に三義有り、謂く常と貫と摂なり。疏に亦た三義あり、謂く疏と決と布なり。論とは義なり。亦た三義あり、謂く議理と議智と議行なり。纂要に亦三義あり、謂く要義と要行と要文なり」とある。本文の解釈については、ほぼ1701の科段に準じてなされている。本書は1701とともによく読まれ、合本として金剛経疏記科会、金剛経疏記会編がある。

（仙石景章）

1703 **金剛般若波羅蜜経註解**（こんごうはんにゃはらみつきょうちゅうげ）

金剛経註ともいう。

【成立】AD1378。宗泐＊・如玘＊が金剛般若波羅蜜経0235を注釈。

【内容】一巻。序には「此の経は喩法を以て名と為し、実相を体と為し、無住を宗と為し、断疑を用と為し、大乗を教相と為す」とある。本書は、1701・1702と同様に、世親（ヴァスバンドゥ）の解釈にしたがって本文を仏と須菩提との二十七の問答（二十七種の疑断）によって章節に分け、各節ごとに注釈がなされている。例えば最後に経文の「応作如是観」を解釈して「観は即ち般若の妙智。此の妙智を以て有為法を夢幻等の如しと観ず。能観は既に是れ妙智。所観は妙境に非ず。妙境は一境三諦なり。妙智は一心三観なり」とあり、天台学の立場からの解釈もみられるが、解釈の内容は概して語句の説明に重点を置く。

（仙石景章）

1704 **仏説金剛般若波羅蜜経略疏**（ぶっせつこんごうはんにゃはらみつきょうりゃくしょ）

金剛般若経略疏、金剛経略疏ともいう。

【成立】七世紀前半。智儼＊が金剛般若波羅蜜経0235を注釈。

【内容】二巻。五章からなる。第一教興の所由を明かすでは初心の菩薩、根熟の声聞のために空文堅固の文を説くという。第二蔵摂の分斉を明かすでは本経が大乗三蔵の所属であることを述べ、第三所詮の宗趣、能詮の教体を明かすでは実相、観照、文字の三種般若を経の本質とすることを明らかにし、第四経の題目を釈すでは経題の音義（文字の発音、語義）について述べる。第五文を分けて解釈すでは経文全体を序、正宗、流通の三分とし、さらに正宗分を立義、解釈、究竟の三分に別けて注釈をする。本注釈書は華厳学の立場から著わされたもので唐代に流行したが、南宋当時には中国本土では失われ、朝鮮に求めて再伝したと続蔵本の跋文（一一六九年記）にある。

（仙石景章）

1705 **仁王護国般若経疏**（にんのうごこくはんにゃきょうしょ）

仁王経疏、仁王護国般若波羅蜜経疏ともいう。

【成立】AD584。智顗＊が仁王護国般若経0246を注釈。

【内容】五巻。全体の組織は、釈名、弁体、明宗、論用、判教という五重玄義（天台宗独自の経典解釈法）を用いて本経の大綱を概説し、次に経典本文を序分（序品）、正説分（観空品以下六品）、注流通分（嘱累品）に分けて解釈する。五重玄義の第一釈名には、「仏説仁王護国般若波羅蜜経」の経題を解釈して「仏とは能説の人なり。仁王下は所説の法を明かす。施恩布徳の故に名づけて仁と為し、統化自在の故に称して王と為す。仁王は是れ能護、国土は是れ所護。仁王に由りて国を治むる故なり。若し般若に望めば、般若は是れ能護、仁王は是れ所護。般若を持するを以ての故に仁王安隠なり」とある。第二弁体には、円教実相が本経の体（本質）であるといい、第三明宗には、般若の智慧を修行の宗旨とすることを明らかにし、第四弁用には、本経のはたらきは仏の智慧がよく国土を守って厄難を防ぎ、よく衆生を護って仏果を得しめるのであるといい、第五教相には、本経が五時の第四般若時、五味の第四熟酥味に属するという。また本文の解釈においては、第一、二巻で本経序品を通別二序に分けて述べ、第三、四、五巻で正説分として観空品、教化品、二諦品、護国品、散華品、受持品の文句を解釈する。最後に流通分としての嘱累品を一付嘱誡勅と二依教奉持に分けてその意義を述べる。本書は金陵（南京）の光宅寺における講説を、弟子灌頂が筆録したものである。しかし晁説之の序文によれば中国本土では唐末以後失われていた。宋代に四明知礼が日本の源信に本書の将来を求めたが果たされず、後に元豊年間（AD1078～1085）に至って伝えられたという。

（仙石景章）

1706 **仏説仁王護国般若波羅蜜経疏神宝記**（ぶっせつにんのうごこくはんにゃはらみつきょうしょじんぼうき）

仁王経疏神宝記、仁王般若経疏神宝記ともいう。

【成立】AD1230。柏庭善月が仁王般若経疏1705を注釈。書名の神宝の由来は仁王経の異名である竜宝神王によるという。

【内容】四巻。まず玄（懸）談大義として、仁王経疏1705の五重玄義（釈名、弁体、明宗、論用、判教という天台の経典解釈法）を注釈し、次に第一巻の半ばより、依文申釈として1705の序品以下の各品を解釈する。本注釈書の著者は、趙宋天台の四明派の学匠であり、その学説の正確さは定評がある。本書は1705を研究するに際しては、光謙（江戸期の天台学復興の学僧）の『仁王般若合疏講録』とともに重要な指南書である。

（仙石景章）

1707 **仁王般若経疏**（にんのうはんにゃきょうしょ）

仁王経疏ともいう。

【成立】六～七世紀。吉蔵＊が仁王護国般若波羅蜜多経0246を注釈。

【内容】六巻。全体の組織は、天台智顗の五重玄義の例にならって釈名、出体、明宗、弁用、論相の五章を立てるが、仁王経疏1705の所説も随処に引用されている。経典本文の解釈においては、序品を序分とし、観空、教化、二諦、護国、散華、受持の六品を正説分とし、嘱累品を流通分として注釈する。序分のはじめには、四対の経序があることを述べる。つまり証信、発起の二序、通別の二序、如来、阿難の二序、経後、説経時の二序である。正説分では、観空、教化、二諦の三品は能護の般若を説いたものであるとし、これを内護という。次に護国品は所護の国土を説いたものであり、これを外護という。因みに能護の般若、所護の国土については、経名を解釈して「恩を施し徳を布く故に名づけて仁と為し、統化自在なるが故に名づけて王と為す。護国とは、仁王是れ能護、護国是れ所護なり。仁王は法の如く道を治むるに由る。万民適楽にして国土安穏なり。若し仁王を般若に望めば、般若は是れ能護、般若を持つに由る故に、仁王安穏なり。今仁王と般若は皆な是れ能護、国土は是れ所護なり」とある。これは智顗の解釈を引き写したものである。この品を五段に分けて解釈する。次に散華品は、十六大国の王が般若経を聞いて衆多の利益を得、内心喜んで散華供養したと説く。そして供養に敬供養、利供養、修行供養の三あることを説く。この品を六段に分けて解釈する。次に受持品は此の経を受持し弘宣する人の功徳の様相を明らかにして、皆な此の経に依って学ぶべきことを説く。最後の嘱累品は、如来が慇懃に国王および累衆（数多く）の菩薩に嘱寄することを説く。この品を四段に分けて解釈する。

（仙石景章）

1708 **仁王経疏**（にんのうぎょうしょ）

仁王般若経疏ともいう。

【成立】七世紀後半。円測＊が仏説仁王般若波羅蜜経0245を注釈。

【内容】六巻。四章からなる。第一章説経の意および題目を釈すでは、三般若（実相、観照、文字）を経の宗旨とすると述べ、併せて経名の由来を解説する。第二章所詮の宗および能詮の教体を弁ずでは、略して三釈を作すとして、三種般若を宗とする説、真俗二諦を宗とする説、三法輪（解深密経0676の説。声聞乗のために説かれる四諦輪、菩薩乗のために説かれる無相輪、一切乗のために説かれる了義教）のなかの無相輪を宗とする説を紹介する。第三章教の所依および所為の有情を顕わすでは、本経の所属と説法の対象を明らかにする。つまり本経は三蔵（契経すなわち経蔵と調伏すなわち律蔵と対法すなわち論蔵）の契経、二蔵（声聞蔵すなわち小乗の教えと菩薩蔵すなわち大乗の教え）の菩薩蔵、十二部経（契経、応頌、記別、諷頌、自説、因縁、譬喩、本生、本事、方広、希法、論議）の契経にそれぞれ分類されると述べる。第四章翻訳の年代および依文正釈では、先ず三種の翻訳を紹介する。一、晋の泰始元年（AD265）の法護訳。二、姚秦の弘始三年（AD401）の羅什訳。三、梁の承聖三年（AD554）の真諦訳である。次に経典本文を序分（序品）、正説分（観空品、教化品、二諦品、護国品、散華品、受持品）、流通分（嘱累品）の三に分けて解釈するが、さらに正説分を三に分けて初めの三品は内護（能護の般若）を明らかにし、護国品は外護（所護の国土）を述べ、散華・受持品は国王の報恩供養の意義を明らかにし本経を受持する功徳を述べる。本書の注釈の内容は後世高く評価され、後に日本にも伝わり、奈良法隆寺の行信の『仁王経疏』も本書に依るところが多い。

（仙石景章）

1709 **仁王護国般若波羅蜜多経疏**（にんのうごこくはんにゃはらみたきょうしょ）

仁王経疏、仁王般若疏ともいう。

【成立】AD766。良賁が仁王護国般若波羅蜜多経0246を注釈。

【内容】七巻。仁王般若経には四種の翻訳がある。一、晋の泰始元年（AD265）の法護訳、二、姚秦の弘始三年（AD401）の羅什訳、三、梁の承聖三年（AD554）の真諦訳、四、唐の永泰元年（AD765）の不空訳である。このうち第一訳は翻訳に不備の点が多く、第三訳は失われているために、必然第二の羅什訳が流行した。注釈書にしても羅什訳に依るものが多いのであるが、わずかに本書が不空訳に注釈したものとなっている。因みに本書の著者は不空の翻訳作業に参加し、この経典の筆受者でもある。全体の構成はまず経題を解釈し、次に経文を注釈するが、一に経起の意を叙べ、二に経の宗体を明かし、三に所摂所被を述べ、四に正に本文を解する。経名を解釈して「仁王護国は請主の所為を標し、般若波羅蜜多は境智の幽玄を明かす。仁とは五常の首、王とは三才を統冠し、護とは悲力済時、国とは所居の閫城、般若とは浄慧、識浪の煩籠を破り、波羅とは彼岸即ち清浄の室宅、蜜多とは離の義、到の義、経とは連綴摂持なり」とある。経起の意を叙べるとは、この経の説示の由来と四種の翻訳の紹介である。経の宗体を明かすとは、観照、実相、文字の三般若を経宗（経典の主旨）とし、唯識、真如を経体（経典の本質）とすることを述べる。所摂所被とは、経典の内容を三蔵、十二分教、一乗三乗、説時、処会の観点から分類し解釈するとともに、説法の対象について述べる。本文の解釈については、全体を序分（序品）、正宗分（観如来品、菩薩行品、二諦品、護国品、不思議品、奉持品）、流通分（嘱累品）に分けてなされる。本書は勅命により宮内南桃園にて著わされると、跋文にある。

（仙石景章）

1710 **般若波羅蜜多心経幽賛**（はんにゃはらみたしんぎょうゆうさん）

般若心経幽賛、心経幽賛ともいう。

【成立】七世紀後半。基＊が摩訶般若波羅蜜多心経0251を注釈。著者が玄奘の翻訳作業に参加し、中国法相宗の大成者の立場から般若の空観を解釈した。

【内容】二巻。唯識学の立場から般若の空思想を解釈したもの。解釈の仕方は、まず経の題名を釈し、次に経典の本文を解釈する。題名を解釈して「般若波羅蜜多とは大経の通名、心経とは此経の別称なり。般若の心経なり。（中略）般若慧の義、古釈に三有り。一に実相謂く真理、二に観照謂く真慧、三に文字謂く真教なり。今釈に五有り。第四に眷属謂く万行、第五に境界謂く諸法なり。（中略）波羅とは彼岸の義なり。古説に二有り。謂く菩提と涅槃なり。今釈に五有り。一に所知、二に教、三に理、四に行、五に果なり。蜜多とは離の義、到の義なり。般若を行ずるに由りて諸の障染を離る」とある。本文の解釈においては文に随って綿密になされるが、例えば「観自在菩薩」の段には「今の此の経の中、略して二分有り。初めに観自在等は二執を破し二空を顕わす。後の菩提薩埵等は二依を歎じ二利を得。（中略）今の此の経の中に総に三分有り。初めに観自在等は上の人の修行を標し発心を観示し、次に舎利子等は機感の者の名を陳べ、理を述べ喩を垂る。後の菩提薩埵等は依学の徳を彰わし勝利を歎獲す」とあり、本文を「観自在」より「以無所得」までの前半と「菩提薩埵依般若波羅蜜多」以下の後半部に分けて解釈する例、また前半部を「観自在」より「度一切苦厄」までと「舎利子色不異空」より「以無所得故」までとして、全体を三段に分けて解釈する例を挙げる。なかでも「行深般若波羅蜜多時」の段の解釈は、上巻のほとんどと下巻の一部を費やしてなされる。

（仙石景章）

1711 **仏説般若波羅蜜多心経賛**（ぶっせつはんにゃはらみたしんぎょうさん）

心経賛、般若心経疏ともいう。

【成立】七世紀後半。円測＊が摩訶般若波羅蜜多心経0251を注釈。法相唯識学の立場から般若の空観（すべてのものは因縁によって生起したもので実体がないと観ずる）を解釈したもの。

【内容】一巻。四章からなっている。第一に教起の因縁、第二に経の宗体を弁ず、第三に題目を訓釈す、第四に判文解釈す、である。

教起の因縁には「具に空有の両種の道理を顕わし、有無の二種の偏執を双べ除く、此れ即ち教の興なり」とあり、本経説示の由来を述べる。経の宗体を弁ずには、法華経は一乗を宗とし、涅槃経は仏性を宗とし、華厳経は賢聖因果を宗とするが、この経は無相（すべてのものには実体がないという空そのもののすがた）を宗（経典の主旨）とすると述べる。題目を訓釈するには、経名を解釈して「仏説は即ち是れ能説の主を標す。梵音の仏陀此に翻じて覚と名づく。真俗智を具え自他覚満す。故に名づけて仏と為す。妙門を開敷し衆生をして解せしむ。之れを名づけて説と為す。般若波羅蜜多は所説の法を弁ず。此の土に翻じて智到彼岸と為す。心経は正に能詮の教を顕わす」とある。判文解釈では、本文を三段に分けて解釈する。つまり「観自在菩薩」より「度一切苦厄」までの段は、能観の智を明らかにし、「舎利子」より「無智亦無得」までの段は、所観の境を述べ、「以無所得故菩提薩埵」以下は、所得の果を顕らかにする。しかも『般若心経』は綱要を簡集したものであるから、序分と流通分はなく、正宗分のみであるという。著者は、基や慧沼らと同じく玄奘門下であるが、その学説を異にし、独自の唯識学を築き、新羅の仏教に大きな影響を与えた。本書は現存する数少ない著作の一つであり、彼の教学の一端を知るための貴重な資料である。

（仙石景章）

1712 **般若波羅蜜多心経略疏**（はんにゃはらみたしんぎょうりゃくしょ）

心経略疏、般若心経略疏ともいう。

【成立】 AD702。法蔵＊が摩訶般若波羅蜜多心経0251を注釈。跋文によれば、長安（陝西省西安）の清禅寺において雍州（西安の北）の高級官吏である栄陽鄭公のねがいに応じて著わされた短篇である。

【内容】 一巻。解釈の仕方は、五章を立てる。一に教興、二に蔵摂、三に宗趣、四に釈題、五に解文である。教興とは、説法の動機を述べたもので、一に外道の邪見を破すため、二に二乗の人を大乗に廻入させるため、三に菩薩を空に迷わしめないため、四に二諦中道を悟らせるため、五に仏の勝徳を顕わすため、六に大菩提心を発させるため、七に菩薩に深広な行を修させるため、八に一切の重障を断つため、九に涅槃の果を得させるため、十に後代に至って衆生を利益するためである。蔵摂とは、三蔵（経、律、論蔵）の経蔵に、二蔵（声聞蔵つまり小乗教と菩薩蔵つまり大乗教）の菩薩蔵に、権実二教の実数（方便としての権に対して真実そのものを説く教え）にそれぞれ収まると述べる。宗趣とは、「語の表わす所を宗と曰う。宗の帰する所を趣と曰う。総じて三種般若を以て宗と為す。一に実相、謂く所観の真性なり。二に観照、謂く能観の妙慧なり。三に文字、謂く上の教を詮す」とある。釈題とは、教義と法喩と体用とにおいて経名を解釈する。例えば「般若は是れ体、此に智慧と云う。即ち神に玄奥を悟り、妙に真源を証するなり。波羅蜜多は是れ用、此に到彼岸と云う。即ち斯の妙慧に由りて生死の過を翻じ尽くし、真空の際に至り」とある。解文とは、本文を二段に分け、「観自在菩薩」より「能除一切苦真実不虚」までを顕了般若を説くものとし、「故説般若波羅蜜多呪」以下を秘密般若を説くものとして解釈する。

（仙石景章）

1713 **般若心経略疏連珠記**（はんにゃしんぎょうりゃくしょれんじゅき）

心経連珠記、心経略疏連珠記ともいう。

【成立】 師会＊が般若波羅蜜多心経略疏1712をさらに詳しく注釈。南宋の乾道元年（AD1165）に作られた慧詵の跋文によれば1712は難解難入であるから諸祖の遺訓を取って指南とし、経論格言によって程式（読解の方法）を作り、その趣旨を理解せしめるのであるという。

【内容】 二巻。初めに題目を解釈し、次に本文を解釈する。本文の解釈においては、初めに総じて名意（般若心経の経名）を標し、二に章を開いて文を釈し、三に慶讃回向すの三に分ける。著者は、趙宋時代に法蔵の華厳教学を宣揚した人物であるから、本書においても、博引旁証を尽して法蔵の略疏1712の内容を鮮明にしようとしたが、むしろ煩雑なものとなり、著者の意図と反するところがなくもない。

（仙石景章）

1714 **般若波羅蜜多心経註解**（はんにゃはらみたしんぎょうちゅうげ）

般若心経註解、心経如玘註ともいう。

【成立】十四世紀。宗泐＊と如玘＊が般若心経0251を注釈。玄奘訳に対して注釈するのは、それが中国で盛んに流布していたからであるという。

【内容】一巻。まず経の題名を釈し、後に「此の経は単法を以て名と為し、実相を体と為し、観照を宗と為し、度苦を用と為し、大乗を教相と為す。此の五は皆な経中に説く所の旨なり。単法とは、即ち般若波羅蜜多なり。実相とは、即ち諸法の空相なり。観照とは、即ち五蘊は皆な空なりと照見するなり。度苦とは、即ち一切の苦厄を度するなり。大乗とは、即ち菩薩の行ずる所の深般若なり」とある。本文の解釈そのものは簡潔にして要を得たものである。

（仙石景章）

1715 **法華経義記**（ほけきょうぎき）

法華経義疏、法華光宅疏ともいう。

【成立】五～六世紀。法雲＊が妙法蓮華経0262を注釈。竺道生の妙法蓮華経疏についで古い注釈書である。

【内容】八巻。本文の解釈は、序、正説、流通の三分においてなされるが、序品を序分とする。方便品より分別功徳品の弥勒説偈頌までを正説分とし、さらにこれを二分して方便品より安楽行品までを「因の義を明かす」とし、従地涌出品より分別功徳品の弥勒説偈頌までを「果の義を明かす」とする。分別功徳品の弥勒説偈後の長行より後を流通分とし、さらにこれを化他流通と自行流通とに二分する。本書において注意すべきは、「提婆達多品」の注釈がないことであり、これは法華経への提婆達多品挿入説の根拠となる。また、本書は聖徳太子の法華義疏2187の制作に重要な役割を果したとされる。

（仙石景章）

1716 **妙法蓮華経玄義**（みょうほうれんげきょうげんぎ）

法華玄義、妙玄ともいう。

【成立】AD593。智顗＊が妙法蓮華経0262を注釈。

【内容】二十巻。玄義とは法華経の幽玄なる義趣を明らかにするという意味で、法華文句1718、摩訶止観とともに天台三大部といわれる。1718が法華経の本文を随釈するに対して、本書は経題を解釈するものである。ともに天台の法華経観を顕わして、天台教学の根本をなすものであるが、妙法蓮華経0262の経題を解釈するにおいて、五重玄義という天台の経典解釈法を用いる。つまり釈名、弁体、明宗、論用、判教である。本書はこの五重玄義によって、法華経の経題の意義を明らかにするとともに、経典の内容をも概説する。全体の構成は、この五重玄義に通別の二釈を設ける。通釈とは五重玄義を略釈するもので、これを七番共解という。つまり一に標章は五重玄義によって論ぜられる問題を標示し、二に引証は経典を引用して証拠とし、三に生起は五重の順序を論じ、四に開合は五重の一一を分析しあるいは総合して検討し、五に料簡は問答を用いて五重の意義を明らかにし、六に観心は五重を観心の対象とし自己の心に引き寄せて解釈し、七に会異はすべての異名を受け入れて五重玄義に同ずる、ということである。この七番共解によって五重玄義の概略を説き、次に五重の一一について詳述する。これを五重各説あるいは五重各釈という。第一に釈名は、妙法、蓮華、経の各字について解釈するが、先ず法の字を、次に妙の字を釈す。法については心、仏、衆生の三法として解釈する。妙については通釈には相待、絶待の二妙を、別釈には迹門、本門各々の十妙を説く。相待妙とは、三乗諸経の教えを相対的なもの、仮りのものとして否定し、法華経を絶対的にすぐれたもの（妙）、真実のものとして認めるという、いわば相対のなかの絶対の立場を示す。絶待妙とは、三乗諸経の教えを単に否定するのではなく、絶対的なもの（妙）としての法華経の一乗の教えにまとめ摂めることで、対立を絶するという、唯一無二の絶対の立場を示す。迹門の十妙とは、法華経前半十四品、特に方便品にもとづいて自行、化他にかかわるすべてが、絶対的なもの（妙）、真実のものとしてあると説く。つまり境妙（智の対象となる十二因縁、四諦など）、智妙（境を観照する世俗智、妙覚智などの智慧）、行妙（さとりに至る実践行としての聖行、梵行、天行、嬰児行、病行の五行）、位妙（修行の階位としての人、天、声聞、縁覚、菩薩、仏の六位）、三法妙（境智行の三妙の結果として得られる真性すなわち不変の真理、観照すなわち智慧の作用、資成すなわち智慧の開発）、感応妙（衆生の感得と仏の応化とが相い通じること）、神通妙（仏の不思議な身のはたらき）、説法妙（仏の不思議な口のはたらき）、眷属妙（仏に近づき親しみ利益をうける者）、利益妙（仏に近づき親しむ者がうける利益）の十妙である。以上の十妙のうち、境智行位の四妙は自己の修行（自行）の過程であり、三法妙は修行の結果である。感応神通説法の三妙は仏の教化（化他）をいい、眷属利益の二妙は教化の対象者についていう。これによって自行化他のすべてが妙であることを説く。次に本門の十妙とは、『法華経』後半十四品、特に寿量品にもとづいて永遠の根本仏の妙（絶対性、真実性）を説く。本因妙（本仏の修行）、本果妙（本仏の果徳）、本国土妙（本仏の住する国土）、本感応妙（本仏の応化と衆生の感得とが相い契うこと）、本神通妙（本仏の衆生教化のための身のはたらき）、本説法妙（本仏の教化のための口のはたらき）、本眷属妙（本仏によって導かれた者）、本涅槃妙（本仏の涅槃）、本寿命妙（本仏は長短不同の寿命を示す）、本利益妙（本仏の与える利益）の十妙である。次に蓮華、経の三字について解釈し、続いて五重玄義の顕体、明宗、論用、判相を述べる。本書は、経題の解釈を謳っているが、その実は、仏一代の所説のすべてを法華経に帰一し、仏教の実践と理論を総括した仏教総論といえる。本書の成立は、隋の開皇十三年荊州玉泉寺において講説し、弟子の潅頂が記述し十巻に編集した。注釈書に湛然の法華玄義釈籤1717がある。

（仙石景章）

1717 **法華玄義釈籤**（ほっけげんぎしゃくせん）

天台法華玄義釈籤、玄義釈籤ともいう。

【成立】AD764。湛然＊が妙法蓮華経玄義1716を注釈。巻頭の自序によれば、著者が天台山において1716に対する学徒の質問に答えた記録をもとに、後に毘陵に滞在中にこれを修正し、解釈を補足して完成させた。

【内容】二十巻。解釈の仕方はまず1716の本文を適当な章節に分けて、逐一、文意を解釈しているが、その注釈はきわめて詳細であり、かつ引用経論は、原典の出拠を示して、本文には引用されない部分についても補足し解釈を加えている。法華玄義1716は法華文句1718、摩訶止観とともに天台の三大部といわれ、法華経の幽玄な意義を説き表わそうとしたもので、全体の組織は、妙法蓮華経0262の経題について釈名、弁体、明宗、論用、判教の五重玄義という天台独特の経典解釈法によってその特色を述べている。いわば天台独自の解釈によって全仏教を法華経に統合させた仏教概論である。この1716の主張をさらに拡大強化し宗義の補強に貢献するところ少なくないといわれる。特に本書中注目すべきは「十不二門」という一段である。これは、1716の釈名の章において妙法の二字を本迹二門（本門とは、釈尊は久遠の昔にすでに成仏していたとしてその本地、根源を顕わす部分。迹門とは、この世に現れた仏は本門の仏が衆生を導くために本地根源より迹を垂れたものとする部分）の十妙（十種の不可思議、絶待でくらべるもののないのをいう。境妙、智妙、行妙、位妙、三法妙、感応妙、神通妙、説法妙、眷属妙、利益妙を迹門の十妙といい、本因妙、本果妙、本国土妙、本感応妙、本神通妙、本説法妙、本眷属妙、本涅槃妙、本寿命妙、本利益妙を本門の十妙という）に要約して解釈しているが、その迹門の十妙と本門の十妙との中間に説かれている。これは十妙についての湛然の実践的解釈であり、迹門の十妙によって色心不二門（宇宙の悉くが凡夫の一念におさまる点からいえば、物質と精神とは区別がなくて不二である）ないし受潤不二門（小乗、大乗という区別も、本来は同じ大地に生じたものが同じ雨によって潤おされて育てられるように、不二のものである）の十門を立て、一般には対立して相容れないと考えられるものも、天台の教理から見れば、互いに融合し一体化して区別がないことを述べ、凡夫の現実の一念（心に思うこと）について、それが本来的に三千の諸法（宇宙のあらゆるものの総称。地獄、餓鬼、畜生、修羅、人間、天上、声聞、縁覚、菩薩、仏の十界が円融の理によって互に他の十界を含んでいるから百界となり、百界の一々に相、性、体、力、作、因、縁、果、報、本末究竟の十如是を有するから千如是となり、千如是はまた衆生、国土、五陰の三世間によって別があるから三千世間となる。これをまた三千諸法という）をまどかに具えて、そのままが実体のない空であり、しかも現象する仮であり、ありのままの中であると観察させ、十妙の理に悟り入らせようとするのである。このように天台の深淵広大な教理と幽玄霊妙な実践とを簡潔に述べ、理論と実践との帰趨を明確に示している点、きわめて重要である。この「十不二門」の一段は本書とは別に独立した一書として伝えられている。また本書は天台の教理を宣揚するとともに、当時の華厳、法相、三論宗などの主張に対して論難を加えている。

　本書は湛然の代表的著作であり、智顗の著作と同等の権威を有する中国天台教学の珠玉と見なされている。1716と本書は別に刊行されていたが、明の万暦年中（AD1573～1620）、仏隴の真覚が合本して二〇巻としたものである。

（仙石景章）

第34巻　経疏部　二

1718 **妙法蓮華経文句**（みょうほうれんげきょうもんぐ）

法華文句、文句ともいう。

【成立】AD587。智顗＊が妙法蓮華経0262について講説したものを弟子の灌頂＊が筆録し、後に整理編集した。その後さらに玄朗が再編集したという説もある。

【内容】二十巻。摩訶止観、法華玄義1716とともに天台三大部の一書をなす。1716が妙法蓮華経の経題を解釈したものであるに対して、本書は経典の文々句々を随文解釈したものである。全体の組織は法華経・全二八品を迹門、本門の二門に分け、その二門をそれぞれ序分、正宗分、流通分の三段に分ける。迹門とは、仏陀伽耶で悟りを開いた釈尊が、法華経を説く以前の教え（蔵、通、別の三教）は、法華の円教に導くための方便（仮りに設けた手段）であることを明らかにし、衆生が方便としての教えに執らわれる心を開き除いて、声聞、縁覚もみな仏になれる法華一乗の円教を説き顕わしたものである（迹門の開顕）。この迹門の序品を序分とし、方便品第二より授学無学人記品第九までを正宗分とし、法師品第十より安楽行品第十四までを流通分とする。本門とは、仏陀伽耶で初めて悟りを開いた釈尊はじめ三世十方の諸仏は、実は久遠の昔に悟りを開いていた根本仏が衆生を導くために迹を垂れたもの（迹仏）であることを説き、迹仏に執らわれる心を開き除いて久遠の本仏を顕わしたものである（本門の開顕）。この本門を三段に分け、従地涌出品第十五の前半を序分とし、同品の後半より分別功徳品第十七の前半までを正宗分とし、同品後半より普賢菩薩勧発品第二十八までを流通分とする。本文解釈の仕方は、因縁、約教、本迹、観心の四種釈を用いる。因縁釈とは教えの説かれた因縁すなわち四悉檀によって解釈するものである。智顗は、悉は徧の意、檀は檀那すなわち布施の意で、仏が四法を徧く衆生に施されるから四悉檀というと説くが、本来悉檀とはサンスクリット語のシッダーンタに相当する音写語で定説の意味である。四悉檀の世界悉檀は世間一般の考え方にしたがって法を説き、衆生を喜ばせながら正しい智慧を得させるものであり、為人悉檀は衆生のそれぞれの資質や能力に応じて法を説くものであり、対治悉檀は誤った考え方や生活態度を改めて正しい道に導くために説かれるものであり、第一義悉檀は仏教の真理そのものを直ちに説いて衆生を悟りに入らせるものである。約教釈とは五時八教の教判（仏教の諸経典の内容を分類して、説法の順序を華厳、鹿苑（阿含経）、方等（維摩経など）、般若、法華涅槃の五時に分け、衆生教化の形式を頓、漸、秘密、不定の四種類（化儀の四教）に分け、衆生教化の内容を蔵、通、別、円の四種類（化法の四教）に分ける）の化法の四教にもとづいて四種の解釈をする。本迹釈とは本迹二門の立場から二種の解釈をする。観心釈とは前の三釈が理論的解釈であるのに対して実践的解釈といえる。経典の内容を自己の心に引き寄せて実相の理（すべてのもののありのままの真実）を観じて解釈する。以上の四種の解釈法によって各品の題名および経文を解釈する。本書は天台の法華経解釈の詳細を知るうえで重要であるとともに、随処に南北朝時代の数多くの法華経研究者の異説（一経の分段についての道憑ら七師の説、説無量義についての道生ら五師の説、十如実相についての光宅ら四師の説、示真実相についての道生ら十一師の説）を紹介しかつ論破しているので、南北朝の法華経研究のようすを知るための貴重な資料でもある。本書の注釈書の代表的なものとして法華文句記1719があり、本来は本書と別に刊行されていたが、明の万暦年間に聖行によって会本三十巻として刊行された。

（仙石景章）

1719 **法華文句記**（ほっけもんぐき）

妙法蓮華経文句記、法華文句疏ともいう。

【成立】AD774～782。湛然＊が法華文句1718を注釈。成立年代は不明確であるが、巻末に湛然が江淮の四十余僧と共に五台山に行き、不空三蔵門下の含光に逢ったと記している。しかも宋高僧伝2061によれば、この時含光は代宗の命によって、大暦九年（AD774）六月に示寂した不空の供養のために五台山に入っていたことを伝える。このことから本書は大暦九年以後に完成したと考えられる。また本書は、著者の故郷である晋陵荊渓（江蘇省武進県）の妙楽寺での講説をもとにしたものであるところから、「妙楽」の異名もある。

【内容】三十巻。天台三大部の注釈書のなかでは最後に作られたもので、著者の最も円熟した思想を表わすものといわれる。本書は、智顗の経文解釈の意味をよりわかり易く述べて天台教学の宣揚に努めるとともに、華厳、三論、法相などの他宗の教説を取り挙げてこれらを論破している。巻一上より巻三中までは序品を解釈して最も詳しく、巻三下より巻五下半ばまでは方便品を、巻五下半ばより巻六下までは譬喩品を、巻七上、中は信解品を、巻七下は薬草喩品を、巻八之一は授記品、化城喩品を、巻八之二は五百弟子授記品、授学無学人記品を、巻八之三は法師品を、巻八之四は見宝塔品、提婆達多品、勧持品を、巻九上は安楽行品を、巻九中半ばまでは涌出品を、巻九中半ばより巻十上半ばまでは寿量品を、巻十上半ばよりは分別功徳品を、巻十中は随喜功徳品、法師功徳品、常不軽菩薩品、如来神力品を、巻十下は嘱累品、薬王品、妙音菩薩品、普門品、陀羅尼品、厳王品、普賢品をそれぞれ注釈する。内容についていえば、智顗の教学を明確に規定するとともに、観心（実践）と教相（理論）の両面において著者独自の解釈も展開される。また他宗の批判についていては、法蔵や澄観らの華厳学者の説を論駁し、吉蔵の法華経の解釈を論難し、基の法華玄賛における説などを論破して、天台の法華学の正統を主張する。また嘱累品の前後問題についても、経末に置くべきという基の説をしりぞけて、羅什訳のように神力品の次に置くべきことを主張する。本書は趙宋時代に遵式によって大蔵経中に収録されたが、当時は1718と本書とは別々に流行していた。明の万暦年間に、聖行が法華経本文と1718と本書の三部を合わせて会本三十巻とした。現行本もこれによる。本書の注釈書としては、従義の『三大部補注』、証真の『法華疏私記』、痴空の『法華文句講義』、守脱の『法華文句講述』などがある。

（仙石景章）

1720 **法華玄論**（ほっけげんろん）

法華経玄論ともいう。

【成立】 六世紀後半。吉蔵*が妙法蓮華経0262を注釈。

【内容】 十巻。解釈の組織は、一弘経方法、二大意、三釈名、四立宗、五決疑、六随文釈義の六章からなる。一の弘経方法では、翻訳本について「此の経に凡そ二本有り。一に正法華経0263、晋の長安の竺曇摩羅刹―此に法護と言う―の訳出する所なり。二に妙法蓮華経0262、晋の鳩摩羅什―此に童寿と云う―偽秦弘始五（AD403）年四月二十三日に、長安逍遥園に於いて大品を訳出す。後に草堂寺に於いて此の経二十七品を訳出す」とあり、羅什訳の『妙法蓮華経』が二十七品であったことを示している。二の大意では、この経の説示の因縁を述べ、「今、何等の大因縁有りて是の経を説くや。答う、諸仏三事示現に住して十二部経を説く。三事示現は即ち是れ三輪なり。一に他心輪、二に神通輪、三に説法輪。（中略）問う、此の経の何の処に三輪を明かすや。答う、無量義処三昧に入るが如きを他心輪と謂うなり。放光動地、雨華現土を神通輪と謂うなり。三昧より起ちて広く法華経終竟一経を説くを説法輪と謂うなり」とあり、仏の三輪（衆生の心中を知悉してこれに応じて教化する他心輪、衆生の心を動かし信仰に入らせる神通輪、衆生を教え導くために法を説く説法輪）によってこの経の各品の説示の因縁を解釈する。三の釈名では、経題の「妙法」、「蓮華」の語義を解釈する。四の立宗では、遠法師はじめ十三師の説を列ね、「会三帰一義」「開方便門示真実相」「羅漢知一乗不知一乗義」「信解品譬喩義」「薬草喩品五乗義一音義」「授記義」「化城義」「宝塔品密開本迹義」「浄土義」「分別功徳品生数義」などの論題について詳しく述べる。本書は博引旁証を極め、著者の法華思想を知るとともに当時流行の学説の一端を伺うことができる貴重な文献である。

（仙石景章）

1721 **法華義疏**（ほっけぎしょ）

妙法蓮華経義疏、法華経義疏ともいう。

【成立】 吉蔵*が妙法蓮華経0262を注釈。著者が会稽にいた頃（AD589～597）に作成されたもので、法華玄論1720に次いで成立したとされる。

【内容】 十二巻。同著者の法華玄論1720を「法華経総論」とすれば、本書は経典の文々句々を注釈した「法華経各論」である。全体の構成は、第一、二巻に序品を、第三、四に方便品、第五、六巻に譬喩品を、第七巻に信解品、第八巻に薬草喩品、授記品、化城喩品、第九巻に五百弟子授記品、授学無学人記品、法師品、見宝塔品、提婆達多品、持品、第十巻に安楽行品、従地涌出品、寿量品、分別功徳品、第十一巻に随喜功徳品、法師功徳品、常不軽菩薩品、如来神力品、嘱累品、薬王菩薩本事品、第十二に妙音菩薩品、観世音菩薩普門品、陀羅尼品、妙荘厳王本事品、普賢菩薩勧発品を文々句々に随って注釈するが、序品を序分とし、方便品より分別功徳品の格量偈までを正説とし、それ以下を流通分とする。先ず序分には、一部類不同、二品次差別、三科経分斉の三章を立てる。部類不同同とは、経典の成り立ちにおいて七種の不同があることをいう。一会の説法より成立したものとして十地経などがあり、多会の説法より成立したものとして華厳経があり、経の初分より成立したものとして六巻泥洹経があり、初後の二分より成立したものとして大般涅槃経があり、略本より成立したものとして小品般若があり、広本より成立したものとして大品般若があり、原経典の一品より独立したものとして観音経がある。法華経は大般涅槃経と同じく具足本であるという。次に品次差別とは、一に生起の次第、二に具義の多少を明かし、三に品の前後を論じ、四に品の有無を明かし、五に別に序品を釈すの五である。生起の次第は、二十八品の順序次第の意味を述べ、具義の多少を明かすは、品名の意義を明らかにし、品の前後を論ずは、嘱累品を経末に置かず神力品の後に置くべきことを述べ、品の有無を論ずは、羅什訳にはもともと提婆達多品と普門品偈が無いことを暗に論じ、別に序品を釈すは、序の語義について述べる。次に科経分斉とは、経典を序、正説、流通の三分に科段を設ける意味を述べる。そして序分をさらに証信序と発起序とに開き、正説分も二に開いて、方便品より法師品までは乗方便乗真実を明らかにするものであり、見宝塔品より分別功徳品格量偈までを身方便身真実を明らかにするものであるという。乗とは所乗の法、身とは能乗の人であり、仏のことである。一乗を真実とし余の二を方便とする。また法身を真実とし応化を方便とする。流通分もまた二に開いて、格量偈以後より神力品までを讃歎流通とし、嘱累品より勧発品までを付嘱流通とする。本書には多数の経典論書、諸師の学説が引用され、この意味でも法華研究に不可欠の文献である。

本書が成立した後に法華遊意1722、法華論疏、法華統略が成立した。

（仙石景章）

1722 **法華遊意**（ほっけゆうい）

法華経遊意ともいう。

【成立】六〜七世紀。吉蔵＊が妙法蓮華経0262について概説。

【内容】一巻。全体の組織は、十門からなる。第一来意門は、仏がこの経を説いた十の因縁を述べる。つまり、一に諸菩薩に諸菩薩の行を説くために、二に梵王の勧請を受けたために、三に権実二智が互いに資け成ずることを明らかにするために、四に三浄法門（五戒十善をもって三塗を浄め、二乗を説いて三界を浄め、一道を明らかにして二乗を浄む）を説くために、五に三摂法門（摂邪帰正門、摂異帰同門、摂因帰果門）を説くために、六に三種法輪（根本法輪、枝末之教、摂末帰本）を説くために、七に声聞、菩薩の二種の疑を解くために、八に中道の法を説くために、九に念仏三昧を顕わすために、十に現在未来の十方の衆生の如実分別、罪福果報のために、この経を説くと述べる。第二宗旨門は、この経に説かれる根本的主張を明らかにする。第三釈名題門は、七門に開いて経題を解釈する。一に立名意門、二に立名不同門、三に転不転門、四に具義多小門、五に前後門、六に翻訳門、七に釈名門である。第四弁教意門は、この経には一教（一乗教）二教（大乗、小乗）三教（根本法輪、枝末之教、摂末帰本）四教（人天乗調柔、二乗調柔、自教調柔、他教調柔）十教（頓教、漸教、世間教、出世間教、小乗教、大乗教、自説、他教、密説、顕教）等の教をすべて具えていることを述べる。第五顕密門は、四門に開いて顕密の二教を論ずる。一に諸経論について顕密を論じ、二に「大品」について顕密を論じ、三に「法華」について顕密を論じ、四に料簡である。第六三一門は、三乗一乗の諸論義を挙げて、著者の三車家（譬喩品の火宅内の羊鹿牛の三車を三乗に喩え、三乗のなかの牛車つまり菩薩乗を仏乗と同じく真実とし、声聞、縁覚を方便とする）の立場を述べる。第七功用門は、この経の功徳利益を説く。第八弘経門は、この経を弘める方法を明らかにする。第九部黨門は、この経の翻訳について述べる。第十縁起門は、講経の由来を明らかにする。

（仙石景章）

1723 **妙法蓮華経玄賛**（みょうほうれんげきょうげんさん）

法華玄賛、法華経疏ともいう。

【成立】七世紀後半。基＊が妙法蓮華経0262を注釈。

【内容】二十巻。一に経起の意を叙べ、二に経の宗旨を明かし、三に経品の得名を明かし、四に経品の廃立を顕わし、五に品の次第を彰わし、六に経の本文を釈す、の六門からなる。経起の意を叙べるとは、この経の説示の理由を述べる。経の宗旨を明かすとは、教相判釈を説いて「今、文に依りて教を判ず。教に但だ三有り。若し類を以て宗に准ず。宗乃ち八有り。教は但だ三とは、一に多く有を説く宗、諸阿含等の小乗の義是れなり。二に多く空を説く宗、中・百・十二門・般若等是れなり。三に空有に非ざる宗、華厳・深密・法華等是れなり。（中略）宗に八有りとは、一に我法倶有、犢子部等なり。二に有法無我、薩婆多等なり。三に法無去来、大衆部等なり。四に現通仮実、説仮部等なり。五に俗妄真実、説出世部等なり。六に諸法但名、説一部等なり。七に勝義皆空、般若等の経、龍樹等の説、中・百論等なり。八に応理円実、此の法華等。無著等の中道を説く教なり」とあるが、法華と無著（アサンガ）の説とを同じく判じているのが注目される。経品の得名を明かすとは、「妙法蓮華経」の題目および各品の名称の意味を明らかにする。経品の廃立を顕わすとは、「鳩摩羅什の翻する所の二十七品に、提婆達多品無し」などとあるように、この経の各品の成立の由来を明らかにする。品の次第を彰わすとは、各品が次第して説かれる意義を述べる。経の本文を釈すとは、経典本文の随文解釈であるが、序品を序分とし、次の八品を正宗分とし、余の十九品を流通分とする説、また方便品より常不軽菩薩品までを正宗分とし、如来神力品以下を流通分とする説の二種の解釈を示す。本書は、法相宗の立場から注釈したものとして、類書中、特異である。

（仙石景章）

1724 **法華玄賛義決**（ほっけげんさんぎけつ）

妙法蓮華経玄賛義決、法華義決ともいう。

【成立】七〜八世紀。慧沼＊が妙法蓮華経玄賛1723を注釈。

【内容】一巻。三乗教（法相宗では衆生ははじめから声聞定姓、縁覚定姓、菩薩定姓、三乗不定姓、無姓有情の五姓に区別され、声聞、縁覚、菩薩は三乗教によって各々果をさとり、不定姓のものは一乗教によって仏果を得るとし、一乗教は不定姓のものを誘引するための方便であり、三乗教が真実であるとする）の立場から一乗教を批判している。内容は本来数巻あったが散失して伝わらない。内容ははじめに1723の六門分別の第一叙起之意を解釈して、説経の理由として一因より八因までを挙げ、次に第二弁経起意を十門に分けて解釈し、次に第三経品得名を解釈し、次に第四経品廃立ならびに第五品次第を解釈する。第六釈経本文の段は散失して伝わらない。

（仙石景章）

1725 **法華宗要**（ほっけしゅうよう）

法華経宗要ともいう。

【成立】七世紀。元暁＊が妙法蓮華経0262を注釈。

【内容】一巻。初述大意、次弁経宗、三明詮用、四釈題名、五顕教摂、六消文義の六段からなる。第一の初めに大意を述べるとは、「妙法蓮華経とは、斯れ乃ち十方三世の諸仏出世の大意、九道四生の滅入一道の弘門なり」とあり、この経の大意である開権示実の義理を解明する。第二の経宗を弁ずるとは、この経の根本主旨は一乗実相の理を顕わすことにあると述べる。第三の詮用を明かすとは、三乗方便の門を開いて、一乗真実の相を示すことを述べる。第四の題名を釈すとは、「妙法」の妙に巧妙、勝妙、微妙、絶妙の四義があり、また「蓮華」の喩に四義あることを述べる。第五の教摂を明かすとは、この経を了義とするか不了義とするかを論じて「是の故に当に知るべし、此の法花経は乃ち是れ究竟了義の教なり。」とある。

（仙石景章）

1726 **観音玄義**（かんのんげんぎ）

別行玄義、観音経玄義ともいう。

【成立】六世紀後半。智顗＊が妙法蓮華経0262観世音菩薩普門品の題目を五重玄義によって解釈し、弟子の潅頂＊が記録。

【内容】二巻。天台五小部の一書。「普門品」は『観音経』として別して流行しているところから、「別行玄義」ともいう。「普門品」の注釈書としては最古のものである。全体の構成は、一釈名、二出体、三明宗、四弁用、五教相の五章（五重玄義）による。第一の釈名では、通釈と別釈の二段に分け、通釈に列名、次第、解釈、料簡の四段を設ける。列名の段では人法（観世音の人と普門の法）・慈悲・福慧・真応・薬珠（薬樹王身と如意珠王身）・冥顕・権実・本迹・了縁・智断の十義によって経名を解釈する。次第の段では観と教のそれぞれについて十義の次第順序を明らかにする。解釈の段では十義を三観（空、仮、中の三観）四教（蔵、通、別、円の四教）にかけて解釈する。料簡の段では十義について問答料簡してその意味を明確にする。ここにおいて「問う縁了既に性徳善有り、亦た性徳悪有りや否や。答う、具す」という問答があり、天台教学の性悪説の論拠となっている。別釈は観法実践の立場から「観世音」の経題を解釈し、また「普門」については慈悲、弘誓、修行、断惑、入法門、神通、方便、説法、供養諸仏、成就衆生の十普門の義を解釈する。第二の釈体では、霊智が法身に冥合することが、この経の所説の本質であることを述べる。第三の明宗では、「感応を用って宗と為す」とあり、感応の意義を詳述する。第四の論用では、この経の功用として慈悲をもって衆生を利益することを述べる。第五の教相では、法華経の流通分に相当し、開権顕実の教に通ずることを述べる。本書は前述のように天台性悪論を説示する重要な典籍であるが、観音義疏1728と同じく偽撰説もある。本書の注釈書として四明知礼の観音玄義記1727がある。

（仙石景章）

1727 **観音玄義記**（かんのんげんぎき）

観音経玄義記、観音別行玄義記、別行玄記ともいう。

【成立】AD1021。知礼＊が観音玄義1726（一説に偽撰とする）を随文解釈。序文によれば、著者が師の宝雲義通による観音経の講説を聞き、いちいち疑義を諮問して得る所があった。それを心にとどめていたが、後学のために抄録したという。

【内容】四巻。著者は本書において天台性悪説を主張し、性悪説こそ摩訶止観の一念三千あるいは法華玄義1716・法華文句1718の百界千如の法理を鮮明にするものという。すなわち「只一具の字は弥よ今宗を顕わす、性に善を具するは諸師もまた知る。悪に縁と了を具するは他皆測ること莫きを以ての故に摩訶止観に性の三千を明かし、妙玄、文句皆千法を示して修性に徹するもその文既に広く且つ義は彰わし難し、是の故に此の中に略して善悪を断ず」とある。また、作者は唯色説を強調して「唯心の説には実有り権有るも唯色の言は権に非ずして唯実なり、この故に大師は円宗を立てんが為に特に唯色を宣ぶ、乃ち是れ吾祖独抜之説なり」と述べる。さらに、観音玄義1726では、霊智をもって法身に合するを観音経の体（本質）とする旨を説くが、作者は「霊智は始覚なり。法身は本覚なり。同じく是れ一覚、何の所に合を論ずるや。始覚は元と明の故に名づけて霊と為し、今能く断証する故に名づけて智と為す。本始不二、是れ所詮の体なり」と述べるように霊智すなわち始覚と本覚と不二であることが経の本質であるという。本書は、作者と同門の慈雲遵式（AD964～1032）が宋の天聖二年（AD1024）に奏請して三大部とともに大蔵経に収められた。

（仙石景章）

1728 **観音義疏**（かんのんぎしょ）

普門品疏、別行義疏、観音経疏ともいう。

【成立】六世紀後半。智顗＊が妙法蓮華経0262観世音菩薩普門品を講述し、弟子の潅頂＊がそれを記録。

【内容】二巻。観音玄義1726が品題を解釈したものであるのに対して、本書は文々句々を解釈したものである。妙法蓮華経0262二十八品のうちの方便品、安楽行品、寿量品、普門品は法華の四要品といわれるが、なかでも観世音菩薩普門品は早くから「観音経」として別行された。羅什によって法華経が翻訳された南北朝時代には観音信仰も盛んになったようで、本書の成立以前にも普門品の注釈書が幾種か流行していたことは、本書中に旧解、旧釈あるいは有人有師として他説を引用していることからわかる。本書の巻頭には、「普門品」を序分、正宗分、流通分の三段に分ける他師の説を挙げ、「今師ある時に亦三段となす。ある時には三段の名を作さずして但分って三章となす。一に無尽意の問。二には仏の答。三には特地の歎なり。或は四章となす。三は前の如し。四には聞品の得益なり。或は二段となす。前後の両問答を謂うなり。多種の分章は人意に随って用うるなり」とある。今師とは智顗のことであるから、このように複数の分科を用いたとすれば、智顗は何度か「普門品」を講説したことになろう。本書の解釈の仕方は、全体を前問答、後問答、聞品功徳の三段に分けて行う。前問答では観世音の人を説いて、七難、三毒、二求満足を説くから顕益といわれ、後問答では普門の法を明らかにし、三十三身の応現、十九種の説法を述べるから冥益といわれる。本書の真偽については、趙宋時代の知礼は智顗の真撰と考えて観音義疏記1729を著わし、江戸時代の普寂は『摩訶止観復真鈔』『四教儀集註詮要』において性悪説は智顗の説ではなく、性悪説が示される観音玄義1726および本書は智顗の真撰ではないと主張した。現在、真偽の結論は出ていない。

（仙石景章）

1729 **観音義疏記**（かんのんぎしょき）

観音経義疏記、観音別行疏記、別行義疏記、別行疏記ともいう。

【成立】AD1021。知礼＊が観音義疏1728を注釈。

【内容】四巻。1728に欠けている偈頌の部分（世尊偈）は同門の慈雲遵式の疏を引用して注釈を試みている。本書巻二に「煩悩の名を以て観法の称を立つ。常途に順わざる故に逆説と云う。然るに若し性悪の義を知らずんば、云何んが三毒をして三観と為すや」とあるように、性悪説を主張しているところは本書の特色の一つである。作者は、湛然が注釈しなかった典籍に対して注釈を行い、特に天台五小部（金光明経玄義1783・金光明経文句1785・観無量寿経疏・観音玄義1726・観音義疏1728）のすべてに注釈書を著わした。

（仙石景章）

1730 **金剛三昧経論**（こんごうさんまいきょうろん）

金剛三昧論ともいう。

【成立】七世紀。元暁＊が金剛三昧経0273を注釈。

【内容】三巻。第一述大意、第二弁経宗、第三釈題目、第四科文解釈の四章からなる。大意を述ぶとは、「無理の至理、不然の大然、是れ謂く斯経の大意なり。良に不然の大然に由る。故に能説の語は妙に環中に契う。無理の至理、故に所詮の宗は方外に超出す」とある。経宗を弁ずとは、この経の宗要には開合があり、合すれば一味の観行を宗要となし、開すれば十重の法門を宗要となすと述べる。題目を釈すとは、この経名に摂大乗経、金剛三昧、無量義宗の三種あるが、ここでは金剛三昧の語義を解釈するという。科文解釈では、序品を序分とし、無相法品より総持品の一部までを正説分とし、総持品の余の部分を流通分として随文解釈する。

（仙石景章）

第35巻　経疏部　三

1731 **華厳遊意**（けごんゆうい）

華厳経遊意ともいう。

【成立】AD592～594。吉蔵＊が三論宗の立場から華厳経の化主（盧舎那と釈迦牟尼の二仏）、化処（浄穢二土）、教門（因果法門）などについて論述。

【内容】一巻。当時の中国の南北二地の学説を引用し、論難したうえで自らの立場を表明している。例えば華厳経の化主（説法教化する仏）としての釈迦牟尼仏と盧舎那仏との二仏の解釈について、南方論師は華厳経を釈迦牟尼仏の所説とし、北方論師は盧舎那仏の所説とする解釈を紹介する。またこの二仏について南方論師は二仏一致説を、北方論師は二仏相異説を主張するが、作者は「北の異を借りて南の一を弾し、南の一を借りて北の異を破す。此れ則ち互いに両家を借りて彼の二解を弾し竟る」とあるように、南北の両説を論破したうえで三論独自の立場から二仏の不一不異、本迹不二（法身を本仏とし、報身の盧舎那と応身の釈迦牟尼とを迹仏とする場合、あるいは盧舎那を本仏とし、釈迦牟尼を迹仏とする場合の両説がある）を説いている。また、化処（説法教化する場所）についても、「今次に化処を弁ず。化処とは亦た二処有り。一とは舎那蓮華蔵処、二とは釈迦娑婆国処なり。亦た前の二仏を将って今の二処に類するを得るなり」とあるように、仏身説との関連において、浄土、穢土の義を説いている。さらに教門（説法教化の内容）についても、能所、因果、半満常無常の三種があるが、ここでは他の二を略して因果法門についてその義理を明らかにしている。

（仙石景章）

1732 **大方広仏華厳経捜玄分斉通智方軌**（だいほうこうぶつけごんぎょうそうげんぶんざいつうちほうき）

華厳経捜玄記、捜玄記、華厳経方軌、略疏ともいう。

【成立】AD628。智儼＊が華厳経0278を注釈。

【内容】十巻。一に聖の機に臨む徳量の由致を歎ず、二に蔵摂の分斉を明かす、三に教下所詮の宗趣、および能詮の教体を弁ず、四に経の題目を釈す、五に文を分かって解釈すの五門からなる。第一門では、如来大聖の無量の徳を賛歎する。第二門では、「一化始終の教門に三有り。一に漸教と曰い、二に頓教と曰い、三に円教と曰う。（中略）此の経は即ち頓及び円の二教の摂なり」とあるように、漸、頓、円の三教の教判（教えの説かれた形式や内容による分類法）を挙げる。第三門では、宗趣（教説の主旨）に総別の二種があり、総は因果縁起の理をいい、別は教義、境行、理事、因果の四門をいう。第四門では、「大方広仏華厳経世間浄眼品」の経題を詳しく解釈する。第五門では、本文を序、正宗、流通の三に分け、世間浄眼品を序分とし、盧舎那仏品より入法界品までを正宗分として、一一の品において弁名、来意、宗趣、釈文の四科に分け随文解釈する。本書は『華厳経伝記』によれば、「教を立て宗を分かち、此の経疏を製す。時に年二十又七、宵に行道し祈りて是非を請う。爰に神童を夢み、深く印可を蒙る。」とあるように、著者が二七歳のときに著わしたものと推定される。作者の晩年の著作とされる『孔目章』、『五十要問答』などの内容と比較すると必ずしも充全でないのは止むを得ないが、地論宗南道派の思想の影響が窺われるとされる。華厳経0278の注釈書としては現存する最古のもの。

（仙石景章）

1733 **華厳経探玄記**（けごんぎょうたんげんき）

華厳探玄記、探玄記、華厳経疏ともいう。

【成立】AD695。法蔵*が捜玄記1732に倣って華厳経0278を注釈。

【内容】二十巻。書名についていえば、「探玄記」の玄とは幽玄あるいは玄妙の意味で、探とは探索の意味であり、華厳経の幽玄微妙の義理を探り索めることであるという。全体の構成は、総序の後に、一に教起の所由を明かす、二に蔵部に約して所摂を明かす、三に立教差別を顕わす、四に教の所被の機を簡ぶ、五に能詮の教体を弁ず、六に所詮の宗趣を明かす、七に経の題目を釈す、八に部類伝訳を明かす、九に文義分斉を弁ず、十に文に随いて解釈すの十門からなる。第一の教起の所由を明かすとは、教えを説き起こす因縁を十義（法爾、願力、機感、為本、顕徳、顕位、開発、見聞、成行、得果）によって明らかにする。第二の蔵部に約して所摂を明かすとは、三蔵（経蔵、律蔵、論蔵）、二蔵（声聞蔵、菩薩蔵）、十二部経（契経、応頌、記別、諷頌、自説、縁起、譬喩、本事、本生、方広、希法、論義）などにおいて、その所属を述べるのに十科を設ける。第三の立教差別を顕わすとは、十類（古説を叙ぶ、是非を弁ず、西域を述ぶ、相違を会す、現伝を明かす、権実を定む、開合を顕わす、教の前後、義に就いて教を分かつ、理を以て宗を開く）を提示して、菩提留支はじめ天台智顗、吉蔵、光宅寺法雲ら十師の教相判釈を批評し、自らは小乗教、大乗始教、大乗終教、頓教、円教の五教を説き、法我倶有宗、法有我無宗、法無去来宗、現通仮実宗、俗妄真実宗、諸法但名宗、一切皆空宗、真徳不空宗、相想倶絶宗、円明具徳宗の十宗を明らかにする。第四の教の所被の機を簡ぶとは、説教の聞き手の機根を十位に分けて述べる。第五の能詮の教体とは、言詮弁体門、通摂所詮門、遍該諸法門、縁起唯心門、会縁入実門、理事無礙門、事融相摂門、帝網重重門、海印炳現門、主伴円備門の十門によって華厳経の教説の本質を明らかにする。第六の所詮の宗趣を明かすとは、「語の表わす所を宗と曰う。宗の帰する所を趣と曰う。然るに此の大経の宗趣弁じ難し。略して十説を叙べて以て一宗を顕わす」とあり、江南の印師、敏師ら諸師の説を挙げた後に、この経は因果縁起、理実法界をその宗（経典が説いている主旨）とすると述べる。第七の経の題目を釈すとは、十名（数名、法名、喩名、義名、徳名、事名、開名、具名、合名、品名）によって、さまざまな観点から経題を解釈する。第八の部類伝訳を明かすとは、恒本、大本、上本、中本、下本、略本、論釈、翻訳、支流、感応の十義において、梵漢の異本、注釈の論書、翻訳者、別行本、講経者などを紹介する。第九の文義（義理）分斉を弁ずとは、同時具足相応門、広狭自在無礙門、一多相容不同門、諸法相即自在門、隠密顕了倶成門、微細相容安立門、因陀羅網法界門、託事顕法生解門、十世隔法異成門、主伴円明具徳門の十玄門によって華厳教学における世界観を十の方面から説明する。因みに智儼（AD602〜668）の説いた一乗十玄門を古十玄（広狭自在無礙門の代りに諸蔵純雑具徳門、主伴円明具徳門の代りに唯心廻転善成門を立てる）というのに対して、本書の所説を新十玄という。第十の随文解釈においては、世間浄眼品を序分とし、盧舎那仏品以下を正宗分として各品ごとに釈名、来意、宗趣、釈文の四科を設け、解釈する。本書は、華厳教学の集大成であり、華厳経疏1735・演義鈔1736とともに華厳研究の代表的著述である。注釈書としては日本の凝然の『探玄記洞幽鈔』、普寂の『華厳経探玄記発揮鈔』、鳳潭の『探玄記別検』などがある。

（仙石景章）

1734 **華厳経文義綱目**（けごんぎょうもんぎこうもく）

華厳八会綱目章、華厳経綱目、華厳綱目ともいう。

【成立】七〜八世紀。法蔵＊が華厳経0278の経文の要義を概説。

【内容】一巻。一に教起の所因を弁じ、二に経の題目を釈し、三に経の宗趣を明かし、四に経の時処を説き、五に教主を弁定し、六に衆数の差別を明かし、七に請説の分斉、八に所入の三昧、九に仏光加持、十に正に品会を説く、の十門からなる。第十の正に品会を説くでは、十玄門（華厳教学における世界観を十の方面から明らかにする）を説くが、『五教章』所説の十玄門とその次第と第二門の因陀羅網法界門の名目を異にしている。また本書の総序は、華厳経探玄記1733の総序とほとんど同じ内容のものである。本書は平安期の年分度者（僧侶の国家試験制度）の一科目に定められ、江戸期には諸宗派の学寮において講じられた。

（仙石景章）

1735 **大方広仏華厳経疏**（だいほうこうぶつけごんぎょうしょ）

華厳経疏、華厳大疏ともいう。

【成立】AD787。澄観＊が華厳経0279を随文解釈。もとは二十巻であったものが六十巻に分化されたという。著者が五台山に登り、大華厳寺に住して方等懺法を行じていたときに、賢林の要請によって華厳経を講じたことに由来する。

【内容】六十巻。総序および帰敬序の後に、一に教起の因縁、二に蔵教の所摂、三に義理分斉、四に教の所被の機、五に教体の浅深、六に宗趣通局、七に部類品会、八に伝訳感通、九に総に経題を釈し、十に別に文義を解す、の十門よりなる。第一の教起の因縁では、この経の説示の因縁を各々十科を設けて明らかにする。第二の蔵教の所摂では、まず蔵の所摂として三蔵（経蔵、律蔵、論蔵）、二蔵（声聞蔵、菩薩蔵）における所摂を述べ、教の所摂については省略する。次に今古の諸師の教判（経典の分類法）として、一音教（後魏の菩提流支と姚秦の羅什の説）、二教（西秦の曇無讖の半字満字の二教、隋の慧遠師の漸頓の二教、唐初の印法師の屈曲・平道の二教、斉朝の隠士劉虬の漸頓の二教）、三教（南中諸師の漸頓不定の三教、後魏の光統律師の漸頓円の三教、隋末唐初の吉蔵の三種法輪）、四教（梁朝の光宅法師の四乗教、陳隋の天台智者の蔵通別円の四教、唐初の海東の元暁法師の三乗別教・三乗通教・一乗分教・一乗満教の四教、賢首の弟子苑公の迷真異執教・真一分半教・真一分満教・真具分満教四教）、五教（波頗三蔵の四諦教・無相教・観行教・安楽教・守護教の五教）ならびに西域の戒賢の三種教、智光論師の三時教などを詳述し、最後に法蔵の五教、十宗の説との会通を説く。本書の第二門は『探玄記』の第二約蔵部明所摂と第三立教差別とを合わせた内容となっている。第三の義理分斉では、法蔵の説を継承して十玄門を説くが、探玄記1733の第五の隠密顕了俱成門を智儼の『一乗十玄門』などの秘密隠顕俱成門に還している。第四の教の所被の機とは、華厳経の教説を被る者の根機を述べたものであるが、最後に「一法として所被に非ざること有ること無し」とある。第五の教体の浅深では、「無尽教海、体性思い難し。浅より深に至るまで略して十体を明かす」とあり、一音声言語体ないし十海印炳現体の十体によってこの経の教説の本質を明らかにする。第六の宗趣通局では、衍法師の無礙法界をもって経の宗とする説から法蔵の因果縁起理実法界を経の宗趣とする説までの十説を紹介し、自らは「法界縁起不思議を宗（経典の所説の主旨）とす」と説く。第七の部類品会では、梵漢の異本、別行本、注、釈論書などについて述べる。第八の伝訳感通では、翻訳の年代や読誦・講説による感応を述べる。第九の総に経題を釈すでは、経題と世間浄眼品の品名とを各々解釈する。第十の別に文義を解すでは、十科（一に本部三分科、二に問答相属科、三に以文従義科、四に前後摂畳科、五に前後鉤鎖科、六に随品長分科、七に随其本会科、八本末大位科、九に本末遍収科、十に主伴無尽科）を設けて随文解釈する。

（仙石景章）

第36巻　経疏部　四

1736 **大方広仏華厳経随疏演義鈔**（だいほうこうぶつけごんぎょうずいしょえんぎしょう）

華厳経随疏演義鈔、華厳大疏鈔、演義鈔ともいう。

【成立】 八〜九世紀。華厳経疏1735を著者の澄観＊が自らさらに詳しく解説したもので、門人の僧叡らのために同書の文に随ってその義理を演べたものといわれる。

【内容】 九十巻。大きく四段に分けて、一に総じて名意を序す、二に帰敬して加を請う、三に章を開いて文を釈す、四に謙讃廻向す、とする。しかも一の総序名意と二の帰敬請加を序分とし、三の開章釈文を正宗分とし、四の謙讃廻向を流通分とする。1735の成立の由来については、慧苑の『刊定記』が華厳経の経旨を充全に顕わしていないのを慨き、法蔵の教学を顕示するためであるといわれるが、本書の第二の帰敬請加にも、『刊定記』を批評し、さらに「実に乃ち翻じて後学を誤り、今皆な此に反す。故に茲の疏を製し、解を造り観を成じ事に即し行に即せしむ。口に其の言を談じ、心、其の理に詣る。以心伝心の旨を用い、諸仏所証の門を開示し、南北二宗の禅門を会し、台衡三観の玄趣を撮る。教をして亡言の旨に合せしめ、心をして諸仏の心に同ぜしむるなり」とある。法蔵の教学を継承して華厳の正意の宣揚に努めつつ、禅宗の頓悟説を意識して自ら頓漸義を立て、また天台を漸円とし華厳を頓円とするなど、至る所に澄観独自の立場が現われている。第三の開章釈文では、1735の科段に随って解釈するが、その科段とは、一に教起因縁、二に蔵教所摂、三に義理分斉、四に教所被機、五に教体浅深、六に宗趣通局、七に部類品会、八に伝訳感通、九に総釈経題、十に随文解釈である。この十章の生起次第について、「夫れ聖人教を設くるに、言虚しく発せず、動必ず由有り。大因縁に非ざれば斯の典を宣ぶる莫し。故に之れを受けて教起因縁を以てす。二とは因縁既に興り所起の教有り。仏教広しと雖も三蔵十二分を出でず。未だ此の経、三蔵教中の何の蔵教の摂なるかを委しくせず。故に蔵教の総名を挙ぐ。華厳の別教に含摂す。故に之れを受けて蔵教所摂を以てす。三に已に知る、此の経は修多羅の摂にして十二分を具すと。然るに其の蔵教は皆な権実に通ず。権を揀んで実を取る。唯だ円教の収なり。未だ円義の浅深寛狭を知らず。故に之れを受けて義理分斉を以てす。四に既に円教の包博冲深を知る。未審、此の経何の根器に被るかを。故に之れを受けて教所被機を以てす。五に甚深の義理、正に円機に被るを知る。未だ其の詮何を体性と為すを知らず。故に之れを受けて教体浅深を以てす。六に能所の文義已に該羅を知る。未審、所宗尊崇何の義なるかを。故に之れを受けて宗趣通局を以てす。七に既に旨趣の冲深を知る。未だ能詮文言の広狭を委しくせず。故に之れを受けて部類品会を以てす。八に既に部類広ければ則ち無尽、略なれば乃ち百千と知る。未だ伝訳何年、何の感応有るやを知らず。宗承緒有り、勝益帰すべきを知らしむ。故に之れを受けて伝訳感通を以てす。九に大旨既に陳ぶ。文に随って解釈するに、先ず総目を明かす。包尽思い難し。故に之れを受けて総釈名題を以てす。十に総意知ると雖も、文に在りて暁め難し。沈隠の義を翰墨に彰わしむ。宗通の理百千に見る。故に之れを受けて別解文義を以てす」とある。本書は華厳経探玄記1733が六十巻・華厳経0278の注釈書であるのに対して、八十巻・華厳経0279の随文解釈として中国の華厳研究にとって欠くべからざるものである。日本においては、寛文四年（AD1664）に、華厳経疏1735と本書とを対校して『華厳経大疏鈔』百巻として刊行されている。

（仙石景章）

1737 **大華厳経略策**（だいけごんぎょうりゃくさく）

華厳経略策ともいう。

【成立】八～九世紀。華厳経大疏鈔1736の内容を、著者の澄観＊が自ら四十二カ条に要約したもの。

【内容】一巻。本書は一条ごとに問答を設け、末尾に「謹対」とあるが、序によればその体裁は宋の蘇軾の書三篇に則るという。条目を挙げれば、釈経題目、明経宗趣、釈仏名号、処会法主、不起昇天、説経時節、経之部類、翻訳伝通、華蔵体相、生仏交徹、十信円妙、惑障不同、如来十身、聖賢位次、十波羅蜜、説十之由、地獄頓超、二乗聾瞽、普賢行願、文殊祖師、悲智双流、止観双運、動寂自在、事理相融、彰其十玄、弁玄所以、法界名体、証入浅深、善財南求、知識別証、円融行布、果海離言、十定之名、十通差別、十通六通、十忍浅深、仏不思議、十身相海、功無功由、教起源由、三蔵二蔵、十二分教の四十二条である。

（仙石景章）

1738 **新訳華厳経七処九会頌釈章**（しんやくけごんぎょうしちしょくえじゅしゃくしょう）

華厳経七処九会頌、華厳経七処九会頌釈章ともいう。

【成立】八～九世紀。澄観＊が八十巻・華厳経0279の内容を六十八句十七頌に要約して一頌ごとに解説し、華厳経の構造と教理を概説。

【内容】一巻。頌分と釈分との二段からなり、先ず頌分において六十八句十七頌の全部を掲示し、次に数句ごとに解釈していく。内容は、梵漢の諸本の異同について、七処（七カ所の説法の場所）九会（九回の説法のための集会）について、九会と各品との対応関係について、十仏（無著仏、願仏、業報仏、住持仏、涅槃仏、法界仏、心仏、三昧仏、性仏、如意仏）について、十蔵（信蔵、戒蔵、慚蔵、愧蔵、多聞蔵、施蔵、慧蔵、念蔵、持蔵、弁蔵）十向（救護衆生離衆生想回向、不壊回向、等諸仏回向、至一切処回向、無尽功徳蔵回向、随順一切堅固善根回向、等心随順一切衆生回向、如相回向、無縛無著解脱心回向、入法界無量回向）について、十地（極喜地、離垢地、発光地、焰慧地、極難勝地、現前地、遠行地、不動地、善慧地、法雲地）について、十定法（普光大三昧、妙光大三昧、次第遍往諸仏国土大三昧、清浄深心行大三昧、知過去荘厳蔵大三昧、智光明蔵大三昧、了知一切世界仏荘厳大三昧、衆生差別身大三昧、法界自在大三昧、無礙輪大三昧）十忍法（音声忍、順忍、無生法忍、如幻忍、如焰忍、如夢忍、如響忍、如影忍、如化忍、如空忍）について、十玄門（同時具足相応門、因陀

羅網境界門、秘密隠顕倶成門、微細相容安立門、十世隔法異成門、諸蔵純雑具徳門、一多相容不同門、諸法相即自在門、随心回転善成門、託事顕法性解門）について述べる。

（仙石景章）

1739 **新華厳経論**（しんけごんぎょうろん）

華厳経論ともいう。

【成立】七〜八世紀。李通玄＊が八十巻・華厳経0279を注釈。

【内容】四十巻。総序の後に、「此の一部の経を釈するに総じて十門を作して分別す」として、第一明依教分宗、第二明依宗教別、第三明教義差別、第四明成仏同別、第五明見仏差別、第六明説教時分、第七明浄土権実、第八明摂化境界、第九明因果延促、第十明会教始終の十門を立てる。第一の依教分宗を明かすでは、小乗戒経から華厳経までの十種の経典の宗とするところを説くが、華厳経についていえば、「因円果満法界理事自在縁起無礙を宗と為す」とある。第二の依宗教別を明かすでは、先徳十家の教として後魏の菩提留支の一音教から唐の印法師の屈曲平等の二教までの十家の説と西域の戒賢と智光法師の三教説を挙げ、さらに十種教として「第一時に小乗純有教を説く。第二時に般若破有明空教を説く。（中略）第八時に華厳経の刹那の際に於いて十世に通摂し円融して始終無く前後通該せる教を説く。第九時に共不共教。第十時に不共共教」とあるように十時十教の教判を述べる。第三の教義差別を明かすでは、教主、放光明、問答、因果、行位、善財の求法、菩薩の地位、無情成仏、三乗の得果、付嘱流通の十種の教義について述べる。第四の成仏同別を明かすでは、毘盧遮那仏の成道の様相を、成仏身、成仏時、菩提樹、所坐座、大衆、示相、転法輪、転法輪処、大会荘厳、所受法門の十門によって明らかにする。第五の見仏差別を明かすでは、見る者の立場の相違によって仏の姿も異なることを、人、諸天、諸竜、仙人、外道、八部神、縁覚、権教の菩薩、一乗教の菩薩の十例を挙げて述べる。第六の説教時分を明かすでは、説教の時分について諸種の経典（力士経、大品経、法華経、四分律、興起行経、五分律、大智度論、十二遊行経、華厳経など）の所説を示す。第七の浄土権実を明かすでは、阿弥陀経、無量寿経、維摩経、梵網経、摩醯首羅経、涅槃経、法華経の所説の浄土ならびに霊山会所指浄土、唯心浄土、毘盧遮那所居浄土を述べる。第八の摂化境界を明かすでは、人、諸天、二乗（声聞と縁覚）、権教の菩薩、実教の菩薩のそれぞれにおいて、仏の教化する世界が異なることを述べる。例えば人は仏が一閻浮提の衆生を教化するのを見るのみであるが、実教の菩薩は毘盧遮那仏が一大蓮華蔵世界海に教化するのを見るようなものである。第九の因果延促を明かすでは、小乗、縁覚、権教の菩薩の得果ならびに法華経の実教の成仏、華厳経所説の兜率天子の得果、善財童子の一生成仏について述べる。第十の会教始終を明かすでは、『華厳経』七処九会の内容を、毘盧遮那始成正覚、示果勧修、信心成備、入真実証、発行修行、理事相入、蘊修成徳、随縁無礙、因果位終、令凡実証の十の主題に要約して示す。以上が『華厳経』の経旨を概説したものであり、次に巻八以下に随文解釈する。「夫れ教を闡らめ経を弘むるに須く四義を分かつべし」とあり、一に華厳経全品を十科（始成正覚、挙果勧修、以果成信、入真実証、発行修行、智悲相入、蘊修成徳、利生無礙、諸賢寄位、令凡実証）に分けて解釈する旨を述べ、二に経の宗趣（経典の所説の主旨）を明らかにするのに六義（一に経の宗趣を明らめ、二に此の経は何の蔵の所摂なるや、三に其の序分を分かち、四に其の正宗を定め、五に此の経は何人に付嘱するや）を立てる。ここにおいて「此の経の四十品の中、法界品を以て正宗と為し、余品を伴と為す」とあり、「入法界品」を正宗とする。三には華厳経の十種の教体（教説の本質）を明らかにする。四には会（説法のための集会）の数とその会の意義を明らかにし、さらに仏の出世の由来を述べる。宋の賛寧は本書と経文とを合わせて『華厳経合論』一二〇巻を編纂した。また高麗の知訥は本書によって『華厳論節要』を著わした。

（仙石景章）

1740 **大方広仏華厳経中巻巻大意略叙**（だいほうこうぶつけごんぎょうちゅうかんかんたいいりゃくじょ）

華厳経品大意、華厳経大意、華厳大意ともいう。

【成立】七～八世紀。李通玄＊が八十巻・華厳経0279の一巻ごとにその大意を述べたもの。

【内容】一巻。巻数の下に、会と品の名称を割注し、各巻と各会各品との対応が一見してわかるようになっている。例えば、「第一巻〈菩提場第一会、六品経を説く。第五巻に至るまで世主妙厳品第一〉仏成道し、摩竭提国に在りて、法を菩提場の中に説く。往劫、仏と与に同じく修する故に、衆海雲集せしむ」とある。大永七年（AD1522）に書写された快憲の奥書には、華厳経は仏一代の根本法輪であり、直ちに仏の内証を顕わしたものであり、一度耳に触れると永く生死の苦報を離れることができる。通玄居士は、経を講じては仏意に叶い、口より金色の光を放つようである。八十巻の大意は微妙の要術を尽している、とある。

（仙石景章）

1741 **略釈新華厳経修行次第決疑論**（りゃくしゃくしんけごんぎょうしゅぎょうしだいけつぎろん）

華厳経決疑論ともいう。

【成立】七～八世紀。八十巻・華厳経0279を主に修行実践の見地から概説したもので、著者は李通玄＊。

【内容】四巻。「此の一部の経に於いて、略して十門を立つ。以て進修の軌を知る」とあるように十門からなる。第一世主妙厳品から第六毘盧遮那品までを挙仏自果勧修生信門とし、第七仏名号品から第十二賢首品までを自巳発心起信修行法門とし、第二七十定品から第二九十忍品までを以定該含古今無異門とし、第三〇阿僧祇品から第三六普賢行品までを入仏果位現障成位門とし、第三七如来出現品を明自行仏果所成果門とし、第三八離世間品を普賢恒行門とし、入法界品を成仏果満一切皆無法界門、以仏果法利益人間門、説教勧修門、善財入位契真門の四門に分けて実践修行論を述べる。特に入法界品の所説に重きを置いて、善財入位契真門の論述に大半を尽くしている。その善財入位契真門の冒頭の記述によれば、勝楽国徳雲比丘以下の五十三の善知識のうちの五十の善知識によって示されるのは、因であって十住、十行、十廻向、十地、等覚の五位に当り、余の三の善知識つまり文殊、弥勒、普賢の三菩薩の示すものが仏果理智であると説き、そして修行者は、未発心のときにあった無明煩悩を十住の初発心住において断滅し、順序次第に五十の善知識を歴参するうちに習気煩悩は漸漸に希薄になり、終に仏果に到ると説く。本書は、修行の過程を象徴するものとしての五十三の善知識について、経文に随って解釈し、華厳経の実践的方面を闡明しようとしたものである。

（仙石景章）

1742 **大方広仏華厳経願行観門骨目**（だいほうこうぶつけごんぎょうがんぎょうかんもんこつもく）

華厳経骨目、華厳骨目ともいう。

【成立】八世紀。湛然＊が八十巻・華厳経0279の綱要をとりまとめた。

【内容】二巻。各品ごとに経文の一部を削略して、その間に著者自らの見解を挿入する形をとっている。また品名の下には割注を施して0279の第何巻に当るかを示し、あるいは当該品の趣旨を述べている。例えば「華蔵世界品五〈巻八九十〉所化を示すと雖も正報の人は須く依報所現の土を知るべし」とある。著者は中国天台宗の第六祖にして中興といわれる。その人に華厳に関する文献があることは特筆すべきことである。著者の天台教学の体系における華厳学的要素を解明するにあたって本書の存在はきわめて重要である。本書は最澄によって日本に将来されている。

（仙石景章）

1743 **皇帝降誕日於麟徳殿講大方広仏華厳経玄義一部**（こうていごうたんのひりんとくでんにおいてだいほうこうぶつけごんぎょうげんぎいちぶをこうず）

大方広仏華厳経玄義、大周経玄義ともいう。

【成立】 AD792。静居が徳宗帝の降誕の日に麟徳院において八十巻・華厳経0279の綱要を進講し、それを書きとどめた。

【内容】 一巻。はじめにこの経の七処九会（説法のための集会）ならびに三十九品の名称を列ね、次に三十九品を九会の順序次第によって分け、各会の趣旨を簡潔に述べる。「第一菩提場会は所信の仏、第二普光明殿会は能信の心、第三須弥山頂会は信に依って解を生じ、第四夜摩天宮会は解に依って行を起し、第五兜率天宮会は行に依って願を起し、第六他化自在天会は三賢（十住・十行・十廻向位）の位極まって将に聖地（十地）に登らんとし、第七重普光明殿会は因（三賢十聖）を摂して果を成じ、第八再重普光明殿会は有無双び泯じ、第九逝多林会は境智一如なり」とある。八十巻『華厳経』の梗概を知るための簡単な手引書といえるものである。

（仙石景章）

第37巻　経疏部　五

1744 **勝鬘宝窟**（しょうまんほうくつ）

勝鬘経宝窟ともいう。

【成立】 成立年不明。著者は吉蔵＊。

【内容】 六巻。勝鬘師子吼一乗大方便方広経（勝鬘経）0353の代表的な注釈書。吉蔵は本書を著すにあたって経典・論書や古今の勝鬘経関係の注釈書を広く捜検しており、現存しない注釈書の教説も本書には豊富に引用されている。これによって南北朝時代における勝鬘経研究の傾向を窺い知ることができ、資料的にも貴重である。本書は構成上、勝鬘経の奥深い道理（玄意）を概説する部分（巻一）と経文を逐次に解釈する部分（巻一―六）に大別される。このうち玄意を述べる部分では、まず本経の名称を「勝鬘」「師子吼」「一乗」「大方便」「方広」に分けて解説する。また一乗ということが本経の宗旨であると説く。さらに教判の問題に言及し、本経と他の諸経典との関係を述べ、仏教全体における本経の位置づけについて論じている。総じて三論宗の般若思想の立場から勝鬘経を解釈する点に本書の特色がある。

【関連典籍】0353・大宝積経0310(48)勝鬘夫人会

【後世への影響】本書は勝鬘経の注釈書のうち最も詳細緻密であり、後世の中国と日本の学者はもっぱら本書を通して勝鬘経を研究した。

【参考文献】訳一・経疏部十一。

（山野俊郎）

1745 **無量寿経義疏**（むりょうじゅきょうぎしょ）

大経浄影疏、大経義疏、大無量寿経疏ともいう。

【成立】六世紀後半。著者は慧遠＊。

【内容】二巻。無量寿経0360に対する現存最古の注釈書。初めに仏教を声聞蔵と菩薩蔵に分け本経は菩薩蔵に属すとする。そして経文を序分・正宗分・流通分の三つに分けて解釈する。正宗分を三つに分け、まず（1）所行を明かすとして、阿弥陀仏がかつて修めたところの無量の行願を示し、（2）所成を明かすとして、阿弥陀仏がその因によって現に今得たところの果を示し、（3）所摂を明かすとして、阿弥陀仏が今現に十方国土のあらゆる衆生を摂め取って、教化利益していることを示す。そしてこの三つをもって経の大宗としている。阿弥陀仏、浄土をそれぞれ応身、応土とし、法蔵菩薩の二重発心や五劫略修行を説くなど、後に異議とされる独特の見解を述べるが、声聞蔵・菩薩蔵の説明、経の三分科、本願の分類、五濁や功徳の説明などは後の宗義の基礎となった。本書は諸師によって依用され、この慧遠の説を取捨批判していくことが浄土教の教理を進展させていく大きな要因となった。なお、慧遠は西方浄土ではなく、弥勒を信仰していたといわれるが、彼の主著である大乗義章1851には浄土についての章が設けられ、また観無量寿経の注釈書も作るなど、浄土について深い関心を寄せていた。

【関連典籍】0360

【後世への影響】経の科文や四十八願の分類は特に依用され、日本の浄土宗もこの科文を引き継いでいる。

（山野俊郎）

1746 **無量寿経義疏**（むりょうじゅきょうぎしょ）

大経義疏、無量寿義疏ともいう。

【成立】著者は吉蔵＊。

【内容】一巻。無量寿経0360の簡略な注釈書。教相について、釈迦の説法を次第教と偏方教の二つに分類し、本経は一乗の因と菩提の業を説くので次第教ではなく偏方教であるとした。そのほか浄土や本願の分類や浄土の生因等、その説くところは、おおよそ慧遠や智顗の説を踏襲している。吉蔵の浄土教義は、彼の観無量寿経義疏1752とならべてみなければならないが、この両書が、教相判釈論や仏身論等において相違しており、本書の偽撰説も有力である。

【関連典籍】0360

（山野俊郎）

1747 **両巻無量寿経宗要**（りょうかんむりょうじゅきょうしゅうよう）

大無量寿経疏、両巻無量寿経宗旨ともいう。

【成立】七世紀頃。著者は新羅の元暁＊。

【内容】一巻。無量寿経0360の注釈書で、経の大要を述べたもの。新羅時代の朝鮮では仏教が興隆し、浄土経典の研究も活発になされた。華厳の学匠元暁には数多くの著書があるが、そのうち三部が浄土に関するものであり、その内容も智儼などの華厳教義が影響している。本書で注目されるのは、菩提心がなければ往生できないとし、それを無量寿経の三輩の各々において説いた点であり、さらに十念等の助因についても独特の見解がみられ、これは曇鸞や迦才の説をさらに推し進めたものといえる。

【関連典籍】0360

【参考文献】韓普光『新羅浄土思想の研究』東方出版、一九九一年。

（山野俊郎）

1748 **無量寿経連義述文賛**（むりょうじゅきょうれんぎじゅつもんさん）

【成立】八世紀前半頃。著者は新羅の璟興＊。

【内容】三巻。無量寿経0360の詳細な注釈書。書名に連義述文賛とあるように、慧遠や元暁などの諸師の釈義を連ねて、経の文意を述べ、賛じたものである。しかし単なる引用集ではなく、かなり批判もまじえつつ独創的な見解がみられる。本書は同著の観無量寿経疏の後出であり、これが散逸しているためにその浄土教思想は網羅できないが、本書には法位や義寂など今日に伝わらない諸師の説を多く引用しているので貴重な文献といえる。慧遠、吉蔵、元暁のものとならんで無量寿経の四大注釈書の一つである。

【関連典籍】0360

【後世への影響】日本の浄土宗の良忠、道光などに特に影響を与えている。

【参考文献】韓普光『新羅浄土思想の研究』東方出版、一九九一年。

（山野俊郎）

1749 **観無量寿経義疏**（かんむりょうじゅきょうぎしょ）

観無量寿経義記、観無量寿義疏、観経浄影疏ともいう。

【成立】著者は慧遠*。

【内容】二巻。観無量寿経0365に対する現存最古の注釈書。本経を分類して菩薩蔵に属し頓教であるとし、観仏三昧をもって宗とすると説く。また本経に出てくる十六観をすべて定善とみて、その実践を説いている。往生する衆生の機根の段階である九品の解釈については相対的にその階位が高くなっており、その階位が高くなっており、この点は後に善導によって批判される対象となった。阿弥陀仏の本願力による救済よりも、浄土の果はすべて衆生自らの業によって感得していくものだという見方が基礎にあり、この点も後に破斥されることになる。

【関連典籍】0365

【後世への影響】本書は無量寿経義疏1745とともに重要視され、吉蔵や迦才、善導などは、慧遠の釈義を基盤にして自らの注釈を試みている。智顗の作とされる観無量寿仏経疏1750は真撰ではないにせよ、本書との類似点を多く含んでおり、後の学者がいかに慧遠の釈義に権威をおいていたかがわかる。

【参考文献】藤井教公「慧遠と吉蔵―両者の『観無量寿経義疏』を中心として」（平井俊栄編『三論教学の研究』春秋社、一九九〇年）。

（山野俊郎）

1750 **仏説観無量寿仏経疏**（ぶっせつかんむりょうじゅぶつきょうしょ）

観経天台疏ともいう。

【成立】隋の天台大師智顗*の撰述となっているが、慧遠の観無量寿経義疏1749との類似点があまりに多いことなどから、唐の湛然以前に天台宗の学者が慧遠の説を依用しつつ作ったのではないかとする偽撰説が有力である。

【内容】一巻。観無量寿経0365の注釈書。天台の立場からの観経解釈ではあるが、その内容は、慧遠の説に近い。浄土を四土に分類し、凡聖同居土、方便有余土、実報無障碍土の三土は衆生に感じられるもの、常寂光土は仏のみが得るものとした。また仏が衆生の土に入って教化するという観点から四土を仏の法身、報身、応身に配し、前二土を応身仏、実報障碍土を報身仏、常寂光土を法身仏の所化の土とした。次に本経は心観を宗とし、実相を体とすると説き、極楽国土に往生したいなら必ず十六観を修すべきであり阿弥陀仏を見ようとするなら三種の浄業を行じなければならないとするが、十六観を諸法実相の理に達する観法とみるのが本書の特色である。智顗は天台宗の開祖であるが、西方浄土の願生者としての一面も有しており、本書が真撰ではないとしても、彼が観無量寿経に説く十六観を往生の業と考えて重視したとしても不思議ではない。

【関連典籍】0365・1751

【後世への影響】知礼が本書の注釈書である観無量寿仏経疏妙宗鈔1751を著して以後、天台教学においてとくに重視された。また中国、日本の天台宗が浄土教を取り入れていく過程で本書が大きな影響を及ぼした。

【参考文献】佐藤哲英『天台大師の研究』百華苑、一九六一年。

（山野俊郎）

1751 **観無量寿仏経疏妙宗鈔**（かんむりょうじゅぶつきょうしょみょうしゅうしょう）

観経疏妙宗鈔、妙宗鈔ともいう。

【成立】宋の天禧五年（AD1021）。著者は知礼＊。

【内容】六巻。観無量寿仏経疏1750の詳細な注釈書。宋による統一後しばらくして、天台宗内部で山家派と山外派とに分かれて論難抗争がおこるが、知礼は山家派の代表人物として智顗の正統を明確に示そうとした。本書も観無量寿仏経疏1750の真義を明らかにするために著されたものである。同書が智顗の真撰か否かということは当時疑われていなかったので、知礼はその所説を専ら智顗の天台教義をもって詳細に論釈した。妙宗鈔という題名に示される妙宗とは観無量寿仏経疏1750に説く心観為宗（心観を宗と為す）のことである。観無量寿経0365にある十六観においては阿弥陀仏と浄土の様相を対象的に観察していく外境観が説かれているが、観無量寿仏経疏ではそれを自己内心の観法として、心観を基礎に置いて解釈した。このことの真義を知礼は約心観仏説をもって提唱した。すなわち、浄土の外境を観ずるのは、その外境に託して自らの心性を観ずることであり、浄土の境を自らの心に約して心の中の仏境を観ずるのが観無量寿経の説く観法だと唱えた。知礼のこの解釈は智顗の教理を基礎に説いたものだが、仏を観ずることに依って衆生が本来具有する真の仏を顕現させるとする説は、直接に心を観じていく智顗の観心の説とも異なる創見を含んでいる。

【関連典籍】0365・1750

【参考文献】安藤俊雄『天台学論集―止観と浄土―』平楽寺書店、一九七五年。

（山野俊郎）

1752 **観無量寿経義疏**（かんむりょうじゅきょうぎしょ）

観経吉蔵疏ともいう。

【成立】著者は吉蔵＊。

【内容】一巻。観無量寿経0365の注釈書。伝記によると、吉蔵には阿弥陀仏の浄土への信仰があったと考えられ、本書と無量寿経義疏1746には浄土への関心が示される。三論宗の学匠である吉蔵の浄土論は、「不二を以て体と為す」と述べるように、般若思想を基盤においているが、具体的内容の多くは慧遠や智顗の説を踏襲している。特色がある点としては、浄土に往生する因についての解釈をあげることができる。すなわち、まずその業因に通門と別門の二門があるとして、通門からいえば経に説く三福十六観が浄土に生れる因なのであるが、別門からいえば菩提心こそが主たる因であり、三福十六観はそれに導き助けていく縁となるべきものだと唱えた。これは慧遠等の説をさらに推し進めたものといえる。次に十六観のうち、前の十三観は果を観ずる無量寿観、後の三観は因を観ずる九輩観とし、無量寿観を念仏三昧と名づけた。この念仏三昧に二種あって、諸法実相を念ずる念仏法身（仏の法身を念ず）と仏の徳相等を念ずる念仏生身（仏の生身を念ず）とがあり、この経が説くのは念仏生身だとしてその功徳を強調した。九輩観のうち、たとえば上品上生の人は浄土に生まれて阿弥陀仏を見、その説法を聞くことによって無生法忍を悟ると経に説いてあることから、これは六地の菩薩が浄土に生まれて七地の無生を悟ることだと解釈した。このように往生後の果を基準に九品の階位を判定していく方法は慧遠と同じである。また、観無量寿経の宗体を解説するところで、無量寿経と本経との相違点に触れている。すなわち、両経とも不二をもって体とし因果を宗とするのであるが、無量寿経では広く浄土の相を述べながら因行（法蔵菩薩の四十八願）を要約して説いており、一方、本経では因行（十六種の観法）を広く展開しつつ浄土の相については簡略に説示するものとした。

【関連典籍】0365

【参考文献】藤井教公「慧遠と吉蔵—両者の『観無量寿経義疏』を中心として」（平井俊栄編『三論教学の研究』春秋社、一九九〇年）。

（山野俊郎）

1753 **観無量寿仏経疏**（かんむりょうじゅぶつきょうしょ）

無量寿観経疏、観経疏、四帖疏、楷定疏、証定疏ともいう。

【成立】七世紀頃。著者は善導。

【内容】四巻。観無量寿経0365の注釈書。玄義分、序分義、定善義、散善義の四章からなる。本書は浄土の教相、教義を明かしたもので、往生礼賛偈1980等、他の四部の著書が行儀を説くのと対応している。楷定疏とも呼ばれるように、慧遠等の古今の諸師の解釈を正しつつ浄土教に対する善導独自の見解が述べられる。阿弥陀の浄土を報土として、罪悪の凡夫も仏の本願力によってその報土へ生まれることができるとし、それを実現する方法として安心と起行を説いたことが特に注目される。

【関連典籍】0365

【後世への影響】日本の法然上人が本書の文に基づいて浄土宗を開いて以来、日本の浄土教における根本の聖典となった。

【参考文献】『論註・観経疏』中央公論社（大乗仏典　中国・日本篇5）。

（山野俊郎）

1754 **観無量寿仏経義疏**（かんむりょうじゅぶつきょうぎしょ）

観経元照疏、新疏ともいう。

【成立】宋代。著者は元照＊。

【内容】三巻。観無量寿経0365の注釈書。伝記によると元照は初めは浄土信仰を軽視していたが、病気を機に浄土の教門を学ぶようになり、律と念仏の二門を生涯修したという。著書も本書をはじめ浄土関連のものが多い。天台の教義によって唯心浄土を説くが、知礼が専ら天台の立場から約心観仏を説いたのと異なり、新疏とも称せられるように浄土教的性質の濃い注釈書となった。すなわち、観仏と観心とは異なった観法であるとして、浄土往生には観仏が必要と説き、あるいは経の十六観はすべて理観と事観に通ずると解釈する。また本書は善導の観経疏1753を参照しているが、善導の十三定善説を否定して十六定善とするなど独自の見解も述べている。

【関連典籍】0365

【参考文献】福島光哉『宋代天台浄土教の研究』文栄堂、一九九五年。

（山野俊郎）

1755 **阿弥陀経義記**（あみだきょうぎき）

【成立】隋の智顗＊の著述と伝えるが、宋の智円は本書は日本人が智顗に仮託して著したものだとしている。一方、日本の源信は本書を智顗の真撰として、これに依拠しつつ阿弥陀経略記2210を著し、また成尋は参天台五台山記の中で智円の説に反論し、真撰であることを主張している。

【内容】一巻。阿弥陀経0366の注釈書。智顗の著作には法華文句1718・法華玄義1716・摩訶止観1911等があり、法華経を中心に中論や般若経を基盤にして天台教学を形成する。その中、摩訶止観には四種三昧の一つとして、般舟三昧経によって阿弥陀仏を称念する常行三昧の実践を説いており、また智者大師別伝2050には臨終の時に智顗は西に向かって臥し、阿弥陀、般若、観世音の名を称え、法華経と無量寿経の経題を唱えしめたと記される。このように智顗には西方浄土の信仰があったと思われる。こうした側面が、浄土関連の著述が智顗に仮託されていく一因となった。本書はきわめて短いもので、経題に義記とあるように阿弥陀経の深義を論じ、その文意を簡略に解釈したものである。（1）釈名、（2）弁体、（3）宗致、（4）力用、（5）教相に分けて経の深義を述べ、次に経文を序分・正宗分・流通分の三段に分けて解釈している。阿弥陀仏は応化身であり、その寿命は実は有量であるとし、臨終の一念の用心を懇ろにすべきことを説いている。

【関連典籍】0366

【参考文献】佐藤哲英『天台大師の研究』百華苑、一九六一年。

（山野俊郎）

1756 **阿弥陀経義述**（あみだきょうぎじゅつ）

【成立】七世紀前半の頃。著者は慧浄＊。

【内容】一巻。阿弥陀経0366の注釈書。まず経を由序分・正体分・流通分の三つに分け、その正体分を安楽浄土の因果と阿弥陀の法身の因果との二科に分け、これをさらに十科に分けて簡明に釈している。西方を不退の土とし、十住毘婆沙論1521に出てくる難行道、易行道の説をもって此土の修道を難行、西方の修道を易行と説いている。慧浄は雑阿毘曇心論1552や倶舎論1558、金剛般若経0235、大荘厳論0201の研究で特に名声が高いが、他の経典類にも広く関心を示し、多くの注釈書を作っている。現存する本書もその一つである。

【関連典籍】0366

（山野俊郎）

1757 **阿弥陀経疏**（あみだきょうしょ）

【成立】唐の窺基の著作と伝えるが、窺基の撰述を疑う説もある。

【内容】一巻。阿弥陀経0366を注釈したもの。全体を（1）仏身を叙ぶ、（2）其の土を叙ぶ、（3）不退転を叙ぶ、（4）偏讃の心を叙ぶ、（5）体性を叙ぶ、（6）部類の宗趣を叙ぶ、（7）文義を判釈する、の七門に分けて解釈を施している。このうち、（1）では阿弥陀仏の仏身は報身・化身に通ずと論じ、（2）では仏土を法性土、自受用土、他受用土、変化土の四種に分類して解明する。また（5）では、浄土の本質は仏・菩薩の唯識智であると説き、法相宗の立場から本経を解釈している。

【関連典籍】0366

（山野俊郎）

1758 **阿弥陀経通賛疏**（あみだきょうつうさんしょ）

阿弥陀経通賛ともいう。

【成立】唐の窺基の著と伝えるが、唐の中期頃に法相宗の人が窺基に仮託して作成したものと考えられる。

【内容】三巻。阿弥陀経0366の注釈書。全体を（1）総じて源由を叙ぶ、（2）別して宗旨を明かす、（3）経の体用を彰わす、（4）翻訳の時と人、（5）頓・漸を論ず、（6）正しく経文を釈す、の六門に分けて解釈する。このうち（1）～（5）は序文の中で説かれている。（2）においては、四宗（立性宗・破性宗・破相宗・顕実宗）、三教（多説有宗・多説空宗・非有宗）、および八宗（我法空有宗・有法無我宗・法無去来宗・現通仮実宗・俗妄真実宗・諸法但名宗・勝義皆空宗・応理円実宗）の教判説を述べ、本経がこれらのうちで顕実宗・非有宗・応理円実宗に属すると主張する。（3）では、摂相帰性などの五門を立ててこの経の本質を解明し、また穢を彰わして浄を顕示し、実を顕らかにして真を証明せしめるのがこの経の用であると説く。そして（6）においては、経の題目を説明した後、経文を序分・正宗分・流通分の三段に分け逐次に解釈を施していく。

【関連典籍】0366

（山野俊郎）

1759 **仏説阿弥陀経疏**（ぶっせつあみだきょうしょ）

阿弥陀経義疏ともいう。

【成立】七世紀。著者は新羅の元暁＊。

【内容】一巻。阿弥陀経0366の注釈書。全体を三門に分け、初めに（1）経の大意を述べる。この経は釈迦と阿弥陀の出世の本意を明かし、在家、出家の男女が仏道へ入る要門を示すものであり、経の名を聞くとき一乗に入り、口で仏号を称えるとき三界の苦悩を超えると説く。つぎに（2）経の宗致を述べ、三界を超える器世間と衆生世間の二種の清浄をもって宗とし、衆生をして無上道において不退転の位を獲得せしめることを意致とした。（3）経文の解釈では、経文を序分・正宗分・流通分の三段に分けて逐次に注釈している。両巻無量寿経宗要1747と同様、華厳教学の立場から本経を解釈する点に特色がある。

【関連典籍】0366

【参考文献】韓普光『新羅浄土思想の研究』東方出版、一九九一年。

（山野俊郎）

1760 仏説阿弥陀経疏（ぶっせつあみだきょうしょ）

阿弥陀経義疏ともいう。

【成立】宋の天禧五年（AD1021）。著者は智円＊。

【内容】一巻。天台教学を基盤にして阿弥陀経0366を注釈したもの。まず天台教学の基本的な経典解釈法である五重玄義（釈名・弁体・明宗・論用・判教）に従って本経の要義を論ずる。すなわち、「仏説阿弥陀経」という題目に関連して、此土の釈迦と彼土（極楽浄土）の阿弥陀の二仏について論じ〔釈名〕、また本経が説き明かす道理は方等実相（円融大乗の実相）であり〔弁宗〕、本経の実践的側面の要諦は信願浄業（阿弥陀仏国への往生を信じ発願すること）であり〔明宗〕、効用は捨苦得楽（苦を捨てて楽を得る）であり〔論用〕、そして本経は大乗の方等教に属する〔判教〕と説く。判教の段では、病を得て後に浄土往生の願を持つに到った著者の感懐をも述べ、本書の由来についても簡略に記す。次いで、経文を序分・正宗分・流通分の三段に分けて、逐次に解釈を施していく。

【関連典籍】0366

【参考文献】福島光哉『宋代天台浄土教の研究』文栄堂、一九九五年。

（山野俊郎）

1761 仏説阿弥陀経義疏（ぶっせつあみだきょうぎしょ）

阿弥陀経疏義疏、阿弥陀経疏ともいう。

【成立】宋代。著者は元照＊。

【内容】一巻。阿弥陀経0366の注釈書。まず教・理・行・果の四法によって本経の綱要を論じ、経の題目について解説した後、経文を序分・正宗分・流通分の三段に分けて逐次に注釈を施していく。その中、とくに「執持名号」（名号を執持する）の経文を重視し、称名念仏が多善根・多福徳の往生決定の行法であると論じ、名号の功徳を説いている。

【関連典籍】0366

【参考文献】福島光哉『宋代天台浄土教の研究』文栄堂、一九九五年。

（山野俊郎）

1762 仏説阿弥陀経要解（ぶっせつあみだきょうようげ）

阿弥陀経要解ともいう。

【成立】明の永暦元年（AD1647）。著者は智旭＊。

【内容】一巻。阿弥陀経0366の注釈書。まず天台教学において基本的な経典解釈法である五重玄義（名を釈す・体を弁ず・宗を明かす・力用を明かす・教相）の枠組みに従って、本経の要義を述べる。次いで経文を序分・正宗文・流通分の三段に分け、逐次に解釈を施していく。巻末には跋語があり、智旭が浄土教に帰依した事情や本書の著述の経過が記される。五重玄義の明宗の段において、智旭は本経の宗（修行の要）は信・願・持名であると説く。このうち持名とは経にいう「執持名号」（名号を執持する）のことであり、すなわち、一心不乱に阿弥陀仏の名号を憶念する念仏三昧こそがあらゆる機根の行者に適合する簡易至極な法であり、浄土往生の正行であると主張する。

【関連典籍】0366

（山野俊郎）

1763 大般涅槃経集解（だいはつねはんぎょうしゅうげ）

涅槃経集解ともいう。

【成立】梁の天監八年（AD509）に武帝の勅命によって宝亮＊が撰述したといわれるが異説もある。

【内容】七十一巻。大般涅槃経0375（南本）の現存最古の注釈書。涅槃経の研究は梁代に至って盛んになるが、本書はこの経典の解釈について梁代の諸師の学説を集録しているので、当時の本経解釈の傾向を知る上でも貴重である。第一巻では涅槃経に対する諸師の序文が集録されている。冒頭に収める梁武帝の序文（大般涅槃経義疏序）の他に道生、僧亮、法瑤、曇済、僧宗、宝亮、智秀、法智、法安、曇准の十師の序文を掲げる。次いで涅槃という用語の意味や、涅槃経の体、本有、絶名、大字、経字、教意、科段などの要義に関する諸師の学説が紹介される。第二巻以降では序品第一から最後の憍陳如品第二十五に至るまで、経文を逐次に注釈している。第二、第三巻での序品の注釈に始まり、第七〇巻、第七十一巻での憍陳如品の注釈をもって終わる。ここでは上記の十師の他に慧朗、曇愛、曇纖、明駿などの諸師の解釈も加え、また道慧記や法蓮記、敬遺記などの諸書からの引用も見られる。

【関連典籍】0375

【後世への影響】本書は梁代以前における涅槃学派の諸師の学説を網羅しており、隋唐代の涅槃経研究に大きな影響を及ぼした。

【参考文献】布施浩岳『涅槃宗の研究』後篇、国書刊行会、一九七三年（復刻）。

（山野俊郎）

1764 **大般涅槃経義記**（だいはつねはんぎょうぎき）

【成立】慧遠＊による大般涅槃経0374（北本）の講義を筆録したもの。

【内容】十巻。北本涅槃経に対する注釈書としては現存唯一のもの。第一巻で慧遠は仏教を声聞蔵（小乗）と菩薩蔵（大乗）の二種に分け、さらに菩薩蔵の中に漸入と頓悟の区別があるといい、涅槃経を漸入菩薩蔵の教としている。また本経全体を序分、開宗顕徳分、弁修成徳分、破邪通正分、闍維供養分の五段に区分するが、このうち最後の一分はいまだ中国に伝来していないという。次いで経文を挙げて逐次に注釈を加える随文解釈に入る。

【関連典籍】0374

【後世への影響】慧遠は大乗義章1851の中でも涅槃経の涅槃義と仏性義について体系的に論述しており、本書と共に古来涅槃経研究者に重視された。

（山野俊郎）

第38巻　経疏部　六

1765 **大般涅槃経玄義**（だいはつねはんぎょうげんぎ）

涅槃経玄義、涅槃玄義ともいう。

【成立】著者は灌頂＊。隋の大業十年（AD614）。

【内容】二巻。涅槃経の奥深い教理（玄義）を探究するもの。智顗の五重玄義（名・体・宗・用・教）という経典解釈の方法を用いて、涅槃の意義を解明している。すなわち、涅槃という名称（名）、涅槃の本質（体）、修行の因果（宗）および涅槃の働き（用）について論じ、また教判上における涅槃経の位置づけ（教）を明らかにする。本書によって天台教学の立場にもとづく涅槃経解釈がよりいっそう明確になった。

【関連典籍】0375・1766

【後世への影響】本書は大般涅槃経疏1767と共に唐宋代を通じて重視され、また日本においても涅槃経の研究はもっぱら灌頂の注釈書を通して行われた。

【参考文献】訳一・経疏部十一。

（山野俊郎）

1766 **涅槃玄義発源機要**（ねはんげんぎほつげん

きょう）

大般涅槃経玄義発源機要、涅槃経玄義発源機要ともいう。

【成立】宋代。著者は智円＊。

【内容】四巻。大般涅槃経玄義1765の注釈書。大般涅槃経玄義では冒頭の序文に次いで涅槃経の名・体・宗・用・教の五項目について論じ、そして第四巻の「疏縁起」では灌頂が大般涅槃経玄義と大般涅槃経疏1767の両書を著した経緯が記される。それに対して本書では原文の文章や語句を挙げながら、天台教学の立場から逐次に注釈を加える。「疏縁起」については地理や語句にさらに詳細な注釈を施し、隋末の戦乱の中で辛酸をなめながら大般涅槃経疏を完成させた灌頂の功績を称えている。

【関連典籍】1765

【後世への影響】大般涅槃経玄義の注釈書の中では後世もっとも重視された。

（山野俊郎）

1767 **大般涅槃経疏**（だいはつねはんぎょうしょ）

南本涅槃経疏、涅槃経疏、大疏ともいう。

【成立】隋の武徳二年（AD619）。著者は灌頂＊。

【内容】三十三巻。大般涅槃経0375（南本）の注釈書。経全体にわたり文章を挙げながら逐次に解釈を加えていく。また経の巻頭の第一序品から最後の第二十五憍陳如品に至る二十五品全体を、内容に従って五章段に区分する。すなわち、序品を「涅槃の衆を召請す」、第二純陀品から第十七一切大衆所問品までを「涅槃の施を開演す」、第十八現病品から第二十二高貴徳王品までを「涅槃の行を示現する」、第二十三師子吼品を「涅槃の義を問答す」、そして第二十四迦葉菩薩品と第二十五憍陳如品を「涅槃の用を折摂する」内容であると見る。灌頂は師の智顗の釈義にもとづいて涅槃経を解釈している。智顗には涅槃経の注釈書がないので、同著の大般涅槃経玄義1765とともに本書は、天台宗の涅槃経解釈を示す根本典籍である。

【関連典籍】0375

【後世への影響】中国、日本を通じて後世の涅槃経研究に最も大きな影響を及ぼし、天台宗の学徒はもっぱら本疏によって涅槃経を研究した。

【参考文献】訳一・経疏部十二、十三。

（山野俊郎）

1768 **涅槃経遊意**（ねはんぎょうゆうい）

大涅槃経遊意、涅槃遊意ともいう。

【成立】隋代。著者は吉蔵＊。

【内容】一巻。大般涅槃経0375の総論的な注釈書。（1）大意（本経の要点を述べる）、（2）宗旨（本経の根本趣旨を明かす）、（3）釈名（本経の名称を解釈する）、（4）弁体（涅槃の本質を弁ずる）、（5）明用（涅槃の用を明かす）、（6）料簡（問答）の六段からなる。このうち（1）大意の段では、凡と聖、常と無常、隠と顕、および半と満という四種の対立概念の理解の仕方を通して大涅槃の意味を論究する。（2）宗旨の段では、無所得ということが涅槃経の根本趣旨であり、それはまた、すべての大乗経典の正意でもあると説く。（3）釈名の段では、涅槃（ニルヴァーナ）という外来語の翻訳が可能か否かの問題について、まず翻訳可能とする六師と翻訳不可能とする四師の学説をとりあげ論評する。そして、涅槃には総別の二義が備わっているのだから翻訳の可・不可を一義的に決めることはできないと説く。（4）弁体の段では、善有（妙有）、二諦、涅槃の三徳（法身・般若・解脱）、および四徳（常・楽・我・浄）などの理解を通して涅槃の本質について論じている。（5）明用の段では、涅槃の用について照境（境を照らす）の用と発智（智を発す）の用の二義があると説く。そして、（6）料簡では、涅槃経に小乗の二巻本と大乗の六巻本・大本の三本があることを説明する。総じて三論宗の般若思想の立場から涅槃経を解釈している点に本書の特徴が見られる。

【関連典籍】0375
【参考文献】平井俊栄「吉蔵撰『涅槃経遊意』国訳」『駒沢大学仏教学部論集』第三号、一九七二年。
（山野俊郎）

1769 **涅槃宗要**（ねはんしゅうよう）

大涅槃経宗要、涅槃経宗要ともいう。

【成立】七世紀。著者は新羅の元暁＊。

【内容】一巻。大般涅槃経0375の総論的な注釈書。序論に相当する略述大意（略して大意を述べる）と、本論に相当する広開分別（広く分別を開く）からなる。略述大意においては、大般涅槃経という経典名を解説することを通して本経の根本趣旨が明される。広開分別の部分はさらに（1）因縁、（2）教宗、（3）経体、（4）教迹の四段に分れる。このうち涅槃と仏性の意義を詳説する（2）教宗の段が本書の中心をなす。まず（1）因縁の段では涅槃経が説かれた理由について論じる。種々な教説を総括し仏教の根本義を顕示するのが涅槃経であると説く。（2）教宗の段は涅槃門と仏性門の二門からなる。涅槃門では、まず外来語である涅槃（ニルヴァーナ）という言葉について翻訳が可能であるか否かを論じる。また、性浄涅槃と方便壊涅槃、有余涅槃と無余涅槃、本経に説かれる法身・般若・解脱（涅槃の三徳）、および常・楽・我・浄（涅槃の四徳）の意義などについて論究する。次に仏性門では、まず仏性の本質について六人の諸師の学説を挙げて論評する。次いで仏性の因果、仏性の有無、修行の階位と見仏性の関係、法身仏性と報身仏性の二仏性などの問題について論じている。（3）経体の段では涅槃経の教の本質について述べる。（4）教迹の段はいわゆる教判論であり、仏教全体の中での涅槃経の位置づけについて説明される。なお、本書には慧遠の学説の影響が顕著であることが指摘されている。

【関連典籍】0375
【参考文献】木村宣彰「元暁の涅槃宗要」『仏教学セミナー』第26号、一九七七年。

（山野俊郎）

1770 **本願薬師経古迹**（ほんがんやくしきょうこしゃく）

薬師経古迹記、薬師経古迹、薬師古迹ともいう。

【成立】八世紀頃。著者は新羅の太賢＊。

【内容】二巻。薬師琉璃光如来本願功徳経0450の注釈書。（1）題名、（2）教摂、（3）本文の三段からなる。（1）題名の段では、経題について解説する。すなわち、薬師琉璃光如来とは所帰の人を、本願とは所感の徳を示す。あるいは、薬師とは人の衆苦を抜き去ることを、琉璃光とは縁が普く行きわたっていることを、本願とは所修の妙行を、そして功徳とは所証の勝果を表すと説く。（2）教摂の段では、いわゆる教判の問題に言及し、頓教、漸教、偏方不定教のうち本経は偏方不定教に属すると論ず。（3）本文の段では、本経を説経因起分、対問広説分、および聞喜行分に三区分し、経文を挙げながら解釈を加えている。

【関連典籍】0450
（山野俊郎）

1771 **弥勒経遊意**（みろくきょうゆうい）

三弥勒経遊意ともいう。

【成立】隋代。著者は吉蔵＊。

【内容】一巻。三論教学の立場から弥勒経典を概説したもの。弥勒経典のみならず、広く他の経論をも参照して、到来仏である弥勒仏の出世の年代などの問題について論じている。また、弥勒経典に弥勒上生経と弥勒下生経の二類あるうち、弥勒上生経を大乗、弥勒下生経を小乗と判じている。現存する弥勒経の注釈書としては最も古く、当時盛んであった弥勒信仰に対する一指針となった。

【関連典籍】0452
（山野俊郎）

1772 **観弥勒上生兜率天経賛**（かんみろくじょうしょうとそつてんぎょうさん）

観弥勒上生経疏、弥勒上生経瑞応疏ともい

う。

【成立】七世紀後半。著者は窺基＊。

【内容】二巻。弥勒菩薩のいる兜率天への往生を説く弥勒上生経に対する注釈書。総論の部分と経文を解釈した部分からなる。窺基は熱心な弥勒信仰者であったと伝えられている。本書においても総論の中で、阿弥陀仏の西方浄土への往生が難行であるのと比較して、兜率天は三界内にあるので誰もが容易に往生できると論じ、また道安、玄奘など歴史上の弥勒信仰者の名をあげて弥勒信仰を勧めている。

【関連典籍】0452

（山野俊郎）

1773 **弥勒上生経宗要**（みろくじょうしょうぎょうしゅうよう）

弥勒経宗要ともいう。

【成立】七世紀。著者は新羅の元暁＊。

【内容】一巻。弥勒上生経を中心として弥勒思想の要義をまとめたもの。すなわち、この経は大乗経典であり、弥勒経に上生経、下生経、成仏経の三経があるうち上生経は中品の人のため、他の二経は下品の人のための説法であると述べ、また弥勒の出世の時節などについて論じている。弥勒に関する種々の異説を偏りなく照らし合わせて、弥勒思想を簡潔に説き明かしている点に特色がある。

【関連典籍】0452

【参考文献】訳一・経疏部十二。

（山野俊郎）

1774 **三弥勒経疏**（さんみろくきょうしょ）

弥勒経料簡記ともいう。

【成立】成立年不明。著者は新羅の璟興＊。

【内容】一巻。弥勒上生経0452、弥勒下生経0453、弥勒下生成仏経0454の三経典を並べて解釈したもの。弥勒経典は幾度も翻訳されていて、経典相互の関係が分かりにくい。そこで本書では、上記の弥勒三経典の関係について特に注意を払っており、経典目録を参照することによって、経典相互の関係と翻訳の順序等について考察を加えている。

【関連典籍】0452〜0454

（山野俊郎）

1775 **注維摩詰経**（ちゅうゆいまきつきょう）

維摩詰経註、注維摩、注維摩経、浄名集解ともいう。

【成立】維摩詰所説経0475の注釈書で、訳者の鳩摩羅什＊とその門下の僧肇＊、竺道生＊、道融などの解釈を合わせて編集している。このうち全体の分量の半分近くを僧肇の注釈が占めており、また巻頭に僧肇の序文を掲げる。古来本書は僧肇の編纂と伝えるが、むしろ別々に流布していた各注釈を後人が編集したものと考えられる。編者は不明。

【内容】十巻。僧肇の序文によれば、翻訳の場で鳩摩羅什より聞いたところにしたがって、私意を交えずに注解したという。このように、経典の本文に沿って原意を明らかにしようとするのが本書の意図するところであり、後世の維摩経の注釈書が各々の教学上の立場から解釈するのと異なる。鳩摩羅什は、翻訳者の立場から経典中の用語の意義について懇切に説明を加えており、また僧肇・竺道生の注釈には、すでに中国人による主体的な仏教理解を窺うことができる。

【関連典籍】0475

【後世への影響】維摩経の注釈書としては現存する最古のものであり、しかも経典の訳者自身による注釈を採録していることから、中国・日本において維摩経の指南書として尊重されてきた。

【参考文献】木村宣彰『注維摩経序説』真宗大谷派宗務所出版部、一九九五年。

（山野俊郎）

1776 **維摩義記**（ゆいまぎき）

維摩経義記、維摩詰所説経注、維摩義疏ともいう。

【成立】六世紀後半。著者は慧遠＊。

【内容】八巻。十地経論を拠り所とする地論宗の立場から維摩詰所説経0475を注釈したもの。初めに、仏教全体を声聞蔵と菩薩蔵とに分け、さらに菩薩蔵を漸入と頓悟の法門に分けた上で、この経は菩薩蔵中の頓悟の教えであると高く評価している。維摩経を不可思議解脱経とも称するが、慧遠によれば、この経に維摩詰所説（人名）と不可思議解脱（法名）の二名があるうち、根本の教えは不可思議解脱であり、本経の教説は全て不可思議解脱の一門に摂まるという。この中で、妄心を離れた真如心の顕現として不可思議解脱を捉えているところに、慧遠の教学上の立場がよく反映されている。次に、本経中の説法の場所について、（1）菴羅樹園（仏国品第一）、（2）維摩の居室（方便品第二～）、（3）菴羅樹園（菩薩行品第十一～）の二処三会に区分することができると説く。経文を注釈するにあたっては、経典全体にわたって細かく科段を設けた上で、詳細に注解している。同著の大乗義章1851に注釈を譲っている場合がしばしばあるので、本書は同書と併せて読むことが必要である。

【関連典籍】0475・1851

【参考文献】菅野博史「浄影寺慧遠『維摩経義記』の研究―注釈の一特徴と分科―」『東洋学術研究』第23巻第2号、一九八四年。

（山野俊郎）

1777 **維摩経玄疏**（ゆいまきょうげんしょ）

維摩経略玄、維摩経玄義、浄名玄義、浄名玄疏ともいう。

【成立】著者の智顗＊は最晩年において隋の煬帝の懇請を受けて維摩経の研究に取り組んだが、その成果が本書と維摩経文疏である。本書は開皇十六～十七年（AD596～597）にわたり天台山において門人に口授し筆記させたものと伝えられる。

【内容】六巻。維摩詰所説経0475を概説したもの。釈名（名を釈す）、弁体（体を弁ず）、明宗（宗を明かす）、論用（用を論ず）、判教（教を判ず）の五章よりなる。これは智顗が用いた五重玄義と呼ばれる経典解釈法であり、このうち経典の題名「維摩詰所説経」の六文字を解釈する釈名の部分が最も詳しく、全体の三分の二の分量を占める。初めに「維摩詰」の三字を解釈する中で、天台の基本的な教義である空観・仮観・中観の三観と三蔵教・通教・別教・円教の四教について詳説した上で、維摩詰の本地と垂迹を明らかにしている。次に「所説」の二字を解釈して、この経の所説の法は不思議解脱であるとする。その上で、「煩悩を断ぜずして涅槃に入る」といった維摩経に特有の逆説的な表現に着目して、不思議解脱の意義を解釈している。また、維摩経は終始一貫して浄土を説く経典であると受け取り、この経の宗旨を不思議仏国の因果と定めたことは、智顗の浄土観として注目される。

【関連典籍】0475

【参考文献】佐藤哲英『天台大師の研究』百華苑、一九六一年。

（山野俊郎）

1778 **維摩経略疏**（ゆいまきょうりゃくしょ）

維摩略疏ともいう。

【成立】唐の広徳二年（AD764）。湛然＊が智顗＊の維摩経文疏（二十八巻）を刪略して十巻本とした。

【内容】十巻。本書の巻頭に付される湛然の序によれば、維摩経文疏は智顗が著した維摩経の注釈書として尊重されていたが、文章が冗長であり二十八巻にも及ぶことが研究者を悩ませていた。そこで、注釈の原意を損ねることのないよう注意を払いながら、必要な部分は残して冗長な字句を切り捨てることにより、本書を製作したという。第一巻において、維摩経の宗旨は仏国（浄土）であり、必ず仏国の意義を明確に知るべきであると言って四種浄土説を論じ、仏土論を体系づけて説明している。

【関連典籍】0475・1779

【後世への影響】本書がひとたび成立すると広く流布し維摩経文疏はほとんど顧みられない状態であったといわれる。

【参考文献】佐藤哲英『天台大師の研究』百

華苑、一九六一年。

（山野俊郎）

1779 **維摩経略疏垂裕記**（ゆいまきょうりゃくしょすいゆうき）

維摩経疏垂裕記、維摩経垂裕記ともいう。

【成立】北宋の大中祥符八年（AD1015）。著者は智円＊。

【内容】十巻。維摩経略疏1778の注釈書。序文の中で智円は、天台の維摩経疏に関して当時、行われていた謬った見解を五つにまとめて挙げ、この五謬見を糾し、智顗と湛然の真意を宣揚する目的で本書を撰述したと述べている。五謬見のうち例えば、草や樹木のような感情や意識を欠く無情は成仏できないとする見解に対して、智顗の維摩経疏によれば、身を離れて土はなく依正不二であるから、身が仏となれば土もまた仏土となると述べて、無情成仏を主張している。智円は仏教以外の典籍にも広く通じ、本書においても中国の古典をしばしば引用している。

【関連典籍】0475・1778

（山野俊郎）

1780 **浄名玄論**（じょうみょうげんろん）

【成立】著者吉蔵＊が同著の維摩経義疏1781巻一に「余それ開皇の末をもって、身疾によって自ら玄章を著す」と記すことから、本書は隋の開皇年間（AD581～600）の末頃に長安で著述されたと考えられる。

【内容】八巻。浄名経（維摩経）の奥深い要旨を三論教学の立場から論述したもの。全体の構成は名題・宗旨・会処の三科よりなる。（1）名題では、この経の根本は不二法門にあるとした上で経典の題名を解釈している。（2）宗旨では、この経は権と実（方便と真実）の二智を主題とすると定め、般若と方便の二智について詳しく論究している。（3）会処では、この経が説かれた場所について論じ、最後に浄土の問題を解明する。

【関連典籍】0475・1781

【参考文献】大鹿実秋『維摩経の研究』平楽寺書店、一九八八年。

（山野俊郎）

1781 **維摩経義疏**（ゆいまきょうぎしょ）

維摩経疏、維摩経広疏、浄名経広疏、維摩広疏ともいう。

【成立】浄名玄論1780（AD600頃成立）より後に、長安の弘法寺において撰述されたと考えられる。著者は吉蔵＊。

【内容】六巻。維摩経の注釈書。序論と経文の解釈とからなる。このうち、序論の部分は別出して維摩経遊意とも呼ばれ、浄名玄論の内容を要約したものである。これを（1）浅深を定める、（2）名題を釈す、（3）宗旨を弁じる、（4）会処を論じる、の四科に分ける。このうち、（1）浅深を定める、の中で、仏教全体における維摩経の位置づけを問題としているのは、浄名玄論にはみられなかった点である。すなわち、成実論師が五時教判や四宗判の中で維摩経を低く評価することを批判し、経文を引用しながら、この経は仏法の道理を説き尽くす完成された教えであると主張している。また経文を解釈するにあたっては、各品の初めにその品について概説し、その上で経文を逐次的に解釈する。本書において吉蔵は、成実論師や地論師など当時の諸学派の学説を広く踏まえた上で、自説を展開している。

【関連典籍】0475・1780

【参考文献】大鹿実秋『維摩経の研究』平楽寺書店、一九八八年。

（山野俊郎）

1782 **説無垢称経疏**（せつむくしょうきょうしょ）

説無垢称経賛ともいう。

【成立】本書の後序によれば、咸亨三年（AD672）頃に著述されたと考えられる。著者は窺基。

【内容】十二巻。説無垢称経0476（維摩経）を法相唯識宗の立場から注釈したもの。（1）経起の所因、（2）経の宗緒、（3）経の体性、（4）経の不同、（5）科品の所従、（6）本文の義、の六門をもって本経を解釈する。第一巻では六門のうち前五門をとりあげ本経を概説し、第二巻以下の第六門では逐次的に経文を解釈している。このうち（2）経の宗緒を論じる中で、法相宗の三時教八宗の教相判釈における維摩経の位置づけを論じている。まず、釈尊の説法の順序に有教・空教・中道教の三時の次第があるうち、この経は第二時（空教）および第三時（中道教）に当たるとする。次に、教理内容に八宗の区別を立てるが、このうち本経の内容は第七勝義皆空宗（清弁によって代表される中観派の思想）と第八応理円実宗（護法によって代表される唯識思想）の両宗に摂まると説く。すなわち、窺基は、維摩経が大乗の空理と中道理を並べ説き、空から中道への展開を示す経典と判断していたと考えられる。

（山野俊郎）

【関連典籍】0476

第39巻　経疏部　七

1783 金光明経玄義（こんこうみょうきょうげんぎ）

金光明玄義、光明玄義、光明玄ともいう。

【成立】一説にAD605～632。智顗*が金光明経0663の要旨を五重玄義（釈名、経の題名を解釈する。弁体、経題によってあらわされる経典の本質を説きあかす。明宗、経説の主な目的を明らかにする。論用、経説のはたらきを述べる。判教、経の説示内容、形式、順序などを分類し体系づける）によって概説。

【内容】二巻。本書の五重玄義に総釈と別釈とがある。総釈は生起と簡別の二章によって略釈する。次に別釈の第一釈名では、通別、翻訳、譬喩、附文釈、当体釈の五段によって経題を解釈する。金光明の三字の譬喩釈では、三徳、三宝、三涅槃、三身、三大乗、三菩提、三般若、三仏性、三識、三道の十種の三法をあげ、その次第生起を明らかにし、次にその内容を解釈し、さらに化法の四教（蔵教、通教、別教、円教）に分けてはかり考え、金光明の三字はこれらのすべてを譬えあらわすものと述べる。また当体釈では、「いま法性の法の可尊可貴なるを言う。法性を名づけて金と為し、この法性の寂而常照なるを名づけて光と為す。この法性の大悲、能く多く利益するを名づけて明と為す。即ちこれ金光明の法門なり」とあり、金光明の経題は譬喩ではなく、そのまま法性の理体をあらわすことを述べる。次に下巻のはじめに、趙宋時代の天台宗内における山家山外の論争の発端となった観心釈がある。宋代には本書に観心釈や帝王釈（本経の原題は「金光明帝王経」というが「帝王」の二字を略して「金光明経」という。）のある広本と、これらを欠いた略本とが存し、山外派の晤恩は略本を採用して『金光明経玄義発揮記』を著わし、広本にある観心釈と帝王釈は後人の偽作であると主張した。晤恩門下の源清、洪敏は『難詞二十条』を著わして師の説を支持した。これらに対して山家派の義通や知礼は広本を智顗の親説であると主張し、以後七年間におよぶ論争が展開された。次に五重玄義の第二弁体では、釈名、引証、料簡の三章によって法身、法性を本経の本質とすることを述べる。第三明宗では、仏果をもって本経の主目的とし、第四論用では、滅悪生善をもって本経のはたらきと述べる。第五判教では、本経を不定教とする旧説や、法華の後、涅槃の前の九十日の説法とする真諦三蔵の説をしりぞけ、五時教判のうちの第三方等時、生酥味に属し、化法の四教判のうちの通教に属すと述べる。本経の玄義は法華経と同じであるが、法華経が唯有一乗の妙法を説いているのに対して、本経は三乗の同懺を許し、人天四果を説き示している。本書成立のもととなる金光明経の講説がいつ頃行われたかは不明であるが、本書に「天台師」「今師」の説をしるしているところから、智顗による金光明経の講説があったのは明らかである。弟子の潅頂がその講説を聴記し、その聴記本をもとに潅頂自身が整理編集して完成させたものとされる。本書は、天台三大部（摩訶止観1911・法華玄義1716・法華文句1718）の成立と前後して完成したとされる。

（仙石景章）

1784 **金光明経玄義拾遺記**（こんこうみょうきょうげんぎしゅういき）

【成立】AD1023。知礼＊が金光明経玄義1783を注釈。

【内容】六巻。金光明玄義1783には宝雲義通の『金光明玄賛釈』、慈光晤恩の『金光明玄義発揮記』、孤山智円の『金光明玄表微記』などの注釈書があるが、本書はこれらの注釈書の不備と妄断とを補い正すために著わしたという。1783には観心釈、帝王釈のある広本と、これを欠いた略本とが存し、山外派の晤恩、晤恩門下の源清、洪敏、智円らは観心釈帝王釈を後人の偽作であると主張し、山家派の義通、知礼は広本を智顗の親説であると主張した。特に本書では、智円の『表微記』の詞鄙、義疎、理乖、事誤の四失に対して論駁し、これを破斥した。晤恩の広本の否定にはじまる広略二本の真偽問題は前後四十年にわたって山家山外両派で争われた。

（仙石景章）

1785 **金光明経文句**（こんこうみょうきょうもんぐ）

金光明文句、光明文句、金光明経疏、金光明疏ともいう。

【成立】六～七世紀。智顗＊が金光明経0663について講説したものを弟子の潅頂＊が整理。

【内容】六巻。金光明経玄義1783が経題を解釈したものであるのに対して、本書は経典本文を随文解釈したものである。金光明経・十八品を序、正説、流通の三段に分け、序品より寿量品の「天竜、信相菩薩の宝に集る」に訖るまでを序段、寿量品の「尓時四仏」より空品に訖るまでは正説段、四王品より讃仏品までを流通段とする。そして各品ごとに品題釈を設けて、各品の説示の由来を述べる。しかも随処に旧師、地論師の説を取りあげ、特に真諦三蔵の説をあげて論破し、さらに智顗自身の説を述べる。全巻を通じて天台独自の解釈法を用い、因縁、約教、観心の三種の解釈法によって経文の意義をあらわそうとしている。本書のもととなる講説がいつ行われたかは明らかではないが、本書の内容をみると、四教（頓漸秘密不定の化儀の四教、蔵通別円の化法の四教）五時（華厳、鹿苑、方等、般若、法華涅槃の五時）五味（乳、酪、生酥、熟酥、醍醐）の教判、三諦（空、仮、中）三観などの教義がすでに説かれているので、智顗の前期時代の講説ではなく、天台三大部（摩訶止観1911・法華玄義1716・法華文句1718）の講説された前後の時期に講説されたものとされる。潅頂が整理修治する際には真諦の金光明経疏を座右に置いて本書をまとめたのではないかといわれる。また、随処に天台三大部を参照したり、これらに詳説をゆずる場合がある。

（仙石景章）

1786 **金光明経文句記**（こんこうみょうきょうもんぐき）

【成立】十～十一世紀。金光明経文句1785を随文解釈したもので、知礼が宝雲義通の金光明経の講説をもとに、孤山智円の『索隠記』を参照して作成した。跋文によれば、著者は前十七品を注釈したところで亡くなり最後の「讃仏品」は門下の者（志磐によれば広智）によって注釈されたという。

【内容】十二巻。智顗の解釈をさらに詳しく注釈して、天台教学の立場から経文の意趣をより明らかにしている。著者は趙宋天台の山家派の中心人物で、性悪説、三諦経体、法身有相、三識三観などの天台の重要教義を説き明かすとともに、山外派の主張に対しては、これを論破している。山家派と山外派との両者の主張を研究するのに好箇の資料である。

（仙石景章）

1787 **金光明経疏**（こんこうみょうきょうしょ）

【成立】六〜七世紀。吉蔵＊が金光明経0663を注釈。

【内容】一巻。全十八品のうち、第一序品を序説分、第二寿量品より第十七捨身品までを正説分、第十八讃仏品を流通分とする。正説分のうち、寿量品より第五空品までは常住の因と果、すなわち経体を明らかにし、第六四天王品から後は経の功徳を歎じて学ぶべきことを勧め、経の力用を明らかにする。中国および日本における金光明経0663の注釈書類のうちでも最もすぐれたものの一つであり、比叡山の僧偁静の跋文に「文簡にして義顕わる。料節尤も精し」とあるように、金光明経玄義1783一巻、金光明経文句1785六巻にくらべて簡潔であるが、著者の立場がよくあらわされている。智顗が本経は第三時方等部の所摂というのに対し、著者は究竟大乗菩薩蔵の所摂という。

（仙石景章）

1788 **金光明最勝王経疏**（こんこうみょうさいしょうおうきょうしょ）

金光明疏ともいう。

【成立】七〜八世紀。慧沼＊が金光明最勝王経0665を注釈。

【内容】十巻。第一に経の起因を述べ、第二に経の字体を彰わし、第三に経の時利を明かし、第四に経の得名を弁じ、第五に随文解釈す、の五門からなる。第一には、通別の二門において経の起因を明らかにするが、本経の持つ教理史上の特殊性を述べる。第二には、先ず経の字を、次に経の体を明らかにする。第三には、まず経の説時を、次に経の利益を明らかにする。説時については、本経の説時ならびに流伝の次第を述べ、唯識の三時教判（阿含教などの教説を初時有教、般若経などの教説を第二時空教、華厳経、解深密経などの教説を第三時中道教という）の第三時中道教に属することを述べる。また本経の利益を被るものは、五姓（衆生には先天的にそなえている素質によって、悟り方に五種類ある。菩薩定姓、独覚定姓、声聞定姓、三乗不定姓、無姓有情）のうちの三乗不定姓（不定種性。修行ののちの報果が決定的でないもの）であることを明らかにする。第四には、経の題名について解釈し、『金光明最勝王経』の最勝最尊であることを述べる。第五には、各品ごとに文句にしたがって解釈する。全巻を通じて、五姓各別の法相宗の教学の基礎のうえに、当時流行していた護国思想にかなうことに力点を置いた注釈を行っている。

（仙石景章）

1789 **楞伽阿跋多羅宝経註解**（りょうがあばたらほうきょうちゅうげ）

楞伽経註解ともいう。

【成立】AD1378。宗泐＊が皇帝の命により楞伽阿跋多羅宝経0670を注釈。

【内容】八巻。本経は現存三訳のうちの最古のもの（他の二つは入楞伽経0671と大乗入楞伽経0672）。その内容は唯識思想と如来蔵思想とを結合したものである。また二無我を説いて有無の二見を破し、愚夫所行禅、観察義禅、攀縁真如禅、諸如来禅の四種禅を説く。楞伽経といえば、本経が最も流行し、他の二訳は補助的に用いられている。注釈書については、禅宗の人々を中心にして本経に対するものが圧倒的に多く、十巻楞伽に対するものは現存せず、七巻楞伽については入楞伽心玄義1790、注大乗入楞伽経1791があるにすぎない。ともあれ、本書の注釈はきわめて懇切になされ、経文によって自説を述べている点は古来の習慣を脱している。楞伽経の注釈書としてはすぐれたものの一つである。明の員珂は本書を最も信頼すべきものと賞讃している。

（仙石景章）

1790 入楞伽心玄義（にゅうりょうがしんげんぎ）

入楞伽経心玄義ともいう。

【成立】七〜八世紀。法蔵*が大乗入楞伽経0672の幽玄な要旨を説いた。

【内容】一巻。楞伽とは師子国の山の名で、仏がその山に入って説いた経典という意味で入楞伽経という。本書の構成は、一教起所因、二蔵部所摂、三顕教差別、四教所被機、五能詮教体、六所詮宗趣、七釈経題目、八部類伝訳、九義理分斉、十随文解釈の十門からなる。第一の教起所因では順古、満願、機感、破悪、廻邪、殄執、酬問、除疑、顕実、成益の十種因縁によって興教の由来を明らかにする。第二の蔵部所摂では、三蔵（経蔵、律蔵、論蔵）二蔵（声聞蔵、菩薩蔵）十二部（経典を形式、内容から十二種に分類したもの）の所属を述べる。第三の顕教差別では、有相宗、無相宗、法相宗、実相宗の四宗を略釈する。第四の教所被機では、五性差別（衆生には先天的にそなえている素質によって、悟り方に五種類あるとして、菩薩定性、独覚定性、声聞定性、三乗不定性、無性有情を説く）を説く。第五の能詮教体では、名句能詮門、言声詮表門、声名合詮門、声名倶絶門、通摂所詮門、遍該諸法門、縁起唯心門、会縁帰実門、性相無礙門、円明具徳門の十門によって述べる。第六の所詮宗趣では、或説無宗、或唯妄想、或自覚聖智、或説一心、或開二諦、三無等義、或以四門法義、或以五門相対義、立破無礙、顕密自在の十宗趣に分けて述べる。第七の釈経題目では、翻名、指事、顕用、顕徳、表法、弁行、表玄、開釈、合弁、解品の十科によって解釈する。第八の部類伝訳では、大本十万頌、次本三万六千頌、小本千頌有余などの伝訳を明らかにする。第九の義理分斉では、縁起空有門、諸識本末門、識体真妄門、本識種子門、仏性遍通門、二乗廻心門、行位巻舒門、障治無礙門、違順自在門、仏果常住門の十門を明らかにする。第十に随文解釈する。

（仙石景章）

1791 注大乗入楞伽経（ちゅうだいじょうにゅうりょうがきょう）

大乗入楞伽経註、入楞伽経註、楞伽経註ともいう。

【成立】宋代。宝臣が大乗入楞伽経0672を注釈。

【内容】十巻。「楞伽経」には楞伽阿跋多羅経0670、入楞伽経0671、大乗入楞伽経0672の三訳が現存するが、注釈するにあたり0672によった理由を述べて「三翻の品類を互収し、一経の妙理を証足す。方に諸れ前古、文敷暢して義照然たり。直に後来をして、力労せずして功必ず倍せしむ」とある。本書の組織は、十八品のうちの初めの羅婆那王勧請品を序分とし、第二の問答品以下の十七品を正宗分とし、最後の一頌を流通分として注釈する。

（仙石景章）

1792 仏説盂蘭盆経疏（ぶっせつうらぼんきょうしょ）

盂蘭盆経疏ともいう。

【成立】九世紀前半。宗密*が仏説盂蘭盆経0685を注釈。

【内容】二巻。著者の自序の後に、上巻では教起所因が述べられ、本経の成立の旨趣、目連済母の故事（目連が餓鬼道におちて倒懸の苦痛を受けている亡母を済うために、十方の仏僧に供養する故事）、儒仏二教における孝道の内容、悲田勝田の意義などを明らかにし、次の蔵乗の所摂では、本経が人天乗の所摂で小乗阿含蔵に属すと説く。下巻では初めに経題を解釈し、次に経典本文を注釈する。巻末には継慶の跋文がある。本書の注釈書としては、元照の『盂蘭盆経疏新記』、遇栄の『盂蘭盆経疏孝衡鈔』などがある。

（仙石景章）

1793 温室経義記（おんじつぎょうぎき）

温室洗浴衆僧経義記、温室経疏ともいう。

【成立】六世紀後半。著者は慧遠＊。
【内容】一巻。温室洗浴衆僧経とは、温室（蒸し風呂のようなものか）に入り洗浴する方法を示したもので、七物（然火、浄水、澡豆、蘇膏、淳灰、楊子、内衣）を用いて七病を除去し、七福報を得ることを説いたものである。布施供養の一つとして温室洗浴の功徳を説いたものであるが、温室についての貴重な文献である。本書は初めにこの経0701の六要を述べる。一に本経は大小乗の二蔵のうちの大乗菩薩蔵であり、二に本経は局（小乗）と漸と頓とのうちの大乗漸教であり、三に本経は三蔵のうちの経蔵であり、四に本経は福徳檀行を宗とし、五に本経は人法のうえからいえば仏の説かれる洗僧経であり、六に本経は説人五種あるうちの仏の所説の経である。さらに本経を序分、正宗分、流通分の三科に分けて解釈する。

（仙石景章）

1794 **註四十二章経**（ちゅうしじゅうにしょうきょう）

　四十二章経註、四十二章経御註ともいう。
【成立】十一世紀初。宋の真宗皇帝の勅選。
【内容】一巻。四十二章経0784は、五世紀ごろ中国で、諸経典から章句を集めて四十二章にまとめられた経典とされる。この経を一貫する思想は断欲去愛の精神であり、「人、愛欲より憂を生じ、憂より畏を生ず。愛無くんば則ち憂無し。憂へずんば則ち畏無し」と説いて、愛欲の恐るべきことを説く。またこの経には大正蔵経に収められている「高麗本」といわれるものと、禅宗的な改変が加えられた「守遂本」といわれるものとの二系統がある。本書は前者に拠って注釈したものである。巻首に程輝の「仏教西来玄化応運略録」、溥光の「序」および皇帝の自序がある。章節は分けられていないが、注釈の内容が平易であることと、皇帝の勅選であることとをもって古くから重用された。

（仙石景章）

1795 **大方広円覚修多羅了義経略疏註**（だいほうこうえんがくしゅたらりょうぎきょうりゃくしょちゅう）

　大方広円覚経略疏註、円覚経略疏註、円覚経略疏、円覚略疏ともいう。
【成立】九世紀前半。宗密＊が自著の大方広円覚経疏（円覚経大疏）についてその精要を撮略。
【内容】四巻。「略疏」には「強学の流、方に能く大疏を伝へ得るも、復恐くは、志願伝習すと雖も、根性稍や劣にして、力任せざるものあり。復た応に簡要を刪略して以て之れを被らしむべし。（中略）文前略して義門を叙ぶること有りと雖も、大疏に比するに十の中に八九を刪る」とある。「大疏」は、報国寺の惟愨法師、先天寺の悟実禅師、薦福寺の堅志法師、蔵海寺の道詮法師らの諸注釈書を研究し、さらに科文（経典の本文を章節に分ける）を作製し、終南山草堂寺において完成させたものであるが、その内容は、教禅一致説の立場から円覚経の深旨を顕わし、その根本義を宣揚したものである。とくに円覚経の教えを法性宗に位置づけ、部分的には華厳に同じものとする。この「大疏」を自ら細釈したものに円覚経大疏鈔がある。その内容は、例えば南北両宗の禅宗を七家に分けて説き、荷沢宗の正統性を主張する。また禅宗や華厳宗はもちろん、儒道二教の典籍の引用も多く、仏教百科辞典の性格をもつとともに禅宗史研究のうえで貴重な文献である。「略疏」は「大疏」「大疏鈔」に比較すると経論の博引旁証は姿を消している。末尾には清涼澄観への著者の書簡と澄観の返書が収められている。本書に対する注釈書には、著者自身の『円覚経略疏鈔』六巻、南宋の清遠の『円覚経疏鈔随文要解』十二巻、鳳潭の『円覚経集註日本訣』三巻などがある。

（仙石景章）

1796 **大毘盧遮那成仏経疏**（だいびるしゃなじょうぶつきょうしょ）

　大日経疏、大疏ともいう。

【成立】AD725。善無畏*が大日経0848七巻を翻訳し、さらに講述したものを、弟子の一行*が筆録して本書を作製。

【内容】二十巻。大日経七巻三十六品のうちの前六巻三十一品を解釈したもの。はじめの住心品の疏を口ノ疏といい、具縁品以下三十品の疏を奥ノ疏という。前者は密教の教相つまり理論的説明を述べたものであり、後者は密教の事相つまり実際の方法行儀を示したものである。奥ノ疏は事相を示したものであるから、講伝はするものの講釈はしないという。この疏の講伝について十二口伝の相承をいう。つまり未会、乱脱、総牒、別牒、引牒、交牒、語略、廻文、廻文向上、廻文向下、治定、取意である。未会とはこの疏を講述したとき、訳文未修正の経文を用いたために、疏中の経文と現行の本経の経文とが合致しない場合があるをいう。乱脱とはこの疏は未再治の本であるから処々に錯乱脱落のところがあり、読解しがたいために、これを前後連続させてその意味を取ることをいう。総牒、別牒、引牒、交牒とは疏に経文をあてはめる場合の差別を示したものである。語略とは疏に経文の語を略して引用したものをいう。廻文、廻文向上、廻文向下とは経文を引用する上の差別をいう。治定とは再治の経文を用いることをいう。取意とは経の文をそのまま用いず、取意してこれを釈することをいう。本書は、大日経の思想を再構成し展開させたものであり、中国密教の成立に大きな役割を果たした。特に口ノ疏は弘法大師以前における密教理論の権威であった。そして本書は中国、日本の密教において大日経に関する最も権威のある注釈書である。また本書とは別に、新羅国の零妙寺の僧、不可思議法師が善無畏の口説を筆録したものがある。これは大日経巻七供養法五品の注釈（大毘盧遮那経供養次第法疏1797）であり、不思議疏ともいう。「大疏」二十巻と合わせて二十二巻とし、これを『大日経疏』という場合もある。

（仙石景章）

1797 **大毘盧遮那経供養次第法疏**（だいびるしゃなきょうくようしだいほうしょ）

不思議疏ともいう。

【成立】七〜八世紀。不可思議*が善無畏*による大日経0848第七巻の講説を筆録。

【内容】二巻。大日経第七巻を供養次第法といい、善無畏が北インドの乾陀羅国で感得したもので、その内容を書写し二本の経典につくり、一本を同国土に献上し、一本を唐にもたらしたという。この供養次第法は五品に分類される。つまり真言行学処品第一、増益守護清浄行品第二、供養儀式品第三、持誦法則品第四、真言事業品第五である。

（仙石景章）

1798 **金剛頂経大瑜伽秘密心地法門義訣**（こんごうちょうぎょうだいゆがひみつしんじほうもんぎけつ）

金剛頂経義訣ともいう。

【成立】八世紀。金剛頂瑜伽中略出念誦経0866（金剛頂経0865のうちより瑜伽の秘要を略出したもので特に潅頂などの作法を説示する）を注釈したもので、訳者の金剛智*の口説を不空*が記述したといわれる。金剛頂経の注釈書のなかでは最古のもの。

【内容】一巻。略出念誦経0866は、先ず瑜伽の秘要を略出する趣旨を説き、次に入壇の弟子を簡択する法、弟子を引入するための造壇択地法などを説き、入道場の前方便としての起床法、行歩法、止住法、談話法、洗面法、入厠法、洗浄法、漱口法、洗浴法などを述べ、入道場法として、含香、五悔、遍礼、四礼などを明らかにし、次に瑜伽行法として、浄三業、勝願、無識身三昧、道場観を説き、その道場観において自ら金剛界如来となると観じその金剛界如来の化儀として十六大士、四波羅蜜、八供、四摂などの示現の相を明らかにし、さらに五相成身観を修めることを述べ、その観念上の成仏を堅実にするための潅頂を説き、さらに造壇法、潅頂の事作を述べ、最後に護摩法などを附記する。本書はもと三巻であると伝えられるが、現存するのは上巻のみである。本書のはじめに金剛頂経の由来を述べ、仏滅後数百年の時に一人の大徳（龍猛＝ナーガールジュナ）がいて、南天竺の鉄塔中よりこの経典を誦出したこと、さらに受持の便のために略出経を作ったことなどを述べている。次に略出経のはじめから東方阿閦仏の四親近である薩・王・愛・喜の四菩薩までを注釈する。

（仙石景章）

1799 **首楞厳義疏注経**（しゅりょうごんぎしょちゅうきょう）

首楞厳経疏注経、首楞厳経義疏、首楞厳経疏、楞厳今釈ともいう。

【成立】AD1030。子璿＊が大仏頂万行首楞厳経0945を注釈。

【内容】二十巻。初めに帰敬序を述べ、次に一、教起因縁、二、蔵乗分摂、三、教義分斉、四、所被機宜、五、能詮体性、六、所詮宗趣、七、教迹前後、八、伝訳時年、九、通釈名題、十、別解文義の十門を設け、最後に絶筆頌をもって結びとする。第一の教起因縁では、真定を示し妄執を破し、妙心を顕わし、疑網（疑が心を束縛することを網に喩える）を断じ、修行を弁じ、邪正を別ち、呪功を顕わし、行位を明らかにし、魔境を示し、妄源を折らんがためにこの十種の因縁を述べる。第二の蔵乗分摂では、本経が三蔵のうちの修多羅蔵であり、二蔵のうちの菩薩蔵であり、諸乗のうちの一乗であり、十二分教のうちの契経、方広の所摂であると述べる。第三の教義分斉では、本経は正しくは唯だ終教であり、かねて頓教に通ずと述べる。第四の所被機宜では、正定聚（煩悩を断じて涅槃を得ることが定まっている衆生）邪定聚（必ず地獄に堕ちるに定まっている衆生）不定聚（縁次第でいずれにも定まっていない衆生）の三定聚を説く。第五の能詮体性では義を顕わす功徳について四門を挙げる。第六の所詮宗趣では如来蔵性円満にして凡聖不二一体なるを経の根本趣旨とすることを明らかにする。第七の教迹前後では本経の説時を法華の後、涅槃の前とする。第八の伝訳時年では翻訳の年代などを述べる。第九の通釈名題では経題を解釈し、第十の別解文義では本経を随文解釈する。以上の十門によってその根本思想である如来蔵縁起を明らかにする。本書は『首楞厳経』の解釈書として広く流行し、中国、日本においては本書の注釈書も多数ある。天竜祐宝の『義疏集註』、長水懐遠の『義疏釈要鈔』などがある。

（仙石景章）

1800 **請観音経疏**（しょうかんのんぎょうしょ）

【成立】六世紀後半。請観世音菩薩消伏毒害陀羅尼呪経1043を解釈したもので、智顗＊の講説を弟子の灌頂＊が筆録。

【内容】一巻。まず経題を五重玄義をもって略釈し、次に経文を随文解釈する。釈題では、請は能感の群機、観世音は能応の聖主、消伏毒害は力用、陀羅尼は正体であり、人法でいえば観世音が人、消伏毒害陀羅尼が法という。霊知寂照の法身を経体とし、感応を経宗とし、救危抜苦を経用とし、教相では大乗を説く。本書の内容で注目すべきは「理性の毒」の説である。陀羅尼のはたらきとして、猛獣や刀剣の難のような具体的な事毒、五住地の煩悩である行毒、衆生の本性である真如の理性に即した理毒を消滅すると説くが、趙宋天台ではこれにもとづいて、理毒と、仏も衆生も本性として具えている性悪つまり性毒との異同が論諍された。山家派の知礼は理毒即ち性毒とし、山外派の智円は理毒は滅することができるが、性毒は断つことのできないものとする。

（仙石景章）

1801 **請観音経疏闡義鈔**（しょうかんのんぎょうしょせんぎしょう）

【成立】AD1009。智円＊が請観音経1043を注釈。

【内容】四巻。請観音経は、諸種の疫病を滅除しようとするとき、読誦する経典である。

経典には、破悪業障消伏毒害陀羅尼を説き、次にこの陀羅尼および観世音菩薩の名号を称する者の功徳を述べ、また大吉祥六字章句救苦神呪およびその功徳を示し、最後に潅頂吉祥陀羅尼を示し、その呪の因縁と功徳を説いた。本経は古くから天台宗において重用され、本経にもとづく観音懺法も行われた。智顗の請観音経疏1800には、経題を五重玄義をもって略釈し、次に経文を解釈する。釈題では請は能感の群機、観世音は能応の聖主、消伏毒害は力用、陀羅尼は正体であり、人法でいえば観世音は人、消伏毒害陀羅尼が法という。霊知寂照の法身を経体とし、感応を経宗とし、救危抜苦を経用とし、教相を述べては大乗を説く。本書の序には、古来の人師で天台大師の請観音経疏を講賛演述したことを聞かずその名すら識らない者、いまだこれを見ない者がいる。今自分は病気に悩まされているが、後世に伝えたいがために本鈔を著わした。本鈔は天台大師の請観音経の大旨を明らかにし、童蒙を開発するために著わしたのであるから、「闡義」という題名をつけたのである、という。

（仙石景章）

1802 **十一面神呪心経義疏**（じゅういちめんじんじゅしんぎょうぎしょ）

十一面神呪経義疏、十一面経義疏、十一面経疏ともいう。

【成立】七〜八世紀。慧沼＊が十一面神呪心経1071を注釈。

【内容】一巻。十一面神呪心経は十一面観自在菩薩の神呪の威力およびこれを受持し、読誦し、書写し、流布する者の功徳を説いたものであるが、まず経名について、十一面、神呪心、経のおのおのの意義を明らかにし、次に六義によって経典全体を解釈する。六義とは、大意、経宗、功能、階位、感応、文義である。第一の大意では、観世音菩薩の衆生教化の大意を述べ、第二の経宗では、観音の行法、神呪、徳力を経の主旨とすることを説き、第三の功徳では、神呪の功能の非一類、処々不同なることを説き、第四の階位では、菩薩の階位を論じ、第五の感応では、観音と衆生との感応について詳述し、第六の文義では、経典を随文解釈する。

（仙石景章）

1803 **仏頂尊勝陀羅尼経教跡義記**（ぶっちょうそんしょうだらにきょうきょうじゃくぎき）

仏頂尊勝陀羅尼経疏、尊勝経疏ともいう。

【成立】八世紀。法崇が仏頂尊勝陀羅尼経0967を注釈。

【内容】二巻。同経には、若し人此の陀羅尼を受持すれば、直に一切の業障、種々の苦患等、咸悉く消滅し、輪廻を離れ、能く清浄の処に生れて、長寿を保つことができる、と説く。本書の構成は、一に其の教主を釈し、二に処を以て事を表わし、三に教の被機を顕わし、四に身の同異を見、五に経の宗体を出し、六に聴法軌儀、七に見聞利得、八に経の題目を釈し、九に翻訳時節、十に文に依りて判釈す、の十門からなる。また尊勝陀羅尼については、一に帰敬尊徳門、二に章表法身門、三に浄除悪趣門、四に善明潅頂門、五に神力加持門、六に寿命増長門、七に定慧相応門、八に金剛供養門、九に普証清浄門、十成就涅槃門の十門によって解釈する。

（仙石景章）

第40巻
律疏部 全
論疏部 一

1804 **四分律删繁補闕行事鈔**（しぶんりつさんぱんほけつぎょうじしょう）

四分律行事鈔、行事鈔、行事删補律儀ともいう。

【成立】AD626～630。著者は道宣＊。

【内容】三巻。各巻はさらに四巻ずつに分けられ、全十二巻に三十篇を収める。題名の「删繁補闕」は、繁きを削り、欠けたるを補うの意。本書において道宣は、四分律1428を基本テキストとして、僧伽（出家者の集団）における個人的規制の在り方と集団的行事の作法とを明らかにすることにより、実践に際しての統一的な規範を示すことを目的とする。その際、四分律以外の諸律や従来の諸説をも視野に収めつつ、古来より解釈が分かれて繁雑にすぎる点を整理するとともに、解釈の不備や意味の不明瞭な点を補うことを基本的な方針とした。「删繁補闕」とは、こうした方針を示すものである。上巻・下巻では、四人以上で執行される「衆行」と、二人ないしは三人によって執行される「共行」につき解説される。つまり、集団的行事の作法の諸相を明らかにし、主に「作善」的方面に重点がおかれた記述となっている。これに対して、中巻においては、「自行」、つまり個人によって守られるべき諸規制について解説され、主に「止悪」的方面に重点がおかれている。

【関連典籍】1428・1805・1808・2248

【後世への影響】本書は四分律含注戒本疏・四分律删補随機羯磨疏とともに道宣による三大部の一つに数えられるが、中でも本書が最も包括的な内容を持ち、特に重視された。したがって、後世、注釈書も多数作成され、日本では鎌倉時代に凝然の著した八宗綱要に、「行事鈔の如き、七十三家互に記解を作る」と、その盛行ぶりが記されている。

【参考文献】訳一・律疏部一、二。

（間宮啓壬）

1805 **四分律行事鈔資持記**（しぶんりつぎょうじしょうしじき）

四分律鈔資持記、行事鈔資持記、資持記ともいう。

【成立】十一～十二世紀。元照＊が四分律删繁補闕行事鈔1804を注釈。

【内容】十六巻。三十篇からなる。巻頭の序に続く部分で、元照は、「往古の述作を歴視するに凡そ五十余家、各指南と謂ひ倶に尽理と称す。然るに今の所立は頗る、昔伝に異る。故に巻首に於て略して五例を標す」と述べている。すなわち、道宣の四分律行事鈔1804の解釈については、数多くの流派が並びたち、いずれもみずからの正統性を誇っているが、実際のところは、四分律1428および道宣が意図したところからは大きく逸脱してしまっているとの現状認識を示し、そうした現状の是正に向けて「五例」を明かす、と述べているのである。「五例」とは、本書を執筆する際の基本思想ないしは基本方針を五つに分けて示したものであり、具体的には次のようなものである。第一〈定宗〉では、法蔵部（曇無徳部）において作成・伝承された四分律を、説一切有部（薩婆多部）の教えに従って解釈することの過ちを正し、解釈に際しては四分律そのものに立ち返るべきことが説かれる。第二〈弁教〉では、説一切有部を、存在に実体性を認める「実法宗」、法蔵部を、存在に実体性を認めず、仮に名称が与えられているにすぎないとする「仮名宗」、涅槃経の開会思想に拠って一切の存在の無差別にして円融なる相を説く立場を「円教宗」とする区分に立脚し、四分律宗は「仮名宗」ではあるが、「実法宗」や「円教宗」にも通じていることが説かれる。第三〈引用〉では、経律論の三蔵、道宣の著作およびその注釈書、さらには俗書を引用するに際しての方針が明らかにされる。第四〈破立〉では、従来の解釈の誤りを打ち破り、正しい解釈を打ち立てる旨が述べられる。第五〈闕疑〉では、四分律行事鈔における意味未詳の字句や、解釈が分かれて決着をつけ難い箇所については、無理に解答を出すことはせず、議論の余地を今後に残しておくことが述べられている。

【関連典籍】四分律1428、1804、資行鈔2248。

【後世への影響】中国宋代に著された行事鈔諸家記標目には、道宣の四分律行事鈔に対する六十二種の注釈書が挙げられているが、そうした数ある注釈書の中でも特に重視されたのが、本書と允堪の行事鈔会正記である。前者に拠る人々は「資持家」、後者に拠る人々は「会正家」と呼ばれたが、会正記がその後散逸してしまったこともあり、後世、日本においては、もっぱら資持記が影響力をもった。鎌倉時代の凝然の律宗瓊鑑章には、「後代今に至りて資持独歩す」と記されており、その影響力の大きさを窺い知ることができる。

（間宮啓壬）

1806 **四分律比丘含注戒本**（しぶんりつびくがんちゅうかいほん）

四分律含注戒本、四分含注戒本ともいう。

【成立】AD630。道宣＊が四分律1428より「比丘戒本」、すなわち比丘（男性出家者）が順守すべき二百五十の戒律の条文を抽出し、各々の条文が制定されるに至った次第や語句の解釈を加えたもの。

【内容】三巻。本文は初めより二百五十戒の終りまでが「広教」、過去七仏の略戒の部分が「略教」とされ、広略二教それぞれに対して「序分」（序章）・「正宗分」（本論）・「流通分」（広く伝えることを勧める部分）の三分科が施されている。なお、本書に対して道宣みずから注釈を加えたものが、道宣の三大部の一つに数えられる四分律含注戒本疏である。

【関連典籍】1429・1430

（間宮啓壬）

1807 **四分比丘戒本疏**（しぶんびくかいほんしょ）

四分律戒本疏、四分戒本疏、戒疏ともいう。

【成立】八世紀前半。著者は定賓。

【内容】二巻。四分比丘戒本1429は、四分律1428より、比丘（男性出家者）が順守すべき二百五十の戒律の条文を集めたもので、懐素の編集になる。本書は、この四分比丘戒本に対する注釈書である。注釈を加えた定賓は、四分律の解釈において道宣とは異なった一派を形成した法礪の系統につらなる故、道宣の説を採用しておらず、戒律の条文名についても数多くの相違が見られる。僧祇律（大衆部の律）や明了論（正量部の律の要旨について略説した書）、瑜伽論（瑜伽師地論1579。唯識派の代表的典籍）などを引用して、条文解釈に貢献するところが多い。

【関連典籍】1429・1430

（間宮啓壬）

1808 **四分律刪補随機羯磨**（しぶんりつさんぽずいきこんま）

曇無徳部四分律刪補随機羯磨、曇無徳随機羯磨、四分刪補随機羯磨、四分律羯磨ともいう。

【成立】AD635。著者は道宣＊。

【内容】二巻。全十篇からなる。四分律1428より「羯磨」、すなわち僧伽（出家者の集団）を運営する上で必要な儀式・作法に関する部分を採録するとともに、四分律以外の諸律を援用して、羯磨の諸相を明らかにしている。自序によれば、羯磨については行事鈔1804で既に触れているが、羯磨が持戒の要である以上、さらに詳しく解説する必要を感じて本書を著したという。なお、本書に対して道宣みずから注釈を加えたものが、道宣の三大部の一つ、四分律刪補随機羯磨疏である。

【関連典籍】1432〜1434・1804・1809・1810

（間宮啓壬）

1809 **僧羯磨**（そうこんま）

四分僧羯磨ともいう。

【成立】七〜八世紀。編者は懐素。

【内容】三巻。男性出家者に向けて、四分律1428より「羯磨」、すなわち僧伽（出家者の集団）を運営する上で必要な儀式・作法を採録し、「授戒」（僧伽への加入儀式）・「安居」（雨季などの一定期間、一か所に集団生活し、修行に専念すること）などの十七篇に分けて、注釈を加えたもの。懐素は、四分律の解釈において道宣や法礪を批判し、新たな一派を形成した人物。本書においても懐素は、道宣が四分律刪補随機羯磨1808で、四分律を基本におきながらも他律を援用して「羯磨」の諸相を解説した姿勢を厳しく批判し、注釈に際しては他律を全く引かず、四分律のみによる姿勢を貫いている。

【関連典籍】1432・1433・1808

（間宮啓壬）

1810 **尼羯磨**（にこんま）

四分尼羯磨ともいう。

【成立】AD676。編者は懐素。

【内容】三巻。女性出家者に向けて、四分律1428より「羯磨」、すなわち僧伽（出家者の集団）を運営する上で必要な儀式・作法を採録し、「授戒」（僧伽への加入儀式）・「安居」（雨季などの一定期間、一か所に集団生活し、修行に専念すること）などの十七篇に分けて、注釈を加えたもの。同じく懐素の編著になる僧羯磨とは、若干の相違はあるものの、ほぼ同文。僧尼別々に僧伽を形成する故、敢えて別々に編集したものである。

【関連典籍】1432・1434・1808

（間宮啓壬）

1811 **菩薩戒義疏**（ぼさつかいぎしょ）

梵網菩薩戒経義疏、菩薩戒経義疏、菩薩戒経義記、菩薩戒義記、戒疏ともいう。

【成立】六世紀後半。智顗＊が講述し、弟子の灌頂＊が筆録。

【内容】二巻。菩薩戒の思想を具体化した梵網経1484の下巻を天台の立場から解釈した、いわゆる円頓大乗戒の原典である。全体は大きく前半部と後半部とに分けられる。前半部は本書全体の序に当たり、戒の名義や種類、菩薩の階位につき詳説する「釈名」、菩薩戒の戒体（戒を守り続けさせる一種の原動力）について論じる「出体」、授戒の方法を説く「料簡」の三章（いわゆる「三重玄義」）からなる。後半部は経文の解釈に当てられ、十重禁戒・四十八軽戒（十種の重罪および四十八種の軽罪に対する戒め）に対しては、特に詳細な解釈が施されている。

【関連典籍】1484

【参考文献】訳一・律疏部二。

（間宮啓壬）

1812 **天台菩薩戒疏**（てんだいぼさつかいしょ）

菩薩戒経疏、菩薩戒疏、梵網経疏、戒疏刪補、天台菩薩戒明曠疏、明曠疏ともいう。

【成立】AD777。明曠による刪補（刪補とは繁きを削り、欠けたるを補うの意）。

【内容】三巻。本書は、天台大師智顗による梵網経1484の注釈書である菩薩戒義疏1811に、明曠が手を加えて作成したものと推測されている。明曠による「刪補」とされる所以であり、題名に「天台」と冠されていることや、本書と菩薩戒義疏との間に同文がすこぶる多いことからも、この推測が支持される。ただし、戒体論（戒を守り続けさせる一種の原動力についての理論）や経文解釈の内容などでは、本書と菩薩戒義疏とは必ずしも一致せず、時には大きな相違を見せる場合もある。

【関連典籍】1484

（間宮啓壬）

1813 **梵網経菩薩戒本疏**（ぼんもうきょうぼさつかいほんしょ）

梵網菩薩戒本疏、梵網経戒本疏、梵網戒本疏、梵網経疏、梵網疏、梵網法蔵疏ともいう。

【成立】七～八世紀。法蔵＊が菩薩戒の思想を具体化した梵網経1484下巻を解釈。

【内容】六巻あるいは三巻。全体は「十門」から構成され、このうち第一門から第九門までは大乗菩薩戒の概説に、第十門は経文解釈に相当する。各門の概要は次の通り。第一門<教起所因>では、菩薩戒の説かれる必要性が十種の観点から説明される。第二門〈諸蔵所摂〉では、仏教における梵網経の位置を大乗菩薩蔵・大乗毘奈耶蔵（毘奈耶＝律）等と規定する。第三門〈摂教分斉〉では、一切経を「化制二教」（衆生を教化するための「化教」と衆生の行為を制御するための「制教」）に分類し、梵網経の教えは大乗の立場に立った「制教」であるとする。第四門〈顕所被機〉では、梵網経の教えを受けるべき対象について論じる。第五門〈能詮教体〉では、梵網経の教えの本質的性格について論じる。第六門〈所詮宗趣〉では、梵網経の主題を「三聚浄戒」（一切の悪を離れるための「摂律儀戒」、自己のための一切の修行たる「摂善法戒」、慈悲に基づいた一切の利他行たる「摂衆生戒」）に求め、これを持つことによって得られる仏果について論じる。第七門〈釈経題目〉では、経題に対して詳しい解釈を施す。第八門〈教起本末〉では、諸仏により自然に体得された戒が、衆生のために説示されて初めて具体的な戒となり、戒本としてまとめられるに至ったことを説く。第九門〈伝訳縁起〉では、鳩摩羅什による梵網経の翻訳のことを伝える。第十門〈随文解釈〉では、十重禁戒・四十八軽戒（十種の重罪・四十八種の軽罪に対する戒め）の解釈が行われる。特に十重禁戒に対しては、その一つ一つについて十種の観点からの分析が加えられるなど、詳細な解釈を特徴としている。

【関連典籍】1484・2247

【参考文献】訳一・律疏部二。

（間宮啓壬）

1814 **菩薩戒本疏**（ぼさつかいほんしょ）

【成立】義寂が梵網経1484下巻に説かれる菩薩戒について解釈。

【内容】三巻。菩薩戒各条の詳細な解釈に入るに先立ち、「受体」「随行」「体相」の順で次のような概説がなされる。「受体」では、菩薩戒を受けるにふさわしい対象および授けるにふさわしい師について説かれる。「随行」では、菩薩戒の実践が「三聚浄戒」（一切の悪を離れるための「摂律儀戒」、自己のための一切の修行たる「摂善法戒」、慈悲に基づいた一切の利他行たる「摂衆生戒」）にわたることが説かれる。「体相」では、菩薩戒の戒体（戒を守り続けさせる一種の原動力）につき論じられ、戒相は十重禁戒・四十八軽戒とされる。次いで、経題の解釈、および「序分」（序章）・「正宗分」（本論）・「流通分」（広く伝えることの勧説）の三分科を経文に施す作業を経て、経文に沿った菩薩戒各条の詳細な解釈が行われている。

【関連典籍】1484

（間宮啓壬）

1815 **梵網経古迹記**（ぼんもうきょうこしゃっき）

梵網古迹記、梵網経古迹ともいう。

【成立】八世紀。太賢*が菩薩戒の思想を具体化した梵網経1484上下両巻を解釈。

【内容】三巻あるいは二巻、または四巻。智顗・法蔵・義寂などによる梵網経の解釈を参照しながらも、新たな解釈を提出しようとするところに本書の特色がある。全体は「七門」から構成される。各門の概要は次の通り。第一門〈時処〉では、梵網経が説かれた時と処について論じ、盧舎那仏蓮華蔵世界の本説、釈迦牟尼仏寂滅道場の重説とする。第二門〈機根〉では、梵網経が説かれる対象を、菩薩種性（菩薩としての本性を持った者）で発心した者と規定する。第三門〈蔵摂〉では、仏教における梵網経の位置を論じ、菩薩蔵の毘奈耶（律）に収められるとする。第四門〈翻訳〉では、鳩摩羅什による梵網経の翻訳、および真諦・曇無讖による梵網経戒本の伝訳の事蹟を伝える。第五門〈宗趣〉では、梵網経の目的が、正行を教えると共に、十重禁戒・四十八軽戒（十種の重罪および四十八種の軽罪に対する戒め）により悪行を戒める点にあること、また、梵網経においては、悟りを得て衆生に利益を及ぼすところに到達点が設定されていることが説かれる。第六門

〈題名〉では、梵網経の題目の解釈が行われ、第七門〈随文解釈〉では、経文に沿った詳細な解釈が施されている。

【関連典籍】1484

【後世への影響】天台・浄土などの系統では、智顗の菩薩戒義疏1811が用いられたのに対し、律・法相など日本の南都や真言の系統では、古来より本書が重用され、多数の注釈書が著わされた。鎌倉時代の凝然の律宗瓊鑑章第六には、「南門の律師は多く太賢の古迹を用ひ、学者これを翫びて各鈔記を作る」と記されている。

（間宮啓壬）

1816 **金剛般若論会釈**（こんごうはんにゃろんえしゃく）

金剛般若会釈、金剛般若経会釈、五経二論会釈ともいう。

【成立】七世紀後半。基＊が法相唯識の立場から金剛般若論を解釈。

【内容】三巻。金剛般若論には二種類あり、一つは、無著（アサンガ）作・達摩笈多訳1510二巻、もう一つは、世親（ヴァスバンドゥ）作・菩提流支訳1511三巻である。本書はこれら二種の金剛般若論に会通（統一的解釈を与えること）を加えており、三段より構成される。第一段では金剛般若論の成立につき、弥勒菩薩が金剛般若経0235の趣旨を無著に伝え、無著は弟の世親に授けたとしている。第二段以降は無著による金剛般若論の七分科（七章構成）に沿って金剛般若論本文の解釈が進められている。

【関連典籍】1510・1511

（間宮啓壬）

1817 **略明般若末後一頌讃述**（りゃくみょうはんにゃまつごいちじゅさんじゅつ）

【成立】AD711。義浄＊が金剛般若経0235の最後の一偈「一切有為法　如星・瞖・灯・露・泡・夢・電・雲　応作如是観」を解釈し、その意味を明らかにしたもの。

【内容】一巻。解釈にあたって義浄は、無著（アサンガ）作と伝えられる能断金剛般若経論頌1514と、この論頌を世親（ヴァスバンドゥ）が釈した能断金剛般若経論釈1513とを対照しているが、この論頌・論釈ともに義浄の翻訳によるものである。なお、本書の序には、「西域相承に云はく、無著菩薩は昔、覩史多天の慈氏尊（弥勒菩薩）の処において親しくこの八十頌を受けて般若の要門を開き……」とあることから、右に挙げた論頌の作者を、無著にではなく、弥勒（マイトレーヤ）に帰す説もある。

【関連典籍】1510～1514

（間宮啓壬）

1818 **法華論疏**（ほっけろんしょ）

【成立】六～七世紀。吉蔵＊が世親（ヴァスバンドゥ）の法華論を注釈。

【内容】三巻あるいは二巻。吉蔵は、中国六朝時代の法華経の位置づけ、つまり、涅槃経の仏性常住義を説かない無常経とみなされたり、衆生の能力にあわせて説かれた非本質的な経典であって、仏の本意を明かすとともに根本一乗義を示した華厳経には及ばないなどとされていることに対して、法華経の一乗真実義を見失い、歪曲したものとして厳しく批判し、三論宗の立場より法華一乗の真実性を力説するが、こうした主張の多くが世親の法華論1519に負うものであることを、本書においてみずから語っている。実際、吉蔵は法華経の諸注釈書を著わす際にも、しばしば法華論を引用しており、吉蔵が法華論より受けた影響力の大きさを窺い知ることができる。

【関連典籍】1519

（間宮啓壬）

1819 **無量寿経優婆提舎願生偈註**（むりょうじゅきょううばだいしゃがんしょうげちゅう）

無量寿経優婆提舎願生偈婆藪槃頭菩薩造并註、無量寿経論注、往生論註、浄土論註、論註、註論ともいう。

【成立】AD476～542。世親（ヴァスバンドゥ）の無量寿経優婆提舎願生偈（浄土論）を曇鸞が注釈したもの（晩年の作か）。

【内容】二巻。上巻には偈頌を解し、下巻にはその長行を釈している。上巻の最初に竜樹（ナーガルジュナ）の十住毘婆沙論の難易二道の説を引いて、自力は難行道であり、ただ仏の因縁を信じて浄土に生れんことを願うのが易行道であるという。以下偈頌を三十二に分節して注釈し、最後の偈頌の「普ねく諸の衆生と共に安楽国に往生せん」の文を釈するところに、無量寿経と観無量寿経を引用して、十悪五道の悪人も十念によって往生できると釈して上巻を終わる。下巻は偈頌の長行釈に対する注釈で、これを十門に分けている。(1)願偈の大意、(2)観を起して信を生じる、(3)観行の体と相、(4)浄入願心、(5)善巧摂化、(6)菩提の障を離れる、(7)菩提の門に順ずる、(8)名義摂体、(9)願事成就、(10)利行満足である。中でも(2)の起観生信の善男女の五念門を修するをあげ、四に観察、五に回向をいい、前四は安楽浄土へ入るの門、後の一は慈悲教化の一念であるという。五念門の中で第四観察門を正業としてまず仏国土の体相を観察し、続いて衆生の体相を観察する。これに二種をあげ、一は観仏、二は観菩薩である。これらの観は観無量寿経によるべきことを説く。また菩薩が止観の修行を成就すれば方便を成就し、礼拝等の五念門の修行の回向するところは一切衆生ともに同じく安楽仏の国に生まれるとの文を釈するにあたって、無量寿経の修行者に上中下があってもみな菩薩心を発すというを援用している。最後の自利利他満足の条において無量寿経の四十八願中、とくに第十八、第十一、第二十二の三願をもって他力のあかしとしている。

【後世への影響】本書は竜樹の易行道の道にはじまり、世親の五念門の修行を総合組織した初期浄土教義の代表的著作であるが、中でも他力本願の説は善導、そして日本の浄土教宗の基調をなした。

【関連典籍】無量寿経優波提舎1524。

（河村孝照）

1820 **仏遺教経論疏節要**（ぶつゆいきょうぎょうろんしょせつよう）

遺教経節要ともいう。

【成立】AD1011～1088。宋の浄源＊が仏遺教経の要所とする所をあげて釈を施し、それを明の袾宏＊が釈を補ったもの。

【内容】一巻。袾宏は「この経にはすでに論あり疏あり、浄源はそれらをとってこの注をなした」と言っている。仏遺教経は仏の涅槃に際して弟子たちに残された教の経典で、戒律について細々と記されている。本書は科文とともに解釈が施され、まず経の全体の意義を示してつぎに経文の釈に入っている。経文の釈に際して馬鳴によって科をあげ、(1)序分、(2)修習世間功徳分、(3)成就出世間大人分、(4)顕示畢竟甚深功徳分、(5)顕示入証決定分、(6)分別未入上上証為断疑分、(7)離種種自性清浄無我分の七科文を紹介する。本書はさらにこれを細分化し、序分に法師成就、開法門成就、弟子成就、大総相成就、因果自相成就、分別総相成就にわけ、(2)の修習世間功徳分を、対治邪業、対治修習止苦、対治修習滅煩悩とに区分し、さらに細分している。(3)の成就出世間大人功徳分は、出世間の学人の功徳を説いたものでこれに八科をあげ、各科をさらに細かく分けている。(4)の顕示畢竟功徳分は、仏説の甚深の法はこのように究竟したるものであることを説き、(5)の顕示入証決定分は、諸比丘は四諦の理が仏地の証入せしめる所以に対して毫も疑い無きを決定せるもので、方便顕発、法輪成就、分別説法の科文をたてて説く。(6)の分別未入上上証為断疑分は、未だ上上の証に入らざる人の疑を断じて無常相を説くといい、これが顕示未入上上法、為断彼彼疑、重説有為無常相の三科を示しさらに細説する。(7)の離種種自性清浄無我分は中道、すなわち無余涅槃、真無我法を顕示する。

【関連典籍】0359・1529

（河村孝照）

第41巻　論疏部　二

1821 **倶舎論記**（くしゃろんき）

阿毘達磨倶舎論記、倶舎論光記、光記ともいう。

【成立】玄奘＊が唐の永徽五年（AD654）に阿毘達磨倶舎論1558を訳出した頃、普光＊が玄奘直伝の正釈をもって著した。

【内容】三十巻。阿毘達磨倶舎論の注釈書で、一般に光記と略称する。神泰の倶舎論疏（泰疏）、および法宝の倶舎論疏（宝疏）1822と共に倶舎論の三大疏と称される。本書は（1）論の縁起を明かす、（2）論の題目を釈す、（3）文に随って別解す、の三門でもって倶舎論を解釈している（三門分別）。まず（1）では、倶舎論の著者世親（ヴァスバンドゥ）を顕彰し、この論が阿毘達磨の卓越した綱要書であることを明かし、中国における翻訳の経緯を述べる。（2）では阿毘達磨倶舎論という論の名称を解釈する。（3）随文別解の段では、まず論書が経典にもとづいて作成されるべき旨を述べ、倶舎論の九品につき各品の名称と前後関係を解説し、そして論の文章の注釈に入る。その注釈態度は伝承を重んじ、諸説を網羅し並記して法義の解釈を尽くすことを旨とする。

【関連典籍】1558

【後世への影響】倶舎論の最も権威ある注釈書として、古くから中国・日本における倶舎論研究の基準となった。円輝の倶舎論頌疏1823は本書にもとづいて作成された。日本ではすでに平安朝の頃から学僧の間で学習され始めた。

【参考文献】訳一・論疏部一～五。

（山野俊郎）

1822 **倶舎論疏**（くしゃろんしょ）

阿毘達磨倶舎論疏、倶舎論宝疏、宝疏ともいう。

【成立】著者の法宝は玄奘（AD602～664）の門下であり、本書は倶舎論の三大疏（本書および泰疏・光記）の中では最後に成立した。

【内容】三十巻。阿毘達磨倶舎論1558の注釈書で、一般に宝疏と略称する。神泰の倶舎論疏（泰疏）および普光の倶舎論記（光記）1821と共に倶舎論の三大疏と称される。光記1821の三門分別に対して、本書は（1）初転法輪の時を会す、（2）学行の次第、（3）起教の因縁、（4）部執の先後、（5）文に依って解釈す、の五門をもって倶舎論を注釈している（五門分別）。まず（1）では、仏陀の成道の日と初転法輪の日を定め、また成道と初転法輪の中間の出来事について論じる、(2)では三乗の修行道を解説する。そして、先に小乗教を学び、その後に大乗教に入るべきことを説く。(3)では一切教・三乗教・空有教・三蔵教が説き起された因縁を論じ、倶舎論が説述された経緯を明かす。(4)では小乗の部派仏教について分派の次第を述べ、また各部派の教説の同義異義を解説する。そして(5)では論の本文を逐次に注釈する。本書は泰疏と光記の後に成立し、しばしば両疏の所説をとりあげ論難している。旧訳(真諦訳)の倶舎論1559の諸説や順正理論1562をも引用しつつ本論を解釈するなど、両疏とは著しく異なった傾向をもつ。とくに光記が伝承を重んじ多説を並記する穏健な作風である点に批判的であり、本書はしばしば独自の立場から論述を展開している。

(山野俊郎)

【関連典籍】1558

1823 **倶舎論頌疏**(くしゃろんじゅしょ)

阿毘達磨倶舎論頌釈疏論本、倶舎論頌釈疏、頌疏、倶舎論頌釈ともいう。

【成立】唐の円輝が晋州刺史賈曾の要請と聖善寺懐遠の勧めによって著した。倶舎論記1821(光記)や倶舎論疏1822(宝疏)の後に成立した。

【内容】三十巻。阿毘達磨倶舎論1558の頌のみに注釈を施したもので、一般に頌疏と略称される。主に光記に依りつつも繁雑を避け要点を簡明に述べており、古くから倶舎論の入門書として推奨された。(1)論の縁起を明かす、(2)論の宗旨を釈す、(3)蔵の所摂を明かす、(4)翻訳の不同、(5)略して品題を解す、(6)広く文義を釈す、の六門をもって倶舎論を解釈している。まず(1)では、倶舎論が著述された経緯を述べ、またその目的が煩悩を断じて智慧を生じ、正法を弘め護持することにあると論じる。(2)では倶舎論の基本的な立場に関して顕宗と密宗の二つの観点から論じる。すなわち、顕宗という観点からいえば本論は説一切有部を立場とするが、一方、経部によって説一切有部を破斥することもあるから、密宗という観点では経部を立場とすると説く。(3)では倶舎論が、素怛纜蔵(経蔵)・毘奈耶蔵(律蔵)・阿毘達磨蔵(論蔵)の三蔵のうち阿毘達磨蔵に属することを明かす。(4)では倶舎論の題目である阿毘・達磨・倶舎の語義について、光記や宝疏などに依りながら解説する。そして(5)では頌の文章を掲げながら逐次に注釈を施していく。

【関連典籍】1558・1560・2253・2254

【後世への影響】本書は倶舎論研究の入門書として中国・日本で盛んに学習され、多くの末注が作られた。

(山野俊郎)

第42巻　論疏部　三

1824**中観論疏**（ちゅうがんろんしょ）
中論疏ともいう。

【成立】AD605～616。吉蔵＊が中論1564を注釈。

【内容】二十巻。第一巻因縁品以下の各品は、三諦中道を説くものであるが、能顕の教、所破の病は一ではないから衆品があるとしている。特に因縁品初頭の八不偈に、三諦中道の義が顕わされているものとみて、八不偈の解釈に力を注いでいる。したがって疏の巻一本から巻二末に至る因縁品々名の釈と八不偈の釈とは、本書の中観論解釈の総論ともいえる。まず因縁は中道から発する正観であって、一、因縁即空義、二、因縁即仮義、三、因縁即中道義の三義を有する。ゆえに因縁を観ずることは中論を釈することであり、因縁品初頭に「不生亦不滅、不常亦不断、不一亦不異、不来亦不出、能く是の因縁を説き、善く諸の戯論を滅す、我れ稽首し礼す、仏の諸説中第一」として、八不偈をおくのは、八不を以て因縁を釈するもので、この八不は正観の旨帰、衆教の宗帰、群聖の原本にして、三諦中道の義を顕わすとする。吉蔵の中論解釈の大綱は、八不偈の解釈で尽され、以下は各品論義に即する逐次釈となっている。中論二十七品をどのように分科するべきかは、難しい問題である。吉蔵は前二十五品は大乗の迷を破し、大乗の教を述べ、後二品は小乗の迷を破し、小乗の教を述べる。

【関連典籍】1564・2255

【後世への影響】本書の引用は広汎多岐にわたっており現存しない資料も含むので、仏教思想の展開を知る上での宝庫となった。また本書は後に多くの注釈を生み、特に日本の三論宗において、最重要の書とされた。

（笠井　哲）

1825**十二門論疏**（じゅうにもんろんしょ）

【成立】AD608。吉蔵＊が十二門論1568を注釈。

【内容】六巻。最初の観因縁品第一の疏の初頭において、本書の性質・特徴、ことに中論1564等と対比して本論の存在意義等について述べ、次いで本論の解釈に入り、本論の順序に従って忠実に解疏する。三論宗においても、「破邪即顕正」といわれるように、否定のみが実在を明らかにする唯一の方法であるという立場に立っている点で、インドにおける中観派と軌を一にしている。著者は本書において十二門論を「正申、傍破」すなわち大乗の教義を説示するのが本旨であって、相対論者の見解の否定は副次的なものであると評釈しているが、この立場の実在観の必然的帰結として、「正申」「顕正」そのものが否定的方法を採るのであるから、十二門論においても〈破〉否定が中心となっていることは否めない。十二門論の論旨の展開は、基本的には後にインドでプラサンガ論法と称された竜樹（ナーガールジュナ）以来の論証方法に基づいている。吉蔵は本書において、この方法の論証法としての妥当性、さらにその適用が論理的に正当か否かについて少しも疑っていない。のみならず、論の一言隻句として〈破〉ならざるなしと考えているかのように、彼は煩瑣なまでにその論述について、形態と内容の上から分析し、否定を強調し徹底している。

【関連典籍】1568・1826・2257

（笠井　哲）

1826**十二門論宗致義記**（じゅうにもんろんしゅうちぎき）

【成立】AD676～712。法蔵＊（ダルマグプタ）が十二門論1568を注解。

【内容】本書を新三論の書とする説もある。これは日照三蔵の所伝の説を法蔵が伝えているとするものであるが、日照三蔵は必ずしもインド中観派の一派清弁（バーヴィヴェーカ）系統の思想のみの祖述者ではない。まして本書の内容を見ても、特に清弁系統の思想を発揮しているわけではない。しかし吉蔵に比してそれだけの特色はあるといえよう。

【関連典籍】1568・1825

（笠井　哲）

1827 **百論疏**（ひゃくろんしょ）

【成立】AD608。吉蔵＊が六十歳の頃に行った百論1569についての講説をまとめた。

【内容】九巻（中三巻散佚）。提婆（ディヴァ）の百論十品を四分し、第一捨罪福品は初めに仏道の要諦を顕わすとする。すなわち「九十六術は但だ起罪が彼の三塗を感ずるを知るのみにして未だ著福して六趣に廻流することを悟らず、今其の出要之津を示さんと欲する」ものにして、罪を捨し福を捨し善悪ともに離れて「実相観に入りて心に所依無き」が仏所説の真の悪止善行道であるとする。第二品以下はその実相観の内容で、第二破神品より第九破常品までは諸法空を説いて、人法並びに空じ竟って、第十破空品はさらに空見を破すとする。なお第二品より第九品までは有見を破し、第十品は空見を破す等の十種の異なった科判を挙げる。破空の一品を以て「提婆一期出世の意を結成し、竜樹出世の意を結釈す」といい、空見を破するが、長安の摂論十地地持等三師の唯識系宗義に対する三論宗義の特徴であると主張する。すなわち彼が「二無我の理及び三無性を明かす」に対し、その三無性をも破せるが三論の立場であるとする。また特に第六破塵品で、唯識系に対する相違点を主張する。すなわち「破塵一品除患偏要」といい、空観の破塵は「但だ塵想を破するのみにして実塵を破せず」、されば無塵唯有識を説かずして無塵無識と談じ、「初発心より仏地に至るまで皆無塵識観を作す」が一実中道の実相観であるという。

【関連典籍】1569

（笠井　哲）

1828 **瑜伽論記**（ゆがろんき）

瑜伽倫記、遁倫記、瑜伽論疏、瑜伽師地論記、瑜伽論倫記ともいう。

【成立】婆沙論1546、智度論1509とともに仏教基礎学として最も重要な根本論典である瑜伽師地論1579に対する注釈書で、著者は釈遁倫（道倫）。慈恩伝等に明らかなように、玄奘三蔵がインドに渡った主要目的は瑜伽論の完全な請来にあった。したがって、玄奘門下の諸師は競って本書の注疏を造った。しかし唯識教学の中心が成唯識論1585の研鑽に傾注されるようになったため、膨大な瑜伽論の研究は、次第に衰えていった。本書の著者遁倫は、多くの注疏の中において窺基の瑜伽論略纂1829を根幹としながら、これに諸師の学説を取り入れてまとめたのである。本書は、瑜伽論の注釈の完本としては現存唯一のもの。

【内容】四十八巻。本書は唐初における瑜伽論研究者の諸注釈書の中から、その特徴のある諸師の学説を抜粋網羅して、これを集大成したものとみることができるが、略纂1829の中へ諸師の学説を配属して書き加えたかのようにみることもできる。しかし略纂は、瑜伽論1579六十七巻以下の釈を欠いている。したがってその後の部分は、もっぱら景師・泰師の説を主として記述し、これに備師等の説を配属している。本書所引の学説は、五十余師の多きに及んでいるが、その中の主要なものを挙げると以下の如くである。略纂を引用する所は、枚挙に暇なしといえども、特に明らかに、基師云くとして引用したもの―九五〇回、景師云くとして引用したもの―一二七一回、泰師云くとして引用したもの―六二七回、測師の説として引用したもの―二六九回、三蔵の伝として引用したもの―二二三回、備師云くとして引用したもの―一八七回、達師云くとして引用したもの―九七回となっている。これらの諸師のうちで、瑜伽論の注疏を作った者は、次の如くであるが、略纂の外は何れも散佚して伝わらない。窺基〈瑜伽略纂　十六巻現存〉、恵景〈瑜伽論疏　三十六巻あるいは二十巻〉、神泰〈瑜伽論疏　十巻〉、文備〈瑜伽論疏　十二巻〉、恵達〈瑜伽論疏　十巻〉。

本書の大略を述べると、初めの六門分別は最勝子（ジーナプトラ）の瑜伽論釈1580、並びに略纂1829を踏襲しており、第六門に至ってまた略纂を踏襲しつつ随文解釈をしている。さらに詳しく見てみよう。初めに所為、所因、宗要、蔵摂、解題、釈文の六門を立てて、前五門中に多くの略纂の文を抄録している。次に釈文中には、まず略纂の解を出して、後に順憬、文備、玄範、神泰、恵景、恵達、円測、元曉、神廓、僧玄等の諸説を挙げる。本論第六十六巻以下は、略纂の釈を欠いているので、多くの神泰恵景二師の説を援引し、まれに自説を出している。またその中、第十九以下には、煩悩の断道に関して遠法師融法師の両解、第二十上には、如来蔵に関する南北両道の異説、第二十下には、声聞種姓の定不定に関する吉蔵の解釈、第二十一上には化土別処の有無、および十念別時意の説を述べている。その外また智首・道宣等の説も引用している。

本書は、窺基の瑜伽論略纂1829に基づきながらも、唐代の多くの瑜伽研究者たちの所説を引用しつつ注釈を進めており、それらのほとんどが散佚している今日においては、唐代の瑜伽論研究の情況を知るうえで、きわめて貴重なものであって、瑜伽研究の指針とされている。

【関連典籍】瑜伽師地論1579、瑜伽師地論略纂1829。

（笠井　哲）

第43巻　論疏部　四

1829 **瑜伽師地論略纂**（ゆがしじろんりゃくさん）

瑜伽略纂、瑜伽論略纂、略纂、瑜伽論鈔ともいう。

【成立】七世紀。窺基＊が瑜伽師地論1579を注釈。瑜伽師地論は、いわゆる弥勒（マイトレーヤ）の五部大論の筆頭とされ、瑜伽唯識学派の所説を網羅したものである。玄奘の翻訳以後、唐代には盛んに研究されたようだが、大部なものであり難事業であった。そうした情況を踏まえて繁雑な部分は省略し、簡略な部分は補って、瑜伽師地論理解を促すことが本書の目的であったと著者自ら記している。

【内容】十六巻。初めに最勝子（ジーナプトラ）等の瑜伽師地論釈1580によって七言七行の帰敬頌を挙げる。次に、釈に基づいて所為、宗緒、蔵摂、釈題および釈文の六門を立てる。その中、所為には本論の製作は空有の偏見を除き、不信の迷者を通ぜんがためであることを明かしている。二に所因においては、大天の摩事紛起等の本因、および本論訳出の末因を述べている。宗緒においては本論五分の中、本地分は一切の文義を摂し、後の四分はこれに離れないのであるから、総じて十七地を以て宗要となすことを説いている。蔵摂においては、この論は通じて菩薩をして勝智を得しむるものなるが故に、菩薩蔵阿毘達磨に摂するとする。釈題には、釈名問答の二門を立てて本論の題目を釈している。釈文は主として論中の要義についてこれを釈し、間亦立量を以てその義旨を明かしている。なお本書は、本論の六十六巻までで終っており、それ以後を欠いているが、それらは散逸したという。

【関連典籍】1579・1828　（笠井　哲）

1830 **成唯識論述記**（じょうゆいしきろんじゅっき）

唯識論述記、唯識述記、述記ともいう。

【成立】七世紀。窺基*が成唯識論1585を注釈。

【内容】二十巻。成唯識論の最も基本的な注釈書は顕慶四年（六五一）十二月の翻訳で、玄奘はこの年すでに六十であって、翌年二月に入寂したから、晩年に属する。本書の序によれば、この纂叙はつぶさに玄奘の指導を受けたというから、玄奘はインドで学習してきた蘊蓄をかたむけて講義をしたと考えられる。成唯識論訳出の年、述記の著者慈恩(基)は二十八であった。述記は玄奘の指導のもとに成立したといっても、それは訳出直後ではない。本書のような大部の書が製作されるためには、修正にかなり長い年月と不断の努力があったに違いない。およそ成唯識論は、世親（ヴァスバンドゥ）の唯識三十頌1586を、護法（ダルマパーラ）、安慧（スティラマティ）、難陀（ナンダ）等十人の論師があって、それぞれ注釈したのであるが、その翻訳にあたって、それの注釈が十人とも変わらぬところは、ただ一人の訳文を挙げてその外を略し、その解釈が異なるところは、一々これを列挙して十巻にまとめたものといわれる。しかし、成唯識論にはそういう異なる解釈について、第一は誰の解釈、第二は誰の解釈であるか記していない。そのような異なる解釈について、本書を見ると、第一は誰の解釈、第二は誰の解釈であると、その名前が記されるのである。おそらく、これについては玄奘の指導があったことであろう。また本書の解釈のうちに、玄奘の指導によらぬところがないのではない。本書の初めに、唯識の四重出体ということが説かれる。すなわち摂相帰性、摂境従心、摂仮従実、性用別論の四重の唯識である。このような四重出体は義林章、唯識章の五重唯識に結びつくのであるが、そういう五重唯識は、遺虚存実、捨乱留純、摂末帰本、隠劣顕勝、遺相証性の五重である。四重出体の摂境従心は、後者の遺虚存実である。ただし前者の第三、四は後者にはなく、そして後者の第二、三、四は前者にない。このように唯識の四重出体と五重唯識の間には、多少の出入がある。しかし全体としていえば相通ずることはいうまでもない。そしてこの五重唯識が、さらに発展するならば、華厳宗の十重唯識となる。このように見てくると、本書の記述は玄奘の指導を受けたといっても、必ずしも玄奘の講述そのままではないことが知られる。成唯識論を精読すれば当然そうあるべきであって、本書の四重出体には、玄奘の八門出体において不十分なところを補うという意味がある。ところが、その四重出体にもまた不十分なところがあるから、さらに五重唯識によって補うことになるが、しかし五重唯識もまた四重出体に対照して、欠けたところがあるから、結局は両者相俟って、初めて唯識の出体は十分なものになるといえよう。

【後世への影響】日本には天平末期に伝来し、平安期以後は本論研究よりも重んぜられるに至った。今日においても唯識学徒の必須欠くべからざるものであると同時に、仏教学の基礎学として、ことに仏教が外道小乗に対する態度、因明学および大乗仏説論に対する等、最も注意すべき点である。

【関連典籍】成唯識論1585、1831〜1833、2260、2266、2278。　（笠井　哲）

1831 **成唯識論掌中枢要**（じょうゆいしきろんしょうちゅうすうよう）

唯識枢要、成唯識論枢要、枢要ともいう。

【成立】七世紀。窺基＊が成唯識論1585を注釈。著者は本書の外に成唯識論述記1830二十巻によって成唯識論十巻を逐語的に解釈している。本書はその中のはっきりしない所をさらに補おうとしたもので、その名の示す通り成唯識論の枢要を詳しく記したものである。本書が述記よりも後に撰述されたものであるか、また一面からみると述記において各所で「枢要の如し」と詳釈を本書にいくつも譲っている箇所があるところからみると、あるいは述記よりも先に撰述されたものであるかが問題である。本書において詳釈している部分は、述記の方にはこれを省略してその義を本書に譲っているようにもみえる。しかし、要するに疏を牒文して援引している点からみると、述記の不明確な説をさらに詳釈したものであるから、述記よりも後の撰述であることは明らかである。

【内容】四巻。成唯識論1585を五門三門によって詳説する。上巻本では、五門によって分別している。第一門で時益を明かし、第二門で宗体を弁じ、第三門で名乗に帰し、第四門で蔵分に摂し、第五門で因釈を叙している。次に、三門によって分別する。第一門で論の同異を彰わし、教益に異なりがあることをはじめ、第二に時利の差別、第三に宗を詮すこと、第四に体性の不同を明らかにしている。第二門で、教の所在に帰し、第一に名に帰すこと、第二に蔵に帰すこと、第三に分に帰すこと、第四に乗に帰すことを明らかにしている。第三門で所因を叙釈し、第一に因縁を叙し、第二に年主を叙し、第三に分段を釈し、第四に論文を釈している。次いで十義によって唯識本義を釈する。第一経論相対唯識義、第二本迹相対唯識義、第三本末相対唯識義、第四宗因相対唯識義、第五体義相対唯識義、第六広略相対唯識義、第七教々相対唯識義、第八教理相対唯識義、第九理教相対唯識義、第十理々相対唯識義。以上のように唯識の義を成立する。次に種姓義、帰敬縁起、総標賢聖義を明かし、上巻末には論第一巻三類境より不相応法を破するに至る及び論第二巻を解し、下巻末には論第三巻第四巻第五巻第六巻を解す。下巻末では、論第七巻第八巻第九巻第十巻を解釈している。本書が述記を補っているのは、例えば、成唯識論の題号釈が述記ではわずかに頌文によって略述するのにとどまるが、本書では十三段にわたって論じている。次に述記では、文前の玄談に五門分別を挙げ、第一に「教の時と機とを弁ずる」と称しているが、ともに最後の所で「如枢要」と、枢要に譲っている。それにしても、その中の「機」について述べている所は、述記においてはわずか一枚に過ぎない。これに対して本書では、三科に分けて荘厳、瑜伽、摂大乗、唯識等の諸論を引用するのはもちろんであるが、広く、華厳、勝鬘、法華、涅槃、菩薩善戒等の諸経も含めて、一性皆成の説を予想しながら本宗所立の五姓各別説を成立しているのであって、分量的にいっても十枚にわたる紙面を用いている。

本書は、初めて三蔵口授の八転声を説いて梵語文法中の名詞の格例法を示して言語の理解に役立てたり、あるいはいわゆる三蔵相伝の一宗の要義、すなわち五言四句の三類境の頌を筆端にのせるなどと、文字通りに掌中の秘義、義学の枢要を綴っているものであるといえる。また本書は、了義灯1832、演秘1833と合わせて三箇疏とされ、述記1830と並んで成唯識論研究にとって不可欠の注釈書となった。

【関連典籍】成唯識論1585、1830。

（笠井　哲）

1832 **成唯識論了義灯**（じょうゆいしきろんりょうぎとう）

唯識了義灯、了義灯、義灯ともいう。

【成立】七～八世紀。慧沼＊が成唯識論1585と成唯識論述記1830の中のわかりにくい文について詳しく注釈。

【内容】十三巻。本書が作られた理由は三つ挙げられる。第一に玄奘三蔵の相伝の正義を明らかにするためである。第二に論によって本疏の余意を述べるためである。第三に他に対して本疏の釈義を成すためである。慧沼は法相宗第二祖である。法相宗は玄奘の没後、窺基・円測・普光・恵観・玄範・義寂のいわゆる六家に受け継がれた。このうち窺基と円測の二人が特に傑出していたという。本書は、成唯識論の解釈について窺基の教えを受け継いだ著者が、円測や道証らの西明寺系の教義に弁駁を加えて、窺基の教学の正当性を宣揚しようとしている。要するに本書は異端を破して、相承の正義を彰すことを目的とする。その異説を破するに二つある。第一に西明を破するに、直接に西明を破する例、要集の集める所によって破する例、西明を挙げて破せざる例、西明を助ける例を挙げることができる。第二に要集を破するに、彼の自義を破する例、他を評する義を破する例、ただ他義を破する例等が挙げられる。

第一巻本においては、四門を以て成唯識論一部を分別し、第一論起所因、第二同異を明かし、第二帰在を明かし、第四に入文判釈して論文を解釈する。第一巻では帰敬縁起総標賢聖義三類境破我倶生分別を明かし、第二巻本では数論勝論大自在憩天等の外道、薩婆多経部正量部有部等の小乗を破し、第二巻末では小乗を破し、表無表不相応を破している。第三巻では、論第二巻の有為四相名句文より三能変種子六義能所縁行相を明かし、四分義を説く。第四巻本においては、論第三巻を解釈している。第四巻末では、論第四巻第二能変を明かしている。第五巻本においては、論第五巻第六巻の一部を解釈している。第五巻末では、論第六巻および第七巻の三能変分別までを解釈している。第六巻本においては、論第七巻唯識所変より九難義四縁義を解釈している。第六巻末では、論第八差十五依処より十二因縁三性義を解釈している。第七巻本では、論第九巻三無性より十重障に至るまでを解釈している。第七巻末においては、論第十巻始終を解釈しているのである。以上が本書の概要であるが、他面本書は別の意義も有している。それは本書において、円測西明疏、道証要集等のすでに散佚してしまい現存していない注疏等を援引して、それらを破斥していることである。そのことによって、これらの教学内容の一端を間接的な形であるにせよ、知ることができるという点である。

なお本書の題号の解釈を一言付け加えると、成唯識論了義灯の題名において、成唯識論は所釈にして了義灯は能釈である。了義とは、決択、究竟、明了の説をいい、覆相、密意のことではない。今、邪正を分別して明らかにこの宗の決択を伝えるのであるから、「了義灯」と名づけるのである。成唯識論を釈する了義灯、または成唯識論の了義を照す灯の意とも解しうる。本書は、外道小乗はもとより他宗自宗を問わずに、性相の定判を以て破邪顕正を旨としており、唯識学研究者における一大注釈書である。本書は窺基の枢要1831、智周の演秘1833と合わせて三箇疏と称され、述記1830と合わせて成唯識論研究に不可欠の注釈書となった。

【関連典籍】成唯識論1585、1830、1831、1833、唯識義燈増明記2261。

（笠井　哲）

1833 成唯識論演秘（じょうゆいしきろんえんぴ）

演秘ともいう。

【成立】八世紀初。智周が成唯識論1585と成唯識論述記1830の難解な箇所を解釈。

【内容】十四巻。枢要1831と了義灯1832とともに三箇疏と呼ばれ、述記と合わせて成唯識論研究には不可欠の注釈書である。慧沼の了義灯は、成唯識論の本文を注し、慈恩の説を補釈するとともに学系と解釈を異にする円測や道証を破し、慈恩説が唯識の正系であることを主張しており、自派を顕正する重要な役目を果たした。智周の当時にあっては、慧沼の異義破によって堅陣を張る異派もなかった。そこで本書は、後学やひいては異解に対しても、慈恩の学説に対する疑問や異議が生じないようにするために、成唯識論や述記の難しい文を解釈するように努めたのである。

本書は述記の難解な所を釈顕することを専らとして、成唯識論の文を助釈することを従としている。論疏の難解を会釈する場合に、「有義曰」を俎上にのせて、述記を解する相違点について論じ、有義を破しているけれども、義門の真相を明らかにして自宗を高揚することであって、破斥を目的とするものではなかった。したがって本書では「疏の立つること違うことなし」と相承の教義を会釈し、了義灯を援用して、「灯の破の如し」と異解の破を了義灯に譲り、「灯の具釈するが如し」と師説の了義を掲げている。また「枢要・義灯に弁ずるが如し」とあるように、本書は慈恩や慧沼の釈義を正義としてその宣揚に努めたことが知られる。

【関連典籍】1585・1830・1831・1832

（笠井　哲）

1834 **唯識二十論述記**（ゆいしきにじゅうろんじゅっき）

二十唯識述記、二十唯識論述記、二十唯識論疏ともいう。

【成立】七世紀。窺基＊が唯識二十論1590を注釈。

【内容】二巻。唯識の宗体を三性において解釈する。すなわち、遍計所執はその体性が情有理无であるから、虚妄唯識である。依他起性のものは因縁所生で、如幻无有であるから、因縁唯識であり、これを識相という。円成実性は、依他起の上の遍計所執は空无なりという理であるから、真実唯識であり、これを識性という。そして本書では、次に心を離れた遍計所執の実法は非有である。それは虚妄なる識の現われたものに過ぎない。ただし依他（有為）の識相、すなわち因縁唯識、および円成（无為）の識性、すなわち真実唯識は非无である。これによって、いま総説して諸法は唯識なりというのである。そして、このような唯識義は、識相識性と各別体とする説であるという。してみると、これは相各別の説であるが、さらに唯識、四重出体の性用別論体の説に相通ずることが知られる。また本書には、諸境（所執）を摂して心（依他）に従え、唯識と名づけることもできるという。これは四重出体の摂境従心体である。また本書には、真如は識（識相）の実性（識性）である。相を摂して性に帰し、また唯識と名づけることができるという。これは四重出体の摂相帰性体である。以上のように、本書は成唯識論述記1830と一致するところが多い。このことは、唯識二十論が唯識教学の成唯識論1585と共に、性相学の双璧として重要であることを意味している。

【関連典籍】1590・1585・1830

（笠井　哲）

第44巻　論疏部　五　諸宗部　一

1835 **弁中辺論述記**（べんちゅうへんろんじゅっき）

【成立】AD663～682。窺基（基）＊が弁中辺論1600を注釈。

【内容】三巻。弁中辺論は原題マドゥヤーンタ・ヴィバーガの玄奘訳であるが、異訳に真諦（パラマールタ）の訳になる中辺分別論1599がある。弁中辺論には現存する注釈が三本あり、その一つが本書であり、他は元暁の中辺分別論疏三巻と梵文・蔵文のみに現存する安慧（スティラマティ）造の中辺分別論釈疏（世親釈の複注）である。基は本書を執筆するに当たり、玄奘訳に比して旧訳と呼ばれる真諦訳を参照し批判的な見解を提出している。それは弁中辺論を翻訳する動機と密接にかかわっており、基は「旧い真諦訳が已に梁朝の時代に訳されているけれども、文章は混乱しており時には意味を取り違えている。それ故ここに稿を改め新訳を作製するのである」と述べている。このことから本書は玄奘が伝えた「護法—戒賢」のナーランダ僧院の学系を中心として、俗に旧訳と呼ばれる真諦の摂論宗（真諦訳摂大乗論を研究する学派）系の思想を解釈し直しているといえる。その傾向は本文中の所々に表れている。しかし、基の思想が師の玄奘訳に対して偏りすぎているという点も指摘されている。玄奘訳と異なる箇所を真諦の訳した原典との相違を顧慮することなく真諦の誤訳とし、また、弁中辺論中に玄奘訳の他の典籍との間に相違があった場合は、両者の間を折衷する試みをしている等である。また、基は梵蔵のみに存在する安慧訳を参照していたらしい形跡が見られる。

（村田達央）

1836 **大乗百法明門論解**（だいじょうひゃっぽうみょうもんろんげ）

百法明門論解　百法明門論注ともいう。

【成立】七世紀後半。窺基＊が大乗百法明門論1614に注釈を施し、普泰が増修。

【内容】二巻。初めに題名を釈し、つぎ原作者天親（ヴァスバンドゥ）の伝記をあげ、一切法とは総数百法と二無我であるといい、釈尊一代の教えの浅深を八宗とし、この論の旨は第八宗で理にかなない真実を円かにあらわしたものといい、この一切法は五種に分類でき、その法は六百六十等の法であるが今は要略をとって百法とするという。一切法の五種とは心、心所、色、不相応、無為で、このうち心の八種、心所の五十一法、無為法とは成唯識論によって説明し、色法、不相応法とは独自の注釈が施されている。明代に至って脱略訛謬が甚だしかったので普泰が修補して今日に至っている。

【関連典籍】1614

（河村孝照）

1837 **大乗百法明門論疏**（だいじょうひゃっぽうみょうもんろんしょ）

百法明門論疏ともいう。

【成立】七世紀。大乗百法明門論1614を普光＊が注釈。

【内容】二巻。まず全体を三分し第一に百法論の造られた目的をあげ、空有の両執を除いて空有の二門を開き、さきに百法の有体を明かし後に人法の二空を明かし、非空非有、即有即空を示さんがために説かれたもの、第二には百法論は瑜伽論本事分中の法の名数を略録したものといい、第三に随文解釈となっている。随文解釈にあたっては第一に経を引いて宗を標し、第二に経によって問を起し、第三に問いに答えている。五位の注釈は、心法において諸八識の名を列ねて称し、心所法六位五十一心所の名をあげて釈すとき諸論の不同をあげ、百法論、瑜伽論、顕揚論、五蘊論、雑集論、対法論、西国諸徳の説を点検し、つぎに色法十種を釈し、このとき雑集論を引用し、つぎに不相応法を釈するに瑜伽、顕揚、百法論は二十四法、対法論二十三法、五蘊論は十四法であることを指摘し、つぎに無為の六法をあげて注釈している。

【関連典籍】1614　（河村孝照）

1838 **大乗法界無差別論疏并序**（だいじょうほっかいむしゃべつろんしょならびにじょ）

【成立】AD692。法蔵＊が大乗法界無差別論1626を注釈。

【内容】一巻。解釈に先だち一にこの教のよって起る所、二に二乗法に非ざることを述べ、三に本経の位置を明かし、四に教化せられる人について、五に教のよく顕わすところ、六に本経のあらわす宗旨について、七に経題の解釈・八に堅慧菩薩造論の縁起、九に法界無差別論の翻訳の情況を述べ、以上をもって序となし、続いて随文解釈が行われている。解釈は法界無差別論の十二門分別に従って釈され、第一の果とは涅槃の果と菩薩の果の二種をあげ、第二の因とは菩薩心のよっておこるところ、これに信慧定悲の四種ありといい、第三の自性とは菩薩心の体状、これに離染、具浄の二相ありといい、第四の異名とは、法界の等類には多名があり、果よりいえば常楽我浄の四名、因よりいえば自性情浄心、不思議仏法の二名、第五に無差別とは、名は異なっても体は同じで差別なく、第六に分位とは体は同じでも縁に随って不同、衆生・菩薩・諸仏の三位あり、第七に無染とは心性が煩悩と倶にあっても汚されることなく、第八に常恒、この心性は生死の中にあっても変壊することなく、第九に相応、心性は恒沙ほどの功徳と浄法とが相応をするをいい、第十の不作義利とは凡位にあるときも多くの功徳とともに相応するが無明に覆われているので自他の利益を起すことができないといい、第十一の作義利とは心性顕現すれば仏果の広大な利益ありといい、第十二の一性とは、凡夫位にあっても煩悩障と心性とは無二、それは因は唯だ一乗、果は唯だ涅槃の一味であるからであると説く。論中、華厳、金剛般若、楞伽、宝性論、仏性論、勝鬘、梁の摂論、勝天王、起信論、仏地論、不増不減、唯識、中論、密厳経、涅槃経、如来蔵経、法界体性経、無上依経、瑜伽論、維摩経、転法輪経などの経論を援用している。

【関連典籍】1626　（河村孝照）

1839 **理門論述記**（りもんろんじゅつき）

因明理門論述記・神泰抄ともいう。

【成立】AD655。神泰が因明正理門論1629を注釈。玄奘は瑜伽師地論1579の漢訳の際、同論に説く因明〔論証論理学〕に関連して因明入正理論1630を訳出したが、訳場に参加した人々はこの目新しい論証論理を説く論理学に興味をもった。玄奘は瑜伽師地論1579訳出後、貞観二十三年（AD649）この因明の根本聖典である陳那（ディグナーガ）の因明正理門論1629を訳出して、これらの人々に示したところ、彼等は競ってそれに注釈を書いた。これらの中、現存する唯一のものが本書である。

【内容】一巻。因明について「自分の認識知（宗）を、主張を異にする相手に正しく理解せしめるために、普遍的な論理性を持つ理由（因）とそれを比定する具体的事例（喩）を挙げて、これを明らかにする論証法を研究する学問である」との簡明な規定を与えている。後世この注釈は研究者等によって引用され、注釈は穏健である。ただ、この書は因明正理門論1629全体の約三分の一にあたる似喩迄の注釈に終っていて、自らの主張を裏づける感覚知（現量）や推理知（比量）の生起についての説明はない。

【関連典籍】1628・1629　（武邑尚邦）

1840 **因明入正理論疏**（いんみょうにっしょうりろんしょ）

因明大疏ともいう。

【成立】七世紀。窺基＊が因明入正理論1630を注釈。著者の弟子慧沼の著した因明入正理論続疏・一巻が現存しているが、これは本書が完成する前に慧沼が師の注の下巻の「能立法不成」以下の部分を再治修正したものといわれている。基の因明研究について宋高僧伝2061巻四には、基のため玄奘が唯識論を講じていたのを同門の円測が盗聴し、西明寺に帰ってそれを公にした。そのため唯識研究で基は円測に先を越されたので、玄奘は基のために因明を講じ「五性の宗法汝独り流通す」といい、また「因明立破の規式は但汝に授く」といって彼を法門伝承の正統者としたといっている。その真偽はともかくとして、このような玄奘と基との関係の中で、中国における因明研究が始まったのであり、本書は中国においてだけでなく、日本の因明研究の祖典でもある。

【内容】三巻。(1)因明説の由来と陳那の『正理門論』製作に触れ、天主が入門書として『因明入正理論』を書いたことを述べ、(2)題目のHetu-vidya-nyāya-praveśaを解釈し、それは、自分の主張の論証の理由根拠を明らかにする言論〔言生因〕によって、相手に正しい理解を生ぜしめ〔智了因〕、相手に正しい智慧を結果せしめる〔明〕論証弁論〔因明〕によって、相手を悟りへ導く学術への入門書という意味であるといい、(3)さらに宗〔主張〕因〔因由〕喩〔喩例〕の三項での論証弁論であるから、宗明、喩明でもよいのに、何故因明というのかとその理由を明らかにし、(4)次に本文を逐次解説している。本疏は、瑜伽行派や阿毘達磨の論書、世親(ヴァスバンドゥ)や陳那(ディグナーガ)の論書等に説かれる因明が能立〔論証〕と能破〔論破〕、似能立〔誤った論証〕と似能破〔誤った論破〕の悟他門(他の人々に正しい認識知を生ぜしめること)と現量と比量・似比量の自悟門(自分に正しい認識知をうること)の八門に総摂されるとして、これを組織的に説明する『本論』の叙述を本文を追いながら逐次解説しているのである。

【関連典籍】1630・2270

【後世への影響】因明研究の祖典として重んじられた。

(武邑尚邦)

1841 **因明義断**(いんみょうぎだん)

因明入正理論義断、義断、正理義断ともいう。

【成立】七~八世紀。著者は慧沼*。

【内容】一巻。神泰、浄眼、文軌等による因明研究は、窺基によって、玄奘直伝の因明説の中に受容されたが、その確立は、基の弟子慧沼によってなされ、それが因明の正統説として後世に伝持された。慧沼は、本書と因明入正理論義纂要1842によって、これを成し遂げたのである。本書は、その名の示すように他師の義を断ずるというので、他の因明学説批判の論である。ことに基の後輩にあたる壁による因明入正理論疏1840の解釈への批判が主であるが、兼ねて浄眼や文軌の説についても触れている。

【関連典籍】1630・1842・1840

【後世への影響】慈恩正系の因明説の確立の書として、因明研究の重要な位置にある。

(武邑尚邦)

1842 **因明入正理論義纂要**(いんみょうにっしょうりろんぎさんよう)

【成立】七~八世紀。著者は慧沼*。

【内容】一巻。因明義断1841と共に泗洲大師慧沼の因明書であり、後世の因明研究の指南書として重要視されている。義断1841が他師の義を評破する批判の書であるのに対して、本書は慈恩正系の因明の要義を纂する(あつめる)というので顕正の書といえるであろう。もちろん、中では古師の名で文軌(因明入正理論疏)、西明円測(因明理門論疏)、道証(因明入正理論疏)、浄眼(因明入正理論疏)等の説を評破し、ことに玄応(因明入正理論疏)や文軌への評破は十数ケ処に及び厳しいものがある。しかし、その主とするところは「纂要」の名の示すように、慈恩正系の因明学説を集め、それを明確にするために著されたものである。

【関連典籍】1630・2279

（武邑尚邦）

1843 **大乗起信論義疏**（だいじょうきしんろんぎしょ）

　起信論義疏、起信論疏、起信論慧遠疏、起信義疏ともいう。

【成立】六世紀。慧遠＊が大乗起信論1666を注釈。

【内容】四巻。まず起信論1666が至極深理の妙論を顕わすものと述べ、声聞菩薩の教判を説き、小乗大乗の各三蔵を挙げて、この論を菩薩蔵のうちの阿毘曇の所摂とする。次に論の題名を解釈して、「言う所の人とは物の能く過ぐる莫し、之れを目して大と為す。既に至極と言う、焉に勝有り。故に大と名づくと言う。言う所の乗とは運載を義と為す。乗に二種有り、一に法二に行。法乗と言うは能く他を運し用う。自ら運すの義無し。即ち是れ理法。行乗と言うは自ら運し他を運す故に名づけて乗と為す。今、此の論の中に具に理行を明かす故に二種の乗有り。総じて之れを言わば亦た一乗と名づく。異趣無きが故に仏乗と名づく。仏の所乗の故に此れ皆な是なり。名に異有りと雖も其の実改まらず。言う所の起とは成立を義と為す。言う所の信とは決定を義と為す。此の信に二釈有り。一に云く十信位の中に就いて真常証信を起さしむるなり。二に云く即ち是れ妙法師説、是れ勧信なり。（中略）言う所の論とは簡異仏経の辞なり。（中略）今、此の論は仏の滅度の後の菩薩の所造、之れを名づけて論と為す。論とは所謂る賓主相い談す、之に因りて論と為す。故に大乗起信論と言うなり」とある。次に論の本文を三段に分けて、第一致敬三宝、第二出其所造、第三総結回向とする。また第二の出其所造では、序分（因縁分）、正宗分（立義分、解釈分、修行信心分）、伝持末代分（勧修利益分）の三分に分けて解釈する。

　因みに本書には真偽の問題がある。普寂は『義記要決』において偽作説を主張し、因静は『起信論義成』において、潮音は『義記筌蹄録玄談』においてそれぞれ真撰説を主張した。近くは望月信亨は偽作説を主張した。

（仙石景章）

1844 **起信論疏**（きしんろんしょ）

　起信論海東疏ともいう。

【成立】七世紀。元暁＊が大乗起信論1666を注釈。

【内容】二巻。大乗起信論義疏1843、大乗起信論義記1846とともに「起信の三疏」と呼ばれるものの一つ。初めに宗体を標し、次に題名を釈し、第三に文に依りて義を顕わす、の三門からなる。宗体を標すでは「一以て之れを貫くとは、其れ唯だ此の論のみ。故に下の文に言う、如来広大深法無辺の義を総摂せんと欲するが為の故に、応に此の論を説くべし。此の論の意は、既に其れ是の如し。開けば則ち無量無辺の義を宗と為し、合すれば則ち二門一心の法を要と為す。二門（真如門と生滅門）の内、万義を容れて乱れず。無辺の義、一心に同じくして混融す。是れを以て開合自在なり。是れを馬鳴の妙術、起信の宗体と為すなり」とあるように、本書の全体を通じて「一心」を強調している。次の題名を称するでは大乗起信論の題名を一字ごとに解釈し、「大乗は是れ論の宗体、起信は是れ論の勝能、体用合せ挙げて、以て題目を標す。故に大乗起信論と言うなり」とある。第三の随文解釈では、『論』本文を「帰敬述意」、「正立論体」、「総結廻向」の三分に分けて解釈する。また「正立論体」に総標許説、挙数開章、依章別解の三科を設ける。本書は起信論を楞伽経にもとづくものとして注釈し、法相唯識学と起信論の所説との融会をはかる。また本書には、天台宗の智顗（AD538～597）の説などにもとづいて止観の行法を述べ、「禅経」を引用して魔事対治を説く。著者には大乗起信論別記1845があるが、これは本書に先行する注釈書といえるものである。起信論義記1846は本書によるところが多い。

（仙石景章）

1845 **大乗起信論別記**（だいじょうきしんろんべっき）

起信論記、起信別記ともいう。

【成立】七世紀。元暁＊が大乗起信論1666を注釈。

【内容】二巻。立義分、解釈分のみを解釈する。全体の内容は、一に論の大意を述べ、二に文に依りて消息す、の二門からなる。本書が起信論疏1844より以前に作られたことは、1844の随処に「別記に説く如し」として引用されているところから推察され、また両書の文々句々に同一であるものがきわめて多い。大意を述べる段では、起信論を造る趣旨とその所説の幽玄にして如来深経の奥義を述べ、しかも「従来の釈は、其の宗を得ること尠なし。良に以て各おの所習を守りて文を牽き、虚懐にして旨を尋ねること能わず。是れに由りて論主の意に近づかず」とあり、従来の注釈の姿勢を批判する。第二の依文消息では起信論1666本文を随文解釈するについて「知るべし、立義分の中に二章門を立つ。謂く法と義と。法とは是れ大乗の法体。義とは是れ大乗の名義。」とあり、立義分以下を解釈する。「心法は一と雖も二門有り。真如門中に大乗の体有り。生滅門中に亦た相用有り。大乗義多しと雖も、体相用を過ぎる莫し。故に一心に依りて大乗義を顕わす」とあるように、著者は「一心」という語をキーワードにして起信論の思想を読み解こうとする。

（仙石景章）

1846 **大乗起信論義記**（だいじょうきしんろんぎき）

大乗起信論註疏、起信論義記、起信論疏、起信義記、賢首疏ともいう。

【成立】七〜八世紀。法蔵＊が大乗起信論1666を注釈。

【内容】五巻。大乗起信論義疏1843、起信論疏1844とともに「起信論の三疏」といわれる。一に教起の所因を弁ず、二に諸蔵の所摂、三に教の分斉を顕わす、四に教の所被の機、五に能詮の教体、六に所詮の宗趣、七に論の題目を釈す、八に造論の時節、九に翻訳年代、十に随文解釈の十門からなる。第一の教起の所因を弁ずでは、十因（智、法、示、顕、本、力、義、縁、起、益）によって本論の作成の由来を明らかにする。第二の諸蔵の所摂では、本論が三蔵のうちの対法蔵（阿毘達磨蔵）および二蔵のうちの菩薩蔵の所属であることを述べる。第三の教の分斉を顕わすでは、大小乗の諸経論を分類して、一に随相法執宗、二に真空無相宗、三に唯識法相宗、四に如来蔵縁起宗の四宗を挙げ、本論は如来蔵縁起宗にあたると述べる。第四の教の所被の機では、本論の利益を被る衆生の機根について「説に二重有り。一に権教に約さば、即ち五種性の中、菩薩種性及び不定性、是れ此の所為なり。余の三は此れに非らず。分無きを以ての故に。瑜伽等の説の如し。二に実教に約さば、一切衆生皆な此の所為なり。皆な菩提を得べからざる無きを以ての故に」とあり、一切衆生を所被の機とする。第五の能詮の教体では、一に随相門、二に唯識門、三に帰性門、四に無礙門の四門によって教体を論ずる。第六の所詮の宗趣では、総別において宗趣を明らかにするが、別においては一に教義相対、二に理事相対、三に境行相対、四に証信相対、五に因果相対によって宗と趣とを顕らかにする。第七の論の題目を釈すでは、「大とは、当体を目と為し、包含を義と為す。乗とは喩に就いて称と為す。運載を功と為す。法喩合挙す。大乗所信の境、体能を義と為す。起信即ち能信の心、澄浄を性と為す。心境合目する故に大乗起信と云う」とある。第八の造論の時節では、如来滅後六百年に、馬鳴（アシュヴァゴーシャ）が善く法要を説いて一切の諸の外道の輩を降伏したことを述べる。第九の翻訳年代では、梁の承聖三年（AD554）に真諦が衡州の建興寺において訳出したことを記している。第十の随文解釈では、本文を序分、正宗分、流通分に分けて、因縁分を序分、立義分以下を正宗分、勧修利益分を流通分として解釈する。本書は起信論疏1844、大乗起信論別記1845に依拠するところが多いが、二書が法相唯識学と起信論の所説とを融会するのに対し、本書では両者を区別する立場に立つ。起信論研究のうえで最も読まれた注釈書の一つであり、本書に対する注釈書も多い。日本では、湛睿の『大乗起信論義記教理鈔』十九巻、鳳潭の『大乗起信論義記幻虎録』五巻、普寂の『大乗起信論義記要決』三巻などがある。

（仙石景章）

1847 **大乗起信論義記別記**（だいじょうきしんろんぎきべっき）

大乗起信論別記、起信論別記ともいう。

【成立】七〜八世紀。法蔵＊が大乗起信論1666の要義を述べた。

【内容】一巻。別記とは大乗起信論義記1846において説かれなかった要義を別して記したものということ。巻のはじめにその三十五項目の義を列挙する。（1）釈題目、（2）頌中敬意、（3）仏宝中義、（4）法宝中蔵義、（5）用大唯善義、（6）覚不覚義、（7）釈随染二相義、（8）釈本覚義、（9）本有修生義、（10）生滅因縁中七科義、（11）生滅中一科義、（12）染法熏中四科義、（13）浄法熏中七科義、（14）略科文、（15）分別発趣中四種発心義、（16）科釈正行義、色心不二中一義、（18）釈頼耶識有惑義、（19）如来蔵中恒沙功徳義、（20）生滅不生滅和合成梨耶義、（21）九相義、（22）真如二義、（23）智浄不思議相義、（24）覚体相中四鏡義、（25）始本相依文、（26）染法熏習中無明妄心各有二義、（27）浄分縁起中有四句義、（28）生滅門中真妄縁起義、（29）法身義、（30）真妄心境四句義、（31）二諦無礙義、（32）二諦義、（33）染浄義、（34）如来蔵、（35）四諦義。本書については、真偽の問題があり、鳳潭は『大乗起信論義記幻虎録』において、起信論義記1846の記述と本書の内容とが符合しない点を指摘し、偽作説を主張した。普寂はまた法蔵に「別記」の著作はあったが、それは本書ではなく、本書は偽作であるとした。

（仙所景章）

1848 **起信論疏筆削記**（きしんろんしょひっさっき）

冠註大乗起信論疏筆削記、大乗起信論筆削記、起信筆削記、筆削記ともいう。

【成立】AD1030。筆削とは宗密＊の起信論疏の注釈書にあたる石壁伝奥著『起信論随疏義記』に対して、その肝要なところは筆削して残し、煩瑣なところは削って捨てたものという意味で、著者は子璿＊。

【内容】二十巻。巻一のはじめに、論の題名を解釈して「天台は凡そ経題を解するに皆な五義（五重玄義）に約す。今、大と言うは体なり。乗は宗なり。起信は用なり。論は教なり。一論の所詮、唯だ体、宗、用のみ。五字合する故に。是れ即ち名なり。大を体と謂うは、此に総別有り。総じて一心を以て体を為す。云々」とある。起信論1666は一心をもって体とする旨を明らかにする。この一心については巻二十の総結において「此の三法（体、相、用）は遍く能く一切仏法を含摂し、亦た一切衆生法を摂す。含摂多しと雖も倶に一心を離れず。一心とは、是れ諸仏所証の極致、是れ諸仏所説の根本なり」とある。伝奥は宗密の解釈をもって論じ、本書もまたそれを継承し、起信論を五教判（小乗教、大乗始教、大乗終教、頓教、円教）のうちの円教に配し、『起信論』の一心の体が華厳経の一真法界にあたると論ずる。本書は起信論義記1846の研究に不可欠の解釈書とされ、湛睿の『起信論義記教理鈔』などにさかんに引用される。

（仙石景章）

1849 **大乗起信論内義略探記**（だいじょうきしんろんないぎりゃくたんき）

大乗起信論古迹記、起信論古迹記、内義略探記ともいう。

【成立】AD742〜764。太賢＊が大乗起信論

1666の要義を探究し略述。

【内容】一巻。大きく一に述論大意、二に探論中義、の二門に分け、さらに論中の義を探るについて、一に明蔵部摂、二に釈題目、三に示其旨の三門に開く。一の蔵部の摂を明かすでは、二蔵、三蔵、十二部の所属を述べ、二の題目を釈すでは、論の題名を解釈する。三の其の旨を示すでは、一に帰敬三宝義、二に和合識義、三に四相義、四に本覚義、五に無明義、六に生滅因縁義亦名五意、七に六染義、八に仏身義、の八義を述べる。本書には起信論義記1846をはじめ『華厳五教章』（所詮差別の仏果義相等）、『華厳綱目』などとともに起信論疏1844・大乗起信論別記1845が引用されている。

（仙石景章）

1850 **大乗起信論裂網疏**（だいじょうきしんろんれつもうしょ）

　起信論裂網疏、起信裂網疏ともいう。

【成立】AD1653。智旭＊が大乗起信論1666を注釈。

【内容】六巻。裂網とは、天親宗が瑜伽によって唯識を立てるとを立相教とし、龍樹宗が般若によって空を説くのを破相教とし、両教を水と火とのように相い異なるとする迷網を引き裂くということである。釈題と釈文の二章に分けて解釈する。釈題では論の題名を詳釈し、釈文では、帰敬述意、正説分、結施廻向の三段に分け、さらに正説分を作因、立義、解釈、修信、利益の五分に分けて本文を解釈する。「統論するに、因縁所生皆な是れ有法、皆な悉く即空仮中なり。皆な摩訶衍の義を顕示す」とあり、本書の全体を通じて天台教学を基本に、唯識、華厳の教理を援用して起信論の真意を顕わそうとするものである。

（仙石景章）

1851 **大乗義章**（だいじょうぎしょう）

【成立】六世紀後半。慧遠＊が隋代以前の諸学派の教理や実践、諸経論に関する二百二十二門の項目を挙げて大乗の立場から解釈を加えた。著者が師の法上の『増数法門』を自己の見解にしたがって書きかえ、それを弟子が整理したとされる。

【内容】二十六巻。一種の仏教概論。（1）教聚、（2）義法聚、（3）染法聚、（4）浄法聚、（5）雑法聚の五篇からなるが、現行本では第五の雑法聚を欠いている。第一の教聚では、衆経教迹義、三蔵義、十二部経義の三項において諸経論の分類を中心に述べる。第二の義法聚では、仏性義、仮名義、入不二門義、二諦義、二無我義、如法性実際、三解脱門義など二十六項目の仏教の基本的教義を解説する。第三の染法聚では、煩悩義（二障義、三障義、三根三道三毒煩悩義、三使義…八万四千煩悩義など三十項目）、諸業義（身等三業、三性業、三受報業義、三界繋業義、三時報業義……飲酒三十五失義など十六項目）、苦報義（二種生死義、四生義、四有義、四識住義、四食義……四十居止義など十四項目）の三部門において煩悩と業報に関する六十項目を解説する。第四の浄法聚では、因法（発菩提心義、廻向義、金剛三昧義、断結義……賢聖義など百十五項目）、果法（涅槃義、無上菩提義、浄土義、三仏義……百四十不共法義など十八項目）の二部門において修行と証果に関する百三十三項を解説する。本書の叙述の特長として、各篇ごとに法数の小さいものから大きいものに順次配列し、各項目を三ないし八科の分別（例えば、十二部経義では翻名解釈一、体相二、約時分別三、通別四、総別五の五門分別）によって解説している。本書は、当時流行していた大小乗の諸経論をほとんど網羅し、また毘曇、成実、摂論、地論、三論など諸学派の説を引用して、地論宗南道派の立場から仏教の要義を述べたものである。

（仙石景章）

第45巻　諸宗部　二

1852 **三論玄義**（さんろんげんぎ）

【成立】隋の開皇十七年（AD597）頃。吉蔵*が竜樹（ナーガールジュナ）の中論1564・十二門論1568と、その弟子の提婆（アーリヤデーヴァ）の百論1569の三論に基づいて大成した三論宗の要義を述べた。

【内容】一巻。全体が通序大帰と別釈衆品の二門からなっている。第一門は破邪と顕正の二章に分けられ、その第一章では一にインドでの仏教以外の代表的な四つの学説、中国の老・荘・易の三玄、二に毘曇宗、三に成実宗、四に大乗に執着する学派、を破す。第二章、顕正の章では人正・法正に分け、人正では龍樹の著作である中論、十二門論などの正しいことを述べ、法正では十六種の問答によって無所得定の真意を明かし、三論の教義が完全であることを述べる。第二門は各論であり、三論の般若経典との密接な関係を述べ、三論の作られた次第、三論が通申論であること、名称の理由、三論に大智度論1509を加えた四論の共通性と差異を述べ、さらに別釈三論、三論通別、四論用仮、四論対縁、三論破縁の五項に分けて機縁によって教えが異なることを明かし、最後に中論の名称について解釈して終わる。国訳が訳一・和漢部の諸宗部一にある。

【後世への影響】吉蔵が大成した三論宗はその弟子である慧潅が推古天皇三十三年（AD625）日本に伝え、元興寺に住したのが初伝である。南都六宗の中で最初に伝来した宗派であり、奈良時代に盛んであったが次第に衰えていった。注釈に中観の三論玄義検幽集七巻、尊祐の科註三論玄義七巻、鳳潭の頭書三論玄義一巻などがある。

（鎌田茂雄）

1853 **大乗玄論**（だいじょうげんろん）

大乗玄義、大乗玄章、大乗玄ともいう。

【成立】六～七世紀。吉蔵*が南北朝以来の有所得大乗に対して般若空観・無所得大乗の立場を顕した。

【内容】五巻。全体が八科からなっている。(1)二諦義は従来の二諦説に対して独自の見解を述べたもの。吉蔵には別に二諦義1854三巻があるが本章の方が詳しくなっている。(2)八不義は不一・不異・不常・不断・不来・不去・不生・不滅の八不の義を論ずる。(3)仏性義は三因仏性の義、(4)一乗義は一乗の義、(5)涅槃義は涅槃の義を論じているが、この三項からは涅槃経の強い影響が窺われる。(6)二智義は権実の二智の義、(7)教迹義は教化について述べ、(8)論迹義は三論を論じているが、この二項は三論玄義1852の後半と共通する部分が多い。当時の各宗に対して批判を加え、また諸説を挙げていることから、南北朝時代の各宗の教理等を知ることができる。なお吉蔵の他著作との引用の関係や、四論玄義の八不義との一致等から吉蔵のものではないともいわれる。

【参考文献】訳一・和漢部の諸宗部一。

（鎌田茂雄）

1854 **二諦義**（にたいぎ）

二諦章ともいう。

【成立】六～七世紀。吉蔵*が三論教学中で重要な二諦の義を詳しく解説した。

【内容】三巻。上・中・下三巻を七科に分けて上巻では大意、中巻では釈名が述べられ、下巻では相即・明体・絶名・摂法・同意が明かされる。この下巻の中で古来二諦義には十四の異説があるとし、代表的なものとして、二諦の体が、(1)一つである。(2)各々別である。(3)中道である、の三つを挙げ、次に三論宗の説として於の二諦と教の二諦、毘曇・成実の二種の大乗、の四種の二諦である四重の二諦を明かす。なお大乗玄論1853の第一章である二諦章は十科よりなっている。

（鎌田茂雄）

1855 **三論遊意義**（さんろんゆういぎ）

三論遊意ともいう。

【成立】著者は日本の平安時代の三論宗の僧である碩法師。

【内容】一巻。経論遊意、四論大帰、中観宗、無方問難の四段からなり、これを詳説している。遊意とは要領のことで、吉蔵が自著に法華経遊意、華厳経遊意などと用いてから使われるようになったものである。

（鎌田茂雄）

1856 **鳩摩羅什法師大義**（くまらじゅうほっしたいぎ）

大乗大義章、大乗義章ともいう。

【成立】姚秦の弘始九年（AD409）以後。鳩摩羅什＊が廬山の慧遠＊の質問に答えた。

【内容】三巻。十八章よりなる。上巻には六問答があり、(1)真法身、(2)重真法身、(3)法身像類、(4)法身寿量、(5)三十二相、(6)受決である。中巻には七問答があり、(1)法身感応、(2)法身仏尽本習、(3)造色法、(4)羅漢受決、(5)念仏三昧、(6)四相、(7)如法性真際である。下巻には五問答があり、(1)実法有、(2)分破空、(3)後識追憶前識、(4)遍学、(5)住寿義、である。梁の高僧伝2059の慧遠伝には廬山の慧遠と長安の羅什の間で文書の往来があったことをその文書を引用して述べている。しかし誰がいつこのような形の書としたかは不明である。

（鎌田茂雄）

1857 **宝蔵論**（ほうぞうろん）

晋僧肇法師宝蔵論ともいう。

【成立】鳩摩羅什の門下である僧肇＊が作ったものとされているが、実は唐代に偽作されたものである。

【内容】一巻。三章よりなる。老子の思想によりながら般若の空を論じたもの。第一章、広照空有品では、涅槃無名、般若真空を述べ、第二章、離微体浄品では染浄差別不二、実相本来体浄を述べ、第三章、本際虚玄品では本際を明らかにする。老・荘の学を用いて仏教へと導かんとして作られたものである。

【参考文献】鎌田茂雄「宝蔵論の思想史的意義」（『中国華厳思想史の研究』所収）

（鎌田茂雄）

1858 **肇論**（じょうろん）

【成立】四～五世紀。著者は僧肇＊。

【内容】一巻。初めに小招提寺沙門、慧達の序文があり、述作の理由を述べ宗旨が明かされる。次に宗本義が一章あり、論の根本を述べ、以下四つの論から成り立っている。第一は物不遷論であり、物とは因縁から生ずる一切万法、遷とは動、変易の意であって不遷は諸法当体の実相のこと。即ち諸法は本来理の他に事はなく、事の他に理はない。それ故諸法の実相を知れば事に即して理を見、俗に即して真を見、その不変であることを知る。ここでは真俗二諦の旨を明かし、本無実相・法相第一義諦の境を顕わす。第二は不真空論であり、不真とは真性が非有非無の故に非実であることをいい、空とは虚、寂であって諸法の性空寂滅なるをいう。ここでは諸法性の空を説き、真諦の教えを示す。前論が真に即す俗を明かしたのに対してここでは俗に即す真を説き、真俗互いに融ずることを示して両者相俟って第一義諦となることを明かす。ここで理事不二を明かすのが本論の中心である。また第一義諦の空によって道恒の心無義、支道林の即色遊玄義、竺法汰の本無義を批判している。第三は般若無知論であり、般若とは智慧、実智、根本智であり、無知とは体であり、その体とは本覚真心、心性寂滅であって本来知覚が無い故に無知という。このような般若無知は三乗の極みであり、不二の真心である。末尾で問答体によってこの義をさらに深めている。この般若無知論は梁の高僧伝2059に拠ると、鳩摩羅什が大品般若経0223を翻訳したとき（AD405）、僧肇はこれを最高の教えとして本論を作り羅什に呈したところ、羅什はこれを読んで賞讃したという。第四は涅槃無名論であり、ここでは境智不二を説く。涅槃とは円寂、仏性である。寂滅一心の異称であって清浄法身の真体である。その実は一心であり名・相ともに寂する故に無名という。

この中に九折十演がある。折とは折弁、演とは敷演のことである。九折とは⑴覇体、⑵徴出、⑶捜玄、⑷難差、⑸責異、⑹詰漸、⑺譏動、⑻窮元、⑼考得であり、十演とは⑴開宗、⑵位体、⑶超境、⑷妙存、⑸弁差、⑹会異、⑺明漸、⑻動寂、⑼通古、⑽玄得である。各論の制作の順序は梁の高僧伝に拠れば、羅什の大品般若経の訳出後に般若無知論を、次に不真空論、物不遷論を、羅什滅後に涅槃無名論を作ったとされている。本論は中国仏教思想の形成に大きな影響を与え、多くの注釈書がある。

【参考文献】塚本善隆編『肇論研究』。

（鎌田茂雄）

1859 **肇論疏**（じょうろんしょ）

【成立】唐の元康＊が肇論1858を注釈。陳の慧達のものに次ぐ古いものである。

【内容】三巻。まず慧達の序文を詳しく解釈し、巻上では宗本義、物不遷論、不真空論、巻中では般若無知論、隠士劉遺民書問、答劉隠士書、巻下では涅槃無名論、表上秦王姚興が釈される。宋の遵式の注肇論疏六巻は本疏の注釈である。

【関連典籍】1858

（鎌田茂雄）

1860 **肇論新疏**（じょうろんしんしょ）

【成立】十三世紀。元の文才が肇論1858を注釈。

【内容】三巻。巻上ではまず自序が記された後、宗本義、物不遷論第一、不真空論第二が釈され、巻中では般若無知論第三、劉公致問、論主書答、巻下では涅槃無名論第四が注釈される。その解釈は懇切丁寧で明確であり、参考にしなければならない注釈書である。

【関連典籍】1858

（鎌田茂雄）

1861 **大乗法苑義林章**（だいじょうほうおんぎりんしょう）

大乗法苑義林、義林章、法苑義林章、大乗法苑林章ともいう。

【成立】七世紀後半。著者は基＊。

【内容】七巻。唯識教学の組織を示した書であり唯識研究のよりどころとされている。全体が二十九門に分けられている。第一巻の第一門総料簡章は五門、⑴教益有殊、⑵時利差別、⑶詮宗各異、⑷体性不同、⑸得名懸隔としている。第二門五心章は十二門、⑴列名、⑵弁相、⑶八識有無、⑷刹那多少、⑸乱不乱生、⑹諸心対弁、⑺初後広略、⑻諸位闕具、⑼三性所収、⑽縁生総別、⑾何量所摂、⑿問答聊簡としている。第三門唯識義林は十門、⑴出体、⑵弁名、⑶離合会釈、⑷何識為観、⑸顕類差別、⑹修証位次、⑺観法何性、⑻諸地依起、⑼断諸障染、⑽帰摂二空としている。第四門諸乗義林は五門、⑴明増減、⑵弁体性、⑶釈名宗、⑷彰廃立、⑸問答分別としている。第二巻では、第五門諸蔵章は十門、⑴結集縁起、⑵名数増減、⑶弁廃立、⑷出体、⑸釈名義、⑹弁差別、⑺彰仏自説総別部類、⑻師資建立、⑼次第分別、⑽釈通疑難としている。第六門十二分章は七門、⑴列名、⑵弁相、⑶釈総別名、⑷通別、⑸廃立、⑹諸蔵相摂寛狭、⑺問答分別としている。第七門断障章は十門、⑴釈名、⑵出体、⑶依識分別、⑷依道分別、⑸依観差別、⑹依行分別、⑺依品分別、⑻依障分別、⑼所依分別、⑽問答分別としている。第八門二諦章は三門、⑴顕名弁体、⑵三乗浅深、⑶相摂問答としている。第三巻の第九門大種造色章は六門、⑴弁体、⑵釈名、⑶生等五因以弁造、⑷依因縁弁造、⑸同異大造相望弁造、⑹問答分別としている。第十門五根章は五門、⑴諸宗不同、⑵出体性、⑶釈名、⑷立通差別、⑸類異有殊としている。第十一門表無表章は十門、⑴弁名、⑵出体、⑶仮実分別、⑷具支多少、⑸得捨分斉、⑹依地有無、⑺四大所造、⑻応成差別、⑼先得後捨、⑽問答分別としている。第四巻の第十二門帰敬章は六門、⑴諸教不同、⑵釈名差別、⑶出体、⑷明敬意、⑸敬礼帰依二種差別、⑹諸門弁としている。第十三門四食章は五門、⑴弁名、⑵出体性、⑶顕相、⑷廃立、⑸諸門としている。第十四章六十二見章は五門、⑴弁所因、

⑵弁名相、⑶出体性、⑷迷諦通別、⑸問答分別としている。第十五門八解脱章は十門、⑴列名、⑵顕行相、⑶出体性、⑷釈名、⑸所縁境、⑹凡聖得、⑺離障差別、⑻依身起、⑼二得、⑽有無漏としている。第十六門二執章は十門、⑴出体、⑵釈名、⑶性摂、⑷心所相応、⑸所縁分斉となっており、六以下は欠けていて無い。第五巻本の第十七門二十七賢聖章は五門、⑴釈名義、⑵総別出体、⑶依身地門、⑷廃立、⑸問答決択としている。第十八門大乗蘊界処義は五門、⑴弁名、⑵弁体、⑶廃立、⑷百法相摂、⑸十種蘊等分別としている。第十九門極微章は三門、⑴弁眼縁、⑵釈違難、⑶説勝利としている。第二十門勝定果色章は三門、⑴凡聖起、⑵境多少、⑶大種所造としている。第二十一門十因章は十門、⑴弁名、⑵出体、⑶三性互弁因果寛狭、⑷廃立、⑸依十五処立、⑹明得五果、⑺与四縁相摂、⑻与二因相摂、⑼三性十因通局、⑽問答分別としている。第二十二門五果義は十門、⑴出体、⑵釈名、⑶廃立、⑷十因二因得、⑸四縁得、⑹十五依処得、⑺三乗因果具機、⑻有為無為有漏無漏等分別、⑼見所断等分別、⑽問答分別としている。第二十三門法処色義林は五門、⑴開合廃立、⑵弁体性、⑶釈名字、⑷分別仮実、⑸影質有無としている。第六巻の第二十四門三宝義林は六門、⑴明種類、⑵出体性、⑶釈名字、⑷弁廃立、⑸顕差別、⑹解妨難としている。第二十五門破魔羅義林は七門、⑴列名不同、⑵釈名出体、⑶明廃立、⑷弁所障、⑸能破差別、⑹真破位次、⑺示相降時としている。第二十六門三慧義林は十門、⑴出体、⑵釈名、⑶所縁、⑷廃立、⑸位地、⑹諸智相摂、⑺法行差別、⑻与陀羅尼対明同異、⑼地証不同、⑽諸門分別としている。第二十七門三輪義林は七門、⑴出体、⑵弁名、⑶廃立、⑷弁相、⑸三乗能起、⑹三身所作、⑺有情化別としている。第七巻の第二十八門三身義林は五門、⑴弁名、⑵出体、⑶開合廃立、⑷因起果相、⑸諸門分別としている。第二十九門仏土章は八門、⑴顕差別、⑵出体性、⑶弁因行、⑷果相、⑸分量、⑹処所、⑺共不共、⑻諸門としている。

著者は師の玄奘とともに成唯識論1585を訳出しているが、本書と成唯識論述記1830によって法相宗の教義が成立した。

【参考文献】訳一・和漢部、諸宗部二。

（鎌田茂雄）

1862 **勧発菩提心集**（かんぽつぼだいしんしゅう）

勧発菩提集ともいう。

【成立】七〜八世紀。慧沼＊が諸経論から菩提心の徳を讃歎する文章を集め、発心修行の基を説いた。

【内容】三巻。六十門からなる。所依の経論には十地経、瓔珞経、文殊問経、弥勒問経、優婆塞戒経、玉耶経、瑜伽論、荘厳論、顕揚論、十地論、菩提心論、智度論、十住毘婆娑論などであるが、この中でも瑜伽論1579が根幹となっている。上巻では全体的に菩提心を発すことを説き、その最後から下巻の前半までの間では菩提心を基にした戒律が説かれ、最後に下巻の後半で戒律を基にした日常の善悪などの行為がどのような結果を招くかを述べる。その内容については、まず上巻では菩薩の発心には勝れた功徳があること、発心の動機・目的、菩薩の修行のさまざまな相、観普賢菩薩経に拠る六根の懺悔滅罪、自誓受戒の方法などが説かれている。次に中巻では、受戒を讃歎し、持戒を勧め、護戒を明かし、持戒の目的・利益、戒の種類、受戒の利益などが説かれている。そして下巻では法相宗における三聚浄戒の受法、捨戒、自受の菩薩戒法、菩薩行の八相、菩薩行としての六波羅蜜、布施行、四摂法などが説かれている。ここに記された菩薩戒法・自誓受戒法などは、本朝鎌倉時代の、叡尊・覚盛によって復興された南都戒法の指南となったのである。なお本書は撰述以来約六百年の間秘蔵されていたのであるが、正応三年（AD1290）叡尊によって印刷施行されたのである。注釈には叡尊の流瓔記一巻がある。

（鎌田茂雄）

1863 **能顕中辺慧日論**（のうけんちゅうへんえにちろん）

【成立】七〜八世紀。法相宗によって五姓各別、三乗真実一乗方便が宣揚されたため、種々の論争が起こった。その第一は一乗教に立脚した霊潤による批判に始まり、これに対して玄奘門下である神泰が三乗教に立つものの代表として答え、さらに新羅の義栄がこれに論駁したものである。次に法宝は一乗仏性究竟論を著して一乗真実を主張したのであるが、本書は慧沼＊がこれに対する論駁書として著したものである。

【内容】四巻。爰真破執章第一は破定時因一、破定時教二、破定権実三、破妄通経四、破定顕密五、破縁正仏性六よりなる。引鑑除謬章第二は標彰五性謬一、種性不同謬二、本性住性謬三、五性唯親謬四、真如為種謬五、通経法爾謬六、漏生無漏謬七、説教前後謬八、増寿非了謬九、説妄通経謬十、通釈外難謬十一よりなる。依文顕正第三は明仏性不同一、有無差別二、明闡提類異三、声聞有殊四、二死不等五、明仏三身常無常異六、雑決択七よりなる。なお本朝奈良時代の、法相宗の徳一と天台宗の最澄の三一権実の論争において、徳一は本書の引用をもって最澄に対したのである。

（鎌田茂雄）

1864 **大乗入道次第**（だいじょうにゅうどうしだい）

大乗入道章、入道次第、大乗入道次第章ともいう。

【成立】七〜八世紀。智周＊が法相宗の立場から菩提を得るための次第を示した。

【内容】第一行位の修断と第二所求の菩提に分かれている。第一行位の修断は行位と修断に分けられ、行位では資糧位、加行位、通達位、修習位、究竟位の行位が説かれ、修断では所修の行と所断の障が説かれている。第二所求の菩提では、涅槃と菩提とが説かれている。鎌倉時代に復興した律は慈恩大師基の表無表章を基礎としたのであったが、基の孫弟子にあたる智周が著した本書は入道の書として用いられた。

【関連典籍】2823

（鎌田茂雄）

1865 **八識規矩補註**（はっしききくふちゅう）

【成立】明の正徳六年（AD1511）。著者は普泰。

【内容】二巻。四章よりなる。世親（ヴァスバンドゥ）は瑜伽論1579百巻の要点を三十の偈頌によって著したのであったが、護法などがこれを細かく注釈したため煩瑣なものになってしまった。そこで玄奘三蔵はあらゆる注釈書からその精粋を取りだしてまとめ成唯識論1585十巻を作り、加えて八識の頌を作ってその精髄を明らかにした。その八識の偈頌に対する注釈が本書である。本文は七言十二頌で四章からなる小編であるが、唯識教学の精髄ともいわれる内容を持っている。十二頌の中最初の三頌は前五識の心王心所相応生起を明かし、次の三頌は第六識の三性三量、および相応心所を明かし、次の三頌は第七識を明かし、最後の三頌は第八識を明かしている。

（鎌田茂雄）

1866 **華厳一乗教義分斉章**（けごんいちじょうきょうぎぶんさいしょう）

華厳五教章、五教章、華厳一乗教分記、一乗教分記、華厳教分記、華厳経中一乗五教分斉義ともいう。

【成立】AD670頃（唐代）。法蔵＊が華厳一乗の教と義を述べ、三乗教に対し根本法論である華厳が勝れていることを顕示した。華厳宗成立の根本書。著者が三十歳頃の著述であろうといわれている。

【内容】四巻。本書には和本・宋本・朝鮮本の三本があるが、和本は最澄が将来したものといわれ、日本では古来よりこれを正確とし、注釈書も和本によって書かれている。宋本は戦乱によって逸せられたのを探し出して開版したものであり、宋朝の注釈家である道亭・

観復・師会・希廸は宋本によっている。和本と宋本との大きな違いは、和本の中巻と下巻が宋本では逆になっている点と、題号が、和本の上・中二巻が華厳一乗教分記と名付けられているが、下巻は華厳経中一乗五教分斉義となっているのに対し、宋本では三巻ともに華厳一乗教義分斉章となっている点である。なお和本の外題は三巻ともに華厳五教章となっている。次に題名について説明すると、華厳とは経名、大方広仏華厳経の略である。一乗とは同・別一乗、教義の教とは五教、即ち(1)小乗教、(2)大乗始教、(3)終教、(4)頓教、(5)円教、義とは教の意味内容である。分斉とは差別である。つまり華厳経に説かれる同・別一乗、五教の意味の相違を記す、という意味である。

　全体は十門に分けられており、初めの八門が上巻に、第九門の義理分斉が中巻に、第十門の所詮差別が下巻に当たる。第一の建立乗では三乗教の他に一乗教の存する理由を明らかにする。即ち嘉祥大師吉蔵と慈恩大師基は三乗家であって、大乗とは一乗であり大乗の他に一乗を認めない立場であるが、天台と法蔵は一乗家であって、三乗大乗の他に別に殊勝の一乗があると主張する。法華経の譬喩品に羊・鹿・牛と大白牛の車の喩えがあるが、この羊・鹿・牛の三車が声聞・縁覚・菩薩に当たり、大白牛車を別教一乗と見、三乗教の方便によって三乗の機を誘引し、一乗に入らしめるというのが法蔵の主張である。第二教義摂益は三乗教と一乗教の摂益（全てを摂めて利益を与える）の浅深勝劣を示したものである。第三叙古今立教以下の三章は教の分斉として法蔵の教判である五教十宗の教判が示されるのであるが、まずその前提として第三で古今の諸師十人の教判を列挙し、そして第四分教開宗で五教十宗の教判が示される。この十宗の第一我法俱有宗から第六諸法但名宗までは五教では小乗教に当たる。小乗は二十部に分かれているが、それらは有を宗とするもの、空を宗とするもの、諸法の仮実を論ずるものなどそれぞれ異なっていることから六宗に分類したものである。第七一切皆空宗は大乗始教に当たる。第八真徳不空宗は終教に当たり真如縁起の法をいうものである。第九相想俱絶宗は頓教に当たり、無言絶相の教理をいう。第十円明具徳宗は華厳円教に当たり、無尽重々一即一切の宗義をいう。第五の乗教開合では、以上での一乗三乗・五教十宗の乗と教との関係を開合の立場から論ずる。第六教起前後、第七決択前後意、第八施設異相は本末分斉、即ち本は一乗、末は三乗であり、その分斉を説くものである。第六では説法の時間的前後を説き、第七では教を受ける衆生の機根の差別を説き、第八では説相の相違を明かす。以上が上巻である。中巻は第九義理分斉であり、別教一乗の事事無礙を明かすものであって、本章こそが本書の核心となる部分である。(1)三性同異義、(2)縁起因門六義法、(3)十玄縁起無礙法門義、(4)六相円融義の四からなっている。下巻は第十所詮差別であり、五教判について理・行・果の種々なる差別を十門に分けて詳述する。そのうち第一が総、以下の九が別であり、また第二が理、第三以下の五が行、後の三が果に当たる。

【参考文献】鎌田茂雄『華厳五教章』（大蔵出版）。訳一・諸宗部四。現代語訳が大乗仏典〈中国日本篇〉7『華厳五教章　原人論』（木村清孝訳）にある。

（鎌田茂雄）

1867 **華厳五教止観**（けごんごきょうしかん）

　華厳五教分記ともいう。

【成立】六～七世紀。杜順＊が華厳の五教の観門による修道の次第を述べた。

【内容】一巻。止観の法門を、(1)法有無我門（小乗教）、(2)生即無生門（大乗始教）、(3)事理円融門（大乗終教）、(4)語観双絶門（大乗頓教）、(5)華厳三昧門（一乗円教）の五門に分ける。第一門は小乗の止観であり、色心、陰界入三科の法門を説き、この四門における我執の対治を明かす。第二門は大乗始教の止観であり、名相を斥け無分別空観をもって法執を対治して無生門に入ることを明かし、相始教と空始教の二つの始教について述べている。第三門は大乗終教の止観であり、空有の二門は互いに障げのないことを観ずることを述べる。第四門は大乗頓教の止観であり、言語を絶し、ただ真如と真如智のみが独り存することを観ずることを述べる。第五門の華厳三昧門は一乗円教の止観であり、所入の法界、能入の方便を明かし、空有の互奪互融、一多の相即相入、一成一切成であることを観じ、ついに重重無尽の法界縁起に趣入することを述べる。本書は華厳宗の五教の名称の下に止観の修習を説いており、五教の教相は述べていないが五教判の先駆を為すものとして重要なものである。が、結城令聞博士は本書の杜順撰述説を否定した。その理由は杜順は唐の貞観十四年（AD640）に八十四歳で入寂しているのに、本書の中には玄奘三蔵が貞観十九年に長安に帰ったのち翻訳した経論の中で用いた、独影、帯質、阿頼耶識などの用語が使われていることと、則天武后の垂拱元年（AD685）に洛陽の建春門内の敬愛寺は仏授記寺と改められたのであるが、この仏授記寺の名が本書中に見られることと、杜順にこのように明瞭に五教の名目があったのならば、智儼がなぜこれを継承せず慧光の漸頓円の三教判から五教を開き用いたのか、等の点であるとしている。

【参考文献】結城令聞「『華厳五教止観』撰述者論攷」（『宗教研究』新7・2）。

（鎌田茂雄）

1868 **華厳一乗十玄門**（けごんいちじょうじゅうげんもん）

華厳十玄門、華厳経十玄章ともいう。

【成立】七世紀。杜順＊が華厳の重重無尽なる法界縁起の本質を明かした講説を、智儼＊が筆録。

【内容】一巻。全体は大きく二段に分けられている。第一は譬喩に、第二は理論的にその意味を明かしている。十玄門とは法界縁起の相であり、(1)同事具足相応門、(2)因陀羅網境界門、(3)秘密隠顕倶成門、(4)微細相容安立門、(5)十世隔法異成門、(6)諸蔵純雑具徳門、(7)一多相容不同門、(8)諸法相即自在門、(9)唯心廻転善成門、(10)託事顕法生解門の十である。この十門のそれぞれに教義・理事・解行・因果・人法・分斉境位・法智師弟・主伴依正・逆順体用・随生根欲性の十義を具え百門をなすという。この十玄縁起は華厳教学の最高の思想として、智儼の捜玄記、法蔵の五教章、文義綱目1734、探玄記1733などに見られるものであるが、この中で智儼の捜玄記が本書に記される名称・順列と全く一致している。なお本書は撰号に大唐終南太一山至相寺釈智儼撰承杜順和尚説となっていることから、この十玄門が杜順の説か智儼の説かという問題がある。このうち杜順の説とするのは宗密であり、円覚経大疏に杜順が十玄の法門を文殊に受けたと記していることによる。また智儼の説とするのは、澄観が杜順の法界観門の中の、周遍含容観の注釈において、十玄門はこの周遍含容観から出たものである、と記すことによって、十玄門は法界観門の中の周遍含容観を智儼が十玄門に開いたものと見るものである。

【参考文献】石井公成「『一乗十玄門』の諸問題」（『仏教学』十二）。

（鎌田茂雄）

1869 **華厳五十要問答**（けごんごじゅうようもんどう）

華厳問答、華厳経問答、五十要問答ともいう。

【成立】七世紀。著者は智儼＊。本書の中で説明を捜玄記に譲っていることと、捜玄記の教判が慧光の頓・漸・円の三教判を用いているが、本書では五教判が成立していることから、捜玄記以後の著述であることが判るが年代の確定はできない。

【内容】二巻。華厳経中の要義を五十三に分けて述べたものである。五十三とは、(1)十仏及名義。離世間品中釈、(2)受職義。十住品後

釈、(3)衆生作仏義。十稠林後釈、(4)成仏前後義。四十無礙弁後釈、(5)一念成仏義。亦四十無礙弁後釈、(6)他方仏成化義。第二品初雲集品中釈、(7)仏母眷属義。後摩耶中釈、(8)仏情根義。第二品初請中釈、(9)仏菩薩因果通局義。盧舎那品後釈、(10)諸教修道総別義。第十地初離垢三昧説、(11)成仏不成仏義。稠林後釈、(12)仏相貌義。第三知識中釈、(13)大師小師義。二地摂生戒釈、(14)信満成仏義。賢首品釈、(15)劫滅仏興義。十地後地利益後釈、(16)菩提樹為始義。十住会初釈、(17)仏身常無常義。性起品菩提中釈、(18)仏転依義。地品同相不同相釈、(19)転四識成四智義。亦地品不同相処釈、(20)教相義。第十地釈名分釈、(21)一乗分斉義。四十無礙弁才後釈、(22)立一乗位義。亦四十無礙後釈、(23)六道成浄方便義。亦四十無礙弁後釈、(24)立蔵不同義。十蔵品中釈、(25)心意識義。十稠林初釈、(26)諸経部類差別義。序分品集衆文釈、(27)道品義。第四地中釈、(28)涅槃義。性起品後釈、(29)戒学義。第二地中釈、(30)定学義。三地中釈、(31)慧学義。第九地中智処釈、(32)賢聖義。善知識初釈、(33)色聚義。十明品中釈、(34)不相応義。九地説成就中釈、(35)三性三無性義。初地後十心中釈、(36)心数及心所有法義。稠林初釈（以上、上巻）。(37)三世不同義。離世間品初釈、(38)障義。普賢品初釈、(39)一乗別障義。亦普賢品初釈、(40)陀羅尼門。知識中第十一処釈、(41)乗門数名不同義。亦四十弁才後釈、(42)四尋思義。三地初四禅釈、(43)如実因縁義。明難品初釈、(44)悔過法義。第五廻向初釈、(45)陀羅尼用義。亦十一知識中釈、(46)唯識略観義。第六地中釈、(47)空観義。初地後十心中釈、(48)普敬認悪義。第九廻向初釈、(49)四宗義。初地請分後釈、(50)十二部経義。十蔵品釈、(51)翻依等義。序品後釈。取論道法及地品初釈。取釈文法也、(52)俗諦入普賢門義。十地品初釈、(53)一乗得名意。四十無礙後釈（以上、下巻）である。

（鎌田茂雄）

1870 **華厳経内章門等雑孔目章**（けごんきょうないしょうもんとうぞうくもくしょう）

華厳経孔目章、華厳孔目章、孔目章ともいう。

【成立】七世紀後半。智儼*が六十巻華厳経0278の七処八会について百四十四の章門を立て、小乗・三乗・一乗の差別を説いて無尽一乗の意味を顕した。晩年の成立と見られる。

【内容】四巻。初めの百三十八章は華厳経の説くところを明かすものである。第一会は七章によって釈され、第二会は十七章によって釈されるが、十八界章と十二処章がここに付随するため十九章となる。第三会は十九章によって釈され、第四会は七章、第五会は十三章、第六会は六十二章、第七会は九章、第八会は四章である。次に総論として融会三乗決顕明一乗之妙趣以下の六章が付せられている。その特徴は、まず小・始・終・頓・円の五教の次第によってその浅深を説き、また小・三・一の三乗によってその差別を明らかにする点と、総論の中の融会一乗義章に示される性相融会の趣旨とにある。華厳宗第一祖の杜順に胚胎された同別二教判がここに明らかにされているのである。

（鎌田茂雄）

1871 **華厳経旨帰**（けごんぎょうしき〈しいき〉）

華厳旨帰ともいう。

【成立】唐京兆西崇福寺沙門法蔵*述とあり、西崇福寺は天授二年崇福寺と名前が改められた寺であるから、天授二年（AD691）法蔵四十九歳以後の著作と見られ、またその他のことを考慮すると五十三蔵以前のものと思われる。

【内容】一巻。華厳経の趣旨を十段に分けて述べたもの。説経処第一は華厳経全体の中から、経が説かれる十の場処を狭から寛へと次第して明かす。説経時第二は短から長へと経を説く時間を十に分類して明かす。説経仏第三は教主毘盧舎那仏の無礙なることを十種に分類して明かす。説経衆第四は聴衆の種類を十に分類して明かす。説教義第五は経を説く方法を通・別に分け、別では十段に分類して明かす。弁経教第六は華厳経の十種を明かす。顕経義第七は十対によって説かれる法を明かす。釈経意第八は法相円融の原因を十種明かす。明経益第九は普賢の法に入ることの利益を十種明かす。示経円第十は以上の九門にて明かされた一大縁起の法の、円融無礙自在なるを義によって十門に分けて示す。なお我が国への伝来は天平時代、道璿によるもの。続日本後紀第十三などに拠ると延暦二十五年六月二十六日付の太政官符による年分度者には、華厳業は二名とされ、五教（華厳五教章）・旨帰・綱目（華厳経文義綱目）の三部がその学科に当てられている。（鎌田茂雄）

1872 **華厳策林**（けごんさくりん）

華厳経策林ともいう。

【成立】年代不明。著者は法蔵＊と記されているが、現在では法蔵の名に仮託した後代のものであろうと見られている。

【内容】一巻。華厳の要義を九項目から問答体によって述べたもの。九項目の内容は以下の通り。第一は普眼を徴す。第二は理事を明かす。第三は正因を弁ずる。第四は大小を融ずる。第五は成壊を結する。第六は三界に通ず。第七は隠顕を明かす。第八は因果を明かす。第九は色空に達す。（鎌田茂雄）

1873 **華厳経問答**（けごんぎょうもんどう）

華厳問答ともいう。

【成立】七世紀後半。智儼＊の影響が大きいため、法蔵＊の初期の著と考えられているが、偽作ともいわれる。

【内容】二巻。華厳経の要義を百六十の問答によって明かしたもの。一乗と三乗との事理の関係を述べて、一乗普法では理事相即相融であり、さらに心を主としたならば一切法は皆心となり、色を主としたならば一切法は皆色となり、その他の一切の人法・教義などの差別の法門はみな縁起陀羅尼無障礙法であり一法を取り上げたならばその中に一切の法を摂め尽くして無礙自在であると示している。さらに頓教との相異を述べ、十仏の相貌、一人即一切人の成仏説、浄土の相などを説く。このようにして一位即一切位、一行即一切行、一断即一切断などの華厳教理を説き示している。本書の形式は智儼の五十要問答に準じたものである。

【参考文献】鎌田茂雄「法蔵撰華厳経問答について」（『印仏研』七・二）。（鎌田茂雄）

1874 **華厳経明法品内立三宝章**（けごんぎょうみょうほうぼんないりゅうさんぼうしょう）

華厳三宝章、三宝章、華厳雑章門ともいう。

【成立】七～八世紀。著者は法蔵＊。探玄記1733に三宝章と十世章が言及されることから法蔵晩年の著述と目される。

【内容】二巻。上巻は三宝章と流転章の二門からなり、下巻は法界縁起章、円音章、法身章、十世章、玄義章の五章からなる。表題はその最初の章から取ったものであり、全体の三分の一を占めている。その三宝章は華厳経の明法品に説かれる三宝興隆の問題を取り上げ八門をもって解釈したものであり、〈第一〉建立を明かすでは三宝を建立する七種の理由を示し、〈第二〉得名を釈すでは三宝を尊重すべきことを述べ、〈第三〉体性を出すでは三種三宝について述べ、〈第四〉融摂を顕わすでは三種三宝の融摂無礙を論じ、〈第五〉種類を明かすでは三宝観の種類を明かし、〈第六〉所帰を揀ぶでは五教の立場から三宝を批判して円教の三宝観を説き、〈第七〉業用を弁ずでは華厳の立場から三宝の業用を述べ、〈第八〉次第を明かすでは三宝成立の次第を述べる。なお注釈に高麗均如の円通鈔二巻がある。（鎌田茂雄）

1875 **華厳経義海百門**（けごんぎょうぎかいひゃくもん）

【成立】七～八世紀。著者は法蔵＊。

【内容】一巻。華厳教学における種々の問題を明かすため、一つの微細な塵の譬えによって、十門百義に分けて解説したもの。十門とは、(1)縁生会寂門、(2)実際斂迹門、(3)種智普耀門、(4)鎔融任運門、(5)体用顕露門、(6)差別顕現門、(7)修学厳成門、(8)対治獲益門、(9)体用開合門、(10)決択成就門である。

(鎌田茂雄)

1876 **修華厳奥旨妄尽還源観**（しゅけごんおうしもうじんげんげんかん）

華厳奥旨妄尽還源観、妄尽還源観、華厳還源観、還源観ともいう。

【成立】 唐大薦福寺翻経沙門法蔵*述とあり、大薦福寺は天授元年（AD690）この名に改められたので、これに従うならばAD690から法蔵の没したAD712までの著作ということになる。また華厳経の引用が、多く八十巻華厳経0279に拠っていることからも晩年の著述と見られる。ただし、偽作であるともいわれる。

【内容】 一巻。華厳の観法を体系的に述べたもの。題名の修は修習、華厳は所依の経、奥旨は深奥の趣旨、妄尽還源は妄が尽きて清浄なる本源に帰る、その観法である。全体は起信論のごとくに増数的に六門を立てている。即ち一体、二用、三遍、四徳、五止、六観であり、まず一体とは自性清浄円明体であり、これは二つの用を起こす。海印森羅常住用とは海印三昧であり、法界円明自在用は華厳三昧である。この一つ一つの用が法界に普くあるのが三遍であり、それにおいて四種類の行を行うのが四徳であり、さらに五止・六観の行によって観行の成就の相を示す。注釈に宋の浄源の疏鈔補解一巻、本朝の芳英の癸亥録三巻などがある。

【参考文献】 鎌田茂雄「妄尽還源観の思想的意義」（『南都仏教』二〇）。訳一・諸宗部四。

(鎌田茂雄)

1877 **華厳遊心法界記**（けごんゆうじんほっかいき）

【成立】 年代不明。著者は法蔵*とされるが不明である。

【内容】 一巻。五教止観に基づいて華厳の観門を述べたものであり、(1)法是我非門、(2)縁生無性門、(3)事理混融門、(4)言尽理顕門、(5)法界無礙門の五門からなる。この五門のうち前四門は第五門の方便門である。或いは五門は五教それぞれに当たり、その観門であるともとれる。中国では唐末五代の兵乱で散逸してしまったが、本朝に秘蔵され江戸時代に刊行された。注釈に芳英の録三巻などがある。

(鎌田茂雄)

1878 **華厳発菩提心章**（けごんほつぼだいしんしょう）

華厳三昧章、華厳発菩提心義ともいう。

【成立】 七～八世紀。著者は法蔵*。

【内容】 一巻。華厳の発菩提心の相状・行相を述べたものであり、四門すなわち、第一発心、第二簡教、第三顕過、第四表徳からなる。第一門では起信論の直心・深心・大悲心の三種心を挙げ、それぞれに十心があることを述べ、第二門では教を細密に簡ぶことを説く。第三門と第四門は色と空との関係について述べる。第四の表徳の第一真空観から第三周遍含容観までは、杜順の華厳法界観門に完全に対応する部分であり、これに加えて第四色空章十門止観、第五理事円融義が説かれている。本書は異本があり、字句の出入が多かったが、正徳四年（AD1714）栂尾本と南都本などを校合したものが今日のものである。

(鎌田茂雄)

1879 **華厳経関脈義記**（けごんぎょうかんみゃくぎき）

華厳関脈義記、華厳経関脈義、華厳関脈義などともいう。

【成立】 年代不明。著者は法蔵*とされるが、日本の目録が法蔵の撰述とするだけであることなどから定かではない。

【内容】 一巻。著者は本書の制作について序文で、私記を篇して関脈義記と名付け、四勢によってこれを明らかにすると述べている。その四勢とは(1)展転無尽勢、(2)巻摂相無勢、(3)展巻無礙勢、(4)問答取文勢である。さらに第一では展一為多と類結成本とに分かち、第二では摂広就略と以義円収と摂末帰本の三義に分け、第三では展と巻の二義に分け、第四では問答会違と結勧修学の二に分ける。なお鎌倉時代に東大寺の凝然の写本一巻があった。

（鎌田茂雄）

1880 **金師子章雲間類解**（こんじししょううんかんるいげ）

華厳金師子章雲類解ともいう。

【成立】 宋の元豊三年（AD1080）。浄源*が法蔵の金師子章を注釈。

【内容】 一巻。著者の序文によると、金師子章の注解には、清源止観禅師、昭信法灯大士、四衢昭昱法師、五台承還尊者の四家のものがあったが何れも文章が煩雑であり、その義理に欠けたものが多いので、自分が文章の煩を削り、義理の欠けたところを補ってこの書を著した、という。浄源が雲間善住閣において書いたことから雲間類解と名付けたものである。

（鎌田茂雄）

1881 **大方広仏華厳経金師子章**（だいほうこうぶつけごんぎょうこんじししょう）

華厳金師子章、金師子章ともいう。

【成立】 宋の承遷が法蔵の金師子章を注釈。

【内容】 一巻。金師子章は法蔵が則天武后の勅を奉じて、長生殿において華厳経を講義したとき、武后はそれを理解できなかったので、傍らにあった金師子を喩えにとって華厳の教義を解説し、これによって武后は悟ったので、これを記録して進献した、というものである。このことは宋高僧伝2061第五、法蔵伝、宗密の華厳経行願品疏鈔第六、円覚経大疏抄第四上などに記されており、制作の年次は長安元年（AD701）と見られる。本書は承遷によるその注釈である。初めに金師子の由来を述べ、続いて金師子章の十門について釈し、最後に逐次的に解釈してゆく。澄観の文を多く引くことに特徴がある。浄源の金師子章雲間類解の序文によると、清源止観禅師など四家の注釈があるうちの随一であるという。

（鎌田茂雄）

1882 **三聖円融観門**（さんしょうえんゆうかんもん）

三聖円融観ともいう。

【成立】 八〜九世紀。著者は澄観*。

【内容】 一巻。日本の凝然は、法界義鏡の中で、華厳の観門の精要は唯識観と三聖円融観であるというごとく、三聖円融観は華厳独特の観法であり、毘盧舎那仏と文殊菩薩と普賢菩薩の三聖が円融相即することを観ずるものである。普賢菩薩の理体と文殊菩薩の智用とが相即して毘盧舎那仏の徳が成立し、毘盧舎那仏の果（仏果）は二菩薩の因を離れないものである故に、因果不二であり三聖円融する、という。しかもこの三聖は自身の心の上に在るものであるゆえに、これを知ったならば念々に因円となり、念々に果満となるということを観ぜよ、と説く。なお、この三聖円融観の思想に基づいて造像されたものが華厳三聖像である。

（鎌田茂雄）

1883 **華厳法界玄鏡**（けごんほっかいげんきょう）

華厳法界観玄鏡、玄鏡ともいう。

【成立】 唐の元和二年（AD807）。澄観*が杜順*の法界観門を注釈。

【内容】 二巻。まず事法界・理法界・理事無礙法界・事事無礙法界の四法界説を挙げ、法界観門ではこのうち事法界が略されているといい、理法界は真空観に、理事無礙法界は理事無礙観に、事事無礙法界は周遍含容観にそれぞれ相当すると説き、さらに周遍含容観の十門に十玄門を対配して釈し、法界観門の周遍含容観の十門から十玄門が出たという。

【参考文献】 吉津宜英「澄観の華厳教学と杜順の法界観門」（『駒沢大学仏教学部研究紀要』三十八）。

（鎌田茂雄）

1884 **註華厳法界観門**（ちゅうけごんほっかいかんもん）

修大方広仏華厳法界観門、華厳経法界観、

註法界観門ともいう。

【成立】九世紀前半。宗密＊が杜順＊の法界観門を注釈。

【内容】一巻。澄観の注釈である華厳法界玄鏡によるところが大きい。法界観門の三重二十八種の観法を逐次的に釈したものであるが、その第一の真空観のところ、さらにその中でも第四泯絶無寄のところに重点が置かれている。

（鎌田茂雄）

1885 **註華厳経題法界観門頌**（ちゅうけごんきょうだいほっかいかんもんじゅ）

註華厳法界観門頌ともいう。

【成立】宋の正大元年（AD1224）。杜順＊の華厳法界観門に宋の本嵩が注釈した華厳経題法界観門頌にさらに注を施したもので注釈者は琮湛とされるが不明。

【内容】二巻。法界観門に説かれる華厳の真空観、理事無礙観、周遍含容観を禅的に解釈して頌したものである。

（鎌田茂雄）

1886 **原人論**（げんにんろん）

華厳原人論ともいう。

【成立】九世紀前半。著者は宗密＊。円覚経大疏（長慶三年から四年撰述）に述べられる儒道二教の教説と比べると、本書の所説は簡略になっていることから大疏の後、晩年の作と考えられる。

【内容】一巻。韓愈の原人篇に対し、華厳の学説によって人の根元をたずね、本覚真心が根本であることを明かすもので、四篇からなる。⑴斥迷執では儒道二教の元気説、虚無大道説を破斥する。⑵斥偏浅では浅い教えである人天教、小乗教、権大乗である法相教、大乗破相教の説を挙げて、それぞれの業為身本説、色心仮合説、頼耶縁起説、心境皆空説を破斥する。⑶真顕真源では真実の教えである一乗顕性教を説き、本覚真心をすべての根元とする。⑷会通本末ではそれまでに破斥した諸教を救い止揚して、すべて一乗顕性教のなかに統一されることを述べる。本書は思想史的に重要な意義を持っているが、それは第一に中国思想史の上に仏教の心識論を組み入れたこと、第二に仏教的立場から儒道二教にそれぞれの役割と位置を与え、三教融合への足がかりを開いたということである。なお裴休の序と李純甫の後序が付されている。注釈書は多く、宋の浄源の発微録三巻、元の円覚の解三巻などがある。明治以降にも多くの解説書が著され、仏教入門書として講ぜられた。例えば大内青巒の講義一巻、熱田霊知の講義一巻、福田義堂の講解三巻、加藤咄堂の講話一巻など。

【参考文献】鎌田茂雄『原人論』明徳出版社。訳一・諸宗部四。

（鎌田茂雄）

1887A **華厳一乗法界図**（けごんいちじょうほっかいず）

一乗法界図、一乗法界図章、華厳法界図章、法界図章ともいう。

【成立】唐の総章元年（AD668）。著者は新羅の義湘＊。

【内容】一巻。三段からなる。⑴総説。七言三十句を図によって示す。海印三昧顕現の法門を七言三十句にまとめて、その二百十字を中心から左下、左上、右上、右下へと順次に五十四画の屈曲によって図にしたもの。⑵随文解釈。世親（ヴァスバンドゥ）の六相説によって解釈し、また三十句のうち最初の十八句を自利行、次の四句を利他行、最後の八句を修行者の方便と得益を明かすものとする。⑶総結。注釈書には高麗の均如の一乗法界図円通記二巻、体元編の法界図記叢髄録四巻がある。

【参考文献】訳一・諸宗部四。

（鎌田茂雄）

1887B **法界図記叢髄録**（ほっかいずきそうずいろく）

【成立】年代不明。新羅の義湘＊が著した華厳一乗法界図に対する注釈書で、著者は不明。

【内容】四巻。法融、真秀、法蔵、澄観など古今の見解を挙げて詳細に解説されている。

（鎌田茂雄）

1888 **解迷顕智成悲十明論**（げめいけんちじょうひじゅうみょうろん）

釈華厳十明論、華厳十明論、十明論、釈華厳経十二縁生解迷顕智成悲十迷論ともいう。

【成立】七～八世紀。著者は李通玄＊。

【内容】一巻。華厳の十二縁生の義を自身の立場から十明によって論じたもの。十明とは十段に分けて明かすというものであり、その中で十二縁生の悪覚生死、諸仏の解脱智慧、一心所変、生死の源の超え方などさまざまな問題が論ぜられている。日本の華厳学は杜順・智儼・法蔵・澄観・宗密と次第するものを主流として、李通玄は傍系に属するが、栂尾高山寺の明恵上人は李通玄を重視したことによって、高山寺系の華厳学となった。この系統は傍系、異端として従来無視されることが多かったが、近年、小島岱山氏の研究によって李通玄の華厳学の全貌が明らかになった。

（鎌田茂雄）

1889 **海印三昧論**（かいいんざんまいろん）

華厳海印三昧論ともいう。

【成立】年代不明。著者は明皛。

【内容】一巻。華厳経は海印三昧の現れたものであるといわれるように、海印三昧は仏の三昧であり、華厳学の根本でもある。その海印三昧を中心として論じたのが本論である。無量の法門が全てこの三昧に入ることを述べ、その要義を二十八句の偈によって示し、これを陀羅尼と名付け、法と義の二義に分ける。その中で、生死と涅槃は別ではなく、煩悩と菩提も無二であると説き、無量の法は一法、一法は無量の法であると説き、三世の諸仏の秘密の法蔵も、この陀羅尼偈を過ぎるものではないと説く。この偈を十四字十四行の図にして経の要義を述べる。

（鎌田茂雄）

1890 **華厳一乗成仏妙義**（けごんいちじょうじょうぶつみょうぎ）

【成立】年代不明。編者は見登。

【内容】一巻。華厳の立場から成仏の義を述べたもので五門よりなる。(1)出成仏種門。(2)弁定得人門。(3)顕教差別門。(4)疾得成仏種類門。(5)問答分別門。新羅の義湘が海東に華厳を伝えて以後、新羅では新羅人による華厳関係の書が多く出された。例えば義湘の華厳一乗法界図1887、明皛の海印三昧論1889などであるが、本書もその中の一つである。

（鎌田茂雄）

1891 **文殊指南図讃**（もんじゅしなんずさん）

仏国禅師文殊指南図讃ともいう。

【成立】年代不明。著者は惟白。

【内容】一巻。華厳経の入法界品で説かれる善財童子の求法の物語を図であらわし、これに讃を加えたもの。初めに中書居士張商英の序がある。華厳経では、善財童子は文殊菩薩に詣で発心し、文殊菩薩の指示によって五十三人の善知識を訪ね、やがて法界に証入するというものであるが、本書では最初の文殊菩薩から順次、図であらわし、最後の普賢菩薩までの五十三図と、末尾に仏国禅師の図を出して全部で五十四図となっている。ただし五十三の善知識の訳名は華厳経と異なっているものもある。

（鎌田茂雄）

1892 **関中創立戒壇図経并序**（かんちゅうそうりつかいだんずきょうならびにじょ）

戒壇図経ともいう。

【成立】唐の乾封二年（AD667）。南山大師道宣＊が乾封二年二月八日長安の浄業寺に戒壇を創立した折に、戒壇に関して律や史伝に拠りながら自説を加えて述べたもの。

【内容】一巻。最初に自序があり、全体は十章からなっている。(1)戒壇元結教興は楼至比丘が仏に結戒・受戒のために立壇を請い、三つの壇が祇樹園の中に立てられたことを述べる。(2)戒壇立名顕号は戒壇と戒場の違いと、祇園戒壇の構造を明らかにする。(3)戒壇形重相状は三重壇と北天竺の烏仗那国の東の石壇と戒壇周囲の守護神について述べる。(4)戒壇高下広狭は烏仗那国の石壇の高さ・広さは、祇樹園の六十四院とは異なっているとし、中国での戒壇の建立の歴史を述べる。(5)戒壇大界内外は大界と戒壇の関係を述べる。(6)戒壇結法先後はまず戒場を制し、そのあと大界を結することをいう。(7)戒壇集僧遠近はまず自然に集めて戒場を結し、そのあと五、六人の比丘によって大界を結することを述べる。(8)戒壇作業成敗は厳格なる行法を述べる。(9)戒壇受持儀軌は受戒の行儀と、戒壇が創立されるにあたってやってきた三十九人の名前と寺と場所を記す。(10)戒壇功能遠近は結界地の不滅であることを説く。(11)戒壇賛述弁徳は開壊創築戒場之壇文、戒壇之銘、戒壇仏舎利之銘、荊州等界寺無行の戒壇舎利賛、大唐中原関輔戒壇儀を載せている。本書によって戒壇の作り方が確立し、広く東アジアの戒壇の創立に大きな影響を与えたのである。

（鎌田茂雄）

1893 **浄心誡観法**（じょうしんかいかんほう）

【成立】七世紀。南山大師道宣*が修行と教化の方法を説いた。巻頭に、隋州興唐寺において夏安居して本書を著し、泰山の霊巌寺に送り、慈忍に付与したことが述べられている。

【内容】二巻。浄心とは心の汚れを除いて清浄にすること、誡観とは悪を離れ真理を了する意味である。三十篇からなっている。上巻では(1)浄心誡観法、(2)序宗法、(3)五停心観法、(4)末法中校量心行法、(5)六難自慶修道法、(6)世相如夢修出世善根法、(7)破戒僧尼不修出世法、(8)外現威儀内起邪命法、(9)取相恃善誑仏法、(10)慢天懼人屏処造過法、(11)女人十悪如実厭離解脱法、(12)壇越四事従苦縁起出生法、(13)六道流転受報無窮法、(14)八風力大智者不動法、(15)身心相苦悩過患法が説かれる。下巻では(16)詐善揚名口清心濁法、(17)衆生各著依正二報法、(18)煩悩結使法、(19)十八界仮縁生法、(20)修習安那般那仮相観法、(21)善悪相資法、(22)六道衆生善悪因果法、(23)行者善護戒財塵賊止劫法、(24)世諦第一義諦法、(25)晩出家人心行法、(26)対発菩提心法、(27)教化衆生法、(28)仏性不一二非有無含中道不著中法、(29)智差別福田不等法、(30)内行密修嘱付慇懃受持法が説かれる。以上の中では五停心や安那・般那などの修行法も説かれているが、大乗による大菩提心の重要性、仏性の偏在、教化・利他の重要なることが主に説かれている。道宣が日常の生活に即して説いていることが随所に現れている。例えば「口は清くも心は濁なり」、「外に威儀を現じ、内に邪命を起こす」、「屏処において過を造る」というようなことは、普通の人間でも陥りやすい欠点であり、それを誡めているのである。また衆生が自己に執着したり、晩年の出家人の心理を述べていることなど人間の心情の機微をうかがったものである。

【参考文献】訳一・諸宗部一。

（鎌田茂雄）

1894 **釈門章服儀**（しゃくもんしょうぶくぎ）

【成立】唐の顕慶四年（AD659）。著者は道宣*。

【内容】一巻。当時の僧侶の服装の乱れ、特に絹服を着ることを憂い嘆いて著したもので、四分律行事鈔1804の中の衣篇を増広してできたもの。大小乗の経律論に記された章服に関する記述は全て収集し、制作・着用の仕方を説いている。(1)制意釈名篇、(2)立体抜俗篇、(3)勝徳経遠篇、(4)法色光俗篇、(5)裁製応法篇、(6)方量幢相篇、(7)単複有拠、(8)縫製裁成篇、(9)補浣誠教篇、(10)加法行護篇の十篇からなる。

（鎌田茂雄）

1895 **量処軽重儀**（りょうしょきょうじゅうぎ）

【成立】唐の貞観十一年（AD637）輯、乾封二年（AD667）訂正。著者は道宣*。

【内容】二巻。亡き僧の遺品の軽重を律によって定めたもの。四分律行事鈔1804の下巻の二衣総別篇に、亡僧の遺品について十門に分けて説いているが、その中の第六空物重軽門について条例を挙げて述べたものが本書である。まず律蔵の十三章判断（第一「多有僧伽藍」、第二「多有属僧伽藍園田果樹」など十三章を詳細に解説し、次に四科（第一「局限常住僧物、第二「四方常住僧物」など四）を説き、次に三類（第一「制令畜物」、第二「不制令畜物」、第三「聴聞畜物」）を解釈し、最後に三重物（性軽、事軽、用軽）を説明する。重物・軽物の意義を明らかにし定めている。

（鎌田茂雄）

1896 **釈門帰敬儀**（しゃくもんききょうぎ）

【成立】唐の竜朔元年（AD661）。道宣（どうせん）＊が当時の仏教界の乱れを憂えて、四分律行事鈔1804の第二十二篇、僧像致敬を別出し詳細に注解。

【内容】二巻。仏教の塔廟に対する礼拝の仕方を明かしている。元来は著者の序文が付せられた一巻のものであったと思われるが、大正蔵経所収のものは序文はなく二巻に分かたれている。全体は十篇からなる。上巻には(1)敬本教興篇、(2)済時護法篇、(3)随機立教篇、(4)乗心行事篇、(5)寄縁真俗篇、(6)引教徴事篇、(7)約時科節篇を収め、下巻には(8)威容有儀篇、(9)功用顕迹篇、(10)程器陳迹篇を収めている。経・律・論などに出る帰敬（ききょう）の儀軌・礼則に関するものを広く収載した書である。

（鎌田茂雄）

1897 **教誡新学比丘行護律儀**（きょうかいしんがくびくぎょうごりつぎ）

教誡律儀、行相法ともいう。

【成立】七世紀。道宣（どうせん）＊が新学の比丘の心得るべき作法を述べた。

【内容】一巻。二十三法に分け全部で四百六十六条からなる。二十三法とは(1)入寺法、(2)在師前立法、(3)事法師、(4)在寺住法、(5)在院住法、(6)在房中住法、(7)対大已五夏闍梨法（たいだいき）、(8)二時食法、(9)食了出堂法、(10)洗鉢法、(11)護鉢法、(12)入衆法、(13)入堂布薩法、(14)上廁法、(15)於六時不得語笑法、(16)入温室法、(17)見和尚闍梨得不起法、(18)見和尚闍梨不得礼法、(19)看和尚闍梨病法、(20)敬重上座法、(21)掃地法、(22)用水瓶法、(23)入聚落法である。

（鎌田茂雄）

1898 **律相感通伝**（りっそうかんつうでん）

感通伝、律感通録、律宗感通伝ともいう。

【成立】唐の乾封二年（AD667）。著者は道宣（どうせん）＊。

【内容】一巻。律に関することなどを天人との問答体によって記しているが、むしろ寺誌関係の記述が多い。仏教文物については成都多宝石仏、三会寺、菩提寺、五台山清涼寺の文殊、涼州西番和県山裂像、江表竜光瑞像、羅什所翻の経、防州顕際寺古像、荊州前大明寺栴檀像などが記され、律関係では受戒と守護神、袈裟と坐具の裁縫法、戒壇史などである。

（鎌田茂雄）

1899 **中天竺舎衛国祇洹寺図経**（ちゅうてんじくしゃえこくぎおんじずきょう）

祇園図経、祇洹寺図経ともいう。

【成立】唐の乾封二年（AD667）。著者は道宣（どうせん）＊。

【内容】一巻。祇園精舎の由来、沿革、規模、位置と構造、用途などを詳細に記したもの。ただしそれは道宣が得た図に依ったものであるので歴史的なものとは異なるものである。例えば陰陽書籍院には百億の陰陽に関する書籍が集まっているというがこのようなことはインドではあり得ぬことであり、中国の事情を述べたものである。ただし隋の霊裕（れいゆう）の聖迹記や寺誌を引いていることは、その断簡を知ることができ、資料の研究に役立つ。なお関中創立戒壇図経1892に祇園精舎の絵図を載せているが、それは本書に基づくものである。日本には智証大師円珍が将来した。

（鎌田茂雄）

1900 **仏制比丘六物図**（ぶっせいびくろくもつず）

六物図ともいう。

【成立】宋の元豊三年（AD1080）。著者は元照（がんじょう）＊。

【内容】二巻。律蔵に述べられる比丘が具える六つの物に対する制定を、道宣の注釈を参考としながら自分の見聞を交えて図示し解説したもの。なお本書は元照の師である東蔵律師慧鑑の撰述を元照が補い改めたものといわれる。

（鎌田茂雄）

1901 **護命放生軌儀法**（ごみょうほうじょうきぎほう）

護命放生儀軌、放生儀軌法ともいう。

【成立】七～八世紀。著者は義浄＊。

【内容】一巻。生き物の命を愛護するための放生器の作り方・使用法を記したもの。放生器とは金属で造った缶であり、これに虫を入れて河川などに放つためのものである。本文ではまず有情の救護が仏教の基本であることを述べ、次に放生器の作り方・使い方を述べ、最後に仏教では殺生を最も禁止するものである故にこの儀軌を述べるのであると説く。インドでは古くから行われているが中国には従来行われていなかったので義浄はこれを撰述したという。後に中国・本朝において行われた放生会は本書に記されたものとは異なっているが、これは本書に述べられた方法が本来のものであったのが、その意義が拡大解釈されて行われるようになったものである。

（鎌田茂雄）

1902 **受用三水要行法**（じゅゆうさんずいようぎょうほう）

受用三水要法ともいう。

【成立】唐の嗣聖十四年～開元元年（AD697～713）。著者は義浄＊。

【内容】一巻。僧俗両者の仏教者における飲用・洗滌のための三種類の水の質・用法を明かしたもの。インドにおいて実際に見聞してきたことを基に書いたもの。前半は三水について述べる。三水とは一には非時水。二には時水。俗人が手を洗うときに用いる水。沙弥・汚れた物などが触れていない極浄の水で比丘が飲む。飲料になり煎薬・煮茶などに用いる。これが最も詳細に説かれている。三には触用水。大小便のとき手足を洗うのに用いる洗浄水。後半は三水を用いるときに生じる過失について、律に従ってさまざまな罪を説く。

（鎌田茂雄）

1903 **説罪要行法**（せつざいようぎょうほう）

別説罪要行法ともいう。

【成立】唐の天冊万歳元年～先天二年（AD695～713）。著者は義浄＊。

【内容】一巻。比丘が犯した罪を告白する作法などを述べたもの。四段からなる。第一段は妄語、飲酒、非時食などの捨堕罪、悪作罪が示されその罪を犯した場合の自責の必要を説いている。第二は比丘が布薩日に犯した罪を告白する作法を記す。第三段では食後に発願する作法を明らかにしている。第四段は便所の設備、入室と浄洗の方法について律に従うべきであることを述べている。

（鎌田茂雄）

1904 **根本説一切有部出家授近円羯磨儀範**（こんぽんせついっさいうぶしゅっけじゅごんえんこんまぎはん）

出家授近円羯磨義範ともいう。

【成立】元の至元七年（AD1270）。著者はチベット仏教僧の抜合思巴（パクパ）＊。訳者は弾圧孫。

【内容】一巻。出家の作法、具足戒を受ける作法を説いたもの。義浄が訳した根本説一切有部百一羯磨に記されている具足戒を受ける作法と比べると、本書は極めて厳重であり四依法の文と四重禁戒の戒文が付け加えられている。

（鎌田茂雄）

1905 **根本説一切有部苾芻習学略法**（こんぽんせついっさいうぶびっすしゅうがくりゃくほう）

芻習学略法ともいう。

【成立】元の至元七年（AD1270）。著者はチベット仏教僧の抜合思巴（パクパ）＊。

【内容】一巻。チベット律の十一の戒の要領を説くもの。受戒と護持と補法の三つを修めたならば、諸悪を制し一切衆生を害せず、涅槃を得ることができるという。初学の比丘に律蔵の要を示したものである。

（鎌田茂雄）

1906 **菩薩戒本宗要**（ぼさつかいほんしゅうよう）

梵網経菩薩戒本宗要、梵網経宗要ともいう。

【成立】八世紀頃。著者は新羅の太賢（だいけん）＊。

【内容】一巻。梵網経の下巻に説かれる菩薩戒本に拠りながら菩薩戒の意義を明かしたもの。申経意門、能所成門、修行差別門の三門からなる。第三門に全体の半分以上が当てられ、(1)親近善士門、(2)聴聞正法門、(3)如理作意門、(4)如説修行門に分けられており、この中で持犯（持戒と破戒）の開遮（許すと禁ずると）を詳しく記している。なお本書は梵網経古迹記（こしゃくき）に「如宗要釈」とあることから、古迹記より以前に著述されたものであることが判る。

（鎌田茂雄）

1907 **菩薩戒本持犯要記**（ぼさつかいほんじぼんようき）

梵網経菩薩戒本持犯要記ともいう。

【成立】七世紀。著者は新羅の元暁（がんぎょう）＊。

【内容】一巻。菩薩戒の持犯（持戒と破戒）の要点を軽重・浅深・明究竟持犯の三門から述べその実践を論ずる。第一門の軽重門は菩薩戒における軽重について述べるが、特に重戒の第一である自讃毀他戒の軽重について詳説する。第二門の浅深門では自讃毀他戒に福・犯・染・重の四つの差別を当てて論じ、第三門の明究竟持犯門では仏教者が菩薩戒を持するのは有・無の二見に執着することなく、戒相を如実に理解して戒波羅蜜を具足することであると説く。

（鎌田茂雄）

1908 **大乗六情懺悔**（だいじょうろくじょうさんげ）

【成立】七世紀。著者は新羅の元暁（がんぎょう）＊。

【内容】一巻。日常に犯す罪を懺悔して正しい生活に入るための実践法を説いたもの。罪は無明・顚倒の妄念より生じ、六情（視覚・聴覚・嗅覚・味覚・触覚・意）が六塵（六情の対象、色・声・香・味・触・法）を感覚して妄想を生ずるのであるから、その体は幻の如く、夢の如きものである。ゆえに仏前に深く反省して菩提心を発し、至心に懺悔して罪が如幻、如夢であることを観じ、実相に達すべきことを説く。

【参考文献】木村清孝「『大乗六情懺悔』の基礎的研究」（『韓国仏教学セミナー』一）。

（鎌田茂雄）

1909 **慈悲道場懺法**（じひどうじょうせんぼう）

啓運慈悲道場懺法ともいう。

【成立】南斉の時代に竟陵文宣王（ぶんせんおう）蕭子良（しょうしりょう）が浄住子浄行法門二十巻を作り、浄行法を三十門としたのを、梁の時代に高僧たちが整理して十巻四十章とし、さらに元の時代に妙覚智が修治校訂してできた。

【内容】十巻。四十章からなる。懺悔（さんげ）滅罪の作法を説いたもの。弥勒菩薩の夢感によって慈悲道場と名づけられ、梁の武帝が初めてこの懺法を修したので梁皇宝懺ともいう。宋の志磐（しばん）はさらに本書を簡単にして水陸修斎儀軌六巻を作った。

（鎌田茂雄）

1910 **慈悲水懺法**（じひすいせんぼう）

【成立】年代・著者不明。

【内容】三巻。二つの序文が付されており、それによって成立の因縁が判る。一つは御製水懺序で、永楽十四年（AD1416）明の成祖のものであり、もう一つは宋代に作られた作者不明の慈悲道場水懺序である。それによれば、唐の時代に知玄という僧が過去の因縁によって病気になったが、泉の水によってそれが治ったことから、その地に堂を建てて懺法を作り世に広めたという。

（鎌田茂雄）

第46巻　諸宗部　三

1911 **摩訶止観**（まかしかん）

天台摩訶止観、止観ともいう。

【成立】隋の開皇十四年（AD594）。天台止観法門の精髄を説いたもので、智顗＊が荊州玉泉寺において講述し、弟子の章安灌頂＊が筆録し校訂した。著者の晩年の最も円熟した時期の体験的論述である。

【内容】二十巻。同著者の法華玄義1716法華文句1718とともに天台三大部の一である。はじめに灌頂の序分、次に大意、釈名、体相、摂法、偏円、方便、正観、果報、起教、旨帰の十章からなる。序は通序と別序に分かれ、通序において本書成立の経過を略説し、別序において師から弟子への法の伝承に金口相承（如来自らが説きおいた相承の意で、摩訶迦葉から師子比丘までの二十三祖）と今師相承（龍樹、慧文、慧思、智顗の四祖）の二種の相承説を挙げ、次に漸次、不定、円頓の三種の止観の要旨と異同を述べる。第一の大意章においては天台止観の法門を発大心、修大行、感大果、裂大網、帰大処の五に要約し略述している。この五を五略といい、全体の十章を十広という。五略の第二修大行には、常坐三昧（専ら坐禅をして実相を観ずる行）、常行三昧（阿弥陀仏のまわりを歩きめぐり仏名を唱え念じる行）、半行半坐三昧（方等三昧と法華三昧の二種あり、坐禅、あるいは、礼仏、懺悔、読経などの行）、非行非坐三昧（随自意三昧、前の三種の三昧以外のすべての行）の四種三昧を説く。第二章の釈名では、止観に相待・絶待の二種あることを述べる。第三の体相章では、円頓止観の本質を教相、眼智、境界、得失の四節によって明らかにする。第四の摂法章では、止観があまねく諸法を収めることを理、惑、智、行、位、教の六意において述べる。第五の偏円章では、あまねく諸法を収める止観法門を大小、半満、偏円、漸頓、権実の五方面よりその意味を明解にしている。第六の方便章では、止観を実践するための準備として具五縁、呵五欲、棄五蓋、調五事、行五法の二十五方便を説く。具五縁とは清浄に戒を持ち、衣食の準備を整え、静かな場所に住し、生活の雑事を息め、善い指導者を得ること、呵五欲とは色欲、声欲、香欲、味欲、触欲の五欲を起さぬようにいましめること、棄五蓋とは貪欲、瞋恚、睡眠、掉悔、疑の五つの煩悩を棄てること、調五事とは食、眠、身、息、心を調えること、行五法とは楽欲希慕し、精進苦策し、念想し、巧慧方便し、一心に志を決すること。第七の正観章では、観法の対象として陰界入境、煩悩境、病患境、業相境、魔事境、禅定境、諸見境、増上慢境、二乗境、菩薩境の十境を列ね、先ず陰界入境（五陰・十二入・十八界）を対象として観法を実践することを説くが、次にその観法に十種あることを述べる。第一の観不思議境は凡夫の日常の心の中にあらゆるものが悉く具っており（一念三千論）、空仮中の三種の真理が一体化している不思議な妙境であると観ずること。第二の発真正菩提心は起慈悲心ともいい、菩提心を起し、衆生救済のために四弘誓願を立てること。第三の善巧安心止観は巧安止観ともいい、止観の実践によって心を法性（真実不変の本性）におちつかせること。第四の破法偏はすべてのものにおいて心の執着をうちやぶること。第五の識通塞は真理（三諦の理）に至り通ずるものとそれを妨げ塞ぐものとを明らかにすること。第六の道品調適は修道品ともいい、三十七道品を修行者の能力に応じて適宜に用いること。第七の対治助開は助道対治ともいい、六波羅蜜（布施、持戒、忍辱、精進、禅定、智慧）の行を修することによって止観の補助行とすること。第八の知次位は慢心を起こすことがないように、自分の修行の段階を自覚すること。第九の能安忍は心にかなうことにもかなわぬことにも心を動揺させないこと。第十の無法愛は離法愛ともいい、真実の悟りでないものに愛着しないこと。上根の者は第一の観不思議境で足りるが、中根の者は第二ないし第七の観法を修め、下根の者は第八以下の観法を修めて完全であるという。十境のうち増上慢境以下の三境および十広のうちの第八果報以下は不説のままである。

（仙石景章）

1912 **止観輔行伝弘決**（しかんぶぎょうでんぐけつ）

摩訶止観輔行伝弘決、止観輔行、止観記ともいう。

【成立】八世紀。湛然*が摩訶止観1911を注釈。

【内容】四十巻。「輔行伝弘決」という題名を注釈して「行を済す教に宗有れば、教を信じて行を輔くるに堪えたり。教を顕わす行、理に符わば、行を験して伝弘すべし。行何の弘むる所ぞ。衆教に非ざれば立せず。教何の輔くる所ぞ。妙行に非ざれば詮する莫し。乃ち漸く三聞（教、行、理をもって三たびこれを師に聞くこと）を以て全く教行一轍なり。若しくは咨稟口決し、若し審理要決し、若しくは徴を設けて決疑し、若しくは類を決択す」とあり、教によりて行を輔け、行によって教を伝え始めることができる。この教行相資の趣旨を本書において決するというほどの意味である。巻頭には本書を著わす十の理由を述べるが、その意図するところは師資相承してきた止観法門の正統を明らかにし、異端の解釈をただすにある。しかし実際には摩訶止観の文面に顕らかに説かれていない問題までにも言及し、その点でどこまでが智顗の真意でありどこからが著者の見解であるかが判然しないところがある。例えば華厳宗、法相宗に対する批判、唯心識観、真如実観、性悪論などである。華厳宗については、澄観の「法華を漸頓とし華厳を頓々とする説」、法蔵の「初住位をもって仏果となす説」などに対して論駁し、禅宗については、菩提達摩が慧可に授けたと伝えられる楞伽経の内容は法華経に比べてはるかに及ばないものであると述べる。法相宗については、唯識の機根論などに対して論難を加える。唯心識観と真如実観の事理二観については、「占察経に云く、観に二種有り。一には唯識、謂く一切唯心なり。二には実観、謂く真如を観ずるなり。唯識は事に歴、真如は理を観ず」とあるように、著者は占察善悪業報経0839の所説によって天台観法を事理の二観に分別する。この二観について守脱大宝の『止観輔行講述』には「荊渓深く経文祖釈を覈べて二観の顕名を立つ。具に義例及び今の解釈の如し。故に一切唯心造の義に拠りて起心を観破して法の無生を了ずるを、唯心識観と名づけ、今家略して唯識と言う。若し一切唯心性の義に拠りて心の実性を観察するを、経に真如実観と名づけ、今家意を得て唯心観と言う」と説明する。性悪論については、「若し観音玄（観音玄義1726のこと）の文の意を見れば、則ち事理、凡聖、自他、始終、修性等の意を、一切見るべし。彼の文に縁了を料簡する中に云く、如来は性悪を断ぜず、闡提は性善を断ぜずと。此の一意を点ずるに衆滞自ら銷す」とあり、事理、凡聖、自他、始終、修性などすべて性悪説を根拠とすべきであると述べる。天台の止観法門は、天台教学の体系のなかでも一際、精彩を放つものであるが、その内容は容易に把握しがたいところがある。しかも著者当時、天台学の法灯は衰退していて、正しく法門を理解しそれを伝える者がいなかった。そこで著者は天台教学の興隆をかけて半生を講述と執筆にささげたが、特に力を注いだのが天台三大部の注釈であり、本書もその一である。摩訶止観を読解し、天台止観を研究しようとする場合には欠くべからざる、必読の文献である。注釈書には、著者自身の『止観輔行捜要記』、従義の『止観輔行補注』、証真の『止観私記』、痴空の『止観輔行講義』、守脱の『止観輔行講述』などがある。

（仙石景章）

1913 **止観義例**（しかんぎれい）

【成立】七世紀。湛然＊が天台止観の解釈法を述べた。

【内容】二巻。「義例」とは天台止観の正義の範例という意味である。義は摩訶止観1911の五略十広の構成とそこに説かれる止観法門の根本義のこと、例とは類例、範例ということ。全体の構成は、一所伝部別例、二所依正教例、三文義消釈例、四大章総別例、五心境釈義例、六解行相資例、七喩疑顕正例の七例からなる。所伝部別例とは、南岳慧思より継承した止観には漸次・不定・円頓の三種があるが、『摩訶止観』は正しく円頓止観を説くものであると主張する。所依正教例とは、天台止観の所依の経典は正の法華経と助の涅槃経の二経典であることを明らかにする。文義消釈例とは摩訶止観を文章としてどのように読んで理解するかを示す。この章を大きく二に分けて詳究文義と消釈体勢とを立て、さらに前者を詳究文義と詳究文相とに、後者を文の体勢と義の体勢とに分ける。このような仏教典籍に対する文章解釈論は他に例を見ない特異なものである。大章総別例とは摩訶止観の大意以下の十大章（十広）、十境（陰界入境以下の十種の観法の対象）、十乗観法（観不思議境以下の十種の観法）について詳釈する。心境釈疑例とは能観の心と所観の境についての二十の問答を列ねて、天台止観の正解を示している。解行相資例とは法華の諸法実相の理（すべての存在のありのままのすがたがそのまま真実である）を表わす教と天台止観の十境十乗観法の行とが相互に資助する旨を明らかにする。喩疑顕正例とは「忽ち僻解をなす者に遇い、問に対して奇異な解答をするので、やむをえずここに徴し喩すのである」とあり、四十六の問答を列ねて他の謬見を正し、天台止観の真実義を示している。このように止観の解釈における誤解を訂正するが、内容の大半は華厳頓々法華漸円説に対する論駁である。

（仙石景章）

1914 **止観大意**（しかんたいい）

【成立】七世紀。湛然＊が摩訶止観1911の綱要を著わした。本書の成立の由来は、巻頭に「員外の李華、止観の大意を知らんと欲するに、略して綱要に報ゆ」とあり、李華という在家の信者が止観の大意を知りたいというので本書を著わしたという。

【内容】一巻。まず天台教観の師資の相承を述べ、次に教門（止観の理論的裏づけ）を十義によって明らかにする。次に観門つまり止観の実践面を摩訶止観の解釈を通して明らかにする。つまり、摩訶止観の十大章の綱要を略説するのに、第一の大意章を発大心、修大行、感大果、裂大網、帰大処の五略の大綱を示し、次は第二の釈名、第三の体相、第四の摂法、第五の偏円の四章の名を挙げるのみで釈を略し、次に第六の方便章の二十五方便（具五縁、訶五欲、棄五蓋、調五事、行五法）を略説し、次に第七の正観章では十境十乗観法の綱領を詳説する。十境十乗観法については次のようにいう。正観とは何か、それは十乗観法である。この十法はみな円常なるものであるが、円教の行人には三根の不同があり、上根はただ一法、中根は二ないし七法、下根は十法を具える。上根の一法とは、観不思議境のことである。境は所観、観は能観である。所観とは五陰・十八界・十二入の三科である。これはいずれも色心の二法を出ない。色は心より造られ、全体は心である。この能造の心に諸法を具足している。華厳経に心と仏と衆生との、三法に差別はないという。衆生は理を具し、諸仏はすでに成就している。已成と理真のちがいはあるが、仏と衆生の性は等しいのである。すなわち一一の心の中に一切の心があり、一一の塵の中に一切の塵がある。一一の心の中に一切の塵があり、一一の塵の中に一切の心があるという。第二の煩悩境以下の九境については略説するにとどまる。最後に天台の止観は、教と観とが相い資けて成就するものであり、止観の実践にあたっては善き師を得るべきことを説く。

（仙石景章）

1915 **修習止観坐禅法要**（しゅじゅうしかんざぜんほうよう）

坐禅法要、童蒙止観、小止観ともいう。

【成立】六世紀。従来、智顗＊が俗兄陳鍼のために特に摩訶止観1911の梗概、入道の枢機を記したものといわれていたが、実際には、次第禅門1916を要約し、特に初心の者のために坐禅の行法を中心として作ったものであるという。

【内容】一巻。総序の後に、具縁第一、訶欲第二、棄蓋第三、調和第四、方便第五、正修第六、善発第七、覚魔第八、治病第九、証果第十の十章からなるが、これは次第禅門1916の分別禅波羅蜜前方便の所説に正修と証果とを付加したものである。序には止と観の二法を要約して「止は乃ち伏結の初門、観は是れ断惑の正要。止は心識を愛養するの善資、観は則ち神解を策発するの妙術。止は是れ禅定の勝因、観は是れ智慧の由籍なり」とある。第一章の具縁とは、持戒清浄、衣食具足、閑居静処、息諸縁務、近善知識の五つの条件をととのえること。第二章の訶欲とは、色欲、声欲（楽器音楽の声や男女の歌声などによって起こす煩悩）、香欲（男女の身体の香や世間のすべての香によって起こす煩悩）、味欲、触欲（男女の身体の感触や寒暖の感覚によって起こす煩悩）の五欲を起さないようにいましめること。第三章の棄蓋とは、貪欲、瞋恚、睡眠、掉悔（心がうわついて落ち着きのないことと自分のなした行為に対して後悔すること）、疑（仏教に対する疑い）の五つの煩悩心を棄てること。第四章の調和とは、食、睡眠、身、息、心をととのえること。第五章の方便とは、欲（一切の妄想を離れ一切の智慧を得ようと欲すること）、精進、念（禅定を尊重し貴ぶべきと念ずること）、巧慧、一心（専ら止観を修行することを心に決すること）の五法を行うこと。第六章の正修とは、坐中において修する止観と縁に歴り境に対して修する止観の二種を説く。本書には智顗説、浄弁私記の『略明開朦初学坐禅止観要門』という異本がある。

（仙石景章）

1916 **釈禅波羅蜜次第法門**（しゃくぜんはらみつしだいほうもん）

次第禅門、禅門修証、漸次止観、禅波羅蜜法門ともいう。

【成立】AD568～575。智顗＊が大智度論1509の思想を基本に禅観の実践法を体系的に述べた。漸次、不定、円頓の三種の止観のうち、漸次止観を説いたものとされるが、円頓止観を説く摩訶止観1911の体系を講説する以前のものであり、金陵の瓦官寺において、陳の光大二年（AD568）より太建七年（AD575）の間に講説された。

【内容】十二巻。修禅波羅蜜大意第一、釈禅波羅蜜名第二、明禅波羅蜜門第三、弁禅波羅蜜詮次第四、簡禅波羅蜜法心第五、分別禅波羅蜜前方便第六、釈禅波羅蜜修証第七、顕示禅波羅蜜果報第八、従禅波羅蜜起教第九、結会禅波羅蜜帰趣第十の十章からなるが、第七章後半以下は略されて不説のままである。〈第一章〉四弘誓願を発して禅波羅蜜を修すべきことを説く。〈第二章〉禅波羅蜜の名を解釈し、禅は凡夫、外道、二乗、菩薩、諸仏に共通の名であるが、波羅蜜は菩薩、諸仏のみに通ずる名であるといい、禅は思惟修、功徳叢林の三訳があり、波羅蜜は到彼岸、事究竟、度無極の三訳があるという。〈第三章〉禅門に色心の二門があり、さらに色門には不浄観門と阿那波那門の二門があると説く。〈第四章〉禅波羅蜜を修する次第を述べる。〈第五章〉諸禅の法と心とに、有漏、無漏、亦有漏亦無漏、非有漏非無漏の四種があることを明らかにする。〈第六章〉禅観を修する準備として外方便と内方便を説く。外方便には具五縁、訶五欲、棄五蓋、調五事、行五法の二十五方便があり、内方便は止門、善悪根性、安心禅門、治病方法、魔事の五段からなる。〈第七章〉はすべての禅法を網羅して、四禅より超越三昧までを明らかにする。本書は著者の前期時代の思想を研究するための基礎文献であるとともに、禅観の発達史上における貴重な文献である。

（仙石景章）

1917 **六妙法門**（ろくみょうほうもん）

修禅六妙門、六妙門ともいう。

【成立】AD567〜575。摩訶止観1911の序に、天台智顗*が南岳慧思より伝えた三種の止観として漸次止観、不定止観、円頓止観を挙げるが、本書は不定止観に相当する。陳の尚書令、毛喜の要請により智顗が金陵の瓦官寺において説き、光大元年（AD567）より太建七年（AD575）に至る八年の間に著わされた。

【内容】一巻。六妙門とは声聞、縁覚、菩薩の三乗が修すべき禅法であり、六とは数（息の出入を数えること）、随（息に随って心を静寂にすること）、止（心を一境に止めること）、観（五陰の因縁生滅を観ずること）、還（身の七悪を捨てること）、浄（意の三悪を棄てること）の六種の禅法をいい、妙とは涅槃を意味し、門とは涅槃の悟りに入るべき道に六門あることをいう。本書の構成は、第一歴別対諸禅六妙門、第二次第相生六妙門、第三随便宜六妙門、第四随対治六妙門、第五相摂六妙門、第六通別六妙門、第七旋転六妙門、第八観心六妙門、第九円観六妙門、第十証相六妙門の十門からなる。

（仙石景章）

1918 **四念処**（しねんじょ）

【成立】六〜七世紀。「隋天台山修禅寺智者大師説、門人章安灌頂記」という撰号があるので、智顗*の講説を弟子の灌頂*が記述したものと考えられてきたが、実際には弟子の灌頂が『大本四教義』を指南書とし、摩訶止観1911を参照して著したといわれる。

【内容】四巻。蔵通別円の四教の一々について、仏道実践の初歩である五停心と四念処とを説いている。第一巻には三蔵教、第二巻には通教、第三巻には別教、第四巻には円教の四念処を述べる。この四教の四念処を、大意、五停心、四念処の三科に分けて説く。三蔵教の四念処については、大意では三蔵の名義について三と蔵とを分け、三には理・教・智・断・行・位・因・果の八義があり、蔵には修多羅蔵・毘尼蔵・阿毘曇蔵があると説く。次に五停心を略説し、四念処では十乗観法が説かれる。通教の四念処については、大意では理・教・智・断・行・位・因・果の八義によって通を解釈し、五停心では蔵教の五停心との差異を述べ、十乗観法と六即を説き、四念処では声聞、縁覚、菩薩の四念処を説く。別教の四念処については、大意では瓔珞経によって別教の行位を明らかにし、理教智断行位因果の八義によって別教の名義を述べ、五停心では性念処に約して四停心を修し、縁念処に約して慈悲停心を修すべきを述べ、四念処では修観と証果とを述べる。円教の四念処については、大意では位の高下、法の偏円、断不断、具不具、通不通の五科に分けて述べ、五停心では五品弟子位、四弘誓願、四種三昧と五停心との関連を述べるが、ここで四種三昧が説かれているのは注目される。四念処では法華円教の教相を明らかにするとともに、四念処の名義を解釈し、さらに一心即三心、三心即一心、あるいは一諦即三諦、三諦即一諦を述べる。

（仙石景章）

1919 **天台智者大師禅門口訣**（てんだいちしゃだいしぜんもんくけつ）

禅門口訣、口訣禅法ともいう。

【成立】六世紀後半。著者は智顗*。

【内容】一巻。修禅の際の調身、調息、調心を説く前半部分と治病に関する後半部分からなる。調身、調息、調心については次第禅門1916、天台小止観、摩訶止観1911にも説かれるが、その記述内容は次第禅門のそれと関連するところが多いといわれる。また治病に関する記述は、仏教医学に関するものとして貴重である。治病法については他の天台の文献にも見られるが、発病の原因によって病気の種類を分けるのに、次第禅門1916は三種、摩訶止観1911は六種であるに対して、身作病、鬼作病、魔作病、不調息成病、業障病の五種を挙げる。本書の成立は、次第禅門より後、摩訶止観より以前とされる。また内容的には素朴な禅を述べたもので、著者の前期時代の禅観思想を知る手がかりとなる。

（仙石景章）

1920 **観心論亦名煎乳論**（かんじんろんえきみょうせんにゅうろん）

【成立】六世紀末。智顗*が弟子たちに対する遺言として口授した。

【内容】一巻。「煎乳論」の書名の由来は、序に「弘法の人、利物の為の故に多く加水の乳を施し、聴者をして真の道味を失はしむるを歎いて、三宝の力を承けてこの論を造る」とあるによる。次に本書を著わす大意に二あるとして「一には自らを責め諸学徒のため、二には外諸の四衆をして信受解説せしめるため」であると述べ、続いて造論の十五の因縁を挙げる。さらに「今、三宝の力を承けて、三十六問を起こす」というが、三十六の問偈を列ねて、蔵通別円の四教、四種三昧、二十五方便、十境十乗観法、漸頓秘密不定の化儀の四教など、天台の教理と観法の二面にわたる中心思想を自生心とのかかわりにおいて述べている。本書は著者の最晩年に口授して弟子に筆録させたものであり、親撰（親しく筆をとって撰述したもの）と同様に権威をもつものとされる。弟子の灌頂と普明が揚州の晋王広のもとに著者の遺書を奉呈する際に、本書が『浄名疏』とともに献上された。これは、著者没後の天台教団において本書の権威が認められ重要視されていたことを示唆するものとされる。注釈書として、灌頂の観心論疏1921全五巻がある。

智顗は開皇一七（AD597）年、晋王広の招請で天台山を下る途中、石城寺にて発病するが、このとき、弟子の智朗が今何の位におられるか、没後どこに往生されるか、師の没後我々は誰を師と仰ぐべきかと問えば、智顗は「観心論に已に解すれども今更に汝に答えん」と述べて、初めの問には「吾れ衆を領せずんば必ず六根を浄めん。他の為に己を損す。ただ是れ五品の位のみ」と答え、次の問には「吾が諸の師友、観音に侍従して皆来って我を迎う」と答え、最後の問には「曽つて聞かずや波羅提木叉はこれ汝が師なり。吾れ常に説く四種三昧はこれ汝が明導なり」と答えて没したとされる。

（仙石景章）

1921 **観心論疏**（かんじんろんしょ）

【成立】七世紀前半。灌頂*が観心論1920を注釈。

【内容】五巻。観心論1920は智顗の弟子たちに対する遺言として口授されたものであるから、後世の門人たちに対して師の法灯を伝えるべく本書を著わしたといえる。まず観心論本文を序分、正説分、流通分の三段に分け、巻一および巻二の前半において序文を説明し、巻二の後半以下の正説分では、三十六の問偈を十章に分けて解釈する。すなわち「第一章の一偈は教理の円妙不可説を明かし、第二章の両偈は理教に迷って見思の二惑を起こすを明かし、第三章の四偈は悟理に浅深有るによって四教の別有ることを明かし、第四章の一偈は教理を尋ねんとせばまさに四種三昧の行軌によって修すべきを明かし、第五章の一偈は妙理は頓に階むべからずして先ず二十五方便を修すべきを明かし、第六章の一偈は心観は現実なるも諸境は雑発不同なることを明かし、第七章の一偈は一境を観ずるに十乗観法を用いることを明かし、第八章の七偈は十乗観法成じて諸地住を証し諸法門を具するに不同あることを明かし、第九章の十四偈は化他起用の法の不同なることを明かし、第十章の四偈は自行化他の法門を総結す」と述べる。巻二には十章の前三章まで、巻三には第四章の四種三昧と第五章の二十五方便とを解釈し、巻四には第六章の十境、一心三智、十乗観法の第四破法遍の一部を解釈し、巻五にはその他の十乗観法、六即義を解釈して終る。本書は摩訶止観1911を多く依用して解釈するが、その摩訶止観が一説には現行本ではなく、いまだ潅頂による修治が十分進んでいない原初形態のままの摩訶止観であった可能性があるという。本書は観心論を読解するためには必要不可欠の注釈書であるとともに、天台止観法門の成立の様態を知るための貴重な文献である。

（仙石景章）

1922 **釈摩訶般若波羅蜜覚意三昧**（しゃくまかはんにゃはらみつかくいざんまい）

【成立】六世紀後半。智顗＊が大智度論1509巻四十七釈摩訶衍品に説かれる「覚意三昧」を解釈。

【内容】一巻。弁法相第一、釈覚意三昧名第二、釈覚意三昧方便行第三、釈覚意三昧明心相第四、釈覚意三昧入観門第五、釈覚意三昧証相門第六の六章からなる。弁法相では覚意三昧に入って諸法の相（ありのままのすがた）を弁えることができると述べる。次に釈名では覚意三昧の名を解釈し、覚意三昧は百八三昧において七覚意（択覚、精進覚、喜覚、除覚、捨覚、定覚、念覚）を得ることであると述べる。釈方便行では覚意三昧を得るための方便行として六波羅蜜を修すべきことを説く。釈明心相では観察の対象としての四運心（未念、欲念、念、念已）を明らかにし、釈入観門では百八三昧および無量の三昧において覚意三昧を得ることによって一切の諸善の功徳を長養することを述べる。釈証相門ではこのように行ずるとき初発心住に入り、如来蔵の理を開発することを述べる。

（仙石景章）

1923 **諸法無諍三昧法門**（しょほうむじょうざんまいほうもん）

【成立】六世紀。慧思＊が四念処観を中心とした禅定論を述べた。

【内容】二巻。巻頭に「夫れ一切仏法を学ばんと欲さば、先ず浄戒を持ち禅定を勤め、一切仏法諸三昧門を得べし。百八三昧、五百陀羅尼、及び諸解脱、大慈大悲、一切種智、五眼、六神通、三明、八解脱、十力、四無畏、十八不共法、三十二相、八十種好、六波羅蜜、三十七品、四弘大誓願、四無量心、如意神通、四摂法、是の如き無量の仏法の功徳は、一切皆な禅より生ず」とあるように、一切の仏法の三昧はすべて禅定から生ずるものであり、禅定は四念処（身は不浄であり、受は苦であり、心は無常であり、法は無我であると観じて、浄・楽・常・我の四顛倒を打ち破ること）からはじめることを述べる。巻上の最後に「色即ち是れ空、空即ち是れ色、受想行識即ち是れ空、空即ち是れ受想行識、空即ち是れ涅槃、涅槃即ち是れ空、煩悩即ち是れ空、空即ち是れ煩悩、智慧即ち是れ空、空即ち是れ智慧なり。虚空を以て虚空を断ずべからず。虚空を以て虚空を証すべからず。論偈に説くが如し。身の不浄相にして真如性常に定なるを観ず。諸の受及以心、法も亦た是くの如く観ず」とあるように、四念処観は『般若経』の空思想に立脚したものである。書名の無諍とは取りも直さず空の義である。著者はこの空を如来蔵といい、自性清浄心、真心をいう。この心性畢竟して空寂なることを体得する手段として四念処観を詳述する。巻下において、身念処観如音品、受念処品、心念処品、法念処品の四品を立てて述べる。

（仙石景章）

1924 **大乗止観法門**（だいじょうしかんほうもん）

大乗止観ともいう。南岳思大禅師曲授心要の副題がある。

【成立】六世紀。著者は慧思＊とされる。

【内容】四巻。止観法門の理論と実践を体系的に述べたものであるが、その根底には如来蔵縁起説があり、起信論の影響が多く認められる。全体の構成は、一に止観の境界を明かし、二に止観の依止を明かし、三に止観の体状を明かし、四に止観の断得を明かし、五に止観の作用を明かす、の五番を立てて述べる。一の止観の依止を明かすでは、さらに一何所に依止す、二何故に依止す、三何を以て依止すの三科において、止観実践のための依りどころとすべき一心について詳述する。先ず一心の異名としての自性清浄心、真如、仏性、如来蔵などを列挙して解釈し、諸法は一心と不一不異であり、行人の一挙手一投足は一心に依って成り立つのであるから、止観の実践も一心に依止すべきことを述べる。次に止によって心をしずめ、観によって心をはたらかせて自利利他の行を成就すべきを述べる。次に意識をもって一心に依止して止観を修すべきを述べる。つまり意識によって一切諸法の自性寂静にして唯だ是れ一心なる教えを聞き信解することから止観の実修ははじまるからである。二の止観の境界を明かすでは、所観の対境（観法の対象）を説くが、それに真実性（出障真如および仏の浄徳）、依他性（無明と和合している阿梨耶識、在障真如）、分別性（六識七識の妄想分別）の三性を具えていると述べる。三の止観の体状を明かすでは、所観の対境に対する能観の止観そのものの状態を説くが、「一に染濁三性に就いて止観の体状を明かし、二に清浄三性に就いて止観の体状を明かす」とあるように所観に三性あるので能観の止観も染濁清浄の二種の三性の一々に対して忘執を止息し正理を観ずる方法を述べる。四の止観の断得を明かすでは、止観を実修することによってどのような障りを除き、どのような益を得るかを、三性の各々に就いて説くが、「謂く三性の止行成ずる故に凡夫行を離れ、三性の観行成ずる故に声聞行を離る此れを除障と名づく。三性の止行成ずる故に寂滅楽を得るを自利と為し、三性の観行成ずる故に縁起作用するを利他と為す。此れを得益と為す」とあるように、止観の実修によって凡夫、声聞行を離れるを除障とし、自利利他を行ずるを得益とすると述べる。五の止観の作用を明かすでは、止観が成就した後の作用を説いて、止行が成ずることによって無二の浄心、甚深法性の体を証し、観行が成ずることによって法界無礙の作用が自然に生じ、甚深縁起の作用をなすことを述べる。最後にこの止観を日常のなかでどのように実修すべきかについて、礼仏時、食時、便利時の三時止観を述べる。

　本書は、宋の遵式の序文によれば、久しく中国本土に失われていたものが、咸平三（AD1000）年日本の寂照によって将来され再び世に流布されたとされる。この後、本書に対する研究もなされ、注釈書として智湧了然は『大乗止観法門宗円記』五巻を著わし、明の藕益智旭は『大乗止観釈要』四巻を著わしている。また、本書の著者については、真偽の二説がある。『宗円記』の了然、『釈要』の智旭はいずれも慧思の真撰とみる。一方、証真は『法華玄義私記』『摩訶止観私記』に、普寂は『止観復真鈔』『起信論義記要決』などにおいて偽撰説を主張する。村上専精は日本中古天台の著作とし、平了照は、浄弁が師の曇遷の『大乗止観法門』を修補訂正したものか、またはこれを参照して新たに一部を作成したものとみる。

（仙石景章）

1925 **法界次第初門**（ほっかいしだいしょもん）

法界次第章、法界次第ともいう。

【成立】六世紀後半。智顗＊が大品般若経・大智度論1509などの諸経論に拠って基本的な六十科目の仏教用語を選び解説。初心者のための仏教入門書である。著者が「天台山修禅寺沙門」と自称していた頃の著述。

【内容】六巻。序文には本書を著わした意図として、一に経論を読みそこに説かれる仏教用語の意味を正しく理解させるため、二に仏の説かれる教えに浅深の次第があることを理解させるため、三に三観（別相・通相・一心の三種三観）を学ぼうとするもののための三つをあげる。本書作成の当初は三百科目を選んで七巻とする予定であったが、実際に完成したものは六十科目の三巻本（後に三巻のそれぞれを上下に分けて六巻本とする）である。全体の組織は、巻上の上には名色、五陰、十二入、十八界、十六知見、見愛二煩悩、三毒、五蓋、十煩悩、九十八使、十悪、十善の十科を解説する。巻上の下には三帰、五戒、四禅、四無量心、四無色定、六妙門、十六特勝、通明観の八科を解説する。巻中の上には九想、八念、十想、八背捨、八勝処、十一切処、十四変化、六神通、九次第定、三三昧、師子奮迅三昧、起越三昧の十二科を解説する。巻中の下には四諦、十六行、生法二空、三十七品、三解脱、三無漏根、十一智、十二因縁の八科を解説する。巻下の上には四弘誓願、六波羅蜜、四依、九種大禅、十八空、十喩の六科を解説する。巻下の下には百八三昧、五百陀羅尼、四摂、六和敬、八自在我、四無礙弁、十力、四無所畏、十八不共法、大慈大悲、三十二相、八十種好、八種音声、三念処の十四科を解説する。本書には四諦以下八科の縁理無漏をはじめ、四弘誓願以下の菩薩諸仏の不共禅を列ねてあるので、次第禅門1916の不説部分の内容を推測する資料ともなるといわれる。本書は、天台智顗の真撰とされ、宋の天聖二（AD1024）年に遵式の奏請によって大蔵経に収められた。

（仙石景章）

1926 **法華経安楽行義**（ほけきょうあんらくぎょうぎ）

安楽行義、法華安楽行ともいう。

【成立】 六世紀。慧思＊が妙法蓮華経0262安楽行品に説かれる安楽行（身・口・意の三業についての過ちを犯さないことと衆生を導くための誓いを立てること）について述べた。

【内容】 一巻。法華経を学ぶ行儀には有相行（具体的に形にあらわれる行）と無相行（形にあらわれずに心の中での行）とがあり、有相行は「普賢勧発品に説かれる行で、法華経の読誦に精進する散心の行であり、無相行は心のはたらきを止め、禅定の中に修する行で安楽行がこれにあたるとする。著者と安楽行とのかかわりについていえば、著者が自説を主張することによって、多くの悪比丘、悪論師らのために迫害を受けたという苦い経験から、法華経に説かれる四安楽行は、著者にとっては単なる経典の文字ではなく苦悩に満ちた現実より自分を救い出してくれるものであった。

（仙石景章）

1927 **十不二門**（じっぷにもん）

十不二門義、十不二門論、法華本迹十不二門、法華十妙不二門ともいう。

【成立】 湛然＊が法華玄義1716の注釈書である法華玄義釈籤1717の十妙を解釈する段に十種の不二門を立てて天台の教観の大綱を述べた部分を別行。

【内容】 一巻。法華玄義1716は主として天台の教義を述べ、摩訶止観1911は主として観法の実践を示したものといわれるが、本書は玄義1716に対する実践的解釈である。十妙とは境・智・行・位・三法・感応・神通・説法・眷属・利益をいい、十種の不二門とは、色心不二門、内外不二門、修性不二門、因果不二門、染浄不二門、依正不二門、自他不二門、三業不二門、権実不二門、受潤不二門である。この十門において、普通には対立して相い容れないと考えられる二つの原理も、法華円教（完全な究極的な教え）の立場からすれば、一体化して区別されないことを示すことによって、十妙の理を明らかにしようとしたもの。第一の色心不二門とは十妙のうちの境妙によって立てたもので、観法の対象として凡夫の一念をいうが、すべてのものが凡夫の一念のうちにおさまるという一念三千論（三千とは、仏界から地獄界までの十界と十如是と三種世間とを互いに乗じたもの）からいえば、心以外に他に何物も対立するものがなく、色（物質）と心（精神）とはもともと区別がなく不二であると説く。第二の内外不二門とは智妙と行妙によって立てたもので、一念三千の理論によれば、自己の内である心と、自己の外である仏・衆生との三法は、互に融けあって本来区別がないと説く。第三の修性不二門とは智妙と行妙によって立てたもので、一念には本性として具わった徳があるが、それは実践修行によって顕わされる。この性と修とは水と波とのように、本質的に別のものではないと説く。第四の因果不二門とは位妙と三法妙によって立てたもので、実践修行の面においては因位（出発点）と果位（終着点）との区別を設けるが、本来的に具わっている三千の諸法のあり方の差異に過ぎない。無明といえば三千のすべてが理として無明であり、果を成すときは三千のすべてが常楽となるのであると説く。第五の染浄不二門とは感応妙と神通妙によって立てたもので、染（無明）浄（法性）とは、一つのものの二面に過ぎず、法性が無明となってはたらくときに迷いの世界となり、無明が法性となってはたらくときに悟りの世界となる。よって本来的に染浄迷悟は別のものではないと説く。第六の依正不二門とは感応妙と神通妙によって立てたもので、正報としての仏身と依報としての仏土との区別があるが、この依正二報は理として一心に本来的に具わっているのであり、依正の別はないと説く。第七の自他不二門とは感応妙と神通妙によって立てたもので、教化を行う仏（自）と教化を受ける衆生（他）とが感応道交（仏と衆とが互に相通じ相交わること）するのは、衆生が理として三千の諸法を具え、仏はその三千の諸法に果として満ち満ちているからであり、自（仏）他（衆生）は本来不二であると説く。第八の三業不二門とは説法妙によって立てたもので、衆生を教化する仏の三輪（身口意の三業による教化）と衆生の三業とはともに三千の諸法のあらわれにすぎず、区別のないものと説く。第九の権実不二門とは説法妙によって立てたもので、仏は三業によって衆生を教化するに、権（かりそめ）と実（真実）の二法を説くが、三業は一念のうちにおさまり、同一のものであるから、それによって説かれる権実の二法も不二であると説く。第十の受潤不二門とは眷属妙と利益妙によって立てたもので、衆生（受）には大小権実の素質の違いがあり、仏（潤）はその素質に応じて法を説くが、本来は同じ大地に生じたものが同じ雨によって潤おされて育てられるように、受潤不二であると説く。本書は妙解（玄義）と妙行（止観）との総合を図ったものとされるが、趙宋天台において盛んに研究される。注釈書としては、知礼の指要鈔1928、源清の『示珠指』、宗昱の『註不二門』、仁岳の『文心解』、了然の『枢要』などがある。

（仙石景章）

1928 **十不二門指要鈔**（じっぷにもんしょうしょう）

指要鈔ともいう。

【成立】宋の景徳元年（AD1004）。知礼*が十不二門1927を注釈。著者は趙宋時代の天台宗内における金光明玄義1783の広略問題に端を発する山家山外の両派の論争の中心人物であるが、本書は山外派の源清の『法華十妙不二門示珠指』、宗昱の『註法華本迹十不二門』が禅や華厳の思想を援用して天台学を解釈していることに不満を覚え、自らの学説を述べてこの二書の説を論駁した。

【内容】二巻。妄心観（源清、宗昱らの山外派が、観心の対象となる心はすべてのものの本体としての真如の理心であるとする真心観に立つのに対して、知礼らの山家派は、凡夫が日常にはたらかせる一念の心を観心の対象とする）や別理随縁説（華厳教学や山外派が起信論の真如随縁説をそのまま円教とする円理随縁説を主張するのに対して、随縁説を円教だけの説ではなく別教にも共通するものと主張する）両重能所の説（空仮中の三観、三諦、陰入界境を槌砧淳朴に喩えて説く。能観の三観は槌にあたり、所観の三諦は砧にあたるから、この三観三諦は初重の能所の関係にある。そしてさらにこの三観三諦の槌砧によって、凡夫の日常心（識陰）を淳朴（素材）として鍛練するから、ここに両重の能所の関係が成り立つ」など、教理上の問題、観心上の問題について自説を述べて山外派に対して自らの正統性を主張した。十不二門1927に対する注釈書は、山家山外の両派にあるが、なかでも本書は最も広く読まれ、本書に対する注釈書も多い。可度の『十不二門指要鈔詳解』四巻、日本の痴空の『十不二門指要鈔講義』二巻、守脱の『十不二門指要鈔講述』二巻などがある。

（仙石景章）

1929 **四教義**（しきょうぎ）

大部四教義、大本四教義ともいう。

【成立】六世紀後半。著者は智顗＊。

【内容】十二巻。維摩経0475（浄名経ともいう）の題目を解釈するについて、蔵、通、別、円の化法の四教を設けて著者独自の教相判釈を試みたものである。本書は、現存の維摩経玄疏1777（浄名玄義ともいう）に先行して著わした同名の著作を「四教義」「四悉檀義」「三観義」の三本に分けて別行したものの一本である。維摩玄疏は、著者が隋の煬帝に請われて撰述したものであり、短期間に著わしたために誤謬が多いとして稿を改め、同名の書を再度奉呈したといわれる。全体の構成は、第一に四教の名を釈し、第二に所詮を弁じ、第三に四門の入理を明かし、第四に判位の不同を明かし、第五に権実を明かし、第六に観心に約し、第七に諸経論を通ず、の七重からなる。第一には、蔵通別円の四教を釈名、覈定、引証、料簡、経論の五意によって説示する。第二には、四教を能詮といい、諦理を所詮という。諦理については四諦（苦・集・滅・道）、三諦（空・仮・中）、二諦（真・俗）、一諦の理を明らかにする。第三には、真性実相の理に通ずる門について五意をもって述べるが、一は略して四門（有・空・亦有亦空・非有非空）の相を述べ、二は四門によって理に入ることを明らかにし、三は四悉檀をもって四教を起こすことを明らかにし、四は十乗観法に約して四門の義を述べ、五は信行と法行によって四門に不同あることを明らかにする。第四には、浄無垢称の意味を明らかにするのに、六意に分ける。一は三蔵教の位に約し、二は通教の位に約し、三は別教の位に約し、四は円教の位に約し、五は五味に約し、六は経論に位を説くのに別があるのを明らかにする。第五には、権実を明らかにするのに、一に略して権実を明らかにし、二に四教の各位における権実を格量し、三に権実の興廃を四教にかけて明らかにする。第六には、三観から四教が起こることを四教の各々について明らかにする。第七には、四教を用いて諸経論および維摩経の五重玄義を解釈する。

（仙石景章）

1930 **天台八教大意**（てんだいはっきょうたいい）

八教大意ともいう。

【成立】年代不明。

【内容】一巻。天台教学における化儀の四教と化法の四教、合わせて八教の大綱を述べる。本書の冒頭に「実の為に権を施す故に八に分かつ。頓、漸、秘密、不定の化の儀式は譬えば薬方の如し。蔵、通、別、円の所化の法は譬えば薬味の如し」とあり、化法四教（衆生の素質能力に応じて示される四種類の教え）は薬材そのものであり、化儀四教（衆生を教え導くための四種類の形式方法）はその薬材の調合法であるという。そして先ず頓漸二教を五時の教判（仏の説法の順序を華厳、鹿苑、方等、般若、法華涅槃の五時とする）の前四時に対比させて説き、法華涅槃時を非頓非漸とする。次に秘密不定の二教を略説する。次に化法の四教について名義、教理、観行、階位、断証などを概説する。宋の志磐はその類似性より諦観の天台四教儀1931を本書の模倣であるとした。しかし、化法の四教を説く段に十乗観法を援用する点など諦観の著作に相違するところがある。本書ははじめに「隋天台沙門潅頂撰」とあり、巻末に「天台釈明曠、三童寺に於て録す」とあるので、志磐の『仏祖統紀』では本書を章安の作とし、その弟子の明曠が筆録したものと記す。日本の継天は『天台八教大意便蒙』において本書を湛然門下の明曠の作とし、潅頂の撰号は後世の人が附加したものであると断定した。諦観の天台四教儀1931、明の懐則の『教観綱宗』などとともに初心者にとって好箇の入門書とされる。

（仙石景章）

1931 **天台四教儀**（てんだいしきょうぎ）

四教儀、諦観録ともいう。

【成立】 年代不明。著者は諦観*。

【内容】 一巻。天台教学の五時八教、止観法門の二十五方便、十乗観法の大綱を述べたもので、天台の教理と観法の大略を知るための入門書である。本書の成立の由来は、『仏祖統紀』の忠懿王伝および諦観伝によれば、呉越王が『永嘉集』に説かれる「同除四住」の文句を覧て、その意味を天台徳韶に質問した。徳韶がいうには、これは教義に関するものであるから天台宗の螺渓義寂に尋ねよと。王が義寂を召いて問へば、これは智者大師（智顗）の法華玄義1716の位妙の段の文句であるが、唐末の戦乱（安史の乱、会昌の破仏など）によって仏教典籍が散逸して現存していないと答えた。これを契機に、呉越王は使者を高麗および日本に派遣し典籍を求めた。諦観は高麗王の命によって天台三大部その他の論疏を携えて入宋し天台山に向かったが、王の命により、『智度論疏』『華厳骨目』『五百問論』などの持出しは禁じられ、しかも天台山の師に問難して、答えの無いときは直ちに経論を持ち帰るように命じられた。しかし天台山に至り、螺渓義寂に参謁し、一見して心服し師の礼をもって仕えることとなった。そこで、かつて作成した『四教儀』を篋底に秘して蔵したが、螺渓に留まること十年にして没した後に篋から光りを放つのを見て、開いてみると本書のみがあったという。本書の内容は、まず五時八教（五時は仏の説法の順序を華厳時、鹿苑時、方等時、般若時、法華涅槃時に分け、化儀の四教は衆生を教え導く形式方法を頓、漸、秘密、不定の四種に分け、化法の四教は衆生の素質能力に応じて教え導く内容を蔵教、通教、別教、円教の四種に分ける）の名目を示し、次に化儀の四教と前四時（華厳時から般若時まで）とを対比して述べ、頓教は初めから仏の悟りの内容をただちに衆生に示す説き方で華厳経がこれにあたり、漸教は衆生の能力に応じて内容の素朴なものから高度なものへと漸々に進んでいく説き方で、鹿苑時（阿含経）方等時（浄名経など）般若時（般若経）がこれにあたる。秘密教は、この人には頓教を説き、あの人には漸教を説き、しかも相互には知らせないままにそれぞれに利益を得させる説き方をいう。不定教は、仏の一音の説法を、衆生は各自の能力に応じてそれぞれ異なる理解を得て一定していないような説き方をいう。次に法華は、非頓非漸の教であると説く。次に五味（乳、酪、生酥、熟酥、醍醐）をもって五時教に譬える。次に化法の四教を詳述する。「第一の三蔵教とは、一に修多羅蔵〈四阿含等の経〉、二に阿毘曇蔵〈倶舎婆沙等の論〉、三に毘尼蔵〈五部律〉、此の三蔵、名大小に通ず。今は小乗の三蔵を取るなり。（中略）次に通教を明かさばとは、前の蔵教に通じ後の別円に通ず。故に通教と名づく。又た当教に従って名を得。謂く三人同じく無言説道を以て、色を体して空に入る、故に通教と名づく。（中略）次に別教を明さかばとは、此の教は界外独菩薩法を明かす。教理智断行位因果、前の二教に別し、後の円教に別す。故に別と名づくるなり。（中略）次に円教を明かさば、円に円妙円満円足円頓と名づく、故に円教と名づくるなり。所謂る円の伏、円の信、円の断、円の行、円の位、円の自在荘厳、円の建立衆生なり。諸大乗の経論、仏境界を説いて、三乗の位次に共せざるを総じて此の教に属す」とある。次に二十五方便（具五縁、訶五欲、棄五蓋、調五事、行五法）と十乗観法

（一観不思議境、二真正発菩提心、三善巧安心止観、四破法遍、五識通塞、六道品調適、七対治助開、八知位次、九能安忍、十離法愛）とを略説する。最後に本書は法華玄義1716および『浄名玄義』によって五時八教の大綱要領を述べたものであると記す。仏祖統紀2035の著者志磐は、本書は天台八教大意1930を修治し改名したものであると主張した。注釈書としては、宋の従義の『四教儀集解』、元粋の『四教儀備釈』、元の蒙潤の『四教儀集註』などがある。

（仙石景章）

1932 金剛錍（こんごうべい）

金剛錍論、金錍論ともいう。

【成立】八世紀。湛然＊が天台教学の復興を図って自らの無情仏性説を述べた。

【内容】一巻。書名の「金錍とは涅槃経如来性起品に出る譬喩によったもので、良医が盲人の眼膜を手術するのに用いる鋭利なメスをいう。本書題名の細注には「円伊の金錍は、四眼無明の膜を抉るを以て、一切処をして悉く遮那仏性の指を見せしむ。偏権の疑を砕く、之れに加うるに剛を以てす。夢を仮り客に寄せて立つるに賓主を以てす。観る者之れを恕せよ」とあり、本書全体が夢を仮りて、野客との問答形式によって自説を述べている。従来本書は、華厳の賢首大師法蔵（AD643～712）あるいは清涼澄観（AD787～859）の所説に対して破斥することを目的として作成されたといわれてきたが、一説には湛然が攻撃の目標としたのは、法蔵や澄観の所説ではなく、如来蔵思想に立って仏性を論ずる大乗学者を一般に目標にしたのではないか（坂本幸男説）といわれる。本書はまず、涅槃経迦葉品の「衆生仏性猶お虚空の如し」の文によって「今、衆生正因の体遍ねしと立つ。経文も亦た虚空を以て之れに譬う」と説いて、正因仏性は一切に遍在しているから、非情にも仏性があるという。しかも同じく迦葉品の「非仏性とは謂く墻壁瓦石なり」という非情非仏性説は、末代の権機のための方便説であって、本来の『涅槃経』の立場は非情にも仏性のあることを説いていると主張する。この非情仏性説は智顗の著作には見られず、本書によってはじめて唱えられたもので、その思想傾向は宋代の天台教学の先駆となったばかりでなく、草木成仏の根拠として日本仏教の展開にも重要な意味を持つものであるといわれる。注釈書としては、明曠の『金錍論私記』、孤山智円の『金剛錍顕性録』、柏庭善月の『金剛錍義解』などがある。

（仙石景章）

1933 南岳思大禅師立誓願文（なんがくしだいぜんじりゅうせいがんもん）

立誓願文ともいう。

【成立】陳の永定二年（AD558）。慧思＊が衆生の救済と自らの修行の成就を願って著した。

【内容】一巻。著者は仏滅度の後の正法五百年（仏の教説と修行と証悟とのすべてが具わっている時代）、次の像法一千年（教説と修行のみの時代）、末法一万年（教説のみの時代）の八十二年を経過した年に生まれたことを強く自覚し、しかも著者に迫害を加えた悪比丘、悪論師および一切の衆生のために、『金字摩訶般若波羅蜜経』を造り、瑠璃の宝函に入れて光州の斉光寺に奉納し、その功徳によって一切衆生が救済されることを願うのである。本書には、末法思想、神仙思想、道教の煉丹法、悪比丘による法難などの記述があり、著者の苦悩の生涯と強固な発心とを知るとともに、当時の仏教界や一般の世相を伺い知る好箇の資料である。

（仙石景章）

1934 国清百録（こくせいひゃくろく）

国清寺百録ともいう。

【成立】隋の大業三年（AD607）頃。隋の大業元年（AD605）に煬帝の勅願寺となった国清寺の寺名に因み、教団の成立にかかわる文献や往復書簡一〇四種を集録編纂したもの。国清寺が天台山に創建されたのは仁寿元年

(AD601）で、智顗の没後四年目に当たる。当初は天台寺と呼ばれたが、隋の煬帝より国清寺の勅額を下賜された。本書は、もと智寂が智顗の往復書簡を編集しようと企画したものであるが、智寂は業半ばで亡くなったため、潅頂＊がその後を継ぎ、智寂の草稿本に、諸種の行儀法を追加して完成させたものである。本書の編纂作業は智顗の没後四年ほどを経た開皇二十一年（仁寿元年）頃にはじまり、大業三年頃に完成したとみられる。

【内容】四巻。本書に収める文献は、陳の太建七年（AD575）四月一日の「陳宣帝勅留不許入天台」から隋の大業三年（AD607）二月二十七日の「口勅施幡」までの三十二年間にわたる智顗あるいは国清寺教団にかかわるものである。文献の内容を大別すれば、(1)立制法から(7)訓知事人までは国清寺における行法清規であり、(8)陳宣帝勅留不許入天台から(21)天台山修禅寺智顗禅師放生碑文までは南朝陳代の詔勅、少主后、皇太子、永陽王、沈君理、徐陵、毛喜らの書簡、徐孝克の放生碑文であり、(22)隋高祖文皇帝勅書から(94)玉泉寺碑までは、隋朝時代の資料で隋の高祖文帝と秦孝王の勅書、晋王広（煬帝）との往復書簡、柳顧言撰の国清寺碑文、皇甫毘撰の玉泉寺碑文である。このうち(24)晋王初迎書から(71)天台山衆謝功徳啓までは煬帝の晋王時代の書簡であり、(72)天台衆賀啓から(81)皇太子弘浄名疏書までは皇太子時代のものであり、(82)天台衆賀至尊から(92)口勅施幡までは即位以後の煬帝時代のものである。しかも(65)遺書与晋王までは、智顗の生前に交された文書であり、(66)王答遺旨文以下は智顗滅後に国清寺教団と交された文書である。(95)後梁主蕭琮書から(103)吉蔵法師請講法華経疏までは、蕭琮、蔡徴、曇遷、恵岜、陳子秀、保恭、柳顧言、吉蔵の書簡であり、(104)智者遺書述放生池は臨海鎮将の解抜国に与えた智顗の遺書である。以上、晋王広の書が四十七点あり全体の半分を占め、智顗より晋王にあてた書が九点、智顗滅後の教団側の書が十二点であり、晋王（煬帝）と天台教団との往復文書が本書全体の三分の二を占めており、一説に本書の編集意図としてはあくまで煬帝と天台山国清寺教団との親密な関係を強く印象づけようとしているといわれる。現存のものは四巻本であるが、日本の最澄の『台州録』に「『天台山国清寺百録』五巻」とあり、遵式の『天台教観目録』に「国清百録五巻」とあり、『天台宗章疏録』に「天台国清百録五巻潅頂述」とあり、『東域伝灯目録』に「天台山国清百録五巻潅頂」とあるようにいずれも当初は五巻本であったことがわかる。

【参考文献】塚本善隆「隋の江南征服と仏教―晋王広（煬帝）と江南仏教―」（『塚本善隆著作集』）。山内舜雄「国清百録について」（『印度学仏教学研究』八巻一号）。京戸慈光『天台大師の生涯』。レオン・ハービッツ「智顗の思想の背景とその生涯」（『天台学報』一三号）。池田魯参『国清百録の研究』。

（仙石景章）

1935 **法智遺編観心二百問**（ほうちゆいへんかんじんにひゃくもん）

【成立】宋の景徳四年（AD1007）。知礼＊が慶昭の『答十義書』に対して十義書1936の十科にもとづいて百九十八ヶ条の問を設けて応酬した。

【内容】一巻。天台宗は、趙宋時代において、金光明玄義1783の広略二本の真偽問題に端を発する山家山外両派の論争が展開された。金光明玄義の広略とは、釈名段に観心釈を設けるものを広本とし、設けないものを略本とする。慈光晤恩は『金光明玄義発揮記』で略本を注釈し広本の観心釈を後人の偽作とした。源清、洪敏の山外派は師の晤恩の説をうけて広本の観心釈を否定した。さらに源清門下の慶昭、智円も『弁訛』『答疑書』『五義書』『釈難書』を作成して晤恩、源清らの説を支持した。これらの主張に対して知礼は『釈難扶宗記』『問難書』『詰難書』『問疑書』『覆問書』十義書1936および本書によって広本を是認する立場から論難を加えた。

この論争は前後七年の間行われたが、現存するものは十義書と本書のみであり、論争の記述が山家派の側によってなされているもののみが存している点、多少公平さを欠くところがある。しかし本書は趙宋天台学を研究する上できわめて重要な文献である。巻首に法孫継忠集とあるところから『扶宗集』五十巻からの別行本とされる。

（仙石景章）

1936 **四明十義書**（しめいじゅうぎしょ）

十義書ともいう。

【成立】 宋の景徳三年（AD1006）。趙宋時代に山家山外の両派の間に行われた論争書の一つで、知礼が最後に十義に要約して山外派の学説を論難。

【内容】 二巻。山家山外の論争の発端は、金光明玄義1783の広略二本の真偽問題である。広略二本とは、玄義1783の釈名・弁体・明宗・論用・教相の五重玄義の釈名段に観心釈を設けるものを広本とし、設けないものを略本とする。慈光晤恩は『金光明玄義発揮記』を著わして略本を注釈し、広本の観心釈を後人の偽作とした。これに対して賛否の論が起こり、いわゆる山外派の源清、洪敏は師の晤恩の説を継承して広本の観心釈を否定した。一方、山家派の四明知礼は『釈難扶宗記』を著わして広本の観心釈を是認した。源清門下の慶昭、智円は『弁訛』（二師の共著）、『答疑書』『五義書』『釈難書』『答十義書』（以上慶昭著）を著わして晤恩、源清の学説を支持した。これらに対して知礼は『問難書』『詰難書』『問疑書』『覆問書』『十義書』観心二百問1935によって論難を加えた。本書の構成は、大きく三段に分かれる。第一段は、これまでの論争の要旨を述べる。第二段は、十義を挙げて一々において山外派の過誤を指摘して論破する。十義とは、一に能観の法を解せず、二に所観の心を識らず、三に内外二境を分たず、四に事理二造を弁ぜず、五に観法の功を暁らず、六に心法の難を体せず、七に観心の位を知らず、八に観心の意を会せず、九に文を銷（釈）するを善くせず、十に理を究むるを閑わず。最後に山外派の諸師に対して理に就いて心を回し、功を修め過ちを補い、共に正教を扶けることを勧めて結語としている。

（仙石景章）

1937 **四明尊者教行録**（しめいそんじゃきょうぎょうろく）

四明教行録、教行録ともいう。

【成立】 宋の嘉泰二年（AD1202）。知礼の没後一七五年目にあたる嘉泰二年十二月に知礼*の遺文行業碑などを集録したもの。

【内容】 七巻。書名の四明尊者とは、四明（浙江省寧波）が知礼の誕生の地であり、得道の地であり、説法の地であることにより、四明尊者と称し、知礼の行状が常に天台の教（理論）と行（実践）の本旨に則っているところより、教行録と称する。本書を編集した動機は、宝雲義通のもとで知礼と同門である慈雲遵式の遺文集が没後一二〇年に慧観により『金園集』としてすでに世に流布されているが、知礼の遺文集がいまだ集成されていないことを遺憾に思ったからであるという。

本書の巻一には「序」「尊者年譜」「授菩薩戒儀」「結念仏会疏」「交法師授辞」「璨法師授辞」「放生文」「夢魚記」（越州諸暨県知事の藩華が記し四明法師の跋がある）「勅延慶院放生池碑銘」を収める。巻二には「観経融心解」「修懺要旨」（法華懺法の要旨を示す）「釈輔行伝弘決題下注文」「止観義例境智互照」「天台教与起信論融会章」「釈請観音疏中消伏三用」（消伏神咒の修行の要道を示す）「対闡義鈔弁三用一十九問」（智円の『闡義鈔』に対する問難）、巻三には「別理随縁二十問」「光明玄当体章問答偈」（慈雲遵式が問い四明知礼が答う）「絳幃問答三十章」（知礼が問い浄覚仁岳が答う）「開幃試問四十二章」（知礼が問い門人自仁答う）「四種四諦問答」（知礼が問い門人自仁が答う）、巻四には「日本国師二十七問に答う」（日本国の僧寂照らが源信の二十七条の問義を齎し知礼が答う）「草庵録、日本国師問事を紀す」「再び日本国十問に答う」（日本国からの十問に知礼が答う）「泰禅師仏法十問に答う」（禅宗の清泰禅師が問い知礼が答う）「再び泰禅師三問に答う」「天童凝禅師　四明法師に上る第一書」（天童山景徳禅寺の住持子凝の書）「四明法師　天童凝禅師に復す第一書」「天童又た四明に上る第二書」「四明又た天童に復す第二書」「天童又た四明に上る第三書」「忠法師（継忠）天童四明往復書の後に叙す」「草庵録　天童四明の往復書に紀す」、巻五には「真宗皇帝（銭希白）留四明住世を諭旨す」「楊文公（楊億）法智（知礼）の命服を受くるを賀び啓す」「法智大師、楊文公に謝し啓す」「楊文公、法智住世を請う書」「法智、楊文公に復す書」「楊文公、法智の答義書に謝し啓す」「楊文公三問并びに法智答う」「楊文公、法智の三問に答うるを謝し啓す」「法智再び書して楊文公に上る」「楊文公再び書して、法智住世を請う」「楊文公書して、太守李夷庚に上り、同じく住世を請う」「楊文公、天竺懺主（遵式）に上り啓す」「又た法智住世を請うを致す内簡」「楊文公又た書して法智住世を留む」「法智再び文公に復し啓す」「法智、李駙馬（李遵勗）の住世を請うを謝す書」「法智、楊文公の翰林に加わるを賀ぶ書」「楊文公、法智の賀ぶを謝する書」「李駙馬、法智の師号を薦め、賀び啓す」「法智、李駙馬に謝し啓す」「慧照法師（法隣）前の往復の書に跋す」「草菴（道因）教苑余事、往復書中事を紀す」「銭唐昭（慶昭）講主、四明法師に上る書」「聖果法師（遵式）の指要序を作るを謝し啓す」「四明の矩法師（崇矩）に与うる書に叙す」「四明、門人矩法師に付する書（十書のうち第十書は知礼が崇矩に与えた遺書）」「彬闍梨（願彬）に付する遺書」「大雷菴長に上る書（二書）」「神照法師（本如）に付する書」「妙果法師（文昌）に付する書」「永安持山主（悟持）に上る書（三書）」「天竺懺主、四明弘師に上る書（二書）」「四明、門人琮法師（覚琮）に付する帖」を収める。巻六には「延慶寺二師（知礼、異聞）十方住持を立て天台教観を伝うる戒誓辞」「使帖延慶寺」「皇宋明州新修保恩院記」「曽太子に上り後園地を申奏するを乞う書」「聖旨本州、礼部に申して公拠を乞う」「三省同じく聖旨を奉ず」「聖旨本州出給公拠」「四明図経、延慶寺跡を紀す」「曽魯国宣靖公（公亮）祠堂記」「四明図経、宣靖公祠を紀す」「曽相公府延慶寺、荘田を置く帖」「晁待制（晁説之）紀を作り法智大師に贈る詩序」「東京僧職紀して法智に贈る詩二十三首」「四明法師命服を受け、門人神照（本如）致語を作る」「四明、正法を伝持して二十九代の祖師と為る」「四明尊者、僧を日本国に遣し仁王経疏を求む」「神照法師の経王頌を悟るを紀す」「四明門人霅川浄覚法師」「妙悟法師（希最）四明を輔け評謗を作る書」「草菴（道因）教苑遺事、法智講貫を紀す」「四明門下、纂して十類を成ずるを記す」を収める。巻七には「宋故明州延慶寺法智大師行業碑」「明州延慶寺伝天台教観故法智大師塔銘」「四明法智尊者実録」「十不二門指要鈔序」「祭四明法智大師文」「悼四明法師大師詩」「四明法智尊者賛」「宋明州延慶法智大師真賛」「延慶始祖法智大師画像賛」「四明法智大師賛」「延慶法智祖師斎忌疏」「四明法智大師諱日疏」「延慶始祖法智大師忌疏」「重修法智尊者像志銘」『螺渓振祖集』『宝雲振祖集』を収める。

（仙石景章）

1938 **天台伝仏心印記**（てんだいでんぶっしんいんき）

仏心印記ともいう。

【成立】元の至大年間（AD1308〜1311）。懐則が四明の学説にもとづいて、天台宗の教理と観法の体系の概略を述べた。

【内容】一巻。天台の教観が正しく仏心印を伝えるものであることを強調する立場から、性悪法門、真妄二心、仏性論、師資相承論を述べるが、その選述目的としては禅宗に対する批判がある。つまり、禅宗の七仏付法、拈華微笑 教外別伝説が何ら経論に根拠のないことであり、付法蔵伝の二十三祖を支持し、さらに即心是仏の即心が妄心ではなく真心であるとする延寿の宗鏡録2016の説を引用し、これを法華の円教より一段劣る別教の説とするなど、当時優勢の禅宗に対する批判は注目される。

（仙石景章）

1939 **教観綱宗**（きょうかんこうしゅう）

一代時教権実綱要図ともいう。

【成立】十七世紀。懐則が天台宗の五時八教の大綱を述べた。

【内容】一巻。巻頭に「仏祖の要は教観のみ。観は教に非ざれば正しからず、教は観に非ざれば伝わらず」とあり、教理と観法は相即不離の関係をなすものという視点から本書を述作する旨を説く。本書の構成は、総序、通別五時論、化儀四教説、化法四教説、附転接同会借説からなる。本書の特色は、一般には五時（華厳、鹿苑、方等、般若、法華涅槃の五時）を通別に分けて、別に五時の次第順序を説き、次に別の五時に遍執すべきでないことを通説するが、本書では通別を分けないこと。化儀の四教（頓、漸、秘密、不定）に約して円頓、漸次、不定の三種止観を説いていること。化法の四教（蔵、通、別、円）の各おのに四諦、十二因縁、六度を説いていること。禅宗と教宗との比較を述べていることなどである。

（仙石景章）

1940 **方等三昧行法**（ほうとうざんまいぎょうほう）

大方等行法、方等三昧儀、方等懺儀、方等懺法などともいう。

【成立】六世紀後半。智顗*が大方等陀羅尼経1339に説かれる方等三昧の修行法を示した。

【内容】一巻。方等秘法具六縁第一、方等秘法識遮障第二、方等秘法禁法第三、方等秘法内律要訣第四、方等秘法修行第五、方等秘法受戒第六の六篇からなるが、後の二篇は載せられていない。第一の六縁とは法縁、善知識、前方便、弁衣、行法、供養である。第二には、洗浴調適、飲食調適、行道調適、坐禅調適の四調適を説く。第三には、一に七日要心および誦呪、二に請師受戒および発露懺悔、三に善悪の業相および十法王子、他人に向かって説くことを得ざれ、の三段に分けて説く。第四には、一に五篇戒の滅不滅の相を明かし、二に十悪十善業の滅不滅の相を明かす、の二段に分けて説く。この行法は、陀羅尼を誦しつつ懺悔するものであるが、一面現世利益的傾向を持つため南北朝時代に流行したとされる。国清百録1934には「六方懺法」が収められる。

（仙石景章）

1941 **法華三昧懺儀**（ほっけざんまいせんぎ）

法華三昧行法、法華三昧儀、法華経三昧儀ともいう。

【成立】六世紀後半。智顗*が法華三昧のための方便（準備的な行法）と正修（三昧行そのもの）の行法を説いた。著者が光州の大蘇山に慧思をたずねた際に、慧思は霊山で法華経を同じく聴いた宿縁を述べ、法華三昧の行法を示したという。

【内容】一巻。法華三昧は摩訶止観1911に四種三昧の半行半坐三昧の一つとして説かれるが、法華経に基づいて三七日（二十一日）を期限として仏像の周囲をめぐり歩く行と坐禅とを兼ね修し、その間に礼仏、懺悔、誦経などを修行する。本書の構成は、明三七日行法華懺法勧修第一、明三七日行法前方便第二、明正入道場三七日修行一心精進方法第三、明初入道場正修行方法第四、略明修証相第五の五章からなる。第二の前方便には、初行者はこの行法を用い、久修者は安楽行品に依ることを説く。第四の正修行方法には、第一に行者厳浄道場法を明かし、第二に行者浄身方法を明かし、第三に行者修三業供養法を明かし、第四に行者請三宝方法を明かし、第五に讃歎三宝方法を明かし、第六に礼仏方法を明かし、第七に懺悔六根および勧請随喜廻向発願方法を明かし、第八に行者法を明かし、第九に重ねて誦経方法を明かし、第十に坐禅実相正観方法を明かす、の十法を述べる。第十の正観方法には、「行法の相貌、多く普賢観経の中、及び四安楽行の中に出づ。行者若し精進して三昧を修し、行をして過失無からしめんと欲さば、当に二処の経文を熟看すべし」とある。本書には、天竺寺の慈雲遵式の「法華三昧懺儀勘定元本序」が付けられている。法華三昧は、最澄が日本に伝え円仁が弘め、比叡山の法華堂を中心に伝えられ、法華信仰を発達させる母胎となったといわれる。

（仙石景章）

1942 **法華三昧行事運想補助儀**（ほっけざんまいぎょうじうんそうふじょぎ）

法華三昧補助儀ともいう。

【成立】八世紀。湛然＊が法華三昧懺儀1941を注釈。

【内容】一巻。法華三昧懺儀1941は智顗が師の慧思から伝えられた法華三昧を、礼拝、懺悔、行道、誦経、坐禅という三七日（二十一日間）の半行半坐の行法として体系化し、作成したものである。本書では初めに「夫れ礼懺の法は世に同じく効うと雖も、事儀と運想とは多く周旋せず」というように、本書を著わす目的が法華三昧の正確な事儀と運想を明らかにするためであることを述べ、次に法華三昧懺儀の正修行方法における十法について、その用語（厳浄道場、浄身、三業供養、運香、請仏、請仏菩薩、歎仏、礼仏、多宝仏、分身、東方諸仏、三世諸仏、舎利形像等、妙法、諸菩薩、舎利弗等、普賢菩薩、普為、懺悔応運逆順十心云、懺六根、勧請、随喜、廻向、発願、行道、三帰）を注釈し、最後に、法華懺について唱えるべき略文を示している。

（仙石景章）

1943 **略法華三昧補助儀**（りゃくほっけざんまいふじょぎ）

【成立】不明。

【内容】一巻。法華三昧の行法の注釈書で、きわめて簡略なもの。法華三昧懺儀1941に説かれる法華三昧の正修行方法の十法（厳浄道場、浄身、三業供養、奉請三宝、讃歎三宝、礼仏、懺悔、行道旋遶、誦法華経、思惟一実境界）に対して、法華三昧行事運想補助儀1942はその行法事儀を略釈しているが、本書は補助儀1942から運香華、請仏、諸仏菩薩、請法、礼仏、余仏菩薩、礼法、普為、懺悔前運逆順十心の十項を抄出して略釈している。

（仙石景章）

1944 **礼法華経儀式**（らいほけきょうぎしき）

【成立】不明。

【内容】一巻。『妙法蓮華経』を讃歎し礼拝する儀式作法を簡潔に著わしている。

本書には「一心頂礼十方法界常住三宝、一心頂礼本師釈迦牟尼仏、一心頂礼過去多宝仏、一心頂礼十方分身釈迦牟尼仏、一心頂礼尽法華経中及十方三世一切諸仏、一心頂礼妙法蓮華経妙字法宝、一心頂礼尽法華経中及十方三世一切菩薩声聞縁覚得道賢聖僧、一心頂礼普賢菩薩摩訶薩」の各文句ごとに一唱一拝すべきことを述べ、次に「志心に懺悔す、我れ某甲、」にはじまる懺悔文を載せる。そして最後に「南無仏、南無法、南無僧云々」という帰依文を記す。智旭の『閲蔵知津』巻四二には「礼法華経儀式一紙余、宋四明沙門知礼集」とあり、知礼の作とするが、四明尊者教行録1937などには何らの記事もない。

（仙石景章）

1945 **金光明懺法補助儀**（こんこうみょうせんぼうふじょぎ）

金光明経懺法補助儀、金光明懺ともいう。

【成立】十～十一世紀。遵式＊が国清百録1934に収められる金光明懺法の行儀作法を補足説明。

【内容】一巻。縁起第一、文を按じて章を開いて以て銓次を定む第二、別に礼請と灑散の二法を明らむ第三、略して能請及び所求離過を明かす第四、総じて事理観慧の所依を示す第五、正修を補助する十科の事儀第六の五門からなる。第一門には、国清百録1934の「金光明懺法」の補助として行法を万全ならしめるために本書を著わした旨を述べる。第二門には、「金光明懺法」の文は簡約であるが、十章を開いて一厳治浄室、二清浄三業、三香華供養、四召請持呪、五讃歎述意、六称名奉供、七礼敬三宝、八修行五悔、九旋遶自帰、十唱誦経典の十科となることを述べる。因みに「五悔」については、百録1934の「金光明懺法」には不説であるが、ここに付説する。第六門には、第一道場を厳浄する方法、第二三業（身・口・意の三業）を清浄にする方法、第三香華供養の方法、第四の召請（仏法僧の三宝を召請）誦呪の方法、第五讃歎述意（仏面猶如浄満月、亦如千日放光明云々の讃歎文を記す）の方法、第六称三宝および散灑の方法、第七三宝を礼敬する方法、第八五悔（罪を悔いゆるしを求める懺悔、教えを説いて衆生を救うことを仏に請う勧請、他人の善行を喜ぶ随喜、善行を悟りのためにふりむける回向、悟りを求める心を起こす発願）を修行する方法、第九に旋遶して自帰する方法（自ら仏に帰し、自ら法に帰し、自ら僧に帰す云々の帰依文を記す）を明かし、第十に金光明経典を唱誦する方法を明かす、以上の十科を詳述する。

（仙石景章）

1946 **金光明最勝懺儀**（こんこうみょうさいしょうせんぎ）

【成立】十～十一世紀。知礼＊が金光明経による懺悔作法を述べた。

【内容】一巻。「金光明懺法」は金光明経の功徳天品（大吉祥天女品）に説かれる懺悔の行儀作法であるが、本書は国清百録1934に載せられた「金光明懺法」を補足説明したもの。本書と類同の内容を著わしたものに、金光明懺法補助儀1945がある。本書の内容は、遵式の『補助儀』に説かれる「補助正修十科事儀第六」の十科のうち、「第三香華供養方法」「第四召請誦呪方法」「第五讃歎述意方法」「第六称三宝及散灑方法」「第七礼敬三宝方法」「第八修行五悔方法」「第九明旋遶自帰方法」の七科より抄録したもののようである。

（仙石景章）

1947 **釈迦如来涅槃礼讃文**（しゃかにょらいねはんらいさんもん）

【成立】十一世紀。仁岳＊が釈尊の涅槃の日に法要において仏徳を礼讃して唱えるべく、天台智者大師斎忌礼讃文1948に準じて著わした。

【内容】一巻。自序によれば、沙門の形を具え、釈迦の姓を禀けていながら、釈尊の涅槃口に至っても斎しみ荘かに礼を致す者が少ない。『涅槃後分』を読めば、釈尊の滅後に梵天帝釈天はじめ皆偈頌をもってその涅槃を哀歎したという。また僧祇律1425には、涅槃日に仏徳を称揚したとある。以前に涅槃八徳讃というものがあったが、音韻上の相違によって、浙江地方ではあまり流行していない。よってここに遵式の礼讃1948に準拠して涅槃礼讃文を作成するのであるという。本書の構成は、先ず唱文、奉請（仏、法、僧の道場への降臨を請う）歎仏（仏の徳を讃歎する）の偈文を記し、次に礼讃の偈頌十四章を列ねるが、各章は八句からなる。はじめの十章は仏を讃し、次の一章は法を讃し、後の三章は僧を讃したものである。礼讃の偈頌の後に懺悔（罪を悔いゆるしを求める）、勧請（衆生の救済を仏に請う）、随喜（他人の善行を喜ぶ）、廻向（善行を悟りのためにふりむける）、発願（悟りを求める心を起こす）の五悔を陳べる。そして最後に「道場を右旋し、遺教経を諷み、仏号を称揚し、誠を尽くして退く」とある。

（仙石景章）

1948 **天台智者大師斎忌礼讃文**（てんだいちしゃだいしさいきらいさんもん）

智者大師斎忌礼讃文、智者大師礼讃文ともいう。

【成立】十～十一世紀。遵式＊が天台智者大

師智顗の年忌において修行する法要の式次、礼讃文を著わした。

【内容】一巻。巻頭の序に本書撰述の由来を記し、次に礼讃文を述べるが、その内容は、唱導文、奉請天台諸祖師（龍樹尊者から、第九祖師荊渓尊者湛然）、讃歎宣疏、頂礼天台智者大師（ここに、大蘇山修法華三昧、華頂峰上降伏天魔、瓦官寺講法華玄義、玉泉寺講摩訶止観、太極殿上講仁王般若、陳隋両国帝師、仏隴寺講解浄名経、霊石海岸開演涅槃、放生池上講金光明、石城金剤現寂滅、仏隴帝封霊塔、十方世界普生仏刹の各行跡を偈頌に作る）、頂礼天台諸祖師、五悔（懺悔、勧請、随喜、廻向、発願）からなる。本書は、仁岳が釈迦如来涅槃礼讃文1947を作成する際の手本となったといわれる。

（仙石景章）

1949 **請観世音菩薩消伏毒害陀羅尼三昧儀**（しょうかんぜおんぼさつしょうぶくどくがいだらにさんまいぎ）
【成立】十～十一世紀。遵式＊が請観世音菩薩消伏毒害陀羅尼呪経1043（請観世音経）にもとづく懺悔作法を著わした。
【内容】一巻。請観世音経1043は観世音菩薩が人々に三宝および観世音菩薩の名号を唱えることを勧め、そして神呪を誦持すればすべての悪疫から免れることができると説く。本書は、叙縁起第一、明正意第二、勧修第三からなる。第一の縁起を叙べる段では、本書の改訂についての四種の由来を述べる。第二の正意を明かす段では、第一荘厳道場、第二作礼法、第三焼香散華、第四繋念数息、第五召請、第六具楊枝浄水、第七誦三呪、第八披陳懺悔、第九礼拝、第十誦経の十段からなる。第三の勧修では、懺法の流布勧進を説く。本書は摩訶止観1911の四種三昧、国清百録1934の「請観世音懺法」、請観音経疏1800などを参照して作成されている。
（仙石景章）

1950 **千手眼大悲心呪行法**（せんじゅげんだいひしんじゅぎょうほう）

大悲心呪懺法、大悲懺法ともいう。

【成立】十～十一世紀。知礼＊が千手千眼観世音菩薩広大円満無礙大悲心陀羅尼経1060にもとづき、摩訶止観1911・法華三昧懺儀1941・法華三昧行事運想補助儀1942などの行法を参考にして懺悔の行儀作法を著わした。

【内容】一巻。まず巻頭の序に本書著作の由来を述べ、この行法を四種三昧のうちの随自意三昧に属すとし、次に十意をもって懺悔法を詳述する。つまり、一に厳道場、二に浄三業、三に結界、四に修供養、五に請三宝諸天、六に讃歌伸誠、七に作礼、八に発願持呪、九に懺悔、十に観行である。第八の発願持呪では、一知一切法願、二智慧眼願、三度一切衆願、四善方便願、五般若船願、六越苦海願、七戒定道願、八登涅槃山願、九会無為舎願、十同法性身願の十願を十乗観法にかけて解釈する。

（仙石景章）

1951 **熾盛光道場念誦儀**（しじょうこうどうじょうねんじゅぎ）
【成立】十～十一世紀。遵式＊が不空訳の熾盛光大威徳消災吉祥陀羅尼経0963によって、熾盛光仏頂法の念誦法を組織化して述べた。
【内容】一巻。同経には金、木、水、火、土、羅睺、計都などの妖星のために、その国土が災害を受けたときに、清らかな場所に道場を設け、熾盛光大威徳陀羅尼を百八遍ないし千遍づつ、一日ないし七日の間誦持すれば、すべての災難が消滅すると説かれる。本書の構成は、第一設壇供養（道場の選定、供物の品目を示す）、第二示方法（陀羅尼の読誦と災難の消滅の法を詳述する）、第三揀衆清浄（戒定慧の三学に通じ、三業を清浄にすべきことを説く）、第四誦呪法（百八遍づつ一日ないし七日の間誦呪することを説く）、第五三業供養（三業供養、奉請三宝、讃歎三宝、作法持呪、礼仏、懺悔、行道旋繞）、第六釈疑（持呪の効力は漢梵両音において異ならず、転災為福の説を証明する）、第七誡勧檀越

（三宝に対して布施を行う者の心得を述べる）の七科からなる。　（仙石景章）

1952 **観自在菩薩如意輪呪課法**（かんじざいぼさつにょいりんじゅかほう）

如意輪呪課法ともいう。

【成立】十一世紀。仁岳＊が義浄訳の観自在菩薩如意心陀羅尼経などに説かれる如意宝輪王陀羅尼の誦呪法を述べた。

【内容】一巻。この同経には観自在菩薩を称讃し、一たびこの呪を誦する者は罪を除き、病苦危難を免れるために、月々百八遍読誦すれば、阿弥陀仏の極楽浄土、観自在菩薩の住む補陀落山を見て、悪道におちることがないと説かれる。本書の序には、如意輪呪に四本の異訳（実叉難陀訳、宝思惟訳、義浄訳、菩提流志訳）を挙げ、義浄訳はその法式が極めて簡略で行儀軌範が完備されていないので、他の三訳によって補う旨を述べる。本書の構成は、法式第一、観想第二、礼讃第三、持誦第四、懺願第五、証験第六、釈疑第七の七科からなるが、第六、七科は不説である。　（仙石景章）

1953 **菩提心義**（ぼだいしんぎ）

【成立】年代不明。

【内容】一巻。菩提心の意味を説明したもの。一に名義を釈し、二に体性を識り、三に一異を弁じ、四に相状を明かし、五に行願を述ぶの五門からなる。第一の名義を釈するには「梵に菩提と云う、此に翻じて覚と名づく。覚を求むる心を菩提心と名づく。菩提を求むる心を発こすを菩提心と名づく」とある。第二の体性は「義府の説の如し」として省略される。第三の一異を弁ずるには華厳経・虚空蔵経・起信論などの所説を引用して「心と菩提性と二あること無き」ことを証明する。第四の相状を明かすには、行位相と功用相との二種を挙げ、行位相では起信論の信成就発心、解脱発心、証発心を述べ、功用相では維摩経・華厳経によって菩提心の功徳力用を明らかにする。第五の行願には、顕揚論1602大日経疏1796発菩提心経1659維摩経0475などを引用して発菩提心の意義を明らかにする。

弘法大師空海の御請来目録2161によれば不空の翻訳書とされるが、宋高僧伝2061によれば不空の門人である潜真の撰述とされる。　（仙石景章）

1954 **明仏法根本碑**（みょうぶっぽうこんぽんひ）

【成立】唐代。智慧輪が密教の立場から仏と法との根本の意味を述べた。

【内容】一巻。「仏の根本とは、薄伽梵大毘盧遮那にして、諸仏の所依たり。法の根本とは、真言陀羅尼にして、諸法の所依たり」とあり、仏の根本は大毘盧遮那仏（密教の教主としての仏の名、大日如来と訳す）であり、十方世界（東西南北の四方と東南、西南、東北、西北の四維と上下との十の方角にそれぞれ世界がある）のすべての仏は、この毘盧遮仏が機に応じて、自他受用身（さとりの楽しみを自ら享受し、またその楽しみを他の衆生に享受させるという自利利他の二面を有する仏、報身）となり、変化身（衆生の救済のために現われた生身の仏、応身。たとえば釈尊）となって現われたものであり、法の根本は真言陀羅尼で、経、律、論の三蔵のことごとくがこの真言陀羅尼に収められる旨を略述している。もと長安に建てられた碑文を書写したもの。　（仙石景章）

1955 **顕密円通成仏心要集**（けんみつえんづうじょうぶつしんようしゅう）

【成立】唐末五代。道殿＊が密教における成仏の心要を述べた。

【内容】一に顕教の心要、二に密教の心要、三に顕密双弁、四に遇えるを慶べる述懐、の四門からなる。一の顕教の心要には、華厳の小乗教、大乗始教、大乗終教、頓教、円教の五教判を明らかにし、次に円教の修行を述べるのに、毘盧法界を悟り、普賢行を修するの二門をもってする。二の密教の心要には、神変疏鈔、曼荼羅疏鈔をもって密円なるものとし、持誦儀軌、験成行相の二をもって修行分とする。三の顕密双弁には、上上の根の者は顕密を双び修し、中下の根の者は心の楽うところにしたがって密教あるいは顕教の一門を修するを述べ、また密呪の深広なることを知らしめるために十門をもって説く。四の慶遇述懐には顕密二教に遇えると慶べる旨を述懐する。本書の後半には「供仏利生儀」が附録されている。

（仙石景章）

1956 **密呪円因往生集**（みつじゅえんいんおうじょうしゅう）

【成立】西夏の天慶七年（AD1199）。智広および慧真が華厳宗の往生思想を明らかにした。

【内容】一巻。真言陀羅尼を念誦することによって浄土に往生することができるとする。まず総序の後に、「持誦神呪儀」として陀羅尼の念誦法を述べる。その陀羅尼とは、金剛大輪明王呪、文殊護身呪、一字輪王呪、三字総持呪、七倶胝仏母心大准提呪、大仏頂白傘蓋心呪、大宝楼閣根本呪、宝楼閣心呪、大宝楼閣随心呪、功徳山陀羅尼呪、不動如来浄除業障呪、釈迦牟尼滅悪趣王根本呪、仏頂無垢浄光呪、尊勝心呪、観自在菩薩六字大明心呪、文殊菩薩五字心呪、観自在菩薩甘露呪、薬師瑠璃光仏呪、阿弥陀仏根本呪、阿弥陀仏心呪、阿弥陀仏一字呪、無量寿王如来一百八名陀羅尼、智炬如来心破地獄呪、毘盧遮那仏大灌頂光呪、金剛薩埵百字呪、十二因縁呪、摩利支天母呪、請雨呪、截雨呪、心呪である。巻末には、「数珠功徳法」を述べ、『金剛頂瑜伽念珠経』を引用する。本書は、五台山の道殿の顕密円通成仏心要集1955とともに、五台山の華厳密教を知る好個の資料とされる。

（仙石景章）

第47巻　諸宗部　四

1957 **略論安楽浄土義**（りゃくろんあんらくじょうどぎ）

略論浄土義、安楽浄土義ともいう。

【成立】六世紀前半。著者は曇鸞。

【内容】一巻。三経一論の広義を略説するもので、いわゆる安楽浄土の教義を略論している。六つの問答体によりなっている。すなわち、第一問答は安楽国は三界のなかのどの界におさまるかということについて。この問に対して、法蔵比丘の発願・修行によりなる安楽浄土であるから、三界にはおさまらないと述べている。第二問答は安楽国はどれ程の荘厳があって、浄土と名づくるのかということについて。これに対して浄土論1963に挙げている二十九種の荘厳を説いている。第三問答は安楽国に生ずるものはどれ程の輩があり、どれ程の因縁があるのかということについて。これに対して、三輩九品のうち上輩は五因縁、中輩は七因縁、下輩は三因縁の別があること。さらに、来迎見仏の差別と辺地胎生の往生についても述べている。第四問答は胎生往生する者は七宝宮殿中にて快楽を受けるや否や。また何を憶念するのかということについて。これに対しては罪ある者は後宮にいて快楽を受けないように、胎生往生の者は見仏・供養の功徳を受けない。だが本罪を悔責することに依り、かえって三輩生に同じであることも示している。第五問答は胎生往生の者が疑惑を起こす状態について問うている。これについては総じて仏智を解了しないからである。さらに言うならば(1)不思議智、(2)不可称智、(3)大乗広智、(4)無等無倫最上勝智を解了しないからであることを明かしている。第六問答は十念相続とは云何なる者かと問うている。これに対して、二河白道の譬喩を挙げて、前心後心相次いで十念することであると示している。

(中西随功)

【参考文献】藤堂恭俊「『略論安楽浄土義』と『安楽集』の末疏について」『浄土宗典籍研究』一九七五年。

1958 **安楽集**（あんらくしゅう）

【成立】六〜七世紀。著者は道綽。

【内容】二巻。末法の初運に出世した著者が自らの信仰を告白した書であり、一代仏教を聖道門と浄土門に二分し、末法の時代における劣機は偏に西方極楽世界の阿弥陀仏に帰依し念仏によって往生すべきことを勧めている。しかも、本書は観無量寿経0365の随文作釈でないが、その意図するところは観無量寿経に説かれる念仏思想を開顕することにある。そのために諸経論を引用している。それは、冒頭に「この安楽集一部の内、総じて十二大門あり、皆、経論を引き証明し、信を勧め往を求む」とあることによっても知られる。すなわち、本書における引文は経四十四部、律一部、論八部、釈三部であり、総じて五十六部に亘っている。とりわけ、曇鸞の著作から多くを引いていることも知られる。本書の構成は十二大門三十八番の章節からなっている。第一大門は九番の料簡によりて、主として観無量寿経の説かれる縁由ならびに宗旨等を明かしている。いわゆる、第一番では、教えは機と時とに適応してこそ人をいかし、その効果をあげうることを示し、当時は仏滅後第四の五百年代にあたり、機も劣っているから仏の名号を称すべきであるとし、第四番では観無量寿経は観仏為宗であると示しながらも念仏三昧について説き、第七番では阿弥陀仏の身土を報身土とし、従来の化身土説をしりぞけ、第八番では凡聖ともに仏願力によって報土往生できることを述べている。第二大門は三番の料簡によりて、願生心に対する別時意説など九批難を破斥している。第三番では一一の問答を設け、念仏による往生に関する疑義を釈明している。第三大門は四番の料簡を設けている。その第一番では龍樹（ナーガールジュナ）・曇鸞二師の二道二力説を継承して聖浄二門判を説き、念仏往生こそが末法の時代における出離得脱の道であると述べている。第四大門は三番の料簡を設けている。その第一番では中国の浄土教家六師を挙げている。第二番では念仏三昧が一代仏教の帰趣であることを、七経一論を引いて述べている。第三番では念仏と諸行との価値を比較している。第五大門は四番の料簡を設けている。この門においては総じて聖道浄土二門の修行などについて論じて優劣を比較している。第六大門は三番の料簡を設けている。そして、十方浄土中において阿弥陀仏の極楽浄土が最も勝れていて、凡夫にとって易往であり、末法に諸経が悉く滅しても凡夫・聖者ともに往生し得るとしている。第七大門は二番の料簡を設けている。そして、浄土は無漏・実相の相であるから、取相しても縛とはならず得脱すること。また、浄土往生人は五道を一時に頓捨することを明かしている。第八大門は三番の料簡を設けている。いわゆる、厭穢欣浄することについての経典上における根拠を明示し、此土入証の釈尊が阿弥陀仏を讃勧すること。また、偏勧西方の内容について明らかにしている。第十大門は二番の料簡を設けている。ここでは、諸仏が西方を勧帰すること、ならびに六種の回向義を述べている。第十一大門は二番の料簡を設けている。そして、三学が自然に実践できる道場として浄土を把えている。最後の第十二大門は一番の料簡でまとめている。ここでは、願生者が二十五菩薩の擁護をうけていることを指摘している。

【後世への影響】念仏を時機相応の教えとして宣揚し、善導の古今楷定説のさきがけをなし、また、聖浄二門判は法然に引用されるなど、大いなる影響を及ぼした。

【参考文献】山本仏骨『道綽教学の研究』永田文昌堂、一九五九年。

（中西随功）

1959 **観念阿弥陀仏相海三昧功徳法門**（かんねんあみだぶつそうかいさんまいくどくほうもん）

観念法門ともいう。

【成立】七世紀。著者は善導。

【内容】一巻。極楽浄土の阿弥陀仏について観念する行相と作法と功徳の三段に分けて説かれている。まず行相については観仏三昧海経0643により仏身の三十二相八十随形好を観ずる観仏三昧の方法を述べ、次に般舟三昧経0417により念仏三昧の方法を述べている。次に、作法が説かれ殊に懺悔発願や臨終行儀について説かれている。最後に功徳について滅罪・護念・見仏摂生・証生の五種の功徳を説く。しかも、この五種の功徳は念仏往生者の功徳であることを明らかにする。

【後世への影響】源信の往生要集2682や法然の選択本願念仏集2608に引かれている。

【参考文献】藤堂恭俊他「法然上人における善導教学の受容とその展開――とくに『法事讃』『観念法門』の受容とその展開に関する基礎資料について――」『仏教文化研究』26、一九八〇年。

（中西随功）

1960 **釈浄土群疑論**（しゃくじょうどぐんぎろん）

群疑論、決疑論ともいう。

【成立】七世紀後半頃。著者は懐感とされるがこの書を完成せずに没したため、同門の懐惲により完成した。

【内容】七巻。懐感は元来法相宗の学僧であり、後に善導により浄土教を習学している。よって本書は唯識思想の観点から浄土教を理解する。そのために百二十一の問答をもうけている。

【後世への影響】奈良時代にすでに日本に伝来して、浄土教の興隆するのに伴って広く研究された。鎌倉時代には多く南都の学僧によって学ばれている。近時には敦煌文書（S2663）中に本書第三巻の部分に相当する写本断片が発見されている。

【参考文献】望月信亨『中国浄土教理史』一九四二年。

（中西随功）

1961 **浄土十疑論**（じょうどじゅうぎろん）

十疑論ともいう。

【成立】六世紀後半頃。著者は智顗*。

【内容】一巻。天台宗の立場において、阿弥陀仏の浄土への往生について十問答をもうける。もとより智顗が疑難を挙げて、それに対して多くの経論を証拠として引いて解答している。

【後世への影響】日本においては最澄が将来し、法然も選択本願念仏集2608に浄土について論じている書物として引いている。近年において撰者についての真偽も論じられている。

【参考文献】島地大等「天台の十疑論」（『六条学報』8）。

（中西随功）

1962 **五方便念仏門**（ごほうべんねんぶつもん）

五方便門ともいう。

【成立】六世紀後半頃。著者は智顗*というが真偽は不明。

【内容】一巻。広く念仏を分類して、諸仏の名を称えて浄土に生まれるための称名往生門、諸仏を観ずるさまたげとなる煩悩を除く観相滅罪門、対象への執着を除く諸境唯心門、心が実有であるとの執着を除く心境俱離門、寂定をねがい無生滅に至るための性起円通門の五種として説いている。その前後に念仏するときに凝心禅・制心禅・体真禅・方便随縁禅・息二辺分別禅の五種の諦観禅があること、一行三昧に関する問答、四教の念仏の意義を述べている。なお、本書の念仏の五分類は唐の華厳宗澄観（ちょうかん）の華厳経大疏1735に挙げている五種念仏を継承している。つまり、華厳系統のものの組織づけであろうとされている。

【参考文献】望月信亨『中国浄土教理史』法蔵館、一九四二年。

（中西随功）

1963 **浄土論**（じょうどろん）

【成立】七世紀。著者は迦才（かさい）。

【内容】三巻。冒頭に自序と偈頌（げじゅ）とを置いている。それにより、本書を著作した意図とともに、説くところは易行・他力の教法であることが知られる。本文は全て問答体によって述べられている。問者は有滞俗公子、答者は浄土先生とある。次に、この問答の目次を列挙すると以下の如くである。第一定土体性、西方浄土にも法報応の三土があり、往生人の業因により定まることを明らかにしている。第二定往生人、どんな人が浄土往生するかということ。これに対して、凡夫は正生であり聖人は兼生の人であると示している。第三定往生因、得往生の因について。これに対して、通因は菩提心、別因は念仏・礼拝・讃嘆・発願・観察・回向等である。第四出道理、凡夫が浄土に往生を得る道理について。法蔵菩薩の願力によって往生するのが了義の説である。凡夫のための慈悲方便によると述べている。第五引聖教為証、凡夫往生の教証について。これに対して、十二経七論の文を引いている。第六引現得往生人相貌、既に往生した人のことについて。僧六人、尼四人、優婆塞五人、優婆夷五人についての往生伝ともいえる。第七将西方兜率、相対挍量優劣、西方極楽浄土と兜率天との優劣について。極楽浄土の優れている十由を示している。さらに、往生の易しさの面から七由を挙げている。第八明教興時節、今はまさしく念仏すべき時であること、また、念仏は時機相応の法であることを明かしている。第九教人欣厭勧進其心、ここでは厭穢欣浄の思いを勧め、凡夫が極楽浄土に往生できるのは乃至十念の念仏に因ることを示している。全体的には安楽集（あんらくしゅう）1958の思想を継承している。

【参考文献】名畑応順『迦才浄土論の研究』一九五五年。

（中西随功）

1964 **西方要決釈疑通規**（さいほうようけつしゃくぎつうき）

西方要決ともいう。

【成立】七世紀中頃。著者は窺基（きき）＊。

【内容】一巻。阿弥陀仏の極楽浄土に往生することについて、諸経論において起る疑問について解釈し、往生を勧めている。いわゆる十四条にわたって問答をもうけている。その中、懐感（えかん）の群疑論（ぐんぎろん）1960や善導の往生礼讃偈1980と思想的に同調していることが知られ注目される。

【後世への影響】源信の往生要集2682、永観の往生十因2683、法然の選択本願念仏集2608等に引かれている。

【参考文献】望月信亨『浄土教之研究』金尾文淵堂、一九一四年。

（中西随功）

1965 **遊心安楽道**（ゆうしんあんらくどう）

【成立】七世紀。著者は元暁（がんぎょう）＊。

【内容】一巻。浄土の問題や往生の正因について述べたものである。この内容は（1）起教の宗致、（2）彼の土の所在を定め、（3）疑惑患難、（4）往生の因縁、（5）往生の品数、（6）往生の難易、（7）妨を解き、疑を除くことなどの諸問題について論じている。本書の撰者については疑偽があり、元暁の真撰とすることは問題で後人の作と考えられている。

【後世への影響】法然の選択本願念仏集2608には浄土宗の名の例として引用されている。

【参考文献】恵谷隆戒『浄土教の新研究』山喜房仏書林、一九七六年。

1966 **念仏鏡**（ねんぶつきょう〈かがみ〉）

【成立】唐代。著者は道鏡と善道。

【内容】二巻。次の十一門に分かち述べている。（1）勧進念仏門、（2）自力他力門、（3）念仏得益門、（4）已得往生門、（5）挍量功徳門、（6）挍量斎福門、（7）疑謗得罪門、（8）誓願証教門、（9）広摂諸教門、（10）釈衆疑惑門、（11）念仏出三界門である。そして、この内容はほぼ善導の浄土教を継承している。最後に広懺悔、修百方十二時、修西方十勧を記している。

（中西随功）

1967 **念仏三昧宝王論**（ねんぶつざんまいほうおうろん）

【成立】唐、天宝元年（AD742）。著者は飛錫。

【内容】三巻。三大門に分かち三世の仏を念ずることについて説かれる。上巻には未来仏を念ずることについて七門を挙げる。これは全ての衆生に対して当来仏の思いで尊敬することについて述べている。中巻には現在仏を念ずることについて六門を挙げる。これは一心に西方の弥陀一仏を称念することについて述べている。下巻には通念三世無不是仏について七門を挙げる。これは念仏三昧の意義は広義であり、念仏とか観仏とかに限定せず三世通念であることを述べている。そして、禅浄合行について明確に主張している。

【参考文献】『浄土宗典籍研究』一九七五年。

（中西随功）

1968 **往生浄土決疑行願二門**（おうじょうじょうどけつぎぎょうがんにもん）

【成立】十一世紀初頭。著者は遵式＊。

【内容】一巻。決疑門と行願門よりなる。まず、決疑門とは浄土教は釈迦と十方諸仏の説かれる大乗了義教であり、薄地の凡夫も往生疑いないことを述べている。次に行願門について、（1）礼懺門、（2）十念門、（3）繫縁門、（4）衆福門の四門を説く。いわゆる、礼懺門とは阿弥陀仏に四種の区別を立て礼仏し懺悔していく。十念門とは一呼吸を一念として十念していくことが正しく往生浄土の正因であると説く。繫縁門は常に仏を忘れずに憶念すること。衆福門とは五事の福徳にて往生を助成することを述べている。つまり、この書は天台教学の立場から浄土往生について説示されている。

【参考文献】望月信亨『中国浄土教理史』法蔵館、一九四二年。

（中西随功）

1969 A **楽邦文類**（らくほうもんるい）

【成立】南宋の慶元六年（AD1200）頃。著者は宗暁。

【内容】五巻。広く諸経論の要文をはじめとし、諸宗祖・高僧および士大夫等の著述、記伝、詩頌、小篇、序跋等のうち浄土教に関するものを集録している。その内容は全体で二百二十余篇を収め、類別して十四門としている。すなわち、第一巻に経・呪・論・第二巻に序跋・文・讃、第三巻に記碑・伝・第四巻に雑文、第五巻に賦銘・偈・頌・詩・詞等を集めている。つまり、第一巻の経部には大蔵専談浄土経論として経四十五所、呪十所、論六所を挙げている。第二巻には序跋三十二家、文十三家、讃十七首を集めている。第三巻には記碑十九首、伝十四伝を収めている。第四巻には雑文三十四首を集めている。第五巻には賦銘三家、偈六家、頌二十家、詩二十二家、詞七家を収めている。終りに、南湖柏庭善月の後序が付されている。これらは著者が極楽浄土を願楽する思念が深い余りに述作したものである。これにより、数多の断簡の散逸することを防いだ恩恵は大である。

【参考文献】『浄土宗典籍研究』一九七五年。

（中西随功）

1969 B **楽邦遺稿**（らくほういこう）

【成立】南宋の嘉泰四年（AD1204）。著者は宗暁。

【内容】二巻。楽邦文類1969Aの拾遺書である。楽邦文類を述作した後において、浄業を讃する文に会うたびに集めて続篇としてまとめている。最初に著者の自序があり、本文に入って上巻には五十六文を集め、下巻には六十一文を収めている。これらの多くは経論、祖釈、ならびに諸家の説のなかから抜萃している。

（中西随功）

1970 **竜舒増広浄土文**（りゅうじょぞうこうじょうどもん）

浄土文ともいう。

【成立】南宋の紹興三十年（AD1160）。著者は王日休。

【内容】十二巻。諸経論および諸人の伝記のうちから浄土教に関連する内容を抜萃している。第一巻に浄土起信九篇、第二巻に浄土総要七篇、第三巻に普勧修持九篇、第四巻に修持法門十五篇、第五巻に感応事跡三十篇、第六巻に特為勧喩三十七篇、第七巻に指迷帰要七篇、第八巻に現世感応十八篇、第九巻に助修上品十六篇、第十巻に浄濁如十篇、第十一巻に天台智顗等について、第十二巻に善導等の法語よりなる。とりわけ、本書は浄土教の厭離穢土の思想は決して社会倫理と背反するものでなく日用に念仏の功徳のあることを示そうとしているところに特色がある。

（中西随功）

1971 **浄土境観要門**（じょうどきょうかんようもん）

【成立】元の至大三年（AD1310）。著者は懐則。

【内容】一巻。天台の観法に内観と外観とがある。このような立場から観無量寿経0365の十六観の理解について阿弥陀仏は内外二観のどちらに属するかが問題となってくる。一見して西方阿弥陀仏という場合は心外の存在とするから外観に属することになる。ところが天台大師智顗は心観為宗実相為体と説く。そこで、さらにこの点について論議されることになる。浄覚や広智の異論に対して、本書は四明知礼の西方阿弥陀仏はそのまま吾心であるとの説を継承している。

（中西随功）

1972 **浄土或問**（じょうどわくもん）

【成立】十四世紀前半。著者は天如則。

【内容】一巻。二十六の問答によって浄土教についての疑問を釈明して、ついに禅浄双修の実践を勧めるものである。問答（1）～（3）は先師が揃って浄土を願う理由を明かし、（4）～（6）は仏身仏土について、（7）～（9）は修法とその結果としての九品について、（10）（11）は浄土について、（12）（13）は此土と彼土の比較について、（14）は厭欣取捨について、（15）は往生について、（16）は浄土の遠不遠について、（17）（18）は下輩者の往生について、（19）は不退の理由、（20）は臨終の念仏、（21）は現益について、（22）～（24）は念仏の実修、（25）は専称名号、（26）は三策について述べる。

（中西随功）

1973 **廬山蓮宗宝鑑**（ろざんれんしゅうほうかん）

蓮宗宝鑑ともいう。

【成立】元の大徳九年（AD1305）。著者は普度。

【内容】十巻。慧遠により始まる中国浄土教すなわち廬山蓮宗の教義の大綱が述べられている。巻第一念仏正因では念仏が往生の正因であること、巻第二念仏正教では念仏の大綱について、巻第三念仏正宗では念仏三昧の理を示し、巻第四念仏正派では諸祖が念仏を得た始末について、巻第五念仏正信・巻第六念仏正行・巻第七念仏正願では正法を信じ正行を行じ、正願を発し西方に生ぜんことを勧め、巻第八念仏往生正訣では浄土往生の過程について、巻第九念仏正報では浄土にて受くべき功徳について、巻第十念仏正論では諸仏の説により異学異見を破壊している。本書は元代の浄土教について知られる代表的著作である。

【参考文献】小笠原宣秀『中国近世浄土教史の研究』百華苑、一九六三年。

（中西随功）

1974 **宝王三昧念仏直指**（ほうおうざんまいねん

ぶつじきし）

念仏直指ともいう。

【成立】明の洪武二八年（AD1395）。著者は妙叶。

【内容】二巻。念仏三昧は宝王であり最上の法門であることを述べる。釈迦一代の教並びに列祖はこの宝王三昧を弘通されている。この念仏三昧の理論と実践とを二十二段、附説二段に亘り説いている。上巻の九段は理論的内容、下巻十三段は実践的内容について述べている。いわゆる、妙叶は当時において極楽への往生を願わず軽んずる者が多いことを嘆き本書を公刊する。著者は天台僧と思われ、唯心浄土本性弥陀の教旨を明らかにし、禅者の観念論的な唯心思想を排斥している。

（中西随功）

1975 **浄土生無生論**（じょうどしょうむしょうろん）

【成立】明代。著者は伝灯（無尽法師）。

【内容】一巻。書名の如く、浄土の生、無生について論述する。

それについて十門をもうけている。いわゆる、(1)一真法界門、(2)身土縁起門、(3)心土相即門、(4)生仏不二門、(5)法界為念門、(6)境観相呑門、(7)三観法爾門、(8)感応任運門、(9)彼此恒一門、(10)現未互在門である。世に天台大師智顗の浄土十疑論1960と飛錫の念仏三昧宝王論1967とを併せて浄土三論と呼称されている。本書は主として華厳の性具十法界、天台の三諦円融、一心三観、楞伽の如来蔵心などの説に基づき、凡夫介爾の念仏心と仏土とが相即し、衆生心と仏心とが不二であることを明らかにし、これによって称名念仏の行者が信願行具足すれば、臨終の後、願に随って極楽に往生できる道理があることを論じている。

【参考文献】望月信亨『中国浄土教理史』法蔵館、一九四二年。

（中西随功）

1976 **西方合論**（さいほうごうろん）

【成立】明の万暦二七年（AD1599）。袁宏道が病気を機縁として禅より浄土教に転向した時期に著したもので、広く諸経論を引用して、浄土教を闡明している。

【内容】一〇巻。

(1)刹土門、(2)縁起門、(3)部類門、(4)教相門、(5)理諦門、(6)称性門、(7)往生門、(8)見網門、(9)修持門、(10)釈異門の十門よりなる。さらに各門については細科をもうけて詳述されている。これによって釈尊の仏教が究極において浄土教に帰することを明らかにしている。

（中西随功）

1977 **浄土疑弁**（じょうどぎべん）

【成立】十六～十七世紀。著者は袾宏＊。

【内容】一巻。禅宗と浄土教が同帰することを主旨とする。つまり、禅は浄土の禅であり、浄土は禅の浄土であることを示していく。そして、即禅即浄の浄土教について問答をもうけて明らかにしている。本書はまことに短文であるが、その要旨は闡明に述べられている。近代中国浄土教の立場を的確に示したものである。本書の流通に予章の居士陳所蘊が援助したことを跋文に記している。

（中西随功）

1978 **讃阿弥陀仏偈**（さんあみだぶつげ）

【成立】六世紀前半。著者は曇鸞。

【内容】一巻。讃頌によりなっており、その内容は礼拝と讃嘆と回向とである。そして礼拝と回向との間に讃偈がはさまれている。この偈は全体で百九十五行百九十句よりなっている。主に無量寿経0360に依って、専ら阿弥陀仏を讃嘆している。その中、初二十八行は本仏を讃嘆し、後百六十七行は浄土の聖衆および国土の依報について讃嘆している。いわゆる、礼拝は阿弥陀仏について五十二、聖衆について六、都合あわせて五十八になる。また、回向については願共諸衆生往生安楽国の文が四十八あるが、その他に哀愍覆護我の偈および普為師僧父母等の文が二ヶ所にみられ、これも回向であるから、都合五十二となる。さらに、本讃偈は阿弥陀仏およびその国土を称讃し、著者が阿弥陀仏に帰する意を表したものである。

【参考文献】矢吹慶輝「敦煌出土讃阿弥陀仏偈並に略論安楽浄土義」（『鳴沙余韻解説』所収）。禿氏祐祥「讃阿弥陀仏偈の古本」（竜谷大学論叢三〇二）

（中西随功）

1979 **転経行道願往生浄土法事讃**（てんぎょうぎょうどうがんおうじょうじょうどほうじさん）

浄土法事讃、法事讃ともいう。

【成立】七世紀。著者は善導。

【内容】二巻。上巻は表記の如くであるが、下巻には安楽行道転経願生浄土法事讃とあり合わせて二巻となっている。本書は観念法門1959・往生礼讃偈1980・般舟讃1981と共に五部九巻におさまり、行儀分に属するものである。いわゆる、極楽の依正二報の功徳を讃するために阿弥陀経0366を転経し、散華供養して旋繞行道することによって願生浄土を成就することを趣旨としている。この次第は、導師が初めに礼盤に登り「転経行道願往生浄土法事讃沙門善導集記」の標題を拝読する。次に維那が「奉請四天王」と発声し、讃衆は「直入道場中」以下の句を同唱し、導師は高座に登って表白文をとなえる。表白が終われば維那が焼香散華一帀する。右召請人立って「般舟三昧楽」を唱え讃衆は和して「願往生」を同唱する。ついで左召請人も同様に行い、終わって維那の発声により、三宝を敬礼し、中導師の指示によって左右各導師の「願往生」の文の奉唱がある。ついで「三奉請」を行って行道七徧、仏前に至って華を供養する。この行道が終わると「三尊奉請」の偈を唱え、至心に懺悔する。また、下巻の安楽行道転経願生浄土法事讃は阿弥陀経の転経から始まる。導師は経の一段を唱えるごとに左右導師が各の発声により、「願往生」の文をくりかえしてのち、至心懺悔し、摂益文、念仏一会して導師回願し、七敬礼を唱える。最後に維那が長跪して送経偈を独唱する。

【参考文献】服部英淳「導導大師の行儀分とその影響」（『浄土教思想論』）一九七四年。望月信亨「善導大師の著作より見たる教系」『善導大師の研究』一九二七年。

（中西随功）

1980 **往生礼讃偈**（おうじょうらいさんげ）

往生礼讃、礼讃ともいう。

【成立】七世紀。著者は善導。

【内容】一巻。浄土往生のための日常六時に行う行儀作法を述べたもの。いわゆる、善導の五部九巻の一つであり、一日を日没・初夜・中夜・後夜・晨朝・日中の六時に分けて、各時に偈を唱え、懺悔礼拝するように構成されている。内容は前序、正明、後序の三段からなっている。前序には初めに造讃の意趣を述べ、次に願生の要義として、初めに安心・起行・作業の三門を明し、次に専称仏名一行三昧を定め、ついに専雑の得失について明らかにしている。第二正明段は正宗分であり、六時礼讃の行儀について明らかにしている。その第一の日没礼讃は十九拝を以てし、無量寿経0360に依り十二光仏等の名号を念誦し、次に懺悔する。第二の初夜礼讃は二十四拝、無量寿経の要文を讃嘆礼拝し、次に懺悔する。第三の中夜礼讃は十六拝、竜樹（ナーガールジュナ）の願往生偈を讃嘆礼拝し、次に懺悔する。第四の後夜礼讃は二十拝、天親（＝世親・ヴァスバンドゥ）の願生偈を讃嘆礼拝して、次に懺悔する。第五の晨朝礼讃は二十一拝、隋の彦琮の願生偈を讃嘆礼拝し、次に懺悔する。第六の日中礼讃には二十拝し、善導自ら、観無量寿経0365の十六観に基づいて礼讃偈を撰し、これを以て讃嘆礼拝し、次に懺悔する。終の後序は広く現当の両益を挙げて行者を勧発したものである。

【参考文献】服部英淳「善導大師の行儀分とその註書」（浄土宗全書四の解説）。

（中西随功）

1981 **依観経等明般舟三昧行道往生讃**（いかんぎょうとうみょうはんじゅうさんまいぎょうどう

おうじょうさん）

般舟讃ともいう。

【成立】七世紀後半。著者は善導。

【内容】一巻。無量寿経0360・観無量寿経0365・阿弥陀経0366・般舟三昧経0417により般舟三昧行道を説き、浄土への往生を願う讃を撰している。いわゆる、般舟とは常行道のことで、本尊のまわりを繞ることである。また、三昧とは三業を禅定に住せしめることである。つまり、本書は三昧の境地により現世にて見仏することを説いている。

【参考文献】服部英淳『浄土教思想論』一九七四年。

（中西随功）

1982 **集諸経礼懺儀**（しゅうしょきょうらいさんぎ）

【成立】八世紀。著者は智昇＊。

【内容】二巻。諸経典にみられる礼懺儀を集録したもの。巻上には歎仏呪願に次いで十方仏名経0442・大集経0397・文殊師利礼法身仏文・西方礼阿弥陀仏文・華厳偈・菩薩戒法偈・菩薩戒香湯法・梵網経1484・破戒偈・大智度論偈・薬王薬上経・毘尼経・仏名経0440・三厨経2894等を引用している。そして、巻下には善導の往生礼讃偈1980を全文に亘り引用している。善導の往生礼讃偈や、それのもととなった礼讃文など、七三〇年編集当時の長安における礼仏行儀の実際を知ることができる。また、三厨経のような道教と類似する疑経も平日に用いられたことが知られる。

（中西随功）

1983 **浄土五会念仏略法事儀讃**（じょうどごえねんぶつりゃくほうじぎさん）

五会法事讃、略法事讃ともいう。

【成立】唐代。著者は法照。

【内容】二巻。冒頭に「浄土五会念仏略法事儀讃一巻並序　南岳沙門法照於上都章敬寺浄土院述」とある。長安の章敬寺は大暦二年（AD七六七）に建てられた寺院である。この書に述べている五会念仏は章敬寺ならびに五台山の竹林寺を中心として盛況し、慈覚大師円仁により日本に伝えられた。本書は、まず著作の意図を述べ、法事実修においては道俗のものより好声にして讃歌を暗誦したものを式衆に選ぶことを注意し、五会念仏の利益・由来・出典などをあげ、（1）云何梵、（2）稽請文、（3）荘厳文、（4）散華楽文、（5）五会念仏、（6）宝鳥讃、以下の三十九種の讃を順序次第に勧めることを示している。

（中西随功）

1984 **往生浄土懺願儀**（おうじょうじょうどさんがんぎ）

往生浄土懺儀ともいう。

【成立】宋の大中祥符八年（AD1050）。著者は遵式＊。

【内容】一巻。無量寿経0360・称讃浄土仏摂受経0367等の大乗経典により浄土往生のための十種の行法を明かしている。その十種行法とは（1）厳浄道場、（2）方便法を明かす、（3）正修意を明かす、（4）焼香散華、（5）礼請法、（6）讃歎法、（7）礼仏法、（8）懺願法、（9）旋誦法、（10）坐禅法である。この内容は実は天台の法華懺法の十行法を依用している。とりわけ、第三正修意が中心となりこの中に天親（＝世親、ヴァスバンドゥ）の往生讃により礼拝・讃歎・作願・観察・廻向の五念門の修行により浄土往生が叶うと示されている。

（中西随功）

1985 **鎮州臨済慧照禅師語録**（ちんしゅうりんざいえしょうぜんじごろく）

臨済録、臨済語録ともいう。

【成立】唐末の臨済宗祖の臨済義玄＊（慧照禅師）のことばを集めた語録で、法嗣の三聖慧然が編集し、同じく法嗣の興化存奨が校勘したとされる。北宋の宣和二年（AD1120）に雲門宗の円覚宗演が福州（福建省）閩県の鼓山湧泉寺で重刊している。

【内容】一巻。義玄の語録が古くから存したことは『祖堂集』巻一九や宋高僧伝2061巻一二などの記事によって知られ、とくに『天聖広灯録』巻一〇・一一に収録される義玄の章は古本の『臨済録』の存在を窺わしめ、宗演重開の『臨済録』とは上堂語の配列が異なるほか、新たに八段の語が加えられている。ほかに馬祖道一・百丈懐海・黄檗希運および義玄という四代の語録を集めた『四家語録』所収本も存している。『臨済録』は宗演の重刊して以降、臨済宗祖の語録として広く禅門に流布し、多くの刊本が印刷されているが、宗演の重刊本そのものはすでに現存しない。大正蔵経本に収録される底本は元の大徳年間（AD1297〜1307）に臨済宗の雪堂普仁が再刊したものを、さらに日本の永享九年（AD1437）に法性寺東経所で復刻した五山版（旧徳富猪一郎所蔵本）である。これを増上寺報恩蔵の明本『古尊宿語録』のもの、宮内省図書寮の五山版、慶安二年（AD1649）版の大谷大学所蔵本および延徳三年（AD1491）版の徳富猪一郎所蔵本によって校定している。大正蔵経本には巻首に元貞二年（AD1296）に曹洞宗の林泉従倫が大都（北京）報恩寺でなした序、大徳二年に郭天錫がなした序、臨済宗の五峰普秀がなした序が存し、その後に宣和二年の馬防の序が付されている。つづいて義玄が鎮州（河北省）滹沱河畔の臨済院その他でなした「上堂」「示衆」や、諸禅者らとの問答商量を収めた「勘弁」および参学期の消息を伝える「行録」を収め、さらに遷化時の慧然との問答や鎮州保寿寺の延沼が書した「臨済慧照禅師塔記」を載せている。また別本では「真定十方臨済慧照玄公大宗師道行碑」と「臨済正宗碑銘」も載せられている。『古尊宿語録』巻三「鎮州臨済慧照禅師語録」は宗演重刊本の面影を伝え、『続古尊宿語要』巻一「臨済」は現存最古の刊本である。ちなみに『臨済録』の現存最古のテキストは福州東禅寺蔵経本である。日本でも五山版や古活字本、さらに江戸刊本など数多くの開版がなされている。また日本の中世から近世にかけて『臨済録抄』として多くの抄物がまとめられている。『臨済録』には義玄の厳しい人間観、痛快な学人接化などが窺えることから、古来、語録の王と称されている。

（佐藤秀孝）

1986 A **筠州洞山悟本禅師語録**（いんしゅうとうざんごほんぜんじごろく）
1986 B **瑞州洞山良价禅師語録**（ずいしゅうとうざんりょうかいぜんじごろく）

洞山録ともいう。

【成立】ともに唐末の曹洞宗祖の洞山良价＊（悟本大師）のことばを禅宗灯史その他から集めた語録で、明代に臨済宗の雪嶠円信（語風）と郭凝之（無地地主人）が『五家語録』の一つとして編した『瑞州洞山良价禅師語録』と、日本で江戸期に宜黙玄契が重編した『筠州洞山悟本禅師語録』と、同じく指月慧印がこれを重校した『筠州洞山悟本禅師語録』の三種が存している。したがって、中国・日本ともその成立年代はかなり新しい。曹洞宗祖の語録として後世、いくつかの末書（注解書）が著された。

【内容】各一巻。Aは寛保元年（AD1741）に玄契が『曹山録』とともに『曹洞二師録』として刊行した語録に対して、慧印がこれに基づき重校しながら、玄契の名を削除して自らの編として宝暦一一年（AD1761）に序を付して刊行したものである。また慧印の法嗣である瞎道本光も『曹洞二師録』を重編している。大正蔵経本の『筠州山悟本禅師語録』の底本は明和三（AD1766）年の『曹洞二師録』所収の駒沢大学所蔵本であり、これを大谷大学所蔵の玄契編次本によって校定している。内容は良价がなした上堂・示衆・挙古・問答などを中心に、さらに「宝鏡三昧歌」「玄中銘」「新豊吟」「綱要頌」「功勲五位頌」といった歌頌を収め、また「自誡」「規誡」「辞北堂書」「後寄北堂書」「附嬢回書」などを付している。さらに玄契の校勘した「洞山悟本禅師語録之余」を載せ、慈麟玄趾の序、宏智派の東陵永璵の賛、玄契の自序、面山瑞方と玄契の跋を付している。

Bは杭州（浙江省）径山の語風円信と郭凝之が明の崇禎三年（AD1630）に編集し、清の康熙四年（AD1665）に刊行された『五家語録』に収められたものであり、五家の一派としての曹洞宗祖良价の語を禅宗灯史などより編集している。大正蔵経本の底本は『大日本続蔵経』所収の『五家語録』本である。良价の足跡に添って参学期の遍参問答、住持期の問答・上堂、「五位君臣頌」「宝鏡三昧」および臨終の消息などを載せている。

（佐藤秀孝）

1987 **A撫州曹山元証禅師語録**（ぶしゅうそうざんげんしょうぜんじごろく）

1987 **B撫州曹山本寂禅師語録**（ぶしゅうそうざんほんじゃくぜんじごろく）

曹山録ともいう。

【成立】いずれも唐末の曹山本寂＊（元証大師）のことばを禅宗灯史その他から集めた語録であるが、その編集は日本で江戸時代になされて比較的に新しい。このほか、本寂には法嗣の金峰従志（玄明大師）が編したとされる伝承の古い『撫州曹山元証大師語録』も伝えられ、草庵法義の跋なども付されているが、伝承などに問題も多い。

【内容】A一巻。B二巻。Aは『曹洞二師録』の一つとして、宜黙玄契編集の語録を指月慧印が校訂して削略を加え、宝暦一一年（AD1761）に刊行したもので、その後も慧印の法嗣瞎道本光が重校している。大正蔵経本の底本は駒沢大学所蔵で本光重校の明和三年（AD1766）本に依っている。宝暦一一年の慧印の序についで、本寂の参学期の問答や住持期の問答・示衆、本光重編の「解釈洞山五位顕訣」「逐位頌並注別揀」「五位旨訣」「三種堕」「四種異類」「三然灯」を収めている。

Bは明代末期に雪嶠円信と郭凝之が『五家語録』の一つとして編した一巻本を、日本の宜黙玄契が校訂・重編して二巻となし、寛保元年（AD1741）に刊行したものである。大正蔵経本の底本は大谷大学所蔵の寛保元年刊本である。はじめに柳沢里恭（公美）・慈麟玄趾の序、玄契の自序を載せ、上巻に『五家語録』所収の語録を収め、下巻に玄契が編次した本寂の遺録、「解釈洞山五位顕訣」「註釈洞山五位頌」「三等之堕」「四種異類」「八要玄機」「五位旨訣」などを収録している。

（佐藤秀孝）

1988 **雲門匡真禅師広録**（うんもんきょうしんぜんじこうろく）

雲門広録、雲門録ともいう。

【成立】唐末五代の雲門宗祖の雲門文偃＊（匡真禅師）の語録であるが、門人守堅（明識大師）が編集し、福州（福建省）閩県の鼓山湧泉寺に住した遠孫の円覚宗演が校勘し、北宋の熙寧九年（AD1076）に蘇澥の序を得て刊行している。

【内容】三巻。巻首に蘇澥の序、上巻に門人に対する問答や上堂を集めた「対機三百二十則」や「十二時歌」「偈頌」を、中巻に室中での垂示や古則の拈提をなした「室中語要一百八十五則」と上堂・示衆を集めた「垂示代語二百九十則」を、下巻に学人との問答商量である「勘弁一百六十五則」と文偃自身が参学期に諸禅者に学んだ機縁を集めた「遊方遺録三十一則」と「大師遺表」「遺誡」を載せ、文偃示寂の乾和七年（AD949）に集賢殿の雷岳が録した「雲門山光泰禅院匡真大師行録」と「請疏」を収めている。巻末に法嗣徳山縁密（円明大師）が述した「頌雲門三句語」ならびに余頌八首を付している。日本でも五山版や古活字本などが刊行されて広く行われた。大正蔵経本の底本は成簣堂文庫蔵（徳富猪一郎旧蔵）の五山版（南北朝期の刊行）であり、これを増上寺報恩蔵所蔵の万暦四三年（AD1615）刊行『古尊宿語録』所収本、宮内省図書寮所蔵の五山版、寛永一七年（AD1640）刊行の大谷大学所蔵本によって校定している。ちなみに現存最古のテキストは宋版『古尊宿語録』所収本である。

（佐藤秀孝）

1989 **潭州潙山霊祐禅師語録**（たんしゅういさんれいゆうぜんじごろく）

潙山霊祐禅師語録ともいう。

【成立】臨済宗の雪嶠円信と郭凝之によって明末の崇禎三年（AD1630）にまとめられ、清の康熙四年（AD1665）に刊行されている。

【内容】一巻。唐末に禅宗五家のひとつ潙仰宗の祖となった潙山霊祐（大円禅師）の語録。禅宗灯史その他から霊祐の語を集め、弟子の仰山慧寂（智通大師）の語録とともに編集され、『五家語録』の一つに収録されたもので、大正蔵経本は『大日本続蔵経』本を底本にしている。霊祐の参学期における問答、住持期の上堂・問答などを収録している。霊祐にはほかに『潙山大円禅師警策』（『潙山警策』とも）が存し、『仏遺教経』『四十二章経』とともに「仏祖三経」と呼称される。

（佐藤秀孝）

1990 **袁州仰山慧寂禅師語録**（えんしゅうきょうざんえじゃくぜんじごろく）

仰山慧寂禅師語録ともいう。

【成立】臨済宗の雪嶠円信と郭凝之によって明末の崇禎三年（AD1630）にまとめられ、康熙四年（AD1665）に刊行されている。

【内容】一巻。唐末五代の禅宗五家の一つ潙仰宗の祖である仰山慧寂（智通大師）の語録。禅宗灯史その他から慧寂の語を集め、師の潙山霊祐の語録とともに編集され、『五家語録』の一つに収録されたもので、大正蔵経本は『大日本続蔵経』本を底本にしている。慧寂の参学期の問答、住持期の上堂・問答を収録している。なお慧寂については『全唐文』巻八一三に陸希声が撰した「仰山智通大師碑銘」が存する。

（佐藤秀孝）

1991 **金陵清涼院文益禅師語録**（きんりょうせいりょういんもんえきぜんじごろく）

大智蔵大導師語録、法眼文益禅師語録ともいう。

【成立】法眼文益の語録としては『祖庭事苑』巻六にその語釈が載せられているから、宋代には古本が現存していたらしいが、すでに散逸して伝えられない。現在のものは明代に臨済宗の雪嶠円信と郭凝之によって禅宗灯史その他から集められ、『五家語録』の一つとして編纂されたものである。

【内容】一巻。唐末五代に禅宗五家の一つ法眼宗の祖として活躍した清涼文益（大法眼禅師）の語録。文益の略伝と住地である撫州（江西省）曹山崇寿院・金陵（南京）報恩院・金陵石頭山清涼院の三寺院での開堂・上堂・示衆・問答、および機縁・挙古・代古・偈頌などを収めている。大正蔵経本は『大日本続蔵経』本を底本にしている。なお文益には別に『続古尊宿語要』巻二に簡略な「清涼法眼益禅師語」を収めており、また著として『宗門十規論』が伝えられる。

（佐藤秀孝）

1992 **汾陽無徳禅師語録**（ふんようむとくぜんじごろく）

汾州無徳禅師語録、汾陽録ともいう。

【成立】北宋初期に臨済の宗風を振った汾陽善昭（ぜんしょう）＊（無徳禅師）の語録で、編者は法嗣の石霜楚円（慈明禅師）であり、巻首に楊億の序、巻末に建中靖国元年（AD1101）に重刊された際の守中の跋が存している。ただし、現存本は元の至大三年（AD1310）にさらに重刊されたもので、松源派の古林清茂（くりんせいむ）らの重刊疏が存している。

【内容】三巻。上巻には上堂・小参の語を収めており、三玄・三要・三句・三決・四転語・四賓主・洞山五位頌・十智同真など機関の提唱もなされている。中巻には「頌古」と「代別」が収められ、禅宗における公案集編纂の端緒をなしている。下巻には「参学儀」「行脚歌」「略序四宗頓漸義」「不出院歌」「自慶歌」「徳学歌」「甎珠歌」「住山歌」「広智歌一十五家門風」「了義経歌」「仏道訣」など多くの歌頌を収めている。大正蔵経本は『大日本続蔵経』本を底本にしている。ちなみに現存最古のテキストは駒沢大学図書館所蔵の宝永六年（AD1709）刊本である。ほかに善昭には三巻本の抄出である明蔵本『古尊宿語録』巻一〇所収の『汾陽昭禅師語録』や『続古尊宿語要』巻一所収の『汾陽昭禅師語要』も存する。

（佐藤秀孝）

1993 **黄竜慧南禅師語録**（おうりゅうえなんぜんじごろく）〈附〉黄竜慧南禅師語録続補

【成立】北宋代に臨済の宗風を振って黄竜派の祖と仰がれた黄竜慧南＊（普覚禅師）の語録とその続補であるが、編者は法嗣の九頂慧泉。紹興一一年（AD1141）の刊行で、慧南と晦堂祖心・死心悟新・超宗慧方という四代の語録をまとめた『黄竜四家録』に収録される。大正蔵経本は『大日本続蔵経』所収の『黄竜四家録』を底本にしている。

【内容】ともに一巻。『語録』は「初住同安崇勝禅院」「遷住帰宗語録」「黄竜山語録」「偈頌」を収録している。『続補』は江戸時代に京都建仁寺両足院の高峰東晙が『黄竜四家録』本に漏れた慧南の語を灯史や諸禅者の語録その他から集めたもので、上堂・示衆・偈頌などを収めている。ほかに慧南には『続古尊宿語要』巻一所収の「黄竜南禅師語要」や、書簡を集めた『黄竜山南禅師書尺集』などが存している。後に明庵栄西（千光房）が入宋して黄竜派の禅を日本に伝え、門流の竜山徳見は『黄竜十世録』をまとめている。

（佐藤秀孝）

1994 A **楊岐方会和尚語録**（ようぎほうえおしょうごろく）

1994 B **楊岐方会和尚後録**（ようぎほうえおしょうこうろく）

Aは楊岐会和尚語録、Bは楊岐会和尚後録、併せて楊岐録ともいう。

【成立】Aは北宋代に臨済の宗風を振い、楊岐派の祖に仰がれた楊岐方会＊の語録であるが、編者は法嗣の保寧仁勇と白雲守端であり、紹興年間（AD1131～1162）に賾蔵主が編集した『古尊宿語録』巻一九に収録される。Bは楊岐山入院の語と上堂・勘弁・自述真讃を収めているが、編者は不詳であって、その伝来については定かでない。

【内容】ともに一巻。Aは巻末に皇祐二年（AD1050）の文政（湘中苾蒭）の序、元祐三年（AD1088）の楊傑（無為居士）の題を付し、「袁州楊岐山普通禅院会和尚語録」「後住潭州雲蓋山海会寺語録」よりなる。はじめは楊岐派四代の語録をまとめた『慈明四家録』の一つとして刊行されたと見られる。大正蔵経本は増上寺報恩蔵の明本の『古尊宿語録』所収のものを底本としているが、なぜか誤って同門の道吾悟真の『潭州道吾真禅師語要』をも方会のものとして収録している。大正蔵経本の底本は『大日本続蔵経』所収本であるが、現存最古のテキストは宋版『楊岐会和尚語録』および宋版『慈明四家録』である。また別に嘉熙二年（AD1238）刊行の『続古尊宿語要』巻三にも簡略な「楊岐会禅師語」が存している。

（佐藤秀孝）

1995 **法演禅師語録**（ほうえんぜんじごろく）

五祖法演禅師語録ともいう。

【成立】北宋末期の紹聖五年（AD1098）の刊行。編者は雲頂才良・仏眼清遠・景淳ら。

【内容】三巻。臨済宗の楊岐派の五祖法演の語録。上巻に「初住四面山語録」「次住太平語録」「次住海会語録」を、中巻に「舒州白雲山海会演和尚語録」を、下巻に「黄梅東山演和尚語録」「偈頌」「賛」などを収め、末尾に張景脩・劉跂・朱元衬の序を載せている。序文が紹聖二年（AD1095）に河間の劉跂や呉郡の朱元衬によって撰されており、法演の生前から編集がなされたことが知られる。もと『慈明四家録』の一つに収められたともされ、咸淳三年（AD1267）の『古尊宿語録』の重刊本増補のときに瑯琊慧覚の語録とともに追加挿入されている。ただし、大正蔵経本の底本は明蔵本であり、『古尊宿語録』本とは配列がかなり相違している。現存最古のテキストは宋版『古尊宿語録』二十七家本である。日本では文政十二年（AD1829）の東福寺円爾（聖一国師）の遠忌に宋版を校訂して刊行されている。また万延本には「五祖法演禅師語補遺」が付されている。

（佐藤秀孝）

1996 **明覚禅師語録**（みょうかくぜんじごろく）

〈附〉明州雪竇山資聖寺第六祖明覚大師塔銘

雪竇明覚禅師語録、明覚録ともいう。

【成立】北宋代に雲門宗の法門を振って活躍した雪竇重顕＊（明覚禅師）の語録で、編者は門人の惟益・文軫・円応・文政・遠塵・允誠・子環らであり、治平三年（AD1066）の序が存する。

【内容】六巻。附は一巻。巻一に「住蘇州洞庭翠峯禅寺語」「拈古」「室中挙古」「勘弁」「雪峯和尚塔銘并序」「住明州雪竇禅寺語」を、巻二に「挙古」「勘弁」「歌頌」「明覚禅師後録」を、巻三に「拈古」百則を、巻四に「瀑泉集」を、巻五と巻六に「祖英集」をそれぞれ載せ、巻末に呂夏卿が治平二年（AD1065）に著した「明州雪竇山資聖寺第六祖明覚大師塔銘」を付する。また五山版にはいくつかの序跋を収めている。重顕の生前より語録の編集がなされており、「祖英集」には天聖一〇年（AD1032）の序が、「瀑泉集」には天聖八年（AD1030）の序がそれぞれ存し、もとは別個に刊行されたようである。この点、もっとも古いテキストである東洋文庫所蔵の日本の正応二年（AD1289）刊の覆宋刊五山版などは貴重であるが、大正蔵経本は増上寺報恩蔵所蔵の明の崇禎七年（AD1634）刊本を底本とするのみで、何ら他本との校定をなしていないため、「頌古」や古版の貴重な序文などはすべて省かれている。ちなみに「頌古」は臨済宗の圜悟克勤によって、「拈古」も同じく克勤により、『碧巌録』として、『撃節録』として評唱されて禅門に流布している。

（佐藤秀孝）

1997 **円悟仏果禅師語録**（えんごぶっかぜんじごろく）

仏果圜悟禅師語録、圜悟果禅師語録、圜悟録ともいう。

【成立】北宋末南宋初に活躍した臨済宗楊岐派の圜悟克勤＊（仏果圜悟禅師）の語録で、編者は門人の虎丘紹隆ら。

【内容】二十巻。巻首に紹興三年（AD1133）の耿延禧の序、同四年の張浚の序を付し、巻一から巻八まで「住成都府崇寧万寿禅寺」「住夾山」「住道林語録」「住建康府蔣山」「住東京天寧寺語」「住金山竜游語録」「住南康軍雲居真如禅院」の「上堂」を、巻八から巻一三まで同じく各寺での「小参」を、巻一三に「普説」を、巻一四から巻一六に「法語」を、巻一六に「書」を、巻一六から巻一八まで「拈古」を、巻一八と巻一九に「頌古」を、巻二〇に「偈頌」「真賛」「雑著」「仏事」を収録している。大正蔵経本に収める定本は増上寺報恩蔵の明本（明蔵本）であり、これを徳富猪一郎旧蔵の五山版で校定している。これより古いテキストとしては、京都東福寺に二冊本の「雲居円悟禅師語録」があり、『続開古尊宿語要』の「円悟勤禅師語」も宋本の抄録である。また応永一一年（AD1401）刊行の覆宋五山版『仏果圜悟禅師語録』一〇巻三冊が存し、明蔵本と配列が相違しており、明蔵本が本文・形態においてかなり改変が加えられたものであることが知られる。克勤は『碧巌録』『撃節録』の評唱者として知られ、『仏果円悟禅師心要』二巻も広く読まれている。

（佐藤秀孝）

1998 A **大慧普覚禅師語録**（だいえふかくぜんじごろく）

1998 B **大慧普覚禅師宗門武庫**（だいえふかくぜんじしゅうもんぶこ）

Aは大慧録、Bは大慧武庫、宗門武庫ともいう。

【成立】Aは南宋初期に看話禅を唱導した臨済宗楊岐派の大慧宗杲＊（普覚禅師）の語録で、法嗣の蘊聞（慧日禅師）の編集。乾道七年（AD1171）に上進し、翌年に入蔵刊行される。Bはやはり大慧宗杲が述したものを法嗣の密庵道謙が編集したものである。淳熙一三年（AD1186）に李冰の序を付して刊行されている。ただし、大正蔵経本の底本は増上寺報恩蔵所蔵の明版続蔵本で、李冰の序が除かれている。

【内容】Aは三十巻。Bは一巻。Aは巻首に乾道七年の蘊聞の「奏箚文」と乾道八年の法孫の徳潜の「入蔵題文」を載せ、巻一から巻四まで「住径山能仁禅院語録」を、巻五に「住育王広利禅寺語録」を、巻六に「再住径山能仁禅院語録」と張浚（魏国公）が撰した「大慧普覚禅師塔銘」を、巻七に「住江西雲門菴語録」を、巻八に「住福州洋嶼菴語録」「泉州小谿雲門菴語録」を、巻九に「雲居首座寮秉払語録」「室中機縁」を、巻一〇に「頌古」を、巻一一に「偈頌」を、巻一二に「讃仏祖」「自賛」「秉炬入塔」を、巻一三から巻一八に「大慧普覚禅師普説」を、巻一九から巻二四に「大慧普覚禅師法語」を、巻二五から巻三〇に「大慧普覚禅師書」をそれぞれ収録し、末尾に蘊聞が乾道八年に撰した「入蔵奏箚」を載せている。宗杲の語録はすでに入蔵以前に各巻別に門人らによって編集されていたわけであり、「大慧普覚禅師普説」「大慧普覚禅師法語」「大慧普覚禅師書」の各編には配列や本文の異なる別行本も存しており、これらの書が盛んに読まれたことが知られる。大正蔵経本の底本は増上寺報恩蔵の明本で明版大蔵経に収められ、万暦八年（AD1580）に刊行されたものであり、これを宮内省図書寮所蔵の五山版と徳富猪一郎旧蔵の五山版で校定している。ちなみに現存最古のテキストは福州版蔵経本である。Bは宋朝禅林における禅僧らの行履を説示したものを集録しており、南北朝期刊行の大東急記念文庫所蔵の覆宋五山版が現存最古のテキストであり、さらに寛永五年（AD1628）刊本のほか、冠註本や首書本など数種が存している。とくに五山版には李冰の序と仏眼派の雪堂道行の『雪堂行和尚拾遺録』を附刻している。道行は同じ楊岐派の仏眼清遠の法嗣であり、宗杲の『宗門武庫』にならって輯録したもので、同種の内容から一冊にまとめられたのであろう。

（佐藤秀孝）

1999 **密菴和尚語録**（みったんおしょうごろく）

【成立】南宋初中期に活躍した臨済宗虎丘派の密菴咸傑＊の語録で、編者は門人の松源崇岳・笑庵了悟ら。

【内容】一巻。日本の正応元年（AD1288）の覆宋五山版や明の崇禎一二年（AD1639）入蔵刊行の明版続蔵経は二巻本であるが、大正蔵経本が底本としたのは南禅寺金地院旧蔵で宮内庁書陵部所蔵の一巻本五山版（南北朝頃の刊行）であり、これを続蔵本で校定している。巻首に淳熙一五年（AD1188）の張鎡の序を載せ、「住衢州西烏巨山乾明禅院語録」「衢州大中祥符禅寺語録」「建康府蔣山太平興国禅寺語録」「常州褒忠顕報華蔵禅寺語録」「臨安府径山興聖万寿禅寺語録」「臨安府景徳霊隠禅寺語録」「明州太白名山天童景徳禅寺語録」の七会の上堂語、「小参」「普説」「頌賛」「偈頌」「法語」「下火入塔」を収め、末尾に葛邲が記した「塔銘」を付している。ほかに『続古尊宿語要』巻四にも本語録の抄録として簡略な「密庵傑和尚語」を収めている。

（佐藤秀孝）

2000 **虚堂和尚語録**（きどうおしょうごろく）

虚堂録、息耕録ともいう。

【成立】南宋末期に活躍した臨済宗松源派の虚堂智愚＊（息耕叟）の語録で、編者は法嗣の宝葉妙源・無爾可宣ら。

【内容】十巻。巻一に「嘉興府興聖禅寺語録」「嘉興府報恩光孝禅寺語録」「慶元府顕孝禅寺開山語録」「慶元府瑞巌開善禅寺語録」「慶元府万松山延福禅寺語録」を、巻二に「婺州雲黄山宝林禅寺語録」を、巻三に「慶元府阿育王山広利禅寺語録」「柏巌慧照禅寺語録」「臨

安府浄慈報恩光孝禅寺語録」「臨安府径山興聖万寿禅寺語録」を、巻四に「法語」「序跋」「真讃」「普説」を、巻五に「頌古」を、巻六に「代別」「仏祖讃」「礼祖塔」「仏事」を、巻七に「偈頌」を、巻八に「虚堂和尚続輯」として阿育王山などでの後録や「臨安府浄慈報恩光孝禅寺後録」を、巻九に「臨安府径山興聖万寿禅寺後録」を、巻一〇に「偈頌」「仏事」「秉炬」「法語」「真賛」をそれぞれ収めており、末尾に日本の絶崖宗卓が刊行に際して自ら集めた「虚堂和尚新添」の語要と、智愚の法嗣である閑極法雲が咸淳五年（AD1274）に撰した「行状」を追加している。この中で前七巻の語録は智愚生前の咸淳五年（AD1269）に福州（福建省）鼓山湧泉寺で編集刊行されている。大正蔵経本の底本は日本の正和二年（AD1313）刊行の五山版（徳富猪一郎旧蔵）であり、宗卓の跋が付されている。そして、これを宮内省図書寮所蔵の五山版および続蔵経本によって校定している。ちなみに現存最古のテキストは成簣堂文庫所蔵の宋版である。智愚の語録は日本において応灯関の源流として貴重せられ、五山版のほかにも慶長木活版や江戸刊本など多くの刊行がなされ、また注釈書にも無著道忠の『虚堂録犁耕』をはじめ一〇数種が知られている。

（佐藤秀孝）

第48巻　諸宗部　五

2001 宏智禅師広録（わんしぜんじこうろく）

宏智禅師語録、天童覚和尚語録、明州天童山宏智禅師広録、宏智広録、宏智録ともいう。

【成立】南宋初期に明州（浙江省）鄞県の天童山景徳禅寺に住して黙照禅を唱導した曹洞宗の宏智正覚＊（隰州古仏）の語録で、侍者の宗法・宗栄・法澄・宗信らの編集。元来、『宏智禅師語録』六巻本としてあった宋版を九巻本に再編して刊行している。

【内容】九巻。巻首に紹興二年（AD1132）の范宗尹（退晦居士）の「天童覚和尚語録序」を載せ、巻一に「泗州大聖普照禅寺上堂語録」「舒州太平興国禅院語録」「江州廬山円通崇勝禅院語録」「江州能仁禅寺語録」「真州長蘆崇福禅院語録」と「小参」を、巻二に建炎三年（AD1129）に法嗣の聞庵嗣宗（宗白頭）が撰した「長蘆覚和尚頌古拈古集序」についで「泗州普照覚和尚頌古」を、巻三に「真州長蘆覚和尚拈古」と紹興四年の向子諲（薌林居士）の後序を、巻四に「明州天童山覚和尚上堂語録」を、巻五に紹興七年の馮温舒の「天童覚和尚小参語録序」と「明州天童山覚和尚小参」を、巻六に黄竜派の野堂普崇の序と「明州天童山覚和尚法語」を、巻七に「明州天童山覚和尚真賛下火」を、巻八に「明州天童山覚和尚偈頌箴銘」を、巻九に紹興二七年の宏智正覚の自序と「明州天童覚和尚真賛」をそれぞれ収録し、巻末に乾道二年（AD1166）に王伯庠が撰した「勅諡宏智禅師行業記」などを付している。

大正蔵経本の九巻本の底本は宝永五年（AD1708）に天桂伝尊が再編した系統の駒沢大学図書館所蔵本（現在、所在が不明）であり、これを宝永五年刊の駒沢大学図書館所蔵本によって校定している。これに対して大分県の泉福寺には九巻本と配列が相違する唯一の宋版の六巻本『宏智禅師語録』が所蔵されており、かつて洞水月湛は六巻本に基づいて九巻本の不備を改めて宋版の原型に復元せんと『冠注宏智禅師語録』を重校再刊している。単行本としても「頌古」に元代の万松行秀が示衆・著語・評唱を加えた『従容録』や「拈古」に評唱などを加えた『請益録』があり、「偈頌箴銘」の別行本として『宏智禅師偈頌断璧』が、また「小参」の別行本として『天童小参録』が存している。さらに注釈書としては面山瑞方の『宏智禅師広録聞解』一巻や斧山玄鉏の『宏智禅師広録事考』九巻などが伝えられる。

（佐藤秀孝）

2002 **A如浄和尚語録**（にょじょうおしょうごろく）

天童浄和尚語録、如浄語録、如浄録ともいう。

2002 **B天童山景徳寺如浄禅師続語録**（てんどうざんけいとくじにょじょうぜんじぞくごろく）

【成立】Aは南宋代に明州（浙江省）鄞県の天童山景徳禅寺などに住し、日本の道元を育成したことで名高い曹洞宗の長翁如浄＊の語録で、侍者文素らの編集。Bは如浄の法嗣で明州の瑞巌開善禅寺に住した無外義遠がAに漏れた天童山での上堂語を収録し、仁治二年（AD1241）に日本の道元に送寄したものとされている。

【内容】Aは二巻。Bは一巻。Aは巻首に紹定二年（AD1229）の桐柏散吏呂瀟の序、上巻に「住建康府清涼寺語録」「台州瑞岩禅寺語録」「臨安府浄慈禅寺語録」「明州瑞岩語録」「再住浄慈禅寺語録」を、下巻に「明州天童景徳寺語録」と「小参」「普説」「法語」「頌古」「讃仏祖」「自賛」「小仏事」「偈頌」をそれぞれ収め、末尾に紹定元年に杭州（浙江省）北山景徳霊隠寺の高原祖泉と越州（浙江省）法華山天衣寺の嘯巌文蔚がなした跋を載せ、祖泉の校勘を得て紹定二年に刊行されている。大正蔵経本は日本の延宝八年（AD1680）に卍山道白が較正した卍山本が底本であり、これを続蔵経本によって校定している。このほか明和四年（AD1767）に面山瑞方が改刻した面山校訂本も存しており、また近年、古写本の総持寺本が発見されている。注解書として面山瑞方の『天童浄和尚語録事略』と玄峰淵竜の『如浄禅師語録夾鈔』が存している。Bは道元がこれに「天童如浄禅師続語録跋」を付し、如浄と六人の法嗣との機縁の問答を記している。正徳五年（AD1715）に卍山道白が丹波（兵庫県）の徳雲寺に秘蔵されていた太源派の太容梵清筆の本書を得て「天童遺落録序」を付し、同年に道白の法嗣の心聞海音が跋を付して刊行している。大正蔵経本の底本は『大日本続蔵経』本であるが、駒沢大学図書館には正徳五年本が所蔵される。ただし、面山瑞方はこの書が後人の贋作にすぎぬとして『如浄祖師行録』で批難しており、実際に文体や表現が『如浄語録』ときわめて相違している点などからも、今日、この書は如浄に仮託された偽撰であろうとされている。

（佐藤秀孝）

2003 **仏果圜悟禅師碧巌録**（ぶっかえんごぜんじへきがんろく）

碧巌録、碧巌集ともいう。

【成立】北宋代に雲門宗の雪竇重顕＊（明覚大師）が景徳伝灯録2076、『趙州録』『雲門録』など禅宗灯史や語録から選んだ祖師の古則などに頌した「雪竇頌古百則」に対して、臨済宗の圜悟克勤＊（仏果禅師）が垂示・著語・評唱を付した。

【内容】十巻。書名の由来は克勤が住した澧州（湖南省）石門県の夾山霊泉禅院に、かつて唐代の夾山善会が述べた「猿は児を抱いて青嶂の後に帰り、鳥は花を啣みて碧巌の前に落つ」に基づく「碧巌」の方丈額が存したことにちなむ。本書の成立に至る過程は明確ではないが、克勤が成都（四川省）の昭覚寺や澧州の夾山、潭州（湖南省）の道林寺などでなした示衆を筆録したものらしく、内題に「師住澧州夾山霊泉禅院評唱雪竇顕和尚頌古語要」とある。克勤の法嗣大慧宗杲がこの書を学人を惑わすものとして焼却したという故事も存する。現存するものは元の大徳四年（AD1300）に蜀の張明遠が「宗門第一書」と冠して刊行したもので、古則の順序は『雪竇明覚禅師語録』所収の「雪竇頌古」とは異なっている。日本の五山版などもすべて大徳本の再刻である。

大正蔵経本の底本は延宝五年（AD1677）刊行の大谷大学所蔵本であり、これに宮内省図書寮所蔵の覆元版、同じく図書寮所蔵の瑞竜寺版、安政六年（AD1859）刊行の大谷大学所蔵本で校定している。巻首に建炎二年

（AD1128）の参学比丘普照の序、大徳四年（AD1300）の紫陽山方回万里の序、大徳八年の三教老人の序が存し、第一則の「達磨廓然」より第一〇〇則の「巴陵吹毛剣」に至る「雪竇頌古」の各則に対して、克勤の垂示・著語・評唱を付している。巻末に宣和七年（AD1125）の関友無党の後序、大徳六年（AD1302）の東巌浄日の後序、延祐四年（AD1317）の虚谷希陵の後序、同年の馮子振（海粟老人）の題跋を載せている。希陵の後序によれば、古く克勤の法姪に当たる雪堂道行による刊本、克勤の郷里で刊行された蜀本などが存在したことを指摘している。このほか道元が南宋から帰国に際して将来したとされる加賀（石川県）大乗寺所蔵の『碧巌破関撃節録』（俗に『一夜碧巌』）は現存する最古の写本であり、古則の順序や垂示の位置などで大徳本とかなりの異同が認められ、資料的価値はきわめて大きい。古来、『碧巌録』は日本禅林では宗門第一の書として広く参究され、多くの末書・注解が存している。

（佐藤秀孝）

2004 **万松老人評唱天童覚和尚頌古従容庵録**（ばんしょうろうじんひょうしょうてんどうかくおしょうじゅこしょうようあんろく）

　従容菴録、従容録ともいう。

【成立】 北宋末期に曹洞宗の宏智正覚＊（隰州古仏）が泗州（安徽省）の大聖普照寺でなした「泗州普照覚和尚頌古」（一般には「天童覚和尚頌古」「宏智頌古」と称する）一〇〇則に対して、元初に同じ曹洞宗の万松行秀が燕京（北京）報恩寺（いまの洪済寺か）の従容庵にて評唱をなし、圜悟克勤の『碧巌録』にならって編集した。

【内容】 六巻。元の太祖フビライに従って西域に従軍した耶律楚材（湛然居士）の勧請で、行秀は従容庵にて五十八歳（南宋の嘉定一六年〈AD1223〉に当たる）で「宏智頌古」に示衆・評唱・著語を付し、庵室の名を採って書名としている。大正蔵経本の底本は明代編纂の『四家評唱語録』の駒沢大学図書館所蔵本である。巻首に万暦三五年（AD1607）の徐琳の「重刻四家評唱序」と甲申（南宋嘉定一七年、AD1224）の耶律楚材の「万松老人評唱天童覚和尚頌古従容庵録序」と癸未（南宋嘉定一六年）の行秀の「評唱天童従容庵録寄湛然居士書」を載せている。

　第一則「世尊陞座」より第一〇〇則「瑯琊山河」に至る正覚の本則・頌古百則に対して、行秀が示衆・著語・評唱を加えている。『碧巌録』とともに禅林に並び行われ、正覚の風格の高い頌古と行秀の綿密な拈提から、古来、技量越格と称されている。また『碧巌録』が多く臨済宗で好まれるのに対して、『従容録』は主として曹洞宗で用いられている。名古屋万松寺の霊瑞が評唱の部分を削定した簡略な『天童覚和尚頌古報恩老人著語』二巻も知られるほか、江戸時代以降、多くの注解書が存している。ちなみに行秀の法嗣の林泉従倫にも、投子義青の『投子青和尚頌古』に評唱を加えた『空谷集』（詳しくは『林泉老人評唱投子青和尚頌古空谷集』）と丹霞子淳の『丹霞淳禅師頌古』に評唱を加えた『虚堂集』（詳しくは『林泉老人評唱丹霞淳禅師頌古虚堂集』）が存している。

（佐藤秀孝）

2005 **無門関**（むもんかん）

　禅宗無門関ともいう。

【成立】 南宋代に臨済宗楊岐派の無門慧開＊（仏眼禅師）が禅籍の中から四十八則の古則公案を選出し、これに頌古と評唱を加えた公案集で、編者は参学門人の弥衍・宗紹。

【内容】 一巻。巻首に紹定元年（AD1228）の陳塤（習菴）の序、紹定二年の慧開の表文と自序を付している。自序によれば、慧開は紹定元年夏に温州（浙江省）永嘉県の江心山竜翔禅寺で首座として秉払した際に、修行僧に請われて古則公案の評唱と頌古を付したとされる。四十八則の構成としては、第一則に「趙州狗子」を配置し、無字の公案をもって祖師禅の関門としており、第四十八則「乾峯一路」に至るまで全体が看話工夫にとってきわめて有機的な関連の上に成り立っている。巻末に紹定三年春に台州（浙江省）黄巖県の瑞巌浄土禅院の住持であった大慧派の無量宗寿が首座の慧開を労ってなした「黄竜三関」の古則・頌古、淳祐五年（AD1245）の孟珙の重刊跋、淳祐六年の安晩居士の「第四十九則語」を付しており、末尾に日本の応永一二年（AD1405）に武蔵（東京都八王子市）の兜率山広園禅寺にて開版された識語が存している。『碧巌録』が文学的・哲学的色彩が強いのに対して、『無門関』は直截簡明な実践性にその特徴があろう。本書は中国ではその伝本を断ったが、日本には慧開の法を嗣いだ無本覚心（法灯国師）によって初めて伝えられている。

南北朝期の五山版なども存するが、本書がとくに流布するのは江戸期に入ってからであり、寛永元年（AD1624）の古活字版をはじめ多くの江戸刊本などが存している。大正蔵経本の底本となったのは寛永九年刊の宗教大学所蔵本であり、これを延宝八年（AD1680）刊の応永再刻本の宗教大学所蔵本で校定している。ちなみに現存最古のテキストは大中院所蔵の五山版である。古来、日本では『碧巌録』とともに貴重せられ、規伯玄方の『無門関私鈔』のほか、万安鈔・西柏鈔・春夕鈔など多くの末書・注解も著されている。

（佐藤秀孝）

2006 **人天眼目**（にんてんがんもく）

【成立】 南宋中期の臨済宗大慧派の晦巌智昭の編集で、淳熙十五年（AD1188）冬に越山の智昭が自序を付して刊行している。

【内容】 六巻。中国禅宗における五家の宗要を知らせるために、各派の古徳が提唱した宗綱を掲げ、これに対する諸禅者の拈提・偈頌などを収録しており、智昭が台州（浙江省）天台山の万年寺などでまとめたものらしい。臨済の「四賓主」や曹洞の「正偏五位」など唐末五代以降の禅僧による学人接化の機関が網羅されていて、五家の宗旨を知るには最適である。南宋末期の宝祐六年（AD1258）に大慧派の物初大観が重修し、さらに元の延祐四年（AD1317）に撫州（江西省）天峰の致祐が校定し、師承にしたがって順序を臨済・潙仰・曹洞・雲門・法眼とし、三巻本として重刊している。これが明の洪武元年（AD1368）刊行の高麗本では六巻となり、五家の順序も臨済・雲門・曹洞・潙仰・法眼とし、巻五・巻六に五家以外の「宗門雑録」が増添されている。しかもこれが明の万暦十四年（AD1586）刊の明続蔵本や卍続蔵本および現行流布本の基となっている。これと別に清の康熙四十二年（AD1703）に仁岵が重訂した『増集人天眼目』は上下二巻であり、内容も流布本と著しく異なっている。また日本の五山版の異本や『人天眼目抄』などの末書・抄物も多く存している。大正蔵経本の底本は承応三年（AD1654）刊行の大谷大学所蔵本であり、これをやはり大谷大学所蔵の五山版で校定しているが、異同がかなり顕著である。いま大正蔵経本の配列を述べれば、巻首に智昭の自序があり、巻一と巻二に「臨済宗」を、巻二「雲門宗」を、巻三に「曹洞宗」を、巻四に「潙仰宗」と「法眼宗」を、巻五と巻六に「宗門雑録」をそれぞれ載せ、巻末に致祐の後序と「竜潭考」を付している。また五山版によるとして、大観の後序と日本の乾元二年（AD1303）に記した松源派の桂堂瓊林の刊記を載せた後、五山版にのみ載る語句を付録している。

（佐藤秀孝）

2007 **南宗頓教最上大乗摩訶般若波羅蜜経六祖恵能大師於韶州大梵寺施法壇経**（なんしゅうとんきょうさいじょうだいじょうまかはんにゃはらみつきょうろくそえのうだいしおしょうしゅうだいぼんじせほうだんきょう）

敦煌本六祖壇経、敦煌本壇経ともいう。

【成立】 唐の六祖慧能＊（恵能とも）が韶州（広東省）の大梵寺においてなした説法を門人の法海が編集した。

【内容】一巻。現在知られる『六祖壇経』では最古の写本である。法海から道漈さらに悟真と伝授されたことが記され、九世紀中期の書写と見られる。内容は標題が示すように禅宗六祖の慧能が韶州刺史の韋據の要請によって大梵寺の戒壇にて行った授戒説法をまとめたものであり、慧能自身の説法のみでなく、後人が付加した部分も含まれていると見られる。特に『金剛般若経』に基づいて頓悟見性を主張し、最上大乗としての南宗の立場を宣言したもので、北宗に対する南宗理解の根本資料として重要である。鈴木大拙・宇井伯寿・柳田聖山ら諸氏に校訂・訳注が存し、ヤンポロスキー氏の英訳なども存する。原本は敦煌出土写本S5475の一本が知られるのみであったが、近年、さらに北京本八〇二四号（岡四八）と敦煌博物院蔵本七七号および旧関東庁博物館（いま旅順博物館）蔵本が知られるようになっている。敦煌出土写本S5475の尾題は「南宗頓教最上大乗壇経法一巻」となっている。矢吹慶輝がロンドンでの敦煌文献調査で発見したもので、昭和三年（AD1928）に大正蔵経に収録されるとともに、『鳴沙余韻』に影印が載り、『鳴沙余韻解説』に解説が示されて一般に知られるようになる。

（佐藤秀孝）

2008 **六祖大師法宝壇経**（ろくそだいしほうぼうだんきょう）〈附〉六祖大師縁起外記（ろくそだいしえんきがいき）

宗宝本六祖壇経ともいう。

【成立】元の至元二八年（AD1291）に南海風旛報恩光孝寺の宗宝によって編集刊行された。大正蔵経本はこれを受ける明版大蔵経の北蔵扶函に入蔵されたものに依っている。

【内容】ともに一巻。標題・内題・尾題ともに「六祖大師法宝壇経」とあり、巻首に目次を載せている。はじめに至元二七年の蒙山徳異（古筠比丘）の序と明教契嵩の賛があり、本書が契嵩本と徳異本を継承していることが知られる。本文は「行由第一」「般若第二」「疑問第三」「定慧第四」「坐禅第五」「懺悔第六」「機縁第七」「頓漸第八」「宣詔第九」「付嘱第十」の一〇章に分けられる。「六祖大師縁起外記」と「歴朝崇奉事蹟」、柳宗元撰の「賜諡大鑒禅師碑」、劉禹錫撰の「大鑒禅師碑」と「仏衣銘」を付し、最後に至元二八年の宗宝の跋文を載せている。近年の研究成果によれば、『六祖壇経』は敦煌本・恵昕本・契嵩本の三種の系統に大別されている。敦煌本は二〇〇七に収録されるものであり、恵昕本は真福寺本・興聖寺本・大乗寺本・金山天寧寺旧蔵本などに受け継がれており、上下二巻一一門から成っている。これに対して、本書は契嵩本と敦煌本系の古本によって再編されたと見られる徳異本を受けて一巻一〇章に分けられている。内容的には敦煌本・恵昕本の二系統に比して増広部分がきわめて多い。駒沢大学禅宗史研究会編著『慧能研究』には、敦煌本と恵昕本系の大乗寺本・興聖寺本、契嵩本系の徳異本・宗宝本という五種の異本対校がなされ、それぞれの異同が明らかにされている。

（佐藤秀孝）

2009 **少室六門**（しょうしつろくもん）

少室六門集ともいう。

【成立】禅宗初祖の菩提達磨が著したと伝えられる六種の著述・語録を編集した。

【内容】一巻。六門とは「心経頌」「破相論」「二種入」「安心法門」「悟性論」「血脈論」の六種の著作である。第三の「二種入」は「二入四行観」とか「四行観」と呼ばれ、続高僧伝2060巻一六の菩提達磨の章にも掲げられていることから、一応、達磨の真説と認められている。しかし、その他の著述はいずれも禅宗成立期に達磨に仮託して作られたものであって、達磨の所説ではないだろうと疑問視されている。第一門の「心経頌」は、達磨より後の玄奘訳の『般若心経』に対する付頌であり、第二門の「破相論」は北宗禅の玉泉神秀（大通禅師）の『観心論』と内容が同一である。第三門の「二種入」は理入と行入（四行）によって真如に参入すべきことを説いており、敦煌出土写本としても「二入四行」が存している。第四門の「安心法門」と第五門の「悟性論」と第六門の「血脈論」も、後の中国禅成立期の見性悟道、不立文字・教外別伝の思想を踏まえての発想である。『少室六門』はすでに中国で伝来していたものらしく、日本の鎌倉末期に刊行された覆宋本の五山版が茨城県の六地蔵寺に所蔵されるのがもっとも古い。江戸時代に入っても正保本・寛文本・延宝鼇頭本などが存しており、大正蔵経本も宗教大学所蔵の江戸刊本に依っている。また「破相論」「悟性論」「血脈論」は別に『達磨大師三論』（『少林三論』『初祖三論』とも）として宋代に編集されて流布していたらしい。少室とは達磨が洛陽（河南省）の東、登封県の嵩山少室峰の少林寺に寓居したことにちなんでいる。

（佐藤秀孝）

2010 **信心銘**（しんじんめい）

三祖大師信心銘ともいう。

【成立】禅宗第三祖の僧璨（鑑智禅師）が正しい宗旨を示して将来の邪解を戒めるために著したとされる。

【内容】一巻。四言一四六句（五八四字）より成る韻文歌頌。心とは人々具足の仏心をいい、信とはその心を信ずることである。能信の信と所信の心が不二であり、信そのものが心であることを悟らしめようとしている。老荘的な万物一体観や華厳教学の一多相即の思想を背景に禅の真髄を示しており、古来、禅宗では『心王銘』『証道歌』『参同契』『宝鏡三昧』などとともに重視されている。敦煌出土写本ではS4037・S5692・P2014・P2015の『禅門秘要決』に『証道歌』とともに『信心銘』の一部を引用しており、P4638には『大潙警策』につづいて『隋朝三祖信心信銘』が収められており、誤字こそ多いものの、最古型を伝えるものとして貴重である。大正蔵経本は慶安元年（AD1648）刊行の宗教大学所蔵景徳伝灯録2076巻三〇「銘記箴歌」に載るものを底本とし、享保一九年（AD1734）刊行の駒沢大学図書館所蔵によって校定したものである。なお本書に関しては南宋初期の真歇清了の『信心銘拈古』や元代の中峰明本の『信心銘闢義解』さらに日本の瑩山紹瑾の『信心銘拈提』をはじめとして多くの注解書が存する。僧璨は二祖慧可の法を嗣いで中国禅宗の第三祖となったとされる人物であるが、その足跡は定かでなく、『信心銘』についても僧璨の作とするには問題が多い。

（佐藤秀孝）

2011 **最上乗論**（さいじょうじょうろん）

蘄州忍和上導凡趣聖悟解脱宗修心要論、修心要論ともいう。

【成立】唐代初期の禅宗五祖の弘忍＊（大満禅師）の著述。

【内容】一巻。四祖道信の守一の思想を継承・発展させ、守心こそ仏法の最要であると強調しており、一四段の問答によって修心の要を述べている。道信・弘忍の東山法門の立場を知る上で貴重な文献である。大正蔵経本は続蔵経本を原本として収録しているが、跋文によれば、明の隆慶四年（AD1570）に朝鮮全羅道同福地の安心寺で開版され、さらに日本の正徳六年（AD1716）に尼妙厳によって刊行されたものに依っていることが知られる。ちなみに現存最古のテキストとして敦煌出土写本の『修心要論』が知られる。

（佐藤秀孝）

2012A **黄檗山断際禅師伝心法要**（おうばくさんだんさいぜんじでんしんほうよう）

2012B **黄檗断際禅師宛陵録**（おうばくだんさいぜんじえんりょうろく）

Aは黄檗禅師伝心法要、断際禅師伝心法要、伝心法要、断際心要、Bは宛陵録ともいう。

【成立】Aは南岳下の黄檗希運（断際禅師）が鍾陵（江西省）と宛陵（安徽省）において居士の裴休（河東大士）のためになした説法を集めている。Bは同じく希運が宛陵で裴休のためになした説法を集めている。

【内容】ともに一巻。Aは大中十一年(AD857)の裴休の序について、前後三回の説法、門人の問いに答えた六段の説法、短編の上堂、三段の問答からなる。Bは希運が裴休となした問答一五段と長文の上堂からなる。いずれも裴休という在俗の居士に禅の要諦を示したものであるが、かなり高度な教理・思想が窺われ、希運の禅風を知る上で貴重な資料となっている。大正蔵経本は増上寺報恩蔵の明版大蔵経本を底本とし、寛文十三年(AD1673)刊行の宗教大学蔵本を対校している。ただ、『伝心法要』『宛陵録』としては南宋の紹興十八年(AD1148)の福州開元寺版大蔵経所収の『天聖広灯録』に載るものと、これを受ける南宋の端平三年(AD1236)の単行刊本(宋版)が貴重である。日本でも大休正念が跋を付した弘安六年(AD1283)刊本以降、多くの開版がなされている。

(佐藤秀孝)

2013 **禅宗永嘉集**(ぜんしゅうようかしゅう)

永嘉集、永嘉禅宗集ともいう。

【成立】愼水沙門の永嘉玄覚(真覚大師)が禅に関して撰した一〇編。慶州刺史の魏静が編集して序文を付している。

【内容】一巻。玄覚ははじめ天台学を修め、ついで六祖慧能に参じて一夜にして旨を得て「一宿覚」と称された禅者である。禅に関して「慕道志儀」「戒憍奢意」「浄修三業」「奢摩他頌」「毘婆舎那頌」「優畢叉頌」「三乗漸次」「理事不二」「勧友人書」「発願文」に分けて説明している。「慕道志儀」では修道に対して志を立て師に事えるための儀則を挙げ、「戒憍奢意」では憍心・奢心が生ずるのを戒め、「浄修三業」では身に三業の清浄なるべきを説き、「奢摩他頌」(止定)では心を安定させ、「毘婆舎那頌」(観慧)では慧明を久しからしめ、「優畢叉頌」では定・慧を均等ならしめ、「三乗漸次」では三乗より漸次に一乗に帰すべきことを説き、「理事不二」では理と事の相即不二を説き、「勧友人書」では左渓玄朗への答書(大師答朗禅師書)のかたちで同学の精進を促し、最後に「発願文」を載せて結びとしている。前三が序文、中五が正宗分、後二が流通文に当たる。教学的要素を色濃く残しながらも、玄覚の体得した修禅の要諦・用心およびその歴程が詳細に説かれており、天台教学と南宗禅との巧みな融和を見せている。大正蔵経本は増上報恩蔵の明版大蔵経を底本としており、これを寛永一一年(AD1634)刊行の大谷大学所蔵本によって対校している。現存最古のテキストは明代の南蔵本である。単行本の多くは宋の行靖が傍注を付した『永嘉集注』二巻として流布している。ほかに注釈として明の幽渓伝灯の注などが存している。

(佐藤秀孝)

2014 **永嘉証道歌**(ようかしょうどうか)〈附〉無相大師行状(むそうだいしぎょうじょう)

永嘉真覚大師証道歌、証道歌、震旦聖者大乗決疑経ともいう。

【成立】唐の六祖慧能の法嗣である永嘉玄覚(真覚大師)が大悟の心境から証道の要旨を古体詩(一八一四字・二四七句)で歌い上げた歌頌。

【内容】ともに一巻。三祖僧璨(そうさん)の作とされる『信心銘』と並ぶ初期禅宗の本格的著述として知られる。おおよそ四句を一節として節毎に韻律を駆使し、流麗にして格調高く、南宗禅(如来禅)の真髄が縦横自在に示され、絶学無為の閑道人の境地に至らしめようとする。古くより禅門で広く読誦され、講義・注解書なども多い。またこの『証道歌』の古型を伝えるものに敦煌出土写本のP2104とP2105の『禅門秘要録』があり、招覚大師一宿覚の撰述とされるが、ここにいう招覚大師が明確に玄覚を指すか否かには問題も残る。『証道歌』は古くより単行本でなく、景徳伝灯録2076や『禅門諸祖師偈頌(げじゅ)』『永嘉集附録』『四部録』などに編入されて伝えられている。本書の底本は明本の報恩蔵であり、これを元禄七年(AD1694)刊の宗教大学所蔵本によって校定している。末尾に北宋代の楊億（字は大年）が撰したとされる「無相大師行状」を付しており、内容は六祖慧能との機縁を中心にして玄覚の簡略な足跡を記したものである。

（佐藤秀孝）

2015 **禅源諸詮集都序**（ぜんげんしょせんしゅうとじょ）

【成立】唐の圭峰宗密＊が撰した『禅源諸詮集』の序文の部分。宗密はかつて『禅源諸詮集』または『禅那理行諸詮集』という大著（一〇〇巻あるいは一六〇巻とも）を著し、諸家の述べる禅門の根源の道理を詮表する文字・句偈を写録し、集めて一蔵となして後代に残そうとしたらしい。しかしながら、その全文は散逸し、ただ序文に当たる「都序」のみが残された。

【内容】四巻。「都序」は上下二巻をさらに一と二に細分した四巻よりなり、序文とはいえかなりの長文である。一切衆生の根源を本覚真性・仏性・心地と称し、これを『大乗起信論』の心真如と心生滅によって体系化している。禅を外道禅・凡夫禅・小乗禅・大乗禅・最上乗禅の五種に分け、達磨所伝の禅を最上乗禅と位置づけており、また禅の三宗としての息妄修心宗（北宗）・泯絶無寄宗（牛頭宗・石頭宗）・直顕心性宗（洪州宗・荷沢宗）を教の三宗としての密意依性説相教（法相宗）・密意破相顕性教（三論宗）・顕示真心即性教（華厳宗）にそれぞれ対応させ、それらが直に融合して一味となる教禅一致を主張している。また迷いの過程と悟りへの道を体系化し、図式をもって示している。大正蔵経本は増上寺報恩蔵の明版大蔵経本を底本とし、これを元禄一一年（AD1698）刊行の大谷大学所蔵本によって対校している。ちなみに現存する最古テキストは高山寺所蔵の南宋代刊の上下二巻の宋版である。大正蔵経本は巻首に対校本に載る大徳七年（AD1303）に崑山（江蘇省）薦厳寺の無外惟大の序、同年の鄧文原と賈汝舟の序を付している。ついで唐の綿州（四川省）刺史の裴休（河東大士）の「禅源諸詮集都序叙」を載せている。

（佐藤秀孝）

2016 **宗鏡録**（すぎょうろく）

心鏡録、宗鑑録ともいう。

【成立】五代に呉越の王銭俶（忠懿王）の請により法眼宗の永明延寿＊（智覚禅師）が明州（浙江省）奉化県の雪竇山資聖寺や杭州（浙江省）銭塘県の慧日永明寺（後の浄慈寺）において編集し、北宋の建隆元年（AD961）に完成させた。

【内容】百巻。宗としての一心を万象を照らす鏡に譬え諸仏の大意や経論の正宗を論ぜんとしている。大乗教の経論六〇部、インド・中国の聖賢三〇〇余家の著書、禅僧の語録、戒律書、俗書などを広く渉猟し、法相・三論・華厳・天台などを折衷し、一心法門の禅に融合させている。教宗諸派における心の異同を論じて禅に帰入させ、諸宗の教義を体系化せんとする姿勢に立っており、その面では一種の一大仏教汎論といってよい。教禅一致思想の淵源は唐代の清涼澄観や圭峰宗密にあり、延寿もその影響を多分に受けている。内容としては、巻一の前半が標宗章、巻一の後半から巻九三までが問答章、巻九四から引証章という三章に分かれる。標宗章では一心の体を宗となす旨を標して「心外無法、触目是道」の理を明かしており、総論的な概説に当たる。問答章では心に関する教禅諸宗の異同について問題を提起し、経論の文を挙げて詳述し、およそ八〇〇条の諸法義を問答形式で解説して、一心の理に悟入する方便を示している。引証章では中下根の人々に対して自らの論述を強調するため、大乗経論一二〇種、祖師の語一二〇種、賢聖集六〇種など三〇〇余の文を引いて論旨を証しており、終わりに宗旨の心要を略説している。全体に祖仏同詮・教禅一致の道理を示さんとしているが、教理的な分類整理が明確でなく、煩瑣でわかりにくい面もある。しかし、延寿の博引旁証の姿勢は綿密であり、すでに散逸した文献からの引用も多く、唐末五代における禅・教に関する貴重な資料を提供している。

本書ははじめ呉越の王銭俶が序を付して室中に秘蔵したとされ、北宋の元豊年間（AD1078〜1085）に至って魏端献王が開版して諸寺に分施し、さらに開封の法雲寺にて銭塘の新本を得た楊傑（無為居士）が元祐年間（AD1086〜1093）に再び序を付して開版し、やがて宋版大蔵経に入蔵されて仏教諸宗や宋学に大きな影響を与えている。古く大観二年（AD1108）の福州（福建省）東禅寺版などの宋版や、高麗版大蔵経補版の海印寺版が存し、明の万暦版や清の雍正帝の重刊本などがあり、日本でも応安四年（AD1371）の五山版や寛永一九年（AD1642）の寛永本などが存している。大正蔵経本の底本は海印寺版の高麗本であり、これを増上寺所蔵の大普寧寺版か元版大蔵経本かによって対校している。巻首に楊傑の「宗鑑録序」と王銭俶の「宗鏡録序」および延寿の序があり、ついで大部の本文の標宗章・問答章・引証章が載せられている。抜粋書として北宋代の黄竜派の晦堂祖心の『冥枢会要』が存し、同じく心聞曇賁の『宗鏡撮要』や明の陶爽齢の『宗鏡録具体』などの鈔本、日本の『宗鏡録要義条目』などの目録も存している。

（佐藤秀孝）

2017 **万善同帰集**（まんぜんどうきしゅう）

【成立】法眼宗の天台徳韶の法嗣である五代北宋初の永明延寿＊（智覚禅師）の著作。

【内容】三巻あるいは六巻。六〇義に分科して諸経論を引用し、衆生が悉く実相に帰することを述べたもの。禅教一致の立場から書かれた一種の仏教概論であり、広く経論・祖釈などを挙げて禅家の心要を説いている。仏法修行の道は多様であっても、結局のところ一心を離れず、衆善はすべて実相に帰するとし、華厳経や大乗起信論1666などによって性起と円具の説を展開し、頓悟漸修の次第法門を設け、一一四条の問答体で諸宗の教義を体系化している。上巻では理事相即・万行由心などの義を説き、中巻では波羅蜜などの実践行法を説き、下巻では妙行円修の趣旨と意義を述べている。また修心の要法として唯心浄土・己心弥陀を説いており、後世の禅浄合一思想の端緒をなしている点も重要であろう。大正蔵経本の底本は増上寺報恩蔵の成化十四年（AD1478）刊の明本であり、これを日本の正保四年（AD1647）刊の大谷大学蔵本によって対校している。ちなみに現存する最古テキストとして、我孫子市の正泉寺に宋版が、また金版大蔵経所収本が北京図書館に所蔵されている。大正蔵経本は巻首に熙寧五年（AD1072）の沈振の序を挙げ、巻末に宣徳四年（AD1429）の子徳儀の重刊の跋、成化十四年の嘉禾（浙江省）真如講寺の如巹の跋、および「永明寿禅師垂誡」一篇を付録している。

（佐藤秀孝）

2018 **永明智覚禅師唯心訣**（えいめいちかくぜんじゆいしんけつ）

禅宗唯心訣、唯心訣ともいう。

【成立】五代北宋初の法眼宗の天台徳韶の法嗣である永明延寿＊（智覚禅師）がその唯心思想を開示した。とくに宗鏡録2016巻四六に類似する「百二十種見解」が収められている。

【内容】一巻。諸法が一法に帰し、万法が一心に帰する旨を強調し、この唯一心を観照することこそ修行の緊要であることを示している。さらに具体的に一二〇種にわたる邪宗の見解を挙げ、そうした惑を解くために観心によって自己の本性を明かすことを説いている。明の弘治十三年（AD1500）に朝鮮慶尚道の鳳栖寺で刊行され、後に明版北蔵に入蔵されている。清の雍正帝が編した『御選語録』巻七にも万善同帰集2017とともに収められている。大正蔵経本の底本は増上寺報恩蔵の明本であり、これを延宝八年（AD1680）刊の宗教大学所蔵本で対校しており、巻末に延寿の作とされる「定慧相資歌」と「警世」を付している。また続蔵経本には天瑞守選が文化十一年

（AD1814）に京都東福寺で付した序が載せられている。

（佐藤秀孝）

2019A **真心直説**（しんじんじきせつ）
2019B **誡初心学人文**（かいしょしんがくにんもん）

【成立】Aは高麗国の知訥＊（普照国師）の著述。高麗熙宗即位の元年（AD1205）になり、巻首に知訥自身の「真心直説序」と、成化五年（AD1469）の文定の「重刻真心直説序」がある。後に万暦二十二年（AD1594）に八台南開元寺で刊行された。Bも知訥が金の泰和五年（AD1205）に誌したものであり、「真心直説」に付録されている。

【内容】いずれも一巻。Aは禅教一致の立場から唐代の圭峰宗密や北宋代の永明延寿の説を受けて諸宗の教義を総合せんとしたもので、定慧双修・頓悟漸修を主張しており、一種の仏教概論ともいえる。内容は真心正信・真心異名・真心妙体・真心妙用・真心体用一異・真心在迷・真心息妄・真心四儀・真心所在・真心出死・真心正助・真心功徳・真心験功・真心無知・真心所往の一五章に分けられる。経論・祖釈・祖録などから要文を引いて仏性のあり方と迷妄の根源を解明し、修証の順序次第を示している。大正蔵経本の底本は増上寺報恩蔵の明本である。現存最古のテキストは明蔵の南蔵本・北蔵本である。

Bは「松広清規」とも呼ばれ、知訥が曹渓山松広寺の曹渓山修禅結社（松広社）における清規として定めたものである。短編ながら修行生活の規範として、沙弥より僧堂大衆・社堂僧に至るまでの警誡を二八段に分けて示しており、朝鮮半島高麗における清規の走りとして重視される。後半に皖山正凝の「皖山正凝禅師示蒙山法語」と東山崇の「東山崇蔵主送子行脚法語」および蒙山徳異（古筠比丘）の「蒙山和尚示衆語」という南宋末元初の三禅者の法語を付加しており、後跋を南京大天界寺の蒙堂比丘が正統十二年（AD1447）に記している。大正蔵経本の底本はやはり増上寺報恩蔵の明本である。現存最古のテキストは内閣文庫所蔵の万暦三十八年（AD1610）刊本である。

（佐藤秀孝）

2020 **高麗国普照禅師修心訣**（こうらいこくふしょうぜんじしゅうしんけつ）

普照禅師修心訣、修心訣ともいう。

【成立】高麗国の知訥＊（普照国師）の撰述で、明の成化三年（AD1467）刊行。

【内容】一巻。修心の要訣として第一明心求仏、第二頓悟漸修、第三空寂霊知を説いている。第一の明心求仏とは、自心が真仏であり、自性が真法であることを証得することであり、第二の頓悟漸修とは、凡夫が仏であることを悟る頓悟と法力によって薫修する漸修であり、この二門を千聖の軌轍としている。さらに第三の空寂霊知とは、衆生の本源覚性・諸仏清浄明心を空寂の体と霊知の用に配し、定慧を双修して対治の功を用いるべきことを説いている。また無常を感じて人身の得難いことを思い、自己の心性を修めるべきことを勧めている。朝鮮慶尚道の伽耶山鳳栖寺で開版された弘治一三年（AD1500）本や万暦二六年（AD1598）本などが存する。大正蔵経本の底本は増上寺報恩蔵の明本である。

（佐藤秀孝）

2021 **禅宗決疑集**（ぜんしゅうけつぎしゅう）

【成立】元代に臨済宗大慧派の雲峰妙高に参じた西蜀（四川省）の智徹＊が自らの参禅修道の軌跡を辿って、学人に公案工夫の用心や実践修道の方法を明らかにし、それによって仏道の玄旨を究め、自己の心性を開明せしめんとしたもの。ただ、妙高と智徹の年代が合わず、雲峰は別人とも見られる。

【内容】一巻。「源湛流清門」「離塵精進門」より「復懲懈惰止境息迷」に至る二一の項目に分けて学道の用心を説いており、看話禅の隆盛を背景に、自ら「趙州無字」の公案を参究透過した経験を中心に参禅の心得が述べられている。清の康熙六年（AD1667）に刊行され、日本では延宝八年（AD1680）に開版された。大正蔵経本の底本は増上寺報恩蔵の明本である。

（佐藤秀孝）

2022 **禅林宝訓**（ぜんりんほうくん）

禅門宝訓、禅門宝訓集ともいう。

【成立】南宋初期に禅林の道徳が衰えたのを憂いた臨済宗楊岐派の大慧宗杲＊（妙喜）と竹庵士珪が、海昏（江西省）の古雲門庵において先聖古徳の語録や伝記の中から学人の模範となるべき事例一〇〇余編を編み、『禅門宝訓』と称したことに始まる。後に東呉（蘇州）の浄善が洪州（江西省）雲居山の祖安より本書の残簡を得て増補重編して三〇〇余編とし、上下二巻に分けて淳熙年間（AD1174〜1189）に完成させている。

【内容】四巻。参禅学道の上で訓誡策励となるべき垂示を北宋代の明教契嵩から南宋中期の懶庵道枢に至る約五〇人の禅者のことばに求めている。大正蔵経本の底本は増上寺報恩蔵の明本であるが、明の洪武十一年（北元の宣光八年、AD1378）に高麗（朝鮮）の中州青竜禅寺で刊行されたものが東洋文庫その他に所蔵されるなど、古来、とくに中国禅林に広く流布し、明の正統年間（AD1436〜1449）の刊本も存している。また日本ではこれらより古版を伝える弘安十年（AD1287）の五山版『禅林宝訓』や寛永八年（AD1631）本などが存している。明代に雲棲寺の大建が較定した『禅林宝訓音義』や清代の聖可徳玉による『禅林宝訓順硃』さらに清代の頻吉智祥（聴雲道人）による『禅林宝訓筆説』など多くの末書・注解がある。

（佐藤秀孝）

2023 **緇門警訓**（しもんけいくん）

【成立】元の皇慶二年（AD1313）に永中が編者未詳の『緇林宝訓』を増補し、『緇門宝訓』二巻を刊行し、明の成化十年（AD1474）に嘉興（浙江省）嘉禾真如寺の如巹がさらに自ら追補した続集を添えて重刊したものが残っている。

【内容】十巻。永中とはおそらく臨済宗破庵派の中峰明本（幻住老人）の法嗣で、明本の師の高峰原妙の語録を刊行したことで知られる姑蘇（江蘇省）の絶際永中であろう。如巹の刊行本にはその師で武林（杭州）清平山に在った破庵派の空谷景隆が成化六年になした序、浯渓の崖隠覚澹が成化十年になした序、および如巹の跋文を収めている。緇門（沙門）の警訓として先聖古徳の示衆・警策・訓誡・箴銘など学人が修行する上で誘引啓発に資するものを「潙山大円禅師警策」より「梁皇捨道事仏詔」に至る一八〇種ほど収録しており、その後も明・清代や朝鮮においてしばしば刊行されている。大正蔵経本の底本は増上寺報恩蔵の明本であるが、なぜか景隆の序のみで、覚澹の序と如巹の跋などを欠いている。如巹は別に弘治二年（AD1489）に『禅宗正脈』一〇巻を編したことで名高い。

（佐藤秀孝）

2024 **禅関策進**（ぜんかんさくしん）

【成立】明末の雲棲袾宏（蓮池大師）の編集。明の万暦二八年（AD1600）刊行。

【内容】一巻または二巻。袾宏は明末四大師のひとりで、杭州（浙江省）銭塘県の五雲山（月輪山）雲棲寺に在って禅浄一致と諸宗融合を目指したことで知られる。日頃から『禅門仏祖綱目』を愛読していた袾宏が、禅門の灯史や語録などから古来の尊宿の参学に刻苦勉励した消息として参禅学道の用心となるべきもの一〇〇余を拾収刪定して二巻にまとめたもの。巻首に万暦二八年の袾宏の自序を載せ、巻一には「諸祖法語節要」として、黄檗希運の示衆に始まる歴代祖師の示衆・普説など三九条を収め、また「諸祖苦功節略」として、独坐静室より独守鈍工に至る祖師の参禅刻苦の消息二四条を収めている。巻二には「諸経引証節略」として、『大般若経』より『心賦註』に至るまで諸経論中に散見される学道修行の要略四七条を掲げ、これに評語を加えている。とくに看話禅の隆盛に伴って公案の参究と見性悟道が強調されており、元明代の臨済宗の禅者の話頭が多く、また時代の趨勢を受けて禅浄双修の念仏禅も示されている。日本では明暦二年（AD1656）に鐘岱によって初めて刊行され、さらに白隠門下の東嶺円慈が宝暦一二年（AD1762）に重刊して広く禅林に流布するようになった。大正蔵経本の底本は宗教大学所蔵の明暦二年本であり、これを大日本続蔵経本で校定しており、末尾に校定本に載る宝暦一二年の円慈の「重刻禅関策進後序」を付している。現存最古のテキストは崇禎八年（AD1635）刊行の内閣文庫所蔵本である。なお袾宏には大部の『雲棲法彙』三四巻が存している。

（佐藤秀孝）

2025 **勅修百丈清規**（ちょくしゅうは〈ひゃく〉じょうしんぎ）

勅修清規、勅規、至元清規、至正清規ともいう。

【成立】洪州（江西省）奉新県の百丈山大智寿聖禅寺の住持であった臨済宗大慧派の東陽徳輝が元の至元元年（AD1335）に順帝の命を受け、唐代の百丈懐海（大智禅師）の「古清規」（『百丈古清規』のこと）の精神に基づきつつ、北宋の長蘆宗賾（慈覚禅師）の『禅苑清規』や南宋の惟勉の『禅林校定清規総要』および元の沢山弌咸の『禅林備用清規』などを総合し、元代の禅宗叢林の規矩に準じて新たに制定し直して重編大成した。

【内容】十巻。二巻あるいは四巻に分けることもある。徳輝の編集したものを、同じ大慧派の笑隠大訢（広智全悟大禅師）が金陵（南京）の大竜翔集慶禅寺の住持として校正し、至元二年より至正三年（AD1343）の間に刊行されている。日本でも重用され、京都大学図書館に至正三年の元刊本を蔵しているほか、文和五年（AD1356）の五山版をはじめ、多くの開版がなされている。大正蔵経本の底本は増上寺報恩蔵の明本であり、これを宮内省図書寮蔵の五山版によって対校している。巻首に正統七年（AD1442）の胡濙の重刻の序を載せ、内容として「祝釐」「報恩」「報本」「尊祖」「住持」「両序」「大衆」「節臘」「法器」の九章に分けられている。「祝釐章」は主として朝廷に対する祝讃法式を列し、「報恩章」は国恩に報ずる祈禱を示し、「報本章」は三仏忌における仏恩を示し、「尊祖章」は達磨忌・百丈忌や開山歴代祖忌・嗣法師忌など祖師の恩に報いることを述べている。また「住持章」は住持の日用行持から請新住持・入院・退院・遷化などを示し、「両序章」は東西両序（両班）の頭首・知事に関する法式進退を示し、「大衆章」は得度や新戒の参堂など修行僧（大衆）のありようを示し、「節臘章」は結制や念誦・行茶など諸行事についてのことがらを示し、「法器章」は法具の打鳴法を教えている。付録に唐の陳詡の「唐洪州百丈山故懐海禅師塔銘并序」と元の黄溍の「百丈山大智寿聖禅寺天下師表閣記」と北宋の楊億の「古清規序」さらに各清規の序も載せ、至元二年の欧陽玄の「勅修百丈清規叙」と至元四年の徳輝の自跋が付されている。また末尾に宮内省本に載る至正七年の欧陽玄の「加祖号跋」と延祐元年（AD1314）の晦機元熙の「一山禅師書」を加えている。古来の禅宗の清規の中でももっとも整備されたものであり、禅寺の日常行事から禅僧の工夫用心にわたるまで詳しく規定しているが、元朝の国家主義的色彩を強く受けている。また雲章一慶・桃源瑞仙の『勅修百丈清規雲桃抄』や無著道忠の『勅修百丈清規左觽』など日本の注釈書、清代の源洪儀潤の『百丈清規証義記』がある。編者徳輝の嗣法門人に日本の中巌円月がいる。

（佐藤秀孝）

第49巻　史伝部　一

2026 **撰集三蔵及雑蔵伝**（せんじゅうさんぞうぞうぎゅうぞうでん）

撰三蔵及雑蔵、仏涅槃後撰集三蔵経ともいう。

【成立】東晋代（AD317～420）。

【内容】一巻。摩竭国での迦葉、阿難による三蔵および雑蔵伝の撰集の様子を記したもの。諸経を一蔵とし、律を二蔵とし、大法を三蔵とする。

【訳者・訳年代】不明。

（鎌田茂雄）

2027 **迦葉結経**（かしょうけっきょう）

【成立】後漢の建和二～建寧三年（AD148～170）。

【内容】一巻。迦葉が座長となって五百の阿羅漢と共に王舎城において経と律を結集した、第一終集の様子を記したもの。しかし阿難が経を誦宣したことについて詳しく述べるが、優波利が律を誦宣したことについては全く述べていない。

【訳者・訳年代】後漢の安世高＊。

（鎌田茂雄）

2028 **迦丁比丘説当来変経**（かちょうびくせつとうらいへんぎょう）

大仙迦丁所記当来秘讖要集、迦丁比丘当来変経ともいう。

【成立】劉宋代（AD420～479）。

【内容】一巻。迦丁比丘が、出家者が仏法を護持せず、戒を持たず、驕慢心を持ち、飲酒するなどの仏教者の堕落を嘆き、まさに正法の滅するときの近いことを述べる。ゆえに今、正法を護持し、戒を保持して精進しなければ悔いても及ばなくなることを厳しく誡めている。

【訳者・訳年代】不明。

（鎌田茂雄）

2029 **仏使比丘迦旃延説法没尽偈百二十章**（ぶっしびくかせんねんせっぽうもつじんげひゃくにじゅっしょう）

迦旃延説法没尽偈、仏使迦旃延説偈、迦旃延説法没尽経ともいう。

【成立】西晋代（AD265～316）。

【内容】一巻。仏陀釈尊の十大弟子の一人で論議第一とされる迦旃延が正法の滅尽を悲しんで百二十の偈頌を説いたもの。ただし偈中に「尊者迦旃延」などの語があるので迦旃延に仮託されたものであろう。

【訳者・訳年代】不明。

（鎌田茂雄）

2030 **大阿羅漢難提蜜多羅所説法住記**（だいあらかんなんだいみったらしょせつほうじゅうき）

住記・大阿羅漢説法住記ともいう。

【内容】一巻。釈尊入滅後の八百年のうちに現れる阿羅漢、難提蜜多羅（ナンディミトラ）が、十六の羅漢が世に住して仏法を護持する次第を説く。四十八の大乗経、声聞の三蔵、大乗の三蔵などを記していることから、大乗の興起、大乗経典の成立についての資料となる。

【訳者・訳年代】唐の玄奘＊。

（鎌田茂雄）

2031 **異部宗輪論**（いぶしゅうりんろん）

宗輪論ともいう。

【成立】唐の竜朔二年（AD662）。著者は世友（ヴァスミトラ）。

【内容】一巻。説一切有部の立場から部派の分裂の歴史とその教理を述べたもの。漢訳の仏典の中で仏教の分派と教理を知るには本書を措いて他にはない。内容は二門に分けられ、第一には部派の分裂史が説かれ、仏滅後百余年の阿育王の時代に起こった教団の争いによって、大衆部と上座部の二派に分裂し（根本分裂）、その後大衆部は、まず一説部・説出世部・鶏胤部に分かれ、次に多聞部・説仮部が分かれ、最後に制多山部・西山住部・北山住部が分裂したという。また上座部も、初めに説一切有部と雪山部に分かれ、さらに説一切有部から犢子部、犢子部から法上部・賢冑部・正量部・密林山部・化地部・法蔵部・飲光部・経量部が生じたといい、以上を合わせて小乗二十部という。第二には部派の教理が本宗同義と末宗異義によって記される。まず大衆部系の諸派の教理が述べられ、次いで上座部系の教理では、説一切有部が詳細に述べられ、さらに諸派の教理が述べられているが、説一切有部を正統とする立場から書かれているのが本書の特徴である。また本書には三訳が有り、第一は十八部論2032（姚秦時代、羅什訳？）、第二には部執異論2033（真諦訳）、第三に本書である。

【関連典籍】2032・2033

【訳者・訳年代】唐の玄奘＊（AD662）。

【参考文献】訳大・論部十三。

（鎌田茂雄）

2032 **十八部論**（じゅうはちぶろん）

【内容】一巻。仏滅百年後に起こった教団の分派の経緯と各部派の教理を述べたもの。二段からなっており、前段は文殊問経の巻下、分別部品第十五にあたるものであり、後段は羅什法師集とされるものである。まず摩訶僧祇（大衆）と体毘履（上座）の根本分裂があり、その摩訶僧祇部から初めに一説・山世間説・窟居の三部が分かれ、次に多聞部、次に施設論部、さらに支提伽・仏婆羅・鬱多羅施羅が分かれ全部で九部となり、上座部からはまず薩婆多部・雪山部、次に薩婆多部から犢子部、犢子部から達摩鬱多梨部・跋陀羅耶尼部・弥離部・六城部が分かれ、次に薩婆多部から弥沙部、次に弥沙部から曇無徳部、薩婆多部から優梨沙または迦葉惟部、さらに修多羅部・論部が分かれ全部で十二部となった。本書には三訳があり、第一に本書、第二に部執異論（真諦訳）2033、第三に異部宗輪論（玄奘訳）2031である。

【関連典籍】2033・2031

【訳者・訳年代】陳の真諦＊。

（鎌田茂雄）

2033 **部執異論**（ぶしゅういろん）

部執論ともいう。

【内容】一巻。部派仏教教団の分裂とそれぞれの教義を述べたもの。大衆部系の七派と上座部系の十一部を記す。玄奘訳の異部宗輪論2031、真諦訳の十八部論2032とは同本異訳である。大乗基は本書に五大過失があると異部宗輪論述記で述べている。なお真諦は疏十巻をつくったというが、現在ではわずかに本朝の中観澄禅が著した三論玄義検幽集2300の中に引用文として見られるのみである。

【関連典籍】2031・2032

【訳者・訳年代】陳の真諦＊。

（鎌田茂雄）

2034 **歴代三宝紀**（れきだいさんぼうき）

開皇三宝紀、開皇三宝録、開皇宝録、長房録、三宝紀、歴代三宝録ともいう。

【成立】隋の開皇十七年（AD597）。著者は費長房。

【内容】十五巻。隋代の代表的な経録。一巻から三巻までは帝年録（仏教年表）であり、次の九巻は時代別、訳者別の訳経目録である代録、最後の三巻が大小乗の入蔵録と古来の経録の記録などが収められる。帝年録は仏陀の生誕から隋の開皇に至るまでの年表であり、最古のものである。次の代録では巻四後漢録、巻五魏呉録、巻六西晋録、巻七東晋録、巻八前秦後秦録、巻九西秦北涼魏斉陳録、巻十宋録、巻十一斉梁周録、巻十二隋録とし、歴代の訳経三蔵や義解撰著者を時代別に分類し、各々が訳出などした典籍の部数、巻数、訳時、訳場、具名、異名、異訳、またその伝記などを記す。その総計は二千百三十七部六千三百四十七巻（うち訳者不明は三百一部五百二十八巻）にのぼる。次の入蔵録は巻十三が大乗入蔵目、巻十四が小乗入蔵目で、大小乗それぞれを修多羅蔵・毘尼蔵・阿毘曇蔵に分けて入蔵の目録を示し、総じて千七十六部三千二百九十二巻とする。最後に巻十五上開皇三宝録表には巻十四までの総目と古来の経録の題名を記す。僧祐の出三蔵記集2145が北朝の訳経に詳しいのに対して、本書は北朝の訳経に詳しいのが特徴である。ただし開元釈経録2154巻十ではこの中の入蔵録について十の過失を挙げて非難し、道宣も大唐内典録2149巻五で、資料の検討が不十分であると非難している。

（鎌田茂雄）

2035 **仏祖統紀**（ぶっそとうき）

統紀ともいう。

【成立】南宋の咸淳五年（AD1269）。著者は志磐*。

【内容】五十四巻。中国天台宗の正統を明らかにする立場から編纂された仏教史書。正史の体裁に倣って編纂されており、本紀八巻、世家二巻、列伝十二巻、表二巻、志三十巻からなる。本紀には釈迦牟尼仏本紀（巻一から巻四）、西土二十四祖紀（巻五）、東土九祖紀（巻六と巻七）、興道下八祖紀（巻八）が収められ、世家には諸祖旁出世家（巻九と巻十）、列伝には諸師列伝（巻十一から巻二十）と諸師雑伝（巻二十一）と未詳承嗣伝（巻二十二）、表には歴代伝教表（巻二十三）と仏祖世繫表（巻二十四）、志には志山家教典志（巻二十五）と浄土立教志（巻二十六から巻二十八）と諸宗立教志（巻二十九）と三世出興志（巻三十）と三界名体志（巻三十一と巻三十二）と法門光顕志（巻三十三）と法運通塞志（巻三十四から巻四十八）と名文光教志（巻四十九と巻五十）と歴代会要志（巻五十一から巻五十四）の九志が収められ、全体で五篇十九科の構成になっている。中国天台宗が山家派と山外派に分かれた後に、四明知礼の門流である山家流の立場から書かれたものであるが、その収めるところはひとり天台のみならず、あまねく広範囲に及ぶ仏教の歴史書であり、重要な仏教史の資料となっている。

【参考文献】訳一・史伝部二、三、五。

（鎌田茂雄）

2036 **仏祖歴代通載**（ぶっそれきだいつうさい）

通載、仏祖通載ともいう。

【成立】元の至正元年（AD1341）。著者は念常。

【内容】二十二巻。編年体によって書かれた仏教史書。太古の盤古王から元の順宗の元統元年（AD1333）までの、インド・中国における事跡が載せられている。虞集の序によると、志磐の仏祖統紀2035を増補訂正する目的によるものという。通例、大正蔵経に所収の二十二巻本より、続蔵所収の三十六巻本が用いられる。

（鎌田茂雄）

2037 **釈氏稽古略**（しゃくしけいこりゃく）

稽古略ともいう。

【成立】元の至正十四年（AD1354）。著者は覚岸。

【内容】四巻。インド・中国の仏教の歴史を編年体によって記したもの。第一巻は巻初に国朝図と釈迦文仏宗派祖師授受図略を載せ、続いて巻三は皇・五帝から西晋まで、巻二は東晋から隋まで、巻三は唐と五代、巻四は宋から南宋までが歴代の帝王ごとに述べられる。撰者である覚岸は初め本書の原型を著して稽古手鑑と名付けたが、後に補正して釈氏稽古略とした。

【参考文献】訳一・史伝部四。

（鎌田茂雄）

2038 **釈鑑稽古略続集**（しゃくかんけいこりゃくぞくしゅう）

続稽古略ともいう。

【成立】明の崇禎十一年（AD1638）。著者は大聞幻輪*。

【内容】三巻。覚岸の釈氏稽古略2037を受け継ぐ形で、元の世祖の至元元年（AD1264）から明の熹宗の天啓七年（AD1627）までの事跡を編年体で記した仏教史書。巻一には元の世祖から順宗まで、巻二には明の太祖から熹宗までが収められる。

【参考文献】訳一・史伝部五。

（鎌田茂雄）

2039 **三国遺事**（さんごくいじ）

【成立】高麗の忠烈王十年（AD1284）以後。

著者は一然*。

【内容】五巻。九門からなる。新羅・高句麗・百済の三国の記事や説話などをまとめたもの。特に三国史記では顧みられなかった仏教の弘通について収録することを主たる目的としたもの。巻頭に三国遺事王暦という略年表が載せられている。巻一と巻二は紀異、巻三は興法・塔像、巻四は義解、巻五は神呪・感通・避隠・孝善が収められる古代朝鮮史、朝鮮仏教史の重要な資料。

【参考文献】訳一・史伝部十。

（鎌田茂雄）

第50巻　史伝部　二

2040 **釈迦譜**（しゃかふ）

【成立】五～六世紀。著者は梁の僧祐*。

【内容】五巻。仏陀に関する事跡を大小乗の経と律、さらには論書の中から採取し、三十四の条目に纏めた中国における最古の仏伝。各項目の最後には撰者である僧祐の見解が述べられている。五巻本と十巻本が現存するが、五巻本が原形を保つものとみられる。

【参考文献】訳一・史伝部六。

（鎌田茂雄）

2041 **釈迦氏譜**（しゃかしふ）

釈氏略譜、釈迦氏略譜ともいう。

【成立】唐の麟徳二年（AD665）。著者は道宣*。

【内容】一巻。仏陀に関する事跡を大小乗の経律論の中から採取して纏めたもの。梁の僧祐が著した釈迦譜2040が繁雑であるため、これを削り、簡略にしたもの。全体は以下の五科からなっている。(1)所依賢劫、(2)氏族根源、(3)所託方土、(4)法王化相、(5)聖凡後胤。

（鎌田茂雄）

2042 **阿育王伝**（あいくおうでん）

大阿育王経ともいう。

【成立】西晋の光熙元年（AD306）。

【内容】七巻。十一品よりなる。阿育王（アショーカ王）の事跡と、仏陀の弟子である優波毱多（ウパグプタ）、摩訶迦葉（マハーカーシャパ）などの付法相伝を述べたもの。阿育王経2043の異訳。

【関連典籍】2043

【訳者・訳年代】西晋の安法欽*。

（鎌田茂雄）

2043 **阿育王経**（あいくおうきょう）

大阿育王経ともいう。

【成立】梁の天監十一年（AD512）。

【内容】十巻。九品よりなるが第三巻に一品を欠いていることから八品となっている。阿育王（アショーカ王）の伝記と仏弟子の付法相伝の因縁を記したもの。阿育王伝2042の異訳であるが、本書は偈文で著された部分が多くなっているなど相違する点が幾つか見られる。

【関連典籍】2042

【訳者・訳年代】梁の僧伽婆羅*。

（鎌田茂雄）

2044 **天尊説阿育王譬喩経**（てんそんせつあいくおうひゆきょう）

阿育王譬喩経ともいう。

【内容】一巻。喩え話によって宗教的教訓を述べたもの。十三の喩え話からなっているが、外題はその内の第一話から取ったものである。

【訳者・訳年代】訳者不明（東晋代）。

（鎌田茂雄）

2045 阿育王息壊目因縁経（あいくおうそくえもくいんねんぎょう）

阿育王子法益壊目因縁経、法益壊目因縁経ともいう。

【内容】一巻。阿育王の太子である法益を主人公にし、善悪の応報を説く因縁譚。なお本書の中に当時のインドの地名が記されており参考になる。

【訳者・訳年代】曇摩難提＊（AD391）。

（鎌田茂雄）

2046 馬鳴菩薩伝（めみょうぼさつでん）

馬鳴伝ともいう。

【内容】一巻。紀元後百年頃のインドの仏教詩人である馬鳴（アシュヴァゴーシャ）の伝記。馬鳴の伝記には他に、付法蔵因縁伝2058巻五などがあるが、年代等に不一致が見られる。

【訳者・訳年代】姚秦の鳩摩羅什＊。

【参考文献】訳一・史伝部六。

（鎌田茂雄）

2047 竜樹菩薩伝（りゅうじゅぼさつでん）

竜樹伝ともいう。

【内容】一巻。紀元後百五十年から二百五十年頃のインドで大乗仏教思想の基盤を作った竜樹（ナーガールジュナ）の伝記。この他に付法蔵因縁伝2058巻五にも伝記が収められている。

【訳者・訳年代】姚秦の鳩摩羅什＊。

【参考文献】訳一・史伝部六。

（鎌田茂雄）

2048 提婆菩薩伝（だいばぼさつでん）

提婆伝ともいう。

【内容】一巻。紀元後百七十年から二百七十年頃のインドで活躍した初期中観派の思想家、提婆（アーリヤデーヴァ）の伝記。南天竺の婆羅門の家に生まれ、後に竜樹（ナーガールジュナ）について出家し、空宗の蘊奥を極め嗣法して諸方を教化したが、外道と論争になり殺された、とされる。なおその内容は付法蔵因縁伝2058巻六にほぼひとしいものである。

【訳者・訳年代】姚秦の鳩摩羅什＊。

【参考文献】訳一・史伝部六。

（鎌田茂雄）

2049 婆藪槃豆法師伝（ばすばんずほっしでん）

世親伝、天親伝、婆藪槃豆伝ともいう。

【内容】一巻。紀元後四百年から四百八十年頃のインドの思想家、婆藪槃豆（ヴァスバンドゥ、世親）の伝記であるが、兄の無著（アサンガ）の伝も述べてある。本書は真諦訳となっているが真諦が自ら創作したものではないかとみられている。

【訳者・訳年代】陳の真諦＊。

【参考文献】訳一・史伝部六。

（鎌田茂雄）

2050 隋天台智者大師別伝（ずいてんだいちしゃだいしべつでん）

天台智者大師別伝、智者大師別伝ともいう。

【成立】六〜七世紀。著者は潅頂＊。

【内容】一巻。中国天台宗の大成者である智顗の伝記をまとめたもの。門下の第一とされる潅頂の著したものであるため資料的価値の高いものである。智顗の伝は本書の他に国清百録、続高僧伝2060の智顗伝などがある。

【参考文献】訳一・史伝部十。

（鎌田茂雄）

2051 唐護法沙門法琳別伝（とうごほうしゃもんほうりんべつでん）

釈法琳別伝、法琳別伝、護法沙門法琳別伝ともいう。

【成立】唐の貞観十四〜二十三年（AD640〜649）。著者は彦琮＊。

【内容】三巻。隋末から唐初にかけての僧である法琳の伝記。道教の道士である傅奕が廃仏を奏上したことに抗し、護法の念をもって破邪論二巻、弁正論八巻を蔵し上進したことなどが記される。

（鎌田茂雄）

2052 大唐故三蔵玄奘法師行状（だいとうこさん

ぞうげんじょうほっしぎょうじょう）

玄奘法師行状ともいう。

【成立】七世紀頃。著者は唐の冥詳。

【内容】一巻。唐の玄奘三蔵の伝記。玄奘の伝は他に大唐大慈恩寺三蔵法師伝2053十巻、続高僧伝2060巻四の玄奘伝などがある。

（鎌田茂雄）

2053 **大唐大慈恩寺三蔵法師伝**（だいとうだいじおんじさんぞうほっしでん）

大慈恩寺三蔵法師伝、三蔵法師伝、慈恩伝ともいう。

【成立】唐の垂拱四年（AD688）。

【内容】十巻。玄奘三蔵の伝記。前半の五巻は慧立が著したもので、玄奘の生誕から西域インドへの求法の事跡を記し、後半の五巻は彦悰が帰国後遷化までの事跡を記している。当時の長安文化を知る上でも重要な資料となっている。本書は当初慧立が五巻を著して地中に埋めていたのを臨終に望んで掘り出させたというが、その後散逸してしまったのを彦悰が捜し、さらに補訂して十巻としたものである。

【参考文献】訳一・史伝部十一。

（鎌田茂雄）

2054 **唐大薦福寺故寺主翻経大徳法蔵和尚伝**（とうだいせんぷくじこじしゅほんぎょうだいとくほうぞうわじょうでん）

法蔵和尚伝ともいう。

【成立】唐の天復四年（AD904）。著者は崔致遠＊。

【内容】一巻。華厳宗の第三祖とされる唐の賢首大師法蔵の伝記。華厳三昧観の直心のなかの十義に配して法蔵の生涯を綴っている。十義とは、(1)族姓広大心、(2)遊学深甚心、(3)削染方便心、(4)講演堅固心、(5)伝訳無間心、(6)著述折伏心、(7)修身善巧心、(8)済俗不二心、(9)垂訓無礙心、(10)示滅円明心である。本伝記には奇瑞・霊異などに重きを置き、著述方面をあまり重んじていない。しかし法蔵伝の基礎資料として重要なものである。

（鎌田茂雄）

2055 **玄宗朝翻経三蔵善無畏贈鴻臚卿行状**（げんそうちょうほんぎょうさんぞうぜんむいぞうこうろきょうぎょうじょう）

善無畏行状ともいう。

【成立】八世紀。著者は李華＊。

【内容】一巻。唐の時代に密教を中国に伝えたインドの僧、善無畏の伝記。

【参考文献】訳一・史伝部十。

（鎌田茂雄）

2056 **大唐故大徳贈司空大弁正広智不空三蔵行状**（だいとうこだいとくぞうしくうだいべんじょうこうちふくうさんぞうぎょうじょう）

不空行状ともいう。

【成立】年代不明。著者は趙遷。

【内容】一巻。唐代に密教経典を将来し翻訳した不空の伝記。著者が不空の弟子であるため資料価値の高いものである。

【参考文献】訳一・史伝部十。

（鎌田茂雄）

2057 **大唐青竜寺三朝供奉大徳行状**（だいとうしょうりゅうじさんちょうくぶだいとくぎょうじょう）

恵果行状ともいう。

【成立】唐の宝暦二年（AD826）。著者不明。

【内容】一巻。唐代の密教を統率した恵果の伝記。恵果の弟子が撰述したことは確実であるが特定はできない。九歳で曇貞に随い、十九歳の時、不空三蔵から真言を受法し、朝廷から帰依を受け、最晩年に弘法大師空海に金剛界・胎蔵の両部ならびに諸尊法を伝授したことなどが記されている。

（鎌田茂雄）

2058 **付法蔵因縁伝**（ふほうぞういんねんでん）

付法伝、付法蔵経、付法蔵伝、附法蔵因縁経ともいう。

【成立】北魏の延興二年（AD472）。著者は吉迦夜（キンカラ）と曇曜。

【内容】六巻。ブッダの入滅後、インドで仏法が相承された次第と因縁を記したもの。巻一には摩訶迦葉、巻二には阿難、巻三と四には商那和修、巻五には憂波毱多・提他迦・弥遮迦・仏陀難提・仏陀蜜多・脇・富那奢・馬鳴・比羅・龍樹、巻六には迦那提婆・羅羅・僧伽難提・僧伽耶舎・鳩摩羅駄・闍夜多・婆修槃陀・摩奴羅・鶴勒那・師子と次第したが、師子が殺されて付法が絶えたとする。天台宗は本書によって二十三祖（あるいは二十四祖）説を立て、禅宗の二十八祖説との間に論争が起こった。

（鎌田茂雄）

2059 **高僧伝**（こうそうでん）

梁高僧伝、梁伝ともいう。

【成立】梁の天監十八年（AD519）。著者は慧皎＊。

【内容】十四巻。中国に初めて仏教が伝来した後漢の永平十年（AD67）から梁の天監十八年（AD519）までに至る四百五十三年の間の高僧の伝記を収録したもの。本伝に二百五十七人、付伝に二百四十三人が収められる。全体は訳経科（巻一から巻三）、義解科（巻四から巻八）、神異科（巻九・巻十）、修禅科・明律科（巻十一）、亡身科・誦経科（巻十二）、興福科、経師科、昌導科（巻十三）の十科に分けられている。なお巻十四は慧皎による序録と総目録、および慧皎と王曼穎との往復書簡二通を収める。慧皎は従来の伝記が賛美に過ぎ、史実に乏しいなどの過誤があり、また名より徳の高い僧を記すことを目的として本書を撰述したという。中国仏教史の初期に関する最も信頼すべき資料である。

【参考文献】訳一・史伝部七。

（鎌田茂雄）

2060 **続高僧伝**（ぞくこうそうでん）

唐高僧伝、唐伝ともいう。

【成立】唐の貞観十九年（AD645）。ただし貞観十九年以降の記述も見られるため、増補がなされたものとみえる。著者は道宣＊。

【内容】三十巻。梁の慧皎が著した高僧伝2059の続篇として唐の道宣が撰述したもの。梁代から初唐の終わり頃までの、正伝四百八十五人と附見二百十九人の僧伝を収録している。全体が十科に分けられているが、その十科の内容は梁の高僧伝のものとは異なっている。本書での十科は(1)訳経（巻一から巻四）、(2)義解（巻五から巻十五）、(3)習禅（巻十六から巻二十）、(4)明律（巻二十一から巻二十二）、(5)護法（巻二十三から巻二十四）、(6)感道（巻二十五から巻二十六）、(7)遺身（巻二十七）、(8)読誦（巻二十八）、(9)興福（巻二十九）、(10)雑科・声徳（巻三十）となっている。著者の道宣は実地に碑文などを調査し、各地を訪ねて人に問うなどして本書を著したとされ、資料的価値の非常に高いものとなっている。

【参考文献】訳一・史伝部八～十。

（鎌田茂雄）

2061 **宋高僧伝**（そうこうそうでん）

宋伝、大宋高僧伝ともいう。

【成立】宋の端拱元年（AD988）。著者は賛寧＊。

【内容】三十巻。梁の高僧伝2059、唐の続高僧伝2060に続くものとして著された、高僧の伝記を集めたもので、主として唐・五代の僧伝が収められている。太平興国七年（AD982）、宋の太宗の勅命によって編纂が行われ、六年を経て完成した。続高僧伝の分科を踏襲し、(1)訳経（巻一から巻三）、(2)義解（巻四から巻七）、(3)習禅（巻八から巻十三）、(4)明律（巻十四から巻十六）、(5)護法（巻十七）、(6)感通（巻十八から巻二十二）、(7)遺身（巻二十三）、(8)読誦（巻二十四・二十五）、(9)興福（巻二十六から巻二十八）、(10)雑科・声徳（巻二十九から巻三十）の十科からなり、正伝五百三十三人、附見百三十人が載せられている。碑銘類によって書かれていることから、資料的価値の高いものとなっている。

【参考文献】訳一・史伝部十二～十三。

（鎌田茂雄）

2062 **大明高僧伝**（だいみんこうそうでん）

明高僧伝四集、高僧伝四集、明伝、明高僧伝ともいう。

【成立】明の万暦四十五年（AD1617）。著者は如惺(じょせい)。

【内容】八巻。梁の慧皎(えこう)の高僧伝2059、唐の道宣(どうせん)の続高僧伝2060、宋の賛寧(さんねい)の宋高僧伝2061に続く第四の高僧伝である。南宋、元、明代の正伝百十九人と附見六十人の伝記が三類によって記される。三類とは(1)訳経（巻一）、(2)解義（巻一から巻四）、(3)習禅（巻五から巻八）である。

【参考文献】訳一・史伝部二十。

（鎌田茂雄）

2063 **比丘尼伝**（びくにでん）

尼伝ともいう。

【成立】梁の天監十六年（AD517）。著者は宝唱(ほうしょう)*。

【内容】四巻。東晋の升平年間から梁の天監までの比丘尼六十五人の伝記を記したもの。

（鎌田茂雄）

2064 **神僧伝**（しんそうでん）

【成立】元から明初。著者不明。

【内容】九巻。漢の迦葉摩騰(かしょうまとう)・竺法蘭(じくほうらん)から元の膽巴(せんぱ)（AD1230〜1303）までの二百八人の神異を以て知られる僧の伝記を集めたもの。

（鎌田茂雄）

2065 **海東高僧伝**（かいとうこうそうでん）

【成立】高麗の高宗二年（AD1215）。著者は霊通寺の僧、覚訓(かくくん)。

【内容】二巻のみ現存。韓国最古の僧伝であり、流通(るづう)一之一と一之二のみが現存し、仏教を朝鮮半島に伝えた高僧の伝記が載せられている。

【参考文献】訳一・史伝部十六下。

（鎌田茂雄）

第51巻　史伝部　三

2066 **大唐西域求法高僧伝**（だいとうさいいきぐほうこうそうでん）

西域求法高僧伝、求法高僧伝、大唐求法高僧伝ともいう。

【成立】唐の天授二年（AD691）。著者は義浄(ぎじょう)*。

【内容】二巻。唐の貞観年間（AD627〜649）から天授年中（AD690〜691）までの間に西域に求法のために渡った六十人の高僧の伝記を載せたもの。撰者がインド遊歴の途中で南海寄帰内法伝2125とともに撰述したもの。上巻の最後にインドのナーランダー寺の様子が述べられているなど当時のインドの仏教の事情を窺い知ることのできる重要な資料となっている。

【参考文献】足立喜六『大唐西域求法高僧伝』岩波書店。訳一・史伝部十一。

（鎌田茂雄）

2067 **弘賛法華伝**（ぐさんほっけでん）

法華伝ともいう。

【成立】唐の神竜二年（AD706）以後。著者は慧祥(えしょう)*。

【内容】十巻。東晋の時代から唐に至るまでの法華経の流伝を(1)図像（巻一）、(2)翻訳（巻二）、(3)講解（巻三）、(4)修観（巻四）、(5)遺身（巻五）、(6)誦持（巻六から巻八）、(7)転読（巻九）、(8)書写（巻十）の八門によって記したもの。

【参考文献】小笠原宣秀「藍谷沙門慧祥について」（『龍谷学報』三一五）。訳一・史伝部十七。

（鎌田茂雄）


2068 **法華伝記**（ほっけでんき）

法華経伝記、法華経伝、唐法華伝ともいう。

【成立】年代不明。著者は僧詳。

【内容】十巻。法華経の伝訳、論・釈、講解などを行った僧の伝記を集めたもの。(1)部類増減、(2)隠顕時異、(3)伝訳年代、(4)支派別行、(5)論釈不同、(6)諸師序集、(7)講解感応、(8)諷誦勝利、(9)転読滅罪、(10)書写救苦、(11)聴聞利益、(12)依正供養の十二科からなる。

（鎌田茂雄）

2069 **天台九祖伝**（てんだいくそでん）
【成立】南宋の嘉定元年（AD1208）。著者は士衡。
【内容】一巻。中国天台宗における師資相承の、九人の伝記を記したもの。九人はインドの竜樹（ナーガールジュナ）、中国の慧文、慧思、智顗、灌頂、智威、玄朗、湛然である。
（鎌田茂雄）

2070 **往生西方浄土瑞応伝**（おうじょうさいほうじょうどずいおうでん）

往生浄土瑞応刪伝、瑞応刪伝、瑞応伝ともいう。

【成立】唐の大暦九年（AD774）以後。著者は文諗および少康＊。

【内容】一巻。西方願生者の伝記を集めたもの。東晋の慧遠以下五十三人の伝が載せられており、中国浄土教研究に不可欠の資料。

【参考文献】訳一・史伝部十三。

（鎌田茂雄）


2071 **浄土往生伝**（じょうどおうじょうでん）

往生浄土伝ともいう。

【成立】宋の雍熙年間（AD984～987）以後。著者は戒珠。

【内容】三巻。中国における西方願生者の伝記を記したもので、西晋の釈僧顕以下、正伝五十六人、附見十九人の伝記が載せられている。

（鎌田茂雄）

2072 **往生集**（おうじょうしゅう）
【成立】明の万暦十二年（AD1584）。著者は袾宏＊。
【内容】三巻。東晋から明までの往生者の伝記を集めたもの。(1)沙門往生類（巻一）、(2)王臣往生類、(3)処士往生類、(4)尼僧往生類、(5)婦女往生類、(6)悪人往生類、(7)畜生往生類、(8)続録不分門類（以上巻二）、(9)諸聖同帰類、(10)生存感応類（以上巻三）からなる。
（鎌田茂雄）

2073 **華厳経伝記**（けごんぎょうでんき）

華厳経纂霊記、華厳経伝、華厳伝、華厳伝記などともいう。

【成立】唐の嗣聖七年（AD690）ごろ一旦完成し、その後加筆されていったものと見られる。著者は法蔵＊。

【内容】五巻。華厳経の流伝・翻訳家・注釈者などに関する事跡を纏めたもの。内容は十門からなっており、(1)部類、2)隠顕、(3)伝訳、(4)支流、(5)論釈、(6)講解、(7)諷誦、(8)転読、(9)書写、(10)雑述である。

（鎌田茂雄）

2074 **大方広仏華厳経感応伝**（だいほうこうぶつけごんぎょうかんのうでん）
華厳経感応伝、華厳感応伝ともいう。
【成立】唐の建中四年（AD783）。著者は恵英＊および胡幽貞＊。
【内容】一巻。華厳経に基づく感応についての事跡を集めたもの。唐の時代の事跡がほとんどを占める。本書はもともと法蔵の弟子である恵英が集めて二巻としたものを、胡幽貞が整理して一巻としたものである。

（鎌田茂雄）

2075 **歴代法宝記**（れきだいほうぼうき）

師資衆脈記、定是非摧邪顕正破壊一切心伝、最上乗頓悟法門ともいう。

【成立】唐の大暦九年（AD774）頃。著者不明。

【内容】一巻。初期禅宗の歴史を記したもの。初祖達磨多羅から恵可―僧璨―道信―弘忍から慧能、また弘忍から智侁―処寂―無相―無住の法系を記す。このように北宗に対して南宗を主張するところに本書の特徴がある。

【参考文献】現代語訳が柳田聖山『初期の禅史II』（筑摩書房）にある。

（鎌田茂雄）

2076 **景徳伝灯録**（けいとくでんとうろく）

伝灯録ともいう。

【成立】宋の景徳元年（AD1004）。著者は永安道原＊。

【内容】三十巻。インドから中国に至る禅宗の法系を述べたもの。過去七仏から始まり、インドの二十七祖、中国の法眼文益に至るまでの禅宗五家五十二世の事跡・語録などが集大成されており、その数千七百一人にのぼるが、単に史伝としてのみならず、語録集成の書であるともいえる。元の名を仏祖同参集としたが、幾たびかの削定を経た後、この名前で入蔵された。中国禅宗史の重要な資料であるが、特に唐末五代の禅の研究には欠くことのできないものである。

【参考文献】訳一・史伝部十四〜十五。

（鎌田茂雄）

2077 **続伝灯録**（ぞくでんとうろく）

【成立】明の洪武（AD1368〜98）頃。著者は円極居頂。

【内容】三十六巻。景徳伝灯録の続編として編纂された禅宗史書。北宋初期から南宋末に至るまでの相承を述べ、その伝記・事跡などを記す。景徳伝灯録より後の灯史類が宗派別に編纂されていて不便であるため、これを改めてできたものという。

（鎌田茂雄）

2078 **伝法正宗記**（でんぽうしょうじゅうき）

正宗記ともいう。

【成立】宋の嘉祐六年（AD1061）。著者は契嵩＊。

【内容】九巻。過去七仏からインドでの二十八祖、中国での六祖に至る禅宗の相承を述べた禅宗史伝書。景徳伝灯録2076など禅宗の史伝書に随った説を正とし、付法蔵因縁伝2058、続高僧伝2060などの説を誤りとして批判する。

（鎌田茂雄）

2079 **伝法正宗定祖図**（でんぽうしょうじゅうじょうそず）

【成立】宋の嘉祐六年（AD1061）。著者は仏日契嵩＊。

【内容】一巻。インド以来の禅宗の師資相承の次第とその伝記を記した伝法正宗記2078を図表化したもの。

（鎌田茂雄）

2080 **伝法正宗論**（でんぽうしょうじゅうろん）

【成立】宋の嘉祐六年（AD1061）。著者は仏日契嵩＊。

【内容】二巻。四篇からなる。インド以来の禅宗の師資相承に関する問題を論じたもの。

（鎌田茂雄）

2081 **両部大法相承師資付法記**（りょうぶだいほうそうじょうしししふほうき）

【成立】唐の太和八年（AD834）。著者は海雲。

【内容】二巻。インドから中国の、密教における金剛・胎蔵の両部の師資相承を記すもの。特に不空の系統が詳しく述べられている。

（鎌田茂雄）

2082 **冥報記**（めいほうき）

【成立】唐の永徽年間（AD650〜656）。著者は唐臨＊。

【内容】三巻。仏教の因果応報の道理を、実際の出来事を例えにとって明かそうとしたもの。仏教で説く現報・生報・後報の三報を仏教独自のものとしてこれを用いている。南北朝から隋、唐の説話が集められており、我が国の説話文学に大きな影響を与えた。

（鎌田茂雄）

2083 **釈門自鏡録**（しゃくもんじきょうろく）

自鏡録ともいう。

【成立】年代不明。著者は懐信（えしん）。

【内容】二巻。十科からなる仏教説話集。多く南北朝から唐代にかけての、因果応報の事跡などが集められており、当時の仏教信仰を知る手がかりとなる資料である。

（鎌田茂雄）

2084 **三宝感応要略録**（さんぼうかんのうようりゃくろく）

三宝感応録ともいう。

【成立】十一世紀。著者は非濁（ひだく）＊。

【内容】三巻。仏・法・僧の三宝と衆生との感応（交流）を説く物語をまとめたもの。百六十四話からなり、上巻の仏宝聚（一話から五十一話）では主に仏像にまつわる霊異、中巻の法宝聚（五十二話から百二十三話）では経典の読誦・書写などによる感応、下巻の僧宝聚（百二十四話から百六十四話）では菩薩による霊異などが収録されている。

【参考文献】訳一・史伝部二十。

（鎌田茂雄）

2085 **高僧法顕伝**（こうそうほっけんでん）

法顕法師伝、歴遊天竺記伝、法顕伝、仏国記などともいう。

【成立】姚秦の弘始元年〜東晋の義熙十四年（AD399-418）。著者は法顕（ほっけん）＊。

【内容】一巻。法顕三蔵による西域への求法の旅の記録。東晋の隆安三年（AD399）長安より旅立ち、西北インドに入り、各寺院を歴訪し、また経・律を学びながら南下し、スリランカに渡り、商船に乗り海路によって義熙八年（AD412）青州に到着した、その次第が語られる。来訪した国は三十カ国以上にもなり、資料的価値が高いものとなっている。

【参考文献】足立喜六『法顕伝』法蔵館。訳一・史伝部十六下。現代語訳が、東洋文庫『法顕伝・宋雲行紀』（平凡社）にある。

（鎌田茂雄）

2086 **北魏僧恵生使西域記**（ほくぎそうえしょうしさいいきき）

宋雲行記、慧生行伝、慧生使西域伝ともいう。

【内容】一巻。北魏時代の僧である恵生が詔によって西域を旅行した記録。北魏の神亀元年（AD518）十一月洛陽を発ち、西域・北インドを訪れ、正光三年（AD522）帰国するまでが語られる。法顕伝2085と西域記2087との間に位置する文献であり、六世紀の西域を知る資料価値の高いものである。

（鎌田茂雄）

2087 **大唐西域記**（だいとうさいいきき）

西域記ともいう。

【成立】唐の貞観二十年（AD646）。著者は弁機（べんき）＊。

【内容】十二巻。唐の玄奘（げんじょう）三蔵によるインドおよび西域の遊歴を太宗の勅によって編纂したもの。唐の貞観元年（AD627、または貞観三年）に長安を発ち、同一九年（AD645）帰国するまでの記録であるが、これに止まらず、時代を遡っての歴史・伝説などを含むことから仏教史の資料にもなっている。一巻から二巻には西域諸国についてとインドの地理・尺度・言語・仏教の現状・風習などいわば総説が述べられ、三巻から十一巻まではインドの各国について述べられる。すなわち三巻と四巻には北インド諸国、四巻から十巻には中インド諸国、十巻には東インド諸国、十・十一巻には南インド諸国、十一巻にはさらに西インド諸国である。そして十二巻には帰路における西域諸国の記述が述べられる。七世紀前半の西域およびインドの風俗・地理・言語・文化などを知る重要な資料となっており、今世紀の中央アジア・インドにおける発掘・探検が本書、あるいは法顕伝2085の記述に基づいて行われたことからも本書の持つ意義が窺われるものである。

【参考文献】足立喜六『大唐西域記の研究』法蔵館。訳一・史伝部十六上。

（鎌田茂雄）

2088 **釈迦方志**（しゃかほうし）

【成立】唐の永徽元年（AD650）。著者は道宣＊。

【内容】二巻。八編からなる。仏法が伝わった諸地域とその時期、中国への伝播を記録したもの。封疆編第一と統摂編第二は仏国土について、中辺編第三は西域インドについて記され、遺跡編第四は中国からインドに至る東道・中道・北道の三つのルートについて、その沿道諸国の様子を、主として玄奘の大唐西域記によって説いており、八編中最大かつ詳細な編である。次に遊履編第五は前漢から唐の玄奘まで西域に旅した十六人の略伝を載せ、通局編第六では仏教の瑞跡、時住編第七は仏法が住持する時間、教相編第八では晋の武帝から隋の煬帝までの歴代帝王の仏教興隆の事跡、各時代の訳経の数を述べる。

（鎌田茂雄）

2089 **遊方記抄**（ゆうほうきしょう）

以下の九篇を集めたもの。①往五天竺国伝、②悟空入竺記、③継業西域行程、④梵僧指空禅師伝考、⑤西域僧銷喃嚷結伝、⑥南天竺婆羅門僧正碑、⑦唐大和上東征伝、⑧唐王玄策中天竺行記並唐百官撰西域志逸文、⑨唐常愍遊天竺記逸文。

①往五天竺国伝（おうごてんじくこくでん）

慧超往五天竺国伝ともいう。

【成立】八世紀。著者は慧超＊。

【内容】一巻。中国から海路でインドに渡り、仏陀の遺跡を参拝し、五天竺から中央アジアを経て長安に帰るまでを記した旅行記。開元十五年（AD727）十一月に帰唐した。当時のインドの宗教・風俗・地理が記録され、玄奘の大唐西域記2087と並び貴重な資料である。原本は失われ、慧琳の一切経音義2128に本書の音義三巻のみが伝わっていたが、千九百八年に敦煌石窟より発見された。

②悟空入竺記（ごくうにゅうじくき）

【成立】唐代。著者は円照＊。

【内容】遊方記抄の第二番目に収録されるものであるが、もともと大唐貞元新訳十地経、廻向輪経、十力経の序として書かれたものであり、この三経を請来した悟空三蔵の伝記である。なお大正蔵経十七巻所収の仏説十力経0780の序文と同一のものである。

③継業西域行程（けいごうさいいきこうてい）

【内容】南宋の范成大が淳熙四年（AD1177）四川省の成都から峨眉山方面へ旅遊した行程を記録した『呉船録』の中から、峨眉山牛心寺を中心とした部分を抜き出したもの。牛心寺は北宋の継業三蔵の建立した寺。継業は涅槃経の各巻末に西域紀行を記録していたが、ここを偶然訪ねた范成大が見つけ、これを写して自著に収録した。継業は乾徳二年（AD964）出発して中央アジアからインドに入り、寺院・仏跡を巡り開宝九年（AD976）帰朝した。インドにおける十世紀の状況を知るための貴重な資料である。

④梵僧指空禅師伝考（ぼんそうしくうぜんじでんこう）

【内容】指空の伝記。李穡の指空浮図銘并序と金守温の桧巌寺重刱記からなる。指空浮図銘并序には、指空がマガダ国王を父に生まれ、八歳で出家、十九歳の時南インドの楞伽国吉祥山に行き普明に師事し、のちチベット、雲南、貴州、廬山から燕京に至り、さらに高麗の忠粛王の時代（AD1314～1339）朝鮮半島に入り、再び燕京に帰ったことなどが記される。桧巌寺重刱記には、楊州桧巌寺について、この地がインドの阿蘭陀寺に酷似していると指空が語ったことによって、慧勤が寺を建てたことなどが記される。

⑤西域僧銷喃嚷結伝（さいいきそうさなじょうけつでん）

【内容】西域の僧である銷喃嚷が自らの足跡を記したもの。西域の高昌国に生まれ、出家したのち、インド諸国を巡り、次いで五人の僧とともに中国に渡ったことなどが記される。

⑥南天竺婆羅門僧正碑（なんてんじくばらもんそうじょうひ）

南天竺波羅門僧正碑文ともいう。

【成立】神護景雲四年（AD770）。著者は日本の修栄。

【内容】南天竺婆羅門僧正とは菩提僊那のことであり、その行状を記したもの。著者の修栄は菩提僊那の弟子であった日本人であり、この碑銘を撰述したのは菩提僊那の滅後十一年目であることから信頼の置ける貴重な資料である。

⑦唐大和上東征伝（とうだいわじょうとうせいでん）

鑑真過海大師東征伝、鑑真大和尚伝、東征伝、法務贈大僧正唐鑑真過海大師東征伝、過海大師東征伝ともいう。

【成立】宝亀十年（AD779）。著者は日本の真人元開＊（俗名・淡海三船）。

【内容】二巻。中国唐代の高僧であり、本朝に戒律を伝えた鑑真の伝記。鑑真の弟子である思託が著した『大唐伝戒師僧名記大和上鑑真伝』三巻を、思託に要請され、淡海三船が一巻本にしたもの。鑑真は中国で和上となったのち、遣唐使として入唐留学した普照と栄叡から日本に戒律を伝えてほしいと請われ、渡日を決意し出発したが誣告・風波・抑留など度重なる苦難を受け、ようやく六度目にして天平勝宝六年（AD754）正月来朝を果たした。東大寺に住し唐招提寺を建立し戒律を広め、彫刻の新しい様式、医薬の知識などをも伝え、天平宝字七年（AD763）五月六日入寂した。

【参考文献】訳一・史伝部十八。

（鎌田茂雄）

2090 **釈迦牟尼如来像法滅尽之記**（しゃかむににょらいぞうぼうめつじんのき）

釈迦牟尼如来像法滅尽因縁ともいう。

【成立】八～九世紀。著者は唐の法成。

【内容】一巻。于闐国の七代王の時代に一人の阿羅漢が于闐国における今後の仏教を予言したもの。原典はチベット語で書かれており、これを法成が翻訳したもの。

【参考文献】チベット語からの現代語訳が寺本婉雅『于闐国史』にある。

（鎌田茂雄）

2091 **燉煌録**（とんこうろく）

【内容】一巻。莫高窟・鳴沙山・敦煌・玉門関などの地理関係を記録したもの。

（鎌田茂雄）

2092 **洛陽伽藍記**（らくようがらんき）

【成立】東魏武定五年（AD547）。著者は楊衒之。

【内容】五巻。北魏の高祖が洛陽に都を移したことにより寺院は千三百六十七箇寺を数えるに至ったが、北魏末の混乱によってこれら多くの寺院は荒廃していった。著者の楊衒之は武定五年（AD547）、職務により洛陽を巡視した際、昔日の面影を失った有様を見、当時の威容を後生に伝えようと本書を撰述した。まず序において魏の成り立ち・推移、仏教の情勢を記し、以下五巻を以て五十八の寺院を記述してゆく。第一巻では洛陽城の城内の、永寧寺・宗正寺・建中寺など十五箇寺、第二巻では城東の明懸尼寺・竜華寺・瓔珞寺など十五箇寺、第三巻は城南の景明寺・大統寺・招福寺など十五箇寺、第四巻では城西の冲覚寺・宣忠寺・王典御寺など十一箇寺、第五巻では城北の禅虚寺と凝円寺が記される。それぞれの寺院を説明するに当たり、諸立者の伝記やそこで起こった出来事などを述べ、さらには西域諸国の風土なども紹介しているため、当時の仏教文化・歴史・地理を知るための貴重な文献になっている。

【参考文献】訳一・史伝部十七。

（鎌田茂雄）

2093 **寺塔記**（じとうき）

京洛寺塔記ともいう。

【成立】唐の会昌三年～大中七年（AD843－853）頃。著者は段成式＊。

【内容】一巻。段成式が会昌三年（AD843）

友人とともに長安の寺院を訪ねた記録。会昌の廃仏前後の様子を伝える貴重な資料である。なお酉陽雑俎続集にも収録されている。大正蔵経所収のものは誤字・脱字が多く校訂の必要がある。

（鎌田茂雄）

2094 **梁京寺記**（りょうきょうじき）

【内容】一巻。梁の武帝蕭衍（AD502～549）が建立した小荘厳寺・同泰寺・興国禅寺・昇元寺・大愛敬寺・法宝寺・法光寺・宝林寺・長干寺の事跡を記録したもの。

（鎌田茂雄）

2095 **廬山記**（ろざんき）

【成立】宋の熙寧五年（AD1072）。著者は陳舜兪＊。

【内容】五巻。陳舜兪が廬山を遊歴し、地理・故事・由縁の人物などを記録したもの。叙山水篇第一では山名の由来、伝説など概観、叙山北篇第二と叙山南篇第三では南北に分けて寺観・古蹟・故事、山行易覧篇第四では道のり、十八賢伝第五では慧遠・劉程之など十八人の伝記、古人留題篇第六では関係する詩文、古碑目篇第七では碑誌について、古人題名篇第八では唐以来の名士の書文が記録されている。

【参考文献】訳一・史伝部十七。

（鎌田茂雄）

2096 **天台山記**（てんだいさんき）

【成立】唐の元和年間（AD806～820）。著者は徐霊府。

【内容】一巻。天台智者大師の創建になる国清寺を擁する天台山は古来仏教のみならず道士や仙人も住する霊跡である。本書はこの天台山に関する伝記・遺跡・地勢などを諸資料によってまとめたものであるが、撰者が道士であることから仏跡よりも道教関係の事跡が多く記されていることが特徴である。唐代の天台山を知るための貴重な資料となっている。また国訳が訳一・史伝部十八にある。

（鎌田茂雄）

2097 **南岳総勝集**（なんがくそうしょうしゅう）

【成立】南宋の興隆元年（AD1163）。著者は陳田夫。

【内容】三巻。南岳とは中国湖南省にあり、五岳のひとつに数えられる霊山である。本書はこの南岳に関する歴史・伝説・地勢などを編纂したものである。巻一では地理、巻二では寺・観、巻三では高僧が主として記述される。

（鎌田茂雄）

2098 **古清涼伝**（こしょうりょうでん）

【成立】唐の高宗の時代（AD649～683）。著者は慧祥＊。

【内容】二巻。清涼とは中国山西省にある清涼山すなわち五台山のことであり、古来より名高い霊山である。巻上は(1)立名標化、(2)封域里数、(3)古今勝跡からなり、(1)では山名の由来、(2)では地勢、(3)では仏教に関する遺跡が述べられ、巻下は(4)遊礼感通、(5)支流雑述からなり、(4)では巡礼者の奇瑞、(5)では俗人についての奇瑞が叙べられる。著述された当初は清涼山伝と名付けられていたが、後、北宋代に広清涼伝と続清涼伝が撰述され、これに対して本書は古清涼伝といわれるようになった。

【参考文献】小笠原宣秀「藍谷沙門慧詳について」（『龍谷学報』三五〇）。訳一・史伝部十八。

（鎌田茂雄）

2099 **広清涼伝**（こうしょうりょうでん）

【成立】南宋時代。著者は延一＊。

【内容】三巻。上・中・下からなる。清涼とは中国山西省にある清涼山すなわち五台山のことであり、古来より名高い霊山である。唐の慧祥が著した古清涼伝2098を増広する意図により書かれたもの。

【参考文献】訳一・史伝部十八。

（鎌田茂雄）

2100 **続清涼伝**（ぞくしょうりょうでん）

【成立】宋の元祐年間（AD1086～1094）。著者は張商英＊。

【内容】二巻。唐の慧祥が著した古清涼伝2098、宋の延一が著した広清涼伝2099の続きとして中国山西省にある清涼山（五台山）に関する事跡を編述したもの。特に霊異について集められている。

（鎌田茂雄）

2101 **補陀洛迦山伝**（ふだらくかさんでん）

【成立】元の至正二十一年（AD1361）。著者は盛熙明。

【内容】一巻。補陀洛迦山とは中国浙江省にある山で、古来観音の霊場とされ、文殊の五台山、普賢の峨眉山とともに三大霊山の一つに数えられる。本書はこの山に関連する事跡・霊異などを集めたものである。

（鎌田茂雄）

第52巻　史伝部　四

2102 **弘明集**（ぐみょうしゅう）

【成立】五～六世紀。著者は僧祐＊。

【内容】十四巻。東晋より遼に至る五百余年にわたる間に、国家や儒教・道教によってなされた仏教への干渉に対する反論や主張を集めたもの。道を弘め教を明らかにするゆえに弘明集と名付けられる。巻一には牟子理惑論（牟子が三十七種の疑問に答える論議）、正誣論（仏を誣いる者に対する弁明）、巻二には明仏論（質問に対して仏道を論じたもの）、巻三には孫綽喩道論、宗居士炳答何承天書難白黒論（慧琳の白黒論についての宗炳と何承天との問答）、巻四には達性論、釈何衡陽達性論、巻五には更生論、神不滅論（神の不滅を論ずる）、沙門不敬王者論、沙門袒服論、答桓玄明報応論、三報論（業に現報・生報・後報の三報のあることを説き論述する）、巻六には釈駁論、正二教論（夷夏論に対する論駁）、張融門律（張融が作った門律に関する論難とその返答）、与顧道士析夷夏論（顧道士の夷夏論に対する論駁）、巻七には難顧道士夷夏論、疑夷夏論諮顧道士、駁顧道士夷夏論、戎華論析顧道士夷夏論、巻八には弁惑論、滅惑論（三破論に対する論駁）、析三破論、巻九には大梁皇帝立神明成仏義記（梁武帝が著した立神明成仏義記に対して沈績が序文と注を書いたもの）、難范縝神滅論（范子の神滅論に対する論駁）、難范中書神滅論（曹思文と范中書の問答）、巻十には大梁皇帝勅答臣下神滅論、与公王朝貴書（荘厳寺法雲など六十三人の返答）、巻十一には何令尚之答宋文皇帝讃揚仏教事（文帝の仏教讃揚に対する何尚之の称讃の辞）、高明二法師答李交州森難仏不見形事并李書（釈道と李交州との問答）、文宣王書与中丞孔稚珪釈疑惑并践答（蕭の文書と孔稚珪のこれに対する答え）、道恒道標二法師答偽秦主姚略勧罷道書并姚主書（釈道恒・道標の姚主に対する答え）、僧䂮僧遷鳩摩耆婆三法師答姚主書停恒標奏并姚主書、慧遠法師答桓玄勧罷道書并桓玄書、僧厳法師辞青州刺史劉善明挙其秀才書并劉善明答、巻十二には与釈道安書、譙王書論孔釈張新安答、与禅師書論踞食、与王司徒諸人書論道人踞食、釈慧義答范伯倫書、范伯倫与生観二法師書、論拠食表、尚書令何充奏沙門不応尽敬、桓玄与八座書論道人敬事、桓玄与王令書論道人応敬王事、廬山慧遠法師答桓玄書沙門不応敬王者書并桓玄書二首、桓楚許道人不致礼詔、桓玄輔政欲沙汰衆僧与僚属教、慧遠法師与桓太尉論料簡沙門書、支道林法師与桓玄論州符求沙門名籍書、天保寺釈道盛啓斉武皇帝論検試僧寺、巻十三には奉法要（五戒・五陰・五蓋・六度などについて法要を説く）、庭誥二章、日燭、巻十四には竺道爽檄太山文、檄魔文、破魔露布文、弘明論後序（僧祐による後序）がそれぞれ収められている。本書は仏教側の答えとなっているため、儒教・道教の言葉を借りて仏教の教義が語られている点に特徴がある。

【参考文献】訳一・護教部一。『弘明集研究』京都大学人文科学研究所。

（鎌田茂雄）

2103 **広弘明集**（こうぐみょうしゅう）

【成立】唐の麟徳元年（AD664）。著者は道宣＊。

【内容】三十巻。十篇よりなる。梁の僧祐が著した護法の書である弘明集2102の跡を追い作られたものであるが、本書ではさらに広い範囲にわたる文書が集められており、仏教初伝から唐初に至るまでの二百九十六篇の資料が収録されている。またそれぞれの章には著者による序と目録が付されている。〈帰正篇第一〉は商太宰問孔子聖人、子書中以仏為老師、漢顕宗開仏化法本伝など十五編、〈弁惑篇第二〉は弁道論、聖賢同軌老聃非大賢論、老子疑問反訊、均聖論など十九編、〈仏徳篇第三〉は仏釈迦文菩薩等像讃、仏影銘、仏法銘讃、仏記序、仏像瑞集など十六編、〈法義篇第四〉は釈疑論、与遠法師書、難釈疑論、重与遠法師書、報応問など八十編、〈僧行篇等五〉は支曇諦誄、竺羅什誄、釈法鋼誄、竺道生誄、釈曇隆誄、釈慧遠誄など三十六編、〈慈済篇第六〉は究竟慈悲論、与何胤書論止殺、断殺絶宗廟犠牲詔、誡殺家訓、断酒肉文の七編、〈誡功篇第七〉は与劉遺民等書、与蕭諮議等書、答湘東王書、与瑗律師書、隋煬帝与智者顗禅師書、隋煬帝於天台山顗禅師所受菩薩戒文、隋智者大師与煬帝書、統略浄住子浄行法門の九編、〈啓福篇第八〉は北代南晋前秦前燕後秦諸帝与太山朗法師書、与林法師書、南斉皇太子礼仏願疏、捨身願疏、南斉南郡王捨身疏、依諸経中行懺悔願文、千僧会願文、四月八日度人出家願文など三十八編、〈悔罪篇第九〉は謝勅為建涅槃懺啓、六根懺文、悔高慢文、懺悔文、群臣請隋陳武帝懺文、梁陳皇帝依経悔過文の六編、〈統帰篇第十〉は梁高祖浄業賦、梁高祖孝思賦、梁宣帝遊七山寺賦、梁王錫宿山寺賦、魏高允鹿苑賦など五十一編からなる。

なお道宣はこの分類によって僧祐の弘明集2102を再分類し、その目録を載せている。彼自身、梁の僧祐の生まれ変わりであると信じていたというように、弘明集に対して広弘明集、釈迦譜に対して釈迦氏譜などを撰述した。

【参考文献】訳一・護教部一〜三。

（鎌田茂雄）

2104 **集古今仏道論衡**（じゅうここんぶつどうろんこう）

集古今仏道論衡実録、古今仏道論衡、古今仏道論衡ともいう。

【成立】唐の麟徳元年（AD664）。著者は道宣＊。

【内容】四巻。甲乙丙丁三十条からなる。後漢の明帝の代から唐の高宗の世までの約六百年にわたる仏教と道教との論争の事跡を記録したもの。〈甲巻〉には後漢明帝感夢金人騰蘭入雒諸道士等請求角試事、前魏時呉主崇重釈門為仏立塔寺因問三教優劣事、元魏君臨釈李双信致有廃興故述其由事、宋太宗文皇帝集群臣論仏理治致太平事の四条、〈乙巻〉には周高祖武皇帝将滅仏法有安法師上論事、周武平斉大集僧徒問以興廃慧法師抗詔事、周高祖巡鄴除殄仏法有前僧任道琳上表請開法事、周天元皇帝納王明広表開仏法事、隋高祖下詔述絳州天火焚老君像事、隋両帝重仏宗法俱受帰戒事の六条、〈丙巻〉には大唐高祖問僧形服有何利益琳師奉対事、高祖幸国学当集三教問僧道是仏師事、道士李仲卿等造論毀仏法琳法師著弁正論以抗事、太宗下勅道先仏後僧等上諫事、皇太子集三教学者詳論事、太子中舍辛謂斉物論并浄琳二師抗拒事両首、太宗文皇帝問沙門法琳交報顕応事、文帝幸弘福寺立願重施叙仏道先後事、太宗下勅以道士三皇経不足伝授令焚除事、文帝詔令玄奘法師翻老子経為梵文事の十条、〈丁巻〉には今上召仏道二宗入内詳述名理事、今上以西明寺成召僧道士入内論義事、今上以冬雪未降内立斎祀召仏道二宗論義事、今上幸東都召西京僧道士等於彼論義事、今上在東都令洛邑僧静泰与道士李栄対論事、今上在西京蓬萊宮令僧霊弁与道士対論事、茅斎中与国学博士范贇論序の七条が収められている。巻甲と巻乙は隋以前のもの、巻丙と巻丁は唐初のものであるが、このうち巻甲と巻乙の大部分は広弘明集2103の帰心篇と弁感篇にも収録されている。

【参考文献】訳一・護教部四。

（鎌田茂雄）

2105 **続集古今仏道論衡**（ぞくしゅうここんぶつどうろんこう）

続集仏道論衡図ともいう。

【成立】唐の開元十八年（AD730）。著者は智昇*。

【内容】一巻。仏教と道教との論争のうち、とくに西域インドに関するものを集めたもの。まず出後漢書列伝第七十八では後漢の明帝のとき初めて仏教が漢土に伝わったこと、仏の出生・成道・説法・入滅を略記し、次に道士度脱品では道士褚善信などが出家したことを述べ、次に伝法記一巻では沙門安清などの訳経のことを略記するなどが記述されている。集古今仏道論衡2104に対して続集と名付けられているが、これは撰述年次を意味し、内容的には続編ではない。

【参考文献】訳一・護教部四。

（鎌田茂雄）

2106 **集神州三宝感通録**（じゅうじんしゅうさんぽうかんずうろく）

集神州塔寺三宝感通録、東夏三宝感通録、三法感通録、感通録ともいう。

【成立】唐の麟徳元年（AD664）。著者は道宣*。

【内容】三巻。神州とは中国を指し、後漢から唐の初めに至る間の塔寺、仏像、経典、僧侶などにおける諸種の霊験を記録したもの。まず巻上には舎利表塔に関する二十の記事を明かす。巻中には霊像垂降として、仏像に関するもの、巻下には引聖寺瑞経僧として聖寺、瑞経、神僧に関する感応を記す。巻末では本書が大略であり、道世の法苑珠林2122を見るように勧めている。

【参考文献】訳一・護教部五。

（鎌田茂雄）

2107 **道宣律師感通録**（どうせんりっしかんずうろく）

感通録、宣律師感通録ともいう。

【成立】唐の麟徳元年（AD664）。著者は道宣*。

【内容】一巻。道宣が自ら体験した霊異を記録したもの。天人、梵僧などが出現して数々の霊異を現したことが述べられている。

（鎌田茂雄）

2108 **集沙門不応拝俗等事**（じゅうしゃもんふおうはいぞくとうじ）

集沙門不拝俗儀、沙門不敬俗録ともいう。

【成立】年代不明。著者は唐の彦琮*。

【内容】六巻。三篇からなる。王者などに対して沙門が拝すべきかどうかについて、東晋時代より唐の竜朔元年（AD661）までに亘り、諸帝、高僧などによって為された議論を纏めたもの。三篇とは故事篇第一（巻一・二）、聖朝議不拝第二（巻三・四）、聖朝議拝篇第三（巻五・六）である。

（鎌田茂雄）

2109 **破邪論**（はじゃろん）

【成立】唐の武徳五年（AD622）。著者は法琳*。

【内容】二巻。唐の武徳四年に、道士の傅奕が仏教の寺塔を削減し僧尼を廃して国を益し民を利するように、十一條をもって高祖に上奏したのに対する反論として著された書。上奏文の一々について史実を挙げて誣言であることを述べ、名僧大徳を訳経・義解・神異・習禅・明律などについて二百五十余名挙げ、その徳や功徳を説く。

【参考文献】訳一・護教部四。

（鎌田茂雄）

2110 **弁正論**（べんしょうろん）

弁正理論ともいう。

【成立】七世紀前半。著者は唐の法琳（ほうりん）＊。

【内容】八巻。十二篇からなる。唐の太宗が即位し仏教の尊崇を示したのに対し、道士の李仲卿、劉進喜は十異九迷論・顕正論などを著して仏教を攻撃した。これにより武徳九年三月には勅して京に三寺千僧のみ置き、他僧は還俗させられた。そこで法琳は本書をもってこれに反駁し、仏教の深義を明かした。三教治道篇第一、十代奉仏篇第二、仏道先後篇第三、釈李師資篇第四、十喩篇第五、内九箴篇第六、気為道本篇第七、信毀交報篇第八、品藻衆書篇第九、出道偽謬篇第十、歴世相承篇第十一、帰心有地篇第十二の十二編からなる。

【参考文献】訳一・護教部四。

（鎌田茂雄）

2111 **十門弁惑論**（じゅうもんべんわくろん）

【成立】唐の永隆二年（AD681）。著者は復礼（ふくれい）＊。

【内容】三巻。十門からなる。唐の高宗が太子文学（経籍を司る職）である権無二（ごんむに）に命じて釈典稽疑十條（仏典に説かれたことに対する疑問十条）を作らせ、復礼に問わせたのに対する答弁の書。十門とは、通力上感門第一、応形俯化門第二、浄穢土別門第三、迷悟見殊門第四、顕実得記門第五、反経讃道門第六、観業救捨門第七、随経抑揚門第八、化仏隠顕門第九、聖王興替門第十。

（鎌田茂雄）

2112 **甄正論**（けんしょうろん）

【成立】年代不明。著者は唐の玄嶷（げんぎょく）。

【内容】三巻。仏教と道教との優劣を問答体によって論じたもの。質問者を滞俗公子、解答者を甄正先生とし、滞俗公子が道教に関する問いを起こし、甄正先生がこれを仏教の立場から解釈し道教の立場を批判する。

（鎌田茂雄）

2113 **北山録**（ほくざんろく）

北山参玄語録ともいう。

【成立】唐中期（九世紀初め頃）。神清（じんせい）＊の選述に慧宝（けいほう）が注釈を付す。

【内容】十巻。儒教・道教と仏教の比較を通じて結局は仏教に帰すべきであることを説く。〈天地始第一〉では儒教・易経と仏教に述べられる世界観を併せて巧みに説き、〈聖人生第二〉では仏陀が世に現れたことを仏教側のみならず儒教・道教の記事を併せて説き、〈法籍興第三〉では仏陀の教が中国に伝来した次第を示し、〈真俗符第四〉では真俗一諦を説き、〈合霸王第五〉では中国の帝王と仏教のかかわりを記し、〈至化第六〉では過去における仏教の教化を語り、〈宗師議第七〉では宗派の発展を述べ、〈釈賓問第八〉では儒教・道教側からの疑問について答え、〈喪服問第九〉では喪服について説き、以下、〈譏（き）異説第十〉〈綜名理第十一〉〈報応験第十二〉〈論業理第十三〉〈住持行第十四〉〈異学第十五〉〈外信第十六〉が説かれる。道家の思想などを巧みに依用し、空によってそれらを会通している。

（鎌田茂雄）

2114 **護法論**（ごほうろん）

【成立】宋の大観四年（AD1110）。著者は張（ちょう）商英（しょうえい）＊。

【内容】一巻。唐代から宋代にかけての排仏論を批判し、儒道仏三教の調和を説いたもの。撰者はもと儒教の信徒であり、排仏論を造ろうとして『維摩経』等を読み、かえって仏教を信じることになり本書を撰述したという。

（鎌田茂雄）

2115 **鐔津文集**（しんしんもんじゅう）

【成立】十一世紀。著者は宋の契嵩（かいすう）＊。

【内容】十九巻。儒仏二教の一致を説くもの。鐔津とは撰者である契嵩の生地から取ったものであり、本書は契嵩の文書を集めたものである。初めの三巻は輔教編、最後の一巻は諸師の著述を付録したもので、中間の十五巻は契嵩の寂後、懐悟禅師が散乱していた文書を編集したものである。

（鎌田茂雄）

2116 **弁偽録**（べんぎろく）

至元弁偽録ともいう。

【成立】元の至元二十八年（AD1291）。著者は祥邁＊。

【内容】五巻。道教の所説を偽妄であると論述した文書を集めたもの。南宋の宝祐三年（AD1255）道士の丘処機などが廟を壊して道観とし、仏像・舎利塔などを破壊するなどしたため、元の世祖の勅を奉じて著したもの。

（鎌田茂雄）

2117 **三教平心論**（さんぎょうへいしんろん）

【成立】年代不明。著者は元の劉謐。

【内容】二巻。儒仏道の三教はそれぞれ意義と役割があり平等であるが、特に仏教の優れていることを述べる。主として唐の傅奕・韓愈、宋の程明道・程伊川・朱晦菴・張横渠の排仏に対する論駁になっている。

（鎌田茂雄）

2118 **折疑論**（しゃくぎろん）

【成立】元の至正十一年（AD1351）。著者は子成。師子比丘が注釈を付す。

【内容】五巻。二十編からなる。儒仏道三教の優劣を述べたもの。撰者と客との問答を記録し注釈を施した形を取っているが、組織・内容が牟子理惑論に著しく似ていることから理惑論に対する注釈ではないかといわれている。

【参考文献】訳一・護教部五。

（鎌田茂雄）

2119 **寺沙門玄奘上表記**（じしゃもんげんじょうじょうひょうき）

大唐三蔵玄奘法師表啓ともいう。

【成立】不明。

【内容】一巻。玄奘三蔵の上表（天子に意見を書いて提出した文書）を集めたもの。中国では散逸したが本朝の知恩院などに伝わっていた。大慈恩寺三蔵法師伝に載せられていないものが収録されていることから、貴重な資料となっている。

（鎌田茂雄）

2120 **代宗朝贈司空大弁正広智三蔵和上表制集**（だいそうちょうぞうしくうだいべんしょうこうちさんぞうわじょうひょうせいしゅう）

表制集、大弁正三蔵表制集、不空三蔵表制集ともいう。

【成立】唐代。著者は円照＊。

【内容】六巻。不空三蔵の上表（天子に意見を書いて提出した文書）と皇帝の答えを集めたものであるが、加えて不空の碑文、あるいは弟子の手になる不空関係の文書をも収載し

第53巻　事彙部　上

2121 **経律異相**（きょうりついそう）

【成立】梁の天監十五年（AD516）。著者は宝唱＊。

【内容】五十巻。諸経律論から事項を採取して各項目に分類整理した、一種の仏教事典のようなもの。二十一部に分類され、各部でさらに詳細に分けられる。天部では天部上と題して十一に、次に欲色天人天部下と題して十一に分けて収録する（巻一・二）。地部では閻浮提の下に七、欝単曰の下に一文を収録する（巻三）。応始終仏部は得道師宗・託生王宮・現迹成道・阿難問葬法・現般涅槃・摩耶五衰相現の六に分けられる（巻四）。応身益物部は仏胸万字放光発音・三種密など十八に分けられる（巻五）。現涅槃後事仏部は天人竜分舎利起塔・阿育王造八万四千塔・阿難問八万四千塔因など二十三に分けられる（巻六）。諸釈部は釈氏縁起・浄飯王捨寿など十四に分けられる（巻七）。自行菩薩部は薩陀波崙為欲聞法売心血髄など二十に分けられる（巻八）。外化菩薩部は文殊変金光首女令成醜壊など十三に分けられる（巻九）。随機現身上菩薩部は能仁為帝釈身度先友人など十四に分けられる（巻十）。随機現身下菩薩部は先給四仙人後生為王など十六に分けられる（巻十一）。出家菩薩僧部は無垢山居女人庇雨其舎衆仙称穢昇空自証など九に分けられる（巻十二）。声聞無学僧第一僧部は迦葉身黄金色婦亦同姿出家得道など十五に分けられる（巻十三）。声聞無学第二僧部は舎利弗退大乗而向小道など二十に分けられる（巻十四）。声聞無学第三僧部は優波離為仏剃髪得入第四禅など十四に分けられる（巻十五）。声聞無学第四僧部は末田地竜興猛風不動衣角変火山為天花など十五に分けられる（巻十六）。声聞無学第五僧部は僧大不納其妻出家山沢賊害得道など十九に分けられる（巻十七）。声聞無学第六僧部は重姓魚呑不死出家得道など三十一に分けられる（巻十八）。声聞不測浅深僧部は伊利沙四姓慳貪為天帝所化など二十四に分けられる（巻十九）。声聞学人僧部は選択遇仏善誘捨於愛欲得第三果など十に分けられる（巻二十）。声聞現行悪行僧部は調達与仏結怨之始など十二に分けられる（巻二十一）。声聞無学沙弥僧部は双徳双福二沙弥遇仏成道など十一に分けられる（巻二十二）。声聞無学尼僧部は跋陀羅自識宿命遇仏成道など十四に分けられる（巻二十三）。転輪聖王諸国王部は劫初人王始原など十二に分けられる（巻二十四）。行菩薩道上諸国王部上は虔闍尼婆梨王為聞一偈剜身以然一千灯など十一に分けられる（巻二十五）。行菩薩道下諸国王部は恕黒王因母疾悟道大行恵施など九に分けられる（巻二十六）。行声聞道諸国王部は波羅奈王得辟支仏など三十八に分けられる（巻二十七から二十九）。諸国王夫人部は阿育王夫人受八歳沙弥化など六に分けられる（巻三十）。行菩薩道長上諸国太子部は乾陀尸利国王太子投身餓虎遺骨起塔など十七に分けられる（巻三十一・三十二）。学声聞道諸国太子部は均隣儒悟世非常得羅漢道など六に分けられる（巻三十三）。諸国王女部は波羅奈王女金色女求仏為夫など九に分けられる（巻三十四）。得道長者部は宝称出家見仏悟道など十五に分けられる（巻三十五）。雑行長者部は流水救十千魚など十九に分けられる（巻三十六）。優婆塞部は沙門億耳入海見地獄など十四に分けられる（巻三十七）。優婆夷部は優波斯那割肉救病比丘など九に分けられる（巻三十八）。外道仙人部は外道立異見原由など十六に分けられる（巻三十九）。梵志部は超術師又従定光仏請記など十二に分けられる（巻四十）。婆羅門部は檀膩輢身獲諸罪など十六に分けられる（巻四十一）。居士部は琝荼財食自長聞法悟解など五に分けられる（巻四十二）。估客部は波利得海神瓔珞上王王及夫人共以献仏など十六に分けられる（巻四十三）。男庶人部は颰陀以化城請仏及見仏欲滅化不能など三十八に分けられる（巻四十四）。女庶人部は長髪女人捨髪供養仏など十七に分けられる（巻四十五）。鬼神部は阿修羅・乾闥婆・緊那羅・雑鬼の四が二十三に分けられる（巻四十六）。雑獣畜生部は師子・象・馬・牛など十四に分けられる（巻四十七）。禽畜生部は金翅鳥・千秋など七に分けられる（巻四十八）。虫畜生部は竜・蛇・亀・魚など八に分けられる（巻四十八）。地獄部は閻羅王等為獄司往縁など十六に分けられる（巻四十九・五十）。引用された経典には今日伝わっていないものも含まれているため経典研究に重要な資料となっている。

（鎌田茂雄）

2122 **法苑珠林**（ほうおんじゅりん）

法苑珠林伝ともいう。

【成立】唐の総章元年（AD668）。著者は道世＊。

【内容】百巻。諸経論から事項を選び類別し集成した、いわば仏教事典である。百編に分けられているが、その中がさらに六百六十八部の項目に分類され、その一々に典拠が記されている。編名は以下の通り。劫量篇、三界篇、日月篇（巻一から四）。六道篇（巻五から七）、千仏篇（巻八から十二）、敬仏篇、敬法篇、敬僧篇、致敬篇（巻十三から二十）、福田篇、帰信篇、士女篇、入道篇（巻二十一から二十二）、慚愧篇、奨導篇、説聴篇、見解篇（巻二十三から二十五）、宿命篇、至誠篇、神異篇（巻二十六から二十八）、感通篇、住持篇、潜遁篇、妖怪篇（巻二十九から三十一）、変化篇、眠夢篇、興福篇、摂念篇、発願篇（巻三十二から三十四）、法服篇、然灯篇、懸幡篇、華香篇、唄讃篇（以上巻三十五・三十六）、敬塔篇、伽藍篇、舎利篇（巻三十七から四十）、供養篇、受請篇（巻四十一・四十二）、輪王篇、君臣篇、納諫篇（巻四十三から四十五）、審察篇、思慎篇、倹約篇（巻四十五・四十六）、懲過篇、和順篇、誡勗篇（巻四十七・四十八）、忠孝篇、不孝篇、報恩篇、背恩篇（巻四十九・五十）、善友篇、悪友篇、択交篇、眷属篇（巻五十一・五十二）、校量篇、機弁篇、愚戇篇、詐偽篇、惰慢篇（巻五十二から五十四）、破邪篇、富貴篇、貧賤篇、債負篇、諍訟篇（巻五十五から五十七）、謀謗篇、呪術篇、祭祀篇（巻五十八から六十二）、占相篇、祈雨篇、園果篇（巻六十二・六十三）、漁猟篇、慈悲篇、放生篇、救厄篇（巻六十四・六十五）、怨苦篇、業因篇、受報篇（巻六十六から七十）、罪福篇、欲蓋篇、四生篇、十使篇（巻七十一・七十二）、十悪篇（巻七十三から七十九）、六度篇（巻八十から八十五）、懺悔篇、受戒篇（巻八十六から八十九）、破戒篇、受斎篇、破斎篇、賞罰篇、利害篇（巻九十から九十二）、酒肉篇、穢濁篇、病苦篇、捨身篇（巻九十三から九十六）、送終篇、法滅篇、雑要篇、伝記篇（巻九十七から百）。

（鎌田茂雄）

第54巻　事彙部 下　外教部 全

2123 **諸経要集**（しょきょうようしゅう）

【成立】七世紀。著者は唐の道世*。

【内容】二十巻。諸々の経律論から要文を抜き出して三十部百八十五縁の項目に分類したもの。構成は以下の通り。三宝部第一は敬仏・敬法・敬僧の三篇からなり、さらにその中が十七縁に分けられる（巻一・二）。敬塔部第二は七縁（巻三）。摂念部第三は四縁（巻三）。入道部第四は四縁（巻四）。唄讃部第五は三縁（巻四）。香灯部第六は四縁（巻四）。受請部第七は八縁（巻五）。受斎部第八は二縁（巻六）。破斎部第九は二縁（巻六）。富貴部第十は二縁（巻六）。貧賤部第十一は五縁（巻六）。奨道部第十二は七縁（巻七）。報恩部第十三は三縁（巻八）。放生部第十四は四縁（巻八）。興福部第十五は六縁（巻八）。択交部第十六は五縁（巻九）。思慎部第十七は五縁（巻九）。六度部第十八は布施・持戒・忍辱・精進・禅定・智慧の六篇からなり、その中が十九縁に分けられる（巻十）。業因部第十九は五縁（巻十一）。欲蓋部第二十は三縁（巻十二）。四生部第二十一は六縁（巻十二）。受報部第二十二は九縁（巻十三）。十悪部第二十三は十縁（巻十四・十五）。詐偽部第二十四は六縁（巻十六）。堕慢部第二十五は三縁（巻十六）。酒肉部第二十六は三縁（巻十七）。占相部第二十七は三縁（巻十七）。地獄部第二十八は八縁（巻十八）。送終部第二十九は九縁（巻十九）。雑要部第三十は十三縁からなる（巻二十）。なお諸宗章疏録の第一では撰者を道宣としている。

（鎌田茂雄）

2124 **法門名義集**（ほうもんみょうぎしゅう）

法門名相集、法門名義ともいう。

【成立】唐の武徳元年（AD618）。著者は李師政*。

【内容】一巻。七品からなる。諸仏典から名目を集めその意味を記したもの。第一身心品は七項目、第二過患品は十七項目、第三功徳品は四十三項目、第四理教品は二十二項目、第五賢聖品は八項目、第六因果品は七項目、第七世界品は十一項目からなる。

（鎌田茂雄）

2125 **南海寄帰内法伝**（なんかいききないほうでん）

大唐南海寄帰内法伝、南海寄帰伝、寄帰伝、南海伝ともいう。

【成立】唐の天授二年（AD691）。著者は義浄*。

【内容】四巻。四十章からなる。インド・南海諸国を歴訪した折りに目にした仏教徒の生活様式を記録したもの。四十章とは以下の通り。(1)破夏非小、(2)対尊之儀、(3)食坐小牀、(4)餐分浄触、(5)食罷去穢、(6)水有二瓶、(7)晨旦観虫、(8)朝嚼歯木、(9)受斎軌則、(10)衣食所須、(11)著衣法式、(12)尼衣喪制、(13)結浄地法、(14)五衆安居、(15)随意成規、(16)匙筯合否、(17)知時面礼、(18)便利之事、(19)受戒軌則、(20)洗浴随時、(21)坐具襯身、(22)臥息方法、(23)経行少病、(24)礼不相扶、(25)師資之道、(26)客旧相遇、(27)先体病源、(28)進薬方法、(29)除其弊薬、(30)旋右観時、(31)灌沐尊儀、(32)讃詠之礼、(33)尊敬乖式、(34)西方学法、(35)長髪有無、(36)亡財僧現、(37)受用僧物、(38)焼身不合、(39)傍人獲罪、(40)古徳不為。当時の南海諸地域の研究に対して重要な情報を提供する資料となっている。

【参考文献】訳一・史伝部十六下。

（鎌田茂雄）

2126 **大宋僧史略**（だいそうそうしりゃく）

僧史略ともいう。

【成立】宋の太平興国三年（AD978）以降に成立し咸平二年（AD999）に重修された。著者は賛寧*。

【内容】三巻。五十九項目からなる。中国仏教の初期から宋代の初めに至るまでの事跡・

制度などの発生とその後の推移について、太宗の勅命によって撰述されたもの。巻上には(1)仏降生年代、(2)僧入震旦、(3)経像東伝、(4)創造伽藍（附、浴仏行像）、(5)訳経、(6)訳律、(7)訳論、(8)東夏出家、(9)服章法式、(10)立壇得戒、(11)尼得戒由、(12)受斎懺法、(13)礼儀沿革、(14)注経、(15)僧講、(16)尼講、(17)造疏科経、(18)解律、(19)解論、(20)都講、(21)伝禅観法（附、別立禅居）、(22)此土僧遊西域、(23)伝密蔵（附、外学）。巻中には(24)道俗立制、(25)行香唱導、(26)讃唄之由、(27)僧寺綱糾、(28)立僧正（附、立尼正）、(29)僧統、(30)沙門都統、(31)左右街僧録、(32)僧主副員、(33)講経論首座、(34)国師、(35)雑任職員、(36)僧主秩俸（附、尼）、(37)管属僧尼（附、祠部牒）、(38)僧道班位、(39)内道場（附、生日道場）、(40)僧籍弛張。巻下には(41)誕辰談論（附、内斎）、(42)賜僧紫衣、(43)賜師号（附、徳号）、(44)内供奉并引駕、(45)封授官秩、(46)方等戒壇、(47)結社法集、(48)賜夏臘、(49)対王者称謂、(50)臨壇法位、(51)度僧規利、(52)賜謚号、(53)菩薩僧、(54)得道証果（附、尼）、(55)大秦末尼、(56)駕頭床子、(57)城闍天王、(58)上元放灯、(59)総論。

【参考文献】訳一・史伝部十三。

（鎌田茂雄）

2127 **釈氏要覧**（しゃくしようらん）

【成立】宋の天禧三年（AD1019）。著者は道誠(どうせい)。

【内容】三巻。二十七篇からなる。仏典の中の名目・故実などを各項目の下に纒め注釈を施したもの。巻上には姓氏、称謂、居処、出家、師資、剃髪、法衣、戒法、中食。巻中には礼数、道具、制聴、畏慎、勤懈、三宝、恩孝、界趣、志学、巻下には説聴、躁静、諍忍、入衆、択友、住持、雑紀、瞻病、送終が収められる。

（鎌田茂雄）

2128 **一切経音義**（いっさいきょうおんぎ）

慧琳音義、慧琳一切経音義、大唐衆経音義、大蔵音義などともいう。

【成立】唐の建中年間（AD780〜783）の末から元和二年（AD807）。著者は慧琳(えりん)＊。

【内容】百巻。大般若経から護命放生会に至る千三百部五千七百余巻から梵字からの音写語や漢字の難解な語句について音を訓じ、意味を注釈したもの。ただしその中に玄応の音義の三百三十七部と慧苑の華厳経音義とを転載し、大般涅槃経については雲公のものを、法華経は基のものを補訂したものを用い、百四十六部は書名のみで音義は無いことから、以上の残り七百三十六部が慧琳の施した音義となっている。

（鎌田茂雄）

2129 **続一切経音義**（ぞくいっさいきょうおんぎ）

希麟音義ともいう。

【成立】梁代。著者は希麟(きりん)＊。

【内容】十巻。慧琳(えりん)の一切経音義2128に収録されなかった諸典籍から語句を集め、慧琳の音義の続編の意図をもって編まれたもの。仏典のみならず易経・礼記・論語・左伝など広くわたっている。巻一には大乗理趣六波羅蜜多経十巻、巻二・三には新大方広仏華厳経四十巻・新訳十地経九巻・十力経一巻・廻向輪経一巻、巻四には大乗本生心地観経八巻・守護国界主陀羅尼経十巻・大乗瑜伽千鉢文殊大教王経十巻、巻五には新訳仁王護国般若波羅蜜多経二巻・大威力烏枢瑟摩明王経三巻・金剛頂真実大教王経三巻など二十五経、巻六には仏母大孔雀明王経三巻・大雲輪請雨経二巻など三十一経、巻七には仁王般若波羅蜜念誦儀軌一巻・瑜伽蓮花部念誦法一巻など三十七経、巻八には根本説一切有部毘奈耶薬事二十巻、巻九には根本説一切有部毘奈耶破僧事二十巻・同出家事五巻・同皮革事二巻・同安居事一巻・同羯恥那衣事一巻・同随意事一巻、巻十には護法沙門法琳別伝三巻・続開元釈録三巻、の以上百七部二百六十六巻についてその難字を注釈する。

（鎌田茂雄）

2130 **翻梵語**（ほんぼんご）

【成立】梁代。著者は宝唱(ほうしょう)＊。

【内容】十巻。七十三篇からなる。諸仏典から梵語音写語句を抜き出し、項目別に分類し略解したもの。〈巻一〉には仏号・仏名・仏功徳名・法名・外道法名・雑法名、〈巻二〉には菩薩名・菩薩住地名・菩薩観行名・辟支仏名・比丘名、〈巻三〉には比丘尼名・沙弥名・沙弥尼名・声聞徳行名・雑観行名・罪障名・迦絺那衣法、〈巻四〉には婆羅門名・刹利名、〈巻五〉には優婆塞名・優婆夷名・仙人名・外道名・大臣名・長者名・居士名・夫人名・女人名、〈巻六〉には雑人名・雑姓名、〈巻七〉には神名・鬼名・竜名・偈名・馬名・雑狩名・鳥名・魚名・虫名・地獄名、〈巻八〉には世界名・国土名・城名・邑名・聚落名・村名・寺舎名・堂舎名・処所名・〈巻九〉には山名・河名・江名・池名・洲名・地名・水名・火名・風名・薗名・林名・樹名、〈巻十〉には草名・香名・花名・菓名・衣服名・薬名・飲食名・蔵名・宝名・時節名・数名がそれぞれ収められる。

（鎌田茂雄）

2131 **翻訳名義集**（ほんやくみょうぎしゅう）

【成立】南宋の紹興十三年（AD1143）。著者は法雲＊。

【内容】七巻。六十四篇からなる。諸仏典中に記される梵名音写語を採取し漢訳し、六十四の項目の下にまとめたもの。〈巻一〉には十種通号・諸仏別名・通別三身・釈尊姓字・三乗通号・菩薩別名・度五比丘・十大弟子・総諸声聞・宗釈論主・宗翻訳主・七衆弟子・釈氏衆名、〈巻二〉には八部・四魔・仙趣・人倫・長者・外道・六師・鬼神・畜生・地獄・時分、〈巻三〉には帝王・皇后・世界・諸国・衆山・諸水・林木・五果・百華・衆香・七宝・数量・什物・顕色、〈巻四〉には聡明三蔵・十二分教・律分五部・論開八聚・示三学法・弁六度法・釈十二支・明四諦法・止観三義・衆善行法、〈巻五〉には三徳秘蔵・法宝衆名・四十二字・名句文法・増数譬喩・半満書籍、〈巻六〉には唐梵字体・煩悩惑業・心意識法・陰入界法、〈巻七〉には寺塔壇幢・犍稚道具・沙門服相・斎法四食・篇聚名報・統論二諦が収められる。

（鎌田茂雄）

2132 **悉曇字記**（しったんじき）

【成立】八世紀。著者は唐の智広。

【内容】一巻。悉曇（Siddham 梵字学）の用法をまとめたもの。摩多（母音）と体文（子音）とを解説し、さらに十八章に分けてその合成法を説き示す。五台山で般若菩提から学んだという。本朝には弘法大師空海が大同元年（AD806）に請来し、多くの注釈書が編まれた。

（鎌田茂雄）

2133 **梵語千字文**（ぼんごせんじもん）

梵唐千字文、唐字千鬘聖語ともいう。

【成立】七〜八世紀。著者は唐の義浄＊。

【内容】一巻。十齣からなる。漢字千語と対応する梵語とを対比したもの。天地日月など四字からなる一句を二十句で一聯とし、最後に五言四句の詩を置いて総数で百字となし、これを一齣として、全体で十齣からなる。

（鎌田茂雄）

2134 **唐梵文字**（とうぼんもんじ）

【成立】唐の開成四年（AD839）。著者は全真。

【内容】一巻。漢語と梵語を対比させたもの。内容が義浄の梵語千字文2133に極めて似ていることから真似て造られたものと見られる。

（鎌田茂雄）

2135 **梵語雑名**（ぼんござつみょう）

悉曇字引ともいう。

【成立】年代不明。著者は唐の礼言。

【内容】一巻。漢語と梵語を対比させ注釈を施したもの。身体各部・年時・鳥獣などおよそ千五百の音写語・悉曇文字が収められる。内容は唐梵両語双対集2136に酷似している。

（鎌田茂雄）

2136 **唐梵両語双対集**（とうぼんりょうごそうたいしゅう）

【成立】年代不明。編者は唐の僧怛多蘖多・

波羅、瞿那弥捨沙。

【内容】一巻。漢語と梵語とを対比させ注釈を施したもの。身体各部・数目・分量・食物・草木など項目別に分類されている。礼言の梵語雑名2135と内容がほぼ一致する。

（鎌田茂雄）

2137 **金七十論**（きんしちじゅうろん）

僧佉論ともいう。

【成立】不明。

【内容】三巻。インド六派哲学の中のサーンキヤ学派（数論派）の自在黒（Īśvarakṛṣṇa）が著した同派の根本経典サーンキヤ・カーリカー（数論頌）に対する注釈。数論派の本旨である二十五諦が明かされる。

【訳者・訳年代】陳の真諦（AD548〜569）。

（鎌田茂雄）

2138 **勝宗十句義論**（しょうしゅうじっくぎろん）

十句義論ともいう。

【成立】六世紀頃。著者は慧月＊（マティチャンドラ）。

【内容】一巻。インド六派哲学のヴァイシェーシカ（勝論）学派の教義書。同派の根本経典ヴァイシェーシカ・スートラ（勝論経）に説かれる万有を構成する要素としての六句義（実・徳・業・同・異・和合）に四句義（有能・無能・倶分・無説）を加えて十句義を立てて解釈する。

【訳者・訳年代】唐の玄奘＊。

（鎌田茂雄）

2139 **老子化胡経**（ろうしけこきょう）

【成立】西晋末。著者は王浮。

【内容】仏教に対して道教の優越を示すもの。大正蔵経に収録されているのは老子西昇化胡経第一巻と老子化胡経玄口第十巻であって前者では老子がインドで釈迦として生まれ変ったと説き、後者では釈迦が老子を師として出家・求道したとする。この二巻は敦煌の石窟から発見された残簡である。

（鎌田茂雄）

2140 **摩尼教下部讃**（まにきょうげぶさん）

下部讃ともいう。

【成立】年代不明。著者は摩尼教の僧、道明。

【内容】一巻。七言一句の偈頌による摩尼教の礼讃詩。仏教の単語を用いて説いている。敦煌の石窟から発見されたもので巻初が欠けている。

（鎌田茂雄）

2141 **摩尼光仏教法儀略**（まにこうぶっきょうほうぎりゃく）

【成立】唐の開元十九年（AD731）。

【内容】一巻。六篇からなる。摩尼教の聖典。摩尼教の法儀を簡略に説いたもの。六篇とは託化国土名号宗教、形相儀、経図儀、五級儀、寺宇儀、出家儀。

【訳者・訳年代】唐の摩尼教僧、払多誕。

（鎌田茂雄）

2142 **序聴迷詩所経**（じょちょうめいししょきょう）

【成立】不明。

【内容】一巻。景教の経典。敦煌出土のもので巻尾を欠いている。景教はキリスト教の一派で唐の貞観九年（AD635）中国に入り同十二年（AD638）太宗から宣教を許可されて教会（波斯寺）を建てた。

（鎌田茂雄）

2143 **景教三威蒙度讃**（けいきょうさんいもうどさん）

【成立】年代不明。

【内容】一巻。大秦景教三威蒙度讃の尾題を持つ詩文と、尊経と題される一篇との合篇。前者は神・子・聖霊の三位一体の詩文。後者は妙身・応身・証身の三身一体を説く四句の偈と法王列名と三十五経名とからなるものである。景教とはキリスト教の一派であり唐の貞観九年（AD635）中国に入った。

【訳者・訳年代】唐の景浄。

（鎌田茂雄）

2144 **大秦景教流行中国碑頌**（だいしんけいきょうりゅうちゅうごくひじゅ）

景教流行中国碑、景教碑ともいう。

【成立】唐代。著者は景浄。

【内容】一巻。景教の中国への伝来・宣教の次第を記した碑文。まず天地創造からキリストの誕生を述べ、次に中国へは唐の貞観九年（AD635）に入り、太宗から同十二年（AD638）宣教を許可されて教会（波斯寺）を建てたこと、さらに高宗の時代以降の流布の状況を述べる。

（鎌田茂雄）

第55巻　目録部　全

2145 **出三蔵記集**（しゅつさんぞうきしゅう）

出三蔵記、僧祐録ともいう。

【成立】梁の天監九～一七年（AD510～518）。著者は僧祐＊。

【内容】十五巻。四部からなる。現存する最古の経録であり、後漢から梁までの訳経が記録される。特に経録の部分は釈道安の綜理衆経目録を基にしてその後の訳経を追補し改訂を加えて作られたものである。四部からなり、第一、縁起は本書の編纂と経典の成立との因縁が述べられ、集三蔵縁起第一、十誦律五百羅漢出三蔵記第二、菩薩処胎経出八蔵記第三、胡漢訳経文字音義同異記第四、前後出経異記第五の五篇が収められる（巻一）。第二、名録は経録で、新集撰出経律論録第一（安世高・支讖・支曜・厳仏調・安玄・康孟詳・支謙・康僧会・朱士行・竺法護・曇摩羅察・安文恵・白元信・竺叔蘭・法炬・法立の十六人の訳経を年代順・訳者ごとに記す）、新集条解異出経録第二（異訳経を記す）、新集安公古異経録第一（釈道安の目録に記された古代の失訳経を記す）など十七篇が収められる（巻二から巻五）。第三、経序は経典の序文を集めたもので、四十二章経序、安般守意経序など百十篇が収められる（巻六から巻十二）。第四、列伝は三十二人の翻訳僧などの伝記が述べられる（巻十三から巻十五）。三十二人とは安世高・支讖・安玄・康僧会・朱士行・支謙・竺法護・竺叔蘭・尸梨蜜・僧伽跋澄・曇摩難提・僧伽提婆（巻十三）、鳩摩羅什・仏陀耶舍・曇無讖・仏陀跋陀・求那跋摩・僧伽跋摩・曇摩蜜多・求那跋陀羅・沮渠安陽候・求那毘地（巻十四）。法祖・道安・慧遠・道生・仏念・法顕・智厳・宝雲・智猛・法勇（巻十五）。

【参考文献】訳一・史伝部一。

（鎌田茂雄）

2146 **衆経目録**（しゅきょうもくろく）

隋衆経目録、法経録、隋七巻録ともいう。

【成立】隋の開皇十四年（AD594）。著者は法経ほか二十大徳（名前は不明）。

【内容】七巻。九録四十二分からなる。後漢から隋までの訳経を記録した勅撰経録。〈大乗修多羅蔵録第一〉は衆経一訳・衆経異訳・衆経失訳・衆経別生・衆経疑惑・衆経偽妄の六分に分けられて七百八十四部千七百三十五巻が収められる（巻一・二）。〈小乗修多羅蔵録第二〉は右と同じ分類で、八百十五部千三百三巻が収められる（巻三・四）。〈大乗毘尼蔵録第三〉は衆律一訳・衆律異訳など右と同様の分類で六分に分けられて五十部八十二巻が収められる。〈小乗毘尼蔵録第四〉は衆律一訳分・衆律異訳分など右と同様の分類で六分に分けられて六十四部三百八十二巻が収められる。〈大乗阿毘曇蔵録第五〉は衆論一訳分・衆論異訳分など右と同様の分類で六分に分けられ六十八部二百八十二巻が収められる。〈小乗阿毘曇蔵録第六〉は衆論一訳分・衆論異訳分など同様の分類で六分に分けられ百十六部四百八十二巻が収められる（以上巻五）。〈仏滅度後抄録第七〉は西域聖賢抄集分と此方諸徳抄集分の二分に分けられ百四十六部六百三十巻が収められる。〈仏涅槃後伝記録第八〉は西域聖賢伝記分と此方諸徳伝記分の二分に分けられ六十八部百八十六巻が収められる。〈仏滅度後著述録第九〉は西域聖賢著述分と此方諸徳著述分に分けられ百十九部百三十四巻が収められる。都合、二千二百五十七部五千三百十巻が収録されている。なお開元釈経録2154には本書の内容の誤りが列挙されている。それは五月十日に勅命が下り七月十四日には献納されており、わずか二カ月で編纂されたことからも判るように、直接経典に当たらず、従前の経録を資料として書かれたものであるからであり、その過誤を改める目的で編纂されたものが彦琮を主班として作られた衆経目録2147（彦琮録）である。

（鎌田茂雄）

2147 **衆経目録**（しゅきょうもくろく）

隋仁寿内典録、仁寿内典録、隋五巻録、仁寿録、彦琮録ともいう。

【成立】隋の仁寿二年（AD602）。著者は彦琮＊。

【内容】五巻。彦琮を主班として大興善寺の翻経僧が勅命を受けて編纂した勅撰経録。法経たちの編纂した衆経目録2146を改正する目的で著されたもの。〈単本第一〉は大乗経単本・大乗律単本・大乗論単本・小乗経単本・小乗律単本・小乗論単本に分けられ三百七十二部千八百三巻が収められる（巻一）。〈重翻第二〉は大乗経重翻・大乗論重翻・小乗経重翻に分けられ二百七十九部五百七十五巻が収められる。〈賢聖集伝第三〉は摩訶般若波羅蜜経抄五巻・法句経二巻など賢聖が著した著作の翻訳が四十一部百六十四巻収められる（以上巻二）。〈別生第四〉は大乗別生・大乗別生抄・小乗別生・小乗別生抄・別集抄に分けられ、大部の経典から抄出された別行の典籍が八百十部千二百八十七巻収められる（巻三）。〈疑偽第五〉は阿那含経二巻・定行三昧経一巻・毘羅三昧経一巻など疑経二百九部四百九十一巻が収められる（巻四）。さらに欠本として旧録に名前が挙げられるが当時見られなかったもの四百二部七百五十二巻が収められる（巻五）。都合二千百十三部五千七十二巻が収録されている。

（鎌田茂雄）

2148 **衆経目録**（しゅきょうもくろく）

静泰録、大唐東京大敬愛寺一切経論目ともいう。

【成立】唐の竜朔三年〜麟徳二年（AD663〜665）。著者は静泰＊。

【内容】五巻。彦琮の衆経目録2147を基にして釈玄腕録以後に翻訳されたものを追補した経録。彦琮録に欠本として記されたうち、新たに得られた二十部二十一巻と、釈玄腕録で追加された新訳経典三十部百五十八巻と、玄奘の翻訳七十五部千三百三十四巻の都合百二十五部千五百十三巻が追加されている。

（鎌田茂雄）

2149 **大唐内典録**（だいとうないてんろく）

内典録ともいう。

【成立】唐の麟徳元年（AD664）。著者は道宣＊。

【内容】十巻。十録からなる。唐代最初の大蔵経目録。それまでに著された経録の短所を改め長所を取って作られている。歴代衆経伝訳所従録第一は後漢から唐までの翻訳経典を編年体によって記す。これは歴代三宝紀2034の代録を受けた時代別・訳者別の目録である

（巻一から巻五）。歴代大乗蔵経翻本単重伝訳有無録第二之初と歴代小乗蔵経翻本単重伝訳有無録第二之二は大・小二乗の経律論についてその異訳、訳者の明・不明を記す。これは彦琮の衆経目録2147を継承したものである（巻六・巻七）。歴代衆経見入蔵録第三は西明寺の蔵経の検出目録として作られたもの（巻八）。歴代衆経挙要転読録第四は歴代の経典を読誦転読の便を計って整理したもの（巻九）。歴代衆経有目欠本録第五は目録は記されず序文のみが書かれており、欠本をよく調査すべきことが戒められている。歴代道俗述作注解録第六は歴代の道・俗によって作られた著作・注釈などをまとめたものであるが、初めに出三蔵記集2145の巻十二の法論目録がそのまま転載され、次いで道宣自身が集めたものを載せている。それ故例えば支道林などの著作について両部分に重複が出ている。歴代諸経支流陳化録第七は本経に対する支部経の解説と部数巻数が述べられる。歴代所出疑偽経論録第八は疑経をまとめたもの。歴代衆経録目終始序第九は歴代の経録の名称を挙げ内容を簡単に述べる。歴代衆経応感興敬録第十は諸経典の受持読誦による霊異の事跡を僧伝などから抜き出してまとめたもの（以上巻十）。

（鎌田茂雄）

2150 **続大唐内典録**（ぞくだいとうないてんろく）

【成立】七世紀。著者は唐の道宣＊。

【内容】一巻。十録からなる。大唐内典録の続編の題名を持っているが、内典録の未定稿の原稿と見られる。開元釈経録2154、貞元新定釈教目録2157は撰者を智昇としているが、それは本書ではない。項目は以下の通り。続代衆経伝訳尽随近録第一部、続代訳経本単重人代見亡録第二部、続代衆経総撮入蔵録第三部、続代衆経挙要誦説録第四、続代衆経有目或有欠本録第五、続代道俗述作注解第六、続代諸経支流陳化録第七、続代歴出疑偽経論録第八、続代衆経録目終始序第九、続代衆経応感興敬録第十。

（鎌田茂雄）

2151 **古今訳経図紀**（ここんやっきょうずき）

【成立】唐の麟徳元年（AD664）以後。著者は靖邁＊。

【内容】四巻。後漢から唐の玄奘までの翻訳三蔵の訳経とその小伝を記したもの。唐の太宗が皇太后のために建立した大慈恩寺の、翻経堂の堂壁に描かれた古今の翻訳三蔵の翻経図を、後に縮写して絵巻として各三蔵の訳経と小伝を付したものが原型であることが、続古今訳経図紀2152の序文に述べられている。内容はほとんど歴代三宝紀2034を抄出し整理したものであるが、姚秦の鳩摩羅什の記事の中に婆藪槃豆伝一巻が加えられている点が異なっている。巻一には後漢録（十二人）・魏録（五人）・呉録（五人）、巻二には西晋録（十人）・東晋録（十六人）、巻三には苻秦録（六人）・姚秦録（五人）・西秦録（一人）・北魏録（三人）・北涼録（八人）・劉宋録（十八人）、巻四には蕭斉録（八人）・南魏録（五人）・蕭梁録（三人）・東魏録（一人）・高斉録（二人）・陳録（二人）・後周録（四人）・隋録（三人）・唐録（二人）がそれぞれ収められる。

（鎌田茂雄）

2152 **続古今訳経図紀**（ぞくここんやっきょうずき）

【成立】唐の開元十八年（AD730）。著者は智昇＊。

【内容】一巻。古今訳経図紀2151の続集の形をとって編纂されたもの。玄奘三蔵のあと、智通から金剛智まで二十一人の略伝とその翻訳百七十一部七百十四巻の名目を記す。本書は続集の形を取っているものの、開元釈経録2154の唐代部分を著すための準備として書かれたものと見られる。

（鎌田茂雄）

2153 **大周刊定衆経目録**（だいしゅうかんじょうしゅきょうもくろく）

大周録、大周刊定目録、武周録、武周刊定

衆経目録ともいう。

【成立】唐の天冊万歳元年（AD695）。著者は明佺。

【内容】十五巻。則天武后の勅令によって作られた経録。巻一から巻十二までは別録であり、大乗単訳経目、大乗重訳経目、大乗律大乗論目、小乗単訳経目、小乗重訳経目、小乗律論賢聖集伝、大小乗失訳経目、大小乗欠本経目に分け、それまでの経録によって既訳の経典を整理したもの。巻十三と十四は見定入蔵流目と題して当時流行していた経典を集めたもの。巻十五は偽経目録であり偽経を集めたものである。この中には代録（時代別・訳者別の目録）は収められていない。内容は歴代三宝紀2034の過誤がそのままであるなど信頼度は低い。


（鎌田茂雄）

2154 **開元釈教録**（かいげんしゃくきょうろく）

開元目録、開元録、智昇録ともいう。

【成立】唐の開元十八年（AD730）。著者は智昇＊。

【内容】二十巻。既存の経録の過誤を正す目的で作られた経録。全体は総括群経録と別分乗蔵録の二に分けられる。総括群経録（巻一から巻十）は歴代三宝紀2034、大唐内典録2149を基礎として整理・集成した代録（時代別・訳者別の目録）であり、後漢から唐の開元十八年に至るまでを十九代に分け、時代ごとに訳者別に訳経を分類し、それぞれの訳経について具名・略名・異名・巻数・翻訳年・訳場・関係者・有訳か失訳かの別・単訳か重訳かの別などが述べられる。なお第十巻は叙列古今諸家目録に当てられ、開元録以前に著された経録の名称・撰者・時代・現存の有無・内容組織・その長所と短所を述べている。別分乗蔵録は三類からなっており、まず最初は過去に翻訳された経典を統一的に集めた総目録で、有訳有本録（巻十一から巻十三）・有訳無本録（巻十四・巻十五）に分けられる。有訳有本録は菩薩三蔵・声聞三蔵・賢聖伝記録の三に分け、そのうち菩薩三蔵と声聞三蔵はその中を契経・調伏・対法の三蔵に分け、賢聖伝記録は梵本翻訳集伝と此方撰述集伝に分けられているが、この段での特徴は般若・宝積・大集・華厳など教理的見地からの分類が試みられている点である。有訳無本録は、翻訳されたことは伝えられているが現存していないものを整理した一段であり、菩薩三蔵欠本・声聞三蔵欠本・賢聖集伝に分けられる。次に本録独自の目録が五項目続く。まず支派別行録（巻十六）は大部の中から別行されたものを記す。刪略繁重録（巻十七）は同本異名・広中略出のものを新括出別生経・新括出名異文同経・新括出重上経・新括出合入大部経の四種に分けて記す。補欠拾遺録（巻十七）は旧録、（特に大周刊定衆経目録2153）に収録されなかったものやその後に訳出されたものを整理し記したもの。疑惑再詳録（巻十八）は偽経であるか真経であるか判別の難しいものが記される。偽妄乱真録（巻十八）は偽妄経を整理したもの。最後に現蔵入蔵目録に当たる入蔵録（巻十九・二十）が置かれ、大乗と小乗の経律論入蔵目録と賢聖集伝からなる。これはさきの有無訳有本録の諸経を実際に書写し、経蔵に納めたときに作られた現蔵の目録である。ここでの特徴は例えば大般若経六百巻一万五百八十一紙、というように各部にことごとく紙数を記載していることである。以後の経録は本録の組織を基礎としてその後に訳出されたものを加えたにすぎないといわれるほどその形式は整備されたものとなっている。


（鎌田茂雄）

2155 **開元釈教録略出**（かいげんしゃくきょうろくりゃくしゅつ）

【成立】唐の開元十八年（AD730）。著者は智昇＊。

【内容】四巻。西崇福寺の経蔵を検索するために作成された経蔵目録。開元釈教録2154の巻十九・二十を基にしこれに訳者名を付してできている。第一大乗蔵、第二小乗蔵、第三賢聖集伝の三部からなる。両者の内容を比較すると多少の違いはあるもののほぼ同一である。

（鎌田茂雄）

2156 **大唐貞元続開元釈教録**（だいとうじょうげんぞくかいげんしゃくきょうろく）

続開元釈教目録、続開元釈教録、貞元続開元釈教録ともいう。

【成立】唐の貞元十年（AD794）。著者は円照＊。

【内容】三巻。智昇の開元釈教録2154の続編として編まれた勅撰の経録。開元録成立後、玄宗・粛宗・代宗・徳宗の四朝六十四年間に翻訳された経論、念誦法、疏などが述べられるが、金剛智・不空などそのほとんどは密教に属するものである。上巻では翻訳の事跡と訳者の伝、中巻は注釈書とその上表（天子に提出した文書）、下巻は入蔵録。

（鎌田茂雄）

2157 **貞元新定釈教目録**（じょうげんしんじょうしゃくきょうもくろく）

貞元録、円照録ともいう。

【成立】唐の貞元十六年（AD800）。著者は円照＊。

【内容】三十巻。唐の徳宗の勅令によって編まれた訳経目録。智昇が著した開元録2154を受け、これに補訂を加えてできており、七十一年間の十一人、二百六十九部三百四十一巻が増加され、都合百八十七人、二千四百十七部七千三百八十八巻となっている。組織分類も開元録と同じであり、全体が総録と別録に分かれている。総録は奉承恩制と総集群経とからなり、前者は新訳華厳経四十巻、粛宗・代宗・徳宗の三朝の間に七人の梵僧によって翻訳された経律論、大仏名経・法琳別伝・続開元釈教録が勅令によって入蔵を許された経緯を述べる。後者は後漢の明帝から唐の玄宗までの六百六十四年間の翻訳経典について開元録を基に補訂を加えて述べられる。別録は乗蔵差殊と賢聖集伝とからなり、前者は有訳有本一、有訳無本二、支派別行三、删略繁重四、拾遺補欠五、疑惑再詳六、偽邪乱正七からなる。後者は梵本翻訳と此方撰述からなる。

（鎌田茂雄）

2158 **続貞元釈教録**（ぞくじょうげんしゃくきょうろく）

大唐保大乙巳歳続貞元釈教録ともいう。

【成立】南唐の保大三〜四年（AD945〜946）。著者は恒安。

【内容】一巻。貞元録2157以降百四十五年間に訳出入蔵された百三十七部三百四十三巻の仏典を記した勅撰経録で、その形式も貞元録のものをそのまま継承し、大・小蔵の経・律・論の三蔵と賢聖集伝に分類されている。

（鎌田茂雄）

2159 **伝教大師将来台州録**（でんぎょうだいししょうらいたいしゅうろく）

円宗録ともいう。

【成立】延暦二十四年（AD805）。

【内容】一巻。伝教大師最澄が入唐して請来した典籍の目録。伝教大師が中国台州において書写した天台智顗の注釈など百二十余部三百四十五巻が記録される。分類は以下の通り。法華部・止観部・禅門部・維摩部・涅槃部・雑疏部・天台欠本・天台随部・天台疏点経・大乗経律並陀羅尼・別記抄記等・別物。なお最澄には越州録2160という目録がもう一本ある。

（鎌田茂雄）

2160 **伝教大師将来越州録**（でんぎょうだいししょうらいえっしゅうろく）

越州録、越府録ともいう。

【成立】延暦二十四年（AD805）。

【内容】一巻。伝教大師最澄が入唐して請来した典籍の目録。最澄が天台山で学んだ後、越州竜興寺において密教を学んだ折りに書写した密教経典など百二部百十五巻の典籍が記される。

（鎌田茂雄）

2161 **御請来目録**（ごしょうらいもくろく）

御請来経等之目録ともいう。

【成立】大同元年（AD806）。

【内容】一巻。弘法大師空海が入唐して請来した典籍の目録。まず不空三蔵の翻訳経典を記し、次に近年翻訳されたもの、本朝未伝のものを記し、次に梵語の典籍、さらに仏像・仏具類を記す。上表文を付して大同元年（AD806）十月奉進された。

（鎌田茂雄）

2162 **根本大和尚真跡策子等目録**（こんぽんだいおしょうしんせきさくしとうもくろく）

【成立】延喜十八年（AD918）。

【内容】一巻。根本大和尚（弘法大師空海）の三十帖策子の目録。三十帖策子とは空海が在唐中、密教の経巻・儀軌などを書写して三十帖に綴ったもの。

（鎌田茂雄）

2163 **常暁和尚請来目録**（じょうぎょうかしょうしょうらいもくろく）

請来録、常暁請来録ともいう。

【成立】承和六年（AD839）。

【内容】一巻。常暁が入唐し請来した典籍の目録。承和五年（AD838）入唐し、同六年に帰朝した折り、請来した仏像・仏典・道具などの目録を制作して同年九月に上表したもの。吉蔵以降に著された三論宗の注釈、諸尊瑜伽灌頂儀軌などが挙げられているが、中でも国家鎮護の秘法とされる太元帥法を修するための儀軌などがここに含まれ本朝に初めて伝えられたことが特筆すべき点である。

（鎌田茂雄）

2164 **霊巌寺和尚請来法門道具等目録**（れいがんじおしょうしょうらいほうもんどうぐとうもくろく）

霊巌円行和尚請来目録ともいう。

【成立】承和六年（AD839）。

【内容】一巻。霊巌寺和尚（円行〔えんぎょう〕）＊が、入唐し請来した典籍・仏像・道具などの上表目録。

（鎌田茂雄）

2165 **日本国承和五年入唐求法目録**（にほんこくしょうわごねんにっとうぐほうもくろく）

【成立】承和六年（AD839）。

【内容】一巻。慈覚大師円仁〔えんにん〕＊が承和五年（AD838）入唐し、楊州を中心にして求めた典籍の目録。開成四年（AD839）四月に書かれている。なお円仁にはこの他に慈覚大師在唐送進録2166、入唐新求聖教目録2167の二種の目録がある。

（鎌田茂雄）

2166 **慈覚大師在唐送進録**（じかくだいしざいとうそうしんろく）

天台法華請益円仁法師且求所送法門曼荼羅并外書等目録ともいう。

【成立】承和七年（AD840）。

【内容】一巻。慈覚大師円仁〔えんにん〕＊が承和五年（AD838）入唐し、楊州を中心として求めた仏典・曼荼羅などの目録。

（鎌田茂雄）

2167 **入唐新求聖教目録**（にっとうしんぐせいきょうもくろく）

【成立】承和十四年（AD847）。

【内容】一巻。慈覚大師円仁〔えんにん〕＊が承和五年（AD838）入唐し、長安において求めた仏典・曼荼羅など、五台山で求めた天台の典籍など、楊州にあって求めた仏典・曼荼羅など合計して仏典五百八十四部八百二巻、その他四十七種の総目録。帰朝ののち作成され表進したもの。仏典は多く不空三蔵の翻訳した密教経典が占めている。

（鎌田茂雄）

2168 A **恵運禅師将来教法目録**（えうんぜんじしょうらいきょうぼうもくろく）

【成立】承和十四年（AD847）。

【内容】一巻。恵運律師が入唐して請来した典籍などの目録。多くは密教の経軌・真言陀羅尼讃である。

（鎌田茂雄）

2168 B **恵運律師書目録**（えうんりっししょもくろく）

【成立】承和十四年（AD847）。

【内容】一巻。恵運律師が入唐して請来した経軌など百九十部二百二十二巻の目録。多くは密教の経軌・陀羅尼であるが、曼荼羅や碑文なども含まれている。恵運禅師将来教法目録2168Aと比較すると本書の方が四十余巻増えている。

（鎌田茂雄）

2169 **開元寺求得経疏記等目録**（かいげんじぐときょうしょきとうもくろく）

日本国求法僧円珍目録、開元寺目録ともいう。

【成立】唐の大中七年（AD853）。

【内容】一巻。智証大師円珍＊が入唐し福州開元寺において収集した典籍の目録。なお円珍には五種の目録がある。

（鎌田茂雄）

2170 **福州温州台州求得経律論疏記外書等目録**（ふくしゅうおんしゅうだいしゅうぐときょうりつろんしょきげしょとうもくろく）

随身録ともいう。

【成立】唐の大中八年（AD854）。

【内容】一巻。智証大師円珍＊が入唐し福州の開元寺、大中寺、温州の横陽県張徳真の宅、台州の安寧寺、開元寺、天台山の国清寺などにおいて収集した典籍の目録で、手にした土地ごとに分類されている。なお円珍には五種の目録がある。

（鎌田茂雄）

2171 **青竜寺求法目録**（しょうりゅうじぐほうもくろく）

【成立】唐の大中九年（AD855）。

【内容】一巻。智証大師円珍＊が入唐し、長安の青竜寺において法全から与えられた典籍の目録。なお円珍には五種の目録がある。

（鎌田茂雄）

2172 **日本比丘円珍入唐求法目録**（にほんびくえんちんにっとうぐほうもくろく）

円珍入唐求法目録、日本国上都比叡山延暦寺僧円珍入唐求法目録、日本国上都延暦寺僧円珍求法目録ともいう。

【成立】唐の大中十一年（AD857）。

【内容】一巻。智証大師円珍＊が入唐し諸方を巡ったのち、再び天台山国清寺に戻るまでに収集した典籍などの目録。内容は第一に密教の典籍・図像・道具など、第二に天台智顗の典籍・碑銘など、第三に華厳・禅などの典籍その他、である。

（鎌田茂雄）

2173 **智証大師請来目録**（ちしょうだいししょうらいもくろく）

【成立】天安三年（AD859）。

【内容】一巻。智証大師円珍＊が入唐し請来した典籍等の総目録。なお円珍には五種の目録があるが、本録が総目録として最終的に纏められ、当時太政大臣であった藤原良房に送られたものである。

（鎌田茂雄）

2174A **新書写請来法門等目録**（しんしょしゃしょうらいほうもんとうもくろく）

書写請来法門等目録ともいう。

【成立】唐の咸通六年（AD865）。

【内容】一巻。三部からなる。宗叡＊が入唐して請来した典籍等の目録。第一部は百六十六種の典籍、第二部は九種の道具、第三部は雑書、の目録が記される。

（鎌田茂雄）

2174B **禅林寺宗叡僧正目録**（ぜんりんじしゅうえいそうじょうもくろく）

【成立】九世紀。

【内容】一巻。宗叡＊が入唐して請来した典籍等の目録。新書写請来法門等目録2174Aに記されるものとほぼ一致するが、本録は典籍名を略名で載せているなど記述が簡略になっている。

（鎌田茂雄）

2175 **録外経等目録**（ろくがいきょうとうもくろく）

【成立】建長八年（AD1256）。著者は親尊。

【内容】一巻。空海・常暁・恵運・宗叡など東密四家、および最澄・円仁・円珍など台密三家が著した目録に記されなかった典籍などを集めて整理したもの。同じ目的で著された蓮華王院の目録が既に存在していたが、本録はそれを基にしてそこに漏れたものを集めている。

（鎌田茂雄）

2176 **諸阿闍梨真言密教部類総録**（しょあじゃりしんごんみっきょうぶるいそうろく）

八家秘録ともいう。

【成立】九~十世紀。著者は安然*。

【内容】二巻。入唐八家によって請来された典籍などの分類目録。最澄・空海・円仁・円行・恵運・常暁・円珍・宗叡の八家の目録を整理して十六録とし、それをさらに二十部に分類している。平安朝期にもたらされた真言密教の典籍などを検索するための重要にして簡便な資料となっている。

（鎌田茂雄）

2177 **華厳宗章疏并因明録**（けごんしゅうしょうしょならびにいんみょうろく）

円超録ともいう。

【成立】延喜十四年（AD914）。著者は日本の円超*。

【内容】一巻。華厳学関係の最古の典籍目録。醍醐天皇が諸宗の章疏が散逸してしまうのを憂い、南都六宗の学匠に各宗所依の経論の目録を作成する勅命を下し、それによって東大寺の円超が華厳と因明に関係する典籍の目録を作り進献したもの。

【関連典籍】2178・2179・2180・2182・諸宗章疏録（日仏全一）

2178 **天台宗章疏**（てんだいしゅうしょうしょ）

【成立】延喜十四年（AD914）。著者は日本の玄日*。

【内容】一巻。天台宗の典籍目録。醍醐天皇が諸宗の章疏の散逸を憂い、南都六宗の学匠に各宗所依の経論目録を作成する勅を下し、これに答えて比叡山延暦寺の玄日が天台宗の目録を製作し進献したもの。百八十一部六百四十二巻の書目が挙げられている。

【関連典籍】2177・2179・2180・2182・諸宗章疏録（日仏全一）

（鎌田茂雄）

2179 **三論宗章疏**（さんろんしゅうしょうしょ）

安遠録ともいう。

【成立】延喜十四年（AD914）。著者は日本の安遠。

【内容】一巻。醍醐天皇が諸宗所依の典籍が散逸してしまうのを憂い、南都六宗の学匠にその目録を作成する勅を下し、その中の三論宗について元興寺の安遠律師がこれに答えて製作し進献したもの。

【関連典籍】2177・2178・2180・2182・諸宗章疏録（日仏全一）

（鎌田茂雄）

2180 **法相宗章疏**（ほっそうしゅうしょうしょ）

【成立】延喜十四年（AD914）。著者は日本の平祚*。

【内容】一巻。醍醐天皇が諸宗の章疏が散逸してしまうのを憂い、南都の学匠に各宗所依の典籍目録を作製する勅を下し、その中の法相宗について東大寺の平祚がまとめたもの。

【関連典籍】2177~2179・2182・諸宗章疏録（日仏全一）

（鎌田茂雄）

2181 **注進法相宗章疏**（ちゅうしんほっそうしゅうしょうしょ）

注進法相録、法相宗章疏目録ともいう。

【成立】安元二年（AD1176）。著者は日本の蔵俊*。

【内容】一巻。法相宗所依の章疏の目録。三百四十二部千五百十九巻が載せられる。白河法王の院宣に応じて作製し進献したものであるゆえ注進と付けられている。

（鎌田茂雄）

2182 **律宗章疏**（りっしゅうしょうしょ）

【成立】延喜十四年（AD914）。著者は日本の栄隠。

【内容】一巻。醍醐天皇が諸宗の所依経典が散逸してしまうことを憂い、南都各宗の典籍目録を作製するよう勅を下したのに対して、薬師寺の栄隠が作製し進献したもの。六十二部五百三十五巻が載せられている。

【関連典籍】2177~2180・諸宗章疏録（日仏全一）

もいう。

（鎌田茂雄）

2183 **東域伝灯目録**（とういきでんとうもくろく）

東域伝灯録、伝灯目録、東域伝、永超録ともいう。

【成立】寛治八年（AD1094）。著者は日本の永超＊。

【内容】一巻。五部よりなる。仏教書目録。東域とは日本を指し、本朝に伝えられた仏書の目録の意味。第一弘経録は華厳部・般若部・法華部・衆経部の四に分けられて六百八十六部、第二伝律部では梵網経義記など九十三部、第三講論録では十地経論疏など四百三十七部、第四雑述録では大乗義章など二百六十七巻、第五伝記録では西域諸賢著述など五十四部が掲げられ、さらに追補とされる梵釈寺録伝記十四部、護命僧都撰述二十七部が付される。各典籍名の元に著者名、同本異名、異本同名などの考証を注記している。編者が八十一歳のときにまとめ、青蓮院に献じたもの。古来より写伝されてきたことから文字の異同が多く、現存するものでは鎌倉初期の高山寺蔵本が善本であるとされている。

（鎌田茂雄）

2184 **新編諸宗教蔵総録**（しんぺんしょしゅうきょうぞうそうろく）

海東有本現行録、義天目録、義天録ともいう。

【成立】高麗の宣宗七年（AD1090）。著者は高麗の義天＊。

【内容】三巻。上中下よりなる。経律論の章疏（注釈）を記録したもの。上巻には六百十八部二千七百二巻の経の章疏、中巻には百四十五部四百六十八巻の律の章疏、下巻には三百二十二部千六百八十七巻の論の疏鈔が記録され、章疏目録の嚆矢となるものであり、古来章疏の存否を論ずる場合の標準となった。義天は早くから仏典の蒐集を行い、入宋し帰国するに際して千巻をもたらし、さらに帰国の後、日本などからも購入し充実せしめた。

（鎌田茂雄）

第56巻　続経疏部 一

2185 **勝鬘経義疏**（しょうまんぎょうぎしょ）

勝鬘経疏、勝鬘上宮疏ともいう。

【成立】七世紀初。勝鬘経（正確には勝鬘師子吼一乗大方便方広経0353）に対する注釈書で、著者とされる聖徳太子が、推古天皇のために勝鬘経を講じたのが、事実であったかどうか、議論がある所である。ともあれ、その講讃の年については異説があり、日本書紀は推古十四年とし、法王帝説は推古六年という説である。このうち十四年説の方は、法華講讃と混同した疑いがあるので、六年説の方が正しいと考えられる。しかし、その講讃は三日間で終わったというから、ごく要点のみを講じたものかと思われる。講讃の場所については、一般に後の橘寺のある所で、ここはもと天皇の離宮のあった所だということである。太子による義疏製作も、これと関係のあるもので、たぶん講讃の必要から研究を進めたものか、あるいはすでに義疏製作の意志があって、大体の組織を立てたものによって、略して講じたものかであろう。義疏製作の年代については、『上宮聖徳太子伝補闕記』

には、推古の十七年四月起稿、十九年正月に脱稿されたと伝えている。もっともこれにも異説があって、古今目録抄には、現今流布しているものは略疏であって、これを初疏とし、後に広疏を著した。これが後疏であるというが、疑わしい。推古の十七年は、太子三十六歳である。

【内容】一巻。まず経題を略釈し、経文を序・正・流通の三大科に分けるのは常の如くである。さらに、正宗分を、本経末分の語によって、十四章に分け、これにより全経を秩序的に説明している。十四章とは（1）嘆仏真実功徳章・（2）十大受章・（3）三大願章・（4）摂受正法章・（5）一乗章・（6）無辺聖諦章・（7）如来蔵章・（8）法身章・（9）空義隠覆章・（10）一諦章・（11）一依章・（12）顚倒真実章・（13）自性清浄章・（14）如来真子章である。この十四章の中で、初めの五章は「乗の体」、次の八章は「乗の境」、最後の一章は「乗を御する人」を明かすと判じている。本書は、偽書説もあるが、日本における釈経のはじめであり、勝鬘経の注釈の中で最も簡潔で要領を得たものである。本書に引かれる「本義に云く」としてある原本は、果して何であり誰の説であるか、今日ではわからない。太子はこれを本にして、自分の意見を加えて製作した。古来、聖徳太子の著作として伝えられてきた勝鬘経義疏・維摩経義疏2186・法華義疏2187を普通「三経義疏」と呼んでいる。漢訳経典大略一千五百部の中から、特にこの三部を選んで注釈を施したのは何故か。この三経の選択ということは、中国の南北朝時代における仏教経典研究の結果、三経の内容が太子の求めていたものに合致したという点にあったということができる。勝鬘経において、如来の分身あるいは法雲の大士が、女性として生まれて阿踰闍国の人々を教化したとある。そして、国王の夫人となって三従の礼を現わして、終わりには釈迦の教えを受け大乗仏教を広めたとある。その教えは、大乗仏教の一乗思想であったというのである。最近の研究では、この本義は敦煌で発見された奈93という番号を持つ勝鬘経本義のことであろうという説もある。また、義疏と本義は、同一本を依所にしているので共通する部分が多いのであろうという説もある。さらに、本義の著者は僧旻であろうとも推定されている。

【関連典籍】勝鬘師子吼一乗大方便方広経0353。

（笠井　哲）

2186 **維摩経義疏**（ゆいまぎょうぎしょ）

【成立】推古帝二十二年（AD614）。聖徳太子が維摩経0475を注釈。三経義疏の一つであるが、真に太子の著作であるか否かについては疑問視する説もある。しかし本書が太子の著作であることはすでに『法王帝説』にも見える。天平十九年の法隆寺資財帳にも、明らかに三経疏の一々の名を出している。しかも、現流本が大体において、原本と同一の内容を持っていることも、書誌学的研究によって確認されているのである。すなわち奈良期において、元興寺智光の撰述による『浄名玄論略述』に引用されている維摩経義疏の十六文を現流本に対照してみると、多少の相異はあるが、大同小異ということができる。そうであれば、現流本の本書は勝鬘経義疏2185・法華義疏2187とともに太子の仏教思想を知る太子研究のための根本資料である。

【内容】五巻。維摩経の各品の一つ一つについて、忠実に総意を顕わすようにしている。本書の撰述に際して、参考とされたものに僧肇編纂の『注維摩経』があったことは、本書において、しばしば肇法師云または肇法師解言といって挙げているのが同書のそれとほとんど符合しているのでわかる。もっとも、僧肇の説そのままに採用されているのは稀であって、多くの場合、これは究竟の解釈ではないとして太子自身の説を述べたり、またはこれはよくないといって批判難破してしまって、別に私懐者云として太子独自の見解を打ち出すことにより本経の注解をしている。本書は、そういう意味では始めから終りまで太子独特の識見が述べられている。だが僧肇の外に引用されたものに法空法師解釈と、旧義、新義、有一云、釈者曰、或云、又一解言等というふうに、多くの人師の説が散見される。これによって、太子が該博な仏教の知識を抱かれていたことに驚かされる。もっとも、恵慈等の外国僧が太子の背後にいて、注疏に関する多くの材料を提供したであろうと考えられる。

本書において、初めに経の趣旨が述べられている。主人公の維摩詰居士は、すでに正覚の大聖であって、本来は真如であった。しかし、人々を教化しようとして在家居士に姿を変えて住んでいた。人々を教化する縁が終って、以前に住んでいた阿閦仏の妙喜国に帰する前に、教化の最後の機会として病気になった。維摩に質問する人々に対して、病気によって真実の道理が人間の思惟や言語表現を超えた「不思議の理」であることを示そうとしたためである。釈尊から見舞いに行くことを要請された文殊師利菩薩が来て、維摩と問答をした。問答の間に維摩は数々の妙行を現わして、文殊に大乗の行を勧める。これによって、維摩の病気の本体は、大慈悲を本とするものであり、そこで示される教理は、小乗を抑えて大乗を宣揚することである、という。次いで経題を略釈して、経文を序・正・流通に分ける。正宗分は二分される。すなわち、①仏国品から香積品第十までの十章は、上根の人を教化す、中根の人を教化す、下根の人を教化すという維摩の方丈において行われた部分と、②菩薩行品第十一から嘱累品第十四までの四章は釈尊の所に帰り、その説の正しさを証明する部分である。本書はまた、『論語』『老子』等にも引用されている。

【関連典籍】0475・2185・2187

（笠井　哲）

2187 **法華義疏**（ほっけぎしょ）

法華経義疏、法華経疏、法華疏、上宮法華疏ともいう。

【成立】七世紀。梁の光宅寺法雲の法華義記2748八巻を「本義」「本釈」「本疏」等と呼称して、主としてこれによりながら、並びにその外当時伝来の注疏二三を参考にして、聖徳太子自らが鳩摩羅什訳の妙法蓮華経二十七品本0262を注訳した。法雲の義記の細釈、妙釈等を用いていない場合が少なくないとともに、本義説を批判して、直ちに「私懐者」「私意」「今」等の語を冠して堂々と太子の自説を発表している所が多い。仏教が輸入されてまだ半世紀しか経っていない古代の日本においては、難解な大乗経典のすべての文意がたやすくわかろうはずはない。したがって、「本義」に対しては「但し愚心には及び難い」とか「いわゆる明らかでないところを闕く」とか記していたり、あるいは「本義は微妙に細釈している」とか「妙訳している」とか称揚しているところもみられる。しかしそれにもまして、大陸代表の学匠の注釈に対して堂々の批判を加え、三経義疏の著者としての独自の意見や解釈を示している所が多い。しかもそのような自説の発表のある所においては、大正十五年（一九二六年）影印の現在の草本によると、刀削、脇書、貼紙、二行細書追加等の跡が著しいという。すなわち、太子自身の文章に対する修正が殊に目立って行われているのである。本書四巻にわたって、「一大乗教」「一大乗機」といった熟語が三箇所で用いられている。三箇所ともに必ず、「一」が右脇に追加されている後の修正によってできたものである。そしてそれは、「一大理」「一大果」「一大車」等の語と関連のある、太子の本書における独自の用語である。確かに、日本仏教の基本を示した熟語であると考えられる。

【内容】四巻。全体を序説・正説・流通説に分けている。正説はさらに、仏になる因を明かしている部分と、仏の果の永遠であることを明かしている部分とに分けられる。因を明かす部分は、方便品第二から、譬喩品第三、信解品第四、薬草喩品第五、授記品第六、化城喩品第七、五百弟子受記品第八、授学無学人記品第九、法師品第十、見宝塔品第十一、持品第十二、安楽行品第十三までである。ここでは、すべての人が仏になることができるとする「一乗思想」を説くことで、あらゆる善が結局は同一の仏の結果をもたらす同一の因であることを明らかにして、どのような善を行ったとしても仏果に到ることができるとしている。太子は、こうして得られる仏果（従地涌出品第十四から、寿量品第十五、分別功徳品第十六途中まで）が、永遠の仏であることを示しているのが、正説の後半の部分であるとみている。さらに、この経典を説くことこそが、この世に釈迦如来が生まれた本当の目的であったというのである。また三経義疏の間には、終始一貫して思想の基盤的一致がみられ、全体を貫く文章や用語や、また字句等に至るまですべて一致しているといわれる。本書は、日本書紀編纂以後百五十年内外の撰とみられる上宮聖徳太子伝補闕記において、太子四十一歳正月八日より四十二歳四月十五日までの撰述とされている。以来聖徳太子伝暦や扶桑略記、元亨釈書、一代要記、その外聖徳太子伝の多くは、ほとんど皆この説を採るが、確たる根拠はない。しかし三経義疏の中では、本書が太子晩年の最後の撰述であったと考えられる。

【関連典籍】妙法蓮華経0262。

（笠井　哲）

2188 **法華略抄**（ほっけりゃくしょう）

【成立】八世紀後半。著者は日本の明一。

【内容】一巻（三巻あるいは四巻）。本書は大正蔵経では御物聖語蔵本を原本とする。法相宗東大寺明一が法華経0262二十八品を各品ごとに来意、釈品、釈文の三段に分けて解釈したものであるが、作者の主張、法相宗の立場は明確には知りえない。なぜなら本書は本来三巻または四巻あったと伝えられるが、現伝のものはその前後各巻を欠いているからである。現存の一巻は、二十八品の中、薬草喩品第五より普賢菩薩勧発品第二十八までを広略の差はあれ各々来意、釈品・釈文の三段をもって略述するもので前四品を欠くのみであるから概略は尽くされているといえよう。しかし、失われたものは二巻に及ぶからそこでは何かがある程度まで深く論究されていたものと推察される。

【参考文献】注進法相宗章疏。

（野際清美）

2189 **妙法蓮華経釈文**（みょうほうれんげきょうしゃくもん）

法華釈文、法華経釈文ともいう。

【成立】「序」の終りに「時景子年建酉月朔五日、興福寺釈中算聊自叙之云爾」と記されているが、「景子」というのは甲子すなわち康保元年（AD964）か丙子すなわち貞元元年（AD976）かの何れかであろう、とされる。著者は中算。

【内容】三巻。本書は大正蔵経では国宝醍醐寺蔵古写本を原本とする。法相宗の学僧である興福寺の中算の手になる、特色ある法華経研究である。その自序によると、戸部卿藤原文範の求めに応じて法華経0262二十八品に対する諸家の音訓義を広く蒐集、検討して補正したもので、それまでの我国における法華経の音訓読の不備や誤りを訂正した完全版を作成しようとの意図をもって撰述されたものであると知られる。すなわち中算は「法華釈文序」において従来の諸家の音義は何れも不完全であると批判し唐の曇捷のものも窺基のものも一長一短で後学迷う処多しと論断している。

構成は初めに「法華釈文序」に続いて上巻に入って法華二十八品六万八千九百四十四言あり第一巻より第七巻に至る経中の字数に関する諸説を紹介した後、序品・方便品を、中巻には、譬喩品、信解品、薬草喩品、授記品、化城喩品を、下巻には、五百弟子受記品、授学無学人記品、法師品、見宝塔品、提婆達多品、勧持品、安楽行品、従地湧出品、如来寿量品、分別功徳品、随喜功徳品、法師功徳品、常不軽菩薩品、如来神力品、嘱累品、薬王菩薩本地品、妙音菩薩品、観世音菩薩普門品、陀羅尼品、妙荘厳王本事品、普賢菩薩勧発品と次第に音・訓・義について言及している。

【参考文献】注進法相宗章疏。

（野際清美）

2190 **法華経開題**（ほけきょうかいだい）

開示茲大乗経ともいう。異本として次の六本が挙げられている。

A法華経開題（通称「重円性海」）
B法華経　釈
C法華経開題（通称「殑河女人」）
D法華経　密号
E法華略秘釈
F法華開題

【成立】九世紀前半。ただしBは承和元年（AD834）、Cは天長六年（AD829）。空海が法華経0262の注解を講述。

【内容】一巻。本書とAからDまでの五本は、相互に関連し、共通する部分が多い。本書の特色は、空海が法華経を解釈するに際して、顕教からみれば正統的な理解である「一乗三乗」や「久遠実成」について全く言及せずに、密教の観点から法華経を理解しているということである。第一に、経題の梵名を分解して、各字の字相と字義を強調している。また、Cの「殑河女人」においては、いわゆる「如是我聞」以下の原文を各字に還元し、一つ一つの意義を説いている。すなわち、本書も含めこの空海の開題類は、顕教による従来の解釈を浅略として、字相および字義から、そこに新たな意味を読みとろうとしている密教の解釈を「深秘」と評価しているといえる。第二に、密教による理解法として、マンダラの諸尊配置を導入していることが挙げられる。例えば、経題の九字の梵字を中央の大日如来とそれを囲繞する四仏・四菩薩に配当している。現象の中において、真理を象徴する尊格の姿を見ようとするのは、密教でよく用いられることである。さらに、尊格が複数で集合して、しかも一つの統一体を形成しているようなマンダラが、より大きな役割を果たすものであろうことはいうまでもない。第三の特色としては、上に述べたことと重複するのではあるが、空海は法華経を次のように解釈しているということである。すなわち、それは「普門品」に象徴される観音菩薩の内実と理解し、しかも金剛界五仏の四方仏が、観自在王如来（阿弥陀如来）であることを考慮して、観音菩薩と観音自在王如来と大日如来を究極的に等質のものとみなしているのである。尊格について等質性・相即性を主張するのは密教の特色である。

成立年代については、確実な年代が知られているのはB・Cの二篇のみであるが、両書は共通する部分が多く、撰述年代からみて、「殑河女人」のかなり多くの部分を法華経釈が引用していると考えられる。空海は、自己の文章に間違いがあった場合に、次の著作でその個所を用いる際に訂正していることが多いといわれている。例えば、「殑河女人」で五蔵五味説を挙げるにあたり、華厳経、六波羅密経という般若三蔵訳の二経を取り上げているが、これは空海の誤解であって、華厳経には説かれていない。そのため後のBにおいては、六波羅密経のみの名前を明示しているという。同様のことは、経題を分解した梵字の解釈にもみられる。一例を挙げておこう。空海は冒頭のsa字を、最初su字と勘違いしていたようである。しかし、Bにおいてはsa字と気づいている。このようにみてくると、本書およびAの「重円性海」は、初期の撰述の可能性が高いものと考えられる。いずれにしても、本書および異本においては、従来の法華経理解を取らないで、密教的観点からの理解を示しているのが特色といえる。

【関連典籍】妙法蓮華経0262。

（笠井　哲）

2191 **法華経秘釈**（ほけきょうひしゃく）

法華秘釈ともいう。

【成立】十二世紀前半。著者は覚鑁＊。

【内容】一巻。本書は大正蔵経では徳川時代刊密厳諸秘釈本を原本とし『興教大師全集』所収本をもって校合して収蔵する。新義真言宗の祖興教大師覚鑁が、密教の立場から法華経0262を解釈したものである。まず法華経の解釈に顕教（法相、三論、天台、華厳の四宗）と見て解釈する浅略趣と、密教と見て解釈する深秘門の二趣があるとなし、本書では深秘門に立って五科を設けて解説する。すなわち、第一に教興の因縁を明かし、第二に摂経の差別を明らかにし、第三では大意を述べ、第四では題目を解し、第五では入文判釈す。第一の教興の因縁では、大日如来が一切衆生を救済せんがために種々の教えを説き、秘密荘厳唯一乗・秘密曼荼羅金剛一乗をもって三密加持により衆生を離言絶慮の境界に導くとする。第二では、法華経を顕経として見ると一道無為の第八住心にあたるとし、密教として見ると三密の瑜伽に摂せられ、五部の中では法部に摂せられるが、余部にも通ずるとする。第三の大意では、観世音菩薩（観自在尊）の自証の境で阿弥陀如来（無量寿仏）の妙観察智の利他の門であり、蓮華法部の経である等々と説く。第四の題目では、経題に対して梵漢の両方から密教的解釈を施す。そして第五の入経文釈義理（入文判釈）では、同経八巻二十八品を①序説縁起分（序品）②正説宗旨分（方便品以下の二十六品）、③流通教義分（嘱累品）の三段（あるいは②、正説分を方便品から分別功徳品十九行偈とし、以降を流通分とする）に分科して畢竟一乗を説くものとなし、次に深秘門をもって経の一々の文字章句はすべて観世音菩薩（観自在尊）の種子、諸尊の種子真言であると断じ、加えて同経を四種曼荼羅に約して解釈する。

【参考文献】諸宗章疏録第三。

（野際清美）

2192 **入真言門住如実見講演法華略儀**（にゅうしんごんもんじゅうにょじつけんこうえんほっけりゃくぎ）

講演法華儀、法華略儀ともいう。

【成立】AD867年。円珍＊が法華経と大日経、すなわち顕密一致を主張せんとして著わした。

【内容】二巻。最初に行者が法華三昧に入る法を説き、つぎに三昧より起って（般若心経を読誦し、勧請、懺悔、受戒の偈をのべ呪を唱える。続いて経文の解釈に入り、無量義経から始まる。解釈には顕経と秘密の二意があるとし、はじめに天台の解釈を示し、続いて「今、真言秘密門によれば」という定形句をもって秘密門の解釈の法を示して、一に大意、二に釈名、三に入文分節の三門をもって釈する。つぎに法華経の解釈に入り、この経は序、正、流通の三段に分けて解釈し、序品が序分、方便品から分別功徳品の十九行の偈まで正説分、以下が流通分とするが、「今、真言門に依れば」、序品は序説分、方便品より妙荘厳王品までを正説分とし、以下勧発品の一品を流通分とするという。上巻には序品、方便品、譬喩品、信解品の四品が釈されている。下巻は薬草喩品から始まり経末までに釈し、続いて観普賢経を釈している。本書に引用し援用されている経論は、入楞伽、円覚、浄名、華厳、金剛頂、船若、大般若、心地観経、大日経疏などであるが、大日経疏の引用が多い。巻末に本書を著わした由来について述べるところがあり、それは一には世人の迷いや教義の諍いを救わんがためで、法華経を所詮とすることは秘密経の法と異なるのであるという。二には釈尊一代において真言を開演せられたことを示さんがため。三にはおよそ顕教は能詮であり秘密教は所詮であることを標榜せんがため、四には論義師が阿闍梨を軽んじてかれらはただ呪と印を知るのみというをあらためさせんがため、五には顕教の諸師をしてかの経典には秘密の本源のあること知らしめんがためであるといっている。

【関連典籍】0262 (河村孝照)

2193 **註無量義経**（ちゅうむりょうぎきょう）

【成立】最澄が若い頃の作とみられる。

【内容】三巻。法華経の開経とされる無量義経0276に注釈を施したもの。『伝教大師全集本』第三巻（大正一五、比叡山図書刊行所）には「無量義経開題」が付せられ、内容が(1)教興の大意を述ぶ、(2)経の題目を釈す、(3)入文判釈の三部よりなることを示すが、後人の作であろう。本文は最初に「註無量義経徳行品第一」とあり、ここに教興大意にあたる部分があり、法華経の開経に当たることが示され、次に題目について、無量義とは一法より無量の義を生ずることを示し、徳行とは小乗の徳・菩薩の徳・如来の徳それぞれの行を意味するという。第二「説法品」とは無量義経の一相の法を釈迦牟尼仏が説き、第三「十功徳品」は無量義経の正説分の十種の正行の不思議力によって行者が十の利益を得ることを示す。文章の一々に注釈を施しており、最澄の師の師、道璿がよったと伝えられる智顗の虚空不動の三学や天台教学を用いて解説され、最澄教学の形成を考える上で重要な文献である。 (田村晃祐)

2194 **仏説観普賢菩薩行法経記**（ぶっせつかんふげんぼさつぎょうぼうぎょうき）

観普賢菩薩行法経記ともいう。

【成立】AD888。法華経の結経たる観普賢菩薩行法経0277を解釈したもので、経の要文をあげて釈を施している。

【内容】二巻。経題の解釈については天台の五重玄の名体宗用教の五門において解釈し、以後経文の解釈は観心の用に供する釈をなしており、これも天台一家の釈を踏襲している。経文を釈するとき援用した経論人師は大論、観経、悲華、大日経義釈、般若経、大品、天台維摩経疏、法華、本記、周書異記、金光明、緇州、金剛経、法華文句、思益経、賢愚経、摩訶止観、浄名経、西明揚公製四分鈔数義図、瑜伽論、大涅槃経、弘決、仁王経疏、法華私志、大乗同性経、新金光明経、妙楽の記、八十華厳新疏、十七地論、成実論、新羅元暁、有人、瑜伽論記、鄭玄曰、孔安国、礼記、太玄経、八陽経、大毘盧遮那経、金光明疏、数人云、天台師云、玉篇、郭璞、周易、毘婆娑、薩遮尼揵子、静法華厳音義云、輔正記、説文、孝経、白虎通、唐韻、漢書、崇福一切経音義、西域伝、嘉祥旧説、東春義纘、天台梵網疏、本業瓔珞経、考工記、遺教経、楽記、四分律行事鈔、仁王莫鈔、菩薩戒経、荘子、開元百法疏、大虚空蔵経、法界次第、左伝、大集経、倶舎論、法華玄義、十住毘婆沙、中論、百論、毘曇、浄名経集解関中疏、像法決疑経、嘉祥持品疏抄、剡川法台寺明曠闍梨菩薩戒疏、入正理論疏、仁王般若経、盂蘭盆経開題、阿毘達摩雑集論などをあげており、博引旁証これつとめているが、円珍は「今案ずるに」また「今家の意」と断って多くの自説も紹介している。下巻に至るとしばしば「釈迦牟尼の名は毘盧遮那の異名のみ」「天台実相観と大日不生観は竝びて心に容るべし」「慧日大聖尊は久しく是の法を説く、大日経の意と同じ」と顕密一致の釈を示している。

【関連典籍】0389・1925 (河村孝照)

2195 **法華開示抄**（ほっけかいじしょう）

法華経開示抄ともいう。

【成立】承元二年（AD1208）。著者は貞慶＊。

【内容】二十八巻（「無量義経開示抄」一巻、「普賢経開示抄」一巻を加えて三十巻あり）。これらは大正蔵経では薬師寺蔵写本を原本とし、『日本仏教全書』所収本をもって校合して収蔵する。本書は、慈恩大師窺基（632〜682）の法華経玄賛1723に基づき、法相宗の立場から法華経0262の内容を論じたもので法華経および開結二経の開示抄の計三十巻の全体では実に四百四十もの論題が取り扱われている。法華経は広く流布し多大の影響力をもつ経典であるから、法相宗としても自宗の立場から会通し解釈を開示する必要があったものと思われる。撰者の貞慶の在世時代は法相宗再興の気運の高調した時期であった。おそらく法相宗の祖師の慈恩大師が法華経の注釈を作したのに倣って本経の経旨を明らかにするために撰述されたのであろう。例えば法華経の一乗説に対して法相の五姓各別の説をいかに会通するか等というような問題を厖大な内外典を引きながら問答形式や論議形式をもって論明開示しようとしている。引用文献は非常に多く、ことに窺基、慧沼、智周、栖復、詮明、真興、徳一、崇俊、最澄、源信、嘉祥、玄寂、玄則、僧侃、道栄、玄範、常騰、護命、善珠、行賀、定慶等の著述が対象となる。これらの引用文献には今では失われて現存しないものも多い。この点から見て本書は重要な意義をもつ。

法印信憲の奥書と沙門良算の奥書があるが本書は良算の問に対して貞慶が答えてなったものであると良算は述べている。

（野際清美）

2196 **金光明最勝王経玄枢**（こんこうみょうさいしょうおうきょうげんすう）

【成立】AD835~871年。著者は元暁*。

【内容】十巻。金光明最勝王経0665の注釈書。巻首に文章博士菅原朝臣の序があり、それによれば本経は「最勝法門の玄枢」であるから「玄枢」と名けたという。本書は開いて五段となし、一に由来、二に宗の体を顕し、三に教のおさまるところを述べ、四に名義を解釈し、五に本文を解釈する。本文解釈は第一巻の終り頃から始まる。この五門の第一とは一乗仏教の興起の因縁を示し、ことには金光明経興起の因縁を明かし、第二にはこの経の本体は因果の三法を体となすといい、宗旨は真俗二諦を混ずるという真諦の説を正義とし、第三は教を摂めるに同じからざるを論じて吉蔵の究竟大乗の菩薩蔵がよく頓教を収めるとした説をあげ、救済の対象の広狭を論じて五性も究竟平等にして皆な仏を得せしめるを真実義とする。さらに仏がこの経を説く時と所、また訳時訳所を述べる。第四の釈名の義は初めに釈名の方軌を明かし、後にこの経の題目を明かしている。第五に経文解釈に入っている。この経は、序品第一より付嘱品第三十一まで三十一章あり、経旨は初めに仏の寿命、仏の三身、懺悔滅業、菩薩の十地、空性と空果を説いて大乗の教理を明かし、次に四天王の護国、弁才天吉祥天等の助勢、王法正論、除病、捨身等を示して本経を奉持するものの功徳を説いている。『玄枢』第一巻、第二巻、第三巻の中頃まで序品を釈し、以下第四巻の中頃まで寿量品第二を釈し、それより第五巻の中頃まで分別三身品第三を釈し、続いて夢見懺悔品第四が釈される。第六巻に入ると滅業障品第五と浄地品第六が釈されるが、浄地品は第七巻にまたがる。この巻の終りごろから蓮華喩讃品第七が釈される。第八巻は金勝陀羅尼品第八、顕空性品第九、依空満願品第十、四天王観察人天品第十一の四品が釈され、第九巻は、四天王護国品第十二、無染着陀羅尼品第十三、如意宝珠品第十四、大弁才天女品第十五、大吉祥天女品第十六、増長財物品第十七、堅牢地神品第十八、大将品第十九、王法正論第二十の九品が釈され、第十巻には、善生品第二十一、諸天薬叉護持品第二十二、授記品第二十三、除病品第二十四、長者子流水品第二十五、捨身品第二十六、十方菩薩讃歎品第二十七、妙幢菩薩讃歎品第二十八、菩提樹神讃歎品第二十九、大弁才天女讃歎品第三十、付嘱品第三十一が釈されている。この巻末に「今、師の説に依りて教王を説釈す」と言っているように三論の師吉蔵の説を中心にすえ、真諦をもって指南とし、博引旁証、今日逸文の論疏が引用せられて注釈してある。

【関連典籍】0665

【後世への影響】本経は護国三経の一であり、しかも本経の注釈が一大集成であり、今は貴重な資料である。

（河村孝照）

2197 **金光明最勝王経註釈**（こんこうみょうさいしょうおうきょうちゅうしゃく）

【成立】平安時代初頭。金光明最勝王経0665の注釈を明一が集めた。

【内容】十巻。本書は奈良東大寺古写本で、大正蔵経にのみ収録されている貴重な資料である。明一は表題の傍らに「多く沼疏を用い少しく余説を取る」と記しており、本書の性格がわかる。沼疏とは恵沼の金光明最勝王経疏のことで、恵沼は中国法相宗の第三祖である。明一は、まず巻首に注経の大綱を示し、本経の語は先学に大薦福寺勝荘、西明寺恵沼、新羅国憬興等のあることを記し、つぎは四門をもって分別するといい、第一は宗趣をあらわすといい、これには白馬寺韶法師、真諦三蔵、元暁、憬興等の諸師の意を明かす。第二は翻経の異を示すといい、本経の伝来には六種あり、一に曇無讖訳の四巻経、耶舎崛多訳の五巻経、三に真諦訳の六巻経、四に同じく真諦訳の七巻経、五に闍那崛多訳の八巻経、六に義浄訳の十巻経とであるが、義浄訳が梵本にもかない謬りがないと言っている。第三に経の題目を釈し、第四に入文解釈する。解釈に際しては経を分節してこれを釈する随文会釈の体裁となっている。第一巻には序品・寿量品の二章、第二巻には分別三身品・夢見懺悔品の二章、第三巻には滅罪障品の一章、第四巻には最浄地陀羅尼品の一章、第五巻には蓮華喩讃品・金勝陀羅尼品・空性品・依空満願品、四天王品の五品、第六巻には四天王護国品の一章、第七巻には無染着陀羅尼品・如意宝珠品、弁財天女品の三章、第八巻には弁財天女品（続）・吉祥天女品・吉祥天増長財物品・地神品・薬叉大将品・王法正論品の六章、第九巻には善生王品・薬叉護持品・授記品・除病品・流水品の五章、第十巻には捨身品・十方菩薩讃歎品・妙幢菩薩讃歎品・菩提樹神讃歎品・弁財天女讃歎品・付嘱品の六章の注釈がされている。

【関連典籍】0665

【後世への影響】本書には慧沼の疏にない王法為本、護国思想が盛られている。

（河村孝照）

2198 **最勝王経羽足**（さいしょうおうきょううそく）

金光明最勝王経羽足ともいう。

【成立】平安時代初・中期かと思われるが不明。著者は平備。

【内容】一巻。金光明最勝王経0665の要点をとり出して注釈したもので、同経を注釈した諸本の中で簡約にして要を得たものである。まず三十五箇の論題によって一経の要旨を述べ、その中に序品寿量品の要を釈している。以下は各品ごとに問答体をもってその要点を示している。大綱は、一に本経の説明、この経は解深密経と同時の説とし仏成道の後、三十八年に説かれたもので法華経より以前とし、つぎに説教の年時の異説をあげ、第二に法華経と金光明経との如来寿量の差別を明かし、第三に法華経とこの経との一乗の差別について論じて三乗五姓を一乗に融会し、第四に妙幢菩薩の夢を明かして八地以上には実夢のないことを述べ、第五に舎利無きいわれを説き、理法身は生滅を離れているから舎利なく、智法身は念念に生滅するが一期滅の義がないから舎利はないといい、第六は妙幢菩薩は何の身において寿量の舎利を求めることを起すのかを明かし、第七に妙幢菩薩は三身品を聞かずということについて解説し、第三に変化身および他受用身は骸骨あるに似て示現することを明かし、第十に梨車尼童子および憍陳如婆羅門の位を明かし、第十一に捨身行を明かし、第十二には八地以上にあっては劫を超えないことについて明かし、第十三に超劫の義を明かし、第十四に釈尊の超劫について記し、第十五に三無数大劫を超えることはできないことを明かし、第十六には三身の差別を明かし、第十七に機根に利鈍の差別を明かし、第十八にこの経の一条を解し、第十九に釈尊の寿量長遠の義を述べ、第二十に光耀天女は第六地の人なることを明かし、第二十一になに故に妙幢等が菩提を授かれるのかを明かし、第二十二には古訳との相違を明かし、第二十三になに故に涅槃経に涅槃は了因の所得、生因の所得でないかを明かし、第二十四に堅牢地身は菩提樹神と同人か異人かを説き、第二十五に諸種の問答をなし、第二十六に妙幢が寿量品の説法が終ればなに故に本土へ還るかを明かし、第二十七に一乗三乗の権実を明かし、第二十八に有門無門を明かし、第二十九に三世において無生忍を悟れることを明かし、第三十に題目を明かし、第三十一になに故に四仏同説するかを明かし、第三十二に経宗を明かし、第三十三に会処を述べ、第三十四に摂教の分斉を説き、第三十五に今経の教えを授かる者はただ菩薩と不定性の二乗であることを明かして大綱を終り、さらに三身品以下を各別に要点をもって解説する。

（河村孝照）

【関連典籍】0665

2199 **最勝王経開題**（さいしょうおうきょうかいだい）

金光明最王経開題ともいう。

【成立】九世紀前半。空海が金光明最勝王経を開題。

【内容】一巻。初めに経全体の大意を要約して述べ、次に経題を梵漢両面から明かしている。金光明を法応化の三身に配し、金と光明と最と勝と王の五字を、順次金剛部・宝部・蓮華部・羯磨部・仏部の五部に配当し、さらに五智・五仏に配当する。この配当を「深秘」の釈とし、これらは皆𑖌𑖼（唵）の一字から流出するという。附録の最勝王経秘密伽陀は、金勝王経秘密華陀ともいう。この書は一巻からなり、密教的解釈はほとんどみられない。

（笠井　哲）

【関連典籍】0665

2200 **仁王経開題**（にんのうぎょうかいだい）

仁王護国般若波羅密経開題、仁王開題ともいう。

【成立】九世紀前半。空海が仏説仁王護国般若波羅密経0246を注解。

【内容】一巻。空海は本書において、全体を三分して、（1）経の起こる意、（2）経の題目の釈、（3）本文解釈とし、（3）をさらに三分して①は来意、②は品名、③は本文を解釈する、としている。さらに③の本文解釈を三分し、1は勅恥勧持、2は護法、3は得益、としている。（2）で題目について、仁王の「仁」とは人のこと、上下相親しむ人のことで、「王」とは人々が尊重するものとしている。空海は、仁王経を護国経典とみなしている。

（笠井　哲）

【関連典籍】0246

第57巻　続経疏部　二

2201 **金剛般若波羅密経開題**（こんごうはんにゃはらみつきょうかいだい）

金剛経開題ともいう。

【成立】九世紀前半。空海が能断金剛般若経0239を開題。

【内容】一巻。空海はこの経題を浅略と深秘との二釈ありとし、浅略は通仏教の釈であり、深秘は秘密教の釈であるとみなし、この両釈にわたって、本経の題号について人・法・喩を適用して解釈を試み、また金剛能断般若等について通別の二釈をなし、二釈倶に密教的な解釈をしている。ことに別釈の下に五部・四種法身・四曼・三密・三宝・三大・六合釈・元身・三点・理智・止観・四徳・教理行果、六相・四悉檀等に適用して題号の解釈を試みているのが、本書の内容である。

【関連典籍】0239

（笠井　哲）

2202 **般若心経述義**（はんにゃしんぎょうじゅつぎ）

【成立】八世紀。三論宗の学僧である智光＊が般若心経0251を注釈したもの。

【内容】一巻。四つの部分からなる。（1）訳代としてこの経を訳した鳩摩羅什、玄奘、菩提流支の三人の訳者について説明する。（2）宗旨としてこの経が真の了義（真実を説ききった）経であることを般若経の無諍という観点から論証する。（3）題目として題名を一々の要素に分解して釈す。（4）随文解釈として一々の句にしたがって解釈する。経を二つに割り、前半は正観法、後半は神呪法とする。また前半を観自在の為、舎利子の為と二つに割り、後半も勝れた功能を嘆じる部分と神呪の体を説く部分とに分ける。

【関連典籍】0251

【参考文献】末木文美士「智光『般若心経述義』について」『論集奈良仏教』第一巻、雄山閣出版、一九九四。

（大谷正幸）

2203 **A般若心経秘鍵**（はんにゃしんぎょうひけん）

心経秘鍵、秘鍵ともいう。

【成立】九世紀前半。空海が羅什訳の般若心経0257を解釈。

【内容】一巻。およそ、心経に対する古来注釈家の見解は顕経とするものである。しかし空海は、陀羅尼集経、六度経等の義によって大般若菩薩の三摩地法を説く雑部の密教と解している。題目の初めの四字は、「大般若菩薩の大心真言三摩地を明かす経」の意、秘鍵の二字は甚深秘奥の義で、心経の秘密甚深の義を開示するということである。

本書は、序・正・流通の三分からなり、序に帰敬・発起・大綱・大意の四序がある。第一の帰敬序は文殊・般若の二菩薩に帰依し敬礼する旨を述べ、第二の発起序は著述の因縁を、第三の大綱序は広く顕密二教興起の大綱を、第四の大意序は心経一巻の大意を略述して大般若菩薩所具の諸乗の法門を経文に従って釈し、さらに製作の因由を説いている。正宗分は、まず経題を釈し、能説の教主・説法の会座・対告衆等について示し、翻訳の同異を弁じ、般若心の得名を論じ、次に経文を分科して人法惣通分・分別諸乗分・行人得益分・惣帰持明分・秘蔵真言分の五分とし、随文解釈し、次に問答によって密語と顕密の意義を論じる。最後の流通分は、経文の功徳を讃嘆している。このように、本書は心経を密経として解釈し、心経に対する空海の見解を知りうるとともに、心経解釈上に一エポックを画した名著とされる。製作年代は不明であるが、弘仁九年（AD818）に開題したといわれている。

2203 **B般若心経秘鍵略註**（はんにゃしんぎょうひけんりゃくちゅう）

一巻。覚鑁＊によるAの注釈書。

【関連典籍】2204

（笠井　哲）

2204 **般若心経秘鍵開門訣**（はんにゃしんぎょうひけんかいもんけつ）

【成立】承徳元年（AD1097）。著者は真言宗の学僧である済暹＊。

【内容】三巻。般若心経秘鍵2203の注訳書の一つで、最古のものといわれる。全体を教起因縁分、釈題目分、釈本文分の三つに分け、教起因縁分で般若心経が衆生に仏道を成ぜしめるために説かれたことを示し、さらに仏勅によってまたは仏恩に報じるために、その秘密釈が作られる理由があることを明かす。釈題目分はまず「般若心経」の題名について釈し、「秘鍵」の二字について釈す。釈本文分は般若心経秘鍵を序説分、総顕宗体綱要分、総題略解問答分、別題広解文釈分、明翻釈不同異本分、判釈本文分、流通讃施分の七つに割って釈している。論証の引文は、秘蔵宝鑰などの空海の著作や大日経などが大部分であることはいうまでもない。

【関連典籍】0251・2203

（大谷正幸）

2205 **華厳演義鈔纂釈**（けごんえんぎしょうさんしゃく）

【成立】正和二～元亨四年（AD1313～1324）。湛睿が華厳経演義鈔1736を注釈。

【内容】三十八巻。注釈は演義鈔1736の全編にわたるのではなく、冒頭の玄談の部分のみに止まる。玄談とは直接に経や論を注釈する前にその経論の持つ意味などを検討する部分のことであり、そこで教判論などの注釈者の見解が示される枢要となる部分をいう。

【関連典籍】大方広仏華厳経随疏演義鈔1736。

（佐藤厚）

2206 A **新訳華厳経音義**（しんやくけごんきょうおんぎ）

華厳経音義ともいう。

【成立】嘉禄三年（AD1227）。日本の喜海＊が新訳八十巻華厳経0279の各巻について転読の便をはかるために、それまでの音義を参照して著述。

【内容】一巻。初めに冒頭の則天武后の序よりはじめ、各巻につき数語から六十語の間で音義を述べる。きわめて簡略ではあるが、難解な音をもつ語を選び出し、声調や反音を表わして転読の便に寄与している。

【関連典籍】0279

（佐藤厚）

2206 B **貞元華厳経音義**（じょうげんけごんきょうおんぎ）

【成立】安貞二年（AD1228）。四十巻華厳経0293（唐の貞元年間に訳出されたことから貞元経とも称する）に関する音義集で、日本の喜海＊が華厳経音義2206Aと同時期に著述。

【内容】一巻。巻により対象となる語が一語から百語におよぶなど必ずしも一定はしていない。奥書によれば八十巻華厳経0279の音義の二日後に著されたことがわかる。

【関連典籍】0293

（佐藤厚）

2207 **浄土三部経音義集**（じょうどさんぶきょうおんぎしゅう）

【成立】嘉禎二年（AD1236）。編者は信瑞。

【内容】四巻。浄土三部経の経文に対して音韻と釈義とを略注したもので、三部経音義としては日本最古のものである。第一巻・第二巻は無量寿経0360、第三巻は観無量寿経0365、第四巻は阿弥陀経0366に配されている。本書の価値は、引用書がはなはだ多種に渉り、今は散逸して伝わらないものも含まれている点にある。特に多く引用されるのは広韻、倭名抄、東宮切韻であり、さらに翻訳名義集、梵唐千字文、梵語勘文その他の書名も見られるが、就中菅原道真の父善卿の著である『東宮切韻』は今は散逸しており、また『梵語勘文』も欠本であり、本書によって知られるにすぎない。

【関連典籍】0360・0365・0366

（橘川智昭）

2208 A **浄土疑端**（じょうどぎたん）

観経四帖疏疑端ともいう。

【成立】弘安六年(AD1283)。日本浄土教の西山派深草流の道教顕意(どうきょうけんい)が、ある学者の請によって善導の観経疏1753の中から疑問百二十条を挙げて判決し、当時の教界における諸の明匠に高判を求めた。

【内容】四巻。玄義分中に五十条、序分義中に十五条、定善義分中に二十五条、散善義中に三十条の質疑を出してそれぞれ判決している。奥書において、右の疑端は去年壬午有学者の請に因って之を出す、然るに彼一両人の所に詣で其答釈を請ふに数日淹留書写するのみにて敢えて之を解せず云々、(中略)重ねて諸賢に請ふ、意に随ふて之を答へよ、(中略)抑も決を求むるの意、自挙凌他の為にせず、今聞くならく、諸方の学者自門他流を論せず互に憶説妄談、彼等をして此警策を見て正路を入らしめんと欲して短疑を挙げて諸師の高判を請ふ、等々と記されており、これによって本書述作の本意を知ることができる。この『浄土疑端』に対して、九品寺流の了阿が『略答』を、道感が『禅疑』を作ってこれに答え、証忍がさらにこれを助成するために観経義賢問愚答集2208Bを撰述し、そして顕意は『観経義拙疑巧答研覈鈔』を以て応答した。これらは九品寺流と深草流の教義の相違を知るための併読すべき書となっている。2208Bの項を参照のこと。

【関連典籍】1753

（橘川智昭）

2208B 観経義賢問愚答集（かんぎょうぎけんもんぐとうしゅう）

【成立】弘安八年(AD1285)。著者は証忍(しょうにん)。

【内容】一巻。深草流の顕意が浄土疑端2208Aを著して善導の観経疏1753中の百二十条の疑端を挙げて諸学匠に答釈を求めたのに対して、九品寺流の了阿が「頓教一乗海者」「言弘願者如大経説等者」「聖衆荘厳現在彼衆法界同生者」「出在何文者有通有別等者」「如華厳経説思惟正受者倶是三昧異名者」など計十六条によって略答を作って答え、さらに了阿と同門の証忍がこれを助成するために作ったのが本書である。題名中賢問は『疑端』を、愚答は本書を意味しているが、その答釈するところ委曲を悉くし、顕意の説を批判している。顕意はさらに、これに対して観経義拙疑巧答研覈鈔2208Cを作って答えた。2208Aの項を参照のこと。

【関連典籍】1753

（橘川智昭）

2208C 観経義拙疑巧答研覈鈔（かんぎょうぎせつぎぎょうとうけんかくしょう）

【成立】弘安九年(AD1286)。著者は顕意(けんい)。

【内容】一巻。深草流の道教顕意が浄土疑端2208A四巻を作って善導の観経疏1753についての疑端を発したのに対して、九品寺流の了阿が十六条の答をなしこれを補うために了阿と同門の証忍が観経義賢問愚答集2208Bを著したが、これに対してさらに顕意が答えたものである。観経義賢問愚答集とともに九品寺流・深草流の教義的相違を知るのに不可欠の書である。2208Aの項を参照のこと。

【関連典籍】1753

（橘川智昭）

2209 観経疏伝通記（かんぎょうしょでんづうき）

観無量寿経四帖疏伝通記、観経四帖疏伝通記、伝通記ともいう。

【成立】正嘉元年〜二年(AD1257〜1258)。著者は良忠。

【内容】十五巻。観経玄義分伝通記六巻、観経序分義伝通記三巻、観経定善義伝通記三巻、観経散善義伝通記三巻によって構成される。観経疏1753を解釈するのにまず(1)題名を釈す、(2)文を分別す、に分け、(1)をa疏題を釈す、b撰号を釈すとし、さらに(2)を序分・正宗分・流通分に分けて注釈していくもので、大乗諸経論や中国・日本の浄土教祖師釈を縦横に引用しながら善導の観経疏の全文を解釈し、源空、弁長、良忠と流れる相伝の念仏義の宣揚につとめている。独自の解釈としては、安心について総別二種の安心を立て菩提心を総安心、三心を別安心としてこれら二種を大異小同なりとする点、源空の還愚痴について大智度論1509によって邪見愚痴と頑愚痴とを明かして頑愚痴は無知愚痴なれども三心を具して念仏すれば往生を得ると釈す点、九品の行について横竪の二義を立てる点その他を挙げることができる。題名の伝通記とは先師弁長の伝承を挙げてこれを未来に弘通する鈔記という意。当時源空門下の中、証空、長西、幸西、隆寛等も観経疏を解釈したが、中には源空の意に反する釈義も行われていたことにより、著者はしばしば稿を改めて内容の統制、叙述の精錬につとめた。現在行われているのは弘安九年（AD1286）に治定した「極再治本」と称されるものである。

【関連典籍】1753

【後世への影響】観経疏の注釈書では最も権威のあるものとされて浄土宗義解釈の基準となっている。末注として寂慧の『伝通記見聞』、聖冏の『伝通記糅抄』、良栄の『伝通記見聞』その他が著された。

（橘川智昭）

2210 **阿弥陀経略記**（あみだきょうりゃっき）

小経略記、阿弥陀経疏ともいう。

【成立】長和三年（AD1014）。源信＊が親衛藤将軍という人物の依頼により、智顗の阿弥陀経義記1755の要旨を述べて阿弥陀経0366を解説。

【内容】一巻。以下の三門から構成される。（1）大意。弥陀の本地は十方に普遍して広く六道を利することを讃え、経の主旨は、その顕意を取れば三有の輪廻を脱して七宝の台に達するとし、密意を取れば三乗の保証を廃して一実乗の果に帰せしめることを説く。（2）経題解釈。「仏説阿弥陀」を別号、「経」を通号として解釈する。（3）分文解釈。まず智顗の義記1775によって序分・正宗分・流通分の三分に分け、経文の逐次解釈に入ると称讃浄土経0367を対照しながら略説する。

【関連典籍】0366・0367・1755

（橘川智昭）

第58巻　続経疏部　三

2211 **大日経開題**（だいにちきょうかいだい）

【成立】次にあげる①法界浄心本は、天長孟冬二十二日の開演と推定される。著者は空海。

【内容】一巻。大日経開題には七種があり、それぞれの巻頭の語句によって①法界浄心本、②衆生狂迷本、③今釈此経本、④大毘盧遮那本、⑤隆崇頂不見本、⑥三密法輪本、⑦関以受自楽本と呼ばれている。いずれも一巻。

①から⑦はいずれも大日経の題目を釈し、経の大綱を説き明かした短編であり、これら七種には重複する文があるものの、それぞれ独自の解釈があり、もちろん内容は同じではない。大日経を賛嘆しつつ、その要旨を述べているが、法要や講演に際して作られたためか、多くの本が現存する。

①法界浄心本

仁和寺本によれば、笠仲守が亡き母の追福のために法座を開き、そのときに弘法大師空海が講演したのがこの本である。経の題目、すなわち大毘盧遮那成仏神変加持経因陀羅王が梵語と漢語からなることを指摘し、まず経題をすべて漢語に翻訳することを試み、さらにその梵語を紹介する。続いて、経題をいくつかの部分に分けながら解釈するが、留意すべき点としては、加持を釈す中に即身成仏義にみられる「六大無礙常瑜伽、四種曼荼各不離…」のいわゆる二頌八句と全く同じ偈があることである。さらに経の題目を、自性・受用・変化・等流の四種法身あるいは法・応・化の三身に配当したり、体・相・用の三大、人・法・喩などによって釈す。最後に梵語の名字を釈すが、それらは大日如来の種子真言である阿字を本体としており、したがって大日経はこの一字をもって本体としていることを明かしている。

②衆生狂迷本（異本一）

まず真言密教が顕教と対比しながら述べられており、迷える衆生が段階的に進んで、最終的に三密、五相成身、四種曼荼羅の金剛心殿に至る描写には、十住心思想における九顕一密、あるいは九顕十密に通じる思想もみられる。普礼、滅罪、三昧、菩提心のそれぞれの真言の後に、この経が一切如来の根本秘蔵である自性法身内証智の境界をあらわすことを述べて、経の大意を明かしている。そして経の題目がいくつかの部分に分けられて解釈されているほか、経の初品にあたる入真言門住心品や、さらに経の冒頭にある如是我聞以下の一文も釈されている。その中には大日経の注釈書である善無畏・一行による大日経疏1796を引用しながら述べるところもあり、弘法大師空海の大日経解釈が、大日経疏に基づくことの一端を垣間みることができる。

③今釈此経本（異本二・大日経略開題）

この本は大日経略開題とあるように、他の本と異なり略の文字が挿入されている。その次第は、巻頭にあるように、大意を述べ、題目を釈し、文に入りて判釈す、である。大意を述べる段では、二十九の邪計、百六十の妄執、そして真言行者が畏れなき境地に至る過程を説いた六無畏や、心の汚れを取り除く方便を明かした十縁生句などが説かれている。経の題目を釈す段では、題目がいくつかの部分に分けられて解釈されており、さらに経の初品にあたる入真言門住心品の釈もみられる。文に入りて判釈する段では、大日経0848の三十一品を、冒頭の如是我聞より牙種生起までを序説分、それに続く爾時執金剛秘密主於彼衆会中坐より世出世持誦品の終わりまでを正説分、そして嘱累品を流通分に分類する。引き続いて、第二入曼荼羅具縁真言品以下のそれぞれの品の大意を述べるが、第五世間成就品までで終わっている。

④大毘盧遮那本（異本三）

この本の名称にもあるように、最初に大毘盧遮那成仏神変加持経0848は一切如来の根本秘蔵である自性法身内証智の境界を明かすことが提示され、顕教よりも真言密教がいかに優れているかを比喩を用いながら強調する。このように経の大意を述べた後で、その題目を梵本にあげて解釈する。次に、すべての経典の巻首の部分にある「帰敬（帰命・稽首）」を顕の句義と密の句義から釈し、続いて「如是我聞」を合釈と離釈より解説してこの本を終わる。なお、「帰敬」と「如是我聞」を説明する際に、それぞれの梵語を示してさまざまな角度から解釈するところにこの本の特色がある。

⑤隆崇頂不見本（異本四）

亡き母の一周忌をむかえ、その法要に際して講じられたのがこの本であるが、具体的なことは不明である。生者必滅は人の定めとはいえ、親を失って過ごした一年間を振り返り、追善法要を厳修する趣旨を述べる。至心勧請帰命礼、至心懺悔、至心受戒、至心発願に続いて、まず大日経0848の大意、教えの大綱を説く。そして経の題目をいくつかの部分に分けながら釈し、続いて、経の初品にあたる入真言門住心品、さらに経の冒頭にある如是我聞以下の一文を釈している。経の解釈に大日経疏1796が引用される場合があり、また、他の本と同一か、あるいは類似した文がみられることから、他の本と比べて分量は多いものの、経の解釈に関して特に独創的な内容が説かれているわけではない。なお、最後の然則講演所生功徳以下の文は文体が異なるために、後に付加されたものと考えられている。

⑥三密法輪本（異本五）

「和尚為升忌日講文」とあることから、この本の撰述の意図を知ることができる。まず、三密の法輪は常に転じており、一心の妙覚は誰にないということがあろうか、と問題を提起し、加持感応について解説する。続いて、十七文字からなる経の題目に六種の対応関係を見出し、その関係を順次に示すと次のようになる。教義に関しては、経が教であり、大等は義である。義における法喩に関しては、大毘盧等が法であり、因陀羅等は喩である。法における人法に関しては、大毘盧遮那が人であり、三菩提は法である。境智に関しては、舎那が智であり、菩提は境である。体用に関しては、毘盧遮那が体であり、神変加持は用である。因果に関しては、成菩提が因であり、毘盧遮那は果である。最後に、大に関する十三義、すなわち体大、相大、用大、果大、因大、智大、教大、義大、境大、業大、最大、勝大、遍大をあげ、それらに若干の移動等はあるものの、以下において解説してこの本をしめくくる。

⑦関以受自楽本（異本六）

まず、経の大意、教の大綱を述べているが、この本の題名でもある巻頭の関以受自楽を除けば、法界浄心本のそれと同一である。次に、経の題目をいくつかの部分に分けながら解釈するが、他の本と同一の文がほとんどであり、加持を釈す中には、法界浄心本と同じように即身成仏義における「六大無礙常瑜伽、四種曼荼各不離…」のいわゆる二頌八句と全く同じ偈がみられる。続いて、経の初品である入真言門住心品等を釈すが、衆生狂迷本および隆崇頂不見本と同一の文であり、今釈此経本や法界浄心本とも類似した文である。このように、この本は他の本と同一あるいは類似した文がみられ、法界浄心本と大同小異であるといってもよいように思われる。

（佐藤俊哉）

【参考文献】勝又俊教編修『弘法大師著作全集』第二巻、山喜房、一九七〇、『弘法大師空海全集』第三巻、筑摩書房、一九八四。

2212 **大毘盧遮那経指帰**（だいびるしゃなきょうしき）

大日経指帰ともいう。

【成立】円珍＊がAD871に著わしたとする説やAD851説などがある。

【内容】一巻。本書は序文、判教相、総判釈の三部より構成されている。まず初めに、唐と我が国の学匠を批判する部分がある。続いて唐の学匠が大日経0848を方等部に位置づけることに関する問答があり、自宗の教義を立てるところでは、仏法に随他意説、随自他意説、随自意説の三者があることを説き、そして二十七条によって大日経の所説を解釈する。総判釈では、この経宗は横にすべての仏教を統することを述べ、真言密教における十住心思想を破し、天台において説かれる四教は総持門に摂せられることを明らかにする。

（佐藤俊哉）

2212 **大毘盧遮那成道経心目**（だいびるしゃなじょうどうきょうしんもく）

大日経心目、大日経略釈ともいう。

【成立】円珍＊がAD858に鎮西府城山四天王院において著わした。AD851説もある。

【内容】一巻。大日経0848の題目を総釈、別釈、料簡の三門から略述したのが本書である。総釈においては、経題を阿娑嚩の三字、あるいは体相用の三大などから解釈し、別釈においては、三昧耶に七重の意味があり、初三重の釈は従因向果門に、後四重の釈は従本垂迹門にそれぞれ約することを述べる。料簡釈においては、まず初三重の中、第一重は初心の行人に約し、第二重は究竟の如来に約し、第三重は因果事理に約して理即事事即理を、続く後四重の中、第一重は契理の相に約し、第二重は自他の利に約し、第三重は果人の導機の相に約し、第四重は果行に約して論じる。

（佐藤俊哉）

2213 **大日経疏妙印鈔**（だいにちきょうしょみょういんしょう）

大疏妙印鈔、大日経妙印鈔、妙印鈔ともいう。

【成立】讃岐善通寺の宥範が阿鑁法楽鈔三十五巻、あるいは見金問答鈔三十巻を記し、それを広じてAD1330に八十巻となる。

【内容】八十巻。大日経疏1796の注釈書。巻第一において玄談が説かれ、巻第二以下において本文を注釈する。玄談では大日経0848の大意を述べ、その経に南天相承本・北天相承本の二種があること、中国・日本への伝来などを説く。続いて疏家と宗家の教判の相違、大日経の種類、その訳者、筆取者についてふれる。次に大日経疏の説者と記者、大日経義釈との優劣、疏の字義を説く。宥範は当時、大日経疏の第一人者であった妙浄上人に師事し、多年にわたって講義を受け、それに基づいて著わされたのが本書である。

（佐藤俊哉）

2214 **大日経疏妙印鈔口伝**（だいにちきょうしょみょういんしょうくでん）

大日経疏範秘記は同本異名か。

【成立】AD1331。著者は宥範。

【内容】十巻。大日経0848および大日経疏1796より、要文百十三条を選出し、それに関連する印明、大事を示し、問答体によって撰述する。宥範は大日経疏を妙浄上人等より学んでおり、この他にもいくつかの注釈書を残している。本書の末尾において、皮分、肉分、骨分、髄分という記述があることから、宥範が著わした一連の大日経疏の注釈書は、皮分は阿鑁法楽鈔三十五巻に、肉分は妙印鈔2213八十巻に、骨分は羊竹二巻に、そして髄分は妙印鈔口伝2214十巻にそれぞれ位置づけられると推察される。

（佐藤俊哉）

2215 **大日経住心品疏私記**（だいにちきょうじゅうしんぼんしょしき）

大疏私記、大日経疏私記、大疏鈔ともいう。

【成立】著者は済暹*。

【内容】十六巻。大日経住心品疏の注釈書。大日経疏1796の文句を詳しく注釈しており、済暹以前に注釈書はないというわけではないが、住心品を詳釈したのは本書をもって嚆矢とする。目録類によれば、六巻、十二巻、十四巻、三十巻と諸説あり、一定していない。大正蔵所収の本は石山寺・東寺宝菩提院・仁和寺所蔵の三本を対校したもので、完本は現存せず、巻第一は欠本となっている。

（佐藤俊哉）

第59巻　続経疏部　四

2216 **大日経疏演奥鈔**（だいにちきょうしょえんおうしょう）

演奥鈔、大疏演奥鈔ともいう。

【成立】杲宝*が先師頼宝の大疏勘註に基づいて第二具縁品までを注釈し、それを継承した杲宝の資賢宝が第十五持明禁戒品までを注釈したが、以下の品は未注釈であった。江戸時代になって浄厳が補筆訂正し、さらに慧光が校正してAD1708に完成した。したがって本書は杲宝撰とあるが、実際は頼宝・杲宝・賢宝・浄厳・慧光の五師による研鑽の結晶といってよい。

【内容】五十六巻。大日経0848七巻の前六巻三十一品のうち、第一住心品は教相を説き、第二具縁品以下は事相を説く。大日経を注釈する大日経疏1796は、住心品を注釈する住心品疏または口の疏と、具縁品以下を注釈する奥の疏に分けられる。本書は奥の疏の注釈書であり、一部五十六巻であるが、第十一、第十六、第二十五、第五十四がそれぞれ本末二冊となるために合計六十冊である。奥の疏の末注はいくつかあるが、それらの中で最良と評価されるのが本書である。各品ともに来意、釈名、入文解釈からなり、経疏の本文の乱脱をも示す。

【後世への影響】本書の欠けた部分を補うために、隆山は五カ月を費やして大日経疏補闕鈔六巻を著わす。

（佐藤俊哉）

2217 **大日経疏指心鈔**（だいにちきょうしょししんしょう）

大日経指心鈔、大疏指心鈔ともいう。

【成立】弘長元年（AD1261）より文永・建治年間にかけ、頼瑜＊が伝法会談義に因んで著わした。第三巻が弘長元年に書かれており、第一巻より第十六巻までが順次に著わされたわけではない。

【内容】十六巻。大日経住心品疏の注釈書。題号である大毘盧遮那成仏経疏に始まり、沙門一行阿闍梨記、入真言門住心品について解釈し、続いて本文を逐次注釈する。本書は大日経疏鈔・杲宝撰2216や大日経疏鈔・宥快口説2218と比較され、前者は東寺学派、後者は高野学派とされるが、本書は新義（根来）学派を代表する著作である。古義学派は大日経0848の教主に関して本地法身説を主張するのに対して、新義学派は自性加持身説を主張するが、その教義の大部分は本書において説かれている。両派は以後、教主論をめぐって数百年にわたり論争を続けることになる。

（佐藤俊哉）

第60巻　続経疏部　五

2218 **大日経疏鈔**（だいにちきょうしょしょう）

大疏鈔、大日経鈔、大日経口之疏鈔、大日経住心品疏鈔、大日経疏記、口疏宥快鈔ともいう。

【成立】宥快＊撰とされているが、宥快の講義を弟子が筆記したものと思われる。

【内容】八十五巻。大日経住心品疏の注訳書。本書は数多くある大日経住心品疏の末注の中で、杲宝による大日経疏鈔2216、頼瑜による大日経疏指心鈔2217と共に最も重要な注釈書の一つである。宥快は古義の教相を大成した人として著名であり、大日経疏の文句を詳細に解説し、先徳の諸説をあげている。ただし、玄談に相当する部分はない。

（佐藤俊哉）

2219 **大日経住心品疏私記**（だいにちきょうじゅうしんぼんしょしき）

大日経疏私記ともいう。

【成立】曇寂が享保九年（AD1724）に書き終えるが、その後AD1729に校正する。

【内容】二十巻。曇寂が著わした大日経疏私記八十五巻のうち、前二十巻はいわゆる口の疏を注釈し、後六十五巻は奥の疏を注釈する。大正蔵第六十巻に収められているのは、そのうちの前者であり、したがって本書は大日経住心品疏の注釈書である。大日経住心品疏の文句を解説しており、特に従来、教主に関して本地身か、加持身かで論争を繰り広げられてきたが、両者は本来一義であるとして、本地身説と加持身説の融合を主張したところに本書の意義がある。なお、大日経疏私記には追記十八巻があり、巻七までが住心品の注釈である。

（佐藤俊哉）

2220 **大日経供養次第法疏私記**（だいにちきょうくようしだいほうしょしき）

供養法私記、大日経供養法私記ともいう。

【成立】著者は宥範。

【内容】八巻。大日経0848第七巻を供養次第法といい、その注釈書に零妙寺の不可思議が善無畏の講義を筆録したとされる大毘盧遮那経供養次第法疏1797二巻がある。不可思議による大毘盧遮那経供養次第法疏に対して詳しく注釈をしたのが本書である。大毘盧遮那経供養次第法疏の注釈書は少なく、その意味においても本書の価値は高い。

（佐藤俊哉）

第61巻　続経疏部　六

2221 **金剛頂経開題**（こんごうちょうぎょうかいだい）

【成立】九世紀初。著者は空海。

【内容】一巻。広義の金剛頂経には多くの付属の儀軌（修行の具体的な用意や方法などを説いた文献）類も含むがここでは根本の金剛頂一切如来真実摂大乗現証大教王経0865にたいする開題である。本書では初めに綱緒（序説）を述べ、次に題額を演べ、後に経文を解するという三門によって経典の解説をしているが、実際には終りの経文を解する一段は存在しない。綱緒では、金剛頂経を法身の三密、四種曼荼羅を示す四種法身の説く経とする。題額を述べる一段では不空訳金剛頂瑜伽十八会指帰を引用して金剛頂経に十八会（十八の説法の場所とそこにおいて説かれた十八種の経典）があることを述べ、今の経はその中の初会であるとし、その経題を人と法と喩とに約して十対の解釈を示し、さらに「金剛」「頂」「一切」「如来」「真実」「摂大乗」「現証」「大教王」「経」の各句について、それぞれに顕密の二意を以て解釈している。

また空海には同じ金剛頂経にたいする開題として教王経開題2222もある。

【関連典籍】0865・2222～2225

（苫米地誠一）

2222 **教王経開題**（きょうおうぎょうかいだい）

【成立】九世紀初。著者は空海。

【内容】一巻。金剛頂経0865の開題。初めに四恩（父母・国王・衆生・三宝）のために五十五体の大曼荼羅（如来像）を造立し、十一部の法曼荼羅（経典）を書写して供養する事を述べる表白の部分が有るが、この表白は仁和寺済暹の補集した性霊集補闕鈔巻八に収められている「仏経を講演して四恩の徳を報ずる表白」と同文である。これは本書から表白部分を抜き出して性霊集に収録したものであろう。次に本書では帰命勧請・懺悔・持戒・発願という作法部分を置いて、経題の解釈部分が続いている。経題の解釈では大曼荼羅・三昧耶曼荼羅・法曼荼羅・羯磨曼荼羅の四種曼荼羅に約して釈すが、この解釈法は空海の他の法華経開題2190、理趣経開題2236、梵網経開題2246などにも見られるものであり、さらに題名を「金剛」「頂」「一切」「如来」「真実」「摂大乗」「現証」「大教王」「経」の各句に分けて解釈している。また空海には同じ金剛頂経にたいする開題として他に金剛頂経開題2221一巻が有る。

【関連典籍】0865・2221・2223～2225

（苫米地誠一）

2223 **金剛頂大教王経疏**（こんごうちょうだいきょうおうぎょうしょ）

金剛頂経疏、大教王経疏、金疏などともいう。

【成立】仁寿元年（AD851）。承和十四年（AD847）に入唐求法の旅から帰朝した円仁＊が嘉祥三年（AD850）に天台宗に金剛頂経業・蘇悉地経業の年分度者を加え、翌仁寿元年に本書を著した。

【内容】七巻。初会の金剛頂経の不空訳である金剛頂一切如来真実摂大乗現証大教王経0865の注釈書。ただし、巻末に「次に当に金剛弟子の金剛大蔓荼羅に入る儀軌を広説すべし、より以下、第四の弟子に教授する儀軌を説く等は、此の門は広く潅頂阿闍梨の規範及び諸尊の秘密の真言印契等の法を説き、伝法の聖者、心裏に記録す。是の故に且らく止むなり」として下巻の注釈をせず、上・中二巻分の注釈で終わっている。また七巻のうち、第一・五・七巻を上下に開き、都合十冊となっている。構成は、初めに大綱を明かし、次に五義を判じ、後に経文を釈すという三門となっている。初めの大綱は大意序であり、次の五義を判ずるのは経題の解釈で、ここで天台大師智顗の法華玄義1716にならって、釈経名・顕経体・弁宗・弁用・判教相の五義（五重玄義）の解釈をしている。経文の注釈では本経（真実摂経）の本文を挙げてその語句の一々を注釈しているが、同時に旧経として金剛智訳の四巻本金剛頂瑜伽中略出念誦経0866を、別本として六巻本金剛頂瑜伽中略出念誦法の相当箇所を引用している。この四巻本略出経は空海等の将来で広く流布しているが、六巻本略出経は金剛頂経義訣の注釈する経で、円仁の将来でありながら、最近までその存在が知られず（現在は写本が発見され出版されている）、本書の引用文が貴重な資料であった。またその他には法華経・大智度論・理趣釈など多くの経論を広く引用しているが、主として大日経義釈（大日経疏）1796により、台密教学の基礎を形作っている。円仁は本書中に一大円経論・顕密教判・事理密経判などを説いており、特に一大円教論・事理密教判は円仁独自の主張である。一大円教論は大興善寺阿闍梨（元政）の口説とされ、天道・二乗・三乗・一乗・大乗・小乗などすべてが真言密教に非ざるものはないというもので、空海の十住心教判や安然の四一教判などと共通する絶待観の教判と評される。事理密経判は、般若経・華厳経・法華経・涅槃経などの一乗経をすべて密教とし、ただし密教の理のみを説く唯理秘密経であり、大日経・金剛頂経は理秘密と共に如来の三密勝妙の法である事秘密を説いて仏意を究尽する事理倶密教とするものである。また本書に説かれる顕密教判は、大日経義釈・五秘密経・分別聖位経などに見られるもので、空海や最澄の展開した独自の思想の反映は見られない。空海の創唱した法身説法説や即身成仏説、最澄の法華秀句に見られる竜女の即身成仏説などの影響も見られない。円仁には竜女の即身成仏の論義を弟子の憐昭・安然の記した即身成仏義が残されているが、これは晩年のものと思われ、本書の経題解釈の終りに「謂く顕教密教の別、即身成仏の義、四智五智の別、法身の説不説等、具さには別章の如し」とあるのは後世の竄入であろう。

【関連典籍】0865・2221・2222・2224・2225・2227

【参考文献】清水谷恭順『天台密教の成立に関する研究』、福田尭頴『天台学概論』、三崎良周『台密の研究』、木内尭央『天台密教の形成』

（苫米地誠一）

2224 **金剛頂経偈釈**（こんごうちょうぎょうげしゃく）

【成立】長元六年（AD1033）。著者は頼尊。

【内容】一巻。初会の金剛頂経の不空訳である金剛頂一切如来真実摂大乗現証大教王経0865の初めにある別序の十一偈四十四句の偈文に対する注釈書。この偈文を一に十六大菩薩、二に五仏、三に四波羅蜜菩薩、四に八供養菩薩、五に四摂菩薩、六に賢劫十六尊、七に諸不退衆、八に諸仏頂、九に諸執金剛神、十に小聖衆、十一に諸明王衆、十二に諸世天衆のそれぞれに配当して解釈している。

【関連典籍】0865・2221～2223・2225

（苫米地誠一）

2225 **金剛頂大教王経私記**（こんごうちょうだいきょうおうぎょうしき）

金剛頂経私記、大経王経私記ともいう。

【成立】享保十七年（AD1732）。著者は曇寂。

【内容】十九巻。初会の金剛頂経の不空訳である金剛頂一切如来真実摂大乗現証大教王経0865の注釈書であるが、初めに空海の金剛頂経開題2221を引用し、その語句を注釈して玄義分に当てている。したがって本書は金剛頂経と金剛頂経開題との二書の注釈書となっている。また円仁の金剛頂経疏2223が経の途中で終わるのとは異なり、第三巻の終りまでを注釈している。四巻本略出経、および初会の金剛頂経の完訳である施護訳の仏説一切如来真実摂大乗現証三昧大教王経0882を引用し対照している。真言宗における金剛頂経の本文の注釈は少なく、本書のみといってよい。

【関連典籍】0865・2221～2224

（苫米地誠一）

2226 **三十巻教王経文次第**（さんじゅっかんきょうおうぎょうもんしだい）

三十巻教王経疏文次第ともいう。

【成立】貞和五年（AD1349）。著者は杲宝＊。

【内容】二巻。初会の金剛頂経の完訳である仏説一切如来真実摂大乗現証三昧大教王経0882の注釈書。杲宝が披覧のついでに経文の次第を注記したというように、注釈書とはいっても、経の要点を摘記し、一部に意見を加えたというものである。

【関連典籍】0882・2451

（苫米地誠一）

2227 **蘇悉地羯羅経略疏**（そしつじきゃらきょうりゃくしょ）

蘇悉地経疏、蘇疏ともいう。

【成立】入唐求法の旅から帰朝した円仁＊が嘉祥三年（AD850）に天台宗に金剛頂経業・蘇悉地経業の年分度者を加え、翌年に金剛頂経疏2223を著しているが、本書はその後に著したもの。

【内容】七巻。蘇悉地羯羅経0893の注釈書。金剛頂経疏と同様に三門を立て、初めに教意を明かし、次に題目を釈し、後に経文を釈している。ただし同書とは異なり、経題の解釈における五重玄義を欠いており、略疏というのはこれによる。本書にも事理密経判を説いているが、金剛頂経疏よりも明確であり、一般に本書の特徴の如くいわれる。さらに初めの教意の解釈において、蘇悉地経を「三部の経王、諸尊の肝心。総じて真言の秘旨を緒り、大教の要妙を該貫する」といい、大日経0848・金剛頂経0865と並ぶ真言密教の根本経典とし、胎蔵法（大日経の修法）・金剛界法（金剛頂経の修法）に蘇悉地法（蘇悉地経の修法）とを合わせた三部立の密教を樹立している。ただしこれは円仁の受法してきた唐の義真・法全等、恵果（空海の師、また義真・法全の師である義操の師）没後の唐代中国密教の状況を反映したものと考えられる。

【関連典籍】0893別本2・2223

【参考文献】清水谷恭順『天台密教の成立に関する研究』。

（苫米地誠一）

2228 **金剛峰楼閣一切瑜伽瑜祇経修行法**（こんごうぶろうかくいっさいゆがゆぎきょうしゅぎょうほう）

金剛峰楼閣一切瑜伽瑜祇経修行法、瑜祇経修行法、瑜祇経行法記、瑜祇経行法次第、瑜祇経疏などともいう。

【成立】著者の安然＊は元慶八年（AD884）に瑜祇経阿闍梨位を授けられており、これ以降の製作であろうといわれる。

【内容】三巻。瑜祇経には十二品（章）があり、十四法が説かれているとし、瑜祇法（金剛峰楼閣一切瑜伽瑜祇経0867の修行法）は金剛界の蘇悉地（妙成就）であって、蘇悉地法が胎蔵法の蘇悉地（妙成就）であるごとくであるとする。そして以下に各品毎に経文を挙げ、そこに説かれている各々の修行法について解説している。

（苫米地誠一）

【関連典籍】0867・2229

2229 **瑜祇総行私記**（ゆぎそうぎょうしき）

瑜祇経口伝、瑜祇経手印、瑜祇行法抄、瑜祇経行法、瑜祇経総行記ともいう。

【成立】九～十世紀。著者は真寂。

【内容】一巻。金剛峰楼閣一切瑜伽瑜祇経0867に基づく修行法で用いる印契について。経文を引き、師の口決を加えて解説をしている。巻末に大師は弘法、師説とは入唐の資の相応とされ、本書中に見られる大師の説とは弘法大師空海の口決を指し、師口は天台宗の入唐僧円仁の弟子である無動寺相応の口決であることを意味する。作者の真寂が、初め父の寛平法皇にしたがって真言宗に出家し、後に天台宗に移っていることから、両方の口決を伝えている。

（苫米地誠一）

【関連典籍】0867・2228

2230 **菩提場経略義釈**（ぼだいじょうきょうりゃくぎしゃく）

菩提場所説一字頂輪王念誦成仏儀軌略義釈、菩提場経義釈、一字頂輪王経疏、一字経義釈ともいう。

【成立】著者の円珍＊は仁和三年（AD887）天台宗に比叡明神分として大日経業と一字仏頂輪王経業の年分度者を加えており、本書はその頃の製作と推定されている。

【内容】五巻。菩提場所説一字仏頂輪王経0950の注釈書。一字仏頂輪王経0951を別本とし、五仏頂三昧陀羅尼経0952を旧経として引用する。本文は主として大日経義釈（大日経疏1796）によって注釈している。

（苫米地誠一）

【関連典籍】0950～0952

2231 **蓮華胎蔵界儀軌解釈**（れんげたいぞうかいぎきげしゃく）

【成立】正暦五年（AD994）。著者は真興。

【内容】三巻。大日経の四部儀軌の一つである大毘盧遮那成仏神変加持経蓮華胎蔵菩提幢標幟普通真言蔵広大成就瑜伽（青竜寺儀軌）0853の注釈書。この中で九方便を資量位・加行位・通達位・修習位・究竟位の瑜伽行の五位や初発心位から十廻向位までの菩薩の階位に配当したり、三昧耶を地上菩薩に配当したりして、顕教法相宗の教祖を密教の修行の中に当てはめている。金剛界法について述べた梵嚩日羅駄覩私記2232と合せて、真興の両部大法に関する著作であり、その密教観を示す書である。

（苫米地誠一）

【関連典籍】0853・2232

2232 **梵嚩日羅駄覩私記**（ぼんばざらだとしき）

金剛頂蓮華部心念誦儀軌私記ともいう。

【成立】天元五年（AD982）。著者は真興。

【内容】一巻。日本における金剛界次第の基本となった金剛頂蓮華部心念誦儀軌0873の注釈書。「軌に云く」として儀軌の本文を引用した後に、「述べて云く」として解説を加えている。胎蔵法について述べた蓮華胎蔵界儀軌解釈2231と合せて、真興の両部大法に関する著作であり、同様に顕教法相宗の教祖を密教の修行の中に当てはめている。

（苫米地誠一）

【関連典籍】0873・2231

2233 **大仏頂経開題**（だいぶっちょうきょうかいだい）

大仏頂開題ともいう

【成立】著者は空海とされるが真偽は不明である。

【内容】一巻。大仏頂如来密因修証了義諸菩薩万行首楞厳経0945に対するきわめて簡略な解説書。大意・釈題目・入文判釈の三部にて構成されている。入文判釈では経の「如是我聞」より「倶来随仏願聞法要」までを序分とし、「于時世尊」より「無復魔業」までを正宗分とし、「仏説此経已」以下。流通分であるとする。また本経典を、仏性と中道の理を説くものであるとすることにより了義経であると位置づけ、さらにその実践によって必ず仏位に昇れる旨を宣説するものである。

【関連典籍】0945

【参考文献】周綉鶯「大仏頂首楞厳経に於ける如来蔵思想」東洋学研究七、一九七〇。

（小林靖典）

2234 **注大仏頂真言**（ちゅうだいぶっちょうしんごん）

注大仏頂ともいう。

【成立】霊巌寺円行（えんぎょう）＊の口説を承けて承和十四年（AD847）に南忠が記した。序文に「吾が霊巌和上、巨唐に入りてこの真言の釈を請益し、日国に於て彼の尊儀軌を伝持し、是れ南忠に於て受法在りて、次で彼の釈を被授せられる。承和十四年歳次丁卯夏女月に註す」とある。

【内容】一巻。大仏頂如来放光悉怛多鉢怛囉（しったたはったら）陀羅尼0944Aの注釈書で、本陀羅尼に科を配し、さらに一々の字句に訳語を注し、最後に陀羅尼の功徳を述べる。すなわち、この陀羅尼は五仏頂尊の明呪を一つにまとめたものであるとし、金輪仏頂段、普通成就仏頂段、白傘蓋仏頂并光聚仏頂段、弁事仏頂段の四段に分け、その中で諸尊に帰依し、諸々の悪鬼苦難を除く旨が明かされ、その結果として長寿を得、来世に極楽国に生ずる旨を説き明かすものである。

【関連典籍】0944A

（小林靖典）

2235 **大仏頂如来放光悉怛他鉢怛囉陀羅尼勘註**（だいぶっちょうにょらいほうこうしったたはったらだらにかんちゅう）

【成立】奥書に「嘉保三年七月十日。賀洲穏者明覚随力勘註了……」とあり、嘉保三年（AD1096）に、明覚（みょうかく）によって訳注された。

【内容】一巻。大仏頂大陀羅尼0944Bの一々の字句に訳語を注し、最後に陀羅尼の大意を述べたもの。すなわち本陀羅尼は、初めに諸尊に帰命し、次に功徳を説き、最後に加護を請い願う旨が説かれていると解説する。

【関連典籍】0944B

（小林靖典）

2236 **理趣経開題**（りしゅきょうかいだい）

大楽金剛不空真実三昧耶経般若理趣品開題ともいう。

【成立】平安時代初期。著者は空海。

【内容】一巻。大楽金剛不空真実三麼耶経0243般若波羅蜜多理趣品に対する解説書であり、副題に「弟子帰命」「生死之河」「将釈此経」とついた三種類の本がある。「弟子帰命」本は、「忠延師が先妣の為に理趣経を講ずる文」などと前文にあることにより、空海が弟子の忠延の亡母宗方氏への追善のために理趣経を写し、あわせて講演したものであることが知られる。すなわち、大楽金剛不空真実三麼耶経般若波羅蜜多理趣品なる経題について先ず「金剛頂」について法・喩・人とに約し、釈摩訶衍論1668を用いて解釈し、つづいて頂・大楽不空・真実・三摩耶の語について釈を施す。また「弟子帰命」より「仰願」までの文は、性霊集第八にもある。第二の「生死之河」本は、「施主の為に理趣般若経を講ずる文」と前文にあることにより、施主が亡母のために法莚を設けたのに際して、講演をしたもの。すなわち、大・三・法・羯の四種曼荼羅によって解釈をするものである。また、「今この経を釈するに」以下の全文は教王経開題2222、法華経開題2190、梵網経開題2246の文と同じである。第三の「将釈此経」本は、大意・釈題目・入文判釈の三門に分けて解釈するものであり、特に経題を五仏に配当し、さらに字義をもって解釈することに、特色がある。また、入文判釈において、序説文・正説分・流通分への配分が、真実経文句2237の配分と異なっていることが知られている。

【関連典籍】0243・2237　遍照発揮性霊集（弘法大師全集第三輯）
【参考文献】福田亮成「弘法大師の理趣経観」『密教学研究』6、一九七四。
（小林靖典）

2237 **真実経文句**（しんじつきょうもんく）
理趣経文句、諸仏境界摂真実経文句ともいう。
【成立】平安時代初期。著者は空海。
【内容】一巻。大楽金剛不空真実三麽耶経0243の注訳書。理趣経の内容を縁起分（序分）・正説分・流通分の三段に分けて、さらに詳細な科を設けて、経全体の構造や要旨を明らかにしている。すなわち、縁起分は、「如是我聞」より「純一円満清浄潔白」までで、所聞の法体・聞持の人・聞持和合・聞持の所従・聞持の処・聞持の伴・所説の教の勝徳を明かすとし、特に聞持の所従では五智の徳を歎じているとする。正説分は、「説一切法相浄句門」より「持此最勝経王者」までで、これを金剛菩薩埵章以下、十七章に分け、金剛薩埵章では十七清浄句によって十七尊曼荼羅を、五種秘密三摩地章では五秘密曼荼羅を説示する等と説く。流通分は「一切諸魔不能壊」以下で、理趣の功能を歎じていると説く。
【関連典籍】0243
【後世への影響】本書における理趣経に対する科段づけは、空海以後の学僧が多く依用するものとなっている。
（小林靖典）

2238 **理趣経種子釈**（りしゅきょうしゅじしゃく）
【成立】十二世紀。著者は覚鑁（かくばん）＊。
【内容】一巻。大楽金剛不空真実三麽耶経0243は、十七段にて構成され、その一々の段に種子が決められているが、その種子について解説したもの。ただし理趣経に十七の種子がある内、本書はvaṃ（𑖪𑖽）、āḥ（𑖁𑖾）、hrīḥ（𑖮𑖿𑖨𑖱𑖾）、trāṃ（𑖝𑖿𑖨𑖯𑖽）、aḥ（𑖀𑖾）、aṃ（𑖀𑖽）、haḥ（𑖮𑖾）、hūṃ（𑖮𑖳𑖽）、haṃ（𑖮𑖽）の九つの種子について述べられているが、hrīḥ（𑖮𑖿𑖨𑖱𑖾）以下の七種子に対する解説は、理趣釈1003の文を引用しただけにすぎない。vaṃ（𑖪𑖽）字については、va字を基にして、水・語・雨・金剛なる字義をもって解釈し、āḥ（𑖁𑖾）字については、五転の阿字等を用いて解釈している。
【関連典籍】1003
（小林靖典）

2239 **大楽経顕義抄**（だいらくきょうけんぎしょう）
理趣般若顕義鈔ともいう。
【成立】十一〜十二世紀。著者は済暹（さいせん）＊。上巻の終わりに「私に云く、是の中の深義を具さに釈するは、菩提心論私記（済暹著の金剛頂発菩提心論私抄2292のこと）の如し」とあり、また諸宗章疏録の済暹の項に理趣般若顕義鈔が見えることによる。
【内容】三巻。大楽金剛不空真実三麽耶経0243に対する注釈書。はじめに教起の因を明かし、次いで題目を釈し、第三に本文を釈す。序に「但し科段章句は真実経文句の意に依るなり。凡そ義勢は顕密諸教を引用するなり」とあることから、第三の本文を釈する所では、空海の真実経文句2237の科段によって分科し、諸経論を引用し解説するとしている。すなわち真実経文句によって、経の「如是我聞」より「純一円満清浄潔白」までを縁起分として、大日経疏、密厳経、仁王般若陀羅尼釈0996、理趣釈、法華経、智度論、瑜祇経、守護経、礼懺経および空海の秘蔵記によって釈し、「説一切法清浄句門」から「於諸悉地当不久」までを正説分として、先の諸経論はもとより、主に般若波羅蜜多理趣経大楽不空三昧真実金剛薩埵菩薩等一十七聖大曼荼羅義述1004に依拠して解釈し、最後の「一切如来及菩薩」以下の一頌を流通分としている。
【関連典籍】0243・2237・2292
【参考文献】櫛田良洪「興教大師と済暹教学」『豊山学報』14・15、一九七〇年。
（小林靖典）

2240 **理趣釈重釈記**（りしゅしゃくじゅうしゃくき）

【成立】奥書に「天慶元年、箸（ママ）雍閹茂（ママ）の歳（戊戌）、応鐘の月（十月）に、聊か以てこれを記す」とあり、天慶元年（AD938）の作と思われる。著者は不明。

【内容】一巻。大楽金剛不空真実三麼耶経0243の経文の一々の句に対する注釈書。すなわち、まず経文を掲げて、それに対する理趣釈1003の文を取意して載せ、次いで「証して云く」まで「解して云く」として、作者の自説を述べている。しかし、ただ単に理趣釈の文を引用しただけの部分がほとんどであり、作者の自説を述べたと思われる部分は、ほんの一握りにすぎない。

【関連典籍】0243・1003

（小林靖典）

2241 **理趣釈秘要鈔**（りしゅしゃくひようしょう）

理趣経要秘鈔、般若理趣経秘要鈔、理趣釈経秘要鈔ともいう。

【成立】第一巻は延文元年（AD1356）四月五日〜二十五日にかけて、第二巻から十二巻までは十月九日〜十一月十八日の間に、東寺西院の僧房で杲宝（ごうほう）＊が講述したものを賢宝（けんぽう）が記した。

【内容】十二巻。大楽金剛不空真実三麼耶経般若波羅蜜多理趣釈1003に対する注釈書。その序に「今は諸家の釈例に任せてこれを分別す。一に大意、二に釈名、三に入文料簡なり」とあり、これによって第一巻に大意と釈名を、第二巻以下に入文料簡を説く。すなわち、一の大意では、会処之事、流伝事、経本事をはじめ、全部で十三条からなり、空海の理趣経開題2236や安然の真言宗教時義2396等を以て論じ、二の釈名では、理趣釈の具名の一々を、同じく理趣経開題、理趣分注（現存せず）や理趣分疏（現存せず）等を以て論じている。三の入文料簡では、金剛薩埵章以下、十七章について、顕密の諸経論、空海の多くの著作、東密諸師に留まらず、さらには台密諸師の論書まで引用し、文義を明かにしている。また、その中には、さきの理趣分注をはじめとして散逸した論書も多く含まれており、理趣経研究だけに限らず、現在における貴重な資料といえよう。

【関連典籍】1003・2236・2237・2396

（小林靖典）

2242 **大随求陀羅尼勘注**（だいずいぐだらにかんちゅう）

【成立】奥書に「寛治六年三月十一日沙門明覚勘注了」とあり、寛治六年（AD1092）明覚（みょうかく）によって訳注されたものであることがわかる。

【内容】一巻。悉曇（しったん）で書かれた大随求陀羅尼1153に逐一訳語を付したもの。しかるに翻訳の態度は、宗派学派にとらわれずに、専ら自らの純粋な探求心によるものと評価されている。

【関連典籍】1153

（小林靖典）

2243 **千手経二十八部衆釈**（せんじゅぎょうにじゅうはちぶしゅうしゃく）

十百手陀羅尼守護者名号略釈、千手観音二十八部衆形像名号秘釈ともいう。

【成立】著者は定深（じょうじん）。諸宗章疏録は、清水寺定深の著述であるとし、本書に広略の二本あることを記している。また本文中に定深の名を以て、本書の釈解をなした理由が説かれていることによる。「謹みて寛治壬申歳南初月初日を以て、一巻を草集し、これを相隆寺に送る。その後七歳を歴て、戊丑酉壬子月初九日に重ねて文言を取捨し、添削解釈す」とあることから、AD1092〜1099年に成立したものと思われる。

【内容】一巻。千手千眼観世音菩薩広大円満無礙大悲心陀羅尼経1060に説かれる、千手観音の眷属である二十八部衆について解説したもの。その序に千手陀羅尼経に新古の二本および大宋模印本の三本ある旨を説き、続けて「余はこの三経の守護者の名を集め、謹んで取捨を致し、或は梵文に依り、或は他経を引きて、聊か解釈を作す」と述べる。すなわち、その経軌によって二十八部衆の名称が異なり、その数にも増減（古本には二十七句に神名、新本には二十九句に神名が）あり、これを取捨して二十八として梵名を明かにし、さらに大仏頂経0945、仁王経0246、大集経0397、金光明経0663等の経典を引用して解釈を施している。

【関連典籍】1060

【参考文献】山田明爾「千手観音二十八部衆の系譜―諸天鬼神の系譜研究の一環として―」竜大論集三九九、一九七二年。

（小林靖典）

2244 **孔雀経音義**（くじゃくきょうおんぎ）

【成立】天暦十年（AD956）。著者は観静。仁和寺古写本に著者の名を観静と明記していることによる。東寺長者の寛静と同一人物なのか、確定することはできない。また、第二の釈題目の段の終わりに「昔、大師に随いて頗る是の趣を聞き、既にその道を味わう。その恩を追憶するに、誠に天の波涛に浮くと雖ども、何ぞ積石の源本を忘れんや。仍て坐禅の余閑に乗じて、聊かこの経音義を撰し、三巻を勒成す。時に天暦第十丙辰年報沙月なり」とあることによって、著作年代が知られる。さらに、諸宗章疏録では、真寂の撰述とするが、天暦十年以前に真寂は亡くなっているので、真寂の著述とすることは誤りであるとされている。

【内容】三巻。仏母大孔雀明王経0982に対する注釈書。大意、釈題目、入文判釈の三段に分けて論じ、釈題目では、四種曼荼羅や字義釈をもって解釈し、第三の入文判釈では、長阿含経0001、起世経0024、十二遊経0195等の小乗経典をはじめとし、法華経、華厳経、涅槃経、大智度論1509等の大乗の経論、大日経、潅頂経1331、大日経疏1796等の密教経論、さらには空海の十住心論2425、秘蔵記等を援用して解するものである。また、釈題目の部分に、空海が宮中での宗論のとき、大日如来の相を現じて、即身成仏の正義なることを体現したくだりがあることでも有名で、すなわち「諸宗みな併べて朝廷に集まりて、共に即身成仏の義を疑う。仍て大師は智拳印を結び、南方に向い、面門を俄かに開きて、金色の毘盧遮那と成る」とあることによる。

【関連典籍】0982

（小林靖典）

2245 **不空羂索毘盧遮那仏大潅頂光明真言句義釈**（ふくうけんじゃくびるしゃなぶつだいかんじょうこうみょうしんごんくぎしゃく）

光明真言句義釈ともいう。

【成立】貞応元年（AD1222）。著者は高弁＊。序文に、「時に貞応元年四月十九日、持念の沙門高弁集む」とある。

【内容】一巻。光明真言の一句に訳語を付し、さらに理趣釈1003、不空羂索経1092、探玄記1733等によって独自の解釈を述べたもの。すなわち、amogha-vairocana を法界体性智に、mahā-mudrā を大円鏡智に、maṇi を平等性智に、padma を妙観察智に、jvala を成所作智に対応させて解釈を施している。また、本書の執筆動機としては、その時代背景に、法然等の浄土教念仏の台頭があり、それに対して、真言密教の立場から、真言念仏ともいえる光明真言を敷衍宣揚せんとしたものではなかろうか。

【関連典籍】1002

【参考文献】栗山秀純「明恵上人の光明真言の勧信」宗教研究二〇二、一九七〇年。

（小林靖典）

第62巻　続律疏部　全

2246 **梵網経開題**（ぼんもうきょうかいだい）

梵網開題ともいう。

【成立】九世紀前半。著者は空海。

【内容】一巻。真言密教の立場から梵網経1484の大意を述べた書。冒頭において、経全体を四種曼荼羅（大曼荼羅〔仏・菩薩の形像を示した曼荼羅〕・三昧耶曼荼羅〔諸尊をその持物や印相等のいわゆる三昧耶形によって象徴的に表示する曼荼羅〕・法曼荼羅〔諸尊を梵字一字の種子等によって象徴化した曼荼羅〕・羯磨曼荼羅〔諸尊の羯磨、つまり活動を示す曼荼羅〕の四種）に約して解釈する旨が述べられる。次いで、梵網経の題目の梵名、および漢訳名が示され、漢訳名については三昧耶・法・大の各曼荼羅にあてて解釈されるとともに、梵名については一々の梵字につき詳細な解釈が施されている。

【関連典籍】1484

（間宮啓壬）

2247 **梵網戒本疏日珠鈔**（ぼんもうかいほんしょにちじゅしょう）

梵網経疏日珠鈔、梵網香象疏日珠鈔ともいう。

【成立】文保二年（AD1318）。著者は凝然＊。

【内容】五十巻。華厳宗の賢首大師法蔵による梵網経1484下巻の解釈書である梵網経菩薩戒本疏1813六巻に対し、凝然がさらに注釈を施した書。冒頭から第三巻までは、いわば全体の序に相当する部分である。冒頭部分においては、まず中国・朝鮮・日本における梵網経の注釈書や、さらにそれら注釈書に注釈を加えた書で現行のものを列挙して、梵網経研究の盛行ぶりを伝える。また、上下巻からなる梵網経をめぐって、これらの注釈書は、上下両巻にわたって注釈するもの、あるいは上巻のみを、あるいは下巻のみを注釈するものなど、取り上げ方がまちまちであるが、本書では、梵網経の翻訳者と伝えられる鳩摩羅什が下巻の偈頌を以て一巻となし、尊重したという例にならって、法蔵の梵網経菩薩戒本疏と同様、下巻のみを取り上げる旨を弁じている。ところで、本書が直接の注釈対象とした梵網経菩薩戒本疏は、全体が「十門」より構成される。各門の概要は次の通り。第一門「教起所因」では、菩薩戒が説かれる必要性を十種の観点から説明する。第二門「諸蔵所摂」では、仏教中の梵網経の位置を大乗菩薩蔵・大乗毘奈耶蔵（毘奈耶＝律）等と規定する。第三門「摂教分斉」では、一切経を「化制二教」（衆生教化のための「化教」と、衆生の行為を制御するための「制教」）に分類し、梵網経は大乗の立場に立った「制教」であるとする。第四門「顕所被機」では、梵網経の教えを受けるべき対象について論じる。第五門「能詮教体」では、梵網経の教えの本質につき論じる。第六門「所詮宗趣」では、梵網経の主題を「三聚浄戒」（一切の悪を離れるための「摂律儀戒」、自己のための一切の修行たる「摂善法戒」、慈悲に基づいた一切の利他行たる「摂衆生戒」）に求め、これを持つことで得られる仏果につき論じる。第七門「釈経題目」では、終題に対して詳しい解釈を施す。第八門「教起本末」では、諸仏により自然に体得された戒が、衆生のために説示されて初めて戒本としてまとめられるに至ったことを説く。第九門「伝訳縁起」では、鳩摩羅什による梵網経翻訳のことを伝える。第十門「随文解釈」では、経文に沿って十重禁戒・四十八軽戒（十種の重罪・四十八種の軽罪に対する戒め）の解釈が行われる。以上のような構成および内容をもった梵網経菩薩戒本疏に対して、本書は次のような順序で注釈を加える。すなわち、本書第一巻においては第一門および第二門、第二巻においては第三門から第七門、第三巻においては第八門および第九門に対して注釈を施している。本書第四巻から最終巻の第五十巻に至るまでは、第十門「随文解釈」に対する注釈であり、その記述は詳細を極めている。

本書の記述の基調は、華厳教学および南都律学の立場であり、著者の凝然が住した東大寺戒壇院の正統律を示し伝える書として、古来より重用された。

【関連典籍】梵網経菩薩戒本疏1813。

（間宮啓壬）

2248 **資行鈔**（しぎょうしょう）

行事鈔資行鈔ともいう。

【成立】康永三年（AD1344）～貞和五年（AD1349）。著者は照遠。

【内容】二十八巻。中国唐代の道宣による四分律刪繁補闕行事鈔1804（行事鈔と略す）、および宋代の元照による四分律行事鈔資持記1805（資持記と略す）に対して注解を施した書。道宣の行事鈔は、四分律を基本テキストとしつつ、戒律に関する従来の諸説や四分律以外の諸律をも視野に収めて、僧伽（出家者の集団）における個人的規制の在り方と集団的行事の作法とを明らかにした書である。行事鈔に対しては多数の注釈書が著わされたが、その中でも特に名高く、影響力の大きかった注釈書が元照の資持記である。本書の資行鈔は、こうした行事鈔および資持記に対して注釈を加えたものである。ただし、随戒釈相篇第十四（戒律の各条につき詳細に解釈する章）のうちの十三僧残（罰は課せられるが、懺悔により僧伽に残留できる罪）・二不定（実情を調査の上で確定される罪）・三十捨堕（禁止された物を所持する罪。それを捨てて懺悔することにより許される）、および持犯方軌篇第十五（戒律の執持および侵犯の相を明らかにすることにより、実践の方軌を示す章）と懺六聚法篇第十六（罪に応じた懺悔の方法を示す章）に対する釈が欠落している。なお、本書はもともと二十八巻であるが、大正新脩大蔵経本では二十五巻となっている。

【関連典籍】1804・1805

（間宮啓壬）

第63巻　続論疏部 一

2249 **倶舎論本義抄**（くしゃろんほんぎしょう）

阿毘達磨倶舎論本義抄、倶舎論明思抄、本義抄、明思抄ともいう。

【成立】建久～観応年間（AD1190～1351）に、凝然*の師として名高い東大寺の学僧宗性が編集したとされているが、東大寺や他の寺院において長期間にわたり数人の講者によって講義されたものをまとめて編集したものである。

【内容】四十八巻（内、四巻欠）。倶舎論1558三〇巻中、最終の破我品を除いた二九巻について、倶舎論、婆沙論1545、倶舎論の注釈光記1821、宝疏1822より、本文を抄出したもので、合計一七四八の問答よりなっている。倶舎学にとって重要な大小の諸問題を数多く集めたもので、倶舎論研究にとっては不可欠の注釈書である。

【関連典籍】1558・1821～1823

【後世への影響】倶舎論には多くの注釈書があり、そこには所説に異義が多く、研究に困難であったので、本論において、問答形式をもって、決択したものである。日本の倶舎学において不可欠の文献である。

【参考文献】大日本仏教全書第八六〜八八巻にも校訂本論あり。

（吉元信行）

2250 **阿毘達磨倶舎論指要鈔**（あびだつまくしゃろんしようしょう）

倶舎論指要鈔、指要鈔ともいう。

【成立】享保十六年（AD1731）。湛慧（たんね）が高野山の学侶のために倶舎論1558を注釈。

【内容】三十巻。序説を（1）論の縁起、（2）論の宗旨、（3）論の所摂、（4）題号、（5）作者、（6）訳者の六科に分つ。本文では一々その文句を解釈しているが、簡潔で、厳しく倶舎論の注釈光記1821、宝疏1822の異議を批判している。すでにその一部が散逸している神泰の倶舎論疏1822における散逸部分を引いているのは注目される。湛慧は、京都の双丘の西のあたり、長時院に住んでいたという。

【関連典籍】1558・1821〜1823

【後世への影響】日本の倶舎学において不可欠の文献である。

（吉元信行）

第64巻　続論疏部　二

2251 **阿毘達磨倶舎論法義**（あびだつまくしゃろんほうぎ）

【成立】宝暦〜文化年間（AD1751〜1817）。編者は快道（かいどう）。

【内容】三十巻。本書は八門をもって倶舎論1558を分別する。（1）造論の因縁、相、主旨、関連論書との関係。（2）論の宗旨は無我、七十五法、三世実有説で、経部でも倶舎宗でもなく、まさしく有部（うぶ）宗である。（3）題目の解釈。（4）作者世親（ヴァスバンドウ）についての説明。（5）翻訳者玄奘（げんじょう）についてと訳出の時代の説明。（6）最後の破我品（はがぼん）は倶舎論の付論であって、別撰であることを明かす。（7）前八品は諸行無常と涅槃寂静の二法印を説き、初二品は総じて漏（ろ）・無漏（むろ）を明かし、後六品は別に漏・無漏を明かすものである。（8）倶舎論三十巻の全文を逐次解説する。この著者は、倶舎論を注釈するにあたって、上には四阿含に基づき、六足発智を網羅して、順正理論（じゅんしょうりろん）1562や顕宗論1563を閲覧して本論を著し、倶舎論記1821や倶舎論疏1822の説には拘泥しなかったと記している。

【関連典籍】1558・1562・1563。ほかのアビダルマ論書。

【後世への影響】日本の倶舎学において不可欠の文献である。

【参考文献】大日本仏教全書九〇〜九一巻。

（吉元信行）

2252 **阿毘達磨倶舎論稽古**（あびだつまくしゃろんけいこ）

倶舎論稽古、稽古ともいう。

【成立】宝暦一三年（AD1763）。宝幢（ほうどう）が二四歳のとき高野山において著す。

【内容】二巻。倶舎論1558における引用経典の典拠を考査し、また、自己の意見のある問題に対しては、特にその部分を抜き出して、批評を加えている。

【関連典籍】倶舎論関連論書および諸注釈参照。

【後世への影響】光記1821、宝疏1822を罵倒し、三蔵を読んで旧訳倶舎釈論1559を研究すべきであると主張している。近年の文献研究により、旧訳は梵本に忠実であることを考慮すると興味深い。

（吉元信行）

2253 **倶舎論頌疏正文**（くしゃろんじゅしょしょうもん）

阿毘達磨倶舎論頌正文、倶舎頌疏正文、倶舎正文ともいう。

【成立】長和二年（AD1013）。著者は源信＊。

【内容】一巻。本書の序文によると、倶舎論頌1560の注釈の中でも、唐の円暉の倶舎論頌疏1823は広くもなく略でもなく、勝れた学問や教養に基づいてはいるが、諸処に筆の誤りや写し間違いなどがあって、学ぶものに誤解を招きかねないので、それを正してさらに光記1821や宝疏1822の所説も交えながら、多くのなかで少しを述べるとされる。全体で二九章になっており、各章がいくつかの条に分かれ、択滅・非択滅、無表色など、重要なトピックを挙げて、詳細に検討を加えている。

【関連典籍】1558・1823

【後世への影響】大乗の立場から倶舎論を研究するものにとって、不可欠の書である。

（吉元信行）

2254 **倶舎論頌疏抄**（くしゃろんじゅしょしょう）

【成立】永正十七年～享禄四年（AD1520～1531）。英憲が三井寺の勧学院で編集。

【内容】二十九巻。倶舎論頌疏1823を文に従って解釈したもの。全体を六門に分け、（1）論の縁起、（2）論の宗旨、（3）論の所摂、（4）翻訳の不同、（5）品の題の解釈、（6）広く文義を解釈する。

【関連典籍】1558・1823

【後世への影響】本論の最初に、倶舎論は仏法の根本であり、大乗を学ぶものはまず小乗有教（説一切有部など）を学び、それから大乗空教（中観学派など）を学ぶべきものであると主張し、この考え方は後の大乗を学ぶ学者に大きな影響を与えている。

（吉元信行）

第65巻　続論疏部　三

2255 **中論疏記**（ちゅうろんしょき）

中観論疏記ともいう。

【成立】延暦二十年～大同元年（AD801～806）。日本の安澄＊が中観論疏1824を注釈。

【内容】八巻。第一教起因縁、第二解釈題目、第三随文判釈の三門で構成されている。第一教起因縁では、吉蔵が中観論疏を著した意図として七項目を立てて説明している。つぎの第二解釈題目では、「中観論疏」という題目を解釈し、第三随文判釈においては、吉蔵の本文を挙げつつ逐次解釈していくという方法を採っている。本書は古来より三論宗の代表的著作とされ、吉蔵の中観論疏研究に不可欠の資料である。安澄は、中観論疏の本文における一々の語句・文章の解釈だけでなく、成実論の注釈書の断片など、現存しない諸文献や学説をも縦横に引用してその出典を明らかにし、異説を挙げて中正な判断を示している。なお、本書のテキストは大正蔵経および日本大蔵経に収められているが、大正蔵経所収のものは、全八巻の本末のうち巻第一末、巻第四本末、巻第六本末の部分が欠落している。後者の方は諸種の写本を校合していくらか欠を補っているので、こちらのほうが使用するのに便利であろう。

【関連典籍】1824

（白山和宏）

2256 **中観論二十七品別釈**（ちゅうかんろんにじゅうしちほんべっしゃく）

中観論品釈ともいう。

【成立】大永七年（AD1527）。快憲が四十七歳のとき著す。

【内容】一巻。中論1564二十七品の綱要を中論疏の説にもとづいて、一に来意、二に題目、三に入文解釈の三門を立てて講釈している。中論二十七品は、一に因果律、二に過去未来、三に六大（眼耳鼻舌身意）、四に六根、五に五陰、六に煩悩、七に有為の三相、八に行為と行為者、九に燃と可燃、十に宇宙の本体、十一に万有の源泉、十二に五受、十三に虚誑の現象、十四に根境識の三和合、十五に有無、十六に因果、十七に纏縛と解脱、十八に有漏無漏の業、十九に我我所、二十に三世、二十一に成と壊、二十三に苦空等の八顛倒、二十四に四諦、二十五に涅槃、二十六に十二縁起、二十七にはその他のあらゆる執着、以上の執着妄見を破折するを骨子としている。

【関連典籍】1564

（河村孝照）

2257 **十二門論疏聞思記**（じゅうにもんろんしょもんしき）

【成立】正応三年（AD1290）。蔵海が三十五歳の時、吉蔵の十二門論疏1825の講義を聞きつつある間に、疏中の重要、または難解な字句文章についての解釈の聞き書きをした。

【内容】一巻。まず初めに論序と題して十二門論1568の僧叡の序についての注釈をあげ、続いて疏上巻と題して以下吉蔵の疏の注釈をあげる。十二門論の元著者は竜樹（ナーガージュナ）とされており、中国に伝来し羅什が訳出、内容は大乗空観を十二門に分けて解釈したもので、竜樹の中論の綱要書で、二十六の偈頌と注釈文からなっている。吉蔵はこれを注釈し十二門論疏六巻を造った。

【関連典籍】1825

（河村孝照）

2258 **掌珍量導**（しょうちんりょうどう）

掌珍量噵注ともいう。

【成立】平安末期頃。清弁（バーヴィヴェーカ）と護法（ダルマパーラ）の空有の諍論を秀法師が法相宗の立場から論じた。

【内容】一巻。まず瑜伽論1579の悪取空者、善取空者の説を引き、遍計所執においても依他起においても、その空となす正理をなす所以を信受せずして一切無所有とするを悪取空者とし、ただ遍計のみを空となし依他は因縁有であるとするを善取空者と名づくといい、ここに依他の空有の論を提起し、続いて掌珍論1578を引いて、清弁は三無性を真、三性を俗とし、護法は三性を真、三無性を俗として二師各の別意ありという。以下清弁・護法の説を論述し、終りにおよそ清弁宗を伝えたのは玄奘であり、玄奘は基師に授けて法相宗を立てしめたのであるから諸三論家は基師の旨をうけるべきであることを説き、護法をもって中道の正義とみなし、清弁を偏空の過を犯す者とする説とみることができる。

【関連典籍】1578

（河村孝照）

2259 **瑜伽論問答**（ゆがろんもんどう）

瑜伽論増賀記、瑜伽師地論増賀記、瑜伽師地論記ともいう。

【成立】平安時代。著者は増賀。

【内容】七巻。瑜伽師地論1579に対する注疏。論草体で、初めの百条は欠本であり、第百一条から第四百条に終わり、これは瑜伽師地論の巻一三から巻六二に当たる。

【関連典籍】1579

（橘川智昭）

2260 **成唯識論述記序釈**（じょうゆいしきろんじゅっきじょしゃく）

述記序釈ともいう。

【成立】奈良時代～平安初期。著者は善珠＊。

【内容】一巻。成唯識論述記1830の序文を注釈したもので、日本の述記序釈の中では最古のもの。述記序文を以下のように七段に分けて釈している。(1)如来の証するところの理が甚深で量りがたいこと。(2)世親(ヴァスバンドゥ)の唯識三十論頌1586が三界唯心の義を釈するものであること。(3)護法(ダルマパーラ)等の十大論師が唯識三十論頌の義を釈したこと。(4)旧訳すなわち真諦訳の非。(5)玄奘訳の是。(6)総じて成唯識論の名を釈す。(7)基の自謙自述であること。付録に支那日域相宗先徳所撰成唯識論末章篇目、唯識論引証六経十一部論、瑜伽十支論を付している。

【関連典籍】1830　(橘川智昭)

2261 **唯識義灯増明記**(ゆいしきぎとうぞうみょうき)

増明記、義灯増明記ともいう。

【成立】奈良時代〜平安初期。著者は善珠*。

【内容】四巻。成唯識論了義灯1832七巻中の第一巻に対する注釈書。元来は数巻著されたようであるが、現在は四巻残るのみ。構成は、(1)論起所因、(2)明同異、(3)明帰在、(4)釈本文からなり、さらに十五門に分別して注釈している。了義灯1832は法相宗の三箇の疏の一つであり、基系の正統法相宗の立場から、円測およびその思想を受け継いだ道証の説を破すことを中心としたものである。しかし本書の記述では必ずしもそうではなく、円測も基もともにわれわれの師である、どうしてひとえに円測を邪説として退けるばかりであってよかろうかという考えが表明されている。

【関連典籍】1832　(橘川智昭)

2262 **成唯識論本文抄**(じょうゆいしきろんほんもんしょう)

本文抄ともいう。

【成立】平安時代。著者は蔵俊*と考えられている。

【内容】四十五巻。成唯識論1585の中のさまざまな論題に関して、経・論・注釈書等から関連する場所を抜き出して集成したもので、論議のための資料集的な性格の書。このような書は平安朝以後日本で盛んに編纂されたようであるが、とりわけ本書はこれとほぼ同じ性格を有する成唯識論同学鈔2263とともに唯識学研究上最も重要な作品である。全四十五巻の1585との巻数との対応は、巻一〜六—巻一、巻七〜一一—巻二、巻一二〜一五—巻三、巻一六〜一八—巻四、巻一九〜二二—巻五、巻二三〜二五—巻六、巻二六〜三三—巻七、巻三四〜三七—巻八、巻三八〜四〇—巻九、巻四一〜四五—巻一〇となっている。また各巻中の段名は次のようである。〈巻一〉弁教時段、〈巻二〉種姓義段、〈巻三〉教体段・帰敬段、〈巻四〉造論縁起段・総標段・賢聖義段、〈巻五〉三類境段・総標残段・破我段・倶生分別段、〈巻六〉数論段・勝論段・破余乗段・表無表段・不相応段、〈巻七〉有為相段・名句文段・無為段、〈巻八〉法執段・猛赤段・三能変段・初能変段・因相広釈段、〈巻九〉新熏本有段、〈巻一〇〉具義多少段・所縁四義段・所縁行相門・四分義段、〈巻一一〉境唯識段・定通段・二変段、〈巻一二〉心所相応・受倶門・三性門・心所相例門・因果譬喩門、〈巻一三〉断捨門・衆名門、〈巻一四〉五教段、〈巻一五〉持種証・趣生証・生死証・互為縁証、巻一六〉四食証・滅定証・染浄証、〈巻一七〉第二能変段・倶有依段、〈巻一八〉開導依段・第二能変所縁段・相応門段、〈巻一九〉第二能変受倶門・第二能変起滅分位門、〈巻二〇〉分位行相門・第二能変教証段・第一不共無明証・第二六二縁証、〈巻二一〉第三意名不成証・第六我不成証・第三能変段、〈巻二二〉第三能変心所相応門並受倶門・遍行別境段、〈巻二三〉善段・義別段、〈巻二四〉六煩悩段、〈巻二五〉十煩悩段・随煩悩段、〈巻二六〉不定段上、〈巻二七〉不定段下、〈巻二八〉心所決定倶生段・王所一異段・無想天段・無想定段、〈巻二九〉滅定段、〈巻三〇〉九難義段、〈巻三一〉四縁段・等無間縁段本、〈巻三二〉等気間縁段末、〈巻三三〉所縁縁段・増上縁段、〈巻三四〉十五依所、〈巻三五〉四縁段・三業段・十二有支上、〈巻三六〉十二有支下、〈巻三七〉二種生死段・三性義段、〈巻三八〉三無性段・二種姓上、〈巻三九〉二種姓下・資糧位、〈巻四〇〉加行位・見道段・修道段・十勝行段・十重障段、〈巻四一〉二障伏断段上、〈巻四二〉二障伏断段下・四道段、〈巻四三〉六転依段・四涅槃段、〈巻四四〉品智段・究竟段、〈巻四五〉三身段。さらに以上の段中にはいくつかの問が置かれ、全四十五巻を通じて六百に及ぶ問が設けられている。引用されている資料は、成唯識論述記1830および三箇疏をはじめ、円測の成唯識論疏、護命の解節記など多数にわたっている。

撰者については、唯識論同学鈔2263が本書に私案決択を加えたものであることや貞慶（AD1155〜1213）の春日三十講の講問の時に講読されたものを弟子の良算が筆受したものであることなどから、本書は貞慶かその師覚憲（AD1131〜1212）あるいはその師蔵俊の作であることが考えられ、特に蔵俊の因明大疏抄等の筆致と共通することによって蔵俊の撰述である可能性が高いとされる。ただし法相法門録に真興（AD934〜1004）の成唯識論本文集があり（散逸）、本文抄との同異検討の必要性も指摘されている。

【関連典籍】1585・2263

（橘川智昭）

第66巻　続論疏部　四

2263 **唯識論同学鈔**（ゆいしきろんどうがくしょう）

同学鈔ともいう。

【成立】鎌倉時代。貞慶の弟子の良算・興玄らが師の集めたものをさらに整理筆録して一部とした。

【内容】六十八巻。平安朝以後盛んに流行した講問論義の論草を成唯識論1585の中の問題別に整理編纂したもの。日本唯識の最大の作品で唯識学研究にきわめて重要な資料となっている。平安時代から鎌倉時代に至るあらゆる性相学匠の論草およそ千百篇を集め、ことに当時の三大学匠といわれた蔵俊、覚憲、貞慶によって選択し決択潤色されている。本書の概要は次の通りである。〈論一（成唯識論巻一）〉（1）（同学鈔第一）弁教時上、（2）弁知時下、（3）種姓義上、（4）種姓義下、（5）教体、（6）帰敬、（7）縁起、（8）総標・賢聖義、（9）三類境上、（10）三類境下、（11）総標残、（12）数論・勝論・大自在天・破余乗、（13）表無表・不相応、〈論二〉（1）有為相・名句文、（2）無為・法執、（3）猛

赤・識所変・三相、(4) 因相広釈、(5) 種子義・所熏、(6) 能熏・行相所縁・四分義、(7) 境唯識・定通・二変、〈論三〉(1) 心所相応門・受倶門・三性門、(2) 心所相例門・因果譬喩門・断捨門、(3) 衆名、(4) 五教義上、(5) 五教義下、(6) 持種証・異熟証、(7) 趣生証・執受証・生死証・識名色互為縁証、〈論四〉(1) 四食証、(2) 滅定証・染浄証・第二能変・三依総標・因縁依、(3) 倶有依、(4) 開導依、(5) 所縁門・体性行相門・染倶門・余所相応門、〈論五〉(1) 受倶門・三性門・界繋門・起滅分位門、(2) 分位行相・二教、(3) 六理証、(4) 第三能変・三性・心所相応門、(5) 受倶門・遍行・別境、〈論六〉(1) 善、(2) 義別、(3) 六煩悩、(4) 六十二見上、(5) 六十二見下、(6) 十煩悩諸門分別上、(7) 十煩悩諸門分別下、(8) 随煩悩、〈論七〉(1) 不定、(2) 王所一異・五位無心、(3) 九難義、(4) 四縁義上、(5) 四縁義下（所縁縁・増上縁）、〈論八〉(1) 十五依所上、(2) 十五依処下、(3) 縁生分別・三業・三熏習、(4) 十二有支上・漏無漏門円成、(5) 十二有支下、(6) 二種生死、(7) 三性義上・漏無漏門円成、(8) 三性義下、〈論九〉(1) 三無性、(2) 種姓、(3) 資糧・加行、(4) 見道・六現観、(5) 修道・十勝行・十重障、〈論一〇〉(1) 二障伏断・四道・十真如、(2) 六転依・転依差別・四涅槃、(3) 四智、(4) 究竟、(5) 三身。

なお大正蔵所収のものは薬師寺蔵本によるもので、このほか興福寺本（大日本仏教全書所収）等の異本が多く、内容上の相違も多い。本書に関する思想上の注意点として、西明寺円測の学説が肯定されている部分があることが最近の研究によって明らかにされている。円測は中国における基—慧沼—智周といったいわゆる正系法相宗とは異なる系統に属する者である。本書の内容から、貞慶など日本唯識が伝承の枠を越えた独自の教学を樹立していったらしい。

【関連典籍】成唯識論1585、成唯識論本文抄2262。

【参考文献】太田久紀「日本唯識研究—『同学鈔』の円測法師評価への試論—」『駒沢大学仏教学部研究紀要』第二九号、一九七一年。同「日本唯識研究—西明寺円測の扱いについて—」『印度学仏教学研究』一九-二、一九七一年。

（橘川智昭）

2264 **唯識論聞書**（ゆいしきろんききがき）

成唯識論光胤記、光胤記、成唯識論訓読記聞書、成唯識論訓論ともいう。

【成立】室町時代。永享九年（AD1437）三月二日から興福寺東北院において、読師専慶を首班に当時の一山の学僧が相会して百二十席以上にわたって成唯識論1585の訓読が行われた時の模様を光胤が筆記した。

【内容】二十七巻。会中の諸師が不審や領解を問答往復させている様子が、きわめて円熟した平易穏当な仮名・漢文併用の文章によって記述されている。古来の法相宗相伝の深義がよく消化されており、応仁の乱以前までは相伝の学風が維持されていた事実を反映している。また本書の成立年代について、論第一〜九が永享九年に完了したという説や、東京大学所蔵本にもとづき論第一〜九が永享九年に行われてその後一時中断されて論第一〇のみ長禄二年（AD1458）に継続されたという説がある。

【関連典籍】1585・2265

（橘川智昭）

2265 **唯識論訓論日記**（ゆいしきろんくんろんにっき）

成唯識論訓論日記ともいう。

【成立】室町時代。著者は光胤。

【内容】一巻。唯識論聞書2264に同じく光胤の訓論筆記であるが、わずかに論巻一の数論段・勝論段、巻四の四食証・滅定証・染浄証段、巻八縁生分別以下の筆記を合冊したもの。唯識論聞書2264と比較すると、聞書が多人数の会合で初めから全部の訓論であるのに対して、本書は少人数で一段二段の部分的訓論であったらしい。また聞書の読師は専慶であるのに対し本書の読師は永秀であり、本書の方が時代的に後である。さらに訓論という名称については、東大所蔵本の聞書の論第一～九が「論第〇巻聞書」で論第一〇のみ「訓論第十巻」となっていること、永秀の名が聞書論第一〇になって初めて出てくることなどから、もと聞書と称したものが永秀の時に訓論になったと推定されている。

【関連典籍】1585・2264

（橘川智昭）

第67巻　続論疏部　五

2266 **成唯識論述記集成編**（じょうゆいしきろんじゅっきじゅうじょうへん）

述記集成編ともいう。

【成立】享保十七年（AD1732）。著者は湛慧（たんえ）。

【内容】四十五巻。成唯識論1585に対する基の成唯識論述記1830をさらに注釈したもので、枢要1831・了義灯1832・演秘1833をはじめ義蘊・義演・泰抄その他を引用した成唯識論注釈書の会本で、著者湛慧自身の私案も加えて批判がなされている。第一巻の初めに成唯識論述記開講説要の一文を以て序文とし、その中に十門によって唯識学のインド・中国における歴史と諸師の釈疏に忌憚のない批評をし、続いて述記の巻を追ってきわめて詳細に注釈していく。

【関連典籍】1585・1830～1833

（橘川智昭）

第68巻　続論疏部　六

2267 **成唯識論略疏**（じょうゆいしきろんりゃくしょ）

【成立】江戸時代。普寂（ふじゃく）＊が江戸長泉院にて著す。

【内容】六巻。成唯識論1585に対する注釈書。疏全体は成唯識論1585本文を大体述記1830の科段に準じて科判し、簡潔に本文の意味を明らかにしようとしている。釈においては、しばしば新訳家の偏狭を斥けて旧訳（くやく）家にも適当な地位を与えて法相宗の義のみではなく摂論宗の義をも採り、また護法（ごほう）（ダルマパーラ）説を批判して安慧（あんね）（スティラマティ）説を活かし、時には旧訳（くやく）に拘った弊に陥っている箇所もあるとされる。だが必ずしも新訳に左袒しない点は唯識教学の自由研究に新たな方向を示したと言える。

【関連典籍】1585・2269

（橘川智昭）

2268 **注三十頌**（ちゅうさんじゅうじゅ）

【成立】平安末期～鎌倉初期。著者は貞慶（じょうけい）。

【内容】一巻。唯識三十論頌1586を注釈したもので、きわめて簡単にしかも要領よく成唯識論1585等の眼目を捕らえている。

【後世への影響】江戸時代に一乗院真敬親王が後水尾天皇の勅命により唯識三十頌錦花という書物を著した。

【関連典籍】1585・1586

（橘川智昭）

2269 **摂大乗論釈略疏**（しょうだいじょうろんしゃくりゃくしょ）

【成立】江戸時代。著者は普寂＊。

【内容】五巻。摂大乗論は法相教学の中で主に玄奘訳1594によって研究されてきたが、本注釈は特に真諦訳の摂大乗論1593に対して著された。本書の中で随文解釈に入る前に、新訳家が旧訳の摂論を錯謬誤謬とする偏執を排斥して本論には権より実に入る密旨があることを述べたり、また真諦訳を選んだ理由として文義雅古間有超情風、処処含容従始向終之趣などと述べたりしていることなどから、まさしく真諦訳の真正を発揮することを目的としていることを汲み取ることができる。

【関連典籍】1593・1595

【参考文献】宇井伯寿『摂大乗論研究』岩波書店、一九三五年。

（橘川智昭）

2270 **因明論疏明灯抄**（いんみょうろんしょみょうとうしょう）

明灯抄、因明明灯抄ともいわれる。

【成立】桓武天皇の天応元年（AD781）。著者は善珠＊。

【内容】十二巻。因明大疏抄2271の本文を追って、基の学説を正統なものとして他の説に先行させ、本文を逐語的に解釈したものであり、法相宗にとって護教的である。玄奘の弟子や基以後の諸師の注釈書によって、正統派の立場を明らかにしようとしたもので、批判的研究書とはいえない。すなわち、神泰、文備、文軌、浄眼、定賓、玄応、円測、壁公、元暁、太賢、靖邁、順憬等の説を批判的に厳正に取捨選択し引用している。例えば基の後輩である壁公について、一方で「壁師の説を用いる」といい、他方で「壁師の義を破す」と、明確に正否を言い分けている。このことは他の諸師についても同じである。もちろん、解釈の基盤は基の説であるが、慧沼や智周の注釈によって補完するという体裁をとっている。しかし、慧沼の略纂が文軌の説に順ずるものが多いせいでもあるが、これをも厳正に取捨選択している点は注意すべきであろう。以上のように、この書は内外の諸注書によって、基師の真意を明らかにしようと大変な努力をはらっているが、大疏1840の本文を追いながらの注釈であるから、その学説についての特徴は見出せない。著者善珠は、このことを「述而不作」といっている。すなわち、彼は最後の偈頌の中に「因明の道理は深くして理解は容易でない。一切智を備えたもののみが理解できるので、そうでないものがどうしてこれを理解することができようか。そこで、今、自分は古来の学者や論の注釈家の意見を集めて、因明研究を志す人々の手引きにしようとしたのである。従って述べるのであって作るのではない。ただ、この書が、少しでも人々の因明理解に役にたてば、誠に嬉しいことである。その意味でこの書が仏道にそって三世に流通することを、ひたすら願うばかりである」といっている。この「述べて作らず」という善珠の態度が、今日では散逸して見ることもできない多くの因明研究書のあったことを教えてくれているのである。

【関連典籍】1840・2271～2274

【後世への影響】この書は後世の因明書に多く引用され、因明理解の基準を示すものとされている。

（武邑尚邦）

2271 **因明大疏抄**（いんみょうだいそしょう）

疏記ともいう。

【成立】仁平元～二年（AD1151～52）。著者は蔵俊＊、四十七歳の作。

【内容】四十一巻。著者蔵俊は唯識法相学者として一般仏教にも通じ、ことに因明については勝れた学者であった。もちろん、それは因明そのものの研究というより唯識教学を明らかにするためであった。すなわち「二乗之果比量」「無性比量」等の十六の比量を説く『唯量抄』二巻や玄奘の唯識比量の解釈書である『唯識比量抄』の著作のあることにより明らかである。また、『因明広文集』三十八巻は四相違に対する注釈であり、その中、有法差別相違で問題となった勝勝伝や勝劣伝などを論じた『有法差別相違抄』一巻がある。これらの中で彼の因明関係の代表的著作が本書である。本書には各種の経録に記載されながら、現在ほとんど散佚して見ることのできない因明関係の著作の本文が忠実に引用され、佐伯良謙和上は、所引の書は無量幾百部に達する因明研究の一大宝庫であるといわれている。例えば、唐代〈618～959〉の元暁、玄応、俊清、定賓、浄眼、道邑、文備、文軌、清幹、道献など、その他十有余名の学者の著作が引用され、就中、文軌は百十余ケ所、道邑は百二十二ケ所、定賓は百ケ所、文備は四十ケ所、玄応は三十四ケ所等と本書全体にわたって引用されている。これらの中、ことに道邑は『東域録』に「基資」と呼ばれているように慈恩の弟子慧沼について学んだ慈恩正系の学者である。これに対して定賓は慈恩正系が正しいとする「宗者謂極成有法極成能別差別性故」の「差別性故」を「差別為性」とした文軌を擁護したと批判された学者であり、玄応も慧沼より評破された学者であるのに、これらの学者の説を引用していることを考えると、そこには本書が慈恩正系を標榜する興福寺北寺伝の伝承の確立を意識していることが想像されるのである。さらに、今日では確めようのない大滝院主、唐院法師、修南院法師、善秀、霊安寺已講、尊応大徳寺の疏記二十二の著作が引用されていることは、実に因明研究の一大宝庫の名に背かないものである。

さて、本書が因明大疏1840の注釈書であることはいうまでもないが、善珠の明灯抄2270のように、疏の本文を科段を設けて注釈するというのではなく、疏の本文を追いながらも、例えば「陳那菩薩之事」「因明者仏説之事」「三蔵習因明之事」とか著者や書名についての解釈や内容については「能立体之事」「以多言為能立之事」等、約二百題の問題設定を行いながら、それを項目別に配列し、2270を主としながら他の注釈を列記し本文解釈を行い、慈恩の本意を明らかにしようとしているのが本書の特徴である。

【関連典籍】1630・2270・2272～2274。

【後世への影響】日本における因明研究の根本聖典として重要視された。

（武邑尚邦）

第69巻　続論疏部　七

2272 因明大疏融貫鈔（いんみょうだいしょゆうかんしょう）

因明入正理論疏智解融貫鈔ともいう。

【成立】各巻の奥書によれば、著者の基弁（きべん）が京都で宝暦五年（1755）より安永三年（1774）までの二十年間の六回の講義と、その後、寛政二年（1790）までの講義の都合十三回の講義を寛政三年十二月二十七日入寂の前年寛政二年中に、まとめたものと思われる。

【内容】九巻。因明大疏1840の上巻末の因の三相説の同品定有性の解説の中途までを注釈したもの。大正蔵経所収の本書の序文と考えられる「勤策楽大乗者必当普学因明論道小言」の「意、この簡択によって後学の者をしてこの論道を学び、智解融貫し正理を達解せしめんと欲す。もって題して智解融貫鈔という」という文によれば諸記録にある『因明智解融貫鈔』二十巻の中の九巻であろう。基弁は「小言」の中で因明について、因明学は解深密経の「如来成所作智品」に示される証誠道理の浄不浄の道理を明らかにする如来の成所作智の語業による教化であり、諸法の真実を明らかにするものである。陳那（ディグナーガ）は、これを承けて上求菩提下化衆生の要道として説くのである。したがって、これは大乗を願うものの学道であり、これによって破邪顕正が行われるのである。ところが、時代が降って、口には大乗を言いながら心は外小の分際に終始して因明の論道を三乗の所学と貶して、仏陀の善巧方便を理解せず、正しく邪論を摧伏することができず、その結果世尊の遺教は地に堕ちてしまった。そこで、自分は決して十分とは思わないが、この混乱を正すために因明学を明らかにしようと思い、いま慈恩大師の教えに従って中国・日本の学者の因明説を整理し、慈恩大師の注釈を理解しやすいようにこの融貫鈔を著すと言って、善珠の明灯抄2270と、明詮の大疏導2273と裏書2274とによって注釈している。

　ところで、この両書の引用に際しては両者の説をあげ評釈を加えながら是非を論じているが、一方に偏することなく公平に評釈し会釈した後「基弁評伝」と自説を述べている。この点では、元興寺の南寺系にも興福寺の北寺系にも偏らず自らの立場をまもっている。この彼の態度は、彼の剃髪が南都でないので南都に入衆を許されず、二十九歳にして初めて薬師寺の基範に許されて法相教学を学ぶことができたと伝えられるような事情によるものと思われる。第八巻に南寺北寺の伝統を述べて「芳野とは信叡大徳を指すなり。北寺六祖の随一なり。一に行賀、二に玄賓、三に玄昉、四に善珠、五に常騰、六に信叡なり。南寺の六祖とは一に道昭、二に行基、三に勝虞、四に護命、五に仲継、六に明詮なり」といい、それに注記して「法脈の次第は是の如し。今や法灯まさに滅せんとす。わが宗の末徒、先徳の名を知らず。況んやわが宗の肝心をや。近世の末学膚受のために両寺の伝灯の祖名を記し、伝灯の鴻恩は身命をもって供うといえども一文句の恩をも報ずることあたわざるをしらしめんのみ」といっている。

【関連典籍】1840・2270〜2274

【後世への影響】基弁は南寺の明詮、北寺の善珠の学説を批判的に継承し、東大寺の鳳潭を批判した。これらの機縁で、やがて豊山に因明学者があらわれるようになったのである。

（武邑尚邦）

2273 **因明大疏導**（いんみょうだいそどう）

　大疏導ともいう。

【成立】天長六年（AD829）。著者は明詮（みょうせん）。

【内容】三巻。『成唯識論導』と共に明詮の二大著作である。導とは導引の義で、用語に対する従来の種々の解釈を選んで記し、本論の理解へ導いてゆくことである。前者は専ら慈恩大師基（き）の述記1830によって導注を施したものであり、法相宗の立場では片言隻句も疎かにできないが、本書の方は著者自身が基の因明疏1840に導注を施したものであり、蔵俊が先師のものと並用すべしと評し、或人は導注の返点が善珠の明灯抄2270に契っていないとも評しているように学者の批判がある。本書の写本の伝流について、寛政四年の快道林常の跋文に、この導は伝写の間に朱筆が加えられるなど文に増減ができ、この講説には皆が困っていた。安永九年、古本を得たが、大疏抄2271の引用と照合したところ出入りが多く、さらに善本を求めていたところ、寛政四年に『別録大疏導』という一本をえた。相当損じていたが種々他本と照合しながら善本を得ることができたと述べている。

【関連典籍】1840・2270・2271・2274

（武邑尚邦）

2274 **因明大疏裏書**（いんみょうだいしょうらがき）

　裏書ともいう。

【成立】九世紀。著者は明詮（みょうせん）。因明大疏1840の裏書であるためか諸目録には記載されていないが、古来から別に写伝され一般に流布している。興福寺には鎌倉時代の写本が伝承されているといわれる。本書は同著の因明大疏導2273と共に因明研究にとって古来より重要視されてきた。上中下の各巻を本末に分け六巻に編集されているが、1840の上中下の三巻と相応して編集されている。

【内容】三巻。因明大疏1840の文章や語句について、諸研究者の注釈を紙面の裏に注記したもので、智周、平備、孝仁の著作が多く引用されているが、ことに慈恩正系の道邑の『因明入正理論疏記』が『邑記』として多く引用されている点は注意すべきであろう。本書の注は蔵俊の大疏抄2271に数多く引用されているが、中に「明詮導云」として、本書の文章が引用されることがあるから蔵俊の当時には、導2273と裏書2274の両者の区別は明確に意識されていなかったとも考えられる。その他『孝仁記』『平備記』などの名がみられ、法隆寺の孝仁の『因明入正理論疏記』が六十回余も引用され、元興寺の平備の『疏記』を百十数回も引用されているのである。このことはこの因明の解釈が、慈恩正系を主張する南寺系の因明研究の伝統を継承するものであったことを物語るものであろうか。

【関連典籍】1840・2270～2273

【後世への影響】本書と導2273との二書は因明大疏1840を読むものの必須の書として重宝がられた大切な書物である。

（武邑尚邦）

2275 **因明四種相違私記**（いんみょうししゅそういしき）

四相違私記、東南大僧都記、本因私記、東大寺本因私記、三巻私記ともいう。

【成立】十世紀。著者は東大寺三論宗の学僧観理（かんり）。本書の奥書には仁平元年（AD1151）四月に沙門平栄によって筆写されたものと記されている。

【内容】三巻。四種相違因（自らの提案に矛盾する提案を論証してしまうような理由）を解説している。この四種相違義については、蔵俊の大疏抄2271や本書に春徳大徳として引用される興福寺の春徳の『因明四相違記』が観理以前のものとしてあるが、特に四相違を問題として研究解説したのは、観理に始まるといえるであろう。上巻の初めに『因明入正理論』に四種相違等とある等の意味を解釈し、ついで相違とは因（理由）の名でなく宗果（提案）の名であるといい、相違因は相違之因の依主釈で相違即因の持業釈でないことを示し、それは論証しようとする宗（提案）に矛盾相違する宗を論証するような因のことであるという。この点で相違因は因の三相の中の同品定有性と異品遍無性を共に欠いているものであることを述べ、論式の作法についても種々論ずるなど、後世の相違義解説の手本となった。

【関連典籍】2276～2278

（武邑尚邦）

2276 **因明論疏四相違略註釈**（いんみょうろんしょしそういりゃくちゅうしゃく）

因明相違疏、因明相違註釈、因明四種相違註釈、因明四種相違略註釈、因明入正理論疏四種相違註釈ともいう。

【成立】貞元三年（AD978）。著者は源信（げんしん）＊。三十七歳の著作で、巻頭の自序によれば、同門の厳公が法華会の広学竪義（広く内外の典籍によって天台円教の奥義を明らかにする論議）の執行を命ぜられ、源信に教えを乞うたのにたいして書かれたものといわれる。

【内容】三巻。因明大疏1840に説く四相違の注釈。光隆の『因明入正理論科註照量記』には、本書の「法差別相違」の中の数論師の主張や「有法自相相違」の勝論説についての源信の解説は、それぞれの本意を理解していないと批評している。これについては、さらに検討が必要であるが、これは源信が善珠、明詮、真興等の法相宗系でなく、良源や清水の清範等の系統の因明説に立っていたことを想像せしめるものである。なお、彼はこの書を商人楊仁紹に托して中国の慈恩の門下に送って、是非を尋ねたが、返事がなかったので、さらに長徳三年に『纂要義断註釈』なる書を添えて中国に送ったといわれている。

【関連典籍】1840・2272・2278

（武邑尚邦）

2277**因明四種相違略私記**（いんみょうししゅそういりゃくしき）

【成立】天延三年（AD975）。著者は真興。四十二歳のときの作で、本書の奥書には温覚上人の法華会の竪義の資料として鹿苑院で書いたと記されている。

【内容】二巻。慈恩の因明入正理論疏1840巻下に説かれる四種相違について、善珠の明灯抄2270に注意しながら、本文に注釈を施している。ことに慈恩について慈恩御意と丁寧にいっていることは、慈恩の真意を伝えんとの著者の配慮を示すものであろう。笠置の解脱上人が「巨細帰於児島一義」といったのは、この点からと思われる。しかし、光隆の『照量記』には「その旨理を尋ぬるに、因明の玄理において、その益おおからず。それ是ならずして半に満るのみ」と評している。豊山の流れを汲む光隆としては当然のことではあるが、当を得た批評かどうかは問題であろう。

【関連典籍】1840・2275・2276・2278

（武邑尚邦）

2278**四種相違断略記**（ししゅそういだんりゃくき）

因明相違断略記ともいう。

【成立】十世紀後半。著者は真興。

【内容】一巻。真興の因明論書三本中の一であり、慧沼の因明義断1841の四種相違に対する注釈である。すなわち義断1841の中で「有人の四種相違を解するに、古人は言顕と意許をいう。理おそらく未だしからず」から「瑜伽等のいう、所成立の法に二種あり。一に自性、二に差別なり。若し声の無常を成ずる如きも亦自性を成ずと名ずくべし。この二何ぞ別なる。故にこの解をなす。妙の妙なり」（大、四十四、一五二上―一五五中）までの文について慧沼の意図を明らかにしようと努めている。ここに有人とは壁公を指すのであるが、因明義断1841はもともと、この壁公の『正理疏』を批判したものであるから、本書も同じく壁公の名をあげてこれを批判しているのである。

【関連典籍】1841

（武邑尚邦）

2279**因明纂要略記**（いんみょうさんようりゃくき）

因明闕後二相纂略記ともいう。

【成立】十世紀後半。著者は真興。

【内容】一巻。慧沼の因明入正理論義纂要1842の中で「四相違を釈する中にいう」（大、四四、一七二中）から本書の終りまでの四相違の釈を本文をあげながら、これを注釈したもの。すなわち、纂主の意を明らかにするといって、慧沼の門下の如理の『記』等を引用批判し、文軌等の古師を評破する慧沼の意図を明らかにすることに努めている。尾題の「因明闕後二相纂略記」の闕後二相とは因の三相の中、同品定有と異品遍無の二相であり、この二相を欠く相違因をさしていうので、表題の方は四種相違についての1842の注釈を簡略に注記したものということであろう。

【関連典籍】1842

（武邑尚邦）

2280**因明大疏四種相違抄**（いんみょうだいそししゅそういしょう）

【成立】十二世紀前半。製作年時については明らかではないが、著者の珍海は東南院覚樹の弟子として因明に通じ、永久三年（AD1115）二十四歳にして維摩会の竪義を勤めたことが伝えられているので、比較的若い時期のものと思われる。

【内容】一巻。慈恩大師基の因明大疏1840下巻の四種相違義の注釈であるが、ここには、有法自相相違因、有法差別相違因は解説されず、法自相相違因、法差別相違因である提案の主題の属性（法）についての自相と差別の相違因とを解説している。この書で注意すべきは貞慶が指摘しているように相違因の名の解釈について宗と矛盾する因というので相違即因の持業釈を用い、慈恩以来用いられてきた宗と矛盾相違する宗を成立せしめる因という依主釈を否定したことである。これは、宗の提案を決定的真理として、それを論証するものとして因を考えるか、因によって初めて真理として論証成立せしめられるものと考えるかの違いであるが、明本抄2281には、東大寺珍海の解釈は「聊か本伝に異なるを知るべし」と評している。

【関連典籍】1840・2275・2276・2278

（武邑尚邦）

2281 **明本抄**（みょうほんしょう）

因明明本抄ともいう。

【成立】建暦二年（AD1212）。著者は貞慶。

【内容】十三巻。本書巻末の良算の「明本抄日記」に著者貞慶が「明本」の語を明之本と明本との二様に解釈したといっている。すなわち「明之本」とは因明の根本ということで、この書は因明（仏教論理学）の本旨を明らかにしたものということであり、次に明本の本とは「菩提院本抄」すなわち蔵俊の因明大疏抄2271をいい、そこに説かれる因明を明らかにしたものということであるが、内容は四種相違因についての研究である。各巻に示される論題は六十八を数えるが、具さには七十五以上を数えることができる。蔵俊の大疏抄2271の四相違の解釈の約六十の論題と比べると数の上で多いだけでなく、それぞれの整理の仕方は組織的である。それは、本書が覚憲（AD1131～1213）の『因明抄』を承けたからであろう。貞慶は覚憲の示した三十三の論題を承けて明要抄2282に二十八の論題をあげている。貞慶は同書の終りに、亡くなる前年の建暦二年十一月一日の日付で、今年の秋頃から老眼を病み自分で書くことができなくなったので算公に頼んで、十八巻を分って二部に分け、初めの十三巻を「明本抄」、後の五巻を「明要抄」といい、前書では相承の本義といろいろの解釈上の異説を広く記録し、後書では自らの意見を加えると共に、前書で言い残したことを記したといっている。その点では明要抄の方に彼の考えが多く示されているといってよいであろう。本書では第一に「相違因得名」として、その名を如何に解釈するかについて、文軌等がこれに依主釈と持業釈の二種の解釈をおこない、相違之因と相違即因としているが、疏主は依主釈をとり、持業釈を好まなかったといっている。慧沼や智周、善珠等の用いた依主釈での理解が正しいと言い、二釈を兼ねるという考えは正しくないと、慈恩正系の立場を示している。本抄は全体的には種々の論疏を引いて論を運んでいるが、子島の真興に負うところが多いことを述べている。

【関連典籍】1840・2275・2276・2278

（武邑尚邦）

2282 **明要抄**（みょうようしょう）

【成立】建暦二年（AD1212）。著者は貞慶。本書の研究叙述は偏に子島の真興によったことが後記に述べられている。

【内容】五巻。明本抄2281の項にあるごとく、新旧合して十八巻を良算が師の依頼によって「明本」「明要」の二部にして、それぞれを、相承の本義を明らかにするものと貞慶自身の考えを中心とするものとしたものである。明本抄2281に比較するならば、本書の方が組織的であり、論題を明確にして解説しているといえるであろう。例えば、第一の相違因の釈名についても2281と異なって、有人が「之因」という依主釈をとる場合に四種の失があるとして「立義極広失」「多有闕減失」「違疏現文失」「不顧己過失」等をあげ、それらを説明しながら、その正しい解釈は、相違因とは「立者（主張者）が自分が主張しようとする提言（宗）を成立させないで、かえって、これと矛盾相違する敵者（反対の主張をするもの）の提言を成立せしめるような因（理由）」をいうのであるから、矛盾する宗を成立せしめる因の依主釈で解釈すべきであるといって、相違が即ち因という持業釈はとらないことを説明しているのである。このように本書は明本抄2281の解説的叙述と明らかに異なって論理的であるといえるであろう。

【関連典籍】2275・2276・2278

2283 **起信論抄出**（きしんろんしょうしゅつ）

【成立】本書の奥書によれば、後二条天皇の徳治二年（AD1307）に尊弁が著述したとされる。

【内容】二巻。空海の真言教学の中でも特に起信論思想にかかわる問題を、古くは慧遠疏から子璿の筆削記に至るまでの起信論諸注釈書を抄出し、多くの華厳関係の論書を援用して説き明かそうとするものである。そこでは終始一貫して問答が繰り返されており、論議の形式に基づいて著述されたものであろうと思われる。

【関連典籍】1667

（武邑尚邦）

2284 **釈摩訶衍論指事**（しゃくまかえんろんしじ）

【成立】九世紀初。著者は空海。

【内容】二巻。釈摩訶衍論1668の各巻ごとの重要なトピックを抜き書きし概説している。全体を通して記述がきわめて簡便であるため、おそらく備忘録的性格を有するものではないかと予想される。上巻では釈摩訶衍論十巻を通じて概説し、下巻では特に第二巻・第三巻のみを重点的に取り上げている。

【関連典籍】1667・1668

【後世への影響】この論にのみ限定されることではないが、空海は当時偽作論議のあった釈摩訶衍論を真作として取り扱っており、このことは現代に至るまで真言宗教学の立場として堅持されている。

（遠藤純祐）

2285 **釈摩訶衍論指事**（しゃくまかえんろんしじ）

釈論指事ともいう。

【成立】十二世紀前半。著者は覚鑁*。

【内容】一巻。正しくは真言所学釈摩訶衍論指事という。新義真言宗中興の祖とされる覚鑁が宗祖空海の釈論真作の立場を継承し、釈摩訶衍論1668の思想を徹底して密教的に解釈したものである。不二・真如・生滅の三門を仏部・蓮華部・金剛部に当て、三十三法門を金剛界曼荼羅の三十七尊の三昧として、不二は大日如来と解釈するなど、釈摩訶衍論自体に求めることのできない思想が展開されている。

【関連典籍】1667・1668

（遠藤純祐）

2286 **釈摩訶衍論決疑破難会釈抄**（しゃくまかえんろんけつぎはなんえしゃくしょう）

釈摩訶衍論決疑抄、釈論決疑抄、釈論破難決疑会抄ともいう。

【成立】十一～十二世紀。著者は済暹*。

【内容】一巻。釈摩訶衍論1668を請来した戒明と対立した淡海三船真人の釈摩訶衍論偽作説や、その説を支持した最澄の守護国界章、また安然の悉曇蔵等の諸説を退け、釈摩訶衍論を真作とする空海の立場を宣揚し、それがまさしく竜猛（竜樹・ナーガールジュナ）により著されたものであると主張する。

【関連典籍】1667・1668

（遠藤純祐）

2287 **釈摩訶衍論立義分略釈**（しゃくまかえんろんりゅうぎぶんりゃくしゃく）

釈論立義分釈、釈摩訶衍論私記ともいう。

【成立】十一～十二世紀。著者は済暹*。

【内容】一巻。まず釈論立義分の本数の文に付いて指示をなすとして、釈摩訶衍論1668の立義分で示される三十三法門の基本構造を要略的に示し、さらに本論立義分の文に付いて指示をなすとして、大乗起信論1667本文に即して三十三法門の成り立ちを詳しく説き明かす。その後、三十三法門に関する問答をいくつか繰り返し、最後に三十三法門を構成する各法門の如幻義、つまりその各々が幻のような存在であることについて説示する。

【関連典籍】1667・1668

（遠藤純祐）

2288 **釈摩訶衍論応教鈔**（しゃくまかえんろんおうきょうしょう）

釈論応教鈔ともいう。

【成立】奥書によれば、嘉禄二年（AD1226）の正月ころに禅定二品大王道助の教命により道範*が著わしたものであり、高野山華王院覚海の口説と京都東山禅林寺静遍の指授により釈摩訶衍論1668の顕教的な意味と密教的な意味を顕わしたという。

【内容】一巻。論大綱之事より配当外門法之事までの三十二の題目が初めに示され、その各問題について真言密教の立場から解釈が施されている。本書は一の本末合本一冊が伝わるのみであるが、もともと二巻、あるいは三巻であるといわれ、現在確認される三十二の題目もその本来の内容の一部にすぎない。

【関連典籍】1667・1668

（遠藤純祐）

2289 **釈摩訶衍論私記**（しゃくまかえんろんしき）

【成立】奥書によれば、徳治三年（AD1308）の九月に信堅が龍顔に釈摩訶衍論1668を講義し、さらに勅命を受けてこの私記を著作したという。

【内容】一巻あるいは二巻。大きく三つの部分より構成されている。最初に総括的に釈摩訶衍論1668の大意を述べ、次いでその題目の字句を解釈し、最後に同論の論の構成を明かす。著者は釈摩訶衍論に浅略（顕教）と深秘（密教）の二つの意味を認め、論を通して二つの観点から解釈を進めている。

【関連典籍】1667・1668

【後世への影響】全体的に概略的な解釈にとどまっているが、今日、当時の高野山学徒の釈摩訶衍論解釈の動向を知る上で最適の資料と評価されている。

（遠藤純祐）

2290 **釈摩訶衍論勘注**（しゃくまかえんろんかんちゅう）

釈論勘注ともいう。

【成立】奥書によれば、正和五年（AD1316）より元応二年（AD1320）に至るまで、頼宝*が四年の歳月をかけて高野山一心院内金光院で著述したという。

【内容】二十四巻。第一巻では、真言所学事、大意事、真論偽論事、今論顕密分別事等、真言宗にとって重要な釈摩訶衍論のトピックを掲げ概略的に解釈を進めているが、後の二十三巻では本文に即して詳細に一々解釈を施している。

【関連典籍】1667・1668

【後世への影響】現在では本書は頼瑜の開解鈔や宥快の鈔と比肩する名著であると評価されている。

（遠藤純祐）

第70巻　続論疏部 八　続諸宗部 一

2291 **金剛頂瑜伽中発阿耨多羅三藐三菩提心論秘釈**（こんごうちょうゆがちゅうほつあのくたらさんみゃくさんぼだいしんろんひしゃく）

菩提心論秘釈ともいう。

【成立】十二世前半頃。著者は覚鑁*。

【内容】一巻。金剛頂瑜伽中発阿耨多羅三藐三菩提心論1665の開題。別称にもあるように、題名の分析による解説と、文中の重要語の解釈からなる。題名の解説に総・別の二意があり、総の義に十義、別の義に十義ありとし、総の十義の第一・第二義、別の十義の第一義のみが述べられ、他は重要語の解説である。例をあげれば、「頂」という語について、最上等の義があるが、上の阿字は金剛の妙体勝徳のことでありとし、阿字の心地を頂と名づけて十義をならべる。(1)遥かに顕教の心地を去る、(2)遠く自乗の因位を離る、(3)加持の応月を超越す、(4)本地の語尊に勝過する、(5)大月とは諸学の一頂である、(6)本地加持同じく上なり、(7)果地因位不二、(8)秘密顕略平等、(9)順逆相待絶離、(10)

待絶密号曼荼羅というがごとくである。

（福田亮成）

2292 **金剛頂発菩提心論私抄**（こんごうちょうほつぼだいしんししょう）

【成立】十一世紀後半頃。著者は済暹*。

【内容】四巻。菩提心論1665の注釈書。多くの問答を設定して、それに大日経0848、金剛頂経0865、あるいは空海の著作、そして天台密教の安然等の著述を引用しつつ解釈を展開している。比較的初期の空海教学の再検討が試みられており、重要書であろう。全四巻であったが、第一・第四の二巻が現存しているのみである。

（福田亮成）

2293 **金剛頂宗菩提心論口決**（こんごうちょうしゅうぼだいしんろんくけつ）

【成立】末尾の奥書に文治二年（AD1186）丙午七月三日の記とあるが、それによれば著者の栄西が七月二日の夜に、金銅の普賢菩薩が金銅の象に乗って往復し、その象の前足に触れたところが温かであったという夢をみて、かねて高野山伝法院覚範に求められていた口決を書きあげた、とある。

【内容】一巻。安然の菩提心義を多く引用しつつ、菩薩心論1665を解釈したもので、ようするに天台密教の流れの中からの注釈書であるということができる。多くは問答形式で、三種菩提心を中心として論じられており、「私案云」を処々において結論を明らかにしている。次に入文可決に入って、秘秘中の秘なる見解を紹介しているが、そこに『隠語集注』なる書があげられており興味深い。

（福田亮成）

2294 **菩提心論見聞**（ぼだいしんろんけんもん）

【成立】不明。

【内容】四巻。菩提心論1665の天台宗の立場からの解説書。論の文々句々を取り出し、まず三部の相承をば東寺・山門・三井とまじえて論じ、顕密二教の判釈にまで及ぼし、題名の金剛頂・瑜伽・中・発心・阿耨多羅三藐三菩提・菩提心・発心・論・総事・教門説・観行修持義等のごとく百二十一項目を選んで問答形式をもって論じている。多くの経論からの典拠をあげているが、なかでも「或抄云」とあり興味深い。また空海教学にかかわる点も充分論述されている。

（福田亮成）

2295 **菩提心論異本**（ぼだいしんろんいほん）

【成立】明応六年（AD1497）。著者は尊通。

【内容】一巻。序に、竜猛（竜樹・ナーガールジュナ）の菩提心論1665を披見するに異本異字が竹麻に比ぶべきほどで、一冊の書をものし、それを異本と号したとある。次いで菩提心論の構成に従って八十六ケ処にわたって異本異字を指摘している。さらに、『菩提心論愚疑』なる書をもって、六十八ケ処の相違を指示している。

（福田亮成）

2296 **大乗三論大義鈔**（だいじょうさんろんだいぎしょう）

三論大義鈔ともいう。

【成立】天長七年（AD830）。著者は玄叡。

【内容】四巻。天長勅撰六本宗書の一つ。まず自序を記し、宗致を述べ、初めに自宗を明かすに前段ならびに十章を設け、前段において三論玄義による四十三問答をあげ、続いて〈第一章〉八不義、〈第二章〉二諦義、〈第三章〉二智義、〈第四章〉方言義、〈第五章〉仏性義、〈第六章〉不二義、〈第七章〉容入義、〈第八章〉一乗義、〈第九章〉教迹義、〈第十章〉三身義である。以上が第一巻と第二巻で、いわば顕正の部門である。第三巻からは破邪門ともいうべくまず諍論の可か不可かについて論じ、凡夫の諍論は三塗の因なりといっている。続いて諍論をあげ、〈第一章〉空、有の諍論、〈第二章〉常、無常の諍論、〈第三章〉五性はこれ本有か始有か、〈第四章〉有性、無性の諍論、〈第五章〉定性か不定性かの諍論、〈第六章〉変易生死の諍論、〈第七章〉三乗一乗権実の諍論、〈第八章〉三車か四車かの諍論、〈第九章〉三時教判の諍論、〈第十章〉三種仏身の説法有無の諍論をあげている。本書は飛鳥奈良時代に伝承し発展した日本三論教学の総決算であり、日本の諸匠、日本の衆師、日本の旧師、日本の先匠、本朝の群師、本州の衆師等の諸の異説を総合比較することによって、日本の初期三論教学の内容を知ることのできる貴重な資料である。また吉蔵の三論学の外に日照所伝の清弁（バーヴィヴェーカ）、智光の教学、玄奘所伝の掌珍論、およびその末注類がしばしば用いられており、かつ倶舎論や成実論の教学とともに当時日本の法相宗、天台宗、華厳宗、真言宗を相手として論陣を張っており、その教学内容は吉蔵の三論学より複雑化している。引用経論は五十数部にわたり、中でも涅槃経、大品般若経、大智度論、法華経、華厳経、勝鬘経、維摩経などはしばしばあげられている。

（河村孝照）

2297 **一乗仏性慧日抄**（いちじょうぶっしょうえにちしょう）

一乗仏性究竟抄、一乗仏性抄、宗法師慧日抄ともいう。

【成立】貞観十一年～元慶七年（AD869～883）。著者は宗法師。

【内容】一巻。序説、名体、内明第一、正理第二の四章からなり、内明第一がもっとも長い。〈序説〉一心に入るに二門あり、一に三乗五性教、二に一乗仏性宗であるといい、前者は法相宗であり、後者は三論宗である。法相宗は五性を建立して有情の仏性の有無を論ずるが、三論宗は無所得一乗の宗旨で一切の衆生に悉く仏性ありとし、境界仏性、観智仏性、菩提果性、涅槃果性、非因非果正因仏性の五種を説く。〈第二章名体〉十二因縁不生不滅を境界性となし、菩薩の観智を観智性となし、ないし廃詮真如を正因の体となすという。〈第三章〉内明は、虚を遣って実を存するを論じこれに一三一組の問答を設け、多くの経論を引用して詳細に三論宗の仏性義を論じている。〈第四章〉正理は十一組の問答を設け、成唯識論枢要1831および因明入正理論疏1840を引きつつ一乗微妙仏性の甚深を論じている。

（河村孝照）

2298 **大乗正観略私記**（だいじょうしょうかんりゃくしき）

【成立】長承三年（AD1134）。珍海が三論宗の立場から八不中道の正観を略説。

【内容】一巻。まず初めに大意を示し、以下諸門分別に十章を設け、末尾に結論を述べている。大意に浅学無性得空を説く者は戯論に似る、智利にして推度する者は片言をとって趣意にそわず増上慢である。よろしく要文の要義を詳かにして大乗の宗旨を得べきであるといい、以下に宗旨を、（1）教、（2）師宗、（3）大綱、（4）本教、（5）理の内外、（6）法門の名数、（7）究竟の意、（8）仏道の宗極、（9）仏道の遠近、（10）大乗無礙の法門の十章にわたって論じ、以上を結んで、これは文をいえば八不、法をいえば一円、あえてこれを観といったもので、これ空有宛然としてあり、これを信ずれば初心の仏、これを悟れば初地の仏、これに達すれば等覚、これを窮めれば妙覚、これが正観の帰するところであるという。

【関連典籍】2299

（河村孝照）

2299 **三論玄疏文義要**（さんろんげんしょもんぎよう）

【成立】天承元年～保延二年（AD1131～1136）。著者は珍海。

【内容】十巻。吉蔵の中論疏1824、十二門論疏1825、百論疏1827についてその必要なる教義の名目をあげて、これを考証解釈している。〈第一巻〉は大意、大乗玄義科次第、教相、大乗経に浅深なきこと、般若は三乗通教に非ざること、頓漸二教のこと、三転法輪のこと、教相を判ずる諸師の異説、他宗立教について、諸経の説時について、般若部類について、大品般若と金剛般若の前後について、般若の説等について述べる。〈第二巻〉は三論疏造論の縁起、中論と百論の先後問題、四論と三論のこと、三論は幾宗を破するかについて、毘曇の論蔵は幾種か、成実は何より出ずるや。大乗の二諦に迷う者、同世の五師について、二十部のこと、方広同人のこと、今論は空宗をあらわすこと、竜樹・提婆は後代を破せざるか。中論は二諦を宗とする。百論は二智を宗とする、十二門論は境智を宗とする、因位の万行すなわち果位の万徳が大乗の深秘いわゆる空義、今宗の家意、三種の二諦、十二因縁独り菩薩の法、独空のこと、唯識無境を許すかなどを述べ、〈第三巻〉は二諦について、阿字本不生、八不について、正観についてなどを述べ、〈第四巻〉は主として二智について、〈第五巻〉は八識、三性三無性、種子、無明などについて述べ、〈第六巻〉は仏性について、二乗のこと、一乗の体、三車四車等について述べ、〈第七巻〉は菩薩の修行位階について、〈第八巻〉は主として三仏義について、摂論と法華論の法身の同異について等を述べ、〈第九巻〉は浄土義について、涅槃の義についてなどを述べ、〈第十巻〉は問答三十題、法華の品に前後あるか、菩薩の護戒、迦葉仏は涅槃経を説かざること、授記のこと、調達造逆の先後のこと、菩薩の五位、自宗の行業、祖師血脈のことなどを述べている。

（河村孝照）

2300 **三論玄義検幽集**（さんろんげんぎけんゆうしゅう）

三論玄義検幽鈔ともいう。

【成立】弘安三年（AD1280）。著者は中観澄禅＊。澄禅と同時代に中観と称する人物として木幡観音院の真空がいるが、真空は本書成立の十二年前に入寂しているから、澄禅の著述であることが研究によって明らかにされている。

【内容】七巻。三論玄義1852の代表的な、しかも現存する最古の注釈書である。大乗四論玄義の現在は失われている断簡がみられるなど、多くの貴重な古書を引用しながら大変詳しい注釈を施しており、古来から権威とされてきた。まず第一巻の冒頭において自序を著し、次に題額・題号について注釈したあと本文に入る。すなわち第一巻から第五巻の中途まで三論玄義における前半の部分「通序大帰」（総論に当たる）について述べ、第五巻の残りから第七巻においては後半の「別釈衆品」（各論に当たる）の部分を注釈している。本書中、処々において裏書が付されているが、これは小松谷寂心によるもので、元々は別本であったと考えられる。

【関連典籍】1852

【参考文献】今津洪嶽『三論玄義』仏教体系15、中山書房、昭和五十三年。

（白山和宏）

2301 **三論玄義鈔**（さんろんげんぎしょう）

三論玄義桂宮鈔ともいう。

【成立】康永元年（AD1342）。著者は貞海＊。

【内容】三巻。三論玄義1852の文をあげて一々に解釈したものであるが、多くの経・論・釈をあげながら、著者の知悉する限りの古来の説をあげ、私解をも加えて批評的に取り扱っている。まず多くに師説をあげて「師の云わく」といい、また古来の伝承の説を「古に云わく」といい、そのほか、「師伝に云わく」「有は云わく」「有の人云わく」「一説に云わく」「有る師云わく」「一義に云わく」等といい、私解を加えるときは「私に云わく」「私に案じて云わく」等といっている。巻下の巻末に「古に云わく」と題して奥書が付されているが、この奥書には三論玄義検幽集2300の奥書が記されている。

【関連典籍】1852・2300・2302

（河村孝照）

2302 **三論玄義誘蒙**（さんろんげんぎゆうもう）

【成立】貞享三年（AD1686）。聞証が三論玄義1852を京都浄光寺で講じたもの。

【内容】三巻。三論玄義1852の旧釈を調査して未だ考え及ばないところを考え、乱れたところを指摘し、疑の存するところを正したもので、問答体をもって後学の者のために、三論玄義の順に随って釈している。

【関連典籍】1852・2300・2301

（河村孝照）

2303 **大乗玄問答**（だいじょうげんもんどう）

【成立】十二世紀前半。著者は珍海。

【内容】十二巻。大乗玄論1853を問答体でもって論釈したもの。〈第一巻〉玄論1853の第一章の二諦義を釈し筆写は英祐二十歳とあり、〈第二巻〉は二諦義が続き筆写は同じく英祐二十歳とあり、〈第三巻〉も二諦義の論釈であり、筆写は英祐で生年に誤写がある。二諦義は以上で終り〈第四巻〉は玄論1853第二章の八不義が釈せられ、筆写は英祐である。〈第五巻〉は第三章仏性義が論釈され、〈第六巻〉は第四章一乗義が論じられ、筆写は英祐二十一歳である。〈第七巻〉は第五章の涅槃義を論釈する。巻の表示に乱れがあるが内容に問題はなく筆写は英祐とある。〈第八巻〉第六章二智義が論釈され、この巻も巻の表示に乱れがあるが内容には問題はない。〈第九巻〉は二智義の論釈が続いてこれが〈九巻〉の巻末で終る。〈第十巻〉は第七章の教迹義が論釈され、〈第十一巻〉もこれが続いている。〈第十二巻〉は第八章の論迹義が論釈されている。ここでも巻の表示に乱れがあるが内容に問題はない。以上で大乗玄論1853全八章を釈しおわっている。

【関連典籍】1853・2304

（河村孝照）

2304 **一乗義私記**（いちじょうぎしき）

【成立】保延六年（AD1140）。著者は珍海。

【内容】一巻。大乗玄論1853八章中の第四章一乗義を評釈したもので、一乗義のほとんど全文をとりあげて、玄論1853にもとづいて釈名段、出体段、同異門の順に釈されている。第一の釈名において開三顕一、開五顕一、開二帰一を論じて一乗を明らかにし、三車四車の権実の判釈において、三車の外に牛車を説き、三乗方便一乗真実の義を立て、第二の出体にあっては、乗の体を中道といい、すなわちこれ真如法身の体であり、乗の用はすなわち六度等の万善の諸行をいい、この用の中にあって般若を体とするのであるという。第三の同異門はこれを三仮三車、索車義、寿量の果の三門にわけて論じ、常無常非常の義、仏の三身、始覚本覚の成仏、寿量無尽の義を明らかにし、以上のように一乗の義を論じている。

【関連典籍】1853・2303

（河村孝照）

2305 **八識義章研習抄**（はっしきぎしょうけんじゅうしょう）

【成立】保安元年（AD1120）。著者は珍海。

【内容】三巻。大乗義章1851二十六巻の中、第三巻の義法聚の中に説かれている八識義を評釈したもので、八識義の論文を「章」と標示してほとんど全文をあげて釈している。内容は大乗義章1851の構成に従って十章に分って論じ、〈上巻〉第一章釈名、第二章弁相の途中まで、〈中巻〉第二章の残りと第三章根塵の有無、第四章大小の有無、第五章真妄依持、第六章真妄薫習の四門半をあげ、〈下巻〉は第七章迷悟の修捨、第八章迷悟の分斉、第九章修捨分斉、第十章対治邪執の四門をあげて論じている。本書中において八識に関する大乗・小乗の見解、観察は悉くこれをあげて批評している。

【関連典籍】1851

（河村孝照）

2306 **三論名教抄**（さんろんみょうきょうしょう）

名教抄ともいう。

【成立】十二世紀前半。著者は珍海。

【内容】一五巻。中論疏1824の中の必要は名目を列挙してこれを解釈したもの。〈第一巻〉は二諦、四重二諦、十番の二諦、三諦、四悉旦、三性三無性、三聚法、心心数法、三無為、有為の三相、六種、五陰、十二入、十八界、二十二根の各名目について、〈第二巻〉は、二空、十一空、四諦、八諦、四食、四縁、五果、六因、十因、十縁の各名目について、〈第三巻〉は、八不、方言、三種の中道、四種の中道、不二法門、阿字本不生、捨罪福、仏性、二河、十二因縁、八識の各名目について、〈第四巻〉では、一乗、六種の大乗、十種の一乗、二究竟、願行の二法、発菩提心、四弘誓願、四無量、四摂、二種の荘厳、三学、懺悔等の五法の各名目について、〈第五巻〉は、三障、五濁、五逆、三業。四業、三聚戒、七衆戒の各名目について、〈第六巻〉は、三帰、十二頭陀、八解脱、八勝処、十遍処、九次第定、三十七道品、三聚の衆生、九道、三乗、三乗共の十地、五菩提、七方便、三慧の各名目について、〈第七巻〉は、四果、退不退、四種の声聞、五種の縁覚の各名目について、〈第八巻〉は、十地、二種の生死、三種の意生身の各名目について、〈第九巻〉は、仏の三身、法報化三身の説法、三身の成道の各名目について、〈第十巻〉は、八相成道、相好、仏の十号、十力、四無畏、大悲、三念処、十八不共法、五分法身、四無礙弁、四陀羅尼、五眼、六根清浄、六通の各名目について、〈第十一巻〉は、涅槃、三点、四徳、八倒、四魔、八苦、三界、四生、四有、六道、七識住、二十五有の各名目について、〈第十二巻〉は、二智、十番の二智、証教の二道、十智、般若、金剛、三昧、理内理外、三解脱門、四智、五智の各名目について、〈第十三巻〉は、二障、五住地、五見、五下分結、五上分結、十煩悩、五十七煩悩、六十二見、八万四千の煩悩の各名目について、〈第十四巻〉は、教迹、十番の二教、三法輪、二種の次第、十二部経、正法像法、浄土の各名目について、〈第十五巻〉では、論迹、四種の釈、四論用仮、四依、法師の三軌、五明論の各名目についてそれぞれ論釈し、中論1564を読むものの便利な手引きとなっている。

【関連典籍】1824　（河村孝照）

2307 **三論興縁**（さんろんこうえん）

【成立】十三世紀。著者は聖守。

【内容】一巻。三論の歴史的由来と理論的立場の二方面から三論宗を略述したもので八章よりなる。〈第一章〉三論の歴史を述べ、〈第二章〉仏伝、〈第三章〉仏法の結集を記し、〈第四章〉大小乗の部派を明かし、〈第五章〉述成すなわち仏法の目的を明かしてこれ仏性にありといい、〈第六章〉簡異、一に訳経の前後、事跡の異同を明かし、二に一切有仏性について小分、大分の一切ありといい、三に有心無心の差別があるが、この三異もついに一仏性に帰するといい、〈第七章〉詮理、大乗諸経典の理を推すに皆、仏性に帰すると説き、〈第八章〉入道、三論それぞれは衆生の病に応じて説かれたものであることを述べる。

2307B三論宗濫觴（さんろんしゅうらんしょう）が付されており、三論宗の歴史を略説している。　（河村孝照）

2308 **三論宗初心初学鈔**（さんろんしゅうしょしんしょがくしょう）

【成立】年代不明。東大寺三論宗尊光院の実慶が三論の初学者のために草した。

【内容】一巻。初めに釈尊説法の次第を述べ、これは華厳、阿含、方等、般若、法華、涅槃の順となっている。つぎに諸師の教判をあげ、華厳の五教、天台の四教を、浄影寺の四宗、三論宗吉蔵の二蔵教をあげる。つぎは三乗一乗の別、仏の三身等をとりあげて略述している。　（河村孝照）

第71巻　続諸宗部　二

2309 **大乗法相研神章**（だいじょうほっそうけんじんしょう）

【成立】 平安時代。著者は護命（ごみょう）。淳和天皇の勅命による天長六本宗書（天長七年、AD830）の一つで、本書中に老僧生年七十三とあることから原作は弘仁一三年（AD822）頃とされる。

【内容】 五巻。十四門からなる。〈巻一〉総顕三界差別門・総顕五種差別門・総顕四生差別門・総顕善悪因果門、〈巻二〉略顕三千大千門・略顕唯識総摂門・略顕仏教利益門・略顕仏教時会門、〈巻三〉略顕諸宗各異門、〈巻四〉略顕因明正理門・略顕種姓差別門、〈巻五〉略顕最初発心門・略顕修行位次門・略顕因円果満門となっている。そして巻三の略顕諸宗各異門においては、唯識の教理のみではなく華厳・律・三論・天台・倶舎等の教学も論じ、例えば倶舎教学の三世実有に関する体滅用滅について論じ、南寺用滅伝を述べ北寺体滅を破斥し、また天台宗の三車四車説の箇所で四車説を破斥している記述が見られる。本書は滅んでしまった南寺系の学問の正系を伝え、また南北両伝の論争その他に関する資料を含んでいるため日本唯識教学史上きわめて重要な作品とされる。

【参考文献】 訳一・諸宗部十五。

（橘川智昭）

2310 **法相灯明記**（ほっそうとうみょうき）

【成立】 平安時代。著者は慚安（ぜんあん）＊。弘仁六年（AD815）十月の維摩会のときにこれを記録したもので、初め題号の下に「沙門慚安集本師義」と述べて、私説ではなく師より承けたものであることを明らかにしている。

【内容】 一巻。内明十義、因明十義、計十六ヶ条に対する元興・興福両寺先徳の異義、すなわち南寺学系・北寺学系の異議を記録したものである。本書に言う師とは、修円の著作にも同名の法相灯明記一巻が記録されていることから、修円を指す可能性が指摘されている。

（橘川智昭）

2311 **心要鈔**（しんようしょう）

【成立】 平安末期～鎌倉初期頃。貞慶（じょうけい）＊述、良慶記。

【内容】 一巻。本書は笠置解脱上人貞慶の講説が弟子の良慶によって伝えられたもので貞慶の実践性、論理性がよく表明されている。初めに、聖教の要は菩提に過ぎず、菩提の要は二利に過ぎず、二利の要は三学に過ぎず、三学の一心に過ぎず、観心の要は念仏に過ぎず、念仏の要は発心に過ぎず、発心の要は覚母に過ぎずと八門に依って心要を述ぶとあり、内容として、（1）菩提心門、（2）二利門、（3）三学門、（4）一心門、（5）観心門、（6）念仏門、（7）発心門、（8）覚母門という八門によって構成されている。このうち特に、阿弥陀念仏が流行していた当時に弥勒釈迦の念仏を唱導した点は注目すべきものとされる。

（橘川智昭）

2312 **観心覚夢鈔**（かんじんかくむしょう）

覚夢鈔ともいう。

【成立】 鎌倉時代。良遍（りょうへん）。

【内容】 三巻。日本で著された唯識学の綱要書、入門書の代表的な作品の一つであり、三巻十三項目からなる。大正初期までは著者不明とされていたが、法隆寺と東大寺の写本から良遍の作であることが確認された。本書の項目と内容は次の通りである。（1）所依本経　本相唯識学の所依の六経を示す。（2）一代教時　有・空・中の三時教判を説く。（3）百法二空　五位百法を説いて我法二空なることを表す。（4）四分安立　見分・相分・自証分・証自証分の四分と八識の摂在を明かす。（以上上巻）（5）三類境義　性境・独影境・帯質境の三類境を説く。（6）種子

熏習　本有・新熏の種子、熏習、種子の義別、五姓各別等を論ずる。(7) 十二縁起　一世一重因果を明かす。(8) 三種自性　遍計・依他・円成の三種自性を説いて事事不即不離・理理不即不離・事理不即不離を説く。(以上中巻)(9) 三種無性　相無性・生無性・勝義無性の三種無性を説く。(10) 二諦相依　真俗二諦相依の義を明かす。(11) 二重中道　言詮中道、離言中道の義を明かす。(12) 唯識義理　唯識唯心の深理を示す。(13) 摂在刹那　三祇百劫の修行も一刹那に摂在する義を明かす。(以上下巻) 本書は大きく識論・三性論・修行論からなる唯識学の入門書であり、また四分義・三類境義等を独立の項目とする日本法相唯識教義の概説書としての資格を有している。重要なのは性・相、平等・差別、三性・三無性の不即不離という良遍自身の主張が示されている点である。

【関連典籍】2314

【参考文献】太田久紀『仏典講座42　観心覚夢鈔』大蔵出版、一九八一年。訳一・諸宗部十五。

(橘川智昭)

2313 **真心要決**(しんしんようけつ)

【成立】鎌倉時代。著者は良遍。生駒の良遍上人が当時新たに伝来した禅を研修し、その帰趣が法相大乗宗の義と一致しているものであることを知って撰した。

【内容】三巻。本書は前抄一巻と後抄が本末の二巻となっている。前抄ではまず法相大乗の深義を明かし、続いて、(1) 和会法相、(2) 直指人心、(3) 従心証境、(4) 根機不同、(5) 二門隠顕を次第に説く。後抄本では我宗意は何を宗旨とするかを述べ、次に禅宗を法相と同一である義を説き、諸法の至極は廃詮一実真如に帰すと言い、そして五重唯識・四種尋伺観等を明かす。後抄末では禅の妙心と四分および五倶同縁不同縁意識と相対し、次に三無漏根の義理智冥合の義、性相決判の義等々を説く。

【関連典籍】2312・2314

(橘川智昭)

2314 **二巻鈔**(にかんしょう)

法相二巻鈔、唯識大意ともいう。

【成立】鎌倉時代。生駒の良遍が実母のために法相唯識の教理を述べた。

【内容】二巻。書簡のため簡単明瞭で、しかも仮名交じり文であり、唯識初学者の必須の書である。初めに唯識、続いて三性・百法・四分・種子・五性・作業・受果・五位修行の順序によって略述されている。

【関連典籍】2312

【参考文献】横山紘一『唯識とは何か—「法相二巻抄」を読む』春秋社、一九八六年。

(橘川智昭)

2315 **略述法相義**(りゃくじゅつほっそうぎ)

法相義ともいう。

【成立】江戸時代。聞証が唯識の要義を分かりやすく教えるために述作。

【内容】三巻。上巻には八識大旨から能遍計識までの二十四項目が設けられて心心所の相状・作用に関する教義が説かれ、中巻には十一色法から福等三業までの六十一項目があり心心所以外の諸法・因縁・業等に関する教義が述べられ、下巻の四十一位から五重唯識に至る四十二項目には唯識の行位・仏果等が明かされる。各項目においては、瑜伽師地論1579、顕揚聖教論1602、成唯識論1585、成唯識論述記1830その他から要文を引用して整理統一して私義を加えずに法相宗の教義を編集しており、唯識の入門書として、また諸教義を検出するのに非常に便利である。

【関連典籍】1579・1585・1602・1830

【参考文献】訳一・諸宗部十五。

(橘川智昭)

2316 **大乗一切法相玄論**(だいじょういっさいほっそうげんろん)

法相玄論ともいう。

【成立】江戸時代。著者は基弁。

【内容】二巻。唯識教学の一般と修行とについて十門によって説明したもの。十門の概略は次の通り。〈一　建立相門〉証門教門を明かす。〈二　本論玄義門〉瑜伽論1579、成唯識論1585の関係縁起を明かす。〈三　真俗即離門〉四重真俗二諦を明かして離脱するべきことを説く。〈四　乗教同異門〉一乗三乗大小権実の教門を述べる。〈五　八識聚相門〉八識一聚現起の相および本末識相非相非離心言倶絶の相を説く。〈六　能所熏相門〉能熏四義・所熏四義等を説く。〈七　新旧種相門〉種子六義、新熏種子・本有種子・新旧合生等を述べる。〈八　三祇劫相門〉三祇一念の相関等を説く。〈九　仏性相門〉理行隠密の三仏性を明かす。〈十　果唯識相門〉唯識観行の果位を釈す。

（橘川智昭）

【関連典籍】1579・1585

2317 **法苑義鏡**（ほうおんぎきょう）

大乗法苑義林章義鏡、義林章義鏡ともいう。

【成立】奈良時代〜平安初期。著者は善珠＊。

【内容】六巻。大乗法苑義林章1861を注釈したもの。もとは義林章1861七巻二十九章に対する注疏であったが、後に散逸して現存するのは義林章の第二章五心章（巻一本）、第四章諸乗章（巻一末）、第七章断障章（巻二末）、第八章二諦章（巻二末）、第九章大種造色章（巻三本）、第一一章表無表章（巻三末）に対する注疏の部分のみである。本書の巻数は諸宗章疏録によって五巻であったことは明らかであるが、現行本よりすれば諸乗章義鏡を欠いたものである。その後諸乗章義鏡が加えられ、表無表義鏡は戒体の問題を扱うものとして離して五巻として行われてきたが、近年これらを合わせて一部六巻として行われるに至った。

（橘川智昭）

【関連典籍】1861

2318 **五心義略記**（ごしんぎりゃっき）

【成立】江戸時代。著者は清範。

【内容】二巻。大乗法苑義林章1861の五心章を注釈したもの。五心とは、認識過程において率爾心・深求心・決定心・染浄心・等流心の五つに分けたもので、この五心の義を上下二巻にわたって細釈したのが本書である。内容は、上巻の初めに五心という心は第八識であることを究め、五心を明かし、成実・経部等の四心説、正量部等の四心説を挙げ、さらに上座部が四心説を立てることを述べ、法相唯識のみ五心説を立てることを明かし、次に義林章における十二の分科に沿って注釈する。本書では上巻において第一列名から第六諸心対弁までの六門、下巻において第七初後広略から第一二問答聊簡までの六門が解釈される。

（橘川智昭）

【関連典籍】1861

2319 **唯識義私記**（ゆいしきぎしき）

子島私記、六巻私記、唯識章私記、唯識義章、唯識義ともいう。

【成立】平安時代。著者は真興。

【内容】十二巻。大乗法苑義林章1861の唯識章を注釈したもの。唯識章では五重唯識観（遣虚存実識・捨濫留純識・摂末帰本識・隠劣顕勝識・遣相証性識）をはじめとし慈恩独自の唯識思想が明かされるが、本書はこの唯識章に対する忠実な注釈であり、当時の法相宗における一般的学風に準ずるものと見られ、また問答体で進められる論理の運び、行文の平明さなどの点で評価が高い。著者の真興は、もと興福寺系統の学者で、後に真言密教を学び子島寺に入って子島流の初祖となった。最大の功績としては明詮（AD788〜868）等先人の業績を吸収しつつ成唯識論訓読の基礎を確定したことである。

（橘川智昭）

【関連典籍】1861

2320 **法相宗賢聖義略問答巻第四**（ほっそうしゅうげんじょうぎりゃくもんどうかんだいし）

【成立】平安時代。著者は仲算。

【内容】一巻。大乗法苑義林章1861巻五本中の二十七賢聖章を注釈したもの。本書は二十七賢聖章を十門に分けて注釈しており、初めの五門（一釈名門・二出体門・三彰増減門・四廃立門・五得文身地門）は上巻に相当するのが散逸して伝わらない。下巻として第六諸部不同門において小乗と大乗との賢聖義の不同を弁じ、第七顕得頓漸門において次第性得果超越性得果の種類を説き、第八進退差別門で勝劣進退・多少進退の差別を明かし、第九義門料簡門で七種の義門（仮実義門・善悪無地三性義門その他）によって賢聖義を料簡し、第十釈諸妨難門で九箇妨難を釈している。

【関連典籍】1861

（橘川智昭）

2321 **唯識分量決**（ゆいしきぶんりょうけつ）

成唯識論分量決、分量決ともいう。

【成立】奈良時代〜平安初期。著者は善珠＊。

【内容】一巻。内明（唯識）に関する部分と因明に関する部分とに分かれ、これによって量智の分限分量を論じるものである。そして唯識に関する部分では、釈名決疑門から諸門分別門までの十五門によって唯識の四分説を詳説し、因明に関する部分では、掌珍論の二量と玄奘三蔵の唯識比量とについて、前者を五節後者を六節に分けて詳論する。四分説は唯識宗においても最も重んじられる宗義の一つであるが、まとまった形で詳細に発表されたのは本書をもって嚆矢とする。また因明論においては元暁の判比量論その他の文献が引用され、著者の因明の素養の一端を知ることができる。

（橘川智昭）

2322 **四分義極略私記**（しぶんぎごくりゃくしき）

四分義私記ともいう。

【成立】平安時代。著者は仲算。

【内容】二巻。唯識分量決2321の四分義の一段を細釈したもので、いわゆる相分・見分・自証分・証自証分の四分について諸量の異説を列して注釈したものである。内容は分量決の第一釈名決疑門から第十五諸門分別門に至る次第によって注解を施している。分量決と本書とを比較すると、本書の第十五門の下に此一門為後学真興記之とあることからこれは仲算の文ではなく、また分量決には十五門の次に真性有為空等の因明の立量に対する研究も記されているが本書では細釈は見いだされないなど、両者に若干の相違がある。分量決研究には本書はよい参考書となるが、一面より言えば思想的発展がないとも言われる。

（橘川智昭）

2323 **大乗法苑義林章師子吼鈔**（だいじょうほうおんぎりんじょうししくしょう）

法苑義林章師子頻呻鈔、師子吼鈔ともいう。

【成立】江戸時代。著者は基弁。

【内容】二十二巻。大乗法苑義林章1861を注釈したもの。義林章は全二十二の義林（章）をもって組織されているが、このうち前半の十章を注釈した部分として残存しているものが本書である。本注釈の巻数と義林章の該当の章名は、巻一〜五＝総料簡章、巻六＝五心章、巻七〜九＝唯識章、巻十＝諸乗章、巻十一＝諸蔵章、巻十二＝十二分章、巻十三〜十五＝断障章、巻十六・十七＝二諦章、巻十八・十九＝大種造色章、巻二十〜二十二＝表無表章（五根章は追って加えるとされるが脱漏）となっている。

【関連典籍】1861

（橘川智昭）

2324 **七十五法名目**（しちじゅうごほうみょうもく）

【成立】著者は上総の倶舎の刑部阿闍梨、あるいは良山ともいわれるが未詳。

【内容】一巻。説一切有部の宗義を五位七十五法に分別し、その名目を概観したもの、総説としてまず七十五法を列挙し、五門分別をなす。別説として四十六心所の六識相応、九十八随眠論、百八煩悩、根・境・色の三界分別、五受の六識相応並びに三界九地分別、禅定論、四静慮と四無色、三賢と四善根との七方便位、十六行相、十六心、四向四果論、三乗の修行と得果、五見四顛倒、二十二根の建立と有漏無漏分別、七慢分別、十二支縁起の建立と三世両重因果論等々を順次略説する。典拠は阿毘達磨倶舎論1558においたものであると思われるが、内容が簡明すぎて無味・難解の観あり、後世倶舎学の初学者において入門書として盛んに用いられ、注釈が数多くある。

【関連典籍】1545・1558・2325

（佐野靖夫）

2325 **有宗七十五法記**（うしゅうしちじゅうごほうき）

【成立】亨保十三年（AD1728）。著者は宗禎 禎山＊。

【内容】三巻。七十五法名目2324の不備を補う目的でなされた阿毘達磨倶舎論1558等にもとずいた説一切有部の教義綱要書。大きくは列、釈、賢聖を明かすの三段よりなされる。初段は五位により、まず五根・五境・無表色の十一色法、一心法、十大地法・十大善地法・六大煩悩地法・二大不善地法・十小煩悩地法・八不定地法の四十六心所有法、得・非得・同分・無想果・無想定・滅尽定・命根・生・住・異・滅・名身・句身・文身の十四心不相応行法、虚空・択滅・非択滅の三無為法の七十五法名を列挙する。第二段はその七十五法それぞれを三項目に詳説する。始めの正釈は説一切有部の法相分別によりその意を解釈し、次の蘊処界を立てる項では、五蘊・十二処・十八界の三科分類において何を摂するかについて論究する。最後の義門分別の項では、善・悪・無記の三性門、界繫門、有漏無漏門、有為無為門、是異熟非異熟門、有異熟無異熟門、識所識門、根非根門、三断門の九門に分別する。第三段は賢聖を明かす段で、三賢位、四善根位、見道位・修道位・無学道位の三聖位、随信行・随法行・信解・見至・身証・慧解脱・倶解脱の七種聖人、預流向・預流果・一来向・一来果・不還向・不還果・阿羅漢向・阿羅漢果・随信行・随法行・信解・見至・家家・一間・中般・生般・有行般・上流の十八有学、退法・思法・護法・安住法・堪達法・不動法・不退法・慧解脱・倶解脱の九無学等々を説き、倶舎論1558の賢聖品に該当する。倶舎論にくらべ、世間品・業品・智品・定品等々の説述に不十分が認められるとされるが、後世七十五法名目とともに倶舎学の初学者において入門書として盛んに用いられた。

【関連典籍】1545・1558・2324

（佐野靖夫）

第72巻　続諸宗部　三

2326 **華厳宗一乗開心論**（けごんしゅういちじょうかいしんろん）

華厳一乗開心論、一乗開心論、華厳開心論ともいう。

【成立】天長七年（AD830）。淳和天皇の天長年間、諸宗の学匠にそれぞれの宗義を撰述せよという勅撰の詔が下り、これに答えて六宗による六書があらわされた。これを天長の六本宗書と称するが、このうち華厳宗を代表して普機＊が宗義を著したものが本書である。

【内容】六巻。華厳宗の宗旨を述べたもの。全六巻のうち巻下の本一の一巻のみ現存し、多く賢首大師法蔵、静法寺の慧苑の義に依り、清涼大師澄観の説に依ることが少ないことに特徴がある。本巻では一乗開心三昧門に入ることを、証成道理と聖言道理の二門に分けて論じられ、後段に於いて十門に開いて次第が述べられている。

（鎌田茂雄）

2327 **華厳一乗義私記**（けごんいちじょうぎしき）

【成立】天暦年間（AD947〜956）。著者は日本の増春。

【内容】一巻。華厳宗の一乗の意味を説き示したもの。華厳の字義、存三・遮三・直顕の三種一乗義、始別終同・始同終別・近異遠同の三種三乗義、五教、華厳経の教主、同別二教、修行依身、一乗三乗異事、法華と華厳の一乗の同異などの内容が述べられている。

（鎌田茂雄）

2328 **華厳宗種性義抄**（けごんしゅうしゅしょうぎしょう）

【成立】寛仁三年（AD1019）二月。著者は日本の親円。

【内容】一巻。華厳宗における種性（修行者の素質）の意味を、賢首大師法蔵の華厳五教章の第十、所詮差別の第二、種性差別を中心として述べたもの。種性の種類、五教の種性を述べ、さらに種性成仏について護法（ダルマパーラ）・清弁（バーヴィヴェーカ）・法顕・羅什・道生の説を述べている。

（鎌田茂雄）

2329 **華厳論草**（けごんろんそう）

【成立】十二世紀。著者は日本の景雅＊。

【内容】一巻。賢首大師法蔵が著した華厳五教章の第十、所詮差別のなかの第五、修行依身と第六、断惑分斉と第七、二乗廻心の三に述べられる内容を文に随って解釈したもの。

（鎌田茂雄）

2330 **華厳信種義**（けごんしんしゅぎ）

【成立】承久三年（AD1221）。著者は日本の高弁＊。

【内容】一巻。華厳経の説く十信について解釈したもの。総別の二によって釈し、総ではまず因果同体の信を勧め、次に行相を示し、別では如来の十徳、十甚深の法を説き、さらに三生の菩提心を釈して問答がなされている。

（鎌田茂雄）

2331 **華厳修禅観照入解脱門義**（けごんしゅぜんかんしょうにゅうげだつもんぎ）

【成立】承久二年（AD1220）。著者は日本の高弁＊。

【内容】二巻。華厳宗の実践である観行の要義を述べたもの。まず図印を掲げ、次にこれを二章にわたって解釈しているがこれらは李通玄の解釈によって語られている点に特徴があり、実践面の重視が窺われる。

【参考文献】訳一・諸宗部十六。

（鎌田茂雄）

2332 **華厳仏光三昧観秘宝蔵**（けごんぶっこうざんまいかんひほうぞう）

華厳仏光三昧観ともいう。

【成立】承久三年（AD1221）。著者は日本の高弁＊。

【内容】二巻。仏光三昧に入る方法を示したもの。李通玄、解脱禅師の説によって述べられている。三科よりなり、初めに一部の大要として仏光三昧の大意を明かし、次に教証を述べ、最後に観法の内容・順序・陀羅尼などが示されている。

（鎌田茂雄）

2333 **華厳宗香薫抄**（けごんしゅうこうくんしょう）

【成立】建治元～二年（AD1275～1276）。著者は日本の宗性＊。

【内容】七巻。東大寺の尊勝院で華厳経探玄記1733を用いて講義したときの論議・問答をまとめたもので、百三十四問答からなっているが、ただし巻三と七は問題のみが記されている。

【参考文献】平岡定海『東大寺宗性上人之研究並資料』三巻（臨川書店、昭和六十三年復刊）。

（鎌田茂雄）

2334 **華厳宗大要抄**（けごんしゅうたいようしょう）

【成立】十三世紀。著者は実弘＊。

【内容】一巻。華厳教学における重要な項目についてその原文を引用し、また項目名を述べたもの。六相本頌・十仏・六相・十玄など八項目が記されるが、解釈は為されていない。

（鎌田茂雄）

2335 **華厳宗要義**（けごんしゅうようぎ）

【成立】正和三年（AD1314）。著者は日本の凝然*。

【内容】一巻。十門からなる。華厳宗の概説書。(1)教宗大意は全体の三分の一を占め、華厳宗の宗名、如来出現の意味、華厳経の対機などが論じられ、(2)教宗名義では経名の詳しい解釈、(3)立教開宗では教判、(4)一乗三乗では一乗と三乗の論、(5)所立法義では十玄・四法界、(6)本経次第では華厳経の組織・各品にて説かれる教義、(7)修証行相では修証の課程、(8)諸蔵法門では華厳経中で説かれる法数、(9)章疏分類では華厳の章疏、(10)祖承弘伝では弘伝の概略が述べられている。なお華厳法界義鏡は本書の内容をより詳しくしたものといえる。

【参考文献】訳一・諸宗部十六。

(鎌田茂雄)

2336 **華厳宗所立五教十宗大意略抄** (けごんしゅうしょりゅうごきょうじっしゅうたいいりゃくしょう)

【成立】不明。

【内容】一巻。華厳宗の五教十宗についてその大意をのべたもの。五教とは(1)小乗教、(2)大乗始教、(3)大乗終教、(4)大乗頓教、(5)一乗円教であり、例えば円教の解釈では、同教・別教に分けて行道の六位差別、一念初心断究竟位円満を説いているが、本書の大部分はこの五教の解釈に費やされている。十宗とは(1)我法倶有宗、(2)法有我無宗、(3)法無去来宗、(4)現通仮実宗、(5)俗妄真実宗、(6)諸法但名宗、(7)一切皆空宗、(8)相真徳不空宗、(9)相想倶絶宗、(10)円明具徳宗であるがほとんど名目のみが挙げられているにすぎない。

(鎌田茂雄)

2337 **華厳五教章指事** (けごんごきょうしょうしじ)

華厳五教章指事記、五教章指事記、五教章指事、五教指事、五教章寿霊疏ともいう。

【成立】平安時代初。著者は日本の寿霊*。

【内容】六巻。賢首大師法蔵の華厳五教章に対する現存する中で最古の注釈。清涼大師澄観の注釈について全く述べていないこと、澄観が批判する静法寺の慧苑の注釈である刊定記が参考されていることなどに特徴が見られる。また三論教学に対しては特別の批判を加えておらず、唯識教学に関する著述が多く参考にされ、天台についても親密な関係を持って引用されている。なお唯識教学に対する批判は叙古今立教の第十、玄奘について述べる段でなされている。

(鎌田茂雄)

2338 **華厳五教章名目** (けごんごきょうしょうみょうもく)

五教章名目、五教名目ともいう。

【成立】十三世紀前半。著者は日本の喜海*。

【内容】三巻。賢首大師法蔵の華厳五教章に述べられる、重要な単語を取り上げて簡単な注釈を施したもの。

(鎌田茂雄)

2339 **五教章通路記** (ごきょうしょうつろき)

華厳五教章通路記、通路記、通路ともいう。

【成立】上巻は正安二年(AD1300)、中・下巻は延慶四年(AD1311)。著者は日本の凝然*。

【内容】五十二巻。賢首大師法蔵の華厳五教章に対する注釈。五十二巻のうち十三巻を欠いている。上巻は十八巻よりなるが、その内巻五・七・九の三巻を欠き、中巻は九巻よりなるが、その内巻二十二を欠き、下巻は二十五巻よりなるが、その内巻二十九から三十三までの六巻と、巻三十五・三十六・三十七の三巻の都合九巻を欠いている。これを内容別に言うならば、上巻では五教章の建立乗第一から施設異相第八までが釈されており、そのうち巻第一から第十の前半で建立乗第一が、巻十の後半で教義摂益第二が、巻十一から十三で叙古今立教第三が、巻十四から十六の前半で分教開宗第四が、巻十六の後半で乗教開合第五が、巻十七で教起前後第六が、巻十八で決択前後意第七と施設異相第八がそれぞれ釈されている。中巻では義理分斉第九が釈されており、巻十九では義理分斉の四門の分斉を明かして概説を試み、巻二十から二十三までは三性同異義の釈に当てられ、巻二十四と二十五では縁起因門六義法が、巻二十六から二十七の前半では十玄縁起無礙法門義が、巻二十七の後半では六相円融義がそれぞれ釈されている。下巻では諸教所詮差別第十が釈されており、巻二十八から三十三までで第一心識差別、巻三十四から三十六では第二種性差別、巻三十七から四十では第三行位分斉、巻四十一と四十二の前半では第四修行時分、巻四十二の後半から四十三では第五修行之身、巻四十四から四十九では第六断惑分斉、巻五十から五十一の前半では第七二乗廻心、巻五十一の後半で第八仏果義相、巻五十二の前半で第九摂化分斉、巻五十二の後半で第十仏身開合がそれぞれ釈されている。この内容における特徴は、五教章の和本と宋本のうち、和本に依るべきことを説いていること、それまでの諸注釈を紹介し批判を与えていることが挙げられる。

（鎌田茂雄）

2340 **華厳五教章問答抄**（けごんごきょうしょうもんどうしょう）

五教章問答抄、五教章伊賀抄ともいう。

【成立】正和二年（AD1313）。著者は日本の審乗＊。

【内容】十五巻。賢首大師法蔵の華厳五教章に対する注釈書。上中下三巻に分けられ、さらに上巻は上中下に、中巻は上下に、下巻は一から十に分けられている。巻上之上では五教章の十門のうち建立乗第一が、上之中では教義摂益第二・叙古今立教第三・分教開宗第四が、上之下では乗教開合第五・教起前後第六・決択前後意第七・施設異相第八がそれぞれ釈され、巻中之上では義理分斉第十の四門のうち三性同異義・縁起因門六義法が、巻中之下では残りの十玄縁起無礙法門義と六相円融が釈される、巻下之一では所詮差別第十の心識差別、下之二と三では種性差別、下之四では行位差別、下之五では修行時分、下之六では修行所依身、下之七・八では断惑分斉、下之九では二乗廻心と仏果義相、下之十では摂化分斉と仏身開合が釈される。

（鎌田茂雄）

第73巻　続諸宗部　四

2341 **華厳五教章深意鈔**（けごんごきょうしょうじんいしょう）

五教章深意鈔ともいう。

【成立】正治元年（AD1199）。著者は日本の聖詮＊。

【内容】十巻。賢首大師法蔵の華厳五教章の注釈。五教章の十門のうち、義理分斉第九のなかの三性同異義と縁起因門六義法、所詮差別第十のなかの初めの心識差別を除いた九門に対して解釈したもの。現在伝わっていない著述を多く引用しているため、貴重な資料となっている。

（鎌田茂雄）

2342 **華厳五教章見聞鈔**（けごんごきょうしょうけんもんしょう）

五教章見聞鈔、五教章金沢見聞、霊波見聞などともいう。

【成立】建武元年（AD1334）。著者は日本の霊波＊。

【内容】八巻。賢首大師法蔵の華厳五教章に注釈したもの。上中下に分けられ、上巻第一から第三の途中までで建立乗、上巻第三の残りで叙古今立教と分教開宗、上巻第四で教起前後・決択前後・意施設異相が釈されているが、建立乗のあと教義摂益が述べられていない。中巻は義理分斉が釈されるがなぜか三性同異義について述べられていない。下巻では所詮差別が、下巻第一で心識差別・種性差別、下巻第二で前巻に続いて種性差別と行位分斉と修行時分、下巻第三で断惑分斉から仏身開合までの五門が釈されている。

（鎌田茂雄）

2343 **華厳五教章不審**（けごんごきょうしょうふしん）

五教章不審ともいう。

【成立】慶長十七年〜寛永十四年（AD1612〜1637）。著者の実英*が賢首大師法蔵の華厳五教章を講義した折りの講義録。

【内容】二十巻。上・下に分かたれ、上巻は六巻、下巻は十四巻よりなる。上巻の第一巻から第四巻で表題の解釈に始まり建立乗第一から分教開宗第四までが釈され、第五巻と第六巻で乗教開合第五から施設異相第八までが釈される。下巻の十四巻では所詮差別が釈される。なお中巻の義理分斉は吉野朝の頃から講義しないことが通例となっていた。

（鎌田茂雄）

2344 **華厳五教章匡真鈔**（けごんごきょうしょうきょうしんしょう）

華厳一乗教分記輔宗匡真鈔、五教章匡真鈔、輔宗匡真鈔、匡真鈔ともいう。

【成立】宝永四年（AD1707）。著者は日本の鳳潭*。

【内容】十巻。賢首大師法蔵の華厳五教章に対する注釈。巻一では自序・華厳経章疏総目に始まり、巻三までで建立乗第一から分教開宗第四が、巻四は乗教開合第五が、巻五・六では義理分斉第九が釈され、そのうち巻五には三性同異義・因門六義法が、巻六には十玄縁起無礙法門義・六相円融が当てられ、巻七から十までは所詮差別第十が釈されている。特に天台の影響が大きいこと、澄観・宗密を厳しく批判していることに特徴がある。

（鎌田茂雄）

2345 **華厳五教章衍秘鈔**（けごんごきょうしょうえんぴしょう）

五教章衍秘鈔、五教章衍秘ともいう。

【成立】宝暦十三年（AD1763）。著者は日本の普寂*。

【内容】五巻。賢首大師法蔵の華厳五教章に対する注釈。以下の七門によって釈している。第一門は本経の大旨を叙す。第二門は乗教の分斉を弁ず。第三門は今経の伝持を明かす、第四門は今宗の蘗説を除く。第五門は今章の来由を出す。第六門は略して題名を釈す。第七門は文に随い解釈す。第四門の蘗説を除くとは、静法寺慧苑と鳳潭の二人に対する批判である。第七門から本文の注釈に入り、巻二までで建立乗第一と教義摂益第二が、巻三では分教開宗第四から義理分斉第九の三性同異・縁起因門六義法まで、巻四では十玄縁起無礙法門義から所詮差別第十の第二種性差別まで、巻五では第三行位分斉から最後の第十仏身開合までが釈されている。智儼・法蔵を正統とし、澄観・宗密を排斥するのは鳳潭と等しいが、鳳潭の匡真鈔2344に対する批判は随所に見られる。また宋朝四大家の解釈を重視して、本朝の諸家のものを軽視する傾向がある。

（鎌田茂雄）

2346 **金師子章勘文**（こんじししょうかんもん）

【成立】十二世紀。著者は日本の景雅*。

【内容】一巻。賢首大師法蔵の作とされる金師子章の中の重要な文について解釈したもの。

（鎌田茂雄）

第74巻　続諸宗部　五

2347 **戒律伝来記**（かいりつでんらいき）

戒律伝来宗旨問答ともいう。

【成立】日本・天長七年（AD830）。著者は豊安。淳和天皇の勅命により四分律宗を主とする戒律の伝来を述べたもの。

【内容】三巻。中上巻のみ現存する。まず初めに著者の序文を設け、その中で戒法の伝来に四門を分別し、一に仏法西域に伝わり、二に漢に流伝し、三に百済に伝わり日本に渡り、四に唐から日本に伝わったという。一の戒律の西域に伝わったのは、四分律は法蔵部の所伝であるといい、二に漢の流伝において、中国の受戒と伝律の史要を述べ、三の百済からの伝来について、百済の聖明王が始めて日本に仏法を伝えた功徳を讃え、ただし戒の不備をあげている。四の唐よりの所伝は、鑑真和尚が始めて戒壇を建てて戒法を伝えた経過を詳しく述べ、つぎに招提寺を建立し授戒したことを記し、「戒法の伝来、略ぼ其れ此の如し」と結んで上巻を終っている。

（河村孝照）

2348 **律宗綱要**（りっしゅうこうよう）

【成立】日本・徳治元年（AD1306）。著者は凝然＊。

【内容】二巻。上巻には仏教の三学すなわち戒定慧は一をあげれば全体を摂めるが、止悪中の善門はこれ定慧、定慧中の止門は戒学であるといい、菩薩の仏果の妙因は三聚の戒法であるが、別していえば摂律儀戒をもって行相とすると説き、いま律宗の祖は終南山の道宣であるという。以下に摂律儀戒を細論し、仏教を通じて教法をうける者は、三聚浄戒をもって定まれる法といい、また四分律における毘尼法をあげている。下巻では律宗の行人の得果の行相を示して道宣の摂大乗論1593による四位説、五十二位説をとりあげ、菩薩のこれら各位における修行法を別修と通修とにおいて詳論し、仏道修行における修行身、菩薩の断障の相状、戒律の護持弘通すべきこと、戒律の流伝史を中国、日本において示し、中でも日本の戒律史は詳しくとりあげている。

（河村孝照）

2349 **東大寺授戒方軌**（とうだいじじゅかいほうき）

法進授戒式ともいう。

【成立】日本・天平勝宝六年（AD754）。鑑真に従って来日した唐の法進が勅命によって定めた登壇授戒の方軌である。

【内容】一巻。十章よりなる。第一は最初法式章でこれに食堂法がそえられている。第二は授沙弥戒章で壇に上るより始まり諸儀式をおえて壇を下りるにおわる。第三は遺教経を講ずるの章、第四は三師七証を奉請するの章、これに正しく師僧を請ずるの条文を付している。第五は正しく大戒を授くる作法の章、これに入壇法を付している。第六に説相師教訓の章、これに六念五観を説き、種々の説法があり、仏名を四五返唱え、誓いのことばのあるときもあって、これで具足戒を授け終るという。さらに布薩戒師作法、大乗布薩作法、自恣作法などが添えられている。

（河村孝照）

2350 **東大寺戒壇院受戒式**（とうだいじかいだんいんじゅかいしき）

【成立】日本・保安三年（AD1122）。南都の受戒儀式がすたれたので興福寺の欣西大徳これをうれいて中川実範上人に儀式の再興を願い、実範がこれをうけて受戒の式を定めた。

【内容】一巻。十六門よりなり、（1）戒壇院荘厳敷設、（2）最初法式、（3）請師次第、（4）入堂儀式、（5）授沙弥戒、（6）講遺教経、（7）教発戒縁、（8）単白差問縁人、（9）出衆問縁、（10）単白喚受者入衆、（11）正教乞戒、（12）単白和僧、（13）正

対衆問、(14)正受戒法、(15)説戒相、(16)諸師出堂となっており、以上をもって式は終る。この式次第は実範が私に道宣の四分律鈔1804ならびに唐の戒壇図経1892やわが国の法進の式などに基づいて、しかも末世は要略を欲するから、例えば入堂数返は一返としたなどと述べている。

（河村孝照）

2351 唐招提寺戒壇別受戒式（とうしょうだいじかいだんべつじゅかいしき）

【成立】元禄十一年（AD1698）九月十六日、唐招提寺において戒壇の復興落慶式が執り行われ、以後連日壇上別受戒法が行われた。このとき、受戒の導師円厳の弟子照山恵晃が旧式および戒壇図経鈔記等によって別受戒式一巻を著わしたのが本書である。

【内容】一巻。式次第は十五門によって示され、第一受前内請、第二鳴鐘集僧、第三正行請師、第四師資登壇、第五講遺教経、第六教発戒縁、第七受者出壇、第八差教授師、第九出衆問難、第十単白入衆、第十一正教乞戒、第十二対衆問難、第十三正授戒法、第十四略説戒相、第十五出界還列の十五門である。

（河村孝照）

2352 菩薩戒本宗要雑文集（ぼさつかいほんしゅうようぞうもんしゅう）

【成立】日本・寛喜元年（AD1229）。新羅の太賢の著わした菩薩戒本宗要1906の中から三一箇所の文を取りあげて覚盛が諸種の論文をもって評釈したもの。

【内容】一巻。著者は評釈にあたって唯識本疏、唯識了義灯、唯識演秘、唯識疏瑜伽論、無性の摂論、仁王、華厳、優婆塞戒経、本業経、法華経、唯識論、表無表章、善戒経、梵網経、涅槃経、瑜伽論記、百法論、百法論疏、唯識述記、対法論、深密、十地論、勝鬘経、璟興の瑜伽抄などの文献を引用し援用している。これらの文献のほとんどは瑜伽唯識系のもので、覚盛は興福寺の金善について出家し、倶舎、唯識の学を修めている。これが学の基本となった。

（河村孝照）

2353 菩薩戒通受遣疑鈔（ぼさつかいつうじゅけんぎしょう）

菩薩戒遣偽鈔ともいう。

【成立】日本・寛元四年（AD1246）。著者は覚盛。

【内容】一巻。本書の序において自受と従他と併せ行うのが出家の正軌であり、三聚と五篇と混じて妙覚（さとり）の直因となると述べている。著者は如法の好師なきため嘉禎二年（AD1236）に叡尊、円晴、有厳とともに自誓受戒の法規に基づき、四人同時に大仏殿において自誓受戒して大比丘僧となったが、良遍、真空等は通受自誓受戒は比丘性を成ぜず、これは山門の受戒の相ではないかといって疑った。覚盛は山門の新義に混同するものではなく、仏説に契った正義による受戒であることを、経律論三蔵の所説、ならびに諸師の解釈を引証してその疑問を追い遣ったのが本書であり、疑い晴れて良遍は進んで覚盛の門下に入り、受戒して大いに教化を助けた。

（河村孝照）

2354 菩薩戒通別二受鈔（ぼさつかいつうべつにじゅしょう）

通別二受問答抄ともいう。

【成立】日本・暦仁元年（AD1238）。著者は覚盛。

【内容】一巻。まず初めに通受について述べ、三聚と羯磨をもって摂律儀と摂善戒、饒益戒とを同時に受けることをいい、つぎに別受について、白四羯磨をもって、特別に比丘等の七衆の律儀をうけ他の二戒を受けざるものをいうと述べて、わが国が鑑真以来、もっぱら大乗菩薩の別受の法軌により受戒の定法とされきたが、最澄が南都の別受の作法は小乗の受戒であるからこれをやめてあらたに大乗菩薩の受戒戒壇建立を願いでたことによって南都と叡山僧徒との諍論止まず、叡山の義は占察経所説の唯受戒の軌則のみを依用し、その随行にあっては全くかの経文所説をとらず、また南都の古師が七衆の性を成ずるは必らず別受に限り通受にては成ぜずと主張するのも仏説に反するといい、七衆の性は通別二受ともに成立する旨を三蔵の所説ならびに諸師の釈文をもって論じた。

（河村孝照）

2355 **通受比丘懺悔両寺不同記**（つうじゅびくさんげりょうじふどうき）

通受懺悔両寺不同記ともいう。

【成立】鎌倉時代。著者は凝念＊。

【内容】一巻。初めに唐招提寺覚盛所立の懺悔の義を明かし、後に西大寺叡尊所立の懺悔の義を明かす。二師の随行を論ずるところでは受体その軌を同じくして和すること水の乳を合するがごとくであるが、然るに懺悔の方軌を述べるに至っては油を水に入れたるがごとく、このように両寺の不同を明かしている。これが両派の分立の根本義であるという。

（河村孝照）

2356 **菩薩戒本宗要輔行文集**（ぼさつかいほんしゅうようぶぎょうもんしゅう）

【成立】日本・弘安八年（AD1285）。西大寺の叡尊が太賢の菩薩戒本宗要1906の要文をあげて、初心の学者をして文義についての疑を晴らしめようとして、三蔵の所説を集めて抄録した。

【内容】二巻。援用された書目は、唯識玄賛、戒本嵩岳疏、宗要の奥、金光明最勝王経、四分律、涅槃経、梵網経、梵網経古迹記、菩薩本業経、唯識了義灯、菩薩善戒経、阿毘達磨雑集論、菩薩地持論、瑜伽論、表無表章、倶舎論、唯識論述記、華厳経、大集経、大智度論、摂大乗論、無性の摂大乗論釈、世親の摂大乗論釈、宝積経、優婆塞戒経、観経、観経疏、大智律師疏、心地観経、善見律毘婆沙論、盂蘭盆経疏、無量寿経、般若心経幽賛、唯識論、百法論、西域伝、勝鬘経、唯識論演秘、大般若経、六十華厳、行事鈔、不増不滅経などである。

【関連典籍】1906

（河村孝照）

2357 **応理宗戒図釈文鈔**（おうりしゅうかいずしゃくもんしょう）

【成立】鎌倉時代。著者は叡尊。

【内容】一巻。応理宗とは法相宗のこと、戒図とは科段の要項を図表化していったもの。本書は法相宗の戒律、すなわち瑜伽論の戒律科段の要項を釈したもので、まず総題瑜伽論、別題の本地分中菩薩地初持瑜伽処戒品の名を注し、つぎに瑜伽論第四十巻から四十二巻にわたる戒の九種相たる自性戒、一切戒、難行戒、一切門戒、善士戒、一切種戒、遂求戒、此世他世楽戒、清浄戒の各項目について科段の要項目を釈し、巻末に瑜伽論第七十五巻の決択分中菩薩地の記に出る毘奈耶の項下における科段項目の注解がある。解釈にあたっておおく遁麟の瑜伽倫記を依用し、また慈恩の略纂、最勝子等の釈および崆峒記をも引いている。

（河村孝照）

2358 **A菩薩戒問答洞義抄**（ぼさつかいもんどうとうぎしょう）

【成立】日本・延慶元年（AD1308）。著者如空が菩薩戒において重々考えるところがあり、南都の律の奥旨を後世に伝えようとして記しおいた。

【内容】一巻。全体は二門に分かれ、第一門においては菩薩の戒相を明かし、第二門には諸宗の邪説を破している。第一門の中には初めに正しく別解脱戒を明かし、第二に総解脱戒を明かす。総解脱戒とは定共戒、道共戒のことをいう。第三に総別の不同を明かし、このように菩薩の戒相を説きおわって戒体を論じている。第二門の諸宗破邪にあっては、まず初めに真言宗の末学の邪見を破し、第二に浄土宗の悪見を除き、第三に天台宗の非義を遣り、第四に悪禅の邪心を摧破している。覚盛、叡尊のこの世を去ってから各宗に通じて異論が起り、邪説がさかんに流行するところから本書が作製された。

う）

（河村孝照）

2358 **B菩薩戒綱要鈔**（ぼさつかいこうようしょう）

【成立】 十四世紀以降。著者は不明。

【内容】 一巻。本書は十門において述べられている。一に三国伝来、二に諸戒の大綱、三に諸戒の業体、四に通別の受法、五に摂律儀戒、六に摂善法戒、七に饒益有情戒、八に別受の行相、九に通別の懺法、十に問答分別である。右のうち第八門までは通途の説をあげ、第九の通別懺法と第十の問答分別は叡尊の説に依っている。第一門三国伝来は、仏法伝来と戒法伝来をあげ、第二門の諸戒の大綱においては諸の経論中に一には静慮律儀、二には無漏律儀、三とは別解脱律儀を説くが、今は静慮と無漏は措いて別解脱律儀について大義を論ずるといい、それに第一別受七聚戒、第二通受七受戒、第三に十無尽戒を明かしている。初めの一種は大乗小乗ともに受け、後の二種は大乗に限るといい、十無尽戒とは梵網戒であるという。書中 凝念の著作を引いているところから、凝念より後の著作と思われる。

（河村孝照）

2359 **律宗行事目心鈔**（りっしゅうぎょうじもくしんしょう）

【成立】 日本・嘉暦元年（AD1328）。著者は忍仙。

【内容】 三巻。西大寺叡尊の説と西大寺慈道の説をもって一門の行事の所依とするために作られたもの。〈上巻〉は与欲、結界、受持三衣、説浄、説戒、羯磨成処、布薩、自恣、六念等の法を明かし、〈中巻〉は四薬、諸浄法、止作難艱行事、戒本大要行事、法同行事、尼衆行事等を明かし、〈下巻〉は略結界、略布薩、略結夏、略受日、略自恣、略分物等の法を明かしている。本書を「目心」と名づけるのは、西大寺中興の第一祖叡尊の実名一字と、西大寺中興の第二長老慈道の仮名の一字とをもって「目心」としたものであるといい、本書中、「菩薩仰云」とは興正菩薩すなわち叡尊の所説、「師云」とは第二長老すなわち慈道の所説、また「師云」とは泉公律師、堯海定泉の所説であるという。

（河村孝照）

2360 **大乗円戒顕正論**（だいじょうえんかいけんしょうろん）

【成立】 日本・貞享元年（AD1684）。著者は宗覚。

【内容】 一巻。序にいうように、大乗を濫る不肖の輩あり、円乗を曲解して聖典を濫しているから、仮りに主人公を設けてこれを訂していくのであるという。そこで「濫大曰」と「顕正曰」として天台宗の円戒の主張を破して自説をあげている。これに五章あり、〈第一〉は円教の菩薩は声聞の律儀を仮らずというを弾ずる。〈第二〉は菩薩本業経の十重律儀に拠って声聞の律儀を仮らずというを弾ずる。〈第三〉は円乗の初心の者は小乗戒を禁止するというを弾ずる。〈第四〉は律蔵の諸戒は乱れた世には相応しくない、梵網経の大戒こそ末法の乱世によく応ずるものであるというを弾ずる。〈第五〉は毘尼を仮らずして別して七衆を成ずるというを弾ずる、というものである。梵網の戒をもって菩薩比丘の戒とし、また小乗律を用いないところの円戒家の説を斥け、大乗も七衆の別解脱律儀は小乗律によるべきを主張している。

（河村孝照）

2361 **願文**（がんもん）

【成立】 延暦四年（AD785）頃。著者は最澄。

【内容】 一巻。最澄は近江国に生まれ、十二歳で近江国分寺行表の弟子となり、十九歳東大寺で受戒、近江へ戻ると比叡山へ登って修行の生活に入った。入山して間もなく「願文」を記し、修行についての五項目の決意を述べた。まず深刻な無常感を記し、自分は学問のない人の中でも最も学問のない者であり（愚中の極愚）、修行のできていない者の中でも最も修行のできていない者であり（狂中の極狂）、形ばかりの僧（塵禿の有情）と自己の現実を反省し、さらに(1)六根相似の位を得ないうちは世間へ出まい、(2)真理を照らす心が得られないうちは才芸（医方・卜筮・呪術など）を行うまい、(3)戒律を厳守できないうちは檀主の法会にあずかるまい、(4)般若を照す心を得ないうちは世間的な交際などは行うまい、(5)功徳をつんだ結果は広く人々に廻し向けて悟りを得させよう、という五つの誓いをする。大乗的な決意であった。

（田村晃祐）

2362 **守護国界章**（しゅごこっかいしょう）

【成立】弘仁九年（AD818）。法相宗の徳一『中辺義鏡』に最澄が反論したもの。

【内容】九巻。一部三巻をさらに上中下に分巻している。題名は「これから後、国に謗法の声が無くなれば、万民は数を減ずることなく、家にあって経文を讃歎すれば七難を退散せしめるであろう。守護国界とはこのことをいう」と最澄自ら記したところから名づけられた。〈上巻〉は十三章。第一章は徳一の奉ずる法相三時教判の批判等、第二、第三、第四、第八、第九章は天台の八教大意、四教義、玄義等にもられた天台五時教判に対する徳一の謬った見解を正してさらに自家の教義を述べたもの。第五章は天台四教義の四諦説に対する徳一の批難を破したもの、第六、第七章は天台八教大意、四教義の修行者の行位に対する徳一の批評を破し、山家の直道思想に対する教学的基礎を主張したもの、第十・第十一・第十二・第十三章は摩訶止観の天台止観に対する徳一の説を破し、かつ徳一の法相唯識の止観を破斥し、山家の止観立行と直往思想を主張する。〈中巻〉は二十六章。第一～第八章は法華玄義の五重玄義の名玄義に対する徳一の謬った解釈に対する最澄の論評。第九・第十二章は一経三段、両重三段の天台の法華分科に対して徳一が批評するところに答えかつ破斥する。第十一・第十二章は経首の如是の解釈について徳一を論評し、第十三・第十四章は法華同聞衆、菩薩の歎徳の文について、法華文句の見解を明らかにしさらに山家の菩薩の行位論に及ぶ。第十五・第十六章は徳一が世親（ヴァスバンドゥ）の法華論に説かれる大義について謬った解釈をしているところを指摘してこれを正し、第十九・第二十章は方便品の分科について徳一の謬りを正し、第二十・第二十二章は方便品の一大事因縁の解釈について論諍し、第二十三～第二十六章は譬喩品の白牛車と牛車との同異、すなわち三車四車について論及する。〈下巻〉は十二章。第一・第二・第八・第九・第十は定性二乗の成仏不成仏の問題について論諍し、第三・第四・第五章は定性二乗が成仏するところの根底をなす真如種子について論諍し、仏智の常不常に及んでいる。第六・第七章は定性二乗の成仏不成仏を中心として法相の三時教判に対して批評し、第一章は華厳の四車成立の文を破した徳一の主張を破し、厳厳宗の主張を救い、第十二章は定性二乗問題を中心として法華の権実論について徳一との論諍である。

【関連典籍】法華去惑。

【後世への影響】日本天台宗独立の教学的基礎となるとともに、法華経権実論、仏性論を確立し、これから源信の『一条要決』にまで及んだ。

（河村孝照）

2363 **法華長講会式**（ほっけちょうこうえしき）

長講法華経先分発願文巻上、長講法華経後文略願文巻下、長講願文、長講法華経、長講法華経発願文、長講法華経先分略願文巻上ともいう。

【成立】弘仁三年（AD812）。著者は最澄。

【内容】二巻。大同五年（AD810）に始修せられた法華長講会の発願文といわれている。上巻は、敬白、勧請、自懺悔、他懺悔、受戒、発願、神分、般若心経、入経文の順序となっており、下巻は、敬白、普願、総願、願の順序である。この普願に九頌、総願に一頌、願に十八頌がある。本書の趣旨は法華経を長講して発菩提心の因となし、現世、冥界の一切衆生の得脱を祈り、とくに日本国中の大小の神祇、尊貴の霊位、百官万民の得脱を念じて日本国と正法と比叡山の擁護を祈念した最澄の願文である。

（河村孝照）

2364 **長講金光明経会式**（ちょうこうこんこうみょうえしき）

長講金光明経、金光明長講会式ともいう。

【成立】弘仁四年（AD813）。著者は最澄。

【内容】一巻。最澄は大同五年（AD810）春、比叡山において初めて三部長講を始めた。本書は三部の内、金光明経の会式の願文である。会式の内容は参堂三礼頌、梵音頌、如来唄、散華頌、勧請頌、自懺悔、刹利懺悔、大臣懺悔、他懺悔、受戒、発願、神分、入経文、結願の順序で行われている。一巻の大意は金光明経の諸尊を勧請し、自他の罪障を懺悔し、受戒発願をなして講経の功徳を四天王等の諸神に回施し分与し、つぎに経文に入って金光明経を長講し、その功徳によって結願し、諸天善神、皇室尊貴の霊、現在の皇帝、皇族、重臣、父母、冥王、悪趣等の得脱を祈り、再び比叡山に来集を願い日本国と仏法を守護せんことを祈念した願文である。

（河村孝照）

2365 **長講仁王般若経会式**（ちょうこうにんのうはんにゃきょうえしき）

長講仁王経、仁王長講会式ともいう。

【成立】弘仁四年（AD813）。著者は最澄。

【内容】一巻。大同五年（AD810）春、比叡山一乗止観院において国家守護、正法興隆、一切衆生悉皆成仏を願って始修せられた三部長講の内の仁王経長講会式の願文。その儀式の内容は、参堂三礼頌、梵音頌、如来唄、散華供養頌、勧請頌、自懺悔頌、他懺悔頌、刹利懺悔頌、大臣懺悔頌、受戒頌、発願頌、神分頌、入経文、結願頌の十三段の順序で行われている。本書の趣旨は仁王経の諸尊を勧請しその前において自ら悔懺し父母六親眷属の作るところの罪を懺悔せしめ、また国王諸業の罪を懺悔し、大臣の王力によってなせる諸業の罪を懺悔し、受戒発願をなして長講の功徳を諸天神に回施し、つぎに経文に入って仁王経を長講し、その功徳によって結願し、上は諸天善神・皇室より下は万民に至るまで悉くの得脱を祈り、再び比叡山に来集を願い、日本国と仏法を守護せんことを祈念した願文である。

（河村孝照）

2366 **天台法華宗義集**（てんだいほっけしゅうぎしゅう）

天台宗義集ともいう。

【成立】九世紀。著者は義真＊。淳和天皇の勅により各宗が上書した、いわゆる天長勅撰六本宗書の一。

【内容】一巻。天台法華宗の教観二門を略述し、宗義を明らかにしている。教門に四教義、五味義、一乗義、十如是義、十二因縁義、二諦義の六条を説き、観門に四種三昧義、三惑義の二条を説く。本書は後世日本天台の論義の基盤となったもので、天台学の入門書として重視される。

【参考文献】国一・諸宗部十六。

（谷口智美）

2367 **授決集**（じゅけつしゅう）

【成立】元慶八年（AD884）。円珍＊が入唐した際に天台山禅林寺良諝座主から受けた決答や、円珍自身の覚書を集め、帰朝後、弟子の良勇に授けた。

【内容】二巻。天台宗旨の奥秘や教学上の諸問題を上巻一八件、下巻三六件に集めている。園城寺派では師から許可を得なければ閲覧できないとされた書物である。内容中、新説と思われるものは、（1）円頓漸の三教は天台の教判であるとする三種判教論。（2）四教は漸教を説明するための判釈。（3）四教は四乗（声聞、縁覚、菩薩、仏）の異名。（4）四教は六七八九識にあたり、円教は九識を説く。（5）円仁の説として教証二道説をあげたことなどである。

【参考文献】訳一・諸宗部十六。

（谷口智美）

2368 **諸家教相同異略集**（しょけきょうそうどういりゃくしゅう）

諸家教相同異集、開甘露門集、甘露集ともいう。

【成立】九世紀。円珍＊が母のために中国・日本十家の教相の同異を略述したといわれる。

【内容】一巻。（1）隋、吉蔵の三法輪、二蔵判、（2）唐・新羅、元暁の四教判、（3）大周、法蔵の五教判、（4）唐、恵苑の四教判、（5）唐、玄奘の三時教、（6）大周、法宝の五時教、（7）廬山、劉虬の七階五時教、（8）聖徳太子の五時教、（9）隋、智顗の五時八教、（10）叡山、円仁の二種教を列挙し、初めに教相の同異を明かし、次に研詳を明かしている。

（谷口智美）

2369 **定宗論**（じょうしゅうろん）

【成立】蓮剛が三論宗の道詮の作である「群家諍論」を破斥し、八宗（華厳、成実、倶舎、法相、三論、律、真言、天台）の立教開宗の本義を定めたもの。

【内容】一巻。まず十二章段にわけ、各々章題を掲げて論ずる。章題を列挙すれば対述法華宗祖第一、惣述法華宗師兄并所学法第二、略述仏祖并付法大師第三、難三論宗立祖有十種未定第四、述立諸宗祖有四害十失第五、出天台道泛示教大概第六、出真言道略示大綱第七、列三論宗師祖甚小第八、述華厳宗之為道第九、述法相宗枝葉狭疎第十、依仏説次第定八宗之為道第十一、依中道理諌群家論第十二である。第一章から第三章までは蓮剛が問者の問いに答えるもので、第一章は天台宗の宗名の由来、第二章および第三章は法華経の大意と、久遠の仏以来の諸仏と釈迦の入滅以後の伝灯仏祖、印度、中国、日本の三国相承を述べている。第四章から第十章まで道詮の「群家諍論」を対破し、第十一章では八宗の宗義を定めて、第十二章に結語を記す。十二の章段中、蓮剛は第十一章を要としており、「定宗論」という題号は本章に依るものといわれる。

（谷口智美）

2370 **一乗要決**（いちじょうようけつ）

【成立】十一世紀初。著者は源信＊。巻頭の序文に、病中の源信が仏意を悟っていないことを嘆き、経論章疏を繙いて、権智実智の深奥を探究した結果、一乗真実五乗方便説を得たと執筆の動機や内容を記している。

【内容】三巻。法華の一乗思想を強調して、一切衆生に仏性があることを主張し、法相宗の五性格別説を破斥している。上中下の三巻を八門に分け、第一に法華によって一乗思想を立て、法華経から十文を引き、さらに問答の料簡を加えて一乗真実を明かす。第二に諸の経論から十九文を引いて法華経以外の経典の二乗（声聞、縁覚）作仏を述べ、第三には十六文を掲げて、二乗の廻心は三界の内外に通じることを明らかにする。また第四には一切衆生に仏性があることを主張するにあたり、法宝の六経二論を引き、さらに源信自身が十二文を挙げて一切衆生が成仏することを証し、第五に二乗は永久に仏果を得られないという定性二乗の説を批判し、自ら八証を掲げている。第六には無性有情（成仏の資質をもたない衆生）の説に、一乗仏性究竟論等の諸説や自ら引いた八文で反論する。第七に仏性の差別を述べるにあたり、法相宗の説く法爾無漏の種子を破し、瑜伽の真如所縁を論じ、天台の三因仏性（成仏のための三種の要因）を明らかにする。第八には教の権実を論じ、法華の一乗真実、常住仏性を明かす。源信は本書によって一乗真実五乗方便説、一切衆生に仏性があるという理論を堅固にしたといわれる。

（谷口智美）

2371 **漢光類聚**（かんこうるいじゅう）

天台伝南岳心要鈔、天台伝南岳心要見聞ともいう。

【成立】十二世紀。著者は忠尋とされるが、そうではなく鎌倉中期の成立という説もある。

【内容】四巻。南岳大師慧思が霊山浄土の多宝塔中大牟尼尊から直授された法門を智顗に伝えて以来相伝されてきた「天台伝南岳心要」の注釈書である。「漢光類聚」という書名の由来は巻四の末に、叡山山王の十禅師に参籠したときの、権現の告示によって漢光抄と名づけられたとある。本書は止観の心要を解説しており、「天台南岳心要」の説くところの止観心要とは、智顗の自己内証、己心中所行の法門としている。また「天台南岳心要」は機と法の二種を口伝によって相承したものと説く。法の口伝は境智不二門と還同有相門の二門、機の口伝は最澄の心地四重の機で次第昇出の機、本住不下の機、本住不進の機、二相不立の機である。また止観の心要は凡夫を正機として、最も機根の劣る者に最上の教えを伝えることとし、さらに地獄・餓鬼の当体止観を説いている。

（谷口智美）

2372 **天台真言二宗同異章**（てんだいしんごんにしゅうどういしょう）

天台真言同異章、顕密同異章ともいう。

【成立】文治四年（AD1188）。叡山の学匠宝地坊証真＊が天台の学徒のために天台真言二宗の同異を著した。

【内容】一巻。巻頭に執筆の動機として「空海は一乗宗は劣であるといい、最澄は天台真言の義は等しいという。安然の著した教時義等に二宗の同義と対破が明かされている。今、末学の中には天台宗は真言宗に及ばないという者がある故本書を著した」と記している。内容は二段に大別され、第一段では文理を立てて二宗の不別を説き、第二段では外難（真言宗）を遮して天台密教の義を立てている。第一段では教行人理の四一（教同・行同・人同・理同）をもって二宗の義が等しいことを明かす。さらに教同は七科に細分される。以下行同五科、人同四科、理同は一科である。第二段も同様に四一を用いて外難を対破している。この段は問答形式であり、第一遮教同では十一番の問答、第二遮行同は十二番、次の第三遮人同では八番、第四遮理同は四番の問答によって天台劣の義を破斥する。本書は前述のとおり天台の末学のために著されたものであるが、この時代の叡山は禅や浄土念仏の影響も受けており、天台の宗源や教理を省察するのに適した書であったとされている。

【参考文献】国一・諸宗部十八。

（谷口智美）

2373 **円密宗二教名目**（えんみつしゅうにきょうみょうもく）

【成立】元亨三年（AD1323）。奥書には円観＊が「鎌倉二階堂において、円宗の名を興し、秘教を弘通するために抄記」したとある。

【内容】一巻。円密二教の名目（名称）を記したものであるが、顕教は二ケ所だけで、ほとんど密教の名目を解説している。初学の人のために、大日経と金剛頂経によって名目を注釈し、祖師伝と相承を併記している。

（谷口智美）

2374 **宗要柏原案立**（しゅうようかしわばらあんりゅう）

柏原案立、宗要案立ともいう。

【成立】応永年間（AD1394～1427）。著者は貞舜＊。

【内容】六巻。天台宗恵心流宗要論草の一つ。天台の論義には宗要、義科、問要の三種類がある。宗要は宗旨の要を論義決択することに主眼をおく、これは慈恵大師良源が山王権現の神前で宗要九十算を選び、叡山の学僧とともに論義決択を行ったことが始まりとされる。宗要の算の数は恵心流と檀那流では九十算、九十三算等の異説がある。宗要の列次も恵心流では仏部、五時部、教相部、菩薩部、雑部の五部であるが、檀那流では仏部、菩薩部、二乗部、教相部、五時部、雑部と相承する。貞舜は近江柏原成菩提院を開き、著述と円頓戒の弘通に努めたことから柏原貞舜ともいわれる。本書の題号もこれに由来するとされる。

【参考文献】国一・諸宗部十九。

（谷口智美）

2375 **天台円宗四教五時西谷名目**（てんだいえんしゅうしきょうごじにしだにみょうもく）

天台四教五時西谷名目、西谷名目ともいう。

【成立】年代・著者不明。

【内容】二巻。源信の「四教五時略頌」を初学の人のために解説したもので、天台宗学の綱要書である。初めに化法の四教（蔵・通・別・円）を述べ、次に化儀の四教（頓・漸・秘密・不定）と五時（華厳、阿含、方等、般若、法華・涅槃）を略述し、さらに三身、四土、三因仏性、三徳三道等について説いている。また巻末には八宗（法相、三論、華厳、天台、真言、倶舎、成実、律）の教理を概説する。本書は問答形式に終始しているが、要点を理解しやすいように、項の終わりには叡山の古徳の略頌も付加されている。成立年代や著者は不詳であるが、西谷名目という題から、叡山東塔西谷の学僧によるものと考えられる。

【参考文献】注釈書、頭書訂正西谷名目（観応）、西谷名目鈔（真迢）。国訳「和訳西谷名目」平了照。

（谷口智美）

2376 **顕戒論**（けんかいろん）

【成立】弘仁十一年（AD820）。最澄は弘仁十年に天台法華宗年分度者・回小向大式（四条式）に請立大乗戒表を添えて嵯峨天皇に奉り、勅許を請うた。四条式では寺、上座、僧戒、受戒は大乗と小乗を明確に区別すべきこと、そして叡山に大乗菩薩戒による受戒の制をつくることを主張したが、これに対して僧綱（全国の僧尼を監視し、法務を統割する僧官）は古来例を見ないことで、仏教の正統ではないと厳しく批判した。これをうけて四条式は経論に明確な論拠があるとしてその正統性を明らかにしたのが本書である。

【内容】三巻。最初に序として八頌三十四句の帰敬偈があり、本論は五篇にわかれる。初めの開雲顕月篇第一は、弘仁十年に六人の僧綱が奏した上表文を論破したものである。次に開顕三寺所有国篇第二では四条式の第一条に仏寺には一向大乗寺、一向小乗寺、大小兼行寺の三種ありと定めたことに、僧綱は論拠がないと批判したのに対して、玄奘の大唐西域記と義浄の南海寄帰内法伝を引用して三種の仏寺はインド・中国にあることを論証し、三寺を明確にわけるべきことを主張した。そして開顕文殊上座篇第三では四条式の第二条に一向大乗寺は文殊菩薩を上座とし、一向小乗寺は賓頭盧尊者を上座、大小兼行寺は文殊と賓頭盧の両方を上座とすると定めたことについて、僧綱が賓頭盧尊者を上座とするのは仏説であるが、文殊菩薩を上座とするのは経典に見られないと批判したことに対し、文殊師利般涅槃経や不空三蔵の表制集を引いて文殊上座を論証している。次に開顕大乗大僧戒篇第四では四条式の第三条に十重四十八軽戒を大乗の大僧戒とし、二百五十戒を小乗の大僧戒とすると定めたことに僧綱が批判を加えたことに対して、十二の根拠を明かし、僧綱の主張を退けている。そして十重四十八軽戒は大乗の大僧戒であり、出家在家に共通する戒法であるが、在家はその中からいくつか、また出家は全てを受持すべきことを説いている。最後の開顕授大乗戒為大僧篇第五では四条式の第四条に大乗戒は釈迦牟尼仏、文殊、弥勒菩薩、十方の諸仏、諸菩薩および現前の一人の伝戒師を三師七証とするが、小乗戒では現前の十師とすると定めたことに僧綱が難じ、授戒の儀式はインド・中国・日本の三国において異なることはないと主張したのに対し、大乗の菩薩戒は権教の説と実教の説では異なり、小乗戒も衆生の機根によって異なると説いている。

【関連典籍】2377・2379

【参考文献】国一・諸宗部十六。

（谷口智美）

2377 **山家学生式**（さんげがくしょうしき）

【成立】弘仁九〜一〇年（AD818〜819）。最

澄が延暦二十五年（AD806）以来の年分度者の得度受戒や修学の方規を定めて、嵯峨天皇の勅許を請うた。

【内容】一巻。三式にわかれており、弘仁九年五月十三日の天台法華宗年分学生式一首（六条式）、同年八月二十七日の勧奨天台宗年分学生式（八条式）、翌年三月十五日の天台法華宗年分度者回小向大式（四条式）を総称して山家学生式という。天台法華宗年分学生式一首は序文と結文、六ケ条の文からなり、六条式といわれる。序文では桓武天皇の御願によって開かれた天台法華宗は、国宝・国師・国用となる大乗菩薩僧を養成することを述べる。次いで具体的に六ケ条の文を掲げ、（1）沙弥として十善戒を受持すること、（2）得度の年に菩薩戒を受け、十二年間叡山に住して修学すること、（3）止観業の規定、（4）遮那業の規定、（5）（6）十二年間籠山して修学を満了した者の任用法を定めている。次に勧奨天台宗年分学生式は条文が八ケ条あるところから八条式といわれる。前の六条式を詳説したもので、得度の試験方法、学生の衣食、違法学生の処分法、十二年の修学を前六年は聞恵、後六年は思修とすること、学生は生を軽んじ、法を重んずること、他宗の学生が叡山で修学する場合の規定、終了後の処遇、俗別当の派遣、検校の要請などが記されている。最後の天台法華宗年分度者回小向大式は四条式といわれる。前の二式に勅許が与えられず、翌年再び勅許を請うたもので、大乗戒と小乗戒の違いを明確にしている。（1）寺には一向大乗寺、一向小乗寺、大小兼行寺の三種ある。（2）三種の寺の上座の違いを示す。大乗寺は文殊菩薩、小乗寺は賓頭盧尊者、兼行寺は両者を上座とする。（3）大僧戒を大乗、小乗に区別し、大乗は梵網経の十重四十八軽戒、小乗は二百五十戒を大僧戒となす。（4）大乗と小乗では受戒の作法が異なる。大乗は釈迦牟尼仏、文殊菩薩、弥勒菩薩、十方の仏、菩薩を三師七証として、現前の一人の伝戒師を請して受戒する。伝戒師がいない場合は自誓受戒も認められる。小乗は現前の十人の大徳を三師七証となす。四条式の巻末に、菩薩が国家の大宝である理由、菩薩の大戒は真俗一貫の妙戒であることを強調している。これらの最澄の主張に対して南都側は激しく反発し、最澄は弘仁十一（AD820）年に顕戒論2376を著して反論するなど大論争となる。勅許が与えられたのは最澄の没後七日目であった。

【関連典籍】比叡山天台法華院得業学生式、2376、2379、請菩薩出家表。

【参考文献】国一・諸宗部十六。

（谷口智美）

2378 **授菩薩戒儀**（じゅぼさつかいぎ）

授菩薩戒儀式、十二門授大乗円教出家菩薩別解脱戒、叡岳戒儀ともいう。

【成立】九世紀初。最澄が妙楽大師湛然の授菩薩戒儀を改訂して円頓戒授戒の式文となした。

【内容】一巻。大部分湛然の授菩薩戒儀と同じ文であるが、懺悔の段は天台大師智顗の摩訶止観1911の四之一を引用している。十二門の科に分けられており、第一開導、第二三帰、第三請師、第四懺悔、第五発心、第六開遮、第七受戒、第八証明、第九現相、第十説相、第十一広願、第十二勧持である。極楽に往生し、無生法忍を得、自利利他の成就を期することが述べられている。

【関連典籍】授菩薩戒儀朱註（円珍）

（谷口智美）

2379 **伝述一心戒文**（でんじゅついっしんかいもん）

一心戒文ともいう。

【成立】九世紀前半。著者は光定*。

【内容】三巻。一心戒を伝述するもので、最澄の主張した大乗戒の独立についての事情や経過および円澄が最澄の正統な後継者であることが著されている。大乗戒の内容や本質を明らかにする点で、重要な文献とされる。三巻のうち上巻に五文、中巻に十四文、下巻

に一文著されている。各文を挙げると次の通りである。（上巻）被最初年分試及第得度聞伝宗旨文、承先師命建大乗寺文、荷表与之四条式達殿上文、冷泉太上天皇書鐘銘文、荷顕戒論達殿上文。（中巻）承先師命顕菩薩僧文、年分度者勘籍之事申下民部文、一乗戒牒度縁捺太政官印文、一乗三学達弘仁皇帝勅二中納言文、弘仁太皇書先師位記文、太皇御筆書一乗戒牒文、鴻鐘東塔成弁文、造戒壇講堂料九万束達天長皇帝下近江国文、宮中聴衆安居講師申充寺家文、菩薩僧位次官符達天長皇帝申下文、年分二度者不寄義真円澄両大徳寄中堂薬師仏并比叡明神文、灯分達天長皇帝分為於二分一分供中堂薬師仏一分供三昧堂講法華経文、弘仁太皇御在所仕奉太皇太后国忌文、先師作六条式戴国師国用文。（下巻）造一心戒文達承和皇帝上別当藤原大納言成弁寺家伝戒文。

（谷口智美）

2380 **顕揚大戒論**（けんようだいかいろん）

【成立】九世紀。円仁＊が、最澄の主張した大乗戒を非難する南都に対して、それが正当であることを論述。

【内容】八巻。諸の経律論によって自らの義を立てており、本書のほとんどが引用文である。巻頭には十四句の偈頌、以下十三篇に分かれる。初めの大小二戒差別篇一は大乗戒と小乗戒が全く別の戒であることを説き明かし、小極不及大初篇二では小極（小乗における最高の悟り）は大初（大乗の初心）に及ばないことを明かす。次に直往菩薩戒行篇三では南都の戒は三乗共行の権大乗戒であり、自らの不共二乗の純大乗戒の方が勝ると説く。そして顕示菩薩為僧篇四は小乗戒の中に声聞僧の他に菩薩僧のあることを示す。授三聚戒為僧篇五は大乗の三聚浄戒が菩薩の大僧戒であることを明かし、分別三聚相篇六は三聚の戒相、得戒、失戒、持戒犯戒等を示す。菩薩受戒法式篇七は菩薩戒の受戒法を説き、菩薩戒中雑事篇八では菩薩は浄戒を厳守すべきことや頭陀、安居、布薩等の法が述べられている。次に出家在家差別篇九は出家在家共に菩薩であるが、出家の菩薩の方が勝れていることを説く。分別犯罪差別篇十では広く十善と十悪、菩薩の律儀等を明かし、菩薩教授教誡篇十一では菩薩戒の教授法教誡法、懺悔法、訶責法、擯出法等が説かれている。菩薩解知因果篇十二には持戒の功徳や破戒の悪業により未来に受ける苦が説かれ、修習菩薩行願篇十三は出家菩薩が常に行うべき自己の観察と反省を説き、袈裟、乞食、恒服葉薬の十勝利、住阿蘭若処の十種功徳を説き、そして六波羅蜜の行願等を明かしている。

（谷口智美）

2381 **普通授菩薩戒広釈**（ふつうじゅぼさつかいこうしゃく）

普通広釈ともいう。

【成立】元慶六年（AD882）。著者は安然＊。

【内容】三巻。主に妙楽大師湛然の十二門戒儀に基づいて、七衆を対象とする菩薩戒儀を解釈している。著者は独自の密教の立場で解釈を展開しており、最澄の授菩薩戒儀2378および顕戒論2376、円仁の顕揚大戒論2380、円珍の授菩薩戒儀朱註等について、叡山の円頓戒と南都の大乗戒の同異を明らかにしている。さらに日本天台の円頓戒は円教の菩薩戒であること、授戒の当処に六即成仏すること、法華・止観・真言の円戒一致等を論述している。

（谷口智美）

2382 **新学行要抄**（しんがくぎょうようしょう）

新学菩薩行要抄ともいう。

【成立】十四世紀。著者は仁空＊。

【内容】一巻。三鈷寺流の円戒を護持するために必要なことを十門あげ、その要文を記した初学者のための書。十門とは六念法第一。（受戒のときに授けられるもの）衣鉢法第二。（これは四分律、十誦律によるもの）説浄法第三（説浄とは律に定められている物以外を収得したときに公示すること）時食法第四。（斎食儀）説戒法第五。（戒を読誦すること）

与欲法第六。（対人与欲法、転欲法、対僧説欲法の三段に分れる）安居法第七。（明曠の天台菩薩戒疏による）自恣法第八（最略行儀）出家法第九（剃髪得度作法）化俗法第十。（五戒法と斎戒法を記す）

（谷口智美）

2383 **菩薩円頓授戒潅頂記**（ぼさつえんどんじゅかいかんじょうき）

【成立】延文四年（AD1359）。惟賢＊が貞和五年（AD1349）七月二十五日、叡山黒谷の青竜寺で円観から灌頂受戒の儀式を相伝されたときの儀則を延文四年にまとめた。

【内容】一巻。黒谷流相伝の戒灌頂への批判に対してその系譜と内容を明らかにしており、多宝塔中釈迦如来から円戒の系譜どおり相承し、黒谷の恵尋に至っては僧の威儀を正し、円戒を興立させたと主張し、さらに儀則が深淵であることを強調している。

（谷口智美）

2384 **円戒指掌**（えんかいししょう）

【成立】天明六年（AD1786）。敬光顕道＊が、円戒に関する著書は多数あるが内容は誤まっているものが多いと嘆き、円戒の大旨について掌を指すが如く明らかにしようとして、他人の疑問に答える形で論述。

【内容】三巻。全二十七章のうち全体的に円戒の立場から別授菩薩戒の存在を主張している。文殊師利問経・十善戒経・占察経を本律と称し、特に占察経を大乗の実義を説くものとして、実義経と呼んで重視している。

（谷口智美）

第75巻　続諸宗部　六

2385 **胎蔵界虚心記**（たいぞうかいこしんき）

【成立】九世紀。著者は円仁＊。

【内容】二巻。護身法はまず虚心合掌して掌（手）中を舌上と心上との三処に吽字有り、字変じて五鈷杵から金色の光明を放って罪業を照触し、身口意の煩悩をのぞいてすみやかに三部諸尊をあらわすことができると観じ、次に浄三業印を結ぶ等とあるように胎蔵法は虚心合掌から始まるために、虚心と名づけた。本書には虚心合掌して吽字を三遍唱えて、心額喉の三処を印するとある。これを蓮華流では三金観という。東密と同名。このようにまず護身法の虚心合掌の口決から起筆したから、書名としたのである。本書の本文の初めには題号がないため、後の人が最初の印名を以て題号としたらしい。本書の印契の口決を次第に記せば、まず護身法のはじめに虚心合掌を述べ、護身法印の総説とする。次に護身印、浄三業。次に蓮華部三昧耶印、金剛部三昧耶印、護身印陀羅尼、九方便印、三昧耶印、護身印陀羅尼、浄法界尼、金剛輪印、金剛甲冑、無能堪忍、地神、持地、菩薩幢、入仏三昧耶、大慧刀、法螺、吉祥願蓮華、金剛大慧、摩訶印、満願、釈迦大鉢、施無畏、与願、恐怖諸障者、悲生眼（亦名仏眼）等（以下、略）の印を口決したものである。したがって本書は胎蔵灌頂の印契の面授口決をしたものといえる。（山田育美）

2386 **金剛界浄地記**（こんごうかいじょうじき）

【成立】九世紀。著者は円仁＊。

【内容】一巻。金剛界供養次第私記の全印契の説明をしたもの。すなわち、金剛界供養の順番を説明している。まず最初、浄地印から書きはじめており、これによって印契を名づけていく。金剛界の事相についての解説として、天台密教では、最も古いものである。（山田育美）

2387 **蘇悉地妙心大**（そしつじみょうしんだい）

蘇記妙心大、妙心大ともいう。

【成立】九世紀。著者は円仁＊。

【内容】一巻。蘇悉地経0893および供養法所説にもとづいて印契・護摩・両手指名・曼荼羅等を解説している。（山田育美）

2388 **妙成就記**（みょうじょうじゅき）

【成立】九世紀。著者は円仁＊。

【内容】一巻。行者の作法について説明した初行者の入門書。すなわち五輪成身、五相成身、三吽成身について述べ、さらに吽字（五智金剛、五股金剛）、五股印、五処加持についても述べる。（山田育美）

2389 **真言所立三身問答**（しんごんしょりゅうさんじんもんどう）

真言三身問答ともいう。

【成立】九世紀。著者は円仁＊。

【内容】一巻。真言教は毘盧遮那法身の説法であり、毘盧遮那如来は大日経の加持身である。また、加持身とは理智不二の法身如来である。法相宗の教義では浅略の機に対するから法身如来は不説法である。大日経0848・仁王経・六波羅密経等の教義では深秘な機のために理法身が能く説法するなど、本書は顕密二教の仏身の相違を比較して真言教の三身説を説明している。（山田育美）

2390 **胎蔵界大法対受記**（たいぞうかいだいほうだいじゅき）

胎蔵界対受記、胎蔵対受記、胎対受記、対受記ともいう。

【成立】元慶六年（AD882）。著者は安然＊。

【内容】七巻。胎蔵界大法の内、供養方便会と秘密曼荼羅品の中に明かす印契二百五十三および六月修法と相承ならびに胎蔵の順番の方法六種類と儀軌一種類とを書いている。巻頭にあらゆる師に胎蔵法を受けた由来を述べ、簡単に本書の概要を説明しているため、胎蔵法を修める者にとって、きわめて利益を得る点が多い。本書は金対受記・蘇対受記と合して三部大法秘印等の秘伝口決集であるとされている。したがって三部大法を修めたいと思うならばかならず対受記および具支灌頂・持誦不同等をよく読まなければ台密（天台密教）の現在の修法を知ることはできない。

巻頭に安然が貞観十八年二月入唐の事がおこった。そのため、道海・長意・讃岐守（湛契）等から儀軌が伝わった。また安慧・円珍・南忠・宗叡等の説をも受けた。このような伝受はすべて胎蔵四部儀軌の伝法である。このように儀軌の伝受が書かれているのである。

次に供養方便会の下で、作礼印・出罪印・帰依印・施身印・菩提心印・随喜印・勧請印・奉請印・廻向印・三昧耶印・法界生印・金剛輪印・金剛申印・羅字観印・無能堪忍印・驚発地神印・地神持印・灑浄印・持地印の十九印を出し、秘密曼荼羅品の観二羅字一焼二浄自心地一焼二尽法界一（羅字を観じ、浄自心地を焼き、尽法界を焼く）真言印以下無能害印まで三十六印を書いて第一巻を終わり、さらに同品の大海印以下大悲曼荼羅讃王印まで三十印を記して第二巻を終わり、第三巻は同品の続きの一切仏心印―鳥蒭沙摩印まで七十印を書いている。第四巻も同品の般若菩薩印―風火印まで六十二印、第五巻も同品の多聞天王印―大真言印まで二十五印、巻六も同品の八秘密印―九方便印までの十二印が書いてあり、なお六月修法を書いて終わりとなる。巻七は海（道海）大徳両界相承。慧（安慧）和上胎蔵次第。珍（円珍）和上胎蔵界次第。権僧正（遍昭）別行略次第。正僧正（宗叡）胎蔵略次第。忠（南忠）大徳胎蔵略次第。守和上南山胎蔵次第。海和上十二真言王儀軌の八種が書いてあり終わりとなる。安然は慈覚大師の説を取って智証大師の伝承はしないことは本書の所々にみられる。これは何を意味するかといえば、文の上では智証大師は法全・元政・義真・宝月等のあらゆる師の伝をうけてきたのでその長をとっているために慈覚大師の伝を重んずるというのである。

（山田育美）

2391 **金剛界大法対受記**（こんごうかいたいほうたいじゅき）

金剛界対受記ともいう。

【成立】九～十世紀。著者は安然＊。

【内容】八巻。胎蔵界大法対受記2390・蘇悉地対受記2392と姉妹編で、台密（天台密教）の曼荼羅の建立や灌頂の儀式、さまざまな護摩の作法などの密教儀礼とそれを構成する要素としての作壇法や、印契（印相・契印・密印ともいう。指でさまざまな形をつくり、それによって内心の証得したものを表示する。小指より順番に親指に数えて、地・水・火・風・空の五大に擬し、また左手を定、右手を慧として、この左右の十指をもってさまざまの法徳を表示する。印は決定の意、契はいつわりのないという意味）、真言などの密教的シンボルの具体的実際的な修習の意を説いた根本原典である。金剛界大法供養私記の中の百九十六印の伝法口決を丁寧に解説しており、〈一巻〉金剛界成身会の浄地印より三十二証金剛身印に至る、〈二巻〉成身会の三十三成本尊真言印より五十二陳三昧耶に至る、〈三巻〉五十三大海印より六十五振鈴印に至る、〈四巻〉六十四羯摩会・大日羯摩印より百二案立二十天印に至る、〈五巻〉百三、三昧耶会大日・三昧耶印より百七十六説法印に至る、〈六巻〉百七十七四印会の四玄印より百八十六正念誦に至る、〈七巻〉百八十六念誦法の余りより百九十六羯摩解界に至る、となっている。このようなあらゆる印の下に、慈覚大師、弘法大師、智証大師、献憲大徳、華山遍照、高大夫、香房、長憲、安慧、契宗、承雲、道海、南忠、大枝君承今、玄静等の諸師の相承口決のそれぞれ異なる説を挙げて、みずからの説を述べ、そして批評を加え、伝法の正しい意義を明らかにしている。

（山田育美）

2392 **蘇悉地対受記**（そしつじたいじゅき）

蘇悉地大法対受記ともいう。

【成立】九～十世紀。著者は安然＊。

【内容】一巻。まず三部の大意を記し、次に受触印以下八十三印と著衣真言と臂釧法と腰線法とを一つ一つ諸師の説を引用して解説している。

（山田育美）

2393 **観中院撰定事業潅頂具足支分**（かんちゅうしんせんじょうじごうかんじょうぐそくしぶん）

胎蔵具支灌頂記、具支灌頂ともいう。

【成立】九～十世紀。著者は安然＊。

【内容】十巻。〈巻一〉胎蔵法、金剛界両部灌頂の種類が同じではないということと機根の違いとを明らかにする。〈巻二〉灌頂を修めるために七日作壇の行事のうちその第一日から第五日に至るまでの行事を説明する。〈巻三〉第六日の行法を明らかにする。〈巻四〉建立曼荼羅について説明する。これには都会壇、転字輪成就秘密の三曼荼羅がある。その中の大悲生都会壇曼荼羅、大悲胎蔵大曼荼羅を説明している。〈巻五〉第二転字輪曼荼羅を明らかにする。これには三本あり、三昧耶相応曼荼羅、仏転輪現曼荼羅、令転字曼荼羅について説明している。〈巻六〉第三成就字輪秘密曼荼羅について説明する。三門あり、安住仏位入曼荼羅、流出（るしゅつ）内証曼荼羅、内証書書（画）曼荼羅について説明している。〈巻七〉この七巻はもともと欠けていて伝わっていない。六巻の奥に四十帳決を引いて、七巻は智証大師の深秘（じんぴ）を惜しんで焼却された。ただし、大日経供養持誦不同記七巻がいわゆる欠本といわれている。〈巻八〉この巻以降は第七日後夜分の行事を示す。曼荼羅造壇以後の供養持誦の作法で胎蔵界行法を説明している。〈巻九～十〉胎蔵界金剛界灌頂の私記を経軌によって説明する。

この具支灌頂記九巻を通じて大日経0848ならびに義釈、金剛頂略出経0866、大教王経0883、瞿醯経、瑜祇経0867、その他儀軌を引用し、七日作壇、曼荼羅円像法、供養念誦法、灌頂作法等を丁寧に説明し、しかも私見を付して批評をしている。台密事相著書中もっとも中枢のものである。　（山田育美）

2394 大日経供養持誦不同（だいにちきょうくようじじゅふどう）

大悲胎蔵持誦不同記、大日経供養持誦不同記、持誦不同ともいう。

【成立】九～十世紀。著者は安然（あんねん）＊。

【内容】七巻。具支灌頂記2393と共に胎蔵秘密曼荼羅および灌頂七日行法の秘奥を翰墨に記して後世にのこしたもので、大日経0848ならびに義釈等が詳説していない点までも具体的に述べている。大きくわけて四段からなる。第一は胎蔵嘉会壇中修灌頂七日行法、第二は胎蔵四種念誦法、第三は胎蔵秘密曼荼羅壇事業灌頂七日行法、第四は秘密曼荼羅円尊分である。〈第一段〉大日経具縁品・転字輪品により、それに摂大軌中巻を用いて供養法事業品・蘇悉地経・蘇摩呼経・妙吉祥法（みょうきっしょうほう）・青竜（しょうりゅう）・摂大軌上・玄法軌・秘密法品・一行記戒儀・瞿醯経・入秘密曼荼羅品・成就悉地品・金剛頂経・金剛頂義決・入秘密位品・八印品・受持地品・天竺円・秘蔵記・大日経抄記・唐本胎蔵三昧耶曼荼羅・瑜伽大本・義釈三、四、五、六、十、十二、十三等の諸文を用いている。〈第二段〉大日経世間成就品と成就悉地品と供養法とによる。特に大日経第七巻供養法による。第七巻には異訳が四本ある。このほかにも七支念誦随行法・五支念誦法があるが、これらは略念誦法である。引用文は住心品・蘇悉地経・妙胝（でん）童子経・念仏三昧序等と義釈七、八等。〈第三段〉大日経字輪品・秘密品・三巻摂大軌によって事業灌頂を明らかにしている。なお、真実智品（しんじっちぼん）・入秘密法品・入位品・具縁品・具縁品および義釈八、九、十一、十二等の文を用いている。〈第四段〉秘密品・悉地出現品および義釈八、九、十一、十二等の文を引用して曼荼羅円を解説している。　（山田育美）

2395 教時諍（きょうじじょう）

教時諍論ともいう。

【成立】九～十世紀。著者は安然（あんねん）＊。

【内容】A（教時諍・一巻）もB（教時諍論・一巻）も内容は同じ。

安然は各宗の諍論を総合し、また日本仏教独自の教判論（各宗の教理の浅深の比較）を大成したが、本書は伝教大師の請（しょう）年分表の説、空海の秘蔵宝鑰（やく）の十住心説、道詮の群家諍論の説、蓮剛の定宗論（じょうしゅうろん）の説、伝教大師の内証血脈（けちみゃく）の説について述べている。これらを四つに分け、（1）天竺の一仏応化不同、（2）震旦の諸宗師資不同、（3）日本の諸情計不同、（4）三国の諸師教不同、というようにたてているが、第二の震旦の部分中第五の教理の浅深（せんじん）はまだ、説明されていないうちに終わっている。　（山田育美）

2396 真言宗教時義（しんごんしゅうきょうじぎ）

教時問答、教時義、真言宗教時問答ともいう。

【成立】九～十世紀。著者は安然（あんねん）＊。

【内容】四巻。台密教相（教義）をもっとも組織的に論じた論文で、東密の十住心論・秘蔵宝鑰と対立するものである。四一十門の教相分別をもって台密の教相を論じている。本書でいう真言宗は弘法大師の真言宗ではなく、伝教・慈覚・智証等の比叡山真言宗である。弘法大師の真言宗は空海の説として本書では真言宗といっていない。したがって密教というときも同様である。

（山田育美）

2397 **胎蔵金剛菩提心義略問答抄**（たいぞうこんごうぼだいしんぎりゃくもんどうしょう）

菩提心義鈔ともいう。

【成立】九～十世紀。著者は安然*。

【内容】五巻。菩提心論と菩提心義1953の二書の概要を五百十五番の問答を重ねて講述したもの。蔵通別円教の五教教判を設け、顕密教理の浅深を対比し、浅略釈・深秘釈・秘中深秘釈・秘秘中深秘釈という四つの解釈を用いて顕密行果の疎密を簡択し、胎蔵・金剛の大法秘密の行相を会通させようと試みている。安然は五教教判の根拠は大日経義釈にあるという。そして天台大師の四教と、慈覚大師が顕密二教の説のうち、円密を理秘密と倶秘密とに分けた。この天台・慈覚の両説を併せて五教を唱出した。次に四釈は大日経供養法不思義疏の旨を受けたと記している。このように五教・四釈を依本として、菩提心を胎蔵・金剛の行相に関係づけて解釈している。なお、曼荼羅・印契・円像・行法等に関しては、記述を略している。

（山田育美）

2398 **胎蔵三密抄**（たいぞうさんみつしょう）

胎三密抄ともいう。

【成立】十～十一世紀。著者は覚超。

【内容】五巻。胎蔵大法一つ一つの印真言について玄法軌を大系とし、大日経0848および義釈、青竜軌、摂大軌、広大軌等の本経本軌をはじめ、あらゆる諸祖先徳の所伝をくわしく説明し、その異なった説を検討して行者の帰趣を示している。密教の経軌はその文がきわめて簡略で、義理そして深いものであるために、人師の説くところがそれぞれ相異なり、行者の取捨選択に迷うものが多い。ここで、覚超はその高い識見と該博を以て懇切丁寧に学者を導き開いた。古くからの台密の事持を学ぶものには安然の対受記と共に必読の書である。

金剛三密抄2400の姉妹篇。

（山田育美）

2399 **三密抄料簡**（さんみつしょうりょうけん）

胎三密抄料簡、胎金三密抄料簡、胎金三密抄了簡ともいう。

【成立】十～十一世紀。著者は覚超。

【内容】二巻。胎蔵の三密について問答ならびに私案・私云等二百十三条を掲げたもの。まだ金剛界三密に関する料簡は記していない。別本玄法軌および四部儀軌に基づいて胎蔵行法を供養分・念誦分・奉送分の三段とし（ただし、青竜軌のみは品名を三分にたてていない）。各段の一つ一つについて身口意三密の解釈を究明し、次に九方便について問答している。

（山田育美）

2400 **金剛三密抄**（こんごうさんみつしょう）

金剛界三密鈔、金三密抄ともいう。

【成立】十～十一世紀。著者は覚超。

【内容】五巻。金剛頂略出経0866、大教王経0883、金剛頂蓮華部心儀軌0873を基礎として編纂された書。金剛界大法供養私記の印真言に対して、①さまざまな儀軌に照らし合わせ、印の意義、文句の意義の異なった説を挙げ、②対受記によって是非具略検討し、③慈覚、南忠、慈恵、皇慶等の先徳の口決を述べ、④その一つ一つに付き自説を付して現在の帰趣を示している。〈一巻〉成身会供養儀式中浄地の印より始め、成菩提心印に至るまでの二十八印を説く。〈二巻〉同じく成身会中、定中礼諸仏印より、本尊根本印に至るまでの五十二印を説く。〈三巻〉羯磨会の供養儀式にして五仏三十二尊、賢劫十六尊二十天の印言を説き、同じく三昧耶会三十七尊の印明を説く。〈四巻〉大供養会の三十七尊、三摩地法、六波羅蜜、四印会の四玄部、三部三昧耶、入定念誦等の印真言観想等を説く。〈五巻〉五種念誦、五部珠数、八供養、五供養ならびに十六尊二十天の印真言を明かす。

胎蔵界三密抄2398の姉妹篇。

（山田育美）

2401 **東曼荼羅抄**（ひがしまんだらしょう）

【成立】十〜十一世紀。著者は覚超。

【内容】三巻。儀軌の中のさまざまな曼荼羅について明らかにしている。さらに、大日経0848、義釈等により、曼荼羅の意義を述べている。

（山田育美）

2402 **西曼荼羅抄**（にしまんだらしょう）

【成立】十〜十一世紀。著者は覚超。

【内容】一巻。金剛界曼荼羅について、理趣経、経疏、略出経0866により、その意義についてさまざまな角度から述べている。

（山田育美）

2403 **五相成身私記**（ごしょうじょうしんしき）

五相成身記ともいう。

【成立】十〜十一世紀。著者は覚超。

【内容】一巻。金剛界法の観門で即身成仏頓証菩提の要術である五相成身観を主として蓮華部心念誦儀軌0873によって教王経・菩提心論・真実経・守護経・心地観経・略出経・大日経・十八会旨帰・三摩地軌・如意軌・自在王軌・千手軌・法花軌・文殊軌・金剛経疏・対受記・伝受記・大日経疏・大日経義釈等を引用して意義を究明し、五相成身観について論じたもの。まず儀軌の文の意義を解釈し、さらに儀軌以外の重要な事項を論じている。

（山田育美）

2404 **胎蔵界生起**（たいぞうかいしょうき）

胎蔵生起ともいう。

【成立】AD935〜1037。覚超が胎蔵大法の次第順序を説示したもの。一に奉請供養分、二に総別念誦分、三に供養奉送分の三次第において述べている。第一の奉請供養分において初めに九方便等の遠方便、つぎに護身法等の近方便を修し、つぎに供養儀式に入って初めに作壇しつぎに五輪成身等に行者の依報正報を建立し、つぎに道場観等において諸尊の依正を建立し、諸尊を召請してさらに成身結界し、つぎに供養讃歎する。このようにして第二の総別念誦分に入り、総念誦とは三部四重の諸会諸尊等の念誦、別念誦とは中台本尊の念誦であってこれが行法の中心である。つぎに第三の供養奉送分に入って一座の行法を終わる。巻末にさらに諸会の次第の異説をあげている。

（河村孝照）

2405 **秘密壇都法大阿闍梨常念誦生起**（ひみつだんとほうだいあじゃりじょうねんじゅしょうき）

【成立】AD900頃以後か。著者は不明。

【内容】一巻。胎蔵界法の式次第と金剛界の儀式の二部よりなる。初めに胎蔵界供養方便会が終わって讃歎しおわれば正念誦に入る。これに総念誦と別念誦があり、総念誦は三部四重十三大会の諸尊の印契真言をいい、別念誦は本尊の一尊を念ずる。もし深秘釈よりいえば行者即本尊であるという。別念誦は一は三部四重諸尊の中で本像の尊を本尊となし、二には秘密壇都法大阿闍梨行法によって、五百諸尊が互いに主伴となるが最初の正等覚の尊を本尊とすべしといい、以下の作法は常の如しという。続いて金剛界の生起、式次第が示されている。巻末に識語があり、これに長治二年の記年があって「金剛記」とあるが、ここでは著者不明とし、著作年代を安然以後としておく。

（河村孝照）

2406 **金剛界次第生起**（こんごうかいしだいしょうき）

【成立】AD891。著者は日本の最円。

【内容】一巻。金剛界法における儀式の次第を説示したもので、金剛界大法供養私記の七十九印について一つ一つ理由を付して説明している。まず初めに如来の教にはかならず次第のあるもので、諸経に品を立てているのはいわれのないことではない。真言法を修するに際してもまたかならず次第のあるものであることを述べて、入堂の後にはまず地を浄める。それは地がもし不浄であれば法験を得られないからである。しかし地は清浄であっても行者の身体が不浄であればどうして仏徳を感得しえようか。そこでつぎに身を浄める。身が清浄となれば法器を成就し、つぎに遍ねく虚空に仏を観ずる。仏は皆な法界定に住するから警覚しなければ定より起たない。そこで次には金剛起を行ずる。諸尊はこれに随って定よりたつ。ないしこのようにして七十九印にわたって次第の説明をしている。巻末に金剛界の疑問十ケ条の答が付されている。

（河村孝照）

2407 **随要記**（ずいようき）

【成立】AD971～1049。著者は日本の皇慶。

【内容】二巻。上巻は三摩耶戒の授戒の式の次第を説示し、下巻は胎蔵金剛両部の灌頂の次第を示す。上巻は内題に胎蔵界大灌頂随要私記とあり、まず道場荘厳、つぎに阿闍梨入堂、つぎに唱礼供養文、つぎに神供、つぎに仏に布施し奉る。つぎに座について念誦、つぎに弟子を引き入れる。まず阿闍梨がかかる作法をなし終る。つぎに阿闍梨は道場の外に出る。然る後に門前の諸の弟子を一一に入らしめる。つぎに門前灑水、つぎに弟子手に塗香せしめる。つぎに浄花を授ける。つぎに阿闍梨弟子の身を観じて五輪を作す。つぎに入仏三摩耶印をもってその頭上にかざす。ないし仏弟子を荘厳して深く慈悲護念の心を起して耳にかの三昧耶戒を告げ、他の未入壇者に声を聞かしめないようにして戒文を唱える、など。このように順序次第を詳細に記す。下巻の内題は「金剛界大灌頂随要私記」とある。

（河村孝照）

2408 **四十帖決**（しじゅうじょうけつ）

四十帖口決、天台密教伝四十帖決、、帖決、ともいう。

【成立】AD1016～1081の間。長宴＊が皇慶に随従して台密事相に関する質問をなし、皇慶が一つ一つこれに詳細に答え、この問答口決を筆録して四十帖となった。

【内容】十五巻。本書の口伝は長元元年から永承四年皇慶入寂までの約十五年間に及ぶもので、内容は台密谷の三流、すなわち三昧、穴太、法曼の総口決で、項目数はおよそ第一巻一三九、第二巻五九、第三巻一四〇、第四巻一六一、第五巻七六、第六巻二三二、第七巻一五三、第八巻一五三、第九巻四二、第十巻一九七、第十一巻一一四、第十二巻八四、第十三巻四九、第十四巻三六、第十五巻一七五項目を数え、総じて一〇〇七を超す。本項目にそれぞれ口伝の年月日が記されている。さらに所々に事相の項目を掲げて検索に便ならしめている。今これを示せば、〈第一巻〉胎行次、二三同中位事、八葉。〈第二巻〉秘密成就壇、胎三壇、百光王。〈第三巻〉金行次、虚空眼。〈第四巻〉胎曼、金曼、略頌等決。〈第五巻〉離、金界決、両曼指帰、月蓮、三身塔婆。〈第六巻〉悉地決、三部秘要。〈第七巻〉仏頂決、以下に十六箇の決あり。五仏頂記、以下二十二箇の決あり、薬師決、以下十四箇の決あり。〈第八巻〉仏眼、以下七箇の決あり、五秘密、愛染王、不動王、五大尊（表題は四大尊）。〈第九巻〉涅槃経音義、以下十四箇の決あり。〈第十巻〉爐の土を取る作法、内護摩。〈第十巻〉三摩耶戒。〈第十二巻〉灌頂、仏眼、正灌頂。〈第十三巻〉疏伝授、以下二十九箇の決あり。〈第十四巻〉開眼、以下十九箇の決あり。〈第十五巻〉雑決、これに一から六までである。

（河村孝照）

第76巻　続諸宗部　七

2409 **行林抄**（ぎょうりんしょう）

行林ともいう。

【成立】AD1154。台密法曼流の祖、相実の門下の上足である静然が、師との面授口決を筆録したもので、内容的には皇慶の私記を中心としている。

【内容】八十二巻。各巻に目次をあげ、それによれば〈第一〉釈迦、滅罪、定光。〈第二〉薬師。〈第三〉七仏薬師、夜叉、後加持、薬師千灯、阿閦、善名称吉祥王如来。〈第四〉阿弥陀、八大菩薩、種子図、一印十七尊曼荼羅。〈第五〉一字金輪。〈第六〉五仏頂。〈第七〉尊勝上。〈第八〉尊勝下。〈第九〉熾盛光上。〈第十〉熾盛光下。〈第十一〉准胝。〈第十二〉仏眼上。〈第十三〉仏眼下。〈第十四〉仏母孔雀明王。〈第十五〉法華。〈第十六〉仁王経。〈第十七〉普賢延命。〈第十八〉造塔。〈第十九〉童子経。〈第二十〉請雨。〈第二十一〉六字。〈第二十二〉河臨。〈第二十三〉聖観音上、〈第二十四〉聖観音下。〈第二十五〉千手上〈第二十六〉千手下。〈第二十七〉馬頭。〈第二十八〉十一面。〈第二十九〉不空羂索。〈第三十〉如意輪。〈第三十一〉白衣観音。〈第三十二〉葉衣。〈第三十三〉安鎮私記。〈第三十四〉光明真言。〈第三十五〉普賢、金剛薩埵。〈第三十六〉延命。〈第三十七〉文殊師利五字。〈第三十八〉文殊八字。〈第三十九〉文殊下、文殊六字、文殊一字。〈第四十〉無名。〈第四十一〉大随求。〈第四十二〉弥勒。〈第四十三〉虚空蔵、求聞持私記、蝕時作法、明星天子。〈第四十四〉五大庫九蔵。〈第四十五〉地蔵。〈第四十六〉得大勢、薬王。〈第四十七〉馬鳴、竜樹。〈第四十八〉放光、水月観音。〈第四十九〉不動上。〈第五十〉不動中、五大尊合行。〈第五十一〉不動下、八大童子。〈第五十二〉降三世、勝三世、孫婆菩薩。〈第五十三〉軍荼利。〈第五十四〉大威徳。〈第五十五〉金剛薬叉。〈第五十六〉烏枢沙摩。〈第五十七〉愛染。〈第五十八〉金剛童子。〈第五十九〉梵天。〈第六十〉帝釈。〈第六十一〉火天。〈第六十二〉焔魔。〈第六十三〉羅刹。〈第六十四〉水天。〈第六十五〉毘沙門。〈第六十六〉四天王。〈第六十七〉吉祥天。〈第六十八〉最勝太子。〈第六十九〉弁才天。〈第七十〉訶哩底母、氷揭羅天。〈第七十一〉金輪北斗、囊括本曜明神、七十天、五星供、七星私記、本命供。〈第七十二〉金輪北斗下、七星、十二宮、二十八宿。〈第七十三〉摩利支天。〈第七十四〉欠。〈第七十五〉十二天供。〈第七十六〉七十天供。〈第七十七〉歓喜天。〈第七十八〉大黒天。〈第七十九〉神供。〈第八十〉施餓鬼。〈第八十一〉冥道供。〈第八十二〉地天である。このように諸尊の作法、供養法等を詳細に解説している。しかし潅頂壇の作法は記していない。

【後世の影響】本書は法曼流の秘密伝法の公開に先鞭をつけたものであり、また穴太流の阿沙嚩抄を見るに至り、また相実の下から台密事相研究とが併行して起った等、その影響は大きい。

（河村孝照）

2410 **溪嵐拾葉集**（けいらんじゅうようしゅう）

溪嵐集、溪嵐ともいう。

【成立】鎌倉～南北朝時代（AD1311～1348）。著者は光宗。

【内容】百十六巻。六部門よりなる。本書の題目は「都て目に看、耳に触れればこれを録す。中でも孤溪の石のすさまじく嵐にあえば三界みな枯れ一面みな秋、ときに落葉を拾って吟ずるのみ」という所より名づけられており、叡山における天台宗の故事その他の口伝を集録したもの。当初三百巻あったと伝えられるほどに膨大な量である。内容の六部門は一に顕部、二に密部、三に戒部、四に記録部、五に医療部、六に雑記部である。第一部は第十巻まで、第一巻―第十巻までは第一門の顕教部で、一に観道の要心、二に神足の部、三に禅宗と教家の同異、四に禅と教の種類。とくに第四巻～第八巻は神明部で山王一実神道に論及している。第十一巻～第四十四巻は第二門密部の中でもっぱら事相を説いたもので、古来先徳が厳に秘して他に発表していない相承口決を詳記している。これは行林抄や阿沙縛抄より勝れている。第四十五巻～第九十二巻は第二門密部の中の教相談義を集めている。第九十三巻～第九十九巻は竜猛（ナーガールジュナ）菩薩造の菩提心論を台密の立場からこれを注し、第百巻～第百三巻までは五大院安然の普通広釈の抄を記述し、第百四巻～第百九巻は第四門の記録部、第百十巻は円寂記、すなわち一種の過去帳で一日から三十日にわたって古今の僧俗の入寂の年月日を記す。第百十一巻～第百十三巻は密教の事相の種々を記述した口決である。大正蔵経本は百十三巻で終っている。第三門の戒部はわずかにその一部分の記述にとどまり、第五門医療部と第六門雑記部はまったく欠けている。本書の初めに依学の師をあげている。真言宗、悉曇、天台宗、禅宗、華厳宗、三論宗、法相宗、倶舎宗、浄土宗、医方事、歌道事、兵法事、術法事、作業、土巧事、算術事、伝授門資事等、これら著者の僧名をあげて報恩の意をあらわしている。

（河村孝照）

第77巻　続諸宗部　八

2411 **三昧流口伝集**（さんまいりゅうくでんしゅう）

【成立】AD1060～1080頃か。叡山常行堂の堂衆であった三昧阿闍梨良祐が師からの台密所伝の秘法口決を筆録し集めたもの。

【内容】二巻。上巻に六十七項目、下巻に百四十項目、都合、二百七項目を集録しており、すなわち三昧流の口伝であるが、その源は皇慶、長宴より出ている。良祐は初め皇慶につかえ、後、さらに安慶および長宴に従って伝法し、東塔北谷の桂林房に住して一家をなした。これを三昧流という。その門人には行玄、忠尋、相実などがあり、行玄は藤原師実の子で青蓮院の第一祖、忠尋は口伝法門『漢光類聚鈔』の著者、相実は台密法曼流の祖となった。良祐の及ぼした影響の大きさがわかる。

（河村孝照）

2412 **総持抄**（そうじしょう）

【成立】AD1259～1350。澄豪が台密の師、承澄の口決相承を細大漏らさず書き集めたもの。

【内容】十巻。第一巻と第二巻は仏部、第三巻、第四巻、第七巻の三巻は菩薩部、第五巻と第六巻は明王部、第九巻は欠本、第十巻は御即位印信、六月能延法、胎金曼荼羅雑事等、これらの事相の種子、三形、印真言、図像、曼荼羅等を集録している。澄豪は建治三年承澄について出家し台密穴太流を学び、世寿九二歳にて遷化、その間、四十五ケ年以上をかけて本書を成した。この法流を西山流という。師承澄は大著『阿娑縛抄』二二八巻の著者として知られる。

【後世への影響】澄豪は承澄から法を伝えて洛西宝菩提院に住し盛んにこれを講伝した。その門人豪鎮、行遍、永慶等からは比叡山の正覚院、惣持坊、行光坊、鶏足院等の灌室がおこり、また恵鎮や光宗は、黒谷所伝の戒密二教の上にさらに澄豪よりの秘軌を伝えて黒谷流を形成した。

（河村孝照）

2413 **四度授法日記**（しどじゅほうにっき）

授法日記ともいう。

【成立】AD1387~1391。厳豪が口授し源豪がこれを記述したとなっているが、両者ともに伝未詳。

【内容】四巻。台密穴太流の四度加行の私記を、名義から始めて堂外作善の終りまで一一その意義、印契、真言、出典、口伝等を解説している。四度とは一に十八道、二に胎蔵、三に金剛、四に護摩であるが、本書は第一巻が胎記、第二巻が金記、第三巻が護摩記、第四巻が十八道記となっている。講伝の年月からいえば、第一が十八道記（AD1387）、次は胎記（AD1391）、次は金剛界記（AD1391）が続く。そして同年に護摩が続いて講伝せられている。十八道記に血脈を講ずるにおいて、日本最初の灌頂は伝教大師であること、伝教大師は顕教を面とするから山門の真言の高祖にあらず、真言は慈覚の流と山門ではいうと講じ、また川流は慈恵大師御流、この流から兜率流がでたといい、また川の流の灌頂は作法受得の儀が絶えたとも講じている。本書は穴太流の内の西山流の四度加行私記の授法日記であるが、しかしその説く所は広くかつ注意を要する素材がある。

（河村孝照）

2414 **了因決**（りょういんけつ）

【成立】建武二年（AD1335）以前。台密の秘伝口伝を集めたものであるが、中でも群馬県世良田の長楽寺真言院了恵が集記したものが大半を占めている。

【内容】四十八巻。真言院は新田氏の氏寺で釈円栄朝が開山、栄朝は台密・禅兼修の学風で円尓弁円、神子栄尊らが師事している。本書の一部は弟子に伝授され、各秘伝には奥書があり、例えば「天文四年乙未三月二十日、世良田山長楽寺真言院義慶和尚伝受頂戴之砌り、御本給明朝之れを書す。仏法興隆の為めなり。義慶示す」とあり、さらに別本には「此の本は慈眼大師、宝蔵の御本書を以て之れを写し畢んぬ。竜集明暦四年戊戌五月、日」とあるように、義慶の代には弟子に授与されたものである。本書は巻初に目録がおかれているが、かならずしも内容構成と一致してはいない。秘伝内容の題目をあげると、護摩口決、秘経題号の事、虚心合掌、大日経義釈疏各巻各品の事、胎曼荼羅、潅頂面受決、東寺には胎蔵界および蘇悉地の不伝の事、真言行者秘決、声字実相、胎蔵尊の胎曼荼羅を四種仏土に配当する事、秘密潅頂、心虚空菩提面授、五秘密秘決、本有即身成仏、大阿闍梨観行の事、双円性海決、法爾加持若凡若聖、伝法の次第、鉄塔相承面受決、沐浴三密、法華読誦作法、光明真言三昧流、以心潅頂行法用心下、四種壇行法、許可授印明、起座の用心、結印誦明作法、毘沙門天面授秘決、投花の事、愛染王八重印、阿闍梨の短を見るべからざる事、後火天段并に口決、相承、潅頂、五種三昧耶、四種潅頂の事、八字印明秘決三昧流、法性塔、六大四曼三密決、谷大原私記相違、潅頂秘印五不至、潅頂巳後の行法決、八字加字決、念珠抜書、十二重潅頂、法華最極秘決、五色系金剛線、両壇合潅頂決、胎蔵名字の事、秘密潅頂口決、智拳印理智冥合口決、以上である。これらは三昧流、その支流葉上流の秘伝口決である。

（河村孝照）

2415 **潅頂私見聞**（かんじょうしけんもん）

潅頂秘要記鈔ともいう。

【成立】AD1397。胎蔵金剛潅頂＊私記、ならびに同仕度について了翁が講じたところを筆記したもので、本書中に「応永四年十月三日、上野国、渕名庄中村の華蔵寺において了翁和尚が談られたもの」と記されている。

【内容】一巻。了翁は「師の誡めとしてこの潅頂の私記は汝に授けるべきではない。これを授けるときは師が閉眼のとき伝法に堪え得る者、ただ一人に授けるのである。それを今授けるのは師跡を継承せしめんがためである。よくよく心得よ」と言ったと記されている。胎蔵界の潅頂について三十五項目、金剛界について十九項目、合行に一項目、都合五十五箇の課題をあげて解説を施している。

（河村孝照）

2416 **遮那業案立草**（しゃなごうあんりゅうそう）

遮那業安立草ともいう。

【成立】AD1358～1385。盧山寺の仁空＊が、報恩会の所用のために大日経義釈第一、第二の両巻を中心として、台密教相上の要義を按立し説いたもの。

【内容】十三巻。台密の教相に関する代表的論草。第一巻は応安二年、第二巻同じく三年、第三巻同四年、第四巻同五年、第五巻同七年、第六巻は永和元年、第七巻は同二年、第八巻は康暦元年、第九巻は延文三年、第十巻は同五年、第十一巻は永徳三年、第十二巻は貞治二年、第十三巻は真治（貞治の誤植か）三年のそれぞれの報恩会の用意のために記されたもので、第一巻から第八巻までが大日経第一を扱い、第九巻から第十三巻までが大日経義釈第二を扱っている。本書は日本天台の密教論議に関する文献資料として貴重である。

（河村孝照）

2417 **法華懺法**（ほっけせんぼう）

【成立】AD847～864と思われる。智顗＊は法華経、普賢観経、および他の大乗経典の経意によって懺悔の儀式方法を定め『法華三昧行法』を著わしたが、本書はこの中から抄出したもので、円仁＊がわが国に伝えた。

【内容】一巻。大部分が唱文で、漢音の片カナが付されている。一部分の細字は作法を示したもの。唱える文は、開白、礼三宝、供養、釈迦仏をはじめ法華経の中の一切の聖者凡夫衆生、普賢菩薩等の来場を請い、六根懺悔、勧請、随喜、廻行、発願、つぎに三宝の名を称え、法華経安楽行品を読誦しつつ行道する。三帰依、七仏通戒偈、後夜偈、晨朝偈、日中偈、黄昏偈、初夜偈、半夜偈、神分、霊分、祈願、九条錫杖。回向などよりなりたっている。源氏物語をはじめ多くの平安文学の中に出てくる。なお七仏通戒偈以下は新たにつけ加えられたもの。

（河村孝照）

2418 **例時作法**（れいじさほう）

【成立】AD847～864と思われる。著者は円仁＊。

【内容】一巻。比叡山で行われた常行三昧の作法の一、常例の作法という意味からこの名がついた。もとは円仁が入唐したとき、五台山の普通院では生身の文殊菩薩より引声の阿弥陀経と念仏が伝えられており、それを円仁が念仏三昧に応用したもの。唱文と作法よりなるが、ほとんどが唱文である。まず三礼、つぎに七仏通戒偈、黄昏偈、無常偈、六為、四奉請、甲念仏、仏説阿弥陀経、甲念仏、合殺、回向、後唄、三礼、七仏通誡偈、初夜偈、九声念仏、神分、霊分、祈願、大懺悔、五念門といった順序で作法が行われる。唱文の三礼、七仏通誡偈、四奉請、甲念仏、阿弥陀経等は漢音で読み、テキストには片カナでそれが付されている。叡山の勤行の作法は、朝に法華懺法、夕に例時作法と定められた。これによって天台宗では「朝題目、夕念仏」といわれたという。

（河村孝照）

2419 **遮那業学則**（しゃなごうがくそく）

【成立】AD1798。著者は覚千。

【内容】一巻。覚千は本書の中で「余、山門に住する時、書林『台宗学則』という二巻の板本を持し来る。求めて書函の中に置くこと数年、今夏、暑を北窓に避けてこれを読む。止観業の則は且らく置く。遮那業の則を読んで甚だ我が意に満たず。異を競うには非ざれども謬を伝えんことを憂いて評を加う」と言っているように、三井寺門派の敬光の著作台宗学則を徹底的に批判し、謬を正し、かつ台密史を述べている。敬光は祖道を復興し大いに日本天台独自の宗風を唱道した人物で、その著述は五十三部九十三巻あったという。覚千は明和八年（AD1771）覚印に従って剃髪し浅草寺別当代覚邦の弟子となり、天明三年（AD1783）玉泉院住持となって叡山に登り、寛政十一年（AD1799）東叡山修禅院に移って寛永寺の潅頂助教授となり、文化三年（AD1806）五十一歳で示寂した。かつて記す所に『自在金剛集』九巻があり、本書はその第九巻にある。

（河村孝照）

2420 **奏進法語**（そうしんほうご）

【成立】AD1492。真盛が御土御門天皇に念仏の要旨を奉ったもの。

【内容】一巻。念仏の要旨は、自己の唱える称名念仏の力にて往生するものとなすところの常人の考えは、念仏と往生を別物のように考えるのであって、これは充分ではない。弥陀の本願力に乗じて唯だ様も候わず南無阿弥陀仏と唱えるのが往生である。この仏を頼む他力本願の念仏が正意である。この心が阿弥陀仏の光りの中に摂められるのである。南無阿弥陀仏と申すは仏の正覚（さとり）がただちにわれらの往生である。これは念仏即往生即正覚であると説き、本願をお忘れなきことすなわちこれ念仏であるといい、何わともあれ念仏の功を励ませたまえと言っている。真盛は叡山の西塔慶秀について二十余年、天台の遮那業止観業、金胎両部等、天台の法門を悉く伝承した人物で、真盛派の祖。

（河村孝照）

2421 **念仏三昧法語**（ねんぶつざんまいほうご）

【成立】真盛が文明十四年（AD1482）、叡山三千の徒との交りを絶ってひとり黒谷に幽棲し、念仏門に入った当時の心境を率直に語ったもの。

【内容】一巻。きわめて短篇。「念仏三昧に入れば、極楽もただちに現前し三世の諸仏にも昼夜をわかたずお会いできる。また諸天善神も、唱名念仏のところにやってこられ、日吉明神の仲間として頂ける。この有難い念仏をうき世の凡夫は人ごとのように見ているが、その人は宝の山の中に入りながら、何も得ないで帰るようなものだ。われは長く一切衆生を導いて末世の念仏の行者のもとにあらわれて、もし不信の心がおきたときはわれ一心の中に入って大信心をおこさしめるであろう。また一心に弥陀を念じながらも三昧心を得ることがなければ、われは行者が三昧心を得るまで成仏しないであろう」と言っている。

（河村孝照）

2422 **真迢上人法語**（しんちょうしょうにんほうご）

【成立】年代・編者不明。

【内容】一巻。真迢述『破邪顕正記』と『禁断日蓮義』の要文をあげ、ときにこれに私解を加え、続いて存海作「行者用心集」に引用されている明恵上人伝記の一節あげ、さらにこれに私注を施し、以上の後に真迢上人伝と真迢上人撰述目録が続いている。まず巻初に「真迢上人破邪顕正記第三に云く」として文が始まり、以下の要旨は、天台念仏とくに往生要集の念仏を勧め、日蓮宗末徒が法の勝劣に偏執することを破し、また明恵上人の説く中国慧遠流の往生義をとらず、念仏往生をたてて円戒を護り、本願を頼んで決定往生せよと主張したもの。真沼は初め日蓮宗の僧となり、後、天台宗に改宗し、『破邪顕正記』を著して日蓮を謗法者と批判した。かれは戒律と称名念仏の一致を説いた。

（河村孝照）

2423 **真荷上人法語**（しんかしょうにんほうご）

【成立】AD1827～1852。著者は真荷。

【内容】一巻。きわめて短篇。真荷が同行の念仏者に「世間は無常であるから時をえらばず速かに身心のとらわれから離れ、一心に称名念仏せよ」と言葉をかけたもので、今、阿弥陀仏の大悲弘誓の深いみこころを思いめぐらすと胸ももだえ涙とまらず、弥陀の四十八願は末世愚悪の衆生を救わんがためであって、昔の無量の長き修行の功徳をこの名号におさめられたのである。この名号を称えれば仏の願力をもって、行者の信心と仏の願力とが合致して、その一心が決定すれば一念十念に往生をとげるのである。この念がさらに続けばそこに阿弥陀仏ならびに諸仏がまのあたり現前するのである。そして未来には善処に生れる。これは只今念仏の行者にこそあらわれるのであると言っている。真荷は文政一〇年（AD1827）天台宗真盛派、伊勢の再来寺第三十一世となり安政六年（AD1852）遷化、世寿七十四歳。

（河村孝照）

2424 **真朗上人法語**（しんろうしょうにんほうご）

【成立】AD1879。著者は真朗。

【内容】一巻。真朗は天台宗から真盛の教義のもとに一派を独立せしめたが、このときに新たに真盛一派の安心の法語として作製したのが本書である。真朗はいう、浄土に生れるの要道はひたすら安心いかんにある。安心とは一心である。一心とはわがこの身のつたなきを顧み、阿弥陀仏の本願の深きを頼んで口に南無阿弥陀仏と称える。このことこそ弥陀の本願に摂取せられるところの正しく往生決定の業因であると信じて疑わないことであり、これを往生の安心というのである。このように安心決定して日夜に仏の名号を称える、これを信心具足という。しかし馴れれば怠るのが凡夫の常で、このことをあわれみいさめて往生業の法の上に戒門の一路を開き、ここに真盛は戒称（戒律と念仏）一致をもって教化せられたのである。この広大の恩徳を厚く信じて称名念仏を怠ることのないようにと真朗は述べている。

（河村孝照）

2425 **秘密曼荼羅十住心論**（ひみつまんだらじゅうじゅうしんろん）

広論ともいう。

【成立】序文の偈の末尾に「天の恩詔を奉りて秘義を述ぶ」とあることから天長の六本宗書の一つとされ、天長七年（AD830）、著者空海の五十七歳の著作であることが明らかである。

【内容】十巻。主題とするところは十住心の思想である。この十住心思想は、大日経0848住心品を基調とし、それに菩提心論1665、釈摩訶衍論1668の思想をとり入れて構成されたもので、人間の心の展開の過程、すなわち菩提心の発展段階を十心に分析し、それらのすべてが空海の主調とする密教の世界へと収斂されてゆく、というのである。文中にも「今この経（大日経住心品）によりて真言行者の住心の次第を顕わす。顕密二教の差別もまたこの中にあり。住心は無量なりといえども、しばらく十綱を挙げてこれに衆毛を摂す」として、(1)異生羝羊住心、(2)愚童持斎住心、(3)嬰童無畏住心、(4)唯蘊無我住心、(5)抜業因種住心、(6)他縁大乗住心、(7)覚心不生住心、(8)一道無為住心、(9)極無自性住心、(10)秘密荘厳住心が掲げられている。直接には大日経住心品の、「云何んが菩提とならば、いわく実の如く自心を知るなり」という言葉を受けて、菩提に発趣するとき、心の所住の処の相続の次第についての、空海自身の体験過程に基づく、その体系化の実際であったといえよう。十住心のうち、初めの三住心は世間三ケの住心である。第四、第五は小乗（声聞と縁覚）の住心である。第六は法相宗、第七は三論宗、第八は天台宗、第九は華厳宗で大乗の住心である。第十は真言密教の住心で最高の境界であるというのである。このような十住心体系は、教判論としての意味も同時に有しており、第一住心から第九住心までを顕教として、第十心を密教として九顕一密とするのが十住心の教判思想である。しかし、密教の曼荼羅思想によれば、九顕十密であるとも同時にいうことができよう。顕密二教判については、弁顕密二教論2427において論じられているが、このこの教判は横の教判というのに対し、十住心教判は竪の教判と位置づけられている。

【関連典籍】秘蔵宝鑰2426

【後世への影響】十住心体系について特に第八住心に位置づけられた天台の側から、強い批判がよせられ、その最初は円珍の『大毘盧遮那経指帰』においてであり、鎌倉時代の日蓮によっても行われている。

【参考文献】勝又俊教訳注、『秘密曼荼羅十住心論』、一九五四。

（福田亮成）

2426 **秘蔵宝鑰**（ひぞうほうやく）

【成立】序文（発起序）に「われ今、詔(みことのり)を蒙って十住を撰す」とあり、十住心論2425と同じく、天長七年（AD830）に著された勅撰書であろう。著者は空海。

【内容】三巻。まず十住心論が著され、その綱要書として執筆されたと思われる。その内容は同書と同一趣旨を述べたもので、十住心思想を骨子としている。しかし、その論述の仕方において必ずしもこれを踏襲するものではない。例えば、前著はきわめて多くの経論の引用をしているが、本書ではそれらのほとんどが省略されている。第四住心において前著にはない十四問答が述べられている。すなわち憂国公子と玄関法師との対論によって仏教と国家・社会の関係を論じ、仏教が国家社会の理想の実現に大いに活用されるべきことを強調している。さらには、第一住心の論述において菩提心論1665の三摩地段が引用され、また釈摩訶衍論1668中の五重問答が第六住心から第十住心までにわたって引用され、教判的意味から重要なる根拠を提供している。十住心論の単なる綱要書ということでなく、種々なる工夫が加えられ、より十住心思想を簡潔・明瞭に説いているものである。

【参考文献】宮坂宥勝『密教世界の構造』一九七五。福田亮成『現代語訳秘蔵宝鑰』一九九四。

（福田亮成）

2427 **弁顕密二教論**（べんけんみつにきょうろん）

【成立】弘仁六年（AD815）頃。著者は空海。

【内容】二巻。密教と顕教ということを横の視点から教相判釈したもの。それを竪の視点から教相判釈したものが秘密曼荼羅十住心論2425・秘蔵宝鑰2426である。まず、顕・密二教を「応化の開説を名づけて顕教という、言(ことば)顕略にして機に帰(か)えり。法仏の談話(だんかい)これを密蔵という。言は秘奥にして実説なり」とし、さらに「自性・受用仏は、自受法楽の故に自眷属とともに各の三密門を説きたもう。これを密教という」と定義している。さらに釈摩訶衍論1668巻五から五重の問答を引証して、法相・三論・天台・華厳を破し、不二摩訶衍の法に教をかさね、その特異なる立場を解明している。そして不二摩訶衍とは、因縁なく機根なく、独尊なることは同時に密教のそれであるという。ついで華厳五教章・摩訶止観1911・入楞伽経0671・大乗法苑義林章1861・大智度論1509・般若灯論・釈摩訶衍論1668から各一文を引用し、それに喩釈を加える、最後に菩提心論1665の「惟真言法の中にのみ即身成仏するが故に、是れ三摩地の法を説く、諸教の中に於て闕して書けず」の文を引証して、「是れ三摩地の法を説く」とは、自性法身所説の秘密真言三摩地法門なりとしている。後半は、六波羅蜜経の五蔵・五味説を紹介し、総持（密教）を醍醐と称し、入楞伽経等を典拠にあげて、法身説法説を論証し、「この法身等は自受法楽の故にこの内証智の境界を説きたもう」たのが、密教であるとする。ようするに、顕教と密教との横の教相判釈の主題は、①仏身、②説かれた教え、③成仏の遅速のこと、④教への利益の問題ということになろう。

（福田亮成）

2428 **即身成仏義**（そくしんじょうぶつぎ）

【成立】天長元年（AD824）頃。本書に提示された六大説が、その他の空海の著作の中で、天長元年以降のものに見られるようになることから、この頃の撰述と推定されている。

【内容】一巻。空海が自らの即身成仏思想を明らかにした書。古来より声字義・吽字義と併せて三部書と称して三密に配当され、身密に当てられるが、吽字義の解説中に述べるごとく、空海の意図ではないであろう。本来「即身成仏」という語は金剛頂瑜伽中発阿耨多羅三藐三菩提心論1665に見られるなど唐代中国密教に使用されたもので、神通乗・成仏速疾之経路などともいわれるように顕教の三劫成仏（成仏するまでに無限に長い時間の修行を必要とする）の立場に対する密教の成仏の速疾であることを述べたものであるが、空海は本書の中で独自の即身成仏思想を展開した。初めに二経一論八箇の証文と呼ばれる八つの経典・論書からの引用文を、即身成仏の証拠としてあげる。ここで引用されているのは金剛頂一字頂輪王瑜伽一切時処念誦成仏儀軌0957・金剛頂瑜伽修習毘盧遮那三摩地法0876・成就妙法蓮華経瑜伽観智儀軌1000・大日経0848・菩提心論1665であるが、一切時処軌・毘盧遮那三摩地法・瑜伽観智儀軌の三はともに金剛頂経として引用される。次に即身成仏頌（または二頌八句）と称される「六大無礙常瑜伽　四種曼荼各不離　三密加持速疾顕　重々帝網名即身　法然具薩般若　心数心王過刹塵　各具五智無際智　円鏡力故実覚智」という四句の頌を二つ続けた八句の偈頌を掲げ、その各句を説明する形で述べられる。初めの四句一頌は即身を示し、後の四句一頌は成仏を示す。また初めの三句の六大と四種曼荼羅と三密とが体大（本体・本質）と相大（すがた・様相）と用大（はたらき）の三大とされ、体大である六大は地・水・火・風・空の五大という物質的要素と識大という精神的要素の六種であり、それは地大阿字諸法本不生の義、水大嚩字離言説の義、火大羅字清浄無垢染の義、風大訶字因業不可得の義、空大佉字等虚空不可得の義、識大（吽字）はこれらを覚る智慧であり、これらが常に瑜伽（ヨガ、精神集中の瞑想）の状態にあるとされ、すなわち六大とは五仏（法身）の心三摩地（法身の心の本体とその覚りの瞑想の状態）であり、これが法身や真如といった真実の理法を含めた世界の全体を生成する根源であるとされる。相大である四種曼荼羅とは大曼荼羅・三昧耶曼荼羅・法曼荼羅・羯磨曼荼羅の四種であり、大曼荼羅とは諸尊の姿を表現したもの、または十界の有情（衆生・諸尊）などであり、三昧耶曼荼羅とは諸尊を象徴する器物で表現したものであり、または諸尊の誓願、山川草木などの非情であり、法曼荼羅とは諸尊を種子（梵字一字の真言）で表現したもの、真言であり、または文字で書かれた経典、あるいは諸尊各々の覚りであり、羯磨曼荼羅とは諸尊を彫刻などで表現したもの、または諸尊の活動であって、この四種はその各々に他の三種を具足して無礙である。三密は身密・口密・意密の活動の三要素であるが、無数の諸尊の三密が互いに渉入しあい、また行者が手に印契を結び、口に真言を誦し、心を諸尊の三摩地に住すれば、諸尊の三密と衆生の三密行とが相応して速疾に本来的に具有している法身が顕現する。そして三密加持の加持とは如来の大悲と衆生の信心であるとされ、仏の日の光が衆生を照らすのを加といい、行者の心水が仏の日を感ずるのを持というとされる。そして二枚の合わせ鏡の間の像が無限に映り合うように、一である諸尊または衆生とその他の多である全体とが、体相用の三面において無限に融通しあい、渉入しあっていて、全体の中の一の各々が夫々に一であって全体である（一即多・多即一）のを即身という。そして後の四句は、その即身が本来的に法然にあることをいったもので、これが即身成仏の成仏という意味であるとされる。

【関連典籍】2429・2430

【後世への影響】空海の即身成仏説は、後世には異本即身成仏義の三種即身成仏説によって理解されるようになるが、真言宗の根本的教説として最も重視され、現身成仏・生身成仏説から現在生の肉身を重視するようになった。また高野山に空海が入定して弥勒菩薩の下生を待っているという信仰が起り、これと結び付いて、室町時代頃には即身仏（ミイラ仏）の信仰を生み出した。

【参考文献】勝又俊教『密教の日本的展開』春秋社。

（苫米地誠一）

2428 **即身成仏義**（そくしんじょうぶつぎ）〈異本〉

（異本一）真言宗即身成仏義問答

（異本二）即身成仏義

（異本三）真言宗即身成仏義

（異本四）即身成仏義

（異本五）即身成仏義

（異本六）真言宗即身成仏義問答

【成立】異本即身成仏義と称される文献が、現在まで六種伝えられている。これらは空海真撰の即身成仏義とは内容的に異なるものであり、現代的な意味での同一文献の異本ではない。九世紀後半から十世紀初め頃、空海の没後早い時期に、空海に化託されて作られた偽撰書であろう。空海真撰本を正本と称するのに対して、伝統的に異本と呼ばれている。また異本三については、同じものが天台宗の安然の著作として伝えられているが、これも仮託であろう。

【内容】いずれも一巻。

（異本一）正本の内容をめぐる諸問題について速疾成仏説の立場から問答体で解説したもの。簡単な議論が多く、初心者のために作られたものか。巻末に華厳宗と天台宗の即身成仏と真言宗の即身成仏との相違を論ずる。

（異本二）二経一論の引用や即身成仏頌とその各句の解説といった形式は正本を真似たものであるが、異本一と同様に問答体で構成される。特に加持について自善根加持・如来加持・法界加持の三種や、またこれらを自・他に分けたり、先成就・未成就に分けたりといった議論を展開する。

（異本三・四・五・六）これらの四本は文章もほとんど同じであるが、ただし前後の異同が見られ、やはり問答体で構成される。即身成仏頌をあげて、その説明の形をとるのは正本を真似たものであるが、この偈頌作者を異本三では不明ながら大唐の大阿闍梨の所持とし、異本四では唐の大阿闍梨の作とし、異本五には唐の大阿闍梨の即身成仏頌と称するなど、空海の創作ではないものとし、後にはこの作者を空海の師である恵果和尚に擬する。またここには二経一論の即身成仏に証文がなく、速疾成仏の立場から三種即身成仏説といわれる理解が示される。三種とは理具即身成仏・加持即身成仏・顕得即身成仏であり、即身成仏頌の前半の四句が加持成仏（行者が三密行を修行することによって如来の三密と一致する）を、次の三句が理具成仏（衆生の中に本来的に如来であること〈本覚〉を具有している）を、終りの一句が顕得成仏（修行の結果として報身の如来〈妙覚仏〉に成る）を示すとされる。

（苫米地誠一）

2429 **声字実相義**（しょうじじっそうぎ）

声字義ともいう。

【成立】本書に見られる六塵文字説が天長三・四年（AD826・827）の空海の著作に集中して見られるが、それらの中で最も早い成立とすれば、天長二、三年頃の成立と推定される。

【内容】一巻。空海の唱えた真言宗教学の根本的命題の一つである法身説法について、その説法の声字と実相である法身について論じたもの。古来より即身義・吽字義と併せて三部書と称して三密に配当され、口密に当てられるが、吽字義の解説中に述べるごとく、空海の意図ではないであろう。(1)叙意、(2)釈名体義、(3)問答という構成をとることが冒頭に述べられるが、実際には(2)の釈名体義を釈名と出体義の二に分ける、出体義の途中までで終わっている。そのために古来から未完の書であるか完成した書であるかの議論がある。叙意では、如来が説法をするのは必ず文字によるとし、その文字は色声香味触法の六塵（六境、六種類の認識の対境）を本体とし、六塵は法身の三密を本とし、その法身は法界に遍満しているとされる。釈名では六離合成釈とよばれる梵語（サンスクリット）の複合語の解釈法を応用して「声」と「字」と「実相」と「義」という題名を解釈する。次の出体義が本論であり、証拠の文として大日経0848の引用とその解釈をあげた後、「五大皆有響　十界具言語　六塵悉文字　法身是実相」の偈頌をあげて、その各句を解説する。五大とは即身義に説明する六大の中の五大であり、十界は地獄から仏の世界までで、その各々の衆生に言語があり、全て法身より流出したもので、真実を覚れば真言となり、迷えば妄語となる。次に六塵の中の色塵の文字について述べ、眼の対境として見えるもののさまざまな様相が全て色塵の文字であるとする。さらに続けて色聚の諸法（五蘊、物質的存在）について、その文字を述べる。そしてその法身説法の文字である六塵に法身の依正（身体と国土）である法爾の文字と報応化身・衆生凡夫の依正である随縁（縁起によって生じたもの）の文字とがあり、凡夫は無明煩悩のためにこれに迷い、苦しみを生ずる毒となり、仏は真実を知って、苦しみを抜く薬となるという。本書は未完であるように見られるが、色塵の文字の解釈中に色蘊の文字を論じるために以下を述べる必要が無くなったのであろう。巻末にはごく簡単な問答もあり、内容的には完結したものといえよう。

（苫米地誠一）

2430 **吽字義**（うんじぎ）

【成立】 空海によって著された一字の真言である吽字の解釈書で、伝統的には、即身義・声字義と併せて三部書と称され、この二書の後の撰述とされてきた。しかし本書には天長元年（AD824）頃成立の即身義とほぼ同内容でありながら、未だ六大体大・四曼相大・三密用大の三大説によって体系付けられた完成した即身成仏思想が見られないことと、弘仁九年（AD818）の成立と推定される般若心経秘鍵2203と同様の法曼荼羅観が見られながら、やはり秘鍵の如来の説法の言葉を真言とする真言観が説かれないこと。また秘鍵が経典の密教的解釈法であるのにたいして、本書が真言の密教的解釈法の実例を示したものとして、一組の著作と見做し得る性格を認めうるところから、この二書の間の成立と推定される。

【内容】 一巻。吽字を訶・阿・汙・麼の四字に分解し、さらにその各々について字相と字義とを示し、終りに四字を合成した解釈を示す。初めに大日経疏1796によって訶字・阿字・汙字・麼字の字相釈を示し、次いで字義釈に入る。訶字・阿字の字義釈は主として大日経疏の引用で示す。訶字は因業不可得の義、阿字は諸法本不生の義を示し、さらに守護国界経に阿字の百義が説かれるとする。次に汙字の字義釈では、一切諸法損減不可得の義をあげながら、一心法界・三密本法などとよばれる実相が、凡夫の無明や外道の因果を撥無する見解、二乗の灰身滅智や大乗の空観・唯識観、言語道断・廃詮断旨などの否定によって影響・変化を蒙ることなく、因果を超越して常楽我浄であるとし、諸字の字義門によって一字を解釈する旋陀羅尼門の解釈の実例をあげ、本有の本覚を説明する長文の偈頌をあげる。ここに即身成仏義2428と同様な、法爾法然の実相の重重無尽の世界観が示され、さらには報身の仏でさえも因縁によって成仏した因果の存在にすぎないという。麼字の実義は吾我不可得の義とされ、文殊・不動などの真言の字義が示される。合釈段では吽字を構成する四字に法報応化身・顕密二教の理教行果・二乗菩薩などの因行果などを摂することを示し、吽字に全ての教えや修行、その果などを摂し尽くすとする。

（苫米地誠一）

2431 **御遺告**（ごゆうごう）

【成立】空海が弟子達に示したいわば遺言的な内容を持った書で、承和二年（AD835）三月十五日と空海入定の約一週間前の日付が記されているが、現在空海の真作とは考えられていない。

【内容】一巻。二十五個条からなり、その〈第一条〉は初めに成立を示す縁起、〈第二条〉は寛慧大徳を以て吾が滅度の後に諸の弟子の依師長者と為す縁起、〈第三条〉は弘福寺を以て真雅法師に属すべき縁起、〈第四条〉は珍皇寺を以て後生の弟子門の中に修法すべき縁起、〈第五条〉は東寺を教王護国寺と号すべき縁起、〈第六条〉は東寺の灌頂院は宗徒の長者阿闍梨が検校すべき縁起、〈第七条〉は食堂の仏前に大阿闍梨並びに二十四の僧の童子等を召侍して五悔を習誦せしむべき縁起、〈第八条〉は吾が後生の弟子門とは大安寺を以て本寺と為すべき縁起、〈第九条〉は真言場に宿住して師師の門徒とならんと欲さん者は必ず先ず須らく情操を以て本と為すべき縁起、〈第十条〉は東寺に長者を立つべき縁起、〈第十一条〉は東寺の長者を敬うべき縁起、〈第十二条〉は三論・法相を兼学せしむべき縁起、〈第十三条〉は東寺に供僧二十四口を定める縁起、〈第十四条〉は二十四口の定額僧を以て、宮中の正月後七日の御願の修法を修すべき縁起、〈第十五条〉は、宮中の御願正月修法の修僧等は各々所後の上分を分けて、高野などの修理雑用に充つべき縁起、〈第十六条〉は宗家は年分を試度すべき縁起、〈第十七条〉は後生末世の弟子は祖師の恩を進んで報ずべき縁起、〈第十八条〉は東寺の僧房に女人を入るべからざる縁起、〈第十九条〉は僧房の内に酒を飲むべからざる縁起、〈第二十条〉は神護寺家をして宗門徒長者大阿闍梨に口入せしむべき縁起、〈第二十一条〉は伝法灌頂阿闍梨の職位、ならびに両部の大法を輙（たやす）く授くべからざる縁起、〈第二十二条〉は金剛峰寺を東寺に加えて宗家の大阿闍梨が眷務すべき縁起、〈第二十三条〉は室生山心水師が建立する道場に朔ごとに避蛇の法を、三箇日夜に修すべき縁起、〈第二十四条〉は東寺の座主大阿闍梨耶は如意宝珠を護持すべき縁起、〈第二十五条〉はもし末世の凶婆非爾等が有って密華園を破せんと擬せば修法すべき縁起、と述べられている。

御遺告と称されるものは五種類残されている。すなわち『御遺告二十五個条』『遺告諸弟子等』『太政官符案并遺告』『御手印縁起』『遺告真然大徳等』である。このうち本書は『遺告諸弟子等』にあたる。これらの御遺告は、古来は弘法大師の真撰と見なされてきたが、明治期の釈雲照氏以来、弘法大師撰述を疑問視する説が出され、今日ではいずれも偽作として扱われている。したがって、どのようにこれら五種類の御遺告が成立してきたかが研究されている。

【参考文献】武内孝善「御遺告の成立過程について」『印度学仏教学研究』43－2、一九九五。同「御手縁起の成立年代について」『密教学研究』27、一九九五年。

（堀内規之）

2432 **阿字観用心口決**（あじかんようじんくけつ）

【成立】八世紀前半頃。著者は実慧（じちえ）。

【内容】一巻。空海の口決を弟子の実慧が述べたもので、阿字観法の用心とその修禅法が中心となっている。まず阿字観法の方法については、金剛合掌して、五大願を唱え、胎の五字明を百遍誦す。その後に能詮の字を観じ、所詮の理と思うべしとする。能詮の字とは阿字のこと。所詮の理とは阿字に空・有・不生の三義があり、各々を観念することによって大日法身を自然に具することになるとし、阿の声によって自然道理の陀羅尼、性海果分の法門、本不生の極理なる境界を体得するとしている。さらに広略秘観の事が述べられ、本不生の体とは種子は阿字、三摩耶形は八葉蓮華なりとし、それらの観法に二種あり、その一は、一肘の前に観ずる蓮華を自身の中に召入し、入我々入する観。二は、一肘の前に観ずる蓮華を目を閉じて見る程に観じて後に自身に召入する観とである。広観は、一切縁起の諸法を毘盧遮那法身と観ずることであるとしている。そして、心の寂静なる時には略観、心の散乱なる時には広観を修すべきことを述べている。

【後世への影響】後に執筆された、特に東密の僧侶達による阿字観次第は、すべてこの書に基づいている。

【参考文献】水原堯栄『密教観法私考』一九二七。小林正盛『秘密禅』一九二七。

（福田亮成）

2433 **真言付法纂要抄**（しんごんふほうさんようしょう）

付法纂要・小野纂要抄ともいう。

【成立】康平三年（AD1060）。著者は成尊＊。

【内容】一巻。真言密教における法の相承の次第をその略伝を付けて述べる。大日如来・金剛薩埵・竜猛・竜智・金剛智・不空・恵果・弘法大師空海、そして金剛智に善無畏・不空に一行を付して所謂ゆる付法と伝授の八祖の略伝を並記したものである。また、弘法大師伝では、灌頂・受学・梵文・相承・誓願・宝珠・道具・入定・法則・外護の十の殊勝なる点を挙げ弘法大師の偉大さを述べている。

（堀内規之）

2434 **弁顕密二教論懸鏡抄**（べんけんみつにきょうろんけんきょうしょう）

顕密二教論懸鏡抄・懸鏡抄ともいう。

【成立】十一〜十二世紀。著者は済暹＊。

【内容】六巻。弁顕密二教論2427に対する註釈書。註釈書としては現在では最古のものの一つである。初めに来意を弁じ、次に弁顕密二教論なる題目を解釈し、第三に弁顕密二経論の本文を註釈している。本文に関しては、総標綱要分・総釈開宗分・略示証説成義分・広説問答料簡分・問答決疑成宗分の五分大門に分け、実際に本文を挙げながら多くの経典論書を用いて自らの解釈を示している。

【関連典籍】2427・2435

（堀内規之）

2435 **顕密差別問答**（けんみつさべつもんどう）

【成立】十一〜十二世紀。著者は済暹＊。

【内容】二巻。十住心論2425を所依とし、顕密の諸経典・論書を参考として顕密の二教の差別浅深を、顕教一乗・密教一乗の対弁の下に問答体で示している。その問答の範囲は、仏身論・煩悩論・浄菩提心観・三平等観・内証・十住心論の次第の問題・十地・十六生などの各方面にわたっており、十住心論、さらに二教論2427の所説に基づいて論をすすめている。

【参考文献】橘信雄「済暹師『顕密差別問答』について」『豊山教学大会紀要』24。

（堀内規之）

2436 **四種法身義**（ししゅほっしんぎ）

【成立】十一〜十二世紀。著者は済暹＊。

【内容】一巻。自性・受用・変化・等流の四種法身について要義を問答体で示している。真言密教の法身観としては、法界宮密厳土の中の主伴互に自受法楽をなす四種の仏身を真実四種法身仏として、これを空海の考えであるとして、自らを正統なる空海教学の後継者たらんことを示している。また、大乗密厳経0681・0682が多く引用され、密厳土や密厳浄土の概念が明らかにされているのが特色である。本書は済暹の著作目録の『四種法身義広問答』に該当する。

【参考文献】堀内規之「済暹教学と『大乗密厳経』」『豊山教学大会紀要』21。

（堀内規之）

2437 **住心決疑抄**（じゅうしんけつぎしょう）
【成立】十一世紀前半頃。著者は信証。
【内容】一巻。空海の十住心論2425の中の、特に一道無為と極無自性の両住心を天台宗と華厳宗とに配することについて問題提起し、それらの優劣を論じて、真言宗の所説に及ぼすがごとき方法をもってさまざまな観点から論述を展開している。例えば、天台宗は応化身の摂末帰本より法身の本に入る。華厳の意は報身を本となし、上法身に依り、下応迹に垂る。真言宗とは一切皆是れ唯だ法身なるのみ、自性受用変化等流、是の如きの四種は皆な法身と名づく、とあるがごとくである。後半にいたって理趣経0243の解説をしている。
（福田亮成）

2438 **阿字義**（あじぎ）
【成立】十二世紀前半頃。著者は実範。
【内容】三巻。阿字に関する克明な論述書。全体の構成が、最初に示されており、全三巻にわたって十四の項目が詳細に述べられている。すなわち阿声字実相名体の事。阿声字の一切声字の本体となす事。阿声の一切定恵等の声字が遍ずる事。一切の文字の阿字に非ざること無き事。阿字の悉く一切情非情法に遍く其の第一命となる事。阿字の一切真言之心となし、亦生処住処亦最上、又一切法教之本亦所詮となす事。阿字を一切理之本となす事。阿字を一切行之要となす事。阿字を以て如来無辺の果徳を統ずる事。如来の好感妙応は皆阿字門を出でざる事（以上巻上）。阿字の字相において能所詮を弁ずる事。阿字実相の法の法然随縁の事。阿声字の実相之迷悟損益の事（以上巻中）。阿字之字相字義、実相之有相無相の事（巻中・巻下）である。論拠となる資料は、大日経0848・大日経疏1796を始めとして、空海の声字実相義2429・即身義2428・吽字義2430。あるいは安然の悉曇蔵2702等にわたり、阿字の名体、字相字義、浅略深秘釈、本不生等のことが論じられている。
（福田亮成）

2439 **阿字要略観**（あじょうりゃくかん）
【成立】十二世紀前半頃。著者は実範。
【内容】一巻。本書は阿字観の実修について述べたもの。阿字を修するに三業行があり、それは身語意である。尽は身業、誦は語業、観は意業であるからであるとしている。観行には二種ありとし、能詮の字、所詮の義をあげ、能詮の字に色文字と声文字あり、一切語法本不生の義を観念する。それに三義・五義成等百一十義、無量義があるとしている。また所詮の義は、自心を円明中に観じ、阿字蓮華を観じ如実の相を了するとしている。後半は四字偈文形式によって前半の要趣を再説している。

2440 **大経要義抄注解**（だいきょうようぎしょうちゅうげ）
【成立】不明。
【内容】五巻。当鈔は大日経0848の注釈書で、実範の大経要義鈔の注解である。釈題・入文判釈の三門をもって解説し、後に十住心について名体・廃立・教文・次第・次位・断惑・驚覚・五相・百心・摂法の十段を開いて論じている。これらをさらに注解したのが本書である。「抄云」として主題を提出し、「解云」として解答し、さらに問答をかさねて主題を展開している。取り上げられている主題は大日経に限定することなく、空海教学や天台・法相等にもわたっており、必ずしも一貫したものではないが、興味深い主題が六十七ほど提出されている。
（福田亮成）

2441 **秘宗教相鈔**（ひしゅうきょうそうしょう）
【成立】十二世紀後半頃。著者は重誉。
【内容】十巻。最初に秘密宗の所説に就て且く四十八条の題を探し、その中の疑慮を決す、とあり、大日経0848所説三瑜祇行の料簡第一（第一・第二）、大日経三瑜祇行顕密の料簡第二、百六十心本惑唯取鈍簡の五利第三、百六十心の断位第四、六十心三妄執中の摂不摂第五、浮菩提心并びに信解行位の料簡第六、大日経所説の菩提心爲因大悲爲根本等三句の料簡第七、胎蔵界三重曼荼羅分別の菩提心大悲方便の三句第八、胎蔵界曼荼羅中の中台別説観音院等第九、胎蔵五仏相当の因行証入便究意の五位第十（以上第三）、曼荼羅聖衆天等の浅深第十一、胎蔵曼荼羅四種法身の料簡第十二、金剛界九会の料簡第十三（以上第四）、四種曼荼羅の料簡第十四、菩薩の位数第十五、大日経所説の六無畏分第十六、菩薩の証理位第十七、十地の浅略深秘二釈第十八、十地位の超越の有無第十九、発菩提心之相第二十、成仏の相第二十一（以上第五）、即身成仏第二十二、五相成身の料簡第二十三（以上第六）、一座成覚の料簡第二十四、草木等の成仏不成仏第二十五、果分功徳の可説不可説第二十六、如来内証境界の等覚十地不能入室の料簡第二十七、顕密所説の陀羅尼の浅深第二十八、顕密二宗の地位対当第二十九、顕教至極真言蔵家爲入道初門の料簡第三十（以上第七）、阿闍梨位の浅深第三十一、種子并びに三昧耶形の料簡第三十二、梵字の造作・不造作分別第三十三、阿等の諸字の字義第三十四、阿等の諸字の字義之中の不可得言所顕の義第三十五、阿等の諸字の字相家義不同第三十六、阿等の諸字の定恵等諸門分別第三十七（以上第八）、真言を一二遍等を誦して大悉地を得るの料簡第三十八、自相差別法の有爲無爲分別第三十九、秘密乗教の能説の教主の料簡第四十（以上第九）、金剛界儀軌の六曼荼羅の行不行の料簡第四十一、大日経の龍猛菩薩の誦出と為す第四十二、無畏三蔵の胎蔵供養次第法を出すの説の相違第四十三、理趣経を蔵部収摂第四十四、法花経の顕密二蔵の料簡第四十五、今教不輒示人の所由第四十六、極楽世界の自性受用等四土の分別第四十七、龍智阿闍梨所住の国界第四十八（以上第十）の項目にわたって詳説している。これらは、まさしく真言教学の主要項目であり、主として大日経0848・大日経疏1796等に関するものが中心である。

（福田亮成）

2442 **十住心論抄**（じゅうじゅうしんろんしょう）

【成立】保延五年（AD1139）。著者は重誉（じゅうよ）。

【内容】三巻。十住心論2425の第三より第十に至る八巻中に述べられている要義を問答形式で論述したもので、第三から第五までは巻上、第六は巻中、第七から第十までが巻下において論じられている。各住心の名称の根拠、他住心との関連、内容の考察等にわたりさまざまな根拠を掲げて論述している。十住心思想の明解な考察の書である。

（福田亮成）

2443 **十住心論打聞集**（じゅうじゅうしんろんだもんしゅう）

【成立】空海の十住心論2425についての談義の聞書で、保延四・五年（AD1138～1139）の談義であると記している。

【内容】一巻。十住心の各住心の名称、句について問答形式で論述するもので、後半は第十秘密荘厳住心の解釈に多くを費している。文中に脱文が多くあり、完本ではないところに問題があろう。

（福田亮成）

2444 **十住遮難抄**（じゅうじゅうしゃなんしょう）

【成立】不明。

【内容】一巻。空海の十住心思想に対して寄せられた批判。すなわち十住心を立つるに論をなすに足らず、五箇の難破に付して信用すること能はず。一道極無に地前有り。極細妄執に地上無し等に対しての論駁の書。特に安然（あんねん）の教時義第二に書かれる五失の各々を検討している。さらに大日経義釈を多用して、本地身・浄菩提心・秘密趣等の問題について詳論し、安然の批判に対して三十六失を数え上げている。

（福田亮成）

2445 **真言教主問答抄**（しんごんきょうしゅもんどうしょう）

【成立】十二世紀前半。著者は教尋（きょうじん）＊。

【内容】一巻。真言密教における教主大日如来について、その特色等を問答体で論じている。初めに教尋以前の学匠の説を挙げ、次に教尋自身の考えを述べたうえで問答によって自説を敷衍し、証文を引いて解釈をほどことしている。証文では、空海の二教論2427・大日経開題2211・御請来目録2161、そして大日経0848・大日経疏1796などが挙げられているが、著者の提示している考え方は基本的には空海の教主観とほぼ相違がない。また「大正蔵経」では本書の著者名を経尋と表記しているが教尋と表記するのが一般的と考えられる。

（堀内規之）

2446 **千輻輪相顕密集**（せんぷくりんそうけんみつしゅう）

【成立】十二世紀後半。著者は興然＊。

【内容】一巻。釈迦如来の両足の千輻輪相に関して、初めに涅槃経の経文を略して引用し、次に不空訳の千輻輪相讃や仏跡千輻輪真言などの文を引用している。顕密集とは顕教の涅槃経と密教者たる不空が訳したものを集めたという意とされている。引用されている偈頌によれば、この千輻輪は三身・三宝・三密・三大・五仏・五智・六大等々を示すとされ、「左迹胎蔵右金剛両部海会諸尊摂顕密十二八万教」とすべての教えが摂せられることとなっている。

（堀内規之）

2447 **貞応抄**（ていおうしょう）

【成立】貞応三年（AD1224）。七月十三日仁和寺の光台院御室禅定二品親王の道助の質問に対して、道範＊が翌年九月に著し、十月に進覧した旨が記されている。

【内容】三巻。道助の質問事項は、次の十一条、すなわち、真言教主三身分別事・驚覚仏三身分別事・一道極無地前地上事・四種法身横竪分別事・三種即身成仏事・即身成仏宿善事・即事而真事・五蔵顕密分別事・一門普門分別事・自証極位説法有無事・識大顕形有無事である。道範は師事している静遍・静覚の説はもちろん、実範の病中修行記や興教大師覚鑁の心月輪秘釈等々の考えも引用してこれらの真言教学の主要問題に解答を出している。

（堀内規之）

2448 **諸法分別抄**（しょほうふんべつしょう）

【成立】十四世紀前半。著者は頼宝＊。

【内容】一巻。真言密教の六大体大説に関する十五点について述べたもの。すなわち、身心本元事・六大事・五大形色因縁事・古代本末分別事・古代通名輪事・五大五色中何為本事・法性内五大世間外五大分別事・五大重立離散本末事・五大相剋相生事・五大仮実分別事・五大重立次第事・諸法能成六大一異事・五字門四万六大分別事・五字有点無点事・色心法体形色同異事である。このうち身心本元事だけは身心本元鈔として、他の十四条は体大東聞記または六大奥義章という名称で各々別行本とされている。身心本元鈔は頼宝の記、他は頼宝の述べたことを弟子の空覚が記したものとされている。

（堀内規之）

2449 **真言名目**（しんごんみょうもく）

【成立】十四世紀前半。著者は頼宝＊。

【内容】一巻。真言密教の教学上主要な二十のテーマについて述べている。すなわち、六大体大事・四曼相大事・三密用大事・三種即身成仏事・三劫事・六無畏事・十地事・十縁生句事・五智事・四種法身事・五転事・十住心事・両部大日事・不二事・有相無相事・遮情表徳事・浅略深秘事・本有修生事・字相字義事・顕密分別事である。いずれもポイントを押さえて要領よくまとめられている。これらは空海の著作や他の論書を理解するうえで重要かつ前提理解となる単語・概念について述べてあるため、頼宝は初学者の便宜を考えて本書を著したものと考えられる。

（堀内規之）

2450 **開心抄**（かいしんしょう）

【成立】貞和五年（AD1349）。著者は杲宝＊。

【内容】三巻。真言密教と禅宗に関する三十のテーマごとに詳細に論じたもの。上巻について、東寺所蔵の杲宝自筆本と慶長年間の木版本の二つを掲載している。両者の内容に大きな違い、例えばテーマ名などが異なっていたりするからである。また杲宝自筆本の上巻には修善覚夢鈔という別名を挙げている。その上巻は禅宗と真言密教のいわば優劣について、中巻は即身成仏や煩悩と菩提、下巻は即事而真や一法界多法界など当時重要とされた教学上のテーマについて論じられている。

（堀内規之）

2451 **金剛頂宗綱概**（こんごうちょうしゅうこうがい）

【成立】貞和五年（AD1349）。著者は杲宝＊。

【内容】一巻。この題名は、この写本を書写した東寺観智院第十三世賢賀が、その写本の初めの数葉が失われていて題名も判らなかったので、内容によってつけたものであるという。初会の金剛頂経には金剛界品・降三世品・遍調伏品・一切義成就品の四大品があるが、不空訳0865は金剛界品の一部だけゝあり、円仁の金剛頂経疏2223もその前二巻のみの注釈にすぎない。杲宝は初会の金剛頂経の完訳である仏説一切如来真実摂大乗現証三昧大教王経0882を披覧して三十巻教王経文次第2226を著しているが、この三十巻本によって初会全体の不審な点について考える所があったとして、教主でたる大日如来と釈迦との問題、三十七尊の自受用・他受用の問題、一切義成就菩薩の成道の処の問題、初会の説処の問題などのさまざまな問題について、分別聖位経0870・十八会指帰0869・二教論2427・付法伝・金剛頂経疏2223・教時問答2396・菩提心義抄2397、その他、多くの経論を東台両密にわたって引用し、議論を展開している。

【関連典籍】0865・0882・2226

（苫米地誠一）

2452 **大日経教主本地加持分別**（だいにちきょうきょうしゅほんじかじふんべつ）

【成立】杲宝＊の講義が門弟によって筆記されたものが多いが、本書は本人によって著わされた。

【内容】一巻。大日経0848の教主について本地身説と加持身説とがあり、本書の成立は比較的古く、しかも詳しく論じているために後に与えた影響は少なくない。最初に大日経0848を引用して、毘盧遮那は本地法身の異名であるとし、二教論をはじめとした諸説をあげながら会釈する。続いて大日経疏1796を引用し、毘盧遮那は曼荼羅中台の尊であり本地身であるとする。さらに大日経や大日経疏などを引用し、また、先徳の諸師の説を示して問答会釈をしながら、教主は本地身であるとする立場を明らかにする。

（佐藤俊哉）

2453 **宝冊抄**（ほうさくしょう）

【成立】貞和六年（AD1350）。賢宝撰とされているが、杲宝＊口説・観宝記のアキシャ鈔第二、同第十一より第二十に相当し、それを改訂増補したものである。

【内容】十巻。真言宗の所依とする諸経論や常用経典の中から、主要なるものを選出して、翻訳、相承の次第、作者、説相等の概要について説述する。

（佐藤俊哉）

2454 **十住心義林**（じゅうじゅうしんぎりん）

【成立】十四世紀後半頃。著者は宥快。

【内容】二巻。空海の十住心思想について多くの設問によって深釈したものである。例えば、十住心の建立に多種有りと雖も其の要を採れば幾種有りや。一には顕密合論の十住心。二には能寄斉の真言行者に約する十住心。三には若しくは天、若しくは人、若しくは鬼畜等の法は、皆是れ秘密仏乗の旨なるを以て建立す。是れ即ち深秘の十住心なり、とあるがごとくである。他に十住心に一切の教法を摂する義如何、十住心において世出世大小三一顕密等の不同如何、十住心の心内心外の分別如何、十住心に三劫を摂する義如何、十住心に六無畏を摂する義如何等の問いを掲げて論述している。

【参考文献】重松寛勝『十住心義林科註』一八八八。

（福田亮成）

2455 **大日経主異義事**（だいにちきょうしゅいぎのこと）

大日経教主異義、十九人異義ともいう。

【成立】著者は宥快。

【内容】一巻。大日経の教主について、本地身説、加持身説などがあるが、本書においては法性・覚阿・道範・覚鑁・実範・済暹・信証・慧心・蓮華院・信日・真弁・隆恵・重誉・頼瑜・円仁・円珍・安然・覚苑・覚超等の十九人の説をあげて簡潔に述べる。比較的小部の論書であるが、名著として高く評価されている。

【後世への影響】上田照遍は本書に私注を加え、法端の般若寺教主通解と合本して大日経教主管見として刊行している。

（佐藤俊哉）

2456 **宝鏡鈔**（ほうきょうしょう）

【成立】著者は宥快＊。

【内容】一巻。真言宗の相承を説き、次に東密事相における根本両流である広沢流、小野流の法流について解説する。さらに、男女の陰陽道を即身成仏の秘術であると説く立川流興起の由来と伝播の状態を示し、立川流の邪教を明らかにする。

（佐藤俊哉）

2457 **大日経教主義**（だいにちきょうきょうしゅぎ）

【成立】享保十四年（AD1729）。著者は曇寂。

【内容】一巻。古来、大日経の教主に関して本地身か、加持身かで論争が繰り広げられてきたが、両者はそれぞれ一義に偏執しており、本地身説と加地身説は同にして異、異にして同であるとして、両者の融合を主張したところに本書の意義がある。古義説、新義説の自宗の説のみならず円珍・安然・覚苑の他宗の説を紹介し、本地身説、加持身説は不二であり、能化に約せば本地身、所化に約せば加持身とし、両説を融合する立場に立って自らの説を述べる。曇寂のこの思想は、常明や法住によって完成される。

（佐藤俊哉）

2458 **真言宗未決文**（しんごんしゅうみけつもん）

真言未決文ともいう。

【成立】八～九世紀。著者は徳一＊。

【内容】一巻。法相教学の大家である徳一が空海に対して十六個条の疑問を提示したもの。すなわち、第一結集考疑・第二経処疑・第三即身成仏疑・第四五智疑・第五決定二乗疑・第六開示悟入疑・第七菩薩十地疑・第八梵字疑・第九毘盧遮那仏疑・第十経巻数疑・第十一鉄塔疑である。本書の成立に関して従来指摘されてきたのは、『性霊集』巻九所収の「諸の有縁に勧めて秘密法蔵を写し奉る文」と『高野雑筆集』上に収録されている徳一宛の空海の書状との関係である。この二つの書状は弘仁六年（AD815）四月に空海が常陸の筑波山にいた徳一に、弟子の康守・安行を遣わして密教経典・論書三十五巻の書写流布を要請したものである。この三十五巻の密教経典・論書を徳一が披見した結果が本書の成立といわれてきている。そして、徳一の第十一鉄塔疑に対する反論として『秘密曼荼羅教付法伝』の問答決疑段があげられている。しかし、この成立問題についても近年、苫米地誠一氏によって疑問が呈されている。徳一の十一個条を内容的に分類すると、第一・十・十一の疑は真言密教の成立、第三・七は真言密教の修行、第五は真言密教の仏性論、第二・四・九は仏身論、第八は声字観、第六は『菩提心論』に対する疑である。これらの疑難に対して空海は明確な反論はしていない。それがいわば密教と顕教の立場・視線の違いといえる。

【参考文献】末木文美士『平安初期仏教思想の研究』

（堀内規之）

2459 **未決答釈**（みけつとうしゃく）

【成立】保元二年（AD1157）、壺坂（奈良県）で房覚によって著されたことが本書の奥書に記されている。

【内容】一巻。真言宗未決文2458に対して十一個条ごとに答えたもの。空海の二教論2427・十住心論2425・即身成仏義2428・広付法伝・性霊集、さらに大日経疏1796・菩提心論1665などの諸論を引用している。本書の成立以前には、安然・信証・済暹の三師が反駁の書を著しているが、信証と済暹の書は現存せず他の著作に引用の形でその内容を知ることが出来るだけである。

【関連典籍】2458

（堀内規之）

2460 **徳一未決答釈**（とくいちみけつとうしゃく）

【成立】十四世紀。著者は杲宝＊。

【内容】一巻。真言宗未決文2458に対する杲宝の反駁の書。本書で反駁されている内容は、菩薩十地疑事・梵字法然疑事・法身説法疑事・大日経第七巻説者事・鉄塔相承疑事と、徳一が真言宗未決文で示した十一個条のうち後半の五個条についてだけである。また、鉄塔相承疑事については真言宗未決文の文を引用しているのみで答釈はしていない。他の杲宝の著作では『杲宝私鈔』（真言宗全書第二十巻）の中で八個条について答釈している。『杲宝私鈔』等は主として自己の考えを述べているが、本書は諸経論疏よりの文証を多く引用した後に自己の意見を述べている。

（堀内規之）

第78巻　続諸宗部　九

2461 **大和尚奉爲平安城太上天皇灌頂文**（だいわじょうへいあんじょうだじょうてんのうにたてまつるためのかんじょうのもん）

【成立】空海が弘仁十三年（AD822）に東大寺の真言院の潅頂道場において平城上皇に潅頂を授けた折の諷誦文であったと推定されている。

【内容】一巻。本文は一、それ八繕の文、二、それこの太虚を過ぎての文、三、それ気海微しといえども の文、四、若しそれ一千二百の薬草の文、の四文から構成されている。一の文は、真言の法門を説いて衆生として頓に心仏を覚り、速かに本源に帰らしめるための指南とするとして、「金剛頂分別聖位経序」から真言密教とは法界体性身の大日如来五智所成の四種法身が常恒不断に演説しているためであるとし、付法の経過を説明している。二の文は、五乗道別・八宗趣異に随って顕教・密教の戒が存在しているとして、今授くる戒は、三昧耶戒で秘密曼荼羅の法に基づくものであるとし、三昧耶（samaya）には、本誓・平等・摂持などの意味があり、その意味を深く知り、誦すれば、大日如来所有の一切の功徳智慧を摂す、としている。三の文は、如来所有の法宝には、一、蘇多覧蔵、二、毗奈耶蔵、三、阿毘達磨蔵、四、般若蔵、五総持蔵があるとし、菩薩の説、人師の談には、律・倶舎・成実・法相・三論・天台・華厳・真言の八宗があり、教門に順じて戒も別であるといっている。四の文は、三昧耶戒序2462のそれと同一である。

【関連典籍】2462・2463

【参考文献】勝又俊教「空海の戒律観」（『密教の日本的展開』所収）一九七〇。

（福田亮成）

2462 **三昧耶戒序**（さんまやかいじょ）

【成立】八～九世紀。著者は空海。

【内容】一巻。真言密教における授戒の教旨を述べたもの。三昧耶戒は行者が潅頂のときの入壇の前に受けるもので、行願・勝義・三摩地の三種菩提心を戒体、四重禁戒を戒相とするものである。三昧耶仏戒では、大毘盧遮那自性法身所説の真言曼荼羅教の戒であるとし、まず四種の心を発すべしとし、一、信心、二、大悲心、三、勝義心、四、大菩提心とかぞえ、また信心に、澄浄・決定・歓喜・無厭・随喜・尊重・随順・讃歎・不壊・愛楽の十種があるとし、大悲心とは、行願心ともいい、法界無縁の一切衆生を観ずるに己身のごとし、とし、抜苦与楽を本道としている。勝義心とは、深般若心ともいい、乗の差別・優劣をば如来の所説に依って知るべきとし、菩提心とは、所求と能求との心があり、能求心とは菩提を求めんてしてまずその心を標すことであり、所求心とは無尽荘厳金剛界の身であり、それは大毗盧遮那四種法身四種曼荼羅、一切衆生本来平等に共に有しているものである、としている。そして日月の輪光を観じ、声字の真言を誦し、三密の加持を発し、大・三昧耶・法・羯磨の四智印の妙用を揮うに、大日の光明廓として法界に周ねく、無明の障がたちまちに心海に帰してしまうとし、それを秘密の三摩地といっている。要するに、一切衆生を観るに己身、および四恩と観じて十不善業道と離れ、大慈悲の行願によって自然に十不善の心を離れ＝調伏の戒、悪心を離れて心中に清涼寂静を得る＝尸羅の戒、とし深般若心によって無自性を観じ、自他の衆生を饒益するのである。すなわち、三聚妙戒（摂律儀戒・摂善法戒・饒益有情戒）を具足する、それは同時に秘密の三摩地に住することでもあるが、それによって自からの身心を検知し、他の衆生を教化する、それが秘密三摩耶仏戒であると結論している。

【関連典籍】金剛頂瑜伽中発阿耨多羅三藐三菩提心論1665・釈摩訶衍論1668。空海に秘密三昧耶仏戒儀2463があるが、本書はそれの序文にあたるとされる。

【参考文献】勝又俊教「空海の戒律観」（『密教の日本的展開』所収）一九七〇。

（福田亮成）

2463 秘密三昧耶仏戒儀（ひみつさんまやぶつかいぎ）

【成立】八世紀後半頃。著者は空海。

【内容】一巻。密教における授戒の作法を説いたもの。三昧耶戒序2462が三昧耶戒の思想を述べており、この両書によって空海の三昧耶戒思想とその授戒の方法・内容が明確となる。まず菩提心を発起するために四大願をおこすことを述べ、その菩提心とは諸仏の清浄法身、衆生の染浄心であることを明かし、一切諸仏を啓請し、供養し、至心に懺悔して、授戒の前に三帰、四弘誓願、発菩提心の真言を授け、次に賢聖を請し、十方一切の諸仏を証明和尚として、無動・宝生・阿弥陀・天鼓雷音を和尚として菩薩の清浄三昧耶戒を受け、普賢・慈氏・妙徳・除蓋障を羯磨阿闍梨として、普賢・金剛薩埵・観自在を教授阿闍梨とするとしている。そして羯磨を説き、四摂法・四波羅夷・十重戒を修すべしとし、缺犯してはならないとしている。さらに菩提心戒の四種の戒相とは、第一に正法を捨てて邪行を起すべからざる戒、第二に菩提心を捨離すべからざる戒、第三に一切の法において慳悋すべからざる戒、第四に一切衆生において不饒益の行を作すことみ得ざるの戒、とし、次いで十重戒があげられている。そしてこれらを最上最尊無比無等の戒といっている。

【関連典籍】0917・0915

（福田亮成）

2464 五部陀羅尼問答偈讃宗秘論（ごぶだらにもんどうげさんしゅうひろん）

五部宗秘論、宗秘論ともいう。

【成立】平安時代初期。著者は空海。

【内容】一巻。五部の諸尊の真言、陀羅尼の意義、その功徳などを、修真居士と秘密上人との問答形式をもって説いたもので、その問答は百八、五百二十行の偈讃からなっている。また、第七十八偈の「教法は本より差うことなし　牛と蛇との飲水の如し　牛は飲めば蘇乳と成り　蛇は飲めば毒刺と成る　智覚は菩提を成じ　愚学は生死を成ず」との文によって、空海の真言密教への態度が知られる。

【参考文献】小峰彌彦「宗秘論の諸問題」智山学報38、一九八九。

（小林靖典）

2465 檜尾口訣（ひのおくけつ）

檜尾雑記、檜尾御口訣ともいう。

【成立】平安時代初期。空海述、実慧記とされる。本書の最後に「右の抄は、実慧僧都が高野大師の所に於て伝習するの口訣なり。尤も尊重すべし」とあることによる。

【内容】一巻。実慧が空海より受けた、事相に関する諸口訣十四条を記したもの。すなわち、仏眼法・金剛寿命法・五大尊位等・六足尊真言印・忿怒法・五忿怒主伴・怨形・七日等不解界・護摩有多事・閏月小月宿・炉諸尊位・閼伽等偈・諸部相応物・息災等真言等の以上十四条である。また、檜尾口訣と呼ばれるものには三種あって、金剛頂瑜伽蓮華部大儀軌二巻（空海口説・実慧記）と真言秘要記及阿闍梨口決（実慧口説・恵運記）と本書の檜尾雑記（空海口説・実慧記）である。

（小林靖典）

2466 **高雄口訣**（たかおくけつ）

金剛界曼荼羅次第法、実相寺口訣ともいう。

【成立】平安時代初期。空海述、真済記。本書の奥書に「弘法大師の口訣に依りて、真済僧正これを記す」とある。

【内容】一巻。真済が空海より受けた事相教相に関する諸口訣六十二条を、集め記したもの。すなわち、最初に「天長七年(AD830)十月（十一月の誤り）十五日戌の時を以て、始めに曼荼羅次第法を承くる」にはじまり、次いで同月「十六日夜に受法せらる」、「天長九年二月十一日夜に聞習し、二月二十三日了る」、同年「三月三日を以て始む」との記述が見える。事相では温室洗浴法・上堂法・入厠穢所などを、教相ではランバン二字義・四種薩埵義・劫波三義などの口訣を記している。

（小林靖典）

2467 **五部肝心記**（ごぶかんじんき）

金剛胎蔵総行五部肝心記ともいう。

【成立】著者は真済。

【内容】一巻。金剛界法の次第を記したもので、最後に壇図と口受とを載せている。すなわち「口受に云く、薬とは真珠、若しは五宝を合し、以て薬と為し、壇の中心に仏舎利五粒、或は一粒を置き、これを行ず。大唐青竜寺恵果阿闍梨の真多摩尼法を付属せしめたるを、大師の土心水師（堅慧法師）にこれを授け、土心水師の竹木目底を受けたるは、宀一山（室生寺）の峯にありて、東寺にて一阿闍梨の後七日御修法を行じしとき、彼の峯を応に壇上に観想すべし」とあって、空海が堅慧に如意宝珠法の秘事を授け、その秘事が室生の峯にあって、後七日御修法を修するときには、室生の峯を観ずべきことを伝えている。

（小林靖典）

2468 **要尊道場観**（ようそんどうじょうかん）

諸尊道場観、要尊道場観集、石山道場観集ともいう。

【成立】著者は淳祐。

【内容】二巻。諸尊の道場観、印明、梵号、密号、字輪観図等を集め、さらには神供や施餓鬼等の次第をも記したもの。広略の二本あるうち、本書は広本のものである。また、各写本には、諸尊の出没、順序の不同等があり、大蔵経本は、底本の八十二項を中心として、乙本の九十六項とを対校し、八十二項としたものが所載してある。

（小林靖典）

2469 **不潅鈴等記**（ふかんれいとうき）

不潅鈴ともいう。

【成立】著者は真寂親王。

【内容】一巻。不動明王の秘印明、潅頂の印明、鈴杵の義が記されていることによって、その首字を取って不潅鈴とし、さらに円城寺護摩堂の壁図、東寺講堂の五仏等の図等が記されていることにより、等の字を付し不潅鈴等記と名付けたもの。不動三三摩耶摂召印、五大尊総摂印、三部総摂大阿闍梨印については、実慧が秘密の口伝を益信に授けたものであり、五部の鈴杵等については、円城寺僧正（益信）の口訣によるものであることが記されている。

（小林靖典）

2470 **具支潅頂儀式**（ぐしかんじょうぎしき）

具支潅頂式、具支潅頂私記、一夜式ともいう。

【成立】著者は元杲（げんごう）＊。

【内容】一巻。東密小野流に伝わる金胎両部合行の潅頂式を記したもの。承和十年（AD843）に実慧が真紹へ授けた東寺での潅頂次第を基にして、外儀の所作を寛空より、道場内庫の所作を淳祐の伝によって、次第所作を詳しく記述した。すなわち、まず元杲は淳祐より内儀のみの潅頂を受け、次いで康保三年（AD966）十一月に香隆寺において勅命によって寛空より庭儀支分を具支した伝法潅頂を受けた。「内供（淳祐）は慈を垂れ早く密印許可の秘を授く。僧正（寛空）は勅を奉じて、重ねて具支潅頂の厳を伝う」とあるのは、これらの消息を伝えたものである。また本儀式は、金剛界と胎蔵法の両壇を同時に荘厳して、初金後胎の順にて一夜のうちに両部の潅頂を行うもので、これによって一夜式の名もある。

【関連典籍】2473・勝覚の新撰式。

【後世への影響】空海が唐の青竜寺にて恵果より、六七八月に三度にわたって受けた潅頂に対して、広沢と小野流に解釈の相違が生じた。すなわち、小野の勧修寺流では、三度目の八月潅頂を両部不二の具支潅頂であったと解釈し、これによって、この元杲の潅頂式はこれに則ったものであるとする。また、小野の安祥寺流では、不空が再び天竺にて竜智（ナーガボーディ）より受けた潅頂作法がこの潅頂式であるとする。以後このように東密各流において、潅頂式に対する解釈をめぐって相伝が異なる一端を担うものとなる。


（小林靖典）


2471 **金剛界九会密記**（こんごうかいくえみっき）

九会密記ともいわれる。

【成立】著者は元杲（げんごう）＊。

【内容】一巻。金剛界曼荼羅の九会の建立の次第、その意義を金剛頂蓮華部心念誦儀軌0873等と対照して総説し、次いで、九会各々の意義について十六の問答によって明らかにしたもの。胎蔵界三部秘釈2472と対になる書。すなわち、儀軌に説かれる極喜三昧耶・降三世・大楽不空身・五相成身観・四仏加持・四仏繋鬘・現智身より陳三昧耶・道場観・成羯磨身の次第が、降三世三昧耶・降三世・理趣・一印・四印・供養・微細・三昧耶・羯磨の九会のそれぞれに対応し、そしてこの九会全体が成身会であること等を説く。

【関連典籍】0873

（小林靖典）


2472 **胎蔵界三部秘釈**（たいぞうかいさんぶひしゃく）

胎蔵界三部密記、三部秘釈、三部密記ともいう。

【成立】著者は元杲（げんごう）＊。本書の最後に「伝授の大師（淳祐のことか）在世の日、閑暇に両界の奥旨を相い尋ね、此に於て漸くその義を演（の）ぶ。金剛界の趣密記を文に成し、胎蔵の壇儀秘釈を義に存す」とあり、師より授かった教えを金剛界九会密記2471とともに記した。

【内容】一巻。大悲胎蔵法曼荼羅における諸問題について、十七の問答によって明らかにするもの。すなわち、金剛界に五部と胎蔵法に三部を立てる意図、九識を転じて五智を成ずること、五智を五部に配当すること（二問答）、胎蔵曼荼羅の諸院を三部に配当すること（二問答）、外金剛部が金剛部に属すること、三部に摂属させる意図、地蔵院を蓮華部に摂すること、除蓋障院を金剛部に、他院を仏部に摂すること、観音院を仏部に摂属させる意図、持明院を仏部に摂すること、勝三世尊のこと（二問答）、般若菩薩のこと、四仏の方位のこと、大日経疏所説の天鼓雷音と無量寿尊のこと、無量寿尊のこと、以上十七条である。

【関連典籍】0853

（小林靖典）

2473 **小野六帖**（おのろくじょう）
小野小六帖　小野小双紙　小帖双紙ともいう。
【成立】著者は仁海（にんがい）＊。
【内容】七巻。それぞれ順に大師伝法潅頂私記、大潅頂作法次第、伝法潅頂千心私記、雑私記大師記、胎疏並儀軌等序要文、宿曜私記、伝法潅頂の七つの外題がついており、伝法潅頂の諸次第、印明等について記したもの。書名の小野は、撰者である仁海の開いた曼荼羅寺のある地名よりとったもので、小野流の名もこれによる。また、六帖の名は、第三帖の伝法潅頂千心私記を「印信の帖」などと呼び、これを秘帖として除くため、残りの六帖によって書名とした。第一帖には、伝法潅頂について、空海が行った金剛峯寺での次第、承和十年（AD843）の実慧が真紹へ伝えた東寺での次第等を、第二帖には、引入弟子法、潅頂法、旋遶壇法等を、第三帖には、金胎両部の印明、神日記の伝法潅頂次第、諸印信の印明等を、第四帖には、仁海の見た夢、空海が書いたとされる次第、金剛童子作法等を、第五帖には仁海の夢、大日経疏1796の釈文、胎蔵法の経軌名、晒雲の分別八葉私記の文、教日の胎蔵大次第の文を掲げ、第六帖には、二十八宿・北斗七星の真言、元辰供作法等の宿曜に関することを、最後の第七帖には、伝法頂式、結縁潅頂次第を記す。

【関連典籍】2470

【後世への影響】東密小野方の勧修寺流等では、本書に説く、承和十年の東寺での潅頂次第をもって、具支潅頂の所依としている。

（小林靖典）

2474 **五相成身義問答抄**（ごそうじょうしんぎもんどうしょう）

【成立】十一～十二世紀。著者は済暹*。

【内容】一巻。金剛界法の中の五相成身観だけに限らず、現智身や見智身、さらには道場観に至るまで、それらに関する問題点を問答の形をとって、済暹自身の意見を表明したもの。すなわち、通達菩提心・修菩提心・成金剛心・証金剛身・仏身円満の五相は、発信心・比観修行・分証得・因満・果満の五位に相当するかしないかの問答に始まり、五相成身と五転の阿字および仏部等の五部との関係、五相成身と現智身・見智身との関係等について問答し、心地観経0159、勝鬘経0353、密厳経0681・0682、大日経0848、摂真実経0868、十八会指帰0869、蓮華部儀軌0873、尊勝軌儀0973、仁王経儀軌0994、普賢儀軌1124、慈氏菩薩儀軌1141、菩提心論1665、仁王経疏1709、教王経疏2223、菩提心義2397、十住心論2425、秘蔵宝鑰2426、秘蔵記などを援用して決択している。

【関連典籍】0865

【参考文献】櫛田良洪「興教大師と済暹教学」豊山学報14・15、一九七〇。

（小林靖典）

2475 **十八契印義釈生起**（じゅうはちげいいんぎしゃくしょうき）

十八道義釈、十八道義釈生起ともいう。

【成立】諸宗章疏録によれば著者は清水寺定深とされる（十二世紀初）。しかし、別説に小島寺真興のものといい、あるいは天台の五大院安然のものともいわれる。

【内容】一巻。十八道念誦法における次第構成の意図するところを、初心の行者のために詳細に解説したもの。まず、十八道は胎蔵蘇悉地に摂せられるとし、六法（荘厳行者法・結界法・荘厳道場法・勧請法・結護法・供養法）十八義（浄三業・仏部・蓮華部・金剛部・護身・地結・金剛牆・道場観・虚空蔵普通供養・送車輅・請車輅・奉請・当部明王印明・金剛網・火院・閼伽・華座・普供養）の構成になっていることを説き、次いで、観自在如意輪菩薩瑜伽法要1087に説かれる偈に随って解説を施し、以下は、問答の形を採って、諸経論や口伝を援用しつつ、十八道にかかわる一々の諸問題を明らかにしている。

【関連典籍】0930

（小林靖典）

2476 **別行**（べつぎょう）

別行鈔、七巻鈔、成就院七巻鈔、尊法七巻鈔、略行鈔、略行集、集行鈔ともいう。

【成立】永久五年（AD1117）。作者は寛助*。

【内容】七巻。真言密教の東密・広沢方法流の諸尊法の類聚として最古のものであり、作者の寛助の下で広沢六流が分かれたことから、作広沢方の通聖教とされる。諸尊法の道場観、本尊観、字輪観、真言、印契、種子・三昧耶形、梵号、密号、修法次第などを記し、あるいは所依の経典・儀軌から形像や功徳などに関する記事を引用する。「第一巻」諸仏部、「第二巻」仏頂部、「第三巻」観音部、「第四巻」菩薩部、「第五巻」忿怒（明王）部、「第六・七巻」天部。

同じく別行鈔と称するものに真済撰高雄神護寺口決（高雄口決とは別）、超然撰別行鈔があるとされる。

（苫米地誠一）

2477 **柿袋**（かきぶくろ）

柿経袋ともいう。

【成立】十一～十二世紀。著者は真誉＊。

【内容】一巻。真言密教の東密・広沢方法流に属する事相の口決集。仁和寺成就院寛助、高野御室覚法法親王、平等房永厳、勝定房恵什、金剛王院聖賢、理性院賢覚、経俊などから受法した持明院真誉が、諸師の口決類を集成したもの。これを柿色の経袋に入れて秘蔵していたためにこの名があるという。大正蔵経収録本は巻頭に五十九法の名目（五大尊、六観音などを個別に数えれば六十八法）をあげるが、実際には名目に無い項目を含めて前半の四十二法（また数え方により四十一とも）を載せる。また終わりに胎蔵界中台八葉院の九尊の梵号、密号、種子、三昧耶形を載せる。

（苫米地誠一）

2478 **要尊法**（ようそんほう）

要尊鈔、平等鈔ともいい、あるいは平等鈔二巻の上巻にあたるともいう。

【成立】十二世紀。著者は永厳。

【内容】一巻。真言密教の東密・広沢方法流の諸尊法集。本書は巻頭に「要尊に付き之れを抄す。具さには七巻抄、并びに十巻抄の如し」とあり、師である寛助の別行鈔（七巻鈔）と永厳自身の図像鈔（十巻鈔）より主要な二十三法を抄出したものとされる。ただし永厳の図像鈔はもと恵什の類聚したもので、後に法流の不和によって恵什が別に図像鈔を作り、多少の出没があるも、ほぼ同じとされる。しかし永厳・恵什の両図像鈔と本書とは内容が一致せず、本書は永厳の口決を覚成が記し、守覚法親王が類聚した沢鈔に一致する点が見られる。

【関連典籍】2476・2488・図像鈔

（苫米地誠一）

2479 **勝語集**（しょうごしゅう）

随聞記ともいう。

【成立】保延六年（AD1140）。恵什＊の口決を覚印が記した。

【内容】一巻。真言密教の東密・広沢方法流に属する事相の口決集。巻頭に「保延元年十二月十一日、安養谷勝定房に於て、聞くに随って記す」とあるが、勝定房は恵什のことで、勝語集の勝は勝定房を指し、勝語とは恵什の口訣のこと。保延元年十二月から同六年十月の日付がみられ、この間に受けた雑多な口説を記したもの。諸師の伝を引き、故事や尊法の縁起などについても載せる。後に覚印の付法の心覚の撰集した心覚抄（別尊雑記）は本書を基とするものといわれる。

【関連典籍】図像鈔、別尊雑記

（苫米地誠一）

2480 **事相料簡**（じそうりょうけん）

【成立】永暦二年（AD1161）。著者は覚印。

【内容】一巻。事相の口伝相承に対する学侶の異執を改めんとするために著されたもの。初めに、事相は口決を受けて行ずるもので、了簡すべきではないが、伝来の間には遺失・訛謬もあり、鈔物類には異説を注しているが肝要を欠いているので、本経・儀軌によって愚案を廻らし注を改めるとする。そして以下の七項目について記す。（1）瑜祇経の如射衆星光の偈の事、（2）法華儀軌の決定如来の事、（3）仁王経法并びに曼荼羅の事、（4）金翅鳥王と伽楼羅と同異の事、（5）摩訶迦羅と大黒天神と同異の事、（6）本命供の図位の不定の事、（7）神供の図様行法の不可なること。

（苫米地誠一）

2481 **転非命業抄**（てんぴみょうごうしょう）

【成立】十二世紀。著者は賢覚＊。

【内容】一巻。金剛寿命陀羅尼念誦法1133に説かれる金剛寿命真言の「信心清浄にして業障銷滅し、更に寿命を増す」という功徳について、諸経論を引いて論証したもの。行者に信心清浄の人と信心の牢固ならざる人の二種があり、信心清浄の人はこの真言を持して悉地を成就し、数百歳の寿命を延ばせるとし、真言の功力が決定業を転ずることを論ずる。そして竜樹（ナーガールジュナ）や竜智（ナーガボーディ）などの数百歳に寿命を延ばした例を挙げ、金剛智、不空、空海が寿命を延ばさなかった事について、空海の御遺告2431を引いて、悉地を成就した人の寿命の延促は自身の考えによるものであるとする。

【関連典籍】1133

（苫米地誠一）

2482 **伝授集**（でんじゅしゅう）

【成立】十一世紀～十二世紀。著者は厳覚＊。

【内容】四巻。真言密教・東密小野方の諸尊法の口決集。勧修寺長吏厳覚が受法した大理趣房寂円・理趣房頼照・大谷覚俊・大教院覚意等の諸師の、尊法の道場観・三昧耶形・種子・真言・印契などを記した折紙や口決類などを類聚し、後に弟子の勧修寺法務寛信がこれを集めて四帖とし伝授集と名付けたとされる。また鳥羽僧正範俊の口決を加えて五帖とするものもあるという。また寂円は醍醐寺の学匠で、延命院元杲の弟子である若狭講師定観および小野僧正仁海より受法しているから、その口決は淳祐―元杲―仁海につながる小野方系統のものである。

（苫米地誠一）

2483 **厚造紙**（あつぞうし）

敦造紙、厚草子、厚双紙、無名抄、醍醐抄、醍吼鈔、醍孔鈔、秘記ともいう。

【成立】十二世紀。定海＊の口説を元海が筆記。

【内容】一巻、または二巻。真言密教・東密小野方（醍醐方）三宝院流の事相の口決集。諸尊法を主とした三宝院定海の口決を、松橋元海が老齢による廃忘に備えるために記したもの。同じ三宝院流の遍智院成賢撰薄双紙2495にたいして、帖が厚いのでこの名がある。草稿本と清書本があり、大正蔵経収録本は清書本である。

同名のものに小野僧正仁海撰二巻（または三、四、五巻）と、元海口・一海記二巻があり、写本で伝えられる。仁海撰を小野厚造紙、一海記を松橋厚造紙、本書を三宝院厚造紙という。また小野厚造紙に対して本書を松橋厚造紙ということもあり、これは松橋元海の口決であるからという。また台密・三昧流の良祐にも厚造紙と称するものがある。

（苫米地誠一）

2484 **諸尊要抄**（しょそんようしょう）

廟鈔、妙鈔ともいう。

【成立】十二世紀。著者は実運＊。

【内容】十五巻。真言密教・東密小野方の諸尊法の口決集。勝倶胝院実運の口決を弟子の寛命が記し、後に実運自身が修補して醍醐方の法流の口決を加えたもの。元は実運が受法した口決を纏めた秘蔵金宝鈔2485に基づいているが、醍醐の説が加えられている所に相違が見られるとされる。また一説には秘蔵金宝鈔は再治、本書は未再治の相違ともいう。醍醐方三宝院流では、本書と秘蔵金宝鈔と玄秘鈔2486とを併せて後三部鈔と称する。

【関連典籍】2485・2486

（苫米地誠一）

2485 **秘蔵金宝鈔**（ひぞうこんぽうしょう）

金宝鈔、金宝集ともいう。

【成立】十二世紀。著者は実運＊。

【内容】十巻。真言密教・東密小野方の諸尊法の口決集。勝倶胝院実運はもと醍醐座主三宝院勝覚の弟子であったが、次の座主三宝院定海に弟子の礼をとらず、勧修寺法務寛信の下へ走り、寛信より勧修寺流の正嫡に擬される。後に次の醍醐座主松橋元海の下へ帰り、醍醐方三宝院流の正嫡となる。これにより三宝院流へ勧修寺流が流入したが、本書はその寛信の口決を記したもの。後に実運が醍醐の説を加えたものが諸尊要鈔2484とされ、また一説には本書は再治、諸尊要鈔は未再治ともいう。三宝院流では本書と諸尊要鈔と玄秘鈔2486を併せて後三部鈔と称する。

【関連典籍】2484・2486

（苫米地誠一）

2486 **玄秘抄**（げんぴしょう）

【成立】十二世紀。作者は実運＊。

【内容】四巻。真言密教・東密小野（醍醐方の諸尊法の口訣集。実運はもと醍醐座主勝覚の弟子であったが、一時、寛信の下で勧修寺流を学び、後に醍醐座主松橋元海の下へ帰り醍醐方三宝院流の正嫡となった。本書は醍醐寺へ帰った後に元海より受けた三宝院流の口訣を記したもので、寛信より受けた勧修寺流の口訣を記した秘蔵金宝鈔2485と諸尊要鈔2484と本書を併せて後三部鈔と称するが、本書を醍醐の正伝として大事にする。

【関連典籍】2484・2485

（苫米地誠一）

2487 **治承記**（じしょうき）

三宝院伝法灌頂私記が本来の題であるが、同名の聖教（仏教の典籍全体の総称）が多くあり、年次を題名として通称する。

【成立】治承三年（AD1179）。著者は勝賢＊。

【内容】一巻。真言密教・東密小野（醍醐方三宝院流の伝法灌頂の日記。治承三年四月十二日に醍醐寺三宝において、醍醐寺座主覚洞院勝賢が、仁和寺僧である寛昭にたいして三宝院流の伝法灌頂を授けたときの記録。大阿闍梨である勝賢自身が記したもの。もとになる灌頂作法の次第は、元杲の具支灌頂儀式（一夜式）2470を二夜の作法に改編した勝覚の伝法灌頂式（勝覚新撰式）であるが、本書はこの次第には記されない、三昧耶戒・金剛界伝法灌頂・胎蔵界伝法灌頂の支度、道場図、荘厳、行列、作法などについて詳記し、後の伝法灌頂実修の規範として三宝院流に重視された。

【関連典籍】2470・2499・伝法灌頂式（勝覚新撰式）。

（苫米地誠一）

2488 **沢鈔**（たくしょう）

十巻鈔ともいう。

【成立】十二世紀。覚成＊記・守覚＊輯。

【内容】十巻。真言密教の東密・広沢方法流の諸尊法の類聚。諸尊法の道場観、本尊観、字輪観、真言、印契、種子、三昧耶形、梵号、密号、修法次第などを記す。北院御室守覚法親王が、保寿院大僧正覚成より受けた諸尊法の折紙（一尊毎に、夫々に異なる道場観・本尊の印・真言・三昧耶形・口訣などを記して、諸尊に共通な作法次第の中にそれらを組み込むことにより、諸尊法を実修することができるようにしたもの。もと一尊毎に一紙を折って記したので折紙といい、多くても数葉の薄帖である）に、さらに各種の口伝を広く注記したもの。同じく覚成が守覚法親王に伝授した諸尊法の折紙の類聚に沢見鈔があり、内容的には殆ど同じであるが、沢見鈔が諸尊法のみであるのにたいして、沢鈔は諸作法・灌頂法を載せ、覚成や大御室性信法親王の口決などの注記・裏書きがあるなど、収録される尊法の種類に相違があるとともに、同じ尊法にも相違の見られる所がある。ともに広沢方の通聖教とされる。

【関連典籍】沢見鈔

（苫米地誠一）

2489 **秘鈔**（ひしょう）

御鈔、白表紙、広蓋鈔、七日鈔ともいう。

【成立】十二世紀。勝賢＊記・守覚＊輯。

【内容】十八巻。真言密教の東密・醍醐方三宝院流の諸尊法の類聚。醍醐座主覚洞院勝賢が北院御室守覚法親王に授けた諸尊法の折紙（一尊毎に、夫々に異なる道場観・本尊の印・真言・三昧耶形・口訣などを記して、諸尊に共通な作法次第の中にそれらを組み込むことにより、諸尊法を実修することができるようにしたもの。もと一尊毎に一紙を折って記したので折紙といい、多くても数葉の薄帖である）を類集したもの。守覚は勝賢より受けた尊法を類聚して野鈔（または野月鈔）と称し、さらに勝賢の口伝を加えて野決鈔と名付け、これらを取り合わせたものを秘鈔と言うとされる。後に漸々と添加した部分があり、また草本と再治本とがあり、巻数の不同がある。大正蔵経収録本は十八巻本であるが、三十巻本は諸尊護摩や異尊抄2490その他の巻が加えられている。醍醐流の聖教として、御室（仁和寺）と醍醐とに伝えられる。

【関連典籍】2490

（苫米地誠一）

2490 **異尊抄**（いそんしょう）

異尊ともいう。

【成立】十二世紀。守覚＊法親王の作であるとされ、勝賢入滅の直前に御室（仁和寺）より出て醍醐に伝えられ、秘鈔2489に加えられたといい、また遍智院成賢のときに加えられたともいう。また勝賢＊の作であるともいう。

【内容】二巻。真言密教の東密・醍醐方三宝院流の諸尊法の類聚。醍醐座主覚洞院勝賢が北院御室守覚法親王に授けた諸尊法の類集である秘鈔の中の、異尊を集めた巻である。異尊とは普通諸尊法と異なり、常には修せざる修法の本尊のことであるという。

【関連典籍】2489

（苫米地誠一）

2491 **右記**（うき）

【成立】年代は不明だが元暦元年（AD1184）以降に成立した左記よりは以前かと思われる。著者は守覚＊法親王。

【内容】一巻。仁和寺の喜多院御室守覚法親王が側近の者たちの訓戒のために記された随筆集である。童形等消息事と老若甲乙消息事とに分かれ、それぞれ数十項目に渉って毎日の所作の事や日常生活で注意すべき事、慎むべき事などについて述べる。その姉妹編ともいうべきものに左記2492、御記2493、追記2494があり、左記の序には「此の書は真俗の記類なり。真俗の内に於て、左右の号を今の記に与ふる耳」とあるが、左記が修法の事など真諦門（宗教的な事）に属する事が中心であるのに対し、本書は寺院内の日常生活的な俗諦門（世俗的な事）が中心といえよう。

【関連典籍】2492・2493・2494

（苫米地誠一）

2492 **左記**（さき）

【成立】元暦元年（AD1184）以降。著者は守覚＊法親王。

【内容】一巻。本書の序には「此の書は真俗の記類なり。真俗の内に於て、左右の号を今の記に与ふる耳」とあり、仁和寺の喜多院御室守覚法親王の記された右記2491、御記2493、追記2494などの随筆集の姉妹編ともいうべきものである。序にはさらに「治承三年八月一日、仙洞より兼光を以て御祈の事條條、之れを仰せ被る。云々」などとあって、治承三年（AD1179）から元暦元年までの守覚法親王の勤修した御修法の記録や修法における道具・作法などの口訣を書き留めたものである。また序の初めには源平の争乱と平氏の滅亡のことなど当時の状況に関する記事も見られる。

【関連典籍】2491・2493・2494

（苫米地誠一）

2493 **御記**（ぎょき）

【成立】年代は不明だが右記2491・左記2492の成立（AD1184以降）より以降と思われる。著者は守覚＊法親王。

【内容】一巻。仁和寺の喜多院御室守覚法親王が病中に、思い出のままに、寺院内に住する者たちの毎日の所作・勤行の事や、日常生活や修法の上で注意すべき事、慎むべき事などの雑事、修法における作法や口訣、真言宗の付法血脈などについて記された随筆集である。姉妹編ともいうべきものに右記、左記、追記2494がある。本来は御記というのは天皇の日記の事であり、親王について称すべきものではないが、古来より本書は御記と称されて伝承されてきている。

【関連典籍】2491・2492・2494

（苫米地誠一）

2494 **追記**（ついき）

【成立】年代は不明だが右記2491・左記2492の成立（AD1184以降）より以降と思われる。著者は守覚*法親王。

【内容】一巻。仁和寺の喜多院御室守覚法親王が記された随筆集に右記、左記、御記2943があり、本書は此等を追うものという意味で追記という。初めに「大法・秘法、小野・広沢の用意の事に就く」とあるように、小野流と広沢流の夫々の大法・秘法について記したもので、真言密教の大法・秘法には小野に有って広沢に無き法、広沢に有って小野に無き法、両流ともに有っても修すべからざる法、修すべき法などの相違が有り、他流の法を修すべきではなく、その新旧の儀則を弁えなければならないという。但し秘法と法流に関するこのような理解は、これより以前には見られないもので、守覚親王の時代頃に成立したものと考えられる。

【関連典籍】2491・2492・2493

（苫米地誠一）

2495 **薄双紙**（うすぞうし）

薄草紙、薄草子、薄ともいう。

【成立】鎌倉時代。著者は成賢*。

【内容】十六巻。真言密教・東密小野（醍醐方（三宝院流）が諸尊法の類聚。醍醐座主宰相僧正遍智院成賢が伝授のために諸尊法の項目の一々を挙げて一部にまとめたもの。伝授の際にその中の一尊法毎に引き離して別々に伝授したという。この一尊毎の別帖の紙数が少ないために薄双紙というといい、あるいはまた松橋元海の諸尊法の類聚を厚双紙というのに対して薄双紙というともされる。二帖の内、上帖を初重、または普通諸尊法といい、未灌頂（灌頂を受けていない者）にも授ける。これに対して下帖を二重または諸尊法といい、已灌頂（已に灌頂を受けた者）にのみ授けるとされる。しかしまた初重にも已灌頂でなければ授けない法もあり、二重にも未灌頂の者に授ける法があるともされる。

（苫米地誠一）

2496 **遍口鈔**（へんくしょう）

秘密口伝鈔ともいう。

【成立】天福元年（AD1233）。成賢*の口説を道教が筆記。

【内容】六巻。真言密教・東密小野方の事相の口決集。醍醐寺座主・宰相僧正遍智院成賢の口決を遍智院僧都道教が集めた醍醐三宝院流の諸尊法の口決集。成賢には多くの弟子があるが、道教はその正嫡であり、三宝院流の末流である地蔵院流（三宝院流道教方）の祖となる。本書は九十一条の諸口訣を記し、末尾に建久七年（AD1196）六月四日より十四日に受けた灌頂・血脈に関する口訣四条を含み、地蔵院流の唯授一人嫡嫡相承の重書とする。

【関連典籍】2497

（苫米地誠一）

2497 **実帰鈔**（じっきしょう）

虚往実帰鈔ともいう。

【成立】寛喜三年（AD1231）。成賢*の口説を深賢が記した。

【内容】一巻。真言密教・東密小野方（醍醐方三宝院流）の事相の口決集。醍醐寺座主・遍智院成賢の口決を醍醐寺地蔵院開祖地蔵院法印浄林房深賢が集めた諸尊法の口決集である。口決には元久三年（AD1206）から寛喜三年までの日付が見られ、この間に受法したものと考えられ、地蔵院流に用いられる。遍智院の口決の鈔ということで、もと遍口鈔ともいったものを、道教の記した遍口鈔と区別するために親玄大僧正が実帰鈔と名付けたとされるが、奥書によれば深賢自ら「虚往実帰の謂」によって実帰鈔と名付けたとある。

【関連典籍】2496

（苫米地誠一）

2498 **幸心鈔**（こうしんしょう）

【成立】建長二年（AD1250）から弘長三年（AD1263）にわたって伝授された口決の記録。憲深＊の口説を親快が筆記。

【内容】五巻。真言密教・東密小野方の事相の口決集。勝賢記・守覚輯の秘鈔2489について、報恩院僧正極楽房憲深が伝授した口決を覚洞院法印親快が記したもの。憲深は醍醐寺座主・遍智院成賢の付法の弟子で、醍醐寺報恩院に住した、三宝院流の末流である報恩院流（三宝院流憲深方）の祖。書名の幸心とは報恩院の報恩の略字で、憲深の口決を鈔する意である。本書中に見える先師僧正とは憲深の師の成賢をさす。三宝院流にはもと道教（地蔵院流）を成賢の瀉瓶（正嫡の弟子）としたが、道教が早逝した後に憲深の法流が一山を風靡したため、報恩院流も三宝院流の嫡流（正嫡の法流）とされるにいたった。

【関連典籍】2489

（苫米地誠一）

2499 **伝法潅頂私記**（でんぽうかんじょうしき）

潅頂私記、伝法潅頂教舜記、潅頂教舜記、潅頂播記、潅頂播鈔ともいう。

【成立】鎌倉時代末頃。播磨僧都教舜＊が醍醐寺座主報恩院僧正極楽房憲深の口決に基づいて自行のために記した。

【内容】三巻。真言密教・東密小野方の事相の口決。醍醐報恩院流（三宝院流憲深方）の伝法潅頂次第の口決である。もとの伝法潅頂式は三宝院権僧正勝覚が延命院元杲の一夜式（具支潅頂儀式）2470を開いて三巻とした新撰式（伝法潅頂式）であり、醍醐三流（三宝院流・理性院流・金剛王院流）に用いられる。本書は三宝院流の一支流の口決であるが、醍醐寺において中心的な法流となった憲深の口決として重視され、特に地蔵院流（三宝院流道教方）で重んじられる。大正蔵経収録本では上巻を金剛界作法、中巻を三昧耶戒作法、下巻を胎蔵界作法としているが、醍醐流のものとしては、三昧耶戒作法が上巻、金剛界作法が中巻、胎蔵界作法が下巻となるのが正しい。

【関連典籍】2470・2487・伝法潅頂式（勝覚新撰式）

（苫米地誠一）

2500 **四巻**（しかん）

四巻書、四巻抄ともいい、また勧修寺流の根本の師口という意味で栄然の新師口2501に対して本師口ともいう。

【成立】建久五年（AD1194）。著者は興然＊。

【内容】四巻。真言密教・東密小野方勧修寺流の事相の口決集。勧修寺慈尊院第二世理明房興然が、天養（1144）～永暦（1160）にかけて受法した、勧修寺法務寛信・明海已講（醍醐寺勝倶胝院実運）・大法房実任・助阿闍梨勧祐の四師の潅頂や別尊法などの口決一三七法を集めて四帖とし、弟子の成宝に伝授したもの。勧修寺流・随心院流の根本の聖教とされる。

【関連典籍】2501・興然撰小折紙

（苫米地誠一）

2501 **師口**（しく）

興然撰四巻2500を本師口というのに対して本書を新師口ともいい、また真言集ともいう。

【成立】建仁二年（AD1202）。興然＊の口説を栄然＊が記した。

【内容】四巻。真言密教・東密小野方勧修寺流の事相の口決集。勧修寺大僧都栄然が建久二年（AD1191）～建仁二年（AD1202）にかけて勧修寺慈尊院理明房興然より受けた諸尊法の口訣集。大略は興然作の諸尊法の折紙（一尊毎に、それぞれ異なる道場観・本尊の印・真言・三昧耶形・口訣などを記したもの）を類聚して四巻に纏めたもので、記述を興然の小折紙に譲って省略している所もある。栄然の類聚であるが、興然の口訣を栄然が記したものと、興然が勧修寺法務寛信・明海已講（醍醐寺勝倶胝院実運）・大法房実任・助阿闍梨観祐等に受けた口訣を栄然の相承したものとが混ざっている。

【関連典籍】2500・興然撰小折紙

2502 **行法肝葉鈔**（ぎょうぼうかんようしょう）

【成立】上巻は不明、中巻は寛元二年（AD1244）、下巻は宝治二年（AD1248）。下巻の奥書には、仁治二年（AD1241）の大伝法院方との騒動により、讃岐国（香川県）に配流されていた高野山正智院道範＊が弘法大師空海誕生の地である善通寺において弥谷上人の勧進によって記したとある。

【内容】三巻。真言密教・東密中院流の事相の口訳集。上・中二巻は、十八道立の一座行法の諸作法について、下巻は護摩法の入護摩以降の作法についての口訣である。同種のものは各法流毎の十八道次第の口訣、護摩の口訣、あるいは四度次第まとめての口訣など数多くあるが、本書は簡略にして要を得たものとして珍重される。また本書は中院流の口訣であるが、大日経疏1796、釈摩訶衍論1668、諸儀軌などをはじめ、本覚大師益信や石山内供淳祐の次第、高雄口訣2466や興教大師覚鑁の口訣を引くなど、小野・広沢諸流にわたり、中院流に限定されない内容を持つ。

（苫米地誠一）

2503 **授宝性院宥快記**（じゅほうしょういんゆうかいき）

【成立】永和三年（AD1377）。著者は興雅＊。

【内容】一巻。真言密教・小野方安祥寺流の事相の口訣。安祥寺第二十一世興雅が、高野山宝性院宥快に安祥寺流を伝授したときに与えた法流授与の記。永和三年五月九日に求法の手紙を受け、翌十日に伝法灌頂印信、血脈、小野印信を授けることを記し、灌頂印信の大事として両部等葉・不等葉（金剛界の相承と胎蔵界の相承とが同じか、系譜・代数に相違があるかの問題）のことを記す。巻末には頓証菩提法、請雨経法竜供事、小野灌頂印信事、具支灌頂儀式のことなどの大事を加える。宥快の受法を三月とする記録があるが本記によれば五月となる。あるいは灌頂が三月で、印信・大事の授与が五月十日か。また宥快はこれにより安祥寺流の正嫡となり、公事の御修法に出仕することができるようになった受法である。

（苫米地誠一）

2504 **中院流四度口伝**（ちゅういんりゅうしどくでん）

四度口伝、中院流四度宥快口伝、四度口伝中院、中院流四度口訣、中院流四度口訣ともいう。

【成立】十四世紀末～十五世紀初。作者は宥快＊。

【内容】四巻。真言密教・東密中院流の事相の口訣集。四度加行の次第に関する宥快の口伝を弟子が記したもので、十八道、金剛界、胎蔵界、護摩の各一巻となっている。第一巻の十八道口伝は弘法大師空海撰とされる十八道念誦次第により、第二巻の金剛界口伝は石山内供淳祐の金剛界念誦次第私記に、第三巻の胎蔵界口伝は同じく淳祐の胎蔵界念誦次第に、第四巻の護摩口伝は道範の息災護摩私次第によっている。

（苫米地誠一）

【関連典籍】2505・2506

2505 **中院流事**（ちゅういんりゅうのこと）

【成立】十五世紀初。宥快＊の口説を成雄が記した。

【内容】一巻。真言密教・東密中院流の事相の口訣集。宥快の相承した中院流の諸印信について記したもの。まず中院流は玄海相承の伝を正となすとし、心南院相伝、行恵方、信日相伝、智荘厳院方について記し、次いで瑜祇灌頂について瑜祇灌頂の事、瑜祇式の事、堂荘厳の事、印可の事、印功能の事、その他の口伝や、また他の印信の大事など、大塔の本尊、小塔の大事、伝法院の本尊の事、天野社の四社本地印明、引摂院血脈、中院灌頂式の事、瑜祇印信、その他などついて述べる。

（苫米地誠一）

【関連典籍】2504・2506

2506 **中院流大事聞書**（ちゅういんりゅうだいじき

きがき）

中院流大事、中院大事聞書、中院大事口決ともいう。

【成立】十五世紀初。宥快＊の口述を成雄が記した。

【内容】一巻。真言密教・東密中院流の事相の口訣集。印信などの大事に関する口決を記したもので、許可灌頂の事、伝法灌頂の印信に二通ある事、第三重の印信の事、瑜祇の印信の事、中院流には臨終大事・大塔習・御影堂開閉習などのある事、法流分派の事、四度次第の相違の事、灌頂作法の事、邪義の相い交われる事などについて記している。

【関連典籍】2504・2505

（苫米地誠一）

2507 **伝屍病口伝**（でんしびょうくでん）

【成立】不明。

【内容】一巻。肺結核の治療に関する口伝である。伝屍病というのは肺結核の古称で、初めの病相の項に、此の病は始め一人患うのときは人に伝わらず、病者逝去のときに万人に移るとあるように、病者が死んで後に、その屍から周囲に伝染すると考えられたらしい。また鬼神が取り付く事によって引き起こされる病気と考えられた。本書では初めに病相を説き、次いで治病事として千手千眼観世音治病合薬経による焼香の煙をもって鼻を薫ずる法と灸治法、仏部・金剛部・蓮華部の事、三鬼像を造って銅鐃器の油の中に入れる事、讃歎四句の事、根本印の事、修行の事を説く。また奥書の後に孝子守庚申求長生経を引いて、人体内に居る三尸虫について説き、さらに青面大金剛薬叉辟鬼魔法による瘦病治法を説く。

【関連典籍】2508・医心方

（苫米地誠一）

2508 **伝屍病灸治**（でんしびょうきゅうじ）

【成立】年代・著者不明。

【内容】一巻。伝屍病口伝2507に付けられたものであろう。伝屍病口伝の治病事の中に説かれる灸治のための施灸点（経穴）の位置を図示したもので、人体の前後両面の図を一紙に画いたものである。

【関連典籍】2507

（苫米地誠一）

2509 **偽書論**（ぎしょろん）

【成立】寛永六年（AD1629）。著者は恭畏＊。

【内容】一巻。真言宗における偽書（撰者を祖師先徳の名をかたって偽作された書）について論じた書。巻頭にはこの書を撰する意図について、次のように述べている。「偽書の目録、先年にこれを書写せしむと雖も、今度、重ねて祖師の勘文少々を書き抜いて授与す。努めよ、努めよ、他見有るべからず。偏に是れ破邪顕正の謂いか。傍流の族、正流の師伝を得ざるが故に、多端以て是の如きの偽書を実義と為す。太だ以て不可なり云々」。これによれば、傍流の人々には偽書を実義と誤っているものが多いので、その間違いを正すものであるという。また以前にすでに偽書の目録があった如く、今度は祖師の偽書を論じた文を書き抜いて授与するという。すなわち十三の書をあげて、先徳の偽書について論ずる文を引用し、また中には自らその根拠を論じているものもあるようである。

（苫米地誠一）

第79巻　続諸宗部　十

2510 **顕密不同頌**（けんみつふどうじゅ）

顕密差別頌、顕密相対頌ともいう。

【成立】十二世紀。著者は覚鑁＊。

【内容】一巻。顕教と密教が同じでなく、密教が勝れていることを、五言八十四頌によって示したもの。初めの六十四頌は、二頌ずつ三十二点について顕密の差異を明かし、あらゆる面での密教の優位性を説き、次の十六頌では、五点について顕教にはない密教の独自性を示し、最後の四頌で結論を述べ、以上のような密教と顕教の深浅・優劣の諸点は、わずかにその一隅を示したものにすぎず、この他に無量に存することを述べて結んでいる。

【関連典籍】2514・顕密不同章

（橘　信雄）

2511 **真言宗即身成仏義章**（しんごんしゅうそくしんじょうぶつぎしょう）

【成立】十二世紀。著者は覚鑁＊。

【内容】一巻。弘法大師空海の主要著作である即身成仏義2428を、そのまま一問一答の問答形式に書き改め、その思想をより理解しやすく示したもの。本書は、即身成仏義のたんなる注釈書ではなく、処々に著者である興教大師覚鑁独自の視点からの見解や配当がみられる。真言宗は、空海の主張した即身成仏と法身説法を根幹にして宗旨を確立しているが、その教学の基本にかかわる問題が本書でも論じられている。本書では、法身を金胎両界（金剛界と胎蔵法）において、胎蔵を理法身に、金剛界を智法身に配当し、四種法身（自性・受用・変化・等流）を四種曼荼羅（大曼荼羅・三昧耶曼荼羅・法曼荼羅・羯磨曼荼羅）に配当する。さらに本地無相法身なる仏身（覚鑁の晩年の主要著作である五輪九字明秘密釈2514において六大法身といわれる能生の仏身）と、縁に随って感応して色身を現ずる実相智身とを認め、空海の六大縁起論の六大能生を上中下品の三種に別説する。また、悉地（siddhi の音写。成就・妙成就・完成等と訳され、密教の信仰実践により得られる結果として不思議な境地をいう）。を信悉地・入地悉地・五通悉地・二乗悉地・成仏悉地の五種に分け、十地（菩薩が修行すべき五十二の段階のうち、第四十一位から第五十位までの段階）を乾慧地の十地・声聞地の十地・縁覚地の十地・菩薩地の十地・如来地の十地の五種に分ける。これらの論法は、空海にはみられない覚鑁独自のものといえる。なお本書では即身成仏頌二頌八句のうち、初めの六大・四曼・三密の三句だけを解しているので、未完結の作品である可能性もあるが、現時点においては不明である。

（橘　信雄）

2512 **𑖀字秘釈**（あじひしゃく）

ア字問答ともいう。

【成立】十二世紀。著者は覚鑁＊。

【内容】一巻。阿字本不生の義を遮情（凡夫の迷情を遮絶して否定的・消極的に表すこと）・表徳（仏の立場から大肯定・積極的に密教の極意の徳を表すこと）の二方面より問答形式で明かしたもの。遮情の面からみれば、すべてのものは自性空無で畢竟不生であるとし、表徳の面においては無量の義があるが、仮に十義（1如実知自心・2一切衆生本来仏・3一実境界即中道・4正覚等持・5自性清浄・6三門・7法応化・8不二大乗三諦・9三密・10体相用）にまとめることができるとし、覚鑁が力点を置いたのは表徳の面である。また遮情の最後の一釈および表徳の後半の五釈はいずれも「本」「不」「生」の三文字に各々の釈義が配釈される。

【関連典籍】同じくア字秘釈と称するものに他に円珍著「ア字秘釈」（一巻）、頼瑜著「ア字秘釈」（三巻）がある。

（橘　信雄）

2513 **𑖪𑖽字義**（ばんじぎ）

【成立】十二世紀。著者は覚鑁＊。

【内容】一巻。金剛界大日如来の種子であるバン字について、その広大無辺な功徳を述べたもの。竪には九顕一密をあらわして五部の最頂となし、横には九顕十密をあらわして両界に遍ずるとする。そしてバン字に十六義（離言・水輪・塔婆・大悲・金剛・智身・灌頂・殊勝・周遍・証果・心・界・密・曼・仏・大）を立て、その一々に十門（勝義遮情・密号差別・遮表実義・観修行相・滅罪断惑・往生浄刹・即身成仏・総摂法界・観修利益・問答決疑）ありとする。本書はその序文において、十六門十巻の書物になることを明かしているが、第一門第一義の途中で終わっており、未完成の作品。

（橘　信雄）

2514 **五輪九字明秘密釈**（ごりんくじみょうひみつしゃく）

副題に頓悟往生秘観という。

【成立】十二世紀。著者は覚鑁＊。その成立は、跋文の記述より、覚鑁の師僧である宝生房教尋＊入寂の後であることが知られ、したがって教尋入寂の永治元年（AD1141）三月十三日より、覚鑁入寂の康治二年（AD1143）十二月十二日までの三年の間と推定される。

【内容】一巻。興教大師覚鑁の著作の中で、晩年に最も体系的にその思想が説かれたものであり、興教大師教学研究の中心をなす書物。本書の題目は、「大日如来の五字明（キャ・カ・ラ・バ・ア）すなわち五輪曼荼羅と、阿弥陀如来の真言である九字明（オン・ア・ミリ・タ・テイ・セイ・カ・ラ・ウン）の曼荼羅観についての真言密教教理に基づいた秘密の書」という意味に理解される。本書の成立した平安時代末の院政期の時代背景をみると、厭離穢土・欣求浄土の風が流行し、高野山浄土の信仰とあいまって、真言宗徒であっても専ら弥陀の念仏を唱え、極楽浄土への往生を欣う者が多くあったことに対して、覚鑁はあくまでも真言宗徒としてのあるべき弥陀観を明確に示し、真言密教本来の浄土観、成仏観、真言観によって念誦すべきことを説き、さらには宗祖弘法大師空海が示した凡聖不二・一門即普門の本義に則り、現身に即身成仏を欣求すべきであることを説示する。本書の副題は「頓悟往生秘観」と名付けられているが、これは本書の中心問題である五臓三摩地観のことで、本書第二章、正入秘密真言門において、五字明と九字明の解字門を開説するに当たり、五輪曼荼羅を明かす一段に示されている。この秘観は、道教の五行・五蔵思想と真言密教所依の経典である大日経所説の支分生曼荼羅観・五字厳身観とを融合したもので、行者の五処に五字を布し自身の曼荼羅を建立する観法である。本書は、序文・本文・跋文によって構成されており、まず序文において撰述の趣旨を明らかにし、本文は十門に分別して説かれている。十門各章の題目と内容は次のごとくである。（1）択法権実同趣門―正しく真言密教の法門に入り修習する者は、深般若の心を発起し、三密修行に努めるべきことを示し、さらに顕教と密教とを四十一項目をたててその差別を明かす。（2）正入秘密真言門―五輪と九字の曼荼羅観、三摩字観を一一の解字門により示す。真言密教の密教たるゆえんは、身・語・意三密の思想とその修習を示す点にあるが、ここでは、真言誦持（誦持門）についての宗教的理念（解字門）と修習（観字門）について説き、身密として説かれる結印および結印加持により自身を厳浄することを明かしている。意密三摩地とは、識心転じて智覚となり、一切衆生の色心の実相そのままに毘盧遮那の平等智身となること、この意から五大・五蔵すなわち五智となると説き、五字・九字の明について一一の字門を設けて詳説し、そこでは一一の種子が標示する仏身とその法界、一一の種子に内在する宗教的理念、さらにこの字門により修習し、三昧に入り逮得する色心不二・凡聖不二・当相即道等の秘観三昧による得脱の境について詳説している。（3）所獲功徳無比門—真言門における三密修行の功徳について明している。（4）所作自成密行門—三密修行の教益を唯ただ信じ、この信と相応して本尊の字・印・形像を観じ修習すべきことを明す。（5）纔修一行成多門—たとえ弥陀の一法を修すといえども現当の悉地を期すべきことを説き、ここに、一印一明、一門一尊の三昧において「正像末の時を簡ばず、信修これ時なり」とするいわゆる一密成仏、唯信一行の提撕がなされ、さらに末法思想が否定される。（6）上品上生現証門—大日の悲願を仰ぎ、弥陀の本願を信じて往生を現身に遂げ、順次に往生することを説き、さらにその正因として、1四種廻向の至心発願深信廻向を示し、2秘密内証三密の人の往生、3往生に至る住心の次第、4十住心における諸教の浅深を明かしている。（7）覚知魔事対治門—修習における四種の魔事とその対治について示す。魔障対治にも四種あるが、これは密教における法界観・三密観を基本観念として説き、三密瑜伽に住することを明かす。（8）即身成仏行異門—真言密教における修習によって即身成仏するのに四種の異りのあることを示す。その四種とは、1深智相応印明行、2事観相応結誦行、3唯信作印誦明行、4随於一密至功行であり、三密相応の修習を基本としながらも、第四に一密至功行が示され、これは、一明一字を誦じて成仏するいわゆる一密成仏の提唱である。（9）所化機人差別門—一密成仏について、往生・成仏の別を現身・順次に分別し、それをさらに機根の上から大機・小機および利鈍の二根に分ける機根観を示し往生することを明かす。（10）発起問答決疑門—本書の総結とも考えられる一門であるが、ここでは上根上智の即身成仏と但信行浅の順次往生とに分別して説いて来たところを結論づけて、これはいずれも大日五輪の曼荼羅観に住し、一門即普門の観に至れば「正しくは密厳浄土に往生し、兼ねては十方浄土を期すあり」「毘弥両観、凡聖無二なり」等と説き真言宗徒の修習の本旨を明かされている。

【参考文献】隆瑜『五輪九字拾要記』（五巻）。那須政隆『五輪九字明秘密釈の研究』。

（橘　信雄）

2515 **密厳浄土略観**（みつごんじょうどりゃくかん）

【成立】十二世紀。著者は覚鑁*。

【内容】一巻。密厳浄土、すなわち法身大日如来の住する理想世界の様相と、その衆生救済の功徳について説いたもの。その密厳浄土は、三世十方にわたる秘密荘密厳浄土であり、東方に阿閦如来・南方に宝生如来・西方に阿弥陀如来・北方に釈迦如来の四仏の浄土を配する曼荼羅世界として展開する。大日如来は密厳浄土の中央にある五峰八柱の楼閣に住し、三十二相・八十種好の相を備え、自内証の眷属である四仏・四波羅密・十六大菩薩・十二天妃・十六転輪聖王・五大明王・二十天などの諸尊と、相互に供養しあって自受法楽されており、その功徳は吾々衆生にも及び、救済を受け、遍くこの楽土の恩沢に浴するものとする。本書はまた美辞麗句を連続して用いており、十方浄土の荘厳なる有様の描写は源信の『往生要集』にも匹敵するとされ、覚鑁の著作中の白眉として、文学的にも高く評価される。

（橘　信雄）

2516 **秘密荘厳伝法潅頂一異義**（ひみつしょうごんでんぼうかんじょういちいぎ）

秘密荘厳伝法灌頂一異義印釈、灌頂一異義ともいう。

【成立】十二世紀。著者は覚鑁*。

【内容】一巻。真言密教の最大の儀礼である伝法灌頂の中の、最も秘せられるべき印明について、真言宗各流派の伝えるところに異論があり、結着がつかないことに対し、一所に偏執する我執を破砕せんとして、どれも唯一法の違いにすぎず、互いに反発するものではないことを、十の項目をあげて説いたもので、覚鑁の諸流遍学の思想を具体的に打ち出したもの。本書は序文の後に、第一両界各別・第二両界不二・第三一印一明・第四同明異印・第五両界互通・第六五部同秘・第七万行皆是・第八三密平等・第九秘奥寂照・第十輪円具足の十門を分かち、結辞において以上の十門が十種の灌頂であることを重ねて明かし、各々一門の法の中に、それぞれの意味合いがこめられていることを明かしている。

（橘　信雄）

2517 **十八道沙汰**（じゅうはちどうさた）

【成立】十二世紀。著者は覚鑁＊。

【内容】一巻。弘法大師空海作の十八道念誦次第の口訣を、師より聞いて記録したもの。この師については奥州東大寺君とあり、東大寺公円勝であるとされてきたが、現時点では不明である。本書は、十八契印を基本に、前方便、正念誦、後供養等を付して、その後に護身法の沙汰を説き、次の先真言宗義を習うべき事では、信と三平等を説き、最後に十八道次第の作者問題を論じている。なお本書は、金剛界沙汰2518・胎蔵界沙汰2519の二種を併せて「十金胎沙汰」と称されるものの一書にあたる。

【関連典籍】2518・2519・十八道・十八道略頌・十八道念誦次第

（橘　信雄）

2518 **金剛頂経蓮花部心念誦次第沙汰**（こんごうちょうぎょうれんげぶしんねんじゅしだいさた）

金剛界沙汰ともいう。

【成立】十二世紀。著者は覚鑁＊。

【内容】一巻。覚鑁が師僧の奥州東大寺君に従って、寛平法皇御製の金剛界次第の口訣を記したもの。師の奥州東大寺君については、東大寺公円勝であるとされてきたが、現時点では不明である。金剛界念誦次第について因・行・証・入・方便具足の五句門に分けて、入房より着座までを因として、塗香以下前方便の作法を行とし、四無量観より陳三昧までを証とし、道場観を入涅槃とし、大虚空蔵以下行法の終わりまでを方便とするという深秘釈をあげ、そのほかにも深秘釈を多くあげている。なお本書は、十八道沙汰2517・胎蔵界沙汰2519の二種と併せて「十金胎沙汰」と称されるものの一書にあたる。

【関連典籍】2517・2519

（橘　信雄）

2519 **胎蔵界沙汰**（たいぞうかいさた）

胎蔵界日記ともいう。

【成立】十二世紀。著者は覚鑁＊。

【内容】一巻。本書は、十八道沙汰2517・金剛界沙汰2518の二種と併せて「十金胎沙汰」と称されるものの一書にあたり、主に胎蔵界の供養法の次第のうち、特に重要な次第項目についての師伝を箇条的に記している。本書の構成は、まず最初に胎蔵界・金剛界の両供養法における四種義の師伝を説き、次いで胎蔵界曼荼羅の仏・蓮・金の三部の師伝を説き、それ以降は胎蔵界の供養法における諸項目についての師伝や注意事項を列挙している。

【関連典籍】2517・2518

（橘　信雄）

2520 **心月輪秘釈**（しんがちりんひしゃく）

【成立】十二世紀。著者は覚鑁＊。一説には天治元年（AD1124）覚鑁が三十歳のときの作といわれ、別説には晩年の作といわれる。

【内容】一巻。密教観法の一つで、月輪を象徴として自心の白浄菩提心を観ずる月輪観の綱要書であり、覚鑁の著作中、五輪九字明秘密釈2514と双璧として重んぜられるもの。序論と本論よりなり、本論では初めに心を解し、次に月を明かし、最後に心・月合論し、観修が説かれる。序論では、月輪観は万行の中心、入仏の直道であるとし、浅観小行の者も現生に初地にのぼり、深解上勤の者は即身に極位を証するとされる。本論では心月輪の名義を釈し、第一には「心」について、まず宗義の無量の心識についての論説には、大日経0848および弘法大師の諸著作を引用して、衆生心の迷悟・染浄等の同異を述べ、深秘表徳の立場よりみれば、諸仏所具の一切心識は清浄にして迷妄を離れ、諸仏と衆生と平等無二であるとする。また転識得智を明かし、心を不二の一心・真如の一心・生滅の一心に分けて解説して、観心成就の要を説く。第二に「月」について、円満具足、最上潔白、清浄無垢等の月の三十の特質を掲げ、次に月輪を一心義・両界義・三密義・四曼義・五部義・六大義の六門によって捉える。第三に「心・月」を合論するに、問答体で法・喩を挙げて心月不二を説き、心月不二の三十種の義を掲げ、また心によって月を喩えると二十種の義とする。この修観の実践法として無畏三蔵禅要を引いて心月即菩提心を明かし、三昧耶戒序により能求と所求の菩提心をいい、さらに秘密三昧耶仏戒儀で委説し、菩提心論を引証する。この他心地観経、大日経0848、一字頂輪王儀軌等を引用している。

（橘　信雄）

2521 **真言浄菩提心私記**（しんごんじょうぼだいしんしき）

略して浄菩提心私記ともいう。

【成立】十二世紀。著者は覚鑁＊。

【内容】一巻。衆生本有の浄菩提心について、真言密教的な説明をしたもの。本書の原本は、覚鑁の全著作の中唯一の真筆本としてきわめて貴重なものであり、古来御室仁和寺に秘蔵されてきた。原本は巻子本で、未定稿本か、あるいは後の部分が散逸し、失われてしまったのではないかと推測されている。原本では、辞句の加除訂正がきわめて多く、修正改竄の長い書き込みは行間に割り書きされ、また料紙の欄脚に横に書かれた箇所もあり、さらに長文のため書き込む余白のない場合は、四箇所にわたって裏面に書かれている。この裏に書かれた部分について、版本には「御自筆の裏書に云く」と注意書きされているが、これら裏に書かれた部分はすべて問答形式で書かれており、また表の本文には〇印や〃印がつけられていて、本来その箇所に挿入されるべきものを、料紙の余白がないため裏面に書かれたもので、紙背に注記等を記したいわゆる裏書でないことは明らかである。大正新修大蔵経収載の一巻本は、明治二十二年（AD1889）豊山派大本山護国寺より版行されたものを底本に、明治四十二年刊の一巻本の『興教大師全集』収載本を対校本としているが、編者は、版本が裏書として扱っているのを踏襲して裏書として扱い、行間に書かれている辞句については、これを傍注的に扱っている。しかし、これらのものは本来表の本文に挿入されるべきものである。これについては、平成六年（AD1994）真言宗豊山派発行の、興教大師八百五十年御遠忌記念出版『興教大師著作全集』を参照されたい。本書には多くの経論疏釈が引用されているが、最も引用頻度の多いものは、大日経0848であって十二回、次が大日経疏1796の九回であり、本書の背景思想の中心が、大日経、大日経疏にあることがわかる。本書は、その冒頭において、浄菩提心の本体について、浄菩提心とは、自性法身大日如来の心そのものであり、それはまた一切衆生の色心の実相であるから、大日如来のさとりの世界においては、仏と衆生が平等にそなえている種子であるとされる。そして、浄菩提心と修行との関係について、浄菩提心は真言行者の修行に入るための秘密の要件であり、世間・出世間の一切の悉地を成就することができるのは、真言浄菩提心の一体速疾力三昧（阿字本不生の理に住する三昧、内観的には本来的に有する自心の実相を覚知する三昧）によるのであって、真言行者が、もし本尊方便の三密の力を借りて観行に精進すれば、この生涯においてかならず自心の本覚を覆っている人法二執の悪を断じて一切の蓋障を除き、諸仏のさとりの境界に入ることができるとされる。

（橘　信雄）

2522 **阿弥陀秘釈**（あみだひしゃく）

【成立】十二世紀。著者は覚鑁＊。

【内容】一巻。阿弥陀仏と大日如来とが、同体であることを論じ、大意・名号・字相字義の三段に分けて論証している。まず大意において、阿弥陀仏は自性法身観察の智体であるとして、大日・弥陀同体説を展開する。次の名号では、阿弥陀仏の名は、大日如来の密号名であると密教的に解釈し、（1）無量寿、（2）無量光、（3）無辺光、（4）無礙光、（5）無対光、（6）災王光仏、（7）歓喜光仏、（8）智慧光仏、（9）不断光仏、（10）難思光仏、（11）無称光仏、（12）清浄光仏、（13）起日月光仏の阿弥陀の十三種の翻訳名をあげ、これら十三種の名義は、全て法身大日如来の異名であり、差別智印を表わすものと論じている。第三段の字相字義では、阿弥陀の梵語（アミタ）について、密教独特の解釈を加え、文末には、浄土教の「厭離穢土、欣求浄土」という命題と、成仏の時期に関する正・像・末の三時観について否定し、たとえ濁世末代であっても、平等法界を観れば、仏道に入ることができると述べている。本書に示される覚鑁の弥陀観、浄土観は、五輪九字明秘密釈2514や、一期大要秘密集「第七極楽を観念する用心門」等にもみられるものであり、併せて参照されたい。

【関連典籍】2514・一期大要秘密集

（橘　信雄）

2523 **真言宗義**（しんごんしゅうぎ）

【成立】十二世紀。著者は覚鑁＊。

【内容】一巻。弘法大師空海が秘密曼荼羅十住心論2425で樹立した十住心思想の体系において、大日経0848住心品に説かれる極無自性心をもって第九住心・華厳に、如実知自心を第八住心の一道無為心・天台に配当されたことに対し、大日経疏1796の著者である善無畏との間に見解の相違があることについて指摘したもの。大日経疏では、如実知自心、極無自性心がそれぞれ天台・華厳を指すとは述べておらず、この二心は究竟の心品（最高の心境）であると記されている。大日経疏、すなわち疏家は大日経の三句段の釈から六無畏段の釈を十故の注解とし、第十の句は真言の菩提心為因と定めているのに、弘法大師、すなわち宗家は三昧耶戒序において、真言であるべき如是初心仏説成仏因の句を第九極無自性心に当てたのはなぜか。大日経疏には、一切皆空を覚心する住心と、極無自性を覚る住心は説かれているが、その間に、天台宗たる一道無為心とか如実知自心について説かれていないではないか、という論難を四つの点から整理している。

（橘　信雄）

2524 **秘密荘厳不二義章**（ひみつしょうごんふにぎしょう）

【成立】十二世紀。著者は覚鑁＊。

【内容】一巻。秘密荘厳（空海の十住心論2425の第十秘密荘厳住心）の心法とは、本有の三密（衆生にもとからそなわる仏の身密・口密・意密）、性徳の曼荼羅（衆生が本性としてもっている仏の相）であり、金剛・胎蔵両部の海会（聖衆が集会するところ）をいうとし、その両部と、さらにはそれが不二一心の世界を意味することを、吽字義2430、秘蔵記、釈摩訶衍論等を典拠として述べたもので、覚鑁の教学の基調を為す金胎両部不二思想を理解するうえの格好の資料といえる。まず両部とその不二について、両部のほかに不二があるのかという設問に対し、両部の密号を解せば、両部のほかに不二の義があるのではなく、非一にしてしかも一であり、二にしてしかも不二であるとし、両界についても深意があるとして、金剛とは理に即した智であり、胎蔵とは智に即した理であるとする。また両部の法界について、（1）不二一心の義、（2）無量無数の義、（3）亦一亦多の義、（4）非一非多の義、（5）輪円具足の義の五義を構えて説いている。

（橘　信雄）

2525 **真言三密修行問答**（しんごんさんみつしゅぎょうもんどう）

真言密行問答ともいう。

【成立】十二世紀。著者は覚鑁＊。

【内容】一巻。覚鑁撰述の真言三密修行問答と称する書物は二本あり、一本は千百七十余字、別本は九百二十余字である。大蔵経収載の真言三密修行問答は、天明三年（AD1783）刊行の版本を底本としているが、これは千百七十余字本で、字句の多少の増減不同はあるが、興教大師全集収載の乙本と同一本である。その内容は題目に示す通り、真言行者と本尊とが加持感応する三密瑜伽に関する修行の内容について、三密修行の行相と、その三密の実相、それを可能とする基盤としての浄菩提心の本源について説いている。まず真言行者の三密の実相は浄菩提心であり、その本源とは、無始無終本来常住の一大法身摩訶毘盧遮那の心地法界であるとし、毘盧遮那とは遍法界の挙体であるとする。そして毘盧遮那の心地法界は、一切の妄想戯論を遠離したもので、寂滅無相にして究竟真実であるので、これを実相・浄菩提心・蓮華三昧と名付ける。さらに本尊の身・語・意の三業は、みな実相に住し、戯論妄想がないから三密であるが、凡夫は浄菩提心の如実の相を証しないので、法身内証の三密を修行しても、浄菩提心に相応できないとする。すなわち、真の三密行を修するためには、浄菩提心と相応することが要求され、そこにおいては、諸仏の法楽を受けて、無始の三業の罪垢が除かれ、世間の悉地が成就されるという。また初発菩提心の位を見道位、それ以降の十地の階梯が修道位であるとし、第十一地に至って仏果を得るとされる。

（橘　信雄）

2526
勧発頌（かんぽつじゅ）

勧発修行頌、発覚浄心頌ともいう。

【成立】十二世紀。著者は覚鑁*。

【内容】一巻。五言八十句よりなる、菩提心を発し修行することを勧める頌。現世の無常なる様を述べ、速やかに三密の修行に励むべきであるという。六道輪廻の中で、受け難き人身を受け、値い難き密教に値えた今こそ修行しなければいつ成仏できるのか、厳修すれば必ず悉地に入り、菩提を証することができるのだ、と説いている。また、俗世の名利権力に囚われることを戒め、「設自帝何益　況彼仕慢挙」（たとえ自ら帝王になったとしても何の益があろうか。まして、帝王に仕えて慢心するなどもってのほかである）とまで言い切り、真実の修行に邁進するよう勧告している。覚鑁は、当時流行していた浄土教の「厭離穢土　欣求浄土」という命題と、成仏の時期に関しての正・像・末の三時観については、徹底的に否定するが、末法の認識そのものを否定したわけではなく、むしろ末法の自覚の上に、強い危機感を持って、ニヒリズムに堕することなく、積極的に仏道を求めようという覚鑁の姿勢がよくあらわれた書物である。同様の記述は、立申大願事等、五輪九字明秘密釈2514等にもみられる。

（橘　信雄）

2527
密厳院発露懺悔文（みつごんいんほつろさんげもん）

【成立】十二世紀。著者は覚鑁*。「密厳院」の名称が見られることから、覚鑁が密厳院を建立した長承元年（AD1132）以降の成立であることは明らかであり、一般に覚鑁が金剛峰寺並びに大伝法院の座主職を、法兄の持妙院真誉阿闍梨に譲られて、密厳院に引退、籠居されて無言行を修されていた時期、すなわち長承四年（AD1135）三月二一日以降、保延五年（AD1139）四月二日に至る間、晩年に近い、四一歳から四五歳の著作であると推定され、述作の直接の動機は、大伝法院方と金剛峰寺方の抗争と、凶徒の非道にあったと考えられている。

【内容】一巻。七言四四句の頌からなり、覚鑁の数多い著作の中でも、最も名文であるといわれている。大蔵経収載の密厳院発露懺悔文は、天明三年（AD1783）刊行の、密厳諸秘釈収載本を底本としているが、これは醍醐三宝院蔵本を底本とし、対校本として寛永寺蔵本を使用した興教大師全集収載本と同一本である。高野の伝に依ると、一句の出入はあるが、七言四四句であることには変わりがない。内容としては、最初の四句において「我等」衆生の根元的な「在る」姿が抽象的に示され、続く中段において六波羅蜜行や十善戒に違背し、さらに僧尼にあるまじき行為の例を具体的に指摘し、最後の九句でそれまでのまとめと、「我」たる覚鑁自身の決意が述べられ、そこに「我皆相代わって尽く懺悔したてまつる」として代受苦・代懺悔の思想が認められる。懺悔の本来的な性格を考えれば、まず過去に自分の犯した罪の意識が第一にあるわけだが、覚鑁は知らずに犯した罪、罪と意識しない罪までも「悪」と考え、人間は生きている限り罪を犯さずにはいられないものであるという透徹した視点に立ち、さらに自分だけでなく他人の罪までも懺悔するといっている。しかも単に「代わって苦を受ける」のではなく、滅罪という功徳のある「懺悔」という形式をとり、その主体である「我」が功徳を独り占めするのではなく、「更に亦其の報いを受けしめたまわざれ」として、他の衆生に対して功徳を廻施することによって、個人の行業を対社会性へと向けていく積極的な意味を与えたわけである。

（橘　信雄）

2528 **諸宗教理同異釈**（しょしゅうきょうりどういしゃく）

諸宗教理同異秘釈ともいう。

【成立】建治二年（AD1276）。当時、醍醐寺に住していた頼瑜＊が上綱の命によって著した。

【内容】一巻。法相・三論・天台・華厳・真言の五宗の教理の同異浅深を論じた諸宗の綱要書で、初めにそれぞれの所依の経論と教判論について述べ、後半に諸宗の究竟の理について横竪の二門と同異の二義とを述べる。特に天台宗の一念三千と華厳宗の円融十玄・事々無碍・理事無碍と真言宗の六大・四曼・三密との相違を論ずる。類書には天台宗の安然の教時諍2395A、教時諍論2395Bなどもあるが、真言宗の立場から著された諸宗綱要書・教判論書としては空海の十住心論2425、秘蔵宝鑰2426に次ぐものであり、東大寺戒壇院凝然の八宗綱要の先駆となるものである。

【関連典籍】2395A・2395B・2425・2426・八宗綱要

（苦米地誠一）

2529 **十八道口決**（じゅうはちどうくけつ）

十八道口決抄、十八道決抄、十八道面受口決抄、野道鈔ともいう。

【成立】弘長元年（AD1261）。著者の頼瑜＊は弘長元年六月より翌二年まで醍醐寺報恩院において醍醐寺座主報恩院憲深より三宝院流憲深方（報恩院流）の一流伝授を受法しているが、その折りの四度次第の中の十八道次第に関する憲深の口説を記したものが本書である。

【内容】二巻。真言密教の東密・醍醐報恩院流の十八道の次第である聖如意輪観自在菩薩念誦次第に関する流祖憲深の口決。小野方の四度の十八道次第には石山内供淳祐製作のものと延命院元杲製作のものとがあるが、今の次第は元杲作であるという。房中作法より下礼盤にいたる十八道次第の一々の項目毎に御口決（憲深の口決）を記し、また私に云くとして頼瑜自身の私見を加えているところもある。末尾に経典儀軌と口伝とではどちらによるべきか、十八道とは何を指すのか、十八道儀軌は誰の作か、五種壇法の方角、十指に十度（十波羅蜜）を配す方法等を記す。憲深の口決には他に播磨僧都教舜の記したものがあり、これを播鈔と称して地蔵院流で重視するのに対し、本書頼瑜記は、頼瑜を甲斐法印とも称するところから甲鈔といい、報恩院流で重視される。同じ時の成立に金剛界法の口決を記した野金口決鈔2530、胎蔵界法の口決を記した野胎口決鈔2531、護摩法の口決を記した護摩口決2532がある。

【関連典籍】2530・2531・2532・聖如意輪観自在菩薩念誦次第

（苫米地誠一）

2530 **野金口決鈔**（やこんくけつしょう）

野金口決、野金鈔ともいう。

【成立】弘長元年（AD1261）著者の頼瑜が報恩院流の四度次第の中の金剛界次第に関する口決を記した。

【内容】一巻。真言密教の東密・小野方に属す延命院元杲作の金剛界念誦私記（広次第）に関する報恩院流祖憲深の口決。小野の金剛界法の口決なので野金口決鈔という。醍醐三宝院流の四度加行用には遍智院成賢作金剛界念誦次第（都督次第）を使用し、伝授用には広次第を使用するが、本書は広次第の口決である。十八道口決2529と同様に金剛界次第の項目の一々について記しているが、十八道の如しとして説明の省略されているところがある。また頼瑜が記した後に憲深が校閲している。同じときの成立に十八道口決・野胎口決鈔2532・護摩口決2532がある。

【関連典籍】2529・2531・2532・金剛界念誦私記

（苫米地誠一）

2531 **野胎口決鈔**（やたいくけつしょう）

野胎口決・野胎鈔ともいう。

【成立】弘長元年（AD1261）。著者の頼瑜*が弘長元年十月上旬に醍醐寺座主憲深より受法した報恩院流の四度次第の中の胎蔵界次第に関する口決を記した。

【内容】二巻。真言密教の東密・小野方に属す延命院元杲作の胎蔵界念誦私記（広次第）に関する報恩院流祖憲深の口決。十八道口決2529・野金口決鈔2530と同様に胎蔵界次第の項目の一々について記しているが、金剛界の如し、十八道の如しなどとして説明の省略されているところがある。奥書によれば本書は未再治の草稿本であり、金剛界と胎蔵界の両部の伝受をもって九品往生の縁となさんという。同じときの成立に十八道口決・野金口決鈔・護摩口決2532がある。

【関連典籍】2529・2530・2532・胎蔵界念誦私記（胎蔵界念誦次第・延命院次第）。

（苫米地誠一）

2532 **護摩口決**（ごまくけつ）

野護口決鈔・野護口決・野護鈔ともいう。

【成立】弘長元年（AD1261）。著者の頼瑜*が醍醐寺座主憲深より受法した報恩院流の四度次第の中の護摩次第に関する口決を記した。十二月二十四日に伝授を受け、二十五日に口決を記し、二十七日に仰せによって小野僧正仁海の記を書き入れている。その後、破壇作法などを加えて二年一月二日に一見し、十四日に神供作法の口決を加えている。

【内容】一巻。真言密教の東密・小野方に属す遍智院成賢作の不動護摩私記に関する報恩院流祖憲深の口決。この不動護摩私記（都督次第）は成賢が覚洞院上綱勝賢の命により延命院元杲の不動護摩次第（広次第）に基づいて製作したもので、三宝院流の末流に使用するという。初めに護摩の義・護摩の生起（護摩法の起り）・四種法（五種法）などについての問答をあげ、その後に護摩次第の項目の一々について記し、巻末に破壇の事、壇場料理・弁備の事、五色糸を引く事、神供作法などの口決が加えられている。同じときの成立に十八道口決2529・野金口決鈔2530・野胎口決鈔2531がある。

【関連典籍】2529・2530・2531・不動護摩私記

（苫米地誠一）

2533 **金界発恵鈔**（こんかいほってしょう）

金剛界発恵鈔・金剛発恵鈔・金剛界恵鈔・野金発恵鈔ともいう。

【成立】永仁三年（AD1295）。著者の頼瑜*が七十歳の晩年に著し、同五年十月二十七日に弟子の良殿に清書せしめ、閏十月十七日に自ら加点をしている。

【内容】三巻。真言密教の東密・小野方に属す延命院元杲作の金剛界念誦私記の注釈書。本拠の儀軌である金剛頂蓮華部心念誦儀軌0873や略出念誦経0866、大日経疏1796、元杲の師である石山内供淳祐や弘法大師空海・円成寺益信の次第、その外の東密・台密に渉る多くの文献を引用し、私に云くとして頼瑜自身の意見を加え、教理的な意味の説明を中心として解説している。奥書によればある人の請によって著したものであるが、下巻は先師の秘訣を多く載せているので、相手の機をよく見てから授けなければいけないと戒めている。胎蔵入理鈔2534の姉妹編。
【関連典籍】金剛界念誦私記・2530・2534
（苫米地誠一）

2534 **胎蔵入理鈔**（たいぞうにゅうりしょう）
野胎入理鈔ともいう。
【成立】正安二年（AD1300）。著者の頼瑜＊が七五歳の晩年、金界発恵鈔2533を著して後に根来寺中性院において本書を著作し、同三年十二月二十四日に再治している。
【内容】三巻。真言密教の東密・小野方に属す延命院元杲作の胎蔵界念誦次第の注釈書。金界発恵鈔の姉妹編。同様に多くの文献を引用し、頼瑜自身の意見を加え、教理的な意味の説明を中心として解説している。
【関連典籍】胎蔵界念誦次第（胎蔵界念誦私記・延命院次第）・2531・2533
（苫米地誠一）

2535 **薄双紙口決**（うすぞうしくけつ）
薄草子口決、薄双決、薄草決ともいう。
【成立】弘長二年（AD1262）。著者の頼瑜＊は弘長元年六月より醍醐寺報恩院において醍醐寺座主報恩院憲深より三宝院流憲深方（報恩院流）の一流伝授を受法しているが、二年一月九日より十一月上旬までをかけて薄双紙2495の伝授が行われている。本書はその折の口決の聞書であるが、翌三年に憲深が校閲している。
【内容】二〇巻。真言密教の東密・小野方醍醐三宝院流に属す遍智院成賢作の諸尊法の集成である薄双紙の初重に関する報恩院流祖憲深の口決。薄双紙は百十二の一尊法を上下二帖に収め、上帖を初重または普通諸尊法といい、未だ潅頂を受けていない者にも授け、下帖を二重・後重または諸尊法といい、潅頂を受けた者にのみ授けるとされるが、本書は初重の五十一尊に関する口決である。伝授の間に問答を重ねて疑問を解明しており、文中の問、尋などは頼瑜の質問であり、答、御口などは憲深の言葉である。質問は事相的なものだけではなく、教理的なものを含めて多岐にわたり、さらに経典儀軌などを引用増補している。播磨僧都教舜の薄双紙口決（播鈔）に対して甲斐法印と呼ばれた頼瑜の薄双紙口決を甲鈔と称し、基本的な口決として重視された。
【関連典籍】2495・2529
（苫米地誠一）

2536 **秘鈔問答**（ひしょうもんどう）

秘鈔問答鈔ともいう。

【成立】各巻の奥書によると著者の頼瑜＊が永仁五年（AD1297）に弟子頼淳に清書せしめ、同五・六年に比校・加点をし、同七年に他流等を勘して書き入れを加え、正安二年（AD1300）二月に重ねて再治している。内容が醍醐寺座主報恩院憲深の口決であるから、薄双紙口決2535などと同様に、弘長元年（AD1261）六月から始まった醍醐寺報恩院における三宝院流憲深方（報恩院流）の一流伝授を受法した折りに筆記したものであろうか。秘鈔2489の伝授が薄双紙の後とすれば弘長二～三年頃か。

【内容】十七巻二二冊。または十九巻二四冊の写本もある。真言密教の東密・小野方醍醐三宝院流に属す覚洞院勝賢が仁和寺の喜多院御室守覚法親王に授けた諸尊法の集成である秘鈔十八巻と異尊2490二巻に関する報恩院流祖憲深の口決。秘抄は醍醐の諸尊法ではあるが小野方・広沢方の諸法流に伝えられ、巻数の不同がある。薄双紙口決と同様に問答を重ねて疑問を解明しており、文中の問は頼瑜の質問であり、答は憲深の言葉である。質問は事相的なものだけではなく、教理的なものを含めて多岐にわたり、私に云くとして頼瑜の私見を加えているところもある。

【関連典籍】2489・2490・2535

（苫米地誠一）

2537 釈摩訶衍論第十広短冊（しゃくまかえんろんだいじゅうこうたんざく）

勧劣向勝不退門広短冊、釈摩訶衍論広短冊、釈論広短冊、釈論短冊ともいう。

【成立】嘉元二年（AD1304）。奥書によれば病床に臥している師の頼瑜*が本書の著者の順継を呼んで、自らの死後は毎年竪義決択を勧めることを命じた。さらに、日頃釈摩訶衍論の勧劣向勝不退門について短冊を記そうとしていたがそれが果たせないでいるので、短冊を書して竪問を勧めるよう指示し、翌年の元旦亡くなった。この遺命にそって順継が本書をまとめたとある。

【内容】一巻。四信理観からはじまって称名念仏にいたる十の題目について問答形式で論じている。

（堀内規之）

2538 大疏百条第三重（だいしょひゃくじょうだいさんじゅう）

大疏第三重、大日経疏第三重、大日経疏百条第三重、疏第三重、大日経大疏百条ともいう。

【成立】年代不明。著者は聖憲。

【内容】十巻。頼瑜の大疏愚草十八巻は四三六題からなる著作であり、これが問題が多岐にわたり煩雑であるため、聖憲が問題点を取捨選択して百条として、はじめ大疏第二重としたが、後に問題点を明らかにし、さらに反論や結論をはっきり提示するために、従前の初重と第二重の問答にさらに重難の問答を加えて、これを第三重の問答とした。そのため大疏百条第三重と名付けられている。

【参考文献】勝又俊教編『真言の教学』図書刊行会、一九八一年。

（堀内規之）

2539 自証説法（じしょうせっぽう）

【成立】十四世紀。聖憲が新義教学の根本である加持身説法を典拠をあげて説明。

【内容】一巻。はじめに大日経疏の「然此自証三菩提」という文章を基にして、いわゆる古義教学の自証説と新義の加持説との学説を論義している。続いて、大日経疏・弁顕密二教論2427・性霊集・秘蔵記等の文章を引用して、その文章を基に十八の問題を論じている。その結果、加持身説法が説かれる理由やその整合性を明らかにしている。

（堀内規之）

2540 大疏談義（だいしょだんぎ）

【成立】貞享元年（AD1684）。著者は運敞。

【内容】十巻。聖憲の大疏百条第三重によって、その問いと答えについて大意を著している。聖憲の大疏百条第三重とは頼瑜の愚草における数多くの論題を整理し、その主要なるもの百個を選択し体系付けたものである。江戸時代に入って一山の能化（学頭）が論義における難答の論旨や論脈を解説することを「談義」と称するようになった。智積院の運敞が大疏百条第三重について「談義」を行ったのが本書である。いわば大疏百条第三重の解説書であるが、百の論題の順番は大疏百条第三重とは多少前後している。

（堀内規之）

2541 秘密因縁管絃相成義（ひみついんねんかんげんそうじょうぎ）

【成立】天明五年（AD1785）の著述、寛政七年（AD1795）上梓。著者は法住。

【内容】二巻。一多法界説によって教主義に対する新調和説を唱えた著作。金剛智や善無畏が一法界・多法界とを表した理由、大日経にも自受法楽の義があり、金剛頂経にも極位不設の義があることを述べ、所詮は修顕の上よりいえば自受法楽自証説法というべきである。またこれが金剛頂経の説相であるけれども、下転の義に約していえば、自受法楽のところは機が及ばないところではあるがそこが加持説の自証の極位にあたるとして、上転二重・下転三重としている。法住は本地説法が自受法楽というのも加持説・極位不説というのも何れも一理あることであるから、一遍に執しては両部大経の本意に背くとしている。

（堀内規之）

2542 **読書二十二則**（どくしょにじゅうにそく）

【成立】十八〜十九世紀。著者は戒定。

【内容】一巻。書物を読むにあたっての二十二の規則を述べたものである。前半部分で規則を定めその理由を明かし、後半において規則をあげている。規則を定めた理由は弘法大師空海は中国人の文章、漢文に通じた上でさまざまな著作を残し、内外の道芸を修学せしむる三教大学たる綜芸種智院を創設せしも、後代の人は空海の志を継ぐものなく、学風地に落ち、文術を極めず、倭訓によって妄りに漢文を講読し、文字章句に法もないために中国漢文の素養を身に付けるために規則を定めたとしている。わずかに観賢・済暹・実範・道範・覚鑁・頼瑜・宥快・聖憲・杲宝・印融等について批評を加えている。

（堀内規之）

第80巻　続諸宗部　十一

2543 **興禅護国論**（こうぜんごごくろん）

【成立】建久九年（AD1198）、栄西が五十八歳のときの著作とされる。しかしながら本書は栄西が著して以来、所伝の経緯が明瞭ではなく、自筆はむろん古い形態の写本の類も伝わらず、本書が刊本となったのは、寛文六年（AD1666）のことである。

【内容】三巻。全十章により構成されており、仏教における戒律と禅の重要性を説き、かつ鎮護国家の側面からも禅宗独立の必要性を論じている。〈令法久住門第一〉では、仏法を世に久住させるためには、戒律を護持することが重要であることを主張する。〈鎮護国家門第二〉では、禅こそが持戒僧たらしめる教義であるから、国家を鎮護し衆生を利益できると論じる。〈世人決疑門第三〉では、禅宗に対する無知、学者の偏執という二つの疑問に詳細に答えるため、かなり分量が割かれている。〈古徳誠証門第四〉では、仏教者の多くが禅を修したことを十項目より説き、禅宗の教えが伝統に適った教義であると主張する。〈宗派血脈門第五〉では、禅宗の系譜が、インドの過去七仏より今日まで相承されてきたことを述べる。〈典拠増信門第六〉では、禅宗の教えである不立文字・教外別伝が、多く経論に基づいていた思想であることを裏付ける。〈大綱勧参門第七〉では、約教・約禅・約総相の三点から禅の教義を説く。〈建立支目門第八〉では、禅宗の寺院や儀礼について説く。〈大国説話門第九〉では、インド・中国における禅宗の状況を語り、禅を信じ修行する人々を導く。〈廻向発願門第十〉では、禅宗の教義によりその功徳を衆生に廻向することを説く。このように本書は、八宗体制という平安時代まで機能してきた制度の下で、新しい仏教として禅宗を定着させるための著作である。このため当時一般的に流布していた末法思想や破戒についても、禅宗の教義こそがそれらを克服できると、意欲的に主張されている。

（吉田　剛）

2544 **聖一国師語録**（しょういちこくしごろく）

聖一国師住東福禅寺語録、聖一国師東福寺語録、聖一語録、聖一録ともいう。

【成立】十三世紀。版本のみ存する。元徳三年（AD1331）二月五日に弁円（聖一国師）の法孫である虎関師錬の序文と無準師範・西巌了慧の書簡を附して刊行された。

【内容】一巻。東福寺における上堂（二十二篇）・拈香（一篇）・小参（一篇）・法語（八篇）・偈頌（十六篇）・仏祖讃（七篇）・自賛（十二篇）などに、径山の無準師範と西巌了慧の書簡を集録している。拈香は無準師範に対し、法語は、空明上人・九条道家など、偈頌には、無準師範・兀庵普寧など無準門下や蘭渓道隆に対してなされている。仏祖讃には達磨や寒山拾得など、自賛には法嗣である蔵山順空などに向けて著されている。全体を通じて、有力な外護者であった九条道家に宛てたものが多い。道家に法を説いたものには、別に聖一国師仮名法語一巻（別称聖一国師坐禅論）がある。また了慧の書簡には、宋の宝祐三年（AD1255）の記述があり、両者の晩年までの交流の一端を窺わせる。（吉田　剛）

2545 **宝覚禅師語録**（ほうかくぜんじごろく）

東山和尚語録ともいう。

【成立】十三世紀。著者は東山湛照（宝覚禅師）。

【内容】一巻。弘安四年（AD1281）二月二十七日の三聖寺の法語をはじめ上堂・小参・偈頌・祭文・自賛などを収録する。この他に、弘安六年（AD1283）十月十七日の記載があることから湛照が五十一歳から五十二歳頃の語録を中心に編纂しているといえる（吉田　剛）

2546 **仏照禅師語録**（ぶっしょうぜんじごろく）

白雲慧暁禅師語録、白雲録、白雲和尚語録ともいう。

【成立】十三世紀。白雲慧暁（仏照禅師）の語要を法嗣の虚室希白等が編纂。

【内容】二巻。上巻には、東福寺進山語要・上堂・小参を収録。下巻には、小仏事・辞世・法語・雑篇・仏祖讃・偈頌を収録している。また巻末には、元亨釈書から白雲慧暁伝が転載され、応永八年（AD1401）の妙哲の識語、上下の巻末に文化十年（AD1813）の守選の写本に関する跋文などがある。（吉田　剛）

2547 **大覚禅師語録**（だいかくぜんじごろく）

日本国相模州常楽禅寺蘭渓和尚語録、建長開山大覚禅師語録、蘭渓禅師語録、大覚録ともいう。

【成立】十三世紀。蘭渓道隆（大覚禅師）の語要をまとめ、宋の法照の序文・虚堂智愚の跋文を付して、侍者の円顕などにより鎌倉末期に刊行された。

【内容】三巻。上巻から中巻の前半は、常楽寺・建長寺・建寧寺の各語録を併せた形式である。常楽寺語録は侍者円顕と智光、建長寺語録は侍者覚慧と円範、建寧寺語録は、侍者了禅従琛の編纂からなる。中巻の後半から下巻には、侍者徳昭により常楽禅寺小参（六篇）・建長禅寺小参（五十五篇）・建寧禅寺小参（十八篇）・普説（三篇）・法語（二十三篇）・頌古・偈頌（十三篇）・仏祖讃（十四篇）・小仏事（二十三篇）などがまとめられている。（吉田　剛）

2548 **円通大応国師語録**（えんつうだいおうこくしごろく）

大応国師語録、大応録ともいう。

【成立】十四世紀。記録された各語録を中心に、南浦紹明（大応国師）の寂後に門弟によりまとめられたと思われる。もっとも西澗子曇の跋文は、文永壬申（AD1272）に書かれたものであるから、一部は既に編纂されていたようである。

【内容】二巻。巻上には、明の洪武八年（AD1375）の天界善世禅寺の天台釈宗泐による叙文を附し、文永七年（AD1270）の筑州早良県興徳禅寺語録（侍者祖照ら編纂）・文永九年（AD1272）の太宰府万年崇福禅寺語録（侍者慈禅ら編纂）と、国師の九州における二会の語録を収録している。巻下には、嘉元三年（AD1305）の洛陽万寿禅寺語録（侍者宗心編纂）・徳治二年（AD1307）の巨福山建長禅寺語録（侍者克原編纂）の二会の語録、法語（一二篇）・仏祖賛（一四篇）・小仏事（一〇篇）・偈頌（四四篇）、さらに延俊による円通大応国師塔銘、明の洪武三年（AD1370）の径山智及、元徳庚午（AD1330）の明極楚俊、文永壬申（AD1272）の西澗子曇などの跋文を載せている。国師の伝記を知るには、本朝高僧伝巻二二・延宝伝灯録巻三・禅林僧宝伝巻二・道忠の正法山誌に詳細な記述があるが、何れも新しく、本書巻下の塔銘が根本資料といえる。また虎関師錬の元亨釈書には、南浦紹明の伝を載せていない。塔銘は、国師の弟子月堂宗規の撰した行状を素材に書かれたものであるが、行状は残念ながら現存しない。

（吉田　剛）

2549 **仏光国師語録**（ぶっこうこくしごろく）

仏光禅師語録、仏光和尚語録、仏光円満常照国師語録、仏光録、無学語録ともいう。

【成立】十三世紀。その現存する最も早い写本によれば、鎌倉末期には成立していたようである（大東急所蔵）。無学祖元（仏光国師）の語要を集めており、編纂は侍者一真・徳温等。

【内容】二巻。巻一は、大宋台州真如寺語録（侍者一真編纂）、巻二は、台州真如禅寺の拈古、巻三は、日本国相州巨福山建長禅寺語録（徳温編纂）、巻四は、相州瑞鹿山円覚興聖禅寺開山語録・普説・小仏事（侍者真慧ら編纂）、巻五は、建長寺普説（侍者徳温・一愚編纂）、巻六は、最明寺殿忌辰普説など、巻七は、法語（七十三篇）・請益問答心要、巻八は、仏祖讃・偈頌（栄西・円爾に対して等多くを収録）となる。巻九は光一が編纂し、告香普説・書簡（無象・円爾・一翁など）・詩偈・法語・書跋・古杭南山浄慈禅寺霊石如芝撰の無学禅師行状・無象静照撰行状など多種の貴重な資料を、巻十は、年表雑録・仏光禅師塔銘を収めている。

（吉田　剛）

2550 **円鑑国師語録**（えんかんこくしごろく）

【成立】十三～十四世紀。蔵山順空（円鑑国師）の侍者によって順次に記録された語録を、まとめたと思われる。

【内容】一巻。文永七年（AD1270）の初住地である肥前高城護国禅寺語録（六十四）、正安二年（AD1300）の東福寺語録（三十二篇）、法語（一篇）、小仏事（四篇）、賛（九篇）、自賛（十一篇）、偈頌（五篇）、正徳二年（AD1308）五月九日の遺偈・虎関師錬撰円鑑禅師伝などを収録している。

（吉田　剛）

2551 **仏国禅師語録**（ぶっこくぜんじごろく）

仏国応供広済国師語録、高峰顕日和尚語録、仏国録ともいう。

【成立】十三～十四世紀。侍者妙環などにより高峰顕日（仏国禅師）の各語録が記録され、現在の形式になったのは古林清茂の跋文が書かれた泰定三年（AD1326）以降のことと思われる。

【内容】二巻。巻上には、泰定三年の霊石如芝・清拙正澄の序文を巻首に附す。さらに弘安四年（AD1281）の曇巌禅寺語録（侍者妙環編纂）・浄妙禅寺語録（侍者玄仁編纂）・浄智禅寺語録（侍者妙準・妙環編纂）・再住浄智禅寺語録（侍者妙康編纂）・建長禅寺語録（侍者玄挺・妙環編纂）と、五会の語録を収録。下巻には、普説・法語（一二篇）・仏祖讃（四篇）・頌古（七篇）・機縁問答（参学比丘慧広編纂）・泰定三年の古林清茂の跋文、さらに正長元年（AD1428）妙祁による高峰和尚行録と、行録補遺・宝永六年（AD1709）の幹事比丘等による再版にいたる因縁の記録を収録している。機縁問答にて、無学祖元との問答が記録されているのははなはだ興味深い。

（吉田　剛）

2552 **南院国師語録**（なんいんこくしごろく）

南院国師住山城州竜安山禅林寺語録、規菴録ともいう。

【成立】十三～十四世紀。規菴祖円（南院国師）の語録を侍者慧真等が編纂。

【内容】三巻。上巻は、侍者慧真・光宗・妙準等が編纂し、正応四年（AD1291）十二月に、亀山上皇の勅命により南禅寺が建立され、同五年三月に祖円が入寺したおりの開堂語・上堂・小参を収録する。中巻は、師錬・志高・一鞏が編纂した上堂を収録する。下巻は、智明・浄心・居潤等が編纂した上堂・小参・偈頌や延元元年（AD1336）八月の蒙山智明著の祖円行状等が収録されている。また一山・竺仙・師錬などの祖円に対する偈頌も当時の交流を知る手がかりとして興味深い。

（吉田　剛）

2553 **一山国師語録**（いっさんこくしごろく）

一山国師妙慈弘済大師語録、一山一寧国師語録、一山寧和尚語録、寧一山録、一山録、大雲録ともいう。

【成立】十三～十四世紀。元亨釈書などによれば、一山一寧の在世中に侍者了真らが編纂し、自ら修正が加えられたとされる。鎌倉末期には大凡は成立していたであろう。

【内容】二巻。巻上には、本覚如芝の序文を附し、元の至元甲申（AD1284）の四明鰲峯山祖印禅寺語録（侍者了真編纂）・慶元府宝陀観音禅寺語録（侍者惟鳳編纂）・正安元年（AD1299）の相模州巨福山建長興国禅寺語録（侍者崇喜編纂）・正安四年（AD1302）の相模州瑞鹿山円覚興聖禅寺語録（侍者仁恭編纂）・再住巨福山建長興国禅寺語録（侍者聴一編纂）・相模州金宝山浄智禅寺語録（侍者居中編纂）・正和二年（AD1313）の瑞竜山太平興国南禅寺語録（侍者志諲編纂）、以上の中国における二会と日本の五会、計七会の語録を収録し、さらに小参・法語（亀山法皇など五篇）拈古・頌古を載せている。下巻には、偈頌（四四篇）・賛仏祖（四八篇）・自讃（一〇篇）・小仏事（七篇）に、元亨元年（AD1321）の虎関師錬による行記・文保元年（AD1317）に後宇多上皇による国師号の勅書・元応元年（AD1319）三周忌の頂相の賛・文保元年の遷化の祭文などを収録している。

（吉田　剛）

2554 **竺僊和尚語録**（じくせんおしょうごろく）

梵竺僊禅師語録、竺仙録ともいう。

【成立】十四世紀。竺仙梵僊の語要を集録。本書の写本には、竺僊和尚語録（内閣蔵・二冊、松ヶ岡蔵・三冊）等がある。

【内容】四巻。上巻の巻首には、元の至正二十四年（AD1364）、紹興路崇報禅寺の行中至仁が、竺仙の法嗣椿庭の求めに応じた序を附す。さらに上巻には、相模州稲荷山浄妙禅寺語録（侍者裔尭・裔綱等編纂）・瑞竜山南禅禅寺語録（侍者裔沢・海寿等編纂）・真如禅寺語録（侍者裔印・海寿等編纂）の三会の語録を収めている。各々、正慶元年（AD1332）・暦応四年（AD1341）・貞和二年（AD1346）の語要であり、足利尊氏関係の法語や拈香が多いことが注目されよう。中巻には、相模州巨福山建長興国禅寺語録（侍者景忍・裔翔・宗訥・契鈞等編纂）・竺仙和尚法語（侍者裔竺・裔厳・偕彦等編纂）・竺仙和尚偈頌（侍者裔雲・裔蓀等編纂）・竺仙和尚賛語（侍者等編纂）・建長禅寺竺仙和尚行道記（平江路霊巌寺了庵清欲撰）・日本国建長寺竺仙和尚塔銘（翰林学士修国史臨川危素撰）・元の至正十八年（AD1358）の了庵清欲の跋文・元の至正二十五年の楚石梵琦の跋文を収録している。下巻の上には、建武元年（AD1334）の金宝山浄智禅寺語録（侍者裔況・妙葩等編纂）・建武五年（AD1338）の無量寿禅寺語録など（裔沢等編纂）を収める。下巻の下には、天柱集（裔淑等編纂）を、また天柱集の雑著として含暉室記や書簡を収録している。

（吉田　剛）

2555 **夢窓国師語録**（むそうこくしごろく）

夢窓正覚心宗普済国師語録、夢窓ともいう。

【成立】夢窓疎石寂後の貞治四年（AD1365）に、その門下の居士藤原公徳の命により、春屋妙葩などが中心となって、門弟の記録していた夢窓の語要を集成し、出版。大正蔵本は、第一巻・二巻の夢窓正覚心宗普済国師住山城州瑞竜山南禅寺語録と、第三巻の夢窓の年譜にあたる部分で構成されている。これは元禄十三年（AD1700）に、天竜寺開山三百五十年の記念として再編され出版された、総題を夢窓国師語録とするものを底本としている。

【内容】三巻。上巻（第一巻目）巻首には東陵永璵の文和三年（AD1354）の序文が附され、続いて瑞竜山南禅寺語録（侍者本元慧逸等編纂）・金宝山浄智禅寺語録（侍者曇林編纂）・瑞鹿山円覚興聖禅寺語録（侍者紹栄編纂）・再住瑞竜山太平興国南禅寺語録（侍者紹栄・懐澄・士永等編纂）・霊亀山天竜資聖禅寺語録（侍者宏遠・智光・弥浩等編纂）・再住天竜資聖禅寺語録（侍者周沢編纂）の六会の上堂を集録している。中巻（第二巻目）には天竜寺住持の春屋妙葩の編纂により、陞座・拈香・小仏事・仏祖賛・自賛・偈頌を収める。さらに巻末には妙葩の跋文（貞和四年五月）と、中国の名僧であった楚石梵琦の跋文（至正二十六年八月）を載せている。下巻（第三巻目）には、春屋妙葩による天竜開山夢窓正覚心宗普済国師年譜・西山夜話・天竜開山特賜夢窓正覚心宗普済国師塔銘並序（永璵撰）・日本国天竜禅寺開山夢窓正覚心宗普済国師碑銘（明の洪武九年に金華の宋濂撰）、そして語録拾遺として臨川家訓（暦応二祀巳卯仲夏下澣夢窓老拙書于三会院南詢軒）・三会院遺誡（暦応二祀巳卯仲夏下澣木訥叟書于三会院南詢軒、貞和二年丙戌四月二十九日木訥叟）・西芳遺訓（康永四年乙酉十月十七日夢窓誌）・末後垂訓（観応二年九月二十六日夢窓、永徳癸亥十一月十二日雲居比丘妙葩）・偈頌・祭文・聯芳堂訓・疏・寮牌・法語・発願文・七朝国師徽号（後醍醐天皇など七朝の国師号宸翰を載せる）などを集録している。本書は漢文による夢窓の語録としては最も網羅的といえる。

（吉田　剛）

2556 **義堂和尚語録**（ぎどうおしょうごろく）

義堂禅師語録、義堂語録、空華語録、空華録ともいう。

【成立】十四世紀。夢窓の法嗣義堂周信の語要を収録。室町初期に巻第一にある三会の語録が編纂され、徐々に現行の体裁になったと思われる。

【内容】四巻。元禄八年（AD1695）の竜華院無著道忠＊による序文を巻首に附す。巻第一には、貞治五年（AD1366）の相州海雲山善福禅寺語録（門人中円ら編纂）・康暦二年（AD1380）の京城東山建仁禅寺語録（門人中季ら編纂）・至徳二年（AD1385）の瑞竜山太平興国南禅禅寺語録（門人周亨ら編纂）、以上の三会の語録を収録する。巻第二には陞座、巻第三には拈香・小仏事（十六篇）・仏祖慶讃（三篇）、巻第四には道号（一〇二篇）・真讃（五九篇）・自讃（一二篇）をそれぞれ収録している。

（吉田　剛）

2557 **閻浮集**（えんぶしゅう）

鉄舟和尚閻浮集、鉄舟禅師語録、円通大師語録ともいう。

【成立】貞治五年（AD1366）に没した鉄舟徳済の語要を収録。

【内容】一巻。本書は鉄舟禅師の詩文集。道号には、碧潭から海翁まで百十五首の七言絶句、偈頌には、天竜寺十境韻から挽兎子まで二百四十九の七言絶句、偶題天竜寺から初秋述懐まで七十六首の七言八句、登飛鉢巌から送光侍者之洛まで八首五言八句、長歌には瑞光安楽歌・牧石歌の二首を各々収録している。

（吉田　剛）

2558 **塩山抜隊和尚語録**（えんざんばっすいおしょうごろく）

塩山向岳抜隊和尚語録、抜隊和尚語録、慧光大円禅師語録、抜隊禅師語録、塩山録ともいう。

【成立】十四世紀。抜隊得勝の語要を収録。至徳四年（AD1387）五月五日に師の百日忌に際して書かれた門弟の通方明道の跋文がある。この跋文には九巻とあるが、これは和泥合水仮名法語三巻と併せて九巻の意味と理解できるので、本来九巻か六巻なのかとの問題も現行の六巻でよいと思われる。

【内容】六巻。巻第一には、拈香仏事（四九篇）・巻第二には拈香仏事下（五五篇）・小仏事（七篇）、巻第三には秉炬上（一五二篇）、巻第四には秉炬下（七三篇）・掩土仏事（六篇）、巻第五には法語（二六篇）・偈頌（二七篇）・真賛（五篇）、巻第六には問答・垂示・遺誡・行録を収録している。抜隊の禅の特徴には、写経禅ともいえるような、写経に対する重視が見られる。本書では、写経をすすめることが多いが、その理由をほとんど述べていない。しかし塩山和泥合水集巻上には、一問一答によりこの問題を扱っている。つまり経典の受持・読・誦・解説・書写の五種行は、何れも見性成仏であるとして、特に写経は嗣法と同様であるとの理解をしているのである。

（吉田　剛）

2559 **無文禅師語録**（むもんぜんじごろく）

無文和尚語録、無文元選和尚語録、聖鑑国師無文録、無文元選禅師語録ともいう。

【成立】十四世紀。無文元選の語要を収録。

【内容】一巻。巻上には四世法孫の真賛・相国寺独園などの序文があり、巻下には小仏事・偈頌・道号・仏祖讃・自賛を収録。巻末には、建長寺玄璠等の後序・祖秀撰の無文禅師行状・付録として方広寺法宝輪蔵記等がある。

（吉田　剛）

2560 **智覚普明国師語録**（ちかくふみょうこくしごろく）

春屋妙葩語録、普明録ともいう。

【成立】十四世紀。春屋妙葩の語要を収録した複数の語録からなり、各語録ごとに編纂され、永楽三年以降に、現行の体裁となったと思われる。

【内容】八巻。巻第一の巻首には、康暦元年（AD1379）十二月二十八日、後円融院宸翰を載せ、智覚普明の国師号を賜ったことが知れる。次に天竜資聖寺禅語録（侍者周佐編纂）・南禅禅寺語録（侍者昌秀編纂）・再住天竜資聖禅寺語録（侍者周祐編纂）・臨川禅寺語録（侍者編纂）等を収録する。それぞれ貞治二年（AD1363）・康暦元年（AD1379）・永徳二年（AD1382）・康安元年（AD1361）にあたる。また明の永楽三年（AD1405）正月二十五日の天童禅寺憃叟希顔の跋文を附す。巻第二は陞座上（小師編纂）、巻第三には陞座下（小師編纂）、巻第四には拈香（四三篇）・小仏事（三七篇）、巻第五には仏祖讃（四五篇）・自讃（十三篇）・頌古（八八篇）、巻第六では偈頌、次いで巻第七もまた偈頌、巻第八には、智覚普明国師行業実録（門人編纂）・拾遺として願文・秉払警策・仏舎利縁起・鹿王院遺誡・付録などを各々収めている。

（吉田　剛）

2561 **絶海和尚語録**（ぜっかいおしょうごろく）

絶海国師語録、絶海語録ともいう。

【成立】十四～十五世紀。中津絶海の語要を収録。俊承等により各語録などが徐々に編纂され、現行の形式で成立したのは、下巻に収録される応永三十年（AD1423）の「絶海年譜」の撰述以後と思われる。

【内容】二巻。上巻の巻首には、明の永楽元年（AD1403）武林浄慈禅寺住山四明釈道聯の序を附す。また上巻には、甲州恵林禅寺語録（小師俊承等編纂）・初住山城州万年山相国承天禅寺語録（小師恵奯等編纂）・再住万年山相国承天禅寺語録（門人慧奯等編纂）・三住万年山相国承天禅寺語録（門人慧奯等編纂）の四会の語録と、後円融院五七日聖忌請陞座垂語などの垂語や拈香が収録されている。四会の語録はそれぞれ、康暦二年（AD1380）・明徳三年（AD1392）・応永四年（AD1397）・応永八年（AD1401）に該当し、和尚が帰朝して後より最晩年までの長期にわたる語要を丁寧に編纂しているといえよう。下巻には、偈頌・真讃・自讃・後小松帝勅宸翰（応永十六年・勅諡・佛智廣照国師）・稱光帝宸翰（応永二十三年・勅諡・浄印翊聖国師）・年譜（応永三十年・小師妙祈撰）・明の永楽二年（AD1404）の跋文（径山比丘心泰撰）を収録する。

（吉田　剛）

第81巻　続諸宗部　十二

2562 **常光国師語録**（じょうこうこくしごろく）

仏日常光国師語録、空谷和尚語録、仏日常光国師空谷和尚語録ともいう。

【成立】巻末に本書が享保七年（AD1722）承瞻和尚による心華禅院蔵本からの筆写本だと記されている。

【内容】二巻。臨済宗夢窓派の相国寺三世天竜寺四十世、空谷明応（AD1407年没）の語を侍者が編集したもの。〈巻上〉は、美濃（岐阜）天福寺、京都等持寺、相国寺（初住、再住、三住）、天竜寺における語録、陞座、天竜寺首座寮秉払、拈香、点眼や下火等の小仏事、〈巻下〉は仏祖賛、自賛、偈頌、拾遺、応永二十年（AD1415）に門人天章澄彧が撰述した行実を収める。附録には、明徳三年（AD1392）後小松天皇による禅師号下賜の宸翰（勅書）や空谷の師志玄無極の伝記等を収録する。

（伊藤良久）

2563 **大通禅師語録**（だいつうぜんじごろく）

愚中和尚語録、愚中禅師語録、仏徳大通禅師語録ともいう。

【成立】仏通寺古渓和尚が、既刊の艸余集、稟明鈔、行状を元に寛政五年（AD1793）開版した。

【内容】六巻。臨済宗仏通寺派開祖、愚中周及（AD1409年没）の語録。巻一から巻五は艸余集の内題があり示衆、供養、拈香、下火、祭文、仏祖賛、自賛、号題、号説、題跋、書釈、応台、偈頌を収める。愚中の優れた詩作の能力により、七言四句の偈頌を数多く収録する。巻五末尾には、寛政五年清遠と天明四年（AD1784）仏恵元丈の跋、応永十六年（AD1409）禅師号下賜の勅を掲載する。巻六は禅慶編の愚中年譜、応永三二年得巌の跋、永享一三年（AD1441）の跋を収める。

【関連典籍】草余集三巻は本書同様愚中和尚の語録であるが、内容や順序に異同がある。

【参考文献】蔭木英雄「愚中周及の人と作品」（『相愛女子大学研究論集』第二六巻、一九七八年、所収）。

（伊藤良久）

2564 **永源寂室和尚語録**（えいげんじゃくしつおしょうごろく）

円応禅師語録、寂室録、円応録ともいう。

【成立】一四世紀。寂室の示寂後、遺弟達によって編纂刊行された。

【内容】二巻。臨済宗永源寺派の開祖円応禅師寂室元光（AD1367年没）の語録。寂室は

幻住派中峰明本の影響を受け名聞利養・教団経営・大刹出住・貴族交遊を否定した禅風を挙揚した。また当代一流の偈頌の大家である古林清茂より、その作法を学んだため、数多くの偈頌を詠んでいる。このようなことを反映して本書は、叢林（官寺）における住山法語（上堂語）を収録せず、逆に全巻の四分の三に相当する偈頌を収める。巻上は偶作以下の偈頌、釈迦三尊以下の仏祖賛、秀格禅人請以下の自賛を収め、巻下は飯高山塑観音像點眼幷安座以下の小仏事、松巌説以下の説、答倫上人以下の書簡、奉答再賜手詔以下の法語、遺誡、遺偈を収め、巻末には永源寺中興一絲文守が、寛永二一年（AD1644）に増補した江州永源寺開山円応禅師行状を掲載する。なお仏祖賛中二つの阿弥陀仏賛は、寂室の禅浄一致思想を示唆している。寂室が念仏禅者であったか否かは、研究者によって見解が異なり確定できない。

【参考文献】入矢義高『日本の禅語録』第十巻「寂室」。

（伊藤良久）

2565 **仏頂国師語録**（ぶっちょうこくしごろく）

一絲和尚語録、一絲語録、定慧明光仏頂国師語録ともいう。

【成立】はじめ寛文七年（AD1667）大梅二世雪光光頔によって編集されたが、内容錯雑な点も多く、元禄一五年（AD1702）大梅四世晦之文光がこれを改めて重版し、享保三年（AD1718）霊元院上皇の勅序を掲載して刊行された。

【内容】五巻。臨済宗の大梅山法常寺開山一絲文守（AD1646年没）の語録。巻首には勅序を収め、巻一には示衆（桐江庵示衆等）、普説（大梅山法常寺落慶普説等）、巻二には法語（示紹他首座等）、書簡（候東海沢庵和尚、答沢庵和尚等）、巻三には頌古（後水尾天皇の和歌より頌した応無所住而生其心等）、讃（出山相等）、小仏事（皇太后請世尊点眼等）、巻四には序（一絲が撰述した大梅夜話等三書の巻頭に掲載された序）、記（僧堂記、生光石記）、銘（法常寺大鐘銘）、説（十牛図等）、跋（書首楞厳呪後）、榜（飯頭寮榜、省行堂榜）、弁（看経弁）、警策（山中警策）、祭文（祭了誼侍者文）、詩偈（古風雑体、排律、五言律、七言律、五言絶）、巻五には詩偈（太上皇帝十首をはじめとする七言絶）、門人知明浄因が編集した年譜、興福寺正覚真敬親王御作の髪塔銘を収める。なお霊元・後水尾両天皇の外護を受けた一絲は、徳川将軍家の篤い帰依による束縛から法嗣も得られない沢庵を書簡等で批判している。

【参考文献】鎌田禅商「仏頂国師語録拾遺に就いて」『花園大学禅学研究』第三八号。

（伊藤良久）

2566 **大燈国師語録**（だいとうこくしごろく）

竜宝開山特賜興禅大燈高照正燈国師語録、大燈語録、大燈録、興禅大燈国師語録、宗峰妙超禅師語録ともいう。

【成立】はじめ五山版として応永三三年（AD1426）に刊行されたが、応仁の乱でそのほとんどを焼失し、一五〇年後の元和七年（AD1621）大燈下一二世の江月宗玩（大徳寺一五六世）が、復刻再刊した。

【内容】三巻。臨済宗の竜宝山大徳寺開山大燈国師宗峰妙超（AD1337年没）の語録。巻上は侍者性智編の大徳寺語録で、嘉暦元年（AD1326）一二月八日大徳寺開堂以来、元徳三年（AD1331）三月までの五年間に行われた上堂、小参等の語を収める。巻中は侍者宗貞編の崇福寺語録（同年四月より六月まで住した崇福寺における語要）、侍者恵眼（関山慧玄）編の大徳寺語録（同年七月帰京以降の大徳寺における語要）、頌古四八則、拈古一一則、および応永三三年遠孫の禅興が記した大燈国師行状を収める。上中二巻に渉って収められている大徳寺語録は、本書の中心となっており、その中には皇室との関係を示す巻中の寺荘等賜公拠上堂や九月旦因太上法皇恵種種剪釆上堂も含まれている。また行状は彼の行実に対する最も確実な史料である。

巻下は、雪竇重顕の語録のほとんどすべてに著語を付した参詳語要一、二を収める。なお行状や参詳語要は元来別々に成立し、単独で刊行されていた。本書は虚堂録2000や大応録2548の形式を踏襲しており、彼が虚堂から師大応へと受け継がれた臨済の家風を宣揚したことを示している。

【関連典籍】大燈国師仮名法語

【後世への影響】応燈関の伝統を継承し臨済宗中興の祖と称される白隠慧鶴は大燈の禅風を尊崇し、大燈録巻中の行状、巻下の参詳語要を除いた上中二巻に著語垂示評唱を加えた槐安国語2574を著している。

【参考文献】『日本の禅語録』第六巻「大燈」。

（伊藤良久）

2567 **徹翁和尚語録**（てっとう〈てつおう〉おしょうごろく）

霊山録、大現国師語録ともいう。

【成立】応永三二年（AD1425）徳禅寺第四世禅興が編述した。

【内容】二巻。臨済宗の大燈国師宗峰妙超の法嗣である徹翁義亨（AD1369年没）の語録。上巻は但馬の安養寺語録と、建武五年（AD1338）三月入寺以降の大徳寺語録で、両寺における上堂、小参、拈香等の語を収める。下巻は霊山徳禅寺語録で、法語、仏祖賛、小仏事、下火、陞座、室中垂示問答代語、偈頌、頌古を収め、巻末には応永三二年に禅興が撰述した徹翁和尚の行状、寛文九年（AD1669）万年山崇福寺の江雲宗竜（大徳寺一八四世）が本書再刊の旨を記した跋文を掲載している。なお本書のような禅興編述本以外に、これとは全く異なる永享年間（AD1429～1441）に書写された尾崎家本の徹翁和尚語録が存在する。この写本の原本は、徹翁在世時代に書き留めた編集以前の素朴なノートであったと考えられている。

【参考文献】平野宗浄「『（尾崎家本）徹翁和尚語録』について」（『花園大学研究紀要』第二号、一九七一年）。大本山大徳寺編『大徳寺禅語録集成』第一巻。

（伊藤良久）

2568 **雪江和尚語録**（せっこうおしょうごろく）

雪江録、仏日真照禅師語録ともいう。

【成立】応仁の乱以降の兵火によって語録のほとんどを失ったが、明和二年（AD1765）雪江の滅後三百年、妙心寺塔頭衡梅院九世可山禅悦（妙心寺三七九世）が故紙を探索して、示衆、立地、偈賛の語若干を得、さらに収集して現在の体裁にした。

【内容】一巻。臨済宗の妙心寺中興第六世雪江宗深（AD1486年没）の語録。巻首に永正二年（AD1505）後柏原天皇による禅師号下賜の勅書、明和二年禅悦の叙、目次を掲げ、続いて竜宝山大徳寺語、青竜山瑞泉寺語、大雲山竜安寺語、米山竜興寺語、陞座（竜安寺殿七周忌陞座等）、立地（点眼や拈香）、秉炬（檀越や門人等への下火の語）、像賛（祖師等に対する賛）、自賛、法語（四人の法嗣に対する印可の法語）、偈頌、字説、遺誡（妙心寺の輪住について）、行状（法嗣東陽の撰述）、附録を収める。関山慧玄に始まる妙心寺派は、文筆活動に偏りがちな五山禅林に比して、厳しい自己の修練を専らとする禅風であった。授翁以降義天まではこれを継承して語録の編集はなされなかった。雪江に到って初めて語録が編纂されたのは、彼が松源の禅風を慕い、言句を超越しながら言句を大切にする黒豆の法を強調したからである。

【参考文献】平野宗浄『雪江禅師語録』（瑞泉寺史編集委員会編『妙心寺派語録一』）。

（伊藤良久）

2569 **景川和尚語録**（けいせんおしょうごろく）

景川録、大亀録、本如実性禅師景川和尚語録、竜泉景川和尚語録ともいう。

【成立】景川在世中侍者某等の編集した上堂小参偈頌等が不完全だったため、これを古丈（大正蔵本は一部古文に作るも定本は古丈）や蒙山の校正補輯を経て、さらに玄淵が数本を校訂し、宝暦八年（AD1758）に刊行された。

【内容】二巻。臨済宗の妙心寺十世、同寺四派四本庵の竜泉庵開山景川宗隆（AD1500年没）の語録。本書は景川が化を振るった大徳寺、妙心寺等十三会における開堂法語・上堂・小参・示衆・拈香を収め、偈頌、道号、真賛、仏事、送亡を収録している。巻首には宝暦八年慈眼の序、巻尾には大休宗休が撰述した行状、後光明天皇による禅師号下賜の勅書を含む附録、玄淵の後叙を掲載している。

【参考文献】瑞泉寺史編集委員会編『妙心寺派語録一』。


（伊藤良久）

2570 **虎穴録**（こけつろく）

虎穴集、悟溪和尚語録、心宗禅師語録、心宗録、大興心宗仏徳広通国師虎穴録ともいう。

【成立】妙心寺三一九世宗柱が諸本を校合し、悟渓三五〇年忌を記念して刊行されたもの。

【内容】二巻。臨済宗の妙心寺一一世、同寺四派四本庵の東海庵開山悟渓宗頓（AD1500年没）の語録。巻上には享保六年（AD1721）如幻の序、文明二年（AD1470）後土御門天皇の綸旨、明応六年（AD1497）禅師号下賜の勅書、目次に続いて大徳寺、妙心寺等歴住諸会の語録、示衆、法語、偈頌、道号、像賛、自賛、銘を収め、巻下には仏事、享保一七年（AD1732）宗柱撰述の行状、旧刊の行状と跋、附録を収める。

【参考文献】瑞泉寺史編集委員会編『妙心寺派語録一』。


（伊藤良久）

2571 **少林無孔笛**（しょうりんむくてき）

無孔笛、無孔笛集、東陽和尚語録、東陽英朝禅師語録、東陽和尚少林無孔笛ともいう。

【成立】妙心寺二九一世大春元貞が諸本を校合し、宝永五年（AD1708）編纂して刊行。

【内容】六巻。臨済宗の妙心寺一三世で同寺聖沢派の祖、東陽英朝（AD1504年没）の語録。巻首には祖璧の序を付し、巻一、二には大徳寺、妙心寺等歴住諸会における上堂・小参・示衆の語、巻三、四には拈香や下火等の仏事、巻五には偈頌、巻六には像賛、道号、雑文を収め、附録には禅師号下賜の勅書、伝（本朝高僧伝より引用）、元貞の後序を掲載している。

【参考文献】瑞泉寺史編集委員会編『妙心寺派語録一』。


（伊藤良久）

2572 **見桃録**（けんとうろく）

円満本光国師見桃録、大休録、霊雲見桃録、霊雲集ともいう。

【成立】大休在世中より収録伝写された諸本を遠孫等が校訂し、元文二年（AD1737）無著道忠＊の叙を付して刊行された。

【内容】四巻。臨済宗の妙心寺二五世、同寺四派四本庵の霊雲院開山大休宗休（AD1549年没）の語録。大休（生誕の地は不明）は諸方歴参の後、特芳禅傑の法嗣となる。妙心寺塔頭霊雲院を開創し、妙心寺、駿河（静岡）臨済寺、尾張（愛知）瑞泉寺を歴住した。本書には、叙に続いて、歴住諸会の語録、偈頌、追悼、詩、像賛、自賛、道号頌、立地、拈香、秉炬、掩壙、預請秉炬、附録を収める。


（伊藤良久）

2573 **西源特芳和尚語録**（せいげんとくほうおしょうごろく）

西源和尚語録、西源録、特芳和尚語録、大寂常照禅師語録ともいう。

【成立】室町期や江戸初期の諸本を西源院六世妙心寺三〇〇世の梁谷宗怡が校正した享保四年（AD1719）の版本に、西源院七世禅策が増補し元文三年（AD1738）に刊行した。

【内容】三巻。臨済宗の妙心寺一二世、同寺四派の霊雲派の祖、特芳禅傑（AD1506年没）の語録。特芳は尾張（愛知）の人で、諸方歴参の後、雪江宗深の法を嗣ぎ、大徳寺、妙心寺、尾張瑞泉寺等を歴住し、晩年京都竜安寺内に西源院を開創した。本書の巻首には、享保四年妙心寺二九九世慧寛の序、巻尾には元文三年禅策の跋を掲載し、本録には歴住諸会の内、大徳寺、瑞泉寺における語録、垂語、仏事、銘、像賛、偈頌、道号、疏、後序、拾遺、勅書、伝、附録を収める。

【参考文献】瑞泉寺史編集委員会編『妙心寺派語録一』。

（伊藤良久）

2574 **槐安国語**（かいあんこくご）

【成立】寛延三年（AD1750）遠江（静岡）安国貞永寺の全乙が安国寺開山南溟禅師の四百五十年遠忌に因んで本書を刊行した。元治元年（AD1864）兵火に罹ってその板木を焼失。指月居士が、円覚寺洪川（山岡鉄舟筆）および大徳寺牧宗の二師の序、万年峰（相国寺）退耕（独園）の跋を請うて明治十八年に復刻再刊した。

【内容】七巻。日本臨済宗中興の祖白隠慧鶴（AD1768年没）＊が、大徳寺開山宗峰妙超の大燈国師語録2566巻上、巻中（行状を除く）に対して著語等を加え、参学の一諾が編集し、元魯、宗実が校訂した。白隠が本書を撰述するまでの顚末は、巻頭の評唱竜宝開山国師拙語（自序）と槐安国語開筵垂示、巻末の講了の垂示（鵠林後語と呼ばれる）に、また本書刊行については全乙が記した後序に詳述してある。巻一、二は住大徳語要。嘉暦元年（AD1326）一二月の開堂以来、元徳三年（AD1331）三月までの大徳寺語録に著語を付したもの。巻三は住崇福語要。同年四月から六月までの崇福寺語録に著語を付したもの。巻四は退崇福帰大徳語要。同年七月帰京以降の大徳寺語録に著語を付したもの。本文中の著語は、○印以下細字で書き加えられ、単なる語句説明というより、白隠自身の心境を吐露している。巻五、六は頌古。克勤＊が雪竇頌古をもとに碧巌録を撰述したのと同様の体裁で、頌古四八則に対する垂示、本則への著語・評唱、頌への著語・評唱である。頌古は白隠が特に心血をそそいだ部分である。最も多くの紙幅を割いて、親切詳細を極めており、白隠の面目がよく表れている。なお巻末の鵠林後語において白隠は、大燈録を披覧しようとする者があったなら、まず頌古第二五則の翠巌夏末（眉毛）の公案を参究せよと言っている。巻七は拈古。拈古一一則中の第一一則臨済上堂を除いた十則に著語を付したものである。槐安国語とは唐の淳于棼が槐の樹の下に臥して眠りに就き、夢の中で槐安国南柯郡の太守となって二十年の栄華を極めるも、目覚めてみれば一睡の出来事、という故事に因んだ書名である。夢の国の夢物語の意味で、大燈国師に対する白隠の謙遜の念が含まれている。

【関連典籍】白隠が残した多くの著作は、向上門としての難解な漢文語録と、向下門としての一般在家者向け仮名法語に分類できる。前者の典型が本書である。後者に夜船閑話や遠羅天釜がある。

【参考文献】飯田欓隠『槐安国語提唱録』。禅文化研究所『槐安国語索引』。加藤正俊『白隠和尚年譜』。

（伊藤良久）

2575 **宗門無尽灯論**（しゅうもんむじんとうろん）

【成立】寛延元年（AD1748）述。後に校正伝写されて、寛政一二年（AD1800）に刊行された。

【内容】二巻。日本臨済宗中興の祖白隠慧鶴の高弟、東嶺円慈（AD1792年没）が後学のため禅門における信心修行の次第を述べた書。東嶺は二八歳頃、白隠下で悟るも未だに自在を得ることができず、京都洛東北白川の辺りで、悟後の修行として日夜苦行を続けた。そのために健康を害し、治病に努めたが回復せず、医師に三〜五年の寿命と宣告される。未だ自利利他の利行を果たし終わらぬ無念から、後学の修行の一助となるよう、にわかにこの論を書き始めた。わずか三〇日で書き終えると、心が平安となりやがて回復する。もしも本書が後学の役に立たぬのなら、火中に投げ捨てようと考えていた。これを一読した師白隠は、東嶺に焼却を思いとどまらせ、学人に参究を勧めたという。書名は一灯が分かれて百千灯となり、灯々の無尽なることを意味している。巻頭には、法嗣集膺天真による寛政一二年の宗門無尽灯論序、本書撰述の顚末を詳述する寛延四年（AD1751）の宗門無尽灯論序（自序）、宗門無尽灯論品目を付し、巻上には宗由第一（禅宗の由来）、信修第二（信心修行の様子）、現境第三（小知見の誤りを正す）、実証第四（知解を排して真実の見性を勧める）、透関第五（平生の正念相続）、向上第六（難解話頭に参ずる道）を収め、巻下には力用第七（同見であっても見解の浅深、受用の親疎で差があること）、師承第八（真正者の打出が報恩であること）、長養第九（一切事処での受用）、流通第十（自在なる利他の照用が要請されること）、附録として行持論、および巻末の寛政一二年の参学者霧隠による刻宗門無尽灯論縁由を収める。

【参考文献】禅文化研究所『宗門無尽灯論』。釈大眉『宗門之無尽灯［提唱録］』。

（伊藤良久）

2576 **五家参詳要路門**（ごけさんしょうようろもん）

【成立】日本臨済宗中興の祖白隠慧鶴の高弟、伊豆国竜沢寺の東嶺円慈が天明年間に編述し、約四十年を経た文政十年（AD1827）、丹波（京都）法常寺の大観文珠がこれを校訂して開板した。

【内容】五巻。中国における禅宗は、臨済、雲門、曹洞、潙仰、法眼の五家に分かれて、その家風を異にしていた。東嶺は、五家に分かれても向上の大事を究める根本が皆同じであるとして、各祖師の行履や語録を検討している。第一で臨済宗が機鋒を戦わせる宗旨であること、第二で雲門宗が言句を択ぶ宗旨であること、第三で曹洞宗が心地を極める宗旨であること、第四で僞仰宗が作用を明らかにする宗旨であること、第五で法眼宗が利済を先にする宗旨であることを明らかにする。附録として臘八示衆、看経榜の二篇を添えて、これを参禅学道人の為の指針としている。巻末に文政十年大観文殊が記した跋を収める。

（伊藤良久）

2577 **大鑑清規**（だいかんしんぎ）

大鑑禅師小清規ともいう。

【成立】成立年不明。臨済宗大鑑派の開祖、大鑑禅師清拙正澄（AD1339年没）＊が著し、元禄十年（AD1697）刊行された。

【内容】一巻。本書は大鑑禅師広清規（清拙が禅苑清規、禅林備用清規、叢林校定清規総要より引用作成）中の叢林細事より摘出整理されたものである。その内容は、両班出班拈香之法、坐具礼拝之法、維那須知法、月中毎日粥時念文、施食、僧堂衆僧須知、侍者寮牓、相看求掛塔礼、四節日巡堂礼、四節僧堂茶礼、蔵主寮牓、秉払提綱法、精進勧である。この中で清拙は、古来より誤って日本で行われてきた規矩を正しながら、有益な日本の慣例を尊重している。従来の叢林の規式に批判を加える一方で、清規の世俗化を図ったといえる。巻頭の新刻清拙大鑑禅師清規叙には、元禄十年旨外居士が清拙清規三四本を集めて校正した旨が述べられている。巻末には、明応三年（AD1494）大鑑四世の法孫月甫名光が写し集めた小清規に、竜統が句読点を付したとある。

【参考文献】大石守雄「大鑑清規の研究」（『花園大学禅学研究』第四五号）。

（伊藤良久）

2578 **諸回向清規**（しょえこうしんぎ）

諸回向清規式ともいう。

【成立】永禄九年（AD1566）、天倫楓隠が著した。天倫は本書巻末に永源遠孫現住とあるが永源寺の住持世代にその名をとどめず、生没、法系等不明の人物。

【内容】五巻。本書は小叢林清規2579と並んで、現在における臨済宗法式の典拠となっており、各種の回向および偈文と、諸仏事における儀軌を収める。巻一、二は諸回向之部で、日分、月分、年分をはじめ、諷経、祈禱、施食等の諸々の回向文を収める。巻三は諸疏之部、雑疏之部、諸牓之部。各法要で用いる疏を収める。巻四は諸葬礼法式之部で、在家出家の葬儀の法式、それに用いる偈文、龕や幡への文等を収める。巻五は懺法陳白小回向之部、懺摩法式之部、諸念誦之部（葬儀における念誦回向文を含む）、四節土地堂念誦、受戒作法之部、日用諸文諸偈呪之部を収める。

【参考文献】禅文化研究所編『諸回向清規式（抄）』。

（伊藤良久）

2579 **小叢林清規**（しょうそうりんしんぎ）

小叢林略清規ともいう。

【成立】貞享元年（AD1684）成立。著者は江戸期における臨済宗第一の学僧、無著道忠＊（AD1744年没）。

【内容】三巻。本書は書名が示すように大叢林の清規ではない。無著は妙心寺や相国寺等大叢林の威儀も身につけており、さまざまな清規も参究していた。貞享元年（AD1684）三二歳のとき、たまたま法兄にあたる人が周防国聚福寺に住することになり、地方小禅院に適した清規の制定を依頼される。小禅院のための清規を作ることが年来の希望であったと喜んで、経験を生かしてこれを撰述し、法兄に餞別として本書を贈ったという。本書は刊行されて後も、繰り返し改訂が行われ、享保一三年（AD1728）無著七六歳まで四十年以上続けられている。この種の清規は本書の撰述まで見出されず、大いに重宝され今日においても臨済宗清規の基本として利用されている。上巻に自序と通用清規第一（進退の作法）、日分清規第二（朝課の次第や参禅について）、月分清規第三（正月より一二月までの諸法要について）、中巻に臨時清規第四（得度儀軌等について）、下巻に回向（諷経念誦祈禱等の多岐にわたる回向文）、図式（六四のさまざまな図式）を収める。

【参考文献】飯田利行『学聖無著道忠』。禅文化研究所『小叢林略清規』。

（伊藤良久）

第82巻　続諸宗部　十三

2580 **普勧坐禅儀**（ふかんざぜんぎ）

【成立】正法眼蔵弁道話に「その坐禅の儀則は、すぎぬる嘉禄のころ撰集せし普勧坐禅儀に依行すべし」とあり、普勧坐禅儀撰述由来に「予嘉禄中、宋土より本国に帰る。因みに参学の請あり、坐禅儀を撰す」とあることから、宋より帰国直後の嘉禄三年（AD1227）、京都建仁寺において道元が著したとされる。

【内容】一巻。日本曹洞宗の宗旨の綱要書。道元の掲げた宗旨とは正伝の仏法を坐禅とすることであり、同書はこの坐禅をひろく一般に勧めるという意味から名付けられた。坐禅の作法を主な内容とする七五六字の短編である。入宋の影響を思わせる四六駢儷体の文章は、格調高く洗練されている。同書には、現在、天福元年（AD1233）に成立した天福本と、永平元禅師語録（延文三年〈AD1358〉刊行）・永平広録（寛文十二年〈AD1672〉刊行）等に所収された流布本との二種がある。天福本と流布本には、少なからず字句に異同があり、内容にもその影響があらわれて著しく相違していることは、注意を要する。

【参考文献】鈴木格禅編『講座道元3』「普勧坐禅儀」春秋社、昭和五十五年。国一・諸宗部二三。新大・宗典部五。鏡島元隆『道元禅師語録』講談社学術文庫。

（道津綾乃）

2581 **学道用心集**（がくどうようじんしゅう）

永平初祖学道用心集、永平高祖学道用心集ともいう。

【成立】道元が門下の参禅者に対し学道の心構えを十ヶ条にして示したもので、「天福二甲午三月九日書」「天福甲午清明日書」等の年記があることから天福二年（AD1234）春前後の成立と考えられる。

【内容】一巻。十ヶ条とは、一「可発菩提心事」、二「見聞正法必可修習事」、三「仏道必依行可証入事」、四「用有所得心不可修仏法事」、五「参禅学道可求正師事」、六「参禅可知事」、七「修行仏法欣求出離人須参禅事」、八「禅僧行履（あんり）事」、九「可向道修行事」、十「直下承当事」をさす。なお、現行の第一～第十までの番号は、道元自身が付したものではないことが、面山瑞方の学道用心集聞解（もんげ）に「但し第一第二の文字は、余が演説の時に聞解に加へしなり。本文には除く」とあることからわかる。最古の写本に岸沢文庫所蔵、学道用心十則があり、弘長三年（AD1263）義奨の奥書を有する。その後、永平第六世兼宝慶寺（ほうきょうじ）第三世の曇希により延文二年（AD1357）に開板された。この開板事業は、曹洞宗典の嚆矢とされる。

【参考文献】篠原壽雄『学道用心集』大東出版社、一九九〇年。訳一・諸宗部二二。新大・宗典部五。

（道津綾乃）

2582 **正法眼蔵**（しょうぼうげんぞう）

彫刻永平正法眼蔵、永平正法眼蔵、眼蔵ともいう。

【成立】道元著。一巻一則の体裁をとる同書は、各巻に撰述または示衆の年月・場所が記されている。それによれば、最初の弁道話の寛喜三年（AD1231）から、最終の八大人覚の建長五年（AD1253）まで、足掛け二十三年間の説示が集められていることとなる。同書の成立には、多分に永平寺第二世孤雲懐奘（えじょう）の助力が大きいと考えられている。

【内容】九十五巻。道元の主著として、また日本曹洞宗の根本宗典として広く読まれている。宗旨である坐禅に対する見解や独自の経典解釈などがみられ、現在も多くの学説を生んでいる。同書は、編集形態に大きく六系統あることが特徴の一つとして挙げられる。

①七十五巻本……道元の説示後、最も早い編集とされ、道元自身の編集という説が有力である。現成公案の巻から出家の巻に至る七十五巻が収録されている。

②十二巻本……①に同じく、道元の編集とされている。石川県永光寺に伝承されていたもので、第十一巻一百八法明門は、他系統のどの本にも所収が確認されない。

③六十巻本……永平寺第五世義雲の編集とされ、嘉暦四年（AD1329）の成立と伝えられる。六十年後にあたる康応元年に永平寺第九世宋吾が同本を謄写して宋吾本と呼ばれる副本を作り、後世に伝わった。同本には、七十五巻本のうちの五十巻、十二巻本のうちの七巻と、新しく菩提薩埵四摂法・法華転法華が加えられ、行持の巻が上下に分冊されて所収される。

④梵清本……太容梵清の編集した八十四巻本。加賀の仏陀寺で応永二十六年（AD1419）に成立した。七十五巻本に六十巻本のうちの九巻を加えて体裁を整えた。

⑤卍山本……卍山（まんざん）道白が加賀大乗寺にて貞享元年（AD1684）に編集した八十九巻本。八十四巻本と、元来正法眼蔵の表題を付されていなかった「弁道話」等五巻を拾遺として加えている。撰述年順に配列されたことが特徴である。

⑥晃全本……永平寺第三十五世晃全が元禄三年（AD1609）に編集した九十五巻本。梵清本に、永平寺で秘蔵されていた秘密正法眼蔵

と称される二十八巻本のうちの八巻と弁道話・重雲堂式・生死の三巻を加えている。卍山本に同じく撰述年順に配列される。

秘書扱いだった同書はきわめて少人数の住持以外は拝覧が許されなかったが、江戸中期に曹洞宗内部に宗学研究の機運が高まり、「安居」他数巻がしばしば開板された。道元五五〇回大遠忌に際し、当時の永平寺第五十世玄透即中によって正法眼蔵開板が発願され、寛政七年（AD1795）九十五巻全ての開版が幕府より許された。これが現在の流布本である。

【関連典籍】正法眼蔵随聞記（道元述・孤雲懐奘編）

【参考文献】新大・宗典部五。水野弥穂子校注『正法眼蔵』岩波文庫。

（道津綾乃）

2583 **永平元和尚頌古**（えいへいげんおしょうじゅこ）

【成立】道元語、侍者詮慧ら編纂。元来永平広録巻九に所収されていたが、文政十年（AD1827）に廓堂祖宗が別刊行した。

【内容】一巻。「世尊妙心付属」から「真歇豁然契悟」までの九十則・百二首の頌古を中心に、巻首に目録と巻末に廓堂の跋文を付す（大正蔵経はこれを欠く）。この跋文には、雪竇や天童に頌古の小冊があるのだから道元禅師にあってしかるべきという刊行の主旨・由来が記されている。

【参考文献】大本山永平寺編『祖山本　永平広録』考注集成・下巻、一穂社、平成元年。

（道津綾乃）

2584 **永平清規**（えいへいしんぎ）

日域曹洞初祖道元禅師清規、大清規ともいう。

【成立】道元著。六篇からなり、各篇は元来単独に伝わり施行されていたのであるが、寛文七年（AD1667）永平寺三十世光紹智堂によって一部が編集・刊行された。

【内容】二巻。道元が教団の規矩とあるべき理想を提示したとされる。六篇とは、典座教訓・弁道法・赴粥飯法・衆寮箴規・対大己五夏闍梨法・知事清規である。典座教訓執筆は嘉禎三年（AD1237）で、最後の宝治三年（AD1249）の知事清規開示まで十二年間を経過しており、撰者の尽力の跡が窺える。弁道法・赴粥飯法は日常生活の作法を具体的に規定し、他四篇は作法より、心構えに重点を置いて論じられている。

【参考文献】小坂機融『講座道元』3「永平清規」春秋社、昭和五十五年。訳一・諸宗部二三。

（道津綾乃）

2585 **伝光録**（でんこうろく）

瑩山和尚伝光録、瑩山伝光録ともいう。

【成立】瑩山紹瑾*が石川県大乗寺で正安二年（AD1300）以来開示した法語を侍者らが筆録した。

【内容】二巻。釈迦牟尼仏章から第五十二祖永平奘和尚章まで、西天二十八祖、如浄までの東土二十三祖、道元―懐奘と続く日本曹洞宗に至るまでの伝灯がまとめられている。なお、巻上は第二十七祖　般若多羅尊者章まで収録され、巻下は第二十八祖　菩提達磨尊者章から始まっている。各章は、それぞれの行状・悟道の様子・嗣法の機縁等を本則として漢文で記し、それらに対する提唱を仮名混じり文で示し、末尾に瑩山自作の偈頌を付すという三部構成になっている。特に、提唱部分は瑩山独自の視点として重要視される。道元の正法眼蔵と並んで、曹洞宗の根本聖典とされている。

【参考文献】東隆真『現代語訳　伝光録』大蔵出版、一九九一年。『瑩山禅師研究』大本山総持寺刊、昭和四十九年。鈴木哲雄「『伝光録』の引用典籍について」『宗教研究』二三四、宗教研究会、昭和五十四年。

（道津綾乃）

2586 **坐禅用心記**（ざぜんようじんき）

常済大師坐禅用心記ともいう。

【成立】瑩山紹瑾*著。延宝八年（AD

1680）加賀大乗寺において開板されたことが、巻首の卍山道白の序によって確認できるが、本書の成立年代の確定は難しい。

【内容】一巻。瑩山が坐禅の目的・作法・用心を記したもので、道元の普勧坐禅儀執筆の精神にならい、さらに敷衍させた形で撰述されている。「夫坐禅者」で始まる漢文は簡潔明瞭で、古徳の話則を多く引用しながらの文体に仕上がっている。

【参考文献】松田亮孝「普勧坐禅儀と坐禅用心記」『傘松』、昭和四十九年。訳一・諸宗部二三。新大・宗典部五。

（道津綾乃）

2587 **信心銘拈提**（しんじんめいねんてい）

【成立】瑩山紹瑾＊著。同書は永く総持寺の秘蔵となっていたが、享保九年（AD1724）に初めて存在が明らかにされ、十年後にようやく摂津泉流寺の開板が成った。開板時に付された天産霊苗の跋文には、「同書に撰者の名を欠いていたので、瑩山の著作と断定できないが、総持寺の室内に珍蔵されていたこと、内容が優れていたこと、惟忠守勤の丁寧な修復の跡から推測して、この書が瑩山の労作だと確信した」とある。

【内容】一巻。瑩山が、中国禅門の第三祖とされる僧璨の著書『信心銘』中の語句の一々を取り上げて注釈し、話則の要旨を示したもの。信心銘の注釈書は、中国に真歇清了の真歇和尚拈古等があるが、日本では同書がその初めとされる。

【参考文献】竹内弘道「瑩山禅師の著作について（1）―『信心銘拈提』の考察―」『宗学研究』第二八号、曹洞宗宗学研究所、昭和六十一年。

（道津綾乃）

2588 **十種勅問奏対集**（じゅっしゅちょくもんそうたいしゅう）

十種勅問、十種疑問ともいう。

【内容】一巻。瑩山紹瑾＊が後醍醐天皇の禅の思想に関する十種の疑問に対して答えたという問答集。総持寺所伝本で、問答が元亨元年（AD1321）に行われ、翌年成立したことがわかっている。

【関連典籍】十種疑滞という異本があり、総持寺本とは内容の対応しない部分がある。

【参考文献】『瑩山禅』9「坐禅用心記・十種勅問・教授戒文等講解」山喜房仏書林、一九九〇年。

（道津綾乃）

2589 **瑩山清規**（けいざんしんぎ）

瑩山和尚清規、洞谷清規ともいう。

【成立】瑩山紹瑾＊が曹洞宗教団の行持次第をまとめたもので、元亨四年（AD1324）に制定したと伝えられる。

【内容】二巻。上巻には日中行事・月中行事の次第とその作法（回向・念誦・講式等）について、下巻には年中行事の次第・作法について述べられる。序文には、同書が大乗寺・永光寺において、瑩山在世中、実際に施行されていたことが指摘されている。また、道元撰永平清規と比較されることが多いが、両書には、清規の本源回帰を志向した永平清規と、世俗社会との関連を意識した瑩山清規という位置付けがなされるのが通説である。

【参考文献】佐藤達玄「瑩山清規考」『駒澤大学仏教学部研究紀要』第四十三号、一九八五年。『瑩山禅』6・7「瑩山清規講解」山喜房仏書林、一九九〇年。

（道津綾乃）

2590 **光明蔵三昧**（こうみょうぞうざんまい）

永平二世光明蔵三昧ともいう。

【成立】永平寺第二世孤雲懐奘が記したとされる。同書の奥書に「弘安元年戊寅八月二十八日　懐奘謹記」とあることから、同年（AD1278）の成立とされている。

【内容】一巻。道元の正法眼蔵光明の巻を敷衍して坐禅参究を提唱した、仮名法語である。

【参考文献】酒井得元『光明蔵三昧講話』大法輪閣、一九九一年。

（道津綾乃）

2591 **義雲和尚語録**（ぎうんおしょうごろく）

永平中興義雲和尚住越州薦福山宝慶禅寺語録ともいう。

【成立】永平寺第五世義雲＊の語録を侍者が編纂した。

【内容】二巻。本録の上巻と拾遺の下巻で構成される。本録には、侍者円宗・空寂等の筆授した宝慶寺上堂語と曇希の編集した永平寺上堂語・小参・法語等が収録される。拾遺には永平語・上堂・小賛他や竜堂の撰した義雲和尚略伝等が収められている。刊行は延文二年（AD1357）で、道元撰学道用心集と共に曹洞宗典刊行の最初である。

【参考文献】石川力山「内閣文庫本『義雲和尚語録』」『曹洞宗学研究所紀要』八。

（道津綾乃）

2592 **通幻霊禅師漫録**（つうげんれいぜんじまんろく）

【成立】通幻寂霊＊の語録を門人普済善救らが上下二巻に編集したもので、永徳年間（AD1381～1383）頃に成立したとされる。

【内容】二巻。巻上には総持寺の入門および上堂語、丹後（兵庫県）永沢寺・越前（福井県）竜泉寺の上堂語が、巻下には総持寺再住以降の小参・法語等がそれぞれ収録され、末尾には月坡道印の著した行実が収められている。

【関連典籍】内題を通幻大師三山語録とする永沢寺に伝わっていた異本がある。

【参考文献】中嶋仁道『通幻和尚の研究』山喜房仏書林、昭和五十三年。

（道津綾乃）

2593 **実峰禅師語録**（じっぽうぜんじごろく）

実峰秀禅師語録ともいう。

【成立】総持寺第九世実峰良秀（AD1405年没）が著し、侍者慈恩・宗裔らが編纂した。

【内容】一巻。総持寺語録・秉払・仏事・像賛・偈頌・行録が収められる。実峰の師峨山韶碩の影響から五位に関する語が多く見られる。

2594 **普済禅師語録**（ふさいぜんじごろく）

普済善救和尚語録、普済和尚語録ともいう。

【成立】普済善救（AD1408年没）の語録を門人の大円禅雄・玉叟良珍等が編纂した。

【内容】三巻。巻上には総持寺・永沢寺・竜泉寺他での法語、巻中には小参・垂示等、巻下には下火・偈頌等が収録されている。巻末には慧海浄智（未詳）の記した行記が付される。

（道津綾乃）

2595 **月坡禅師語録**（げっぱぜんじごろく）

月坡禅師住常陸州岱宗山天徳禅寺語録ともいう。

【成立】月坡道印（AD1716年没）の語録中、天徳寺での法語を侍者元湛等が編纂した。

【内容】四巻。巻首に請啓・復啓・目次、巻一に入門・上堂・小参、巻二に普説・茶話等、巻三に詩偈他、巻四に伝・序・銘等が収録されている。

【関連典籍】月坡禅師語録は他に月坡禅師住加賀州黄竜山献珠禅寺語録（四巻・元湛等編）、月坡禅師住加賀州金竜山天徳禅院語録（二巻・元曠等編）の二編がある。

（道津綾乃）

2596 **月舟和尚遺録**（げっしゅうおしょういろく）

月舟遺録、月舟録ともいう。

【成立】月舟宗胡の撰述を侍者曹源滴水が編集した。元禄十二年（AD1699）に成立したとされる。

【内容】二巻。月舟は日頃の言動を記録されることを好まなかったため、遺録の形で伝わったとされる。巻上に上堂・示衆・対機等、巻下に偈頌を収録する。巻首に卍山道白の序、巻末に雲山愚白の跋と曹源の月舟老和尚行状が付されている。

（道津綾乃）

2597 **独庵独語**（どくあんどくご）

【成立】一巻。独庵玄光の自撰といわれる語録で、在世中の天和三年（AD1681）に刊行された同書には自序が付されている。中で独庵は「戯れに書き留めていたものが巻をなすに至ったが、所詮皆な迂闊の言葉で、今日人に説く辞でもない」と述べている。

【内容】一巻。「不立文字」の問題を取り上げるところから始め、禅とは何か、禅門とは、禅宗とは、禅機とは何であるか等、禅僧の一大事を公案・経典・故事を引用して説示する。

（道津綾乃）

2598 **東林語録**（とうりんごろく）

卍山和尚東林語録、卍山禅師住東林寺語録ともいう。

【成立】卍山道白の語録で、東林前録（上下二巻）と東林後録（上下二巻）とで構成されている。前録は卍山の元禄十年（AD1697）以来博多東林寺での語録で門人湛堂超然が編集、後録は宝永七年（AD1710）に、門人三洲白竜によって編纂された。

【内容】四巻。前録の巻首に湛堂の元禄十一年の序、巻上に小参・茶話・普説他、巻下に真賛・銘・雑著他が収録されている。後録の巻首に宝永二年（AD1705）の序、巻上に法語・小仏事・賛・記、巻下に記・銘・序等、巻末に白竜の跋文が収録されている。

【参考文献】鏡島元隆編『日本の禅語録十八 卍山・面山』講談社、昭和五十三年。

（道津綾乃）

2599 **禅戒訣**（ぜんかいけつ）

【成立】月舟宗胡が戒文を教授するために付した偈をもとに、卍山道白が普説し、門人三洲白竜が編集した。元文元年（AD1736）に上梓・刊行された。

【内容】一巻。其一・其二・東林完戒普説附の三部で構成される。道元以来の禅戒に対する書として注目を集めた。

（道津綾乃）

2600 **報恩編**（ほうおんへん）

天桂老人報恩編ともいう。

【成立】江戸時代中期の曹洞宗の僧天桂伝尊（AD1735 年没）の語録を、彼の侍者が筆録した。

【内容】三巻。上巻には、石頭希遷の参同契を注解した参同契毒鼓、中巻には、洞山良价の宝鏡三昧を注解した宝鏡三昧金鎞を、下巻には、洞山良价の五位頌を注解した五位弁的の三部によって構成されている。

（岡本一平）

2601 **禅戒鈔**（ぜんかいしょう）

仏祖正伝禅戒鈔ともいう。

【成立】曹洞宗加賀大乗寺の大機行休の法嗣である万仭道坦（AD1775 年没）によって著され、宝暦八年（AD1758）、上野の宝積寺で自序を付して刊行された。

【内容】一巻。自序によれば、本書撰述の背景には、教授戒文の縁により三河において経豪の梵網鈔を読んだことが述べられている。万仭は、一乗戒である三帰三聚十重禁戒の十六条戒を詳細に注釈し、禅戒を明確にしようと試みたのである。漢字仮名交じり文にて、分かりやすく説かれていることも特徴である。

（岡本一平）

2602 **心学典論**（しんがくてんろん）

【成立】寛延元年（AD1748）五月、無隠道費（AD1757 年没）の著により十五篇と自序が成立、同十月、法嗣の蘭陵越宗に、黄檗の大潮元皓の序を請わせ、さらに外魔・総序の二篇を加筆し、同四年七月に刊行された。

【内容】四巻。古今の禅書・儒仏道の三教の典籍・諸子百家の書籍を研鑽した結果、教外別伝の宗旨を主張したものである。四巻のテーマは次の通り。巻一には宗源・大乗・円教・別伝、巻二には、性修・長養・論定・宗師・不立・儒教、巻三には、道教・釈教・外魔、巻四には、華梵・文学・詩偈・総序。計十七項目三万三千六百十一字にも及ぶ。第一のテーマ宗源により、仏心宗の根本を明らかにし、それに従って以下を論述、さらに総序では大綱を示している。特に外魔では、物徂徠として荻生徂徠の説を批判していることが注目される。

（岡本一平）

2603 **荒田随筆**（こうでんずいひつ）

不能語荒田随筆ともいう。

【成立】徳川中期の曹洞宗を代表する一人である指月慧印（AD1764年没）によって元文五年から寛保三年（AD1740〜43）の期間に著述され叢林に伝写されていたものを、延享元年（AD1744）に指月の法嗣である瞎堂本光が、宇治の興聖寺十五世黙真東契の序を請い、延享二年に流通した。

【内容】四巻。上下二巻をさらに二巻に分けてある。仏教の本旨を明かし、祖師の志業や、綿密な行事・言教を説き、学人の指針を定めることを目的に著された。十三項目により説いている。撰仏・出世不出世・修行成道・自証化他・現在滅度・衣座室・三乗・戒定慧・定祖・諦縁度・定祖・定祖之余・次祖である。

（岡本一平）

2604 **建康普説**（けんこうふせつ）

建康面山和尚普記ともいう。

【成立】徳川時代中期の曹洞宗を代表する一人である面山瑞方が享保十四年（AD1729）から住持した若狭（福井県）の建康山空印寺で示した十三種の普説を、門人の本猛・禅胡等が編集し、明和二年（AD1765）に自序を付した体裁で刊行した。

【内容】一巻。本書に示された十三のテーマは、坐禅・解制・晩参・禅杖・除夜・永祖忌掛真・仏生会・評古則・黙照・懺場証明・面壁・仏祖要機・曹山三堕である。また本書は面山和尚広録には含まれていない。

（岡本一平）

2605 **普照国師語録**（ふしょうこくしごろく）

【成立】日本黄檗宗の開祖である隠元隆琦禅師（AD1673年没）が来朝してからの四会の語録のみを集めたもの。明確な成立年代は不明。

【内容】三巻。隠元の語録は、本書を含む『普照国師広録』三〇巻によって集大成されているので、『広録』の構成を挙げておく。巻首には、像賛、享保七年（AD1722）十一月十四日の獨文方炳・良寂道明などの上表文、二品真敬親王撰の奏対機縁、寛文十三年（AD1673）四月二日の大光普照国師の徽号勅書、文政五年（AD1822）三月十三日の覚性圓明国師の加号勅書、享保七年三月十三日仏慈広鑑国師の加号勅書、明和九年（AD1772）三月十三日の百年忌に賜った径山出国師の加号勅書、劉沂春の隠元大師広録序、目次。巻一から巻三は福建福州府福清県黄檗山万福禅寺語録（海寧・海珠・性光編）。巻四は浙江嘉興府嵩徳県福厳禅寺語録（如沛編）。巻五は福建福州府長楽県竜泉禅寺語録（性圭編）。巻六から巻七は再住福州黄檗山万福禅寺語録（性楽・行砥編）。以上、巻一から七までが中国における語録。巻八は（本書の巻一）、日本西海道肥前興福禅寺語録と肥前州聖寿山嵩福禅寺語録（性滔編）。巻九は（本書の巻二）摂津州慈雲山普門禅寺語録（性願編）、巻十（本書の巻三）は山城州黄檗山万福禅寺語録（如一編）。巻八から十は、日本における語録である。また巻十一から三十は小参・入室・機縁・書簡などを収録している。

【関連典籍】普照国師広録（隠元撰・侍者編）

（岡本一平）

2606 **普照国師法語**（ふしょうこくしほうご）

【成立】日本黄檗宗の開祖である隠元隆琦（AD1673年没）の法語を集めたもので、隠元の法嗣性杲等によって編纂された。

【内容】二巻。本書は普照国師広録の巻十四・十五に収録されている示衆法語に相当する。上巻は（性杲編纂）、示木庵主座を筆頭に、虚白・即非・慧林・独湛・竜渓・峨山・南源・独吼・海福などの参学者に示したものと、示衆一篇を収録する。下巻（興𧮪編纂）は、太上法皇の代理である竜渓が勅問を伝え、これを隠元が答えて直指単伝の宗旨を示したものと、参学者のための法語や問答がある。

（岡本一平）

2607 **黄檗清規**（おうばくしんぎ）

隠元和尚黄檗清規ともいう。

【成立】寛文十二年（AD1672）十月の隠元の自序があるので、この時期に完成したと思われる。黄檗山第二代の木庵性瑫が校訂し、慧門如沛の法嗣で第五代住持の高泉性潡が編纂した。

【内容】一巻。全十章から構成されている本書は、開祖隠元によって制定された黄檗宗の清規（規則）であり、自序には、古の百丈の清規に倣い、規則を確立する趣旨が述べられている。また明音の読み仮名を付しているのも特徴である。十章の概要は次の通りである。はじめに編首序がある。〈祝釐章第一〉は、仏法加護の恩に報いるため、王臣を祝福し、韋駄天・伽藍・祖師などのために讃誦することが定められる。〈報本章第二〉には、出世の根本である如来のための報恩の行持として仏降誕・仏成道・仏涅槃・観音降誕・弥勒降誕の行事を定める。〈尊祖章第三〉には、祖師尊宗のために達磨忌・百丈忌・臨済忌・径山和尚忌・開山和尚忌・掃開山塔・開山慇忌を営むことを定める。〈住持章第四〉は、住持は仏法護持人であり、また天から定められた人でもあるので、住持のための規則を定めている。〈梵行章第五〉には、出家者は梵行を護持しなくては本旨を失うことから、弘戒儀式・戒壇執事・引票・弘戒日単・授戒設位・戒牒・新戒参堂・応斎持益・日用偈呪などを説く。〈諷誦章第六〉には、朝晩の諷経の儀として、早晩堂・上供諷誦・小菴早晩諷誦・放水灯などを定めている。〈節序章第七〉には、月分年分の行事を決め、節序仏事疏語として歳首聖道場を祝う疏・仏涅槃疏・観音大士降誕疏・開山和尚涅槃疏・施食疏・仏成道疏・寒林傍などを定める。〈礼法章第八〉には、禅門でも礼法威儀を護持するものとして、堂衆出入・堂規・朔望雲集唱礼・浴堂規・入浴軌式・沙弥祝髪・斎堂両序位次・執事単・省行堂・立僧秉払を説く。〈普請章第九〉には、普請作務の重要性を説く。〈遷化章第十〉には、遷化についての行事に、進龕・祭日儀軌・出喪荼毘・進塔・遺物・入祖堂・訃音式・亡僧・唱衣・入塔を定めている。これらの行事には、教家の影響も見られ、黄檗宗の清規の特色になっている。さらに付録として、仏事梵唄讃・隠元預属語・塔院規約・古徳語輯要・法具図を載せる。以上のまとめとして、隠元の跋には妄りに改変してはいけないと戒めている。

（岡本一平）

第83巻　続諸宗部　十四

2608 選択本願念仏集（せんちゃくほんがんねんぶつしゅう）

選択集ともいう。

【成立】建久九年（AD1198）。法然が六十六歳の春に前関白九条兼実の請をうけて著述。

【内容】一巻。阿弥陀仏により選択された本願念仏に関する要文を集めている。三重の選択により釈尊の説かれる諸行の全てが念仏一行に帰結することを示し、さらに、専修念仏の内容について明かしたる浄土宗の根本的書物である。冒頭に宗要を示して「南無阿弥陀仏、往生之業念仏為先」と表明し、次に十六章段に亘って述べている。そして問答体を用いて、各々に引文を出して私釈をもうけている。主に浄土三部経、善導の観経疏1753を引き、その他に安楽集1958・浄土五会法事讃1983・西方要決1964等を引用している。

〈第一章〉は「道綽禅師立聖道浄土二門而捨聖道正帰浄土之文」である。この篇では道綽の安楽集1958により、浄土一宗の教相判釈を示している。すなわち聖浄二門、難易二道を立てて選択し浄土に帰せしめている。〈第二章〉は「善導和尚立正雑二行而捨雑行帰正行之文」である。この篇では浄土門における正雑二行・助正二業を示すに行相および得失を以て選択し雑行を捨てて正行に帰せしめている。〈第三章〉は「弥陀如来不以余行為往生本願唯以念仏為往生本願之文」である。この篇では無量寿経0360、観念法門1959、往生礼讃偈1980により、阿弥陀仏の本願はまさしく念仏往生にあることを明かしている。〈第四章〉は「三輩念仏往生之文」である。この篇では無量寿経0360三輩の文によって、九品の行もまた念仏にあり、広く諸行を説くのはあらゆる機根に合するためであること。つまり、後に定散二善を廃して念仏一行に帰せしむるにあることを明かしている。〈第五章〉は「念仏利益之文」である。この篇では無量寿経0360付属の一念大利の文によって、第四章の意趣を明らかにしている。〈第六章〉は「末法万年後余行悉滅特留念仏之文」である。この篇は特留此経の文により、念仏の一行のみ末法万年の後までも弘通することを四意によって明らかにしている。〈第七章〉は「弥陀光明不照余行者唯摂取念仏行者之文」である。この篇は阿弥陀仏の光明は余行を修する者を照護せずして、唯念仏の行者を摂取することを述べている。〈第八章〉は「念仏行者必可具足三心之文」である。この篇では観経疏1753の三心を釈する内容によって、念仏は必ず三心を具足すべきことを示している。〈第九章〉は「念仏行者可行用四修法之文」である。この篇では念仏の行者は四修の法を行ずべきことを述べている。〈第十章〉は「弥陀化仏来迎不讃歎聞経之善唯讃歎念仏之行之文」である。この篇では阿弥陀仏の化仏来迎のとき、聞経の善を讃歎せずしてただ念仏の一行を讃歎することを明らかにしている。〈第十一章〉は「約対雑善讃歎念仏之文」である。この篇では雑善に約対して念仏を讃歎している。〈第十二章〉は「釈尊不付属定散諸行唯以念仏付属阿難之文」である。この篇では観無量寿経0365において釈尊はただ念仏をもって阿難に付属することを釈している。これは善導の観経疏1753散善義に「上来定散要門の益を説くと雖も、仏の本願に望むるに意は衆生一向に専ら弥陀仏名を称するに在り」との意趣である。〈第十三章〉は「以念仏為多善根以雑善為少善根之文」である。この篇では念仏を以て多善根とし雑善を以て少善根とすることについて明らかにしている。〈第十四章〉は「六方恒沙諸仏不証誠余行唯証誠念仏之文」である。この篇では六方恒沙の諸仏は余行を証誠せず、ただ念仏を証誠することを明らかにしている。〈第十五章〉は「六方諸仏護念念仏行者之文」である。この篇では諸仏はひとえに念仏行者を護念することを明らかにしている。最後の〈第十六章〉は「釈迦如来以弥陀名号慇懃付属舎利弗等之文」である。この篇では阿弥陀経0366によって、釈迦如来が特に弥陀の名号を舎利弗に付属することを明らかにしている。

【参考文献】石井教道『選択集の研究総論篇』平楽寺書店、一九五一年。石井教道『選択集の研究註疏篇』誠文堂、一九四五年。

（中西随功）

2609 **徹選択本願念仏集**（てっせんちゃくほんがんねんぶつしゅう）

徹選択集、徹選択ともいう。

【成立】嘉禎三年（AD1237）。著者は弁阿聖光。巻末に記されている如く、著者が筑後の善導寺で安居念仏中に著された。

【内容】二巻。弁阿は聖道門と浄土門とを深く兼学することなくしては聖浄二門のいずれもその奥義に通達できないと考えている。だが、法然の選択本願念仏集2608は本願称名の一行に限り説き明かしている。それに対して、智度論1509の念仏は広く三福六度の行に通じている。そこで、著者の思想的立場より、選択本願念仏集を智度論の念仏に徹せしめようとする。まず、上巻の初めに題号について解釈し、(1) 諸師の立つる口称念仏、(2) 善導の立つる本願念仏、(3) 法然の立つる選択念仏の三義を挙げている。そして、この三義は共に観念の念仏ではなく、口称念仏である。第一の念仏義は和漢の往生伝によって記し、第二の念仏義は善導の観経疏1753によって記し、さらに、第三の念仏義は浄土三部経によってこれを記している。しかも、選択本願念仏集の十六章段に亘り、その文旨を略述している。とりわけ、第十六篇の釈迦如来弥陀名号を以て、慇懃に舎利弗等に付属す、との段において、法然の八種選択の他に二十二種の選択を挙げている。そこにおいて、諸師・諸経論を引いて徹通している。そして、下巻は念仏三昧の義が述べられている。念仏三昧とは不離仏の義であり、不離仏の義とは値遇仏の義であるとして、このことについて、智度論の意趣を依用して述べている。すなわち、念仏に通と別の二義あることを明らかにして、通の念仏とは諸行が全て念仏であり、別の念仏とは口称名号の一行であるとする。そして、別より通の念仏に徹することを勧めている。

【参考文献】高橋弘次『浄土宗選集第二巻・聖典篇解題』一九八五年、同朋舎出版。

（中西随功）

2610 **選択伝弘決疑鈔**（せんちゃくでんぐけつぎしょう）

選択集決疑鈔ともいう。

【成立】建長六年（AD1254）。良忠が弁阿聖光の徹選択本願念仏集2609を継承して、法然の選択本願念仏集2608を遺弟等に弘めるために適宜に問答をもうけて述べた。

【内容】五巻。初めに選択本願念仏集との題について念仏の三義を挙げている。（1）諸師の念仏、（2）善導の本願念仏、（3）法然の選択本願念仏である。そして、この三義を存するが、ただ一義であるとする。つまり、善導の本願念仏と法然の選択本願念仏は同義であると説く。次に、選択本願念仏集の十六章段に篇名を付して順々に解説している。すなわち、第一聖道浄土二門篇、第二捨雑行帰正行篇、第三念仏往生本願篇、第四三輩念仏往生篇、第五念仏利益篇、第六末法万年特留念仏篇、第七光明唯摂念仏行者篇、第八三心篇、第九四修法篇、第十化仏讃歎篇、第十一約対雑善讃歎念仏篇、第十二付属仏名篇、第十三念仏多善根篇、第十四六方諸仏唯証誠念仏篇、第十五六方諸仏護念篇、第十六以弥陀名号付属舎利弗篇である。このうち、第一篇は浄土宗の教相判釈の大綱を、後の十五篇は起行について述べている。また、第二篇においては諸行往生の得否、第三篇においては四十八願の第十八・十九・二十の三願の勝劣難易を論じて念仏と諸行について明かしている。第八篇においては三心について詳しく述べている。第十二篇には定散二善について釈している。そして、第十六篇において諸文を引いて八種選択の義を挙げて、ただ選択の一義を顕している。

（中西随功）

2611 **黒谷上人語灯録**（くろだにしょうにんごとうろく）

【成立】文永十一～十二年（AD1274～75）。著者は了恵。

【内容】十五巻。法然の遺文、法語、消息などを集録している。その構成は漢文表現のものの十七章十巻と和語表現のもの二十四章五巻よりなる。漢文体の分は漢語灯録、和文体の分は和語灯録と呼ばれている。著者の序文によると、浄土宗が開かれてより、今日に到るに門徒間において異説がおこり各々の自説を主張し是非を争っている。そこで、本書を公刊して法然の教説を明らかにしようとする。まず、漢語灯録には無量寿経釈、観無量寿経釈、阿弥陀経釈、如法書写法則、如法念仏法則、選択本願念仏集（2608）、往生要集大綱、往生要集略料簡、往生要集詮要、逆修説法、類聚浄土五祖伝、善導十徳、浄土宗略要文、浄土初学鈔、諸遺誡文、遣北越書、諸方答書が集録されている。また、和語灯録には三部経釈、御誓言書、往生大要抄、念仏往生要義抄、三心義、七箇条起請文、念仏大意、浄土宗略抄、九条殿下ノ北政所ヘ進スル御返事、鎌倉ノ二位ノ禅尼ヘ進スル御返事、要義問答、大胡太郎ヘツカハス御返事、大胡太郎ノ妻室ヘツカハス御返事、熊谷ノ入道ヘツカハス御返事、津戸三郎ヘツカハス御返事、黒田ノ聖ヘツカハス御返事、越中ノ光明房ヘツカハス御返事、正如房ヘツカハス御文、禅勝房ニシメス御詞、十二問答、十二箇条問答、一百四十五箇条問答、上人ト明遍トノ問答、諸人伝説ノ詞が集録されている。

【参考文献】望月信亨『法然上人全集』跋。道光輯録『法然上人和語灯録』所収の解題。

（中西随功）

2612 **拾遺黒谷上人語灯録**（しゅういくろだにしょうにんごとうろく）

拾遺黒谷語灯録ともいう。

【成立】十三世紀後半。著者は了恵。

【内容】三巻。法然の遺文・法語等を集録している。上巻は漢語、中下巻は和語で表されている。上巻には三昧発得記（附夢感聖相記）・浄土随聞記（附臨終祥瑞記）・答博陸問書が収められ、中巻には登山状・示或人詞・津戸返状・示或女房法語、下巻には念仏往生義・東大寺十問答・御消息・往生用心が収められている。

（中西随功）

2613 **末代念仏授手印**（まつだいねんぶつじゅしゅいん）

授手印ともいう。

【成立】安貞二年（AD1228）。弁阿聖光が安貞二年十月二十五日より肥州白川河の辺の往生院で二十有余の僧侶とともに四十八日の別時念仏の修行をした折、念仏行の退廃を案じて著した。

【内容】一巻。法然の示寂後、門弟間において念仏義の異義紛々としているなか著者の立場からの解釈を述べている。書名の末代とは法然が示寂した後という意味であり、念仏授手印とは教旨相承を表す。本書は巻子本として伝承されていて、内容は序文、本文、念仏往生浄土宗血脈相伝手次、裏書から構成されている。そして、冒頭に末代念仏者が浄土一宗の義を知りて浄土一宗の行を修すためであると述べる。つまり、浄土一宗の義と浄土一宗の行に分けている。すなわち、宗義としては五種（読誦・観察・礼拝・口称・讃歎）正行、助正二行の二項目で、浄土宗の最要の行について理解することを明かしている。また、行相としては三心（至誠心・深心・廻向発願心）、五念門（礼拝門・讃歎門・観察門・作願門・廻向門）、四修（恭敬修・無余修・無間修・長時修）、三種行儀（尋常行儀・別時行儀・臨終行儀）を内容としている。そして、これが最終的に念仏一行に帰することを明らかにしている。さらに、本書は法然の教義について相伝していくことを目的として撰述されている。そこで、伝承により異なった偈文が記されてくる。こうしたことから、了誉聖冏が創設した五重相伝（機・法〈行〉・解・証・信）の第二重に組みこまれている。

【参考文献】大橋俊雄「向阿本『末代念仏授手印』について」仏教文化研究十六、一九七〇年。藤堂恭俊「浄土宗伝法史の研究（その1）―『末代念仏授手印』の総合的研究―」仏教文化研究十六、一九七〇年。

（中西随功）

2614 **浄土二蔵二教略頌**（じょうどにぞうにきょうりゃくじゅ）

二蔵略頌、略頌ともいう。

【成立】永徳三年（AD1383）。著者は了誉聖冏。

【内容】一巻。全篇七言四句をもって一頌をなし百六十六頌ある。釈迦弥陀二尊を稽首することから始まり、一代教判について自力聖道門と浄土他力教を頌し、さらに、往生に三輩九品の位について述べている。つまり、本書撰述の意図は当時の他宗に対して浄土宗義を宣揚せんとするものである。曇鸞・道綽・善導をへて、法然に相伝された易行他力の浄土門すなわち念仏往生の教えは、まさしく頓教中の頓教なることを論明している。

（中西随功）

2615 **帰命本願抄**（きみょうほんがんしょう）

【成立】十四世紀前半。向阿証賢が真如堂において夢に現れた老僧と修行僧との問答を記録したとされる。

【内容】三巻。国文学を折込みながら和文体で浄土教義を平易に述べている。上巻には阿弥陀仏の本願と念仏について明かしている。さらに、十悪五逆の者もこの本願の救済対象であることを示している。中巻には浄土の安心について、さらに臨終の一念まで本願に誓われた念仏であることを明かしている。下巻には凡夫往生は阿弥陀仏の若不生者不取正覚の願力によることを明かしている。

【参考文献】三田全信『浄土宗史の諸研究』隆文館、一九五九年。

（中西随功）

2616 **西要抄**（さいようしょう）

【成立】十四世紀前半。向阿証賢が嵯峨清涼寺に参籠したときの夢中における修行僧の法談を記録したものとされる。

【内容】二巻。浄土宗の要義についての二十番の問答形式で述べている。上巻は悪業を重ねる凡夫が称名念仏により救われる阿弥陀仏の本願力について、さらに、三心の具不具、安心の分際、平生の用心、女人往生、一念多念、自力他力について等明かしている。下巻は念声是一、名号の功徳、摂取不捨、念仏の滅罪生善、阿弥陀仏の来迎、釈迦仏の発遣、諸仏の証誠、三生果遂等について述べている。

（中西随功）

2617 **父子相迎**（ふしそうごう）

【成立】十四世紀前半。著者は向阿証賢。

【内容】二巻。娑婆と極楽とを比較し、浄土宗義の厭離穢土欣求浄土の教義を宣揚している。そのために阿弥陀仏を父に、我を子に譬えることにより、本願力により救済しようとする慈父弥陀と称名念仏により浄土往生を願う仏子衆生との関係により述べる。上巻は衆生が娑婆に留まり浄土を欣う心を発さないのは倒見によることを明かす。いわゆる、常楽我浄の四顚倒を説いて、ただちに娑婆を厭うべきことを勧める。下巻は衆生がまさに浄土往生する様子について述べている。

（中西随功）

2618 **大原談義聞書鈔**（おおはらだんぎききがきしょう）

大原問答ともいう。

【成立】十二〜十三世紀。聖覚が、天台宗の学僧顕真が文治二年（AD1186）秋に大原勝林院に法然を招き、さらに諸宗の碩徳を集めて法談した内容を書き留めた。

【内容】一巻。法談は当時隆盛してきた法然の浄土宗義について交されたもので、十二の問答よりなっており、別名大原十二問答集とも呼ばれている。本書の成立については古来より真偽の問題があるが、大原問答の内容について窺い知ることのできる唯一の書物でもある。問答は、第一問、速疾に生死を離れ、解説を得るのは真言・止観・華厳・禅門等を以て最上と為し至極となす云何、という問いに対し法然が答えを述べている文体ではじまる。この質疑は第一・八・十一問は顕真、第二・十二問は恵光房永弁、第三問は毘沙門堂智海、第四問は竹林房静厳、第五問は光明山の明遍、第六問は笠置の貞慶、第七問は宝地房証真、第九問は大原の湛斆、第十問は俊乗房重源である。これらの問答の内容について略述すると、浄土宗が実教・頓教であり仏教の最上の法門であることに疑義を呈している。これに対して、法然は他力による速疾解脱の法門こそ浄土宗の立場であり、決して実教・頓教は自力聖道門における意趣ではないと述べている。

（中西随功）

2619 **蓮門学則**（れんもんがくそく）

【成立】十八世紀前半。著者は大玄。

【内容】一巻。浄土宗の僧の学ぶべき過程について述べている。冒頭に浄土宗の教えを修学するためには関東十八檀林に入ることを必須とする。そこで、まず選択本願念仏集2608を読了し、次に、三経一論・五部九巻・名目図見聞・二蔵頌義・浄土論註1819や安楽集1958等・選択伝弘決疑鈔2610の順序で修学することを述べている。さらに、修学者は行儀作法を正し生活することについて、最後に浄土法問の論議について勧めている。学問とともに日常の威儀がどれほど大切かを説いたもので、学問の興隆と宗風の刷新に尽した著者の態度がうかがえる。

（中西随功）

2620 **選択密要決**（せんちゃくみつようけつ）

密要決ともいう。

【成立】著者は鎌倉初期の僧証空と伝えられるが真偽未詳。

【内容】五巻。法然の選択本願念仏集2608を西山の事相教旨の立場から解説している。とりわけ、秘事口伝の相承の立場が表れている。題号を密要決とするのはその故であろう。内容はまず、選択本願念仏集、南無阿弥陀仏、往生之業念仏為先の題号から注釈し、十六章段全般に亘り順々に述べ、そして選択本願念仏集2608の十六章段を観無量寿経0365の十六観に対応させている。さらに、第一聖道浄土章・第二正雑二行章は道綽・善導の人師に、第三本願念仏章・第四三輩念仏章・第五念仏利益章・第六止住念仏章は唯智恵定散の機であるから無量寿経0360に、第七光明摂取章・第八三心章・第九四修章・第十化仏来迎章・第十一讃歎念仏集・第十二付属念仏章は慈悲智恵念仏を明かし観無量寿経0365に、第十三念仏多善根章・第十四念仏証誠章・第十五念仏護念章・第十六名号付属章は唯慈悲来迎であり阿弥陀経0366に配当している。このように、浄土三部経より念仏を選択したものであることを示している。

（中西随功）

2621 **修業要決**（しゅうごうようけつ）

【成立】著者は鎌倉初期の僧証空と伝えられるが真偽未詳。

【内容】一巻。具疏（法事讃1979・観念法門1959・往生礼讃偈1980・般舟讃1981に対する西山の事相教旨から注釈したものである。観経秘決集が善導の観無量寿経疏1753に対する事相釈であることと関係する。その注釈の順位を法事讃、観念法門、往生礼讃、般舟讃としているのは、五種正行の読誦・観察・礼拝・讃嘆の次第によるのである。第一の法事讃は阿弥陀経0366を講讃する一日一夜の行法、内題の転経は阿弥陀経を転讃す。行道は出離の道を行ず、願は三業無間の行体、往生は西方浄土である。そして、法事讃については、奉請四天王は念仏三昧であり、奉請師子王は来迎であり、請法師は定散の機であると述べる。次に、観念法門においては五種増上縁（滅罪増上縁・護念増上縁・見仏増上縁・摂生増上縁・証生増上縁）を中心に釈している。増上とは他力であり、定散の上の念仏、念仏の上の来迎である。縁とは往生、安心である。最後に題号について釈している。これにより、観仏・念仏それぞれに智慧・慈悲の二重の義ありとする。また、往生礼讃においては、往生礼讃偈と勧一切衆生願生西方極楽世界阿弥陀仏国六時礼讃偈との二つの題号のあるのは智慧・慈悲であると釈している。さらに、安心・起行・作業・六時についての大意を述べている。最後に、般舟讃においては、題号を釈し、十六観定散の所説によって万法を納め、衆譬を造るとしている。そして、後序において諸宗に対する浄土宗の優位性を明示している。

（中西随功）

2622 **当麻曼荼羅供式**（たいまんだらくしき）

【成立】著者は鎌倉初期の僧証空と伝えられるが真偽未詳。

【内容】一巻。当麻曼荼羅を供養する次第について述べている。その次第は道場荘厳（供物・洒水）、大衆入道（無言行道三帀）、四智讃（偈文）、総礼伽陀（弥陀三尊等を道場に請す偈頌）、導師登壇（導師が仏前に進む）、四箇法要（唄・散華・梵音・錫杖）唄は如来妙色身云云の偈文を唱え、散華は仏を供養するために花を散じ、梵音は十方所有勝妙華云云の八句の偈文を唱えて釈尊・諸仏・大乗経・諸菩薩を供養し、錫杖は手に錫杖を執り三宝供養する。次に、仏名（三尊を供養する偈文）、表白（当麻曼荼羅についての縁起を述べる。この供式は五文の式文により構成されている。第一は曼荼羅の中央、第二は曼荼羅右縁起、第三は曼荼羅左縁起、第四は曼荼羅下縁であり、これらは各、観無量寿経0365の玄義分・序分義・定善義・散善義に配当することは当麻曼荼羅註の説と一致する。最後の第五はこの当麻曼荼羅供により西方極楽浄土への往生を欣うために念仏を称え、この当麻曼荼羅図を礼す法楽について述べている）、六種回向、講経、論義、礼讃と続く。以上の供式を毎年六月二十三日あるいは三月十四日に行うことと規定している。この六月二十三日は当麻曼荼羅出現の日であり、三月十四日は善導忌にあたる。

（中西随功）

2623 **曼荼羅八講論義抄**（まんだらはっこうろんぎしょう）

【成立】著者は鎌倉初期の僧証空と伝えられるが真偽未詳。

【内容】一巻。当麻曼荼羅の中央部分について論じている。西山流における当麻曼荼羅の拝み方は三方の縁と中央を善導の序分義・定善義・散善義の三巻と玄義分とに配当する。そこで、中央を天台の法華八講に擬して八座の論義をしている。絵相の日想観から第八形像観の八重を玄義分の十四行偈から得益分の八門に配当している。各の論義と法式について述べている。ただ、論義の内容は当麻曼荼羅註の要旨と一致することにも注目される。

（中西随功）

2624 **女院御書**（にょいんごしょ）

【成立】上巻は寛元二年（AD1244）頃、下巻は貞応元年〜嘉禎四年（AD1222〜38）とされる。著者は証空と伝えられる。

【内容】二巻よりなるが上巻と下巻は元来別書である。上巻は寛文十一年（AD1671）に空覚により刊行され、それに、文政三年（AD1820）に妙空弁才により下巻を加えられた。上巻は証空が四条女院に対して説いた法文であり、下巻は北白河女院に対して述べた内容である。また、上巻は説述形式であるのに対して、下巻は問答形式になっている点も異なる。内容をみると、上巻は念仏、念仏往生、諸経念仏、観経念仏、本願、十方衆生、帰命、阿弥陀仏、三縁などについて述べ、十方衆生の種々相、因位、中間、果上の阿弥陀仏について図示して、浄土念仏について明確に説いている。それに対し、下巻は北白河女院からの十一章の問いに答えたもので、念仏、念仏の五種の利益、三心、三心を具せぬ念仏、自力の念仏、他力の行、念仏の遍数、本願相応、念仏者の臨終のすがた等について述べている。この北白河女院は法然の勧化にも帰依していて、本書中で「ふたたび故上人の御房に逢まいらせ候やうにこそ覚え候へ。いづれの世にも忘れがたくうれしくて」云々と述懐している。これによっても、証空が法然の信仰を継承していることが窺い知られる。

【参考文献】森英純『西山上人短篇鈔物集』の解題、文栄堂、一九八〇年。

（中西随功）

2625 **鎮勧用心**（ちんかんようじん）

【成立】一説には寛元三年（AD1245）に証空が後嵯峨院に請われて述べたとされ、また証空没年の寛元五年（AD1247）に道覚法親王の請いによって著されたとの説などがあるが、いずれとも確定されていない。

【内容】一巻。証空の法語のうち最も短く、対句により簡潔に述べたものだが、内容は格調高い信仰が勧められている。四節よりなり、一に行者睡眠の時に就いての用心、二に行者の機根拙く行乏しきに就いての用心、三に行者の急に励み懈り倦む時に就いての用心、四に行者の善悪堪否に就いての用心、というように、念仏者の生活の心構えを示している。「はげまざるも喜ばし正因円満の故に」「不信につけてもいよいよ本願を信じ」という表現もあり、人間の是非分別の気持ちを超えた仏徳を力強く説いている。題号はのちに付けられたもののようで、仮名書と漢文体との二種があり、漢文体のものは和語を漢語に訳してあるが、仮名書のものが本来のものと考えられる。西山三鈷寺に所蔵されているものは証空画像の上部に賛として書かれていた和語である。その他、京都廬山寺には後柏原院宸翰のもの、東山禅林寺には浄音筆と伝える漢文体のものが所蔵されている。

【参考文献】森英純『西山上人短篇鈔物集』の解題、文栄堂、一九八〇年。

（中西随功）

2626 **流祖上人箇条名目**（りゅうそしょうにんかじょうみょうもく）

西山口決二十七箇条ともいう。

【成立】著者は鎌倉初期の僧証空と伝えられるが真偽未詳。

【内容】一巻。浄土教の領解の仕方について二十七箇条の要点をとりあげて問答体で述べており、（1）離三業念仏、（2）三心具足、（3）安心起行、（4）思惟無不足から、（27）厭欣分別までは西山義特異の要語（名目という）を取りあげて簡潔に述べている。

（中西随功）

2627 **観経名目証拠十七箇条**（かんぎょうみょうもくしょうこじゅうしちかじょう）

西山十七箇条、西山十七箇条口決、観経名目証拠、観経名目ともいう。

【成立】十三世紀前半。著者は法興浄音。

【内容】一巻。浄土教の領解の仕方について十七箇条の要点をとりあげて問答体で述べている。内容は（1）仏体仏語（第七華座観を証拠で解説）、（2）仏語仏体（流通分）、（3）能観所観（宝地観）、（4）思惟無不足（宝楼観）、（5）識知定散（日観の三識知）、（6）観見一同（定善示観縁）、（7）韋提能請落居（散善顕行縁）、（8）定善材木二観棟（顕行示観二縁）、（9）示観二段告命（序正一同）、（10）序機正宗法（序正機法）、（11）思惟正受二請未来流通請文（定善結釈）、（12）三心経（上上品）、（13）臨終平生一同（下下品）、（14）識知見（得益分）、（15）前六観序（華座観）、（16）十三観序（欣浄縁）、（17）十一門口決（九品の告命）に対応して簡潔に述べている。

（中西随功）

2628 **西山口決伝密鈔**（せいざんくけつでんみっしょう）

西山三十箇条口決、西山三十箇条、西山口決三十箇条、西山上人面授相承口決三十箇条、西山口伝密鈔、西山口決鈔ともいう。

【成立】十三世紀。著者は法興浄音。

【内容】浄土教の領解の仕方について三十箇条の要点を取りあげて述べている。内容は観無量寿経0365および善導の観経疏1753に関するものが多い。とりわけ浄土宗西山流の教義口伝三十箇条を記録したものである。

（中西随功）

2629 **浄土宗要集**（じょうどしゅうようしゅう）

西山宗要ともいう。

【成立】弘安四～七年（AD1281～84）。著者は道教顕意。

【内容】三巻。浄土宗西山深草義の立場を表明した浄土教理解を示している。全体の構成は阿弥陀仏の本願に因んで大綱四十八項目を挙げている。この大綱は教相・機行・身土・雑の四部からなり、各大綱において問いを出してそれに対して細目で略答していく形式をとっている。上巻は教相について大綱九・細目六十九、中巻は教行について大綱十四・細目百六十八、下巻は身土について大綱二十一・細目百五十四と雑について大綱四・細目四十一からなっている。したがって細目は全てで四百三十二項目となり詳しい論を展開している。とりわけ、雑においては、（1）恒沙諸仏証誠亘三部経耶。但限阿弥陀経0366之事、（2）観無量寿経0365頻婆娑羅王及韋提希夫人得何益之事、（3）念仏三昧利益但限往生一益之事、（4）依念仏廻向功力存亡預利益之事の四項目について取りあげている。その内容により念仏の利益を明かしている。

（中西随功）

2630 **竹林鈔**（ちくりんしょう）

山叢林ともいう。

【成立】十三世紀。著者は道教顕意。

【内容】二巻。浄土宗西山深草義の立場から浄土教を顕揚している。書名は著者が嵯峨竹林寺に住したことに因んで名付けられている。内容は十六箇条に亘り、経典・論書等を引用して要点を述べている。（1）廃立行成について、（2）観仏念仏について、（3）念仏王三昧について、（4）即便往生と当得往生について、（5）領解後帰二平信一について、（6）六字法門について、（7）機法一体について、（8）三心について、（9）聖道浄土について、（10）自力他力について、（11）二種信心について、（12）六字妙解抄、（13）念仏三昧為宗について、（14）一心帰命について、（15）十劫正覚について、（16）浄土頓教について述べている。

（中西随功）

2631 **菩薩蔵頓教一乗海義要決**（ぼさつぞうとんぎょういちじょうかいぎようけつ）

一乗要決、一乗海義要決、六字一乗体義ともいう。

【成立】文永五年（AD1268）。著者は道教顕意。

【内容】一巻。題名にも示されているように唐の善導の観無量寿経疏1753玄義分に「我依菩薩蔵頓教一乗海説偈帰三宝与仏心相応」と説かれていることについて論述している。善導は観無量寿経0365について声聞蔵・菩薩蔵、漸教・頓教の二蔵二教判の教相判釈を示し、同経を菩薩蔵に収め頓教の摂であると決している。しかし、その理由については説かれていない。そこで、著者が広く教証を引いて観無量寿経0365は観仏念仏両宗二尊二教なる頓教一乗の要義であることを述べている。

（中西随功）

2632 **難易二道血脈図論**（なんいにどうけちみゃくずろん）

二道血脈図論ともいう。

【成立】十三世紀。著者は道教顕意。

【内容】一巻。浄土教による衆生摂化の構図を分析して述べている。いわゆる、法性真如海より釈迦弥陀二尊が顕れて衆生を発遣来迎することについて教相要綱を七階にまとめている。すなわち、（1）性海、（2）釈迦・弥陀、（3）難行・易行、（4）漸教・頓教・観仏・念仏、（5）自力・仏力・願力、（6）雑業・助業・正業、（7）発遣・来迎について十九の問答により明示している。

（中西随功）

2633 **華山院家四十八問答**（かざんいんけしじゅうはちもんどう）

華山院六八問答、四十八問答ともいう。

【成立】正応五年（AD1292）。著者は道教顕意。

【内容】一巻。浄土教の要点について四十八の問答を設けて述べている。もとより、四十八は阿弥陀仏の本願に因んだものである。この問答は釈尊出世本懐在念仏往生可云哉について観無量寿経疏1753・無量寿経0360を引証して答えているように、主に浄土三部経と善導の五部九巻を引いて論じている。そして、末尾には浄土宗源は仏智願海にあることを明記している。

（中西随功）

2634 **観経四品知識義**（かんぎょうしぼんちしきぎ）

【成立】十三世紀。著者は道教顕意。

【内容】一巻。観無量寿経0365散善九品のうち中品下生より下品下生の下四品について述べている。いわゆる、上品上生より中品中生の上五品の者は大乗小乗の異なりがあっても平生に法に遇って出離生死を求めている。それ故に臨終には善友の開導を必要としない。ところが下四品の者は平生には聞法せず浄土往生を希求していない。それ故に必ず善知識の勧めを待って往生する。この善知識が念仏を説いて往生を勧めているその説相について述べている。そして、観無量寿経0365の十念往生は聞名往生であると結論している。

（中西随功）

2635 仙洞三心義問答記（せんとうさんじんぎもんどうき）

仙洞三心問記、仙洞三心問答、三心問答ともいう。

【成立】永仁三年（AD1295）。道教顕意が亀山法皇の院宣をうけて、仙洞御所で漸空了観と三心の義について数日にわたって行った論議問答の内容を記録した。

【内容】一巻。著者が西山の本義は善導の説により南無の一心を以て三心の法体となすことから問をおこし、これにより東山義漸空の三心についての義を破斥している。

続編として浄土宗建立私記2636がある。

（中西随功）

2636 浄土宗建立私記（じょうどしゅうこんりゅうしき）

浄土建立私記ともいう。

【成立】永仁四年（AD1296）。道教顕意が仙洞三心義問答記2635の後をうけて著した。著者が漸空了観と三心について論義を行いその内容を書きとどめて亀山天皇のもとへ届けたところ、再度の問いがあり、それに答えて著した。

【内容】一巻。至誠心については古来より数多くの解釈があるが、漸空の理解は僻見であり認めがたいと記し、浄土宗深草流こそが頓教一乗の至極であるとして、東山義漸空の教説を批判している。この状況からも教学興隆の当時の実状が窺える。

（中西随功）

2637 浄土童蒙指帰名目（じょうどどうもうしいきみょうもく）

【成立】十三～十四世紀。著者は行観覚融。

【内容】一巻。廃立・傍正・助正の三重を以て一代仏教を判釈している。まず、廃立について、聖道門の教理行果を廃し、浄土一家の機行身土を立てる。そして、この廃立に難易廃立と通別廃立があることを示す。次に、傍正の重については、先に定散二善は自力行であるとして廃したのを今は取り返し仏語の定散とする。能詮の定散は所詮の念仏を顕す役割を果すことになる。さらに、次の項目をもうけて要点を述べている。（1）両実廃立について、（2）傍依経正依経について、（3）通別二土廃立について、（4）雑行正行について、（5）五番相対について、（6）厭離穢土欣求浄土について、（7）能破所破について、（8）相対絶対門について、（9）諸師・祖師・今師について、（10）傍正について、（11）定散文中唯標専念名号得生について。

（中西随功）

2638 浄土宗法門大図（じょうどしゅうほんもんだいず）

【成立】十三～十四世紀。著者は行観覚融。

【内容】一巻。冒頭に「西山所立廃立助正傍三重名目」とあることにより、廃立・傍正・助正の名目について述べている。著者が釈尊一代仏教の教相判釈をこの三重により明示している。すなわち、聖道八万教門を廃・傍・助に、無量寿経0360・観無量寿経0365・阿弥陀経0366を立・正・正に判釈する、さらに、第一重の廃の時は聖道門は非本願自力行である故に廃し、本願他力の念仏一行を立す。第二重の傍の時は先に廃する聖道門を仏語の定散として取入れる位であり、正の時はこの仏語の定散は念仏三昧の行を顕す主伴の義である。第三重の助の時は自力行門を異類の助業とし、正の時は浄土門に説く行儀を同類の助業とする。そして、念仏信仰確立のうえに仏恩報謝のために三業に出でて行ずる姿を示している。

（中西随功）

2639 浄土法門大図名目（じょうどほうもんだいずみょうもく）

【成立】十三～十四世紀。著者は行観覚融。

【内容】一巻。浄土宗法門大図2638の続編とされている。（1）廃立傍正助正三重の事、（2）浄土三部経の事、（3）三心の事、（4）浄土の報身報土の事、（5）観無量寿経0365の大要を知るべき事、（6）願行具足の事、の六段に亘り述べている。これにより、著者が釈尊一代仏教を教相判釈している。つまり、浄土宗法門大図で廃立・傍正・助正の名目により示した内容により（2）浄土三部経の事以下の事柄を中心として詳説している。とりわけ、他力易行の上の真実の助業として定散の諸善を行ずる姿と半自力半他力の扱い方についても述べられていて注目される。
（中西随功）

2640 **浄土口決集**（じょうどくけつしゅう）

【成立】建武五年（AD1338）。観導が正安二年（AD1300）鵜之木宝幢院において、観教房・道覚房・禅空房等の門弟等と法門を論議し、師行観覚融によりその疑を決している内容を記録。

【内容】一巻。問答形式で書き留められており、その中には問者について明示されているものもあるが、「有人問」と不明なものもある。だが、この当時における浄土教理解の有様についての論議の内容を髣髴と窺うことができる。末尾には浄土宗の立場では方便真実を立てず、仏法は皆真実であり、念仏信仰の上には聖浄両実である意趣で結ばれている。
（中西随功）

2641 **座右鈔**（ざうしょう）

【成立】延文三年（AD1358）。著者は仁空実導＊。

【内容】一巻。証空の祖跡である西山往生院を護持すべく二十五箇条を制したもの。その内容は出家、受戒、出家者の綱紀、布薩、安居、修学の推奨などについての法規である。とりわけ、最後の箇条は「修するところの行業を廻して極楽を欣求すべき事」についてで、この中には顕密の行業を修すと雖も、内に摂取の悲願を忘れることなく、寺内に必ず別院を置き専ら浄土業を修して、広く西方浄土への往生行を弘めることを述べている。当時における浄土往生を願う僧侶の生活に亘る規定について具体的に窺い知ることができるものである。
（中西随功）

2642 **初心行護鈔**（しょしんぎょうごしょう）

行護鈔ともいう。

【成立】応安六年（AD1367）。著者は仁空実導＊。

【内容】一巻。座右鈔2641・講院学堂通規2643と合本一冊となっており、併せて通読し履修すべき清規。延文三年（AD1358）に制定した衆僧の遵守すべき式目をもととして、さらに応安六年にいたり、初心者の護るべき条目を定めたものである。（1）小仏殿等平座勤行について九条、（2）食法について九条、（3）入浴について八条、（4）上厠について五条、（5）雑用について十八条よりなっており、この内容から、初心者の修業に入るための基本的な生活全般について詳しく述べたものであることが知られる。この趣旨は師跡をまもらんがために同法の衆徒に対して制定したものであり、同法の衆僧が共に遵行して、仏法をして久しく世間に住せしめ、師道をして遠く遐代に伝えしめよと制誡している。いわゆる、浄土宗西山派本山義における十四世紀の清規の内容が知られる。
（中西随功）

2643 **講院学堂通規**（こういんがくどうつうき）

通規ともいう。

【成立】貞治六年（AD1367）。著者は仁空実導＊。

【内容】一巻。座右鈔2641・初心行護鈔2642と合本一冊となっており、併せて通読し履修すべきもの。本書は講学の規則として定められている。年間二度の安居には十五歳以上五十歳以下の僧は必ず聴講・研学しなければならず、それ以上の年齢のものは任意であると述べている。一講義は午前十時より正午まで、また、夜は日没より初夜までと定めている。その講者は法王・上座・知堂の者一人より、一講書は天台・真言・円戒・浄土の四宗兼学である。しかし、講堂において権大乗や小乗の教学を講義することは固く禁じられていた。また、一休暇は十五歳から二十歳までは一旬一夜のみであり、三十歳以上の者は月に二夜、四十歳以上は三夜である。もし、これ以上に特別な理由なく休暇すると同学の席を外されることになる。本書の内容は六箇条よりなり、以上の事項について明らかに述べている制誡である。末尾には「我一門を既に講徒と称す。もし説聴しなければ更に何の務をか作さん。一人学せずば、余人も効はん。これ滅法の籌を引く、あに破僧の犯に非ずや。今、先師の遺誡を憶て護法の微誡を励ます。しばらく、二時の学儀を示して造次の精勤を励まんとす。請う、式に依りて、あえて、違失せしむることなかれ」と警告しており、ここに本書著作の意趣が明示されている。

（中西随功）

2644 **愚要鈔**（ぐようしょう）

【成立】寛正二年（AD1461）。著者は光雲明秀（こううんみょうしゅう）。

【内容】三巻。浄土宗西山義の立場から浄土教の根本的立場、浄土教よりみたる一代仏教等の種々の問題について論述している。しかも、内容は四十七章に亘って集録されている。（1）今の阿弥陀仏、衆生往生の本願をば如何様に起し如何様に成じ玉へるや、（2）一心に称念せよと云う一心は如何様の心ぞや。（3）今勧むる所の信心は仰信解了の中には何んぞや。（4）善知識の垂示を分別して信ずるは、是れ解了の信に非ずや、（5）別解別行の人に遠ざかるとは何事ぞや、（6）大乗の名義をも知らざる凡夫が難行易行の是非を論ずるは云何、（7）大乗の宿習無き人は先づ念仏を信行して極楽往生を願ふべし、宿善ある人は大乗を修行すべしと勧むる人あり云何があるべきや。（8）初より凡夫相応の法を説き玉ふべし、何ぞ凡夫の境界にあらざる自力の教法を開きて教へ玉ふは何なる謂れなるや。（9）一代は皆他力本願より出たりと云ふは云何なる謂れぞや。（10）信心だにも心に退転なくば、必ずしも口に名号を唱えずとも苦しからざるや。（11）称名相続は還て難行と覚へたり如何。（12）一代頓悟の法を何故歴却迂廻の行とするや。（13）称名の外に三心四修を勧め玉ふは何なる謂れぞや。（14）三心・四修・三念、その一一の義如何。（15）安心・起行・作業一に成ずと云ふ。その一致の色如何。（16）一代の外に名号を説くは如何、（17）安心・起行・作業一一の領解叶はざれば往生不可にてあるべきや。（18）甚深の法門を聞て決定往生す。然にその意忽然と又本の方へ還りて六塵の境にはせる是をば如何すべきや。（19）三種の心をば清浄に持つべきことと覚へたり如何。（20）念々不捨の人別して退行を励ますともあるべきや、又必ず助業に出ずして叶ふまじき事にてあるべきや。（21）念仏行者臨終に病苦に侵され信心忘れたるも往生云何あるべきやあらん。（22）臨終に知識あるべきや又無くも苦しかるまじや。（23）浄土宗に祈禱の法ありや。（24）何ぞ専念名号の外に別に祈禱の法なしと云や。（25）安心の了不に随て行に得失あるは勿論である。何ぞ行の方には得失なしと云ふや。（26）助正の重の行儀は極楽の依正二報にかぎりたり。何ぞ諸経諸仏に亘りて意楽に随て行ずるに相違無しと云ふや。（27）道心と云へるは如何様に心を発すことぞや。（28）口に唱える名号と心に証する往生とは一とやする二とやする。（29）何ぞ称名の声往生の実体と決定するや。（30）三心発する所がやがて願行具足する故即ち往生成ずと覚へたり。何ぞ三業無間の称念の起行を勧るや。（31）現身往生より外には別に期する処の往生なしと云はば、極楽国土と云て実に娑婆の外に浄土をば立ざるや。（32）観経には極楽に往生するも含華の障りありと説けり。何ぞ彼に生じてやがて成仏すと云ふや。（33）還来穢国度衆生の意云何。（34）極楽に往生する衆生により衆生界は減ずべき道理にてあること云何。（35）三世の諸仏弥陀に依て正覚を成じ玉ふと云は何なる意ぞや。（36）弥陀の正覚より十劫と説く時に、釈尊出世の時代までの十劫と聞えたり。これは大中小の中には何れの劫と定むべきや。(37)諸仏の能讃所讃の何れぞや。(38)聞見一同について。(39)浄土宗にも教・行・証の次位は有るべきや。(40)仏恩報謝の起行には諸善と念仏と勝劣何れぞや。(41)一向専修の念仏の行者は戒相をば護るべからずと云ふ人あり。その謂れあるべきや。(42)自他宗に亘りて相互に仏法の是非を判じて、論談に及ぶことは無益なりと云ふ人あり。その謂れあるべきや。(43)大乗の奥義を学する人なりとも、若我我の見に落て、自証勝他の思をなさん人は、尚悪趣に輪廻すべきや。(44)近来の念仏の行者の中に、吾は持戒なり、吾には道心ありと云て、他人の破戒をあなづり、無道心を誹ることあり。これは苦しからずや。(45)諸宗も出世の仏法を習ふ故に皆同じく遁世の義なるべし。何ぞ取り分け浄土を遁世の宗と云ふや。(46)念仏の行者の居処を飾り衣服を調ふることは往生の障りとなるべきや。(47)一向専修の念仏の行者は、仏神に参詣すべからずと云ふ人あり。左様の謂れあるべきや。以上のような生活に密接した問題について平易に仮名字により説き示している。

(中西随功)

2645 **西山復古篇**（せいざんふっこへん）

【成立】天明四年（AD1784）。著者は俊鳳妙瑞。

【内容】一巻。祖承の正義が失われつつあった当時の宗学界によせた警策の書。(1)西山流義学文事。(2)西山流義安心事。(3)西山両脈相承事、(4)西山流義秘抄事、(5)西山流義十通事、(6)西山四宗兼学事、(7)西山流刑免許事、(8)浄土現世祈禱事、(9)西山流義盛衰事、の九項目をたてて述べている。(1)においては、西山派僧は証空の真撰により学文すべきことを述べている。その手引きとして顕意の楷定記により、さらに、鵜木抄・康永抄を参照すべきことを示している。しかも、祖承の正義とは善導・法然の本意に相応することであると示している。(2)においては二心なく唯申せば往生すると信じてほれぼれと念仏申す白木念仏こそが本願念仏であると示している。そのために鎮勧用心2625を指南とすべきことを述べている。(3)においては浄土宗の法脈を宗脈といい、円頓戒の法脈を戒脈といい、この両脈を受けて自行化他すべきことを述べている。(4)においては事相三十八巻について真偽を論じている。当麻曼陀羅註記以外を偽撰と定め、これらは寛法により撰述されたと述べている。(5)においては十通について、(6)においては証空の自行日課は既に往生の正因を専修正行に決定している上の随縁の正行であり、決して雑修雑行でないと示している。(7)においては証空が流罪を免れたことについて、(8)においては念仏による随自意門と共に諸行を随他意門として実修することについて述べている。(9)においては西山派教団の沿革を述べて、宗義復興のために祖承の本意に相応した信仰を勧めている。

【参考文献】上田良準「後鳳和尚の思想と行実」『日仏年報』26、一九六一年。

(中西随功)

2646 **顕浄土真実教行証文類**（けんじょうどしんじつきょうぎょうしょうもんるい）

教行信証、教行証文類、広文類、教行証、御本書、本典ともいう。

【成立】元仁元年（AD1224）。親鸞が五十二歳の時に常陸で著したと伝えられるが、東国在住の時期に一応まとめられたとみられ、帰洛後も晩年まで加筆補訂されたと考えられる。

【内容】六巻。顕浄土真実教文類（教巻）・顕浄土真実行文類（行巻）・顕浄土真実信文類（信巻）・顕浄土真実証文類（証巻）・顕浄土真仏土文類（真仏土巻）・顕浄土方便化身土文類（化身土巻）からなる。浄土真宗の立教開宗の根本聖典とされる。冒頭に総序、信巻の巻首に別序、巻末に後序を置く。数多くの経典類（経・論・釈）の要文を引用して親鸞自身の解釈をほどこし、体系的に叙述している。総序には全巻の要義と、阿弥陀仏の本願他力によって救われたよろこびから本書を著すのであるという造意が述べられている。教巻は他の五巻に比較して最小の章であるが、大無量寿経0360が真実の教・浄土真宗であるとして讃嘆している。往相・還相の二種廻向、教義の根幹である教（真実の教）・行（真実の行）・信（真実の信心）・証（真実の証果）の四法を立て、浄土の教えの綱格を示している。行巻は、真実の行である称名念仏の根拠が第十七願（諸仏称名の願）にあることを顕わし、行に関係する問題として他力・一乗海について述べ、最後に正信念仏偈（正信偈）と呼ばれる偈文で教義を示すと共に七高僧を讃嘆している。別序は、真実信心が二尊（阿弥陀仏と釈尊）の大悲により廻向されているにもかかわらずそれを知らない現状を悲歎して信巻を撰述する意を明らかにしている。信巻は、真実信心の源が第十八願（至心信楽の願）にあることを開顕し、この大信心が涅槃の真因であると述べる。そして第十八願に説かれる三心と天親（＝世親・ヴァスバンドゥ）が述べた一心が同じものであることを明らかにした三心一心問答や菩提心・信の一念・正定聚の機・真仏弟子・難治の機などについて明らかにする。証巻は、真実の行信によって得る証果を難思議往生として顕わし、その根拠として第十一願（必至滅度の願）を挙げている。次いで第二十二願（必至補処の願）の意により還相廻向を説いている。証果といえども自力ではなく、仏の廻向に基づくものであることを世親・曇鸞の論釈を仰いで述べられている。真仏土巻は、真仏・真土を第十二願（光明無量の願）・十三願（寿命無量の願）の本願に酬報した報仏・報土であると開顕する。最後に真と仮との分判を述べている。化身土巻では方便の教・行・信・証・仏身・仏土を示す。まず浄土方便の法門として要門と真門とが説かれ、次に聖道と浄土の二道の判別、仏道と外道の真偽の決判について述べられている。この巻は本・末二巻あり、本巻では三願転入や末法思想が語られ、末巻では本願の念仏に根拠しない迷妄な信仰を批判し、真実の信心に生きるよう説いている。終りに、後序では、親鸞自身の歴史的事実が語られている。聖道の諸教がすたれる中で浄土の真宗は時機相応の確かな道であるといい、承元の弾圧について言及する。また、親鸞二十九歳の本願への帰依や、法然の著作である選択本願念仏集2608の書写を許されたことや、本書を撰述する意図などについて述べている。そして「もし菩薩、種種の行を修行するを見て、善・不善の心を起こすことありとも、菩薩みな摂取せん」という華厳経の偈で結んでいる。

（藤嶽明信）

2647 **浄土文類聚鈔**（じょうどもんるいじゅしょう）

略文類、略本、略書ともいう。

【成立】十三世紀。著者は親鸞。教行信証2646の肝要を抜き出したものという性格を持つが、同書より前に書かれたという説と、後に書かれたという説があり、成立年代は明確でない。

【内容】一巻。はじめに、教・行・信・証の四法を述べ、教義の大綱を示している。続いて、一二〇句の念仏正信偈がおかれている。次に問答を設けて、信心の内容を明らかにしている。そこでは、まず大経0360の三心と浄土論1524の一心についての問答、次に大経の三心と観経0365の三心についての問答、最後に大経の三心と小経0366の一心についての問答がなされている。そして、信心を得るなら、不退転の位に住して、煩悩を断ぜずして大涅槃を証すると結んでいる。

（藤嶽明信）

2648 **愚禿鈔**（ぐとくしょう）

二巻鈔ともいう。

【成立】建長七年（AD1255）。親鸞八十三歳の著作。

【内容】二巻。初めに「賢者の信を聞きて愚禿が心を顕す」とあり、浄土教の諸先師の教えを聞き、愚禿と名乗った親鸞自らの信心を顕わした書である。そのなかで、阿弥陀仏の本願によって速やかに無上涅槃を得ることができるとする親鸞の信心の立場を明らかにしている教相判釈の書である。上巻では、仏教全体における浄土真宗の立場の位置づけを行う。二双四重の分類に基づき、仏教を大乗と小乗とに分かち、大乗を直ちに悟りに至ることのできる頓教と、徐々に悟りへと至る漸教とに分かつ。さらに、頓教を二教（禅・真言・法華・華厳等の難行聖道の実教と、大無量寿経0360等の易行浄土本願真実の教）と二超（即身是仏・即身成仏等の竪超と、選択本願・真実報土・即得往生の横超）に分ける。これらによって親鸞は、本願一乗は絶対不二の教であることを明らかにしている。また弘願と要門との別、自力の機と他力の機の別を判じている。下巻では、主として善導の文章を引用し、観無量寿経0365に説かれている三心（至誠心・深心・廻向発願心）について明らかにし、それに広く関連する諸問題を検討しながら解説する。そして、自力の三心を捨て、他力の三信への帰入を勧めている。

なお本書は、親鸞の自筆本は現存せず、写本では永仁元年（AD1293）の顕智による書写本（三重県高田専修寺蔵）が最古のものとされる。

（藤嶽明信）

2649 **入出二門偈頌**（にゅうしゅつにもんげじゅ）

二門偈、往還偈ともいう。

【成立】 真蹟本（福井県法雲寺蔵）の奥書には「建長八年（AD1256）丙辰三月二十三日書写之」とある。また「愚禿八十歳三月四日書之」（AD1252）という奥書のある古写本（茨城県聖徳寺蔵）があるが、これによって撰述年代を決定することは疑問視されている。

【内容】 一巻。七言一四八句の漢文体よりなる小論である。世親（ヴァスバンドゥ）の浄土論を中心に曇鸞・道綽・善導の諸論を参考としながら、他力の徳を顕している。そのなかで親鸞は、五念門（礼拝門・讃嘆門・作願門・観察門・廻向門）の行は法蔵菩薩（ダルマーカラ）によって修成されたものであり、自利と他利、入出二門がすべて本願力廻向によるものであることを明らかにし、他力の徳を讃嘆している。構成は、世親・曇鸞・道綽・善導の四章からなるが、入出二門が他力によることを開顕している前二章が主となるものであり、後二章はそれを助顕するものといえる。

（藤嶽明信）

2650 **浄土和讃**（じょうどわさん）

弥陀和讃ともいう。

【成立】 宝治二年（AD1248）。親鸞七十六歳のときの著作。その後、建長七年（AD1255）頃まで修正が続けられていたと思われる。

【内容】 一帖。三帖和讃の一。経論によって、浄土の依報正報の荘厳相や他力浄土門の教えを讃嘆したもの。内容は、（1）曇鸞の讃阿弥陀仏偈によって、浄土の仏・菩薩・国土を讃えた讃阿弥陀仏偈和讃四八首。（2）浄土三部経の意を讃えた、大経和讃二二首。観経和讃九首、阿弥陀経和讃五首。（3）諸経の意によって弥陀を讃えた諸経和讃九首。（4）念仏者の現世における利益を讃えた現世利益和讃十五首。（5）勢至菩薩の徳を讃えた勢至和讃八首、よりなる。なお文明五年（AD1473）に蓮如が開版したもの（文明本）には、冠頭に序讃ともいわれる二首が置かれている。これを加えると、総計一一八首となる。

【関連典籍】 2651・2652

（藤嶽明信）

2651 **浄土高僧和讃**（じょうどこうそうわさん）

高僧和讃ともいう。

【成立】 宝治二年（AD1248）。親鸞七十六歳のときの著作。専修寺蔵の草稿本によると、浄土和讃と一連に撰述されたものであることが窺える。

【内容】 一帖。三帖和讃の一。三国（印度・中国・日本）の七人の祖師の徳を讃嘆し、その教えの旨を簡明に述べたもの。龍樹菩薩

（ナーガールジュナ）の讃十首、天親菩薩（ヴァスバンドゥ）の讃十首、曇鸞和尚の讃三四首、道綽禅師の讃七首、善導大師の讃二六首、源信大師の讃十首、源空聖人の讃二十首よりなり、計一一七首になる。なお文明五年（AD1473）に蓮如が開版したもの（文明本）には、巻尾にさらに二首の和讃が置かれ、その二首の和讃の中間に七高僧の名と、聖徳太子の誕生の年月日が記されている。七高僧の事跡と教旨については、正信偈や文類偈にも述べられているが、それらが漢文であるのに対して、浄土高僧和讃は和文によって述べられている。

（藤嶽明信）

2652 **正像末法和讃**（しょうぞうまっぽうわさん）

正像末和讃ともいう。

【成立】 専修寺蔵顕智書写本によれば、正嘉二年（AD1258）親鸞八十六歳のときの著作。その後も加筆補正がなされている。

【内容】 一帖。三帖和讃の一。他力浄土門の教法は、末法において時機相応の教えであることを讃嘆している。その内容は、文明五年（AD1473）に蓮如が開版したもの（文明本）によると、夢告の和讃一首、正像末法和讃五八首、疑惑和讃二三首、皇太子聖徳奉讃2653十一首、愚禿悲歎述懐十六首、善光寺和讃五首、併せて一一四首からなり、末尾には自然法爾の法語が収められている。このなかで親鸞は、末法の世を生きる身の悲しみを通しながら、末法においてこそ明らかとなってゆく弥陀の本願を讃えている。そして、本願を疑う罪の深さを悲歎している。

【関連典籍】 2653

（藤嶽明信）

2653 A **皇太子聖徳奉讃**（こうたいししょうとくほうさん）

【成立】 十三世紀。著者は親鸞。

【内容】 一巻。讃仰ということを中心として、聖徳太子の遺徳を讃嘆したもの。親鸞が聖徳太子の徳を讃えたものとして伝えられているものは（1）皇太子聖徳奉讃2653B七五首、（2）大日本国粟散王聖徳奉讃十四首、（3）本讃2653A十一首の三首がある。このうち（3）は、文明五年（AD1473）に蓮如が開版した三帖和讃の正像末法浄土和讃のなかに収められている。その内容は、聖徳太子を「救世観音大菩薩」「和国の教主」として、その護持養育の徳を讃えている。

【関連典籍】 2652

（藤嶽明信）

2653 B **皇太子聖徳奉讃**（こうたいししょうとくほうさん）

【成立】 建長七年（AD1255）。親鸞八十三歳のときの著作。

【内容】 一巻。七五首よりなり、史伝を中心として聖徳太子の遺徳を讃嘆したもの。はじめに聖徳太子の仏法弘興の徳が讃えられている。以下、六角堂建立に関すること、四天王寺建立に関すること、三経義疏の制作に関すること、十七条の憲法に関することなどについて讃嘆されている。

（藤嶽明信）

2654 A **浄土三経往生文類**（じょうどさんぎょうおうじょうもんるい）

三経往生文類、三経文類、往生文類ともいう。

【成立】 建長七年（AD1255）。親鸞八十三歳のときの著作。

【内容】 一巻。浄土三部経の説く往生の教えを、経論釈をもって明らかにしたもの。浄土三経往生文類には、（1）建長七年に撰述された建長本2654A、（2）康元二年（AD1257）に撰述された康元本2654Bの二本があり、前者は略本、後者は広本と呼ばれている。その内容は、浄土三部経に明かされた往生が、大経往生―難思議往生、観経往生―双樹林下往生、阿弥陀経往生―難思往生と示されている。

（藤嶽明信）

2654 B **浄土三経往生文類**（じょうどさんぎょうおうじょうもんるい）

三経往生文類、三経文類、往生文類ともい

う。

【成立】康元二年（AD1257）。親鸞八十五歳のときの著作。

【内容】一巻。浄土三部経の説く往生の教えを、経論釈をもって明らかにしたもの。略本に比べて広本は概して増広されている。また、所引の経文の置かれている位置の相違もみられる。ことに大経往生を明かすところで、広本では還相廻向に関する文が加えられている。

（藤嶽明信）

2655A **如来二種廻向文**（にょらいにしゅえこうもん）

【成立】正嘉元年（AD1257）。親鸞八十五歳のときの著作。

【内容】一巻。阿弥陀如来の廻向に、往相廻向・還相廻向の二種あることを述べたもの。はじめに、浄土論の廻向を解説した文を引用している。そして、如来の廻向に往相・還相の二種あると示し、その往相廻向について、真実の行業・信心・証果があると述べている。その行・信・証は、真実行業―第十七願、真実信心―第十八願、真実証果―第十一願の三願に配当されると示している。次に、還相廻向について述べるが、まず浄土論の文を引用し、つづいて第二十二願を示している。

（藤嶽明信）

2655B **往相廻向還相廻向文類**（おうそうえこうげんそうえこうもんるい）

往還廻向文類ともいう。

【成立】康元二年（AD1257）。親鸞八十五歳のときの著作。

【内容】一巻。阿弥陀如来の廻向に、往相廻向・還相廻向の二種あることを述べたもの。結びでは、「他力の往相還相の廻向なれば、自利利他ともに行者の願楽にあらず、大願より自然にうるなり」と述べている。如来二種廻向文2655Aと書名は異なるが、組織内容に関しては一致している。

（藤嶽明信）

2656A・B **尊号真像銘文**（そんごうしんぞうめいもん）

尊号銘文ともいう。広本と略本があり、広本2656Aは広銘文、略本2656Bは略銘文ともいう。

【成立】広本（三重県高田専修寺蔵）は正嘉二年（AD1258）親鸞八十六歳のとき、略本（福井県法雲寺蔵）は建長七年（AD1255）親鸞八十三歳のときの著作である。

【内容】広本は二巻（二十一文）、略本は一巻（十六文）。真宗の本尊であり、礼拝の対象である阿弥陀如来の尊号（「南無阿弥陀仏」「帰命尽十方無礙光如来」等の名号）および諸先師の肖像（影像・真像）に付せられた讃銘の文を集めて、それらの讃の文章を逐語的に注釈をほどこしたものである。

略本は「設我得仏　十方衆生　至心信楽　欲生我国　乃至十念　若不生者　不取正覚　唯除五逆　誹謗正法」という第十八願の願文をはじめとして十六文を解釈している。広本はそれに五文を増広して二十一文を解釈している。略本は解釈される一つ一つの銘文が省略されている。それに対して、広本は一段ごとの冒頭に銘文の全文を掲げている。また、影像に対する真像銘には、「龍樹菩薩御銘文」「斉朝の曇鸞和尚の真像の銘文」「首楞厳院源信和尚の銘文」等というように、誰の真像の銘文であるかを記している。

（藤嶽明信）

2657 **一念多念文意**（いちねんたねんもんい）

一念多念証文、一多証文ともいう。

【成立】真蹟本（東本願寺蔵）の跋文には、康元二年（AD1257）親鸞八十五歳のときにこれを書いたと記されている。しかしそれ以前に著されて関東の門弟たちに与えられていたことが親鸞の消息（親鸞聖人血脈文集）から窺える。

【内容】一巻。法然の高弟であった隆寛の一念多念分別事2677を解説して注釈したものである。法然門下では信のこもった念仏であれば一度だけでも称えれば浄土に往生できるとする主張（一念往生）と、数多くの称名念仏の行を積まなければならないとする主張（多念往生）との争い（一念多念の論争）があり、そのために教団は分裂をしていった。そしてその影響は親鸞門下にもおよんだ。親鸞は関東の門弟たちの一念多念の争いにあたり、隆寛の一念多念分別事の閲読を勧めるとともに、同書に引用される経典類の要文を抄出して注釈を加えて本書を著して送ったのである。そのなかで親鸞は、一念や多念のいずれかに偏するのは、念仏をしながら、他力をたのまないものであり、自力にさとりをなすものであって、それは阿弥陀仏の本願の意にかなわない在り方であると述べている。全体の構成としては「一念をひがごととおもうまじき事」「多念をひがごととおもうまじき事」の二つに分けられ、隆寛の引く善導の文や、大無量寿経0360・阿弥陀経0366の文を解説しながら親鸞自身の思想を述べ、回数にとらわれずに念仏すべきことを説いている。その結びとして「浄土真宗のならいには、念仏往生ともうすなり。まったく、一念往生・多念往生ともうすことなし」と述べて、一念往生でも多念往生でもなく、念仏往生である旨を明瞭に示している。

（藤嶽明信）

【関連典籍】2677

2658A **唯信鈔文意**（ゆいしんしょうもんい）

唯信文意ともいう。

【成立】康元二年（AD1257）。親鸞八十五歳のときの著作とされる。三重県高田専修寺には康元二年奥書の真蹟本が二本現存し、本書はこれに当たる。また、建長二年（AD1250）、建長八年奥書のものなど、比較的多くの古写本も伝わっている。

【内容】一巻。聖覚の唯信鈔2675の要文を注釈したもの。親鸞の法兄である安居院の聖覚は、浄土門の教えはただ信心こそが肝要であるとして唯信鈔を著した。親鸞はそこに引かれている経釈の要文などを抜き出して、それに注釈を加えている。親鸞は、初めに唯信鈔という題号の意味を述べ、そのなかで「本願他力をたのみて自力をはなれたる、これ唯信という」というように、法然から伝えられた念仏の教えの要が信心にあることを明らかにしている。それに続いて法照や善導の文などを、聖覚の解釈にとらわれることなく自由に親鸞自身の考えにしたがって注釈している。跋文では「いなかのひとびとの、文字のこころもしらず、あさましき愚癡きわまりなきゆえに、やすくこころえさせんとて、おなじことをたびたび、とりかえしとりかえし、かきつけたり。こころあらんひとは、おかしくおもうべし。あざけりをなすべし。しかれども、おおかたのそしりをかえりみず、ひとすじに、おろかなるものを、こころえやすからんとて、しるせるなり」として、一念多念文意と同意の文を掲げて、この著作意図を記している。

（藤嶽明信）

【関連典籍】2675

2658B **唯信鈔文意**（ゆいしんしょうもんい）

【内容】唯信鈔文意2658Aの異本である。唯信鈔文意には、比較的多くの古写本も伝わっているが、その中でも一般によく流布している系統のものであり、群馬県前橋市妙安寺の所蔵である。奥書には正嘉元年（AD1257）に親鸞が著し、翌年に門弟の成然が書写したということが記されているが、これを正嘉の書写本とすることには疑問とする説もある。

（藤嶽明信）

2659 **末灯鈔**（まっとうしょう）

【成立】正慶二年（AD1333）。本願寺第三世覚如の次男従覚が編集したもの。親鸞の晩年の法語と門弟に与えた消息（書簡）が集録されている。

【内容】二巻。従覚は、それまで安置していた本を、その頃に見ることができた他の伝本と対校して二十二篇のものとした。そのとき、日付などの前後の相違を訂正し、年号の知れるものは年月日の順にし、年号の不明のものは月日の順に編纂し直した。原本は焼失して現存しない。現存最古の写本は、乗専書写本（AD1344）とされるが、これには表紙が欠落していて末灯鈔という書名はない。末灯鈔という書名は「末の世を照らす灯火のような書物」という意味であるが、この書名は蓮如の文安四年（AD1447）の写本に見られるが、最初からこの書名があったか否かは明らかでない。内題には「本願寺親鸞大師御己証并辺州所々御消息等類聚鈔」とあり、そこには本鈔の内容構成がよく表われているといえる。本鈔は古写本も多く、広く流布している。

（藤嶽明信）

2660 **親鸞聖人御消息集**（しんらんしょうにんごしょうそくしゅう）

御消息集ともいう。

【成立】親鸞が関東の門弟に送った書簡を収めたものであるが、編集の年時は明らかではない。

【内容】一巻。広本・略本の二種類があり、広本には十八通が収められ、略本には十通が収められている。大正大蔵経所収本は、略本に当たる。略本に省かれた八通は、末灯鈔所収のものと共通している。本書に収められている消息からは、親鸞の晩年の心境や善鸞事件の経緯等が窺い知れる。とくに善鸞事件に関するものが多いことから、この事件の関係者によって編集されたのではないかという説もあるが、編集者は明らかではない。十通の宛先と年時は、（1）宛名不記、二月三日。（2）性信宛、七月九日、（3）教忍宛、十二月二十六日、（4）念仏人々御中宛、九月二日、（5）慈信宛、九月二日、（6）慈信宛、十一月九日、（7）真浄宛、正月九日、（8）性信宛、年時不記、（9）唯信宛、十月二十一日、（10）慶西宛、二月九日となっている。

（藤嶽明信）

2661 **歎異抄**（たんにしょう）

【成立】親鸞入滅（AD1262）後二十数年ほどして書かれたのではないかと推定される。著者は如信あるいは覚如＊という説もあったが、河和田の唯円とするのが定説となっている（鳥喰の唯円とする説もある）。

【内容】一巻。親鸞滅後の異義を歎いた書。前後に序文をもつ十八条から構成されている。前半（第一条～第十条）は著者が親鸞から直接聞いた法語を記す。後半（第十一条～第十八条）は当時あった異義を悲歎しながら真実信心にめざめることを勧めている。なお第十条には「念仏には無義をもて義とす。不可称不可説不可思議のゆえにと、おおせそうらいき。」とある次に「そもそもかの御在生のむかし～いわれなき条々の子細のこと」とあるが、この部分は、第十一条以下の序言と考えられる。冒頭の前序で著者は、「先師口伝の真信に異なることを歎き」と本書制作の根本精神について述べている。続いて〈第一条〉弥陀の誓願不思議、〈第二条〉本願念仏への信順、〈第三条〉悪人成仏、〈第四条〉浄土の慈悲、〈第五条〉父母孝養と念仏、〈第六条〉弟子一人ももたず、〈第七条〉無碍の一道、〈第八条〉非行非善、〈第九条〉踊躍歓喜のこころおろそか、〈第十条〉無義を義とすること、などについての親鸞の言葉が記されている。後半は〈第十一条〉誓願と名号とを別と信じる、〈第十二条〉学せざれば往生は難しとする、〈第十三条〉罪悪を怖畏する、〈第十四条〉念仏して罪を滅しようとする、〈第十五条〉即身に仏と成るとする、〈第十六条〉自然に廻心するとする、〈第十七条〉辺地の往生は地獄に堕するとする、〈第十八条〉布施の多少によって報いが異なるとする、などの異義についての批判がなされている。最後の後序では「一室の行者のなかに、信心異なることなからんために、なくなく筆をそめてこれをしるす。」と著者の願いと心情などが述べられている。現存する本では、蓮如書写本（西本願寺蔵）が最も古く、本文の後に承元の弾圧についての記録が付記されている。

（藤嶽明信）

2662 **執持鈔**（しゅうじしょう）

【成立】嘉暦元年（AD1326）。著者は覚如＊。

【内容】一巻。真宗の要義を五カ条にまとめたもの。初めの四カ条には親鸞の法語を挙げ、後の一カ条には覚如の領解が述べられている。冒頭に「本願寺聖人仰云」と標して、本願寺ということが強調されている。各条の内容は（1）来迎不来迎の義を明かし、真実信心の人は臨終まつことなく来迎たのむことなしと述べる。（2）法然の教えに信順する親鸞を示しながら自力をすてて他力に帰することを述べる。（3）第十八願の意を明かす—善悪の二業は往生の助けとも障りともなることはなく、往生はひとえに阿弥陀仏の大願業力によることを述べる。（4）光明・名号・信心の関係を明かす。（5）臨終ではなく平生の一念に往生が定まることを述べる。奥書には、飛騨の願智坊永承のために著された書であることが記されている。

（藤嶽明信）

【関連典籍】2663

2663 **口伝鈔**（くでんしょう）

【成立】元弘元年（AD1331）。著者は覚如＊。

【内容】三巻。如信から覚如へ直接に伝えられた親鸞の言行を、門弟の乗専に筆記させたもの。冒頭に「本願寺鸞聖人、如信上人に対しましまして、おりおりの御物語の条条」と標して、法然・親鸞・如信と三代にわたって伝えられた教えの正当性とその継承を強調している。内容は二十一条に分かれ、親鸞の法語・行実、そして親鸞の妻恵信尼や門弟達の言行が記されるとともに、当時の浄土異流に対して真宗の正意が述べられている。自筆本は龍谷大学の所蔵。

【関連典籍】2662

（藤嶽明信）

2664 **本願寺聖人親鸞伝絵**（ほんがんじしょうにんしんらんでんね）

善信聖人親鸞伝絵、親鸞伝絵ともいう。

【成立】永仁三年（AD1295）。著者は覚如＊。

【内容】二巻。親鸞の生涯における行状を記したもので、親鸞の最初の伝記とされる。「伝絵」とあるように、本来は行状を記した詞書と、それを図解した絵が交互に組み合わされた絵巻物形式で表されたものであるが、その詞書の部分のみを別出したものを「御伝鈔」と呼び、大正大蔵経所収本はこれに当たる。覚如は父の覚恵とともに親鸞が暮らした東国の地を歴訪したのち、親鸞伝絵を撰述した。その後も何度かの添削が加えられ、現行のものは上巻八段、下巻七段よりなる。内容は、上巻は出家学道・吉水入室・六角堂夢告・蓮位夢想・選択付属・信行両座・信心同異・入西鑑察、下巻は師弟流刑・稲田興法・山伏帰依・箱根参詣・熊野現異・入滅葬送・廟堂創立の各段となっていて、後の親鸞伝記の基本とされた。また本書は、毎年の報恩講に真宗寺院において朗読される。

（藤嶽明信）

2665 **報恩講式**（ほうおんこうしき）

報恩講私記、報恩講式文、式文ともいう。

【成立】永仁二年（AD1294）。著者は覚如＊。

【内容】一巻。親鸞の三三回忌を迎えるにあたって著された。その内容は（1）真宗興行の徳、（2）本願相応の徳、（3）滅後利益の徳という三段に分けて述べられている。そのなかでは親鸞を「祖師聖人は直也人にましまさず、すなわちこれ権化の再誕なり。すでに弥陀如来の応現と称し、また曇鸞和尚の後身とも号す」というように述べて、その徳を讃えている。また本書は、毎年の報恩講に真宗寺院において朗読される讃文である。

（藤嶽明信）

2666 **歎徳文**（たんどくもん）

報恩講歎徳文ともいう。

【成立】延文四年（AD1359）。著者は存覚。存覚が七十歳のとき、甥である善如の希望に応じて叙述したもの。

【内容】一巻。「それ、親鸞聖人は、浄教西方の先達、真宗末代の明師なり」という文章からはじまり、親鸞の行実を記してその高徳を讃嘆しつつ、宗義の肝要を示している。本書は、報恩講には真宗寺院において読誦される。

（藤嶽明信）

2667 **浄土真要鈔**（じょうどしんようしょう）

真要鈔ともいう。

【成立】元亨四年（AD1324）。存覚が三五歳のときに仏光寺の了源の所望によって著した。

【内容】二巻。浄土真宗の肝要である平生業成、不来迎ということを、十四の問答を通して明らかにしている。まず初めに、一向専修念仏ということが決定往生の肝心であるとし、それが大無量寿経0360に説かれていることを示す。続いて、一向専修念仏ということを明らかにした善導・法然を掲げるとともに、その本意を正しく相承したのは親鸞であると示している。そして、仏恩を報じ、師徳を謝することを勧めている。次に、十四の問答を設けて、親鸞の教えの中心が平生業成、不来迎ということにあることを、文証を示したり、疑難を破斥したりして明らかにしている。その中では、現生不退や化土往生ということも論じられている。

（藤嶽明信）

【関連典籍】2659

2668 **蓮如上人御文**（れんにょしょうにんおふみ）

御文、御文章ともいう。

【成立】年代不明。「御文」とは、本願寺第八世の蓮如が書簡形式によって門徒に書き与えた法語である。これは寛正二年（AD1461）から明応七年（AD1498）にかけて書かれ、二五二通が伝えられている。このうち、文明三年（AD1471）から明応七年にわたる五八通と年次不明の二二通の計八〇通を五帖に編集したものを五帖御文、あるいは帖内御文といい、大正大蔵経所収本はこれに当たる。編者については円如とする説もあるが、実如の手によってなったようで、証如がはじめて開版した。この五帖御文の他、夏御文四通や御俗姓御文もあり、これらの五帖御文以外のものを帖外御文と称する。

【内容】五帖八〇通よりなる。真宗の要義を誰にでもわかりやすいように平易簡潔に説いていて、真宗の普及に果たした役割はきわめて大きい。広く流布され、現在も勤行や説教、法語の後などに拝読することになっている。その中でも特に「されば朝には紅顔ありて夕べには白骨となれる身なり。……人間のはかなき事は、老少不定のさかいなれば、たれの人もはやく後生の一大事を心にかけて、阿弥陀仏をふかくたのみまいらせて、念仏もうすべきものなり」という「白骨の御文」は最もよく知られているものであろう。

（藤嶽明信）

【関連典籍】2670

2669 **蓮如上人御一代記聞書**（れんにょしょうにんごいちだいきききがき）

蓮如上人御一代聞書ともいう。

【成立】元禄二年（AD1689）に初刊本が開版されているが、文中で蓮如を「前々住上人」、実如を「前住上人」と呼称していることから、本願寺第十世証如の時代（AD1525～54）の編集と思われる。

【内容】一巻三一六条よりなる。ただし初刊本である元禄二年本は四巻二四九条、その後に刊行された真宗法要本は二巻三一四条よりなり、それぞれ内容や順序に若干の相違がある。本書は空善の空善聞書、蓮悟の蓮如上人御物語次第、実悟の蓮如上人一語記（実悟旧記）等を写し、再編集したものと思われる。編者については実悟、空善、蓮悟等の説がある。内容は、蓮如の折々の言行を収め、蓮如の人柄や思想をよく伝えている。また、本願寺第九世実如などの蓮如の教化を受けた人々の言行なども収められている。

（藤嶽明信）

2670 **御俗姓御文**（ごぞくしょうおふみ）

御俗姓、俗姓ともいう。

【成立】文明九年（AD1477）。蓮如が親鸞への報恩謝徳のために著したもので、門徒に送った消息。

【内容】一巻。まずはじめに親鸞の俗姓（家系）および行実を述べる。つづいて報恩講における門徒の心得について、親鸞の深い恩徳を報謝すべきことを勧め、その報謝の要は信心決定にあるということを説いている。

（藤嶽明信）

2671 **大名目**（だいみょうもく）

【成立】年代不明。専修寺第三世顕智（けんち）の著とされているが確証はない。専修寺には顕智自筆と伝えられるものが所蔵されているが、その筆跡についてはなお検討を要する。

【内容】一巻。観無量寿経0365ならびにその注釈書である善導の観経疏1753の大綱を図示したもの。初めに「浄土宗に二門あり」と標して、聖道門と浄土門に二分している。まず聖道門について九宗の名を列記し、つぎに浄土門を明かしている。浄土門については、定善十三観と散善三福とを示している。つぎに観経疏1753について、玄義分・序分義・定善義・散善義の概要が挙げられている。

（藤嶽明信）

2672 **自要集**（じようしゅう）

【成立】延文三年（AD1358）。著者については覚如（かくにょ）＊や蓮如（れんにょ）とする説もあるが、専修寺第五世定専（じょうせん）と推定されている。

【内容】一巻。浄土三部経や教行信証によって摂取不捨・住正定聚や諸仏証誠などについて述べ、終わりに金剛の信心に十種の益があることを示している。

（藤嶽明信）

2673 **顕正流義鈔**（けんしょうりゅうぎしょう）

【成立】文明四年（AD1472）。真慧（しんね）が当時あった高田門徒への論難に対して反論するとともに、高田の伝統的正義を顕わすために著した。

【内容】二巻。上巻には、まず真宗の教えの概要を示し、つぎに善導・法然・親鸞と継承された教義が、弥陀・釈迦・諸仏の本意にかなう時機相応の法であることが述べられている。さらに第十八願の意が示されている。下巻には、はじめに三願の意趣を示し、第十八願の機でなければ真実報土には至らないと述べる。つぎに絵像木像を廃することは五逆の罪人であると厳しく退け、有縁の像や教を敬うということを示している。さらに法然から親鸞への選択集の付属、高田の真仏・顕智の付法相承を示し、相伝の正意に順じて我慢偏執をやめるべきことを述べている。また「名号ありがたきと信じ称るより外に、当流にはことなる義なし」と述べられるように、全体を通して、称名念仏ということが強調されている。

（藤嶽明信）

2674 **西方指南鈔**（さいほうしなんしょう）

【成立】康元元～二年（AD1256～57）。編者は親鸞（しんらん）と推定されるが、異説もある。

【内容】三巻六冊よりなる。法然の法語・伝記・書簡等などを収録したものであり、二十八章より構成されている。黒谷上人語灯録2611（了恵の編集）より十八年前の成立であり、法然に関する纏まった文献としては最も古いものである。また、本書以降の法然関係の文献には見られず、本書にのみ伝えられているものもあり、法然に関係する貴重な文献である。

【関連典籍】2611

（藤嶽明信）

2675 **唯信鈔**（ゆいしんしょう）

【成立】承久三年（AD1221）。著者は聖覚（せいかく）。

【内容】一巻。法然の選択本願念仏集2608により、浄土門の教えは自らがはからうことなくただ信心をもって肝要とすることを述べたもの。まず仏教を聖道門と浄土門とに分け、さらに浄土門を諸行往生と念仏往生に分ける。つづいて念仏往生の教えについて専修雑修の二行、三心の具足、本願の念仏等を説明する。次に臨終の念仏、先世の罪業、宿善、信心と称名等についての疑問について解説している。親鸞は本書を幾度も書写して門弟に与え、また注釈書として唯信鈔文意2658を著している。

【関連典籍】2608・2658

（藤嶽明信）

2676 **後世物語聞書**（ごせものがたりききがき）

後世物語、後世物語の聞書、後世語聞書ともいう。

【成立】年代不明。著者については信空等の説もあるが、隆寛と思われる。京都の東山の一禅坊における座談の記録。

【内容】一巻。九ヶ条の質疑応答によって念仏往生の要旨を簡略に述べている。そのなかで念仏と三心（至誠心・深心・廻向発願心）との関係が繰り返し語られているが、「無智のものも念仏だにもうせば、三心具足して往生するなり」と、余行をすてて念仏を申すことに帰着せられている。親鸞は本書の閲読を門弟に勧めていることが、御消息集2660から窺える。

（藤嶽明信）

2677 **一念多念分別事**（いちねんたねんふんべつじ）
【成立】成立年代は不明であるが、十三世紀と思われる。著者は隆寛。
【内容】一巻。法然門下の一念往生・多念往生の論争を批判して、一念や多念に偏することは共に本願の趣旨に背くものであり、いずれにも偏してはならないことを経釈の証文を引いて教誡したもの。親鸞が本書を書写して関東の門弟に送り、閲読を勧めていることが消息（血脈文集）から窺える。また親鸞は本書にもとづき一念多念文意2657を著している。
【関連典籍】2657
（藤嶽明信）

2678 **自力他力事**（じりきたりきのこと）

自力他力分別、自力他力文ともいう。

【成立】成立年代は不明であるが、十三世紀と思われる。著者は隆寛。

【内容】一巻。初めに念仏の行において自力と他力のあることを示し、続いて自力の念仏・他力の念仏について簡潔に述べている。結びで「おなじく念仏をしながら、ひとえに自力をたのみたるは、ゆゆしきひがごとにてそうろうなり」と述べられるように、全体を通して自力の念仏を批判し、他力の念仏を勧めている。親鸞は本書を書写すると共に、門弟に推奨していることが御消息集2660から窺える。

（藤嶽明信）

2679 **安心決定鈔**（あんじんけつじょうしょう）
【成立】年代不明。覚如＊の作とも浄土宗西山派の書ともいわれ諸説があるが不明。
【内容】二巻。「仏の正覚は、われらが往生するとせざるとによるべきなり」というように、仏の正覚と衆生の往生とは不二であると述べられる。また「わが心をはなれて仏心もなく、仏心をはなれてわが心もなきものなり」というように、機法一体の南無阿弥陀仏ということが強く打ち出されている。蓮如は「金をほり出すようなる聖教なり」「当流の義は、安心決定鈔の儀くれぐれ肝要」（蓮如上人御一代記聞書2669）と述べ、本書を重んじていたことが窺える。
（藤嶽明信）

第84巻　続諸宗部　十五
悉曇部　全

2680 **融通円門章**（ゆうづうえんもんしょう）

【成立】元禄十六年（AD1703）。著者は大通(だいつう)融観(ゆうかん)。

【内容】一巻。融通念仏宗の根本的な洪規を明かしたもの。（1）教興本縁、（2）多聞勧喩、（3）略釈宗名、（4）法門分斉、（5）所被通局、（6）修行要方、（7）内規則、（8）弁国土、（9）明仏身、（10）解文義の十項目を立てている。（1）教興の本縁とは良忍(りょうにん)の生誕・出家・学道等の後に大原に隠棲(いんせい)して二十余年の修行の結果、ついに、阿弥陀仏が身相を現じ、往生を約束されたこと。ならびに、融通念仏を以て開宗の根本と為すことを述べている。（2）多聞の勧喩とは鞍馬寺の多聞天王が良忍の庵室に来現して、融通念仏を弘く伝えることを明かしている。（3）略釈宗名とは融通大念仏宗の六字の名義に大功徳あることを明かしている。（4）法門の分斉とは、釈迦一代の教を人天教・小乗教・漸教・頓教・円教の五教に分別し、融通念仏は円教であると判釈している。（5）所被の通局とは融通念仏は口称の一法を以て普ねく上中下の機の三根に蒙むることを明かしている。（6）修行の要方とは融通念仏の行人の修行の要点を明かしている。（7）内規則とは梵網経1484所説の十重四十八軽戒を持つべきことを明かしている。（8）国土を弁ずとは往生する浄土について分別し、なお西方浄土も方便のためであり、真実の浄土は不可説円融であることを明かしている。（9）仏身を明すとは仏身について分別し、さらに融通念仏宗における仏身は重々無尽の大仏身であることを明かしている。（10）文義を解すとは阿弥陀仏直伝とされる「一人一切人一切人一人一行一切行一切行一行是名他力往生十界一念、融通念仏、億百万遍、功徳円満」の文と良忍の領解(りょうげ)について明かしている。

（中西随功）

2681 **器朴論**（きぼくろん）

【成立】暦応元年～文和三年（AD1335～54）。著者は託何(たくが)。

【内容】三巻。上巻は（1）聖道難易門、（2）本懐非懐門、（3）二尊二教門、（4）諸仏正覚門、（5）諸教出離門の五項目、中巻は（6）大小権実門、（7）二種三昧門、（8）成仏往生門、（9）発菩提心門、（10）有相無相門の五項目、下巻は（11）諸経通讃門、（12）念仏多福門、（13）末法弘通門、（14）臨終要心門、（15）祖祖念仏門の五項目からなっている。これにより、一遍教学の根幹を論理的に位置づけし、さらに時宗教学の基礎を確立した。（1）聖道難易門は聖道難行を化前として、浄土易往門を正宗とすることを明かしている。（2）本懐非懐門は諸教は非懐であり、他力真実の教法を仏陀出世の本懐とする。（3）二尊二教門は釈迦教は定散要門等の抑止説とし、弥陀教は別意弘願等の摂取説とする。（4）諸仏正覚門は阿弥陀仏正覚前の諸仏と入滅後の諸仏との発願・正覚について判釈する。（5）諸教出離門は聖道門は正像二時の出離生死が可能であるとしても証すことは困難である。だが、浄土門は正像末三時に亘り入り易いと述べる。（6）大小権実門は念仏は小乗でなく大乗であり、また往生は成仏の前提ではないことを明かしている。（7）二種三昧門は観仏念仏の両三昧についての同異を明かしている。（8）成仏往生門は成仏即往生を明かしている。（9）発菩提心門は菩提心即三心を明かしている。（10）有相無相門は念仏実相と指方立相とを比較している。（11）諸経通讃門は諸経が弥陀念仏往生を讃歎していることを述べる。（12）念仏多福門は念仏の功徳について明かしている。（13）末法弘通門は末法の世には唯念仏のみが能く弘通して利益あることを述べる。（14）臨終要心門は臨終の要心は平生の安心であることを明かしている。（15）祖念仏門は念仏往生者について述べている。

（中西随功）

2682 **往生要集**（おうじょうようしゅう）

【成立】寛和元年（AD985）。著者は源信＊。

【内容】三巻。天台の立場から事観の念仏を勧めたもの。浄土往生のための教理と実修について諸経論等から約九百の要文を引いている。とりわけ、本論として、（1）厭離穢土、（2）欣求浄土、（3）極楽証拠、（4）正修念仏、（5）助念方法、（6）別時念仏、（7）念仏利益、（8）念仏証拠、（9）往生諸業、（10）問答料簡の十門に分けて論述している。（1）厭離穢土はこの濁悪な娑婆世界を厭い離れること、（2）欣求浄土は阿弥陀仏の極楽浄土に往生することを願い求めること、（3）極楽証拠は極楽浄土に生まれることを勧めている文証を挙げている。以上の三門を法然は修行方便門とする。（4）正修念仏は念仏を正しく修すること、（5）助念方法は念仏の行業を助ける方法について、（6）別時念仏は日時を限って修行する念仏について、（7）念仏利益は念仏を修すること、（8）念仏証拠はあらゆる修行から念仏を選んで勧めることについて、（9）往生諸業は極楽に往生するための念仏以外の修行について、以上の六門を法然は往生の業因を明かしているとする。（10）問答料簡をもうけている。以上により念仏往生について述べている。本書は日本のみならず宋の周文徳によって中国天台山国清寺に伝えられて尊崇された。とりわけ、教義上の直接的影響を受けたのが法然であり、浄土宗を開宗する一機縁ともいえよう。

【参考文献】往生要集研究会（仏教大学）編『往生要集研究』永田文昌堂、一九八七年。藤井智海『往生要集の文化史的研究』平楽寺書店、一九七八年。

（中西随功）

2683 **往生拾因**（おうじょうじゅういん）

【成立】康和五年（AD1103）。著者は永観。

【内容】一巻。序文に自らの願生の意趣について「それ出離の正道はその行一に非ず。西方の要路末代に縁あり。然れど名利に貪著し発心惟い難し。（中略）幸に、今、弥陀の願に値ひ、渡るに船を得る如く、民の王を得る如し。（中略）早く万事を抛ちて速かに一心を求め、道綽の遺誡に依り火急に称名し、懐感の旧儀に順じて励声念仏す」と述べている。そして念仏一行を開くに十因を為すとして、（1）広大善根の故に、（2）衆罪消滅の故に、（3）宿縁深厚の故に、（4）光明摂取の故に、（5）聖衆護持の故に、（6）極楽化主の故に、（7）三業相応の故に、（8）三昧発得の故に、（9）法身同体の故に、（10）随順本願の故に、以上を挙げている。以上の十種の因由により、一心に阿弥陀仏を称念すれば必ず往生できる旨趣を述べている。本書にみられる浄土思想はとりわけ道綽・懐感の影響が顕著であるが、善導の著書にも関心を示している。特に、第十八願による本願随順の念仏が説かれる点が窺える。だが、永観はこの念仏そのままを往生の法とは定めず、凡夫が定心を得る方法として重視している。

【参考文献】香月乗光「永観の浄土教」（『仏大学報30）。藤堂恭俊「禅林寺永観の浄土思想」（『日仏年報』22）。

（中西随功）

2684 **決定往生集**（けつじょうおうじょうしゅう）

【成立】保延五年（AD1139）。著者は珍海。

【内容】二巻。本書の述作の意図は冒頭に自ら、決定往生とは浄教の宗旨なり、西方浄土の道は経論により開かれ、称念弥陀の行は愚智ともに従い、今、浄土の文理を考尋し、疑滞を除き、心を決定往生に定め、快く終焉の来迎を期するためとある。次に、西方行者の必ず知っておくべき三事とそれを細説している十門について示している。すなわち、この三事十門により決定往生の道を明かしている。三事とは、（1）教文、（2）道理、（3）信心のことである。（1）教文では称讃浄土経

0367の称名利益、観無量寿経0365の想観利益、そして起信論1666を引いている。（2）道理では衆生には必ず出離の期があり、浄土は衆生を摂取する方処である。だから、教文に従い往生を願求すれば決定往生を得ると述べている。（3）信心では上述の文理によりて信受することが決定であり、その決定が信の相であると説いている。観無量寿経0365に必生浄国心得無疑とあるが、この無疑は信心であり、決定であると明かしている。さらに十門として、（1）依報決定、（2）正果決定、（3）昇道決定、（4）種子決定、（5）修因決定、（6）除障決定、（7）事縁決定、（8）弘誓決定、（9）摂取決定、（10）円満決定について詳説している。本書は、主に浄影寺慧遠の思想的影響が濃厚であるが、すでに善導の観経疏1753散善義の引用がみられることが注目される。また法然は本書により、珍海を善導の教義を補助する人師の一人として挙げている。

（中西随功）

2685 **安養知足相対抄**（あんようちそくそうたいしょう）

【成立】久安二年（AD1146）。著者は珍海。

【内容】一巻。阿弥陀仏の西方安養浄土と弥勒菩薩の知足兜率浄土を対比して論じている。最初に群疑論1960の安養と知足の八異を挙げている。次に迦才の浄土論1963の難易についての七種差別を引き、さらに往生要集2682等を出して論をすすめている。そして、安養は往生してもなかなか阿弥陀仏に会えないが、兜率ではただちに弥勒菩薩を拝むことができると述べている。兜率願生者である著者の立場から、安養を破し兜率を欣うことをすすめている。

（中西随功）

2686 **安養抄**（あんようしょう）

【成立】平安末期頃。著者不明。

【内容】八巻。極楽浄土に関する課題について、経典章疏より要文を抄出して撰述している。文章は問答体で構成されている。巻第一には七問、巻第二には九問、巻第三には六問、巻第四には十四問、巻第五には十七問、巻第六には二十二問、巻第七には十問（脱落あり）を挙げている。この中に引用されている書物を考察することにより成立は平安時代末とされる。当時に流行した論議に用いる資料として要文を抄出したものであるとも考えられている。

（中西随功）

2687 **浄土法門源流章**（じょうどほうもんげんるしょう）

浄土源流章、源流章ともいう。

【成立】応長元年（AD1311）。著者は凝然＊。

【内容】一巻。冒頭に「それ浄土教義は由来するところ尚し。（中略）疏（善導疏1753）日域に伝って四十八願昌りに翫ぶ。源広くして流遠し、根深くして枝繁し。今略して源流を挙ぐ」とある。すなわち本書はインド・中国・日本の三国に亘る浄土門の相承について述べたものである。しかも、法然門下の諸流派の大要についても示している。その内容は初めに浄土正依の経論として三経一論を挙げ、次に弘通浄教祖裔次第として（1）インドにおける二十四祖相承・文殊相承・弥勒相承、（2）中国における三蔵伝持・血脈不転・五祖（六祖）相承ならびに別依善導の義趣、（3）日本における法然以前の浄土教源流を略述し、ついで法然の化導、浄土教の興隆ならびに法然門下の五流について述べる。その五流とは成覚房幸西の一念義、長楽寺隆寛の多念義、善慧房証空の西山流、聖光房弁長の鎮西流、覚明房長西の九品寺流である。

【参考文献】住田智見『浄土源流章解説』法蔵館、一九二五年。

（中西随功）

2688 **立正安国論**（りっしょうあんこくろん）

安国論ともいう。

【成立】文応元年（AD1260）。著者は日蓮。

【内容】一巻。正嘉元年（AD1257）八月二三日、鎌倉に大地震が起こった。災禍はその後大飢饉、大疫病と続き、日蓮もこの惨状を眼前に見、かかる天変地異の興起由来と対治の方法を仏典に求め、正嘉二年正月静岡県岩本実相寺の経蔵に入り、一切経を披閲。打続く天変地異、飢饉疫病等の災難は主として法然の念仏の邪法の興盛に起因することを経文を証拠として論断、念仏の邪法を禁断することにより、これらの災害を防ぐことができる旨を経文を証拠に論証。また来世の堕地獄を予言して、法華への捨邪帰正を勧めている。本論を前執権時頼に進覧し、その後、著者の大小の法難がはじまる。

（奥野本洋）

2689 **開目抄**（かいもくしょう）

【成立】文永九年（AD1272）。著者は日蓮。日蓮三十二歳の立教開宗以来の法華経弘通は迫害受難の連続であった。日蓮自身にあっては法華経に予言されているこの迫害は、法華経色読の歓喜法悦の心境であったが、弟子信徒の中には何故法華経の行者である日蓮に諸天善神の守護がなく、かえって迫害受難にあうのかとの疑惑を懐くものもいた。そのような教団存亡の危機的状況の下で、日蓮自身が法華経の行者であるか否かを決するところに述作の意図があり、魂を込めて一期の大事を開示したのがこの書である。

【内容】二巻。叙述の形式から序分・正宗分・流通分に分けられるが、序分では末法の衆生が信ずべき正法が示される。正宗分では末法に法華経を弘むべき使命を有する本化上行菩薩の再誕たる法華経の行者は誰か、の疑問が解明され、日蓮こそが正しく末法の依師たる法華経の行者であると宣言したのである。さらに日蓮は、法華経の行者の受難について、現在の受難は前世の謗法の招くところであり、法華経弘通によって大難に遭い、その功徳によって宿罪を速やかに消滅し成仏の期を早めるという日蓮特有の罪意識と深刻な滅罪観を示している。そして流通分では、摂受、折伏のいずれが末法相応の弘経法であるかを論じている。このように本抄は、久遠実成の釈尊から末法の弘経を付嘱された本化上行菩薩は誰であるかを明らかにすることを主題としているところから、「人開顕」の書といわれている。

（奥野本洋）

2690 **撰時抄**（せんじしょう）

【成立】建治元年（AD1275）。著者は日蓮。

【内容】一巻。八章に分段することができる。初一章は序分、次六章は正宗分、後一章は流通分である。序分では仏法の弘通は時に依らねばならぬことを示す。本論では本化菩薩の末法利益を明かし、〈第一章〉で第五五百歳に智人出世して妙法が広布する経過を説く。〈第二章〉は今末法導師たる上行菩薩は自身なることを示す。〈第三章〉は竜樹（ナーガールジュナ）、天台、伝教の法華弘通を細検して、正像末弘の大法有るを明かす。〈第四章〉は末法秘法の流布に障害となる三悪法を示す。〈第五章〉は正嘉・文永の天変地異は上行菩薩出現の瑞相であり、自身が予言の聖者として深法を出すことを明かす。〈第六章〉は閻浮第一の智者と名乗るは慢煩悩に非ず、かえって大果報必得なるを明かす。流通分は、不惜身命とは呵責謗法なり、仏天の加護なくば遂行できぬことを明かしている。

（奥野本洋）

2691 **報恩抄**（ほうおんしょう）

【成立】建治二年（AD1276）。著者は日蓮。清澄時代の日蓮の法兄である浄顕、義城の二人に宛てたものであるが、師である道善房の霊魂に対する回向とするのが第一目的であり、法兄二人への法門垂示とするのが第二目的である。

【内容】一巻。序分では、報恩の重要性を述べるが、報恩の道は下は畜生から上は古の賢人に至るまで歩む人倫の大道であり、仏教を学ぶ者も実践しなければならぬということを述べ、正宗分では日蓮が実践した報恩の道、すなわち報恩のための呵責謗法の教義と実践について述べている。諸経の中から法華経を選出した経過と諸宗の元祖の誤判を謗法と断じ呵責謗法と受難の史実が示される。後半は法華経の肝心と三時弘通の法の浅深が述べられる。流通分では法華経、題目の未来広布の方策が語られる。

（奥野本洋）

2692 **観心本尊抄**（かんじんほんぞんしょう）

正式名は如来滅後五五百歳始観心本尊抄。本尊抄、観心抄ともいう。

【成立】文永十年（AD1273）。著者は日蓮。上行菩薩としての日蓮自身の内証の公示が本書の述作の根本動機。

【内容】一巻。日蓮の過去二十年にわたる全体験、全学問、全思索を結集して得た信仰的核心の表白である。教学的には三大秘法の本門の題目、本門の本尊を顕示し、本門の戒壇を密示している。末代の我ら凡夫が事実上において釈尊の因行果徳を具足するための方法は、妙法五字の受持以外になく、受持の行を媒介として釈尊の因行果徳は我らに自然に譲与されるとなすところに、日蓮の事の法門がある。「人間顕」の書といわれる開目抄2689に対し「法開顕」の書といわれている。

（奥野本洋）

2693 **法華取要抄**（ほっけしゅようしょう）

【成立】文永十一年（AD1274）。著者は日蓮。日蓮が富木常忍に送り、兼ねて門下一同に示したものであり、自らが「法華取要抄」の題号を付したもので、遺文中においても五大部につぐ重要な書とされている。すでに佐渡において草案がなされていたものを身延において整束し法門の肝要を門下に開示した。

【内容】一巻。初めに諸経諸宗の勝劣を論じ、諸宗の誤謬を糾して、自己の正義を論証する。次に法華経と諸経を対比し、教法の権実に約して、諸宗を破し、法華最勝を説いている。結論として久遠釈尊の要法を開示し、この要法を授与することによって末法の衆生の救済が実現することを説示している。

（奥野本洋）

2694 **太田禅門許御書**（おおたぜんもんがりごしょ）

諸経中王事、真言宗僻見事ともいう。

【成立】文永十二年（AD1275）。著者は日蓮。かつて真言宗を信奉した太田氏に対し、法華最勝の義を示すことによって覚醒せしめ不動の信を勧めた。

【内容】二巻。まず新年の賀詞を述べ、次に世間、出世間ともに優劣を決定するのが定法であると述べて、法華、真言の勝劣を糾明するを前提とする。そして法華経と大日経、天台宗と真言宗の勝劣については、天台大師、伝教大師ともに明示することなく、ために善無畏、弘法、慈覚、智証らの理同事勝の邪説が盛行したと述べて真言の邪義を破折する。さらに経文を引いて法華経が諸経中の大王であることを明らかにし、法華経の行者もまた一切人中の最第一であると称揚して門下一同に法華信仰の受持を厳誡している。

（奥野本洋）

2695 **三大秘法抄**（さんだいひほうしょう）

正式名は三大秘法禀承事。三秘抄ともいう。

【成立】弘安四年（AD1281）。著者は日蓮。日蓮滅後の未来のために、三大秘法の法門を説き顕し、門下に付嘱するために書いたもので、三大秘法とは日蓮が末法の修行の目標として顕した三つの重要な法門で、本門の本尊、本門の題目、本門の戒壇をいい、日蓮教義の根本をなす。

【内容】一巻。冒頭に神力品結要付属の四句の要法を掲げて三大秘法付嘱の依文とし、その要法とは寿量品に顕された本尊と戒壇と題目の三秘であり、これは上行等の本化の菩薩に付嘱され、しかもこの三秘の流通は末法に限られることを論証している。また、本抄における三秘の法体を説き顕す中の、本門の戒壇の説示は古来より本門事戒壇建立の文拠とされ、戒壇建立は王法と仏法の冥合によるとすることから、「王仏冥合論」の論拠とされている。

（奥野本洋）

2696 **四信五品鈔**（ししんごほんしょう）

正式名は末代法華行者位竝用心書也。末法不持戒記、報富木氏書ともいう。

【成立】建治三年（AD1277）。著者は日蓮。

【内容】一巻。富木常忍が日昭を通して日蓮に宛てた不審状に対する返事である。不審状の要点は、観念するには心暗く、読誦するには多忙の身にて、どうすれば理を得ることができるのか。肉食・五辛の後、浄身して経巻に向うは如何。または不浄の身なれど毎日不退に読誦するがよきやというものであった。それに対し、末代法華行者位を明かし、行者修行の用心を示し、仏法と国家との興亡を説く。すなわち末法の衆生は名字即の凡夫であるから、ただ題目さへ信じ唱えれば成仏できると教え、分別功徳品の現在の四信と滅後の五品とが法華修行の大要であると教える。

（奥野本洋）

2697 **如説修行鈔**（にょせつしゅぎょうしょう）

【成立】文永十年（AD1273）。著者は日蓮。

竜口法難・佐渡流罪と幕府からの弾圧が続き、門下は動揺、日蓮に対しての不信感から退転するものも相ついだ。それら迫害にたじろぐ門下に対し、疑惑をはらし、受難こそが法華経の「如説修行」であるから、迫害を恐れず一天四海皆帰妙法のために死身弘法するよう門下を叱咤激励した書。

【内容】一巻。真実の如説修行の行者には必ず三類の強敵があることを覚悟せしめ、如説修行の行者が法難に遭わねばならぬ理由と現世安穏の世界が実現する時を示し、仏道の修行者は仏の金言通り、権教を捨て真実の法華経に依らねばならないことを説き、摂受に対する折伏こそが如説修行であり、日蓮ならびにその門下こそが末法における如説修行の行者であると述べ門下にその決意をうながしている。

（奥野本洋）

2698 **種種御振舞御書**（しゅじゅおふるまいごしょ）

【成立】建治元年（AD1276）。著者は日蓮。

文永五年（AD1268）正月の蒙古国書の到来と、その九年前の「立正安国論」に予言した他国侵逼難の的中から筆を起こし、その後の諸宗批判ならびに幕府に対する言動の激化から諸宗高僧の讒言、次いで幕府の弾圧による竜口法難、佐渡流罪の経緯、身延隠棲、懺悔滅罪の内省生活に至る経過を自叙伝的に書いた。

【内容】一巻。古来、（1）種種御振舞御書、（2）佐渡御勘気抄、（3）阿弥陀堂法印祈雨事、（4）光日房御書の四篇に分散して伝承されていたが、文脈を考えて体系づけ、現行のごとき一篇とした。また本書の真偽ならびに、四書を一篇とするに文体の変化から不一致とする考えもあるが、いずれも断片的であり論理的な考証をもって本書を偽書とする説は呈示されていない。

（奥野本洋）

2699 **御義口伝**（おんぎくでん）

就註法華経御義口伝、日興記ともいう。

【成立】弘安元年（AD1278）。六老僧と称せられた日蓮の高弟中の一人日興が師の法華経講義を筆録したものと伝えられている。しかし事実は、日蓮・日興に仮託した後世の成立であると考えられている。無作三身の理顕本論を強調するなど観心主義の色彩が強く、中古天台本覚思想の観心思想の影響を受けて成立したものと考えられる。

【内容】二巻。上巻は法華経の題目と序品から従地涌出品まで、下巻は如来寿量品から普賢菩薩勧発品までと開結二経および別伝からなり総計二三一箇条の条目を数える。本書は多くの先師によって聖人の重要な奥義書として依用されてきたが、近年偽書説が強まり偽撰説が定着した。

（奥野本洋）

2700 **御講聞書**（おんこうききがき）

日向記ともいう。

【成立】弘安三年（AD1280）。日蓮の弟子日向が日蓮の法華経講義を筆録したものと伝えられている。しかし、事実は日蓮・日向に仮託した後世の成立であると思われる。

【内容】一巻。法華経の中から要点項目を列挙して解説しており総計九〇カ条を数える。即物的現実絶対肯定の観心主義の色彩が強く、天台本覚思想の観心主義思想の影響を受けて成立したものと考えられる。聖人遺文に引用されることのない中古天台関係の書籍の引用の多さや、即物的相即の配当釈などの典型的な本覚思想が展開されていることなど、日蓮聖人の教学とは思想内容を異にする面が多いことから、後世の成立であることは明らかである。「御義口伝」が興門における成立とすれば、本書は一致派における成立かとも考えられる。

（奥野本洋）

2701 **梵字悉曇字母釈義**（ぼんじしったんじもしゃくぎ）

梵字悉曇字母釈、悉曇字母釈、悉曇字母並釈義、悉曇字母表並釈義ともいう。

【成立】八～九世紀。著者は空海。

【内容】一巻。梵字悉曇の起源から始まり、梵字に字相と字義があることを述べ、陀羅尼の意義を記し、最後に五十の字母を示してそれぞれの音と字義を示している。小部のものであるが日本人の手になる最初の悉曇研究書で、日本梵学史上注目されるべき書である。

（橘川智昭）

2702 **悉曇蔵**（しったんぞう）

【成立】元慶四年（AD880）。安然（あんねん）＊が清和天皇の勅命により悉曇学を日本で初めて体系的にまとめた。

【内容】八巻。以下の八篇によって構成され、各篇において三科を立てて計二十四門によって悉曇の諸問題を記述している。(1)梵文本源（本源・相承・字数）―悉曇をインドの起源まで遡り文字論を解明し、それが中国・日本でいかにして相承されたか、また字母数に関する十二異説などを明かす。(2)悉曇韻紐（十四音・十二韻・二方音）―十四音に関する異説、十二韻に関する異説、中国の五行五音とインドの五輪五音との相応の旨その他を説く。(3)章藻具欠（存略・同異・増減）―特に悉曇切り継ぎの順序を示す。(4)編録正字（題目・成就・正字）―特に智広の悉曇字記2132を引用して十八章を述べている。(5)母字本音（正翻・異音・異翻）―大日経0848、金剛頂経0865等を引用して字母に関する異説をあげ、また漢字の四声軽重その他を説く。(6)字義入門（釈義門・現字形・観字輪）―五十字門・四十二門・二十八門の字義を説き、大日経「百字持誦品」を引用して解釈し、さらに同経字輪品の解釈を引用する。(7)字義解釈（合成字・釈成句・乗用字）―字を半満に分けて合成し、単複二文を釈成し、一仏法に約して四乗門ありとして乗用字を解釈する。(8)録十八章（悉曇・体文・生字）―以上述べてきたことを実際に摩多（字母）と体文（字子）とに分けて書き記し、全ての文字について切り継ぎを行っている。

【関連典籍】0848・0865・2132

【後世への影響】所論、考証が多岐にわたり名著と称せられ、東密系と異なる解釈があるにかかわらず、東台両密の悉曇学者によって必須の書とされ研究された。

（橘川智昭）

2703 **悉曇十二例**（しったんじゅうにれい）

悉曇十二例記、悉曇章ともいう。

【成立】九世紀後半。著者は安然（あんねん）＊。

【内容】一巻。悉曇の音韻等について、以下の十二の例に分けて述べた書。(1)半満二字離合例、(2)十六転韻有無例、(3)十二転韻短長例、(4)二字合成一音例、(5)下字連成上字音例、(6)大空涅槃連声例、(4)梵字漢字注異呼例、(8)梵音漢音出没例、(9)梵字形音不正例、(10)悉曇衆本非真例、(11)伊翳難定例、(12)昂低難定例。巻頭の記述によれば、以上の十二例は悉曇字記2132に載せられなかったものであるが、諸梵文中には行われているものであるためにここに出したという。

【関連典籍】2132

2704 **悉曇略記**（しったんりゃっき）

【成立】九〜十世紀。著者は玄昭と考えられている。

【内容】一巻。以下の七門に分けて悉曇の要義を明かしている。(1)梵字本源門、(2)母字翻音門、(3)梵語調音門、(4)母字衆本門、(5)母字入義門、(6)梵字異形門、(7)梵字音段門。ただし現流本では(7)を欠いている。内容的には字母釈2701・悉曇蔵2702・悉曇字記2132・大日経義釈・金剛頂経釈字母品0880その他を引用するが、特に悉曇蔵によるところが大きい。著者については問題があり、岩崎文庫本の奥書に花蔵院寛智律師の『要集記』では源照がこの『略記』を作った旨が記されるのに対し、同箇所の細注では玄照であるとしている。しかし内容の上からは山門の学風を継いでいる点で、叡山の玄昭ではないかと考えられている。

【関連典籍】2132・2701・2702

（橘川智昭）

2705 **悉曇集記**（しったんじゅっき）

【成立】天慶五年（AD942）。著者は淳祐。

【内容】三巻。悉曇字記2132に対する注釈書。同書の注釈としては、宗叡の『悉曇私記』（『林記』）についで古いものとなっている。悉曇字記は悉曇の綴字法を説いた文献で、中国・日本の悉曇学の中心をなす内容を有しており、この点で本書は『林記』とともにわが国悉曇学の最初期における一大成果である。

【関連典籍】2132

（橘川智昭）

2706 **悉曇要訣**（しったんようけつ）

【成立】十一世紀後半。著者は明覚。

【内容】四巻。悉曇の要義について問答体によって解説した書。初めに悉曇字記2132の構成によって字母等を明かし、次に巻第二の末において梵文の通同を解釈し、巻第三・四において新訳・旧訳の訳語などを弁じ、最後には八転声を略述している。本著においては、大日経0848・金剛頂経0865・涅槃経0374など顕教密教にわたる諸経典を引用し、さらに千字文2133・翻梵語2130・悉曇蔵2702などの中国・日本の諸文献を参照している。

【関連典籍】0374・0848・0865・2130・2132・2133・2702

（橘川智昭）

2707 **多羅葉記**（たらようき）

多羅葉鈔、梵名字彙、梵語伊呂波字典ともいう。

【成立】十二世紀。著者は心覚。

【内容】三巻。各種の梵名をいろは順に分類して集録して漢語対訳字によって記し、これに訳語を注し、さらに悉曇字を記しそしてその出所を明示している。全真の千字文・唐梵文字2134・礼言の梵語雑名2135・義浄の千字文2133・翻梵語2130その他によって集めている。日本における現存の梵本辞書としては最古のものである。なお多羅葉とはターラ樹の葉のことで、インドではこのターラ樹の葉に文字を記していたために、ここでは特に梵語の異称として多羅葉記と名づけたものと思われる。

【関連典籍】2130・2133・2134・2135

（橘川智昭）

2708 **悉曇秘伝記**（しったんひでんき）

【成立】弘安九年（AD1286）。著者は信範。

【内容】一巻。悉曇の要義について十一の項目を設けて説いたもの。十一項目とは、(1)悉曇四十七言事、(2)摩多体文和合一体事、(3)悉曇題名事、(4)五十字男声女声配当事、(5)悉曇五十字字相字義配当事、(6)以四十七言配十四音事、(7)以阿等十四音配五智九識事、(8)以十音配十界又以五音配五根五識事、(9)以五音五行五大配五句声字事、(10)五音五十字互具一字事、(11)𑖌𑖽（おん）字作意不作意三音念成事であるが、中でも音韻の問題が比較的詳述されている。本書においては大日経0848・金剛頂経0865・涅槃経0374・文殊問経0468・悉曇蔵2702・大日経義釈など、顕密にわたる経典類および日本の悉曇学者の著作などを参照して解説している。

【関連典籍】0374・0468・0848・0865・2702

（橘川智昭）

2709 **悉曇輪略図鈔**（しったんりんりゃくずしょう）

【成立】弘安十年（AD1287）。著者は了尊（りょうそん）。

【内容】十巻。悉曇の音韻およびそれに関連する諸事項を図に示しながら解説したもの。合計八十項目からなる。各巻の項目を挙げると、〈巻一〉声字実相事・鬼文事・四声事・八声事・反切事・声韻事・弄紐事、〈巻二〉摩多体文事・不可得事・十八章事・十五或説事・両番帖釈事・生字事、〈巻三〉単余重章事・三内事・五音事・当中間事・直拗事・軟密麁顕事・第十五章声・加他摩多声・自音成他声・他音属自声・連声穏便事、〈巻四〉字界字縁事・根本増加事・摩多通別事・短調声事・紇里等文事・里囉相通事・重空大空事・本音借音事・半体点画事・怛達祇耶事、〈巻五〉自重異重事・自重大呼事・無音非字事・首尾省不事・省事所用事・字形同異事・翻訳事、〈巻六〉五十韻事・十二韻事・十四音事・八転声事・発声事・調声事・納音事、〈巻七〉三教事・五経事・六書八体書・片仮名字事・付和歌事、〈巻八〉虚無事・三才事・十二運事・八卦事・九宮事・支干事、〈巻九〉形音句義事・半満字事・乗用字事・字母表頌事・四十二字門事・行法事・六種供具事・念誦事・増加句事・念珠事・袈裟事・三洛叉事・三僧祇事・加持感応事・十縁生句事、〈巻十〉三身事・四種法身事・五大事・四曼事・真言事・両部事・曼荼羅事・本不生際事となっている。序文には本書は信範の口説にもとづきそれに了尊自身の私見を加えて作ったものと記されるが、安然の悉曇蔵2702にもとづく所が多いとされている。

【関連典籍】2702・2708

（橘川智昭）

2710 **悉曇三密鈔**（しったんさんみつしょう）

【成立】天和元年（AD1681）。著者は浄厳（じょうごん）。

【内容】七巻。悉曇の音韻・文法や梵字の意義を八門に分けて説き真言の教義に言及したもの。八門の名称と内容は次の通り。(1)梵字本源門―真言の意義、悉曇の相承、浅略釈・深秘釈等の四重秘釈を説く。(2)悉曇題目門―悉曇章、悉曇字記の題目の字義を明かす。(3)正字形音門―字形と字音とを明かす。字形については金剛頂経0865・文殊問経0468・理趣釈経1003・大日経疏1796・梵字悉曇字母釈義2701・悉曇蔵2702その他の諸文献に見られる異体を対照させ、字音についてはまず総論と別釈とに分かれ、総論では四声・五音・十二律・十二摩多・五十音および五天の音韻を述べ、別釈では摩多音・体文・合弁の三門およびその他の関連事項について述べている。(4)合字転声門―十八章各々の名数、字体書法、経疏釈等の対注字その他を明かす。(5)重字混声門―重字と混声との意義を述べ、当体重と異体重との字体を列挙する。(6)聯声合呼門―連声合呼の意義および東寺所伝の二種連声・山門所伝の四種連声その他を記す。(7)音韻相通門―横・竪・非横非竪の三種の相通に大別し詳細に解説する。(8)字相字義門―総論と別釈との二科に分け、総論では浅略・深秘・秘中深秘・秘秘中深秘の四重釈を述べてこの顕密対判を行い、別釈では悉曇諸字一々の字相・字義を述べまた諸字についての合論を行い諸義の旋転を明かしている。著者浄厳は序において、「三密鈔」の題名に関連し、声字即実相の真言宗義によって梵語は真言道であり三密であるという見解にもとづきこのように題したと述べている。

（橘川智昭）

2711 **梵学津梁総目録**（ぼんがくしんりょうそうもくろく）

【成立】十八世紀後半。著者は飲光（おんこう）。

【内容】約一千巻からなる飲光の『梵学津梁』は、わが国に伝わった梵文資料および梵文研究関連資料を蒐集網羅した一大綜合研究書であるが、本書はこの『梵学津梁』に収められた全ての文献の名称のみを、著者飲光が記した総目録である。『梵学津梁』の七部門（七詮）十二項目、すなわち本詮、本詮補、末詮、末詮補、通詮、通詮補、別詮、別詮補、略詮、広詮、雑詮、雑詮論において合計百八十二の資料名が明記されている。なお『梵学津梁』原本は高貴寺に蔵されている。

（橘川智昭）

2712 **魚山声明集**（ぎょさんしょうみょうしゅう）

魚山顕密声明集略本、魚山六巻帖ともいう。

【成立】十二世紀後半。著者は家寛法印。

【内容】六巻。天台宗に依用される声明集。〈巻一〉は始段唄・中唄・散花・梵音・三条錫杖・仏名・伽陀・法華讃嘆・仏名・教化・毀形唄、〈巻二〉は九条錫杖・三礼・如来唄・六種・後唄からなり、以上は顕教式に用いられる。〈巻三〉は（甲）胎蔵界、四智讃梵語・同漢語・云何唄・散花・対揚・供養文・唱礼・九方便・大讃・仏讃、（乙）金剛界、供養文・唱礼・五悔・百字讃・百八讃・合行唱礼・四智綴梵語、〈巻四〉は灌頂唱礼・諸天漢語讃・吉慶漢語讃・同梵論讃・乞戒偈・心略讃・僧讃・諸天漢語讃・四智漢語讃、〈巻五〉は普賢讃・阿弥陀讃・法讃・蓮華部讃・金剛部讃・授地偈・三力偈・驚覚真言、〈巻六〉は云何唄・毀形唄からなり、以上は密教式に用いられる。

（橘川智昭）

【関連典籍】2713

2713 **魚山私鈔**（ぎょさんししょう）

魚山蠆芥（まんかい）集、魚山集、声明口伝集、口伝声明集ともいう。

【成立】明応五年（AD1496）。著者は長恵。

【内容】三巻。高野山真言宗に依用される声明集。〈上巻〉は三礼句・如来唄・云何唄・出家唄・散花・盆音・錫杖・九条錫杖・諸対揚句等、〈中巻〉は金剛界五悔・胎蔵界九方便・理趣経発頭句等、〈下巻〉は各種讃・仏名・教化からなる。魚山の名称については『翻訳名義集』衆山篇には、尼民達羅山これには地持山という、海の中の魚に似る故に、と説明されるが、これによってインドにこの魚山ありと伝えられ、また中国では山東省兗（えん）州に魚山あり、さらに日本では京都大原一山を魚山という。いずれも仏教における梵唄声明の本山として有名である。

【関連典籍】2712

（橘川智昭）

2714 **魚山目録**（ぎょさんもくろく）

【成立】暦仁元年（AD1238）。著者は宗快（しゅうかい）。

【内容】二巻。天台声明における音律上の基本的な約束事を記したもの。高野山真言宗の声明では魚山私鈔2313がありここでは音律上の約束に五音譜を採用していたが、魚山声明集2312を依用した天台の大原声明では魚山私鈔のような簡単な方法が得られなかったために音律上の約束を決める必要があった。これを統一綜合したのが本書である。天台声明においては、魚山声明集とともに音律上の宝典として伝えられることになって今日に及んでいる。高野山普門院蔵の写本奥書には、音律の奥蔵、声明の淵源と記されている。

【関連典籍】2712・2713

（橘川智昭）

2715 **大原声明博士図**（おおはらしょうみょうはかせず）

【成立】平安時代末。編者不明。

【内容】一巻。AD924～1195に至る約三百年間に渉る。まず初めに宗快（しゅうかい）の魚山目録2714の伝承を掲げ、次いで貞保親王の序があり、以下博士図および式次第、相承譜、東寺音との相違その他が各種の書物から抄出されていく。序に記されている、貞保親王によって博士図が製定され朝廷において奏される歌舞音曲の調を決定されたことが知られる点は日本音楽史上注目に値し、また魚山目録の伝承も本書によってのみ知られるため魚山声明史上も重要な資料とされる。また覚秀の「魚山叢書」の中になく、高野山にのみ存在する点で貴重書となっている。

【関連典籍】2714

（橘川智昭）

2716 **音律菁花集**（おんりつせいけしゅう）

音律肝要抄、菁花集ともいう。

【成立】正平元～四年（AD1346～49）。著者は頼験。
【内容】一巻。音律に関する各種の問題を研究した書。十二律管について呂律五音七声の問題を記し、変音（転調）の法則を出し、十二調子と七声五音の遷転図の次に十二律管その他の解説を行っている。小部の資料ながら、本書は披見することが容易でなく大変貴重なものであったらしく、文化文政時代の高野山の声明の大家であった寛光法印は、久しく名目を聞くといえども得ず、と述べて非常な苦心を以て本書を写得したという。
（橘川智昭）

2717 **声明口伝**（しょうみょうくでん）
【成立】正平十二年（AD1357）。著者は聖尊。
【内容】一巻。声明に関する口伝を記した書。初めに真言宗の声明と天台宗の声明との相承について略説し、顕密の音曲は異なりありとしても学処は五音七声を過ぎず、縮めて呂律二声繙けば八万音声であり、これらは両部大日の妙用、五大五仏の妙徳であるとし、甲乙二音は春夏秋冬土用の五季を貫通して万物を生長することを説いて音韻の密教的意義を述べる。そして続いて十二音十二時之配当事、呂律五音替目事、四種悪声之事、音曲之心持之事などについて記述していく。なお著者聖尊は醍醐山の座主で遍智院宮とも称せられた親王であり、よって本書は醍醐寺相伝の説によって記述されている。
（橘川智昭）

2718 **大阿闍梨声明系図**（だいあじゃりしょうみょうけいず）
【成立】不明。
【内容】一巻。密教中の灌頂儀式のときに大阿闍梨が唱える声明を大阿闍梨声明と称する。本書は真言宗における大阿闍梨声明の相伝の一系脈を図示したもので、広沢僧正寛朝に始まり順に覚法法親王済信大御室、成就院大僧正寛助、道助法親王高野御室、仁僧正寛遍、覚洞院勝賢と続き、全二十八名を連ねている。その中には醍醐山の人々の名が多く見受けられるという。
（橘川智昭）

2719 **十二調子事**（じゅうにちょうしのこと）
【成立】不明。
【内容】一巻。声明の原理である一越、断金、平調、勝絶、下無、双調、鳧鐘、黄鐘、鸞鏡、盤渉、神仙、上無の十二律をそのまま十二調子に配したときのそれぞれの声の性質意味を種々の方面から記述したもので、仮名交じり和文にて記されている。初めには十干十二支に配し、後には宮・商・角・徴・羽の五音を吟ずる際の心得、発声法、呂と律との分け方、調子を時刻に配当する前後の事、その他を解説している。
（橘川智昭）

2720 **声明源流記**（しょうみょうげんりゅうき）
【成立】十三～十四世紀。著者は凝然＊。
【内容】一巻。声明に関するごく簡単な解説に始まり、法相宗、華厳宗、律宗等の南都諸宗および天台宗、真言宗に相伝した声明の相承について記した書。声明の歴史を研究するには主要な資料の一つである。
【関連典籍】2721
（橘川智昭）

2721 **音曲秘要抄**（おんきょくひようしょう）
【成立】正和二年（AD1313）。著者は凝然＊。
【内容】二巻。次第略列と交雑広明とに分けて解説される。次第略列では一音、二音、三音、四音、五音、六調子、七声、八声、九声、十二律、十三絃が列挙され略説される。次に交雑広明では呂律、四音、五音、十二律その他が図解を交えて詳細に解説される。天保頃の高野山の蘊善の解説では、諸の絃管を集めて序分、正宗分、流通分の三段に分けて一切の音声を判釈したものとし、(1)序分、第一に甲の一音を宮となし次第して転上し琴の十三絃を終わりとなす、(2)正宗分、横笛について詳しく楽律を出す、(3)流通分、自余の絃竹を開合して音律の法則を出すといい、それは始中終を通じて諸音声を全て尽し、音律声明二道の裏書きなりとの旨を述べているという。

【関連典籍】 2720

（橘川智昭）

2722 **薬師如来講式**（やくしにょらいこうしき）

【成立】年代不明。著者は最澄とされる。

【内容】一巻。薬師如来本願功徳経0449の説によって講式体の文に作り、そして経の文字を句の冠首と句末とに一字置いたいわゆる沓冠文体に作ったもの。初めに惣礼、次第して法用、如来唄、敬白、次に一奉讃衆病悉除本願、二奉讃十二神将護持、三奉讃願生西方誓、次に廻向という順になっている。沓冠文体はあまり多く用いられない形式であるが、これらは講式に共通する次第であるという。伝教大師御作と表現していることも併せて、果たして伝教大師時代にこれが行われていたのかという点については疑問がもたれ、おそらく中世期において叡山の誰人かが作ったものではないかといわれている。

【関連典籍】 0449

（橘川智昭）

2723 **横川首楞厳院二十五三昧式**（よかわしゅりょうごんいんにじゅうごさんまいしき）

【成立】永延二年（AD988）。著者は源信＊。

【内容】一巻。毎月十五日の一夜に一結の衆二十五人が一夜断念仏の業を修して往生極楽の素懐を遂げようとする念仏三昧の起請を記したもの。初めに念仏三昧会の趣旨、次に実修に際しての十二条を述べる。十二条とは、(1)毎月十五日の夜に不断念仏を修する、(2)同日正午以後に『法華経』を講ずる、(3)仏聖に灯明を供える、(4)加持土砂の次第等、(5)父母兄弟への思い、(6)三業を護る、(7)病者があるときの用心、(8)病者を守護し問訊する、(9)往生院を建立して病者を移す、(10)安養廟と卒塔婆の建立を以て一結の衆の墓所とする、(11)結衆中の亡者には問葬念仏する、(12)懈怠の者を結衆から出す、である。

【関連典籍】 2724

（橘川智昭）

2724 **横川首楞厳院二十五三昧起請**（よかわしゅりょうごんいんにじゅうごさんまいきしょう）

【成立】十世紀後半。著者は源信＊。

【内容】一巻。横川首楞厳院二十五三昧式と同じく、毎月十五日の夜に一結の衆二十五人が修する念仏三昧の起請を記したもの。以下の八条からなる。(1)毎月十五日の夜に念仏三昧を修すること、(2)加持土砂、(3)心を調え道を護り人を択んで補欠すべきこと、(4)往生院を建立して病者を移すこと、(5)病の間には番を結し瞻視すること、(6)結衆の墓所を華台廟と号し春秋に念仏三昧を修すること、(7)常に西方を念じて功力を積むこと、(8)結衆の没後には追善業を修すること、以上である。終わりに結語を記す。なお本書は式の撰述よりも三年前の寛和二年（AD986）における保胤の書写によるものである。

【関連典籍】 2723

（橘川智昭）

2725 **往生講式**（おうじょうこうしき）

【成立】承暦三年（AD1079）。著者は永観。

【内容】一巻。釈迦の遺教によって西方極楽往生の教えを聞くことができた永観が、毎月十五日に阿弥陀仏迎接の像の前に一座七門の講を修し、釈尊を礼讃して広大な恩徳を謝せんとするものである。初めに安像、伝供、歌頌を以て着座、次に法用、表白、神分、勧請と次第して七門の講演をなすことなどを記述した内容になっている。七門とは(1)発菩提心門、(2)懺悔業障門、(3)随喜善根門、(4)念仏往生門、(5)讃歎極楽門、(6)因円果満門、(7)廻方功徳院門であり、各々に願文・歌頌・礼拝を具し、七門を修した後にさらに釈尊につき一門を修する。

（橘川智昭）

2726 **愛染王講式**（あいぜんおうこうしき）

【成立】十二世紀前半。著者は覚鑁＊。

【内容】一巻。愛染明王の具足する定慧、五部五智の功徳を講讃する次第を記した書で、主に金剛峯楼閣一切瑜伽瑜祇経0867愛染王品、金剛王菩薩秘密念誦儀軌1132等によって書かれている。内容は次のようである。(3)総礼—愛染明王に対する礼拝。(2)法用—初めに敬白があり、続いて以下の三段に分けられる。①愛染明王の形体をしてこの尊の種子の因起を示す。②本明王の神呪は速疾の功徳力あり、また自他の大願を満たすことを示す。以上二段中の形体・種子・神呪は共に定慧を具足し五部五智は不分であることを象徴する。③本秘法の行者の善根は廻向して法界の衆生に施される。ここでは秘法の功徳は自他平等であることが示される。なお種子の解釈については空海の吽字義2430によるところが多い。

【関連典籍】0867・1132・2430

（橘川智昭）

2727 **求聞持表白**（ぐもんじひょうびゃく）

【成立】保延三年（AD1137）。著者は覚鑁（かくばん）*。

【内容】一巻。求聞持法とは虚空蔵菩薩の真言を一百万遍唱えてその悉地を成就すれば、一見一聞の事は決して忘れないといわれるもので、空海がこの法を勤操（ごんそう）に伝授して悉地を成就したために真言宗徒は盛んにこの法を修行し、覚鑁も例に漏れずこの法を前後九度修行して悉地を得た。この求聞持表白は覚鑁が二十八歳のときに高野山上において明寂上人、永尋上人の助けを得て、保延三年六月二十四日から八月十七日までの五十日間修行したとき、その修行の中間である七月二十日に立願起請した表白である。覚鑁は非常な勇猛心を起こし、もしこの法が成就したならば、空海請来の諸経は全て書写すること、真言宗所録記載の諸経を全て書写すること、その他の八大願を立てて、特に明寂上人に対しては熱烈な感恩の意を述べたという。

（橘川智昭）

2728 **観音講式**（かんのんこうしき）

【成立】建仁元年（AD1201）。著者は貞慶（じょうけい）*。

【内容】一巻。本講式は、観音の功徳、利益、引摂の徳を讃歎し、これにより現当二世の利益を得ようというものである。内容は三段に分けられる。(1)帰依の道理を明かす段。因位として衆生の苦を救わなければ正覚を得ずと誓願して機・縁に随って種々の形を示現することを説き、他にはわが国においては諸社神明の本地として倭国に顕現したものであるからわが国に生まれた者はみな帰依すべきことなどを説く。(2)種々の利益を讃ずる段。観音を念ずることの功徳の甚大なること等を説く。(3)来世引摂を祈る段。観音を念ずれば遠くは西方浄土、近くは補陀落浄土が顕現することその他を説く。以上の後に、神分・六種廻向があり、最後に観音大呪を唱えて式が終わる。

（橘川智昭）

2729 **弥勒講式**（みろくこうしき）

【成立】十二〜十三世紀。著者は貞慶（じょうけい）*。

【内容】一巻。五門分別によって弥勒を讃歎する講式である。五門とは、(1)懺悔罪障、(2)帰依弥勒、(3)欣求内院、(4)正遂上生、(5)因円果満である。また首において、「今この講演常途に似ず、粗五門を以て志趣を述べんと欲す」とあることから以前の講式を引き継いだものではなく、著者独自の新意想によって作られたものであることがわかる。なお本書には撰号はないが、本文中に唯論、阿踰闍講堂、無著、天親、師子覚、戒賢、玄奘、慈恩等の記述が見られることから唯識の学者であることが容易に知られるし、また安政三年薬師寺の増忍の奥書において撰者を解脱上人と推定していることから貞慶とみなされている。

（橘川智昭）

2730 **如法経現修作法**（にょほうきょうげんしゅさほう）

【成立】嘉禎二年（AD1236）。著者は宗快（しゅうかい）*。

【内容】一巻。如法写経会の作法や用意などを説いたもの。概要を見れば、初めに前方便事、次第して堂荘厳事、証文事、行水事、開白作法、如法経御料紙并水迎事、写経以前可用意事等、如法経筆立作法、写経間観念、如法経筒奉納次第、如法経十種供養次第、如法奉納次第について解説されている。如法写経会は叡山横川で慈覚大師円仁が天長十年（AD833）に始めたものとされ、法華懺法を修して『法華経』を写経する法会である。

（橘川智昭）

2731 **四座講式**（しざこうしき）

【成立】建保三年（AD1215）。著者は高弁＊。

【内容】一巻。四座講式とは以下四種の講式の総称である。（1）涅槃講式。法性の面からいえば仏に生滅はないが化儀の面からは仏の入滅を悲しんでその遺跡をしのぶ。仏入滅の哀傷・仏荼毘の哀傷・仏涅槃の因縁・仏双林の遺跡・発願廻向の五段に分かれる。（2）十六羅漢講式。初めに十六羅漢の功徳を讃称し、十六羅漢と自眷属の住処・仏による羅漢への正法付囑・羅漢による衆生の求めに応じての利益・羅漢の功徳・発願廻向の五段に分かれる。（3）如来遺跡講式。初めに仏遺跡を恋慕した先徳が身を捨てて尋訪した旨を述べ、菩提樹の霊異・諸処の遺跡・遺跡の功徳・先徳の恋慕尋訪の状・発願廻向の五段に分かれる。（4）舎利講式。初めに舎利の威光を述べ、仏舎利の功徳・仏舎利の当世功徳・発願廻向の三門に説かれる。

（橘川智昭）

第85巻　古逸部 全　疑似部 全

2732 **梁朝傅大士頌金剛経**（りょうちょうふだいしじゅこんごうきょう）

【成立】六世紀中期。著者は傅大士＊。

【内容】一巻。金剛般若波羅蜜経0235を三十二に分けて、各々経文を挙げた後、「弥勒頌曰」として経文の意味を五字一句の偈頌（教えを詩句で表したもの）で説いている。この「弥勒頌曰」は作者の傅大士が梁の武帝に奉げるために弥勒にことよせたものといわれる。原本は敦煌出土写本のS1846。その他別本にS3373・P2286などがある。写本の巻首に作者とは別の人物が書いた序が付されていて、梁朝傅大士頌金剛経序とあるところから本書のタイトルが付いた。

【関連典籍】0235・2733・2741

（柿市里子）

2733 **御注金剛般若波羅蜜経宣演**（ぎょちゅうこんごうはんにゃはらみつきょうせんえん）

金剛経宣演ともいう。

【成立】唐の開元二十二～二十八年（AD734～740）。著者は道氤。

【内容】一巻。金剛般若波羅蜜経0235に唐の玄宗皇帝が注を付した御注金剛波羅密経に対して、道氤がさらに意味を推し広げて説明したもの。日本や朝鮮の古い仏書目録に本書の名が記載されているもののその存在は不明であったが、現在では敦煌出土写本によりみられる。原本は上巻がP2173、下巻がP2132。他に別本としてS2783・S2671・S4052・'2084などがある。

【関連典籍】0235・2734・2741

（柿市里子）

2734 **金剛暎巻上**（こんごうえいかんじょう）

金剛経義暎、金剛経暎ともいう。

【成立】開元二三年（AD735）以後。著者は宝達＊。

【内容】一巻。御注金剛波羅密経宣演2733にみえる重要な語句に注を附し解説したもので、当時の解釈上不明な点を明らかにしている。分量は金剛経宣演2733の四分の一に過ぎない。なお後部に曇無讖・玄奘・羅什三名の伝記が載せられているがこれは写本の裏に記されている部分である。『東域伝灯目録』には宝達の金剛暎巻三巻とあるがその後伝わっておらず敦煌の写本により存在が明らかになった。原本は日本の村山龍平氏所蔵で上巻のみのものである。その他別本としてS6537があり、その序文がP4748にある。

【関連典籍】2733

（柿市里子）

2735 金剛般若経旨賛（こんごうはんにゃぎょうしさん）

【成立】八世紀後期。著者は曇曠（どんこう）＊。

【内容】一巻。金剛経0235の注釈書で敦煌から出土した写本によって初めて世に知られた。五門に分け、（1）金剛経の教えが興った理由、（2）金剛経の宗趣、（3）金剛経のもつ威力を顕在化すること、（4）金剛経が導く所を明らかにすることについて略述し、（5）で経文を挙げた後に「賛曰」として曇曠の解釈が示されている。原本は上巻がS2744に基づいて欠落した部分をS2782で補い、下巻はS2437（裏文書）に基づいて欠落した部分をS721で補ったものである。その他写本の別本としてP2034・P2493・P2082などがある。なお、S2437の巻末に広徳二年（AD764）六月五日釈普遵（ふじゅん）沙州竜興寺（しゅうりゅうこうじ）にて書写すとある。

【関連典籍】0235

（柿市里子）

2736 金剛般若経依天親菩薩論略釈秦本義記巻上（こんごうはんにゃぎょうえてんじんぼさつろんりゃくしゃくしんほんぎきかんじょう）

金剛般若義記ともいう。

【成立】唐代。著者は知恩（ちおん）。

【内容】一巻。金剛般若波羅蜜経0235の注釈書。魏の菩提流支（ぼだいるし）が訳した天親（＝世親・ヴァスバンドゥ）の論に依って、秦本の鳩摩羅什（くまらじゅう）訳金剛経0235を解釈している。初めに五門分別を掲げ、〈第一章〉弁教因縁では「菩薩行の教えを説き伝える為の故に」などによってこの注釈を著すに至った因縁を述べ、〈第二章〉定経宗旨では般若に実相、観照、文字の三方面あるうち「観照即この経の義」として、〈第三〉の明処会では説処（給孤独園（ぎっこどくおん））と会（般若十六会中の第九）とを明らかにし、〈第四〉の叙翻訳では金剛経および論には六人の訳があることを挙げて、〈第五〉正釈文では経の題目を解釈し、以下本文の注釈である。ことに佚書である真諦（しんだい）の『般若記』を引用している点は貴重とされている。かつては朝鮮や日本にも伝わっていたようであるがその伝本は現在目にすることはできない。原本は敦煌出土写本P2159で上巻のみのものである。

【関連典籍】0235

（柿市里子）

2737 金剛経疏（こんごうきょうしょ）

【内容】一巻。金剛般若波羅蜜経0235の注疏であるが、吉蔵（きちぞう）、窺基（きき）、慧能（えのう）、宗密（しゅうみつ）らの疏とは異なっている。原本は敦煌出土写本S2047で、巻首を欠いており、いつ、誰が著作したものなのか不明であるが、文中に「京州真諦（しんだい）法師」の名がみえ、著作年代の限界を知る手がかりとなる。

【関連典籍】0235

（柿市里子）

2738 金剛経疏（こんごうきょうしょ）

金剛般若波羅蜜経疏ともいう。

【内容】一巻。金剛般若波羅蜜経0235の注釈書。「忍辱波羅蜜」の注釈以前が欠けており、いつ誰が著作したものなのか不明である。初めに経文を挙げてそれを注解しているが、「無著云」として無著（アサンガ）の金剛般若論を引用したり、「論曰」として世親（ヴァスバンドゥ）の金剛般若波羅蜜経論を引用して、五言四句の偈を作り、それに説明を加えている。さらに他の諸経論中、遺経論、摂大乗論、往生論、仏性論、荘厳論、中辺論などを引用して、聖なる教えとみなし、ことに「真諦（しんだい）云」として真諦の説を重要視している点は真諦系の人物が著述したとも考えられる。末尾もやや欠く。原本は敦煌出土写本S2050である。

【関連典籍】0235

（柿市里子）

2739 金剛般若経挾註（こんごうはんにゃぎょうきょうちゅう）

【内容】一巻。金剛経0235の経文に割注を挿入したもの。敦煌出土写本によりはじめて世に知られる。原本はS2068で、首部、尾部ともに欠けている。「若見諸相非相即見如来」から「此菩薩勝善菩薩所徳功徳」までの経文に注釈を施している。
【関連典籍】0235
（柿市里子）

2740 **金剛般若義記**（こんごうはんにゃぎき）
【成立】年代・著者不明。
【内容】一巻。金剛経0235の主旨を、経文と注とに分けずに概略解説したもの。原本は敦煌出土写本S1087の裏文書。
【関連典籍】0235
（柿市里子）

2741 **金剛般若経疏**（こんごうはんにゃぎょうしょ）
【内容】一巻。金剛経0235の経文を解釈したもの。御注金剛般若波羅蜜経宣演2733と同じ体裁であり、全く同文の箇所が多い。あるいは同書の異本かもしれない。原本は敦煌出土写本P2330。2733の項参照のこと。
【関連典籍】0235・2733
（柿市里子）

2742 **金剛般若波羅蜜経伝外伝巻下**（こんごうはんにゃはらみつきょうでんがいでんかんげ）
【内容】一巻（残巻）。金剛経論の注釈書。もと上・下巻完備されたものが存在していたと推察されるが、本書は下巻の一部にすぎない。金剛経論に基づいて、知、見、信、にかかわる論議に始まり、次に星、翳、灯など九喩九法の説明および問答が記されている。また、内容から察するに禅家の金剛経の解釈かとも考えられる。原本は敦煌出土写本S2670。なお、別本にS6877が存在し、これも残巻（下巻のうち最初と最後の部分が欠けている）であるが本書（S2677）のほぼ三倍の量の写本がみられる。
【関連典籍】0235
（柿市里子）

2743 **持誦金剛経霊験功徳記**（じじゅこんごうぎょうれいげんくどくき）
【成立】唐代末。著者不明。
【内容】一巻。金剛般若経を持誦して延寿を得た人々の実話を列記したもの。梁の時、招提寺の僧琰が人相見から短命であることを注意されたので、山に入って六年間金剛般若経を持誦し続け、その後山を下りてから百歳の天寿を全うしたことなどの話が載っている。この他には、梁の時代の開善寺の僧蔵、隋代の婆羅門僧蔵法師、渭州の畦彦通、鄜州宝室寺僧法蔵、隋朝の霊寂、長安の温国寺の僧霊幽、苟居士、王綽、朱士衡、崔善冲などの人々が金剛般若経を持誦していたので、さまざまな不可思議の霊感があったことなどが述べられている。以上の記録の後に開元皇帝讃金剛経功徳の七言の偈文があり、その次に金剛般若経を持誦する人には、八大金剛神が擁護して、災害を除去し、福慧を増長することを明らかにし、終わりに大身真言、随心真言、心中真言、金剛兒呪、仏母呪、文殊菩薩心中真言などの文句が記してある。巻末に天復八年（AD908）四月九日翟奉達書写すとある。原本は敦煌出土写本P2094。
（柿市里子）

2744 **仁王般若実相論**（にんおうはんにゃじっそうろん）
【内容】一巻。首部欠如の残簡本。仏説仁王般若波羅蜜経0245散華品第六の途中から受持品第七、嘱累品第八までの注釈書。原本は敦煌出土写本で日本の中村不折氏の所蔵。末題および後記に仁王般若実相論巻第二、比丘顕秀写、流通後代化化不絶とある。タイトルは尾題による。
【関連典籍】0245
【参考文献】鳴沙余韻解説第一部。
（柿市里子）

2745 **仁王経疏**（におうきょうそ）
仁王護国般若波羅蜜経疏ともいう。
【内容】一巻（残巻）。首部欠。仏の十大弟子の一人阿難の伝記が記されていて、次に「我聞一時」について声聞蔵、菩薩蔵を挙げてさらに詳しい説明を施し、仏説仁王護国般若波羅蜜経0245は真性を以て宗となし、如来聖弟子の説であるとしている。本書は0245の疏の一部にすぎないがもっとも古い注疏として貴重なもの。なお、末尾に開皇十九年（AD599）六月二日に書写したとの記述があるので、著作年代はこれ以前であろう。原本は敦煌出土写本S2502で、ごく少ない分量である。

【参考文献】鳴沙余韻解説第一部。

【関連典籍】0245

（柿市里子）

2746 **般若波羅蜜多心経還源述**（はんにゃはらみつたしんぎょうげんげんじゅつ）

心経還源述ともいう。

【内容】一巻（残簡）。般若波羅蜜多心経0251を注釈したもの。首部欠。般若・空などの説明があり、最後にこの経は般若経中の注疏にもとづいて、法華経普門品のように別に流布されたこと、玄奘が持誦していて不可思議な霊感があったために別訳して流通したこと、身を清め一誦五百遍誦すると邪心を除去し善願従心し得ることなどが記されている。この書のタイトルは尾題に拠って付けられている。原本は敦煌出土写本S3019。

【参考文献】鳴沙余韻解説第一部。

【関連典籍】0251

（柿市里子）

2747 **挟註波羅蜜多心経**（きょうちゅうはらみたしんぎょう）

【内容】一巻。般若波羅蜜心経0251の経文に二行の割注を挿入したもの。ごく少量の残簡本であり真題不明。「般若波羅蜜多心経、観自在菩薩」から「即説呪曰羯諦羯諦波羅羯諦波羅僧羯諦菩提莎婆訶」までの注釈で、最後に般若波羅蜜多心経の文字がみえる。原本は敦煌出土写本S2121。

【関連典籍】0251

（柿市里子）

2748 **法華義記巻第三**（ほっけぎきかんだいさん）

【成立】北魏の正始五年（AD508）。釈道周が集めて写した。

【内容】一巻。原本は敦煌出土写本で、二種の写本がある。一本（S2733）は首部破爛、薬草喩品第五（前部欠）受記品、化城喩品、五百弟子受記品、授学無学人記品、法師品、見宝塔品より勧持品第十三に至る八品の疏釈残巻にして巻末後記には、比丘恵業許、正始五年五月十日釈道周所集在中京広徳寺写訖とあり他の一本（S37）は首部破損、化城喩品第七（首部欠）より受記品以下前記の一本におおむね同じく勧持品の後に安楽行品第十四・従地涌出品第十五に至る八品の疏釈残巻で、奥書に法華義記第三、比丘法順写記也とある。本疏は北魏の法華疏として重視されている。

（野際清美）

2749 **法華経疏**（ほけきょうしょ）

【内容】一巻。敦煌出土写本。首部欠。法華経0262如来寿量品第十六の長行（散文）後半に当たるところ如来値遇云云の疏釈より、分別功徳品第十七、随喜功徳品第十八、法師功徳品第十九、常不軽菩薩品第二十（後半欠）に至るまで、随文解釈を施している。

（野際清美）

2750 **法華経疏**（ほけきょうしょ）

【内容】一巻。敦煌出土写本S2463。現存する残巻は法華経0262随喜功徳品第十八（前半欠）、法師功徳品第十九、常不軽菩薩品第二十、如来神力品第二十一、嘱累品第二十二、薬王本事品第二十三、妙音菩薩品第二十四、観世音菩薩普門品第二十五、陀羅尼品第二十六、妙荘厳王品第二十七、普賢菩薩勧発品第二十八の十一品に対して大要概説をしている。

（野際清美）

2751 **法華経疏**（ほけきょうしょ）

【内容】一巻。敦煌出土写本。法華経0262の注釈書残巻である。首部と末文が破損し失題の残巻である。法華経0262如来神力品第二十一の長行（散文）の後半より嘱累品、薬王品、妙音品、観世音品、陀羅尼品、妙荘厳王品、普賢品の大半に至る疏文である。本書は前後を通じて唯僅かに勧発品（かんぼっぽん）の第二十二行に一つだけ他の師の解釈を引用しているだけである。法華経疏2750と同様にこれも六朝時代の古疏と思われる。

（野際清美）

2752 **法華問答**（ほっけもんどう）

【内容】一巻。敦煌出土写本。首部と末文が破損し失題の残巻である。前後百三番の問答がある。最初の四十五問答は法華経0262の分品の順序に従い、後の五十八問答は経文の法数（ほっすう）要句についてのものである。内容をみると本書の引用書目や人師の説から、中唐以後に製作されたと思われる。

（野際清美）

2753 **華厳経章**（けごんぎょうしょう）

【内容】一巻。敦煌出土写本。六十巻華厳経0278の注釈の断簡。初めの世間浄眼品、盧舎那仏品が欠けており、名号品第三の後半より入法界品第三十四までが現存する。内容は、各品の来意を簡単に述べるものであり、細かな議論はほとんど行われていない。なお、最後に初発心菩薩のために誓断一切煩悩、誓修一切功徳、誓度一切衆生、誓度一切種智という四つの誓願文を附している。

【関連典籍】0278

（佐藤厚）

2754 **華厳略疏巻第三**（けごんりゃくしょまきだいさん）

【内容】一巻。敦煌出土写本。第三巻のみ現存。六十巻華厳経0278の十地品の初めの部分の注釈。その解釈は法蔵の探玄記1733と符合する。あるいは慧光の華厳略疏の一部分であるとも考えられるが、詳しいことはわからない。

（佐藤厚）

2755 **華厳経疏**（けごんぎょうしょ）

【内容】一巻。敦煌出土写本。本来は二つの著作の断片であったものが、なんらかのきっかけで集成したものと推測される。すなわち冒頭より二一七頁下段二八行目までは八十巻華厳経0279の世界成就品の後半部から華蔵世界品の冒頭にかけての注釈であり、その著者はわからない。しかし二一七頁下段二九行目から二二〇頁下段五行目までは六十巻華厳経0278の注釈書である探玄記1733巻一二の十地品の第三発光地の部分に、二二〇頁下段五行四字目より最後までは同じく探玄記1733巻十の十地品の初地の部分（二九二頁上段七行から三〇六頁上段八行）と全く同じである。したがって本書を単独の著作と見ることはできず、撰者不明の八十華厳経0279の注釈書と1733とを何らかのきっかけで集成したものと推測される。

【関連典籍】0278・0279・1733

（佐藤厚）

2756 **華厳経義記巻第一**（けごんぎょうぎきまきだいいち）

【成立】北魏時代。著者は慧光（えこう）。

【内容】一巻。華厳経0278の注釈書。現存するのは如来光明覚品に対する注釈の一部のみである。

【関連典籍】0278

（佐藤厚）

2757 **華厳経疏巻第三**（けごんぎょうしょまきだいさん）

【成立】新羅時代。著者は元暁（がんぎょう）*。

【内容】一巻。朝鮮仏教の歴史の中で中国の仏教と伍して仏教研究が盛んだった新羅時代の六十巻華厳経0278の注釈書。現存するのは如来光明覚品に対する注釈の一部のみである。

【関連典籍】0278

（佐藤厚）

2758 **十地義記巻第一**（じゅうじぎきまきだいいち）

【内容】一巻。敦煌出土写本。六十巻華厳経0278十地品に対する注釈書。現存するのは序分に対する注釈のみである。思想的に注目されるのは、三乗通教・通宗などの教判論や有為縁集・無為縁集・自体縁集の三種の縁集説が説かれるほか、円通や称体といった地論学派の教説が散見されることである。また、引用文献としては維摩経・涅槃経のほか華厳経0278の寿命品・阿僧祇品・性起品に言及される反面、十地経論1522には言及していないのが注意される。したがってこの書は「十地義記」と擬題されているが、浄影寺慧遠の『十地経論義記』のように十地経論1522をベースとした注釈ではなく、本来は華厳経0278のかなりの部分に注釈していた中で十地品の注釈の断片だけが伝えられたとも考えられるが確証はない。

【関連典籍】0278

（佐藤厚）

2759 **無量寿経義記巻下**（むりょうじゅきょうぎきかんげ）

【内容】一巻。残簡。上巻が欠け、この下巻も巻首が少々欠けている。無量寿経0360の解説書。原本は敦煌出土写本S91に基づきS2422で補ったもの。上巻の勝果段七宝浴地の経文より下巻の終わりまでを簡単に解釈している。本経下巻を正説中の第三讃歎観修門とみなして、その観修門を十観修に分けて説き、第一観修の三輩段（上輩・中輩・下輩の三輩にさらに各々上品・中品・下品を設けて九品とする）では観無量寿経0365の九品の文を引用して詳細に説明し、また経文の五悪段に相当するところを第七観修の五戒を明かす、第八観修の戒勅を明かすとして説明している点が本書の特徴とされている。また、後世の浄土教徒が重んじる十八願成就の解釈がきわめて簡単に記されている。その他別本にS2693があり、上巻の残巻がS2158にある。巻末に一校竟、比丘洪琇許、の語がある。

【関連典籍】0360・0365

（柿市里子）

2760 **無量寿観経義記**（むりょうじゅかんぎょうぎき）

【内容】一巻。前半欠。原本は敦煌出土写本S327。無量寿観経0365を解釈したもの。初めに別時意の問題に触れて、九品段の経文解釈に入り無量寿観経の終わりに及んでいる。その三心釈には、至誠心虚誑を離れる心なり、回向発願心は已が所修の一切の善根以て往生を願ずるなりと言い、九品のうち上三品は大乗の三賢菩薩、中三品は小乗方便位の人、下三品は凡夫中発菩提心の人なりと言い、韋提希夫人は十回向の菩薩なれども、地前なるがゆえに経文には汝是凡夫というのであると解釈しているところなどは、観無量寿経の解釈のなかでも初期に属する浄影寺慧遠の観経義疏1745に通じるといわれる。本書と慧遠の義疏とどちらが先に成立したのか不明であるが、無量寿観経解釈の初期に属するものであることは確かである。別本にS524がある。

【関連典籍】0365・1745

（柿市里子）

2761 **勝鬘義記**（しょうまんぎき）

【成立】巻末に正始元年（AD504）二月十四日に写すと記されているから、勝鬘経0353の訳出AD435より本書の書写年月日までの間に著作されたことになる。著者は不明。

【内容】一巻。勝鬘経0353を解説したもの。原本は敦煌出土写本S2660で、首部が少々欠けている。十五章分科の第一章如来妙色身の偈文「如来色無尽」の「無尽」の句以下より、経末の第十五章流通説までの主旨を説く。勝鬘経の解釈書のなかでも最も古いものとされている。別本にP2091・P3308がある。

【関連典籍】0353・2762・2763

【参考文献】「北魏正始元年筆写現存最古の勝鬘義記に就いて」鳴沙余韻の解説第一部・第二部。

（柿市里子）

2762 **勝鬘経疏**（しょうまんぎょうしょ）

【成立】巻末の題記および後記によって著者が照法師であること、延昌四年五月二十三日に書写されたことが記されている。ただし延昌の年号は北魏と高昌国（新疆省吐魯番市）とがあり、前者であるとAD515、後者であるとAD564になる。

【内容】一巻。勝鬘経0353の注釈書。原本は敦煌写本S524であるが、首部が少々欠けている。第一章の「勝鬘夫人是我之女……心得無疑」より最後第十五章の流通までの経文を解釈している。その特徴は後世のくどい語句解釈や博引旁証の弊害におちいらず、根本義を明らかにし、ひたすら修行に適用させようとしている点である。勝鬘経研究者にとって必読の書といわれる。

【関連典籍】0353・2761・2763

【参考文献】鳴沙余韻の解説第一部。

（柿市里子）

2763 挟注勝鬘経（きょうちゅうしょうまんぎょう）

【内容】一巻。首部欠。原本は敦煌出土写本S1649。勝鬘経0353の注釈書であるが2761や2762とは異なり、十五章に判然と分けず重要な経文の語句を断片的に挙げた後に二行の割注を挿入している。

【関連典籍】0353・2761・2762

（柿市里子）

2764A 涅槃経義記（ねはんぎょうぎき）

【成立】隋代。著者は慧遠（えおん）*。

【内容】一巻（残簡）。首部欠。原本は敦煌出土写本S2731。慧遠の涅槃経義記の断片であるが同著の涅槃経義記1764とは内容が異なる。涅槃経0375師子吼菩薩品と迦葉菩薩品の一部を解説している。なお、北6621に本書の別本がありその後記に涅槃経義記巻第一は、大徳沙門法師慧遠の撰で隋の大業十一年（AD615）敦煌郡沙門曇枚敬写すとあり、さらに間をあけて小字で慧遠没後二十四年にあたる聖暦元年（AD698）七月十四日と写本調査の年月日が記されている。

【関連典籍】0375・1764

【参考文献】鳴沙余韻解説第一部。敦煌劫余録第八帙涅槃経義記の項目。

（柿市里子）

2764B 大涅槃経義記巻第四（だいねはんぎょうぎきかんだいし）

【内容】一巻（残簡）。敦煌出土写本（山本悌二郎氏所蔵）。首部が欠けており、尾題にこのタイトルが記されている。北本涅槃経0374迦葉菩薩品十二の三の一段以下より経文末の憍（きょう）陳如（じんにょ）品十三の最後までを解釈している。後記に西魏の大同五年（AD539）六月十三日の書写年月日があるが、ほぼ同時代の宝亮、慧遠、章安の解釈したものとも異なっていて、写本によってはじめて世に知られた。著作されたのはそれ以前と考えられる。

【関連典籍】0374・2765

（柿市里子）

2765 涅槃経疏（ねはんぎょうしょ）

【内容】一巻（残簡）。原本は敦煌出土写本S2430。涅槃経0374第十二迦葉菩薩品の六段の終わりより第十三憍陳如（きょうじんにょ）品の途中までの経文を概ね解釈したごく少い分量のもので、首部尾部ともに欠けている。

【関連典籍】0374・2764B

【参考文献】鳴沙余韻の解説第一部。

（柿市里子）

2766 薬師経疏（やくしきょうしょ）

【内容】一巻（残簡）。原本は敦煌出土写本S2512。薬師経の経文を引き解説したもの。しかし引いている経文は達摩笈多（だつまぎゅうた）訳0449、玄奘訳0450、義浄訳0451とも一致しておらず、この三者以外の訳の疏釈である。しかも首部・尾部共に欠けているためこの書の真のタイトルは不明である。分量は少なくて、文殊の請問より薬師如来の十二大願の最後の解説の途中までである。

【関連典籍】2767

（柿市里子）

2767 薬師経疏（やくしきょうしょ）

【成立】AD682頃。後記によると作者の慧観（えかん）が永淳（AD682～683）の飢饉のありさまをみて人々を救うためにこの疏釈を著作したことが記されている。

【内容】一巻。原本は敦煌出土写本S2551。薬師経0449の経文を解説したもの。首部尾部ともに欠けているが、薬師経の経文十二大願のあとの仏国浄土経文の解説途中より始まり、全体を三つに分けその第一は欠け、第二の六項目あるうち四の答聞（除障文、多貪、破戒、妬忌、不定を治めることを説く）より、五の大將解衛（大將、擁護、讃勧を明かす）六の慶喜清持（阿難問名、如来酬答）、そして分科の第三、依教奉行分まで解釈している。

【関連典籍】0449

（柿市里子）

2768 **維摩義記**（ゆいまぎき）

【成立】年代・著者不明。巻末に北魏の景明元年（AD500）に比丘曇興が定州の豊楽寺で書写したと記されており、これ以前に作られたことは確かである。

【内容】一巻。原本は敦煌出土写本S2106。首部欠。維摩経0475の弟子品から最後の嘱累品までを解説したもの。現存する維摩経の解釈書のなかで注維摩1775の次に旧く、博引旁証ではなく、簡素に経文の本旨を解説している。さらに後世の注釈書にみられるような大科を最初に述べるのではなくして、最後に述べている点は珍しい。

【関連典籍】0475・2769

【参考文献】鳴沙余韻解説第一部。

（柿市里子）

2769 **維摩経義記巻第四**（ゆいまきょうぎきかんだいし）

【成立】年代・著者不明。後記にこのタイトルが記されており、西魏の大同五年（AD539）四月十二日に比丘恵竜が写記して流通したものであり、この写本は北周の保定二年（AD562）に私記すとある。

【内容】一巻（残簡）。原本は敦煌出土写本S2732。首部欠。維摩詰所説経0475の仏道品の一部より最後の嘱累品までを解釈したもの。維摩義記2768よりは分科も注も詳細である。「文解」として異説をあげているが、誰の説なのかは記しておらずまた経典の引用もない。2768とともに六朝期の古逸疏として貴重なものである。

【関連典籍】0475・2768

【参考文献】鳴沙余韻解説第一部。

（柿市里子）

2770 **維摩経疏**（ゆいまきょうしょ）

【内容】一巻。原本は敦煌出土写本S2688。羅什訳維摩経0475の注釈書。首部・尾部ともに欠けていて本来の体裁はわからないが、維摩経0475仏国品第一、「降伏魔怨、制諸外道」の句より同品三分の二ほどの「具足功徳国土、説除八難」までの語句を経文にそって解釈したもので、文中に十地経や竜樹（ナーガールジュナ）の説を引いている。タイトルは新たに加えられたもの。王重民著「敦煌遺書総目索引」には浄影慧遠著とあるがその根拠が示されておらず真偽のほどはわからない。

【関連典籍】0475・2771

（柿市里子）

2771 **維摩経疏**（ゆいまきょうしょ）

【内容】一巻。原本は敦煌出土写本。羅什訳維摩経0475の注釈書。方便品・問疾品・不思議品・仏道品など各品の概説から始まり、文殊師利問疾品第五と不思議品第六の「見須弥入芥子中、是名住不思議解脱法門」あたりまでを問答形式によって解説している。首部尾部ともに欠けて、文中にもしばしば脱落部分があり、タイトルも内容から推して新たに付け加えられた。『仏書解説大辞典』によると、吉蔵の維摩経疏1781を援引し摂論を援用してはいるが、解釈の立脚点は三論系の思想であるとしている。

【関連典籍】0475・1781・2770

（柿市里子）

2772 **維摩経疏巻第三・第六**（ゆいまきょうしょかんだいさん・だいろく）

【内容】二巻。原本は敦煌出土写本で、第三巻がP2049、第六巻がP2040。維摩経0475の注釈書。第三巻は弟子品第三について詳細に解説し、第六巻は香積仏品第十、菩薩行品第十一、見阿閦仏品第十二、法供養品第十三、嘱累品第十四までを簡単に解説している。広範囲に経・論を引き、また慧遠の維摩義記1776や僧肇の注維摩経1775を引用しているが、注維摩経の引用文は羅什の説を採用せずに僧肇の説を引いている。解釈上玄奘訳を参照したり、無為真如などについては唯識派の説を採っている。全体的にわかりやすく偏りのない解説である。

【関連典籍】0475・1775

（柿市里子）

2773 **維摩経抄**（ゆいまきょうしょう）

【内容】一巻。原本は敦煌出土写本P2275。維摩経0475の抄釈。仏国品第一より見阿閦仏品第十二までの各品の経文を概略解説したもの。不思議品より所々に二行の割注が挿入されている。巻首に仏法には大乗と小乗があり、大乗は法相宗、破相宗、法性宗の三つがその主旨であり、維摩経は正に法性宗の摂るところであり、法相円融無礙の義を表しているとしている。注維摩経1775から羅什、僧肇、竺道生の説のみならず古徳安法師（義天録にみえる関中疏集義鈔六巻の作者令安のことか?）、古徳諺法師（未詳）の説を引いている。

【関連典籍】0475・1775

（柿市里子）

2774 **維摩経疏**（ゆいまきょうしょ）

【内容】一巻。原本は敦煌出土写本（中村不折氏所蔵）。維摩経0475の注釈書で、首部尾部ともに欠けている。方便品の「始弁才無礙」より「饒益衆生」に至るまでの経文すなわち維摩の日常生活を記述した部分を解釈しており、きわめて少量の残巻本である。その特徴は経・論などからの博引旁証ではなく、ある宗派や学派に偏らず素朴でしかも丁寧に経文の語句にそって解釈している点である。『仏書解説大辞典』（和田徹城氏述）によると、本書の所蔵者中村不折氏は「章草」という特異な書体で書かれていて後魏時代のものと断定されているが、語調が古く学派の色彩のない点からしても中村氏の説は正しく、現存する維摩経の注釈書のなかで注維摩経1775に次ぐ古いものかもしれない、という。

【関連典籍】0475

（柿市里子）

2775 **維摩疏釈前小序抄**（ゆいましょしゃくぜんしょうじょしょう）

【成立】永泰二年（AD766）。著者不明。

【内容】一巻。原本は敦煌出土写本P2149に基づきS1347で補っている。注維摩経1775の序文を注釈したもの。中国に仏教が伝わった由来と羅什等について述べたところの注を解釈し、僧肇の序文の数行を解釈して終わっている。論語・荘子等の引用文があることから維摩経を一般化し流通させようとした意図がうかがえる。

【関連典籍】1775・2777

（柿市里子）

2776 **釈肇序**（しゃくじょうじょ）

【成立】大暦二年（AD767）。著者は体清*。

【内容】一巻。注維摩詰経1775の序文を解釈したもの。原本は敦煌出土写本S2496で、首部より半分欠。出三蔵記集2145に掲載されている序文の半分以降「然幽関難啓聖王不同」の句より「庶将来君子世同聞焉」の末句までを解釈しており、最後にこの序文全体の分科表が示されている。

【関連典籍】1775・2145

（柿市里子）

2777 **浄名経集解関中釈抄**（じょうみょうきょうしゅうげかんちゅうしゃくしょう）

【成立】唐の上元元年（AD760）。著者道液。その序文によれば、まず上元元年にこの注釈を著し、永泰元年（AD765）に長安の菩提寺にて再度著したとある。

【内容】一巻。注維摩詰経1775に対する解釈書。原本は敦煌写本。P2188に基づきその他S1412・S3475・S2071・P2222によって文字を正し、欠落部分を補足したものである。本書は新編諸宗教蔵総録2184や東域伝統目録2183にその名がみえ、かつては朝鮮や日本に伝わっていたようであるが、その後不明になり、敦煌出土写本によって改めてその存在が明らかになった。特に僧肇の注釈部分を要点として経文を解釈している。

【関連典籍】0475・1775・2778

【参考文献】「鳴沙餘韻解説」第一部。

（柿市里子）

2778 **浄名経関中釈抄**（じょうみょうきょうかんち

ゆうしゃくしょう）

【成立】唐の上元元年（AD760）。著者は道液。

【内容】二巻。維摩経玄疏1777を基礎におき、従来の維摩経の諸々の注釈書を抜粋して比較したもの。原本は敦煌写本P2580に基づきその他S2584・S2739・P2079を参考にして校勘している。

【関連典籍】1777・2777

【参考文献】「鳴沙餘韻解説」第一部。

（柿市里子）

2779 **楞伽経禅門悉談章**（りょうがきょうぜんもんしったんしょう）

【内容】一巻。禅門系の楞伽経の解釈書。原本は敦煌写本P2212に基づきP2204で補足訂正したもの。巻首の序文によると楞伽経悉談章は悉談が昔大乗楞山に在りて因得し説いたもので、それを菩提達摩が南天竺より劉宋にもたらし、求那跋陀羅が訳し、洛州嵩山会善沙門定恵が悉談章を訳出し広く禅門に開いたなどと述べている。分量はきわめて少ない。

【関連典籍】1779

【参考文献】「鳴沙餘韻解説」第二部。

（柿市里子）

2780 **温室経疏**（おんじつきょうしょ）

【成立】唐代。著者は慧（恵）浄＊。

【内容】一巻。原本は敦煌出土写本S2497。温室洗浴衆僧経0701の注釈書で、首部に断片的に脱落がある。慧遠の温室経義記1793と大同小異のものである。「私僧伝云讃述」とある。

【関連典籍】0701・1793

【参考文献】東域伝灯目録巻上。諸宗章疏録第一。奈良朝現在一切経目録2200・2201。

（柿市里子）

2781 **盂蘭盆経讃述**（うらぼんぎょうさんじゅつ）

盂蘭盆経疏ともいう。

【成立】七世紀頃。著者は慧浄＊。

【内容】一巻。原本は敦煌出土写本P2269。首部欠。盂蘭盆経0685の注釈書。経文の内容を（1）教起因縁分（序文―証信分と発起分）、（2）目連大叫下明聖教所説分（正宗分）、（3）目連白仏言下明依教奉行分（流通分）の三段に分科している。特徴は盂蘭盆の解釈を倒懸（地獄の逆さ吊りの苦しみ）とせず、食物を盛る器としている点で、後世の宗密著盂蘭盆経疏1793などに影響を与え、また目連縁起や大目乾連冥間救母変文など俗文学にも影響を与えたと思われる。経文「父母乳哺恩」を解釈するところでは阿含、涅槃、智度論などの諸説を引用している。現存する盂蘭盆経0685の注釈書のなかでももっとも古いものとされている。

【関連典籍】0685・1793

（柿市里子）

2782 **大乗稲芉経随聴疏**（だいじょうとうかんぎょうずいちょうしょ）

大乗稲芉経随聴手鏡記ともいう。

【成立】唐代。著者は法成。

【内容】一巻。原本は敦煌出土写本、P2284に基づいて、S1080・P2303の二種を参考にして補い改めたもの。大乗稲芉経0712の注釈書。最初に（1）立所宗（経文中の宗に依って説く）、（2）明帰乗（この経は菩薩乗の収なり）、（3）明帰分（自説論議分の摂なり）、（4）弁帰蔵（阿毘達摩蔵の摂なり）、（5）解釈（初題号、二本文）の五門に分別し、次の解釈では（1）総摂門、（2）経の所詮、（3）釈句義、（4）弁次第、（5）答難とし、その内総摂門は、序文、発起序、所知事、所知性、所知果、云何所知、経之所要の七つに経文を区分し、この七つに従って本経の文を解釈している。

【関連典籍】0712

【参考文献】石濱純太郎「法成について」（『支那学』三―五）。羽田亨「敦煌遺書第一輯解題」（同上）。

（柿市里子）

2783 **大乗稲芉経随聴疏決**（だいじょうとうかんぎょうずいちょうしょけつ）

【内容】一巻。大乗稲芉経0712の注釈書。原本は敦煌写本P2328。残巻。法成の大乗稲芉経

随聴疏2782の五門分別の（1）立所宗の下に宗見内外二を設け、外宗見は九十六種あり、それを束ねていえば十六論であるとし、その名だけを挙げて「此十六論所有立破、文繁不述、如瑜伽論一一広明」と説明を略している。また、本書は冠頭稽首に「偈頌後半所有稲竿未決義、今當次第略解釈」とあるが、内容は、上記の十六論中、因中有果論・従縁顕了・未来実有論の三つのみの詳説であり、しかもその文は瑜伽師地論1579巻第六のほとんど全文を抜粋したにすぎないものである。

【関連典籍】0712・1579・2782

（柿市里子）

2784大乗四法経釈抄（だいじょうしほうきょうしゃくしょう）

【内容】一巻（残簡）。原本は敦煌出土写本P2461。前半は唐地婆訶羅訳大乗四法経0772の注釈書大乗四法経釈1535をさらに注釈したもので、後半は大乗四法経論釈開決記の部分を注釈したもの。大乗四法経釈の経名を立てた理由より始め、終わりまで詳細に解釈している。その次に大乗四法経論釈開決記の主要な文を抜出して解釈しているが文中第四の「成就者」の約三分の二を釈明したあと欠けている。この書は完全なものではないが、大乗四法経釈と大乗四法経論釈開決記の両者を掲載し、本来はこの二書が一書であったことを証明している点およびこの書が大乗四法経の末疏であり大乗四法経がかなり流布していたことを示す点において貴重な書といえよう。

【関連典籍】0772・1535・2785

（柿市里子）

2785大乗四法経論広釈開決記（だいじょうしほうきょうろんこうしゃくかいけつき）

【内容】一巻。首部を欠く。大乗四法経0772に注釈を施したもの。原本は敦煌出土写本S216。大乗四法経釈1535は大乗四法経の経題を解釈しただけであるが、本書はそのあとの経文を解釈したもので、解釈の形式も1535と同じである。したがって本来は1535と同一の書であったが何らかの理由で書名を異にし別本として流布したと考えられる。さらに本書の注釈書である大乗四法経釈抄2784には、前半は1535の文句をあげ、後半に本書の文句をあげて解釈している点からも、もとは同一の書であったことがわかる。

【関連典籍】0772・1535・2784

（柿市里子）

2786天請問経疏（てんしょうもんぎょうしょ）

【内容】一巻。原本は敦煌出土写本P2135などに基づき中華民国十四年に印刷に付されたもの。首部欠。天請問経0592の注釈書。天請問経は九問で構成されているが、その第四問答の「世尊曰」から始まり、「経曰」で経文を挙げ「述曰」で経文の注釈をしている。注釈中八熱地獄、八寒地獄、三辺地獄や火・風・水・王・賊・人・鬼の七難などを説き、「経云」「論云」として経名を出さず諸経論を援用しているが、中には阿含説、成実論の名がみえる。また、「孔老等云」で易経繋辞伝や老子四十二章の生成論を引用し、孔・老（儒教・道家）が「天地が人を生じる」と説くのは現象世界を観ているにすぎないからで、如来が「人（の心）が天地を生じる」と真理を説くのは因果を体得しているからであると儒・道二教を批判している。

【関連典籍】0592

（柿市里子）

2787四分戒本疏巻第一・第二・第三（しぶんかいほんしょかんだいいち・だいに・だいさん）

【成立】年代不明。著者については第一巻については記されておらず、第二巻と第三巻は「沙門慧述」となっている。慧なる人物については陳垣は法励門下の慧休のことで、本書はかれの聴講時の筆録と推定しているが詳細は不明である。

【内容】三巻。敦煌出土写本で、第一巻はP2064、第二巻はS2501とS13、第三巻はP2245である。まず法励の四分律疏のように三門分別し、第一挙宗摂教旨帰、第二知教旨帰、第三正釈戒経題目としてこれより随文解釈が始まる。巻第一の終りは断篇となっている。巻第二は十三僧伽婆尸沙法から始まり、三十尼薩耆波逸提法まで説かれ、巻第三は九十波逸提法から始まり、白色三衣戒六十まで説かれている。後記に、寅年十月十一日、沙門福慧勘記、比丘福漸詳閲とある。

【関連典籍】1429・1806

（河村孝照）

2788 **律戒本疏**（りつかいほんしょ）

【成立】西魏時代。著者不明。奥書に、大統七年辛酉の歳七月一日比丘曇遠が供養したとある。大統七年は西魏の時代でAD541年にあたる。

【内容】一巻。原本は敦煌出土写本（中村不折氏所蔵）。十誦戒本の注釈書。首部を欠き波羅夷法の第一婬戒の中途から存在し、したがって首題は新加したものである。次に十三僧残法、二不空法、三十事捨堕法、九十波夜提、四波羅提提舎尼、衆学法、七滅法などが説かれ注釈されている。巻末に戒経を引いて偸蘭遮罪の種類と懺悔法、十二ケ月の時と非時、犯戒罪報の軽重も添えている。犯戒罪報の軽重を説く犯戒罪報軽重経は、大正蔵経所収本は経の終りに八偈を有するが、本書所収のこの経は八偈中の前二偈があるだけで、これは僧祇律の末尾のそれと同じである。

（河村孝照）

2789 **律戒本疏**（りつかいほんしょ）

【成立】AD561。著者不明。奥書に「保定元年歳次辛巳三月丁未朔八日玄覚抄記」とある。保定とは後周武帝の年号。

【内容】一巻。四分律の注釈の断簡。首部は欠失しており、婬戒の注釈の途中から盗戒第二・殺戒第三・妄語戒第四を経て僧残罪の故漏失・摩触戒第二・麁語戒第三・讃嘆語戒第四・媒嫁戒第五・私作大房第六までで終っている。釈相において起過因縁・正制戒本・広解・通結五衆・開聴不犯の五段が各戒にあるとすることと、分科を多く出すことが本書の特色である。

（中根洋雅）

2790 **律雑抄**（りつざっしょう）

【成立】年代・著者不明。本書中の「東塔疏」とは永淳元年（AD682）に懐素の著した四分律開宗記を指すと推定されていることから、その後に成立したものであろうと考えられている。

【内容】一巻。本書は律に関する簡単な問答を記したものであり、全部で二十四の問答がある。内容は初学者向きのもので、比丘の義・羯摩の種別・戒と律と毘尼と波羅提木叉の差別・律の義・安居の種別・安居の義・自恣の種別・自恣の義・四分律1428の題名の由来・初制戒の年時・受具足戒の因縁・律の宗と体などの問いについて答えている。なお本書の題名は新加である。冒頭には「律一巻雑抄、律策一巻」とある。

（中根洋雅）

2791 **宗四分比丘随門要略行儀**（しゅうしぶんびくずいもんようりゃくぎょうぎ）

【内容】一巻あるいは二巻。敦煌出土写本。冒頭部分を欠く。四分律1428に基づいて比丘の行儀の要略を示したもの。残巻の初めに戒場に関する図があり、それより順次、結戒場法、解界法、説戒法、対首安居法、対首受七日法、等の二十一法について説明し、比丘の日常生活その他の規定を挙げる。

【関連典籍】1428

（岩井昌悟）

2792 **毘尼心**（びにしん）

【内容】一巻。敦煌出土写本。学戒法、師徒法、衆僧法、行道懺悔法、行道修善法、発道資縁法、信施檀越法、護持法蔵の八章に分かって、戒律の要項を挙げ、各章には四分律1428、十誦律1435、五分律1421等によって律蔵に関係のある重要述語を解釈した律蔵概説である。

【関連典籍】1421・1428・1435

（岩井昌悟）

2793 **三部律抄**（さんぶりっしょう）

【成立】年代・著者不明。北魏の熙平元年（AD516）の書写と推測される律抄2794の中に、本書に言及した箇所があるので、熙平元年以前、律抄に先立って成立した書といえる。

【内容】一巻。敦煌出土写本。十六品からなるが、冒頭の二品、および第三品の前半は欠落している。「三部律」とは、摩訶僧祇律1425・十誦律1435・四分律1428を指し、これら三部律を照らし合わせて、各々の相違点を会通(統一的な解釈を与えること)している。本文中、仏が制定した戒律はもともと一種類のみであったが後世に至って複数に分裂して伝承され相違点を生じてしまったもので、したがって特定の戒律のみを偏って尊重してはならない、との記述があり、ここに本書述作の意図を見て取ることができよう。

(間宮啓壬)

【関連典籍】1425・1428・1435・2794

2794 **律抄**(りっしょう)

【成立】年代・著者不明。奥書に「照平元年七月十三日」書写し終えたと記されているが、ここでいう「照平元年」が北魏の「熙平元年」(AD516)のことであるとすれば、それ以前の成立ということになる。

【内容】一巻。敦煌出土写本。戒律に関する種々の問答を記した書。冒頭部が欠落しているため首題も欠けているが、末尾に「律抄一巻」とあることにより、「律抄」を本書のタイトルとしている。本書の初めの部分では、問いに答える際の典拠を示していないが、中間部分以降は、「今五部ありて天下に流布すといえども、余の二部はいまだ見ず。且らく三部に就く」として、摩訶僧祇律1425・十誦律1435・四分律1428の三部によることを明らかにしている。

【関連典籍】1425・1428・1435

(間宮啓壬)

2795 **四部律并論要用抄**(しぶりつびょうろんようゆうしょう)

四分律及論要抄ともいう。

【内容】二巻(不分巻のものもある)。敦煌出土写本P2100と、敦煌出土写本S2050と、山本悌二郎氏所蔵の敦煌本との三本がある。首部を欠き、尾題によって首題を新加している。四部律とは十誦律・四分律・僧祇律・五分律の四部をいい、これらの中に盛られている戒律要語を対照して批評的に解釈したものである。まず初めに戒律縁起を説き、続いて受戒法第二、結界法第三、羯磨法第四、説戒法第五、安居及び受日法第六、自恣法第七、衣法第八、功徳衣第九、浄地護浄方法第十、匡究僧徒同住衆法第十一、三宝物義第十二、以上で上巻を終り、下巻は亡比丘軽重物有看病属授法第十三から始まり、続いて五篇七授持犯軽重第十四、除罪懺悔法第十五、会通諸律違負第十六、諸部威儀雑法第十七、以上で下巻が終っている。二巻本には巻末に識語があり、上巻には申年八月二十七日沙門明潤が書写したといい、下巻には丙子の年六月六日書写しおわったという。

(河村孝照)

2796 **律抄第三巻手決**(りっしょうだいさんがんしゆけつ)

【内容】一巻。原本は敦煌出土写本S3001。四分律1428行事鈔随戒釈相篇の一部の注釈書。書名の第三巻とは、行事鈔が六巻であった時代にこの部分が第三巻であったためである。内容は首部を欠いて第四大妄語戒まである。それから十三僧残の第六無主房過重戒から第十三悪性拒僧違諫戒まであり、次に三十捨堕、これは全体をあげているが、戒名のみを出して解釈を省くもの、あるいは行事鈔の文に附随せずして戒本の文の要領を出すもの、また戒名をあげず直ちに行事鈔の句を標して解釈するもの等、記述の仕方は区々である。巻末に「律抄第三巻手決一巻」と尾題を付している。

(河村孝照)

2797 **梵網経述記巻第一**(ぼんもうきょうじゅっきかんだいいち)

【内容】一巻。梵網戒本、すなわち自ら犯してはならない、他をして犯さしめてはならないと説く経の注釈であるが、初めの部分がなく十重禁戒の第一殺生戒の釈で終わっている。注釈では、十重禁戒について十門、不殺戒について八門をたてている。

【関連典籍】1484・1811・1815・2246

（山田育美）

2798 **本業瓔珞経疏**（ほんごうようらくきょうしょ）

【内容】一巻。本業瓔珞経1485の注釈書。現存するのは八品のうち、集衆品第一、賢聖名字品第二、学観品第三のみで、さらにその中でも完全に残っているのは賢聖名字品のみである。集衆品は十力（如来だけにそなわっているという十種類の知的能力）、三種住の解釈にはじまり、学観品は十三煩悩の意義を説き明かしている。それぞれの品を分け、難解な義を除き、解釈することが本の書の形態である。同経は大乗戒経として梵網経1484とともにならび称せられ、重視されるにもかかわらず、古くからの注釈書がきわめて少ないため、貴重な書である。

【関連典籍】1485

（山田育美）

2799 **十地論義疏巻第一・第二**（じゅうじろんぎしょかんだいいち・だいに）

【成立】年代は不明だがAD565年以前。著者は不明。巻第三の末尾に尾題「十地義疏巻第三」と付し、奥書に保定五年乙酉の歳に比丘智弁が法界衆生のために大乗十地義記を書写した、と法上が記している。このことから巻第三はおそくとも保定五年までには完成されていたことになる。

【内容】二巻。原本は敦煌出土写本S2741で巻第一の残簡で首部を欠くものと、P2104の巻第三の残簡で首部を欠くものとの二巻である。本書の注釈の仕方は、経に曰く、論に曰く、と十地経・十地経論の要文をあげ、その釈にあたって法華経、楞伽経、十住毘婆沙論、地持論、仁王経、華厳経、大智度論、涅槃経、優婆塞戒経、成実論、瓔珞経、律、勝鬘経、などを引用している。

（河村孝照）

2800 **広百論疏巻第一**（こうひゃくろんしょかんだいいち）

広百論鈔ともいう

【成立】唐代。著者は文軌。

【内容】一巻。原本は敦煌出土写本P2101。広百論疏十巻本のうち残存する一巻のみである。しかも広百論疏が約八種あったもののうち現存するのは本書だけであり、貴重な存在である。本書は玄奘門下の西明寺沙門文軌の著作で巻首の序の部分の首部が欠けてはいるが、序の後半以後、題号撰号も残っており、尾題も広百論疏巻第一とあるから、巻第一の解釈部分は完全な形で残っていることになる。尾題の後に神竜三年（AD707）に崇晃が書写したとある。本書は広百論第一巻を釈したもので破常品第一の大部分の釈である。解釈の仕方は論云として論の文をあげ、述曰として解釈をあげている。

【関連典籍】1570・1571

（河村孝照）

2801 **瑜伽師地論分門記**（ゆがしじろんぶんもんき）

瑜伽師地論開釈分門記、瑜伽師地論分門記、瑜伽論分門記ともいう。

【成立】唐代。著者は法成。

【内容】六巻。原本は敦煌出土写本P2035と、S2552。瑜伽師地論1579を分科したもの。第一巻には題号「瑜伽師地開釈分門記」とあり、次行に「五識身相応地等前十二地同巻」とある。この巻の初めには最勝子（ジーナプトラ）等の「瑜伽師地論釈」を分科し、次に瑜伽論全十七地中の五識身相応地より修所成地に至るまでの十二地の本文を分科している。第二巻はP2053で「瑜伽師論本地分中声聞地分門記一巻」とあり、声聞地と独覚地の分科を合せて一巻としている。第三巻はP2190と山本悌二郎氏所蔵の敦煌出土写本で「菩薩地第十五分門記巻第二」と題し、第四巻P2080と山本悌二郎氏所蔵本で「菩薩地第十五分門記巻第三」と題している。すなわち菩薩地の分門記は第一巻を欠き、第二・第三巻にて初持瑜伽処十八品を分科している。第五巻はP2093で「瑜伽師地論決択分分門記巻第二」と題し、蘊善巧差別より意地決択の究竟までを分科している。本書の成立はペリオ目録によれば「法成述」とあり、また他の箇処に「法成述談迅福慧随聴記」とあるとの報告があり、また大正蔵目録には「法成撰、智慧山記」とある。

（河村孝照）

2802 **瑜伽論手記**（ゆがろんしゅき）

【成立】年代不明。著者は「談述　福慧」また「談述　福慧随聴」などとあり、法成が談述、福慧なる門弟子が聴講し記録したという。

【内容】四巻。原本は敦煌出土写本S463。瑜伽論1579第三十一、三十二、三十三、三十四の手記。瑜伽論の本文を簡潔に解釈したもので、初めの巻は「瑜伽論第三十一手記」と題するように、瑜伽論百巻中の第三十一巻なる本地分中の第三瑜伽処を説き、次の巻は瑜伽論第三十二巻の第三瑜伽処を説き、その次の巻は瑜伽論第三十三巻の第四瑜伽処の一を説き、最後の巻は瑜伽論第三十四巻の第四瑜伽処の二を説明している。

（河村孝照）

2803 **地持義記巻第四**（じじぎきかんだいし）

【内容】一巻。原本は敦煌出土写本P2141。菩薩地持経1581を注釈したもの。本書「巻第四」の首部が欠けていて首題をあらたに加えたもので、現存のところは菩薩地持経巻第七（大正蔵三〇・九二九ページ下）の「云何菩薩四無礙慧」の所から始まり、巻第八法方便処菩薩相品第一（大正蔵三〇・九三六ページ中）の終りの項までに至っている。著者は不明であるが、解釈は精密にしてかつ的確であるという学者の評がある。

（河村孝照）

2804 **唯識三十論要釈**（ゆいしきさんじゅうろんようしゃく）

【内容】一巻。原本は敦煌出土写本S396。首部を欠くが論釈文はほとんど残っている。尾題に「唯識三十論要釈」とあるところから首題を新加している。成唯識論1585十巻を要約し、あらたに三十頌を中心に注解したもので、初めに所宗を明かすにおいて、まず所宗をいい、次に帰する所を明かし、つぎは所立を釈し、次に論文に入っている。唯識三十頌および成唯識論の要文をとり出し、要約注解している。

【関連典籍】1585・1586

（河村孝照）

2805 **摂大乗論疏巻第五・巻第七**（しょうだいじょうろんしょかんだいご・かんだいなな）

摂大乗論義記ともいう。

【内容】二巻。原書は二巻とも首部を欠き首題を新加したものである。また二巻とも敦煌出土写本S274。内容は巻五と巻七で、巻五は真諦訳摂大乗論釈1595全十五巻の中、巻第三中第三釈引証品の第五出世間浄章から始まり、第四釈差別品の終り相貌章に至っている。巻七は、すなわち摂大乗論釈の巻七・巻八のほとんど、すなわち摂大乗論釈十品中、第三釈応知入勝相品の第二能入人章の後半から第十二智差別章の末尾近くまでを釈している。二巻ともに文中に「論本云」とあるのは摂大乗論の本論で、「釈論曰」とはその論釈、摂大乗論釈のことである。本書は学者の指摘によれば、摂論家の述作であるというが、著者不明である。

【関連典籍】1595

（河村孝照）

2806 **摂大乗論抄**（しょうだいじょうろんしょう）

【内容】一巻。原本は敦煌出土写本と称せられるが、その所在は明らかでない。首部末尾を欠き、著者不明で首題は新加のものである。本書は真諦訳摂大乗論釈1595巻第一第二にあたる部分の注釈書であるが首部を欠いて天親（ヴァスバンドゥ）が無著（アサンガ）の摂大乗論釈論1596を造って本文を解釈し二乗を破して一乗に帰せしめたところから始まる。そして第二次に蔵摂の分斉を明かし、第三次に教の所詮の宗旨を明かし、第四次は釈論の題目を明かし、それから要文解釈となる。ここでは釈論の要文を要句となしてとりあげて解釈し、「三宝不同、三種有り」から始まり、論釈巻第二熏習章第五のところまでの「三熏習の義、名、体」と「依他の体類及び義、名、体」までの説明で以下欠本となっている。一種の辞書的役割をもつ書である。

【関連典籍】1595

（河村孝照）

2807 **摂大乗論章巻第一**（しょうだいじょうろんしょうかんだいいち）

【内容】一巻。原本は敦煌出土写本S2435。首部と末尾を欠く。初めに十種勝相の釈名、第二弁体、第三に次第、第五に大小乗分別、第六に理行分別、第七に因果分別、第八に学法学行分別、第九に対地持十法分別が説かれ、つぎに「摂大乗論三識義第二　出第一依止勝相衆名章」として以下に三識について釈す。初めに名義を釈し、二に弁体、三に真妄分別、四に解惑分別、五に心意識分別、六に善悪無記分別、七に三性分別、八に摂四識、九に摂八九二識、十に摂十一識、十一に大小乗分別が説かれ、つぎ第三に四惑義が説かれ、続いて第四に熏習義が説かれるが、これが中途、すなわち第三の熏習差別までで以下は欠本となっている。これら論文の出処を本書は第二の三識義は依止勝相衆名章、第三の四惑義は依止勝相衆名品の衆名章にありといい、また第四の熏習義は初勝相品の第二相品の弁ずる所といっている。このことは本書が真諦訳の摂大乗論釈1595によって解釈していることがわかる。学者の指摘によれば本書は真諦以後、玄奘以前の時代に摂論宗の学僧によって造られたものであろうといわれている。

（河村孝照）

2808 **摂論章巻第一**（しょうろんしょうかんだいいち）

【内容】一巻。原本は敦煌出土写本S2048。首部を欠くが尾題に「摂論章第一」とあり、これが首題に新加された。真諦訳の摂大乗論釈1595の最初の部分から重要項目を選びだして解釈したもので、三宝義、二障義、不住道義、三蔵義、篇聚義の各項目のもとでそれぞれ諸種の経律論を引いて細釈している。三宝義のもとでは、雑阿毘曇心論、成実論、究竟一乗宝性論、摂大乗論、大智度論、婆沙論、十地論、勝鬘経、善生経、華厳経などが引かれ、二障義のもとでは摂大乗論、成実論、倶舎論、楞伽経、起信論、勝鬘経、維摩経などを引き、三蔵義のもとでは、摂大乗論、雑心論、入大乗論、相続解脱経、遺教経、浄名経、婆沙論、維摩経、毘婆沙論、深密解脱経、大集経、普曜経、阿育王伝、五分律、分別功徳経などによって解釈し、篇聚のもとでは、善見論、薩婆多毘婆沙、成実論、雑心論、摂大乗論、地持論、維摩経などを引いて五篇七聚を解釈している。巻末に、瓜州崇教寺沙弥善蔵が仁寿元年（AD601）に京の弁才寺にあって書写したと記している。

（河村孝照）

2809 **摂大乗義章巻第四**（しょうだいじょうぎしょうかんだいし）

【内容】一巻。原本は大屋徳蔵氏所蔵の敦煌出土写本。巻首、巻末に「摂大乗義章巻第四」とある。断結義を七門に分別して釈し、つづいて三性義を七門に分別して釈している。著者は薩婆多宗、成実論1646、摂大乗論1593をそれぞれ骨子として解釈し、雑心論、大荘厳論、仏性論、地持論、無相論、智度論、中辺論、宗性論、般若論、起信論、涅槃経、楞伽経等を引用し、中でも断結義の第七門治断位地を釈するにあたって、真諦訳の摂大乗論釈1595の説および問答を文中に出していることは本書の特徴である。

（河村孝照）

2810 **大乗百法明門論開宗義記**（だいじょうひゃっぽうみょうもんろんかいしゅうぎき）

【成立】唐の大暦九年（AD774）。著者は曇曠*。
【内容】一巻。原本は敦煌出土写本S2180で、これにS1923（甲本）・S2651（乙本）・P2161（丙本）を参照している。大乗百法明門論1614を注釈したもの。第一明所引・第二顕所縁・第三彰所宗・第四弁所帰・第五解所立の五門によって解釈する。本書における曇曠の思想は、多くの点で慈恩大師基に一致するところがあるが、基が無性摂論によって八識体一を採るのに対して曇曠は世親摂論により六識体一とする、阿頼耶識の能蔵・所蔵について、基は七転現行を能蔵、所熏の種子を所蔵と考えるのに対し曇曠は種子を能蔵、七識現行を所蔵とする、基は阿頼耶識が能蔵・所蔵・執蔵の三義を具すとするが曇曠は阿頼耶識の名はこの内執蔵によるとする、などの特徴が認められることから、西明学派すなわち円測一派の流れを汲むものと考えられている。
【関連典籍】1614・2811・2812
【後世への影響】円測系唯識の流れを汲む曇曠教学は敦煌に伝えられたが、このことは後に法成が円測の解深密経疏をチベット訳するという大事業を完成し、さらにツォンカパが唯識学の面でこれを参照する結果となったことなどと合わせて、慈恩系教学の流伝の仕方と顕著な違いであるとされる。
【参考文献】結城令聞「曇曠の唯識思想と唐代の唯識諸派との関係—敦煌出土『大乗百法明門論開宗義記』に現れたる—」『宗教研究』新八の一、一九三一年。上山大峻『敦煌仏教の研究』法蔵館、一九九〇年。
（橘川智昭）

2811 **大乗百法明門論開宗義記序釈**（だいじょうひゃっぽうみょうもんろんかいしゅうぎきじょしゃく）
【成立】唐の建中二年（AD781）頃。著者は曇曠*。
【内容】一巻。大乗百法明門論開宗義記2810の序文を著者の曇曠が解釈したものである。
【関連典籍】1614・2810・2812
（橘川智昭）

2812 **大乗百法明門論開宗義決**（だいじょうひゃっぽうみょうもんろんかいしゅうぎけつ）
【成立】唐の大暦九年（AD774）。著者は曇曠*。
【内容】一巻。原本は敦煌出土写本P2077で、これにS2720（甲本）・S2732（乙本）・P2576（丙本）を参照している。大乗百法明門論開宗義記2810中の難解な文句を選び著者の曇曠が解釈したものである。
【関連典籍】1614・2810・2811
（橘川智昭）

2813 **大乗起信論略述**（だいじょうきしんろんりゃくじゅつ）
【成立】唐代。著者は曇曠*。
【内容】二巻。原本は敦煌出土写本。大乗起信論1666の注釈書。曇曠には大乗起信論の注釈書が本書と広釈2314の二本ある。先に広釈を著したが、後に初学者のために広釈の内容を分かりやすく略して述べたものと考えられる。
【関連典籍】1666
【参考文献】上山大峻『敦煌仏教の研究』法蔵館、一九九〇年。
（佐藤　厚）

2814 **大乗起信論広釈第三、四、五**（だいじょうきしんろんこうしゃくだいさん、し、ご）
【成立】唐代。著者は曇曠*。
【内容】三巻。原本は敦煌出土写本。大乗起信論1666に対する注釈書。本来五巻からなるものであるが、現存のものは巻一と巻二とを欠く。曇曠の著作の中で最も大部であるのみならず、古今の大乗起信論の注釈の中でも最も大きく詳細なものである。内容面での特色は実叉難陀訳の大乗起信論1667との綿密な対比を行っていることである。また、法蔵の大乗起信論義記1846を参考にしているが、細かい部分では独自の見解を示している。
【関連典籍】1666・1667・1846
【参考文献】上山大峻『敦煌仏教の研究』法

蔵館、一九九〇年。

（佐藤　厚）

2815 **起信論註**（きしんろんちゅう）

【成立】唐代。著者は曇曠＊と思われるが不明。

【内容】一巻。原本は敦煌出土写本。大乗起信論1666の注釈の断片。正式な題名や著者に関しては不明のために詳細を知ることはできないが、曇曠の起信論略述2813の要文を挙げてこれに注釈を行っていることから、曇曠との関連を指摘する見解もある。矢吹慶輝氏は、これを曇曠の補注と見、「起信論略述補註」の擬題を与えている。

【関連典籍】1666

【参考文献】矢吹慶輝『鳴沙余韻解説篇』臨川書店、一九八〇年。

（佐藤　厚）

2816 **因縁心釈論開決記**（いんねんしんしゃくろんかいけっき）

【成立】唐代と思われる。竜樹（ナーガールジュナ）の著した因縁心論頌1654の注釈書である因縁心論釈（別名因縁心釈論）に対する疏釈で、著者は不明。

【内容】一巻。開決記とは末疏の意味。原本は敦煌出土写本S269で尾部が欠けている。他にP2277があり、原本の欠落部分を補うことができる。序説の本論のところでは心釈論の正当性を述べて小乗大乗に通じ大乗三宗（一勝義皆空、二応理円実、三法性円融）の内、勝義皆空を重んじている。引用経典はきわめて少ないが、瑜伽・阿毘達摩・十地論などの名がみえる。敦煌地方で相当流行したといわれるものである。

【関連典籍】1654

（柿市里子）

2817 **大乗経纂要義**（だいじょうきょうさんようぎ）

【成立】AD781〜848頃。著者は不明。

【内容】一巻。七字二十句の偈頌より始まり、三宝（仏・法・僧）と三身（法身・報身・応身）を尊信して、十悪を断ち十善を修めることを説いている。原本は敦煌出土写本P2298に基づきS62で補ったもの。タイトルはS62の巻末に大乗経纂要義一巻とあるのに拠って付けられている。S62の奥書には、壬寅（AD822?）六月に大蕃国（吐蕃）の賛普が敦煌を支配下におき、十善経本という書を流布させ民衆に読誦させていたが、その書に添付されていたのが大乗経纂要義であると記されている。したがって、吐蕃の支配下はほぼAD781前後からAD848前後であるからその頃には成立していたと考えられる。

（柿市里子）

2818 **大乗二十二問本**（だいじょうにじゅうにもんほん）

【成立】唐代と思われる。著者は不明。

【内容】一巻。原本は敦煌出土写本S2674で首部が欠けているため、タイトルは尾題によって付けられている。大乗小乗の教義に関することを問答形式を用いて述べたもの。第一問の前のところは欠けているが第二問以下第二十二問までは整っている。不退・三業・五濁・三身・六度・発心・三乗・十地・涅槃等について説いている。各問答毎に謹対の二字がある。識語に丁卯三月九日比丘法灯書すとあり書写年代が記されているが、丁卯とは何時（後梁AD907?）なのか不明である。また仏滅後部派仏教興起の由来を述べている。

（柿市里子）

2819 **諸経要抄**（しょきょうようしょう）

【内容】一巻。原本は大谷大学所蔵の敦煌出土写本であるが、首部・尾部ともに欠けた残巻である。タイトルは内容に即して後に付けられたもの。仏蔵経念仏品、般若波羅蜜多心経、金剛経、維摩経、法華経、入仏境界経、楞伽経、法句経、金剛三昧経など諸経の要点を書写し、ところどころに二行の割注を施してある。いつ誰がなんのために書したものなのかは不明。

（柿市里子）

2820 **菩薩蔵修道衆経抄巻第十二**（ぼさつぞうし

ゆうどうしゅうきょうしょうかんだいじゅうに）

【内容】一巻。菩薩修道のための方針を示したもの。原本は大谷大学所蔵の敦煌出土写本（余乙四三）で、首部が欠けており、第十二巻のみの残巻。首部は欠けているが劉宋の求那跋陀羅訳相続解脱地波羅蜜了義経0678（大正蔵十六巻七一五頁下段二三行以下）の途中より始まり、大般涅槃経巻第二十二、華厳経、大集経巻第十六、大品経巻第三、集一切福徳経巻第二、十波羅蜜法門、宝雲経巻第一、華厳経、相続解脱経一巻を抜き書きしたものである。注は付されていない。

【関連典籍】0678

（柿市里子）

2821 **諸経要略文**（しょきょうようりゃくもん）

【内容】一巻。原本は敦煌出土写本S779で、首部尾部ともに欠けている。タイトルは内容に即して後に付けられたもの。まず設斎のときに俗人はみだりに三宝への供物（仏盤、僧盤）を食べてはならないと説き、婆須蜜経、罪福決定経、大荘厳論などを類集している。全巻の引用中、善見律、賢愚経、大集経、菩薩戒経、竜樹論などを引いているが、その中に五明論、大順経、華報経、天畔経などの経典名がみえる。この罪福決定2868（一名決定罪福経）とともに最後の三経は偽経である。

【関連典籍】2868

（柿市里子）

2822 **大乗要語**（だいじょうようご）

【内容】一巻。禅家語録の一種で、八識説を用いて菩薩仏性を説いている。心性修養をする上で役立たせようとしたものと考えられる。二行の割注が付されている。最後の「身是菩薩樹、心是明鏡台、時時払力下」の偈文は六祖壇経（明蔵本）に収められている神秀の偈文の異文といわれる。いつ誰が撰したものかわからないが、北宗系（教禅併行）のある派に属するものの作ともいわれている。文中にみられる「同刑」「覚力」の文字は同形、角力で音通仮借字であり、敦煌写本ではしばしばこのような通用字や偏旁の混用字（例えばさんずいときへん、てへんとぎょうにんべんなど）が用いられる。原本は敦煌出土写本S985の裏文書である。

【関連典籍】2823

（柿市里子）

2823 **大乗入道次第開決**（だいじょうにゅうどうしだいかいけつ）

【成立】唐代。著者は曇曠*。

【内容】一巻。法相宗第三祖の樸陽大師智周が著した大乗入道次第1864一巻の注釈書。所収本は敦煌出土写本S2463に基づきP2202によって補ったものである。尾部に欠落あり。唐代の唯識学説は現在のところ智周の学説まででその研究はなされていない。その理由は、智周以後唯識学は日本に流入して発展した点もあるが、第一に智周以後唯識学に関する文献も現存しないからである。したがって本書は智周以後の唯識研究の文献となりえるため、きわめて重要なものといえるのである。本書は中国および日本において滅亡していたもので敦煌写本により初めて学界に紹介された。ちなみに大乗入道次第一巻の十分の八が記載されている。

【関連典籍】1864

（柿市里子）

2824 **天台分門図**（てんだいぶんもんず）

【成立】唐代。著者は不明。

【内容】一巻。原本は敦煌出土写本P2131の残巻本である。天台の教義を分門した表図で唐代の学者の備忘録であろうといわれている。

（柿市里子）

2825 **真言要決巻第一・第三**（しんごんようけつかんだいいち・だいさん）

【内容】二巻。仏教精神の真髄を、諸経典の要言を摘採して説いたもの。文中に老子・荘子（道家）や、礼記・論語（儒家）等の言葉を用いて、当時仏教に向けられていた疑惑や非難に答えている。著者は不明であるが風刺やユーモアをまじえた著者独特の仏教要義集とみることができる。所収本は、巻第一が石山寺所蔵の写本で、巻第三が敦煌出土写本P2044に基づきS2695で補い改めたものである。巻第一は首部を欠いており、タイトルは尾題により付けられている。巻第三のP2044は首部を欠いてはいるが「真言要決巻第三」の文字は判読できる。本書の一部は奈良朝現在一切経疏目録二七七二にその名がみえるので、かつて日本に伝来していたようである。

（柿市里子）

2826 **略諸経論念仏法門往生浄土集巻上**（りゃくしょきょうろんねんぶつほうもんおうじょうじょうどしゅうかんじょう）

往生浄土集、浄土慈悲集、慈悲集、慈愍集ともいう。

【成立】唐代（十一世紀中期）。著者は慧日。

【内容】一巻。全三巻のうち上巻のみが残る。慈愍三蔵の浄土往生思想を説いたもの。禅宗特に慧能一派の主張、つまり念仏誦経して浄土に生ずることを求め、六度の行を修め、写経し、仏像を造り、塔廟を建立して恭しく礼拝し、父母に孝養し、師長に奉事するなどの行業は生死の因であり解脱の因縁ではないとする彼らの主張を一つ一つ挙げては華厳経・法華経・大無量寿経・観無量寿仏経・阿弥陀経・涅槃経・維摩経など多くの経文を証として聖なる教えに背くことだと論破している。さらに本書は宋の哲宗の時、霊芝の元照によって流通されたが、慧能ら禅宗の全盛時であったため四明大梅山法英師が慈愍三蔵の著作ではなく元照の偽作だとして紹聖四年（AD1079）に官命によって絶版し流通を禁ぜられた。所収本は朝鮮桐花寺所蔵の刊本に基づき大屋徳城氏著鮮支巡礼行之内により補い改めたものとされる。日本でも、『東域伝灯目録』に「慈愍三蔵浄土慈悲集三巻」と記載されているので古くから伝来されていたようである。

【参考文献】小野玄妙「慈愍三蔵の浄土教」（現代仏教第一七号以下）

（柿市里子）

2827 **浄土五会念仏誦経観行儀巻中・下**（じょうどごえねんぶつじゅきょうかんぎょうぎかんちゅうげ）

五会法事讃・浄土五会念仏誦経観行儀広法事讃ともいう。

【成立】唐代。著者は法照。

【内容】二巻。五会念仏の行儀作法について述べたもの。原本は敦煌出土写本で中巻はP2066、下巻はP2250に基づきP2963によって補い改めている。上巻は欠落。本経は五会法事讃1983が略法事讃であるのにたいして、行儀作法を十門に分けて詳述するなど広法事讃のことをいう。中巻は羅什訳の阿弥陀経0366の経文を掲げて法事を行うものは必ず誦すべきといい五会念仏の利益を述べ、下巻は五会念仏に唱和すべき讃文二九種を示している。下巻の巻末に、乾祐四年（AD951）に書写されたと記されている。

【関連典籍】1983

（柿市里子）

2828 **大乗浄土讃**（だいじょうじょうどさん）

【内容】一巻。浄土を礼賛する一方で、禅思想の内容も有しており、五字八十句の韻文からなる。原本は敦煌出土写本S382。タイトルは首題による。同じタイトルの写本がP2483の他に、七点ある。おそらく敦煌地域で盛んに流布されていたのであろう。浄土を讃える韻文は敦煌文書に多く、この地域の特徴であるといわれている。これは中国仏教特有の禅と浄土思想を融合一致させようとした作品の一つである。

（柿市里子）

2829 **持斎念仏懺悔礼文**（じさいねんぶつさんげらいもん）

【書写】南北朝時代。著者は不明。

【内容】一巻。浄土往生思想を趣旨とした礼拝文。原本は敦煌出土写本S2443で首部、尾部ともに欠けている。したがってタイトルは内容に即して後に付けられたもの（仮題）である。初めに懺悔滅罪の日月を記し、次に持斎の日を挙げ、日光菩薩の陀羅尼、十一面観世音の呪文を出し、終わりに西方阿弥陀仏に関しての往生安楽国のことが記されている。（柿市里子）

2830A **道安法師念仏讃**（どうあんほっしねんぶつさん）

【内容】一巻。七言五十六句の諸行念仏往生を内容とした讃歎文。所収本は敦煌出土写本S2985に基づきP3190（欄外にいう別本のこと）によって補い改めてある。Bに相当する部分はP3190にはない。タイトルは首題に拠っている。選者の道安については、かの有名な晋の道安に仮託したとか、あるいは敦煌の道安であるなど諸説あって断定しがたい。しかし浄土念仏を讃える韻文が敦煌写本に多く存在しており、敦煌地域で盛んに流布されたものの一つであることは間違いない。

【関連典籍】2830B　（柿市里子）

2830B **道安法師念仏讃文**（どうあんほっしねんぶつさんもん）

【内容】一巻。原本は敦煌出土写本S2985で、Aの韻文の記述に後続する。P3190にはここに相当する文はない。したがってタイトルも後に付け加えられたもの。七言二七句の浄土念仏を讃えた韻文。

【関連典籍】2830A　（柿市里子）

2831 **無心論**（むしんろん）

【内容】一巻。原本は敦煌出土写本S296。首題の下に釈菩提達摩製とあるが達摩の名に仮託した未伝禅籍の一つ。全部で十一の問答によって「無心」を説いているが、格義の筆法にならって中国固有の術語「太上」（道教では最上の意を示す）を用いて如来を解釈しており、明らかに偽作であるとされている。その他随所に老子や道教の言葉がみられ、また頓悟説を述べている。敦煌本の達磨禅師観門2832とともに唐以後達磨に仮託したさまざまな遺文があるがこの書もその一つ。

【関連典籍】2832　（柿市里子）

2832 **南天竺国菩提達摩禅師観門**（なんてんじくこくぼだいだるまぜんじかんもん）

【成立】唐代以後。著者は不明。

【内容】一巻。原本は敦煌出土写本S2583。達摩の名が首題に冠せられているが、2831と同様、達摩にことよせた禅籍である。問答形式により「禅定」「禅観」「禅観門」を説いたもの。

【関連典籍】2831　（柿市里子）

2833 **観心論**（かんじんろん）

【成立】八世紀頃。著者は神秀（しんしゅう）。

【内容】一巻。原本は敦煌出土写本S295。首部が欠け、タイトルは奥題に拠る。智顗（ちぎ）の著観心論とは別の、一般には達摩大師説観心論といわれているもの。禅と浄土念仏との関係をのべており、無相念仏を観心の極致としている。神尾弌春氏によると、達磨の時代は浄土念仏が盛んではなかったことを傍証に挙げ、慧琳（えりん）の一切経音義2128の記載を根拠にして著者は北宗禅の始祖神秀であるとしている。

【関連典籍】2128・2832・2837　（柿市里子）

2834 **大乗無生方便門**（だいじょうむしょうほうべんもん）

【内容】一巻。問答形式によって禅家の頓悟思想を説いたもの。原本は敦煌出土写本S2503で、尾部が欠けている。第一総じて仏体を彰わすこと、第二智慧門を開くこと、第三不思議法を顕示すること、第四諸法の正性を明らかにすること、第五自然無礙解脱道の五つに分類して説いている。ただし本書は第三不思議法を顕示することの途中で欠落している。引用経典として金剛経、遺教経、維摩詰経等を用いているが、いつ誰が著したものなのかは不明である。（柿市里子）

2835 **大乗開心顕性頓悟真宗論**（だいじょうかいしんけんしょうとんごしんしゅうろん）

【成立】唐代。著者は慧光。

【内容】一巻。禅家の頓悟思想を説いたものであるが、古逸不伝の唐代の禅籍の一つといわれる。原本は敦煌出土写本 P2162。タイトルは首題による。尾題には大乗開心解脱論とある。全部で六十有余の問答形式によって、心性の顕現頓悟すべき道を説いている。著者の慧光は菩提を求めて安闍梨に師事し、この二人の禅師の法こそ真理であるとして、伝え遺したものである。

（柿市里子）

2836 **大乗北宗論**（だいじょうほくそうろん）

【内容】一巻。禅家北宗系の大乗、唐代北禅の流れをくむ禅家が著した『大乗心』に対する教えを詩句の形式である偈頌を用いて説いたもの。原本について欄外注には敦煌出土写本の番号は示されていないが S2581 である。大乗心の偈頌が七字と五字を一句として二十、次に重ねて偈をいう「憂は心に従いて憂、楽は心に従いて楽、もし心に妄たらば何ぞ憂、楽たるべけん」とあり、生死と涅槃に対する教えを八字あるいは七字二十六句の偈文で説き、最後に「大乗有十也（大乗心に関する数十行の偈頌の意）」で結んでいる。

（柿市里子）

2837 **楞伽師資記**（りょうがしじき）

【成立】唐の開元年間。著者は浄覚。

【内容】一巻。禅家の師資相承に関する所伝。所収本は敦煌出土写本 S2054 に基づき、中華民国二十年の刊本によって補い改めたもの。唐代開元年間ころの特に楞伽を中心とした禅家の一派の所伝で、一般に流布されている所伝とは異なり、多くの異文を伝えている点できわめて貴重なものである。中国第一の祖を四巻楞伽0670の訳者求那跋陀羅とし、第二祖を魏の三蔵法師菩提達磨、第三の祖を斉の鄴中沙門恵可、第四祖を隋の舒州思空山粲禅師、第五祖を唐の蘄州双峯山道信禅師、第六祖を唐の蘄州双峯山幽居寺大師弘忍、第七祖を唐の荊州玉泉寺大師神秀、安州寿山寺大師玄賾、洛州嵩山会善寺大師の三名、第八祖を唐洛州嵩高山普寂禅師、嵩山敬賢禅師、長安蘭山義福禅師、藍田玉山恵福禅師の四禅師として挙げている。弘忍（第六祖）と神秀（第七祖）の伝は玄賾（第七祖）著「楞伽人法志」を引用している。著者は玄賾門下の一人であり玄賾（第七祖）著「楞伽人法志」を継承し当時の異説に対して楞伽を中心とした教えを受け伝えようとしたものである。

（柿市里子）

【関連典籍】2838

2838 **伝法宝記并序**（でんぽうほうきならびにじょ）

【成立】唐の開元以前。著者は杜朏。

【内容】一巻。禅家の師資について、当時のさまざまな説に対して異を称え、正当性を述べ明らかにしたもの。原本は敦煌出土写本 P2634 で、尾部が欠けている。起信論、廬山遠上人禅経序、四巻楞伽、などの文を引き、達磨、恵可、弘忍、法如、大通（神秀）等の禅家の帰資相承を示しているが弘忍と大通のあいだに法如を入れ慧能に言及していない。これは北宗系の一流派の所伝と考えられる。法如は楞伽資師記2837に弘忍の「善道を伝える者」の十人のなかの第七として潞州法如、韶州恵能を第八に列ねている他「暦法宝記」宗密の「円覚経大疏鈔」にその名がみえるが伝記はない。本書は潞州法如と玉泉神とに関係ある一派がその正統性を主張したものであり、敦煌出土本における中国古禅史を研究するための好資料といわれる。

（柿市里子）

【関連典籍】2837

2839 **讃禅門詩**（さんぜんもんし）

【成立】唐～宋代。著者は明慧。

【内容】一巻。禅宗の教えを説き、その教えを讃える詩が付いたもの。原本は敦煌出土写本 S2503 であるが、首部が欠けており、どんな首題が付いていたのか分らない。讃禅門詩は尾部にある題によって付けられている。内容は門答形式による三覚（自覚、覚他、覚満）等を記し、「仏是何？」の答えとして迷いを断ち、感情を静め、心を明らかにして、真実な理法を体得することを説いている。所々術語に二行の割注がある。末尾に「讃禅門詩一首」として七言四句の詩が添えられている。すなわち全体が韻文によって構成されているのではなく、禅宗の解脱門などの教えがその主たる内容であり、讃禅門詩はそれに添えられているにすぎない。「丁卯年二月二十三日沙弥明慧記す」の識語があるが丁卯年とはいつなのか詳しいところは分らないが、おそらく吐蕃支配からその前後ではないかと考えられる。

（柿市里子）

2840 **三界図**（さんかいず）

【内容】一巻。無色界、色界、欲界における、見、修の両道で断ずる煩悩九十八を図で示したもの。原本は敦煌出土写本S2313で、三界図というタイトルは後に付けられたもの。いつ誰が何のために書写したのか詳細は不明。

（柿市里子）

2841 **大仏略懺**（だいぶつりゃくさん）

【内容】一巻。法式に用いられた懺悔文の一つ。帰敬三宝に始まり、慚愧、恐怖、厭離、発菩提心、怨親平等、念報仏恩、観罪性空の七種心によって、煩悩と業と果報の三障消滅を述べている。原本は敦煌出土写本S345で後部が欠けた断巻である。

（柿市里子）

2842 **印沙仏文**（いんしゃぶつぶん）

【成立】唐〜宋代。著者は不明。

【内容】一巻。原本は敦煌出土写本S663。回向文宣疏二篇。前半部にある一篇は無題、後半部にある一篇にこのタイトルが付されている。前篇は、府主すなわち河西地域の藩鎮主が施主となり、水陸無遮大会（水陸のいきものをあまねく供養し布施する大会）を行ったときの解説文で、文中清涼山文殊と観音との信仰が表わされている。後篇は、敦煌の石窟で尊像慶讃の際に読まれていた水陸福会の解説文である。

（柿市里子）

2843 **大悲啓請**（だいひけいしょう）

【成立】唐末より宋以前。著者は比丘恵鑾。

【内容】一巻。千手千眼観音を礼讃し臨場を請う文。原本は敦煌出土写本S2566（大正蔵本の欄外注にS2560とあるのは誤り）。最初に七言三十六句、五言十二句の偈頌（韻文）を挙げ、次に大悲心陀羅尼神妙章句七十九を列記し、最後に五字四句の回向文で結んでいる。しかし、原本のS2566にはこの後ろに「仏頂尊勝加句霊験陀羅尼啓請」などの啓請文が記されていて、巻末の識語には比丘恵鑾が戊寅歳一月一七日沙州三界寺観音内院において書写したとある。戊寅の年がいつか判断しにくいが、唐末より宋初であろうとする矢吹慶輝氏の説に従う。

（柿市里子）

2844 **文殊師利菩薩無相十礼**（もんじゅしりぼさつむそうじゅうらい）

【内容】一巻。原本は敦煌出土写本P2212で、尾部が欠けている。文殊師利菩薩の十相（十のありよう）を示した後、この十相はすべて等しく敬礼し、敬礼なく敬礼せざるなく、一たび敬礼すれば遍く識を含み、同じく実相体に帰着すと記し、至誠真実の心をもって自己の罪業を懺悔して、法身如来を心より願い、随喜し回向すれば、慈悲と智慧が現実のものとなると説く。以下三帰文や晨朝、日中などの無常偈を列ねて、日没無常偈の途中で欠落している。

（柿市里子）

2845 **押座文類**（おうざもんるい）

【内容】一巻。原本は敦煌出土写本S2440。維摩経押座文二点と三身押座文・八相（大正蔵本「八指」に作るは誤り）押座文・温室経講唱押座文各一点の計四点が収められている。押座文とは開経まえの吟唱文で、聴衆を鎮圧し静聴させるためのものといわれる。その押座文の内容のほとんどは仏や経典を讃えるものである。

2846 **祈願文**（きがんもん）

【成立】後唐の長興二年（AD931）。著者は不明。

【内容】一巻。原本は敦煌出土写本S1181で、首題は内容より推察して後に付けられたもの。首部・尾部のみならず中間部も所々欠けているが、書写年代が記されており、唐末五代の地方の情勢を伺い知る資料である。後唐の明宗時長興二年十二月二十六日に結壇五日間に渉り、毎壇に七人の供僧を置き、散食燃灯し夜を徹して仏名を唱え転経し、安民静塞を祈ると共に河西義帰軍の節度使が当時の王朝後唐と親密であることを祈り、併せて公主の家族の息災を祈ったものである。願主および誦経の名は記されていない。

【関連典籍】2847

（柿市里子）

2847 **祈願文**（きがんもん）

【内容】一巻。原本は敦煌出土写本S1181で、首部を欠いている。河西節度使の安穏を祈り、また河西の都僧統の仏法護持の堅固を祈り、また征戦の災害なきことを祈って、摩訶般若の利楽無辺を嘆じた文章。したがって本書は2846と同様祈願文であり、また記された時期も同じであろうと推測される。敦煌地方がしばしば吐蕃に占領されたがその戦いの最中に記されたもの。敦煌文献のなかには祈願文や回向文が多く遺されているが、それらは当時の生活状況がなまなましく語られた資料として経済史や民俗学などに提供している。

【関連典籍】2846

（柿市里子）

2848 **回向文**（えこうもん）

【成立】唐代。著者は不明。

【内容】一巻。原本は敦煌出土写本S1164で、首部が欠けている。首題は後に付け加えられたもの。大唐聖主、皇太子、六和尚、都僧統和尚、尚書貴体、大夫、安姚二侍御、尚書妓子、釈門教授、釈門法律、都督公、都部落使、尊宿大徳、卿官父杖、諸父杖、李和尚に対して、各々適当な美辞麗句を使い追念回向の志を述べている。当時の法式や寺のあり様を伝える資料の一つ。最初に「当今大唐聖主」とあるところから、記された年代は唐代とされる。

（柿市里子）

2849 **大乗四斎日**（だいじょうしさいにち）

【内容】一巻。原本は敦煌出土写本S2567。民間信仰としての功徳を行う日を記録したもので、四斎日・六斎日・年三長斎日・十斎日を挙げ、十斎日については特に持斎の功徳を列挙している。日本の縁日もこれらの斎日に起源をなすと考えられている。

【関連典籍】2850

（柿市里子）

2850 **地蔵菩薩十斎日**（じぞうぼさつじっさいにち）

【内容】一巻。敦煌出土写本S2568。在家の人が一定の日すなわち一日、八日、十四日、十五日、十八日、二十三日、二十四日、二十八日、二十九日、三十日の十斎日に心身を清浄にして八種の戒めを守り善事を行うと各々の日にどんな功徳があるかを列挙したもの。音通仮借字を除き大乗四斎日2849と同文である。民間信仰研究の一資料となる文献。

【関連典籍】2849

（柿市里子）

2851 **和菩薩戒文**（わぼさつかいもん）

【成立】唐末（AD877頃）。著者は不明。

【内容】一巻。原本は敦煌出土写本S1073。涼心という人物が戒師に願って梵網経の菩薩十重禁戒の説相を解説してもらったもので、受戒羯磨の作法文として敦煌の報恩等で用いられた。不殺生戒、不偸盗戒、不邪婬戒、不妄語戒、不估酒蔵、不多瞋戒、不謗三宝の十戒を説いている。その説相等は経中に蓮華蔵すなわち大乗菩薩円頓戒に倣うが、言辞に俚俗多くその報相には堕地獄のことを記している。

（柿市里子）

2852 **入布薩堂説偈文**（にゅうふさつどうせつげもん）
【内容】一巻。原本は敦煌出土写本S2580、偈文（七言四句）の断篇である。首題は最初の偈文の題を採っている。半月ごとに出家在家両僧を集めて戒経を説く布薩式に関する諸偈文すなわち入布薩堂説偈文、受水偈文、浴湯説偈文、受香等説偈文、唱行香説偈文、受籌（ちゅう）説偈文、還籌偈文、清浄妙偈文、布薩竟偈文の九偈を集録したもの。2853およびS5660の菩薩唱道文等を併せて検討すると敦煌の諸寺においていかに説戒布薩が重要な行事であったかがわかる。またそれらは敦煌の浄土教史の一資料ともいわれる。
【関連典籍】2853
（柿市里子）

2853 **布薩文等**（ふさつぶんとう）
【内容】一巻。原本は敦煌出土写本S2146で、首部が欠けている。首題は後に付けられたもの。布薩文（布薩式に用いる文）・城行文（二月八日釈迦の誕生日に仏像を車に載せて街なかを巡行する行事に用いる文）・行軍転経文（戦勝祈願文）など仏事に関する願文を集めている。
（柿市里子）

2854 **礼懺文**（らいさんもん）
【成立】後記に「顕徳二年乙卯歳四月二十二日大玄寺僧辛願進記」とあるので、後周の顕徳二年（AD955）に敦煌の大玄寺の僧辛願（しんがん）が書写したものであることがわかる。
【内容】一巻。仏・法・僧を礼拝し罪過を懺悔することを内容とする文で、寺院において、法要勤修の際に読誦されたもの。原本は敦煌出土写本で、日本の中村不折氏蔵。文中歎仏偈として今日でも用いられている偈文（げもん）や発願文が多少の文字の異なりはあるが記されている。当時寺院等で盛んに行われた法要の折に読まれた代表的な礼懺文の一つ。
【関連典籍】2855・2856
（柿市里子）

2855 **礼懺文**（らいさんもん）
【内容】一巻。仏・法・僧を礼拝し罪過を懺悔することを内容とする文で、寺院において、法要勤修の際に読誦されたもの。原本は敦煌出土写本で、日本の中村不折氏蔵。首部が欠けている。弟子乙某等が諸仏に帰命する理由は諸仏が大慈大悲によって憐愍し摂受し不捨し擁護し抜済し度脱し救済してくれるからであり、仏に懺悔する理由は身処凡夫具足煩悩の輩、貪欲痴具足十悪不善の輩なるが故に今日より深く自責し覆蔵するところなく懺悔すべきであると説いている。
【関連典籍】2854・2856
（柿市里子）

2856 **礼懺文**（らいさんもん）
【内容】一巻。仏・法・僧を礼拝し罪過を懺悔することを内容とする文。原本は敦煌出土写本S2354で、首部尾部ともに欠く。寺院において、法要勤修の際に読誦されたものであるが、内容は2854と近似している。
【関連典籍】2854・2855
（柿市里子）

2857 **索法号義䛒諷誦文**（さくほうごうぎべんふうしょうぶん）
【成立】後記に大唐元和七年（AD812）とあるが書写年代ではなく製作年代であろう。著者は不明。
【内容】一巻。原本は敦煌出土写本S530の裏文書。公侯・尚書・男女・十歳以下の幼児に対する弔慰を表した文。首題は表文書に同じ人物の字体で、敦煌の僧索義䛒の墓誌銘（敦煌石窟建造に関する記述と、沙州の沿革の記述）が記されているので、それに因んで後に付けられたもの。
（柿市里子）

2858 **大目乾連冥間救母変文并図**（だいもっけんれんみょうかんぐぼへんぶんならびにず）
【成立】識語によると敦煌の浄土寺の薛（せつ）安俊が貞明漆年辛巳歳（後梁の末帝七年〈AD921〉）四月十六日に筆写したとある。
【内容】一巻。目連が母を救う話で、白（せりふ、すなわち散文）と唱（うた、すなわち韻文）の形式によって書かれた一種の仏教説話。原本は敦煌出土写本S6214。首題の下に並図とあるのでかつては絵を伴っており、一般民衆に対して内容を具体的に絵で示しながら唱い説いていたことがわかる。目連は神通力を得て天界に父母を訪ねるが父だけが生天し母はいない。その後母の青提夫人が地獄で苦を受けているのを知り、如来の所で七月一五日盂蘭盆善根を修する。この功徳により母は餓鬼地獄の苦より救われるが、畜生界に堕ち黒犬となる。さらに目連は大乗経を転誦して、母を女人身にもどし救うという話である。このほか敦煌出土写本P2319・3485等八種の異本が存在し、かなり流布されていた話と考えられている。

（柿市里子）

2859 **恵遠外伝**（えおんげでん）

【成立】宋の開宝五年（AD972）に張長継が筆写。

【内容】一巻。廬山の恵遠の伝記。原本は敦煌出土写本S2401で、首部を欠く。首題も内容より推察して後に付けられたもの。高僧伝2059、弘明集2102などに記載されている事跡とは全く異なっており、筆写当時民間で流行していた伝記と考えられる。恵遠が賤奴となり道安と問答した上で論破し、賤奴となった因縁、晋の文帝の勅によって供養を受け、さまざまな神変を示現したこと等が記されている。

【関連典籍】2864

（柿市里子）

2860 **府君存恵伝**（ふくんぞんえでん）

【成立】題記に府君が没した年月日が示されており、大平興国五年（AD980）一月二十六日とある。著者は不明。

【内容】一巻。敦煌の軍事長官であった府君が亡くなったときに功績を讃えて記されたもの。原本は敦煌出土写本S289。文中家系を示し、代々敦煌に住み刺史や節度使の役職を務めて敦煌に貢献した家柄であることがわかる。存恵は諱。

（柿市里子）

2861 **泉州千仏新著諸祖師頌**（せんしゅうせんぶつしんちゃくしょそしじゅ）

【成立】宋代。著者は招慶省僜。

【内容】一巻。暦代法宝記2075など唐代の所伝とは異なった景徳伝灯録2076など宋代所伝の二十八祖説によって恵能以後大暦（AD766～779）までの禅祖をほめたたえた韻文。原本は敦煌出土写本S1635で、道真の書写である。終南山慧観の序文が付されている。

（柿市里子）

2862 **大蕃沙州釈門教法和尚洪䛒修功徳記**（だいばんしゃしゅうしゃくもんきょうぼうおしょうこうべんしゅうくどっき）

【成立】九世紀。

【内容】一巻。原本は敦煌出土写本S779。洪䛒が大蕃沙州釈門教法和尚となり金光明経に基づいて毘沙門天の護国を祈念したもの。唐代には于闐から中国にわたって軍神としての毘沙門天の護国信仰が盛んに流行していたといわれるがその一つの証拠を示している。

（柿市里子）

2863 **王梵志詩集**（おうぼんじししゅう）

【成立】敦煌本の歴代法宝記2075に無住（AD774年六十一歳で没）が著者の王梵志の詩を利用しているので少なくとも大暦年間（AD766～779）には存在したことになる。

【内容】一巻。仏教の勧善を唱によって一般民衆に説いたもの。原本は敦煌出土写本S778。道教的な色彩をおびており、また当時の俗言卑語が多くみえる。

（柿市里子）

2864 **進旨**（しんし）

【成立】AD972以前。張長継の筆写。

【内容】一巻。宋のころ民間で流布された恵遠にまつわる伝記の類。晋の文帝が勅して宮中で恵遠を供養した話が記載されている。原本は敦煌出土写本S2401で、恵遠外伝2859に後続する伝記。文頭にみえることばを首題として用いており、後に付けられたものである。

【関連典籍】2859

（柿市里子）

2865 **護身命経**（ごしんみょうきょう）

救護身命済人疾病苦厄経ともいう。

【内容】一巻。釈尊入滅後の五濁悪世（ごじょくあくせ）において、この経典を読誦受持することにより疾病災難を除去できると説いた疑偽経。原本は敦煌出土写本P2340。前半は阿難（あなん）、後半は文殊師利、四天神王、天人などを説法相手としている。

（柿市里子）

2866 **護身命経**（ごしんみょうきょう）

【成立】跋文に北魏の正光二年（AD521）十二月十五日張阿（ちょうあ）という者が本経を書写したとある。

【内容】一巻。仏が阿難（あなん）を説法相手として、この経を奉行し功徳成就すれば仏となって三界に輪廻し、尊貴富を求めるものや女身を転じて男身を求めるものはこの経を読誦すれば諸仏に擁護され、大乗の妙法を有するこの経の功徳は悉く願いが適うと説いている。原本は敦煌出土写本で日本の中村不折氏蔵。首部を欠く。

（柿市里子）

2867 **慈仁問八十種好経**（じにんもんはちじゅっしゅこうきょう）

【内容】一巻。慈仁菩薩が仏にどのような因縁で八月種好を得られるのかという問いに対し、その八十種好すなわち仏の身体にある副次的特徴八十種について説明したもの。原本は石山寺写本。八十種好はまた八十随形好ともいい、仏の威相三十二相をさらに細かく分けて八十種の好としたもの。

（柿市里子）

2868 **決罪福経巻下**（けつざいふくきょうかんげ）

決定罪福経・恵法経ともいう。

【成立】梁代。著者は不明。

【内容】二巻。釈尊が慧法菩薩を説法相手として罪福の因果応報を説いたもの。原本は敦煌出土写本で、日本の中村不折氏蔵。世尊仏泥洹（さとり）の後五乱の世として人民乱、王道乱、鬼神乱、人心憂怖乱、道法乱を挙げるなど、構想や筆運びがいかにも偽作らしいとされる。出三蔵記集2145、新集疑経偽撰雑録に決定罪福経一巻とあり、また鳴沙余韻解説第一部二一三―二一四頁、注(1)によると、「罪福決定経は梁代の偽経である決定罪福経のことを指す。隋衆経録、疑惑の下に、決罪福経一名恵法経のこと」としている。

【関連典籍】2821

（柿市里子）

2869 **妙好宝車経**（みょうこうほうしゃきょう）

【成立】識語に隋の大業十三年（AD617）に張仏果（ちょうぶつか）という人物が劉士章（りゅうししょう）のために宝車経一巻を造ったとある。

【内容】一巻。仏と宝車菩薩の対話によって、この宝車経を受持すればその功徳は量り知れず、誹謗すれば死して地獄に堕ちると説いた偽経。原本は敦煌出土写本写本で、日本の中村不折氏蔵。

（柿市里子）

2870 **像法決疑経**（ぞうほうけつぎきょう）

【内容】一巻。常施菩薩が釈尊の説法相手となり、（教説と実践だけで証（さとり）を欠いた）像法の時代には孤独の救済が最重要であると説いた小品。また道俗の造悪と法宝の衰退とを嘆き、有智をもちいて勝れた活動を実践し、そこで勝れた法（おしえ）が永久に存続して濁世に益をもたらすと述べている。この経は偽経ではないかと疑われているが、天台宗の法華玄義1716ではこの経を引用し、法華玄義釈籤1717ではこの文は大涅槃の文と同じといい、止観輔行1912六の三では文義正しく訳者不明の経であろうという。天台の本純（ほんじゅん）はこの経の注釈書「像法決疑経」を著し偽経ではないとみなしている。

（柿市里子）

2871 **大通方広懺悔滅罪荘厳成仏経**（だいつうほうこうざんげめつざいしょうごんじょうぶっきょう）

【成立】年代・著者不明。中国で作られた偽経。

【内容】三巻。原本は敦煌出土写本。仏名経の一種であり、始終一貫して仏名を称えることにより懺悔滅罪を行い仏果を完成満足することが説かれる。巻上では仏入涅槃の直前、諸菩薩のために三乗一乗の義を説き、諸鬼神等がこの経の護持を誓うことを明かした後、信相菩薩の請問にこたえて十方三世の諸仏諸大菩薩の名号の功徳を明かし、また文殊師利のために滅罪の法を、また滅罪しない人たちの堕ちる阿鼻地獄の様相などを説く。巻中・巻下でも同様の説相をもって懺悔滅罪成仏が説かれている。中国では陳の文帝がこの経にもとづき方広懺悔を行った記録が残っており、六朝末期の江南における流行を裏付ける。また、日本にも奈良時代に伝来した記録が残っている。

【参考文献】矢吹慶輝『鳴沙余韻解説篇』臨川書店、一九八〇年。牧田諦亮『疑経研究』京都大学人文科学研究所、一九七六年。

（佐藤　厚）

2872 **妙法蓮華経度量天地品第二十九**（みょうほうれんげきょうどりょうてんじぼんだいにじゅうく）

妙法蓮華経度量天地経、妙法蓮華度量天地経一巻ともいう。

【成立】年代・著者不明。法華経に仮託した偽経で隋代以降に作られた。

【内容】一巻。原本は敦煌出土写本。歴代三宝紀2034以下の経録によれば、偽目中にこの種の偽経について「妙法蓮華度量天地経一巻亦云妙法蓮華経度量天地品第二十九」と述べている。写本断片は経題をあわせて二十九行保存されている。経の内容は、品首に観世音菩薩が諸菩薩諸天人等に代って法華経の説法を聞いて、心浄踴躍未曽有を得たると述べている。

（野際清美）

2873 **首羅比丘経**（しゅらびくきょう）

【成立】隋の開皇十四年（AD594）に法経等が著した「衆経目録2146巻第四」に「首羅比丘月光童子経一巻」とあるのでそれ以前の成立。著者は不明。

【内容】三巻。月光童子に事寄せた疑偽経典。原本は敦煌出土写本S2697であるが、首部が破損しているためタイトルは尾題による。首羅比丘と大仙との問答によって妖邪の災いを免れる方法を説き、三帰五戒を受持し斎法を行う者だけが解脱し得ると述べている。しかし文中には六朝時代民間に流行した観音信仰や維摩居士の信仰が混入していて、さらに道教および神仙妖術に関する記述も多い。

（柿市里子）

2874 **小法滅尽経**（しょうぼうめつじんぎょう）

【成立】五世紀頃と思われる。著者は不明。

【内容】一巻。仏涅槃に臨んで仏滅後は衆僧堕落し一切の法は滅してしまうと世紀末的末法を説いたもの。原本は敦煌出土写本S2109で、後部を欠く。法滅尽経0396の内容とほぼ同じである。

【関連典籍】0396

（柿市里子）

2875 **大方広華厳十悪品経**（だいほうこうけごんじゅうあくぼんきょう）

【成立】中国で作られた偽経

【内容】一巻。原本は敦煌出土写本。初めに（1）不害衆生、（2）不行放逸、（3）不飲酒、（4）不食肉、（5）不断善根の五善を掲げ、次いで第三の不飲酒についての迦葉の問いに釈尊が答え、釈尊は一切衆生において酒肉を食しないものは完全なる悟りを得ると述べる。続いて飲酒により舎婆提国の吉槃泣女の因縁を述べ、鴦崛魔羅が飲酒により犯した罪の因縁を挙げて飲酒を誡める。次に食肉の非を説き、そのために地獄に堕する諸相を示し、終わりに不飲酒、不食肉の功徳を列挙している。十悪という語からもわかるように、本経は偽経の中では中国人の意識に即した善悪因果を説く経典群の中に位置づけられ、中国六朝時代に禁酒断肉を勧めることを説くために偽作されたと推定される。

【参考文献】矢吹慶輝『鳴沙余韻解説篇』臨

川書店、一九八〇年。牧田諦亮『疑経研究』京都大学人文科学研究所、一九七六年。

（佐藤　厚）

2876 天公経（てんこうきょう）

【成立】唐代。

【内容】一巻。原本は敦煌出土写本S2714。二六〇字余りの極めて短い経で、持経功徳を述べ、利益のところは観音経をまねている。擬経典。

（柿市里子）

2877 如来在金棺嘱累清浄荘厳敬福経（にょらいざいこんかんしょくるいしょうじょうしょうごんきょうふくきょう）

【内容】一巻。原本は敦煌出土写本S208。一二〇字余りの残巻本で、その内容は推し量り難く、首題とのかかわりもわからない疑偽経典である。

（柿市里子）

2878 救疾経（くしつきょう）

救護衆生悪疾経ともいう。

【成立】六朝期末。著者は不明。

【内容】一巻。原本は敦煌出土写本でS2467を基礎に大谷大学所蔵本およびS1198を用いて補い改めたものであるが、欠落部分がある。この経を読誦し受持すれば疾病災難から救われると説いている。対告衆は阿難（あなん）。六朝期末の偽経典とされる。

（柿市里子）

2879 普賢菩薩説証明経（ふげんぼさつせつしょうみょうきょう）

普賢菩薩説此証明経ともいう。

【内容】一巻。隋から初唐にかけて民間に流布した冥界の信仰や老子化胡説など道教的な内容を有する偽経典。原本は敦煌出土写本P2186に基づきP2136・S1552を用いて補い改めたもの。出家して仏道を学ぶ、寺や塔を建てる、橋や井戸を造る等の功徳により弥勒仏を見られ、この経を読誦すれば災難を除き願いをかなえられると説き、もっぱら普賢菩薩の威神力を称賛している。文中予言書の一つ証香火本因経が付加されている。これは武周革命に利用されたものである。

（柿市里子）

2880 究竟大悲経巻二、三、四（くきょうだいひきょうかん二、三、四）

【成立】巻第四の題号の下に端供（拱）二年（AD989）と書写年代が記されているのでこれ以前の成立と考えられる。著者は不明。

【内容】三巻。衆生の心性には仏性が存し、これを開顕せよと述べ、煩悩即菩提であり断煩悩は殺仏であると説いている。原本は敦煌出土写本で、巻第二がS2224、巻第三がS2499、巻第四がS2967であるが、第一と第二第三の首部は欠けている。流通品に本経の別名を究竟大悲哀恋改換経と名付けたのは、改とは凡を改めて聖に入れ、生死を改めて涅槃に入らしめることをいい、換とは苦を転じて楽を成すことをいうとし、この経典の主旨を示している。文中儒教的色彩のある言葉が随所にみられる疑経。

（柿市里子）

2881 善悪因果経（ぜんあくいんがきょう）

菩薩発願修行経・因果経ともいう。

【成立】唐代。著者は不明。

【内容】一巻。原本は敦煌出土写本で日本の中村不折氏蔵。首部を欠く。疑偽経典。衆生の色相には貧富貴賤、善悪美醜などの違いがあるのは皆前世の業因によって、現在の果報を招いていることを説明している。近代に至るまで盛んに行われていた因果応報を説いたもの。

（柿市里子）

2882 呪魅経（じゅみきょう）

呪媚経ともいう。

【成立】隋代。著者は不明。

【内容】一巻。原本は敦煌出土写本S418を基礎にしてS2517で補ったもの。呪魅の生成から無限の災いをもたらすまでを述べ、大力菩薩の請問によって、これらの呪魅を退散できることを説き、さらに四天王神王、南無仏陀、四天大竜王などの諸菩薩を請し、また南方赤帝、西方白帝、北方黒帝、日月五星二十八宿などを集めて、呪魅人の頭を裂き、呪魅を退散消滅させ、一切衆苦皆除かれて解脱を得られると説く。

（柿市里子）

2883 **法王経**（ほうおうきょう）

【成立】唐代。著者は不明。

【内容】一巻。仏が涅槃に入る際に、虚空菩薩に対して、大乗の完全な教えを説いたもの。原本は敦煌出土写本S2692。大乗・中乗・小乗・闡提（善根を断じた者）の四人を一乗道に入れる理由を、一切衆生皆一心一仏一性の道理によって説き、無行菩薩に後世この経を説く者は体・義（本質）を説くのであり、相・文（表相）を説いてはならぬと教え、法王経の名は諸法中第一、諸乗中大乗王であるが故に名付けたとしている。

（柿市里子）

2884 **大威儀請問**（だいいぎしょうもん）

【成立】唐代と思われる。著者は不明。

【内容】一巻。六十五字余りの極めて短い経で、経典に対して尊敬の心をもって戒を受持せよと説いたもの。原本は敦煌出土写本S1032。

（柿市里子）

2885 **仏性海蔵智慧解脱破心相経上・下**（ぶっしょうかいぞうちえげだつはしんそうきょう）

仏性海蔵経・智慧海蔵経ともいう。

【成立】AD762頃。著者は不明。

【内容】二巻。仏入涅槃の二月十五日、拘尸那国で仏が除疑大士や阿難等に、三毒・四蛇・五狗・六賊・八邪について説いたもの。原本は敦煌出土写本で、上巻はS2169、下巻はS4238を基礎にS104で補っている。三毒は疽・愛・欲をいい、五狗は慳・貪・癡・悪・催をいい、四蛇は疽・恚・嫉・妬をいい、六賊は耳・眼・鼻・舌・身・意をいう。この五賊は仏教の六識に相当するが眼・耳の順序が異なり他にも仏教用語ではない中国固有の言葉が混じっている。涅槃経や法華経から材料を採り、さらに道教的な要素をも取入れている。

（柿市里子）

2886 **仏為心王菩薩説投陀経巻上**（ぶついしんのうぼさつせっとうだきょうかんじょう）

【成立】唐代と思われる。著者は不明。

【内容】一巻。原本は敦煌出土写本S2474。仏が経文に対して詳細な解釈を施している。仏が心王菩薩に、諸大衆のために無上甚深の妙法を宣説して、諸大衆に煩悩性空無所有を識らせようとしたもので「無生無滅、無垢無浄、無生死際、二際平等、等諸法空故、閑居静住、即是投陀」と投陀の妙法を宣伝している。武周時の偽経とされ、五陰山室寺恵弁禅師の割注が付いている。鳴沙余韻解説では唐代の目録の開元録2154記載の心王菩薩説頭陀経のことではないかとしている。

（柿市里子）

2887 **父母恩重経**（ぶもおんじゅうきょう）

【成立】唐代。著者は不明。

【内容】一巻。父母の恩に報いるために造られた疑偽経典で、数種ある父母恩重経の中の一つ。原本は敦煌出土写本S2084に基づきS190で補い改めたもの。仏が阿難に父母の恩に報いるには、福を為し経を造り三宝を供養し、七月十五日の盂蘭盆会を行い、この経を写経し世に流布させ、受持読誦せよと説いたもの。

（柿市里子）

2888 **延寿命経**（えんじゅみょうきょう）

延寿経・延益経ともいう。

【成立】唐代。

【内容】一巻。仏が入滅の際、娑羅双樹の林で、仏が諸弟子に涅槃に入らず一劫の間でもこの世に止まり給えと請い願われ、入滅は波旬（魔王）の請いに由るとし、延寿菩薩に対して、延寿命経を造り流伝して人々に受持読誦させよと説いたもの。原本は敦煌出土写本S2428。延寿経流布の功徳により衆生は如来のような救護を受けるとしている。道教や民間信仰の長寿を願う思想に基づいて作られ

た偽経典。　（柿市里子）

2889 **続命経**（ぞくみょうきょう）

【成立】唐代。著者は不明。

【内容】一巻。原本は敦煌出土写本S1215。大慈大悲の救求観世音に帰命し信仰することによって娑婆世界の重罪人が救護されて涅槃楽常の解脱地に安着できると説き、西方の弥陀仏・観音菩薩・勢至菩薩の名を唱えるときは生死の苦を離れて地獄に堕ちないと説いている。また「続命」という語は薬師経より転用したもので、薬師経には寿命の延長を祈願する法が記載されている。中国の民間信仰の影響をうけた浄土教が敦煌地方で盛んに行われていたことを示す経典。　（柿市里子）

2890 **如来成道経**（にょらいじょうどうきょう）

【成立】唐代。著者は不明。

【内容】一巻。涅槃不死を説き、「視之不見其体、聴之不聞其声」など老子や荘子に基づく言葉が多くみられる偽経典。原本は敦煌出土写本S1032。文中仏の姿を形容して「胸前万字……」と述べているのは道安疑経録（AD374著）にいう胸前万字経に由来するほど古くからある説である。　（柿市里子）

2891 **山海慧菩薩経**（さんかいえぼさつきょう）

阿弥陀仏覚諸身経ともいう。

【成立】唐代。著者は不明。

【内容】一巻。山海慧菩薩経は奥題に拠って付けられたタイトルで、首題は阿弥陀仏覚諸大衆観身経である。中国では唐の善導の観念法門1959、日本では恵心の往生要集2682によって著名になった十往生経の広本（量の多い版本）である。原本は敦煌出土写本S2538。十往生経は七世紀頃から広く世に行われていたが、その異本であるこの経は敦煌本によって初めて経文が知られるようになった。解脱品と菩薩見仏国品とからなり、仏が波業国で、山海慧を対告衆として、この経を読誦し随喜するものは仏毎に二十五菩薩を遣わして護持させると説いたもの。

【関連典籍】1959・2682　（柿市里子）

2892 **現報当受経**（げんぽうとうじゅきょう）

【成立】唐代（七世紀末）。著者は不明。

【内容】一巻。ある女性が妾の子供を殺す因縁を述べ、慈悲心が善行をなすのだという因果応報を説いたもの。原本は敦煌出土写本S2076。ある女性に限りない悲劇、すなわち夫に死なれ再婚して三人の子ができるが第三子は泥酔した夫に殺され第一子は虎に食われ第二子は溺死するという悲劇が続いて起き苦しんでいるところに釈尊が現れる。阿難に命じ宝衣をもって迎えさせると、女性は釈尊に礼拝して懺悔する。仏は彼女のために法を説き、女性は結漏を断じて羅漢果を得る。仏は大衆に向かってこの女性は過去世の因業により現在の苦果を招いたのだと説いて終わっている。　（柿市里子）

2893 **大弁邪正経**（だいべんじゃしょうぎょう）

【成立】唐代。著者は不明。

【内容】一巻。全十一品よりなる。原本は敦煌出土写本P2263。各品について記述し、この経を受持するだけでなく経中に説く邪と正とを理解しなければ邪見の人となると言い、また言語による法の理解は真なる理解ではないと述べている。　（柿市里子）

2894 **三厨経**（さんちゅうきょう）

【成立】唐代。著者は不明。

【内容】一巻。原本は敦煌出土写本S2673。三厨とは、慈悲自覚自然厨、辟支西果声聞無思厨、非有無非神自然厨を指し、この三厨法を誦すれば飢えずに長生できると説く。首題の下に西国婆羅門の達多羅及・闍那崛多等の訳とあるが、五行説、神仙説それに道家の言葉が多くみられるため偽経とみなされている。　（柿市里子）

2895 **要行捨身経**（ようぎょうしゃしんぎょう）

【成立】唐代。著者不明。

【内容】一巻。原本は敦煌出土写本で、竜谷大学所蔵本に基づきS2044によって補い改めたもの。我が身を投じて布施することを説いたものであるが、本来の仏教経典では説いていない。捨身除罪などの説がみえ、疑経とされている。　（柿市里子）

2896 **示所犯者瑜伽法鏡経**（じしょぼんしゃゆかほうきょうぎょう）

【成立】AD707に三階僧師利が仏臨涅槃記法住記、地蔵菩薩讃歎法身讃、像法決疑経の三経を併せて偽作した。

【内容】一巻。原本は敦煌出土写本S2423。仏が常施菩薩に正法滅時について説いている。

【関連典籍】2870

【参考文献】『三階経の研究』　（柿市里子）

2897 **天地八陽神呪経**（てんちはちようじんじゅきょう）

【成立】唐代。唐の義浄＊訳とあるが義浄に事寄せた偽経である。

【内容】一巻。道教経典の要素を採り入れた疑偽経典。原本は大日本続蔵経所集本に基づいてS127を用いて補い改めたもの。無礙菩薩が毘耶達摩城で仏に、諸邪見の衆生のために正見の法と悟りを得て衆苦よりのがれる法を乞う。そこで仏は天地八陽経を説いて、天地の間で最も優れた者が人間である。なぜなら人という字は左の一画が真、右の一画が正を表し、常に正真を行い、道に依り人に依り皆聖道をなすからであるとし、さらに人となって悪業をなし苦海に沈んでもこの経を聞いて信じれば解脱し苦海より出られ善神の加護が受けられるとする。また天地・日月・水火・男女などの陰陽は天地の常道であり、自然の理法、世諦の大法であると中国の伝統的な思想と仏教を融合させて説いている。　（柿市里子）

2898 **高王観世音経**（こうおうかんぜおんぎょう）

【内容】一巻。大周刊定衆経目録2153に初めて単訳経として入蔵せられ、開元釈経録2154に「高王観世音一巻或云折刀経」とある。傍注には「古舊録中疑偽の経なり。周録正に編入すると雖ども文理並びに人謀に渉れり。故に此の録中之を除きて載せず」とあり、さらに貞元新定釈経目録2157に「高王観世音一巻亦云小観世音経」とある。半紙余りの小経で、傍注にこの経の因縁を述べている。本経の内容は、観世音菩薩、南無仏、南無法、南無僧、仏国有縁、仏法相因、常楽我浄、有縁仏法、南無摩訶般若波羅蜜、是大神呪、南無摩訶般若波羅蜜、是大明呪、南無摩訶般若波羅蜜、是無上呪、南無摩訶般若波羅蜜、是無等々呪と述べ、浄光秘密仏以下多くの仏名をあげて悉く帰命すべきを説き、呪を説き次に偈を述べて十方観世音、一切の諸菩薩に衆生を救わんと誓願し、称名すれば悉く解脱せん、と説かれており最後に観世音菩薩以下の八大菩薩の名号を念ずれば、やはり、願以此功徳、普及於一切、誦満一千遍、重罪皆消滅と結んでいる。　（野際清美）

2899 **妙法蓮華経馬明菩薩品第三十**（みょうほうれんげきょうめみょうぼさつぼんだいさんじゅう）

【成立】年代・著者不明。法華経に仮託した偽経の一種。

【内容】一巻。原本は敦煌出土写本。阿含楼炭経0023・起世経0024などで説かれている世界観を示す。品目を第三十とし上に「妙法蓮華経」とつけてあるが非常に疑わしい。初めに施設世間の成壊の相を叙し、次に十八地獄名、鉄囲、山海の構成を述べ、終りに閻浮十六大国の名を列し、中に東晋国、南天竺、西大秦、北月氏等の国名をあげている。　（野際清美）

2900 **斎法清浄経**（さいほうしょうじょうきょう）

仏説斎法清浄経ともいう。

【成立】年代・訳者不明。衆経目録2146以来偽経とされている。

【内容】一巻。原本は敦煌出土写本（竜谷大学所蔵）。大蔵経二段にも満たない短いもの。仏が竹林精舎にいたとき、大目犍連（マハーマウドガリヤーヤナ）が礼をしてこのように言った。乞食をしていたとき、数千万の道で頭と胴が大きく、喉が細く、口から煙をはいているものに出会ったがどのような罪を受けたものだろうか、と。仏はそれが餓鬼であって、前世に罪を悔いてする断食（斎）を守れず、僧たちに食事を供養しなかったがために報いをうけたのであるといった。目連が頷くと、仏は続けた。斎を守らないものは六十万回の来世の生涯に餓鬼になるのである。以下、その苦しみを述べた後、手や身体を清潔に保ち、僧たちに清浄な食事を以て供養することが無量の福を得ることであると説いた。目連はこれを聞いて流布することを誓ったのであった。

（大谷正幸）

2901 **法句経**（ほっくきょう）

【成立】法句経0210・法句譬喩経0211（いわゆるダンマパダ）とは異なるもので中国撰述の偽経。開元録2154でも「下巻宝明菩薩時聞多有一巻流行与集伝中法句経名同文異此是人造」として注意を促している。これを研究した水野弘元は、AD664成立の大唐内典録2149以前に成立しており、玄奘の訳語を用いていないところなどからAD650をそれほど溯らないだろうという。また、禅宗の文献によく引用されるところから禅に関係ある人の作であろうとしている。

【内容】一巻。原本は、敦煌出土写本（中村不折氏所蔵）を同写本S2021で校訂している。十三品。経典自体は大蔵経四頁足らずであるが、一品あたりがとても短い。仏が日月宮中の勝蔵殿にいたとき、宝明菩薩が自らの不壊諸法宝明という名前の由来を問うた。仏は名字の本質が空であるからそれに対する評価も空であり、その評価にたいして怒りや喜ぶことのむなしいこと、音声は空であって感覚を惑わすものでしかないことを説いた。また、感覚器官、その対象、心を三処として内、外、中と規定し、それぞれが空であり、お互いが因縁によって干渉しあう（属すという）ことでそれぞれが機能することを説いた。凡夫は無智であるが故に何かの実体を想定して著するのであるが、覚者はすべてが空であることを知っているのであらゆる存在を幻と見て生死も涅槃に同じいことを知るのである。また宝明に、存在が空であるということをよく知るものを善知識と規定し、その大切さ、得難さを説いた。これを聞いた聴衆は感激して慟哭し、一切の仏国土も揺れ動いた。これを見た宝土という仏国土にいた普光荘厳という菩薩が、主の宝相仏の許可をとって娑婆世界に出現し、その説会を讃え仏と見えると善知識についての説を請うた。仏は善知識の功徳と彼への供養の惜しむべからざるを説いた。そして一切の存在に実体がなく、六波羅蜜に励むことを「法句」として、偈頌の形で示した。宝明菩薩は仏から記（仏になるだろうという予言）を受けた。仏はこの経の聞き難きを説き、宝明菩薩にこの経を守ることを託してしめくくる。

【関連典籍】2902

【参考文献】水野弘元「偽作の法句経について」（『駒沢大学仏教学部研究紀要』19）。

（大谷正幸）

2902 **法句経疏**（ほっくきょうしょ）

【成立】年代・著者不明。2901の注釈であるから、中国で作られたものであることは疑いない。また水野弘元は著者について、玄奘の新訳語を用いずして真諦の訳語を用いているところから摂論宗に関係ある人物ではないかとしており、だとすれば成立年代は七世紀中頃ということになる。

【内容】一巻。原本は敦煌出土写本P2325。大蔵経の注によれば、初め少し進んだところから二十行ばかり（原本が？）欠落しているという。欠けた部分はおそらく劈頭の序文の後半と法句経の経題について釈の前部であろう。経題について釈した後、本文を明序分、弁正宗（明正宗）、明流通分の三つに分かち、さらに序分は二つ、弁正宗は二会と獲益の三つ、流通分は勧学と付嘱の二つにそれぞれ分かっている。経典の各品が短いせいか、品にとらわれずに釈を進めている。しかし「法句」といわれる二十四偈からなる偈頌の注釈には相当の分量を割く。引用している典籍は水野によれば、起信論、中論、百論、大智度論、摂大乗論、肇論、大品般若、諸法無行経、浄名経、などであるという。

【関連典籍】2901

（大谷正幸）

2903 **無量大慈教経**（むりょうだいじきょうきょう）

慈教経ともいう。

【成立】年代・訳者不明。矢吹慶輝によれば天冊万歳元年（AD695）以前、周代の偽経であろうという。

【内容】一巻。原本は敦煌出土写本S1627。前半部欠。仏が阿難に対して不信邪行不孝の衆生のために極楽往生の因を説き、三帰五戒を勧め造塔功徳を挙げる。そして、仏は涅槃して一旦経を終えもう一度、大蔵経所収の後半部分が説かれる。難化の衆生を嘆く阿難を仏が慰める。そして、この経典の読誦と仏名の称名によって、彼らを救うのだという。また師僧を追剝したものは畜生や障害を持った人に生まれ、不浄行をした僧尼や飲酒酔乱したものは地獄に生ずるのだと説く。仏は諸菩薩に自説の難見をいい、阿難に悪趣に落ちたもので仏を見ることができるものとそうでないものがあるという。いぶかしむ阿難にそれは福を修したか否かであるといい、仏法の信解と不信解によるそれぞれの果報を説く。さらに僧に対して帰依したものとそうでないものにそれぞれの果報を説く。また、阿難に生涯福を修めたものが臨終のときに破戒したらどうなるかを問いかけ、譬喩をあげてそのような人は福が無駄になることを諭す。そして、聴衆が歓喜して経が終わる。

【参考文献】矢吹慶輝『鳴沙余韻』臨川書店、一九八〇年。

（大谷正幸）

2904 **七千仏神符経**（しちせんぶつしんぷきょう）

【成立】年代・訳者不明。道教系呪術が頻出することから偽経と思われる。

【内容】一巻。原本は敦煌出土写本S2708。首部欠落。「七千仏」「七百仏」等の法数でくくられる諸仏が人身を守護し、「益算」（延命と同義か）することを列挙し、「（七）千仏符」が魔物を消滅させ、北斗七星などの星々が守護するとしている。また五種の符を挙げ、この符を受けることの功徳と逆らう魔物の滅亡を列挙する。最後にこの五種の符ほか十種の符の文様が挙げられている。いわゆる経典の叙述の型をとらず、段落の末尾を「急急如律令」としめくくる。矢吹慶輝によれば大周録2153の七仏神符経、益算神符経も同内容だろうという。

（大谷正幸）

2905 **現在十方千五百仏名並雑仏同号**（げんざいじゅっぽうせんごひゃくぶつみょうならびにぞうぶつどうごう）

【成立】年代・著者不明。仏名経の流布に誘われて唐代に編修されたとの説がある。

【内容】一巻。原本は敦煌出土写本S2108。首部欠落。薬王薬上経1161、決定毘尼経0325、阿弥陀讃一切諸仏持之法経（いずれの経を指すか不明）、称揚諸仏功徳経0434に登場する十方の仏名を前後の若干の経文とともに抜き出し、さらに名前を同じくする仏をその数を挙げて列挙するだけの構成よりなっており、他の内容はない。覚え書のような経典。

【関連典籍】0325・0366（ただし仏名が多少合わない）・0434（ただし仏名が多少合わない。また、この経からは仏名のみを抜粋している）・1161

（大谷正幸）

2906 **三万仏同根本神秘之印並法竜種上尊王仏法**（さんまんぶつどうこんぽんじんぴのいんならび

にほうりゅうしゅじょうそんお〈の〉うぶっぽう）

【成立】年代・著者不明。道教系呪術が頻出することから偽経であろう。

【内容】一巻。原本は敦煌出土写本S2438。首部が欠落しているため原題は不明。「三万仏同根本神秘之印並法」と「竜種上尊王仏法」という題の二編が後ろ三分の二を占めているのでこう呼ばれる。また、中間を除いて十字ぐらいおきに何文字か分の欠落があり、全体的によく文意がわからない。しかし「三万仏同根本神秘之印並法」以前に至るまで道教的な仙薬の処方であるとみられ、飛行、長生、三尸退治、病気平癒、飢渇防止、超人的な長距離移動などの効能がある薬のようである。「三万仏同根本神秘之印並法」は他化自在天にて仏が説法する経典の形をとり、世尊が集会に現れた竜種上尊王仏を世尊が称賛し、竜種上尊王仏は盧耶娑木（赤柳木）に印を刻して携帯すれば、「千霊並顕万術自通」であると説く。「竜種上尊王仏法」以後は竜種上尊王仏（首楞厳三昧経などでは文殊菩薩と同体とする）の修法に関する何種類かの儀軌である。作壇して種々の薬を作り服したり、石や木に印を刻むなどを行えば、悪鬼を降伏し、空を飛び、他の世に仏を見て、業障を滅すなどし、また仙人や天人の守護を得るということが説かれているようである。末尾も欠落している。

（大谷正幸）

2907 **普賢菩薩行願王経**（ふげんぼさつぎょうがんおうきょう）

【内容】一巻。原本は敦煌出土写本。普賢菩薩の十大願を偈にて讃するもの。総じて七言四句六〇頌よりなる。内容は五つの部分に分かれ、（1）初の十六頌は十方一切の三世の諸仏を礼敬し、かつこれに対して称讃供養の意を表わし、過去の罪業を懺悔し、また十方群生の福、声聞辟支仏および諸仏に随喜し、諸仏に説法および往生を請い、自ら積集せる功徳をもって菩提に回向し、自ら如来に随学して菩提を成じ、十方の衆生もまた法利を得ることを願う。（2）第一七頌以下二五頌には、別して受持、修行二利、成熟衆生、不離、供養、利益、転法輪、浄土、承事、および成正覚の十大願を挙げる。（3）第四二頌以下四頌には普賢の行が文殊の願に同ずることを述べる。（4）第四六頌以下九頌にはこの最勝願を聞き菩提を求める者の利益得果を説く。（5）第五五頌以下六頌にはさらに文殊普賢の智に随い、諸の善根を廻向して普賢の行を得、臨終に無量光仏を見、極楽世界に行き、広く有情を利楽しようとすることを述べる。この経典はインド仏教はもちろん中国仏教にも大きな影響を与え、多くの異訳が存する。

【関連典籍】0296・0293・0297・2908は異訳。

【参考文献】矢吹慶輝『鳴沙余韻・解説篇』臨川書店、一九八〇年。

（佐藤厚）

2908 **大方広仏華厳経普賢菩薩行願王品**（だいほうこうぶつけごんきょうふげんぼさつぎょうがんおうぼん）

【内容】一巻。原本は敦煌出土写本。内容は普賢菩薩行願王経2907にほとんど同じ。またこれは四十巻華厳経0293普賢行願品や普賢菩薩行願讃0297に比較しても全く異なるものである。

【関連典籍】0293・0296・0297・2907

【参考文献】矢吹慶輝『鳴沙余韻・解説篇』臨川書店、一九八〇年。

（佐藤厚）

2909 **地蔵菩薩経**（じぞうぼさつきょう）

【成立】年代、訳者不明。

【内容】一巻。原本は敦煌出土写本S197。大蔵経にして一五行しかない小編。地蔵菩薩は南方の瑠璃世界に住し、地獄の様を見て、地獄に至り、閻羅王と一処に座す。もし閻羅王を恐れるものたちが地蔵菩薩の像を造し、この経を書写すれば、極楽世界に往生し、また、あらゆる仏国土や天堂にそのようなことをして、地蔵菩薩の名を念ずれば、やはり極楽世界に往生するという。そして臨終のときに地蔵菩薩が自ら来迎し、地蔵菩薩と処を同じくするという。それを聞いた皆は歓喜して信受奉行した。さまざまなイメージが複合して出来上がったような経典。

【関連典籍】0410〜0413・0839・1158・1159・2909

（大谷正幸）

2910 **金有陀羅尼経**（こんう〈ぬ〉だらにきょう）

【成立】年代・訳者不明。陀羅尼に散文が挿入されているのでインドでの成立は疑わしく、法華経普門品の影響もうかがわせる。しかし「飛空母」（ダーキニー?）が登場するあたりにインド撰述の可能性も完全には捨て切れない。

【内容】一巻。原本は敦煌出土写本S494。説処は籬箭（りぜん?）。天人の百施が世尊の処へ往詣し、戦陣にあって敗北へ導く阿修羅や呪術や薬品を打ち砕くための密呪を説くことを請うた。世尊はこれに応え、世尊は三無数劫にわたり外道の害意からなる呪術を降伏し彼らが悩ませるのを断ってきたのであると前置きして「大金有明呪」を説く。この呪を憶念することであらゆるものに害されず、非時の死を回避し、毒や呪術は還っていくという。さらに水に呪を唱え自身を洗ったり、線に呪を唱え結び目を七つ作って自身に結ぶと身が守られる。書写して受持したり腔に固定すると、戦陣で安心を得る。また、呪術者を降伏したり、論争によく応対したり、罪を消滅させ、よく害されず、物事を達成するという。これを聞いた百施は信受奉行した。大蔵経一段にわたる長いものである。

（大谷正幸）

2911 **讃僧功徳経**（さんそうくどくきょう）

【内容】一巻。原本は敦煌出土写本S652。七言一句で二百四十八句の偈頌よりなる。偈の初めは「阿含経中略集出」といい、偈の終りの方に「依経我略僧宝」とあり、阿含経中より僧宝の功徳を讃嘆し、僧に恭敬し恵施して良福田をなすべく、僧を誹謗し、毀罵するようなことはあってはならぬ、またたとえ僧が威儀を犯すようなことがあっても、在家の者は決して毀謗してはならぬ、などとの文をひいて僧宝をたたえ、仏法滅して久しき後、正法を聞くことのできないときにあっても人身をえて遇い難き仏法にあったのであれば未来の功徳の種をうえない法があろうかといい、その功徳を一切に廻施して当来世に弥勒仏に会うことを願うのであると説いている。

（河村孝照）

2912 **無常三啓経**（むじょうさんけいきょう）

仏説無常三啓経ともいう。

【成立】年代不明。巻末には割注で、本経は初後の讃歎の偈文は馬鳴（アシュヴァゴーシャ）が経意を取って造ったもので、真中の経典はまさしく仏説であるという。

【内容】一巻。原本は敦煌出土写本S153。首部が欠けているが、巻末に「仏説無常三啓経一巻」とあり、あらたに首題がつけられている。真中の仏説のところは如是我聞から始まり仏が室羅伐城の逝多林給孤独園にあって苾芻に説くには、三啓すなわち老病死こそ世間において意に称わぬもの、この三事のために如来は世に出てこれをよく調伏したのである。如来は常に人に慈心を起し、世界の恒常の安穏を願うのであると説いている。

（河村孝照）

2913 **七女観経**（しちにょかんぎょう）

仏説七女観経ともいう。

【内容】一巻。原本は敦煌出土写本S1548。長行（散文）と偈からなる短経である。昔、冥縁王に七人の女がいた。七女は王女でありながら贅沢を退け慎んでいたが、ある日姉妹そろって王に城を出て遊観したいと申し出た。王は城内に充分見るところがあるから外へ出る必要はないといったが、七人の姉妹は城内は悦楽のみで遊観の場所ではないと、王の許しをえて東門より出て塚間に至った。すると一つの死屍が腐敗してこれを孤狼が食い荒しているのを見て姉妹は各の偈をもって弔った。第四忉利天は天より降って七女に欲するところを言えという。姉妹はそれぞれに無欲・寂静・法音・聖教等、真実の楽を得んと願い、ついに七女は皆、道果を得たという。

（河村孝照）

2914 **観経**（かんぎょう）

【内容】一巻。原本は敦煌出土写本S1548。実際修行に適した観仏の経論を集め観仏の方法を説いたものである。これに四種をあげ、初めに観十方仏法をあげ、これに念観十法仏の方法が示される。次に五門禅要経を引いて坐禅法要の五門をあげている。つぎは観仏三昧の方法を説示し、つぎに無量寿仏観をあげる。これに鈍根の者と利根の者とに分けて方法が示される。鈍根の者はまず額の上一寸の所を観じ皮膚なく赤骨と観じ、赤骨からわが身の白骨を観じ、また身骨を観じて瑠璃色となしてその光明の中に日光を放ち、日光を身内に入れてこれより日光を放出しその光中に阿弥陀仏を観ずる。利根の者はただちに日光を観じ、その光明想の中に阿弥陀仏を観ずるという。

（河村孝照）

2915 **救諸衆生一切苦難経**（くしょしゅじょういっさいくなんきょう）

【内容】一巻。原本は敦煌出土写本S136。きわめて短かいもので、初めに「天台山中に一老師有り」とあり、以下かなり欠損している。文中、「一本を写せば一門を免れ、両本を写せば六親免がれ、三本を写せば一村免る。流伝する者は是れ弟子、此の経を謗ずる者は阿鼻地獄に入りて出期あること無し。此の経を見て写さざる者は門を滅し、至心に読誦する者は仏道を成ずることを得るなり」といい、以下五字二句の偈文がある。この偈文中の「先づ須らく酒肉を断じて、貪瞋更に生ずること莫からしむべし」といい、断肉を説くところが本書の一特徴である。

（河村孝照）

2916 **勧善経**（かんぜんきょう）

【内容】一巻。原本は敦煌出土写本S417。疫病の流行に際して左丞相の賈に勅して流布せしめたもので、毎日阿弥陀仏を一千返念ぜよというものである。今年疫病がはやり、病死する者多く、第一に虐病、第二に天行病、第三は赤白痢病、第四に赤眼病、第五に人産病、第六に水痢病、第七に風病によって死んだ。この経を写せば一門六親は難を免れるが、この経を見ても写さないものは一門滅する。この経は南より来り、正月八日雷電おそい空中に四歳の一童子あり、また路上に一老人あり、また万尺の蛇身あり、人頭の鳥が老人に、太山がまさに崩れんとしていると告げる。この経を写せば難を免れるが、これを信じない者は諸種の大難にあう。太平のときにこそ阿弥陀仏を念ずることを勧めるという。

（河村孝照）

2917 A **新菩薩経一巻**（しんぼさつきょういっかん）

【内容】一巻。原本は敦煌出土写本S136。左丞相賈が諸州の衆生に流布したもので、内容は毎日阿弥陀仏を一千返口にとなえよ。今年酷暑のため疫病はやり多くの者が死んだ。第一虐病、第二天行病、第三卒死、第四腫病、第五産坐病、第六患腹死、第七血癰死、第八風黄病、第九水裏死、第十患眼死などによって死んだものである。この経一本を写せば一身の難が免れ、両本を写せば一門の難が免れ、三本を写せば一村の難が免れる。もし写さなければ一門滅する。この経は西涼州を経て正月二日盛中時、雷鳴とどろき、一石あって二つに割れそこにこの経を見るのである、と説いている。

（河村孝照）

2917 B **新菩薩経**（しんぼさつきょう）

【成立】唐の長安四年（AD704）。著者は不明。

【内容】一巻。原本は敦煌出土写本S622。首部を欠き首題を新加したものである。今年の八月九月に太山が崩れるであろうこと、そして人々は第一患死、第二卒死、第三産坐死、第四不持斎死、第五腸肚熱死、第六自絞死などによって死んでゆくであろうこと、このとき仏教信者が一通を写せば身の難を免れ、二通を写せば一門の難を免れ、三通を写せば一村の難を免れる。もし経を聞いて写さなければたちまち一門は滅する。もしこの経を転読すれば皆、苦難を免がれる。信じなければ身は破滅する。経は西のかた涼州県より来り、かの城の東門の口にある。雷鳴とどろき石が割れてその中にこの経を見る、といっている。文中に則天文字が使用されている。

（河村孝照）

2918 **釈家観化還愚経**（しゃっけかんげげんぐきょう）

【内容】一巻。原本は敦煌出土写本 S1638。首部を欠き首題を新加したものである。昔、舎衛国在住の慳貪愚悪で道理を知らず、道徳を信じない一夫婦があった。釈尊はその夫婦に哀愍を垂れて、自ら沙門と化し、あるいは瑠璃城を化作するなどして、順次に法を説き、道理を話して法に入らしめ、怨を改めて心を洗い、数多くの悪を止めて、ついに須陀洹道を得せしめたという。

（河村孝照）

2919 **仏母経**（ぶつもきょう）

【内容】一巻。原本は敦煌出土写本 S2084。尾部を欠く。仏は入滅に際して大衆に、阿難と迦葉が来ていないという。優波梨を忉利天上に遣わし、仏の全身の疼痛を知らせ、早く来り三宝を礼敬せんことを願う。その中夜、仏母は六の悪夢をみる。一に山崩れ、二に海が枯れ、三に五月に霜の下り、四に宝幢が倒れ、五に火がわが身を焼き、六に両乳が流出したというものであった。ときに優波梨は仏母に仏の般涅槃を告げた。母は忉利天から娑羅双樹のもとに下り、仏の入滅を見た。十大弟子は天に向って哭いた。仏母は棺を三匝し、今は主無き仏の持物を見、半偈の法をも留めざるやと歎く。仏は金棺より出て母のために諸行無常の偈を説く、という物語りである。

（河村孝照）

2920 **僧伽和尚欲入涅槃説六度経**（そうがおしょうよくにゅうねはんせつろくどきょう）

僧伽和尚経ともいう。

【内容】一巻。原本は敦煌出土写本 S2754。尾題は僧伽和尚経とある。また同本として P2217もある。われは衆生が悪業を造り仏法を信じないので涅槃に入り、像法の世界に正法が興るとき、われと弥勒仏とが同時に下生し衆生を済度するというもので、われは六種の人を済度するといい、第一度者は父母に孝にして三宝を敬う者、第二度者は不殺生の者、第三度者は酒・肉を口にしない者、第四度者は平等であり盗みをしない者、第五度者は頭陀の苦行をなし、橋梁を修しそのほか諸の功徳を施すもの、第六度者は貧を憐み、病を看護し、衣食を布施し、極窮民をすくう者、これら六種の者を済度するというのである。本書と老子化胡説と関連せしめる学者もいる。

（河村孝照）

付編①
主要著者・訳者解説

《凡例》

一、ここでは本編中で＊印の付してある人物についてのみ解説している。

一、並び順は五十音順。

一、各宗派の宗祖については省略した。

あ行

阿質達霞（あしったさん）〈?～AD732〉
無能勝将ともいう。唐代の訳経僧。北インドの出身。インド名アジッタセーナ。

阿目佉（あもくきゃ）→不空に同じ

安玄（あんげん）〈生没年不詳〉
後漢時代の訳経僧。安息（パルティア）の出身。

安世高（あんせいこう）〈生没年不詳〉
安息（パルティア）の太子で、王位を嗣がずに出家し、後漢の建和年間（AD147～149）に洛陽に来て多くの経典を翻訳した。

安澄（あんちょう）〈AD763～814〉
日本の奈良～平安時代の僧。丹波船井郡の出身。大安寺の善義に三論を学び、密教にも精通していた碩学で、のちに同寺に住した。弟子には西大寺の玄叡、実敏等がいる。

安然（あんねん）〈AD841?～915?〉
日本の平安時代、天台宗の僧。天台密教の大成者。円仁のもとで出家。入唐を志したが果たせず、晩年には比叡山に五大院を建てて研究に没頭した。

安法欽（あんほうきん）〈生没年不詳〉
西晋時代の訳経家。安息（パルティア）の出身。晋の太康二年（AD281）から光熙元年（AD306）までの二五年間に五部一六巻を翻訳したという。

惟謹（いきん）〈?～AD836〉
唐代の密教僧。慧日寺に住した。青竜寺の法潤より胎蔵法を授かる。

一行（いちぎょう）〈AD673～727〉
唐代の僧。河北省鉅鹿県（一説に河南省南楽県）の出身。北宗禅の普寂から禅を、当陽山の悟真から律を、五泉寺の弘景から天台をそれぞれ学び、善無畏からは「大日経」胎蔵界系の密教を、金剛智からは「金剛頂経」金剛界系の密教を学ぶ。

一然（いちねん）〈AD1206～89〉
高麗の僧。慶州の人。九山禅門の迦智山派の禅僧。忠烈王九年（AD1283）に円径沖照国尊の号を賜った。

永厳（えいごん）〈AD1075～1151〉
日本の平安時代院政期、仁和寺の真言宗僧。寛助の付法。広沢六流の一である保寿院流の祖。

永超（えいちょう）〈AD1014～95〉
日本の平安中・後期、法相宗の僧。法隆寺二十九世。

恵運（えうん）〈AD798～869〉
日本の真言宗の僧。承和五年（AD838）円仁・円行等と共に唐に入り、長安の青竜寺の義真から密教の秘法を受け、同一四年帰国した。嘉祥元年（AD848）山科の安祥寺の開山となり、のち東大寺別当となった。入唐八家の一人。

恵英（ええい）〈生没年不詳〉
唐代の僧。法蔵の弟子。経行寺に住した。

慧遠（えおん）〈AD523～592〉
梁代の僧。敦煌の出身。地論宗南道派の慧光の学系に連なる人物。長安の浄影寺に住したので、東晋代の慧遠（廬山）と区別するため浄影寺慧遠という。多くの著書がある。

慧開（えかい）〈AD1182～1260〉
宋代の僧。楊岐派の月林師観に参じ、「趙州無字」によって大悟。洪州（江西省）の黄竜山など諸刹を歴住して後、杭州（浙江省）銭塘県の霊洞山護国仁王寺の開山となった。

慧月（えげつ）〈生没年不詳〉
六世紀頃の人。インド名はマティチャンドラ。インド六派哲学の中のヴァイシェーシカ学派の学者。

慧皎（えこう）〈AD497～554〉
梁代の僧。会稽上虞の出身。嘉祥寺に住して春夏には法を弘め、秋冬には著述を行っていた。

慧思（えし）〈AD515～577〉
梁・陳代の僧。河南省武津の出身。十五歳で出家し、北斉の慧文禅師に就いて法華三昧を修める。その後、大蘇山に住すること一四年、法華経・般若経などを講じ、この間に弟子の智顗を得る。陳の光大二年（AD568）に弟子らとともに南岳に入り、住すること一〇年にして没す。

慧寂（えじゃく）〈AD807～883〉
唐末五代の禅宗五家の一つ潙仰宗の祖で、霊祐の法嗣。袁州（江西省）宜春県の仰山棲隠寺に住した。諡号は智通大師。

恵什（えじゅう）〈生没年不詳〉
日本の平安時代院政期、真言宗の僧。平等房永厳の付法。

慧沼（えしょう）〈AD650～714〉
唐代の僧。十五歳で出家、玄奘に仕え、後に基に師事し、法相唯識学を修める。義浄の大薦福寺における翻訳や菩提流志の崇福寺における大宝積経の翻訳に際して証義（翻訳文の正、不正を判断する役目）をつとめた。淄州大師と称された。

慧祥（えしょう）〈生没年不詳〉
唐代の僧。北方の生まれ。高宗の乾封二年（AD667）セイロン僧の釈迦蜜多羅とともに五台山を巡礼し、山中で二年間を過ごした。

慧浄（えじょう）〈AD578～645〉
隋・唐代の僧。幅広い学究と長安の紀国寺における講席で名声を高め、当時の仏教と道教の二教の抗争において仏教を代表して対論を行った。

慧超（えちょう）〈生没年不詳〉
八世紀初めの新羅の僧。二十歳前に入唐し、ついで五天竺を巡り、帰国ののち開元二十一年（AD733）金剛智の元に入室し、ついで不空に学び、密教の受法者となった。

慧南（えなん）〈AD1002～69〉
宋代の僧。石霜楚円（慈明禅師）の法を嗣いだ後、洪州（江西省）建昌県の鳳棲山同安崇勝禅院や江州（江西省）廬山帰宗禅寺、さらに洪州武寧県の黄竜山崇恩禅院に活動し、その門流は北宋末期から南宋初期にかなりの隆盛を見せ、臨済宗黄竜派が形成されている。諡号は普覚禅師。

慧能（えのう）〈AD638～713〉
唐代の僧。新州（広東省）の出身。五祖弘忍の法を嗣いで後、韶州（広東省）曲江県の曹溪山宝林寺（後の南華寺）を中心に活動しており、その流れは法兄の玉泉神秀（大通禅師）の北宗に対して、南宗として中国禅宗の主流となったため、彼も禅宗六祖として位置づけられている。

慧立（えりつ）〈AD615～?〉
唐代の僧。十五歳で出家し、のち永徽元年（AD650）翻経大徳として玄奘の訳場に参加した。道教の道士としばしば宮中で対論した。

慧琳（えりん）〈AD737～820〉
唐代の僧。西域の疎勒（カシュガル）の出身。不空の弟子で、密教を学び、特に梵語に精通していた。

延一（えんいち）〈生没年不詳〉
宋代の僧。清涼山華厳寺に住した。妙済大師と称す。

円観（えんかん）〈AD1281～1356〉
日本の鎌倉～南北朝時代の僧。近江の出身。字は慧鎮、慈威和尚という。坂本西教寺を再興し円頓戒を伝える。後に後醍醐天皇ほか五帝の帰依をうけ、五朝国師の号を賜わる。

円行（えんぎょう）〈AD799～852〉
日本の平安時代初期、真言宗の僧。元興寺で出家受戒し、のち空海に師事した。承和五年（AD838）常暁・円仁等とともに遣唐使に随って入唐し、長安の青竜寺に入り伝法阿闍梨位の灌頂を受け、翌年多くの典籍・仏像などを伴って帰朝した。

円測（えんじき）〈AD613～696〉
新羅の僧。中国に遊学して玄奘の唯識学を修め、唯識の論著を多く残した。

延寿（えんじゅ）〈AD904～975〉
唐末五代の僧。天台徳韶の法を嗣いでおり、教禅一致を唱導し、また禅浄双修の念仏禅を旨としたことから、後に蓮社七祖に仰がれている。諡号は智覚禅師。

円照（えんしょう）〈生没年不詳〉
唐代の僧。特に律に精通し、大暦十三年（AD778）四分律疏の編纂に加わった。

円超（えんちょう）〈?～AD925〉
日本の平安時代中期、華厳宗の僧。東大寺に住した。

円珍（えんちん）〈AD814～891〉
日本の平安時代初期の僧。讃岐の出身。空海の甥。唐の宣宗の大中七年（AD853）に入唐し福州に入り、温州を経て台州の天台山国清寺で天台宗の教義を究め、諸方を巡ったのち長安の青竜寺に入って法全から密教を学び、竜興寺で灌頂を受け、同十年（AD856）再び天台山国清寺に戻り、同十二年帰朝した。帰朝ののち貞観十年（AD868）第五世天台座主となった。諡号は智証大師。

円仁（えんにん）〈AD794～864〉
日本の平安時代初期の僧。下野の出身。最澄に師事し、承和五年（AD838）常暁・円行等と共に遣唐使に随って入唐し、密教などを学んだのち帰朝しようとしたが暴風のため果たせず、天台山・長安などを巡ったが、たまたま会昌の法難に遭遇した。承和十四年（AD847）帰朝し、仁寿四年（AD854）第三世天台座主となった。諡号は慈覚大師。

か行

契嵩（かいすう）〈AD1007～72〉
宋代の雲門宗の僧。藤州（広西省）の鐔津の出身。儒仏一致を説く。仏日山に住したので仏日契嵩ともいう。

覚賢（かくけん）→仏駄跋陀羅に同じ

覚成（かくぜい）〈AD1126～98〉
日本の平安～鎌倉時代、仁和寺の真言宗僧。保寿院流第二世。永厳の付法。

覚如（かくにょ）〈AD1270～1351〉
日本の鎌倉～南北朝時代の僧。諱は宗昭。親鸞の曾孫。本願寺三世。

覚鑁（かくばん）〈AD1095～1143〉
日本の平安時代院政期の僧。肥前の出身。鳥羽上皇の帰依を得て大伝法院を建立し伝法院派を開いた。興教大師と称す。

伽梵達摩（かぼんだつま）〈生没年不詳〉
西インドの出身。唐代に入国し訳業に従事した。

元暁（がんぎょう）〈AD617～686〉
新羅の学僧。AD650年、中国法相宗を学ぼうとして義湘とともに入唐を試みるが、風雨に妨げられて過した一夜の経験から唯心の理を悟る。玄奘や基に唯識を学び、中国華厳宗の法蔵に大きな影響を与えた。世に海東師と称される。

咸傑（かんけつ）〈AD1118～86〉
宋代の僧。応庵曇華の法を嗣いで虎丘派の正系を継承して杭州（浙江省）の径山興聖万寿禅寺や北山景徳霊隠禅寺さらに明州（浙江省）の天童山景徳禅寺などに住し、崇岳や破庵祖先らの門人を育成し、その門流はやがて中国・日本の臨済宗の主流をなした。

寛助（かんじょ）〈AD1052～1125〉
日本の平安時代院政期、真言宗の僧、仁和寺、東大寺、広隆寺他に歴住。広沢方の事相の大家。その下で広沢六流が分かれる。

潅頂（かんじょう）〈AD561～632〉
唐初の僧。台州章安の出身。七歳で出家し、二十歳で具足戒を受ける。AD583年、天台宗の開祖智顗にしたがって金陵の光宅寺に入り、天台の教観を学ぶ。天台三大部（止観、玄義、文句）を聴講筆録する。智顗の滅後、煬帝の庇護のもとに師の遺徳を継承し、『国清百録』を編集する。章安尊者、章安大師などと称する。

元照（がんじょう）〈AD1048〜1116〉
宋代の僧。南山律の十六祖。銭塘西湖の崇福寺（霊芝寺）に住したので霊芝元照と称し、また大智律師ともいう。

基（き）〈AD632〜682〉
唐代の僧。法相宗の開祖。京兆長安の出身。十七歳で出家し、玄奘の弟子となり、二十八歳のとき師の玄奘とともに成唯識論を訳出した。百本の疏主と称されるほど著書は多い。諡号は慈恩大師。大乗基、窺基とも称す。

窺基（きき）→基に同じ

希運（きうん）〈生没年不詳〉
唐代の禅僧。百丈懐海の法嗣で、洪州（江西省）黄檗山を中心に活動し、門下に臨済宗祖の臨済義玄を輩出したことで名高い。諡号は断際禅師。

義雲（ぎうん）〈AD1253〜1333〉
日本の鎌倉時代、曹洞宗の僧。京都の出身。はじめ華厳・天台の教学を学ぶが、二十三歳で曹洞宗に転じ、のち永平寺中興の祖と呼ばれるに至る。

喜海（きかい）〈AD1178〜1250〉
日本の鎌倉時代前・中期、華厳宗の僧。明恵の弟子として高山寺の発展に関与した。

義玄（ぎげん）〈?〜AD867〉
唐代の僧。黄檗希運の法を嗣いだ後、鎮州の滹沱河に臨む地に臨済院を構えて機鋒のするどい禅風を振い、その門流はやがて臨済宗の一大動脈を形成し、中国・日本の禅を席巻した。諡号は慧照禅師。

義湘（ぎしょう）〈AD625〜702〉
新羅の人。竜朔元年（AD661）入唐し、華厳宗第二祖智儼に七年師事して、再び新羅に帰り、勅命によって太白山に浮石寺を開創し華厳の根本道場とし、各寺において華厳経を講義して海東華厳の礎を作り上げた。

義浄（ぎじょう）〈AD635〜713〉
唐代の僧。インドの王舎城の近くの密教の道場となったナーランダで一〇年間学び、梵語の経典を持ち帰り、『梵語千字文』や『金剛経』などの多くの経論や根本説一切有部の律を訳し、『南海寄帰内法伝』を著した。

義真（ぎしん）〈AD781〜833〉
日本の奈良〜平安時代の僧。相模の出身。最澄とともに入唐する。最澄の死後はその遺志を継いで叡山戒壇院の勅許を得るために尽力し、自ら戒和上となる。天台の第二祖であり、初代の天台座主とされる。

義操（ぎそう）〈?〜AD821〉
唐代の僧。青竜寺の恵果の高弟の一人。

吉蔵（きちぞう）〈AD549〜623〉
陳代の僧。祖父が安息（パルティア）の人で胡吉蔵ともいわれる。金陵（南京）で生まれる。七歳のとき、興皇寺法朗に就いて出家し、その後嘉祥寺に住し、煬帝に召されて楊州の慧日道場に入り、続いて長安日厳寺へ移る。唐の武徳年に十大徳の一人に選ばれる。三論（中論、十二門論、百論）教学の大成者。諡号は嘉祥大師。

吉迦夜（きっかや）〈生没年不詳〉
五世紀頃の西域の人。現地名キンカラ。北魏のとき五部一九巻を訳出した。

義天（ぎてん）〈AD1055〜1101〉
高麗の僧。宣宗二年（AD1085）入宋し華厳・律などを学び、三年ののち帰国して興王寺に教蔵都監を置き、蒐集した仏書を刊行した。諡号は大覚国師。

恭畏（きょうい）〈AD1565〜1630〉
日本の江戸時代、真言宗の僧。京都嵯峨法輪寺中興。

璟興（きょうごう）〈生没年不詳〉
七世紀頃の新羅の法相宗の学僧。

教舜（きょうじゅん）〈生没年不詳〉
日本の鎌倉時代末、醍醐寺の学僧。僧都。播磨の出身といわれる。四度の次第や諸尊法などにも多くの憲深の口決を記録しているが、ともに播鈔と称され、甲斐法印中性院頼瑜が憲深の口決を記した諸種の甲鈔とともに、三宝院流（特に地蔵院流）で重視されている。

教尋（きょうじん）〈?～AD1141〉
日本の平安時代院政期、真言宗の僧。覚鑁に教学的影響を与えた。

凝然（ぎょうねん）〈AD1240～1321〉
日本の鎌倉時代中期、華厳宗の僧。凝然は諱。示観と号す。東大寺戒壇院の院主となり、のち唐招提寺に移ったが、住すること五年で再び戒壇院に戻った。仏教諸宗に精通し八宗綱要一巻を著し、仏教史書として三国仏教伝通縁起三巻、また華厳五教章の註釈として五教章通路記五二巻を著すなど生涯に一二六部一二〇四巻を著述した。

畺良耶舎（きょうりょうやしゃ）〈生没年不詳〉
劉宋代の僧。西域の出身、現地名はカーラヤシャス。阿毘曇・律・諸経の三蔵に通じていたが、禅業を専らにしていた。元嘉元年（AD424）都の建業に入り訳業に従事した。

希麟（きりん）〈生没年不詳〉
梁の燕京崇仁寺に住した僧。

功徳直（くどくじき）〈生没年不詳〉
劉宋代の僧。西域の出身。孝武帝の大明六年（AD462）荊州に来て禅房寺に住した。

求那跋陀羅（ぐなばっだら）〈AD394～468〉
劉宋代の僧。中部インドの人。インド名グナバドゥラ。バラモンの出身。スリランカを経て海路広州に入り、建康（南京）で訳経を行った。勝鬘経、四巻楞伽経など五二部一三四巻を訳したといわれる。

求那跋摩（ぐなばつま）〈AD377～431〉
東晋代の僧。インド罽賓（カシュミール）の人。インド名グナヴァルマン。クシャトリヤの出身。劉宋の元嘉八年（AD431）都の建康に来て多くの訳業を行う。

求那毘地（ぐなびち）〈?～AD502〉
劉宋代の僧。中インドの出身。インド名グナヴルッディ。僧伽斯那（サンガセナ）の弟子。斉の建元年間（AD479～482）に都の建康に来る。

鳩摩羅什（くまらじゅう）〈AD344～413〉
東晋代の僧。亀茲（クッチャ）の人。父はインド出身。インド名クマーラジーヴァ。前秦王の符堅が建元十八年（AD382）亀茲から迎えた。のち長安で三百巻以上の経論を翻訳した大訳経家として知られる。

鳩摩羅仏提（くまらぶっだい）〈生没年不詳〉
前秦代の訳経家。建元十八年（AD382）西域のトルファン王弥弟の国師として王とともに中国に来る。

景雅（けいが）〈AD1103～85〉
慶雅ともいう。日本の平安～鎌倉時代、華厳宗の僧。醍醐寺の近くや仁和寺の華厳院に住し華厳を広めた。弟子に明恵がいる。法然の伝記に、空海の十住心論の成立に関して論議したと記される大納言法橋慶雅と同一人物。

敬光（けいこう）〈AD1740～95〉
日本の江戸時代中期、天台宗の学僧。山城の出身。講義や著述に専念する。中国天台を重視する時勢の中、密・禅・円頓戒などを復興し、日本天台の再建をめざした。寛政六年（AD1794）法明院に住し、翌年五十六歳で没す。

瑩山（けいざん）〈AD1268～1325〉
日本の鎌倉時代、曹洞宗の僧。越前の出身。八歳で永平寺に入山し、十八歳で下山。諸国行脚したのち加賀の大乗寺に住した。

月婆首那（げつばしゅな）〈生没年不詳〉
六世紀、中インド優禅尼国の王子。梁の武帝のとき中国に来る。

賢覚（けんがく）〈AD1080～1156〉
日本の平安時代院政期、真言宗の僧。醍醐寺座主三宝院権僧正勝覚の付法。醍醐三流の一である理性院流の祖。

厳覚（げんかく）〈AD1056～1121〉

日本の平安時代院政期、真言宗の僧。勧修寺長吏。小野方の事相の大家。その下で小野三流が分かれる。

元康（げんこう）〈生没年不詳〉
唐の貞観年間に長安で活躍した三論学者。

玄奘（げんじょう）〈AD602～664〉
唐代の大翻訳家。仏教の奥義を究めるためインド留学十七年、ナーランダ寺では五年間研鑽を積んだ。AD645年に大部の典籍を伴って帰国すると、長安で訳経に従事し、大般若経六百巻をはじめ、千巻以上の翻訳を完成した。世に玄奘三蔵、三蔵法師と称され、法相宗倶舎宗の祖と仰がれている。

憲深（けんじん）〈AD1192～1263〉
日本の鎌倉時代初期、真言宗の僧。醍醐寺二十五代座主。報恩院流（醍醐三宝院流）の祖。

源信（げんしん）〈AD942～1017〉
日本の平安時代中期の僧。大和の出身。幼少にして比叡山に登り、十三歳で得度受戒する。秀れた才学をもっていたが、名声を嫌って横川に隠棲する。恵心僧都と敬称される。著書に『往生要集』などがある。

彦琮（げんそう）〈AD557～610〉
唐代の僧。貞観二十三年（AD649）玄奘の門に入り、長安の弘福寺に住した。道宣等が表明した沙門拝俗否定の根拠を、集沙門不応拝俗等事六巻に著して示した。著書に玄奘の伝記である『大慈恩寺三蔵法師伝』がある。

玄日（げんにち）〈?～AD921〉
日本の平安時代中期、比叡山延暦寺に住した僧。

幻輪（げんりん）〈生没生不詳〉
明代の禅僧。諱は大聞、字は幻輪。

興雅（こうが）〈?～AD1383〉
日本の室町時代、真言宗の僧。安祥寺第二十一世。安祥寺流の正嫡。

光定（こうじょう）〈AD779～858〉
日本の平安時代初期の僧。伊予の出身。最澄、義真に師事し、空海から金剛界・胎蔵界の両部灌頂を受ける。弘仁十三年（AD822）最澄のあとをついで大乗戒の戒壇建立に力を尽くし勅許を得る。後に延暦寺の別当となり、別当大師と称される。

康僧会（こうそうえ）〈?～AD280〉
三国時代の僧。康居の人。呉の赤烏十年（AD247）都の建業に来て訳業に従事する。

康僧鎧（こうそうがい）〈生没年不詳〉
三国時代の僧。インドの出身。インド名サンガヴァルマン。魏の嘉平五年（AD253）洛陽に来る。無量寿経の訳者として知られる。

弘忍（こうにん）〈AD601～674〉
唐初の僧。蘄州（湖北省）黄梅の双峰山の東山（憑茂山）に在って東山法門を鼓吹し、門下に大通神秀や六祖慧能等を輩出し、中国禅発展の基を確立した。

興然（こうねん）〈AD1121～1203〉
日本の平安～鎌倉時代の学僧。勧修寺長吏寛信の弟子。勧修寺慈尊院第二世。

高弁（こうべん）〈AD1173～1232〉
日本の鎌倉時代、華厳宗の僧。明恵と号す。建永元年（AD1206）、後鳥羽上皇より栂尾十無尽院を与えられ、高山寺を建立し華厳宗の復興に努めた。

杲宝（ごうほう）〈AD1303～62〉
日本の南北朝～室町時代の僧。東寺観智院の開基。頼宝・賢宝とともに東寺三宝の一にして教相・事相にわたる著作を多くのこし、頼瑜・宥快と対比される優れた学匠。

克勤（こくごん）〈AD1063～1135〉
北宋末期から南宋初期に臨済宗を代表した楊岐派の禅匠。五祖法演の法を嗣いで後、成都（四川省）の崇寧万寿禅寺や潭州（湖南省）の夾山霊泉院・道林広慧寺、建康府（南京）の蒋山太平興国寺、開封（東京）の天寧寺、鎮江（江蘇省）の金山竜游寺、南康（江西省）の雲居真如禅院などに住して活躍し、門下に紹隆や宗杲ら多くの人材を輩出している。

胡幽貞（こゆうてい）〈生没年不詳〉
唐代の人。四明山の居士。

金剛智（こんごうち）〈AD671～741〉
唐代の翻訳僧。インドの出身。インド名ヴァジラボーディ。中インドの王子とも、南インドマウリヤ国のバラモン出身の僧とも伝えられる。中国密教の初祖と仰がれる。

厳仏調（ごんぶっちょう）〈生没年不詳〉
後漢代の訳経僧。臨准郡（安徽省盱眙県）の出身。

さ行

済暹（さいせん）〈AD1025～1115〉
日本の平安時代院政期の僧。性信の弟子。仁和寺慈尊院に住し、院政期の真言教学を代表する学匠。

崔致遠（さいちおん）〈AD857～904?〉
新羅末の学者。十二歳のとき入唐し十七歳で科挙に合格。二十八歳で新羅に帰り、のち海印寺に隠棲し晩年をおくった。詩文集が多くあったという。

賛寧（さんねい）〈AD920～1001〉
宋代の律僧。学は広く三蔵にわたっていたが特に南山律に通じた。『宋高僧伝』を著し、通慧大師の号を太宗より賜った。

師会（しえ）〈生没年不詳〉
宋代の人。華厳の趙宋四大家の一人。

竺道生（じくどうしょう）〈AD355～434〉
東晋・劉宋代の僧。鉅鹿（河北省鉅鹿県）の出身。鳩摩羅什門下の四傑の随一といわれる。

竺仏念（じくぶつねん）〈生没年不詳〉
前秦・後秦代の訳経僧。涼州の出身。曇摩難提の阿含経などの訳業を助け、また律部にも十誦比丘戒本など、曇摩持との共訳がある。

竺法護（じくほうご）〈AD239～316〉
西晋代の訳経僧。敦煌の出身。現地名ダルマラクシャ。先祖は月支国の出身なので支法護ともいう。八歳で出家して西域諸国を遍歴し、三六カ国語に通じたといわれる。正法華経・普曜経・無量寿経などをはじめ、主要な大乗経典に多くの訳業がある。敦煌菩薩・月支菩薩などと称された。

支謙（しけん）〈生没年不詳〉
三国時代の訳経家。西域の月氏の帰化人の子孫で、在俗の人。AD223～226年に仏説無量寿経の呉訳を行ったのをはじめ、その後AD253年まで仏典の漢訳を行った。

支施崙（しせろん）〈生没年不詳〉
東晋代の訳経家。月支の出身で、在俗の人。AD373年に中国へ来て、首楞厳経などを訳出した。

子璿（しせん）〈AD965～1038〉
宋代の僧。銭塘（杭州）の出身。霊光寺の洪敏のもとで華厳を学ぶ。洪敏は、知礼の山家派に対して山外派に属する趙宋天台の学匠である。山外派の学説は華厳教学に通ずるものといわれる。子璿はまた楞厳経に精通し、三十余回にわたって同経を講じたという。

実運（じちうん）〈AD1105～60〉
日本の平安時代院政期、真言宗の僧。醍醐寺十八世座主。松橋大僧都元海の付法。

実英（じつえい）〈AD1550～1637〉
日本の江戸時代初期、華厳宗の僧。東大寺清涼院に住した。徳川家康のために倶舎論大綱と八識九識義を講義した。

実弘（じっこう）〈?～AD1262〉
日本の鎌倉時代中期、華厳宗の僧。宗性に華厳を学ぶ。

実叉難陀（じっしゃなんだ）〈AD652～710〉
唐代の僧。于闐（コータン）の出身。現地名シィクシャーナンダ。則天武后が六十巻華厳経の欠を補うため于闐に梵本を求めたとき、梵本と共に洛陽に来る。一九部一〇七巻の経典を訳出した。

地婆訶羅（じばから）〈AD612～687〉
唐初の僧。中インドの出身。インド名ディヴァーカラ。ナーランダ寺などに住していた学僧で、晩年に中国へ来てからは太原寺・弘福寺に住し翻訳に従事した。

志磐（しばん）〈生没年不詳〉
宋代の天台宗山家派の僧。天台の正統を紹隆することに努めた。仏祖統紀を宋の宝祐六年（AD1258）から咸淳五年（AD1269）までの一二年を費やして撰述した。

闍那崛多（じゃなくった）〈AD523～600〉
南北朝時代に中国に来た訳経僧。北インド・ガンダーラの出身。インド名ジュニャーニャグプタ。

宗叡（しゅうえい）〈AD808～884〉
日本の平安時代初期、真言宗の僧。法相・天台を学び、園城寺で円珍から両部大法を受け、のち東寺に移った。貞観四年（AD862）唐に渡り、五台山・天台山・長安などを巡って同九年帰国し、請来した典籍などを東寺に納め、また灌頂壇を開いた。入唐八家の一人。

修栄（しゅうえい）〈生没年不詳〉
日本の奈良時代の僧。大安寺で中国から招かれた道璿と菩提僊那から戒律・三蔵を学んだ。

重顕（じゅうけん）〈AD980～1052〉
宋代の僧。雲門宗の智門光祚の法を嗣いだ後、蘇州（江蘇省）洞庭の翠峰禅寺や明州（浙江省）奉化県の雪竇山資聖寺に住し、天衣義懐ら多くの門人を育成し、雲門宗中興の祖と称えられている。

宗密（しゅうみつ）〈AD780～841〉
唐代の僧。華厳宗の第五祖とされる。幼くして儒学を学び、後に仏教を修める。三十二歳のとき、清涼大師澄観に会い二年間師事した。これは自らの教禅一致説に合致するものであったからである。諡号は定慧禅師。

守覚（しゅかく）〈AD1150～1202〉
日本の平安～鎌倉時代、仁和寺の真言宗僧。仁和寺第六世。仁和御流の中興、北院流・三宝院御流の祖とされる。後白河天皇の第二皇子。

袾宏（しゅこう）〈AD1535～1615〉
明代の僧。禅浄一致を唱えた。蓮宗九祖の一人に数えられ、雲棲大師とも称す。

輸波迦羅（しゅばから）→善無畏に同じ

寿霊（じゅれい）〈生没年不詳〉
日本の奈良～平安時代、華厳宗の僧。東大寺の良弁に師事し、興福寺の慈訓に学をうけた。

遵式（じゅんしき）〈AD964～1032〉
宋初の天台宗の僧。義全について出家した後、二十二歳で宝雲義通の門に入る。同門の知礼は学識の深さをもって知られたが、遵式はその徳をもって尊崇されたという。しばしば修懺念仏を修行した。多くの書を著す。

定海（じょうかい）〈AD1074～1149〉
日本の平安時代院政期、真言宗の僧。醍醐寺十六世座主。東寺四十代長者。三宝院勝覚の甥にして付法の弟子。三宝院流祖。

正覚（しょうかく）〈AD1091～1157〉
宋代の僧。隰州（山西省）の出身。丹霞子淳の法を嗣いだ後、大聖普照禅寺や長蘆崇福禅院などを歴住し、天童山に住して中興、十六世となった。黙照の宗風を振って法兄の真歇清了とともに曹洞宗の隆盛に尽力し、臨済宗の大慧宗杲と並び称せられている。

常暁（じょうぎょう）〈?～AD866〉
日本の平安時代初期、真言宗の僧。元興寺の豊安から三論を学び、のち空海から密教を学び灌頂を受けた。承和五年（AD838）円仁・円行等とともに遣唐使に随って唐に入り密教、三論を学んで同六年に帰朝した。入唐五家、あるいは入唐八家の一人。

貞慶（じょうけい）〈AD1155～1213〉
日本の鎌倉時代初期、法相宗の僧。藤原貞憲の子。南都再興に尽力した。

勝賢（しょうけん）〈AD1138～96〉
日本の平安～鎌倉時代、真言宗の僧。三宝院流の正嫡、醍醐寺十九世座主・東大寺別当・東寺二長者、信西入道藤原通憲の子。

浄源（じょうげん）〈AD1011〜88〉
宋代の僧。華厳四大家の一人。出身地に因んで晋水大師と称する。高麗の義天は、散逸した華厳章疏を彼の下に届けたのであるが、これが宋代における華厳興隆の端緒となった。

少康（しょうこう）〈?〜AD805〉
唐代の僧。洛陽の白馬寺で善導の西方化導の文を得て歓喜し、長安の善導の影堂に赴き霊異を感じた。のち浄土道場を建立し阿弥陀仏を唱讃し、斎日には三千余人もの人が集まったという。少康が念仏するとその口から仏が出たという。

貞舜（じょうじゅん）〈AD1334〜1422〉
日本の室町時代、比叡山西塔宝園院の学僧。応永年間（AD1394〜1422）に近江柏原に成菩提院を開創、談義所として学問の興隆に努めた。

聖詮（しょうせん）〈生没年不詳〉
日本の平安〜鎌倉時代、華厳宗の僧。東大寺の尊勝院に住した明恵に倶舎・因明などを教えた。

成尊（じょうそん）〈AD1012〜74〉
日本の平安時代の僧。仁海の弟子にして小野曼荼羅寺二世・東寺長者。真言宗全書に徒師灌頂決義抄四巻の著作がある。

静泰（じょうたい）〈生没年不詳〉
唐代の僧。顕慶五年（AD660）老子化胡経について道士の李栄と論争し、これを窮せしめた。

聶道真（しょうどうしん）〈生没年不詳〉
三〜四世紀の人。父の聶承遠と共に竺法護の訳経に携わる。

祥邁（しょうまい）〈生没年不詳〉
元代の僧。九歳で出家し、甘泉普済寺に住した。

証真（しょんしん）〈生没年不詳〉
日本の平安〜鎌倉時代、天台宗の学僧。慧壇両流を学ぶ。叡山東塔華王院に講席を設け、後に宝地房で著述に専念する。文治五年（AD1189）に探題を務めて法印となる。後に天台座主慈円に進言して安居を復興する。

尸羅達磨（しらだつま）〈生没年不詳〉
唐代の訳経僧。于闐（コータン）の人。現地名シーラダルマ。

支婁迦讖（しるかせん）〈生没年不詳〉
後漢代の訳経家。大月支の出身。現地名ローカクシェーマ。AD178年に洛陽に来て多くの初期大乗経典を訳出した。

審乗（しんじょう）〈AD1258〜?〉
日本の鎌倉時代中期、華厳宗の僧。凝然の弟子。

神清（じんせい）〈生没年不詳〉
唐代の僧。東塔宗の律を学び、倶舎論を研究し、晩年は慧義寺で講義と著述に励んだ。著書は百余巻あったとされるが、現存するのは一書のみである。

真諦（しんだい）〈AD499〜569〉
梁・陳代の僧。西インド優禅尼国の人。インド名パラマールタ（波羅末他、波羅末陀などと音写する）。梁の武帝に招聘されてAD546年に中国に来る。鳩摩羅什・玄奘・不空と並ぶ四大訳経家の一人。摂論宗の祖。

真誉（しんよ）〈AD1069〜1137〉
日本の平安時代院政期、真言宗の僧。寛助の付法、広沢方持明院流の祖。

成賢（せいげん）〈AD1162〜1231〉
日本の鎌倉時代初期、真言宗の僧。醍醐寺二十一世座主・東寺三長者。信西入道藤原通憲の孫。三宝院流の正嫡。彼の下で地蔵院流、報恩院流、意教流などの諸流が分かれた。

清拙（せいせつ）〈AD1274〜1339〉
日本の鎌倉時代末期、臨済宗の僧。中国、福州（福建省）の出身。嘉暦元年（AD1326）弟子を伴って来日。鎌倉建長寺に住し、後に京都建仁寺・南禅寺に住した。

靖邁（せいまい）〈生没年不詳〉
唐代の僧。玄奘が訳経を行うに当たり証

義（翻訳文の正、不正を判断する役目）大徳の十一人のうち一人に選ばれた。

施護（せご）〈生没年不詳〉
宋代の訳経僧。北インドの出身。インド名ダーナパーラ。AD980年にカシミールの天息災とともに中国へ来て訳経に従事し、一一五部二百数十巻という大部の経論を訳出した。

慚安（ぜんあん）〈生没年不詳〉
日本の平安時代、興福寺系の学匠。東大寺に因明を伝えたことから根本因明師と尊崇され、また三論の学匠としても知られた。

善珠（ぜんじゅ）〈AD723〜797〉
日本の奈良時代、法相宗の僧。秋篠寺を開創した。

善昭（ぜんしょう）〈AD947〜1024〉
宋初の僧。太原（山西省）の出身。首山省念の法を嗣いで臨済六世の法統を継いでおり、汾州（山西省）の太子院に住して活動し、臨済宗興隆の先駆をなしている。

善無畏（ぜんむい）〈AD637〜735〉
唐代の訳経僧。インドの出身。インド名シュバカラシンハ（輸波迦羅と書写）。真言宗伝持の八祖のうち第五祖。マガダ国王の家系出身と伝えられ、AD716年に中国に来て以来、大日経はじめ二五部四五巻の密教経軌を訳出する。

僧加斯那（そうがしな）〈生没年不詳〉
五世紀頃のインドの禅の諸家の一人。インド名はサンガセーナ。

僧伽提婆（そうがだいば）〈生没年不詳〉
東晋代の訳経僧。罽賓（カシミール）の出身。インド名サンガデーバ。前秦の建元年間（AD365〜384）に長安に来る。

僧伽跋陀羅（そうがばっだら）〈生没年不詳〉
南斉代の訳経僧。西域の出身。現地名サンガバドラ。永明年間（AD483〜493）に広州に来る。

僧伽跋摩（そうがばつま）〈生没年不詳〉
劉宋代の訳経家。インドの出身。インド名サンガヴァルマン。劉宋の元嘉十年（AD433）建業に来て、同十九年帰国。

僧伽婆羅（そうがばら）〈AD460〜524〉
南斉・梁代の訳業僧。扶南（メコン川下流域）の出身。現地名サンガヴァルマン。中国に来て求那跋陀羅に師事した。

僧伽羅叉（そうがらしゃ）〈生没年不詳〉
東晋代の訳経僧。罽賓（カシミール）の出身。

宗杲（そうこう）〈AD1089〜1163〉
宋代の僧。宣州（安徽省）の出身。曇晦・妙喜と号し、楊岐派の克勤の法を嗣いで後、海昏（江西省）雲門庵や福州（福建省）洋嶼庵に居して黙照禅批判を展開し、また杭州（浙江省）の径山能仁禅院（後の興聖万寿禅寺）などに住して看話禅（公案禅）を鼓吹し、臨済の再興と称されている。

蔵俊（ぞうしゅん）〈AD1104〜80〉
日本の平安時代後期、興福寺の僧。

宗性（そうしょう）〈AD1202〜78〉
日本の鎌倉時代中期、華厳宗の僧。東大寺尊勝院の院主となり、のち別当となり、華厳教学の普及に努めた。弟子に凝然等がいる。

僧肇（そうじょう）〈AD384〜414?〉
東晋代の僧。西安の出身。鳩摩羅什に師事し訳業を助けた。羅什門下の四聖、十哲の一人であり、解空第一といわれた。

宗禎（そうちょう）〈生没年不詳〉
日本の江戸時代中期の僧。

僧祐（そうゆう）〈AD445〜518〉
南斉・梁代の律僧。斉の文宣王や梁の武帝から厚い信任を得ていた。特に十誦律を宗として十誦義記十巻を撰述したというが伝わらない。

宗泐（そうろく）〈AD1318〜91〉
元末明初の臨済宗の僧。浙江省台州の出身。著書に『全室外集』がある。

沮渠京声（そきょけいせい）〈生没年不詳〉
北涼王の沮渠蒙遜の従弟にあたる居士。安陽侯ともいう。

た行

提雲般若（だいうんはんにゃ）〈生没年不詳〉
唐代の訳経僧。于闐（コータン）の出身。現地名デーヴァプラジュニャー。永昌元年（AD689）梵本百余部をもって洛陽に来る。

諦観（たいかん）〈生没年不詳〉
高麗国の人。建隆元年（AD960）、王の命によって仏教典籍を携えて入宋し、螺渓義寂に師事すること一〇年にして没した。

太賢（だいけん）〈生没年不詳〉
大賢ともいう。新羅の学僧で景徳王の時代（AD742～764）に活躍した。自ら青丘沙門と号し、特に瑜伽唯識を究め「新羅の瑜伽の祖」と称される。

体清（たいせい）〈生没年不詳〉
唐代の僧。崇福寺に住した。

達摩笈多（だつまぎゅうた）〈?～AD619〉
隋代の訳経僧。南インドの出身。インド名ダルマグプタ。AD590年、闍那崛多とともに中国に来る。

段成式（だんせいしき）〈生没年不詳〉
唐代の文人官僚。字は柯古。文昌の子。

丹達爾吉（たんだにきつ）〈生没年不詳〉
清代の僧。闡福寺の副法主。

湛然（たんねん）〈AD711～782〉
唐代の僧。常州晋陵の荊渓（江蘇省武進県）の儒家の出身。中国天台宗の中興の祖であり、荊渓尊者、妙楽大師などと尊称される。

知慧輪（ちえりん）〈生没年不詳〉
唐代の訳経僧。インドの出身。インド名はプラジニャーカカラ。

智円（ちえん）〈AD976～1022〉
宋初、天台宗山外派の学僧。浙江省銭塘西湖の孤山に屏居したことに因んで孤山智円と称す。

智顗（ちぎ）〈AD538～597〉
陳～隋代の僧。潁川（河南省）の出身。天台教学の大成者。南岳慧思の印可を受けた後に金陵（南京）の瓦官寺、光宅寺に住し、次第禅門、法華文句を講説す。一時天台山に隠棲した後、玉泉寺で摩訶止観を講ず。隋の煬帝の帰依をうける。天台大師、智者大師と尊称する。

智旭（ちぎょく）〈AD1599～1655〉
明代の天台宗の僧。江蘇省呉県木瀆の人。霊峰寺に住し霊峰藕益大師と称される。

智愚（ちぐ）〈AD1185～1269〉
南宋代の僧。明州（浙江省）象山県の出身。松源派の運庵普巌の法を嗣いだ後、明州の阿育王山広利禅寺や杭州（浙江省）銭塘県の南屏山浄慈報恩光孝禅寺、径山興聖万寿禅寺などに住して活躍しており、弟子に日本の南浦紹明（大応国師）がいる。

智光（ちこう）〈生没年不詳〉
日本の奈良時代、三論宗の僧。河内の出身。後に浄土教に帰依する。

智儼（ちごん）〈AD602～668〉
唐初の僧。華厳宗第二祖とされる。天水（甘粛省）の出身。大業九年（AD613）杜順の門に入り、法常・僧弁・智正等について学んだ。二十七歳のとき一乗の真義を知って『捜玄記』を著した。顕慶四年（AD659）ごろ長安の雲華寺に入り沛王賢の講主を務めた。

智周（ちしゅう）〈AD668～723〉
唐代の僧。法相宗の第三祖。日本の智鳳、玄昉、智鸞等が彼について学び、日本に法相宗を伝えた。濮陽大師と称す。

智昇（ちしょう）〈生没年不詳〉
唐代の律僧。大小乗に通じていたが、特に史実に精通していた。

智通（ちつう）〈生没年不詳〉
唐代の訳経僧。陝州（陝西省）安邑の出身。

智徹（ちてつ）〈生没年不詳〉
元代の僧。元統三年（AD1335）に受戒し、至元六年（AD1340）に落髪して僧となり、万法帰一の公案で大悟し、四川省の何堂主庵に幽居した。

智訥（ちとつ）〈AD1158～1210〉
高麗の神宗・熙宗の時代に曹渓山修禅社を創設して独自の禅風を鼓吹し、曹渓宗の基盤を築いた禅者として名高い。

忠尋（ちゅうじん）〈AD1065～1138〉
日本の平安時代院政期、天台宗の学僧。幼くして叡山に登り顕密二教を学ぶ。京都曼殊院に住し、後に叡山西塔の東陽房に移り、恵心流の法門を伝え、天台学の復興に努めた。

長宴（ちょうえん）〈AD1015～81〉
日本の平安時代中期、天台宗の僧。京都の出身。顕密二教を学び元慶寺別当、のち律師となり権少僧都に進む。秘法を修して朝野の尊信をあつめた。

澄観（ちょうかん）〈AD738～839〉
唐代の僧。浙江省会稽の出身。十一歳で出家し、律、三論、天台、禅などを学び、華厳学は慧苑の弟子の法詵に教えを受けるが、後に慧苑の学説を批判する。華厳宗の第四祖。清涼国師と尊称される。弟子には宗密や僧睿らがいる。

張商英（ちょうしょうえい）〈AD1043～1121〉
北宋の政治家として活躍し、後に維摩経などを読んで仏教を信じ、禅を究め、儒仏道三教の調和を説いた。

澄禅（ちょうぜん）〈AD1227～1307〉
日本の鎌倉時代、真言宗の僧。京都太秦の桂宮院に住し、弘律の祖と称され、戒法と密儀を究めた。

知礼（ちれい）〈AD960～1028〉
宋初の僧。四明（浙江省寧波府）の出身。二十歳で義通に就いて天台学を修める。趙宋天台における山家・山外論争の山家派の中心人物であった。四明尊者と称す。

陳舜兪（ちんしゅんゆ）〈生没年不詳〉
宋代の政治家。字を令挙といい、白牛居士と号した。神宗の熙寧三年（AD1070）山陰県の知（長官）となった。

通幻（つうげん）〈AD1322～91〉
日本の室町時代初期、曹洞宗の僧。瑩山紹瑾の法嗣で総持寺第二世の峨山韶碩の法を嗣ぎ、応安元年（AD1368）に総持寺第五世として住持する。

天息災（てんそくさい）〈生没年不詳〉
宋代の僧。北インド・カシミールの出身。太平興国五年（AD980）法天・施護とともに中国に来て訳業に従事する。

道安（どうあん）〈AD312～385〉
東晋代の僧。常山扶柳（河北省）の出身。仏図澄の弟子となる。般若経・禅経に多くの注釈書を残し、中国仏教の開拓者とされる。

道原（どうげん）〈生没年不詳〉
宋代の法眼宗の僧。

道㲀（どうしゅ）〈生没年不詳〉
唐末五代の僧。五台山金河寺に住した。

道世（どうせい）〈?～AD668?〉
隋～唐代の僧。隋の大業年中（AD605～617）に南山大師道宣とともに智首律師から具足戒を受けた。のち玄奘の訳業を助け、戒律の普及につとめた。

道宣（どうせん）〈AD596～667〉
唐初の僧。南山大師。二十歳のとき、大禅定寺の智首律師について具足戒を受け律を学ぶ。その後、終南山を拠点として諸律の異伝を求め諸方を巡り、四分律行事鈔など律五大部を完成させた。『続高僧伝』など歴史書も撰述している。

道泰（どうたい）〈生没年不詳〉
四～五世紀の人。事蹟としてパミール以西の諸国を遊歴して見聞を広めたことが知られている。

道範（どうはん）〈AD1178～1252〉
日本の鎌倉時代、高野山正智院の真言宗僧。高野八傑の一とされる学者。密教浄土教の代表著作である『秘密念仏鈔』の著者。仁治二年（AD1241）の騒動により、大伝法院方と対立した金剛峰寺方の棟梁として讃岐に配流され、『南海流浪記』を著す。

唐臨（とうりん）〈生没年不詳〉
唐初の役人。吏部尚書を務めた。

徳一（とくいち）〈AD749〜824〉
日本の奈良〜平安時代、法相宗の学匠。

杜順（とじゅん）〈AD557〜640〉
法順ともいう。
隋・唐代の僧。華厳宗の第一祖とされる。著作としては『法界観門』などが知られるが、杜順のものではなく後代のものとする説もある。

曇曠（どんこう）〈生没年不詳〉
唐代の僧。長安の西明寺に住したが、のち朔方（陝西省横山）や敦煌などを遊歴し、百法明門論・起信論などに注釈した。

曇諦（どんたい）〈生没年不詳〉
魏代の僧。安息（パルティア）の出身。

曇摩伽陀耶舎（どんまかだやしゃ）〈生没年不詳〉
南斉代の僧。中インドの出身。インド名ダルマガタヤシャス。

曇摩難提（どんまなんだい）〈生没年不詳〉
東晋代の僧。トカラの出身。現地名ダルマナンデイ。前秦の建元二十年（AD384）に長安に来る。増一阿含経と中阿含経を暗記していたことから口誦して書写し、竺仏念が訳出したが、これが中国での阿含経の嚆矢となった。

曇摩蜜多（どんまみった）→曇無蜜多に同じ。

曇摩流支（どんまるし）〈生没年不詳〉
北魏代の訳経家。南インドの出身。インド名ダルマルチ。「十誦律」五八巻の訳を完成させる。

曇無竭（どんむかつ）〈生没年不詳〉
劉宋代の僧。幽州黄竜の出身。幼くして出家し、AD420年、僧猛・曇朗等と西域に行き、霊場を巡歴。後に広州に赴く。

曇無讖（どんむせん）〈AD385〜433〉
南北朝時代の訳経僧。インド中部の出身。インド名ダルマラクシャ。涅槃経をはじめとして多くの訳業がある。

曇無蜜多（どんむみった）〈AD356〜442〉
曇摩蜜多ともいう。
劉宋代の訳経僧。罽賓（カシミール）の出身。インド名ダルマミトラ。禅法に深く、大禅師と称された。

曇無蘭（どんむらん）〈生没年不詳〉
東晋代の訳経僧。インドの出身といわれるが不確か。インド名ダルマラクシャ。AD381年以降、楊都の謝鎮西寺で翻訳に従事し、多くの経典を訳出した。

曇曜（どんよう）〈生没年不詳〉
北魏代の僧。種々の興仏事業により北魏仏教全盛の基礎を築き、また皇帝に雲岡石窟の開鑿を奉請した。この事業は以後三五年間にわたって続けられた。

な行

那連提耶舎（なれんだいやしゃ）〈AD490〜589〉
那連提黎耶舎ともいう。
南北朝〜隋代の訳経僧。インド北部の出身。インド名ナレーンドラヤシャス。大集月蔵経の翻訳は末法思想の形成に大きくあずかった。

日称（にっしょう）〈生没年不詳〉
十〜十一世紀頃のインド出身の僧。

如玘（にょい）〈AD1320〜85〉
元末明初の学僧。天台の学匠湛堂門下の善継に教えを受ける。

如浄（にょじょう）〈AD1163〜1228〉
南宋代の曹洞宗の僧。足庵智鑑の法を嗣いだ後、杭州（浙江省）の南屛山浄慈報恩光孝禅寺や明州の天童山などに住し、厳格な只管打坐と身心脱落（心塵脱落とも）の法門を鼓吹して復古的な禅風をもって知られ、入宋した道元の本師としてその後の日本禅林に絶大な影響を与えている。

仁岳（にんがく）〈AD992〜1064〉
宋代の僧。知礼の学派である山家派の系統に属したが、山家教学の学風に不満を感じて離別し、後には山家教学に対する論難者となった。山家派と別れた後には首楞厳(しゅりょうごん)経(きょう)の研究に力を注いだ。

仁空（にんくう）〈AD1309～88〉
日本の鎌倉～室町時代、浄土宗西山派の僧。山城の三鈷寺に住す。同寺の十世を継ぎ宗門の発展に尽力する。円密戒浄にわたり多くのが著書ある。

念常（ねんじょう）〈AD1282～1343?〉
元代の禅僧。臨済宗楊岐派の九世である晦機元熙より嗣法して、嘉興の大中祥符寺に住した。

は行

白隠（はくいん）〈AD1685～1768〉
日本の江戸時代、臨済宗の僧。駿河の出身。別号を鶴林(かくりん)という。駿東の松蔭寺で得度したのち諸国を遍参し、享保元年（AD1716）より松蔭寺に帰住した。日本臨済宗中興の祖とされる。

白延（はくえん）〈生没年不詳〉
亀兹（クッチャ）の出身。曹魏の時代に洛陽に来て、白馬寺に住して訳経を行った。

抜合思巴（パクパ）〈AD1235～80〉
チベット仏教の僧。パクパとは聖人の意味。元のフビライ・ハンの尊崇を受け、その師となった。

白法祖（はくほうそ）〈生没年不詳〉
白遠、帛遠ともいう。
西晋代の訳経僧。河南省の出身。仏般泥洹経などを訳出し、また首楞厳経(しゅりょうごんきょう)の注疏をつくった。

波羅頗蜜多羅（はらはみたら）〈AD565～633〉
唐代の訳経僧。インド中部マガダ国の出身。

般若（はんにゃ）〈生没年不詳〉
唐代の訳経僧。北インドの出身。インド名プラジュニャー。徳宗建中二年（AD781）広州に達し、翌年長安に入った。訳出経典には六波羅蜜経、心地観経、般若心経などがある。

般若流支（はんにゃるし）〈生没年不詳〉
北魏代の訳経僧。南インドのバラモンの出身。インド名プラジュニャールチ。AD516年に中国へ来て訳業に従事した。

非濁（ひだく）〈?～AD1063〉
宋代の僧。円融国師澄淵(ちょうえん)に師事し、契丹大蔵経雕刻に携わった。純慧大師と称す。

費長房（ひちょうぼう）〈生没年不詳〉
南北朝～隋代の訳経家。成都の出身。北周の廃仏で還俗したが、隋になり召されて在俗のまま訳場に参加した。

毘尼多流支（びにたるし）〈生没年不詳〉
隋代の訳経僧。北インドの出身。インド名ヴィニータルチ。

毘目智仙（びもくちせん）〈生没年不詳〉
北魏代の訳経僧。AD516年、般若流支(はんにゃるし)とともに中国に来て訳業に従事した。

不可思議（ふかしぎ）〈生没年不詳〉
新羅の零妙寺の僧。開成三年（AD839）、彼の訳書を日本の円行(えんぎょう)が写し求めた。

普機（ふき）〈生没年不詳〉
日本の平安時代前期、華厳宗の僧。

不空（ふくう）〈AD705～774〉
阿目佉(あもくきゃ)ともいう。
唐代の密教訳経僧。北インド（一説には南インド）の出身。インド名アモーガヴァジュラ。真言宗の付法第六祖とされ、主として金剛頂経系統の密教を伝えた。唐の玄宗・粛宗・代宗の三代に優遇され、密教経軌七七部一〇一巻を翻訳し、鳩摩羅什(くまらじゅう)・真諦(しんだい)・玄奘(げんじょう)と並ぶ四大翻訳家と称されている。

復礼（ふくれい）〈生没年不詳〉
唐代の僧。地婆訶羅(じばから)や実叉難陀(じっしゃなんだ)の訳経を助けた。

普光（ふこう）〈生没年不詳〉
唐代の僧。玄奘(げんじょう)の高弟の一人であり大乗光と称される。長く玄奘の翻訳の場にあって筆受の任にあたった。

普寂（ふじゃく）〈AD1707～81〉
日本の江戸時代中・後期、浄土宗の僧。諸

国を訪ねて各教学を学んだ。各部門にわたり多数の著作がある。

傅大士（ふだいし）〈AD497～546〉
斉代の僧。本名は傅翕、字は玄風。東陽郡烏傷県（四川省巴県重慶の近く）の出身。東陽大師、烏傷大士とも称される。

仏陀什（ぶっだじゅう）〈生没年不詳〉
劉宋代の訳経僧。罽賓（カシミール）の出身。インド名ブッダジーヴァ。景平元年（AD423）中国に来る。

仏陀跋陀羅（ぶっだばっだら）〈AD359～429〉
覚賢ともいう。東晋代の僧。北インドの出身。インド名ブッダバドラ。義熙二年（AD406）長安に至り、以後、訳経に従事した。

仏陀耶舎（ぶっだやしゃ）〈生没年不詳〉
覚名・覚明ともいう。四～五世紀頃の人。罽賓（カシミール）の出身。インド名ブッダヤシャ。鳩摩羅什に請われて中国に来る。

弗若多羅（ふつにゃたら）〈生没年不詳〉
罽賓（カシミール）の出身。インド名プンニャタラ。後秦の弘始年間（AD399～416）に中国に来る。

文益（ぶんえき）〈AD885～958〉
唐末五代の僧。雪峰下の羅漢桂琛の法嗣であり、五代に呉越（江蘇・浙江）の地に教線を拡張し、後世、法眼宗と称される門流を形成した。その系統から教禅一致の立場をとる天台徳韶や永明延寿らが輩出している。

文偃（ぶんえん）〈AD864～949〉
唐末五代の僧。青原下の雪峰義存（真覚大師）の法を嗣いだ後、韶州（広東省）乳源県の雲門山光泰禅院に在って活動し、簡潔な語句と峭峻な接化によって一家をなし、禅宗五家の一つの雲門宗を形成した。

文才（ぶんさい）〈AD1241～1302〉
元初の僧。三教融合の立場を取った。

弁機（べんき）〈生没年不詳〉
唐代の僧。十五歳で道岳の弟子となり、若年にして玄奘の翻訳の場に参加し、綴文大徳九人の一人として訳文の整理に当たった。

宝雲（ほううん）〈AD375?～449〉
涼州の出身。法顕や智厳などと同じく四～五世紀頃、仏法を求めてインドへ行った。

法雲（ほううん）〈AD467～529〉
江蘇省の出身。梁の三大師の一人。光宅寺に勅住した。

方会（ほうえ）〈AD992～1049〉
宋代の僧。石霜楚円（慈明禅師）の法を嗣いだ後、袁州（江西省）萍郷県の楊岐山や潭州（湖南省）善化県の雲蓋山を中心に活動した。その門流はやがて臨済宗楊岐派として隆盛し、中国・日本の臨済宗の主流をなしている。

法月（ほうげつ）〈生没年不詳〉
八世紀頃中インドのマガダ国から来た僧。インド名ダルマチャンドラ。

法炬（ほうこ）〈生没年不詳〉
西晋末の僧。AD290～312年に、大方広如来蔵経を初めて漢訳したと伝えられる。

法護（ほうご）〈AD963～1058〉
宋代の訳経僧。西インドの出身。インド名ダルマラクシャ。

宝思惟（ほうしゆい）〈?～AD721〉
阿儞真那ともいう。唐代の訳経僧。インドの出身。

宝唱（ほうしょう）〈生没年不詳〉
南北朝時代の僧。十八歳のとき僧祐の下で出家し、のち梁の武帝の勅を奉じて天監四年（AD505）新安寺主となった。また僧伽婆羅の翻訳の場に参加し筆受にあたった。

法成（ほうじょう）〈生没年不詳〉
八世紀から九世紀前半のチベット僧。廃仏により敦煌に逃れ、訳経に従事した。

法崇（ほうすう）〈AD705～774〉
唐代の密教僧。不空の門に学び、その翻訳の場に加わったとされる。

法蔵（ほうぞう）〈AD643～712〉

唐代の僧。祖先は康居（西アジアの一国）の出身。長安の生れ。中国華厳宗の第三祖であり、華厳教学の大成者。賢首大師・香象大師・華厳和尚などと尊称される。智儼が雲華寺で華厳経を講じているのに参じ、門下に入った。AD670年、勅命を受けて太原寺に住する。武周王朝の仏教界での第一人者として活躍した。

宝達（ほうたつ）〈生没年不詳〉
唐代の僧。戒行に精しい。写本には「京地清発道場沙門宝達」と記されている。

鳳潭（ほうたん）〈AD1659~1738〉
日本の江戸時代中期、華厳宗の僧。諱は僧濬。鳳潭は号。華厳宗の復興を志し、法蔵を正統とする説を唱えた。多数の著作がある。

法天（ほうてん）〈?~AD1001〉
宋代の訳経僧。インド中部の出身。インド名ダルマデーヴァ。ナーランダ寺に学びAD973年中国に来る。後に法賢と改名（法賢と法天は別の人という説もある）。

法宝（ほうほう）〈生没年不詳〉
唐代の僧。玄奘門下の神足であったと伝えられるが、普光ほどに師との関係は深くなかったらしい。長安三年（AD703）には義浄の翻訳の場にあって証義（翻訳の正、不正を判断する役目）の任にあたっている。

宝亮（ほうりょう）〈AD444~509〉
梁代の代表的な涅槃経研究者の一人。文宣王の要請を受け入れて霊味寺に移り、ここで涅槃経を講じること八四遍であったという。

法琳（ほうりん）〈AD572~640〉
唐初の護法僧。特に三論に通じた。破邪論や弁正論八巻を著して廃仏論者を攻撃した。

菩提流支（ぼだいるし）〈?~AD527〉
菩提留支ともいう。南北朝時代の僧。北インドの人。インド名ボーディルチ。北魏の永平元年（AD508）に洛陽に来て永寧寺に住し、経典の翻訳に従事した。

菩提流志（ぼだいるし）〈?~AD727〉
唐代の僧。南インドの人。インド名ボーディルチ。バラモンの出身で、六十歳になって初めて仏教を学んだといわれる。武后二年（AD693）に洛陽に来る。

法顕（ほっけん）〈生没年不詳〉
平陽武陽の出身。東晋の隆安三年（AD399）長安を出発し、以後インド求法の旅行をなし、スリランカを経て義熙八年（AD412）青州の海岸に帰着した。帰国後、大般涅槃経三巻などを訳出した。その旅行記『法顕伝』は当時のインドや中央アジアの実情を伝える貴重な史料である。

本寂（ほんじゃく）〈AD840~901〉
唐末の僧。洞山良价（悟本大師）の法を嗣いで後、撫州（江西省）宜興県の曹山（もと荷王山）崇寿院に在って活動し、偏正五位の宗旨を体系化するなど曹洞宗の流れを形成したことで知られる。諡は元証大師。

ま行

真人元開（まひとげんかい）〈AD722~785〉
奈良時代の人。俗名淡海三船。大友皇子の曽孫。出家して元開と称したが、のち勅により還俗して文章博士などを務めた。

曼陀羅仙（まんだらせん）〈生没年不詳〉
梁代の僧。扶南（カンボジア）の出身。現地名マンドゥラセーナ。天監二年（AD503）中国に来て訳経に従事した。

無著（むちゃく）〈AD1653~1744〉
日本の江戸時代中期、臨済宗の僧。但馬の出身。二十五歳で京都竜華院を継ぐ。三七四種九一一巻の著書を遺した。

無能勝将（むのうしょうしょう）→阿質達霰に同じ

無羅叉（むらしゃ）〈生没年不詳〉
三~四世紀頃の僧。于闐（コータン）の出身。現地名モクサーラ。

や行

惟賢（ゆいけん）〈AD1284～1378〉
日本の南北朝時代、天台宗の僧。建武元年（AD1334）に建立された宝戒寺に住し、円頓戒や密教を広めた。

惟浄（ゆいじょう）〈AD1013～?〉
北宋時代の訳経僧。光梵大師の号を賜わり、明教三蔵と称された。

宥快（ゆうかい）〈AD1345～1416〉
日本の室町時代、真言宗の学僧。高野山宝性院主。南山（高野山）教学の大成者。中院流ならびに安祥寺流の正嫡。

栄然（ようねん）〈AD1172～1259〉
日本の平安時代院政期末、勧修寺の真言宗僧。興然の弟子。勧修寺慈尊院第三世。

ら行

頼宝（らいほう）〈AD1279～1330?〉
日本の鎌倉時代の僧。東寺学頭。弟子に杲宝がいる。

頼瑜（らいゆ）〈AD1226～1304〉
日本の鎌倉時代。真言宗の僧。紀伊の出身。中性院流を開く。宥快・杲宝などと並ぶ大学匠。

李華（りか）〈?～AD766〉
唐初の僧。趙州の出身。善無畏に帰依した。

李師政（りしせい）〈生没年不詳〉
唐代の僧。もと儒教の徒であったが、のち仏教に転じて傅奕の排仏論に反論した。

李通玄（りつうげん）〈AD635～730〉
唐中期の在俗思想家。滄州（河北省）の出身。三年もの間、一日に棗を一〇個と柏葉餅一枚を食して華厳経の研究に没頭し、さらに十数年を費して『新華厳経論』を著したという。棗柏大士と称される。

良价（りょうかい）〈AD807～869〉
唐末の僧。筠州（江西省）の洞山（新豊洞）普利禅院に在って活動し、その広範な遍参と綿密な宗風をもって一家をなし、法嗣の曹山本寂（元証大師）とともに曹洞宗の流れを形成したことで知られる。諡号は悟本大師。

霊波（れいは）〈AD1290～1377〉
日本の鎌倉～南北朝時代、華厳宗の僧。鎌倉の称名寺の住持となった。

霊祐（れいゆう）〈AD771～853〉
唐代の僧。南岳下の百丈懐海の法を嗣いで潭州（湖南省）寧郷県の大潙山に密印寺と同慶寺を開いて活動し、袁州（江西省）仰山に住した法嗣の慧寂とともに潙仰宗の流れを形成した。問答応対する中に師資黙契するのを特徴とし、その宗風は潙仰父子と称されている。

勒那摩提（ろくまなだい）〈生没年不詳〉
中インド出身の訳経僧。インド名ラトナマティ。北魏の正始五年（AD508）に洛陽に来て訳経を行う。地論宗の相州南道派の祖。

付編②

大蔵経と日本の古典文学

（『岩波・日本古典文学大系』に出てくる大蔵経一覧）

（河村孝照編）

《大蔵経と日本の古典文学　凡例》

一、ここでは岩波書店刊の『日本古典文学大系』（旧版）に依拠して大蔵経所収のどの典籍がどの作品のどこに登場するかを示した。

一、大蔵経名の頭の数字は大正大蔵経の典籍番号。

一、[ ] は作品名の略号。その下は巻数等。その下が同大系本の各巻における当該頁数。

略号は以下の通り。（ ）内の数字は同大系の巻数を示す。

[古]‥古代歌謡集（3）	[津]‥宇津保物語（10〜12）	[落]‥落窪物語（13）	[源]‥源氏物語（14〜18）
[枕]‥枕草子（19）	[更]‥更級日記（20）	[大]‥大鏡（21）	[今]‥今昔物語（22〜26）
[宇]‥宇治拾遺物語（27）	[新]‥新古今和歌集（28）	[家]‥山家集（29）	[方]‥方丈記（30）
[徒]‥徒然草（30）	[保]‥保元物語（31）	[治]‥平治物語（31）	[平]‥平家物語（32〜33）
[太]‥太平記（34〜36）	[義]‥義経記（37）	[伽]‥御伽草子（38）	[歌]‥連歌集（39）
[曲]‥謡曲集（40〜41）	[狂]‥狂言集（42〜43）	[中]‥中世近世歌謡集（44）	[句]‥芭蕉句集（45）
[文]‥芭蕉文集（46）	[西]‥西鶴集（47〜48）	[近]‥近松浄瑠璃集（49〜50）	[浄]‥浄瑠璃集（51〜52）
[伎]‥歌舞伎脚本集（53〜54）	[山]‥風来山人集（55）	[上]‥上田秋成集（56）	[川]‥川柳狂歌集（57）
[茶]‥一茶集（58）	[黄]‥黄表紙洒落本集（59）	[弓]‥椿説弓張月（60〜61）	[東]‥東海道中膝栗毛（62）
[風]‥浮世風呂（63）	[春]‥春色梅児誉美（64）	[論]‥歌論集能楽論集（65）	[連]‥連歌論集俳論集（66）
[紀]‥日本書紀（67〜68）	[懐]‥懐風藻（69）	[霊]‥日本霊異記（70）	[三]‥三教指帰（71）
[性]‥性霊集（71）	[菅]‥菅家文章（72）	[朗]‥和漢朗詠集（73）	[梁]‥梁塵秘抄（73）
[合]‥歌合集（74）	[栄]‥栄花物語（75〜76）	[浜]‥浜松中納言物語（77）	[夜]‥夜の寝覚（78）
[狭]‥狭衣物語（79）	[私]‥平安鎌倉私家集（80）	[正]‥正法眼蔵（81）	[聞]‥正法眼蔵随聞記（81）
[親]‥親鸞集（82）	[蓮]‥日蓮集（82）	[仮]‥仮名法語集（83）	[著]‥古今著聞集（84）
[沙]‥沙石集（85）	[愚]‥愚管抄（86）	[神]‥神皇正統記（87）	[増]‥増鏡（87）
[曽]‥曽我物語（88）	[五]‥五山文学集（89）	[草]‥仮名草子集（90）	[浮]‥浮世草子集（91）
[俳]‥近世俳句俳文集（92）	[和]‥近世和歌集（93）	[恩]‥戴恩記（95）	[想]‥近世随想集（96）
[思]‥近世思想家文集（97）	[八]‥歌舞伎十八番集（98）	[楽]‥文楽浄瑠璃集（99）	[江]‥江戸笑話集（100）

0001 **長阿含経**
[今] 二-二八 170、三-二九 253、三-三一 256、三-三二 257、三-三五 262
[山] 402
[霊] 下-四 329
[性] 九 396
[梁] 二-四七 351、二-一七二〜一七四 375
[朗] 下-七九三 255
[親] 消息 121
[蓮] 消息文抄 432・444
[仮] 人となる道 395、明恵上人遺訓 60
[沙] 一〇末 437
[神] 序論 46
[五] 394
[八] 216
同経(経意)
[朗] 下-五八三 199
0005 **仏般泥洹経**
[今] 三-二九 253
[仮] 明恵上人遺訓 60
[草] 337
0006 **般泥洹経**
[今] 三-二九 253
0007 **大般涅槃経**
[今] 三-二八 252、三-二九 253
[梁] 二-一七二〜一七四 375
[仮] 一遍上人語録 105
[草] 337
0012 **仏説大集法門経**
[仮] 万民徳用 265
0025 **起世因本経**
[山] 402
0026 **中阿含経**
[今] 三-二〇 236
[梁] 二-四七 351
[仮] 万民徳用 264
[草] 510
[八] 411
0068 **仏説頼吒和羅経**
[今] 一-二五 101
0079 **仏説鸚鵡経**
[今] 三-二〇 236
0080 **仏為首迦長者説業報差別経**
[仮] 一遍上人語録 102、玉かがみ 353
[楽] 223
0086 **仏説泥犁経**
[仮] 万民徳用 271
0099 **雑阿含経**
[今] 一-三〇 110
[太] 三五 332
[近] 平家女護嶋 297
[弓] 上 200、下 162
[三] 下 124
[梁] 二-四七 351
[蓮] 開目抄 345、消息文抄 438、立正安国論 317
[仮] 妻鏡 165、人となる道 386、世間相常住法語 402、反古集 280、反故集 301、秘密安心又略 364、明恵上人遺訓 61・68
[神] 武烈 89
0100 **別訳雑阿含経**
[仮] 一遍上人語録 99、妻鏡 165、人となる道 386、秘密安心又略 364、万民徳用 265・269、明恵上人遺訓 60・68
0120 **央掘摩羅経**
[今] 一-一六 85
0124 **縁起経**
[今] 五-七 357、五-八 359
0125 **増一阿含経**
[今] 一-一〇 74、一-一一 77、一-一三 79、一-一六 85、一-一八 88、二-二八 170、二-四一 199、三-五 208、三-二四 243、五-一 338
[太] 三五 330
[近] 用明天王職人監 60
[弓] 下 254・255
[性] 七 324、八 354・368、九 401・414
[梁] 二-四七 351
[栄] 三〇 330

[聞] 一 321
[蓮] 開目抄 345・360、立正安国論 314
[仮] 妻鏡 164、165、人となる道 386、反古集 280、反故集 308、万民徳用 269・272
[沙] 一 75、三 151
[朗] 下-五九二 201
同経(経意)
[沙] 二 93

0132 **仏説食施獲五福報経**
[今] 四-一四 292

0145 **仏母般泥洹経**
[今] 一-一九 91

0152 **六度集経**
[今] 二-五 131、四-四 273、五-一九 378、五-二五 392
[蓮] 消息文抄 476
[仮] 妻鏡 177
[愚] 三 148

0155 **仏説菩薩本行経**
[今] 一-三六 118、二-三二 183、三-二七 248

0156 **大方便仏報恩経**
[今] 二-四 129
[保] 中 129
[三] 下 117
[性] 九 396
[仮] 一遍上人語録 89、盲安杖 258
同経(文)
[沙] 六 288

0157 **悲華経**
[仮] 一遍上人語録 94
[沙] 二 130、六 288

0159 **大乗本生心地観経**
[古] 240
[伽] 118
[中] 102、125
[連] 143
[三] 下 131・146
[性] 六 298・302、八 348・362・365・368・371・374、九 398、一〇 454
[梁] 二-一九九 379、二-二〇八 381
[蓮] 開目抄 401
[仮] 一遍上人語録 88・93・105・133、妻鏡 159、反古集 288、反故集 299、仏法夢物語 218、万民徳用 264
[沙] 一 72・88、二 130、三 142、五末 254、六 287・288、一〇本 403
[著] 二 101
同経(経意)
[梁] 二-三六 349、二-三八 349
[曽] 一二 422

0160 **菩薩本生鬘論**
[仮] 一言芳談 205、世間相常住法語 399

0171 **太子須大拏経**
[太] 三三 249

0172 **仏説菩薩投身飴餓虎起塔因縁経**
[仮] 一言芳談 205

0181 **仏説九色鹿経**
[今] 五-一八 375

0184 **修行本起経**
[思] 502・558

0185 **仏説太子瑞応本起経**
[梁] 二-一三二 385
[蓮] 開目抄 332

0186 **仏説普曜経**
[今] 一-一 75

0187 **方広大荘厳経**
[今] 一-二 53
[近] 出世景清 28
[霊] 中-二七 261
[梁] 二-一二五 384

0189 **過去現在因果経**
[今] 一-一 52、一-二 53、一-三 56、一-四 61、一-五 65、一-六 68、一-七 71、一-八 72、一-一一 83
[平] 灌頂巻 431
[曲] 上-春栄 378、下 431
[近] 心中天の網島 382
[蓮] 開目抄 332
[仮] 横川法語 51、反故集 299

[草] 83
[江] 277
0190 **仏本行集経**
[今] 一-二 53' 一-四 61
[太] 三五 333
[性] 六 304
[梁] 二-二〇九 381' 二-二一八 383' 二-二七九 393
[正] 行持下 230' 溪声山色 269
[聞] 六 422
[仮] 妻鏡 159
[蓮] 開目抄 399
[思] 558
0191 **仏説衆許摩訶帝経**
[今] 一-九 72
[仮] 妻鏡 165
0192 **仏所行讃**
[蓮] 消息文抄 452
0193 **仏本行経**
[今] 一-一〇 74' 三-一三 220' 五-一338' 五-二五 392
[三] 下 146
[性] 六 294
0197 **仏説興起行経**
[太] 三五 332
[弓] 下 254・255' 459
[聞] 二 348
[仮] 妻鏡 177
同経(文)
[沙] 一 75
0199 **仏五百弟子自説本起経**
[蓮] 開目抄 332
[仮] 妻鏡 177
0200 **撰集百縁経**
[今] 一-二八 108' 一-三二 113' 一-三五 117' 二-一一 139' 二-一三 143' 二-一七 151' 二-一八 153' 二-二二 157' 二-二五 163' 二-三六 192' 二-三九 196' 三-一四 222' 四-四 273' 五-三 345' 五-一一 363' 五-一三 365' 五-一六 371
[正] 礼拝得髄 285
[仮] 妻鏡 177
0201 **大荘厳論経**
[今] 三-二二 239' 一〇-三五 332
0202 **賢愚経**
[今] 一-九 72' 一-一六 85' 一-二六 104' 二-七 133' 二-八 135' 二-九 137' 二-一〇 138' 二-一三 143' 二-一四 145' 二-一五 147' 二-一八 153' 二-二五 163' 二-二六 166' 二-三〇 177' 二-三一 180' 二-三三 186' 二-三四 190' 二-四〇 197' 三-一二 219' 三-一四 222' 三-一五 224' 三-二二 239' 四-八 281' 四-九 283' 五-七 357' 五-八 359' 五-九 360' 五-一〇 362' 五-一六 371' 五-二九 396' 五-三二 399
[太] 二四 421・422
[正] 行持下 230
[蓮] 消息文抄 482
[愚] 三 148
同経(文)
[沙] 六 288
0203 **雑宝蔵経**
[今] 一-一八 88' 一-三一 111' 二-二四 160' 三-一四 222' 三-一七 230' 三-二六 246' 四-一五 294' 五-五 352' 五-六 356' 五-七 357' 五-一三 365' 五-二六 393' 五-三二 399
[性] 二 182・199' 四 230
[正] 弁道話 95
[仮] 人となる道 378
0204 **雑譬喩経**
[弓] 下 454
[性] 七 324
0205 **雑譬喩経**
[今] 一-三一 111' 二-二六 166
0206 **旧雑譬喩経**
[今] 三-二二 240' 四-一四 292' 五-一三 365' 五-二四 390
0208 **衆経撰雑譬喩**

[今] 四-一三 *291*’ 五-二八 *396*

0209 **百喩経**
[仮] 人となる道 *395*
[沙] 三 *143*’ 四 *176*

0210 **法句経**
[今] 三-二四 *243*
[連] *180*
[三] 下 *137*
[性] 八 *359*
[正] 行持上 *204*
[仮] 一言芳談 *205*’ 妻鏡 *158*・*162*’ 人となる道 *390*’ 万民徳用 *267*・*273*
[沙] 三 *145*’ 四 *175*’ 五本 *210*
[思] *554*
同経(七仏偈)
[沙] 四 *179*
同経(取意)
[沙] 二 *93*

0211 **法句譬喩経**
[今] 二-三 *127*’ 二-二七 *168*’ 二-二八 *170*’ 四-四一 *333*
[仮] 人となる道 *386*
[沙] 巻一〇末 *456*

0212 **出曜経**
[今] 一-一八 *88*’ 二-三七 *194*’ 二-三八 *195*’ 三-二一 *239*’ 三-二五 *245*
[家] *259*
[太] 二四 *417*
[霊] 中-三〇 *267*
[蓮] 開目抄 *384*
[仮] 一遍上人語録 *84*’ 妻鏡 *162*’ *177*’ 人となる道 *386*’ 反故集 *306*

0213 **法集要頌経**
[仮] 反故集 *306*
[和] *329*
[八] *198*

0217 **仏説譬喩経**
[今] 二-一九 *154*’ 二-二〇 *155*’ 四-一四 *292*

0220 **大般若波羅蜜多経**
[津] としかげ *40*’ 梅の花笠 *286*
[枕] 一〇七 *166*
[今] 一一-九 *74*’ 一一-三五 *123*’ 一四-三〇 *318*’ 一七-八 *514*
[宇] 二-二〇 *88*
[方] *25*
[平] 一 *121*・*130*
[太] 五 *166*’ 六 *193*’ 一三 *20*’ 二三 *399*・*400*’ 二五 *460*’ 三六 *345*’ 三八 *401*
[曲] 下 *348*
[近] 用明天王職人監 *61*
[上] *43*
[弓] 上 *221*’ 下 *251*・*255*・*282*
[連] *364*
[霊] 下-二三 *381*・*383*
[性] 六 *294*’ 八 *372*’ 一〇 *420*
[菅] 四-二五五 *305*
[梁] 二-五四 *352*’ 二-四二三 *419*
[栄] 一〇 *334*’ 一八 *95*’ 三〇 *330*
[夜] 五 *336*
[私] *269*
[正] 行持下 *230*
[蓮] 開目抄 *342*・*345*・*347*・*367*・*381*・*384*・*395*・*406*’ 消息文抄 *442*・*461*・*468*’ 立正安国論 *301*
[仮] 人となる道 *376*・*391*’ 秘密安心又略 *370*
[著] 一 *51*’ 二 *77*・*103*・*104*’ 一八 *486*
[沙] 一 *72*・*78*’ 二 *128*’ 七 *322*
[増] 一〇 *366*
[草] *235*・*240*・*487*・*494*
[楽] *92*・*373*
同経(経意)
[梁] 二-二八 *348*
同経(御読経)
[太] 二四 *411*・*412*
[源] 御法 *179*
[枕] 八四 *124*’ 一五六 *209*’ 二九五 *309*
[源] 賢木 *406*

0222 **光讃経**

[今] 六-三一 99
[宇] 一〇-一一六 285

0223 **摩訶般若波羅蜜経**
[今] 七-一 122' 七-二 123' 七-三 125' 七-四 125' 七-五 126' 七-六 128' 七-七 129' 七-八 130
[保] 下 179
[近] 用明天王職人監 87
[性] 三 210' 九 408
[菅] 四-二八九 336
[梁] 二-五二 352' 二-二二三 382
[正] 仏性 117
[蓮] 開目抄 339・368・371
[仮] 一遍上人語録 108・137' 玉かがみ 356' 真言内証義 227
[著] 一二 342
[沙] 四 175

0224 **道行般若経**
[性] 一〇 424

0235 **金剛般若波羅蜜経**
[古] 240
[源] 若菜上 270
[枕] 二〇九 248
[今] 六-四五 114' 七-九 131' 七-一〇 133' 七-四二 167' 七-四三 170' 一一-一五 93' 一三-四一 263' 一四-三三 322' 一四-三四 323' 二〇-一九 181
[太] 二五 462' 二七 76' 三五 326
[狂] 下 443
[中] 155
[連] 177
[紀] 二九 473
[霊] 中-二四 249' 下-一 319' 下-二一 375' 下-三四 419
[性] 一 172' 六 296・297・298' 八 346' 一〇 430
[正] 現成公按 101' 行持下 236' 礼拝得髄 294
[聞] 四 389・393
[仮] 反古集 286・297・298' 盲安杖 260
[著] 一 51
[沙] 三 139' 一〇本 404
[曽] 九 347
[草] 233・239
[思] 502
[八] 71

同経(偈)
[曽] 一〇 380

0239 **仏説能断金剛般若波羅蜜多経**
[性] 六 298

0243 **大楽金剛不空真実三麼耶経**
[津] 吹上下 371
[今] 一五-四五 407
[曲] 下 443
[性] 七 312・314' 八 358・360' 一〇 444
[梁] 一〇 453
[仮] 一遍上人語録 123

0245 **仏説仁王般若波羅蜜経**
[源] 明石 58
[枕] 二〇九 248
[今] 一四-三五 324' 一七-三二 127' 二〇-三五 199
[宇] 一五-一九一 421
[太] 二三 400' 二四 411' 二七 62' 三六 344
[義] 五 228' 六 283
[風] 233
[紀] 二九 426
[三] 下 130
[性] 四 228・230' 六 294' 八 369・378
[菅] 一二-六六九 613' 一二-六七〇 614' 一二-六七一 614' 一二-六七二 615' 一二-六七三 615
[梁] 二-二三二 385
[栄] 一八 95
[正] 弁道話 96
[蓮] 開目抄 345・373' 消息文抄 430' 立正安国論 292・295・296・297・298・310・316・317
[仮] 玉かがみ 349' 妻鏡 172' 人となる道 376' 正見 406' 万民徳用 262・265

[沙] 五本 214、九 375
[愚] 三 148
[神] 聖武 103
[曽] 二 102、七 279・280、一一 397
同経(講)
[平] 一 131
0246 **仁王護国般若波羅蜜多経**
[今] 七-一一 134、七-一二 135
[懐] 釈道慈 164
[性] 八 378、九 392
[仮] 盲安杖 249
0251 **般若波羅蜜多心経**
[大] 六 267
[今] 一二-二五 167、一四-三一 320、一四-三二 321、一五-一五 366、一六-三二 490
[新] 392
[家] 160、附録聞書集 276
[平] 五 370
[義] 七 347
[曲] 下 435
[中] 102
[近] 女殺油地獄 401
[論] 443
[霊] 上-一四 109、中-一五 221、中-一九 233・235、下-三四 419
[性] 七 328・334、八 370
[菅] 一一-六四二 594、一一-六四八 597、一一-六五〇 599、一一-六五一 600、一一-六五二 600、一二-六五四 603、一二-六五五 604、一二-六五七 605、一二-六六〇 608
[梁] 一〇 463
[栄] 一 49
[私] 340
[正] 仏性 117
[仮] 反故集 322
[著] 二 76
[和] 317
0261 **大乗理趣六波羅蜜多経**
[性] 七 316
[蓮] 開目抄 383・387
[仮] 横川法語 51、玉かがみ 350、真言内証義 226、人となる道 390
[沙] 二 119
同経(経意)
[朗] 下-七九三 255
0262 **妙法蓮華経**
[古] 240・244
[津] 忠こそ 127、楼上下 462
[源] 葵 333、御法 174・187、若菜下 386、手習 402、総角 454、鈴虫 80
[枕] 二〇九 248
[更] 493
[大] 一 39、五 230、六裏書 390
[今] 四-二二 306、四-四〇 330、六-三一 99、六-四五 114、七-一〇 133、七-一三 136、七-一四 137、七-一五 138、七-一六 139、七-一七 140、七-一八 141、七-一九 143、七-二〇 145、七-二一 147、七-二二 148、七-二三 149、七-二四 150、七-二五 152、七-二六 154、七-二七 155、七-二八 157、七-二九 158、七-三〇 159、七-三一 162、七-三二 164、一一-四 65、一一-一〇 78、一一-一二 84、一一-二六 108、一一-二八 110、一一-三五 123、一二-一 130、一二-六 138、一二-一五 166、一二-二六 168、一二-二七 169、一二-二八 171、一二-二九 174、一二-三〇 175、一二-三一 176、一二-三二 179、一二-三三 182、一二-三四 185 一二-三五 190、一二-三六 194、一二-三七 197、一二-三八 199、一二-三九 200、一二-四〇 202、一三-一 208、一三-二 209、一三-三 210、一三-四 213、一三-五 215、一三-六 216、一三-七 218、一三-八 219、一三-九 220、一三-一〇 222、一三-一一 224、一三-一二 226、一三-一三 227、一三-一四 227、一三-一五 229、一三-一六 230、一三-一七

231′一三-一八 232′一三-一九 234′一三-二〇 235′一三-二一 237′一三-二二 238′一三-二三 239′一三-二四 241′一三-二五 241′一三-二六 242′一三-二七 243 一三-二八 244′一三-二九 245′一三-三〇 246′一三-三一 247′一三-三二 248′一三-三三 249′一三-三四 252′一三-三五 254′一三-三六 255′一三-三七 257′一三-三八 258′一三-三九 259′一三-四〇 261′一三-四一 263′一三-四二 264′一三-四三 266′一三-四四 268′一四-一 274′一四-二 275′一四-三 277′一四-四 280′一四-五 283′一四-六 285′一四-七 288′一四-八 290′一四-九 292′一四-一〇 294′一四-一二 297′一四-一三 298′一四-一四 299′一四-一五 300′一四-一六 301′一四-一七 302′一四-一八 303′一四-一九 305′一四-二〇 306′一四-二一 307′一四-二二 308′一四-二三 308′一四-二四 309′一四-二五 311′一四-二六 312′一四-二七 313′一四-二八 314′一四-二九 314・316′一五-一一 360′一五-一二 361′一五-一九 370′一五-二九 386′一五-三四 391′一五-三五 392′一五-四〇 399′一五-四二 402′一五-四三 404′一五-四四 406′一五-四五 407′一五-四六 408′一六-三 424′一六-六 432′一六-一六 453′一六-二一 468′一六-二五 475′一六-二六 477′一六-三四 493′一六-三五 494′一六-三六 495′一七-一四 520′一七-二一 532′一七-二七 541′一七-三一 547′一七-三二 547′一七-三三 549′一七-三九 560′一七-四〇 561′一七-四一 563′一七-四二 565′一九-二八 118′一九-三二 127′一九-四三 137′二〇-一三 169′二〇-一六 175′三一-七 259

[宇] 一-一 53′四-六〇 166′八-一〇二 244′一〇-一二三 305′一二-一四一 335′一四-一七五 385′一五-一九三 424

[新] 349・390・393・394・395・396・397・398・399

[家] 154・157・158・159・262′附録聞書集 274・275・276

[徒] 六九 146′一〇八 178

[保] 下 179

[治] 上 205′下 280

[平] 一 142′三 264′五 363・370′六 413・429′一二 417′潅頂巻 432

[太] 一 41′二 79′五 164′八 274′一〇 344′一一 367・368′一三 13・20′一八 267・268・269・270′二〇 330・331・334′二一 343′二四 417・419・423′二六 36′三〇 172′三一 174・197′三三 273′三四 290・291′三五 333′三六 345・345′三七 383′三八 421′三九 462・465′四〇 468

[義] 一 51′二 79・90・96′三 116・123′四 176′六 283・301・309′七 348′八 362・379

[伽] 64・85・108・200・218・220・221・227・265・271・277・298・355・397

[歌] 108・155・199・308・310

[曲] 上-江口 50′上-求塚 73′上-海人 165′上-鵜飼 179・180′上-丹後物狂 202・203′上-頼政 262′上-野守 317′上-砧 339′上-春栄 379′上-歌占 401′上-盛久 418′上 430・434・436・444・446・448・454・456′下 36・38・42・43・52・53・300・380・438

[狂] 下 220・224・228・236・283

[中] 43・52・62・64・91・110・113・114・118・119・126・180・191・211・282・369・452

[句] 364

[文] 84・212

[西] 西鶴織留巻四 409

[近] 曽根崎心中 *20*' 堀川波鼓 *60*' 重井筒 *86・88*' 重井筒 *90*' 心中天の網島 *383*' 女殺油地獄 *392・408*' 出世景清 *26・28・43・48・49・51*' 用明天王職人鑑 *89・98・119* 嫗山姥 *207*
[浄] 上 *73・74・95・224・369・384*' 下 *55・262・264*
[伎] 幼稚子敵討 *219*' 名歌徳三舛玉垣 *33*' 小袖曽我薊色縫 *435*
[山] *390・424*
[上] *36・43・80・260・322・323*
[川] *29・68・167・441・455*
[茶] *440・459・483*
[黄] *352*
[弓] 上 *221*' 下 *89・251・282・449*
[東] 二編上 *107*' 七編下 *401*' 八編序 *424*
[風] *112*
[春] *115・260・389*
[論] *47・79・404・444・506*
[連] *138・141・142・144・163・164・184・185・187・188・190・193・200・204*
[紀] 一二二 *188*
[霊] 上-一一 *101*' 上-一五 *109*' 上-一八 *113・115*' 上-一九 *117*' 上-二八 *137*' 中-三 *181*' 中-六 *191*' 中-一五 *219*' 中-一八 *231・232*' 下-一 *319*' 下-六 *331・333*' 下-九 *343*' 下-一〇 *345*' 下-一三 *351・353*' 下-一八 *367*' 下-一九 *369*' 下-二〇 *373*' 下-二二 *375・377・379*' 下-二四 *385*' 下-二九 *405*' 下-三四 *419*' 下-三五 *421・423*' 下-三七 *429*
[三] 下 *142・144*
[性] 一 *174*' 六 *286・289・290*' 七 *328・334*' 八 *342・344・360・362・366・368・370・372・374・376*' 一〇 *426・430・440・448・450*
[萱] 一一-六三七 *589*' 一一-六三八 *589*' 一一-六四一 *592*' 一一-六四二 *594*' 一一-六四六 *596*' 一一-六四七 *597*' 一一-六四九 *598*' 一一-六五〇 *598*' 一一-六五一 *600*' 一一-六五二 *600*' 一二-六五四 *603*' 一二-六五五 *604*' 一二-六五七 *605*' 一二-六五八 *606*' 一二-六六〇 *608*
[朗] 上-一八一 *92*
[粱] 二-五七〜五九 *353*' 二-六〇〜六四 *354*' 二-六五〜七〇 *355*' 二-七一〜一七〇 *356〜374*' 二-一八九 *378*' 二-一九四 *379*' 二-一九八 *379*' 二-一九九 *379*' 二-二〇〇 *380*' 二-二〇八 *381*' 二-二一〇 *381*' 二-二一三 *382*' 二-二三一 *385*' 二-二三九 *386*' 二-二八五 *394*' 二-二八八〜二九四 *395〜396*' 二-四二三 *419*' 二-四二四 *419*' 二-四九二 *429*' 一〇 *448・453・463・469*
[合] *145・462・472*
[栄] 二 *71*' 四 *153*' 八 *256・261・262・267*' 一五 *449・452・458*' 一六 *42・43・45*' 一八 *95*' 一九 *113・114*' 二二 *148*' 二七 *271*' 三〇 *332・334・336*
[浜] 一 *184*' 四 *381*
[夜] 五 *336*
[狭] 二 *174*' 三 *248・299・318*' 四 *350*
[私] *176・177・269・345・346・348・356*
[正] 現成公按 *102*' 行持上 *184・192*' 山水経 *301・302・311*' 仏性 *111・121*' 弁道話 *79・91・96*' 礼拝得髄 *286・287・292・295*' 顆明珠 *151*
[聞] 一 *324・326*' 三 *374*' 六 *423*
[親] 三帖和讃 *61・63*' 消息 *126*' 歎異抄 *207*' 開目抄 *332・333・335・336・337・341・342・343・344・346・347・348・349・350・351・352・354・355・356・357・358・362・364・365・366・367・368・369・370・371・372・373・*

374・376・377・379・381・380・382・386・387・388・389・392・393・394・395・397・398・399・400・401・402・403・404・405・406・407・408・410・411、消息文抄 422・423・424・425・425・426・427・428・430・431・432・433・434・435・438・439・440・441・442・443・444・445・447・448・450・451・452・454・455・457・457・458・459・460・461・462・463・464・465・466・467・468・469・470・471・472・473・475・476・477・479・482、立正安国論 292・299・303・304・307・312・313・317・318
[仮] 一言芳談 185、一遍上人語録 88・90・103・108・138・145・145・150・151、覚海法橋法語 58、玉かがみ 353・354・356・357、妻鏡 160・161・162・165・175・178・182、慈雲短篇法語 420・424・428、真言内證義 239、人となる道 383・387、世間相常住法語 399・401、正見 408、短編法語 410・413・414・418・419、道範消息 78、反故集 299・322・326、秘密安心又略 359・367・369、仏法夢物語 216・225、万民徳用 267・272・278・279、盲安杖 246・249・254
[著] 一 52・53、二 77・80・84・91・92・93・95・102・104・106、七 235、一一 342、一三 367、一五 386、二〇 512・514・516・525
[沙] 一 85・86、一 87、二 91・二 99・二 110、三 165、四 177・181・182・183・185・194、五末 247・250、九 371、一〇本 410
[愚] 三 167、六 278・298、七 345
[神] 応神 81、推古 94、聖武 103、嵯峨 112
[増] 247、八 335、九 347、一二 407
[曽] 七 282、一一 397・398・399・400・404、一二 417
[五] 368
[草] 87・92・101・103・104・152・153・196・235・236・237・238・240・367・487・495・509
[浮] 69・71・90・155・156・163・203・231・250・313・314・457・491
[俳] 346・442
[恩] 35・78・99
[想] 423
[思] 404・448・454・541・548・554・555・559・642
[八] 195・203・220・225・226・366
[楽] 89・92・163・257・259・272・373
[江] 54・88・167・233・234・286・329・373・510・524
同経(観音経)
[宇] 六-八七 203、五-八〇 191
[平] 一 113、七 94
[太] 三 119、一二 423、二〇 333、二四 427
[伽] 108・143・225・226
[曲] 上-盛久 417
[茶] 428
[紀] 二九 480
[栄] 一〇 334、一二 152、二九 297
[著] 二 105、二〇 513
[沙] 二 98、三 160、八 367、巻一〇末 443
[浮] 68、86
同経(一の巻)
[義] 三 124
同経(一実円融)
[曽] 一二 421
同経(一乗の御法)
[著] 一 54
同経(一泉妙典)
[平] 六 401
同経(一日経)
[太] 二〇 333
同経(円宗)

［太］三四 290
同経（会）
［菅］一一-六四二 593
同経（化城喩品）
［性］六 300
同経（勧発品）
［梁］二-一九五 379
同経（経意）
［朗］上-一八〇 92、下-五八三 199、下-五九七 203、下-六一一 206、下-七九三 225
［梁］一-二二 344、二-二二 347、二-二六 347、二-三八 349
同経（経文）
［太］三三 256、三四 290
［三］下 130
［性］一〇 443・468
［梁］二-三七 349
［狭］一 53、二 209・210、四 344
［正］溪声山色 279、弁道話 78
［著］二 83・88
［沙］二 104
［曽］二 120、三 143、六 247、七 27・277、八 304、九 347
同経（見宝塔品）
［栄］二三 165
同経（五の巻）
［増］八 336
同経（五巻の日）
［源］賢木 400
同経（五障）
［曽］六 251、一二 413・418・421
同経（八講）
［落］195
［源］蓬生 146、明石 96
［枕］三三 74、三四 76、三五 76、二六六 275
［大］六裏書 410
［太］二四 411
［伽］313
［栄］七 224、一二 377、一四 430、二四 183、二七 269、二九 305
［狭］三 316
［私］346・418
［著］一八 481
［沙］六 267、一〇本 411
［愚］五 246
同経（講）
［源］賢木 399
同経（寿量品）
［梁］二-一九一 378
［栄］一五 450
［増］247
同経（従地涌出）
［正］溪声山色 279
同経（常不軽）
［源］総角 457
同経（陀羅尼品）
［三］下 134
同経（長講）
［太］二七 57・58
同経（提婆品）
［愚］四 196
［浮］501
同経（提婆品の文意）
［源］常夏 30
同経（童女成仏）
［源］手習 396
同経（二の巻）
［義］三 125
同経（廿八品）
［私］335
同経（如法経）
［沙］巻一〇末 445
［増］七 323、一一 388
同経（白牛）
［性］一〇 438
同経（文）
［栄］一八 93
［沙］六 265・281・283、七 332
同経（宝塔品）

[性] 六 296
[曽] 七 298、一〇 384
同経(方便品)
[宇] 四-六四 170
[沙] 五本 204、巻一〇末 443
[浮] 202
同経(妙音菩薩)
[平] 五 348
同経(妙荘厳王品)
[沙] 一〇本 403
同経(問答講)
[平] 一 132
同経(薬王品)
[源] 東屋 161
[浜] 五 402
同経(薬草喩品)
[性] 七 314
[曽] 二 125
同経(涌出品)
[栄] 一五 456
同経(譬喩品)
[性] 六 294、七 328

0263 **正法華経**
[蓮] 開目抄 356・366・392、消息文抄 425・427

0264 **添品妙法蓮華経**
[蓮] 開目抄 392、消息文抄 425・427

0265 **薩曇分陀利経**
[蓮] 消息文抄 425

0267 **不退転法輪経**
[太] 二七 78、三三 270

0269 **仏説法華三昧経**
[蓮] 消息文抄 425
[沙] 四 176

0276 **無量義経**
[今] 七-一三 136、一三-四 213、一三-三六 255、一四-一三 309
[家] 262、附録聞書集 276
[平] 五 370
[太] 一一 367
[菅] 一一-六四二 594、一一-六四九 598、一一-六五〇 599、一一-六五一 600、一一-六五二 600、一二-六五四 603、一二-六五五 604、一二-六五七 605、一二-六六〇 608
[梁] 二-五三 352、二-五五〜五六 353、二-一九八 379
[栄] 一五 449、一六 45、二三 153
[私] 340
[蓮] 開目抄 336・341・345・346・364・365・371・373・387、消息文抄 459・468
[著] 二 104
[浮] 158
[思] 548

0277 **仏説観普賢菩薩行法経**
[今] 一三-四 213、一三-三六 255、一四-一三 309
[家] 附録聞書集 276
[平] 五 370
[太] 一一 367
[曲] 下 59・343
[性] 八 350
[菅] 一一-六四一 592、一一-六四二 594、一一-六四九 598、一一-六五〇 599、一一-六五一 600、一一-六五二 600、一二-六五四 603、一二-六五五 604、一二-六五七 605、一二-六六〇 608
[栄] 一五 449、一六 45、一八 93
[私] 340
[蓮] 開目抄 404、消息文抄 459
[著] 二 104
同経(経意)
[梁] 二-三五 349
同経(普賢講)
[源] 松風 204
[栄] 一七 75

0278 **大方広仏華厳経**
[今] 六-三二 100、六-三三 101、六-三四 102、六-三五 103
[保] 下 179

[曲] 上 441
[上] 43・152
[性] 一〇 456
[親] 消息 117・120・121・133・176・178・180
[蓮] 開目抄 330・335・342・343・344・345・346・347・348・350・364・367・369・370・371・372・373・376・378・381・395・406’ 消息文抄 425・442・443・468・470
[仮] 一遍上人語録 98・105・118・147’ 妻鏡 182’ 慈雲短篇法語 424’ 人となる道 391’ 道範消息 76’ 反古集 286・295’ 反故集 318’ 盲安杖 257
[思] 458・555
同経(晋訳)
[連] 185
同経(六十華厳)
[論] 234
同経(六十巻)
[沙] 巻一〇末 447
[著] 一二 342
[梁] 二-四六 351’ 二-二二八 384
[蓮] 開目抄 385

0279 **大方広仏華厳経**
[今] 一一-二九 114’ 一二-七 139’ 一三-三九 259
[新] 395
[太] 一三 20’ 一八 266’ 二四 411・431’ 二六 31’ 三六 345
[曲] 上-柏崎 191’ 上 431・441
[中] 120・125・176
[近] 用明天王職人監 61
[弓] 上 221’ 下 251・282
[霊] 下-一九 369・371
[三] 下 145
[性] 六 290・294・295・302’ 七 316・325・326・333’ 八 348・358・360・380’ 一〇 440・458
[梁] 二-二一三 382’ 二-二四一 386
[栄] 一八 86’ 三〇 330
[私] 269
[正] 山水経 307
[聞] 五 395
[蓮] 開目抄 337・363
[仮] 一言芳談 194’ 覚海法橋法語 55’ 玉かがみ 356’ 慈雲短篇法語 422’ 人となる道 375・376・385・387・390・391’ 正見 408’ 短編法語 411・415’ 反古集 295’ 反故集 307’ 秘密安心又略 359・370’ 仏法夢物語 218’ 万民徳用 263・267’ 盲安杖 257
[著] 二 79
[沙] 四 173・174・178’ 五末 250・254’ 七 326
[神] 序論 45
[曽] 一二 423
[草] 103・235・240・252・487
[浮] 108・313
[楽] 92・373
同経(十地品)
[太] 三三 249
同経(八十)
[性] 六 296
[蓮] 開目抄 349
同経(八十華厳)
[宇] 八-一〇三 251
同経(八十巻)
[著] 二 100
[沙] 三 138
[梁] 二-二三〇 385

0287 **仏説十地経**
[性] 一〇 423
[仮] 万民徳用 265

0293 **大方広仏華厳経**
[今] 六-三一 98’ 一五-四五 407
[性] 七 318’ 八 364’ 一〇 424
[仮] 一遍上人語録 126’ 横川法語 51’ 人となる道 391
同経(四十)
[性] 六 296

同経(四十華厳)
［枕］二〇九 248
同経(四十巻)
［著］二 101
［沙］三 137
［栄］一八 91
0297 **普賢菩薩行願讃**
［性］二 198
0308 **仏説大方広菩薩十地経**
［今］二-三一 180
0310 **大宝積経**
［今］三-三 206
［正］山水経 308，仏性 141
［親］消息 148
［仮］玉かがみ 351，妻鏡 162，短編法語 411，万民徳用 269，明恵上人遺訓 66
0323 **郁伽羅越問菩薩行経**
［今］五-一五 370
［性］八 361
0329 **仏説須頼経**
［蓮］開目抄 411
0332 **仏説優填王経**
［今］三-一五 245
0341 **聖善住意天子所問経**
［沙］二 129
0350 **仏説遺日摩尼宝経**
［弓］下 254・255
［仮］一遍上人語録 88
0353 **勝鬘師子吼一乗大方便広経**
［紀］二二 188
［沙］四 177
［神］推古 94
［草］487
0360 **仏説無量寿経**
［落］198
［平］一〇 283
［伽］275
［曲］上-実盛 267
［句］364
［近］夕霧阿波鳴渡 215
［紀］二三 234，二五 318
［性］一 160，八 340・375
［梁］二-一七七 376，二-二〇六 381，二-二〇七 381，二-二一一 381，二-二一六 382，二-二一九 383
［朗］下-五八八 200
［親］恵信尼消息 223，三帖和讃 48・51・52・78・100・102，消息 116・117・118・119・120・122・125・126・133・141・142・145・147・156・168・176・180，正信念仏偈 28・35，歎異抄 194・200・210
［蓮］消息文抄 432，立正安国論 302・303・313・318
［仮］一遍上人語録 84・86・90・92・93・97・101・105・109・121・123・127・128・130・132・133・134・136・137・138・140・143・145・147，一枚起請文 53，妻鏡 179・182，真言内證義 239，盲安杖 246
［沙］一 85，二 123
［曽］一二 417・423
［草］127・237・239・510
［浮］278
［俳］342
［江］234
同経(願)
［親］三帖和讃 56
同経(経意)
［梁］二-二九 348
同経(三部経)
［親］消息 127
同経(大経)
［親］三帖和讃 54・58
同経(八功徳水)
［親］三帖和讃 53
同経(文)
［沙］一 88
同経(偈文)
［茶］423
0362 **仏説阿弥陀三耶三仏薩楼仏檀過度人道経**

[親] 歎異抄 *200*
[仮] 盲安杖 *246*

0363 **仏説大乗無量寿荘厳経**
[平] 五 *370*

0365 **仏説観無量寿仏経**
[源] 賢木 *390*
[今] 三-一七 *248*′ 六-四三 *112*′ 六-四四
112′ 一三-三二 *249*′ 一五-四九 *412*
[新] *396*
[平] 九 *316*
[太] 二一 *342*′ 三七 *384*
[伽] *299*
[曲] 上-実盛 *271*′ 上 *441・445・456*
[狂] 下 *124*
[句] *364*
[西] 日本永代蔵 *95*
[近] 夕霧阿波鳴渡 *215*′ 心中宵庚申 *461*
[連] *194*
[性] 六 *292*′ 八 *372・375*
[梁] 二-一 七五 *375*′ 二-一 七九 *376*′ 二-
一八〇 *376*′ 二-二〇六 *381*
[栄] 一八 *90*
[親] 恵信尼消息 *223*′ 三帖和讃 *54・56・*
58・59・64・71・75・78・79・81・100′
消息 *115・116・119*′ 正信念仏偈 *32・*
35・37・38・39・40′ 歎異抄 *192・*
207・211
[蓮] 開目抄 *372・378・395・402*′ 消息文
抄 *432・463・468*′ 立正安国論 *301・*
302・303・313・318
[仮] 一言芳談 *212*′ 一遍上人語録 *86・*
87・91・97・98・100・104・106・108・
109・125・126・131・132・134・137・
142・144・145・147・148・150′ 一枚
起請文 *53・53*′ 玉かがみ *353*′ 妻鏡
159・178′ 慈雲短篇法語 *424*′ 真言内
証義 *228*′ 人となる道 *376*′ 短編法語
409・410・411・412′ 反故集 *299・*
315′ 盲安杖 *259*
[沙] 一 *85*′ 四 *182*′ 五本 *207*′ 六 *275*′
一〇本 *399・403*
[曽] 七 *281*′ 一〇 *382*′ 一二 *414・417*
[草] *106・127・239・509・510・511*
[浮] *158・280*
[思] *468・469・514・554*
[江] *201・243・329*
同経（経意）
[梁] 二-三〇 *348*′ 二-三七 *349*′ 二-四三
350′ 二-四四 *350*
[朗] 下-五九〇 *201*
同経（三部経）
[親] 消息 *127*
同経（摂取不捨）
[親] 消息 *125*

0366 **仏説阿弥陀経**
[古] *241*
[落] *198*
[源] 鈴虫 *78*
[今] 六-四〇 *108*′ 六-四四 *112*′ 一二-一
四 *165*′ 一五-三 *351*′ 一五-二〇 *371*′
一五-三五 *393*
[家] 附録聞書集 *276*
[義] 六 *301*′ 七 *312・338*
[伽] *275*
[曲] 上-丹後物狂 *202*・上 *441*
[狂] 下 *236*
[中] *106*
[句] *364*
[西] 好色一代男 *76*
[弓] 下 *453*
[性] 七 *328*
[菅] 一二-六五七 *605*
[梁] 二-一 七五 *375*′ 二-一 七七 *376*′ 二-
一七八 *376*′ 二-一 九〇 *378*′ 二-二〇
五 *380*′ 一〇 *453*
[栄] 一九 *113*′ 三〇 *334*
[浜] 四 *331*
[狭] 三 *317*′ 四 *381*
[私] *341・408*
[親] 恵信尼消息 *223*′ 三帖和讃 *56・59・*
60・97′ 消息 *126*′ 正信念仏偈 *35*

[蓮] 開目抄 342・343・347・368・378、消息文抄 432・460・468・469、立正安国論 302・303・313・318
[仮] 一言芳談 212、一遍上人語録 91・104・126・134・141・145・146・147、一枚起請文 53、覚海法橋法語 58、秘密安心又略 363・369
[著] 二〇 528
[沙] 六 280、七 319
[曽] 一二 417
[草] 88・127・239
[浮] 271・452
[思] 469
[江] 234

同経(三部経)
[親] 消息 127

0367 **称讃浄土仏摂受経**
[親] 三帖和讃 61
[仮] 一遍上人語録 122・128・129・134・135、玉かがみ 351

0371 **観世音菩薩授記経**
[霊] 下-三四 419

0374 **大般涅槃経**
[蓮] 開目抄 330・331・344・348・349・350・351・352・359・360・365・372・381・382・386・387・388・390・391・394・395・396・400・401・402・404・405・406・407・409・410・411、消息文抄 423・424・425・428・429・432・435・441・442・448・452・455・476・480、立正安国論 298・299・300・307・308・310・313・314・315・317
[仮] 一遍上人語録 84、盲安杖 249
[著] 一二 342

0375 **大般涅槃経**
[古] 245・246
[今] 一-一四 82、一-一五 83、一-三八 119、三-二七 248、七-四一 166、七-四二 167、一三-三二 249、一四-三九 330、二〇-二〇 182
[新] 390・396
[太] 一三 20、一八 266・267、三六 345
[義] 三 100
[伽] 342・372
[曲] 上-海人 163、上-西行桜 293、上-鵜 309、上-花筐 354、上 442・446、下 66・135・390・438
[狂] 上 370
[中] 180・196・426
[近] 用明天王職人鑑 61・86・87・88・89
[浄] 上 43・199
[上] 43
[弓] 上 200・221、下 162・251・282
[霊] 上-二〇 119、上-二七 133、上-二九 139、中-一〇 209、中-一三 217、中-一七 231、中-一九 235、中-二二 243、中-二二 245、中-四二 299、下-一八 367、下-二七 401
[三] 下 134
[性] 五 279、七 322・325・332、八 349・350・352・356・359・366・374、九 407、一〇 420・428・432・436・448・450・464
[梁] 二-一八八 378、二-二二二 383、二-二三二 385
[合] 462
[栄] 三〇 330・331
[狭] 四 462
[私] 269
[正] 行持下 264、山水経 305・311、仏性 109・111・112・120・121・135・142、弁道話 91・96、礼拝得髄 286、渓声山色 279
[聞] 五 397、六 423
[親] 三帖和讃 44・61・62・77・80、消息 122・161、正信念仏偈 38
[蓮] 開目抄 333、立正安国論 304・312
[仮] 一言芳談 185・191・192、一遍上人語録 86・88・94・108・126・128・152、横川法語 51、玉かがみ 353・356、妻鏡 159・161・164・165・175・176・183、

慈雲短篇法語 428′人となる道 385′世間相常住法語 404′生死海法語 398′短編法語 408・410・412′反古集 280・284・292・297・298′反故集 328′仏法夢物語 218′万民徳用 262・264・267・271′明恵上人遺訓 63
[沙] 二 125・129′四 168・177・186′五本 201・224′七 328′一〇末 435
[神] 序論 47
[増] 247
[草] 236・237・238・240・295・487・495・510
[思] 458・555
[楽] 92・373
同経(一人当千)
[曽] 三 157′八 311
[義] 六 260
同経(経意)
[梁] 二―三八 349
同経(経文)
[曽] 六 267
同経(聖行品)
[伽] 375・376
同経(徳王品)
[太] 三三 269
同経(偈文)
[茶] 425

0376 **仏説大般泥洹経**
[蓮] 開目抄 391・396・398・403・404′消息文抄 432・433・434

0377 **大般涅槃経後分**
[今] 三―一八 252′三―三四 259

0378 **仏説方等般泥洹経**
[今] 三―三一 257′三―三五 262
[草] 337

0380 **大悲経**
[今] 三―三〇 255
[蓮] 開目抄 355
[沙] 六 288

0383 **摩訶摩耶経**
[今] 三―三三 258′三―三五 262
[梁] 二―一三三 385
[蓮] 開目抄 332・355′立正安国論 314

0384 **菩薩従兜術天降神母胎説広普経**
[今] 三―一八 252′三―三一 257′三―三五 262
[近] 平家女護嶋 299
[梁] 二―一八四 377
[親] 三帖和讃 83・93・100

0385 **中陰経**
[伽] 299
[曲] 上 448
[中] 196
[曽] 一一 405
[思] 507

0386 **蓮華面経**
[太] 二七 62
[親] 三帖和讃 96′消息 162
[蓮] 消息文抄 430
[仮] 明恵上人遺訓 66

0387 **大方等無想経**
[紀] 二四 240
[蓮] 開目抄 383

0389 **仏垂般涅槃略説教誡経**
[仮] 妻鏡 162′慈雲短篇法語 421・423′人となる道 389
[沙] 三 151′四 196′五本 203・221′一〇本 408

0396 **仏説法滅尽経**
[太] 二四 417
[蓮] 開目抄 350
[仮] 明恵上人遺訓 66

0397 **大方等大集経**
[今] 五―一四 367′六―三一 99′六―三七 106
[保] 下 179
[太] 一三 20′三一 174′三三 270′三六 345
[近] 心中天の網島 385′平家女護嶋 351
[上] 43
[弓] 上 221・347′下 251・282

[春] 204・432
[連] 200
[霊] 上-二〇 121' 中-九 205
[性] 八 376
[梁] 二-四九 351
[親] 三帖和讃 77・90・98
[蓮] 開目抄 330・337・342・345・368・371・372' 立正安国論 294・297・297・314・315・316
[仮] 玉かがみ 356
[著] 一二 342
[沙] 二 130' 六 288
[愚] 三 167
[草] 240・509
[楽] 92・253・373
同経(偈文)
[沙] 一〇本 410
[太] 二一 342
0398 **大哀経**
[親] 三帖和讃 64
0403 **阿差末菩薩経**
[仮] 一遍上人語録 132
0410 **大方広十輪経**
[性] 八 364
0411 **大乗大集地蔵十輪経**
[弓] 下 255
[霊] 下-三三 415
[三] 下 130
[梁] 二-二八三 394
[蓮] 消息文抄 470
[沙] 二 103・129' 六 287・288' 一〇本 417
同経(破戒盲目)
[連] 194
0412 **地蔵菩薩本願経**
[狂] 下 236
[菅] 一二-六五七 605
[仮] 玉かがみ 353
[楽] 376
0414 **菩薩念仏三昧経**
[親] 消息 122
[仮] 一遍上人語録 131
0446 **過去荘厳劫千仏名経**
[性] 一〇 430
0447 **現在賢劫千仏名経**
[性] 一〇 430
0448 **未来星宿劫千仏名経**
[性] 一〇 430
0449 **仏説薬師如来本願経**
[菅] 一一-六三九 591
同経(経意)
[梁] 二-三二 348' 二-三四 349
同経(隋記)
[紀] 二九 477
0450 **仏説薬師琉璃光如来本願功徳経**
[枕] 二〇九 248
[大] 二 76
[今] 六-二四 91' 六-四五 114' 六-四六 115' 六-四七 116' 一二-八 140
[伽] 220
[弓] 下 255
[霊] 下-三三 415' 下-三四 419
[性] 八 374' 九 412
[菅] 一一-六三九 591
[栄] 一〇 334' 一八 96' 二九 297
[蓮] 消息文抄 430・443' 立正安国論 292・295・297・315
同経(経意)
[梁] 二-三二 348' 二-三三 348' 二-三四 349
同経(講)
[平] 一 131
同経(隋願)
[栄] 二二 13
0451 **仏説薬師瑠璃光七仏本願功徳経**
[菅] 一二-六六二 609
[栄] 二二 153
0452 **仏説観弥勒菩薩上生兜率天経**
[近] 出世景清 28
[沙] 二 117
0454 **仏説弥勒下生成仏経**

[親] 消息 *121*

0457 **仏説弥勒来時経**
[親] 消息 *121*

0463 **仏説文殊師利般涅槃経**
[今] 三-二 *205*

0468 **文殊師利問経**
[浮] *201*

0475 **維摩詰所説経**
[大] 五 *231*
[今] 三-一 *204*、六-三八 *106*、六-四五 *114*、七-一六 *139*、一二-三 *134*、一二-五 *136*
[新] *398*
[太] 二四 *422*
[義] 二 *74*、五 *198*、六 *291*
[伽] *143*
[曲] 上 *431*
[近] 平家女護嶋 *298*
[論] *372・397*
[性] 六 *296・298*、八 *357・376*、一〇 *436*
[菅] 一二-六五九 *607*
[梁] 二-一七五 *375*、二-一八七 *377*、二-二〇一 *380*、二-二二一 *383*、二-二四一 *386*
[栄] 二九 *306*
[私] *343*
[正] 行持下 *239*、仏性 *143*
[聞] 六 *422*
[蓮] 開目抄 *338・340・345・359・361・372*
[仮] 一遍上人語録 *84*、覚海法橋法語 *58*、妻鏡 *181*、慈雲短篇法語 *427*、人となる道 *376*、道範消息 *76*、秘密安心又略 *363*、万民徳用 *264*
[沙] 三 *153*、四 *167*、五本 *211・214*
[愚] 二 *104*
[神] 推古 *94*
[草] *487*
[俳] *462*
[思] *555・559*

同経(会)
[大] 五 *234*、六裏書 *388*

同経(経意)
[沙] 巻一〇末 *441*
[朗] 上-一八一 *92*、下-七九五 *255*

0478 **大乗頂王経**
[連] *192*

0484 **不思議光菩薩所説経**
[霊] 中-七 *199*

0495 **仏説阿難分別経**
[懐] 兎裘賦 *338*

0497 **仏説摩訶迦葉度貧母経**
[今] 二-六 *132*

0507 **仏説未生冤経**
[今] 三-二七 *248*

0509 **阿闍世王授決経**
[蓮] 消息文抄 *482*
[曽] 一一 *403*
[想] *584*

0512 **仏説浄飯王般涅槃経**
[今] 二-一 *124*

0539 **盧至長者因縁経**
[今] 三-二二 *240*

0540 **仏説樹提伽経**
[今] 二-二三 *158*

0545 **仏説徳護長者経**
[今] 一-一二 *77*

0554 **仏説奈女耆婆経**
[今] 四-三一 *318*

0556 **仏説七女経**
[曲] 下 *435*

0564 **仏説転女身経**
[菅] 一二-六五七 *605*、一二-六六〇 *608*、一二-六六四 *610*

0571 **仏説婦人遇辜経**
[今] 二-三一 *180*

0578 **無垢優婆夷問経**
[霊] 上-一三 *107*

0581 **仏説八師経**
[性] 八 *361*

[仮] 覚海法橋法語 56
0586 **思益梵天所問経**
[連] 177
0606 **修行道地経**
[今] 五-一五 370
0625 **大樹緊那羅王所問経**
[梁] 二-一九七 379
0639 **月灯三昧経**
[性] 一〇 434
0642 **仏説首楞厳三昧経**
[今] 六-三九 107
[連] 185
[性] 八 368，九 412，一〇 456
[正] 弁道話 95，渓声山色 274
[親] 三帖和讃 65，94
[蓮] 開目抄 340
[沙] 二 98，三 165，五末 254
0643 **仏説観仏三昧海経**
[古] 241
[今] 三-一九 233
[三] 下 134・135
[性] 一〇 460
[梁] 二-二〇三 380
[親] 三帖和讃 96
[蓮] 開目抄 380，消息文抄 430
[仮] 一遍上人語録 131，盲安杖 258
同経(偈文)
[栄] 一八 91
0650 **諸法無行経**
[蓮] 消息文抄 431
0653 **仏蔵経**
[聞] 一 318，四 381
[仮] 一遍上人語録 90
[沙] 四 178，一〇本 417
0656 **菩薩瓔珞経**
[太] 二六 31
[三] 下 136
[聞] 二 333，五 407
[仮] 妻鏡 171
[思] 645
0657 **仏説華手経**
[近] 用明天王職人鑑 87
0658 **宝雲経**
[仮] 横川法語 51，慈雲短篇法語 428，万民徳用 267
0659 **大乗宝雲経**
[仮] 一言芳談 192
0663 **金光明経**
[今] 六-四一 110
[紀] 二九 426・478，三〇 516・525・532
[蓮] 開目抄 329・368・402・消息文抄 429・430
同経(四巻)
[私] 252
同経(四巻経)
[宇] 八-一〇二 247
[栄] 一九 113
0665 **金光明最勝王経**
[津] 楼上下 462
[源] 若菜 270
[今] 六-四二 111，一一-一二 84，一一-一五 90，一二-四 135，一二-五 136，一三-四〇 260
[太] 二四 410・419，四〇 477
[義] 六 283
[曲] 下 310
[霊] 中-五 189
[性] 七 328，八 348，九 386・九 408，一〇 428・438
[菅] 一一-六三六 588，一一-六四八 597，一一-六四九 598，一二-六五五 604，一二-六五八 606
[梁] 二-一九二 378，二-二〇九 381
[夜] 五 336
[正] 行持下 230，山水経 305・309
[親] 三帖和讃 62・64
[蓮] 開目抄 342・347，消息文抄 476，立正安国論 293・297・316
[仮] 一言芳談 205，妻鏡 175，万民徳用 269
[著] 二 104

[愚] 二 *104*
[神] 聖武 *103*
[浮] *157*
[恩] *99・454*
同経(会)
[大] 五 *234*, 六裏書 *392*
同経(経意)
[梁] 一-二〇 *344*, 二-二三 *347*
同経(御斎会)
[枕] 二九五 *309*
同経(講)
[著] 三 *116*, 八 *264*
同経(最勝会)
[太] 二四 *411*
同経(最勝講)
[愚] 四 *184*
[徒] 二二 *109*, 四八 *128*
0668 **仏説不増不減経**
[沙] 一 *66*
0670 **楞伽阿跋多羅宝経**
[連] *364*
[蓮] 開目抄 *381*
[仮] 慈雲短篇法語 *428*
同経(四巻)
[蓮] 開目抄 *364*
0671 **入楞伽経**
[太] 二四 *426*
[性] 八 *360*
[親] 三帖和讃 *67*, 正信念仏偈 *34*
[仮] 真言内証義 *227*, 道範消息 *81*
[沙] 巻一〇末 *443*
同経(十巻)
[性] 九 *404*
0672 **大乗入楞伽経**
[曲] 下 *450*
[仮] 短編法語 *417*
0673 **大乗同性経**
[仮] 一遍上人語録 *84・92*
0675 **深密解脱経**
[仮] 万民徳用 *274*
0676 **解深密経**
[蓮] 開目抄 *367・381・383*
[仮] 慈雲短篇法語 *428*
[思] *554*
0682 **大乗密厳経**
[蓮] 開目抄 *383*
[仮] 覚海法橋法語 *55*
0683 **仏説諸徳福田経**
[恩] *99*
[江] *478*
0685 **仏説盂蘭盆経**
[近] 五十年忌歌念仏 *153*, 国性爺合戦 *272*
[上] *242*
[紀] 二六 *340*
0699 **仏説造塔功徳経**
[性] 九 *392*
0703 **灯指因縁経**
[今] 二-一二 *140*
0707 **仏説出家功徳経**
[今] 一-二二 *95*
0720 **無明羅刹集**
[梁] 二-五一 *352*
0721 **正法念処経**
[山] *411*
[梁] 二-二〇二 *380*, 二-二〇六 *381*
[正] 礼拝得髄 *295*
[蓮] 消息文抄 *432*
[仮] 一遍上人語録 *87・95・113・117*, 玉かがみ *354・355*, 妻鏡 *162*, 人となる道 *376*, 短編法語 *413*, 反古集 *287*, 万民徳用 *264・272*, 明恵上人遺訓 *69*, 盲安杖 *252・256*
[八] *151*
[沙] 六 *286・284*
0729 **仏説分別善悪所起経**
[仮] 明恵上人遺訓 *60*
0730 **仏説処処経**
[仮] 妻鏡 *165*
0749 **仏説因縁僧護経**
[沙] 一〇末 *437*

0751 **仏説五無反復経**
[今] 四-三五 324
0754 **仏説未曾有因縁経**
[今] 一-一七 86、五-二一 385
[太] 二四 416
[仮] 妻鏡 165
[沙] 九 394
0765 **本事経**
[思] 559
0784 **四十二章経**
[太] 二四 424
0808 **仏説犢子経**
[今] 一-三四 116
0809 **仏説乳光仏経**
[今] 一-三四 116
0815 **仏昇忉利天為母説法経**
[今] 二-一 125
[梁] 二-一三三 385
0839 **占察善悪業報経**
[狂] 下 123
0842 **大方広円覚修多羅了義経**
[太] 二四 426
[曲] 下 450
[性] 一〇 463
[正] 現成公按 102
[仮] 一遍上人語録 148、妻鏡 179、仏法夢物語 224、明恵上人遺訓 65
[沙] 一 81、四 171・175、五末 254、巻一〇末 444
0848 **大毘盧遮那成仏神変加持経**
[今] 五-一二 389、一一-九 75、一一-一二四 105
[平] 二 194
[伽] 120・123
[曲] 下 140
[中] 475
[弓] 下 255
[連] 179
[性] 七 310・316・328、八 339・340・346・350・356・358、一〇 420・424・452
[菅] 一一-六三九 591
[親] 三帖和讃 61
[蓮] 開目抄 335・343・345・347・349・350・367・368・369・373・376・377・381・385
[蓮] 消息文抄 425・442・463・468・469
[仮] 一遍上人語録 108・128、覚海法橋法語 55、玉かがみ 350、骨相大景 404、妻鏡 180、真言内證義 235・236、人となる道 378・389・394、短編法語 416、秘密安心又略 361・364、仏法夢物語 220・222、盲安杖 245
[沙] 五本 223
[思] 555
[太] 二四 419
同経(具縁品)
[曽] 九 347
0861 **毘盧遮那五字真言修習儀軌**
[仮] 秘密安心又略 361
0862 **阿閦梨大曼荼攞潅頂儀軌**
[仮] 真言内証義 231
0865 **金剛頂一切如来真実摂大乗現証大教王経**
[平] 二 194
[性] 八 348、九 406・409
[蓮] 開目抄 368・369・377
[仮] 覚海法橋法語 55、玉かがみ 350・355、真言内證義 235、秘密安心又略 364
[沙] 四 183
0866 **金剛頂瑜伽中略出念誦経**
[性] 八 350
0867 **金剛峰楼閣一切瑜伽瑜祇経**
[性] 七 310
0869 **金剛頂経瑜伽十八会指帰**
[性] 八 354
0870 **略述金剛頂瑜伽分別聖位修証法門**
[性] 九 404
[仮] 玉かがみ 350、人となる道 391
0876 **金剛頂瑜伽修習毘盧遮那三摩地法**
[性] 九 398

0878 **金剛頂経金剛界大道場毘盧遮那如来自受用身内証智眷属法身異名仏最上乗秘密三摩地礼懺文**
［性］八 350・356′ 九 406
0893 **蘇悉地羯囉経**
［平］二 194
0895 **蘇婆呼童子請問経**
［性］九 411
0897 **蕤呬耶経**
［神］応神 81
0898 **仏説毘奈耶経**
［沙］五末 250
0900 **十八契印**
［仮］真言内証義 231
0901 **陀羅尼集経**
［今］四-二七 313
［性］七 316′ 九 410・412
［梁］二-五一 352
［仮］万民徳用 263
［沙］巻一〇末 449
同経（ウズナマ）
［太］一 42
0923 **薬師如来観行儀軌法**
［伽］211
0925 **薬師琉璃光王七仏本願功徳経念誦儀軌**
［太］一 42
［増］八 337・338′ 一五 438
0930 **無量寿如来観行供養儀軌**
［今］一五-三五 392
［狭］三 275
［沙］八 343
同経（大呪）
［源］鈴虫 83
0944 **大仏頂如来放光悉怛多鉢怛囉陀羅尼**
［性］二 198
［沙］五末 256
0945 **大仏頂如来密因修証了義諸菩薩万行首楞厳経**
［徒］一七九 237
［太］二六 45
［曲］下 450・453
［仮］妻鏡 172・179′ 慈雲短篇法語 422′ 短編法語 416′ 反故集 322・331
［沙］一〇末 433′ 巻一〇末 444
［草］353
0951 **一字仏頂輪王経**
［性］九 410
0953 **一字奇特仏頂経**
［増］一五 438
0966 **大聖妙吉祥菩薩説除災教令法輪**
［枕］二九五 309
0971 **仏説仏頂尊勝陀羅尼経**
［枕］二九五 309
［大］三 128
［太］二四 410・419
0974 **仏頂尊勝陀羅尼**
［津］としかげ 48
［今］一三-三 212′ 一四-四一 335′ 一五-六 354′ 一五-一九 371′ 一五-四五 407
［宇］八-一〇五 254
［平］六 404
［菅］一二-六五五 604′ 一二-六五七 605
［栄］三〇 332
［私］476
［仮］反故集 322
［沙］七 315・316
［愚］六 278
0982 **仏母大孔雀明王経**
［津］国譲下 334′ 吹上下 371
［枕］二九五 309
［今］一一-三 62
［平］三 210
［太］一 42′ 二四 419
［性］四 230′ 七 328
［菅］一二-六六五 611
［栄］八 260
［蓮］立正安国論 295
［著］二 80
0987 **仏説大金色孔雀王呪経**
［増］一五 438

0988 **孔雀王呪経**
［性］九 *412*

0989 **大雲輪請雨経**
［今］一四-四一 *334*
［太］一二 *424*

0994 **仁王護国般若波羅蜜多経陀羅尼念誦儀軌**
［性］四 *228*

0997 **守護国界主陀羅尼経**
［太］二四 *419*
［性］四 *230*′六 *293*
［仮］玉かがみ *353*′人となる道 *378*

1002 **不空羂索毘盧遮那仏大灌頂光真言**
［仮］玉かがみ *349*・*352*・*353*・*354*・*355*・*356*′反故集 *322*′秘密安心又略 *361*
［沙］二 *121*・*122*

1003 **大楽金剛不空真実三昧耶経般若波羅蜜多理趣釈**
［性］一〇 *442*・*444*・*446*
［仮］真言内証義 *235*′連範消息 *81*

1004 **般若波羅蜜多理趣経大楽不空三昧真実金剛薩埵等一十七聖大曼荼羅義述**
［狂］下 *236*

1022 **一切如来心秘密全身舎利宝篋印陀羅尼経**
［徒］二二二 *269*
［性］九 *392*′一〇 *450*
［仮］玉かがみ *354*
［沙］二 *121*・*122*′七 *323*・*324*′一〇末 *431*

1043 **請観世音菩薩消伏毒害陀羅尼呪経**
［近］用明天王職人鑑 *101*

1060 **千手千眼観世音菩薩広大円満無礙大悲心陀羅尼経**
［津］忠こそ *143*′菊の宴 *33*′国譲中 *182*′国譲下 *280*・*355*
［枕］二〇九 *248*
［大］二 *67*
［今］一四-四三 *337*′一五-六 *354*′一一-五 *232*
［宇］二-一九 *85*
［家］*262*
［平］三 *219*
［太］五 *170*
［曲］上 *454*′下 *141*
［中］*155*・*479*
［近］五十年忌歌念仏 *149*′出世景清 *52*
［浄］上 *155*′下 *305*・*338*
［弓］上 *372*
［霊］下-一四 *357*′下-一三四 *419*
［梁］二-三九 *349*′一〇 *463*
［仮］反故集 *322*
［沙］七 *325*
［草］*133*・*490*

1070 **仏説十一面観世音神呪経**
［性］六 *300*′九 *410*

1071 **十一面神呪心経**
［性］六 *300*

1076 **七倶胝仏母所説准提陀羅尼経**
［増］一五 *439*

1085 **観自在菩薩如意輪念誦儀軌**
［菅］一二-六六四 *610*

1092 **不空羂索神変真言経**
［徒］二二二 *269*
［太］二四 *419*
［仮］玉かがみ *355*
［沙］二 *122*

1093 **不空羂索呪経**
［治］上 *205*

1135 **仏説一切如来金剛寿命陀羅尼経**
［源］若菜上 *270*
［枕］二七七 *283*
［今］六-四八 *117*
［菅］一一-六四八 *597*′一二-六五六 *605*′一二-六六二 *609*′一二-六六四 *610*
［栄］一〇 *334*′一二 *378*′一八 *96*′二九 *297*
［増］一〇 *370*

1145 **虚空蔵菩薩能満諸願最勝心陀羅尼求聞持法**
［三］上 *84*

1148 **仏説虚空蔵菩薩陀羅尼経**
［浄］上 *385*

1153 **普遍光明清浄熾盛如意宝印心無能勝大明王大随求陀羅尼経**
[枕] 二〇九 *248*
[今] 一五-四五 *407*
[宇] 一-五 *60*
[性] 二 *198*
1179 **文殊師利菩薩六字呪功能法経**
[増] 一五 *438*
1181 **大方広菩薩蔵経中文殊師利根本一字陀羅尼経**
[太] 三三 *254*
1185 **文殊師利宝蔵陀羅尼経**
[梁] 二-一九六 *379*
1195 **大聖文殊師利菩薩讃仏法身礼**
[性] 二 *198*、三 *215・216*
1205 **勝軍不動明王四十八使者秘密成就儀軌**
[栄] 一八 *94*
[曽] 七 *298*
1223 **仏説無量寿仏化身大忿迅倶摩羅金剛念誦瑜伽儀軌法**
[仮] 秘密安心又略 *364*
1247 **北方毘沙門天王随軍護法儀軌**
[太] 二九 *120*
1248 **北方毘沙門天王随軍護法真言**
[太] 二九 *120*
1262 **仏説鬼子母経**
[曲] 下 *390*
1289 **仏説金毘羅童子威徳経**
[弓] 下 *255*
1290 **焔羅王供行法次第**
[太] 三三 *254*
1299 **文殊師利菩薩及諸仙所説吉凶時日善悪宿曜経**
[性] 八 *364*
[蓮] 立正安国論 *295*
1300 **摩登伽経**
[性] 四 *246*
[蓮] 立正安国論 *295*
1301 **舎頭諫太子二十八宿経**
[蓮] 立正安国論 *295*
1331 **仏説潅頂経**
[今] 三-三一 *256*
[性] 六 *290*、七 *330*、九 *412*
[正] 礼拝得髄 *295*
[親] 消息 *157*
1332 **七仏八菩薩所説大陀羅尼神呪経**
[性] 九 *412*
[梁] 二-一八七 *395*
1339 **大方等陀羅尼経**
[蓮] 開目抄 *339*
1366 **仏説秘密八名陀羅尼経**
[仮] 一遍上人語録 *153*
1374 **仏説一切功徳荘厳王経**
[保] 下 *179*
1387 **仏説栴檀香身陀羅尼経**
[菅] 一二-六六四 *610*
1421 **弥沙塞部和醯五分律**
[今] 二-二八 *170*、三-一四 *243*、四-一五 *294*、五-一〇 *382*、五-一四 *390*
[性] 一〇 *450*
[仮] 人となる道 *386*
[思] *548・552*
1425 **摩訶僧祇律**
[性] 七 *318*
[聞] 五 *401*
[仮] 人となる道 *391*、反故集 *298*
1428 **四分律**
[今] 一-九 *72*、一-二一 *93*、二-二八 *170*、四-三一 *318*、四-三三 *322*
[太] 二四 *438*
[性] 二 *199*
[正] 礼拝得髄 *293*
[聞] 五 *406*
[仮] 妻鏡 *165*、人となる道 *390*、世間相常住法語 *403*
[沙] 一〇本 *416*
[思] *552*
同経(五百の車)
[太] 二六 *44*
1435 **十誦律**
[今] 一-一二 *77*、二-二九 *176*、三-三五

262′四-一五 294′四-三三 322
[聞] 五 406
[仮] 人となる道 386・395

1442 **根本説一切有部毘奈耶**
[今] 二-二九 176′三-二一 239
[草] 289

1448 **根本説一切有部毘奈耶薬事**
[仮] 妻鏡 177

1450 **根本説一切有部毘奈耶破僧事**
[仮] 妻鏡 165

1451 **根本説一切有部毘奈耶雑事**
[今] 三-二九 253
[太] 三五 332
[梁] 二-一八三 377
[仮] 明恵上人遺訓 60
同経(文)
[沙] 一 75

1462 **善見律毘婆沙**
[今] 二-一 125

1463 **毘尼母経**
[仮] 妻鏡 165

1464 **鼻奈耶**
[今] 一-二三 96
[霊] 中-五 189
[蓮] 開目抄 360

1468 **仏説目連所問経**
[親] 三帖和讃 61′消息 158

1470 **大比丘三千威儀**
[聞] 三 377

1483 **仏説目連問戒律中五百軽重事**
[今] 四-一三 291
[沙] 七 315・316

1484 **梵網経**
[今] 一一-二六 108′一四-三一 321
[台] 上 204
[太] 九 314′二七 62
[中] 125
[近] 出世景清 46
[弓] 下 66
[霊] 中-一九 235
[三] 下 142
[性] 七 319′八 364・368′九 398′一〇 438
[菅] 一二-六五九 607
[聞] 一 322・326′二 333・337・338・345・349・350・353′三 373
[正] 礼拝得髄 286
[親] 消息 162
[蓮] 開目抄 388
[仮] 一遍上人語録 151′妻鏡 165′真言内証義 228′人となる道 375・376・377
[沙] 一 61′二 92′四 175′五本 201′七 332′九 386′一〇末 435
[俳] 56
[八] 103・393

1485 **菩薩瓔珞本業経**
[浄] 下 194
[仮] 人となる道 376′盲安杖 249

1488 **優婆塞戒経**
[仮] 明恵上人遺訓 59

1489 **清浄毘尼方広経**
[蓮] 開目抄 340

1509 **大智度論**
[今] 一-一〇 74′一-一一 75′一-一八 107′二-三五 192′三-三 206′三-四 207′三-七 210′三-一一 239′三-一七 248′四-一 268′四-七 279′四-三四 323′五-四 348′五-一〇 362′五-一四 367′五-二六 393
[太] 二四 438′二六 38′三七 382
[伽] 351・376
[曲] 下 250・450
[近] 用明天王職人監 59・61・89
[浄] 上 81
[弓] 上 301
[連] 143・145・200
[三] 下 134
[性] 六 297′七 316′八 343・360・368・372・382′九 392′一〇 424・448・460

[梁] 二-五三 352' 二-一八二 377' 二-一八六 377' 二-一八七 377' 二-二〇二 380' 二-二一七 382
[正] 現成公按 104' 行持下 227' 仏性 122' 弁道話 81・95' 渓声山色 275
[聞] 一 321・325' 六 413・427
[親] 三帖和讃 67・68・69・71' 消息 121
[蓮] 開目抄 340・358・360・365・387・411' 消息文抄 428・429・435・467・471・475・476・477・479' 立正安国論 304
[仮] 一言芳談 196・205' 一遍上人語録 92・95・105・118・132' 横川法語 51' 真玉かがみ 354' 妻鏡 165・177・182' 真言内証義 228・230' 人となる道 376・383・386・391' 世間相常住法語 404' 道範消息 76' 秘密安心又略 362' 万民徳用 263' 盲安杖 258' 連範消息 81
[沙] 四 177・177・179・194' 五本 223' 五末 259' 六 276・289' 七 332' 九 394' 巻一〇末 439・457・458
[愚] 三 149
[草] 237・251・289
[浮] 201・307
[思] 469・554
[八] 191・200・214・215
同論(大)
[太] 二四 422
1519 **妙法蓮華経憂波提舎**
[蓮] 開目抄 376
1521 **十住毘婆沙論**
[親] 三帖和讃 45・67・68' 消息 127' 正信念仏偈 34・35' 歎異抄 192
[蓮] 開目抄 382・389' 立正安国論 300
1522 **十地経論**
[中] 124
[性] 九 404' 一〇 424
1524 **無量寿経優波提舎**
[親] 三帖和讃 69・70・73・76' 消息 118' 正信念仏偈 35・37
[仮] 一遍上人語録 129・138・153
[沙] 二 117' 一〇本 398
[曽] 一二 423
[草] 239
1530 **仏地経論**
[太] 二三 399
1545 **阿毘達磨大毘婆沙論**
[今] 四-一三 306' 五-三〇 397
[性] 八 369' 九 396
[朗] 下-七九三 255
[蓮] 開目抄 362・384' 消息文抄 431
[仮] 妻鏡 177' 慈雲短篇法語 428' 人となる道 376' 反故集 299
[神] 序論 45
同論(神力業力)
[連] 193
同論(文)
[沙] 一 74' 二 124
1547 **鞞婆沙論**
[仮] 明恵上人遺訓 59
1558 **阿毘達磨倶舎論**
[義] 六 268
[伽] 460
[曲] 上-丹後物狂 202・203
[中] 124
[近] 夕霧阿波鳴渡 215' 用明天王職人監 58・99' 平家女護嶋 298
[弓] 下 103
[三] 下 134
[性] 二 186
[栄] 一八 96
[正] 山水経 303・313
[聞] 五 401' 六 420
[蓮] 開目抄 340・374' 消息文抄 432
[仮] 一枚起請文 53' 横川法語 51' 玉かがみ 351' 妻鏡 159' 真言内證義 238' 反古集 289' 反故集 307・308' 仏法夢物語 220
[神] 序論 45・47
同論(五衰)
[曽] 一二 420

1562 **阿毘達磨順正理論**
[性] 一〇 468
1564 **中論**
[上] 154
[性] 七 318
[正] 仏性 109・122
[親] 三帖和讃 71
[蓮] 開目抄 406、立正安国論 304
[仮] 一遍上人語録 118、世間相常住法語 402、万民徳用 263
1566 **般若灯論釈**
[性] 九 404
1568 **十二門論**
[上] 154
[正] 仏性 122
[親] 三帖和讃 71
[蓮] 立正安国論 304
1569 **百論**
[上] 154
[正] 仏性 123
[親] 三帖和讃 71
[蓮] 立正安国論 304
1570 **広百論本**
[正] 仏性 123
1572 **百字論**
[正] 仏性 123
1577 **大丈夫論**
[霊] 上-二九 139、下-一五 359、下-三三 417
1579 **瑜伽師地論**
[今] 一七-三四 555
[霊] 下-八 337・339
[蓮] 消息文抄 452
[仮] 一遍上人語録 105、横川法語 51、人となる道 375・376・391、短編法語 410、反古集 280、秘密安心又略 360
[沙] 五本 204
[思] 552
1583 **菩薩善戒経**
[性] 九 414
1585 **成唯識論**
[今] 一一-四 63
[曲] 上-隅田川 392
[中] 124
[近] 平家女護嶋 298
[弓] 下 308
[三] 下 124
[性] 一〇 426
[栄] 一八 96
[蓮] 開目抄 348・406
[仮] 一遍上人語録 117・126・144、反故集 299
[沙] 一 82
[草] 103
同論(文)
[沙] 八 360
同論(法相)
[著] 二 79
同論(法文)
[沙] 三 137
1586 **唯識三十論頌**
[沙] 三 138
1591 **成唯識宝生論**
[蓮] 開目抄 348
1593 **摂大乗論**
[中] 124
1595 **摂大乗論釈**
[仮] 一枚起請文 53
1598 **摂大乗論釈**
[正] 山水経 310
1600 **弁中辺論**
[性] 一〇 430
[仮] 反故集 299
1608 **業成就論**
[性] 七 310
1635 **大乗宝要義論**
[仮] 短編法語 413、仏法夢物語 216、明恵上人遺訓 69
1642 **金剛針論**
[沙] 三 140
1644 **仏説立世阿毘曇論**

［正］渓声山色 275

1646 **成実論**

［古］240
［霊］中-二八 263’ 中-三二 273
［仮］人となる道 376’ 盲安杖 249
［沙］五本 224

1648 **解脱道論**

［仮］万民徳用 269

1665 **金剛頂瑜伽中発阿耨多羅三藐三菩提心論**

［中］125
［性］八 350’ 九 406
［梁］二-二〇八 381
［蓮］開目抄 410
［仮］一遍上人語録 149’ 覚海法橋法語 55’ 真言内証義 231・240’ 道範消息 79’ 秘密安心又略 365・366’ 仏法夢物語 219
［草］88

同論(偈文)

［平］一〇 300

1666 **大乗起信論**

［義］六 268
［曲］上 449
［性］七 310’ 一〇 448
［正］弁道話 87・88
［蓮］消息文抄 452
［仮］一言芳談 187・192’ 一遍上人語録 130’ 仏法夢物語 222・224
［沙］五末 250’ 巻一〇末 444

1668 **釈摩訶衍論**

［連］203
［性］六 289・302’ 七 315・316・318’ 八 338・372・377・381’ 一〇 420
［蓮］消息文抄 471
［仮］一言芳談 187・192’ 一遍上人語録 105’ 妻鏡 183’ 短編法語 415’ 秘密安心又略 361’ 盲安杖 249

1670 **那先比丘経**

［蓮］開目抄 364

1672 **龍樹菩薩為禅陀迦王説法要偈**

［沙］一〇末 433

1690 **賓頭盧突羅闍為優陀延王説法経**

［太］二七 78

1704 **仏説金剛般若波羅蜜経略疏**

［蓮］消息文抄 477

1716 **妙法蓮華経玄義**

［源］賢木 393
［曲］上 431
［浄］上 81
［性］一 168
［梁］二-一二三 382
［聞］一 326
［蓮］開目抄 329・348・365・368・382・392・401’ 消息文抄 424・428’ 立正安国論 304
［仮］一遍上人語録 121’ 道範消息 78’ 万民徳用 262’ 明恵上人遺訓 63
［沙］三 165
［恩］35

1717 **法華玄義釈籤**

［源］賢木 393
［梁］二-一二三 382
［蓮］開目抄 347・364・382・395’ 消息文抄 424’ 立正安国論 304

1718 **妙法蓮華経文句**

［源］賢木 393
［今］三-三 206’ 一三-三二 249
［太］二四 416
［義］五 198
［浄］上 81
［弓］下 254・255
［連］184
［性］八 376
［正］行持下 224
［聞］一 328’ 二 338・354’ 四 389
［蓮］開目抄 329・353・367・369・370・380・407・409・411’ 消息文抄 428・461’ 立正安国論 304
［仮］一遍上人語録 145
［恩］35
［思］469

1719 **法華文句記**
［源］賢木 393
［宇］四-六五 171
［平］一一 377
［曲］上-盛久 418、下 439
［中］191
［蓮］開目抄 353・356・370・382・388・390・394・396・397・398、立正安国論 304
1720 **法華玄論**
［蓮］開目抄 365・377
1721 **法華義疏**
［合］520
［想］235
同疏（取意）
［梁］二-二四 347
1723 **妙法蓮華経玄賛**
［合］520
［蓮］開目抄 381
1726 **観音玄義**
［蓮］開目抄 405
1733 **華厳経探玄記**
［性］六 304
1735 **大方広仏華厳経疏**
［蓮］開目抄 381
［仮］仏法夢物語 220
1736 **大方広仏華厳経随疏演義鈔**
［性］七 320
［蓮］開目抄 377・381
［沙］一 66
1739 **新華厳経論**
［蓮］開目抄 373・381
1745 **無量寿経義疏**
［沙］四 180
1753 **観無量寿仏経疏**
［義］六 251
［曲］上-実盛 270、上 435
［山］372
［連］203
［親］三帖和讃 64・78・79・81、消息 127・132・139・163・171・179、正信念仏偈 39、歎異抄 193・194・205・213
［蓮］立正安国論 301・302
［仮］一言芳談 189・200・210・211、一遍上人語録 85・86・92・123・124・125・128・129・131・132・134・135・136・139・142・145・147・148・149、玉かがみ 352
［沙］七 332、一〇末 436
同疏（玄義分）
［仮］一遍上人語録 126
同疏（散善義）
［仮］一遍上人語録 94・104・108・121・122
同疏（定善義）
［仮］一遍上人語録 95・127
1755 **阿弥陀経義記**
［沙］五末 250
1767 **大般涅槃経疏**
［義］六 263
［蓮］開目抄 405・406・408・409・410・411、消息文抄 479
［仮］一遍上人語録 132
1772 **観弥勒上生兜率天経賛**
［性］八 340
1775 **注維摩詰経**
［性］一〇 448
［蓮］消息文抄 479
［仮］一遍上人語録 85・133
1795 **大方広円覚修多羅了義経略疏註**
［曲］下 450
［仮］世間相常住法語 399
1796 **大毘盧遮那成仏経疏**
［曲］上 436、下 310
［性］四 242、六 290・292・294、七 310・312・320・328、八 340・346・351・354・360・362・376・381、九 404・406・408・414、一〇 424・440・446・450・454
［蓮］開目抄 335
［仮］一言芳談 192、一遍上人語録 91・

108′骨相大景 404′慈雲短篇法語 426′真言内証義 229・230・231・235′道範消息 77・79・80・82′秘密安心又略 361・362・366・367・369′盲安杖 255
[沙] 五本 223′巻一〇末 442
同疏(文)
[沙] 二 123
1797 **大毘盧遮那経供養次第法疏**
[性] 九 386
1799 **首楞厳義疏注経**
[蓮] 消息文抄 432
[仮] 人となる道 387
[沙] 五本 224
1804 **四分律刪繁補闕行事鈔**
[懐] 釈道融 173
[霊] 下-一四 387
[性] 六 294′九 401
1813 **梵網経菩薩戒本疏**
[親] 消息 145
1818 **法華論疏**
[蓮] 立正安国論 317
1819 **無量寿経優婆提舎願生偈註**
[親] 三帖和讃 72・73・74・75′消息 123・149・178′正信念仏偈 37・39
[蓮] 立正安国論 300
[仮] 一遍上人語録 125・132・134・136・142・148
[沙] 二 117′一〇本 399
1822 **倶舎論疏**
[蓮] 開目抄 380
1823 **倶舎論頌疏**
[家] 262
[梁] 二-一一三 382
[仮] 一遍上人語録 127
1827 **百論疏**
[仮] 一遍上人語録 133
1830 **成唯識論述記**
[連] 177
[仮] 一遍上人語録 125・127
1846 **大乗起信論義記**
[性] 九 408
[仮] 一遍上人語録 133・138・140・144′仏法夢物語 220
1856 **鳩摩羅什法師大義**
[仮] 短編法語 409
1858 **肇論**
[仮] 道範消息 79′盲安杖 247
1861 **大乗法苑義林章**
[今] 一一-五 66
[正] 弁道話 91
[蓮] 開目抄 377
1866 **華厳一乗教義分斉章**
[性] 七 314
[沙] 四 172
[思] 555
1870 **華厳経内章門等雑孔目章**
[仮] 世間相常住法語 402
1886 **原人論**
[仮] 万民徳用 267
1893 **浄心誡観法**
[仮] 妻鏡 176
[沙] 四 199′巻一〇末 437
1911 **摩訶止観**
[源] 賢木 393
[今] 三-三 206′一三-三二 249′一五-九 358
[新] 395
[家] 160
[徒] 七五 152
[平] 七 89
[太] 二四 420′三四 290
[曲] 上 449・452
[中] 357
[文] 184
[近] 重井筒 88′出世景清 28
[上] 126・186・247
[論] 228・445・446・485
[連] 163・180
[三] 下 134
[性] 八 342′九 404

[朗] 下-五八七 200
[梁] 二-二一〇 381，二-二二三 382
[正] 行持上 188，行持下 228，仏性 119，弁道話 89
[聞] 一 322，二 346・347・348・349，三 360・361，四 389
[蓮] 開目抄 329・330・333・349・376・381・393・394・395・397・398・404・406・407，消息文抄 442・477・478・479，立正安国論 304・305・306
[仮] 一遍上人語録 84・146，玉かがみ 354，妻鏡 165・178・183
[沙] 一 65，四 171・172・177・180・181・195，五本 200・212・224・250，六 274
[増] 八 335
[曽] 一二 423
[恩] 35・36
[思] 454
同論(一念三千)
[太] 一七 185，一八 270
同論(取意)
[梁] 二-三八 349
1912 **止観輔行伝弘決**
[源] 賢木 393
[太] 二四 417
[近] 用明天王職人監 59
[正] 行持上 187・188，行持下 228
[聞] 六 420
[親] 歎異抄 207
[蓮] 開目抄 329・330・334・366・373・395・397・398・407・408，消息文抄 442・477・478，立正安国論 304，306
[仮] 一遍上人語録 147
[沙] 四 177
1918 **四念処**
[蓮] 消息文抄 424
1924 **大乗止観法門**
[仮] 一遍上人語録 138
1925 **法界次第初門**
[近] 用明天王職人監 60
[正] 坐禅箴 173
1930 **天台八教大意**
[沙] 二 103
1931 **天台四教儀**
[沙] 四 172
1932 **金剛錍**
[連] 195
[梁] 二-一二四 382
[沙] 巻一〇末 461
1957 **略論安楽浄土義**
[蓮] 立正安国論 300
1958 **安楽集**
[性] 四 230，一〇 464
[親] 三帖和讃 77，消息 158・161，正信念仏偈 38，歎異抄 195
[蓮] 開目抄 351・394・398・399・409，立正安国論 300
1959 **観念阿弥陀仏相海三昧功徳法門**
[仮] 一遍上人語録 84・105・136・150
[親] 消息 157
[仮] 一遍上人語録 95
1960 **釈浄土群疑論**
[親] 三帖和讃 83
1963 **浄土論**
[親] 三帖和讃 95・98，消息 137，正信念仏偈 37
[仮] 妻鏡 159，短編法語 412
1967 **念仏三昧宝王論**
[伽] 299
[浮] 497
1973 **廬山蓮宗宝鑑**
[仮] 一言芳談 199
1974 **宝王三昧念仏直指**
[徒] 二二七 273
[中] 180
[親] 消息 158・161
[仮] 一遍上人語録 86・108・125・126・133・136・138・139・149
[曽] 一二 423
1978 **讃阿弥陀仏偈**

[親] 三帖和讃 44・53
[蓮] 立正安国論 300
1980 **往生礼讃偈**
[曲] 上 445
[狂] 下 259
[親] 三帖和讃 81、消息 131・149、正信念仏偈 39
[蓮] 立正安国論 301、開目抄 351
[仮] 一言芳談 204・210、一遍上人語録 121・126・127・134・135・138・142・144・145・148・150・151、一枚起請文 53・54、玉かがみ 352
[沙] 六 275
1981 **依観経等明般舟三昧行道往生讃**
[曲] 下 276
[親] 消息 119・121・132
[蓮] 立正安国論 292・301
[仮] 一遍上人語録 108・125・127・128・132・136・142、短編法語 409
[沙] 二 123、四 180、六 275
同讃(文)
[沙] 一 85
1983 **浄土五会念仏略法事儀讃**
[曲] 下 126
[仮] 一遍上人語録 133・142
1985 **鎮州臨済慧照禅師語録**
[太] 二六 19
[論] 460
[正] 行持上 208
[仮] 一遍上人語録 106、短編法語 417、反古集 297・304、明恵上人遺訓 67、盲安杖 251・260
[思] 56
1986 **筠州洞山悟本禅師語録**
[正] 仏性 131、渓声山色 280、弁道話 75
1997 **円悟仏果禅師語録**
[正] 山水経 306
[仮] 一遍上人語録 92
1998 **大慧普覚禅師語録**
[江] 305
2001 **宏智禅師広録**
[正] 行持上 201、坐禅箴 165・174・177、仏性 138、弁道話 91
[聞] 二 335・336、三 361
2002 **如浄和尚語録**
[聞] 六 421
2003 **仏果圜悟禅師碧巌録**
[曲] 上 448・452・456・457、下 43・450
[川] 441
[論] 448・449・458
[正] 行持上 191・209
[仮] 真言内證義 235、短編法語 415、道範消息 79、反故集 314、万民徳用 264、盲安杖 243
[思] 56・290・542
[八] 420
2004 **万松老人評唱天童覚和尚頌古従容庵録**
[仮] 反古集 280
2005 **無門関**
[仮] 一遍上人語録 118、短編法語 419、万民徳用 265
[俳] 316
[想] 151
[思] 150・290
[八] 95
2006 **人天眼目**
[聞] 六 419
2008 **六祖大師法宝壇経**
[曲] 上 431
[論] 267
[正] 弁道話 73
[仮] 妻鏡 174、真言内證義 236、反故集 299・304・307、秘密安心又略 360、明恵上人遺訓 67、盲安杖 243
[思] 290・459・502
同経(以心伝心)
[性] 一〇 447
2010 **信心銘**
[狂] 下 267
[連] 233
[聞] 三 369、六 430

［仮］反古集 *287*

2012 **黄檗山断際禅師伝心法要**
［曲］上 *457*

2014 **永嘉証道歌**
［曲］上 *456*
［上］*129*
［論］*451*
［正］坐禅箴 *165*
［仮］一遍上人語録 *140*
［沙］五本 *211*
［想］*117*

2015 **禅源諸詮集都序**
［沙］四 *174*

2016 **宗鏡録**
［今］五-一五 *370*
［正］仏性 *120*
［聞］二 *342*
［沙］三 *164*・四 *174*・五本 *210*・七 *327*・一〇本 *404*

2017 **万善同帰集**
［仮］一遍上人語録 *102*

2022 **禅林宝訓**
［正］行持上 *198*・*199*・*200*

2024 **禅関策進**
［仮］一言芳談 *202*

2025 **勅修百丈清規**
［聞］四 *385*，五 *398*

2034 **歴代三宝紀**
［蓮］立正安国論 *298*
［仮］慈雲短篇法語 *428*

2035 **仏祖統紀**
［聞］二 *342*
［蓮］開目抄 *400*・*401*，立正安国論 *298*
［仮］一遍上人語録 *133*・*135*
［神］序論 *45*・*48*，称徳 *106*

2036 **仏祖歴代通載**
［蓮］開目抄 *354*

2037 **釈氏稽古略**
［連］*198*
［沙］五本 *212*

2039 **三国遺事**
［仮］仏法夢物語 *220*
同書（一行）
［太］二 *65*

2040 **釈迦譜**
［今］一-一七 *86*，一-一二 *93*，一-一一 *125*

2042 **阿育王伝**
［今］四-四 *273*
［神］武烈 *89*

2043 **阿育王経**
［今］二-一四 *145*，三-三五 *262*，四-三 *271*，四-四 *273*，四-六 *277*，四-八 *281*
［正］弁道話 *79*
［蓮］消息文抄 *482*
［沙］八 *359*
［神］武烈 *89*

2044 **天尊説阿育王譬喩経**
［曲］下 *434*

2046 **馬鳴菩薩伝**
［仮］人となる道 *395*

2047 **竜樹菩薩伝**
［今］四-一四 *307*

2048 **提婆菩薩伝**
［今］六-四三 *112*

2053 **大唐大慈恩寺三蔵法師伝**
［今］五-三一 *398*
［梁］二-一七七 *393*
［蓮］消息文抄 *437*

2058 **付法蔵因縁伝**
［今］二-一〇 *155*，四-六 *277*，四-七 *279*，四-八 *281*，四-一八 *299*，四-一四 *307*，四-三〇 *317*
［太］二四 *428*
［性］九 *401*
［梁］二-一八三 *377*
［正］行持上 *204*
［蓮］開目抄 *355*・*356*・*362*・*365*・*393*・*399*・*400*・*411*，消息文抄 *441*・*452*
［仮］真言内証義 *227*，人となる道 *395*
［沙］四 *177*

2059 **高僧伝**
[今] 六-四 60’ 六-五 62’ 六-二〇 86’ 六-四三 112’ 七-一四 137’ 七-二一 147
[性] 四 246’ 九 392
[聞] 五 400

2060 **続高僧伝**
[今] 六-六 65’ 六-一六 82’ 七-一六 139’ 七-一七 140’ 七-四一 166
[正] 行持下 220
[聞] 一 317’ 二 332’ 五 400

2061 **宋高僧伝**
[今] 六-一〇 73’ 一一-八 71
[仮] 一遍上人語録 133’ 仏法夢物語 220

2066 **大唐西域求法高僧伝**
[今] 六-二七 94’ 七-六 128

2067 **弘賛法華伝**
[今] 七-一〇 133’ 七-一五 138’ 七-一六 139’ 七-一七 140’ 七-二〇 145’ 七-二一 147’ 七-二六 154’ 七-二七 155’ 七-二九 158’ 七-三〇 159

2068 **法華伝記**
[今] 六-二六 93’ 七-一〇 133’ 七-一四 137’ 七-一六 139’ 七-一七 140’ 七-一九 143’ 七-二一 147’ 七-二二 148’ 七-二三 149’ 七-二四 150’ 七-二五 152’ 七-二六 154’ 七-二七 155’ 七-二八 157’ 七-二九 158’ 七-三〇 159’ 七-三一 162’ 七-三二 164’ 七-四六 174’ 九-一五 205
[蓮] 消息文抄 458

2071 **浄土往生伝**
[今] 六-四〇 108

2073 **華厳経伝記**
[今] 六-三二 100’ 七-四四 171

2076 **景徳伝灯録**
[今] 六-三 57
[太] 二四 417
[曲] 上 457’ 下 271
[中] 358
[句] 37
[近] 心中宵庚申 460
[論] 460
[正] 現成公按 102・105’ 行持上 190・192・195・196・198・201・204・206・207・208・209’ 行持下 217・218・219・229・230・231・232・234・235・236・237・238・240・242・244・257・264’ 坐禅儀 157・159’ 坐禅箴 163・165・169・170・173・174・176’ 山水経 302・306・311’ 仏性 110・111・113・118・119・120・122・124・136・138・140・141’ 弁道話 73・79・81・83・86・89・91・92・93・96’ 礼拝得髄 287’ 溪声山色 273・274’ 顆明珠 147・150・151・152
[聞] 一 323・327’ 二 341・344’ 三 361・371・375’ 四 388・390’ 五 397
[蓮] 開目抄 354’ 消息文抄 437
[仮] 反故集 318・319
[沙] 三 163’ 五本 210’ 七 327
[五] 五山文字 151・417
[思] 290・404・507

2078 **伝法正宗記**
[正] 弁道話 73・79

2083 **釈門自鏡録**
[今] 七-二一 147

2084 **三宝感応要略録**
[今] 一-一三 96’ 二-一一 156’ 三-一二 205’ 四-一九 300’ 四-二八 314’ 四-三六 325’ 四-三七 327’ 四-三八 328’ 四-三九 329’ 六-四 60’ 六-六 65’ 六-七 70’ 六-八 71’ 六-九 72’ 六-一一 74’ 六-一二 76’ 六-一三 77’ 六-一五 80’ 六-一六 82’ 六-一七 83’ 六-一八 84’ 六-一九 85’ 六-二〇 86’ 六-二一 88’ 六-二二 89’ 六-二三 90’ 六-二四 91’ 六-二五 92’ 六-二七 94’ 六-二八 95’ 六-二九 96’ 六-三〇 97’ 六-三一 98’ 六-三二 100’ 六-三三 101’ 六-三四 102’ 六-三五 103’ 六-三六 104’ 六-三七 105’ 六-三八 106’ 六-三九

107、六-四〇 108、六-四一 109、六-
四二 111、六-四五 114、六-四六 115、
六-四七 116、六-四八 117、七-一
122、七-五 126、七-六 128、七-七
129、七-八 130、七-九 131、七-一一
134、七-一二 135、七-一三 135、七-
一四 137、七-一六 139、七-二二 148、
七-二三 149、七-二四 150
2085 **高僧法顕伝**
[徒] 八四 157、一七九 237
[性] 八 356
[仮] 妻鏡 177
同書(取意)
[梁] 二-二四 347
2087 **大唐西域記**
[古] 244
[今] 一-一二 77、一-三八 119、三-七
210、三-八 212、三-一一 215、三-三
三 258、四-二 270、四-四 273、四-五
276、四-一一 287、四-一二 288、四-
一六 296、四-一七 297、四-二五 308、
四-二六 310、四-二七 312、四-二九
315、四-三九 329、五-一 338、五-二
343、五-五 352、五-六 356、五-一三
365、五-一七 372、五-二六 393、五-
二七 394、五-二八 396
[徒] 一七九 237
[中] 124
[浄] 上 383
[性] 四 246、八 360、八 374
[梁] 二-一八二 377、二-一八三 377、二-
一八五 377、二-二七八 393
[正] 行持上 187・189、山水経 305
[聞] 三 357
[蓮] 開目抄 356、消息文抄 437
[仮] 妻鏡 177
[神] 序論 44
[草] 485
2089 **遊方記抄**
[今] 六-五 62、一一-八 71
2103 **広弘明集**
[太] 二九 148
2120 **代宗朝贈司空大弁正広智三蔵和上表制集**
[今] 一-六 68
[性] 八 344、九 412
2121 **経律異相**
[今] 一-六 68、一-一〇 74、一-一一 75、
一-一二 77、一-一六 85、一-一七 86、
一-一八 88、一-一九 91、一-二一 93、
一-二六 104、一-三〇 110、一-三一
111、一-三二 113、一-三四 116、一-
三八 119、二-一 124、二-二 125、二-
四 129、二-九 137、二-一〇 138、二-
一三 143、二-一五 147、二-一六 149、
二-二〇 155、二-二六 166、二-二七
168、二-二八 170、二-二九 176、二-
三一 180、二-三三 186、二-四一 199、
三-四 207、三-一四 222、三-一五
224、三-一一 239、三-二四 243、三-
二五 245、三-二九 253、三-三一 256、
三-三二 257、三-三四 259、三-三五
262、四-三 271、四-四 273、四-五
276、四-一四 292、四-一五 294、四-
二〇 301、四-二一 303、四-二二 304、
四-三三 322、四-四〇 330、五-一
338、五-八 359、五-九 360、五-一一
363、五-一二 364、五-一三 365、五-
一四 367、五-一九 378、五-二五 392、
五-二八 396、五-二九 396、五-三〇
397
[太] 三五 332、三七 382
[性] 八 368
[梁] 二-二一五 382、二-二一七 382
[蓮] 消息文抄 430・480
[沙] 二 128、八 364
[草] 251
2122 **法苑珠林**
[今] 一-一 52、一-三 56、一-四 61、一-一
〇 74、一-一一 75、一-一二 77、一-一
三 79、一-一五 83、一-一八 88、一-二
二 95、一-二八 107、一-三〇 110、一-

三一 *111'* 一-三四 *116'* 一-三五 *117'* 一-三六 *118'* 二-三 *127'* 二-六 *132'* 二-七 *133'* 二-八 *135'* 二-一一 *139'* 二-一二 *140'* 二-一四 *145'* 二-一九 *154'* 二-二〇 *155'* 二-二三 *158'* 二-二四 *160'* 二-二九 *176'* 二-三〇 *177'* 二-三一 *180'* 二-三二 *183'* 二-三四 *190'* 二-三六 *192'* 二-三七 *194'* 二-三八 *195'* 二-四一 *199'* 三-二 *205'* 三-三 *206'* 三-五 *208'* 三-九 *213* 三-一二 *219'* 三-一三 *220'* 三-一四 *222'* 三-一七 *230'* 三-一九 *233'* 三-二一 *239'* 三-二二 *240'* 三-二四 *243'* 三-二五 *245'* 三-二七 *248'* 三-二八 *252'* 三-三五 *262'* 四-一 *268'* 四-三 *271'* 四-四 *273'* 四-九 *283'* 四-一八 *299'* 四-二四 *307'* 四-三〇 *317'* 四-三三 *322'* 四-三四 *323'* 四-三五 *324'* 四-四一 *332'* 五-一 *338'* 五-四 *348'* 五-七 *357'* 五-一一 *363'* 五-一三 *365'* 五-一四 *367'* 五-一八 *375'* 五-一九 *378'* 五-二〇 *382'* 五-二四 *390'* 五-二五 *392'* 五-二八 *396'* 六-一 *52'* 六-二 *54'* 六-四 *60'* 六-一二 *76'* 六-一四 *79'* 六-一六 *82'* 六-二〇 *86'* 六-四三 *112'* 七-九 *131'* 七-一〇 *133'* 七-一四 *137'* 七-一六 *139'* 七-一七 *140'* 七-一八 *141'* 七-一九 *143'* 七-二一 *147'* 七-二六 *154'* 七-二八 *157'* 七-二九 *158'* 七-三〇 *159'* 七-三一 *162'* 七-四一 *166'* 七-四三 *170'* 七-四四 *171'* 七-四五 *172'* 七-四六 *174'* 七-四七 *176'* 七-四八 *178'* 九-一 *188'* 九-三 *190'* 九-一三 *202'* 九-一六 *206'* 九-一七 *208'* 九-一八 *209'* 九-一九 *211'* 九-二一 *215'* 九-二二 *216'* 九-二三 *218'* 九-二四 *219'* 九-二五 *221'* 九-二七 *223'* 九-二八 *225'* 九-二九 *227'* 九-三〇 *229'* 九-三一 *232'* 九-三二 *236'* 九-三三 *239'* 九-三四 *240'* 九-三六 *247'* 九-三九 *255'* 九-四二 *257'* 九-四四 *260'* 一〇-九 *288'* 一〇-三二 *321'* 一〇-三八 *337'* 一六-二九 *483'* 二六-一一 *445'* 二八-四〇 *121*

[徒] 八四 *157*

[太] 三七 *382*

[曲] 下 *250*

[弓] 下 *254*

[性] 七 *322*

[梁] 二-一一二 *382*

[聞] 二 *348*

[蓮] 開目抄 *360'* 消息文抄 *430・480・482*

[仮] 人となる道 *390*

[曽] 四 *170'* 七 *297*

[草] *251*

[浮] *201*

[八] *214*

同書(偈文)

[平] 一〇 *275*

2123 **諸経要集**

[今] 一-一二 *95'* 五-一一 *363'* 五-一八 *375'* 五-一九 *378'* 五-二一 *385*

[仮] 一言芳談 *196'* 人となる道 *378・386*

[文] *104*

2125 **南海寄帰内法伝**

[沙] 巻一〇末 *439*

2126 **大宋僧史略**

[性] 六 *304*

[聞] 四 *384*

2127 **釈氏要覧**

[近] 用明天王職人監 *88*

[山] *402*

[上] *82・127*

[弓] 下 *93*

[聞] 一 *325'* 四 *385'* 六 *420*

[仮] 一遍上人語録 *95*

2128 **一切経音義**

[近] 用明天王職人監 *61*

[聞] 一 *324*

2130 **翻梵語**
［仮］妻鏡 *177*
2131 **翻訳名義集**
［近］平家女護嶋 *297・298*
2154 **開元釈教録**
［曲］下 *188*
［仮］慈雲短篇法語 *428*
2185 **勝鬘経義疏**
［保］上 *88*
［霊］上-四 *77*
［蓮］開目抄 *408'* 消息文抄 *429*
2187 **法華義疏**
［今］一四-一一 *296*
［保］上 *88*
［霊］上-四 *77*
［蓮］消息文抄 *458*
［仮］妻鏡 *165*
2192 **入真言門住如実見講演法華略儀**
［仮］真言内證義 *237*
2202 **般若心経述義**
［霊］中-七 *193*
2203 A**般若心経秘鍵**
［仮］真言内証義 *227'* 人となる道 *383*
2203 B**般若心経秘鍵略註**
［仮］一遍上人語録 *89'* 妻鏡 *158*
2209 **観経疏伝通記**
［仮］一言芳談 *211*
2211 **大日経開題**
［仮］真言内証義 *230*
2212 **大毘盧遮那経指帰**
［仮］玉かがみ *354*
2223 **金剛頂大教王経疏**
［蓮］開目抄 *349*
2227 **蘇悉地羯羅経略疏**
［蓮］開目抄 *382*
2236 **理趣経開題**
［仮］一遍上人語録 *123*
2243 **千手経二十八部衆釈**
［伽］*227*
2270 **因明論疏明灯抄**
［仮］人となる道 *378*
2309 **大乗法相研神章**
［神］序論 *45*
2311 **心要鈔**
［仮］一言芳談 *187*
2362 **守護国界章**
［連］*177*
［蓮］開目抄 *335・353・367・382・394・411*
2367 **授決集**
［蓮］開目抄 *376・382*
2370 **一乗要決**
［今］一二-三二 *179*
［蓮］開目抄 *377・394*
2374 **宗要柏原案立**
［今］一一-八 *71*
2376 **顕戒論**
［今］一一-二六 *108*
［蓮］開目抄 *335・353・392・411*
［仮］一遍上人語録 *151*
2377 **山家学生式**
［聞］二 *339*
［神］序論 *45*
2380 **顕揚大戒論**
［蓮］開目抄 *401*
［仮］一遍上人語録 *151*
同経(序)
［菅］七-五五一 *540*
2395 B**教時諍**
［神］嵯峨 *115*
2396 **真言宗教時義**
［太］三四 *290*
2417 **法華懺法**
［古］*340*
［伽］*428*
［私］*326*
2418 **例時作法**
［伽］*428*
2426 **秘蔵宝鑰**
［蓮］開目抄 *373・385*
［仮］一言芳談 *187'* 一遍上人語録 *105'*

妻鏡 *170・183′* 真言内証義 *231′* 道範消息 *82′* 仏法夢物語 *225*

2427 **弁顕密二教論**
[蓮] 開目抄 *381・387*
[仮] 一言芳談 *187′* 秘密安心又略 *360′* 連範消息 *81*

2428 **即身成仏義**
[太] 三四 *290*
[仮] 真言内證義 *237・240′* 道範消息 *78′* 秘密安心又略 *361*

2429 **声字実相義**
[仮] 人となる道 *382*

2430 **吽字義**
[仮] 真言内証義 *232・235′* 秘密安心又略 *358*

2433 **真言付法纂要抄**
[梁] 二-四二 *350*

2486 **玄秘抄**
[蓮] 開目抄 *365*

2514 **五輪九字明秘密釈**
[仮] 真言内證義 *236*

2522 **阿弥陀秘釈**
[仮] 盲安杖 *259*

2543 **興禅護国論**
[沙] 巻一〇末 *453*

2580 **普勧坐禅儀**
[正] 弁道話 *71・82・87・96*

2581 **学道用心集**
[正] 坐禅箴 *166・167′* 弁道話 *80・90′* 礼拝得髄 *285*
[聞] 一 *325・327・330′* 三 *334・344′* 四 *381′* 五 *395・399′* 六 *412・430・437*

2582 **正法眼蔵**
[正] 弁道話 *73*
[聞] 六 *437*
[仮] 妻鏡 *163′* 慈雲短篇法語 *421′* 真言内證義 *236′* 人となる道 *375′* 短編法語 *410・414′* 道範消息 *79′* 反故集 *315′* 秘密安心又略 *360′* 明恵上人遺訓 *67′* 盲安杖 *247*

2608 **選択本願念仏集**
[親] 三帖和讃 *84′* 消息 *130・157′* 正信念仏偈 *41・42′* 歎異抄 *211*
[蓮] 開目抄 *394・409′* 消息文抄 *432・433′* 立正安国論 *300・302・303・305・307・308・313・315*
[仮] 一言芳談 *186・211′* 一遍上人語録 *121・131・149′* 一枚起請文 *53*
[沙] 二 *121*

2611 **黒谷上人語灯録**
[浄] 上 *73′* 下 *169*
[親] 消息 *124*
[仮] 一言芳談 *201′* 一遍上人語録 *103′* 一枚起請文 *53・53′* 妻鏡 *163′* 明恵上人遺訓 *61*
[思] *471・640*

2615 **帰命本願抄**
[仮] 一言芳談 *199*

2618 **大原談義聞書鈔**
[仮] 一遍上人語録 *145*
[浮] *453*
[思] *640*

2646 **顕浄土真実教行証文類**
[親] 消息 *130*

2650 **浄土和讃**
[曲] 上-隅田川 *393*
[親] 三帖和讃 *44・54・60・62*

2651 **浄土高僧和讃**
[親] 三帖和讃 *67*

2652 **正像末法和讃**
[親] 三帖和讃 *89*

2653 **皇太子聖徳奉讃**
[親] 三帖和讃 *103*

2656 **尊号真像銘文**
[親] 歎異抄 *210*

2657 **一念多念文意**
[親] 消息 *173′* 歎異抄 *197*

2658 **唯信鈔文意**
[親] 消息 *163・173′* 歎異抄 *199*

2659 **末灯鈔**
[親] 三帖和讃 *109′* 消息 *121*

2661 **歎異抄**
[親] 消息 128・148・153、歎異抄 191
[仮] 一遍上人語録 90・92・93・141・146、明恵上人遺訓 62
2668 **蓮如上人御文**
[浄] 下 169
2674 **西方指南鈔**
[親] 歎異抄 197
2675 **唯信鈔**
[親] 消息 131・133・142・152・155・156・166・173、歎異抄 205・213
2676 **後世物語聞書**
[親] 消息 152・163・173、歎異抄 213
2678 **自力他力事**
[親] 消息 142・173、歎異抄 213
2679 **安心決定鈔**
[仮] 一枚起請文 53
2681 **器朴論**
[仮] 一言芳談 185
2682 **往生要集**
[今] 六-一六 82、六-一七 83、一二-三二 179
[太] 二〇 327
[曲] 上 446、下 439
[山] 403・404
[梁] 二-四〇 350
[親] 三帖和讃 74・83・84、消息 115・118・179、正信念仏偈 40
[蓮] 消息文抄 432・476、立正安国論 304
[仮] 一言芳談 195・201・211、一遍上人語録 84・86・95・139・142、一枚起請文 53、玉かがみ 354、妻鏡 159、人となる道 390、短編法語 412、万民徳用 272・275、盲安杖 259
[沙] 四 193、一〇本 398、巻一〇末 460
[曽] 一二 417・419・422
[草] 234・237
[浮] 173・452
[思] 469・514
2683 **往生拾因**
[蓮] 消息文抄 462
[仮] 一言芳談 199
2687 **浄土法門源流章**
[仮] 一遍上人語録 122・125
2688 **立正安国論**
[蓮] 開目抄 402、立正安国論 292
[浮] 198
2725 **往生講式**
[曲] 下 44
[蓮] 消息文抄 462・476
[草] 88
2842 **印沙仏文**
[蓮] 開目抄 365
2870 **像法決疑経**
[霊] 下-三三 417
[沙] 四 176、八 365
2881 **善悪因果経**
[霊] 上-一八 117、中-一〇 209
[浮] 297
2887 **父母恩重経**
[性] 八 359
[仮] 反古集 290・291、盲安杖 248
[草] 337
2901 **法句経**
[仮] 世間相常住法語 399

付編③
大蔵経と仏教美術

（大蔵経図像部出典一覧表）

（青木　淳編）

《大蔵経と仏教美術凡例》

一、一覧中の「出典」の項目は、各尊像の造像（制作）と関連のある経典、儀軌などを示した。

一、「出典」に示した経典、儀軌などは、原則として『大正新脩大蔵経』（以下『大正蔵経』と略す）に収録されたものである。ただし各尊との関連上、重要なものは、必要に応じて『大正蔵経』以外のもの（『卍続蔵経』など）も取り入れた。

一、典拠は、【経典・論疏等】【儀軌・修法作法等】の二種に分類した。【経典・論疏等】では、各尊の性格、尊容等を説明した経典、論疏などをあげ、【儀軌・修法作法等】は、儀軌や修法などに用いられた各尊の尊容、形状などを説明したものを中心に示した。

一、経典、儀軌などは『大正蔵経』の記載（経典番号）順に列記した。

一、経典の名称は、『大正蔵経』に従った。ただし通称などがある場合は、初出の際に併せて略称を示し、統一した。

一、経典、儀軌などに付された略号・番号は、左記の順で配列した。

　　　　　①　　　　②　③　④　⑤　　　⑥
（例）『妙法蓮華経』（No. 262・9・P1）16（以下『法華経』）

①経典名　②『大正蔵経』所収番号　③『大正蔵経』所収巻次　④『大正蔵経』所収の巻頭頁　⑤巻次　⑥略称

一、一覧中の「図像に関する出典」の項目には、『大正蔵経』図像部の、各尊像の形状分類に関係のある図像を中心に取り上げた。よって『大正蔵経』図像部は全十二巻三六四作例から成るものであるが、ここでは、三昧耶形、種子、法具などの形状のみを収録したものは除外した。

一、図像部に付された略記号・番号は、左記の順で配列した。

　　①　②　③　④
（例）図⑧『阿』一・1

①『大正蔵経』図像部所収巻次　②図像略号（略号は後にあげた表参照）　③図像収録巻次　④図像番号（図像には参考図像などが含まれており、その略記号は以下のとおり。参→参考図像、校→校合図像、附→附図。また図像番号が付されておらず、別紙に掲載されたものはその番号を示した）

一、「図像に関する出典」の項目に示した形状は、現存作例のあるものから順にあげ、以下面数・臂数の少ないものから順にならべた。

一、一覧の作例には、各尊の代表的な作例をあげた。

一、各作例には所在地、所有者（複数の場合は代表者名）、制作時代を示し、その他特徴的事項がある場合は、必要に応じ形状、材質等を併記した。

一、作例は、国宝を◉印、重要文化財を◎印で表し、その他の県指定品、重要美術品等の作例は△とした。

一、作例は、各尊につき一都道府県一作例を基準に取り上げた。ただし作例が多数ある場合は、主要なものに留め、北海道から順に列記した。

一、作例の制作時代は、以下のように区分し、略号を用いて表示した。

(飛)→飛鳥時代、(白)→白鳳時代、(奈)→奈良時代、(平)→平安時代、(鎌)→鎌倉時代、(南北)→南北朝時代、(室)→室町時代、(江)→江戸時代。

一、日本以外で制作された作例の制作時代は、中国、朝鮮半島の作例は、その国の時代区分を使用し、その他は、西暦を用いた。

一、「備考」の項目では、両界曼荼羅における部位、ならびに作例と修法に関わる特記事項を示した。

一、中国、朝鮮半島を除く外国の地名などは、原則として現地の発音に準じてカタカナで示した。

一、作例の形状は以下のとおり区分し、略号を用いて表示した。

(立)→立像、(椅)→椅像、(半跏)→半跏像、(坐)→坐像

一、作例に通称があるものは形状の下に付した。

一、経典、儀軌等の名称は、当用漢字(新体字)を採用し統一した。

大蔵経図像部出典凡例

	略号	名称(総巻数)	所収巻次・頁・収録図像数	備考
あ行	『阿』	『阿娑縛抄』(全二二七巻)	図⑧七四三頁、全一〇五図	建長三年(AD1251)~文永三年(AD1206)ころ成立、天台僧承澄撰。滋賀・叡山文庫ほか所蔵。(彩色)
	『阿字』	『阿字』(全一紙)	図⑫別紙47、全一図	成立未詳。東京芸術大学ほか所蔵。(白描)
	『阿薬』	『阿弥陀并薬師八大菩薩』(全一巻)	図⑤七六一頁、全二五図	鎌倉時代前期成立。京都・教王護国寺観智院ほか所蔵。(白描)
	『烏』	『烏枢瑟摩明王図像』(全一巻)	図⑥二七七頁、全十五図	成立未詳。京都・教王護国寺観智院ほか所蔵。(白描)
	『叡金』	『叡山本金剛界曼荼羅』(全一巻)	図②六八九頁、全七七図	成立未詳。京都・醍醐寺ほか所蔵。(白描)金剛界図像三巻の内下巻。
	『叡胎』	『叡山本胎蔵界曼荼羅』(全二巻)	図②五六七頁、全三八二図	成立未詳。京都・醍醐寺ほか所蔵。三巻のうち上、中巻のみ伝来。(白描)
	『覚』	『覚禅鈔』(全一三六巻)	図④三八七頁、全四六四図(内参七二図)	平安時代後期~鎌倉時代成立、真言僧覚禅撰。京都・勧修寺ほか所蔵。(彩色・白描)
か行	『技芸』	『技芸天像』(全一紙)	図⑦別紙10、全一図	成立未詳。京都・教王護国寺観智院ほか所蔵。(白描)
	『九星』	『九曜星図像』(全一巻)	図⑦七四九頁、全十図	成立未詳。京都・醍醐寺ほか所蔵。唐本か。(白描)
	『九曜』	『九曜等図像』(全一巻)	図⑦七三七頁、全十図	長寛二年(AD1164)までに成立。京都・教王護国寺観智院ほか所蔵。(白描)
	『九仁』	『金剛界九会大曼荼羅』仁和寺版(全八六紙)	図①八八七頁、全四六四図(内校二図)	成立未詳。(白描)
	『倶力』	『倶力伽羅三童子』(全一紙)	図⑥別紙18~19、全一図	成立未詳。滋賀・石山寺ほか所蔵。(白描)

『決明』	『大悲胎蔵曼荼羅説現図所伝決明鈔』（現状二巻）	図①二六七頁、全二四図（全て参）	平安時代後期までに成立。隆誉撰。京都・教王護国寺観智院ほか所蔵。（白描）
『五阿』	『哩多僧蘖五部心観』阿叉羅帖巻五（全一紙）	図②別紙1、全一図	成立未詳。唐・善無畏所伝。平安時代初期、円珍の請来。（白描）
『降三』	『降三世明王図像集』（全一巻）	図⑫一一〇九頁、全二一図	成立未詳。東京芸術大学ほか所蔵。（白描）
『五虚』	『五大虚空蔵図像』（全一巻）	図⑥六三頁、全五図	承久二年（AD1220）成立。定真によって書写。京都・高山寺ほか所蔵。本図像は京都・安祥寺像を書写した像を掲載。（白描）
『五尊』	『五大尊図像』弘法大師御筆様（全一巻）	図⑥一二三頁、全六図	成立未詳。京都・醍醐寺ほか所蔵。醍醐寺蔵本は建長二年（AD1250）、辛厳によって書写。（白描）
『五菩』	『五菩薩忿怒像』（全一巻）	図⑥一四七頁、全七図	建久五年（AD1194）成立。良慶によって書写。東京・丹治家ほか所蔵。（白描）
『五法』	『哩多僧蘖五部心観』滋賀三井法明院本（全一巻）	図②七三頁、全一四六図	成立未詳。唐・善無畏所伝。一部は平安時代初期、円珍の請来であり、他一部は円珍による転写。滋賀・園城寺ほか所蔵。（白描）
『五武』	『哩多僧蘖五部心観』武藤山治氏蔵本（全一巻）	図②一四九頁、全七四図	成立未詳。唐・善無畏所伝。円珍の請来。神奈川・武藤家ほか所蔵。武藤家蔵本は建久四年（AD1193）天台僧禅覚によって書写。（白描）
『金石』	『金剛界九会大曼荼羅』石山寺版（全一紙）	図①別紙12、全一図	成立未詳。（白描）
『金子』	『金剛界曼荼羅』子島寺本（全一紙）	図⑫別紙附録、全一図	成立未詳。京都・醍醐寺ほか所蔵。（白描）
『金高』	『金剛界九会曼荼羅』高野山勧学院版（全一紙）	図①別紙14、全一図	成立未詳。（白描）
『金醍』	『金剛界曼荼羅』醍醐寺本（全一巻）	図①一〇〇五頁、全九二図（内附五図）	成立未詳。京都・醍醐寺ほか所蔵。（白描）
『金長』	『金剛界九会大曼荼羅』長谷寺版（全一紙）	図①別紙11、全一図	成立未詳。（白描）

さ行

『三十』	『三十日秘仏図』（全一巻）	図⑤七四五頁、全三〇図	平安時代か。京都・教王護国寺観智院ほか所蔵。（白描）
『四』	『四家鈔図像』（全三巻）	図③七四九頁、全二二七図	成立未詳。京都・教王護国寺観智院ほか所蔵。（白描）
『四種』	『四種護摩本尊及眷属図像』（全一巻）	図①八一七頁、全一三四図	成立未詳。京都・醍醐寺ほか所蔵。弘仁十二年（AD811）空海の弟子智泉によって書写。醍醐寺蔵本は建暦三年（AD1213）宗実によって書写。（白描）

『十』	『図像抄』（全一〇巻）	図③一頁、全一四二図	別名『十巻抄』。大治四年（AD1129）頃成立。真言僧恵什または真言僧永厳撰。高野山真別所円通寺ほか所蔵。（彩色）
『十一』	『十一面観音菩薩図像』（全一巻）	図⑫一〇四七頁、全八図	成立未詳。承久二年（AD1220）定真によって書写。京都・田中家所蔵。（白描）
『十王』	『預修十王生七経』（全一巻）	図⑦六四五頁、全十一図	唐・蔵川撰。和歌山・高野山宝寿院ほか所蔵。宝寿院本は鎌倉時代の写本。（彩色）
『執金』	『執金剛神像』（全一幅）	図⑦別紙9、全一図	成立未詳。奈良・中村家ほか所蔵。（白描）
『十二天』	『十二天形像』（全一巻）	図⑦五八一頁、全九図	成立未詳。京都・高山寺ほか所蔵。（白描）
『十界』	『十界曼荼羅』（全一紙）	図⑫別紙44、全一図	成立未詳。東京芸術大学ほか所蔵。（白描）
『十天』	『十天形像』（全一巻）	図⑦五六七頁、全十一図	成立未詳。京都・醍醐寺ほか所蔵。京都・醍醐寺蔵本は建暦三年（AD1213）宗実によって書写。（白描）
『諸』	『諸尊図像』（全二巻）	図③六七五頁、全一〇三図	成立未詳。京都・教王護国寺観智院ほか所蔵。（白描）
『諸観』	『諸観音図像』（全一巻）	図⑫九九七頁、全四五図	承暦二年（AD1078）成立、法相僧定深編。京都・田中家ほか所蔵。（白描）
『諸図』	『諸尊図像集』金沢文庫蔵本（全二巻）	図⑫八三三頁、全八七図	成立未詳。神奈川・金沢文庫ほか所蔵。（彩色）
『図法』	『図像法華経法』（全一巻）	図⑥二五頁、全三五図	成立未詳。和歌山・高野山光明院ほか所蔵。（彩色）
『善女』	『善女龍王像』（全一紙）	図⑦別紙8、全一図	成立未詳。京都・醍醐寺ほか所蔵。（白描）
『双身』	『双身毘沙門天像』（全一紙）	図⑫別紙40、全一図	成立未詳。兵庫・武藤家ほか所蔵。（白描）

た行

『胎石』	『大悲胎蔵大曼荼羅』石山寺版（全一紙）	図①別紙2、全一図	成立未詳。（白描）
『醍祈』	『醍醐本図像』祈雨法懸曼荼羅等（全一巻）	図④三五頁、全八図	成立未詳。京都・醍醐寺ほか所蔵。（白描）
『胎旧』	『胎蔵旧図様』（全一巻）	図②四七七頁、全二四三図	成立未詳。円珍請来。神奈川・武藤家ほか所蔵。（白描）
『胎熊』	『胎蔵図像』京都熊谷直之氏蔵本（全二巻）	図②一九一頁、全三二四図	唐・善無畏撰。円珍請来。京都・熊谷家ほか所蔵。（白描）
『胎子』	『胎蔵界曼荼羅』子島寺本（全一紙）	図⑫別刷附録、全一図	成立未詳。子島寺ほか所蔵。（白描）
『胎高』	『大悲胎蔵大曼荼羅』高野山勧学院版（全一紙）	図①別紙4、全一図	成立未詳。（白描）

『胎滋』	『大悲胎蔵大曼荼羅』滋賀石山寺蔵本（全一紙）	図①別紙3、全一図	成立未詳。滋賀・石山寺ほか所蔵。（白描）
『帝釈』	『帝釈天像』（全一紙）	図⑫別紙41、全一図	成立未詳。兵庫・武藤家ほか所蔵。（白描）
『醍諸』	『醍醐本諸尊図像』（全一巻）	図④五一頁、全十三図	成立未詳。京都・醍醐寺ほか所蔵。（白描）
『胎仁』	『大悲胎蔵大曼荼羅』仁和寺版	図①六二七頁、全四一八図（内校六図）	成立未詳。（白描）
『胎長』	『大悲胎蔵大曼荼羅』長谷寺版（全一紙）	図①別紙1、全一図	成立未詳。（白描）
『醍馬』	『醍醐本図像』馬頭等（全一巻）	図④四五頁、全四図	成立未詳。京都・醍醐寺ほか所蔵。（白描）
『胎久』	『胎蔵図像』京都帝国大学久原文庫本（上巻）	図②三〇三頁、全九九図	善無畏撰。京都大学久原文庫ほか所蔵。（白描）
『醍不』	『醍醐本不動明王図像』（全一巻）	図⑥一七九頁、全二〇図	成立未詳。京都・醍醐寺ほか所蔵。（白描）
『醍仏』	『醍醐本図像』仏眼等（全一巻）	図④十五頁、全二一図	成立未詳。京都・醍醐寺ほか所蔵。（白描）
『醍薬』	『醍醐本薬師十二神将図』（全二巻）	図⑦四〇五頁、全八四図	嘉禄三年（AD1227）実深によって書写。京都・醍醐寺ほか所蔵。（白描）
『天部』	『天部図像』（全一巻）	図⑦五九一頁、全三四図	鎌倉時代前期か。京都・醍醐寺ほか所蔵。（白描）
『唐四』	『唐本四天王像』（全一巻）	図⑦五二三頁、全五図	成立未詳。京都・仁和寺ほか所蔵。（白描）
『東太』	『東寺本太元明王図像』（全一巻）	図⑥三〇九頁、全十六図	成立未詳。京都・宝菩提院ほか所蔵。（白描）
『東不』	『東寺本不動明王図像』（全一巻）	図⑥二〇五頁、全二六図	正応五年（AD1292）頼尊によって書写。京都・教王護国寺観智院ほか所蔵。（白描）
『唐北』	『唐本北斗曼荼羅』（全一幅）	図⑦別紙16、全一図	成立未詳。東京芸術大学ほか所蔵。（白描）
『唐曼』	『唐本曼荼羅』金剛界五仏（全一巻）	図④一頁、全六図	成立未詳。京都・仁和寺ほか所蔵。（白描）
な行			
『二十五』	『唐本二十五菩薩像』（全一巻）	図⑥十一頁、全二五図	成立未詳。京都・教王護国寺観智院ほか所蔵。（白描）
『二十八』	『二十八部衆并十二神将図』（全一巻）	図⑦四七九頁、全三八図	成立未詳。真言僧恵運請来。和歌山・金剛三昧院ほか所蔵。金剛三昧院本は正平十四年（AD1359）書写。（白描）
は行			
『八十一』	『金剛界八十一尊大曼荼羅』石山寺本（一紙）	図①別紙13、全一図	成立未詳。滋賀・石山寺ほか所蔵。空海請来の両界曼荼羅を巨勢金岡が書写したとされる。（白描）
『八菩』	『八大菩薩像』（全八幅）	図⑥一頁、全八図	成立未詳。京都・醍醐寺ほか所蔵。（白描）
『八明』	『八大明王図像』宗実本（全一巻）	図⑥一五七頁、全八図	成立・作者未詳。平安時代初期、円仁が請来。京都・醍醐寺ほか所蔵。宗実本は文治四年（AD1188）宗実によって書写。（白描）

	『久』	『久原本図像』（全一巻）	図④六五頁、全七二図	成立未詳。京都大学久原文庫ほか所蔵。（白描）
	『毘沙』	『毘沙門天像』（全一幅）	図⑦別紙3、全一図	成立未詳。京都・醍醐寺ほか所蔵。（白描）
	『不儀』	『不動儀軌』（全一巻）	図⑫一〇五七頁、全三〇図	成立未詳。京都・田中家ほか所蔵。田中家本は寛元三年（AD1245）兼胤によって書写。（白描）
	『仏菩』	『仏菩薩等図像』（全一巻）	図⑫八二一頁、全二一図	鎌倉時代後期成立。京都・東寺観智院ほか所蔵。（白描）
	『別』	『別尊雑記』（全五七巻）	図③五七頁、全三二九図（内参二〇図）	平安時代後期成立。真言僧心覚撰。京都・勧修寺ほか所蔵。（彩色・白描）
	『北斗』	『北斗曼荼羅』（全一紙）	図⑦別紙色刷、全一図	成立未詳。京都・仁和寺ほか所蔵。（白描）
	『梵火』	『梵天火羅九曜』（全一巻）	図⑦七〇五頁、全九図	唐・一行編。京都・高山寺ほか所蔵。高山寺本は文治五年（AD1189）真言僧玄証によって書写。（白描）
ま行	『曼』	『曼荼羅集』（全三巻）	図④一六三頁、全一五九図（内参八一図）	平安時代後期～鎌倉時代成立。真言僧興然撰。京都・大通寺ほか所蔵。（白描）
	『弥』	『弥勒菩薩画像集』（全一巻）	図⑥二七頁、全十七図	平安時代後期成立。真言僧寛暁撰。京都・仁和寺ほか所蔵。（白描）
	『明』	『明王部図像』（全一巻）	図⑥二四一頁、全三四図	成立未詳。鎌倉時代前期の写本。京都・醍醐寺ほか所蔵。（白描）
	『妙』	『妙見菩薩像』京都醍醐寺蔵本（全二巻）	図⑦六六三頁、全二六図	成立未詳。京都・醍醐寺ほか所蔵。（白描）
	『妙曼』	『妙見曼荼羅』（全一幅）	図⑦別紙15、全一図	成立未詳。東京・丹治家ほか所蔵。（白描）
	『文』	『諸文殊図像』（全一巻）	図⑥九五頁、全十八図	鎌倉時代後期頃成立。作者未詳。京都・醍醐寺ほか所蔵。（白描）
や行	『薬師』	『薬師十二神将図』（全一巻）	図⑦三八五頁、全二六図	仁安三年（AD1168）巨勢金岡筆とされる。京都・仁和寺ほか所蔵。（白描）
	『厄神』	『厄神明王像』（全一紙）	図⑫別紙36、全一図	成立未詳。兵庫・藤家ほか所蔵。（白描）
ら行	『六』	『六地蔵』（全一巻）	図⑥一一五頁、全十二図	成立未詳。京都・教王護国寺観智院ほか所蔵。（白描）

尊名(作品名)	出典	図像に関する出典	作例	備考
《如来部》 釈迦如来	【経典・論疏等】 『仏説梵網六十二見経』(No.21・1・P264) 『央掘魔羅経』(No.120・2・P512) 『増一阿含経』(No.125・2・P549) 『六度集経』(No.152・3・P1) 『悲華経』(No.157・3・P167) 『仏説太子瑞応本起経』(No.185・3・P472) 『仏説普曜経』(No.186・3・P483) 『過去現在因果経』(No.189・3・P620) 『仏本行集経』(No.190・3・P655) 『仏本行経』(No.193・4・P54) 『僧伽羅刹所集経』(No.194・4・P115) 『仏説義足経』(No.198・4・P174) 『賢愚経』(No.202・4・P349) 『摩訶般若波羅蜜経』(No.223・5・P217) 『無量義経』(No.276・9・P383) 『妙法蓮華経』(No.262・9・P1)(以下『法華経』) 『大方広仏華厳経』(No.278・9・P395)(以下『旧華厳経』) 『大方広仏華厳経』(No.279・10下・P1)(以下『華厳経』) 『慧上菩薩問大善権経』(No.345・12・P156) 『仏説阿弥陀経』(No.366・12・P346) 『大般涅槃経』(No.374・12・P365) 『大般涅槃経後分』(No.377・12・P900) 『摩訶摩耶経』(No.383・12・P1005) 『大方等大集経』(No.397・13・P1) 『賢劫経』(No.425・14・P1)	**形状:A【右手施無畏印・左手与願印】** 図③『十』二・18、図③『諸』上・5、図③『四』上・8 **形状:B【説法印】** 図④『久』一・11、図④『覚』八・38・41・42 **形状:C【定印】** 図④『覚』八・40 **形状:D【右手第一・四指を捻ず・左手腹前で袈裟をとる】** 図④『覚』八・39	〈彫刻〉**形状**:A△山形・慈恩寺(鎌・坐)、△千葉・観福寺(鎌・坐・銅造)、◎岐阜・真長寺(平・坐)、◎愛知・普門寺(平・坐)、◎三重・妙福寺(平・坐)、◎滋賀・円福院(鎌・坐)、◎京都・大報恩寺(鎌・坐)、◎大阪・観心寺(平・坐)、◎兵庫・斑鳩寺(室・坐)、◎奈良・安居院(飛・坐・銅造)、◉奈良・室生寺(平・坐)、◉奈良・蟹満寺(奈・坐・銅造)、◎和歌山・勝楽寺(鎌・坐)、◎広島・大願寺(鎌・坐)、◎徳島・藤井寺(平・坐)、◎愛媛・大宝寺(平・坐)、◎高知・竹林寺(平・坐)、◎佐賀・東妙寺(鎌・坐)、◎熊本・福城寺(鎌・立)、**形状**:B◎神奈川・極楽寺(鎌・坐)、**形状**:C◎福島・陽泉寺(南北・坐)、△埼玉・金錫寺(鎌・坐)、△東京・鈴木家所蔵(鎌・坐)、◎愛知・国分寺(室・坐)、◎滋賀・興聖寺(平・坐)、◎京都・永明院(鎌・坐)、◎岡山・妙圀寺(南北・坐)、 〈絵画〉**形状**:A◎東京・根津美術館(鎌・法相宗曼荼羅)、◉京都・神護寺(平・坐)、㊜◎京都・王林院(高麗・坐) [その他]	〈胎蔵界〉釈迦院本尊(形状:B) *釈迦像は曼荼羅では金剛界の不空成就仏・胎蔵界の天鼓雷音と同体とする。 　印相は施無畏・与願印・説法印・定印・降魔印が中心だが、形状:D(智手吉祥印)などもみえる。また持鉢行道像(絵・滋賀・西教寺像)、宝冠・定印像(彫・愛知・尾張国分寺像等)、半跏像(彫・大阪・観心寺像)等の異形像も少なくない。 　寛和二年(九八六)に奝然が請来の通肩の釈迦立像(京都・

『仏説大乗大方広仏冠経』（No.438・14・P110）
『文殊師利問経』（No.468・14・P492）
『仏説自誓三昧経』（No.622・15・P343）
『仏説観仏三昧海経』（No.643・15・P645）
『菩薩瓔珞経』（No.656・16・P1）
『仏説華手経』（No.657・16・P127）
『仏説宝雨経』（No.660・16・P283）
『金光明最勝王経』（No.665・16・P403）
『仏説摩訶刹頭経』（No.696・16・P797）
『仏説浴像功徳経』（No.697・16・P798）
『大毘盧遮那成仏神変加持経』（No.848・18・P1）（以下『大日経』）
『陀羅尼集経』（No.901・18・P785）
『一字奇特仏頂経』（No.953・19・P285）
『大楽金剛不空真実三昧耶経般若波羅蜜多理趣釈』（No.1003・19・P607）（以下『理趣釈』）
『仏説大方広曼殊室利経』（No.1101・20・P450）
『仏説十二仏名神呪校量功徳除障滅罪経』（No.1348・21・P860）
『仏説一切功徳荘厳王経』（No.1374・21・P890）
『摩訶僧祇律』（No.1425・22・P227）
『優婆塞戒経』（No.1488・24・P1034）
『分別功徳論』（No.1507・25・P30）
『大智度論』（No.1509・25・P57）
『阿毘達磨倶舎論』（No.1558・29・P1）
『菩薩善戒経』（No.1582・30・P960）
『金剛般若疏』（No.1699・33・P84）
『仁王経疏』（No.1708・33・P359）
『妙法蓮華経文句』（No.1718・34・P1）
『法華義疏』（No.1721・34・P451）

清涼寺像）は、やはり異形像の一で、清涼寺式釈迦像として各地に伝播した。

　法華経に基づく多宝如来との二尊像、あるいは『観無量寿経疏』に基づく阿弥陀如来との二尊像等の群像表現もみられる。上記の図像・作例のほか三尊形式のものとしては梵天・帝釈天、多羅・観音、文殊・弥勒、観音・虚空蔵、観音・執金剛神、観音・金剛菩薩などがあり、五尊形式では普賢・文殊・観音・弥勒を脇侍とする。

　釈迦を本尊とする曼荼羅に『菩提場経曼荼

〈彫刻〉◎宮城・竜宝寺（鎌・立）、◎茨城・福泉寺（鎌・立）、◎神奈川・極楽寺（鎌・立）、(参)◉京都・清涼寺（北宋・立）、◎愛媛・宝蔵寺（鎌・坐）（以上清涼寺式釈迦如来）、(参)◎東京都・三田家所蔵（北魏・坐・銅造）、(参)◉和歌山・金剛峯寺（唐・坐・諸尊仏龕）（以上右手施無畏印・左手腹前で袈裟をとる）、◎東京・深大寺（白・右手施無畏印・左手与願印）、◎大阪・観心寺（奈・右手胸前で袈裟をとる・奈・半跏・銅造）、◎京都・遣迎院（鎌・持鉢）

〈絵画〉◎東京・根津美術館（鎌・清涼寺式釈迦如来）、◎滋賀・西教寺（鎌・持鉢・立）、◎奈良・西大寺（鎌・仁王会本尊・清涼寺式釈迦如来・坐）

〈絵巻〉◉『絵因果経』京都・上品蓮台寺等所蔵（奈）、◎『清涼寺縁起』京都・清涼寺所蔵（室）

形状：A
図③『十』巻2・No.18

『妙法蓮華経玄賛』（No.1723・34・P651）
『大般涅槃経疏』（No.1767・38・P41）
『大毘盧遮那成仏経疏』（No.1796・39・P579）（以下『大日経疏』）
『大阿羅漢難提蜜多羅所説法住記』（No.2030・49・P12）（以下『法住記』）
『歴代三宝紀』（No.2034・49・P22）
『諸経要集』（No.2123・54・P1）
『一切経音義』（No.2128・54・P311）
『新訳華厳経音義』（No.2206A・58・P367）

【儀軌・修法作法等】
『大毘盧遮那経広大儀軌』（No.851・18・P90）
『大毘盧遮那成仏神変加持経蓮華胎蔵菩提幢標幟普通真言蔵広大成就瑜伽』（No.853・18・P143）（以下『青龍寺儀軌』）
『釈迦文尼仏金剛一乗修行儀軌法品』（No.938・19・P86）
『成就妙法蓮華経王瑜伽観智儀軌』（No.1000・19・P594）

形状：B
図④『覚』巻8・No.38

形状：C
図④『覚』巻8・No.40

羅』、『宝楼閣曼荼羅』などがある。
本地仏としては日吉山王（上七社・大宮）、春日（一宮）、熊野（勧請十五所）などの各社に位置づける。

〈群像〉
釈迦三尊像（釈迦・文殊・普賢）

【経典・論疏等】
『陀羅尼集経』（No.901・18・P785）

形状：A【中尊・右手施無畏印・左手与願印・三尊】
形状：B【中尊・説法印・三尊】
形状：C【中尊・定印】
形状：D【中尊・右手腹前で袈裟をとる・三尊】

〈彫刻〉**形状：**A◎長野・牛伏寺（平）、◎滋賀・常信寺（平）、◉奈良・法隆寺（奈）、**形状：**B◎岐阜・願興寺（鎌）**形状：**C◎兵庫・鶴林寺（中尊、鎌・定印・脇、平）
〈絵画〉**形状：**A◎文化庁（鎌・三幅）、◎滋賀・宝厳寺（鎌）、◎岡山・頼久寺（鎌）、**形状：**B㊫◎神奈川・建長寺（南宋・説法印・一幅）、**形状：**B◎福岡・梅林寺（鎌）

＊釈迦・文殊・普賢三尊では、釈迦像の印相には特に規定なし。
騎獅文殊像・騎象普賢像が脇侍となるのは平安時代後期以降。

			[その他] 〈絵画〉 参◎京都・東福寺(元・衣の内に両手を入れる・三幅)、◎和歌山・総持寺(鎌・定印・三幅)、◎徳島・立江寺(鎌・持物如意)	
(釈迦・阿難・迦葉)	【経典・論疏等】 『増一阿含経』(No.125・2・P549) 『仏説義足経』(No.198・4・P174) 『弥沙塞部和醯五分律』(No.1421・22・P1)(以下『五分律』) 『法華義疏』(No.1721・34・P451) 『新訳華厳経音義』(No.2206A・58・P367)		〈彫刻〉△神奈川・東漸寺(中尊、南北・脇、室)、△長崎・崇福寺(江) 〈絵画〉参◎埼玉・法恩寺(高麗・釈迦五尊)、◎大阪・祥雲寺(鎌)	*釈迦・阿難・迦葉の三尊は高麗仏画に多い。鎌倉時代以降、南都仁王会の本尊。
(釈迦・薬王・薬上)	【経典・論疏等】 『法華経』(No.262・9・P1) 『薬師瑠璃光如来本願功徳経』(No.450・14・P404) 『仏説観薬王薬上二菩薩経』(No.1161・20・P660)	形状:【薬王菩薩】 図⑤『阿薬』1・10 形状:【薬上菩薩】 図⑤『阿薬』1・16	〈彫刻〉◉奈良・法隆寺(飛)、◎奈良・興福寺中金堂(鎌)	*薬王・薬上菩薩は薬師八大菩薩、阿弥陀二十五菩薩の一。
釈迦・十大弟子	【経典・論疏等】 『増一阿含経』(No.125・2・P549) 『義足経』(No.198・4・P174) 『法華経』(No.262・9・P1) 『金光明最勝王経』(No.665・16・P403) 『仏説灌頂七万二千神王護比丘呪経』(No.1331・21・P495)(以下『灌頂経』) 『五分律』(No.1421・22・P1) 『大日経疏』(No.1796・39・P579)	形状:【目建連・須菩提・迦葉波・舎利弗・阿難・迦旃那・優婆利】 図①『胎仁』1・184・185・186・187・202・203・204	〈彫刻〉◎神奈川・極楽寺(鎌)、◎神奈川・称名寺(鎌)、◎京都・清涼寺(平)、◎京都・大報恩寺(鎌)、◉奈良・興福寺(奈・脱活乾漆)、奈良・法隆寺五重塔(奈・塑造) 〈絵画〉参◎京都・禅林寺(中尊、元・脇、鎌)、△アメリカ・ボストン美術館(鎌・三尊十大弟子) 釈迦十大弟子は以下の各尊	*十大弟子の儀軌は『維摩経』上・弟子品によるもので『広弘明集』以降広く流布した。宋代の敦煌壁画にも作例がみえる。 京都・禅林寺像は三幅対で、

			大迦葉、阿那律、富楼那、迦旃延、優婆離、羅睺羅、舎利弗、目犍連、阿難、須菩提	現在中尊は元代、脇侍は鎌倉時代。
釈迦・十六羅漢・十八羅漢・五百羅漢	**【経典・論疏等】** 『増一阿含経』（No.125・2・P549） 『仏五百弟子自説本起経』（No.199・4・P190） 『法華経』（No.262・9・P1） 『弥沙塞部和醯五分律』（No.1421・21・P1） 『十誦律』（No.1435・23・P1） 『阿毘達磨倶舎論』（No.1558・29・P1） 『法住記』（No.2030・49・P12）		〈彫刻〉【五百羅漢】△東京・五百羅漢寺（江）、△神奈川・建長寺三門（江・銅造）、△京都・石峰寺（江・石造） 〈絵画〉【十六羅漢】㊫△千葉・法華経寺（元）、◎茨城・金竜寺（鎌）、◉東京国立博物館（平）、◎神奈川・光明寺（鎌・十八羅漢）、◎滋賀・長寿寺（鎌）、㊫◉京都・清涼寺（北宋）、㊫◎京都・東海庵（元）、◎大阪・藤田美術館（南北）、◎兵庫・斑鳩寺（平）、◎奈良・法隆寺（鎌）、◎和歌山・護念寺（南北）、【五百羅漢】◎東京・根津美術館（南北）、㊫◎神奈川・円覚寺（南宋）、◎京都・東福寺（南北）	＊十六羅漢は和唐の様式の別がみられ、唐様では禅月様、李龍民様等が知られる。十八羅漢はこれに慶友・賓頭盧尊者等を加える。 わが国では釈迦十六羅漢に聖徳太子・鑑真・空海・叡尊が描き添えられたものもみえる。
釈迦・十六善神	**【経典・論疏等】** 『大般若波羅蜜多経』（No.220・5・6・7・P1） 『摩訶般若波羅蜜経』（No.223・8・P217） 『陀羅尼集経』（No.901・18・P785） **【儀軌・修法作法等】** 『般若守護十六善神正形体』（No.1293・21・P378）		〈絵画〉◎静岡・慶寿寺（鎌）、◎滋賀・園城寺（鎌）、◎京都・南禅寺（鎌）、◎兵庫・温泉寺（鎌） 十六善神は以下の各尊 提頭攞宅（毘沙門天）、毘盧勒叉（増長天）、摧伏毒害、増益、観喜、除一切障難・抜除罪垢、能忍、吠	＊十六善神は十六大夜叉将とも称し、大般若会の本尊。十二神将に四天王を加えたものとも言われるが、尊名・形相は一致

室羅摩拏（多聞天）、毘盧博叉（広目天）、離一切怖畏、救護一切、伏諸魔、能救諸有、獅子威猛、勇猛心地

しない。

仏伝（釈迦八相）

【経典・論疏等】
『長阿含経』（No.1・1・P1）
『仏説梵網六十二見経』（No.21・1・P264）
『増一阿含経』（No.125・2・P549）
『修行本起経』（No.184・3・P461）
『仏説太子瑞応本起経』（No.185・3・P472）
『仏説普曜経』（No.186・3・P483）
『方広大荘厳経』（No.187・3・P539）
『異出菩薩本起経』（No.188・3・P617）
『過去現在因果経』（No.189・3・P620）
『仏本行集経』（No.190・3・P655）
『仏説衆許摩訶帝経』（No.191・3・P932）
『仏所行讃』（No.192・4・P1）
『僧伽羅刹所集経』（No.194・4・P115）
『中本起経』（No.196・4・P147）
『摩訶般若波羅蜜経』（No.223・5・P217）
『法華経』（No.262・9・P1）
『仏説優填王経』（No.332・12・P70）
『大般涅槃経』（No.374・12・P365）
『大般涅槃経後分』（No.377・12・P900）
『仏説方等般泥恒経』（No.378・12・P912）
『摩訶摩耶経』（No.383・12・P1005）
『仏説観仏三昧海経』（No.643・15・P645）
『仏説潅洗仏形像経』（No.695・16・P796）

作例：A【誕生】①托胎霊夢、②占夢、③誕生、④灌水
作例：B【宮廷生活】⑤学問・武芸、⑥樹下思惟、⑦四門出遊
作例：C【出家踰城】⑧出城、⑨仙者訪問
作例：D【⑩苦行】
作例：E【降魔・成道】⑪苦行の放棄、⑫降魔成道
作例：F【⑬初転法輪】
作例：G【教化・神変】⑭竹林精舎、⑮霊鷲山説法、⑯祇園布施、⑰神変、⑱優填王の造仏
作例：H【涅槃】⑲純陀の供養、⑳釈迦の昇空、㉑摩耶への説法、㉒涅槃、㉓力士の挙棺、㉔棺が城内を巡る、㉕迦葉の接足
作例：I【分舎利・仏塔起立】㉖荼毘、㉗分舎利、

〈絵画〉**【八相図】**◎静岡・MOA美術館(鎌)、◎山梨・久遠寺（鎌)、◎三重・大福田寺(鎌)、◎福井・剣神社（鎌）**【八相涅槃図】**◎岡山・遍明院（鎌)、◎長崎・最教寺(鎌)、◎鹿児島・竜巌寺(鎌)
〈彫刻〉**形状：A**①㊫△インド・カルカッタ・インド博物館（前一世紀・石造)、②㊫△パキスタン・ペシャワール博物館（二世紀・石造)、③◎東京国立博物館(飛〜奈・摩耶夫人及夫人像)、◎京都・大報恩寺(鎌・誕生仏)、◉奈良・東大寺(奈・誕生仏)、④㊫△パキスタン・ペシャワール博物館（二世紀・石造)、**形状：B**⑤◎京都・仁和寺(鎌・悉達多太子坐像)、㊫△神奈川・シルクロード研究所（二〜三世紀、ガンダーラ出土・学問)、⑥㊫△パキスタン・ラホール博物館（二世紀・石造・サハリ・バハロール出土)、⑦㊫△パキスタン・ペシャワール博物館（二〜三世紀・石造・ガンダーラ出土)、**形状：C**⑧㊫△京都・藤井有隣館（二世

＊釈迦八相は八相成道・八相示現ともいい、一般に釈迦の一生涯の主な行蹟（下天・託胎・出胎・出家・降魔・成道・初転法輪・神変・涅槃など）を弟子・信者を含む群像として表現したもの。各場面の選択は作品により異なる。
　わが国の作品では上記の作例：A〜Iの九場面が比較的多くみられ、彫像では奈良・法隆寺五重塔塔本塑像群（現存）のほか、奈良・薬

『仏説摩訶刹頭経』（No.696・16・P797）
『五分律』（No.1421・22・P1）
『四分律』（No.1428・22・P567）
『薩婆多毘尼毘婆沙』（No.1440・23・P503）
『根本説一切有部毘奈耶雑事』（No.1451・23・P207）
（以下『有部毘奈耶雑事』）
『大智度論』（No.1509・25・P57）
『妙法蓮華経玄賛』（No.1723・34・P651）
『仏祖統記』（No.2035・49・P129）

作例：B⑤学問・武芸
『絵因果経』京都・上品蓮台寺

作例：B⑥樹下思惟
『絵因果経』京都・上品蓮台寺

㉘舎利八塔

紀・石造・ガンダーラ出土）、⑨[参]△パキスタン、ペシャワール博物館（二世紀・石造・ガンダーラ出土）、**形状：D**⑩△奈良・法隆寺（鎌・坐）、[参]△パキスタン・ラホール美術館（二世紀・シクリ出土）、**形状：E**⑪[参]△ドイツ・ベルリン国立インド美術館（三〜四世紀・石造・ガンダーラ出土）、[参]△パキスタン・ペシャワール博物館（二世紀・石造・ガンダーラ出土）、⑫[参]△パキスタン・スワート考古博物館（二世紀・石造・スワート、カテライストゥーパ）、[参]△ドイツ・ベルリン・インド博物館（三〜四世紀・石造・ガンダーラ出土）、**形状：F**⑬[参]△東京国立博物館（二世紀・石造・ガンダーラ出土）、[参]△パキスタン・タキシラ考古博物館（三〜四世紀・石造・タキシラ、ダルマラージカー出土）、**形状：G**⑯[参]△インド・カルカッタ・インド博物館（前一世紀・石造・バールフト出土）、⑰[参]△インド・サンチー第一塔東門南柱（紀元前後・石造・ナイランジャー河の徒歩）、[参]△フランス・ギメ東洋美術館（三〜四世紀・石造・パイターヴァー出土・シュラバアスティーの神変）、[参]△インド・カルカッタ・インド博物館（前一世紀・石造・バールフト出土・三道宝階

師寺の東西二塔の塔本には各四場面ずつが安置されていた。

　また絵画では八相を一幅に仕立てたもの（絵・三重・大福寺）や涅槃図の両脇に描いたもの（絵・福井・剣神社）などが伝来する。

作例：D⑩苦行
『絵因果経』京都・上品蓮台寺

作例：E⑫降魔成道
『絵因果経』京都・上品蓮台寺

階下)、[参]△インド・マドラス博物館（二世紀・石造・アマラーヴァティー出土・酔象調伏)、[参]△パキスタン・ラホール博物館（二世紀・石造・ガンダーラ出土・帝釈窟説法)、⑱[参]△パキスタン・ペシャワール博物館（二〜三世紀・石造・サハリ・バハロール出土)、**形状**：H㉒◎長野・世尊院（鎌)、◉奈良・法隆寺五重塔（奈)、◎広島・照源寺（鎌)、◎香川・観音寺（鎌)、㉓[参]△パキスタン・カラチ博物館（二〜三世紀・石造・スワート出土)、㉖[参]△ドイツ・ベルリン国立インド美術館（二〜三世紀・石造・ガンダーラ出土)、㉗[参]△サンチー第一塔南門第三横梁背面（紀元前後・石造)、[参]△パキスタン・ラホール博物館（二〜三世紀・石造・ラーニーガード出土)、㉘[参]△ドイツ・ベルリン国立インド美術館（二〜三世紀・石造・ガンダーラ出土）

〈絵画〉**形状**：A①◎三重・大福田寺（鎌・釈迦八相図)、[参]△イギリス・大英博物館（九世紀・仏伝幡・敦煌出土)、③◎京都・清涼寺（室・『釈迦堂縁起』)、④◎三重・大福田寺（鎌・釈迦八相図)、**形状**：B⑤[参]△イギリス・大英博物館（九世紀・絹絵幡・敦煌出土・学問)、◉京都・上品蓮台寺（奈・『絵因果経』・武

作例：G⑭竹林精舎
『絵因果経』京都・上品蓮台寺

作例：H⑰神変
『絵因果経』京都・上品蓮台寺

芸)、⑦◎三重・大福田寺（鎌・釈迦八相図)、[参]△フランス・ギメ国立東洋美術館（一〇世紀・絹絵幡・敦煌出土)、**形状**：C⑧[参]△イギリス・大英博物館（九世紀・仏伝図幡・敦煌出土）**形状**：D⑩◎京都・真珠庵(室)、**形状**：E⑪◎群馬・長楽寺(南北)、◎京都・栗棘庵(鎌)、[参]△イギリス・大英博物館（九世紀・仏伝図幡・敦煌出土)、⑫◉京都・醍醐寺（奈・『絵因果経』)、**形状**：F⑬◎奈良国立博物館(奈・刺繡)、**形状**：G⑭◉東京芸術大学（奈・『絵因果経』)、⑮△アメリカ・ボストン美術館（奈・釈迦霊山説法図)、⑰◎静岡・MOA美術館（奈・『絵因果経』)、◎滋賀・常楽寺（南北・釈迦八相図・三道宝階階下)、⑱◎京都・清涼寺（室・『釈迦堂縁起』)、**形状**：H⑲〜㉖◎岡山・遍明院（鎌・仏涅槃図)、㉒◎東京国立博物館(平)、◎神奈川・円覚寺(鎌)、◎山梨・大蔵経寺(室)、◎愛知・甚目寺(鎌)、◎三重・成願寺(鎌)、◎滋賀・石山寺(鎌)、◉京都国立博物館（平・金棺出現図)、◉奈良・法隆寺五重塔(奈・金棺供養)、◎大阪・長宝寺(鎌)、◎兵庫・浄土寺(鎌)、◎奈良・新薬師寺(平)、◉和歌山・金剛峯寺(平)、◎広島・浄土寺(鎌)、

			◎香川・与田寺（鎌）、◎徳島・高越寺（鎌）、形状：I㉖(参)中国・キジル（七世紀・キジル壁画）	
釈迦の前身（本生譚）	【経典・論疏等】 『中阿含経』（No.26・1・P421） 『菩薩投身飢餓虎起塔因縁経』（No.172・3・P424） 『大般涅槃経』（No.374・12・P365） 『金光明経』捨身品（No.663・16・P335）	作例：A【スダナ太子本生（ヴィシュヴァンタラ本生）】 作例：B【シビ王本生】 作例：C【鹿王本生】 作例：D【マカサッタ大王本生】 作例：E【雪山婆羅門本生】 作例：F【善恵童子本生】 作例：G【燃灯仏本生】 作例：H【シャーマ本生】	〈彫刻〉作例：A△(参)イギリス・大英博物館（二～三世紀・石造・インド・アマラーヴァティー出土）、(参)△アメリカ・ペンシルバニア大学博物館（六世紀・石造・中国出土）、作例：B(参)△インド・カルカッタ・インド博物館（二世紀・石造・マトゥラー出土）、作例：C(参)△インド・カルカッタ・インド博物館（前一世紀・石造・バールフト出土）、作例：F(参)△パキスタン・ラホール博物館（二世紀・石造・シクリ仏塔基壇浮彫）、作例：H(参)△パキスタン・タキシラ博物館（二～三世紀・石造・タキシラ、ダルマラージカー出土） 〈絵画〉作例：A(参)△ドイツ・ベルリン国立インド美術館（七世紀・中国、キジル第三八窟壁画）、形状：D◉奈良・法隆寺（飛・玉虫厨子）、作例：E◉奈良・法隆寺（飛・玉虫厨子）、作例：F(参)△イギリス・大英博物館（九世紀・絹絵幡・敦煌出土）	＊釈迦本生譚は、わが国では現存作例が非常に少なく、上記の捨身飼虎・雪山童子本生図が伝来するが、この他には「須太那太子」「九色の鹿」「猿の王」の物語が『三宝絵詞』『今昔物語』をはじめとする説話文学に多く取り込まれている。
請雨経曼荼羅（中尊・釈迦如来）	【経典・論疏等】 『仏説海龍王経』（No.598・15・P131） 『陀羅尼集経』（No.901・18・P785）	形状：A【中尊釈迦・説法印】 図③『十』三・25、図③	〈絵画〉形状：A◎京都・教王護国寺（平）、△静岡・MOA美術館（平）	＊請雨のために修する請雨経法の本尊。中尊は

名称	経典・儀軌	形状・図像	作例	備考
	『大孔雀呪王経』(No.985・19・P459) 『大雲輪請雨経』(No.989・19・P484) 『大雲経祈雨壇法』(No.990・19・P492) 『大方等多雲経』(No.992・19・P500) 『大雲経請雨品第六十四』(No.993・19・P506) 『大宝広博楼閣善住秘密陀羅尼経』(No.1005A・19・P619) 『伝受集』1(No.2482・78・P224) **【儀軌・修法作法等】** 『尊勝仏頂真言修瑜伽法儀軌』(No.973・19・P368)	『別』一四・41、図④『醍祈』一・1、図④『覚』一九・67 **形状：B【中尊釈迦・合掌】** 図③『十』三・26、図③『別』一四・42、図④『覚』一九・68 **形状：C【中尊釈迦・右手宝剣】** 図③『別』一四・43	 形状：A 図③『十』巻3・No.25	海中の楼閣中の釈迦・観音・金剛手の三尊坐像。他に輪蓋・難陀・跋難陀龍王、外院には三・五・七・九頭の龍王と四隅に清水瓶を描く。『曼荼羅集』系と『図像抄』系とが知られる。
宝楼閣曼荼羅（中尊・釈迦如来）	**【経典・論疏等】** 『大宝広博楼閣善住秘密陀羅尼経』(No.1005A・19・P619)) 『広大宝楼閣善住秘密陀羅尼経』(No.1006・19・P636) 『牟梨曼荼羅呪経』(No.1007・19・P657)	**形状：A【中尊・宝楼閣中釈迦】** 図③『十』三・27 図③『別』一三・38、『別』一三・39、図④『醍仏』一・21、図④『覚』三三・118 **形状：B【中尊・宝楼閣外釈迦】** 図③『別』一三・39	〈絵画〉形状：A◎岐阜・安藤積産合資会社(鎌)、△アメリカ・ボストン美術館（鎌） [その他] ◎京都・三室戸寺（室・宝楼閣の周囲に七尊を配す）	＊堂供養や滅罪のための宝楼閣経法の本尊。楼閣中の中尊釈迦と三昧耶形のほか蓮池・金剛手・密金剛両菩薩・梵天・帝釈天・四天王像などを配す。
法華曼荼羅（中尊・釈迦、多宝如来）	**【経典・論疏等】** 『法華経』(No.262・9・P1) 『正法華経』(No.263・9・P63) **【儀軌・修法作法等】** 『法華曼荼羅威儀形式法経』(No.1001・19・P602) 『成就妙法蓮華経王瑜伽観智儀軌』(No.1000・19・	**形状：【中尊・妙宝塔中釈迦・多宝二仏】** 図③『十』三・23、図③『別』一〇・31・32、図④『覚』二四・69・70	〈絵画〉◎京都・松尾寺(鎌)、◎兵庫・太山寺(鎌)、◎奈良・唐招提寺(鎌)、◎香川・萩原寺(鎌・三重) [その他] 〈彫刻〉△千葉・法華寺（南北)、㊫△東京・根津美術館（北魏)、△	＊法華曼荼羅は『法華経』見宝塔品による。密教では息災・増益・滅罪を祈る法華経法の本尊。

	P594）		奈良・東大寺戒壇院（奈・銅造）（以上二尊のみ）	
薬師如来	【経典・論疏等】 『仏説観普賢菩薩行法経』（No.277・10・P389） 『阿閦仏国経』（No.313・11・P751） 『大悲経』（No.380・12・P954） 『大方等大集経』（No.397・13・P1） 『仏説薬師如来本願経』（No.449・14・P401） 『薬師瑠璃光如来本願功徳経』（No.450・14・P404） 『薬師瑠璃光七仏本願功徳経』（No.451・14・P409） 『仏説法集経』（No.761・17・P609） 『諸仏境界摂真実経』（No.868・18・P270） 『陀羅尼集経』（No.901・18・P785） 『理趣釈』（No.1003・19・P607） 『灌頂経』（No.1331・21・P495） 『無量寿経優波提舎』（No.1524・26・P230） 『本願薬師経古迹』（No.1770・38・P257） 『大日経疏』（No.1796・39・P579） 『一切経音義』（No.2128・54・P311） 『出三蔵記集』（No.2145・55・P1） 『諸阿闍梨真言密教部類総録』（No.2176・56・P1113） 『総持抄』（No.2412・77・P53） 『薬師経疏』（No.2766・85・P304） 『薬師経疏』（No.2767・85・P806） 【儀軌・修法作法等】 『薬師瑠璃光如来消災除難念誦儀軌』（No.922・19・P20） 『薬師如来観行儀軌法』（No.923・19・P22） 『薬王如来念誦儀軌』（No.924・19・P29）	**形状：A【右手施無畏印・左手薬壺】** 図③『十』二・15、図③『別』四・15・16、図③『四』『諸』上・2、図③『覚』三・7 **形状：B【右手施無畏印・左手与願印】** 図③『別』四・17 **形状：C【右手錫杖・左手鉢】** 図④『覚』三・32	〈彫刻〉形状：A◎岩手・黒石寺（平・坐）、◎岩手・金色院（平・坐）、◎宮城・双林寺（平・坐）、◎山形・立石寺（平・坐）、◎福島・浄泉寺（平・坐）、△栃木・薬師堂（鎌・坐・鉄造）、◎茨城・岩谷寺（平・坐）、◎千葉・常灯寺（鎌・坐）、◎東京・国分寺（平・坐）、◎神奈川・王福寺（平・坐）、◎新潟・国分寺（平・坐）、△石川・高爪神社（鎌・坐）、◎福井・明通寺（平・坐）、◎山梨・歓盛院（平・坐）、◎長野・中禅寺（平・坐）、◎岐阜・横蔵寺（鎌・坐）、◎愛知・高田寺（平・坐）、◎三重・四天王寺（平・坐）、◎滋賀・櫟野寺（平・坐）、◎京都・勝持寺（平・坐）、◉京都・神護寺（平・立）、◎兵庫・成相寺（平・立）、◉奈良・新薬師寺（平・坐）、◉奈良・元興寺（奈・立）、◉奈良・法隆寺西円堂（平・坐・脱活乾漆）、◎和歌山・竜泉寺（平・坐）、◎島根・華蔵寺（平・坐）、◎岡山・余慶寺（平・坐）、◎広島・西国寺（平・坐）、◎山口・恵念寺（平・立）、◎徳島・童学寺（平・坐）、◎香川・東光寺（平・坐）、△高知・北寺（平・坐）、◎福岡・東光院（平・坐）、◎佐賀・蓮	＊薬師瑠璃光如来の略。医王尊の別称あり。密教で阿閦如来、釈迦如来、大日、金剛仏頂、光聚仏頂などと同体とする。唐本では持鉢・錫杖などもみえる。薬師像は、一般に右手施無畏、左手に薬壺を載せるものが多いが、薬壺の蓋を取ろうとする作品（彫・滋賀・西教寺像）、定印上に薬壺を載せる作品（彫・神奈川・覚園寺像）などの異形像も確認されている。 　また、三尊立像で雲上に乗る図様（絵・京

『薬師瑠璃光王七仏本願功徳経念誦儀軌』（No.925・19・P33）
『修薬師儀軌布壇法』（No.928・19・P64）
『慈氏菩薩略修愈誐念誦法』（No.1141・20・P590）

厳院（平・坐）、**形状：B**◉奈良・法隆寺（飛・坐）、◎京都・高山寺（奈・木心乾漆）、◎熊本・医王寺（室・立）、◎大分・竜谷寺（平・坐）
〈絵画〉**形状：A**◎京都・禅林寺（鎌・坐）
［その他］
〈彫刻〉△東京・真覚寺（白・右手薬壺、左手膝上伏掌・倚）、◎滋賀・聖衆来迎寺（白・右手衣をとる・左手薬壺・立・銅造）、◉大阪・獅子窟寺（平・右手施無畏印・左手・宝珠・坐）、◎兵庫・常勝寺（鎌・定印・坐）
〈絵巻〉◎『因幡堂縁起』東京国立博物館（鎌）、◎『桑実寺縁起』滋賀・桑実寺（室）

都・禅林寺像）のような来迎図を思わせるものもみえる。

〈群像〉
薬師三尊（薬師・日光・月光）

【経典・論疏等】
『薬師瑠璃光如来本願功徳経』（No.450・14・P404）

形状：C
図③『別』巻4・No.18

形状：A【中尊・右手施無畏印・左手薬壺・三尊】
形状：B【中尊・右手施無畏印・左手与願印・三尊】
形状：C【中尊・右手錫杖・左手鉢・三尊】
図④『別』四・18

〈彫刻〉**形状：A**◎福島・勝常寺（平）、◎茨城・薬師寺（本尊、平・脇、鎌）、△千葉・橘禅寺（鎌）、◎神奈川・宝城坊（平・鉈彫）、◎東京・寛永寺（平）、◎長野・瑠璃寺（平）、◎福井・多田寺（平）、◎岐阜・願興寺（平）、◎三重・光禅寺（平）、◎滋賀・蓮台寺（平）、◉京都・醍醐寺（平）、◎大阪・勝尾寺（平）、◉奈良・薬師寺（奈）、◉奈良・法隆寺講堂（平）、◎和歌山・浄妙寺（鎌）、◎鳥取・学行院（平）、◎島根・万福寺（平）、◎広島・千代田町（平）、◎

［日光菩薩］
〈金剛界〉地蔵院西方（左手蓮華上宝珠）
［月光菩薩］
〈金剛界〉賢劫十六尊の内、北西方（右手月輪）
〈胎蔵界〉文殊院北方（右手蓮華上月輪）
『別尊雑記』

			高知・雪蹊寺(鎌)、◎宮崎・王楽寺(鎌) [その他] 〈彫刻〉◎神奈川・覚園寺（中尊、鎌・脇侍、室・中尊定印・薬壺・坐）、◎山梨・大善寺（平・右手伏掌）、◎石川・薬師寺（白・右手膝上伏掌・左手与願印・坐） 〈絵画〉◎滋賀・観音寺(鎌)	には獣座に乗るものがみえるが、異形像のひとつとみてよかろう。
七仏薬師	**【経典・論疏等】** 『仏説七仏経』（No.2・1・P150） 『法華経』（No.262・9・P1） 『仏説薬師如来本願経』（No.449・14・P401） 『薬師瑠璃光如来本願功徳経』（No.450・14・P404） 『薬師瑠璃光七仏本願功徳経』（No.451・14・P409） 『陀羅尼集経』（No.901・18・P785） 『薬師経疏』（No.2766・85・P304） 『薬師経疏』（No.2767・85・P806） **【儀軌・修法作法等】** 『薬師瑠璃光如来消災除難念誦儀軌』（No.922・19・P20） 『薬師瑠璃光王七仏本願功徳経念誦儀軌供養法』（No.926・19・P41）	**形状：【①右手与願印・左手胸前掌下、②右手与願印・左手宝珠、③右手第二・三指捻・左手蓮華盛鉢、④右手第三・四指捻・左手宝珠、⑤右手施無畏印・左手宝珠、⑥右手宝珠・左手臍前、⑦左手施無畏印、右手宝珠】** 図④『覚』五・33	[その他] 〈彫刻〉◎千葉・松虫寺(平・立)、△滋賀・鶏足寺(平・立) 七仏薬師は以下の各尊 善名称吉祥王、宝月智厳光音自在王、金色宝光妙行成就、無憂最勝吉祥、法界雷音、法海勝恵遊戯神通、薬師瑠璃光	＊山門四箇大法の一つで、国家安穏・病気平癒を祈願する七仏薬師法、また薬師悔過の本尊。中国では敦煌・莫高窟の壁画などに遺例がみられる。『北斗七星延命経』によると七星を七仏に配し、本師を釈迦仏とする。
薬師十二神将	**【経典・論疏等】** 『大方等大集経』（No.397・13・P1） 『薬師瑠璃光如来本願功徳経』（No.450・14・P404） 『陀羅尼集経』（No.901・18・P785） 『浄瑠璃浄土標』（No.929・19・P66）	**形状：A【獣冠・人身】** 図④『覚』三・20〜31、図⑦『醍薬』下37〜48・63〜72 **形状：B【人身】**	〈彫刻〉**形状：A**◎神奈川・宝城坊(鎌)、◎岐阜・願興寺(平)、◎滋賀・竜王寺(鎌)、◎兵庫・東山寺(平)、◉奈良・興福寺東金堂(鎌)、◎奈良・室生寺(鎌)、◎和歌山・	＊十二神将は薬師如来の眷属あるいは分身で、各尊十二の方位の守護神。獣冠、

尊名	経典	形状	作例	備考
	『集神州三宝感通録』（No.2106・52・P404） 【儀軌・修法作法等】 『薬帯瑠璃光王七仏本願功徳経念誦軌』（No.925・19・P33）	図⑦『薬師』一・15〜26、 図⑦『醍薬』上・73〜84 形状：C【獣頭・人身】 図④『覚』三・8〜19、図⑦『薬師』一・2・4、図⑦『醍薬』下・13〜24・49〜60 形状：D【人身・獣座】 図⑦『薬師』一・1・3・5〜14 図⑦『醍薬』上25〜36・下61・62 形状：E【人身・踏獣】 図⑦『醍薬』上・1〜12	浄妙寺（鎌）、◎福岡・東光院（南北）、形状：B◉京都・広隆寺（平）、◉奈良・新薬師寺（平・塑造）、◉奈良・興福寺（平・板彫）、◎高知・雪蹊寺（鎌） 〈絵画〉形状：A◎神奈川・称名寺（鎌・十二神将のみ・十二幅）、◎京都・金剛院（南北）、◎和歌山・桜池院（鎌）（以上一幅） 薬師十二神将は以下の各尊 金毘羅、和耆羅、弥佉羅、安陀羅、摩尼羅、宗藍羅、因陀羅、婆耶羅、摩休羅、真陀羅、昭頭羅、毘伽羅	武器などが各尊の標識となるが、奈良・新薬師寺像など初期のものには獣冠の無いものが多い。唐服甲冑像が一般的。
阿弥陀如来	【経典・論疏等】 『悲華経』（No.157・3・P167） 『大乗本生心地観経』（No.159・3・P291） 『頼吽和羅所問徳光太子経』（No.170・3・P412） 『賢愚経』（No.202・4・P349） 『文殊師利所説般若波羅密経』（No.233・8・P732） 『法華経』（No.262・9・P1） 『華厳経』（No.279・10・P1） 『大宝積経』（No.310・10・P1） 『無量寿経』（No.360・12・P265） 『仏説無量清浄平等覚経』（No.361・12・P279） 『仏説大阿弥陀経』（No.364・12・P326） 『仏説観無量寿仏経』（No.365・12・P340） 『仏説阿弥陀経』（No.366・12・P346） 『称讃浄土仏摂受経』（No.367・12・P348）	形状：A【定印】 図③『十』一・4・9、図③『別』一・4・9、図③『諸』上・3、図③『四』上・5 形状：B【右手施無畏印・左手第一、四、五指捻】 図④『覚』七・35 ［その他］ 形状：C【説法印】 形状：D【来迎印】 図⑤『阿薬』一・21	〈彫刻〉形状：A◎青森・常念寺（平）、◎岩手・中尊寺（平）、◎茨城・円福寺（鎌）、◎埼玉・泉福寺（平）、◎東京・善明寺（鎌・鉄造）、◉神奈川・高徳院（鎌・銅造）、◎愛知・普門寺（平）、◎岐阜・願興寺（鎌）、◎長野・福王寺（鎌）、◎新潟・長安寺（平）、◎石川・正覚院（平）、◎福井・長楽寺（平）、◎三重・市場寺（平）、◉京都・平等院（平）、◉京都・法界寺（平）、◎奈良・喜光寺（平）、◎和歌山・金剛峯寺（平）、◎島根・清水寺（平）、◎徳島・極楽寺（平）、◎香川・妙音寺（平）、◎愛媛・大宝寺（平）、◎高	〈金剛界〉西輪本尊（形状：A） 〈胎蔵界〉中台八葉院西方（形状：C） ＊無量寿仏・観自在王仏などの別称あり。阿弥陀如来は、浄土教信仰の伝播に伴い様々な形態を創出し、印相も、定印・説法印・来迎印など

『阿弥陀鼓音聲王陀羅尼経』（No.370・12・P352）
『後出阿弥陀仏偈』（No.373・12・P364）
『菩薩念仏三昧経』（No.414・13・P793）
『般舟三昧経』（No.418・13・P902）
『賢劫経』（No.425・14・P1）
『仏説慧印三昧経』（No.632・15・P460）
『仏説観仏三昧海経』（No.643・15・P645）
『仏説決定総持経』（No.811・17・P770）
『大日経』（No.848・18・P1）
『金剛頂瑜伽中略出念誦経』（No.866・18・P223）
『諸仏境界摂真実経』（No.868・18・P270）
『陀羅尼集経』（No.901・18・P785）
『大仏頂広聚陀羅尼経』（No.946・19・P155）
『守護国界主陀羅尼経』（No.997・19・P525）
『理趣釈』（No.1003・19・P607）
『仏説無量門微密持経』（No.1011・19・P680）
『金剛恐怖集会方広儀軌観自在菩薩三世最勝心明王経』（No.1033・19・P9）（以下『観自在菩薩三世最勝心明王経』）
『阿唎多羅陀羅尼阿嚕力経』（No.1039・20・P23）
『不空羂索神変真言経』（No.1092・20・P227）
『八大菩薩曼荼羅経』（No.1167・20・P675）
『大法炬陀羅尼経』（No.1340・21・P661）
『仏説十二仏名神呪校量功徳除障滅罪経』（No.1348・21・P860）
『五分律』（No.1421・21・P1）
『四分律』（No.1428・21・P567）
『優婆塞戒経』（No.1488・24・P1034）
『十住毘婆沙論』（No.1521・26・P20）
『無量寿経優波提舎』（No.1524・26・P230）

知・竹林寺（平）、◎福岡・観世音寺（平）、◎佐賀・蓮厳院（平）、◎大分・富貴寺（平）（以上全て坐）、**形状：C**◎東京・大正大学（平・坐）、△埼玉・廓信寺（平・坐）、◎神奈川・極楽寺（鎌・坐）、◎静岡・願成就院（平・坐）、◎石川・伏見寺（平・銅造）、◎三重・成願寺（鎌・倚）、滋賀・来迎寺（鎌・坐）、◉京都・広隆寺（平・坐）、京都・仏陀寺（平・坐）、◎大阪・専修寺（鎌・坐）、◎奈良・法隆寺夢殿（平・坐）、◎兵庫・多聞寺（平・坐）、◎和歌山・金剛峯寺大会堂（平・坐）、◎高知・安楽寺（鎌・坐）、◎福岡・無量寺（鎌・立）、**形状：D**◎宮城・高蔵寺（平・坐）、◎山形・本山慈恩寺（平・坐）、◎千葉・報恩寺（鎌・坐）、群馬・善勝寺（鎌・坐・銅造）、◎埼玉・等覚院（鎌・坐）、◎東京・新田家所蔵（平・坐）、◎長野・清水寺（平・立）◎新潟・円福寺（鎌・立）、◎富山・常福寺（鎌・立）、◎岐阜・新長谷寺（鎌・立）、◎静岡・宝台院（鎌・立）、◎三重・慈恩寺（平・坐）、◎三重・善教寺（鎌・立）、◎三重・仏土寺（平・坐）、◎和歌山・遍照光院（鎌・立）、◎滋賀・金剛輪寺（鎌・坐）、◎京都・真正極楽寺（平・立）、◉京都・浄瑠璃寺（平・坐・本尊）、◎京都・

がみえ、さらに二尊像、三尊像、五尊像、九尊像（九品仏）、二十五菩薩像（聖衆）など群像表現がなされる。

上記の他にも善光寺式三尊（彫・広島・安国寺像）、真如堂式（彫・京都・大念寺像）、永観堂式（見返阿弥陀）といった異形像のほか、五劫思惟（彫・奈良・五劫院像）、逆手来迎印（彫・兵庫・播磨浄土寺像）、裸形（彫・奈良・国立博物館像）、歯吹き（彫・茨城・万福寺像）、山越（絵・京都・禅林寺）、定印の立像（彫・高知・子安地蔵

〈群像〉

【経典・論疏等】

『阿弥陀経疏』（No.1757・38・P310）
『大日経疏』（No.1796・39・P579）
『無量寿経優婆提舎願生偈註』（No.1819・41・P826）
『摩訶止観』（No.1911・46・P1）
『安楽集』（No.1958・47・P4）
『釈浄土群疑論』（No.1960・47・P30）
『西方要決釈疑通規』（No.1964・47・P104）
『浄土五会念仏略法事儀讃』（No.1983・47・P474）
『広清涼寺伝』（No.2099・51・P1101）
『往生要集』（No.2682・84・P33）
『観無量寿経義記』（No.2759・85・P239）
『無量寿観経義記』（No.2760・85・P249）

【儀軌・修法作法等】

『三種悉地破地獄転業障出三界秘密陀羅尼法』（No.905・18・P909）
『無量寿如来観行供養儀軌』（No.930・19・P67）
『金剛頂経瑜伽観自在王如来修行法』（No.932・19・P75）
『摂無礙大悲心陀羅尼経計一法中出無量義南方満願補陀落海会五部諸尊等弘誓力方位及威儀形色執持三昧耶幖幟曼荼羅儀軌』（No.1067・20・P129）（以下『摂無礙経』）
『大楽金剛薩埵修行成就儀軌』（No.1119・20・P509）
『金剛頂勝初瑜伽普賢菩薩念誦法』（No.1123・20・P528）
『降三世忿怒明王念誦儀軌』（No.1210・21・P41）
『観念阿弥陀仏相海三昧功徳法門』（No.1959・47・P22）

形状：A【中尊・定印】

西方尼寺（室・倚）、◎奈良・東大寺俊乗堂（鎌・立）、◎大阪・孝恩寺（平・立）、◎兵庫・浄土寺（鎌・立）、◎岡山・東寿院（鎌・立）、◎広島・三滝寺（平・坐）、◎島根・心覚院（鎌・立）、◎鳥取・大日寺（鎌・坐）、◎山口・国分寺（平・坐）、◎福岡・専念寺（鎌・立）、◎佐賀・蓮厳院（鎌・坐）、◎熊本・願成寺（平・坐）、◎大分・真木区（平・坐）

〈絵画〉**形状：C**◎奈良・法隆寺金堂壁画（白・坐）、**形状：D**(参)◎福井・西福寺（南宋・立）、◎滋賀・西教寺（鎌）、(参)◎和歌山・成福院（南宋・立）

〈彫刻〉**【宝冠阿弥陀】**◎福島・西光寺（室・坐）、◎広島・耕三寺（鎌・坐）、**【見返り阿弥陀】**△京都・禅林寺（鎌）、**【歯吹き阿弥陀】**△富山・浄禅寺（鎌・立）、△三重・竜泉寺（室・立）、△大阪・光明寺（鎌・立）

[その他]

〈絵巻〉◎『頬焼阿弥陀縁起』神奈川・光融寺（鎌）、◎『浄土五祖絵伝』神奈川・光明寺（鎌）、◎『真如堂縁起』京都・真正極楽寺（室）

形状：A◎山梨・善光寺（平）、◎奈

堂）といった特異な作品も少なくない。また阿弥陀仏を中尊とする阿弥陀曼荼羅は金剛界五尊曼荼羅（『覚禅鈔』）、八葉九尊曼荼羅（『別尊雑記』）等に図相が伝えられる。

本地仏としては熊野（証誠殿）、日吉山王（聖真子）、石清水八幡（中殿）などに位置づけられる。

[勢至]

阿弥陀三尊（阿弥陀・観音・勢至）

『平等覚経』（No.361・12・P279）
『大阿弥陀経』（No.364・12・P326）
『仏説観無量寿経』（No.365・12・P340）
『阿弥陀鼓音聲王陀羅尼経』（No.370・12・P352）
『観世音菩薩受記経』（No.371・12・P353）
『陀羅尼集経』（No.901・18・P785）
『観自在菩薩三世最勝心明王経』（No.1033・20・P9）
『阿唎多羅陀羅尼阿嚕力経』（No.1039・20・P23）
『不空羂索神変真言経』（No.1092・20・P227）
【儀軌・修法作法等】
『十一面観自在菩薩心密言念誦儀軌』（No.1069・20・P139）

形状：B【中尊・右手施無畏印・左手与願印】
形状：C【中尊・説法印】
形状：D【中尊・来迎印】
形状：E【一光三尊仏、中尊・来迎印・観音・勢至】
図④『覚』七・35

良・長岳寺（平）、◎滋賀・金體寺（平）、◉京都・仁和寺（平）、◎鳥取・大山寺（平）、◎大分・臼杵磨崖仏ホキ第二群第一窟（平）、◎熊本・明導寺（鎌）、**形状：B**◎奈良・法隆寺（奈・橘夫人持念仏）、**形状：C**◎神奈川・浄光明寺（鎌・宝冠阿弥陀）、◎奈良・法隆寺伝法堂西の間（平・脱活乾漆）、◎同東の間（平・木心乾漆）、**形状：D**◎福島・願成寺（平）、◎栃木・清厳寺（鎌・鉄造塔婆浮彫）、◎埼玉・西光寺（平）、◎神奈川・浄楽寺（鎌）、◎静岡・MOA美術館（平）、◎長野・真光寺（鎌）、◎和歌山・光台院（鎌）、◎京都・三千院（平）、◎大阪・四天王寺（平）、◎兵庫・浄土寺（鎌・逆手印）、◎島根・清水寺（平）、◎愛媛・保安寺（平）、◎福岡・観世音寺（平・立）、◎宮崎・万福寺（鎌）、◎熊本・青蓮寺（鎌）、**形状：E**◎福島・如来寺（鎌・銅造）、◎栃木・専修寺（鎌・銅造）、◎埼玉・向徳寺（鎌・銅造）、◎東京国立博物館（飛〜奈・銅造）、◎神奈川・円覚寺（鎌・銅造）、◎山梨・善光寺（鎌・銅造）、◎長野・善光寺（鎌）、◎和歌山・不動院（鎌）、◎広島・安国寺（鎌・木造）
〈絵画〉**形状：A**◎京都・醍醐寺（鎌・宝冠阿弥陀）、◎兵庫・一乗寺

〈胎蔵界〉蓮華部院
［観音］「観音」項参照。
＊阿弥陀三尊を描いた図像は少ないが、坐・立像を含めてその作例は極めて多い。一般には観音・勢至を脇侍とするが、『観自在最勝心明王経』によると観音・金剛手菩薩、『陀羅尼集経』によると、十一面観音・勢至菩薩となる。また、この三尊に二比丘を具した五尊の作例が中国や飛鳥時代の押出仏などの作品に多くみられ、阿弥陀像に八大菩薩を伴う作例もある。

阿弥陀聖衆来迎

【経典・論疏等】
『華厳経』（No.279・10・P1）
『文殊師利発願経』（No.296・10・P878）
『仏説大阿弥陀経』（No.364・12・P326）
『観無量寿経』（No.365・12・P340）
『観自在菩薩三世最勝心明王経』（No.1033・20・P9）

形状：E
図④『覚』巻７・No.35

形状：【阿弥陀・二十五菩薩】
図④『久』一・59、図⑥『二十五』一・1〜25

二十五菩薩は以下の各尊
観音、勢至、薬王、薬上、普賢、法自在、獅子吼、陀羅尼、虚空蔵、徳蔵、宝蔵、金蔵、金

（鎌・五尊像）、形状：C◎三重・専修寺（鎌）、形状：D(参)◎東京・井上家旧蔵（宋）、(参)◎静岡・MOA美術館（高麗）、(参)◎三重・専修寺（高麗）、△愛知・法蔵院（鎌）、(参)△愛知・祐福寺（元）、(参)◎京都・清浄華院（南宋）（以上逆手来迎印）、(参)△滋賀・長命寺（元・勢至菩薩のみ）、◎滋賀・宝厳寺（鎌・刺繡）、形状：E◎東京・根津美術館（鎌・『善光寺如来縁起絵』）
［その他］
〈絵画〉(参)△新潟・上杉神社（高麗・中尊右手第一・二指捻・左手膝上伏掌）、◎京都・金戒光明寺（鎌・山越阿弥陀）
〈絵巻〉◎『善光寺如来絵伝』愛知・妙源寺等所蔵（鎌）

〈彫刻〉◎京都・即成院（鎌・江
〈絵画〉◉和歌山・有志八幡講十八箇院（平）、◉奈良・法華寺（平）、◎三重・西来寺（鎌）、◎滋賀・西教寺（南北）、◉京都・禅林寺（鎌・山越阿弥陀）、◉文化庁（鎌・山越阿弥陀）、◎京都・安楽寿院（平）、◉京都・知恩院（鎌・早来迎）、◎福井・安養寺（平）、◎滋賀・安楽律院（鎌）、◎滋賀・聖衆来迎寺（鎌）、◎兵庫・上野家所蔵（鎌・山越阿弥陀）、◎岡山・

＊来迎図は末法思想の伝播に伴い流行をみるが、独尊・三尊聖衆来迎と特色ある図様が制作された。また、山越阿弥陀図（絵・京都・禅林寺本）などは臨終行儀に用いられ

		剛蔵、光明王、山海慧、花厳王、珠宝王、月光王、日照王、三昧王、定自在王、大自在王、白象王、大威徳王、無辺身	遍明院(鎌) [その他] 〈絵画〉【九品来迎図】◉京都・宇治平等院鳳凰堂(平)、◎兵庫・鶴林寺太子堂(平)、◎奈良・瀧上寺(鎌) 〈絵巻〉◉『当麻曼荼羅縁起』神奈川・光明寺等所蔵（鎌）	たことが知られている。
九品阿弥陀如来	【経典・論疏等】 『観無量寿経』（No.365・12・P340）	形状：【第一院・九品阿弥陀、第二院・十二光仏／坐】 図③『別』五・21	〈彫刻〉△東京・浄真寺（江）、◉京都・浄瑠璃寺(平)	＊九体仏・九品仏ともいう。京都・法成寺等にも建立されたが現存せず。
釈迦・阿弥陀二尊	【経典・論疏等】 『観無量寿仏経疏』（No.1753・37・P254）		〈彫刻〉◎京都・遣迎院（鎌）、◎京都・二尊院（室）、◎山口・二尊院(鎌) 〈絵画〉△岐阜・新長谷寺（鎌・刺繍）、◎大阪・藤田美術館（鎌・刺繍）、△兵庫・神山家所蔵（鎌・刺繍）、△奈良・三輪石仏（鎌・石造）、徳島・雲辺寺（鎌）、◎香川・観音寺（鎌）	＊この二尊像は迎接（遣迎）二尊ともいわれ、善導の『観無量寿経疏』中の「二河白道」の喩より創出したもの。浄土系の教団で多く製作された。
五劫思惟阿弥陀如来	【経典・論疏等】 『無量寿経』（No.360・12・P265） 『無量寿経義疏』（No.1745・37・P91） 『無量寿経連義述文讃』（No.1748・37・P131）		〈彫刻〉△富山・中新川郡立山町(明治・苦行思惟・坐・石造)、◎奈良・五劫院(鎌・定印・坐)、◎奈良・東大寺勧進所(室・坐)、△京都・西向寺（江・定印・坐・銅造）、△	＊五劫思惟像の図像は未確認。合掌印・定印等の作例あり。

			京都・西方尼寺（江・坐・銅造）、△京都・黒谷墓地（江・定印・坐・石造）	
紅玻璃阿弥陀如来	【経典・論疏等】 『守護国界主陀羅尼経』（No.997・19・P525） 【儀軌・修法作法等】 『無量寿如来観行供養儀軌』（No.930・19・P67） 『十一面観自在菩薩心密言念誦儀軌』（No.1069・20・P139） 『観自在菩薩如意輪念誦儀軌』（No.1085・20・P203） 『都表如意摩尼転輪聖王次第念誦秘密最要略法』（No.1089・20・P217）（以下『都表如意輪念誦法』） 『無量寿如来供養作法次第』（大日本大蔵経第四四巻）		〈彫刻〉◎奈良・当麻寺（平） 〈絵画〉◎滋賀・長命寺（南北）、◎京都・知恩院（鎌・肉髻）、◎京都・成相寺（鎌）、◎和歌山・桜池院（鎌）、◎和歌山・正智院（鎌）（以上高髻）	＊菩薩形・五智宝冠・通肩・定印・紅頗梨色という形状に特色。天台では常行三昧堂の本尊。
毘盧舎那仏	【経典・論疏等】 『仏説梵網六十二見経』（No.21・1・P264） 『雑阿含経』（No.99・2・P1） 『仏本行集経』（No.190・3・P655） 『大薩遮尼乾子所説経』（No.272・9・P317） 『仏説観普賢菩薩行法経』（No.277・9・P389） 『旧華厳経』（No.278・9・P395） 『華厳経』（No.279・10・P1） 『大方広仏華厳経入法界品』（No.295・10・P876）（以下『華厳経入法界品』） 『大乗四法経』（No.774・17・P709） 『大日経』（No.848・18・P1） 『金剛頂瑜伽略述三十七尊心要』（No.871・18・P291） 『金剛頂一切如来真実摂大乗現証大教王経』（No.865・18・P207）（以下『大教王経』）	**形状：A【菩薩形・智拳印・坐】** 図①『九仁』一・1・136・313、図①『金醍』一・1・63 **形状B：【菩薩形・定印・坐】** 図①『胎仁』一・1、図⑤『三十』一・27 **形状：C【如来形・右手前でにぎる・右手施無畏印・坐】** 図①『九仁』一・209	［その他］ 〈彫刻〉◎静岡・慈光院（江）、◉奈良・東大寺（奈・脇侍、如意輪・虚空蔵）、◉奈良・唐招提寺（奈・脱活乾漆）（以上右手施無畏印・左手与願印）、◎福岡・戒壇院（平・胸前で両手を開く） 〈絵画〉△京都・万福寺（江）、◎奈良・朝護孫子寺（平・『信貴山縁起絵巻』） 〈絵巻〉◎『大仏縁起』奈良・東大寺（室）	＊大日如来の梵称。中国では『法苑珠林』等に隋代（五八一～六一八）に毘盧遮那仏の像形を立像から坐像に改めたことが伝えられる。洛陽・龍門石窟、奉先洞寺の毘盧遮那仏は通肩像で比丘・観音菩薩等を脇侍とする。東大寺では

大日如来

『金剛頂瑜伽三十七尊出生義』(No.872・18・P297)
『理趣釈』(No.1003・19・P607)
『不空羂索神変真言経』(No.1092・20・P227)
『妙法蓮華経文句』(No.1718・34・P1)
『法華玄論』(No.1720・34・P361)
『華厳経探玄記』(No.1733・35・P107)
『勝鬘宝窟』(No.1744・37・P1)
『大日経疏』(No.1796・39・P579)
『金剛頂経大瑜伽秘密心地法門義決』(No.1798・39・P808)
『大乗法苑義林章』(No.1861・45・P245)
『華厳一乗教義分斉章』(No.1866・45・P477)
『仏祖統記』(No.2035・49・P129)
『廬山記』(No.2095・51・P1024)
『広清涼伝』(No.2099・51・P1092)
『像法決疑経』(No.2870・85・P1335)
【儀軌・修法作法等】
『摂大毘盧遮那成仏神変加持経入蓮華胎蔵海会悲生曼荼攞広大念誦儀軌供養方便会』(No.850・18・P65)(以下『摂大儀軌』)
『三種悉地破地獄転業障出三界秘密陀羅尼法』(No.905・18・P909)
【経典・論疏等】
『大乗本生心地観経』(No.159・3・P290)
『大乗理趣六波羅蜜多経』(No.261・8・P865)
『華厳経入法界品』(No.295・10・P876)
『大方広如来秘密蔵経』(No.821・17・P837)
『大日経』(No.848・18・P1)

形状：A金剛界大日【智拳印・坐】
図③『十』一・1、図③『別』一・6
形状：B胎蔵界大日【胎蔵印・坐】

形状：A
図①『九仁』巻1・No.1

形状：B
図①『胎仁』巻1・No.1

形状：C
図①『九仁』巻1・No.209

〈彫刻〉**形状**：A◎北海道・高野寺(平)、◎岩手・中尊寺瑠璃光院(平)、◎栃木・光得寺(鎌)、◎神奈川・宝金剛寺(鎌・銅造)、◎山梨・放光寺(平)、◎長野・岩殿寺(鎌)、◎新潟・国分寺(平)、◎岐阜・横蔵寺

如意輪観音・虚空菩薩、高山寺では十一面観音・弥勒菩薩を盧遮那三尊とする。また、神奈川・建長寺所蔵の伝釈迦三尊像(絵・南宋)は、その印相等より毘盧舎那仏の三尊像と考えられる。また鎌倉時代には、東大寺所蔵「華厳海会善知識曼荼図」や高山寺所蔵「華厳海会諸聖衆曼荼羅図」など毘盧舎那仏を中心とした曼荼羅が製作されている。

〈金剛界〉中輪、四院会、一院会中尊(形状：A)
〈胎蔵界〉中台八葉院中尊(形

『大教王経』（No.865・18・P207）
『金剛頂瑜伽中略出念誦経』（No.866・18・P223）
『金剛峯楼閣一切瑜伽瑜祇経』（No.867・18・P253）（以下『瑜祇経』）
『諸仏境界摂真実経』（No.868・18・P270）
『略述金剛頂瑜伽分別聖位修燈法門』（No.870・18・P287）
『金剛頂瑜伽略述三十七尊心要』（No.871・18・P291）
『仏説一切如来金剛三業最上秘密大教王経』（No.885・18・P469）
『仏説無二平等最上瑜伽大教王経』（No.887・18・P514）（以下『瑜伽大王経』）
『一切如来大秘密王未曾有最上微妙大曼拏羅経』（No.889・18・P541）
『守護国界主陀羅尼経』（No.997・19・P525）
『理趣釈』（No.1003・19・P607）
『大日経疏』（No.1796・39・P579）
『金剛頂経大瑜伽秘密心地法門義訣』（No.1798・39・P808）
『大日経供養次第法疏私記』（No.2220・60・P719）
『金剛頂経開題』（No.2221・61・P1）
『金剛頂大教王経疏』（No.2223・61・P7）
『吽字義』（No.2430・77・P404）

【儀軌・修法作法等】

『毘盧遮那五字真言修習儀軌』（No.861・18・P188）
『金剛頂一切如来真実摂大乗現証大教王経』（No.874・18・P310）
『仏頂尊勝心破地獄転業障出三界秘密三身仏果三種悉地真言儀軌』（No.906・18・P912）
『金剛頂一字頂輪王瑜伽一切時處念誦成仏儀軌』

図③『十』一・6、図③『別』一・1、図③『諸』上・1、図③『四』上・1―A

（平）、◎静岡・天神神社（鎌）、◎三重・妙福寺（平）、◎滋賀・石山寺（平）、◎大阪・金剛寺（平）、◎奈良・円成寺（平）、◎和歌山・金剛峯寺（平）、◎高知・大日寺（平）、**形状**：B◎岩手・中尊寺瑠璃光院（平）、◎千葉・妙楽寺（平）、◎福井・円照寺（平）、◎三重・四天王寺（平）、◎京都・広隆寺（平）、◎大阪・興善寺（平）、◎和歌山・浄教寺（鎌）、◎山口・竜蔵寺（平）、◎高知・竹林寺（鎌）、**形状**：AB△鳥取・若桜町長砂地区（平）

〈絵画〉**形状**：A◎東京・根津美術館（平）、◎京都・醍醐寺（鎌）、◎大阪・細見家所蔵（鎌・刺繍）、◎兵庫・武藤家所蔵（鎌）、◎和歌山・金剛峯寺（鎌）

［その他］

〈彫刻〉◎愛媛・大三島神社（平・逆智拳印）、◎大分・熊野磨崖仏（平・如来形・頭部のみ）

〈絵画〉◎京都・醍醐寺（鎌・定印上金輪・大日金輪）、◎和歌山・善集院（鎌・八宗論大日如来）

状：B）

＊大日如来は毘盧舎那如来と同体。通形では金剛界・胎蔵界ともに菩薩形をとる。大日如来の異形像としては『覚禅鈔』所収の四面大日如来（彫・和歌山・竜光院像）のほか一字金輪像（彫・岩手・中尊寺）・八宗論大日（絵・善集院像）などが知られる。

韓国・仏国寺像は如来形で智拳印を結ぶ。両界曼荼羅のほか、仏眼（胎）・尊勝（金）・大仏頂（金）曼荼羅等の主尊。

本地仏としては日吉山王の大宮籠殿、高野四社明神（二宮高

	(No.957・19・P320) 『尊勝仏頂修瑜伽法儀軌』(No.973・19・P368) 『仁王護国般若波羅密多経陀羅尼念誦儀軌』(No.994・19・P513) 『般若波羅蜜多理趣経大楽不空三昧真実金剛薩埵菩薩等一十七聖大曼荼羅義述』(No.1004・19・P617)(以下『理趣経十七尊義述』) 『大楽金剛薩埵修行成就儀軌』(No.1119・20・P509) 『甘露軍荼利菩薩供養念誦成就儀軌』(No.1211・21・P42)		 形状：B 図③『十』巻１・No.6	野明神)などの各社に位置づける。
〈群像〉 五智如来	**【経典・論疏等】** 『華厳経入法界品』(No.295・10・P876) 『金光明経』(No.663・16・P335) 『大日経』(No.848・18・P1). 『大教王経』(No.865・18・P207) 『金剛頂瑜伽中略出念誦経』(No.866・18・P223) 『諸仏境界摂真実経』(No.868・18・P270) 『略述金剛頂瑜伽分別聖位修燈法門』(No.870・18・P287) 『金剛頂瑜伽略述三十七尊心要』(No.871・18・P291) 『大日経疏』(No.1796・39・P579)	**形状【大日・菩薩形・智拳印、阿閦・右手状掌・左手腹前で衣をとる(以下、如来形)、宝生・右手与願印・左手腹前で衣をとる、無量寿・定印、不空成就・右手施無畏印・左手腹前で衣をとる、以上・坐】** 図③『十』1・1～5、図③『別』1・6～10、図④『唐曼』一・3	**【金剛界】** 〈彫刻〉◎京都・安祥寺(平)、◎奈良・大日寺(平)、◎和歌山・金剛三昧院(鎌)、◎岡山・遍明院(平) 五智如来は以下の各尊 大日如来(中央・白)、阿閦如来(東・青)、宝生如来(南・黄)、無量寿如来(阿弥陀、西・黄)、不空成就如来(北・緑)	〈金剛界〉成身会内院 ＊五仏ともいい、多宝塔本尊。大日は智拳印。阿閦・宝生・不空成就は偏袒右肩、阿弥陀は通肩形。
両界曼荼羅 (中尊・大日如来)	**【経典・論疏等】** 『大日経』(No.848・18・P1) 『大教王経』(No.865・18・P207) 『金剛頂瑜伽中略出念誦経』(No.866・18・P223) 『金剛頂経瑜伽十八会指帰』(No.869・18・P284) 『大日経疏』(No.1796・39・P579)	**形状：【胎蔵界】** 図①『決明』参1～25、 図①『胎仁』一・1～412、 図①『胎長』一・別紙1、 図①『胎石』一・別紙2、 図①『胎滋』一・別紙3、	〈絵画〉◎山形・上杉神社(平)、◎茨城・徳満寺(鎌・銅造押出)、◎長野・清水寺(鎌)、◎滋賀・園城寺(南北)、◉京都・教王護国寺(平・伝真言院曼荼羅)、◎京都・教王護国寺(平・敷曼荼羅)、◉京都・神護	＊金剛界曼荼羅は、金剛界九会曼荼羅・五部心観・八十一尊曼荼羅の三種、胎蔵界曼荼羅は、

	『諸阿闍梨真言密教部類総録』(No.2176・55・P1113) 『胎蔵界大法対受記』(No.2390・75・P54) 『観中院撰定事業灌頂具足支分』(No.2393・75・P213) 『胎蔵三密抄』(No.2398・75・P561) 『胎蔵界三部秘釈』(No.2472・78・P74) 『金界発恵鈔』(No.2533・79・P98) **【儀軌・修法作法等】** 『金剛頂一切如来真実摂大乗現証大教王経』(No.874・18・P310) 『尊勝仏頂修瑜伽法儀軌』(No.973・19・P368)	図①『胎高』一・別紙4、図②『胎熊』一・1〜324、図②『胎久』一・1〜99、図②『胎旧』一・1〜243、図②『叡胎』一・1〜382、図⑫『胎小』一・別刷附録 **形状：【金剛界】** 図①『九仁』一・1〜462、図①・一・別紙11、図①・一・別紙12、図①・一・別紙13、図①・一・別紙14、図①『金醍』一・1〜87、図②『五法』一・1〜146、図①『五武』一・1〜74、図①『五阿』一・別紙1、図②『叡金』一・1〜77、図⑫『金小』一・別刷附録	寺(平・高雄曼荼羅)、◎京都・醍醐寺五重塔壁画及柱(平)、◎京都・醍醐寺(鎌・銅造)、◎大阪・四天王寺(鎌)、◎兵庫・太山寺(南北)、◎奈良・子島寺(平・子島曼荼羅)、◎和歌山・金剛峯寺(平)、[参]◎和歌山・金剛峯寺(唐・木造板彫)、◎岡山・長福寺(南北)、◎広島・浄土寺(鎌)、◎香川・極楽寺(鎌) [その他] 〈絵画〉【胎蔵界】◎奈良国立博物館(鎌・胎蔵図像)、◎兵庫・武藤家所蔵(鎌・胎蔵旧図像)【金剛界】[参]◉滋賀・園城寺(唐・五部心観)、◎兵庫・武藤家所蔵(鎌・五部心観)、◎和歌山・西南院(平・五部心観)	現図十二院曼荼羅・胎蔵図像・胎蔵旧図様のそれぞれ三種の系統に分けられる。
尊勝曼荼羅（中尊・金剛界大日如来／釈迦如来）	**【経典・論疏等】** 『仏頂尊勝陀羅尼経』(No.967・19・P349) 『大金色孔雀王呪経』(No.986・19・P477) 『仏頂尊勝陀羅尼経教跡義記』(No.1803・39・P1012) 『総持抄』(No.2412・77・P53) **【儀軌・修法作法等】** 『仏頂尊勝陀羅尼念誦儀軌法』(No.972・19・P364) 『尊勝仏頂修瑜伽法軌儀』(No.973・19・P368)	**形状：A【中尊・大日・智拳印】** 図③『十』二・14、図③『別』八・26・28、図④『覚』二三・49・50・[参]7 **形状：B【中尊・大日・定印】** 図③『別』八・27 **形状：C【中尊・釈迦・説法相】**	〈絵画〉**形状：A**◎東京・護国寺(鎌)、◎滋賀・園城寺(鎌)、◎和歌山・宝寿院(鎌)、◎大阪・金剛寺(鎌)	＊現存のものでは智拳印大日の作例のみ。降三世・不動・八大仏頂などが併せて描かれる。

		図④『覚』一三・48		
弥勒菩薩・如来	**【経典・論疏等】** 『中阿含経』（No.26・1・P421） 『雑阿含経』（No.99・2・P1） 『増一阿含経』（No.125・2・P549） 『一切智光明仙人慈心因縁不食経』（No.183・3・P457） 『仏説義足経』（No.198・4・P174） 『賢愚経』（No.202・4・P349） 『雑宝蔵経』（No.203・4・P447） 『雑譬喩経』（No.204・4・P499） 『出曜経』（No.212・4・P609） 『法華経』（No.262・9・P1） 『旧華厳経』（No.278・9・P395） 『発覚浄身心経』（No.327・12・P43） 『仏説大乗方等要慧経』（No.348・12・P186） 『弥勒菩薩所問本願経』（No.349・12・P186） 『大宝積経』（No.310・11・P1） 『平等覚経』（No.361・12・P279） 『菩薩従兜術天降神母胎説広普経』（No.384・12・P1015） 『仏説観弥勒菩薩上生兜率天経』（No.452・14・P418） 『仏説弥勒下生経』（No.453・14・P421） 『仏説弥勒下生成仏経』（No.454・14・P423） 『仏説弥勒大成仏経』（No.456・14・P428） 『仏説弥勒来時経』（No.457・14・P434） 『大日経』（No.848・18・P1） 『八大菩薩曼荼羅経』（No.1167・20・P675） 『仏説甘露経陀羅尼呪』（No.1316・21・P468） 『八名普密陀羅尼経』（No.1365・21・P883）	《菩薩形》 **形状：A【二臂・持物・宝塔・蓮華】** 図③『十』五・39、図③『別』二八・113、図③『諸』上・30・31・32・33・34・39、図③『四』中・102・103・104・105・106・111、図④『久』一・34、図⑤『覚』六一・192・193・198、図⑥『弥』一・2・3・4・6・6・11 **形状：B【二臂・右手施無畏印・左手拳】** 図③『諸』上・45、図③『四』中・118、図⑥『弥』一・1 **形状：C【二臂・持物瓶】** 図③『諸』上・36・37、図③『四』中・107・109・110、図⑤『覚』六一・199、図⑥『八菩』一　2図⑥『弥』一・7・9・10 **形状：D【二臂・持物杵】** 図③『諸』上・35、図③『四』中・108、図⑤『覚』六一・195、図⑥『弥』一・8	《菩薩形》**形状：A～E** 〈彫刻〉**形状：A**◎奈良・法隆寺（平・半跏）、◎奈良・室生寺（平・立）、△アメリカ・ボストン美術館（鎌） 〈絵画〉**形状：A**◎福島・薬王寺（鎌・立）、◎京都・醍醐寺（鎌・坐）、◎奈良・宝山寺（鎌・半跏）、**形状：C**◎東京芸術大学（鎌・坐・弥勒来迎図） ［その他］ 〈彫刻〉◎東京国立博物館（平・半跏思惟・銅造・那智経塚出土）、◎神奈川・称名寺（鎌・右手与願印・左手蓮華・宝塔）、◉京都・広隆寺（朝鮮三国または飛・半跏思惟）、◎京都・三宝院（鎌・定印上宝塔）、◎大阪・野中寺（白・半跏思惟・銅造）、◎大阪・観心寺（平・定印・宝塔）、◉奈良・中宮寺（白・半跏思惟）、◎奈良・興福寺（鎌・右手施無畏印・右手与願印）、△アメリカ・ボストン美術館（平・右手施無畏印・左手伏掌） 〈絵画〉◎神奈川・称名寺本堂壁画（鎌・右手与願印・左手胸前で第一・三・四指捻）、◎福井・万福寺・長源寺（いずれも鎌、宝塔を載）、㊇◎京都・清涼寺（北宋・右手団扇・右手	〈金剛界〉賢劫十六尊の内、北東方（形状：C） 〈胎蔵界〉中台八葉北東方（形状：A） ＊慈氏菩薩の別称あり。法隆寺金堂壁画の弥勒仏は、二菩薩の他、四天王・二王、獅子を描く。 また「法相曼荼羅」では、弥勒菩薩形を併せて中尊とする。 中世以降、弥勒下生を弥勒来迎図（絵・東京芸術大学）のような形で描いたものもあらわれ、また立像で転法輪印を結び、二侍者を伴なう作例（絵・米国・ボストン美術館

『大智度論』(No.1509・25・P57)
『阿毘曇八建度論』(No.1543・26・P771)
『阿毘達磨大毘婆沙論』(No.1545・27・P1)(以下『大毘婆沙論』)
『尊婆須密菩薩所集論』(No.1549・28・P721)
『注維摩詰経』(No.1775・38・P327)
『維摩経略疏』(No.1778・38・P562)
『大日経疏』(No.1796・39・P579)
『阿育王伝』(No.2042・50・P99)
【儀軌・修法作法等】
『大毘盧遮那成仏神変加持経蓮華胎蔵悲生曼荼羅広大成就儀軌供養方便会』(No.852・18・P108)(以下『玄法寺儀軌』)
『青龍寺儀軌』(No.853・18・P143)
『仏説大孔雀明王画像壇場儀軌』(No.983A・19・P439)(以下『孔雀明王儀軌』)
『摂無礙経』(No.1067・20・P129)
『慈氏菩薩略修愈議念誦法』(No.1141・20・P590)
『甘露軍荼利菩薩供養念誦成就儀軌』(No.1211・21・P42)
『摩訶室囉末那野提婆喝囉闍陀羅尼儀軌』(No.1246・21・P219)(以下『多聞天儀軌』)
『吽迦陀耶軌』(No.1251・21・P233)

形状：E【二臂・右手膝前仰掌・左手胸前第二、三、四指捻】
図④『久』一・35
形状：F【三〇臂】
図③『十』五・40、図③『別』二八・114、図⑤『覚』六一・194
形状：G【二臂・片手垂下・片手指捻】
図④『久』一・31・32
《如来形》
形状：H【二臂・右手施無畏印・左手与願印】
図③『諸』上・42・44、図③『四』中・115・117、図④『久』一・36 図⑤『覚』六一・203、図⑥『弥』一・16・17
形状：I【二臂・右手施無畏印・左手伏掌】
図③『諸』上・41、図③『四』中・114、図④『久』一・33、図⑤『覚』六一・201、図⑥『弥』一・14
形状：J【二臂・右手伏掌・左手第一、二指捻】
図③『諸』上・43、図③『四』中・116、図⑤『覚』六一・202、図⑥『弥』

腹前仰掌・坐・紙本版画)
《如来形》
〈彫刻〉**形状：H**◎茨城・弥勒教会(鎌・立)、◎兵庫・金心寺(平・坐)、◉奈良・当麻寺(奈・坐・塑造)、◉奈良・興福寺北円堂(鎌・坐)、◉和歌山・慈尊院(平・坐)、**形状：I**◎奈良・東大寺(平・坐)、◎奈良・唐招提寺講堂(鎌・坐)
[その他]
〈彫刻〉◎大阪・慈恩寺(平・転法輪印・坐)、◎兵庫・金心寺(平・右手第一、四指捻・左手掌上宝塔)
〈絵画〉◎奈良・法隆寺金堂壁画(白)、◎奈良・大野寺(鎌・右手与願印・左手宝瓶磨崖線刻)、◎奈良・大和文華館(鎌・右手与願印・左手屈臂して第一、二指捻・笠置曼荼羅図)、◎鳥取・倭文社(平・立・銅板毛彫)

形状：A
図③『十』巻5・No.39

本)、転法輪印坐像(彫・大阪・孝恩寺像)や『大元帥明王図像』中の弥勒来迎図等の異形像がみられる。

「弥勒曼荼羅」は円院の大円輪を、金剛杵と宝塔の文様で井形に区画し、中央に弥勒菩薩、四方に四波羅密菩薩が位置。他に不動明王、降三世明王等を配す。

本地仏としては熊野(満山護法)、日吉山王(下禅師)などの各社に位置づける。

	弥勒曼荼羅（中尊・弥勒）	仏眼仏母
 形状：F 図③『別』巻 28・No.114	**【経典・論疏等】** 『仏説観弥勒菩薩上生兜率天経』(No.452・14・P418) **【儀軌・修法作法等】** 『慈氏菩薩略修愈議念誦法』(No.1141・20・P590)	**【経典・論疏等】** 『摩訶般若波羅蜜経』(No.223・8・P217) 『大日経』(No.848・18・P1) 『瑜祇経』(No.867・18・P253) 『菩提場所説一字頂輪王経』(No.950・19・P193) 『大聖妙吉祥菩薩説除災教令法輪』(No.966・19・P342) 『不空羂索神変真言経』(No.1092・20・P227)
一・15 形状：K**【二臂・右手施無畏印・左手胸下拳】**図③『諸』上・38、図③『四』中・112、図⑤『覚』六一・204、図⑥『弥』一・12 形状：L**【二臂・右手施無畏印・左手腹前仰掌】**図③『諸』上・40、図③『四』中・113、図⑥『弥』一・13 形状：M**【二臂・右手施無畏印・左手不明】**図④『久』一・30	形状：**【中尊・右手説法印・左手蓮華・宝界塔印・坐】**図③『別』二八・115、図⑤『覚』六一・197	形状：A**【獅子宝冠・定印・坐】**図③『諸』上・6、図④『醍仏』一・1 形状：B**【宝冠・定印・坐】**図④『覚』二・1 形状：C**【獅子冠・右手**
 形状：I 図③『諸』巻上・No.41  形状：H 図③『諸』巻上・No.42	〈絵画〉◎東京・霊雲寺（鎌）、◎京都・醍醐寺、（鎌）、◎京都・高山寺（鏡弥勒像）	〈絵画〉形状：A◉京都・高山寺（鎌・身白色・定印）  形状：A 図③『諸』巻上・No.6
	＊増益・息災を祈る弥勒法の本尊。	〈胎蔵界〉遍智院南方（形状、定印） ＊一切仏眼大金剛吉祥一切仏母の略称。仏眼仏母と金輪仏頂は一具と考えられ

尊名	経典・儀軌	形状	作例	備考
	『仏説甘露経陀羅尼呪』（No.1316・21・P468） 『大智度論』（No.1509・25・P57） 『大日経疏』（No.1796・39・P579） 『瑜祇總行私記』（No.2229・61・P504） **【儀軌・修法作法等】** 『大毘盧遮那仏眼修行儀軌』（No.981・19・P411） 『理趣経十七尊義述』（No.1004・19・P617）	**与願印・左手蓮華上宝珠・坐】** 図③『別』二・13、図④『醍仏』一・2 **形状：D【宝冠・右手宝珠・左手与願印・坐】** 図④『覚』二・2 **形状：E【宝冠・右手宝珠・左手与願印・坐】** 図④『覚』二・2 **形状：F【宝冠・四臂】** 図④『醍仏』一・3	 **形状：C** 図③『別』巻2・No.13	る。経典によっては仏眼仏母を大日所変・金剛薩埵所変・釈迦所変とする説がある。
仏眼曼荼羅（中尊・仏眼仏母）	**【経典・論疏等】** 『大日経』（No.848・18・P1） 『瑜祇経』（No.867・18・P253）	**形状：【中尊奢摩他印・坐】** 図③『十』二・13、図③『別』二・11、図④『醍仏』一・4	〈絵画〉◎東京・品川寺（鎌）、◎愛知・竹本家所蔵（鎌）、◎京都・神光院（平）	＊大法輪中の仏眼仏母を中尊とし、観音・虚空蔵・文殊などの諸尊を配す。
阿閦如来	**【経典・論疏等】** 『阿閦仏国経』（No.313・11・p751） 『金剛頂瑜伽中略出念誦経』（No.866・18・P223） **【儀軌・修法作法等】** 『大楽金剛薩埵修行成就儀軌』（No.1119・20・P509）	**形状：A【右手触地印・左手腹前で衣をとる】** 図①『九仁』一・6・141・214、図①・一『金醍』1・6・68、 **形状：B【右手触地印・左手腹前でにぎる】** 図③『別』3・14 **形状：C【降三世印（胸前で拳を交差する）】** 図①『九仁』一・318、図	［その他］ 〈彫刻〉◎京都・地蔵院（平・両手共衣をとる・立・銅造）、◎奈良・法隆寺（平・右手施無畏印・左手衣をとる・坐・四仏の内）、◎和歌山・親王院（奈・右手衣をとる・左手与願印・立）、△和歌山・青岸渡寺（平・金銅半肉・坐・四仏の内）	〈金剛界〉東輪中尊（形状、右手触地印・左手腹前で衣をとる。微細会のみ右手触地印・左手腹前拳） ＊胎蔵界では宝幢仏と同体とする。図像中（『別尊雑記』

		③『十』一・2、図③『別』一・7		等）衣をとる形については経軌的根拠が見えない。
大仏頂曼荼羅（中尊・大仏頂尊）	【経典・論疏等】 『大妙金剛大甘露軍拏利焔鬘熾盛仏頂経』（No.965・19・P339）	形状：A【中尊・智拳印・坐】 図③『十』二・12、図③『別』七・25、図④『覚』一一・44・[参]1 形状：B【中尊・定印・坐】 図④『覚』一一・45・[参]2 形状：C【中尊・定印上輪宝・坐】 図④『覚』一一・47・[参]3	形状：A〈絵画〉◎文化庁（平）、◎奈良国立博物館（平）  形状：A 図③『十』巻2・No.12	＊大仏頂の尊格は、金剛界大日の所変としての一字金輪仏頂、胎蔵界大日の所変としての摂一切仏頂、白傘蓋仏頂などの解釈がある。
一字金輪	【経典・論疏等】 『菩提場所説一字頂輪王経』（No.950・19・P193） 『一字仏頂輪王経』（No.951・19・P224） 『一字奇特仏頂経』（No.953・19・P285） 『大陀羅尼末法中一字心呪経』（No.956・19・P315） 【儀軌・修法作法等】 『一字頂輪王念誦儀軌』（No.954・19・P307） 『一字頂輪王瑜伽観行儀軌』（No.955・19・P313） 『金剛頂経一字頂輪王瑜伽一切時処念誦成仏儀軌』（No.957・19・P320） 『甘露軍荼利菩薩供養念誦成就儀軌』（No.1211・21・P42）	形状：【智拳印・坐・輪宝・獅子座】 図④『醍仏』一・5	〈彫刻〉◎岩手・中尊寺外十七箇院（鎌） 〈絵画〉◎東京・大倉文化財団（鎌）、◎東京国立博物館（鎌）、◎滋賀・西村家所蔵（鎌）（以上蓮華座）、△アメリカ・ボストン美術館（平、鎌）	＊一字頂輪王、一字金輪王、金輪仏頂王とも称す。『時処儀軌』による大日金輪と『一字奇特仏頂経』による釈迦金輪がある。

名称	経典・儀軌	形状	作例	備考
一字金輪曼荼羅（中尊・一字金輪）	**【経典・論疏等】**『菩提場所説一字頂輪王経』（No.950・19・P193）『一字仏頂輪王経』（No.951・19・P224）『一字奇特仏頂経』（No.953・19・P285）『大陀羅尼末法中一字心呪経』（No.956・19・P315）**【儀軌・修法作法等】**『金輪王仏頂要略念誦法』（No.948・19・P189）『奇特最勝金輪仏頂念誦儀軌法要』（No.949・19・P190）『一字頂輪王念誦儀軌』（No.954・19・P307）『一字頂輪王瑜伽観行儀軌』（No.955・19・P313）『金剛頂一字頂輪王瑜伽一切時処念誦成仏儀軌』（No.957・19・P320）『甘露軍荼利菩薩供養念誦成就儀軌』（No.1211・21・P42）	**形状：A【中尊・智拳印・坐・獅子座・七宝】** 図③『十』二・11、図③『諸』上・7・15、図④『覚』六・62・63・参15・16 **形状：B【中尊・智拳印・坐・海中岩上蓮華座・七宝】** 図④『覚』六・64・参17	〈絵画〉**形状：A**◎奈良・北村家所蔵（鎌）、◎和歌山・遍照光院（鎌）、◎島根・鰐淵寺（鎌）、**形状：B**◎奈良国立博物館（平・蓮華座）、［その他］〈絵画〉◎奈良・南法華寺（鎌・八葉蓮華・坐）  形状：A 図③『十』巻2・No.11	＊止雨・除病・延寿の祈願等のための一字金輪法の本尊。本尊智拳印大日、上方に女宝・象宝・馬宝・左右に主兵神宝・主蔵神宝、下方に珠宝・輪宝・仏眼尊を配す。 『別尊雑記』所収の釈迦金輪は、日輪・白蓮台中に定印で坐すものだが、これは大仏頂尊ともいう。
尊勝曼荼羅（中尊・金剛界大日如来／釈迦如来）	**【経典・論疏等】**『仏頂尊勝陀羅尼経』（No.967・19・P349）『大金色孔雀王呪経』（No.986・19・P477）『仏頂尊勝陀羅尼経教跡義記』（No.1803・39・P1012）『総持抄』（No.2412・77・P53）**【儀軌・修法作法等】**『仏頂尊勝陀羅尼念誦儀軌法』（No.972・19・P364）『尊勝仏頂修瑜伽法軌儀』（No.973・19・P368）	**形状：A【中尊・大日・智拳印】** 図③『十』二・14、図③『別』八・26・28、図④『覚』一三・49・50・参7 **形状：B【中尊・大日・定印】** 図④『別』八・27 **形状：C【中尊・釈迦・説法相】** 図④『覚』一三・48	〈絵画〉**形状：A**◎東京・護国寺（鎌）、◎滋賀・園城寺（鎌）、◎和歌山・宝寿院（鎌）、◎大阪・金剛寺（鎌）	＊息災・増益・滅罪などのための尊勝法の本尊。 中尊金剛界大日、上方に天竜と天女、下方に不動・降三世明王を配す。八大仏頂曼荼羅なども同図様。

六字経曼荼羅(中尊・金輪仏頂)	**【経典・論疏等】** 『請観世音菩薩消伏毒害陀羅尼呪経』(No.1043・20・P34) 『仏説大乗荘厳宝王経』(No.1050・20・P47) 『六字神呪経』(No.1180・20・P779)	**形状：【中尊・釈迦金輪・定印、宝輪・坐】** 図③『十』三・21、図③『別』十一・33、図④『覚』三一・113	〈絵画〉◎京都・三宝院(室・紺絹金泥)、◎京都・醍醐寺(室) [その他] 〈彫刻〉△香川・円成庵(平) 〈絵画〉◎和歌山・宝寿院(鎌・独尊)	＊調伏・息災のために修される六字経法の本尊。中尊は大月輪中の釈迦金輪、六観音、六字明王など諸説あり。下方に不動、大威徳明王を配す。
《菩薩部》 聖観音菩薩	**【経典・論疏等】** 『摩訶般若波羅蜜経』(No.223・8・P217) 『法華経』(No.262・9・P1) 『華厳経』(No.279・10・P1) 『仏説普門品経』(No.315・11・P770) 『無量寿経』(No.360・12・P265) 『観無量寿経』(No.365・12・P340) 『観世音菩薩授記経』(No.371・12・P353) 『涅槃経』(No.374・12・P365) 『大教王経』(No.865・18・P207) 『金剛頂瑜伽中略出念誦経』(No.866・18・P223) 『諸仏境界摂真実経』(No.868・18・P270) 『陀羅尼集経』(No.901・18・P785) 『梵天択地法』(No.910・18・P924) 『大仏頂如来密因修證了義諸菩薩万行首楞厳経』(No.945・19・P105)(以下『大仏頂首楞厳経』) 『菩提場所説一字頂輪王経』(No.950・19・P193) 『理趣釈』(No.1003・19・P607) 『観自在菩薩三世勝心明経』(No.1033・20・P9) 『千転陀羅尼観世音菩薩呪経』(No.1035・20・P17)	**形状：A【二臂・右手をたて、左手が持つ蓮華にそえる】** 図③『十』六・54、図③『別』十七・54・55、図③『諸』上・58・62、図④『醍諸』一・7、図④・三九・132、図⑤『阿薬』一・12・20、図⑫『仏菩』一・16、図⑫『諸図』上・1、図⑫『諸観』一・1、 **形状：B【二臂・合掌・蓮華】** 図④『覚』三九・121 **形状：C【二臂・右手腹前拳・左手蓮華】** 図④『覚』三九・122 **形状：D【二臂・右手払子・左手数珠】** 図④『覚』三九・123	〈彫刻〉**形状：A**◎福井・長慶院(平・坐)、◎愛知・平勝寺(平・坐)、◎兵庫・神呪寺(平・立)、◎徳島・丈六寺(平・坐)、◎香川・願興寺(奈・坐・脱活乾漆) **形状：B**◎静岡・MOA美術館(平・立)、◎三重・弥勒寺(平・立)、◎滋賀・来迎寺(平・立)、◎大阪・観心寺(平・立)、◎島根・仏谷寺(平・立)、◎山口・南明寺(平・立) [その他] 〈彫刻〉◎岩手・天台寺(平・右手垂下・左手施無畏印・立)、◎福島・勝常寺(平・右手垂下・左手欠失)、◎東京・海蔵寺(奈・右手欠失・左手腹)、◎東京・新田家所蔵(平・右手垂下・左手水宝・立)、◎山梨・永源寺(平・右手垂下・左手第一、二指捻・立)、◎長野・丸山家他所蔵(奈・右手拳・左手をにぎる・立)、	〈金剛界〉四院会西方、金剛法菩薩と同体(形状：A) 〈胎蔵界〉中台八葉院北西北方、蓮華部院南中央、釈迦院中尊脇侍、文殊院中尊脇侍(形状：A) ＊全ての観音像の正身・根本像を聖観音とする。六観音の一。一般に宝瓶を持ち、一面二臂の坐像・立像・半跏像という姿であらわされる。また阿弥陀三尊の

『千転大明陀羅尼経』（No.1036・20・P18）
『清浄観世音普賢陀羅尼経』（No.1038・20・P21）
『阿唎多羅尼阿嚕力経』（No.1039・20・P23）
『請観世音菩薩消伏毒害陀羅尼経』（No.1043・20・P34）
『仏説大乗荘厳宝王経』（No.1050・20・P47）
『讃観世音菩薩頌』（No.1052・20・P67）
『仏説観自在菩薩如意心陀羅尼呪経』（No.1081・20・P196）
『不空羂索神変真言経』（No.1092・20・P227）
『仏説大方広曼殊室利経』（No.1101・20・P450）
『観自在菩薩随心呪経』（No.1103・20・P457）
『八大菩薩曼荼羅経』（No.1167・20・P675）
『仏説一切功徳荘厳王経』（No.1374・21・P890）
『法華文句』（No.1718・34・P1）
『大日経疏』（No.1796・39・P579）
『成唯識論学中樞要』（No.1831・43・P607）
『高王観世音経』（No.2898・85・P1425）

【儀軌・修法作法等】

『玄法寺儀軌』（No.852・18・P108）
『無量寿如来観行供養儀軌』（No.930・19・P67）
『仁王般若念誦法』（No.995・19・P519）
『観自在大悲成就瑜伽蓮華部念誦法門』（No.1030・20・P1）
『聖観自在菩薩心真言瑜伽観行儀軌』（No.1031・20・P4）
『瑜伽蓮華部念誦法』（No.1032・20・P6）
『金剛頂降三世大儀軌王教中観自在菩薩心真言一切如来蓮華大曼拏羅品』（No.1040・20・P30）
『観自在菩薩心真言一印念誦法』（No.1041・20・P221）

形状：E【二臂・両手掌外向け、第一、二指捻】
図④『覚』三九・124
形状：F【二臂・右手膝上仰掌・左手蓮華】
図④『覚』三九・125
図⑫『諸観』一・4
形状：G【二臂・右手腹前拳・左手払子】
図④『覚』三九・126
形状：H【二臂・右手杖・左手腹前拳】
図④『覚』三九・127
形状：I【二臂・右手宝瓶・左手蓮華】
図④『覚』三九・128、図⑫『諸観』一・3
形状：J【二臂・右手挙げる・左手蓮華】
図④『覚』三九・131
形状：K【二臂・右手払子・左手蓮華】
図⑫『諸図』一・2
形状：L【二臂・右手第一・三・四指捻・左手腹前で仰掌】
図⑫『諸観』一・5
形状：M【二臂・右手与願印・左手蓮華】
図⑥『八菩』一・1、図④

◎新潟・竜吟寺（奈・右第一・三指捻・左手垂下・銅造）、◎富山・安居寺（平・右手垂下第一、二指捻・左手胸前・立）、◉奈良・法隆寺（飛・右手与願印・左手宝瓶・百済観音）、◉奈良・法隆寺（飛・両手宝珠・救世観音）、◉法隆寺（奈・右手施無畏印・左手宝瓶・銅造・夢違観音）、◉奈良・興福寺（奈・右手宝瓶・左手施無畏印・立・銅造）、◎奈良・薬師寺（白・右手第一、三指捻・左手第一、二指捻・立・銅造）、◎和歌山・吉祥寺（平・右手垂下・左手屈臂第一、三指捻・立）、◎鳥取・大山寺（奈・右手与願印・左手宝珠・立・銅造）、◎島根・鰐淵寺（奈・右手施無畏印・左手宝瓶・立・銅造）、◎岡山・余慶寺（平・右手垂下・左手持物不明・立）、◎広島・西提寺（平・右手欠失・左手垂下）、◎高知・大日寺（平・右手第一、三、四指捻・左手第一・三指捻・立）、◎福岡・観世音寺（平・右手第一、二指捻・左手蓮華・坐）、◎佐賀・東妙寺（平・右手第一、三指捻・左手第一、三、四指捻・立）（以上一面二臂）、◎茨城・楽法寺（平・八臂・立）、◎茨城・観音寺（鎌・六臂・立）（以上伝延命観音）、◎京都・教王護国寺（鎌・二臂・立・脇侍。

「聖観自在菩薩曼荼羅」は観想曼荼羅で、本尊聖観音のまわりに大蓮色天・大蓮忿怒自在天・蓮黒天などを配したものというが現存せず。

本地仏としては熊野（五所王子）、日吉山王（下七社・気比）などの各社に位置づける。

	『摂無礙経』（No.1067・20・P129） 『叶迦陀野儀軌』（No.1251・21・P233）	『覚』三九・125・130、図⑤『阿薬』一・2 **形状：N【一面四臂】** 図④『覚』三九・129	侍、梵天・帝釈天・二間観音）、◎香川・正覚院（鎌・二臂・坐・脇侍、不動明王・毘沙門天）（以上三尊像） 〈絵巻〉△『観音経絵巻』アメリカ・メトロポリタン美術館（鎌・一面二臂）	
〈群像〉 六観音菩薩	**【経典・論疏等】** 『摩訶止観』（No.1911・46・P1）		〈彫刻〉◎京都・大報恩寺（鎌） 〈絵画〉△京都・教王護国寺（鎌・一幅） 六観音は以下の各尊 聖観音、十一面観音、千手観音、馬頭観音、如意輪観音、不空羂索観音（天台）、准胝観音（真言）	＊六道抜苦の誓願が観音信仰と結びついたものか。本邦では十世紀頃より製作。天台系と真言系では六尊が異なる。
観音三十三身	**【経典・論疏等】** 『摩訶般若波羅蜜経』（No.223・8・P217） 『法華経』（No.262・9・P1）	**形状：【辟支仏、聲聞身、梵天、帝釈、自在、大自在、天大将軍身、毘沙門、小王、長者、居士、宰官、婆羅門、比丘、比丘尼、優婆塞、優婆夷、長者女、居士女、宰官女、婆羅門女、童男、童女、天、龍、夜叉、乾闥、阿修羅、迦楼羅（鳥身）、緊那羅、摩睺羅、難陀龍王、迦楼羅（人身）、執金剛】** 図⑥『図法』一・2～35	〈彫刻〉△奈良・能満寺（室） 〈絵巻〉△『観音経絵巻』アメリカ・メトロポリタン美術館（鎌） 観音三十三身は以下の各尊 仏身、辟支仏身、声聞身、大梵王身、帝釈身、自在天身、大自在天身、天大将軍身、毘沙門身、小王身、長者身、居士身、宰官身、婆羅門身、比丘身、比丘尼身、優婆塞身、優婆夷身、人身、非人身、婦女身、童目天女身、童男身、童女身、天身、龍身、夜叉身、乾闥婆身、阿修羅身、迦楼羅身、緊那	＊『法華経』に説く観音の種々身（応現身）をいう。形象は一般に『補陀落海軌規』、『摂無礙経』による。

十一面観音菩薩

【経典・論疏等】
『法華経』（No.262・9・P1）
『陀羅尼集経』（No.901・18・P785）
『菩提場荘厳陀羅尼経』（No.1008・19・P668）
『仏説十一面観世音神呪経』（No.1070・20・P149）
『十一面神呪心経』（No.1071・20・P152）
『十一面神呪心経義疏』（No.1802・39・P1004）
『梵網経菩薩戒本疏』（No.1813・40・P602）
『行林抄』（No.2409・76・P1）
【儀軌・修法作法等】
『摂無礙経』（No.1067・20・P129）
『十一面観自在菩薩心密言念誦儀軌』（No.1069・20・P139）

形状：A
図③『十』巻6・No.59

形状：A【二臂・右手与願印・左手宝瓶・蓮華】
図③『十』六・59、図③『別』一九・73・74、図③『諸』上・66、図③『久』一・43、図④『覚』四四・134・135・136、図⑫『諸図』上・3、図⑫『十二』一・4・5
形状：B【四臂】
図③『十』六・58、図③『別』一九・72、図③『諸』上・65、図③『四』56、図④『覚』四四・137・138・139・140
形状：C【六臂】
図⑫『十二』一・3
形状：D【二臂・右手数珠・左手宝瓶・蓮華】
図⑫『十二』一・1・2・6
形状：E【二臂・右手数珠・左手宝瓶】
図⑫『十二』一・7
形状：F【頭部のみ】
図④『覚』四四・133・141～150

羅身、摩睺羅伽身、執金剛身

〈彫刻〉**形状：A**◎山形・宝積院（平・立）、◎福島・勝常寺（平・立）、◎埼玉・佐井観音（鎌・坐）、◎千葉・荘厳寺（平・立）、◎神奈川・弘明寺（平・立・鉈彫）、◎長野・観音寺（平・立）、◎新潟・長谷寺（平・立）、◎石川・豊財院（平・立）、◎福井・羽賀寺（平・立）、◎岐阜・美江寺（奈・立・脱活乾漆）、◎愛知・安楽寺（平・立）、◎三重・宝厳寺（平・立）、◉滋賀・向源寺（平・立）、◉京都・観音寺（奈・立）、◎京都・六波羅蜜寺（平・立）、◉大阪・道明寺（平・立）、◎兵庫・達身寺（平・坐）、◉奈良・聖林寺（奈・立）、◉奈良・法華寺（平・立）、◉奈良・室生寺（平・立）、◎奈良・長谷寺（室・立・右手錫杖）、◎島根・清水寺（平・立）、◎鳥取・観音寺（平）、◎岡山・安養寺（平・立）、◎広島・竜華寺（平・立）、(参)◎山口・神福寺（唐・立）、◎愛媛・太山寺（平・立）、◎徳島・井戸寺（平・立）、◎高知・恵日寺（平・立）、**形状：B**◎岐阜・新長谷寺（鎌・立）、◉滋賀・盛安寺（平・立）、◉京都・法金剛院（鎌・坐）、◎和歌山・広利寺（南北・立）、**形**

〈胎蔵界〉蘇悉地院北方（形状：B）

＊大光普照観音と称す。六観音の一。憂悩・病苦・障難の信仰と結びつき流行。一般には頭頂の十頭を標識とするほか、宝瓶・念誦などを取るが、錫杖をつき岩座に立つものを特に長谷式十一面観音と称す。絵画では海中の岩座上に描かれるものが多い。
　九面観音（彫・奈良・法隆寺蔵）も十一面観音の一変種と考えられる。

	〈群像〉 十一面・毘沙門・不動	千手観音菩薩
 形状：B 図④『覚』巻 44・No.137  形状：C 図④『覚』巻 44・No.133		【経典・論疏等】 『千眼千臂観世音菩薩陀羅尼神呪経』（No.1057・20・P83） 『千手千眼観世音菩薩姥陀羅尼身経』（No.1058・20・P96）
		形状：【二七面千臂】 図①『胎仁』Ⅰ・138、図②『叡胎』下・267 形状：【一面二臂】 図③『十』七・73、図③
状：C◎三重・観菩提寺（平・六臂・立） 〈絵画〉形状：A◎兵庫・太山寺（鎌・坐）、◎香川・志度寺（鎌・立）、◎福岡・長谷寺（平・立）、△アメリカ・メトロポリタン美術館（鎌） ［その他］ 〈彫刻〉◉東京国立博物館（奈〜平・右手拳・左手宝瓶・立・那智経塚出土） 〈絵画〉◎京都・真珠庵（南北・立）、◎兵庫・金心寺（鎌・立）、◎奈良・法隆寺金堂壁画（白・右手垂下して瓔珞を持つ・左手蓮華・立）、△奈良・長谷寺（室・絹本着色・長谷寺式）、◎『志度寺縁起』香川・志度寺（南北） 〈絵巻〉◎『児観音縁起』兵庫・香雪美術館（鎌）、△『長谷寺縁起絵巻』アメリカ・シアトル美術館（室）	◎長野・牛伏寺（平・立）、◎滋賀・伊勢廻寺（南北・立）、◎香川・志度寺（平・立）	［その他］ 〈彫刻〉◎大阪・葛井寺（奈・千臂・坐・脱活乾漆）、◉奈良・唐招提寺（奈・千臂・立・木心乾漆）、◎岩手・観音院（平・立）、◎岩手・中
	＊天台系の三尊像。円珍の渡唐伝承の関連像か。	〈胎蔵界〉虚空蔵院北方（形状、二七面四〇臂） ＊延命・滅罪・男女和合法など

『千手千眼観世音菩薩治病合薬経』(No.1059・20・P103)
『千手千眼観世音菩薩広大円満無礙大悲心陀羅尼経』(No.1060・20・P105)
『千手千眼観世音菩薩大悲心陀羅尼』(No.1064・20・P115)
『千手経二十八部衆釈』(No.2243・61・P749)

【儀軌・修法作法等】

『摂大儀軌』(No.850・18・P65)
『無量寿如来観行供養儀軌』(No.930・19・P67)
『千光眼観自在菩薩秘密法経』(No.1065・20・P119)
『摂無礙経』(No.1067・20・P129)
『千手観音造次第法儀軌』(No.1068・20・P138)
『観自在菩薩如意輪念誦儀軌』(No.1085・20・P203)
『金剛頂瑜伽青頸大悲王観自在念誦儀軌』(No.1112・20・P490)
『降三世忿怒明王念誦儀軌』(No.1210・21・P41)

形状：A
図①『胎仁』巻1・No.138

『別』一七・57、図⑫『諸観』一・10

形状：【三面四臂】
図④『久』一・38、図⑫『諸観』一・8・9

形状：【五面二臂】
図⑫『諸観』一・7

形状：【十一面四臂】
図③『諸』上・64、図③『四』上・51

形状：【十四面四二臂】
図③『十』六・55、図③『別』一七・56、図③『諸』上・63、図③『四』上・50、図⑫『諸観』一・6

尊寺(平・立・清水寺式千手観音)、◎茨城・楞厳寺(鎌・立)、◎栃木・輪王寺(平・立)、◎栃木・大谷寺(平・立・石造)、◎神奈川・滝峯寺(鎌・立)、◎山梨・海岸寺(鎌・立)、◎長野・清水寺(平・立)、◎富山・総持寺(南北・坐)、◎福井・加茂神社(平・立)、◎福井・妙楽寺(平・立)、◎静岡・摩訶耶寺(平・立)、◎愛知・法住寺(平・立)、◎三重・大江寺(鎌・坐)、◎岐阜・慈恩寺(平・坐)、◎滋賀・延暦寺(平・立)、◎滋賀・福寿寺(平・立)、◉京都・広隆寺(平・坐)、◎京都・清水寺(平・立・清水寺式千手観音)、◉京都・法性寺(平・立)、◎兵庫・普門寺(平・坐)、◎奈良・東大寺(平・立)、◉奈良・興福寺(鎌・立)、◎和歌山・金剛峯寺(平・立・半肉屏風本尊内)、◎和歌山・道成寺(平・立)、◎鳥取・観音寺(平・立)、◎広島・光明寺(平・立)、◎山口・南明寺(平・立)、◎徳島・雲辺寺(平・坐)、◎香川・屋島寺(平・坐)、◎高知・竹林寺(平・立)、◎福岡・東長寺(平・立)
〈絵画〉◎秋田・水神社(平・立・鏡面毛彫)、◉文化庁(平・立)、△神奈川・神武寺(鎌・立)、[参]△岐阜・永保寺(南宋・立)、△京都・教王護

に用いた。六観音の一。

臂数は二臂より千臂、面数は十一面より二七面まで様々である。経典により千手千眼観音・千臂千眼観音あるいは千眼千手千舌千足千臂観音と呼ばれ、中国唐代には特に大悲観音と称された。真言小野流では「千手観音敬愛法」を夫婦和合秘事とし千手観音曼荼羅を本尊とした。

本地仏としては熊野(三所権現)、日吉山王(上七社・八王子)、高野(三宮)などの各社に位置づける。

	 形状：F 図③『十』巻6・№55		国寺（鎌・坐・清水寺式千手観音・六観音の内）、◎奈良・金峯山寺（鎌・二七面四二臂）、◎広島・耕三寺（鎌・五二面） 〈絵巻〉◉『粉河寺縁起』和歌山・粉河寺（鎌）、△『槻峯寺建立修行縁起絵巻』アメリカ・フリア美術館（室）、◎『清水寺縁起』東京国立博物館（室）	
〈群像〉千手・毘沙門・不動			〈彫刻〉◎栃木・観音寺（中尊、鎌・脇、平）、◎大阪・河合寺（平）、◎滋賀・正明寺（室）、◎岡山・三尾寺（鎌）	*「十一面・不動・毘沙門」の項参照。
千手・功徳天・婆薮仙		形状：【中尊・二七面千臂】 図①『胎仁』一・138、図①『叡胎』下・269	〈絵画〉◉東京国立博物館（平・立・十一面四二臂・千眼千手観音）、◎兵庫・清澄寺（鎌・二四面二臂・坐）、◎滋賀・安楽律院（鎌・十一面四二臂・坐）◎奈良・長谷寺（平・二七面千臂・白描・高雄曼荼羅図像）	
千手観音二十八部衆	**【経典・論疏等】** 『千手千眼観世音菩薩広大円満無礙大悲心陀羅尼経』（No.1060・20・P105） 『千手経二十八部衆釈』（No.2243・62・P749） **【儀軌・修法作法等】** 『千手観音造次第法儀軌』（No.1068・20・P137）	形状：**【摩醯那羅達・金毘羅陀・婆汲婆楼那・満善車鉢真陀羅・薩遮摩和羅・鳩蘭単吒・畢婆伽羅・応徳毘多薩和羅・梵摩三鉢羅・炎摩羅・釈王・大弁功徳天・提頭頼吒王・神母王女等・毘楼**	〈彫刻〉△栃木・太平寺（江）、◉京都・妙法院（鎌）、△滋賀・常楽寺（鎌） 〈絵画〉△東京国立博物館（鎌・十一面四二臂）、◎愛知・天永寺護国院（鎌）、◎滋賀・大清寺（鎌）、◎京都・慈照院（鎌・二幅）	*二十八部衆は千手観音の眷属で、梵天・帝釈天・四天王・八部衆・風神・雷神、弁財天・金比羅・婆藪仙人に六王・一大

不空羂索観音菩薩
勒叉天・毘沙門・金色孔雀王・大仙衆・摩尼跋陀羅・散脂大将弗羅婆・難陀跋陀羅・婆伽羅龍伊鉢羅・修羅乾闥婆・迦楼緊那摩睺羅・火雷雷神・水雷雷神】
図⑦『二十八』一・1〜26
二十八部衆は以下の各尊
密迹金剛力士、摩醯首羅摩王（大自在天）、那羅延堅固王、金比羅王、満善車王、摩和羅、畢婆迦羅王、五部浄天、帝釈天、大弁功徳天（吉祥天）、東方天（持国天）、神母天（鬼子母神）、毘楼勒叉天王（増長天）、毘楼博叉天王（広目天）、毘沙門天、（多聞天）、金色孔雀王、婆藪仙人、散脂大将、難陀竜王、沙迦羅竜王、阿修羅王、乾闥婆王、迦楼羅王、緊那羅王、摩睺羅伽王、大梵天王、金大王、満仙王、（雷神、風神）
将・一天を加えたもの。
【経典・論疏等】
『不空羂索毘盧舎那仏大潅頂光真言』(No.1002・19・P606)
『不空羂索神変真言経』(No.1092・20・P227)
『不空羂索呪経』(No.1093・20・P399)
『不空羂索神呪心経』(No.1094・20・P402)
『不空羂索陀羅尼経』(No.1096・20・P409)
『不空羂索陀羅尼経自在王呪経』(No.1097・20・P421)
『十一面神呪心経義疏』(No.1802・39・P1004)
『三宝感応要略録』(No.2084・51・P826)
【儀軌・修法作法等】
『摂無礙経』(No.1067・20・P129)
『仏説不空羂索陀羅尼儀軌経』(No.1098・20・P432)
『仏説持明藏瑜伽大教尊那菩薩大明成就儀軌経』
形状：A【一面八臂】
図③『十』六・68、図③『別』二三・88・91・93・[参]1・6、図④『久』一・46、図④『覚』五〇・173、図⑫『仏菩』一・14・20、図⑫『諸図』上・17・18、図⑫『諸観』一・21
形状：B【一面二臂】
図④『久』一・40
形状：C【一面四臂】
図③『十』六・69、図③『別』二三・89・90・[参]2・3、図⑫『諸図』上・19、図
〈彫刻〉形状：A◉京都・広隆寺(平・立)、◉奈良・東大寺法華堂(奈・立・脱活乾漆)、◎奈良・大安寺(奈・立)、◉奈良・興福寺南円堂(鎌)、◎奈良・不空院(鎌・坐)、◎香川・法蓮寺(平・坐)、◎福岡・観世音寺(鎌・立)
〈絵画〉形状：A△東京国立博物館(平・坐)、◎京都・教王護国寺観智院(鎌・坐)、△奈良・興福寺(鎌・坐・漆塗春日本地仏厨子絵)、形状：D△東京・益田家旧蔵(平・坐)、△イギリス・大英博物館(鎌・執金剛神、毘沙門天三尊像)
〈胎蔵界〉蓮華部院北方中央(形状：D)
＊鹿皮衣観音・不空王観音とも称す。六観音の一。(真言では准胝観音)
　上記のほかに一面十八臂、三面二臂、十臂、十一面三十二臂等の相が伝えられる。わが国で

(No.1169・20・P677)

形状：A
図③『十』巻6・No.68

⑫『諸観』一・23

形状：D【三面四臂】
図③『四』上・70、図⑫『仏菩』一・13、図⑫『諸図』上・20、図⑫『諸観』一・22・24

形状：E【三面六臂】
図③『別』二三・92・参5、図④『覚』五〇・174、図⑫『仏菩』一・15、図⑫『諸図』上・21、図⑫『諸観』一・26

形状：F【三面八臂】
図③『四』上・71、図⑫『諸観』一・20・25

形状：D
図③『四』巻上・No.70

は一面八臂像のみが伝来。奈良・唐招提寺獅子吼菩薩は、元来は不空羂索か。
本地仏としては春日（一宮）などに位置づける。

如意輪観音菩薩

【経典・論疏等】
『大聖妙吉祥菩薩説除災教令法輪』(No.966・19・P342)
『如意輪陀羅尼経』(No.1080・20・P188)
『仏説観自在菩薩如意心陀羅尼呪経』(No.1081・20・P196)
『観世音菩薩秘密蔵如意論陀羅尼神呪経』(No.1082・20・P197)
『観世音菩薩如意摩尼陀羅尼経』(No.1083・20・P200)
『如意輪菩薩観門義注秘訣』(No.1088・20・P215)
『七星如意輪秘密要経』(No.1091・20・P224)
『不空羂索神変真言経』(No.1092・20・P227)

【儀軌・修法作法等】
『摂無礙経』(No.1067・20・P129)

形状：A【一面二臂・右手施無畏・左手与願印・坐】
図③『十』六・65、図④『覚』四九・171、図⑫『諸図』上・7

形状：B【一面六臂・立膝】
図③『十』六・61・66、図③『諸』上・67、図③『四』上・57・64、図⑫『諸図』上・4、図⑫『諸観』一・32・35・36・45

形状：C【一面二臂・持

〈彫刻〉**形状：A**◎滋賀・石山寺(平・両腕欠失)、◎奈良・岡寺(奈)、**形状：B**◎茨城・小松寺(平・木造浮彫)、△文化庁(平)、◎京都・醍醐寺(平)、◎京都・透玄院(鎌)、◉大阪・観心寺(平)、◎兵庫・神咒寺(平)、◎奈良・室生寺(平)、◎和歌山・如意輪寺(平)、◎徳島・如意輪寺(鎌)、**形状：F**◎高知・最御崎寺(唐または平・石造)
〈絵画〉**形状：B**◎愛知・大樹寺(鎌・水墨)、◎東京・金剛寺(鎌)、

〈胎蔵界〉蓮華部院中央（形状：B）
＊如意輪菩薩・如意輪蓮華峰王・無障礙観自在と称す。六観音の一。如意宝珠法・如意輪求聞持法の本尊。
持物は如意宝珠・開敷蓮華・白珠・念珠・梵甲・宝輪・蓮華

『観世音菩薩如意摩尼輪陀羅尼念誦法』（No.1084・20・P202）
『観自在菩薩如意輪念誦儀軌』（No.1085・20・P203）
『観自在菩薩如意輪瑜伽』（No.1086・20・P206）
『観自在如意輪菩薩瑜伽法要』（No.1087・20・P211）
『都表如意輪念誦法』（No.1089・20・P217）
『仏説如意輪蓮華心如来修行観門儀』（No.1090・20・P220）

形状：A
図③『十』巻6・No.61

形状：A
図③『十』巻6・No.65

物蓮華宝珠・坐】
図③『十』六・63、図③『別』一八・60、図④『覚』四九・163、図⑫『仏菩』一・12、図⑫『諸観』一・31・37〜40

形状：D【一面二臂・右手与願・左手伏掌・半跏】
図④『覚』四九・172

形状：E【一面二臂・持物瓶】
図④『久』一・42、図⑫『諸観』一・33・41

形状：F【一面二臂・思惟・坐／立膝】
図⑫『仏菩』一・4、図⑫『諸図』上・9

形状：G【一面六臂・坐】
図④『覚』四九・165

形状：H【一面四臂・半跏】
図④『覚』四九・164

形状：I【一面八臂・立】
図③『十』六・62、図③『四』上・62、図⑫『諸観』一・42

形状：J【一面十臂・

◎滋賀・宝厳寺（鎌）、◎大阪・久保惣美術館（南北）、◎奈良国立博物館（鎌）、◎岡山・中蔵院（鎌）

［その他］
〈彫刻〉◎京都・広隆寺（平・二臂・半跏思惟）
〈絵巻〉◎『石山寺縁起』滋賀・石山寺（鎌、六・七巻・江）

形状：E
図12『仏菩』巻1・No.4

形状：J
図④『覚』巻49・No.168

瓶・三鈷杵等十二臂像では、金剛蔵王菩薩・軍荼梨菩薩を脇侍とする。奈良・中宮寺如意輪観音などの二臂半跏思惟像は、京都・広隆寺弥勒菩薩半跏像と同形であるが異なる尊名伝承を持つ。

　本地仏としては熊野（五所王子）、日吉山王（中七社・聖女）などに位置づける。

		立】図③『別』一八・62、図④『覚』四九・166、図⑫『諸図』上・6、図⑫『諸観』一・43 形状：K【一面十二臂・立／坐】図③『十』六・64、図③『別』一八・58・59、図③『四』上・63、図④『久』一・49、図④『覚』四九・167・168・170、図⑫『諸図』上・5、図⑫『諸観』一・44		
准胝観音菩薩	【経典・論疏等】 『仏説七倶胝仏母准胝大明陀羅尼経』（No.1075・20・P173） 『七倶胝仏母所説准堤陀羅尼経』（No.1076・20・P178） 『仏説七倶胝仏母心大准堤陀羅尼経』（No.1077・20・P185） 『種々雑呪経』（No.1337・21・P637） 【儀軌・修法等】 『七倶胝独部法』（No.1079・20・P187） 『仏説不空羂索陀羅尼儀軌経』（No.1098・20・P432） 『勝軍不動明王四十八使者秘密成就儀軌』（No.1205・21・P33）	形状：【十八臂・坐】図③『別』二一・79・80・81、図④『久』一・55	〈彫刻〉◎奈良・新薬師寺（平） 〈絵画〉◎京都・広隆寺（鎌・准胝母） ［その他］ 〈彫刻〉◎神奈川・菅原家所蔵（平・二〇臂） 〈絵画〉◎東京国立博物館（平・十八臂）	〈胎蔵界〉遍智院北方（准胝仏母、形状、十八臂） ＊七倶胝仏母・仏母准胝などの別称あり。六観音の一。夫婦和合法、求児法などの修法本尊。
馬頭観音菩	【経典・論疏等】	形状：A【三面二臂】	〈彫刻〉形状：A◎島根・金剛寺	〈胎蔵界〉蓮華

薩

『大日経』（No.848・18・P1）
『陀羅尼集経』（No.901・18・P785）
『菩提場所説一字頂輪王経』（No.950・19・P193）
『馬頭観音心陀羅尼』（No.1072B・20・P170）
『不空羂索神変真言経』（No.1092・20・P227）
『仏説大方広曼殊室利経』（No.1101・20・P450）
『青頸観自在菩薩心陀羅尼経』（No.1111・20・P489）
『仏説甘露経陀羅尼呪』（No.1316・21・P468）
『阿毘達磨倶舎論』（No.1558・29・P1）
『大日経疏』（No.1796・39・P579）
【儀軌・修法作法等】
『摂無礙経』（No.1067・20・P129）
『聖賀野紇哩縛大威怒王立成大神験供養念誦儀軌法品』（No.1072A・20・P155）
『何耶掲唎婆像法』（No.1073・20・P170）
『大聖妙吉祥菩薩秘密八字陀羅尼修行曼荼羅次第儀軌法』（No.1184・20・P784）（以下『八字文殊軌』）

図⑫『諸図』上・16
形状：B【三面八臂】
図③『十』六・56・57、図③『別』一九・68・70・71、図③『四』上・67・69、図④『久』一・45、図④『覚』四六・上・155・156、図⑫『諸図』上・10・11・12・13、図⑫『諸観』一・11・12・14
形状：C【一面二臂】
図④『久』一・41、図④『覚』四六・151・152、図⑫『諸観』一・16・17・18・19
形状：D【一面四臂】
図③『別』一九・69、図④『覚』四六・154、図⑫『諸図』上・14、図⑫『諸観』一・13・15・34
形状：E【三面四臂】
図③『四』上・68、図⑫『諸図』上・15
形状：F【四面二臂】
図④『覚』四六・153

（平・坐）、◎高知・竹林寺（室・立）、
形状：B◎福井・馬居寺（平・坐）、◎福井・中山寺（鎌・坐）、京都・浄瑠璃寺（鎌・立）
［その他］
〈彫刻〉◎石川・豊財寺（平・立・三面六臂）、◎福岡・観世音寺（平・以上三面六臂）
〈絵画〉◎米・ボストン美術館（平）

形状：B
図③『十』巻6・No.56

部院南西方（形状A、異本ではD・Eもある）
＊菩薩と称するが忿怒形であらわされる。馬頭明王・馬頭威怒王・馬頭金剛明王・大持明王とも称す。七観音・八大明王の一。
もとバラモン教の毘紐女の化身からの転化とも伝える。『別尊雑記』には青水牛の背に乗るものがみえる。民間では馬の病気・安全を祈り、また修験道で行う馬加持の本尊。

白衣観音菩薩

【経典・論疏等】
『大日経』（No.848・18・P1）
『仏説瑜伽大教王経』（No.890・18・P559）
『菩提場所説一字頂輪王経』（No.950・19・P193）

形状：A【持物蓮華・坐】
図④『覚』四七・158・159・参32・33、図⑫『諸

［その他］
〈彫刻〉◎高知・竹林寺（室）
〈絵画〉◎愛知・妙興寺（南北・左手鉢・水墨）、◎京都・天性寺（室・

〈胎蔵界〉蓮華部院北西方（形状：A）
＊白処尊菩薩・

楊柳観音菩

【経典・論疏等】

『阿唎多羅陀羅尼阿嚕力経』(No.1039・20・P23)
『不空羂索神変真言経』(No.1092・20・P227)
『大日経疏』(No.1796・39・P579)
【儀軌・修法作法等】
『青龍寺儀軌』(No.853・18・P143)

形状：A
図④『覚』巻47・No.158

形状：D
図12『諸図』巻上・No.24

形状：【右手宝珠・左手

観』一・29
形状：B【持物楊柳枝・立】
図④『覚』四七・162・[参]36
形状：C【右手梵篋・左手羂索・坐】
図③『十』七・71、図③『別』二〇・75、図④『覚』四七・157・[参]31、図⑫『諸図』上・22、図⑫『諸観』一・27
形状：D【右手印鑰・左手数珠・立】
図⑫『諸図』上・24、図⑫『諸観』一・28
形状：E【持物数珠・立】
図③『別』二〇・76、図④『覚』四七・161・[参]35、図⑫『諸図』上・23、図⑫『諸観』一・30
形状：F【持物宝珠・坐】
図④『覚』四七・160・[参]34
形状：G【両手重ね】
図④『久』一・24

[その他]

持物なし)、◎京都・真珠庵(室・水墨)

形状：C
図③『十』巻47・No.71

形状：F
図④『覚』巻47・No.160

*薬王観音とも

服白衣観音・白衣観自在母とも称す。
　後期印度仏教では白衣観音を阿弥陀如来の配偶者で、蓮華部の諸尊を生んだ母尊と考える。息災除病、安産等修法の本尊とされた。上記の図像・作例のほかに三面六臂像や白衣観音曼荼羅が伝来。

薩	『請観世音菩薩消伏毒害陀羅尼呪経』（No.1043・20・P34） 『千光眼観自在菩薩秘密法経』（No.1065・20・P119）	楊枝・坐】 図④『久』一・17	〈彫刻〉◎奈良・大安寺（奈） 〈絵画〉㊂◎滋賀・聖衆来迎寺（高麗）、㊂◎京都・大徳寺（高麗）、㊂△京都・光明寺(高麗)、㊂◎兵庫・太山寺（高麗）、㊂◎鳥取・豊乗寺（高麗）、㊂◎徳島・長楽寺（高麗）、㊂◎佐賀・鏡神社(高麗)	称す。除病修法の本尊。鎌倉時代以降、禅宗で普及し、宋・高麗時代の請来品が少なくない。
水月観音菩薩		形状：A【右手宝瓶・半跏】 図③『別』二二・87 形状：B【右方宝瓶・半跏】 図③『別』二二・86、図④『久』一・51	[その他] 〈彫刻〉㊂●京都・清涼寺(南宋・鏡像)、△神奈川・東慶寺（南北）	〈胎蔵界〉蓮華部院北方中央、水吉祥と同体（形状、左手蓮華）
馬郎婦観音菩薩	【経典・論疏等】 『金剛般若波羅蜜経』（No.235・8・P748） 『法華経』（No.262・9・P1）		〈絵画〉㊂◎東京・前田育徳会(元)	
伝船中涌現観音菩薩			〈絵画〉●和歌山・龍光院(平)、㊂◎京都・仁和寺(平・一切念誦行事勾当像)	
文殊菩薩	【経典・論疏等】 『央掘魔羅経』（No.120・2・P512） 『悲華経』（No.157・3・P167） 『大乗本生心地観経』（No.159・3・P291） 『摩訶般若波羅蜜経』（No.223・8・P217） 『道行般若経』（No.224・8・P425）	形状：A【五髻・右手宝剣・左手蓮華・梵篋】 図③『十』五・42、図④『覚』五八・184、図⑥『文』一・8・9 形状：B【五髻・右手巻	〈彫刻〉形状：A◎京都・大智寺(鎌・獅子座)、◎奈良・般若寺(鎌・獅子座) 〈絵画〉形状：A◎滋賀・延暦寺(鎌・獅子座)、◎京都・高山寺(鎌・獅子座)、◎大阪・正木美術館(南	〈胎蔵界〉中台八葉院南西方(形状：G)、文殊院中尊(形状：H) ＊文殊師利・曼

『文殊師利所説摩訶般若波羅蜜経』(No.232・8・P726)
『法華経』(No.262・9・P1)
『正法華経』(No.263・9・P63)
『旧華厳経』(No.278・9・P395)
『華厳経』(No.279・10・P1)
『仏説如来興顕経』(No.291・10・P592)
『大宝積経』(No.310・11・P1)
『文殊師利仏土厳浄経』(No.318・11・P890)
『大聖文殊師利菩薩仏刹功徳荘厳経』(No.319・11・P902)
『文殊師利所説不思議仏境界経』(No.340・12・P108)
『仏説宝積三昧文殊師利菩薩問法身経』(No.356・12・P237)
『大般涅槃経』(No.374・12・P365)
『文殊師利問菩薩署経』(No.458・14・P435)
『仏説文殊悔過経』(No.459・14・P441)
『仏説文殊師利浄律経』(No.460・14・P448)
『文殊師利現宝蔵経』(No.461・14・P452)
『仏説文殊師利般涅槃経』(No.463・14・P480)
『文殊師利問菩提経』(No.464・14・P481)
『文殊師利問経』(No.468・14・P492)
『文殊問経字母品』(No.469・14・P509)
『仏説文殊師利巡行経』(No.470・14・P510)
『仏説維摩詰経』(No.474・14・P519)
『維摩詰所説経』(No.475・14・P537)
『須真天子経』(No.588・15・P96)
『魔逆経』(No.589・15・P112)
『屯真陀羅所問宝如来三昧経』(No.624・15・P348)
『仏説阿闍世王経』(No.626・15・P389)
『放鉢経』(No.629・15・P449)

子・左手蓮華】
図⑥『文』一・7
形状：C【一髻・右手第四・五指捻仰掌・左手蓮華・剣】
図⑥『文』一・1
形状：D【一髻・右手満願印・左手蓮華・宝珠】
図③『十』五・43、図③『別』二五・101、図③『四』中・96、図⑥『文』一・11
形状：E【一髻・両手各梵篋】
図⑥『文』一・2
形状：F【一髻・右手蓮華・左手第二、四、五指捻・孔雀座】
図⑥『文』一・10
形状：G【五髻・右手梵篋・左手蓮華・杵】
図③『別』二五・96・97
形状：H【五髻・左手蓮華・杵】
図⑤『覚』五八・185・189
形状：I【五髻・右手宝剣】
図④『覚』五八・187・189
形状：J【五髻・右手梵篋】

北・獅子座・淡彩)、◎兵庫・山本家所蔵(鎌)、形状：B◎京都・上品蓮台寺(鎌・獅子座)、形状：I◎徳島・長善寺(鎌・蓮座)
[その他]
〈彫刻〉◎福島・薬王寺(鎌・右手宝剣・左手経・獅子座)、△埼玉・慈光寺(鎌・僧形文殊)、㊫△東京・高岡家所蔵(南宋・定印・坐・大聖文殊大士像)、◎大阪・孝恩寺(平・右手宝剣・左手経・立)、◎奈良・興福寺(鎌・右手如意・坐)、◎滋賀・善水寺(平・僧形文殊)、△滋賀・真常寺(鎌・右手宝剣・左手巻子・立)、◎京都・法金剛院(平・僧形文殊)、◎京都・広隆寺(平・蓋当衣)、◎京都・清涼寺(平・右手宝剣・左手経巻・獅子座)、◎京都・上品蓮台寺(鎌・右手剣・左手経・獅子座)、◉奈良・法隆寺五重塔(奈・一髻・右手第一、二指捻・左手脇腹前で仰掌)、◎奈良・薬師寺(奈・一髻・右手宝剣・左手梵篋)、◎奈良・白毫寺(平・右手第一、二指を立つ・坐)、◎奈良・額安寺(平・蓋当衣・獅子座)、◎奈良・中宮寺(鎌・立・紙製)
〈絵画〉◎東京国立博物館(室・頭頂一髻垂髪・右手如意・左手経巻・坐・獅子座・墨画金彩)、◎静岡・

殊室利と書かれ、妙吉祥菩薩・妙音菩薩とも訳される。十大弟子と共に釈迦の眷属で、普賢菩薩と共に三尊を構成する。

図様(形状)は多岐にわたり、天台系の食堂本尊の文殊菩薩は老齢の僧形像でつくられることから僧形文殊と称す。

また、鎌倉時代以降、童子形をとるものもあらわれ、近世では稚児文殊像なども製作された。

敦煌壁画中には千臂千鉢文殊のような異形像もみえる。

本地仏としては春日(若宮)、熊野(十二所権現)、日吉山王

『慧印三昧経』(No.632・15・P460)
『無極宝三昧経』(No.636・15・P507)
『仏説首楞厳三昧経』(No.642・15・P629)
『菩薩瓔珞経』(No.656・16・P1)
『大乗密厳経』(No.681・16・P723)
『大乗密厳経』(No.682・16・P747)
『仏説内蔵百宝経』(No.807・17・P751)
『大日経』(No.848・18・P1)
『陀羅尼集経』(No.901・18・P785)
『八大菩薩曼荼羅経』(No.1167・20・P675)
『大乗瑜伽金剛性海曼殊師利千臂千鉢大教王経』(No.1177A・20・P724)
『六字神呪経』(No.1180・20・P779)
『大方広菩薩蔵経中文殊師利根本一字陀羅尼経』(No.1181・20・P780)
『曼殊師利菩薩呪蔵中一字呪王経』(No.1182・20・P781)
『文殊師利菩薩八字三昧経』(No.1185・20・P791)
『寂調音所問経』(No.1490・24・P1081)
『大智度論』(No.1509・25・P57)
『彰所知論』(No.1645・32・P226)
『妙法蓮華経文句』(No.1718・34・P1)
『妙法蓮華経玄賛』(No.1723・34・P651)
『華厳経探玄記』(No.1733・35・P107)
『注維摩詰経』(No.1775・38・P327)
『大日経疏』(No.1796・39・P579)
『法華義疏』(No.2187・56・P64)

【儀軌・修法作法等】

『金剛頂瑜伽文殊師利菩薩法』(No.1171・20・P705)
『金剛頂超勝三界経説文殊五字真言勝相』(No.1172・

図⑤『覚』五八・186・188
形状：K【六髻・右手施無畏印・左手胸前仰】
図③『十』五・44、図『別』二五・100、図⑥『文』一・12
形状：L【六髻・右手宝剣・左手蓮華・梵篋、杵】
図⑥『文』一・13
形状：M【八髻・右手宝剣・左手蓮華・杵】
図③『別』二五・98
形状：N【髻数不明・右手宝剣・左手蓮華・三鈷杵】
図⑤『阿薬』一・2
形状：O【髻数不明・右手梵篋・左手第一・三・四・五指捻】
図⑤『阿薬』一・6・23
形状：P【髻数不明・右手宝剣・左手梵篋】
図⑤『阿薬』一・13

MOA美術館（鎌・坐・蓮台）、△愛知・妙興寺（室・両手経）、(参)◎京都・清涼寺（北宋・右手如意・左手腹前仰掌・二脇侍・半跏）、◎京都・教王護国寺（鎌・騎獅子・八字文殊の周囲に八童子）、◎京都・本性寺（室・右手宝剣・左手経巻・立・脇侍、寒山・拾得・水墨・稚児文殊）、◎京都・南禅寺（室・水墨・僧形文殊）、◎奈良・法隆寺金堂壁画（白・右手前置く・左手第二、三指を立つ・坐）、◎和歌山・宝寿院（鎌・七髻）

形状：A
図③『十』巻５・No.42

形状：B
図⑥『文』巻１・No.7

（中七社・王子宮）などに位置づける。

20・P709)
『金剛頂経曼殊室利菩薩五字心陀羅尼品』(No.1173・20・P710)
『五字陀羅尼頌』(No.1174・20・P713)
『金剛頂経瑜伽文殊師利菩薩供養軌』(No.1175・20・P716)
『一髻文殊師利童子陀羅尼念誦儀軌』(No.1183・20・P782)
『八字文殊軌』(No.1184・20・P784)
『大方広菩薩蔵文殊師利根本儀軌経』(No.1191・20・P835)

形状：C
図⑥『文』巻1・No.1

〈群像〉
文殊菩薩眷属

形状：【中尊・半跏獅子座・四眷属】
図⑥『文』一・14

〈彫刻〉岩手・中尊寺（平・半跏）、◎東京・中村家所蔵（鎌）、◎京都・知恩寺（鎌・善財童子、優塡王のみ）、◎奈良・文殊院（鎌）、◎和歌山・遍明院（鎌・仏龕）、◎高知・竹林寺（平）、◎宮崎・大光寺（南北）
〈絵画〉●京都・醍醐寺（鎌・渡海文殊）、◎京都・高山寺（鎌）、◎大阪・叡福寺（鎌・渡海文殊）、◎奈良・西大寺（鎌）、◎和歌山・宝寿院（鎌）

文殊菩薩眷属は以下の各尊
最勝老人、善財童子、優塡王、須菩提

＊旧訳『華厳経』では文殊菩薩の居所を清涼山としたことから、唐代以降、五台山清涼寺を文殊の霊場とする信仰がはじまり、そうした背景から文殊五尊（渡海文殊）像などが制作された。

八字文殊曼荼羅（中尊・

【儀軌・修法作法等】
『八字文殊軌』(No.1184・20・P784)

形状：【右手宝剣・左手蓮華・五鈷杵・坐】

〈絵画〉◎和歌山・正智院（鎌）、△アメリカ・メトロポリタン美術館

尊名	経典・論疏等	図像	作例	備考
八字殊菩薩）		図③『十』四・33、図③（鎌） 『別』二五・99		
維摩居士	**【経典・論疏等】** 『大方広如来不思議境界経』（No.301・10・P909） 『大方等大集経』（No.397・13・P1） 『仏説維摩詰経』（No.474・14・P519） 『善思童子経』（No.479・14・P605） 『月上女経』（No.480・14・P615） 『大智度論』（No.1509・25・P57） 『注維摩詰経』（No.1775・38・P327） 『維摩経玄疏』（No.1777・38・P519） 『維摩義記』（No.2769・85・P339）		〈彫刻〉◎滋賀、石山寺（平）、◎滋賀・延暦寺（平）、◉奈良・法隆寺五重塔（奈）、◉奈良、興福寺（鎌） 〈絵画〉(参)◎京都・東福寺（南宋・水墨）、◎大阪・近畿日本鉄道（室・水墨）、(参)◎兵庫・香雪美術館（元・水墨）、(参)◎山口・洞春寺（元）	＊維摩居士の形状は俗人で如意または払子を持つもの、脇息にもたれるものなどが伝えられている。
普賢菩薩	**【経典・論疏等】** 『悲華経』（No.157・3・P167） 『摩訶般若波羅蜜経』（No.223・8・P217） 『法華経』（No.262・9・P1） 『仏説観普賢菩薩行法経』（No.277・9・P389） 『華厳経』（No.279・10・P1） 『等目菩薩所問三昧経』（No.288・10・P574） 『仏説如来興顕経』（No.291・10・P592） 『度世品経』（No.292・10・P617） 『仏説羅摩伽経』（No.294・10・P851） 『無量寿経』（No.360・12・P265） 『三曼陀跋陀羅菩薩経』（No.483・14・P666） 『大教王経』（No.865・18・P207） 『金剛頂瑜伽中略出念誦経』（No.866・18・P223） 『瑜祇経』（No.867・18・P253） 『陀羅尼集経』（No.901・18・P785）	**形状：A【合掌・坐・象座】** 図⑥『文』一・3 **形状：B【合掌・坐・蓮華座】** 図⑤『覚』七三・242 **形状：C【右手五鈷杵・左手鈴・坐】** 図③『十』五・41、図③『別』二七・108・109、図⑤『覚』七三・240 **形状：D【右手五鈷杵・左手腹前でにぎる・坐】** 図③『別』二七・107、図③『諸』上・22、図③『四』中・84	〈彫刻〉**形状：A**◉東京・大倉文化財団（平）、◎京都・岩船寺（平）、◎奈良・円証寺（平） 〈絵画〉**形状：A**◉東京国立博物館（平）、◎東京・静嘉堂（鎌）、◉鳥取・豊乗寺（平）、◎奈良・法隆寺金堂壁画（白）、**形状：E**◎京都・安楽寿院（鎌・六眷属）、(参)◉京都・清涼寺（北宋・半跏・紙本版画） ［その他］ 〈彫刻〉◎三重・普賢寺（平・両手如意）、(参)△滋賀・志那神社（南宋・合掌・坐）、◎大阪・孝恩寺（平・立）、◎奈良・法隆寺（奈・立） 〈絵画〉(参)◎京都・妙心寺（元・水墨）、(参)◎京都・真正極楽寺（南宋・	〈金剛界〉賢劫十六尊の内、北東方（形状、右手剣左手腰）、理趣会中尊金剛薩埵と同体（形状、右手杵・左手鈴） 〈胎蔵界〉中台八葉院南東、文殊院中尊脇侍（形状、右手掌仰・左手蓮華・杵） ＊法華三昧の本尊。文殊ととも

『大仏頂首楞厳経』(No.945・19・P105)
『菩提場所説一字頂輪王経』(No.950・19・P193)
『理趣釈』(No.1003・19・P607)
『理趣経十七尊義述』(No.1004・19・P617)
『不空羂索神変真言経』(No.1092・20・P227)
『不空羂索陀羅尼経』(No.1096・20・P409)
『八大菩薩曼荼羅経』(No.1167・20・P675)
『大智度論』(No.1509・25・P57)
『法華経文句』(No.1718・34・P1)
『法華義疏』(No.1721・34・P451)
『華厳経探玄記』2(No.1733・35・P107)
『大日経疏』(No.1796・39・P579)
『摩訶止観』(No.1911・46・P1)
『金剛頂大教王経疏』(No.2223・61・P7)

【儀軌・修法作法等】
『成就妙法蓮華経王瑜伽観智儀軌』(No.1000・19・P594)
『摂無礙経』(No.1067・20・P129)
『普賢金剛薩埵略瑜伽念誦儀軌』(No.1124・20・P531)
『金剛頂瑜伽金剛薩埵五秘密修行念誦儀軌』(No.1125・20・P535)

形状:E【持物蓮華・坐】
図⑤『覚』七三・241
形状:F【持物払子・坐】
図⑤『覚』七三・243
形状:G【合掌・坐】
図⑥『文』一・4
形状:H【右手宝剣・右手与願印・坐】
図⑥『八菩』一・4

老人形・絹本着彩

形状:A
図⑥『文』巻1・No.6

形状:E
図⑤『覚』巻73・No.241

に釈迦の脇侍であるが、独尊としても多様な図様を伝える。天台の『法華経』信仰を背景として、特に女人往生を説く「普賢菩薩勧発品」の影響により平安時代以降、女性の信仰を集めた。
本地仏としては熊野(十二所権現)、日吉山王(上七社・三宮)などの各社に位置づける。

〈群像〉
普賢・十羅刹女

【経典・論疏等】
『法華経』(No.262・9・P1)
『正法華経』(No.263・9・P63)
【儀軌・修法作法等】
『仏母台孔雀明王経』(No.982・19・P415)
『法華十羅刹法』(No.1292・21・P377)
『妙法蓮華三昧秘密三摩耶経』(卍続3・P817)

〈彫刻〉◎山形・本山慈恩寺(平)
〈絵画〉◎東京・日野原家所蔵(鎌・和装)、◎静岡・大福寺(南北・唐装)、◎大阪・藤田美術館(鎌)、◎京都・廬山寺(平・唐装)、◎奈良・国立博物館(鎌・和装)、◎兵庫・福祥寺(南北)、◎鳥取・常忍寺(鎌)、◎文化庁(鎌・本尊釈迦)、

*『法華経』を護持する十人の羅刹女で、通常天女形(鬼神)であらわされる。また、訶利帝母を伴うこともある。

			◎滋賀・舎那院（鎌・『三月経曼荼羅』）、◎滋賀・宝厳寺（鎌〜室・唐装・刺繍） 十羅刹女は以下の各尊 尼藍婆、毘藍婆、曲歯、華歯、黒歯、多髪、無厭足、持瓔珞、皐諦、奪一切衆生精気	
普賢延命菩薩	**【経典・論疏等】** 『陀羅尼集経』（No.901・18・P785） 『仏説一切諸如来心光明加持普賢菩薩延命金剛最勝陀羅尼経』（No.1136・20・P579） 『護命法門神呪経』（No.1139・20・P584） 『諸仏集会陀羅尼経』（No.1346・21・P858） 『大日経疏』（No.1796・39・P579） **【儀軌・修法作法等】** 『摂無礙経』（No.1067・20・P129） 『金剛寿命陀羅尼寿念誦法』（No.1133・20・P575） 『護命放生儀軌法』（No.1901・45・P902）	**形状：A【二〇臂・坐】**図③『十』四・32、図③『別』二七・110、図③『四』中・86、図⑤『覚』七〇・235、図⑥『文』一・6 **形状：B【二臂・右手杵・左手鈴・坐】**図③『別』二七・111、図④『久』一・52・53、図⑤『覚』七〇・233・234、図⑥『文』一・5 **形状：C【二臂・合掌・坐】**図③『諸』上・23、図③『四』中・85 **形状：D【二臂・一面四臂・坐】**図④『久』一・54	〈彫刻〉**形状：A**◎奈良・法隆寺（平）、◎奈良・常覚寺（平）、◎佐賀・竜田寺（鎌）、◎大分・大山寺（平） 〈絵画〉**形状：A**◎千葉・長徳寺（鎌）、◎東京・竹本家所蔵（鎌）、◎京都・醍醐寺（鎌）、◎和歌山・正智院（鎌）、◎広島・持光寺（平）、◎高知・竜乗院（鎌）、◎佐賀・竜田寺（南北・坐）、**形状：B**◉京都・松尾寺（平）、◎京都・青蓮院（平）、◎大阪・久保惣美術館（鎌）	〈胎蔵界〉遍知院の大安楽不空真実菩薩と同体。 ＊増益延命の三昧に住する普賢菩薩を特に普賢延命菩薩と称す。天台四大法の一である。延命法の本尊。 宝蓮華座の下に四頭の白象、その頭頂に四天王をのせる異形像もみえる。
虚空蔵菩薩	**【経典・論疏等】** 『大集大虚空蔵菩薩所問経』（No.404・13・P613）	**形状：A【右手与願印・左手蓮華・宝珠】**	〈彫刻〉**形状：A**△千葉・岩坂部落有（室・坐）、◎愛知・亀翁寺（鎌・坐）、	〈金剛界〉賢劫十六尊の内、南

	『虚空蔵菩薩経』（No.405・13・P647） 『仏説虚空蔵菩薩神呪経』（No.406・13・P656） 『虚空蔵菩薩神呪経』（No.407・13・P662） 『虚空孕菩薩経』（No.408・13・P667） 『観虚空蔵菩薩経』（No.409・13・P677） 『金光明最勝王経』（No.665・16・P403） 『大方広如来秘密蔵経』（No.821・17・P837） 『大日経』（No.848・18・P1） 『金剛頂瑜伽中略出念誦経』（No.866・18・P223） 『諸仏境界摂真実経』（No.868・18・P270） 『一字仏頂輪王経』（No.951・19・P224） 『理趣釈』（No.1003・19・P607） 『虚空蔵菩薩能満諸願最勝心陀羅尼求聞持法』（No.1145・20・P601） 『八大菩薩曼荼羅経』（No.1167・20・P675） 『仁王経疏』（No.1708・33・P359） 『大日経疏』（No.1796・39・P579） **【儀軌・修法作法等】** 『念誦結護法普通諸部』（No.904・18・P900） 『仁王護国般若念波羅蜜多経陀羅尼念誦儀軌』（No.994・19・P513） 『大虚空蔵菩薩念誦法』（No.1146・20・P603） 『宿曜儀軌』（No.1304・21・P422）	図③『十』五・47、図③『別』二六・102・103・104、図③『諸』上・26・57、図③『四』中・97、図④『久』一・19・21、図⑤『覚』六五・225、図⑤『阿薬』一・3・19、図⑥『八菩』一・3 **形状：B【右手宝剣・左手蓮華・宝珠】** 図③『別』二六・105、図③『諸』上・27、図③『四』中・98、図④『久』一・20・23、図⑤『覚』六五・226 **形状：C【右手蓮華・宝珠(二組)・左手三鈷杵】** 図④『久』一・22	**形状**：B◎岐阜・大師講(鎌・坐・銅造)、◎奈良・北僧坊(平・半跏) 〈絵画〉**形状**：A◉東京国立博物館(平・坐)、◎神奈川・円覚寺(鎌・坐)、◎京都・三宝院(鎌・坐)、◎大阪・金剛寺(鎌・坐)、◎奈良・伊藤家所蔵(鎌・坐) [その他] 〈彫刻〉◎三重・勝因寺(平・右手第一・三捻・左手宝珠・坐)、◎滋賀・金勝寺(平・右手第一、二指捻・左手与願印・半跏)、◎京都・広隆寺(平・両手蓮華・坐)、◎大阪・孝恩寺(平・左手宝珠・立)、◎奈良・法輪寺(飛・立)、◎奈良・額安寺(奈・右手蓮華・左手与願印・半跏・木心乾漆)、◎奈良・東大寺(江・右手与願印・左手施無畏印・坐・大仏脇侍)	方（形状、右手宝珠・左手腰） 〈胎蔵界〉虚空蔵院本尊、釈迦院中尊脇侍(形状、右手白払・左手宝珠） *虚空孕菩薩とも称す。真言密教の求聞持法本尊。 持物は宝剣・宝珠・蓮華・白払子など。『覚禅鈔』には「明星天子龍馬虚空蔵」などの異形像もみえる。本地仏としては日吉山王（中七社・下八王子）などに位置づける。
〈群像〉 五大虚空蔵	**【経典・論疏等】** 『大方等大集経』（No.397・13・P1） 『金剛頂瑜伽中略出念誦経』（No.866・18・P223） 『瑜祇経』（No.867・18・P253） 『諸仏境界摂真実経』（No.868・18・P270） 『五大虚空蔵菩薩速疾大神験秘密式経』（No.1149・	**形状：A【蓮華座】** 図③『十』四・29、図③『別』二六・106、図③『諸』上・29、図④『醍諸』一・5、図⑤『覚』六三・参41・42、六四・207・	〈彫刻〉**形状**：A◉京都・神護寺(平)、**形状**：B参◎京都・教王護国寺旧観智院(唐) 〈絵画〉**形状**：A◎京都・大覚寺(鎌)、◎和歌山・西南院(鎌)	*富貴成就、天変除災法の本尊。『覚禅鈔』には十余の異形像を伝えるが、わが国の作例では蓮

尊名	経典・論疏等	形状	作例	備考
	20・P607） 【儀軌・修法作法等】 『五部肝心記』（No.2467・78・P37）	222、図⑥『五虚』一・1～5 形状：B【獣座】 図④『久』一・26、図⑤『覚』六四・208・210	五大虚空蔵は以下の各尊 法界（解脱）虚空蔵、金剛（福智）虚空蔵、宝光（能満）虚空蔵、蓮華（施願）虚空蔵、業用（無垢）虚空蔵	華座のものが多くみられる。
虚空蔵曼荼羅（中尊・虚空蔵菩薩）	【経典・論疏等】 『仏説最上根本大楽金剛不空三昧大教王経』（No.244・8・P786） 『大集大虚空蔵菩薩所問経』（No.404・13・P613） 『仏説虚空蔵菩薩神呪経』（No.406・13・P656） 『虚空孕菩薩経』（No.408・13・P667） 『大方広如来秘密蔵経』（No.821・17・P837） 『金剛頂瑜伽中略出念誦経』（No.866・18・P223） 『賢劫十六尊』（No.881・18・P339） 『理趣釈』（No.1003・19・P607） 『理趣経十七尊義述』（No.1004・19・P617） 『聖虚空蔵菩薩陀羅尼経』（No.1147・20・P604） 『大日経疏』（No.1796・39・P579）	形状：【内院中尊・虚空蔵菩薩・八菩薩外院四菩薩】 図④『曼』参42	〈絵画〉◎京都・大覚寺（平）、◎京都・西南院（鎌）、◎京都・醍醐寺（鎌）、△奈良・西大寺（室） 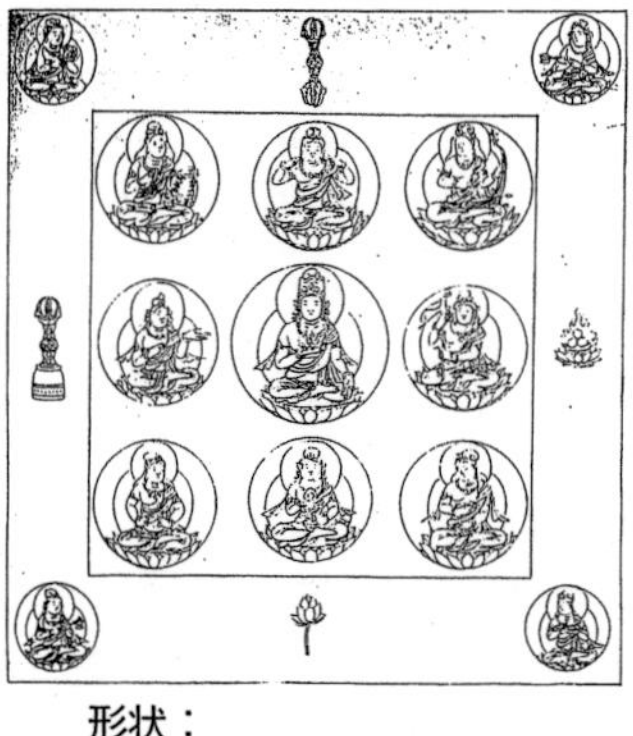 形状： 図④『曼』巻1・参No.42	＊『理趣経』による虚空蔵念誦法の本尊。構成は円相方格式。中央の大円相中に五大虚空蔵、外院に八供養菩薩、内四供、外四供などを配す。
地蔵菩薩	【経典・論疏等】 『金剛三昧経』（No.273・9・P365） 『大方等大集経』（No.397・13・P1） 『大方広十輪経』（No.410・13・P681） 『大乗大集地蔵十輪経』（No.411・13・P721） 『地蔵菩薩本願経』（No.412・13・P777） 『占察善悪業報経』（No.839・17・P901） 『大日経』（No.848・18・P1） 『陀羅尼集経』（No.901・18・P785） 『不空羂索神変真言経』（No.1092・20・P227）	形状：A【比丘形・右手錫杖・左手宝珠】 図③『別』二八・119 形状：B【比丘形・右手与願印・左手宝珠・坐】 図③『別』二八・116、図③『諸』上・49、図③『四』中・121 形状：C【右手施無畏印・左手盈花】	〈彫刻〉形状：A◎福島・勝常寺（平・立）、◎神奈川・満願寺（鎌・立）、△神奈川・元箱根磨崖仏（鎌・坐）、◎長野・清水寺（平・立）、◎岐阜・明星輪寺（平・半跏）、◎静岡・瑞林寺（鎌・坐）、◎愛知・長光寺（鎌・立・鉄造）、◎滋賀・長命寺（鎌・立）、◎京都・六波羅蜜寺（鎌・坐）、◎兵庫・長楽寺（南北）、◎奈良・東大寺（鎌・立）、◎奈良・伝香寺（鎌・立・裸	〈金剛界〉金剛幢菩薩と同体（形状、右手宝珠付幡） 〈胎蔵界〉地蔵院本尊（形状、右手月輪、左手蓮華・幡） ＊金剛界では金剛幢菩薩と同体

『香王菩薩陀羅尼呪経』(No.1157・20・P651)
『仏説地蔵菩薩陀羅尼経』(No.1159B・20・P655)
『八大菩薩曼荼羅経』(No.1167・20・P675)
『大日経疏』(No.1796・39・P579)
『地蔵菩薩経』(No.2909・85・P1455)

【儀軌・修法作法等】

『広大儀軌』(No.851・18・P90)
『地蔵菩薩儀軌』(No.1158・20・P652)

形状：A
図③『別』巻28・No.119

形状：B
図③『別』巻28・No.116

図③『十』五・51

形状：D【比丘形・右手垂下・左手宝珠】

図③『別』二八・118、図③『諸』上・51、図③『四』中・123

形状：E【菩薩形・右手宝珠・左手蓮華・金剛幢】

図③『十』五・50、図③『別』二八・117、図③『諸』上・50、図③『四』中・122、図⑤『覚』七一・236

形状：F【菩薩形・右手施無畏印・左手蓮華・宝珠】

図⑤『覚』七一・237

形状：G【菩薩形・右手で左手上の鉢を覆う】

図⑤『覚』七一・238、図⑥『八菩』一・8

形状：H【菩薩形・両手宝珠】

図⑤『阿薬』一・8

形)、◎鳥取・地蔵院(鎌・半跏)、◎岡山・高山寺(平・立)、◎徳島・東照寺(鎌・半跏)、◎香川・善通寺(平・立)、◎高知・吸江寺(室・坐)、**形状：B**◎京都・広隆寺(平・坐)、◎京都・広隆寺(平・立)、◎大阪・観心寺(平・立)、◎和歌山・歓喜寺(平・坐)、◎福岡・浮嶽神社(平・立)

〈絵画〉**形状：A**◎東京・北沢家所蔵(鎌・立)、◎福井・滝谷寺(鎌・半跏)、◎三重・地蔵院(鎌・立)、◎京都・醍醐寺(鎌・半跏)、◎奈良・能満院(南北・半跏・地蔵十王図)、◎和歌山・宝寿院(南北・半跏)、(参)◎岡山・宝福寺(元・半跏)、(参)◎香川・与田寺(高麗・半跏)

[その他]

〈彫刻〉△埼玉・円融寺(室・立・勝軍地蔵)、△東京・報恩寺(室・左手錫杖・半跏思惟)、◎京都・六波羅蜜寺(平・払子・立)、◎兵庫・長楽寺(南北・左手錫杖・半跏思惟)、◉奈良・法隆寺(平・右手与願印・左手第一・三・四指捻・立)、△奈良・中村地区(平・右手垂下・左手宝珠・立)、◎奈良・矢田寺(平・右手第一、二指捻・左手宝珠・立)、◎奈良・融念寺(平・右手裾・左手宝珠・立)、◎奈良・十輪院(鎌・右手垂下・左手宝珠・立・石造)

とする。

高麗仏画では観音・地蔵二尊像（絵・福井・西教寺）もみえる。

上記の他に裸形地蔵（彫・奈良・伝香寺）、勝軍地蔵（彫・埼玉・円融寺）、滝見地蔵（絵・和歌山・宝寿院）などの異形像や鎌倉時代以降、雲上に乗る来迎像（彫・奈良・東大寺像）のような異形像もあらわれる。

本地仏としては春日（三宮）、熊野（五所王子）、日吉山王（上七社・十禅師）などに位置づける。

			〈絵画〉㊂◎神奈川・円覚寺(高麗・被帽)、◎滋賀・浄信寺(鎌・半跏思惟・脇侍二童子)、◎京都・智恩院(鎌・立・右手一、二指捻・左手一、四指捻)、㊂◎香川・与田寺(高麗・地蔵曼荼羅図)	
〈群像〉 六地蔵	**【経典・論疏等】** 『地蔵菩薩本願経』(No.412・13・P777) 『大日経疏』(No.1796・39・P579)	**形状：A【①右手数珠・左手施無畏印、②右手・第三・四指捻、左手・持物鉢、③両手錫杖、④右手施無畏印・左手宝珠、⑤合掌、⑥両手香炉】** 図④『久』一・48、図⑥『六』一・1〜6 **形状：B【第一地獄道・菩薩形、第二餓鬼道・右手与願印・左手蓮華・宝珠、第三畜生道・右手施無畏印・左手蓮華・輪宝、第四修羅道・右手屈臂掌外・左手蓮華・宝剣、第五人道・右手掌仰・左手蓮華、第六右手輪宝・左手蓮華・羯磨】** 図⑥『六』一・7〜12	[その他] 〈彫刻〉◎岩手・中尊寺(平・右手垂下・左手宝珠)、△群馬・近戸神社(南北)、△奈良・春日穴仏(平・腹前両手宝珠　三体、右手垂下・左手腹前　二体)、△高知・定福寺(鎌・右手錫杖・左手宝珠　三体、両手宝珠　二体、両手衣内　一体) 〈絵画〉◎京都・上品蓮台寺(鎌・持物右前像より①右手第一、二指捻・左手宝珠、②右手宝珠・左手錫杖、③両手華盤、④右手如意・左手与願印、⑤両手香炉、⑥両手幡) 〈絵巻〉◎『星光寺縁起』東京国立博物館(室)、◎『矢田地蔵縁起』京都・矢田寺(鎌)、△『地蔵菩薩霊験記絵巻』アメリカ・フリア美術館(鎌)、◎『地蔵菩薩霊験記』群馬・妙義神社(南北)	＊六道思想との関係に淵源を発したものと考えられ、室町時代以降は葬場に安置されることが多くなった。岩手・中尊寺金色堂像を六地蔵とするには、檀の構成上疑問を残す。高知・定福寺像はいずれも笑面像で異形像の一つといえよう。
金剛薩埵菩薩	**【経典・論疏等】** 『大日経』(No.848・18・P1) 『大教王経』(No.865・18・P207)	**形状：A【右手杵・左手鈴・坐】** 図③『諸』上・15、図③	〈彫刻〉**形状：A**◎京都・教王護国寺(平・五菩薩の内)、◎京都・随心院(鎌)、△兵庫・円教寺(鎌)	〈金剛界〉四印会東方、理趣会中尊(形状、右

『金剛頂瑜伽中略出念誦経』(No.866・18・P223)
『摂真実経』(No.870・18・P28)
『大聖妙吉祥菩薩説除災教令法輪』(No.966・19・342)
『仏説尊勝陀羅尼経』(No.967・19・P349)
『理趣釈』(No.1003・19・P607)
『観自在菩薩三世最勝心明王経』(No.1033・20・P9)
『不空羂索神変真言経』(No.1092・20・P227)
『八大菩薩曼荼羅経』(No.1167・20・P675)
『大日経疏』(No.1796・39・P579)
【儀軌・修法作法等】
『聖観自在菩薩心真言瑜伽観行儀軌』(No.1031・20・P4)
『金剛頂瑜伽金剛薩埵五秘密修行念誦儀軌』(No.1125・20・P535)
『大毘遮那経供養次第法疏』(No.1797・39・P790)

『四』上・72、図⑤『覚』七四・245・246
形状：B【右手杵・左手慢印・坐】
図⑤『覚』七四・244
形状：C【左右各杵】
図③『諸』上・16
形状：D【両手払子】
図⑤『覚』七四・247

〈絵画〉◎徳島・長善寺(鎌)、△アメリカ・ロサンゼルスカウンティーミュージアム(南北)

形状：A
図⑤『覚』巻74・No.245

手杵・左手鈴)
〈胎蔵界〉金剛手院北方中央(形状、右手杵・左手拳胸前)
＊金剛手菩薩・金剛主秘密王とも称し、密教では普賢菩薩と同体、大日如来の部母的存在と考えられる。五秘密菩薩中尊。金剛界では東輪阿閦仏に属し、十六大菩薩の主尊。五仏宝冠を頂き、持物は五鈷杵・金剛鈴・独鈷杵など。

五秘密菩薩

【経典・論疏等】
『理趣釈』(No.1003・19・P607)
【儀軌・修法作法等】
『理趣経十七尊義述』(No.1004・19・P617)
『大楽金剛薩埵修行成就儀軌』(No.1119・20・P509)
『金剛頂勝初瑜伽経中略出大楽金剛薩埵念誦儀軌』(No.1120A・20・P513)
『金剛頂瑜伽他化自在天理趣会普賢修行念誦儀軌』(No.1122・20・P523)

形状：【金剛薩埵右手杵・左手鈴、欲金剛：射弓、触金剛：金剛薩埵を抱く、愛金剛：持物摩竭魚幢、慢金剛：両手金剛印】
図③『十』四・30、図③『別』二九・123、図④『醍仏』一・17、図④『久』一・58、図⑤『覚』

〈絵画〉◎京都・三宝院(鎌)、◎大阪・金剛寺(鎌)、◎兵庫・武藤家所蔵(平)

＊金剛界理趣会の四方四維に位置。五秘密愛敬滅罪法・諸法悉地成就法、あるいは理趣法本尊。五秘密曼荼羅では同一月輪同一蓮華中に四菩薩

	『金剛頂勝初瑜伽普賢菩薩念誦法』(No.1123・20・P528) 『普賢金剛薩埵略瑜伽念誦儀軌』(No.1124・20・P531) 『金剛頂瑜伽金剛薩埵五秘密修行念誦儀軌』(No.1125・20・P535)	七七・参 43・44・45	五秘密は以下の各尊 金剛薩埵、欲金剛、触金剛、愛金剛、慢金剛	が描かれる。
般若菩薩	【経典・論疏等】 『摩訶般若波羅蜜経』(No.223・6・P217) 『仏説聖仏母小字般若波多波羅蜜経』(No.258・9・P852) 『陀羅尼集経』(No.901・18・P785) 『菩提場所説一字頂輪王経』(No.950・19・P193) 【儀軌・修法作法等】 『仁王般若念誦法』(No.995・19・P519) 『修習般若波羅蜜菩薩観行念誦儀軌』(No.1151・20・P610) 『仏説仏母般若波羅蜜多大明観想儀軌』(No.1152・20・P614)	形状：A【六臂・坐】 図③『十』五・48、図③『別』三一・131、図③『諸』上・21、図③『四』中・83、図⑤『覚』六七・229 形状：B【二臂・坐】 図⑤『覚』・六七・228	〈絵画〉形状：A◎大阪・護国寺(鎌)  形状：A 図③『十』巻5・No.48	〈金剛界〉虚空蔵院東方(形状：A) 〈胎蔵界〉持明院中央(形状：B) ＊般若波羅蜜多菩薩・三世諸仏能生智母と称す。般若菩薩十六善神図は大般若会の本尊。
般若菩薩曼荼羅	【経典・論疏等】 『般若波羅蜜多大心経』(No.251・8・P848) 『陀羅尼集経』(No.901・18・P785)	形状：【中尊・内院・六臂般若菩薩・中尊・内院・十菩薩・第二院・四天・外院・八天】 図④『曼』一・参㉛	〈絵画〉◎京都・醍醐寺(鎌)	＊内院は般若菩薩を中心に十波羅蜜内四供菩薩などを配す。
五大力菩薩	【経典・論疏等】 『仏説仁王般若波羅蜜経』(No.245・8・P825) 『仁王護国般若波羅蜜多経』(No.246・8・P834) 『瑜祇経』(No.867・18・P253) 『仁王般若波羅尼釈』(No.996・19・P522)	形状：【無量力吼・金剛吼・龍王吼・無畏十力吼・雷電吼(以上忿怒形)】 図④『久』一・63	〈彫刻〉◉京都・教王護国寺講堂(平・五大菩薩)、△奈良・秋篠寺(平～室・忿怒形) 〈絵画〉◎兵庫・一乗寺(鎌)、◉和歌山・有志八幡講十八箇院(平・現三	＊旧訳『仁王経』に説かれる護法菩薩で、仁王会の本尊。後に新訳『仁王

『金剛峯楼閣一切瑜祇経修行法』(No.2228・61・P485)

【儀軌・修法作法等】

『仁王護国般若波羅蜜多経道場念誦儀軌』(No.994・19・P513)

『仁王護国般若波羅蜜多経疏』(No.1709・33・P429)

幅のみ)、◎和歌山・北室院(鎌・五尊一幅)、◎和歌山・普賢院(鎌)(以上忿怒形)

経』との交渉により密教化し、五大明王ならびに護法諸尊との関係が生じたとされる。

妙見菩薩

形状：A
図③『十』巻10・No.131

【経典・論疏等】

『七仏八菩薩所説大陀羅尼神呪経』(No.1332・21・P536)

【儀軌・修法作法等】

『北斗七星護摩秘要儀軌』(No.1306・21・P424)

『要尊道場観』(No.2468・78・P39)

形状：A【一面二臂・立／坐／半跏・蓮華座／迦葉座／雲座】

図③『十』一〇・131、図③『別』四八・258・262、図③『諸』下・87・88・89・90、図⑦『妙見』上・3・4・5・6・7・8、下・11・12・13・14・15・16・17・18・19・20・21、図⑫『仏菩』一・17、図⑫『諸図』下・76・77・78

形状：B【一面四臂・立／半跏・竜座／亀座／雲座】

図③『十』一〇・132・133、図③『別』四八・259・260・261・263、図③『諸』下・86、図⑦『妙見』上・1・2、下・9・10・21・22・23・24・25、図⑫『諸図』下・74・75

〈彫刻〉**形状：A**◎東京・読売新聞社(鎌)、**形状：B**△奈良・法輪寺(平)

〈絵画〉**形状：A**◎滋賀・園城寺(鎌)、**形状：AB**◎京都・醍醐寺(鎌・白描)

形状：B
図③『十』巻10・No.132

＊妙見大士・北辰菩薩・尊星王・北斗妙見菩薩とも称す。北辰星（北斗星）を神格化したもので、北斗曼荼羅の中心的尊像。天台寺門派では吉祥天と同体とする。独尊としては息災法に用いられた。妙見曼荼羅は星供本尊。

北斗曼荼羅（中尊・一字金輪仏頂／妙見菩薩）

【儀軌・修法作法等】
『北斗七星念誦儀軌』（No.1305・21・P423）
『北斗七星護摩秘要儀軌』（No.1306・21・P424）
『要尊道場観』（No.2468・78・P39）

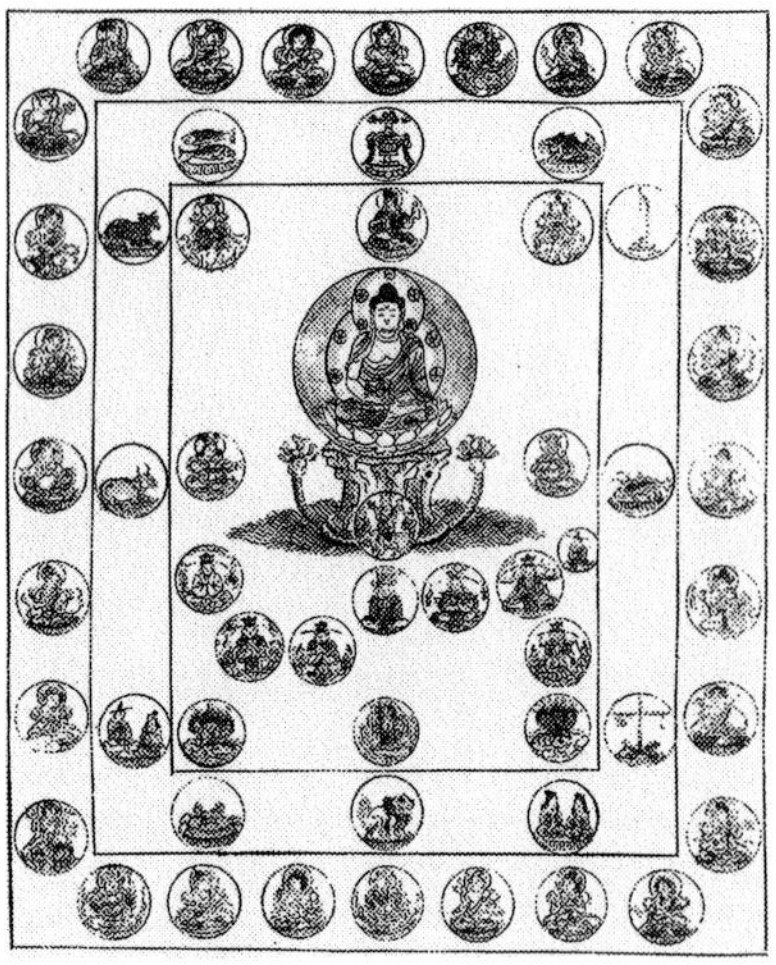

形状：A
図③『十』巻10・No.134

形状：A【中尊・如来形・定印・輪宝・坐・方曼荼羅】
図③『十』一〇・134（北斗）

形状：B【中尊・如来形・定印・輪宝・坐・円曼荼羅】
図⑦『北斗』一・図像番号なし（北斗）

形状：C【中尊・菩薩形・右手第一、三、四指捻・左手蓮華・坐・雲座】
図③『別』四八・264（北斗）、図③『諸』下・91（北斗）図④『曼』下・参78・79（妙見）、図⑦『妙曼』一・別15（妙見）

形状：D【中尊・翁形牛頭冠・左手錫杖・牛座】
図③『諸』下・92

形状：D【中尊・如来形・右手不明・左手腹前・座】
図⑫『唐北』一・別紙16

〈絵画〉**形状：A**◎大阪・久米田寺（平）、**形状：B**◎京都・仁和寺（鎌・白描）、◎奈良・法隆寺（平）
［その他］
〈絵画〉◎静岡・MOA美術館（平・紙本白描・残闕）、◎香川・道隆寺（南北・山中に二堂）

形状：B
図③『諸』巻下・No.92

＊人の運命を支配する北斗七星二十八宿などの星を供養し、息災増益、延命などを祈願する北斗供の本尊。
形状は円曼荼羅と方曼荼羅があり、いずれも三重から構成されており、内院は一字頂輪王と北斗七星、その周りに九曜、第二院には十二宮、第三院には二十八宿を連ねる。ほかに『覚禅鈔』には尊星王（妙見）を中尊とするものもみえる。

《明王部》
不動明王

【経典・論疏等】
『仁王般若波羅蜜経』（No.245・8・P825）
『仁王護国般若波羅蜜多経』（No.246・8・P834）
『大方広如来秘密蔵経』（No.821・17・P837）

形状：A【一面二臂】
図③『十』八・79・80・81・82、図③『別』三二・154・155・156・157・158・

〈彫刻〉**形状：A**◎福島・弘安寺（鎌・立・銅造・十一面観音脇侍）、◎群馬・不動寺（鎌・立・石造）、◎千葉・飯尾寺（鎌・坐）、◎千葉・結縁

〈胎蔵界〉持明院南方（形状：A）

＊インドのシバ

『大日経』（No.848・18・P1）
『大毘盧遮那仏説要略念誦経』（No.849・18・P55）
『一切如来金剛三業最上秘密大教王経』（No.885・18・P469）
『一字仏頂輪王経』（No.951・19・P224）
『法華曼荼羅威儀形色法経』（No.1001・19・P602）
『不空羂索神変真言経』（No.1092・20・P227）
『仏説甘露経陀羅尼呪』（No.1316・21・P468）
『大日経疏』（No.1796・39・P579）
『行林抄』（No.2409・76・P1）

【儀軌・修法作法等】

『摂大儀軌』（No.850・18・P65）
『青龍寺儀軌』（No.853・18・P143）
『金剛頂瑜伽護摩儀軌』（No.909・18・P920）
『尊勝仏頂修瑜伽法儀軌』（No.973・19・P368）
『仁王護国般若波羅蜜多経陀羅尼念誦儀軌』（No.994・19・P513）
『摂無礙経』（No.1067・20・P129）
『慈氏菩薩略修愈議念誦法』（No.1141・20・P590）
『金剛手光明潅頂経最勝立印聖無動尊大威怒王念誦儀軌法品』（No.1199・21・P1）
『底哩三昧耶不動尊威怒王使者念誦法』（No.1200・21・P7）
『底哩三昧耶不動尊聖者念誦秘密法』（No.1201・21・P13）
『不動使者陀羅尼秘密法』（No.1202・21・P23）
『聖無動尊安鎮家国等法』（No.1203・21・P27）
『聖無動尊一字出生八大童子秘要法品』（No.1204・21・P31）
『勝軍不動明王四十八使者秘密成就儀軌』（No.1205

159・160・161・165・参9・10・11・12・13・14・15・16・20、図③『四』下・138・142・148、図④『久』一・70、図⑤『覚』七八・248・249・250・251・252・256・275、図⑥『醍不』一・2・3・4・13・15・16・18・19・20、図⑥『東不』一・1・2・3・4・9・13、図⑫『不儀』一・1・2・3・4・5・6・13・17

形状：B【一面四臂】

図③『十』八・78、図③『四』下・139、図④『十天』一・1、図⑤『覚』七八・254、図⑥『醍不』一・17、図⑫『不儀』一・7

形状：C【一面六臂】

図⑥『東不』一・12、図⑫『不儀』一・16

形状：D【一面六臂六足】

図⑤『覚』七八・259

形状：E【三面六臂】

図⑥『東不』一・6、図⑫『不儀』一・10

形状：F【三面六臂六足】

寺（鎌・立・銅造）、◎東京・横山家所蔵（平・立）、◎神奈川・極楽寺（平・坐）、◎神奈川・八劔神社（平・立）、◎山梨・放光寺（平・立）、◎石川・法華寺（平・坐）、◎福井・円照寺（平・立）、◎岐阜・円鏡寺（平・立）、◎静岡・摩訶耶寺（平・立）、◎三重・大聖院（平・立）、◎滋賀・園城寺（平・坐）、◉京都・教王護国寺（平・坐）、◎京都・神童寺（平・立）、◎京都・三宝院（鎌・坐）、◎京都・同聚院（平・坐）、◎兵庫・神咒寺（平・坐）、◎奈良・普門院（平・坐）、◎和歌山・金剛三昧院（平・立・帆不動）、◎和歌山・南院（平・立・波切不動）、◎鳥取・長楽寺（平・立）、◎岡山・正寿院（鎌・坐）、◎岡山・高山寺（鎌・坐）、◎山口・国分寺（平・立）、◎香川・正覚院（平・立）、◎高知・宗安寺（鎌・坐）、◎福岡・鎮国寺（平・立）、◎大分・竜岩寺（平・坐）

〈絵画〉**形状：A**◎愛知・甚目寺（平・坐）、◉滋賀・園城寺（平・立・黄不動）、◉京都・曼殊院（平・立・黄不動）

〈絵巻〉◎『不動利益縁起』東京国立博物館（鎌）、◎『泣不動縁起絵巻』京都・清浄華院（室）

神より転化した仏格。像容は多様で、相貌も両目を見開くもの、左目を眇にするもの、上下交牙など異態のものが多くみられる。図像類では四面四臂・四面六臂・四面四臂四足などの多面多臂像がみえるが現存せず。持物、臂数などについても様々である。

　また体色についても黄不動（絵・滋賀・園城寺）、赤不動（絵・和歌山・明王院）、青不動（絵・京都・青蓮院）のような独特なものから、走不動（絵・東京・井上家蔵）、波切不動（彫・和歌山・南院）のよ

〈群像〉不動明王・童子

・21・P23)
『要尊道場観』(No.2468・78・P39)

形状：A
図③『十』巻８・No.79

【経典・論疏等】
『仏説守護大千国土経』(No.999・19・P578)
『護諸童子陀羅尼経』(No.1028・19・P741)
【儀軌・修法作法等】
『聖無動尊一字出生八大童子秘要法品』(No.1204・21・P31)
『勝軍不動明王四十八使者秘密成就儀軌』(No.1205・21・P33)
『要尊道場観』(No.2468・78・P39)

図⑥『東不』一・8、図⑫『不儀』一・12
形状：G【四面四臂】
図⑤『覚』七八・255、図⑥『東不』一・5、図⑫『不儀』一・8・9
形状：H【四面四臂四足】
図③『四』下・114、図⑤『覚』七八・258、図⑥『東不』一・11、図⑫『不儀』一・15
形状：I【四面六臂】
図⑥『東不』一・7、図⑫『不儀』一・11

形状：A【一面二臂不動明王・二童子（制吒迦・矜羯羅）】
図③『別』三二・162、図⑤『覚』七八・257、図⑥『醍不』一・5・6・7・8・10・14、図⑥『東不』一・10、図⑫『不儀』一・14
形状：B【一面二臂不動明王・八大童子（慧光・慧喜・烏倶婆伽・阿耨達・指徳・清浄比丘・制迦・矜羯羅）】
図③『別』三二・153・[参]

形状：B
図③『十』巻８・No.78

形状：D
図⑤『覚』巻78・No.259

〈彫刻〉**形状：A**◎千葉・新勝寺(鎌・坐)、◎茨城・不動院(平・立)、神奈川・大山寺(鎌・坐・鉄造)、◎滋賀・西明寺(平・坐)、◎京都・浄瑠璃寺(鎌・立)、◎奈良・東大寺法華堂(南北・半跏)、◎大阪・滝谷不動明王寺(平・立)、◎岡山・勇山寺(平・坐)、◎福岡・円清寺(平・坐)、◎佐賀・永寿寺(鎌・坐)、◎大分・真木区(平・立)、**形状：B**◎東京・世田谷山観音寺(鎌)
〈絵画〉**形状：A**◎新潟・法光院(鎌・半跏)、◎静岡・浜松市美術館(鎌・肩で剣を支える・立・刺繡)、◎

うな特異な伝承より生まれた異形像も少なくない。

　本地仏としては熊野(十二所権現)、日吉山王(中七社・早尾)などの各社に位置づける。

＊不動明王の群像の場合、不動明王を中心として以下にあげる降三世、軍荼利、大威徳、金剛夜叉による五大明王や八大明王のほか矜迦羅、制多迦の二童子や三大童子、四童子、八大童子、三六童子などの眷属を配したも

形状：B
図③『別』巻 32・No.153

形状：A
図③『別』巻 32・No.162

8・18、図4『久』一・71、図12『不儀』一・18〜27・28、図⑥『五菩』一・7
形状：C【四面六臂不動明王・八大童子】
図⑤『覚』七八・260、図⑥『東不』一・14〜23・24

和歌山・五坊寂静院（鎌・立）、◎滋賀・成菩提院（鎌・二童子・坐）、◉京都・青蓮院（平・坐・青不動）、◎京都・寿寧院（南北・立・三幅）、◎大阪・法楽寺（鎌・半跏）、◎奈良国立博物館（鎌・半跏）、◎兵庫・瑠璃寺（平・坐・海中）、◎和歌山・明王院（平・半跏・赤不動）、◎香川・観音寺（鎌・坐）、◎岡山・長福寺（鎌）、
［その他］
〈絵画〉◎滋賀・園城寺（鎌・三大童子・五部使者・坐）、◎東京・立山堂（鎌・二童子・走り不動）、◎静岡・MOA美術館（鎌・踏大自在天、妃）、◎福井・万徳寺（鎌・三童子・立）、◎京都・楞厳寺（鎌・三童子・立）、◎兵庫・太山寺（南北・四童子・立）、◎岡山・宝光寺（南北・三六童子・立）、◎長崎・清水寺（鎌・三童子・立）
〈絵巻〉◎『是害房絵巻』京都・曼殊院（南北）

のが知られる。

仁王経曼荼羅（中尊・不動明王）

【経典・論疏等】
『仁王護国般若波羅蜜多経』（No.246・8・P834）
【儀軌・修法作法等】
『仁王護国般若波羅蜜多経陀羅尼念誦儀軌』（No.994・19・P513）

形状：【中尊・一面二臂】
図③『十』三・20、図『十』一六・46・47・48・49、図④『覚』二六・85

〈絵画〉◎京都・醍醐寺（鎌）、◎大阪・久米田寺（平）、◎山口・神上寺（鎌）

＊仁王経法の本尊。内院に不動、中院に四大明王、外院に八天などを配す。

倶利迦羅龍王・童子

【経典・論疏等】
『仏説倶利迦羅大竜勝外道伏陀羅尼経』（No.1206・

形状：A【倶利迦羅剣・脇侍三童子・海中】

［その他］
〈絵画〉△文化庁（鎌・二童子）、△

＊不動明王は威力の象徴として

21・P37)
『翻訳名義大集』(No.2131・54・P1055)
【儀軌・修法作法等】
『金剛手光明灌頂経最勝立印聖無動尊大威怒王念誦儀軌法品』(No.1199・21・P1)
『不動使者陀羅尼秘密法』(No.1202・21・P23)
『勝軍不動明王四十八使者秘密成就儀軌』(No.1205・21・P33)
『説矩里迦龍王像法』(No.1207・21・P38)
『説倶力迦羅竜王儀軌』(No.1208・21・P38)

図⑥『倶力』一・別紙18・19
形状：B【倶利迦羅剣・岩座】
図⑥『東不』一・26
形状：C【倶利迦羅剣・蓮台座】
図⑤『覚』七八・273・参46

滋賀・石山寺(鎌・紙本白描・三童子)、◉奈良・奥院(平・蒔絵経箱)

形状：C
図⑤『覚』巻78・No.273

利剣をとるが、これに倶利迦羅龍の纏いついたものを倶利迦羅剣という。二竜・二童子を配したものもみえる。

降三世明王

【経典・論疏等】
『大日経』(No.848・18・P1)
『大教王経』(No.865・18・P207)
『金剛頂瑜伽中略出念誦経』(No.866・18・P223)
『瑜祇経』(No.867・18・P253)
『金剛頂経瑜伽十八会指帰』(No.869・18・P284)
『理趣釈』(No.1003・19・P607)
『理趣経十七尊義述』(No.1004・19・P617)
『大日経疏』(No.1796・39・P579)
【儀軌・修法作法等】
『青龍寺儀軌』(No.853・18・P143)
『仏説幻化網大瑜伽教十忿怒明王大明観想儀軌経』(No.891・18・P583)
『金剛頂瑜伽護摩儀軌』(No.908・18・P916)
『建立曼荼羅儀軌』(No.912・18・P929)
『尊勝仏頂修瑜伽法軌儀』(No.973・19・P368)
『仁王護国般若波羅蜜多経陀羅尼念誦儀軌』(No.994・19・P513)
『金剛頂降三世大儀軌法王教中観自在菩薩心真言

形状：A【三面八臂・立／坐】
図③『十』八・83、図③『別』三三・167・168・169、図③『四』下・153、図⑤『覚』八四・316、図⑥『明』一・1・2・3・8・9・10・13
形状：B【一面二臂・坐】
図⑤『覚』八四・320・321、図⑥『明』一・5・6
形状：C【一面四臂・立】
図5『覚』八四・318、図⑥『明』一・7・12
形状：D【四面八臂・立】
図⑤『覚』八四・317・319、

〈彫刻〉**形状：A**◎福井・明通寺(平)、◎滋賀・延暦寺(平)、**形状：B**◎大阪・金剛寺(南北)

形状：A
図③『十』巻8・No.83

〈金剛界〉降三世会東輪の内、金剛薩埵の忿怒形(形状：A)、降三世会外金剛院南東方(形状：B)
〈胎蔵界〉持明院南方(形状：B)
＊勝三世明王・孫婆菩薩と称す。五大明王の一。
通形では大自在天とその妃烏摩を踏みつける形をとる。持物は、五鈷杵・箭・手剣・五鈷鉤・

名称	経典	形状	彫刻	備考
	『一切如来蓮華大曼陀羅品』(No.1040・20・P30) 『金剛頂瑜伽千手千眼観自在菩薩修行儀軌経』(No.1056・20・P72) 『摂無礙経』(No.1067・20・P129) 『金剛頂瑜伽他化自在天理趣会普賢修行念誦儀軌』(No.1122・20・P523) 『慈氏菩薩略修愈議念誦法』(No.1141・20・P590) 『大聖妙吉祥菩薩秘密八字陀羅尼修行曼荼羅次第儀軌法』(No.1184・20・P784) 『金剛頂瑜伽降三世成就極深密門』(No.1209・21・P39) 『降三世忿怒明王念誦儀軌』(No.1210・21・P41)	図⑥『明』一・11	 形状：B 図⑤『覚』巻84・No.320	弓・索・戟・宝棒など。
軍荼利明王	**【経典・論疏等】** 『陀羅尼集経』(No.901・18・P785) 『一字仏頂輪王経』(No.951・19・P224) **【儀軌・修法作法等】** 『仁王護国般若波羅蜜多経陀羅尼念誦儀軌』(No.994・19・P513) 『摂無礙経』(No.1067・20・P129) 『甘露軍荼利菩薩供養念誦成就儀軌』(No.1211・21・P42) 『西方陀羅尼蔵中金剛族阿蜜哩多軍吒利法』(No.1212・21・P49)	**形状**：A**【一面八臂】** 図3『十』八・84、図3『別』三三・170・171・173、図③『四』下・155、図⑤『覚』九一・329・330、図⑥『明』一・14・16・17・18・19・21 **形状**：B**【四面四臂】** 図⑤『覚』九一・328、図⑥『明』一・15・20	〈彫刻〉**形状**：A◎埼玉・常楽院(平・立)、◎埼玉・高山不動堂(平・立)、◎滋賀・金勝寺(平・立)、◎滋賀・延暦寺(鎌・立)、◎京都・大覚寺(平・立)  形状：A 図③『十』巻8・No.84	〈胎蔵界〉蘇悉地院南方(金剛軍荼利)、蓮華部院南方(蓮華軍荼利)、金剛手院北方(金剛軍荼利菩薩)(以上形状、菩薩形、二臂) ＊甘露軍荼梨・吉利吉利明王の異称あり。
大威徳明王	**【経典・論疏等】** 『仁王般若波羅蜜経』(No.245・8・P825) 『大妙金剛大甘露軍拏利焔鬘熾盛仏頂経』(No.965・19・P339)	**形状**：A**【六面六臂六足・坐／半跏・牛座】** 図③『十』八・85、図③『別』三四・174・175・177、	〈彫刻〉**形状**：A◎長野・牛伏寺(平)、◎滋賀・石馬寺(平)、◎京都・地蔵院(平・銅造)、◎奈良・唐招提寺(平)、◎高知・竹林寺(平)、	〈胎蔵界〉持明院北方(形状：A) ＊五大明王の一。

	『妙吉祥最勝根本大教経』(No.1217・21・P81) 『文殊師利耶曼徳迦呪法』(No.1218・21・P93) 『大日経疏』(No.1796・39・P579) **【儀軌・修法作法等】** 『広大儀軌』(No.851・18・P90) 『仁王護国般若波羅蜜多経陀羅尼念誦儀軌』(No.994・19・P513) 『摂無礙経』(No.1067・20・P129) 『聖賀野紇哩縛大威怒王立成大神験供養念誦儀軌法品』(No.1072A・20・P155) 『八字文殊軌』(No.1184・20・P784) 『聖閻曼徳迦威怒王立成大神験念誦法』(No.1214・21・P73) 『大方広曼殊室利童真菩薩華厳本経讃閻曼徳迦忿怒王真言阿毘遮嚕迦儀軌品』(No.1216・21・P77) 『曼殊室利焰曼徳迦萬愛秘術如意法』(No.1219・21・P79)	図③『四』下・157、図⑤『覚』九四・331・332・333、図⑥『明』一・22・23・27・28・29・30、図⑫『五菩』一・3、図⑫『仏菩』一・3 **形状：B【六面六臂六足・立・牛座】** 図③『別』三四・178、図④『醍祈』一・6、図④『久』一・65、図⑥『明』一・24・26 **形状：C【六面二臂・坐】** 図⑥『明』一・25	◎大分・真木区(平) 〈絵画〉**形状**：A◎京都・醍醐寺(平)、◎奈良・談山神社(平)、△アメリカ・ボストン美術館(鎌・立・牛座)、**形状**：B◎東京・根津美術館(鎌)、◎奈良・唐招提寺(鎌)  形状：A 図③『十』巻8・No.85	降閻摩尊、閻曼徳迦威怒王、六足尊とも称す。 各手の持物は『八字文殊軌』によると、戟、弓、索、宝剣、箭（矢）と規定するが、弓、矢のかわりに胸前で檀陀印を結ぶものが多くみられる。
金剛夜叉明王	**【経典・論疏等】** 『仁王護国般若波羅蜜多経』(No.246・8・P830) 『大教王経』(No.865・18・P207) 『金剛頂瑜伽中略出念誦経』(No.866・18・P223) 『瑜祇経』(No.867・18・P253) 『仁王般若陀羅尼釈』(No.996・19・P522) 『金剛寿命陀羅尼経』(No.1135B・20・P577) 『仁王経疏』(No.1708・33・P359) **【儀軌・修法作法等】** 『仁王護国般若波羅蜜多経陀羅尼念誦儀軌』(No.994・19・P513) 『摂無礙経』(No.1067・20・P129)	**形状：A【三面六臂】** 図③『十』八・86、図③『別』三四・179・180・181、図③『四』下・158、図⑤『覚』九七・334・参60、図⑥『明』一・31・33 **形状：B【一面四臂】** 図⑥『明』一・32・34、図⑫『五菩』一・5	〈絵画〉**形状**：A◎京都・醍醐寺(平・立) [その他] 〈彫刻〉◎滋賀・延暦寺(鎌・立)  形状：A 図③『十』巻8・No.86	＊金剛夜叉とも称す。五大明王の一。金剛夜叉法の本尊。三面九眼で、各臂の持物は弓、箭、宝剣、輪印、五鈷、金剛鈴と規定する。三首は馬王髻をなす。独尊として造像されることは少

	『金剛薬叉瞋怒王息災大威神験念誦儀軌』(No.1220・21・P98)			ない。
烏枢沙摩明王	【経典・論疏等】 『瑜祇経』(No.867・18・P253) 『蘇悉地羯囉経』(No.893・18・P603) 『陀羅尼集経』(No.901・18・P785) 『大仏頂首楞厳経』(No.945・19・P105) 『大威力烏枢瑟摩明王経』(No.1227・21・P142) 『穢跡金剛禁百変法経』(No.1229・21・P159) 『一切経音義』(No.2128・54・P311) 【儀軌・修法作法等】 『摂無礙経』(No.1067・20・P129) 『大威怒烏芻叉摩儀軌経』(No.1225・21・P135) 『穢跡金剛説神通大満陀羅尼法術霊要門』(No.1228・21・P158)  形状：A 図⑤『覚』巻 86・参No.57	形状：A【四臂】 図③『別』三七・224、図③『四』下・150・152、図④『久』一・62、図⑤『覚』八六・[参]57、図⑥『烏』一・6・7・8・9・10・11・12・13、図⑫『仏菩』一・7 形状：B【二臂】 図③『別』三七・223、図③『四』下・151、図⑤『覚』八六・[参]56、図⑥『烏』一・1・14・15 形状：C【六臂】 図③『十』八・90・93、図③『別』三七・222、図⑥『烏』一・4・5 形状：D【八臂】 図③『十』八・91・92、図③『別』三七・220、図④『久』一・60、図⑥『烏』一・2・3	〈彫刻〉形状：B△富山・瑞龍寺(江・立) 〈絵画〉形状：A◎京都国立博物館(鎌・半跏)  形状：B 図⑤『覚』巻 86・[参]No.56  形状：C 図③『十』巻 8 ・参No.90	＊不浄金剛とも称し、烏芻瑟摩とも書く。天台系五大明王の一。唐本図像や敦煌壁画中にもみえ、中国で多く製作されていたことがうかがわれる。持物は数珠、五鈷杵、宝剣、羂索、三股などだが異形像も多く規定されない。
五大明王	【経典・論疏等】 『仏説仁王般若波羅蜜経』(No.245・8・P786) 『仁王護国般若波羅蜜多経』(No.246・8・P834) 【儀軌・修法作法等】	形状：【不動・降三世・軍荼利・大威徳・金剛夜叉・立】 図④『久』一・69、図⑥	〈彫刻〉◎宮城・瑞巌寺(平)、[参]◎東京国立博物館(唐・五大明王五鈷鈴・銅造)、◎三重・常福寺(平)、◎滋賀・無動寺(平)、◉京都・教	＊五大尊・五大忿怒とも称す。天台系では金剛夜叉のかわりに

	『仁王護国般若波羅蜜多経陀羅尼念誦儀軌』(No.994・19・P513) 『摂無礙経』(No.1067・20・P129)	『五尊』一・1・2・3・4・5・6	王護国寺(平)、◎京都・醍醐寺(平)、◎奈良・不退寺(平・不動のみ鎌)、参◎広島・西国寺(唐・梵釈明王鈴・銅造) 〈絵画〉◎静岡・内山家所蔵(鎌・五尊一幅)、◉京都・教王護国寺(平)、◉京都・醍醐寺(平)、◎滋賀・観音寺(鎌)、◎岐阜・来振寺(平)	鳥枢沙摩明王を加える。
八大明王	**【経典・論疏等】** 『大妙金剛大甘露軍拏利焰鬘熾盛仏頂経』(No.965・19・P339)	**形状：【歩擲・大咲・大輪・馬頭・無能勝・不動・大威徳・降三世・坐】** 図③『四』下・164〜171、図⑥『八明』一・1・2・3・4・5・6・7・8	〈絵画〉◎京都・醍醐寺(平・白描)	＊八大明王の現存作例は未確認。不動のかわりに鳥枢沙摩明王を入れる場合もある。
愛染明王	**【経典・論疏等】** 『金剛頂瑜伽中略出念誦経』(No.866・18・P223) 『瑜祇経』(No.867・18・P253) **【儀軌・修法作法等】** 『金剛王菩薩秘密念誦儀軌』(No.1132・20・P570) 『要尊道場観』(No.2468・78・P39)	**形状：A【一面六臂・坐】** 図③『十』四・34、図③『別』三五・184・185、図③『諸』上・17、図③『四』中・73、図⑤『覚』八一・277・278・279・280・281・282・参47・48・49・50・51・52・54、図⑫『仏菩』一・19 **形状：B【一面二臂・坐】**	〈彫刻〉**形状：A**◎長野・長雲寺(江)、◎新潟・妙高寺(鎌)、◎神奈川・称名寺(鎌・五指量像)、◎東京・五島美術館(鎌)、◎山梨・放光寺(平・天弓愛染)、◎愛知・赤岩寺(鎌)、◎滋賀・園城寺(平)、◎京都・神童寺(平・天弓愛染)、◎京都・神護寺(鎌)、◎大阪・観心寺(鎌・五指量像)、◎奈良・西大寺(鎌)、◎和歌山・金剛峯寺(平・天弓愛染)、◎高知・竹林寺(平) 〈絵画〉**形状：A**◎千葉・長徳寺	＊愛染王とも称す。本地身は金剛薩埵と同体。和合・親睦を祈る敬愛法の本尊。『瑜祇経』を本軌とする明王。多くは三眼で、頭部に獅子冠をいただき各臂の持物は、弓、矢、鈴、杵、蓮珠を

	 形状：A 図③『十』巻 4 ・No.34  形状：D 図⑤『覚』巻 81・No.285	図⑤『覚』八一・286 形状：C【一面四臂・坐】 図⑤『覚』八一・284・[参]53・55 形状：D【二面二臂・坐】 図③『諸』上・19、図③『四』中・74、図⑤『覚』八一・285 形状：E【三面四臂・坐】 図⑤『覚』八一・284 形状：F【四面四臂・坐】 図⑤『覚』八一・288	（鎌）、◎東京・根津美術館（鎌）、◎岐阜・安藤積産合資会社（鎌）、◎静岡・MOA美術館（鎌）、◎静岡・森口家所蔵（鎌・天弓愛染）、◎滋賀・総持寺（鎌）、◎大阪・細見家所蔵（平）、◎奈良・宝山寺（鎌）、和歌山・金剛峯寺（鎌・天弓愛染）◎和歌山・金剛三昧院（鎌）、◎岡山・棒沢寺（鎌）	具す。空に向け矢を射る形をとる天弓愛染（彫・京都・神童寺像）三面像・獅子座像などの異形像もみられる。 本地仏としては日吉山王（下七社・悪王子）などに位置づける。
愛染曼荼羅（中尊・愛染明王）	【経典・論疏等】『瑜祇経』（No.867・18・P253）【儀軌・修法作法等】『大楽金剛薩埵修行成就儀軌』（No.1119・20・P509）『五秘密儀軌』（No.1125・20・P535）『金剛王菩薩秘密念誦儀軌』（No.1132・20・P570）	形状：【中尊・一面六臂】 図③『諸』上・18、図⑤『覚』八一・287・289	〈絵画〉◎東京・根津美術館（鎌・中尊・四金剛菩薩・四金剛妃）、◎京都・随心院（鎌・中尊・四金剛菩薩・四金剛妃）、◎兵庫・大山寺（鎌・中尊・四明王・四童子）	＊敬愛（愛染）法の本尊。内院愛染明王、四金剛菩薩、四金剛女、外院は四塵、四鬼を配する。
両頭愛染曼荼羅（中尊・両頭愛染明王）		形状：【中尊・右面不動・左面愛染・八臂・坐】 図⑫『厄神』一・別紙 36	〈絵画〉◎和歌山・金剛峯寺（鎌・中尊・四菩薩）	＊『覚禅鈔』には四臂像もみえるが、経軌は不明。
大元帥明王	【経典・論疏等】	形状：A【一面四臂・	〈絵画〉形状：A◎京都・醍醐寺	＊怨敵障伏・護

	『阿吒婆句鬼神大将上仏陀羅尼神呪経』(No.1237・21・P178) 『阿吒婆句鬼神大将上仏陀羅尼経』(No.1238・21・P179) 『五部陀羅尼問答偈讃宗秘論』(No.2464・78・P9) **【儀軌・修法作法等】** 『阿吒薄倶元帥大将上仏陀羅尼経修行儀軌』(No.1239・21・P187)  形状：A 図⑤『覚』巻90・No.325	**立】** 図③『別』三九・230、図⑤『覚』九〇・325・326、図⑥『東太』一・1・3 **形状：B【四面八臂・立／坐】** 図③『十』八・96、図③『別』三九・231、図③『四』中・134、図⑤『覚』九〇・324 **形状：C【六面八臂・立】** 図③『十』八・97、図③『別』三九・229、図③『四』中・135、図⑥『東太』一・2 **形状：D【十八面三六臂・立】** 図⑤『覚』九〇・323 **形状：E【一面二臂・坐】** 図③『別』三九・232、図⑥『東太』一・5	(鎌)、**形状：B**◎京都・教王護国寺（平・白描・大元師曼荼羅）、◎京都・醍醐寺(鎌・釈迦曼荼羅中尊)、**形状：C**◎静岡・MOA美術館(鎌・白描)、◎京都・善峰寺(鎌・四方に四天王を配す)、◎京都・醍醐寺(鎌)、◎京都・教王護国寺(平・白描)、**形状：D**◎京都・醍醐寺(鎌)、◎京都・教王護国寺(平・白描・大元帥曼荼羅) [その他] 〈彫刻〉◎奈良・秋篠寺(鎌・六臂)	国安穏を祈願する大元帥法の本尊。十六夜叉神、毘沙門天、八大夜叉中の一尊。各臂の持物としては、輪、槊、合掌、跋折羅、宝棒、宝刀とし、臂には蛇を巻き付ける。また、大元帥明王に二童子、四天王を従える大元帥曼荼羅も伝えられる。
孔雀明王	**【経典・論疏等】** 『仏母大孔雀明王経』(No.982・19・P415) 『孔雀王呪経』(No.984・19・P446) 『仏説大孔雀呪王経』(No.985・19・P459) 『大金色孔雀王呪経』(No.986・19・P477) 『仏説大金色孔雀王呪経』(No.987・19・P479)	**形状：A【四臂・坐・孔雀座】** 図③『十』三・24・『十』一五・44、図④『久』一・47 **形状：B【二臂・坐・孔**	〈彫刻〉**形状：A**◎和歌山・金剛峯寺(鎌)、△奈良・正暦寺(鎌) 〈絵画〉**形状：A**◉東京国立博物館(平)、◎京都・安楽寿院(平)、◎京都・醍醐寺(平)、◎大阪・松尾寺(鎌・孔雀経曼荼羅)、◎奈良・法隆	〈胎蔵界〉蘇悉地院中央（孔雀王母、形状：B） ＊孔雀仏母菩薩などの別称あり。

[参考]
『孔雀明王経』(『仏教聖典選』7所収)

【儀軌・修法作法等】
『孔雀明王儀軌』(No.983A・19・P439)

雀座】
図④『久』一・13

寺(鎌)
[その他]
[参]◉京都・仁和寺(南宋・三面六臂)

孔雀経曼荼羅は祈雨・息災を祈願する孔雀法の本尊。

《天部》
梵天

【経典・論疏等】
『長阿含経』(No.1・1・P1)
『中阿含経』(No.26・1・P421)
『雑阿含経』(No.99・2・P1)
『増一阿含経』(No.125・2・P549)
『普曜経』(No.186・3・P483)
『方広大荘厳経』(No.187・3・P539)
『仏本行集経』(No.190・3・P655)
『衆許摩訶帝経』(No.191・3・P932)
『仏説義足経』(No.198・4・P174)
『賢愚経』(No.202・4・P349)
『道行般若経』(No.224・8・P425)
『法華経』(No.262・9・P1)
『旧華厳経』(No.278・10・P395)
『大悲経』(No.380・12・P945)
『大方等大集経』(No.397・13・P1)
『思益梵天所問経』(No.586・15・P33)
『大日経』(No.848・18・P1)
『陀羅尼集経』(No.901・18・P785)
『五分律』(No.1421・22・P1)
『四分律』(No.1428・22・P567)
『有部毘奈耶雑事』(No.1451・23・P207)
『大智度論』(No.1509・25・P57)
『大毘婆沙論』(No.1545・27・P1)
『雑阿毘曇心論』(No.1552・28・P869)

形状:A【一面四臂・鵝座】
図③『四』下・195、図⑫『諸図』下・70

形状:B【三面四臂・鳥座】
図③『四』下・196、図⑫『諸図』下・71

[その他]
〈彫刻〉△東京国立博物館(平・二臂・立)、◎愛知・滝山寺(鎌・四面四臂・立)、◎滋賀・善水寺(平・二臂・立)、◉奈良・唐招提寺(奈・二臂・立)、◉奈良・東大寺法華堂(奈・二臂・立・脱活乾漆)、◎奈良・法隆寺食堂(奈・立・塑造)、◎奈良・秋篠寺(奈・二臂・乾漆)、◉京都・教王護国寺(平・四面四臂・鵝座)、◎京都・教王護国寺(鎌・二臂・立・二間観音脇侍)、△アメリカ・サンフランシスコ・アジア美術館(奈・二臂・立・脱活乾漆)、△アメリカ・プリンストン大学付属美術館(平・二臂・立)、△アメリカ・エール大学付属美術館(平・二臂・立)

形状:A
図③『四』巻下・No.195

〈金剛界〉外金剛院東方(形状、二臂)
〈胎蔵界〉外金剛院二〇天の内、東方(形状、二臂)

*大梵天王・娑婆世界王などの別称あり。十二天の一。釈迦の本生譚にしばしば表され、帝釈天とともに脇侍となる。持物は巻物・団扇・柄香炉・花篭・数珠・鸞刀・蓮華・宝瓶・戟など。

『倶舎論』(No.1558・29・P1)
『阿毘達磨蔵顕宗論』(No.1563・29・P777)
『瑜伽師地論』(No.1579・30・P279)
『堤婆菩薩釈楞伽経中外道小乗涅槃論』(No.1640・32・P156)
『仏説立世阿毘曇論』(No.1644・32・P173)
『法華経文句』(No.1718・34・P1)
『華厳経探玄記』(No.1733・35・P107)
『大日経疏』(No.1796・39・P579)

【儀軌・修法作法等】
『攝大儀軌』(No.850・18・P65)
『広大儀軌』(No.851・18・P90)

形状：B
図③『四』巻下・No.196

帝釈天

【経典・論疏等】
『長阿含経』(No.1・1・P1)
『雑阿含経』(No.99・2・P1)
『増一阿含経』(No.125・2・P549)
『悲華経』(No.157・3・P167)
『摩訶般若波羅蜜経』(No.223・8・P217)
『道行般若経』(No.224・8・P425)
『大宝積経』(No.310・11・P1)
『大般涅槃経』(No.374・12・P365)
『大方等大集経』(No.397・13・P1)
『金光明最勝王経』(No.665・16・P403)
『大方広如来秘密蔵経』(No.821・17・P837)
『大日経』(No.848・18・P1)
『陀羅尼集経』(No.901・18・P785)
『不空羂索神変真言経』(No.1092・20・P227)
『大智度論』(No.1509・25・P57)
『大毘婆沙論』(No.1545・27・P1)

形状：A【一面二臂・象座】
図③『四』下・181、図⑨『阿』一五二・86、図⑫『諸図』下・55
形状：B【一面二臂・岩座】
図③『四』下・182、図⑫『諸図』下・56
形状：C【一面二臂・花形台座】
図⑫『帝釈』一・別紙41
形状：D【一面二臂・千眼】
図③『四』下・183、図⑫『諸図』下・57

〈彫刻〉形状：A◉京都・教王護国寺(平・半跏)
[その他]
〈彫刻〉◎東京・根津美術館(鎌・立)、◎東京国立博物館(平・立)、◎愛知・滝山寺(鎌・立)、◎滋賀・善水寺(平・立)、◎京都・清涼寺(平・半跏)、◎京都・教王護国寺(鎌・立・二間観音脇侍)、◎大阪・孝恩寺(平・立)、◉奈良・東大寺法華堂(奈・立・脱活乾漆)、◎奈良・法隆寺食堂(奈・立・塑造)、◎奈良・唐招提寺(奈・立)、◎奈良・秋篠寺(奈・乾漆)、◎佐賀・常福寺(平・右手剣・左手独鈷杵・立)、△アメリカ・サンフランシスコ・アジア美術館(奈・立・脱活乾漆)

〈金剛界〉賢劫十六尊の内、南東方(形状、右手杵・左手腰)
〈胎蔵界〉外金剛院東方(形状、右手杖・左手腰)、北方(形状、三目、右手拳胸前・左手腰)
＊因陀羅・摩伽婆・千眼などの別称あり。梵天とともに釈迦の脇侍。鎧甲(羯磨衣)をあらわし、独鈷杵・唐

『瑜伽師地論』（No.1579・30・P279）
『大日経疏』（No.1796・39・P579）
【儀軌・修法作法等】
『攝大儀軌』（No.850・18・P65）
『広大儀軌』（No.851・18・P90）
『青龍寺儀軌』（No.853・18・P143）
『賢劫十六尊』（No.881・18・p339）
『金剛頂瑜伽護摩儀軌』（No.908・18・P916）
『薬師琉璃光王七仏本願功徳経念誦儀軌供養法』（No.926・19・P41）
『尊勝仏頂修瑜伽法軌儀』（No.973・19・P368）
『仏説大孔雀明王画像壇場儀軌』（No.983a・19・P439）
『聖無動尊安鎮家国等法』（No.1203・21・P27）
『十二天供儀軌』（No.1298・21・P385）

〈絵画〉◉奈良・法隆寺（白・二臂・立・玉虫厨子、施身聞偈）

形状：A
図③『四』巻下・No.181

扇などを持つ。

毘沙門天（多聞天）

【経典・論疏等】
『長阿含経』（No.1・1・P1）
『中阿含経』（No.26・1・P421）
『増一阿含経』（No.125・2・P549）
『仏本行集経』（No.190・3・P655）
『仏所行讃』（No.192・4・P1）
『賢愚経』（No.202・4・P349）
『雑宝蔵経』（No.203・4・P447）
『法華経』（No.262・9・P1）
『華厳経』（No.279・10・P1）
『大般涅槃経』（No.374・12・P365）
『大方等大集経』（No.397・13・P1）
『仏説四天王経』（No.590・15・P118）
『金光明経』（No.663・16・P335）

形状：A【二臂・右手戟・左手宝塔・立／半跏】
図③『別』五四・287・289、図⑤『覚』一一七・379、図⑫『仏菩』一・6、図⑫『諸図』下・37・38
形状：B【二臂・右手宝塔・左手戟・立】
図⑤『覚』一一七・378
形状：C【二臂・右手宝棒・左手宝塔・半跏】
図③『四』下・172
形状：D【二臂・右手仰

〈彫刻〉**形状**：A◎岩手・万福寺（平）、◎東京・川端家所蔵（平）、◎神奈川・浄楽寺（鎌）、◎静岡・願成就院（鎌）、◎三重・善福寺（平）、◎滋賀・宝珠寺（平）、◎京都・頂法寺（平）、◎兵庫・多聞寺（平）、◎奈良・宗裕寺（平）、◎和歌山・道成寺（平）、◎鳥取・長楽寺（平）、◎徳島・雲辺寺（平）、◎香川・香西寺（平）、◎熊本・高寺院（平）、◎大分・永興寺（平）、**形状**：B◎福井・羽賀寺（平）、**形状**：C◎滋賀・櫟野寺（平）、◎京都・神護寺（平）、◎京都・興禅寺（平）、◎和歌山・普賢院

〈胎蔵界〉外金剛院北方北方、北東方（形状：C）
＊四天王のうち北方多聞天と同一。十二天の一。拘毘羅毘沙門などの別称あり。一般には甲冑に身をつつみ、右手に宝塔を挙げ、邪鬼を踏む。持物は宝塔のほか、

『金光明最勝王経』（No.665・16・P403）
『陀羅尼集経』（No.901・18・P785）
『一字仏頂輪王経』（No.951・19・P224）
『仏母孔雀明王経』（No.982・19・P415）
『不空羂索神変真言経』（No.1092・20・P227）
『毘沙門天王経』（No.1244・21・P215）
『灌頂経』（No.1331・21・P495）
『大智度論』（No.1509・25・P57）
『法華義疏』（No.1721・34・P451）
『華厳経探玄記』（No.1733・35・P107）
『阿育王伝』（No.2042・50・P99）

【儀軌・修法作法等】

『金剛頂瑜伽護摩儀軌』（No.908・18・P916）
『薬師琉璃光王七仏本願功徳経念誦儀軌供養法』（No.926・19・P41）
『孔雀明王儀軌』（No.983A・19・P439）
『聖無動尊安鎮家国等法』（No.1203・21・P27）
『摩訶吠室囉末那野提婆喝囉闍陀羅尼儀軌』（No.1246・21・P219）
『北方毘沙門天王随軍護法儀軌』（No.1247・21・P224）
『北方毘沙門天王随軍護法真言』（No.1248・21・P225）
『毘沙門儀軌』（No.1249・21・P227）
『北方毘沙門多聞宝蔵天王神妙陀羅尼別行儀軌』（No.1250・21・P230）
『吽迦陀野儀軌』（No.1251・21・P233）
『般若守護十六善神王形体』（No.1293・21・P378）
『十二天供儀軌』（No.1298・21・P385）

掌・左手三鈷戟】
図⑥『東太』一・16
形状：E【二臂・右手腰・左手胸前】
図⑫『諸図』下・39
形状：F【四臂・立／半跏】
図③『別』五四・288、図⑥『東太』一・8・15、図⑫『諸図』下・36
形状：G【六臂・立】
図⑥『東太』一・9
形状：H【八臂・坐】
図⑥『東太』一・10
形状：I【十臂・坐／半跏】
図⑥『東太』一・11・12・13・14、図⑫『仏菩』一・18
形状：J【双身毘沙門天・坐】
図⑨『阿』一三七・71、図⑫『双身』一・別紙40

（平）、**形状：D**◎京都・浄瑠璃寺（平・一体は胸前合掌・一体は下方向へ合掌・馬頭観音納入品）
〈絵画〉**形状：A**◎山形・上杉神社（平）、◎京都・知恩院（鎌）、◎奈良・海竜王寺（鎌）
［その他］
〈彫刻〉◎岐阜・乙津寺（平）、◎滋賀・長命寺（平）、◎京都・三室戸寺（平）、◎大阪・大乗坊（南北）（以上、右手腰・左手戟）
〈絵画〉◎京都・醍醐寺（鎌・右手矢・左手弓・立）、◎兵庫・香雪美術館（鎌・右手戟・左手宝塔・半跏）

形状：A
図⑤『覚』巻117・No.379

宝棒・宝剣・三鈷戟など。以下の群像のほかに五太子・八大薬叉大将の諸尊を眷属とする場合もある。四面十臂で獅子に乗り左右四方に宝刀を執る刀八毘沙門天などの異形像あり。

本地仏としては熊野（十二所権現）などの各社に位置づける。

〈群像〉毘沙門天・吉祥天・善膩子童子	**【経典・論疏等】** 『金光明最勝王経』（No.665・16・P403）	**形状：【二臂・毘沙門天・吉祥天・善膩子童子】** 図⑦『毘沙』一・別紙3	〈彫刻〉◎福井・清雲寺（鎌）、◉京都・鞍馬寺（平）、◉奈良・法隆寺（平・善膩子童子無し）、◎高知・雪蹊寺（鎌） 〈絵画〉◎滋賀・園城寺（鎌）、◎滋賀・実蔵坊（鎌）、◎奈良・法隆寺（鎌）、◎和歌山・光台院（鎌）	＊毘沙門三尊はインド神話において毘沙門天の妻吉祥天、善膩子童子をその子とする説による。
兜跋毘沙門天	**【経典・論疏等】** 『金光明最勝王経』（No.665・16・P403） 『一字仏頂輪王経』（No.951・19・P224） 『不空羂索神変真言経』（No.1092・20・P227） 『毘沙門随軍法』（No.1247・21・P224） **【儀軌・修法作法等】** 『摂大儀軌』（No.850・18・P65） 『金剛頂瑜伽護摩儀軌』（No.908・18・P916） 『摩訶吠室囉末那野提婆喝囉闍陀羅尼儀軌』（No.1246・21・P219） 『北方毘沙門天王随軍護法真言』（No.1248・21・P225） 『毘沙門儀軌』（No.1249・21・P227） 『吽迦陀野儀軌』（No.1251・21・P233）		〈彫刻〉◎岩手・毘沙門堂（平・竪冠）、◎滋賀・石山寺（平）、㊜◉京都・教王護国寺（唐・筒冠）、◎京都・清涼寺（平・筒冠）、◎大阪・妙香院（平）、◎兵庫・達身寺（平）、◎奈良国立博物館（平）、◎和歌山・親王院（平）、◎岡山・安養寺（平）、◎徳島・最明寺（平）、◎福岡・観世音寺（平）、◎大分・永興寺（平）	＊兜跋毘沙門天は毘沙門天の異形像のひとつ。左手に宝塔、右手に宝棒あるいは戟を把り、地天女及び二鬼（尼藍婆、毘藍婆）上に立つ。また、わが国では通形の毘沙門天を功徳天の肩に乗せるものもある。
四天王	**【経典・論疏等】** 『長阿含経』（No.1・1・P1） 『大楼炭経』（No.23・1・P277） 『起世経』（No.24・1・P310） 『起世因本経』（No.25・1・P365） 『増一阿含経』（No.125・2・P549） 『太子瑞応本起経』（No.185・3・P472）	**形状：A【持国天：右手宝珠・左手宝剣、増長天：右手三鈷戟・左手宝剣、広目天：右手羂索・左手三鈷戟、多聞天：右手戟・左手宝塔】** 図③『十』九・107〜110、	〈彫刻〉◎岩手・黒石寺（平）、福島・勝常寺（平）、◎神奈川・宝城坊（鎌）、◎岐阜・願興寺（平・多聞天は鎌）、◎愛知・普門寺（平）、◎三重・市場寺（平）、◎滋賀・延暦寺（平）、◉京都・教王護国寺（平）、◉京都・浄瑠璃寺（鎌）、◎大阪・尼崎	〈胎蔵界〉外金剛院各門 ＊四王・四大天王と称す。甲冑を着け、邪鬼・岩座上のものが多い。また、多

	『大方等大集経』(No.397・13・P1) 『仏説四天王経』(No.590・15・P118) 『金光明経』(No.663・16・P335) 『金光明最勝王経』(No.665・16・P403) 『正法念処経』(No.721・17・P1) 『陀羅尼集経』(No.901・18・P785) 『一字仏頂輪王経』(No.951・19・P224) 『仏母大孔雀明王経』(No.982・19・P415) 『毘沙門天王経』(No.1244・21・P215) 『灌頂経』(No.1331・21・P495) 『阿育王経』(No.2043・50・P131) **【儀軌・修法作法等】** 『般若守護十六善神王形体』(No.1293・21・P378)	図③『別』四七・247～249 **形状：B【持国天・増長天：右手宝剣、広目天：右手筆、多聞天：右手宝塔、四天共に左手三鈷戟】** 図③『別』四七・250～253、図⑫『諸図』下・34 **形状：C【持国天：右手宝剣・左手垂下掌正面、増長天：下方引弓、広目天：右手羂索・左手三鈷戟、多聞天：右手、宝棒・左手宝塔】** 図③『別』四七・254～257 **形状：D【持国天：右手宝珠・左手宝剣、増長天：右手三鈷戟・左手宝剣、広目天：右手羂索・左手三鈷戟、多聞天：右手独鈷杵・左手宝珠】** 図⑫『諸図』下・33	家所蔵(平)、◎兵庫・円教寺(平)、◉奈良・法隆寺金堂(飛)、◉奈良・唐招提寺(奈)、◉奈良・東大寺法華堂(奈)、◉奈良・東大寺戒壇院(奈)、◉奈良・興福寺東金堂(平)、◉奈良・興福寺北円堂(平・木心乾漆)、◉奈良・興福寺金堂(鎌)、◉奈良・興福寺南円堂(鎌)、◎和歌山・金剛峯寺(鎌)、◎島根・万福寺(平)、◎山口・国分寺(平)、(参)◎香川・弥谷寺(唐・金銅五鈷鈴)、香川・◎鷲峰寺(南北)、◎福岡・観世音寺(平)、◎佐賀・広福護国禅寺(鎌)、◎大分・永興寺(鎌) 〈絵画〉◉奈良・法隆寺(白・橘夫人厨子扉絵)、△アメリカ・ボストン美術館(鎌)	聞天が毘沙門天として単独で信仰されるほか、金剛力士にかわる寺門守護として二天像(彫・京都・神護寺像等)もある。四天王の持物は規則性がなく持国天は、右手に宝剣・鉾・宝刀・拳・宝珠・杵、左手に鉾・三鈷。増長天は、右手に宝剣・鉾・三鈷・独鈷、左手は鉾・独鈷・杵。広目天は、右手に筆・索・宝剣、左手に巻子・鉾・三鈷。多聞天は、右手に宝塔・鉾・宝棒、左手は鉾・宝塔など。
金剛力士	**【経典・論疏等】** 『増一阿含経』(No.125・2・P549) 『撰集百縁経』(No.200・4・P203)	**形状：【阿形：右手頭上へ挙げる・左手垂下、吽形：右手杵・左手上方に**	〈彫刻〉◎福島・法用寺(平)、◎千葉・万満寺(鎌)、△神奈川・称名寺(鎌)、◎岐阜・円鏡寺(鎌)、◎愛	＊執金剛神と同一の神格であるが、金剛力士

	『法句譬喩経』(No.211・4・P575) 『法華経』(No.262・9・P1) 『大宝積経』(No.310・11・P1) 『仏説遺日摩尼宝経』(No.350・12・P189) 『大般涅槃経』(No.374・12・P365) 『仏入涅槃蜜跡金剛力士哀恋経』(No.394・12・P1116) 『入楞伽経』(No.671・16・P514) 『大方広如来秘密蔵経』(No.821・17・P837) 『五分律』(No.1421・22・P1) 『十誦律』(No.1435・23・P1) 『毘奈耶雑事』(No.1451・23・P207) 『大智度論』(No.1509・25・P57) 『倶舎論』(No.1558・29・P1) 『瑜伽師地論』(No.1579・30・P279) **【儀軌・修法作法等】** 『摂無礙経』(No.1067・20・P129)	**挙げる】** 図⑤『覚』一二二・391	知・財賀寺(平)、◎三重・府南寺(南北)、◎滋賀・善水寺(平)、◎京都・峰定寺(平)、◎兵庫・石龕寺(鎌)、◉奈良・東大寺南大門(鎌)、◉奈良・興福寺(鎌)、◎和歌山・竜光院(平・半肉屏風本尊中)、◎山口・阿弥陀寺(鎌)、◎高知・禅師峰寺(鎌)、△大分・富貴寺仁王門(江・石造) 〈絵画〉◉奈良・法隆寺(飛・玉虫厨子扉絵)、◉奈良・法隆寺金堂壁画(白)	(仁王)像としては裸形をあらわす。執金剛神は金剛力士が二つに分体する以前の原形神という。
執金剛神	**【経典・論疏等】** 『華厳経』(No.279・10・P1) 『大日経』(No.848・18・P1) 『大智度論』(No.1509・25・P57) 『大日経疏』(No.1796・39・P579) **【儀軌・修法作法等】** 『攝無礙経』(No.1067・20・P129)	**形状:【甲冑・独鈷】** 図⑦『執金』一・別紙9	〈彫刻〉◎京都・金剛院(鎌)、◉奈良・東大寺(奈・塑造)、△和歌山・金剛峯寺(鎌) 〈絵画〉◉奈良・中宮寺(飛・刺繍・天寿国曼荼羅)、◉奈良・法隆寺(白・橘夫人厨子扉絵)	*密迹力士とも称す。京都・金剛院像は東大寺像の模古作。
十二天	**【経典・論疏等】** 『金剛頂経』(No.865・18;P207) 『蘇悉地羯羅経』(No.893・18・P603) 『蘇婆呼童子請問経』(No.895・18・P719) 『陀羅尼集経』(No.901・18・P785)	**形状:【帝釈天・火天・焔魔天・羅刹天・水天・風天・毘沙門天・伊舎那天・梵天・地天・日天・月天】**	〈絵画〉◎滋賀・聖衆来迎寺(平・立)、◎滋賀・西明寺(鎌・立)、◉京都・教王護国寺(鎌・立)、◎京都国立博物館(平・坐・氍毹座)、◎京都・広隆寺(鎌・立)、◉奈良・西大寺	〈金剛界〉内院及び外金剛院 〈胎蔵界〉外金剛院(伊舎那天を除く)

	『菩提場所説一字頂輪王経』(No.950・19・P193) 『不空羂索神変真言経』(No.1092・20・P227) 『大日経疏』(No.1796・39・P579) **【儀軌・修法作法等】** 『金剛頂瑜伽護摩儀軌』(No.908・18・P916) 『建立曼荼羅護摩儀軌』(No.912・19・P929) 『尊勝仏頂修瑜伽法儀軌』(No.973・19・P368) 『孔雀明王儀軌』(No.983A・19・P439) 『聖無動安鎮国家等法』(No.1203・21・P29) 『堅牢地天儀軌』(No.1286・21・P354) 『施八法天儀則』(No.1294・21・P378) 『供養護世八天法』(No.1295・21・P380) 『十天儀軌』(No.1296・21・P38) 『供養十二大威徳天報恩品』(No.1297・21・P383) 『十二天供儀軌』(No.1298・21・P385)	図③『十』九・111～122、図③『別』五五・291～306、図⑦『十天』一・2～11、図⑨『阿』一五二～一六二・86～102、図⑨『十二』一・1～9	(平・坐・鳥獣座)、◎奈良国立博物館(鎌・立)、◎岡山・長福寺(鎌・立)  形状： 図③『十』巻9・No.111	＊十二天は御七日御修法などに付属して供養し、灌頂には十二天屏風のような形式のものが用いられた。
十二天曼荼羅(中尊・不動明王)	**【儀軌・修法作法等】** 『供養護世八天法』(No.1295・21・P380) 『供養十二大威徳天報恩品』(No.1297・21・P383) 『十二天供儀軌』(No.1298・21・P385)	形状：**【中尊・内院・四臂不動明王坐像・外院・十二天】** 図④『曼』一 参61・参62	[その他] 〈絵画〉◎山口・国分寺(鎌・中尊四臂不動明王坐像・十二天)	＊除災のために修される十二天法の本尊。
八部衆	**【経典・論疏等】** 『大乗本生心地観経』(No.159・3・P291) 『大般若波羅蜜多経』(No.220・5・P1) 『法華経』(No.262・9・P1) 『無量寿経』(No.360・12・P265) 『観世音菩薩授記経』(No.371・12・P353) 『仏説仏名経』(No.440・14・P114) 『仏説文殊師利般涅槃経』(No.463・14・P480) 『文殊師利問経』(No.468・14・P492)		〈彫刻〉●奈良・興福寺(奈・脱活乾漆)、●奈良・法隆寺五重塔(奈・塑造)、◎奈良・法隆寺(平・八部衆面)	＊八部衆は釈迦の教化をうけた異教の神々。釈迦眷属として十大弟子などとともに位置。多くは甲冑を着けるが、阿修羅のみが裸形。『華厳

	『仏説須摩提長者経』(No.530・14・P805) 『一字仏頂輪王経』(No.951・19・P224) 『仏説熾盛光大威徳消災吉祥陀羅尼経』(No.963・19・P337) 『仏母大孔雀明王経』(No.982・19・P415) 『大金色孔雀王呪経』(No.986・19・P477) 『迦楼羅及諸天密言経』(No.1278・21・P331) 『大吉義神呪経』(No.1335・21・P568) 『仏説聖荘厳陀羅尼経』(No.1376・21・P895) 『摂大乗論』(No.1592・31・P97) 『仁王護国般若経疏』(No.1705・33・P253) 『華厳経探玄記』(No.1733・35・P107) **【儀軌・修法作法等】** 『成就妙法蓮華経王瑜伽観智儀軌』(No.1000・19・P594) 『摂無礙経』(No.1067・20・P129)		八部衆は以下の各尊 天(五部浄)、竜(沙羯羅)、夜叉(鳩槃荼)、乾闥婆、阿修羅、迦楼羅、緊那羅、摩睺羅伽	経』をはじめ、密教以前の諸経に説かれる。
童子経曼荼羅(中尊・乾闥婆)	**【経典・論疏等】** 『仏説護諸童子陀羅尼経』(No.1028A・19・P741) **【儀軌・修法作法等】** 『童子経念誦法』(No.1028B・19・P742)	**形状：A【中尊・一面二臂・半跏・童子】** 図③『十』一〇・126、図③『別』一一・36、図④『覚』三一・116・[参]30 **形状：B【一面二臂・右十五童子・左十五鬼神】** 図③『別』一一・37、図④『覚』三一・115・[参]29	〈絵画〉**形状：A**◎静岡・MOA美術館(鎌)、◎京都・智積院(鎌)	＊小児の保命・息災のために修する童子経法の本尊。梅檀乾闥婆を主尊とし十五童子と童子に害を与える十五鬼神を配す。
韋駄天	**【経典・論疏等】** 『大般涅槃経』(No.374・12・P365) 『金光明経』(No.663・16・P335)		〈彫刻〉◎岐阜・乙津寺(鎌)、[参]△京都・泉清寺(宋)、[参]△京都・万福寺(清)(以上、甲冑・合掌・立)	＊韋駄将軍・韋将陀などの別称があり、増長天

	『金光明最勝王経』（No.665・16・P403） 『灌頂経』（No.1331・21・P495） 『金光明最勝王経流』（No.1788・39・P175） 『仏祖統紀』（No.2035・50・P129） 『大唐大慈恩寺三蔵法師伝』（No.2053・50・P220） （以下『慈恩寺三蔵法師伝』） 『集神州三宝感通録』（No.2106・52・P404） 『道宣律師感通録』（No.2107・52・P435） 『一切経音義』（No.2128・54・P311）		〈絵画〉[参]△京都・泉涌寺（宋・甲冑・合掌・立）	八将の一。一般に甲冑をつけ直立し宝剣を捧げ持つ。
深沙大将	**【経典・論疏等】** 『慈恩寺三蔵法師伝』（No.2053・50・P220） **【儀軌・修法作法等】** 『深沙大将儀軌』（No.1291・21・P376） 『要尊道場観』（No.2468・78・P39）	**形状：A【持物戟】** 図④『醍祈』一・2、図⑤『覚』一二一・389・390、図⑦『天部』一・30 **形状：B【髑髏瓔珞・腹前童子面】** 図③『十』一〇・138、図③『別』五一・276、図③『諸』下・98、図③『四』下・227、図④『久』一・67、図⑦『天部』一・31・32、図⑫『諸図』下・83	〈彫刻〉**形状：A**◎福井・明通寺（平）、**形状：B**△東京・深大寺（鎌）、◎岐阜・横蔵寺（平）、△三重・神宮寺（平）、◎京都・金剛院（鎌）、△和歌山・金剛峯寺（鎌）	＊深沙大将は、多聞天の化身といわれ、釈迦十六善神画像では、玄奘三蔵と向き合わせて描かれる。元来裸形、腕には蛇を巻き付け頭上に髑髏を頂くなど怪異な姿をみせる。
吉祥天	**【経典・論疏等】** 『大般涅槃経』（No.374・12・365） 『大方等大集経』（No.397・13・P1） 『金光明経』（No.663・16・P335） 『金光明最勝王経』（No.665・16・P403） 『瑜祇経』（No.867・18・P253） 『蘇悉地羯囉経』（No.893・18・P603）	**形状：A【女天・右手与願印・左手宝珠】** 図③『十』九・102、図③『別』四五・243、図③『四』下・213、図⑤『覚』七八・272、図⑦『天部』一・11	〈彫刻〉**形状：A**◎千葉・多聞院（鎌・立）、◎山梨・福光園寺（鎌・坐）、◎滋賀・園城寺（鎌・坐）、◎京都・広隆寺（平・立）、◎京都・醍醐寺（平・立）、◎京都・浄瑠璃寺（鎌・立）、◎兵庫・多聞寺（平・立）、◎奈良・唐招提寺（平・立）、◎岡山・安養	〈金剛界〉蓮華部院北西方、水吉祥と同体（形状、右手与願印・左手蓮華） 〈胎蔵界〉虚空蔵院千手観音脇

	『陀羅尼集経』(No.901・18・P785) 『菩提場荘厳陀羅尼経』(No.1008・19・P668) 『不空羂索神変真言経』10(No.1092・20・P227) 『毘沙門天王経』(No.1244・21・P215) 『仏説大吉祥天女十二名号経』(No.1252・21・P252) 『大吉祥天女十二契一百八名無垢大乗経』(No.1253・21・P253) 『宝蔵天女陀羅尼経』(No.1282・21・P342) 『七仏八菩薩所説大陀羅尼神呪経』(No.1332・21・P536) 『金光明最勝王経疏』(No.1788・39・P175) 『大日経疏』(No.1796・39・P579) 『大日経疏演奥鈔』(No.2216・59・P1) **【儀軌・修法作法等】** 『玄法寺儀軌』(No.852・18・P108) 『大毘盧遮那成仏神変加持経蓮華胎蔵悲生曼荼羅広大成就儀軌』(No.852・18・P127)	**形状：B【女天・右手与願印・左手蓮華】** 図⑤『覚』一〇九・360・[参]64 **形状：C【女天・持物輪宝】** 図⑦『天部』一・12 **形状：D【女天・両手盛花】** 図⑤『覚』一〇九・359・[参]63 **形状：E【女天・右手盤上に吉祥果・左手二、三、四指捻】** 図⑦『天部』一・5	寺(平・立)、◎香川・善通寺(平・立) [その他] 〈彫刻〉◎奈良・東大寺法華堂(奈・右手持物・左手垂下・立・塑造)、◎奈良・興福寺(南北・右手剣・左手宝珠・倚)、◎鳥取・学行院(平・右手与願印・左手胸前でにぎる・立) 〈絵画〉◎東京芸術大学(平・吉祥天厨子・八臂・立)、◉奈良・薬師寺(奈・右手胸前にあげ掌下向・左手宝珠・立)	侍(形状、蓮華盛花) ＊功徳天とも称す。毘沙門天、千手観音の脇侍像のほか、金光明最勝王経会や吉祥悔過会の本尊。また、梵釈二天とともに描かれたものもみえる。
吉祥天曼荼羅(中尊・吉祥天)	**【経典・論疏等】** 『陀羅尼集経』(No.901・18・P785)	**形状：【中尊・右手与願印・左手宝珠】** 図⑤『覚』一〇九・358・[参]・62、図⑦『天部』一・6・7・8	〈絵画〉◎静岡・MOA美術館(鎌・中尊立像)、△アメリカ・ボストン美術館(鎌・倚)	＊福徳を求める吉祥天法の本尊。梵釈二天、四天王、白象等を配す。
弁財天	**【経典・論疏等】** 『金光明最勝王経』(No.665・16・P403) 『大方広如来秘密蔵経』(No.821・17・P837) 『大日経』(No.848・18・P1) 『不空羂索神変真言経』(No.1092・20・P227) 『金光明最勝王経疏』(No.1788・39・P175)	**形状：A【女天・二臂・立／坐】** 図③『別』四四・238・239、図③『四』下・217、図④『久』一・1、図⑦『天部』一・19、図⑫『諸図』下・	〈彫刻〉**形状：A**◎神奈川・鶴岡八幡宮(鎌)、△滋賀・宝厳寺(室)(以上、持物琵琶)、**形状：B**△神奈川・江之島弁財天社(南北)、◎大阪・孝恩寺(平)、◎奈良・東大寺法華堂(奈・塑造)	〈胎蔵界〉外金剛院西方(形状：A) ＊香川・金比羅宮所蔵の弁財天十五童子画像は、

『大日経疏』（No.1796・39・P579）

【儀軌・修法作法等】

『要尊道場観』（No.2468・78・P39）

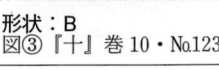

形状：A
図③『別』巻44・No.238

45・47

形状：B【女天・八臂・立／坐】

図③『十』一〇・123、図③『別』四四・240、図③『四』下・218、図④『醍祈』一・5、図⑦『天部』一・20、図⑫『諸図』下・46

形状：C【女天・六臂・立】

図3『別』四四・241

〈絵画〉**形状：A**◎東京・静嘉堂（南北）、△和歌山・宝城院（南北）（以上、持物琵琶）、**形状：C**◎香川・金刀比羅堂（鎌・脇、十五童子）

形状：B
図③『十』巻10・No.123

六臂像を中心に十五童子ならびに釈迦・薬師・地蔵・観音・文殊が上部円相に描かれていることから春日四社明神ならびに春日若宮五神の本地仏と考えられる。

訶梨帝母

【経典・論疏等】

『雑法蔵経』（No.203・4・P447）
『法華経』（No.262・9・P1）
『摩訶摩耶経』（No.383・12・P1005）
『金光明経』（No.663・16・P335）
『金光明最勝王経』（No.665・16・P403）
『仏母大孔雀明王経』（No.982・19・P415）
『七星如意輪秘密要経』（No.1091・20・P224）
『訶利帝母真言経』（No.1261・21・P289）
『仏説鬼子母経』（No.1262・21・P290）
『灌頂経』（No.1331・21・P495）
『七仏八菩薩所説大陀羅尼神呪経』（No.1332・21・P536）
『有部毘奈耶雑事』（No.1451・23・P207）
『金光明最勝王経疏』（No.1788・39・P175）
『大日経疏』（No.1796・39・P579）
『南海寄帰内法伝』（No.2125・54・P204）

形状：A【女天・九童子・二侍女・半跏】

図③『十』一〇・128、図⑤『覚』一〇七・348、図⑫『諸図』下・50

形状：B【女天・童子なし・立／坐】

図⑫『諸図』下・51

形状：C【女天・三童子・半跏】

図③『十』一〇・127、図⑫『諸図』下・49

形状：D【女天・五童子・坐／半跏】

図③『別』五〇・270、図④『久』一・3、図⑤『覚』一〇七・350、図⑫

〈絵画〉**形状：A**◎京都・醍醐寺（鎌・白描）、**形状：D**◎京都・醍醐寺（鎌・白描）

［その他］

〈彫刻〉◎滋賀・園城寺（鎌）、◎奈良・東大寺（平～鎌・以上一童子）

〈絵画〉◉京都・三宝院（鎌、二童子）

＊歓喜母、鬼子母とも称し、安産等を祈る訶利帝母法の本尊。唐服をあらわすもの（彫・京都・園城寺）が多いが、上記の図像・作例以外に鬼形をあらわすものもみえる。

また童子像が共に描かれるが、三子・五子・七子・九子などのもののほか普賢十羅刹女と一具

	『翻梵語』(No.2130・54・P981) 『孔雀経音義』(No.2244・61・P755) **【儀軌・修法作法等】** 『大宝広博楼閣善住秘密陀羅尼経』(No.1005A・19・P619) 『宝楼閣経梵字真言』(No.1005B・19・P634) 『大薬叉女歓喜母并愛子成就法』(No.1260・21・P286) 『氷掲羅天童子経』(No.1263・21・P291)	『諸図』下・48 **形状：E【女天・五童子・二侍女・半跏】** 図⑤『覚』一〇七・351 **形状：F【女天・七童子・半跏】** 図⑤『覚』一〇七・349 **形状：G【女天・八童子・二侍女・半跏】** 図③『別』五〇・269	 形状：A 図③『十』巻3・№128	とするものもある。童子経曼荼羅・七星如意輪曼荼羅にも列する。
大黒天	**【経典・論疏等】** 『大方等大集経』(No.397・13・P1) 『大日経』(No.848・18・P1) 『瑜祇経』(No.867・18・P253) 『仏母大孔雀明王経』(No.982・19・P415) 『理趣釈』(No.1003・19・P607) 『観自在菩薩三世最勝心明王経』(No.1033・20・P9) 『不空羂索神変真言経』(No.1092・20・P227) 『大日経疏』(No.1796・39・P579) 『南海寄帰内法伝』(No.2125・54・P204) 『一切経音義』(No.2128・54・P311) 『仁王護国般若波羅蜜多経』(No.246・8・P825) **【儀軌・修法作法等】** 『阿吒薄具元帥大将上仏陀羅尼経修行儀軌』(No.1239・21・P187) 『迦楼羅及諸天密言経』(No.1278・21・P331) 『大黒天神法』(No.1287・21・P355)	**形状：A【一面二臂・平服・烏帽子】** 図③『諸』下・103、図⑤『覚』一一三・369・370、図⑫『仏菩』一・5 **形状：B【三面六臂】** 図③『十』一〇・142、図⑤『覚』一一三・371	〈彫刻〉**形状：A**△滋賀・金剛輪寺(平・坐)、◎滋賀・延暦寺(鎌・立)、△滋賀・光明寺(江・立・俵と迦葉座)、◎奈良・松尾寺(鎌・立)、◎奈良・西大寺(鎌・立)、◎福岡・観世音寺(平・立) [その他] 〈彫刻〉◎滋賀・明寿院(平・甲冑・半跏)、△滋賀・聖衆来迎寺(南北・右手小槌・左手袋・立・俵座) 〈絵画〉◎京都・教王護国寺(室・六大黒天・白描)	〈胎蔵界〉外金剛院北東部(形状：B) ＊元来は摩訶羅天というインドの神。地天・シヴァ神の化身とも伝える。上記のもののほかに武装するもの(彫・滋賀・明寿院像)などもみえる。俵座、岩座、蓮葉上に立つもののほか、半跏像もある。
聖天(歓喜	**【経典・論疏等】**	**形状：A【象頭・双身・**	〈彫刻〉**形状：A**◎埼玉・歓喜院	〈金剛界〉外金

天)

【経典・論疏等】

『蘇婆呼童子請問経』(No.895・18・P719)
『一字奇特仏頂経』(No.953・19・P285)
『仏説十一面観世音神呪経』(No.1070・20・P149)
『不空羂索神変真言経』(No.1092・20・P129)
『仏説金色迦那鉢底陀羅尼経』(No.1269・21・P303)
『大日経疏』(No.1796・39・579P)
『一切経音義』(No.2128・54・P311)
『成唯識論述記集成編』(No.2266・67・P1)

【儀軌・修法作法等】

『大聖天歓喜双身毘那夜迦法』(No.1266・21・P296)
『使呪法経』(No.1267・21・P297)
『大使呪法経』(No.1268・21・P298)
『大聖観喜双身大自在天毘那夜迦王帰依念誦供養法』(No.1270・21・P303)
『金剛薩埵説頻那夜迦天成就儀軌経』(No.1272・21・P306)
『毘那夜迦誐那鉢底瑜伽悉地品秘要』(No.1273・21・P321)
『大聖歓喜双身毘那夜迦天形像品儀軌』(No.1274・21・P321)

形状：A
図③『十』巻9・No.101

立】
図③『十』九・101、図③『別』四二・236、図③『諸』下・94、図⑤『覚』一〇五・335・336・347、図⑫『諸図』下・80

形状：B【象頭・一面二臂・坐】
図③『諸』下・95、図⑤『覚』一〇五・346、図⑫『諸図』下・81

形状：C【象頭・一面四臂・立】
図③『十』九・99、図③『別』四二・233、図⑤『覚』一〇五・337・338

形状：D【象頭・一面六臂・立】
図③『十』九・98、図③『別』四二・234・235、図③『諸』下・93・96・97、図③『四』下・221、図⑤『覚』一〇五・339・340、図⑫『諸図』下・79・82

形状：E【象頭・三面四臂・坐】
図③『別』四二・236、図⑤『覚』一〇五・341・342

(鎌・脇侍二童子・錫杖・銅造)、◎神奈川・宝戒寺(鎌)
〈絵画〉**形状：A**◎京都・教王護国寺(平・白描)
〈絵巻〉◎『歓喜天霊験記』兵庫・近藤家所蔵(鎌)

形状：B
図⑤『覚』巻105・No.346

形状：E
図⑤『覚』巻105・No.341

剛院四方六部(各形状：B)
〈胎蔵界〉外金剛院北東方(形状：B)

＊大聖歓喜天・誐那鉢底と称すインド神。二頭の像頭人身が抱き合うもののほか二臂・四臂・六臂像等では鉾・蘿蔔根・宝剣・宝珠・歓喜団・鉞斧・索などをとる。

閻魔天

【経典・論疏等】

形状：A【菩薩形・右手

〈絵画〉**形状：A**◎神奈川・原家所

〈金剛界〉外金

	『起世経』(No.24・1・P310) 『起世因本経』(No.25・1・P365) 『大日経』(No.848・18・P1) 『金剛頂瑜伽中略出念誦経』(No.866・18・P223) 『不空羂索神変真言経』(No.1092・20・P227) 『聖無動尊安鎮家国等法』(No.1203・21・P29) 『焔羅王供行法次第』(No.1290・21・P374) 『瑜伽師地論』(No.1579・30・P279) 『大日経疏』(No.1796・39・P579) 『一切経音義』(No.2128・54・P311) 『金光明最勝王経玄枢』(No.2196・56・P483) 『大日経疏演奥鈔』(No.2216・59・P1) 『孔雀経音義』(No.2244・61・P755) 『秘密漫荼羅十住心論』(No.2425・77・P303) 『薬師経疏』(No.2766・85・P306/No.2767・85・P310) **【儀軌・修法作法等】** 『摂大儀軌』(No.850・18・P65) 『広大儀軌』(No.851・18・P90) 『青龍寺儀軌』(No.853・18・P143) 『金剛頂瑜伽護摩儀軌』(No.908・18・P916/No.909・18・P920) 『尊勝仏頂修瑜伽法軌儀』(No.973・19・P368) 『大孔雀明王画像壇場儀軌』(No.983a・19・P439) 『十二天供儀軌』(No.1298・21・P385)	**仰掌・左手人頭幢・坐】** 図③『十』一〇・135、図⑤『覚』一一八・383、図⑫『諸図』下・53・54 形状：B **【菩薩形・右手人頭幢・左手腰】** 図⑤『覚』一一八・384	蔵(平)、◎岐阜・安藤積産合資会社(平)、●京都・醍醐寺(鎌) [その他] 〈彫刻〉**形状**：A ◎京都・醍醐寺(平・右手施無畏印)  形状：A 図③『十』巻10・No.135	剛院北方 〈胎蔵界〉外金剛院南方 ＊夜摩焔摩・閻摩羅社とも称す。十二天・八方天の護法神。閻魔天は十王中では閻魔王と呼ばれる地獄の王。密教では十二天中の一つで護法神。閻魔天は通常菩薩系で牛座に座す。
〈群像〉 閻魔天曼荼羅(中尊・閻魔天)	**【経典・論疏等】** 『大日経』(No.848・18・P1)	**形状**：**【中尊・菩薩形・右手仰掌・左手人頭幢・半跏】** 図③『別』四六・245、図③『四』下・189、図⑤	〈絵画〉◎大阪・木崎家所蔵(鎌) [その他] ◎滋賀・園城寺(鎌)、◎京都国立博物館(鎌)(以上、中尊・忿怒形)	＊除災・延命のほか死者の冥福を祈る閻摩天供(冥道供)の本尊。

十王	【経典・論疏等】 『預修十王生七経』（大正蔵図像部7・P645、卍続22・23・P4） 『地蔵菩薩発心因縁十王経』（卍続22・23・P4）	『覚』一一八・382 形状：【秦広王・初江王・宋帝王・五官王・閻羅王・変成王・太山王・平等王・都市王・五道転輪王】 図⑦『十王』一・1〜11	〈彫刻〉◎神奈川・円応寺（鎌）、◎大分・臼杵市（鎌・石造） 〈絵画〉◎東京国立博物館（室）、(参)◎神奈川県立美術館（南宋）、(参)◎神奈川・森村家所蔵（元）、(参)◎滋賀・永源寺（元）、(参)◎奈良・能満院（南北・中尊地蔵）、◎京都・二尊院（室）、(参)◎岡山・宝福寺（元）、(参)◎香川・法然寺（元） 〈絵巻〉◎『仏鬼軍絵巻』京都・十念寺（室）	＊道教思想との関連から創作されたもので、請来品も少なくない。併せて各本地仏を描くものもある。
閻魔王	【経典・論疏等】 『長阿含経』（No.1・1・P1） 『大楼炭経』（No.23・1・P227） 『起世経』（No.24・1・P310） 『起世因本経』（No.25・1・P365） 『中阿含経』（No.26・1・P421） 『仏説鉄城泥犁経』（No.42・1・P826） 『仏説閻羅王五天使者経』（No.43・1・P828） 『大般若波羅蜜多経』（No.220・5〜7・P1） 『旧華厳経』（No.278・9・P395） 『華厳経』（No.279・10・P1） 『大宝積経』（No.310・11・P1） 『観仏三昧海経』（No.643・15・P645） 『金光明最勝王経』（No.665・16・P403） 『正法念處経』（No.721・17・P1） 『大日経』（No.848・18・P1）		〈彫刻〉△栃木・中尊寺（鎌・銅造）、◎滋賀・浄信寺（鎌・立）、◎京都・六波羅蜜寺（鎌）、◎京都・宝積寺（鎌）、◎奈良・白毫寺（鎌） 〈絵画〉◎大阪・長泉寺（鎌）、◎奈良・興福寺（鎌・立・板絵） 〈絵巻〉◎『能恵法師絵巻』京都・広隆寺（鎌）	＊閻羅王とも称す。一般に唐服。太山府君・五道大神・司命・司録・聖天・荼吉尼天・遮文荼等を眷属とする。

『灌頂経』（No.1331・21・P495）
『大毘婆娑論』（No.1545・27・P1）
『阿毘達磨倶舎論』（No.1558・27・P1）
『阿毘達磨順正理論』（No.1562・29・P329）
『瑜伽師地論』（No.1579・30・P279）
『仏説立世阿毘曇論』（No.1644・32・P173）
『彰所知論』（No.1645・32・P226）
『問地獄経（経律異相 49）』（No.2121・53・P1）
『法苑珠林』（No.2122・53・P269）
『一切経音義』（No.2128・54・P311）
『金光明最勝王経玄枢』（No.2196・56・P483）
『大日経疏演奥鈔』（No.2216・59・P1）
『孔雀経音義』（No.2244・61・P755）
『秘密漫荼羅十住心論』（No.2425・77・P303）
『薬師経疏』（No.2766・85・P306orNo.2767・85・P310）

【儀軌・修法作法等】

『摂大儀軌』（No.850・18・P65）
『広大儀軌』（No.851・18・P90）
『玄法寺儀軌』（No.852・18・P108）
『青龍寺儀軌』（No.853・18・P143）
『賢劫十六尊』（No.881・18・P339）
『金剛頂瑜伽護摩儀軌』（No.908, 909・18・P916）
『尊勝仏頂修瑜伽法軌儀』（No.973・19・P368）
『大孔雀明王画像壇場儀軌』（No.983a・19・P439）
『聖無動尊安鎮家国等法』（No.1203・21・P27）
『焔羅王供行法次第』（No.1290・21・P374）
『十二天供儀軌』（No.1298・21・P385）
『焔羅王供行法次第』（No.21・P374）
『供養十二大威徳天報恩品』（No.1297・21・P383）

摩利支天

【経典・論疏等】
『陀羅尼集経』(No.901・18・P785)
『末利支提婆華鬘経』(No.1254・21・P255)
『仏説摩利支天菩薩陀羅尼経』(No.1255・21・P259)
『仏説大摩里支菩薩経』(No.1257・21・P262)
『代宗朝贈司空大弁正広智三蔵和上表制集』(No.2120・52・P826)
『普通援菩薩戒広釈』(No.2381・74・P575)
『行林抄』(No.2409・76・P1)
『別行』(No.2476・78・P125)
『伝受集』(No.2482・78・P224)
【儀軌・修法作法等】
『摩利支菩薩略念誦法』(No.1258・21・P285)
『摩利支天一印法』(No.1259・21・P285)

形状：A【一面二臂】 図③『十』一〇・124、図③『別』五三・286、図③『四』下・215、図④『醍祈』一・8、図④『久』一・2、図⑦『天部』一・1・2・3、図⑫『諸図』下・42
形状：B【三面八臂】 図③『十』一〇・125、図③『別』五三・285、図③『四』下・216、図④『醍仏』一・15、図⑦『天部』一・4、図⑫『諸図』下・43

〈絵画〉**形状：A**[参]◎京都・聖沢院(高麗・倚)

形状：A
図③『十』巻10・No.124

＊威光菩薩などの別称あり。摩利支とは日月の光を意味し、陽炎の神格化したものと伝える。二臂・六臂・八臂像があり、蓮華座・猪座のものがある。頭頂に宝塔を載せ、持物は弓・線・無憂樹杖・箭・針・金剛杵・鉤などとする。

荼吉尼天

【経典・論疏等】
『仏説最上根本大楽金剛不空三昧大教王経』(No.244・8・P786)
『大日経』(No.848・18・P1)
『仏説大悲空智金剛大教王儀軌経』(No.892・18・P587)
『大日経疏』(No.1796・39・P579)
『大日経疏演奥鈔』(No.2216・59・P1)
『胎蔵界大法対受記』(No.2390・75・P54)
『胎蔵三密抄』(No.2398・75・P561)
『総持抄』(No.2412・77・P53)
『別行』(No.2476・78・P125)
『胎蔵入理鈔』(No.2534・79・P145)
【儀軌・修法作法等】

形状：【四尊有①右手人足・左手人手②右手鉢・左手刀③右手鉢・左手刀④死鬼(横たわる)】 図①『胎仁』一・253〜256、図②『叡胎』上・167

[その他]
〈絵画〉△東京・金剛寺(江、右手剣・左手宝珠・白狐座)、△和歌山・桜池院(江・中尊・五面十二臂弁財天・荼吉尼天曼荼羅)

形状：
図②『叡胎』巻上・No.167

〈胎蔵界〉外金剛院南西方(形状、①右手人手・左手人足、②③持物血杯)
＊荼枳尼・荼枳尼天とも書く。元来は大黒天の眷属だが白狐に乗るところから稲荷と混同される。荼吉尼天曼荼羅はわが国で創作されたもの

	『玄法寺儀軌』(No.852・18・P108)			か。
伎芸天	【儀軌・修法作法等】 『摩醯首羅天法要』(No.1279・21・P339) 『摩醯首羅大自在天王神通化生伎芸天女念誦法』(No.1280・21・P340)	形状：【女天・二臂・立】 図③『十』九・104、図③『別』四四・242、図⑦『伎芸』一・別紙10、図⑫『諸図』下・44	[その他] 〈彫刻〉◎奈良・秋篠寺(奈・脱活乾漆)	*天衣・瓔珞で荘厳し、持物は左手に天花、右手に裙をさげる。
龍王(難陀龍王・烏波難陀・善女龍王)	【経典・論疏等】 『増一阿含経』(No.125・2・P549) 『大宝積経』(No.310・11・P1) 『大日経疏』(No.1796・39・P579)	形状：A【難陀龍王】 図①『胎仁』一・236・300・355 形状：B【烏波龍王】 図①『胎仁』一・283・299・356 形状：C【善女龍王】 図⑦『善女』一・別紙8	〈彫刻〉形状：A◎大阪・孝恩寺(平・難陀龍王、跋難陀龍王各一体)、 形状：C△奈良・長谷寺(鎌・胸前盤・岩)◎奈良・法隆寺(鎌・善女龍王・右手胸前第一、二指捻) [その他] 〈彫刻〉△京都・月輪寺(平) 〈絵画〉形状：C◎京都・大通寺(鎌・善女龍王)、◉和歌山・金剛峯寺(平・善女龍王)(以上、盤・宝珠)	〈胎蔵界〉外金剛院南北西門各脇 *元来は蛇類の神格化したものか。八部衆の一。請雨神通力を持つ。
蘘麌利毒女	【経典・論疏等】 『瑜伽大教王経』(No.887・18・P514) 『観自在菩薩化身蘘麌哩曳童女銷伏毒害陀羅尼経』(No.1264・21・P292) 『仏説穰虞梨童女経』(No.1264A・21・P293) 『仏説常瞿利毒女陀羅尼呪経』(No.1265・21・P294)	形状：A【女天・七面四臂・立／坐】 図③『十』一〇・136、図③『別』四九・265・266、図⑤『覚』一一九・386・[参]71 形状：B【女天・一面二臂・坐／半跏】 図③『十』一〇・137、図⑤『覚』一一九・385・[参]70	〈絵画〉形状：A◎京都・仁和寺(鎌・立・白描)  形状：B 図⑤『覚』巻119・No.385	*観音菩薩の化身と考えられ、密教像として二臂女人形で蛇を纏い、慈顔相のものと忿怒相とがある。三戟叉、二五茎孔雀尾、黒蛇・鹿皮・金剛杵・剣箭・羅索等の持物を摂

	 形状：A 図③『十』巻 10・No.136	形状：C【女天・一面四臂・立】 図③『四』下・219、図⑫『仏菩』一・11、図⑫『諸図』下・52 形状：D【女天・一面八臂・倚】 図④『久』一・72	 形状：A 図③『四』巻下・No.219	る。上記のほかに三面六臂像などがある。
青面金剛	【経典・論疏等】 『陀羅尼集経』（No.901・18・P785） 【儀軌・修法作法等】 『青色大金剛薬叉辟鬼魔法』（No.1221・21・P99）		［その他］ 〈彫刻〉◎奈良・東大寺（平）	＊青帝薬叉神の別称あり。庚申本尊。二童子・四鬼神が眷属。
金剛童子	【儀軌・修法作法等】 『聖迦柅忿怒金剛童子菩薩成就儀軌経』（No.1222・21・P102） 『仏説無量寿仏化身大忿迅倶摩羅金剛念誦瑜伽儀軌法』（No.1223・21・P130） 『金剛童子持念経』（No.1224・21・P133）	形状：A【二臂・立】 図③『十』八・94、図③『別』五六・307、図③『四』下・160、図④『久』一・64・66 形状：B【六臂・立】 図③『十』八・95、図③『別』五六・308・309、図③『四』下・161、図④『久』一・68	〈絵画〉形状：A◎滋賀・園城寺（鎌）、形状：B◎京都・醍醐寺（鎌・白描） ［その他］ 〈絵画〉◎京都・仁和寺（平・白描・迅疾金剛童子）	〈胎蔵界〉金剛手院南西方（形状：A） ＊黄身二臂像は主に天台系で、青身六臂像は真言系で用いられた。
九曜星図	【経典・論疏等】 『文殊師利菩薩及諸仙所説吉凶時日善悪宿曜経』（No.1299・21・P387） 『摩登伽経』（No.1300・21・P399） 『大日経疏』（No.1796・39・P579）	形状：【羅睺蝕神星、中宮出宿星、嘀北辰星、西方大白星、太陽密日星、南方火熒惑星、計都蝕神星、暮大陰、東方歳星】	〈絵画〉◎静岡・MOA美術館（平・白描）、◎京都・醍醐寺（鎌・白描）、△アメリカ・ボストン美術館（鎌・九曜七星降臨）	＊七曜に羅睺星・計都星を加えたもので、星曼荼羅の第二院に位置する。

	【儀軌・修法作法等】 『広大儀軌』(No.851・18・P90) 『玄法寺儀軌』(No.852・18・P108) 『大方広菩薩文殊師利根本儀軌経』(No.1191・20・P835) 『聖曜母陀羅尼経』(No.1303・21・P421) 『宿曜儀軌』(No.1304・21・P422) 『七曜攘災決』(No.1308・21・P426) 『七曜星辰別行法』(No.1309・21・P452) 『梵天火羅九曜』(No.1311・21・P459)	図⑫『梵火』一・一・1～9、 図⑫『九曜』一・1～10、 図⑫『九星』一・1～10		
《経典絵》 最勝王経絵	【経典・論疏等】 『金光明最勝王経』(No.665・16・P403)	作例：【最勝王経宝塔曼荼羅】	〈絵画〉◎岩手・中尊寺大長寿院(平)	
法華経絵	【経典・論疏等】 『法華経』(No.262・9・P1)	作例：A【法華経曼荼羅】 作例：B【法華経金字宝塔曼荼羅】 作例：C【法華経絵巻】 作例：D【釈迦浄土図】 作例：E【法華説相図】 作例：F【一字一仏法華経】 作例：G【一字蓮台法華経】 作例：H【一字宝塔法華経】	〈絵画〉**形状**：A◎富山・本法寺(鎌)、◎静岡・本興寺(鎌)、◎京都・海住山寺(鎌)、**形状**：B◎大阪・立本寺(鎌)、**形状**：C◎東京・畠山記念館(鎌)、◎兵庫・香雪美術館(鎌)、**形状**：D◉奈良・法隆寺玉虫厨子宮殿背面(奈)、(参)◎京都・清凉寺(北宋・紙本版画)、**形状**：E◎奈良・長谷寺(奈)、△アメリカ・ボストン美術館(奈)、**形状**：F◉奈良・大和文華館(平)、◉香川・普通寺(平)、**形状**：G◉福島・竜興寺(平)、**形状**：H◎栃木・輪王寺(平)、◎東京・服部家所蔵(平)、◎長野・戸隠神社(平)、◎京都・本満寺(平)	＊上記のほかに『法華経』を引用した絵巻物として、『観音経絵』(鎌・アメリカ・メトロポリタン美術館本)などが知られる。

華厳経絵	【経典・論疏等】 『華厳経』(No.279・10・P1) 『華厳経入法界品』(No.295・10・P876)	作例：A【毘盧遮那仏世界】 作例：B【華厳五十五所絵】 作例：C【華厳五十五所絵巻】 作例：D【華厳海会善知識曼荼羅図】	〈絵画〉形状：A◎京都・高山寺(鎌・華厳海会諸聖衆曼荼羅)、◎奈良・東大寺大仏蓮弁(奈)、形状：B◎東京・根津美術館(平・六面)、◎大阪・藤田美術館(平・二面)、◎奈良・東大寺(平・十面)、形状：C◎東京国立博物館(平)、◎大阪・藤田美術館(平)、◉奈良・東大寺(平)、形状：D◎奈良・東大寺(鎌)	＊『華厳五十五所絵巻』は『善財童子絵』とも称す。平安末期以降、華厳教学復興の中で多く制作された。
阿弥陀浄土変(中尊・阿弥陀如来)	【経典・論疏等】 『無量寿経』(No.360・12・P265) 『観無量寿仏経』(No.365・12・P340) 『阿弥陀経』(No.366・12・P346) 『観無量寿仏経疏』(No.1753・37・P245) 『宝王三昧念仏直指』(No.1974・47・P354) 『依観経等明般舟三昧行道往生讃』(No.1981・47・P447)	形状：智光曼荼羅【中尊合掌・坐】 図④『覚』七・37	〈絵画〉【阿弥陀浄土曼荼羅】◎京都・知恩院(鎌・阿弥陀浄土曼荼羅)、◎奈良・元興寺極楽坊(室・智光曼荼羅)、◎奈良・国立博物館(平)、◎和歌山・西禅院(平)(以上、清海曼荼羅)、◎秋田・浄蓮寺(鎌)、◎東京・新田家所蔵(鎌)、◎神奈川・光明寺(鎌)、◎福井・西福寺(鎌)、◎滋賀・成菩提院(鎌)、◎京都・禅林寺(鎌)、◎大阪・実相寺(鎌)、◉奈良・当麻寺(奈)、◎和歌山・清浄心院(鎌)、◎香川・萩原寺(鎌)(以上、当麻曼荼羅) [その他] 【観経十六観想図】◎京都・長香寺(南宋)、◎奈良・阿弥陀寺(鎌)、【阿弥陀浄土図】㊫◎京都・知恩院(南宋) 〈絵巻〉◉『当麻曼荼羅縁起』神奈川・光明寺(鎌)	＊わが国では、阿弥陀浄土曼荼羅としては当麻・智光・清海曼荼羅が代表的なものだが、『観経十六変相図』(京都・長香寺蔵)などの浄土変相図もいくつか確認される。

二河白道図	【経典・論疏等】 『観無量寿経疏』(No.1753・37・P245)		〈絵画〉◎神奈川・前田家所蔵(鎌)、◎京都・光明寺(鎌)、◎兵庫・香雪美術館(鎌)、◎島根・万福寺(鎌)	*「釈迦・阿弥陀二尊」の項参照。
兜率天曼荼羅	【経典・論疏等】 『仏説観弥勒菩薩上生兜率天経』(No.452・14・P418) 【儀軌・修法作法等】 『慈氏菩薩略修愈議念誦法』(No.1141・20・P590)		〈絵画〉◎京都・興聖寺(鎌)、◎大阪・延命寺(鎌)	*兜率天の楼閣を中心とした兜率天浄土曼荼羅。
六道絵	【経典・論疏等】 『長阿含経』(No.1・1・P1) 『大楼炭経』(No.23・1・P277) 『起世経』(No.24・1・P310) 『紀世因本経』(No.25・1・P365) 『中阿含経』(No.26・1・P421) 『仏説譬喩経』(No.217・4・P801) 『大般涅槃経』(No.374・12・P365) 『仏説観仏三昧海経』(No.643・15・P645) 『仏説盂蘭盆経』(No.685・16・P779) 『正法念處経』(No.721・17・P1) 『仏説救抜焔口餓鬼陀羅尼経』(No.1313・21・P464) 『有部毘奈耶雑事』(No.1451・24・P207) 『優婆塞戒経』(No.1488・24・P1034) 『大智度論』(No.1509・25・P57) 『大毘婆沙論』(No.1545・27・P1) 『雑阿毘曇心論』(No.1552・28・P869) 『瑜伽師地論』(No.1579・30・P279) 『往生要集』(No.2682・84・P33)	作例:A【地獄道】 作例:B【畜生道】 作例:C【餓鬼道】 作例:D【阿修羅道】 作例:E【天】 作例:F【人道】	〈絵画〉**作例**:A~F(参)◎滋賀・新知恩院(南宋)、兵庫・極楽寺(鎌)、◉奈良・聖衆来迎寺(鎌)、**作例**:A◎東京国立博物館(鎌・『地獄草紙』)、◎京都・金戒光明寺(鎌・地獄極楽図)、◎京都・北野天満宮(鎌・『北野天神縁起』)、◎京都・矢田寺(鎌・『矢田地蔵縁起』)、◎京都・十念寺(室・『仏鬼軍絵巻』)、◎奈良国立博物館(鎌・『地獄草紙』)、◎山口・防府天満宮(鎌・『松崎天神縁起』)、**作例**:B◎東京国立博物館(室・『鼠草紙』)、**作例**:C◉東京国立博物館(鎌)、◉京都国立博物館(鎌)(以上『餓鬼草紙』)、**作例**:F◉文化庁(鎌)、◎神奈川・松永美術館(鎌)、◎神奈川・原家所蔵(鎌)、◉愛知・関戸家所蔵(鎌)、◎兵庫・香雪美術館(鎌)(以上『病草紙』)	*滋賀・聖衆来迎寺本は等活地獄・黒縄地獄・衆合地獄・阿鼻地獄・餓鬼道・畜生道・阿修羅道・人道・不浄相・人道苦相一、二・人道無情相・天道に譬喩経所説念仏功徳図、優婆塞戒経所説念仏功徳図及び、閻魔王庁図を加えた十五図からなるもの。
十界図		形状:【蓮台を中心に十	[その他]	*十界とは六道

		界を配す】 図⑫『十界』一・別紙44 （十界曼荼羅）	〈絵画〉◎京都・禅林寺（鎌・十界図）	に四聖界（声聞・縁覚・菩薩・仏）を加えたもの。
阿字義	**【経典・論疏等】** 『法華経』（No.262・9・P1） 『観無量寿経』（No.365・12・P340） 『大般涅槃経』（No.374・12・P365） 『菩薩念仏三昧経』（No.414・13・P793） 『大日経』（No.848・18・P1） 『大日経疏』（No.1796・39・P579） 『阿字義』（No.2438・77・P521）	**形状：【阿字・蓮台】** 図⑫『阿字』一・別紙47	形状：◎大坂・道明寺天満宮（鎌・鏡） ［その他］ 〈絵巻〉◎大阪・藤田美術館（鎌）	＊密教で万物一切の根元とされる阿字について述べ、その観想法である阿字観を説明。『阿字義』では尼僧と冠直衣の公家坐像が描かれる。

全典籍索引

（下部の数字は本編の典籍番号。末尾に＊の付いた経典名は本編では「仏説」が冠してある）

あ 行

阿育王経（あいくおうきょう）→2043
阿育王息壊目因縁経（あいくおうそくえもくいんねんぎょう）→2045
阿育王伝（あいくおうでん）→2042
愛染王講式（あいぜんおうこうしき）→2726
阿鳩留経（あくるきょう）→0529＊
阿含口解十二因縁経（あごんくげじゅうにいんねんぎょう）→1508
阿含正行経（あごんしょうぎょうきょう）→0151＊
阿字観用心口決（あじかんようじんくけつ）→2432
阿字義（あじぎ）→2438
𑖀字秘釈（あじひしゃく）→2512
阿闍世王経（あじゃせおうきょう）→0626＊
阿闍世王授決経（あじゃせおうじゅけつきょう）→0509
阿闍貰王女阿術達菩薩経（あじゃせおうにょあじゅつだつぼさつきょう）→0337＊
阿闍世王問五逆経（あじゃせおうもんごぎゃくきょう）→0508
阿差末菩薩経（あしゃまぼさつきょう）→0403
阿闍梨大曼荼攞潅頂儀軌（あじゃりだいまんだらかんじょうぎき）→0862
阿閦如来念誦供養法（あしゅくにょらいねんじゅくようほう）→0921
阿閦仏国経（あしゅくぶっこくきょう）→0313
阿字要略観（あじようりゃくかん）→2439
阿潄達経（あそくだつきょう）→0141＊
阿吒婆拘鬼神大将上仏陀羅尼経（あたばくきじんたいしょうじょうぶつだらにきょう）→1238
阿吒婆拘鬼神大将上仏陀羅尼神呪経（あたばくきじんたいしょうじょうぶつだらにじんしゅきょう）→1237
阿吒薄拘付嘱呪（あたばくふくしょくしゅ）→1240
厚造紙（あつぞうし）→2483
阿那邠邸化七子経（あなふんていけしちきょう）→0140
阿那律八念経（あなりつはちねんきょう）→0046＊
阿難四事経（あなんじじきょう）→0493＊
阿難七夢経（あなんしちむきょう）→0494
阿難陀目佉尼呵離陀経（あなんだもくきゃにかりだきょう）→1013
阿難陀目佉尼呵離陀隣尼経（あなんだもくきゃにかりだりんにきょう）→1015＊
阿難同学経（あなんどうがくきょう）→0149＊
阿難分別経（あなんふんべつきょう）→0495＊
阿難問事仏吉凶経（あなんもんじぶつきっきょうきょう）→0492＊
阿耨風経（あのくふうきょう）→0058＊
阿吒薄倶元帥大将上仏陀羅尼経修行儀軌（あばたくげんすいたいしょうじょうぶつだらにきょうしゅぎょうぎき）→1239
阿毘達磨界身足論（あびだつまかいしんそくろん）→1540
阿毘達磨倶舎釈論（あびだつまくしゃしゃくろん）→1559
阿毘達磨倶舎論（あびだつまくしゃろん）→

1558
阿毘達磨倶舎論稽古（あびだつまくしゃろんけいこ）→2252
阿毘達磨倶舎論指要鈔（あびだつまくしゃろんしょうしょう）→2250
阿毘達磨倶舎論法義（あびだつまくしゃろんほうぎ）→2251
阿毘達磨倶舎論本頌（あびたつまくしゃろんほんじゅ）→1560
阿毘達磨識身足論（あびだつましきしんそくろん）→1539
阿毘達磨集異門足論（あびだつましゅういもんそくろん）→1536
阿毘達磨順正理論（あびだつまじゅんしょうりろん）→1562
阿毘達磨蔵顕宗論（あびだつまぞうけんしゅうろん）→1563
阿毘達磨大毘婆沙論（あびだつまだいびばしゃろん）→1545
阿毘達磨法蘊足論（あびだつまほううんそくろん）→1537
阿毘達磨発智論（あびだつまほっちろん）→1544
阿毘達磨品類足論（あびだつまほんるいそくろん）→1542
阿毘曇甘露味論（あびどんかんろみろん）→1553
阿毘曇五法行経（あびどんごほうぎょうきょう）→1557
阿毘曇心論（あびどんしんろん）→1550
阿毘曇心論経（あびどんしんろんぎょう）→1551
阿毘曇八犍度論（あびどんはっけんどろん）→1543
阿毘曇毘婆沙論（あびどんびばしゃろん）→1546
阿弥陀経（あみだきょう）→0366＊
阿弥陀経義記（あみだきょうぎき）→1755
阿弥陀経義述（あみだきょうぎじゅつ）→1756
阿弥陀経義疏（あみだきょうぎしょ）→1761＊
阿弥陀経疏（あみだきょうしょ）→1757
阿弥陀経疏（あみだきょうしょ）→1759、1760＊
阿弥陀経通賛疏（あみだきょうつうさんしょ）→1758
阿弥陀経要解（あみだきょうようげ）→1762＊
阿弥陀経略記（あみだきょうりゃっき）→2210
阿弥陀鼓音声王陀羅尼経（あみだくおんじょうおうだらにきょう）→0370
阿弥陀三耶三仏薩楼仏檀過度人道経（あみださんやさんぶつさるぶつだんかどにんどうきょう）→0362＊
阿弥陀秘釈（あみだひしゃく）→2522
阿弥陀仏説呪（あみだぶつせつじゅ）→0369
阿惟越致遮経（あゆいおっちしゃきょう）→0266＊
阿羅漢具徳経（あらかんぐとくきょう）→0126＊
阿唎多羅陀羅尼阿嚕力経（ありたらだらにあろりききょう）→1039
安心決定鈔（あんじんけつじょうしょう）→2679
安宅神呪経（あんたくじんしゅきょう）→1394＊
安宅陀羅尼呪経（あんたくだらにしゅきょう）→1029＊
頞多和多耆経（あんたわたぎきょう）→0740＊
安養抄（あんようしょう）→2686
安養知足相対抄（あんようちそくそうたいしょう）→2685
安楽集（あんらくしゅう）→1958
依観経等明般舟三昧行道往生讃（いかんぎょうとうみょうはんじゅうさんまいぎょうどうおうじょうさん）→1981
意経（いぎょう）→0082＊
郁伽羅越問菩薩行経（いくがらおつもんぼさつぎょうきょう）→0323
異出菩薩本起経（いしゅつぼさつほんぎきょう）→0188

異尊抄（いそんしょう）→2490
一字奇特仏頂経（いちじきとくぶっちょうきょう）→0953
一字頂輪王念誦儀軌（いちじちょうりんのうねんじゅぎき）→0954
一字頂輪王瑜伽観行儀軌（いちじちょうりんのうゆがかんぎょうぎき）→0955
一字仏頂輪王経（いちじぶっちょうりんのうきょう）→0951
一乗義私記（いちじょうぎしき）→2304
一乗仏性慧日抄（いちじょうぶっしょうえにちしょう）→2297
一乗要決（いちじょうようけつ）→2370
一念多念分別事（いちねんたねんふんべつじ）→2677
一念多念文意（いちねんたねんもんい）→2657
壹輪盧迦論（いちゆろかろん）→1573
一髻尊陀羅尼経（いっけいそんだらにきょう）→1110＊
一髻文殊師利童子陀羅尼念誦儀軌（いっけいもんじゅしりどうじだらにねんじゅぎき）→1183
一向出生菩薩経（いっこうしゅっしょうぼさつきょう）→1017＊
一切経音義（いっさいきょうおんぎ）→2128
一切功徳荘厳王経（いっさいくどくしょうごんおうきょう）→1374＊
一切諸如来心光明加持普賢菩薩延命金剛最勝陀羅尼経（いっさいしょにょらいしんこうみょうかじふげんぼさつえんめいこんごうさいしょうだらにきょう）→1136＊
一切如来心秘密全身舎利宝篋印陀羅尼経（いっさいにょらいしんひみつぜんしんしゃりほうきょういんだらにきょう）→1022
一切智光明仙人慈心因縁不食肉経（いっさいちこうみょうせんにんじしんいんねんふじきにくきょう）→0183
一切如来安像三昧儀軌経（いっさいにょらいあんぞうざんまいぎききょう）→1418＊
一切如来烏瑟膩沙最勝総持経（いっさいにょらいうしゅにしゃさいしょうそうじきょう）→0978＊
一切如来金剛三業最上秘密大教王経（いっさいにょらいこんごうさんごうさいじょうひみつだいきょうおうきょう）→0885＊
一切如来金剛寿命陀羅尼経（いっさいにょらいこんごうじゅみょうだらにきょう）→1135＊
一切如来正法秘密篋印心陀羅尼経（いっさいにょらいしょうぼうひみつきょういんしんだらにきょう）→1023
一切如来真実摂大乗現証三昧大教王経（いっさいにょらいしんじつしょうだいじょうげんしょうざんまいだいきょうおうきょう）→0882＊
一切如来説仏頂輪王一百八名讃（いっさいにょらいせつぶっちょうりんのういっぴゃくはちみょうさん）→0960
一切如来大秘密王未曾有最上微妙大曼荼羅経（いっさいにょらいだいひみつおうみぞうさいじょうみみょうだいまんだらきょう）→0889
一切如来名号陀羅尼経（いっさいにょらいみょうごうだらにきょう）→1350＊
一切秘密最上名義大教王儀軌（いっさいひみつさいじょうみょうぎだいきょうおうぎき）→0888
一切仏摂相応大教王経聖観自在菩薩念誦儀軌（いっさいぶつしょうそうおうだいきょうおうきょうしょうかんじざいぼさつねんじゅぎき）→1051＊
一切法高王経（いっさいほうこうおうぎょう）→0823＊
一切流摂守因経（いっさいるしょうしゅいんぎょう）→0031＊
一山国師語録（いっさんこくしごろく）→2553
一百五十讃仏頌（いっぴゃくごじゅうさんぶつじゅ）→1680
異部宗輪論（いぶしゅうりんろん）→2031
医喩経（いゆきょう）→0219＊
印沙仏文（いんしゃぶつぶん）→2842

筠州洞山悟本禅師語録（いんしゅうとうざんごほんぜんじごろく）→1986 A
因縁心釈論開決記（いんねんしんしゃくろんかいけっき）→2816
因縁心論釈（いんねんしんろんしゃく）→1654
因縁心論頌（いんねんしんろんじゅ）→1654
因縁僧護経（いんねんそうごきょう）→0749＊
因明義断（いんみょうぎだん）→1841
因明纂要略記（いんみょうさんようりゃくき）→2279
因明四種相違私記（いんみょうししゅそういしき）→2275
因明四種相違略私記（いんみょうししゅそういりゃくしき）→2277
因明正理門論（いんみょうしょうりもんろん）→1629
因明正理門論本（いんみょうしょうりもんろんぽん）→1628
因明大疏裏書（いんみょうだいしょうらがき）→2274
因明大疏融貫鈔（いんみょうだいしょゆうかんしょう）→2272
因明大疏四種相違抄（いんみょうだいそししゅそういしょう）→2280
因明大疏抄（いんみょうだいそしょう）→2271
因明大疏導（いんみょうだいそどう）→2273
因明入正理論（いんみょうにっしょうりろん）→1630
因明入正理論義纂要（いんみょうにっしょうりろんぎさんよう）→1842
因明入正理論疏（いんみょうにっしょうりろんしょ）→1840
因明論疏四相違略註釈（いんみょうろんしょしそういりゃくちゅうしゃく）→2276
因明論疏明灯抄（いんみょうろんしょみょうとうしょう）→2270
右記（うき）→2491
有宗七十五法記（うしゅうしちじゅうごほうき）→2325
于瑟抳沙毘左野陀囉尼（うしゅにしゃびさやだらに）→0979
烏芻澁明王儀軌梵字（うすしゅうみょうおうぎきぼんじ）→1226
薄双紙（うすぞうし）→2495
薄双紙口決（うすぞうしくけつ）→2535
優塡王経（うてんおうきょう）→0332＊
有徳女所問大乗経（うとくにょしょもんだいじょうきょう）→0568
右繞仏塔功徳経（うにょうぶっとうくどくきょう）→0700
優婆夷浄行法門経（うばいじょうぎょうほうもんきょう）→0579
優陂夷堕舎迦経（うばいだしゃかきょう）→0088
優婆塞戒経（うばそくかいきょう）→1488
優婆塞五戒威儀経（うばそくごかいいぎきょう）→1503
優婆塞五戒相経（うばそくごかいそうきょう）→1476＊
優波離問仏経（うぱりもんぶつぎょう）→1466
雨宝陀羅尼経（うほうだらにきょう）→1163＊
盂蘭盆経（うらぼんぎょう）→0685＊
盂蘭盆経讃述（うらぼんぎょうさんじゅつ）→2781
盂蘭盆経疏（うらぼんきょうしょ）→1792＊
吽迦陀野儀軌（うんきゃだやぎき）→1251
吽字義（うんじぎ）→2430
雲門匡真禅師広録（うんもんきょうしんぜんじこうろく）→1988
永源寂室和尚語録（えいげんじゃくしつおしょうごろく）→2564
永平元和尚頌古（えいへいげんおしょうじゅこ）→2583
永平清規（えいへいしんぎ）→2584
永明智覚禅師唯心訣（えいめいちかくぜんじゆいしんけつ）→2018
慧印三昧経（えいんさんまいきょう）→0632＊
恵運禅師将来教法目録（えうんぜんじしょう

らいきょうぼうもくろく）→2168 A
恵運律師書目録（えうんりっししょもくろく）→2168 B
恵遠外伝（えおんげでん）→2859
回向文（えこうもん）→2848
廻向輪経（えこうりんきょう）→0998 *
穢跡金剛禁百変法経（えしゃくこんごうきんひゃっぺんほうきょう）→1229
穢跡金剛説神通大満陀羅尼法術霊要門（えしゃくこんごうせつじんずうだいまんだらにほうじゅつりょうようもん）→1228
慧上菩薩問大善権経（えじょうぼさつもんだいぜんごんぎょう）→0345
廻諍論（えじょうろん）→1631
壊相金剛陀羅尼経（えそうこんごうだらにきょう）→1417 *
円戒指掌（えんかいししょう）→2384
円鑑国師語録（えんかんこくしごろく）→2550
縁起経（えんぎきょう）→0124
縁起聖道経（えんぎしょうどうきょう）→0714
円悟仏果禅師語録（えんごぶっかぜんじごろく）→1997
塩山抜隊和尚語録（えんざんばっすいおしょうごろく）→2558
袁州仰山慧寂禅師語録（えんしゅうきょうざんえじゃくぜんじごろく）→1990
延寿命経（えんじゅみょうきょう）→2888
延寿妙門陀羅尼経（えんじゅみょうもんだらにきょう）→1140 *
縁生初勝分法本経（えんしょうしょしょうぶんぼうほんぎょう）→0716
縁生論（えんしょうろん）→1652
円通大応国師語録（えんつうだいおうこくしごろく）→2548
演道俗業経（えんどうぞくごうきょう）→0820 *
閻浮集（えんぶしゅう）→2557
縁本致経（えんほんちきょう）→0037 *
円密宗二教名目（えんみつしゅうにきょうみょうもく）→2373
焰羅王供行法次第（えんらおうぐぎょうぼうしだい）→1290
閻羅王五天使者経（えんらおうごてんししゃきょう）→0043 *
鴦崛髻経（おうぐつけいきょう）→0119 *
鴦掘摩経（おうぐつまきょう）→0118 *
央掘摩羅経（おうぐつまらきょう）→0120
押座文類（おうざもんるい）→2845
往生講式（おうじゅうこうしき）→2725
往生西方浄土瑞応伝（おうじょうさいほうじょうどずいおうでん）→2070
往生集（おうじょうしゅう）→2072
往生拾因（おうじょうじゅういん）→2683
往生浄土決疑行願二門（おうじょうじょうどけつぎぎょうがんにもん）→1968
往生浄土懺願儀（おうじょうじょうどさんがんぎ）→1984
往生要集（おうじょうようしゅう）→2682
往生礼讃偈（おうじょうらいさんげ）→1980
往相廻向還相廻向文類（おうそうえこうげんそうえこうもんるい）→2655 B
黄檗山断際禅師伝心法要（おうばくさんだんさいぜんじでんしんほうよう）→2012 A
黄檗清規（おうばくしんぎ）→2607
黄檗断際禅師宛陵録（おうばくだんさいぜんじえんりょうろく）→2012 B
応法経（おうほうきょう）→0083 *
王法正理論（おうぼうしょうりろん）→1615
王梵志詩集（おうぼんじししゅう）→2863
鸚鵡経（おうむきょう）→0079 *
応理宗戒図釈文鈔（おうりしゅうかいずしゃくもんしょう）→2357
黄竜慧南禅師語録（おうりゅうえなんぜんじごろく）→1993
太田禅門許御書（おおたぜんもんがりごしょ）→2694
大原声明博士図（おおはらしょうみょうはかせず）→2715
大原談義聞書鈔（おおはらだんぎききがきしょ

う）→2618
越難経（おつなんぎょう）→0537 ＊
小野六帖（おのろくじょう）→2473
御義口伝（おんぎくでん）→2699
音曲秘要抄（おんきょくひようしょう）→2721
御講聞書（おんこうききがき）→2700
温室経義記（おんじつぎょうぎき）→1793
温室経疏（おんじつきょうしょ）→2780
温室洗浴衆僧経（おんしつせんよくしゅそうぎょう）→0701 ＊
陰持入経（おんじにゅうきょう）→0603
陰持入経註（おんじにゅうきょうちゅう）→1694
園生樹経（おんじょうじゅきょう）→0028 ＊
音律菁花集（おんりつせいけしゅう）→2716

か　行

槐安国語（かいあんこくご）→2574
海意菩薩所問浄印法門経（かいいぼさつしょもんじょういんほうもんぎょう）→0400 ＊
海印三昧論（かいいんざんまいろん）→1889
開覚自性般若波羅蜜多経（かいかくじしょうはんにゃはらみたきょう）→0260 ＊
開元寺求得経疏記等目録（かいげんじぐとくきょうしょきとうもくろく）→2169
開元釈教録（かいげんしゃくきょうろく）→2154
開元釈教録略出（かいげんしゃくきょうろくりゃくしゅつ）→2155
戒香経（かいこうきょう）→0117 ＊
戒消災経（かいしょうさいきょう）→1477 ＊
誡初心学人文（かいしょしんがくにんもん）→2019 B
開心抄（かいしんしょう）→2450
海東高僧伝（かいとうこうそうでん）→2065
戒徳香経（かいとくこうきょう）→0116 ＊
海八徳経（かいはっとくきょう）→0035 ＊
開目抄（かいもくしょう）→2689
戒律伝来記（かいりつでんらいき）→2347
海竜王経（かいりゅうおうきょう）→0598 ＊
火吽軌別録（かうんきべつろく）→0914
火吽供養儀軌（かうんくようぎき）→0913
柿袋（かきぶくろ）→2477
餓鬼報応経（がきほうおうきょう）→0746
学道用心集（がくどうようじんしゅう）→2581
加句霊験仏頂尊勝陀羅尼記（かくれいげんぶっちょうそんしょうだらにき）→0974 C
過去現在因果経（かこげんざいいんがきょう）→0189
過去荘厳劫千仏名経（かこしょうごんこうせんぶつみょうきょう）→0446
過去世仏分衛経（かこせぶつぶんねきょう）→0180 ＊
華山院家四十八問答（かざんいんけしじゅうはちもんどう）→2633
迦葉結経（かしょうけっきょう）→2027
迦葉禁戒経（かしょうこんかいきょう）→1469 ＊
迦葉仙人説医女人経（かしょうせんにんせついにょにんきょう）→1691
迦葉赴仏般涅槃経（かしょうふぶつはつねはんぎょう）→0393
伽駄金剛真言（かだこんごうしんごん）→1241
呵雕阿那鋡経（かちょうあなごんぎょう）→0538 ＊
迦丁比丘説当来変経（かちょうびくせつとうらいへんぎょう）→2028
月光童子経（がっこうどうじきょう）→0534 ＊
月光菩薩経（がっこうぼさつきょう）→0166 ＊
月上女経（がつじょうにょきょう）→0480 ＊
月灯三昧経（がっとうさんまいきょう）→0639
月灯三昧経（がっとうさんまいきょう）→0640、0641 ＊
月明菩薩経（がつみょうぼさつきょう）→0169 ＊
月喩経（がつゆきょう）→0121 ＊

何耶掲唎婆観世音菩薩受法壇（かやきりばかんぜおんぼさつじゅほうだん）→1074
何耶掲唎婆像法（かやきりばぞうほう）→1073
伽耶山頂経（がやせんちょうきょう）→0465
訶利帝母真言経（かりていぼしんごんきょう）→1261
迦楼羅及諸天密言経（かるらぎゅうしょてんみつごんきょう）→1278
観経（かんぎょう）→2914
観経義賢問愚答集（かんぎょうぎけんもんぐとうしゅう）→2208 B
観経義拙疑巧答研覈鈔（かんぎょうぎせつぎぎょうとうけんかくしょう）→2208 C
観経四品知識義（かんぎょうしぼんちしきぎ）→2634
観経疏伝通記（かんぎょうしょでんづうき）→2209
観経名目証拠十七箇条（かんぎょうみょうもくしょうこじゅうしちかじょう）→2627
漢光類聚（かんこうるいじゅう）→2371
観虚空蔵菩薩経（かんこくうぞうぼさつきょう）→0409
観察諸法行経（かんさつしょほうぎょうきょう）→0649
観自在大悲成就瑜伽蓮華部念誦法門（かんじざいだいひじょうじゅゆがれんげぶねんじゅほうもん）→1030
観自在如意輪菩薩瑜伽法要（かんじざいにょいりんぼさつゆがほうよう）→1087
観自在菩薩阿麼穌法（かんじざいぼさつあまたいほう）→1115
観自在菩薩化身襄麌哩曳童女銷伏毒害陀羅尼経（かんじざいぼさつけしんじょうぐりえいどうにょしょうふくどくがいだらにきょう）→1264
観自在菩薩広大円満無礙大悲心大陀羅尼（かんじざいぼさつこうだいえんまんむげだいひしんだいだらに）→1113 A
観自在菩薩心真言一印念誦法（かんじざいぼさつしんしんごんいちいんねんじゅほう）→1041
観自在菩薩随心呪経（かんじざいぼさつずいしんしゅきょう）→1103
観自在菩薩説普賢陀羅尼経（かんじざいぼさつせつふげんだらにきょう）→1037
観自在菩薩如意心陀羅尼経（かんじざいぼさつにょいしんだらにきょう）→1081 ＊
観自在菩薩如意輪呪課法（かんじざいぼさつにょいりんじゅかほう）→1952
観自在菩薩如意輪念誦儀軌（かんじざいぼさつにょいりんねんじゅぎき）→1085
観自在菩薩如意輪瑜伽（かんじざいぼさつにょいりんゆが）→1086
観自在菩薩母陀羅尼経（かんじざいぼさつもだらにきょう）→1117 ＊
潅頂経（かんじょうきょう）→1331 ＊
潅頂私見聞（かんじょうしけんもん）→2415
観所縁縁論（かんしょえんえんろん）→1624
観所縁論釈（かんしょえんろんしゃく）→1625
観心覚夢鈔（かんじんかくむしょう）→2312
観心本尊抄（かんじんほんぞんしょう）→2692
観心論（かんじんろん）→2833
観心論亦名煎乳論（かんじんろんえきみょうせんにゅうろん）→1920
観心論疏（かんじんろんしょ）→1921
鹹水喩経（かんすいゆきょう）→0029 ＊
観世音菩薩授記経（かんぜおんぼさつじゅききょう）→0371
観世音菩薩如意摩尼陀羅尼経（かんぜおんぼさつにょいまにだらにきょう）→1083
観世音菩薩如意摩尼輪陀羅尼念誦法（かんぜおんぼさつにょいまにりんだらにねんじゅほう）→1084
観世音菩薩秘密蔵如意輪陀羅尼神呪経（かんぜおんぼさつひみつぞうにょいりんだらにじんじゅきょう）→1082
勧善経（かんぜんきょう）→2916
潅洗仏形像経（かんせんぶつぎょうぞうきょ

う）→0695＊
観総相論頌（かんそうそうろんじゅ）→1623
観想仏母般若波羅蜜多菩薩経（かんそうぶつもはんにゃはらみたぼさつぎょう）→0259＊
観中院撰定事業潅頂具足支分（かんちゅういんせんじょうじごうかんじょうぐそくしぶん）→2393
関中創立戒壇図経并序（かんちゅうそうりつかいだんずきょうならびにじょ）→1892
潅頂王喩経（かんぢょうおうゆきょう）→0218＊
観念阿弥陀仏相海三昧功徳法門（かんねんあみだぶつそうかいさんまいくどくほうもん）→1959
諫王経（かんのうぎょう）→0514＊
観音義疏（かんのんぎしょ）→1728
観音義疏記（かんのんぎしょき）→1729
観音玄義（かんのんげんぎ）→1726
観音玄義記（かんのんげんぎき）→1727
観音講式（かんのんこうしき）→2728
観普賢菩薩行法経（かんふげんぼさつぎょうほうきょう）→0277＊
観普賢菩薩行法経記（かんふげんぼさつぎょうほうぎょうき）→2194＊
観仏三昧海経（かんぶつさんまいかいきょう）→0643＊
勧発頌（かんぽつじゅ）→2526
勧発諸王要偈（かんぽつしょおうようげ）→1673
勧発菩提心集（かんぽつぼだいしんしゅう）→1862
観弥勒上生兜率天経賛（かんみろくじょうしょうとそつてんぎょうさん）→1772
観弥勒菩薩上生兜率天経（かんみろくぼさつじょうしょうとそつてんきょう）→0452＊
観無量寿経義疏（かんむりょうじゅきょうぎしょ）→1749、1752
観無量寿仏経（かんむりょうじゅぶっきょう）→0365＊
観無量寿仏経義疏（かんむりょうじゅぶつきょうぎしょ）→1754
観無量寿仏経疏（かんむりょうじゅぶつきょうしょ）→1750＊
観無量寿仏経疏（かんむりょうじゅぶつきょうしょ）→1753
観無量寿仏経疏妙宗鈔（かんむりょうじゅぶつきょうしょみょうしゅうしょう）→1751
願文（がんもん）→2361
観薬王薬上二菩薩経（かんやくおうやくじょうにぼさつきょう）→1161＊
甘露経陀羅尼呪（かんろきょうだらにじゅ）→1316＊
甘露軍荼利菩薩供養念誦成就儀軌（かんろぐんだりぼさつくようねんじゅじょうじゅぎき）→1211
甘露陀羅尼呪（かんろだらにじゅ）→1317
義雲和尚語録（ぎうんおしょうごろく）→2591
祈願文（きがんもん）→2846、2847
鬼子母経（きしもきょう）→1262＊
偽書論（ぎしょろん）→2509
起信論疏（きしんろんしょ）→1844
起信論抄出（きしんろんしょうしゅつ）→2283
起信論疏筆削記（きしんろんしょひっさっき）→1848
起信論註（きしんろんちゅう）→2815
起世因本経（きせいんぽんぎょう）→0025
起世経（きせきょう）→0024
義足経（ぎそくきょう）→0198＊
給孤長者女得度因縁経（ぎっこちょうじゃにょとくどいんねんきょう）→0130＊
虚堂和尚語録（きどうおしょうごろく）→2000
義堂和尚語録（ぎどうおしょうごろく）→2556
奇特最勝金輪仏頂念誦儀軌法要（きとくさいしょうこんりんぶっちょうねんじゅぎきほうよう）→0949
器朴論（きぼくろん）→2681
帰命本願抄（きみょうほんがんしょう）→

2615
鬼問目連経（きもんもくれんぎょう）→0734＊
蟻喩経（ぎゆきょう）→0095＊
教王経開題（きょうおうぎょうかいだい）→2222
教誡新学比丘行護律儀（きょうかいしんがくびくぎょうごりつぎ）→1897
教観綱宗（きょうかんこうしゅう）→1939
教時諍（きょうじじょう）→2395
挟注勝鬘経（きょうちゅうしょうまんぎょう）→2763
挟註波羅蜜多心経（きょうちゅうはらみたしんぎょう）→2747
行法肝葉鈔（ぎょうぼうかんようしょう）→2502
経律異相（きょうりついそう）→2121
較量一切仏刹功徳経（きょうりょういっさいぶっせつくどくきょう）→0290＊
校量数珠功徳経（きょうりょうじゅずくどくきょう）→0788＊
較量寿命経（きょうりょうじゅみょうきょう）→0759＊
行林抄（ぎょうりんしょう）→2409
御記（ぎょき）→2493
玉耶経（ぎょくやきょう）→0143
玉耶女経（ぎょくやにょきょう）→0142＊
魚山私鈔（ぎょさんししょう）→2713
魚山声明集（ぎょさんしょうみょうしゅう）→2712
魚山目録（ぎょさんもくろく）→2714
御注金剛般若波羅密経宣演（ぎょちゅうこんごうはんにゃはらみつきょうせんえん）→2733
金七十論（きんしちじゅうろん）→2137
銀色女経（ぎんしょくにょきょう）→0179
金陵清涼院文益禅師語録（きんりょうせいりょういんもんえきぜんじごろく）→1991
金輪王仏頂要略念誦法（きんりんのうぶっちょうようりゃくねんじゅほう）→0948
九横経（くおうきょう）→0150 B＊
苦陰因事経（くおんいんじきょう）→0055＊
苦陰経（くおんきょう）→0053＊
究竟一乗宝性論（くきょういちじょうほうしょうろん）→1611
究竟大悲経（くきょうだいひきょう）→2880
倶枳羅陀羅尼経（くきらだらにきょう）→1385＊
弘賛法華伝（ぐさんほっけでん）→2067
具支潅頂儀式（ぐしかんじょうぎしき）→2470
九色鹿経（くしきろくきょう）→0181＊
救疾経（くしつきょう）→2878
孔雀王呪経（くじゃくおうじゅきょう）→0984、0988
孔雀経音義（くじゃくきょうおんぎ）→2244
孔雀経真言等梵本（くじゃくきょうしんごんとうぼんぽん）→0983 B
倶舎論記（くしゃろんき）→1821
倶舎論実義疏（くしゃろんじつぎしょ）→1561
倶舎論頌疏（くしゃろんじゅしょ）→1823
倶舎論頌疏抄（くしゃろんじゅしょしょう）→2254
倶舎論頌疏正文（くしゃろんじゅしょしょうもん）→2253
倶舎論疏（くしゃろんしょ）→1822
倶舎論本義抄（くしゃろんほんぎしょう）→2249
旧城喩経（くじょうゆきょう）→0715＊
救諸衆生一切苦難経（くしょしゅじょういっさいくなんきょう）→2915
旧雑譬喩経（くぞうひゆきょう）→0206
口伝鈔（くでんしょう）→2663
弘道広顕三昧経（ぐどうこうけんさんまいきょう）→0635＊
愚禿鈔（ぐとくしょう）→2648
救度仏母二十一種礼讃経（くどぶつもにじゅういっしゅらいさんぎょう）→1108 B
瞿曇弥記果経（ぐどんみきかきょう）→0060＊
救抜焔口餓鬼陀羅尼経（くばつえんくがきだらにきょう）→1313＊

九品往生阿弥陀三摩地集陀羅尼経（くほんおうじょうあみださんまじじゅうだらにきょう）→0933
鳩摩羅什法師大義（くまらじゅうほっしたいぎ）→1856
弘明集（ぐみょうしゅう）→2102
救面然餓鬼陀羅尼神呪経（くめんねんがきだらにじんしゅきょう）→1314＊
求聞持表白（ぐもんじひょうびゃく）→2727
供養儀式（くようぎしき）→0859
供養護世八天法（くようごせはってんぽう）→1295
供養十二大威徳天報恩品（くようじゅうにだいいとくてんほうおんぼん）→1297
愚要鈔（ぐようしょう）→2644
求欲経（ぐよくきょう）→0049＊
倶利伽羅大竜勝外道伏陀羅尼経（くりからだいりゅうしょうげどうぶくだらにきょう）→1206＊
倶力伽羅竜王儀軌（くりからりゅうおうぎき）→1208
黒谷上人語灯録（くろだにしょうにんごとうろく）→2611
群牛譬経（ぐんごひきょう）→0215＊
景教三威蒙度讃（けいきょうさんいもうどさん）→2143
猘狗経（けいくきょう）→0214＊
瑩山清規（けいざんしんぎ）→2589
景川和尚語録（けいせんおしょうごろく）→2569
景徳伝灯録（けいとくでんとうろく）→2076
渓嵐拾葉集（けいらんじゅうようしゅう）→2410
解憂経（げうきょう）→0804＊
希有校量功徳経（けうきょうりょうくどくきょう）→0690＊
解夏経（げかきょう）→0063＊
解捲論（げけんろん）→1620
華厳一乗義私記（けごんいちじょうぎしき）→2327
華厳一乗教義分斉章（けごんいちじょうきょうぎぶんさいしょう）→1866
華厳一乗十玄門（けごんいちじょうじゅうげんもん）→1868
華厳一乗成仏妙義（けごんいちじょうじょうぶつみょうぎ）→1890
華厳一乗法界図（けごんいちじょうほっかいず）→1887A
華厳演義鈔纂釈（けごんえんぎしょうさんしゃく）→2205
華厳経関脈義記（けごんぎょうかんみゃくぎき）→1879
華厳経義海百門（けごんぎょうぎかいひゃくもん）→1875
華厳経義記（けごんぎょうぎき）→2756
華厳経旨帰（けごんぎょうしき〈しいき〉）→1871
華厳経疏（けごんぎょうしょ）→2755、2757
華厳経章（けごんぎょうしょう）→2753
華厳経心陀羅尼（けごんぎょうしんだらに）→1021
華厳経探玄記（けごんぎょうたんげんき）→1733
華厳経伝記（けごんぎょうでんき）→2073
華厳経内章門等雑孔目章（けごんぎょうないしょうもんとうぞうくもくしょう）→1870
華厳経明法品内立三宝章（けごんぎょうみょうほうぼんないりゅうさんぼうしょう）→1874
華厳経文義綱目（けごんぎょうもんぎこうもく）→1734
華厳経問答（けごんぎょうもんどう）→1873
華厳五教止観（けごんごきょうしかん）→1867
華厳五教章衍秘鈔（けごんごきょうしょうえんぴしょう）→2345
華厳五教章匡真鈔（けごんごきょうしょうきょうしんしょう）→2344
華厳五教章見聞鈔（けごんごきょうしょうけんもんしょう）→2342
華厳五教章指事（けごんごきょうしょうしじ）

→ 2337
華厳五教章深意鈔（けごんごきょうしょうじんいしょう）→ 2341
華厳五教章不審（けごんごきょうしょうふしん）→ 2343
華厳五教章名目（けごんごきょうしょうみょうもく）→ 2338
華厳五教章問答抄（けごんごきょうしょうもんどうしょう）→ 2340
華厳五十要問答（けごんごじゅうようもんどう）→ 1869
華厳策林（けごんさくりん）→ 1872
華厳宗一乗開心論（けごんしゅういちじょうかいしんろん）→ 2326
華厳宗香薫抄（けごんしゅうこうくんしょう）→ 2333
華厳宗種性義抄（けごんしゅうしゅしょうぎしょう）→ 2328
華厳宗章疏幷因明録（けごんしゅうしょうしょならびにいんみょうろく）→ 2177
華厳宗所立五教十宗大意略抄（けごんしゅうしょりゅうごきょうじっしゅうたいいりゃくしょう）→ 2336
華厳宗大要抄（けごんしゅうたいようしょう）→ 2334
華厳宗要義（けごんしゅうようぎ）→ 2335
華厳修禅観照入解脱門義（けごんしゅぜんかんしょうにゅうげだつもんぎ）→ 2331
華厳信種義（けごんしんしゅぎ）→ 2330
華厳仏光三昧観秘宝蔵（けごんぶっこうざんまいかんひほうぞう）→ 2332
華厳法界玄鏡（けごんほっかいげんきょう）→ 1883
華厳発菩提心章（けごんほつぼだいしんしょう）→ 1878
華厳遊意（けごんゆうい）→ 1731
華厳遊心法界記（けごんゆうじんほっかいき）→ 1877
華厳略疏（けごんりゃくしょ）→ 2754
華厳論草（けごんろんそう）→ 2329
華積陀羅尼神呪経（けしゃくだらにじんしゅきょう）→ 1356 *
花積楼閣陀羅尼経（けしゃくろうかくだらにきょう）→ 1359 *
華手経（けしゅきょう）→ 0657 *
花聚陀羅尼呪経（けじゅだらにしゅきょう）→ 1358 *
解深密経（げじんみっきょう）→ 0676
解節経（げせつきょう）→ 0677 *
懈怠耕者経（けたいこうじゃきょう）→0827 *
解脱戒経（げだつかいきょう）→ 1460
解脱道論（げだつどうろん）→ 1648
決罪福経（けつざいふくきょう）→ 2868
月舟和尚遺録（げっしゅうおしょういろく）→ 2596
決定往生集（けつじょうおうじょうしゅう）→ 2684
決定義経（けつじょうぎきょう）→ 0762 *
決定総持経（けつじょうそうじきょう）→ 0811 *
決定蔵論（けつじょうぞうろん）→ 1584
決定毗尼経（けつじょうびにきょう）→0325 *
月坡禅師語録（げっぱぜんじごろく）→ 2595
外道問聖大乗法無我義経（げどうもんしょうだいじょうほうむがぎきょう）→ 0846
解迷顕智成悲十明論（げめいけんちじょうひじゅうみょうろん）→ 1888
堅意経（けんいきょう）→ 0733 *
顕戒論（けんかいろん）→ 2376
賢愚経（げんぐきょう）→ 0202
幻化網大瑜伽教十忿怒明王観想儀軌経（げんけもうだいゆがきょうじゅうふんぬみょうおうかんそうぎきょう）→ 0891 *
賢劫経（げんごうきょう）→ 0425
賢劫十六尊（げんごうじゅうろくそん）→ 0881
建康普説（けんこうふせつ）→ 2604
堅固女経（けんごにょきょう）→ 0574 *
現在賢劫千仏名経（げんざいけんごうせんぶつみょうきょう）→ 0447
現在十方千五百仏名並雑仏同号（げんざいじゅっぽうせんごひゃくぶつみょうならびにぞ

うぶつどうごう）→2905
顕識論（けんじきろん）→1618
幻士仁賢経（げんしにんげんきょう）→0324＊
玄師颰陀所説神呪経（げんしばっだしょせつじんしゅきょう）→1378＊
賢者五福徳経（げんじゃごふくとくきょう）→0777＊
賢首経（げんじゅきょう）→0570＊
見正経（けんしょうぎょう）→0796＊
賢聖集伽陀一百頌（けんじょうじゅかだいっぴゃくじゅ）→1686
顕浄土真実教行証文類（けんじょうどしんじつきょうぎょうしょうもんるい）→2646
顕正流義鈔（けんしょうりゅうぎしょう）→2673
甄正論（けんしょうろん）→2112
玄宗朝翻経三蔵善無畏贈鴻臚卿行状（げんそうちょうほんぎょうさんぞうぜんむいぞうこうろきょうぎょうじょう）→2055
犍陀国王経（けんだこくおうきょう）→0506
揵稚梵讃（けんちぼんさん）→1683
見桃録（けんとうろく）→2572
原人論（げんにんろん）→1886
玄秘抄（げんぴしょう）→2486
現報当受経（げんぽうとうじゅきょう）→2892
顕密円通成仏心要集（けんみつえんづうじょうぶつしんようしゅう）→1955
顕密差別問答（けんみつさべつもんどう）→2435
顕密不同頌（けんみつふどうじゅ）→2510
顕無辺仏土功徳経（けんむへんぶつどくどくきょう）→0289
顕揚聖教論（けんようしょうぎょうろん）→1602
顕揚聖教論頌（けんようしょうぎょうろんじゅ）→1603
顕揚大戒論（けんようだいかいろん）→2380
堅牢地天儀軌（けんろうちてんぎき）→1286
講院学堂通規（こういんがくどうつうき）→2643
高王観世音経（こうおうかんぜおんぎょう）→2898
香王菩薩陀羅尼呪経（こうおうぼさつだらにじゅきょう）→1157
興起行経（こうきぎょうきょう）→0197＊
広義法門経（こうぎほうもんきょう）→0097
広弘明集（こうぐみょうしゅう）→2103
光讃経（こうさんぎょう）→0222
降三世忿怒明王念誦儀軌（ごうざんぜふんぬみょうおうねんじゅぎき）→1210
孝子経（こうしきょう）→0687
広釈菩提心論（こうしゃくぼだいしんろん）→1664
業成就論（ごうじょうじゅろん）→1608
広清涼伝（こうしょうりょうでん）→2099
幸心鈔（こうしんしょう）→2498
恒水経（ごうすいきょう）→0033＊
興禅護国論（こうぜんごこくろん）→2543
高僧伝（こうそうでん）→2059
高僧法顕伝（こうそうほっけんでん）→2085
皇太子聖徳奉讃（こうたいししょうとくほうさん）→2653 A・B
広大宝楼閣善住秘密陀羅尼経（こうだいほうろうかくぜんじゅうひみつだらにきょう）→1006
広大発願頌（こうだいほつがんじゅ）→1676
広大蓮華荘厳曼拏羅滅一切罪陀羅尼経（こうだいれんげしょうごんまんだらめついっさいざいだらにきょう）→1116
皇帝降誕日於麟徳殿講大方広仏華厳経玄義一部（こうていごうたんのひりんとくでんにおいてだいほうこうぶつけごんぎょうげんぎいちぶをこうず）→1743
荒田随筆（こうでんずいひつ）→2603
広博厳浄不退転輪経（こうばくごんじょうふたいてんりんぎょう）→0268＊
広百論疏（こうひゃくろんしょ）→2800
広百論本（こうひゃくろんぽん）→1570
光明蔵三昧（こうみょうぞうざんまい）→2590

光明童子因縁経（こうみょうどうじいんねんきょう）→0549 ＊
高麗国普照禅師修心訣（こうらいこくふしょうぜんじしゅうしんけつ）→2020
五蘊皆空経（ごうんかいくうきょう）→0102＊
五王経（ごおうぎょう）→0523 ＊
五陰譬喩経（ごおんひゆきょう）→0105
五教章通路記（ごきょうしょうつろき）→2339
虚空蔵菩薩経（こくうぞうぼさつきょう）→0405
虚空蔵菩薩神呪経（こくうぞうぼさつじんじゅきょう）→0406 ＊
虚空蔵菩薩神呪経（こくうぞうぼさつじんじゅきょう）→0407
虚空蔵菩薩陀羅尼経（こくうぞうぼさつだらにきょう）→1148 ＊
虚空蔵菩薩能満諸願最勝心陀羅尼求聞持法（こくうぞうぼさつのうまんしょがんさいしょうしんだらにぐもんじほう）→1145
虚空蔵菩薩問七仏陀羅尼呪経（こくうぞうぼさつもんしちぶつだらにしゅきょう）→1333
虚空孕菩薩経（こくうようぼさつきょう）→0408
国王不梨先泥十夢経（こくおうふりせんないじゅうむきょう）→0148
黒氏梵志経（こくしぼんじきょう）→0583 ＊
五苦章句経（ごくしょうくぎょう）→0741
国清百録（こくせいひゃくろく）→1934
五恐怖世経（ごくふせきょう）→1481 ＊
極楽願文（ごくらくがんもん）→0935
五家参詳要路門（ごけさんしょうようろもん）→2576
虎穴録（こけつろく）→2570
護国経（ごこくきょう）→0069 ＊
護国尊者所問大乗経（ごこくそんじゃしょもんだいじょうきょう）→0321 ＊
古今訳経図紀（ここんやっきょうずき）→2151
五字陀羅尼頌（ごじだらにじゅ）→1174
五事毘婆沙論（ごじびばしゃろん）→1555
五十頌聖般若波羅蜜経（ごじゅうじゅしょうはんにゃはらみつきょう）→0248 ＊
枯樹経（こじゅきょう）→0806 ＊
後出阿弥陀仏偈（ごしゅつあみだぶつげ）→0373
護浄経（ごじょうきょう）→0748 ＊
五相成身私記（ごしょうじょうしんしき）→2403
御請来目録（ごしょうらいもくろく）→2161
古清涼伝（こしょうりょうでん）→2098
護諸童子陀羅尼経（ごしょどうじだらにきょう）→1028 A＊
五心義略記（ごしんぎりゃっき）→2318
護身命経（ごしんみょうきょう）→2865、2866
後世物語聞書（ごせものがたりききがき）→2676
五千五百仏名神呪除障滅罪経（ごせんごひゃくぶつみょうじんしゅじょしょうめつざいきょう）→0443
五相成身義問答抄（ごそうじょうしんぎもんどうしょう）→2474
御俗姓御文（ごぞくしょうおふみ）→2670
五大虚空蔵菩薩速疾大神験秘密式経（ごだいこくうぞうぼさつそくしつだいじんけんひみつしききょう）→1149
五大施経（ごだいせきょう）→0706 ＊
五部肝心記（ごぶかんじんき）→2467
五部陀羅尼問答偈讃宗秘論（ごぶだらにもんどうげさんしゅうひろん）→2464
五仏頂三昧陀羅尼経（ごぶつちょうさんまいだらにきょう）→0952
五分比丘尼戒本（ごぶんびくにかいほん）→1423
五方便念仏門（ごほうべんねんぶつもん）→1962
護法論（ごほうろん）→2114
護摩口決（ごまくけつ）→2532
護命放生軌儀法（ごみょうほうじょうきぎほう）→1901
護命法門神呪経（ごみょうほうもんじんしゅき

ょう）→1139
五無反復経（ごむほんぷくぎょう）→0751＊
五無返復経（ごむほんぷくぎょう）→0752＊
五母子経（ごもしきょう）→0555
五門禅経要用法（ごもんぜんきょうようゆうほう）→0619
御遺告（ごゆうごう）→2431
古来世時経（こらいせじきょう）→0044＊
巨力長者所問大乗経（こりきちょうじゃしょもんだいじょうきょう）→0543＊
五輪九字明秘密釈（ごりんくじみょうひみつしゃく）→2514
金有陀羅尼経（こんう〈ぬ〉だらにきょう）→2910
金界発恵鈔（こんかいほってしょう）→2533
金剛暎（こんごうえい）→2734
金光王童子経（こんこうおうどうじきょう）→0548＊
金剛王菩薩秘密念誦儀軌（こんごうおうぼさつひみつねんじゅぎき）→1132
金剛界九会密記（こんごうかいくえみっき）→2471
金剛界次第生起（こんごうかいしだいしょうき）→2406
金剛界浄地記（こんごうかいじょうじき）→2386
金剛界大法対受記（こんごうかいたいほうたいじゅき）→2391
金剛経纂要刊定記（こんごうきょうさんようかんじょうき）→1702
金剛経疏（こんごうきょうしょ）→2737、2738
金剛恐怖集会方広軌儀観自在菩薩三世最勝心明王経（こんごうくふしゅうえほうこうきぎかんじざいぼさつさんぜさいしょうしんみょうおうぎょう）→1033
金剛光焔止風雨陀羅尼経（こんごうこうえんしふうだらにきょう）→1027
金剛香菩薩大明成就儀軌経（こんごうこうぼさつだいみょうじょうじゅぎききょう）→1170＊
金剛摧砕陀羅尼（こんごうさいさいだらに）→1416
金剛薩埵説頻那夜迦天成就儀軌経（こんごうさったせつびなやきゃてんじょうじゅぎききょう）→1272
金剛三昧経（こんごうさんまいきょう）→0273
金剛三昧経論（こんごうさんまいきょうろん）→1730
金剛三昧本性清浄不壊不滅経（こんごうさんまいほんしょうしょうじょうふえふめつきょう）→0644＊
金剛三密抄（こんごうさんみつしょう）→2400
金剛手光明潅頂経最勝立印聖無動尊大威怒王念誦儀軌法品（こんごうしゅこうみょうかんじょうきょうさいしょうりゅういんしょうむどうそんだいいぬおうねんじゅぎきほうほん）→1199
金剛手菩薩降伏一切部多大教王経（こんごうしゅぼさつごうぶくいっさいぶただいきょうおうぎょう）→1129
金剛寿命陀羅尼経（こんごうじゅみょうだらにきょう）→1134
金剛寿命陀羅尼経法（こんごうじゅみょうだらにきょうぼう）→1134
金剛寿命陀羅尼念誦法（こんごうじゅみょうだらにねんじゅほう）→1133
金剛場荘厳般若波羅蜜多経中一分（こんごうじょうしょごんはんにゃはらみたきょうちゅういちぶん）→0886＊
金剛場陀羅尼経（こんごうじょうだらにきょう）→1345
金剛上味陀羅尼経（こんごうじょうみだらにきょう）→1344
金剛針論（こんごうしんろん）→1642
金剛仙論（こんごうせんろん）→1512
金剛頂一字頂輪王瑜伽一切時処念誦成仏儀軌（こんごうちょういちじちょうりんのうゆがいっさいじしょねんじゅじょうぶつぎき）→0957
金剛頂一切如来真実摂大乗現証大教王経（こ

んごうちょういっさいにょらいしんじつしょうだいじょうげんしょうだいきょうおうきょう）→0865、0874
金剛頂経一字頂輪王儀軌音義（こんごうちょうぎょういちじちょうりんのうぎきおんぎ）→0958
金剛頂経開題（こんごうちょうぎょうかいだい）→2221
金剛頂経観自在王如来修行法（こんごうちょうぎょうかんじざいおうにょらいしゅぎょうほう）→0931
金剛頂経偈釈（こんごうちょうぎょうげしゃく）→2224
金剛頂経金剛界大道場毘盧遮那如来自受用身内証智眷属法身異名仏最上乗秘密三摩地礼懺文（こんごうちょうぎょうこんごうかいだいどうじょうびるしゃなにょらいじじゅゆうしんないしょうちけんぞくほっしんいみょうぶつさいじょうじょうひみつさんまじらいさんもん）→0878
金剛頂経大瑜伽秘密心地法門義訣（こんごうちょうぎょうだいゆがひみつしんじほうもんぎけつ）→1798
金剛頂経多羅菩薩念誦法（こんごうちょうぎょうたらぼさつねんじゅほう）→1102
金剛頂経毘盧遮那一百八尊法身契印（こんごうちょうぎょうびるしゃないっぴゃくはっそんほっしんげいいん）→0877
金剛頂経曼殊室利菩薩五字心陀羅尼品（こんごうちょうぎょうまんじゅしりぼさつごじしんだらにぼん）→1173
金剛頂経瑜伽観自在王如来修行法（こんごうちょうぎょうゆがかんじざいおうにょらいしゅぎょうほう）→0932
金剛頂経瑜伽十八会指帰（こんごうちょうぎょうゆがじゅうはってしいき）→0869
金剛頂経瑜伽文殊師利菩薩供養儀軌（こんごうちょうぎょうゆがもんじゅしりぼさつくようぎき）→1175
金剛頂経瑜伽文殊師利菩薩法（こんごうちょうぎょうゆがもんじゅしりぼさつほう）→1171
金剛頂経蓮花部心念誦次第沙汰（こんごうちょうぎょうれんげぶしんねんじゅしだいさた）→2518
金剛頂降三世大儀軌法王教中観自在菩薩心真言一切如来蓮華大曼拏攞品（こんごうちょうごうさんぜだいぎきほうおうきょうちゅうかんじざいぼさつしんしんごんいっさいにょらいれんげだいまんだらぼん）→1040
金剛頂宗綱概（こんごうちょうしゅうこうがい）→2451
金剛頂宗菩提心論口決（こんごうちょうしゅうぼだいしんろんくけつ）→2293
金剛頂勝初瑜伽経中略出大楽金剛薩埵念誦儀（こんごうちょうしょうしょゆがきょうちゅうりゃくしゅつたいらくこんごうさったねんじゅぎ）→1120
金剛頂勝初瑜伽普賢菩薩念誦法（こんごうちょうしょうしょゆがふげんぼさつねんじゅほう）→1123
金剛頂大教王経私記（こんごうちょうだいきょうおうぎょうしき）→2225
金剛頂大教王経疏（こんごうちょうだいきょうおうぎょうしょ）→2223
金剛頂超勝三界経説文殊五字真言勝相（こんごうちょうちょうしょうさんがいきょうせつもんじゅごじしんごんしょうそう）→1172
金剛頂普賢瑜伽大教王経大楽不空金剛薩埵一切時方成就儀（こんごうちょうふげんゆがだいきょうおうきょうだいらくふくうこんごうさったいっさいじほうじょうじゅぎ）→1121
金剛頂発菩提心論私抄（こんごうちょうほつぼだいしんしししょう）→2292
金剛頂瑜伽降三世成就極深密門（こんごうちょうゆがごうざんぜじょうじゅごくじんみつもん）→1209
金剛頂瑜伽護摩儀軌（こんごうちょうゆがごまぎき）→0908、0909
金剛頂瑜伽金剛薩埵五秘密修行念誦儀軌（こんごうちょうゆがこんごうさったごひみつし

ゆぎょうねんじゅぎき）→1125
金剛頂瑜伽最勝秘密成仏随求即得神変加持成就陀羅尼儀軌（こんごうちょうゆがさいしょうひみつじょうぶつずいぐそくとくじんぺんかじじょうじゅだらにぎき）→1155
金剛頂瑜伽三十七尊出生義（こんごうちょうゆがさんじゅうしちそんしゅっしょうぎ）→0872
金剛頂瑜伽三十七尊礼（こんごうちょうゆがさんじゅうしちそんらい）→0879
金剛頂瑜伽修習毘盧遮那三摩地法（こんごうちょうゆがしゅじゅうびるしゃなさんまじほう）→0876
金剛頂瑜伽青頸大悲王観自在念誦儀軌（こんごうちょうゆがしょうけいだいひおうかんじざいねんじゅぎき）→1112
金剛頂瑜伽千手千眼観自在菩薩修行儀軌経（こんごうちょうゆがせんじゅせんげんかんじざいぼさつしゅぎょうぎききょう）→1056
金剛頂瑜伽他化自在天理趣会普賢修行念誦儀軌（こんごうちょうゆがたけじざいてんりしゅえふげんしゅぎょうねんじゅぎき）→1122
金剛頂瑜伽中発阿耨多羅三藐三菩提心論（こんごうちょうゆがちゅうほつあのくたらさんみゃくさんぼだいしんろん）→1665
金剛頂瑜伽中発阿耨多羅三藐三菩提心論秘釈（こんごうちょうゆがちゅうほつあのくたらさんみゃくさんぼだいしんろんひしゃく）→2291
金剛頂瑜伽中略出念誦経（こんごうちょうゆがちゅうりゃくしゅつねんじゅきょう）→0866
金剛頂瑜伽念珠経（こんごうちょうゆがねんじゆきょう）→0789
金剛頂瑜伽理趣般若経（こんごうちょうゆがりしゅはんにゃぎょう）→0241
金剛頂瑜伽略述三十七尊心要（こんごうちょうゆがりゃくじゅつさんじゅうしちそんしんよう）→0871
金剛頂蓮華部心念誦儀軌（こんごうちょうれんげぶしんねんじゅぎき）→0873
金剛童子持念経（こんごうどうじじねんきょう）→1224
金剛能断般若波羅蜜経（こんごうのうだんはんにゃはらみつきょう）→0238
金剛般若義記（こんごうはんにゃぎき）→2740
金剛般若経依天親菩薩論略釈秦本義記（こんごうはんにゃぎょうえてんじんぼさつろんりゃくしゃくしんほんぎき）→2736
金剛般若経挟註（こんごうはんにゃぎょうきょうちゅう）→2739
金剛般若経賛述（こんごうはんにゃぎょうさんじゅつ）→1700
金剛般若経旨賛（こんごうはんにゃぎょうしさん）→2735
金剛般若経疏（こんごうはんにゃぎょうしょ）→1698、2741
金剛般若経疏論纂要（こんごうはんにゃぎょうしょろんさんよう）→1701
金剛般若疏（こんごうはんにゃしょ）→1699
金剛般若波羅蜜経（こんごうはんにゃはらみつきょう）→0235、0236、0237
金剛般若波羅密経開題（こんごうはんにゃはらみつきょうかいだい）→2201
金剛般若波羅蜜経註解（こんごうはんにゃはらみつきょうちゅうげ）→1703
金剛般若波羅蜜経伝外伝（こんごうはんにゃはらみつきょうでんがいでん）→2742
金剛般若波羅蜜経破取著不壊仮名論（こんごうはんにゃはらみつきょうはしゅじゃくふえけみょうろん）→1515
金剛般若波羅蜜経略疏（こんごうはんにゃはらみつきょうりゃくしょ）→1704＊
金剛般若波羅蜜経論（こんごうはんにゃはらみつきょうろん）→1511
金剛般若論（こんごうはんにゃろん）→1510
金剛般若論会釈（こんごうはんにゃろんえしゃく）→1816
金剛秘密善門陀羅尼呪経（こんごうひみつぜんもんだらにしゅきょう）→1138

金剛峰楼閣一切瑜伽瑜祇経（こんごうぶろうかくいっさいゆがゆぎきょう）→0867
金剛峰楼閣一切瑜伽瑜祇経修行法（こんごうぶろうかくいっさいゆがゆぎきょうしゅぎょうほう）→2228
金剛錍（こんごうべい）→1932
金光明経（こんこうみょうきょう）→0663
金光明経玄義（こんこうみょうきょうげんぎ）→1783
金光明経玄義拾遺記（こんこうみょうきょうげんぎしゅういき）→1784
金光明経疏（こんこうみょうきょうしょ）→1787
金光明経文句（こんこうみょうきょうもんぐ）→1785
金光明経文句記（こんこうみょうきょうもんぐき）→1786
金光明最勝王経（こんこうみょうさいしょうおうきょう）→0665
金光明最勝王経玄枢（こんこうみょうさいしょうおうきょうげんすう）→2196
金光明最勝王経疏（こんこうみょうさいしょうおうきょうしょ）→1788
金光明最勝王経註釈（こんこうみょうさいしょうおうきょうちゅうしゃく）→2197
金光明最勝懺儀（こんこうみょうさいしょうせんぎ）→1946
金光明懺法補助儀（こんこうみょうせんぼうふじょぎ）→1945
金剛薬叉瞋怒王息災大威神験念誦儀軌（こんごうやしゃしんぬおうそくさいだいいじんげんねんじゅぎき）→1220
金色王経（こんじきおうぎょう）→0162
金色迦那鉢底陀羅尼経（こんじきかなはちだらにきょう）→1269＊
金色童子因縁経（こんじきどうじいんねんきょう）→0550
金師子章雲間類解（こんじししょううんかんるいげ）→1880
金師子章勘文（こんじししょうかんもん）→2346
金身陀羅尼経（ごんじんだらにきょう）→1414＊
金毘羅童子威徳経（こんぴらどうじいとくきょう）→1289＊
合部金光明経（ごうぶこんこうみょうきょう）→0664
根本薩婆多部律摂（こんぽんさっぱたぶりつしょう）→1458
根本説一切有部戒経（こんぽんせついっさいうぶかいきょう）→1454
根本説一切有部出家授近円羯磨儀範（こんぽんせついっさいうぶしゅっけじゅごんえんこんまぎはん）→1904
根本説一切有部尼陀那目得迦（こんぽんせついっさいうぶにだなもくとっか）→1452
根本説一切有部苾芻尼戒経（こんぽんせついっさいうぶびっしゅにかいきょう）→1455
根本説一切有部苾芻尼毘奈耶（こんぽんせついっさいうぶびっしゅにびなや）→1443
根本説一切有部苾芻習学略法（こんぽんせついっさいうぶびっすしゅうがくりゃくほう）→1905
根本説一切有部毘奈耶（こんぽんせついっさいうぶびなや）→1442
根本説一切有部毘奈耶安居事（こんぽんせついっさいうぶびなやあんごじ）→1445
根本説一切有部毘奈耶羯恥那衣事（こんぽんせついっさいうぶびなやかっちなえじ）→1449
根本説一切有部毘奈耶頌（こんぽんせついっさいうぶびなやじゅ）→1459
根本説一切有部毘奈耶出家事（こんぽんせついっさいうぶびなやしゅっけじ）→1444
根本説一切有部毘奈耶随意事（こんぽんせついっさいうぶびなやずいいじ）→1446
根本説一切有部毘奈耶雑事（こんぽんせついっさいうぶびなやぞうじ）→1451
根本説一切有部毘奈耶尼陀那目得迦摂頌（こんぽんせついっさいうぶびなやにだなもくとっかしょうじゅ）→1456

根本説一切有部毘奈耶破僧事（こんぽんせついっさいうぶびなやはそうじ）→1450
根本説一切有部毘奈耶皮革事（こんぽんせついっさいうぶびなやひかくじ）→1447
根本説一切有部毘奈耶薬事（こんぽんせついっさいうぶびなややくじ）→1448
根本説一切有部百一羯磨（こんぽんせついっさいうぶひゃくいちこんま）→1453
根本説一切有部略毘奈耶雑事摂頌（こんぽんせついっさいうぶりゃくびなやぞうじしょうじゅ）→1457
根本大和尚真跡策子等目録（こんぽんだいおしょうしんせきさくしとうもくろく）→2162
羯磨（こんま）→1433
金耀童子経（こんようどうじきょう）→0546＊
建立曼荼羅及揀択地法（こんりゅうまんだらぎゅうけんちゃくじほう）→0911
建立曼荼羅護摩儀軌（こんりゅうまんだらごまぎき）→0912

さ行

斎経（さいきょう）→0087＊
採花違王上仏授決号妙花経（さいけいおうじょうぶつじゅけつごうみょうけきょう）→0510
罪業応報教化地獄経（ざいごうおうほうきょうけじごくきょう）→0724＊
最上意陀羅尼経（さいじょういだらにきょう）→1408＊
最勝王経羽足（さいしょうおうきょうそく）→2198
最勝王経開題（さいしょうおうきょうかいだい）→2199
最上根本大楽金剛不空三昧大教王経（さいじょうこんぽんだいらくこんごうふくうざんまいだいきょうおうきょう）→0244＊
最上乗論（さいじょうじょうろん）→2011
最上大乗金剛大教宝王経（さいじょうだいじょうこんごうだいきょうほうおうきょう）→1128
最上秘密那拏天経（さいじょうひみつなだてんぎょう）→1288＊
最勝仏頂陀羅尼経（さいしょうぶっちょうだらにきょう）→0974A
最勝仏頂陀羅尼浄除業障呪経（さいしょうぶっちょうだらにじょうじょごっしょうしゅきょう）→0970
最勝妙吉祥根本智最上秘密一切名義三摩地分（さいしょうみょうきちじょうこんぽんちさいじょうひみついっさいみょうぎさんまじぶん）→1187＊
最勝問菩薩十住除垢断結経（さいしょうもんぼさつじゅうじゅうじょくだんけつきょう）→0309
済諸方等学経（さいしょほうどうがっきょう）→0274＊
罪福報応経（ざいふくほうおうきょう）→0747＊
西方合論（さいほうごうろん）→1976
西方指南鈔（さいほうしなんしょう）→2674
斎法清浄経（さいほうしょうじょうきょう）→2900
西方陀羅尼蔵中金剛族阿蜜哩多軍吒利法（さいほうだらにぞうちゅうこんごうぞくあみりたぐんだりほう）→1212
西方要決釈疑通規（さいほうようけつしゃくぎつうき）→1964
最無比経（さいむひきょう）→0691
西要抄（さいようしょう）→2616
座右鈔（ざうしょう）→2641
左記（さき）→2492
索法号義辯諷誦文（さくほうごうぎべんふうしょうぶん）→2857
坐禅三昧経（ざぜんさんまいきょう）→0614
坐禅用心記（ざぜんようじんき）→2586
薩曇分陀利経（さつどんふんだりきょう）→0265
薩婆多宗五事論（さっぱたしゅうごじろん）→1556
薩婆多酥哩踰捺野経（さっばたそりゆなやき

ょう）→0030＊
薩婆多毘尼毘婆沙（さっぱたびにびばしゃ）→1440
薩婆多部毘尼摩得勒伽（さっぱたぶびにまとくろっか）→1441
作仏形像経（さぶつぎょうぞうきょう）→0692＊
三曼陀跋陀羅菩薩経（さまんだばだらぼさつきょう）→0483
薩羅国経（さるらこっきょう）→0520＊
讃阿弥陀仏偈（さんあみだぶつげ）→1978
三慧経（さんえきょう）→0768
山海慧菩薩経（さんかいえぼさつきょう）→2891
三界図（さんかいず）→2840
讃観世音菩薩頌（さんかんぜおんぼさつじゅ）→1052
三帰五戒慈心厭離功徳経（さんきごかいじしんおんりくどくきょう）→0072＊
三教平心論（さんぎょうへいしんろん）→2117
三具足経憂波提舎（さんぐそくきょううぱだいしゃ）→1534
山家学生式（さんげがくしょうしき）→2377
三国遺事（さんごくいじ）→2039
三十五仏名礼懺文（さんじゅうごぶつみょうらいさんもん）→0326＊
三種悉地破地獄転業障出三界秘密陀羅尼法（さんしゅしっじはじごくてんごっしょうしゅつさんがいひみつだらにほう）→0905
三十巻教王経文次第（さんじゅっかんきょうおうぎょうもんしだい）→2226
三聖円融観門（さんしょうえんゆうかんもん）→1882
三身梵讃（さんしんぼんさん）→1677
讃禅門詩（さんぜんもんし）→2839
讃僧功徳経（さんそうくどくきょう）→2911
三大秘法抄（さんだいひほうしょう）→2695
三厨経（さんちゅうきょう）→2894
三転法輪経（さんてんぼうりんぎょう）→0110＊
三部律抄（さんぶりっしょう）→2793
三宝感応要略録（さんぼうかんのうようりゃくろく）→2084
三法度論（さんほうどろん）→1506
讃法界頌（さんほっかいじゅ）→1675
三品弟子経（さんぼんでしきょう）→0767＊
三昧流口伝集（さんまいりゅうくでんしゅう）→2411
三摩竭経（さんまがつきょう）→0129＊
三昧耶戒序（さんまやかいじょ）→2462
三万仏同根本神秘之印並法竜種上尊王仏法（さんまんぶつどうこんぽんじんぴのいんならびにほうりゅうしゅじょうそんお〈の〉うぶっぽう）→2906
三密抄料簡（さんみつしょうりょうけん）→2399
三弥底部論（さんみていぶろん）→1649
三弥勒経疏（さんみろくきょうしょ）→1774
三無性論（さんむしょうろん）→1617
讃揚聖徳多羅菩薩一百八名経（さんようしょうとくたらぼさついっぴゃくはちみょうぎょう）→1106
三論玄義（さんろんげんぎ）→1852
三論玄義検幽集（さんろんげんぎけんゆうしゅう）→2300
三論玄義鈔（さんろんげんぎしょう）→2301
三論玄義誘蒙（さんろんげんぎゆうもう）→2302
三論玄疏文義要（さんろんげんしょもんぎょう）→2299
三論興縁（さんろんこうえん）→2307
三論宗初心初学鈔（さんろんしゅうしょしんしょがくしょう）→2308
三論名教抄（さんろんみょうきょうしょう）→2306
三論遊意義（さんろんゆういぎ）→1855
自愛経（じあいきょう）→0742＊
四阿鋡暮抄解（しあごんぼしょうげ）→1505
治意経（じいきょう）→0096＊
慈覚大師在唐送進録（じかくだいしざいとう

そうしんろく）→2166
私呵昧経（しかまいきょう）→0532
尸迦羅越六方礼経（しからおつろっぽうらいきょう）→0016＊
四巻（しかん）→2500
四願経（しがんぎょう）→0735＊
止観義例（しかんぎれい）→1913
止観大意（しかんたいい）→1914
止観輔行伝弘決（しかんぶぎょうでんぐけつ）→1912
止観門論頌（しかんもんろんじゅ）→1655
食施獲五福報経（じきせぎゃくごふくほうきょう）→0132＊
四教義（しきょうぎ）→1929
資行鈔（しぎょうしょう）→2248
師口（しく）→2501
持句神呪経（じくしんじゅきょう）→1351＊
竺僊和尚語録（じくせんおしょうごろく）→2554
自在王菩薩経（じざいおうぼさつきょう）→0420
持斎念仏懺悔礼文（じさいねんぶつさんげらいもん）→2829
四座講式（しざこうしき）→2731
師子月仏本生経（ししがつぶつほんじょうきょう）→0176＊
地持義記（じじぎき）→2803
師子荘厳王菩薩請問経（しししょうごんおうぼさつしょうもんきょう）→0486
四自侵経（しじしんきょう）→0736＊
師子素駄娑王断肉経（ししすだしゃおうだんにくきょう）→0164＊
獅子奮迅菩薩所問経（ししふんじんぼさつしょもんきょう）→1357＊
事師法五十頌（じしほうごじゅうじゅ）→1687
慈氏菩薩所説大乗縁生稲䕸喩経（じしぼさつしょせつだいじょうえんしょうとうかんゆきょう）→0710
慈氏菩薩陀羅尼（じしぼさつだらに）→1142＊
慈氏菩薩略修愈誐念誦法（じしぼさつりゃくしゅうゆがねんじゅほう）→1141
慈氏菩薩誓願陀羅尼経（じしぼせいがんさつだらにきょう）→1143＊
寺沙門玄奘上表記（じしゃもんげんじょうじょうひょうき）→2119
四十帖決（しじゅうじょうけつ）→2408
四十二章経（しじゅうにしょうぎょう）→0784
持誦金剛経霊験功徳記（じじゅこんごうぎょうれいげんくどくき）→2743
四種相違断略記（ししゅそういだんりゃくき）→2278
使呪法経（ししゅほうきょう）→1267
四種法身義（ししゅほっしんぎ）→2436
治承記（じしょうき）→2487
熾盛光大威徳消災吉祥陀羅尼経（じじょうこうだいいとくしょうさいきっしょうだらにきょう）→0963＊
熾盛光道場念誦儀（しじょうこうどうじょうねんじゅぎ）→1951
自証説法（じしょうせっぽう）→2539
示所犯者瑜伽法鏡経（じしょぼんしゃゆかほうきょうぎょう）→2896
四信五品鈔（ししんごほんしょう）→2696
持心梵天所問経（じしんぼんてんしょもんぎょう）→0585
自誓三昧経（じせいざんまいきょう）→0622＊
持世経（じせきょう）→0482
持世陀羅尼経（じせだらにきょう）→1162
治禅病秘要法（じぜんびょうひようほう）→0620
埊𡈽大道心駆策法（じぞうだいどうしんくさくほう）→1159
地蔵菩薩儀軌（じぞうぼさつぎき）→1158
地蔵菩薩経（じぞうぼさつきょう）→2909
地蔵菩薩十斎日（じぞうぼさつじっさいにち）→2850
地蔵菩薩陀羅尼経（じぞうぼさつだらにきょう）→1159＊
地蔵菩薩本願経（じぞうぼさつほんがんきょ

う）→0412
事相料簡（じそうりょうけん）→2480
四諦経（したいきょう）→0032＊
四諦論（したいろん）→1647
七倶胝独部法（しちくていどくぶほう）→1079
七倶胝仏母准提大明陀羅尼経（しちくていぶつもじゅんだいだいみょうだらにきょう）→1075＊
七倶胝仏母所説准提陀羅尼経（しちくていぶつもしょせつじゅんだいだらにきょう）→1076
七倶胝仏母心大准提陀羅尼経（しちくていぶつもしんだいじゅんだいだらにきょう）→1077＊
七十五法名目（しちじゅうごほうみょうもく）→2324
七星如意輪秘密要経（しちしょうにょいりんひみつようきょう）→1091
七処三観経（しちしょさんがんきょう）→0150Ａ＊
七千仏神符経（しちせんぶつしんぷきょう）→2904
七女観経（しちにょかんぎょう）→2913
七女経（しちにょきょう）→0556＊
七仏経（しちぶつきょう）→0002＊
七仏倶胝仏母心大准提陀羅尼法（しちぶつくていぶつもしんだいじゅんだいだらにほう）→1078
七仏讃唄伽他（しちぶつさんばいかた）→1682
七仏八菩薩所説大陀羅尼神呪経（しちぶつはちぼさつしょせつだいだらにしんしゅきょう）→1332
七仏父母姓字経（しちぶつぶもしょうじきょう）→0004
七曜攘災決（しちようじょうさいけつ）→1308
七曜星辰別行法（しちょうしょうしんべつぎょうほう）→1309
実帰鈔（じっきしょう）→2497
十支居士八城人経（じっしこじはちじょうにんきょう）→0092＊
実相般若波羅蜜経（じっそうはんにゃはらみつきょう）→0240
[illegible]三密鈔（しったんさんみつしょう）→2710
悉曇字記（しったんじき）→2132
悉曇十二例（しったんじゅうにれい）→2703
悉曇集記（しったんじゅっき）→2705
悉曇蔵（しったんぞう）→2702
悉曇秘伝記（しったんひでんき）→2708
悉曇要訣（しったんようけつ）→2706
悉曇略記（しったんりゃっき）→2704
悉曇輪略図鈔（しったんりんりゃくずしょう）→2709
七知経（しっちきょう）→0027＊
十天儀軌（じってんぎき）→1296
十不二門（じっぷにもん）→1927
十不二門指要鈔（じっぷにもんしようしょう）→1928
十方千五百仏名経（じっぽうせんごひゃくぶつみょうきょう）→0442
実峰禅師語録（じっぽうぜんじごろく）→2593
四天王経（してんのうきょう）→0590＊
寺塔記（じとうき）→2093
四童子三昧経（しどうじさんまいきょう）→0379
四度授法日記（しどじゅほうにっき）→2413
四泥犁経（しないりきょう）→0139＊
四人出現世間経（しにんしゅつげんせけんぎょう）→0127＊
持人菩薩経（じにんぼさつきょう）→0481
慈仁問八十種好経（じにんもんはちじゅっしゅこうきょう）→2867
四念処（しねんじょ）→1918
四輩経（しはいきょう）→0769＊
時非時経（じひじきょう）→0794＊
慈悲水懺法（じひすいせんぽう）→1910
慈悲道場懺法（じひどうじょうせんぼう）→

1909
四不可得経（しふかとくきょう）→0770 ＊
四部律并論要用抄（しぶりつびょうろんようゆうしょう）→2795
四分戒本疏（しぶんかいほんしょ）→2787
四分義極略私記（しぶんぎごくりゃくしき）→2322
四分僧戒本（しぶんそうかいほん）→1430
四分比丘戒本疏（しぶんびくかいほんしょ）→1807
四分比丘尼戒本（しぶんびくにかいほん）→1431
四分比丘尼羯磨法（しぶんびくにこんまほう）→1434
四分律（しぶんりつ）→1428
四分律行事鈔資持記（しぶんりつぎょうじしょうしじき）→1805
四分律刪繁補闕行事鈔（しぶんりつさんぱんほけつぎょうじしょう）→1804
四分律刪補随機羯磨（しぶんりつさんぽずいきこんま）→1808
四分律比丘戒本（しぶんりつびくかいほん）→1429
四分律比丘含注戒本（しぶんりつびくがんちゅうかいほん）→1806
四品学法経（しほんがくほうきょう）→0771
四品法門経（しぼんほうもんぎょう）→0776 ＊
四未曾有法経（しみぞうほうきょう）→0136 ＊
持明蔵八大総持王経（じみょうぞうはちだいそうじおうきょう）→1370 ＊
持明蔵瑜伽大教尊那菩薩大明成就儀軌経（じみょうぞうゆがだいきょうそんなぼさつだいみょうじょうじゅぎききょう）→1169
四無所畏経（しむしょいきょう）→0775 ＊
四明十義書（しめいじゅうぎしょ）→1936
四明尊者教行録（しめいそんじゃきょうぎょうろく）→1937
緇門警訓（しもんけいくん）→2023
舎衛国王十夢経（しゃえいこくおうじゅうむきょう）→0147 ＊
舎衛国王夢見十事経（しゃえいこくおうむけんじゅうじきょう）→0146
釈迦氏譜（しゃかしふ）→2041
沙曷比丘功徳経（しゃかつびくくどくきょう）→0501 ＊
釈迦如來涅槃礼讃文（しゃかにょらいねはんらいさんもん）→1947
釈迦譜（しゃかふ）→2040
釈迦仏讃（しゃかぶっさん）→0942
釈迦方志（しゃかほうし）→2088
釈迦牟尼如来像法滅尽之記（しゃかむににょらいぞうぼうめつじんのき）→2090
釈迦牟尼仏成道在菩提樹降魔讃（しゃかむにぶつじょうどうざいぼだいじゅごうまさん）→0941
釈迦文尼仏金剛一乗修行儀軌法品（しゃかもんにぶつこんごういちじょうしゅぎょうぎきほうぼん）→0938
釈鑑稽古略続集（しゃくかんけいこりゃくぞくしゅう）→2038
折疑論（しゃくぎろん）→2118
寂志果経（じゃくしかきょう）→0022 ＊
釈氏稽古略（しゃくしけいこりゃく）→2037
釈肇序（しゃくじょうじょ）→2776
寂照神変三摩地経（じゃくしょうしんぺんさんまじきょう）→0648
釈浄土群疑論（しゃくじょうどぐんぎろん）→1960
釈氏要覧（しゃくしようらん）→2127
釈禅波羅蜜次第法門（しゃくぜんはらみつしだいほうもん）→1916
寂調音所問経（じゃくちょうおんしょもんぎょう）→1490
思益梵天所問経（しやくぼんてんしょもんぎょう）→0586
釈摩訶衍論（しゃくまかえんろん）→1668
釈摩訶衍論応教鈔（しゃくまかえんろんおうきょうしょう）→2288
釈摩訶衍論勘注（しゃくまかえんろんかんちゅう）→2290
釈摩訶衍論決疑破難会釈抄（しゃくまかえん

ろんけつぎはなんえしゃくしょう）→2286
釈摩訶衍論私記（しゃくまかえんろんしき）→2289
釈摩訶衍論指事（しゃくまかえんろんしじ）→2284、2285
釈摩訶衍論第十広短冊（しゃくまかえんろんだいじゅうこうたんざく）→2537
釈摩訶衍論立義分略釈（しゃくまかえんろんりゅうぎぶんりゃくしゃく）→2287
釈摩訶般若波羅蜜覚意三昧（しゃくまかはんにゃはらみつかくいざんまい）→1922
釈摩男本四子経（しゃくまなんほんししきょう）→0054＊
釈門帰敬儀（しゃくもんききょうぎ）→1896
釈門自鏡録（しゃくもんじきょうろく）→2083
釈門章服儀（しゃくもんしょうぶくぎ）→1894
邪見経（じゃけんきょう）→0093＊
舎頭諫太子二十八宿経（しゃずかんたいしにじゅうはっしゅくきょう）→1301
釈家観化還愚経（しゃっけかんげげんぐきょう）→2918
遮那業案立草（しゃなごうあんりゅうそう）→2416
遮那業学則（しゃなごうがくそく）→2419
嗟韈曩法天子受三帰依獲免悪道経（しゃべつのうほうてんしじゅさんきえぎゃくめんあくどうきょう）→0595＊
差摩婆帝授記経（しゃまばていじゅききょう）→0573
沙弥威儀（しゃみいぎ）→1472
沙弥十戒儀則経（しゃみじっかいぎそくきょう）→1473＊
沙弥十戒法并威儀（しゃみじっかいほうならびにいぎ）→1471
沙弥尼戒経（しゃみにかいきょう）→1474
沙弥尼離戒文（しゃみにりかいもん）→1475
沙弥羅経（しゃみらきょう）→0750
舎利弗阿毘曇論（しゃりほつあびどんろん）→1548
舎利弗悔過経（しゃりほつけかきょう）→1492＊
舎利弗陀羅尼経（しゃりほつだらにきょう）→1016
舎利弗摩訶目連遊四衢経（しゃりほつまかもくれんしくきょう）→0137
舎利弗問経（しゃりほつもんぎょう）→1465
思惟略要法（しゆいりゃくようほう）→0617
取因仮設論（しゅいんけせつろん）→1622
拾遺黒谷上人語灯録（しゅういくろだにしょうにんごとうろく）→2612
十一面観自在菩薩心密言念誦儀軌経（じゅういちめんかんじざいぼさつしんみつごんねんじゅぎきょう）→1069
十一面観世音神呪経（じゅういちめんかんぜおんしんじゅきょう）→1070＊
十一面神呪心経（じゅういちめんしんじゅしんぎょう）→1071
十一面神呪心経義疏（じゅういちめんじんじゅしんぎょうぎしょ）→1802
集一切福徳三昧経（じゅういっさいふくとくさんまいきょう）→0382
十一想思念如来経（じゅういっそうしねんにょらいきょう）→0138＊
宗叡僧正於唐国師所口受（しゅうえいそうじょうおとうごくししょくじゅ）→1156
十吉祥経（じゅうきちじょうきょう）→0432＊
十号経（じゅうごうきょう）→0782＊
修業要決（しゅうごうようけつ）→2621
集古今仏道論衡（じゅうここんぶつどうろんこう）→2104
十地義記（じゅうじぎき）→2758
十地経（じゅうじきょう）→0287＊
十地経論（じゅうじきょうろん）→1522
執持鈔（しゅうじしょう）→2662
宗四分比丘随門要略行儀（しゅうしぶんびくずいもんようりゃくぎょうぎ）→2791
集沙門不応拝俗等事（じゅうしゃもんふおうはいぞくとうじ）→2108
十住経（じゅうじゅうきょう）→0286

十住遮難抄（じゅうじゅうしゃなんしょう）→2444
十住心義林（じゅうじゅうしんぎりん）→2454
十住心論抄（じゅうじゅうしんろんしょう）→2442
十住心論打聞集（じゅうじゅうしんろんだもんしゅう）→2443
十住毘婆沙論（じゅうじゅうびばしゃろん）→1521
十誦羯磨比丘要用（じゅうじゅこんまびくようよう）→1439
十誦比丘尼波羅提木叉戒本（じゅうじゅびくにはらだいもくしゃかいほん）→1437
十誦比丘波羅提木叉戒本（じゅうじゅびくはらだいもくしゃかいほん）→1436
十誦律（じゅうじゅりつ）→1435
集諸経礼懺儀（しゅうしょきょうらいさんぎ）→1982
集諸法宝最上義論（じゅうしょほうぼうさいじょうぎろん）→1638
十地論義疏（じゅうじろんぎしょ）→2799
住心決疑抄（じゅうしんけつぎしょう）→2437
集神州三宝感通録（じゅうじんしゅうさんぼうかんずうろく）→2106
十善業道経（じゅうぜんごうどうきょう）→0600
集大乗相論（じゅうだいじょうそうろん）→1637
十二因縁論（じゅうにいんねんろん）→1651
十二縁生祥瑞経（じゅうにえんしょうしょうずいきょう）→0719
十二頭陀経（じゅうにずだきょう）→0783 *
十二調子事（じゅうにちょうしのこと）→2719
十二天供儀軌（じゅうにてんくぎき）→1298
十二仏名神呪校量功徳除障滅罪経（じゅうにぶつみょうじんしゅきょうりょうくどくじょしょうめつざいきょう）→1348 *
十二品生死経（じゅうにほんしょうじきょう）→0753
十二門論（じゅうにもんろん）→1568
十二門論宗致義記（じゅうにもんろんしゅうちぎき）→1826
十二門論疏（じゅうにもんろんしょ）→1825
十二門論疏聞思記（じゅうにもんろんしょもんしき）→2257
十二遊経（じゅうにゆきょう）→0195 *
十八空論（じゅうはちくうろん）→1616
十八契印（じゅうはちげいいん）→0900
十八契印義釈生起（じゅうはちげいいんぎしゃくしょうき）→2475
十八道口決（じゅうはちどうくけつ）→2529
十八道沙汰（じゅうはちどうさた）→2517
十八泥犁経（じゅうはちないりきょう）→0731 *
十八部論（じゅうはちぶろん）→2032
十八臂陀羅尼経（じゅうはっぴだらにきょう）→1118 *
十不善業道経（じゅうふぜんごうどうきょう）→0727
十門弁惑論（じゅうもんべんわくろん）→2111
宗門無尽灯論（しゅうもんむじんとうろん）→2575
修薬師儀軌布壇法（しゅうやくしぎきふだんほう）→0928
宗要柏原案立（しゅうようかしわばらあんりゅう）→2374
十力経（じゅうりっきょう）→0780 *
衆経撰雑譬喩（しゅきょうせんぞうひゆ）→0208
修行道地経（しゅぎょうどうじきょう）→0606
修行本起経（しゅぎょうほんぎきょう）→0184
衆経目録（しゅきょうもくろく）→2146、2147、2148
宿命智陀羅尼（しゅくみょうちだらに）→1382 *

宿命智陀羅尼経（しゅくみょうちだらにきょう）→1383＊
修華厳奥旨妄尽還源観（しゅけごんおうしもうじんげんげんかん）→1876
授決集（じゅけつしゅう）→2367
受五戒八戒文（じゅごかいはっかいもん）→0916
守護国界主陀羅尼経（しゅごこっかいしゅだらにきょう）→0997
守護国界章（しゅごこっかいしょう）→2362
呪五首（じゅごしゅ）→1034
守護大千国土経（しゅごだいせんこくどきょう）→0999＊
衆許摩訶帝経（しゅこまかていきょう）→0191＊
受歳経（じゅさいきょう）→0050＊
呪三首経（しゅさんしゅきょう）→1338
呪歯経（しゅしきょう）→1327＊
呪時気病経（しゅじけびょうきょう）→1326＊
受持七仏名号所生功徳経（じゅじしちぶつみょうごうしょしょうくどくきょう）→0436
衆事分阿毘曇論（しゅじぶんあびどんろん）→1541
修習止観坐禅法要（しゅじゅうしかんざぜんほうよう）→1915
受十善戒経（じゅじゅうぜんかいきょう）→1486
修習般若波羅蜜菩薩観行念誦儀軌（しゅじゅうはんにゃはらみつぼさつかんぎょうねんじゅぎき）→1151
種種御振舞御書（しゅじゅおふるまいごしょ）→2698
種種雑呪経（しゅじゅぞうしゅきょう）→1337
濡首菩薩無上清浄分衛経（じゅしゅぼさつむじょうしょうじょうぶんねきょう）→0234＊
呪小児経（しゅしょうにきょう）→1329＊
手杖論（しゅじょうろん）→1657
受新歳経（じゅしんさいきょう）→0061＊
須真天子経（しゅしんてんしきょう）→0588＊
樹提伽経（じゅだいかきょう）→0540＊
須達経（しゅだつきょう）→0073＊
出家縁経（しゅっけえんぎょう）→0791＊
出家功徳経（しゅっけくどくきょう）→0707＊
出三蔵記集（しゅつさんぞうきしゅう）→2145
十種勅問奏対集（じゅっしゅちょくもんそうたいしゅう）→2588
出生一切如来法眼遍照大力明王経（しゅっしょういっさいにょらいほうげんへんじょうだいりきみょうおうぎょう）→1243＊
出生菩提心経（しゅっしょうぼだいしんぎょう）→0837＊
出生無辺門陀羅尼経（しゅっしょうむへんもんだらにきょう）→1018
出生無量門持経（しゅっしょうむりょうもんじきょう）→1012＊
出生無辺門陀羅尼経（しゅっせしょうむへんもんだらにきょう）→1010＊
出世無辺門陀羅尼経（しゅっせむへんもんだらにきょう）→1009
出曜経（しゅつようきょう）→0212
授宝性院宥快記（じゅほうしょういんゆうかいき）→2503
授菩薩戒儀（じゅぼさつかいぎ）→2378
受菩提心戒儀（じゅぼだいしんかいぎ）→0915
須摩提経（しゅまだいきょう）→0336
須摩提長者経（しゅまだいちょうじゃきょう）→0530＊
須摩提女経（しゅまだいにょきょう）→0128
須摩提菩薩経（しゅまだいぼさつきょう）→0334、0335＊
呪魅経（じゅみきょう）→2882
呪目経（しゅもくきょう）→1328＊
受用三水要行法（じゅゆうさんずいようぎょうぼう）→1902
須頼経（しゅらいきょう）→0328、0329＊
首羅比丘経（しゅらびくきょう）→2873
首楞厳義疏注経（しゅりょうごんぎしょちゅうきょう）→1799

首楞厳三昧経（しゅりょうごんさんまいきょう）→0642 ＊
順権方便経（じゅんごんほうべんぎょう）→0565
順中論義入大般若波羅蜜経初品法門（じゅんちゅうろんぎにゅうだいはんにゃはらみつきょうしょほんほうもん）→1565
諸阿闍梨真言密教部類総録（しょあじゃりしんごんみっきょうぶるいそうろく）→2176
除一切疾病陀羅尼経（じょいっさいしつびょうだらにきょう）→1323
長阿含経（じょうあごんぎょう）→0001
長阿含十報法経（じょうあごんじっぽうほうきょう）→0013
浄意優婆塞所問経（じょういうばそくしょもんぎょう）→0755 ＊
聖一国師語録（しょういちこくしごろく）→2544
聖閻曼徳迦威怒王立成大神験念誦法（しょうえんまんとっきゃいぬおうりゅうじょうだいじんげんねんじゅほう）→1214
証契大乗経（しょうかいだいじょうきょう）→0674
聖迦柅忿怒金剛童子菩薩成就儀軌経（しょうかにふんぬこんごうどうじぼさつじょうじゅぎききょう）→1222
聖賀野紇哩縛大威怒王立成大神験供養念誦儀軌法品（しょうがやきりばだいいぬおうりゅうじょうだいじんけんくようねんじゅぎきほうぼん）→1072 A
聖歓喜天式法（しょうかんぎてんしきほう）→1275
聖観自在菩薩一百八名経（しょうかんじざいぼさついっぴゃくはちみょうきょう）→1054
聖観自在菩薩功徳讃（しょうかんじざいぼさつくどくさん）→1053
聖観自在菩薩心真言瑜伽観行儀軌（しょうかんじざいぼさつしんしんごんゆがかんぎょうぎき）→1031
聖観自在菩薩不空王秘密心陀羅尼経（しょうかんじざいぼさつふくうおうひみつしんだらにきょう）→1099 ＊
聖観自在菩薩梵讃（しょうかんじざいぼさつぼんさん）→1055 ＊
請観世音菩薩消伏毒害陀羅尼呪経（しょうかんぜおんぼさつしょうぶくどくがいだらにきょう）→1043
請観世音菩薩消伏毒害陀羅尼三昧儀（しょうかんぜおんぼさつしょうぶくどくがいだらにさんまいぎ）→1949
請観音経疏（しょうかんのんぎょうしょ）→1800
請観音経疏闡義鈔（しょうかんのんぎょうしょせんぎしょう）→1801
勝義空経（しょうぎくうきょう）→0655 ＊
生経（しょうきょう）→0154
常暁和尚請来目録（じょうぎょうかしょうしょうらいもくろく）→2163
正恭敬経（しょうくぎょうきょう）→1496 ＊
成具光明定意経（じょうぐこうみょうじょういきょう）→0630 ＊
聖救度仏母二十一種礼讃経（しょうくどぶつもにじゅういっしゅらいさんぎょう）→1108 A
穰麌梨童女経（じょうぐりどうにょきょう）→1264 ＊
常瞿利毒女陀羅尼呪経并行法（じょうぐりどくにょだらにしゅきょうならびにぎょうぼう）→1265 ＊
勝軍化世百喩伽他経（しょうぐんけせひゃくゆかたきょう）→1692
勝軍王所問経（しょうぐんのうしょもんきょう）→0516 ＊
勝軍不動明王四十八使者秘密成就儀軌（しょうぐんふどうみょうおうしじゅうはちししゃひみつじょうじゅぎき）→1205
青頸観自在菩薩心陀羅尼経（しょうけいかんじざいぼさつしんだらにきょう）→1111
貞元華厳経音義（じょうげんけごんきょうおんぎ）→2206
貞元新定釈教目録（じょうげんしんじょうしゃ

くきょうもくろく）→2157
常光国師語録（じょうこうこくしごろく）→2562
聖虚空蔵菩薩陀羅尼経（しょうこくうぞうぼさつだらにきょう）→1147
勝語集（しょうごしゅう）→2479
浄業障経（じょうごっしょうきょう）→1494＊
荘厳王陀羅尼呪経（しょうごんおうだらにじゅきょう）→1375＊
聖金剛手菩薩一百八名梵讃（しょうこんごうしゅぼさついっぴゃくはちみょうぼんさん）→1131
荘厳菩提心経（しょうごんぼだいしんぎょう）→0307＊
聖最勝陀羅尼経（しょうさいしょうだらにきょう）→1409＊
聖最上灯明如来陀羅尼経（しょうさいじょうとうみょうにょらいだらにきょう）→1355＊
称讃浄土仏摂受経（しょうさんじょうどぶつしょうじゅきょう）→0367
称讃大乗功徳経（しょうさんだいじょうくどくきょう）→0840
称讃如来功徳神呪経（しょうさんにょらいくどくじんしゅきょう）→1349＊
青色大金剛薬叉辟鬼魔法（しょうしきだいこんごうやしゃびゃくきまほう）→1221
声字実相義（しょうじじっそうぎ）→2429
聖持世陀羅尼経（しょうじせだらにきょう）→1165
少室六門（しょうしつろくもん）→2009
成実論（じょうじつろん）→1646
聖者文殊師利発菩提心願文（しょうじゃもんじゅしりほつぼだいしんがんもん）→1198
勝思惟梵天所問経（しょうしゆいぼんてんしょもんぎょう）→0587
勝思惟梵天所問経論（しょうしゆいぼんてんしょもんぎょうろん）→1532
自要集（じようしゅう）→2672
定宗論（じょうしゅうろん）→2369
商主天子所問経（しょうしゅてんししょもんきょう）→0591
成就妙法蓮華経王瑜伽観智儀軌（じょうじゅみょうほうれんげきょうおうゆがかんちぎき）→1000
消除一切災障宝髻陀羅尼経（しょうじょいっさいさいしょうほうけいだらにきょう）→1400＊
消除一切閃電障難随求如意陀羅尼経（しょうじょいっさいせんでんしょうなんずいぐにょいだらにきょう）→1402
清浄観世音普賢陀羅尼経（しょうじょうかんぜおんふげんだらにきょう）→1038
聖荘厳陀羅尼経（しょうしょうごんだらにきょう）→1376＊
清浄心経（しょうじょうしんぎょう）→0803＊
清浄毘尼方広経（しょうじょうびにほうこうぎょう）→1489
清浄法身毘盧遮那心地法門成就一切陀羅尼三種悉地（しょうじょうほっしんびるしゃなしんじほうもんじょうじゅいっさいだらにさんじゅしつじ）→0899
彰所知論（しょうしょちろん）→1645
浄心誡観法（じょうしんかいかんほう）→1893
聖善住意天子所問経（しょうぜんじゅういてんししょもんぎょう）→0341
正像末法和讃（しょうぞうまっぽうわさん）→2652
小叢林清規（しょうそうりんしんぎ）→2579
摂大乗義章（しょうだいじょうぎしょう）→2809
摂大乗論（しょうだいじょうろん）→1592、1593
摂大乗論釈（しょうだいじょうろんしゃく）→1595、1597、1598
摂大乗論釈略疏（しょうだいじょうろんしゃくりゃくしょ）→2269
摂大乗論釈論（しょうだいじょうろんしゃくろん）→1596
摂大乗論疏（しょうだいじょうろんしょ）→2805

摂大乗論抄（しょうだいじょうろんしょう）→2806

摂大乗論章（しょうだいじょうろんしょう）→2807

摂大乗論本（しょうだいじょうろんほん）→1594

聖大総持王経（しょうだいそうじおうきょう）→1371＊

摂大毘盧遮那成仏神変加持経入蓮華胎蔵海会悲生曼荼攞広大念誦儀軌供養方便会（しょうだいびるしゃなじょうぶつじんべんかじきょうにゅうれんげたいぞうかいえひしょうまんだらこうだいねんじゅぎきくようほうべんえ）→0850

聖多羅菩薩一百八名陀羅尼経（しょうたらぼさついっぴゃくはちみょうだらにきょう）→1105

聖多羅菩薩経（しょうたらぼさつきょう）→1104＊

聖多羅菩薩梵讃（しょうたらぼさつぼんさん）→1107

掌中論（しょうちゅうろん）→1621

掌珍量噵（しょうちんりょうどう）→2258

勝天王般若波羅蜜経（しょうてんのうはんにゃはらみつきょう）→0231

小道地経（しょうどうじきょう）→0608

勝幢臂印陀羅尼経（しょうどうひいんだらにきょう）→1363

浄土往生伝（じょうどおうじょうでん）→2071

浄土疑端（じょうどぎたん）→2208A

浄土疑弁（じょうどぎべん）→1977

浄土境観要門（じょうどきょうかんようもん）→1971

浄土口決集（じょうどくけつしゅう）→2640

浄土高僧和讃（じょうどこうそうわさん）→2651

浄土五会念仏誦経観行儀（じょうどごえねんぶつじゅきょうかんぎょうぎ）→2827

浄土五会念仏略法事儀讃（じょうどごえねんぶつりゃくほうじぎさん）→1983

浄土三経往生文類（じょうどさんぎょうおうじょうもんるい）→2654

浄土三部経音義集（じょうどさんぶきょうおんぎしゅう）→2207

浄土十疑論（じょうどじゅうぎろん）→1961

浄土宗建立私記（じょうどしゅうこんりゅうしき）→2636

浄土宗法門大図（じょうどしゅうほんもんだいず）→2638

浄土宗要集（じょうどしゅうようしゅう）→2629

浄土生無生論（じょうどしょうむしょうろん）→1975

浄土真要鈔（じょうどしんようしょう）→2667

浄土童蒙指帰名目（じょうどどうもうしきみょうもく）→2637

浄土二蔵二教略頌（じょうどにぞうにきょうりゃくじゅ）→2614

浄土法門源流章（じょうどほうもんげんるしょう）→2687

浄土法門大図名目（じょうどほうもんだいずみょうもく）→2639

浄土文類聚鈔（じょうどもんるいじゅしょう）→2647

浄土論（じょうどろん）→1963

浄土或問（じょうどわくもん）→1972

浄土和讃（じょうどわさん）→2650

勝幡瓔珞陀羅尼経（しょうばんようらくだらにきょう）→1410＊

請賓頭盧法（しょうびんずるほう）→1689

聖仏母小字般若波羅蜜多経（しょうぶつもしょうじはんにゃはらみたぎょう）→0258＊

聖仏母般若波羅蜜多経（しょうぶつもはんにゃはらみたきょう）→0257＊

聖仏母般若波羅蜜多九頌精義論（しょうぶつもはんにゃはらみったくじゅしょうぎろん）→1516

聖法印経（しょうぼういんきょう）→0103＊

正法眼蔵（しょうぼうげんぞう）→2582

聖宝蔵神儀軌経（しょうほうぞうじんぎききょう）→1284＊
正法念処経（しょうぼうねんじょきょう）→0721
小法滅尽経（しょうぼうめつじんぎょう）→2874
正法華経（しょうほっけきょう）→0263
浄飯王般涅槃経（じょうぼんのうはつねはんぎょう）→0512＊
小品般若波羅蜜経（しょうぼんはんにゃはらみつきょう）→0227
勝鬘義記（しょうまんぎき）→2761
勝鬘経義疏（しょうまんぎょうぎしょ）→2185
勝鬘経疏（しょうまんぎょうしょ）→2762
勝鬘師子吼一乗大方便広経（しょうまんししくいちじょうだいほうべんほうこうきょう）→0353
勝鬘宝窟（しょうまんほうくつ）→1744
聖妙吉祥真実名経（しょうみょうきちじょうしんじつみょうきょう）→1190
浄名経関中釈抄（じょうみょうきょうかんちゅうしゃくしょう）→2778
浄名経集解関中釈抄（じょうみょうきょうしゅうげかんちゅうしょし）→2777
声明口伝（しょうみょうくでん）→2717
声明源流記（しょうみょうげんりゅうき）→2720
浄名玄論（じょうみょうげんろん）→1780
摂無礙大悲心大陀羅尼経計一法中出無量義南方満願補陀落海会五部諸尊等弘誓力方位及威儀形色執持三摩耶幖幟曼荼羅儀軌（しょうむげだいひしんだらにきょうけいいっぽうちゅうしゅつむりょうぎなんぽうまんがんふだらくかいえごぶしょそんとうぐぜいりきほういおよびいぎぎょうしきしゅうじさんまやひょうしきまんだらぎき）→1067
聖無動尊安鎮家国等法（しょうむどうそんあんちんけこくとうほう）→1203
聖無動尊一字出生八大童子秘要法品（しょうむどうそんいちじしゅつしょうはちだいどうじひようほうほん）→1204
聖無能勝金剛火陀羅尼経（しょうむのうしょうこんごうかだらにきょう）→1236
成唯識宝生論（じょうゆいしきほうしょうろん）→1591
成唯識論（じょうゆいしきろん）→1585
成唯識論演秘（じょうゆいしきろんえんぴ）→1833
成唯識論述記（じょうゆいしきろんじゅっき）→1830
成唯識論述記集成編（じょうゆいしきろんじゅっきじゅうじょうへん）→2266
成唯識論述記序釈（じょうゆいしきろんじゅっきじょしゃく）→2260
成唯識論掌中枢要（じょうゆいしきろんしょうちゅうしゅよう）→1831
成唯識論本文抄（じょうゆいしきろんほんもんしょう）→2262
成唯識論略疏（じょうゆいしきろんりゃくしょ）→2267
成唯識論了義灯（じょうゆいしきろんりょうぎとう）→1832
称揚諸仏功徳経（しょうようしょぶつくどくきょう）→0434＊
聖曜母陀羅尼経（しょうようもだらにきょう）→1303＊
青竜寺軌記（しょうりゅうじきき）→0855
青竜寺求法目録（しょうりゅうじぐほうもくろく）→2171
少林無孔笛（しょうりんむくてき）→2571
浄瑠璃浄土標（じょうるりじょうどひょう）→0929
聖六字増寿大明陀羅尼経（しょうろくじぞうじゅだいみょうだらにきょう）→1049
聖六字大明王陀羅尼経（しょうろくじだいみょうおうだらにきょう）→1047＊
肇論（じょうろん）→1858
肇論疏（じょうろんしょ）→1859
摂論章（しょうろんしょう）→2808
肇論新疏（じょうろんしんしょ）→1860

諸回向清規（しょえこうしんぎ）→2578
除蓋障菩薩所問経（じょがいしょうぼさつしょもんきょう）→0489＊
諸行有為経（しょぎょういきょう）→0758＊
諸教決定名義論（しょきょうけつじょうみょうぎろん）→1658
諸経要集（しょきょうようしゅう）→2123
諸経要抄（しょきょうようしょう）→2819
諸経要略文（しょきょうようりゃくもん）→2821
除恐災患経（じょくさいけんぎょう）→0744＊
諸家教相同異略集（しょけきょうそうどういりゃくしゅう）→2368
諸宗教理同異釈（しょしゅうきょうりどういしゃく）→2528
諸星母陀羅尼経（しょしょうもだらにきょう）→1302
処処経（しょしょきょう）→0730＊
初心行護鈔（しょしんぎょうごしょう）→2642
諸尊要抄（しょそんようしょう）→2484
序聴迷詩所経（じょちょうめいししょきょう）→2142
諸徳福田経（しょとくふくでんきょう）→0683＊
諸仏経（しょぶつきょう）→0439＊
諸仏境界真実経（しょぶつきょうがいしんじつきょう）→0868
諸仏集会陀羅尼経（しょぶつしゅうえだらにきょう）→1346
諸仏心印陀羅尼経（しょぶつしんいんだらにきょう）→0919
諸仏心陀羅尼経（しょぶつしんだらにきょう）→0918
諸仏要集経（しょぶつようじっきょう）→0810
初分説経（しょぶんせっきょう）→0498＊
諸法最上王経（しょほうさいじょうおうぎょう）→0824
諸法集要経（しょほうじゅうようぎょう）→0728
諸法分別抄（しょほうふんべつしょう）→2448
諸法本経（しょほうほんぎょう）→0059＊
諸法無経（しょほうむきょう）→0651＊
諸法無行経（しょほうむぎょうきょう）→0650
諸法無諍三昧法門（しょほうむじょうざんまいほうもん）→1923
諸法勇王経（しょほうゆうおうぎょう）→0822＊
諸菩薩求仏本業経（しょぼさつぐぶつほんごうきょう）→0282
所欲致患経（しょよくちげんぎょう）→0737
自力他力事（じりきたりきのこと）→2678
進学経（しんがくきょう）→0798＊
新学行要抄（しんがくぎょうようしょう）→2382
心学典論（しんがくてんろん）→2602
真荷上人法語（しんかしょうにんほうご）→2423
心月輪秘釈（しんがちりんひしゃく）→2520
身観経（しんかんぎょう）→0612
甚希有経（じんけうきょう）→0689
新華厳経論（しんけごんぎょうろん）→1739
信解智力経（しんげちりききょう）→0802＊
真言教主問答抄（しんごんきょうしゅもんどうしょう）→2445
真言三密修行問答（しんごんさんみつしゅぎょうもんどう）→2525
真言宗義（しんごんしゅうぎ）→2523
真言宗教時義（しんごんしゅうきょうじぎ）→2396
真言宗即身成仏義章（しんごんしゅうそくしんじょうぶつぎしょう）→2511
真言宗未決文（しんごんしゅうみけつもん）→2458
真言浄菩提心私記（しんごんじょうぼだいしんしき）→2521

真言所立三身問答（しんごんしょりゅうさんじんもんどう）→2389
真言付法纂要抄（しんごんふほうさんようしょう）→2433
真言名目（しんごんみょうもく）→2449
真言要決（しんごんようけつ）→2825
新歳経（しんさいきょう）→0062＊
進旨（しんし）→2864
真実経文句（しんじつきょうもんく）→2237
深沙大将儀軌（じんじゃだいしょうぎき）→1291
新集浴像儀軌（しんしゅうよくぞうぎき）→1322
新書写請来法門等目録（しんしょしゃしょうらいほうもんとうもくろく）→2174A
真心直説（しんじんじきせつ）→2019A
甚深大廻向経（じんじんだいえこうぎょう）→0825＊
信心銘（しんじんめい）→2010
信心銘拈提（しんじんめいねんてい）→2587
鐔津文集（しんしんもんじゅう）→2115
真心要決（しんしんようけつ）→2313
神僧伝（しんそうでん）→2064
真迢上人法語（しんちょうしょうにんほうご）→2422
申日経（しんにちきょう）→0535＊
申日児本経（しんにちじほんぎょう）→0536
信仏功徳経（しんぶつくどくきょう）→0018＊
新編諸宗教蔵総録（しんぺんしょしゅうきょうぞうそうろく）→2184
新菩薩経（しんぼさつきょう）→2917A・B
新菩薩経一巻（しんぼさつきょういっかん）→2917A
深密解脱経（じんみつげだつきょう）→0675
心明経（しんみょうぎょう）→0569＊
身毛喜豎経（しんもうきじゅきょう）→0757＊
新訳華厳経音義（しんやくけごんきょうおんぎ）→2206
新訳華厳経七処九会頌釈章（しんやくけごんぎょうしちしょくえじゅしゃくしょう）→1738
心要鈔（しんようしょう）→2311
親鸞聖人御消息集（しんらんしょうにんごしょうそくしゅう）→2660
信力入印法門経（しんりきにゅういんほうもんぎょう）→0305
真朗上人法語（しんろうしょうにんほうご）→2424
随求即得大自在陀羅尼神呪経（ずいぐそくとくだいじざいだらにじんじゅきょう）→1154＊
瑞州洞山良价禅師語録（ずいしゅうとうざんりょうかいぜんじごろく）→1986B
随相論（ずいそうろん）→1641
隋天台智者大師別伝（ずいてんだいちしゃだいしべつでん）→2050
水沫所漂経（すいまつしょひょうきょう）→0106＊
随勇尊者経（ずいゆうそんじゃきょう）→0505
随要記（ずいようき）→2407
数経（すうきょう）→0070＊
蕤呬耶経（すきやきょう）→0897
宗鏡録（すぎょうろく）→2016
宿曜儀軌（すくようぎき）→1304
西源特芳和尚語録（せいげんとくほうおしょうごろく）→2573
西山口決伝密鈔（せいざんくけつでんみっしょう）→2628
西山復古篇（せいざんふっこへん）→2645
施一切無畏陀羅尼経（せいっさいむいだらにきょう）→1373＊
逝童子経（せいどうじきょう）→0527＊
聖八千頌般若波羅蜜多一百八名真実円義陀羅尼経（せいはっせんじゅはんにゃはらみたいっぴゃくはちみょうしんじつえんぎだらにきょう）→0230
施餓鬼甘露味大陀羅尼経（せがきかんろみだいだらにきょう）→1321＊
施諸餓鬼飲食及水法并手印（せしょがきおんじきぎゅうすいほうへいしゅいん）→1315

施設論（せせつろん）→1538
世尊聖者千眼千首千足千舌千臂観自在菩提薩埵怛嚩広大円満無礙大悲心陀羅尼（せそんしょうじゃせんげんせんじゅせんぞくせんぜつせんぴかんじざいぼだいさったばこうだいえんまんむげだいひしんだらに）→1062 B
絶海和尚語録（ぜっかいおしょうごろく）→2561
説矩里迦竜王像法（せつくりかりゅうおうぞうほう）→1207
雪江和尚語録（せっこうおしょうごろく）→2568
説罪要行法（せつざいようぎょうほう）→1903
説妙法決定業障経（せつみょうほうけつじょうごっしょうきょう）→0841
説無垢称経（せつむくしょうきょう）→0476
説無垢称経疏（せつむくしょうきょうしょ）→1782
施灯功徳経（せとうくどくきょう）→0702＊
施八方天儀則（せはっぽうてんぎそく）→1294
是法非法経（ぜほうひほうきょう）→0048＊
善悪因果経（ぜんあくいんがきょう）→2881
禅戒訣（ぜんかいけつ）→2599
禅戒鈔（ぜんかいしょう）→2601
禅関策進（ぜんかんさくしん）→2024
禅行三十七品経（ぜんぎょうさんじゅうしちほんきょう）→0604＊
禅行法想経（ぜんぎょうほうそうきょう）→0605
善恭敬経（ぜんくぎょうきょう）→1495
禅源諸詮集都序（ぜんげんしょせんしゅうとじょ）→2015
千眼千臂観世音菩薩陀羅尼神呪経（せんげんせんぴかんぜおんぼさつだらにしんじゅきょう）→1057
善見律毘婆沙（ぜんけんりつびばしゃ）→1462
千光眼観自在菩薩秘密法経（せんこうげんかんじざいぼさつひみつほうきょう）→1065
占察善悪業報経（せんざつぜんあくごうほうきょう）→0839
睒子経（せんじきょう）→0175＊
撰時抄（せんじしょう）→2690
善思童子経（ぜんしどうじきょう）→0479
禅宗決疑集（ぜんしゅうけつぎしゅう）→2021
撰集三蔵及雑蔵伝（せんじゅうさんぞうぎゅうぞうぞうでん）→2026
泉州千仏新著諸祖師頌（せんしゅうせんぶつしんちょしょそしじゅ）→2861
撰集百縁経（せんじゅうひゃくえんきょう）→0200
禅宗永嘉集（ぜんしゅうようかしゅう）→2013
千手観音造次第法儀軌（せんじゅかんのんぞうしだいほうぎき）→1068
千手経二十八部衆釈（せんじゅぎょうにじゅうはちぶしゅうしゃく）→2243
千手眼大悲心呪行法（せんじゅげんだいひしんじゅぎょうほう）→1950
千手千眼観自在菩薩広大円満無礙大悲心陀羅尼呪本（せんじゅせんげんかんじざいぼさつこうだいえんまんむげだいひしんだらにじゅほん）→1061
千手千眼観世音菩薩広大円満無礙大悲心陀羅尼経（せんじゅせんげんかんぜおんぼさつこうだいえんまんむげだいひしんだらにきょう）→1060
千手千眼観世音菩薩治病合薬経（せんじゅせんげんかんぜおんぼさつじびょうごうやくきょう）→1059
千手千眼観世音菩薩大身呪本（せんじゅせんげんかんぜおんぼさつだいしんじゅほん）→1062 A
千手千眼観世音菩薩大悲心陀羅尼（せんじゅせんげんかんぜおんぼさつだいひしんだらに）→1064
千手千眼観世音菩薩姥陀羅尼身経（せんじゅ

せんげんかんぜおんぼさつもうだらにしんきょう）→1058
善生子経（ぜんしょうしきょう）→0017＊
前世三転経（ぜんせさんでんきょう）→0178
旃陀越国王経（せんだおっこくおうぎょう）→0518＊
栴檀香身陀羅尼経（せんだんこうしんだらにきょう）→1387＊
栴檀樹経（せんだんじゅきょう）→0805＊
選択伝弘決疑鈔（せんちゃくでんぐけつぎしょう）→2610
選択本願念仏集（せんちゃくほんがんねんぶつしゅう）→2608
選択密要決（せんちゃくみつようけつ）→2620
千転大明陀羅尼経（せんてんだいみょうだらにきょう）→1036
千転陀羅尼観世音菩薩呪（せんてんだらにかんぜおんぼさつじゅ）→1035
仙洞三心義問答記（せんとうさんじんぎもんどうき）→2635
千鉢文殊一百八名讃（せんぱつもんじゅいっぴゃくはちみょうさん）→1177B
瞻婆比丘経（せんばびくきょう）→0064＊
漸備一切智徳経（ぜんびいっさいちとくきょう）→0285
千臂軍荼利梵字真言（せんぴぐんだりぼんじしんごん）→1213
禅秘要法経（ぜんぴようほうきょう）→0613
千輻輪相顕密集（せんぷくりんそうけんみつしゅう）→2446
千仏因縁経（せんぶついんねんきょう）→0426＊
善法方便陀羅尼経（ぜんぼうほうべんだらにきょう）→1137＊
禅法要解（ぜんほうようげ）→0616
善夜経（ぜんやきょう）→1362＊
箭喩経（せんゆきょう）→0094＊
禅要経（ぜんようきょう）→0609
善楽長者経（ぜんらくちょうじゃきょう）→1380＊
禅林寺宗叡僧正目録（ぜんりんじしゅうえいそうじょうもくろく）→2174B
禅林宝訓（ぜんりんほうくん）→2022
雑阿含経（ぞうあごんぎょう）→0099、0101
雑阿毘曇心論（ぞうあびどんしんろん）→1552
増一阿含経（ぞういちあごんぎょう）→0125
象腋経（ぞうえききょう）→0814＊
増慧陀羅尼経（ぞうえだらにきょう）→1372
相応相可経（そうおうそうかきょう）→0111＊
僧伽和尚欲入涅槃説六度経（そうがおしょうよくにゅうねはんせつろくどきょう）→2920
僧伽吒経（そうがたきょう）→0423
僧伽羅刹所集経（そうがらせつしょじゅうきょう）→0194
宋高僧伝（そうこうそうでん）→2061
僧羯磨（そうこんま）→1809
総持抄（そうじしょう）→2412
総釈陀羅尼義讃（そうしゃくだらにぎさん）→0902
奏進法語（そうしんほうご）→2420
象頭精舎経（ぞうずしょうじゃきょう）→0466＊
雑蔵経（ぞうぞうぎょう）→0745＊
造像量度経解（ぞうぞうりょうどきょうげ）→1419＊
相続解脱地波羅蜜了義経（そうぞくげだつじはらみつりょうぎきょう）→0678
相続解脱如来所作随順処了義経（そうぞくげだつにょらいしょさずいじゅんしょりょうぎきょう）→0679
造塔延命功徳経（ぞうとうえんめいくどくきょう）→1026＊
造塔功徳経（ぞうとうくどくきょう）→0699＊
雑譬喩経（ぞうひゆきょう）→0204、0205、0207
像法決疑経（ぞうほうけつぎきょう）→2870
雑宝蔵経（ぞうほうぞうきょう）→0203
造立形像福報経（ぞうりゅうぎょうぞうふくほうきょう）→0693＊

続高僧伝（ぞくこうそうでん）→2060
続古今訳経図紀（ぞくここんやっきょうずき）→2152
速疾立験魔醯首羅天説阿尾奢法（そくしつりゅうげんまけいしゅらてんせつあびしゃほう）→1277
続集古今仏道論衡（ぞくしゅうここんぶつどうろんこう）→2105
息諍因縁経（そくじょういんねんぎょう）→0085 ＊
続貞元釈教録（ぞくじょうげんしゃくきょうろく）→2158
続清涼伝（ぞくしょうりょうでん）→2100
息除賊難陀羅尼経（そくじょぞくなんだらにきょう）→1405 ＊
息除中夭陀羅尼経（そくじょちゅうようだらにきょう）→1347
即身成仏義（そくしんじょうぶつぎ）→2428
続伝灯録（ぞくでんとうろく）→2077
続命経（ぞくみょうきょう）→2889
蘇悉地羯囉経（そしつじきゃらきょう）→0893
蘇悉地羯羅経略疏（そしつじきゃらきょうりゃくしょ）→2227
蘇悉地羯羅供養法（そしつじきゃらくようぼう）→0894
蘇悉地対受記（そしつじたいじゅき）→2392
蘇悉地妙心大（そしつじみょうしんだい）→2387
蘇婆呼童子請問経（そばこどうじしょうもんきょう）→0895
尊号真像銘文（そんごうしんぞうめいもん）→2656 A・B
尊勝大明王経（そんしょうだいみょうおうきょう）→1413 ＊
尊勝仏頂脩瑜伽法儀軌（そんしょうぶっちょうしゅゆがほうぎき）→0973
尊勝菩薩所門一切諸法入無量門陀羅尼経（そんしょうぼさつしょもんいっさいしょほうにゅうむりょうもんだらにきょう）→1343
孫多耶致経（そんたやちきょう）→0582 ＊
尊那経（そんなきょう）→0845 ＊
尊婆須蜜菩薩所集論（そんばすみつぼさつしょしゅうろん）→1549

た行

大哀経（だいあいきょう）→0398
大愛陀羅尼経（だいあいだらにきょう）→1379 ＊
大愛道般泥洹経（だいあいどうはつないおんぎょう）→0144 ＊
大愛道比丘尼経（だいあいどうびくにきょう）→1478
大阿闍梨声明系図（だいあじゃりしょうみょうけいず）→2718
大阿弥陀経（だいあみだきょう）→0364 ＊
大阿羅漢難提蜜多羅所説法住記（だいあらかんなんだいみったらしょせつほうじゅうき）→2030
大安般守意経（だいあんぱんしゅいきょう）→0602 ＊
大威儀請問（だいいぎしょうもん）→2884
大意経（だいいきょう）→0177 ＊
第一義法勝経（だいいちぎほうしょうきょう）→0833
大威灯光仙人問疑経（だいいとうこうせんにんもんぎきょう）→0834
大威徳金輪仏頂熾盛光如来消除一切災難陀羅尼経（だいいとくきんりんぶっちょうしじょうこうにょらいしょうじょいっさいさいなんだらにきょう）→0964 ＊
大威徳陀羅尼経（だいいとくだらにきょう）→1341
大威怒烏芻澁麼儀軌経（だいいぬうすしゅうまぎききょう）→1225
大威力烏枢瑟摩明王経（だいいりきうすしまみょうおうきょう）→1227
大雲経祈雨壇法（だいうんきょうきうだんぼう）→0990
大雲経請雨品第六十四（だいうんきょうせい

うほんだいろくじゅうし）→0993
大雲無想経（だいうんむそうきょう）→0388
大雲輪請雨経（だいうんりんせいうきょう）→0989、0991
大慧度経宗要（だいえどきょうしゅうよう）→1697
大慧普覚禅師語録（だいえふかくぜんじごろく）→1998 A
大慧普覚禅師宗門武庫（だいえふかくぜんじしゅうもんぶこ）→1998 B
大覚禅師語録（だいかくぜんじごろく）→2547
大迦葉本経（だいかしょうほんぎょう）→0496 ＊
大迦葉問大宝積正法経（だいかしょうもんだいほうしゃくしょうぼうきょう）→0352 ＊
大鑑清規（だいかんしんぎ）→2577
大寒林聖難拏陀羅尼経（だいかんりんしょうなんだだらにきょう）→1392
大吉義神呪経（だいきちぎじんしゅきょう）→1335
大吉祥陀羅尼経（だいきちじょうだらにきょう）→1381 ＊
大吉祥天女十二契一百八名無垢大乗経（だいきちじょうてんにょじゅうにけいいっぴゃくはちみょうむくだいじょうきょう）→1253
大吉祥天女十二名号経（だいきちじょうてんにょじゅうにみょうごうきょう）→1252 ＊
大経要義抄注解（だいきょうようぎしょうちゅうげ）→2440
大魚事経（だいぎょじきょう）→0216 ＊
大孔雀呪王経（だいくじゃくじゅおうきょう）→0985 ＊
大孔雀明王画像壇場儀軌（だいくじゃくみょうおうがぞうだんじょうぎき）→0983 A ＊
大華厳経略策（だいけごんぎょうりゃくさく）→1737
大花厳長者問仏那羅延力経（だいけごんちょうじゃもんぶつならえんりききょう）→0547
大堅固婆羅門縁起経（だいけんごばらもんえんぎぎょう）→0008 ＊
大虚空蔵菩薩念誦法（だいこくうぞうぼさつねんじゅほう）→1146
大黒天神法（だいこくてんじんほう）→1287
大護明大陀羅尼経（だいごみょうだいだらにきょう）→1048 ＊
大金剛香陀羅尼経（だいこんごうこうだらにきょう）→1401 ＊
大金剛妙高山楼閣陀羅尼経（だいこんごうみょうこうせんろうかくだらにきょう）→1415
大金色孔雀王呪経（だいこんじきくじゃくおうじゅきょう）→0986
大金色孔雀王呪経（だいこんじきくじゃくおうじゅきょう）→0987 ＊
大薩遮尼乾子所説経（だいさっしゃにけんじしょせつきょう）→0272
大三摩惹経（だいさんまにゃきょう）→0019＊
大自在天子因地経（だいじざいてんしいんじきょう）→0594 ＊
太子須大拏経（たいししゅだいなきょう）→0171
大使呪法経（だいししゅほうきょう）→1268
太子瑞応本起経（たいしずいおうほんぎきょう）→0185
太子刷護経（たいしせつごきょう）→0343 ＊
大慈大悲救苦観世音自在王菩薩広大円満無礙自在青頸大悲心陀羅尼（だいじだいひくかんぜおんじざいおうぼさつこうだいえんまんむげじざいしょうけいだいひしんだらに）→1113 B
大七宝陀羅尼経（だいしっぽうだらにきょう）→1368 ＊
太子慕魄経（たいしぼはっきょう）→0167、0168 ＊
帝釈厳秘密成就儀軌（たいしゃくごんひみつじょうじゅぎき）→0940 ＊
帝釈所問経（たいしゃくしょもんぎょう）→0015 ＊
帝釈般若波羅蜜多心経（たいしゃくはんにゃはらみたしんぎょう）→0249 ＊
大沙門百一羯磨法（だいしゃもんひゃくいちこ

んまほう）→1438
大集会正法経（だいじゅうえしょうぼうきょう）→0424 ＊
大周刊定衆経目録（だいしゅうかんじょうしゅきょうもくろく）→2153
大宗地玄文本論（だいしゅうじげんもんほんろん）→1669
大集譬喩王経（だいしゅうひゆおうきょう）→0422
大集法門経（だいじゅうほうもんぎょう）→0012 ＊
大樹緊那羅王所問経（だいじゅきんならおうしょもんきょう）→0625
大集大虚空蔵菩薩所問経（だいじゅだいこくうぞうぼさつしょもんぎょう）→0404
大乗阿毘達磨集論（だいじょうあびだつましゅうろん）→1605
大乗阿毘達磨雑集論（だいじょうあびだつまぞうしゅうろん）→1606
大乗一切法相玄論（だいじょういっさいほっそうげんろん）→2316
大乗円戒顕正論（だいじょうえんかいけんしょうろん）→2360
大乗縁生論（だいじょうえんしょうろん）→1653
大乗戒経（だいじょうかいきょう）→1497 ＊
大乗開心顕性頓悟真宗論（だいじょうかいしんけんしょうとんごしんしゅうろん）→2835
大乗伽耶山頂経（だいじょうがやせんじょうきょう）→0467
大聖歓喜双身大自在天毘那夜迦王帰依念誦供養法（だいしょうかんぎそうしんだいじざいてんびなやきゃおうきえねんじゅくようほう）→1270
大聖歓喜双身毘那夜迦天形像品儀軌法（だいしょうかんぎそうしんびなやかてんぎょうぞうぼんぎき）→1274
大乗観想曼拏羅浄諸悪趣経（だいじょうかんそうまんだらじょうしょあくしゅきょう）→0939 ＊
大生義経（だいしょうぎきょう）→0052 ＊
大乗義章（だいじょうぎしょう）→1851
大乗起信論（だいじょうきしんろん）→1666、1667
大乗起信論義記（だいじょうきしんろんぎき）→1846
大乗起信論義記別記（だいじょうきしんろんぎきべっき）→1847
大乗起信論義疏（だいじょうきしんろんぎしょ）→1843
大乗起信論広釈（だいじょうきしんろんこうしゃく）→2814
大乗起信論内義略探記（だいじょうきしんろんないぎりゃくたんき）→1849
大乗起信論別記（だいじょうきしんろんべっき）→1845
大乗起信論略述（だいじょうきしんろんりゃくじゅつ）→2813
大乗起信論裂網疏（だいじょうきしんろんれつもうしょ）→1850
大乗経纂要義（だいじょうきょうさんようぎ）→2817
大正句王経（だいしょうくおうきょう）→0045
大乗顕識経（だいじょうげんじききょう）→0347
大乗玄問答（だいじょうげんもんどう）→2303
大乗玄論（だいじょうげんろん）→1853
大乗広五蘊論（だいじょうこうごうんろん）→1613
大乗広百論釈論（だいじょうこうひゃくろんしゃくろん）→1571
大乗五蘊論（だいじょうごうんろん）→1612
大乗金剛髻珠菩薩修行分（だいじょうこんごうけいじゅぼさつしゅぎょうぶん）→1130
大勝金剛仏頂念誦儀軌（だいしょうこんごうぶっちょうねんじゅぎき）→0980
大荘厳法門経（だいしょうごんほうもんぎょう）→0818
大荘厳論経（だいしょうごんろんきょう）→

0201
大乗三聚懺悔経（だいじょうさんじゅさんげきょう）→1493
大乗三論大義鈔（だいじょうさんろんだいぎしょう）→2296
大乗止観法門（だいじょうしかんほうもん）→1924
大乗四斎日（だいじょうしさいにち）→2849
大乗十法経（だいじょうじっぽうきょう）→0314 ＊
大乗四法経（だいじょうしほうきょう）→0772、0774
大乗四法経釈（だいじょうしほうきょうしゃく）→1535
大乗四法経釈抄（だいじょうしほうきょうしゃくしょう）→2784
大乗四法経論広釈開決記（だいじょうしほうきょうろんこうしゃくかいけつき）→2785
大乗舎黎娑担摩経（だいじょうしゃりしゃたんまきょう）→0711
大乗集菩薩学論（だいじょうじゅうぼさつがくろん）→1636
大乗修行菩薩行門諸経要集（だいじょうしゅぎょうぼさつぎょうもんしょきょうようしゅう）→0847
大乗正観略私記（だいじょうしょうかんりゃくしき）→2298
大乗聖吉祥持世陀羅尼経（だいじょうしょうきちじょうじせだらにきょう）→1164
大乗成業論（だいじょうじょうごうろん）→1609
大乗荘厳経論（だいじょうしょうごんきょうろん）→1604
大乗荘厳宝王経（だいじょうしょうごんほうおうきょう）→1050 ＊
大乗掌珍論（だいじょうしょうちんろん）→1578
大乗浄土讃（だいじょうじょうどさん）→2828
大乗聖無量寿決定光明王如来陀羅尼経（だいじょうしょうむりょうじゅけつじょうこうみょうおうにょらいだらにきょう）→0937 ＊
大乗随転宣説諸法経（だいじょうずいてんせんせつしょほうきょう）→0652 ＊
大乗善見変化文殊師利問法経（だいじょうぜんけんへんげもんじゅしりもんぼうきょう）→0472 ＊
大乗造像功徳経（だいじょうぞうぞうくどくきょう）→0694
大乗大集地蔵十輪経（だいじょうだいじゅう〈じっ〉じぞうじゅうりんきょう）→0411
大乗大方広仏冠経（だいじょうたいほうこうぶつかんきょう）→0438 ＊
大乗智印経（だいじょうちいんきょう）→0634 ＊
大乗中観釈論（だいじょうちゅうがんしゃくろん）→1567
大乗頂王経（だいじょうちょうおうきょう）→0478
大聖天歓喜双身毘那夜迦法（だいしょうてんかんぎそうしんびなやきゃほう）→1266
大乗稲芉経（だいじょうとうかんきょう）→0712 ＊
大乗稲芉経随聴疏（だいじょうとうかんぎょうずいちょうしょ）→2782
大乗稲芉経随聴疏決（だいじょうとうかんぎょうずいちょうしょけつ）→2783
大乗同性経（だいじょうどうしょうきょう）→0673
大乗二十頌論（だいじょうにじゅうじゅろん）→1576
大乗二十二問本（だいじょうにじゅうにもんほん）→2818
大乗日子王所問経（だいじょうにっしおうしょもんぎょう）→0333 ＊
大乗入諸仏境界智光明荘厳経（だいじょうにゅうしょぶつきょうがいちこうみょうしょうごんきょう）→0359 ＊
大乗入道次第（だいじょうにゅうどうしだい）→1864
大乗入道次第開決（だいじょうにゅうどうしだ

いかいけつ）→2823
大乗入楞伽経（だいじょうにゅうりょうがきょう）→0672
大乗破有論（だいじょうはうろん）→1574
大乗八大曼拏羅経（だいじょうはちだいまんだらきょう）→1168 *
大乗悲分陀利経（だいじょうひふんだりきょう）→0158
大乗百福荘厳相経（だいじょうひゃっぷくしょうごんそうきょう）→0662
大乗百福相経（だいじょうひゃっぷくそうきょう）→0661
大乗百法明門論（だいじょうひゃっぽうみょうもんろん）→1614
大乗百法明門論開宗義記（だいじょうひゃっぽうみょうもんろんかいしゅうぎき）→2810
大乗百法明門論開宗義記序釈（だいじょうひゃっぽうみょうもんろんかいしゅうぎきじょしゃく）→2811
大乗百法明門論開宗義決（だいじょうひゃっぽうみょうもんろんかいしゅうぎけつ）→2812
大乗百法明門論解（だいじょうひゃっぽうみょうもんろんげ）→1836
大乗百法明門論疏（だいじょうひゃっぽうみょうもんろんしょ）→1837
大乗不思議神通境界経（だいじょうふしぎじんつうきょうがいきょう）→0843 *
大丈夫論（だいじょうぶろん）→1577
大乗遍照光明蔵無字法門経（だいじょうへんじょうこうみょうぞうむじほうもんぎょう）→0830
大乗宝雲経（だいじょうほううんぎょう）→0659
大乗法苑義林章（だいじょうほうおんぎりんしょう）→1861
大乗法苑義林章師子吼鈔（だいじょうほうおんぎりんじょうししくしょう）→2323
大乗宝月童子問法経（だいじょうほうがつどうじもんぽうきょう）→0437
大乗方広総持経（だいじょうほうこうそうじきょう）→0275
大乗方広曼殊室利菩薩華厳本教閻曼徳迦忿怒王真言大威徳儀軌品（だいじょうほうこうまんじゅしりぼさつけごんほんぎょうえんまんとっきゃふんぬおうしんごんだいいとくぎきほん）→1215
大乗方等要慧経（だいじょうほうどうようえきょう）→0348 *
大浄法門経（だいじょうほうもんぎょう）→0817 *
大乗宝要義論（だいじょうほうようぎろん）→1635
大乗北宗論（だいじょうほくそうろん）→2836
大乗菩薩蔵正法経（だいじょうぼさつぞうしょうぼうきょう）→0316 *
大乗法界無差別論（だいじょうほっかいむしゃべつろん）→1626、1627
大乗法界無差別論疏并序（だいじょうほっかいむしゃべつろんしょならびにじょ）→1838
大乗法相研神章（だいじょうほっそうけんじんしょう）→2309
大乗本生心地観経（だいじょうほんじょうしんじかんぎょう）→0159
大乘密厳経（だいじょうみつごんきょう）→0681、0682
大聖妙吉祥菩薩秘密八字陀羅尼修行曼荼羅次第儀軌法（だいしょうみょうきちじょうぼさつひみつはちじだらにしゅぎょうまんだらしだいぎきほう）→1184
大聖妙吉祥菩薩説除災教令法輪（だいしょうみょうきっしょうぼさつせつじょさいきょうれいほうりん）→0966
大乗無生方便門（だいじょうむじょうほうべんもん）→2834
大乗無量寿経（だいじょうむりょうじゅきょう）→0936
大乗無量寿荘厳経（だいじょうむりょうじゅしょうごんきょう）→0363 *
大聖文殊師利菩薩讃仏法身礼（だいしょうも

んじゅしりぼさつさんぶつほっしんらい）→1195
大聖文殊師利菩薩仏刹功徳荘厳経（だいしょうもんじゅしりぼさつぶっせつくどくしょうごんきょう）→0319
大乗唯識論（だいじょうゆいしきろん）→1589
大乗瑜伽金剛性海曼殊室利千臂千鉢大教王経（だいじょうゆがこんごうしょうかいまんじゅしりせんぴせんぱつだいきょうおうぎょう）→1177 A
大乗要語（だいじょうようご）→2822
大乗理趣六波羅蜜多経（だいじょうりしゅろくはらみたきょう）→0261
大乗離文字普光明蔵経（だいじょうりもんじふこうみょうぞうきょう）→0829
大乗流転諸有経（だいじょうるてんしょうきょう）→0577 ＊
大乗六情懺悔（だいじょうろくじょうさんげ）→1908
大疏談義（だいしょだんぎ）→2540
大疏百條第三重（だいしょひゃくじょうだいさんじゅう）→2538
太子和休経（たいしわくきょう）→0344 ＊
大秦景教流行中国碑頌（だいしんけいきょうるぎょうちゅうごくひじゅ）→2144
大随求即得大陀羅尼明王懺悔法（だいずいぐそくとくだいだらにみょうおうさんげほう）→1156
大随求陀羅尼勘注（だいずいぐだらにかんちゅう）→2242
胎蔵界虚心記（たいぞうかいこしんき）→2385
胎蔵界沙汰（たいぞうかいさた）→2519
胎蔵界三部秘釈（たいぞうかいさんぶひしゃく）→2472
胎蔵界生起（たいぞうかいしょうき）→2404
胎蔵界大法対受記（たいぞうかいだいほうだいじゅき）→2390
胎蔵金剛教法名号（たいぞうこんごうきょうぼうみょうごう）→0864 B
胎蔵金剛菩提心義略問答抄（たいぞうこんごうぼだいしんぎりゃくもんどうしょう）→2397
胎蔵三密抄（たいぞうさんみつしょう）→2398
大宋僧史略（だいそうそうしりゃく）→2126
代宗朝贈司空大弁正広智三蔵和上表制集（だいそうちょうぞうしくうだいべんしょうこうちさんぞうわじょうひょうせいしゅう）→2120
胎蔵入理鈔（たいぞうにゅうりしょう）→2534
胎蔵梵字真言（たいぞうぼんじしんごん）→0854
大陀羅尼末法中一字心呪経（だいだらにまっぽうちゅういちじしんじゅきょう）→0956
大智度論（だいちどろん）→1509
大通禅師語録（だいつうぜんじごろく）→2563
大通方広懺悔滅罪荘厳成仏経（だいつうほうこうざんげめつざいしょうごんじょうぶっきょう）→2871
大燈国師語録（だいとうこくしごろく）→2566
大唐故三蔵玄奘法師行状（だいとうこさんぞうげんじょうほっしぎょうじょう）→2052
大唐故大徳贈司空大弁正広智不空三蔵行状（だいとうこだいとくぞうしくうだいべんじょうこうちふくうさんぞうぎょうじょう）→2056
大唐西域記（だいとうさいいきき）→2087
大唐西域求法高僧伝（だいとうさいいきぐほうこうそうでん）→2066
大唐貞元続開元釈教録（だいとうじょうげんぞくかいげんしゃくきょうろく）→2156
大唐青竜寺三朝供奉大徳行状（だいとうしょうりゅうじさんちょうぐぶだいとくぎょうじょう）→2057
大唐大慈恩寺三蔵法師伝（だいとうだいじおんじさんぞうほっしでん）→2053

大唐内典録（だいとうないてんろく）→2149
大日経開題（だいにちきょうかいだい）→2211
大日経教主義（だいにちきょうきょうしゅぎ）→2457
大日経教主本地加持分別（だいにちきょうきょうしゅほんじかじふんべつ）→2452
大日経供養持誦不同（だいにちきょうくようじじゅふどう）→2394
大日経供養次第法疏私記（だいにちきょうくようしだいほうしょしき）→2220
大日経持誦次第儀軌（だいにちきょうじじゅしだいぎき）→0860
大日経主異義事（だいにちきょうしゅいぎのこと）→2455
大日経住心品疏私記（だいにちきょうじゅうしんぼんしょしき）→2215、2219
大日経疏演奥鈔（だいにちきょうしょえんおうしょう）→2216
大日経疏指心鈔（だいにちきょうしょししんしょう）→2217
大日経疏鈔（だいにちきょうしょしょう）→2218
大日経疏妙印鈔（だいにちきょうしょみょういんしょう）→2213
大日経疏妙印鈔口伝（だいにちきょうしょみょういんしょうくでん）→2214
大日経略摂念誦随行法（だいにちきょうりゃくしょうねんじゅずいぎょうほう）→0857
大日如来剣印（だいにちにょらいけんにん）→0864A
大涅槃経義記（だいねはんぎょうぎき）→1764、2764
大般泥洹経（だいはつないおんぎょう）→0376＊
大般涅槃経（だいはつねはんぎょう）→0007、0374、0375
大般涅槃経玄義（だいはつねはんぎょうげんぎ）→1765
大般涅槃経後分（だいはつねはんぎょうこうぶん）→0377
大般涅槃経集解（だいはつねはんぎょうしゅうげ）→1763
大般涅槃経疏（だいはつねはんぎょうしょ）→1767
提婆菩薩釈楞伽経中外道小乗涅槃論（だいばぼさつしゃくりょうがきょうちゅうげどうしょうじょうねはんろん）→1640
提婆菩薩伝（だいばぼさつでん）→2048
提婆菩薩破楞伽経中外道小乗四宗論（だいばぼさつはりょうがきょうちゅうげどうしょうじょうししゅうろん）→1639
大蕃沙州釈門教法和尚洪䛒修功徳記（だいばんしゃしゅうしゃくもんきょうぼうおしょうこうべんしゅうくどっき）→2862
大般若波羅蜜多経（だいはんにゃはらみたきょう）→0220
大般若波羅蜜多経般若理趣分述讃（だいはんにゃはらみたきょうはんにゃりしゅぶんじゅつさん）→1695
大悲経（だいひきょう）→0380
大悲空智金剛大教王儀軌経（だいひくうちこんごうだいきょうおうぎききょう）→0892＊
大比丘三千威儀（だいびくさんぜんいぎ）→1470
大悲啓請（だいひけいしょう）→2843
大悲心陀羅尼修行念誦略儀（だいひしんだらにしゅぎょうねんじゅりゃくぎ）→1066
大白傘蓋総持陀羅尼経（だいびゃくさんがいそうじだらにきょう）→0977＊
大毘盧遮那経阿闍梨真実智品中阿闍梨住阿字観門（だいびるしゃなきょうあじゃりしんじつちほんちゅうあじゃりじゅうあじかんもん）→0863
大毘盧遮那経供養次第法疏（だいびるしゃなきょうくようしだいほうしょ）→1797
大毘盧遮那経広大儀軌（だいびるしゃなきょうこうだいぎき）→0851
大毘盧遮那経指帰（だいびるしゃなきょうしき）→2212
大毘盧遮那成道経心目（だいびるしゃなじょ

うどうきょうしんもく）→2212

大毘盧遮那成仏神変加持経（だいびるしゃなじょうぶつじんべんかじきょう）→0848

大毘盧遮那成仏神変加持経略示七支念誦随行法（だいびるしゃなじょうぶつじんべんかじきょうりゃくじしちしねんじゅずいぎょうほう）→0856

大毘盧遮那成仏神変加持経蓮華胎蔵悲生曼荼羅広大成就儀軌供養方便会（だいびるしゃなじょうぶつじんべんかじきょうれんげたいぞうひしょうまんだらこうだいじょうじゅぎきくようほうべんえ）→0852

大毘盧遮那成仏神変加持経蓮華胎蔵菩提幢標幟普通真言蔵広大成就瑜伽（だいびるしゃなじょうぶつじんべんかじきょうれんげたいぞうぼだいどうひょうじふつうしんごんぞうこうだいじょうじゅゆが）→0853

大毘盧遮那成仏経疏（だいびるしゃなじょうぶつきょうしょ）→1796

大毘盧遮那仏眼修行儀軌（だいびるしゃなぶつげんしゅぎょうぎき）→0981

大毘盧遮那仏説要略念誦経（だいびるしゃなぶつせつようりゃくねんじゅきょう）→0849

大毘盧遮那略要速疾門五支念誦法（だいびるしゃなりゃくようそくしつもんごしねんじゅほう）→0858

大普賢陀羅尼経（だいふげんだらにきょう）→1367 ＊

大仏頂経開題（だいぶっちょうきょうかいだい）→2233

大仏頂広聚陀羅尼経（だいぶつちょうこうじゅだらにきょう）→0946

大仏頂如来放光悉怛多鉢怛囉陀羅尼（だいぶつちょうにょらいほうこうしったたはつたらだらに）→0944

大仏頂如来放光悉怛他鉢怛囉陀羅尼勘註（だいぶっちょうにょらいほうこうしったたはつたらだらにかんちゅう）→2235

大仏頂如来放光悉怛多般怛羅大神力都摂一切呪王陀羅尼経大威徳最勝金輪三昧呪品第一（だいぶつちょうにょらいほうこうしつたたはんたらだいじんりきとしょういっさいじゅおうだらにきょうだいいとくさいしょうこんりんざんまいじゅほんだいいち）→0947

大仏頂如来密因修証了義諸菩薩万行首楞厳経（だいぶつちょうにょらいみついんしゅしょうりょうぎしょぼさつまんぎょうしゅりょうごんきょう）→0945

大仏略懺（だいぶつりゃくさん）→2841

大弁邪正経（だいべんじゃしょうぎょう）→2893

大方広円覚修多羅了義経（だいほうこうえんがくしゅたらりょうぎきょう）→0842

大方広円覚修多羅了義経略疏註（だいほうこうえんがくしゅたらりょうぎきょうりゃくしょちゅう）→1795

大方広華厳十悪品経（だいほうこうけごんじゅうあくぼんきょう）→2875

大方広三戒経（だいほうこうさんかいきょう）→0311

大方広師子吼経（だいほうこうししくきょう）→0836

大方広十輪経（だいほうこうじゅうりんきょう）→0410

大方広善巧方便経（だいほうこうぜんぎょうほうべんぎょう）→0346 ＊

大方広総持宝光明経（だいほうこうそうじほうこうみょうぎょう）→0299

大方広入如来智徳不思議経（だいほうこうにゅうにょらいちとくふしぎきょう）→0304

大方広如来蔵経（だいほうこうにょらいぞうきょう）→0667

大方広如来秘密蔵経（だいほうこうにょらいひみつぞうきょう）→0821

大方広如来不思議境界経（だいほうこうにょらいふしぎきょうがいきょう）→0301

大宝広博楼閣善住秘密陀羅尼経（だいほうこうはくろうかくぜんじゅうひみつだらにきょう）→1005

大方広普賢所説経（だいほうこうふげんしょせつきょう）→0298

大方広仏華厳経（だいほうこうぶつけごんぎょう）→0278、0279、0293
大方広仏華厳経願行観門骨目（だいほうこうぶつけごんぎょうがんぎょうかんもんこつもく）→1742
大方広仏華厳経感応伝（だいほうこうぶつけごんぎょうかんのうでん）→2074
大方広仏華厳経金師子章（だいほうこうぶつけごんぎょうこんじししょう）→1881
大方広仏花厳経修慈分（だいほうこうぶつけごんぎょうしゅうじぶん）→0306
大方広仏華厳経疏（だいほうこうぶつけごんぎょうしょ）→1735
大方広仏華厳経随疏演義鈔（だいほうこうぶつけごんぎょうずいしょえんぎしょう）→1736
大方広仏華厳経捜玄分斉通智方軌（だいほうこうぶつけごんぎょうそうげんぶんざいつうちほうき）→1732
大方広仏華厳経中巻巻大意略叙（だいほうこうぶつけごんぎょうちゅうかんかんたいいりゃくじょ）→1740
大方広仏華厳経入法界品（だいほうこうぶつけごんぎょうにゅうほっかいぼん）→0295
大方広仏華厳経入法界品四十二字観門（だいほうこうぶつけごんぎょうにゅうほっかいぼんしじゅうにじかんもん）→1019
大方広仏華厳経入法界品頓証毘盧遮那法身字輪瑜伽儀軌（だいほうこうぶつけごんぎょうにゅうほっかいぼんとんしょうびるしゃなほっしんじりんゆがぎき）→1020
大方広仏華厳経普賢菩薩行願王品（だいほうこうぶつけごんきょうふげんぼさつぎょうがんおうぼん）→2908
大方広仏華厳経不思議仏境界分（だいほうこうぶつけごんぎょうふしぎぶつきょうがいぶん）→0300
大方広宝篋経（だいほうこうほうきょうぎょう）→0462
大方広菩薩十地経（だいほうこうぼさつじゅうじきょう）→0308＊
大方広菩薩蔵経中文殊師利根本一字陀羅尼経（だいほうこうぼさつぞうきょうちゅうもんじゅしりこんぽんいちじだらにきょう）→1181
大方広菩薩蔵文殊師利根本儀軌経（だいほうこうぼさつぞうもんじゅしりこんぽんぎききょう）→1191
大方広曼殊室利経（だいほうこうまんじゅしりきょう）→1101＊
大方広曼殊室利童真菩薩華厳本教讃閻曼徳迦忿怒王真言阿毘遮嚕迦儀軌品（だいほうこうまんじゅしりどうしんぼさつけごんほんぎょうさんえんまんとっきゃふんぬおうしんごんあびしゃろきゃぎきほん）→1216
大方広未曾有経善巧方便品（だいほうこうみぞうきょうぜんぎょうほうべんぼん）→0844＊
大法炬陀羅尼経（だいほうこだらにきょう）→1340
大宝積経（だいほうしゃくきょう）→0310
大宝積経論（だいほうしゃくきょうろん）→1523
大方等修多羅王経（だいほうどうしゅたらおうきょう）→0575＊
大方等大雲経請雨品第六十四（だいほうどうだいうんきょうせいうほんだいろくじゅうし）→0092
大方等大集経（だいほうどうだいじっ〈しゅう〉きょう）→0397
大方等大集経賢護分（だいほうどうだいじっ〈しゅう〉きょうけんごぶん）→0416
大方等大集経菩薩念仏三昧分（だいほうどうだいじっ〈しゅう〉きょうぼさつねんぶつざんまいぶん）→0415
大方等陀羅尼経（だいほうどうだらにきょう）→1339
大方等頂王経（だいほうどうちょうおうきょう）→0477＊
大方等如来蔵経（だいほうどうにょらいぞうきょう）→0666
大方等無想経（だいほうどうむそうきょう）→0387

大方便仏報恩経（だいほうべんぶつほうおんぎょう）。→0156
大法鼓経（だいほっこきょう）→0270
大品遊意（だいぼんゆうい）→1696
大摩里支菩薩経（だいまりしぼさつきょう）→1257 *
大妙金剛大甘露軍拏利焔鬘熾盛仏頂経（だいみょうこんごうだいかんろぐんだりえんまんしじょうぶっちょうきょう）→0965
大明度経（だいみょうどきょう）→0225
大名目（だいみょうもく）→2671
大明高僧伝（だいみんこうそうでん）→2062
大目乾連冥間救母変文并図（だいもっけんれんみょうかんぐぼへんぶんならびにず）→2858
大薬叉女歓喜母并愛子成就法（だいやくしゃにょかんぎもならびにあいしじょうじゅほう）→1260
大楽経顕義抄（だいらくきょうけんぎしょう）→2239
大楽金剛薩埵修行成就儀軌（だいらくこんごうさったしゅぎょうじょうじゅぎき）→1119
大楽金剛不空真実三麼耶経（だいらくこんごうふくうしんじつさんまやきょう）→0243
大楽金剛不空真実三昧耶経般若波羅蜜多理趣釈（だいらくこんごうふくうしんじつさんまやきょうはんにゃはらみたりしゅしゃく）→1003
大輪金剛修行悉地成就及供養法（だいりんこんごうしゅぎょうしつじじょうじゅぎゅうくようぼう）→1231
大輪金剛総持陀羅尼経（だいりんこんごうそうじだらにきょう）→1230 *
大楼炭経（だいろうたんきょう）→0023
大和尚奉為平安城太上天皇灌頂文（だいわじょうへいあんじょうだじょうてんのうにたてまつるためのかんじょうのもん）→2461
高雄口訣（たかおくけつ）→2466
沢鈔（たくしょう）→2488
陀羅尼集経（だらにじっきょう）→0901
陀羅尼雑集（だらにぞうじゅう）→1336
陀隣尼鉢経（だらにはちきょう）→1352 *
多羅葉記（たらようき）→2707
達摩多羅禅経（だるまたらぜんきょう）→0618
潭州潙山霊祐禅師語録（たんしゅういさんれいゆうぜんじごろく）→1989
歎徳文（たんどくもん）→2666
檀特羅麻油述経（だんとくらまゆじゅつきょう）→1391 *
歎異抄（たんにしょう）→2661
智覚普明国師語録（ちかくふみょうこくしごろく）→2560
竹林鈔（ちくりんしょう）→2630
智光滅一切業障陀羅尼経（ちこうめついっさいごっしょうだらにきょう）→1398 *
智炬陀羅尼経（ちこだらにきょう）→1397
智証大師請来目録（ちしょうだいししょうらいもくろく）→2173
中阿含経（ちゅうあごんぎょう）→0026
中陰経（ちゅういんきょう）→0385
中院流四度口伝（ちゅういんりゅうしどくでん）→2504
中院流大事聞書（ちゅういんりゅうだいじききがき）→2506
中院流事（ちゅういんりゅうのこと）→2505
中観論疏（ちゅうがんろんしょ）→1824
中観論二十七品別釈（ちゅうかんろんにじゅうしちほんべっしゃく）→2256
註華厳経題法界観門頌（ちゅうけごんぎょうだいほっかいかんもんじゅ）→1885
註華厳法界観門（ちゅうけごんほっかいかんもん）→1884
注三十頌（ちゅうさんじゅうじゅ）→2268
註四十二章経（ちゅうしじゅうにしょうきょう）→1794
忠心経（ちゅうしんきょう）→0743 *
注進法相宗章疏（ちゅうしんほっそうしゅうしょうしょ）→2181
注大乗入楞伽経（ちゅうだいじょうにゅうりょうがきょう）→1791

注大仏頂真言（ちゅうだいぶっちょうしんごん）→2234
中天竺舎衛国祇洹寺図経（ちゅうてんじくしゃえこくぎおんじずきょう）→1899
中辺分別論（ちゅうへんふんべつろん）→1599
中本起経（ちゅうほんぎきょう）→0196
註無量義経（ちゅうむりょうぎきょう）→2193
注維摩詰経（ちゅうゆいまきつきょう）→1775
中論（ちゅうろん）→1564
中論疏記（ちゅうろんしょき）→2255
長講金光明経会式（ちょうこうこんこうみょうえしき）→2364
長講仁王般若経会式（ちょうこうにんのうはんにゃきょうえしき）→2365
長者音悦経（ちょうじゃおんねつきょう）→0531 *
長者子懊悩三処経（ちょうじゃしおうのうさんしょきょう）→0525 *
長者子制経（ちょうじゃしせいきょう）→0526 *
長者子六過出家経（ちょうじゃしろくかしゅっけきょう）→0134 *
長者施報経（ちょうじゃせほうきょう）→0074 *
長者女菴提遮師子吼了義経（ちょうじゃにょあんだいしゃししくりょうぎきょう）→0580 *
長者法志妻経（ちょうじゃほうしさいきょう）→0572 *
長寿王経（ちょうじゅおうぎょう）→0161 *
頂生王因縁経（ちょうしょうおういんねんぎょう）→0165 *
頂生王故事経（ちょうしょうおうこじきょう）→0039 *
長爪梵志請問経（ちょうそうぼんじしょうもんぎょう）→0584
超日明三昧経（ちょうにちみょうさんまいきょう）→0638 *
頂輪王大曼荼羅潅頂儀軌（ちょうりんのうだいまんだらかんじょうぎき）→0959
勅修百丈清規（ちょくしゅうは〈ひゃく〉じょうしんぎ）→2025
底哩三昧耶不動尊威怒王使者念誦法（ちりさんまやふどうそんいぬおうししゃねんじゅほう）→1200
底哩三昧耶不動尊聖者念誦秘密法（ちりさんまやふどうそんしょうじゃねんじゅひみつほう）→1201
鎮勧用心（ちんかんようじん）→2625
鎮州臨済慧照禅師語録（ちんしゅうりんざいえしょうぜんじごろく）→1985
追記（ついき）→2494
通幻霊禅師漫録（つうげんれいぜんじまんろく）→2592
通受比丘懺悔両寺不同記（つうじゅびくさんげりょうじふどうき）→2355
貞応抄（ていおうしょう）→2447
弟子死復生経（でししふくしょうきょう）→0826
鉄城泥犁経（てつじょうないりきょう）→0042 *
徹選択本願念仏集（てっせんちゃくほんがんねんぶつしゅう）→2609
徹翁和尚語録（てっとう〈てつおう〉おしょうごろく）→2567
転有経（てんうきょう）→0576 *
天王太子辟羅経（てんおうたいしびゃくらきょう）→0596 *
転経行道願往生浄土法事讃（てんぎょうぎょうどうがんおうじょうじょうどほうじさん）→1979
伝教大師将来越州録（でんぎょうだいししょうらいえっしゅうろく）→2160
伝教大師将来台州録（でんぎょうだいししょうらいたいしゅうろく）→2159
天公経（てんこうきょう）→2876
伝光録（でんこうろく）→2585
転識論（てんじきろん）→1587
伝屍病灸治（でんしびょうきゅうじ）→2508

伝屍病口伝（でんしびょうくでん）→2507
伝授集（でんじゅしゅう）→2482
伝述一心戒文（でんじゅついっしんかいもん）→2379
天請問経（てんしょうもんぎょう）→0592
天請問経疏（てんしょうもんぎょうしょ）→2786
天尊説阿育王譬喩経（てんそんせつあいくおうひゆきょう）→2044
天台円宗四教五時西谷名目（てんだいえんしゅうしきょうごじにしだにみょうもく）→2375
天台九祖伝（てんだいくそでん）→2069
天台山記（てんだいさんき）→2096
天台四教儀（てんだいしきょうぎ）→1931
天台宗章疏（てんだいしゅうしょうしょ）→2178
天台真言二宗同異章（てんだいしんごんにしゅうどういしょう）→2372
天台智者大師斎忌礼讃文（てんだいちしゃだいしさいきらいさんもん）→1948
天台智者大師禅門口訣（てんだいちしゃだいしぜんもんくけつ）→1919
天台伝仏心印記（てんだいでんぶっしんいんき）→1938
天台八教大意（てんだいはっきょうたいい）→1930
天台分門図（てんだいぶんもんず）→2824
天台菩薩戒疏（てんだいぼさつかいしょ）→1812
天台法華宗義集（てんだいほっけしゅうぎしゅう）→2366
天地八陽神呪経（てんちはちようじんじゅきょう）→2897
天童山景徳寺如浄禅師続語録（てんどうざんけいとくじにょじょうぜんじぞくごろく）→2002 B
転女身経（てんにょしんぎょう）→0564 ＊
転非命業抄（てんぴみょうごうしょう）→2481
伝法潅頂私記（でんぽうかんじょうしき）→2499
伝法正宗記（でんぽうしょうしゅうき）→2078
伝法正宗定祖図（でんぽうしょうしゅうじょうそず）→2079
伝法正宗論（でんぽうしょうじゅうろん）→2080
伝法宝記并序（でんぽうほうきならびにじょ）→2838
転法輪経（てんぽうりんきょう）→0109 ＊
転法輪経憂波提舎（てんぽうりんぎょううぱだいしゃ）→1533
転法輪菩薩摧魔怨敵法（てんぽうりんぼさつざいまおんできほう）→1150
添品妙法蓮華経（てんぽんみょうほうれんげきょう）→0264
度一切諸仏境界智厳経（どいっさいしょぶつきょうがいちごんぎょう）→0358
道安法師念仏讃（どうあんほっしねんぶつさん）→2830
道安法師念仏讃文（どうあんほっしねんぶつさんもん）→2830
東域伝灯目録（とういきでんとうもくろく）→2183
稲芉経（とうかんきょう）→0709 ＊
道行般若経（どうぎょうはんにゃきょう）→0224
唐護法沙門法琳別伝（とうごほうしゃもんほうりんべつでん）→2051
灯指因縁経（とうしいんねんきょう）→0703
道地経（どうじきょう）→0607
童子経念誦法（どうじきょうねんじゅほう）→1028 B
等集衆徳三昧経（とうじゅうしゅとくさんまいきょう）→0381
唐招提寺戒壇別受戒式（とうしょうだいじかいだんべつじゅかいしき）→2351
道神足無極変化経（どうじんそくむごくへんげきょう）→0816 ＊
道宣律師感通録（どうせんりっしかんずうろ

く）→2107
東大寺戒壇院受戒式（とうだいじかいだんいんじゅかいしき）→2350
東大寺授戒方軌（とうだいじじゅかいほうき）→2349
唐大薦福寺故寺主翻経大徳法蔵和尚伝（とうだいせんぷくじこじしゅほんぎょうだいとくほうぞうわじょうでん）→2054
東方最勝灯王陀羅尼経（とうほうさいしょうとうおうだらにきょう）→1353
東方最勝灯王如来経（とうほうさいしょうとうおうにょらいきょう）→1354
唐梵翻対字音般若波羅蜜多心経（とうぼんほんたいじおんはんにゃはらみたしんぎょう）→0256
唐梵文字（とうぼんもんじ）→2134
唐梵両語双対集（とうぼんりょうごそうたいしゅう）→2136
等目菩薩所問三昧経（とうもくぼさつしょもんさんまいきょう）→0288
当来変経（とうらいへんぎょう）→0395＊
東林語録（とうりんごろく）→2598
独庵独語（どくあんどくご）→2597
徳護長者経（とくごちょうじゃきょう）→0545＊
犢子経（とくしきょう）→0808＊
読書二十二則（どくしょにじゅうにそく）→2542
得道梯橙錫杖経（とくどうたいとうしゃくじょうきょう）→0785
得無垢女経（とくむくにょきょう）→0339
兜沙経（としゃきょう）→0280＊
度諸仏境界智光厳経（どしょぶつきょうがいちこうごんきょう）→0302
度世品経（どせぼんぎょう）→0292
兜調経（とちょうきょう）→0078＊
徳光太子経（とっこうたいしきょう）→0170＊
都表如意摩尼転輪聖王次第念誦秘密最要略法（とひょうにょいまにてんりんじょうおうしだいねんじゅひみつさいようりゃくほう）→1089
都部陀羅尼目（とぶだらにもく）→0903
燉煌録（とんこうろく）→2091
伅真陀羅所問如来三昧経（とんしんだらしょもんにょらいさんまいきょう）→0624＊
曇無徳律部雑羯磨（どんむとくりつぶぞうこんま）→1432

な行

内身観章句経（ないしんかんしょうくきょう）→0610＊
内蔵百宝経（ないぞうひゃっぽうぎょう）→0807＊
泥犁経（ないりきょう）→0086＊
那先比丘経（なせんびくきょう）→1670
捺女祇域因縁経（なにょぎいきいんねんぎょう）→0553＊
奈女耆婆経（なにょぎばきょう）→0554＊
那羅延天共阿修羅王闘戦法（ならえんてんぐあしゅらおうとうせんぼう）→1281
難易二道血脈図論（なんいにどうけちみゃくずろん）→2632
南院国師語録（なんいんこくしごろく）→2552
南海寄帰内法伝（なんかいききないほうでん）→2125
南岳思大禅師立誓願文（なんがくしだいぜんじりゅうせいがんもん）→1933
南岳総勝集（なんがくそうしょうしゅう）→2097
南宗頓教最上大乗摩訶般若波羅蜜経六祖恵能大師於韶州大梵寺施法壇経（なんしゅうとんきょうさいじょうだいじょうまかはんにゃはらみつきょうろくそえのうだいしおしょうしゅうだいぼんじせほうだんきょう）→2007
難提釈経（なんだいしゃくきょう）→0113＊
南天竺国菩提達摩禅師観門（なんてんじくこくぼだいだるまぜんじかんもん）→2832
難儞計湿嚩囉天説支輪経（なんにけいしゅばらてんせつしりんぎょう）→1312

仁王経疏（におうきょうそ）→2745
二巻鈔（にかんしょう）→2314
尼拘陀梵志経（にくだぼんしきょう）→0011＊
尼乾子問無我義経（にけんしもんむがぎきょう）→1643
尼羯磨（にこんま）→1810
西曼荼羅抄（にしまんだらしょう）→2402
二諦義（にたいぎ）→1854
日光菩薩月光菩薩陀羅尼（にっこうぼさつがっこうぼさつだらに）→1160
入唐新求聖教目録（にっとうしんぐせいきょうもくろく）→2167
日本国承和五年入唐求法目録（にほんこくしょうわごねんにっとうぐほうもくろく）→2165
日本比丘円珍入唐求法目録（にほんびくえんちんにっとうぐほうもくろく）→2172
入阿毘達磨論（にゅうあびだつまろん）→1554
乳光仏経（にゅうこうぶっきょう）→0809＊
入出二門偈頌（にゅうしゅつにもんげじゅ）→2649
入定不定印経（にゅうじょうふじょういんぎょう）→0646
入真言門住如実見講演法華略儀（にゅうしんごんもんじゅうにょじつけんこうえんほっけりゃくぎ）→2192
入大乗論（にゅうだいじょうろん）→1634
入布薩堂説偈文（にゅうふさつどうせつげもん）→2852
入法界体性経（にゅうほっかいたいしょうきょう）→0355
入無分別法門経（にゅうむふんべつほうもんきょう）→0654＊
入楞伽経（にゅうりょうがきょう）→0671
入楞伽心玄義（にゅうりょうがしんげんぎ）→1790
如意宝珠転輪秘密現身成仏金輪呪王経（にょいほうしゅてんりんひみつげんしんじょうぶつきんりんしゅおうきょう）→0961
如意宝総持王経（にょいほうそうじおうきょう）→1404＊
如意摩尼陀羅尼経（にょいまにだらにきょう）→1403＊
如意輪陀羅尼経（にょいりんだらにきょう）→1080
如意輪菩薩観門義注秘訣（にょいりんぼさつかんもんぎちゅうひけつ）→1088
如意輪蓮華心如来修行観門儀（にょいりんれんげしんにょらいしゅぎょうかんもんぎ）→1090＊
女院御書（にょいんごしょ）→2624
如幻三昧経（にょげんさんまいきょう）→0342＊
如幻三摩地無量印法門経（にょげんさんまじむりょういんほうもんぎょう）→0372＊
如実論（にょじつろん）→1633
如浄和尚語録（にょじょうおしょうごろく）→2002 A
如説修行鈔（にょせつしゅぎょうしょう）→2697
如法経現修作法（にょほうきょうげんしゅさほう）→2730
如来興顕経（にょらいこうけんきょう）→0291＊
如来在金棺嘱累清浄荘厳敬福経（にょらいざいこんかんしょくるいしょうじょうしょうごんきょうふくきょう）→2877
如来示教勝軍王経（にょらいじきょうしょうぐんおうきょう）→0515
如来師子吼経（にょらいししくきょう）→0835
如来荘厳智慧光明入一切仏境界経（にょらいしょうごんちえこうみょうにゅういっさいぶつきょうがいきょう）→0357
如来成道経（にょらいじょうどうきょう）→2890
如来智印経（にょらいちいんきょう）→0633＊
如来独証自誓三昧経（にょらいどくしょうじせいざんまいきょう）→0623＊
如来二種廻向文（にょらいにしゅえこうもん）

→2655 A
如来不思議秘密大乗経（にょらいふしぎひみつだいじょうきょう）→0312 *
如来方便善巧呪経（にょらいほうべんぜんぎょうしゅきょう）→1334
仁王般若実相論（にんおうはんにゃじっそうろん）→2744
人仙経（にんせんぎょう）→0009 *
人天眼目（にんてんがんもく）→2006
仁王経開題（にんのうぎょうかいだい）→2200
仁王経疏（にんのうぎょうしょ）→1708
仁王護国般若経疏（にんのうごこくはんにゃきょうしょ）→1705
仁王護国般若波羅蜜多経（にんのうごこくはんにゃはらみたきょう）→0246
仁王護国般若波羅蜜多経疏（にんのうごこくはんにゃはらみたきょうしょ）→1709
仁王護国般若波羅蜜多経陀羅尼念誦儀軌（にんのうごこくはんにゃはらみたきょうだらにねんじゅぎき）→0994
仁王護国般若波羅蜜経疏神宝記（にんのうごこくはんにゃはらみつきょうしょじんぽうき）→1706 *
仁王般若経疏（にんのうはんにゃきょうしょ）→1707
仁王般若陀羅尼釈（にんのうはんにゃだらにしゃく）→0996
仁王般若念誦法（にんのうはんにゃねんじゅほう）→0995
仁王般若波羅蜜経（にんのうはんにゃはらみつきょう）→0245 *
人本欲生経（にんぽんよくしょうきょう）→0014 *
人本欲生経註（にんぽんよくしょうぎょうちゅう）→1693
涅槃経義記（ねはんぎょうぎき）→2764
涅槃経疏（ねはんぎょうしょ）→2765
涅槃経本有今無偈論（ねはんぎょうほんうこんむげろん）→1528
涅槃経遊意（ねはんぎょうゆうい）→1768
涅槃玄義発源機要（ねはんげんぎほつげんきよう）→1766
涅槃宗要（ねはんしゅうよう）→1769
涅槃論（ねはんろん）→1527
念誦結護法普通諸部（ねんじゅけつごほうふつうしょぶ）→0904
念仏鏡（ねんぶつきょう〈かがみ〉）→1966
念仏三昧宝王論（ねんぶつざんまいほうおうろん）→1967
念仏三昧法語（ねんぶつざんまいほうご）→2421
能顕中辺慧日論（のうけんちゅうへんえにちろん）→1863
能浄一切眼疾病陀羅尼経（のうじょういっさいげんしつびょうだらにきょう）→1324
能断金剛般若波羅蜜多経（のうだんこんごうはんにゃはらみたきょう）→0239 *
能断金剛般若波羅蜜多経論釈（のうだんこんごうはんにゃはらみたきょうろんしゃく）→1513
能断金剛般若波羅蜜多経論頌（のうだんこんごうはんにゃはらみたきょうろんじゅ）→1514

は行

孛経抄（はいきょうしょう）→0790 *
貝多樹下思惟十二因縁経（ばいたじゅげしゆいじゅうにいんねんきょう）→0713
波斯匿王大后崩塵土坌身経（はしのくおうたいごうほうじんどふんじんぎょう）→0122 *
破邪論（はじゃろん）→2109
婆藪槃豆法師伝（ばすばんずほっしでん）→2049
八吉祥経（はちきちじょうきょう）→0430
八吉祥神呪経（はちきちじょうじんしゅきょう）→0427 *
八大人覚経（はちだいにんがくきょう）→0779 *
八大菩薩経（はちだいぼさつきょう）→0490 *

八大菩薩曼荼羅経（はちだいぼさつまんだらきょう）→1167
八大霊塔梵讃（はちだいりょうとうぼんさん）→1684
八大霊塔名号経（はちだいりょうとうみょうごうきょう）→1685＊
八仏名号経（はちぶつみょうごうきょう）→0431
八部仏名経（はちぶぶつみょうきょう）→0429＊
八曼荼羅経（はちまんだらきょう）→1168
八名普密陀羅尼経（はちみょうふみつだらにきょう）→1365
八無暇有暇経（はちむけうけきょう）→0756＊
八陽神呪経（はちようじんしゅきょう）→0428＊
抜一切業障根本得生浄土神呪（ばついっさいごっしょうこんぽんとくしょうじょうどじんじゅ）→0368
八関斎経（はっかんさいきょう）→0089＊
抜済苦難陀羅尼経（ばっさいくなんだらにきょう）→1395
八識規矩補註（はっしききくふちゅう）→1865
八識義章研習抄（はっしきぎしょうけんじゅうしょう）→2305
八師経（はっしきょう）→0581＊
八種長養功徳経（はっしゅじょうようくどくきょう）→1498＊
八正道経（はっしょうどうきょう）→0112＊
抜除罪障呪王経（ばつじょざいしょうしゅおうぎょう）→1396＊
般泥洹経（はつないおんぎょう）→0006
般泥洹後潅臘経（はつないおんごかんろうきょう）→0391
抜陂菩薩経（ばっぴぼさつきょう）→0419
馬頭観音心陀羅尼（ばとうかんのんしんだらに）→1072B
鉢蘭那賒嚩哩大陀羅尼経（はらなしゃばりだいだらにきょう）→1384＊
婆羅門子命終愛念不離経（ばらもんしみょうじゅうあいねんふりきょう）→0091＊
波羅門避死経（ばらもんひしきょう）→0131＊
𑖪𑖽字義（ばんじぎ）→2513
般舟三昧経（はんじゅざんまいきょう）→0417＊
般舟三昧経（はんじゅざんまいきょう）→0418
万松老人評唱天童覚和尚頌古従容庵録（ばんしょうろうじんひょうしょうてんどうかくおしょうじゅこしょうようあんろく）→2004
番大悲神呪（ばんだいひじんしゅ）→1063
般若守護十六善神王形体（はんにゃしゅごじゅうろくぜんじんおうぎょうたい）→1293
般若心経述義（はんにゃしんぎょうじゅつぎ）→2202
般若心経秘鍵（はんにゃしんぎょうひけん）→2203
般若心経秘鍵開門訣（はんにゃしんぎょうひけんかいもんけつ）→2204
般若心経略疏連珠記（はんにゃしんぎょうりゃくしょれんじゅき）→1713
般若灯論釈（はんにゃとうろんしゃく）→1566
般若波羅蜜多心経（はんにゃはらみたしんぎょう）→0251、0253、0254、0255
般若波羅蜜多心経還源述（はんにゃはらみたしんぎょうげんげんじゅつ）→2746
般若波羅蜜多心経賛（はんにゃはらみたしんぎょうさん）→1711＊
般若波羅蜜多心経註解（はんにゃはらみたしんぎょうちゅうげ）→1714
般若波羅蜜多心経幽賛（はんにゃはらみたしんぎょうゆうさん）→1710
般若波羅蜜多心経略疏（はんにゃはらみたしんぎょうりゃくしょ）→1712
般若波羅蜜多理趣経大楽不空三昧真実金剛薩埵等一十七聖大曼荼羅義述（はんにゃはらみたりしゅきょうだいらくふくうさんまいしんじつこんごうさったとういちじゅうしちしょうだいまんだらぎじゅつ）→1004

播般曩結使波金剛念誦儀（ばんはんのうけつしはこんごうねんじゅぎ）→1232
東曼荼羅抄（ひがしまんだらしょう）→2401
毘倶胝菩薩一百八名経（びくちぼさついっぴゃくはちみょうきょう）→1114
比丘聴施経（びくちょうせきょう）→0504
比丘尼伝（びくにでん）→2063
比丘避女悪名欲自殺経（びくひにょあくみょうよくじさつきょう）→0503
悲華経（ひけきょう）→0157
毘沙門儀軌（びしゃもんぎき）→1249
毘沙門天王経（びしゃもんてんきょう）→1245＊
毘沙門天王経（びしゃもんてんのうきょう）→1244
秘宗教相鈔（ひしゅうきょうそうしょう）→2441
秘鈔（ひしょう）→2489
秘鈔問答（ひしょうもんどう）→2536
秘蔵金宝鈔（ひぞうこんぽうしょう）→2485
秘蔵宝鑰（ひぞうほうやく）→2426
苾芻迦尸迦十法経（びっしゅかしかじっぽうきょう）→1480＊
苾芻五法経（びっしゅごほうきょう）→1479＊
鼻奈耶（びなや）→1464
毘那夜迦誐那鉢底瑜伽悉地品秘要（びなやきゃがなはちゅがしっじほんひよう）→1273
毘奈耶経（びなやきょう）→0898＊
毘尼心（びにしん）→2792
毘尼母経（びにもきょう）→1463
檜尾口訣（ひのおくけつ）→2465
毘婆尸仏経（びばしぶつきょう）→0003
鞞婆沙論（びばしゃろん）→1547
鞞摩肅経（びましゅうきょう）→0090＊
秘密因縁管絃相成義（ひみついんねんかんげんそうじょうぎ）→2541
秘密三昧大教王経（ひみつざんまいだいきょうおうきょう）→0883＊
秘密三昧耶仏戒儀（ひみつさんまやぶつかいぎ）→2463
秘密荘厳伝法潅頂一異義（ひみつしょうごんでんぽうかんじょういちいぎ）→2516
秘密荘厳不二義章（ひみつしょうごんふにぎしょう）→2524
秘密相経（ひみつそうきょう）→0884＊
秘密壇都法大阿闍梨常念誦生起（ひみつだんとほうだいあじゃりじょうねんじゅしょうき）→2405
秘密八名陀羅尼経（ひみつはちみょうだらにきょう）→1366＊
秘密曼荼羅十住心論（ひみつまんだらじゅうじゅうしんろん）→2425
白衣金幢二婆羅門縁起経（びゃくえこんどうにばらもんえんぎきょう）→0010＊
白救度仏母讃（びゃくくどぶつもさん）→1109
白傘蓋大仏頂王最勝無比大威徳金剛無礙大道場陀羅尼念誦法要（びゃくさんがいだいぶっちょうおうさいしょうむひだいいとくこんごうむげだいどうじょうだらにねんじゅほうよう）→0975
辟支仏因縁論（びゃくしぶついんねんろん）→1650
辟除諸悪陀羅尼経（びゃくじょしょあくだらにきょう）→1407＊
辟除賊害呪経（びゃくじょぞくがいじゅきょう）→1406＊
百字論（ひゃくじろん）→1572
百千印陀羅尼経（ひゃくせんいんだらにきょう）→1369
百千頌大集経地蔵菩薩請問法身讃（ひゃくせんじゅだいじゅう〈じっ〉きょうじぞうぼさつしょうもんほっしんさん）→0413
百仏経（ひゃくぶつきょう）→0444＊
百喩経（ひゃくゆきょう）→0209
百論（ひゃくろん）→1569
百論疏（ひゃくろんしょ）→1827
毘耶婆問経（びやばもんぎょう）→0354
譬喩経（ひゆきょう）→0217＊
氷掲羅天童子経（ひょうぎゃらてんどうじきょう）→1263

毘盧遮那五字真言修習儀軌（びるしゃなごじしんごんしゅじゅうぎき）→0861
貧窮老公経（びんぐうろうこうきょう）→0797＊
賓頭盧突羅闍為優陀延王説法経（びんずるとらじゃいうだえんおうせっぽうきょう）→1690
頻婆娑羅王経（びんばしゃらおうきょう）→0041＊
頻毘娑羅王詣仏供養経（びんびしゃらおうけいぶつくようきょう）→0133
普勧坐禅儀（ふかんざぜんぎ）→2580
不潅鈴等記（ふかんれいとうき）→2469
伏淫経（ふくいんきょう）→0065＊
不空羂索呪経（ふくうけんじゃくじゅきょう）→1093
不空羂索呪心経（ふくうけんじゃくしゅしんぎょう）→1095
不空羂索神呪心経（ふくうけんじゃくじんしゅしんぎょう）→1094
不空羂索神変真言経（ふくうけんじゃくじんべんしんごんきょう）→1092
不空羂索陀羅尼儀軌経（ふくうけんじゃくだらにぎききょう）→1098＊
不空羂索陀羅尼経（ふくうけんじゃくだらにきょう）→1096
不空羂索陀羅尼自在王呪経（ふくうけんじゃくだらにじざいおうしゅきょう）→1097
不空羂索毘盧遮那仏大潅頂光真言（ふくうけんじゃくびるしゃなぶつかんじょうこうしんごん）→1002
不空羂索毘盧遮那仏大潅頂光明真言句義釈（ふくうけんじゃくびるしゃなぶつだいかんじょうこうみょうしんごんくぎしゃく）→2245
福蓋正行所集経（ふくがいしょうぎょうしょしゅうきょう）→1671
福州温州台州求得経律論疏記外書等目録（ふくしゅうおんしゅうだいしゅうぐとくきょうりつろんしょきげしょとうもくろく）→2170
腹中女聴経（ふくちゅうにょちょうきょう）→0563＊
福力太子因縁経（ふくりきたいしいんねんきょう）→0173＊
府君存恵伝（ふくんぞんえでん）→2860
普賢金剛薩埵略瑜伽念誦儀軌（ふげんこんごうさったりゃくゆがねんじゅぎき）→1124
普賢菩薩行願王経（ふげんぼさつぎょうがんおうきょう）→2907
普賢菩薩行願讃（ふげんぼさつぎょうがんさん）→0297
普賢菩薩説証明経（ふげんぼさつせつしょうみょうきょう）→2879
普賢菩薩陀羅尼経（ふげんぼさつだらにきょう）→1127＊
普賢曼拏羅経（ふげんまんだらきょう）→1126
普済禅師語録（ふさいぜんじごろく）→2594
布薩文等（ふさつぶんとう）→2853
不思議功徳諸仏所護念経（ふしぎくどくしょぶつしょごねんきょう）→0445＊
不思議光菩薩所説経（ふしぎこうぼさつしょせつきょう）→0484
父子合集経（ふしごうじゅうきょう）→0320
不自守意経（ふじしゅいきょう）→0107＊
父子相迎（ふしそうごう）→2617
部執異論（ぶしゅういろん）→2033
撫州曹山元証禅師語録（ぶしゅうそうざんげんしょうぜんじごろく）→1987 A
撫州曹山本寂禅師語録（ぶしゅうそうざんほんじゃくぜんじごろく）→1987 B
普照国師語録（ふしょうこくしごろく）→2605
普照国師法語（ふしょうこくしほうご）→2606
布施経（ふせきょう）→0705＊
不増不減経（ふぞうふげんきょう）→0668＊
不退転法輪経（ふたいてんぽうりんきょう）→0267
普達王経（ふだつおうぎょう）→0522
補陀洛迦山伝（ふだらくかさんでん）→2101
仏阿毘曇経（ぶつあびどんぎょう）→1482

仏為阿支羅迦葉自化作苦経（ぶついあしらかしょうじけさくきょう）→0499
仏為優填王説王法政論経（ぶついうでんのうせつおうぼうせいろんぎょう）→0524
仏為黄竹園老婆羅門説学経（ぶついおうちくおんろうばらもんせつがくきょう）→0075
仏為海竜王説法印経（ぶついかいりゅうおうせっぽういんきょう）→0599
仏医経（ぶついきょう）→0793 ＊
仏為娑伽羅竜王所説大乗経（ぶついしゃがらりゅうおうしょせつだいじょうきょう）→0601
仏為首迦長者説業報差別経（ぶついしゅかちょうじゃせつごうほうしゃべつきょう）→0080
仏為勝光天子説王法経（ぶついしょうこうてんしせつおうほうきょう）→0593
仏為心王菩薩説投陀経（ぶついしんのうぼさつせつとうだきょう）→2886
仏一百八名讃（ぶついっぴゃくはちみょうさん）→1679
仏為年少比丘説正事経（ぶついねんしょうびくせつしょうじきょう）→0502
仏印三昧経（ぶついんざんまいきょう）→0621 ＊
普通授菩薩戒広釈（ふつうじゅぼさつかいこうしゃく）→2381
仏開解梵志阿颰経（ぶっかいげぼんしあばつきょう）→0020
仏果圜悟禅師碧巌録（ぶっかえんごぜんじへきがんろく）→2003
仏吉祥徳讃（ぶつきっしょうとくさん）→1681
仏経尊上経（ぶつけいそんじょうきょう）→0077
仏華厳入如来徳智不思議境界経（ぶつけごんにゅうにょらいとくちふしぎきょうがいきょう）→0303
仏光国師語録（ぶっこうこくしごろく）→2549
仏語経（ぶつごきょう）→0832
仏国禅師語録（ぶっこくぜんじごろく）→2551
仏五百弟子自説本起経（ぶつごひゃくでしじせつほんぎきょう）→0199
仏三身讃（ぶつさんしんさん）→1678
仏地経（ぶつじきょう）→0680 ＊
仏地経論（ぶつじきょうろん）→1530
仏治身経（ぶつじしんきょう）→0795 ＊
仏使比丘迦旃延説法没尽偈百二十章（ぶっしびくかせんねんせっぽうもつじんげひゃくにじゅっしょう）→2029
仏十力経（ぶつじゅうりっきょう）→0781 ＊
仏性海蔵智慧解脱破心相経（ぶっしょうかいぞうちえげだつはしんそうきょう）→2885
仏照禅師語録（ぶっしょうぜんじごろく）→2546
仏昇忉利天為母説法経（ぶつしょうとうりてんいもせっぽうぎょう）→0815
仏性論（ぶっしょうろん）→1610
仏所行讃（ぶつしょぎょうさん）→0192
仏心経品亦通大随求陀羅尼経（ぶっしんきょうぼんやくつうだいずいぐだらにきょう）→0920
仏垂般涅槃略説教誡経（ぶつすいはつねはんりゃくせつきょうかいきょう）→0389
仏制比丘六物図（ぶっせいびくろくもつず）→1900
仏蔵経（ぶつぞうきょう）→0653
仏祖統紀（ぶっそとうき）→2035
仏祖歴代通載（ぶっそれきだいつうさい）→2036
仏大僧大経（ぶつだいそうだいきょう）→0541 ＊
仏頂国師語録（ぶっちょうこくしごろく）→2565
仏頂最勝陀羅尼経（ぶっちょうさいしょうだらにきょう）→0969
仏頂尊勝心破地獄転業障出三界秘密三身仏果三種悉地真言儀軌（ぶっちょうそんしょうしんはじごくてんごっしょうしゅつさんがい

ひみつさんじんぶっかさんしゅしっじしんごんぎき）→0906
仏頂尊勝心破地獄転業障出三界秘密陀羅尼（ぶっちょうそんしょうしんはじごくてんごっしょうしゅつさんがいひみつだらに）→0907
仏頂尊勝陀羅尼（ぶっちょうそんしょうだらに）→0974 B
仏頂尊勝陀羅尼経（ぶっちょうそんしょうだらにきょう）→0967、0968
仏頂尊勝陀羅尼経（ぶっちょうそんしょうだらにきょう）→0971 ＊
仏頂尊勝陀羅尼経教跡義記（ぶっちょうそんしょうだらにきょうきょうじゃくぎき）→1803
仏頂尊勝陀羅尼真言（ぶっちょうそんしょうだらにしんごん）→0974 E
仏頂尊勝陀羅尼注義（ぶっちょうそんしょうだらにちゅうぎ）→0974 D
仏頂尊勝陀羅尼念誦儀軌法（ぶっちょうそんしょうだらにねんじゅぎきほう）→0972
仏頂尊勝陀羅尼別法（ぶっちょうそんしょうだらにべっぽう）→0974 F
仏頂大白傘蓋陀羅尼経（ぶっちょうだいびゃくさんがいだらにきょう）→0976
仏頂放無垢光明入普門観察一切如来心陀羅尼経（ぶっちょうほうむくこうみょうにゅうふもんかんざついっさいにょらいしんだらにきょう）→1025
仏入涅槃密迹金剛力士哀恋経（ぶつにゅうねはんみっしゃくこんごうりきしあいれんぎょう）→0394
仏般泥洹経（ぶつはつないおんぎょう）→0005
仏本行経（ぶつほんぎょうきょう）→0193
仏本行集経（ぶつほんぎょうじゅっきょう）→0190
仏名経（ぶつみょうきょう）→0440、0441 ＊
仏滅度後棺斂葬送経（ぶつめつどごかんれんそうそうきょう）→0392
仏母経（ぶつもきょう）→2919
仏母出生三法蔵般若波羅蜜多経（ぶつもしゅっしょうさんほうぞうはんにゃはらみたきょう）→0228 ＊
仏母大孔雀明王経（ぶつもだいくじゃくみょうおうきょう）→0982
仏母般泥洹経（ぶつもはつないおんきょう）→0145
仏母般若波羅蜜多円集要義釈論（ぶつもはんにゃはらみたえんじゅうようぎしゃくろん）→1517
仏母般若波羅蜜多円集要義論（ぶつもはんにゃはらみたえんじゅうようぎろん）→1518
仏母般若波羅蜜多大明観想儀軌（ぶつもはんにゃはらみただいみょうかんそうぎき）→1152 ＊
仏母宝徳蔵般若波羅蜜経（ぶつもほうとくぞうはんにゃはらみつきょう）→0229 ＊
仏遺教経論疏節要（ぶつゆいきょうぎょうろんしょせつよう）→1820
仏臨涅槃記法住経（ぶつりんねはんきほうじゅうきょう）→0390
不動使者陀羅尼秘密法（ふどうししゃだらにひみつほう）→1202
婦人遇辜経（ふにんぐうこきょう）→0571 ＊
不必定入定入印経（ふひつじょうにゅうじょうにゅういんきょう）→0645
普遍光明清浄熾盛如意宝印心無能勝大明王大随求陀羅尼経（ふへんこうみょうしょうじょうしじょうにょいほういんしんむのうしょうだいみょうおうだいずいぐだらにきょう）→1153
普遍智蔵般若波羅蜜多心経（ふへんちぞうはんにゃはらみたしんぎょう）→0252
普法義経（ふほうぎきょう）→0098 ＊
付法蔵因縁伝（ふほうぞういんねんでん）→2058
父母恩重経（ぶもおんじゅきょう）→2887
父母恩難報経（ぶもおんなんほうぎょう）→0684 ＊
普門品経（ふもんぼんぎょう）→0315 ＊
普曜経（ふようきょう）→0186 ＊

奮迅王問経（ふんじんおうもんきょう）→0421
分別縁起初勝法門経（ふんべつえんぎしょしょうほうもんぎょう）→0717
分別縁生経（ふんべつえんしょうぎょう）→0718 ＊
分別経（ふんべつきょう）→0738 ＊
分別功徳論（ふんべつくどくろん）→1507
分別業報略経（ふんべつごうほうりゃくきょう）→0723
分別善悪所起経（ふんべつぜんあくしょききょう）→0729 ＊
分別善悪報応経（ふんべつぜんあくほうおうきょう）→0081
分別布施経（ふんべつふせぎょう）→0084 ＊
汾陽無徳禅師語録（ふんようむとくぜんじごろく）→1992
蓱沙王五願経（へいしゃおうごがんきょう）→0511 ＊
弊魔試目蓮経（へいましもくれんきょう）→0067
別行（べつぎょう）→2476
別訳雑阿含経（べつやくぞうあごんきょう）→0100
弁意長者子経（べんいちょうじゃしきょう）→0544
弁偽録（べんぎろく）→2116
遍口鈔（へんくしょう）→2496
弁顕密二教論（べんけんみつにきょうろん）→2427
弁顕密二教論懸鏡抄（べんけんみつにきょうろんけんきょうしょう）→2434
遍照般若波羅蜜経（へんじょうはんにゃはらみつきょう）→0242 ＊
弁正論（べんしょうろん）→2110
弁中辺論（べんちゅうへんろん）→1600
弁中辺論頌（べんちゅうへんろんじゅ）→1601
弁中辺論述記（べんちゅうへんろんじゅっき）→1835
法印経（ほういんぎょう）→0104 ＊
宝雨経（ほううきょう）→0660 ＊
宝雲経（ほううんぎょう）→0658
法演禅師語録（ほうえんぜんじごろく）→1995
法王経（ほうおうきょう）→2883
宝王三昧念仏直指（ほうおうざんまいねんぶつじきし）→1974
法苑義鏡（ほうおんぎきょう）→2317
報恩講式（ほうおんこうしき）→2665
法苑珠林（ほうおんじゅりん）→2122
報恩抄（ほうおんしょう）→2691
報恩奉盆経（ほうおんぶぼんぎょう）→0686 ＊
報恩編（ほうおんへん）→2600
宝覚禅師語録（ほうかくぜんじごろく）→2545
法観経（ほうかんきょう）→0611
宝行王正論（ほうぎょうおうしょうろん）→1656
法鏡経（ほうきょうぎょう）→0322
宝鏡鈔（ほうきょうしょう）→2456
宝髻経四法憂波提舎（ほうけいきょうしほううぱだいしゃ）→1526
宝賢陀羅尼経（ほうけんだらにきょう）→1285 ＊
方広大荘厳経（ほうこうだいしょうごんぎょう）→0187
放光般若経（ほうこうはんにゃぎょう）→0221
放牛経（ほうごきょう）→0123 ＊
宝冊抄（ほうさくしょう）→2453
宝悉地成仏陀羅尼経（ほうしっちじょうぶつだらにきょう）→0962
宝積三昧文殊師利菩薩問法身経（ほうしゃくさんまいもんじゅしりぼさつもんほっしんぎょう）→0356 ＊
法集経（ほうじゅうきょう）→0761 ＊
法集名数経（ほうじゅうみょうじゅきょう）→0764 ＊
法集要頌経（ほうじゅうようじゅきょう）→0213

法受塵経（ほうじゅじんぎょう）→0792＊
宝授菩薩菩提行経（ほうじゅぼさつぼだいぎょうきょう）→0488
法乗義決定経（ほうじょうぎけつじょうきょう）→0763＊
法常住経（ほうじょうじゅうぎょう）→0819＊
宝星陀羅尼経（ほうしょうだらにきょう）→0402
宝生陀羅尼経（ほうしょうだらにきょう）→1412＊
宝蔵神大明曼拏羅儀軌経（ほうぞうじんだいみょうまんだらぎききょう）→1283＊
宝蔵天女陀羅尼法（ほうぞうてんにょだらにほう）→1282
宝蔵論（ほうぞうろん）→1857
胞胎経（ほうたいきょう）→0317＊
宝帯陀羅尼経（ほうたいだらにきょう）→1377＊
法智遺編観心二百問（ほうちゆいへんかんじんにひゃくもん）→1935
方等三昧行法（ほうとうざんまいぎょうほう）→1940
方等般泥洹経（ほうどうはつないおんぎょう）→0378＊
宝女所問経（ほうにょしょもんぎょう）→0399
宝如来三昧経（ほうにょらいさんまいきょう）→0637＊
放鉢経（ほうはつきょう）→0629＊
謗仏経（ぼうぶつきょう）→0831
方便心論（ほうべんしんろん）→1632
法滅尽経（ほうめつじんぎょう）→0396＊
宝網経（ほうもうきょう）→0433＊
法門名義集（ほうもんみょうぎしゅう）→2124
法律三昧経（ほうりつざんまいきょう）→0631＊
宝楼閣経梵字真言（ほうろうかくきょうぼんじしんごん）→1005
北魏僧恵生使西域記（ほくぎそうえしょうしさいいきき）→2086
北山録（ほくざんろく）→2113
北斗七星延命経（ほくとしちしょうえんめいきょう）→1307＊
北斗七星護摩秘要儀軌（ほくとしちしょうごまひようぎき）→1306
北斗七星護摩法（ほくとしちしょうごまほう）→1310
北斗七星念誦儀軌（ほくとしちしょうねんじゅぎき）→1305
法華経安楽行義（ほけきょうあんらくぎょうぎ）→1926
法華経開題（ほけきょうかいだい）→2190
法華経義記（ほけきょうぎき）→1715
法華経疏（ほけきょうしょ）→2749、2750、2751
法華経秘釈（ほけきょうひしゃく）→2191
菩薩円頓授戒潅頂記（ぼさつえんどんじゅかいかんじょうき）→2383
菩薩戒義疏（ぼさつかいぎしょ）→1811
菩薩戒綱要鈔（ぼさつかいこうようしょう）→2358 B
菩薩戒羯磨文（ぼさつかいこんまもん）→1499
菩薩戒通受遣疑鈔（ぼさつかいつうじゅけんぎしょう）→2353
菩薩戒通別二受鈔（ぼさつかいつうべつにじゅしょう）→2354
菩薩戒本（ぼさつかいほん）→1500、1501
菩薩戒本持犯要記（ぼさつかいほんじぼんようき）→1907
菩薩戒本宗要（ぼさつかいほんしゅうよう）→1906
菩薩戒本宗要雑文集（ぼさつかいほんしゅうようぞうもんしゅう）→2352
菩薩戒本宗要輔行文集（ぼさつかいほんしゅうようふぎょうもんしゅう）→2356
菩薩戒本疏（ぼさつかいほんしょ）→1814
菩薩戒問答洞義抄（ぼさつかいもんどうとうぎしょう）→2358 A
菩薩訶色欲法経（ぼさつかしきよくほうきょ

う）→0615
菩薩行五十縁身経（ぼさつぎょうごじゅうえんしんぎょう）→0812
菩薩行方便境界神通変化経（ぼさつぎょうほうべんきょうがいじんずうへんげきょう）→0271 ＊
菩薩五法懺悔文（ぼさつごほうさんげもん）→1504
菩薩地持経（ぼさつじじきょう）→1581
菩薩十住経（ぼさつじゅうじゅうきょう）→0284 ＊
菩薩十住行道品（ぼさつじゅうじゅうぎょうどうほん）→0283
菩薩従兜術天降神母胎説広普経（ぼさつじゅうとじゅつてんごうじんもたいせつこうふきょう）→0384
菩薩修行経（ぼさつしゅぎょうきょう）→0330 ＊
菩薩修行四法経（ぼさつしゅぎょうしほうぎょう）→0773 ＊
菩薩受斎経（ぼさつじゅさいきょう）→1502
菩薩生地経（ぼさつしょうじきょう）→0533
菩薩逝経（ぼさつせいきょう）→0528 ＊
菩薩善戒経（ぼさつぜんかいきょう）→1582、1583
菩薩睒子経（ぼさつせんじきょう）→0174 ＊
菩薩蔵経（ぼさつぞうきょう）→1491
菩薩蔵修道衆経抄（ぼさつぞうしゅうどうしゅうきょうしょう）→2820
菩薩蔵頓教一乗海義要決（ぼさつぞうとんぎょういちじょうかいぎようけつ）→2631
菩薩投身飴餓虎起塔因縁経（ぼさつとうじんしがこきとういんねんぎょう）→0172 ＊
菩薩内戒経（ぼさつないかいきょう）→1487＊
菩薩内習六波羅蜜経（ぼさつないじゅろっぱらみつきょう）→0778 ＊
菩薩念仏三昧経（ぼさつねんぶつざんまいきょう）→0414
菩薩本縁経（ぼさつほんえんぎょう）→0153
菩薩本行経（ぼさつほんぎょうきょう）→0155 ＊
菩薩本業経（ぼさつほんごうきょう）→0281＊
菩薩本生鬘論（ぼさつほんじょうまんろん）→0160
菩薩瓔珞経（ぼさつようらくきょう）→0656
菩薩瓔珞本業経（ぼさつようらくほんごうきょう）→1485
菩提行経（ぼだいぎょうきょう）→1662
菩提場経略義釈（ぼだいじょうきょうりゃくぎしゃく）→2230
菩提場荘厳陀羅尼経（ぼだいじょうしょうごんだらにきょう）→1008
菩提場所説一字頂輪王経（ぼだいじょうしょせついちじちょうりんのうきょう）→0950
菩提資糧論（ぼだいしりょうろん）→1660
菩提心観釈（ぼだいしんかんしゃく）→1663
菩提心義（ぼだいしんぎ）→1953
菩提心離相論（ぼだいしんりそうろん）→1661
菩提心論異本（ぼだいしんろんいほん）→2295
菩提心論見聞（ぼだいしんろんけんもん）→2294
法海経（ほっかいきょう）→0034
法界次第初門（ほっかいしだいしょもん）→1925
法界図記叢髄録（ほっかいずきそうずいろく）→1887 B
発覚浄心経（ほっかくじょうしんぎょう）→0327
法句経（ほっくきょう）→0210、2901
法句経疏（ほっくきょうしょ）→2902
法句譬喩経（ほっくひゆきょう）→0211
法華開示抄（ほっけかいじしょう）→2195
法華義記（ほっけぎき）→2748
法華義疏（ほっけぎしょ）→1721、2187
法華玄義釈籤（ほっけげんぎしゃくせん）→1717
法華玄賛義決（ほっけげんさんぎけつ）→1724
法華玄論（ほっけげんろん）→1720

法華三昧経（ほっけさんまいきょう）→0269＊
法華三昧行事運想補助儀（ほっけざんまいぎょうじうんそうふじょぎ）→1942
法華三昧懺儀（ほっけざんまいせんぎ）→1941
法華十羅刹法（ほっけじゅうらせつほう）→1292
法華宗要（ほっけしゅうよう）→1725
法華取要抄（ほっけしゅようしょう）→2693
法華懺法（ほっけせんぼう）→2417
法華長講会式（ほっけちょうこうえしき）→2363
法華伝記（ほっけでんき）→2068
法華曼荼羅威儀形色法経（ほっけまんだらいぎぎょうしきほうぎょう）→1001
法華文句記（ほっけもんぐき）→1719
法華問答（ほっけもんどう）→2752
法華遊意（ほっけゆうい）→1722
法華略抄（ほっけりゃくしょう）→2188
法華論疏（ほっけろんしょ）→1818
法身経（ほっしんぎょう）→0766＊
法相宗賢聖義略問答（ほっそうしゅうげんじょうぎりゃくもんどう）→2320
法相宗章疏（ほっそうしゅうしょうしょ）→2180
法相灯明記（ほっそうとうみょうき）→2310
北方毘沙門天王随軍護法儀軌（ほっぽうびしゃもんてんのうずいぐんごほうぎき）→1247
北方毘沙門多聞宝蔵天王神妙陀羅尼別行儀軌（ほっぽうびしゃもんたもんほうぞうてんのうじんみょうだらにべつぎょうぎき）→1250
北方毘沙門天王随軍護法真言（ほっぽうびしゃもんてんのうずいぐんごほうしんごん）→1248
発菩提心経論（ほつぼだいしんきょうろん）→1659
発菩提心破諸魔経（ほつぼだいしんはしょまきょう）→0838＊
犯戒罪報軽重経（ほんかいざいほうきょうじゅうぎょう）→1467＊
梵学津梁総目録（ぼんがくしんりょうそうもくろく）→2711
本願寺聖人親鸞伝絵（ほんがんじしょうにんしんらんでんね）→2664
本願薬師経古迹（ほんがんやくしきょうこしゃく）→1770
本業瓔珞経疏（ほんごうようらくきょうしょ）→2798
梵語千字文（ぼんごせんじもん）→2133
梵語雑名（ぼんござうみょう）→2135
梵志頞波羅延問種尊経（ぼんじあんばらえんもんしゅそんぎょう）→0071
本事経（ほんじきょう）→0765
梵志計水浄経（ぼんしけいすいじょうきょう）→0051＊
梵字悉曇字母釈義（ぼんじしったんじもしゃくぎ）→2701
梵志女首意経（ぼんじにょしゅいきょう）→0567＊
本相猗致経（ほんそういちきょう）→0036＊
梵天火羅九曜（ぼんてんからくよう）→1311
梵天択地法（ぼんてんちゃくじほう）→0910
梵嚩日羅駄覩私記（ぼんばざらだとしき）→2232
翻梵語（ほんぼんご）→2130
梵摩難国王経（ぼんまなんこくおうきょう）→0521＊
梵摩渝経（ぼんまゆきょう）→0076
梵網戒本疏日珠鈔（ぼんもうかいほんしょにちじゅしょう）→2247
梵網経（ぼんもうきょう）→1484
梵網経開題（ぼんもうきょうかいだい）→2246
梵網経古迹記（ぼんもうきょうこしゃっき）→1815
梵網経述記（ぼんもうきょうじゅっき）→2797
梵網経菩薩戒本疏（ぼんもうきょうぼさつかいほんしょ）→1813
梵網六十二見経（ぼんもうろくじゅうにけんぎょう）→0021＊

翻訳名義集（ほんやくみょうぎしゅう）→2131

ま行

摩訶衍宝厳経（まかえんほうごんぎょう）→0351 *
摩訶迦葉度貧母経（まかかしょうどひんもきょう）→0497 *
摩訶止観（まかしかん）→1911
摩訶刹頭経（まかせっとうきょう）→0696 *
摩訶僧祇比丘尼戒本（まかそうぎびくにかいほん）→1427
摩訶僧祇律（まかそうぎりつ）→1425
摩訶僧祇律大比丘戒本（まかそうぎりつだいびくかいほん）→1426
摩訶般若鈔経（まかはんにゃしょうきょう）→0226
摩訶般若波羅蜜経（まかはんにゃはらみつきょう）→0223
摩訶般若波羅蜜大明呪経（まかはんにゃはらみつだいみょうじゅきょう）→0250
摩訶毘盧遮那如来定慧均等入三昧耶身双身大聖歓喜天菩薩修行秘密法儀軌（まかびるしゃなにょらいじょうえきんとうにゅうさんまやしんそうしんだいしょうかんぎてんぼさつしゅぎょうひみつぎき）→1271
摩訶吠室囉末那野提婆喝囉闍陀羅尼儀軌（まかべいしらまな〈んだ〉やだいばあら〈らん〉じゃだらにぎき）→1246
摩訶摩耶経（まかまやきょう）→0383
魔逆経（まぎゃくきょう）→0589 *
魔醯首羅大自在天王神通化生伎芸天女念誦法（まけいしゅらだいじざいてんのうじんつうけしょうぎげいてんにょねんじゅほう）→1280
魔醯首羅天法要（まけいしゅらてんほうよう）→1279
摩達国王経（まだつこくおうぎょう）→0519 *
末代念仏授手印（まつだいねんぶつじゅしゅいん）→2613
末灯鈔（まっとうしょう）→2659
末羅王経（まつらおうきょう）→0517 *
摩鄧女経（まとうにょきょう）→0551 *
摩登女解形中六事経（まとうにょげぎょうちゅうろくじきょう）→0552 *
摩登伽経（まとがきょう）→1300
摩尼教下部讃（まにきょうげぶさん）→2140
摩尼光仏教法儀略（まにこうぶっきょうほうぎりゃく）→2141
魔嬈乱経（まにょうらんぎょう）→0066 *
摩尼羅亶経（まにらだんきょう）→1393 *
末利支提婆華鬘経（まりしだいばけまんぎょう）→1254
摩利支天一印法（まりしてんいちいんぼう）→1259
摩利支天陀羅尼呪経（まりしてんだらにじゅきょう）→1256 *
摩利支天菩薩陀羅尼経（まりしてんぼさつだらにきょう）→1255 *
摩利支菩薩略念誦法（まりしぼさつりゃくねんじゅほう）→1258
満願子経（まんがんしきょう）→0108 *
曼殊室利焔曼徳迦万愛秘術如意法（まんじゅしりえんまんとっきゃまんあいひじゅつにょいほう）→1219
曼殊室利呪蔵中校量数珠功徳経（まんじゅしりじゅぞうちゅうきょうりょうじゅずくどくきょう）→0787
曼殊室利童子菩薩五字瑜伽法（まんじゅしりどうじぼさつごじゆがほう）→1176
曼殊室利菩薩吉祥伽陀（まんじゅしりぼさつきちじょうかだ）→1196
曼殊師利菩薩呪蔵中一字呪王経（まんじゅしりぼさつじゅぞうちゅういちじじゅおうきょう）→1182
万善同帰集（まんぜんどうきしゅう）→2017
曼荼羅八講論義抄（まんだらはっこうろんぎしょう）→2623
慢法経（まんぽうぎょう）→0739 *
未決答釈（みけつとうしゃく）→2459
弥沙塞五分戒本／五分戒本（みしゃそくごぶ

んかいほん）／（ごぶんかいほん）→1422
弥沙塞羯磨本（みしゃそくこんまほん）→1424
弥沙塞部和醯五分律（みしゃそくぶわけいごぶんりつ）→1421
未生冤経（みしょうおんぎょう）→0507 ＊
未曾有因縁経（みぞういんねんきょう）→0754 ＊
未曽有経（みぞうきょう）→0688 ＊
未曾有正法経（みぞうしょうぼうきょう）→0628 ＊
密厳院発露懺悔文（みつごんいんほつろさんげもん）→2527
密厳浄土略観（みつごんじょうどりゃくかん）→2515
密跡力士大権神王経偈頌（みっしゃくりきしだいごんじんおうぎょうげじゅ）→1688
密呪円因往生集（みつじゅえんいんおうじょうしゅう）→1956
密菴和尚語録（みったんおしょうごろく）→1999
明覚禅師語録（みょうかくぜんじごろく）→1996
妙吉祥最勝根本大教経（みょうきちじょうさいしょうこんぽんだいきょうぎょう）→1217 ＊
妙吉祥平等観門大教王経略出護摩儀（みょうきちじょうびょうどうかんもんだいきょうおうぎょうりゃくしゅつごまぎ）→1194
妙吉祥平等秘密最上観門大教王経（みょうきちじょうびょうどうひみつさいじょうかんもんだいきょうおうぎょう）→1192
妙吉祥平等瑜伽秘密観身成仏儀軌（みょうきちじょうびょうどうゆがひみつかんじんじょうぶつぎき）→1193
妙吉祥菩薩所問大乗法螺経（みょうきちじょうぼさつしょもんだいじょうほうらきょう）→0473 ＊
妙吉祥菩薩陀羅尼（みょうきちじょうぼさつだらに）→1186 ＊
妙吉祥瑜伽大教金剛陪囉嚩輪観想成就儀軌経（みょうきちじょうゆがだいきょうこんごうばいらばりんかんそうじょうじゅぎききょう）→1242 ＊
妙好宝車経（みょうこうほうしゃきょう）→2869
妙色王因縁経（みょうしきおういんねんぎょう）→0163 ＊
妙色陀羅尼経（みょうしきだらにきょう）→1386 ＊
妙成就記（みょうじょうじゅき）→2388
妙臂印幢陀羅尼経（みょうひいんどうだらにきょう）→1364
妙臂菩薩所問経（みょうひぼさつしょもんぎょう）→0896
明仏法根本碑（みょうぶっぽうこんぽんひ）→1954
妙法聖念処経（みょうほうしょうねんじょきょう）→0722
妙法蓮華経（みょうほうれんげきょう）→0262
妙法蓮華経憂波提舎（みょうほうれんげきょうぱだいしゃ）→1519
妙法蓮華経玄義（みょうほうれんげきょうげんぎ）→1716
妙法蓮華経玄賛（みょうほうれんげきょうげんさん）→1723
妙法蓮華経釈文（みょうほうれんげきょうしゃくもん）→2189
妙法蓮華経度量天地品第二十九（みょうほうれんげきょうどりょうてんじぼんだいにじゅうく）→2872
妙法蓮華経馬明菩薩品第三十（みょうほうれんげきょうめみょうぼさつぼんだいさんじゅう）→2899
妙法蓮華経文句（みょうほうれんげきょうもんぐ）→1718
妙法蓮華経論優波提舎（みょうほうれんげきょうろんうぱだいしゃ）→1520
明本抄（みょうほんしょう）→2281
明要抄（みょうようしょう）→2282
未来星宿劫千仏名経（みらいせいしゅくこう

せんぶつみょうきょう）→0448
弥勒経遊意（みろくきょうゆうい）→1771
弥勒下生経（みろくげしょうきょう）→0453＊
弥勒下生成仏経（みろくげしょうじょうぶつきょう）→0454、0455＊
弥勒講式（みろくこうしき）→2729
弥勒上生経宗要（みろくじょうしょうぎょうしゅうよう）→1773
弥勒大成仏経（みろくだいじょうぶつきょう）→0456＊
弥勒菩薩所問経論（みろくぼさつしょもんぎょうろん）→1525
弥勒菩薩所問本願経（みろくぼさつしょもんほんがんぎょう）→0349
弥勒菩薩発願王偈（みろくぼさつほつがんおうげ）→1144＊
弥勒来時経（みろくらいじきょう）→0457＊
無畏三蔵禅要（むいさんぞうぜんよう）→0917
無畏授所問大乗経（むいじゅしょもんだいじょうきょう）→0331＊
無畏陀羅尼経（むいだらにきょう）→1388＊
無崖際総持法門経（むがいさいそうじほうもんきょう）→1342＊
無垢優婆夷問経（むくうばいもんきょう）→0578
無垢賢女経（むくけんにょきょう）→0562＊
無垢浄光大陀羅尼経（むくじょうこうだいだらにきょう）→1024
無希望経（むけもうきょう）→0813＊
無極宝三昧経（むごくほうさんまいきょう）→0636
無言童子経（むごんどうじきょう）→0401＊
無字宝篋経（むじほうきょうぎょう）→0828
無上依経（むじょうえきょう）→0669＊
無常経（むじょうきょう）→0801＊
無常三啓経（むじょうさんけいきょう）→2912
無上処経（むじょうしょきょう）→0800＊
無所有菩薩経（むしょうぼさつきょう）→0485
無心論（むしんろん）→2831
夢窓国師語録（むそうこくしごろく）→2555
無相思塵論（むそうしじんろん）→1619
無二平等最上瑜伽大教王経（むにびょうどうさいじょうゆがだいきょうおうきょう）→0887＊
無能勝大明王陀羅尼経（むのうしょうだいみょうおうだらにきょう）→1233＊
無能勝大明心陀羅尼経（むのうしょうだいみょうしんだらにきょう）→1235
無能勝大明陀羅尼経（むのうしょうだいみょうだらにきょう）→1234
無能勝幡王如来荘厳陀羅尼経（むのうしょうばんおうにょらいしょうごんだらにきょう）→0943＊
無明羅刹集（むみょうらせつしゅう）→0720
無門関（むもんかん）→2005
無文禅師語録（むもんぜんじごろく）→2559
牟梨曼荼羅呪経（むりまんだらじゅきょう）→1007
無量義経（むりょうぎきょう）→0276
無量功徳陀羅尼経（むりょうくどくだらにきょう）→0934＊
無量寿観経義記（むりょうじゅかんぎょうぎき）→2760
無量寿経（むりょうじゅきょう）→0360＊
無量寿経優波提舎（むりょうじゅきょううぱだいしゃ）→1524
無量寿経優婆提舎願生偈註（むりょうじゅきょううぱだいしゃがんしょうげちゅう）→1819
無量寿経義記（むりょうじゅきょうぎき）→2759
無量寿経義疏（むりょうじゅきょうぎしょ）→1745、1746
無量寿経連義述文賛（むりょうじゅきょうれんぎじゅつもんさん）→1748
無量寿大智陀羅尼（むりょうじゅだいちだらに）→1389＊
無量寿如来観行供養儀軌（むりょうじゅにょ

らいかんぎょうくようぎき）→0930
無量寿仏化身大忿迅倶摩羅金剛念誦瑜伽儀軌法（むりょうじゅぶつけしんだいふんじんくまらこんごうねんじゅゆがぎきほう）→1223＊
無量清浄平等覚経（むりょうしょうじょうびょうどうかくきょう）→0361＊
無量大慈教経（むりょうだいじきょうきょう）→2903
無量門破魔陀羅尼経（むりょうもんはまだらにきょう）→1014
無量門微密持経（むりょうもんみみつじきょう）→1011＊
罵意経（めいきょう）→0732＊
冥報記（めいほうき）→2082
馬有三相経（めうさんそうきょう）→0114＊
馬有八態譬人経（めうはったいひにんきょう）→0115＊
滅十方冥経（めつじっぽうめい〈めょう〉きょう）→0435
滅除五逆罪大陀羅尼経（めつじょごぎゃくざいだいだらにきょう）→1399＊
馬鳴菩薩大神力無比験法念誦儀軌（めみょうぼさつだいじんりきむひけんぽうねんじゅぎき）→1166
馬鳴菩薩伝（めみょうぼさつでん）→2046
木槵子経（もくげんしきょう）→0786＊
目連所問経（もくれんしょもんぎょう）→1468＊
目連問戒律中五百軽重事（もくれんもんかいりつちゅうごひゃくきょうじゅうじ）→1483＊
文殊悔過経（もんじゅけかきょう）→0459＊
文殊指南図讃（もんじゅしなんずさん）→1891
文殊所説最勝名義経（もんじゅしょせつさいしょうみょうぎきょう）→1188
文殊師利一百八名梵讃（もんじゅしりいっぴゃくはちみょうぼんさん）→1197＊
文殊尸利行経（もんじゅしりぎょうきょう）→0471＊
文殊師利現宝蔵経（もんじゅしりげんほうぞうきょう）→0461＊
文殊師利巡行経（もんじゅしりじゅんぎょうきょう）→0470＊
文殊師利浄律経（もんじゅしりじょうりつきょう）→0460＊
文殊師利所説般若波羅蜜経（もんじゅしりしょせつはんにゃはらみつきょう）→0233
文殊師利所説不思議仏境界経（もんじゅしりしょせつふしぎぶつきょうがいきょう）→0340
文殊師利所説摩訶般若波羅蜜経（もんじゅしりしょせつまかはんにゃはらみつきょう）→0232
文殊師利般涅槃経（もんじゅしりはつねはんぎょう）→0463＊
文殊支利普超三昧経（もんじゅしりふちょうざんまいきょう）→0627
文殊師利仏土厳浄経（もんじゅしりぶつどごんじょうきょう）→0318
文殊師利宝蔵陀羅尼経（もんじゅしりほうぞうだらにきょう）→1185B
文殊師利法宝蔵陀羅尼経（もんじゅしりほうほうぞうだらにきょう）→1185A＊
文殊師利菩薩及諸仙所説吉凶時日善悪宿曜経（もんじゅしりぼさつぎゅうしょせんしょせつきつきょうじにちぜんあくすくようきょう）→1299
文殊師利菩薩根本大教王経金翅鳥王品（もんじゅしりぼさつこんぽんだいきょうおうきょうこんじちょうおうぼん）→1276
文殊師利菩薩無相十礼（もんじゅしりぼさつむそうじゅうらい）→2844
文殊師利菩薩問菩提経論（もんじゅしりぼさつもんぼだいきょうろん）→1531
文殊師利菩薩六字呪功能法経（もんじゅしりぼさつろくじじゅくのうほうきょう）→1179
文殊師利発願経（もんじゅしりほつがんきょう）→0296
文殊師利問経（もんじゅしりもんきょう）→

0468
文殊師利問菩薩署経（もんじゅしりもんぼさつしょきょう）→0458
文殊師利問菩提経（もんじゅしりもんぼだいきょう）→0464
文殊師利耶曼徳迦呪法（もんじゅしりやまんとっきゃしゅほう）→1218
文殊菩薩献仏陀羅尼名烏蘇吒（もんじゅぼさつけんぶつだらにみょううそた）→1178
文殊菩薩最勝真実名義経（もんじゅぼさついしょうしんじつみょうぎきょう）→1189＊
文殊問経字母品第十四（もんじゅもんぎょうじもぼんだいじゅうし）→0469
文陀竭王経（もんだかつおうきょう）→0040＊

や　行

耶祇経（やぎきょう）→0542＊
薬師儀軌一具（やくしぎきいちぐ）→0924
薬師経疏（やくしきょうしょ）→2766、2767
薬師七仏供養儀軌如意王経（やくししちぶつくようぎきにょいおうきょう）→0927
薬師如来観行儀軌法（やくしにょらいかんぎょうぎきほう）→0923
薬師如来講式（やくしにょらいこうしき）→2722
薬師如来念誦儀軌（やくしにょらいねんじゅぎき）→0924
薬師如来本願経（やくしにょらいほんがんきょう）→0449＊
薬師琉璃光王七仏本願功徳経念誦儀軌（やくしるりこうおうしちぶつほんがんくどうきょうねんじゅぎき）→0925
薬師琉璃光王七仏本願功徳経念誦儀軌供養法（やくしるりこうおうしちぶつほんがんくどくきょうねんじゅぎきくようほう）→0926
薬師瑠璃光七仏本願功徳経（やくしるりこうしちぶつほんがんくどくきょう）→0451＊
薬師琉璃光如来消災除難念誦儀軌（やくしるりこうにょらいしょうさいじょなんねんじゅぎき）→0922
薬師琉璃光如來本願功徳経（やくしるりこうにょらいほんがんくどくきょう）→0450＊
野金口決鈔（やこんくけつしょう）→2530、2531
遺教経論（ゆいきょうぎょうろん）→1529
唯識義私記（ゆいしきぎしき）→2319
唯識義灯増明記（ゆいしきぎとうぞうみょうき）→2261
唯識三十論頌（ゆいしきさんじゅうろんじゅ）→1586
唯識三十論要釈（ゆいしきさんじゅうろんようしゃく）→2804
唯識二十論（ゆいしきにじゅうろん）→1590
唯識二十論述記（ゆいしきにじゅうろんじゅっき）→1834
唯識分量決（ゆいしきぶんりょうけつ）→2321
唯識論（ゆいしきろん）→1588
唯識論聞書（ゆいしきろんききがき）→2264
唯識論訓論日記（ゆいしきろんくんろんにっき）→2265
唯識論同学鈔（ゆいしきろんどうがくしょう）→2263
唯信鈔（ゆいしんしょう）→2675
唯信鈔文意（ゆいしんしょうもんい）→2658
惟日雑難経（ゆいにちぞうなんぎょう）→0760
遺日摩尼宝経（ゆいにちまにほうきょう）→0350＊
維摩義記（ゆいまぎき）→1776、2768
維摩詰経（ゆいまきつきょう）→0474＊
維摩詰所説経（ゆいまきつしょせつきょう）→0475
維摩経義記（ゆいまきょうぎき）→2769
維摩経義疏（ゆいまきょうぎしょ）→1781、2186
維摩経玄疏（ゆいまきょうげんしょ）→1777
維摩経疏（ゆいまきょうしょ）→2770、2771、2772、2774
維摩経抄（ゆいまきょうしょう）→2773

維摩経略疏（ゆいまきょうりゃくしょ）→1778
維摩経略疏垂裕記（ゆいまきょうりゃくしょすいゆうき）→1779
維摩疏釈前小序抄（ゆいましょしゃくぜんしょうじょしょう）→2775
遊心安楽道（ゆうしんあんらくどう）→1965
融通円門章（ゆうづうえんもんしょう）→2680
遊方記抄（ゆうほうきしょう）→2089
瑜伽金剛頂経釈字母品（ゆがこんごうちょうぎょうしゃくじもぼん）→0880
瑜伽師地論（ゆがしじろん）→1579
瑜伽師地論釈（ゆがしじろんしゃく）→1580
瑜伽師地論分門記（ゆがしじろんぶんもんき）→2801
瑜伽師地論略纂（ゆがしじろんりゃくざん）→1829
瑜伽集要焔口施食儀（ゆがしゅうようえんくせじきぎ）→1320
瑜伽集要焔口施食起教阿難陀縁由（ゆがしゅうようえんくせじききょうあなんだえんゆ）→1319
瑜伽集要救阿難陀羅尼焔口軌儀経（ゆがしゅうようくあなんだらにえんくきぎきょう）→1318
瑜伽大教王経（ゆがだいきょうおうきょう）→0890 ＊
瑜伽蓮華部念誦法（ゆがれんげぶねんじゅほう）→1032
瑜伽論記（ゆがろんき）→1828
瑜伽論手記（ゆがろんしゅき）→2802
瑜伽論問答（ゆがろんもんどう）→2259
瑜祇総行私記（ゆぎそうぎょうしき）→2229
葉衣観自在菩薩経（ようえかんじざいぼさつきょう）→1100
永嘉証道歌（ようかしょうどうか）→2014
楊岐方会和尚後録（ようきほうえおしょうこうろく）→1994 B
楊岐方会和尚語録（ようきほうえおしょうごろく）→1994 A
要行捨身経（ようぎょうしゃしんぎょう）→2895
要尊道場観（ようそんどうじょうかん）→2468
要尊法（ようそんほう）→2478
横川首楞厳院二十五三昧起請（よかわしゅりょうごんいんにじゅうごさんまいきしょう）→2724
横川首楞厳院二十五三昧式（よかわしゅりょうごんいんにじゅうごさんまいしき）→2723
浴像功徳経（よくぞうくどくきょう）→0697 ＊
浴仏功徳経（よくぶつくどくきょう）→0698

ら行

礼懺文（らいさんもん）→2854、2855、2856
頼吒和羅経（らいたわらきょう）→0068 ＊
礼法華経儀式（らいほけきょうぎしき）→1944
羅云忍辱経（らうんにんにくきょう）→0500
洛叉陀羅尼経（らくしゃだらにきょう）→1390 ＊
楽想経（らくそうきょう）→0056 ＊
楽邦遺稿（らくほういこう）→1969 B
楽邦文類（らくほうもんるい）→1969 A
洛陽伽藍記（らくようがらんき）→2092
楽瓔珞荘厳方便品経（らくようらくしょうごんほうべんぼんぎょう）→0566
囉嚩拏説救療小児疾病経（らばなせつくりょうしょうにしつびょうきょう）→1330
羅摩伽経（らまがきょう）→0294 ＊
力士移山経（りきしいせんきょう）→0135 ＊
力荘厳三昧経（りきしょうごんさんまいきょう）→0647
離垢慧菩薩所問礼仏法経（りくえぼさつしょもんらいぶっぽうきょう）→0487
離垢施女経（りくせにょきょう）→0338 ＊
理趣経開題（りしゅきょうかいだい）→2236
理趣経種子釈（りしゅきょうしゅじしゃく）→

2238
理趣釈重釈記（りしゅしゃくじゅうしゃくき）→2240
理趣釈秘要鈔（りしゅしゃくひようしょう）→2241
離睡経（りすいきょう）→0047＊
律戒本疏（りつかいほんしょ）→2788、2789
律雑抄（りつざっしょう）→2790
律宗行事目心鈔（りっしゅうぎょうじもくしんしょう）→2359
律宗綱要（りっしゅうこうよう）→2348
律宗章疏（りっしゅうしょうしょ）→2182
律抄（りっしょう）→2794
立正安国論（りっしょうあんこくろん）→2688
律抄第三巻手決（りっしょうだいさんがんしゅけつ）→2796
立世阿毘曇論（りっせあびどんろん）→1644＊
律相感通伝（りっそうかんつうでん）→1898
律二十二明了論（りつにじゅうにみょうりょうろん）→1461
理門論述記（りもんろんじゅつき）→1839
略釈新華厳経修行次第決疑論（りゃくしゃくしんけごんぎょうしゅぎょうしだいけつぎろん）→1741
略述金剛頂瑜伽分別聖位修証法門（りゃくじゅつこんごうちょうゆがふんべつしょういしゅしょうほうもん）→0870
略述法相義（りゃくじゅつほっそうぎ）→2315
略諸経論念仏法門往生浄土集（りゃくしょきょうろんねんぶつほうもんおうじょうじょうどしゅう）→2826
略法華三昧補助儀（りゃくほっけざんまいふじょぎ）→1943
略明般若末後一頌讃述（りゃくみょうはんにゃまつごいちじゅさんじゅつ）→1817
略論安楽浄土義（りゃくろんあんらくじょうどぎ）→1957
略教誡経（りゃっきょうかいきょう）→0799＊
竜王兄弟経（りゅうおうきょうだいきょう）→0597
竜樹五明論（りゅうじゅごみょうろん）→1420
竜樹菩薩為禅陀迦王説法要偈（りゅうじゅぼさついぜんだかおうせっぽうようげ）→1672
竜樹菩薩勧戒王頌（りゅうじゅぼさつかんかいおうじゅ）→1674
竜樹菩薩伝（りゅうじゅぼさつでん）→2047
竜舒増広浄土文（りゅうじょぞうこうじょうどもん）→1970
竜施女経（りゅうせにょきょう）→0557＊
竜施菩薩本起経（りゅうせぼさつほんぎきょう）→0558＊
流祖上人箇条名目（りゅうそしょうにんかじょうみょうもく）→2626
了因決（りょういんけつ）→2414
楞伽阿跋多羅宝経（りょうがあばたらほうきょう）→0670
楞伽阿跋多羅宝経註解（りょうがあばたらほうきょうちゅうげ）→1789
楞伽経禅門悉談章（りょうがきょうぜんもんしったんしょう）→2779
楞伽師資記（りょうがししき）→2837
両巻無量寿経宗要（りょうかんむりょうじゅきょうしゅうよう）→1747
了義般若波羅蜜多経（りょうぎはんにゃはらみたきょう）→0247＊
梁京寺記（りょうきょうじき）→2094
療痔病経（りょうじびょうきょう）→1325＊
量処軽重儀（りょうしょきょうじゅうぎ）→1895
梁朝傅大士頌金剛経（りょうちょうふだいしじゅこんごうきょう）→2732
両部大法相承師資付法記（りょうぶだいほうそうじょうししふほうき）→2081
了本生死経（りょうほんしょうじきょう）→0708
輪王七宝経（りんおうしっぽうきょう）→0038＊
琉璃王経（るりおうきょう）→0513＊

霊巌寺和尚請来法門道具等目録（れいがんじおしょうしょうらいほうもんどうぐとうもくろく）→2164
例時作法（れいじさほう）→2418
歴代三宝紀（れきだいさんぼうき）→2034
歴代法宝記（れきだいほうぼうき）→2075
蓮華眼陀羅尼経（れんげげんだらにきょう）→1411 *
蓮華胎蔵界儀軌解釈（れんげたいぞうかいぎきげしゃく）→2231
蓮華部心念誦儀軌（れんげぶしんねんじゅぎき）→0875
蓮華面経（れんげめんぎょう）→0386
蓮如上人御文（れんにょしょうにんおふみ）→2668
蓮如上人御一代記聞書（れんにょしょうにんごいちだいききがき）→2669
蓮門学則（れんもんがくそく）→2619
楼閣正法甘露鼓経（ろうかくしょうぼうかんろこきょう）→0704 *
老子化胡経（ろうしけこきょう）→2139
老女人経（ろうにょにんぎょう）→0559 *
漏分布経（ろうぶんぷきょう）→0057 *
老母経（ろうもきょう）→0561 *
老母女六英経（ろうもにょろくえいきょう）→0560 *
録外経等目録（ろくがいきょうとうもくろく）→2175
六字呪王経（ろくじじゅおうきょう）→1044 *
六字神呪王経（ろくじじんじゅおうきょう）→1045 *
六字神呪経（ろくじじんじゅきょう）→1180
六字大陀羅尼呪経（ろくじだいだらにじゅきょう）→1046
六趣輪廻経（ろくしゅりんねきょう）→0726
六十頌如理論（ろくじゅうじゅにょりろん）→1575
六祖大師法宝壇経（ろくそだいしほうぼうだんきょう）→2008
六道伽陀経（ろくどうかだきょう）→0725
六度集経（ろくどじっきょう）→0152
六菩薩亦当誦持経（ろくぼさつやくとうじゅじきょう）→0491
六妙法門（ろくみょうほうもん）→1917
鹿母経（ろくもきょう）→0182 *
六門教授習定論（ろくもんきょうじゅしゅうじょうろん）→1607
六門陀羅尼経（ろくもんだらにきょう）→1360
六門陀羅尼経論（ろくもんだらにきょうろん）→1361
廬山記（ろざんき）→2095
廬山蓮宗宝鑑（ろざんれんしゅうほうかん）→1973
盧至長者因縁経（ろしちょうじゃいんねんきょう）→0539

わ行

和菩薩戒文（わぼさつかいもん）→2851
宏智禅師広録（わんしぜんじこうろく）→2001

編者紹介（五十音順）

鎌田茂雄（かまた・しげお）
一九二七年、神奈川県に生まれる。
駒沢大学仏教学部卒業。東京大学大学院修了。
東京大学教授を経て、現在、国際仏教学大学院大学教授。文学博士。
〈主要著書・論文〉
『中国仏教史』、『朝鮮仏教史』ほか多数。

河村孝照（かわむら・こうしょう）
一九二四年、山口県に生まれる。
東洋大学文学部仏教学科卒業。同大学院修了。
東洋大学教授を経て、現在、身延山大学・浜松大学講師。文学博士。
〈主要著書・論文〉
『阿毘達磨論書の資料的研究』、『新纂大日本続蔵経』（編集）ほか。

中尾良信（なかお・りょうしん）

一九五二年、兵庫県に生まれる。

駒沢大学仏教学部卒業。同大学院満期退学。

曹洞宗教研究所所員を経て、現在、花園大学教授。

〈主要著書・論文〉

「日本の禅の特質」（『東アジア仏教』4巻所収）、「日本仏教における戒律の関心と中国の禅宗」（『院政期の仏教』所収）ほか。

福田亮成（ふくだ・りょうせい）

一九三七年、東京に生まれる。

東洋大学文学部仏教学科卒業。同大学院修了。

現在、大正大学人間学部教授。文学博士。

〈主要著書・論文〉

『理趣経の研究—その成立と展開—』、『曼荼羅入門』、『現代語訳・秘蔵宝鑰』ほか。

吉元信行（よしもと・しんぎょう）
一九四〇年、大分県に生まれる。
大谷大学文学部仏教学科卒業。同大学院博士課程単位取得。
日本学術振興会奨励研究員等を経て、現在、大谷大学文学部教授。
〈主要著書・論文〉
『アビダルマ思想』、『人間仏陀—その足跡と思想—』『仏陀の前生』（共訳）ほか。

執筆者・編集協力者一覧（五十音順）

〈本編〉

粟谷良道
飯塚秀誉
伊藤堯貫
伊藤良久
岩井昌悟
遠藤純祐
大城邦義
大谷正幸
大塚伸夫
岡本一平
奥野本洋
柿市里子
笠井　哲
加治洋一
柏原信行
金本拓士
鎌田茂雄
河村孝照
橘川智昭
桐野好覚
熊本英人
小林靖典
佐々木隆友
佐藤　厚
佐藤秀孝
佐藤俊哉
佐野靖夫
下室覚道
白山和宏
仙石景章
武邑尚邦
橘　信雄
舘野正生
谷口智美
田村晃祐
道津綾乃
苫米地誠一
中西随功
中根洋雅
野際清美
晴山俊英
福田亮成
藤嶽明信
堀内規之
松田陽志
間宮啓壬
宮地清彦
村田達央
元山公寿
山口　務
山田育美
山野俊郎
山本和彦
吉田　剛
吉元信行
渡辺愛子

〈付編〉①

河村孝照（監修）

〈付編〉②

河村孝照（編集）

〈付編〉③

青木　淳（責任者・高知女子大学助教授）
有馬嗣朗
田中夕子

＊本書は、弊社より刊行した『大蔵経全解説大事典』（平成10年8月20日発行）の新装版です。

平成10年8月20日　初版発行
平成28年9月25日　新装版初版発行　《検印省略》

大蔵経全解説大事典【新装版】

編　者　鎌田茂雄・河村孝照・中尾良信・福田亮成・吉元信行
発行者　宮田哲男
発行所　株式会社 雄山閣
東京都千代田区富士見2-6-9
TEL　03-3262-3231 / FAX　03-3262-6938
URL　http: //www.yuzankaku.co.jp
e-mail　info@yuzankaku.co.jp
振 替　00130-5-1685
印刷・製本　石川特殊特急製本株式会社

©Shigeo Kamata, Kosho Kawamura, Ryoshin Nakao, Ryosei Fukuda & Shingyo Yoshimoto 2016
Printed in Japan

ISBN978-4-639-02444-6 C3515
N.D.C.183　1084p　27cm